2024

전국 지방자치단체
민·관 협업사무 운영 현황 Ⅱ

민간위탁금(307-05)

사회복지시설 법정운영비보조(307-10)

민간인위탁교육비(307-12)

공기관 등에 대한 경상적위탁사업비(308-13)

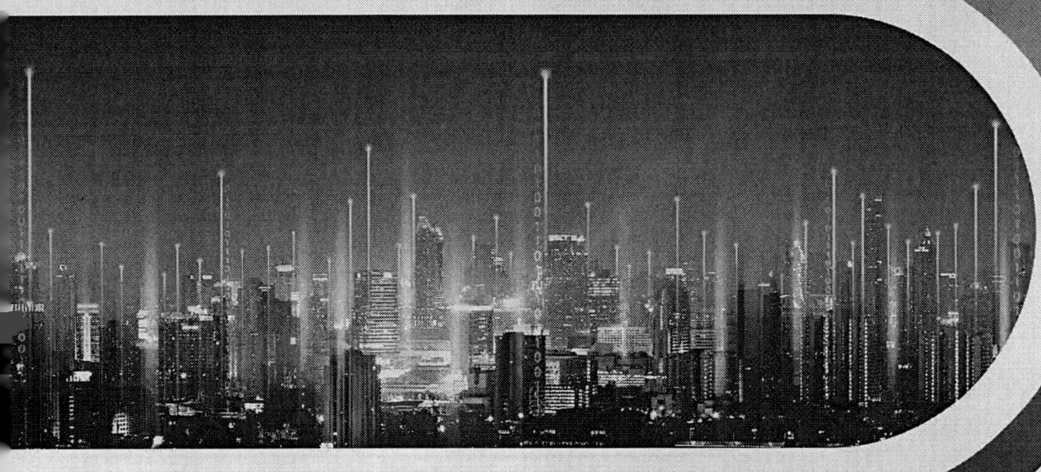

공공관리연구원

한국민간위탁연구소
Korea Contracting-out Institute

2024 전국 지방자치단체 2024. 2.

민·관 협업사무 운영 현황 II

민간위탁금(307-05)
사회복지시설 법정운영비보조(307-10)
민간인위탁교육비(307-12)
공기관 등에 대한 경상적위탁사업비(308-13)

공공관리연구원
한국민간위탁연구소
Korea Contracting-out Institute

한국민간위탁연구소
Korea Contracting-out Institute

한국민간위탁연구소는 정부에서 운영하는 민간위탁 공공서비스의 효율성 향상을 위해 설립된 연구기관입니다. 민간위탁은 성과지향형 공공서비스제공 공급방식의 하나로써 더 나은 정부, 더 효율적인 정부로 가기 위한 제도입니다.

세상의 모든 사물은 세상의 변화를 수용해야 합니다. 민간위탁 사무 또한 운영 목적이나 사회적 가치변화를 수용해야하기 때문에 지속적으로 변화해 왔습니다. 현행 민간위탁 사무의 유형은 공익적 성격과 사익적성격의 사무가 혼재되어 스펙트럼이 다양합니다. 시대적 흐름과 환경 변화에 맞는 민간위탁사무는 갈수록 커뮤니티거버넌스형(CG) 공공서비스 제공방식으로 변화 되어 가고 있습니다.

이를 효율적으로 관리하기 위해서는 민간위탁의 본질을 이해해야 하는데, 대표적인 영문표기가 contracting out인 것처럼 구매계약 또는 외주계약으로 계약에 관한 전반적인 프로세스를 이해하고 계약관리능력이 필요한 제도라는 것을 이해해야 합니다. 민간위탁 과정은 먼저 민간위탁을 위한 추진계획을 수립한 후 지방의회의 심의를 거쳐 민간위탁 선정심의위원회의 선정과정을 통해 최종 민간위탁 사업자를 선정하게 됩니다. 이 과정에 민간위탁 업체선정을 위한 계약법검토, 조례제정 또는 개정, 적정 위탁비용 산정, 위탁 후 성과평가 결과 적용을 위한 지표개발 등 세부적이고 전문적인 연구결과를 통한 의사결정 자료가 필요하게 됩니다. 이러한 연구결과는 민간기업이 공공서비스를 제공할 때 지속적인 품질 개선을 유도함으로써 서비스경쟁력을 향상시키고, 지자체는 효율적인 예산운영을 통하여 과대 또는 과소예산으로 인한 사회적 비용을 감소시키며 재정운영의 건전성을 증대시키는 효과가 있습니다. 이와 같이 민간위탁만을 연구해온 저희 연구소는 다양한 연구를 통해 얻은 노하우를 바탕으로 좀 더 선진화된 민간위탁 의사결정 자료와 효율적인 운영방안을 제안하는 역할을 수행할 것입니다.

연구소장 배성기

주요연구분야	연락처
공공서비스재설계 (Public Service Re-design)	전화 : 02 943 1941
혁신전략 (Innovation Master Plan)	팩스 : 02 943 1948
경영평가 (Management Evaluation)	이메일 : kcomi@kcomi.re.kr
조직진단 (Organization Structure Design)	홈페이지: www.kcomi.re.kr
사업타당성 분석 (Project Feasibility Study)	
정부원가계산 (Government Cost Accounting)	
공공요금 및 수수료 산정 (Calculation of Utility rates)	
성과평가 (public Service Performance Assessment)	
민간위탁/공공위탁/관리대행/보조금 (Contracting Out Management)	
ESGDI 경영 (Environment Social Governance Digital Transformation)	
지방의회 민관협업/행정사무감사 (Audit of Local Government)	

「2024 전국 지방자치단체「민·관 협업사무 운영현황 Ⅱ」는 이렇게 발간되었습니다.

1. 조사개요

민 · 관 협업은 학계와 실무계를 불문하고 사회 각계각층이 이 주제의 중요성을 인식하고 처방적 대안 마련에 관심을 쏟고 있음에도 불구하고 민간위탁 케이스별 연구만이 주로 되어 왔습니다. 또한 사회적 현상을 기반으로 공공서비스의 유형을 공공서비스, 준공공서비스, 선택적 공공서비스 등으로의 구분하고 공익성의 정도에 따른 관리기법 및 예산운영 방법 등을 심도 있게 연구한 연구문헌이 부족한 상황입니다.

민 · 관 협업형 공공서비스는 국민들과의 최접점에서 공급되는 공공서비스로 지속적으로 성장하는 국민들의 공공서비스 수요를 반영하고 개선하기 위해서는 다양한 주제와 분야별로 지속적인 연구가 되어야 합니다. 하지만 이러한 연구를 하기 위한 기초적 통계자료가 없다는 것은 실로 놀라운 일이 아닐 수 없습니다.

따라서 본 조사는 전국 243개 지자체 전부를 대상으로 민 · 관 협업사무 현황을 분석하기 위해 지자체의 민간경상사업보조(307-02), 민간단체 법정운영비보조(307-03), 민간행사사업보조(307-04), 민간위탁금(307-05), 사회복지시설 법정운영비보조(307-10), 민간인위탁교육비(307-12), 공기관 등에 대한 경상적위탁사업비(308-13), 민간자본사업보조 자체재원(402-01), 민간자본사업보조 이전재원(402-02), 민간위탁사업비(402-03), 공기관 등에 대한 자본적 위탁사업비(403-02) 예산을 조사한 후 해당사무별 업체선정방법, 개별조례 유무, 원가산정기준, 서비스(성과)평가 유무, 수탁기업 현황 등에 대한 정보공개요청을 통해 현황을 조사하였습니다.

본 조사를 통해 얻을 수 있었던 것은 동종의 민 · 관 협업사무라도 운영예산규모, 업체선정기준, 개별조례유무, 위탁비용 산정기준, 서비스(성과)평가 유무 등이 같지 않다는 것을 알 수 있었습니다. 이를 검증하기 위해서는 심도 있는 연구가 수행 되어야 하겠으나 이런 비교결과조차도 유의미하다고 생각됩니다.

전국 지자체 민 · 관 협업사무 통계조사의 효용성은 첫째, 유사 민 · 관 협업사무의 운영예산 확인을 통한 예산운영의 적정성을 판단할 수 있는 기준자료, 둘째, 개별조례 유무 확인을 통한 제정 및 개정 용이, 셋째, 적정 비용 산정기준 확인, 넷째, 성과평가 기준 확인, 다섯째, 민간위탁기업명 확인을 통한 경쟁력 있는 기업선정 기초자료 확보 등과 같습니다.

상기와 같은 조사를 통해 궁극적으로 얻고자 한 것은 「건전한 긴장관계 유지」입니다. 전국 민 · 관 협업사무 운영현황을 통해 사무의 종류와 예산의 규모, 협업 수행 기업의 종류와 유형이 공개됨으로써 민 · 관 협업사무를 추진하는 입장에서는 선택의 폭이 넓어질 것이고, 서비스를 받는 국민의 입장에서는 서비스기업 간 경쟁시스템이 올바르게 갖추어져, 좀 더 체계적이며, 경제적이고, 만족할 만한 공공서비스가 제공 되어질 것입니다.

현 통계 조사의 한계점은 지자체에서 민간이전(307), 자치단체등이전(308), 민간자본이전(402), 자치단제자본이전(403) 예산으로 운영하는 사무를 총괄하여 나열하였으나 해딩 사무의

예산 편성시 다른 예산항목 사업으로 편성하여 혼재되어 공개된 사무가 다수 존재합니다. 이는 향후 관리자 교육을 통해 민간위탁 사업의 정확한 이해를 기반으로 해당사무 운영 기본 조례 제 · 개정과 함께 해당 사무가 운영될 시에 해소가 될 것으로 판단됩니다.

본 현황분석은 한국민간위탁경영연구소의 열 번째 전국단위 민 · 관 협업사무 운영현황 통계 조사를 한 것으로서 미흡한 부분이 다소 존재합니다. 하지만 전국 민 · 관 협업 서비스 발전을 위한 기초 연구자료로써 중요한 역할을 할 수 있을 것을 기대합니다. 도움을 주신 전국 민 · 관 협업사무 담당 공무원분들께 감사드립니다.

2. 조사기간 : 2023년 12월 23일 ~ 2024년 1월 31일

3. 조사결과

– 5개년 조사결과 요약

(단위: 건, 억원)

구분	2020	2021	2022	2023	2024
지자체수(응답)	168	225	234	238	223
사업수(전체)	59,715	88,364	81,162	90,816	99,370
예산(전체)	189,143	194,313	204,171	227,504	256,735
사업수(민간위탁금)	8,173	11,423	11,643	11,989	12,895
예산(민간위탁금)	55,093	59,274	62,201	65,298	70,590

– 행정 단위별 통계

(단위: 억원)

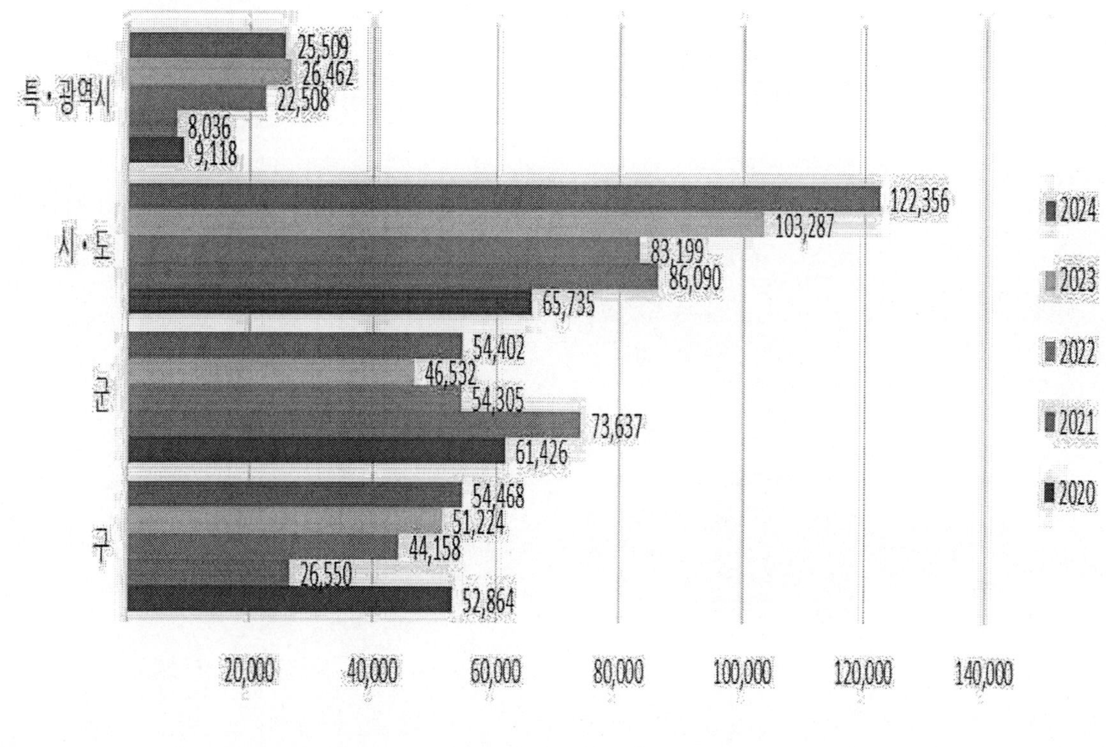

– 민간이전 분류별 통계

(단위: 억원)

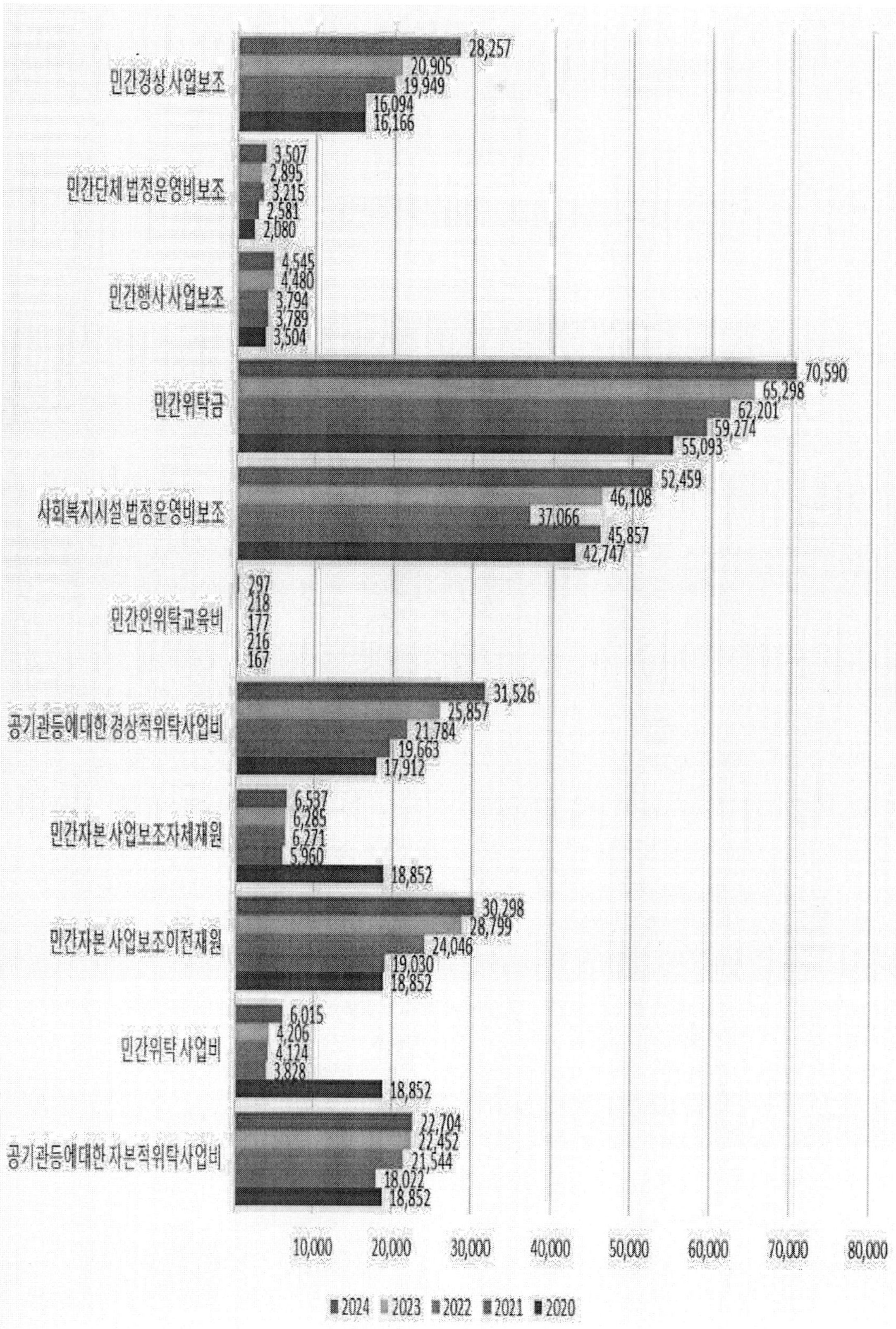

– 사업수별 통계

(단위: 건)

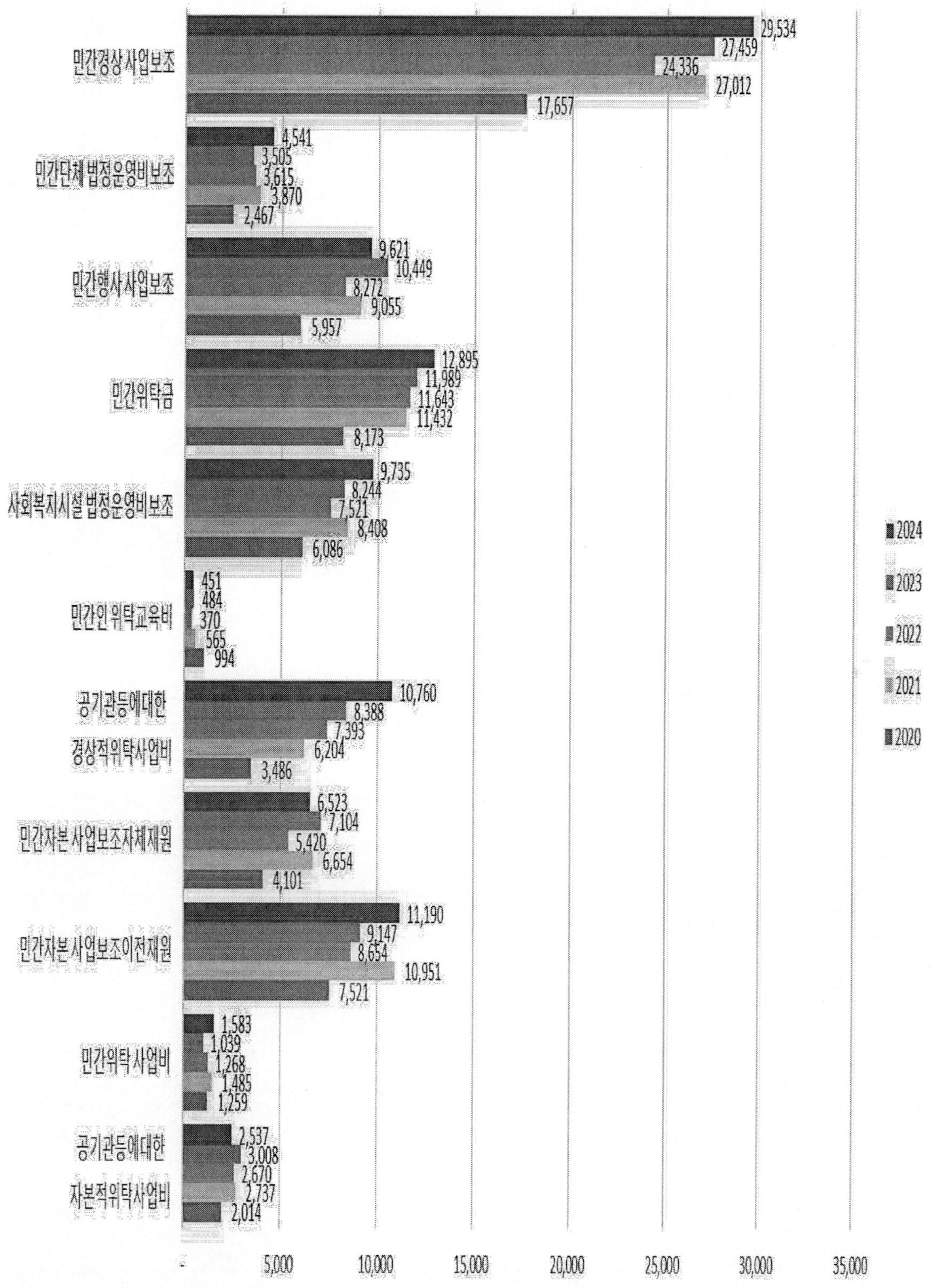
민간경상사업보조
29,534
27,459
24,336
27,012
17,657
민간단체 법정운영비보조
4,541
3,505
3,615
3,870
2,467
민간행사사업보조
9,621
10,449
8,272
9,055
5,957
민간위탁금
12,895
11,989
11,643
11,432
8,173
사회복지시설 법정운영비보조
9,735
8,244
7,521
8,408
6,086
민간인 위탁교육비
451
484
370
565
994
공기관등에대한 경상적위탁사업비
10,760
8,388
7,393
6,204
3,486
민간자본 사업보조자체재원
6,523
7,104
5,420
6,654
4,101
민간자본 사업보조이전재원
11,190
9,147
8,654
10,951
7,521
민간위탁사업비
1,583
1,039
1,268
1,485
1,259
공기관등에대한 자본적위탁사업비
2,537
3,008
2,670
2,737
2,014
5,000
10,000
15,000
20,000
25,000
30,000
35,000
2024
2023
2022
2021
2020

(1) 2024년 조사결과

(단위: 건, 억원)

행정단위	민간이전 (307)			
	민간경상 사업보조 (307-02)	민간단체 법정운영비보조 (307-03)	민간행사 사업보조 (307-04)	민간위탁금 (307-05)
합 계	28,257	3,507	4,545	70,590
특 · 광역시	4,442	134	402	6,626
시 · 도	13,471	2,050	2,349	30,236
군	7,898	785	1,446	11,054
구	2,445	538	347	22,674
사업수	29,534	4,541	9,621	12,895

(단위: 건, 억원)

행정단위	민간이전 (307)		자치단체등이전 (308)	민간자본이전 (402)
	사회복지시설 법정운영비보조 (307-10)	민간인 위탁교육비 (307-12)	공기관등에대한 경상적위탁사업비 (308-13)	민간자본 사업보조자체재원 (402-01)
합 계	52,459	297	31,526	6,537
특 · 광역시	2,478	1	5,556	194
시 · 도	22,230	258	15,847	3,379
군	7,057	28	4,840	2,691
구	20,694	9	5,282	273
사업수	9,735	451	10,760	6,523

(단위: 건, 억원)

행정단위	민간자본이전(402)		자치단체자본이전 (403)	합 계
	민간자본 사업보조이전재원 (402-02)	민간위탁 사업비 (402-03)	공기관등에대한 자본적위탁사업비 (403-02)	
합 계	30,298	6,015	22,704	256,735
특 · 광역시	2,200	432	3,043	25,509
시 · 도	18,618	2,496	11,421	122,356
군	8,682	2,576	7,345	54,402
구	799	511	895	54,468
사업수	11,190	1,583	2,537	99,370

(2) 2023년 조사결과

(단위: 건, 억원)

행정단위	민간이전 (307)			
	민간경상 사업보조 (307-02)	민간단체 법정운영비보조 (307-03)	민간행사 사업보조 (307-04)	민간위탁금 (307-05)
합 계	20,905	2,895	4,480	65,298
특 · 광역시	2,182	454	222	6,705
시 · 도	9,837	1,573	2,314	28,941
군	6,605	569	1,592	9,568
구	2,281	298	353	20,084
사업수	27,459	3,505	10,449	11,989

(단위: 건, 억원)

행정단위	민간이전 (307)		자치단체등이전 (308)	민간자본이전 (402)
	사회복지시설 법정운영비보조 (307-10)	민간인 위탁교육비 (307-12)	공기관등에대한 경상적위탁사업비 (308-10)	민간자본 사업보조자체재원 (402-01)
합 계	46,108	218	25,857	6,285
특 · 광역시	1,694	2	5,176	207
시 · 도	16,509	179	12,284	2,775
군	7,189	33	3,103	3,016
구	20,716	4	5,294	288
사업수	8,244	484	8,388	7,104

(단위: 건, 억원)

행정단위	민간자본이전 (402)		자치단체자본이전 (403)	합 계
	민간자본 사업보조이전재원 (402-02)	민간위탁 사업비 (402-03)	공기관등에대한 자본적위탁사업비 (403-02)	
합 계	28,799	4,206	22,452	227,504
특 · 광역시	6,546	238	3,037	26,462
시 · 도	16,337	1,958	10,580	103,287
군	5,400	1,480	7,976	46,532
구	516	530	860	51,224
사업수	9,147	1,039	3,008	90,816

(3) 2022년 조사결과

(단위: 건, 억원)

행정단위	민간이전 (307)			
	민간경상 사업보조 (307-02)	민간단체 법정운영비보조 (307-03)	민간행사 사업보조 (307-04)	민간위탁금 (307-05)
합 계	19,949	3,215	3,794	62,201
특 · 광역시	1,966	443	116	6,715
시 · 도	9,476	1,697	1,942	23,943
군	6,620	698	1,431	10,680
구	1,888	377	305	20,864
사업수	24,336	3,615	8,272	11,643

(단위: 건, 억원)

행정단위	민간이전 (307)		자치단체등이전 (308)	민간자본이전 (402)
	사회복지시설 법정운영비보조 (307-10)	민간인 위탁교육비 (307-12)	공기관등에대한 경상적위탁사업비 (308-10)	민간자본 사업보조자체재원 (402-01)
합 계	37,066	177	21,784	6,271
특 · 광역시	1,810	0.2	4,815	418
시 · 도	14,051	18	9,570	2,388
군	6,764	111	3,400	3,233
구	14,441	48	3,999	231
사업수	7,521	370	7,393	5,420

(단위: 건, 억원)

행정단위	민간자본이전 (402)		자치단체자본이전 (403)	합 계
	민간자본 사업보조이전재원 (402-02)	민간위탁 사업비 (402-03)	공기관등에대한 자본적위탁사업비 (403-02)	
합 계	24,046	4,124	21,544	204,171
특 · 광역시	3,246	325	2,655	22,508
시 · 도	10,457	1,249	8,408	83,199
군	9,684	2,141	9,544	54,305
구	660	409	937	44,158
사업수	8,654	1,268	2,670	81,162

(4) 2021년 조사결과

(단위: 건, 억원)

행정단위	민간이전 (307)			
	민간경상 사업보조 (307-02)	민간단체 법정운영비보조 (307-03)	민간행사 사업보조 (307-04)	민간위탁금 (307-05)
합 계	16,094	2,581	3,789	59,274
특 · 광역시	1,265	207	175	1,419
시 · 도	7,417	1,405	1,910	25,055
군	5,844	698	1,441	23,693
구	1,569	271	262	9,107
사업수	27,012	3,870	9,055	11,423

(단위: 건, 억원)

행정단위	민간이전 (307)		자치단체등이전 (308)	민간자본이전 (402)
	사회복지시설 법정운영비보조 (307-10)	민간인 위탁교육비 (307-12)	공기관등에대한 경상적위탁사업비 (308-10)	민간자본 사업보조자체재원 (402-01)
합 계	45,857	216	19,663	5,960
특 · 광역시	958	3	2,820	261
시 · 도	17,429	46	11,703	2,345
군	15,096	117	3,840	3,149
구	12,374	51	1,300	205
사업수	8,408	565	6,204	6,654

(단위: 건, 억원)

행정단위	민간자본이전(402)		자치단체자본이전 (403)	합 계
	민간자본 사업보조이전재원 (402-02)	민간위탁 사업비 (402-03)	공기관등에대한 자본적위탁사업비 (403-02)	
합 계	19,030	3,828	18,022	194,313
특 · 광역시	392	32	505	8,036
시 · 도	9,454	1,541	7,785	86,090
군	8,771	2,063	8,924	73,637
구	413	191	808	26,550
사업수	10,951	1,485	2,737	88,364

(5) 2020년 조사결과

(단위: 건, 억원)

행정단위	민간이전 (307)			
	민간경상 사업보조 (307-02)	민간단체 법정운영비보조 (307-03)	민간행사 사업보조 (307-04)	민간위탁금 (307-05)
합 계	16,166	2,080	3,504	55,093
특 · 광역시	1,478	200	203	2,046
시 · 도	5,663	878	1,425	19,771
군	6,904	716	1,618	14,858
구	2,121	287	259	18,417
사업수	17,657	2,467	5,957	8,173

(단위: 건, 억원)

행정단위	민간이전 (307)		자치단체등이전 (308)	민간자본이전 (402)
	사회복지시설 법정운영비보조 (307-10)	민간인 위탁교육비 (307-12)	공기관등에대한 경상적위탁사업비 (308-10)	민간자본 사업보조자체재원 (402-01)
합 계	42,747	167	17,912	6,889
특 · 광역시	443	5	2,377	308
시 · 도	15,315	76	5,468	2,883
군	5,555	54	3,952	3,143
구	21,433	32	6,116	555
사업수	6,086	994	3,486	4,101

(단위: 건, 억원)

행정단위	민간자본이전(402)		자치단체자본이전 (403)	합 계
	민간자본 사업보조이전재원 (402-02)	민간위탁 사업비 (402-03)	공기관등에대한 자본적위탁사업비 (403-02)	
합 계	21,949	3,783	18,852	189,143
특 · 광역시	693	108	1,258	9,118
시 · 도	8,438	1,074	4,744	65,735
군	10,944	1,411	12,270	61,426
구	1,874	1,190	580	52,864
사업수	7,521	1,259	2,014	59,715

■ 민·관협업 예산비목 설명

1) 민간경상사업보조(307-02)란 민간이 행하는 사업에 대하여 자치단체가 이를 권장하기 위하여 교부하는 것으로 자본적 경비를 제외한 보조금을 말함
2) 민간단체 법정운영비보조(307-03)란 지방재정법 제17조 및 제32조의2제2항에 따라 운영비를 지원할 수 있는 단체 등에 지원하는 경비를 말함
3) 민간행사사업보조(307-04)란 민간이 주관 또는 주최하는 행사에 대하여 자본적 경비를 제외한 보조금을 말함
4) 민간위탁금(307-05)이란 국가 또는 지방자치단체가 법령 및 조례에 의하여 민간인에게 위탁관리시키는 사업 중 기금성격의 사업비로서 사업이 종료되거나 위탁이 폐지될 때에는 전액 국고 또는 지방비로 회수가 가능한 사업을 말함
5) 사회복지시설 법정운영비 보조(307-10)란 주민 복지를 위해 법령의 명시적 근거에 따라 사회복지시설에 대하여 운영비 지원 목적으로 편성하는 보조금을 말함
6) 민간인위탁교육비(307-12)란 법령 또는 조례 등에 따라 자치단체 사무를 위해 민간인을 위탁교육할 경우 위탁기관에 지급할 위탁교육비를 말함
7) 공기관등에 대한 경상적 위탁사업비(308-13)란 광역사업 등 당해 자치단체가 시행하여야 할 자본형성적 사업 외의 경비를 공기관에 위임 또는 위탁, 대행하여 시행할 경우 부담하는 제반경비, 지방자치단체조합(한국지역정보개발원 등)에 위탁하는 자본 형성적 사업 외 제반 경비를 말함
8) 민간자본사업보조(자체재원)(402-01)이란 민간의 자본형성을 위하여 민간이 추진하는 사업을 권장할 목적으로 민간에게 자치단체 자체 재원으로 직접 지급하는 보조금을 말함
9) 민간자본사업보조(이전재원)(402-02)이란 민간의 자본형성을 위하여 민간이 추진하는 사업을 권장할 목적으로 민간에게 국비 또는 시도비를 시도 및 시군구에서 지급하는 보조금
10) 민간위탁사업비(402-03)란 자치단체가 직접 추진하여야 할 사업으로서 법령의 규정에 의하여 민간에 위임 또는 위탁, 대행시키는 사업의 사업비, 국가 또는 지방자치단체의 위임사무에 수반하는 경비로서 지방자치단체 이외의 타에 지급하는 교부금을 말함
11) 공기관등에 대한 자본적 위탁사업비(403-02)란 광역사업 등 당해 자치단체가 시행하여야 할 자본 형성적 사업을 공기관에 위임 또는 위탁, 대행하여 시행할 경우 부담하는 제반경비를 말함

※ 자료의 특성상 원본(엑셀) 제공은 다소 어려우나, 별도의 요청이 있는 경우 특정항목 및 특정사업에 따라 분류된 자료를 제공드릴 수 있습니다.

자료출처 : 행정안전부, 2024년도 지방자치단체 예산편성 운영기준 및 기금운용계획 수립기준 (2023. 7.)

chapter

1

민간위탁금 (307-05)

목 차

목 차

광주

대구

대전

부산

울산

세종

강원

목 차

충북

충남

경북

경남

목 차

2024년 전국 지방자치단체 민간위탁금(307-05) 운영현황

순번	시군구	지출명 (사업명)	2024년예산 (단위 : 천원 /1년간)	민간이전 분류 (지방자치단체 세출예산 집행기준에 의거) 1. 민간경상사업보조(307-02) 2. 민간단체 법정운영비보조(307-03) 3. 민간행사사업보조(307-04) 4. 민간위탁금(307-05) 5. 사회복지시설 법정운영비보조(307-10) 6. 민간인위탁교육비(307-12) 7. 공기관등에대한경상적위탁사업비(308-13) 8. 민간자본사업보조,자체재원(402-01) 9. 민간자본사업보조,이전재원(402-02) 10. 민간위탁사업비(402-03) 11. 공기관등에 대한 자본적 위탁사업비(403-02)	민간이전지출 근거 (지방보조금 관리기준 참고) 1. 법률에 규정 2. 국고보조 재원(국가지정) 3. 용도 지정 기부금 4. 조례에 직접규정 5. 지자체가 권장하는 사업을 하는 공공기관 6. 시,도 정책 및 재정사정 7. 기타 8. 해당없음	입찰방식 계약체결방법 (경쟁형태) 1. 일반경쟁 2. 제한경쟁 3. 지명경쟁 4. 수의계약 5. 법정위탁 6. 기타 ( ) 7. 없음	입찰방식 계약기간 1. 1년 2. 2년 3. 3년 4. 4년 5. 5년 6. 기타 ( )년 7. 단기계약 (1년미만) 8. 없음	입찰방식 낙찰자선정방법 1. 적격심사 2. 협상에의한계약 3. 최저가낙찰제 4. 규격가격분리 5. 2단계 경쟁입찰 6. 기타 ( ) 7. 없음	운영예산 산정 운영예산 산정 1. 내부산정 (지자체 자체적으로 산정) 2. 외부산정 (외부전문기관위탁 산정) 3. 내·외부 모두 산정 4. 산정 無 5. 없음	운영예산 산정 정산방법 1. 내부정산 (지자체 내부적으로 정산) 2. 외부정산 (외부전문기관위탁 정산) 3. 내·외부 모두 산정 4. 정산 無 5. 없음	성과평가 실시여부 1. 실시 2. 미실시 3. 향후 추진 4. 해당없음
1	서울특별시	자원회수시설위탁운영(양천,노원,강남,마포)	86,129,894	4	4	2	3	1,2	3	2	1
2	서울특별시	홍릉바이오의료앵커운영	12,606,117	4	4	1	3	2	1	3	1
3	서울특별시	서울특별시동부병원위탁운영	12,500,406	4	4	2	5	1	1	2	1
4	서울특별시	거리노숙인보호	10,495,151	4	1	2	5	2	1	2	1
5	서울특별시	시립청소년특화시설위탁운영지원	10,081,217	4	1	1	3	1	1	3	1
6	서울특별시	노숙인요양시설운영(전환사업)	9,564,091	4	1	1	5	2	1	1	1
7	서울특별시	서울특별시보라매병원위탁운영	9,409,154	4	4	2	5	1	1	2	1
8	서울특별시	청소년복지시설운영지원	9,224,454	4	2	1	3	1	3	3	1
9	서울특별시	서울특별시서남병원위탁운영	8,894,174	4	4	1	5	1	1	1	1
10	서울특별시	쪽방거주자생활안정지원(쪽방상담소운영지원)	8,316,136	4	1	2	5	2	1	1	1
11	서울특별시	양재AI혁신지구육성	8,112,205	4	6	1	3	2	1	1	3
12	서울특별시	지역아동보호전문기관운영지원	8,029,839	4	2	6	5	1	3	3	1
13	서울특별시	여성노숙인시설운영(전환사업)	7,447,021	4	4	1	5	7	3	3	4
14	서울특별시	장애인거주시설운영	6,968,729	4	1	7	8	7	3	1	2
15	서울특별시	서울특별시북부병원위탁운영	6,937,406	4	4	2	5	1	1	2	1
16	서울특별시	연수원운영	6,771,048	4	4	1	3	3	1	1	1
17	서울특별시	여성발전센터운영	6,660,497	4	4	1	3	2	1	1	1
18	서울특별시	서울패션허브운영	5,770,265	4	1	7	8	7	5	5	4
19	서울특별시	정신요양시설운영보조(국비)	5,356,750	4	1	2	5	1	1	1	4
20	서울특별시	서울노동권익센터운영	5,271,159	4	4	1	3	1	1	3	1
21	서울특별시	여성능력개발원운영	4,692,608	4	4	1	3	2	1	1	1
22	서울특별시	인터넷중독예방상담센터운영	4,544,414	4	7	1	3	1	1	3	1
23	서울특별시	서울특별시장애인치과병원위탁운영	4,125,675	4	4	2	5	1	1	2	1
24	서울특별시	거점형키움센터운영(자체)	4,098,648	4	2	1	5	1	1	1	3
25	서울특별시	서울새활용플라자시설관리및운영	3,999,921	4	4	1	3	1,2	1	1	1
26	서울특별시	어르신돌봄종사자지원	3,884,060	4	2	1	5	6	1	3	1
27	서울특별시	광역정신건강복지센터운영	3,858,500	4	2	4	3	1	1	1	1
28	서울특별시	거점형키움센터인건비지원	3,843,891	4	2	1	5	1	1	1	3
29	서울특별시	서울광역청년센터운영	3,557,148	4	1	2	3	1	1	3	1
30	서울특별시	청소년방과후아카데미운영지원	3,417,274	4	2	7	8	7	1	1	4
31	서울특별시	서울특별시장애인직장운동경기부운영	3,411,107	4	1	7	8	7	1	1	1
32	서울특별시	서울상상나라운영	3,297,489	4	4	1	3	1	1	1	1
33	서울특별시	장애인직업재활시설운영	3,120,788	4	1	1	5	1	1	3	1
34	서울특별시	커리어플러스센터운영	3,114,229	4	6	1	2	7	1	2	1
35	서울특별시	서울도시금속회수센터(SR센터)운영효율화	2,959,652	4	1	2	3	2	1	1	3
36	서울특별시	서울창업허브창동운영	2,949,020	4	4	1	3	1	1	1	1
37	서울특별시	영상산업지원	2,918,168	4	4	5	3	1	1	2	1

순번	시군구	지출명 (사업명)	2024년예산 (단위 : 천원 /1년간)	민간이전 분류 (지방자치단체 세출예산 집행기준에 의거) 1. 민간경상사업보조(307-02) 2. 민간단체 법정운영비보조(307-03) 3. 민간행사사업보조(307-04) 4. 민간위탁금(307-05) 5. 사회복지시설 법정운영비보조(307-10) 6. 민간인위탁교육비(307-12) 7. 공기관등에대한경상적위탁사업비(308-13) 8. 민간자본사업보조,자체재원(402-01) 9. 민간자본사업보조,이전재원(402-02) 10. 민간위탁사업비(402-03) 11. 공기관등에 대한 자본적 위탁사업비(403-02)	민간이전지출 근거 (지방보조금 관리기준 참고) 1. 법률에 규정 2. 국고보조 재원(국가지정) 3. 용도 지정 기부금 4. 조례에 직접규정 5. 지자체가 권장하는 사업을 하는 공공기관 6. 시,도 정책 및 재정사정 7. 기타 8. 해당없음	입찰방식 계약체결방법 (경쟁형태) 1. 일반경쟁 2. 제한경쟁 3. 지명경쟁 4. 수의계약 5. 법정위탁 6. 기타 ( ) 7. 없음	입찰방식 계약기간 1. 1년 2. 2년 3. 3년 4. 4년 5. 5년 6. 기타 ( )년 7. 단기계약 (1년미만) 8. 없음	입찰방식 낙찰자선정방법 1. 적격심사 2. 협상에의한계약 3. 최저가낙찰제 4. 규격가격분리 5. 2단계 경쟁입찰 6. 기타 ( ) 7. 없음	운영예산 산정 운영예산 산정 1. 내부산정 (지자체 자체적으로 산정) 2. 외부산정 (외부전문기관위탁 산정) 3. 내·외부 모두 산정 4. 산정 無 5. 없음	운영예산 산정 정산방법 1. 내부정산 (지자체 내부적으로 정산) 2. 외부정산 (외부전문기관위탁 정산) 3. 내·외부 모두 산정 4. 정산 無 5. 없음	성과평가 실시여부 1. 실시 2. 미실시 3. 향후 추진 4. 해당없음
38	서울특별시	외국인주민지원시설설치운영	2,870,275	4	4	2	3	1	1	1	1
39	서울특별시	서울시자살예방센터운영	2,737,525	4	1	2	3	1	1	1	1
40	서울특별시	서울시고립은둔청년지원사업	2,628,010	4	6	2	3	1	1	3	1
41	서울특별시	사회적경제지원센터운영	2,577,216	4	4	7	8	7	1	1	1
42	서울특별시	노숙인재활시설운영(전환사업)	2,524,135	4	1	2	5	2	1	1	3
43	서울특별시	청소년성문화센터운영	2,512,954	4	2	1	3	1	3	3	1
44	서울특별시	어르신의료복지시설운영(요양)	2,479,927	4	4	1	5	6	1	3	1
45	서울특별시	캠퍼스타운기업성장센터관리운영	2,425,438	4	4	1	3	1	1	3	3
46	서울특별시	학교밖청소년지원	2,395,491	4	4	1	3	2	1	1	1
47	서울특별시	중소기업지식재산권확보지원	2,385,360	4	2	5	3	7	1	1	3
48	서울특별시	서울풍물시장활성화	2,356,939	4	1	1	3	1	1	1	1
49	서울특별시	노숙인자활시설운영	2,351,568	4	1	2	5	2	1	1	3
50	서울특별시	서울남산국악당운영	2,345,681	4	4	2	3	2	1	3	1
51	서울특별시	어르신주거복지시설운영(양로)(전환사업)	2,239,984	4	4	1	5	6	1	3	1
52	서울특별시	노인보호전문기관운영	2,237,681	4	2	1	5	6	1	3	1
53	서울특별시	지역별서울청년센터설치운영	2,219,540	4	6	2	1	1	1	3	1
54	서울특별시	시육아종합지원센터운영(전환사업)	2,194,027	4	1	1	3	1	1	1	1
55	서울특별시	경계선지능인평생교육지원	2,079,002	4	1	7	8	7	5	5	4
56	서울특별시	시한부모가족지원센터운영	2,061,063	4	4	1	3	1	1	1	1
57	서울특별시	서울돈화문국악당운영	2,014,295	4	4	4	3	1	1	3	1
58	서울특별시	시립청소년상담복지센터운영	2,001,226	4	6	5	2	6	1	2	1
59	서울특별시	자립준비청년자립지원체계구축(자립지원사업비)	1,960,800	4	1	1	5	1	1	1	1
60	서울특별시	실감형온라인콘텐츠제작스튜디오조성및운영	1,893,681	4	4	2	2	2	1	3	1
61	서울특별시	직장맘지원센터운영	1,827,949	4	4	1	3	7	3	3	1
62	서울특별시	서울글로벌센터운영	1,798,519	4	4	1	2	1	1	3	3
63	서울특별시	서울용산시제품제작소운영	1,752,631	4	4	1	3	2	1	1	1
64	서울특별시	정신건강증진시설인력확충	1,751,320	4	2	4	3	1	1	1	1
65	서울특별시	서울시공익활동지원시설운영	1,739,976	4	4	7	8	7	1	2	1
66	서울특별시	돈의문박물관마을운영	1,717,599	4	4	2	3	1	1	3	3
67	서울특별시	장애인일자리통합지원센터운영	1,666,863	4	6	1	3	7	1	2	1
68	서울특별시	서울아트책보고운영	1,659,142	4	6	1	3	2	3	3	3
69	서울특별시	어린이집방문간호사서비스지원	1,640,098	4	4	2	3	2	1	1	3
70	서울특별시	서울핀테크랩운영	1,632,166	4	4	1	2	1	1	1	1
71	서울특별시	시청직장어린이집운영	1,591,183	4	4	1	6	2	1	1	1
72	서울특별시	운수종사자연수기관운영및교육지원	1,559,982	4	1,4	7	3	7	1	1	1
73	서울특별시	서울시가족센터운영	1,492,106	4	4	6	5	1	1	1	2
74	서울특별시	폭력피해이주여성보호시설운영지원	1,469,907	4	1,2	7	8	7	5	1	1
75	서울특별시	서울아이발달지원센터운영	1,451,231	4	4	1	3	1	1	3	1
76	서울특별시	하이서울쇼룸운영	1,437,000	4	6	2	3	2	1	2	1
77	서울특별시	서울에너지드림센터및서울특별시환경교육센터운영	1,426,996	4	7	7	8	7	5	5	4

순번	시군구	지출명 (사업명)	2024년예산 (단위 : 천원 /1년간)	민간이전 분류 (지방자치단체 세출예산 집행기준에 의거) 1. 민간경상사업보조(307-02) 2. 민간단체 법정운영비보조(307-03) 3. 민간행사사업보조(307-04) 4. 민간위탁금(307-05) 5. 사회복지시설 법정운영비보조(307-10) 6. 민간인위탁교육비(307-12) 7. 공기관등에대한경상적위탁사업비(308-13) 8. 민간자본사업보조,자체재원(402-01) 9. 민간자본사업보조,이전재원(402-02) 10. 민간위탁사업비(402-03) 11. 공기관등에 대한 자본적 위탁사업비(403-02)	민간이전지출 근거 (지방보조금 관리기준 참고) 1. 법률에 규정 2. 국고보조 재원(국가지정) 3. 용도 지정 기부금 4. 조례에 직접규정 5. 지자체가 권장하는 사업을 하는 공공기관 6. 시,도 정책 및 재정사정 7. 기타 8. 해당없음	입찰방식			운영예산 산정		성과평가 실시여부
						계약체결방법 (경쟁형태) 1. 일반경쟁 2. 제한경쟁 3. 지명경쟁 4. 수의계약 5. 법정위탁 6. 기타 ( ) 7. 없음	계약기간 1. 1년 2. 2년 3. 3년 4. 4년 5. 5년 6. 기타 ( )년 7. 단기계약 (1년미만) 8. 없음	낙찰자선정방법 1. 적격심사 2. 협상에의한계약 3. 최저가낙찰제 4. 규격가격분리 5. 2단계 경쟁입찰 6. 기타 ( ) 7. 없음	운영예산 산정 1. 내부산정 (지자체 자체적으로 산정) 2. 외부산정 (외부전문기관위탁 산정) 3. 내·외부 모두 산정 4. 산정 無 5. 없음	정산방법 1. 내부정산 (지자체 내부적으로 정산) 2. 외부정산 (외부전문기관위탁 정산) 3. 내·외부 모두 산정 4. 정산 無 5. 없음	1. 실시 2. 미실시 3. 향후 추진 4. 해당없음
78	서울특별시	종합사회복지관운영	1,422,874	4	1	5	5	1	1	1	1
79	서울특별시	산업특정개발진흥지구운영	1,415,508	4	1	1	6	1,2	1	1	3
80	서울특별시	서울시보조기기센터운영	1,406,425	4	4	5	3	1	1	1	1
81	서울특별시	여성긴급전화1366서울센터운영지원	1,389,520	4	1	7	8	7	5	1	1
82	서울특별시	정신재활시설운영보조	1,375,283	4	1	7	8	7	5	5	4
83	서울특별시	서울심리지원센터운영	1,369,290	4	4	2	3	1	1	1	4
84	서울특별시	남산골한옥마을및전통정원운영	1,326,577	4	4	1	3	1	1	3	1
85	서울특별시	장애인체육시설운영	1,318,946	4	1	1	5	1	1	1	1
86	서울특별시	노동자종합지원센터설치운영및활성화지원	1,307,642	4	4	1	3	1	1	1	1
87	서울특별시	학대피해아동쉼터운영지원	1,294,555	4	1	6	5	1	3	1	1
88	서울특별시	광역치매센터운영	1,284,200	4	2	5	3	1	1	1	1
89	서울특별시	자립준비청년자립지원체계구축(자립지원전담인력배치)	1,275,743	4	1	1	5	1	1	1	1
90	서울특별시	전태일기념관운영	1,267,170	4	4	1	3	1	1	3	1
91	서울특별시	관악복합평생교육센터운영	1,251,927	4	1	7	8	7	5	5	4
92	서울특별시	청소년활동진흥센터운영지원(전환사업)	1,245,284	4	1	1	3	1	1	3	1
93	서울특별시	노숙인등의료지원	1,218,139	4	1	2	5	2	1	1	3
94	서울특별시	서울시지역상생교류사업운영	1,200,052	4	6	1	3	2	3	3	1
95	서울특별시	저소득층예술영재교육	1,200,000	4	4	2	3	2	1	3	1
96	서울특별시	서울소셜벤처허브운영	1,121,099	4	4	2	2	1,2	1	1	1
97	서울특별시	시립서울형키즈카페운영	1,115,158	4	6	1	5	1	1	1	1
98	서울특별시	장애인권익옹호기관운영	1,099,215	4	1	3	5	1	1	1	3
99	서울특별시	서울창업허브성수운영	1,084,590	4	4	1	3	2	1	1	1
100	서울특별시	서울책보고운영	1,050,215	4	6	6	3	1	3	3	3
101	서울특별시	서울특별시제대혈은행운영	1,043,759	4	4	2	5	1	1	2	1
102	서울특별시	공항소음피해지역주민지원사업추진	1,027,413	4	4	1	3	1	1	1	1
103	서울특별시	장애인생산품판매시설운영	1,022,911	4	2	1	5	1	1	3	3
104	서울특별시	자살유족지원사업	1,012,972	4	1	2	3	1	1	1	1
105	서울특별시	제2서울핀테크랩운영	980,648	4	4	1	6	1	1	1	3
106	서울특별시	장애인단기거주시설운영	954,310	4	1	7	5	1	1	3	1
107	서울특별시	매립가스포집처리위탁운영	949,546	4	1	1	3	1	1	1	1
108	서울특별시	자립준비청년자립지원체계구축(자체)	944,793	4	1	1	5	1	1	1	1
109	서울특별시	시립늘푸른교육센터운영(자체)	921,222	4	4	1	3	1	1	1	4
110	서울특별시	한강공원난지캠핑장운영및유지관리	915,208	4	4	1	3	1	2	3	1
111	서울특별시	서울시노동자복지관운영	889,030	4	4	1	2	1	1	3	1
112	서울특별시	학대피해장애아동쉼터운영	875,040	4	1	1	5	1	1	1	3
113	서울특별시	서울창업디딤터운영	873,569	4	4	1	3	2	1	1	1
114	서울특별시	서울시강북노동자복지관운영	872,276	4	4	1	2	1	1	3	1
115	서울특별시	학대피해아동임시보호시설운영지원	843,492	4	7	6	5	1	3	1	1
116	서울특별시	아이돌봄지원	834,110	4	2	6	3	1	1	1	3
117	서울특별시	서울함공원운영	834,049	4	4	2	3	1	1	3	1

순번	시군구	지출명 (사업명)	2024년예산 (단위 : 천원 /1년간)	민간이전 분류 (지방자치단체 세출예산 집행기준에 의거) 1. 민간경상사업보조(307-02) 2. 민간단체 법정운영비보조(307-03) 3. 민간행사사업보조(307-04) 4. 민간위탁금(307-05) 5. 사회복지시설 법정운영비보조(307-10) 6. 민간인위탁교육비(307-12) 7. 공기관등에대한경상적위탁사업비(308-13) 8. 민간자본사업보조,자체재원(402-01) 9. 민간자본사업보조,이전재원(402-02) 10. 민간위탁사업비(402-03) 11. 공기관등에 대한 자본적 위탁사업비(403-02)	민간이전지출 근거 (지방보조금 관리기준 참고) 1. 법률에 규정 2. 국고보조 재원(국가지정) 3. 용도 지정 기부금 4. 조례에 직접규정 5. 지자체가 권장하는 사업을 하는 공공기관 6. 시,도 정책 및 재정사정 7. 기타 8. 해당없음	입찰방식 계약체결방법 (경쟁형태) 1. 일반경쟁 2. 제한경쟁 3. 지명경쟁 4. 수의계약 5. 법정위탁 6. 기타 ( ) 7. 없음	입찰방식 계약기간 1. 1년 2. 2년 3. 3년 4. 4년 5. 5년 6. 기타 ( )년 7. 단기계약 (1년미만) 8. 없음	입찰방식 낙찰자선정방법 1. 적격심사 2. 협상에의한계약 3. 최저가낙찰제 4. 규격가격분리 5. 2단계 경쟁입찰 6. 기타 ( ) 7. 없음	운영예산 산정 운영예산 산정 1. 내부산정 (지자체 자체적으로 산정) 2. 외부산정 (외부전문기관위탁 산정) 3. 내·외부 모두 산정 4. 산정 無 5. 없음	운영예산 산정 정산방법 1. 내부정산 (지자체 내부적으로 정산) 2. 외부정산 (외부전문기관위탁 정산) 3. 내·외부 모두 산정 4. 정산 無 5. 없음	성과평가 실시여부 1. 실시 2. 미실시 3. 향후 추진 4. 해당없음
118	서울특별시	시립십대여성건강센터운영	817,412	4	4	1	3	1	1	1	1
119	서울특별시	서울이주여성상담센터운영지원	789,776	4	4	4	1	1	1	1	1
120	서울특별시	운현궁위탁운영	761,528	4	4	1	3	1	1	3	1
121	서울특별시	G밸리창업복지센터운영	745,923	4	4	1	4	2	2	3	1
122	서울특별시	서울창업성장센터운영	739,800	4	4	1	6	2	1	1	1
123	서울특별시	기부식품제공사업운영지원	716,909	4	1	1	3	1	1	1	1
124	서울특별시	장애인공동생활가정운영	708,571	4	4	1	3	1	1	1	1
125	서울특별시	생태공원운영및유지관리	708,042	4	4	1	3	1	2	3	2
126	서울특별시	삼일로창고극장운영	704,442	4	4	2	3	2	1	3	1
127	서울특별시	녹색산업육성지원	701,783	4	5	1	3	1	3	3	1
128	서울특별시	서울둘레길2.유지관리(전환)	700,000	4	4	2	3	1	1	1	1
129	서울특별시	불법성산업감시	689,281	4	4	1	5	1	1	1	1
130	서울특별시	후생복지지원	670,150	4	1	2	3	1	3	3	4
131	서울특별시	청춘극장운영	662,587	4	4	2	3	1	1	1	1
132	서울특별시	서울창업센터관악운영	661,409	4	4	1	6	2	1	1	3
133	서울특별시	발달장애인사회적응지원센터운영	654,558	4	7	1	3	1	1	3	1
134	서울특별시	광역자활센터운영지원	652,900	4	1	2	3	2	1	1	1
135	서울특별시	역사가옥사무민간위탁지원	652,709	4	4	1	3	1	1	1	1
136	서울특별시	서울시발달장애인지원센터설치운영	652,000	4	1	4	3	6	1	1	1
137	서울특별시	직원근무환경개선추진	640,200	4	4	1	3	1	1	1	3
138	서울특별시	서울수어전문교육원운영	612,064	4	6	6	3	1	1	1	1
139	서울특별시	한센병환자관리지원(자체)	608,149	4	4	4	3	1	1	1	1
140	서울특별시	무형문화재전수시설운영	607,044	4	4	1	3	1	1	1	1
141	서울특별시	서울공공한옥사무민간위탁지원	586,572	4	4	1	3	1	1	1	1
142	서울특별시	청소년안전망구축지원	571,664	4	2	5	2	6	1	2	1
143	서울특별시	인권침해장애인쉼터운영(국비)	550,888	4	1	1	5	1	1	1	3
144	서울특별시	중도입국청소년지원	550,448	4	4	2	3	1	1	1	1
145	서울특별시	청년창업꿈터운영	541,669	4	4	1	3	2	1	1	1
146	서울특별시	청소년지원센터지원(꿈드림운영)	539,912	4	2	5	2	6	1	2	1
147	서울특별시	서울시전자상거래센터운영	533,478	4	4	1	3	1	1	1	1
148	서울특별시	청소년수련시설지도사추가채용지원	506,952	4	2	7	8	7	5	5	4
149	서울특별시	발달장애인공공후견지원사업	501,760	4	1	4	3	6	1	1	1
150	서울특별시	대사증후군관리	473,636	4	6	1	3	1	1	1	1
151	서울특별시	인권침해장애인쉼터운영	440,661	4	4	1	5	1	1	1	3
152	서울특별시	서울먹거리창업센터운영	426,607	4	4	1	3	6	1	1	1
153	서울특별시	서울생활문화센터낙원운영	413,247	4	4	1	3	1	1	3	4
154	서울특별시	서울시장애인의사소통권리증진센터운영	406,808	4	4	1	3	1	1	1	3
155	서울특별시	지역사회서비스투자사업	400,000	4	1	1	3	1	1	1	1
156	서울특별시	금연도시서울만들기(국비)	400,000	4	2	1	3	1	1	1	1
157	서울특별시	요보호아동그룹홈(공동생활가정)운영지원	398,865	4	4	1	3	1	1	1	1

순번	시군구	지출명 (사업명)	2024년예산 (단위 : 천원 /1년간)	민간이전 분류 (지방자치단체 세출예산 집행기준에 의거)	민간이전지출 근거 (지방보조금 관리기준 참고)	입찰방식			운영예산 산정		성과평가 실시여부
				1. 민간경상사업보조(307-02) 2. 민간단체 법정운영비보조(307-03) 3. 민간행사사업보조(307-04) 4. 민간위탁금(307-05) 5. 사회복지시설 법정운영비보조(307-10) 6. 민간인위탁교육비(307-12) 7. 공기관등에대한경상적위탁사업비(308-13) 8. 민간자본사업보조,자체재원(402-01) 9. 민간자본사업보조,이전재원(402-02) 10. 민간위탁사업비(402-03) 11. 공기관등에 대한 자본적 위탁사업비(403-02)	1. 법률에 규정 2. 국고보조 재원(국가지정) 3. 용도 지정 기부금 4. 조례에 직접규정 5. 지자체가 권장하는 사업을 하는 공공기관 6. 시,도 정책 및 재정사정 7. 기타 8. 해당없음	계약체결방법 (경쟁형태) 1. 일반경쟁 2. 제한경쟁 3. 지명경쟁 4. 수의계약 5. 법정위탁 6. 기타 ( ) 7. 없음	계약기간 1. 1년 2. 2년 3. 3년 4. 4년 5. 5년 6. 기타 ( )년 7. 단기계약 (1년미만) 8. 없음	낙찰자선정방법 1. 적격심사 2. 협상에의한계약 3. 최저가낙찰제 4. 규격가격분리 5. 2단계 경쟁입찰 6. 기타 ( ) 7. 없음	운영예산 산정 1. 내부산정 (지자체 자체적으로 산정) 2. 외부산정 (외부전문기관위탁 산정) 3. 내·외부 모두 산정 4. 산정 無 5. 없음	정산방법 1. 내부정산 (지자체 내부적으로 정산) 2. 외부정산 (외부전문기관위탁 정산) 3. 내·외부 모두 산정 4. 정산 無 5. 없음	1. 실시 2. 미실시 3. 향후 추진 4. 해당없음
158	서울특별시	서울시아토피천식교육정보센터운영	390,000	4	4	1	3	1	5	2	4
159	서울특별시	서울시가족센터(다문화가족거점센터)운영(자체)	384,608	4	4	1	5	1	1	1	2
160	서울특별시	우당기념관관리운영	363,250	4	4	1	3	2	1	1	1
161	서울특별시	시립십대여성일시지원센터운영	355,696	4	4	1	3	1	1	1	4
162	서울특별시	성평등활동지원센터운영	354,995	4	4	1	6	1	2	2	3
163	서울특별시	목동재난체험관운영	345,600	4	1	6	3	1	1	1	4
164	서울특별시	지역아동센터시도지원단운영	336,343	4	2	5	3	1	2	1	2
165	서울특별시	통합정신건강증진사업	333,000	4	2	4	3	1	1	1	1
166	서울특별시	서울문학의집운영	325,204	4	4	2	3	2	1	3	3
167	서울특별시	서울형독성물질중독관리센터설치운영	317,896	4	4	1	6	1	5	2	4
168	서울특별시	건강한시민을위한식생활교육추진바른식생활교육지원(국비)	310,000	4	2	2	3	2	1	1	1
169	서울특별시	뚝섬자벌레운영및관리	295,220	4	4	7	8	7	5	5	4
170	서울특별시	서울여성공예센터운영	290,000	4	4	1	2	2	1	1	1
171	서울특별시	건강한시민을위한식생활교육추진바른식생활교육지원(자체)	285,660	4	6	2	3	2	1	1	1
172	서울특별시	건강증진사업관리	281,730	4	1	4	3	1	1	3	1
173	서울특별시	아동안전보호	274,571	4	6	5	3	1	1	1	2
174	서울특별시	에이즈예방홍보및교육	272,000	4	1	4	3	1	1	1	1
175	서울특별시	효율적인연구및행정지원	263,412	4	1	1	3	1	1	1	1
176	서울특별시	취약계층청소년국제문화교류사업	250,000	4	1	7	8	7	1	3	1
177	서울특별시	동행센터방문건강관리	250,000	4	1	4	3	1	1	3	1
178	서울특별시	서울시가족센터(다문화가족거점센터)운영	239,005	4	2	1	5	1	1	1	2
179	서울특별시	주간활동서비스운영지원	239,000	4	1	4	3	6	1	1	1
180	서울특별시	자살예방사업인력확충	222,216	4	1	2	3	1	1	1	1
181	서울특별시	성매매피해자지원시설및상담소운영지원(자체)	201,703	4	4	6	8	7	1	1	1
182	서울특별시	청소년인권보장증진	194,600	4	4	1	2	2	1	1	4
183	서울특별시	성매매피해자지원시설및상담소운영지원	190,280	4	1,2,4	1	5	1	1	1	1
184	서울특별시	서울아기건강첫걸음사업	187,474	4	7	1	3	1	1	1	4
185	서울특별시	직장보육시설운영	180,120	4	1	2	3	6	1	3	4
186	서울특별시	시립늘푸른교육센터운영	174,752	4	4	1	3	1	1	1	4
187	서울특별시	어울림플라자(가칭)건립및운영	164,000	4	1	1	3	1	1	1	3
188	서울특별시	안전망병원운영	164,000	4	4	5	8	7	1	1	4
189	서울특별시	청소년동반자프로그램운영	152,754	4	2	5	2	6	1	2	1
190	서울특별시	서울녹색구매지원센터설치운영	144,000	4	2	1	6	1	3	3	1
191	서울특별시	최중증통합돌봄운영지원	141,000	4	1	1	3	1	1	1	4
192	서울특별시	아이돌봄지원(자체)	137,248	4	7	6	3	1	1	1	3
193	서울특별시	발달장애인긴급돌봄사업운영지원(지역)	104,120	4	1	4	3	6	1	1	1
194	서울특별시	미래유산보존및활용	89,001	4	4	1	3	1	1	3	4
195	서울특별시	거점형키움센터운영	76,000	4	2	1	5	1	1	1	3
196	서울특별시	심뇌혈관질환예방관리	69,412	4	2	1	3	1	5	1	4
197	서울특별시	성인전환기발달장애인자녀진로상담및코칭부모교육지원	52,000	4	1	4	3	6	1	1	1

순번	시군구	지출명 (사업명)	2024년예산 (단위 : 천원 /1년간)	민간이전 분류 (지방자치단체 세출예산 집행기준에 의거) 1. 민간경상사업보조(307-02) 2. 민간단체 법정운영비보조(307-03) 3. 민간행사사업보조(307-04) 4. 민간위탁금(307-05) 5. 사회복지시설 법정운영비보조(307-10) 6. 민간인위탁교육비(307-12) 7. 공기관등에대한경상적위탁사업비(308-13) 8. 민간자본사업보조,자체재원(402-01) 9. 민간자본사업보조,이전재원(402-02) 10. 민간위탁사업비(402-03) 11. 공기관등에 대한 자본적 위탁사업비(403-02)	민간이전지출 근거 (지방보조금 관리기준 참고) 1. 법률에 규정 2. 국고보조 재원(국가지정) 3. 용도 지정 기부금 4. 조례에 직접규정 5. 지자체가 권장하는 사업을 하는 공공기관 6. 시,도 정책 및 재정사정 7. 기타 8. 해당없음	입찰방식: 계약체결방법 (경쟁형태) 1. 일반경쟁 2. 제한경쟁 3. 지명경쟁 4. 수의계약 5. 법정위탁 6. 기타 ( ) 7. 없음	입찰방식: 계약기간 1. 1년 2. 2년 3. 3년 4. 4년 5. 5년 6. 기타 ( )년 7. 단기계약 (1년미만) 8. 없음	입찰방식: 낙찰자선정방법 1. 적격심사 2. 협상에의한계약 3. 최저가낙찰제 4. 규격가격분리 5. 2단계 경쟁입찰 6. 기타 ( ) 7. 없음	운영예산 산정: 운영예산 산정 1. 내부산정 (지자체 자체적으로 산정) 2. 외부산정 (외부전문기관위탁 산정) 3. 내·외부 모두 산정 4. 산정 無 5. 없음	운영예산 산정: 정산방법 1. 내부정산 (지자체 내부적으로 정산) 2. 외부정산 (외부전문기관위탁 정산) 3. 내·외부 모두 산정 4. 정산 無 5. 없음	성과평가 실시여부 1. 실시 2. 미실시 3. 향후 추진 4. 해당없음
198	서울특별시	발달장애인부모교육지원	50,000	4	1	4	3	6	1	1	1
199	서울특별시	마을기업중간지원기관운영(전환사업)	44,782	4	4	7	8	7	1	1	1
200	서울특별시	성인권교육지원	42,000	4	1	4	3	6	1	1	1
201	서울특별시	어린이청소년참여위원회(특별회의)운영	35,000	4	1	7	8	7	1	1	4
202	서울특별시	정신건강사업종사자정신건강증진	32,000	4	2	4	3	1	1	1	1
203	서울특별시	청소년친화도시서울조성	29,000	4	4	7	8	7	1	3	1
204	서울특별시	중증치매노인공공후견인지원	8,371	4	2	5	3	1	1	1	1
205	서울 성동구	아이돌봄지원사업	3,051,407	4	2	1	3	1	1	1	1
206	서울 성동구	음식물류폐기물위탁처리운영	2,550,000	4	1	6	1	7	5	1	2
207	서울 성동구	이면도로등취약지역청소용역	2,076,129	4	1	4	1	7	1	1	2
208	서울 성동구	음식물류폐기물위탁처리운영	1,500,000	4	1	1	7	1	1	1	2
209	서울 성동구	어린이집서비스향상	1,477,620	4	1	7	8	7	5	5	4
210	서울 성동구	성동육아종합지원센터위탁운영	1,466,963	4	1	1	5	1	1	1	1
211	서울 성동구	지역치매안심센터운영	1,224,020	4	1,4	1	3	1	3	3	1
212	서울 성동구	정신건강복지센터민간위탁운영	1,134,196	4	2	1	3	1	3	3	1
213	서울 성동구	자원회수센터잔재쓰레기등처리	1,128,000	4	1	2	1	1	1	1	4
214	서울 성동구	어린이집급간식비지원	1,024,047	4	1	7	8	7	5	5	4
215	서울 성동구	우리동네키움센터운영(운영비지원)	965,283	4	1	7	8	7	1	1	1
216	서울 성동구	우리동네키움센터운영(운영비지원)	587,244	4	1	7	8	7	1	1	1
217	서울 성동구	어린이급식관리지원센터설치운영	525,000	4	1	2	3	6	5	5	1
218	서울 성동구	임산부가사돌봄지원사업	438,850	4	4	2	1	2	1	1	4
219	서울 성동구	우리아이교통안전지킴이운영	430,000	4	7	4	1	7	1	1	4
220	서울 성동구	우리아이교통안전지킴이운영	430,000	4	7	4	1	7	1	1	4
221	서울 성동구	폐봉제원단재활용위탁처리	324,000	4	7	6	2	7	1	1	4
222	서울 성동구	불법주정차차량및전동킥보드견인대행비	264,000	4	6	7	8	7	1	1	4
223	서울 성동구	성동구청직장어린이집운영(무지개어린이집)	259,326	4	1	7	8	7	5	5	4
224	서울 성동구	온종일돌봄시설확충및운영	246,866	4	1	7	8	7	1	1	1
225	서울 성동구	만성질환예방관리(고혈압당뇨병등록관리)	210,000	4	1	1	3	1	1	3	1
226	서울 성동구	불법광고물정비용역	120,461	4	1	4	1	7	1	1	4
227	서울 성동구	성동구공동육아나눔터운영	86,036	4	2	1	5	1	1	1	1
228	서울 성동구	어린이집안전관리관운영	39,289	4	4	7	7	6	3	3	1
229	서울 성동구	미아방지NFC물품지원	30,000	4	4	7	8	7	5	5	4
230	서울 성동구	어린이집보육교직원힐링프로그램운영지원	28,800	4	6	7	8	7	5	5	4
231	서울 성동구	선천성대사이상검사및확안관리	26,490	4	6	7	8	7	5	5	4
232	서울 성동구	폐대형가전제품적재밴딩및상차작업위탁처리계획	22,000	4	8	4	1	7	1	1	2
233	서울 성동구	난청조기진단	5,891	4	6	7	8	7	5	5	4
234	서울 성동구	중증치매노인공공후견인지원	5,108	4	1,4	1	3	1	3	3	1
235	서울 성동구	마장동주민자치회깔끔이봉사단운영	3,903	4	4	7	8	7	1	1	2
236	서울 성동구	어류폐사체폐기물관리	1,850	4	7	7	7	7	5	5	4
237	서울 광진구	음식물류폐기물발생량감량및안정적수거처리	4,153,700	4	1	4	1	7	1	1	1

순번	시군구	지출명 (사업명)	2024년예산 (단위 : 천원 /1년간)	민간이전 분류 (지방자치단체 세출예산 집행기준에 의거) 1. 민간경상사업보조(307-02) 2. 민간단체 법정운영비보조(307-03) 3. 민간행사사업보조(307-04) 4. 민간위탁금(307-05) 5. 사회복지시설 법정운영비보조(307-10) 6. 민간인위탁교육비(307-12) 7. 공기관등에대한경상적위탁사업비(308-13) 8. 민간자본사업보조,자체재원(402-01) 9. 민간자본사업보조,이전재원(402-02) 10. 민간위탁사업비(402-03) 11. 공기관등에 대한 자본적 위탁사업비(403-02)	민간이전지출 근거 (지방보조금 관리기준 참고) 1. 법률에 규정 2. 국고보조 재원(국가지정) 3. 용도 지정 기부금 4. 조례에 직접규정 5. 지자체가 권장하는 사업을 하는 공공기관 6. 시,도 정책 및 재정사정 7. 기타 8. 해당없음	입찰방식			운영예산 산정		성과평가 실시여부
						계약체결방법 (경쟁형태) 1. 일반경쟁 2. 제한경쟁 3. 지명경쟁 4. 수의계약 5. 법정위탁 6. 기타 ( ) 7. 없음	계약기간 1. 1년 2. 2년 3. 3년 4. 4년 5. 5년 6. 기타 ( )년 7. 단기계약 (1년미만) 8. 없음	낙찰자선정방법 1. 적격심사 2. 협상에의한계약 3. 최저가낙찰제 4. 규격가격분리 5. 2단계 경쟁입찰 6. 기타 ( ) 7. 없음	운영예산 산정 1. 내부산정 (지자체 자체적으로 산정) 2. 외부산정 (외부전문기관위탁 산정) 3. 내·외부 모두 산정 4. 산정 無 5. 없음	정산방법 1. 내부정산 (지자체 내부적으로 정산) 2. 외부정산 (외부전문기관위탁 정산) 3. 내·외부 모두 산정 4. 정산 無 5. 없음	1. 실시 2. 미실시 3. 향후 추진 4. 해당없음
238	서울 광진구	종합사회복지관운영	3,703,399	4	1	5	5	1	1	1	1
239	서울 광진구	아이돌봄지원	3,655,887	4	7	6	3	7	5	5	4
240	서울 광진구	대형생활폐기물처리	3,111,840	4	4	2	1	1	1	5	4
241	서울 광진구	자원재활용촉진및재활용품적정처리	2,784,000	4	4	4	2	7	5	5	2
242	서울 광진구	육아종합지원센터운영지원	1,836,379	4	4	1	5	1	1	3	3
243	서울 광진구	우리동네키움센터인건비지원	1,566,680	4	1,4	6	5	6	1	1	4
244	서울 광진구	치매관리사업	1,273,052	4	1,4	1	5	1	1	1	1
245	서울 광진구	정신건강증진사업	1,247,320	4	1,4	1	5	1	1	1	1
246	서울 광진구	어린이사회복지급식관리지원센터운영	725,000	4	1	7	3	7	3	1	1
247	서울 광진구	발달장애인평생교육센터운영	629,400	4	1	1	5	1	1	3	3
248	서울 광진구	노인복지관운영및지원	570,048	4	1,4	1	5	1	1	1	4
249	서울 광진구	1인가구지원센터운영지원	520,169	4	4	6	3	7	1	1	3
250	서울 광진구	서울형키즈카페사업	519,755	4	5	1	5	1	1	3	3
251	서울 광진구	서울청년센터광진오랑운영	490,886	4	4	6	2	1	1	1	1
252	서울 광진구	가족센터운영	470,828	4	4	6	5	7	1	1	1
253	서울 광진구	우리동네키움센터운영지원	470,144	4	1,4	6	5	6	1	1	4
254	서울 광진구	국가보훈대상자예우및지원	409,376	4	4	5	3	7	1	1	4
255	서울 광진구	견인대행및견인보관소위탁운영	395,291	4	7	6	2	6	3	3	4
256	서울 광진구	노동복지센터운영	360,000	4	4	5	2	1	1	1	1
257	서울 광진구	청소년상담복지센터운영	336,236	4	1,4	1	5	1	1	1	1
258	서울 광진구	청소년독서실운영	303,892	4	1,4	6	3	1	1	1	1
259	서울 광진구	진로직업체험지원센터운영	298,800	4	4	1	3	1	1	1	1
260	서울 광진구	구청직장어린이집운영	213,640	4	1	1	8	7	1	1	1
261	서울 광진구	공동육아방운영	188,624	4	5	1	5	1	1	3	3
262	서울 광진구	자양3세대노인복지센터사업운영	183,710	4	1	7	8	7	1	1	1
263	서울 광진구	광진푸드뱅크마켓센터운영	168,506	4	6	5	5	1	1	1	1
264	서울 광진구	광진경제허브센터운영	164,812	4	4	1	2	1	1	1	2
265	서울 광진구	학교밖청소년지원센터(꿈드림)운영	163,009	4	1,4	1	5	1	1	1	1
266	서울 광진구	구립광진노인보호센터운영	110,070	4	4	5	5	7	1	1	1
267	서울 광진구	학교교육경비보조사업	101,200	4	4	6	8	7	1	1	1
268	서울 광진구	대학연계평생학습프로그램운영	100,000	4	4	6	7	6	1	1	1
269	서울 광진구	공동육아나눔터운영	88,956	4	7	6	5	7	5	5	4
270	서울 광진구	청소년상담복지센터상담인력운영지원	78,103	4	1,4	1	5	1	1	1	1
271	서울 광진구	지역사회건강조사	69,508	4	1	5	1	7	5	3	4
272	서울 광진구	광진글로벌가족센터운영	66,000	4	1	6	5	7	1	1	1
273	서울 광진구	자살예방및정신건강증진사업	65,181	4	1,4	1	5	1	1	1	1
274	서울 광진구	4차산업교육과정운영	56,700	4	1,4	7	8	7	5	5	4
275	서울 광진구	서울가족학교사업운영	53,101	4	4	6	5	7	1	1	1
276	서울 광진구	자살유족지원사업	51,080	4	1,4	1	5	1	1	1	1
277	서울 광진구	일반생활폐기물처리	30,000	4	7	7	8	7	4	4	4

순번	시군구	지출명 (사업명)	2024년예산 (단위 : 천원 /1년간)	민간이전 분류 (지방자치단체 세출예산 집행기준에 의거) 1. 민간경상사업보조(307-02) 2. 민간단체 법정운영비보조(307-03) 3. 민간행사사업보조(307-04) 4. 민간위탁금(307-05) 5. 사회복지시설 법정운영비보조(307-10) 6. 민간인위탁교육비(307-12) 7. 공기관등에대한경상적위탁사업비(308-13) 8. 민간자본사업보조,자체재원(402-01) 9. 민간자본사업보조,이전재원(402-02) 10. 민간위탁사업비(402-03) 11. 공기관등에 대한 자본적 위탁사업비(403-02)	민간이전지출 근거 (지방보조금 관리기준 참고) 1. 법률에 규정 2. 국고보조 재원(국가지정) 3. 용도 지정 기부금 4. 조례에 직접규정 5. 지자체가 권장하는 사업을 하는 공공기관 6. 시,도 정책 및 재정사정 7. 기타 8. 해당없음	입찰방식: 계약체결방법 (경쟁형태) 1. 일반경쟁 2. 제한경쟁 3. 지명경쟁 4. 수의계약 5. 법정위탁 6. 기타 ( ) 7. 없음	입찰방식: 계약기간 1. 1년 2. 2년 3. 3년 4. 4년 5. 5년 6. 기타 ( )년 7. 단기계약 (1년미만) 8. 없음	입찰방식: 낙찰자선정방법 1. 적격심사 2. 협상에의한계약 3. 최저가낙찰제 4. 규격가격분리 5. 2단계 경쟁입찰 6. 기타 ( ) 7. 없음	운영예산 산정: 운영예산 산정 1. 내부산정 (지자체 자체적으로 산정) 2. 외부산정 (외부전문기관위탁 산정) 3. 내·외부 모두 산정 4. 산정 無 5. 없음	운영예산 산정: 정산방법 1. 내부정산 (지자체 내부적으로 정산) 2. 외부정산 (외부전문기관위탁 정산) 3. 내·외부 모두 산정 4. 정산 無 5. 없음	성과평가 실시여부 1. 실시 2. 미실시 3. 향후 추진 4. 해당없음
278	서울 광진구	다문화가족정착자립지원강화사업	29,400	4	1	6	5	7	1	1	1
279	서울 광진구	학교밖청소년지원센터(꿈드림)급식지원	22,500	4	1,4	1	5	1	1	1	1
280	서울 광진구	종합사회복지관사회복지사등의처우개선사업	16,800	4	4	7	8	7	1	1	4
281	서울 광진구	출생지원정책활성화사업	13,000	4	5	7	5	7	1	3	3
282	서울 광진구	치매공공후견지원	7,112	4	1,4	1	5	1	1	1	1
283	서울 동대문구	폐기물수집운반대행사업	13,765,233	4	5	3	3	7	1	1	1
284	서울 동대문구	육아종합지원센터운영	1,186,428	4	6	1	5	1	1	1	4
285	서울 동대문구	공공처리시설반입불가폐기물위탁처리	1,040,000	4	5	1	1	3	1	1	2
286	서울 동대문구	건강가정지원센터운영	812,820	4	2	7	5	7	1	1	2
287	서울 동대문구	정신건강복지센터운영	794,000	4	6	1	3	1	3	3	1
288	서울 동대문구	어린이급식관리지원센터운영	630,000	4	1	6	3	1	5	3	1
289	서울 동대문구	동대문진로직업체험지원센터운영	359,400	4	4	7	2	1	1	1	1
290	서울 동대문구	DDM청년창업센터유니콘운영	315,700	4	4	2	1	2	1	1	3
291	서울 동대문구	구청직장어린이집운영지원	288,671	4	1	1	3	1	1	1	2
292	서울 동대문구	보훈회관운영	265,000	4	4	5	2	2	1	1	4
293	서울 동대문구	1인가구지원센터운영	213,200	4	4	7	5	7	1	1	1
294	서울 동대문구	개인형이동장치민간견인대행	192,000	4	1	6	8	7	1	1	4
295	서울 동대문구	공공형실내놀이터조성및운영	190,044	4	4	7	8	7	5	5	4
296	서울 동대문구	정신건강복지센터인력확충	172,710	4	2	1	3	1	3	3	1
297	서울 동대문구	ESG경제지원센터운영	172,000	4	7	1	1	1	1	3	3
298	서울 동대문구	통합정신건강증진사업	151,200	4	2	1	3	1	3	3	1
299	서울 동대문구	차량민간견인대행	144,000	4	1	6	8	7	1	1	4
300	서울 동대문구	창업지원센터운영	143,876	4	4	1	2	2	1	1	1
301	서울 동대문구	길고양이중성화	120,000	4	4	1	1	1	1	1	4
302	서울 동대문구	한국외국어대학교영어체험교실	102,400	4	7	7	8	7	1	1	4
303	서울 동대문구	시간제보육서비스제공지원	80,405	4	6	7	8	7	1	1	4
304	서울 동대문구	지역사회건강조사	69,508	4	1,2	6	1	6	2	2	1
305	서울 동대문구	유기동물보호관리	41,000	4	1	1	3	1	1	1	4
306	서울 동대문구	동대문다산시민대학운영	40,000	4	1	7	8	7	1	1	1
307	서울 동대문구	민방위교육지원	36,826	4	7	7	8	7	5	5	4
308	서울 동대문구	구민아카데미운영	35,000	4	1	7	8	7	1	1	1
309	서울 동대문구	대학연계평생교육프로그램	33,000	4	1	7	8	7	5	5	4
310	서울 동대문구	아동의회운영	20,000	4	4	6	1	6	1	1	1
311	서울 동대문구	e열린배움터	20,000	4	1	7	8	7	1	1	1
312	서울 동대문구	동대문구여성리더아카데미운영	20,000	4	4	7	8	7	1	1	4
313	서울 동대문구	정신질환자치료비지원	19,200	4	2	1	3	1	3	3	1
314	서울 동대문구	다문화자녀진로진학프로그램	17,000	4	4	7	5	7	1	1	2
315	서울 동대문구	다문화자녀문화예술프로그램	15,000	4	4	7	5	7	1	1	2
316	서울 동대문구	동대문구여성리더아카데미운영	15,000	4	4	7	8	7	5	5	4
317	서울 동대문구	이면도로현수막잔여물철거대행	11,200	4	1	4	1	1	5	5	4

순번	시군구	지출명 (사업명)	2024년예산 (단위 : 천원 /1년간)	민간이전 분류 (지방자치단체 세출예산 집행기준에 의거) 1. 민간경상사업보조(307-02) 2. 민간단체 법정운영비보조(307-03) 3. 민간행사사업보조(307-04) 4. 민간위탁금(307-05) 5. 사회복지시설 법정운영비보조(307-10) 6. 민간인위탁교육비(307-12) 7. 공기관등에대한경상적위탁사업비(308-13) 8. 민간자본사업보조,자체재원(402-01) 9. 민간자본사업보조,이전재원(402-02) 10. 민간위탁사업비(402-03) 11. 공기관등에 대한 자본적 위탁사업비(403-02)	민간이전지출 근거 (지방보조금 관리기준 참고) 1. 법률에 규정 2. 국고보조 재원(국가지정) 3. 용도 지정 기부금 4. 조례에 직접규정 5. 지자체가 권장하는 사업을 하는 공공기관 6. 시,도 정책 및 재정사정 7. 기타 8. 해당없음	입찰방식			운영예산 산정		성과평가 실시여부
						계약체결방법 (경쟁형태) 1. 일반경쟁 2. 제한경쟁 3. 지명경쟁 4. 수의계약 5. 법정위탁 6. 기타 ( ) 7. 없음	계약기간 1. 1년 2. 2년 3. 3년 4. 4년 5. 5년 6. 기타 ( )년 7. 단기계약 (1년미만) 8. 없음	낙찰자선정방법 1. 적격심사 2. 협상에의한계약 3. 최저가낙찰제 4. 규격가격분리 5. 2단계 경쟁입찰 6. 기타 ( ) 7. 없음	운영예산 산정 1. 내부산정 (지자체 자체적으로 산정) 2. 외부산정 (외부전문기관위탁 산정) 3. 내·외부 모두 산정 4. 산정 無 5. 없음	정산방법 1. 내부정산 (지자체 내부적으로 정산) 2. 외부정산 (외부전문기관위탁 정산) 3. 내·외부 모두 산정 4. 정산 無 5. 없음	1. 실시 2. 미실시 3. 향후 추진 4. 해당없음
318	서울 동대문구	다문화아카데미	10,000	4	4	7	5	7	1	1	2
319	서울 동대문구	불법고정광고물철거대행	8,000	4	1	4	1	1	5	5	4
320	서울 동대문구	불법유동광고물철거대행	8,000	4	1	4	1	1	5	5	4
321	서울 동대문구	학교평생학습지원	4,000	4	1	7	8	7	5	5	4
322	서울 동대문구	청소년참여위원회운영	2,500	4	2	7	8	7	1	1	1
323	서울 중랑구	아이돌봄지원	4,916,005	4	1	1	3	7	1	1	1
324	서울 중랑구	종합사회복지관운영지원	3,588,578	4	1	1	5	1	1	1	1
325	서울 중랑구	노인복지관운영	2,967,803	4	4	1	5	1	1	1	3
326	서울 중랑구	치매지원사업	1,608,844	4	1	1	3	1	3	3	1
327	서울 중랑구	육아종합지원센터운영지원	1,445,142	4	7	1	3	1	1	1	1
328	서울 중랑구	정신건강증진사업	1,041,696	4	1	1	3	1	3	1	1
329	서울 중랑구	우리동네키움센터인건비지원	915,804	4	2,4	7	8	7	5	1	1
330	서울 중랑구	공공형실내놀이터운영	712,737	4	4	1	3	1	1	1	3
331	서울 중랑구	발달장애인평생교육센터운영	666,776	4	1	6	3	6	1	1	1
332	서울 중랑구	공동육아방운영지원	647,120	4	7	1	3	1	1	1	1
333	서울 중랑구	어린이급식관리지원센터운영	630,000	4	2	1	2	1	5	5	1
334	서울 중랑구	청소년독서실위탁운영	609,584	4	4	1	3	1	1	1	1
335	서울 중랑구	건강가정지원센터운영지원	567,094	4	1	1	3	1	4	1	3
336	서울 중랑구	재활용선별시설위탁운영	500,187	4	4	6	2	2	2	5	1
337	서울 중랑구	장난감도서관운영	453,733	4	7	4	3	7	1	1	4
338	서울 중랑구	청소년상담복지센터운영지원(청소년안전망)	421,257	4	2	1	3	1	1	1	1
339	서울 중랑구	구청직장어린이집운영지원	403,748	4	4	7	8	7	5	5	4
340	서울 중랑구	다문화가족지원사업	368,272	4	1	1	3	1	4	1	3
341	서울 중랑구	노동자종합지원센터운영비지원	349,856	4	4	1	3	1	1	1	1
342	서울 중랑구	어린이공원및마을마당위탁관리	283,220	4	4	4	3	7	1	1	1
343	서울 중랑구	치매치료비관리비지원	245,000	4	1	1	3	1	3	3	1
344	서울 중랑구	장애인가족지원센터운영	231,600	4	1	1	3	1	1	1	3
345	서울 중랑구	마을지원센터운영지원	230,000	4	4	1	3	1	1	1	1
346	서울 중랑구	패션봉제공용장비실운영	220,000	4	1	4	2	1	1	1	1
347	서울 중랑구	우리동네키움센터운영비지원	200,280	4	2,4	7	8	7	5	1	1
348	서울 중랑구	학교밖청소년지원(꿈드림운영)	196,600	4	2	1	3	1	1	1	1
349	서울 중랑구	푸드마켓뱅크운영(신내점)	181,500	4	1	1	5	1	1	1	1
350	서울 중랑구	통합건강증진사업	151,200	4	1	1	3	1	3	1	1
351	서울 중랑구	중랑구립직업재활센터운영	149,616	4	1	6	5	6	1	1	1
352	서울 중랑구	청소년커뮤니티공간4호점운영	148,000	4	4	2	2	1	1	1	1
353	서울 중랑구	민간청소년커뮤니티공간운영	128,000	4	4	2	1	1	1	1	1
354	서울 중랑구	청소년커뮤니티공간3호점운영	122,000	4	4	2	2	1	1	1	1
355	서울 중랑구	장애인편의증진기술지원센터운영	118,501	4	2	6	3	6	1	1	1
356	서울 중랑구	청소년커뮤니티공간2호점운영	117,500	4	4	2	2	1	1	1	1
357	서울 중랑구	정신건강센터인력확충	115,140	4	1	1	3	1	3	1	1

순번	시군구	지출명 (사업명)	2024년예산 (단위 : 천원 /1년간)	민간이전 분류 (지방자치단체 세출예산 집행기준에 의거) 1. 민간경상사업보조(307-02) 2. 민간단체 법정운영비보조(307-03) 3. 민간행사사업보조(307-04) 4. 민간위탁금(307-05) 5. 사회복지시설 법정운영비보조(307-10) 6. 민간인위탁교육비(307-12) 7. 공기관등에대한경상적위탁사업비(308-13) 8. 민간자본사업보조,자체재원(402-01) 9. 민간자본사업보조,이전재원(402-02) 10. 민간위탁사업비(402-03) 11. 공기관등에 대한 자본적 위탁사업비(403-02)	민간이전지출 근거 (지방보조금 관리기준 참고) 1. 법률에 규정 2. 국고보조 재원(국가지정) 3. 용도 지정 기부금 4. 조례에 직접규정 5. 지자체가 권장하는 사업을 하는 공공기관 6. 시,도 정책 및 재정사정 7. 기타 8. 해당없음	입찰방식 계약체결방법 (경쟁형태) 1. 일반경쟁 2. 제한경쟁 3. 지명경쟁 4. 수의계약 5. 법정위탁 6. 기타 ( ) 7. 없음	입찰방식 계약기간 1. 1년 2. 2년 3. 3년 4. 4년 5. 5년 6. 기타 ( )년 7. 단기계약 (1년미만) 8. 없음	입찰방식 낙찰자선정방법 1. 적격심사 2. 협상에의한계약 3. 최저가낙찰제 4. 규격가격분리 5. 2단계 경쟁입찰 6. 기타 ( ) 7. 없음	운영예산 산정 운영예산 산정 1. 내부산정 (지자체 자체적으로 산정) 2. 외부산정 (외부전문기관위탁 산정) 3. 내·외부 모두 산정 4. 산정 無 5. 없음	운영예산 산정 정산방법 1. 내부정산 (지자체 내부적으로 정산) 2. 외부정산 (외부전문기관위탁 정산) 3. 내·외부 모두 산정 4. 정산 無 5. 없음	성과평가 실시여부 1. 실시 2. 미실시 3. 향후 추진 4. 해당없음
358	서울 중랑구	푸드마켓뱅크운영(면목점)	113,105	4	1	1	5	1	1	1	1
359	서울 중랑구	청소년커뮤니티공간5호점운영	87,500	4	4	2	2	1	1	1	1
360	서울 중랑구	지역사회건강조사	69,432	4	2	4	1	7	5	3	1
361	서울 중랑구	공동육아나눔터운영지원	59,946	4	1	1	3	1	4	1	3
362	서울 중랑구	자살유족지원사업	51,080	4	1	1	3	1	3	1	1
363	서울 중랑구	사회복지급식관리지원센터운영	50,000	4	2	7	8	7	5	5	4
364	서울 중랑구	자살예방사업인력확충(국비지원)	44,629	4	1	1	3	1	3	1	1
365	서울 중랑구	지정문화재관리	27,000	4	6	7	8	7	3	1	4
366	서울 중랑구	자전거교통안전체험장운영	26,327	4	4	6	3	1	1	1	1
367	서울 중랑구	지역자살예방및정신건강증진사업	21,000	4	1	1	3	1	3	1	1
368	서울 중랑구	중증치매노인공공후견	4,948	4	1	1	3	1	3	3	1
369	서울 중랑구	역삼노인복지관	557,269	4	1	1	5	1	1	1	1
370	서울 성북구	종합사회복지관운영지원	4,736,661	4	1	1	5	7	3	1	1
371	서울 성북구	음식물류폐기물처리	4,336,500	4	1	2	1	1	1	1	4
372	서울 성북구	재활용품처리및자원절약	2,576,400	4	1	2	2	2	1	1	1
373	서울 성북구	우리동네키움센터인건비지원	1,920,640	4	2	6	5	7	1	1	4
374	서울 성북구	구립실버복지센터운영	1,567,854	4	1	1	5	7	3	3	4
375	서울 성북구	치매안심센터운영	1,526,972	4	2	1	3	1	3	3	1
376	서울 성북구	교재교구비및복리후생비등지원	1,520,960	4	1	7	8	7	5	5	4
377	서울 성북구	패션봉제산업지원및육성	886,206	4	4	1	3	1	1	1	4
378	서울 성북구	어린이급식관리지원센터지원	730,000	4	2	6	3	6	3	3	1
379	서울 성북구	성북청소년상담복지센터운영	707,623	4	1,4	6	3	7	1	1	1
380	서울 성북구	인생이모작지원활성화	700,000	4	4	1	5	1	1	1	4
381	서울 성북구	눈썰매장테마파크조성	680,000	4	4	7	8	7	5	5	4
382	서울 성북구	성북청소년문화의집운영	660,431	4	1,4	6	3	7	1	1	3
383	서울 성북구	월곡청소년센터운영	586,181	4	1,4	6	3	7	1	1	3
384	서울 성북구	우리동네키움센터운영비지원	527,264	4	1,4	6	3	7	1	1	3
385	서울 성북구	생명존중및자살예방사업	406,386	4	2	6	5	7	1	1	4
386	서울 성북구	성북구푸드뱅크마켓센터운영지원	394,503	4	4	1	3	1	1	1	2
387	서울 성북구	장위청소년문화누림센터운영	364,264	4	4	5	3	1	1	1	4
388	서울 성북구	사회적경제센터운영	363,994	4	1,4	1	3	7	1	1	3
389	서울 성북구	성북노동권익센터운영	349,000	4	4	1	3	1	1	1	1
390	서울 성북구	성북구아동청소년동행카드지원	317,880	4	4	1	3	1	1	1	4
391	서울 성북구	학교밖청소년지원센터운영	282,534	4	4	7	8	7	1	1	1
392	서울 성북구	장애인가족지원센터운영	257,384	4	1,4	6	3	7	1	1	1
393	서울 성북구	어르신케어안심주거서비스	230,911	4	4	7	8	7	1	1	1
394	서울 성북구	노점상(적치물)정비	197,000	4	7	4	3	1	1	1	3
395	서울 성북구	성북구석관청소년센터운영	135,677	4	4	7	8	7	5	5	4
396	서울 성북구	멘토링지원	120,000	4	1,4	6	3	7	1	1	1
397	서울 성북구	길고양이중성화사업	112,000	4	7	7	8	7	5	5	4

순번	시군구	지출명 (사업명)	2024년예산 (단위 : 천원 /1년간)	민간이전 분류 (지방자치단체 세출예산 집행기준에 의거) 1. 민간경상사업보조(307-02) 2. 민간단체 법정운영비보조(307-03) 3. 민간행사사업보조(307-04) 4. 민간위탁금(307-05) 5. 사회복지시설 법정운영비보조(307-10) 6. 민간인위탁교육비(307-12) 7. 공기관등에대한경상적위탁사업비(308-13) 8. 민간자본사업보조,자체재원(402-01) 9. 민간자본사업보조,이전재원(402-02) 10. 민간위탁사업비(402-03) 11. 공기관등에 대한 자본적 위탁사업비(403-02)	민간이전지출 근거 (지방보조금 관리기준 참고) 1. 법률에 규정 2. 국고보조 재원(국가지정) 3. 용도 지정 기부금 4. 조례에 직접규정 5. 지자체가 권장하는 사업을 하는 공공기관 6. 시,도 정책 및 재정사정 7. 기타 8. 해당없음	입찰방식 계약체결방법 (경쟁형태) 1. 일반경쟁 2. 제한경쟁 3. 지명경쟁 4. 수의계약 5. 법정위탁 6. 기타 ( ) 7. 없음	입찰방식 계약기간 1. 1년 2. 2년 3. 3년 4. 4년 5. 5년 6. 기타 ( )년 7. 단기계약 (1년미만) 8. 없음	입찰방식 낙찰자선정방법 1. 적격심사 2. 협상에의한계약 3. 최저가낙찰제 4. 규격가격분리 5. 2단계 경쟁입찰 6. 기타 ( ) 7. 없음	운영예산 산정 운영예산 산정 1. 내부산정 (지자체 자체적으로 산정) 2. 외부산정 (외부전문기관위탁 산정) 3. 내·외부 모두 산정 4. 산정 無 5. 없음	운영예산 산정 정산방법 1. 내부정산 (지자체 내부적으로 정산) 2. 외부정산 (외부전문기관위탁 정산) 3. 내·외부 모두 산정 4. 정산 無 5. 없음	성과평가 실시여부 1. 실시 2. 미실시 3. 향후 추진 4. 해당없음
398	서울 성북구	공정무역활성화	111,400	4	4	1	1	1	1	1	1
399	서울 성북구	성북구상공회운영지원	108,000	4	1	7	7	7	1	1	1
400	서울 성북구	어린이집친환경쌀급식지원	105,840	4	7	7	8	7	1	1	4
401	서울 성북구	신산업지원	80,000	4	1,5	7	8	7	1	3	1
402	서울 성북구	불법주정차단속	78,000	4	7	6	2	7	1	1	4
403	서울 성북구	학력신장프로그램운영	75,500	4	7	7	8	7	5	5	4
404	서울 성북구	정릉1동커뮤니티센터운영	73,284	4	4	1	3	1	1	1	4
405	서울 성북구	평생교육프로그램운영	70,000	4	4	7	8	7	5	5	4
406	서울 성북구	지역사회건강조사조사분석위탁운영	69,432	4	1	5	1	1	2	2	1
407	서울 성북구	서울형키즈카페설치운영	68,926	4	1	7	8	7	5	5	4
408	서울 성북구	벤처창업지원센터위탁운영	66,000	4	4	1	3	1	1	1	1
409	서울 성북구	동물보호사업	56,200	4	1,2	6	3	1	1	1	4
410	서울 성북구	장애인자립생활체험홈지원	54,903	4	4	7	8	7	1	1	1
411	서울 성북구	자살유족지원사업	51,108	4	4	7	8	7	5	5	2
412	서울 성북구	저출생대응원스톱지원체계구축	45,000	4	4	7	5	7	1	1	1
413	서울 성북구	아동놀이환경조성	40,000	4	4	7	8	7	5	5	4
414	서울 성북구	유동광고물관리	36,402	4	4	7	8	7	5	5	4
415	서울 성북구	학교밖청소년급식지원	29,625	4	1	5	3	7	1	1	1
416	서울 성북구	한옥발전및보존사업	25,000	4	6	4	7	7	5	5	4
417	서울 성북구	자기주도학습지원	14,000	4	7	7	8	7	5	5	4
418	서울 성북구	고정광고물관리	13,800	4	4	7	8	7	5	5	4
419	서울 성북구	기업체교통수요관리및교통유발부담금업무추진	12,000	4	1	7	8	7	5	5	4
420	서울 성북구	주민과함께하는환경교육	12,000	4	4	4	7	7	1	1	4
421	서울 성북구	소공인특화지원센터운영	10,000	4	4	6	1	6	5	5	4
422	서울 성북구	중증치매노인공공후견사업	7,762	4	2	1	3	1	3	3	1
423	서울 성북구	안전한생활도로개선	6,500	4	6	7	8	7	5	5	4
424	서울 강북구	노인일자리및사회활동지원	12,159,534	4	2	2	1	1	1	1	1
425	서울 강북구	재활용및자원순환촉진	6,314,200	4	1	1	3	1	2	1	4
426	서울 강북구	생활및반입불가폐기물처리	6,088,190	4	1	1,2,4	1	1,3	1	1	4
427	서울 강북구	민간위탁형자활근로사업	5,426,382	4	2	7	8	7	1	1	4
428	서울 강북구	음식물류폐기물수집운반및처리	5,172,780	4	1	1	3	1	2	1	4
429	서울 강북구	강북장애인종합복지관운영	2,491,470	4	1	1	5	1	1	3	1
430	서울 강북구	강북종합체육센터운영	2,254,345	4	4	1	3	1	1	1	1
431	서울 강북구	재활용선별장관리	1,850,000	4	1	1	1	1	1	1	4
432	서울 강북구	우리동네키움센터인건비	1,541,310	4	1	7	5	7	1	1	1
433	서울 강북구	지역치매안심센터운영	1,364,248	4	2	4	3	1	5	3	1
434	서울 강북구	강북청년창업마루운영	1,035,577	4	4	1	3	1	1	1	3
435	서울 강북구	육아종합지원센터운영	959,320	4	1	1	3	7	1	1	1
436	서울 강북구	청년도전지원사업(고용노동부공모사업)	914,800	4	4	6	1	7	1	1	1
437	서울 강북구	강북50플러스센터운영	700,000	4	4	2	3	1	1	1	1

순번	시군구	지출명 (사업명)	2024년예산 (단위 : 천원 /1년간)	민간이전 분류 (지방자치단체 세출예산 집행기준에 의거) 1. 민간경상사업보조(307-02) 2. 민간단체 법정운영비보조(307-03) 3. 민간행사사업보조(307-04) 4. 민간위탁금(307-05) 5. 사회복지시설 법정운영비보조(307-10) 6. 민간인위탁교육비(307-12) 7. 공기관등에대한경상적위탁사업비(308-13) 8. 민간자본사업보조,자체재원(402-01) 9. 민간자본사업보조,이전재원(402-02) 10. 민간위탁사업비(402-03) 11. 공기관등에 대한 자본적 위탁사업비(403-02)	민간이전지출 근거 (지방보조금 관리기준 참고) 1. 법률에 규정 2. 국고보조 재원(국가지정) 3. 용도 지정 기부금 4. 조례에 직접규정 5. 지자체가 권장하는 사업을 하는 공공기관 6. 시,도 정책 및 재정사정 7. 기타 8. 해당없음	입찰방식: 계약체결방법 (경쟁형태) 1. 일반경쟁 2. 제한경쟁 3. 지명경쟁 4. 수의계약 5. 법정위탁 6. 기타 ( ) 7. 없음	입찰방식: 계약기간 1. 1년 2. 2년 3. 3년 4. 4년 5. 5년 6. 기타 ( )년 7. 단기계약 (1년미만) 8. 없음	입찰방식: 낙찰자선정방법 1. 적격심사 2. 협상에의한계약 3. 최저가낙찰제 4. 규격가격분리 5. 2단계 경쟁입찰 6. 기타 ( ) 7. 없음	운영예산 산정: 운영예산 산정 1. 내부산정 (지자체 자체적으로 산정) 2. 외부산정 (외부전문기관위탁 산정) 3. 내·외부 모두 산정 4. 산정 無 5. 없음	운영예산 산정: 정산방법 1. 내부정산 (지자체 내부적으로 정산) 2. 외부정산 (외부전문기관위탁 정산) 3. 내·외부 모두 정산 4. 정산 無 5. 없음	성과평가 실시여부 1. 실시 2. 미실시 3. 향후 추진 4. 해당없음
438	서울 강북구	우리동네키움센터운영	616,952	4	1	7	5	7	1	1	1
439	서울 강북구	삼양동종합복지센터운영	586,000	4	4	1	5	7	1	1	1
440	서울 강북구	지역자활센터운영비지원	574,696	4	2	7	8	7	1	1	4
441	서울 강북구	발달장애인평생교육센터운영	570,000	4	1	2	5	1	1	3	1
442	서울 강북구	가족센터운영	562,535	4	2	1	5	1	1	1	1
443	서울 강북구	어린이급식관리지원센터운영	525,000	4	1	1	3	6	2	2	1
444	서울 강북구	근현대사기념관운영	494,304	4	4	7	8	7	1	1	1
445	서울 강북구	지역사회청소년안전망구축	420,270	4	1	6	3	1	3	3	1
446	서울 강북구	강북구보훈회관운영	386,775	4	4	6	3	6	1	1	3
447	서울 강북구	구청사안내데스크위탁운영	373,430	4	7	2	1	3	1	1	4
448	서울 강북구	산악문화HUB위탁운영	330,000	4	4	7	3	7	1	1	3
449	서울 강북구	종합사회복지관운영비지원	329,274	4	1	7	8	7	1	1	4
450	서울 강북구	사회적경제지원센터운영	319,300	4	4	1	3	1	1	1	3
451	서울 강북구	우이동청소년문화센터운영	315,000	4	1	1	2	1	1	5	3
452	서울 강북구	강북잇다푸드뱅크마켓운영	303,498	4	1	6	5	6	1	1	2
453	서울 강북구	커리어플러스센터조성및운영	265,000	4	1	1	3	1	5	1	4
454	서울 강북구	어린이집직접채용대체교사지원	259,223	4	1	1	3	1	1	1	1
455	서울 강북구	공동육아나눔터운영지원	247,785	4	2	1	5	1	1	1	1
456	서울 강북구	건인업무대행	235,200	4	1	6	8	6	1	1	4
457	서울 강북구	직장어린이집운영지원	229,702	4	1	1	5	7	1	1	1
458	서울 강북구	장애인가족지원센터운영	215,490	4	6	1	3	1	3	1	4
459	서울 강북구	주민자치회활성화지원	198,747	4	4	7	3	7	1	1	1
460	서울 강북구	노동자종합지원센터운영	185,514	4	4	1	3	1	1	1	1
461	서울 강북구	1인가구지원센터운영	182,900	4	4	1	5	1	1	1	1
462	서울 강북구	불법유동광고물(전단지등)정비단속	172,000	4	7	7	8	7	5	5	4
463	서울 강북구	중독관리통합지원센터지원	170,988	4	2	1	3	1	3	3	1
464	서울 강북구	길고양이중성화	160,000	4	7	7	3	7	1	1	4
465	서울 강북구	학교밖청소년지원	152,185	4	1	5	3	1	3	3	1
466	서울 강북구	진로직업체험지원센터운영	150,000	4	4	5	3	6	1	1	3
467	서울 강북구	삼양동청소년아지트운영	130,690	4	1	1	3	1	1	1	1
468	서울 강북구	노약자등교통약자무료셔틀버스운영	130,560	4	1	1	5	1	1	3	1
469	서울 강북구	마을공동체지원사업	129,500	4	4	2,4	2	6	1	1	3
470	서울 강북구	종량제봉투제작및공급	100,965	4	1	1	3	1	2	1	4
471	서울 강북구	노숙자등중독자사례관리	100,000	4	2	1	3	1	3	3	1
472	서울 강북구	청소년인공암벽장운영	85,073	4	4	6	3	1	1	1	1
473	서울 강북구	미아동공동육아방운영지원	76,206	4	6	1	3	1	1	1	1
474	서울 강북구	지역사회건강조사조사분석위탁운영	69,432	4	1	7	1	7	2	3	1
475	서울 강북구	강북구서울형키즈카페운영	69,420	4	4	7	5	7	1	1	1
476	서울 강북구	서울가족학교운영	52,861	4	6	1	5	1	1	1	1
477	서울 강북구	장애인시설및편의지원	52,515	4	5	7	8	7	1	1	4

순번	시군구	지출명 (사업명)	2024년예산 (단위 : 천원 /1년간)	민간이전 분류 (지방자치단체 세출예산 집행기준에 의거) 1. 민간경상사업보조(307-02) 2. 민간단체 법정운영비보조(307-03) 3. 민간행사사업보조(307-04) 4. 민간위탁금(307-05) 5. 사회복지시설 법정운영비보조(307-10) 6. 민간인위탁교육비(307-12) 7. 공기관등에대한경상적위탁사업비(308-13) 8. 민간자본사업보조,자체재원(402-01) 9. 민간자본사업보조,이전재원(402-02) 10. 민간위탁사업비(402-03) 11. 공기관등에 대한 자본적 위탁사업비(403-02)	민간이전지출 근거 (지방보조금 관리기준 참고) 1. 법률에 규정 2. 국고보조 재원(국가지정) 3. 용도 지정 기부금 4. 조례에 직접규정 5. 지자체가 권장하는 사업을 하는 공공기관 6. 시,도 정책 및 재정사정 7. 기타 8. 해당없음	입찰방식			운영예산 산정		성과평가 실시여부
						계약체결방법 (경쟁형태) 1. 일반경쟁 2. 제한경쟁 3. 지명경쟁 4. 수의계약 5. 법정위탁 6. 기타 ( ) 7. 없음	계약기간 1. 1년 2. 2년 3. 3년 4. 4년 5. 5년 6. 기타 ( )년 7. 단기계약 (1년미만) 8. 없음	낙찰자선정방법 1. 적격심사 2. 협상에의한계약 3. 최저가낙찰제 4. 규격가격분리 5. 2단계 경쟁입찰 6. 기타 ( ) 7. 없음	운영예산 산정 1. 내부산정 (지자체 자체적으로 산정) 2. 외부산정 (외부전문기관위탁 산정) 3. 내·외부 모두 산정 4. 산정 無 5. 없음	정산방법 1. 내부정산 (지자체 내부적으로 정산) 2. 외부정산 (외부전문기관위탁 정산) 3. 내·외부 모두 산정 4. 정산 無 5. 없음	1. 실시 2. 미실시 3. 향후 추진 4. 해당없음
478	서울 강북구	유기동물보호관리	51,251	4	2	7	3	7	1	1	4
479	서울 강북구	아동학대예방사업	50,000	4	1	1	3	1	1	1	1
480	서울 강북구	강북구심리치료실운영	45,040	4	5	1	5	1	1	1	1
481	서울 강북구	육아종합지원센터부모교육(전환사업)	40,000	4	1	1	3	1	1	1	1
482	서울 강북구	어린이집안전관리관운영	39,290	4	1	1	3	1	1	1	1
483	서울 강북구	청소년상담복지센터운영지원	39,052	4	1	5	1	7	3	3	1
484	서울 강북구	다문화꿈동이가족지원사업	35,330	4	5	1	5	1	1	1	1
485	서울 강북구	육아지원코디네이터운영	31,786	4	1	1	3	1	1	1	1
486	서울 강북구	자활사례관리전달체계운영비지원	31,482	4	2	7	8	7	1	1	4
487	서울 강북구	어린이집대체조리사지원	30,000	4	1	1	3	1	1	1	1
488	서울 강북구	학교밖청소년지원(급식지원)	26,250	4	1	5	1	7	3	3	1
489	서울 강북구	지역치매안심센터운영(인건비보조)	24,000	4	6	4	3	7	5	3	4
490	서울 강북구	야생유기견(들개)포획	22,400	4	7	4	1	3	1	1	4
491	서울 강북구	공공용지관리및점용료징수	19,800	4	7	7	8	7	5	5	4
492	서울 강북구	어린이공원유지관리및정비	19,680	4	7	7	7	7	1	1	1
493	서울 강북구	치매공공후견지원사업	7,772	4	2	4	3	7	5	3	4
494	서울 도봉구	아이돌봄지원사업	3,830,241	4	1	5	2	7	3	3	1
495	서울 도봉구	종합사회복지관운영	3,583,282	4	1	7	8	7	1	1	4
496	서울 도봉구	청소년시설지원	2,300,714	4	4	1	5	6	1	1	1
497	서울 도봉구	노인복지시설관리	1,971,884	4	1	1	5	1	1	1	1
498	서울 도봉구	도봉구가족센터운영	1,613,929	4	1	5	5	7	3	3	1
499	서울 도봉구	장애인복지관운영	1,607,788	4	1	5	5	6	3	3	1
500	서울 도봉구	지역치매안심센터운영	1,293,592	4	2	4	3	7	5	5	1
501	서울 도봉구	육아종합지원센터운영지원	1,156,570	4	1	1	5	7	5	5	1
502	서울 도봉구	스포츠강좌이용권지원	974,400	4	1	7	8	7	1	1	1
503	서울 도봉구	재활용선별장관리	903,675	4	7	2	3	2	1	1	3
504	서울 도봉구	김근태기념도서관운영	817,569	4	4	2	1	1	1	1	3
505	서울 도봉구	급식안전지원및관리강화(도봉구어린이사회복지급식관리지원센터설치운영)	730,000	4	1	4	3	1	5	3	1
506	서울 도봉구	발달장애인평생교육센터지원	595,314	4	1	5	5	6	3	3	1
507	서울 도봉구	도봉여성센터운영	554,554	4	4	1	5	1	1	1	3
508	서울 도봉구	어르신사회활동지원(일자리)사업	521,992	4	1	5	8	7	1	1	4
509	서울 도봉구	야외물놀이장눈썰매장운영	520,000	4	8	2	7	2	1	1	4
510	서울 도봉구	청춘만세어르신문화센터(창동,초안산)운영	518,025	4	1,4	1	5	7	1	1	1
511	서울 도봉구	장애인일자리지원(복지일자리)(도봉구장애인복지일자리사업지원)	497,500	4	1	6	1	1	2	1	2
512	서울 도봉구	어린이집기타운영비지원	444,300	4	1	7	8	7	5	5	4
513	서울 도봉구	청소년상담복지센터운영	419,822	4	2	1	3	1	1	1	1
514	서울 도봉구	육아종합지원센터설치운영(전환사업)	419,474	4	1	1	5	7	5	5	1
515	서울 도봉구	불법노점정비및사후관리용역	392,762	4	7	4	1	7	1	1	2
516	서울 도봉구	도봉구다문화가족특성화사업	388,729	4	1	5	5	7	3	3	1
517	서울 도봉구	우리동네키움센터운영비지원	368,677	4	1,2,4	7	8	7	3	1	3

순번	시군구	지출명 (사업명)	2024년예산 (단위 : 천원 /1년간)	민간이전 분류 (지방자치단체 세출예산 집행기준에 의거) 1. 민간경상사업보조(307-02) 2. 민간단체 법정운영비보조(307-03) 3. 민간행사사업보조(307-04) 4. 민간위탁금(307-05) 5. 사회복지시설 법정운영비보조(307-10) 6. 민간인위탁교육비(307-12) 7. 공기관등에대한경상적위탁사업비(308-13) 8. 민간자본사업보조,자체재원(402-01) 9. 민간자본사업보조,이전재원(402-02) 10. 민간위탁사업비(402-03) 11. 공기관등에 대한 자본적 위탁사업비(403-02)	민간이전지출 근거 (지방보조금 관리기준 참고) 1. 법률에 규정 2. 국고보조 재원(국가지정) 3. 용도 지정 기부금 4. 조례에 직접규정 5. 지자체가 권장하는 사업을 하는 공공기관 6. 시,도 정책 및 재정사정 7. 기타 8. 해당없음	입찰방식 계약체결방법 (경쟁형태) 1. 일반경쟁 2. 제한경쟁 3. 지명경쟁 4. 수의계약 5. 법정위탁 6. 기타 ( ) 7. 없음	입찰방식 계약기간 1. 1년 2. 2년 3. 3년 4. 4년 5. 5년 6. 기타 ( )년 7. 단기계약 (1년미만) 8. 없음	입찰방식 낙찰자선정방법 1. 적격심사 2. 협상에의한계약 3. 최저가낙찰제 4. 규격가격분리 5. 2단계 경쟁입찰 6. 기타 ( ) 7. 없음	운영예산 산정 운영예산 산정 1. 내부산정 (지자체 자체적으로 산정) 2. 외부산정 (외부전문기관위탁 산정) 3. 내·외부 모두 산정 4. 산정 無 5. 없음	운영예산 산정 정산방법 1. 내부정산 (지자체 내부적으로 정산) 2. 외부정산 (외부전문기관위탁 정산) 3. 내·외부 모두 산정 4. 정산 無 5. 없음	성과평가 실시여부 1. 실시 2. 미실시 3. 향후 추진 4. 해당없음
518	서울 도봉구	환경교육도시및도봉환경교육센터운영	363,196	4	5	1	5	6	1	1	1
519	서울 도봉구	직장어린이집운영지원	307,556	4	1	7	8	7	5	5	4
520	서울 도봉구	공동육아나눔터운영	295,150	4	1	5	5	7	3	3	1
521	서울 도봉구	청년창업활성화지원	287,869	4	4	7	8	7	5	5	4
522	서울 도봉구	도봉튼튼영유아영양지원	205,820	4	1	7	8	7	5	5	4
523	서울 도봉구	메이커스페이스운영	204,260	4	4	5	1	1	1	1	3
524	서울 도봉구	성평등활동센터운영	200,000	4	8	7	8	7	5	5	4
525	서울 도봉구	진로직업체험지원센터운영	199,300	4	1	1	3	1	1	1	3
526	서울 도봉구	노동자종합지원센터운영	196,000	4	4	1	1	2	3	3	1
527	서울 도봉구	우리동네키움센터인건비지원	185,929	4	1,2,4	7	8	7	3	1	3
528	서울 도봉구	푸드뱅크/마켓운영지원및관리	185,696	4	1	7	8	7	1	1	4
529	서울 도봉구	장애인가족지원센터지원	181,140	4	1	5	3	6	3	3	2
530	서울 도봉구	장애인편의시설지원	176,157	4	1	5	4	7	3	3	1
531	서울 도봉구	재활용민간위탁처리	175,500	4	1	2	1	1	5	5	4
532	서울 도봉구	중독관리통합지원센터지원	170,988	4	2	4	3	7	5	5	1
533	서울 도봉구	편지문학관운영	167,423	4	4	1	1	1	1	1	1
534	서울 도봉구	1인가구지원센터운영	148,000	4	4,5	5	5	1	3	3	1
535	서울 도봉구	서울형키즈카페조성및운영	123,899	4	5	6	5	7	5	5	4
536	서울 도봉구	장애인스포츠강좌이용권지원	113,520	4	1	7	8	7	1	1	1
537	서울 도봉구	길고양이중성화사업	100,000	4	8	6	2	1	1	5	4
538	서울 도봉구	중독관리통합지원확대사업(청년중독예방관리사업)	100,000	4	2	4	3	7	5	5	1
539	서울 도봉구	청소년참여예산제운영	98,730	4	1	6	1	6	1	1	1
540	서울 도봉구	지역사회건강조사조사분석위탁운영(도봉구지역사회만성병조사감시체계구축사업)	69,432	4	2	5	1	7	5	3	1
541	서울 도봉구	지역기반형교육복지협력사업	60,000	4	1	1	3	1	1	1	3
542	서울 도봉구	사회복지기관사회복지인지원	52,560	4	4	7	8	7	1	1	4
543	서울 도봉구	유기동물보호및방역관리	45,450	4	1	6	2	1	1	5	4
544	서울 도봉구	육아지원코디네이터운영지원	41,082	4	1	7	8	7	5	5	4
545	서울 도봉구	통합정신건강증진사업	40,000	4	2	4	3	7	5	5	1
546	서울 도봉구	장애인복지시설운영	31,680	4	1	5	5	6	1	1	4
547	서울 도봉구	행복한청소년놀이터운영	30,000	4	1	6	1	7	1	1	1
548	서울 도봉구	청소년보호활동및표창	20,000	4	4	7	1	1	1	1	1
549	서울 도봉구	어린이청소년의회지원	20,000	4	4	7	1	7	1	1	1
550	서울 도봉구	학교밖청소년지원(꿈드림)	19,800	4	2	5	3	1	1	1	1
551	서울 도봉구	중증치매노인공공후견지원	10,664	4	2	4	3	7	5	5	1
552	서울 도봉구	어르신복지시설활성화	9,100	4	8	7	8	7	5	5	4
553	서울 도봉구	1인가구네트워크지원활성화	8,000	4	4	5	1	7	1	1	1
554	서울 도봉구	도시미관저해및위험간판철거	4,872	4	1	4	7	7	1	1	2
555	서울 도봉구	장애인응급알림e지역센터지원	2,280	4	2	6	1	1	1	1	1
556	서울 노원구	생활폐기물(음식물포함)수집운반대행	13,555,919	4	4	1	2	2	3	1	1
557	서울 노원구	자활근로사업비	11,587,516	4	2	7	1	7	5	1	1

순번	시군구	지출명 (사업명)	2024년예산 (단위 : 천원 /1년간)	민간이전 분류 (지방자치단체 세출예산 집행기준에 의거) 1. 민간경상사업보조(307-02) 2. 민간단체 법정운영비보조(307-03) 3. 민간행사사업보조(307-04) 4. 민간위탁금(307-05) 5. 사회복지시설 법정운영비보조(307-10) 6. 민간인위탁교육비(307-12) 7. 공기관등에대한경상적위탁사업비(308-13) 8. 민간자본사업보조,자체재원(402-01) 9. 민간자본사업보조,이전재원(402-02) 10. 민간위탁사업비(402-03) 11. 공기관등에 대한 자본적 위탁사업비(403-02)	민간이전지출 근거 (지방보조금 관리기준 참고) 1. 법률에 규정 2. 국고보조 재원(국가지정) 3. 용도 지정 기부금 4. 조례에 직접규정 5. 지자체가 권장하는 사업을 하는 공공기관 6. 시,도 정책 및 재정사정 7. 기타 8. 해당없음	입찰방식 계약체결방법 (경쟁형태) 1. 일반경쟁 2. 제한경쟁 3. 지명경쟁 4. 수의계약 5. 법정위탁 6. 기타 ( ) 7. 없음	입찰방식 계약기간 1. 1년 2. 2년 3. 3년 4. 4년 5. 5년 6. 기타 ( )년 7. 단기계약 (1년미만) 8. 없음	입찰방식 낙찰자선정방법 1. 적격심사 2. 협상에의한계약 3. 최저가낙찰제 4. 규격가격분리 5. 2단계 경쟁입찰 6. 기타 ( ) 7. 없음	운영예산 산정 운영예산 산정 1. 내부산정 (지자체 자체적으로 산정) 2. 외부산정 (외부전문기관위탁 산정) 3. 내·외부 모두 산정 4. 산정 無 5. 없음	운영예산 산정 정산방법 1. 내부정산 (지자체 내부적으로 정산) 2. 외부정산 (외부전문기관위탁 정산) 3. 내·외부 모두 산정 4. 정산 無 5. 없음	성과평가 실시여부 1. 실시 2. 미실시 3. 향후 추진 4. 해당없음
558	서울 노원구	종합사회복지관운영보조금	9,795,413	4	4	5	5	6	3	1	1
559	서울 노원구	음식물류폐기물처리비	4,996,985	4	1,4	1	2	2	3	1	4
560	서울 노원구	노원구정신건강복지센터	1,656,412	4	2	1	3	1	1	1	1
561	서울 노원구	치매안심센터운영	1,581,576	4	2	1	3	1	1	1	1
562	서울 노원구	자원회수시설반입제한폐기물처리	1,382,500	4	4	1	1	1	1	1	4
563	서울 노원구	육아종합지원센터	1,201,428	4	1,4	1	4	6	3	3	1
564	서울 노원구	재활용가능폐기물재활용처리비	1,122,660	4	1	1	1	1	1	1	4
565	서울 노원구	뇌병변장애인비전센터운영지원	1,105,540	4	1	7	8	7	1	1	1
566	서울 노원구	다함께돌봄사업	1,000,600	4	2	1	5	7	1	1	1
567	서울 노원구	어린이·사회복지급식관리지원센터설치운영	995,000	4	1,2	1	3	1	1	1	1
568	서울 노원구	노원문화원운영	985,395	4	4	6	3	6	1	1	3
569	서울 노원구	로컬브랜드육성사업	870,000	4	6	1	2	2	1	1	3
570	서울 노원구	공릉청소년문화의집운영	802,669	4	4	1	3	1	1	1	1
571	서울 노원구	다함께돌봄종사자인력운영비	780,756	4	2	1	5	7	1	1	1
572	서울 노원구	발달장애인평생교육센터운영지원	727,600	4	1	7	8	7	1	1	1
573	서울 노원구	구립공공도서관위탁운영(화랑도서관)	719,219	4	4	1	3	1	1	1	3
574	서울 노원구	위탁형대안교육기관운영	663,460	4	1	1	1	6	1	1	1
575	서울 노원구	눈썰매장운영	640,000	4	4	7	8	7	5	5	4
576	서울 노원구	상계청소년문화의집운영	627,816	4	4	1	3	1	1	1	1
577	서울 노원구	건강가정다문화가족지원센터	523,172	4	2	2	3	1	3	3	1
578	서울 노원구	청소년아지트운영	502,278	4	5	1	3	1	1	1	1
579	서울 노원구	동네물놀이장운영	500,000	4	4	7	8	7	5	5	4
580	서울 노원구	노원청년일삶센터운영	499,500	4	6	1	3	1	1	1	3
581	서울 노원구	생활체육활동지원	493,800	4	4	7	8	7	1	1	4
582	서울 노원구	중독관리통합지원센터지원(중독관리통합지원확대사업)	491,992	4	2	1	3	1	1	1	1
583	서울 노원구	서울청년센터노원오랑	485,000	4	4	5	3	7	3	3	1
584	서울 노원구	노원구청년일자리센터운영	433,862	4	6	4	3	1	1	1	1
585	서울 노원구	노원기차마을위탁운영	394,845	4	4	2	2	2	1	3	3
586	서울 노원구	노원사회적경제지원센터운영	383,953	4	4	1	2	1	1	1	1
587	서울 노원구	구립장애인주간보호시설(제2평교)운영지원	371,270	4	1	7	8	7	1	1	1
588	서울 노원구	상상이룸센터운영	343,027	4	4,5	1	3	1	1	1	1
589	서울 노원구	장애인친화미용실운영	328,593	4	4	1	8	7	1	1	1
590	서울 노원구	노원청년자립단(편의점사업)운영	273,250	4	4	4	2	1	1	1	4
591	서울 노원구	자활근로사업단골목길정소	272,400	4	7	7	1	7	1	1	4
592	서울 노원구	주민자치회지원사업	271,705	4	4	7	2	7	1	1	1
593	서울 노원구	푸드뱅크마켓관리운영	265,255	4	1	5	5	1	1	1	1
594	서울 노원구	타임뮤지엄위탁운영	236,715	4	4	2	3	2	1	3	3
595	서울 노원구	청소년성상담센터운영	229,072	4	5	1	3	1	1	1	1
596	서울 노원구	체육대회지원	229,000	4	4	7	8	7	1	1	3
597	서울 노원구	청소년지원센터운영	220,369	4	1	1	3	1	1	1	1

순번	시군구	지출명 (사업명)	2024년예산 (단위 : 천원 /1년간)	민간이전 분류 (지방자치단체 세출예산 집행기준에 의거) 1. 민간경상사업보조(307-02) 2. 민간단체 법정운영비보조(307-03) 3. 민간행사사업보조(307-04) 4. 민간위탁금(307-05) 5. 사회복지시설 법정운영비보조(307-10) 6. 민간인위탁교육비(307-12) 7. 공기관등에대한경상적위탁사업비(308-13) 8. 민간자본사업보조,자체재원(402-01) 9. 민간자본사업보조,이전재원(402-02) 10. 민간위탁사업비(402-03) 11. 공기관등에 대한 자본적 위탁사업비(403-02)	민간이전지출 근거 (지방보조금 관리기준 참고) 1. 법률에 규정 2. 국고보조 재원(국가지정) 3. 용도 지정 기부금 4. 조례에 직접규정 5. 지자체가 권장하는 사업을 하는 공공기관 6. 시,도 정책 및 재정사정 7. 기타 8. 해당없음	입찰방식 계약체결방법 (경쟁형태) 1. 일반경쟁 2. 제한경쟁 3. 지명경쟁 4. 수의계약 5. 법정위탁 6. 기타 ( ) 7. 없음	입찰방식 계약기간 1. 1년 2. 2년 3. 3년 4. 4년 5. 5년 6. 기타 ( )년 7. 단기계약 (1년미만) 8. 없음	입찰방식 낙찰자선정방법 1. 적격심사 2. 협상에의한계약 3. 최저가낙찰제 4. 규격가격분리 5. 2단계 경쟁입찰 6. 기타 ( ) 7. 없음	운영예산 산정 운영예산 산정 1. 내부산정 (지자체 자체적으로 산정) 2. 외부산정 (외부전문기관위탁 산정) 3. 내·외부 모두 산정 4. 산정 無 5. 없음	운영예산 산정 정산방법 1. 내부정산 (지자체 내부적으로 정산) 2. 외부정산 (외부전문기관위탁 정산) 3. 내·외부 모두 산정 4. 정산 無 5. 없음	성과평가 실시여부 1. 실시 2. 미실시 3. 향후 추진 4. 해당없음
598	서울 노원구	노원청년문화살롱운영	208,562	4	6	1	3	1	1	1	3
599	서울 노원구	청소년상담복지센터운영	197,340	4	1	1	3	1	1	1	1
600	서울 노원구	노원여성교육센터위탁운영	194,580	4	4,5	6	3	1	1	1	1
601	서울 노원구	노원문화의집운영	189,355	4	4	6	3	6	1	1	3
602	서울 노원구	노원메이커스원	146,300	4	4	1	2	1	1	1	1
603	서울 노원구	생활체육교실운영	111,200	4	4	7	1	7	1	1	3
604	서울 노원구	구립공공도서관위탁운영(월계어린이도서관)	109,800	4	4	1	3	1	1	1	3
605	서울 노원구	견인대행비	108,000	4	6	7	1	7	5	5	4
606	서울 노원구	길고양이TNR사업	100,000	4	2	7	8	7	5	5	4
607	서울 노원구	마들상상놀이터운영	86,775	4	5	5	2	6	1	1	3
608	서울 노원구	불암산힐링타운관리	86,400	4	4	5	1	7	1	1	4
609	서울 노원구	자활근로사업단(공중화장실청소)	76,800	4	7	7	1	7	1	1	4
610	서울 노원구	폐매트리스처리	72,495	4	4	1	1	1	1	1	4
611	서울 노원구	청소년동반자프로그램	61,648	4	2	6	1	6	5	1	1
612	서울 노원구	반려동물문화센터운영및교육	57,380	4	4	7	8	7	5	5	4
613	서울 노원구	청소년지도사배치지원사업	50,736	4	2	6	1	6	5	1	1
614	서울 노원구	어린이교통공원운영	45,790	4	4	7	2	2	1	1	3
615	서울 노원구	유기동물관리	41,000	4	2	6	3	6	1	1	4
616	서울 노원구	외국인주민및다문화가족지원	38,100	4	5	4	1	7	3	3	2
617	서울 노원구	재활용가능스티로폼재활용처리비	32,760	4	1	4	1	7	1	1	4
618	서울 노원구	소규모공동주택재활용품처리비	27,300	4	1	4	1	7	1	1	4
619	서울 노원구	고위기맞춤형프로그램	25,000	4	2	6	1	6	5	1	1
620	서울 노원구	학교밖청소년지원센터급식지원	24,000	4	2	6	1	6	5	1	1
621	서울 노원구	자전거대여소운영	20,420	4	4	7	1	2	1	1	3
622	서울 노원구	들개포획비	15,200	4	6	7	8	7	5	5	4
623	서울 노원구	노원불빛정원운영	14,400	4	7	6	1	6	1	1	2
624	서울 노원구	전동보장구운전연습장조성및운영	14,000	4	4	7	8	7	5	5	4
625	서울 노원구	아동보호구역아동안전보호인력배치및운영	10,000	4	5	7	8	7	5	5	4
626	서울 노원구	맞춤형체육사업운영	6,000	4	4	7	8	7	1	1	4
627	서울 노원구	의료관련감염표본감시	5,000	4	1,2	7	8	7	5	1	1
628	서울 노원구	아동청소년참여위원회운영	5,000	4	5	7	8	7	5	5	4
629	서울 은평구	은평환경플랜트관리운영	8,320,200	4	1	4	3	1	3	1	1
630	서울 은평구	아이돌봄지원사업운영	4,452,162	4	2	5	5	7	5	1	1
631	서울 은평구	매립지반입불가폐기물처리	3,993,120	4	1	4	1	1	2	5	1
632	서울 은평구	노인복지관운영	3,672,326	4	1	5	5	1	1	1	1
633	서울 은평구	종합사회복지관운영(보조사업)	3,481,577	4	1	1	5	1	1	1	1
634	서울 은평구	음식물류폐기물처리	3,184,200	4	1	6	1	6	1	1	4
635	서울 은평구	은평구립도서관운영	3,120,257	4	5	5	3	1	1	1	1
636	서울 은평구	다함께돌봄센터인건비지원	2,503,316	4	2	7	8	7	5	1	4
637	서울 은평구	은평통일로스포츠센터운영	1,632,143	4	4	2	3	1	1	1	1

순번	시군구	지출명 (사업명)	2024년예산 (단위 : 천원 /1년간)	민간이전 분류 (지방자치단체 세출예산 집행기준에 의거) 1. 민간경상사업보조(307-02) 2. 민간단체 법정운영비보조(307-03) 3. 민간행사사업보조(307-04) 4. 민간위탁금(307-05) 5. 사회복지시설 법정운영비보조(307-10) 6. 민간인위탁교육비(307-12) 7. 공기관등에대한경상적위탁사업비(308-13) 8. 민간자본사업보조,자체재원(402-01) 9. 민간자본사업보조,이전재원(402-02) 10. 민간위탁사업비(402-03) 11. 공기관등에 대한 자본적 위탁사업비(403-02)	민간이전지출 근거 (지방보조금 관리기준 참고) 1. 법률에 규정 2. 국고보조 재원(국가지정) 3. 용도 지정 기부금 4. 조례에 직접규정 5. 지자체가 권장하는 사업을 하는 공공기관 6. 시,도 정책 및 재정사정 7. 기타 8. 해당없음	입찰방식 계약체결방법 (경쟁형태) 1. 일반경쟁 2. 제한경쟁 3. 지명경쟁 4. 수의계약 5. 법정위탁 6. 기타 ( ) 7. 없음	입찰방식 계약기간 1. 1년 2. 2년 3. 3년 4. 4년 5. 5년 6. 기타 ( )년 7. 단기계약 (1년미만) 8. 없음	입찰방식 낙찰자선정방법 1. 적격심사 2. 협상에의한계약 3. 최저가낙찰제 4. 규격가격분리 5. 2단계 경쟁입찰 6. 기타 ( ) 7. 없음	운영예산 산정 운영예산 산정 1. 내부산정 (지자체 자체적으로 산정) 2. 외부산정 (외부전문기관위탁 산정) 3. 내·외부 모두 산정 4. 산정 無 5. 없음	운영예산 산정 정산방법 1. 내부정산 (지자체 내부적으로 정산) 2. 외부정산 (외부전문기관위탁 정산) 3. 내·외부 모두 산정 4. 정산 無 5. 없음	성과평가 실시여부 1. 실시 2. 미실시 3. 향후 추진 4. 해당없음
638	서울 은평구	치매안심센터운영(보조사업)	1,436,585	4	1	7	3	7	5	5	4
639	서울 은평구	평생학습관및어린이영어도서관운영	1,434,204	4	4	2	3	1	1	3	1
640	서울 은평구	은평청여울수영장운영	1,378,300	4	4	2	2	1	1	1	3
641	서울 은평구	구산동도서관마을운영	1,337,875	4	5	5	3	1	1	1	1
642	서울 은평구	증산정보도서관운영	1,228,764	4	5	5	3	1	1	1	1
643	서울 은평구	청소년문화의집운영	1,211,207	4	1,4	1	3	1	1	1	1
644	서울 은평구	은평뉴타운도서관운영	1,165,653	4	5	5	3	1	1	1	1
645	서울 은평구	내를건너서숲으로도서관운영	1,145,316	4	5	5	3	1	1	1	1
646	서울 은평구	청년도전지원사업	914,800	4	2	7	1	7	5	3	1
647	서울 은평구	공중화장실관리	872,019	4	1	1	3	1	1	1	1
648	서울 은평구	은뜨락도서관운영	797,584	4	5	5	3	1	1	1	1
649	서울 은평구	응암정보도서관운영	778,333	4	5	5	3	1	1	1	1
650	서울 은평구	어린이급식관리지원센터운영	735,000	4	1	1	3	1	3	2	3
651	서울 은평구	마을학교연계지원	702,699	4	4	1	2	1	1	3	1
652	서울 은평구	청소년쉼터운영	688,676	4	1,2	1	3	1	1	1	3
653	서울 은평구	도농상생공공급식지원	680,324	4	4	1	3	1	1	1	1
654	서울 은평구	가족센터(건강가정지원)운영	655,366	4	1	5	5	7	5	1	1
655	서울 은평구	발달장애인평생교육센터운영	605,000	4	2	6	3	6	1	1	1
656	서울 은평구	서울청년센터은평운영	589,886	4	6	1	3	1	1	1	1
657	서울 은평구	청소년안전망구축지원(청소년상담복지센터운영)	539,682	4	2	2	3	1	1	1	1
658	서울 은평구	노동자종합지원센터운영	390,400	4	4	1	3	1	1	1	1
659	서울 은평구	어르신일자리센터지원	370,785	4	5	1	5	1	1	1	1
660	서울 은평구	구립상림도서관운영	342,334	4	5	5	3	1	1	1	1
661	서울 은평구	창업지원센터운영	339,883	4	4	1	3	1	1	1	1
662	서울 은평구	청소년진로지원	331,284	4	1	1	3	1	1	1	1
663	서울 은평구	은평인공암벽장운영	321,124	4	4	2	3	1	1	1	1
664	서울 은평구	노약자등교통약자를위한무료셔틀버스운영	298,855	4	1	5	3	1	1	1	3
665	서울 은평구	은평구청어린이집운영	280,801	4	1	7	8	7	5	1	4
666	서울 은평구	청소년지원센터지원(꿈드림운영)	278,477	4	2	2	3	1	1	1	1
667	서울 은평구	민관학교육협력지원	246,000	4	4	7	7	7	3	1	1
668	서울 은평구	은평누리축제파발제	235,000	4	5	5	3	7	1	1	3
669	서울 은평구	1인가구지원센터운영	205,068	4	1	5	5	7	1	1	1
670	서울 은평구	기초푸드뱅크/마켓운영(보조사업)	201,074	4	1	5	5	1	1	1	1
671	서울 은평구	청소년동반자프로그램운영	179,334	4	2	2	3	1	1	1	1
672	서울 은평구	작은도서관운영비지원	157,400	4	4	7	8	7	1	1	1
673	서울 은평구	자립준비청년지원	153,534	4	1	1	3	1	1	1	3
674	서울 은평구	은평구문화도시활성화	150,000	4	5	5	3	7	1	1	1
675	서울 은평구	길고양이중성화사업추진	140,000	4	8	5	3	7	5	1	4
676	서울 은평구	대조꿈나무어린이도서관운영	131,878	4	5	6	3	1	1	1	1
677	서울 은평구	공동육아나눔터운영	118,608	4	2	5	5	7	5	1	1

순번	시군구	지출명 (사업명)	2024년예산 (단위 : 천원 /1년간)	민간이전 분류 (지방자치단체 세출예산 집행기준에 의거) 1. 민간경상사업보조(307-02) 2. 민간단체 법정운영비보조(307-03) 3. 민간행사사업보조(307-04) 4. 민간위탁금(307-05) 5. 사회복지시설 법정운영비보조(307-10) 6. 민간인위탁교육비(307-12) 7. 공기관등에대한경상적위탁사업비(308-13) 8. 민간자본사업보조,자체재원(402-01) 9. 민간자본사업보조,이전재원(402-02) 10. 민간위탁사업비(402-03) 11. 공기관등에 대한 자본적 위탁사업비(403-02)	민간이전지출 근거 (지방보조금 관리기준 참고) 1. 법률에 규정 2. 국고보조 재원(국가지정) 3. 용도 지정 기부금 4. 조례에 직접규정 5. 지자체가 권장하는 사업을 하는 공공기관 6. 시,도 정책 및 재정사정 7. 기타 8. 해당없음	입찰방식 계약체결방법 (경쟁형태) 1. 일반경쟁 2. 제한경쟁 3. 지명경쟁 4. 수의계약 5. 법정위탁 6. 기타 ( ) 7. 없음	입찰방식 계약기간 1. 1년 2. 2년 3. 3년 4. 4년 5. 5년 6. 기타 ( )년 7. 단기계약 (1년미만) 8. 없음	입찰방식 낙찰자선정방법 1. 적격심사 2. 협상에의한계약 3. 최저가낙찰제 4. 규격가격분리 5. 2단계 경쟁입찰 6. 기타 ( ) 7. 없음	운영예산 산정 운영예산 산정 1. 내부산정 (지자체 자체적으로 산정) 2. 외부산정 (외부전문기관위탁 산정) 3. 내·외부 모두 산정 4. 산정 無 5. 없음	운영예산 산정 정산방법 1. 내부정산 (지자체 내부적으로 정산) 2. 외부정산 (외부전문기관위탁 정산) 3. 내·외부 모두 산정 4. 정산 無 5. 없음	성과평가 실시여부 1. 실시 2. 미실시 3. 향후 추진 4. 해당없음
678	서울 은평구	취업지원교육프로그램	117,000	4	1	7	8	7	5	5	4
679	서울 은평구	도시농업활성화사업	115,000	4	4	1	3	2	1	1	1
680	서울 은평구	장애인이동기기수리센터운영	93,935	4	4	6	3	6	1	1	1
681	서울 은평구	구청사환경정비및유지관리	87,000	4	6	2	1	3	1	1	4
682	서울 은평구	동물보호사업추진	81,400	4	2	5	3	7	5	1	4
683	서울 은평구	불광천생태학습체험방운영	74,844	4	4	4	5	1	1	1	1
684	서울 은평구	부모자녀독서상호작용지원사업(참여예산)	70,000	4	5	5	3	1	1	1	1
685	서울 은평구	지역사회건강조사	69,432	4	2	5	1	7	1	1	4
686	서울 은평구	민관협력형마을예술창작소조성및운영	63,060	4	6	5	1	1	1	1	2
687	서울 은평구	찾아가는장난감붕붕이사업운영	60,085	4	4	1	3	5	1	1	4
688	서울 은평구	다문화가족지원	56,029	4	1	5	5	7	5	1	1
689	서울 은평구	은평청소년마을학교운영	55,000	4	4	7	7	7	1	1	1
690	서울 은평구	가족학교운영지원	52,862	4	1	5	5	7	5	1	1
691	서울 은평구	학교폭력예방사업운영	50,000	4	4	2	3	1	1	1	1
692	서울 은평구	장애아통합(전문)어린이집운영지원(영유아발달지원사업)	44,600	4	7	1	3	5	1	1	4
693	서울 은평구	청소년어울림마당운영	30,000	4	1,5	1	1	1	1	1	3
694	서울 은평구	공공도서관개관시간연장(보조사업)	30,000	4	2	7	8	7	5	5	4
695	서울 은평구	찾아가는가족프로그램소풍운영	29,430	4	1	5	5	7	5	1	1
696	서울 은평구	청소년지도사배치지원	25,368	4	1,2	7	8	7	1	1	4
697	서울 은평구	지역치매안심센터운영	24,000	4	1	7	3	7	5	5	4
698	서울 은평구	청소년지원센터지원(꿈드림급식지원)	22,500	4	2	2	3	1	1	1	1
699	서울 은평구	진로탐구학교운영(참여예산)	20,000	4	4	7	8	7	5	5	4
700	서울 은평구	학교로찾아가는전문가와의만남(참여예산)	20,000	4	4	7	8	7	5	5	4
701	서울 은평구	숲속도서관문화활동지원사업(참여예산)	20,000	4	5	7	8	7	5	5	4
702	서울 은평구	함께만드는우리동네역사문화산책(참여예산)	20,000	4	5	7	8	7	5	5	4
703	서울 은평구	독서동아리및활동가지원사업(참여예산)	15,000	4	5	7	8	7	5	5	4
704	서울 은평구	은평도서문화축제	13,000	4	5	5	6	6	1	1	1
705	서울 은평구	지역청소년참여기구운영(어린이청소년참여위원회(특별회의)운영)	10,000	4	4	2	7	1	1	1	1
706	서울 은평구	청소년동아리활동지원	10,000	4	1,5	1	1	1	1	1	3
707	서울 은평구	중증치매노인공공후견사업(보조사업)	7,404	4	1	7	1	7	5	5	4
708	서울 은평구	깨끗한은평가꾸기추진	4,800	4	8	4	1	7	1	1	4
709	서울 은평구	지역청소년참여기구운영(청소년운영위원회운영)	1,684	4	1,4	7	8	7	1	1	4
710	서울 서대문구	생활폐기물수거체계확립	14,498,708	4	4	1	2	1	2	1	1
711	서울 서대문구	아이돌봄지원	3,991,082	4	2	5	3	1	3	3	1
712	서울 서대문구	공공산후조리원운영	3,867,170	4	4	2	3	1	1	3	3
713	서울 서대문구	생활폐기물수거체계확립	3,769,722	4	4	4	2	2	2	1	2
714	서울 서대문구	음식물류폐기물수거	2,766,600	4	4	1	1	1	1	1	4
715	서울 서대문구	종합사회복지관운영지원	2,393,605	4	1	7	8	7	1	1	1
716	서울 서대문구	어린이집운영지원	2,360,827	4	1,4	7	8	7	1	1	1
717	서울 서대문구	재활용품분리배출	2,210,000	4	4	4	2	7	1	1	4

순번	시군구	지출명 (사업명)	2024년예산 (단위 : 천원 /1년간)	민간이전 분류 (지방자치단체 세출예산 집행기준에 의거) 1. 민간경상사업보조(307-02) 2. 민간단체 법정운영비보조(307-03) 3. 민간행사사업보조(307-04) 4. 민간위탁금(307-05) 5. 사회복지시설 법정운영비보조(307-10) 6. 민간인위탁교육비(307-12) 7. 공기관등에대한경상적위탁사업비(308-13) 8. 민간자본사업보조,자체재원(402-01) 9. 민간자본사업보조,이전재원(402-02) 10. 민간위탁사업비(402-03) 11. 공기관등에 대한 자본적 위탁사업비(403-02)	민간이전지출 근거 (지방보조금 관리기준 참고) 1. 법률에 규정 2. 국고보조 재원(국가지정) 3. 용도 지정 기부금 4. 조례에 직접규정 5. 지자체가 권장하는 사업을 하는 공공기관 6. 시,도 정책 및 재정사정 7. 기타 8. 해당없음	입찰방식 계약체결방법 (경쟁형태) 1. 일반경쟁 2. 제한경쟁 3. 지명경쟁 4. 수의계약 5. 법정위탁 6. 기타 ( ) 7. 없음	입찰방식 계약기간 1. 1년 2. 2년 3. 3년 4. 4년 5. 5년 6. 기타 ( )년 7. 단기계약 (1년미만) 8. 없음	입찰방식 낙찰자선정방법 1. 적격심사 2. 협상에의한계약 3. 최저가낙찰제 4. 규격가격분리 5. 2단계 경쟁입찰 6. 기타 ( ) 7. 없음	운영예산 산정 운영예산 산정 1. 내부산정 (지자체 자체적으로 산정) 2. 외부산정 (외부전문기관위탁 산정) 3. 내·외부 모두 산정 4. 산정 無 5. 없음	운영예산 산정 정산방법 1. 내부정산 (지자체 내부적으로 정산) 2. 외부정산 (외부전문기관위탁 정산) 3. 내·외부 모두 산정 4. 정산 無 5. 없음	성과평가 실시여부 1. 실시 2. 미실시 3. 향후 추진 4. 해당없음
718	서울 서대문구	다함께돌봄센터운영비지원	1,712,774	4	1	6	5	1	3	1	3
719	서울 서대문구	홍은청소년문화의집운영지원	1,399,276	4	1	6	3	1	1	1	1
720	서울 서대문구	서대문구치매안심센터운영(국비)	1,393,788	4	2	5	3	1	3	3	1
721	서울 서대문구	노인여가복지시설운영	1,359,191	4	1,4	5	5	1	1	1	1
722	서울 서대문구	가재울청소년센터운영지원	1,241,470	4	1	6	3	1	1	1	1
723	서울 서대문구	육아종합지원센터운영	1,223,653	4	4	6	5	1	1	1	1
724	서울 서대문구	청소년상담복지센터(청소년안전망)운영지원	654,266	4	2	5	3	1	1	1	1
725	서울 서대문구	가족센터(다문화가족)운영지원	525,200	4	2	5	5	1	3	3	1
726	서울 서대문구	생활폐기물수거체계확립	500,000	4	7	7	8	7	5	5	4
727	서울 서대문구	키즈클린플러스사업	474,795	4	4	6	5	1	1	1	1
728	서울 서대문구	아이돌봄지원	473,276	4	4	5	3	1	3	3	1
729	서울 서대문구	서대문구청직장어린이집운영지원	457,886	4	1,4	7	8	7	1	1	1
730	서울 서대문구	서대문시니어클럽운영	454,152	4	1,4	6	5	1	1	1	3
731	서울 서대문구	가족센터운영지원	364,300	4	2	5	5	1	3	3	1
732	서울 서대문구	가족센터운영지원	321,018	4	6	5	5	1	3	3	1
733	서울 서대문구	학교밖청소년지원(꿈드림운영)	315,015	4	2	5	3	1	1	1	1
734	서울 서대문구	노인회지회운영지원	285,643	4	1,4	7	8	7	1	1	4
735	서울 서대문구	1인가구지원센터운영	255,000	4	4	5	5	1	3	3	1
736	서울 서대문구	다문화가족특성화사업	254,704	4	2	5	5	1	3	3	1
737	서울 서대문구	정담은푸드마켓(푸드뱅크)운영지원	253,836	4	6	1	5	1	1	1	1
738	서울 서대문구	홍제동청소년활동공간꿈다락운영지원	229,616	4	1	6	3	1	1	1	1
739	서울 서대문구	이동목욕빨래방운영	229,050	4	1	7	8	7	1	1	1
740	서울 서대문구	청소년상담복지센터(청소년안전망)운영지원	215,627	4	7	5	3	1	1	1	1
741	서울 서대문구	구립청소년활동공간홍은누리운영지원	173,890	4	1	6	3	1	1	1	1
742	서울 서대문구	길고양이중성화사업	162,000	4	1	1	2	1	5	5	1
743	서울 서대문구	서대문키드센터운영	139,352	4	4	6	5	1	1	1	1
744	서울 서대문구	가족센터(다문화가족)운영지원	127,704	4	6	5	5	1	3	3	1
745	서울 서대문구	정담은푸드마켓(푸드뱅크)운영지원	118,002	4	6	1	3	1	1	1	1
746	서울 서대문구	불법주정차단속	114,000	4	1	5	8	7	5	5	4
747	서울 서대문구	공동육아나눔터운영	113,424	4	2	5	5	1	3	3	1
748	서울 서대문구	다문화사회통합지원	112,000	4	4	5	5	1	3	3	1
749	서울 서대문구	장애아통합보육운영지원	95,150	4	4	6	5	1	1	1	1
750	서울 서대문구	열린육아방운영	89,680	4	4	6	5	1	1	1	1
751	서울 서대문구	서대문구치매안심센터시설유지관리	81,264	4	7	5	3	1	1	1	1
752	서울 서대문구	청소년디지털미디어문화공간조성및운영	72,882	4	1	6	3	1	1	1	1
753	서울 서대문구	지역사회건강조사	69,432	4	1	7	8	7	3	3	4
754	서울 서대문구	가족센터운영지원	62,100	4	4	5	5	1	3	3	1
755	서울 서대문구	건강가정지원	60,000	4	4	5	5	1	3	3	1
756	서울 서대문구	생활폐기물수거체계확립	57,600	4	4	6	7	6	1	1	2
757	서울 서대문구	가족학교운영지원	52,861	4	6	5	5	1	3	3	1

순번	시군구	지출명 (사업명)	2024년예산 (단위 : 천원 /1년간)	민간이전 분류 (지방자치단체 세출예산 집행기준에 의거) 1. 민간경상사업보조(307-02) 2. 민간단체 법정운영비보조(307-03) 3. 민간행사사업보조(307-04) 4. 민간위탁금(307-05) 5. 사회복지시설 법정운영비보조(307-10) 6. 민간인위탁교육비(307-12) 7. 공기관등에대한경상적위탁사업비(308-13) 8. 민간자본사업보조,자체재원(402-01) 9. 민간자본사업보조,이전재원(402-02) 10. 민간위탁사업비(402-03) 11. 공기관등에 대한 자본적 위탁사업비(403-02)	민간이전지출 근거 (지방보조금 관리기준 참고) 1. 법률에 규정 2. 국고보조 재원(국가지정) 3. 용도 지정 기부금 4. 조례에 직접규정 5. 지자체가 권장하는 사업을 하는 공공기관 6. 시,도 정책 및 재정사정 7. 기타 8. 해당없음	입찰방식: 계약체결방법 (경쟁형태) 1. 일반경쟁 2. 제한경쟁 3. 지명경쟁 4. 수의계약 5. 법정위탁 6. 기타 ( ) 7. 없음	입찰방식: 계약기간 1. 1년 2. 2년 3. 3년 4. 4년 5. 5년 6. 기타 ( )년 7. 단기계약 (1년미만) 8. 없음	입찰방식: 낙찰자선정방법 1. 적격심사 2. 협상에의한계약 3. 최저가낙찰제 4. 규격가격분리 5. 2단계 경쟁입찰 6. 기타 ( ) 7. 없음	운영예산 산정: 운영예산 산정 1. 내부산정 (지자체 자체적으로 산정) 2. 외부산정 (외부전문기관위탁 산정) 3. 내·외부 모두 산정 4. 산정 無 5. 없음	운영예산 산정: 정산방법 1. 내부정산 (지자체 내부적으로 정산) 2. 외부정산 (외부전문기관위탁 정산) 3. 내·외부 모두 산정 4. 정산 無 5. 없음	성과평가 실시여부 1. 실시 2. 미실시 3. 향후 추진 4. 해당없음
758	서울 서대문구	학교밖청소년지원(꿈드림운영)	45,000	4	7	7	6	1	1	1	1
759	서울 서대문구	가족센터(다문화가족)운영지원	42,174	4	4	5	5	1	3	3	1
760	서울 서대문구	육아지원코디네이터운영	41,082	4	4	6	5	1	1	1	1
761	서울 서대문구	공통부모교육(전환사업)	40,000	4	4	6	5	1	1	1	1
762	서울 서대문구	어린이집안전관리관운영	39,289	4	4	6	5	1	1	1	1
763	서울 서대문구	동물보호및가축방역	32,800	4	1	1	3	1	5	5	1
764	서울 서대문구	학교밖청소년지원(급식지원)	25,500	4	2	5	3	1	1	1	1
765	서울 서대문구	서대문구치매안심센터운영	25,200	4	6	5	3	1	3	3	1
766	서울 서대문구	길고양이중성화사업	6,075	4	1	1	2	1	5	5	1
767	서울 서대문구	중증치매노인공공후견사업	5,044	4	2	5	3	1	3	3	1
768	서울 서대문구	공동육아나눔터운영	4,932	4	6	5	5	1	3	3	1
769	서울 서대문구	청소년수련시설청소년운영위원회운영지원	1,684	4	1	6	3	1	1	1	1
770	서울 마포구	지역자활센터자활근로사업	3,029,917	4	2	5	1	7	1	1	1
771	서울 마포구	마포구민체육센터운영	2,496,000	4	4	2	3	1	1	1	1
772	서울 마포구	마포장애인종합복지관운영	2,091,468	4	1	2	5	1	1	1	2
773	서울 마포구	육아종합지원센터운영	1,871,872	4	6	5	5	1	1	1	3
774	서울 마포구	푸르메재단넥슨어린이재활병원	1,701,865	4	1	2	5	1	1	1	2
775	서울 마포구	치매안심센터	1,494,792	4	2,6	1	3	1	3	3	1
776	서울 마포구	마포청소년문화의집	1,398,466	4	1,4	5	3	1	5	5	1
777	서울 마포구	우리마포복지관운영지원	1,284,200	4	5	5	5	1	1	1	1
778	서울 마포구	성산종합사회복지관운영	1,170,868	4	1	1	5	1	1	1	1
779	서울 마포구	염리종합사회복지관운영	1,168,311	4	1	1	5	1	1	1	1
780	서울 마포구	마포구립서강도서관운영	928,091	4	3	4	3	1	1	1	1
781	서울 마포구	정신건강복지센터	884,000	4	1	6	3	6	5	5	1
782	서울 마포구	용강노인복지관운영지원	756,374	4	5	5	5	1	1	1	1
783	서울 마포구	아현실버복지관운영지원	727,336	4	5	5	5	1	1	1	1
784	서울 마포구	어린이공원등위탁관리(경로당)	719,691	4	7	7	8	7	1	1	4
785	서울 마포구	염리생활체육관운영	678,392	4	4	2	3	1	1	1	1
786	서울 마포구	마포출판문화진흥센터운영	670,000	4	4	1	2	1	1	1	1
787	서울 마포구	마포구고용복지지원센터	637,000	4	3	1	3	1	1	1	1
788	서울 마포구	급식관리지원센터	625,000	4	2	1	3	1	5	2	1
789	서울 마포구	발달장애인평생교육센터운영	623,200	4	1	2	5	1	1	1	2
790	서울 마포구	마포영유아통합지원센터운영지원	610,448	4	1,4	1	5	1	1	1	1
791	서울 마포구	성미산체육관운영	587,837	4	4	2	3	1	1	1	1
792	서울 마포구	청소년상담복지센터운영	560,947	4	1,4	1	2	1	5	5	1
793	서울 마포구	뇌병변장애인비전센터운영	560,000	4	1	2	5	1	1	1	2
794	서울 마포구	가족센터운영(건강가정사업)	550,771	4	2	7	5	7	5	5	1
795	서울 마포구	망원나들목체육관운영	536,813	4	4	2	3	1	1	1	1
796	서울 마포구	작은도서관운영	524,117	4	3	4	3	1	1	1	1
797	서울 마포구	도화청소년문화의집	519,435	4	1,4	5	3	1	5	5	1

순번	시군구	지출명 (사업명)	2024년예산 (단위 : 천원 /1년간)	민간이전 분류 (지방자치단체 세출예산 집행기준에 의거) 1. 민간경상사업보조(307-02) 2. 민간단체 법정운영비보조(307-03) 3. 민간행사사업보조(307-04) 4. 민간위탁금(307-05) 5. 사회복지시설 법정운영비보조(307-10) 6. 민간인위탁교육비(307-12) 7. 공기관등에대한경상적위탁사업비(308-13) 8. 민간자본사업보조,자체재원(402-01) 9. 민간자본사업보조,이전재원(402-02) 10. 민간위탁사업비(402-03) 11. 공기관등에 대한 자본적 위탁사업비(403-02)	민간이전지출 근거 (지방보조금 관리기준 참고) 1. 법률에 규정 2. 국고보조 재원(국가지정) 3. 용도 지정 기부금 4. 조례에 직접규정 5. 지자체가 권장하는 사업을 하는 공공기관 6. 시,도 정책 및 재정사정 7. 기타 8. 해당없음	입찰방식 계약체결방법 (경쟁형태) 1. 일반경쟁 2. 제한경쟁 3. 지명경쟁 4. 수의계약 5. 법정위탁 6. 기타 ( ) 7. 없음	입찰방식 계약기간 1. 1년 2. 2년 3. 3년 4. 4년 5. 5년 6. 기타 ( )년 7. 단기계약 (1년미만) 8. 없음	입찰방식 낙찰자선정방법 1. 적격심사 2. 협상에의한계약 3. 최저가낙찰제 4. 규격가격분리 5. 2단계 경쟁입찰 6. 기타 ( ) 7. 없음	운영예산 산정 운영예산 산정 1. 내부산정 (지자체 자체적으로 산정) 2. 외부산정 (외부전문기관위탁 산정) 3. 내·외부 모두 산정 4. 산정 無 5. 없음	운영예산 산정 정산방법 1. 내부정산 (지자체 내부적으로 정산) 2. 외부정산 (외부전문기관위탁 정산) 3. 내·외부 모두 산정 4. 정산 無 5. 없음	성과평가 실시여부 1. 실시 2. 미실시 3. 향후 추진 4. 해당없음
798	서울 마포구	마포청년나루운영	512,000	4	2	7	2	7	1	1	3
799	서울 마포구	직장어린이집	511,345	4	1	1	5	1	1	1	1
800	서울 마포구	망원청소년문화센터	500,329	4	1,4	5	3	1	5	5	1
801	서울 마포구	다함께돌봄(우리동네키움센터)운영	416,228	4	1,2	1	5	1	5	5	1
802	서울 마포구	발달장애인요양보호사보조사업	410,700	4	6	7	8	7	1	1	2
803	서울 마포구	진로직업체험지원센터운영	405,000	4	1	6	3	6	1	1	4
804	서울 마포구	마포푸르메스포츠센터운영	404,559	4	1	2	5	1	1	1	2
805	서울 마포구	마포여성동행센터운영	401,000	4	4	5	3	6	1	1	3
806	서울 마포구	마포시니어클럽	380,000	4	5	6	7	6	1	1	1
807	서울 마포구	다문화가족특성화사업운영	367,664	4	2	7	5	7	5	5	1
808	서울 마포구	장난감대여점운영	322,306	4	6	5	5	1	1	1	3
809	서울 마포구	가족센터운영(다문화가족사업)	318,094	4	2	7	5	7	5	5	1
810	서울 마포구	서울청년센터마포오랑운영	298,705	4	3	1	3	1	1	1	1
811	서울 마포구	아이돌봄시비지원사업	264,713	4	6	5	5	7	2	3	4
812	서울 마포구	어린이영어도서관운영	263,255	4	3	4	3	1	1	1	1
813	서울 마포구	마포나루스페이스운영	261,896	4	3	7	8	7	1	1	4
814	서울 마포구	사회적경제통합지원센터	250,000	4	3	1	3	6	1	1	3
815	서울 마포구	마포구노동자종합지원센터운영	235,357	4	1	1	1	1	1	1	1
816	서울 마포구	정신건강토탈케어서비스사업	234,500	4	1	7	8	7	5	5	4
817	서울 마포구	공덕동행복주택내장애인주간보호센터운영	232,954	4	1	2	5	1	1	1	2
818	서울 마포구	마포구종합관광안내소위탁운영	227,225	4	4	4	3	2	1	1	3
819	서울 마포구	광흥당운영및관리	209,928	4	1	7	2	1	1	1	3
820	서울 마포구	마포체력인증센터운영	203,640	4	2	7	8	7	2	2	4
821	서울 마포구	마포행복나눔푸드(뱅크)마켓1호점	201,490	4	1	1	5	1	1	1	1
822	서울 마포구	장애인가족지원센터운영	200,940	4	1,4	4	2	1	1	1	1
823	서울 마포구	염리장애인주간보호센터운영	176,736	4	1	2	5	1	1	1	2
824	서울 마포구	마포점자도서실운영	161,962	4	1	4	2	1	1	1	1
825	서울 마포구	청소년지원센터(꿈드림)운영지원	155,743	4	1,4	6	3	1	5	5	1
826	서울 마포구	마포공덕실뿌리복지센터내스터디카페	152,206	4	1,4	7	8	7	5	5	4
827	서울 마포구	통합정신건강증진사업	151,200	4	1	6	3	6	5	5	1
828	서울 마포구	보장구수리센터운영	147,900	4	4	4	2	1	1	1	1
829	서울 마포구	마포비즈니스센터위탁운영비	145,326	4	4	2	2	1	1	1	1
830	서울 마포구	마포중앙도서관스페이스조성	145,185	4	3	7	8	7	1	1	4
831	서울 마포구	마포행복나눔푸드(뱅크)마켓2호점	142,694	4	1	1	5	1	1	1	1
832	서울 마포구	피트니스센터운영	140,433	4	8	7	8	7	5	5	4
833	서울 마포구	마포푸르메어린이도서관운영	131,940	4	3	4	5	1	1	1	1
834	서울 마포구	마포공덕실뿌리복지센터시설관리위탁	126,074	4	1	7	8	7	5	5	4
835	서울 마포구	1인가구지원센터운영	120,600	4	2	7	5	7	5	5	1
836	서울 마포구	해외시장개척지원	101,610	4	7	7	8	7	1	1	3
837	서울 마포구	방과후아카데미운영지원	82,235	4	1	5	3	1	5	5	1

순번	시군구	지출명 (사업명)	2024년예산 (단위 : 천원 /1년간)	민간이전 분류 (지방자치단체 세출예산 집행기준에 의거) 1. 민간경상사업보조(307-02) 2. 민간단체 법정운영비보조(307-03) 3. 민간행사사업보조(307-04) 4. 민간위탁금(307-05) 5. 사회복지시설 법정운영비보조(307-10) 6. 민간인위탁교육비(307-12) 7. 공기관등에대한경상적위탁사업비(308-13) 8. 민간자본사업보조,자체재원(402-01) 9. 민간자본사업보조,이전재원(402-02) 10. 민간위탁사업비(402-03) 11. 공기관등에 대한 자본적 위탁사업비(403-02)	민간이전지출 근거 (지방보조금 관리기준 참고) 1. 법률에 규정 2. 국고보조 재원(국가지정) 3. 용도 지정 기부금 4. 조례에 직접규정 5. 지자체가 권장하는 사업을 하는 공공기관 6. 시,도 정책 및 재정사정 7. 기타 8. 해당없음	입찰방식: 계약체결방법 (경쟁형태) 1. 일반경쟁 2. 제한경쟁 3. 지명경쟁 4. 수의계약 5. 법정위탁 6. 기타 ( ) 7. 없음	입찰방식: 계약기간 1. 1년 2. 2년 3. 3년 4. 4년 5. 5년 6. 기타 ( )년 7. 단기계약 (1년미만) 8. 없음	입찰방식: 낙찰자선정방법 1. 적격심사 2. 협상에의한계약 3. 최저가낙찰제 4. 규격가격분리 5. 2단계 경쟁입찰 6. 기타 ( ) 7. 없음	운영예산 산정: 운영예산 산정 1. 내부산정 (지자체 자체적으로 산정) 2. 외부산정 (외부전문기관위탁 산정) 3. 내·외부 모두 산정 4. 산정 無 5. 없음	운영예산 산정: 정산방법 1. 내부정산 (지자체 내부적으로 정산) 2. 외부정산 (외부전문기관위탁 정산) 3. 내·외부 모두 산정 4. 정산 無 5. 없음	성과평가 실시여부 1. 실시 2. 미실시 3. 향후 추진 4. 해당없음
838	서울 마포구	망원정관리	75,392	4	7	4	3	7	1	1	2
839	서울 마포구	마포형케어안심주택운영지원	69,800	4	1	1	3	1	1	1	2
840	서울 마포구	지역사회건강조사	69,432	4	2	5	1	2	1	1	1
841	서울 마포구	길고양이중성화사업	64,800	4	2	6	3	6	1	1	1
842	서울 마포구	연남동공영주차장내스터디카페	58,576	4	1,4	7	8	7	5	5	4
843	서울 마포구	노인공동거주시설운영	53,786	4	3	7	8	7	5	5	4
844	서울 마포구	자살유족지원사업	51,080	4	1	6	3	6	5	5	1
845	서울 마포구	가족학교운영지원	50,662	4	2	7	5	7	5	5	1
846	서울 마포구	마포푸르메직업재활센터운영	50,000	4	1	2	5	1	1	1	2
847	서울 마포구	마포구청소년뮤지컬단운영지원	50,000	4	7	7	8	7	5	5	4
848	서울 마포구	모아뜰공동육아방운영	47,430	4	7	1	5	1	1	1	3
849	서울 마포구	유기동물보호지원사업	40,332	4	2	6	3	6	1	1	1
850	서울 마포구	공동부모교육운영(전환사업)	40,000	4	6	5	5	1	1	1	3
851	서울 마포구	우리마포장애인주간이용센터운영	25,000	4	1	2	5	1	1	1	2
852	서울 마포구	학교밖청소년급식지원	22,875	4	1,4	5	3	1	5	5	1
853	서울 마포구	지역자살예방및정신건강증진사업	21,000	4	1	6	3	6	5	5	1
854	서울 마포구	정신질환자치료비지원사업	20,000	4	1	6	3	6	5	5	1
855	서울 마포구	구립재가노인지원서비스센터운영지원	17,500	4	5	5	5	1	1	1	1
856	서울 마포구	우리마포보호작업장운영	15,000	4	1	2	5	1	1	1	2
857	서울 마포구	마포구립장애인직업재활센터운영	12,000	4	1	2	5	1	1	1	2
858	서울 마포구	다문화가족지원사업	10,000	4	2	7	5	7	5	5	1
859	서울 마포구	풀무골관리	6,000	4	7	4	3	7	1	1	2
860	서울 마포구	공동육아나눔터운영	1,224	4	1	5	5	7	2	3	4
861	서울 양천구	일반폐기물수집운반위탁대행비	7,483,768	4	4	1	3	2	2	2	1
862	서울 양천구	재활용품수집운반수수료	6,177,469	4	4	1	3	2	2	2	1
863	서울 양천구	종합사회복지관운영비지원	4,923,979	4	4	1,6	5	6	1	1	1
864	서울 양천구	음식물류폐기물수집운반위탁대행비	3,781,005	4	4	1	3	2	2	2	1
865	서울 양천구	음식물류폐기물위탁처리비	3,131,700	4	1	2	2	2	1	1	4
866	서울 양천구	자활근로사업	3,066,219	4	1	4	1	6	1	1	1
867	서울 양천구	양천해누리복지관운영	2,485,050	4	6	7	5	7	1	1	1
868	서울 양천구	육아종합지원센터운영	2,246,897	4	1	1	5	1	1	1	1
869	서울 양천구	소규모어르신복지관운영	2,179,747	4	1	1	5	1	1	1	1
870	서울 양천구	재활용품처리비	1,918,080	4	1	6	5	6	1	1	1
871	서울 양천구	양천어르신종합복지관운영	1,696,782	4	1	1	2	2	3	1	2
872	서울 양천구	치매관리체계구축(치매안심센터운영)	1,535,704	4	1	6	5	6	1	1	1
873	서울 양천구	대형폐기물수집운반위탁대행	1,425,000	4	1	1	3	1	3	1	1
874	서울 양천구	폐합성수지류(무단투기)폐기물처리비	1,195,000	4	7	7	1	7	1	1	4
875	서울 양천구	청소년시설운영지원(신월청소년문화센터운영)	1,136,904	4	7	1	1	1	1	1	4
876	서울 양천구	정신건강증진사업	1,008,020	4	1	1	2	1	1	1	4
877	서울 양천구	어린이급식관리지원센터운영	735,000	4	1	1	3	1	3	1	1

순번	시군구	지출명 (사업명)	2024년예산 (단위 : 천원 /1년간)	민간이전 분류 (지방자치단체 세출예산 집행기준에 의거) 1. 민간경상사업보조(307-02) 2. 민간단체 법정운영비보조(307-03) 3. 민간행사사업보조(307-04) 4. 민간위탁금(307-05) 5. 사회복지시설 법정운영비보조(307-10) 6. 민간인위탁교육비(307-12) 7. 공기관등에대한경상적위탁사업비(308-13) 8. 민간자본사업보조,자체재원(402-01) 9. 민간자본사업보조,이전재원(402-02) 10. 민간위탁사업비(402-03) 11. 공기관등에 대한 자본적 위탁사업비(403-02)	민간이전지출 근거 (지방보조금 관리기준 참고) 1. 법률에 규정 2. 국고보조 재원(국가지정) 3. 용도 지정 기부금 4. 조례에 직접규정 5. 지자체가 권장하는 사업을 하는 공공기관 6. 시,도 정책 및 재정사정 7. 기타 8. 해당없음	입찰방식			운영예산 산정		성과평가 실시여부
						계약체결방법 (경쟁형태) 1. 일반경쟁 2. 제한경쟁 3. 지명경쟁 4. 수의계약 5. 법정위탁 6. 기타 ( ) 7. 없음	계약기간 1. 1년 2. 2년 3. 3년 4. 4년 5. 5년 6. 기타 ( )년 7. 단기계약 (1년미만) 8. 없음	낙찰자선정방법 1. 적격심사 2. 협상에의한계약 3. 최저가낙찰제 4. 규격가격분리 5. 2단계 경쟁입찰 6. 기타 ( ) 7. 없음	운영예산 산정 1. 내부산정 (지자체 자체적으로 산정) 2. 외부산정 (외부전문기관위탁 산정) 3. 내·외부 모두 산정 4. 산정 無 5. 없음	정산방법 1. 내부정산 (지자체 내부적으로 정산) 2. 외부정산 (외부전문기관위탁 정산) 3. 내·외부 모두 산정 4. 정산 無 5. 없음	1. 실시 2. 미실시 3. 향후 추진 4. 해당없음
878	서울 양천구	양천5플러스센터운영	700,000	4	4	7	3	7	1	1	1
879	서울 양천구	자원봉사센터지원	676,695	4	2	5	2	7	3	3	1
880	서울 양천구	구립보육시설지원	634,600	4	1	7	8	7	5	5	1
881	서울 양천구	가족센터운영	624,319	4	2	1	5	1	1	1	1
882	서울 양천구	서울형키즈카페조성및운영	588,752	4	1	1	5	1	1	1	1
883	서울 양천구	발달장애인평생교육센터운영	578,900	4	4	1	3	1	1	1	1
884	서울 양천구	다함께돌봄(우리동네키움센터)운영지원	576,782	4	2	1	5	1	1	1	2
885	서울 양천구	지역사회청소년통합지원체계구축(청소년상담복지센터운영)	566,744	4	2	1	3	1	1	1	1
886	서울 양천구	경로당프로그램활성화사업운영	466,716	4	4	7	8	7	1	1	2
887	서울 양천구	건설폐기물및가로토사처리비	415,381	4	7	2	1	1	1	1	4
888	서울 양천구	폐형광등,폐건전지수거운반수수료	395,000	4	1	2	1	1	3	1	2
889	서울 양천구	시니어클럽운영지원	380,690	4	2	5	5	7	1	1	2
890	서울 양천구	(가칭)구립양천교육지원센터조성및운영	370,000	4	7	7	8	7	5	5	4
891	서울 양천구	양천창업지원센터운영	350,000	4	4	1	3	1	1	1	1
892	서울 양천구	아이돌봄지원	345,921	4	2	1	5	1	1	1	1
893	서울 양천구	푸드뱅크마켓센터운영	331,585	4	6	4	5	1	1	1	2
894	서울 양천구	2024년노점,노상적치물정비및정비지역사후관리용역	315,000	4	1	2	1	1	1	1	1
895	서울 양천구	장애인권교육센터운영	313,002	4	1	7	3	7	4	1	1
896	서울 양천구	직장어린이집운영	295,200	4	1	7	8	7	5	5	1
897	서울 양천구	서울청년센터양천운영지원	277,443	4	4	1	3	1	1	1	3
898	서울 양천구	저소득어르신급식지원사업	270,706	4	4	5	5	7	1	1	2
899	서울 양천구	목동시니어스마트교육센터운영	255,000	4	4	7	5	7	1	1	3
900	서울 양천구	양천구장애인가족지원센터	214,916	4	4	1	3	1	1	1	1
901	서울 양천구	음식물류폐기물전용수거용기위탁세척비	197,235	4	4	1	7	1	2	1	4
902	서울 양천구	학교밖청소년지원센터운영(꿈드림)	193,249	4	2	1	3	1	1	1	1
903	서울 양천구	다함께돌봄(우리동네키움센터)인건비지원	186,067	4	2	1	5	1	1	1	2
904	서울 양천구	수집운반차량감가상각비	177,000	4	4	7	8	7	5	5	4
905	서울 양천구	지역사회청소년통합지원체계구축(청소년동반자사업운영)	165,912	4	2	1	3	1	1	1	4
906	서울 양천구	통합정신건강증진사업	151,200	4	2	1	3	1	2	1	1
907	서울 양천구	치매치료관리비지원(전환사업)	143,860	4	1	7	8	7	1	5	4
908	서울 양천구	길고양이중성화사업	106,000	4	2	6	3	6	1	1	1
909	서울 양천구	생활과학교실운영	99,800	4	7	6	1	7	1	1	1
910	서울 양천구	기동반가로변잔재폐기물수거	80,000	4	4	7	8	7	5	5	4
911	서울 양천구	의료급여수급권자검진비(일반,생애)지원	74,000	4	8	4	1	7	1	1	1
912	서울 양천구	지역사회건강조사조사분석	69,432	4	2	7	8	7	5	3	1
913	서울 양천구	자원봉사활성화(자원봉사코디네이터지원)	66,416	4	2	5	2	7	3	3	1
914	서울 양천구	폐매트리스처리비	65,000	4	7	4	1	7	1	1	4
915	서울 양천구	취약계층아동동행상담치료지원사업	60,000	4	5	2	1	1	3	3	4
916	서울 양천구	공동육아나눔터운영	59,052	4	2	1	5	1	1	1	1
917	서울 양천구	민간견인료	54,000	4	1,4	7	8	7	1	5	4

순번	시군구	지출명 (사업명)	2024년예산 (단위 : 천원 /1년간)	민간이전 분류 (지방자치단체 세출예산 집행기준에 의거) 1. 민간경상사업보조(307-02) 2. 민간단체 법정운영비보조(307-03) 3. 민간행사사업보조(307-04) 4. 민간위탁금(307-05) 5. 사회복지시설 법정운영비보조(307-10) 6. 민간인위탁교육비(307-12) 7. 공기관등에대한경상적위탁사업비(308-13) 8. 민간자본사업보조,자체재원(402-01) 9. 민간자본사업보조,이전재원(402-02) 10. 민간위탁사업비(402-03) 11. 공기관등에 대한 자본적 위탁사업비(403-02)	민간이전지출 근거 (지방보조금 관리기준 참고) 1. 법률에 규정 2. 국고보조 재원(국가지정) 3. 용도 지정 기부금 4. 조례에 직접규정 5. 지자체가 권장하는 사업을 하는 공공기관 6. 시,도 정책 및 재정사정 7. 기타 8. 해당없음	입찰방식 계약체결방법 (경쟁형태) 1. 일반경쟁 2. 제한경쟁 3. 지명경쟁 4. 수의계약 5. 법정위탁 6. 기타 ( ) 7. 없음	입찰방식 계약기간 1. 1년 2. 2년 3. 3년 4. 4년 5. 5년 6. 기타 ( )년 7. 단기계약 (1년미만) 8. 없음	입찰방식 낙찰자선정방법 1. 적격심사 2. 협상에의한계약 3. 최저가낙찰제 4. 규격가격분리 5. 2단계 경쟁입찰 6. 기타 ( ) 7. 없음	운영예산 산정 운영예산 산정 1. 내부산정 (지자체 자체적으로 산정) 2. 외부산정 (외부전문기관위탁 산정) 3. 내·외부 모두 산정 4. 산정 無 5. 없음	운영예산 산정 정산방법 1. 내부정산 (지자체 내부적으로 정산) 2. 외부정산 (외부전문기관위탁 정산) 3. 내·외부 모두 산정 4. 정산 無 5. 없음	성과평가 실시여부 1. 실시 2. 미실시 3. 향후 추진 4. 해당없음
918	서울 양천구	서울가족학교운영	52,861	4	6	1	5	1	1	1	1
919	서울 양천구	건설폐기물매립폐기물처분부담금	51,120	4	7	2	1	1	1	1	4
920	서울 양천구	자살유족지원사업	51,080	4	2	1	3	1	2	1	1
921	서울 양천구	유기동물보호관리	47,150	4	2	2	3	1	1	1	1
922	서울 양천구	발달장애인평생교육센터구비추가지원	43,200	4	4	1	3	1	1	1	1
923	서울 양천구	공통부모교육운영(전환사업)	40,000	4	1	1	5	1	1	1	1
924	서울 양천구	안전취약가구안전점검및정비사업	40,000	4	6	4	7	7	1	1	2
925	서울 양천구	풍수해기간민간위탁비상근무용역	40,000	4	4	7	7	7	5	5	4
926	서울 양천구	노인회지회지원	38,178	4	4	7	8	7	1	1	2
927	서울 양천구	항공기소음피해지역청소년들의비행기타기프로젝트(주민참여)	38,000	4	7	7	8	7	5	5	4
928	서울 양천구	자살예방사업인력확충	37,036	4	2	1	3	1	2	1	1
929	서울 양천구	재활보조기구수리센터지원	35,000	4	4	1	1	1	1	1	4
930	서울 양천구	다문화가족지원	32,230	4	2	1	5	1	1	1	1
931	서울 양천구	종이팩수거운반수수료	31,944	4	1	4	1	7	3	1	2
932	서울 양천구	어린이교통안전교육운영	30,000	4	1	2	3	1	1	1	1
933	서울 양천구	정신질환자치료비지원	26,000	4	2	1	3	1	2	1	1
934	서울 양천구	자원봉사활성화(자원봉사보험료지원)	24,550	4	2	5	2	7	3	3	1
935	서울 양천구	지역자살예방및정신건강증진사업	21,000	4	2	1	3	1	2	1	1
936	서울 양천구	재해약자개인배수시설점검지원	20,000	4	4	7	7	7	5	5	4
937	서울 양천구	방치동물사체처리비	16,367	4	7	4	1	7	1	1	4
938	서울 양천구	학교밖청소년지원센터급식지원	15,750	4	2	1	3	1	1	1	4
939	서울 양천구	척추측만증검진사업	14,415	4	8	4	1	7	1	1	1
940	서울 양천구	양천구가족의행복디딤돌'양천패밀리(FAMILY)'(주민참여)	11,000	4	7	1	5	1	1	1	1
941	서울 양천구	신월누리복지센터운영	9,000	4	7	7	8	7	1	1	4
942	서울 양천구	생활폐기물매립지수송비	7,800	4	7	7	8	7	5	5	4
943	서울 양천구	취약위기가족의문제해결을위한"품안愛상담"(주민참여)	7,500	4	7	1	5	1	1	1	1
944	서울 양천구	생활계유해폐기물수집운반위탁대행비	7,000	4	6	4	1	7	1	1	4
945	서울 양천구	중증치매노인공공후견	5,200	4	1	1	3	1	1	1	1
946	서울 양천구	아동친화도시추진아동참여위원회운영	5,000	4	4	7	2	7	1	1	4
947	서울 양천구	청소년참여위원회운영	1,840	4	2	7	1	7	1	1	4
948	서울 강서구	폐합성수지(반입불가폐기물)처리용역	1,512,000	4	1,4	1	1	3	1	1	4
949	서울 강서구	폐매트리스철심분리용역	96,000	4	1,4	4	1	7	1	1	4
950	서울 강서구	종합사회복지관운영지원	12,072,035	4	1	1	5	1	3	3	4
951	서울 강서구	양천자원회수시설반입료	7,412,722	4	8	7	8	7	5	5	4
952	서울 강서구	자활근로사업	6,739,600	4	1	5	1	1	1	1	4
953	서울 강서구	음식물류폐기물처리비	5,365,500	4	1,4	1	2	1	3	1	4
954	서울 강서구	아이돌봄지원	4,661,209	4	1	1	3	1	5	3	1
955	서울 강서구	구립도서관인건비	3,569,000	4	4	5	5	1	1	1	1
956	서울 강서구	수도권매립지반입료	3,369,559	4	1	7	8	7	5	5	4
957	서울 강서구	치매안심센터운영	1,697,460	4	2	1	3	2	1	3	4

순번	시군구	지출명 (사업명)	2024년예산 (단위 : 천원 /1년간)	민간이전 분류 (지방자치단체 세출예산 집행기준에 의거) 1. 민간경상사업보조(307-02) 2. 민간단체 법정운영비보조(307-03) 3. 민간행사사업보조(307-04) 4. 민간위탁금(307-05) 5. 사회복지시설 법정운영비보조(307-10) 6. 민간인위탁교육비(307-12) 7. 공기관등에대한경상적위탁사업비(308-13) 8. 민간자본사업보조,자체재원(402-01) 9. 민간자본사업보조,이전재원(402-02) 10. 민간위탁사업비(402-03) 11. 공기관등에 대한 자본적 위탁사업비(403-02)	민간이전지출 근거 (지방보조금 관리기준 참고) 1. 법률에 규정 2. 국고보조 재원(국가지정) 3. 용도 지정 기부금 4. 조례에 직접규정 5. 지자체가 권장하는 사업을 하는 공공기관 6. 시,도 정책 및 재정사정 7. 기타 8. 해당없음	입찰방식 계약체결방법 (경쟁형태) 1. 일반경쟁 2. 제한경쟁 3. 지명경쟁 4. 수의계약 5. 법정위탁 6. 기타 ( ) 7. 없음	입찰방식 계약기간 1. 1년 2. 2년 3. 3년 4. 4년 5. 5년 6. 기타 ( )년 7. 단기계약 (1년미만) 8. 없음	입찰방식 낙찰자선정방법 1. 적격심사 2. 협상에의한계약 3. 최저가낙찰제 4. 규격가격분리 5. 2단계 경쟁입찰 6. 기타 ( ) 7. 없음	운영예산 산정 운영예산 산정 1. 내부산정 (지자체 자체적으로 산정) 2. 외부산정 (외부전문기관위탁 산정) 3. 내·외부 모두 산정 4. 산정 無 5. 없음	운영예산 산정 정산방법 1. 내부정산 (지자체 내부적으로 정산) 2. 외부정산 (외부전문기관위탁 정산) 3. 내·외부 모두 산정 4. 정산 無 5. 없음	성과평가 실시여부 1. 실시 2. 미실시 3. 향후 추진 4. 해당없음
958	서울 강서구	구립도서관운영비	1,411,840	4	4	5	5	1	1	1	1
959	서울 강서구	정신건강복지센터운영	1,209,410	4	1	1	5	2	1	1	4
960	서울 강서구	재활용선별장처리용량초과재활용품처리비	1,188,000	4	1,4	1	1	1	1	5	4
961	서울 강서구	강서구육아종합지원센터위탁운영	1,086,513	4	1	5	5	1	1	1	3
962	서울 강서구	어린이급식관리지원센터운영	1,050,000	4	1	5	5	6	3	3	1
963	서울 강서구	가족센터운영	1,014,712	4	1	1	5	1	1	1	1
964	서울 강서구	강서아트리움운영	940,068	4	4	1	5	1	1	1	1
965	서울 강서구	겸재정선미술관운영	844,990	4	4	1	5	1	1	1	1
966	서울 강서구	허준박물관운영	812,169	4	4	1	5	1	1	1	1
967	서울 강서구	강서청소년회관인건비	773,053	4	1	7	5	7	1	1	4
968	서울 강서구	우리동네키움센터인건비	760,512	4	2	5	5	7	1	1	1
969	서울 강서구	구립도서관개관시간연장사업지원	602,251	4	4	5	5	1	1	1	1
970	서울 강서구	강서발달장애인평생교육센터운영지원(시비9%,구비1%)	560,000	4	4	1	5	1	1	1	3
971	서울 강서구	아이돌봄지원사업추가지원	474,584	4	1	1	3	1	5	3	4
972	서울 강서구	청소년상담복지센터운영	461,382	4	1	1	5	1	1	1	1
973	서울 강서구	다문화가족지원특성화사업	448,099	4	1	1	5	1	1	1	1
974	서울 강서구	종합사회복지관기능보강	423,502	4	1	1	5	1	3	3	4
975	서울 강서구	진로직업체험지원센터운영	390,130	4	4	1	5	1	1	1	1
976	서울 강서구	구립장애인직업재활센터위탁관리비	366,000	4	8	1	5	1	1	1	4
977	서울 강서구	서울형키즈카페운영	342,062	4	6	7	5	7	1	1	3
978	서울 강서구	순회사서지원	332,472	4	4	5	5	1	1	1	1
979	서울 강서구	우리동네키움센터운영비	324,800	4	2	5	5	7	1	1	1
980	서울 강서구	강서별빛우주과학관관리운영	320,000	4	4	1	3	1	1	1	3
981	서울 강서구	청소년지원센터운영	267,612	4	1	1	5	1	1	1	1
982	서울 강서구	노약자무료셔틀버스운영	254,000	4	4	1	3	1	1	1	1
983	서울 강서구	강서청소년회관운영비	237,966	4	1	7	5	7	1	1	4
984	서울 강서구	2024년음식물류폐기물수거용기세척용역	235,200	4	4	2	1	1,3	1	1	4
985	서울 강서구	통합정신건강증진사업	201,200	4	1	1	5	2	1	1	4
986	서울 강서구	장애인가족지원센터사업운영위탁(시비5%,구비5%)	182,000	4	4	1	3	1	1	1	1
987	서울 강서구	청소년동반자인건비	173,464	4	1	1	5	1	1	1	1
988	서울 강서구	문화프로그램지원	149,864	4	4	5	5	1	1	1	1
989	서울 강서구	가족센터운영(자체)	137,090	4	1	1	5	1	1	1	1
990	서울 강서구	공동육아나눔터운영	113,226	4	1	1	5	1	1	1	1
991	서울 강서구	청소년상담복지센터상담인력지원	112,887	4	1	1	5	1	1	1	1
992	서울 강서구	사회복지급식관리지원센터운영	100,000	4	1	5	5	6	3	3	1
993	서울 강서구	발달장애인돌봄지원사업운영(구비1%)	90,000	4	4	1	3	1	1	1	1
994	서울 강서구	공동육아방운영	89,880	4	1	5	5	1	1	1	3
995	서울 강서구	내발산복합복지센터건립및운영	71,544	4	5	7	8	7	5	5	4
996	서울 강서구	유기동물보호관리	55,350	4	4	6	3	6	3	1	3
997	서울 강서구	자살유족지원사업	51,080	4	1	1	5	2	1	1	4

순번	시군구	지출명 (사업명)	2024년예산 (단위 : 천원 /1년간)	민간이전 분류 (지방자치단체 세출예산 집행기준에 의거) 1. 민간경상사업보조(307-02) 2. 민간단체 법정운영비보조(307-03) 3. 민간행사사업보조(307-04) 4. 민간위탁금(307-05) 5. 사회복지시설 법정운영비보조(307-10) 6. 민간인위탁교육비(307-12) 7. 공기관등에대한경상적위탁사업비(308-13) 8. 민간자본사업보조,자체재원(402-01) 9. 민간자본사업보조,이전재원(402-02) 10. 민간위탁사업비(402-03) 11. 공기관등에 대한 자본적 위탁사업비(403-02)	민간이전지출 근거 (지방보조금 관리기준 참고) 1. 법률에 규정 2. 국고보조 재원(국가지정) 3. 용도 지정 기부금 4. 조례에 직접규정 5. 지자체가 권장하는 사업을 하는 공공기관 6. 시,도 정책 및 재정사정 7. 기타 8. 해당없음	입찰방식 계약체결방법 (경쟁형태) 1. 일반경쟁 2. 제한경쟁 3. 지명경쟁 4. 수의계약 5. 법정위탁 6. 기타 ( ) 7. 없음	입찰방식 계약기간 1. 1년 2. 2년 3. 3년 4. 4년 5. 5년 6. 기타 ( )년 7. 단기계약 (1년미만) 8. 없음	입찰방식 낙찰자선정방법 1. 적격심사 2. 협상에의한계약 3. 최저가낙찰제 4. 규격가격분리 5. 2단계 경쟁입찰 6. 기타 ( ) 7. 없음	운영예산 산정 운영예산 산정 1. 내부산정 (지자체 자체적으로 산정) 2. 외부산정 (외부전문기관위탁 산정) 3. 내·외부 모두 산정 4. 산정 無 5. 없음	운영예산 산정 정산방법 1. 내부정산 (지자체 내부적으로 정산) 2. 외부정산 (외부전문기관위탁 정산) 3. 내·외부 모두 산정 4. 정산 無 5. 없음	성과평가 실시여부 1. 실시 2. 미실시 3. 향후 추진 4. 해당없음
998	서울 강서구	가족학교운영지원	50,100	4	1	1	5	1	1	1	1
999	서울 강서구	고위기청소년맞춤형프로그램운영	50,000	4	1	1	5	1	1	1	1
1000	서울 강서구	경력보유여성교육훈련지원	50,000	4	5	4	7	1	1	1	1
1001	서울 강서구	독서의달행사	40,000	4	4	5	5	1	1	1	1
1002	서울 강서구	정신건강복지센터자살예방사업인력지원	37,036	4	1	1	5	2	1	1	4
1003	서울 강서구	운영비추가지원(구비1%)	35,000	4	4	1	5	1	1	1	3
1004	서울 강서구	고위기전담동반자인건비	31,428	4	1	1	5	1	1	1	1
1005	서울 강서구	학교밖청소년급식지원	30,375	4	1	1	5	1	1	1	1
1006	서울 강서구	교통공원운영	30,000	4	4	7	5	1	1	1	4
1007	서울 강서구	청소년지도사배치지원	25,368	4	1	7	5	7	4	1	4
1008	서울 강서구	독서교육아카데미	24,000	4	4	5	5	1	1	1	1
1009	서울 강서구	자살예방및정신건강증진사업	21,000	4	1	1	5	2	1	1	4
1010	서울 강서구	청소년아지트1호점운영	20,236	4	1	7	5	7	1	1	1
1011	서울 강서구	서울북스타트사업	16,000	4	4	5	5	1	1	1	1
1012	서울 강서구	학교밖청소년체험활동및캠프지원사업(주민참여예산)	12,000	4	4	1	5	1	1	1	1
1013	서울 강서구	우리가스스로하는여행을떠나고싶어요!(아동참여예산제안사업)운영지원	10,000	4	1	7	1	7	1	1	1
1014	서울 강서구	청소년아지트2호점운영	9,000	4	1	7	5	7	1	1	1
1015	서울 강서구	아동참여위원회운영지원	6,250	4	1	7	5	7	4	1	1
1016	서울 강서구	어린이경제플리마켓행사(아동참여예산제안사업)운영지원	5,000	4	1	7	1	7	1	1	1
1017	서울 강서구	청소년크리에이터활동지원	5,000	4	1	7	1	7	1	1	1
1018	서울 강서구	문화시설근무자합동워크숍	3,200	4	4	5	1	7	1	1	1
1019	서울 강서구	사회복지시설종사자처우개선비	2,160	4	2	5	5	7	1	1	1
1020	서울 강서구	사회복지시설종사자처우개선비	1,920	4	1	1	5	1	1	1	1
1021	서울 강서구	청소년운영위원회운영지원	842	4	1	7	5	7	4	1	1
1022	서울 강서구	사회복지시설종사자처우개선비	480	4	1	1	5	1	1	1	1
1023	서울 강서구	강남노인종합복지관	1,309,973	4	1	1	5	1	1	1	1
1024	서울 강서구	구립어르신복지센터운영	692,351	4	1	1	5	1	1	1	1
1025	서울 강서구	강서5플러스센터운영	625,000	4	4	1	3	1	1	1	1
1026	서울 강서구	구립어르신복지센터운영	485,805	4	1	1	5	1	1	1	1
1027	서울 강서구	구립어르신복지센터운영	475,045	4	1	1	5	1	1	1	1
1028	서울 강서구	시니어클럽운영(시비6%,구비4%)	368,150	4	1	1	5	1	1	1	1
1029	서울 강서구	구립어르신복지센터운영	326,070	4	1	1	5	1	5	1	1
1030	서울 강서구	시장형사업운영	26,250	4	1	7	8	7	1	1	4
1031	서울 강서구	강서시니어클럽종사자처우개선비	2,160	4	1	7	8	7	5	1	4
1032	서울 구로구	폐기물광역처리(생활폐기물수집운반대행용역비)	13,264,156	4	1	1	3	1	2	1	1
1033	서울 구로구	구로자원순환센터운영(구로자원순환센터운영비)	6,208,373	4	4	2	3	2	3	1	1
1034	서울 구로구	재활용품수거운반(재활용품수거운반)	5,418,033	4	1	7	8	7	5	5	4
1035	서울 구로구	대형폐기물수거운반(대형폐기물수거운반)	3,854,040	4	1	4	3	7	2	1	1
1036	서울 구로구	음식물류폐기물처리(음식물류폐기물민간위탁처리)	3,653,650	4	1,4	1	2	1	1	1	4
1037	서울 구로구	종합사회복지관운영비등지원(인건비)	3,077,346	4	4	1	5	6	1	1	1

순번	시군구	지출명 (사업명)	2024년예산 (단위 : 천원 /1년간)	민간이전 분류 (지방자치단체 세출예산 집행기준에 의거) 1. 민간경상사업보조(307-02) 2. 민간단체 법정운영비보조(307-03) 3. 민간행사사업보조(307-04) 4. 민간위탁금(307-05) 5. 사회복지시설 법정운영비보조(307-10) 6. 민간인위탁교육비(307-12) 7. 공기관등에대한경상적위탁사업비(308-13) 8. 민간자본사업보조,자체재원(402-01) 9. 민간자본사업보조,이전재원(402-02) 10. 민간위탁사업비(402-03) 11. 공기관등에 대한 자본적 위탁사업비(403-02)	민간이전지출 근거 (지방보조금 관리기준 참고) 1. 법률에 규정 2. 국고보조 재원(국가지정) 3. 용도 지정 기부금 4. 조례에 직접규정 5. 지자체가 권장하는 사업을 하는 공공기관 6. 시,도 정책 및 재정사정 7. 기타 8. 해당없음	입찰방식 계약체결방법 (경쟁형태) 1. 일반경쟁 2. 제한경쟁 3. 지명경쟁 4. 수의계약 5. 법정위탁 6. 기타 ( ) 7. 없음	입찰방식 계약기간 1. 1년 2. 2년 3. 3년 4. 4년 5. 5년 6. 기타 ( )년 7. 단기계약 (1년미만) 8. 없음	입찰방식 낙찰자선정방법 1. 적격심사 2. 협상에의한계약 3. 최저가낙찰제 4. 규격가격분리 5. 2단계 경쟁입찰 6. 기타 ( ) 7. 없음	운영예산 산정 운영예산 산정 1. 내부산정 (지자체 자체적으로 산정) 2. 외부산정 (외부전문기관위탁 산정) 3. 내·외부 모두 산정 4. 산정 無 5. 없음	운영예산 산정 정산방법 1. 내부정산 (지자체 내부적으로 정산) 2. 외부정산 (외부전문기관위탁 정산) 3. 내·외부 모두 산정 4. 정산 無 5. 없음	성과평가 실시여부 1. 실시 2. 미실시 3. 향후 추진 4. 해당없음
1038	서울 구로구	공공도서관운영지원(구로문화원)	2,213,901	4	2	2	3	7	1	1	1
1039	서울 구로구	치매안심센터위탁운영(운영비)	1,415,384	4	6	1	3	1	3	1	1
1040	서울 구로구	체육시설위탁운영(항동생활체육관운영)	863,343	4	1	2	3	2	1	1	4
1041	서울 구로구	어린이급식관리지원센터설치운영(운영비)	840,000	4	1,2	5	3	1	5	2	1
1042	서울 구로구	공중화장실관리(공중화장실민간위탁금)	747,907	4	1	4	3	1	2	1	3
1043	서울 구로구	공공도서관운영지원(구로기적의도서관)	635,060	4	2	2	3	7	1	1	1
1044	서울 구로구	구로뇌병변비전센터운영(인건비및운영비)	600,000	4	4	5	5	6	1	1	4
1045	서울 구로구	청소년문화의집운영(천왕동청소년문화의집운영)	595,824	4	1	1	3	1	1	1	3
1046	서울 구로구	발달장애인평생교육센터운영(인건비및운영비)	595,000	4	1,4,5,6	5	5	6	1	1	4
1047	서울 구로구	공공도서관운영지원(고척열린도서관)	533,164	4	2	2	3	7	1	1	1
1048	서울 구로구	청소년문화의집운영(궁동청소년문화의집운영)	528,503	4	1	1	3	1	1	1	3
1049	서울 구로구	구로형아이돌봄체계구축(온종일돌봄센터인건비지원)	490,752	4	4	1	1	1	1	1	2
1050	서울 구로구	체육시설위탁운영(키즈헬스케어센터위탁운영)	466,657	4	1	7	8	7	5	5	4
1051	서울 구로구	종합사회복지관운영비등지원(운영비)	460,098	4	4	1	5	6	1	1	1
1052	서울 구로구	노점및노상적치물정비(불법노점상밀집지역정비및사후관리)	459,365	4	1	2	1	1	1	1	2
1053	서울 구로구	공공도서관운영지원(항동푸른도서관)	429,172	4	2	2	3	7	1	1	1
1054	서울 구로구	구로창의문화예술센터건립및운영(창의문화예술센터운영)	400,000	4	4	7	8	7	5	5	4
1055	서울 구로구	청소년문화의집운영(고척2동청소년복합시설운영)	371,915	4	1	1	3	1	1	1	3
1056	서울 구로구	구로구벤처기업공동직장어린이집지원(구로구벤처기업공동직장어린이집지원)	336,637	4	5	7	8	7	1	1	4
1057	서울 구로구	G밸리형구로청년일경험지원사업(구로청년일경험지원사업운영)	324,760	4	4	7	8	7	5	5	4
1058	서울 구로구	청소년안전망운영(청소년상담복지센터운영지원)(운영비지원)	317,780	4	1	5	3	1	1	1	1
1059	서울 구로구	공공도서관운영지원(구로동14유수지도서관)	304,315	4	2	2	3	7	1	1	1
1060	서울 구로구	노동자종합지원센터운영(노동자종합지원센터운영)	301,696	4	4	4	3	1	1	1	1
1061	서울 구로구	구로청년공간청년이룸운영(전담인력인건비(센터장포함7명))	282,327	4	4	1	3	1	1	3	3
1062	서울 구로구	중장년일드림센터운영(중장년일자리센터운영)	280,000	4	4	1	2	1	1	3	3
1063	서울 구로구	지방육아종합지원센터지원(전환)(운영비지원)	263,198	4	1	1	5	1	1	1	1
1064	서울 구로구	원어민외국어학습프로그램운영(초중등원어민외국어교실운영)	242,000	4	7	7	8	7	5	5	4
1065	서울 구로구	공익활동촉진(공익활동지원센터운영)	241,000	4	4	7	6	3	1	1	1
1066	서울 구로구	체육시설위탁운영(고척근린공원테니스장운영)	238,420	4	1	2	3	2	1	1	4
1067	서울 구로구	청소년문화의집운영(구로5동청소년복합시설운영)	230,000	4	1	1	3	1	1	1	3
1068	서울 구로구	사회적경제통합지원센터운영(통합지원센터지원및운영)	224,000	4	4	6	2	1	1	3	3
1069	서울 구로구	구로청년공간청년이룸운영(취업교육프로그램운영비)	209,045	4	4	1	3	1	1	3	3
1070	서울 구로구	지역지능화혁신인재양성(지역지능화혁신인재양성사업운영)	200,000	4	2	6	6	7	3	3	3
1071	서울 구로구	제설대책(민간위탁용역)	200,000	4	7	2	7	1	1	1	4
1072	서울 구로구	폐기물광역처리(공사장생활폐기물민간위탁)	196,557	4	1	4	3	7	2	1	2
1073	서울 구로구	체육시설위탁운영(오류고가하부배드민턴장운영)	195,845	4	1	2	3	2	1	1	4
1074	서울 구로구	구로형아이돌봄체계구축(온종일돌봄센터운영비지원)	192,000	4	4	1	1	1	1	1	2
1075	서울 구로구	고등직업교육거점지구(HiVE)사업(고등직업교육거점지구사업운영)	180,000	4	2	6	3	7	3	3	3
1076	서울 구로구	오류문화센터운영지원(시설관리및운영)	177,360	4	5	7	8	7	1	1	3
1077	서울 구로구	구로형아이돌봄체계구축(온종일돌봄센터급식비지원)	170,112	4	4	1	1	1	1	1	2

순번	시군구	지출명 (사업명)	2024년예산 (단위 : 천원 /1년간)	민간이전 분류 (지방자치단체 세출예산 집행기준에 의거) 1. 민간경상사업보조(307-02) 2. 민간단체 법정운영비보조(307-03) 3. 민간행사사업보조(307-04) 4. 민간위탁금(307-05) 5. 사회복지시설 법정운영비보조(307-10) 6. 민간인위탁교육비(307-12) 7. 공기관등에대한경상적위탁사업비(308-13) 8. 민간자본사업보조,자체재원(402-01) 9. 민간자본사업보조,이전재원(402-02) 10. 민간위탁사업비(402-03) 11. 공기관등에 대한 자본적 위탁사업비(403-02)	민간이전지출 근거 (지방보조금 관리기준 참고) 1. 법률에 규정 2. 국고보조 재원(국가지정) 3. 용도 지정 기부금 4. 조례에 직접규정 5. 지자체가 권장하는 사업을 하는 공공기관 6. 시,도 정책 및 재정사정 7. 기타 8. 해당없음	입찰방식: 계약체결방법 (경쟁형태) 1. 일반경쟁 2. 제한경쟁 3. 지명경쟁 4. 수의계약 5. 법정위탁 6. 기타 ( ) 7. 없음	입찰방식: 계약기간 1. 1년 2. 2년 3. 3년 4. 4년 5. 5년 6. 기타 ( )년 7. 단기계약 (1년미만) 8. 없음	입찰방식: 낙찰자선정방법 1. 적격심사 2. 협상에의한계약 3. 최저가낙찰제 4. 규격가격분리 5. 2단계 경쟁입찰 6. 기타 ( ) 7. 없음	운영예산 산정: 운영예산 산정 1. 내부산정 (지자체 자체적으로 산정) 2. 외부산정 (외부전문기관위탁 산정) 3. 내·외부 모두 산정 4. 산정 無 5. 없음	운영예산 산정: 정산방법 1. 내부정산 (지자체 내부적으로 정산) 2. 외부정산 (외부전문기관위탁 정산) 3. 내·외부 모두 산정 4. 정산 無 5. 없음	성과평가 실시여부 1. 실시 2. 미실시 3. 향후 추진 4. 해당없음
1078	서울 구로구	길고양이중성화및인식개선(길고양이TNR위탁관리비)	152,000	4	2	6	3	6	2	2	1
1079	서울 구로구	청년창업육성및지원(청년창업지원센터운영)	150,000	4	4	5	1	7	1	1	2
1080	서울 구로구	재활용품수거운반(재활용품선별처리(비상시))	150,000	4	1	2	1	1	1	1	4
1081	서울 구로구	구로구푸드뱅크마켓센터운영(인건비및운영비지원)	138,440	4	1	1	5	7	1	1	4
1082	서울 구로구	청소년안전망운영(청소년상담복지센터운영지원)(안전망구축)	135,510	4	1	5	3	1	1	1	1
1083	서울 구로구	청소년안전망운영(청소년상담복지센터운영지원)(청소년동반자)	134,484	4	1	5	3	1	1	1	1
1084	서울 구로구	학교밖청소년지원센터운영(꿈드림)(꿈드림운영지원)	131,740	4	1	5	3	1	1	1	1
1085	서울 구로구	장애인가족지원센터운영(인건비)	126,798	4	1,4,5,6	5	3	6	1	1	4
1086	서울 구로구	친절분위기확산(구청현관민원안내도우미운영)	126,536	4	7	2	1	1	1	1	4
1087	서울 구로구	구로청년공간청년이룸운영(공간운영비)	118,628	4	4	1	3	1	1	3	3
1088	서울 구로구	장애인편의증진기술지원센터운영(인건비)	117,000	4	1	5	1	7	1	1	2
1089	서울 구로구	지방육아종합지원센터지원(전환)(운영비지원(구비추가))	111,023	4	1	1	5	1	1	1	1
1090	서울 구로구	구로미래교육지구사업추진(정규수업문예체협력교사지원)	110,000	4	4	6	7	7	1	1	4
1091	서울 구로구	방과후학습지원프로그램운영(방과후학습지원프로그램운영)	110,000	4	7	7	8	7	5	5	4
1092	서울 구로구	지역사회연계프로그램운영(지역사회연계평생교육사업위탁교육비)	110,000	4	1	7	8	7	1	1	1
1093	서울 구로구	불법주차견인(민간업체견인대행비)	102,000	4	4	7	8	7	1	1	2
1094	서울 구로구	신도림선상역사문화예술공간운영지원(인건비)	101,056	4	5	7	8	7	1	1	3
1095	서울 구로구	청년창업육성및지원(청년창업교육및컨설팅)	100,000	4	4	5	1	7	1	1	2
1096	서울 구로구	장애인가족지원센터운영(방과후교실운영비등)	100,000	4	5	5	3	6	1	1	4
1097	서울 구로구	공공도서관개관시간연장(인건비)	93,936	4	4	4	7	7	1	1	1
1098	서울 구로구	꿈의오케스트라운영지원(인건비)	85,620	4	5	7	8	7	1	1	3
1099	서울 구로구	종합사회복지관운영비등지원(이동목욕사업비)	85,490	4	4	1	5	6	1	1	1
1100	서울 구로구	구로문화원운영지원(주막거리객사전)	80,000	4	4	7	8	7	1	1	4
1101	서울 구로구	오류문화센터운영지원(공연및문화사업비)	80,000	4	5	7	8	7	1	1	3
1102	서울 구로구	청소년안전망운영(청소년상담복지센터운영지원)(청소년상담사추가채용(2명))	78,104	4	1	5	3	1	1	1	1
1103	서울 구로구	치매안심센터위탁운영(셔틀버스운영)	78,000	4	6	1	3	1	3	1	1
1104	서울 구로구	구로형학생이음지원(다다름학교운영지원)	70,000	4	5	7	1	7	1	1	4
1105	서울 구로구	원어민외국어학습프로그램운영(초중등외국어화상학습지원)	70,000	4	4	6	1	1	1	1	4
1106	서울 구로구	지역사회건강조사(지역사회건강조사비)	69,432	4	2	7	1	7	3	3	1
1107	서울 구로구	구립청소년오케스트라운영지원(인건비)	63,840	4	5	7	8	7	1	1	3
1108	서울 구로구	구로꿈나무극장운영(일반운영비)	61,300	4	5	7	8	7	1	1	3
1109	서울 구로구	마을속교육기관교육활동지원(구로청소년문화예술센터방과후운영)	60,000	4	7	7	8	7	5	5	4
1110	서울 구로구	원어민외국어학습프로그램운영(글로벌역량강화를위한원어민강사지원)	60,000	4	7	7	8	7	5	5	4
1111	서울 구로구	청년중소기업체험사업(중소기업체험사업운영)	60,000	4	4	7	8	7	5	5	4
1112	서울 구로구	지방육아종합지원센터지원(전환)(육아지원코디네이터(6명))	59,672	4	1	7	8	7	5	5	4
1113	서울 구로구	인사관리(중증장애인공무원근로지원인위탁)	59,568	4	1,4	4	3	2	3	3	2
1114	서울 구로구	구로구상호문화축제(상호문화축제위탁운영)	59,000	4	4	6	7	6	1	1	1
1115	서울 구로구	서울형키즈카페조성및위탁운영(인건비지원)	57,610	4	7	7	8	7	5	5	4
1116	서울 구로구	지방육아종합지원센터지원(전환)(대체조리원파견지원)	56,580	4	1	1	5	1	1	1	1
1117	서울 구로구	장애인가족지원센터운영(운영비)	54,342	4	1,4,5,6	5	3	6	1	1	4

순번	시군구	지출명 (사업명)	2024년예산 (단위 : 천원 /1년간)	민간이전 분류 (지방자치단체 세출예산 집행기준에 의거) 1. 민간경상사업보조(307-02) 2. 민간단체 법정운영비보조(307-03) 3. 민간행사사업보조(307-04) 4. 민간위탁금(307-05) 5. 사회복지시설 법정운영비보조(307-10) 6. 민간인위탁교육비(307-12) 7. 공기관등에대한경상적위탁사업비(308-13) 8. 민간자본사업보조,자체재원(402-01) 9. 민간자본사업보조,이전재원(402-02) 10. 민간위탁사업비(402-03) 11. 공기관등에 대한 자본적 위탁사업비(403-02)	민간이전지출 근거 (지방보조금 관리기준 참고) 1. 법률에 규정 2. 국고보조 재원(국가지정) 3. 용도 지정 기부금 4. 조례에 직접규정 5. 지자체가 권장하는 사업을 하는 공공기관 6. 시,도 정책 및 재정사정 7. 기타 8. 해당없음	입찰방식			운영예산 산정		성과평가 실시여부
						계약체결방법 (경쟁형태) 1. 일반경쟁 2. 제한경쟁 3. 지명경쟁 4. 수의계약 5. 법정위탁 6. 기타 ( ) 7. 없음	계약기간 1. 1년 2. 2년 3. 3년 4. 4년 5. 5년 6. 기타 ( )년 7. 단기계약 (1년미만) 8. 없음	낙찰자선정방법 1. 적격심사 2. 협상에의한계약 3. 최저가낙찰제 4. 규격가격분리 5. 2단계 경쟁입찰 6. 기타 ( ) 7. 없음	운영예산 산정 1. 내부산정 (지자체 자체적으로 산정) 2. 외부산정 (외부전문기관위탁 산정) 3. 내·외부 모두 산정 4. 산정 無 5. 없음	정산방법 1. 내부정산 (지자체 내부적으로 정산) 2. 외부정산 (외부전문기관위탁 정산) 3. 내·외부 모두 산정 4. 정산 無 5. 없음	1. 실시 2. 미실시 3. 향후 추진 4. 해당없음
1118	서울 구로구	관내학교교육프로그램운영지원(고교대학연계지역인재육성프로그램운영지원)	50,000	4	5	7	7	7	1	1	4
1119	서울 구로구	구로학습지원센터운영(학부모프로그램운영(4개프로그램))	50,000	4	7	7	8	7	5	5	4
1120	서울 구로구	구로학습지원센터운영(자기주도학습실운영)	48,000	4	7	6	1	7	1	2	3
1121	서울 구로구	개인형이동장치운영관리(민간업체견인대행비)	48,000	4	4	7	1	7	1	1	4
1122	서울 구로구	유기동물및동물보호(유기동물구조보호)	45,100	4	2	6	3	6	2	2	1
1123	서울 구로구	구로미래교육지구사업추진(청소년문화예술(청소년뮤지컬)지원사업)	45,000	4	4	6	7	7	1	1	4
1124	서울 구로구	구로어린이나라운영지원(위원회별회의및견학,단체워크숍위탁운영)	45,000	4	4	4	7	2	1	1	1
1125	서울 구로구	종합사회복지관운영비등지원(궁동복지관수영장운영지원)	40,000	4	4	1	5	6	1	1	1
1126	서울 구로구	지방육아종합지원센터지원(전환)(공통부모교육)	40,000	4	1	1	5	1	1	1	1
1127	서울 구로구	보훈회관(단체)사무실지원(보훈회관(단체)운영)	39,200	4	4	7	8	7	1	1	4
1128	서울 구로구	구로문화원운영지원(구로문화원인건비)	37,327	4	4	7	8	7	1	1	4
1129	서울 구로구	구립소년소녀합창단운영지원(인건비)	37,200	4	5	7	8	7	1	1	3
1130	서울 구로구	구립여성합창단운영지원(인건비)	37,200	4	5	7	8	7	1	1	3
1131	서울 구로구	청년진로지원또래멘토링(청년진로지원또래멘토링운영)	37,000	4	4	7	8	7	5	5	4
1132	서울 구로구	구립여성합창단운영지원(일반운영비)	33,900	4	5	7	8	7	1	1	3
1133	서울 구로구	장애인편의증진기술지원센터운영(전문모니터링단운영비지원)	31,722	4	1	5	1	7	1	1	1
1134	서울 구로구	구립소년소녀합창단운영지원(일반운영비)	31,000	4	5	7	8	7	1	1	3
1135	서울 구로구	노인문화활동지원(어르신문화대학운영)	30,280	4	1	7	8	7	5	5	4
1136	서울 구로구	구로문화원운영지원(구로문화원사무국장인건비)	30,000	4	4	7	8	7	1	1	4
1137	서울 구로구	구로문화원운영지원(구로문화원운영비)	30,000	4	4	7	8	7	1	1	4
1138	서울 구로구	지역특성화평생교육프로그램(4차산업인재양성프로그램(드론,코딩))	30,000	4	1	4	7	7	1	1	1
1139	서울 구로구	여성취업교실운영(여성취업교실운영)	30,000	4	4	6	7	7	1	1	1
1140	서울 구로구	어르신복지활성화(어르신복지향상(공모))	30,000	4	7	7	8	7	5	5	4
1141	서울 구로구	구로문화원운영지원(구로문화원사업비)	29,000	4	4	7	8	7	1	1	4
1142	서울 구로구	꿈의오케스트라운영지원(일반운영비)	28,955	4	5	7	8	7	1	1	3
1143	서울 구로구	종합사회복지관운영비등지원(시설개방사업비)	28,800	4	4	1	5	6	1	1	1
1144	서울 구로구	어린이집안전관리전문요원운영(인건비)	28,228	4	1	7	8	7	1	1	2
1145	서울 구로구	학교밖청소년지원센터운영(꿈드림)(처우개선비지원)	26,500	4	1	5	3	1	1	1	1
1146	서울 구로구	치매안심센터위탁운영(정액급식비)	26,400	4	6	1	3	1	3	1	1
1147	서울 구로구	학교밖청소년지원센터운영(꿈드림)(운영비추가지원(구비))	26,000	4	1	5	3	1	1	1	1
1148	서울 구로구	청소년지도사배치지원(문화의집(2급))	25,368	4	1	7	8	7	1	1	4
1149	서울 구로구	학교오케스트라프로그램운영지원(강사료등)	25,000	4	5	7	8	7	1	1	3
1150	서울 구로구	학교밖청소년급식지원(학교밖청소년급식지원)	24,750	4	1	5	3	1	1	1	1
1151	서울 구로구	신도림선상역사문화예술공간운영지원(공공요금)	22,980	4	5	7	8	7	1	1	3
1152	서울 구로구	신도림오페라하우스운영지원(운영비)	21,400	4	5	7	8	7	1	1	3
1153	서울 구로구	종합사회복지관운영비등지원(종사자복지포인트)	20,600	4	4	1	5	6	1	1	1
1154	서울 구로구	구로문화원운영지원(수강생작품발표회)	20,000	4	4	7	8	7	1	1	4
1155	서울 구로구	학교폭력예방을위한활동지원(학교폭력예방사업운영지원)	20,000	4	4	7	8	7	5	5	3
1156	서울 구로구	전국학생로봇경진대회지원(제19회전국학생로봇경진대회지원)	20,000	4	7	6	8	2	1	1	1
1157	서울 구로구	청년지원기반구축사업(청년역량강화교육시행)	20,000	4	4	7	8	7	5	5	4

순번	시군구	지출명 (사업명)	2024년예산 (단위 : 천원 /1년간)	민간이전 분류 (지방자치단체 세출예산 집행기준에 의거) 1. 민간경상사업보조(307-02) 2. 민간단체 법정운영비보조(307-03) 3. 민간행사사업보조(307-04) 4. 민간위탁금(307-05) 5. 사회복지시설 법정운영비보조(307-10) 6. 민간인위탁교육비(307-12) 7. 공기관등에대한경상적위탁사업비(308-13) 8. 민간자본사업보조,자체재원(402-01) 9. 민간자본사업보조,이전재원(402-02) 10. 민간위탁사업비(402-03) 11. 공기관등에 대한 자본적 위탁사업비(403-02)	민간이전지출 근거 (지방보조금 관리기준 참고) 1. 법률에 규정 2. 국고보조 재원(국가지정) 3. 용도 지정 기부금 4. 조례에 직접규정 5. 지자체가 권장하는 사업을 하는 공공기관 6. 시,도 정책 및 재정사정 7. 기타 8. 해당없음	입찰방식 계약체결방법 (경쟁형태) 1. 일반경쟁 2. 제한경쟁 3. 지명경쟁 4. 수의계약 5. 법정위탁 6. 기타 ( ) 7. 없음	입찰방식 계약기간 1. 1년 2. 2년 3. 3년 4. 4년 5. 5년 6. 기타 ( )년 7. 단기계약 (1년미만) 8. 없음	입찰방식 낙찰자선정방법 1. 적격심사 2. 협상에의한계약 3. 최저가낙찰제 4. 규격가격분리 5. 2단계 경쟁입찰 6. 기타 ( ) 7. 없음	운영예산 산정 운영예산 산정 1. 내부산정 (지자체 자체적으로 산정) 2. 외부산정 (외부전문기관위탁 산정) 3. 내·외부 모두 산정 4. 산정 無 5. 없음	운영예산 산정 정산방법 1. 내부정산 (지자체 내부적으로 정산) 2. 외부정산 (외부전문기관위탁 정산) 3. 내·외부 모두 산정 4. 정산 無 5. 없음	성과평가 실시여부 1. 실시 2. 미실시 3. 향후 추진 4. 해당없음
1158	서울 구로구	어린이교통공원운영(강사활동비)	20,000	4	4	1	3	1	2	2	2
1159	서울 구로구	불법현수막잔재물일제정비(불법광고물잔재물제거용역)	20,000	4	7	4	8	7	1	1	4
1160	서울 구로구	치매안심센터분소운영(분소운영비)	18,830	4	6	1	3	1	3	1	1
1161	서울 구로구	일자리개발(경비원취업지원교육)	18,000	4	7	4	1	7	2	1	4
1162	서울 구로구	구립청소년오케스트라운영지원(일반운영비)	16,965	4	5	7	8	7	1	1	3
1163	서울 구로구	오류문화센터운영지원(시설운영지원비)	16,800	4	5	7	8	7	1	1	3
1164	서울 구로구	공공도서관운영지원(독서동아리운영)	16,000	4	8	6	6	6	5	1	3
1165	서울 구로구	노인문화활동지원(정글하우스반려식물보급(구주참))	15,000	4	7	7	8	7	5	5	4
1166	서울 구로구	공공도서관운영지원(책축제)	14,000	4	5	4	7	7	1	1	1
1167	서울 구로구	장애인편의증진기술지원센터운영(운영비)	13,154	4	1	5	1	7	1	1	2
1168	서울 구로구	구로꿈나무극장운영(제세공과금)	13,020	4	5	7	8	7	1	1	3
1169	서울 구로구	구로구푸드뱅크마켓센터운영(푸드뱅크마켓공공요금지원등)	12,100	4	1	1	5	7	1	1	4
1170	서울 구로구	구로학습지원센터운영(창의인성과학교실운영)	12,000	4	7	7	8	7	5	5	4
1171	서울 구로구	장애인편의증진기술지원센터운영(센터장업무추진비)	12,000	4	1	5	1	7	1	1	2
1172	서울 구로구	민방위교육훈련(사이버경비)	11,081	4	2	4	1	7	1	1	4
1173	서울 구로구	어린이집안전관리전문요원운영(사업비)	11,060	4	1	7	8	7	1	1	2
1174	서울 구로구	민방위교육훈련(민방위사이버교육)	11,000	4	2	4	1	7	1	1	4
1175	서울 구로구	구로문화원운영지원(미술전시전)	10,000	4	4	7	8	7	1	1	4
1176	서울 구로구	구로문화원운영지원(사진전시회)	10,000	4	4	7	8	7	1	1	4
1177	서울 구로구	구로문화원운영지원(서예전시회)	10,000	4	4	7	8	7	1	1	4
1178	서울 구로구	구로문화원운영지원(캘리그라피전시회)	10,000	4	4	7	8	7	1	1	4
1179	서울 구로구	구로문화원운영지원(시화전시회)	10,000	4	4	7	8	7	1	1	4
1180	서울 구로구	구로학습지원센터운영(대입지원프로그램운영(논술))	10,000	4	4	7	8	7	1	1	4
1181	서울 구로구	지역특성화평생교육프로그램(장애인평생교육프로그램)	10,000	4	7	6	7	7	1	2	3
1182	서울 구로구	지역특성화평생교육프로그램(인생길라잡이생활문해교실운영)	10,000	4	1	7	1	7	1	1	1
1183	서울 구로구	상호문화역량강화교육(교육과정운영)	10,000	4	1	4	7	7	1	1	1
1184	서울 구로구	외국인및다문화가족정착지원프로그램운영(부모,경제교육운영)	10,000	4	4	4	7	2	1	1	1
1185	서울 구로구	노인문화활동지원(인생이모작커피바리스타교육(구주참))	10,000	4	4	7	8	7	5	5	4
1186	서울 구로구	구로문화원운영지원(휘호대회)	9,000	4	7	7	8	7	5	5	4
1187	서울 구로구	행복한복지관지원(주민참여)(중장년1인가구지원프로그램)	8,600	4	4	7	8	7	1	1	4
1188	서울 구로구	어린이교통공원운영(교육운영비)	8,520	4	4	1	5	6	1	1	1
1189	서울 구로구	구로문화원운영지원(중고생미술사생대회)	8,000	4	4	1	3	1	2	2	2
1190	서울 구로구	신도림선상역사문화예술공간운영지원(운영비)	7,420	4	4	7	8	7	1	1	4
1191	서울 구로구	구로문화원운영지원(한묵전시회)	7,000	4	5	7	8	7	1	1	3
1192	서울 구로구	신도림오페라하우스운영지원(공공요금)	6,840	4	4	7	8	7	1	1	4
1193	서울 구로구	치매어르신공공후견사업(심판절차비용및부대비용)	6,284	4	5	7	8	7	1	1	3
1194	서울 구로구	공립작은도서관운영(홍부네도서관운영비(공공운영비,사무관리비등))	6,240	4	6	1	3	1	3	1	1
1195	서울 구로구	종합사회복지관운영비등지원(종사자복지포인트(구비추가))	6,000	4	4	2	3	7	1	1	1
1196	서울 구로구	사회복지시설종사자처우개선(사회복지사심리지원)	5,800	4	4	1	5	6	1	1	1
1197	서울 구로구	청소년문화의집운영(꿈지락프로그램운영비(구주참))	5,000	4	7	1	1	1	1	1	3

순번	시군구	지출명 (사업명)	2024년예산 (단위 : 천원 /1년간)	민간이전 분류 (지방자치단체 세출예산 집행기준에 의거) 1. 민간경상사업보조(307-02) 2. 민간단체 법정운영비보조(307-03) 3. 민간행사사업보조(307-04) 4. 민간위탁금(307-05) 5. 사회복지시설 법정운영비보조(307-10) 6. 민간인위탁교육비(307-12) 7. 공기관등에대한경상적위탁사업비(308-13) 8. 민간자본사업보조,자체재원(402-01) 9. 민간자본사업보조,이전재원(402-02) 10. 민간위탁사업비(402-03) 11. 공기관등에 대한 자본적 위탁사업비(403-02)	민간이전지출 근거 (지방보조금 관리기준 참고) 1. 법률에 규정 2. 국고보조 재원(국가지정) 3. 용도 지정 기부금 4. 조례에 직접규정 5. 지자체가 권장하는 사업을 하는 공공기관 6. 시,도 정책 및 재정사정 7. 기타 8. 해당없음	입찰방식			운영예산 산정		성과평가 실시여부
						계약체결방법 (경쟁형태) 1. 일반경쟁 2. 제한경쟁 3. 지명경쟁 4. 수의계약 5. 법정위탁 6. 기타 ( ) 7. 없음	계약기간 1. 1년 2. 2년 3. 3년 4. 4년 5. 5년 6. 기타 ( )년 7. 단기계약 (1년미만) 8. 없음	낙찰자선정방법 1. 적격심사 2. 협상에의한계약 3. 최저가낙찰제 4. 규격가격분리 5. 2단계 경쟁입찰 6. 기타 ( ) 7. 없음	운영예산 산정 1. 내부산정 (지자체 자체적으로 산정) 2. 외부산정 (외부전문기관위탁 산정) 3. 내·외부 모두 산정 4. 산정 無 5. 없음	정산방법 1. 내부정산 (지자체 내부적으로 정산) 2. 외부정산 (외부전문기관위탁 정산) 3. 내·외부 모두 산정 4. 정산 無 5. 없음	1. 실시 2. 미실시 3. 향후 추진 4. 해당없음
1198	서울 구로구	협동조합활성화(협동조합학교운영)	4,000	4	1	7	8	7	5	5	4
1199	서울 구로구	열린어린이집선정운영(열린어린이집컨설팅)	3,500	4	5	7	7	7	2	2	4
1200	서울 구로구	종합사회복지관운영비등지원(비정규직처우개선비)	3,240	4	4	1	5	6	1	1	1
1201	서울 구로구	유기동물및동물보호(야생화된유기견(들개)포획관리)	2,400	4	2	6	3	6	2	2	1
1202	서울 구로구	어린이교통공원운영(민간위탁업체담당자인건비)	2,100	4	4	1	3	1	2	2	2
1203	서울 구로구	구로문화원운영지원(경연대회참가팀의상대여비)	2,000	4	4	7	8	7	1	1	4
1204	서울 구로구	시끄러운도서관운영(공공요금)	2,000	4	1	7	5	7	1	1	1
1205	서울 구로구	도서관다문화프로그램서비스지원(다문화프로그램운영)	1,200	4	8	7	8	7	5	5	4
1206	서울 구로구	발달장애인평생교육센터운영(시설종사자처우개선비)	1,200	4	1,4	5	5	6	1	1	4
1207	서울 구로구	구로뇌병변비전센터운영(시설종사자처우개선비(구비))	1,200	4	4	5	5	6	1	1	4
1208	서울 구로구	시끄러운도서관운영(사무용품비)	1,000	4	1	7	5	7	1	1	1
1209	서울 구로구	개인형이동장치운영관리(견인환불료)	720	4	4	7	1	7	1	1	4
1210	서울 구로구	장애인가족지원센터운영(종사자처우개선비)	500	4	1,4	5	3	6	1	1	4
1211	서울 구로구	구로구푸드뱅크마켓센터운영(종사자처우개선비)	300	4	1	1	5	7	1	1	4
1212	서울 구로구	불법주차견인(견인환불료)	102	4	4	7	8	7	1	1	2
1213	서울 금천구	폐기물처리	5,566,206	4	1	1	1	1	1	1	2
1214	서울 금천구	아이돌봄지원사업	2,425,417	4	1	1	5	1	1	1	1
1215	서울 금천구	음식물쓰레기자원화위탁처리	2,414,475	4	8	2	2	2	5	5	4
1216	서울 금천구	어르신종합복지관운영	1,813,000	4	1	5	5	6	1	3	2
1217	서울 금천구	재활용품선별및잔재폐기물위탁처리	1,463,888	4	1	1	2	2	1	1	2
1218	서울 금천구	치매안심센터운영	1,408,952	4	1	1	3	1	5	1	1
1219	서울 금천구	육아종합지원센터운영지원	1,399,496	4	4	1	3	1	1	1	1
1220	서울 금천구	자치회관운영	1,248,840	4	4	4	2	1	1	1	1
1221	서울 금천구	종합사회복지관운영	1,212,123	4	1	7	8	7	3	3	4
1222	서울 금천구	정신건강복지센터위탁운영	894,000	4	1	1	3	1	5	1	1
1223	서울 금천구	가족센터(건강가정지원)운영	732,522	4	1	1	5	1	1	1	1
1224	서울 금천구	발달장애인평생교육센터운영	703,300	4	1	5	5	1	3	1	3
1225	서울 금천구	금천5플러스센터운영	661,200	4	4	7	8	7	3	3	2
1226	서울 금천구	우리동네키움센터(다함께돌봄센터)인건비지원	607,100	4	2	5	5	7	5	5	3
1227	서울 금천구	청소년안전망구축지원	596,582	4	1	1	3	1	1	1	1
1228	서울 금천구	지역급식관리지원센터운영(구.어린이급식관리지원센터운영)	575,000	4	1	4	3	1	5	2	1
1229	서울 금천구	장애인복지일자리지원	490,625	4	1	1	1	1	4	1	4
1230	서울 금천구	금천청소년문화의집운영	396,070	4	1	1	3	1	1	1	1
1231	서울 금천구	클린스쿨사업	395,805	4	1	4	7	7	1	1	4
1232	서울 금천구	청춘삘딩운영	389,285	4	4	1	3	1	1	1	1
1233	서울 금천구	다문화가족지원센터운영	388,710	4	1	5	5	1	1	1	2
1234	서울 금천구	독산청소년문화의집운영	384,684	4	1	1	3	1	1	1	1
1235	서울 금천구	금천청년꿈터운영	381,390	4	4	7	8	7	5	5	4
1236	서울 금천구	금천시니어클럽운영	380,752	4	1	7	8	7	3	3	2
1237	서울 금천구	다문화가족특성화사업	354,109	4	1	5	5	1	1	1	2

순번	시군구	지출명 (사업명)	2024년예산 (단위 : 천원 /1년간)	민간이전 분류 (지방자치단체 세출예산 집행기준에 의거) 1. 민간경상사업보조(307-02) 2. 민간단체 법정운영비보조(307-03) 3. 민간행사사업보조(307-04) 4. 민간위탁금(307-05) 5. 사회복지시설 법정운영비보조(307-10) 6. 민간인위탁교육비(307-12) 7. 공기관등에대한경상적위탁사업비(308-13) 8. 민간자본사업보조,자체재원(402-01) 9. 민간자본사업보조,이전재원(402-02) 10. 민간위탁사업비(402-03) 11. 공기관등에 대한 자본적 위탁사업비(403-02)	민간이전지출 근거 (지방보조금 관리기준 참고) 1. 법률에 규정 2. 국고보조 재원(국가지정) 3. 용도 지정 기부금 4. 조례에 직접규정 5. 지자체가 권장하는 사업을 하는 공공기관 6. 시,도 정책 및 재정사정 7. 기타 8. 해당없음	입찰방식 계약체결방법 (경쟁형태) 1. 일반경쟁 2. 제한경쟁 3. 지명경쟁 4. 수의계약 5. 법정위탁 6. 기타 ( ) 7. 없음	입찰방식 계약기간 1. 1년 2. 2년 3. 3년 4. 4년 5. 5년 6. 기타 ( )년 7. 단기계약 (1년미만) 8. 없음	입찰방식 낙찰자선정방법 1. 적격심사 2. 협상에의한계약 3. 최저가낙찰제 4. 규격가격분리 5. 2단계 경쟁입찰 6. 기타 ( ) 7. 없음	운영예산 산정 운영예산 산정 1. 내부산정 (지자체 자체적으로 산정) 2. 외부산정 (외부전문기관위탁 산정) 3. 내·외부 모두 산정 4. 산정 無 5. 없음	운영예산 산정 정산방법 1. 내부정산 (지자체 내부적으로 정산) 2. 외부정산 (외부전문기관위탁 정산) 3. 내·외부 모두 산정 4. 정산 無 5. 없음	성과평가 실시여부 1. 실시 2. 미실시 3. 향후 추진 4. 해당없음
1238	서울 금천구	맞춤형대입지원정책추진	341,000	4	7	1	1	2	1	1	4
1239	서울 금천구	금천미래교육지구운영	329,000	4	6	1,4	1	2	1	1	2
1240	서울 금천구	아이돌봄지원사업시비추가	270,235	4	1	1	5	1	1	1	1
1241	서울 금천구	구청직장어린이집운영지원	259,580	4	1	7	8	7	1	1	4
1242	서울 금천구	동네방네마을이음센터운영	252,465	4	4	4	2	1	1	1	1
1243	서울 금천구	금천어르신복지센터운영	242,890	4	4	7	8	7	3	3	2
1244	서울 금천구	금천과학축제개최	240,000	4	4	7	8	7	5	5	4
1245	서울 금천구	에코에너지센터운영지원	225,607	4	4	7	8	7	5	5	4
1246	서울 금천구	학교밖청소년지원	219,883	4	1	6	3	1	1	1	1
1247	서울 금천구	금천푸드뱅크마켓운영	208,844	4	1	6	5	6	1	1	4
1248	서울 금천구	나래품방과후학교포근센터운영	206,160	4	4	6	1	1	1	1	1
1249	서울 금천구	금천어울림복지센터운영	194,890	4	5	1	5	1	1	1	2
1250	서울 금천구	1인가구지원사업운영	188,900	4	6	7	8	7	1	1	1
1251	서울 금천구	우리동네키움센터(다함께돌봄센터)운영비지원	159,520	4	2	5	5	7	5	5	3
1252	서울 금천구	가로환경유지관리	150,000	4	1	1	1	1	1	1	2
1253	서울 금천구	통합정신건강증진사업	130,000	4	1	1	3	1	5	1	1
1254	서울 금천구	공원시설유지관리	124,000	4	4	7	8	7	5	5	4
1255	서울 금천구	정신건강복지센터인력확충(국비인력)	115,140	4	1	1	3	1	5	1	1
1256	서울 금천구	대형생활폐기물처리	98,880	4	4	1	1	3	1	1	2
1257	서울 금천구	아이스팩커피박재활용사업	84,728	4	8	4	7	7	5	5	4
1258	서울 금천구	서울형키즈카페조성및운영	77,820	4	4	7	7	7	1	1	4
1259	서울 금천구	발달장애인지원사업	74,621	4	5	1	1	1	1	1	1
1260	서울 금천구	금천진로직업체험지원센터운영	73,500	4	6	7	8	7	1	1	1
1261	서울 금천구	지역사회건강조사	69,432	4	2	6	7	6	3	3	1
1262	서울 금천구	국공립어린이집확충	61,534	4	1	7	8	7	1	1	4
1263	서울 금천구	안심보듬마을조성(주민참여)	60,000	4	1	1	1	1	5	1	1
1264	서울 금천구	공동육아나눔터운영	59,304	4	1	1	5	1	1	1	1
1265	서울 금천구	가족학교운영	52,861	4	1	1	5	1	1	1	1
1266	서울 금천구	자살유족원스톱서비스지원사업	51,080	4	1	1	3	1	5	1	1
1267	서울 금천구	금천사이언스큐브운영	45,000	4	4	7	8	7	5	5	4
1268	서울 금천구	함께꿈꾸는코딩박람회개최(주민참여)	42,000	4	4	7	8	7	5	5	4
1269	서울 금천구	자살예방사업인력운영	37,036	4	1	1	3	1	5	1	1
1270	서울 금천구	마을속생활과학교실운영	31,500	4	6	7	8	7	5	5	4
1271	서울 금천구	학교밖청소년지원(꿈드림급식지원)	22,875	4	1	6	3	1	1	1	1
1272	서울 금천구	지역자살예방및정신건강증진사업	21,000	4	1	1	3	1	5	1	1
1273	서울 금천구	느린학습자정서사회성성장지원	20,000	4	4	7	8	7	5	5	4
1274	서울 금천구	34세대를위한건강프로젝트(주민참여)	15,000	4	7	7	8	7	5	5	4
1275	서울 금천구	금천형상호문화도시조성추진	15,000	4	1	5	5	1	1	1	2
1276	서울 금천구	심리상담마음쉼운영	10,000	4	1	1	3	1	5	1	1
1277	서울 금천구	중증치매노인공공후견사업	3,556	4	1	1	3	1	5	1	1

순번	시군구	지출명 (사업명)	2024년예산 (단위 : 천원 /1년간)	민간이전 분류 (지방자치단체 세출예산 집행기준에 의거) 1. 민간경상사업보조(307-02) 2. 민간단체 법정운영비보조(307-03) 3. 민간행사사업보조(307-04) 4. 민간위탁금(307-05) 5. 사회복지시설 법정운영비보조(307-10) 6. 민간인위탁교육비(307-12) 7. 공기관등에대한경상적위탁사업비(308-13) 8. 민간자본사업보조,자체재원(402-01) 9. 민간자본사업보조,이전재원(402-02) 10. 민간위탁사업비(402-03) 11. 공기관등에 대한 자본적 위탁사업비(403-02)	민간이전지출 근거 (지방보조금 관리기준 참고) 1. 법률에 규정 2. 국고보조 재원(국가지정) 3. 용도 지정 기부금 4. 조례에 직접규정 5. 지자체가 권장하는 사업을 하는 공공기관 6. 시,도 정책 및 재정사정 7. 기타 8. 해당없음	입찰방식			운영예산 산정		성과평가 실시여부
						계약체결방법 (경쟁형태) 1. 일반경쟁 2. 제한경쟁 3. 지명경쟁 4. 수의계약 5. 법정위탁 6. 기타 ( ) 7. 없음	계약기간 1. 1년 2. 2년 3. 3년 4. 4년 5. 5년 6. 기타 ( )년 7. 단기계약 (1년미만) 8. 없음	낙찰자선정방법 1. 적격심사 2. 협상에의한계약 3. 최저가낙찰제 4. 규격가격분리 5. 2단계 경쟁입찰 6. 기타 ( ) 7. 없음	운영예산 산정 1. 내부산정 (지자체 자체적으로 산정) 2. 외부산정 (외부전문기관위탁 산정) 3. 내·외부 모두 산정 4. 산정 無 5. 없음	정산방법 1. 내부정산 (지자체 내부적으로 정산) 2. 외부정산 (외부전문기관위탁 정산) 3. 내·외부 모두 산정 4. 정산 無 5. 없음	1. 실시 2. 미실시 3. 향후 추진 4. 해당없음
1278	서울 영등포구	음식물류폐기물수거및처리	11,807,818	4	7	1	6	1,2	1	1	1
1279	서울 영등포구	재활용품분리배출및수거	9,798,122	4	7	1	2	2	1	1	1
1280	서울 영등포구	폐기물처리	8,829,348	4	7	1	2	2	1	1	1
1281	서울 영등포구	아이돌봄지원사업운영	4,251,374	4	1	1	5	1	1	1	2
1282	서울 영등포구	자원순환센터운영	3,006,021	4	7	2	3	2	1	1	1
1283	서울 영등포구	노인종합복지관운영	1,681,421	4	4	5	5	1	5	1	3
1284	서울 영등포구	치매안심센터운영	1,424,772	4	2	1	3	1	3	3	1
1285	서울 영등포구	장애인복지센터운영	1,194,360	4	4	1	5	1	1	1	1
1286	서울 영등포구	어르신복지센터운영및확충	1,163,718	4	1,4,5	1	5	1	1	1	1
1287	서울 영등포구	영등포5플러스센터운영	1,106,954	4	4,5	1	5	1	1	1	1
1288	서울 영등포구	영등포청소년문화의집운영	902,830	4	4	7	3	7	1	1	1
1289	서울 영등포구	건강가정지원센터운영	810,415	4	1	1	5	1	1	1	2
1290	서울 영등포구	다문화가족지원센터운영	809,701	4	1	1	5	1	1	1	2
1291	서울 영등포구	청소년자율문화공간운영	761,878	4	1	1	3	1	1	1	1
1292	서울 영등포구	폐기물처리	691,110	4	7	1	1	1	1	1	2
1293	서울 영등포구	어린이급식관리지원센터운영및지원	645,880	4	2	1	3	1	5	1	1
1294	서울 영등포구	자원봉사센터운영	615,390	4	4	1	3	1	1	1	1
1295	서울 영등포구	청소년상담복지센터운영	593,906	4	1	1	3	1	1	1	1
1296	서울 영등포구	육아종합지원센터운영지원(자체)	551,743	4	1	1	5	1	1	1	1
1297	서울 영등포구	서울청년센터영등포운영	550,000	4	6	2	2	1	1	1	3
1298	서울 영등포구	공영주차장운영	413,697	4	4	5	3	7	1	1	4
1299	서울 영등포구	자기주도학습지원센터운영	391,400	4	4	1	3	1	1	1	1
1300	서울 영등포구	노점상및노상적치물단속	387,916	4	8	2	1	1	1	1	4
1301	서울 영등포구	꿈더하기학교운영	374,190	4	4	6	3	1	1	1	1
1302	서울 영등포구	사랑나눔푸드뱅크,마켓운영	364,635	4	1	4	3	1	1	1	1
1303	서울 영등포구	꿈더하기지원센터운영	360,382	4	4	6	3	6	3	3	3
1304	서울 영등포구	불법주정차관리	360,000	4	1	6	6	6	1	1	2
1305	서울 영등포구	노동자종합지원센터운영	350,000	4	1,4	1	3	1	1	1	3
1306	서울 영등포구	육아종합지원센터운영지원	348,028	4	1	1	5	1	1	1	1
1307	서울 영등포구	1인가구지원센터운영	302,414	4	2,4	1	5	1	1	1	3
1308	서울 영등포구	영등포청년건축학교운영	280,000	4	7	2	3	1	1	1	3
1309	서울 영등포구	발달장애인평생교육센터운영	279,953	4	4	5	3	1	1	1	1
1310	서울 영등포구	공동육아방운영지원	259,272	4	6	7	8	7	1	1	1
1311	서울 영등포구	다문화가족특성화사업운영	225,771	4	1	1	5	1	1	1	2
1312	서울 영등포구	장애인가족지원센터운영지원	209,210	4	7	1	3	1	3	3	1
1313	서울 영등포구	생태친화어린이집운영지원	185,032	4	6	7	8	7	1	1	1
1314	서울 영등포구	학교밖청소년지원사업(꿈드림)	166,111	4	1	1	3	1	1	1	1
1315	서울 영등포구	민간사회복지사처우개선지원	156,000	4	1	7	8	7	5	5	4
1316	서울 영등포구	자원순환센터운영	149,520	4	7	2	1	1	1	1	2
1317	서울 영등포구	YDP곤충체험학습관운영	143,000	4	4	6	3	1	1	1	1

순번	시군구	지출명 (사업명)	2024년예산 (단위 : 천원 /1년간)	민간이전 분류 (지방자치단체 세출예산 집행기준에 의거) 1. 민간경상사업보조(307-02) 2. 민간단체 법정운영비보조(307-03) 3. 민간행사사업보조(307-04) 4. 민간위탁금(307-05) 5. 사회복지시설 법정운영비보조(307-10) 6. 민간인위탁교육비(307-12) 7. 공기관등에대한경상적위탁사업비(308-13) 8. 민간자본사업보조,자체재원(402-01) 9. 민간자본사업보조,이전재원(402-02) 10. 민간위탁사업비(402-03) 11. 공기관등에 대한 자본적 위탁사업비(403-02)	민간이전지출 근거 (지방보조금 관리기준 참고) 1. 법률에 규정 2. 국고보조 재원(국가지정) 3. 용도 지정 기부금 4. 조례에 직접규정 5. 지자체가 권장하는 사업을 하는 공공기관 6. 시,도 정책 및 재정사정 7. 기타 8. 해당없음	입찰방식 계약체결방법 (경쟁형태) 1. 일반경쟁 2. 제한경쟁 3. 지명경쟁 4. 수의계약 5. 법정위탁 6. 기타 ( ) 7. 없음	입찰방식 계약기간 1. 1년 2. 2년 3. 3년 4. 4년 5. 5년 6. 기타 ( )년 7. 단기계약 (1년미만) 8. 없음	입찰방식 낙찰자선정방법 1. 적격심사 2. 협상에의한계약 3. 최저가낙찰제 4. 규격가격분리 5. 2단계 경쟁입찰 6. 기타 ( ) 7. 없음	운영예산 산정 운영예산 산정 1. 내부산정 (지자체 자체적으로 산정) 2. 외부산정 (외부전문기관위탁 산정) 3. 내·외부 모두 산정 4. 산정 無 5. 없음	운영예산 산정 정산방법 1. 내부정산 (지자체 내부적으로 정산) 2. 외부정산 (외부전문기관위탁 정산) 3. 내·외부 모두 산정 4. 정산 無 5. 없음	성과평가 실시여부 1. 실시 2. 미실시 3. 향후 추진 4. 해당없음
1318	서울 영등포구	폐기물종량제관리	132,986	4	7	1	2	2	1	1	1
1319	서울 영등포구	서울형키즈카페조성운영	117,604	4	4	7	8	7	1	1	1
1320	서울 영등포구	어르신과함께하는공원환경관리	100,000	4	8	7	8	7	5	5	4
1321	서울 영등포구	청소년상담복지센터운영지원	93,610	4	1	1	3	1	1	1	1
1322	서울 영등포구	여의나루역보행환경개선	90,226	4	8	2	7	1	1	1	4
1323	서울 영등포구	사회공헌활동지원사업(전환사업)	89,336	4	4,5	1	5	1	1	1	1
1324	서울 영등포구	학교폭력예방센터운영	85,104	4	1	1	3	1	1	1	1
1325	서울 영등포구	맘든든센터운영	80,331	4	6	7	8	7	1	1	1
1326	서울 영등포구	지역사회건강조사	69,432	4	2	7	8	7	5	1	4
1327	서울 영등포구	자원봉사코디네이터지원육성	66,416	4	4	1	3	1	1	1	1
1328	서울 영등포구	시니어행복발전센터운영	64,540	4	4,5	1	5	1	1	1	1
1329	서울 영등포구	육아지원코디네이터운영	59,672	4	6	7	8	7	1	1	1
1330	서울 영등포구	폐기물처리	57,200	4	7	4	1	7	1	1	2
1331	서울 영등포구	공동육아나눔터운영	56,828	4	1	1	5	1	1	1	2
1332	서울 영등포구	방역소독	54,000	4	4	7	8	7	5	3	4
1333	서울 영등포구	가족학교운영	51,131	4	1	1	5	1	1	1	2
1334	서울 영등포구	영등포여의도봄꽃축제개최	29,700	4	1	4	7	7	1	1	4
1335	서울 영등포구	안양천자전거교통안전체험장운영	23,800	4	4	4	3	1	1	1	1
1336	서울 영등포구	어린이집보육교직원역량강화	20,000	4	4	7	8	7	1	1	4
1337	서울 영등포구	불법광고물정비(기금)	20,000	4	1	4	8	7	1	1	4
1338	서울 영등포구	전국통합자원봉사보험가입서비스지원	17,300	4	4	1	3	1	1	1	1
1339	서울 영등포구	어르신복지시설운영지원	12,000	4	6	5	5	1	1	1	3
1340	서울 영등포구	자전거이용활성화	10,000	4	4	4	3	1	1	1	1
1341	서울 영등포구	중증치매노인공공후견	5,140	4	2	1	3	1	3	3	1
1342	서울 영등포구	노인맞춤돌봄서비스사업지원	5,000	4	1	1	2	1	3	3	1
1343	서울 영등포구	맘스가든운영	4,000	4	6	7	8	7	1	1	1
1344	서울 영등포구	강남취창업허브센터	1,427,125	4	4	2	2	6	1	2	3
1345	서울 영등포구	광역일자리카페	327,126	4	4	1	2	6	1	2	3
1346	서울 동작구	어린이집운영지원	4,831,822	4	4	7	8	7	5	5	4
1347	서울 동작구	음식물줄이기사업운영	3,852,018	4	4	4	1	1	1	1	1
1348	서울 동작구	자활근로,지역자활센터운영(자활근로)	3,077,547	4	2	5	7	7	5	1	1
1349	서울 동작구	다함께돌봄센터인건비지원	2,636,528	4	1	7	8	7	3	1	4
1350	서울 동작구	육아종합지원센터운영지원	2,307,088	4	1	2	3	1	1	1	1
1351	서울 동작구	청소년시설운영	2,265,091	4	4	6	3	6	3	3	3
1352	서울 동작구	사당어르신종합복지관운영	1,862,319	4	4	7	7	7	1	1	1
1353	서울 동작구	치매안심센터운영	1,301,756	4	4	7	8	7	5	5	4
1354	서울 동작구	동작상권활성화사업	1,130,000	4	2	5	5	7	2	3	1
1355	서울 동작구	동작키즈카페활성화지원	1,123,686	4	6	7	8	7	5	5	4
1356	서울 동작구	교통약자이동편의제공	1,006,930	4	5	7	8	7	5	5	4
1357	서울 동작구	상도은빛어르신복지관운영	749,001	4	4	7	7	7	1	1	1

순번	시군구	지출명 (사업명)	2024년예산 (단위 : 천원 /1년간)	민간이전 분류 (지방자치단체 세출예산 집행기준에 의거) 1. 민간경상사업보조(307-02) 2. 민간단체 법정운영비보조(307-03) 3. 민간행사사업보조(307-04) 4. 민간위탁금(307-05) 5. 사회복지시설 법정운영비보조(307-10) 6. 민간인위탁교육비(307-12) 7. 공기관등에대한경상적위탁사업비(308-13) 8. 민간자본사업보조,자체재원(402-01) 9. 민간자본사업보조,이전재원(402-02) 10. 민간위탁사업비(402-03) 11. 공기관등에 대한 자본적 위탁사업비(403-02)	민간이전지출 근거 (지방보조금 관리기준 참고) 1. 법률에 규정 2. 국고보조 재원(국가지정) 3. 용도 지정 기부금 4. 조례에 직접규정 5. 지자체가 권장하는 사업을 하는 공공기관 6. 시,도 정책 및 재정사정 7. 기타 8. 해당없음	입찰방식 계약체결방법 (경쟁형태) 1. 일반경쟁 2. 제한경쟁 3. 지명경쟁 4. 수의계약 5. 법정위탁 6. 기타 ( ) 7. 없음	입찰방식 계약기간 1. 1년 2. 2년 3. 3년 4. 4년 5. 5년 6. 기타 ( )년 7. 단기계약 (1년미만) 8. 없음	입찰방식 낙찰자선정방법 1. 적격심사 2. 협상에의한계약 3. 최저가낙찰제 4. 규격가격분리 5. 2단계 경쟁입찰 6. 기타 ( ) 7. 없음	운영예산 산정 운영예산 산정 1. 내부산정 (지자체 자체적으로 산정) 2. 외부산정 (외부전문기관위탁 산정) 3. 내·외부 모두 산정 4. 산정 無 5. 없음	운영예산 산정 정산방법 1. 내부정산 (지자체 내부적으로 정산) 2. 외부정산 (외부전문기관위탁 정산) 3. 내·외부 모두 산정 4. 정산 無 5. 없음	성과평가 실시여부 1. 실시 2. 미실시 3. 향후 추진 4. 해당없음
1358	서울 동작구	자원봉사센터운영지원	719,327	4	1	5	3	1	1	1	4
1359	서울 동작구	동작5플러스센터운영	700,000	4	4	6	5	7	5	1	1
1360	서울 동작구	어린이급식관리지원센터설치운영	630,000	4	1	1	3	1	3	3	4
1361	서울 동작구	교사대아동비율개선지원	622,000	4	4	7	8	7	5	5	4
1362	서울 동작구	발달장애인평생교육센터운영지원	591,000	4	1	5	8	7	1	1	1
1363	서울 동작구	신청사유지관리	571,448	4	4	7	8	7	5	5	4
1364	서울 동작구	동청사시설관리	491,440	4	4	7	8	7	5	5	4
1365	서울 동작구	지역아동센터운영지원	484,200	4	4	1	5	1	1	1	1
1366	서울 동작구	다함께돌봄센터운영비지원	456,240	4	1	7	8	7	3	1	4
1367	서울 동작구	등하교안전지원단구성운영	453,754	4	1	7	8	7	5	5	4
1368	서울 동작구	자활근로,지역자활센터운영	447,007	4	1	5	8	7	5	1	1
1369	서울 동작구	청소년안전망구축	438,679	4	4	6	3	6	3	3	3
1370	서울 동작구	진로직업체험지원센터운영	400,800	4	4	4	3	7	1	1	1
1371	서울 동작구	동청사시설관리	367,653	4	4	4	1	6	3	3	4
1372	서울 동작구	가족센터운영	361,977	4	1	5	5	6	3	3	1
1373	서울 동작구	가로정비민간용역	356,221	4	8	7	8	7	5	5	4
1374	서울 동작구	다함께돌봄센터운영비지원	328,118	4	1	7	8	7	3	1	4
1375	서울 동작구	주차위반차량견인대행위탁	302,025	4	1	7	8	7	1	1	4
1376	서울 동작구	사회적경제기업육성지원	298,638	4	4	6	2	6	1	1	3
1377	서울 동작구	공공청사유지관리	276,523	4	1	4	7	7	1	1	4
1378	서울 동작구	가족센터시설운영	275,200	4	1	5	5	6	3	3	1
1379	서울 동작구	문화복지센터청소용역	272,973	4	1	4	1	7	1	1	1
1380	서울 동작구	사당데이케어센터운영	270,199	4	4	7	5	7	1	1	1
1381	서울 동작구	공중화장실관리	268,000	4	1	4	1	7	1	1	4
1382	서울 동작구	미래교육학생지원사업	256,390	4	7	1	7	1	1	1	2
1383	서울 동작구	구청직장어린이집운영지원	236,193	4	4	7	8	7	5	5	4
1384	서울 동작구	학교밖청소년지원	200,370	4	4	6	3	6	3	3	3
1385	서울 동작구	지역자율형사회서비스투자사업	180,000	4	4	6	1	6	3	3	4
1386	서울 동작구	최중증발달장애인주간개별일대일지원	165,261	4	1	5	5	7	1	1	1
1387	서울 동작구	청소년동아리지원사업	163,210	4	7	1	7	1	1	1	2
1388	서울 동작구	1인가구지원사업	160,900	4	1	5	5	6	3	3	1
1389	서울 동작구	청소시설장비관리	154,080	4	4	4	1	7	1	1	4
1390	서울 동작구	어린이영어놀이터운영	150,000	4	4	7	8	7	5	5	4
1391	서울 동작구	동작이커머스스테이션운영	150,000	4	7	7	8	7	5	5	4
1392	서울 동작구	서울형모아어린이집운영지원	139,636	4	6	7	8	7	5	5	4
1393	서울 동작구	글로벌인재양성외국어학습지원	132,000	4	4	1	7	6	1	3	4
1394	서울 동작구	길고양이중성화사업(TNR)	120,000	4	1,2	6	3	7	1	1	4
1395	서울 동작구	청소년상담복지센터운영지원	115,716	4	4	6	3	6	3	3	3
1396	서울 동작구	육아힐링프로그램운영	114,654	4	1	5	5	6	3	3	1
1397	서울 동작구	경로당활성화사업	104,730	4	4	2	5	1	1	1	1

순번	시군구	지출명 (사업명)	2024년예산 (단위 : 천원 /1년간)	민간이전 분류 (지방자치단체 세출예산 집행기준에 의거) 1. 민간경상사업보조(307-02) 2. 민간단체 법정운영비보조(307-03) 3. 민간행사사업보조(307-04) 4. 민간위탁금(307-05) 5. 사회복지시설 법정운영비보조(307-10) 6. 민간인위탁교육비(307-12) 7. 공기관등에대한경상적위탁사업비(308-13) 8. 민간자본사업보조,자체재원(402-01) 9. 민간자본사업보조,이전재원(402-02) 10. 민간위탁사업비(402-03) 11. 공기관등에 대한 자본적 위탁사업비(403-02)	민간이전지출 근거 (지방보조금 관리기준 참고) 1. 법률에 규정 2. 국고보조 재원(국가지정) 3. 용도 지정 기부금 4. 조례에 직접규정 5. 지자체가 권장하는 사업을 하는 공공기관 6. 시,도 정책 및 재정사정 7. 기타 8. 해당없음	입찰방식 계약체결방법 (경쟁형태) 1. 일반경쟁 2. 제한경쟁 3. 지명경쟁 4. 수의계약 5. 법정위탁 6. 기타 ( ) 7. 없음	입찰방식 계약기간 1. 1년 2. 2년 3. 3년 4. 4년 5. 5년 6. 기타 ( )년 7. 단기계약 (1년미만) 8. 없음	입찰방식 낙찰자선정방법 1. 적격심사 2. 협상에의한계약 3. 최저가낙찰제 4. 규격가격분리 5. 2단계 경쟁입찰 6. 기타 ( ) 7. 없음	운영예산 산정 운영예산 산정 1. 내부산정 (지자체 자체적으로 산정) 2. 외부산정 (외부전문기관위탁 산정) 3. 내·외부 모두 산정 4. 산정 無 5. 없음	운영예산 산정 정산방법 1. 내부정산 (지자체 내부적으로 정산) 2. 외부정산 (외부전문기관위탁 정산) 3. 내·외부 모두 산정 4. 정산 無 5. 없음	성과평가 실시여부 1. 실시 2. 미실시 3. 향후 추진 4. 해당없음
1398	서울 동작구	물가안정관리	100,732	4	4	4	1	7	1	1	1
1399	서울 동작구	교육환경개선	100,000	4	4	6	6	6	1	3	4
1400	서울 동작구	가족센터운영추가사업	99,597	4	1	5	5	6	3	3	1
1401	서울 동작구	지역자율형사회서비스투자사업	88,920	4	4	6	1	6	3	3	4
1402	서울 동작구	장애인단체지원	81,410	4	1	5	3	7	5	5	4
1403	서울 동작구	경로당활성화사업	80,351	4	4	2	5	1	1	1	1
1404	서울 동작구	지역사회건강조사조사분석위탁운영	69,432	4	1	6	1	6	2	3	1
1405	서울 동작구	자원봉사코디네이터지원육성	66,416	4	2	5	3	1	1	1	4
1406	서울 동작구	공원관리(전환사업)	62,904	4	1	7	8	7	5	5	4
1407	서울 동작구	미래진로직업체험교육	59,760	4	7	1	7	1	1	1	2
1408	서울 동작구	위기가족상담지원사업	58,612	4	1	5	5	6	3	3	1
1409	서울 동작구	공동육아나눔터지원	57,012	4	1	5	5	6	3	3	1
1410	서울 동작구	청소년지도사배치지원	56,419	4	4	6	3	6	3	3	4
1411	서울 동작구	대학연계평생교육프로그램운영	56,000	4	6	2	7	1	1	1	2
1412	서울 동작구	서울가족학교운영지원	52,862	4	1	5	5	6	3	3	1
1413	서울 동작구	육아지원코디네이터운영사업	50,378	4	6	7	8	7	5	5	4
1414	서울 동작구	지역주도형신중년일자리창출지원사업	50,000	4	6	7	8	7	5	5	4
1415	서울 동작구	방역소독활동	49,000	4	5	4	7	7	5	5	4
1416	서울 동작구	지역자활센터운영추가지원	46,087	4	1	5	8	7	5	1	1
1417	서울 동작구	동작입시지원센터운영	45,600	4	4	4	7	7	1	1	4
1418	서울 동작구	유기동물보호지원	41,000	4	1	6	3	7	1	1	4
1419	서울 동작구	동작멘토링관리용역	40,000	4	1	7	8	7	5	5	4
1420	서울 동작구	취업지원시설운영	40,000	4	4	7	8	7	5	5	4
1421	서울 동작구	서로돌봄지원사업	35,000	4	2	5	3	1	3	3	1
1422	서울 동작구	치매안심센터셔틀버스운영	34,800	4	7	7	8	7	5	5	4
1423	서울 동작구	영유아발달지원서비스	26,640	4	2	7	8	7	5	5	4
1424	서울 동작구	학교밖청소년급식지원	26,250	4	4	6	3	6	3	3	3
1425	서울 동작구	청소년어울림마당운영지원	24,000	4	1	6	3	6	3	3	4
1426	서울 동작구	의료지원반사설응급이송업체위탁	24,000	4	8	7	8	7	5	5	4
1427	서울 동작구	보건소안전관리위탁용역	23,535	4	1	4	1	7	1	1	4
1428	서울 동작구	지역자율형사회서비스투자사업(부모성장을위한심리지원)	23,000	4	4	6	1	6	3	3	4
1429	서울 동작구	지역치매안심센터운	22,800	4	6	7	8	7	5	5	4
1430	서울 동작구	신년인사회동주요행사지원	20,000	4	7	7	8	7	5	5	4
1431	서울 동작구	다함께돌봄사업지원	20,000	4	1	7	8	7	3	1	4
1432	서울 동작구	지역자율형사회서비스투자사업(아동청소년정서발달지원)	20,000	4	4	6	1	6	3	3	4
1433	서울 동작구	문화관광해설사운영	20,000	4	4	6	3	6	1	1	1
1434	서울 동작구	보건소보건관리위탁용역	19,018	4	1	4	1	7	1	1	4
1435	서울 동작구	외국인주민및다문화가족지원	17,000	4	1	5	5	6	3	3	1
1436	서울 동작구	청소년동아리운영지원(국고보조)	13,750	4	1	6	7	6	3	3	4
1437	서울 동작구	모자건강센터설치및운영	13,500	4	7	7	8	7	5	5	4

순번	시군구	지출명 (사업명)	2024년예산 (단위 : 천원 /1년간)	민간이전 분류 (지방자치단체 세출예산 집행기준에 의거) 1. 민간경상사업보조(307-02) 2. 민간단체 법정운영비보조(307-03) 3. 민간행사사업보조(307-04) 4. 민간위탁금(307-05) 5. 사회복지시설 법정운영비보조(307-10) 6. 민간인위탁교육비(307-12) 7. 공기관등에대한경상적위탁사업비(308-13) 8. 민간자본사업보조,자체재원(402-01) 9. 민간자본사업보조,이전재원(402-02) 10. 민간위탁사업비(402-03) 11. 공기관등에 대한 자본적 위탁사업비(403-02)	민간이전지출 근거 (지방보조금 관리기준 참고) 1. 법률에 규정 2. 국고보조 재원(국가지정) 3. 용도 지정 기부금 4. 조례에 직접규정 5. 지자체가 권장하는 사업을 하는 공공기관 6. 시,도 정책 및 재정사정 7. 기타 8. 해당없음	입찰방식			운영예산 산정		성과평가 실시여부
						계약체결방법 (경쟁형태) 1. 일반경쟁 2. 제한경쟁 3. 지명경쟁 4. 수의계약 5. 법정위탁 6. 기타 ( ) 7. 없음	계약기간 1. 1년 2. 2년 3. 3년 4. 4년 5. 5년 6. 기타 ( )년 7. 단기계약 (1년미만) 8. 없음	낙찰자선정방법 1. 적격심사 2. 협상에의한계약 3. 최저가낙찰제 4. 규격가격분리 5. 2단계 경쟁입찰 6. 기타 ( ) 7. 없음	운영예산 산정 1. 내부산정 (지자체 자체적으로 산정) 2. 외부산정 (외부전문기관위탁 산정) 3. 내·외부 모두 산정 4. 산정 無 5. 없음	정산방법 1. 내부정산 (지자체 내부적으로 정산) 2. 외부정산 (외부전문기관위탁 정산) 3. 내·외부 모두 산정 4. 정산 無 5. 없음	1. 실시 2. 미실시 3. 향후 추진 4. 해당없음
1438	서울 동작구	민방위조직및교육훈련운영	12,000	4	1	7	7	7	1	1	1
1439	서울 동작구	무단방치이륜차견인대행	9,600	4	4	7	1	7	1	1	4
1440	서울 동작구	결혼친화도시조성(결혼친화프로그램운영)	9,500	4	4	5	5	6	3	3	1
1441	서울 동작구	전국통합자원봉사보험가입서비스지원	9,484	4	2	5	3	1	1	1	4
1442	서울 동작구	산업안전위험성평가위탁용역	7,700	4	1	7	8	7	5	5	4
1443	서울 동작구	결혼친화도시조성(부부의날기념행사)	7,000	4	4	5	5	6	3	3	1
1444	서울 동작구	표준모자보건수첩지원	6,384	4	4	7	8	7	5	5	4
1445	서울 동작구	의료급여수급권자건강검진비용지원	5,200	4	2	7	8	7	5	5	4
1446	서울 동작구	청소년운영위원회운영	3,000	4	1	6	1	6	1	1	4
1447	서울 동작구	치매공공후견지원	2,712	4	2	7	8	7	5	1	4
1448	서울 동작구	청소년참여위원회운영	1,600	4	1	6	1	6	1	1	4
1449	서울 관악구	생활폐기물수집운반대행용역	14,500,000	4	1	4	2	2	2	1	1
1450	서울 관악구	관악구재활용폐기물선별처리대행용역	5,380,510	4	4	2	2	2	2	1	2
1451	서울 관악구	음식물류폐기물종량기유지보수용역	3,052,000	4	4	2	2	2	2	1	1
1452	서울 관악구	생활폐기물수송대행용역	2,400,000	4	1	1	6	2	2	1	1
1453	서울 관악구	대형폐기물수집운반	2,400,000	4	4	1	2	1	3	1	1
1454	서울 관악구	폐합성수지류민간위탁	2,185,920	4	4	1	1	1	3	1	4
1455	서울 관악구	관악S밸리창업공간운영	966,964	4	6	2	6	6	1	3	3
1456	서울 관악구	대형폐기물수집운반대행용역	850,000	4	1	4	2	1	2	1	1
1457	서울 관악구	육아종합지원센터운영지원(자체)	761,300	4	1	7	8	7	5	5	4
1458	서울 관악구	관악청년청운영	757,161	4	4	2	2	1	1	3	3
1459	서울 관악구	어린이급식관리지원센터운영	630,000	4	1	1	2	1	3	3	3
1460	서울 관악구	소공인집적지구공동기반시설	451,115	4	4	2	2	1	1	1	1
1461	서울 관악구	청소년상담복지센터운영지원	441,046	4	1	1	3	1	1	1	1
1462	서울 관악구	우리동네키움센터인건비지원	366,360	4	1	1	5	1	1	1	2
1463	서울 관악구	폐매트리스민간위탁	360,720	4	4	1	1	1	3	1	4
1464	서울 관악구	관악구S플러스센터운영	350,000	4	4	7	8	7	5	5	4
1465	서울 관악구	청소년시설위탁운영지원	344,818	4	4	1	3	1	1	1	2
1466	서울 관악구	노동복지센터운영	342,260	4	1	1	3	1	1	1	1
1467	서울 관악구	박종철센터운영	324,420	4	4	1	3	1	1	1	1
1468	서울 관악구	종량제규격봉투제작	286,305	4	7	4	1	7	2	1	4
1469	서울 관악구	자치회관작은도서관운영지원	279,276	4	4	7	3	7	1	2	1
1470	서울 관악구	신림동쓰리룸운영	277,443	4	4	2	3	1	1	3	1
1471	서울 관악구	진로직업체험지원센터운영	276,500	4	1	1	3	1	1	1	3
1472	서울 관악구	관악구청직장어린이집운영지원	257,940	4	1	1	5	1	3	1	1
1473	서울 관악구	민간견인대행사업(차량)	240,000	4	1	7	8	7	1	1	2
1474	서울 관악구	공공도서관개관시간연장지원사업	224,000	4	2	7	1	7	1	2	1
1475	서울 관악구	사회적경제통합지원센터운영	205,000	4	1	1	2	2	1	1	1
1476	서울 관악구	토닥토닥마을학교운영	200,000	4	4	2	7	2	1	1	1
1477	서울 관악구	우리동네키움센터운영비지원	173,900	4	1	1	5	1	1	1	2

순번	시군구	지출명 (사업명)	2024년예산 (단위 : 천원 /1년간)	민간이전 분류 (지방자치단체 세출예산 집행기준에 의거) 1. 민간경상사업보조(307-02) 2. 민간단체 법정운영비보조(307-03) 3. 민간행사사업보조(307-04) 4. 민간위탁금(307-05) 5. 사회복지시설 법정운영비보조(307-10) 6. 민간인위탁교육비(307-12) 7. 공기관등에대한경상적위탁사업비(308-13) 8. 민간자본사업보조,자체재원(402-01) 9. 민간자본사업보조,이전재원(402-02) 10. 민간위탁사업비(402-03) 11. 공기관등에 대한 자본적 위탁사업비(403-02)	민간이전지출 근거 (지방보조금 관리기준 참고) 1. 법률에 규정 2. 국고보조 재원(국가지정) 3. 용도 지정 기부금 4. 조례에 직접규정 5. 지자체가 권장하는 사업을 하는 공공기관 6. 시,도 정책 및 재정사정 7. 기타 8. 해당없음	입찰방식 계약체결방법 (경쟁형태) 1. 일반경쟁 2. 제한경쟁 3. 지명경쟁 4. 수의계약 5. 법정위탁 6. 기타 ( ) 7. 없음	입찰방식 계약기간 1. 1년 2. 2년 3. 3년 4. 4년 5. 5년 6. 기타 ( )년 7. 단기계약 (1년미만) 8. 없음	입찰방식 낙찰자선정방법 1. 적격심사 2. 협상에의한계약 3. 최저가낙찰제 4. 규격가격분리 5. 2단계 경쟁입찰 6. 기타 ( ) 7. 없음	운영예산 산정 운영예산 산정 1. 내부산정 (지자체 자체적으로 산정) 2. 외부산정 (외부전문기관위탁 산정) 3. 내·외부 모두 산정 4. 산정 無 5. 없음	운영예산 산정 정산방법 1. 내부정산 (지자체 내부적으로 정산) 2. 외부정산 (외부전문기관위탁 정산) 3. 내·외부 모두 산정 4. 정산 無 5. 없음	성과평가 실시여부 1. 실시 2. 미실시 3. 향후 추진 4. 해당없음
1478	서울 관악구	길고양이와의공존문화확산	170,000	4	2	4	1	1	1	3	4
1479	서울 관악구	관악푸드뱅크마켓운영지원	165,992	4	1	7	5	1	1	1	1
1480	서울 관악구	학교밖청소년지원	160,680	4	1	1	3	1	1	1	1
1481	서울 관악구	민간견인대행사업(킥보드)	96,000	4	4	7	8	7	1	1	2
1482	서울 관악구	자전거종합센터운영	85,809	4	4	4	3	6	1	1	1
1483	서울 관악구	관악구서울대협력평생학습강좌운영	78,000	4	4	7	8	7	5	5	4
1484	서울 관악구	지역사회건강조사	69,432	4	1	7	1	7	2	3	4
1485	서울 관악구	유기동물위탁	67,650	4	2	4	3	2	1	1	4
1486	서울 관악구	관악형육아센터아이랑운영	60,000	4	4	7	8	7	1	3	1
1487	서울 관악구	관악푸드뱅크마켓운영지원(자체)	47,450	4	1	7	5	1	1	1	1
1488	서울 관악구	강남자원회수시설쓰레기성상조사비	30,000	4	4	7	8	7	5	5	4
1489	서울 관악구	어린이놀이시설(키즈카페)설치및운영	25,402	4	4	7	8	7	1	1	3
1490	서울 관악구	학교밖청소년지원센터급식지원	25,125	4	1	1	3	1	1	1	1
1491	서울 관악구	청소년동반자사업	20,000	4	1	1	3	1	1	1	1
1492	서울 관악구	청소년공학캠프운영	20,000	4	1	7	8	7	1	1	1
1493	서울 관악구	자전거교육장운영	12,000	4	4	4	3	6	1	1	1
1494	서울 관악구	동물사체위생처리	10,800	4	8	7	8	7	1	1	4
1495	서울 관악구	자전거이용활성화사업	5,000	4	4	4	3	6	1	1	1
1496	서울 관악구	다문화서비스지원	1,680	4	4	7	1	7	1	2	1
1497	서울 서초구	서초아이돌보미서초손주돌보미	4,413,535	4	1	5	5	6	1	1	4
1498	서울 서초구	여성가족부아이돌봄지원사업	4,229,715	4	2	5	5	6	1	1	4
1499	서울 서초구	육아지원센터운영	2,935,756	4	1	1	5	6	1	2	1
1500	서울 서초구	장애인복지관운영	2,755,703	4	1	1	5	1	1	1	1
1501	서울 서초구	구립서초유스센터	1,823,952	4	4	1	5	1	1	1	1
1502	서울 서초구	치매관리사업	1,709,388	4	1,2,4	1	3	1	1	3	1
1503	서울 서초구	구립방배유스센터	1,560,894	4	4	1	5	1	1	1	1
1504	서울 서초구	민간위탁형자활근로사업	1,554,855	4	1	5	1	1	3	1	3
1505	서울 서초구	서초여성가족플라자잠원센터위탁운영	1,320,125	4	4	1	5	1	3	3	1
1506	서울 서초구	우면종합사회복지관운영비	1,317,514	4	1	5	5	7	3	3	1
1507	서울 서초구	반포종합사회복지관운영비	1,200,224	4	1	5	5	7	3	3	3
1508	서울 서초구	양재종합사회복지관운영비	1,194,767	4	1	5	5	7	3	3	1
1509	서울 서초구	서리풀노리학교운영	1,116,200	4	1	1	5	6	1	2	1
1510	서울 서초구	서초휴앙소현장근로자관리용역	825,840	4	1	1	1	1	1	1	4
1511	서울 서초구	1인가구지원사업	794,500	4	4	1	5	1	1	1	3
1512	서울 서초구	서초여성가족플라자서초센터위탁운영	662,083	4	4	1	5	1	3	3	1
1513	서울 서초구	서초여성가족플라자방배센터위탁운영	662,083	4	4	1	3	1	3	3	1
1514	서울 서초구	발달장애인평생교육센터운영	636,844	4	1	1	5	1	1	1	3
1515	서울 서초구	서초구청직장어린이집운영	628,144	4	1	1	5	6	1	1	1
1516	서울 서초구	구립청소년상담복지센터운영	595,170	4	4	1	5	1	1	1	1
1517	서울 서초구	장애인활동지원	515,492	4	1	5	1	7	5	3	4

순번	시군구	지출명 (사업명)	2024년예산 (단위 : 천원 /1년간)	민간이전 분류 (지방자치단체 세출예산 집행기준에 의거) 1. 민간경상사업보조(307-02) 2. 민간단체 법정운영비보조(307-03) 3. 민간행사사업보조(307-04) 4. 민간위탁금(307-05) 5. 사회복지시설 법정운영비보조(307-10) 6. 민간인위탁교육비(307-12) 7. 공기관등에대한경상적위탁사업비(308-13) 8. 민간자본사업보조,자체재원(402-01) 9. 민간자본사업보조,이전재원(402-02) 10. 민간위탁사업비(402-03) 11. 공기관등에 대한 자본적 위탁사업비(403-02)	민간이전지출 근거 (지방보조금 관리기준 참고) 1. 법률에 규정 2. 국고보조 재원(국가지정) 3. 용도 지정 기부금 4. 조례에 직접규정 5. 지자체가 권장하는 사업을 하는 공공기관 6. 시,도 정책 및 재정사정 7. 기타 8. 해당없음	입찰방식			운영예산 산정		성과평가 실시여부
						계약체결방법 (경쟁형태) 1. 일반경쟁 2. 제한경쟁 3. 지명경쟁 4. 수의계약 5. 법정위탁 6. 기타 ( ) 7. 없음	계약기간 1. 1년 2. 2년 3. 3년 4. 4년 5. 5년 6. 기타 ( )년 7. 단기계약 (1년미만) 8. 없음	낙찰자선정방법 1. 적격심사 2. 협상에의한계약 3. 최저가낙찰제 4. 규격가격분리 5. 2단계 경쟁입찰 6. 기타 ( ) 7. 없음	운영예산 산정 1. 내부산정 (지자체 자체적으로 산정) 2. 외부산정 (외부전문기관위탁 산정) 3. 내·외부 모두 산정 4. 산정 無 5. 없음	정산방법 1. 내부정산 (지자체 내부적으로 정산) 2. 외부정산 (외부전문기관위탁 정산) 3. 내·외부 모두 산정 4. 정산 無 5. 없음	1. 실시 2. 미실시 3. 향후 추진 4. 해당없음
1518	서울 서초구	장애아동발달지원센터운영	514,343	4	4	1	5	1	1	1	3
1519	서울 서초구	지역자활센터운영	448,441	4	1	5	1	1	3	1	3
1520	서울 서초구	학대피해아동쉼터위탁운영	365,534	4	2	1	5	1	1	1	3
1521	서울 서초구	권역별효도버스운영비지원	299,052	4	1	5	8	7	1	3	4
1522	서울 서초구	서초구립서초동초등키움센터위탁운영	265,978	4	1	5	5	6	1	1	4
1523	서울 서초구	서초구립방배동초등키움센터위탁운영	265,074	4	1	5	5	6	1	1	4
1524	서울 서초구	심산기념사업회운영	265,000	4	4	7	8	7	1	1	1
1525	서울 서초구	서초구립우면동초등키움센터위탁운영	254,881	4	1	5	5	6	1	1	4
1526	서울 서초구	서리풀청년아트갤러리운영	249,920	4	4	7	3	7	1	1	1
1527	서울 서초구	서초구립내곡동초등키움센터위탁운영	247,954	4	1	5	5	6	1	1	4
1528	서울 서초구	서초구립네이처힐2단지초등키움센터위탁운영	241,672	4	1	5	5	6	1	1	4
1529	서울 서초구	장애인편의증진기술지원센터운영	234,584	4	6	7	3	7	1	1	4
1530	서울 서초구	서초구립반포동초등키움센터위탁운영	230,681	4	1	5	5	6	1	1	4
1531	서울 서초구	기초푸드뱅크,마켓운영	171,662	4	1	5	5	7	1	1	1
1532	서울 서초구	서초아주행복한꿈찾기	165,327	4	1	5	8	7	1	1	3
1533	서울 서초구	서리풀청년예술단구성및운영	149,800	4	4	7	8	7	1	1	1
1534	서울 서초구	지역아동센터운영지원사업(자체)	129,088	4	1	5	5	7	1	3	4
1535	서울 서초구	바우뫼복지문화회관운영비	120,000	4	1	5	1	7	3	3	4
1536	서울 서초구	구립장애인직업재활시설운영	92,950	4	1	1	5	1	1	1	3
1537	서울 서초구	장애인주간보호센터운영	70,175	4	1	1	5	1	1	1	3
1538	서울 서초구	종합사회복지관분소등운영비	50,000	4	1	5	1	7	3	3	4
1539	서울 서초구	양재종합사회복지관독서실운영비	40,200	4	1	5	1	7	3	3	4
1540	서울 서초구	요보호아동지원	40,000	4	4	4	1	1	1	1	3
1541	서울 서초구	장애인시설및단체지원	24,000	4	4	7	8	7	1	1	4
1542	서울 강남구	논현노인종합복지관	1,222,209	4	1	1	5	1	1	1	1
1543	서울 강남구	문화센터프로그램및동청사시설관리운영	20,020,780	4	1	4	3	7	1	3	1
1544	서울 강남구	아이돌봄지원	9,425,169	4	1	1	3	1	1	1	1
1545	서울 강남구	구립도서관운영(논현도서관등16개소)	7,493,783	4	4	4	5	7	1	3	1
1546	서울 강남구	자활근로사업	4,540,280	4	1	5	1	7	2	3	3
1547	서울 강남구	강남장애인복지관	2,225,260	4	1	1	5	1	3	3	1
1548	서울 강남구	구립도서관운영(도곡정보문화도서관등3개소)	2,016,395	4	4	4	5	7	1	3	1
1549	서울 강남구	강남세움복지관	1,876,443	4	1	1	5	1	3	3	1
1550	서울 강남구	대청종합사회복지관운영	1,354,678	4	1	1	5	1	1	1	1
1551	서울 강남구	수서종합사회복지관운영	1,343,986	4	1	1	5	1	1	1	1
1552	서울 강남구	수서명화종합사회복지관운영	1,318,460	4	1	1	5	1	1	1	1
1553	서울 강남구	역삼청소년수련관운영	1,261,657	4	1	1	5	1	1	1	1
1554	서울 강남구	강남종합사회복지관운영	1,240,174	4	1	1	5	1	1	1	1
1555	서울 강남구	구립도서관운영(개포하늘꿈도서관)	960,345	4	4	1	3	7	1	3	1
1556	서울 강남구	강남구가족센터	855,553	4	1,4	1	5	1	1	1	1
1557	서울 강남구	구립역삼푸른솔도서관청사위수탁관리운영	810,778	4	4	4	3	7	1	1	1

순번	시군구	지출명 (사업명)	2024년예산 (단위 : 천원 /1년간)	민간이전 분류 (지방자치단체 세출예산 집행기준에 의거) 1. 민간경상사업보조(307-02) 2. 민간단체 법정운영비보조(307-03) 3. 민간행사사업보조(307-04) 4. 민간위탁금(307-05) 5. 사회복지시설 법정운영비보조(307-10) 6. 민간인위탁교육비(307-12) 7. 공기관등에대한경상적위탁사업비(308-13) 8. 민간자본사업보조,자체재원(402-01) 9. 민간자본사업보조,이전재원(402-02) 10. 민간위탁사업비(402-03) 11. 공기관등에 대한 자본적 위탁사업비(403-02)	민간이전지출 근거 (지방보조금 관리기준 참고) 1. 법률에 규정 2. 국고보조 재원(국가지정) 3. 용도 지정 기부금 4. 조례에 직접규정 5. 지자체가 권장하는 사업을 하는 공공기관 6. 시,도 정책 및 재정사정 7. 기타 8. 해당없음	입찰방식 계약체결방법 (경쟁형태) 1. 일반경쟁 2. 제한경쟁 3. 지명경쟁 4. 수의계약 5. 법정위탁 6. 기타 ( ) 7. 없음	입찰방식 계약기간 1. 1년 2. 2년 3. 3년 4. 4년 5. 5년 6. 기타 ( )년 7. 단기계약 (1년미만) 8. 없음	입찰방식 낙찰자선정방법 1. 적격심사 2. 협상에의한계약 3. 최저가낙찰제 4. 규격가격분리 5. 2단계 경쟁입찰 6. 기타 ( ) 7. 없음	운영예산 산정 운영예산 산정 1. 내부산정 (지자체 자체적으로 산정) 2. 외부산정 (외부전문기관위탁 산정) 3. 내·외부 모두 산정 4. 산정 無 5. 없음	운영예산 산정 정산방법 1. 내부정산 (지자체 내부적으로 정산) 2. 외부정산 (외부전문기관위탁 정산) 3. 내·외부 모두 산정 4. 정산 無 5. 없음	성과평가 실시여부 1. 실시 2. 미실시 3. 향후 추진 4. 해당없음
1558	서울 강남구	강남발달장애인평생교육센터	787,590	4	4	1	5	1	2	3	1
1559	서울 강남구	불법주차견인업무위탁운영	772,150	4	4	6	3	7	2	1	3
1560	서울 강남구	강남세움발달장애인평생교육센터	749,848	4	4	1	5	1	2	3	1
1561	서울 강남구	강남구청소년상담복지센터	727,906	4	1	1	3	1	1	1	1
1562	서울 강남구	강남청소년수련관운영	704,353	4	1	1	3	1	1	1	1
1563	서울 강남구	누리봄다함께키움센터	679,591	4	2,4	1	5	1	1	1	3
1564	서울 강남구	강남구여성능력개발센터	652,425	4	1	1	5	1	1	1	3
1565	서울 강남구	다문화가족지원센터	592,507	4	1,4	1	4	1	1	1	1
1566	서울 강남구	압구정노인복지관	554,490	4	1	1	5	1	1	1	1
1567	서울 강남구	강남세움근로사업장굿윌스토어	505,838	4	1	1	5	1	3	3	1
1568	서울 강남구	강남구어린이급식관리지원센터	475,875	4	1	1	5	1	2	3	1
1569	서울 강남구	1인가구커뮤니티센터운영	459,080	4	4	1	5	1	1	1	1
1570	서울 강남구	노인통합지원센터	456,303	4	1	1	5	1	1	1	1
1571	서울 강남구	태화다함께키움센터	455,342	4	2,4	1	5	1	1	1	3
1572	서울 강남구	강남구치매안심센터운영	435,297	4	1	6	2	7	1	1	1
1573	서울 강남구	강남진로직업체험지원센터	397,793	4	1,6	7	5	7	5	1	1
1574	서울 강남구	공동육아방운영(3개소)	394,021	4	1	1	5	1	1	1	1
1575	서울 강남구	일원청소년독서실운영	388,506	4	1	7	8	7	5	5	4
1576	서울 강남구	실내공연장위탁운영(도곡2소극장,역삼1공연장,역삼1전시실)	325,219	4	4	4	3	7	1	1	1
1577	서울 강남구	장애인무료셔틀버스운영	322,696	4	1	1	5	1	1	1	1
1578	서울 강남구	세곡다함께키움센터	272,724	4	2,4	1	5	1	1	1	3
1579	서울 강남구	논현다함께키움센터	271,821	4	2,4	1	5	1	1	1	3
1580	서울 강남구	도성다함께키움센터	266,630	4	2,4	1	5	1	1	1	3
1581	서울 강남구	도산근린공원내도산전시관민간대행	259,000	4	1	1	3	7	1	1	3
1582	서울 강남구	강남구사회적경제육성지원센터	232,059	4	4	1	5	1	1	1	1
1583	서울 강남구	청담다함께키움센터	227,310	4	2,4	1	5	1	1	1	3
1584	서울 강남구	역삼다함께키움센터	224,750	4	2,4	1	5	1	1	1	3
1585	서울 강남구	자곡다함께키움센터	188,929	4	2,4	1	5	1	1	1	3
1586	서울 강남구	구립도서관운영(세곡마루도서관)	185,794	4	4	4	2	7	1	3	1
1587	서울 강남구	일원다함께키움센터	158,314	4	2,4	1	5	1	1	1	3
1588	서울 강남구	명화다함께키움센터	158,314	4	2,4	1	5	1	1	1	3
1589	서울 강남구	수서다함께키움센터	158,314	4	2,4	1	5	1	1	1	3
1590	서울 강남구	강남구공동육아나눔터	149,448	4	2,4	1	5	1	1	1	3
1591	서울 강남구	강남세움직업훈련센터	91,433	4	1	1	5	1	1	1	1
1592	서울 강남구	지역사회건강조사조사분석위탁운영	69,508	4	1	1	5	1	3	3	1
1593	서울 강남구	강남시니어플라자	1,305,670	4	1	6	1	7	2	2	1
1594	서울 강남구	세곡커뮤니티센터	1,267,111	4	1	1	5	1	1	1	1
1595	서울 강남구	대치노인복지관	498,212	4	4	4	5	7	1	1	3
1596	서울 강남구	강남7+라운지	377,342	4	1	1	5	1	1	1	1
1597	서울 송파구	각종폐기물처리	12,386,120	4	1	4	2	7	2	1	1

순번	시군구	지출명 (사업명)	2024년예산 (단위 : 천원 /1년간)	민간이전 분류 (지방자치단체 세출예산 집행기준에 의거) 1. 민간경상사업보조(307-02) 2. 민간단체 법정운영비보조(307-03) 3. 민간행사사업보조(307-04) 4. 민간위탁금(307-05) 5. 사회복지시설 법정운영비보조(307-10) 6. 민간인위탁교육비(307-12) 7. 공기관등에대한경상적위탁사업비(308-13) 8. 민간자본사업보조,자체재원(402-01) 9. 민간자본사업보조,이전재원(402-02) 10. 민간위탁사업비(402-03) 11. 공기관등에 대한 자본적 위탁사업비(403-02)	민간이전지출 근거 (지방보조금 관리기준 참고) 1. 법률에 규정 2. 국고보조 재원(국가지정) 3. 용도 지정 기부금 4. 조례에 직접규정 5. 지자체가 권장하는 사업을 하는 공공기관 6. 시,도 정책 및 재정사정 7. 기타 8. 해당없음	입찰방식			운영예산 산정		성과평가 실시여부
						계약체결방법 (경쟁형태) 1. 일반경쟁 2. 제한경쟁 3. 지명경쟁 4. 수의계약 5. 법정위탁 6. 기타 ( ) 7. 없음	계약기간 1. 1년 2. 2년 3. 3년 4. 4년 5. 5년 6. 기타 ( )년 7. 단기계약 (1년미만) 8. 없음	낙찰자선정방법 1. 적격심사 2. 협상에의한계약 3. 최저가낙찰제 4. 규격가격분리 5. 2단계 경쟁입찰 6. 기타 ( ) 7. 없음	운영예산 산정 1. 내부산정 (지자체 자체적으로 산정) 2. 외부산정 (외부전문기관위탁 산정) 3. 내·외부 모두 산정 4. 산정 無 5. 없음	정산방법 1. 내부정산 (지자체 내부적으로 정산) 2. 외부정산 (외부전문기관위탁 정산) 3. 내·외부 모두 산정 4. 정산 無 5. 없음	1. 실시 2. 미실시 3. 향후 추진 4. 해당없음
1598	서울 송파구	종합사회복지관운영비지원	6,969,800	4	1	1	1	1	1	1	1
1599	서울 송파구	음식물류폐기물위탁처리	6,747,300	4	7	1	6	1	1	1	4
1600	서울 송파구	아이돌봄지원	6,714,888	4	2	5	5	6	5	1	1
1601	서울 송파구	음식물류폐기물수집・운반	6,364,371	4	4	4	2	7	1	1	1
1602	서울 송파구	재활용품수집・운반	6,158,500	4	7	1	6	1	1	1	4
1603	서울 송파구	장애인복지관운영	3,170,656	4	1	5	5	1	1	1	1
1604	서울 송파구	자활근로사업	2,914,264	4	2	6	8	6	2	2	1
1605	서울 송파구	재활용품선별・처리	2,590,800	4	7	1	6	1	1	1	4
1606	서울 송파구	대형생활폐기물위탁처리	2,510,500	4	7	1	6	1	1	1	4
1607	서울 송파구	송파노인종합복지관운영	1,614,767	4	1	1	5	1	1	3	3
1608	서울 송파구	다함께돌봄센터인건비지원	1,445,088	4	2	5	5	1	1	1	4
1609	서울 송파구	급식안전지원및관리강화	1,145,000	4	2	1	3	1	5	5	1
1610	서울 송파구	송파육아종합지원센터운영(전환사업)	971,306	4	1	5	3	1	1	1	1
1611	서울 송파구	송파어린이문화회관운영지원	944,490	4	4	5	3	1	1	1	1
1612	서울 송파구	다함께돌봄센터운영비지원	935,508	4	2	5	5	1	1	1	4
1613	서울 송파구	송파청소년센터운영	922,028	4	1,4	5	3	1	1	1	1
1614	서울 송파구	오금청소년센터운영	918,200	4	1,4	5	3	1	1	1	1
1615	서울 송파구	송파안전체험교육관운영	892,500	4	4	1	3	1	1	1	1
1616	서울 송파구	정신건강복지센터운영	870,030	4	2	1	3	1	1	1	1
1617	서울 송파구	송파구자원봉사센터운영	847,855	4	4	7	8	7	3	3	1
1618	서울 송파구	발달장애인평생교육센터운영	717,000	4	1	5	3	1	1	1	4
1619	서울 송파구	다문화가족지원운영	663,840	4	2	5	5	6	5	1	1
1620	서울 송파구	잠실청소년센터운영	655,300	4	1,4	5	3	1	1	1	1
1621	서울 송파구	건강가정지원운영	610,766	4	2	5	5	6	5	1	1
1622	서울 송파구	안전먹거리구축을위한공공급식지원	590,000	4	4	4	2	1	1	1	1
1623	서울 송파구	문정노인종합복지관운영	541,680	4	1	1	5	1	1	3	3
1624	서울 송파구	장애인일자리지원(복지일자리)	539,800	4	1	5	1	1	1	1	4
1625	서울 송파구	마천청소년센터운영	455,000	4	1,4	5	3	1	1	1	1
1626	서울 송파구	송파실벗뜨락운영	440,000	4	1	1	5	1	1	3	3
1627	서울 송파구	자활근로사업운영지원	435,798	4	2	6	8	6	2	2	1
1628	서울 송파구	어린이공원및마을마당관리위탁	372,000	4	8	6	1	7	1	1	1
1629	서울 송파구	서울형키즈카페(공공형실내놀이터)설치및운영	347,866	4	6	7	8	7	5	5	4
1630	서울 송파구	송파복지센터운영	340,000	4	1	1	5	1	1	3	3
1631	서울 송파구	청사시설물기능유지	336,000	4	7	4	1	6	1	1	4
1632	서울 송파구	통합정신건강증진사업	335,531	4	2	1	3	1	1	1	1
1633	서울 송파구	청소년상담복지센터운영	335,060	4	1,2,4	5	3	1	1	1	1
1634	서울 송파구	청소년지원센터꿈드림운영	324,558	4	1,2,4	5	3	1	1	1	1
1635	서울 송파구	다문화가족특성화사업	314,526	4	2	5	5	6	5	1	1
1636	서울 송파구	장애인직업재활지원사업운영	302,463	4	5	1	5	1	1	1	3
1637	서울 송파구	공동육아방운영	272,390	4	6	5	3	1	1	1	1

순번	시군구	지출명 (사업명)	2024년예산 (단위 : 천원 /1년간)	민간이전 분류 (지방자치단체 세출예산 집행기준에 의거) 1. 민간경상사업보조(307-02) 2. 민간단체 법정운영비보조(307-03) 3. 민간행사사업보조(307-04) 4. 민간위탁금(307-05) 5. 사회복지시설 법정운영비보조(307-10) 6. 민간인위탁교육비(307-12) 7. 공기관등에대한경상적위탁사업비(308-13) 8. 민간자본사업보조,자체재원(402-01) 9. 민간자본사업보조,이전재원(402-02) 10. 민간위탁사업비(402-03) 11. 공기관등에 대한 자본적 위탁사업비(403-02)	민간이전지출 근거 (지방보조금 관리기준 참고) 1. 법률에 규정 2. 국고보조 재원(국가지정) 3. 용도 지정 기부금 4. 조례에 직접규정 5. 지자체가 권장하는 사업을 하는 공공기관 6. 시,도 정책 및 재정사정 7. 기타 8. 해당없음	입찰방식 계약체결방법 (경쟁형태) 1. 일반경쟁 2. 제한경쟁 3. 지명경쟁 4. 수의계약 5. 법정위탁 6. 기타 ( ) 7. 없음	입찰방식 계약기간 1. 1년 2. 2년 3. 3년 4. 4년 5. 5년 6. 기타 ( )년 7. 단기계약 (1년미만) 8. 없음	입찰방식 낙찰자선정방법 1. 적격심사 2. 협상에의한계약 3. 최저가낙찰제 4. 규격가격분리 5. 2단계 경쟁입찰 6. 기타 ( ) 7. 없음	운영예산 산정 운영예산 산정 1. 내부산정 (지자체 자체적으로 산정) 2. 외부산정 (외부전문기관위탁 산정) 3. 내·외부 모두 산정 4. 산정 無 5. 없음	운영예산 산정 정산방법 1. 내부정산 (지자체 내부적으로 정산) 2. 외부정산 (외부전문기관위탁 정산) 3. 내·외부 모두 산정 4. 정산 無 5. 없음	성과평가 실시여부 1. 실시 2. 미실시 3. 향후 추진 4. 해당없음
1638	서울 송파구	장애인가족지원센터운영	267,390	4	1	5	3	1	1	1	4
1639	서울 송파구	송파ICT청년창업지원센터운영	253,453	4	4	1	6	1	1	2	1
1640	서울 송파구	장애인편의증진기술지원센터운영	249,964	4	1	5	1	6	1	1	1
1641	서울 송파구	송파푸드마켓뱅크지원	226,730	4	1	1	5	1	1	1	1
1642	서울 송파구	1인가구지원센터운영	226,000	4	4	5	5	6	5	1	1
1643	서울 송파구	구청직장어린이집운영지원	225,600	4	1	7	8	7	1	1	4
1644	서울 송파구	청소년진로직업프로그램운영	224,000	4	1,4,6	4	3	7	3	3	1
1645	서울 송파구	청소년성문화센터운영	223,140	4	1,4	5	3	1	1	1	1
1646	서울 송파구	노점상정비및사후관리	201,276	4	4	7	8	7	5	5	4
1647	서울 송파구	긍정성강화를통한고객만족체계구축	192,000	4	8	2	1	1	1	1	4
1648	서울 송파구	솔바람복지센터운영	172,346	4	1	1	1	1	1	1	1
1649	서울 송파구	공동육아나눔터운영	137,538	4	2	5	5	6	5	1	1
1650	서울 송파구	청소년상담복지센터인력운영지원	117,154	4	1,2,4	5	3	1	1	1	1
1651	서울 송파구	자살예방및생명존중문화조성사업	109,116	4	2	1	3	1	1	1	1
1652	서울 송파구	청소년독서실운영	107,221	4	1,4	5	3	1	1	1	1
1653	서울 송파구	보훈회관운영지원	95,300	4	4	4	3	2	1	1	1
1654	서울 송파구	지역사회보장협의체운영	81,745	4	1	5	8	7	1	1	1
1655	서울 송파구	공중화장실관리	77,490	4	4	4	1	7	1	5	4
1656	서울 송파구	지역사회건강조사조사분석위탁운영	69,508	4	5	6	1	7	5	3	4
1657	서울 송파구	자원봉사코디네이터지원육성	66,416	4	2	7	8	7	3	3	1
1658	서울 송파구	시설물민간관리위탁	58,600	4	1	6	1	6	1	1	3
1659	서울 송파구	산림서비스증진(숲해설운영)	40,000	4	2	2	7	2	1	1	1
1660	서울 송파구	국제안전도시조성	33,000	4	4	7	8	7	5	2	4
1661	서울 송파구	자활사례관리지원사업	31,482	4	2	6	8	6	2	2	1
1662	서울 송파구	청소년지원센터꿈드림급식지원	30,750	4	1,2,4	5	3	1	1	1	1
1663	서울 송파구	전국통합자원봉사보험가입서비스지원	21,880	4	2	7	8	7	3	3	1
1664	서울 강동구	아이돌봄지원아이돌보미운영	3,808,280	4	2	1	2	1	1	1	4
1665	서울 강동구	재활용폐기물민간위탁처리비	2,396,160	4	1	1	1	1	2	1	2
1666	서울 강동구	종합사회복지관운영비	2,352,715	4	1	5	4	1	1	1	1
1667	서울 강동구	폐기물처리	2,026,000	4	1	1	1	3	1	1	4
1668	서울 강동구	대형폐기물수집운반대행수수료	1,643,221	4	1	2	2	2	5	5	4
1669	서울 강동구	치매안심센터운영	1,424,784	4	4	1	3	1	3	3	1
1670	서울 강동구	정신건강복지센터운영	910,600	4	2	7	8	7	5	5	4
1671	서울 강동구	구립어린이집운영비	806,210	4	1	7	8	7	1	1	1
1672	서울 강동구	아동자치센터꿈미소위탁운영비	778,488	4	4	1	3	2	1	1	1
1673	서울 강동구	구립해공어르신복지관운영지원	764,000	4	1	1	5	1	1	1	1
1674	서울 강동구	천호청소년문화의집운영지원	660,000	4	1	1	3	1	1	1	3
1675	서울 강동구	서울청년센터강동오랑운영	621,600	4	4	1	3	2	3	3	1
1676	서울 강동구	둔촌청소년문화의집운영지원	595,000	4	1	1	3	1	1	1	3
1677	서울 강동구	발달장애인평생교육센터운영	578,889	4	1	1	5	1	1	1	1

순번	시군구	지출명 (사업명)	2024년예산 (단위 : 천원 /1년간)	민간이전 분류 (지방자치단체 세출예산 집행기준에 의거) 1. 민간경상사업보조(307-02) 2. 민간단체 법정운영비보조(307-03) 3. 민간행사사업보조(307-04) 4. 민간위탁금(307-05) 5. 사회복지시설 법정운영비보조(307-10) 6. 민간인위탁교육비(307-12) 7. 공기관등에대한경상적위탁사업비(308-13) 8. 민간자본사업보조,자체재원(402-01) 9. 민간자본사업보조,이전재원(402-02) 10. 민간위탁사업비(402-03) 11. 공기관등에 대한 자본적 위탁사업비(403-02)	민간이전지출 근거 (지방보조금 관리기준 참고) 1. 법률에 규정 2. 국고보조 재원(국가지정) 3. 용도 지정 기부금 4. 조례에 직접규정 5. 지자체가 권장하는 사업을 하는 공공기관 6. 시,도 정책 및 재정사정 7. 기타 8. 해당없음	입찰방식 계약체결방법 (경쟁형태) 1. 일반경쟁 2. 제한경쟁 3. 지명경쟁 4. 수의계약 5. 법정위탁 6. 기타 ( ) 7. 없음	입찰방식 계약기간 1. 1년 2. 2년 3. 3년 4. 4년 5. 5년 6. 기타 ( )년 7. 단기계약 (1년미만) 8. 없음	입찰방식 낙찰자선정방법 1. 적격심사 2. 협상에의한계약 3. 최저가낙찰제 4. 규격가격분리 5. 2단계 경쟁입찰 6. 기타 ( ) 7. 없음	운영예산 산정 운영예산 산정 1. 내부산정 (지자체 자체적으로 산정) 2. 외부산정 (외부전문기관위탁 산정) 3. 내·외부 모두 산정 4. 산정 無 5. 없음	운영예산 산정 정산방법 1. 내부정산 (지자체 내부적으로 정산) 2. 외부정산 (외부전문기관위탁 정산) 3. 내·외부 모두 산정 4. 정산 無 5. 없음	성과평가 실시여부 1. 실시 2. 미실시 3. 향후 추진 4. 해당없음
1678	서울 강동구	우리동네키움센터인건비(매칭)	548,184	4	2	7	8	7	1	1	1
1679	서울 강동구	다문화가족특성화사업운영	383,447	4	1	5	5	1	1	1	4
1680	서울 강동구	강동시니어클럽운영	368,150	4	1	1	5	1	1	1	1
1681	서울 강동구	학대피해아동쉼터운영비	365,978	4	2	1	5	7	1	1	3
1682	서울 강동구	청년창업지원시설운영(청년해냄센터외1개소)	356,000	4	4	1	3	2	3	3	1
1683	서울 강동구	견인보관소민간위탁금	349,690	4	4	2,4	1	7	1	1	4
1684	서울 강동구	다문화가족지원센터운영	341,378	4	1	5	5	1	1	1	4
1685	서울 강동구	구청직장어린이집운영비	326,000	4	1	7	8	7	1	1	1
1686	서울 강동구	강동여자단기청소년쉼터위탁운영비	322,916	4	1	1	5	1	1	1	3
1687	서울 강동구	급식비지원	295,040	4	2	7	8	7	1	1	1
1688	서울 강동구	진로직업체험센터운영	280,000	4	4	1	2	1	1	3	1
1689	서울 강동구	치매가족지원센터운영	267,102	4	4	1	2	1	1	1	1
1690	서울 강동구	국공립어린이집교사대아동지원	263,256	4	1,5	7	8	7	3	3	4
1691	서울 강동구	민간위탁견인료	255,500	4	4	7	8	7	5	5	4
1692	서울 강동구	가정폭력상담센터운영	225,554	4	4	1	5	1	1	1	4
1693	서울 강동구	건강가정지원센터운영	219,900	4	1	5	5	1	1	1	4
1694	서울 강동구	커리어플러스센터운영	210,000	4	4	1	3	1	1	1	1
1695	서울 강동구	자전거종합서비스센터및자가정비교실운영민간위탁	195,000	4	5	2	1	2	1	1	4
1696	서울 강동구	강동여자단기청소년쉼터위탁운영비(구비추가분)	193,903	4	1	1	5	1	1	1	3
1697	서울 강동구	서울시국공립어린이집지원	192,487	4	1,5	7	8	7	3	3	4
1698	서울 강동구	작은도서관위탁운영	192,000	4	4	6	1	7	1	1	1
1699	서울 강동구	정신건강복지센터인력확충	191,900	4	2	7	8	7	5	5	4
1700	서울 강동구	청소년상담복지센터위탁운영비(구비추가분)	188,548	4	1	1	3	1	1	1	1
1701	서울 강동구	인건비	187,957	4	5	6	5	6	3	2	4
1702	서울 강동구	장애인가족지원센터운영	181,740	4	4	1	3	1	1	1	1
1703	서울 강동구	통합정신건강증진사업(프로그램운영비)	180,000	4	2	7	8	7	5	5	4
1704	서울 강동구	장애인편의증진기술지원센터위탁운영	164,452	4	1	5	8	6	1	1	4
1705	서울 강동구	운영비지원	162,228	4	2	7	8	7	1	1	1
1706	서울 강동구	강동그린나래복지센터운영	157,500	4	4	5	5	1	1	1	1
1707	서울 강동구	푸드뱅크마켓인건비	150,623	4	6	1	5	1	1	1	1
1708	서울 강동구	동하원전담아이돌봄사업	146,775	4	6	1	2	1	1	1	4
1709	서울 강동구	암사종합시장점민간위탁운영	145,884	4	4	6	2	6	1	1	1
1710	서울 강동구	강동구청소년지원센터꿈드림운영	131,740	4	1	1	3	1	1	1	1
1711	서울 강동구	에너지마루민간위탁사업비	128,000	4	4	1	2	1	1	1	1
1712	서울 강동구	웃는책작은도서관위탁운영	120,279	4	4	6	3	7	1	1	1
1713	서울 강동구	강일동스마트복지센터운영	116,961	4	4	5	4	1	1	1	1
1714	서울 강동구	청소년상담복지센터인건비지원(전일제3명)	115,716	4	1	1	3	1	1	1	1
1715	서울 강동구	처우개선비(교통비등)	108,000	4	6	1	2	1	1	1	4
1716	서울 강동구	아동청소년미래본부운영	107,600	4	4	1	3	2	1	1	1
1717	서울 강동구	길고양이중성화수술	106,000	4	2	4	1	6	2	1	3

순번	시군구	지출명 (사업명)	2024년예산 (단위 : 천원 /1년간)	민간이전 분류 (지방자치단체 세출예산 집행기준에 의거) 1. 민간경상사업보조(307-02) 2. 민간단체 법정운영비보조(307-03) 3. 민간행사사업보조(307-04) 4. 민간위탁금(307-05) 5. 사회복지시설 법정운영비보조(307-10) 6. 민간인위탁교육비(307-12) 7. 공기관등에대한경상적위탁사업비(308-13) 8. 민간자본사업보조,자체재원(402-01) 9. 민간자본사업보조,이전재원(402-02) 10. 민간위탁사업비(402-03) 11. 공기관등에 대한 자본적 위탁사업비(403-02)	민간이전지출 근거 (지방보조금 관리기준 참고) 1. 법률에 규정 2. 국고보조 재원(국가지정) 3. 용도 지정 기부금 4. 조례에 직접규정 5. 지자체가 권장하는 사업을 하는 공공기관 6. 시,도 정책 및 재정사정 7. 기타 8. 해당없음	입찰방식 계약체결방법 (경쟁형태) 1. 일반경쟁 2. 제한경쟁 3. 지명경쟁 4. 수의계약 5. 법정위탁 6. 기타 ( ) 7. 없음	입찰방식 계약기간 1. 1년 2. 2년 3. 3년 4. 4년 5. 5년 6. 기타 ( )년 7. 단기계약 (1년미만) 8. 없음	입찰방식 낙찰자선정방법 1. 적격심사 2. 협상에의한계약 3. 최저가낙찰제 4. 규격가격분리 5. 2단계 경쟁입찰 6. 기타 ( ) 7. 없음	운영예산 산정 운영예산 산정 1. 내부산정 (지자체 자체적으로 산정) 2. 외부산정 (외부전문기관위탁 산정) 3. 내·외부 모두 산정 4. 산정 無 5. 없음	운영예산 산정 정산방법 1. 내부정산 (지자체 내부적으로 정산) 2. 외부정산 (외부전문기관위탁 정산) 3. 내·외부 모두 산정 4. 정산 無 5. 없음	성과평가 실시여부 1. 실시 2. 미실시 3. 향후 추진 4. 해당없음
1718	서울 강동구	가족센터처우개선비	104,456	4	1	5	5	1	1	1	4
1719	서울 강동구	청소년상담복지센터위탁운영비	102,000	4	1	1	3	1	1	1	1
1720	서울 강동구	강동바이크스쿨및찾아가는자전거안전교실운영	95,000	4	5	2	1	2	1	1	4
1721	서울 강동구	둘째출산시첫째아이돌봄지원	87,438	4	6	1	2	1	1	1	4
1722	서울 강동구	구립장애인종합복지관개관준비T/F	87,200	4	5	7	8	7	5	5	4
1723	서울 강동구	가족상담	84,840	4	1	5	5	1	1	1	4
1724	서울 강동구	사업비	80,000	4	5	6	5	6	3	2	4
1725	서울 강동구	반디울독서실위탁운영	78,166	4	4	6	3	7	1	1	1
1726	서울 강동구	종사자수당	75,100	4	1	5	5	1	1	1	4
1727	서울 강동구	종일제추가지원(전액시비)	71,496	4	6	1	2	1	1	1	4
1728	서울 강동구	지역사회건강면접조사	69,508	4	2	5	1	7	5	3	1
1729	서울 강동구	민간위탁견인료(킥보드)	67,200	4	4	7	8	7	5	5	4
1730	서울 강동구	시간제추가지원(전액시비)	66,355	4	6	1	2	1	1	1	4
1731	서울 강동구	장애인편의시설모니터링운영비	61,564	4	1	5	8	6	1	1	4
1732	서울 강동구	구립길리지역아동센터	59,958	4	4	7	8	7	3	3	1
1733	서울 강동구	영아전담안심아이돌봄사업	59,664	4	6	1	2	1	1	1	4
1734	서울 강동구	유기동물구조및보호사업	57,400	4	2	1	3	2	2	1	3
1735	서울 강동구	대체인력지원센터운영비	57,000	4	4	6	7	6	1	1	1
1736	서울 강동구	공동육아나눔터운영	56,712	4	2	1	5	1	1	1	4
1737	서울 강동구	정신건강복지센터자살유족지원사업지원	51,080	4	2	7	8	7	5	5	4
1738	서울 강동구	구립성내지역아동센터	50,836	4	4	7	8	7	3	3	1
1739	서울 강동구	구립고덕2동지역아동센터	50,836	4	4	7	8	7	3	3	1
1740	서울 강동구	가족학교운영	50,662	4	1	5	5	1	1	1	4
1741	서울 강동구	한국점자도서관운영지원	49,900	4	4	5	3	7	1	1	4
1742	서울 강동구	돌봄교실미래인재육성프로그램운영	45,000	4	4	7	8	7	5	5	4
1743	서울 강동구	가족센터통합운영	40,000	4	1	5	5	1	1	1	4
1744	서울 강동구	강동평생교육대학등	40,000	4	7	7	8	7	5	5	4
1745	서울 강동구	견인보관료	39,600	4	4	7	8	7	5	5	4
1746	서울 강동구	서울형아이돌봄지원인력	38,646	4	6	1	2	1	1	1	4
1747	서울 강동구	자살예방사업인력확충	37,036	4	2	7	8	7	5	5	4
1748	서울 강동구	이동기기수리비지원	35,000	4	4	4	2	1	1	1	1
1749	서울 강동구	폐기물성상조사비	30,000	4	7	6	8	7	5	5	4
1750	서울 강동구	장애인가족지원센터긴급돌봄서비스	26,250	4	4	1	3	1	1	1	1
1751	서울 강동구	조정수당	25,654	4	1	5	5	1	1	1	4
1752	서울 강동구	천호청소년문화의집인건비지원	25,368	4	1	1	3	1	1	1	3
1753	서울 강동구	학교밖청소년급식지원운영	24,000	4	1	1	3	1	1	1	1
1754	서울 강동구	서울형수당(정액급식비)	24,000	4	6	1	3	1	3	3	1
1755	서울 강동구	병원동행	23,498	4	6	1	2	1	1	1	4
1756	서울 강동구	이화강동여성아카데미운영	23,000	4	7	4	1	2	1	1	4
1757	서울 강동구	돌봄교실여름방학프로그램운영	22,500	4	4	7	8	7	5	5	4

순번	시군구	지출명 (사업명)	2024년예산 (단위 : 천원 /1년간)	민간이전 분류 (지방자치단체 세출예산 집행기준에 의거) 1. 민간경상사업보조(307-02) 2. 민간단체 법정운영비보조(307-03) 3. 민간행사사업보조(307-04) 4. 민간위탁금(307-05) 5. 사회복지시설 법정운영비보조(307-10) 6. 민간인위탁교육비(307-12) 7. 공기관등에대한경상적위탁사업비(308-13) 8. 민간자본사업보조,자체재원(402-01) 9. 민간자본사업보조,이전재원(402-02) 10. 민간위탁사업비(402-03) 11. 공기관등에 대한 자본적 위탁사업비(403-02)	민간이전지출 근거 (지방보조금 관리기준 참고) 1. 법률에 규정 2. 국고보조 재원(국가지정) 3. 용도 지정 기부금 4. 조례에 직접규정 5. 지자체가 권장하는 사업을 하는 공공기관 6. 시,도 정책 및 재정사정 7. 기타 8. 해당없음	입찰방식			운영예산 산정		성과평가 실시여부
						계약체결방법 (경쟁형태) 1. 일반경쟁 2. 제한경쟁 3. 지명경쟁 4. 수의계약 5. 법정위탁 6. 기타 ( ) 7. 없음	계약기간 1. 1년 2. 2년 3. 3년 4. 4년 5. 5년 6. 기타 ( )년 7. 단기계약 (1년미만) 8. 없음	낙찰자선정방법 1. 적격심사 2. 협상에의한계약 3. 최저가낙찰제 4. 규격가격분리 5. 2단계 경쟁입찰 6. 기타 ( ) 7. 없음	운영예산 산정 1. 내부산정 (지자체 자체적으로 산정) 2. 외부산정 (외부전문기관위탁 산정) 3. 내·외부 모두 산정 4. 산정 無 5. 없음	정산방법 1. 내부정산 (지자체 내부적으로 정산) 2. 외부정산 (외부전문기관위탁 정산) 3. 내·외부 모두 산정 4. 정산 無 5. 없음	1. 실시 2. 미실시 3. 향후 추진 4. 해당없음
1758	서울 강동구	푸드뱅크마켓운영비	22,056	4	6	1	5	1	1	1	1
1759	서울 강동구	유기동물진료위탁등	21,600	4	4	4	1	7	1	1	2
1760	서울 강동구	정신건강복지센터자살예방사업지원	21,000	4	2	7	8	7	5	5	4
1761	서울 강동구	운영비	20,000	4	5	6	5	6	3	2	4
1762	서울 강동구	미래인재육성프로그램운영	20,000	4	4	7	8	7	5	5	4
1763	서울 강동구	생명존중두드림사업지원	18,000	4	1	7	8	7	5	5	4
1764	서울 강동구	아동청소년참여기구구성운영	16,000	4	4	4	1	1	1	1	1
1765	서울 강동구	후견활동비및운영비등	15,696	4	4	1	3	1	3	3	1
1766	서울 강동구	여성공감리더십아카데미운영	13,000	4	7	4	1	2	1	1	4
1767	서울 강동구	강동구청소년지원센터꿈드림운영(구비부담분)	12,612	4	1	1	3	1	1	1	1
1768	서울 강동구	동물사체처리비	11,340	4	7	4	1	7	1	1	2
1769	서울 강동구	유기동물입양교육프로그램운영	10,800	4	4	4	1	7	1	1	2
1770	서울 강동구	사회복지사등힐링프로그램지원사업	10,000	4	4	7	8	7	5	5	4
1771	서울 강동구	사회복지사등역량강화교육사업	10,000	4	1	7	8	7	5	5	4
1772	서울 강동구	다(多)하나의가족축제운영	10,000	4	1	5	5	1	1	1	4
1773	서울 강동구	다문화가족지역사회적응지원	10,000	4	1	5	5	1	1	1	4
1774	서울 강동구	발달장애인평생교육센터운영구비추가지원	10,000	4	1	1	5	1	1	1	1
1775	서울 강동구	학교밖청소년조식지원운영	10,000	4	1	1	3	1	1	1	1
1776	서울 강동구	돌봄교실문화예술공연운영	10,000	4	4	7	8	7	5	5	4
1777	서울 강동구	종사자조정수당	9,342	4	6	1	2	1	1	1	4
1778	서울 강동구	아이돌보미예방접종비	7,490	4	6	1	2	1	1	1	4
1779	서울 강동구	장애인가족지원센터재활도구도서관운영	6,000	4	4	1	3	1	1	1	1
1780	서울 강동구	구립우등생지역아동센터	5,500	4	4	7	8	7	3	3	1
1781	서울 강동구	구립함께하는지역아동센터	5,500	4	4	7	8	7	3	3	1
1782	서울 강동구	효(孝)미용실운영	5,000	4	8	7	8	7	5	5	1
1783	서울 강동구	장애인자립생활주택운영비	4,800	4	4	6	1	7	1	1	1
1784	서울 강동구	특화교육(전액시비)	4,404	4	6	1	2	1	1	1	1
1785	서울 강동구	복지포인트	2,700	4	1	5	5	1	1	1	4
1786	서울 강동구	청소년참여위원회운영	2,500	4	1	7	8	7	1	1	1
1787	서울 강동구	야생화된개(들개)포획관리	2,200	4	7	4	1	7	2	1	3
1788	서울 강동구	종사자복지포인트(전액시비)	2,100	4	6	1	2	1	1	1	4
1789	서울 강동구	조정수당	2,040	4	2	1	5	1	1	1	4
1790	서울 강동구	역량강화워크숍	2,000	4	7	4	1	2	1	1	4
1791	서울 강동구	동물전용수거용기	1,248	4	7	4	1	7	1	1	2
1792	서울 강동구	한부모가정지원(전액시비)	1,116	4	6	1	2	1	1	1	4
1793	서울 강동구	복지포인트	300	4	2	1	5	1	1	1	4
1794	경기 수원시	하수슬러지처리톤당처리비	14,000,000	4	1	6	6	6	2	1	4
1795	경기 수원시	노인복지관운영	9,304,622	4	1	5	5	1	5	3	1
1796	경기 수원시	장애인주간보호시설(위탁)운영	7,473,781	4	1,4	6	5	1	5	1	1
1797	경기 수원시	음식물자원화시설운영	7,092,443	4	1,4	4	5	6	1	1	1

순번	시군구	지출명 (사업명)	2024년예산 (단위 : 천원 /1년간)	민간이전 분류 (지방자치단체 세출예산 집행기준에 의거) 1. 민간경상사업보조(307-02) 2. 민간단체 법정운영비보조(307-03) 3. 민간행사사업보조(307-04) 4. 민간위탁금(307-05) 5. 사회복지시설 법정운영비보조(307-10) 6. 민간인위탁교육비(307-12) 7. 공기관등에대한경상적위탁사업비(308-13) 8. 민간자본사업보조,자체재원(402-01) 9. 민간자본사업보조,이전재원(402-02) 10. 민간위탁사업비(402-03) 11. 공기관등에 대한 자본적 위탁사업비(403-02)	민간이전지출 근거 (지방보조금 관리기준 참고) 1. 법률에 규정 2. 국고보조 재원(국가지정) 3. 용도 지정 기부금 4. 조례에 직접규정 5. 지자체가 권장하는 사업을 하는 공공기관 6. 시,도 정책 및 재정사정 7. 기타 8. 해당없음	입찰방식: 계약체결방법 (경쟁형태) 1. 일반경쟁 2. 제한경쟁 3. 지명경쟁 4. 수의계약 5. 법정위탁 6. 기타 ( ) 7. 없음	입찰방식: 계약기간 1. 1년 2. 2년 3. 3년 4. 4년 5. 5년 6. 기타 ( )년 7. 단기계약 (1년미만) 8. 없음	입찰방식: 낙찰자선정방법 1. 적격심사 2. 협상에의한계약 3. 최저가낙찰제 4. 규격가격분리 5. 2단계 경쟁입찰 6. 기타 ( ) 7. 없음	운영예산 산정: 운영예산 산정 1. 내부산정 (지자체 자체적으로 산정) 2. 외부산정 (외부전문기관위탁 산정) 3. 내·외부 모두 산정 4. 산정 無 5. 없음	운영예산 산정: 정산방법 1. 내부정산 (지자체 내부적으로 정산) 2. 외부정산 (외부전문기관위탁 정산) 3. 내·외부 모두 산정 4. 정산 無 5. 없음	성과평가 실시여부 1. 실시 2. 미실시 3. 향후 추진 4. 해당없음
1798	경기 수원시	사회복지관위탁운영	6,564,623	4	1	1	5	1	1	1	1
1799	경기 수원시	장애인복지관운영	6,183,069	4	1,4	6	5	1	5	1	1
1800	경기 수원시	자활근로사업	3,894,078	4	2	5	1	7	5	3	1
1801	경기 수원시	광교복합체육센터운영	3,600,000	4	1	7	3	7	1	1	1
1802	경기 수원시	자활근로사업	3,553,170	4	2	5	1	7	5	3	1
1803	경기 수원시	자활근로사업	3,152,840	4	2	5	1	7	5	3	1
1804	경기 수원시	어린이급식관리지원센터운영	2,184,494	4	2	1	5	1	1	3	1
1805	경기 수원시	일자리센터운영	1,892,632	4	4	7	8	7	1	1	3
1806	경기 수원시	장애인직업재활시설위탁운영	1,746,932	4	1,4	6	5	1	5	1	1
1807	경기 수원시	노숙인보호사업	1,616,347	4	2	5	1	7	5	3	1
1808	경기 수원시	수원시육아종합지원센터운영	1,588,037	4	1	1	5	2	1	3	1
1809	경기 수원시	수원시행복정신건강복지센터관리및운영	1,581,113	4	2	1	3	6	1	1	1
1810	경기 수원시	체육시설운영관리광교지구체육시설	1,580,000	4	1	7	3	7	1	1	1
1811	경기 수원시	수원시동부육아종합지원센터운영	1,421,601	4	1	1	5	2	1	3	1
1812	경기 수원시	서수원주민편익시설및체육공원운영	1,398,290	4	4	1	5	1	1	1	1
1813	경기 수원시	환경성질환아토피센터운영	1,357,800	4	1	1	3	1	1	3	1
1814	경기 수원시	수원시성인정신건강복지센터관리및운영	1,347,703	4	2	1	3	6	1	1	1
1815	경기 수원시	다문화가족지원센터운영	1,275,623	4	1,2	1	5	1	1	1	1
1816	경기 수원시	수원시노인정신건강복지센터관리및운영	1,064,747	4	2	1	3	6	1	1	1
1817	경기 수원시	체육시설운영관리서호공원체육시설	1,020,000	4	1	7	3	7	1	1	1
1818	경기 수원시	수원시아동보호전문기관운영	929,122	4	1	1	5	2	1	1	1
1819	경기 수원시	수원시아동청소년정신건강복지센터관리및운영	872,200	4	2	1	3	6	1	1	1
1820	경기 수원시	수원시자살예방센터관리및운영	757,271	4	2	1	3	6	1	1	1
1821	경기 수원시	수원시화장실문화전시관위탁운영	731,974	4	4	4	3	6	1	1	1
1822	경기 수원시	신중년사회공헌활동지원	680,334	4	4	7	8	7	1	1	3
1823	경기 수원시	시니어클럽운영	651,407	4	1	7	8	7	1	1	1
1824	경기 수원시	수원선수촌운영	640,000	4	1	7	3	7	1	1	1
1825	경기 수원시	수원체육문화센터운영	631,518	4	4	1	5	1	1	1	1
1826	경기 수원시	체육시설운영관리수원시체육회관	600,000	4	1	7	3	7	1	1	1
1827	경기 수원시	다문화가족특성화사업	592,955	4	1,2	1	5	1	1	1	4
1828	경기 수원시	수원시글로벌청소년드림센터위탁운영	592,208	4	4	1	3	5	1	1	1
1829	경기 수원시	수원시휴먼서비스센터운영	574,924	4	4	1	3	1	1	1	1
1830	경기 수원시	수원시중독관리통합지원센터관리및운영	567,836	4	2	1	3	6	1	1	1
1831	경기 수원시	체육시설운영관리만석공원체육시설	530,000	4	1	7	3	7	1	1	1
1832	경기 수원시	수원델타플렉스운영	511,443	4	1	4	3	7	1	1	1
1833	경기 수원시	외국인복지센터운영	509,556	4	4	1	5	1	1	1	3
1834	경기 수원시	장애인가족지원센터운영	492,890	4	1	1	3	1	5	1	4
1835	경기 수원시	장애인단기거주시설운영	478,306	4	5	6	5	1	5	1	1
1836	경기 수원시	체육시설운영관리매탄공원체육시설	420,000	4	1	7	3	7	1	1	1
1837	경기 수원시	팔달문화센터운영	406,478	4	4	1	3	1	1	1	3

순번	시군구	지출명 (사업명)	2024년예산 (단위 : 천원 /1년간)	민간이전 분류 (지방자치단체 세출예산 집행기준에 의거) 1. 민간경상사업보조(307-02) 2. 민간단체 법정운영비보조(307-03) 3. 민간행사사업보조(307-04) 4. 민간위탁금(307-05) 5. 사회복지시설 법정운영비보조(307-10) 6. 민간인위탁교육비(307-12) 7. 공기관등에대한경상적위탁사업비(308-13) 8. 민간자본사업보조,자체재원(402-01) 9. 민간자본사업보조,이전재원(402-02) 10. 민간위탁사업비(402-03) 11. 공기관등에 대한 자본적 위탁사업비(403-02)	민간이전지출 근거 (지방보조금 관리기준 참고) 1. 법률에 규정 2. 국고보조 재원(국가지정) 3. 용도 지정 기부금 4. 조례에 직접규정 5. 지자체가 권장하는 사업을 하는 공공기관 6. 시,도 정책 및 재정사정 7. 기타 8. 해당없음	입찰방식 계약체결방법 (경쟁형태) 1. 일반경쟁 2. 제한경쟁 3. 지명경쟁 4. 수의계약 5. 법정위탁 6. 기타 ( ) 7. 없음	입찰방식 계약기간 1. 1년 2. 2년 3. 3년 4. 4년 5. 5년 6. 기타 ( )년 7. 단기계약 (1년미만) 8. 없음	입찰방식 낙찰자선정방법 1. 적격심사 2. 협상에의한계약 3. 최저가낙찰제 4. 규격가격분리 5. 2단계 경쟁입찰 6. 기타 ( ) 7. 없음	운영예산 산정 운영예산 산정 1. 내부산정 (지자체 자체적으로 산정) 2. 외부산정 (외부전문기관위탁 산정) 3. 내·외부 모두 산정 4. 산정 無 5. 없음	운영예산 산정 정산방법 1. 내부정산 (지자체 내부적으로 정산) 2. 외부정산 (외부전문기관위탁 정산) 3. 내·외부 모두 산정 4. 정산 無 5. 없음	성과평가 실시여부 1. 실시 2. 미실시 3. 향후 추진 4. 해당없음
1838	경기 수원시	수원초다함께학교돌봄터위탁운영	363,859	4	2	1	5	1	1	1	1
1839	경기 수원시	수원시빛누리아트홀운영	349,612	4	4	1	3	1	1	1	3
1840	경기 수원시	수원시민회관운영	329,027	4	4	1	3	1	1	1	1
1841	경기 수원시	체육시설운영관리여기산공원체육시설	320,000	4	1	7	3	7	1	1	1
1842	경기 수원시	광교생태환경체험교육관운영	311,892	4	1,4	6	3	6	1	1	1
1843	경기 수원시	이동노동자쉼터운영	310,000	4	4,6	1	3	1	1	1	3
1844	경기 수원시	체육시설운영관리벌터체육문화센터	300,000	4	1	7	3	7	1	1	1
1845	경기 수원시	수원시비정규직노동자복지센터운영	299,457	4	4,6	1	3	1	1	1	3
1846	경기 수원시	신중년인생이모작지원센터운영	293,550	4	4	7	8	7	1	1	3
1847	경기 수원시	칠보생태환경체험교육관운영	286,809	4	1,4	6	3	6	1	1	1
1848	경기 수원시	지역사회건강조사(국비)	277,966	4	2	4	1	7	5	5	4
1849	경기 수원시	체육시설운영관리권선지구체육시설	260,000	4	1	7	3	7	1	1	1
1850	경기 수원시	학대피해아동쉼터운영지원	247,894	4	1	1	5	2	1	1	1
1851	경기 수원시	체육시설운영관리중보들공원체육시설	220,000	4	1	7	3	7	1	1	1
1852	경기 수원시	시각장애인점자도서관위탁운영	203,765	4	1,4	6	5	1	5	1	1
1853	경기 수원시	푸드뱅크운영(위탁)	191,299	4	1	7	8	7	1	1	4
1854	경기 수원시	아동보호전문기관인건비지원	186,856	4	1	1	5	2	1	1	1
1855	경기 수원시	체육시설운영관리영흥공원체육시설	184,700	4	1	7	3	7	1	1	1
1856	경기 수원시	시립서호지역아동센터인건비지원	179,970	4	2	1	5	2	1	1	1
1857	경기 수원시	다함께돌봄센터위탁운영	169,424	4	2	1	5	1	1	1	1
1858	경기 수원시	다함께돌봄센터위탁운영	169,424	4	2	1	5	1	1	1	1
1859	경기 수원시	다함께돌봄센터위탁운영	169,424	4	2	1	5	1	1	1	1
1860	경기 수원시	다함께돌봄센터위탁운영	169,424	4	2	1	5	1	1	1	1
1861	경기 수원시	다함께돌봄센터위탁운영	169,424	4	2	1	5	1	1	1	1
1862	경기 수원시	다함께돌봄센터위탁운영	169,424	4	2	1	5	1	1	1	1
1863	경기 수원시	다함께돌봄센터위탁운영	169,424	4	2	1	5	1	1	1	1
1864	경기 수원시	다함께돌봄센터위탁운영	169,424	4	2	1	5	1	1	1	1
1865	경기 수원시	다함께돌봄센터위탁운영	169,424	4	2	1	5	1	1	1	1
1866	경기 수원시	다함께돌봄센터위탁운영	169,424	4	2	1	5	1	1	1	1
1867	경기 수원시	다함께돌봄센터위탁운영	169,424	4	2	1	5	1	1	1	1
1868	경기 수원시	다함께돌봄센터위탁운영	169,424	4	2	1	5	1	1	1	1
1869	경기 수원시	다함께돌봄센터위탁운영	169,424	4	2	1	5	1	1	1	1
1870	경기 수원시	다함께돌봄센터위탁운영	169,424	4	2	1	5	1	1	1	1
1871	경기 수원시	다함께돌봄센터위탁운영	169,424	4	2	1	5	1	1	1	1
1872	경기 수원시	다함께돌봄센터위탁운영	169,424	4	2	1	5	1	1	1	1
1873	경기 수원시	다함께돌봄센터위탁운영	169,424	4	2	1	5	1	1	1	1
1874	경기 수원시	다함께돌봄센터위탁운영	169,423	4	2	1	5	1	1	1	1
1875	경기 수원시	보훈회관운영	129,094	4	4	5	3	1	1	1	3
1876	경기 수원시	아이사랑놀이터운영	128,982	4	1	4	3	2	1	1	1
1877	경기 수원시	외국인주민통역지원	105,000	4	6	1	5	1	1	1	3

순번	시군구	지출명 (사업명)	2024년예산 (단위 : 천원 /1년간)	민간이전 분류 (지방자치단체 세출예산 집행기준에 의거) 1. 민간경상사업보조(307-02) 2. 민간단체 법정운영비보조(307-03) 3. 민간행사사업보조(307-04) 4. 민간위탁금(307-05) 5. 사회복지시설 법정운영비보조(307-10) 6. 민간인위탁교육비(307-12) 7. 공기관등에대한경상적위탁사업비(308-13) 8. 민간자본사업보조,자체재원(402-01) 9. 민간자본사업보조,이전재원(402-02) 10. 민간위탁사업비(402-03) 11. 공기관등에 대한 자본적 위탁사업비(403-02)	민간이전지출 근거 (지방보조금 관리기준 참고) 1. 법률에 규정 2. 국고보조 재원(국가지정) 3. 용도 지정 기부금 4. 조례에 직접규정 5. 지자체가 권장하는 사업을 하는 공공기관 6. 시,도 정책 및 재정사정 7. 기타 8. 해당없음	입찰방식 계약체결방법 (경쟁형태) 1. 일반경쟁 2. 제한경쟁 3. 지명경쟁 4. 수의계약 5. 법정위탁 6. 기타 ( ) 7. 없음	입찰방식 계약기간 1. 1년 2. 2년 3. 3년 4. 4년 5. 5년 6. 기타 ( )년 7. 단기계약 (1년미만) 8. 없음	입찰방식 낙찰자선정방법 1. 적격심사 2. 협상에의한계약 3. 최저가낙찰제 4. 규격가격분리 5. 2단계 경쟁입찰 6. 기타 ( ) 7. 없음	운영예산 산정 운영예산 산정 1. 내부산정 (지자체 자체적으로 산정) 2. 외부산정 (외부전문기관위탁 산정) 3. 내·외부 모두 산정 4. 산정 無 5. 없음	운영예산 산정 정산방법 1. 내부정산 (지자체 내부적으로 정산) 2. 외부정산 (외부전문기관위탁 정산) 3. 내·외부 모두 산정 4. 정산 無 5. 없음	성과평가 실시여부 1. 실시 2. 미실시 3. 향후 추진 4. 해당없음
1878	경기 수원시	체육시설운영관리지방산업단지인조잔디구장	95,026	4	1	7	3	7	1	1	1
1879	경기 수원시	외국인복지센터지원	66,660	4	6	1	5	1	1	1	3
1880	경기 수원시	현충탑시설관리	52,200	4	4	5	3	1	1	1	3
1881	경기 수원시	2024년어린이공원및소공원관리민간위탁사업	51,552	4	1,4	1	1	1	1	1	1
1882	경기 수원시	2024년어린이공원및소공원관리민간위탁사업	51,552	4	1,4	1	1	1	1	1	1
1883	경기 수원시	2024년어린이공원및소공원관리민간위탁사업	51,552	4	1,4	1	1	1	1	1	1
1884	경기 수원시	2024년어린이공원및소공원관리민간위탁사업	51,552	4	1,4	1	1	1	1	1	1
1885	경기 수원시	2024년어린이공원및소공원관리민간위탁사업	51,552	4	1,4	1	1	1	1	1	1
1886	경기 수원시	2024년어린이공원및소공원관리민간위탁사업	51,552	4	1,4	1	1	1	1	1	1
1887	경기 수원시	2024년어린이공원및소공원관리민간위탁사업	51,552	4	1,4	1	1	1	1	1	1
1888	경기 수원시	2024년어린이공원및소공원관리민간위탁사업	51,552	4	1,4	1	1	1	1	1	1
1889	경기 수원시	시립서호지역아동센터기본운영비지원	49,520	4	2	1	5	2	1	1	1
1890	경기 수원시	외국인주민한국어교육	37,650	4	6	1	5	1	1	1	3
1891	경기 수원시	외국인주민상담지원	37,500	4	6	1	5	1	1	1	3
1892	경기 수원시	학대피해아동쉼터운영등지원	34,676	4	1	1	5	2	1	1	1
1893	경기 수원시	수원시지유회관운영	34,672	4	4	4	3	7	1	1	1
1894	경기 수원시	학대피해아동쉼터인건비추가지원	30,000	4	1	1	5	2	1	1	1
1895	경기 수원시	학대피해아동쉼터지원	27,040	4	1	1	5	2	1	1	1
1896	경기 수원시	결혼이민자역량강화지원	24,500	4	1,2	1	5	1	1	1	4
1897	경기 수원시	시립서호지역아동센터인건비추가지원	18,585	4	6	1	5	2	1	1	1
1898	경기 수원시	다문화아동이중언어교육지원	16,060	4	4	1	5	1	1	1	4
1899	경기 수원시	체육시설운영관리기타체육시설	15,000	4	1	7	3	7	1	1	1
1900	경기 수원시	시립서호지역아동센터돌봄교사	14,784	4	6	1	5	2	1	1	1
1901	경기 수원시	다문화가족서포터즈운영	12,640	4	4	1	5	1	1	1	4
1902	경기 수원시	수원아동보호전문기관운영지원	8,182	4	1	1	5	2	1	1	1
1903	경기 성남시	6톤환경에너지시설위탁운영	9,879,000	4	1	2	3	2	1	1	1
1904	경기 성남시	가로청소대행용역비	7,889,278	4	1	4	1	7	2	1	4
1905	경기 성남시	노인보건센터운영	7,214,578	4	4	1	5	1	1	1	3
1906	경기 성남시	판교환경에너지시설위탁운영	7,073,000	4	1	2	3	2	1	1	1
1907	경기 성남시	재활용선별장위탁운영	6,100,000	4	4	2	3	2	2	2	3
1908	경기 성남시	자활근로사업	5,898,505	4	1	5	1	7	1	1	1
1909	경기 성남시	1톤환경에너지시설위탁운영	5,795,000	4	1	2	3	2	1	1	1
1910	경기 성남시	성남시한마음복지관운영	4,616,588	4	1	1	5	1	1	1	1
1911	경기 성남시	아이돌보미사회적일자리지원사업	4,130,910	4	2	1	5	1	1	3	1
1912	경기 성남시	대형폐기물처리장위탁운영	3,456,000	4	4	2	3	2	2	2	3
1913	경기 성남시	노인종합복지관운영	3,143,000	4	4	1	5	1	1	1	1
1914	경기 성남시	영아전담등교직원인건비	3,124,550	4	2	7	8	7	5	5	4
1915	경기 성남시	기초정신건강복지센터(자체)	2,998,296	4	2	2	3	1	1	1	1
1916	경기 성남시	아이사랑놀이터운영지원	2,880,432	4	1	1	5	6	1	3	1
1917	경기 성남시	노인종합복지관운영	2,650,000	4	4	1	5	1	1	1	1

순번	시군구	지출명 (사업명)	2024년예산 (단위 : 천원 /1년간)	민간이전 분류 (지방자치단체 세출예산 집행기준에 의거) 1. 민간경상사업보조(307-02) 2. 민간단체 법정운영비보조(307-03) 3. 민간행사사업보조(307-04) 4. 민간위탁금(307-05) 5. 사회복지시설 법정운영비보조(307-10) 6. 민간인위탁교육비(307-12) 7. 공기관등에대한경상적위탁사업비(308-13) 8. 민간자본사업보조,자체재원(402-01) 9. 민간자본사업보조,이전재원(402-02) 10. 민간위탁사업비(402-03) 11. 공기관등에 대한 자본적 위탁사업비(403-02)	민간이전지출 근거 (지방보조금 관리기준 참고) 1. 법률에 규정 2. 국고보조 재원(국가지정) 3. 용도 지정 기부금 4. 조례에 직접규정 5. 지자체가 권장하는 사업을 하는 공공기관 6. 시,도 정책 및 재정사정 7. 기타 8. 해당없음	입찰방식			운영예산 산정		성과평가 실시여부
						계약체결방법 (경쟁형태) 1. 일반경쟁 2. 제한경쟁 3. 지명경쟁 4. 수의계약 5. 법정위탁 6. 기타 ( ) 7. 없음	계약기간 1. 1년 2. 2년 3. 3년 4. 4년 5. 5년 6. 기타 ( )년 7. 단기계약 (1년미만) 8. 없음	낙찰자선정방법 1. 적격심사 2. 협상에의한계약 3. 최저가낙찰제 4. 규격가격분리 5. 2단계 경쟁입찰 6. 기타 ( ) 7. 없음	운영예산 산정 1. 내부산정 (지자체 자체적으로 산정) 2. 외부산정 (외부전문기관위탁 산정) 3. 내·외부 모두 산정 4. 산정 無 5. 없음	정산방법 1. 내부정산 (지자체 내부적으로 정산) 2. 외부정산 (외부전문기관위탁 정산) 3. 내·외부 모두 산정 4. 정산 無 5. 없음	1. 실시 2. 미실시 3. 향후 추진 4. 해당없음
1918	경기 성남시	노인종합복지관운영	2,616,000	4	4	1	5	1	1	1	1
1919	경기 성남시	성남시니어산업혁신센터운영	2,000,000	4	4	1	3	1	1	1	1
1920	경기 성남시	판교크린넷(쓰레기자동집하시설)운영관리위탁용역	2,000,000	4	4	1	3	2	2	1	1
1921	경기 성남시	노인종합복지관운영	1,997,000	4	4	1	5	1	1	1	1
1922	경기 성남시	대체교사인건비지원	1,770,552	4	1	1	5	6	1	3	1
1923	경기 성남시	다함께돌봄사업(자체)	1,725,040	4	4	7	8	7	1	1	4
1924	경기 성남시	다함께돌봄사업(자체)	1,725,040	4	4	7	8	7	1	1	4
1925	경기 성남시	장애인복지관운영	1,602,379	4	1	1	5	1	1	1	1
1926	경기 성남시	어린이급식관리지원센터운영비	1,575,000	4	1	1	3	1	3	3	1
1927	경기 성남시	노인종합복지관운영	1,546,000	4	4	1	5	1	1	1	1
1928	경기 성남시	노인종합복지관운영	1,527,000	4	4	1	5	1	1	1	1
1929	경기 성남시	성남일자리센터운영	1,486,535	4	8	2	1	2	1	1	4
1930	경기 성남시	종합사회복지관운영지원	1,189,075	4	1	6	5	1	1	1	1
1931	경기 성남시	장애인가족지원(평생교육)센터운영	1,155,680	4	4	6	5	6	1	1	1
1932	경기 성남시	시청직장어린이집운영	1,107,100	4	1	5	5	7	1	1	4
1933	경기 성남시	자원봉사센터운영관리	1,103,117	4	4	7	8	7	1	1	1
1934	경기 성남시	종합사회복지관운영지원	1,094,740	4	1	6	5	1	1	1	1
1935	경기 성남시	종합사회복지관운영지원	1,079,940	4	1	6	5	1	1	1	1
1936	경기 성남시	육아종합지원센터운영지원	1,045,064	4	1	1	5	6	1	3	1
1937	경기 성남시	치매안심센터운영	1,016,137	4	2	1	3	1	3	1	3
1938	경기 성남시	종합사회복지관운영지원	1,004,600	4	1	6	5	1	1	1	1
1939	경기 성남시	중독관리통합지원센터지원(자체)	1,003,399	4	2	2	3	1	1	1	1
1940	경기 성남시	종합사회복지관운영지원	995,600	4	1	6	5	1	1	1	1
1941	경기 성남시	종합사회복지관운영지원	898,195	4	1	6	5	1	1	1	1
1942	경기 성남시	아동청소년정신건강사업(자체)	873,458	4	2	2	3	1	1	1	1
1943	경기 성남시	장애인일자리지원	870,611	4	1	7	1	7	1	1	4
1944	경기 성남시	종합사회복지관운영지원	862,544	4	1	6	5	1	1	1	1
1945	경기 성남시	종합사회복지관운영지원	846,576	4	1	6	5	1	1	1	1
1946	경기 성남시	노인일자리수행기관지원(시니어클럽)	786,600	4	1	1	5	1	1	1	1
1947	경기 성남시	종합사회복지관운영지원	762,445	4	1	6	5	1	1	1	1
1948	경기 성남시	노숙인종합지원센터운영	753,308	4	1	1	5	1	1	1	1
1949	경기 성남시	정부지원어린이집활성화지원	739,200	4	7	7	8	7	5	5	4
1950	경기 성남시	정부지원어린이집활성화지원	636,000	4	7	7	8	7	5	5	4
1951	경기 성남시	성남시직업능력개발센터설치운영	620,000	4	6	1	3	1	1	3	1
1952	경기 성남시	기초정신건강복지센터	578,028	4	2	2	3	1	1	1	1
1953	경기 성남시	장애인단기보호시설운영	543,875	4	1	1	5	1	1	1	4
1954	경기 성남시	경로당운영비지원	530,933	4	4	7	8	7	1	1	1
1955	경기 성남시	청소년복지시설운영지원	527,777	4	2	7	8	7	1	1	1
1956	경기 성남시	성남일반산업단지혁신지원센터운영지원	520,534	4	6	7	8	7	1	1	1
1957	경기 성남시	시니어생활영어지도사양성사업	517,632	4	1	1	8	1	1	1	1

순번	시군구	지출명 (사업명)	2024년예산 (단위 : 천원 /1년간)	민간이전 분류 (지방자치단체 세출예산 집행기준에 의거) 1. 민간경상사업보조(307-02) 2. 민간단체 법정운영비보조(307-03) 3. 민간행사사업보조(307-04) 4. 민간위탁금(307-05) 5. 사회복지시설 법정운영비보조(307-10) 6. 민간인위탁교육비(307-12) 7. 공기관등에대한경상적위탁사업비(308-13) 8. 민간자본사업보조,자체재원(402-01) 9. 민간자본사업보조,이전재원(402-02) 10. 민간위탁사업비(402-03) 11. 공기관등에 대한 자본적 위탁사업비(403-02)	민간이전지출 근거 (지방보조금 관리기준 참고) 1. 법률에 규정 2. 국고보조 재원(국가지정) 3. 용도 지정 기부금 4. 조례에 직접규정 5. 지자체가 권장하는 사업을 하는 공공기관 6. 시,도 정책 및 재정사정 7. 기타 8. 해당없음	입찰방식: 계약체결방법 (경쟁형태) 1. 일반경쟁 2. 제한경쟁 3. 지명경쟁 4. 수의계약 5. 법정위탁 6. 기타 ( ) 7. 없음	입찰방식: 계약기간 1. 1년 2. 2년 3. 3년 4. 4년 5. 5년 6. 기타 ( )년 7. 단기계약 (1년미만) 8. 없음	입찰방식: 낙찰자선정방법 1. 적격심사 2. 협상에의한계약 3. 최저가낙찰제 4. 규격가격분리 5. 2단계 경쟁입찰 6. 기타 ( ) 7. 없음	운영예산 산정: 운영예산 산정 1. 내부산정 (지자체 자체적으로 산정) 2. 외부산정 (외부전문기관위탁 산정) 3. 내·외부 모두 산정 4. 산정 無 5. 없음	운영예산 산정: 정산방법 1. 내부정산 (지자체 내부적으로 정산) 2. 외부정산 (외부전문기관위탁 정산) 3. 내·외부 모두 산정 4. 정산 無 5. 없음	성과평가 실시여부 1. 실시 2. 미실시 3. 향후 추진 4. 해당없음
1958	경기 성남시	장애인권리증진센터운영	515,371	4	1	1	5	1	1	1	1
1959	경기 성남시	시간제보육지원(자체)	495,200	4	1	1	5	6	1	3	1
1960	경기 성남시	성남시사편찬	494,163	4	4	7	8	7	1	1	1
1961	경기 성남시	건강가정지원센터활성화	490,383	4	4	1	5	1	1	3	1
1962	경기 성남시	성남시율동생태학습원운영	481,124	4	4	1	5	1	1	1	4
1963	경기 성남시	실버비지니스사업	478,864	4	1	1	8	1	1	1	1
1964	경기 성남시	청소년복지시설운영지원	467,560	4	2	7	8	7	1	1	1
1965	경기 성남시	성남시장례식장운영	440,591	4	4	4	3	6	1	1	1
1966	경기 성남시	청년지원센터운영	434,000	4	4	1	3	1	1	1	1
1967	경기 성남시	청년정신건강증진사업	431,033	4	2	2	3	1	1	1	1
1968	경기 성남시	청소년쉼터야간근무자인건비	419,618	4	2	7	8	7	1	1	1
1969	경기 성남시	방역	413,594	4	4	2	2	1	1	1	1
1970	경기 성남시	청내보육시설운영	411,206	4	1	6	5	6	1	1	4
1971	경기 성남시	성남문화의집민간위탁운영	399,204	4	4	1	3	1	1	1	1
1972	경기 성남시	자원봉사활성화지원	389,500	4	4	7	8	7	1	1	1
1973	경기 성남시	외국인주민복지지원센터운영	387,530	4	4	1	3	1	1	1	1
1974	경기 성남시	다문화가족지원센터운영	381,949	4	2	1	3	1	1	3	1
1975	경기 성남시	정부지원어린이집활성화지원	381,920	4	7	7	8	7	5	5	4
1976	경기 성남시	사회적경제지원센터운영	371,140	4	5	6	8	7	1	1	2
1977	경기 성남시	성남시독거노인종합지원센터운영	368,126	4	6	1	5	1	1	1	4
1978	경기 성남시	노숙인자활사업	364,827	4	1	7	8	7	1	1	1
1979	경기 성남시	길고양이중성화수술비지원	360,000	4	2	1	3	1	1	1	4
1980	경기 성남시	기초자살예방센터운영	352,340	4	6	2	3	1	1	1	1
1981	경기 성남시	성남서현문화의집생활문화센터민간위탁운영	345,092	4	4	1	3	1	1	1	1
1982	경기 성남시	청소년복지시설운영지원	333,545	4	2	7	8	7	1	1	1
1983	경기 성남시	복지용구공유센터운영	332,700	4	4	7	8	7	1	1	1
1984	경기 성남시	청내보육시설운영	323,587	4	4	6	5	1	1	1	4
1985	경기 성남시	독거노인주거복지주택운영	320,583	4	1	1	3	1	1	1	1
1986	경기 성남시	한부모가족복지시설통합관리운영비지원	318,971	4	2	1	5	1	1	3	1
1987	경기 성남시	청소년복지시설운영지원	318,416	4	2	7	8	7	1	1	1
1988	경기 성남시	정부지원어린이집활성화지원	318,000	4	7	7	8	7	5	5	4
1989	경기 성남시	이동노동자쉼터운영지원	315,584	4	6	1	3	1	1	1	1
1990	경기 성남시	청소년쉼터운영지원	315,381	4	2	7	8	7	1	1	1
1991	경기 성남시	성남시새마을회지원	312,530	4	1	7	8	7	1	1	1
1992	경기 성남시	성남시무한돌봄네트워크팀	307,400	4	1,4	1	3	1	3	1	1
1993	경기 성남시	노인상담센터운영	304,914	4	4	1	2	1	1	1	1
1994	경기 성남시	중원구청직장어린이집위탁운영	271,475	4	1	1	5	1	1	1	4
1995	경기 성남시	경로당운영활성화사업	250,000	4	4	1	3	1	1	1	1
1996	경기 성남시	방역소독민간위탁	206,813	4	4	2	2	1	1	1	1
1997	경기 성남시	시각장애인점자도서관운영	204,707	4	1	1	5	1	1	1	1

순번	시군구	지출명 (사업명)	2024년예산 (단위 : 천원 /1년간)	민간이전 분류 (지방자치단체 세출예산 집행기준에 의거) 1. 민간경상사업보조(307-02) 2. 민간단체 법정운영비보조(307-03) 3. 민간행사사업보조(307-04) 4. 민간위탁금(307-05) 5. 사회복지시설 법정운영비보조(307-10) 6. 민간인위탁교육비(307-12) 7. 공기관등에대한경상적위탁사업비(308-13) 8. 민간자본사업보조,자체재원(402-01) 9. 민간자본사업보조,이전재원(402-02) 10. 민간위탁사업비(402-03) 11. 공기관등에 대한 자본적 위탁사업비(403-02)	민간이전지출 근거 (지방보조금 관리기준 참고) 1. 법률에 규정 2. 국고보조 재원(국가지정) 3. 용도 지정 기부금 4. 조례에 직접규정 5. 지자체가 권장하는 사업을 하는 공공기관 6. 시,도 정책 및 재정사정 7. 기타 8. 해당없음	입찰방식			운영예산 산정		성과평가 실시여부
						계약체결방법 (경쟁형태) 1. 일반경쟁 2. 제한경쟁 3. 지명경쟁 4. 수의계약 5. 법정위탁 6. 기타 ( ) 7. 없음	계약기간 1. 1년 2. 2년 3. 3년 4. 4년 5. 5년 6. 기타 ( )년 7. 단기계약 (1년미만) 8. 없음	낙찰자선정방법 1. 적격심사 2. 협상에의한계약 3. 최저가낙찰제 4. 규격가격분리 5. 2단계 경쟁입찰 6. 기타 ( ) 7. 없음	운영예산 산정 1. 내부산정 (지자체 자체적으로 산정) 2. 외부산정 (외부전문기관위탁 산정) 3. 내·외부 모두 산정 4. 산정 無 5. 없음	정산방법 1. 내부정산 (지자체 내부적으로 정산) 2. 외부정산 (외부전문기관위탁 정산) 3. 내·외부 모두 산정 4. 정산 無 5. 없음	1. 실시 2. 미실시 3. 향후 추진 4. 해당없음
1998	경기 성남시	안심보육어린이집지원	200,000	4	5	7	8	7	5	5	4
1999	경기 성남시	정신질환자치료비지원(국비)	199,360	4	2	2	3	1	1	1	1
2000	경기 성남시	일생활균형지원사업운영	190,000	4	4	1	5	1	1	3	1
2001	경기 성남시	다문화가족방문교육사업	184,150	4	2	1	3	1	1	3	1
2002	경기 성남시	판교환경생태학습원관리및교육운영위탁금	180,629	4	4	1	3	1	1	1	1
2003	경기 성남시	방역소독민간위탁	179,210	4	4	2	2	1	1	1	1
2004	경기 성남시	중독관리통합지원센터지원	167,380	4	2	2	3	1	1	1	1
2005	경기 성남시	동물보호관리(유기동물구조보호)	165,000	4	1	1	3	1	1	1	4
2006	경기 성남시	경로당운영비지원	160,927	4	4	7	8	7	1	1	1
2007	경기 성남시	정신질환자치료지원	153,680	4	6	2	3	1	1	1	1
2008	경기 성남시	야간연장형어린이집운영지원	153,600	4	4	7	8	7	5	5	4
2009	경기 성남시	가로기(태극기,시기)게양	152,620	4	4	4	7	1	1	1	4
2010	경기 성남시	장애인조이(Joy)누리버스운영	151,079	4	1	7	8	7	1	1	4
2011	경기 성남시	아이돌보미사회적일자리지원사업	150,000	4	7	1	5	1	1	3	1
2012	경기 성남시	육아종합지원센터운영지원	147,660	4	1	1	5	6	1	3	1
2013	경기 성남시	장애인복지일자리직무지도원파견	147,396	4	1	7	1	7	1	1	4
2014	경기 성남시	장애인맞춤형도우미운영	142,100	4	1	7	8	7	1	1	4
2015	경기 성남시	보육환경개선비지원	140,000	4	6	7	8	7	5	5	4
2016	경기 성남시	장애인재가복지센터운영	139,180	4	1	1	5	1	1	1	1
2017	경기 성남시	경로당운영혁신사업위탁사업비	138,666	4	1	7	8	7	1	1	2
2018	경기 성남시	맹산환경생태학습원교육운영위탁금	130,288	4	4	1	3	1	1	1	1
2019	경기 성남시	어린이교통교육장운영	124,658	4	4	7	8	7	5	5	4
2020	경기 성남시	외국인주민상담지원	119,870	4	4	1	3	1	1	1	1
2021	경기 성남시	다문화가족사례관리사업	109,811	4	2	1	3	1	1	3	1
2022	경기 성남시	기초정신건강복지센터자살예방사업지원	108,288	4	2	2	3	1	1	1	1
2023	경기 성남시	노인일자리수행기관지원(실버인력뱅크)	107,000	4	1	1	8	1	1	1	1
2024	경기 성남시	무연고사망자장례비지원	102,200	4	1,4	1	3	1	1	1	2
2025	경기 성남시	자살예방및정신건강증진사업	101,800	4	2	2	3	1	1	1	1
2026	경기 성남시	경로당운영활성화사업(자체)	100,000	4	4	1	3	1	1	1	1
2027	경기 성남시	경로당운영활성화사업	100,000	4	4	1	3	1	1	1	1
2028	경기 성남시	국공립법인장애반(영아,취학유예)교사인건비지원	89,770	4	7	7	8	7	5	5	4
2029	경기 성남시	이동형아웃리치운영지원(남자단기쉼터)	80,335	4	2	7	8	7	1	1	1
2030	경기 성남시	다문화가족자녀언어발달지원사업	78,688	4	2	1	3	1	1	3	1
2031	경기 성남시	청소년쉼터이용청소년등지원	75,000	4	2	7	8	7	1	1	1
2032	경기 성남시	결혼이민자한국어교육	72,000	4	4	1	3	1	1	3	1
2033	경기 성남시	민방위가로기게양	70,000	4	4	7	8	7	5	5	4
2034	경기 성남시	지역사회건강조사	69,550	4	2	6	1	6	5	1	4
2035	경기 성남시	외국인복지센터지원	69,360	4	4	1	3	1	1	1	1
2036	경기 성남시	동물구조대운영	69,000	4	6	1	3	1	1	1	4
2037	경기 성남시	지역사회건강조사	68,972	4	2	7	1	7	5	1	1

순번	시군구	지출명 (사업명)	2024년예산 (단위 : 천원 /1년간)	민간이전 분류 (지방자치단체 세출예산 집행기준에 의거) 1. 민간경상사업보조(307-02) 2. 민간단체 법정운영비보조(307-03) 3. 민간행사사업보조(307-04) 4. 민간위탁금(307-05) 5. 사회복지시설 법정운영비보조(307-10) 6. 민간인위탁교육비(307-12) 7. 공기관등에대한경상적위탁사업비(308-13) 8. 민간자본사업보조,자체재원(402-01) 9. 민간자본사업보조,이전재원(402-02) 10. 민간위탁사업비(402-03) 11. 공기관등에 대한 자본적 위탁사업비(403-02)	민간이전지출 근거 (지방보조금 관리기준 참고) 1. 법률에 규정 2. 국고보조 재원(국가지정) 3. 용도 지정 기부금 4. 조례에 직접규정 5. 지자체가 권장하는 사업을 하는 공공기관 6. 시,도 정책 및 재정사정 7. 기타 8. 해당없음	입찰방식 계약체결방법 (경쟁형태) 1. 일반경쟁 2. 제한경쟁 3. 지명경쟁 4. 수의계약 5. 법정위탁 6. 기타 ( ) 7. 없음	입찰방식 계약기간 1. 1년 2. 2년 3. 3년 4. 4년 5. 5년 6. 기타 ( )년 7. 단기계약 (1년미만) 8. 없음	입찰방식 낙찰자선정방법 1. 적격심사 2. 협상에의한계약 3. 최저가낙찰제 4. 규격가격분리 5. 2단계 경쟁입찰 6. 기타 ( ) 7. 없음	운영예산 산정 운영예산 산정 1. 내부산정 (지자체 자체적으로 산정) 2. 외부산정 (외부전문기관위탁 산정) 3. 내·외부 모두 산정 4. 산정 無 5. 없음	운영예산 산정 정산방법 1. 내부정산 (지자체 내부적으로 정산) 2. 외부정산 (외부전문기관위탁 정산) 3. 내·외부 모두 산정 4. 정산 無 5. 없음	성과평가 실시여부 1. 실시 2. 미실시 3. 향후 추진 4. 해당없음
2038	경기 성남시	지역사회건강조사	68,972	4	2	6	1	6	5	1	4
2039	경기 성남시	공동육아나눔터지원	67,750	4	4	1	5	1	1	3	1
2040	경기 성남시	소규모공동주택안전관리민간위탁급	67,000	4	4	7	8	7	5	5	4
2041	경기 성남시	아동권리증진및아동학대예방프로그램지원	65,950	4	7	7	8	7	1	1	4
2042	경기 성남시	결혼이민자통번역서비스사업	65,626	4	2	1	3	1	1	3	1
2043	경기 성남시	일시청소년쉼터시설임대료지원	60,180	4	2	7	8	7	1	1	1
2044	경기 성남시	육아종합지원센터경기도형보육컨설턴트인건비지원	60,100	4	6	7	8	7	1	1	1
2045	경기 성남시	공동육아나눔터지원	59,716	4	4	1	5	1	1	3	1
2046	경기 성남시	정신건강복지센터인력확충	58,376	4	2	2	3	1	1	1	1
2047	경기 성남시	외국인주민한국어교육	57,940	4	4	1	3	1	1	1	1
2048	경기 성남시	공동육아나눔터지원(국비)	55,194	4	2	1	5	1	1	3	1
2049	경기 성남시	고령장애인여가활동지원	55,000	4	1	7	8	7	1	1	4
2050	경기 성남시	장애위험영유아상담지원인력배치	52,428	4	1	1	5	6	1	3	1
2051	경기 성남시	노인정신건강증진사업	51,654	4	2	2	3	1	1	1	1
2052	경기 성남시	고독사예방및관리사업	50,000	4	2	7	8	7	5	5	4
2053	경기 성남시	어린이집교재교구비지원	47,325	4	2	7	8	7	5	5	4
2054	경기 성남시	다문화가족자녀정서안정및진로지원(다채움)	46,700	4	2	1	3	1	1	3	1
2055	경기 성남시	다문화가족전문상담실운영	46,456	4	4	1	3	1	1	3	1
2056	경기 성남시	노숙인임시주거지원사업	45,500	4	1	1	5	1	1	1	1
2057	경기 성남시	외국인주민행사지원	45,000	4	4	1	3	1	1	1	1
2058	경기 성남시	다문화가족자녀취학준비학습지원(다배움)	44,200	4	2	1	3	1	1	3	1
2059	경기 성남시	가족상담전문인력	43,020	4	2	1	5	1	1	3	1
2060	경기 성남시	외국인주민직업능력개발	42,220	4	4	1	3	1	1	1	1
2061	경기 성남시	장애인복지치과서비스지원	42,000	4	1	7	8	7	1	1	4
2062	경기 성남시	육아종합지원센터놀이지도사배치(전환사업)	41,940	4	1	1	5	6	1	3	1
2063	경기 성남시	1인가구지원	40,000	4	4	7	8	7	1	1	2
2064	경기 성남시	수내동가옥유지관리	37,000	4	1	6	1	7	1	1	2
2065	경기 성남시	노인종합복지관기능보강사업	36,700	4	4	7	8	7	1	1	1
2066	경기 성남시	정부지원어린이집활성화지원	35,400	4	7	7	8	7	5	5	4
2067	경기 성남시	보훈회관(태평동)운영비	35,236	4	7	7	8	7	1	1	1
2068	경기 성남시	이중언어가족환경조성사업	35,031	4	2	1	3	1	1	3	1
2069	경기 성남시	외국인복지센터통역지원	35,000	4	4	1	3	1	1	1	1
2070	경기 성남시	사회적경제기업육성지원	34,940	4	5	6	8	7	1	1	2
2071	경기 성남시	부모교육공통사업(전환사업)	34,000	4	1	1	5	6	1	3	1
2072	경기 성남시	장기요양기관시설장및종사자직무교육	33,000	4	1	6	7	6	1	1	2
2073	경기 성남시	청소년쉼터급식전담이력지원	32,400	4	2	7	8	7	1	1	1
2074	경기 성남시	성남시디지털성범죄피해자통합지원센터운영	31,920	4	4	5	8	7	3	3	4
2075	경기 성남시	노인취업알선센터운영	31,836	4	1	1	8	1	1	1	1
2076	경기 성남시	아이돌보미영아돌봄수당지원사업	31,800	4	7	1	5	1	1	3	1
2077	경기 성남시	저소득취약계층생활안심케어(깔끄미사업)	31,500	4	1	5	1	7	1	1	1

순번	시군구	지출명 (사업명)	2024년예산 (단위 : 천원 /1년간)	민간이전 분류 (지방자치단체 세출예산 집행기준에 의거) 1. 민간경상사업보조(307-02) 2. 민간단체 법정운영비보조(307-03) 3. 민간행사사업보조(307-04) 4. 민간위탁금(307-05) 5. 사회복지시설 법정운영비보조(307-10) 6. 민간인위탁교육비(307-12) 7. 공기관등에대한경상적위탁사업비(308-13) 8. 민간자본사업보조,자체재원(402-01) 9. 민간자본사업보조,이전재원(402-02) 10. 민간위탁사업비(402-03) 11. 공기관등에 대한 자본적 위탁사업비(403-02)	민간이전지출 근거 (지방보조금 관리기준 참고) 1. 법률에 규정 2. 국고보조 재원(국가지정) 3. 용도 지정 기부금 4. 조례에 직접규정 5. 지자체가 권장하는 사업을 하는 공공기관 6. 시,도 정책 및 재정사정 7. 기타 8. 해당없음	입찰방식			운영예산 산정		성과평가 실시여부
						계약체결방법 (경쟁형태) 1. 일반경쟁 2. 제한경쟁 3. 지명경쟁 4. 수의계약 5. 법정위탁 6. 기타 ( ) 7. 없음	계약기간 1. 1년 2. 2년 3. 3년 4. 4년 5. 5년 6. 기타 ( )년 7. 단기계약 (1년미만) 8. 없음	낙찰자선정방법 1. 적격심사 2. 협상에의한계약 3. 최저가낙찰제 4. 규격가격분리 5. 2단계 경쟁입찰 6. 기타 ( ) 7. 없음	운영예산 산정 1. 내부산정 (지자체 자체적으로 산정) 2. 외부산정 (외부전문기관위탁 산정) 3. 내·외부 모두 산정 4. 산정 無 5. 없음	정산방법 1. 내부정산 (지자체 내부적으로 정산) 2. 외부정산 (외부전문기관위탁 정산) 3. 내·외부 모두 산정 4. 정산 無 5. 없음	1. 실시 2. 미실시 3. 향후 추진 4. 해당없음
2078	경기 성남시	노숙인프로그램운영(전환사업)	31,036	4	1	1	5	1	1	1	1
2079	경기 성남시	장애아전문어린이집간호사인건비지원	30,180	4	2	7	8	7	5	5	4
2080	경기 성남시	디지털성남문화대전유지관리	30,000	4	6	7	8	7	1	1	1
2081	경기 성남시	아동청소년정신건강사업	26,600	4	2	2	3	1	1	1	1
2082	경기 성남시	결혼이민자역량강화지원(한국어교육)	24,500	4	2	1	3	1	1	3	1
2083	경기 성남시	성남가드너육성교육운영	22,000	4	1	2	3	1	1	1	3
2084	경기 성남시	1인가구지원	21,000	4	4	7	8	7	1	1	2
2085	경기 성남시	장애인조이(Joy)누리카운영	20,000	4	1	7	8	7	1	1	4
2086	경기 성남시	다문화가족자녀정서지원사업	20,000	4	4	1	3	1	1	3	1
2087	경기 성남시	신규개원어린이집안착지원	20,000	4	6	7	8	7	5	5	4
2088	경기 성남시	신규개원어린이집안착지원	20,000	4	6	7	8	7	5	5	4
2089	경기 성남시	다문화사회이해교육	19,000	4	4	1	3	1	1	3	1
2090	경기 성남시	경로당운영활성화사업	19,000	4	4	6	8	7	1	1	1
2091	경기 성남시	아동권리증진및아동학대예방프로그램지원	16,560	4	5	4	1	1	1	1	4
2092	경기 성남시	단기쉼터(남자)관리비지원	15,600	4	2	7	8	7	1	1	1
2093	경기 성남시	성남가드너육성교육운영	15,400	4	1	2	3	1	1	1	3
2094	경기 성남시	외국인주민의료보건지원	15,000	4	4	1	3	1	1	1	1
2095	경기 성남시	다문화가족유대강화사업	14,700	4	4	1	3	1	1	3	1
2096	경기 성남시	한부모가족복지시설운영	14,088	4	2	1	5	1	1	3	1
2097	경기 성남시	결혼이민자취업교육지원	14,000	4	4	1	3	1	1	3	1
2098	경기 성남시	중도입국자녀한국사회적응지원	12,000	4	4	1	3	1	1	3	1
2099	경기 성남시	한부모가족복지시설아이돌봄지원	11,189	4	2	1	5	1	1	3	1
2100	경기 성남시	다문화신문구독지원	10,800	4	4	1	3	1	1	3	1
2101	경기 성남시	건강가정지원센터활성화	10,000	4	4	1	5	1	1	3	1
2102	경기 성남시	행복한가족프로그램	10,000	4	4	1	5	1	1	3	1
2103	경기 성남시	다문화가족유대강화사업	10,000	4	4	1	3	1	1	3	1
2104	경기 성남시	다문화사회이해교육	10,000	4	4	1	3	1	1	3	1
2105	경기 성남시	외국인주민행사지원	10,000	4	4	1	3	1	1	1	1
2106	경기 성남시	공유경제강좌운영	9,020	4	5	6	8	7	1	1	2
2107	경기 성남시	중증장애인활동지원사업	8,000	4	2	7	8	7	5	5	4
2108	경기 성남시	노인종합복지관특성화사업	8,000	4	4	7	8	7	1	1	1
2109	경기 성남시	한부모가족복지시설입소자상담치료지원	6,508	4	2	1	5	1	1	3	1
2110	경기 성남시	여자단기쉼터기능보강지원	5,600	4	2	7	8	7	1	1	1
2111	경기 성남시	다문화가족유대강화사업	5,300	4	4	1	3	1	1	3	1
2112	경기 성남시	외국인주민의료보건지원	5,160	4	4	1	3	1	1	1	1
2113	경기 성남시	지방소득세납세조합특별징수징수교부금	5,000	4	1	7	8	7	1	4	4
2114	경기 성남시	건강가정지원센터활성화	5,000	4	4	1	5	1	1	3	1
2115	경기 성남시	건강가정지원센터활성화	5,000	4	4	1	5	1	1	3	1
2116	경기 성남시	건강가정지원센터활성화	5,000	4	4	1	5	1	1	3	1
2117	경기 성남시	다문화가족유대강화사업	5,000	4	4	1	3	1	1	3	1

순번	시군구	지출명 (사업명)	2024년예산 (단위 : 천원 /1년간)	민간이전 분류 (지방자치단체 세출예산 집행기준에 의거) 1. 민간경상사업보조(307-02) 2. 민간단체 법정운영비보조(307-03) 3. 민간행사사업보조(307-04) 4. 민간위탁금(307-05) 5. 사회복지시설 법정운영비보조(307-10) 6. 민간인위탁교육비(307-12) 7. 공기관등에대한경상적위탁사업비(308-13) 8. 민간자본사업보조,자체재원(402-01) 9. 민간자본사업보조,이전재원(402-02) 10. 민간위탁사업비(402-03) 11. 공기관등에 대한 자본적 위탁사업비(403-02)	민간이전지출 근거 (지방보조금 관리기준 참고) 1. 법률에 규정 2. 국고보조 재원(국가지정) 3. 용도 지정 기부금 4. 조례에 직접규정 5. 지자체가 권장하는 사업을 하는 공공기관 6. 시,도 정책 및 재정사정 7. 기타 8. 해당없음	입찰방식 계약체결방법 (경쟁형태) 1. 일반경쟁 2. 제한경쟁 3. 지명경쟁 4. 수의계약 5. 법정위탁 6. 기타 ( ) 7. 없음	입찰방식 계약기간 1. 1년 2. 2년 3. 3년 4. 4년 5. 5년 6. 기타 ( )년 7. 단기계약 (1년미만) 8. 없음	입찰방식 낙찰자선정방법 1. 적격심사 2. 협상에의한계약 3. 최저가낙찰제 4. 규격가격분리 5. 2단계 경쟁입찰 6. 기타 ( ) 7. 없음	운영예산 산정 운영예산 산정 1. 내부산정 (지자체 자체적으로 산정) 2. 외부산정 (외부전문기관위탁 산정) 3. 내·외부 모두 산정 4. 산정 無 5. 없음	운영예산 산정 정산방법 1. 내부정산 (지자체 내부적으로 정산) 2. 외부정산 (외부전문기관위탁 정산) 3. 내·외부 모두 산정 4. 정산 無 5. 없음	성과평가 실시여부 1. 실시 2. 미실시 3. 향후 추진 4. 해당없음
2118	경기 성남시	야생동물부상치료위탁대행비	5,000	4	1	5	8	7	1	1	4
2119	경기 성남시	사회적경제교육	4,940	4	4	6	8	7	1	1	2
2120	경기 성남시	건강가정지원센터활성화	4,500	4	4	1	5	1	1	3	1
2121	경기 성남시	아이돌보미독감예방접종비지원	4,500	4	7	1	5	1	1	3	1
2122	경기 성남시	성남시디지털성범죄피해자통합지원센터운영	4,500	4	4	5	8	7	3	3	4
2123	경기 성남시	3.1만세운동기념탑유지관리	3,600	4	4	7	8	7	1	1	1
2124	경기 성남시	성남시디지털성범죄피해자통합지원센터운영	3,000	4	4	5	8	7	3	3	4
2125	경기 성남시	장애아전문어린이집특수보육활성화지원	2,000	4	2	7	8	7	5	5	4
2126	경기 성남시	여자중장기쉼터기능보강지원	2,000	4	2	7	8	7	1	1	1
2127	경기 성남시	내집주차장조성보조금	1,200	4	4	7	8	7	1	4	4
2128	경기 성남시	남자단기쉼터기능보강지원	460	4	2	7	8	7	1	1	1
2129	경기 의정부시	자원회수시설민간위탁사업	8,861,000	4	1,4	2	3	2	2	1	2
2130	경기 의정부시	자활근로사업	4,388,659	4	2	5	1	1	5	1	1
2131	경기 의정부시	환경자원센터공공재활용기반시설위탁운영	4,100,000	4	4	2	3	2	2	1	4
2132	경기 의정부시	음식물류폐기물자원화시설위탁운영	3,700,000	4	4	2	3	2	2	1	4
2133	경기 의정부시	종합사회복지관운영지원	2,135,915	4	1	7	5	7	1	1	4
2134	경기 의정부시	장애인종합복지관운영	1,814,021	4	1	5	5	1	1	1	1
2135	경기 의정부시	노인종합복지관운영	1,710,000	4	2	1	5	1	1	1	1
2136	경기 의정부시	기초정신건강복지센터인력지원(기존인력)	1,343,315	4	1	1	5	1	1	3	1
2137	경기 의정부시	저소득층기저귀,조제분유지원	1,020,000	4	2	7	8	7	2	3	4
2138	경기 의정부시	장애인주간보호시설운영지원	976,438	4	1	5	5	1	1	1	1
2139	경기 의정부시	대형폐기물가연성잔재물위탁처리	952,000	4	4	1	1	1	1	2	2
2140	경기 의정부시	가족센터운영	828,986	4	1	5	5	1	1	1	4
2141	경기 의정부시	다함께돌봄센터인건비지원	731,830	4	2	1	5	2	1	1	1
2142	경기 의정부시	육아종합지원센터운영	618,081	4	1	1	5	1	1	3	1
2143	경기 의정부시	노인종합복지관운영(시비추가)	614,806	4	2	1	5	1	1	1	1
2144	경기 의정부시	노숙인종합지원센터운영	574,367	4	2	1.	5	1	3	1	1
2145	경기 의정부시	(사)의정부시자원봉사센터인건비	534,000	4	1,4	7	8	7	1	1	1
2146	경기 의정부시	자치사무원급여등	521,336	4	4	4	1	7	1	1	4
2147	경기 의정부시	강사수당등	446,700	4	4	4	1	7	1	1	4
2148	경기 의정부시	장애인단기거주시설운영	443,620	4	1	5	5	1	1	1	1
2149	경기 의정부시	직장어린이집운영비보조(본청)	418,283	4	1	7	5	7	1	1	4
2150	경기 의정부시	직장어린이집운영비보조(외청)	413,792	4	1	7	5	7	1	1	4
2151	경기 의정부시	폐목재류위탁처리	331,000	4	4	7	8	7	5	5	4
2152	경기 의정부시	불법노점상(노상적치물)및불법광고물정비사후관리용역	329,483	4	4	2	1	1	1	1	4
2153	경기 의정부시	의정부시중소기업지원센터위탁운영비	325,000	4	4	1	5	1	1	1	1
2154	경기 의정부시	자살예방센터지원	256,000	4	1	1	5	1	1	3	1
2155	경기 의정부시	장애인공동생활가정운영	243,910	4	1	5	5	1	1	1	1
2156	경기 의정부시	건강가정지원센터운영지원	231,700	4	1	5	5	1	1	1	4
2157	경기 의정부시	불법노점상(적치물)및불법광고물정비사후관리용역	210,000	4	4	7	8	7	5	5	4

순번	시군구	지출명 (사업명)	2024년예산 (단위 : 천원 /1년간)	민간이전 분류 (지방자치단체 세출예산 집행기준에 의거) 1. 민간경상사업보조(307-02) 2. 민간단체 법정운영비보조(307-03) 3. 민간행사사업보조(307-04) 4. 민간위탁금(307-05) 5. 사회복지시설 법정운영비보조(307-10) 6. 민간인위탁교육비(307-12) 7. 공기관등에대한경상적위탁사업비(308-13) 8. 민간자본사업보조,자체재원(402-01) 9. 민간자본사업보조,이전재원(402-02) 10. 민간위탁사업비(402-03) 11. 공기관등에 대한 자본적 위탁사업비(403-02)	민간이전지출 근거 (지방보조금 관리기준 참고) 1. 법률에 규정 2. 국고보조 재원(국가지정) 3. 용도 지정 기부금 4. 조례에 직접규정 5. 지자체가 권장하는 사업을 하는 공공기관 6. 시,도 정책 및 재정사정 7. 기타 8. 해당없음	입찰방식 계약체결방법 (경쟁형태) 1. 일반경쟁 2. 제한경쟁 3. 지명경쟁 4. 수의계약 5. 법정위탁 6. 기타 ( ) 7. 없음	입찰방식 계약기간 1. 1년 2. 2년 3. 3년 4. 4년 5. 5년 6. 기타 ( )년 7. 단기계약 (1년미만) 8. 없음	입찰방식 낙찰자선정방법 1. 적격심사 2. 협상에의한계약 3. 최저가낙찰제 4. 규격가격분리 5. 2단계 경쟁입찰 6. 기타 ( ) 7. 없음	운영예산 산정 운영예산 산정 1. 내부산정 (지자체 자체적으로 산정) 2. 외부산정 (외부전문기관위탁 산정) 3. 내·외부 모두 산정 4. 산정 無 5. 없음	운영예산 산정 정산방법 1. 내부정산 (지자체 내부적으로 정산) 2. 외부정산 (외부전문기관위탁 정산) 3. 내·외부 모두 산정 4. 정산 無 5. 없음	성과평가 실시여부 1. 실시 2. 미실시 3. 향후 추진 4. 해당없음
2158	경기 의정부시	성폭력피해자보호시설운영	201,079	4	1	5	5	1	5	1	4
2159	경기 의정부시	청년일자리플랫폼구축사업	200,000	4	4	4	1	7	1	1	1
2160	경기 의정부시	공사장생활폐기물위탁처리용역	192,000	4	4	1	1	1	1	2	2
2161	경기 의정부시	새마을이동도서관운영비	190,943	4	4	7	8	7	1	1	1
2162	경기 의정부시	불법노점상(적치물)정비사후관리용역	178,000	4	4	7	8	7	5	5	4
2163	경기 의정부시	불법노점상및노상적치물정비용역	178,000	4	4	7	8	7	5	5	4
2164	경기 의정부시	중독관리통합지원센터운영	170,988	4	1	1	5	1	1	3	1
2165	경기 의정부시	장애인가족지원센터운영지원	165,000	4	1	5	3	1	1	1	1
2166	경기 의정부시	중독관리통합지원센터운영(시비추가)	160,674	4	1	1	5	1	1	3	1
2167	경기 의정부시	기초정신건강복지센터인력지원(확충인력)	160,396	4	1	1	5	1	1	3	1
2168	경기 의정부시	다함께돌봄센터인건비추가지원	159,814	4	6	1	5	2	1	1	1
2169	경기 의정부시	다함께돌봄센터돌봄인력지원	158,760	4	6	1	5	2	1	1	1
2170	경기 의정부시	기초자살예방센터인력지원	151,111	4	1	1	5	1	1	3	1
2171	경기 의정부시	노동복지회관위탁관리비	146,000	4	4	1	5	1	1	1	3
2172	경기 의정부시	공립어린이집확충기자재비(4개소)	120,000	4	1	7	8	7	1	1	4
2173	경기 의정부시	다함께돌봄센터운영비지원	116,000	4	2	1	5	2	1	1	1
2174	경기 의정부시	기초정신건강복지센터자살예방사업지원	111,108	4	1	1	5	1	1	3	1
2175	경기 의정부시	노숙인일시보호사업운영	107,031	4	2	1	5	1	3	1	1
2176	경기 의정부시	(사)의정부시자원봉사센터사업운영비	96,000	4	1,4	7	8	7	1	1	1
2177	경기 의정부시	노숙자등중독자사례관리	91,326	4	1	1	5	1	1	3	1
2178	경기 의정부시	공립어린이집확충사업(신규개원안착지원)	90,000	4	1	7	8	7	1	1	4
2179	경기 의정부시	(사)의정부시자원봉사센터일반운영비	89,300	4	1,4	7	8	7	1	1	1
2180	경기 의정부시	의정부시상설야외무대위탁운영	84,824	4	4	1	2	1	1	1	4
2181	경기 의정부시	정신질환자치료지원	81,362	4	1	1	5	1	1	3	1
2182	경기 의정부시	근현대사생활문화보존을위한문화공간(의정부기억저장소)운영비	81,208	4	4	7	8	7	5	5	4
2183	경기 의정부시	청년및노인정신건강증진사업	77,971	4	1	1	5	1	1	3	1
2184	경기 의정부시	경기도형보육컨설팅운영	68,532	4	1	7	8	7	1	1	2
2185	경기 의정부시	동물사체(로드킬)위탁처리	68,000	4	1	4	1	3	1	1	2
2186	경기 의정부시	자원봉사코디네이터지원육성	66,400	4	1,2,4	7	8	7	1	1	1
2187	경기 의정부시	의정부시도시역사문화자원아카이브구축	62,430	4	4	1	1	1	1	1	4
2188	경기 의정부시	유실유기동물보호관리	60,000	4	4	1	2	1	1	1	4
2189	경기 의정부시	장애인종합복지관운영	60,000	4	1	5	5	1	1	1	1
2190	경기 의정부시	(사)의정부시어린이식생활안전관리센터운영	57,867	4	4	7	8	7	1	1	2
2191	경기 의정부시	의정부시태권도시범단운영	55,000	4	4	7	8	7	1	1	1
2192	경기 의정부시	노숙인프로그램지원사업	54,384	4	2	1	5	1	3	1	1
2193	경기 의정부시	택시쉼터운영및관리	50,011	4	4	1	3	2	1	1	4
2194	경기 의정부시	기초정신건강복지센터지원(시비추가)	45,738	4	1	1	5	1	1	3	1
2195	경기 의정부시	노숙인보호및지원	45,108	4	2	1	5	1	3	1	1
2196	경기 의정부시	자살예방및정신건강증진사업	40,720	4	1	1	5	1	1	3	1
2197	경기 의정부시	노면청소폐기물(폐토사)위탁처리	33,600	4	4	1	1	1	1	2	2

순번	시군구	지출명 (사업명)	2024년예산 (단위 : 천원 /1년간)	민간이전 분류 (지방자치단체 세출예산 집행기준에 의거) 1. 민간경상사업보조(307-02) 2. 민간단체 법정운영비보조(307-03) 3. 민간행사사업보조(307-04) 4. 민간위탁금(307-05) 5. 사회복지시설 법정운영비보조(307-10) 6. 민간인위탁교육비(307-12) 7. 공기관등에대한경상적위탁사업비(308-13) 8. 민간자본사업보조,자체재원(402-01) 9. 민간자본사업보조,이전재원(402-02) 10. 민간위탁사업비(402-03) 11. 공기관등에 대한 자본적 위탁사업비(403-02)	민간이전지출 근거 (지방보조금 관리기준 참고) 1. 법률에 규정 2. 국고보조 재원(국가지정) 3. 용도 지정 기부금 4. 조례에 직접규정 5. 지자체가 권장하는 사업을 하는 공공기관 6. 시,도 정책 및 재정사정 7. 기타 8. 해당없음	입찰방식: 계약체결방법 (경쟁형태) 1. 일반경쟁 2. 제한경쟁 3. 지명경쟁 4. 수의계약 5. 법정위탁 6. 기타 ( ) 7. 없음	입찰방식: 계약기간 1. 1년 2. 2년 3. 3년 4. 4년 5. 5년 6. 기타 ( )년 7. 단기계약 (1년미만) 8. 없음	입찰방식: 낙찰자선정방법 1. 적격심사 2. 협상에의한계약 3. 최저가낙찰제 4. 규격가격분리 5. 2단계 경쟁입찰 6. 기타 ( ) 7. 없음	운영예산 산정: 운영예산 산정 1. 내부산정 (지자체 자체적으로 산정) 2. 외부산정 (외부전문기관위탁 산정) 3. 내·외부 모두 산정 4. 산정 無 5. 없음	운영예산 산정: 정산방법 1. 내부정산 (지자체 내부적으로 정산) 2. 외부정산 (외부전문기관위탁 정산) 3. 내·외부 모두 산정 4. 정산 無 5. 없음	성과평가 실시여부 1. 실시 2. 미실시 3. 향후 추진 4. 해당없음
2198	경기 의정부시	노숙인임시주거지원사업	28,380	4	2	1	5	1	3	1	1
2199	경기 의정부시	기초자살예방센터운영지원	27,830	4	1	1	5	1	1	3	1
2200	경기 의정부시	다함께돌봄센터운영비지원(시비추가)	26,600	4	4	1	5	2	1	1	1
2201	경기 의정부시	아동돌봄프로그램지원	21,600	4	6	1	5	2	1	1	1
2202	경기 의정부시	정신질환자치료비지원(국비)	18,760	4	1	1	5	1	1	3	1
2203	경기 의정부시	전국통합자원봉사보험가입서비스지원	17,512	4	1,2,4	7	8	7	1	1	1
2204	경기 의정부시	다문화가족육아정보나눔터운영	11,515	4	1	5	5	1	1	1	4
2205	경기 의정부시	공립어린이집개원준비금	10,000	4	1	7	8	7	1	1	4
2206	경기 의정부시	아동청소년정신보건사업	5,320	4	1	1	5	1	1	3	1
2207	경기 의정부시	동물보호시설환경개선지원	5,160	4	6	7	8	7	4	1	4
2208	경기 의정부시	청소년산모임신출산의료비지원	4,900	4	2	7	8	7	2	3	4
2209	경기 의정부시	가족상담비지원등	3,000	4	1	5	5	1	1	1	4
2210	경기 의정부시	행려인귀향여비	480	4	2	1	5	1	3	1	1
2211	경기 안양시	음식물류폐기물자원화시설위탁운영비	6,730,000	4	8	7	8	7	5	5	4
2212	경기 안양시	장애인종합복지관운영	5,775,894	4	8	7	8	7	5	5	4
2213	경기 안양시	재활용선별장민간위탁운영비	4,800,000	4	8	7	8	7	5	5	4
2214	경기 안양시	종합사회복지관운영지원	3,293,520	4	8	7	8	7	5	5	4
2215	경기 안양시	장애인직업재활시설운영(위탁시설)	2,342,911	4	8	7	8	7	5	5	4
2216	경기 안양시	장애인주간보호시설운영(위탁시설)	2,097,515	4	8	7	8	7	5	5	4
2217	경기 안양시	직업상담사인건비	1,464,040	4	8	7	8	7	5	5	4
2218	경기 안양시	친환경가공식품차액지원사업	1,450,000	4	8	7	8	7	5	5	4
2219	경기 안양시	기초정신건강복지센터인력지원(기존인력)	1,364,321	4	8	7	8	7	5	5	4
2220	경기 안양시	노인종합복지관운영	1,324,971	4	8	7	8	7	5	5	4
2221	경기 안양시	안양시노동인권센터운영	1,301,745	4	8	7	8	7	5	5	4
2222	경기 안양시	자원봉사센터운영	1,289,540	4	8	7	8	7	5	5	4
2223	경기 안양시	재활용선별장잔재민간대행처리비	1,250,368	4	8	7	8	7	5	5	4
2224	경기 안양시	수행기관전담인력인건비	1,240,179	4	8	7	8	7	5	5	4
2225	경기 안양시	체육회(복합부)	1,152,160	4	8	7	8	7	5	5	4
2226	경기 안양시	어린이급식관리지원센터운영	1,050,000	4	8	7	8	7	5	5	4
2227	경기 안양시	대체교사인건비	940,000	4	8	7	8	7	5	5	4
2228	경기 안양시	가연성생활폐기물민간소각위탁처리비	924,000	4	8	7	8	7	5	5	4
2229	경기 안양시	장애인일자리지원(복지일자리)	891,421	4	8	7	8	7	5	5	4
2230	경기 안양시	공동주택플라스틱류민간대행처리	823,000	4	8	7	8	7	5	5	4
2231	경기 안양시	가족센터운영	785,594	4	8	7	8	7	5	5	4
2232	경기 안양시	청소년상담복지센터운영	753,376	4	8	7	8	7	5	5	4
2233	경기 안양시	아동보호전문기관운영	627,362	4	8	7	8	7	5	5	4
2234	경기 안양시	안양시청어린이집운영	613,000	4	8	7	8	7	5	5	4
2235	경기 안양시	다함께돌봄센터인건비지원	602,920	4	8	7	8	7	5	5	4
2236	경기 안양시	발달장애인생활일자리	560,974	4	8	7	8	7	5	5	4
2237	경기 안양시	청소년단기쉼터운영	538,176	4	8	7	8	7	5	5	4

순번	시군구	지출명 (사업명)	2024년예산 (단위 : 천원 /1년간)	민간이전 분류 (지방자치단체 세출예산 집행기준에 의거) 1. 민간경상사업보조(307-02) 2. 민간단체 법정운영비보조(307-03) 3. 민간행사사업보조(307-04) 4. 민간위탁금(307-05) 5. 사회복지시설 법정운영비보조(307-10) 6. 민간인위탁교육비(307-12) 7. 공기관등에대한경상적위탁사업비(308-13) 8. 민간자본사업보조,자체재원(402-01) 9. 민간자본사업보조,이전재원(402-02) 10. 민간위탁사업비(402-03) 11. 공기관등에 대한 자본적 위탁사업비(403-02)	민간이전지출 근거 (지방보조금 관리기준 참고) 1. 법률에 규정 2. 국고보조 재원(국가지정) 3. 용도 지정 기부금 4. 조례에 직접규정 5. 지자체가 권장하는 사업을 하는 공공기관 6. 시,도 정책 및 재정사정 7. 기타 8. 해당없음	입찰방식 계약체결방법 (경쟁형태) 1. 일반경쟁 2. 제한경쟁 3. 지명경쟁 4. 수의계약 5. 법정위탁 6. 기타 ( ) 7. 없음	입찰방식 계약기간 1. 1년 2. 2년 3. 3년 4. 4년 5. 5년 6. 기타 ( )년 7. 단기계약 (1년미만) 8. 없음	입찰방식 낙찰자선정방법 1. 적격심사 2. 협상에의한계약 3. 최저가낙찰제 4. 규격가격분리 5. 2단계 경쟁입찰 6. 기타 ( ) 7. 없음	운영예산 산정 운영예산 산정 1. 내부산정 (지자체 자체적으로 산정) 2. 외부산정 (외부전문기관위탁 산정) 3. 내·외부 모두 산정 4. 산정 無 5. 없음	운영예산 산정 정산방법 1. 내부정산 (지자체 내부적으로 정산) 2. 외부정산 (외부전문기관위탁 정산) 3. 내·외부 모두 산정 4. 정산 無 5. 없음	성과평가 실시여부 1. 실시 2. 미실시 3. 향후 추진 4. 해당없음
2238	경기 안양시	육아종합지원센터운영비	519,481	4	8	7	8	7	5	5	4
2239	경기 안양시	수리장애인단기보호시설운영	485,940	4	8	7	8	7	5	5	4
2240	경기 안양시	청소년일시쉼터운영	483,061	4	8	7	8	7	5	5	4
2241	경기 안양시	학생동아리운영	465,000	4	8	7	8	7	5	5	4
2242	경기 안양시	안양시사편찬	451,233	4	8	7	8	7	5	5	4
2243	경기 안양시	건강가정지원센터운영지원	447,970	4	8	7	8	7	5	5	4
2244	경기 안양시	시니어클럽지원	435,052	4	8	7	8	7	5	5	4
2245	경기 안양시	다문화가족특성화사업	420,320	4	8	7	8	7	5	5	4
2246	경기 안양시	만안구청어린이집운영	378,488	4	8	7	8	7	5	5	4
2247	경기 안양시	아이사랑놀이터장난감나라운영비	355,167	4	8	7	8	7	5	5	4
2248	경기 안양시	자살예방센터운영인력지원	339,469	4	8	7	8	7	5	5	4
2249	경기 안양시	장애인종합복지관기능보강	330,000	4	8	7	8	7	5	5	4
2250	경기 안양시	장애인전용셔틀버스운영	327,885	4	8	7	8	7	5	5	4
2251	경기 안양시	중독관리통합지원센터운영	294,467	4	8	7	8	7	5	5	4
2252	경기 안양시	청소년동반자프로그램운영지원	293,069	4	8	7	8	7	5	5	4
2253	경기 안양시	신중년사회공헌활동사업운영	289,585	4	8	7	8	7	5	5	4
2254	경기 안양시	학대피해아동쉼터운영지원	247,894	4	8	7	8	7	5	5	4
2255	경기 안양시	새마을이동도서관위탁운영비	242,715	4	8	7	8	7	5	5	4
2256	경기 안양시	무한돌봄네트워크운영지원	219,000	4	8	7	8	7	5	5	4
2257	경기 안양시	이동형청소년성문화센터운영	217,199	4	8	7	8	7	5	5	4
2258	경기 안양시	대안교육기관운영지원	216,400	4	8	7	8	7	5	5	4
2259	경기 안양시	지원센터상담사인건비	182,563	4	8	7	8	7	5	5	4
2260	경기 안양시	기초정신건강복지센터지원	172,855	4	8	7	8	7	5	5	4
2261	경기 안양시	청년공간(범계역청년출구)운영	155,745	4	8	7	8	7	5	5	4
2262	경기 안양시	어린이집외부놀이터환경개선	155,200	4	8	7	8	7	5	5	4
2263	경기 안양시	종합사회복지관기능보강	155,130	4	8	7	8	7	5	5	4
2264	경기 안양시	장애인복지일자리직무지도원파견	153,736	4	8	7	8	7	5	5	4
2265	경기 안양시	정신질환자치료지원	152,808	4	8	7	8	7	5	5	4
2266	경기 안양시	장애인직업재활시설훈련장애인기회수당	151,680	4	8	7	8	7	5	5	4
2267	경기 안양시	우리고장바로알기프로그램운영	150,000	4	8	7	8	7	5	5	4
2268	경기 안양시	장애인체육회선수단운영비	148,600	4	8	7	8	7	5	5	4
2269	경기 안양시	장애인맞춤형도우미운영	145,109	4	8	7	8	7	5	5	4
2270	경기 안양시	자살예방센터운영지원	145,047	4	8	7	8	7	5	5	4
2271	경기 안양시	다함께돌봄센터시간제돌봄인력지원	141,120	4	8	7	8	7	5	5	4
2272	경기 안양시	학교밖청소년지원센터운영	140,019	4	8	7	8	7	5	5	4
2273	경기 안양시	프로그램운영비	140,000	4	8	7	8	7	5	5	4
2274	경기 안양시	취업지원프로그램운영	135,000	4	8	7	8	7	5	5	4
2275	경기 안양시	장애인종합복지관기능보강	127,000	4	8	7	8	7	5	5	4
2276	경기 안양시	바른인성열린보육맞춤프로젝트운영	127,000	4	8	7	8	7	5	5	4
2277	경기 안양시	학교밖청소년맞춤형서비스운영지원	126,100	4	8	7	8	7	5	5	4

순번	시군구	지출명 (사업명)	2024년예산 (단위 : 천원 /1년간)	민간이전 분류 (지방자치단체 세출예산 집행기준에 의거) 1. 민간경상사업보조(307-02) 2. 민간단체 법정운영비보조(307-03) 3. 민간행사사업보조(307-04) 4. 민간위탁금(307-05) 5. 사회복지시설 법정운영비보조(307-10) 6. 민간인위탁교육비(307-12) 7. 공기관등에대한경상적위탁사업비(308-13) 8. 민간자본사업보조,자체재원(402-01) 9. 민간자본사업보조,이전재원(402-02) 10. 민간위탁사업비(402-03) 11. 공기관등에 대한 자본적 위탁사업비(403-02)	민간이전지출 근거 (지방보조금 관리기준 참고) 1. 법률에 규정 2. 국고보조 재원(국가지정) 3. 용도 지정 기부금 4. 조례에 직접규정 5. 지자체가 권장하는 사업을 하는 공공기관 6. 시,도 정책 및 재정사정 7. 기타 8. 해당없음	입찰방식 계약체결방법 (경쟁형태) 1. 일반경쟁 2. 제한경쟁 3. 지명경쟁 4. 수의계약 5. 법정위탁 6. 기타 ( ) 7. 없음	입찰방식 계약기간 1. 1년 2. 2년 3. 3년 4. 4년 5. 5년 6. 기타 ( )년 7. 단기계약 (1년미만) 8. 없음	입찰방식 낙찰자선정방법 1. 적격심사 2. 협상에의한계약 3. 최저가낙찰제 4. 규격가격분리 5. 2단계 경쟁입찰 6. 기타 ( ) 7. 없음	운영예산 산정 운영예산 산정 1. 내부산정 (지자체 자체적으로 산정) 2. 외부산정 (외부전문기관위탁 산정) 3. 내·외부 모두 산정 4. 산정 無 5. 없음	운영예산 산정 정산방법 1. 내부정산 (지자체 내부적으로 정산) 2. 외부정산 (외부전문기관위탁 정산) 3. 내·외부 모두 산정 4. 정산 無 5. 없음	성과평가 실시여부 1. 실시 2. 미실시 3. 향후 추진 4. 해당없음
2278	경기 안양시	청소년단기쉼터야간근무자배치지원	125,274	4	8	7	8	7	5	5	4
2279	경기 안양시	청소년안전망운영	123,454	4	8	7	8	7	5	5	4
2280	경기 안양시	신규개원안착지원금	120,000	4	8	7	8	7	5	5	4
2281	경기 안양시	길고양이중성화수술비지원	120,000	4	8	7	8	7	5	5	4
2282	경기 안양시	장애인직업재활시설운영지원(6종위탁시설)	116,834	4	8	7	8	7	5	5	4
2283	경기 안양시	장애인지원센터운영	116,805	4	8	7	8	7	5	5	4
2284	경기 안양시	실버인력뱅크지원	112,948	4	8	7	8	7	5	5	4
2285	경기 안양시	기초정신건강복지센터자살예방사업지원	111,108	4	8	7	8	7	5	5	4
2286	경기 안양시	노동복지회관운영비	103,375	4	8	7	8	7	5	5	4
2287	경기 안양시	장애아동특수치료사지원	102,747	4	8	7	8	7	5	5	4
2288	경기 안양시	청소년지도사배치지원	101,472	4	8	7	8	7	5	5	4
2289	경기 안양시	다함께돌봄센터인건비추가지원	100,839	4	8	7	8	7	5	5	4
2290	경기 안양시	예절교육관운영위탁	100,176	4	8	7	8	7	5	5	4
2291	경기 안양시	장애인주간보호시설기능보강	97,427	4	8	7	8	7	5	5	4
2292	경기 안양시	청소년일시쉼터야간근무자배치지원	93,932	4	8	7	8	7	5	5	4
2293	경기 안양시	다함께돌봄센터운영비지원	92,000	4	8	7	8	7	5	5	4
2294	경기 안양시	자유센터위탁운영비	87,414	4	8	7	8	7	5	5	4
2295	경기 안양시	노인상담사업	87,349	4	8	7	8	7	5	5	4
2296	경기 안양시	진공노면청소차폐토사운반처리용역	86,240	4	8	7	8	7	5	5	4
2297	경기 안양시	찾아가는학교문화예술프로그램운영	85,000	4	8	7	8	7	5	5	4
2298	경기 안양시	학교폭력예방사업	83,300	4	8	7	8	7	5	5	4
2299	경기 안양시	신규개원국공립어린이집기자재구입비	75,000	4	8	7	8	7	5	5	4
2300	경기 안양시	청년정신건강외래치료비지원	74,880	4	8	7	8	7	5	5	4
2301	경기 안양시	발달장애인요양보호사보조일자리	74,639	4	8	7	8	7	5	5	4
2302	경기 안양시	사전맞춤형보육컨설팅운영	72,758	4	8	7	8	7	5	5	4
2303	경기 안양시	시군거점아동돌봄센터운영	69,445	4	8	7	8	7	5	5	4
2304	경기 안양시	지역사회건강조사	69,050	4	8	7	8	7	5	5	4
2305	경기 안양시	지역사회건강조사	68,972	4	8	7	8	7	5	5	4
2306	경기 안양시	자원봉사코디네이터지원육성	66,400	4	8	7	8	7	5	5	4
2307	경기 안양시	종합사회복지관청년구직자직장체험	65,688	4	8	7	8	7	5	5	4
2308	경기 안양시	장애인공동생활가정운영(위탁시설)	62,041	4	8	7	8	7	5	5	4
2309	경기 안양시	발달장애인보조기기관리사운영	60,083	4	8	7	8	7	5	5	4
2310	경기 안양시	우수보육프로그램운영	60,000	4	8	7	8	7	5	5	4
2311	경기 안양시	장애인거주시설운영지원(6종위탁시설)	59,164	4	8	7	8	7	5	5	4
2312	경기 안양시	공동육아나눔터운영	56,712	4	8	7	8	7	5	5	4
2313	경기 안양시	기초정신건강복지센터인력지원(확충인력)	56,630	4	8	7	8	7	5	5	4
2314	경기 안양시	육아종합지원센터치료사배치	55,700	4	8	7	8	7	5	5	4
2315	경기 안양시	장애인직업재활시설입소자지원(4종위탁시설)	54,824	4	8	7	8	7	5	5	4
2316	경기 안양시	어린이집환경개선	54,000	4	8	7	8	7	5	5	4
2317	경기 안양시	육아종합지원센터영유아발달지원상담원배치	53,700	4	8	7	8	7	5	5	4

순번	시군구	지출명 (사업명)	2024년예산 (단위 : 천원 /1년간)	민간이전 분류 (지방자치단체 세출예산 집행기준에 의거) 1. 민간경상사업보조(307-02) 2. 민간단체 법정운영비보조(307-03) 3. 민간행사사업보조(307-04) 4. 민간위탁금(307-05) 5. 사회복지시설 법정운영비보조(307-10) 6. 민간인위탁교육비(307-12) 7. 공기관등에대한경상적위탁사업비(308-13) 8. 민간자본사업보조,자체재원(402-01) 9. 민간자본사업보조,이전재원(402-02) 10. 민간위탁사업비(402-03) 11. 공기관등에 대한 자본적 위탁사업비(403-02)	민간이전지출 근거 (지방보조금 관리기준 참고) 1. 법률에 규정 2. 국고보조 재원(국가지정) 3. 용도 지정 기부금 4. 조례에 직접규정 5. 지자체가 권장하는 사업을 하는 공공기관 6. 시,도 정책 및 재정사정 7. 기타 8. 해당없음	입찰방식			운영예산 산정		성과평가 실시여부
						계약체결방법 (경쟁형태) 1. 일반경쟁 2. 제한경쟁 3. 지명경쟁 4. 수의계약 5. 법정위탁 6. 기타 ( ) 7. 없음	계약기간 1. 1년 2. 2년 3. 3년 4. 4년 5. 5년 6. 기타 ( )년 7. 단기계약 (1년미만) 8. 없음	낙찰자선정방법 1. 적격심사 2. 협상에의한계약 3. 최저가낙찰제 4. 규격가격분리 5. 2단계 경쟁입찰 6. 기타 ( ) 7. 없음	운영예산 산정 1. 내부산정 (지자체 자체적으로 산정) 2. 외부산정 (외부전문기관위탁 산정) 3. 내·외부 모두 산정 4. 산정 無 5. 없음	정산방법 1. 내부정산 (지자체 내부적으로 정산) 2. 외부정산 (외부전문기관위탁 정산) 3. 내·외부 모두 산정 4. 정산 無 5. 없음	1. 실시 2. 미실시 3. 향후 추진 4. 해당없음
2318	경기 안양시	고등학생진로진학길찾기사업	52,900	4	8	7	8	7	5	5	4
2319	경기 안양시	아동보호전문기관인건비추가지원	51,403	4	8	7	8	7	5	5	4
2320	경기 안양시	청소년진로설계학교	50,000	4	8	7	8	7	5	5	4
2321	경기 안양시	학교밖청소년활동지원	47,100	4	8	7	8	7	5	5	4
2322	경기 안양시	다함께돌봄센터추가운영비지원	46,000	4	8	7	8	7	5	5	4
2323	경기 안양시	육아종합지원센터놀이지도사배치	45,660	4	8	7	8	7	5	5	4
2324	경기 안양시	아이돌보미영아돌봄수당지원	42,000	4	8	7	8	7	5	5	4
2325	경기 안양시	신규개원국공립어린이집기자재구입비	40,000	4	8	7	8	7	5	5	4
2326	경기 안양시	청년정신건강증진사업운영비	40,000	4	8	7	8	7	5	5	4
2327	경기 안양시	아이돌보미활동지원	39,600	4	8	7	8	7	5	5	4
2328	경기 안양시	아동보호전문기관종사자시간외근무수당지원	35,362	4	8	7	8	7	5	5	4
2329	경기 안양시	다문화가족지원프로그램운영	35,000	4	8	7	8	7	5	5	4
2330	경기 안양시	육아종합지원센터운영	34,000	4	8	7	8	7	5	5	4
2331	경기 안양시	정신질환자치료비지원	33,466	4	8	7	8	7	5	5	4
2332	경기 안양시	노인정신건강외래치료비지원	32,290	4	8	7	8	7	5	5	4
2333	경기 안양시	경기육아나눔터운영	32,164	4	8	7	8	7	5	5	4
2334	경기 안양시	자살예방및정신건강증진사업	30,540	4	8	7	8	7	5	5	4
2335	경기 안양시	학대피해아동쉼터운영지원	27,040	4	8	7	8	7	5	5	4
2336	경기 안양시	아동청소년정신건강증진사업	26,600	4	8	7	8	7	5	5	4
2337	경기 안양시	학대피해아동쉼터인건비추가지원	24,801	4	8	7	8	7	5	5	4
2338	경기 안양시	결혼이민자역량강화지원	24,500	4	8	7	8	7	5	5	4
2339	경기 안양시	전국통합자원봉사보험가입서비스지원	23,850	4	8	7	8	7	5	5	4
2340	경기 안양시	장애인주간보호센터기초수급자이용료감면지원위탁시설	21,660	4	8	7	8	7	5	5	4
2341	경기 안양시	다함께돌봄센터아동돌봄프로그램지원	19,200	4	8	7	8	7	5	5	4
2342	경기 안양시	결혼이민자역량강화교육	18,211	4	8	7	8	7	5	5	4
2343	경기 안양시	장애인재가복지시설운영지원(2종위탁시설)	18,000	4	8	7	8	7	5	5	4
2344	경기 안양시	학교밖청소년학습지원	18,000	4	8	7	8	7	5	5	4
2345	경기 안양시	학교밖청소년지원센터급식비지원	17,709	4	8	7	8	7	5	5	4
2346	경기 안양시	장애인직업재활시설기능보강(위탁시설)	17,600	4	8	7	8	7	5	5	4
2347	경기 안양시	경유자동차조기폐차절차대행비	17,316	4	8	7	8	7	5	5	4
2348	경기 안양시	일시청소년쉼터	15,000	4	8	7	8	7	5	5	4
2349	경기 안양시	남자단기청소년쉼터	15,000	4	8	7	8	7	5	5	4
2350	경기 안양시	노인일자리수행기관부대경비지원	12,000	4	8	7	8	7	5	5	4
2351	경기 안양시	지역주민인식개선을위한문화다양성이해교육	11,667	4	8	7	8	7	5	5	4
2352	경기 안양시	내외국인이참여하는문화소통프로그램지원	11,600	4	8	7	8	7	5	5	4
2353	경기 안양시	일번가지하쇼핑몰에스컬레이터유지보수	10,000	4	8	7	8	7	5	5	4
2354	경기 안양시	카네이션하우스운영	10,000	4	8	7	8	7	5	5	4
2355	경기 안양시	행복한가족프로그램	10,000	4	8	7	8	7	5	5	4
2356	경기 안양시	장애인거주시설기능보강	9,416	4	8	7	8	7	5	5	4
2357	경기 안양시	호계실내게이트볼장운영(전기,냉난방비등)	7,320	4	8	7	8	7	5	5	4

순번	시군구	지출명 (사업명)	2024년예산 (단위 : 천원 /1년간)	민간이전 분류 (지방자치단체 세출예산 집행기준에 의거) 1. 민간경상사업보조(307-02) 2. 민간단체 법정운영비보조(307-03) 3. 민간행사사업보조(307-04) 4. 민간위탁금(307-05) 5. 사회복지시설 법정운영비보조(307-10) 6. 민간인위탁교육비(307-12) 7. 공기관등에대한경상적위탁사업비(308-13) 8. 민간자본사업보조,자체재원(402-01) 9. 민간자본사업보조,이전재원(402-02) 10. 민간위탁사업비(402-03) 11. 공기관등에 대한 자본적 위탁사업비(403-02)	민간이전지출 근거 (지방보조금 관리기준 참고) 1. 법률에 규정 2. 국고보조 재원(국가지정) 3. 용도 지정 기부금 4. 조례에 직접규정 5. 지자체가 권장하는 사업을 하는 공공기관 6. 시,도 정책 및 재정사정 7. 기타 8. 해당없음	입찰방식 계약체결방법 (경쟁형태) 1. 일반경쟁 2. 제한경쟁 3. 지명경쟁 4. 수의계약 5. 법정위탁 6. 기타 ( ) 7. 없음	입찰방식 계약기간 1. 1년 2. 2년 3. 3년 4. 4년 5. 5년 6. 기타 ( )년 7. 단기계약 (1년미만) 8. 없음	입찰방식 낙찰자선정방법 1. 적격심사 2. 협상에의한계약 3. 최저가낙찰제 4. 규격가격분리 5. 2단계 경쟁입찰 6. 기타 ( ) 7. 없음	운영예산 산정 운영예산 산정 1. 내부산정 (지자체 자체적으로 산정) 2. 외부산정 (외부전문기관위탁 산정) 3. 내·외부 모두 산정 4. 산정 無 5. 없음	운영예산 산정 정산방법 1. 내부정산 (지자체 내부적으로 정산) 2. 외부정산 (외부전문기관위탁 정산) 3. 내·외부 모두 산정 4. 정산 無 5. 없음	성과평가 실시여부 1. 실시 2. 미실시 3. 향후 추진 4. 해당없음
2358	경기 안양시	다문화가족서포터즈운영	7,060	4	8	7	8	7	5	5	4
2359	경기 안양시	아이돌보미독감예방접종비	6,440	4	8	7	8	7	5	5	4
2360	경기 안양시	장애인거주시설입소자지원(4종위탁시설)	5,747	4	8	7	8	7	5	5	4
2361	경기 안양시	학교밖청소년자립지원수당	5,600	4	8	7	8	7	5	5	4
2362	경기 안양시	다문화신문구독지원	5,508	4	8	7	8	7	5	5	4
2363	경기 안양시	위기가족회복지원사업	4,000	4	8	7	8	7	5	5	4
2364	경기 안양시	영세아전용어린이집운영지원	600	4	8	7	8	7	5	5	4
2365	경기 부천시	재활용품선별장민간위탁비	5,778,300	4	4	1	3	2	2	1	3
2366	경기 부천시	공원청소및프로그램운영민간위탁	3,333,114	4	4	6	2	6	1	3	1
2367	경기 부천시	장애인복지관운영	3,298,175	4	1	1	5	1	1	1	1
2368	경기 부천시	음식물류폐기물(탈수품)처리비	2,981,643	4	4	1	1	3	2	1	4
2369	경기 부천시	민간위탁금(콜센터위탁운영)	2,509,787	4	4	6	2	6	1	1	3
2370	경기 부천시	재활용품잔재물처리및운송비	2,189,369	4	6	1	1	1	3	1	4
2371	경기 부천시	기초정신건강복지센터인력지원	2,107,661	4	1	7	8	7	1	1	1
2372	경기 부천시	어린이사회복지급식관리지원센터설치운영	2,075,000	4	1	1	5	1	3	3	3
2373	경기 부천시	부천시육아종합지원센터운영	1,916,064	4	6	7	8	7	5	1	4
2374	경기 부천시	생활폐기물매립운송처리비	1,651,300	4	4	7	8	7	5	5	4
2375	경기 부천시	부천시청어린이집운영	1,643,893	4	4	1	5	1	1	1	1
2376	경기 부천시	지역아동보호전문기관운영	1,155,442	4	1	1	3	1	1	1	3
2377	경기 부천시	시각장애인점자도서관운영	1,110,426	4	1	1	5	1	1	1	1
2378	경기 부천시	상동호수공원운영민간위탁	955,795	4	4	6	3	6	1	3	3
2379	경기 부천시	다함께돌봄센터인건비지원	869,800	4	1	1	5	1	5	1	3
2380	경기 부천시	부천시원미노인복지관	843,960	4	4	7	8	7	1	1	2
2381	경기 부천시	부천시소사노인복지관	843,960	4	4	7	8	7	1	1	2
2382	경기 부천시	부천시오정노인복지관	843,960	4	4	7	8	7	1	1	2
2383	경기 부천시	고리울청소년센터	711,726	4	1	1	5	1	1	1	1
2384	경기 부천시	일드림(Dream)센터민간위탁운영	679,031	4	6	1	5	1	1	1	3
2385	경기 부천시	근로자종합복지관민간위탁운영비	660,605	4	4	1	5	1	1	1	1
2386	경기 부천시	송내청소년센터	641,153	4	1	1	5	1	1	1	1
2387	경기 부천시	부천시일시청소년쉼터운영	636,862	4	1	5	5	1	1	1	1
2388	경기 부천시	기초자살예방센터인력지원	613,875	4	1	7	8	7	1	1	1
2389	경기 부천시	다문화가족자녀지원	578,785	4	1	5	5	7	2	1	3
2390	경기 부천시	일쉼지원센터운영	556,573	4	4	1	3	1	1	1	1
2391	경기 부천시	노동복지회관민간위탁운영비	532,569	4	4	1	5	1	1	1	1
2392	경기 부천시	다문화가족특성화사업	499,701	4	1	5	5	7	2	1	3
2393	경기 부천시	위탁체육시설대행사업비(송내)	477,023	4	1	1	5	7	1	1	3
2394	경기 부천시	건강가정지원센터운영	472,500	4	1	5	5	1	1	3	3
2395	경기 부천시	시민이참여하는공원관리민간위탁	467,656	4	4	6	2	6	1	1	1
2396	경기 부천시	고혈압당뇨병등록교육센터운영(심뇌혈관질환예방관리사업)	457,926	4	2,4	1	3	1	3	3	3
2397	경기 부천시	부천천문과학관운영민간위탁	425,704	4	4	6	3	6	1	3	1

순번	시군구	지출명 (사업명)	2024년예산 (단위 : 천원 /1년간)	민간이전 분류 (지방자치단체 세출예산 집행기준에 의거) 1. 민간경상사업보조(307-02) 2. 민간단체 법정운영비보조(307-03) 3. 민간행사사업보조(307-04) 4. 민간위탁금(307-05) 5. 사회복지시설 법정운영비보조(307-10) 6. 민간인위탁교육비(307-12) 7. 공기관등에대한경상적위탁사업비(308-13) 8. 민간자본사업보조,자체재원(402-01) 9. 민간자본사업보조,이전재원(402-02) 10. 민간위탁사업비(402-03) 11. 공기관등에 대한 자본적 위탁사업비(403-02)	민간이전지출 근거 (지방보조금 관리기준 참고) 1. 법률에 규정 2. 국고보조 재원(국가지정) 3. 용도 지정 기부금 4. 조례에 직접규정 5. 지자체가 권장하는 사업을 하는 공공기관 6. 시,도 정책 및 재정사정 7. 기타 8. 해당없음	입찰방식			운영예산 산정		성과평가 실시여부
						계약체결방법 (경쟁형태) 1. 일반경쟁 2. 제한경쟁 3. 지명경쟁 4. 수의계약 5. 법정위탁 6. 기타 ( ) 7. 없음	계약기간 1. 1년 2. 2년 3. 3년 4. 4년 5. 5년 6. 기타 ( )년 7. 단기계약 (1년미만) 8. 없음	낙찰자선정방법 1. 적격심사 2. 협상에의한계약 3. 최저가낙찰제 4. 규격가격분리 5. 2단계 경쟁입찰 6. 기타 ( ) 7. 없음	운영예산 산정 1. 내부산정 (지자체 자체적으로 산정) 2. 외부산정 (외부전문기관위탁 산정) 3. 내·외부 모두 산정 4. 산정 無 5. 없음	정산방법 1. 내부정산 (지자체 내부적으로 정산) 2. 외부정산 (외부전문기관위탁 정산) 3. 내·외부 모두 산정 4. 정산 無 5. 없음	1. 실시 2. 미실시 3. 향후 추진 4. 해당없음
2398	경기 부천시	무한돌봄센터네트워크팀운영	415,294	4	4,6	4	3	6	3	1	1
2399	경기 부천시	보훈회관운영비	401,099	4	4	4	5	1	1	1	1
2400	경기 부천시	다문화가족지원센터운영	338,638	4	1	5	5	7	2	1	3
2401	경기 부천시	장기요양요원지원센터운영	337,123	4	4	1	3	1	1	1	1
2402	경기 부천시	이동노동자쉼터민간위탁운영비	323,000	4	1	1	5	7	1	1	3
2403	경기 부천시	청소년성문화센터운영	309,829	4	1	1	3	7	1	1	1
2404	경기 부천시	기초정신건강복지센터지원	307,852	4	1	7	8	7	1	1	1
2405	경기 부천시	비정규직근로자지원센터위탁운영비	304,924	4	4	1	5	7	1	1	1
2406	경기 부천시	다함께돌봄센터운영비지원	256,000	4	1	1	5	1	5	1	3
2407	경기 부천시	가정폭력피해자보호시설운영지원	251,433	4	1	1	5	1	1	1	1
2408	경기 부천시	지역아동보호전문기관운영(도)	250,105	4	1	1	3	1	1	1	3
2409	경기 부천시	학대피해아동쉼터운영	247,894	4	2	1	5	1	1	1	3
2410	경기 부천시	청소년법률지원센터운영	226,456	4	4	1	2	1	1	1	1
2411	경기 부천시	외국인주민지원센터운영	215,498	4	4	5	3	7	1	1	3
2412	경기 부천시	대형폐기물폐목재위탁처리비	214,400	4	1	7	8	7	5	5	4
2413	경기 부천시	정신질환자치료지원(도)	195,356	4	1	7	8	7	1	1	1
2414	경기 부천시	기초정신건강복지센터자살예방사업지원	185,180	4	1	7	8	7	1	1	1
2415	경기 부천시	다함께돌봄센터돌봄인력지원	176,400	4	6	1	5	1	5	1	3
2416	경기 부천시	청년정신건강증진사업	144,216	4	1	7	8	7	1	1	1
2417	경기 부천시	공립요양병원공공보건사업(치매환자지원프로그램)	110,000	4	2	1	5	2	5	2	1
2418	경기 부천시	기초자살예방센터운영지원	108,247	4	1	7	8	7	1	1	1
2419	경기 부천시	학교돌봄터인건비지원	105,900	4	2	1	5	1	5	1	3
2420	경기 부천시	학교돌봄터인건비추가지원	105,257	4	6	1	5	1	5	1	3
2421	경기 부천시	트라우마심리지원	103,239	4	1	7	8	7	1	1	1
2422	경기 부천시	대형폐기물폐합성섬유등잔재물위탁처리비	99,000	4	1	7	8	7	5	5	4
2423	경기 부천시	취약위기가족통합지원(다문화)	89,301	4	1	5	5	7	2	1	3
2424	경기 부천시	공립작은도서관운영비	82,820	4	4	7	3	7	1	1	1
2425	경기 부천시	부천폴리스튜디오운영	79,618	4	1	7	8	7	5	5	4
2426	경기 부천시	공립작은도서관운영비	79,092	4	4	7	5	7	1	1	1
2427	경기 부천시	공립작은도서관운영비	77,729	4	4	7	3	7	1	1	1
2428	경기 부천시	공립작은도서관운영비	77,707	4	4	7	5	7	1	1	1
2429	경기 부천시	공립작은도서관운영비	76,275	4	4	7	3	7	1	1	1
2430	경기 부천시	공립작은도서관운영비	73,956	4	4	7	5	7	1	1	1
2431	경기 부천시	공립작은도서관운영비	73,589	4	4	7	3	7	1	1	1
2432	경기 부천시	공립작은도서관운영비	72,840	4	4	7	5	7	1	1	1
2433	경기 부천시	어린이사회복지급식관리지원센터설치운영	72,635	4	1	1	5	1	1	1	3
2434	경기 부천시	경기도형보육컨설턴트인건비지원	72,630	4	6	7	8	7	5	1	4
2435	경기 부천시	공립작은도서관운영비	72,339	4	4	7	5	7	1	1	1
2436	경기 부천시	한옥마을운영	71,596	4	4	5	8	7	1	1	4
2437	경기 부천시	공립작은도서관운영비	71,499	4	4	7	5	7	1	1	1

순번	시군구	지출명 (사업명)	2024년예산 (단위 : 천원 /1년간)	민간이전 분류 (지방자치단체 세출예산 집행기준에 의거) 1. 민간경상사업보조(307-02) 2. 민간단체 법정운영비보조(307-03) 3. 민간행사사업보조(307-04) 4. 민간위탁금(307-05) 5. 사회복지시설 법정운영비보조(307-10) 6. 민간인위탁교육비(307-12) 7. 공기관등에대한경상적위탁사업비(308-13) 8. 민간자본사업보조,자체재원(402-01) 9. 민간자본사업보조,이전재원(402-02) 10. 민간위탁사업비(402-03) 11. 공기관등에 대한 자본적 위탁사업비(403-02)	민간이전지출 근거 (지방보조금 관리기준 참고) 1. 법률에 규정 2. 국고보조 재원(국가지정) 3. 용도 지정 기부금 4. 조례에 직접규정 5. 지자체가 권장하는 사업을 하는 공공기관 6. 시,도 정책 및 재정사정 7. 기타 8. 해당없음	입찰방식: 계약체결방법 (경쟁형태) 1. 일반경쟁 2. 제한경쟁 3. 지명경쟁 4. 수의계약 5. 법정위탁 6. 기타 ( ) 7. 없음	입찰방식: 계약기간 1. 1년 2. 2년 3. 3년 4. 4년 5. 5년 6. 기타 ( )년 7. 단기계약 (1년미만) 8. 없음	입찰방식: 낙찰자선정방법 1. 적격심사 2. 협상에의한계약 3. 최저가낙찰제 4. 규격가격분리 5. 2단계 경쟁입찰 6. 기타 ( ) 7. 없음	운영예산 산정: 운영예산 산정 1. 내부산정 (지자체 자체적으로 산정) 2. 외부산정 (외부전문기관위탁 산정) 3. 내·외부 모두 산정 4. 산정 無 5. 없음	운영예산 산정: 정산방법 1. 내부정산 (지자체 내부적으로 정산) 2. 외부정산 (외부전문기관위탁 정산) 3. 내·외부 모두 산정 4. 정산 無 5. 없음	성과평가 실시여부 1. 실시 2. 미실시 3. 향후 추진 4. 해당없음
2438	경기 부천시	공립작은도서관운영비	71,329	4	4	7	3	7	1	1	1
2439	경기 부천시	공립작은도서관운영비	69,652	4	4	7	3	7	1	1	1
2440	경기 부천시	공립작은도서관운영비	69,131	4	4	7	3	7	1	1	1
2441	경기 부천시	지역사회건강조사조사분석위탁운영	69,050	4	2	6	1	6	5	2	1
2442	경기 부천시	지역사회건강조사조사분석위탁운영	68,972	4	2	7	8	7	1	1	1
2443	경기 부천시	지역사회건강조사조사분석위탁운영	68,972	4	2	6	1	6	5	2	1
2444	경기 부천시	공립작은도서관운영비	67,188	4	4	7	5	7	1	1	1
2445	경기 부천시	결혼이민자취업지원	65,250	4	1	5	5	7	2	1	3
2446	경기 부천시	자살예방및정신건강증진사업	61,080	4	1	7	8	7	1	1	1
2447	경기 부천시	노인정신건강증진사업	56,000	4	1	7	8	7	1	1	1
2448	경기 부천시	다문화가족지원센터운영	55,632	4	1	5	5	7	2	1	3
2449	경기 부천시	시군육아종합지원센터영유아발달지원상담원배치	53,700	4	6	7	8	7	5	1	4
2450	경기 부천시	우울관리지원사업	52,343	4	1	7	8	7	1	1	1
2451	경기 부천시	부천시일시청소년쉼터야간근무자배치지원	50,530	4	1	7	5	1	1	1	1
2452	경기 부천시	외국인복지센터통역지원	50,000	4	4	5	3	7	2	1	3
2453	경기 부천시	학교돌봄터기타운영비지원	48,000	4	2	1	5	1	5	1	3
2454	경기 부천시	외국인주민상담지원	46,000	4	4	5	3	7	2	1	3
2455	경기 부천시	시군육아종합지원센터놀이지도사배치	45,660	4	6	7	8	7	5	1	4
2456	경기 부천시	정신질환자치료비지원(국)	44,250	4	1	7	8	7	1	1	1
2457	경기 부천시	외국인주민지원	43,000	4	4	5	3	7	1	1	3
2458	경기 부천시	시군육아종합지원센터운영(전환사업)	34,000	4	6	7	8	7	5	1	4
2459	경기 부천시	장애영유아보육교사전문성교육사업	30,000	4	6	7	8	7	5	1	4
2460	경기 부천시	긴급재난폐기물처리	30,000	4	4	7	8	7	5	5	4
2461	경기 부천시	학대피해아동쉼터지원(도)	26,440	4	6	1	5	1	1	1	3
2462	경기 부천시	한국어교육운영	24,500	4	1	5	5	7	2	1	3
2463	경기 부천시	다문화신문구독지원	24,300	4	1	5	5	7	2	1	3
2464	경기 부천시	다함께돌봄센터아동돌봄프로그램지원	24,000	4	6	1	5	1	5	1	3
2465	경기 부천시	외국인복지센터지원	23,330	4	4	5	3	7	2	1	3
2466	경기 부천시	내외국인이참여하는문화소통프로그램지원	18,333	4	4	5	3	7	2	1	3
2467	경기 부천시	지역주민인식개선을위한문화다양성이해교육	16,500	4	4	5	3	7	2	1	3
2468	경기 부천시	아동청소년정신건강증진사업	13,300	4	1	7	8	7	1	1	1
2469	경기 부천시	외국인주민한국어교육	12,000	4	4	5	3	7	2	1	3
2470	경기 부천시	학교돌봄센터인건비추가지원	10,860	4	6	1	5	1	5	1	3
2471	경기 부천시	기초정신건강복지센터생활임금지원	10,332	4	1	7	8	7	1	1	1
2472	경기 부천시	다문화가족서포터즈운영	8,850	4	1	5	5	7	2	1	3
2473	경기 부천시	사회복지관운영	6,527	4	1	7	8	7	1	1	1
2474	경기 부천시	학대피해아동쉼터인건비추가지원(도)	6,205	4	6	1	5	1	1	1	3
2475	경기 광명시	장애인복지관운영(자체)	2,213,500	4	1	5	5	1	1	1	1
2476	경기 광명시	광명종합사회복지관	1,767,150	4	4	5	5	1	1	3	4
2477	경기 광명시	하안종합사회복지관	1,466,056	4	4	5	5	1	1	3	4

순번	시군구	지출명 (사업명)	2024년예산 (단위 : 천원 /1년간)	민간이전 분류 (지방자치단체 세출예산 집행기준에 의거) 1. 민간경상사업보조(307-02) 2. 민간단체 법정운영비보조(307-03) 3. 민간행사사업보조(307-04) 4. 민간위탁금(307-05) 5. 사회복지시설 법정운영비보조(307-10) 6. 민간인위탁교육비(307-12) 7. 공기관등에대한경상적위탁사업비(308-13) 8. 민간자본사업보조,자체재원(402-01) 9. 민간자본사업보조,이전재원(402-02) 10. 민간위탁사업비(402-03) 11. 공기관등에 대한 자본적 위탁사업비(403-02)	민간이전지출 근거 (지방보조금 관리기준 참고) 1. 법률에 규정 2. 국고보조 재원(국가지정) 3. 용도 지정 기부금 4. 조례에 직접규정 5. 지자체가 권장하는 사업을 하는 공공기관 6. 시,도 정책 및 재정사정 7. 기타 8. 해당없음	입찰방식 계약체결방법 (경쟁형태) 1. 일반경쟁 2. 제한경쟁 3. 지명경쟁 4. 수의계약 5. 법정위탁 6. 기타 ( ) 7. 없음	입찰방식 계약기간 1. 1년 2. 2년 3. 3년 4. 4년 5. 5년 6. 기타 ( )년 7. 단기계약 (1년미만) 8. 없음	입찰방식 낙찰자선정방법 1. 적격심사 2. 협상에의한계약 3. 최저가낙찰제 4. 규격가격분리 5. 2단계 경쟁입찰 6. 기타 ( ) 7. 없음	운영예산 산정 운영예산 산정 1. 내부산정 (지자체 자체적으로 산정) 2. 외부산정 (외부전문기관위탁 산정) 3. 내·외부 모두 산정 4. 산정 無 5. 없음	운영예산 산정 정산방법 1. 내부정산 (지자체 내부적으로 정산) 2. 외부정산 (외부전문기관위탁 정산) 3. 내·외부 모두 산정 4. 정산 無 5. 없음	성과평가 실시여부 1. 실시 2. 미실시 3. 향후 추진 4. 해당없음
2478	경기 광명시	소하노인종합복지관운영(자체)	1,191,513	4	1	1	5	1	3	3	4
2479	경기 광명시	정신건강복지센터인력확충	1,032,140	4	1,2	1	3	1	5	5	4
2480	경기 광명시	육아종합지원센터운영	998,880	4	2	6	5	7	1	1	2
2481	경기 광명시	철산종합사회복지관	953,972	4	4	5	5	1	1	3	4
2482	경기 광명시	광명장애인보호작업장운영	801,724	4	1	5	5	1	1	1	1
2483	경기 광명시	산모신생아건강관리사바우처지원	780,000	4	6	7	8	7	5	5	4
2484	경기 광명시	성인장애인주간보호센터운영	704,505	4	1	5	5	1	1	1	1
2485	경기 광명시	어린이급식관리지원센터설치운영	630,000	4	2	2	5	1	1	3	1
2486	경기 광명시	가족센터운영(국비)	627,990	4	2	5	5	1	3	1	1
2487	경기 광명시	광명시아동보호전문기관운영비지원	627,362	4	2	5	5	1	1	1	3
2488	경기 광명시	민원콜센터위탁운영비	622,000	4	4	1	3	2	1	1	1
2489	경기 광명시	다함께돌봄센터인건비	607,910	4	2	5	5	1	1	1	3
2490	경기 광명시	광명시청직장어린이집위탁운영비	602,233	4	4	1	3	1	1	1	2
2491	경기 광명시	하안노인종합복지관운영(자체)	600,674	4	1	1	5	1	3	3	4
2492	경기 광명시	소하노인종합복지관운영	570,000	4	1	1	5	1	3	3	4
2493	경기 광명시	하안노인종합복지관운영	570,000	4	1	1	5	1	3	3	4
2494	경기 광명시	학대피해아동쉼터운영지원	495,788	4	2	5	5	1	1	1	4
2495	경기 광명시	시니어클럽운영	447,000	4	1	1	5	1	3	3	4
2496	경기 광명시	고혈압,당뇨병등록교육센터위탁운영비	421,500	4	2	1	2	1	5	5	1
2497	경기 광명시	1인가구지원센터운영	381,212	4	4	5	5	1	1	1	3
2498	경기 광명시	광명장애인직업적응훈련센터운영	359,258	4	1	5	5	1	1	1	1
2499	경기 광명시	환경교육센터운영	357,240	4	4	7	3	1	1	1	3
2500	경기 광명시	장애인주간보호센터운영	346,042	4	1	5	5	1	1	1	1
2501	경기 광명시	광명문화원인건비	288,500	4	1	4	3	7	1	1	2
2502	경기 광명시	장애인체육관운영	288,108	4	1	5	5	1	1	1	1
2503	경기 광명시	저소득층기저귀조제분유지원	280,000	4	2	7	8	7	5	5	4
2504	경기 광명시	공익활동지원센터운영	272,760	4	4	7	8	7	5	1	1
2505	경기 광명시	자살예방센터운영비	268,400	4	1,4	1	3	1	5	5	4
2506	경기 광명시	광명푸드뱅크마켓센터운영	266,422	4	4	1	5	1	1	1	1
2507	경기 광명시	건강가정지원센터운영	231,700	4	6	5	5	1	3	1	1
2508	경기 광명시	장애인가족지원센터운영	220,000	4	6	7	8	7	1	1	4
2509	경기 광명시	아이조아붕붕카사업	201,000	4	5	5	3	1	1	1	1
2510	경기 광명시	가족센터종사자인건비	181,916	4	5	5	5	1	3	1	1
2511	경기 광명시	정신건강복지센터운영비	181,658	4	1,2	1	3	1	5	5	4
2512	경기 광명시	인력지원	169,726	4	1,6	1	3	1	5	5	4
2513	경기 광명시	우한돌봄센터네트워크팀운영지원	165,375	4	4	1	5	1	2	3	1
2514	경기 광명시	산모신생아건강관리사바우처지원(추가형)	160,000	4	6	7	8	7	5	5	4
2515	경기 광명시	향토교육연계사업	158,500	4	1	4	3	7	1	1	2
2516	경기 광명시	광명문화원운영관리비	146,152	4	1	4	3	7	1	1	2
2517	경기 광명시	다함께돌봄센터돌봄인력지원	141,120	4	2	5	5	1	1	1	3

순번	시군구	지출명 (사업명)	2024년예산 (단위 : 천원 /1년간)	민간이전 분류 (지방자치단체 세출예산 집행기준에 의거) 1. 민간경상사업보조(307-02) 2. 민간단체 법정운영비보조(307-03) 3. 민간행사사업보조(307-04) 4. 민간위탁금(307-05) 5. 사회복지시설 법정운영비보조(307-10) 6. 민간인위탁교육비(307-12) 7. 공기관등에대한경상적위탁사업비(308-13) 8. 민간자본사업보조,자체재원(402-01) 9. 민간자본사업보조,이전재원(402-02) 10. 민간위탁사업비(402-03) 11. 공기관등에 대한 자본적 위탁사업비(403-02)	민간이전지출 근거 (지방보조금 관리기준 참고) 1. 법률에 규정 2. 국고보조 재원(국가지정) 3. 용도 지정 기부금 4. 조례에 직접규정 5. 지자체가 권장하는 사업을 하는 공공기관 6. 시,도 정책 및 재정사정 7. 기타 8. 해당없음	입찰방식 계약체결방법 (경쟁형태) 1. 일반경쟁 2. 제한경쟁 3. 지명경쟁 4. 수의계약 5. 법정위탁 6. 기타 ( ) 7. 없음	입찰방식 계약기간 1. 1년 2. 2년 3. 3년 4. 4년 5. 5년 6. 기타 ( )년 7. 단기계약 (1년미만) 8. 없음	입찰방식 낙찰자선정방법 1. 적격심사 2. 협상에의한계약 3. 최저가낙찰제 4. 규격가격분리 5. 2단계 경쟁입찰 6. 기타 ( ) 7. 없음	운영예산 산정 운영예산 산정 1. 내부산정 (지자체 자체적으로 산정) 2. 외부산정 (외부전문기관위탁 산정) 3. 내·외부 모두 산정 4. 산정 無 5. 없음	운영예산 산정 정산방법 1. 내부정산 (지자체 내부적으로 정산) 2. 외부정산 (외부전문기관위탁 정산) 3. 내·외부 모두 산정 4. 정산 無 5. 없음	성과평가 실시여부 1. 실시 2. 미실시 3. 향후 추진 4. 해당없음
2518	경기 광명시	어린이교통교육장위탁운영	141,000	4	1	7	3	7	1	1	4
2519	경기 광명시	광명발달장애인현장실습형직업전환사업	139,251	4	6	1	3	1	1	1	3
2520	경기 광명시	광명시스마트인력개발센터운영	137,072	4	6	6	3	6	1	1	1
2521	경기 광명시	1인가구병원안심동행서비스운영	136,100	4	6	5	5	1	5	1	3
2522	경기 광명시	오리서원인건비	131,000	4	4	4	3	1	1	1	2
2523	경기 광명시	오리서원관리운영비	126,568	4	4	4	3	1	1	1	2
2524	경기 광명시	자살예방사업인력지원	111,108	4	1,2	1	3	1	5	5	4
2525	경기 광명시	다함께돌봄센터추가인건비	105,801	4	2	5	5	1	1	1	3
2526	경기 광명시	정신질환자치료비지원	102,448	4	1,6	1	3	1	5	5	4
2527	경기 광명시	다함께돌봄센터운영비	88,000	4	2	5	5	1	1	1	3
2528	경기 광명시	공공체육시설운영(구름산시립테니스장족구장)	84,491	4	4	5	3	7	1	1	1
2529	경기 광명시	프로그램운영비	80,000	4	4	4	3	1	1	1	2
2530	경기 광명시	시민정보화교육장운영	79,650	4	6	1	5	1	1	1	4
2531	경기 광명시	장애인전용주차구역지킴이센터운영	77,300	4	4	2	2	1	1	1	1
2532	경기 광명시	어린이집보육컨설팅	74,456	4	2	6	8	7	5	1	2
2533	경기 광명시	보훈회관인건비	74,215	4	4	5	3	1	1	1	4
2534	경기 광명시	문화정책사업	71,000	4	1	4	3	7	1	1	2
2535	경기 광명시	다함께돌봄센터추가운영비지원(자체)	70,390	4	2	5	5	1	1	1	3
2536	경기 광명시	G푸드드림사업	70,000	4	6	7	8	7	5	1	4
2537	경기 광명시	시군거점아동돌봄광명센터운영	69,445	4	2	5	5	1	1	1	3
2538	경기 광명시	지역사회건강조사위탁운영비	69,050	4	2	7	1	7	3	3	4
2539	경기 광명시	운영지원	67,047	4	1,6	1	3	1	5	5	4
2540	경기 광명시	광명시아동보호전문기관인건비추가지원	66,980	4	2	5	5	1	1	1	3
2541	경기 광명시	광명시아동보호전문기관추가운영비지원(자체)	64,886	4	2	5	5	1	1	1	3
2542	경기 광명시	학대피해아동쉼터인건비추가지원	64,019	4	2	5	5	1	1	1	4
2543	경기 광명시	장애인복지관운영	60,000	4	1	5	5	1	1	1	1
2544	경기 광명시	장애인체력단련센터운영	58,664	4	6	1	5	1	1	1	4
2545	경기 광명시	1인가구지원사업	57,500	4	6	5	5	1	3	1	1
2546	경기 광명시	보훈회관운영비	56,000	4	4	5	3	1	1	1	4
2547	경기 광명시	학대피해아동쉼터지원	54,080	4	2	5	5	1	1	1	4
2548	경기 광명시	지역문화활성화사업	50,000	4	1	4	3	7	1	1	2
2549	경기 광명시	사회복지급식관리지원센터설치운영	50,000	4	2	2	5	1	1	3	1
2550	경기 광명시	다함께돌봄센터방학중행복밥상지원	47,520	4	2	5	5	1	1	1	3
2551	경기 광명시	정신건강복지센터이전비(이사비,집기류구입등)	44,195	4	1,6	1	3	1	5	5	4
2552	경기 광명시	향토연구보급사업	39,000	4	1	4	3	7	1	1	2
2553	경기 광명시	다문화이해교육강사파견	36,000	4	5	5	5	1	3	1	1
2554	경기 광명시	시설형긴급돌봄지원	35,286	4	2	5	5	1	1	1	3
2555	경기 광명시	문화교육사업	35,000	4	1	4	3	7	1	1	2
2556	경기 광명시	청년정신건강외래치료비지원	35,000	4	1,2	1	3	1	5	5	4
2557	경기 광명시	향토문화콘텐츠사업	33,000	4	1	4	3	7	1	1	2

순번	시군구	지출명 (사업명)	2024년예산 (단위 : 천원 /1년간)	민간이전 분류 (지방자치단체 세출예산 집행기준에 의거) 1. 민간경상사업보조(307-02) 2. 민간단체 법정운영비보조(307-03) 3. 민간행사사업보조(307-04) 4. 민간위탁금(307-05) 5. 사회복지시설 법정운영비보조(307-10) 6. 민간인위탁교육비(307-12) 7. 공기관등에대한경상적위탁사업비(308-13) 8. 민간자본사업보조,자체재원(402-01) 9. 민간자본사업보조,이전재원(402-02) 10. 민간위탁사업비(402-03) 11. 공기관등에 대한 자본적 위탁사업비(403-02)	민간이전지출 근거 (지방보조금 관리기준 참고) 1. 법률에 규정 2. 국고보조 재원(국가지정) 3. 용도 지정 기부금 4. 조례에 직접규정 5. 지자체가 권장하는 사업을 하는 공공기관 6. 시,도 정책 및 재정사정 7. 기타 8. 해당없음	입찰방식 계약체결방법 (경쟁형태) 1. 일반경쟁 2. 제한경쟁 3. 지명경쟁 4. 수의계약 5. 법정위탁 6. 기타 ( ) 7. 없음	입찰방식 계약기간 1. 1년 2. 2년 3. 3년 4. 4년 5. 5년 6. 기타 ( )년 7. 단기계약 (1년미만) 8. 없음	입찰방식 낙찰자선정방법 1. 적격심사 2. 협상에의한계약 3. 최저가낙찰제 4. 규격가격분리 5. 2단계 경쟁입찰 6. 기타 ( ) 7. 없음	운영예산 산정 운영예산 산정 1. 내부산정 (지자체 자체적으로 산정) 2. 외부산정 (외부전문기관위탁 산정) 3. 내·외부 모두 산정 4. 산정 無 5. 없음	운영예산 산정 정산방법 1. 내부정산 (지자체 내부적으로 정산) 2. 외부정산 (외부전문기관위탁 정산) 3. 내·외부 모두 산정 4. 정산 無 5. 없음	성과평가 실시여부 1. 실시 2. 미실시 3. 향후 추진 4. 해당없음
2558	경기 광명시	광명시아동보호전문기관종사자시간외근무수당지원	32,924	4	2	5	5	1	1	1	3
2559	경기 광명시	자살예방및정신건강증진사업	30,540	4	1,2	1	3	1	5	5	4
2560	경기 광명시	청년마인드링크사업운영	30,000	4	1,2	1	3	1	5	5	4
2561	경기 광명시	장애인자립작업장운영	26,400	4	6	7	5	7	1	1	4
2562	경기 광명시	다문화가정상담치료	20,000	4	5	5	5	1	3	1	1
2563	경기 광명시	장애인가족지원센터임차료지원	19,800	4	6	7	8	7	1	1	4
2564	경기 광명시	노인정신건강증진사업	17,878	4	1,2	1	3	1	5	5	4
2565	경기 광명시	다함께돌봄센터아동돌봄프로그램지원	16,800	4	2	5	5	1	1	1	3
2566	경기 광명시	정신질환자치료비지원(국비)	15,356	4	1,2	1	3	1	5	5	4
2567	경기 광명시	지역주민과함께하는다문화축제	15,000	4	5	5	5	1	3	1	1
2568	경기 광명시	아동청소년정신건강증진사업	13,300	4	1,2	1	3	1	5	5	4
2569	경기 광명시	G푸드드림사업(자체)	12,529	4	4	7	8	7	1	1	4
2570	경기 광명시	다문화태권도단육성지원	12,000	4	5	5	5	1	3	1	1
2571	경기 광명시	가족상담사업운영	10,800	4	5	5	5	1	3	1	1
2572	경기 광명시	1인가구돌봄강화지원	9,000	4	6	5	5	1	3	1	1
2573	경기 광명시	정신건강복지센터종사자수당	7,560	4	1,6	1	3	1	5	5	4
2574	경기 광명시	보훈회관사업비	5,100	4	4	5	3	1	1	1	4
2575	경기 광명시	우리가족사랑만들기	5,000	4	5	5	5	1	3	1	1
2576	경기 광명시	다문화강사양성교육	4,000	4	5	5	5	1	3	1	1
2577	경기 광명시	표준모자보건수첩제작공단위탁금	2,660	4	2	7	8	7	5	5	4
2578	경기 평택시	2024년생활폐기물수집운반및가로청소위탁용역(4구역)	12,519,735	4	4	1	1	1	2	4	1
2579	경기 평택시	2024년생활폐기물수집운반및가로청소위탁용역(1구역)	11,783,784	4	4	1	1	1	2	4	1
2580	경기 평택시	평택에코센터최종폐기물처리비	10,535,870	4	7	6	6	6	1	1	4
2581	경기 평택시	2024년생활폐기물수집운반및가로청소위탁용역(2구역)	8,801,811	4	4	1	1	1	2	4	1
2582	경기 평택시	2024년생활폐기물수집운반및가로청소위탁용역(3구역)	8,445,849	4	4	1	1	1	2	4	1
2583	경기 평택시	심폐소생술등응급처치교육비지원(국비)	8,000,000	4	4	6	7	1	1	1	4
2584	경기 평택시	반입수수료(재활용품,음식물류폐기물)	7,017,412	4	1	5	6	7	1	1	1
2585	경기 평택시	주민편익시설운영	4,658,616	4	1	7	8	7	3	1	3
2586	경기 평택시	종합사회복지관운영지원	1,700,264	4	1	6	5	1	1	1	1
2587	경기 평택시	공공폐수처리시설운영	1,588,946	4	1	2	4	2	2	1	4
2588	경기 평택시	건강가정다문화가족지원센터운영(국비)	1,333,090	4	1	5	5	7	5	1	1
2589	경기 평택시	2024년평택에코센터반입불가폐기물[가연성혼합(악성)류]처리용역(A권역)	1,302,000	4	4	1	1	1	1	4	2
2590	경기 평택시	평택시어린이사회복지급식관리지원센터위탁운영	1,200,000	4	1	1	3	7	5	2	3
2591	경기 평택시	육아종합지원센터운영지원	1,188,202	4	1	2	5	1	1	1	1
2592	경기 평택시	평택시민원상담콜센터민간위탁	1,115,199	4	4	1	3	2	1	1	1
2593	경기 평택시	아동보호전문기관운영	1,036,859	4	1,2	1	5	1	1	1	1
2594	경기 평택시	수소충전시설운영	959,000	4	1	1	5	6	2	1	3
2595	경기 평택시	일자리센터상담사인건비지원	876,067	4	1	2	1	1	1	1	1
2596	경기 평택시	통복위생처리장위탁관리운영	844,250	4	5	4	6	7	1	1	1
2597	경기 평택시	다함께돌봄센터인건비지원(국비)	821,429	4	2	5	5	1	3	1	1

순번	시군구	지출명 (사업명)	2024년예산 (단위 : 천원 /1년간)	민간이전 분류 (지방자치단체 세출예산 집행기준에 의거) 1. 민간경상사업보조(307-02) 2. 민간단체 법정운영비보조(307-03) 3. 민간행사사업보조(307-04) 4. 민간위탁금(307-05) 5. 사회복지시설 법정운영비보조(307-10) 6. 민간인위탁교육비(307-12) 7. 공기관등에대한경상적위탁사업비(308-13) 8. 민간자본사업보조,자체재원(402-01) 9. 민간자본사업보조,이전재원(402-02) 10. 민간위탁사업비(402-03) 11. 공기관등에 대한 자본적 위탁사업비(403-02)	민간이전지출 근거 (지방보조금 관리기준 참고) 1. 법률에 규정 2. 국고보조 재원(국가지정) 3. 용도 지정 기부금 4. 조례에 직접규정 5. 지자체가 권장하는 사업을 하는 공공기관 6. 시,도 정책 및 재정사정 7. 기타 8. 해당없음	입찰방식 계약체결방법 (경쟁형태) 1. 일반경쟁 2. 제한경쟁 3. 지명경쟁 4. 수의계약 5. 법정위탁 6. 기타 ( ) 7. 없음	입찰방식 계약기간 1. 1년 2. 2년 3. 3년 4. 4년 5. 5년 6. 기타 ( )년 7. 단기계약 (1년미만) 8. 없음	입찰방식 낙찰자선정방법 1. 적격심사 2. 협상에의한계약 3. 최저가낙찰제 4. 규격가격분리 5. 2단계 경쟁입찰 6. 기타 ( ) 7. 없음	운영예산 산정 운영예산 산정 1. 내부산정 (지자체 자체적으로 산정) 2. 외부산정 (외부전문기관위탁 산정) 3. 내·외부 모두 산정 4. 산정 無 5. 없음	운영예산 산정 정산방법 1. 내부정산 (지자체 내부적으로 정산) 2. 외부정산 (외부전문기관위탁 정산) 3. 내·외부 모두 정산 4. 정산 無 5. 없음	성과평가 실시여부 1. 실시 2. 미실시 3. 향후 추진 4. 해당없음
2598	경기 평택시	노인복지관운영비지원	763,900	4	6	5	5	7	1	3	1
2599	경기 평택시	노인복지관운영비지원	726,400	4	6	5	5	7	1	3	1
2600	경기 평택시	노인복지관운영비지원	692,600	4	6	5	5	7	1	3	1
2601	경기 평택시	노인복지관운영비지원	683,300	4	6	5	5	7	1	3	1
2602	경기 평택시	건강가정다문화가족지원센터운영추가지원	665,300	4	4	5	5	7	5	1	1
2603	경기 평택시	남부복지타운운영지원	633,200	4	6	5	5	7	1	3	1
2604	경기 평택시	시니어클럽운영지원	525,000	4	6	5	5	7	1	3	1
2605	경기 평택시	사회적경제마을공동체지원센터운영	503,319	4	4	7	8	7	1	1	1
2606	경기 평택시	사회적경제마을공동체지원센터운영	503,319	4	4	7	8	7	1	1	1
2607	경기 평택시	학대피해아동쉼터운영지원	495,788	4	1	7	8	7	5	5	4
2608	경기 평택시	장당노동자복지회관운영	492,815	4	1	2	3	7	1	1	1
2609	경기 평택시	장애인일자리지원(복지일자리)(국비)	476,807	4	2	1	3	1	1	1	1
2610	경기 평택시	직장어린이집위탁운영	429,897	4	4	6	5	6	1	1	2
2611	경기 평택시	장애인회관운영	421,007	4	4	1	3	1	1	1	1
2612	경기 평택시	청소년쉼터운영지원(국비)	386,580	4	2	7	8	7	1	1	1
2613	경기 평택시	청소년문화의집운영지원	382,230	4	4	7	8	7	1	1	1
2614	경기 평택시	청소년상담복지센터지원	365,404	4	4	7	8	7	1	1	1
2615	경기 평택시	청년지원센터운영지원	321,298	4	4	1	2	2	1	1	1
2616	경기 평택시	2024년평택에코센터반입불가폐기물[폐매트리스]처리용역	304,950	4	4	2	1	1	1	4	2
2617	경기 평택시	환경교육센터운영및관리	300,000	4	1	5	3	6	1	1	3
2618	경기 평택시	포승노동자복지회관운영	282,645	4	1	2	3	7	1	1	1
2619	경기 평택시	평택시장학관운영	282,336	4	4	1,6	2	6	1	1	4
2620	경기 평택시	가정폭력피해자보호시설운영	216,140	4	4	1	5	1	1	1	3
2621	경기 평택시	청소년동반자프로그램운영(국비)	214,535	4	2	7	8	7	1	1	1
2622	경기 평택시	다함께돌봄센터운영비지원(국비)	195,400	4	2	5	5	1	3	1	1
2623	경기 평택시	성매매피해상담소운영	190,280	4	2	1	5	1	5	1	3
2624	경기 평택시	2024년평택에코센터반입불가폐기물[폐도자기등불연성류]처리용역	189,000	4	4	2	1	1	1	4	2
2625	경기 평택시	보훈회관위탁비	177,400	4	4	7	8	7	1	1	1
2626	경기 평택시	장애인가족지원센터운영	165,000	4	1	1	3	1	1	1	1
2627	경기 평택시	공공청소년수련시설청소년지도사배치지원	163,248	4	2	7	8	7	1	1	1
2628	경기 평택시	다함께돌봄센터인건비추가지원	157,048	4	6	5	5	1	3	1	1
2629	경기 평택시	청소년안전망구축사업(국비)	135,698	4	2	7	8	7	1	1	1
2630	경기 평택시	다함께돌봄센터돌봄인력지원	123,480	4	6	5	5	1	3	1	1
2631	경기 평택시	학대피해아동쉼터지원	120,680	4	1	7	8	7	5	5	4
2632	경기 평택시	호스피스및웰다잉문화조성사업	110,000	4	4	1	3	1	1	1	4
2633	경기 평택시	일자리센터취업프로그램지원	100,000	4	1	2	1	1	1	1	1
2634	경기 평택시	경기청년공간조성	100,000	4	6	1	2	2	5	1	1
2635	경기 평택시	청소년쉼터야간근무자배치지원	90,460	4	6	7	8	7	1	1	1
2636	경기 평택시	방학중어린이행복밥상지원	71,280	4	6	5	5	1	3	1	1
2637	경기 평택시	시군거점아동돌봄센터운영	69,445	4	6	5	5	1	3	1	1

순번	시군구	지출명 (사업명)	2024년예산 (단위 : 천원 /1년간)	민간이전 분류 (지방자치단체 세출예산 집행기준에 의거) 1. 민간경상사업보조(307-02) 2. 민간단체 법정운영비보조(307-03) 3. 민간행사사업보조(307-04) 4. 민간위탁금(307-05) 5. 사회복지시설 법정운영비보조(307-10) 6. 민간인위탁교육비(307-12) 7. 공기관등에대한경상적위탁사업비(308-13) 8. 민간자본사업보조,자체재원(402-01) 9. 민간자본사업보조,이전재원(402-02) 10. 민간위탁사업비(402-03) 11. 공기관등에 대한 자본적 위탁사업비(403-02)	민간이전지출 근거 (지방보조금 관리기준 참고) 1. 법률에 규정 2. 국고보조 재원(국가지정) 3. 용도 지정 기부금 4. 조례에 직접규정 5. 지자체가 권장하는 사업을 하는 공공기관 6. 시,도 정책 및 재정사정 7. 기타 8. 해당없음	입찰방식			운영예산 산정		성과평가 실시여부
						계약체결방법 (경쟁형태) 1. 일반경쟁 2. 제한경쟁 3. 지명경쟁 4. 수의계약 5. 법정위탁 6. 기타 ( ) 7. 없음	계약기간 1. 1년 2. 2년 3. 3년 4. 4년 5. 5년 6. 기타 ( )년 7. 단기계약 (1년미만) 8. 없음	낙찰자선정방법 1. 적격심사 2. 협상에의한계약 3. 최저가낙찰제 4. 규격가격분리 5. 2단계 경쟁입찰 6. 기타 ( ) 7. 없음	운영예산 산정 1. 내부산정 (지자체 자체적으로 산정) 2. 외부산정 (외부전문기관위탁 산정) 3. 내·외부 모두 산정 4. 산정 無 5. 없음	정산방법 1. 내부정산 (지자체 내부적으로 정산) 2. 외부정산 (외부전문기관위탁 정산) 3. 내·외부 모두 산정 4. 정산 無 5. 없음	1. 실시 2. 미실시 3. 향후 추진 4. 해당없음
2638	경기 평택시	가로기게양.관리위탁운영	64,160	4	8	7	2	7	1	1	4
2639	경기 평택시	사회적경제판로지원사업	62,000	4	4	7	8	7	1	1	1
2640	경기 평택시	사회적경제판로지원사업	62,000	4	4	7	8	7	1	1	1
2641	경기 평택시	청소년공부방운영지원	54,420	4	6	7	8	7	1	1	1
2642	경기 평택시	사회적경제창업지원사업	53,000	4	4	7	8	7	1	1	1
2643	경기 평택시	사회적경제창업지원사업	53,000	4	4	7	8	7	1	1	1
2644	경기 평택시	외국인복지센터지원	47,640	4	4	5	3	7	1	1	4
2645	경기 평택시	장애인복지일자리직무지도원파견	38,434	4	1	1	3	1	1	1	1
2646	경기 평택시	시설형긴급돌봄지원	35,286	4	6	5	5	1	3	1	1
2647	경기 평택시	아동돌봄프로그램지원	24,000	4	6	5	5	1	3	1	1
2648	경기 평택시	공정무역활성화지원사업	20,000	4	4	7	8	7	1	1	1
2649	경기 평택시	공정무역활성화지원사업	20,000	4	4	7	8	7	1	1	1
2650	경기 평택시	국가보훈대상자위안행사	20,000	4	1	7	8	7	1	1	1
2651	경기 평택시	독립운동사적지탐방	20,000	4	1	7	8	7	1	1	1
2652	경기 평택시	청소년쉼터이용청소년등지원사업	15,000	4	6	7	8	7	1	1	1
2653	경기 평택시	공공청소년수련시설청소년운영위원회운영지원	12,000	4	6	7	8	7	1	1	1
2654	경기 평택시	심폐소생술등응급처치교육비지원(국비)	8,000	4	4	6	7	1	1	1	4
2655	경기 동두천시	상수도사업위탁운영	14,500,000	4	1	7	8	7	3	3	4
2656	경기 동두천시	재활용분리배출활성화	1,830,205	4	1	2	1	1	2	1	1
2657	경기 동두천시	기초정신건강복지센터인력확충	999,091	4	2	5	3	1	5	3	1
2658	경기 동두천시	노인복지관운영	839,446	4	4	1	5	1	1	1	1
2659	경기 동두천시	자원화시설운영및관리	542,213	4	8	1	1	1	1	1	4
2660	경기 동두천시	공중화장실유지관리	430,000	4	1	7	2	7	1	1	4
2661	경기 동두천시	어린이급식관리지원센터설치운영	420,000	4	1	6	3	6	2	2	3
2662	경기 동두천시	폐기물적정처리사업	400,000	4	1	1	1	1	1	5	4
2663	경기 동두천시	두드림뮤직센터운영	382,861	4	1,4	1	2	2	1	1	3
2664	경기 동두천시	육아종합지원센터운영	319,706	4	1	7	8	7	5	5	4
2665	경기 동두천시	노인복지관운영	251,394	4	4	1	5	1	1	1	1
2666	경기 동두천시	장애인복지관운영	231,895	4	1	5	5	1	1	1	1
2667	경기 동두천시	청소년상담복지센터운영	225,919	4	1	7	8	7	1	1	1
2668	경기 동두천시	청년창업지원센터운영	210,000	4	4	7	8	7	5	5	4
2669	경기 동두천시	기초정신건강복지센터지원(정신건강복지센터운영)	164,634	4	2	5	3	1	5	3	1
2670	경기 동두천시	다함께돌봄센터인건비지원	109,470	4	2	1	5	1	1	1	4
2671	경기 동두천시	노인일자리및사회활동지원확대	109,323	4	1	5	1	1	3	3	4
2672	경기 동두천시	사회복지급식관리지원센터설치운영	100,000	4	1	6	3	6	2	2	3
2673	경기 동두천시	기초자살예방센터운영	84,852	4	1	5	3	1	5	3	1
2674	경기 동두천시	기초정신건강복지센터자살예방사업지원	74,072	4	2	5	3	1	5	3	1
2675	경기 동두천시	다함께돌봄센터인건비추가지원(도/시)	43,857	4	6	1	5	1	1	1	4
2676	경기 동두천시	수질및측정기기관리	35,000	4	8	1	1	1	1	5	4
2677	경기 동두천시	기초자살예방센터운영	34,246	4	1	5	3	1	5	3	1

순번	시군구	지출명 (사업명)	2024년예산 (단위 : 천원 /1년간)	민간이전 분류 (지방자치단체 세출예산 집행기준에 의거) 1. 민간경상사업보조(307-02) 2. 민간단체 법정운영비보조(307-03) 3. 민간행사사업보조(307-04) 4. 민간위탁금(307-05) 5. 사회복지시설 법정운영비보조(307-10) 6. 민간인위탁교육비(307-12) 7. 공기관등에대한경상적위탁사업비(308-13) 8. 민간자본사업보조,자체재원(402-01) 9. 민간자본사업보조,이전재원(402-02) 10. 민간위탁사업비(402-03) 11. 공기관등에 대한 자본적 위탁사업비(403-02)	민간이전지출 근거 (지방보조금 관리기준 참고) 1. 법률에 규정 2. 국고보조 재원(국가지정) 3. 용도 지정 기부금 4. 조례에 직접규정 5. 지자체가 권장하는 사업을 하는 공공기관 6. 시,도 정책 및 재정사정 7. 기타 8. 해당없음	입찰방식 계약체결방법 (경쟁형태) 1. 일반경쟁 2. 제한경쟁 3. 지명경쟁 4. 수의계약 5. 법정위탁 6. 기타 ( ) 7. 없음	입찰방식 계약기간 1. 1년 2. 2년 3. 3년 4. 4년 5. 5년 6. 기타 ( )년 7. 단기계약 (1년미만) 8. 없음	입찰방식 낙찰자선정방법 1. 적격심사 2. 협상에의한계약 3. 최저가낙찰제 4. 규격가격분리 5. 2단계 경쟁입찰 6. 기타 ( ) 7. 없음	운영예산 산정 운영예산 산정 1. 내부산정 (지자체 자체적으로 산정) 2. 외부산정 (외부전문기관위탁 산정) 3. 내·외부 모두 산정 4. 산정 無 5. 없음	운영예산 산정 정산방법 1. 내부정산 (지자체 내부적으로 정산) 2. 외부정산 (외부전문기관위탁 정산) 3. 내·외부 모두 산정 4. 정산 無 5. 없음	성과평가 실시여부 1. 실시 2. 미실시 3. 향후 추진 4. 해당없음
2678	경기 동두천시	자살예방및정신건강증진사업	30,540	4	2	5	3	1	5	3	1
2679	경기 동두천시	청년및노인정신건강증진	30,000	4	2	5	3	1	5	3	1
2680	경기 동두천시	정신질환자치료지원	23,284	4	1	5	3	1	5	3	1
2681	경기 동두천시	다함께돌봄센터운영시간연장사업인건비지원(균특)	17,640	4	2	7	8	7	5	5	4
2682	경기 동두천시	아동돌봄틈새서비스지원(다함께돌봄센터돌봄인력)	17,640	4	6	7	8	7	5	5	4
2683	경기 동두천시	청년및노인정신건강증진	17,564	4	2	5	3	1	5	3	1
2684	경기 동두천시	다함께돌봄센터운영비지원	16,000	4	2	1	5	1	1	1	4
2685	경기 동두천시	아동청소년정신건강증진	13,300	4	2	5	3	1	5	3	1
2686	경기 동두천시	다함께돌봄센터방학중행복밥상지원	11,880	4	6	7	8	7	5	5	4
2687	경기 동두천시	공공하수처리장운영	8,800	4	1	4	1	7	1	1	4
2688	경기 동두천시	정신질환자치료비지원(정신질환자조기치료지원)	6,256	4	2	5	3	1	5	3	1
2689	경기 동두천시	다함께돌봄센터운영시간연장사업운영비지원(균특)	6,000	4	2	7	8	7	5	5	4
2690	경기 동두천시	아동돌봄틈새서비스지원(아동돌봄프로그램)	4,800	4	6	7	8	7	5	5	4
2691	경기 동두천시	노인일자리및사회활동지원확대	2,677	4	1	5	1	1	3	3	4
2692	경기 안산시	자원회수시설위탁운영	8,598,090	4	4	2	3	2	2	1	1
2693	경기 안산시	음식물류폐기물자원화시설위탁운영	5,244,705	4	4	2	3	2	2	1	1
2694	경기 안산시	자활근로,지역자활센터및광역자활센터운영(자활근로사업)	3,124,444	4	2	7	8	7	5	1	1
2695	경기 안산시	안산시정신건강복지센터위탁운영	2,877,203	4	2	4	3	1	1	1	1
2696	경기 안산시	BTL3단계분할상환금(상반기)	2,558,000	4	7	1	6	2	2	2	1
2697	경기 안산시	안산시장애인복지관운영	2,301,152	4	6	1	5	1	1	1	1
2698	경기 안산시	안산시상록장애인복지관운영	2,194,239	4	6	1	5	1	1	1	1
2699	경기 안산시	안산시일자리센터위탁운영	1,709,614	4	4	6	2	6	1	1	1
2700	경기 안산시	평생학습관운영	1,379,691	4	4	7	3	7	1	1	2
2701	경기 안산시	어린이급식관리지원센터설치운영	1,365,000	4	2	1	3	1	3	3	1
2702	경기 안산시	화정영어마을운영위탁사업	1,344,170	4	4	4	3	1	1	1	1
2703	경기 안산시	자원봉사센터운영지원	1,300,000	4	4	7	8	7	1	1	2
2704	경기 안산시	육아종합지원센터운영지원	1,220,614	4	4	1	5	1	1	1	1
2705	경기 안산시	다함께돌봄센터인건비지원(기존설치)	1,140,288	4	1	1	5	1	1	1	3
2706	경기 안산시	청소년쉼터운영지원	998,678	4	2	5	3	1	1	1	3
2707	경기 안산시	근로자종합복지관위탁운영	968,889	4	4	1	5	1	1	1	1
2708	경기 안산시	자살예방센터위탁운영	953,675	4	1	1	3	6	1	3	1
2709	경기 안산시	안산시중독관리통합지원센터위탁운영	867,158	4	2	4	3	1	1	1	1
2710	경기 안산시	시청직장어린이집운영관리위탁사업	862,000	4	1	1	5	1	1	1	4
2711	경기 안산시	단원구노인복지관운영비(시비추가)	806,784	4	4	6	5	6	1	1	1
2712	경기 안산시	안산시마을만들기지원센터운영	700,000	4	4	6	3	6	1	1	1
2713	경기 안산시	상록구노인복지관운영비	570,000	4	4	6	5	6	1	1	1
2714	경기 안산시	단원구노인복지관운영비	570,000	4	4	6	5	6	1	1	1
2715	경기 안산시	경기내일스퀘어안산상상대로운영	526,226	4	4	1	3	6	1	1	1
2716	경기 안산시	노인일자리및사회활동지원(시니어클럽운영)	525,000	4	1	6	5	6	1	1	1
2717	경기 안산시	시설장애인자립지원	515,166	4	2	1	1	1	3	1	3

순번	시군구	지출명 (사업명)	2024년예산 (단위 : 천원 /1년간)	민간이전 분류 (지방자치단체 세출예산 집행기준에 의거) 1. 민간경상사업보조(307-02) 2. 민간단체 법정운영비보조(307-03) 3. 민간행사사업보조(307-04) 4. 민간위탁금(307-05) 5. 사회복지시설 법정운영비보조(307-10) 6. 민간인위탁교육비(307-12) 7. 공기관등에대한경상적위탁사업비(308-13) 8. 민간자본사업보조,자체재원(402-01) 9. 민간자본사업보조,이전재원(402-02) 10. 민간위탁사업비(402-03) 11. 공기관등에 대한 자본적 위탁사업비(403-02)	민간이전지출 근거 (지방보조금 관리기준 참고) 1. 법률에 규정 2. 국고보조 재원(국가지정) 3. 용도 지정 기부금 4. 조례에 직접규정 5. 지자체가 권장하는 사업을 하는 공공기관 6. 시,도 정책 및 재정사정 7. 기타 8. 해당없음	입찰방식			운영예산 산정		성과평가 실시여부
						계약체결방법 (경쟁형태) 1. 일반경쟁 2. 제한경쟁 3. 지명경쟁 4. 수의계약 5. 법정위탁 6. 기타 ( ) 7. 없음	계약기간 1. 1년 2. 2년 3. 3년 4. 4년 5. 5년 6. 기타 ( )년 7. 단기계약 (1년미만) 8. 없음	낙찰자선정방법 1. 적격심사 2. 협상에의한계약 3. 최저가낙찰제 4. 규격가격분리 5. 2단계 경쟁입찰 6. 기타 ( ) 7. 없음	운영예산 산정 1. 내부산정 (지자체 자체적으로 산정) 2. 외부산정 (외부전문기관위탁 산정) 3. 내·외부 모두 산정 4. 산정 無 5. 없음	정산방법 1. 내부정산 (지자체 내부적으로 정산) 2. 외부정산 (외부전문기관위탁 정산) 3. 내·외부 모두 산정 4. 정산 無 5. 없음	1. 실시 2. 미실시 3. 향후 추진 4. 해당없음
2718	경기 안산시	안산시글로벌청소년센터운영지원	513,830	4	4	6	3	6	1	1	1
2719	경기 안산시	비정규직노동자지원센터위탁운영	504,717	4	4	1	3	1	1	1	1
2720	경기 안산시	직장보육시설운영	503,200	4	1	1	5	6	1	1	1
2721	경기 안산시	청소년상담복지센터운영	495,024	4	4	1	3	1	1	1	1
2722	경기 안산시	구청어린이집운영관리위탁사업	480,000	4	4	7	5	6	1	1	1
2723	경기 안산시	외국인주민상담지원센터운영	437,255	4	4	1	3	1	1	1	1
2724	경기 안산시	상록구노인복지관운영비(시비추가)	401,781	4	4	6	5	6	1	1	1
2725	경기 안산시	고려인문화센터운영	384,408	4	4	1	3	1	1	1	1
2726	경기 안산시	청소년동반자프로그램운영지원	322,515	4	2	5	3	1	1	1	1
2727	경기 안산시	산단근로자복지관위탁운영	306,523	4	4	1	5	1	1	1	1
2728	경기 안산시	공공급식지원및관리강화	300,000	4	2	1	3	1	3	3	1
2729	경기 안산시	관광안내소운영	275,098	4	4	1	3	1	1	1	1
2730	경기 안산시	로컬푸드직매장운영	275,000	4	4	7	8	7	5	1	4
2731	경기 안산시	안산글로벌다문화센터시설관리	270,000	4	4	5	3	7	1	1	2
2732	경기 안산시	노동자작업복세탁소위탁운영비	267,200	4	4	1	3	7	1	1	3
2733	경기 안산시	청소년쉼터야간근무자배치지원	254,020	4	6	1	3	1	1	1	3
2734	경기 안산시	장애인맞춤형도우미운영보조	221,186	4	1	5	8	7	3	1	4
2735	경기 안산시	시군학교밖청소년지원사업(기금/지원)	216,317	4	2	5	3	1	1	1	1
2736	경기 안산시	건강가정및다문화가족지원센터운영	210,400	4	4	5	3	7	1	1	1
2737	경기 안산시	공공체육시설(호수체육관등)위탁운영비	210,000	4	4	7	8	7	1	1	1
2738	경기 안산시	무한돌봄센터운영	195,663	4	6	1	2	1	2	1	1
2739	경기 안산시	무한돌봄센터운영	195,663	4	6	1	2	1	2	1	1
2740	경기 안산시	무한돌봄센터운영	195,663	4	6	1	2	1	2	1	1
2741	경기 안산시	무한돌봄센터운영	195,663	4	6	1	2	1	2	1	1
2742	경기 안산시	무한돌봄센터운영	195,663	4	6	1	2	1	2	1	1
2743	경기 안산시	다함께돌봄센터돌봄인력지원	194,040	4	1	1	5	1	1	1	3
2744	경기 안산시	수암보건지소업무대행의사(일반의한방의)인건비	184,264	4	1	7	8	7	1	1	1
2745	경기 안산시	다함께돌봄센터운영비지원(기존설치)	180,000	4	1	1	5	1	1	1	3
2746	경기 안산시	교육국제화특구	180,000	4	4	1	6	1	1	1	3
2747	경기 안산시	유기동물구조보호	180,000	4	6	1	2	1	1	1	3
2748	경기 안산시	여성노동자복지센터운영지원	167,760	4	4	6	3	1	1	1	1
2749	경기 안산시	학교밖청소년맞춤형프로그램운영지원	160,437	4	6	5	3	1	1	1	1
2750	경기 안산시	로컬푸드직매장운영	130,000	4	4	7	8	7	5	1	4
2751	경기 안산시	예방접종지원사업	118,807	4	5	1	1	1	1	1	4
2752	경기 안산시	장애인이동기기수리지원	108,754	4	4	1	3	1	1	1	1
2753	경기 안산시	다함께돌봄센터방학중어린이행복밥상지원	106,920	4	1	1	5	1	1	1	3
2754	경기 안산시	다문화작은도서관운영지원	104,312	4	4	1	3	1	1	1	1
2755	경기 안산시	석수골작은도서관운영지원	102,887	4	4	1	3	1	1	1	1
2756	경기 안산시	사이동꿈을키우는작은도서관운영지원	102,723	4	4	1	3	1	1	1	1
2757	경기 안산시	청소년통합지원체계구축(위기지원)	102,000	4	2	5	3	1	1	1	1

순번	시군구	지출명 (사업명)	2024년예산 (단위 : 천원 /1년간)	민간이전 분류 (지방자치단체 세출예산 집행기준에 의거) 1. 민간경상사업보조(307-02) 2. 민간단체 법정운영비보조(307-03) 3. 민간행사사업보조(307-04) 4. 민간위탁금(307-05) 5. 사회복지시설 법정운영비보조(307-10) 6. 민간인위탁교육비(307-12) 7. 공기관등에대한경상적위탁사업비(308-13) 8. 민간자본사업보조,자체재원(402-01) 9. 민간자본사업보조,이전재원(402-02) 10. 민간위탁사업비(402-03) 11. 공기관등에 대한 자본적 위탁사업비(403-02)	민간이전지출 근거 (지방보조금 관리기준 참고) 1. 법률에 규정 2. 국고보조 재원(국가지정) 3. 용도 지정 기부금 4. 조례에 직접규정 5. 지자체가 권장하는 사업을 하는 공공기관 6. 시,도 정책 및 재정사정 7. 기타 8. 해당없음	입찰방식 계약체결방법 (경쟁형태) 1. 일반경쟁 2. 제한경쟁 3. 지명경쟁 4. 수의계약 5. 법정위탁 6. 기타 ( ) 7. 없음	입찰방식 계약기간 1. 1년 2. 2년 3. 3년 4. 4년 5. 5년 6. 기타 ( )년 7. 단기계약 (1년미만) 8. 없음	입찰방식 낙찰자선정방법 1. 적격심사 2. 협상에의한계약 3. 최저가낙찰제 4. 규격가격분리 5. 2단계 경쟁입찰 6. 기타 ( ) 7. 없음	운영예산 산정 운영예산 산정 1. 내부산정 (지자체 자체적으로 산정) 2. 외부산정 (외부전문기관위탁 산정) 3. 내·외부 모두 산정 4. 산정 無 5. 없음	운영예산 산정 정산방법 1. 내부정산 (지자체 내부적으로 정산) 2. 외부정산 (외부전문기관위탁 정산) 3. 내·외부 모두 산정 4. 정산 無 5. 없음	성과평가 실시여부 1. 실시 2. 미실시 3. 향후 추진 4. 해당없음
2758	경기 안산시	신길샛별작은도서관운영지원	100,866	4	4	1	3	1	1	1	1
2759	경기 안산시	치과진료사업지원	97,433	4	7	1	1	1	1	1	1
2760	경기 안산시	생태관광지역지정육성(국비)	90,000	4	2	7	8	7	5	5	4
2761	경기 안산시	건강가정및다문화가족지원센터운영(시비추가)	90,000	4	4	5	3	7	1	1	2
2762	경기 안산시	다함께돌봄센터인건비추가지원	88,477	4	1	1	5	1	1	1	3
2763	경기 안산시	경기안산녹색구매지원센터	88,000	4	2	5	1	1	2	1	1
2764	경기 안산시	업무대행인건비(내과의)	85,763	4	4	7	8	7	5	5	4
2765	경기 안산시	한부모가정일가정양립가사서비스지원	74,000	4	4	6	3	1	1	1	1
2766	경기 안산시	다함께돌봄센터인건비지원(신규설치)	73,272	4	1	1	5	1	1	1	3
2767	경기 안산시	대부지역시립어린이집운영비지원	73,000	4	4	7	8	7	5	5	2
2768	경기 안산시	안산시장애인복지관운영	70,000	4	6	1	5	1	1	1	1
2769	경기 안산시	안산시상록장애인복지관운영	70,000	4	6	1	5	1	1	1	1
2770	경기 안산시	거점아동돌봄센터운영	69,445	4	1	1	5	1	1	1	3
2771	경기 안산시	육아종합지원센터경기도형보육컨설턴트사업지원	66,052	4	6	1	5	1	1	1	1
2772	경기 안산시	외국인주민한국어교육	60,000	4	4	6	1	6	1	1	1
2773	경기 안산시	육아종합지원센터영유아발달지원상담원배치	53,700	4	6	1	5	1	1	1	1
2774	경기 안산시	육아종합지원센터놀이지도사배치	45,660	4	6	1	5	1	1	1	1
2775	경기 안산시	학교밖청소년활동지원	41,500	4	6	5	3	1	1	1	1
2776	경기 안산시	외식사업아카데미	40,000	4	4	1	3	6	1	1	3
2777	경기 안산시	외식사업아카데미	40,000	4	4	1	3	6	1	1	3
2778	경기 안산시	아동돌봄프로그램지원	38,400	4	1	1	5	1	1	1	3
2779	경기 안산시	시설형긴급돌봄지원	35,284	4	1	1	5	1	1	1	3
2780	경기 안산시	육아종합지원센터부모교육지원	34,000	4	6	1	5	1	1	1	1
2781	경기 안산시	청소년쉼터이용청소년등지원	30,000	4	6	1	3	1	1	1	3
2782	경기 안산시	유기동물관리수준개선	28,000	4	2	1	2	1	1	1	1
2783	경기 안산시	노인일자리및사회활동지원(시니어클럽운영)(시비추가)	21,896	4	1	6	5	6	1	1	1
2784	경기 안산시	학교밖청소년학습지원	20,000	4	6	5	3	1	1	1	1
2785	경기 안산시	시군학교밖청소년급식비지원사업	19,039	4	2	5	3	1	1	1	1
2786	경기 안산시	다함께돌봄사업추진(자체)(기존설치)	18,000	4	1	1	5	1	1	1	3
2787	경기 안산시	청소년쉼터운영지원(시비추가)	13,440	4	6	1	3	1	1	1	3
2788	경기 안산시	학교밖청소년자립지원수당(자체/지원)	12,200	4	6	5	3	1	1	1	1
2789	경기 안산시	다함께돌봄센터운영비지원(신규설치)	12,000	4	1	1	5	1	1	1	3
2790	경기 안산시	업무대행퇴직금(내과의)	7,147	4	4	7	8	7	5	5	4
2791	경기 안산시	다함께돌봄사업추진(자체)(신규설치)	1,200	4	1	1	5	1	1	1	3
2792	경기 안산시	모니터링활동비지원	950	4	6	7	8	7	5	5	4
2793	경기 안산시	고혈압당뇨병등록교육센터위탁운영	500,000	4	2	6	2	6	5	3	1
2794	경기 안산시	안산문화원사위탁운영	473,803	4	1	5	3	6	1	1	1
2795	경기 안산시	예방접종사업업무대행의사보수	115,553	4	7	1	1	1	1	1	1
2796	경기 고양시	아이돌봄사업	8,829,004	4	1	5	3	7	1	1	3
2797	경기 고양시	가로청소대행사업비	4,358,072	4	1	1	2	1	1	1	2

순번	시군구	지출명 (사업명)	2024년예산 (단위 : 천원 /1년간)	민간이전 분류 (지방자치단체 세출예산 집행기준에 의거) 1. 민간경상사업보조(307-02) 2. 민간단체 법정운영비보조(307-03) 3. 민간행사사업보조(307-04) 4. 민간위탁금(307-05) 5. 사회복지시설 법정운영비보조(307-10) 6. 민간인위탁교육비(307-12) 7. 공기관등에대한경상적위탁사업비(308-13) 8. 민간자본사업보조,자체재원(402-01) 9. 민간자본사업보조,이전재원(402-02) 10. 민간위탁사업비(402-03) 11. 공기관등에 대한 자본적 위탁사업비(403-02)	민간이전지출 근거 (지방보조금 관리기준 참고) 1. 법률에 규정 2. 국고보조 재원(국가지정) 3. 용도 지정 기부금 4. 조례에 직접규정 5. 지자체가 권장하는 사업을 하는 공공기관 6. 시,도 정책 및 재정사정 7. 기타 8. 해당없음	입찰방식 계약체결방법 (경쟁형태) 1. 일반경쟁 2. 제한경쟁 3. 지명경쟁 4. 수의계약 5. 법정위탁 6. 기타 ( ) 7. 없음	입찰방식 계약기간 1. 1년 2. 2년 3. 3년 4. 4년 5. 5년 6. 기타 ( )년 7. 단기계약 (1년미만) 8. 없음	입찰방식 낙찰자선정방법 1. 적격심사 2. 협상에의한계약 3. 최저가낙찰제 4. 규격가격분리 5. 2단계 경쟁입찰 6. 기타 ( ) 7. 없음	운영예산 산정 운영예산 산정 1. 내부산정 (지자체 자체적으로 산정) 2. 외부산정 (외부전문기관위탁 산정) 3. 내·외부 모두 산정 4. 산정 無 5. 없음	운영예산 산정 정산방법 1. 내부정산 (지자체 내부적으로 정산) 2. 외부정산 (외부전문기관위탁 정산) 3. 내·외부 모두 산정 4. 정산 無 5. 없음	성과평가 실시여부 1. 실시 2. 미실시 3. 향후 추진 4. 해당없음
2798	경기 고양시	사회복지관운영비(덕양행신종합사회복지관운영)	2,932,155	4	1	1	5	1	1	1	1
2799	경기 고양시	노인복지관운영지원	2,726,000	4	1,4	1	5	1	1	1	3
2800	경기 고양시	정신건강복지센터위탁운영	2,648,243	4	2	5	5	1	1	1	3
2801	경기 고양시	노인복지관운영지원	2,522,000	4	1,4	1	5	1	1	1	3
2802	경기 고양시	지방육아종합지원센터운영	1,600,000	4	1	2	5	1	1	1	1
2803	경기 고양시	노인복지관운영지원	1,548,000	4	1,4	1	5	1	1	1	3
2804	경기 고양시	사회복지관운영비(일산종합사회복지관운영)	1,412,131	4	1	1	5	1	1	1	1
2805	경기 고양시	사회복지관운영비(흰돌종합사회복지관운영)	1,350,423	4	1	1	5	1	1	1	1
2806	경기 고양시	자살예방센터위탁운영	1,271,387	4	2	5	5	1	1	1	3
2807	경기 고양시	사회복지관운영비(문촌9종합사회복지관운영)	1,223,042	4	1	1	5	1	1	1	1
2808	경기 고양시	사회복지관운영비(원당종합사회복지관운영)	1,218,500	4	1	1	5	1	1	1	1
2809	경기 고양시	사회복지관운영비(문촌7종합사회복지관운영)	1,162,260	4	1	1	5	1	1	1	1
2810	경기 고양시	아동청소년정신건강복지센터위탁운영	1,042,380	4	2	5	5	1	1	1	3
2811	경기 고양시	고양시청직장어린이집운영	1,026,000	4	1	1	5	1	1	1	4
2812	경기 고양시	직장보육시설운영	964,000	4	1	6	5	6	1	1	4
2813	경기 고양시	일산동구청직장어린이집운영	763,000	4	1	6	5	6	1	1	2
2814	경기 고양시	수질복원센터수질TMS관리운영위탁(6개소)및유지관리비	670,000	4	1	2	2	1	1	1	4
2815	경기 고양시	사회복지관운영비(원흥종합사회복지관운영)	651,500	4	1	1	5	1	1	1	1
2816	경기 고양시	일산서구청직장어린이집운영	651,000	4	1	6	5	6	1	1	2
2817	경기 고양시	사회복지관운영비(향동종합사회복지관운영)	647,500	4	1	1	5	1	1	1	1
2818	경기 고양시	사회복지관운영비(지축종합사회복지관운영)	636,353	4	1	1	5	1	1	1	1
2819	경기 고양시	다함께돌봄센터인건비지원	633,680	4	1	2	5	1	1	1	3
2820	경기 고양시	다문화가족자녀지원사업	536,626	4	1	5	3	7	1	1	3
2821	경기 고양시	동종합복지회관운영비(삼송동종합복지회관운영비)	426,466	4	1	1	3	1	1	1	1
2822	경기 고양시	다문화가족특화사업	423,804	4	1	5	3	7	1	1	3
2823	경기 고양시	동종합복지회관운영비(고봉동종합복지회관운영비)	393,000	4	1	1	3	1	1	1	1
2824	경기 고양시	동종합복지회관운영비(내유동종합복지회관운영비)	353,800	4	1	1	3	1	1	1	1
2825	경기 고양시	중장기청소년쉼터운영지원	307,843	4	1	5	3	1	5	1	3
2826	경기 고양시	고양시노동권익센터운영	300,000	4	4	7	1	7	1	1	2
2827	경기 고양시	중독관리통합지원센터위탁운영	295,077	4	2	5	5	1	1	1	3
2828	경기 고양시	어린이집확충	280,000	4	1	7	8	7	1	1	4
2829	경기 고양시	청소년쉼터야간근무자배치지원	257,461	4	1	5	3	1	5	1	3
2830	경기 고양시	고양시건강가정지원센터운영지원	231,700	4	1	5	3	7	1	1	3
2831	경기 고양시	가정폭력피해자보호시설운영	231,073	4	1	5	3	1	1	1	1
2832	경기 고양시	다문화가족지원센터운영지원	210,400	4	1	5	3	7	1	1	3
2833	경기 고양시	민간위탁작은도서관운영지원	205,070	4	4,6	1	3	6	5	1	1
2834	경기 고양시	기업애로상담지원센터운영	200,000	4	4	5	1	1	1	1	1
2835	경기 고양시	신중년캠퍼스운영	200,000	4	2	7	7	7	1	1	4
2836	경기 고양시	공동육아나눔터운영지원	170,136	4	1	5	3	7	1	1	3
2837	경기 고양시	고양여성노동자복지센터운영	167,760	4	4	1	1	1	5	1	1

순번	시군구	지출명 (사업명)	2024년예산 (단위 : 천원 /1년간)	민간이전 분류 (지방자치단체 세출예산 집행기준에 의거) 1. 민간경상사업보조(307-02) 2. 민간단체 법정운영비보조(307-03) 3. 민간행사사업보조(307-04) 4. 민간위탁금(307-05) 5. 사회복지시설 법정운영비보조(307-10) 6. 민간인위탁교육비(307-12) 7. 공기관등에대한경상적위탁사업비(308-13) 8. 민간자본사업보조,자체재원(402-01) 9. 민간자본사업보조,이전재원(402-02) 10. 민간위탁사업비(402-03) 11. 공기관등에 대한 자본적 위탁사업비(403-02)	민간이전지출 근거 (지방보조금 관리기준 참고) 1. 법률에 규정 2. 국고보조 재원(국가지정) 3. 용도 지정 기부금 4. 조례에 직접규정 5. 지자체가 권장하는 사업을 하는 공공기관 6. 시,도 정책 및 재정사정 7. 기타 8. 해당없음	입찰방식 계약체결방법 (경쟁형태) 1. 일반경쟁 2. 제한경쟁 3. 지명경쟁 4. 수의계약 5. 법정위탁 6. 기타 ( ) 7. 없음	입찰방식 계약기간 1. 1년 2. 2년 3. 3년 4. 4년 5. 5년 6. 기타 ( )년 7. 단기계약 (1년미만) 8. 없음	입찰방식 낙찰자선정방법 1. 적격심사 2. 협상에의한계약 3. 최저가낙찰제 4. 규격가격분리 5. 2단계 경쟁입찰 6. 기타 ( ) 7. 없음	운영예산 산정 운영예산 산정 1. 내부산정 (지자체 자체적으로 산정) 2. 외부산정 (외부전문기관위탁 산정) 3. 내·외부 모두 산정 4. 산정 無 5. 없음	운영예산 산정 정산방법 1. 내부정산 (지자체 내부적으로 정산) 2. 외부정산 (외부전문기관위탁 정산) 3. 내·외부 모두 산정 4. 정산 無 5. 없음	성과평가 실시여부 1. 실시 2. 미실시 3. 향후 추진 4. 해당없음
2838	경기 고양시	고양시KB국민은행배움누리지원	162,397	4	1	1	3	1	1	1	1
2839	경기 고양시	학교돌봄터인건비지원	161,472	4	6	2	5	1	1	1	3
2840	경기 고양시	다함께돌봄센터운영비지원	149,000	4	1	2	5	1	1	1	3
2841	경기 고양시	취약,위기가족통합지원(건가)	147,760	4	1	5	3	7	1	1	3
2842	경기 고양시	여성창업지원센터운영	120,000	4	4	2	3	1	1	1	1
2843	경기 고양시	경기도형보육컨설턴트	108,822	4	1	2	5	1	1	1	1
2844	경기 고양시	다함께돌봄센터인건비추가지원	104,347	4	1	2	5	1	1	1	3
2845	경기 고양시	고양시치매노인주간보호센터운영	83,700	4	1	5	5	7	1	1	4
2846	경기 고양시	개방공유형여성창업지원플랫폼(꿈마루)운영	80,000	4	6	7	8	7	1	1	1
2847	경기 고양시	취약위기가족통합지원(다가)	74,030	4	1	5	3	7	1	1	3
2848	경기 고양시	학교돌봄터운영비지원	72,000	4	6	2	5	1	1	1	3
2849	경기 고양시	아이돌보미영아돌봄수당지원	69,900	4	1	5	3	7	1	1	3
2850	경기 고양시	지역사회건강조사조사분석위탁운영	68,972	4	2	7	7	7	3	3	1
2851	경기 고양시	지역사회건강조사조사분석위탁운영	68,972	4	2	7	7	7	3	3	1
2852	경기 고양시	결혼이민자취업지원	64,850	4	1	5	3	7	1	1	3
2853	경기 고양시	가정폭력피해자보호시설추가인건비지원	61,571	4	6	7	8	7	1	1	4
2854	경기 고양시	시군육아종합지원센터영유아발달지원상담원배치	53,700	4	1	2	5	1	1	1	1
2855	경기 고양시	고양시다문화가족지원센터운영수당	50,000	4	1	5	3	7	1	1	3
2856	경기 고양시	다함께돌봄센터방학중어린이행복밥상지원	47,520	4	1	2	5	1	1	1	3
2857	경기 고양시	시군육아종합지원센터놀이지도사배치	45,660	4	1	2	5	1	1	1	1
2858	경기 고양시	폭력피해여성주거지원운영지원	42,560	4	2	5	3	1	1	1	1
2859	경기 고양시	학교돌봄터인건비추가지원	35,347	4	6	2	5	1	1	1	3
2860	경기 고양시	지방육아종합지원센터운영(부모교육공통사업)	34,000	4	1	2	5	1	1	1	1
2861	경기 고양시	지역주민인식개선을위한문화다양성이해교육	30,000	4	1	5	3	7	1	1	3
2862	경기 고양시	고양시건강가정지원센터운영수당	30,000	4	1	5	3	7	1	1	3
2863	경기 고양시	청소년쉼터특성화프로그램운영지원	30,000	4	1	5	3	1	5	1	3
2864	경기 고양시	택시운수종사자쉼터운영	29,500	4	4	6	5	6	1	1	4
2865	경기 고양시	결혼이민자한국어교육	27,000	4	1	5	3	7	1	1	3
2866	경기 고양시	결혼이민자역량강화지원	24,500	4	1	5	3	7	1	1	3
2867	경기 고양시	원능수질복원센터체육시설관리비	21,000	4	4	4	1	6	1	1	4
2868	경기 고양시	관산동마을행복창고운영	19,320	4	4	4	3	7	1	1	3
2869	경기 고양시	다함께돌봄센터아동돌봄프로그램지원	12,000	4	1	2	5	1	1	1	3
2870	경기 고양시	다문화가족캠프	10,200	4	1	5	3	7	1	1	3
2871	경기 고양시	민간위탁사업비	10,040	4	4,6	1	3	6	5	1	1
2872	경기 고양시	행복한가족프로그램	10,000	4	1	5	3	7	1	1	3
2873	경기 고양시	아이돌보미독감예방접종비	7,700	4	1	5	3	7	1	1	3
2874	경기 고양시	고양시티투어사업	2,750	4	4	7	3	7	1	1	4
2875	경기 과천시	자원정화센터운영위탁	7,308,000	4	4	2	3	2	2	1	4
2876	경기 과천시	장애인복지관운영	4,549,852	4	1	5	5	1	1	1	2
2877	경기 과천시	생활폐기물수집운반대행료	4,160,000	4	1	1	2	1	2	1	1

순번	시군구	지출명 (사업명)	2024년예산 (단위 : 천원 /1년간)	민간이전 분류 (지방자치단체 세출예산 집행기준에 의거)	민간이전지출 근거 (지방보조금 관리기준 참고)	입찰방식			운영예산 산정		성과평가 실시여부
				1. 민간경상사업보조(307-02) 2. 민간단체 법정운영비보조(307-03) 3. 민간행사사업보조(307-04) 4. 민간위탁금(307-05) 5. 사회복지시설 법정운영비보조(307-10) 6. 민간인위탁교육비(307-12) 7. 공기관등에대한경상적위탁사업비(308-13) 8. 민간자본사업보조,자체재원(402-01) 9. 민간자본사업보조,이전재원(402-02) 10. 민간위탁사업비(402-03) 11. 공기관등에 대한 자본적 위탁사업비(403-02)	1. 법률에 규정 2. 국고보조 재원(국가지정) 3. 용도 지정 기부금 4. 조례에 직접규정 5. 지자체가 권장하는 사업을 하는 공공기관 6. 시,도 정책 및 재정사정 7. 기타 8. 해당없음	계약체결방법 (경쟁형태) 1. 일반경쟁 2. 제한경쟁 3. 지명경쟁 4. 수의계약 5. 법정위탁 6. 기타 ( ) 7. 없음	계약기간 1. 1년 2. 2년 3. 3년 4. 4년 5. 5년 6. 기타 ( )년 7. 단기계약 (1년미만) 8. 없음	낙찰자선정방법 1. 적격심사 2. 협상에의한계약 3. 최저가낙찰제 4. 규격가격분리 5. 2단계 경쟁입찰 6. 기타 ( ) 7. 없음	운영예산 산정 1. 내부산정 (지자체 자체적으로 산정) 2. 외부산정 (외부전문기관위탁 산정) 3. 내·외부 모두 산정 4. 산정 無 5. 없음	정산방법 1. 내부정산 (지자체 내부적으로 정산) 2. 외부정산 (외부전문기관위탁 정산) 3. 내·외부 모두 산정 4. 정산 無 5. 없음	1. 실시 2. 미실시 3. 향후 추진 4. 해당없음
2878	경기 과천시	노인복지관지원	3,256,434	4	1	7	8	7	3	1	1
2879	경기 과천시	정신건강복지센터부설자살예방센터위탁운영	1,547,121	4	2	1	5	1	1	1	1
2880	경기 과천시	종합사회복지관운영	1,052,657	4	4	1	5	1	3	3	1
2881	경기 과천시	노면청소대행료	810,000	4	1	1	2	1	2	1	1
2882	경기 과천시	자원봉사센터운영	683,197	4	4	7	8	7	1	1	1
2883	경기 과천시	쓰레기집하장운영위탁	636,000	4	4	2	3	2	2	1	4
2884	경기 과천시	자원봉사활성화	554,246	4	2,4	7	8	7	1	1	1
2885	경기 과천시	창업지원센터운영	466,974	4	4	6	3	6	1	1	3
2886	경기 과천시	장애인주간보호시설운영(다누리센터)	458,400	4	1	5	5	6	1	1	4
2887	경기 과천시	과천시청직장어린이집운영	438,500	4	4	1	5	6	1	1	2
2888	경기 과천시	상권활성화센터운영	314,930	4	1	7	8	7	1	1	4
2889	경기 과천시	일자리센터운영	312,610	4	1	1	3	1	1	1	1
2890	경기 과천시	취업프로그램운영	283,709	4	1	1	3	1	1	1	1
2891	경기 과천시	어린이급식관리지원센터운영(연성대학교)	216,000	4	2	5	5	1	3	3	1
2892	경기 과천시	노인복지관민간위탁사업	165,384	4	1	7	8	7	1	1	1
2893	경기 과천시	저소득재가노인식사배달	87,750	4	6	7	8	7	3	1	1
2894	경기 과천시	경로식당취사원인건비	85,920	4	6	7	8	7	3	1	1
2895	경기 과천시	경로식당무료급식	80,256	4	6	7	8	7	3	1	1
2896	경기 과천시	지역사회건강조사	68,362	4	2	7	8	7	5	5	4
2897	경기 과천시	새일센터미지정지역운영	65,640	4	6	1	3	1	1	1	1
2898	경기 과천시	지역보건업무대행(예진의사)	20,304	4	4	7	8	7	1	1	2
2899	경기 과천시	숙련건설기술인력교육훈련	20,000	4	6	1	3	1	1	1	1
2900	경기 구리시	자원회수시설운영비	10,700,000	4	7	4	3	7	2	1	3
2901	경기 구리시	생활폐기물,대형폐기물,재활용품수집,운반대행비	7,000,448	4	1	4	3	7	2	2	1
2902	경기 구리시	아이돌봄지원	2,918,049	4	2	1	5	1	1	3	1
2903	경기 구리시	장애인복지관운영	2,246,979	4	1	1	5	1	1	3	1
2904	경기 구리시	음식물류폐기물처리대행비	2,219,200	4	7	6	1	6	2	4	4
2905	경기 구리시	자활근로사업(위탁사업)	1,546,426	4	2	5	1	7	5	5	4
2906	경기 구리시	재활용선별장운영비	1,445,477	4	5	4	3	7	2	1	3
2907	경기 구리시	주민편익시설민간위탁운영비	1,422,000	4	4	4	3	7	2	1	1
2908	경기 구리시	음식물류폐기물대행처리비(단독주택수거대행비)	1,331,218	4	1	4	3	7	2	2	1
2909	경기 구리시	구리시발달장애인평생교육센터운영	1,075,333	4	1	1	3	1	1	3	1
2910	경기 구리시	건강가정및다문화가족지원센터운영	987,930	4	2	1	5	1	1	1	1
2911	경기 구리시	자원봉사센터운영	893,000	4	4	7	8	7	1	1	1
2912	경기 구리시	기초정신건강복지센터인력지원(기존인력)	873,818	4	1	6	3	1	5	1	1
2913	경기 구리시	종합사회복지관위탁운영비	837,342	4	1	1	5	1	1	1	1
2914	경기 구리시	경로당식사도우미지원	813,420	4	1	7	8	7	4	1	3
2915	경기 구리시	구리시육아종합지원센터운영	682,692	4	1	5	5	1	1	1	1
2916	경기 구리시	장애인주간보호시설운영	672,355	4	1	1	5	1	1	1	1
2917	경기 구리시	음식물류폐기물대행처리비(공동주택수거대행비)	571,402	4	1	4	3	7	2	2	1

순번	시군구	지출명 (사업명)	2024년예산 (단위 : 천원 /1년간)	민간이전 분류 (지방자치단체 세출예산 집행기준에 의거) 1. 민간경상사업보조(307-02) 2. 민간단체 법정운영비보조(307-03) 3. 민간행사사업보조(307-04) 4. 민간위탁금(307-05) 5. 사회복지시설 법정운영비보조(307-10) 6. 민간인위탁교육비(307-12) 7. 공기관등에대한경상적위탁사업비(308-13) 8. 민간자본사업보조,자체재원(402-01) 9. 민간자본사업보조,이전재원(402-02) 10. 민간위탁사업비(402-03) 11. 공기관등에 대한 자본적 위탁사업비(403-02)	민간이전지출 근거 (지방보조금 관리기준 참고) 1. 법률에 규정 2. 국고보조 재원(국가지정) 3. 용도 지정 기부금 4. 조례에 직접규정 5. 지자체가 권장하는 사업을 하는 공공기관 6. 시,도 정책 및 재정사정 7. 기타 8. 해당없음	입찰방식 계약체결방법 (경쟁형태) 1. 일반경쟁 2. 제한경쟁 3. 지명경쟁 4. 수의계약 5. 법정위탁 6. 기타 ( ) 7. 없음	입찰방식 계약기간 1. 1년 2. 2년 3. 3년 4. 4년 5. 5년 6. 기타 ( )년 7. 단기계약 (1년미만) 8. 없음	입찰방식 낙찰자선정방법 1. 적격심사 2. 협상에의한계약 3. 최저가낙찰제 4. 규격가격분리 5. 2단계 경쟁입찰 6. 기타 ( ) 7. 없음	운영예산 산정 운영예산 산정 1. 내부산정 (지자체 자체적으로 산정) 2. 외부산정 (외부전문기관위탁 산정) 3. 내·외부 모두 산정 4. 산정 無 5. 없음	운영예산 산정 정산방법 1. 내부정산 (지자체 내부적으로 정산) 2. 외부정산 (외부전문기관위탁 정산) 3. 내·외부 모두 산정 4. 정산 無 5. 없음	성과평가 실시여부 1. 실시 2. 미실시 3. 향후 추진 4. 해당없음
2918	경기 구리시	어린이급식관리지원센터운영	525,000	4	2	1	3	1	5	3	1
2919	경기 구리시	직업상담사인건비지원	460,277	4	4	6	2	6	1	1	1
2920	경기 구리시	직장어린이집위탁운영지원금	420,899	4	1	1	6	1	1	1	1
2921	경기 구리시	노인무료급식지원(수택,인창,딸기원,새마을)	420,420	4	4	5	1	1	1	1	1
2922	경기 구리시	갈매사회복지관위탁운영비	417,544	4	1	1	5	1	1	1	1
2923	경기 구리시	장애인일자리지원(복지일자리)	400,794	4	1	1	1	1	1	1	3
2924	경기 구리시	학대피해아동쉼터운영지원	371,841	4	4	1	5	1	1	1	4
2925	경기 구리시	경기구리지역자활센터운영	351,581	4	2	7	8	7	5	5	4
2926	경기 구리시	아동보호전문기관인건비	339,480	4	1	1	5	1	1	1	4
2927	경기 구리시	청소년쉼터(여자)운영	323,244	4	2	6	3	6	5	1	4
2928	경기 구리시	청년내일센터위탁운영	272,000	4	4	6	3	6	1	1	1
2929	경기 구리시	음식물류폐기물운반대행비	250,828	4	1	4	3	7	2	2	1
2930	경기 구리시	장애인근로복지센터운영	246,708	4	1	1	5	1	1	1	1
2931	경기 구리시	기초자살예방센터인건비	223,830	4	1	6	3	1	5	1	1
2932	경기 구리시	구리시청소년성문화센터민간위탁금	212,300	4	6	6	6	6	1	1	3
2933	경기 구리시	정신질환자회복지원사업	208,000	4	1	6	3	1	5	1	1
2934	경기 구리시	보훈향군회관위탁운영	202,604	4	4	4	4	1	1	1	1
2935	경기 구리시	무한돌봄네트워크팀위탁운영비	197,610	4	6	1	4	1	1	1	3
2936	경기 구리시	장애인가족지원센터운영지원	165,000	4	1	1	5	1	1	1	1
2937	경기 구리시	생활폐기물수도권매립지운송수수료	158,233	4	1	4	3	7	2	5	1
2938	경기 구리시	기초정신건강복지센터자살예방사업지원	148,144	4	1	6	3	1	5	1	1
2939	경기 구리시	경기청년공간프로그램위탁운영	140,000	4	4	6	3	6	1	1	1
2940	경기 구리시	취업프로그램운영	136,800	4	4	6	2	6	1	1	1
2941	경기 구리시	노인무료급식지원(경로식당취사원인건비)	128,539	4	4	5	1	1	1	1	1
2942	경기 구리시	노인상담센터운영	121,005	4	4	7	1	1	1	1	1
2943	경기 구리시	기초정신건강복지센터인력지원(확충인력)	113,440	4	1	6	3	1	5	1	1
2944	경기 구리시	실버인력뱅크운영지원	113,000	4	1	5	5	1	1	1	1
2945	경기 구리시	다함께돌봄센터(4호)하나로인건비	108,249	4	1	1	5	1	1	1	4
2946	경기 구리시	구리전통시장공영주차장시설물관리위탁	100,000	4	1	4	3	7	1	1	2
2947	경기 구리시	기초정신건강복지센터지원	96,224	4	1	6	3	1	5	1	1
2948	경기 구리시	아동보호전문기관운영비	91,082	4	1	1	5	1	1	1	4
2949	경기 구리시	다함께돌봄센터(2호)행복주택인건비	90,661	4	1	1	5	1	1	1	4
2950	경기 구리시	청소년쉼터(여자)야간근무자배치지원사업	90,460	4	6	6	3	6	5	1	4
2951	경기 구리시	말라리아예방위탁사업비(보조사업)	86,295	4	2	1	3	1	1	1	3
2952	경기 구리시	다함께돌봄센터특기적성프로그램운영비	82,500	4	1	1	8	1	1	1	4
2953	경기 구리시	장애아재활치료교육센터운영	80,000	4	1	1	5	1	1	1	1
2954	경기 구리시	구리실버인력뱅크운영지원	78,750	4	1	5	5	1	1	1	1
2955	경기 구리시	다함께돌봄센터(1호)갈매인건비	77,510	4	1	1	6	1	1	1	4
2956	경기 구리시	경로식당(인창,수택,새마을)상근근로자인건비	77,423	4	4	5	1	1	1	1	1
2957	경기 구리시	다함께돌봄센터(3호)산마루인건비	73,074	4	1	1	5	1	1	1	4

순번	시군구	지출명 (사업명)	2024년예산 (단위 : 천원 /1년간)	민간이전 분류 (지방자치단체 세출예산 집행기준에 의거) 1. 민간경상사업보조(307-02) 2. 민간단체 법정운영비보조(307-03) 3. 민간행사사업보조(307-04) 4. 민간위탁금(307-05) 5. 사회복지시설 법정운영비보조(307-10) 6. 민간인위탁교육비(307-12) 7. 공기관등에대한경상적위탁사업비(308-13) 8. 민간자본사업보조,자체재원(402-01) 9. 민간자본사업보조,이전재원(402-02) 10. 민간위탁사업비(402-03) 11. 공기관등에 대한 자본적 위탁사업비(403-02)	민간이전지출 근거 (지방보조금 관리기준 참고) 1. 법률에 규정 2. 국고보조 재원(국가지정) 3. 용도 지정 기부금 4. 조례에 직접규정 5. 지자체가 권장하는 사업을 하는 공공기관 6. 시,도 정책 및 재정사정 7. 기타 8. 해당없음	입찰방식 계약체결방법 (경쟁형태) 1. 일반경쟁 2. 제한경쟁 3. 지명경쟁 4. 수의계약 5. 법정위탁 6. 기타 ( ) 7. 없음	입찰방식 계약기간 1. 1년 2. 2년 3. 3년 4. 4년 5. 5년 6. 기타 ( )년 7. 단기계약 (1년미만) 8. 없음	입찰방식 낙찰자선정방법 1. 적격심사 2. 협상에의한계약 3. 최저가낙찰제 4. 규격가격분리 5. 2단계 경쟁입찰 6. 기타 ( ) 7. 없음	운영예산 산정 운영예산 산정 1. 내부산정 (지자체 자체적으로 산정) 2. 외부산정 (외부전문기관위탁 산정) 3. 내·외부 모두 산정 4. 산정 無 5. 없음	운영예산 산정 정산방법 1. 내부정산 (지자체 내부적으로 정산) 2. 외부정산 (외부전문기관위탁 정산) 3. 내·외부 모두 산정 4. 정산 無 5. 없음	성과평가 실시여부 1. 실시 2. 미실시 3. 향후 추진 4. 해당없음
2958	경기 구리시	다함께돌봄센터(5호)오빌인건비	73,074	4	1	1	5	1	1	1	4
2959	경기 구리시	1인가구병원안심동행사업	71,100	4	2	1	5	1	1	1	1
2960	경기 구리시	지역사회건강조사민간위탁운영비	68,972	4	2	5	1	7	2	2	1
2961	경기 구리시	장애인맞춤형도우미운영	66,685	4	1	5	1	6	1	1	1
2962	경기 구리시	자원봉사센터코디네이터지원육성	66,400	4	4	7	8	7	1	1	1
2963	경기 구리시	기초자살예방센터운영지원	64,446	4	1	6	3	1	5	1	1
2964	경기 구리시	정신질환자치료비지원(도비사업)	60,672	4	1	6	3	1	5	1	1
2965	경기 구리시	노인무료급식추가지원(수택,인창,딸기원,새마을)	60,060	4	4	5	1	1	1	1	1
2966	경기 구리시	1인가구지원사업(경기도)	57,500	4	2	1	5	1	1	1	1
2967	경기 구리시	아동보호전문기관인건비추가지원	57,413	4	1	1	5	1	1	1	4
2968	경기 구리시	공동육아나눔터운영	56,712	4	2	1	5	1	1	1	1
2969	경기 구리시	사회복지급식관리지원센터	50,000	4	2	1	3	1	5	3	1
2970	경기 구리시	아동보호전문기관사업비	45,920	4	1	1	5	1	1	1	4
2971	경기 구리시	탈수급유지지원사업	42,850	4	2	5	1	7	5	5	4
2972	경기 구리시	자살예방및정신건강증진사업	40,720	4	1	6	3	1	5	1	1
2973	경기 구리시	학대피해아동쉼터지원	40,560	4	4	1	5	1	1	1	4
2974	경기 구리시	통장사례관리운영	37,220	4	2	5	1	7	5	5	4
2975	경기 구리시	거점사업전문인력인건비	35,845	4	1	1	6	1	1	1	4
2976	경기 구리시	아동보호전문기관도자체지원인건비	35,287	4	1	1	5	1	1	1	4
2977	경기 구리시	o 추가인력인건비	35,280	4	1	1	5	1	1	1	4
2978	경기 구리시	거점센터운영	30,000	4	1	1	6	1	1	1	4
2979	경기 구리시	청년마인드링크사업운영	30,000	4	1	6	3	1	5	1	1
2980	경기 구리시	다함께돌봄센터(4호)하나로운영비(자체)	24,000	4	1	1	5	1	1	1	4
2981	경기 구리시	아동보호전문기관종사자시간외근무수당	22,793	4	1	1	5	1	1	1	4
2982	경기 구리시	청년정신건강외래치료비지원	20,880	4	1	6	3	1	5	1	1
2983	경기 구리시	마음안심버스운영	20,000	4	1	6	3	1	5	1	1
2984	경기 구리시	가족센터운영비(전기요금등공공요금추가지원)	19,000	4	2	1	5	1	1	1	1
2985	경기 구리시	o 추가인력인건비	17,640	4	1	1	6	1	1	1	1
2986	경기 구리시	o 추가인력인건비	17,640	4	1	1	5	1	1	1	4
2987	경기 구리시	다함께돌봄센터(1호)갈매돌봄인력지원	17,640	4	1	1	6	1	1	1	4
2988	경기 구리시	다함께돌봄센터(2호)행복주택돌봄인력지원	17,640	4	1	1	5	1	1	1	4
2989	경기 구리시	다함께돌봄센터(3호)산마루돌봄인력지원	17,640	4	1	1	5	1	1	1	4
2990	경기 구리시	다함께돌봄센터(4호)하나로돌봄인력지원	17,640	4	1	1	5	1	1	1	4
2991	경기 구리시	다함께돌봄센터(5호)오빌돌봄인력지원	17,640	4	1	1	5	1	1	1	4
2992	경기 구리시	구리시민정원사양성기초과정민간위탁교육비	17,500	4	4	4	6	7	2	1	1
2993	경기 구리시	다함께돌봄센터(2호)행복주택운영비(자체)	15,600	4	1	1	5	1	1	1	4
2994	경기 구리시	학대피해아동쉼터인건비추가지원	15,272	4	4	1	5	1	1	1	4
2995	경기 구리시	지역주민인식개선을위한문화다양성이해교육	15,000	4	2	1	5	1	1	1	1
2996	경기 구리시	청소년쉼터(여자)이용청소년등지원	15,000	4	6	6	3	6	5	1	4
2997	경기 구리시	어르신행복지킴이사업	15,000	4	1	6	3	1	5	1	1

순번	시군구	지출명 (사업명)	2024년예산 (단위 : 천원 /1년간)	민간이전 분류 (지방자치단체 세출예산 집행기준에 의거) 1. 민간경상사업보조(307-02) 2. 민간단체 법정운영비보조(307-03) 3. 민간행사사업보조(307-04) 4. 민간위탁금(307-05) 5. 사회복지시설 법정운영비보조(307-10) 6. 민간인위탁교육비(307-12) 7. 공기관등에대한경상적위탁사업비(308-13) 8. 민간자본사업보조,자체재원(402-01) 9. 민간자본사업보조,이전재원(402-02) 10. 민간위탁사업비(402-03) 11. 공기관등에 대한 자본적 위탁사업비(403-02)	민간이전지출 근거 (지방보조금 관리기준 참고) 1. 법률에 규정 2. 국고보조 재원(국가지정) 3. 용도 지정 기부금 4. 조례에 직접규정 5. 지자체가 권장하는 사업을 하는 공공기관 6. 시,도 정책 및 재정사정 7. 기타 8. 해당없음	입찰방식 계약체결방법 (경쟁형태) 1. 일반경쟁 2. 제한경쟁 3. 지명경쟁 4. 수의계약 5. 법정위탁 6. 기타 ( ) 7. 없음	입찰방식 계약기간 1. 1년 2. 2년 3. 3년 4. 4년 5. 5년 6. 기타 ( )년 7. 단기계약 (1년미만) 8. 없음	입찰방식 낙찰자선정방법 1. 적격심사 2. 협상에의한계약 3. 최저가낙찰제 4. 규격가격분리 5. 2단계 경쟁입찰 6. 기타 ( ) 7. 없음	운영예산 산정 운영예산 산정 1. 내부산정 (지자체 자체적으로 산정) 2. 외부산정 (외부전문기관위탁 산정) 3. 내·외부 모두 산정 4. 산정 無 5. 없음	운영예산 산정 정산방법 1. 내부정산 (지자체 내부적으로 정산) 2. 외부정산 (외부전문기관위탁 정산) 3. 내·외부 모두 산정 4. 정산 無 5. 없음	성과평가 실시여부 1. 실시 2. 미실시 3. 향후 추진 4. 해당없음
2998	경기 구리시	아동청소년정신건강증진사업	13,300	4	1	6	3	1	5	1	1
2999	경기 구리시	야생동물구조치료사업	13,000	4	6	4	1	7	5	1	1
3000	경기 구리시	노인정신건강증진사업	12,450	4	1	6	3	1	5	1	1
3001	경기 구리시	정신질환자치료비지원(국비사업)	12,450	4	1	6	3	1	5	1	1
3002	경기 구리시	자활근로교육훈련센터운영	12,000	4	2	5	1	7	5	5	4
3003	경기 구리시	다함께돌봄센터(1호)갈매운영비	12,000	4	1	1	6	1	1	1	4
3004	경기 구리시	다함께돌봄센터(2호)행복주택운영비	12,000	4	1	1	5	1	1	1	4
3005	경기 구리시	다함께돌봄센터(3호)산마루운영비	12,000	4	1	1	5	1	1	1	4
3006	경기 구리시	다함께돌봄센터(4호)하나로운영비	12,000	4	1	1	5	1	1	1	4
3007	경기 구리시	다함께돌봄센터(5호)오빌운영비	12,000	4	1	1	5	1	1	1	4
3008	경기 구리시	다함께돌봄센터(1호)갈매운영비(자체)	12,000	4	1	1	6	1	1	1	4
3009	경기 구리시	다함께돌봄센터(3호)산마루운영비(자체)	12,000	4	1	1	5	1	1	1	4
3010	경기 구리시	다함께돌봄센터(5호)오빌운영비(자체)	12,000	4	1	1	5	1	1	1	4
3011	경기 구리시	전국통합자원봉사보험가입서비스지원	10,444	4	4	7	8	7	1	1	1
3012	경기 구리시	ㅇ시간외근무수당	10,176	4	1	1	6	1	1	1	4
3013	경기 구리시	행복한가족프로그램	10,000	4	2	1	5	1	1	1	1
3014	경기 구리시	내외국인이참여하는문화소통프로그램지원	9,933	4	2	1	5	1	1	1	1
3015	경기 구리시	결혼이민자역량강화교육(한국어,취업교육)	9,730	4	2	1	5	1	1	1	1
3016	경기 구리시	아동보호전문기관종사자명절휴가비	6,000	4	1	1	5	1	1	1	4
3017	경기 구리시	가족센터차량운영비	5,792	4	2	1	5	1	1	1	1
3018	경기 구리시	다함께돌봄센터종사자명절휴가비	5,313	4	1	1	8	1	1	1	4
3019	경기 구리시	ㅇ시간외근무수당	5,088	4	1	1	5	1	1	1	4
3020	경기 구리시	다문화아동이중언어교육지원	5,000	4	2	1	5	1	1	1	1
3021	경기 구리시	운영비	4,000	4	4	6	2	6	1	1	1
3022	경기 구리시	거점센터관리수당	3,600	4	1	1	6	1	1	1	4
3023	경기 구리시	학대피해아동쉼터종사자명절휴가비	3,600	4	4	1	5	1	1	1	4
3024	경기 구리시	다함께돌봄센터(3호)산마루시간외근무수당	2,544	4	1	1	5	1	1	1	4
3025	경기 구리시	ㅇ시간외근무수당	2,544	4	1	1	5	1	1	1	4
3026	경기 구리시	다함께돌봄센터(5호)오빌시간외근무수당	2,544	4	1	1	5	1	1	1	4
3027	경기 구리시	다함께돌봄센터(1호)갈매아동돌봄프로그램운영지원	2,400	4	1	1	6	1	1	1	4
3028	경기 구리시	다함께돌봄센터(2호)행복주택아동돌봄프로그램운영지원	2,400	4	1	1	5	1	1	1	4
3029	경기 구리시	다함께돌봄센터(3호)산마루아동돌봄프로그램운영지원	2,400	4	1	1	5	1	1	1	4
3030	경기 구리시	다함께돌봄센터(4호)하나로아동돌봄프로그램운영지원	2,400	4	1	1	5	1	1	1	4
3031	경기 구리시	다함께돌봄센터(5호)오빌아동돌봄프로그램운영지원	2,400	4	1	1	5	1	1	1	4
3032	경기 남양주시	생활폐기물위탁처리	12,600,000	4	6	1	1	1	1	1	2
3033	경기 남양주시	별내자동클린넷및클린센터운영	9,481,447	4	4	2	3	2	2	1	4
3034	경기 남양주시	아이돌봄지원	7,924,489	4	4	1	8	7	1	1	4
3035	경기 남양주시	청소대행사업	7,500,000	4	6	1	2	1	2	1	1
3036	경기 남양주시	교통약자이동지원센터운영	7,089,000	4	4	6	2	6	1	1	4
3037	경기 남양주시	음식물류폐기물위탁처리	6,500,000	4	1	1	4	2	1	1	2

순번	시군구	지출명 (사업명)	2024년예산 (단위 : 천원 /1년간)	민간이전 분류 (지방자치단체 세출예산 집행기준에 의거) 1. 민간경상사업보조(307-02) 2. 민간단체 법정운영비보조(307-03) 3. 민간행사사업보조(307-04) 4. 민간위탁금(307-05) 5. 사회복지시설 법정운영비보조(307-10) 6. 민간인위탁교육비(307-12) 7. 공기관등에대한경상적위탁사업비(308-13) 8. 민간자본사업보조,자체재원(402-01) 9. 민간자본사업보조,이전재원(402-02) 10. 민간위탁사업비(402-03) 11. 공기관등에 대한 자본적 위탁사업비(403-02)	민간이전지출 근거 (지방보조금 관리기준 참고) 1. 법률에 규정 2. 국고보조 재원(국가지정) 3. 용도 지정 기부금 4. 조례에 직접규정 5. 지자체가 권장하는 사업을 하는 공공기관 6. 시,도 정책 및 재정사정 7. 기타 8. 해당없음	입찰방식			운영예산 산정		성과평가 실시여부
						계약체결방법 (경쟁형태) 1. 일반경쟁 2. 제한경쟁 3. 지명경쟁 4. 수의계약 5. 법정위탁 6. 기타 ( ) 7. 없음	계약기간 1. 1년 2. 2년 3. 3년 4. 4년 5. 5년 6. 기타 ( )년 7. 단기계약 (1년미만) 8. 없음	낙찰자선정방법 1. 적격심사 2. 협상에의한계약 3. 최저가낙찰제 4. 규격가격분리 5. 2단계 경쟁입찰 6. 기타 ( ) 7. 없음	운영예산 산정 1. 내부산정 (지자체 자체적으로 산정) 2. 외부산정 (외부전문기관위탁 산정) 3. 내·외부 모두 산정 4. 산정 無 5. 없음	정산방법 1. 내부정산 (지자체 내부적으로 정산) 2. 외부정산 (외부전문기관위탁 정산) 3. 내·외부 모두 산정 4. 정산 無 5. 없음	1. 실시 2. 미실시 3. 향후 추진 4. 해당없음
3038	경기 남양주시	장애인복지관운영	4,738,432	4	1	6	5	1	5	5	1
3039	경기 남양주시	재활용품수집선별위탁처리	3,215,400	4	1	4	1	7	2	1	4
3040	경기 남양주시	자활근로사업	3,008,444	4	2	5	1	1	1	1	1
3041	경기 남양주시	육아종합지원센터운영	2,490,000	4	1	1	5	1	1	1	2
3042	경기 남양주시	권역별사회복지관(희망케어센터)운영	2,475,505	4	1	7	8	7	1	1	4
3043	경기 남양주시	노인복지관운영비	2,280,000	4	1	1	5	1	1	1	2
3044	경기 남양주시	생활도로미세먼지저감사업	2,000,000	4	6	2	1	1	1	1	1
3045	경기 남양주시	자원봉사센터운영지원	1,920,850	4	1	7	8	7	1	1	4
3046	경기 남양주시	장애인주간보호시설운영	1,812,217	4	1	6	5	1	5	5	1
3047	경기 남양주시	이석영뉴미디어도서관위탁운영	1,655,909	4	4	1	3	2	1	1	1
3048	경기 남양주시	어린이급식관리지원센터설치운영	1,575,000	4	2	1	5	1	1	1	1
3049	경기 남양주시	기초정신건강복지센터인력지원(기존인력)	1,410,437	4	1	1	3	7	1	1	1
3050	경기 남양주시	지역자율형사회서비스투자사업(지역사회서비스투자사업)	1,334,286	4	1	7	8	7	3	3	4
3051	경기 남양주시	장애인직업재활시설운영	1,133,699	4	1	6	5	1	5	5	1
3052	경기 남양주시	우한돌봄센터운영	1,030,003	4	1	7	8	7	1	1	4
3053	경기 남양주시	다함께돌봄센터인건비지원	969,500	4	2	1	5	1	1	1	4
3054	경기 남양주시	노인복지관운영비	925,000	4	1	7	5	7	1	1	2
3055	경기 남양주시	건강가정및다문화가족지원센터운영	853,500	4	6	1	5	7	1	1	4
3056	경기 남양주시	직원자녀보육지원	830,761	4	1	1	3	1	1	1	4
3057	경기 남양주시	일상돌봄서비스사업	742,858	4	1	4	1	1	1	1	3
3058	경기 남양주시	쓰레기봉투공급대행	720,000	4	4	6	1	7	1	1	4
3059	경기 남양주시	외국인복지센터운영비지원	642,354	4	6	1	5	7	1	1	4
3060	경기 남양주시	상상누리터운영지원	608,460	4	6	1	5	1	1	1	4
3061	경기 남양주시	청정계곡하천유지관리공동체위탁	598,950	4	6	7	8	7	5	5	4
3062	경기 남양주시	고혈압당뇨병등록관리사업	580,000	4	2	6	3	1	2	2	4
3063	경기 남양주시	다문화가족특성화사업	419,644	4	6	1	5	7	1	1	4
3064	경기 남양주시	시니어클럽운영	413,000	4	1	7	8	7	1	5	4
3065	경기 남양주시	학대피해아동쉼터운영지원	371,841	4	6	7	8	7	5	1	4
3066	경기 남양주시	노인복지관운영비	368,316	4	1	7	5	7	1	1	2
3067	경기 남양주시	열린(이동)도서관위탁운영	331,084	4	1	4	3	7	1	1	3
3068	경기 남양주시	기초정신건강복지센터지원	278,174	4	1	1	3	7	1	1	1
3069	경기 남양주시	기초정신건강복지센터인력지원(확충인력)	262,104	4	1	1	3	7	1	1	1
3070	경기 남양주시	재가노인복지시설운영	250,000	4	2	7	8	7	1	1	4
3071	경기 남양주시	보건의료기관운영(지역보건의료사업대행의사운영비)	245,714	4	4	7	2	7	1	5	4
3072	경기 남양주시	보건의료기관운영	245,714	4	4	6	1	6	1	1	2
3073	경기 남양주시	건강가정지원센터운영지원	231,700	4	6	1	5	7	1	1	4
3074	경기 남양주시	다함께돌봄센터인건비추가지원	225,120	4	6	1	5	1	1	1	4
3075	경기 남양주시	문화시설위탁운영	224,150	4	4	1	2	1	1	1	3
3076	경기 남양주시	장애인가족지원센터운영지원	220,000	4	6	5	3	7	1	1	1
3077	경기 남양주시	다함께돌봄센터돌봄인력지원	211,680	4	6	1	5	1	1	1	4

순번	시군구	지출명 (사업명)	2024년예산 (단위 : 천원 /1년간)	민간이전 분류 (지방자치단체 세출예산 집행기준에 의거) 1. 민간경상사업보조(307-02) 2. 민간단체 법정운영비보조(307-03) 3. 민간행사사업보조(307-04) 4. 민간위탁금(307-05) 5. 사회복지시설 법정운영비보조(307-10) 6. 민간인위탁교육비(307-12) 7. 공기관등에대한경상적위탁사업비(308-13) 8. 민간자본사업보조,자체재원(402-01) 9. 민간자본사업보조,이전재원(402-02) 10. 민간위탁사업비(402-03) 11. 공기관등에 대한 자본적 위탁사업비(403-02)	민간이전지출 근거 (지방보조금 관리기준 참고) 1. 법률에 규정 2. 국고보조 재원(국가지정) 3. 용도 지정 기부금 4. 조례에 직접규정 5. 지자체가 권장하는 사업을 하는 공공기관 6. 시,도 정책 및 재정사정 7. 기타 8. 해당없음	입찰방식 계약체결방법 (경쟁형태) 1. 일반경쟁 2. 제한경쟁 3. 지명경쟁 4. 수의계약 5. 법정위탁 6. 기타 ( ) 7. 없음	입찰방식 계약기간 1. 1년 2. 2년 3. 3년 4. 4년 5. 5년 6. 기타 ( )년 7. 단기계약 (1년미만) 8. 없음	입찰방식 낙찰자선정방법 1. 적격심사 2. 협상에의한계약 3. 최저가낙찰제 4. 규격가격분리 5. 2단계 경쟁입찰 6. 기타 ( ) 7. 없음	운영예산 산정 운영예산 산정 1. 내부산정 (지자체 자체적으로 산정) 2. 외부산정 (외부전문기관위탁 산정) 3. 내·외부 모두 산정 4. 산정 無 5. 없음	운영예산 산정 정산방법 1. 내부정산 (지자체 내부적으로 정산) 2. 외부정산 (외부전문기관위탁 정산) 3. 내·외부 모두 산정 4. 정산 無 5. 없음	성과평가 실시여부 1. 실시 2. 미실시 3. 향후 추진 4. 해당없음
3078	경기 남양주시	보훈회관운영	184,364	4	1	7	8	7	1	1	1
3079	경기 남양주시	지역사회통합돌봄사업	181,762	4	4	4	1	1	1	1	1
3080	경기 남양주시	장애인어울림평생학습지원	180,000	4	4	5	1	7	1	1	1
3081	경기 남양주시	동물사체처리	180,000	4	1	1	2	1	2	1	4
3082	경기 남양주시	동물보호관리사업	180,000	4	6	1	2	1	1	1	1
3083	경기 남양주시	청년마음건강센터	176,000	4	1	1	3	7	1	1	1
3084	경기 남양주시	기초자살예방센터인력지원	169,725	4	1	1	3	7	1	1	1
3085	경기 남양주시	정신질환자치료비지원(도비사업)	169,552	4	1	1	3	7	1	1	1
3086	경기 남양주시	다함께돌봄센터운영비지원	152,000	4	2	1	5	1	1	1	4
3087	경기 남양주시	노인상담사업	148,222	4	7	7	8	7	5	1	4
3088	경기 남양주시	기초정신건강복지센터자살예방사업지원	148,144	4	1	1	3	7	1	1	1
3089	경기 남양주시	지역사회통합돌봄사업	142,560	4	4	4	1	1	1	1	1
3090	경기 남양주시	동부보건센터운영	122,857	4	1	4	1	7	1	5	4
3091	경기 남양주시	지역사회통합돌봄사업	122,804	4	4	4	1	1	1	1	1
3092	경기 남양주시	노인복지관차량운영	119,400	4	1	7	5	7	1	1	2
3093	경기 남양주시	청년및노인정신건강증진사업	118,022	4	1	1	3	7	1	1	1
3094	경기 남양주시	실버인력뱅크지원	112,000	4	4	5	4	7	1	1	1
3095	경기 남양주시	지역자율형사회서비스투자사업(가사간병방문지원사업)	105,797	4	1	7	8	7	3	3	4
3096	경기 남양주시	다함께돌봄센터방학중행복밥상지원	95,040	4	6	1	5	1	1	1	4
3097	경기 남양주시	다함께돌봄센터운영비지원	94,500	4	2	1	5	1	1	1	4
3098	경기 남양주시	낙엽재활용위탁처리	92,400	4	1	7	8	7	5	5	4
3099	경기 남양주시	기초자살예방센터운영지원	88,247	4	1	1	3	7	1	1	1
3100	경기 남양주시	통장사례관리자운영	74,440	4	2	5	1	1	1	1	1
3101	경기 남양주시	시군육아종합지원센터경기도형보육컨설턴트인건비지원	73,188	4	6	5	8	7	5	5	2
3102	경기 남양주시	시군거점아동돌봄센터운영	69,445	4	6	1	5	1	1	1	4
3103	경기 남양주시	지역사회건강조사조사분석위탁운영	69,050	4	2	7	1	7	2	2	2
3104	경기 남양주시	지역사회건강조사조사분석위탁운영	68,286	4	2	7	1	7	2	1	4
3105	경기 남양주시	장애인맞춤형도우미운영	66,685	4	6	7	1	7	1	1	4
3106	경기 남양주시	자원봉사코디네이터지원육성	66,400	4	2	7	8	7	1	1	4
3107	경기 남양주시	아이돌보미영아돌봄수당지원사업	66,000	4	4	1	8	7	1	1	4
3108	경기 남양주시	노인일자리노후시설개선및신제품지원	60,000	4	1	7	8	7	1	1	4
3109	경기 남양주시	공공도서관개관시간연장지원사업	58,224	4	4	1	3	2	1	1	1
3110	경기 남양주시	공동육아나눔터운영지원	56,712	4	6	1	5	7	1	1	4
3111	경기 남양주시	소규모공동주택안전점검비용지원사업	56,000	4	6	7	8	7	5	5	4
3112	경기 남양주시	납부필증위탁판매	54,000	4	4	6	1	7	1	1	4
3113	경기 남양주시	시군육아종합지원센터영유아발달지원상담원배치	53,700	4	6	5	8	7	5	5	2
3114	경기 남양주시	노인복지관차량운영	50,000	4	1	7	5	7	1	1	2
3115	경기 남양주시	노인복지관차량운영	50,000	4	1	7	5	7	1	1	2
3116	경기 남양주시	묵현복지문화센터지원관리	47,100	4	4	4	3	7	1	1	1
3117	경기 남양주시	지역자율형사회서비스투자사업(청년마음건강지원사업)	46,620	4	2	7	8	7	5	5	4

순번	시군구	지출명 (사업명)	2024년예산 (단위 : 천원 /1년간)	민간이전 분류 (지방자치단체 세출예산 집행기준에 의거) 1. 민간경상사업보조(307-02) 2. 민간단체 법정운영비보조(307-03) 3. 민간행사사업보조(307-04) 4. 민간위탁금(307-05) 5. 사회복지시설 법정운영비보조(307-10) 6. 민간인위탁교육비(307-12) 7. 공기관등에대한경상적위탁사업비(308-13) 8. 민간자본사업보조,자체재원(402-01) 9. 민간자본사업보조,이전재원(402-02) 10. 민간위탁사업비(402-03) 11. 공기관등에 대한 자본적 위탁사업비(403-02)	민간이전지출 근거 (지방보조금 관리기준 참고) 1. 법률에 규정 2. 국고보조 재원(국가지정) 3. 용도 지정 기부금 4. 조례에 직접규정 5. 지자체가 권장하는 사업을 하는 공공기관 6. 시,도 정책 및 재정사정 7. 기타 8. 해당없음	입찰방식			운영예산 산정		성과평가 실시여부
						계약체결방법 (경쟁형태) 1. 일반경쟁 2. 제한경쟁 3. 지명경쟁 4. 수의계약 5. 법정위탁 6. 기타 ( ) 7. 없음	계약기간 1. 1년 2. 2년 3. 3년 4. 4년 5. 5년 6. 기타 ( )년 7. 단기계약 (1년미만) 8. 없음	낙찰자선정방법 1. 적격심사 2. 협상에의한계약 3. 최저가낙찰제 4. 규격가격분리 5. 2단계 경쟁입찰 6. 기타 ( ) 7. 없음	운영예산 산정 1. 내부산정 (지자체 자체적으로 산정) 2. 외부산정 (외부전문기관위탁 산정) 3. 내·외부 모두 산정 4. 산정 無 5. 없음	정산방법 1. 내부정산 (지자체 내부적으로 정산) 2. 외부정산 (외부전문기관위탁 정산) 3. 내·외부 모두 산정 4. 정산 無 5. 없음	1. 실시 2. 미실시 3. 향후 추진 4. 해당없음
3118	경기 남양주시	시군육아종합지원센터놀이지도사배치(전환사업)	45,660	4	6	5	8	7	5	5	2
3119	경기 남양주시	탈수급유지지원사업	42,850	4	2	5	1	1	1	1	1
3120	경기 남양주시	외국인복지센터지원	42,830	4	6	1	5	7	1	1	4
3121	경기 남양주시	학대피해아동쉼터지원	40,560	4	6	7	8	7	1	1	4
3122	경기 남양주시	학대피해아동쉼터인건비추가지원	40,396	4	6	7	8	7	1	1	4
3123	경기 남양주시	장애인가족지원프로그램지원	40,000	4	4	5	1	7	1	1	1
3124	경기 남양주시	청년및노인정신건강증진사업	40,000	4	1	1	3	7	1	1	1
3125	경기 남양주시	시군육아종합지원센터운영(전환사업)	34,000	4	6	5	8	7	5	5	2
3126	경기 남양주시	정신질환자치료비지원(국비사업)	31,948	4	1	1	3	7	1	1	1
3127	경기 남양주시	자활근로(사례관리)	31,477	4	2	5	1	1	1	1	1
3128	경기 남양주시	외국인복지센터통역지원	31,000	4	6	1	5	7	1	1	4
3129	경기 남양주시	자살예방및정신건강증진사업	30,540	4	1	1	3	7	1	1	1
3130	경기 남양주시	방문형긴급돌봄강화	30,100	4	4	1	8	7	1	1	4
3131	경기 남양주시	다함께돌봄센터아동돌봄프로그램지원	28,800	4	6	1	5	1	1	1	4
3132	경기 남양주시	전국통합자원봉사보험가입서비스지원	28,090	4	2	7	8	7	1	1	4
3133	경기 남양주시	화도읍복지회관운영	26,600	4	4	4	4	7	1	1	1
3134	경기 남양주시	남양주택시쉼터운영	24,678	4	4	2	5	1	1	1	3
3135	경기 남양주시	결혼이민자역량강화지원	24,500	4	6	1	5	7	1	1	4
3136	경기 남양주시	외국인주민상담지원	22,500	4	6	1	5	7	1	1	4
3137	경기 남양주시	장애인자립작업장운영지원	21,600	4	4	7	8	7	1	1	4
3138	경기 남양주시	어버이날및노인의날행사	20,000	4	4	5	8	7	1	1	1
3139	경기 남양주시	장애영유아보육교사전문성교육	20,000	4	6	5	8	7	5	5	2
3140	경기 남양주시	자활교육훈련지원	15,000	4	2	5	1	1	1	1	1
3141	경기 남양주시	이석영뉴미디어도서관위탁운영	15,000	4	4	1	3	2	1	1	1
3142	경기 남양주시	외국인주민한국어교육	14,333	4	6	1	5	7	1	1	4
3143	경기 남양주시	저소득취약계층생활안심케어(깔끄미사업)	14,000	4	2	5	1	1	1	1	1
3144	경기 남양주시	아동청소년정신건강증진사업	13,300	4	1	1	3	7	1	1	1
3145	경기 남양주시	문화다양성이해교육	12,500	4	6	1	5	7	1	1	4
3146	경기 남양주시	1인가구지원사업	12,000	4	6	1	5	7	1	1	4
3147	경기 남양주시	문화다양성이해교육(주민참여형소통프로그램지원)	11,600	4	6	1	5	7	1	1	4
3148	경기 남양주시	행복한가족프로그램	10,000	4	6	1	5	7	1	1	4
3149	경기 남양주시	중도입국자녀한국사회적응지원	8,600	4	6	1	5	7	1	1	4
3150	경기 남양주시	다문화가족캠프지원	6,800	4	6	1	5	7	1	1	4
3151	경기 남양주시	아이돌보미독감예방접종비지원	6,300	4	4	1	8	7	1	1	4
3152	경기 남양주시	다문화가족서포터즈운영	6,000	4	6	1	5	7	1	1	4
3153	경기 남양주시	결혼이민자취업교육지원	5,015	4	6	1	5	7	1	1	4
3154	경기 남양주시	다문화가족동아리모임활성화지원	4,000	4	6	1	5	7	1	1	4
3155	경기 남양주시	아이돌보미건강검진비지원	550	4	4	1	8	7	1	1	4
3156	경기 오산시	강남환경자원센터	2,380,800	4	4	1	3	2	2	1	3
3157	경기 군포시	생활폐기물수집운반대행처리	12,000,000	4	1	1	3	1	2	1	1

순번	시군구	지출명 (사업명)	2024년예산 (단위 : 천원 /1년간)	민간이전 분류 (지방자치단체 세출예산 집행기준에 의거) 1. 민간경상사업보조(307-02) 2. 민간단체 법정운영비보조(307-03) 3. 민간행사사업보조(307-04) 4. 민간위탁금(307-05) 5. 사회복지시설 법정운영비보조(307-10) 6. 민간인위탁교육비(307-12) 7. 공기관등에대한경상적위탁사업비(308-13) 8. 민간자본사업보조,자체재원(402-01) 9. 민간자본사업보조,이전재원(402-02) 10. 민간위탁사업비(402-03) 11. 공기관등에 대한 자본적 위탁사업비(403-02)	민간이전지출 근거 (지방보조금 관리기준 참고) 1. 법률에 규정 2. 국고보조 재원(국가지정) 3. 용도 지정 기부금 4. 조례에 직접규정 5. 지자체가 권장하는 사업을 하는 공공기관 6. 시,도 정책 및 재정사정 7. 기타 8. 해당없음	입찰방식 계약체결방법 (경쟁형태) 1. 일반경쟁 2. 제한경쟁 3. 지명경쟁 4. 수의계약 5. 법정위탁 6. 기타 ( ) 7. 없음	입찰방식 계약기간 1. 1년 2. 2년 3. 3년 4. 4년 5. 5년 6. 기타 ( )년 7. 단기계약 (1년미만) 8. 없음	입찰방식 낙찰자선정방법 1. 적격심사 2. 협상에의한계약 3. 최저가낙찰제 4. 규격가격분리 5. 2단계 경쟁입찰 6. 기타 ( ) 7. 없음	운영예산 산정 운영예산 산정 1. 내부산정 (지자체 자체적으로 산정) 2. 외부산정 (외부전문기관위탁 산정) 3. 내·외부 모두 산정 4. 산정 無 5. 없음	운영예산 산정 정산방법 1. 내부정산 (지자체 내부적으로 정산) 2. 외부정산 (외부전문기관위탁 정산) 3. 내·외부 모두 산정 4. 정산 無 5. 없음	성과평가 실시여부 1. 실시 2. 미실시 3. 향후 추진 4. 해당없음
3158	경기 군포시	아이돌봄사업	4,028,242	4	5	7	8	7	5	5	4
3159	경기 군포시	노인여가활동지원(노인복지관운영)	3,455,023	4	4	5	8	1	1	1	1
3160	경기 군포시	음식물류폐기물위탁처리비	3,330,000	4	6	1	1	1	2	1	4
3161	경기 군포시	대야물말꼼터	2,295,856	4	5	6	6	6	5	1	1
3162	경기 군포시	장애인복지관운영	2,228,974	4	4	5	5	1	1	1	1
3163	경기 군포시	부곡물말꼼터	1,876,237	4	5	1	5	2	2	1	1
3164	경기 군포시	노동종합복지관운영	1,253,458	4	4	7	3	7	1	1	1
3165	경기 군포시	기초정신건강복지센터인력지원	1,035,585	4	2	5	3	7	1	1	4
3166	경기 군포시	그림책꿈마루운영	980,000	4	4	1	3	2	1	1	3
3167	경기 군포시	다함께돌봄센터인건비지원(균도시)	881,995	4	2	1	5	6	5	1	4
3168	경기 군포시	산모신생아건강관리지원	870,000	4	2	7	8	7	5	5	4
3169	경기 군포시	환경관리소보수기간생활폐기물처리	812,000	4	1	1	7	3	1	1	4
3170	경기 군포시	가야종합사회복지관	764,130	4	4	1	5	6	1	1	3
3171	경기 군포시	공동주택플라스틱수거운반처리용역	738,000	4	6	2	1	1	2	1	4
3172	경기 군포시	매화종합사회복지관	696,521	4	4	1	5	6	1	1	3
3173	경기 군포시	주민자치센터운영위탁사업비	688,860	4	4	5	8	7	1	1	3
3174	경기 군포시	주몽종합사회복지관	688,414	4	4	1	5	6	1	1	3
3175	경기 군포시	자원봉사센터운영지원	674,040	4	1	7	8	7	1	1	1
3176	경기 군포시	장애인직업재활시설운영비지원	630,742	4	4	5	5	1	1	1	4
3177	경기 군포시	육아종합지원센터운영	594,022	4	1	1	5	1	1	3	1
3178	경기 군포시	청년자립활동공간(ICAN플랫폼)민간위탁	579,700	4	4	7	8	7	5	5	4
3179	경기 군포시	건강가정및다문화가족지원센터운영(기시)	562,866	4	1	1	5	7	5	1	1
3180	경기 군포시	가족센터운영(자체)	544,188	4	1	1	5	7	5	1	1
3181	경기 군포시	영유아공공놀이시설운영	542,660	4	1	1	5	7	1	1	1
3182	경기 군포시	어린이급식관리지원센터운영	525,000	4	1	1	5	1	1	3	1
3183	경기 군포시	아동보호전문기관운영비지원	476,482	4	2	6	3	7	5	2	4
3184	경기 군포시	지방문화원운영	454,900	4	2	1	5	1	1	1	3
3185	경기 군포시	민원콜센터민간위탁운영	446,243	4	4	5	3	7	1	1	1
3186	경기 군포시	저소득층기저귀및조제분유지원	420,000	4	4	6	3	7	1	1	1
3187	경기 군포시	대동지역어린이공원청소용역	384,912	4	2	7	8	7	5	5	4
3188	경기 군포시	군포시사회적경제마을공동체지원센터운영	382,500	4	8	4	8	7	1	1	4
3189	경기 군포시	장애인주간보호시설운영	369,245	4	4	5	3	7	1	1	1
3190	경기 군포시	음식물류폐기물전용수거용기세척및유지관리위탁처리	360,000	4	5	7	8	7	1	1	1
3191	경기 군포시	어린이공원등청소용역관리(59개소)	320,760	4	6	1	1	1	2	1	4
3192	경기 군포시	다함께돌봄센터운영비지원(균도시)	299,700	4	8	4	1	7	1	1	4
3193	경기 군포시	경로당사회활동비	285,600	4	2	1	5	6	5	1	4
3194	경기 군포시	공동육아나눔터운영지원(기시)	226,848	4	4	7	8	7	1	1	1
3195	경기 군포시	학대피해아동쉼터인건비지원	203,460	4	1	7	5	7	5	1	4
3196	경기 군포시	아동보호전문기관인건비추가지원	198,864	4	2	1	5	1	1	1	3
3197	경기 군포시	장애인맞춤형도우미운영	190,049	4	6	1	5	1	1	1	3

순번	시군구	지출명 (사업명)	2024년예산 (단위 : 천원 /1년간)	민간이전 분류 (지방자치단체 세출예산 집행기준에 의거) 1. 민간경상사업보조(307-02) 2. 민간단체 법정운영비보조(307-03) 3. 민간행사사업보조(307-04) 4. 민간위탁금(307-05) 5. 사회복지시설 법정운영비보조(307-10) 6. 민간인위탁교육비(307-12) 7. 공기관등에대한경상적위탁사업비(308-13) 8. 민간자본사업보조,자체재원(402-01) 9. 민간자본사업보조,이전재원(402-02) 10. 민간위탁사업비(402-03) 11. 공기관등에 대한 자본적 위탁사업비(403-02)	민간이전지출 근거 (지방보조금 관리기준 참고) 1. 법률에 규정 2. 국고보조 재원(국가지정) 3. 용도 지정 기부금 4. 조례에 직접규정 5. 지자체가 권장하는 사업을 하는 공공기관 6. 시,도 정책 및 재정사정 7. 기타 8. 해당없음	입찰방식			운영예산 산정		성과평가 실시여부
						계약체결방법 (경쟁형태) 1. 일반경쟁 2. 제한경쟁 3. 지명경쟁 4. 수의계약 5. 법정위탁 6. 기타 ( ) 7. 없음	계약기간 1. 1년 2. 2년 3. 3년 4. 4년 5. 5년 6. 기타 ( )년 7. 단기계약 (1년미만) 8. 없음	낙찰자선정방법 1. 적격심사 2. 협상에의한계약 3. 최저가낙찰제 4. 규격가격분리 5. 2단계 경쟁입찰 6. 기타 ( ) 7. 없음	운영예산 산정 1. 내부산정 (지자체 자체적으로 산정) 2. 외부산정 (외부전문기관위탁 산정) 3. 내·외부 모두 산정 4. 산정 無 5. 없음	정산방법 1. 내부정산 (지자체 내부적으로 정산) 2. 외부정산 (외부전문기관위탁 정산) 3. 내·외부 모두 산정 4. 정산 無 5. 없음	1. 실시 2. 미실시 3. 향후 추진 4. 해당없음
3198	경기 군포시	산본1동경기행복마을관리소운영	189,717	4	6	7	8	7	1	1	3
3199	경기 군포시	군포1동경기행복마을관리소운영	189,716	4	6	7	8	7	1	1	3
3200	경기 군포시	금정동경기행복마을관리소운영	189,716	4	6	7	8	7	1	1	3
3201	경기 군포시	지역센터기관운영비	187,916	4	4	5	8	1	1	1	1
3202	경기 군포시	당정근린공원등화장실청소용역	179,568	4	8	4	1	7	1	1	4
3203	경기 군포시	기초정신건강복지센터운영	161,979	4	2	5	3	7	1	1	4
3204	경기 군포시	다함께돌봄센터돌봄인력지원(도시)	158,760	4	6	1	5	6	5	1	4
3205	경기 군포시	인건비추가지원(도시)	157,277	4	6	1	5	6	5	1	4
3206	경기 군포시	산모신생아건강관리지원(추가형)	130,000	4	2	7	8	7	5	5	4
3207	경기 군포시	1인가구병원안심동행지원(도시)	127,100	4	1	7	5	7	5	1	4
3208	경기 군포시	군포시무한돌봄네트워크팀운영	121,801	4	4	1	3	1	1	1	3
3209	경기 군포시	민주시민교육센터운영	120,000	4	6	6	6	7	5	1	1
3210	경기 군포시	기초자살예방센터인력지원	119,497	4	6	5	3	7	1	1	4
3211	경기 군포시	불법유동광고물정비사업	113,000	4	4	4	1	7	1	1	1
3212	경기 군포시	정신건강복지센터위탁운영비(시)	100,776	4	6	5	3	7	1	1	4
3213	경기 군포시	맹꽁이습지시설관리운영	99,025	4	4	1	3	1	3	1	3
3214	경기 군포시	철쭉근린공원등3개소화장실청소용역	95,354	4	8	4	1	7	1	1	4
3215	경기 군포시	초막골생태공원화장실청소용역(3개소)	88,000	4	8	4	1	7	1	1	4
3216	경기 군포시	청년및노인정신건강증진사업	79,688	4	2	5	3	7	1	1	4
3217	경기 군포시	기초자살예방센터운영지원	76,287	4	6	5	3	7	1	1	4
3218	경기 군포시	기초정신건강복지센터자살예방사업지원	74,072	4	2	5	3	7	1	1	4
3219	경기 군포시	경기도형보육컨설턴트인건비	74,066	4	1	7	8	7	3	3	1
3220	경기 군포시	외래진료치료비지원	70,910	4	6	5	3	7	1	1	4
3221	경기 군포시	지역사회건강조사	68,972	4	2	6	1	6	2	2	1
3222	경기 군포시	자원봉사코디네이터지원	66,400	4	1	7	8	7	1	1	1
3223	경기 군포시	동물보호관리(유기동물보호관리)	60,000	4	7	7	3	7	1	1	4
3224	경기 군포시	불연성폐기물처리용역	60,000	4	1	7	8	7	5	5	4
3225	경기 군포시	방학중어린이행복밥상지원(도시)	59,400	4	6	1	5	6	5	1	4
3226	경기 군포시	육아종합지원센터놀이지도사	53,700	4	1	7	8	7	3	3	1
3227	경기 군포시	영유아발달지원상담원	45,660	4	1	7	8	7	3	3	1
3228	경기 군포시	학대피해아동쉼터인건비추가지원	42,939	4	6	1	5	1	1	1	3
3229	경기 군포시	사회적경제창업기원	39,000	4	6	5	3	7	1	1	1
3230	경기 군포시	육아종합지원센터부모교육	34,000	4	1	7	8	7	3	3	1
3231	경기 군포시	학대피해아동쉼터사업비지원	31,647	4	2	1	5	1	1	1	3
3232	경기 군포시	자살예방및정신건강증진사업	30,540	4	2	5	3	7	1	1	4
3233	경기 군포시	공동체지원활동가인건비지원	30,000	4	4	5	3	7	1	1	1
3234	경기 군포시	아이돌보미영아돌봄수당지급	28,450	4	5	7	8	7	5	5	4
3235	경기 군포시	택시쉼터시설관리및운영	27,948	4	4	4	3	1	1	1	3
3236	경기 군포시	학대피해아동쉼터지원	27,040	4	6	1	5	1	1	1	3
3237	경기 군포시	동물사체(로드킬)처리위탁용역	23,000	4	1	4	1	7	2	1	4

순번	시군구	지출명 (사업명)	2024년예산 (단위 : 천원 /1년간)	민간이전 분류 (지방자치단체 세출예산 집행기준에 의거) 1. 민간경상사업보조(307-02) 2. 민간단체 법정운영비보조(307-03) 3. 민간행사사업보조(307-04) 4. 민간위탁금(307-05) 5. 사회복지시설 법정운영비보조(307-10) 6. 민간인위탁교육비(307-12) 7. 공기관등에대한경상적위탁사업비(308-13) 8. 민간자본사업보조,자체재원(402-01) 9. 민간자본사업보조,이전재원(402-02) 10. 민간위탁사업비(402-03) 11. 공기관등에 대한 자본적 위탁사업비(403-02)	민간이전지출 근거 (지방보조금 관리기준 참고) 1. 법률에 규정 2. 국고보조 재원(국가지정) 3. 용도 지정 기부금 4. 조례에 직접규정 5. 지자체가 권장하는 사업을 하는 공공기관 6. 시,도 정책 및 재정사정 7. 기타 8. 해당없음	입찰방식 계약체결방법 (경쟁형태) 1. 일반경쟁 2. 제한경쟁 3. 지명경쟁 4. 수의계약 5. 법정위탁 6. 기타 ( ) 7. 없음	입찰방식 계약기간 1. 1년 2. 2년 3. 3년 4. 4년 5. 5년 6. 기타 ( )년 7. 단기계약 (1년미만) 8. 없음	입찰방식 낙찰자선정방법 1. 적격심사 2. 협상에의한계약 3. 최저가낙찰제 4. 규격가격분리 5. 2단계 경쟁입찰 6. 기타 ( ) 7. 없음	운영예산 산정 운영예산 산정 1. 내부산정 (지자체 자체적으로 산정) 2. 외부산정 (외부전문기관위탁 산정) 3. 내·외부 모두 산정 4. 산정 無 5. 없음	운영예산 산정 정산방법 1. 내부정산 (지자체 내부적으로 정산) 2. 외부정산 (외부전문기관위탁 정산) 3. 내·외부 모두 산정 4. 정산 無 5. 없음	성과평가 실시여부 1. 실시 2. 미실시 3. 향후 추진 4. 해당없음
3238	경기 군포시	경로당프로그램비지원	22,000	4	4	7	8	7	1	1	1
3239	경기 군포시	잔토처리용역	22,000	4	1	7	8	7	5	5	4
3240	경기 군포시	아동돌봄프로그램지원(도시)	21,600	4	6	1	5	6	5	1	4
3241	경기 군포시	다문화축제	20,000	4	5	7	8	7	5	5	4
3242	경기 군포시	사회적경제나눔장터조성지원	20,000	4	6	5	3	7	1	1	1
3243	경기 군포시	대한민국태을서예문인화대전	16,000	4	4	5	3	7	1	1	1
3244	경기 군포시	초기진단비지원	15,600	4	6	5	3	7	1	1	4
3245	경기 군포시	공동육아나눔터운영(자체)	15,000	4	1	7	5	7	1	1	4
3246	경기 군포시	장애영유아보육교사전문성강화교육	14,000	4	1	7	8	7	5	5	4
3247	경기 군포시	아동청소년정신건강증진사업	13,300	4	2	5	3	7	1	1	4
3248	경기 군포시	정신질환자치료비지원	12,828	4	2	5	3	7	1	1	4
3249	경기 군포시	학대피해아동쉼터운영비지원	12,787	4	2	1	5	1	1	1	3
3250	경기 군포시	민속신앙지원	11,000	4	4	5	3	7	1	1	1
3251	경기 군포시	공동체활성화지원	10,000	4	4	5	3	7	1	1	1
3252	경기 군포시	민주시민교육센터운영지원(시)	10,000	4	6	6	6	7	1	1	1
3253	경기 군포시	자전거교실운영	10,000	4	4	7	8	7	5	5	4
3254	경기 군포시	자원봉사자보험료지원	7,706	4	1	7	8	7	1	1	1
3255	경기 군포시	시민문화유적답사	7,000	4	4	5	3	7	1	1	1
3256	경기 군포시	아이돌보미독감접종비	6,510	4	5	7	8	7	5	5	4
3257	경기 군포시	다문화가족교류소통공간(다가온)운영비	5,000	4	1	7	5	7	1	1	4
3258	경기 군포시	찾아가는전통문화교육	4,500	4	4	5	3	7	1	1	1
3259	경기 군포시	장애인응급안전알림서비스사업지원	3,576	4	2	7	8	7	5	1	4
3260	경기 군포시	추억의영상되살리기	3,000	4	4	5	3	7	1	1	1
3261	경기 군포시	아이돌보미건강검진비	3,000	4	5	7	8	7	5	5	4
3262	경기 군포시	2024년응급안전안심서비스모니터링지원	3,000	4	2	7	8	7	1	1	1
3263	경기 군포시	기타폐기물처리용역	3,000	4	1	7	8	7	5	5	4
3264	경기 군포시	청소년산모의료비지원	1,800	4	2	7	8	7	5	5	4
3265	경기 군포시	행정입원비지원	1,000	4	6	5	3	7	1	1	4
3266	경기 군포시	외래치료지원치료비	360	4	6	5	3	7	1	1	4
3267	경기 군포시	응급입원비지원	100	4	6	5	3	7	1	1	4
3268	경기 의왕시	생활폐기물수집운반청소대행사업1구역	11,800,000	4	1	1	2	1	2	1	1
3269	경기 의왕시	재활용센터민간위탁운영	8,795,356	4	4	2	3	2	2	1	1
3270	경기 의왕시	왕송하수처리장민간위탁사업비	3,192,845	4	1	6	6	1,2	1	1	1
3271	경기 의왕시	아이돌봄지원사업운영비	1,586,690	4	2	1	5	1	1	1	2
3272	경기 의왕시	지방육아종합지원센터운영(자체)	1,574,693	4	1	7	8	7	1	1	4
3273	경기 의왕시	질소및슬러지처리시설민간위탁사업비	1,475,145	4	1	4	3	2	2	1	1
3274	경기 의왕시	의왕시정신건강복지센터운영	1,430,000	4	2	1	3	1	5	5	1
3275	경기 의왕시	왕송하수처리장증설시설관리대행사업비	1,285,185	4	1	4	6	2	2	1	1
3276	경기 의왕시	글로벌인재센터운영	691,600	4	4	2	3	1	3	3	1
3277	경기 의왕시	의왕포일2지구생활폐기물자동집하시설운영관리사무의민간위탁	643,000	4	1	2	3	2	2	1	3

순번	시군구	지출명 (사업명)	2024년예산 (단위 : 천원 /1년간)	민간이전 분류 (지방자치단체 세출예산 집행기준에 의거) 1. 민간경상사업보조(307-02) 2. 민간단체 법정운영비보조(307-03) 3. 민간행사사업보조(307-04) 4. 민간위탁금(307-05) 5. 사회복지시설 법정운영비보조(307-10) 6. 민간인위탁교육비(307-12) 7. 공기관등에대한경상적위탁사업비(308-13) 8. 민간자본사업보조,자체재원(402-01) 9. 민간자본사업보조,이전재원(402-02) 10. 민간위탁사업비(402-03) 11. 공기관등에 대한 자본적 위탁사업비(403-02)	민간이전지출 근거 (지방보조금 관리기준 참고) 1. 법률에 규정 2. 국고보조 재원(국가지정) 3. 용도 지정 기부금 4. 조례에 직접규정 5. 지자체가 권장하는 사업을 하는 공공기관 6. 시,도 정책 및 재정사정 7. 기타 8. 해당없음	입찰방식 계약체결방법 (경쟁형태) 1. 일반경쟁 2. 제한경쟁 3. 지명경쟁 4. 수의계약 5. 법정위탁 6. 기타 ( ) 7. 없음	입찰방식 계약기간 1. 1년 2. 2년 3. 3년 4. 4년 5. 5년 6. 기타 ( )년 7. 단기계약 (1년미만) 8. 없음	입찰방식 낙찰자선정방법 1. 적격심사 2. 협상에의한계약 3. 최저가낙찰제 4. 규격가격분리 5. 2단계 경쟁입찰 6. 기타 ( ) 7. 없음	운영예산 산정 운영예산 산정 1. 내부산정 (지자체 자체적으로 산정) 2. 외부산정 (외부전문기관위탁 산정) 3. 내·외부 모두 산정 4. 산정 無 5. 없음	운영예산 산정 정산방법 1. 내부정산 (지자체 내부적으로 정산) 2. 외부정산 (외부전문기관위탁 정산) 3. 내·외부 모두 산정 4. 정산 無 5. 없음	성과평가 실시여부 1. 실시 2. 미실시 3. 향후 추진 4. 해당없음
3278	경기 의왕시	의왕시가족센터위탁운영	626,160	4	2	1	5	1	1	1	2
3279	경기 의왕시	영어체험학습장운영	538,000	4	4	2	3	1	3	3	1
3280	경기 의왕시	직장어린이집설치및운영	480,000	4	1	2	5	1	1	1	3
3281	경기 의왕시	어린이급식관리지원센터설치운영	420,000	4	2	5	3	7	5	2	1
3282	경기 의왕시	다함께돌봄센터위탁운영	150,000	4	2	1	5	1	1	1	1
3283	경기 의왕시	다함께돌봄센터위탁운영(2호점)	147,600	4	2	1	5	1	1	1	1
3284	경기 의왕시	다함께돌봄센터위탁운영(4호점)	147,600	4	2	1	5	1	1	1	1
3285	경기 의왕시	음식물류폐기물전용수거용기세척용역	100,000	4	4	7	8	7	5	5	4
3286	경기 의왕시	푸드뱅크운영(자체)	94,056	4	1	5	3	7	3	1	1
3287	경기 의왕시	숲해설교육운영지원	58,668	4	1	1	7	7	5	5	1
3288	경기 의왕시	유아숲교육운영지원	58,668	4	1	1	7	7	5	5	1
3289	경기 의왕시	지방육아종합지원센터운영(영유아발달지원상담사배치)	53,700	4	1	7	8	7	5	5	4
3290	경기 의왕시	지방육아종합지원센터운영(놀이지도사배치)	45,660	4	1	7	8	7	5	5	4
3291	경기 의왕시	공동부모교육지원	34,000	4	1	7	8	7	5	5	4
3292	경기 의왕시	아이돌보미영아돌봄수당지원	27,000	4	6	1	5	1	1	1	2
3293	경기 의왕시	가축전염병예방관리	15,600	4	6	4	1	7	5	1	4
3294	경기 의왕시	하천및하구쓰레기정화사업	15,000	4	2	7	8	7	5	5	4
3295	경기 의왕시	지방육아종합지원센터운영(장애영유아보육교사전문성강화교육)	14,560	4	1	7	8	7	5	5	4
3296	경기 의왕시	아이돌보미독감예방접종비	5,180	4	6	1	5	1	1	1	2
3297	경기 의왕시	무단투기및방치폐기물처리	5,000	4	8	7	8	7	5	5	4
3298	경기 의왕시	비점오염원저감	2,000	4	7	7	8	7	5	5	4
3299	경기 의왕시	지방육아종합지원센터운영(모니터링활동비지원)	150	4	1	7	8	7	5	5	4
3300	경기 의왕시	근로자복지회관위탁운영	220,500	4	4	1	3	1	1	1	3
3301	경기 하남시	폐기물처리시설및부대시설민간위탁운영비	7,537,500	4	4	2	3	2	2	1	1
3302	경기 하남시	하수처리시설관리대행	4,200,000	4	1	2	5	2	2	1	1
3303	경기 하남시	생활폐기물수집운반대행	3,737,105	4	1	2	2	1	2	1	1
3304	경기 하남시	생활폐기물수집운반대행	3,194,504	4	1	2	2	1	2	1	1
3305	경기 하남시	생활폐기물수집운반대행	3,057,776	4	1	2	2	1	2	1	1
3306	경기 하남시	장애인복지관운영	2,447,000	4	1	1	5	1	1	3	1
3307	경기 하남시	하남시공공하수관로시설민간관리대행용역	2,320,576	4	1	1	5	2	3	1	1
3308	경기 하남시	생활폐기물처리용역	2,200,000	4	1	1	1	1	1	1	4
3309	경기 하남시	하남시청소년수련관운영	2,139,077	4	1	2	3	1	1	1	3
3310	경기 하남시	2024년하남시CCTV통합관제센터모니터링용역	1,296,284	4	1	2	1	1	1	1	2
3311	경기 하남시	기초정신건강복지센터인력지원	857,282	4	2	4	3	1	1	1	1
3312	경기 하남시	어린이급식관리지원센터위탁운영	630,000	4	1	1	3	1	1	1	1
3313	경기 하남시	장애인주간보호시설운영	598,120	4	1	1	5	1	1	3	4
3314	경기 하남시	노인일자리전담기관지원	540,000	4	1	6	5	1	1	1	4
3315	경기 하남시	감일청소년문화의집운영	513,592	4	1	2	3	1	1	1	3
3316	경기 하남시	장애인주간보호시설운영	503,380	4	1	1	5	1	1	3	4
3317	경기 하남시	반입불가폐기물처리용역	495,000	4	1	1	1	1	1	1	4

순번	시군구	지출명 (사업명)	2024년예산 (단위 : 천원 /1년간)	민간이전 분류 (지방자치단체 세출예산 집행기준에 의거) 1. 민간경상사업보조(307-02) 2. 민간단체 법정운영비보조(307-03) 3. 민간행사사업보조(307-04) 4. 민간위탁금(307-05) 5. 사회복지시설 법정운영비보조(307-10) 6. 민간인위탁교육비(307-12) 7. 공기관등에대한경상적위탁사업비(308-13) 8. 민간자본사업보조,자체재원(402-01) 9. 민간자본사업보조,이전재원(402-02) 10. 민간위탁사업비(402-03) 11. 공기관등에 대한 자본적 위탁사업비(403-02)	민간이전지출 근거 (지방보조금 관리기준 참고) 1. 법률에 규정 2. 국고보조 재원(국가지정) 3. 용도 지정 기부금 4. 조례에 직접규정 5. 지자체가 권장하는 사업을 하는 공공기관 6. 시,도 정책 및 재정사정 7. 기타 8. 해당없음	입찰방식: 계약체결방법 (경쟁형태) 1. 일반경쟁 2. 제한경쟁 3. 지명경쟁 4. 수의계약 5. 법정위탁 6. 기타 ( ) 7. 없음	입찰방식: 계약기간 1. 1년 2. 2년 3. 3년 4. 4년 5. 5년 6. 기타 ( )년 7. 단기계약 (1년미만) 8. 없음	입찰방식: 낙찰자선정방법 1. 적격심사 2. 협상에의한계약 3. 최저가낙찰제 4. 규격가격분리 5. 2단계 경쟁입찰 6. 기타 ( ) 7. 없음	운영예산 산정: 운영예산 산정 1. 내부산정 (지자체 자체적으로 산정) 2. 외부산정 (외부전문기관위탁 산정) 3. 내·외부 모두 산정 4. 산정 無 5. 없음	운영예산 산정: 정산방법 1. 내부정산 (지자체 내부적으로 정산) 2. 외부정산 (외부전문기관위탁 정산) 3. 내·외부 모두 산정 4. 정산 無 5. 없음	성과평가 실시여부 1. 실시 2. 미실시 3. 향후 추진 4. 해당없음
3318	경기 하남시	덕풍청소년문화의집운영	442,913	4	1	2	3	1	1	1	3
3319	경기 하남시	안전체험장운영	365,313	4	1	2	3	1	1	1	1
3320	경기 하남시	고혈압,당뇨병등록교육센터운영	350,000	4	2	1	3	1	2	2	1
3321	경기 하남시	불법유동유해광고물정비	252,867	4	4	2	3	1	1	1	1
3322	경기 하남시	정신건강복지센터지원(기초정신건강복지센터지원)	235,274	4	2	4	3	1	1	1	1
3323	경기 하남시	장애인가족지원센터운영	220,000	4	1	1	3	1	1	1	3
3324	경기 하남시	기초자살예방센터인력지원	179,566	4	6	4	3	1	1	1	1
3325	경기 하남시	학교밖청소년지원	173,336	4	1	7	8	7	1	1	1
3326	경기 하남시	장애인급식소운영	169,048	4	1	7	8	7	1	1	4
3327	경기 하남시	학교밖청소년프로그램운영	128,940	4	1	7	8	7	1	1	1
3328	경기 하남시	기초정신건강복지센터인력지원(확충인력)	112,320	4	2	4	3	1	1	1	1
3329	경기 하남시	사회복지급식관리지원센터	100,000	4	1	1	3	1	1	1	1
3330	경기 하남시	노인일자리전담기관일자리특화사업	89,700	4	1	6	5	1	1	1	4
3331	경기 하남시	청년및노인정신건강증진사업	78,028	4	2	4	3	1	1	1	1
3332	경기 하남시	기초정신건강복지센터자살예방사업지원	74,072	4	2	4	3	1	1	1	1
3333	경기 하남시	지역사회건강조사조사분석위탁운영	69,320	4	2	5	1	7	5	2	1
3334	경기 하남시	자원봉사코디네이터지원	66,400	4	2	5	8	7	5	1	4
3335	경기 하남시	기초자살예방센터운영지원	64,246	4	6	4	3	1	1	1	1
3336	경기 하남시	정신질환자치료비지원	52,764	4	6	4	3	1	1	1	1
3337	경기 하남시	정신건강복지센터운영	46,200	4	4	4	3	1	1	1	1
3338	경기 하남시	수해폐기물처리용역	41,250	4	1	7	8	7	5	5	4
3339	경기 하남시	학교밖청소년활동지원	41,100	4	1	7	8	7	1	1	1
3340	경기 하남시	자살예방및정신건강증진사업	30,540	4	2	4	3	1	1	1	1
3341	경기 하남시	청년마음건강지원사업	25,200	4	1	7	8	7	5	5	4
3342	경기 하남시	학교밖청소년학습지원	20,000	4	1	7	8	7	1	1	1
3343	경기 하남시	정신질환자치료비지원(국비)	17,400	4	2	4	3	1	1	1	1
3344	경기 하남시	학교밖청소년지원(급식비지원)	13,310	4	1	7	8	7	1	1	1
3345	경기 하남시	아동청소년정신건강증진사업	13,300	4	2	4	3	1	1	1	1
3346	경기 하남시	자원봉사자상해보험가입	10,734	4	2	5	8	7	5	1	4
3347	경기 하남시	학교밖청소년자립지원수당	7,200	4	1	7	8	7	1	1	1
3348	경기 하남시	장애인복지시설사회적응훈련지원	5,000	4	1	7	8	7	1	1	4
3349	경기 하남시	환경교육센터위탁운영	58,500	4	7	1	3	7	1	1	3
3350	경기 용인시	장애인복지관운영	8,003,000	4	1	1	5	1	1	1	1
3351	경기 용인시	노인복지관운영	3,404,077	4	1	1	5	1	1	1	1
3352	경기 용인시	자활근로.지역자활센터및광역자활센터운영(자활근로사업)	2,365,195	4	2	5	1	7	1	1	1
3353	경기 용인시	육아종합지원센터운영지원(운영비)	2,111,600	4	1	1	5	1	1	1	1
3354	경기 용인시	장애인주간보호시설운영	1,705,578	4	1	1	5	1	1	1	1
3355	경기 용인시	다함께돌봄센터인건비	1,698,920	4	2	7	8	7	3	1	4
3356	경기 용인시	기초정신건강복지센터인력지원(기존인력)	1,635,705	4	1	1	3	1	1	1	1
3357	경기 용인시	건강가정및다문화가족지원센터운영(다문화가족지원센터운영지원)	892,290	4	1	5	5	1	1	1	1

순번	시군구	지출명 (사업명)	2024년예산 (단위 : 천원 /1년간)	민간이전 분류 (지방자치단체 세출예산 집행기준에 의거) 1. 민간경상사업보조(307-02) 2. 민간단체 법정운영비보조(307-03) 3. 민간행사사업보조(307-04) 4. 민간위탁금(307-05) 5. 사회복지시설 법정운영비보조(307-10) 6. 민간인위탁교육비(307-12) 7. 공기관등에대한경상적위탁사업비(308-13) 8. 민간자본사업보조,자체재원(402-01) 9. 민간자본사업보조,이전재원(402-02) 10. 민간위탁사업비(402-03) 11. 공기관등에 대한 자본적 위탁사업비(403-02)	민간이전지출 근거 (지방보조금 관리기준 참고) 1. 법률에 규정 2. 국고보조 재원(국가지정) 3. 용도 지정 기부금 4. 조례에 직접규정 5. 지자체가 권장하는 사업을 하는 공공기관 6. 시,도 정책 및 재정사정 7. 기타 8. 해당없음	입찰방식 계약체결방법 (경쟁형태) 1. 일반경쟁 2. 제한경쟁 3. 지명경쟁 4. 수의계약 5. 법정위탁 6. 기타 ( ) 7. 없음	입찰방식 계약기간 1. 1년 2. 2년 3. 3년 4. 4년 5. 5년 6. 기타 ( )년 7. 단기계약 (1년미만) 8. 없음	입찰방식 낙찰자선정방법 1. 적격심사 2. 협상에의한계약 3. 최저가낙찰제 4. 규격가격분리 5. 2단계 경쟁입찰 6. 기타 ( ) 7. 없음	운영예산 산정 운영예산 산정 1. 내부산정 (지자체 자체적으로 산정) 2. 외부산정 (외부전문기관위탁 산정) 3. 내·외부 모두 산정 4. 산정 無 5. 없음	운영예산 산정 정산방법 1. 내부정산 (지자체 내부적으로 정산) 2. 외부정산 (외부전문기관위탁 정산) 3. 내·외부 모두 산정 4. 정산 無 5. 없음	성과평가 실시여부 1. 실시 2. 미실시 3. 향후 추진 4. 해당없음
3358	경기 용인시	아동보호전문기관운영	891,402	4	2	1	5	7	5	1	4
3359	경기 용인시	건강가정지원센터운영	883,180	4	5	7	8	7	5	1	1
3360	경기 용인시	공공폐수처리장운영	790,995	4	1	1	6	1	1	1	3
3361	경기 용인시	청소년쉼터운영지원	790,515	4	1,2	1	3	1	1	1	1
3362	경기 용인시	장애인직업재활시설운영	741,426	4	1	1	5	1	1	1	1
3363	경기 용인시	체육시설민간위탁금(14개소관리)	695,303	4	4	1	3	6	1	1	1
3364	경기 용인시	다함께돌봄센터운영	538,221	4	2	7	8	7	3	1	4
3365	경기 용인시	용인시니어클럽운영지원	525,000	4	1	5	5	1	1	1	1
3366	경기 용인시	학대피해아동쉼터운영비,인건비,사업비	495,788	4	4	1	5	7	1	1	4
3367	경기 용인시	외국인복지센터운영	399,157	4	4	5	3	1	1	1	1
3368	경기 용인시	사회적경제지원센터운영	386,350	4	4	1	3	2	1	1	1
3369	경기 용인시	노동복지회관운영	385,858	4	1	1	3	1	1	1	1
3370	경기 용인시	체육시설이용료감면지원	370,000	4	4	2	3	2	1	1	1
3371	경기 용인시	기초정신건강복지센터인력지원(확충인력)	362,460	4	1	1	3	1	1	1	1
3372	경기 용인시	수지구청직장어린이집위탁운영	361,953	4	1	1	5	6	1	1	1
3373	경기 용인시	용인시국민체육센터운영	360,000	4	4	1	3	6	1	1	1
3374	경기 용인시	다함께돌봄센터인건비추가지원	354,909	4	6	7	8	7	3	1	4
3375	경기 용인시	직장어린이집위탁운영	342,852	4	1,4	1	5	6	1	1	1
3376	경기 용인시	수지환경교육센터운영비	330,000	4	4	6	3	6	1	1	1
3377	경기 용인시	기초자살예방센터운영(인력지원)	326,243	4	1	1	3	1	1	1	1
3378	경기 용인시	다함께돌봄센터돌봄인력지원	317,520	4	6	7	8	7	3	1	4
3379	경기 용인시	가정폭력보호시설운영지원	311,410	4	2	7	8	7	3	1	4
3380	경기 용인시	처인구청직장어린이집위탁운영	292,948	4	1	1	5	6	5	1	1
3381	경기 용인시	청소년성문화센터운영	268,011	4	2	7	8	7	1	1	1
3382	경기 용인시	기초정신건강복지센터지원(독립형)	253,000	4	1	1	3	1	5	1	1
3383	경기 용인시	마을공동체지원센터위탁운영	240,000	4	4	1	3	1	1	1	1
3384	경기 용인시	친환경방역	238,454	4	7	7	8	7	1	1	1
3385	경기 용인시	정신질환자회복지원	226,000	4	1	1	3	1	5	5	4
3386	경기 용인시	통합정신건강증진사업	214,838	4	1	1	3	1	1	1	1
3387	경기 용인시	지구를생각하는생태학교육성	190,000	4	4	6	3	6	1	1	1
3388	경기 용인시	친환경방역	170,330	4	7	7	8	7	5	5	4
3389	경기 용인시	무한돌봄센터운영	167,800	4	4	2	3	1	1	1	1
3390	경기 용인시	정신질환자치료지원	154,554	4	1	1	3	1	1	1	1
3391	경기 용인시	시군공동체기반조성	150,000	4	6	1	3	1	1	1	1
3392	경기 용인시	시군아동보호전문기관운영	146,132	4	4	1	5	7	5	1	4
3393	경기 용인시	청소년쉼터야간근무자배치지원	144,370	4	1,6	1	3	1	1	1	1
3394	경기 용인시	방학중어린이행복밥상지원	130,680	4	6	7	8	7	3	1	4
3395	경기 용인시	교통약자이동편의시설기술지원센터운영	127,263	4	4	7	8	7	1	1	3
3396	경기 용인시	기초정신건강복지센터자살예방사업지원	111,108	4	1	1	3	1	1	1	1
3397	경기 용인시	육아종합지원센터경기도형보육컨설턴트인건비지원	108,998	4	6	5	8	7	5	1	4

순번	시군구	지출명 (사업명)	2024년예산 (단위 : 천원 /1년간)	민간이전 분류 (지방자치단체 세출예산 집행기준에 의거) 1. 민간경상사업보조(307-02) 2. 민간단체 법정운영비보조(307-03) 3. 민간행사사업보조(307-04) 4. 민간위탁금(307-05) 5. 사회복지시설 법정운영비보조(307-10) 6. 민간인위탁교육비(307-12) 7. 공기관등에대한경상적위탁사업비(308-13) 8. 민간자본사업보조,자체재원(402-01) 9. 민간자본사업보조,이전재원(402-02) 10. 민간위탁사업비(402-03) 11. 공기관등에 대한 자본적 위탁사업비(403-02)	민간이전지출 근거 (지방보조금 관리기준 참고) 1. 법률에 규정 2. 국고보조 재원(국가지정) 3. 용도 지정 기부금 4. 조례에 직접규정 5. 지자체가 권장하는 사업을 하는 공공기관 6. 시,도 정책 및 재정사정 7. 기타 8. 해당없음	입찰방식 계약체결방법 (경쟁형태) 1. 일반경쟁 2. 제한경쟁 3. 지명경쟁 4. 수의계약 5. 법정위탁 6. 기타 ( ) 7. 없음	입찰방식 계약기간 1. 1년 2. 2년 3. 3년 4. 4년 5. 5년 6. 기타 ( )년 7. 단기계약 (1년미만) 8. 없음	입찰방식 낙찰자선정방법 1. 적격심사 2. 협상에의한계약 3. 최저가낙찰제 4. 규격가격분리 5. 2단계 경쟁입찰 6. 기타 ( ) 7. 없음	운영예산 산정 운영예산 산정 1. 내부산정 (지자체 자체적으로 산정) 2. 외부산정 (외부전문기관위탁 산정) 3. 내·외부 모두 산정 4. 산정 無 5. 없음	운영예산 산정 정산방법 1. 내부정산 (지자체 내부적으로 정산) 2. 외부정산 (외부전문기관위탁 정산) 3. 내·외부 모두 산정 4. 정산 無 5. 없음	성과평가 실시여부 1. 실시 2. 미실시 3. 향후 추진 4. 해당없음
3398	경기 용인시	다문화가족지원센터운영지원(자체)	106,200	4	1	5	5	1	1	1	1
3399	경기 용인시	어린이집평가제지원	103,700	4	6	5	8	7	5	1	4
3400	경기 용인시	기초자살예방센터운영(운영지원)	83,047	4	1	1	3	1	1	1	1
3401	경기 용인시	학대피해아동쉼터인건비추가지원	80,559	4	4	1	5	7	1	1	4
3402	경기 용인시	신규어린이집개원지원	80,000	4	6	7	8	7	1	1	4
3403	경기 용인시	장애아재활치료교육센터운영	80,000	4	1	1	5	1	1	1	1
3404	경기 용인시	시군사회적경제중간지원조직인력지원	80,000	4	1	1	3	2	1	1	1
3405	경기 용인시	지역사회건강조사조사분석위탁운영	69,050	4	2	7	1	7	5	2	4
3406	경기 용인시	지역사회건강조사조사분석위탁운영	69,050	4	1	5	8	7	2	3	1
3407	경기 용인시	아동보호전문기관운영(자체)	66,000	4	4	1	5	7	5	1	4
3408	경기 용인시	보훈회관위탁운영비	64,912	4	4	4	3	7	1	1	1
3409	경기 용인시	택시쉼터운영	58,104	4	4	2	3	6	1	1	3
3410	경기 용인시	택시쉼터운영	55,044	4	4	2	3	6	1	1	3
3411	경기 용인시	자살예방및정신건강증진사업	54,786	4	1	1	3	1	1	1	1
3412	경기 용인시	육아종합지원센터영유아발달지원상담원배치	53,700	4	6	5	8	7	5	1	4
3413	경기 용인시	기초정신건강복지센터지원(분소형)	51,100	4	1	1	3	1	1	1	1
3414	경기 용인시	다함께돌봄센터아동돌봄프로그램지원	48,000	4	6	7	8	7	3	1	4
3415	경기 용인시	정신질환자치료비지원	46,404	4	1	1	3	1	1	1	1
3416	경기 용인시	육아종합지원센터놀이지도사배치	45,660	4	6	5	8	7	5	1	4
3417	경기 용인시	사회적경제시장조성지원	40,000	4	1	1	3	2	1	1	1
3418	경기 용인시	사회적경제창업교육지원	35,000	4	1	1	3	2	1	1	1
3419	경기 용인시	육아종합지원센터부모교육(전환사업)	34,000	4	6	5	8	7	5	1	4
3420	경기 용인시	청소년쉼터이용청소년등지원	30,000	4	1,6	1	3	1	1	1	1
3421	경기 용인시	용인시니어클럽운영지원(자체)	27,400	4	1	5	5	1	1	1	1
3422	경기 용인시	다문화가족프로그램운영	26,000	4	1	5	5	1	1	1	1
3423	경기 용인시	다문화가족한마당	20,000	4	1	5	5	1	1	1	1
3424	경기 용인시	아동청소년정신건강증진사업	13,300	4	1	1	3	1	1	1	1
3425	경기 용인시	장애영유아보육교사전문성강화교육(신규사업)	10,000	4	6	7	8	7	5	5	4
3426	경기 용인시	모니터링활동비지원(신규사업)	1,050	4	1	7	8	7	5	5	4
3427	경기 파주시	운정신도시자동집하시설운영관리	4,351,780	4	7	2	3	2	2	1	2
3428	경기 파주시	운정동도로청소(가로및노면)대행	2,855,000	4	1,4	2	2	1	2	2	1
3429	경기 파주시	자활근로	2,478,237	4	2	5	1	7	1	1	1
3430	경기 파주시	장애인복지관운영	2,412,872	4	1	1	5	1	1	1	1
3431	경기 파주시	파주놀이구름운영	2,410,410	4	4	1	3	2	3	3	3
3432	경기 파주시	파주시노인종합복지관운영(자체)	1,948,356	4	1	1	5	1	5	1	1
3433	경기 파주시	파주시스포츠센터	1,837,566	4	4	4	2	1	3	3	1
3434	경기 파주시	교하청석스포츠센터	1,708,226	4	4	4	2	1	3	3	1
3435	경기 파주시	문산종합사회복지관운영	1,690,847	4	1	7	8	7	1	1	1
3436	경기 파주시	기초정신건강복지센터인력지원	1,471,271	4	2	5	5	1	1	1	1
3437	경기 파주시	장애인주간보호시설	1,320,480	4	1	1	5	1	1	1	1

순번	시군구	지출명 (사업명)	2024년예산 (단위 : 천원 /1년간)	민간이전 분류 (지방자치단체 세출예산 집행기준에 의거) 1. 민간경상사업보조(307-02) 2. 민간단체 법정운영비보조(307-03) 3. 민간행사사업보조(307-04) 4. 민간위탁금(307-05) 5. 사회복지시설 법정운영비보조(307-10) 6. 민간인위탁교육비(307-12) 7. 공기관등에대한경상적위탁사업비(308-13) 8. 민간자본사업보조,자체재원(402-01) 9. 민간자본사업보조,이전재원(402-02) 10. 민간위탁사업비(402-03) 11. 공기관등에 대한 자본적 위탁사업비(403-02)	민간이전지출 근거 (지방보조금 관리기준 참고) 1. 법률에 규정 2. 국고보조 재원(국가지정) 3. 용도 지정 기부금 4. 조례에 직접규정 5. 지자체가 권장하는 사업을 하는 공공기관 6. 시,도 정책 및 재정사정 7. 기타 8. 해당없음	입찰방식 계약체결방법 (경쟁형태) 1. 일반경쟁 2. 제한경쟁 3. 지명경쟁 4. 수의계약 5. 법정위탁 6. 기타 ( ) 7. 없음	입찰방식 계약기간 1. 1년 2. 2년 3. 3년 4. 4년 5. 5년 6. 기타 ( )년 7. 단기계약 (1년미만) 8. 없음	입찰방식 낙찰자선정방법 1. 적격심사 2. 협상에의한계약 3. 최저가낙찰제 4. 규격가격분리 5. 2단계 경쟁입찰 6. 기타 ( ) 7. 없음	운영예산 산정 운영예산 산정 1. 내부산정 (지자체 자체적으로 산정) 2. 외부산정 (외부전문기관위탁 산정) 3. 내·외부 모두 산정 4. 산정 無 5. 없음	운영예산 산정 정산방법 1. 내부정산 (지자체 내부적으로 정산) 2. 외부정산 (외부전문기관위탁 정산) 3. 내·외부 모두 산정 4. 정산 無 5. 없음	성과평가 실시여부 1. 실시 2. 미실시 3. 향후 추진 4. 해당없음
3438	경기 파주시	파주문화체육센터	1,264,319	4	4	4	2	1	3	3	1
3439	경기 파주시	어린이사회복지급식관리지원센터설치운영	1,205,000	4	2	1	3	1	5	2	1
3440	경기 파주시	자원봉사센터운영	1,115,888	4	1,4	7	8	7	1	1	1
3441	경기 파주시	다함께돌봄센터인건비	1,001,400	4	1	1	5	1	5	1	1
3442	경기 파주시	운정스포츠센터	960,444	4	4	4	2	1	3	3	1
3443	경기 파주시	가람도서관	959,094	4	4	7	8	7	1	1	1
3444	경기 파주시	운정다목적체육관	942,367	4	4	4	2	2	3	3	1
3445	경기 파주시	교직원인건비(대체교사)	913,000	4	2	5	8	7	5	5	4
3446	경기 파주시	가족센터운영(국비)	759,890	4	1	5	5	1	1	1	1
3447	경기 파주시	운정종합사회복지관운영	739,021	4	1	7	8	7	1	1	1
3448	경기 파주시	상담원위탁운영	699,300	4	4	1	2	2	1	1	3
3449	경기 파주시	아동보호전문기관운영	665,082	4	2	5	5	5	1	1	4
3450	경기 파주시	육아종합지원센터운영	643,486	4	1	1	3	1	1	1	3
3451	경기 파주시	운정행복센터수영장	615,101	4	4	4	2	1	3	3	1
3452	경기 파주시	금촌다목적실내체육관	590,683	4	4	1	3	2	3	3	1
3453	경기 파주시	파주시노인종합복지관운영	570,000	4	1	1	5	1	5	1	1
3454	경기 파주시	말라리아예방민간위탁방역	497,611	4	1	1	2	1	1	1	1
3455	경기 파주시	일자리센터인건비(16명)	484,503	4	4	1	2	2	1	1	1
3456	경기 파주시	조리도서관	418,492	4	4	7	8	7	1	1	1
3457	경기 파주시	시니어클럽운영	413,000	4	1	1	2	1	1	1	1
3458	경기 파주시	노동권익센터운영	409,054	4	4	7	8	7	5	5	4
3459	경기 파주시	물푸레도서관	370,058	4	4	7	8	7	1	1	1
3460	경기 파주시	직장어린이집운영	351,402	4	1	1	5	1	1	1	3
3461	경기 파주시	솔빛도서관	336,745	4	4	7	8	7	1	1	1
3462	경기 파주시	별난독서문화체험장운영	262,152	4	6	4	3	1	1	1	1
3463	경기 파주시	정신건강복지센터운영지원	255,794	4	2	5	5	1	1	1	1
3464	경기 파주시	재가노인복지시설	250,000	4	1,4	1	5	1	1	1	1
3465	경기 파주시	제3땅굴시설사용료징수	250,000	4	7	7	8	7	5	5	4
3466	경기 파주시	진로교육프로그램지원	249,806	4	4	1	3	1	1	1	3
3467	경기 파주시	진로체험지원센터운영	241,286	4	4	1	3	1	1	1	3
3468	경기 파주시	가족센터운영	231,700	4	1	5	5	1	1	1	1
3469	경기 파주시	자살예방센터인력지원	227,451	4	6	5	5	1	1	1	1
3470	경기 파주시	자살예방센터인력지원(국비)	222,216	4	2	5	5	1	1	1	1
3471	경기 파주시	황희유적관리	198,008	4	1	4	2	1	1	1	1
3472	경기 파주시	다함께돌봄센터돌봄인력지원	194,040	4	1	1	5	1	5	1	1
3473	경기 파주시	일자리센터인건비	188,676	4	4	1	2	2	1	1	1
3474	경기 파주시	이이유적관리	177,600	4	1	4	2	1	1	1	1
3475	경기 파주시	다함께돌봄센터인건비추가지원(호봉제)	172,285	4	1	1	5	1	5	1	1
3476	경기 파주시	중독관리통합지원센터	170,990	4	2	5	5	1	1	1	1
3477	경기 파주시	장애인가족지원센터운영	165,000	4	4	1	3	1	1	1	3

순번	시군구	지출명 (사업명)	2024년예산 (단위 : 천원 /1년간)	민간이전 분류 (지방자치단체 세출예산 집행기준에 의거) 1. 민간경상사업보조(307-02) 2. 민간단체 법정운영비보조(307-03) 3. 민간행사사업보조(307-04) 4. 민간위탁금(307-05) 5. 사회복지시설 법정운영비보조(307-10) 6. 민간인위탁교육비(307-12) 7. 공기관등에대한경상적위탁사업비(308-13) 8. 민간자본사업보조,자체재원(402-01) 9. 민간자본사업보조,이전재원(402-02) 10. 민간위탁사업비(402-03) 11. 공기관등에 대한 자본적 위탁사업비(403-02)	민간이전지출 근거 (지방보조금 관리기준 참고) 1. 법률에 규정 2. 국고보조 재원(국가지정) 3. 용도 지정 기부금 4. 조례에 직접규정 5. 지자체가 권장하는 사업을 하는 공공기관 6. 시,도 정책 및 재정사정 7. 기타 8. 해당없음	입찰방식: 계약체결방법 (경쟁형태) 1. 일반경쟁 2. 제한경쟁 3. 지명경쟁 4. 수의계약 5. 법정위탁 6. 기타 ( ) 7. 없음	입찰방식: 계약기간 1. 1년 2. 2년 3. 3년 4. 4년 5. 5년 6. 기타 ( )년 7. 단기계약 (1년미만) 8. 없음	입찰방식: 낙찰자선정방법 1. 적격심사 2. 협상에의한계약 3. 최저가낙찰제 4. 규격가격분리 5. 2단계 경쟁입찰 6. 기타 ( ) 7. 없음	운영예산 산정: 운영예산 산정 1. 내부산정 (지자체 자체적으로 산정) 2. 외부산정 (외부전문기관위탁 산정) 3. 내·외부 모두 산정 4. 산정 無 5. 없음	운영예산 산정: 정산방법 1. 내부정산 (지자체 내부적으로 정산) 2. 외부정산 (외부전문기관위탁 정산) 3. 내·외부 모두 산정 4. 정산 無 5. 없음	성과평가 실시여부 1. 실시 2. 미실시 3. 향후 추진 4. 해당없음
3478	경기 파주시	다함께돌봄센터운영비	164,000	4	1	1	5	1	5	1	1
3479	경기 파주시	시니어클럽운영	163,380	4	1	1	2	1	1	1	1
3480	경기 파주시	시티투어운영	158,815	4	4	7	8	7	5	5	4
3481	경기 파주시	다함께돌봄센터추가운영비지원	151,200	4	1	1	5	1	5	1	1
3482	경기 파주시	장난감도서관운영	144,556	4	1	1	3	1	1	1	3
3483	경기 파주시	무지개작은도서관	136,477	4	4	7	8	7	1	1	1
3484	경기 파주시	아동보호전문기관운영인건비지원	126,824	4	2	5	5	5	1	1	4
3485	경기 파주시	중독관리통합지원센터운영	115,600	4	4	5	5	1	1	1	1
3486	경기 파주시	기초정신건강복지센터인력지원(마음안심버스)	113,290	4	2	5	5	1	1	1	1
3487	경기 파주시	취업지원프로그램운영	110,000	4	4	1	2	2	1	1	1
3488	경기 파주시	가축질병진단실운영	105,377	4	7	6	3	1	1	1	1
3489	경기 파주시	청년정신건강증진	104,368	4	2	5	5	1	1	1	1
3490	경기 파주시	정신질환자치료비지원(사업비)	95,200	4	6	5	5	1	1	1	1
3491	경기 파주시	중독관리통합지원센터	94,570	4	2	5	5	1	1	1	1
3492	경기 파주시	다함께돌봄센터이용아동급식지원	89,100	4	1	1	5	1	5	1	1
3493	경기 파주시	부엉이책장	82,100	4	4	7	8	7	1	1	1
3494	경기 파주시	공영주차장민간위탁	79,488	4	1	7	8	7	5	5	4
3495	경기 파주시	경기도형보육컨설팅(육아종합지원센터)	76,796	4	1	7	1	7	1	1	1
3496	경기 파주시	다함께돌봄센터운영시간연장지원	70,920	4	1	1	5	1	5	1	1
3497	경기 파주시	365어르신돌봄센터	70,000	4	1,4	1	5	1	1	1	1
3498	경기 파주시	실내족구장(2개소)	70,000	4	4	1	2	1	1	1	1
3499	경기 파주시	자살예방사업	69,634	4	6	5	5	1	1	1	1
3500	경기 파주시	다함께돌봄센터거점아동돌봄센터운영	69,445	4	1	1	5	1	5	1	1
3501	경기 파주시	지역사회건강조사	69,050	4	2	5	1	7	1	5	4
3502	경기 파주시	노동복지센터운영	68,598	4	4	2	3	1	1	1	1
3503	경기 파주시	자원봉사코디네이터지원육성	66,400	4	1,4	7	8	7	1	1	1
3504	경기 파주시	자살예방및정신건강증진	61,080	4	2	5	5	1	1	1	1
3505	경기 파주시	장애인복지관운영	60,000	4	1	1	5	1	1	1	1
3506	경기 파주시	공공도서관개관시간연장	58,200	4	2	7	8	7	5	1	4
3507	경기 파주시	정보취약계층정보화교육	57,000	4	1	6	2	6	1	1	1
3508	경기 파주시	파주시비정규직노동자지원센터	54,562	4	4	2	3	1	1	1	1
3509	경기 파주시	노인상담센터	53,756	4	1	1	5	1	5	1	1
3510	경기 파주시	육아종합지원센터영유아발달지원상담원배치	53,700	4	1	1	3	1	1	1	3
3511	경기 파주시	장애인가족지원센터운영	53,000	4	4	1	3	1	1	1	3
3512	경기 파주시	꿈마루운영	46,667	4	1	7	8	7	5	5	4
3513	경기 파주시	육아종합지원센터놀이지도사배치	45,660	4	1	1	3	1	1	1	3
3514	경기 파주시	탈수급유지지원	42,850	4	6	5	1	7	1	1	1
3515	경기 파주시	노동자작업복세탁소운영	42,730	4	6	7	8	7	5	5	4
3516	경기 파주시	찾아가는1:1진로진학컨설팅	41,400	4	6	7	8	7	1	1	3
3517	경기 파주시	다함께돌봄센터아동돌봄프로그램지원	36,000	4	1	1	5	1	5	1	1

순번	시군구	지출명 (사업명)	2024년예산 (단위 : 천원 /1년간)	민간이전 분류 (지방자치단체 세출예산 집행기준에 의거) 1. 민간경상사업보조(307-02) 2. 민간단체 법정운영비보조(307-03) 3. 민간행사사업보조(307-04) 4. 민간위탁금(307-05) 5. 사회복지시설 법정운영비보조(307-10) 6. 민간인위탁교육비(307-12) 7. 공기관등에대한경상적위탁사업비(308-13) 8. 민간자본사업보조,자체재원(402-01) 9. 민간자본사업보조,이전재원(402-02) 10. 민간위탁사업비(402-03) 11. 공기관등에 대한 자본적 위탁사업비(403-02)	민간이전지출 근거 (지방보조금 관리기준 참고) 1. 법률에 규정 2. 국고보조 재원(국가지정) 3. 용도 지정 기부금 4. 조례에 직접규정 5. 지자체가 권장하는 사업을 하는 공공기관 6. 시,도 정책 및 재정사정 7. 기타 8. 해당없음	입찰방식 계약체결방법 (경쟁형태) 1. 일반경쟁 2. 제한경쟁 3. 지명경쟁 4. 수의계약 5. 법정위탁 6. 기타 ( ) 7. 없음	입찰방식 계약기간 1. 1년 2. 2년 3. 3년 4. 4년 5. 5년 6. 기타 ( )년 7. 단기계약 (1년미만) 8. 없음	입찰방식 낙찰자선정방법 1. 적격심사 2. 협상에의한계약 3. 최저가낙찰제 4. 규격가격분리 5. 2단계 경쟁입찰 6. 기타 ( ) 7. 없음	운영예산 산정 운영예산 산정 1. 내부산정 (지자체 자체적으로 산정) 2. 외부산정 (외부전문기관위탁 산정) 3. 내·외부 모두 산정 4. 산정 無 5. 없음	운영예산 산정 정산방법 1. 내부정산 (지자체 내부적으로 정산) 2. 외부정산 (외부전문기관위탁 정산) 3. 내·외부 모두 산정 4. 정산 無 5. 없음	성과평가 실시여부 1. 실시 2. 미실시 3. 향후 추진 4. 해당없음
3518	경기 파주시	시설형긴급돌봄지원	35,286	4	1	1	5	1	5	1	1
3519	경기 파주시	육아종합지원센터부모교육	34,000	4	1	1	3	1	1	1	3
3520	경기 파주시	부상야생동물구조	30,750	4	1	2	3	1	1	1	1
3521	경기 파주시	노인정신건강증진	25,032	4	2	5	5	1	1	1	1
3522	경기 파주시	마음안심버스운영	20,000	4	2	5	5	1	1	1	1
3523	경기 파주시	가족센터운영	19,410	4	1	5	5	1	1	1	1
3524	경기 파주시	공공도서관개관시간연장	17,519	4	2	7	8	7	5	1	4
3525	경기 파주시	장애영유아보육교사전문성강화교육	14,633	4	1	1	3	1	1	1	3
3526	경기 파주시	전국통합자원봉사보험가입서비스	13,564	4	1,4	7	8	7	1	1	1
3527	경기 파주시	아동청소년정신건강증진	13,300	4	2	5	5	1	1	1	1
3528	경기 파주시	자활교육훈련	13,000	4	6	5	1	7	1	1	1
3529	경기 파주시	정신건강복지센터재활프로그램운영	12,400	4	4	5	5	1	1	1	1
3530	경기 파주시	생명사랑치료비지원	8,000	4	6	5	5	1	1	1	1
3531	경기 파주시	장애인전용주차구역지킴이사업운영	5,490	4	4	1	3	1	1	1	1
3532	경기 파주시	체험형동화프로그램운영	1,090	4	4	7	8	7	1	1	1
3533	경기 이천시	생활폐기물수집운반대행	11,212,301	4	1	1	3	1	2	1	1
3534	경기 이천시	동부권광역자원회수시설위탁운영	9,280,239	4	1	4	3	7	2	1	1
3535	경기 이천시	장애인복지관운영(시비추가분)	3,250,000	4	1	1	5	1	1	3	2
3536	경기 이천시	음식물류폐기물처리대행비	2,058,510	4	1	4	8	7	5	4	4
3537	경기 이천시	대형폐기물위탁처리비	885,000	4	1	1	1	1	1	1	4
3538	경기 이천시	이천시노인종합복지관운영비(시비추가분)	880,000	4	6	1	5	1	1	1	1
3539	경기 이천시	기초정신건강복지센터기존인력	859,029	4	1	1	5	1	1	1	1
3540	경기 이천시	청미노인복지관운영비(시비추가분)	854,424	4	6	1	5	1	1	1	1
3541	경기 이천시	주간보호시설(효양동산,복지관부설)운영	848,987	4	1	1	5	1	1	3	2
3542	경기 이천시	다함께돌봄센터인건비지원	781,600	4	2	7	8	7	1	1	3
3543	경기 이천시	이천시립월전미술관운영	742,632	4	4	4	5	7	1	1	4
3544	경기 이천시	재활용품선별관리대행비	715,735	4	4	4	1	7	2	1	4
3545	경기 이천시	노동자종합복지관관리운영	677,512	4	1	7	8	7	1	1	1
3546	경기 이천시	건강가정및다문화가족지원센터운영	662,756	4	4	5	5	1	1	1	1
3547	경기 이천시	육아종합지원센터운영지원	613,000	4	4	7	8	7	1	1	1
3548	경기 이천시	이천시청직장보육시설위탁운영	578,750	4	1	1	2	1	1	1	1
3549	경기 이천시	이천시노인종합복지관운영비	570,000	4	6	1	5	1	1	1	1
3550	경기 이천시	청미노인복지관운영비	570,000	4	6	1	5	1	1	1	1
3551	경기 이천시	아동보호전문기관운영	551,922	4	2	5	5	7	1	1	3
3552	경기 이천시	다함께돌봄센터운영비	550,000	4	6	7	8	7	1	1	3
3553	경기 이천시	일자리센터(읍면동및고플센터포함)직업상담사인건비	548,703	4	4	1	2	1	1	1	1
3554	경기 이천시	시니어클럽운영	525,000	4	1	1	5	1	1	1	2
3555	경기 이천시	어린이급식관리지원센터운영	525,000	4	4	4	3	1	5	1	1
3556	경기 이천시	콜센터민간위탁운영비	472,000	4	4	1	3	2	1	1	3
3557	경기 이천시	동부권광역자원회수시설주민편익시설위탁운영	471,351	4	1	4	3	7	2	1	1

순번	시군구	지출명 (사업명)	2024년예산 (단위 : 천원 /1년간)	민간이전 분류 (지방자치단체 세출예산 집행기준에 의거) 1. 민간경상사업보조(307-02) 2. 민간단체 법정운영비보조(307-03) 3. 민간행사사업보조(307-04) 4. 민간위탁금(307-05) 5. 사회복지시설 법정운영비보조(307-10) 6. 민간인위탁교육비(307-12) 7. 공기관등에대한경상적위탁사업비(308-13) 8. 민간자본사업보조,자체재원(402-01) 9. 민간자본사업보조,이전재원(402-02) 10. 민간위탁사업비(402-03) 11. 공기관등에 대한 자본적 위탁사업비(403-02)	민간이전지출 근거 (지방보조금 관리기준 참고) 1. 법률에 규정 2. 국고보조 재원(국가지정) 3. 용도 지정 기부금 4. 조례에 직접규정 5. 지자체가 권장하는 사업을 하는 공공기관 6. 시,도 정책 및 재정사정 7. 기타 8. 해당없음	입찰방식: 계약체결방법 (경쟁형태) 1. 일반경쟁 2. 제한경쟁 3. 지명경쟁 4. 수의계약 5. 법정위탁 6. 기타 ( ) 7. 없음	입찰방식: 계약기간 1. 1년 2. 2년 3. 3년 4. 4년 5. 5년 6. 기타 ( )년 7. 단기계약 (1년미만) 8. 없음	입찰방식: 낙찰자선정방법 1. 적격심사 2. 협상에의한계약 3. 최저가낙찰제 4. 규격가격분리 5. 2단계 경쟁입찰 6. 기타 ( ) 7. 없음	운영예산 산정: 운영예산 산정 1. 내부산정 (지자체 자체적으로 산정) 2. 외부산정 (외부전문기관위탁 산정) 3. 내·외부 모두 산정 4. 산정 無 5. 없음	운영예산 산정: 정산방법 1. 내부정산 (지자체 내부적으로 정산) 2. 외부정산 (외부전문기관위탁 정산) 3. 내·외부 모두 산정 4. 정산 無 5. 없음	성과평가 실시여부 1. 실시 2. 미실시 3. 향후 추진 4. 해당없음
3558	경기 이천시	남부권야간진료인건비지원	446,064	4	4	1	3	1	1	1	3
3559	경기 이천시	생활폐기물위탁처리비	440,000	4	1	1	7	2	1	1	2
3560	경기 이천시	장애인단기거주시설운영지원(효양동산)	382,980	4	1	1	5	1	1	3	2
3561	경기 이천시	환경학습관위탁운영	354,000	4	1	4	3	7	2	1	1
3562	경기 이천시	방역소독용역	288,800	4	1	1	7	3	1	1	1
3563	경기 이천시	불법주정차단속차량견인업무대행사업비	284,712	4	1	4	1	1	1	1	2
3564	경기 이천시	일자리센터(읍면동및고플센터포함)직업상담사인건비(시비추가분)	254,807	4	4	1	2	1	1	1	1
3565	경기 이천시	학대피해아동쉼터운영비지원	247,894	4	2	5	5	7	1	1	3
3566	경기 이천시	24시간아이돌봄센터인건비	245,000	4	4	7	8	7	1	1	1
3567	경기 이천시	건강가정지원센터운영	231,700	4	4	5	5	1	1	1	1
3568	경기 이천시	불연성폐기물위탁처리비	217,120	4	1	7	8	7	5	5	4
3569	경기 이천시	설봉서원운영	199,613	4	4	4	5	7	1	1	4
3570	경기 이천시	서울소재미술관운영비	198,316	4	4	4	5	7	1	1	4
3571	경기 이천시	종량제봉투판매대행사업	196,000	4	1	7	8	7	5	5	4
3572	경기 이천시	기초정신건강복지센터지원	194,023	4	1	1	5	1	1	1	1
3573	경기 이천시	다함께돌봄센터인건비추가지원	174,082	4	6	7	8	7	1	1	3
3574	경기 이천시	이천시립월전미술관전시사업	170,000	4	4	4	5	7	1	1	4
3575	경기 이천시	기초정신건강복지센터확충인력	156,240	4	1	1	5	1	1	1	1
3576	경기 이천시	폐목재위탁처리비	150,000	4	1	4	1	7	1	1	4
3577	경기 이천시	일자리센터취업지원프로그램운영	149,453	4	4	1	2	1	1	1	1
3578	경기 이천시	기초정신건강복지센터자살예방사업지원	148,144	4	1	1	5	1	1	1	1
3579	경기 이천시	생활폐기물수도권매립지반입운반비	146,400	4	1	1	7	2	1	1	2
3580	경기 이천시	농촌신활력플러스사업추진단보수	145,898	4	4	1	3	1	1	1	1
3581	경기 이천시	다함께돌봄센터돌봄인력지원	141,120	4	6	7	8	7	1	1	3
3582	경기 이천시	난연성스티로폼처리대행비	140,000	4	1	7	8	7	5	5	4
3583	경기 이천시	다함께돌봄센터운영비지원	128,000	4	2	7	8	7	1	1	3
3584	경기 이천시	유실유기동물구조보호관리	120,000	4	6	6	3	6	5	1	1
3585	경기 이천시	시니어클럽종사자인건비(시비추가분)	118,914	4	1	1	5	1	1	1	2
3586	경기 이천시	인공암벽등반장위탁운영	113,799	4	4	2	3	1	1	1	1
3587	경기 이천시	폐매트리스위탁처리비	108,000	4	1	2	1	1	1	1	4
3588	경기 이천시	설봉서원프로그램운영	107,672	4	4	5	5	7	1	1	1
3589	경기 이천시	아동보호전문기관인건비추가지원	105,977	4	6	5	5	7	1	1	3
3590	경기 이천시	인력지원(기초자살예방센터인건비)	88,566	4	1	1	5	1	1	1	1
3591	경기 이천시	이천시립월전미술관교육연구사업	84,300	4	4	4	5	7	1	1	4
3592	경기 이천시	방학중어린이행복밥상지원	71,280	4	6	7	8	7	1	1	3
3593	경기 이천시	지역사회건강조사사업위탁	68,972	4	1	7	1	7	2	2	4
3594	경기 이천시	24시간아이돌봄센터운영비	65,000	4	4	7	8	7	1	1	1
3595	경기 이천시	장애인복지관운영	60,000	4	1	1	5	1	1	3	2
3596	경기 이천시	폐석면,폐페인트통,폐소화기등위탁처리비	60,000	4	1	7	8	7	5	5	4
3597	경기 이천시	서울소재미술관전시교육사업	59,540	4	4	4	5	7	1	1	4

순번	시군구	지출명 (사업명)	2024년예산 (단위 : 천원 /1년간)	민간이전 분류 (지방자치단체 세출예산 집행기준에 의거) 1. 민간경상사업보조(307-02) 2. 민간단체 법정운영비보조(307-03) 3. 민간행사사업보조(307-04) 4. 민간위탁금(307-05) 5. 사회복지시설 법정운영비보조(307-10) 6. 민간인위탁교육비(307-12) 7. 공기관등에대한경상적위탁사업비(308-13) 8. 민간자본사업보조,자체재원(402-01) 9. 민간자본사업보조,이전재원(402-02) 10. 민간위탁사업비(402-03) 11. 공기관등에 대한 자본적 위탁사업비(403-02)	민간이전지출 근거 (지방보조금 관리기준 참고) 1. 법률에 규정 2. 국고보조 재원(국가지정) 3. 용도 지정 기부금 4. 조례에 직접규정 5. 지자체가 권장하는 사업을 하는 공공기관 6. 시,도 정책 및 재정사정 7. 기타 8. 해당없음	입찰방식			운영예산 산정		성과평가 실시여부
						계약체결방법 (경쟁형태) 1. 일반경쟁 2. 제한경쟁 3. 지명경쟁 4. 수의계약 5. 법정위탁 6. 기타 ( ) 7. 없음	계약기간 1. 1년 2. 2년 3. 3년 4. 4년 5. 5년 6. 기타 ( )년 7. 단기계약 (1년미만) 8. 없음	낙찰자선정방법 1. 적격심사 2. 협상에의한계약 3. 최저가낙찰제 4. 규격가격분리 5. 2단계 경쟁입찰 6. 기타 ( ) 7. 없음	운영예산 산정 1. 내부산정 (지자체 자체적으로 산정) 2. 외부산정 (외부전문기관위탁 산정) 3. 내·외부 모두 산정 4. 산정 無 5. 없음	정산방법 1. 내부정산 (지자체 내부적으로 정산) 2. 외부정산 (외부전문기관위탁 정산) 3. 내·외부 모두 산정 4. 정산 無 5. 없음	1. 실시 2. 미실시 3. 향후 추진 4. 해당없음
3598	경기 이천시	자살예방사업및생명사랑치료비지원	45,346	4	1	1	5	1	1	1	1
3599	경기 이천시	청년및노인치료비지원	41,550	4	1	1	5	1	1	1	1
3600	경기 이천시	학대피해아동쉼터인건비추가지원	38,312	4	6	5	5	7	1	1	3
3601	경기 이천시	인건비	35,845	4	6	7	8	7	1	1	3
3602	경기 이천시	이천시립월전미술관기획홍보사업	35,700	4	4	4	5	7	1	1	4
3603	경기 이천시	시설형긴급돌봄지원	35,286	4	6	7	8	7	1	1	3
3604	경기 이천시	폐비닐처리대행비	32,400	4	1	7	8	7	5	5	4
3605	경기 이천시	외래진료치료비지원	31,650	4	1	1	5	1	1	1	1
3606	경기 이천시	자살예방및정신건강증진사업	30,540	4	1	1	5	1	1	1	1
3607	경기 이천시	건강가정지원센터운영(시비추가분)	30,000	4	4	5	5	1	1	1	1
3608	경기 이천시	사업비	30,000	4	6	7	8	7	1	1	3
3609	경기 이천시	청년마인드링크사업운영	30,000	4	1	1	5	1	1	1	1
3610	경기 이천시	폐형광등(수은함유)처리대행비	29,750	4	1	7	8	7	5	5	4
3611	경기 이천시	유기동물보호소환경개선지원	27,000	4	6	6	3	6	5	1	1
3612	경기 이천시	고철혼합폐기물위탁처리비	23,100	4	1	7	8	7	5	5	4
3613	경기 이천시	방치폐기물위탁처리	22,500	4	1	7	8	7	5	5	4
3614	경기 이천시	노면청소차량폐토사위탁처리	20,160	4	1	7	8	7	5	5	4
3615	경기 이천시	생활계유해폐기물(폐농약등)위탁처리	20,000	4	1	7	8	7	5	5	4
3616	경기 이천시	소량지정폐기물(폐유,폐페인트)위탁처리	20,000	4	1	7	8	7	5	5	4
3617	경기 이천시	마음안심버스운영	20,000	4	1	1	5	1	1	1	1
3618	경기 이천시	아동돌봄프로그램지원	19,200	4	6	7	8	7	1	1	3
3619	경기 이천시	초기진단비지원	19,200	4	1	1	5	1	1	1	1
3620	경기 이천시	건설폐기물위탁처리비	18,000	4	1	7	8	7	5	5	4
3621	경기 이천시	서희선생학술자료발간	15,000	4	4	5	5	7	1	1	1
3622	경기 이천시	유기·유실동물구조·보호비지원	14,000	4	2	6	3	6	5	1	1
3623	경기 이천시	아동청소년정신건강증진사업	13,300	4	1	1	5	1	1	1	1
3624	경기 이천시	향제(춘,추)	12,750	4	4	5	5	7	1	1	1
3625	경기 이천시	학대피해아동및가정심리정서지원사업운영비	12,000	4	7	5	5	7	1	1	1
3626	경기 이천시	정신질환자치료비지원	10,660	4	1	1	5	1	1	1	1
3627	경기 이천시	다문화가족지원센터운영(시비추가분)	10,000	4	4	5	5	1	1	1	1
3628	경기 이천시	전국서예대전개최및도록발간	10,000	4	4	5	5	7	1	1	1
3629	경기 이천시	폐형광등(수은미포함)운반비	6,600	4	1	7	8	7	1	1	4
3630	경기 이천시	관리수당	3,600	4	6	7	8	7	5	5	4
3631	경기 이천시	행정입원비지원	1,000	4	6	7	8	7	1	1	3
3632	경기 이천시	외래치료지원치료비지원	360	4	1	1	5	1	1	1	1
3633	경기 이천시	응급입원비지원	100	4	1	1	5	1	1	1	1
3634	경기 시흥시	음식물류폐기물위탁처리비	3,340,920	4	6	1	1	1	2	1	4
3635	경기 시흥시	음식물류폐기물자원화시설민간위탁금	2,910,000	4	4	4	2	7	2	1	4
3636	경기 시흥시	사회복지관운영	2,534,326	4	1	2	5	1	1	1	1
3637	경기 시흥시	대야신천가로청소민간위탁	1,936,216	4	4	2	3	1	1	2	3

순번	시군구	지출명 (사업명)	2024년예산 (단위 : 천원 /1년간)	민간이전 분류 (지방자치단체 세출예산 집행기준에 의거) 1. 민간경상사업보조(307-02) 2. 민간단체 법정운영비보조(307-03) 3. 민간행사사업보조(307-04) 4. 민간위탁금(307-05) 5. 사회복지시설 법정운영비보조(307-10) 6. 민간인위탁교육비(307-12) 7. 공기관등에대한경상적위탁사업비(308-13) 8. 민간자본사업보조,자체재원(402-01) 9. 민간자본사업보조,이전재원(402-02) 10. 민간위탁사업비(402-03) 11. 공기관등에 대한 자본적 위탁사업비(403-02)	민간이전지출 근거 (지방보조금 관리기준 참고) 1. 법률에 규정 2. 국고보조 재원(국가지정) 3. 용도 지정 기부금 4. 조례에 직접규정 5. 지자체가 권장하는 사업을 하는 공공기관 6. 시,도 정책 및 재정사정 7. 기타 8. 해당없음	입찰방식 계약체결방법 (경쟁형태) 1. 일반경쟁 2. 제한경쟁 3. 지명경쟁 4. 수의계약 5. 법정위탁 6. 기타 ( ) 7. 없음	입찰방식 계약기간 1. 1년 2. 2년 3. 3년 4. 4년 5. 5년 6. 기타 ( )년 7. 단기계약 (1년미만) 8. 없음	입찰방식 낙찰자선정방법 1. 적격심사 2. 협상에의한계약 3. 최저가낙찰제 4. 규격가격분리 5. 2단계 경쟁입찰 6. 기타 ( ) 7. 없음	운영예산 산정 운영예산 산정 1. 내부산정 (지자체 자체적으로 산정) 2. 외부산정 (외부전문기관위탁 산정) 3. 내·외부 모두 산정 4. 산정 無 5. 없음	운영예산 산정 정산방법 1. 내부정산 (지자체 내부적으로 정산) 2. 외부정산 (외부전문기관위탁 정산) 3. 내·외부 모두 산정 4. 정산 無 5. 없음	성과평가 실시여부 1. 실시 2. 미실시 3. 향후 추진 4. 해당없음
3638	경기 시흥시	시흥에코센터민간위탁운영비	1,252,728	4	4	1	3	6	1	1	3
3639	경기 시흥시	시흥시노인종합복지관운영(자체)	972,664	4	1	5	5	1	1	1	1
3640	경기 시흥시	자원봉사센터운영비	835,466	4	1	5	6	6	1	1	3
3641	경기 시흥시	학교급식지원센터운영	828,573	4	4	1	3	1	1	1	3
3642	경기 시흥시	재활용폐기물처리비	750,000	4	1	4	1	6	1	1	4
3643	경기 시흥시	육아종합지원센터위탁운영	731,248	4	1	5	5	7	1	1	3
3644	경기 시흥시	시흥시북부노인복지관운영(자체)	721,657	4	1	5	5	1	1	1	1
3645	경기 시흥시	가족센터운영(자체)	720,445	4	4	2	5	1	1	1	1
3646	경기 시흥시	청소용역	707,716	4	4	7	8	7	5	5	4
3647	경기 시흥시	청소용역	666,000	4	7	6	3	6	1	1	4
3648	경기 시흥시	도서관청사안내민간위탁	654,607	4	7	6	3	6	1	1	4
3649	경기 시흥시	체육시설관리인력운영	632,088	4	7	7	1	7	1	1	4
3650	경기 시흥시	외국인복지센터운영	549,850	4	4	2	3	1	1	1	1
3651	경기 시흥시	공공용지내불법옥외광고물설치예방및정비용역	520,000	4	1	2	1	3	1	1	3
3652	경기 시흥시	사회적경제지원센터운영	509,996	4	4	1	2	1	1	1	1
3653	경기 시흥시	동네관리소사업	490,012	4	5	1	2	1	1	1	3
3654	경기 시흥시	시흥시근로자종합복지관위탁운영비	468,957	4	4	7	7	7	1	1	1
3655	경기 시흥시	다함께돌봄센터운영비(자체)	459,200	4	4	1	5	1	1	1	1
3656	경기 시흥시	미래키움어린이집운영	444,205	4	1	1	5	6	1	1	1
3657	경기 시흥시	시흥시청어린이집운영	442,808	4	1	1	5	6	1	1	1
3658	경기 시흥시	마을관리기업하천관리위탁운영	421,490	4	4	7	8	7	5	5	4
3659	경기 시흥시	도로무단점용정비용역	381,000	4	7	1	7	1	1	1	4
3660	경기 시흥시	우리동네보드美사업	355,815	4	4	5	1	7	1	2	1
3661	경기 시흥시	상호대차및라온도서관민간위탁	339,982	4	4	1	3	6	1	1	1
3662	경기 시흥시	주거복지센터운영	308,253	4	4	5	3	7	1	1	3
3663	경기 시흥시	시흥시기업체생산품상설전시장운영비	300,000	4	4	7	7	7	1	1	2
3664	경기 시흥시	청소년국제교류민간위탁금	260,000	4	4	1	3	1	1	3	1
3665	경기 시흥시	시흥시노동자지원센터위탁운영비	255,161	4	4	7	7	7	1	1	1
3666	경기 시흥시	미산동문화복지센터운영비	230,350	4	4	1	3	6	1	1	1
3667	경기 시흥시	장애인기능특화복지관운영	227,620	4	1	7	8	7	5	1	1
3668	경기 시흥시	오이도문화복지센터운영비	209,323	4	4	1	2	6	1	1	1
3669	경기 시흥시	청소차량폐토사및폐수처리비	200,000	4	8	7	8	7	5	5	4
3670	경기 시흥시	하절기집중방역위탁관리비	195,000	4	7	1	1	3	1	1	1
3671	경기 시흥시	시흥시티투어운영	187,000	4	4	7	8	7	1	1	1
3672	경기 시흥시	남자단기청소년쉼터운영(자체)	182,210	4	2	1	3	1	1	3	1
3673	경기 시흥시	마을교육거점센터운영	180,000	4	4	1	6	1	1	1	1
3674	경기 시흥시	여자단기청소년쉼터운영(자체)	164,856	4	2	1	3	1	1	3	1
3675	경기 시흥시	육아나눔터운영지원(자체)	155,600	4	1	7	6	1	3	1	1
3676	경기 시흥시	매화희망센터운영비	144,289	4	4	1	2	6	1	1	1
3677	경기 시흥시	오이도꿈나무안심학교운영	139,386	4	4	7	8	7	1	1	1

순번	시군구	지출명 (사업명)	2024년예산 (단위 : 천원 /1년간)	민간이전 분류 (지방자치단체 세출예산 집행기준에 의거) 1. 민간경상사업보조(307-02) 2. 민간단체 법정운영비보조(307-03) 3. 민간행사사업보조(307-04) 4. 민간위탁금(307-05) 5. 사회복지시설 법정운영비보조(307-10) 6. 민간인위탁교육비(307-12) 7. 공기관등에대한경상적위탁사업비(308-13) 8. 민간자본사업보조,자체재원(402-01) 9. 민간자본사업보조,이전재원(402-02) 10. 민간위탁사업비(402-03) 11. 공기관등에 대한 자본적 위탁사업비(403-02)	민간이전지출 근거 (지방보조금 관리기준 참고) 1. 법률에 규정 2. 국고보조 재원(국가지정) 3. 용도 지정 기부금 4. 조례에 직접규정 5. 지자체가 권장하는 사업을 하는 공공기관 6. 시,도 정책 및 재정사정 7. 기타 8. 해당없음	입찰방식 계약체결방법 (경쟁형태) 1. 일반경쟁 2. 제한경쟁 3. 지명경쟁 4. 수의계약 5. 법정위탁 6. 기타 ( ) 7. 없음	입찰방식 계약기간 1. 1년 2. 2년 3. 3년 4. 4년 5. 5년 6. 기타 ( )년 7. 단기계약 (1년미만) 8. 없음	입찰방식 낙찰자선정방법 1. 적격심사 2. 협상에의한계약 3. 최저가낙찰제 4. 규격가격분리 5. 2단계 경쟁입찰 6. 기타 ( ) 7. 없음	운영예산 산정 운영예산 산정 1. 내부산정 (지자체 자체적으로 산정) 2. 외부산정 (외부전문기관위탁 산정) 3. 내·외부 모두 산정 4. 산정 無 5. 없음	운영예산 산정 정산방법 1. 내부정산 (지자체 내부적으로 정산) 2. 외부정산 (외부전문기관위탁 정산) 3. 내·외부 모두 산정 4. 정산 無 5. 없음	성과평가 실시여부 1. 실시 2. 미실시 3. 향후 추진 4. 해당없음
3678	경기 시흥시	장애인보장구수리센터운영	136,604	4	4	1	3	6	1	1	1
3679	경기 시흥시	이동미술관아트캔버스운영	133,315	4	8	1	3	1	1	3	3
3680	경기 시흥시	성교육관운영	112,069	4	1	5	5	7	1	1	1
3681	경기 시흥시	카네이션하우스지원(자체)	85,890	4	6	1	3	1	1	1	1
3682	경기 시흥시	어르신작은복지관운영	83,656	4	8	1	3	1	1	1	1
3683	경기 시흥시	시흥시기업체생산품상설전시장인건비	81,191	4	4	7	7	7	1	1	2
3684	경기 시흥시	골목길가로청소사업	80,010	4	8	1	1	1	1	1	1
3685	경기 시흥시	아동보호전문기관심리치료(검사)지원	80,000	4	1	1	5	1	3	3	3
3686	경기 시흥시	자활기업전문가한시적인건비지원	68,000	4	4	6	8	7	1	1	3
3687	경기 시흥시	자활기업사회보험료지원	62,000	4	4	6	8	7	1	1	3
3688	경기 시흥시	자살예방및정신건강증진사업(자체)	50,363	4	2	5	3	1	3	3	2
3689	경기 시흥시	지하수검침및기록물관리용역비	43,200	4	7	2	1	3	1	1	2
3690	경기 시흥시	장애인가족지원센터운영	40,875	4	4	1	3	6	1	1	1
3691	경기 시흥시	기초정신건강복지센터지원(자체)	40,763	4	2	5	3	1	3	3	2
3692	경기 시흥시	역사자료전시관인건비	40,403	4	1,4	7	8	7	5	5	4
3693	경기 시흥시	시흥ABC타운활성화운영	40,000	4	7	7	8	7	5	5	4
3694	경기 시흥시	대야권특화사업운영	40,000	4	6	1	1	1	1	1	1
3695	경기 시흥시	정왕권특화사업운영	40,000	4	6	1	1	1	1	1	1
3696	경기 시흥시	아동보호전문기관운영(자체)	28,800	4	1	1	5	1	3	3	3
3697	경기 시흥시	육아종합지원센터장애위험영유아선별검사지원	20,000	4	1	5	5	7	1	1	3
3698	경기 시흥시	수질오염사고방재작업위탁용역비	20,000	4	8	7	8	7	5	5	4
3699	경기 시흥시	야생동물포획및이주관리용역	20,000	4	6	4	1	2	1	1	4
3700	경기 시흥시	청년창업자육성프로그램운영	20,000	4	6	7	8	7	5	5	3
3701	경기 시흥시	청년문화기획자양성과정운영	20,000	4	6	7	8	7	5	5	1
3702	경기 시흥시	시흥시택시주차쉼터운영비지원	16,000	4	4	1	3	1	1	1	3
3703	경기 시흥시	학대피해아동쉼터운영(자체)	12,000	4	1	1	5	1	1	1	3
3704	경기 시흥시	역사자료전시관운영비	10,983	4	1,4	7	8	7	5	5	4
3705	경기 시흥시	학습동아리역량강화교육	10,000	4	1	7	8	7	5	5	4
3706	경기 시흥시	아동청소년정신보건사업(자체)	9,097	4	2	5	3	1	3	3	2
3707	경기 시흥시	화학사고방재작업위탁용역비	5,000	4	8	7	8	7	5	5	4
3708	경기 안성시	서안성체육센터운영	2,500,000	4	1	4	3	7	3	1	3
3709	경기 안성시	아이돌봄지원사업(돌봄수당)	2,293,808	4	1	1	3	1	1	1	3
3710	경기 안성시	자활근로사업	1,887,084	4	1	5	1	7	1	3	1
3711	경기 안성시	노인복지관위탁운영비	1,569,700	4	4	5	5	7	1	1	3
3712	경기 안성시	음식물류폐기물위탁처리비	1,529,168	4	7	6	6	6	3	3	4
3713	경기 안성시	장애인종합복지관운영	1,376,830	4	1	5	5	7	1	1	3
3714	경기 안성시	생활폐기물위탁처리비	1,368,750	4	6	1	1	1	1	1	3
3715	경기 안성시	장애인주간보호시설운영지원	1,054,578	4	1	5	5	7	1	1	3
3716	경기 안성시	평택에코센터반입수수료	1,019,445	4	7	6	8	6	3	3	4
3717	경기 안성시	농촌신활력플러스사업	1,000,000	4	4	5	4	7	3	3	4

순번	시군구	지출명 (사업명)	2024년예산 (단위 : 천원 /1년간)	민간이전 분류 (지방자치단체 세출예산 집행기준에 의거) 1. 민간경상사업보조(307-02) 2. 민간단체 법정운영비보조(307-03) 3. 민간행사사업보조(307-04) 4. 민간위탁금(307-05) 5. 사회복지시설 법정운영비보조(307-10) 6. 민간인위탁교육비(307-12) 7. 공기관등에대한경상적위탁사업비(308-13) 8. 민간자본사업보조,자체재원(402-01) 9. 민간자본사업보조,이전재원(402-02) 10. 민간위탁사업비(402-03) 11. 공기관등에 대한 자본적 위탁사업비(403-02)	민간이전지출 근거 (지방보조금 관리기준 참고) 1. 법률에 규정 2. 국고보조 재원(국가지정) 3. 용도 지정 기부금 4. 조례에 직접규정 5. 지자체가 권장하는 사업을 하는 공공기관 6. 시,도 정책 및 재정사정 7. 기타 8. 해당없음	입찰방식: 계약체결방법 (경쟁형태) 1. 일반경쟁 2. 제한경쟁 3. 지명경쟁 4. 수의계약 5. 법정위탁 6. 기타 ( ) 7. 없음	입찰방식: 계약기간 1. 1년 2. 2년 3. 3년 4. 4년 5. 5년 6. 기타 ( )년 7. 단기계약 (1년미만) 8. 없음	입찰방식: 낙찰자선정방법 1. 적격심사 2. 협상에의한계약 3. 최저가낙찰제 4. 규격가격분리 5. 2단계 경쟁입찰 6. 기타 ( ) 7. 없음	운영예산 산정: 운영예산 산정 1. 내부산정 (지자체 자체적으로 산정) 2. 외부산정 (외부전문기관위탁 산정) 3. 내·외부 모두 산정 4. 산정 無 5. 없음	운영예산 산정: 정산방법 1. 내부정산 (지자체 내부적으로 정산) 2. 외부정산 (외부전문기관위탁 정산) 3. 내·외부 모두 산정 4. 정산 無 5. 없음	성과평가 실시여부 1. 실시 2. 미실시 3. 향후 추진 4. 해당없음
3718	경기 안성시	친환경등우수농산물학교급식지원	920,000	4	4	5	7	7	1	1	3
3719	경기 안성시	건강가정다문화가족지원센터운영지원	879,126	4	1	1	3	1	1	1	3
3720	경기 안성시	안성시육아종합지원센터운영	812,104	4	4	1	3	1	1	1	1
3721	경기 안성시	경로당친환경로컬푸드부식지원	789,600	4	4	5	1	7	1	1	3
3722	경기 안성시	미디어센터위탁운영비	719,530	4	4	1	3	1	1	1	1
3723	경기 안성시	정신건강복지센터인력지원	653,816	4	2	5	3	1	1	1	1
3724	경기 안성시	안성시어린이급식관리지원센터운영	630,000	4	1	1	3	1	5	3	3
3725	경기 안성시	무한돌봄센터운영	588,238	4	4	1	3	1	5	5	1
3726	경기 안성시	시니어클럽운영지원	550,000	4	1	5	5	1	5	1	3
3727	경기 안성시	안성시청소년수련관운영	510,000	4	4	2	3	1	1	1	1
3728	경기 안성시	공립작은도서관민간위탁금지원(7개관)	504,639	4	4	1	3	1	1	1	1
3729	경기 안성시	안성과일학교급식지원	500,000	4	4	5	7	7	1	1	3
3730	경기 안성시	가사돌봄지원사업	420,000	4	1	1	3	1	1	1	3
3731	경기 안성시	지역자활센터운영비	409,787	4	1	5	1	7	1	3	1
3732	경기 안성시	청소년상담복지센터운영	404,040	4	4	2	5	1	1	1	1
3733	경기 안성시	경기도어린이건강과일공급사업	400,200	4	2	5	3	7	3	3	3
3734	경기 안성시	산업단지관리업무위탁금	400,000	4	1,4	5	3	7	1	1	1
3735	경기 안성시	베이비부머행복캠퍼스지원	370,531	4	1	5	1	6	5	3	1
3736	경기 안성시	평택에코센터협잡물처리비	355,875	4	7	6	8	6	3	3	4
3737	경기 안성시	동안성청소년문화의집운영	355,700	4	4	2	3	1	1	1	1
3738	경기 안성시	직장어린이집위탁운영	350,000	4	1	7	8	7	5	5	4
3739	경기 안성시	다함께돌봄센터인건비지원	323,400	4	6	6	5	6	1	1	3
3740	경기 안성시	산업단지환경정비업무위탁금	320,000	4	1,4	5	3	7	1	1	1
3741	경기 안성시	경로당꾸러미운영지원	300,000	4	4	5	1	7	1	1	3
3742	경기 안성시	폐가구재활용위탁처리비	284,700	4	6	1	1	1	1	1	3
3743	경기 안성시	학교밖청소년지원	263,788	4	2	7	3	1	1	1	1
3744	경기 안성시	학대피해아동쉼터운영지원	247,894	4	1	1	5	1	1	1	3
3745	경기 안성시	선별잔재물위탁처리비	243,600	4	6	1	1	1	1	1	3
3746	경기 안성시	소규모수도시설민간위탁비	221,400	4	8	4	1	3	1	1	4
3747	경기 안성시	청소년안전망지원	217,880	4	2	7	8	7	1	1	1
3748	경기 안성시	학교밖청소년프로그램운영	202,550	4	4	7	8	7	1	1	1
3749	경기 안성시	안성시청소년문화의집운영	199,268	4	4	2	3	1	1	1	1
3750	경기 안성시	기초자살예방센터인력지원	178,890	4	6	5	3	1	1	1	1
3751	경기 안성시	위기예방지원상담사지원	173,855	4	5	7	8	7	1	1	1
3752	경기 안성시	안성시입원아동돌봄서비스	142,000	4	1	1	3	1	1	1	3
3753	경기 안성시	아이돌봄서비스본인부담금월2시간지원	126,486	4	1	1	3	1	1	1	3
3754	경기 안성시	정신건강복지센터지원	120,712	4	2	5	3	1	1	1	1
3755	경기 안성시	자녀양육및자녀생활등방문교육서비스지원	120,162	4	1	1	3	1	1	1	3
3756	경기 안성시	맞춤형노인일자리지원	117,090	4	1	5	1	1	1	1	4
3757	경기 안성시	지역농산물먹거리지원	113,026	4	4	5	1	7	1	1	3

순번	시군구	지출명 (사업명)	2024년예산 (단위 : 천원 /1년간)	민간이전 분류 (지방자치단체 세출예산 집행기준에 의거) 1. 민간경상사업보조(307-02) 2. 민간단체 법정운영비보조(307-03) 3. 민간행사사업보조(307-04) 4. 민간위탁금(307-05) 5. 사회복지시설 법정운영비보조(307-10) 6. 민간인위탁교육비(307-12) 7. 공기관등에대한경상적위탁사업비(308-13) 8. 민간자본사업보조,자체재원(402-01) 9. 민간자본사업보조,이전재원(402-02) 10. 민간위탁사업비(402-03) 11. 공기관등에 대한 자본적 위탁사업비(403-02)	민간이전지출 근거 (지방보조금 관리기준 참고) 1. 법률에 규정 2. 국고보조 재원(국가지정) 3. 용도 지정 기부금 4. 조례에 직접규정 5. 지자체가 권장하는 사업을 하는 공공기관 6. 시,도 정책 및 재정사정 7. 기타 8. 해당없음	입찰방식			운영예산 산정		성과평가 실시여부
						계약체결방법 (경쟁형태) 1. 일반경쟁 2. 제한경쟁 3. 지명경쟁 4. 수의계약 5. 법정위탁 6. 기타 ( ) 7. 없음	계약기간 1. 1년 2. 2년 3. 3년 4. 4년 5. 5년 6. 기타 ( )년 7. 단기계약 (1년미만) 8. 없음	낙찰자선정방법 1. 적격심사 2. 협상에의한계약 3. 최저가낙찰제 4. 규격가격분리 5. 2단계 경쟁입찰 6. 기타 ( ) 7. 없음	운영예산 산정 1. 내부산정 (지자체 자체적으로 산정) 2. 외부산정 (외부전문기관위탁 산정) 3. 내·외부 모두 산정 4. 산정 無 5. 없음	정산방법 1. 내부정산 (지자체 내부적으로 정산) 2. 외부정산 (외부전문기관위탁 정산) 3. 내·외부 모두 산정 4. 정산 無 5. 없음	1. 실시 2. 미실시 3. 향후 추진 4. 해당없음
3758	경기 안성시	장애아재활치료교육센터운영	112,000	4	1	5	5	7	1	1	3
3759	경기 안성시	기초정신건강복지센터자살예방사업지원인건비	111,108	4	2	5	3	1	1	1	1
3760	경기 안성시	아동보호전문기관운영지원	110,844	4	1	7	8	7	5	5	4
3761	경기 안성시	청소년전통무예(국궁)체험활동지원	100,000	4	4	7	8	7	1	1	1
3762	경기 안성시	문예회관위탁운영비	95,000	4	1,4	7	8	7	5	5	4
3763	경기 안성시	안성시청소년수련관개관준비TF팀	78,000	4	4	2	3	1	1	1	1
3764	경기 안성시	다함께돌봄센터인건비추가지원	74,213	4	6	6	5	6	1	1	3
3765	경기 안성시	친환경등우수농산물영유아공공급식지원	70,844	4	4	5	7	7	1	1	3
3766	경기 안성시	지역사회건강조사	68,896	4	2	7	7	7	5	2	4
3767	경기 안성시	청소년동반자프로그램운영	67,254	4	2	7	8	7	1	1	1
3768	경기 안성시	폐기물재활용자원순환사업운영지원	67,245	4	1	5	4	7	3	1	3
3769	경기 안성시	기초자살예방센터운영지원	62,366	4	6	5	3	1	1	1	1
3770	경기 안성시	청소년휴카페운영	58,441	4	5	7	8	7	1	1	1
3771	경기 안성시	안성시장애인주간보호시설임차료지원	58,080	4	1	7	1	7	1	1	4
3772	경기 안성시	1인가구지원사업	57,500	4	1	1	3	1	1	1	3
3773	경기 안성시	공동육아나눔터운영지원	56,712	4	1	1	3	1	1	1	3
3774	경기 안성시	정신건강복지센터인력지원	56,630	4	2	5	3	1	1	1	1
3775	경기 안성시	다함께돌봄센터운영비지원	52,000	4	6	6	5	6	1	1	3
3776	경기 안성시	어린이집지역농산물이용지원	50,000	4	4	5	1	7	1	1	3
3777	경기 안성시	정신질환자치료지원	48,798	4	6	5	3	1	1	1	1
3778	경기 안성시	탈수급유지지원사업	42,850	4	1	5	1	7	1	3	1
3779	경기 안성시	맘튼튼축산물꾸러미지원	42,000	4	1	7	8	7	5	5	4
3780	경기 안성시	학교밖청소년문화활동지원	41,990	4	4	7	8	7	1	1	1
3781	경기 안성시	안전보건관리체계구축강화지원	41,250	4	1	5	1	7	1	1	4
3782	경기 안성시	다문화가족자녀언어발달지원	40,590	4	1	1	3	1	1	1	3
3783	경기 안성시	통장사례관리자운영	37,220	4	1	5	1	7	1	3	1
3784	경기 안성시	다함께돌봄센터돌봄인력지원	35,280	4	6	6	5	6	1	1	3
3785	경기 안성시	근로자복지회관위탁운영비	35,000	4	4	6	3	6	1	1	1
3786	경기 안성시	청년및노인정신건강외래치료비지원	34,300	4	2	5	3	1	1	1	1
3787	경기 안성시	결혼이민자통번역서비스지원	34,100	4	1	1	3	1	1	1	3
3788	경기 안성시	자살예방및정신건강증진사업	30,540	4	2	5	3	1	1	1	1
3789	경기 안성시	학대피해아동쉼터인건비추가지원	30,340	4	1	1	5	1	1	1	3
3790	경기 안성시	다함께돌봄센터기자재구입비	30,000	4	6	6	5	6	1	1	1
3791	경기 안성시	청년마인드링크사업운영	30,000	4	2	5	3	1	1	1	3
3792	경기 안성시	공공급식식생활교육	30,000	4	4	5	1	7	1	1	3
3793	경기 안성시	다함께돌봄센터방학중어린이행복밥상지원	29,700	4	6	6	5	6	1	1	1
3794	경기 안성시	청소년지도사배치지원	25,368	4	2	7	8	7	1	1	1
3795	경기 안성시	학교밖청소년급식비지원	25,350	4	2	7	8	7	1	1	3
3796	경기 안성시	한국어교육운영	24,500	4	1	1	3	1	1	1	1
3797	경기 안성시	축산공연장위탁관리비	24,000	4	4	1	2	1	1	1	1

순번	시군구	지출명 (사업명)	2024년예산 (단위 : 천원 /1년간)	민간이전 분류 (지방자치단체 세출예산 집행기준에 의거) 1. 민간경상사업보조(307-02) 2. 민간단체 법정운영비보조(307-03) 3. 민간행사사업보조(307-04) 4. 민간위탁금(307-05) 5. 사회복지시설 법정운영비보조(307-10) 6. 민간인위탁교육비(307-12) 7. 공기관등에대한경상적위탁사업비(308-13) 8. 민간자본사업보조,지체재원(402-01) 9. 민간자본사업보조,이전재원(402-02) 10. 민간위탁사업비(402-03) 11. 공기관등에 대한 자본적 위탁사업비(403-02)	민간이전지출 근거 (지방보조금 관리기준 참고) 1. 법률에 규정 2. 국고보조 재원(국가지정) 3. 용도 지정 기부금 4. 조례에 직접규정 5. 지자체가 권장하는 사업을 하는 공공기관 6. 시,도 정책 및 재정사정 7. 기타 8. 해당없음	입찰방식 계약체결방법 (경쟁형태) 1. 일반경쟁 2. 제한경쟁 3. 지명경쟁 4. 수의계약 5. 법정위탁 6. 기타 ( ) 7. 없음	입찰방식 계약기간 1. 1년 2. 2년 3. 3년 4. 4년 5. 5년 6. 기타 ( )년 7. 단기계약 (1년미만) 8. 없음	입찰방식 낙찰자선정방법 1. 적격심사 2. 협상에의한계약 3. 최저가낙찰제 4. 규격가격분리 5. 2단계 경쟁입찰 6. 기타 ( ) 7. 없음	운영예산 산정 운영예산 산정 1. 내부산정 (지자체 자체적으로 산정) 2. 외부산정 (외부전문기관위탁 산정) 3. 내·외부 모두 산정 4. 산정 無 5. 없음	운영예산 산정 정산방법 1. 내부정산 (지자체 내부적으로 정산) 2. 외부정산 (외부전문기관위탁 정산) 3. 내·외부 모두 산정 4. 정산 無 5. 없음	성과평가 실시여부 1. 실시 2. 미실시 3. 향후 추진 4. 해당없음
3798	경기 안성시	재활용폐기물선별처리위탁처리비	21,600	4	6	1	1	1	1	1	3
3799	경기 안성시	복지회관목욕탕위탁운영비	20,000	4	4	2	3	6	3	1	3
3800	경기 안성시	결혼이민자한국어교육	19,950	4	1	1	3	1	1	1	3
3801	경기 안성시	다함께돌봄센터추가운영비및냉난방비	19,125	4	6	6	5	6	1	1	3
3802	경기 안성시	다함께돌봄센터운영시간연장지원(인건비)	17,640	4	6	6	5	6	1	1	3
3803	경기 안성시	아이돌보미영아돌봄수당지원	17,000	4	1	1	3	1	1	1	3
3804	경기 안성시	학교밖청소년학습지원	15,000	4	4	7	8	7	1	1	1
3805	경기 안성시	자활교육훈련지원	14,800	4	1	5	1	7	1	3	1
3806	경기 안성시	아동청소년정신건강증진사업	13,300	4	2	5	3	1	1	1	1
3807	경기 안성시	결혼이민자취업교육지원	12,000	4	1	1	3	1	1	1	3
3808	경기 안성시	다문화사회문화다양성이해교육	11,667	4	1	1	3	1	1	1	3
3809	경기 안성시	다문화소통프로그램지원	11,600	4	1	1	3	1	1	1	3
3810	경기 안성시	정신질환자치료비지원	10,440	4	2	5	3	1	1	1	1
3811	경기 안성시	다문화가족아동이중언어교육지원	10,000	4	1	1	3	1	1	1	3
3812	경기 안성시	다문화가족한마음체육대회개최	10,000	4	1	1	3	1	1	1	3
3813	경기 안성시	행복한가족프로그램운영	10,000	4	1	1	3	1	1	1	3
3814	경기 안성시	학교밖청소년자립지원	10,000	4	4	7	8	7	1	1	1
3815	경기 안성시	공공청소년수련시설이용활성화지원	9,770	4	4	7	8	7	1	1	1
3816	경기 안성시	중도입국자녀한국사회적응지원	8,000	4	1	1	3	1	1	1	3
3817	경기 안성시	다문화가족자녀방문학습지원	7,830	4	1	1	3	1	1	1	3
3818	경기 안성시	외국인주민한국어교육	7,333	4	1	1	3	1	1	1	3
3819	경기 안성시	깔끄미사업	7,250	4	1	5	1	7	1	3	1
3820	경기 안성시	아동돌봄프로그램지원	7,200	4	6	6	5	6	1	1	3
3821	경기 안성시	다함께돌봄센터운영시간연장지원(운영비)	6,000	4	6	6	5	6	1	1	3
3822	경기 안성시	장기근속수당	6,000	4	4	5	3	1	1	1	1
3823	경기 안성시	음식물류폐기물잔재물처리비	5,610	4	7	6	6	6	3	3	4
3824	경기 안성시	다문화가족교육지원	5,000	4	1	1	3	1	1	1	3
3825	경기 안성시	결혼이민자와함께하는어린이외국어회화교실	5,000	4	1	1	3	1	1	1	3
3826	경기 안성시	세계인어울림한마당개최	5,000	4	1	1	3	1	1	1	3
3827	경기 안성시	다문화가족서포터즈운영	3,170	4	1	1	3	1	1	1	3
3828	경기 안성시	새내기결혼이민자멘토링지원사업	3,000	4	1	1	3	1	1	1	3
3829	경기 안성시	다함께돌봄센터기능보강비	3,000	4	6	6	5	6	1	1	3
3830	경기 안성시	청소년문화의집청소년운영위원회운영	3,000	4	5	7	8	7	1	1	1
3831	경기 안성시	청소년참여위원회운영	2,800	4	5	7	8	7	1	1	1
3832	경기 안성시	다문화가족동아리모임활성화지원	2,700	4	1	1	3	1	1	1	3
3833	경기 안성시	아이돌보미독감예방접종비	2,660	4	1	1	3	1	1	1	3
3834	경기 안성시	다함께돌봄센터소독비	2,550	4	6	6	5	6	1	1	3
3835	경기 여주시	장애인복지시설운영지원장애인복지관운영	2,251,000	4	1	2	5	1	1	1	4
3836	경기 여주시	음식물류폐기물위탁처리	1,632,000	4	1	2	3	2	2	4	3
3837	경기 여주시	재활용선별장운영	1,558,400	4	1	7	8	7	5	5	4

순번	시군구	지출명 (사업명)	2024년예산 (단위 : 천원 /1년간)	민간이전 분류 (지방자치단체 세출예산 집행기준에 의거) 1. 민간경상사업보조(307-02) 2. 민간단체 법정운영비보조(307-03) 3. 민간행사사업보조(307-04) 4. 민간위탁금(307-05) 5. 사회복지시설 법정운영비보조(307-10) 6. 민간인위탁교육비(307-12) 7. 공기관등에대한경상적위탁사업비(308-13) 8. 민간자본사업보조,자체재원(402-01) 9. 민간자본사업보조,이전재원(402-02) 10. 민간위탁사업비(402-03) 11. 공기관등에 대한 자본적 위탁사업비(403-02)	민간이전지출 근거 (지방보조금 관리기준 참고) 1. 법률에 규정 2. 국고보조 재원(국가지정) 3. 용도 지정 기부금 4. 조례에 직접규정 5. 지자체가 권장하는 사업을 하는 공공기관 6. 시,도 정책 및 재정사정 7. 기타 8. 해당없음	입찰방식			운영예산 산정		성과평가 실시여부
						계약체결방법 (경쟁형태) 1. 일반경쟁 2. 제한경쟁 3. 지명경쟁 4. 수의계약 5. 법정위탁 6. 기타 ( ) 7. 없음	계약기간 1. 1년 2. 2년 3. 3년 4. 4년 5. 5년 6. 기타 ( )년 7. 단기계약 (1년미만) 8. 없음	낙찰자선정방법 1. 적격심사 2. 협상에의한계약 3. 최저가낙찰제 4. 규격가격분리 5. 2단계 경쟁입찰 6. 기타 ( ) 7. 없음	운영예산 산정 1. 내부산정 (지자체 자체적으로 산정) 2. 외부산정 (외부전문기관위탁 산정) 3. 내·외부 모두 산정 4. 산정 無 5. 없음	정산방법 1. 내부정산 (지자체 내부적으로 정산) 2. 외부정산 (외부전문기관위탁 정산) 3. 내·외부 모두 산정 4. 정산 無 5. 없음	1. 실시 2. 미실시 3. 향후 추진 4. 해당없음
3838	경기 여주시	노인복지관운영비	1,520,430	4	2	1	5	1	1	1	4
3839	경기 여주시	자원봉사센터운영비및사업비	1,072,780	4	4	7	8	7	5	5	4
3840	경기 여주시	공공산후조리원설립운영	963,000	4	6	7	5	7	5	1	3
3841	경기 여주시	건강가정및다문화가족지원센터운영	943,466	4	2	1	5	1	1	1	1
3842	경기 여주시	정신건강복지센터인력지원	825,505	4	2	6	5	1	5	1	1
3843	경기 여주시	육아종합지원센터운영	822,000	4	1	1	5	1	1	1	3
3844	경기 여주시	청소년상담복지센터(학교밖청소년지원센터)위탁운영	816,422	4	2	1	6	1	1	1	1
3845	경기 여주시	가남청소년문화의집운영	498,462	4	1	7	8	7	5	5	4
3846	경기 여주시	사회적공동체지원센터설립운영	494,174	4	4	1	3	1	1	1	1
3847	경기 여주시	여주청소년문화의집운영	435,555	4	1	7	8	7	5	5	4
3848	경기 여주시	노인일자리수행기관및종사자지원(시니어클럽운영)	430,160	4	1	1	5	1	5	1	3
3849	경기 여주시	여주일자리센터직업상담사운영지원	425,880	4	4	1	2	1	3	1	1
3850	경기 여주시	다함께돌봄센터인건비지원	413,640	4	2	7	8	7	5	1	4
3851	경기 여주시	소상공인지원센터운영위탁비	384,364	4	4	1	6	6	1	1	3
3852	경기 여주시	여주시어린이급식관리지원센터운영	315,000	4	1	1	5	1	1	2	1
3853	경기 여주시	문화생태탐방로유지관리	297,000	4	4	1	4	2	1	1	3
3854	경기 여주시	직장어린이집위탁운영	296,000	4	4	7	8	7	5	5	4
3855	경기 여주시	장애인가족지원센터지원	250,137	4	4	1	5	1	1	1	3
3856	경기 여주시	외국인복지센터운영지원	241,000	4	4	1	5	1	1	1	1
3857	경기 여주시	다함께돌봄센터운영지원	184,000	4	2	7	8	7	5	1	4
3858	경기 여주시	산모신생아건강관리지원사업(전환)	180,000	4	6	7	8	7	5	5	4
3859	경기 여주시	기초자살예방센터운영	174,482	4	6	6	5	1	5	1	1
3860	경기 여주시	기초정신건강복지센터지원	153,917	4	2	6	5	1	5	1	1
3861	경기 여주시	수도권매립지폐기물반입처리	130,000	4	1	7	8	7	5	5	4
3862	경기 여주시	자살예방및정신건강증진사업(자체)	130,000	4	6	6	5	1	5	1	1
3863	경기 여주시	기초정신건강복지센터자살예방사업지원	111,108	4	2	6	5	1	5	1	1
3864	경기 여주시	거점아동돌봄센터운영	104,731	4	6	7	8	7	5	1	4
3865	경기 여주시	시군육아종합지원센터전문상담사등배치	99,360	4	1	1	5	1	1	1	3
3866	경기 여주시	여주시청소년수련관운영	86,456	4	1	7	8	7	5	5	4
3867	경기 여주시	맞춤형취업지원프로그램운영	82,880	4	4	1	2	1	1	1	2
3868	경기 여주시	다함께돌봄센터인건비추가지원	73,570	4	6	7	8	7	5	1	4
3869	경기 여주시	시군육아종합지원센터경기도형보육컨설턴트인건비지원	71,918	4	1	1	5	1	1	1	3
3870	경기 여주시	아동돌봄틈새서비스(돌봄인력지원)	70,560	4	6	7	8	7	5	1	4
3871	경기 여주시	지역사회건강조사조사분석위탁운영	68,744	4	2	7	1	7	5	1	4
3872	경기 여주시	자원봉사코디네이터지원	66,400	4	2	7	8	7	5	5	4
3873	경기 여주시	공동체지원활동가인건비	60,000	4	4	7	8	7	5	5	4
3874	경기 여주시	기초정신건강복지센터인력지원_확충인력	56,630	4	2	6	5	1	5	1	1
3875	경기 여주시	청년및노인정신건강증진사업	50,196	4	2	6	5	1	5	1	1
3876	경기 여주시	자살예방및정신건강증진사업	40,720	4	2	6	5	1	5	1	1
3877	경기 여주시	산모신생아건강관리지원사업(추가)	30,000	4	6	7	8	7	5	5	4

순번	시군구	지출명 (사업명)	2024년예산 (단위 : 천원 /1년간)	민간이전 분류 (지방자치단체 세출예산 집행기준에 의거) 1. 민간경상사업보조(307-02) 2. 민간단체 법정운영비보조(307-03) 3. 민간행사사업보조(307-04) 4. 민간위탁금(307-05) 5. 사회복지시설 법정운영비보조(307-10) 6. 민간인위탁교육비(307-12) 7. 공기관등에대한경상적위탁사업비(308-13) 8. 민간자본사업보조,자체재원(402-01) 9. 민간자본사업보조,이전재원(402-02) 10. 민간위탁사업비(402-03) 11. 공기관등에 대한 자본적 위탁사업비(403-02)	민간이전지출 근거 (지방보조금 관리기준 참고) 1. 법률에 규정 2. 국고보조 재원(국가지정) 3. 용도 지정 기부금 4. 조례에 직접규정 5. 지자체가 권장하는 사업을 하는 공공기관 6. 시,도 정책 및 재정사정 7. 기타 8. 해당없음	입찰방식 계약체결방법 (경쟁형태) 1. 일반경쟁 2. 제한경쟁 3. 지명경쟁 4. 수의계약 5. 법정위탁 6. 기타 ( ) 7. 없음	입찰방식 계약기간 1. 1년 2. 2년 3. 3년 4. 4년 5. 5년 6. 기타 ( )년 7. 단기계약 (1년미만) 8. 없음	입찰방식 낙찰자선정방법 1. 적격심사 2. 협상에의한계약 3. 최저가낙찰제 4. 규격가격분리 5. 2단계 경쟁입찰 6. 기타 ( ) 7. 없음	운영예산 산정 운영예산 산정 1. 내부산정 (지자체 자체적으로 산정) 2. 외부산정 (외부전문기관위탁 산정) 3. 내·외부 모두 산정 4. 산정 無 5. 없음	운영예산 산정 정산방법 1. 내부정산 (지자체 내부적으로 정산) 2. 외부정산 (외부전문기관위탁 정산) 3. 내·외부 모두 산정 4. 정산 無 5. 없음	성과평가 실시여부 1. 실시 2. 미실시 3. 향후 추진 4. 해당없음
3878	경기 여주시	방학중어린이행복밥상지원(다함께돌봄센터)	29,700	4	6	7	8	7	5	1	4
3879	경기 여주시	정신질환자치료지원	26,316	4	6	6	5	1	5	1	1
3880	경기 여주시	정기시장(5일장)민간위탁금	20,413	4	4	7	8	7	5	5	4
3881	경기 여주시	장애영유아보육교사전문성교육사업	20,000	4	6	5	8	7	1	1	4
3882	경기 여주시	사회적공동체지원센터시설개선	20,000	4	4	7	8	7	5	5	4
3883	경기 여주시	공동체네트워크추진	15,000	4	4	7	8	7	5	5	4
3884	경기 여주시	보훈회관위탁관리운영비	13,700	4	4	5	5	1	1	1	1
3885	경기 여주시	아동청소년정신건강증진사업	13,300	4	2	6	5	1	5	1	1
3886	경기 여주시	아동돌봄틈새서비스(아동돌봄프로그램지원)	9,600	4	6	7	8	7	5	1	4
3887	경기 여주시	자원봉사자보험료지원	6,192	4	2	7	8	7	5	5	4
3888	경기 여주시	정신질환자치료비지원	5,832	4	2	6	5	1	5	1	1
3889	경기 화성시	민간투자사업공공하수처리시설사용료(화성엔바이로)	12,730,000	4	1	6	6	7	5	5	1
3890	경기 화성시	종합사회복지관운영	11,868,634	4	7	6	5	6	1	1	1
3891	경기 화성시	민간투자사업공공하수처리시설사용료(화성에코텍)	9,800,000	4	1	6	6	7	5	5	1
3892	경기 화성시	화성그린환경센터소각시설민간위탁	9,775,048	4	4	2	2	6	1	1	1
3893	경기 화성시	노인복지관운영	9,435,351	4	1	5	5	6	1	3	1
3894	경기 화성시	장애인복지관운영	7,155,548	4	6	5	5	1	1	1	1
3895	경기 화성시	화성동탄2크린에너지센터위탁운영	5,500,000	4	4	1	2	2	1	1	1
3896	경기 화성시	정남외26개공공(소규모)하수처리시설관리대행용역	4,986,000	4	1	1	3	6	2	4	1
3897	경기 화성시	장애인직업재활시설운영지원	4,885,206	4	2	5	5	1	1	1	1
3898	경기 화성시	정신건강복지센터운영	4,877,357	4	1	1	5	1	1	1	1
3899	경기 화성시	공공폐수처리시설운영	4,801,647	4	4	2	2	2	2	1	1
3900	경기 화성시	동탄2,향남2공공하수처리시설관리대행용역	3,686,000	4	1	1	3	6	2	4	1
3901	경기 화성시	장애인주간보호시설운영지원	3,341,661	4	6	5	5	1	1	1	1
3902	경기 화성시	근로자복지관운영	2,999,006	4	1	1	2	1	1	1	1
3903	경기 화성시	수출업무지원센터사업지원및운영	2,541,000	4	4	1	2	1	1	1	3
3904	경기 화성시	자활근로사업(민간기관)	2,368,475	4	1	7	1	7	1	1	1
3905	경기 화성시	육아종합지원센터운영	2,235,400	4	1	7	8	7	1	1	4
3906	경기 화성시	장애아동재활센터운영	2,143,117	4	6	5	5	1	1	1	1
3907	경기 화성시	화성시가축분뇨공공처리시설민간위탁운영관리	2,109,730	4	4	2	2	2	2	1	1
3908	경기 화성시	세아전용어린이집운영	2,082,570	4	1	7	8	7	1	1	4
3909	경기 화성시	새미,봉담3공공하수처리시설관리대행용역	2,026,000	4	1	1	5	6	2	4	1
3910	경기 화성시	어린이급식관리지원센터위탁운영	1,991,000	4	1,2	2	2	1	1	2	1
3911	경기 화성시	화성형아이키움터(아이자람꿈터)운영	1,469,644	4	4	7	8	7	1	1	4
3912	경기 화성시	콜센터운영	1,377,600	4	4	2	2	2	1	1	1
3913	경기 화성시	소공인복합지원센터운영	1,304,000	4	1	1	1	1	1	1	1
3914	경기 화성시	화성향남2자동집하시설위탁운영	1,300,000	4	4	1	2	2	1	1	1
3915	경기 화성시	노인일자리지원기관(시니어클럽)운영	1,019,950	4	1	5	5	6	1	3	1
3916	경기 화성시	화성시U만성질환관리센터운영	942,681	4	4	1	2	6	1	1	1
3917	경기 화성시	아동청소년정신건강복지센터운영	924,468	4	1	1	2	1	1	1	3

순번	시군구	지출명 (사업명)	2024년예산 (단위 : 천원 /1년간)	민간이전 분류 (지방자치단체 세출예산 집행기준에 의거) 1. 민간경상사업보조(307-02) 2. 민간단체 법정운영비보조(307-03) 3. 민간행사사업보조(307-04) 4. 민간위탁금(307-05) 5. 사회복지시설 법정운영비보조(307-10) 6. 민간인위탁교육비(307-12) 7. 공기관등에대한경상적위탁사업비(308-13) 8. 민간자본사업보조,자체재원(402-01) 9. 민간자본사업보조,이전재원(402-02) 10. 민간위탁사업비(402-03) 11. 공기관등에 대한 자본적 위탁사업비(403-02)	민간이전지출 근거 (지방보조금 관리기준 참고) 1. 법률에 규정 2. 국고보조 재원(국가지정) 3. 용도 지정 기부금 4. 조례에 직접규정 5. 지자체가 권장하는 사업을 하는 공공기관 6. 시,도 정책 및 재정사정 7. 기타 8. 해당없음	입찰방식			운영예산 산정		성과평가 실시여부
						계약체결방법 (경쟁형태) 1. 일반경쟁 2. 제한경쟁 3. 지명경쟁 4. 수의계약 5. 법정위탁 6. 기타 ( ) 7. 없음	계약기간 1. 1년 2. 2년 3. 3년 4. 4년 5. 5년 6. 기타 ( )년 7. 단기계약 (1년미만) 8. 없음	낙찰자선정방법 1. 적격심사 2. 협상에의한계약 3. 최저가낙찰제 4. 규격가격분리 5. 2단계 경쟁입찰 6. 기타 ( ) 7. 없음	운영예산 산정 1. 내부산정 (지자체 자체적으로 산정) 2. 외부산정 (외부전문기관위탁 산정) 3. 내·외부 모두 산정 4. 산정 無 5. 없음	정산방법 1. 내부정산 (지자체 내부적으로 정산) 2. 외부정산 (외부전문기관위탁 정산) 3. 내·외부 모두 산정 4. 정산 無 5. 없음	1. 실시 2. 미실시 3. 향후 추진 4. 해당없음
3918	경기 화성시	화성시사회적경제지원센터	882,160	4	4	1	2	6	1	1	1
3919	경기 화성시	청소년상담복지센터운영	858,587	4	4	6	2	6	3	3	1
3920	경기 화성시	소공인집적지구공동기반시설운영	681,664	4	1	1	1	1	1	1	1
3921	경기 화성시	장애인일자리사업복지일자리(참여형)	587,367	4	7	7	8	7	5	5	4
3922	경기 화성시	중독관리통합지원센터운영	532,904	4	1	1	5	1	1	1	1
3923	경기 화성시	유치원형유아전담공립어린이집권역별개설	512,000	4	1,4	7	8	7	1	1	4
3924	경기 화성시	도로변청소대행용역	452,500	4	7	2	1	1	1	1	4
3925	경기 화성시	청소년쉼터운영지원(자체)	400,146	4	8	6	2	6	3	3	1
3926	경기 화성시	노면청소차량운행용역	373,500	4	7	2	7	1	1	1	4
3927	경기 화성시	청소년쉼터운영지원	369,110	4	2	6	2	6	3	3	1
3928	경기 화성시	소규모시립어린이집운영	351,743	4	4	7	8	7	1	1	4
3929	경기 화성시	시군역량강화사업	337,143	4	2	7	8	7	1	1	1
3930	경기 화성시	청소년동반자프로그램운영	334,338	4	2	6	2	6	3	3	1
3931	경기 화성시	학교밖청소년지원(자체)	242,857	4	7	6	2	6	3	3	1
3932	경기 화성시	화성시공예문화관운영	240,482	4	4	1	3	1	1	1	1
3933	경기 화성시	장애인가족지원센터운영	220,000	4	1	1	2	1	1	1	1
3934	경기 화성시	학교밖청소년지원(여가부)	216,371	4	7	6	2	6	3	3	1
3935	경기 화성시	학교밖청소년프로그램운영	165,572	4	7	6	2	6	3	3	1
3936	경기 화성시	휠체어탑승버스운영	150,000	4	4	5	2	1	1	1	3
3937	경기 화성시	육아종합지원센터(경기도형보육컨설턴트)인건비지원	149,392	4	4	7	8	7	1	1	4
3938	경기 화성시	국공립어린이집확충(신규개원안착지원)	140,000	4	4	7	8	7	1	1	4
3939	경기 화성시	팔탄사용종료매립장침출수처리시설운영	112,480	4	4	2	6	2	1	1	1
3940	경기 화성시	사회적경제홍보관운영	105,000	4	6	7	8	7	5	5	4
3941	경기 화성시	청소년안전망(CYSnet)구축	102,000	4	2	6	2	6	3	3	1
3942	경기 화성시	육아종합지원센터놀이지도사및발달지원상담원배치	99,360	4	6	7	8	7	1	1	4
3943	경기 화성시	청소년안전망(CYSnet)구축(자체)	90,400	4	4	6	2	6	3	3	1
3944	경기 화성시	찻길동물사체처리수거용역	90,000	4	7	2	1	1	1	1	4
3945	경기 화성시	사회적경제중간지원조직인력지원	80,000	4	6	7	8	7	5	5	4
3946	경기 화성시	어린이집확충(리모델링사업_동탄2A15) 비품및교재교구	80,000	4	4	7	8	7	1	1	4
3947	경기 화성시	청소년동반자프로그램운영(자체)	68,882	4	4	6	2	6	3	3	1
3948	경기 화성시	학교밖청소년프로그램운영(자체)	62,275	4	7	6	2	6	3	3	1
3949	경기 화성시	영유아발달심리전문가어린이집및유치원파견	55,246	4	4	7	8	7	1	1	4
3950	경기 화성시	청소년쉼터야간근무자배치지원	53,910	4	4	6	2	6	3	3	1
3951	경기 화성시	고위기맞춤형프로그램운영	46,000	4	5	6	2	6	3	3	1
3952	경기 화성시	장애인가족지원센터운영(자체)	45,000	4	1	1	2	1	1	1	1
3953	경기 화성시	학교밖청소년문화활동지원	41,000	4	7	6	2	6	3	3	1
3954	경기 화성시	청소년상담복지센터인터넷중독전담상담사배치	37,110	4	2	6	2	6	3	3	1
3955	경기 화성시	학교밖청소년지원센터급식비지원	35,200	4	7	6	2	6	3	3	1
3956	경기 화성시	지방육아종합지원센터운영(부모교육공동사업)	34,000	4	6	7	8	7	1	1	4
3957	경기 화성시	어린이집확충(리모델링사업_봉담2A5) 비품및교재교구	30,000	4	4	7	8	7	1	1	4

순번	시군구	지출명 (사업명)	2024년예산 (단위 : 천원 /1년간)	민간이전 분류 (지방자치단체 세출예산 집행기준에 의거) 1. 민간경상사업보조(307-02) 2. 민간단체 법정운영비보조(307-03) 3. 민간행사사업보조(307-04) 4. 민간위탁금(307-05) 5. 사회복지시설 법정운영비보조(307-10) 6. 민간인위탁교육비(307-12) 7. 공기관등에대한경상적위탁사업비(308-13) 8. 민간자본사업보조,자체재원(402-01) 9. 민간자본사업보조,이전재원(402-02) 10. 민간위탁사업비(402-03) 11. 공기관등에 대한 자본적 위탁사업비(403-02)	민간이전지출 근거 (지방보조금 관리기준 참고) 1. 법률에 규정 2. 국고보조 재원(국가지정) 3. 용도 지정 기부금 4. 조례에 직접규정 5. 지자체가 권장하는 사업을 하는 공공기관 6. 시,도 정책 및 재정사정 7. 기타 8. 해당없음	입찰방식 계약체결방법 (경쟁형태) 1. 일반경쟁 2. 제한경쟁 3. 지명경쟁 4. 수의계약 5. 법정위탁 6. 기타 ( ) 7. 없음	입찰방식 계약기간 1. 1년 2. 2년 3. 3년 4. 4년 5. 5년 6. 기타 ( )년 7. 단기계약 (1년미만) 8. 없음	입찰방식 낙찰자선정방법 1. 적격심사 2. 협상에의한계약 3. 최저가낙찰제 4. 규격가격분리 5. 2단계 경쟁입찰 6. 기타 ( ) 7. 없음	운영예산 산정 운영예산 산정 1. 내부산정 (지자체 자체적으로 산정) 2. 외부산정 (외부전문기관위탁 산정) 3. 내·외부 모두 산정 4. 산정 無 5. 없음	운영예산 산정 정산방법 1. 내부정산 (지자체 내부적으로 정산) 2. 외부정산 (외부전문기관위탁 정산) 3. 내·외부 모두 산정 4. 정산 無 5. 없음	성과평가 실시여부 1. 실시 2. 미실시 3. 향후 추진 4. 해당없음
3958	경기 화성시	비품및교재교구	30,000	4	4	7	8	7	1	1	4
3959	경기 화성시	사회적경제창업지원사업	20,000	4	6	7	8	7	5	5	4
3960	경기 화성시	학교밖청소년학습지원	20,000	4	7	6	2	6	3	3	1
3961	경기 화성시	장애영유아보육교사전문성교육(전문성강화교육)	15,000	4	4	7	8	7	1	1	4
3962	경기 화성시	청소년쉼터이용청소년지원	15,000	4	4	6	2	6	3	3	1
3963	경기 화성시	시립어린이집운영기반조성	5,600	4	4	7	8	7	1	1	4
3964	경기 광주시	생활폐기물처리대행	5,600,000	4	1	1	1	1	2	1	4
3965	경기 광주시	생활자원회수센터민간위탁	2,621,000	4	7	6	3	2	2	1	4
3966	경기 광주시	음식물자원화시설민간위탁운영비	2,209,077	4	7	2	2	6	2	1	1
3967	경기 광주시	음식물류폐기물민간처리대행	2,100,000	4	1	1	1	1	2	1	4
3968	경기 광주시	생활폐기물처리시설운반대행	1,941,200	4	1	1	1	1	2	1	4
3969	경기 광주시	광주시정신건강복지센터위탁운영	1,893,814	4	2	6	2	1	1	1	1
3970	경기 광주시	광주시정신건강복지센터위탁운영	1,893,814	4	2	6	2	1	1	1	1
3971	경기 광주시	생활자원회수센터잔재폐기물처리용역	1,069,338	4	7	1	1	1	2	1	4
3972	경기 광주시	자원봉사센터운영비	1,055,203	4	4	7	8	7	3	1	1
3973	경기 광주시	광주시청직장어린이집위탁운영	648,950	4	1	5	3	7	1	1	2
3974	경기 광주시	민원상담콜센터위탁운영민간위탁금	618,587	4	4	1	3	2	1	1	1
3975	경기 광주시	공립작은도서관민간위탁금	520,000	4	4	1	3	1	1	1	1
3976	경기 광주시	국도등노면청소대행용역	124,831	4	1	1	1	3	1	1	2
3977	경기 광주시	로드킬(동물사체)위탁처리	105,933	4	1	1	1	3	1	1	2
3978	경기 광주시	광주시지속가능발전사업추진	102,832	4	4	1	3	6	1	1	3
3979	경기 광주시	노면청소수거물(폐토사)처리대행	100,000	4	1	1	1	3	1	1	2
3980	경기 광주시	자원봉사코디네이터인건비지원	66,400	4	2	7	8	7	3	1	2
3981	경기 광주시	전국통합자원봉사보험가입서비스지원	10,966	4	2	7	8	7	3	1	2
3982	경기 광주시	광주시아동보호전문기관운영외	4,034,223	4	1,4	7	5	7	5	1	4
3983	경기 양주시	음식물류폐기물처리대행용역	3,634,422	4	1	7	8	7	5	5	4
3984	경기 양주시	2024~225년양주시생활폐기물수집운반대행용역(5구역)	2,458,744	4	8	7	8	7	5	5	4
3985	경기 양주시	노인복지관운영	2,368,305	4	1	1	5	1	1	1	1
3986	경기 양주시	자활근로지원사업	2,176,333	4	2	7	1	7	4	1	4
3987	경기 양주시	2024~225년양주시생활폐기물수집운반대행용역(2구역)	2,007,891	4	8	7	8	7	5	5	4
3988	경기 양주시	2024~225년양주시생활폐기물수집운반대행용역(3구역)	1,880,609	4	8	7	8	7	5	5	4
3989	경기 양주시	2024~225년양주시생활폐기물수집운반대행용역(6구역)	1,808,066	4	8	7	8	7	5	5	4
3990	경기 양주시	양주시장애인종합복지관운영	1,800,000	4	1	7	8	7	5	5	4
3991	경기 양주시	2024~225년양주시생활폐기물수집운반대행용역(4구역)	1,778,359	4	8	7	8	7	1	1	4
3992	경기 양주시	2024~225년양주시생활폐기물수집운반대행용역(7구역)	1,717,582	4	8	7	8	7	5	5	4
3993	경기 양주시	2024~225년양주시생활폐기물수집운반대행용역(1구역)	1,711,733	4	8	7	8	7	5	5	4
3994	경기 양주시	경기섬유종합지원센터운영	1,600,000	4	4	1	3	2	1	1	2
3995	경기 양주시	특수보육활성화지원(세아전용어린이집운영)	1,402,388	4	6	7	8	7	1	3	4
3996	경기 양주시	가로변등청소대행용역	1,272,602	4	6	4	1	7	2	1	1
3997	경기 양주시	기초정신건강복지센터인력지원	1,255,430	4	2	1	3	1	1	1	1

순번	시군구	지출명 (사업명)	2024년예산 (단위 : 천원 /1년간)	민간이전 분류 (지방자치단체 세출예산 집행기준에 의거) 1. 민간경상사업보조(307-02) 2. 민간단체 법정운영비보조(307-03) 3. 민간행사사업보조(307-04) 4. 민간위탁금(307-05) 5. 사회복지시설 법정운영비보조(307-10) 6. 민간인위탁교육비(307-12) 7. 공기관등에대한경상적위탁사업비(308-13) 8. 민간자본사업보조,자체재원(402-01) 9. 민간자본사업보조,이전재원(402-02) 10. 민간위탁사업비(402-03) 11. 공기관등에 대한 자본적 위탁사업비(403-02)	민간이전지출 근거 (지방보조금 관리기준 참고) 1. 법률에 규정 2. 국고보조 재원(국가지정) 3. 용도 지정 기부금 4. 조례에 직접규정 5. 지자체가 권장하는 사업을 하는 공공기관 6. 시,도 정책 및 재정사정 7. 기타 8. 해당없음	입찰방식 계약체결방법 (경쟁형태) 1. 일반경쟁 2. 제한경쟁 3. 지명경쟁 4. 수의계약 5. 법정위탁 6. 기타 ( ) 7. 없음	입찰방식 계약기간 1. 1년 2. 2년 3. 3년 4. 4년 5. 5년 6. 기타 ( )년 7. 단기계약 (1년미만) 8. 없음	입찰방식 낙찰자선정방법 1. 적격심사 2. 협상에의한계약 3. 최저가낙찰제 4. 규격가격분리 5. 2단계 경쟁입찰 6. 기타 ( ) 7. 없음	운영예산 산정 운영예산 산정 1. 내부산정 (지자체 자체적으로 산정) 2. 외부산정 (외부전문기관위탁 산정) 3. 내·외부 모두 산정 4. 산정 無 5. 없음	운영예산 산정 정산방법 1. 내부정산 (지자체 내부적으로 정산) 2. 외부정산 (외부전문기관위탁 정산) 3. 내·외부 모두 산정 4. 정산 無 5. 없음	성과평가 실시여부 1. 실시 2. 미실시 3. 향후 추진 4. 해당없음
3998	경기 양주시	홍죽공공폐수처리시설관리대행	1,251,857	4	1	1	3	2	2	1	3
3999	경기 양주시	무한돌봄센터운영	718,281	4	4	1	3	1	1	1	1
4000	경기 양주시	가족센터운영	686,726	4	2	1	5	1	1	3	3
4001	경기 양주시	장애인직업재활시설운영	677,001	4	1	7	8	7	1	1	4
4002	경기 양주시	장애인주간보호시설운영	660,886	4	1	7	8	7	1	1	4
4003	경기 양주시	양주시스마트그린도시효율적운영	650,000	4	4	6	6	6	1	1	2
4004	경기 양주시	지역급식관리지원센터위탁운영	625,000	4	1	1	3	1	1	2	1
4005	경기 양주시	양주시옥정종합사회복지관운영	564,494	4	4	7	5	7	5	1	4
4006	경기 양주시	직장어린이집위탁운영	545,400	4	1	1	5	1	1	1	4
4007	경기 양주시	육아종합지원센터운영	541,821	4	6	7	8	7	1	3	4
4008	경기 양주시	아동보호전문기관운영(인건비)	528,080	4	2	6	5	2	1	1	3
4009	경기 양주시	기초정신건강복지센터지원	520,472	4	2	1	3	1	1	1	1
4010	경기 양주시	경기패션창작스튜디오운영	490,000	4	4	1	3	2	1	1	2
4011	경기 양주시	회천청소년문화의집운영지원	392,707	4	1	6	3	6	1	1	1
4012	경기 양주시	시니어클럽운영비	374,000	4	6	7	8	7	1	1	4
4013	경기 양주시	기초자살예방센터운영	334,179	4	6	1	3	1	1	1	1
4014	경기 양주시	사회적경제지원센터운영	288,625	4	4	1	3	1	1	1	3
4015	경기 양주시	다함께돌봄센터인건비지원	280,440	4	2	1	5	1	5	1	1
4016	경기 양주시	학대피해아동쉼터운영지원(인건비)	203,460	4	2	6	5	2	1	1	3
4017	경기 양주시	실버인력뱅크통합운영비	112,000	4	6	7	8	7	1	1	4
4018	경기 양주시	아동보호전문기관추가인건비지원	109,347	4	2	6	5	2	1	1	3
4019	경기 양주시	다함께돌봄센터인건비추가지원	103,020	4	6	1	5	1	5	1	1
4020	경기 양주시	아동보호전문기관운영(운영비)	91,082	4	2	6	5	2	1	1	3
4021	경기 양주시	국공립어린이집확충(신규개원안착지원)	80,000	4	1	7	8	7	1	1	4
4022	경기 양주시	장애아재활치료교육센터운영	80,000	4	1	7	3	1	3	3	1
4023	경기 양주시	기초정신건강복지센터자살예방사업지원	74,072	4	2	1	3	1	1	1	1
4024	경기 양주시	보육컨설턴트인건비및운영비지원	73,724	4	1	7	8	7	1	1	4
4025	경기 양주시	시간제돌봄인력인건비지원	70,560	4	6	1	5	1	5	1	1
4026	경기 양주시	지역사회건강조사분석위탁운영	69,472	4	1	6	7	7	3	3	4
4027	경기 양주시	청년및노인정신건강증진사업	68,020	4	2	1	3	1	1	1	1
4028	경기 양주시	자원봉사코디네이터지원육성	66,400	4	2	5	2	6	1	1	4
4029	경기 양주시	정신질환자치료비지원	65,440	4	6	1	3	1	1	1	1
4030	경기 양주시	경신하늘뜰공원위탁운영비(인건비등)	52,800	4	4	5	3	6	1	1	4
4031	경기 양주시	사회적경제나눔장터	50,000	4	7	7	8	7	5	5	4
4032	경기 양주시	아동보호전문기관운영(사업비)	45,920	4	2	6	5	2	1	1	3
4033	경기 양주시	학대피해아동쉼터인건비추가지원	44,035	4	2	6	5	2	1	1	3
4034	경기 양주시	다함께돌봄센터운영비지원	44,000	4	2	1	5	1	5	1	1
4035	경기 양주시	자살예방및정신건강증진사업	40,720	4	2	1	3	1	1	1	1
4036	경기 양주시	다함께돌봄센터추가운영비지원	40,596	4	6	1	5	1	1	1	1
4037	경기 양주시	사회적경제중간지원조직인력지원사업	40,000	4	7	7	8	7	5	5	4

순번	시군구	지출명 (사업명)	2024년예산 (단위 : 천원 /1년간)	민간이전 분류 (지방자치단체 세출예산 집행기준에 의거) 1. 민간경상사업보조(307-02) 2. 민간단체 법정운영비보조(307-03) 3. 민간행사사업보조(307-04) 4. 민간위탁금(307-05) 5. 사회복지시설 법정운영비보조(307-10) 6. 민간인위탁교육비(307-12) 7. 공기관등에대한경상적위탁사업비(308-13) 8. 민간자본사업보조,자체재원(402-01) 9. 민간자본사업보조,이전재원(402-02) 10. 민간위탁사업비(402-03) 11. 공기관등에 대한 자본적 위탁사업비(403-02)	민간이전지출 근거 (지방보조금 관리기준 참고) 1. 법률에 규정 2. 국고보조 재원(국가지정) 3. 용도 지정 기부금 4. 조례에 직접규정 5. 지자체가 권장하는 사업을 하는 공공기관 6. 시,도 정책 및 재정사정 7. 기타 8. 해당없음	입찰방식 계약체결방법 (경쟁형태) 1. 일반경쟁 2. 제한경쟁 3. 지명경쟁 4. 수의계약 5. 법정위탁 6. 기타 ( ) 7. 없음	입찰방식 계약기간 1. 1년 2. 2년 3. 3년 4. 4년 5. 5년 6. 기타 ( )년 7. 단기계약 (1년미만) 8. 없음	입찰방식 낙찰자선정방법 1. 적격심사 2. 협상에의한계약 3. 최저가낙찰제 4. 규격가격분리 5. 2단계 경쟁입찰 6. 기타 ( ) 7. 없음	운영예산 산정 운영예산 산정 1. 내부산정 (지자체 자체적으로 산정) 2. 외부산정 (외부전문기관위탁 산정) 3. 내·외부 모두 산정 4. 산정 無 5. 없음	운영예산 산정 정산방법 1. 내부정산 (지자체 내부적으로 정산) 2. 외부정산 (외부전문기관위탁 정산) 3. 내·외부 모두 산정 4. 정산 無 5. 없음	성과평가 실시여부 1. 실시 2. 미실시 3. 향후 추진 4. 해당없음
4038	경기 양주시	양주형365마을돌봄운영	31,800	4	6	1	5	1	1	1	1
4039	경기 양주시	학대피해아동쉼터운영지원(사업비)	31,647	4	2	6	5	2	1	1	3
4040	경기 양주시	방학중어린이행복밥상지원	29,700	4	6	7	8	7	5	5	4
4041	경기 양주시	학대피해아동쉼터지원(도자체사업)	27,040	4	2	6	5	2	1	1	3
4042	경기 양주시	2024년폐농약수거처리사업위탁용역	21,850	4	8	7	8	7	5	5	4
4043	경기 양주시	1인가구지원사업	17,000	4	4	7	8	7	5	5	4
4044	경기 양주시	정신질환자치료비지원(국비)	13,422	4	2	1	3	1	1	1	1
4045	경기 양주시	아동청소년정신건강증진사업	13,300	4	2	1	3	1	1	1	1
4046	경기 양주시	학대피해아동쉼터운영지원(운영비)	12,787	4	2	6	5	2	1	1	3
4047	경기 양주시	아동돌봄프로그램	12,000	4	6	1	5	1	5	1	1
4048	경기 양주시	자활기금지원및대여	10,000	4	4	7	8	7	1	1	4
4049	경기 양주시	다함께돌봄센터운영비추가지원	8,796	4	6	1	5	1	1	1	1
4050	경기 양주시	지체장애인협회운영지원	8,000	4	1	7	7	7	3	3	1
4051	경기 양주시	전국통합자원봉사보험가입서비스지원	7,426	4	2	5	2	6	1	1	4
4052	경기 양주시	야생동물구조치료사업	2,000	4	1	4	1	7	5	5	4
4053	경기 연천군	공공하수처리시설운영관리관리대행비(1권역)	7,000,000	4	1	7	8	7	5	5	4
4054	경기 연천군	환경기초시설민간위탁	5,977,983	4	4	7	8	7	5	5	4
4055	경기 연천군	공공하수처리시설운영관리관리대행비(2권역)	2,450,000	4	1	7	8	7	5	5	4
4056	경기 연천군	노인복지관운영비지원	1,091,000	4	1	5	5	7	1	1	1
4057	경기 연천군	기초정신건강복지센터인력지원(국비/기존인력인건비)	806,448	4	1	1	3	1	1	1	1
4058	경기 연천군	가족센터운영지원	737,356	4	1	5	8	7	3	1	3
4059	경기 연천군	연천군육아종합지원센터인건비및운영비지원	637,707	4	1	5	5	7	1	1	3
4060	경기 연천군	청산공공폐수처리시설운영비지원	600,000	4	1	7	8	7	5	5	4
4061	경기 연천군	수질원격감시시스템(TMS)유지관리용역	600,000	4	1	7	8	7	5	5	4
4062	경기 연천군	자원봉사센터운영	589,971	4	1	6	8	7	1	1	4
4063	경기 연천군	노인복지관운영비및인건비지원(1개소)	570,000	4	1	5	5	7	1	1	1
4064	경기 연천군	백학공공폐수처리시설운영관리관리대행비	540,000	4	1	7	8	7	5	5	4
4065	경기 연천군	장학관식당위탁운영	209,935	4	4	1	2	2	1	1	4
4066	경기 연천군	농업인력중개센터운영	209,388	4	6	4	2	7	1	1	4
4067	경기 연천군	자원봉사활성화사업	200,600	4	1	6	8	7	1	1	4
4068	경기 연천군	탄소중립지원센터운영지원((국비)	200,000	4	2	1	3	1	1	1	3
4069	경기 연천군	2024년연천군보건의료원원내식당위탁운영	189,540	4	7	1	1	2	1	1	4
4070	경기 연천군	기초자살예방센터운영(도비/근로자인력지원)	169,725	4	1	1	3	1	1	1	1
4071	경기 연천군	어학연수지원사업	120,000	4	4	1	7	2	1	1	2
4072	경기 연천군	기초정신건강복지센터자살예방사업지원(국비)	111,108	4	1	1	3	1	1	1	1
4073	경기 연천군	기초정신건강복지센터지원(국비)	109,793	4	1	1	3	1	1	1	1
4074	경기 연천군	농촌인력중개센터운영지원(국비)	80,000	4	2	4	2	7	5	5	4
4075	경기 연천군	기초정신건강복지센터인력지원(국비/확충인력인건비)	76,994	4	1	1	3	1	1	1	1
4076	경기 연천군	기초자살예방센터운영(도비/프로그램운영비지원)	74,147	4	1	1	3	1	1	1	1
4077	경기 연천군	다함께돌봄센터인건비지원	73,340	4	1	5	5	6	5	1	4

순번	시군구	지출명 (사업명)	2024년예산 (단위 : 천원 /1년간)	민간이전 분류 (지방자치단체 세출예산 집행기준에 의거) 1. 민간경상사업보조(307-02) 2. 민간단체 법정운영비보조(307-03) 3. 민간행사사업보조(307-04) 4. 민간위탁금(307-05) 5. 사회복지시설 법정운영비보조(307-10) 6. 민간인위탁교육비(307-12) 7. 공기관등에대한경상적위탁사업비(308-13) 8. 민간자본사업보조,자체재원(402-01) 9. 민간자본사업보조,이전재원(402-02) 10. 민간위탁사업비(402-03) 11. 공기관등에 대한 자본적 위탁사업비(403-02)	민간이전지출 근거 (지방보조금 관리기준 참고) 1. 법률에 규정 2. 국고보조 재원(국가지정) 3. 용도 지정 기부금 4. 조례에 직접규정 5. 지자체가 권장하는 사업을 하는 공공기관 6. 시,도 정책 및 재정사정 7. 기타 8. 해당없음	입찰방식			운영예산 산정		성과평가 실시여부
						계약체결방법 (경쟁형태) 1. 일반경쟁 2. 제한경쟁 3. 지명경쟁 4. 수의계약 5. 법정위탁 6. 기타 ( ) 7. 없음	계약기간 1. 1년 2. 2년 3. 3년 4. 4년 5. 5년 6. 기타 ( )년 7. 단기계약 (1년미만) 8. 없음	낙찰자선정방법 1. 적격심사 2. 협상에의한계약 3. 최저가낙찰제 4. 규격가격분리 5. 2단계 경쟁입찰 6. 기타 ( ) 7. 없음	운영예산 산정 1. 내부산정 (지자체 자체적으로 산정) 2. 외부산정 (외부전문기관위탁 산정) 3. 내·외부 모두 산정 4. 산정 無 5. 없음	정산방법 1. 내부정산 (지자체 내부적으로 정산) 2. 외부정산 (외부전문기관위탁 정산) 3. 내·외부 모두 산정 4. 정산 無 5. 없음	1. 실시 2. 미실시 3. 향후 추진 4. 해당없음
4078	경기 연천군	지역사회건강조사	68,404	4	2	5	1	7	5	2	4
4079	경기 연천군	자원봉사코디네이터지원(국비)	66,400	4	1	6	8	7	1	1	4
4080	경기 연천군	자활근로사업단운영(자체)	52,532	4	1	1	3	1	1	1	1
4081	경기 연천군	통합정신건강증진사업(국비)	42,082	4	1	1	3	1	1	1	1
4082	경기 연천군	자살예방및정신건강증진사업(국비)	30,540	4	1	1	3	1	1	1	1
4083	경기 연천군	정신건강복지센터운영	21,000	4	1	1	3	1	1	1	1
4084	경기 연천군	정신질환자치료지원	13,320	4	1	1	3	1	1	1	1
4085	경기 연천군	아동청소년정신건강증진사업	13,300	4	1	1	3	1	1	1	1
4086	경기 연천군	다함께돌봄센터운영비지원	12,000	4	1	5	5	6	5	1	4
4087	경기 연천군	정신질환자치료비지원(국비)	3,504	4	1	1	3	1	1	1	1
4088	경기 연천군	전국통합자원봉사보험가입서비스지원(국비)	2,934	4	1	6	8	7	1	1	4
4089	경기 가평군	가족센터운영(국비)	691,466	4	2	7	8	7	5	1	1
4090	경기 가평군	아이돌봄지원	491,608	4	1	7	8	7	5	1	4
4091	경기 가평군	가족센터설악분소운영(자체재원)	115,384	4	4	7	8	7	1	1	1
4092	경기 가평군	가족센터프로그램지원(자체재원)	108,800	4	4	7	8	7	1	1	1
4093	경기 가평군	가족친화직장조성프로그램운영	10,000	4	1	7	8	7	1	1	1
4094	경기 가평군	가족센터운영(자체재원)	4,000	4	4	7	8	7	1	1	1
4095	경기 가평군	가평군공공하수처리시설위탁운영	4,591,300	4	2	2	5	2	2	5	1
4096	경기 가평군	생활폐기물수집운반대행사업	3,185,648	4	1	1	3	1	2	1	1
4097	경기 가평군	생활폐기물수집운반대행사업	2,870,761	4	1	1	3	1	2	1	1
4098	경기 가평군	생활폐기물전처리시설(MBT)위탁운영	1,217,750	4	8	6	3	2	2	1	2
4099	경기 가평군	노인복지관운영	1,140,000	4	6	7	8	7	5	1	4
4100	경기 가평군	직장운동경기부운영지원(사이클)	1,074,276	4	4	7	8	7	1	1	4
4101	경기 가평군	가평군가축분뇨및분뇨공공처리시설위탁운영	1,050,752	4	2	2	5	2	2	5	1
4102	경기 가평군	노인맞춤돌봄서비스사업지원	987,100	4	2	7	8	7	5	1	4
4103	경기 가평군	산림사업(숲가꾸기)관리업무대행	814,400	4	1	6	8	3	3	3	4
4104	경기 가평군	기초정신건강복지센터인력지원(확충인력)	767,772	4	8	2	3	1	1	1	1
4105	경기 가평군	가평군청소년상담복지센터운영및안전망지원	722,601	4	1,4	1	3	1	1	1	1
4106	경기 가평군	조종청소년문화의집운영	646,424	4	1,4	1	3	1	1	3	1
4107	경기 가평군	장애인복지관운영	600,000	4	1	1	5	1	1	1	1
4108	경기 가평군	가평청소년문화의집운영	595,000	4	1,4	1	3	1	5	1	4
4109	경기 가평군	자원봉사센터운영	551,128	4	4	5	6	6	1	1	1
4110	경기 가평군	직장운동경기부운영지원(육상)	503,245	4	4	7	8	7	1	1	3
4111	경기 가평군	설악청소년문화의집운영	470,211	4	1,4	1	3	1	1	1	4
4112	경기 가평군	수질TMS민간위탁운영	271,760	4	2	2	4	3	2	5	1
4113	경기 가평군	가평장학관구내식당위탁운영	234,900	4	4	1	2	2	1	1	4
4114	경기 가평군	기초자살예방센터운영	232,171	4	8	2	3	1	1	1	1
4115	경기 가평군	장애인주간보호시설운영	229,281	4	1	1	5	1	5	1	1
4116	경기 가평군	어린이급식관리지원센터운영	216,000	4	1	7	8	7	5	5	4
4117	경기 가평군	노인복지관경로식당무료급식지원	195,360	4	6	7	8	7	5	1	4

순번	시군구	지출명 (사업명)	2024년예산 (단위 : 천원 /1년간)	민간이전 분류 (지방자치단체 세출예산 집행기준에 의거) 1. 민간경상사업보조(307-02) 2. 민간단체 법정운영비보조(307-03) 3. 민간행사사업보조(307-04) 4. 민간위탁금(307-05) 5. 사회복지시설 법정운영비보조(307-10) 6. 민간인위탁교육비(307-12) 7. 공기관등에대한경상적위탁사업비(308-13) 8. 민간자본사업보조,자체재원(402-01) 9. 민간자본사업보조,이전재원(402-02) 10. 민간위탁사업비(402-03) 11. 공기관등에 대한 자본적 위탁사업비(403-02)	민간이전지출 근거 (지방보조금 관리기준 참고) 1. 법률에 규정 2. 국고보조 재원(국가지정) 3. 용도 지정 기부금 4. 조례에 직접규정 5. 지자체가 권장하는 사업을 하는 공공기관 6. 시,도 정책 및 재정사정 7. 기타 8. 해당없음	입찰방식 계약체결방법 (경쟁형태) 1. 일반경쟁 2. 제한경쟁 3. 지명경쟁 4. 수의계약 5. 법정위탁 6. 기타 ( ) 7. 없음	입찰방식 계약기간 1. 1년 2. 2년 3. 3년 4. 4년 5. 5년 6. 기타 ( )년 7. 단기계약 (1년미만) 8. 없음	입찰방식 낙찰자선정방법 1. 적격심사 2. 협상에의한계약 3. 최저가낙찰제 4. 규격가격분리 5. 2단계 경쟁입찰 6. 기타 ( ) 7. 없음	운영예산 산정 운영예산 산정 1. 내부산정 (지자체 자체적으로 산정) 2. 외부산정 (외부전문기관위탁 산정) 3. 내·외부 모두 산정 4. 산정 無 5. 없음	운영예산 산정 정산방법 1. 내부정산 (지자체 내부적으로 정산) 2. 외부정산 (외부전문기관위탁 정산) 3. 내·외부 모두 산정 4. 정산 無 5. 없음	성과평가 실시여부 1. 실시 2. 미실시 3. 향후 추진 4. 해당없음
4118	경기 가평군	가평청소년문화의집청소년방과후아카데미운영지원	194,114	4	1,4	1	3	1	5	1	2
4119	경기 가평군	조종청소년문화의집청소년방과후아카데미운영지원	194,114	4	1,4	1	3	1	5	1	2
4120	경기 가평군	기초정신건강복지센터지원	190,573	4	8	2	3	1	1	1	1
4121	경기 가평군	가평문화원사운영관리	181,858	4	4	5	4	7	1	1	1
4122	경기 가평군	LPG배관망시설안전관리위탁	150,000	4	2	7	8	7	5	5	4
4123	경기 가평군	조종청소년문화의집청소년방과후아카데미운영지원(자체)	147,436	4	1,4	1	3	1	1	1	2
4124	경기 가평군	중증장애인이동편의차량운영	140,000	4	4	1	5	1	1	1	4
4125	경기 가평군	청소년안전망구축	136,166	4	1,2	1	3	1	5	3	1
4126	경기 가평군	학교밖청소년지원	131,739	4	1,2	1	3	1	5	3	1
4127	경기 가평군	청소년동반자프로그램운영지원	113,124	4	1,2	1	3	1	5	3	1
4128	경기 가평군	기초정신건강복지센터자살예방사업지원	111,108	4	8	2	3	1	1	1	1
4129	경기 가평군	청소년전통무예(국궁)체험활동지원	100,000	4	1,4	1	3	1	5	1	2
4130	경기 가평군	노인복지관노인상담센터운영지원	92,720	4	6	7	8	7	5	1	4
4131	경기 가평군	독거노인응급안전안심서비스운영지원	88,604	4	2	7	8	7	5	1	4
4132	경기 가평군	노인복지관경로식당취사원인건비지원	85,920	4	6	7	8	7	5	1	4
4133	경기 가평군	가평청소년문화의집청소년방과후아카데미운영지원(자체)	83,700	4	1,4	1	3	1	1	1	2
4134	경기 가평군	학교밖청소년맞춤형프로그램운영지원	71,570	4	1,6	1	3	1	5	3	1
4135	경기 가평군	산림사업(경제수조림)관리업무대행	68,130	4	1	6	8	3	3	3	4
4136	경기 가평군	청춘역1979공원운영관리	67,709	4	7	1	4	1	1	1	2
4137	경기 가평군	자원봉사코디네이터지원육성	66,400	4	2	5	6	6	2	2	2
4138	경기 가평군	장애인복지관운영지원	60,000	4	1	1	5	1	5	1	4
4139	경기 가평군	청년및노인정신건강증진사업	42,924	4	8	2	3	1	1	1	1
4140	경기 가평군	학교밖청소년문화활동지원	41,100	4	1,6	1	3	1	5	3	1
4141	경기 가평군	노인복지관비대면프로그램지원	40,000	4	6	7	8	7	5	1	4
4142	경기 가평군	노인복지관운전원인건비지원	36,311	4	4	7	8	7	1	1	4
4143	경기 가평군	자살예방및정신건강증진사업	30,540	4	8	2	3	1	1	1	1
4144	경기 가평군	가평청소년문화의집청소년지도사배치지원	25,368	4	1,4	1	3	1	5	1	2
4145	경기 가평군	산림사업(공익조림)관리업무대행	24,523	4	1	6	8	3	3	3	4
4146	경기 가평군	청소년어울림마당지원	24,000	4	1,4	1	3	1	5	5	2
4147	경기 가평군	가평군청소년종합예술제(예선)	17,500	4	1,4	1	3	1	5	1	2
4148	경기 가평군	학교밖청소년급식지원	14,338	4	1,2	1	3	1	5	3	1
4149	경기 가평군	정신질환자치료지원	14,286	4	8	2	3	1	1	1	1
4150	경기 가평군	아동청소년정신보건사업	13,300	4	8	2	3	1	1	1	1
4151	경기 가평군	가평5일장사용료징수위탁	10,584	4	8	7	8	7	5	5	4
4152	경기 가평군	청평5일장사용료징수위탁	6,754	4	8	7	8	7	5	5	4
4153	경기 가평군	경기도청소년종합예술제(본선)	6,000	4	1,4	1	3	1	1	1	2
4154	경기 가평군	학교밖청소년자립지원	4,800	4	1,6	1	3	1	5	3	1
4155	경기 가평군	학교밖청소년학습지원	4,000	4	1,6	1	3	1	5	3	1
4156	경기 가평군	설악5일장사용료징수위탁	3,932	4	8	7	8	7	5	5	4
4157	경기 가평군	전국통합자원봉사보험가입서비스지원	3,364	4	2	5	6	6	2	2	2

순번	시군구	지출명 (사업명)	2024년예산 (단위 : 천원 /1년간)	민간이전 분류 (지방자치단체 세출예산 집행기준에 의거) 1. 민간경상사업보조(307-02) 2. 민간단체 법정운영비보조(307-03) 3. 민간행사사업보조(307-04) 4. 민간위탁금(307-05) 5. 사회복지시설 법정운영비보조(307-10) 6. 민간인위탁교육비(307-12) 7. 공기관등에대한경상적위탁사업비(308-13) 8. 민간자본사업보조,자체재원(402-01) 9. 민간자본사업보조,이전재원(402-02) 10. 민간위탁사업비(402-03) 11. 공기관등에 대한 자본적 위탁사업비(403-02)	민간이전지출 근거 (지방보조금 관리기준 참고) 1. 법률에 규정 2. 국고보조 재원(국가지정) 3. 용도 지정 기부금 4. 조례에 직접규정 5. 지자체가 권장하는 사업을 하는 공공기관 6. 시,도 정책 및 재정사정 7. 기타 8. 해당없음	입찰방식			운영예산 산정		성과평가 실시여부
						계약체결방법 (경쟁형태) 1. 일반경쟁 2. 제한경쟁 3. 지명경쟁 4. 수의계약 5. 법정위탁 6. 기타 ( ) 7. 없음	계약기간 1. 1년 2. 2년 3. 3년 4. 4년 5. 5년 6. 기타 ( )년 7. 단기계약 (1년미만) 8. 없음	낙찰자선정방법 1. 적격심사 2. 협상에의한계약 3. 최저가낙찰제 4. 규격가격분리 5. 2단계 경쟁입찰 6. 기타 ( ) 7. 없음	운영예산 산정 1. 내부산정 (지자체 자체적으로 산정) 2. 외부산정 (외부전문기관위탁 산정) 3. 내·외부 모두 산정 4. 산정 無 5. 없음	정산방법 1. 내부정산 (지자체 내부적으로 정산) 2. 외부정산 (외부전문기관위탁 정산) 3. 내·외부 모두 산정 4. 정산 無 5. 없음	1. 실시 2. 미실시 3. 향후 추진 4. 해당없음
4158	경기 가평군	정신질환자치료비지원(국비)	3,216	4	8	2	3	1	1	1	1
4159	경기 가평군	청소년참여위원회운영지원	2,800	4	1,4	1	3	1	1	1	2
4160	경기 가평군	가평청소년문화의집청소년운영위원회운영지원	2,000	4	1,4	1	3	1	1	1	2
4161	경기 가평군	설악청소년문화의집청소년운영위원회운영지원	2,000	4	1,4	1	3	1	1	1	2
4162	경기 가평군	조종청소년문화의집청소년운영위원회운영지원	2,000	4	1,4	1	3	1	1	1	2
4163	경기 양평군	장애인복지관운영	1,810,316	4	1	7	8	7	1	1	4
4164	경기 양평군	치매안심센터운영	1,225,760	4	1	2	2	1	1	1	1
4165	경기 양평군	노인복지관운영비지원	1,147,497	4	4	7	8	7	1	1	1
4166	경기 양평군	하수찌꺼기소각시설운영비	931,700	4	1	4	3	2	1	4	1
4167	경기 양평군	양평군립미술관운영	839,965	4	4	1	3	1	1	1	3
4168	경기 양평군	종합사회복지관운영	817,648	4	1	5	5	1	1	1	1
4169	경기 양평군	소나기마을운영	671,444	4	4	1	2	1	1	1	3
4170	경기 양평군	기초정신건강복지센터인력확충	662,967	4	1	2	3	1	1	1	1
4171	경기 양평군	종합자원봉사센터운영	522,489	4	4	7	8	7	1	1	1
4172	경기 양평군	몽양기념관	494,653	4	4	1	2	1	1	1	3
4173	경기 양평군	장애인주간보호시설운영	482,711	4	1	7	8	7	1	1	4
4174	경기 양평군	양평친환경농업박물관운영	443,200	4	4	1	2	1	1	1	3
4175	경기 양평군	양평곤충박물관	429,426	4	4	1	2	1	1	1	3
4176	경기 양평군	헬스투어조달청계약분	300,000	4	4	7	8	7	5	5	4
4177	경기 양평군	어린이급식관리지원센터설치운영	300,000	4	2	6	3	6	1	2	1
4178	경기 양평군	헬스투어운영관리민간위탁	243,357	4	4	7	8	7	5	5	4
4179	경기 양평군	물소리길민간위탁	237,938	4	4	1	5	1	1	1	3
4180	경기 양평군	방역관리사업	234,600	4	1	2	1	3	1	1	4
4181	경기 양평군	기초자살예방센터운영	225,200	4	1	2	3	1	1	1	1
4182	경기 양평군	특별교통수단운영	218,500	4	4	6	2	2	1	1	4
4183	경기 양평군	공동방제단	218,246	4	1	1	1	1	1	1	3
4184	경기 양평군	양평군무한돌봄네트워크팀운영	209,236	4	4	7	8	7	1	1	1
4185	경기 양평군	장애인가족지원센터운영	197,927	4	4	1	3	1	1	1	4
4186	경기 양평군	민간위탁금	190,000	4	4	1	3	1	1	1	3
4187	경기 양평군	기초정신건강복지센터지원	166,528	4	1	2	3	1	1	1	1
4188	경기 양평군	업무대행의료인운영비	116,548	4	4	7	8	7	5	5	4
4189	경기 양평군	기초정신건강복지센터자살예방사업지원	111,108	4	1	2	3	1	1	1	1
4190	경기 양평군	양평역관광안내소위탁운영비	110,000	4	4	1	1	1	1	1	1
4191	경기 양평군	헬스투어코디네이터고도화사업	105,277	4	4	7	8	7	5	5	4
4192	경기 양평군	두물머리관광안내소위탁운영비	104,000	4	4	1	1	1	1	1	1
4193	경기 양평군	용문산관광안내소위탁운영비	104,000	4	4	1	1	1	1	1	1
4194	경기 양평군	치매간병,치료비지원확대	78,000	4	1	2	2	1	1	1	1
4195	경기 양평군	지역사회건강조사조사분석위탁운영	68,668	4	2	7	1	7	5	5	4
4196	경기 양평군	주거위기가구임시주거지원사업	50,000	4	7	6	1	7	1	1	4
4197	경기 양평군	통합정신건강증진사업	49,010	4	1	2	3	1	1	1	1

순번	시군구	지출명 (사업명)	2024년예산 (단위 : 천원 /1년간)	민간이전 분류 (지방자치단체 세출예산 집행기준에 의거) 1. 민간경상사업보조(307-02) 2. 민간단체 법정운영비보조(307-03) 3. 민간행사사업보조(307-04) 4. 민간위탁금(307-05) 5. 사회복지시설 법정운영비보조(307-10) 6. 민간인위탁교육비(307-12) 7. 공기관등에대한경상적위탁사업비(308-13) 8. 민간자본사업보조,자체재원(402-01) 9. 민간자본사업보조,이전재원(402-02) 10. 민간위탁사업비(402-03) 11. 공기관등에 대한 자본적 위탁사업비(403-02)	민간이전지출 근거 (지방보조금 관리기준 참고) 1. 법률에 규정 2. 국고보조 재원(국가지정) 3. 용도 지정 기부금 4. 조례에 직접규정 5. 지자체가 권장하는 사업을 하는 공공기관 6. 시,도 정책 및 재정사정 7. 기타 8. 해당없음	입찰방식: 계약체결방법 (경쟁형태) 1. 일반경쟁 2. 제한경쟁 3. 지명경쟁 4. 수의계약 5. 법정위탁 6. 기타 ( ) 7. 없음	입찰방식: 계약기간 1. 1년 2. 2년 3. 3년 4. 4년 5. 5년 6. 기타 ( )년 7. 단기계약 (1년미만) 8. 없음	입찰방식: 낙찰자선정방법 1. 적격심사 2. 협상에의한계약 3. 최저가낙찰제 4. 규격가격분리 5. 2단계 경쟁입찰 6. 기타 ( ) 7. 없음	운영예산 산정: 운영예산 산정 1. 내부산정 (지자체 자체적으로 산정) 2. 외부산정 (외부전문기관위탁 산정) 3. 내·외부 모두 산정 4. 산정 無 5. 없음	운영예산 산정: 정산방법 1. 내부정산 (지자체 내부적으로 정산) 2. 외부정산 (외부전문기관위탁 정산) 3. 내·외부 모두 산정 4. 정산 無 5. 없음	성과평가 실시여부 1. 실시 2. 미실시 3. 향후 추진 4. 해당없음
4198	경기 양평군	택시카드결제수수료지원	43,410	4	4	7	8	7	2	1	4
4199	경기 양평군	자살예방및건강증진사업	40,720	4	1	2	3	1	1	1	1
4200	경기 양평군	장애인단체지원	39,500	4	4	1	5	1	1	1	4
4201	경기 양평군	야생멧돼지사체위탁처리	33,400	4	2	1	1	3	1	1	4
4202	경기 양평군	정신질환치료비지원	33,380	4	1	2	3	1	1	1	1
4203	경기 양평군	가축전염병양성가축위탁처리비	20,000	4	1	7	8	7	5	5	4
4204	경기 양평군	아동청소년정신보건사업	13,300	4	1	2	3	1	1	1	1
4205	경기 양평군	어린이급식관리지원센터지원운영(자체)	10,000	4	2	6	3	6	1	2	1
4206	경기 양평군	정신질환치료비지원(국비)	7,330	4	1	2	3	1	1	1	1
4207	경기 양평군	치매공공후견지원	2,400	4	1	2	2	1	1	1	1
4208	인천 중구	장애인활동지원급여	6,384,714	4	2	7	8	7	5	5	4
4209	인천 중구	중구가족센터운영	4,846,244	4	2	7	3	7	5	5	4
4210	인천 중구	장애인복지관(본관,영종분관)운영	1,963,586	4	1	2	5	1	1	1	4
4211	인천 중구	발달장애인주간활동서비스	1,223,872	4	2	7	8	7	5	5	4
4212	인천 중구	노인여가시설운영	1,167,175	4	1	7	8	7	1	1	4
4213	인천 중구	자원봉사센터운영	782,884	4	1	7	8	7	1	1	1
4214	인천 중구	중구여성회관운영	581,500	4	4	7	8	1	1	1	4
4215	인천 중구	발달재활서비스바우처지원	558,615	4	2	7	8	7	5	5	4
4216	인천 중구	을왕간이하수처리시설및펌프장관리대행운영비	550,000	4	1	2	3	2	1	1	4
4217	인천 중구	구립장애인주간보호센터운영	491,494	4	1	2	5	1	1	1	4
4218	인천 중구	시추가중증장애인활동지원	390,000	4	2	7	8	7	5	5	4
4219	인천 중구	직장보육시설운영	379,967	4	1	1	5	6	1	1	1
4220	인천 중구	구립장애인직업재활시설운영	360,500	4	1	2	5	1	1	1	4
4221	인천 중구	공중화장실청소및관리용역	327,474	4	1	2	1	3	1	1	2
4222	인천 중구	급식관리지원센터운영	315,000	4	2	5	3	7	1	1	1
4223	인천 중구	용유해변일원행락쓰레기수거위탁운영비	308,666	4	1	7	8	7	5	5	4
4224	인천 중구	발달장애인방과후활동서비스	300,767	4	2	7	8	7	5	5	4
4225	인천 중구	아이사랑꿈터설치및운영	265,856	4	4	7	5	7	5	5	4
4226	인천 중구	도담도담장난감월드운영지원	254,984	4	6	7	8	7	1	1	1
4227	인천 중구	사회적경제마을공동체지원센터위탁운영	227,834	4	4	1	3	1	1	1	1
4228	인천 중구	2024년영종용유노점상및노상적치물단속	201,000	4	1	1	1	3	1	1	2
4229	인천 중구	독거노인장애인응급안전안심서비스	118,892	4	1	7	8	7	5	5	4
4230	인천 중구	독거노인장애인응급안전안심서비스	118,892	4	1	7	8	7	5	5	4
4231	인천 중구	장애인활동지원가산급여	115,962	4	2	7	8	7	5	5	4
4232	인천 중구	아이사랑꿈터운영(국비보조)	113,424	4	2	7	5	7	5	5	4
4233	인천 중구	2024년하절기민간위탁사업등	100,824	4	1	1	7	1	1	1	1
4234	인천 중구	장애인특별운송사업운영비지원	99,718	4	6	7	8	7	1	1	4
4235	인천 중구	자원봉사센터코디네이터지원	66,420	4	1	7	8	7	1	1	1
4236	인천 중구	마을공동체만들기지원사업	55,000	4	4	7	8	7	1	1	1
4237	인천 중구	용유지역해안가위반건축물사후관리용역	48,000	4	8	4	1	7	2	1	2

순번	시군구	지출명 (사업명)	2024년예산 (단위 : 천원 /1년간)	민간이전 분류 (지방자치단체 세출예산 집행기준에 의거) 1. 민간경상사업보조(307-02) 2. 민간단체 법정운영비보조(307-03) 3. 민간행사사업보조(307-04) 4. 민간위탁금(307-05) 5. 사회복지시설 법정운영비보조(307-10) 6. 민간인위탁교육비(307-12) 7. 공기관등에대한경상적위탁사업비(308-13) 8. 민간자본사업보조,자체재원(402-01) 9. 민간자본사업보조,이전재원(402-02) 10. 민간위탁사업비(402-03) 11. 공기관등에 대한 자본적 위탁사업비(403-02)	민간이전지출 근거 (지방보조금 관리기준 참고) 1. 법률에 규정 2. 국고보조 재원(국가지정) 3. 용도 지정 기부금 4. 조례에 직접규정 5. 지자체가 권장하는 사업을 하는 공공기관 6. 시,도 정책 및 재정사정 7. 기타 8. 해당없음	입찰방식			운영예산 산정		성과평가 실시여부
						계약체결방법 (경쟁형태) 1. 일반경쟁 2. 제한경쟁 3. 지명경쟁 4. 수의계약 5. 법정위탁 6. 기타 ( ) 7. 없음	계약기간 1. 1년 2. 2년 3. 3년 4. 4년 5. 5년 6. 기타 ( )년 7. 단기계약 (1년미만) 8. 없음	낙찰자선정방법 1. 적격심사 2. 협상에의한계약 3. 최저가낙찰제 4. 규격가격분리 5. 2단계 경쟁입찰 6. 기타 ( ) 7. 없음	운영예산 산정 1. 내부산정 (지자체 자체적으로 산정) 2. 외부산정 (외부전문기관위탁 산정) 3. 내·외부 모두 산정 4. 산정 無 5. 없음	정산방법 1. 내부정산 (지자체 내부적으로 정산) 2. 외부정산 (외부전문기관위탁 정산) 3. 내·외부 모두 산정 4. 정산 無 5. 없음	1. 실시 2. 미실시 3. 향후 추진 4. 해당없음
4238	인천 중구	가로기관리용역	42,364	4	7	7	8	7	5	5	4
4239	인천 중구	구립해송노인요양원종사자장려수당	40,000	4	4	1	5	1	1	1	4
4240	인천 중구	구립해송노인요양원종사자장려수당	40,000	4	4	1	5	1	1	1	4
4241	인천 중구	발달장애인시추가주간활동서비스	36,304	4	2	7	8	7	5	5	4
4242	인천 중구	733생활체육교실운영	30,000	4	1	7	8	7	1	1	1
4243	인천 중구	방치폐기물수거처리	16,000	4	1	7	8	7	5	5	4
4244	인천 중구	구립장애인주간보호센터프로그램비지원	14,400	4	1	2	5	1	1	1	4
4245	인천 중구	중증장애인시민옹호지원사업	13,200	4	6	7	8	7	1	1	4
4246	인천 중구	국공립어린이집운영지원	11,200	4	4	7	8	7	1	1	4
4247	인천 중구	자원봉사와함께하는병원동행사업	10,000	4	1	7	8	7	1	1	1
4248	인천 중구	아이자람사업	10,000	4	6	7	8	7	5	5	4
4249	인천 중구	자원봉사자상해보험지원	8,712	4	1	7	8	7	1	1	1
4250	인천 중구	경로및노인의날행사운영	8,000	4	1	7	8	7	1	1	4
4251	인천 중구	식품접객업소기존영업자위생교육비지원	7,000	4	1	5	8	7	1	1	4
4252	인천 중구	장애인특별운송사업통행료지원	5,189	4	6	7	8	7	1	1	4
4253	인천 중구	언어발달지원바우처지원	2,160	4	2	7	8	7	5	5	4
4254	인천 중구	병의원접촉자검진비(건강보험가입자)	2,000	4	2	7	8	7	4	1	1
4255	인천 중구	발달장애인부모상담지원	1,920	4	2	7	8	7	5	5	4
4256	인천 동구	청소년수련시설운영지원	919,800	4	1	7	8	7	1	1	4
4257	인천 동구	노인복지관운영지원	708,450	4	1	7	8	7	5	5	4
4258	인천 동구	CCTV통합관제센터모니터링용역	660,816	4	1	1	1	1	1	1	4
4259	인천 동구	정신건강복지센터인력지원	648,360	4	2	1	5	1	1	1	4
4260	인천 동구	노인문화센터운영지원	645,156	4	1	5	5	1	1	1	4
4261	인천 동구	치매전담형주간보호센터운영	525,000	4	4	1	5	1	1	1	4
4262	인천 동구	자원봉사센터운영지원	500,997	4	1	5	1	7	1	1	4
4263	인천 동구	청년복합공간운영	472,000	4	4	1	2	1	1	1	3
4264	인천 동구	청본창작소(청소년특성화공간)운영	312,647	4	1	7	8	7	1	1	4
4265	인천 동구	우리미술관민간위탁수수료	293,028	4	4	2	3	1	1	1	3
4266	인천 동구	아이사랑꿈터운영	279,100	4	2	7	8	7	1	5	4
4267	인천 동구	지역급식관리지원센터설치운영	266,000	4	2	1	5	1	1	1	4
4268	인천 동구	공공체육시설관리및운영위탁료	227,209	4	4	2	2	1	1	1	3
4269	인천 동구	육아종합지원센터운영	218,800	4	6	7	8	7	1	5	4
4270	인천 동구	청소년상담복지센터운영지원	217,608	4	1	7	8	7	1	1	4
4271	인천 동구	청소년방과후아카데미운영	204,195	4	1	7	8	7	1	1	4
4272	인천 동구	통합정신건강증진사업,아동청소년정신건강증진사업	194,840	4	2	1	5	1	1	1	4
4273	인천 동구	노점상및노상적치물단속용역비	193,000	4	7	4	1	7	1	1	4
4274	인천 동구	중독관리통합지원센터지원	170,990	4	2	1	5	1	1	1	4
4275	인천 동구	직원자녀어린이집위탁보육료지원	132,000	4	1	7	8	7	5	5	4
4276	인천 동구	학교밖청소년지원	108,304	4	1	7	8	7	1	1	4
4277	인천 동구	청소년안전망구축운영지원	102,000	4	1	7	8	7	1	1	4

순번	시군구	지출명 (사업명)	2024년예산 (단위 : 천원 /1년간)	민간이전 분류 (지방자치단체 세출예산 집행기준에 의거) 1. 민간경상사업보조(307-02) 2. 민간단체 법정운영비보조(307-03) 3. 민간행사사업보조(307-04) 4. 민간위탁금(307-05) 5. 사회복지시설 법정운영비보조(307-10) 6. 민간인위탁교육비(307-12) 7. 공기관등에대한경상적위탁사업비(308-13) 8. 민간자본사업보조,자체재원(402-01) 9. 민간자본사업보조,이전재원(402-02) 10. 민간위탁사업비(402-03) 11. 공기관등에 대한 자본적 위탁사업비(403-02)	민간이전지출 근거 (지방보조금 관리기준 참고) 1. 법률에 규정 2. 국고보조 재원(국가지정) 3. 용도 지정 기부금 4. 조례에 직접규정 5. 지자체가 권장하는 사업을 하는 공공기관 6. 시,도 정책 및 재정사정 7. 기타 8. 해당없음	입찰방식 계약체결방법 (경쟁형태) 1. 일반경쟁 2. 제한경쟁 3. 지명경쟁 4. 수의계약 5. 법정위탁 6. 기타 ( ) 7. 없음	입찰방식 계약기간 1. 1년 2. 2년 3. 3년 4. 4년 5. 5년 6. 기타 ( )년 7. 단기계약 (1년미만) 8. 없음	입찰방식 낙찰자선정방법 1. 적격심사 2. 협상에의한계약 3. 최저가낙찰제 4. 규격가격분리 5. 2단계 경쟁입찰 6. 기타 ( ) 7. 없음	운영예산 산정 운영예산 산정 1. 내부산정 (지자체 자체적으로 산정) 2. 외부산정 (외부전문기관위탁 산정) 3. 내·외부 모두 산정 4. 산정 無 5. 없음	운영예산 산정 정산방법 1. 내부정산 (지자체 내부적으로 정산) 2. 외부정산 (외부전문기관위탁 정산) 3. 내·외부 모두 산정 4. 정산 無 5. 없음	성과평가 실시여부 1. 실시 2. 미실시 3. 향후 추진 4. 해당없음
4278	인천 동구	1인가구자살예방사업	91,600	4	2	1	5	1	1	1	4
4279	인천 동구	민간위탁시설사무실임차료,정신건강및중독관리사업프로그램운영비	79,100	4	2	1	5	1	1	1	4
4280	인천 동구	자살예방사업인력지원	74,072	4	2	1	5	1	1	1	4
4281	인천 동구	정신건강복지센터지원	51,100	4	2	1	5	1	1	1	4
4282	인천 동구	자살유족원스톱서비스지원	47,500	4	2	1	5	1	1	1	4
4283	인천 동구	지역자살예방사업지원	41,060	4	2	1	5	1	1	1	4
4284	인천 동구	동구한마음복지관운영(자체사업)	40,000	4	1	5	5	1	1	1	2
4285	인천 동구	국공립보조교사지원	28,000	4	6	7	8	7	5	5	4
4286	인천 동구	공공청소년수련시설지도인력배치지원	25,368	4	1	7	8	7	1	1	4
4287	인천 동구	육아종합지원센터가정양육사업	25,000	4	6	7	8	7	1	5	4
4288	인천 동구	정신건강복지센터종사자급량비,복지점수,건강진단비	24,915	4	6	1	5	1	1	1	4
4289	인천 동구	청소년동반자프로그램운영지원	24,904	4	1	7	8	7	1	1	4
4290	인천 동구	학교밖청소년급식비지원사업지원	16,200	4	1	7	8	7	1	1	4
4291	인천 동구	공공청소년수련시설미래적성분석사업운영지원	6,000	4	1	7	8	7	1	1	4
4292	인천 동구	시설연계청소년체육활동프로그램운영지원(區주민참여예산)	6,000	4	1	7	8	7	1	1	4
4293	인천 동구	청소년마음건강지원프로젝트운영지원	6,000	4	1	7	8	7	1	1	4
4294	인천 동구	중독관리통합지원센터종사자급량비,복지점수,건강진단비	5,340	4	6	1	5	1	1	1	4
4295	인천 동구	학교밖청소년지원센터종사자처우개선비지원	4,452	4	1	7	8	7	1	1	4
4296	인천 동구	공공수련시설청소년운영위원회운영지원	2,000	4	1	7	8	7	1	1	4
4297	인천 미추홀구	재활용품수거대행료및선별처리비	8,639,658	4	4	4	3	6	1	1	2
4298	인천 미추홀구	생활폐기물수거대행료	7,329,305	4	1	1	3	1	1	1	1
4299	인천 미추홀구	음식물류폐기물수거및처리대행료	5,080,846	4	1	1	3	1	1	1	1
4300	인천 미추홀구	대형폐기물수거대행료	2,278,459	4	1	1	3	1	1	1	1
4301	인천 미추홀구	정신건강복지센터자살예방센터운영	1,454,760	4	1	4	1	6	1	1	2
4302	인천 미추홀구	가정사업계폐기물수거대행료	1,200,000	4	2	1	3	1	5	1	1
4303	인천 미추홀구	치매주간보호센터지원	1,143,200	4	1	1	1	3	2	1	4
4304	인천 미추홀구	산모신생아건강관리지원사업	1,058,824	4	4	1	3	1	1	1	1
4305	인천 미추홀구	저소득층기저귀조제분유지원	865,120	4	2	7	8	7	5	5	4
4306	인천 미추홀구	지역급식관리지원센터설치운영	835,000	4	2	7	8	7	5	5	4
4307	인천 미추홀구	암검진비예탁금	710,904	4	1	2	3	1	5	3	1
4308	인천 미추홀구	아이사랑꿈터(혁신육아카페)운영	529,288	4	2	5	8	7	2	3	4
4309	인천 미추홀구	미추홀구육아종합지원센터	502,144	4	4	1	6	1	1	1	1
4310	인천 미추홀구	희귀질환자의료비지원	424,320	4	1	1	5	1	1	1	3
4311	인천 미추홀구	인천업사이클에코센터운영	348,000	4	2	5	8	7	2	3	4
4312	인천 미추홀구	일상돌봄서비스사업	247,142	4	4	1	3	1	1	1	1
4313	인천 미추홀구	폐토사및폐합성수지처리	208,500	4	2	7	8	7	5	5	4
4314	인천 미추홀구	아이사랑꿈터운영	170,136	4	1	1	7	3	1	1	4
4315	인천 미추홀구	일반건강검진사업	96,533	4	2	1	3	1	1	1	1
4316	인천 미추홀구	가정육아활성화지원사업	85,000	4	2	5	8	7	5	5	4
4317	인천 미추홀구	유기동물관리보호	84,000	4	6	7	8	7	1	1	1

순번	시군구	지출명 (사업명)	2024년예산 (단위 : 천원 /1년간)	민간이전 분류 (지방자치단체 세출예산 집행기준에 의거) 1. 민간경상사업보조(307-02) 2. 민간단체 법정운영비보조(307-03) 3. 민간행사사업보조(307-04) 4. 민간위탁금(307-05) 5. 사회복지시설 법정운영비보조(307-10) 6. 민간인위탁교육비(307-12) 7. 공기관등에대한경상적위탁사업비(308-13) 8. 민간자본사업보조,자체재원(402-01) 9. 민간자본사업보조,이전재원(402-02) 10. 민간위탁사업비(402-03) 11. 공기관등에 대한 자본적 위탁사업비(403-02)	민간이전지출 근거 (지방보조금 관리기준 참고) 1. 법률에 규정 2. 국고보조 재원(국가지정) 3. 용도 지정 기부금 4. 조례에 직접규정 5. 지자체가 권장하는 사업을 하는 공공기관 6. 시,도 정책 및 재정사정 7. 기타 8. 해당없음	입찰방식 계약체결방법 (경쟁형태) 1. 일반경쟁 2. 제한경쟁 3. 지명경쟁 4. 수의계약 5. 법정위탁 6. 기타 ( ) 7. 없음	입찰방식 계약기간 1. 1년 2. 2년 3. 3년 4. 4년 5. 5년 6. 기타 ( )년 7. 단기계약 (1년미만) 8. 없음	입찰방식 낙찰자선정방법 1. 적격심사 2. 협상에의한계약 3. 최저가낙찰제 4. 규격가격분리 5. 2단계 경쟁입찰 6. 기타 ( ) 7. 없음	운영예산 산정 운영예산 산정 1. 내부산정 (지자체 자체적으로 산정) 2. 외부산정 (외부전문기관위탁 산정) 3. 내·외부 모두 산정 4. 산정 無 5. 없음	운영예산 산정 정산방법 1. 내부정산 (지자체 내부적으로 정산) 2. 외부정산 (외부전문기관위탁 정산) 3. 내·외부 모두 산정 4. 정산 無 5. 없음	성과평가 실시여부 1. 실시 2. 미실시 3. 향후 추진 4. 해당없음
4318	인천 미추홀구	시민대상자원순환교육	80,000	4	4	1	3	1	1	1	1
4319	인천 미추홀구	지역사회건강조사사업	68,438	4	2	7	1	7	5	3	1
4320	인천 미추홀구	자원순환교육전문강사재교육	55,700	4	4	1	3	1	1	1	1
4321	인천 미추홀구	길고양이중성화수술운영	44,000	4	1	6	1	1	1	1	4
4322	인천 미추홀구	야간및공휴일유기동물관리	42,120	4	1	4	1	2	1	1	4
4323	인천 미추홀구	길고양이군집TNR실시	32,000	4	1	6	1	1	1	1	4
4324	인천 미추홀구	미추홀새활용알맹가게운영	24,000	4	4	1	3	1	1	1	1
4325	인천 미추홀구	의료급여수급권자영유아건강검진지원	14,383	4	2	7	8	7	5	5	4
4326	인천 미추홀구	유실유기동물입양비지원	9,000	4	2	7	8	7	1	1	4
4327	인천 미추홀구	청소년산모임신출산의료비지원	6,000	4	2	7	8	7	5	5	4
4328	인천 미추홀구	노래연습장업자위탁교육	4,000	4	4	7	8	7	1	1	1
4329	인천 미추홀구	잡병처리비	3,954	4	7	7	8	7	1	1	2
4330	인천 미추홀구	모자보건수첩보급	2,748	4	7	7	8	7	5	5	4
4331	인천 미추홀구	선천성난청검사및보청기지원사업위탁사업비	348	4	2	7	8	7	5	5	4
4332	인천 미추홀구	청소년수련관운영비	780,000	4	4	1	3	1	1	1	1
4333	인천 미추홀구	청소년방과후아카데미운영	180,938	4	2	7	8	7	1	1	1
4334	인천 미추홀구	청소년지도사배치지원사업	25,368	4	2	7	8	7	1	1	1
4335	인천 미추홀구	미추홀청소년노래·댄스대회	12,000	4	7	7	8	7	1	1	1
4336	인천 미추홀구	청소년미래적성분석	6,000	4	6	7	8	7	1	1	1
4337	인천 연수구	생활폐기물수집운반처리대행료(원도심)	4,100,575	4	1	4	3	6	3	1	4
4338	인천 연수구	송도국제도시도로청소대행용역	3,295,114	4	8	1	3	1	1	1	4
4339	인천 연수구	생활폐기물수집운반대행용역	3,171,946	4	8	4	3	7	1	1	4
4340	인천 연수구	재활용품처리대행위탁(원도심수집운반비)	2,619,386	4	1	4	3	6	3	1	4
4341	인천 연수구	송도1~5,7공구자동집하시설운영관리	2,500,000	4	6	2	2	1	2	1	4
4342	인천 연수구	음식물수집운반대행료(원도심)	2,365,217	4	1	4	3	6	3	1	4
4343	인천 연수구	지역자율형사회서비스투자사업(사업비)	2,265,714	4	1	7	8	7	5	5	4
4344	인천 연수구	대형폐기물수집운반비	1,853,595	4	1	1	1	1	1	1	1
4345	인천 연수구	공동구유지관리용역	1,397,157	4	1	1	5	6	1	4	4
4346	인천 연수구	대형폐기물처리비	975,000	4	1	1	1	1	1	1	2
4347	인천 연수구	가정사업계봉투수거처리비	939,954	4	1	1	1	1	1	1	1
4348	인천 연수구	아이사랑꿈터운영지원	927,960	4	1	7	8	7	1	1	2
4349	인천 연수구	도담도담장난감월드운영지원	797,778	4	4	7	8	7	1	1	2
4350	인천 연수구	지역급식관리지원센터운영	785,000	4	1	5	3	1	5	5	1
4351	인천 연수구	비상시음식물처리대행료(원도심)	778,781	4	1	2	1	1	1	1	4
4352	인천 연수구	정신건강복지센터인력확충	762,762	4	2	5	3	7	1	1	2
4353	인천 연수구	육아종합지원센터운영	653,614	4	4	7	8	7	1	1	2
4354	인천 연수구	청소년수련관운영	651,724	4	1	1	3	1	1	1	1
4355	인천 연수구	연수구국제언어체험센터운영	559,000	4	4	1	3	1	1	1	3
4356	인천 연수구	청소년진로지원센터운영	529,709	4	6	1	3	1	1	1	1
4357	인천 연수구	저소득층기저귀및조제분유지원	503,800	4	2	7	8	7	1	2	2

순번	시군구	지출명 (사업명)	2024년예산 (단위 : 천원 /1년간)	민간이전 분류 (지방자치단체 세출예산 집행기준에 의거) 1. 민간경상사업보조(307-02) 2. 민간단체 법정운영비보조(307-03) 3. 민간행사사업보조(307-04) 4. 민간위탁금(307-05) 5. 사회복지시설 법정운영비보조(307-10) 6. 민간인위탁교육비(307-12) 7. 공기관등에대한경상적위탁사업비(308-13) 8. 민간자본사업보조,자체재원(402-01) 9. 민간자본사업보조,이전재원(402-02) 10. 민간위탁사업비(402-03) 11. 공기관등에 대한 자본적 위탁사업비(403-02)	민간이전지출 근거 (지방보조금 관리기준 참고) 1. 법률에 규정 2. 국고보조 재원(국가지정) 3. 용도 지정 기부금 4. 조례에 직접규정 5. 지자체가 권장하는 사업을 하는 공공기관 6. 시,도 정책 및 재정사정 7. 기타 8. 해당없음	입찰방식: 계약체결방법 (경쟁형태) 1. 일반경쟁 2. 제한경쟁 3. 지명경쟁 4. 수의계약 5. 법정위탁 6. 기타 ( ) 7. 없음	입찰방식: 계약기간 1. 1년 2. 2년 3. 3년 4. 4년 5. 5년 6. 기타 ( )년 7. 단기계약 (1년미만) 8. 없음	입찰방식: 낙찰자선정방법 1. 적격심사 2. 협상에의한계약 3. 최저가낙찰제 4. 규격가격분리 5. 2단계 경쟁입찰 6. 기타 ( ) 7. 없음	운영예산 산정: 운영예산 산정 1. 내부산정 (지자체 자체적으로 산정) 2. 외부산정 (외부전문기관위탁 산정) 3. 내·외부 모두 산정 4. 산정 無 5. 없음	운영예산 산정: 정산방법 1. 내부정산 (지자체 내부적으로 정산) 2. 외부정산 (외부전문기관위탁 정산) 3. 내·외부 모두 산정 4. 정산 無 5. 없음	성과평가 실시여부 1. 실시 2. 미실시 3. 향후 추진 4. 해당없음
4358	인천 연수구	연수구립치매전담형주간보호센터운영지원(자체)	500,417	4	1	1	5	1	1	1	1
4359	인천 연수구	송도6,8공구자동집하시설운영관리	500,000	4	6	4	3	6	2	1	3
4360	인천 연수구	방과후아카데미운영	488,682	4	2	1	3	1	1	1	1
4361	인천 연수구	청소년문화의집운영	461,262	4	1	1	3	1	1	1	1
4362	인천 연수구	연수형공공키즈카페	342,000	4	4	7	8	7	5	5	4
4363	인천 연수구	정신재활시설운영	333,300	4	6	5	3	7	1	1	2
4364	인천 연수구	학교밖청소년지원센터운영	329,962	4	2	1	2	1	1	1	1
4365	인천 연수구	재활용품처리대행위탁(원도심선별비_비상민간)	316,680	4	1	4	2	6	1	1	4
4366	인천 연수구	창업인프라조성사업	300,411	4	4	1	3	1	1	1	1
4367	인천 연수구	지역자율형사회서비스투자사업(일상돌봄서비스)	218,572	4	1	7	8	7	5	5	4
4368	인천 연수구	노점상단속(도로불법행위정비)용역비	207,284	4	6	7	8	7	5	5	4
4369	인천 연수구	비상시음식물처리대행료	192,850	4	8	1	1	1	1	1	4
4370	인천 연수구	불법투기쓰레기(혼합폐기물)수거처리비	189,000	4	1	1	1	3	1	1	2
4371	인천 연수구	청소년상담복지센터운영	180,530	4	2	1	2	1	1	1	1
4372	인천 연수구	폐토사처리비	180,037	4	1	1	1	3	1	1	2
4373	인천 연수구	중독관리통합지원센터운영	170,990	4	2	5	3	7	1	1	2
4374	인천 연수구	불법유동광고물정비용역(송도)	152,482	4	7	2	1	1	1	1	4
4375	인천 연수구	비상시재활용선별비용	125,100	4	8	4	2	7	1	1	4
4376	인천 연수구	청소년안전망구축지원	122,384	4	2	1	2	1	1	1	1
4377	인천 연수구	방역소독사업	120,426	4	1	7	8	7	5	5	4
4378	인천 연수구	청소년동반자프로그램운영	117,163	4	2	1	2	1	1	1	1
4379	인천 연수구	불법유동광고물정비	101,370	4	7	2	1	3	1	1	4
4380	인천 연수구	노숙자등중독자사례관리	100,000	4	2	5	3	7	1	1	2
4381	인천 연수구	지역자율형사회서비스투자사업(청년마음건강지원사업)	94,170	4	1	7	8	7	5	5	4
4382	인천 연수구	기초정신건강복지센터통합정신건강증진사업	85,820	4	2	5	3	7	1	1	2
4383	인천 연수구	청소년지도사배치지원	81,322	4	2	1	3	1	1	1	1
4384	인천 연수구	장애아통합보육순회프로그램운영	78,740	4	4	7	8	7	1	1	2
4385	인천 연수구	자살예방사업인력지원	74,072	4	2	5	3	7	1	1	2
4386	인천 연수구	아동청소년정신보건사업	58,000	4	2	5	3	7	1	1	2
4387	인천 연수구	중독관리통합지원센터통합정신건강증진사업	53,000	4	2	5	3	7	1	1	2
4388	인천 연수구	자살유족원스톱서비스지원사업	52,500	4	2	5	3	7	1	1	2
4389	인천 연수구	기초정신건강복지센터운영	51,100	4	2	5	3	7	1	1	2
4390	인천 연수구	연수외국어열린센터운영	50,000	4	4	1	3	1	1	1	3
4391	인천 연수구	가정육아활성화지원센터운영지원	46,942	4	4	7	8	7	1	1	2
4392	인천 연수구	도담도담장난감월드사용료	43,770	4	4	7	8	7	1	1	2
4393	인천 연수구	불용의약품관리사업	43,200	4	7	7	8	7	5	5	4
4394	인천 연수구	자살예방사업	41,060	4	2	5	3	7	1	1	2
4395	인천 연수구	통합정신건강증진사업인력확충	38,138	4	2	5	3	7	1	1	2
4396	인천 연수구	가정육아활성화프로그램보급사업지원	36,000	4	4	7	8	7	1	1	2
4397	인천 연수구	학교밖청소년급식지원	32,400	4	2	1	2	1	1	1	1

순번	시군구	지출명 (사업명)	2024년예산 (단위 : 천원 /1년간)	민간이전 분류 (지방자치단체 세출예산 집행기준에 의거) 1. 민간경상사업보조(307-02) 2. 민간단체 법정운영비보조(307-03) 3. 민간행사사업보조(307-04) 4. 민간위탁금(307-05) 5. 사회복지시설 법정운영비보조(307-10) 6. 민간인위탁교육비(307-12) 7. 공기관등에대한경상적위탁사업비(308-13) 8. 민간자본사업보조,자체재원(402-01) 9. 민간자본사업보조,이전재원(402-02) 10. 민간위탁사업비(402-03) 11. 공기관등에 대한 자본적 위탁사업비(403-02)	민간이전지출 근거 (지방보조금 관리기준 참고) 1. 법률에 규정 2. 국고보조 재원(국가지정) 3. 용도 지정 기부금 4. 조례에 직접규정 5. 지자체가 권장하는 사업을 하는 공공기관 6. 시,도 정책 및 재정사정 7. 기타 8. 해당없음	입찰방식			운영예산 산정		성과평가 실시여부
						계약체결방법 (경쟁형태) 1. 일반경쟁 2. 제한경쟁 3. 지명경쟁 4. 수의계약 5. 법정위탁 6. 기타 ( ) 7. 없음	계약기간 1. 1년 2. 2년 3. 3년 4. 4년 5. 5년 6. 기타 ( )년 7. 단기계약 (1년미만) 8. 없음	낙찰자선정방법 1. 적격심사 2. 협상에의한계약 3. 최저가낙찰제 4. 규격가격분리 5. 2단계 경쟁입찰 6. 기타 ( ) 7. 없음	운영예산 산정 1. 내부산정 (지자체 자체적으로 산정) 2. 외부산정 (외부전문기관위탁 산정) 3. 내·외부 모두 산정 4. 산정 無 5. 없음	정산방법 1. 내부정산 (지자체 내부적으로 정산) 2. 외부정산 (외부전문기관위탁 정산) 3. 내·외부 모두 산정 4. 정산 無 5. 없음	1. 실시 2. 미실시 3. 향후 추진 4. 해당없음
4398	인천 연수구	기초정신건강복지센터종사자후생복지사업비지원	30,030	4	2	5	3	7	1	1	2
4399	인천 연수구	유아숲체험원위탁운영	29,334	4	2	6	7	2	1	1	2
4400	인천 연수구	해양보호구역관리(송도습지보전및관리)	26,250	4	7	2	7	1	1	1	1
4401	인천 연수구	육아종합지원센터부모교육운영	25,000	4	4	7	8	7	1	1	2
4402	인천 연수구	하천하구쓰레기정화사업	21,800	4	7	2	7	1	1	1	1
4403	인천 연수구	공공청소년수련시설진로프로그램운영지원	12,000	4	6	1	3	1	1	1	1
4404	인천 연수구	청소년동반자처우개선비지원	11,894	4	2	1	2	1	1	1	1
4405	인천 연수구	자살예방사업자체지원	11,820	4	2	5	3	7	1	1	2
4406	인천 연수구	학교밖청소년지원센터종사자처우개선비지원	9,780	4	2	1	2	1	1	1	1
4407	인천 연수구	정신재활시설종사자후생복지사업비지원	7,950	4	6	5	3	7	1	1	2
4408	인천 연수구	중독관리통합지원센터종사자후생복지사업비지원	7,835	4	2	5	3	7	1	1	2
4409	인천 연수구	어린이집학대(의심)피해아동심리치료지원	7,200	4	4	7	8	7	1	1	2
4410	인천 연수구	재활용품처리대행위탁(폐형광등수집운반비)	5,134	4	1	4	1	6	1	1	4
4411	인천 연수구	불법건축물지도단속철거용역비	5,000	4	8	7	8	7	5	5	4
4412	인천 연수구	전기안전관리대행료	4,740	4	1	4	1	7	1	1	4
4413	인천 연수구	수련시설청소년운영위원회지원	4,000	4	1	1	3	1	1	1	1
4414	인천 연수구	노점상정비행정대집행용역비	3,000	4	7	7	8	7	5	5	4
4415	인천 연수구	알코올중독자치료지원사업	3,000	4	2	5	3	7	1	1	2
4416	인천 연수구	공원시설물유지지원	2,200	4	7	2	1	3	1	1	4
4417	인천 남동구	재활용품수집운반대행수수료	9,697,620	4	1	1	3	1	2	1	4
4418	인천 남동구	생활쓰레기수집운반대행수수료	8,800,000	4	1	1	3	1	2	1	1
4419	인천 남동구	아이돌봄지원사업	6,058,514	4	2	1	5	6	1	1	3
4420	인천 남동구	음식물류폐기물수집운반대행수수료	4,966,000	4	1	1	3	1	2	1	1
4421	인천 남동구	자활근로사업(민간위탁)	3,409,948	4	2	4	1	7	1	1	1
4422	인천 남동구	지역사회서비스투자사업	3,254,286	4	1	7	8	7	5	5	4
4423	인천 남동구	재활용품선별처리대행수수료	3,077,000	4	1	1	3	1	1	1	4
4424	인천 남동구	o정산비	3,061,091	4	1	2	3	1	2	1	2
4425	인천 남동구	발달장애인주간활동서비스	2,677,676	4	1	7	7	7	5	5	4
4426	인천 남동구	대형폐기물수집운반대행수수료	2,424,430	4	4	1	1	1	2	1	2
4427	인천 남동구	인천형(시추가)중증장애인활동지원	2,070,000	4	1	7	7	7	5	5	4
4428	인천 남동구	장애인복지관운영	2,021,381	4	1	6	5	6	1	1	4
4429	인천 남동구	발달재활서비스바우처지원	1,812,858	4	1	7	7	7	5	5	4
4430	인천 남동구	가정사업계폐기물처리대행수수료	1,500,000	4	4	1	1	1,3	1	1	2
4431	인천 남동구	노인복지관운영지원	1,471,485	4	1	7	8	7	5	5	4
4432	인천 남동구	인천형최중증장애인24시간활동지원	1,133,652	4	1	7	7	7	5	5	4
4433	인천 남동구	o비정산비	1,085,061	4	1	2	3	1	2	1	2
4434	인천 남동구	어린이사회복지급식관리지원센터운영	1,045,000	4	1,2	6	3	6	5	2	1
4435	인천 남동구	대형폐기물처리비	1,011,932	4	4	1	1	1	2	1	2
4436	인천 남동구	정신건강복지센터인력확충	991,588	4	1	5	3	7	5	1	4
4437	인천 남동구	청소년발달장애학생방과후활동서비스	739,609	4	1	7	7	7	5	5	4

순번	시군구	지출명 (사업명)	2024년예산 (단위 : 천원 /1년간)	민간이전 분류 (지방자치단체 세출예산 집행기준에 의거) 1. 민간경상사업보조(307-02) 2. 민간단체 법정운영비보조(307-03) 3. 민간행사사업보조(307-04) 4. 민간위탁금(307-05) 5. 사회복지시설 법정운영비보조(307-10) 6. 민간인위탁교육비(307-12) 7. 공기관등에대한경상적위탁사업비(308-13) 8. 민간자본사업보조,자체재원(402-01) 9. 민간자본사업보조,이전재원(402-02) 10. 민간위탁사업비(402-03) 11. 공기관등에 대한 자본적 위탁사업비(403-02)	민간이전지출 근거 (지방보조금 관리기준 참고) 1. 법률에 규정 2. 국고보조 재원(국가지정) 3. 용도 지정 기부금 4. 조례에 직접규정 5. 지자체가 권장하는 사업을 하는 공공기관 6. 시,도 정책 및 재정사정 7. 기타 8. 해당없음	입찰방식 계약체결방법 (경쟁형태) 1. 일반경쟁 2. 제한경쟁 3. 지명경쟁 4. 수의계약 5. 법정위탁 6. 기타 ( ) 7. 없음	입찰방식 계약기간 1. 1년 2. 2년 3. 3년 4. 4년 5. 5년 6. 기타 ( )년 7. 단기계약 (1년미만) 8. 없음	입찰방식 낙찰자선정방법 1. 적격심사 2. 협상에의한계약 3. 최저가낙찰제 4. 규격가격분리 5. 2단계 경쟁입찰 6. 기타 ( ) 7. 없음	운영예산 산정 운영예산 산정 1. 내부산정 (지자체 자체적으로 산정) 2. 외부산정 (외부전문기관위탁 산정) 3. 내·외부 모두 산정 4. 산정 無 5. 없음	운영예산 산정 정산방법 1. 내부정산 (지자체 내부적으로 정산) 2. 외부정산 (외부전문기관위탁 정산) 3. 내·외부 모두 산정 4. 정산 無 5. 없음	성과평가 실시여부 1. 실시 2. 미실시 3. 향후 추진 4. 해당없음
4438	인천 남동구	가족센터통합운영(건강가정,취약위기)	719,160	4	2	7	8	7	1	1	4
4439	인천 남동구	자원봉사센터운영	702,929	4	4	7	8	7	1	1	4
4440	인천 남동구	발달장애인평생교육센터운영	658,538	4	1	7	8	7	1	1	4
4441	인천 남동구	아이사랑꿈터(인천형공동육아나눔터)운영비	623,832	4	4	7	8	7	5	5	4
4442	인천 남동구	o인건비	616,000	4	1	6	5	1	1	1	4
4443	인천 남동구	활동보조가산급여	599,091	4	1	7	7	7	5	5	4
4444	인천 남동구	가사간병방문지원사업	583,000	4	1	7	8	7	5	5	4
4445	인천 남동구	노인문화센터운영지원	538,717	4	1	7	8	7	5	5	4
4446	인천 남동구	다함께돌봄센터인건비지원	537,300	4	2	1	5	6	1	1	3
4447	인천 남동구	쓰레기자동집하시설위탁운영대행수수료	490,975	4	4	2	3	1,3	1	1	2
4448	인천 남동구	청년창업지원센터운영비	480,000	4	4	1	6	2	1	2	1
4449	인천 남동구	무단방치폐기물처리용역비	450,000	4	1,4	2	1	3	1	1	2
4450	인천 남동구	아이사랑꿈터운영비	433,488	4	4	7	8	7	5	5	4
4451	인천 남동구	다문화가족자녀지원(통합형)	413,050	4	2	7	8	7	1	1	4
4452	인천 남동구	아동복지종합센터지원	349,504	4	4	1	5	6	1	1	3
4453	인천 남동구	다문화가족특성화사업지원	346,026	4	2	7	8	7	1	1	4
4454	인천 남동구	도담도담장난감월드운영	320,226	4	4,6	1	3	1	1	1	1
4455	인천 남동구	노인일자리전담기관운영비지원(남동시니어클럽)	308,904	4	1	2	5	7	1	1	4
4456	인천 남동구	발달장애인시추가주간활동서비스	237,518	4	1	7	7	7	5	5	4
4457	인천 남동구	도로노면청소잔재쓰레기선별처리대행수수료	230,000	4	4	4	1	7	1	1	4
4458	인천 남동구	다함께돌봄센터종사자임금보전비	229,340	4	4	1	5	6	1	1	3
4459	인천 남동구	일상돌봄서비스사업	223,000	4	1	7	8	7	5	5	4
4460	인천 남동구	하천하구쓰레기수거처리비	180,000	4	1	7	8	7	5	5	4
4461	인천 남동구	중독관리통합지원사업	170,990	4	1	5	3	7	5	1	4
4462	인천 남동구	장애인재가복지센터운영	170,902	4	1	6	5	6	1	1	4
4463	인천 남동구	공동육아나눔터운영비	170,136	4	1	7	8	7	5	5	4
4464	인천 남동구	불연성생활폐기물처리대행수수료	161,700	4	4	2	1	1,3	1	1	2
4465	인천 남동구	자살예방사업지원	148,144	4	1	5	3	7	5	1	4
4466	인천 남동구	통합정신건강증진사업	144,370	4	1	5	3	7	5	1	4
4467	인천 남동구	청년마음건강지원사업	141,280	4	1	7	8	7	5	5	4
4468	인천 남동구	중증장애인응급안전안심서비스	137,836	4	1	7	7	7	5	5	4
4469	인천 남동구	장애인수중재활치료사업	113,410	4	1	6	5	6	1	1	4
4470	인천 남동구	장애인특별운송지원	100,408	4	1	6	5	6	1	1	4
4471	인천 남동구	다함께돌봄센터운영비지원	88,000	4	2	1	5	6	1	1	3
4472	인천 남동구	자살예방사업	71,940	4	1	5	3	7	5	1	4
4473	인천 남동구	지역사회건강조사민간위탁	68,438	4	2	5	8	7	5	5	4
4474	인천 남동구	자원봉사코디네이터지원	66,420	4	4	7	8	7	1	1	4
4475	인천 남동구	결혼이민자취업지원(통합형)	64,850	4	2	7	8	7	1	1	4
4476	인천 남동구	자살유족원스톱서비스지원사업	57,500	4	1	5	3	7	5	1	4
4477	인천 남동구	아이돌보미활동장려수당지원	57,040	4	4	1	5	6	1	1	3

순번	시군구	지출명 (사업명)	2024년예산 (단위 : 천원 /1년간)	민간이전 분류 (지방자치단체 세출예산 집행기준에 의거) 1. 민간경상사업보조(307-02) 2. 민간단체 법정운영비보조(307-03) 3. 민간행사사업보조(307-04) 4. 민간위탁금(307-05) 5. 사회복지시설 법정운영비보조(307-10) 6. 민간인위탁교육비(307-12) 7. 공기관등에대한경상적위탁사업비(308-13) 8. 민간자본사업보조,자체재원(402-01) 9. 민간자본사업보조,이전재원(402-02) 10. 민간위탁사업비(402-03) 11. 공기관등에 대한 자본적 위탁사업비(403-02)	민간이전지출 근거 (지방보조금 관리기준 참고) 1. 법률에 규정 2. 국고보조 재원(국가지정) 3. 용도 지정 기부금 4. 조례에 직접규정 5. 지자체가 권장하는 사업을 하는 공공기관 6. 시,도 정책 및 재정사정 7. 기타 8. 해당없음	입찰방식			운영예산 산정		성과평가 실시여부
						계약체결방법 (경쟁형태) 1. 일반경쟁 2. 제한경쟁 3. 지명경쟁 4. 수의계약 5. 법정위탁 6. 기타 ( ) 7. 없음	계약기간 1. 1년 2. 2년 3. 3년 4. 4년 5. 5년 6. 기타 ( )년 7. 단기계약 (1년미만) 8. 없음	낙찰자선정방법 1. 적격심사 2. 협상에의한계약 3. 최저가낙찰제 4. 규격가격분리 5. 2단계 경쟁입찰 6. 기타 ( ) 7. 없음	운영예산 산정 1. 내부산정 (지자체 자체적으로 산정) 2. 외부산정 (외부전문기관위탁 산정) 3. 내·외부 모두 산정 4. 산정 無 5. 없음	정산방법 1. 내부정산 (지자체 내부적으로 정산) 2. 외부정산 (외부전문기관위탁 정산) 3. 내·외부 모두 산정 4. 정산 無 5. 없음	1. 실시 2. 미실시 3. 향후 추진 4. 해당없음
4478	인천 남동구	기초정신건강복지센터지원	51,100	4	1	5	3	7	5	1	4
4479	인천 남동구	가로기게양위탁	49,570	4	1	4	1	1	1	1	1
4480	인천 남동구	기초정신건강복지센터운영(건물임차료)	49,320	4	1	5	3	7	1	1	4
4481	인천 남동구	가족센터운영지원(자체)	47,000	4	1	7	8	7	1	1	4
4482	인천 남동구	결혼이민자일자리지원사업지원(전담인력운영)	42,560	4	4	7	8	7	1	1	4
4483	인천 남동구	결혼이민자일자리지원연계사업(의료돌봄서비스)	35,000	4	4	7	8	7	1	1	4
4484	인천 남동구	건강가정지원사업종사자임금보전비지원	33,446	4	4	7	8	7	1	1	4
4485	인천 남동구	기초정신건강복지센터종사자급량비	29,760	4	1	5	3	7	5	1	4
4486	인천 남동구	다함께돌봄센터운영비보조지원	26,400	4	4	1	5	6	1	1	3
4487	인천 남동구	o건물임차료	26,400	4	1	5	3	7	1	1	4
4488	인천 남동구	병원동행서비스지원사업	26,000	4	4	7	8	7	1	1	4
4489	인천 남동구	결혼이민자역량강화지원(한국어교육)	24,500	4	2	7	8	7	1	1	4
4490	인천 남동구	구립지역아동센터운영지원	24,000	4	4	1	5	6	1	1	1
4491	인천 남동구	다문화가족지원센터종사자임금보전비지원	23,998	4	4	7	8	7	1	1	4
4492	인천 남동구	다문화가족특성화사업추가지원	22,392	4	4	7	8	7	1	1	4
4493	인천 남동구	기초정신건강복지센터지원(자체)	20,000	4	1	5	3	7	5	1	4
4494	인천 남동구	약국사무원양성과정사업	19,000	4	4	7	7	7	1	1	1
4495	인천 남동구	중증장애인권익(시민)옹호지원사업	18,400	4	1	6	5	6	1	1	4
4496	인천 남동구	다함께돌봄센터종사자급량비및관리자수당지원	18,080	4	4	1	5	6	1	1	3
4497	인천 남동구	결혼이민자일자리지원연계사업(취업역량강화프로그램)	17,100	4	4	7	8	7	1	1	4
4498	인천 남동구	자원봉사자상해보험지원	16,928	4	4	7	8	7	1	1	4
4499	인천 남동구	다문화가족자녀온라인교육지원사업	13,800	4	4	7	8	7	1	1	4
4500	인천 남동구	언어발달지원바우처지원	13,773	4	1	7	7	7	5	5	4
4501	인천 남동구	발달장애인평생교육센터종사자급량비및관리자수당	12,720	4	1	7	8	7	1	1	4
4502	인천 남동구	건강가정지원사업종사자정액급식비및관리수당지원	12,000	4	4	7	8	7	1	1	4
4503	인천 남동구	자살예방사업(자체)	10,000	4	1	5	3	7	5	1	4
4504	인천 남동구	다문화가족자녀멘토링사업	9,000	4	4	7	8	7	1	1	4
4505	인천 남동구	다문화가족지원센터종사자급량비및관리자수당지원	8,400	4	4	7	8	7	1	1	4
4506	인천 남동구	기초정신건강복지센터종사자복지점수	8,175	4	1	5	3	7	5	1	4
4507	인천 남동구	o교재교구비	8,000	4	1	6	5	1	1	1	4
4508	인천 남동구	o냉난방비	8,000	4	1	6	5	1	1	1	4
4509	인천 남동구	o중독예방사업	8,000	4	1	5	3	7	1	1	4
4510	인천 남동구	다함께돌봄센터학습환경지원	7,456	4	4	1	5	6	1	1	4
4511	인천 남동구	아동복지시설종사자급량비및관리자수당	6,000	4	4	1	5	6	1	1	3
4512	인천 남동구	건강가정지원사업종사자복지점수지원	5,200	4	4	7	8	7	1	1	3
4513	인천 남동구	지역특화형다문화가족지원사업(방과후엄마학교)	4,000	4	4	7	8	7	1	1	4
4514	인천 남동구	다문화위기가정가족치료사업	4,000	4	4	7	8	7	1	1	4
4515	인천 남동구	결혼이민자일자리지원연계사업(다문화강사파견사업)	4,000	4	4	7	8	7	1	1	4
4516	인천 남동구	o아동청소년중독예방사업	4,000	4	1	5	3	7	1	1	4
4517	인천 남동구	발달장애인부모심리상담지원사업	3,840	4	1	7	7	7	5	5	4

순번	시군구	지출명 (사업명)	2024년예산 (단위 : 천원 /1년간)	민간이전 분류 (지방자치단체 세출예산 집행기준에 의거) 1. 민간경상사업보조(307-02) 2. 민간단체 법정운영비보조(307-03) 3. 민간행사사업보조(307-04) 4. 민간위탁금(307-05) 5. 사회복지시설 법정운영비보조(307-10) 6. 민간인위탁교육비(307-12) 7. 공기관등에대한경상적위탁사업비(308-13) 8. 민간자본사업보조,자체재원(402-01) 9. 민간자본사업보조,이전재원(402-02) 10. 민간위탁사업비(402-03) 11. 공기관등에 대한 자본적 위탁사업비(403-02)	민간이전지출 근거 (지방보조금 관리기준 참고) 1. 법률에 규정 2. 국고보조 재원(국가지정) 3. 용도 지정 기부금 4. 조례에 직접규정 5. 지자체가 권장하는 사업을 하는 공공기관 6. 시,도 정책 및 재정사정 7. 기타 8. 해당없음	입찰방식 계약체결방법 (경쟁형태) 1. 일반경쟁 2. 제한경쟁 3. 지명경쟁 4. 수의계약 5. 법정위탁 6. 기타 ( ) 7. 없음	입찰방식 계약기간 1. 1년 2. 2년 3. 3년 4. 4년 5. 5년 6. 기타 ( )년 7. 단기계약 (1년미만) 8. 없음	입찰방식 낙찰자선정방법 1. 적격심사 2. 협상에의한계약 3. 최저가낙찰제 4. 규격가격분리 5. 2단계 경쟁입찰 6. 기타 ( ) 7. 없음	운영예산 산정 운영예산 산정 1. 내부산정 (지자체 자체적으로 산정) 2. 외부산정 (외부전문기관위탁 산정) 3. 내·외부 모두 산정 4. 산정 無 5. 없음	운영예산 산정 정산방법 1. 내부정산 (지자체 내부적으로 정산) 2. 외부정산 (외부전문기관위탁 정산) 3. 내·외부 모두 산정 4. 정산 無 5. 없음	성과평가 실시여부 1. 실시 2. 미실시 3. 향후 추진 4. 해당없음
4518	인천 남동구	중독관리통합지원센터종사자급량비	3,840	4	1	5	3	7	5	1	4
4519	인천 남동구	장애인복지관안전점검(제3종시설물)	3,740	4	1	6	5	6	1	1	4
4520	인천 남동구	다문화가족아동발달장애정밀검사및치료지원	3,600	4	4	7	8	7	1	1	4
4521	인천 남동구	다문화가족행복프로그램	3,600	4	4	7	8	7	1	1	4
4522	인천 남동구	발달장애인평생교육센터종사자복지점수	3,200	4	1	7	8	7	1	1	4
4523	인천 남동구	기초정신건강복지센터종사자종합건강검진비	3,200	4	1	5	3	7	5	1	4
4524	인천 남동구	다함께돌봄센터종사자복지점수	3,150	4	4	1	5	6	1	1	3
4525	인천 남동구	디문화가족지원센터종사자복지점수지원	3,100	4	4	7	8	7	1	1	4
4526	인천 남동구	건강가정지원사업종사자건강검진지원	2,800	4	4	7	8	7	1	1	4
4527	인천 남동구	장애인특별운송지원처우개선	1,750	4	1	6	5	6	1	1	4
4528	인천 남동구	발달장애인평생교육센터종사자종합건강검진비	1,600	4	1	6	5	1	1	1	4
4529	인천 남동구	다함께돌봄센터종사자종합건강검진비	1,400	4	4	1	5	6	1	1	3
4530	인천 남동구	아동복지시설종사자복지점수	1,375	4	4	1	5	6	1	1	3
4531	인천 남동구	중독관리통합지원센터종사자복지점수	1,100	4	1	5	3	7	5	1	4
4532	인천 남동구	다문화가족지원센터종사자건강검진비지원	1,000	4	4	7	8	7	1	1	4
4533	인천 남동구	중독관리통합지원센터종사자종합건강검진비	400	4	1	5	3	7	5	1	4
4534	인천 남동구	아동복지시설종사자종합건강검진비	200	4	4	1	5	6	1	1	3
4535	인천 남동구	발달장애인평생교육센터종사자상해보험비	120	4	1	7	8	7	1	1	4
4536	인천 부평구	생활쓰레기수집운반대행사업비	9,595,558	4	1	1	1	1	2	1	4
4537	인천 부평구	재활용가능자원수집운반처리	9,539,343	4	1	1	1	1	2	1	4
4538	인천 부평구	음식물류폐기물수집운반민간처리대행사업비	5,820,397	4	1	1	1	1	2	1	4
4539	인천 부평구	대형폐기물등수집운반처리대행사업비	5,017,782	4	1	1	1	1	2	1	4
4540	인천 부평구	지역자율형사회서비스투자사업	2,785,714	4	1	5	8	7	1	1	4
4541	인천 부평구	산모신생아건강관리지원	1,307,862	4	6	5	1	7	1	1	4
4542	인천 부평구	정신건강복지센터인력확충	1,268,325	4	2	1	3	1	1	1	4
4543	인천 부평구	부평역사박물관운영비	1,063,806	4	5	5	3	7	1	2	4
4544	인천 부평구	지역급식관리지원센터운영비	940,000	4	1	1	5	1	3	2	1
4545	인천 부평구	국가암검진비	920,800	4	1	5	8	7	1	1	4
4546	인천 부평구	다문화가족지원센터운영	907,313	4	1	7	8	7	5	1	4
4547	인천 부평구	기저귀및조제분유지원	820,880	4	2	5	1	7	1	1	4
4548	인천 부평구	구립치매전담형주간보호센터운영	742,800	4	5	1	5	1	1	1	4
4549	인천 부평구	도담도담장난감월드운영지원	596,004	4	1	5	5	7	1	1	4
4550	인천 부평구	건강가정지원센터운영지원	571,345	4	1	5	5	7	5	1	4
4551	인천 부평구	아이사랑꿈터운영지원	392,614	4	6	5	5	7	1	1	4
4552	인천 부평구	다문화가족특화사업	388,660	4	1	5	5	7	1	1	4
4553	인천 부평구	육아종합지원센터운영	373,217	4	1	5	5	7	1	1	4
4554	인천 부평구	노점상및노상적치물정비사업단속용역	325,032	4	7	2	1	3	1	1	4
4555	인천 부평구	통합정신건강증진사업	312,498	4	2	1	3	1	1	1	4
4556	인천 부평구	청년공간유유기지부평운영	300,000	4	4	2	2	1	1	1	4
4557	인천 부평구	어린이집운영비	268,600	4	4	1	5	1	1	1	4

순번	시군구	지출명 (사업명)	2024년예산 (단위 : 천원 /1년간)	민간이전 분류 (지방자치단체 세출예산 집행기준에 의거) 1. 민간경상사업보조(307-02) 2. 민간단체 법정운영비보조(307-03) 3. 민간행사사업보조(307-04) 4. 민간위탁금(307-05) 5. 사회복지시설 법정운영비보조(307-10) 6. 민간인위탁교육비(307-12) 7. 공기관등에대한경상적위탁사업비(308-13) 8. 민간자본사업보조,자체재원(402-01) 9. 민간자본사업보조,이전재원(402-02) 10. 민간위탁사업비(402-03) 11. 공기관등에 대한 자본적 위탁사업비(403-02)	민간이전지출 근거 (지방보조금 관리기준 참고) 1. 법률에 규정 2. 국고보조 재원(국가지정) 3. 용도 지정 기부금 4. 조례에 직접규정 5. 지자체가 권장하는 사업을 하는 공공기관 6. 시,도 정책 및 재정사정 7. 기타 8. 해당없음	입찰방식			운영예산 산정		성과평가 실시여부
						계약체결방법 (경쟁형태) 1. 일반경쟁 2. 제한경쟁 3. 지명경쟁 4. 수의계약 5. 법정위탁 6. 기타 ( ) 7. 없음	계약기간 1. 1년 2. 2년 3. 3년 4. 4년 5. 5년 6. 기타 ( )년 7. 단기계약 (1년미만) 8. 없음	낙찰자선정방법 1. 적격심사 2. 협상에의한계약 3. 최저가낙찰제 4. 규격가격분리 5. 2단계 경쟁입찰 6. 기타 ( ) 7. 없음	운영예산 산정 1. 내부산정 (지자체 자체적으로 산정) 2. 외부산정 (외부전문기관위탁 산정) 3. 내·외부 모두 산정 4. 산정 無 5. 없음	정산방법 1. 내부정산 (지자체 내부적으로 정산) 2. 외부정산 (외부전문기관위탁 정산) 3. 내·외부 모두 산정 4. 정산 無 5. 없음	1. 실시 2. 미실시 3. 향후 추진 4. 해당없음
4558	인천 부평구	한부모가족복지시설운영지원	245,600	4	1	5	5	7	1	1	4
4559	인천 부평구	일상돌봄서비스	237,142	4	1	5	8	7	1	1	4
4560	인천 부평구	중독관리통합지원센터운영	190,140	4	2	1	3	1	1	1	4
4561	인천 부평구	다함께돌봄사업인건비	182,712	4	1	5	5	7	1	1	4
4562	인천 부평구	민간의료기관환자관리사업	150,736	4	1	5	8	7	5	1	4
4563	인천 부평구	정신건강복지센터자살예방사업인력지원	148,144	4	2	1	3	1	1	1	4
4564	인천 부평구	의료급여수급권자일반건강검진비	121,967	4	1	5	8	7	1	1	4
4565	인천 부평구	공동육아나눔터운영	113,424	4	1	5	5	7	1	1	4
4566	인천 부평구	정신건강복지센터운영	102,200	4	2	1	3	1	1	1	4
4567	인천 부평구	자살유족원스톱서비스지원	95,000	4	2	1	3	1	1	1	4
4568	인천 부평구	다함께돌봄센터종사자지원	94,356	4	1	5	5	7	1	1	4
4569	인천 부평구	지역사회자살예방사업	92,148	4	2	1	3	1	1	1	4
4570	인천 부평구	청년마음건강지원사업	77,833	4	1	5	8	7	1	1	4
4571	인천 부평구	지역사회건강조사사업비	68,516	4	2	5	8	7	5	2	4
4572	인천 부평구	1인가구지원사업운영지원	66,000	4	1	5	5	7	5	1	4
4573	인천 부평구	위탁방역운영	63,962	4	8	1	7	3	1	1	4
4574	인천 부평구	상설중독관리상담실운영	60,000	4	7	1	3	1	1	1	4
4575	인천 부평구	숲해설위탁운영사업	58,668	4	1	2	1	2	1	1	4
4576	인천 부평구	가정육아활성화프로그램지원	54,000	4	1	5	5	7	1	1	4
4577	인천 부평구	가정육아활성화지원센터운영	47,064	4	1	5	5	7	1	1	4
4578	인천 부평구	결혼이민자일자리지원사업	37,180	4	1	5	5	7	1	1	4
4579	인천 부평구	불용의약품등위탁수거운영	32,660	4	1	7	8	7	1	5	4
4580	인천 부평구	다함께돌봄사업운영비	28,000	4	1	5	5	7	5	5	4
4581	인천 부평구	공동부모교육	25,000	4	1	5	5	7	1	1	4
4582	인천 부평구	한국어교육운영	24,500	4	1	5	5	7	1	1	4
4583	인천 부평구	결혼이민자일자리지원연계사업	22,984	4	1	5	5	7	1	1	4
4584	인천 부평구	지역특화형다문화가족지원	22,700	4	1	5	5	7	1	2	4
4585	인천 부평구	다문화가족자녀온라인교육플랫폼구축	20,700	4	1	5	5	7	1	1	4
4586	인천 부평구	다문화가족알리미봉사단지원	13,500	4	1	5	2	7	1	1	4
4587	인천 부평구	다문화가족행복프로그램	13,200	4	1	5	5	7	1	1	4
4588	인천 부평구	다문화가족위기가정가족치료지원	11,800	4	1	5	5	7	1	1	4
4589	인천 부평구	다문화가족멘토링지원	11,000	4	1	5	5	7	1	1	4
4590	인천 부평구	의료급여수급권자건강검진사업운영	10,275	4	1	5	8	7	1	1	4
4591	인천 부평구	다문화가족문화체험지원사업	8,800	4	1	5	5	7	1	1	4
4592	인천 부평구	아버지학교운영지원	7,000	4	1	5	5	7	5	1	4
4593	인천 부평구	다문화가족아동발달장애정밀검사비및치료비지원	6,000	4	1	5	5	7	1	1	4
4594	인천 부평구	청소년산모임신출산의료비지원	6,000	4	2	5	1	7	1	1	4
4595	인천 부평구	불법게임물수거운반위탁비	5,000	4	1	7	1	7	1	1	4
4596	인천 부평구	노래연습장사업자위탁교육비	4,600	4	1	7	1	7	1	1	4
4597	인천 부평구	다함께돌봄센터학습교구지원	2,796	4	1	5	5	7	1	1	4

순번	시군구	지출명 (사업명)	2024년예산 (단위 : 천원 /1년간)	민간이전 분류 (지방자치단체 세출예산 집행기준에 의거) 1. 민간경상사업보조(307-02) 2. 민간단체 법정운영비보조(307-03) 3. 민간행사사업보조(307-04) 4. 민간위탁금(307-05) 5. 사회복지시설 법정운영비보조(307-10) 6. 민간인위탁교육비(307-12) 7. 공기관등에대한경상적위탁사업비(308-13) 8. 민간자본사업보조,자체재원(402-01) 9. 민간자본사업보조,이전재원(402-02) 10. 민간위탁사업비(402-03) 11. 공기관등에 대한 자본적 위탁사업비(403-02)	민간이전지출 근거 (지방보조금 관리기준 참고) 1. 법률에 규정 2. 국고보조 재원(국가지정) 3. 용도 지정 기부금 4. 조례에 직접규정 5. 지자체가 권장하는 사업을 하는 공공기관 6. 시,도 정책 및 재정사정 7. 기타 8. 해당없음	입찰방식: 계약체결방법 (경쟁형태) 1. 일반경쟁 2. 제한경쟁 3. 지명경쟁 4. 수의계약 5. 법정위탁 6. 기타 ( ) 7. 없음	입찰방식: 계약기간 1. 1년 2. 2년 3. 3년 4. 4년 5. 5년 6. 기타 ( )년 7. 단기계약 (1년미만) 8. 없음	입찰방식: 낙찰자선정방법 1. 적격심사 2. 협상에의한계약 3. 최저가낙찰제 4. 규격가격분리 5. 2단계 경쟁입찰 6. 기타 ( ) 7. 없음	운영예산 산정: 운영예산 산정 1. 내부산정 (지자체 자체적으로 산정) 2. 외부산정 (외부전문기관위탁 산정) 3. 내·외부 모두 산정 4. 산정 無 5. 없음	운영예산 산정: 정산방법 1. 내부정산 (지자체 내부적으로 정산) 2. 외부정산 (외부전문기관위탁 정산) 3. 내·외부 모두 산정 4. 정산 無 5. 없음	성과평가 실시여부 1. 실시 2. 미실시 3. 향후 추진 4. 해당없음
4598	인천 계양구	강남푸드지원센터	535,330	4	4	1	2	1	1	1	1
4599	인천 계양구	생활쓰레기수집운반	5,900,000	4	1	1	1	3	3	1	1
4600	인천 계양구	재활용품선별처리	5,748,000	4	1	1	1	1	2	1	4
4601	인천 계양구	음식물쓰레기수집운반	4,098,683	4	1	1	1	1	2	1	1
4602	인천 계양구	근로능력있는수급자의탈수급지원사업	2,491,001	4	2	7	8	7	3	3	4
4603	인천 계양구	대형폐기물처리	2,220,000	4	1	1	1	1	1	1	2
4604	인천 계양구	시추가중증장애인활동지원	2,202,000	4	6	7	8	7	5	2	4
4605	인천 계양구	최중증장애인24시간활동지원	2,179,000	4	6	7	8	7	5	2	4
4606	인천 계양구	음식물쓰레기처리	2,170,000	4	1	1	1	1	2	1	4
4607	인천 계양구	발달장애인주간활동서비스	1,905,325	4	2	7	8	7	5	1	4
4608	인천 계양구	노인문화센터운영지원	1,815,451	4	1	7	8	7	1	1	4
4609	인천 계양구	지역자율형사회서비스투자사업	1,620,000	4	1,2	7	8	7	5	5	4
4610	인천 계양구	노인복지관운영지원	1,273,982	4	1	7	8	7	1	1	4
4611	인천 계양구	발달재활서비스바우처지원	1,235,714	4	2	7	8	7	5	1	4
4612	인천 계양구	재활용분리배출시설운영	1,060,900	4	1	7	8	7	1	1	3
4613	인천 계양구	기초정신건강복지센터인력확충	1,029,726	4	2	1	3	1	1	1	1
4614	인천 계양구	가정용사업계폐기물처리	858,164	4	1	4	1	7	2	1	3
4615	인천 계양구	계양여성회관운영	833,140	4	4	7	8	7	1	1	4
4616	인천 계양구	계양구어린이사회복지급식관리지원센터위탁운영	830,000	4	1	5	3	7	3	3	4
4617	인천 계양구	박물관운영	786,640	4	4	7	3	7	1	1	3
4618	인천 계양구	음식물쓰레기처리	735,112	4	1	7	8	7	4	5	4
4619	인천 계양구	자원재활용	649,152	4	1	7	8	7	1	1	3
4620	인천 계양구	산모신생아건강관리지원(전환사업)	632,669	4	2	7	8	7	1	1	1
4621	인천 계양구	발달장애인방과후활동서비스	571,982	4	2	7	8	7	5	1	4
4622	인천 계양구	활동보조가산급여	556,314	4	2	7	8	7	5	2	4
4623	인천 계양구	자원봉사센터위탁운영	547,815	4	4	7	8	7	5	5	4
4624	인천 계양구	국가암관리지자체지원	547,632	4	2	7	8	7	5	5	2
4625	인천 계양구	새일센터지원	546,749	4	2	7	8	7	1	1	3
4626	인천 계양구	효성체육문화센터운영	525,786	4	4	4	2	7	1	1	1
4627	인천 계양구	박촌체육문화센터운영	522,627	4	4	4	2	7	1	1	1
4628	인천 계양구	주민자치센터운영	515,380	4	4	5	2	7	1	1	1
4629	인천 계양구	저소득층기저귀조제분유지원사업	512,160	4	2	7	8	7	1	1	2
4630	인천 계양구	치매주간보호센터운영	459,000	4	4	5	5	1	1	1	1
4631	인천 계양구	서운산단공공폐수처리시설민간위탁비	453,777	4	4	5	2	6	1	1	1
4632	인천 계양구	인도등보행로주변정비	453,251	4	4,7	6	3	7	1	1	3
4633	인천 계양구	아이사랑꿈터운영지원(아이사랑꿈터운영비지원)	430,112	4	4	1	3	6	1	1	4
4634	인천 계양구	육아종합지원센터운영(자체)	424,334	4	1	5	5	7	1	1	4
4635	인천 계양구	드림로등도로청소용역	400,000	4	1	2	1	3	3	1	2
4636	인천 계양구	갈현체육공원운영	316,228	4	4	1	1	1	1	1	1
4637	인천 계양구	희귀질환자의료비지원사업	315,392	4	2	7	8	7	5	5	2

순번	시군구	지출명 (사업명)	2024년예산 (단위 : 천원 /1년간)	민간이전 분류 (지방자치단체 세출예산 집행기준에 의거) 1. 민간경상사업보조(307-02) 2. 민간단체 법정운영비보조(307-03) 3. 민간행사사업보조(307-04) 4. 민간위탁금(307-05) 5. 사회복지시설 법정운영비보조(307-10) 6. 민간인위탁교육비(307-12) 7. 공기관등에대한경상적위탁사업비(308-13) 8. 민간자본사업보조,자체재원(402-01) 9. 민간자본사업보조,이전재원(402-02) 10. 민간위탁사업비(402-03) 11. 공기관등에 대한 자본적 위탁사업비(403-02)	민간이전지출 근거 (지방보조금 관리기준 참고) 1. 법률에 규정 2. 국고보조 재원(국가지정) 3. 용도 지정 기부금 4. 조례에 직접규정 5. 지자체가 권장하는 사업을 하는 공공기관 6. 시,도 정책 및 재정사정 7. 기타 8. 해당없음	입찰방식 계약체결방법 (경쟁형태) 1. 일반경쟁 2. 제한경쟁 3. 지명경쟁 4. 수의계약 5. 법정위탁 6. 기타 ( ) 7. 없음	입찰방식 계약기간 1. 1년 2. 2년 3. 3년 4. 4년 5. 5년 6. 기타 ( )년 7. 단기계약 (1년미만) 8. 없음	입찰방식 낙찰자선정방법 1. 적격심사 2. 협상에의한계약 3. 최저가낙찰제 4. 규격가격분리 5. 2단계 경쟁입찰 6. 기타 ( ) 7. 없음	운영예산 산정 운영예산 산정 1. 내부산정 (지자체 자체적으로 산정) 2. 외부산정 (외부전문기관위탁 산정) 3. 내·외부 모두 산정 4. 산정 無 5. 없음	운영예산 산정 정산방법 1. 내부정산 (지자체 내부적으로 정산) 2. 외부정산 (외부전문기관위탁 정산) 3. 내·외부 모두 산정 4. 정산 無 5. 없음	성과평가 실시여부 1. 실시 2. 미실시 3. 향후 추진 4. 해당없음
4638	인천 계양구	도담도담장난감월드운영지원	295,264	4	6	5	5	7	1	1	4
4639	인천 계양구	불법투기쓰레기및폐토사처리	286,000	4	7	2	1	3	3	1	2
4640	인천 계양구	치매치료관리비지원(전환사업)	273,223	4	5	7	8	7	1	1	1
4641	인천 계양구	계산고양골체육관운영	260,915	4	4	1	2	1	1	1	1
4642	인천 계양구	최중증발달장애인주간그룹일대일바우처지원	238,928	4	2	7	8	7	5	1	4
4643	인천 계양구	시각장애인일자리지원	225,827	4	7	7	1	7	5	1	4
4644	인천 계양구	일상돌봄서비스사업	198,572	4	1,5	7	8	7	5	5	4
4645	인천 계양구	장기황어체육관운영	198,396	4	4	4	1	7	1	1	1
4646	인천 계양구	계양유소년축구장운영	197,094	4	4	1	1	1	1	1	1
4647	인천 계양구	청소년상담복지센터운영지원	180,132	4	1	7	8	7	1	1	1
4648	인천 계양구	장두못장성제체육시설운영	177,308	4	4	1	3	1	1	1	3
4649	인천 계양구	중독관리통합지원센터지원	170,988	4	2	1	3	1	1	1	1
4650	인천 계양구	학교밖청소년지원센터운영지원	167,766	4	1	7	8	7	1	1	1
4651	인천 계양구	계양테니스장운영	157,288	4	4	4	1	7	1	1	1
4652	인천 계양구	지역자율형사회서비스투자사업(가사간병방문지원사업)	155,174	4	1,2	7	8	7	5	5	4
4653	인천 계양구	계양야구장운영	141,862	4	4	1	2	1	1	1	1
4654	인천 계양구	독거노인중증장애인응급안전안심서비스운영지원	136,572	4	2	7	2	7	1	1	1
4655	인천 계양구	장애인일자리지원(발달장애인요양보호사보조)	130,708	4	2	7	1	7	5	1	4
4656	인천 계양구	발달장애인시추가주간활동서비스	114,000	4	4	7	8	7	5	1	4
4657	인천 계양구	기초자살예방사업인력확충	111,108	4	2	1	3	1	1	1	1
4658	인천 계양구	청소년안전망구축	106,381	4	1	7	8	7	1	1	1
4659	인천 계양구	서운간이체육관운영	105,537	4	4	4	1	7	1	1	1
4660	인천 계양구	야간방역소독대행	103,650	4	7	7	8	7	5	5	4
4661	인천 계양구	청년중독관리사업	100,000	4	2	1	3	1	1	1	1
4662	인천 계양구	새일센터지원	93,664	4	2	7	8	7	1	1	1
4663	인천 계양구	1인가구자살예방사업	91,600	4	6	1	3	1	1	1	3
4664	인천 계양구	통합정신건강증진사업	77,208	4	2	1	3	1	1	1	1
4665	인천 계양구	청년마음건강지원사업	76,077	4	1,2	7	8	7	5	5	4
4666	인천 계양구	지역자살예방사업	71,940	4	2	1	3	1	1	1	1
4667	인천 계양구	보훈단체지원	70,920	4	1	7	8	7	1	1	2
4668	인천 계양구	중증장애인맞춤형복지일자리지원	68,924	4	4	7	1	7	5	1	4
4669	인천 계양구	청소년동반자프로그램운영	68,768	4	1	7	8	7	1	1	1
4670	인천 계양구	지역사회건강조사조사분석위탁운영	68,438	4	2	7	8	7	1	1	1
4671	인천 계양구	자원봉사센터코디네이터지원육성	66,420	4	2	7	8	7	5	5	4
4672	인천 계양구	계양여성새로일하기센터운영	61,572	4	2	7	8	7	1	1	3
4673	인천 계양구	아동청소년정신건강증진사업	58,000	4	1	1	3	1	1	1	1
4674	인천 계양구	자살유족지원사업	52,500	4	2	1	3	1	1	1	1
4675	인천 계양구	의료급여수급권자일반검진비지원	51,225	4	2	7	8	7	2	2	1
4676	인천 계양구	기초정신건강복지센터지원	51,100	4	1	1	3	1	1	1	1
4677	인천 계양구	가정육아활성화지원센터운영	51,000	4	1	7	8	7	1	1	4

순번	시군구	지출명 (사업명)	2024년예산 (단위 : 천원 /1년간)	민간이전 분류 (지방자치단체 세출예산 집행기준에 의거) 1. 민간경상사업보조(307-02) 2. 민간단체 법정운영비보조(307-03) 3. 민간행사사업보조(307-04) 4. 민간위탁금(307-05) 5. 사회복지시설 법정운영비보조(307-10) 6. 민간인위탁교육비(307-12) 7. 공기관등에대한경상적위탁사업비(308-13) 8. 민간자본사업보조,자체재원(402-01) 9. 민간자본사업보조,이전재원(402-02) 10. 민간위탁사업비(402-03) 11. 공기관등에 대한 자본적 위탁사업비(403-02)	민간이전지출 근거 (지방보조금 관리기준 참고) 1. 법률에 규정 2. 국고보조 재원(국가지정) 3. 용도 지정 기부금 4. 조례에 직접규정 5. 지자체가 권장하는 사업을 하는 공공기관 6. 시,도 정책 및 재정사정 7. 기타 8. 해당없음	입찰방식 계약체결방법 (경쟁형태) 1. 일반경쟁 2. 제한경쟁 3. 지명경쟁 4. 수의계약 5. 법정위탁 6. 기타 ( ) 7. 없음	입찰방식 계약기간 1. 1년 2. 2년 3. 3년 4. 4년 5. 5년 6. 기타 ( )년 7. 단기계약 (1년미만) 8. 없음	입찰방식 낙찰자선정방법 1. 적격심사 2. 협상에의한계약 3. 최저가낙찰제 4. 규격가격분리 5. 2단계 경쟁입찰 6. 기타 ( ) 7. 없음	운영예산 산정 운영예산 산정 1. 내부산정 (지자체 자체적으로 산정) 2. 외부산정 (외부전문기관위탁 산정) 3. 내·외부 모두 산정 4. 산정 無 5. 없음	운영예산 산정 정산방법 1. 내부정산 (지자체 내부적으로 정산) 2. 외부정산 (외부전문기관위탁 정산) 3. 내·외부 모두 산정 4. 정산 無 5. 없음	성과평가 실시여부 1. 실시 2. 미실시 3. 향후 추진 4. 해당없음
4678	인천 계양구	경로당방역(소독비)지원	45,600	4	1	4	1	7	1	1	4
4679	인천 계양구	아라천디자인큐브운영	45,000	4	7	7	2	7	1	1	1
4680	인천 계양구	기초정신건강복지센터종사자처우개선사업비	41,770	4	1	1	3	1	1	1	1
4681	인천 계양구	가정육아활성화프로그램보급사업지원	36,000	4	1	7	8	7	1	1	4
4682	인천 계양구	자살예방사업운영	36,000	4	1	1	3	1	1	1	1
4683	인천 계양구	기초정신건강복지센터운영	30,000	4	1	1	3	1	1	1	1
4684	인천 계양구	지방육아종합지원센터운영(가정양육사업)(전환사업)	25,000	4	1	5	5	7	1	1	4
4685	인천 계양구	학교밖청소년급식비지원	22,680	4	1	7	8	7	1	1	1
4686	인천 계양구	자원봉사와함께하는병원동행사업	18,000	4	6	7	8	7	5	5	4
4687	인천 계양구	중독관리사업운영	12,000	4	1	1	3	1	1	1	1
4688	인천 계양구	전국통합자원봉사보험가입서비스지원	11,944	4	2	7	8	7	5	5	4
4689	인천 계양구	학교밖청소년지원센터종사자처우개선비지원	10,516	4	1	7	8	7	1	1	1
4690	인천 계양구	영유아유아차카시트대여	7,600	4	4	7	7	7	1	1	4
4691	인천 계양구	표본감시운영경비	7,320	4	2	7	8	7	5	5	4
4692	인천 계양구	의료급여수급권자영유아건강검진지원	7,200	4	2	7	8	7	1	1	2
4693	인천 계양구	중독관리통합지원센터종사자처우개선사업비	7,100	4	2	1	3	1	1	1	1
4694	인천 계양구	계양아트갤러리운영	5,000	4	7	7	3	1	1	1	1
4695	인천 계양구	의료관련감염병표본감시체계운영	4,574	4	2	7	8	7	5	5	4
4696	인천 계양구	청소년산모의료비지원	2,400	4	2	7	8	7	1	1	2
4697	인천 계양구	발달장애인부모상담지원	1,920	4	2	7	8	7	5	1	4
4698	인천 계양구	표준모자보건수첩	1,800	4	1,6	7	8	7	1	1	2
4699	인천 서구	청소행정민간위탁대행사업	9,434,846	4	1	4	1	1	2	1	1
4700	인천 서구	재활용품수집운반대행사업비	6,760,516	4	1	4	1	1	2	1	1
4701	인천 서구	대형및가정사업계민간위탁	5,087,352	4	1	1	1	1	2	1	1
4702	인천 서구	음식물류폐기물종량제사업	4,442,981	4	1	1	1	1	2	1	1
4703	인천 서구	자동집하시설운영관리비	2,318,050	4	7	4	3	2	2	1	4
4704	인천 서구	재활용품선별처리대행사업비	2,015,000	4	1	4	1	1	1	1	4
4705	인천 서구	노인문화센터운영비	1,867,875	4	1	5	5	7	1	3	1
4706	인천 서구	지역급식관리지원센터운영	1,565,000	4	1,2	5	3	6	5	1	1
4707	인천 서구	음식물류폐기물종량제사업	1,350,000	4	1	1	1	1	3	1	2
4708	인천 서구	가정사업계폐기물수집,운반,처리	1,296,910	4	4	7	8	7	5	5	4
4709	인천 서구	노인복지관운영비	1,231,572	4	1	5	5	7	1	3	1
4710	인천 서구	정신건강복지센터인력확충	1,074,640	4	2	5	3	1	5	1	1
4711	인천 서구	서구영어마을위탁운영	1,000,000	4	4	2	3	1	1	1	1
4712	인천 서구	아이사랑꿈터(구혁신육아카페)운영지원	890,308	4	2	1	6	1	1	1	1
4713	인천 서구	녹청자박물관운영	866,916	4	4	4	5	7	1	1	1
4714	인천 서구	자원봉사센터운영	764,273	4	1	7	8	7	1	1	4
4715	인천 서구	불법투기쓰레기처리	704,704	4	8	1	1	1	1	1	4
4716	인천 서구	클린하우스관리	600,000	4	1	1	1	1	1	1	4
4717	인천 서구	서구육아종합지원센터운영	555,768	4	4	2	5	1	1	1	1

순번	시군구	지출명 (사업명)	2024년예산 (단위 : 천원 /1년간)	민간이전 분류 (지방자치단체 세출예산 집행기준에 의거) 1. 민간경상사업보조(307-02) 2. 민간단체 법정운영비보조(307-03) 3. 민간행사사업보조(307-04) 4. 민간위탁금(307-05) 5. 사회복지시설 법정운영비보조(307-10) 6. 민간인위탁교육비(307-12) 7. 공기관등에대한경상적위탁사업비(308-13) 8. 민간자본사업보조,자체재원(402-01) 9. 민간자본사업보조,이전재원(402-02) 10. 민간위탁사업비(402-03) 11. 공기관등에 대한 자본적 위탁사업비(403-02)	민간이전지출 근거 (지방보조금 관리기준 참고) 1. 법률에 규정 2. 국고보조 재원(국가지정) 3. 용도 지정 기부금 4. 조례에 직접규정 5. 지자체가 권장하는 사업을 하는 공공기관 6. 시,도 정책 및 재정사정 7. 기타 8. 해당없음	입찰방식 계약체결방법 (경쟁형태) 1. 일반경쟁 2. 제한경쟁 3. 지명경쟁 4. 수의계약 5. 법정위탁 6. 기타 ( ) 7. 없음	입찰방식 계약기간 1. 1년 2. 2년 3. 3년 4. 4년 5. 5년 6. 기타 ( )년 7. 단기계약 (1년미만) 8. 없음	입찰방식 낙찰자선정방법 1. 적격심사 2. 협상에의한계약 3. 최저가낙찰제 4. 규격가격분리 5. 2단계 경쟁입찰 6. 기타 ( ) 7. 없음	운영예산 산정 운영예산 산정 1. 내부산정 (지자체 자체적으로 산정) 2. 외부산정 (외부전문기관위탁 산정) 3. 내·외부 모두 산정 4. 산정 無 5. 없음	운영예산 산정 정산방법 1. 내부정산 (지자체 내부적으로 정산) 2. 외부정산 (외부전문기관위탁 정산) 3. 내·외부 모두 산정 4. 정산 無 5. 없음	성과평가 실시여부 1. 실시 2. 미실시 3. 향후 추진 4. 해당없음
4718	인천 서구	2024년노점상및노상적치물정비민간용역	490,000	4	7	4	1	7	1	1	4
4719	인천 서구	직장어린이집운영	488,544	4	1	7	8	7	1	1	4
4720	인천 서구	구립치매전담형주야간보호센터위탁운영	484,000	4	5	5	3	7	1	1	1
4721	인천 서구	도담도담장난감월드운영지원	465,360	4	6	6	8	7	1	1	2
4722	인천 서구	음식물류폐기물종량제사업	235,972	4	4	2	1	1	3	1	2
4723	인천 서구	북청라대교하부체육시설위탁관리	219,025	4	1,4	2	3	1	1	1	3
4724	인천 서구	무형문화재전수관운영	177,233	4	4	2	5	1	1	1	1
4725	인천 서구	통합정신건강증진사업	171,218	4	2	5	3	1	5	1	1
4726	인천 서구	마전게이트볼장위탁관리	158,765	4	1,4	2	3	1	1	1	3
4727	인천 서구	가좌배수지배드민턴장위탁관리	157,183	4	1,4	2	3	1	1	1	3
4728	인천 서구	자동집하시설생활폐기물운반대행비	155,140	4	7	4	1	1	2	1	4
4729	인천 서구	방역사업	150,000	4	1	1	7	1	1	1	1
4730	인천 서구	장애아통합어린이집언어치료사지원사업	145,000	4	5	7	8	7	1	1	1
4731	인천 서구	원도심지역불법유동광고물정비용역	145,000	4	6	2	1	1	1	1	4
4732	인천 서구	청라국제도시불법유동광고물정비용역	145,000	4	6	2	1	1	1	1	4
4733	인천 서구	검단지역불법유동광고물정비용역	145,000	4	6	2	1	1	1	1	4
4734	인천 서구	노점상및노상적치물단속용역비	140,000	4	7	7	8	7	5	5	4
4735	인천 서구	국공립어린이집운영지원	139,000	4	6	1	5	1	1	1	1
4736	인천 서구	자살예방및정신건강증진사업	71,940	4	2	5	3	1	5	1	1
4737	인천 서구	자원봉사코디네이터지원	66,420	4	1	7	8	7	1	1	4
4738	인천 서구	가정내폐의약품관리사업	64,800	4	6	7	8	7	5	5	4
4739	인천 서구	자살유족원스톱지원	57,500	4	2	5	3	1	5	1	1
4740	인천 서구	유아숲교육운영	57,376	4	2	7	8	7	5	5	4
4741	인천 서구	서구문화대학운영	56,200	4	4	6	3	6	1	1	4
4742	인천 서구	가정육아활성화프로그램보급사업지원	54,000	4	4	6	8	7	1	1	1
4743	인천 서구	정신건강복지센터운영	51,100	4	2	5	3	1	5	1	1
4744	인천 서구	지역가정육아활성화지원센터운영	46,400	4	4	6	8	7	1	1	1
4745	인천 서구	장난감무상수리센터운영비	43,880	4	4	2	3	1	1	1	2
4746	인천 서구	정신건강복지센터종사자지원	41,010	4	6	5	3	1	5	1	1
4747	인천 서구	배달서구다회용기플랫폼운영관리용역(공유용기서비스제반용역)	38,781	4	4	4	1	7	1	1	4
4748	인천 서구	기초정신건강복지센터자살예방사업지원	37,036	4	2	5	3	1	5	1	1
4749	인천 서구	배달음식점다회용기순환보급용역(청라,가정권역)(공유용기서비스제반용역)	28,380	4	4	4	1	7	1	1	4
4750	인천 서구	자원봉사와함께하는병원동행사업	26,000	4	1	7	8	7	1	1	4
4751	인천 서구	자원봉사자상해보험지원	24,828	4	1	7	8	7	1	1	4
4752	인천 서구	커피전문점다회용컵활성화사업운영용역(공유용기서비스제반용역)	21,978	4	4	4	1	7	1	1	4
4753	인천 서구	공유용기세척센터위탁운영용역(공유용기서비스제반용역)	21,912	4	4	4	1	7	1	1	4
4754	인천 서구	배달음식점다회용기순환보급용역(검단신도시권역)(공유용기서비스제반용역)	21,912	4	4	4	1	7	1	1	4
4755	인천 서구	배달음식점다회용기통합운영관리용역(공유용기서비스제반용역)	21,890	4	4	4	1	7	1	1	4
4756	인천 서구	정신건강복지센터종사자지원(자체)	20,600	4	4	5	3	1	5	1	1
4757	인천 서구	경력단절여성취창업지원사업	20,000	4	4	5	7	1	1	1	3

순번	시군구	지출명 (사업명)	2024년예산 (단위 : 천원 /1년간)	민간이전 분류 (지방자치단체 세출예산 집행기준에 의거) 1. 민간경상사업보조(307-02) 2. 민간단체 법정운영비보조(307-03) 3. 민간행사사업보조(307-04) 4. 민간위탁금(307-05) 5. 사회복지시설 법정운영비보조(307-10) 6. 민간인위탁교육비(307-12) 7. 공기관등에대한경상적위탁사업비(308-13) 8. 민간자본사업보조,자체재원(402-01) 9. 민간자본사업보조,이전재원(402-02) 10. 민간위탁사업비(402-03) 11. 공기관등에 대한 자본적 위탁사업비(403-02)	민간이전지출 근거 (지방보조금 관리기준 참고) 1. 법률에 규정 2. 국고보조 재원(국가지정) 3. 용도 지정 기부금 4. 조례에 직접규정 5. 지자체가 권장하는 사업을 하는 공공기관 6. 시,도 정책 및 재정사정 7. 기타 8. 해당없음	입찰방식 계약체결방법 (경쟁형태) 1. 일반경쟁 2. 제한경쟁 3. 지명경쟁 4. 수의계약 5. 법정위탁 6. 기타 ( ) 7. 없음	입찰방식 계약기간 1. 1년 2. 2년 3. 3년 4. 4년 5. 5년 6. 기타 ( )년 7. 단기계약 (1년미만) 8. 없음	입찰방식 낙찰자선정방법 1. 적격심사 2. 협상에의한계약 3. 최저가낙찰제 4. 규격가격분리 5. 2단계 경쟁입찰 6. 기타 ( ) 7. 없음	운영예산 산정 운영예산 산정 1. 내부산정 (지자체 자체적으로 산정) 2. 외부산정 (외부전문기관위탁 산정) 3. 내·외부 모두 산정 4. 산정 無 5. 없음	운영예산 산정 정산방법 1. 내부정산 (지자체 내부적으로 정산) 2. 외부정산 (외부전문기관위탁 정산) 3. 내·외부 모두 산정 4. 정산 無 5. 없음	성과평가 실시여부 1. 실시 2. 미실시 3. 향후 추진 4. 해당없음
4758	인천 서구	하천하구쓰레기정화사업	19,500	4	2	7	8	7	5	1	4
4759	인천 서구	구청사다회용컵세척및순환보급용역(공유용기서비스제반용역)	15,840	4	4	4	1	7	1	1	4
4760	인천 서구	폐형광등수집운반비	11,500	4	7	4	1	7	1	1	4
4761	인천 서구	불법게임물수거위탁비	9,000	4	6	4	1	2	1	1	1
4762	인천 서구	야생동물구조및치료사업	9,000	4	4	4	7	7	1	1	4
4763	인천 서구	지역자살예방사업(자체)	9,000	4	4	5	3	1	5	1	1
4764	인천 서구	공동주택관리운영교육(이주자대표회의운영및윤리교육)	7,730	4	1,4	5	8	7	1	1	1
4765	인천 서구	2024서구노래연습장업자교육	3,000	4	4	4	1	7	1	1	3
4766	인천 서구	서구거점형어린이집운영지원	3,000	4	5	7	8	7	1	1	1
4767	인천 서구	공동주택관리운영교육(관리주체방범소방교육)	2,340	4	1,4	5	8	7	1	1	1
4768	인천 강화군	노인사회활동지원사업	13,257,040	4	1	5	8	7	1	1	4
4769	인천 강화군	자활근로사업	2,454,162	4	1	7	8	7	1	1	1
4770	인천 강화군	장애인복지관운영지원	1,462,978	4	1,6	7	8	7	1	1	1
4771	인천 강화군	국민체육센터위탁운영	1,317,593	4	1	4	5	7	1	1	3
4772	인천 강화군	노인복지관운영지원	1,185,272	4	1	5	8	7	1	1	4
4773	인천 강화군	창업일자리센터운영	989,172	4	4	7	8	7	1	1	4
4774	인천 강화군	신정체육시설및생활체육센터위탁관리	710,312	4	1	4	5	7	1	1	3
4775	인천 강화군	2024년폐기물(재활용품)선별후잔재폐기물위탁처리용역	663,600	4	1	7	8	7	5	5	4
4776	인천 강화군	2024년음식물류폐기물수집운반처리위탁처리용역	612,000	4	1	7	8	7	5	5	4
4777	인천 강화군	자원봉사센터운영	603,496	4	2	7	8	7	1	1	4
4778	인천 강화군	문화체육센터위탁관리	543,367	4	1	4	5	7	1	1	3
4779	인천 강화군	정신건강복지센터인력지원	495,800	4	1	1	5	1	3	3	1
4780	인천 강화군	강화군가족센터운영	431,640	4	4	1	5	1	1	1	1
4781	인천 강화군	상시거점소독시설운영인력(용역)	398,365	4	1	7	8	7	5	5	4
4782	인천 강화군	유유기지운영	394,016	4	4	7	8	7	1	1	4
4783	인천 강화군	말라리아예방사업	361,975	4	6	2	7	6	1	1	1
4784	인천 강화군	경로당여가문화보급사업	353,767	4	1	5	8	7	1	1	4
4785	인천 강화군	강화천문과학관운영	318,300	4	4	6	6	6	1	1	4
4786	인천 강화군	다문화가족특성화사업	282,036	4	4	1	5	1	1	1	1
4787	인천 강화군	어린이집영어특별활동지원	216,000	4	7	1	5	1	3	1	4
4788	인천 강화군	산모신생아건강관리지원	204,745	4	1	7	8	7	1	1	4
4789	인천 강화군	공설운동장위탁운영	169,714	4	1	4	5	7	1	1	3
4790	인천 강화군	다문화가족자녀지원	162,926	4	4	1	5	1	1	1	1
4791	인천 강화군	통합정신건강증진사업	138,166	4	1	1	5	1	3	3	1
4792	인천 강화군	저소득층기저귀,조제분유지원	136,888	4	1	7	8	7	1	1	4
4793	인천 강화군	상시거점소독시설운영인력(용역)	125,000	4	1	7	8	7	5	5	4
4794	인천 강화군	지역주도형청년일자리사업	116,596	4	2	7	8	7	1	1	4
4795	인천 강화군	도담도담장난감월드지원	114,998	4	6	1	3	1	3	1	1
4796	인천 강화군	국가암관리지자체	111,688	4	2	7	8	7	5	1	4
4797	인천 강화군	노점상및노상적치물단속관리	100,000	4	7	7	8	7	5	5	4

순번	시군구	지출명 (사업명)	2024년예산 (단위 : 천원 /1년간)	민간이전 분류 (지방자치단체 세출예산 집행기준에 의거) 1. 민간경상사업보조(307-02) 2. 민간단체 법정운영비보조(307-03) 3. 민간행사사업보조(307-04) 4. 민간위탁금(307-05) 5. 사회복지시설 법정운영비보조(307-10) 6. 민간인위탁교육비(307-12) 7. 공기관등에대한경상적위탁사업비(308-13) 8. 민간자본사업보조,자체재원(402-01) 9. 민간자본사업보조,이전재원(402-02) 10. 민간위탁사업비(402-03) 11. 공기관등에 대한 자본적 위탁사업비(403-02)	민간이전지출 근거 (지방보조금 관리기준 참고) 1. 법률에 규정 2. 국고보조 재원(국가지정) 3. 용도 지정 기부금 4. 조례에 직접규정 5. 지자체가 권장하는 사업을 하는 공공기관 6. 시,도 정책 및 재정사정 7. 기타 8. 해당없음	입찰방식 계약체결방법 (경쟁형태) 1. 일반경쟁 2. 제한경쟁 3. 지명경쟁 4. 수의계약 5. 법정위탁 6. 기타 ( ) 7. 없음	입찰방식 계약기간 1. 1년 2. 2년 3. 3년 4. 4년 5. 5년 6. 기타 ( )년 7. 단기계약 (1년미만) 8. 없음	입찰방식 낙찰자선정방법 1. 적격심사 2. 협상에의한계약 3. 최저가낙찰제 4. 규격가격분리 5. 2단계 경쟁입찰 6. 기타 ( ) 7. 없음	운영예산 산정 운영예산 산정 1. 내부산정 (지자체 자체적으로 산정) 2. 외부산정 (외부전문기관위탁 산정) 3. 내·외부 모두 산정 4. 산정 無 5. 없음	운영예산 산정 정산방법 1. 내부정산 (지자체 내부적으로 정산) 2. 외부정산 (외부전문기관위탁 정산) 3. 내·외부 모두 산정 4. 정산 無 5. 없음	성과평가 실시여부 1. 실시 2. 미실시 3. 향후 추진 4. 해당없음
4798	인천 강화군	희귀난치성질환자의료비지원	87,756	4	2	7	8	7	5	5	4
4799	인천 강화군	아이사랑꿈터(혁신육아카페)운영	84,700	4	4	1	5	1	1	1	1
4800	인천 강화군	강화미술관운영	75,909	4	7	7	2	7	1	1	4
4801	인천 강화군	지역사회건강조사조사분석위탁운영	67,750	4	2	7	1	7	5	1	4
4802	인천 강화군	다문화가정지원사업	66,500	4	4	1	5	1	1	1	1
4803	인천 강화군	자원봉사코디네이터지원육성	66,420	4	2	7	8	7	5	1	4
4804	인천 강화군	다문화가족지원사업종사자지원	57,291	4	4	1	5	1	1	1	1
4805	인천 강화군	공동육아나눔터운영	56,712	4	4	1	5	1	1	1	1
4806	인천 강화군	기초정신건강복지센터운영	51,100	4	1	1	5	1	3	3	1
4807	인천 강화군	다문화가족지원교류소통공간운영	44,900	4	4	1	5	1	1	1	1
4808	인천 강화군	수목원공중화장실관리	43,200	4	7	2	1	3	1	1	2
4809	인천 강화군	자살예방및정신건강증진운영지원	41,060	4	1	1	5	1	3	3	1
4810	인천 강화군	자살예방사업인력지원	37,036	4	1	1	5	1	3	3	1
4811	인천 강화군	수목원숲해설산림복지전문업위탁운영	29,334	4	2	2	1	2	1	1	2
4812	인천 강화군	수목원유아숲교육위탁운영지원	29,334	4	2	2	1	2	1	1	2
4813	인천 강화군	중소기업청년일자리지원사업	29,264	4	2	7	8	7	1	1	4
4814	인천 강화군	2024년노면폐토사위탁처리용역	24,000	4	1	7	8	7	5	5	4
4815	인천 강화군	갑룡공원화장실유지관리	24,000	4	4	7	8	7	5	5	4
4816	인천 강화군	이동화장실유지관리	24,000	4	4	7	8	7	5	5	4
4817	인천 강화군	교동목욕탕운영지원	23,000	4	4	7	8	7	5	5	4
4818	인천 강화군	건강가정지원사업종사자지원	22,637	4	4	1	5	1	1	1	1
4819	인천 강화군	드론소독운영(용역)	22,000	4	1	7	8	7	5	5	4
4820	인천 강화군	야영및취사행위단속용역	22,000	4	7	4	7	7	1	1	4
4821	인천 강화군	의료급여수급권자일반검진비지원	18,269	4	2	7	8	7	5	1	4
4822	인천 강화군	노인일자리전담인력급량비	16,320	4	1	5	8	7	1	1	4
4823	인천 강화군	북문벚꽃길야간경관조성	16,000	4	7	4	7	7	1	1	4
4824	인천 강화군	GAP안전성분석지원	16,000	4	2	4	1	3	1	1	1
4825	인천 강화군	결혼이민자역량강화지원	15,500	4	4	1	5	1	1	1	1
4826	인천 강화군	기초정신건강복지센터종사자급량비(처우개선)	12,480	4	1	1	5	1	3	3	1
4827	인천 강화군	남산공원화장실유지관리	12,000	4	4	7	8	7	5	5	4
4828	인천 강화군	관청공원화장실유지관리	12,000	4	4	7	8	7	5	5	4
4829	인천 강화군	순환수세식(이동식)청소위탁관리	10,368	4	7	4	1	7	1	1	2
4830	인천 강화군	자살예방사업(군비)	10,000	4	1	1	5	1	3	3	1
4831	인천 강화군	지역특화형다문화가족지원사업	9,000	4	4	1	5	1	1	1	1
4832	인천 강화군	다문화가족자녀멘토링사업	8,400	4	4	1	5	1	1	1	1
4833	인천 강화군	결혼이민자일자리지원연계사업	7,000	4	4	1	5	1	1	1	1
4834	인천 강화군	다문화가족위기가정가족치료사업	6,400	4	4	1	5	1	1	1	1
4835	인천 강화군	행복한어르신공동밥상지원	6,250	4	1	5	8	7	1	1	4
4836	인천 강화군	어르신민간시설활용한여가보급사업	6,000	4	1	5	8	7	1	1	4
4837	인천 강화군	일자리지원기능민간위탁금	5,000	4	6	7	8	7	1	1	4

순번	시군구	지출명 (사업명)	2024년예산 (단위 : 천원 /1년간)	민간이전 분류 (지방자치단체 세출예산 집행기준에 의거) 1. 민간경상사업보조(307-02) 2. 민간단체 법정운영비보조(307-03) 3. 민간행사사업보조(307-04) 4. 민간위탁금(307-05) 5. 사회복지시설 법정운영비보조(307-10) 6. 민간인위탁교육비(307-12) 7. 공기관등에대한경상적위탁사업비(308-13) 8. 민간자본사업보조,자체재원(402-01) 9. 민간자본사업보조,이전재원(402-02) 10. 민간위탁사업비(402-03) 11. 공기관등에 대한 자본적 위탁사업비(403-02)	민간이전지출 근거 (지방보조금 관리기준 참고) 1. 법률에 규정 2. 국고보조 재원(국가지정) 3. 용도 지정 기부금 4. 조례에 직접규정 5. 지자체가 권장하는 사업을 하는 공공기관 6. 시,도 정책 및 재정사정 7. 기타 8. 해당없음	입찰방식: 계약체결방법 (경쟁형태) 1. 일반경쟁 2. 제한경쟁 3. 지명경쟁 4. 수의계약 5. 법정위탁 6. 기타 ( ) 7. 없음	입찰방식: 계약기간 1. 1년 2. 2년 3. 3년 4. 4년 5. 5년 6. 기타 ( )년 7. 단기계약 (1년미만) 8. 없음	입찰방식: 낙찰자선정방법 1. 적격심사 2. 협상에의한계약 3. 최저가낙찰제 4. 규격가격분리 5. 2단계 경쟁입찰 6. 기타 ( ) 7. 없음	운영예산 산정: 운영예산 산정 1. 내부산정 (지자체 자체적으로 산정) 2. 외부산정 (외부전문기관위탁 산정) 3. 내·외부 모두 산정 4. 산정 無 5. 없음	운영예산 산정: 정산방법 1. 내부정산 (지자체 내부적으로 정산) 2. 외부정산 (외부전문기관위탁 정산) 3. 내·외부 모두 산정 4. 정산 無 5. 없음	성과평가 실시여부 1. 실시 2. 미실시 3. 향후 추진 4. 해당없음
4838	인천 강화군	국유재산무단점유대집행철거용역	5,000	4	1	7	8	7	5	5	4
4839	인천 강화군	노인일자리수행기관전담인력복지점수	4,250	4	1	5	8	7	1	1	4
4840	인천 강화군	기초정신건강복지센터종사자복지점수(처우개선)	3,400	4	1	1	5	1	3	3	1
4841	인천 강화군	다문화가족아동발달장애정밀검사지원사업	2,400	4	4	1	5	1	1	1	1
4842	인천 강화군	다문화가족행복프로그램	2,400	4	4	1	5	1	1	1	1
4843	인천 강화군	자원봉사자상해보험지원	2,244	4	2	7	8	7	5	1	4
4844	인천 강화군	노인일자리수행기관전담인력종합건강검진비	2,000	4	1	5	8	7	1	1	4
4845	인천 강화군	의료급여수급권자영유아검진지원	1,440	4	2	7	8	7	5	1	4
4846	인천 강화군	청소년산모의료비지원	1,200	4	1	7	8	7	1	1	4
4847	인천 강화군	기초정신건강복지센터종사자종합건강검진비(처우개선)	1,000	4	1	1	5	1	3	3	1
4848	인천 강화군	노인일자리전담인력퇴직적립금	850	4	1	5	8	7	1	1	4
4849	인천 강화군	보건소결핵관리사업	816	4	2	7	8	7	1	1	1
4850	인천 옹진군	보육교직원인건비지원	1,389,645	4	2	7	8	7	3	1	4
4851	인천 옹진군	쓰레기종량제정착(생활,음식물쓰레기수집운반민간위탁용역)	1,300,000	4	1	4	3	6	3	3	1
4852	인천 옹진군	푸른나래호운영관리	1,250,000	4	4	6	3	6	2	2	3
4853	인천 옹진군	소규모노인요양복합시설운영	1,216,350	4	1	1	5	7	5	1	4
4854	인천 옹진군	영유아보육료지원	1,006,057	4	2	7	8	7	3	1	4
4855	인천 옹진군	자원봉사센터운영지원	800,000	4	4	7	8	7	3	1	2
4856	인천 옹진군	노인문화센터운영지원(백령노인문화센터)	551,918	4	1	1	5	1	1	1	2
4857	인천 옹진군	직장어린이집운영	500,000	4	4	5	8	7	1	1	4
4858	인천 옹진군	장애인활동지원급여지원	403,214	4	2	7	8	7	4	1	4
4859	인천 옹진군	지역사회서비스투자사업(지역자율형사회서비스)	401,700	4	1	7	8	7	5	5	4
4860	인천 옹진군	보육사업운영지원	385,200	4	4	7	8	7	3	1	4
4861	인천 옹진군	기초정신건강복지센터인력지원(정신건강복지센터인력확충)	381,380	4	1	1	3	1	1	1	1
4862	인천 옹진군	누리과정운영지원	370,380	4	2	7	8	7	3	1	4
4863	인천 옹진군	청소년문화의집운영지원	300,000	4	4	7	8	7	5	5	4
4864	인천 옹진군	농식품바우처시범사업	272,000	4	2	7	8	7	1	1	2
4865	인천 옹진군	주민건강검진위탁운영	200,000	4	5	6	3	6	1	1	3
4866	인천 옹진군	분뇨수집,운반및처리비용지원	150,000	4	1	5	1	7	2	1	2
4867	인천 옹진군	통합정신건강증진사업	142,414	4	1	1	3	1	1	1	1
4868	인천 옹진군	노점상등불법행위단속	135,000	4	1,4	7	6	6	5	5	4
4869	인천 옹진군	지역급식관리지원센터운영	118,600	4	1	4	1	2	1	1	1
4870	인천 옹진군	벼건조저장시설지원	112,760	4	1	4	5	6	2	2	2
4871	인천 옹진군	옹진군셔틀버스지원	100,000	4	4	7	8	7	1	1	4
4872	인천 옹진군	기초정신건강복지센터자살예방사업인력지원(정신건강복지센터자살예방사업인력지원)	74,072	4	1	1	3	1	1	1	1
4873	인천 옹진군	다함께돌봄센터인건비지원	73,260	4	1	1	5	1	1	1	3
4874	인천 옹진군	자원봉사코디네이터지원육성	66,420	4	2	7	8	7	3	1	2
4875	인천 옹진군	지역사회건강조사조사분석위탁운영	65,764	4	2	1	7	3	2	1	1
4876	인천 옹진군	중증장애인활동지원(시지체1급)	61,690	4	6	7	8	7	4	1	4
4877	인천 옹진군	인천형공동육아나눔터운영	56,712	4	4	1	5	1	1	1	3

순번	시군구	지출명 (사업명)	2024년예산 (단위 : 천원 /1년간)	민간이전 분류 (지방자치단체 세출예산 집행기준에 의거) 1. 민간경상사업보조(307-02) 2. 민간단체 법정운영비보조(307-03) 3. 민간행사사업보조(307-04) 4. 민간위탁금(307-05) 5. 사회복지시설 법정운영비보조(307-10) 6. 민간인위탁교육비(307-12) 7. 공기관등에대한경상적위탁사업비(308-13) 8. 민간자본사업보조,자체재원(402-01) 9. 민간자본사업보조,이전재원(402-02) 10. 민간위탁사업비(402-03) 11. 공기관등에 대한 자본적 위탁사업비(403-02)	민간이전지출 근거 (지방보조금 관리기준 참고) 1. 법률에 규정 2. 국고보조 재원(국가지정) 3. 용도 지정 기부금 4. 조례에 직접규정 5. 지자체가 권장하는 사업을 하는 공공기관 6. 시,도 정책 및 재정사정 7. 기타 8. 해당없음	입찰방식 계약체결방법 (경쟁형태) 1. 일반경쟁 2. 제한경쟁 3. 지명경쟁 4. 수의계약 5. 법정위탁 6. 기타 ( ) 7. 없음	입찰방식 계약기간 1. 1년 2. 2년 3. 3년 4. 4년 5. 5년 6. 기타 ( )년 7. 단기계약 (1년미만) 8. 없음	입찰방식 낙찰자선정방법 1. 적격심사 2. 협상에의한계약 3. 최저가낙찰제 4. 규격가격분리 5. 2단계 경쟁입찰 6. 기타 ( ) 7. 없음	운영예산 산정 운영예산 산정 1. 내부산정 (지자체 자체적으로 산정) 2. 외부산정 (외부전문기관위탁 산정) 3. 내·외부 모두 산정 4. 산정 無 5. 없음	운영예산 산정 정산방법 1. 내부정산 (지자체 내부적으로 정산) 2. 외부정산 (외부전문기관위탁 정산) 3. 내·외부 모두 산정 4. 정산 無 5. 없음	성과평가 실시여부 1. 실시 2. 미실시 3. 향후 추진 4. 해당없음
4878	인천 옹진군	만성질환조기발견및관리체계마련	52,000	4	6	6	3	6	1	1	3
4879	인천 옹진군	기초정신건강복지센터지원(정신건강복지센터운영)	51,100	4	1	1	3	1	1	1	1
4880	인천 옹진군	어린이집외국인아동지원	30,870	4	6	7	8	7	3	1	4
4881	인천 옹진군	찾아가는섬마을영화상영	30,000	4	1	7	7	7	5	5	2
4882	인천 옹진군	아이사랑꿈터운영비지원	27,988	4	4	1	5	1	1	1	3
4883	인천 옹진군	발달재활서비스바우처지원	24,000	4	2	7	8	7	4	1	4
4884	인천 옹진군	유기동물관리	22,500	4	6	6	3	2	1	1	4
4885	인천 옹진군	발달장애인주간활동서비스	20,000	4	2	7	8	7	4	1	4
4886	인천 옹진군	공립이작어린이집임대료지급	18,000	4	4	7	8	7	3	1	4
4887	인천 옹진군	다함께돌봄센터운영비지원	12,000	4	1	1	5	1	1	1	3
4888	인천 옹진군	목욕세탁차량운영	12,000	4	7	7	8	7	1	1	4
4889	인천 옹진군	부모부담보육료(일반아동)	10,572	4	6	7	8	7	3	1	4
4890	인천 옹진군	청소년발달장애학생방과후활동서비스	10,000	4	2	7	8	7	4	1	4
4891	인천 옹진군	저소득여성청소년위생용품지원	8,112	4	1	7	8	7	5	5	4
4892	인천 옹진군	발달장애인시추가주간활동서비스	8,000	4	6	7	8	7	4	1	4
4893	인천 옹진군	기초정신건강복지센터종사자급량비	6,600	4	1	1	3	1	1	1	1
4894	인천 옹진군	청소년미래적성분석	6,000	4	4	7	8	7	5	5	4
4895	인천 옹진군	유기동물검진치료비지원	3,000	4	6	6	3	2	1	1	4
4896	인천 옹진군	기초정신건강복지센터종사자복지점수	2,850	4	1	1	3	1	1	1	1
4897	인천 옹진군	부모부담보육료(다자녀가정아동)	2,712	4	6	7	8	7	3	1	4
4898	인천 옹진군	전국통합자원봉사보험가입서비스지원	2,536	4	2	7	8	7	3	1	2
4899	인천 옹진군	여성청소년위생용품보편지원	2,394	4	4	7	8	7	5	5	4
4900	인천 옹진군	유기동물구조보호비지원	2,100	4	2	6	3	2	1	1	4
4901	인천 옹진군	활동보조가산급여	2,059	4	2	7	8	7	4	1	4
4902	인천 옹진군	기초정신건강복지센터종사자건강진단비	1,200	4	1	1	3	1	1	1	1
4903	인천 옹진군	청년마음건강지원사업(지역자율형사회서비스)	142	4	1	7	8	7	5	5	4
4904	광주광역시	광주청년일경험드림플러스	7,700,000	4	4	1	2	1	1	3	1
4905	광주광역시	무등,월드컵경기장운영	4,182,000	4	4	4	1	1	1	1	1
4906	광주광역시	광주청년드림수당및활동지원사업	4,161,000	4	4	1	3	1	1	3	1
4907	광주광역시	광주광역정신건강복지센터운영	3,948,000	4	4	1	3	1	1	3	1
4908	광주광역시	광주청년센터운영	2,479,000	4	4	1	2	1	1	3	1
4909	광주광역시	사회적경제지원센터운영	1,573,000	4	4	1	3	1	1	3	1
4910	광주광역시	시립병원공공의료장려금지원	1,381,000	4	4	4	5	1	1	3	1
4911	광주광역시	시립병원운영손실금보전	1,000,000	4	4	4	5	1	1	3	1
4912	광주광역시	광주시립정신병원및광주시립제1요양병원운영(공공보건의료사업수행)(치매환자지원프로그램운영)	964,000	4	4	1	5	1	1	3	1
4913	광주광역시	체육회관운영	780,000	4	4	4	1	1	1	1	1
4914	광주광역시	광주광역시동물보호소운영	710,000	4	4	1	3	1	1	3	1
4915	광주광역시	광주청년일드림하이	705,595	4	4	1	3	1	1	3	1
4916	광주광역시	감염병관리지원단운영	607,000	4	4	1	3	1	1	3	1
4917	광주광역시	광역치매센터운영(광역치매센터운영)(치매노인공공후견)	604,000	4	4	1	3	1	1	3	1

순번	시군구	지출명 (사업명)	2024년예산 (단위 : 천원 /1년간)	민간이전 분류 (지방자치단체 세출예산 집행기준에 의거) 1. 민간경상사업보조(307-02) 2. 민간단체 법정운영비보조(307-03) 3. 민간행사사업보조(307-04) 4. 민간위탁금(307-05) 5. 사회복지시설 법정운영비보조(307-10) 6. 민간인위탁교육비(307-12) 7. 공기관등에대한경상적위탁사업비(308-13) 8. 민간자본사업보조,자체재원(402-01) 9. 민간자본사업보조,이전재원(402-02) 10. 민간위탁사업비(402-03) 11. 공기관등에 대한 자본적 위탁사업비(403-02)	민간이전지출 근거 (지방보조금 관리기준 참고) 1. 법률에 규정 2. 국고보조 재원(국가지정) 3. 용도 지정 기부금 4. 조례에 직접규정 5. 지자체가 권장하는 사업을 하는 공공기관 6. 시,도 정책 및 재정사정 7. 기타 8. 해당없음	입찰방식 계약체결방법 (경쟁형태) 1. 일반경쟁 2. 제한경쟁 3. 지명경쟁 4. 수의계약 5. 법정위탁 6. 기타 ( ) 7. 없음	입찰방식 계약기간 1. 1년 2. 2년 3. 3년 4. 4년 5. 5년 6. 기타 ( )년 7. 단기계약 (1년미만) 8. 없음	입찰방식 낙찰자선정방법 1. 적격심사 2. 협상에의한계약 3. 최저가낙찰제 4. 규격가격분리 5. 2단계 경쟁입찰 6. 기타 ( ) 7. 없음	운영예산 산정 운영예산 산정 1. 내부산정 (지자체 자체적으로 산정) 2. 외부산정 (외부전문기관위탁 산정) 3. 내·외부 모두 산정 4. 산정 無 5. 없음	운영예산 산정 정산방법 1. 내부정산 (지자체 내부적으로 정산) 2. 외부정산 (외부전문기관위탁 정산) 3. 내·외부 모두 산정 4. 정산 無 5. 없음	성과평가 실시여부 1. 실시 2. 미실시 3. 향후 추진 4. 해당없음
4918	광주광역시	고령친화산업지원센터운영	600,000	4	4	1	3	1	1	3	1
4919	광주광역시	시청어린이집운영	583,348	4	4	1	3	1	1	3	1
4920	광주광역시	첨단체육공원운영	578,000	4	4	4	1	1	1	1	1
4921	광주광역시	공공보건의료지원단운영	550,000	4	4	1	3	1	1	3	1
4922	광주광역시	장애인국민체육센터운영	536,000	4	4	4	1	1	1	1	1
4923	광주광역시	진월국제테니스장운영	520,000	4	4	4	1	1	1	1	1
4924	광주광역시	공공체육시설개방손실보전	505,000	4	4	4	1	1	1	1	1
4925	광주광역시	광주청년금융복지지원사업	491,000	4	4	1	1	1	1	3	1
4926	광주광역시	광주광역시NGO지원센터운영	480,000	4	4	1	3	1	1	3	1
4927	광주광역시	광주시립제2요양병원운영(시립병원공공보건의료사업수행)(치매환자지원프로그램)	423,000	4	4	1	5	1	1	3	1
4928	광주광역시	광주국제양궁장운영	413,000	4	4	4	1	1	1	1	1
4929	광주광역시	어린이교통공원관리및운영	400,000	4	4	1	3	1	1	3	1
4930	광주광역시	시립점자도서관민간위탁	400,000	4	4	7	8	7	5	5	4
4931	광주광역시	광역아토피천식교육정보센터운영	390,000	4	4	1	3	1	1	3	1
4932	광주광역시	광주노동센터운영	388,000	4	4	1	3	1	1	3	1
4933	광주광역시	비정규직지원센터운영	376,000	4	4	1	3	1	1	3	1
4934	광주광역시	지역사회서비스청년사업단운영	350,000	4	4	7	8	7	5	5	4
4935	광주광역시	세계인권도시포럼	350,000	4	4	1	3	1	1	3	1
4936	광주광역시	청소년노동인권센터운영	307,000	4	4	1	3	1	1	3	1
4937	광주광역시	의료관광지원센터설치운영	300,000	4	4	1	1	1	1	3	1
4938	광주광역시	심폐소생술등응급처치교육비지원	296,000	4	4	1	3	1	1	3	1
4939	광주광역시	하남근로자종합복지관운영	258,000	4	4	1	3	1	1	3	1
4940	광주광역시	응급의료지원단운영	250,000	4	4	1	3	1	1	3	1
4941	광주광역시	임동근로자종합복지관운영	200,000	4	4	1	3	1	1	3	1
4942	광주광역시	에너지파크운영	168,000	4	4	1	2	1	1	3	1
4943	광주광역시	축구전용구장운영	168,000	4	4	4	2	1	1	1	1
4944	광주광역시	광주백범기념관운영	159,000	4	4	7	8	7	5	5	4
4945	광주광역시	광주백범기념관운영	159,000	4	4	1	3	1	1	3	1
4946	광주광역시	광주축구센터운영	156,000	4	4	4	2	1	1	1	1
4947	광주광역시	지역장애인보건의료센터운영	130,000	4	4	7	8	7	5	5	4
4948	광주광역시	광주통일관운영	130,000	4	4	1	5	1	1	3	1
4949	광주광역시	민주의집운영	126,000	4	4	7	8	7	5	5	4
4950	광주광역시	민주의집운영	126,000	4	4	1	3	1	1	3	1
4951	광주광역시	광주보훈회관운영	100,000	4	4	7	8	7	5	5	4
4952	광주광역시	아동학대전담의료기관활성화	100,000	4	4	1	3	1	1	3	1
4953	광주광역시	광주보훈회관운영	100,000	4	4	5	3	1	1	3	1
4954	광주광역시	하남산단노동자작업복세탁소운영	100,000	4	4	1	2	1	1	3	1
4955	광주광역시	녹색구매지원센터운영민간위탁	88,000	4	4	1	3	1	1	3	1
4956	광주광역시	광주청년일드림업	84,589	4	4	1	2	1	1	3	1
4957	광주광역시	5.18정신계승민족민주열사유영봉안소	70,000	4	4	7	8	7	5	5	4

순번	시군구	지출명 (사업명)	2024년예산 (단위 : 천원 /1년간)	민간이전 분류 (지방자치단체 세출예산 집행기준에 의거) 1. 민간경상사업보조(307-02) 2. 민간단체 법정운영비보조(307-03) 3. 민간행사사업보조(307-04) 4. 민간위탁금(307-05) 5. 사회복지시설 법정운영비보조(307-10) 6. 민간인위탁교육비(307-12) 7. 공기관등에대한경상적위탁사업비(308-13) 8. 민간자본사업보조,자체재원(402-01) 9. 민간자본사업보조,이전재원(402-02) 10. 민간위탁사업비(402-03) 11. 공기관등에 대한 자본적 위탁사업비(403-02)	민간이전지출 근거 (지방보조금 관리기준 참고) 1. 법률에 규정 2. 국고보조 재원(국가지정) 3. 용도 지정 기부금 4. 조례에 직접규정 5. 지자체가 권장하는 사업을 하는 공공기관 6. 시,도 정책 및 재정사정 7. 기타 8. 해당없음	입찰방식			운영예산 산정		성과평가 실시여부
						계약체결방법 (경쟁형태) 1. 일반경쟁 2. 제한경쟁 3. 지명경쟁 4. 수의계약 5. 법정위탁 6. 기타 ( ) 7. 없음	계약기간 1. 1년 2. 2년 3. 3년 4. 4년 5. 5년 6. 기타 ( )년 7. 단기계약 (1년미만) 8. 없음	낙찰자선정방법 1. 적격심사 2. 협상에의한계약 3. 최저가낙찰제 4. 규격가격분리 5. 2단계 경쟁입찰 6. 기타 ( ) 7. 없음	운영예산 산정 1. 내부산정 (지자체 자체적으로 산정) 2. 외부산정 (외부전문기관위탁 산정) 3. 내·외부 모두 산정 4. 산정 無 5. 없음	정산방법 1. 내부정산 (지자체 내부적으로 정산) 2. 외부정산 (외부전문기관위탁 정산) 3. 내·외부 모두 산정 4. 정산 無 5. 없음	1. 실시 2. 미실시 3. 향후 추진 4. 해당없음
4958	광주광역시	5.18정신계승민족민주열사유영봉안소	70,000	4	4	1	3	1	1	3	1
4959	광주광역시	4.19혁명기념관운영	65,000	4	4	7	8	7	5	5	4
4960	광주광역시	4.19혁명기념관운영	65,000	4	4	1	3	1	1	3	1
4961	광주광역시	푸른길공원탐방안내센터운영	45,000	4	4	1	3	1	1	3	1
4962	광주광역시	염주파크골프장유지보수	21,000	4	4	4	1	1	1	1	1
4963	광주광역시	시각장애인축구장유지보수	5,000	4	4	4	1	1	1	1	1
4964	광주 동구	자활근로	2,500,000	4	1	5	8	7	5	1	1
4965	광주 동구	첫만남이용권	1,437,000	4	1	7	8	7	1	1	4
4966	광주 동구	노숙인재활시설운영비및인건비지원(전환사업)	1,427,466	4	1	2	8	1	1	1	4
4967	광주 동구	충장상권르네상스사업	1,072,500	4	2	7	6	7	5	3	3
4968	광주 동구	주민자치센터운영(성인지예산)	601,913	4	4	4	2	7	1	1	1
4969	광주 동구	경로당무료급식	593,252	4	8	1	2	1	1	1	4
4970	광주 동구	통합정신건강증진사업(중독관리통합지원센터운영)	575,958	4	1	1	3	1	5	1	1
4971	광주 동구	기초정신건강복지센터인력확충	573,788	4	1	1	3	1	5	1	1
4972	광주 동구	동구노인종합복지관운영	517,684	4	1	1	5	1	1	1	1
4973	광주 동구	친환경자원순환센터위탁운영	454,422	4	4	1	2	2	1	1	3
4974	광주 동구	지역급식관리지원센터운영	415,000	4	1	5	5	7	1	1	1
4975	광주 동구	청소년방과후아카데미운영(성인지예산)	390,196	4	2	7	8	7	5	1	4
4976	광주 동구	자원봉사센터인건비	326,778	4	6	7	8	7	1	1	2
4977	광주 동구	동구청년센터운영	300,000	4	4	1	2	1	1	1	3
4978	광주 동구	통합정신건강증진사업(기초정신건강복지센터통합사업지원)	252,698	4	1	1	3	1	5	1	1
4979	광주 동구	청소년문화의집운영지원	234,000	4	4	1	3	6	1	1	1
4980	광주 동구	여행자의집운영	223,000	4	4	1	2	1	1	1	3
4981	광주 동구	청소년수련관운영지원	210,000	4	4	1	3	6	1	1	1
4982	광주 동구	자체하계방역소독	165,000	4	1	2	7	1	1	1	3
4983	광주 동구	청소년지도사배치지원	137,040	4	2	7	8	7	5	1	4
4984	광주 동구	구특화사업위탁운영	134,400	4	4	7	8	7	5	5	4
4985	광주 동구	청소년상담복지센터운영	132,800	4	6	1	3	2	1	1	1
4986	광주 동구	학교밖청소년지원센터지원	129,334	4	2	1	3	2	1	1	1
4987	광주 동구	들랑날랑커뮤니티센터운영위탁금	110,000	4	4	7	8	7	5	5	4
4988	광주 동구	지역사회청소년통합지원체제(CYSNet)운영	100,102	4	2	1	3	2	1	1	1
4989	광주 동구	충장22시설운영	95,000	4	4	2	2	2	1	1	3
4990	광주 동구	기부식품제공사업운영	72,000	4	4	1	2	1	1	1	1
4991	광주 동구	지역사회건강조사조사분석위탁운영	68,974	4	1	7	8	7	5	5	4
4992	광주 동구	종량제물품배달및판매용역	66,000	4	4	1	2	1	1	4	2
4993	광주 동구	자원봉사센터운영비	57,816	4	6	7	8	7	1	1	2
4994	광주 동구	소공인집적지구공동기반시설구축	57,700	4	6	7	8	7	1	5	1
4995	광주 동구	청소년동반자프로그램운영	54,296	4	2	1	3	2	1	1	1
4996	광주 동구	동구청년의집운영	50,000	4	4	7	8	7	1	5	1
4997	광주 동구	정신건강복지센터자살예방사업인력지원	37,036	4	1	1	3	1	5	1	1

순번	시군구	지출명 (사업명)	2024년예산 (단위 : 천원 /1년간)	민간이전 분류 (지방자치단체 세출예산 집행기준에 의거) 1. 민간경상사업보조(307-02) 2. 민간단체 법정운영비보조(307-03) 3. 민간행사사업보조(307-04) 4. 민간위탁금(307-05) 5. 사회복지시설 법정운영비보조(307-10) 6. 민간인위탁교육비(307-12) 7. 공기관등에대한경상적위탁사업비(308-13) 8. 민간자본사업보조,자체재원(402-01) 9. 민간자본사업보조,이전재원(402-02) 10. 민간위탁사업비(402-03) 11. 공기관등에 대한 자본적 위탁사업비(403-02)	민간이전지출 근거 (지방보조금 관리기준 참고) 1. 법률에 규정 2. 국고보조 재원(국가지정) 3. 용도 지정 기부금 4. 조례에 직접규정 5. 지자체가 권장하는 사업을 하는 공공기관 6. 시,도 정책 및 재정사정 7. 기타 8. 해당없음	입찰방식 계약체결방법 (경쟁형태) 1. 일반경쟁 2. 제한경쟁 3. 지명경쟁 4. 수의계약 5. 법정위탁 6. 기타 ( ) 7. 없음	입찰방식 계약기간 1. 1년 2. 2년 3. 3년 4. 4년 5. 5년 6. 기타 ( )년 7. 단기계약 (1년미만) 8. 없음	입찰방식 낙찰자선정방법 1. 적격심사 2. 협상에의한계약 3. 최저가낙찰제 4. 규격가격분리 5. 2단계 경쟁입찰 6. 기타 ( ) 7. 없음	운영예산 산정 운영예산 산정 1. 내부산정 (지자체 자체적으로 산정) 2. 외부산정 (외부전문기관위탁 산정) 3. 내·외부 모두 산정 4. 산정 無 5. 없음	운영예산 산정 정산방법 1. 내부정산 (지자체 내부적으로 정산) 2. 외부정산 (외부전문기관위탁 정산) 3. 내·외부 모두 산정 4. 정산 無 5. 없음	성과평가 실시여부 1. 실시 2. 미실시 3. 향후 추진 4. 해당없음
4998	광주 동구	옥외광고물양성화사업	30,000	4	1	4	6	6	1	1	3
4999	광주 동구	기초정신건강복지센터운영(성인지예산)	30,000	4	1	1	3	1	5	1	1
5000	광주 동구	자원봉사센터사업비	29,200	4	6	7	8	7	1	1	2
5001	광주 동구	방과후도서관초등돌봄위탁금	24,400	4	4	6	7	1	1	1	3
5002	광주 동구	지역자살예방및정신건강증진사업	18,530	4	1	1	3	1	5	1	1
5003	광주 동구	예비청소년지도사양성지원	15,312	4	6	7	8	7	5	1	4
5004	광주 동구	노숙인재활시설종사자복지포인트및여성생활동지원(순시비사업)	14,350	4	1	2	8	1	1	1	4
5005	광주 동구	학교밖청소년지원사업(급식지원)	13,008	4	2	1	3	2	1	1	1
5006	광주 동구	노숙인시설프로그램(전환사업)	11,340	4	1	2	8	1	1	1	4
5007	광주 동구	청소년동아리활동	5,000	4	2	7	8	7	5	1	4
5008	광주 동구	지역청소년참여기구운영(지원)	2,800	4	2	7	8	7	5	1	4
5009	광주 동구	청소년시설운영위원회운영(지원)	2,000	4	2	7	8	7	5	1	4
5010	광주 동구	어린이급식관리지원센터영양위생관리시스템체계구축	1,000	4	1	5	5	7	1	1	1
5011	광주 동구	선천성대사이상검사및환아관리	576	4	2	7	8	7	5	5	4
5012	광주 동구	난청조기진단	404	4	2	7	8	7	5	5	4
5013	광주 서구	자활근로사업비	7,106,765	4	2	5	1	7	5	1	1
5014	광주 서구	장애인복지관운영	1,399,452	4	1	7	8	7	1	1	1
5015	광주 서구	어린이사회복지급식관리지원센터운영	885,000	4	1	1	3	6	1	3	1
5016	광주 서구	서구노인종합복지관위탁운영	787,276	4	1	1	5	6	1	1	1
5017	광주 서구	자원봉사센터위탁운영	671,695	4	4	7	8	7	5	5	4
5018	광주 서구	직장어린이집운영	450,000	4	1	7	3	7	1	3	1
5019	광주 서구	서구문화센터운영지원	369,423	4	4	1	3	1	1	1	3
5020	광주 서구	맞춤영양음식	349,920	4	6	1	2	7	1	1	3
5021	광주 서구	쌍촌청소년문화의집운영지원	281,814	4	4	7	8	7	1	1	1
5022	광주 서구	서구청소년문화의집운영지원	277,372	4	4	7	8	7	1	1	1
5023	광주 서구	청소년수련관위탁운영	255,097	4	4	7	8	7	1	1	1
5024	광주 서구	주택개보수,안전생활환경	199,250	4	6	1	2	7	1	1	3
5025	광주 서구	주택개보수,안전생활환경	199,250	4	6	1	2	7	1	1	3
5026	광주 서구	방문도우미플러스	169,320	4	6	1	2	7	1	1	3
5027	광주 서구	방문도우미플러스	169,320	4	6	1	2	7	1	1	3
5028	광주 서구	방문도우미플러스	169,320	4	6	1	2	7	1	1	3
5029	광주 서구	복지일자리(특수교육복지연계형)	154,663	4	6	7	1	7	1	1	4
5030	광주 서구	청소년상담복지센터운영	132,800	4	4	7	8	7	1	1	1
5031	광주 서구	학교밖청소년지원센터운영	129,334	4	4	7	8	7	1	1	1
5032	광주 서구	서창한옥문화관운영	126,747	4	4	6	3	6	1	1	4
5033	광주 서구	농성동케어안심주택운영	79,069	4	6	1	2	7	1	1	3
5034	광주 서구	농성문화의집운영지원	78,907	4	4	1	3	1	1	1	3
5035	광주 서구	지역사회건강조사조사분석위탁운영	69,778	4	2	7	8	7	3	3	4
5036	광주 서구	보장구수리지원센터운영비지원	60,000	4	4	5	1	7	1	1	4
5037	광주 서구	장애인주택개조	30,400	4	6	1	1	7	1	1	4

순번	시군구	지출명 (사업명)	2024년예산 (단위 : 천원 /1년간)	민간이전 분류 (지방자치단체 세출예산 집행기준에 의거) 1. 민간경상사업보조(307-02) 2. 민간단체 법정운영비보조(307-03) 3. 민간행사사업보조(307-04) 4. 민간위탁금(307-05) 5. 사회복지시설 법정운영비보조(307-10) 6. 민간인위탁교육비(307-12) 7. 공기관등에대한경상적위탁사업비(308-13) 8. 민간자본사업보조,자체재원(402-01) 9. 민간자본사업보조,이전재원(402-02) 10. 민간위탁사업비(402-03) 11. 공기관등에 대한 자본적 위탁사업비(403-02)	민간이전지출 근거 (지방보조금 관리기준 참고) 1. 법률에 규정 2. 국고보조 재원(국가지정) 3. 용도 지정 기부금 4. 조례에 직접규정 5. 지자체가 권장하는 사업을 하는 공공기관 6. 시,도 정책 및 재정사정 7. 기타 8. 해당없음	입찰방식			운영예산 산정		성과평가 실시여부
						계약체결방법 (경쟁형태) 1. 일반경쟁 2. 제한경쟁 3. 지명경쟁 4. 수의계약 5. 법정위탁 6. 기타 ( ) 7. 없음	계약기간 1. 1년 2. 2년 3. 3년 4. 4년 5. 5년 6. 기타 ( )년 7. 단기계약 (1년미만) 8. 없음	낙찰자선정방법 1. 적격심사 2. 협상에의한계약 3. 최저가낙찰제 4. 규격가격분리 5. 2단계 경쟁입찰 6. 기타 ( ) 7. 없음	운영예산 산정 1. 내부산정 (지자체 자체적으로 산정) 2. 외부산정 (외부전문기관위탁 산정) 3. 내·외부 모두 산정 4. 산정 無 5. 없음	정산방법 1. 내부정산 (지자체 내부적으로 정산) 2. 외부정산 (외부전문기관위탁 정산) 3. 내·외부 모두 산정 4. 정산 無 5. 없음	1. 실시 2. 미실시 3. 향후 추진 4. 해당없음
5038	광주 서구	장애인주택개보수	17,000	4	6	1	1	7	1	1	4
5039	광주 서구	아동청소년참여보장	15,000	4	4	7	8	7	1	1	4
5040	광주 서구	선천성대사이상검사및환아관리	816	4	2	7	8	7	5	5	4
5041	광주 서구	선천성난청검사	168	4	2	7	8	7	5	5	4
5042	광주 남구	생활폐기물위탁처리	4,020,327	4	1	1	2	2	3	1	1
5043	광주 남구	생활폐기물위탁처리	3,845,441	4	1	1	2	2	3	1	1
5044	광주 남구	생활폐기물위탁처리	3,018,975	4	1	1	3	2	3	1	1
5045	광주 남구	반다비체육센터및야영장운영위탁금	1,710,000	4	4	7	6	6	5	5	4
5046	광주 남구	대형폐기물수집운반업무대행	1,168,000	4	4	1	3	2	3	1	3
5047	광주 남구	기초정신건강복지센터인건비지원	939,700	4	1,2	1	2	1	1	3	1
5048	광주 남구	지역급식관리지원센터	625,000	4	2	1	2	1	1	1	1
5049	광주 남구	중독관리통합지원센터지원	542,334	4	1,2	1	2	1	1	3	1
5050	광주 남구	수련프로그램운영및활성화지원	460,000	4	1	1	3	1	5	1	1
5051	광주 남구	청소년진로체험지원센터운영	280,000	4	1	1	3	1	3	1	3
5052	광주 남구	생활문화센터/문화예술회관위탁운영	254,892	4	4	2	3	1	1	1	1
5053	광주 남구	기초정신건강복지센터통합사업지원	247,135	4	1,2	1	2	1	1	3	1
5054	광주 남구	남구다목적체육관운영비지원	200,000	4	4	2	3	2	1	2	1
5055	광주 남구	청소년방과후아카데미	195,098	4	1	1	3	1	5	1	1
5056	광주 남구	장난감도서관운영(자체)	153,964	4	4	1	2	1	1	1	1
5057	광주 남구	효천생활문화센터위탁운영('24년신규)	142,000	4	4	7	8	7	5	5	4
5058	광주 남구	이강하미술관위탁운영	140,000	4	4	2	3	1	1	1	1
5059	광주 남구	오방최흥종기념관위탁운영	140,000	4	4	2	3	1	1	1	1
5060	광주 남구	소심당조아라기념관위탁운영	140,000	4	4	2	3	1	1	1	1
5061	광주 남구	청소년상담복지센터운영	134,800	4	1	1	2	1	5	1	1
5062	광주 남구	학교밖청소년지원	131,739	4	1	1	2	1	5	1	1
5063	광주 남구	지역사회청소년통합지원체계운영	102,000	4	1	1	2	1	5	1	1
5064	광주 남구	공공체육시설위탁금	100,000	4	4	4	3	1	2	2	3
5065	광주 남구	사직골생활문화센터위탁운영('24년신규)	95,000	4	4	7	8	7	5	5	4
5066	광주 남구	공공청소년시설청소년지도사배치지원	82,224	4	1	1	3	1	5	1	1
5067	광주 남구	옥외광고물전수조사및관리시스템구축	70,000	4	8	2	2	1	1	1	1
5068	광주 남구	청소년동반자프로그램운영	56,652	4	1	1	2	1	5	1	1
5069	광주 남구	기초정신건강복지세터운영지원	43,000	4	1,2	1	2	1	1	3	1
5070	광주 남구	자살예방및생명존중문화사업인건비지원	37,036	4	1,2	1	2	1	1	3	1
5071	광주 남구	교통행정과부설주차장관리사업	30,432	4	4	1	2	1	1	1	1
5072	광주 남구	자살예방및정신건강증진사업	18,530	4	1,2	1	2	1	1	3	1
5073	광주 남구	호국정신함양보훈가족한마음대회	18,000	4	1	6	8	7	1	1	4
5074	광주 남구	학교밖청소년지원(무상급식)	15,372	4	1	1	2	1	5	1	1
5075	광주 남구	옥외광고물안전점검	14,400	4	1	2	3	1	1	1	1
5076	광주 남구	예비청소년지도사양성	7,158	4	1	1	3	1	5	1	1
5077	광주 남구	청소년참여위원회지원	2,800	4	1	1	3	1	5	1	1

순번	시군구	지출명 (사업명)	2024년예산 (단위 : 천원 /1년간)	민간이전 분류 (지방자치단체 세출예산 집행기준에 의거) 1. 민간경상사업보조(307-02) 2. 민간단체 법정운영비보조(307-03) 3. 민간행사사업보조(307-04) 4. 민간위탁금(307-05) 5. 사회복지시설 법정운영비보조(307-10) 6. 민간인위탁교육비(307-12) 7. 공기관등에대한경상적위탁사업비(308-13) 8. 민간자본사업보조,자체재원(402-01) 9. 민간자본사업보조,이전재원(402-02) 10. 민간위탁사업비(402-03) 11. 공기관등에 대한 자본적 위탁사업비(403-02)	민간이전지출 근거 (지방보조금 관리기준 참고) 1. 법률에 규정 2. 국고보조 재원(국가지정) 3. 용도 지정 기부금 4. 조례에 직접규정 5. 지자체가 권장하는 사업을 하는 공공기관 6. 시,도 정책 및 재정사정 7. 기타 8. 해당없음	입찰방식 계약체결방법 (경쟁형태) 1. 일반경쟁 2. 제한경쟁 3. 지명경쟁 4. 수의계약 5. 법정위탁 6. 기타 ( ) 7. 없음	입찰방식 계약기간 1. 1년 2. 2년 3. 3년 4. 4년 5. 5년 6. 기타 ( )년 7. 단기계약 (1년미만) 8. 없음	입찰방식 낙찰자선정방법 1. 적격심사 2. 협상에의한계약 3. 최저가낙찰제 4. 규격가격분리 5. 2단계 경쟁입찰 6. 기타 ( ) 7. 없음	운영예산 산정 운영예산 산정 1. 내부산정 (지자체 자체적으로 산정) 2. 외부산정 (외부전문기관위탁 산정) 3. 내·외부 모두 산정 4. 산정 無 5. 없음	운영예산 산정 정산방법 1. 내부정산 (지자체 내부적으로 정산) 2. 외부정산 (외부전문기관위탁 정산) 3. 내·외부 모두 산정 4. 정산 無 5. 없음	성과평가 실시여부 1. 실시 2. 미실시 3. 향후 추진 4. 해당없음
5078	광주 남구	청소년운영위원회지원	2,000	4	1	1	3	1	5	1	1
5079	광주 북구	자활근로사업민간위탁	13,133,145	4	2	5	8	7	1	1	1
5080	광주 북구	첫만남이용권	5,032,000	4	2	5	8	7	1	1	4
5081	광주 북구	종합사회복지관운영	4,334,775	4	1	1	5	1	1	1	1
5082	광주 북구	지역자율형사회서비스투자사업	4,015,445	4	2	7	8	7	5	5	4
5083	광주 북구	발달재활서비스바우처지원	2,700,000	4	2	7	8	7	5	5	4
5084	광주 북구	발달장애인주간활동서비스	2,273,064	4	2	7	8	7	5	5	4
5085	광주 북구	북구정신건강복지센터위탁운영	2,037,539	4	1	1	3	1	1	1	1
5086	광주 북구	중증장애인활동지원(순시비)	1,845,989	4	2	7	8	7	5	5	4
5087	광주 북구	대형폐기물위탁처리	1,435,140	4	1,4	1	2	2	2	1	1
5088	광주 북구	어린이사회복지급식관리지원센터설치운영	1,200,000	4	1	1	3	1	5	3	1
5089	광주 북구	일상돌봄서비스사업	1,030,886	4	2	7	8	7	5	5	4
5090	광주 북구	북구중독관리통합지원센터운영	1,011,980	4	1	1	3	1	1	1	1
5091	광주 북구	대형폐기물가연성잔재물소각	852,720	4	1,6	7	8	7	5	5	4
5092	광주 북구	발달장애인방과후활동서비스지원	729,553	4	2	7	8	7	5	5	4
5093	광주 북구	주민자치회활성화지원	662,028	4	4	7	8	7	5	5	4
5094	광주 북구	북구종합자원봉사센터운영	589,377	4	1	7	8	7	3	3	4
5095	광주 북구	장애인활동보조가산급여	520,427	4	2	7	8	7	5	5	4
5096	광주 북구	종사자인건비및시설운영비	485,116	4	4	5	5	7	1	1	4
5097	광주 북구	동방역소독대행	440,055	4	1	7	8	7	5	5	4
5098	광주 북구	직장어린이집운영	330,000	4	1	1	3	1	1	1	1
5099	광주 북구	청소년수련관운영	263,000	4	4	1	5	1	1	1	1
5100	광주 북구	성인발달장애인주간활동지원(순시비)	262,000	4	2	7	8	7	5	5	4
5101	광주 북구	학교밖청소년지원센터운영	170,039	4	2	1	3	1	5	1	1
5102	광주 북구	옥외고정광고물전산화위탁수수료	150,000	4	7	1	3	1	1	1	1
5103	광주 북구	북구문화의집	134,600	4	7	7	3	7	1	1	4
5104	광주 북구	청소년상담복지센터운영	132,800	4	1	1	3	1	1	1	1
5105	광주 북구	공공하수도시설관리대행	132,500	4	7	2	3	2	2	1	1
5106	광주 북구	북구청장기등생활체육대회지원	118,000	4	1,4	7	8	7	1	1	1
5107	광주 북구	금봉미술관운영	105,000	4	7	7	8	7	5	5	4
5108	광주 북구	청년마음건강지원사업	91,265	4	2	7	8	7	5	5	4
5109	광주 북구	지역사회건강조사	69,356	4	1	6	1	6	1	3	4
5110	광주 북구	북구첨단론볼장위탁운영비지원	42,500	4	5	7	8	7	1	1	1
5111	광주 북구	마을분쟁해결지원센터운영지원	40,608	4	5	7	8	7	1	1	1
5112	광주 북구	발달장애인자립능력향상교육	30,000	4	2	7	8	7	5	5	4
5113	광주 북구	언어발달지원바우처지원	28,080	4	2	7	8	7	5	5	4
5114	광주 북구	학교밖청소년무상급식지원	28,012	4	2	7	8	7	5	1	4
5115	광주 북구	발달장애인부모상담지원	22,959	4	2	7	8	7	5	5	4
5116	광주 북구	장애인주택개보수	22,000	4	6	4	1	2	1	1	4
5117	광주 북구	광고물안전도검사대행수수료	19,200	4	4	1	3	1	5	5	1

순번	시군구	지출명 (사업명)	2024년예산 (단위 : 천원 /1년간)	민간이전 분류 (지방자치단체 세출예산 집행기준에 의거)	민간이전지출 근거 (지방보조금 관리기준 참고)	입찰방식			운영예산 산정		성과평가 실시여부
				1. 민간경상사업보조(307-02) 2. 민간단체 법정운영비보조(307-03) 3. 민간행사사업보조(307-04) 4. 민간위탁금(307-05) 5. 사회복지시설 법정운영비보조(307-10) 6. 민간인위탁교육비(307-12) 7. 공기관등에대한경상적위탁사업비(308-13) 8. 민간자본사업보조,자체재원(402-01) 9. 민간자본사업보조,이전재원(402-02) 10. 민간위탁사업비(402-03) 11. 공기관등에 대한 자본적 위탁사업비(403-02)	1. 법률에 규정 2. 국고보조 재원(국가지정) 3. 용도 지정 기부금 4. 조례에 직접규정 5. 지자체가 권장하는 사업을 하는 공공기관 6. 시,도 정책 및 재정사정 7. 기타 8. 해당없음	계약체결방법 (경쟁형태) 1. 일반경쟁 2. 제한경쟁 3. 지명경쟁 4. 수의계약 5. 법정위탁 6. 기타 ( ) 7. 없음	계약기간 1. 1년 2. 2년 3. 3년 4. 4년 5. 5년 6. 기타 ( )년 7. 단기계약 (1년미만) 8. 없음	낙찰자선정방법 1. 적격심사 2. 협상에의한계약 3. 최저가낙찰제 4. 규격가격분리 5. 2단계 경쟁입찰 6. 기타 ( ) 7. 없음	운영예산 산정 1. 내부산정 (지자체 자체적으로 산정) 2. 외부산정 (외부전문기관위탁 산정) 3. 내·외부 모두 산정 4. 산정 無 5. 없음	정산방법 1. 내부정산 (지자체 내부적으로 정산) 2. 외부정산 (외부전문기관위탁 정산) 3. 내·외부 모두 산정 4. 정산 無 5. 없음	1. 실시 2. 미실시 3. 향후 추진 4. 해당없음
5118	광주 북구	광주호수생태원지구센터운영	10,000	4	4	2	3	1	1	1	1
5119	광주 북구	북구노인종합복지관정기안전점검비	6,000	4	4	5	5	7	1	1	4
5120	광주 북구	영양위생관리시스템체계구축	2,300	4	6	1	3	1	5	1	4
5121	광주 북구	선천성대사이상검사및환아관리	1,486	4	2	7	8	7	5	5	2
5122	광주 북구	노인복지시설종사자복지포인트	1,400	4	4	5	5	7	1	1	4
5123	광주 북구	신생아난청검사및보청기지원	339	4	2	7	8	7	5	5	2
5124	광주 광산구	아이돌돌봄지원	6,988,096	4	2	5	3	1	5	1	1
5125	광주 광산구	첫만남이용권	5,336,000	4	2	7	8	7	5	5	2
5126	광주 광산구	자활근로사업(광산지역자활센터)	4,030,323	4	2	5	1	7	5	1	1
5127	광주 광산구	대형폐기물수집운반처리대행용역	2,175,000	4	1,4	1	2	6	2	1	1
5128	광주 광산구	재활용품선별처리대행용역	1,710,000	4	1,4	1	2	2	3	1	4
5129	광주 광산구	지역급식관리지원센터운영	1,250,000	4	2	1	5	1	5	5	1
5130	광주 광산구	광산구기업주치의센터	802,000	4	4	6	2	6	1	1	1
5131	광주 광산구	광산구지역경제활력센터운영사무위탁	785,000	4	1	6	2	6	1	1	1
5132	광주 광산구	지역자율형사회서비스투자사업(가사간병방문지원사업)	637,258	4	2	5	8	7	5	1	4
5133	광주 광산구	민간자원화시설반입수수료	568,000	4	1	4	2	7	5	1	2
5134	광주 광산구	심뇌혈관질환예방관리사업(고혈압당뇨병등록관리)	336,000	4	2	2	3	1	5	3	1
5135	광주 광산구	청소년수련관운영지원	296,762	4	1	1	3	1	1	1	3
5136	광주 광산구	지역에너지센터운영	292,000	4	4	1	1	1	1	1	3
5137	광주 광산구	월곡고려인문화관운영사무	200,000	4	6	1	3	1	1	1	1
5138	광주 광산구	금융복지상담센터운영	180,000	4	4	1	1	1	1	1	4
5139	광주 광산구	청소년성문화센터운영	177,192	4	1	1	3	1	1	1	3
5140	광주 광산구	학교밖청소년지원	173,335	4	1	1	3	1	1	1	3
5141	광주 광산구	청소년방과후아카데미운영	169,070	4	1	1	3	1	1	1	3
5142	광주 광산구	청소년상담복지센터운영	134,800	4	1	1	3	1	1	1	3
5143	광주 광산구	지역사회청소년통합지원체계구축	102,000	4	1	1	3	1	1	1	3
5144	광주 광산구	청소년동반자프로그램운영	89,244	4	1	1	3	1	1	1	3
5145	광주 광산구	청소년지도사배치지원	82,224	4	1	1	3	1	1	1	3
5146	광주 광산구	지역사회건강조사	69,356	4	1	5	1	7	1	2	3
5147	광주 광산구	2023년소규모공동주택안전관리지원	42,180	4	1,4	1	7	3	1	1	4
5148	광주 광산구	디지털미디어피해청소년지원상담사배치	37,110	4	1	1	3	1	1	1	3
5149	광주 광산구	학교밖청소년지원센터운영(무상급식)	31,028	4	1	1	3	1	1	1	3
5150	광주 광산구	옥외광고물안전도검사대행수수료	24,000	4	1	6	3	1	1	1	4
5151	광주 광산구	옥외광고특별안전검사	20,000	4	7	4	1	7	1	1	4
5152	광주 광산구	폐형광등운송비	9,000	4	1	4	1	7	5	5	4
5153	광주 광산구	아이돌봄지원서비스제공기관종사자특별수당	8,400	4	2	5	3	1	1	1	1
5154	광주 광산구	예비청소년지도사양성지원	7,656	4	1	1	3	1	1	1	3
5155	광주 광산구	아이돌보미의료비지원	6,975	4	2	5	3	1	1	1	1
5156	광주 광산구	선천성대사이상검사및환아관리	1,152	4	1	7	8	7	5	2	2
5157	광주 광산구	난청조기진단	592	4	2	7	8	7	5	2	2

순번	시군구	지출명 (사업명)	2024년예산 (단위 : 천원 /1년간)	민간이전 분류 (지방자치단체 세출예산 집행기준에 의거) 1. 민간경상사업보조(307-02) 2. 민간단체 법정운영비보조(307-03) 3. 민간행사사업보조(307-04) 4. 민간위탁금(307-05) 5. 사회복지시설 법정운영비보조(307-10) 6. 민간인위탁교육비(307-12) 7. 공기관등에대한경상적위탁사업비(308-13) 8. 민간자본사업보조,자체재원(402-01) 9. 민간자본사업보조,이전재원(402-02) 10. 민간위탁사업비(402-03) 11. 공기관등에 대한 자본적 위탁사업비(403-02)	민간이전지출 근거 (지방보조금 관리기준 참고) 1. 법률에 규정 2. 국고보조 재원(국가지정) 3. 용도 지정 기부금 4. 조례에 직접규정 5. 지자체가 권장하는 사업을 하는 공공기관 6. 시,도 정책 및 재정사정 7. 기타 8. 해당없음	입찰방식 계약체결방법 (경쟁형태) 1. 일반경쟁 2. 제한경쟁 3. 지명경쟁 4. 수의계약 5. 법정위탁 6. 기타 ( ) 7. 없음	입찰방식 계약기간 1. 1년 2. 2년 3. 3년 4. 4년 5. 5년 6. 기타 ( )년 7. 단기계약 (1년미만) 8. 없음	입찰방식 낙찰자선정방법 1. 적격심사 2. 협상에의한계약 3. 최저가낙찰제 4. 규격가격분리 5. 2단계 경쟁입찰 6. 기타 ( ) 7. 없음	운영예산 산정 운영예산 산정 1. 내부산정 (지자체 자체적으로 산정) 2. 외부산정 (외부전문기관위탁 산정) 3. 내·외부 모두 산정 4. 산정 無 5. 없음	운영예산 산정 정산방법 1. 내부정산 (지자체 내부적으로 정산) 2. 외부정산 (외부전문기관위탁 정산) 3. 내·외부 모두 산정 4. 정산 無 5. 없음	성과평가 실시여부 1. 실시 2. 미실시 3. 향후 추진 4. 해당없음
5158	대구광역시	대구스포츠단(실업팀)민간위탁	9,569,000	4	4	7	8	7	5	5	4
5159	대구광역시	대구간송미술관운영	4,950,000	4	1	7	8	7	5	5	4
5160	대구광역시	폐기물에너지화시설폐기물처리위탁운영	4,456,560	4	7	7	8	7	5	5	4
5161	대구광역시	달구벌종합복지관운영	2,456,811	4	4	7	8	7	5	5	4
5162	대구광역시	대구장애인종합복지관운영	2,445,131	4	4	7	8	7	5	5	4
5163	대구광역시	산업단지위탁운영지원	1,770,000	4	1	7	8	7	5	5	4
5164	대구광역시	대구시각장애인복지관운영	1,485,051	4	4	7	8	7	5	5	4
5165	대구광역시	대구청각언어장애인복지관운영	1,398,423	4	4	7	8	7	5	5	4
5166	대구광역시	달구벌재활스포츠센터운영	1,385,907	4	4	7	8	7	5	5	4
5167	대구광역시	대구노인종합복지관운영	1,330,046	4	4	7	8	7	5	5	4
5168	대구광역시	테크노폴리스산업단지공공폐수처리시설운영	1,113,000	4	1	7	8	7	5	5	4
5169	대구광역시	중증장애인다수고용사업장위탁운영(대구드림텍)	1,108,230	4	4	7	8	7	5	5	4
5170	대구광역시	대구어린이세상민간위탁비	1,084,000	4	4	7	8	7	5	5	4
5171	대구광역시	사회적경제지원센터운영위탁	1,024,020	4	4	7	8	7	5	5	4
5172	대구광역시	성서운동장위탁운영	959,900	4	4	7	8	7	5	5	4
5173	대구광역시	대구노동권익센터운영위탁	900,000	4	4	7	8	7	5	5	4
5174	대구광역시	종합유통단지관리센터운영위탁	845,000	4	4	7	8	7	5	5	4
5175	대구광역시	청소년수련원운영	816,800	4	7	7	8	7	5	5	4
5176	대구광역시	광역정신건강복지센터인건비	729,220	4	2	7	8	7	5	5	4
5177	대구광역시	2.28민주운동기념회관운영	685,800	4	4	7	8	7	5	5	4
5178	대구광역시	한방의료체험타운위탁운영	676,000	4	6	7	8	7	5	5	4
5179	대구광역시	대구자원봉사센터위탁운영	670,600	4	1	7	8	7	5	5	4
5180	대구광역시	통합정신건강증진사업(직접)	656,000	4	2	7	8	7	5	5	4
5181	대구광역시	대구문학관운영	650,000	4	1	7	8	7	5	5	4
5182	대구광역시	대구스마트시티센터관리운영	630,000	4	4	7	8	7	5	5	4
5183	대구광역시	광역치매센터운영	622,259	4	2	7	8	7	5	5	4
5184	대구광역시	감염병관리지원단운영비	610,000	4	2	7	8	7	5	5	4
5185	대구광역시	폐기물에너지화시설폐기물처분부담금	600,405	4	7	7	8	7	5	5	4
5186	대구광역시	공공폐수처리시설사용료	583,000	4	6	7	8	7	5	5	4
5187	대구광역시	마을공동체만들기지원센터운영지원	500,000	4	4	7	8	7	5	5	4
5188	대구광역시	안경테표면처리센터운영위탁	490,000	4	4	7	8	7	5	5	4
5189	대구광역시	자살유족지원사업	480,000	4	2	7	8	7	5	5	4
5190	대구광역시	임대형지식산업센터위탁운영지원	460,000	4	4	7	8	7	5	5	4
5191	대구광역시	위기개입팀운영	446,400	4	2	7	8	7	5	5	4
5192	대구광역시	대구스포츠단훈련센터위탁운영	436,500	4	4	7	8	7	5	5	4
5193	대구광역시	해외사무소운영비	435,000	4	4	7	8	7	5	5	4
5194	대구광역시	장애인국민체육센터위탁운영	426,673	4	4	7	8	7	5	5	4
5195	대구광역시	국채보상운동기념관운영	417,500	4	1,6	7	8	7	5	5	4
5196	대구광역시	낙동강승전기념관운영	416,493	4	1,4	7	8	7	5	5	4
5197	대구광역시	국채보상운동기록전시관운영	406,000	4	1,6	7	8	7	5	5	4

순번	시군구	지출명 (사업명)	2024년예산 (단위 : 천원 /1년간)	민간이전 분류 (지방자치단체 세출예산 집행기준에 의거) 1. 민간경상사업보조(307-02) 2. 민간단체 법정운영비보조(307-03) 3. 민간행사사업보조(307-04) 4. 민간위탁금(307-05) 5. 사회복지시설 법정운영비보조(307-10) 6. 민간인위탁교육비(307-12) 7. 공기관등에대한경상적위탁사업비(308-13) 8. 민간자본사업보조,자체재원(402-01) 9. 민간자본사업보조,이전재원(402-02) 10. 민간위탁사업비(402-03) 11. 공기관등에 대한 자본적 위탁사업비(403-02)	민간이전지출 근거 (지방보조금 관리기준 참고) 1. 법률에 규정 2. 국고보조 재원(국가지정) 3. 용도 지정 기부금 4. 조례에 직접규정 5. 지자체가 권장하는 사업을 하는 공공기관 6. 시,도 정책 및 재정사정 7. 기타 8. 해당없음	입찰방식			운영예산 산정		성과평가 실시여부
						계약체결방법 (경쟁형태) 1. 일반경쟁 2. 제한경쟁 3. 지명경쟁 4. 수의계약 5. 법정위탁 6. 기타 ( ) 7. 없음	계약기간 1. 1년 2. 2년 3. 3년 4. 4년 5. 5년 6. 기타 ( )년 7. 단기계약 (1년미만) 8. 없음	낙찰자선정방법 1. 적격심사 2. 협상에의한계약 3. 최저가낙찰제 4. 규격가격분리 5. 2단계 경쟁입찰 6. 기타 ( ) 7. 없음	운영예산 산정 1. 내부산정 (지자체 자체적으로 산정) 2. 외부산정 (외부전문기관위탁 산정) 3. 내·외부 모두 산정 4. 산정 無 5. 없음	정산방법 1. 내부정산 (지자체 내부적으로 정산) 2. 외부정산 (외부전문기관위탁 정산) 3. 내·외부 모두 산정 4. 정산 無 5. 없음	1. 실시 2. 미실시 3. 향후 추진 4. 해당없음
5198	대구광역시	시민공익활동지원센터운영	400,000	4	4	7	8	7	5	5	4
5199	대구광역시	공공보건의료지원단운영시비추가지원	400,000	4	4	7	8	7	5	5	4
5200	대구광역시	웨딩의복제조소공인집적지구공동인프라운영	400,000	4	4	7	8	7	5	5	4
5201	대구광역시	대구스포츠기념관위탁운영	394,000	4	4	7	8	7	5	5	4
5202	대구광역시	한의약박물관위탁운영	392,000	4	4	7	8	7	5	5	4
5203	대구광역시	대구영상미디어센터운영	380,000	4	4	7	8	7	5	5	4
5204	대구광역시	희망드리보호작업장운영	370,620	4	4	7	8	7	5	5	4
5205	대구광역시	시립묘지및봉안당운영	370,000	4	4	7	8	7	5	5	4
5206	대구광역시	관광정보센터운영	370,000	4	4	7	8	7	5	5	4
5207	대구광역시	청소년창의센터운영	363,400	4	5	7	8	7	5	5	4
5208	대구광역시	체육회관위탁운영	361,542	4	4	7	8	7	5	5	4
5209	대구광역시	장애인실업팀민간위탁	340,946	4	4	7	8	7	5	5	4
5210	대구광역시	섬들보호작업장운영	328,245	4	4	7	8	7	5	5	4
5211	대구광역시	자립통합지원센터운영	313,764	4	1	7	8	7	5	5	4
5212	대구광역시	공공보건의료지원단운영	300,000	4	2	7	8	7	5	5	4
5213	대구광역시	청소년자립지원관운영	294,392	4	1	7	8	7	5	5	4
5214	대구광역시	광역자살예방센터운영	290,409	4	4	7	8	7	5	5	4
5215	대구광역시	광역정신건강복지센터운영	284,256	4	2	7	8	7	5	5	4
5216	대구광역시	산업단지환경정비	270,000	4	4	7	8	7	5	5	4
5217	대구광역시	권역난임우울증상담센터운영	238,000	4	2	7	8	7	5	5	4
5218	대구광역시	한국전선문화관운영	220,000	4	1	7	8	7	5	5	4
5219	대구광역시	만촌자전거경기장위탁운영	180,114	4	4	7	8	7	5	5	4
5220	대구광역시	지역아동센터시도지원단운영지원	172,780	4	2	7	8	7	5	5	4
5221	대구광역시	청소년성문화센터운영	171,192	4	2	7	8	7	5	5	4
5222	대구광역시	대구다양성영화제작지원	150,000	4	4	7	8	7	5	5	4
5223	대구광역시	테크노폴리스산업단지공공폐수처리시설수선	125,000	4	1	7	8	7	5	5	4
5224	대구광역시	임란호국영남충의단전시관운영	121,608	4	1,4	7	8	7	5	5	4
5225	대구광역시	치매안심요양병원공공보건사업지원(시지노인전문병원)	110,000	4	2	7	8	7	5	5	4
5226	대구광역시	만촌롤러스케이트장위탁운영(실외포함)	106,444	4	4	7	8	7	5	5	4
5227	대구광역시	건강증진사업지원단운영	100,000	4	1	7	8	7	5	5	4
5228	대구광역시	달성2차산업단지공공폐수처리시설수선	100,000	4	1	7	8	7	5	5	4
5229	대구광역시	관음수소충전소민간위탁금지급	100,000	4	4	7	8	7	5	5	4
5230	대구광역시	한국섬유개발연구원운영위탁	100,000	4	4	7	8	7	5	5	4
5231	대구광역시	DYETEC연구원운영위탁	100,000	4	4	7	8	7	5	5	4
5232	대구광역시	자원봉사코디네이터지원	99,698	4	2	7	8	7	5	5	4
5233	대구광역시	승용차요일제연계대중교통마일리지지원	90,000	4	6	7	8	7	5	5	4
5234	대구광역시	대구체육공원암벽등반장위탁운영	88,232	4	4	7	8	7	5	5	4
5235	대구광역시	대구경북항일독립운동기념탑운영	87,136	4	1,4	7	8	7	5	5	4
5236	대구광역시	고택민간위탁	84,000	4	1	7	8	7	5	5	4
5237	대구광역시	대구스타디움외1개소폐기물수거처리용역	83,000	4	6	7	8	7	5	5	4

순번	시군구	지출명 (사업명)	2024년예산 (단위 : 천원 /1년간)	민간이전 분류 (지방자치단체 세출예산 집행기준에 의거) 1. 민간경상사업보조(307-02) 2. 민간단체 법정운영비보조(307-03) 3. 민간행사사업보조(307-04) 4. 민간위탁금(307-05) 5. 사회복지시설 법정운영비보조(307-10) 6. 민간인위탁교육비(307-12) 7. 공기관등에대한경상적위탁사업비(308-13) 8. 민간자본사업보조,자체재원(402-01) 9. 민간자본사업보조,이전재원(402-02) 10. 민간위탁사업비(402-03) 11. 공기관등에 대한 자본적 위탁사업비(403-02)	민간이전지출 근거 (지방보조금 관리기준 참고) 1. 법률에 규정 2. 국고보조 재원(국가지정) 3. 용도 지정 기부금 4. 조례에 직접규정 5. 지자체가 권장하는 사업을 하는 공공기관 6. 시,도 정책 및 재정사정 7. 기타 8. 해당없음	입찰방식 계약체결방법 (경쟁형태) 1. 일반경쟁 2. 제한경쟁 3. 지명경쟁 4. 수의계약 5. 법정위탁 6. 기타 ( ) 7. 없음	입찰방식 계약기간 1. 1년 2. 2년 3. 3년 4. 4년 5. 5년 6. 기타 ( )년 7. 단기계약 (1년미만) 8. 없음	입찰방식 낙찰자선정방법 1. 적격심사 2. 협상에의한계약 3. 최저가낙찰제 4. 규격가격분리 5. 2단계 경쟁입찰 6. 기타 ( ) 7. 없음	운영예산 산정 운영예산 산정 1. 내부산정 (지자체 자체적으로 산정) 2. 외부산정 (외부전문기관위탁 산정) 3. 내·외부 모두 산정 4. 산정 無 5. 없음	운영예산 산정 정산방법 1. 내부정산 (지자체 내부적으로 정산) 2. 외부정산 (외부전문기관위탁 정산) 3. 내·외부 모두 산정 4. 정산 無 5. 없음	성과평가 실시여부 1. 실시 2. 미실시 3. 향후 추진 4. 해당없음
5238	대구광역시	택시쉼터운영	77,000	4	1,4	7	8	7	5	5	4
5239	대구광역시	심뇌혈관질환예방관리사업지원단운영	67,410	4	1	7	8	7	5	5	4
5240	대구광역시	장애인직업재활시설기능보강(시위탁)	60,038	4	4	7	8	7	5	5	4
5241	대구광역시	시민운동장외1개소폐기물수거처리용역	60,000	4	6	7	8	7	5	5	4
5242	대구광역시	노동복지회관운영위탁	55,000	4	4	7	8	7	5	5	4
5243	대구광역시	연경체육공원인공암벽장위탁운영	53,240	4	4	7	8	7	5	5	4
5244	대구광역시	공원폐기물용역비	52,000	4	1	7	8	7	5	5	4
5245	대구광역시	앞산앙궁장위탁운영	49,176	4	4	7	8	7	5	5	4
5246	대구광역시	폐기물처리용역	40,000	4	1	7	8	7	5	5	4
5247	대구광역시	정신건강복지센터자살예방사업	37,036	4	2	7	8	7	5	5	4
5248	대구광역시	자살예방실무자등정신건강증진	32,000	4	2	7	8	7	5	5	4
5249	대구광역시	장애인주간보호시설기능보강(시위탁)	30,642	4	4	7	8	7	5	5	4
5250	대구광역시	범어궁도장위탁운영	30,000	4	4	7	8	7	5	5	4
5251	대구광역시	산불진화인력교육및평가	18,800	4	2	7	8	7	5	5	4
5252	대구광역시	대구장애인종합복지관종사자복지포인트	10,250	4	4	7	8	7	5	5	4
5253	대구광역시	달구벌종합복지관종사자복지포인트	10,000	4	4	7	8	7	5	5	4
5254	대구광역시	육상진흥센터폐기물수거처리용역	10,000	4	6	7	8	7	5	5	4
5255	대구광역시	달성2차산업단지공공폐수처리시설체납부담금	8,500	4	1	7	8	7	5	5	4
5256	대구광역시	광역정신건강복지센터종사자복지수당	8,450	4	6	7	8	7	5	5	4
5257	대구광역시	대구시각장애인복지관종사자복지포인트	6,500	4	4	7	8	7	5	5	4
5258	대구광역시	대구청각언어장애인복지관종사자복지포인트	6,250	4	4	7	8	7	5	5	4
5259	대구광역시	달구벌재활스포츠센터종사자복지포인트	5,250	4	4	7	8	7	5	5	4
5260	대구광역시	중증장애인다수고용사업장(대구드림텍)종사자복지포인트	3,650	4	4	7	8	7	5	5	4
5261	대구광역시	대구노인종합복지관종사자복지포인트	3,600	4	6	7	8	7	5	5	4
5262	대구광역시	광역치매센터치매공공후견사업	3,013	4	2	7	8	7	5	5	4
5263	대구광역시	희망드리보호작업장종사자복지포인트	1,200	4	4	7	8	7	5	5	4
5264	대구광역시	섬들보호작업장종사자복지포인트	1,150	4	4	7	8	7	5	5	4
5265	대구 중구	자활근로지원	2,540,321	4	1	7	8	7	3	1	1
5266	대구 중구	아이돌봄지원사업	1,164,172	4	2	7	8	2	5	1	4
5267	대구 중구	근로능력있는수급자의탈수급지원	1,007,628	4	1	5	8	7	5	3	4
5268	대구 중구	노인복지관운영	936,390	4	1	1	5	1	1	1	3
5269	대구 중구	지역사회서비스투자	599,286	4	1	5	8	7	5	5	1
5270	대구 중구	기초정신건강복지센터인건비	498,940	4	2	4	5	1	1	1	1
5271	대구 중구	23청년창업지원사업	334,414	4	4	1	3	6	1	1	1
5272	대구 중구	도시재생지원센터운영	330,000	4	4	4	2	6	1	1	1
5273	대구 중구	가족센터운영	326,200	4	2	7	8	2	5	1	4
5274	대구 중구	자원봉사센터운영	283,000	4	1	5	4	7	1	1	1
5275	대구 중구	어린이급식관리지원센터설치운영	266,000	4	2	4,5	3	1	5	1	1
5276	대구 중구	중구진로진학지원사업	248,000	4	6	1	2	6	1	1	1
5277	대구 중구	재활용센터운영	202,000	4	4	5	3	7	2	1	1

순번	시군구	지출명 (사업명)	2024년예산 (단위 : 천원 /1년간)	민간이전 분류 (지방자치단체 세출예산 집행기준에 의거) 1. 민간경상사업보조(307-02) 2. 민간단체 법정운영비보조(307-03) 3. 민간행사사업보조(307-04) 4. 민간위탁금(307-05) 5. 사회복지시설 법정운영비보조(307-10) 6. 민간인위탁교육비(307-12) 7. 공기관등에대한경상적위탁사업비(308-13) 8. 민간자본사업보조,자체재원(402-01) 9. 민간자본사업보조,이전재원(402-02) 10. 민간위탁사업비(402-03) 11. 공기관등에 대한 자본적 위탁사업비(403-02)	민간이전지출 근거 (지방보조금 관리기준 참고) 1. 법률에 규정 2. 국고보조 재원(국가지정) 3. 용도 지정 기부금 4. 조례에 직접규정 5. 지자체가 권장하는 사업을 하는 공공기관 6. 시,도 정책 및 재정사정 7. 기타 8. 해당없음	입찰방식 계약체결방법 (경쟁형태) 1. 일반경쟁 2. 제한경쟁 3. 지명경쟁 4. 수의계약 5. 법정위탁 6. 기타 ( ) 7. 없음	입찰방식 계약기간 1. 1년 2. 2년 3. 3년 4. 4년 5. 5년 6. 기타 ( )년 7. 단기계약 (1년미만) 8. 없음	입찰방식 낙찰자선정방법 1. 적격심사 2. 협상에의한계약 3. 최저가낙찰제 4. 규격가격분리 5. 2단계 경쟁입찰 6. 기타 ( ) 7. 없음	운영예산 산정 운영예산 산정 1. 내부산정 (지자체 자체적으로 산정) 2. 외부산정 (외부전문기관위탁 산정) 3. 내·외부 모두 산정 4. 산정 無 5. 없음	운영예산 산정 정산방법 1. 내부정산 (지자체 내부적으로 정산) 2. 외부정산 (외부전문기관위탁 정산) 3. 내·외부 모두 산정 4. 정산 無 5. 없음	성과평가 실시여부 1. 실시 2. 미실시 3. 향후 추진 4. 해당없음
5278	대구 중구	노인상담소운영지원	200,000	4	4	1	5	1	1	1	1
5279	대구 중구	청소년방과후아카데미운영지원	182,562	4	1	5	3	1	5	1	1
5280	대구 중구	학교밖청소년지원센터운영	173,336	4	4	5	3	1	5	1	1
5281	대구 중구	북성로청년창업클러스터운영	160,000	4	4	7	8	7	5	5	4
5282	대구 중구	취약위기가족통합지원	153,430	4	2	7	8	2	5	1	4
5283	대구 중구	청소년상담복지센터운영	149,130	4	4	5	3	1	5	1	3
5284	대구 중구	통합정신건강증진사업	126,000	4	2	4	5	1	1	1	1
5285	대구 중구	청소년동반자프로그램운영	125,134	4	4	5	3	1	5	1	3
5286	대구 중구	동인세대공감마당및동인커뮤니티센터관리운영	122,000	4	4	4	2	6	1	1	1
5287	대구 중구	중구청라국민체육센터운영	120,000	4	1	4	3	6	1	1	1
5288	대구 중구	다문화가족이중언어학습지원	109,540	4	2	7	8	2	5	1	4
5289	대구 중구	지역사회청소년안전망운영	102,000	4	4	5	3	1	5	1	3
5290	대구 중구	북성로기술예술융합소운영	93,450	4	6	1	3	6	1	1	3
5291	대구 중구	김광석스토리하우스운영	90,000	4	4	6	6	7	1	1	1
5292	대구 중구	다함께돌봄센터인건비	89,680	4	2	1	5	6	1	1	3
5293	대구 중구	자원봉사활성화지원	89,500	4	1	5	4	7	3	3	1
5294	대구 중구	자살예방및정신건강증진사업	77,200	4	2	4	5	1	1	1	1
5295	대구 중구	정신건강복지센터자살예방사업지원	74,072	4	2	4	5	1	1	1	1
5296	대구 중구	다문화가족자녀지원	72,500	4	2	7	8	2	5	1	4
5297	대구 중구	남산동커뮤니티센터관리운영	72,000	4	4	4	2	6	1	1	1
5298	대구 중구	대구미래교육지구운영	70,000	4	6	1	2	6	1	1	1
5299	대구 중구	지역사회건강조사	68,668	4	1	7	1	7	4	3	4
5300	대구 중구	자원봉사코디네이터지원	66,478	4	1	5	4	7	2	2	1
5301	대구 중구	하누리어울림센터관리운영	57,000	4	4	4	2	6	1	1	1
5302	대구 중구	달성토성커뮤니티센터관리운영	57,000	4	4	1	2	6	1	1	3
5303	대구 중구	가족품앗이및공동육아나눔터사업	56,712	4	2	7	8	2	5	1	4
5304	대구 중구	기초정신건강복지센터운영지원	51,100	4	2	4	5	1	1	1	1
5305	대구 중구	남산3동도시재생사업(행복이음의활력마을,남산情)	50,000	4	4	4	2	6	1	1	1
5306	대구 중구	자살유족지원	46,000	4	2	4	5	1	1	1	1
5307	대구 중구	다문화교류소통공간	44,900	4	2	7	8	2	5	1	4
5308	대구 중구	다문화가족언어발달지원	40,590	4	2	7	8	2	5	1	4
5309	대구 중구	다문화가족사례관리	37,017	4	2	7	8	2	5	1	4
5310	대구 중구	종량제봉투배달민간위탁	35,280	4	1	4	1	7	1	1	4
5311	대구 중구	결혼이민자통번역서비스지원	34,100	4	2	7	8	2	5	1	4
5312	대구 중구	가족센터종사자처우개선	33,100	4	2	7	8	2	5	1	4
5313	대구 중구	가사간병방문지원	24,286	4	1	5	8	7	5	3	4
5314	대구 중구	학교밖청소년복지지원	23,190	4	6	5	3	1	5	1	1
5315	대구 중구	동물사체처리민간위탁	20,000	4	1	4	1	7	1	1	4
5316	대구 중구	학교밖청소년급식지원	19,100	4	4	5	3	1	5	1	1
5317	대구 중구	청년마음건강지원	18,572	4	1	5	8	7	5	5	1

순번	시군구	지출명 (사업명)	2024년예산 (단위 : 천원 /1년간)	민간이전 분류 (지방자치단체 세출예산 집행기준에 의거) 1. 민간경상사업보조(307-02) 2. 민간단체 법정운영비보조(307-03) 3. 민간행사사업보조(307-04) 4. 민간위탁금(307-05) 5. 사회복지시설 법정운영비보조(307-10) 6. 민간인위탁교육비(307-12) 7. 공기관등에대한경상적위탁사업비(308-13) 8. 민간자본사업보조,자체재원(402-01) 9. 민간자본사업보조,이전재원(402-02) 10. 민간위탁사업비(402-03) 11. 공기관등에 대한 자본적 위탁사업비(403-02)	민간이전지출 근거 (지방보조금 관리기준 참고) 1. 법률에 규정 2. 국고보조 재원(국가지정) 3. 용도 지정 기부금 4. 조례에 직접규정 5. 지자체가 권장하는 사업을 하는 공공기관 6. 시,도 정책 및 재정사정 7. 기타 8. 해당없음	입찰방식: 계약체결방법 (경쟁형태) 1. 일반경쟁 2. 제한경쟁 3. 지명경쟁 4. 수의계약 5. 법정위탁 6. 기타 ( ) 7. 없음	입찰방식: 계약기간 1. 1년 2. 2년 3. 3년 4. 4년 5. 5년 6. 기타 ( )년 7. 단기계약 (1년미만) 8. 없음	입찰방식: 낙찰자선정방법 1. 적격심사 2. 협상에의한계약 3. 최저가낙찰제 4. 규격가격분리 5. 2단계 경쟁입찰 6. 기타 ( ) 7. 없음	운영예산 산정: 운영예산 산정 1. 내부산정 (지자체 자체적으로 산정) 2. 외부산정 (외부전문기관위탁 산정) 3. 내·외부 모두 산정 4. 산정 無 5. 없음	운영예산 산정: 정산방법 1. 내부정산 (지자체 내부적으로 정산) 2. 외부정산 (외부전문기관위탁 정산) 3. 내·외부 모두 산정 4. 정산 無 5. 없음	성과평가 실시여부 1. 실시 2. 미실시 3. 향후 추진 4. 해당없음
5318	대구 중구	태극기게양업무위탁	16,000	4	4	7	8	7	5	5	4
5319	대구 중구	결혼이민자역량강화지원	15,500	4	2	7	8	2	5	1	4
5320	대구 중구	다함께돌봄센터운영비	12,000	4	2	1	5	6	1	1	3
5321	대구 중구	치유및심화상담프로그램운영	10,000	4	6	5	3	1	5	1	3
5322	대구 중구	가족품앗이및공동육아나눔터사업(구비지원)	10,000	4	2	7	8	2	5	1	4
5323	대구 중구	다문화가족교류소통공간임차료	7,800	4	2	7	8	2	5	1	4
5324	대구 중구	다문화가족취업프로그램	6,480	4	6	7	8	2	5	1	4
5325	대구 중구	중도입국자녀지원프로그램	3,800	4	6	7	8	2	5	1	4
5326	대구 중구	기초정신건강복지센터종사자수당	3,400	4	2	4	5	1	1	1	1
5327	대구 중구	청소년참여프로그램	2,800	4	4	5	3	1	5	1	3
5328	대구 중구	사각지대다문화가족지원	2,500	4	6	7	8	2	5	1	4
5329	대구 중구	찾아가는다문화이해교육운영	2,200	4	6	7	8	2	5	1	4
5330	대구 중구	표준모자보건수첩제작	600	4	2	7	7	7	5	5	4
5331	대구 동구	동구문화재단사업지원	7,000,000	4	4	5	5	7	2	2	1
5332	대구 동구	재활용품관리	5,436,960	4	1	1	2	2	2	1	1
5333	대구 동구	생활폐기물관리	5,049,000	4	1	1	2	2	2	1	1
5334	대구 동구	자활근로,지역자활센터및광역자활센터운영(자활지원사업)	4,800,000	4	1	5	1	1	5	1	1
5335	대구 동구	지역자율형사회서비스투자사업(생활)(지역사회서비스투자사업)	2,271,430	4	1	5	8	7	1	1	1
5336	대구 동구	장애인활동지원사업(시비추가지원)	1,533,000	4	1	7	8	7	1	1	1
5337	대구 동구	발달장애인주간활동서비스지원사업	1,493,642	4	1	7	8	7	1	1	1
5338	대구 동구	발달재활서비스바우처지원	1,414,296	4	1	7	8	7	1	1	1
5339	대구 동구	음식물류폐기물처리	1,211,371	4	1	4	2	6	2	1	3
5340	대구 동구	강동어르신행복센터운영	740,452	4	1	7	8	7	1	1	1
5341	대구 동구	지역급식관리지원센터운영	730,000	4	1	2	3	7	5	2	4
5342	대구 동구	정신건강복지센터인건비	690,840	4	1	5	3	7	1	1	1
5343	대구 동구	국가암관리지자체지원	648,376	4	2	7	8	7	5	1	4
5344	대구 동구	팔공노인복지관운영	621,812	4	1	7	8	7	1	1	1
5345	대구 동구	도시재생뉴딜사업(지켜온천년,만들어갈백년불로고분마을)	590,000	4	1	1	3	1	1	2	2
5346	대구 동구	활동보조가산급여	536,150	4	1	7	8	7	1	1	1
5347	대구 동구	청소년발달장애학생방과후활동지원	518,064	4	1	7	8	7	1	1	1
5348	대구 동구	초등학생영어체험학습지원	500,000	4	4	1	1	2	1	1	2
5349	대구 동구	지역자율형사회서비스투자사업(생활)(가사.간병방문지원사업)	451,430	4	1	5	8	7	1	1	1
5350	대구 동구	도시재생지원센터운영	449,800	4	1	1	3	1	1	2	2
5351	대구 동구	치매치료관리비지원	365,000	4	1	5	8	7	1	1	4
5352	대구 동구	진로진학지원사업	350,000	4	4	6	6	6	5	1	1
5353	대구 동구	청소년수련시설운영	327,000	4	1	2	2	1	1	1	1
5354	대구 동구	가족센터운영	326,200	4	1	1	3	1	5	1	1
5355	대구 동구	장애인활동지원사업(구비추가지원)	300,000	4	1	7	8	7	1	1	1
5356	대구 동구	가족센터운영	298,000	4	1	1	3	1	5	1	1
5357	대구 동구	가족센터운영	287,280	4	1	1	3	1	5	1	1

순번	시군구	지출명 (사업명)	2024년예산 (단위 : 천원 /1년간)	민간이전 분류 (지방자치단체 세출예산 집행기준에 의거) 1. 민간경상사업보조(307-02) 2. 민간단체 법정운영비보조(307-03) 3. 민간행사사업보조(307-04) 4. 민간위탁금(307-05) 5. 사회복지시설 법정운영비보조(307-10) 6. 민간인위탁교육비(307-12) 7. 공기관등에대한경상적위탁사업비(308-13) 8. 민간자본사업보조,자체재원(402-01) 9. 민간자본사업보조,이전재원(402-02) 10. 민간위탁사업비(402-03) 11. 공기관등에 대한 자본적 위탁사업비(403-02)	민간이전지출 근거 (지방보조금 관리기준 참고) 1. 법률에 규정 2. 국고보조 재원(국가지정) 3. 용도 지정 기부금 4. 조례에 직접규정 5. 지자체가 권장하는 사업을 하는 공공기관 6. 시,도 정책 및 재정사정 7. 기타 8. 해당없음	입찰방식 계약체결방법 (경쟁형태) 1. 일반경쟁 2. 제한경쟁 3. 지명경쟁 4. 수의계약 5. 법정위탁 6. 기타 ( ) 7. 없음	입찰방식 계약기간 1. 1년 2. 2년 3. 3년 4. 4년 5. 5년 6. 기타 ( )년 7. 단기계약 (1년미만) 8. 없음	입찰방식 낙찰자선정방법 1. 적격심사 2. 협상에의한계약 3. 최저가낙찰제 4. 규격가격분리 5. 2단계 경쟁입찰 6. 기타 ( ) 7. 없음	운영예산 산정 운영예산 산정 1. 내부산정 (지자체 자체적으로 산정) 2. 외부산정 (외부전문기관위탁 산정) 3. 내·외부 모두 산정 4. 산정 無 5. 없음	운영예산 산정 정산방법 1. 내부정산 (지자체 내부적으로 정산) 2. 외부정산 (외부전문기관위탁 정산) 3. 내·외부 모두 정산 4. 정산 無 5. 없음	성과평가 실시여부 1. 실시 2. 미실시 3. 향후 추진 4. 해당없음
5358	대구 동구	학교밖청소년지원(센터운영)	216,372	4	1	2	3	1	5	1	1
5359	대구 동구	원어민화상영어지원	176,000	4	4	1	1	2	1	1	2
5360	대구 동구	중독관리통합지원센터운영	170,990	4	1	5	5	7	1	1	1
5361	대구 동구	직장어린이집운영지원	163,308	4	6	7	8	7	3	3	2
5362	대구 동구	장애인재활센터운영지원	150,500	4	4	4	5	7	1	1	3
5363	대구 동구	통합정신건강증진사업	148,000	4	1	5	3	7	1	1	1
5364	대구 동구	청소년동반자프로그램운영	125,134	4	1	2	3	1	5	1	1
5365	대구 동구	다문화가족특화사업	120,162	4	1	1	3	1	5	1	1
5366	대구 동구	유기유실동물관리수준개선지원사업	117,450	4	2	7	8	7	5	1	4
5367	대구 동구	정신건강복지센터자살예방사업지원	111,108	4	1	5	3	7	1	1	1
5368	대구 동구	청소년상담복지센터운영	110,654	4	1	2	3	1	5	1	1
5369	대구 동구	지역사회청소년안전망구축	102,000	4	1	2	3	1	5	1	1
5370	대구 동구	노숙자등중독자사례관리	100,000	4	1	5	5	7	1	1	1
5371	대구 동구	통합정신건강증진사업(중독)	100,000	4	1	5	5	7	1	1	1
5372	대구 동구	의료급여수급권자일반검진비지원	92,220	4	2	7	8	7	5	1	4
5373	대구 동구	유기동물보호사업	90,000	4	6	7	8	7	5	1	4
5374	대구 동구	다문화가족특화사업	81,180	4	1	1	3	1	5	1	1
5375	대구 동구	청소년수련시설운영	80,000	4	1	2	2	1	1	1	1
5376	대구 동구	동구여성문화공간지원	79,800	4	1	5	5	1	1	1	1
5377	대구 동구	자살예방및정신건강증진사업	77,200	4	1	5	3	7	1	1	1
5378	대구 동구	다문화가족특화사업	73,110	4	1	1	3	1	5	1	1
5379	대구 동구	지역사회건강조사조사분석위탁운영	69,278	4	2	7	1	7	5	1	4
5380	대구 동구	다문화가족특화사업	68,200	4	1	1	3	1	5	1	1
5381	대구 동구	공공도서관개관시간연장	63,040	4	1	7	8	7	5	1	1
5382	대구 동구	강동어르신행복센터운영	60,000	4	1	7	8	7	1	1	1
5383	대구 동구	공동육아나눔터국비지원사업	56,712	4	1	1	3	1	5	1	1
5384	대구 동구	장애인단체활동역량강화사업	51,600	4	1	7	1	1	1	1	1
5385	대구 동구	기초정신건강복지센터운영지원	51,100	4	1	5	3	7	1	1	1
5386	대구 동구	팔공노인복지관운영	50,000	4	1	7	8	7	1	1	1
5387	대구 동구	자살유족지원사업운영	46,000	4	1	5	3	7	1	1	1
5388	대구 동구	환경성질환사후관리	45,000	4	1	7	8	7	5	1	4
5389	대구 동구	가족센터운영	44,900	4	1	1	3	1	5	1	1
5390	대구 동구	지역자율형사회서비스투자사업(생활)(청년마음건강지원사업)	44,286	4	1	5	8	7	1	1	1
5391	대구 동구	청소년상담복지센터운영	38,476	4	1	2	3	1	5	1	1
5392	대구 동구	가족센터종사자지원	35,100	4	1	1	3	1	5	1	1
5393	대구 동구	장애인재활센터운영지원	30,000	4	4	4	5	7	1	1	3
5394	대구 동구	학교밖청소년복지지원	26,590	4	1	2	3	1	5	1	1
5395	대구 동구	학교밖청소년지원(급식지원)	21,900	4	1	2	3	1	5	1	1
5396	대구 동구	다문화가족특화사업	20,000	4	1	1	3	1	5	1	1
5397	대구 동구	치유및심화상담프로그램운영	15,300	4	1	2	3	1	5	1	1

순번	시군구	지출명 (사업명)	2024년예산 (단위 : 천원 /1년간)	민간이전 분류 (지방자치단체 세출예산 집행기준에 의거) 1. 민간경상사업보조(307-02) 2. 민간단체 법정운영비보조(307-03) 3. 민간행사사업보조(307-04) 4. 민간위탁금(307-05) 5. 사회복지시설 법정운영비보조(307-10) 6. 민간인위탁교육비(307-12) 7. 공기관등에대한경상적위탁사업비(308-13) 8. 민간자본사업보조,자체재원(402-01) 9. 민간자본사업보조,이전재원(402-02) 10. 민간위탁사업비(402-03) 11. 공기관등에 대한 자본적 위탁사업비(403-02)	민간이전지출 근거 (지방보조금 관리기준 참고) 1. 법률에 규정 2. 국고보조 재원(국가지정) 3. 용도 지정 기부금 4. 조례에 직접규정 5. 지자체가 권장하는 사업을 하는 공공기관 6. 시,도 정책 및 재정사정 7. 기타 8. 해당없음	입찰방식 계약체결방법 (경쟁형태) 1. 일반경쟁 2. 제한경쟁 3. 지명경쟁 4. 수의계약 5. 법정위탁 6. 기타 ( ) 7. 없음	입찰방식 계약기간 1. 1년 2. 2년 3. 3년 4. 4년 5. 5년 6. 기타 ( )년 7. 단기계약 (1년미만) 8. 없음	입찰방식 낙찰자선정방법 1. 적격심사 2. 협상에의한계약 3. 최저가낙찰제 4. 규격가격분리 5. 2단계 경쟁입찰 6. 기타 ( ) 7. 없음	운영예산 산정 운영예산 산정 1. 내부산정 (지자체 자체적으로 산정) 2. 외부산정 (외부전문기관위탁 산정) 3. 내·외부 모두 산정 4. 산정 無 5. 없음	운영예산 산정 정산방법 1. 내부정산 (지자체 내부적으로 정산) 2. 외부정산 (외부전문기관위탁 정산) 3. 내·외부 모두 산정 4. 정산 無 5. 없음	성과평가 실시여부 1. 실시 2. 미실시 3. 향후 추진 4. 해당없음
5398	대구 동구	발달장애인부모심리상담지원	15,269	4	1	7	8	7	1	1	1
5399	대구 동구	학교밖청소년지원센터운영추가지원	12,000	4	1	2	3	1	5	1	1
5400	대구 동구	다문화가족시비지원사업	9,500	4	1	1	3	1	5	1	1
5401	대구 동구	다문화가족시비지원사업	6,480	4	1	1	3	1	5	1	1
5402	대구 동구	영유아건강검진	5,895	4	2	7	8	7	5	1	4
5403	대구 동구	기초정신건강복지센터종사자복지수당	3,950	4	1	5	3	7	1	1	1
5404	대구 동구	다문화가족시비지원사업	3,800	4	1	1	3	1	5	1	1
5405	대구 동구	표준모자보건수첩제작	2,552	4	2	7	8	7	5	1	4
5406	대구 동구	다문화가족시비지원사업	2,200	4	1	1	3	1	5	1	1
5407	대구 동구	중독관리통합지원센터종사자복지수당	1,400	4	1	5	5	7	1	1	1
5408	대구 동구	영유아사전예방적건강관리(선천성난청검사및보청기지원)	432	4	2	7	8	7	5	5	4
5409	대구 서구	지역급식관리지원센터설치운영	470,000	4	1,2	6	6	6	3	3	1
5410	대구 서구	자활근로사업	6,239,638	4	1	5	1	7	1	1	1
5411	대구 서구	재활용,대형폐기물수집운반처리대행비	4,132,920	4	4	4	2	2	2	1	1
5412	대구 서구	생활폐기물수집운반민간대행	3,751,000	4	4	2	2	2	2	1	1
5413	대구 서구	노인복지관운영	2,184,066	4	1	6	5	6	1	1	4
5414	대구 서구	종합사회복지관운영	1,959,893	4	1	1	5	1	1	1	1
5415	대구 서구	지역사회서비스투자사업	1,732,858	4	1	5	1	7	4	3	1
5416	대구 서구	음식물류폐기물수집운반대행비	1,564,005	4	4	2	2	2	2	1	1
5417	대구 서구	아이돌봄사업	1,429,000	4	1	1	3	1	1	1	1
5418	대구 서구	가족센터운영	1,041,810	4	1	1	5	1	1	1	1
5419	대구 서구	기초정신건강복지센터인건비	537,320	4	2	1	3	1	5	1	1
5420	대구 서구	지역사회서비스투자사업(일상돌봄서비스사업)	400,000	4	1	5	1	7	4	3	1
5421	대구 서구	구청사위탁관리비	366,000	4	8	4	1	7	1	1	2
5422	대구 서구	도시재생활성화사업(서구도시재생지원센터운영비교부)	300,592	4	1	6	2	1	1	1	3
5423	대구 서구	진로진학지원센터운영	260,000	4	4	7	8	7	5	5	4
5424	대구 서구	학교밖청소년지원	241,272	4	2	5	3	7	1	1	1
5425	대구 서구	주거지지원형(정다운평리들마을만들기평리1동도시재생현장지원센터운영비교부)	236,555	4	2	6	2	1	1	1	3
5426	대구 서구	도시재생활성화사업(서구도시재생지원센터프로그램운영비교부)	178,400	4	1	6	2	1	1	1	3
5427	대구 서구	청소년상담복지센터운영	149,130	4	1	5	3	7	1	1	1
5428	대구 서구	주거지지원형(정다운평리들마을만들기평리1동도시재생지원센터프로그램사업위탁금교부)	145,000	4	2	6	2	1	1	1	3
5429	대구 서구	자살예방및정신건강증진사업	128,000	4	2	1	3	1	5	1	1
5430	대구 서구	청소년동반자프로그램운영	125,134	4	2	5	3	7	1	1	1
5431	대구 서구	자녀양육및자녀생활등방문교육서비스지원	120,162	4	1	1	5	1	1	1	1
5432	대구 서구	공동육아나눔터운영	113,424	4	1	1	5	1	1	1	1
5433	대구 서구	이중언어학습지원	109,540	4	1	1	5	1	1	1	1
5434	대구 서구	지역사회청소년안전망구축	102,000	4	2	5	3	7	1	1	1
5435	대구 서구	장애인재활교육센터운영지원	88,000	4	1	5	5	7	5	1	4
5436	대구 서구	정신건강복지센터자살예방사업지원	87,380	4	2	1	3	1	5	1	1
5437	대구 서구	국민체육센터운영(서구국민체육센터청사청소대행용역)	78,530	4	7	4	1	7	1	1	4

순번	시군구	지출명 (사업명)	2024년예산 (단위 : 천원 /1년간)	민간이전 분류 (지방자치단체 세출예산 집행기준에 의거) 1. 민간경상사업보조(307-02) 2. 민간단체 법정운영비보조(307-03) 3. 민간행사사업보조(307-04) 4. 민간위탁금(307-05) 5. 사회복지시설 법정운영비보조(307-10) 6. 민간인위탁교육비(307-12) 7. 공기관등에대한경상적위탁사업비(308-13) 8. 민간자본사업보조,자체재원(402-01) 9. 민간자본사업보조,이전재원(402-02) 10. 민간위탁사업비(402-03) 11. 공기관등에 대한 자본적 위탁사업비(403-02)	민간이전지출 근거 (지방보조금 관리기준 참고) 1. 법률에 규정 2. 국고보조 재원(국가지정) 3. 용도 지정 기부금 4. 조례에 직접규정 5. 지자체가 권장하는 사업을 하는 공공기관 6. 시,도 정책 및 재정사정 7. 기타 8. 해당없음	입찰방식 계약체결방법 (경쟁형태) 1. 일반경쟁 2. 제한경쟁 3. 지명경쟁 4. 수의계약 5. 법정위탁 6. 기타 ( ) 7. 없음	입찰방식 계약기간 1. 1년 2. 2년 3. 3년 4. 4년 5. 5년 6. 기타 ( )년 7. 단기계약 (1년미만) 8. 없음	입찰방식 낙찰자선정방법 1. 적격심사 2. 협상에의한계약 3. 최저가낙찰제 4. 규격가격분리 5. 2단계 경쟁입찰 6. 기타 ( ) 7. 없음	운영예산 산정 운영예산 산정 1. 내부산정 (지자체 자체적으로 산정) 2. 외부산정 (외부전문기관위탁 산정) 3. 내·외부 모두 산정 4. 산정 無 5. 없음	운영예산 산정 정산방법 1. 내부정산 (지자체 내부적으로 정산) 2. 외부정산 (외부전문기관위탁 정산) 3. 내·외부 모두 산정 4. 정산 無 5. 없음	성과평가 실시여부 1. 실시 2. 미실시 3. 향후 추진 4. 해당없음
5438	대구 서구	청소년지도사배치지원(시특별지원)	76,680	4	1	5	3	7	1	1	1
5439	대구 서구	통합정신건강증진사업	74,072	4	2	1	3	1	5	1	1
5440	대구 서구	지역사회건강조사조사분석위탁운영	69,126	4	2	7	1	7	5	2	1
5441	대구 서구	결혼이민자통번역서비스지원	68,200	4	1	1	5	1	1	1	1
5442	대구 서구	다함께돌봄센터인건비지원	51,100	4	1	7	8	7	5	5	4
5443	대구 서구	기초정신건강복지센터운영지원	51,100	4	2	1	3	1	5	1	1
5444	대구 서구	가족센터종사자처우개선	46,600	4	1	1	5	1	1	1	1
5445	대구 서구	자살유족지원사업	46,000	4	2	1	3	1	5	1	1
5446	대구 서구	저소득취약계층을위한푸드마켓운영	44,000	4	1	1	5	1	1	1	1
5447	대구 서구	다문화가족자녀언어발달지원	40,590	4	1	1	5	1	1	1	1
5448	대구 서구	서구어린이도서관청소용역	35,000	4	8	4	1	7	1	1	4
5449	대구 서구	New평리도서관청소대행용역	35,000	4	8	7	8	7	5	5	4
5450	대구 서구	비원건강증진센터운영	33,900	4	1	4	1	7	1	5	4
5451	대구 서구	비원도서관청소대행용역	30,000	4	8	4	1	7	1	1	4
5452	대구 서구	비산도서관청소대행용역	28,200	4	8	4	1	7	1	1	4
5453	대구 서구	원고개도서관청소대행용역	27,091	4	8	4	1	7	1	1	4
5454	대구 서구	영어도서관청소대행용역	26,734	4	8	4	1	7	1	1	4
5455	대구 서구	청소년지도사배치지원	25,368	4	2	5	3	7	1	1	1
5456	대구 서구	결혼이민자역량강화지원	24,500	4	1	1	5	1	1	1	1
5457	대구 서구	정신보건자체사업	24,000	4	7	1	3	1	1	1	1
5458	대구 서구	학교밖청소년급식비지원사업	20,500	4	2	5	3	7	1	1	1
5459	대구 서구	효율적인가로기관리	18,000	4	8	4	1	7	1	1	4
5460	대구 서구	다문화가족지원센터특수시책개발지원	15,500	4	1	1	5	1	1	1	1
5461	대구 서구	국민참여민방위의날훈련경비	12,000	4	7	4	1	3	1	1	2
5462	대구 서구	공공체육시설유지보수(공공체육시설개방화장실청소대행용역)	11,400	4	7	4	7	7	1	5	4
5463	대구 서구	치유및상담프로그램운영	10,000	4	1	5	3	7	1	1	1
5464	대구 서구	치매안심센터운영	6,300	4	1	4	7	7	1	5	4
5465	대구 서구	다함께돌봄센터운영비지원	4,000	4	1	7	8	7	5	5	4
5466	대구 서구	기초정신건강복지센터종사자복지수당	3,750	4	6	1	3	1	5	1	1
5467	대구 서구	청소년운영위원회지원	2,000	4	1	5	3	7	1	1	1
5468	대구 서구	정확한부과및납세고지서송달(납세조합징수교부금)	100	4	1	7	8	7	5	5	4
5469	대구 서구	문화회관청사청소용역	135,000	4	7	4	1	2	1	1	4
5470	대구 서구	비원유직홀청사청소용역	67,500	4	7	4	1	2	1	1	4
5471	대구 남구	생활폐기물수집운반대행업체수수료	4,760,000	4	4	1	2	2	2	1	1
5472	대구 남구	재활용품수거대행업체위탁수수료	4,519,055	4	4	1	2	2	2	1	1
5473	대구 남구	자활근로사업위탁비(인건비및사업비)	3,932,033	4	1	5	8	7	5	5	1
5474	대구 남구	아이돌봄지원	1,988,000	4	1	7	8	7	1	1	1
5475	대구 남구	지역사회서비스투자사업(자율계정바우처사업)	1,538,572	4	5	5	8	7	5	3	1
5476	대구 남구	대형폐기물처리대행업체위탁수수료	1,179,589	4	4	1	2	2	2	1	1
5477	대구 남구	정신건강복지센터인건비	498,940	4	1	5	3	7	5	1	4

순번	시군구	지출명 (사업명)	2024년예산 (단위 : 천원 /1년간)	민간이전 분류 (지방자치단체 세출예산 집행기준에 의거) 1. 민간경상사업보조(307-02) 2. 민간단체 법정운영비보조(307-03) 3. 민간행사사업보조(307-04) 4. 민간위탁금(307-05) 5. 사회복지시설 법정운영비보조(307-10) 6. 민간인위탁교육비(307-12) 7. 공기관등에대한경상적위탁사업비(308-13) 8. 민간자본사업보조,자체재원(402-01) 9. 민간자본사업보조,이전재원(402-02) 10. 민간위탁사업비(402-03) 11. 공기관등에 대한 자본적 위탁사업비(403-02)	민간이전지출 근거 (지방보조금 관리기준 참고) 1. 법률에 규정 2. 국고보조 재원(국가지정) 3. 용도 지정 기부금 4. 조례에 직접규정 5. 지자체가 권장하는 사업을 하는 공공기관 6. 시,도 정책 및 재정사정 7. 기타 8. 해당없음	입찰방식: 계약체결방법 (경쟁형태) 1. 일반경쟁 2. 제한경쟁 3. 지명경쟁 4. 수의계약 5. 법정위탁 6. 기타 ( ) 7. 없음	입찰방식: 계약기간 1. 1년 2. 2년 3. 3년 4. 4년 5. 5년 6. 기타 ( )년 7. 단기계약 (1년미만) 8. 없음	입찰방식: 낙찰자선정방법 1. 적격심사 2. 협상에의한계약 3. 최저가낙찰제 4. 규격가격분리 5. 2단계 경쟁입찰 6. 기타 ( ) 7. 없음	운영예산 산정: 운영예산 산정 1. 내부산정 (지자체 자체적으로 산정) 2. 외부산정 (외부전문기관위탁 산정) 3. 내·외부 모두 산정 4. 산정 無 5. 없음	운영예산 산정: 정산방법 1. 내부정산 (지자체 내부적으로 정산) 2. 외부정산 (외부전문기관위탁 정산) 3. 내·외부 모두 산정 4. 정산 無 5. 없음	성과평가 실시여부 1. 실시 2. 미실시 3. 향후 추진 4. 해당없음
5478	대구 남구	가족센터통합사업	456,992	4	1	7	8	7	1	1	2
5479	대구 남구	취약위기가족통합지원	358,060	4	1	7	8	7	1	1	2
5480	대구 남구	어린이급식관리지원센터운영	315,000	4	1	6	3	1	1	1	1
5481	대구 남구	남구청년센터민간위탁운영비	300,000	4	4	1	6	1	1	1	1
5482	대구 남구	진로및학습코칭지원사업	260,000	4	5	6	3	1	1	1	1
5483	대구 남구	남구자원봉사센터운영비지원	222,289	4	1	1	2	1	1	1	1
5484	대구 남구	학교밖청소년지원	198,018	4	2	5	3	1	3	1	1
5485	대구 남구	청소년방과후아카데미	188,978	4	2	5	3	1	3	1	1
5486	대구 남구	다문화가족자녀지원	186,900	4	1	7	8	7	1	1	2
5487	대구 남구	다문화가족방문교육사업	180,243	4	1	7	8	7	1	1	2
5488	대구 남구	청소년상담복지센터운영비	156,241	4	5	5	5	1	3	1	1
5489	대구 남구	음식물류폐기물처리비용(민간처리시설)	150,611	4	4	1	2	1	2	1	2
5490	대구 남구	대명공연예술센터문화콘텐츠사업운영	134,000	4	4	7	2	7	1	1	2
5491	대구 남구	통합정신건강증진사업비등	128,000	4	1	5	3	7	5	1	4
5492	대구 남구	청소년동반자프로그램운영	125,134	4	2	5	5	1	3	1	1
5493	대구 남구	공동육아나눔터운영	113,424	4	1	7	8	7	1	1	2
5494	대구 남구	자살예방사업운영비	111,108	4	1	5	3	7	5	1	4
5495	대구 남구	청소년안전망구축	105,563	4	2	5	5	1	3	1	1
5496	대구 남구	남구스포츠클럽운영지원	100,000	4	2,4	4	3	1	1	1	1
5497	대구 남구	다함께돌봄사업인건비	89,680	4	1	1	5	1	1	1	4
5498	대구 남구	자원봉사활성화시책사업	89,500	4	1	1	2	1	1	1	1
5499	대구 남구	장애인재활지원센터(운영비,인건비)지원	85,300	4	5	1	4	1	1	1	4
5500	대구 남구	자살예방및정신건강증진사업운영비등	77,200	4	1	5	3	7	5	1	4
5501	대구 남구	건강조사사업협력대학위탁운영비	69,126	4	2	7	8	7	2	2	1
5502	대구 남구	통 · 번역서비스	68,200	4	1	7	8	7	1	1	2
5503	대구 남구	자원봉사코디네이터지원	66,478	4	2	1	2	1	1	1	1
5504	대구 남구	주민자치센터운영위탁	55,100	4	4	5	1	7	1	1	1
5505	대구 남구	지역사회정신건강복지센터위탁운영사업비등	51,100	4	1	5	3	7	5	1	4
5506	대구 남구	자살유족지원사업운영비	46,000	4	1	5	3	7	5	1	4
5507	대구 남구	다문화교류소통공간	44,900	4	1	7	8	7	1	1	2
5508	대구 남구	지역사회서비스투자사업(청년마음건강지원사업)	42,858	4	5	5	8	7	5	5	1
5509	대구 남구	다문화가족자녀언어발달	40,590	4	1	7	8	7	1	1	2
5510	대구 남구	가족센터종사자처우개선	38,500	4	1	7	8	7	1	1	2
5511	대구 남구	이중언어학습지원(직접학습)	36,680	4	1	7	8	7	1	1	2
5512	대구 남구	이중언어학습지원(부모코칭)	36,430	4	1	7	8	7	1	1	2
5513	대구 남구	학교밖청소년복지지원	21,520	4	2	5	3	1	3	1	1
5514	대구 남구	남구행복플랫폼운영	20,900	4	7	1	2	1	1	1	1
5515	대구 남구	이동방문목욕사업추진	20,000	4	5	1	3	1	1	1	4
5516	대구 남구	결혼이민자역량강화지원(한국어교육운영)	20,000	4	1	7	8	7	1	1	2
5517	대구 남구	자원봉사활성화자체사업	18,700	4	1	1	2	1	1	1	1

순번	시군구	지출명 (사업명)	2024년예산 (단위 : 천원 /1년간)	민간이전 분류 (지방자치단체 세출예산 집행기준에 의거) 1. 민간경상사업보조(307-02) 2. 민간단체 법정운영비보조(307-03) 3. 민간행사사업보조(307-04) 4. 민간위탁금(307-05) 5. 사회복지시설 법정운영비보조(307-10) 6. 민간인위탁교육비(307-12) 7. 공기관등에대한경상적위탁사업비(308-13) 8. 민간자본사업보조,자체재원(402-01) 9. 민간자본사업보조,이전재원(402-02) 10. 민간위탁사업비(402-03) 11. 공기관등에 대한 자본적 위탁사업비(403-02)	민간이전지출 근거 (지방보조금 관리기준 참고) 1. 법률에 규정 2. 국고보조 재원(국가지정) 3. 용도 지정 기부금 4. 조례에 직접규정 5. 지자체가 권장하는 사업을 하는 공공기관 6. 시,도 정책 및 재정사정 7. 기타 8. 해당없음	입찰방식 계약체결방법 (경쟁형태) 1. 일반경쟁 2. 제한경쟁 3. 지명경쟁 4. 수의계약 5. 법정위탁 6. 기타 ( ) 7. 없음	계약기간 1. 1년 2. 2년 3. 3년 4. 4년 5. 5년 6. 기타 ( )년 7. 단기계약 (1년미만) 8. 없음	낙찰자선정방법 1. 적격심사 2. 협상에의한계약 3. 최저가낙찰제 4. 규격가격분리 5. 2단계 경쟁입찰 6. 기타 ( ) 7. 없음	운영예산 산정 운영예산 산정 1. 내부산정 (지자체 자체적으로 산정) 2. 외부산정 (외부전문기관위탁 산정) 3. 내·외부 모두 산정 4. 산정 無 5. 없음	정산방법 1. 내부정산 (지자체 내부적으로 정산) 2. 외부정산 (외부전문기관위탁 정산) 3. 내·외부 모두 산정 4. 정산 無 5. 없음	성과평가 실시여부 1. 실시 2. 미실시 3. 향후 추진 4. 해당없음
5518	대구 남구	학교밖청소년급식지원	17,724	4	2	5	3	1	3	1	1
5519	대구 남구	다함께돌봄사업비	16,500	4	1	1	5	1	1	1	2
5520	대구 남구	가로기게양대행료(태극기,민방위기)	15,100	4	4	1	1	1	1	1	1
5521	대구 남구	찾아가는학교밖청소년축제(주민참여예산구참여형)	10,000	4	5	5	1	1	3	1	1
5522	대구 남구	치유및심화상담프로그램운영	10,000	4	5	5	5	1	3	1	1
5523	대구 남구	다국어온라인홍보지원사업(주민참여예산구참여형)	10,000	4	1	7	8	7	1	1	2
5524	대구 남구	결혼이민자여성아카데미운영	10,000	4	4	7	8	7	1	1	2
5525	대구 남구	의료관련감염관리사업	8,640	4	2	7	8	7	5	1	4
5526	대구 남구	남구스포츠클럽행정인력인건비	7,500	4	2,4	4	3	1	1	1	1
5527	대구 남구	사각지대다문화가족지원	7,500	4	1	7	8	7	1	1	2
5528	대구 남구	다문화가족취업프로그램사업	6,480	4	1	7	8	7	1	1	2
5529	대구 남구	중도입국자녀지원프로그램사업	3,800	4	1	7	8	7	1	1	2
5530	대구 남구	종사자복지수당	3,500	4	1	5	3	7	5	1	4
5531	대구 남구	청소년참여위원회운영지원	2,800	4	5	5	5	1	3	1	1
5532	대구 남구	찾아가는다문화이해교육운영	2,200	4	1	7	8	7	1	1	2
5533	대구 북구	생활폐기물수집운반대행수수료	6,640,900	4	1	1	2	2	2	1	1
5534	대구 북구	아이돌봄지원	6,088,000	4	2	1	3	2	1	1	1
5535	대구 북구	재활용품수거운반및선별장운영위탁	5,393,500	4	1	1	2	2	2	1	1
5536	대구 북구	자활지원	3,800,000	4	2	5	1	7	5	1	1
5537	대구 북구	음식물류폐기물민간업체수집운반및처리대행수수료	3,576,699	4	1	1	2	2	1	1	1
5538	대구 북구	자산형성지원사업	3,360,823	4	2	5	8	7	5	1	4
5539	대구 북구	노인복지관지원	3,040,148	4	4	1	5	1	1	1	4
5540	대구 북구	대형폐기물수집운반처리용역	2,203,285	4	1	2	2	2	2	1	1
5541	대구 북구	지역사회서비스투자사업	2,018,600	4	2	5	8	7	1	1	1
5542	대구 북구	장애아동발달재활서비스사업	1,941,660	4	2	5	8	7	5	5	4
5543	대구 북구	장애인활동지원사업(시비특별지원)	1,449,880	4	6	5	8	7	5	5	4
5544	대구 북구	북구정신건강복지센터위탁운영	984,858	4	2,6	5	3	1	1	1	3
5545	대구 북구	지역급식관리지원센터운영	940,000	4	1	6	3	6	5	3	1
5546	대구 북구	중증장애인활동보조가산급여	585,823	4	2	5	8	7	5	5	4
5547	대구 북구	EYEVIL관리위탁금	362,730	4	4	6	5	6	1	2	3
5548	대구 북구	산격3동도시재생현장지원센터운영	350,941	4	1,4	1	1	1	1	3	3
5549	대구 북구	북구청직장어린이집운영지원	320,000	4	4	1	5	1	1	1	1
5550	대구 북구	복현1동도시재생현장지원센터운영	316,315	4	1,4	1	1	1	1	3	3
5551	대구 북구	원어민화상영어센터운영	301,000	4	7	7	8	7	5	5	4
5552	대구 북구	북구자원봉사센터지원	293,500	4	1	5	2	1	1	1	1
5553	대구 북구	북구도시재생지원센터운영	248,362	4	1,4	1	3	1	1	1	1
5554	대구 북구	진로진학지원센터운영	243,400	4	1,4	1	2	1	1	1	1
5555	대구 북구	대불스포츠센터운영지원	210,000	4	4	7	5	7	1	1	3
5556	대구 북구	발달장애인평생교육프로그램운영지원사업	200,000	4	6	5	1	7	1	2	1
5557	대구 북구	보훈회관운영위탁	195,365	4	1,3	7	8	7	2	1	3

순번	시군구	지출명 (사업명)	2024년예산 (단위 : 천원 /1년간)	민간이전 분류 (지방자치단체 세출예산 집행기준에 의거) 1. 민간경상사업보조(307-02) 2. 민간단체 법정운영비보조(307-03) 3. 민간행사사업보조(307-04) 4. 민간위탁금(307-05) 5. 사회복지시설 법정운영비보조(307-10) 6. 민간인위탁교육비(307-12) 7. 공기관등에대한경상적위탁사업비(308-13) 8. 민간자본사업보조,자체재원(402-01) 9. 민간자본사업보조,이전재원(402-02) 10. 민간위탁사업비(402-03) 11. 공기관등에 대한 자본적 위탁사업비(403-02)	민간이전지출 근거 (지방보조금 관리기준 참고) 1. 법률에 규정 2. 국고보조 재원(국가지정) 3. 용도 지정 기부금 4. 조례에 직접규정 5. 지자체가 권장하는 사업을 하는 공공기관 6. 시,도 정책 및 재정사정 7. 기타 8. 해당없음	입찰방식 계약체결방법 (경쟁형태) 1. 일반경쟁 2. 제한경쟁 3. 지명경쟁 4. 수의계약 5. 법정위탁 6. 기타 ( ) 7. 없음	입찰방식 계약기간 1. 1년 2. 2년 3. 3년 4. 4년 5. 5년 6. 기타 ( )년 7. 단기계약 (1년미만) 8. 없음	입찰방식 낙찰자선정방법 1. 적격심사 2. 협상에의한계약 3. 최저가낙찰제 4. 규격가격분리 5. 2단계 경쟁입찰 6. 기타 ( ) 7. 없음	운영예산 산정 운영예산 산정 1. 내부산정 (지자체 자체적으로 산정) 2. 외부산정 (외부전문기관위탁 산정) 3. 내·외부 모두 산정 4. 산정 無 5. 없음	운영예산 산정 정산방법 1. 내부정산 (지자체 내부적으로 정산) 2. 외부정산 (외부전문기관위탁 정산) 3. 내·외부 모두 산정 4. 정산 無 5. 없음	성과평가 실시여부 1. 실시 2. 미실시 3. 향후 추진 4. 해당없음
5558	대구 북구	가사간병방문지원사업	177,144	4	2	5	8	7	5	1	1
5559	대구 북구	통합가족센터운영	129,920	4	4	1	3	2	1	1	1
5560	대구 북구	장애인활동보조추가지원	116,500	4	2	5	8	7	5	5	4
5561	대구 북구	장난감도서관운영	90,000	4	4	1	6	7	1	1	1
5562	대구 북구	관음동도시재생현장지원센터운영	83,155	4	1,4	1	6	1	1	1	3
5563	대구 북구	지역사회건강조사사업위탁운영비	69,278	4	2	7	8	7	1	1	4
5564	대구 북구	주민외국어교육프로그램운영	50,000	4	7	7	7	7	1	1	4
5565	대구 북구	가족친화문화조성	20,000	4	5	1	3	2	1	1	1
5566	대구 북구	연암서당골도시재생조성시설물관리위탁	19,152	4	4	4	3	7	1	1	1
5567	대구 북구	중등영어캠프운영	15,000	4	7	7	7	7	1	1	4
5568	대구 북구	공동주택법정의무교육위탁	6,000	4	1	5	8	7	3	5	4
5569	대구 북구	언어발달지원사업	2,219	4	2	5	8	7	5	5	4
5570	대구 북구	장애인거주시설IOTAI활용돌봄사업운영비	1,224	4	2	7	8	7	1	1	1
5571	대구 북구	신생아난청조기진단사업위탁홍보비	876	4	2	7	8	7	1	1	4
5572	대구 수성구	일반쓰레기수거처리	9,180,679	4	1	7	8	7	5	5	4
5573	대구 수성구	재활용품자원화	8,172,846	4	1	7	8	7	5	5	4
5574	대구 수성구	아이돌봄지원	5,675,000	4	2	1	3	1	4	1	1
5575	대구 수성구	자활근로,지역자활센터및광역자활센터운영(자활사업)	4,200,000	4	1	6	1	7	1	1	4
5576	대구 수성구	종합사회복지관지원(위탁)	3,926,520	4	1	1	5	1	1	2	1
5577	대구 수성구	근로능력있는수급자의탈수급지원(자산형성지원사업)	3,132,199	4	1	7	8	7	1	1	4
5578	대구 수성구	대형폐기물수집운반처리대행위탁금	2,947,320	4	1	7	8	7	5	5	4
5579	대구 수성구	음식물류폐기물처리민간대행	2,265,948	4	1	7	8	7	5	5	4
5580	대구 수성구	지역자율형사회서비스투자사업(지역사회서비스투자사업)	2,178,572	4	1	5	8	7	5	2	4
5581	대구 수성구	다함께돌봄센터인건비지원	786,410	4	2	5	5	1	5	1	4
5582	대구 수성구	노인복지관운영(고산)	763,622	4	1	1	5	1	1	1	1
5583	대구 수성구	기초정신건강복지센터인건비	710,030	4	2	5	3	1	5	3	3
5584	대구 수성구	노인복지관운영(범물)	634,611	4	1	1	5	1	1	1	1
5585	대구 수성구	시니어클럽운영지원	585,440	4	1	7	8	7	5	3	1
5586	대구 수성구	청소년수련관운영지원	547,000	4	1	1	5	1	1	1	1
5587	대구 수성구	수성구자원봉사센터위탁운영	531,954	4	1	1	3	1	1	1	1
5588	대구 수성구	청소년문화의집운영지원	530,000	4	1	1	3	6	1	1	1
5589	대구 수성구	어린이급식관리지원센터설치운영	525,000	4	2	2	5	1	1	2	1
5590	대구 수성구	청소년수련원운영지원	500,000	4	1	1	3	6	1	1	1
5591	대구 수성구	가족센터통합서비스운영	439,400	4	1	1	5	6	1	1	1
5592	대구 수성구	가사간병방문지원사업	400,000	4	1	7	8	7	1	1	4
5593	대구 수성구	수성여성클럽운영	379,000	4	4	6	2	6	1	1	1
5594	대구 수성구	수성여성클럽운영	379,000	4	1,4	1	2	1	1	1	1
5595	대구 수성구	평생학습센터청소대행료(6개소)	363,756	4	4	4	1	7	1	1	1
5596	대구 수성구	깨끗하고편리한청사환경관리	326,000	4	4	4	1	7	1	1	4
5597	대구 수성구	직장어린이집운영지원	294,400	4	4	1	5	1	1	1	4

순번	시군구	지출명 (사업명)	2024년예산 (단위 : 천원 /1년간)	민간이전 분류 (지방자치단체 세출예산 집행기준에 의거) 1. 민간경상사업보조(307-02) 2. 민간단체 법정운영비보조(307-03) 3. 민간행사사업보조(307-04) 4. 민간위탁금(307-05) 5. 사회복지시설 법정운영비보조(307-10) 6. 민간인위탁교육비(307-12) 7. 공기관등에대한경상적위탁사업비(308-13) 8. 민간자본사업보조,자체재원(402-01) 9. 민간자본사업보조,이전재원(402-02) 10. 민간위탁사업비(402-03) 11. 공기관등에 대한 자본적 위탁사업비(403-02)	민간이전지출 근거 (지방보조금 관리기준 참고) 1. 법률에 규정 2. 국고보조 재원(국가지정) 3. 용도 지정 기부금 4. 조례에 직접규정 5. 지자체가 권장하는 사업을 하는 공공기관 6. 시,도 정책 및 재정사정 7. 기타 8. 해당없음	입찰방식			운영예산 산정		성과평가 실시여부
						계약체결방법 (경쟁형태) 1. 일반경쟁 2. 제한경쟁 3. 지명경쟁 4. 수의계약 5. 법정위탁 6. 기타 ( ) 7. 없음	계약기간 1. 1년 2. 2년 3. 3년 4. 4년 5. 5년 6. 기타 ( )년 7. 단기계약 (1년미만) 8. 없음	낙찰자선정방법 1. 적격심사 2. 협상에의한계약 3. 최저가낙찰제 4. 규격가격분리 5. 2단계 경쟁입찰 6. 기타 ( ) 7. 없음	운영예산 산정 1. 내부산정 (지자체 자체적으로 산정) 2. 외부산정 (외부전문기관위탁 산정) 3. 내·외부 모두 산정 4. 산정 無 5. 없음	정산방법 1. 내부정산 (지자체 내부적으로 정산) 2. 외부정산 (외부전문기관위탁 정산) 3. 내·외부 모두 산정 4. 정산 無 5. 없음	1. 실시 2. 미실시 3. 향후 추진 4. 해당없음
5598	대구 수성구	수성영상미디어센터운영	260,000	4	4	7	3	7	1	1	1
5599	대구 수성구	취약위기가구통합지원	252,380	4	1	1	5	6	1	1	1
5600	대구 수성구	다문화가족자녀지원	208,900	4	1	1	5	6	1	1	1
5601	대구 수성구	수성일자리센터운영	205,000	4	4	7	8	7	1	1	1
5602	대구 수성구	장애인재활센터운영	194,456	4	4	7	8	7	5	1	1
5603	대구 수성구	청소년방과후아카데미운영(청소년수련관)	188,978	4	2	7	8	7	5	1	1
5604	대구 수성구	청소년방과후아카데미운영(청소년문화의집)	188,978	4	2	7	8	7	5	1	1
5605	대구 수성구	발달장애인평생교육프로그램운영지원	179,200	4	1	5	6	1	1	1	1
5606	대구 수성구	청소년지도사배치지원	177,576	4	1	7	8	7	1	1	1
5607	대구 수성구	장애청소년자립지원센터운영지원	175,000	4	2	5	2	1	1	1	1
5608	대구 수성구	공동육아나눔터사업지원	170,136	4	1	1	5	6	1	1	1
5609	대구 수성구	다문화가족방문교육서비스지원	160,216	4	1	1	5	6	1	1	1
5610	대구 수성구	보건소청사관리	159,981	4	4	4	1	7	1	1	2
5611	대구 수성구	부모교육지원	150,000	4	4	1	2	1	1	1	3
5612	대구 수성구	정신건강복지센터자살예방사업지원	148,144	4	2	5	3	1	5	3	3
5613	대구 수성구	통합정신건강증진사업	148,000	4	2	5	3	1	5	3	3
5614	대구 수성구	동물보호	144,000	4	4	7	8	7	1	1	1
5615	대구 수성구	수성국민체육센터청소대행용역	139,512	4	1	4	1	2	1	1	1
5616	대구 수성구	길고양이중성화수술비지원	106,000	4	4	7	8	7	1	1	1
5617	대구 수성구	사회복지급식관리지원센터설치운영	100,000	4	2	2	5	1	1	2	1
5618	대구 수성구	어르신상담센터운영	90,000	4	1	7	8	7	1	1	4
5619	대구 수성구	다함께돌봄센터운영비지원	88,000	4	2	5	5	1	5	1	4
5620	대구 수성구	고산노인복지관운영(자체)	85,710	4	1	1	5	1	1	1	1
5621	대구 수성구	고모지역문화콘텐츠개발	84,362	4	6	7	3	7	1	1	1
5622	대구 수성구	이중언어학습지원	73,110	4	1	1	5	6	1	1	1
5623	대구 수성구	2024년수성구의회청사청소용역시행	71,376	4	4	4	1	7	1	1	2
5624	대구 수성구	자살예방및정신건강증진사업	67,056	4	2	5	3	1	5	3	3
5625	대구 수성구	종량제봉투및스티커배달대해위탁금	65,520	4	4	4	1	7	1	1	2
5626	대구 수성구	결혼이민자취업지원	65,250	4	1	1	5	6	1	1	1
5627	대구 수성구	범물노인복지관운영(자체)	64,314	4	1	1	5	1	1	1	1
5628	대구 수성구	유기유실동물관리수준개선	62,500	4	4	7	8	7	1	1	1
5629	대구 수성구	청년마음건강지원사업	55,716	4	1	5	8	7	5	2	4
5630	대구 수성구	기초정신건강복지센터운영지원	51,100	4	2	5	3	1	5	3	3
5631	대구 수성구	자살유족지원사업운영	46,000	4	2	5	3	1	5	3	3
5632	대구 수성구	다문화가족교류소통공간운영	44,900	4	1	1	5	6	1	1	1
5633	대구 수성구	가족센터종사자처우개선	44,200	4	1	1	5	6	1	1	1
5634	대구 수성구	다문화가족자녀언어발달지원	40,590	4	1	1	5	6	1	1	1
5635	대구 수성구	종합사회복지관지역주민밀착형사업(위탁)	40,000	4	1	7	8	7	1	1	4
5636	대구 수성구	2024년고산건강생활지원센터청사청소용역시행	38,000	4	4	4	1	7	1	1	2
5637	대구 수성구	기부식품등운영지원	37,000	4	1	7	8	7	1	1	4

순번	시군구	지출명 (사업명)	2024년예산 (단위 : 천원 /1년간)	민간이전 분류 (지방자치단체 세출예산 집행기준에 의거) 1. 민간경상사업보조(307-02) 2. 민간단체 법정운영비보조(307-03) 3. 민간행사사업보조(307-04) 4. 민간위탁금(307-05) 5. 사회복지시설 법정운영비보조(307-10) 6. 민간인위탁교육비(307-12) 7. 공기관등에대한경상적위탁사업비(308-13) 8. 민간자본사업보조,자체재원(402-01) 9. 민간자본사업보조,이전재원(402-02) 10. 민간위탁사업비(402-03) 11. 공기관등에 대한 자본적 위탁사업비(403-02)	민간이전지출 근거 (지방보조금 관리기준 참고) 1. 법률에 규정 2. 국고보조 재원(국가지정) 3. 용도 지정 기부금 4. 조례에 직접규정 5. 지자체가 권장하는 사업을 하는 공공기관 6. 시,도 정책 및 재정사정 7. 기타 8. 해당없음	입찰방식 계약체결방법 (경쟁형태) 1. 일반경쟁 2. 제한경쟁 3. 지명경쟁 4. 수의계약 5. 법정위탁 6. 기타 ( ) 7. 없음	계약기간 1. 1년 2. 2년 3. 3년 4. 4년 5. 5년 6. 기타 ( )년 7. 단기계약 (1년미만) 8. 없음	낙찰자선정방법 1. 적격심사 2. 협상에의한계약 3. 최저가낙찰제 4. 규격가격분리 5. 2단계 경쟁입찰 6. 기타 ( ) 7. 없음	운영예산 산정 운영예산 산정 1. 내부산정 (지자체 자체적으로 산정) 2. 외부산정 (외부전문기관위탁 산정) 3. 내·외부 모두 산정 4. 산정 無 5. 없음	정산방법 1. 내부정산 (지자체 내부적으로 정산) 2. 외부정산 (외부전문기관위탁 정산) 3. 내·외부 모두 정산 4. 정산 無 5. 없음	성과평가 실시여부 1. 실시 2. 미실시 3. 향후 추진 4. 해당없음
5638	대구 수성구	24시간AI돌보미지원사업	35,450	4	6	7	8	7	5	5	4
5639	대구 수성구	결혼이민자통번역서비스지원	34,100	4	1	1	5	6	1	1	1
5640	대구 수성구	육아종합지원센터시설운영	30,492	4	8	4	1	7	1	1	4
5641	대구 수성구	생활자원회수센터운영	30,000	4	4	7	8	7	5	5	4
5642	대구 수성구	대구삼성라이온즈파크불법노점단속용역	25,600	4	8	7	8	7	5	5	4
5643	대구 수성구	결혼이민자역량강화지원	24,500	4	1	1	5	6	1	1	1
5644	대구 수성구	2024년수성유원지행사노점상단속용역	21,840	4	8	4	7	7	1	1	2
5645	대구 수성구	유기유실동물관리수준개선	18,900	4	4	7	8	7	1	1	1
5646	대구 수성구	욱수골공영주차장청소대행위탁	18,000	4	7	4	1	7	1	1	4
5647	대구 수성구	사랑의집고쳐주기사업운영	16,000	4	4	7	8	7	1	1	1
5648	대구 수성구	각종행사단속등용역	16,000	4	8	7	8	7	5	5	4
5649	대구 수성구	민관합동사례회의사업	12,600	4	1	5	1	7	1	1	3
5650	대구 수성구	아이돌보미역량강화	10,000	4	7	1	3	1	1	2	3
5651	대구 수성구	아픈아이돌봄지원	10,000	4	1	7	8	7	5	5	4
5652	대구 수성구	사각지대다문화가족지원	10,000	4	1	1	5	6	1	1	1
5653	대구 수성구	다문화가족자조모임지원	10,000	4	1	1	5	6	1	1	1
5654	대구 수성구	공동육아나눔터장난감구입비지원	10,000	4	1	1	5	6	1	1	1
5655	대구 수성구	황금종합사회복지관청소년진로캠프	9,000	4	1	7	8	7	1	1	4
5656	대구 수성구	고독사예방효도인형운영	7,788	4	1	5	1	7	1	1	3
5657	대구 수성구	지역청소년참여기구운영(청소년운영위원회)	6,000	4	1	7	8	7	1	1	4
5658	대구 수성구	가족센터운영비지원	5,060	4	1	1	5	6	1	1	1
5659	대구 수성구	기초정신건강복지센터종사자복지수당	4,900	4	6	5	3	1	5	3	3
5660	대구 수성구	중도입국자녀지원프로그램사업	3,800	4	1	1	5	6	1	1	1
5661	대구 수성구	찾아가는다문화이해교육	2,200	4	1	1	5	6	1	1	1
5662	대구 달서구	아이돌봄지원	6,893,000	4	1	5	5	6	5	1	3
5663	대구 달서구	재활용품수집운반및처리민간대행수수료	4,793,771	4	1	1	2	2	2	1	1
5664	대구 달서구	첫만남이용권지원	4,531,000	4	2	7	8	7	5	5	4
5665	대구 달서구	지역자활센터자활근로사업	3,583,740	4	1	7	8	7	1	1	4
5666	대구 달서구	지역자활센터자활근로사업	3,583,740	4	1	7	8	7	1	1	4
5667	대구 달서구	생활쓰레기수거운반대행	2,307,345	4	1	1	2	2	2	1	1
5668	대구 달서구	생활쓰레기수거운반대행	2,161,107	4	1	1	2	2	2	1	1
5669	대구 달서구	음식물류폐기물수집운반민간대행수수료	1,847,738	4	1	1	2	2	2	1	1
5670	대구 달서구	대형폐기물수집운반처리대행업체수수료	1,777,461	4	1	1	2	2	2	1	1
5671	대구 달서구	대형폐기물수집운반처리대행업체수수료	1,690,937	4	1	1	2	2	2	1	1
5672	대구 달서구	산모신생아건강관리지원사업	1,457,386	4	1	7	8	7	5	5	4
5673	대구 달서구	음식물류폐기물처리민간대행수수료	1,353,827	4	1	1	2	2	2	1	1
5674	대구 달서구	노인종합복지관운영지원	1,120,998	4	4	5	5	1	1	1	2
5675	대구 달서구	음식물류폐기물수집운반민간대행수수료	1,037,583	4	1	1	2	2	2	1	1
5676	대구 달서구	음식물류폐기물처리민간대행수수료	1,035,259	4	1	1	2	2	2	1	1
5677	대구 달서구	국가암관리지자체지원(국가암검진)	1,000,998	4	2	7	8	7	2	2	4

순번	시군구	지출명 (사업명)	2024년예산 (단위 : 천원 /1년간)	민간이전 분류 (지방자치단체 세출예산 집행기준에 의거) 1. 민간경상사업보조(307-02) 2. 민간단체 법정운영비보조(307-03) 3. 민간행사사업보조(307-04) 4. 민간위탁금(307-05) 5. 사회복지시설 법정운영비보조(307-10) 6. 민간인위탁교육비(307-12) 7. 공기관등에대한경상적위탁사업비(308-13) 8. 민간자본사업보조,자체재원(402-01) 9. 민간자본사업보조,이전재원(402-02) 10. 민간위탁사업비(402-03) 11. 공기관등에 대한 자본적 위탁사업비(403-02)	민간이전지출 근거 (지방보조금 관리기준 참고) 1. 법률에 규정 2. 국고보조 재원(국가지정) 3. 용도 지정 기부금 4. 조례에 직접규정 5. 지자체가 권장하는 사업을 하는 공공기관 6. 시,도 정책 및 재정사정 7. 기타 8. 해당없음	입찰방식 계약체결방법 (경쟁형태) 1. 일반경쟁 2. 제한경쟁 3. 지명경쟁 4. 수의계약 5. 법정위탁 6. 기타 ( ) 7. 없음	입찰방식 계약기간 1. 1년 2. 2년 3. 3년 4. 4년 5. 5년 6. 기타 ( )년 7. 단기계약 (1년미만) 8. 없음	입찰방식 낙찰자선정방법 1. 적격심사 2. 협상에의한계약 3. 최저가낙찰제 4. 규격가격분리 5. 2단계 경쟁입찰 6. 기타 ( ) 7. 없음	운영예산 산정 운영예산 산정 1. 내부산정 (지자체 자체적으로 산정) 2. 외부산정 (외부전문기관위탁 산정) 3. 내·외부 모두 산정 4. 산정 無 5. 없음	운영예산 산정 정산방법 1. 내부정산 (지자체 내부적으로 정산) 2. 외부정산 (외부전문기관위탁 정산) 3. 내·외부 모두 산정 4. 정산 無 5. 없음	성과평가 실시여부 1. 실시 2. 미실시 3. 향후 추진 4. 해당없음
5678	대구 달서구	노인종합복지관운영지원	953,945	4	4	5	5	1	1	1	2
5679	대구 달서구	음식물류폐기물수집운반민간대행수수료	935,834	4	1	1	2	2	2	1	1
5680	대구 달서구	어린이급식관리지원센터운영	840,000	4	1	5	3	1	3	3	1
5681	대구 달서구	저소득층기저귀조제분유지원	759,780	4	2	7	8	7	5	5	4
5682	대구 달서구	달서아이꿈센터및장난감도서관운영지원	699,760	4	4	5	5	7	1	1	1
5683	대구 달서구	정신재활시설운영보조	680,965	4	1	7	8	7	1	1	4
5684	대구 달서구	청사청소용역비	649,020	4	8	4	1	6	1	1	4
5685	대구 달서구	청소년수련관운영	520,000	4	4	1	3	1	1	1	1
5686	대구 달서구	가족센터운영지원	482,100	4	1	5	5	6	5	1	3
5687	대구 달서구	청소년쉼터운영	445,532	4	2	1	3	1	1	1	1
5688	대구 달서구	청소년문화의집운영	410,000	4	4	1	3	1	1	1	1
5689	대구 달서구	자원봉사센터운영비	379,000	4	4	5	3	1	1	1	1
5690	대구 달서구	자원봉사센터운영비	379,000	4	4	5	3	1	1	1	1
5691	대구 달서구	다문화가족자녀지원	371,426	4	1	5	5	6	5	1	3
5692	대구 달서구	청소년방과후아카데미	369,916	4	2	1	3	1	1	1	1
5693	대구 달서구	취약위기가족통합지원	359,200	4	1	5	5	6	5	1	3
5694	대구 달서구	진로진학지원센터운영	300,000	4	4	6	3	6	1	1	1
5695	대구 달서구	정신재활시설운영보조	280,282	4	1	7	8	7	1	1	4
5696	대구 달서구	달서반려견놀이터운영	276,447	4	4	1	2	6	1	1	1
5697	대구 달서구	도시재생지원센터운영	273,000	4	1	1	2	6	1	1	3
5698	대구 달서구	학대피해아동쉼터운영	254,384	4	2	5	5	7	5	1	1
5699	대구 달서구	직장어린이집운영지원	250,000	4	2	7	8	7	5	1	2
5700	대구 달서구	학교밖청소년지원센터운영	246,372	4	2	1	3	1	1	1	1
5701	대구 달서구	공동육아나눔터지원사업	226,848	4	1	5	5	6	5	1	3
5702	대구 달서구	청년창업지원센터운영비	225,000	4	4	1	6	1	1	1	1
5703	대구 달서구	성서청소년상담복지센터운영	210,000	4	4	1	3	1	1	1	1
5704	대구 달서구	다함께돌봄사업운영	206,028	4	2	5	5	7	5	1	1
5705	대구 달서구	청소년동반자프로그램운영	181,696	4	2	1	3	1	1	1	1
5706	대구 달서구	노인종합복지관운영지원	171,808	4	4	5	5	1	1	1	2
5707	대구 달서구	노인종합복지관운영지원	171,808	4	4	5	5	1	1	1	2
5708	대구 달서구	청년센터운영	152,000	4	4	1	6	1	1	1	1
5709	대구 달서구	청소년상담복지센터운영	149,130	4	6	1	3	1	1	1	1
5710	대구 달서구	월배장애인재활복지센터운영	118,000	4	4	7	8	7	1	1	1
5711	대구 달서구	정신재활시설운영보조	117,689	4	1	7	8	7	1	1	4
5712	대구 달서구	의료급여수급권자일반건강검진지원	117,483	4	2	7	8	7	2	2	4
5713	대구 달서구	수영장안전요원배치	103,680	4	4	1	3	1	1	1	1
5714	대구 달서구	청소년안전망운영	102,000	4	2	1	3	1	1	1	1
5715	대구 달서구	청소년수련시설청소년지도사추가배치	101,472	4	6	1	3	1	1	1	1
5716	대구 달서구	사회복지급식관리지원센터운영	100,000	4	1	7	8	7	3	3	3
5717	대구 달서구	자원봉사특성화사업	98,600	4	4	5	3	1	1	1	1

순번	시군구	지출명 (사업명)	2024년예산 (단위 : 천원 /1년간)	민간이전 분류 (지방자치단체 세출예산 집행기준에 의거) 1. 민간경상사업보조(307-02) 2. 민간단체 법정운영비보조(307-03) 3. 민간행사사업보조(307-04) 4. 민간위탁금(307-05) 5. 사회복지시설 법정운영비보조(307-10) 6. 민간인위탁교육비(307-12) 7. 공기관등에대한경상적위탁사업비(308-13) 8. 민간자본사업보조,자체재원(402-01) 9. 민간자본사업보조,이전재원(402-02) 10. 민간위탁사업비(402-03) 11. 공기관등에 대한 자본적 위탁사업비(403-02)	민간이전지출 근거 (지방보조금 관리기준 참고) 1. 법률에 규정 2. 국고보조 재원(국가지정) 3. 용도 지정 기부금 4. 조례에 직접규정 5. 지자체가 권장하는 사업을 하는 공공기관 6. 시,도 정책 및 재정사정 7. 기타 8. 해당없음	입찰방식 계약체결방법 (경쟁형태) 1. 일반경쟁 2. 제한경쟁 3. 지명경쟁 4. 수의계약 5. 법정위탁 6. 기타 ( ) 7. 없음	입찰방식 계약기간 1. 1년 2. 2년 3. 3년 4. 4년 5. 5년 6. 기타 ( )년 7. 단기계약 (1년미만) 8. 없음	입찰방식 낙찰자선정방법 1. 적격심사 2. 협상에의한계약 3. 최저가낙찰제 4. 규격가격분리 5. 2단계 경쟁입찰 6. 기타 ( ) 7. 없음	운영예산 산정 운영예산 산정 1. 내부산정 (지자체 자체적으로 산정) 2. 외부산정 (외부전문기관위탁 산정) 3. 내·외부 모두 산정 4. 산정 無 5. 없음	운영예산 산정 정산방법 1. 내부정산 (지자체 내부적으로 정산) 2. 외부정산 (외부전문기관위탁 정산) 3. 내·외부 모두 산정 4. 정산 無 5. 없음	성과평가 실시여부 1. 실시 2. 미실시 3. 향후 추진 4. 해당없음
5718	대구 달서구	자원봉사특성화사업	98,600	4	4	5	3	1	1	1	1
5719	대구 달서구	자원봉사활성화시책사업	93,000	4	4	5	3	1	1	1	1
5720	대구 달서구	자원봉사활성화시책사업	93,000	4	4	5	3	1	1	1	1
5721	대구 달서구	장애인이동지원센터운영	69,800	4	5	7	8	7	1	1	1
5722	대구 달서구	학대피해아동종사자처우개선지원	69,110	4	2	5	5	7	5	1	1
5723	대구 달서구	자원봉사코디네이터도우미운영	66,478	4	4	5	3	1	1	1	1
5724	대구 달서구	자원봉사코디네이터도우미운영	66,478	4	4	5	3	1	1	1	1
5725	대구 달서구	24시간AI돌보미지원사업	65,562	4	6	7	1	7	1	1	1
5726	대구 달서구	24시간AI돌보미지원사업	65,562	4	6	7	1	7	1	1	1
5727	대구 달서구	결혼이민자취업지원	64,850	4	1	5	5	6	5	1	3
5728	대구 달서구	본리도서관청사청소용역	54,403	4	4	4	1	7	1	1	4
5729	대구 달서구	달서가족문화도서관청사청소용역	52,872	4	7	4	1	7	1	1	4
5730	대구 달서구	달서영어도서관청사청소용역	52,766	4	1	4	1	2	1	1	4
5731	대구 달서구	도원도서관청사청소용역	52,606	4	7	4	1	2	1	1	4
5732	대구 달서구	성서도서관청사청소용역	51,639	4	1	4	1	7	1	1	4
5733	대구 달서구	청소년수련시설청소년지도사배치	50,736	4	2	1	3	1	1	1	1
5734	대구 달서구	가족센터종사자처우개선지원	50,510	4	1	5	5	6	5	1	3
5735	대구 달서구	달서어린이도서관청사청소용역	49,969	4	1	4	1	7	1	1	4
5736	대구 달서구	성서보건지소청사청소용역비	46,080	4	1	4	1	7	1	1	2
5737	대구 달서구	다문화교류소통공간	44,900	4	1	5	5	6	5	1	3
5738	대구 달서구	달서건강복지관운영(청사청소용역비)	44,400	4	7	4	1	7	1	1	4
5739	대구 달서구	학교밖청소년복지지원사업	38,650	4	2	1	3	1	1	1	1
5740	대구 달서구	디지털미디어피해청소년지원전담상담	37,110	4	2	1	3	1	1	1	1
5741	대구 달서구	합동사례관리운영	35,000	4	6	7	1	7	1	1	1
5742	대구 달서구	합동사례관리운영	35,000	4	6	7	1	7	1	1	1
5743	대구 달서구	달서5플러스센터운영청소용역	33,600	4	1	4	1	7	1	1	4
5744	대구 달서구	이동방문목욕사업	33,000	4	5	7	8	7	1	1	1
5745	대구 달서구	청소년쉼터기능강화지원	32,890	4	6	1	3	1	1	1	1
5746	대구 달서구	가족센터운영추가지원	32,000	4	1	5	5	6	5	1	3
5747	대구 달서구	학교밖청소년급식지원	31,850	4	2	1	3	1	1	1	1
5748	대구 달서구	달서다문화알쓸잡(job)대학운영	30,000	4	1	5	5	6	5	1	3
5749	대구 달서구	소규모공동주택안전점검	30,000	4	1	7	8	7	5	5	4
5750	대구 달서구	이웃나라문화체험교육및다문화홍보교사운영지원	26,800	4	1	5	5	6	5	1	3
5751	대구 달서구	청년센터야간토요일연장운영	25,000	4	4	1	6	1	1	1	1
5752	대구 달서구	다문화축제(구금고협력사업비5백만원포함)	25,000	4	1	5	5	6	5	1	3
5753	대구 달서구	썸남썸녀매칭행사	20,000	4	4	5	3	7	5	1	1
5754	대구 달서구	가로기(국기)게양대행료	18,000	4	4	4	8	7	1	1	4
5755	대구 달서구	가족센터보조인력추가지원	16,000	4	1	5	5	6	5	1	3
5756	대구 달서구	다문화가족교류소통공간운영비추가지원	15,000	4	1	5	5	6	5	1	3
5757	대구 달서구	달서다문화엄마학교운영	14,000	4	1	5	5	6	5	1	3

순번	시군구	지출명 (사업명)	2024년예산 (단위 : 천원 /1년간)	민간이전 분류 (지방자치단체 세출예산 집행기준에 의거) 1. 민간경상사업보조(307-02) 2. 민간단체 법정운영비보조(307-03) 3. 민간행사사업보조(307-04) 4. 민간위탁금(307-05) 5. 사회복지시설 법정운영비보조(307-10) 6. 민간인위탁교육비(307-12) 7. 공기관등에대한경상적위탁사업비(308-13) 8. 민간자본사업보조,자체재원(402-01) 9. 민간자본사업보조,이전재원(402-02) 10. 민간위탁사업비(402-03) 11. 공기관등에 대한 자본적 위탁사업비(403-02)	민간이전지출 근거 (지방보조금 관리기준 참고) 1. 법률에 규정 2. 국고보조 재원(국가지정) 3. 용도 지정 기부금 4. 조례에 직접규정 5. 지자체가 권장하는 사업을 하는 공공기관 6. 시,도 정책 및 재정사정 7. 기타 8. 해당없음	입찰방식 계약체결방법 (경쟁형태) 1. 일반경쟁 2. 제한경쟁 3. 지명경쟁 4. 수의계약 5. 법정위탁 6. 기타 ( ) 7. 없음	입찰방식 계약기간 1. 1년 2. 2년 3. 3년 4. 4년 5. 5년 6. 기타 ( )년 7. 단기계약 (1년미만) 8. 없음	입찰방식 낙찰자선정방법 1. 적격심사 2. 협상에의한계약 3. 최저가낙찰제 4. 규격가격분리 5. 2단계 경쟁입찰 6. 기타 ( ) 7. 없음	운영예산 산정 운영예산 산정 1. 내부산정 (지자체 자체적으로 산정) 2. 외부산정 (외부전문기관위탁 산정) 3. 내·외부 모두 산정 4. 산정 無 5. 없음	운영예산 산정 정산방법 1. 내부정산 (지자체 내부적으로 정산) 2. 외부정산 (외부전문기관위탁 정산) 3. 내·외부 모두 산정 4. 정산 無 5. 없음	성과평가 실시여부 1. 실시 2. 미실시 3. 향후 추진 4. 해당없음
5758	대구 달서구	보건소결핵관리사업	11,582	4	2	7	8	7	5	5	4
5759	대구 달서구	중증장애인단체목욕사업	11,000	4	5	7	8	7	1	1	1
5760	대구 달서구	결혼이민자희망아카데미	10,000	4	1	5	5	6	5	1	3
5761	대구 달서구	다문화자녀드림스쿨운영	10,000	4	1	5	5	6	5	1	3
5762	대구 달서구	다문화한글백일장	10,000	4	1	5	5	6	5	1	3
5763	대구 달서구	치유및심화상담프로그램운영	10,000	4	6	1	3	1	1	1	1
5764	대구 달서구	찾아가는아동청소년상담운영	9,000	4	1	5	5	6	5	1	3
5765	대구 달서구	영유아건강검진(국민건강보험공단)	8,559	4	1	7	8	7	2	2	4
5766	대구 달서구	다문화가족봉사단운영	8,000	4	1	5	5	6	5	1	3
5767	대구 달서구	모여라3삼5오	6,000	4	4	5	3	7	5	1	1
5768	대구 달서구	부모공감데이트	6,000	4	4	5	3	7	5	1	1
5769	대구 달서구	여성1인가구지원사업	5,000	4	4	5	3	7	5	1	1
5770	대구 달서구	고고이벤트운영	5,000	4	4	5	3	7	5	1	1
5771	대구 달서구	다문화가족토크콘서트등지원	5,000	4	1	5	5	6	5	1	3
5772	대구 달서구	다문화산후도우미사업운영	5,000	4	1	5	5	6	5	1	3
5773	대구 달서구	청소년운영위원회운영	4,000	4	7	1	3	1	1	1	1
5774	대구 달서구	표준모자보건수첩배부	3,720	4	2	7	7	7	2	2	4
5775	대구 달서구	청소년산모임신출산의료비지원사업	2,400	4	1	7	8	7	2	2	4
5776	대구 달서구	다문화자녀언어발달동화책대여사업	1,000	4	1	5	5	6	5	1	3
5777	대구 달서구	난청조기진단사업	656	4	2	7	8	7	5	5	4
5778	대구 달성군	생활쓰레기수거운반대행	6,643,200	4	1	1	2	1	2	1	1
5779	대구 달성군	재활용선별장운영민간위탁대행	3,245,475	4	1	1	2	2	2	1	1
5780	대구 달성군	음식물류폐기물수거대행수수료	2,400,000	4	1	1	2	1	2	1	1
5781	대구 달성군	재활용품수집운반대행수수료	2,244,103	4	1	1	2	1	2	1	1
5782	대구 달성군	대형폐기물수거처리대행수수료	1,680,000	4	1	1	2	2	2	1	1
5783	대구 달성군	음식물류폐기물처리수수료(민간처리)	1,512,000	4	1	1	2	1	2	1	1
5784	대구 달성군	지역급식관리지원센터운영	735,000	4	1	6	3	6	3	3	1
5785	대구 달성군	노인사회활동지원사업(공익활동)	5,871,600	4	2	7	8	7	1	1	1
5786	대구 달성군	노인사회활동지원사업(사회서비스형)	2,966,194	4	2	7	8	7	1	1	1
5787	대구 달성군	자활근로사업	2,622,509	4	1	5	1	7	5	3	1
5788	대구 달성군	청소년센터운영	1,715,532	4	5	5	8	7	1	1	1
5789	대구 달성군	어린이집영어전담교사배치	1,450,000	4	1	1	1	1	1	1	1
5790	대구 달성군	달성군남부노인복지관인건비등지원	1,399,114	4	1	7	1	7	1	1	1
5791	대구 달성군	달성군노인복지관인건비등지원	1,326,562	4	1	7	1	7	1	1	1
5792	대구 달성군	육아종합지원센터운영	1,197,930	4	4	1	5	1	1	1	4
5793	대구 달성군	달성군북부노인복지관인건비등지원	1,193,612	4	1	7	1	7	1	1	1
5794	대구 달성군	청소년문화의집운영	753,516	4	5	5	8	7	1	1	1
5795	대구 달성군	경로당일거리창출사업	733,491	4	4	7	8	7	1	1	1
5796	대구 달성군	장난감도서관운영비	700,000	4	4	4	3	1	1	1	2
5797	대구 달성군	기초정신건강복지센터인건비	614,080	4	2	5	3	6	1	1	1

순번	시군구	지출명 (사업명)	2024년예산 (단위 : 천원 /1년간)	민간이전 분류 (지방자치단체 세출예산 집행기준에 의거) 1. 민간경상사업보조(307-02) 2. 민간단체 법정운영비보조(307-03) 3. 민간행사사업보조(307-04) 4. 민간위탁금(307-05) 5. 사회복지시설 법정운영비보조(307-10) 6. 민간인위탁교육비(307-12) 7. 공기관등에대한경상적위탁사업비(308-13) 8. 민간자본사업보조,자체재원(402-01) 9. 민간자본사업보조,이전재원(402-02) 10. 민간위탁사업비(402-03) 11. 공기관등에 대한 자본적 위탁사업비(403-02)	민간이전지출 근거 (지방보조금 관리기준 참고) 1. 법률에 규정 2. 국고보조 재원(국가지정) 3. 용도 지정 기부금 4. 조례에 직접규정 5. 지자체가 권장하는 사업을 하는 공공기관 6. 시,도 정책 및 재정사정 7. 기타 8. 해당없음	입찰방식 계약체결방법 (경쟁형태) 1. 일반경쟁 2. 제한경쟁 3. 지명경쟁 4. 수의계약 5. 법정위탁 6. 기타 ( ) 7. 없음	입찰방식 계약기간 1. 1년 2. 2년 3. 3년 4. 4년 5. 5년 6. 기타 ( )년 7. 단기계약 (1년미만) 8. 없음	입찰방식 낙찰자선정방법 1. 적격심사 2. 협상에의한계약 3. 최저가낙찰제 4. 규격가격분리 5. 2단계 경쟁입찰 6. 기타 ( ) 7. 없음	운영예산 산정 운영예산 산정 1. 내부산정 (지자체 자체적으로 산정) 2. 외부산정 (외부전문기관위탁 산정) 3. 내·외부 모두 산정 4. 산정 無 5. 없음	운영예산 산정 정산방법 1. 내부정산 (지자체 내부적으로 정산) 2. 외부정산 (외부전문기관위탁 정산) 3. 내·외부 모두 산정 4. 정산 無 5. 없음	성과평가 실시여부 1. 실시 2. 미실시 3. 향후 추진 4. 해당없음
5798	대구 달성군	청소년방과후아카데미운영	562,138	4	2	5	8	7	1	1	1
5799	대구 달성군	노인일자리사업(전담인력)	485,082	4	2	7	8	7	1	1	1
5800	대구 달성군	달성청년혁신센터운영관리	400,000	4	4	6	3	2	1	2	2
5801	대구 달성군	군특화노인일자리사업	370,700	4	4	7	8	7	1	1	1
5802	대구 달성군	직장어린이집운영지원	343,243	4	1	2	3	1	5	1	4
5803	대구 달성군	학교밖청소년지원센터운영	261,128	4	2	5	8	7	1	1	1
5804	대구 달성군	지역사회의료서비스제공(진료업무대행비)	240,000	4	4	7	8	7	1	5	4
5805	대구 달성군	청소년상담복지센터운영	223,899	4	6	5	8	7	1	1	1
5806	대구 달성군	노인일자리사업(시장형)	178,890	4	2	7	8	7	1	1	1
5807	대구 달성군	통합정신건강증진사업	150,600	4	2	5	3	6	1	1	1
5808	대구 달성군	청소년동반자인건비	125,134	4	2	5	8	7	1	1	1
5809	대구 달성군	정신건강복지센터자살예방사업지원	111,108	4	2	5	3	6	1	1	1
5810	대구 달성군	청소년안전망운영	102,000	4	2	5	8	7	1	1	1
5811	대구 달성군	자살예방및정신건강증진사업	77,200	4	2	5	3	6	1	1	1
5812	대구 달성군	청소년지도사배치추가지원	75,696	4	6	5	8	7	1	1	1
5813	대구 달성군	달성군근로자복지시설운영위탁	70,925	4	4	1	2	1	1	1	1
5814	대구 달성군	국공립어린이집운영비지원	70,000	4	7	1	7	1	1	1	4
5815	대구 달성군	기초정신건강복지센터운영지원	51,100	4	2	5	3	6	1	1	1
5816	대구 달성군	청소년지도사배치지원	50,736	4	2	5	8	7	1	1	1
5817	대구 달성군	청소년문화활동	50,000	4	5	5	8	7	1	1	1
5818	대구 달성군	자살유족지원사업	46,000	4	2	5	3	6	1	1	1
5819	대구 달성군	기초생활보장업무지원	45,000	4	4	4	1	2	1	1	1
5820	대구 달성군	가로기관리위탁운영	22,000	4	1	7	8	7	5	5	4
5821	대구 달성군	청소년문화체험단운영	20,000	4	5	5	8	7	1	1	1
5822	대구 달성군	청소년어울림마당운영	15,000	4	2	5	8	7	1	1	1
5823	대구 달성군	학교밖청소년급식지원	13,462	4	6	5	8	7	1	1	1
5824	대구 달성군	경로당활성화사업	13,400	4	1	7	1	7	1	1	1
5825	대구 달성군	청소년성범죄예방순회교육	12,650	4	5	5	8	7	1	1	1
5826	대구 달성군	여성지도자역량강화교육	12,000	4	4	7	8	7	5	5	4
5827	대구 달성군	치유및심화상담프로그램지원	10,000	4	6	5	8	7	1	1	1
5828	대구 달성군	학교밖청소년복지지원	8,160	4	6	5	8	7	1	1	1
5829	대구 달성군	아기사랑유모차대여사업운영	8,000	4	4	4	3	1	1	1	1
5830	대구 달성군	청소년수련시설프로그램운영지원	7,020	4	5	5	8	7	1	1	1
5831	대구 달성군	기초정신건강복지센터종사자복지수당	4,450	4	7	5	3	6	1	1	1
5832	대구 달성군	청소년운영위원회운영	4,000	4	2	5	8	7	1	1	1
5833	대구 달성군	청소년참여위원회운영	2,800	4	2	5	8	7	1	1	1
5834	대구 달성군	난청조기진단사업관리비(위탁사업비)	1,268	4	2	7	8	7	5	5	4
5835	대구 군위군	생활폐기물수집운반민간위탁비	2,866,540	4	1,4	1	3	2	2	1	4
5836	대구 군위군	가축분뇨및분뇨공공처리시설운영민간위탁비	2,000,000	4	8	2	5	1	5	1	1
5837	대구 군위군	자활근로사업	1,127,752	4	1	5	1	1	3	3	1

순번	시군구	지출명 (사업명)	2024년예산 (단위 : 천원 /1년간)	민간이전 분류 (지방자치단체 세출예산 집행기준에 의거) 1. 민간경상사업보조(307-02) 2. 민간단체 법정운영비보조(307-03) 3. 민간행사사업보조(307-04) 4. 민간위탁금(307-05) 5. 사회복지시설 법정운영비보조(307-10) 6. 민간인위탁교육비(307-12) 7. 공기관등에대한경상적위탁사업비(308-13) 8. 민간자본사업보조,자체재원(402-01) 9. 민간자본사업보조,이전재원(402-02) 10. 민간위탁사업비(402-03) 11. 공기관등에 대한 자본적 위탁사업비(403-02)	민간이전지출 근거 (지방보조금 관리기준 참고) 1. 법률에 규정 2. 국고보조 재원(국가지정) 3. 용도 지정 기부금 4. 조례에 직접규정 5. 지자체가 권장하는 사업을 하는 공공기관 6. 시,도 정책 및 재정사정 7. 기타 8. 해당없음	입찰방식 계약체결방법 (경쟁형태) 1. 일반경쟁 2. 제한경쟁 3. 지명경쟁 4. 수의계약 5. 법정위탁 6. 기타 ( ) 7. 없음	입찰방식 계약기간 1. 1년 2. 2년 3. 3년 4. 4년 5. 5년 6. 기타 ( )년 7. 단기계약 (1년미만) 8. 없음	입찰방식 낙찰자선정방법 1. 적격심사 2. 협상에의한계약 3. 최저가낙찰제 4. 규격가격분리 5. 2단계 경쟁입찰 6. 기타 ( ) 7. 없음	운영예산 산정 운영예산 산정 1. 내부산정 (지자체 자체적으로 산정) 2. 외부산정 (외부전문기관위탁 산정) 3. 내·외부 모두 산정 4. 산정 無 5. 없음	운영예산 산정 정산방법 1. 내부정산 (지자체 내부적으로 정산) 2. 외부정산 (외부전문기관위탁 정산) 3. 내·외부 모두 산정 4. 정산 無 5. 없음	성과평가 실시여부 1. 실시 2. 미실시 3. 향후 추진 4. 해당없음
5838	대구 군위군	노후슬레이트철거지원	1,015,028	4	2	6	3	1	5	3	4
5839	대구 군위군	음식물류폐기물수집운반민간위탁비	849,450	4	1,4	1	3	2	2	1	4
5840	대구 군위군	군위군노인복지관운영지원	716,425	4	1	1	5	1	1	1	4
5841	대구 군위군	가연성폐기물운반위탁	602,250	4	1	1	1	3	1	5	4
5842	대구 군위군	하수처리시설운영민간위탁비	450,000	4	8	2	5	1	5	1	1
5843	대구 군위군	군위군청소년수련원운영	446,000	4	1	7	5	1	2	1	2
5844	대구 군위군	자원봉사센터운영	376,000	4	1	7	8	7	1	1	4
5845	대구 군위군	지역사회서비스투자사업	303,750	4	1	7	8	7	1	1	1
5846	대구 군위군	방역소독민간위탁비	300,000	4	1	1	1	1	1	1	4
5847	대구 군위군	하수처리시설운영민간위탁비	185,000	4	1	1	5	6	2	1	3
5848	대구 군위군	김수환추기경사랑과나눔공원운영	176,000	4	4	7	8	7	1	1	3
5849	대구 군위군	첫만남이용권지원	171,000	4	2	7	8	7	5	5	4
5850	대구 군위군	가연성폐기물처리위탁	132,000	4	8	7	8	7	5	5	4
5851	대구 군위군	군위군생활문화센터운영	98,000	4	4	1	3	1	1	1	3
5852	대구 군위군	치매치료관리비지원	90,000	4	2	7	1	7	5	5	4
5853	대구 군위군	군위농공폐수종말처리장수질원격감시체계(TMS)운영비지원	84,900	4	4	7	1	7	1	1	4
5854	대구 군위군	야생동물포획사체처리비	81,000	4	2	7	8	7	1	1	4
5855	대구 군위군	산모신생아건강관리지원	70,000	4	1	7	8	7	5	5	4
5856	대구 군위군	구군자원봉사센터코디네이터지원	66,478	4	1	7	8	7	1	1	4
5857	대구 군위군	지역사회만성병조사감시체계구축	65,916	4	2	7	1	7	2	2	4
5858	대구 군위군	근로능력있는수급자의탈수급지원	62,406	4	1	7	8	7	3	3	1
5859	대구 군위군	자원봉사활성화	57,000	4	1	7	8	7	1	1	4
5860	대구 군위군	국가암검진비	51,870	4	1,2	7	8	7	5	5	4
5861	대구 군위군	로드킬동물사체처리대행	42,000	4	7	1	3	1	1	4	4
5862	대구 군위군	원어민화상영어지원사업	39,566	4	6	7	8	7	5	5	4
5863	대구 군위군	저소득층기저귀조제분유지원	36,180	4	2	7	8	7	5	5	4
5864	대구 군위군	과수용반사필름운반처리위탁	35,000	4	1	4	7	3	1	5	4
5865	대구 군위군	가사간병방문지원사업	31,250	4	1	7	8	7	1	1	1
5866	대구 군위군	폐목재운반처리위탁	31,250	4	8	7	8	7	5	5	4
5867	대구 군위군	음식물쓰레기처리위탁	27,600	4	8	7	8	7	5	5	4
5868	대구 군위군	부직포운반처리위탁	20,000	4	8	7	8	7	5	5	4
5869	대구 군위군	효령농공수질측정비지원	13,800	4	4	7	1	7	1	1	4
5870	대구 군위군	동산계곡주차및차량통제	10,000	4	6	4	7	7	1	1	4
5871	대구 군위군	군위농공폐수종말처리장약품비지원	9,900	4	4	7	1	7	1	1	4
5872	대구 군위군	군위농공수질측정비지원	8,800	4	4	7	1	7	1	1	4
5873	대구 군위군	치매정밀검사검진비	8,000	4	2	7	1	7	5	5	4
5874	대구 군위군	군위농공폐수종말처리장생태독성성분검사수수료지원	7,728	4	4	7	1	7	1	1	4
5875	대구 군위군	효령농공폐수종말처리장생태독성성분검사수수료지원	6,600	4	4	7	1	7	1	1	4
5876	대구 군위군	청년마음건강지원사업	6,250	4	1	7	8	7	1	1	1
5877	대구 군위군	의료급여수급권자일반건강검진비	5,500	4	2	7	8	7	5	5	4

순번	시군구	지출명 (사업명)	2024년예산 (단위 : 천원 /1년간)	민간이전 분류 (지방자치단체 세출예산 집행기준에 의거) 1. 민간경상사업보조(307-02) 2. 민간단체 법정운영비보조(307-03) 3. 민간행사사업보조(307-04) 4. 민간위탁금(307-05) 5. 사회복지시설 법정운영비보조(307-10) 6. 민간인위탁교육비(307-12) 7. 공기관등에대한경상적위탁사업비(308-13) 8. 민간자본사업보조,자체재원(402-01) 9. 민간자본사업보조,이전재원(402-02) 10. 민간위탁사업비(402-03) 11. 공기관등에 대한 자본적 위탁사업비(403-02)	민간이전지출 근거 (지방보조금 관리기준 참고) 1. 법률에 규정 2. 국고보조 재원(국가지정) 3. 용도 지정 기부금 4. 조례에 직접규정 5. 지자체가 권장하는 사업을 하는 공공기관 6. 시,도 정책 및 재정사정 7. 기타 8. 해당없음	입찰방식 계약체결방법 (경쟁형태) 1. 일반경쟁 2. 제한경쟁 3. 지명경쟁 4. 수의계약 5. 법정위탁 6. 기타 ( ) 7. 없음	입찰방식 계약기간 1. 1년 2. 2년 3. 3년 4. 4년 5. 5년 6. 기타 ( )년 7. 단기계약 (1년미만) 8. 없음	입찰방식 낙찰자선정방법 1. 적격심사 2. 협상에의한계약 3. 최저가낙찰제 4. 규격가격분리 5. 2단계 경쟁입찰 6. 기타 ( ) 7. 없음	운영예산 산정 운영예산 산정 1. 내부산정 (지자체 자체적으로 산정) 2. 외부산정 (외부전문기관위탁 산정) 3. 내·외부 모두 산정 4. 산정 無 5. 없음	운영예산 산정 정산방법 1. 내부정산 (지자체 내부적으로 정산) 2. 외부정산 (외부전문기관위탁 정산) 3. 내·외부 모두 산정 4. 정산 無 5. 없음	성과평가 실시여부 1. 실시 2. 미실시 3. 향후 추진 4. 해당없음
5878	대구 군위군	군위농공폐수종말처리장TMS정도검사비	3,600	4	4	7	1	7	1	1	4
5879	대구 군위군	청소년산모의료비지원	1,500	4	1	7	8	7	5	5	4
5880	대구 군위군	효령농공폐수종말처리장약품비지원	1,000	4	4	7	1	7	1	1	4
5881	대구 군위군	분뇨처리수수료징수교부금	900	4	8	7	8	7	5	5	4
5882	대구 군위군	분뇨처리수수료징수교부금	900	4	8	7	8	7	5	5	4
5883	대구 군위군	만6세미만(영유아)의료급여수급권자검진비	250	4	2	7	8	7	5	5	4
5884	대전광역시	하수관로정비임대형민자사업(BTL)1단계	13,483,000	4	1	7	6	7	5	4	1
5885	대전광역시	하수관로정비임대형민자사업(BTL)2단계	10,776,000	4	1	7	6	7	5	4	1
5886	대전광역시	공공어린이재활병원운영	9,200,000	4	1	4	5	7	1	1	3
5887	대전광역시	시립장애인복지관운영	5,795,989	4	4	4	5	7	1	1	1
5888	대전광역시	월드컵경기장및덕암축구센터관리위탁금	2,813,048	4	1	7	8	7	1	1	1
5889	대전광역시	아동보호전문기관운영	2,221,566	4	2	1	5	1	3	3	1
5890	대전광역시	평송청소년문화센터위탁운영	2,068,513	4	1	6	3	6	1	1	1
5891	대전광역시	지역거점별소통협력공간위탁운영	1,712,298	4	4	1	3	6	1	1	3
5892	대전광역시	대전어린이회관운영	1,635,797	4	4	1	5	1	1	1	1
5893	대전광역시	시립체육재활원운영	1,536,290	4	4	4	5	7	1	1	1
5894	대전광역시	정신건강복지센터인력확충(광역)	1,444,280	4	1	1	5	1	1	1	1
5895	대전광역시	대전청년내일센터운영	1,141,114	4	4	6	3	6	1	1	3
5896	대전광역시	청소년수련마을위탁운영	973,503	4	1	6	3	6	1	1	1
5897	대전광역시	다함께돌봄원스톱통합지원센터운영	895,990	4	5	7	8	7	1	1	3
5898	대전광역시	여성긴급전화1366센터운영지원	747,678	4	2	5	5	7	5	1	1
5899	대전광역시	청소년활동진흥센터운영	729,652	4	1	6	3	6	1	1	1
5900	대전광역시	노동권익센터운영	713,885	4	4	1	6	1	1	1	1
5901	대전광역시	학교밖청소년꿈키움수당지원	627,864	4	4	6	3	6	1	1	3
5902	대전광역시	광역치매센터운영	626,744	4	1	1	3	1	5	1	1
5903	대전광역시	대전사랑운동센터위탁운영	601,034	4	4	1	3	7	1	1	1
5904	대전광역시	공공보건의료지원단운영	600,000	4	2	4	3	7	5	5	1
5905	대전광역시	청소년동반자프로그램운영	589,288	4	4	6	3	6	1	1	3
5906	대전광역시	대전광역시NGO지원센터위탁운영	587,256	4	4	1	3	7	1	1	1
5907	대전광역시	관광안내소운영	586,086	4	4	1	2	1	1	1	3
5908	대전광역시	대전시민천문대운영	571,890	4	4	7	8	7	5	5	4
5909	대전광역시	대화동근로자종합복지회관운영	544,600	4	4	1	2	1	1	1	1
5910	대전광역시	대전트래블라운지운영	536,431	4	4	1	3	1	1	1	3
5911	대전광역시	청소년안전망운영	531,867	4	4	6	3	6	1	1	3
5912	대전광역시	장애인가족지원센터운영	525,300	4	4	1	5	1	1	1	1
5913	대전광역시	문화관광해설사운영	524,241	4	4	1	2	1	1	1	3
5914	대전광역시	학교밖청소년지원센터운영	458,420	4	4	6	3	6	1	1	3
5915	대전광역시	야생동물구조관리센터운영사업	449,000	4	2	7	8	7	5	1	1
5916	대전광역시	통합정신건강증진사업(광역)	439,000	4	1	1	5	1	1	1	1
5917	대전광역시	청년활동공간운영	422,000	4	4	7	7	7	1	1	3

순번	시군구	지출명 (사업명)	2024년예산 (단위 : 천원 /1년간)	민간이전 분류 (지방자치단체 세출예산 집행기준에 의거) 1. 민간경상사업보조(307-02) 2. 민간단체 법정운영비보조(307-03) 3. 민간행사사업보조(307-04) 4. 민간위탁금(307-05) 5. 사회복지시설 법정운영비보조(307-10) 6. 민간인위탁교육비(307-12) 7. 공기관등에대한경상적위탁사업비(308-13) 8. 민간자본사업보조,자체재원(402-01) 9. 민간자본사업보조,이전재원(402-02) 10. 민간위탁사업비(402-03) 11. 공기관등에 대한 자본적 위탁사업비(403-02)	민간이전지출 근거 (지방보조금 관리기준 참고) 1. 법률에 규정 2. 국고보조 재원(국가지정) 3. 용도 지정 기부금 4. 조례에 직접규정 5. 지자체가 권장하는 사업을 하는 공공기관 6. 시,도 정책 및 재정사정 7. 기타 8. 해당없음	입찰방식 계약체결방법 (경쟁형태) 1. 일반경쟁 2. 제한경쟁 3. 지명경쟁 4. 수의계약 5. 법정위탁 6. 기타 ( ) 7. 없음	입찰방식 계약기간 1. 1년 2. 2년 3. 3년 4. 4년 5. 5년 6. 기타 ( )년 7. 단기계약 (1년미만) 8. 없음	입찰방식 낙찰자선정방법 1. 적격심사 2. 협상에의한계약 3. 최저가낙찰제 4. 규격가격분리 5. 2단계 경쟁입찰 6. 기타 ( ) 7. 없음	운영예산 산정 운영예산 산정 1. 내부산정 (지자체 자체적으로 산정) 2. 외부산정 (외부전문기관위탁 산정) 3. 내·외부 모두 산정 4. 산정 無 5. 없음	운영예산 산정 정산방법 1. 내부정산 (지자체 내부적으로 정산) 2. 외부정산 (외부전문기관위탁 정산) 3. 내·외부 모두 산정 4. 정산 無 5. 없음	성과평가 실시여부 1. 실시 2. 미실시 3. 향후 추진 4. 해당없음
5918	대전광역시	서예진흥원운영	409,429	4	4	7	8	7	5	5	4
5919	대전광역시	청소년상담복지센터운영	400,000	4	4	6	3	6	1	1	3
5920	대전광역시	아동보호전문기관운영(지원)	377,200	4	1	1	5	1	1	3	1
5921	대전광역시	생산자조직화및기획생산체계구축	356,361	4	4	7	8	7	5	5	4
5922	대전광역시	자립준비청년자립지원전담인력배치	334,560	4	1	1	2	1	1	3	1
5923	대전광역시	둔산동근로자종합복지회관운영	313,510	4	4	1	2	1	1	1	1
5924	대전광역시	공공어린이재활병원공공재활프로그램운영지원	300,000	4	1	4	5	7	1	1	3
5925	대전광역시	광역정신건강복지센터지원	291,631	4	1	1	5	1	1	1	1
5926	대전광역시	아동보호전문기관운영(자체)	266,229	4	1	1	5	1	1	3	1
5927	대전광역시	마을기업중간지원기관운영	260,000	4	7	1	2	1	1	1	1
5928	대전광역시	지역장애인권익호기관운영지원	257,668	4	1	6	3	6	1	1	1
5929	대전광역시	공립요양병원공공보건사업	216,000	4	1	7	8	7	3	3	3
5930	대전광역시	협동조합운영	193,000	4	7	1	2	1	1	1	1
5931	대전광역시	청소년성문화센터운영	192,764	4	4	6	3	6	1	1	3
5932	대전광역시	노사민정협의회사무국운영	188,949	4	4	1	6	1	1	1	3
5933	대전광역시	대덕테크노밸리근로자종합복지회관운영	187,000	4	4	1	2	1	1	1	1
5934	대전광역시	대전청년주간행사	180,000	4	4	4	1	7	1	1	3
5935	대전광역시	학교밖청소년자립취업지원서비스	173,360	4	4	6	3	6	1	1	3
5936	대전광역시	아동보호전문기관거점심리치료지원	155,374	4	2	1	5	1	3	3	1
5937	대전광역시	청년주도활동지원	150,000	4	4	4	1	7	1	1	3
5938	대전광역시	광역자살예방센터자살예방사업지원	148,144	4	2	5	5	7	5	5	1
5939	대전광역시	청년커뮤니티지원	135,000	4	4	4	1	7	1	1	3
5940	대전광역시	여성긴급전화1366센터운영지원(자체)	130,776	4	2	5	5	7	5	1	1
5941	대전광역시	장태산자연휴양림부분위탁금(숙박시설)	130,000	4	1	4	5	7	1	1	1
5942	대전광역시	외래관광객유치보상사업	130,000	4	4	1	2	1	1	1	3
5943	대전광역시	스토킹피해자긴급주거지원	125,600	4	2	7	8	7	5	5	4
5944	대전광역시	대청넷운영	97,500	4	4	4	1	7	1	1	3
5945	대전광역시	녹색구매지원센터운영지원	88,000	4	1	6	1	6	1	1	1
5946	대전광역시	대전스토리투어운영	80,000	4	4	1	1	7	1	1	1
5947	대전광역시	통합건강증진사업지원단운영	80,000	4	1	1	3	1	5	2	1
5948	대전광역시	자살예방센터지원	75,000	4	4	5	5	7	1	1	1
5949	대전광역시	디지털미디어피해청소년지원전담상담사배치	74,220	4	4	6	3	6	1	1	3
5950	대전광역시	광역정신건강복지센터종사자처우개선	72,000	4	2	1	5	1	1	1	1
5951	대전광역시	심뇌혈관질환예방관리사업	69,412	4	2	1	3	1	5	2	1
5952	대전광역시	시내버스모니터단운영	54,000	4	4	1	3	1	1	1	1
5953	대전광역시	스토킹피해자임대주택주거지원운영	49,360	4	2	6	8	7	1	1	1
5954	대전광역시	대전청년포털운영	44,660	4	6	7	7	7	5	5	4
5955	대전광역시	공예품대전개최	44,550	4	4	7	5	7	1	1	4
5956	대전광역시	숭현서원관리	42,962	4	4	1	2	1	4	4	4
5957	대전광역시	대전관광사진전국공모전	40,000	4	4	1	2	1	1	1	3

순번	시군구	지출명 (사업명)	2024년예산 (단위 : 천원 /1년간)	민간이전 분류 (지방자치단체 세출예산 집행기준에 의거) 1. 민간경상사업보조(307-02) 2. 민간단체 법정운영비보조(307-03) 3. 민간행사사업보조(307-04) 4. 민간위탁금(307-05) 5. 사회복지시설 법정운영비보조(307-10) 6. 민간인위탁교육비(307-12) 7. 공기관등에대한경상적위탁사업비(308-13) 8. 민간자본사업보조,자체재원(402-01) 9. 민간자본사업보조,이전재원(402-02) 10. 민간위탁사업비(402-03) 11. 공기관등에 대한 자본적 위탁사업비(403-02)	민간이전지출 근거 (지방보조금 관리기준 참고) 1. 법률에 규정 2. 국고보조 재원(국가지정) 3. 용도 지정 기부금 4. 조례에 직접규정 5. 지자체가 권장하는 사업을 하는 공공기관 6. 시,도 정책 및 재정사정 7. 기타 8. 해당없음	입찰방식 계약체결방법 (경쟁형태) 1. 일반경쟁 2. 제한경쟁 3. 지명경쟁 4. 수의계약 5. 법정위탁 6. 기타 ( ) 7. 없음	입찰방식 계약기간 1. 1년 2. 2년 3. 3년 4. 4년 5. 5년 6. 기타 ( )년 7. 단기계약 (1년미만) 8. 없음	입찰방식 낙찰자선정방법 1. 적격심사 2. 협상에의한계약 3. 최저가낙찰제 4. 규격가격분리 5. 2단계 경쟁입찰 6. 기타 ( ) 7. 없음	운영예산 산정 운영예산 산정 1. 내부산정 (지자체 자체적으로 산정) 2. 외부산정 (외부전문기관위탁 산정) 3. 내·외부 모두 산정 4. 산정 無 5. 없음	운영예산 산정 정산방법 1. 내부정산 (지자체 내부적으로 정산) 2. 외부정산 (외부전문기관위탁 정산) 3. 내·외부 모두 산정 4. 정산 無 5. 없음	성과평가 실시여부 1. 실시 2. 미실시 3. 향후 추진 4. 해당없음
5958	대전광역시	대전관광블로그및블로그기자단운영	33,000	4	4	1	2	1	1	1	3
5959	대전광역시	자살예방실무자등정신건강증진	32,000	4	2	5	5	7	5	5	1
5960	대전광역시	코레일연계관광프로그램운영	30,000	4	4	1	1	7	1	1	1
5961	대전광역시	관광기념품공모전개최	30,000	4	4	7	5	7	1	1	4
5962	대전광역시	한방난임치료비지원	30,000	4	4	4	5	1	1	1	1
5963	대전광역시	아동학대방지인프라기능보강	30,000	4	2	1	8	1	3	3	1
5964	대전광역시	학교밖청소년급식지원	29,360	4	4	6	3	6	1	1	3
5965	대전광역시	정신건강회복프로그램운영	26,200	4	6	1	5	1	1	1	1
5966	대전광역시	아동학대예방사업	24,000	4	1	1	5	1	1	3	1
5967	대전광역시	청년활동홍보기자단운영	16,200	4	4	4	1	7	1	1	3
5968	대전광역시	여성긴급전화1366센터긴급피난처운영	5,000	4	2	5	5	7	1	1	1
5969	대전광역시	가정폭력피해자의료비지원(여성긴급전화1366센터)	4,000	4	2	5	5	7	5	1	1
5970	대전광역시	아름다운동행합동결혼식	2,430	4	5	7	8	7	1	1	4
5971	대전광역시	치매공공후견광역지원단운영	1,674	4	1	1	3	1	5	1	1
5972	대전 동구	지역급식관리지원센터운영	625,000	4	2	1	3	1	5	5	1
5973	대전 동구	재활용가능자원수집,운반,처리대행사업비	3,298,372	4	1	1	2	1	3	1	1
5974	대전 동구	음식물류폐기물처리대행사업비	1,188,099	4	1	1	2	1	3	1	4
5975	대전 동구	다함께돌봄센터인건비지원(국비)	522,856	4	1	6	5	1	1	1	2
5976	대전 동구	중독관리통합지원센터	420,490	4	1	1	5	1	5	1	4
5977	대전 동구	동구공동체지원센터운영	317,401	4	4	1	2	1	1	1	1
5978	대전 동구	동구청소년자연수련원운영지원	300,000	4	4	7	8	7	5	5	4
5979	대전 동구	공중화장실민간위탁관리	250,000	4	1	2	2	3	1	1	4
5980	대전 동구	청년공간민간위탁	176,285	4	3	1	3	6	1	1	3
5981	대전 동구	직장어린이집(한솔어린이집)	170,000	4	7	6	5	1	1	1	4
5982	대전 동구	쓰레기봉투및음식물류폐기물납부필증공급대행	135,000	4	6	2	2	5	1	1	2
5983	대전 동구	동구생활문화센터민간위탁운영지원	77,759	4	4	4	2	6	1	1	1
5984	대전 동구	다함께돌봄센터운영비지원(국비)	76,000	4	1	6	5	1	1	1	2
5985	대전 동구	폐목재처리비	69,000	4	6	2	2	1	1	1	1
5986	대전 동구	2024년숲해설민간위탁	58,668	4	2	7	8	7	5	5	4
5987	대전 동구	2024년유아숲민간위탁	58,668	4	2	7	8	7	5	5	4
5988	대전 동구	다함께돌봄센터종사자지원	58,056	4	1	6	5	1	1	1	2
5989	대전 동구	기초정신건강복지센터운영	51,100	4	1	1	5	1	5	1	4
5990	대전 동구	생태관청소민간위탁	31,440	4	8	2	1	3	2	1	4
5991	대전 동구	지역사회건강조사조사분석위탁운영	69,356	4	2	6	1	6	5	2	1
5992	대전 중구	지역사회서비스투자사업	3,038,572	4	1	7	8	7	5	5	4
5993	대전 중구	재활용품수집운반처리대행	1,890,661	4	1	1	2	3	1	5	1
5994	대전 중구	재활용품수집운반처리대행	1,888,985	4	1	1	2	3	1	5	1
5995	대전 중구	대형폐기물및건축폐기물(PP포대)수집운반처리	1,751,906	4	1	1	2	3	2	1	4
5996	대전 중구	음식물류폐기물처리대행사업비	1,168,650	4	1	1	2	3	1	1	1
5997	대전 중구	사회복지관운영지원	878,690	4	1	1	5	1	1	3	1

순번	시군구	지출명 (사업명)	2024년예산 (단위 : 천원 /1년간)	민간이전 분류 (지방자치단체 세출예산 집행기준에 의거) 1. 민간경상사업보조(307-02) 2. 민간단체 법정운영비보조(307-03) 3. 민간행사사업보조(307-04) 4. 민간위탁금(307-05) 5. 사회복지시설 법정운영비보조(307-10) 6. 민간인위탁교육비(307-12) 7. 공기관등에대한경상적위탁사업비(308-13) 8. 민간자본사업보조,자체재원(402-01) 9. 민간자본사업보조,이전재원(402-02) 10. 민간위탁사업비(402-03) 11. 공기관등에 대한 자본적 위탁사업비(403-02)	민간이전지출 근거 (지방보조금 관리기준 참고) 1. 법률에 규정 2. 국고보조 재원(국가지정) 3. 용도 지정 기부금 4. 조례에 직접규정 5. 지자체가 권장하는 사업을 하는 공공기관 6. 시,도 정책 및 재정사정 7. 기타 8. 해당없음	입찰방식 계약체결방법 (경쟁형태) 1. 일반경쟁 2. 제한경쟁 3. 지명경쟁 4. 수의계약 5. 법정위탁 6. 기타 ( ) 7. 없음	입찰방식 계약기간 1. 1년 2. 2년 3. 3년 4. 4년 5. 5년 6. 기타 ( )년 7. 단기계약 (1년미만) 8. 없음	입찰방식 낙찰자선정방법 1. 적격심사 2. 협상에의한계약 3. 최저가낙찰제 4. 규격가격분리 5. 2단계 경쟁입찰 6. 기타 ( ) 7. 없음	운영예산 산정 운영예산 산정 1. 내부산정 (지자체 자체적으로 산정) 2. 외부산정 (외부전문기관위탁 산정) 3. 내·외부 모두 산정 4. 산정 無 5. 없음	운영예산 산정 정산방법 1. 내부정산 (지자체 내부적으로 정산) 2. 외부정산 (외부전문기관위탁 정산) 3. 내·외부 모두 산정 4. 정산 無 5. 없음	성과평가 실시여부 1. 실시 2. 미실시 3. 향후 추진 4. 해당없음
5998	대전 중구	사회복지관운영지원	694,140	4	1	1	5	1	1	3	1
5999	대전 중구	어린이급식관리지원센터운영	525,000	4	2	1	5	1	1	1	1
6000	대전 중구	정신건강복지센터인력지원	479,749	4	1	4	2	1	1	3	1
6001	대전 중구	다함께돌봄센터인건비지원	379,372	4	1	1	5	6	5	1	3
6002	대전 중구	중독관리통합지원센터운영	244,984	4	1	1	5	1	1	3	1
6003	대전 중구	통합정신건강증진사업	171,260	4	1	4	2	1	1	3	1
6004	대전 중구	중구청년공간운영	167,800	4	4	7	3	7	1	1	3
6005	대전 중구	사회복지급식관리지원센터운영	100,000	4	2	7	8	7	5	5	4
6006	대전 중구	종량제봉투등민간공급대행	100,000	4	4	7	8	7	5	5	4
6007	대전 중구	다함께돌봄센터급식비지원	84,000	4	1	1	5	6	5	1	3
6008	대전 중구	대형폐기물(폐목재류)처리대행	76,477	4	1	1	2	3	1	1	1
6009	대전 중구	정신건강복지센터자살예방사업지원	74,072	4	1	4	2	1	1	3	1
6010	대전 중구	지역사회건강조사지정위탁	69,278	4	2	5	1	7	2	3	1
6011	대전 중구	청소년문화의집운영지원	66,016	4	1	1	1	1	1	1	1
6012	대전 중구	지역자살예방및정신건강증진사업	61,700	4	1	4	2	1	1	3	1
6013	대전 중구	공동육아나눔터운영	56,712	4	2	1	5	6	5	1	3
6014	대전 중구	생명존중문화사업	53,000	4	1	4	2	1	1	3	1
6015	대전 중구	기초정신건강복지센터운영	51,100	4	1	4	2	1	1	3	1
6016	대전 중구	다함께돌봄센터운영비지원	40,000	4	1	1	5	6	5	1	3
6017	대전 중구	청년마음건강지원사업	35,195	4	1	7	8	7	5	5	4
6018	대전 중구	정신건강복지센터종사가처우개선	29,500	4	6	4	2	1	1	3	1
6019	대전 중구	다함께돌봄센터운영시간연장지원	23,640	4	1	1	5	6	5	1	3
6020	대전 중구	공원관리(공원가꿈이)위탁금	19,200	4	7	7	1	7	1	1	4
6021	대전 중구	다함께돌봄센터추가지원(자체)	11,967	4	1	1	5	6	5	1	3
6022	대전 중구	은행동상점가공중화장실위탁운영	10,020	4	4	4	1	7	1	1	2
6023	대전 중구	중독관리통합지원센터종사자처우개선	9,400	4	6	1	5	1	1	3	1
6024	대전 중구	무수동농촌전통테마마을공중화장실	4,980	4	6	7	8	7	1	1	2
6025	대전 서구	생활폐기물처리	6,585,408	4	1	1	2	3	1	1	4
6026	대전 서구	음식물류폐기물처리	1,128,872	4	4	1	2	1	2	1	4
6027	대전 서구	지역급식관리지원센터운영	1,095,000	4	1	7	5	1	1	3	1
6028	대전 서구	다함께돌봄센터인건비지원	756,888	4	1	1	5	1	1	1	3
6029	대전 서구	정신건강복지센터인력지원	652,460	4	2	6	5	7	5	1	1
6030	대전 서구	공중화장실관리	480,000	4	7	2	2	1,3	1	1	4
6031	대전 서구	청소년문화의집운영	437,439	4	1	1	5	1	1	1	1
6032	대전 서구	육아종합지원센터운영	419,286	4	4	7	8	7	5	5	1
6033	대전 서구	직장어린이집운영	342,426	4	1	1	5	1	1	1	3
6034	대전 서구	자원봉사센터운영지원	303,603	4	4	7	8	7	1	1	1
6035	대전 서구	청년창업지원	288,600	4	4	5	3	1	1	1	1
6036	대전 서구	청년활동공간운영	257,363	4	4	1	2	1	1	1	3
6037	대전 서구	청년활동공간운영	247,373	4	4	1	2	1	1	1	1

순번	시군구	지출명 (사업명)	2024년예산 (단위 : 천원 /1년간)	민간이전 분류 (지방자치단체 세출예산 집행기준에 의거) 1. 민간경상사업보조(307-02) 2. 민간단체 법정운영비보조(307-03) 3. 민간행사사업보조(307-04) 4. 민간위탁금(307-05) 5. 사회복지시설 법정운영비보조(307-10) 6. 민간인위탁교육비(307-12) 7. 공기관등에대한경상적위탁사업비(308-13) 8. 민간자본사업보조,자체재원(402-01) 9. 민간자본사업보조,이전재원(402-02) 10. 민간위탁사업비(402-03) 11. 공기관등에 대한 자본적 위탁사업비(403-02)	민간이전지출 근거 (지방보조금 관리기준 참고) 1. 법률에 규정 2. 국고보조 재원(국가지정) 3. 용도 지정 기부금 4. 조례에 직접규정 5. 지자체가 권장하는 사업을 하는 공공기관 6. 시,도 정책 및 재정사정 7. 기타 8. 해당없음	입찰방식 계약체결방법 (경쟁형태) 1. 일반경쟁 2. 제한경쟁 3. 지명경쟁 4. 수의계약 5. 법정위탁 6. 기타 ( ) 7. 없음	입찰방식 계약기간 1. 1년 2. 2년 3. 3년 4. 4년 5. 5년 6. 기타 ( )년 7. 단기계약 (1년미만) 8. 없음	입찰방식 낙찰자선정방법 1. 적격심사 2. 협상에의한계약 3. 최저가낙찰제 4. 규격가격분리 5. 2단계 경쟁입찰 6. 기타 ( ) 7. 없음	운영예산 산정 운영예산 산정 1. 내부산정 (지자체 자체적으로 산정) 2. 외부산정 (외부전문기관위탁 산정) 3. 내·외부 모두 산정 4. 산정 無 5. 없음	운영예산 산정 정산방법 1. 내부정산 (지자체 내부적으로 정산) 2. 외부정산 (외부전문기관위탁 정산) 3. 내·외부 모두 산정 4. 정산 無 5. 없음	성과평가 실시여부 1. 실시 2. 미실시 3. 향후 추진 4. 해당없음
6038	대전 서구	쓰레기종량제봉투판매공급민간위탁	224,868	4	4	1	2	1,3	1	5	4
6039	대전 서구	청년활동공간운영	206,394	4	4	1	2	1	1	1	3
6040	대전 서구	다함께돌봄센터급식비지원	206,000	4	1	1	5	1	1	1	3
6041	대전 서구	통합정신건강증진사업	186,440	4	2	6	5	7	5	1	1
6042	대전 서구	중독관리통합지원센터지원	170,990	4	2	6	5	7	5	1	1
6043	대전 서구	공공위탁시설관리	170,000	4	7	1	3	1	2	3	1
6044	대전 서구	여성친화도시추진기반구축	152,000	4	4	7	8	7	1	1	1
6045	대전 서구	유아숲교육위탁운영	146,670	4	2	7	8	7	5	5	4
6046	대전 서구	다함께돌봄센터운영비지원	116,000	4	1	1	5	1	1	1	3
6047	대전 서구	다함께돌봄센터운영지원	90,296	4	1	1	5	1	1	1	3
6048	대전 서구	지역자살예방및정신건강증진사업	82,233	4	2	6	5	7	5	1	1
6049	대전 서구	자원봉사센터운영지원	70,000	4	4	7	8	7	1	1	1
6050	대전 서구	지역사회건강조사조사분석위탁운영	69,356	4	2	7	1	7	1	1	4
6051	대전 서구	자원봉사코디네이터지원육성	66,462	4	2	7	8	7	1	1	1
6052	대전 서구	주민자치센터활성화	60,000	4	4	7	2	7	1	1	3
6053	대전 서구	거주자우선주차제운영	60,000	4	5	7	8	7	1	1	4
6054	대전 서구	산림복지전문업위탁운영	58,668	4	2	7	8	7	5	5	4
6055	대전 서구	생명존중문화조성사업	53,000	4	6	6	5	7	5	1	1
6056	대전 서구	기초정신건강복지센터운영	51,100	4	2	6	5	7	5	1	1
6057	대전 서구	다함께돌봄센터운영지원	48,000	4	1	1	5	1	1	1	3
6058	대전 서구	공원환경정비사업	43,200	4	8	7	8	7	1	1	4
6059	대전 서구	정신건강복지센터자살예방사업지원	37,036	4	2	6	5	7	5	1	1
6060	대전 서구	기초정신건강복지센터종사자처우개선	32,400	4	6	6	5	7	5	1	1
6061	대전 서구	유아숲교육위탁운영	29,334	4	2	1	7	3	3	3	4
6062	대전 서구	장애인휠체어등수리지원	25,000	4	4	7	8	7	1	1	4
6063	대전 서구	가정양육지원사업(부모교육)(전환사업)	25,000	4	6	7	8	7	1	1	1
6064	대전 서구	전국통합자원봉사보험가입서비스지원	24,478	4	2	7	8	7	1	1	1
6065	대전 서구	중독관리통합지원센터임대료지원	7,320	4	7	6	5	7	5	1	1
6066	대전 서구	중독관리통합지원센터종사자처우개선	7,200	4	6	6	5	7	5	1	1
6067	대전 서구	정신건강복지센터종사자종합건강검진비지원	1,800	4	6	6	5	7	1	1	1
6068	대전 서구	중독관리통합지원센터종사자종합건강검진비지원	400	4	6	6	5	7	1	1	1
6069	대전 유성구	재활용품수집운반처리대행	5,762,000	4	1	1	2	3	2	1	1
6070	대전 유성구	대형폐기물수집운반처리및특수규격봉투(PP마대)수집운반대행	3,254,367	4	1,4	1	1	1	2	1	1
6071	대전 유성구	장애인종합복지관운영(인건비)	2,670,136	4	1	7	8	7	1	1	4
6072	대전 유성구	노인복지관운영(인건비)	1,614,921	4	1	7	8	7	1	1	4
6073	대전 유성구	종사자인건비	1,489,504	4	1	7	8	7	1	1	4
6074	대전 유성구	음식물류폐기물처리민간대행	1,262,097	4	1	1	2	3	2	1	4
6075	대전 유성구	유성구청소년수련관	1,149,461	4	4	1	3	6	1	1	1
6076	대전 유성구	도서관청소대행민간위탁금	1,130,470	4	4	2	1	1	1	1	4
6077	대전 유성구	어린이급식관리지원센터운영	945,000	4	2	1	3	1	5	5	1

순번	시군구	지출명 (사업명)	2024년예산 (단위 : 천원 /1년간)	민간이전 분류 (지방자치단체 세출예산 집행기준에 의거) 1. 민간경상사업보조(307-02) 2. 민간단체 법정운영비보조(307-03) 3. 민간행사사업보조(307-04) 4. 민간위탁금(307-05) 5. 사회복지시설 법정운영비보조(307-10) 6. 민간인위탁교육비(307-12) 7. 공기관등에대한경상적위탁사업비(308-13) 8. 민간자본사업보조,자체재원(402-01) 9. 민간자본사업보조,이전재원(402-02) 10. 민간위탁사업비(402-03) 11. 공기관등에 대한 자본적 위탁사업비(403-02)	민간이전지출 근거 (지방보조금 관리기준 참고) 1. 법률에 규정 2. 국고보조 재원(국가지정) 3. 용도 지정 기부금 4. 조례에 직접규정 5. 지자체가 권장하는 사업을 하는 공공기관 6. 시,도 정책 및 재정사정 7. 기타 8. 해당없음	입찰방식 계약체결방법 (경쟁형태) 1. 일반경쟁 2. 제한경쟁 3. 지명경쟁 4. 수의계약 5. 법정위탁 6. 기타 ( ) 7. 없음	입찰방식 계약기간 1. 1년 2. 2년 3. 3년 4. 4년 5. 5년 6. 기타 ( )년 7. 단기계약 (1년미만) 8. 없음	입찰방식 낙찰자선정방법 1. 적격심사 2. 협상에의한계약 3. 최저가낙찰제 4. 규격가격분리 5. 2단계 경쟁입찰 6. 기타 ( ) 7. 없음	운영예산 산정 운영예산 산정 1. 내부산정 (지자체 자체적으로 산정) 2. 외부산정 (외부전문기관위탁 산정) 3. 내·외부 모두 산정 4. 산정 無 5. 없음	운영예산 산정 정산방법 1. 내부정산 (지자체 내부적으로 정산) 2. 외부정산 (외부전문기관위탁 정산) 3. 내·외부 모두 산정 4. 정산 無 5. 없음	성과평가 실시여부 1. 실시 2. 미실시 3. 향후 추진 4. 해당없음
6078	대전 유성구	주민자치센터프로그램운영	824,400	4	4	4	2	1	1	1	3
6079	대전 유성구	전민복합문화센터관리운영	643,465	4	4	1	2	1	1	1	1
6080	대전 유성구	다함께돌봄센터인건비지원	578,488	4	2	5	5	6	4	5	3
6081	대전 유성구	관평도서관관리운영민간위탁비	535,020	4	4	1	3	1	1	1	1
6082	대전 유성구	공중화장실청소대행	527,095	4	4	2	1	1	3	1	4
6083	대전 유성구	유성구자원봉사센터민간위탁	518,060	4	4	7	8	7	1	1	3
6084	대전 유성구	정신건강복지센터인건비지원	498,940	4	1	5	5	1	1	1	1
6085	대전 유성구	도안신도시가로청소민간위탁	455,672	4	8	6	2	6	2	1	1
6086	대전 유성구	유성구청소년진로진학지원센터	427,725	4	4	1	3	6	1	1	1
6087	대전 유성구	구청어린이집운영위탁금	402,000	4	1	5	3	1	1	1	1
6088	대전 유성구	평생학습센터청소대행	370,000	4	4	2	1	1,3	1	1	4
6089	대전 유성구	유성푸드통합지원센터운영	320,678	4	4	1	3	6	1	3	1
6090	대전 유성구	구즉청소년문화의집	318,568	4	4	1	3	6	1	1	1
6091	대전 유성구	공공체육관민간위탁금	300,000	4	4	1	2	6	1	1	1
6092	대전 유성구	공급대행수수료	245,980	4	4	1	3	6	1	1	1
6093	대전 유성구	중독관리통합지원센터지원	244,984	4	1	5	5	1	1	1	3
6094	대전 유성구	장애인종합복지관운영(운영비)	233,630	4	1	7	8	7	1	1	4
6095	대전 유성구	다함께돌봄센터급식비지원	212,260	4	6	5	5	6	4	5	3
6096	대전 유성구	장대청소년문화의집	205,090	4	4	1	3	6	1	1	1
6097	대전 유성구	신동둔곡지구가로청소민간대행	200,000	4	8	7	8	7	5	5	4
6098	대전 유성구	노인복지관운영(운영비)	171,600	4	1	7	8	7	1	1	4
6099	대전 유성구	청소년상담복지센터운영	168,353	4	1	1	3	1	1	1	3
6100	대전 유성구	다함께돌봄센터인건비지원(사회서비스원)	146,544	4	2	5	5	6	4	5	3
6101	대전 유성구	학교돌봄터인건비지원	143,832	4	6	5	3	6	4	5	3
6102	대전 유성구	기본운영비	141,106	4	1	7	8	7	1	1	4
6103	대전 유성구	다함께돌봄센터돌봄인력추가지원	104,000	4	6	5	5	6	4	5	3
6104	대전 유성구	사회복지급식관리지원센터운영	100,000	4	2	1	3	1	5	5	1
6105	대전 유성구	통합정신건강증진사업	99,000	4	1	5	5	1	1	1	1
6106	대전 유성구	공영주차장청소대행	96,000	4	8	2	1	3	1	1	4
6107	대전 유성구	다함께돌봄센터종사자특별수당등지원	89,808	4	6	5	5	6	4	5	3
6108	대전 유성구	다함께돌봄센터운영비지원	88,000	4	2	5	5	6	4	5	3
6109	대전 유성구	학교돌봄터급간식비지원	78,740	4	6	5	3	6	4	5	3
6110	대전 유성구	정신건강복지센터자살예방사업지원	74,072	4	1	5	5	1	1	1	1
6111	대전 유성구	학교돌봄터운영비지원	72,000	4	6	5	3	6	4	5	3
6112	대전 유성구	유성구자원봉사센터활성화지원사업	70,000	4	4	7	8	7	1	1	3
6113	대전 유성구	로컬푸드농가순회수집지원	69,680	4	4	1	3	6	1	1	1
6114	대전 유성구	지역사회건강조사	69,278	4	1	5	8	7	2	2	2
6115	대전 유성구	자원봉사코디네이터지원	66,462	4	2	7	8	7	5	1	3
6116	대전 유성구	자살예방및정신건강증진사업	61,700	4	1	5	5	1	1	1	1
6117	대전 유성구	공공도서관개관시간연장인부임및보험료	60,220	4	2	6	8	7	1	3	1

순번	시군구	지출명 (사업명)	2024년예산 (단위 : 천원 /1년간)	민간이전 분류 (지방자치단체 세출예산 집행기준에 의거) 1. 민간경상사업보조(307-02) 2. 민간단체 법정운영비보조(307-03) 3. 민간행사사업보조(307-04) 4. 민간위탁금(307-05) 5. 사회복지시설 법정운영비보조(307-10) 6. 민간인위탁교육비(307-12) 7. 공기관등에대한경상적위탁사업비(308-13) 8. 민간자본사업보조,자체재원(402-01) 9. 민간자본사업보조,이전재원(402-02) 10. 민간위탁사업비(402-03) 11. 공기관등에 대한 자본적 위탁사업비(403-02)	민간이전지출 근거 (지방보조금 관리기준 참고) 1. 법률에 규정 2. 국고보조 재원(국가지정) 3. 용도 지정 기부금 4. 조례에 직접규정 5. 지자체가 권장하는 사업을 하는 공공기관 6. 시,도 정책 및 재정사정 7. 기타 8. 해당없음	입찰방식: 계약체결방법 (경쟁형태) 1. 일반경쟁 2. 제한경쟁 3. 지명경쟁 4. 수의계약 5. 법정위탁 6. 기타 ( ) 7. 없음	입찰방식: 계약기간 1. 1년 2. 2년 3. 3년 4. 4년 5. 5년 6. 기타 ( )년 7. 단기계약 (1년미만) 8. 없음	입찰방식: 낙찰자선정방법 1. 적격심사 2. 협상에의한계약 3. 최저가낙찰제 4. 규격가격분리 5. 2단계 경쟁입찰 6. 기타 ( ) 7. 없음	운영예산 산정: 운영예산 산정 1. 내부산정 (지자체 자체적으로 산정) 2. 외부산정 (외부전문기관위탁 산정) 3. 내·외부 모두 산정 4. 산정 無 5. 없음	운영예산 산정: 정산방법 1. 내부정산 (지자체 내부적으로 정산) 2. 외부정산 (외부전문기관위탁 정산) 3. 내·외부 모두 정산 4. 정산 無 5. 없음	성과평가 실시여부 1. 실시 2. 미실시 3. 향후 추진 4. 해당없음
6118	대전 유성구	보건소청소대행	60,000	4	7	4	1	3	1	1	4
6119	대전 유성구	아동청소년정신건강증진사업	58,000	4	1	5	5	1	1	1	1
6120	대전 유성구	공동육아나눔터지원	56,712	4	4	7	8	7	1	1	3
6121	대전 유성구	장애인종합복지관종사자특별수당	55,200	4	1	7	8	7	1	1	4
6122	대전 유성구	생명존중문화조성사업운영	53,000	4	1	5	5	1	1	1	1
6123	대전 유성구	기초정신건강복지센터사업비	51,100	4	1	5	5	1	1	1	1
6124	대전 유성구	어은동주민공동이용시설(안녕센터)	42,290	4	1	2	3	1	1	1	3
6125	대전 유성구	취약계층인증로컬푸드식재료지원	40,000	4	4	1	3	6	1	1	1
6126	대전 유성구	노인복지관종사자특별수당	36,000	4	1	7	8	7	1	1	4
6127	대전 유성구	견인업무대행	34,020	4	4	1	2	1	4	1	4
6128	대전 유성구	종사자특별수당	31,200	4	1	7	8	7	1	1	4
6129	대전 유성구	학교돌봄터인건비추가지원	29,400	4	6	5	3	6	4	5	3
6130	대전 유성구	장애인종합복지관종사자정액급식비	27,600	4	1	7	8	7	1	1	4
6131	대전 유성구	아동청소년친화공간운영	27,000	4	6	1	3	1	1	1	3
6132	대전 유성구	다함께돌봄센터운영비지원(사회서비스원)	24,000	4	2	5	5	6	4	5	3
6133	대전 유성구	정신응급대응지원	22,816	4	1	5	5	1	1	1	1
6134	대전 유성구	학교돌봄터종사자특별수당등지원	18,144	4	6	5	3	6	4	5	3
6135	대전 유성구	노인복지관종사자정액급식비	18,000	4	1	7	8	7	1	1	4
6136	대전 유성구	정신건강복지센터종사자특별수당	18,000	4	1	5	5	1	1	1	1
6137	대전 유성구	진잠건강나눔센터청소대행	18,000	4	7	4	1	3	1	1	4
6138	대전 유성구	자원봉사자보험료지원	17,902	4	2	7	8	7	5	1	3
6139	대전 유성구	종사자정액급식비	15,600	4	1	7	8	7	1	1	4
6140	대전 유성구	정신건강복지센터종사자정액급식비	9,000	4	1	7	8	7	1	1	4
6141	대전 유성구	다함께돌봄센터운영비추가지원	7,200	4	1	5	5	1	1	1	1
6142	대전 유성구	학교돌봄터시설비지원	6,730	4	6	5	5	6	4	5	3
6143	대전 유성구	종사자특별수당	4,800	4	6	5	3	6	4	5	3
6144	대전 유성구	장애인종합복지관종사자건강검진비	4,400	4	1	5	5	1	1	1	3
6145	대전 유성구	노인복지관종사자건강검진비	3,000	4	1	7	8	7	1	1	4
6146	대전 유성구	대체교사인건비지원	2,691	4	1	7	8	7	1	1	4
6147	대전 유성구	청소년상담복지센터운영추가지원	2,600	4	6	5	5	6	4	5	3
6148	대전 유성구	종사자건강검진비	2,600	4	8	7	8	7	1	1	4
6149	대전 유성구	정액급식비	2,400	4	1	7	8	7	1	1	4
6150	대전 유성구	다함께돌봄센터종사자종합건강검진비	2,000	4	1	5	5	1	1	1	3
6151	대전 유성구	정신건강복지센터종사자종합건강검진비	1,600	4	6	5	5	6	4	5	3
6152	대전 유성구	중독관리통합지원센터종사자종합건강검진비	400	4	1	5	5	1	1	1	1
6153	대전 대덕구	재활용품수집운반처리민간위탁	3,498,422	4	1	5	5	1	1	1	3
6154	대전 대덕구	사회복지관인건비(대덕,중리,법동)	2,215,611	4	1	1	2	1	2	1	1
6155	대전 대덕구	장애인종합복지관운영	1,556,861	4	1	5	8	7	1	1	1
6156	대전 대덕구	노인복지관운영지원	1,405,104	4	1	5	5	1	1	1	4
6157	대전 대덕구	음식물류폐기물위탁사업	919,800	4	1	7	8	7	1	1	4

순번	시군구	지출명 (사업명)	2024년예산 (단위 : 천원 /1년간)	민간이전 분류 (지방자치단체 세출예산 집행기준에 의거) 1. 민간경상사업보조(307-02) 2. 민간단체 법정운영비보조(307-03) 3. 민간행사사업보조(307-04) 4. 민간위탁금(307-05) 5. 사회복지시설 법정운영비보조(307-10) 6. 민간인위탁교육비(307-12) 7. 공기관등에대한경상적위탁사업비(308-13) 8. 민간자본사업보조,자체재원(402-01) 9. 민간자본사업보조,이전재원(402-02) 10. 민간위탁사업비(402-03) 11. 공기관등에 대한 자본적 위탁사업비(403-02)	민간이전지출 근거 (지방보조금 관리기준 참고) 1. 법률에 규정 2. 국고보조 재원(국가지정) 3. 용도 지정 기부금 4. 조례에 직접규정 5. 지자체가 권장하는 사업을 하는 공공기관 6. 시,도 정책 및 재정사정 7. 기타 8. 해당없음	입찰방식			운영예산 산정		성과평가 실시여부
						계약체결방법 (경쟁형태) 1. 일반경쟁 2. 제한경쟁 3. 지명경쟁 4. 수의계약 5. 법정위탁 6. 기타 ( ) 7. 없음	계약기간 1. 1년 2. 2년 3. 3년 4. 4년 5. 5년 6. 기타 ( )년 7. 단기계약 (1년미만) 8. 없음	낙찰자선정방법 1. 적격심사 2. 협상에의한계약 3. 최저가낙찰제 4. 규격가격분리 5. 2단계 경쟁입찰 6. 기타 ( ) 7. 없음	운영예산 산정 1. 내부산정 (지자체 자체적으로 산정) 2. 외부산정 (외부전문기관위탁 산정) 3. 내·외부 모두 산정 4. 산정 無 5. 없음	정산방법 1. 내부정산 (지자체 내부적으로 정산) 2. 외부정산 (외부전문기관위탁 정산) 3. 내·외부 모두 산정 4. 정산 無 5. 없음	1. 실시 2. 미실시 3. 향후 추진 4. 해당없음
6158	대전 대덕구	대덕구정신건강복지센터	787,271	4	2	1	5	1	1	1	1
6159	대전 대덕구	대덕구공동체지원센터위탁운영	599,954	4	4	1	2	1	1	1	4
6160	대전 대덕구	청소년어울림센터운영	468,000	4	1	1	3	1	1	3	1
6161	대전 대덕구	다함께돌봄센터인건비지원(국비)	414,304	4	1	2	5	1	1	1	4
6162	대전 대덕구	육아종합지원센터운영	375,000	4	1	5	3	7	1	1	1
6163	대전 대덕구	어린이집대체교사지원(육아종합지원센터파견)	358,400	4	1	5	3	7	5	1	1
6164	대전 대덕구	육아복합마더센터운영	354,592	4	4	1	3	1	1	1	3
6165	대전 대덕구	대덕문예회관위탁운영	302,080	4	4	7	8	7	1	1	1
6166	대전 대덕구	중독관리통합지원센터운영	228,090	4	2	1	5	1	1	1	1
6167	대전 대덕구	청년공간운영지원	225,478	4	4	1	2	1	1	1	1
6168	대전 대덕구	사회복지관운영비(대덕,중리,법동)	180,960	4	1	5	8	7	1	1	1
6169	대전 대덕구	대덕문화체육관위탁운영	175,000	4	4	4	5	7	1	1	3
6170	대전 대덕구	다함께돌봄센터급식비지원	126,000	4	1	2	5	1	1	1	4
6171	대전 대덕구	법동청소년문화센터운영	97,000	4	1	1	3	1	1	1	1
6172	대전 대덕구	청소년진로진학상담사배치지원	96,000	4	1	7	8	7	1	1	4
6173	대전 대덕구	다함께돌봄센터돌봄인력지원	68,600	4	1	2	5	1	1	1	4
6174	대전 대덕구	다함께돌봄센터운영비지원(국비)	64,000	4	1	2	5	1	1	1	4
6175	대전 대덕구	다함께돌봄센터종사자특별수당	39,000	4	1	2	5	1	1	1	4
6176	대전 대덕구	다함께돌봄센터운영비지원	34,400	4	1	2	5	1	1	1	4
6177	대전 대덕구	육아종합지원센터가정양육사업지원	25,000	4	1	5	3	7	5	1	1
6178	대전 대덕구	다함께돌봄센터종사자가족수당	9,984	4	1	2	5	1	1	1	4
6179	부산 중구	장애인활동지원	1,844,306	4	1	7	8	7	1	1	4
6180	부산 중구	사회복지관운영	849,092	4	1	7	5	7	1	1	1
6181	부산 중구	자원봉사진흥	244,141	4	1	7	3	1	1	1	4
6182	부산 중구	발달장애인주간활동서비스	145,806	4	1	7	8	7	1	1	4
6183	부산 중구	진로교육지원센터운영	125,000	4	1	5	3	6	1	1	1
6184	부산 중구	스포츠강좌이용권지원	115,200	4	2	7	8	7	1	1	4
6185	부산 중구	직장어린이집위탁보육지원경비	104,668	4	1	7	1	7	5	5	4
6186	부산 중구	장애인활동지원시비추가	98,600	4	1	7	8	7	1	1	4
6187	부산 중구	일반생활체육지도자배치	94,371	4	1	7	8	7	1	1	1
6188	부산 중구	어르신생활체육지도자배치	94,371	4	1	7	8	7	1	1	1
6189	부산 중구	발달장애인방과후돌봄서비스	78,320	4	1	7	8	7	1	1	4
6190	부산 중구	발달재활서비스	59,120	4	1	7	8	7	1	1	4
6191	부산 중구	생활체육지도자처우개선	45,665	4	1	7	8	7	1	1	1
6192	부산 중구	생활체육교실운영	35,417	4	1	7	8	7	1	1	1
6193	부산 중구	장애인스포츠강좌이용권지원	19,800	4	2	7	8	7	1	1	4
6194	부산 중구	장애인활동지원가산급여	6,276	4	1	7	8	7	1	5	4
6195	부산 중구	발달장애인주간활동서비스시비추가	3,000	4	1	7	8	7	1	1	4
6196	부산 중구	발달장애인부모상담서비스	2,400	4	1	7	8	7	1	1	4
6197	부산 서구	2024년생활폐기물수집운반민간대행용역	10,751,760	4	1	1	1	1	2	1	1

순번	시군구	지출명 (사업명)	2024년예산 (단위 : 천원 /1년간)	민간이전 분류 (지방자치단체 세출예산 집행기준에 의거) 1. 민간경상사업보조(307-02) 2. 민간단체 법정운영비보조(307-03) 3. 민간행사사업보조(307-04) 4. 민간위탁금(307-05) 5. 사회복지시설 법정운영비보조(307-10) 6. 민간인위탁교육비(307-12) 7. 공기관등에대한경상적위탁사업비(308-13) 8. 민간자본사업보조,자체재원(402-01) 9. 민간자본사업보조,이전재원(402-02) 10. 민간위탁사업비(402-03) 11. 공기관등에 대한 자본적 위탁사업비(403-02)	민간이전지출 근거 (지방보조금 관리기준 참고) 1. 법률에 규정 2. 국고보조 재원(국가지정) 3. 용도 지정 기부금 4. 조례에 직접규정 5. 지자체가 권장하는 사업을 하는 공공기관 6. 시,도 정책 및 재정사정 7. 기타 8. 해당없음	입찰방식: 계약체결방법 (경쟁형태) 1. 일반경쟁 2. 제한경쟁 3. 지명경쟁 4. 수의계약 5. 법정위탁 6. 기타 ( ) 7. 없음	입찰방식: 계약기간 1. 1년 2. 2년 3. 3년 4. 4년 5. 5년 6. 기타 ( )년 7. 단기계약 (1년미만) 8. 없음	입찰방식: 낙찰자선정방법 1. 적격심사 2. 협상에의한계약 3. 최저가낙찰제 4. 규격가격분리 5. 2단계 경쟁입찰 6. 기타 ( ) 7. 없음	운영예산 산정: 운영예산 산정 1. 내부산정 (지자체 자체적으로 산정) 2. 외부산정 (외부전문기관위탁 산정) 3. 내·외부 모두 산정 4. 산정 無 5. 없음	운영예산 산정: 정산방법 1. 내부정산 (지자체 내부적으로 정산) 2. 외부정산 (외부전문기관위탁 정산) 3. 내·외부 모두 정산 4. 정산 無 5. 없음	성과평가 실시여부 1. 실시 2. 미실시 3. 향후 추진 4. 해당없음
6198	부산 서구	노인일자리사업지원	9,832,900	4	1	5	1	7	1	1	1
6199	부산 서구	자활근로사업지원	2,149,421	4	1	5	1	7	5	1	4
6200	부산 서구	아이돌봄지원	1,290,653	4	1	2	5	6	1	1	4
6201	부산 서구	가족센터운영	898,480	4	2	2	5	6	1	1	4
6202	부산 서구	음식물류폐기물민간업체처리수수료지급	820,875	4	1	4	1	7	1	1	1
6203	부산 서구	서구종합사회복지관운영지원	816,850	4	4	6	5	6	1	1	4
6204	부산 서구	노인일자리사업지원	797,620	4	1	5	1	7	1	1	1
6205	부산 서구	기초정신건강복지센터인력확충	748,800	4	1	2	3	1	1	1	1
6206	부산 서구	노인일자리사업지원	721,600	4	1	5	1	7	1	1	1
6207	부산 서구	노인일자리사업지원	568,780	4	1	5	1	7	1	1	1
6208	부산 서구	노인일자리사업지원	558,670	4	1	5	1	7	1	1	1
6209	부산 서구	노인일자리사업지원	535,080	4	1	5	1	7	1	1	1
6210	부산 서구	구덕청소년수련관	494,916	4	1	1	5	1	1	1	4
6211	부산 서구	시니어클럽운영	402,849	4	1	5	5	7	1	1	1
6212	부산 서구	다함께돌봄센터지원사업(인건비)	285,936	4	2	2	5	6	1	1	1
6213	부산 서구	서구진로교육지원센터운영	260,000	4	4	7	8	7	1	1	1
6214	부산 서구	산모신생아건강관리지원사업(2단계시도전환사업)	208,254	4	1	7	8	7	5	5	4
6215	부산 서구	청소년문화의집운영	194,000	4	2	2	3	6	1	1	1
6216	부산 서구	청소년방과후아카데미운영지원(청소년문화의집)	188,978	4	2	2	3	6	1	1	4
6217	부산 서구	청소년안전망구축(지방상담사업)	163,188	4	2	2	5	6	1	1	4
6218	부산 서구	이태석신부기념관운영	140,000	4	4	1	3	1	1	1	4
6219	부산 서구	길고양이중성화	140,000	4	4	4	1	1	1	1	4
6220	부산 서구	가족희망드림지원	133,850	4	2	2	5	6	1	1	4
6221	부산 서구	저소득층기저귀조제분유지원사업	114,000	4	1	7	8	7	5	5	4
6222	부산 서구	통합정신건강증진사업	101,000	4	1	2	3	1	1	1	1
6223	부산 서구	청소년안전망구축	100,102	4	2	2	5	6	1	1	1
6224	부산 서구	서구형에너지복지허브조성	100,000	4	2	2	5	6	1	1	1
6225	부산 서구	청소년동반자프로그램운영	96,856	4	4	1	1	7	1	1	4
6226	부산 서구	학교밖청소년지원	88,642	4	2	2	5	6	1	1	4
6227	부산 서구	유아숲교육위탁운영	85,998	4	2	2	3	6	1	1	1
6228	부산 서구	2024년폐합성수지위탁처리	82,500	4	2	1	2	2	1	1	1
6229	부산 서구	유아숲체험원운영(1단계시도전환사업)	79,428	4	1	1	1	3	1	4	2
6230	부산 서구	다문화가족방문교육서비스	73,660	4	2	1	2	2	1	1	1
6231	부산 서구	정신건강복지센터자살예방사업지원	70,548	4	2	2	5	6	1	1	4
6232	부산 서구	지역사회건강조사조사분석위탁운영	68,668	4	1	2	3	1	1	1	1
6233	부산 서구	다함께돌봄센터지원사업(인건비시비)	56,810	4	1	4	1	7	5	3	1
6234	부산 서구	공동육아나눔터운영	56,712	4	6	2	5	6	1	1	1
6235	부산 서구	기초정신건강복지센터운영	51,100	4	1	2	5	6	1	1	4
6236	부산 서구	유기동물위탁보호비지원	50,000	4	1	2	3	1	1	1	1
6237	부산 서구	다함께돌봄센터지원사업(운영비)	48,000	4	6	6	2	6	1	1	4

순번	시군구	지출명 (사업명)	2024년예산 (단위 : 천원 /1년간)	민간이전 분류 (지방자치단체 세출예산 집행기준에 의거) 1. 민간경상사업보조(307-02) 2. 민간단체 법정운영비보조(307-03) 3. 민간행사사업보조(307-04) 4. 민간위탁금(307-05) 5. 사회복지시설 법정운영비보조(307-10) 6. 민간인위탁교육비(307-12) 7. 공기관등에대한경상적위탁사업비(308-13) 8. 민간자본사업보조,자체재원(402-01) 9. 민간자본사업보조,이전재원(402-02) 10. 민간위탁사업비(402-03) 11. 공기관등에 대한 자본적 위탁사업비(403-02)	민간이전지출 근거 (지방보조금 관리기준 참고) 1. 법률에 규정 2. 국고보조 재원(국가지정) 3. 용도 지정 기부금 4. 조례에 직접규정 5. 지자체가 권장하는 사업을 하는 공공기관 6. 시,도 정책 및 재정사정 7. 기타 8. 해당없음	입찰방식 계약체결방법 (경쟁형태) 1. 일반경쟁 2. 제한경쟁 3. 지명경쟁 4. 수의계약 5. 법정위탁 6. 기타 ( ) 7. 없음	입찰방식 계약기간 1. 1년 2. 2년 3. 3년 4. 4년 5. 5년 6. 기타 ( )년 7. 단기계약 (1년미만) 8. 없음	입찰방식 낙찰자선정방법 1. 적격심사 2. 협상에의한계약 3. 최저가낙찰제 4. 규격가격분리 5. 2단계 경쟁입찰 6. 기타 ( ) 7. 없음	운영예산 산정 운영예산 산정 1. 내부산정 (지자체 자체적으로 산정) 2. 외부산정 (외부전문기관위탁 산정) 3. 내·외부 모두 산정 4. 산정 無 5. 없음	운영예산 산정 정산방법 1. 내부정산 (지자체 내부적으로 정산) 2. 외부정산 (외부전문기관위탁 정산) 3. 내·외부 모두 산정 4. 정산 無 5. 없음	성과평가 실시여부 1. 실시 2. 미실시 3. 향후 추진 4. 해당없음
6238	부산 서구	2024년동물사체(로드킬)처리민간대행용역	44,517	4	7	1	1	3	1	4	2
6239	부산 서구	송도해수욕장관리대행용역	40,000	4	6	4	1	7	1	1	4
6240	부산 서구	다문화가족자녀언어발달	39,344	4	2	2	5	6	1	1	4
6241	부산 서구	정신건강증진센터종사자복지수당	37,687	4	1	2	3	1	1	1	1
6242	부산 서구	다문화가족사례관리	37,017	4	2	2	5	6	1	1	4
6243	부산 서구	이중언어가족환경조성	35,031	4	2	2	5	6	1	1	4
6244	부산 서구	결혼이민자통번역서비스	32,813	4	2	2	5	6	1	1	4
6245	부산 서구	자활사례관리	31,476	4	1	5	1	7	5	1	4
6246	부산 서구	근해인양쓰레기수매사업	30,000	4	6	7	8	7	1	1	4
6247	부산 서구	청소년지도사배치지원(청소년문화의집)	25,368	4	2	2	3	6	1	1	4
6248	부산 서구	정신건강증진사업	24,636	4	1	2	3	1	1	1	1
6249	부산 서구	산모신생아건강관리지원사업	24,000	4	1	7	8	7	5	5	4
6250	부산 서구	2024년폐목재위탁처리용역	21,600	4	1	1	1	3	1	4	2
6251	부산 서구	자살예방사업	16,424	4	1	2	3	1	1	1	1
6252	부산 서구	아동청소년정신보건	13,300	4	1	2	3	1	1	1	1
6253	부산 서구	무연고사망자처리	12,000	4	4	7	8	7	1	1	4
6254	부산 서구	청소년동반자프로그램운영(기관부담금)	11,960	4	2	2	5	6	1	1	4
6255	부산 서구	자살예방및정신건강증진사업	9,294	4	1	2	3	1	1	1	1
6256	부산 서구	유기동물구조보호	9,100	4	2	6	2	6	1	1	4
6257	부산 서구	폐유리병위탁처리비	8,800	4	8	4	2	7	1	5	4
6258	부산 서구	어업용폐기물처리지원사업	8,580	4	6	4	1	7	1	1	4
6259	부산 서구	중증정신질환자집중관리재활프로그램운영	7,650	4	1	2	3	1	1	1	1
6260	부산 서구	학교밖청소년급식비지원	6,922	4	2	2	3	6	1	1	4
6261	부산 서구	청소년방과후아카데미종사자지원(청소년문화의집)	5,880	4	2	2	3	6	1	1	4
6262	부산 서구	분뇨처리수수료대행징수교부금	4,710	4	4	5	2	1	5	5	4
6263	부산 서구	가족센터종사자복지포인트	2,500	4	2	2	5	6	1	1	4
6264	부산 서구	학교밖청소년종사자처우개선수당	2,400	4	2	2	3	6	1	1	4
6265	부산 서구	아이돌보미건강검진비지원	2,100	4	6	2	5	6	1	1	4
6266	부산 서구	폐형광등위탁처리비	1,871	4	8	4	2	7	1	5	4
6267	부산 서구	학교밖청소년급식비지원(시비추가지원)	1,080	4	2	2	3	6	1	1	4
6268	부산 동구	생활폐기물수집민간위탁	9,705,547	4	4	4	1	7	2	1	1
6269	부산 동구	동구정신건강복지센터운영	991,322	4	1	2	3	6	1	1	3
6270	부산 동구	동구종합사회복지관	839,427	4	6	1	5	1	5	3	1
6271	부산 동구	음식물쓰레기민간위탁처리비	666,336	4	4	4	1	7	1	1	4
6272	부산 동구	시니어클럽운영	379,476	4	6	1	5	1	5	3	1
6273	부산 동구	스포츠강좌이용권사업	376,800	4	2	7	8	7	1	1	2
6274	부산 동구	국민체력1사업지원	203,640	4	2	7	8	7	1	1	1
6275	부산 동구	다어울림생활문화센터민간위탁	160,000	4	4	7	8	7	5	5	4
6276	부산 동구	일반생활체육지도자배치	157,285	4	2	5	8	7	1	1	1
6277	부산 동구	이동도서관운영	82,820	4	4	5	8	7	1	1	4

순번	시군구	지출명 (사업명)	2024년예산 (단위 : 전원 /1년간)	민간이전 분류 (지방자치단체 세출예산 집행기준에 의거) 1. 민간경상사업보조(307-02) 2. 민간단체 법정운영비보조(307-03) 3. 민간행사사업보조(307-04) 4. 민간위탁금(307-05) 5. 사회복지시설 법정운영비보조(307-10) 6. 민간인위탁교육비(307-12) 7. 공기관등에대한경상적위탁사업비(308-13) 8. 민간자본사업보조,자체재원(402-01) 9. 민간자본사업보조,이전재원(402-02) 10. 민간위탁사업비(402-03) 11. 공기관등에 대한 자본적 위탁사업비(403-02)	민간이전지출 근거 (지방보조금 관리기준 참고) 1. 법률에 규정 2. 국고보조 재원(국가지정) 3. 용도 지정 기부금 4. 조례에 직접규정 5. 지자체가 권장하는 사업을 하는 공공기관 6. 시,도 정책 및 재정사정 7. 기타 8. 해당없음	입찰방식 계약체결방법 (경쟁형태) 1. 일반경쟁 2. 제한경쟁 3. 지명경쟁 4. 수의계약 5. 법정위탁 6. 기타 ( ) 7. 없음	계약기간 1. 1년 2. 2년 3. 3년 4. 4년 5. 5년 6. 기타 ( )년 7. 단기계약 (1년미만) 8. 없음	낙찰자선정방법 1. 적격심사 2. 협상에의한계약 3. 최저가낙찰제 4. 규격가격분리 5. 2단계 경쟁입찰 6. 기타 ( ) 7. 없음	운영예산 산정 운영예산 산정 1. 내부산정 (지자체 자체적으로 산정) 2. 외부산정 (외부전문기관위탁 산정) 3. 내·외부 모두 산정 4. 산정 無 5. 없음	정산방법 1. 내부정산 (지자체 내부적으로 정산) 2. 외부정산 (외부전문기관위탁 정산) 3. 내·외부 모두 산정 4. 정산 無 5. 없음	성과평가 실시여부 1. 실시 2. 미실시 3. 향후 추진 4. 해당없음
6278	부산 동구	어르신체육활동지도자배치	62,914	4	2	5	8	7	1	1	1
6279	부산 동구	장애인스포츠강좌이용권지원사업	46,200	4	2	7	8	7	1	1	2
6280	부산 동구	길고양이중성화수술비지원	35,000	4	2	7	8	7	5	5	4
6281	부산 동구	유기동물관리	30,000	4	6	7	8	7	5	5	4
6282	부산 동구	일반어르신생활체육지도자처우개선	27,720	4	1	5	8	7	1	1	1
6283	부산 동구	업무시간외로드킬처리	22,440	4	8	4	1	7	1	1	2
6284	부산 동구	생활체육교실운영	16,667	4	1	5	8	7	1	1	1
6285	부산 동구	건축사업무대행수수료지급	14,249	4	1	5	8	7	1	3	4
6286	부산 동구	폐유리병위탁처리	10,560	4	4	4	1	7	1	1	4
6287	부산 동구	생활체육프로그램운영	8,920	4	1	5	8	7	1	1	1
6288	부산 동구	주거지전용주차장관리위탁	6,240	4	4	4	1	2	1	1	1
6289	부산 동구	주거지전용주차장관리위탁	6,240	4	4	4	1	2	1	1	1
6290	부산 동구	주거지전용주차장관리위탁	6,240	4	4	4	1	2	1	1	1
6291	부산 동구	주거지전용주차장관리위탁	6,240	4	4	4	1	2	1	1	1
6292	부산 동구	주거지전용주차장관리위탁	6,240	4	4	4	1	2	1	1	1
6293	부산 동구	주거지전용주차장관리위탁	6,240	4	4	4	1	2	1	1	1
6294	부산 동구	주거지전용주차장관리위탁	6,240	4	4	4	1	2	1	1	1
6295	부산 동구	주거지전용주차장관리위탁	6,240	4	4	4	1	2	1	1	1
6296	부산 동구	주거지전용주차장관리위탁	6,240	4	4	4	1	2	1	1	1
6297	부산 동구	주거지전용주차장관리위탁	6,240	4	4	4	1	2	1	1	1
6298	부산 동구	주거지전용주차장관리위탁	6,240	4	4	4	1	2	1	1	1
6299	부산 동구	주거지전용주차장관리위탁	6,240	4	4	4	1	2	1	1	1
6300	부산 동구	분뇨처리수수료대행징수교부금	3,630	4	4	5	3	6	4	4	4
6301	부산 동구	유기동물구조보호비	3,500	4	2	7	8	7	5	5	4
6302	부산 동구	생활체육실전광장운영	3,400	4	1	5	8	7	1	1	1
6303	부산 동구	폐형광등위탁운반비	1,179	4	4	4	1	7	1	1	4
6304	부산 동구	광견병예방접종시술비지원	1,000	4	6	7	8	7	5	5	4
6305	부산 영도구	생활쓰레기수집운반처리(생활쓰레기수집운반민간위탁수수료)	8,008,097	4	1	1	1	3	2	1	1
6306	부산 영도구	음식물류재활용(음식물류위탁처리비)	1,020,870	4	1	7	8	7	1	1	4
6307	부산 영도구	통합관제센터관제요원위탁운영(통합관제센터관제요원위탁용역)	621,581	4	1	3	1	1	1	1	1
6308	부산 영도구	정신건강복지센터인력확충(기초정신건강복지센터인력확충)	507,368	4	2	5	5	7	5	1	1
6309	부산 영도구	스포츠강좌이용권사업	490,800	4	2	7	8	7	5	5	4
6310	부산 영도구	구청사청소위탁관리	487,450	4	7	2	1	1	2	1	4
6311	부산 영도구	발달장애인요양보호사보조일자리지원사업	466,000	4	2	1	1	1	5	5	4
6312	부산 영도구	산모신생아건강관리(전환사업)(산모신생아건강관리지원사업)	353,355	4	2	7	8	7	5	5	4
6313	부산 영도구	암조기검진지자체보조(국가암검진비예탁금)	306,297	4	2	7	8	7	5	5	1
6314	부산 영도구	가사간병방문지원사업	290,582	4	2	6	8	7	5	1	1
6315	부산 영도구	진로교육지원센터운영	260,000	4	4	1	3	1	1	1	1
6316	부산 영도구	청사청소용역비	205,420	4	7	2	1	1	2	1	4
6317	부산 영도구	도서관청소용역	197,560	4	1	2	1	1	2	2	4

순번	시군구	지출명 (사업명)	2024년예산 (단위 : 천원 /1년간)	민간이전 분류 (지방자치단체 세출예산 집행기준에 의거) 1. 민간경상사업보조(307-02) 2. 민간단체 법정운영비보조(307-03) 3. 민간행사사업보조(307-04) 4. 민간위탁금(307-05) 5. 사회복지시설 법정운영비보조(307-10) 6. 민간인위탁교육비(307-12) 7. 공기관등에대한경상적위탁사업비(308-13) 8. 민간자본사업보조,자체재원(402-01) 9. 민간자본사업보조,이전재원(402-02) 10. 민간위탁사업비(402-03) 11. 공기관등에 대한 자본적 위탁사업비(403-02)	민간이전지출 근거 (지방보조금 관리기준 참고) 1. 법률에 규정 2. 국고보조 재원(국가지정) 3. 용도 지정 기부금 4. 조례에 직접규정 5. 지자체가 권장하는 사업을 하는 공공기관 6. 시,도 정책 및 재정사정 7. 기타 8. 해당없음	입찰방식			운영예산 산정		성과평가 실시여부
						계약체결방법 (경쟁형태) 1. 일반경쟁 2. 제한경쟁 3. 지명경쟁 4. 수의계약 5. 법정위탁 6. 기타 ( ) 7. 없음	계약기간 1. 1년 2. 2년 3. 3년 4. 4년 5. 5년 6. 기타 ( )년 7. 단기계약 (1년미만) 8. 없음	낙찰자선정방법 1. 적격심사 2. 협상에의한계약 3. 최저가낙찰제 4. 규격가격분리 5. 2단계 경쟁입찰 6. 기타 ( ) 7. 없음	운영예산 산정 1. 내부산정 (지자체 자체적으로 산정) 2. 외부산정 (외부전문기관위탁 산정) 3. 내·외부 모두 산정 4. 산정 無 5. 없음	정산방법 1. 내부정산 (지자체 내부적으로 정산) 2. 외부정산 (외부전문기관위탁 정산) 3. 내·외부 모두 산정 4. 정산 無 5. 없음	1. 실시 2. 미실시 3. 향후 추진 4. 해당없음
6318	부산 영도구	자원봉사센터운영비지원	154,999	4	1	7	8	7	1	1	4
6319	부산 영도구	치매치료관리비지원(전환사업)(치매치료관리비예탁)	133,279	4	6	7	8	7	5	5	4
6320	부산 영도구	학교밖청소년지원사업	129,334	4	1	1	3	1	1	3	1
6321	부산 영도구	직원후생복지증진(직원자녀어린이집위탁보육비)	122,000	4	1	7	8	7	5	5	4
6322	부산 영도구	통합정신건강증진사업(기초정신건강복지센터사업)(통합정신건강증진사업(기초정신건강복지센터사업))	114,250	4	2	5	5	7	5	1	1
6323	부산 영도구	기초정신건강복지센터자살예방사업지원(기초정신건강복지센터자살예방사업지원)	106,466	4	2	5	5	7	5	1	1
6324	부산 영도구	고양이중성화수술비지원사업	100,000	4	4	2	7	1	1	1	4
6325	부산 영도구	저소득층기저귀조제분유지원사업(저소득층기저귀,조제분유지원사업)	94,000	4	2	7	8	7	5	5	4
6326	부산 영도구	영도창업오피스운영	80,000	4	4	6	3	6	1	3	1
6327	부산 영도구	대형폐기물수거처리(폐합성수지류처리비)	74,520	4	1	1	1	3	3	5	4
6328	부산 영도구	지역사회건강조사조사분석위탁운영	68,744	4	1	6	1	7	2	3	1
6329	부산 영도구	자원봉사코디네이터지원육성	64,800	4	1	7	8	7	1	1	4
6330	부산 영도구	장애인스포츠강좌이용권사업	59,400	4	2	7	8	7	5	5	4
6331	부산 영도구	숲해설민간위탁사업	58,668	4	2	6	7	6	2	1	4
6332	부산 영도구	정신건강복지센터운영(정신건강복지센터운영비)	51,100	4	2	5	5	7	5	1	1
6333	부산 영도구	의료급여수급권자일반건강검진	43,661	4	2	7	8	7	5	5	4
6334	부산 영도구	자살예방및정신건강증진사업(자살예방및정신건강증진사업)	40,720	4	2	5	5	7	5	1	1
6335	부산 영도구	재활용품수집증대(재활용선별장경비용역수수료)	33,436	4	7	4	1	7	3	5	4
6336	부산 영도구	깨끗한가로유지(비업무시간대로드킬처리수수료)	32,340	4	1	4	1	7	3	5	4
6337	부산 영도구	희귀질환자의료비지원사업비예탁(희귀질환자의료비지원사업)	30,000	4	2	7	8	7	5	5	4
6338	부산 영도구	정신건강복지센터종사자복지수당(정신건강복지센터종사자복지수당)	27,000	4	6	5	5	7	5	1	1
6339	부산 영도구	유기동물위탁보호비지원	26,400	4	4	4	1	1	1	1	4
6340	부산 영도구	어업용폐기물처리지원사업	24,000	4	7	2	7	1	1	1	4
6341	부산 영도구	자원봉사활성화프로그램개발사업비	22,380	4	1	7	8	7	5	5	4
6342	부산 영도구	산모신생아건강관리지원사업(확대)(산모신생아건강관리지원사업(자체))	20,000	4	6	7	8	7	1	1	4
6343	부산 영도구	아동청소년정신건강증진사업(아동청소년정신건강증진사업지원)	13,300	4	2	5	5	7	5	5	4
6344	부산 영도구	생활쓰레기수집운반처리(노면청소차량폐기물처리비)	12,000	4	1	4	1	7	1	1	4
6345	부산 영도구	재활용품수집증대(폐유리병처리수수료(대림산업))	10,560	4	1	4	1	7	3	5	4
6346	부산 영도구	자살예방및정신건강증진사업(자살예방및정신건강증진사업)	9,292	4	6	5	5	7	5	1	1
6347	부산 영도구	학교밖청소년급식지원	8,326	4	1	1	3	1	1	3	1
6348	부산 영도구	중증정신질환자집중관리프로그램운영(중증정신질환자집중관리프로그램운영)	7,650	4	6	5	5	7	5	1	1
6349	부산 영도구	재활용품수집증대(전기안전대행수수료)	7,260	4	1	4	1	7	3	5	4
6350	부산 영도구	전국통합자원봉사보험가입서비스지원	5,024	4	1	7	8	7	1	1	4
6351	부산 영도구	유기동물구조보호비지원	5,000	4	2	4	8	1	1	1	4
6352	부산 영도구	의료수급권자영유아검진비지원(의료급여수급권자검진비)	4,251	4	2	7	8	7	5	5	4
6353	부산 영도구	오수처리시설관리(분뇨수집운반및개인하수처리시설청소대행교부금)	2,970	4	4	6	6	7	1	1	4
6354	부산 영도구	청소년산모임신출산의료비지원(청소년산모임신출산의료지원사업)	2,400	4	2	7	8	7	5	5	4
6355	부산 영도구	재활용품수집증대(폐형광등운송비(동서알엔씨㈜))	1,998	4	1	4	1	7	3	5	4
6356	부산 영도구	표준모자보건수첩제작(표준모자보건수첩제작)	460	4	2	7	8	7	5	5	4
6357	부산 부산진구	기초정신건강복지센터인력확충	1,085,760	4	1	1	3	1	5	1	1

순번	시군구	지출명 (사업명)	2024년예산 (단위 : 천원 /1년간)	민간이전 분류 (지방자치단체 세출예산 집행기준에 의거) 1. 민간경상사업보조(307-02) 2. 민간단체 법정운영비보조(307-03) 3. 민간행사사업보조(307-04) 4. 민간위탁금(307-05) 5. 사회복지시설 법정운영비보조(307-10) 6. 민간인위탁교육비(307-12) 7. 공기관등에대한경상적위탁사업비(308-13) 8. 민간자본사업보조,자체재원(402-01) 9. 민간자본사업보조,이전재원(402-02) 10. 민간위탁사업비(402-03) 11. 공기관등에 대한 자본적 위탁사업비(403-02)	민간이전지출 근거 (지방보조금 관리기준 참고) 1. 법률에 규정 2. 국고보조 재원(국가지정) 3. 용도 지정 기부금 4. 조례에 직접규정 5. 지자체가 권장하는 사업을 하는 공공기관 6. 시,도 정책 및 재정사정 7. 기타 8. 해당없음	입찰방식 계약체결방법 (경쟁형태) 1. 일반경쟁 2. 제한경쟁 3. 지명경쟁 4. 수의계약 5. 법정위탁 6. 기타 ( ) 7. 없음	입찰방식 계약기간 1. 1년 2. 2년 3. 3년 4. 4년 5. 5년 6. 기타 ( )년 7. 단기계약 (1년미만) 8. 없음	입찰방식 낙찰자선정방법 1. 적격심사 2. 협상에의한계약 3. 최저가낙찰제 4. 규격가격분리 5. 2단계 경쟁입찰 6. 기타 ( ) 7. 없음	운영예산 산정 운영예산 산정 1. 내부산정 (지자체 자체적으로 산정) 2. 외부산정 (외부전문기관위탁 산정) 3. 내·외부 모두 산정 4. 산정 無 5. 없음	운영예산 산정 정산방법 1. 내부정산 (지자체 내부적으로 정산) 2. 외부정산 (외부전문기관위탁 정산) 3. 내·외부 모두 산정 4. 정산 無 5. 없음	성과평가 실시여부 1. 실시 2. 미실시 3. 향후 추진 4. 해당없음
6358	부산 부산진구	장애인복지관운영	1,032,069	4	1	7	8	7	5	1	1
6359	부산 부산진구	노인복지관운영비	907,387	4	1	5	5	1	1	1	1
6360	부산 부산진구	아동보호전문기관운영지원	876,353	4	1	1	5	1	1	1	4
6361	부산 부산진구	육아종합지원센터운영	628,650	4	1	5	5	7	1	1	1
6362	부산 부산진구	다문화가족지원센터운영	568,290	4	2	5	5	6	5	1	1
6363	부산 부산진구	건강가정지원센터운영	481,970	4	2	5	5	6	5	1	1
6364	부산 부산진구	부산진구자원봉사센터운영	402,758	4	1	7	8	7	1	1	4
6365	부산 부산진구	구청어린이집위탁운영	343,520	4	3	1	3	1	1	1	4
6366	부산 부산진구	진로교육지원센터운영지원	310,000	4	4	2	3	1	1	1	1
6367	부산 부산진구	통합정신건강증진사업	301,000	4	1	1	3	1	5	1	1
6368	부산 부산진구	다문화가족특성화사업	288,456	4	2	5	5	6	5	1	1
6369	부산 부산진구	시간제보육서비스인건운영비	281,786	4	1	7	8	7	5	5	4
6370	부산 부산진구	주거지전용주차장위탁관리수수료	266,256	4	6	7	8	7	5	5	4
6371	부산 부산진구	부산진구가야청소년센터운영	223,800	4	1	1	3	1	1	1	3
6372	부산 부산진구	부산진구부전청소년센터운영	210,300	4	1	1	3	1	1	1	3
6373	부산 부산진구	부산진구전포청소년센터운영	203,900	4	1	1	3	1	1	1	3
6374	부산 부산진구	길고양이중성화수술비지원	180,000	4	2	2	1	1	1	1	2
6375	부산 부산진구	부산진구생활문화센터운영	168,512	4	4	2	3	6	1	1	3
6376	부산 부산진구	지방상담사업운영(청소년상담복지센터)	163,782	4	1	7	3	7	5	1	1
6377	부산 부산진구	학교밖청소년지원사업	131,740	4	1	7	3	7	5	1	1
6378	부산 부산진구	청소년동반자사업(청소년상담복지센터)	113,304	4	1	7	3	7	5	1	1
6379	부산 부산진구	유아숲체험장운영	110,934	4	1	2	1	1	5	5	1
6380	부산 부산진구	청소년안전망운영(청소년상담복지센터)	102,000	4	1	7	3	7	5	1	1
6381	부산 부산진구	부산진구공공체육시설운영비지원	100,000	4	4	7	8	7	1	1	4
6382	부산 부산진구	전포어울더울복합문화센터운영	88,602	4	1	5	5	7	1	1	1
6383	부산 부산진구	자살예방및정신건강증진사업	82,120	4	1	1	3	1	5	1	1
6384	부산 부산진구	정신건강복지센터자살예방사업지원	70,548	4	1	1	3	1	5	1	1
6385	부산 부산진구	지역사회건강조사조사분석위탁운영	69,050	4	2	6	1	6	5	3	4
6386	부산 부산진구	유기동물위탁보호비	57,960	4	1	6	2	6	1	1	2
6387	부산 부산진구	기초정신건강복지센터지원	51,100	4	1	1	3	1	5	1	1
6388	부산 부산진구	정신건강복지센터종사자복지수당	50,287	4	1	1	3	1	5	1	1
6389	부산 부산진구	어린이청소년도서관청소및사서보조위탁	31,200	4	1	7	1	7	1	1	4
6390	부산 부산진구	양정어르신쉼터운영비	30,000	4	1	5	5	1	1	1	1
6391	부산 부산진구	청년공간이음사업	30,000	4	1	1	3	1	5	1	1
6392	부산 부산진구	건강가정지원센터종사자처우개선	28,510	4	2	5	5	6	5	1	2
6393	부산 부산진구	육아종합지원센터가정양육사업지원	25,445	4	1	5	5	7	1	1	1
6394	부산 부산진구	생활문화센터프로그램운영위탁	23,400	4	1	6	1	6	1	1	4
6395	부산 부산진구	4차산업혁명대비인재양성SW교육지원	20,000	4	4	2	3	1	1	1	1
6396	부산 부산진구	청소년어울림마당운영	20,000	4	1	6	1	1	1	1	3
6397	부산 부산진구	자살예방및정신건강증진사업(시비지원)	18,582	4	1	1	3	1	5	1	1

순번	시군구	지출명 (사업명)	2024년예산 (단위 : 천원 /1년간)	민간이전 분류 (지방자치단체 세출예산 집행기준에 의거) 1. 민간경상사업보조(307-02) 2. 민간단체 법정운영비보조(307-03) 3. 민간행사사업보조(307-04) 4. 민간위탁금(307-05) 5. 사회복지시설 법정운영비보조(307-10) 6. 민간인위탁교육비(307-12) 7. 공기관등에대한경상적위탁사업비(308-13) 8. 민간자본사업보조,자체재원(402-01) 9. 민간자본사업보조,이전재원(402-02) 10. 민간위탁사업비(402-03) 11. 공기관등에 대한 자본적 위탁사업비(403-02)	민간이전지출 근거 (지방보조금 관리기준 참고) 1. 법률에 규정 2. 국고보조 재원(국가지정) 3. 용도 지정 기부금 4. 조례에 직접규정 5. 지자체가 권장하는 사업을 하는 공공기관 6. 시,도 정책 및 재정사정 7. 기타 8. 해당없음	입찰방식			운영예산 산정		성과평가 실시여부
						계약체결방법 (경쟁형태) 1. 일반경쟁 2. 제한경쟁 3. 지명경쟁 4. 수의계약 5. 법정위탁 6. 기타 ( ) 7. 없음	계약기간 1. 1년 2. 2년 3. 3년 4. 4년 5. 5년 6. 기타 ( )년 7. 단기계약 (1년미만) 8. 없음	낙찰자선정방법 1. 적격심사 2. 협상에의한계약 3. 최저가낙찰제 4. 규격가격분리 5. 2단계 경쟁입찰 6. 기타 ( ) 7. 없음	운영예산 산정 1. 내부산정 (지자체 자체적으로 산정) 2. 외부산정 (외부전문기관위탁 산정) 3. 내·외부 모두 산정 4. 산정 無 5. 없음	정산방법 1. 내부정산 (지자체 내부적으로 정산) 2. 외부정산 (외부전문기관위탁 정산) 3. 내·외부 모두 산정 4. 정산 無 5. 없음	1. 실시 2. 미실시 3. 향후 추진 4. 해당없음
6398	부산 부산진구	전포어울더울작은도서관사서업무위탁(자활)	15,600	4	5	7	1	7	1	1	4
6399	부산 부산진구	기적의도서관청소위탁(자활)	14,300	4	5	7	1	7	1	1	4
6400	부산 부산진구	기적의도서관사서업무위탁(자활)	14,300	4	5	7	1	7	1	1	4
6401	부산 부산진구	아동청소년정신보건사업	13,300	4	1	1	3	1	5	1	1
6402	부산 부산진구	청소년동반자사업기관부담금(청소년상담복지센터)	13,118	4	1	7	3	7	5	1	4
6403	부산 부산진구	다문화가족지원센터종사자처우개선	10,849	4	2	5	5	6	5	1	2
6404	부산 부산진구	감고개작은도서관사서업무위탁(자활)	7,800	4	5	7	1	7	1	1	4
6405	부산 부산진구	문화복합센터프로그램운영위탁	7,800	4	7	4	1	7	1	1	4
6406	부산 부산진구	행복마루작은도서관사서업무위탁	7,800	4	1	6	1	6	1	1	4
6407	부산 부산진구	전포마루작은도서관자활근로사업	7,800	4	1	7	8	7	5	5	4
6408	부산 부산진구	작은도서관사서업무위탁	7,800	4	7	4	1	7	1	1	4
6409	부산 부산진구	사랑방마실작은도서관사서업무위탁	7,800	4	7	4	1	7	1	1	2
6410	부산 부산진구	중증정신질환자집중관리사업	7,650	4	1	1	3	1	5	1	1
6411	부산 부산진구	청소년기성장관리플랫폼실증사업	6,000	4	4	1	4	1	3	4	3
6412	부산 부산진구	유기동물구조보호비	6,000	4	2	4	1	7	1	1	2
6413	부산 부산진구	청소년유해환경감시단지원사업	4,400	4	1	7	8	7	1	1	1
6414	부산 부산진구	공수의수당	3,600	4	1	7	1	7	1	1	4
6415	부산 부산진구	결혼이민자학력신장지원사업	3,000	4	6	5	5	6	5	1	1
6416	부산 부산진구	청소년참여위원회운영	2,800	4	1	7	3	7	5	1	1
6417	부산 부산진구	광견병예방접종시술비	1,600	4	1	7	8	7	1	1	4
6418	부산 동래구	생활쓰레기민간위탁	5,455,638	4	4	1	3	2	1	1	1
6419	부산 동래구	생활쓰레기민간위탁	4,862,790	4	4	1	2	2	1	1	1
6420	부산 동래구	노인일자리및사회활동지원확대	2,461,940	4	1	7	1	1	4	3	4
6421	부산 동래구	장애인복지관운영	790,356	4	1	1	5	6	1	1	4
6422	부산 동래구	동래종합사회복지관운영	713,100	4	1	1	5	6	1	3	1
6423	부산 동래구	육아종합지원센터운영	637,250	4	1	1	5	6	1	1	4
6424	부산 동래구	혁신어울림센터운영지원	625,611	4	4	7	8	7	5	5	4
6425	부산 동래구	음식물류폐기물민간시설위탁처리비	620,000	4	4	4	1	7	1	1	1
6426	부산 동래구	음식물류폐기물민간시설위탁처리비	557,600	4	4	4	1	7	1	1	1
6427	부산 동래구	음식물류폐기물민간시설위탁처리비	542,500	4	4	4	1	7	1	1	1
6428	부산 동래구	청소년수련시설운영지원	454,250	4	1	1	5	1	1	1	1
6429	부산 동래구	노인복지관운영	409,860	4	1	7	8	7	1	1	4
6430	부산 동래구	진로교육지원센터운영	300,000	4	4	1	3	1	1	1	1
6431	부산 동래구	다함께돌봄센터인건비지원	237,456	4	1	7	8	7	5	5	4
6432	부산 동래구	정신건강기초센터인력확충	215,880	4	1	1	5	5	5	3	1
6433	부산 동래구	청소년방과후아카데미운영지원	212,248	4	2	5	8	7	5	5	4
6434	부산 동래구	기초정신건강복지센터운영	182,440	4	1	1	5	5	5	3	1
6435	부산 동래구	지방청소년상담사업지원	178,182	4	1	1	5	1	5	1	1
6436	부산 동래구	어린이복합문화공간운영(혁신어울림센터실내놀이터)	170,650	4	6	1	5	6	5	5	4
6437	부산 동래구	통합정신건강증진사업(기초정신건강복지센터사업)	160,000	4	1	1	5	5	5	3	1

순번	시군구	지출명 (사업명)	2024년예산 (단위 : 천원 /1년간)	민간이전 분류 (지방자치단체 세출예산 집행기준에 의거) 1. 민간경상사업보조(307-02) 2. 민간단체 법정운영비보조(307-03) 3. 민간행사사업보조(307-04) 4. 민간위탁금(307-05) 5. 사회복지시설 법정운영비보조(307-10) 6. 민간인위탁교육비(307-12) 7. 공기관등에대한경상적위탁사업비(308-13) 8. 민간자본사업보조,자체재원(402-01) 9. 민간자본사업보조,이전재원(402-02) 10. 민간위탁사업비(402-03) 11. 공기관등에 대한 자본적 위탁사업비(403-02)	민간이전지출 근거 (지방보조금 관리기준 참고) 1. 법률에 규정 2. 국고보조 재원(국가지정) 3. 용도 지정 기부금 4. 조례에 직접규정 5. 지자체가 권장하는 사업을 하는 공공기관 6. 시,도 정책 및 재정사정 7. 기타 8. 해당없음	입찰방식: 계약체결방법 (경쟁형태) 1. 일반경쟁 2. 제한경쟁 3. 지명경쟁 4. 수의계약 5. 법정위탁 6. 기타 ( ) 7. 없음	입찰방식: 계약기간 1. 1년 2. 2년 3. 3년 4. 4년 5. 5년 6. 기타 ( )년 7. 단기계약 (1년미만) 8. 없음	입찰방식: 낙찰자선정방법 1. 적격심사 2. 협상에의한계약 3. 최저가낙찰제 4. 규격가격분리 5. 2단계 경쟁입찰 6. 기타 ( ) 7. 없음	운영예산 산정: 운영예산 산정 1. 내부산정 (지자체 자체적으로 산정) 2. 외부산정 (외부전문기관위탁 산정) 3. 내·외부 모두 산정 4. 산정 無 5. 없음	운영예산 산정: 정산방법 1. 내부정산 (지자체 내부적으로 정산) 2. 외부정산 (외부전문기관위탁 정산) 3. 내·외부 모두 산정 4. 정산 無 5. 없음	성과평가 실시여부 1. 실시 2. 미실시 3. 향후 추진 4. 해당없음
6438	부산 동래구	직원자녀어린이집위탁보육	154,800	4	1	5	1	7	1	1	4
6439	부산 동래구	고양이TNR시술	140,000	4	4	1	1	1	5	1	1
6440	부산 동래구	청소년동반자운영지원	122,546	4	1	1	5	1	5	1	1
6441	부산 동래구	청소년안전망구축지원	102,000	4	1	1	5	1	5	1	1
6442	부산 동래구	주거지전용주차장위탁관리	90,000	4	4	7	8	7	1	1	4
6443	부산 동래구	숲해설산림복지전문업위탁운영사업	88,002	4	1,4	7	8	7	5	5	4
6444	부산 동래구	지역사회건강조사조사분석위탁운영	68,972	4	2	6	1	7	3	3	1
6445	부산 동래구	동물보호	54,000	4	1	4	1	1	1	1	2
6446	부산 동래구	다함께돌봄센터운영비지원	54,000	4	1	7	8	7	5	5	4
6447	부산 동래구	아동청소년정신보건	51,970	4	1	1	5	5	5	3	1
6448	부산 동래구	지역자살예방사업	40,720	4	1	1	5	5	5	3	1
6449	부산 동래구	정신건강복지센터자살예방사업인력지원	35,488	4	1	1	5	5	5	3	1
6450	부산 동래구	다함께돌봄센터인건비지원	35,350	4	6	7	8	7	5	5	4
6451	부산 동래구	청소년지도사배치지원	25,584	4	2	5	8	7	5	5	4
6452	부산 동래구	정신건강복지센터종사자복지수당	21,600	4	1	1	5	5	5	3	4
6453	부산 동래구	무연고및저소득층공영장례지원비	16,800	4	4	7	8	7	1	1	4
6454	부산 동래구	청소년동반자기관부담금지원	12,602	4	1	1	5	1	5	1	1
6455	부산 동래구	무연고행려사망자장제비	11,200	4	4	7	8	7	1	1	4
6456	부산 동래구	지역자살예방사업	9,292	4	1	1	5	5	5	3	1
6457	부산 동래구	유기동물구조보호비	9,240	4	1	4	1	1	1	1	2
6458	부산 동래구	중증정신질환자집중관리프로그램운영	9,000	4	1	1	5	5	5	3	1
6459	부산 동래구	청소년방과후아카데미종사자사회보장보험기관부담액지원	8,565	4	6	5	8	7	5	5	4
6460	부산 동래구	청소년방과후아카데미종사자지원	5,880	4	6	5	8	7	5	5	4
6461	부산 동래구	분뇨처리대행교부금지급	5,742	4	4	7	2	7	5	5	4
6462	부산 동래구	분뇨처리대행교부금지급	5,742	4	4	7	2	7	5	5	4
6463	부산 동래구	동물등록	5,000	4	1	7	8	7	1	4	2
6464	부산 동래구	광견병예방접종시술비지원	2,800	4	1	7	8	7	5	5	4
6465	부산 남구	노인일자리및사회활동지원사업위탁	14,564,480	4	2	6	1	7	1	1	1
6466	부산 남구	생활쓰레기적기수거작업(생활쓰레기수집운반민간위탁수수료)	12,966,011	4	1	1	2	2	2	1	1
6467	부산 남구	음식물쓰레기효율적처리(음식물쓰레기민간기계화시설위탁처리)	1,576,800	4	1	4	1	7	5	5	2
6468	부산 남구	기초정신건강복지센터인력확충	748,800	4	2	1	5	1	1	1	3
6469	부산 남구	인생후반전지원센터운영	460,000	4	4	7	8	7	1	1	4
6470	부산 남구	공중화장실시설유지관리(공중화장실민간위탁관리)	314,848	4	4	4	1	7	2	4	2
6471	부산 남구	공영주차장관리	312,000	4	4	5	1	7	1	1	4
6472	부산 남구	진로교육지원센터운영	300,000	4	4	1	3	1	1	1	1
6473	부산 남구	후생복지증진을통한직원사기진작(지원자녀어린이집위탁보육료지원)	205,000	4	1	7	1	7	4	1	4
6474	부산 남구	자원봉사활성화지원(센터운영경비)	188,850	4	1,2	1	3	2	3	1	1
6475	부산 남구	지방상담운영	172,676	4	2	2	3	1	1	1	1
6476	부산 남구	학교밖청소년지원	131,740	4	2	2	3	1	1	1	1
6477	부산 남구	청소년동반자운영지원	125,134	4	2	2	3	1	1	1	1

순번	시군구	지출명 (사업명)	2024년예산 (단위 : 천원 /1년간)	민간이전 분류 (지방자치단체 세출예산 집행기준에 의거) 1. 민간경상사업보조(307-02) 2. 민간단체 법정운영비보조(307-03) 3. 민간행사사업보조(307-04) 4. 민간위탁금(307-05) 5. 사회복지시설 법정운영비보조(307-10) 6. 민간인위탁교육비(307-12) 7. 공기관등에대한경상적위탁사업비(308-13) 8. 민간자본사업보조,자체재원(402-01) 9. 민간자본사업보조,이전재원(402-02) 10. 민간위탁사업비(402-03) 11. 공기관등에 대한 자본적 위탁사업비(403-02)	민간이전지출 근거 (지방보조금 관리기준 참고) 1. 법률에 규정 2. 국고보조 재원(국가지정) 3. 용도 지정 기부금 4. 조례에 직접규정 5. 지자체가 권장하는 사업을 하는 공공기관 6. 시,도 정책 및 재정사정 7. 기타 8. 해당없음	입찰방식 계약체결방법 (경쟁형태) 1. 일반경쟁 2. 제한경쟁 3. 지명경쟁 4. 수의계약 5. 법정위탁 6. 기타 ( ) 7. 없음	입찰방식 계약기간 1. 1년 2. 2년 3. 3년 4. 4년 5. 5년 6. 기타 ( )년 7. 단기계약 (1년미만) 8. 없음	입찰방식 낙찰자선정방법 1. 적격심사 2. 협상에의한계약 3. 최저가낙찰제 4. 규격가격분리 5. 2단계 경쟁입찰 6. 기타 ( ) 7. 없음	운영예산 산정 운영예산 산정 1. 내부산정 (지자체 자체적으로 산정) 2. 외부산정 (외부전문기관위탁 산정) 3. 내·외부 모두 산정 4. 산정 無 5. 없음	운영예산 산정 정산방법 1. 내부정산 (지자체 내부적으로 정산) 2. 외부정산 (외부전문기관위탁 정산) 3. 내·외부 모두 산정 4. 정산 無 5. 없음	성과평가 실시여부 1. 실시 2. 미실시 3. 향후 추진 4. 해당없음
6478	부산 남구	통합정신건강증진사업(기초정신건강복지센터사업)	114,250	4	2	1	5	1	1	1	3
6479	부산 남구	기초정신건강복지센터자살예방사업인력지원	106,466	4	2	1	5	1	1	1	3
6480	부산 남구	청소년안전망구축지원	102,000	4	2	2	3	1	1	1	1
6481	부산 남구	길고양이중성화수술지원	100,000	4	2	7	8	7	5	5	4
6482	부산 남구	공동화장실시설유지관리(공중화장실민간위탁관리)	92,722	4	4	4	1	7	2	4	2
6483	부산 남구	복지관운영지원(지게골복지관운영지원)	92,000	4	1	5	5	1	1	1	3
6484	부산 남구	숲해설산림복지전문업위탁운영지원	88,002	4	1	7	8	7	5	5	4
6485	부산 남구	중증장애인지역맞춤형취업지원	73,700	4	1	7	8	7	1	1	1
6486	부산 남구	장애인일자리지원(복지일자리)	73,700	4	1	7	8	7	1	1	1
6487	부산 남구	지역사회건강조사조사분석위탁운영	68,972	4	2	7	8	7	1	1	4
6488	부산 남구	다함께돌봄사업인건비시비추가지원	60,630	4	2	1	5	1	1	1	1
6489	부산 남구	다함께돌봄센터지원	60,000	4	2	1	5	1	1	1	1
6490	부산 남구	기초정신건강복지센터운영	51,100	4	2	1	5	1	1	1	3
6491	부산 남구	권리중심중증장애인맞춤형일자리사업	47,400	4	1	1	1	1	1	1	1
6492	부산 남구	자살예방및정신건강증진사업	40,720	4	2	1	5	1	1	1	3
6493	부산 남구	자원봉사코디네이터지원육성	40,544	4	1,2	1	3	2	3	1	1
6494	부산 남구	유기동물위탁보호	38,000	4	1	4	2	2	1	1	2
6495	부산 남구	깨끗한거리만들기(야간로드킬처리)	30,000	4	7	4	1	7	1	1	1
6496	부산 남구	분리배출홍보강화및재활용극대화(폐유리병위탁처리)	18,480	4	4	4	1	2	1	5	2
6497	부산 남구	친환경에너지절감장비보급	18,000	4	2	7	8	7	1	1	4
6498	부산 남구	학교밖청소년급식비지원	17,304	4	2	2	3	1	1	1	1
6499	부산 남구	다함께돌봄센터운영	14,400	4	2	1	5	1	1	1	1
6500	부산 남구	청소년동반자기관부담금지원	13,439	4	2	2	3	1	1	1	1
6501	부산 남구	아동청소년정신건강증진사업	13,300	4	2	1	5	1	1	1	3
6502	부산 남구	들개긴급포획(구조)사업	10,000	4	1	4	1	2	1	1	2
6503	부산 남구	전국통합자원봉사보험가입서비스지원	7,393	4	1,2	1	3	2	3	1	1
6504	부산 남구	유기동물구조보호	6,160	4	1	4	2	2	1	1	2
6505	부산 남구	오수분뇨의적정처리(분뇨처리수수료)	4,092	4	4	4	2	7	1	1	2
6506	부산 남구	어선사고예방시스템구축사업	3,870	4	2	7	8	7	1	1	4
6507	부산 남구	학교밖청소년종사자처우개선수당	3,600	4	2	2	3	1	1	1	1
6508	부산 남구	노인회노인복지지원	3,600	4	4	7	3	7	1	1	1
6509	부산 남구	분리배출홍보강화및재활용극대화(폐형광등운반비)	3,000	4	4	4	1	2	1	5	2
6510	부산 남구	학교밖청소년급식비지원(시비사업)	2,280	4	2	2	3	1	1	1	1
6511	부산 남구	청소년활동지원	1,400	4	2	2	3	1	1	1	1
6512	부산 북구	생활쓰레기수거민간위탁	10,407,815	4	1	1	2	2	3	1	1
6513	부산 북구	사회복지관운영(7개소)공창,남산정,덕천,동원,만덕,화명,화정	5,560,148	4	1	5	8	7	1	1	4
6514	부산 북구	음식물류폐기물처리민간위탁	2,298,240	4	1	4	1	7	1	4	4
6515	부산 북구	발달장애인주간활동서비스지원	1,598,189	4	2	5	8	7	1	5	4
6516	부산 북구	발달장애학생방과후활동서비스지원	1,523,792	4	2	5	8	7	1	5	4
6517	부산 북구	청년내일저축계좌(차상위이하)	1,227,880	4	2	7	8	7	5	5	4

순번	시군구	지출명 (사업명)	2024년예산 (단위 : 천원 /1년간)	민간이전 분류 (지방자치단체 세출예산 집행기준에 의거) 1. 민간경상사업보조(307-02) 2. 민간단체 법정운영비보조(307-03) 3. 민간행사사업보조(307-04) 4. 민간위탁금(307-05) 5. 사회복지시설 법정운영비보조(307-10) 6. 민간인위탁교육비(307-12) 7. 공기관등에대한경상적위탁사업비(308-13) 8. 민간자본사업보조,자체재원(402-01) 9. 민간자본사업보조,이전재원(402-02) 10. 민간위탁사업비(402-03) 11. 공기관등에 대한 자본적 위탁사업비(403-02)	민간이전지출 근거 (지방보조금 관리기준 참고) 1. 법률에 규정 2. 국고보조 재원(국가지정) 3. 용도 지정 기부금 4. 조례에 직접규정 5. 지자체가 권장하는 사업을 하는 공공기관 6. 시,도 정책 및 재정사정 7. 기타 8. 해당없음	입찰방식 계약체결방법 (경쟁형태) 1. 일반경쟁 2. 제한경쟁 3. 지명경쟁 4. 수의계약 5. 법정위탁 6. 기타 ( ) 7. 없음	입찰방식 계약기간 1. 1년 2. 2년 3. 3년 4. 4년 5. 5년 6. 기타 ( )년 7. 단기계약 (1년미만) 8. 없음	입찰방식 낙찰자선정방법 1. 적격심사 2. 협상에의한계약 3. 최저가낙찰제 4. 규격가격분리 5. 2단계 경쟁입찰 6. 기타 ( ) 7. 없음	운영예산 산정 운영예산 산정 1. 내부산정 (지자체 자체적으로 산정) 2. 외부산정 (외부전문기관위탁 산정) 3. 내·외부 모두 산정 4. 산정 無 5. 없음	운영예산 산정 정산방법 1. 내부정산 (지자체 내부적으로 정산) 2. 외부정산 (외부전문기관위탁 정산) 3. 내·외부 모두 정산 4. 정산 無 5. 없음	성과평가 실시여부 1. 실시 2. 미실시 3. 향후 추진 4. 해당없음
6518	부산 북구	언어발달지원바우처사업	1,013,863	4	2	5	8	7	1	5	4
6519	부산 북구	산모신생아건강관리지원사업(전환사업)	763,596	4	2	7	8	7	5	5	4
6520	부산 북구	기초정신건강복지센터인력확충	748,800	4	1	1	5	1	1	1	1
6521	부산 북구	구청사청소및시설관리위탁금	481,236	4	7	2	1	1	2	1	4
6522	부산 북구	화명도서관BTL사업운영	472,000	4	6	5	6	7	1	4	1
6523	부산 북구	저소득층기저귀조제분유지원사업	460,000	4	1	7	8	7	5	5	4
6524	부산 북구	중증장애인활동보조(시비추가지원)	401,183	4	6	5	8	7	1	5	4
6525	부산 북구	희망저축계좌I	332,986	4	2	7	8	7	5	5	4
6526	부산 북구	장애아동재활치료사업	272,341	4	2	5	8	7	1	5	4
6527	부산 북구	주거지전용주차장설치및관리	247,962	4	4	6	1	7	1	1	4
6528	부산 북구	자원봉사활성화	226,140	4	2	6	8	7	1	1	4
6529	부산 북구	청년내일저축계좌(차상위초과)	210,265	4	2	7	8	7	5	5	4
6530	부산 북구	기초정신건강복지센터자살예방사업지원	176,368	4	1	1	5	1	1	1	1
6531	부산 북구	공동육아나눔터운영지원	170,136	4	2	7	8	7	5	5	4
6532	부산 북구	청소년문화의집운영지원	163,443	4	6	2	5	1	1	1	1
6533	부산 북구	유아숲교육	139,284	4	2	6	2	2	2	2	3
6534	부산 북구	발달장애인부모심리상담지원	130,569	4	2	5	8	7	1	5	4
6535	부산 북구	중증장애인자립생활센터운영	127,569	4	2	5	8	7	1	1	1
6536	부산 북구	통합정신건강증진사업	101,000	4	1	1	5	1	1	1	1
6537	부산 북구	만덕도서관방호용역	100,920	4	1	2	1	3	2	1	2
6538	부산 북구	금곡도서관방호용역	100,920	4	1	2	1	3	2	1	2
6539	부산 북구	종량제봉투(음식물납부필증)공급대행용역	100,800	4	1	4	1	3	1	1	4
6540	부산 북구	만덕도서관청소용역	95,880	4	1	2	1	3	2	1	2
6541	부산 북구	금곡도서관청소용역	95,040	4	1	2	1	3	2	1	2
6542	부산 북구	직장보육영유아민간위탁	85,103	4	1	2	1	3	2	1	2
6543	부산 북구	자살예방및정신건강증진사업	82,120	4	1	7	8	7	1	2	2
6544	부산 북구	고양이중성화수술(TNR)지원	80,000	4	1	1	5	1	1	1	1
6545	부산 북구	희망저축계좌II	69,580	4	1	7	8	7	5	5	4
6546	부산 북구	지역사회건강조사조사분석위탁운영	68,972	4	2	7	8	7	5	5	4
6547	부산 북구	지역자활센터자활사례관리	62,954	4	2	7	8	7	5	5	1
6548	부산 북구	산모신생아건강관리지원사업(자체)	56,000	4	1	7	8	7	5	1	1
6549	부산 북구	정신건강복지센터운영	51,100	4	2	7	8	7	5	5	4
6550	부산 북구	소형폐가전위탁처리	48,840	4	1	1	5	1	1	1	1
6551	부산 북구	부산기후변화체험교육관청소용역	48,060	4	1	4	1	7	1	1	4
6552	부산 북구	희망키움통장I	44,830	4	5	1	1	3	2	1	2
6553	부산 북구	기초정신건강복지센터운영(시보조)	41,287	4	2	7	8	7	5	5	4
6554	부산 북구	청년저축계좌	40,000	4	1	1	5	1	1	1	1
6555	부산 북구	유기동물보호	38,000	4	2	7	8	7	5	5	4
6556	부산 북구	청년희망키움통장	35,000	4	1	4	1	7	1	1	4
6557	부산 북구	담직시간대로드킬동물사체처리용역	31,525	4	2	7	8	7	5	5	4

순번	시군구	지출명 (사업명)	2024년예산 (단위 : 천원 /1년간)	민간이전 분류 (지방자치단체 세출예산 집행기준에 의거) 1. 민간경상사업보조(307-02) 2. 민간단체 법정운영비보조(307-03) 3. 민간행사사업보조(307-04) 4. 민간위탁금(307-05) 5. 사회복지시설 법정운영비보조(307-10) 6. 민간인위탁교육비(307-12) 7. 공기관등에대한경상적위탁사업비(308-13) 8. 민간자본사업보조,자체재원(402-01) 9. 민간자본사업보조,이전재원(402-02) 10. 민간위탁사업비(402-03) 11. 공기관등에 대한 자본적 위탁사업비(403-02)	민간이전지출 근거 (지방보조금 관리기준 참고) 1. 법률에 규정 2. 국고보조 재원(국가지정) 3. 용도 지정 기부금 4. 조례에 직접규정 5. 지자체가 권장하는 사업을 하는 공공기관 6. 시,도 정책 및 재정사정 7. 기타 8. 해당없음	입찰방식 계약체결방법 (경쟁형태) 1. 일반경쟁 2. 제한경쟁 3. 지명경쟁 4. 수의계약 5. 법정위탁 6. 기타 ( ) 7. 없음	입찰방식 계약기간 1. 1년 2. 2년 3. 3년 4. 4년 5. 5년 6. 기타 ( )년 7. 단기계약 (1년미만) 8. 없음	입찰방식 낙찰자선정방법 1. 적격심사 2. 협상에의한계약 3. 최저가낙찰제 4. 규격가격분리 5. 2단계 경쟁입찰 6. 기타 ( ) 7. 없음	운영예산 산정 운영예산 산정 1. 내부산정 (지자체 자체적으로 산정) 2. 외부산정 (외부전문기관위탁 산정) 3. 내·외부 모두 산정 4. 산정 無 5. 없음	운영예산 산정 정산방법 1. 내부정산 (지자체 내부적으로 정산) 2. 외부정산 (외부전문기관위탁 정산) 3. 내·외부 모두 산정 4. 정산 無 5. 없음	성과평가 실시여부 1. 실시 2. 미실시 3. 향후 추진 4. 해당없음
6558	부산 북구	중증장애인자립생활센터운영(시비추가지원)	30,000	4	6	5	8	7	1	1	1
6559	부산 북구	희망키움통장II	30,000	4	2	7	8	7	5	5	4
6560	부산 북구	화명도서관시설관리	22,831	4	6	4	7	7	1	4	4
6561	부산 북구	폐합성수지류위탁처리	21,099	4	1	4	1	3	1	1	4
6562	부산 북구	내일키움통장	20,000	4	2	7	8	7	5	5	4
6563	부산 북구	불법광고물수거보상	20,000	4	4	7	8	7	5	5	4
6564	부산 북구	자살예방및정신건강증진사업(시보조)	18,582	4	1	1	5	1	1	1	1
6565	부산 북구	아동청소년정신보건사업	13,300	4	1	1	5	1	1	1	1
6566	부산 북구	폐유리병처리민간위탁	13,200	4	1	4	1	7	1	1	4
6567	부산 북구	유기동물보호	11,900	4	1	4	1	7	1	1	4
6568	부산 북구	사회복지사보수교육비	9,520	4	1	7	8	7	1	1	4
6569	부산 북구	정신건강프로그램지원	7,650	4	1	1	5	1	1	1	1
6570	부산 북구	폐목재류위탁처리	7,524	4	1	4	1	3	1	1	4
6571	부산 북구	정신건강프로그램지원	6,000	4	1	1	5	1	1	1	1
6572	부산 북구	장애인활동지원(바우처지원)	5,000	4	2	5	8	7	1	5	4
6573	부산 북구	폐형광등운송민간위탁	4,796	4	1	4	1	7	1	1	4
6574	부산 북구	동물등록제	4,000	4	1	7	8	7	5	5	4
6575	부산 북구	구강보건사업운영	3,600	4	8	7	8	7	5	5	4
6576	부산 북구	고위험임산부가사도우미지원	3,000	4	7	7	8	7	5	5	4
6577	부산 북구	청소년참여위원회운영	2,800	4	7	2	2	1	1	1	2
6578	부산 북구	분뇨처리수수료대행징수교부금	2,640	4	4	6	3	6	1	1	4
6579	부산 북구	가축전염병예방활동	1,600	4	1	6	8	7	1	1	2
6580	부산 북구	구포대리당산제	1,200	4	2	7	8	7	5	5	4
6581	부산 북구	청소년산모임신출산의료비지원	1,200	4	2	7	8	7	5	5	4
6582	부산 해운대구	음식물류폐기물처리민간위탁	1,915,173	4	1	4	7	7	5	5	4
6583	부산 해운대구	노인복지관운영비지원	1,297,235	4	1	4	5	1	1	1	1
6584	부산 해운대구	장애인복지관운영지원	1,029,212	4	8	1	5	1	1	1	1
6585	부산 해운대구	정신건강복지센터인력확충	901,808	4	2	5	5	2	4	1	1
6586	부산 해운대구	사회복지관운영(운봉복지관)	845,493	4	1	2	5	1	1	1	3
6587	부산 해운대구	사회복지관운영(반송복지관)	782,660	4	1	2	5	1	1	1	3
6588	부산 해운대구	사회복지관운영(반여복지관)	781,878	4	1	2	5	1	1	1	3
6589	부산 해운대구	사회복지관운영(반석복지관)	767,910	4	1	2	5	1	1	1	3
6590	부산 해운대구	해운대청소년수련관운영	700,000	4	5	2	3	2	1	1	4
6591	부산 해운대구	해운대구육아종합지원센터운영	583,439	4	1	1	5	1	3	3	1
6592	부산 해운대구	시니어클럽운영비지원	545,075	4	1	1	5	1	1	1	4
6593	부산 해운대구	주거지및소규모주차장위탁관리	475,889	4	4	5	1	7	1	1	4
6594	부산 해운대구	재활용선별장인력운영민간위탁비	419,100	4	7	6	1	6	1	1	2
6595	부산 해운대구	자원봉사센터인력지원	409,930	4	4	7	8	7	1	1	1
6596	부산 해운대구	다함께돌봄센터인건비지원	366,360	4	2	5	5	7	5	1	4
6597	부산 해운대구	청소년상담복지센터운영	265,188	4	2	2	5	1	1	1	1

순번	시군구	지출명 (사업명)	2024년예산 (단위 : 천원 /1년간)	민간이전 분류 (지방자치단체 세출예산 집행기준에 의거) 1. 민간경상사업보조(307-02) 2. 민간단체 법정운영비보조(307-03) 3. 민간행사사업보조(307-04) 4. 민간위탁금(307-05) 5. 사회복지시설 법정운영비보조(307-10) 6. 민간인위탁교육비(307-12) 7. 공기관등에대한경상적위탁사업비(308-13) 8. 민간자본사업보조,자체재원(402-01) 9. 민간자본사업보조,이전재원(402-02) 10. 민간위탁사업비(402-03) 11. 공기관등에 대한 자본적 위탁사업비(403-02)	민간이전지출 근거 (지방보조금 관리기준 참고) 1. 법률에 규정 2. 국고보조 재원(국가지정) 3. 용도 지정 기부금 4. 조례에 직접규정 5. 지자체가 권장하는 사업을 하는 공공기관 6. 시,도 정책 및 재정사정 7. 기타 8. 해당없음	입찰방식 계약체결방법 (경쟁형태) 1. 일반경쟁 2. 제한경쟁 3. 지명경쟁 4. 수의계약 5. 법정위탁 6. 기타 ( ) 7. 없음	입찰방식 계약기간 1. 1년 2. 2년 3. 3년 4. 4년 5. 5년 6. 기타 ( )년 7. 단기계약 (1년미만) 8. 없음	입찰방식 낙찰자선정방법 1. 적격심사 2. 협상에의한계약 3. 최저가낙찰제 4. 규격가격분리 5. 2단계 경쟁입찰 6. 기타 ( ) 7. 없음	운영예산 산정 운영예산 산정 1. 내부산정 (지자체 자체적으로 산정) 2. 외부산정 (외부전문기관위탁 산정) 3. 내·외부 모두 산정 4. 산정 無 5. 없음	운영예산 산정 정산방법 1. 내부정산 (지자체 내부적으로 정산) 2. 외부정산 (외부전문기관위탁 정산) 3. 내·외부 모두 산정 4. 정산 無 5. 없음	성과평가 실시여부 1. 실시 2. 미실시 3. 향후 추진 4. 해당없음
6598	부산 해운대구	건강증진센터운영	210,000	4	4	1	2	1	1	3	1
6599	부산 해운대구	해운대청년채움공간운영	200,000	4	4	7	8	7	1	1	1
6600	부산 해운대구	해운대기술교육원운영	200,000	4	4	7	8	7	1	1	1
6601	부산 해운대구	중독관리통합지원센터운영	170,990	4	2	5	3	2	4	1	1
6602	부산 해운대구	청소년동반자프로그램운영	163,444	4	2	2	5	1	1	1	1
6603	부산 해운대구	해운대구여성리턴십사업	150,000	4	7	6	7	6	1	1	4
6604	부산 해운대구	해수욕장운영경비업체용역	140,000	4	7	2	7	1	1	1	1
6605	부산 해운대구	학교밖청소년지원센터운영	131,740	4	2	2	5	1	1	1	3
6606	부산 해운대구	유아숲체험위탁운영	130,000	4	1	7	8	7	5	5	4
6607	부산 해운대구	해운대창조비즈니스센터운영	120,000	4	7	7	8	7	1	1	1
6608	부산 해운대구	통합정신건강증진사업(정신건강복지센터사업)	114,250	4	2	5	5	2	4	1	1
6609	부산 해운대구	통합정신건강증진사업(중독관리통합지원센터사업)	112,000	4	2	5	3	2	4	1	1
6610	부산 해운대구	정신건강복지센터자살예방사업지원	105,828	4	2	5	5	2	4	1	1
6611	부산 해운대구	다함께돌봄센터인건비지원(자체)	101,634	4	6	5	5	7	1	1	4
6612	부산 해운대구	해운대청년창업인큐베이팅사업	100,000	4	4	7	8	7	1	1	1
6613	부산 해운대구	숲해설위탁운영	88,002	4	2	7	8	7	5	5	4
6614	부산 해운대구	지역자살예방사업	81,440	4	2	5	5	2	4	1	1
6615	부산 해운대구	반송실내어린이놀이시설운영	68,000	4	6	5	5	7	1	1	4
6616	부산 해운대구	다함께돌봄센터운영비지원	64,200	4	2	5	5	7	5	1	4
6617	부산 해운대구	무단투기혼합폐기물처리	64,000	4	8	4	8	7	1	1	4
6618	부산 해운대구	자원봉사센터운영지원	53,410	4	4	7	8	7	1	1	1
6619	부산 해운대구	정신건강복지센터운영	51,100	4	2	5	5	2	4	1	1
6620	부산 해운대구	하수구인력준설토처리비	50,050	4	7	4	7	2	1	1	4
6621	부산 해운대구	건강가정지원센터운영지원	45,600	4	1	1	5	7	1	1	4
6622	부산 해운대구	정신건강복지센터종사자복지수당	45,000	4	6	5	5	2	4	1	1
6623	부산 해운대구	인터넷중독전담상담사배치사업	36,184	4	2	2	5	1	1	1	1
6624	부산 해운대구	2023년로드킬(동물사체)수거처리용역	28,980	4	6	2	1	3	1	3	2
6625	부산 해운대구	학교밖청소년급식비지원사업	23,341	4	2	2	5	1	1	1	3
6626	부산 해운대구	노상적치물처리비	18,900	4	7	4	7	2	1	1	4
6627	부산 해운대구	자살예방및정신건강증진사업	18,582	4	6	5	5	2	4	1	1
6628	부산 해운대구	학교밖청소년지원센터운영(처우개선수당)	17,040	4	4	2	5	1	1	1	3
6629	부산 해운대구	청소년상담복지센터운영(자체)	16,900	4	4	2	5	1	1	1	4
6630	부산 해운대구	아동청소년정신보건	13,300	4	2	5	5	2	4	1	1
6631	부산 해운대구	무연고사망자장제비지원	12,000	4	8	4	1	7	1	1	4
6632	부산 해운대구	중독관리통합지원센터운영(자체)	10,000	4	5	5	3	2	4	1	1
6633	부산 해운대구	무연고사망자유품정리	8,000	4	8	4	1	7	1	1	4
6634	부산 해운대구	중증정신질환자집중관리프로그램운영	7,650	4	6	5	5	2	4	1	1
6635	부산 해운대구	중독관리통합지원센터종사자복지수당등	5,400	4	6	5	3	2	4	1	1
6636	부산 해운대구	노인복지관직원복지포인트지원	2,400	4	1	4	5	1	1	1	1
6637	부산 해운대구	장애인복지관종사자복지포인트	2,100	4	8	7	8	7	1	1	4

순번	시군구	지출명 (사업명)	2024년예산 (단위 : 천원 /1년간)	민간이전 분류 (지방자치단체 세출예산 집행기준에 의거) 1. 민간경상사업보조(307-02) 2. 민간단체 법정운영비보조(307-03) 3. 민간행사사업보조(307-04) 4. 민간위탁금(307-05) 5. 사회복지시설 법정운영비보조(307-10) 6. 민간인위탁교육비(307-12) 7. 공기관등에대한경상적위탁사업비(308-13) 8. 민간자본사업보조,자체재원(402-01) 9. 민간자본사업보조,이전재원(402-02) 10. 민간위탁사업비(402-03) 11. 공기관등에 대한 자본적 위탁사업비(403-02)	민간이전지출 근거 (지방보조금 관리기준 참고) 1. 법률에 규정 2. 국고보조 재원(국가지정) 3. 용도 지정 기부금 4. 조례에 직접규정 5. 지자체가 권장하는 사업을 하는 공공기관 6. 시,도 정책 및 재정사정 7. 기타 8. 해당없음	입찰방식			운영예산 산정		성과평가 실시여부
						계약체결방법 (경쟁형태) 1. 일반경쟁 2. 제한경쟁 3. 지명경쟁 4. 수의계약 5. 법정위탁 6. 기타 ( ) 7. 없음	계약기간 1. 1년 2. 2년 3. 3년 4. 4년 5. 5년 6. 기타 ( )년 7. 단기계약 (1년미만) 8. 없음	낙찰자선정방법 1. 적격심사 2. 협상에의한계약 3. 최저가낙찰제 4. 규격가격분리 5. 2단계 경쟁입찰 6. 기타 ( ) 7. 없음	운영예산 산정 1. 내부산정 (지자체 자체적으로 산정) 2. 외부산정 (외부전문기관위탁 산정) 3. 내·외부 모두 산정 4. 산정 無 5. 없음	정산방법 1. 내부정산 (지자체 내부적으로 정산) 2. 외부정산 (외부전문기관위탁 정산) 3. 내·외부 모두 산정 4. 정산 無 5. 없음	1. 실시 2. 미실시 3. 향후 추진 4. 해당없음
6638	부산 사하구	노인일자리사업지원	5,400,000	4	2	7	8	7	1	3	1
6639	부산 사하구	음식물류폐기물민간위탁처리	2,400,000	4	1	4	1	7	1	1	4
6640	부산 사하구	지역사회서비스투자사업(지역개발형바우처)	2,008,382	4	2	7	8	7	5	2	1
6641	부산 사하구	근로능력있는수급자의탈수급지원(청년내일저축계좌차상위이하)	1,405,941	4	2	7	8	7	5	2	4
6642	부산 사하구	사회복지관운영	1,064,467	4	4	5	5	7	1	1	1
6643	부산 사하구	장애인복지관운영지원	967,666	4	1	7	8	7	1	1	4
6644	부산 사하구	민자사업정부지급금(BTL)	953,140	4	1	6	6	6	5	5	1
6645	부산 사하구	사회복지관운영	914,710	4	4	5	5	7	1	1	1
6646	부산 사하구	스포츠강좌이용권사업	894,847	4	2	7	8	7	5	1	1
6647	부산 사하구	국가암관리사업(암검진)	858,000	4	2	7	8	7	5	5	1
6648	부산 사하구	사회복지관운영	841,649	4	4	5	5	7	1	1	1
6649	부산 사하구	기초정신건강복지센터인력확충	776,108	4	2	5	5	7	5	3	1
6650	부산 사하구	지역자활센터운영	752,952	4	2	7	8	7	5	1	1
6651	부산 사하구	사회복지관운영	733,700	4	4	5	5	7	1	1	1
6652	부산 사하구	산모신생아건강관리지원사업	694,179	4	6	7	8	7	5	5	4
6653	부산 사하구	가족센터운영	684,680	4	1	5	5	7	1	1	1
6654	부산 사하구	사회복지관운영	682,406	4	4	5	5	7	1	1	1
6655	부산 사하구	희귀질환자의료비지원	557,000	4	2	7	1	7	5	5	4
6656	부산 사하구	을숙도문화회관어린이복합문화공간위탁운영	500,000	4	2	1	2	2	1	1	1
6657	부산 사하구	사하사랑채노인복지관운영	495,480	4	6	7	8	7	1	3	1
6658	부산 사하구	신장림사랑채노인복지관운영	495,480	4	6	7	8	7	1	3	1
6659	부산 사하구	기저귀및조제분유지원	445,000	4	2	7	8	7	5	5	4
6660	부산 사하구	해수욕장운영	439,508	4	7	2	1	1	1	5	4
6661	부산 사하구	가사간병방문서비스사업	420,259	4	2	7	8	7	5	2	1
6662	부산 사하구	공동육아나눔터운영	386,358	4	1	5	5	7	1	1	1
6663	부산 사하구	육아종합지원센터위탁운영	360,000	4	1,4	1	5	6	1	1	3
6664	부산 사하구	주거지전용주차장운영	310,189	4	4	6	6	6	1	1	4
6665	부산 사하구	서부산권장애인스포츠센터운영	300,000	4	4	2	3	6	1	1	1
6666	부산 사하구	근로능력있는수급자의탈수급지원(청년내일저축계좌차상위초과)	283,858	4	2	7	8	7	5	2	4
6667	부산 사하구	공중화장실관리	265,000	4	4	2,4	1	7	3	1	4
6668	부산 사하구	청소년문화의집운영	260,000	4	1	1	5	7	1	1	1
6669	부산 사하구	다문화가정특성화사업비	257,810	4	1	5	5	7	1	1	1
6670	부산 사하구	독거노인중증장애인응급안전알림서비스	254,113	4	2	7	8	7	1	1	4
6671	부산 사하구	경로식당무료급식	247,958	4	6	7	8	7	1	3	1
6672	부산 사하구	치매치료관리비지원	244,104	4	1	7	8	7	5	5	1
6673	부산 사하구	시니어클럽운영	241,940	4	6	7	8	7	1	3	1
6674	부산 사하구	직장보육영유아민간위탁	239,580	4	1	7	8	7	1	1	4
6675	부산 사하구	신평사랑채노인복지관운영	230,560	4	6	7	8	7	1	3	1
6676	부산 사하구	국민체력1사업추진	203,641	4	2	7	8	7	5	1	1
6677	부산 사하구	저소득재가노인식사배달	200,562	4	6	7	8	7	1	3	1

순번	시군구	지출명 (사업명)	2024년예산 (단위 : 천원 /1년간)	민간이전 분류 (지방자치단체 세출예산 집행기준에 의거) 1. 민간경상사업보조(307-02) 2. 민간단체 법정운영비보조(307-03) 3. 민간행사사업보조(307-04) 4. 민간위탁금(307-05) 5. 사회복지시설 법정운영비보조(307-10) 6. 민간인위탁교육비(307-12) 7. 공기관등에대한경상적위탁사업비(308-13) 8. 민간자본사업보조,자체재원(402-01) 9. 민간자본사업보조,이전재원(402-02) 10. 민간위탁사업비(402-03) 11. 공기관등에 대한 자본적 위탁사업비(403-02)	민간이전지출 근거 (지방보조금 관리기준 참고) 1. 법률에 규정 2. 국고보조 재원(국가지정) 3. 용도 지정 기부금 4. 조례에 직접규정 5. 지자체가 권장하는 사업을 하는 공공기관 6. 시,도 정책 및 재정사정 7. 기타 8. 해당없음	입찰방식 계약체결방법 (경쟁형태) 1. 일반경쟁 2. 제한경쟁 3. 지명경쟁 4. 수의계약 5. 법정위탁 6. 기타 ( ) 7. 없음	입찰방식 계약기간 1. 1년 2. 2년 3. 3년 4. 4년 5. 5년 6. 기타 ( )년 7. 단기계약 (1년미만) 8. 없음	입찰방식 낙찰자선정방법 1. 적격심사 2. 협상에의한계약 3. 최저가낙찰제 4. 규격가격분리 5. 2단계 경쟁입찰 6. 기타 ( ) 7. 없음	운영예산 산정 운영예산 산정 1. 내부산정 (지자체 자체적으로 산정) 2. 외부산정 (외부전문기관위탁 산정) 3. 내·외부 모두 산정 4. 산정 無 5. 없음	운영예산 산정 정산방법 1. 내부정산 (지자체 내부적으로 정산) 2. 외부정산 (외부전문기관위탁 정산) 3. 내·외부 모두 산정 4. 정산 無 5. 없음	성과평가 실시여부 1. 실시 2. 미실시 3. 향후 추진 4. 해당없음
6678	부산 사하구	사하구제2청사청소용역	200,000	4	1	6	1	7	1	1	4
6679	부산 사하구	청소년동반자사업(청소년상담복지센터)	189,864	4	2	1	5	1	3	3	1
6680	부산 사하구	근로능력있는수급자의탈수급지원(청년저축계좌)	180,000	4	2	7	8	7	5	2	4
6681	부산 사하구	청소년방과후아카데미운영	178,222	4	2	1	7	7	3	3	1
6682	부산 사하구	학교밖청소년지원	177,380	4	2	1	3	1	3	3	1
6683	부산 사하구	취약위기가족지원	168,750	4	1	5	5	7	1	1	1
6684	부산 사하구	길고양이중성화수술지원	160,000	4	2	7	8	7	5	5	4
6685	부산 사하구	청소년안전망지방상담사업(청소년상담복지센터)	159,012	4	2	1	5	1	3	3	1
6686	부산 사하구	당직현장출동민원용역업체위탁사업	150,000	4	4	7	8	7	5	5	4
6687	부산 사하구	2024년을숙도문화회관청소위탁관리용역	144,540	4	1	2	1	1	2	1	4
6688	부산 사하구	시각장애인안마사파견	140,000	4	1	1	3	1	1	1	1
6689	부산 사하구	통합정신건강증진사업(정신건강복지센터)	113,000	4	2	5	5	7	5	3	1
6690	부산 사하구	다함께돌봄센터운영비지원	108,000	4	2	7	5	7	1	1	4
6691	부산 사하구	기초정신건강복지센터자살예방사업	105,828	4	2	5	5	7	5	3	1
6692	부산 사하구	청소년안전망운영(청소년상담복지센터)	98,650	4	2	1	5	1	3	3	1
6693	부산 사하구	자원봉사센터인력지원	93,430	4	1	7	8	7	1	1	4
6694	부산 사하구	장애인보조기기수리센터운영	91,512	4	6	7	8	7	2	3	1
6695	부산 사하구	장애인스포츠강좌이용권사업	91,200	4	2	7	8	7	5	1	1
6696	부산 사하구	근로능력있는수급자의탈수급지원(희망저축계좌2)	86,589	4	2	7	8	7	5	2	4
6697	부산 사하구	숲해설위탁운영	85,998	4	2	7	8	7	5	5	4
6698	부산 사하구	의료급여수급권자일반검진비지원	83,239	4	2	7	8	7	5	5	4
6699	부산 사하구	자원봉사코디네이터지원육성	79,402	4	2	7	8	7	1	1	4
6700	부산 사하구	다문화가정특성화사업비	78,688	4	1	5	5	7	1	1	1
6701	부산 사하구	자원봉사센터운영지원	75,125	4	6	7	8	7	1	1	4
6702	부산 사하구	지역사회건강조사조사분석위탁운영	69,050	4	5	6	1	7	5	5	4
6703	부산 사하구	을숙도문화회관어린이복합문화공간식.음료위탁운영	63,000	4	2	1	2	2	1	1	1
6704	부산 사하구	자활사례관리	62,954	4	2	7	8	7	5	1	1
6705	부산 사하구	산모신생아건강관리지원사업(자체)	60,000	4	6	7	8	7	5	5	4
6706	부산 사하구	기초정신건강복지센터운영	51,100	4	2	5	5	7	5	3	1
6707	부산 사하구	지역자활센터직원복지수당	50,634	4	6	7	8	7	5	1	4
6708	부산 사하구	조업중인양쓰레기수매(전환사업)	50,000	4	6	7	8	7	1	1	4
6709	부산 사하구	청년마음건강지원사업	48,267	4	2	7	8	7	5	2	1
6710	부산 사하구	기초정신건강복지센터종사자복지수당	46,687	4	1	5	5	7	5	1	1
6711	부산 사하구	청소년문화의집운영(북카페시설개선공사)	45,000	4	1	1	5	7	1	1	1
6712	부산 사하구	가족센터이전비지원	45,000	4	1	5	5	7	1	1	1
6713	부산 사하구	근로능력있는수급자의탈수급지원(내일키움통장)	41,250	4	2	7	8	7	5	2	4
6714	부산 사하구	자살예방및정신건강증진사업	41,060	4	2	5	5	7	5	3	1
6715	부산 사하구	유기동물관리	40,000	4	2	6	2	6	1	1	4
6716	부산 사하구	근로능력있는수급자의탈수급지원(희망키움통장2)	40,000	4	2	7	8	7	5	2	4
6717	부산 사하구	자원봉사센터유급실무자인건비지원	39,422	4	6	7	8	7	1	1	4

순번	시군구	지출명 (사업명)	2024년예산 (단위 : 천원 /1년간)	민간이전 분류 (지방자치단체 세출예산 집행기준에 의거) 1. 민간경상사업보조(307-02) 2. 민간단체 법정운영비보조(307-03) 3. 민간행사사업보조(307-04) 4. 민간위탁금(307-05) 5. 사회복지시설 법정운영비보조(307-10) 6. 민간인위탁교육비(307-12) 7. 공기관등에대한경상적위탁사업비(308-13) 8. 민간자본사업보조,자체재원(402-01) 9. 민간자본사업보조,이전재원(402-02) 10. 민간위탁사업비(402-03) 11. 공기관등에 대한 자본적 위탁사업비(403-02)	민간이전지출 근거 (지방보조금 관리기준 참고) 1. 법률에 규정 2. 국고보조 재원(국가지정) 3. 용도 지정 기부금 4. 조례에 직접규정 5. 지자체가 권장하는 사업을 하는 공공기관 6. 시,도 정책 및 재정사정 7. 기타 8. 해당없음	입찰방식			운영예산 산정		성과평가 실시여부
						계약체결방법 (경쟁형태) 1. 일반경쟁 2. 제한경쟁 3. 지명경쟁 4. 수의계약 5. 법정위탁 6. 기타 ( ) 7. 없음	계약기간 1. 1년 2. 2년 3. 3년 4. 4년 5. 5년 6. 기타 ( )년 7. 단기계약 (1년미만) 8. 없음	낙찰자선정방법 1. 적격심사 2. 협상에의한계약 3. 최저가낙찰제 4. 규격가격분리 5. 2단계 경쟁입찰 6. 기타 ( ) 7. 없음	운영예산 산정 1. 내부산정 (지자체 자체적으로 산정) 2. 외부산정 (외부전문기관위탁 산정) 3. 내·외부 모두 산정 4. 산정 無 5. 없음	정산방법 1. 내부정산 (지자체 내부적으로 정산) 2. 외부정산 (외부전문기관위탁 정산) 3. 내·외부 모두 산정 4. 정산 無 5. 없음	1. 실시 2. 미실시 3. 향후 추진 4. 해당없음
6718	부산 사하구	장애인복지관목욕탕운영지원	37,600	4	1	7	8	7	1	1	4
6719	부산 사하구	건축사업무대행수수료	36,000	4	1	7	7	7	1	2	1
6720	부산 사하구	다문화가정특성화사업비	35,031	4	1	5	5	7	1	1	1
6721	부산 사하구	청소년안전망고위기청소년맞춤형프로그램	35,000	4	4	1	5	1	1	3	1
6722	부산 사하구	다문화가정특성화사업비	32,813	4	1	5	5	7	1	1	1
6723	부산 사하구	장애인주말주간일시보호소운영지원	30,000	4	1	7	8	7	1	1	4
6724	부산 사하구	기동청소폐기물위탁처리	26,000	4	7	7	8	7	5	5	4
6725	부산 사하구	청소년지도사배치지원	24,408	4	2	1	7	7	4	3	1
6726	부산 사하구	학교밖청소년급식비지원	23,717	4	2	1	3	1	3	3	1
6727	부산 사하구	근로능력있는수급자의탈수급지원(청년희망키움통장)	23,683	4	2	7	8	7	5	2	4
6728	부산 사하구	재활용품처리비(폐유리병)	20,856	4	6	4	1	7	1	1	4
6729	부산 사하구	다문화가정특성화사업비	20,000	4	1	5	5	7	1	1	1
6730	부산 사하구	한의치매사업지원	18,000	4	6	7	8	7	5	5	1
6731	부산 사하구	통합정신건강증진사업(정신요양재활시설)	16,920	4	2	7	8	7	5	3	4
6732	부산 사하구	동물보호복지대책사업	16,800	4	2	7	8	7	5	5	4
6733	부산 사하구	유기동물관리	15,000	4	6	6	2	6	1	1	4
6734	부산 사하구	지역스포츠클럽운영지원	15,000	4	2	7	8	7	5	1	4
6735	부산 사하구	도로명판전수조사위탁	13,720	4	7	4	1	7	1	1	4
6736	부산 사하구	아동청소년정신건강증진	13,300	4	2	5	5	7	5	3	1
6737	부산 사하구	전국통합자원봉사보험가입서비스지원	10,128	4	2	7	8	7	1	1	4
6738	부산 사하구	다문화이해증진	10,000	4	1	5	5	7	1	1	1
6739	부산 사하구	을숙도체육시설유지및보수	9,900	4	1	4	1	6	1	1	4
6740	부산 사하구	자살예방및정신건강증진사업(시비지원)	9,292	4	1	5	5	7	5	1	1
6741	부산 사하구	사회진흥	9,180	4	1	7	8	7	1	1	4
6742	부산 사하구	중증정신질환자집중관리프로그램운영	7,650	4	1	5	5	7	5	1	1
6743	부산 사하구	의료급여수급권자영유아건강검진지원	7,387	4	2	7	8	7	5	5	4
6744	부산 사하구	국가결핵관리사업	7,000	4	2	7	8	7	5	5	4
6745	부산 사하구	청소대행업자징수교부금	6,600	4	4	6	2	7	1	1	4
6746	부산 사하구	다문화가정교육지원	6,000	4	1	5	5	7	1	1	1
6747	부산 사하구	청소년방과후아카데미종사자지원	5,880	4	2	1	7	7	4	3	1
6748	부산 사하구	재활용품처리비(폐형광등)	4,085	4	6	4	1	7	1	1	4
6749	부산 사하구	가족센터종사자복지포인트지원	4,000	4	1	5	5	7	1	1	1
6750	부산 사하구	청소년산모임신출산의료비지원	3,600	4	2	7	8	7	5	5	4
6751	부산 사하구	오수처리시설위탁수수료	3,600	4	1	4	1	7	1	1	4
6752	부산 사하구	광견병예방접종시술비지원	3,000	4	6	7	8	7	1	1	4
6753	부산 사하구	표준모자보건수첩제작	2,440	4	2	7	8	7	5	5	4
6754	부산 사하구	오수정화시설위탁관리	1,980	4	1	4	1	7	1	5	4
6755	부산 사하구	사회진흥	420	4	1	7	8	7	1	1	4
6756	부산 강서구	청소대행사업비	13,671,648	4	1	2	1	2	2	1	1
6757	부산 강서구	노인일자리및사회활동지원확대	9,159,166	4	1	1	1	1	1	1	4

순번	시군구	지출명 (사업명)	2024년예산 (단위 : 천원 /1년간)	민간이전 분류 (지방자치단체 세출예산 집행기준에 의거) 1. 민간경상사업보조(307-02) 2. 민간단체 법정운영비보조(307-03) 3. 민간행사사업보조(307-04) 4. 민간위탁금(307-05) 5. 사회복지시설 법정운영비보조(307-10) 6. 민간인위탁교육비(307-12) 7. 공기관등에대한경상적위탁사업비(308-13) 8. 민간자본사업보조,자체재원(402-01) 9. 민간자본사업보조,이전재원(402-02) 10. 민간위탁사업비(402-03) 11. 공기관등에 대한 자본적 위탁사업비(403-02)	민간이전지출 근거 (지방보조금 관리기준 참고) 1. 법률에 규정 2. 국고보조 재원(국가지정) 3. 용도 지정 기부금 4. 조례에 직접규정 5. 지자체가 권장하는 사업을 하는 공공기관 6. 시,도 정책 및 재정사정 7. 기타 8. 해당없음	입찰방식 계약체결방법 (경쟁형태) 1. 일반경쟁 2. 제한경쟁 3. 지명경쟁 4. 수의계약 5. 법정위탁 6. 기타 ( ) 7. 없음	입찰방식 계약기간 1. 1년 2. 2년 3. 3년 4. 4년 5. 5년 6. 기타 ( )년 7. 단기계약 (1년미만) 8. 없음	입찰방식 낙찰자선정방법 1. 적격심사 2. 협상에의한계약 3. 최저가낙찰제 4. 규격가격분리 5. 2단계 경쟁입찰 6. 기타 ( ) 7. 없음	운영예산 산정 운영예산 산정 1. 내부산정 (지자체 자체적으로 산정) 2. 외부산정 (외부전문기관위탁 산정) 3. 내·외부 모두 산정 4. 산정 無 5. 없음	운영예산 산정 정산방법 1. 내부정산 (지자체 내부적으로 정산) 2. 외부정산 (외부전문기관위탁 정산) 3. 내·외부 모두 산정 4. 정산 無 5. 없음	성과평가 실시여부 1. 실시 2. 미실시 3. 향후 추진 4. 해당없음
6758	부산 강서구	민간위탁자활근로사업	2,851,911	4	2	7	8	7	1	1	4
6759	부산 강서구	사회복지관운영비	1,576,596	4	6	5	5	7	1	1	4
6760	부산 강서구	CCTV통합관제센터관제요원용역	1,219,188	4	5	3	1	1	1	1	4
6761	부산 강서구	음식물류폐기물위탁처리비	1,119,375	4	1	4	1	7	1	4	4
6762	부산 강서구	명지노인종합복지관운영	891,756	4	1	1	5	1	1	1	4
6763	부산 강서구	기초정신건강복지센터인력확충	844,360	4	2	5	3	1	1	1	1
6764	부산 강서구	육아종합지원센터운영지원	750,000	4	1	7	5	7	1	1	4
6765	부산 강서구	강서노인종합복지관운영	729,789	4	1	1	5	1	1	1	4
6766	부산 강서구	대형폐기물수집운반대행사업비	529,608	4	1	2	1	1	2	1	3
6767	부산 강서구	공중화장실청소민간위탁사업	405,299	4	4	4	1	7	1	4	4
6768	부산 강서구	다함께돌봄센터(1,2,3,4,5호점)	396,664	4	2	5	5	7	1	1	4
6769	부산 강서구	스포츠강좌이용권사업	375,600	4	2	7	5	7	1	1	4
6770	부산 강서구	발달장애인평생교육센터한솔운영	370,000	4	4	1	3	1	1	1	4
6771	부산 강서구	진로교육지원센터운영	290,000	4	4	5	5	1	1	1	1
6772	부산 강서구	무단투기폐기물위탁처리비	287,500	4	5	2	1	1	1	1	3
6773	부산 강서구	도시공원물놀이장위탁운영관리	200,000	4	1	2	7	1	1	1	4
6774	부산 강서구	가덕도동노인복지관운영지원	159,260	4	1	1	5	1	1	1	4
6775	부산 강서구	직원자녀어린이집위탁보육	144,960	4	1	7	8	7	4	1	4
6776	부산 강서구	폐기물처리용역비	143,550	4	2	4	7	7	1	1	2
6777	부산 강서구	오수처리장위탁관리	142,000	4	7	2	1	3	1	1	3
6778	부산 강서구	육아종합지원센터작은도서관운영	115,500	4	1	1	5	2	1	1	2
6779	부산 강서구	장애인도시락배달사업	109,200	4	7	1	3	1	1	1	4
6780	부산 강서구	길고양이중성화수술비	104,000	4	1	2	1	5	3	1	3
6781	부산 강서구	폐기물처리용역비	103,950	4	2	4	7	7	1	1	2
6782	부산 강서구	산업단지혼합폐기물처리비	100,000	4	4	1	1	1	1	1	4
6783	부산 강서구	장난감구입등	90,000	4	1	7	5	7	1	1	4
6784	부산 강서구	학교밖청소년지원센터운영	88,642	4	2	7	8	7	1	1	4
6785	부산 강서구	유아숲지도사운영	88,002	4	2	6	7	2	1	1	1
6786	부산 강서구	신중년일자리및사회활동지원사업	83,000	4	6	7	8	1	1	1	4
6787	부산 강서구	기초정신건강복지센터자살예방사업지원	74,072	4	2	5	3	1	1	1	1
6788	부산 강서구	장애인스포츠강좌이용권사업	72,600	4	2	7	5	7	1	1	4
6789	부산 강서구	지역사회건강조사위탁사업비	68,362	4	2	7	8	7	1	5	4
6790	부산 강서구	다함께돌봄센터종사자처우개선수당	67,990	4	6	5	5	7	1	1	4
6791	부산 강서구	통합정신건강증진사업	67,400	4	2	5	3	1	1	1	1
6792	부산 강서구	자원봉사코디네이터지원(2명)	66,400	4	1	4	5	1	1	1	4
6793	부산 강서구	다함께돌봄센터(1,2,3,4,5호점)	64,000	4	2	5	5	7	1	1	4
6794	부산 강서구	하천하구쓰레기정화사업폐기물처리용역	56,000	4	5	2	1	1	1	1	3
6795	부산 강서구	정신건강복지센터운영비	51,100	4	2	5	3	1	1	1	1
6796	부산 강서구	육아종합지원센터운영지원	50,000	4	1	7	5	7	1	1	4
6797	부산 강서구	자원봉사센터사무국장인건비	47,315	4	1	4	5	1	1	1	4

순번	시군구	지출명 (사업명)	2024년예산 (단위 : 천원 /1년간)	민간이전 분류 (지방자치단체 세출예산 집행기준에 의거) 1. 민간경상사업보조(307-02) 2. 민간단체 법정운영비보조(307-03) 3. 민간행사사업보조(307-04) 4. 민간위탁금(307-05) 5. 사회복지시설 법정운영비보조(307-10) 6. 민간인위탁교육비(307-12) 7. 공기관등에대한경상적위탁사업비(308-13) 8. 민간자본사업보조,자체재원(402-01) 9. 민간자본사업보조,이전재원(402-02) 10. 민간위탁사업비(402-03) 11. 공기관등에 대한 자본적 위탁사업비(403-02)	민간이전지출 근거 (지방보조금 관리기준 참고) 1. 법률에 규정 2. 국고보조 재원(국가지정) 3. 용도 지정 기부금 4. 조례에 직접규정 5. 지자체가 권장하는 사업을 하는 공공기관 6. 시,도 정책 및 재정사정 7. 기타 8. 해당없음	입찰방식 계약체결방법 (경쟁형태) 1. 일반경쟁 2. 제한경쟁 3. 지명경쟁 4. 수의계약 5. 법정위탁 6. 기타 ( ) 7. 없음	입찰방식 계약기간 1. 1년 2. 2년 3. 3년 4. 4년 5. 5년 6. 기타 ( )년 7. 단기계약 (1년미만) 8. 없음	입찰방식 낙찰자선정방법 1. 적격심사 2. 협상에의한계약 3. 최저가낙찰제 4. 규격가격분리 5. 2단계 경쟁입찰 6. 기타 ( ) 7. 없음	운영예산 산정 운영예산 산정 1. 내부산정 (지자체 자체적으로 산정) 2. 외부산정 (외부전문기관위탁 산정) 3. 내·외부 모두 산정 4. 산정 無 5. 없음	운영예산 산정 정산방법 1. 내부정산 (지자체 내부적으로 정산) 2. 외부정산 (외부전문기관위탁 정산) 3. 내·외부 모두 산정 4. 정산 無 5. 없음	성과평가 실시여부 1. 실시 2. 미실시 3. 향후 추진 4. 해당없음
6798	부산 강서구	독거노인장애인응급안전안심서비스장비통신비및유지보수비	46,920	4	1	1	2	1	1	1	4
6799	부산 강서구	장애인콜승합차운영	42,640	4	4	1	5	1	1	1	4
6800	부산 강서구	녹산고향동산기념관운영및관리	42,584	4	7	7	5	7	1	1	4
6801	부산 강서구	폐기물처리용역비	41,667	4	6	4	7	7	1	1	2
6802	부산 강서구	배수펌프장협잡물위탁처리비	41,325	4	7	2	1	3	1	4	4
6803	부산 강서구	유기동물위탁보호비	40,000	4	6	6	1	6	1	1	4
6804	부산 강서구	종사자복지수당	37,800	4	6	5	3	1	1	1	1
6805	부산 강서구	하천하구쓰레기정화사업폐기물처리용역	36,000	4	5	2	1	1	1	1	3
6806	부산 강서구	도로폐기물위탁처리비	35,200	4	4	1	1	1	1	1	4
6807	부산 강서구	자원봉사센터유급실무자인건비지원	32,400	4	1	4	5	1	1	1	4
6808	부산 강서구	자원봉사센터실무자인건비	31,009	4	1	4	5	1	1	1	4
6809	부산 강서구	자살예방및정신건강증진사업	30,958	4	2	5	3	1	1	1	1
6810	부산 강서구	독거노인장애인응급안전안심서비스응급관리요원인건비	30,084	4	1	1	2	1	1	1	4
6811	부산 강서구	소형폐가전수집운반처리비	29,040	4	1	4	1	7	1	4	4
6812	부산 강서구	로드킬동물사체위탁처리비	29,040	4	6	2	1	1	1	1	3
6813	부산 강서구	가정양육지원사업지원	25,445	4	1	7	5	7	1	1	4
6814	부산 강서구	불법어구등처리비	25,000	4	1	4	7	7	1	1	2
6815	부산 강서구	폐기물(현수막등)처리	21,600	4	7	4	7	7	1	1	4
6816	부산 강서구	자원봉사활성화프로그램운영지원	20,150	4	4	4	5	1	1	1	4
6817	부산 강서구	아동청소년정신건강증진사업	20,000	4	2	5	3	1	1	1	1
6818	부산 강서구	자살예방및정신건강증진사업	19,456	4	6	5	3	1	1	1	1
6819	부산 강서구	협잡물위탁처리비	18,950	4	7	4	1	7	1	4	4
6820	부산 강서구	자원봉사센터운영비지원	16,000	4	1	4	5	1	1	1	4
6821	부산 강서구	인조잔디운동장등위탁운영	15,000	4	4	1	1	1	1	1	4
6822	부산 강서구	멧돼지사체운반비	13,200	4	1	7	8	7	1	1	4
6823	부산 강서구	페스티로폼부표처리지원	13,200	4	4	4	1	3	1	1	2
6824	부산 강서구	강서노인종합복지관운영(자체)	12,072	4	1	1	5	1	1	1	4
6825	부산 강서구	명지노인종합복지관운영(자체)	12,072	4	1	1	5	1	1	1	4
6826	부산 강서구	다함께돌봄센터운영비(1,2,3,4,5호점)	12,000	4	6	5	5	7	1	1	4
6827	부산 강서구	유기동물구조보호비	11,900	4	2	6	1	6	1	1	4
6828	부산 강서구	스마트통합복지서비스ONTact하우스사업	11,000	4	7	7	8	7	1	1	4
6829	부산 강서구	이동복지관황금마차운영지원	11,000	4	7	7	8	7	1	1	4
6830	부산 강서구	의료폐기물위탁처리	9,000	4	1	4	1	7	1	1	2
6831	부산 강서구	4대보험료기관부담금	8,268	4	1	4	5	1	1	1	4
6832	부산 강서구	자원봉사센터운영비지원	7,780	4	1	4	5	1	1	1	4
6833	부산 강서구	무연고자및저소득층공영장례지원	7,200	4	1	4	1	1	1	1	4
6834	부산 강서구	폐유리병위탁처리비	6,600	4	1	7	8	7	5	5	4
6835	부산 강서구	중증정신질환자집중관리프로그램운영비	6,502	4	6	5	3	1	1	1	1
6836	부산 강서구	자원봉사자보험료지원	6,126	4	1	4	5	1	1	1	4
6837	부산 강서구	자원봉사센터상근직여비	6,000	4	1	4	5	1	1	1	4

순번	시군구	지출명 (사업명)	2024년예산 (단위 : 천원 /1년간)	민간이전 분류 (지방자치단체 세출예산 집행기준에 의거) 1. 민간경상사업보조(307-02) 2. 민간단체 법정운영비보조(307-03) 3. 민간행사사업보조(307-04) 4. 민간위탁금(307-05) 5. 사회복지시설 법정운영비보조(307-10) 6. 민간인위탁교육비(307-12) 7. 공기관등에대한경상적위탁사업비(308-13) 8. 민간자본사업보조,자체재원(402-01) 9. 민간자본사업보조,이전재원(402-02) 10. 민간위탁사업비(402-03) 11. 공기관등에 대한 자본적 위탁사업비(403-02)	민간이전지출 근거 (지방보조금 관리기준 참고) 1. 법률에 규정 2. 국고보조 재원(국가지정) 3. 용도 지정 기부금 4. 조례에 직접규정 5. 지자체가 권장하는 사업을 하는 공공기관 6. 시,도 정책 및 재정사정 7. 기타 8. 해당없음	입찰방식 계약체결방법 (경쟁형태) 1. 일반경쟁 2. 제한경쟁 3. 지명경쟁 4. 수의계약 5. 법정위탁 6. 기타 ( ) 7. 없음	입찰방식 계약기간 1. 1년 2. 2년 3. 3년 4. 4년 5. 5년 6. 기타 ( )년 7. 단기계약 (1년미만) 8. 없음	입찰방식 낙찰자선정방법 1. 적격심사 2. 협상에의한계약 3. 최저가낙찰제 4. 규격가격분리 5. 2단계 경쟁입찰 6. 기타 ( ) 7. 없음	운영예산 산정 운영예산 산정 1. 내부산정 (지자체 자체적으로 산정) 2. 외부산정 (외부전문기관위탁 산정) 3. 내·외부 모두 산정 4. 산정 無 5. 없음	운영예산 산정 정산방법 1. 내부정산 (지자체 내부적으로 정산) 2. 외부정산 (외부전문기관위탁 정산) 3. 내·외부 모두 산정 4. 정산 無 5. 없음	성과평가 실시여부 1. 실시 2. 미실시 3. 향후 추진 4. 해당없음
6838	부산 강서구	학교밖청소년급식비지원	5,190	4	2	7	8	7	1	1	4
6839	부산 강서구	프로그램사업비	5,000	4	1	4	5	1	1	1	4
6840	부산 강서구	다함께돌봄센터종사자시간외근무수당	4,800	4	6	5	5	7	1	1	4
6841	부산 강서구	무연고사망자장의비	4,000	4	1	4	1	1	1	1	4
6842	부산 강서구	독거노인장애인응급안전안심서비스기관운영비	3,708	4	1	1	2	1	1	1	4
6843	부산 강서구	멧돼지사체처리비	3,200	4	1	7	8	7	1	1	4
6844	부산 강서구	검사실폐수위탁처리	2,600	4	1	4	1	7	1	1	2
6845	부산 강서구	학교밖청소년지원센터운영	2,400	4	2	7	8	7	1	1	4
6846	부산 강서구	분뇨처리대행비	2,100	4	4	7	8	7	1	4	4
6847	부산 강서구	폐형광등위탁처리비	2,010	4	1	7	8	7	5	5	4
6848	부산 강서구	센터장직급보조비	1,200	4	1	4	5	1	1	1	4
6849	부산 강서구	다함께돌봄센터종사자복지포인트	1,000	4	6	5	5	7	1	1	4
6850	부산 강서구	광견병예방접종시술비	800	4	6	7	8	7	1	1	3
6851	부산 강서구	독거노인장애인응급안전안심서비스응급관리요원복리후생비	600	4	1	1	2	1	1	1	4
6852	부산 강서구	선천성난청검사및보청기지원사업관리비	600	4	2	7	8	7	5	5	4
6853	부산 강서구	선천성대사이상위탁사업비	544	4	2	7	8	7	5	5	4
6854	부산 강서구	학교밖청소년급식비지원	498	4	2	7	8	7	1	1	4
6855	부산 연제구	암조기검진사업	419,000	4	2	5	8	7	3	3	1
6856	부산 연제구	산모신생아건강관리지원사업(전환사업)	361,000	4	2	5	8	7	3	3	1
6857	부산 연제구	기저귀및조제분유지원	280,000	4	2	5	8	7	3	3	1
6858	부산 연제구	기초정신건강복지센터인력확충	215,880	4	2	7	3	1	5	5	1
6859	부산 연제구	정신건강복지센터운영	182,440	4	2	7	3	1	5	5	1
6860	부산 연제구	희귀질환자의료비지원사업	180,000	4	2	5	8	7	3	3	1
6861	부산 연제구	기초정신건강복지센터사업(통합정신)	160,000	4	2	7	3	1	5	5	1
6862	부산 연제구	치매치료관리비지원사업(전환사업)	143,728	4	6	5	8	7	1	1	4
6863	부산 연제구	정신건강복지센터자살예방사업지원	70,548	4	2	7	3	1	5	5	1
6864	부산 연제구	지역사회건강조사사업	68,896	4	2	7	8	7	5	1	4
6865	부산 연제구	산모신생아건강관리사업	66,000	4	2,6	5	8	7	3	3	1
6866	부산 연제구	아동청소년정신보건사업	51,970	4	2	7	3	1	5	5	1
6867	부산 연제구	자살예방및정신건강증진사업	40,720	4	2	7	3	1	5	5	1
6868	부산 연제구	의료급여수급권자일반건강검진지원	39,174	4	2	5	8	7	3	3	2
6869	부산 연제구	정신건강복지센터종사자복지수당지급	28,800	4	2	7	3	1	5	5	1
6870	부산 연제구	자살예방및정신건강증진사업	9,292	4	2	7	3	1	5	5	1
6871	부산 연제구	중증정신질환자집중관리프로그램운영	9,000	4	2	7	3	1	5	5	1
6872	부산 연제구	의료급여수급권자영유아검진비지원	3,058	4	2	5	8	7	3	3	4
6873	부산 연제구	청소년산모임신출산의료비지원	2,000	4	2	5	8	7	3	3	1
6874	부산 연제구	표준모자보건수첩제작	1,520	4	2	5	8	7	3	3	1
6875	부산 연제구	선천성대사이상검사및환아관리	700	4	2	5	8	7	1	1	1
6876	부산 연제구	난청조기진단	264	4	2	5	8	7	1	1	1
6877	부산 연제구	노인일자리및사회활동지원사업	10,797,752	4	1	7	8	7	5	5	4

순번	시군구	지출명 (사업명)	2024년예산 (단위 : 천원 /1년간)	민간이전 분류 (지방자치단체 세출예산 집행기준에 의거) 1. 민간경상사업보조(307-02) 2. 민간단체 법정운영비보조(307-03) 3. 민간행사사업보조(307-04) 4. 민간위탁금(307-05) 5. 사회복지시설 법정운영비보조(307-10) 6. 민간인위탁교육비(307-12) 7. 공기관등에대한경상적위탁사업비(308-13) 8. 민간자본사업보조,자체재원(402-01) 9. 민간자본사업보조,이전재원(402-02) 10. 민간위탁사업비(402-03) 11. 공기관등에 대한 자본적 위탁사업비(403-02)	민간이전지출 근거 (지방보조금 관리기준 참고) 1. 법률에 규정 2. 국고보조 재원(국가지정) 3. 용도 지정 기부금 4. 조례에 직접규정 5. 지자체가 권장하는 사업을 하는 공공기관 6. 시,도 정책 및 재정사정 7. 기타 8. 해당없음	입찰방식			운영예산 산정		성과평가 실시여부
						계약체결방법 (경쟁형태) 1. 일반경쟁 2. 제한경쟁 3. 지명경쟁 4. 수의계약 5. 법정위탁 6. 기타 ( ) 7. 없음	계약기간 1. 1년 2. 2년 3. 3년 4. 4년 5. 5년 6. 기타 ( )년 7. 단기계약 (1년미만) 8. 없음	낙찰자선정방법 1. 적격심사 2. 협상에의한계약 3. 최저가낙찰제 4. 규격가격분리 5. 2단계 경쟁입찰 6. 기타 ( ) 7. 없음	운영예산 산정 1. 내부산정 (지자체 자체적으로 산정) 2. 외부산정 (외부전문기관위탁 산정) 3. 내·외부 모두 산정 4. 산정 無 5. 없음	정산방법 1. 내부정산 (지자체 내부적으로 정산) 2. 외부정산 (외부전문기관위탁 정산) 3. 내·외부 모두 산정 4. 정산 無 5. 없음	1. 실시 2. 미실시 3. 향후 추진 4. 해당없음
6878	부산 연제구	장애인복지일자리사업	526,000	4	2,4,7	1	3	1	5	3	4
6879	부산 연제구	시각장애인안마사파견사업	224,000	4	2,4,7	1	3	1	5	3	4
6880	부산 연제구	생활문화센터운영	120,000	4	4	7	8	7	5	5	4
6881	부산 연제구	중증장애인지역맞춤형취업지원	46,613	4	2,4,7	7	8	7	5	1	4
6882	부산 연제구	민관협력고독사예방사업	10,000	4	6	7	8	7	1	1	4
6883	부산 연제구	희망1자립장운영지원	3,000	4	7	7	8	7	1	1	4
6884	부산 연제구	유아숲교육	88,002	4	2	2	1	2	1	1	1
6885	부산 연제구	연제행복체육관운영	59,000	4	4	7	8	7	5	5	4
6886	부산 연제구	건축물현장조사및확인대행수수료	39,450	4	1	7	8	7	1	1	4
6887	부산 수영구	생활폐기물수집운반대행	9,281,338	4	1	1	3	2	2	1	1
6888	부산 수영구	육아종합지원센터운영(보조사업)	1,052,670	4	1	2	5	6	1	1	1
6889	부산 수영구	기초정신건강복지센터인력확충비(보조사업)	1,029,600	4	1	7	5	1	3	2	1
6890	부산 수영구	음식물류폐기물자원화추진	1,006,320	4	1	4	1	1	1	1	2
6891	부산 수영구	가족센터운영(보조사업)	686,700	4	2	5	5	1	3	3	1
6892	부산 수영구	재활용품선별장선별인력운영위탁금	673,341	4	7	6	1	7	1	1	4
6893	부산 수영구	2024년공중(개방)화장실청소관리용역	497,738	4	1	4	1	7	2	1	2
6894	부산 수영구	청소년문화의집운영	312,550	4	7	6	5	6	1	1	1
6895	부산 수영구	생활폐기물등처리반입수수료	307,200	4	4	7	8	7	5	5	2
6896	부산 수영구	진로교육지원센터운영	270,000	4	4	6	5	6	1	1	1
6897	부산 수영구	청소년방과후아카데미운영	216,578	4	1	6	5	6	1	1	1
6898	부산 수영구	청소년지방상담사업(보조사업)	167,676	4	4	6	3	6	1	1	1
6899	부산 수영구	직원자녀어린이집위탁보육	133,998	4	1	4	1	7	1	1	4
6900	부산 수영구	주거지전용주차장민간위탁금	129,977	4	7	7	8	7	5	5	4
6901	부산 수영구	청소년안전망운영사업(보조사업)	102,000	4	4	6	3	6	1	1	1
6902	부산 수영구	통합정신건강증진사업(보조사업)	101,000	4	1	7	5	1	3	2	1
6903	부산 수영구	고양이중성화수술(TNR)비지원(보조사업)	90,000	4	1	2	7	1	1	1	2
6904	부산 수영구	청소년동반자프로그램운영(보조사업)	80,582	4	4	6	3	6	1	1	1
6905	부산 수영구	스포츠클럽지원	80,000	4	4	6	5	6	1	2	3
6906	부산 수영구	가족센터운영	80,000	4	4	5	5	1	1	3	1
6907	부산 수영구	정신건강복지센터자살예방사업지원(보조사업)	70,548	4	1	7	5	1	3	2	1
6908	부산 수영구	지역사회건강조사조사분석위탁운영	68,896	4	2	7	1	7	5	3	4
6909	부산 수영구	자원봉사코디네이터인건비	66,400	4	2	7	8	7	1	1	4
6910	부산 수영구	공동육아나눔터운영(보조사업)	56,712	4	2	5	5	1	3	3	1
6911	부산 수영구	사원인건비	54,704	4	1	7	8	7	1	1	4
6912	부산 수영구	기초정신건강복지센터운영(보조사업)	51,100	4	1	7	5	1	3	2	1
6913	부산 수영구	기초정신건강복지센터종사자복지수당(시비보조사업)	46,687	4	6	7	5	1	3	2	1
6914	부산 수영구	사무국장인건비	43,333	4	1	7	8	7	1	1	4
6915	부산 수영구	자살예방및정신건강증진사업(보조사업)	41,060	4	1	7	5	1	3	2	1
6916	부산 수영구	정신보건사업	41,000	4	4	7	5	1	3	2	1
6917	부산 수영구	자원봉사센터직원수당등	38,719	4	1	7	8	7	1	1	4

순번	시군구	지출명 (사업명)	2024년예산 (단위 : 천원 /1년간)	민간이전 분류 (지방자치단체 세출예산 집행기준에 의거) 1. 민간경상사업보조(307-02) 2. 민간단체 법정운영비보조(307-03) 3. 민간행사사업보조(307-04) 4. 민간위탁금(307-05) 5. 사회복지시설 법정운영비보조(307-10) 6. 민간인위탁교육비(307-12) 7. 공기관등에대한경상적위탁사업비(308-13) 8. 민간자본사업보조,자체재원(402-01) 9. 민간자본사업보조,이전재원(402-02) 10. 민간위탁사업비(402-03) 11. 공기관등에 대한 자본적 위탁사업비(403-02)	민간이전지출 근거 (지방보조금 관리기준 참고) 1. 법률에 규정 2. 국고보조 재원(국가지정) 3. 용도 지정 기부금 4. 조례에 직접규정 5. 지자체가 권장하는 사업을 하는 공공기관 6. 시,도 정책 및 재정사정 7. 기타 8. 해당없음	입찰방식 계약체결방법 (경쟁형태) 1. 일반경쟁 2. 제한경쟁 3. 지명경쟁 4. 수의계약 5. 법정위탁 6. 기타 ( ) 7. 없음	입찰방식 계약기간 1. 1년 2. 2년 3. 3년 4. 4년 5. 5년 6. 기타 ( )년 7. 단기계약 (1년미만) 8. 없음	입찰방식 낙찰자선정방법 1. 적격심사 2. 협상에의한계약 3. 최저가낙찰제 4. 규격가격분리 5. 2단계 경쟁입찰 6. 기타 ( ) 7. 없음	운영예산 산정 운영예산 산정 1. 내부산정 (지자체 자체적으로 산정) 2. 외부산정 (외부전문기관위탁 산정) 3. 내·외부 모두 산정 4. 산정 無 5. 없음	운영예산 산정 정산방법 1. 내부정산 (지자체 내부적으로 정산) 2. 외부정산 (외부전문기관위탁 정산) 3. 내·외부 모두 산정 4. 정산 無 5. 없음	성과평가 실시여부 1. 실시 2. 미실시 3. 향후 추진 4. 해당없음
6918	부산 수영구	유기동물위탁보호비지원(보조사업)	36,000	4	1	4	1	7	1	1	4
6919	부산 수영구	자원봉사센터운영비	33,216	4	1	7	8	7	1	1	4
6920	부산 수영구	수영성마을박물관운영위탁비	31,463	4	4	4	3	7	1	1	4
6921	부산 수영구	가정양육사업지원(보조사업)(전환사업)	25,444	4	1	2	5	6	1	1	1
6922	부산 수영구	수영민속예술관및문화유산시설물관리	25,000	4	1	7	1	7	1	1	1
6923	부산 수영구	자원봉사활성화프로그램운영사업비	20,950	4	1	7	8	7	1	1	4
6924	부산 수영구	수영사적공원부설주차장위탁수수료	18,900	4	4	7	2	7	1	1	1
6925	부산 수영구	폐유리병처리수수료	18,480	4	8	4	1	7	5	5	4
6926	부산 수영구	아동청소년정신건강증진사업(보조사업)	13,300	4	1	7	5	1	3	2	1
6927	부산 수영구	무단투기대형폐기물처리수수료	11,880	4	1	4	1	7	1	1	2
6928	부산 수영구	해양쓰레기정화사업(보조사업)	11,000	4	1,2	4	7	7	1	1	4
6929	부산 수영구	4대보험부담금	10,696	4	1	7	8	7	1	1	4
6930	부산 수영구	어항폐기물처리지원(보조사업)	10,000	4	1,6	4	7	7	1	1	4
6931	부산 수영구	보호아동멘토링지원	10,000	4	4	2	3	1	1	1	1
6932	부산 수영구	자살예방및정신건강증진사업(시비보조사업)	9,292	4	6	7	5	1	3	2	1
6933	부산 수영구	청소년방과후아카데미운영지원(기관부담금)	8,100	4	7	6	5	6	1	1	1
6934	부산 수영구	유기동물구조보호비지원(보조사업)	7,700	4	1	4	1	7	1	1	4
6935	부산 수영구	기초정신건강복지센터운영지원(시비보조사업)	7,650	4	6	7	5	1	3	2	1
6936	부산 수영구	자원봉사자보험료지원	7,498	4	2	7	8	7	1	1	4
6937	부산 수영구	청소년동반자프로그램운영(기관부담금)(보조사업)	7,201	4	4	6	3	6	1	1	1
6938	부산 수영구	분뇨수수료대행징수교부금지급	5,280	4	4	4	2	7	1	1	2
6939	부산 수영구	수영클린센터대형폐기물처리수수료	4,290	4	1	4	1	7	5	1	4
6940	부산 수영구	센터장직급보조비	3,600	4	1	7	8	7	1	1	4
6941	부산 수영구	폐형광등운반수수료	2,567	4	8	4	1	7	5	5	4
6942	부산 수영구	안용복장군사당관리사운영관리	1,500	4	1	7	1	7	1	1	1
6943	부산 수영구	수영성마을박물관부설주차장위탁수수료	1,440	4	4	4	3	7	1	1	4
6944	부산 사상구	노인사회활동지원	12,487,306	4	1	7	8	7	5	1	4
6945	부산 사상구	만~2세보육료	10,787,755	4	1	7	8	7	5	5	4
6946	부산 사상구	생활폐기물수집운반비	8,704,200	4	1	1	1	2	2	1	1
6947	부산 사상구	누리과정보육료지원	4,164,216	4	1	7	8	7	5	5	4
6948	부산 사상구	사회복지관운영	3,225,980	4	1	5	5	6	1	1	1
6949	부산 사상구	음식물폐기물처리	1,791,000	4	1	4	1	7	1	5	2
6950	부산 사상구	장애인복지관운영	1,301,186	4	1	7	8	7	5	1	4
6951	부산 사상구	가족센터운영	935,030	4	1	5	5	7	5	1	4
6952	부산 사상구	정신건강복지센터인력확충	898,560	4	2	1	3	1	1	1	1
6953	부산 사상구	노인복지관운영	724,632	4	1	7	8	7	5	1	1
6954	부산 사상구	국제화센터운영	700,000	4	4	1	3	1	1	2	1
6955	부산 사상구	스포츠강좌이용권지원	637,200	4	2	7	8	7	1	1	1
6956	부산 사상구	육아종합지원센터운영	580,000	4	1	7	8	7	5	5	4
6957	부산 사상구	시간제대체교사사업운영	490,200	4	1	7	8	7	5	5	4

순번	시군구	지출명 (사업명)	2024년예산 (단위 : 전원 /1년간)	민간이전 분류 (지방자치단체 세출예산 집행기준에 의거) 1. 민간경상사업보조(307-02) 2. 민간단체 법정운영비보조(307-03) 3. 민간행사사업보조(307-04) 4. 민간위탁금(307-05) 5. 사회복지시설 법정운영비보조(307-10) 6. 민간인위탁교육비(307-12) 7. 공기관등에대한경상적위탁사업비(308-13) 8. 민간자본사업보조,자체재원(402-01) 9. 민간자본사업보조,이전재원(402-02) 10. 민간위탁사업비(402-03) 11. 공기관등에 대한 자본적 위탁사업비(403-02)	민간이전지출 근거 (지방보조금 관리기준 참고) 1. 법률에 규정 2. 국고보조 재원(국가지정) 3. 용도 지정 기부금 4. 조례에 직접규정 5. 지자체가 권장하는 사업을 하는 공공기관 6. 시,도 정책 및 재정사정 7. 기타 8. 해당없음	입찰방식 계약체결방법 (경쟁형태) 1. 일반경쟁 2. 제한경쟁 3. 지명경쟁 4. 수의계약 5. 법정위탁 6. 기타 ( ) 7. 없음	입찰방식 계약기간 1. 1년 2. 2년 3. 3년 4. 4년 5. 5년 6. 기타 ( )년 7. 단기계약 (1년미만) 8. 없음	입찰방식 낙찰자선정방법 1. 적격심사 2. 협상에의한계약 3. 최저가낙찰제 4. 규격가격분리 5. 2단계 경쟁입찰 6. 기타 ( ) 7. 없음	운영예산 산정 운영예산 산정 1. 내부산정 (지자체 자체적으로 산정) 2. 외부산정 (외부전문기관위탁 산정) 3. 내·외부 모두 산정 4. 산정 無 5. 없음	운영예산 산정 정산방법 1. 내부정산 (지자체 내부적으로 정산) 2. 외부정산 (외부전문기관위탁 정산) 3. 내·외부 모두 산정 4. 정산 無 5. 없음	성과평가 실시여부 1. 실시 2. 미실시 3. 향후 추진 4. 해당없음
6958	부산 사상구	정부미지원어린이집모든아이차액보육료지원	467,448	4	1	7	8	7	5	5	4
6959	부산 사상구	산모신생아도우미지원사업	462,786	4	1	7	8	7	5	5	2
6960	부산 사상구	노인복지관분관운영	442,773	4	1	7	8	7	5	1	1
6961	부산 사상구	청소년수련관운영	404,801	4	4	7	8	7	1	1	1
6962	부산 사상구	사상구장애인근로작업장운영	377,498	4	1	7	8	7	5	1	4
6963	부산 사상구	다함께돌봄사업인건비지원	366,360	4	2	1	5	1	5	1	2
6964	부산 사상구	저소득층기저귀조제분유지원	292,000	4	1	7	8	7	5	5	2
6965	부산 사상구	진로교육지원센터운영	270,000	4	4	1	3	1	1	1	1
6966	부산 사상구	음식물폐기물반입수수료	238,500	4	1	4	1	7	1	5	2
6967	부산 사상구	시간제보육서비스제공지원	221,256	4	1	7	8	7	5	5	4
6968	부산 사상구	자녀양육및자녀생활등방문교육서비스지원	220,980	4	1	5	5	7	5	1	4
6969	부산 사상구	청소년방과후아카데미운영지원	197,018	4	1	7	8	7	1	1	1
6970	부산 사상구	중독관리통합지원센터운영	170,988	4	2	1	5	1	1	1	1
6971	부산 사상구	사상아기성장터운영	168,800	4	1	7	8	7	5	5	4
6972	부산 사상구	지방청소년상담사업운영지원	163,188	4	1	7	8	7	1	1	1
6973	부산 사상구	발달장애인요양보호사보조일자리지원	150,000	4	1	7	8	7	5	1	4
6974	부산 사상구	어린이복합문화공간들락날락운영	150,000	4	1	7	8	7	5	5	4
6975	부산 사상구	취약위기가족(가족역량강화)지원	133,850	4	1	5	5	7	5	1	4
6976	부산 사상구	학교밖청소년지원사업	131,740	4	1	7	8	7	1	1	1
6977	부산 사상구	중성화시술료	130,000	4	2	1	1	3	1	1	1
6978	부산 사상구	주례열린도서관육아종합지원센터운영	126,413	4	1	7	8	7	5	5	4
6979	부산 사상구	직장보육(영유아)민간위탁금	123,000	4	1	4	1	7	5	1	2
6980	부산 사상구	통합정신건강증진사업(정신건강복지센터)	113,000	4	2	1	3	1	1	1	1
6981	부산 사상구	통합정신건강증진사업(중독관리통합지원센터)	112,000	4	2	1	5	1	1	1	1
6982	부산 사상구	다함께돌봄사업운영비지원	110,000	4	2	1	5	1	5	1	2
6983	부산 사상구	정신건강복지센터자살예방사업지원	105,828	4	2	1	3	1	1	1	1
6984	부산 사상구	청소년안전망운영지원	102,000	4	1	7	8	7	1	1	1
6985	부산 사상구	청소년동반자프로그램운영지원	101,114	4	1	7	8	7	1	1	1
6986	부산 사상구	장애인스포츠강좌이용권지원	99,000	4	2	7	8	7	1	1	1
6987	부산 사상구	자원봉사센터사무국장및유급실무자인건비	90,680	4	1	5	3	1	5	1	1
6988	부산 사상구	다누림홀운영지원	90,000	4	5	3	3	7	1	1	1
6989	부산 사상구	공동육아나눔터운영	85,068	4	1	5	5	7	5	1	4
6990	부산 사상구	자살예방및정신건강증진사업	82,120	4	2	1	3	1	1	1	1
6991	부산 사상구	다문화가족자녀언어발달지원	78,688	4	1	5	5	7	5	1	4
6992	부산 사상구	다함께돌봄센터종사자처우개선수당	78,418	4	7	1	5	1	5	1	2
6993	부산 사상구	지역사회건강조사	68,972	4	2	5	1	7	5	5	4
6994	부산 사상구	자원봉사코디네이팅도우미사업	64,800	4	1	5	3	1	5	1	1
6995	부산 사상구	낙동제방일원노점상단속	55,000	4	7	2,4	7	2,3	1	1	4
6996	부산 사상구	유아숲산림복지전문업위탁운영	52,952	4	2	2	7	2	1	1	4
6997	부산 사상구	정신건강복지센터운영	51,100	4	2	1	3	1	1	1	1

순번	시군구	지출명 (사업명)	2024년예산 (단위 : 천원 /1년간)	민간이전 분류 (지방자치단체 세출예산 집행기준에 의거) 1. 민간경상사업보조(307-02) 2. 민간단체 법정운영비보조(307-03) 3. 민간행사사업보조(307-04) 4. 민간위탁금(307-05) 5. 사회복지시설 법정운영비보조(307-10) 6. 민간인위탁교육비(307-12) 7. 공기관등에대한경상적위탁사업비(308-13) 8. 민간자본사업보조,자체재원(402-01) 9. 민간자본사업보조,이전재원(402-02) 10. 민간위탁사업비(402-03) 11. 공기관등에 대한 자본적 위탁사업비(403-02)	민간이전지출 근거 (지방보조금 관리기준 참고) 1. 법률에 규정 2. 국고보조 재원(국가지정) 3. 용도 지정 기부금 4. 조례에 직접규정 5. 지자체가 권장하는 사업을 하는 공공기관 6. 시,도 정책 및 재정사정 7. 기타 8. 해당없음	입찰방식 계약체결방법 (경쟁형태) 1. 일반경쟁 2. 제한경쟁 3. 지명경쟁 4. 수의계약 5. 법정위탁 6. 기타 ( ) 7. 없음	입찰방식 계약기간 1. 1년 2. 2년 3. 3년 4. 4년 5. 5년 6. 기타 ( )년 7. 단기계약 (1년미만) 8. 없음	입찰방식 낙찰자선정방법 1. 적격심사 2. 협상에의한계약 3. 최저가낙찰제 4. 규격가격분리 5. 2단계 경쟁입찰 6. 기타 ( ) 7. 없음	운영예산 산정 운영예산 산정 1. 내부산정 (지자체 자체적으로 산정) 2. 외부산정 (외부전문기관위탁 산정) 3. 내·외부 모두 산정 4. 산정 無 5. 없음	운영예산 산정 정산방법 1. 내부정산 (지자체 내부적으로 정산) 2. 외부정산 (외부전문기관위탁 정산) 3. 내·외부 모두 산정 4. 정산 無 5. 없음	성과평가 실시여부 1. 실시 2. 미실시 3. 향후 추진 4. 해당없음
6998	부산 사상구	유기동물위탁보호비지원	50,000	4	1	4	1	6	1	1	1
6999	부산 사상구	권리중심중증장애인일자리지원	47,400	4	1	7	8	7	5	1	4
7000	부산 사상구	정신건강복지센터종사자복지수당지원	43,087	4	6	1	3	1	1	1	1
7001	부산 사상구	산모신생아건강관리지원사업(자체)	40,000	4	1	7	8	7	5	5	2
7002	부산 사상구	다문화가족사례관리지원	37,017	4	1	5	5	7	5	1	4
7003	부산 사상구	이중언어가족환경조성	35,031	4	1	5	5	7	5	1	4
7004	부산 사상구	샛강탐사투어	35,000	4	2	7	8	7	1	1	1
7005	부산 사상구	주례열린도서관육아종합지원센터물품구입	34,110	4	1	7	8	7	5	5	4
7006	부산 사상구	결혼이민자통번역서비스지원	32,813	4	1	5	5	7	5	1	4
7007	부산 사상구	로드킬동물사체처리	32,010	4	1	4	1	3	1	1	4
7008	부산 사상구	장애인목욕서비스제공	31,600	4	1	7	8	7	5	1	4
7009	부산 사상구	다문화나눔터운영	30,000	4	1	5	5	7	5	1	4
7010	부산 사상구	유아숲산림복지전문업위탁운영	29,334	4	2	2	7	2	1	1	4
7011	부산 사상구	청소년동아리활동운영지원	26,550	4	1	7	8	7	1	1	1
7012	부산 사상구	가정양육지원사업(클로버교육)	25,444	4	1	7	8	7	5	5	4
7013	부산 사상구	청소년지도사배치지원	25,368	4	1	7	8	7	1	1	1
7014	부산 사상구	청소년어울림마당운영지원	24,500	4	1	7	8	7	1	1	1
7015	부산 사상구	광장로주변노점상단속	21,000	4	7	4	7	2	1	1	4
7016	부산 사상구	자원봉사센터운영비	20,341	4	1	5	3	1	5	1	1
7017	부산 사상구	다문화가족한국어교육운영	20,000	4	4	5	5	7	5	1	4
7018	부산 사상구	대체조리사사업운영	20,000	4	1	7	8	7	5	5	4
7019	부산 사상구	자원봉사활성화프로그램개발	19,500	4	1	5	3	1	5	1	1
7020	부산 사상구	자살예방및정신건강증진사업	18,582	4	6	1	3	1	1	1	1
7021	부산 사상구	폐유리병위탁처리	15,180	4	8	4	1	6	5	5	4
7022	부산 사상구	덕포복지센터디딤돌운영	15,000	4	4	5	5	6	1	1	1
7023	부산 사상구	아동청소년정신건강증진사업	13,300	4	2	1	3	1	1	1	1
7024	부산 사상구	청소년동반자퇴직적립금및사회보험료기관부담금	13,238	4	1	7	8	7	1	1	1
7025	부산 사상구	사회복지사보수교육비및자질향상교육	12,470	4	1	6	8	7	1	1	4
7026	부산 사상구	자원봉사자보험료	12,322	4	1	5	3	1	5	1	1
7027	부산 사상구	학교밖청소년교통비지원	12,000	4	1	7	8	7	1	1	1
7028	부산 사상구	사상구복지관어린이복합문화공간운영등	10,000	4	4	7	8	7	1	1	4
7029	부산 사상구	청소년교류캠프운영지원	10,000	4	4	7	8	7	1	1	1
7030	부산 사상구	청소년예술제운영지원	10,000	4	4	7	8	7	1	1	1
7031	부산 사상구	가족센터종사자시간외근무수당	9,536	4	1	5	5	7	5	1	4
7032	부산 사상구	유기동물구조보호비지원	9,100	4	2	4	1	1	1	1	1
7033	부산 사상구	다함께돌봄센터종사자장려수당	9,000	4	7	1	5	1	5	1	2
7034	부산 사상구	학교밖청소년급식비지원	8,286	4	1	7	8	7	1	1	1
7035	부산 사상구	중증정신질환자집중관리프로그램운영	7,650	4	6	1	3	1	1	1	1
7036	부산 사상구	민관협력복지아카데미운영	6,000	4	4	7	8	7	1	1	4
7037	부산 사상구	민관협력고독사예방사업	6,000	4	4	7	8	7	1	1	4

순번	시군구	지출명 (사업명)	2024년예산 (단위 : 천원 /1년간)	민간이전 분류 (지방자치단체 세출예산 집행기준에 의거) 1. 민간경상사업보조(307-02) 2. 민간단체 법정운영비보조(307-03) 3. 민간행사사업보조(307-04) 4. 민간위탁금(307-05) 5. 사회복지시설 법정운영비보조(307-10) 6. 민간인위탁교육비(307-12) 7. 공기관등에대한경상적위탁사업비(308-13) 8. 민간자본사업보조,자체재원(402-01) 9. 민간자본사업보조,이전재원(402-02) 10. 민간위탁사업비(402-03) 11. 공기관등에 대한 자본적 위탁사업비(403-02)	민간이전지출 근거 (지방보조금 관리기준 참고) 1. 법률에 규정 2. 국고보조 재원(국가지정) 3. 용도 지정 기부금 4. 조례에 직접규정 5. 지자체가 권장하는 사업을 하는 공공기관 6. 시,도 정책 및 재정사정 7. 기타 8. 해당없음	입찰방식			운영예산 산정		성과평가 실시여부
						계약체결방법 (경쟁형태) 1. 일반경쟁 2. 제한경쟁 3. 지명경쟁 4. 수의계약 5. 법정위탁 6. 기타 ( ) 7. 없음	계약기간 1. 1년 2. 2년 3. 3년 4. 4년 5. 5년 6. 기타 ( )년 7. 단기계약 (1년미만) 8. 없음	낙찰자선정방법 1. 적격심사 2. 협상에의한계약 3. 최저가낙찰제 4. 규격가격분리 5. 2단계 경쟁입찰 6. 기타 ( ) 7. 없음	운영예산 산정 1. 내부산정 (지자체 자체적으로 산정) 2. 외부산정 (외부전문기관위탁 산정) 3. 내·외부 모두 산정 4. 산정 無 5. 없음	정산방법 1. 내부정산 (지자체 내부적으로 정산) 2. 외부정산 (외부전문기관위탁 정산) 3. 내·외부 모두 산정 4. 정산 無 5. 없음	1. 실시 2. 미실시 3. 향후 추진 4. 해당없음
7038	부산 사상구	청소년방과후아카데미종사자지원	5,880	4	1	7	8	7	1	1	1
7039	부산 사상구	중독관리통합지원센터종사자복지수당	5,400	4	6	1	5	1	1	1	1
7040	부산 사상구	장애인복지관세탁서비스	5,000	4	1	7	8	7	5	1	4
7041	부산 사상구	다함께돌봄센터종사자시간외수당	4,798	4	7	1	5	1	5	1	2
7042	부산 사상구	분뇨처리수수료대행징수교부금	3,900	4	4	5	3	7	1	1	4
7043	부산 사상구	사회복지시설비정규직종사자복지포인트	3,900	4	1	6	8	7	1	1	4
7044	부산 사상구	폐형광등위탁(운반)처리	3,780	4	8	4	1	6	5	5	4
7045	부산 사상구	학교밖청소년지원센터종사자처우개선지원	3,600	4	1	7	8	7	1	1	1
7046	부산 사상구	가족센터종사자복지포인트	3,300	4	1	5	5	7	5	1	4
7047	부산 사상구	청소년유해환경감시단운영지원	2,900	4	1	7	8	7	1	1	1
7048	부산 사상구	청소년참여위원회운영지원	2,800	4	1	7	8	7	1	1	1
7049	부산 사상구	아이돌보미건강검진비지원	2,670	4	6	5	3	7	5	1	4
7050	부산 사상구	반려동물행동교정지원	2,000	4	1	4	1	1	1	1	1
7051	부산 사상구	청소년수련관청소년운영위원회지원	2,000	4	1	7	8	7	1	1	1
7052	부산 사상구	학교밖청소년지원센터종사자교통비수당지원	1,800	4	1	7	8	7	1	1	1
7053	부산 사상구	청소년산모임신출산의료비지원	1,400	4	2	5	1	7	5	1	4
7054	부산 사상구	학교밖청소년급식비지원(시비추가분)	1,268	4	1	7	8	7	1	1	1
7055	부산 사상구	광견병예방접종시술비지원	1,000	4	1	7	8	7	1	1	1
7056	부산 사상구	다함께돌봄센터종사자복지포인트	1,000	4	1	7	7	7	1	1	4
7057	부산 사상구	선천성대사이상검사및환아관리홍보등	392	4	2	1	5	1	5	1	2
7058	부산 기장군	생활폐기물처리	10,800,000	4	8	2	3	2	2	1	1
7059	부산 기장군	노인일자리및사회활동지원사업	9,367,329	4	2	2	1	1	5	5	1
7060	부산 기장군	음식물쓰레기처리	2,224,000	4	1	7	8	7	5	5	4
7061	부산 기장군	육영사업(지자체)	1,800,000	4	4	7	8	7	5	5	4
7062	부산 기장군	육아종합지원센터운영	1,068,459	4	1	6	5	6	1	1	1
7063	부산 기장군	민자사업정부지급금(BTL)(정관도서관건립)(전환사업)	740,000	4	8	7	8	7	5	5	1
7064	부산 기장군	하수관리운영	700,000	4	1	2	1	2	1	1	1
7065	부산 기장군	산모신생아건강관리지원사업(전환사업)	659,469	4	1	5	8	7	3	3	1
7066	부산 기장군	민자사업정부지급금(BTL)(정관도서관건립)(추가군비)	657,000	4	8	7	8	7	5	5	1
7067	부산 기장군	교육특성화사업	610,000	4	4	7	8	7	5	5	4
7068	부산 기장군	문동생활권어촌신활력증진사업	600,000	4	2	5	8	7	1	1	3
7069	부산 기장군	저소득층기저귀조제분유지원사업	500,000	4	1	5	8	7	3	3	1
7070	부산 기장군	기초정신건강복지센터인력확충	399,564	4	2	1	3	1	1	1	1
7071	부산 기장군	기장수산물체험홍보센터운영	394,000	4	1	4	5	6	2	3	3
7072	부산 기장군	기장군민대학운영	330,000	4	4	7	8	7	5	5	4
7073	부산 기장군	기장군민어학당운영	330,000	4	4	7	8	7	5	5	4
7074	부산 기장군	다함께돌봄사업(인건비)	328,368	4	2	7	8	7	1	1	3
7075	부산 기장군	노인일자리및사회활동지원사업(추가군비)	315,000	4	2	2	1	1	1	5	3
7076	부산 기장군	지역인재양성및교육협력사업	300,000	4	1,4	7	8	7	5	5	4
7077	부산 기장군	발달장애인요양보호사보조사업	292,012	4	2	2	1	1	5	5	4

순번	시군구	지출명 (사업명)	2024년예산 (단위 : 천원 /1년간)	민간이전 분류 (지방자치단체 세출예산 집행기준에 의거) 1. 민간경상사업보조(307-02) 2. 민간단체 법정운영비보조(307-03) 3. 민간행사사업보조(307-04) 4. 민간위탁금(307-05) 5. 사회복지시설 법정운영비보조(307-10) 6. 민간인위탁교육비(307-12) 7. 공기관등에대한경상적위탁사업비(308-13) 8. 민간자본사업보조,자체재원(402-01) 9. 민간자본사업보조,이전재원(402-02) 10. 민간위탁사업비(402-03) 11. 공기관등에 대한 자본적 위탁사업비(403-02)	민간이전지출 근거 (지방보조금 관리기준 참고) 1. 법률에 규정 2. 국고보조 재원(국가지정) 3. 용도 지정 기부금 4. 조례에 직접규정 5. 지자체가 권장하는 사업을 하는 공공기관 6. 시,도 정책 및 재정사정 7. 기타 8. 해당없음	입찰방식: 계약체결방법 (경쟁형태) 1. 일반경쟁 2. 제한경쟁 3. 지명경쟁 4. 수의계약 5. 법정위탁 6. 기타 ( ) 7. 없음	입찰방식: 계약기간 1. 1년 2. 2년 3. 3년 4. 4년 5. 5년 6. 기타 ( )년 7. 단기계약 (1년미만) 8. 없음	입찰방식: 낙찰자선정방법 1. 적격심사 2. 협상에의한계약 3. 최저가낙찰제 4. 규격가격분리 5. 2단계 경쟁입찰 6. 기타 ( ) 7. 없음	운영예산 산정: 운영예산 산정 1. 내부산정 (지자체 자체적으로 산정) 2. 외부산정 (외부전문기관위탁 산정) 3. 내·외부 모두 산정 4. 산정 無 5. 없음	운영예산 산정: 정산방법 1. 내부정산 (지자체 내부적으로 정산) 2. 외부정산 (외부전문기관위탁 정산) 3. 내·외부 모두 정산 4. 정산 無 5. 없음	성과평가 실시여부 1. 실시 2. 미실시 3. 향후 추진 4. 해당없음
7078	부산 기장군	재활용품관리	265,000	4	8	2	1	1	1	5	4
7079	부산 기장군	안데르센극장운영	232,500	4	4	1	2	2	1	1	4
7080	부산 기장군	무단투기쓰레기처리	228,650	4	8	2	1	3	1	1	4
7081	부산 기장군	농기계임대사업	220,000	4	4	2	1	1	1	1	4
7082	부산 기장군	직장어린이집위탁보육	210,600	4	1	4	1	7	1	1	4
7083	부산 기장군	재활용품관리	187,000	4	8	2	1	1	1	5	4
7084	부산 기장군	정신건강복지센터운영	184,224	4	2	1	3	1	1	1	1
7085	부산 기장군	통합정신건강증진사업	160,000	4	2	1	3	1	1	1	1
7086	부산 기장군	해양환경정비	158,760	4	5	7	8	7	5	5	4
7087	부산 기장군	어항정비	145,000	4	1	7	8	7	5	5	4
7088	부산 기장군	기장도서관운영	140,000	4	8	1	1	1	2	1	2
7089	부산 기장군	지역인재양성및교육협력사업	130,000	4	1,4	2	1	1	1	1	1
7090	부산 기장군	해양쓰레기정화사업	125,000	4	5	7	8	7	5	5	4
7091	부산 기장군	길고양이중성화수술사업	120,000	4	2	1,4	1	3	1	1	2
7092	부산 기장군	다함께돌봄사업(추가군비)	92,400	4	4	7	8	7	1	1	3
7093	부산 기장군	유아숲교육운영(지원)	88,002	4	2	7	8	7	5	5	4
7094	부산 기장군	기장갯마을축제개최	84,000	4	4	7	8	7	5	5	4
7095	부산 기장군	자살예방사업인력확충	70,548	4	2	1	3	1	1	1	1
7096	부산 기장군	지역사회건강조사조사분석위탁운영	68,744	4	1	5	8	7	1	1	1
7097	부산 기장군	산모신생아건강관리지원사업(부산시자체)	67,000	4	6	5	8	7	3	3	1
7098	부산 기장군	다함께돌봄사업(추가군비)	66,000	4	4	7	8	7	1	1	3
7099	부산 기장군	아동청소년정신건강증진사업	52,294	4	2	1	3	1	1	1	1
7100	부산 기장군	어항내수중쓰레기처리	50,000	4	5	7	8	7	5	5	4
7101	부산 기장군	해수욕장개장지원및관리	50,000	4	1	7	8	7	5	5	4
7102	부산 기장군	다함께돌봄사업(운영비)	48,000	4	2	7	8	7	1	1	3
7103	부산 기장군	군정홍보	45,000	4	6	7	8	7	5	5	4
7104	부산 기장군	자살예방및정신건강증진사업	40,720	4	2	1	3	1	1	1	1
7105	부산 기장군	동물보호비지원	36,000	4	2	7	8	7	5	5	4
7106	부산 기장군	다함께돌봄사업(운영시간연장)	35,280	4	2	7	8	7	1	1	3
7107	부산 기장군	노인일자리및사회활동지원사업(추가군비)	34,158	4	2	2	1	1	1	5	3
7108	부산 기장군	무단투기쓰레기처리	30,000	4	8	7	8	7	5	5	4
7109	부산 기장군	정신건강복지센터종사자복지수당	29,700	4	1	1	3	1	1	1	1
7110	부산 기장군	낭만가요제개최	22,000	4	4	7	8	7	5	5	4
7111	부산 기장군	도심주변위해유기견포획	20,000	4	1	7	8	7	5	5	4
7112	부산 기장군	해수욕장개장지원및관리	18,000	4	1	7	8	7	5	5	4
7113	부산 기장군	다함께돌봄사업(추가군비)	17,618	4	4	7	8	7	1	1	3
7114	부산 기장군	다함께돌봄사업(추가군비)	16,800	4	4	7	8	7	1	1	3
7115	부산 기장군	실외사육견중성화수술사업	13,680	4	2	1,4	1	3	1	1	2
7116	부산 기장군	다함께돌봄사업(운영시간연장)	12,000	4	2	7	8	7	1	1	3
7117	부산 기장군	다함께돌봄사업(추가군비)	12,000	4	4	7	8	7	1	1	3

순번	시군구	지출명 (사업명)	2024년예산 (단위 : 천원 /1년간)	민간이전 분류 (지방자치단체 세출예산 집행기준에 의거) 1. 민간경상사업보조(307-02) 2. 민간단체 법정운영비보조(307-03) 3. 민간행사사업보조(307-04) 4. 민간위탁금(307-05) 5. 사회복지시설 법정운영비보조(307-10) 6. 민간인위탁교육비(307-12) 7. 공기관등에대한경상적위탁사업비(308-13) 8. 민간자본사업보조,자체재원(402-01) 9. 민간자본사업보조,이전재원(402-02) 10. 민간위탁사업비(402-03) 11. 공기관등에 대한 자본적 위탁사업비(403-02)	민간이전지출 근거 (지방보조금 관리기준 참고) 1. 법률에 규정 2. 국고보조 재원(국가지정) 3. 용도 지정 기부금 4. 조례에 직접규정 5. 지자체가 권장하는 사업을 하는 공공기관 6. 시,도 정책 및 재정사정 7. 기타 8. 해당없음	입찰방식 계약체결방법 (경쟁형태) 1. 일반경쟁 2. 제한경쟁 3. 지명경쟁 4. 수의계약 5. 법정위탁 6. 기타 ( ) 7. 없음	입찰방식 계약기간 1. 1년 2. 2년 3. 3년 4. 4년 5. 5년 6. 기타 ( )년 7. 단기계약 (1년미만) 8. 없음	입찰방식 낙찰자선정방법 1. 적격심사 2. 협상에의한계약 3. 최저가낙찰제 4. 규격가격분리 5. 2단계 경쟁입찰 6. 기타 ( ) 7. 없음	운영예산 산정 운영예산 산정 1. 내부산정 (지자체 자체적으로 산정) 2. 외부산정 (외부전문기관위탁 산정) 3. 내·외부 모두 산정 4. 산정 無 5. 없음	운영예산 산정 정산방법 1. 내부정산 (지자체 내부적으로 정산) 2. 외부정산 (외부전문기관위탁 정산) 3. 내·외부 모두 산정 4. 정산 無 5. 없음	성과평가 실시여부 1. 실시 2. 미실시 3. 향후 추진 4. 해당없음
7118	부산 기장군	유기동물구조보호비지원	11,900	4	2	7	8	7	5	5	4
7119	부산 기장군	자살예방및정신건강증진사업(시비지원)	9,292	4	1	1	3	1	1	1	1
7120	부산 기장군	중증정신질환자집중관리프로그램운영비	9,000	4	1	1	3	1	1	1	1
7121	부산 기장군	무단투기쓰레기처리	7,500	4	8	6	1	7	1	1	4
7122	부산 기장군	다함께돌봄사업(추가군비)	4,000	4	4	7	8	7	1	1	3
7123	부산 기장군	광견병예방접종시술비지원	3,000	4	4	7	8	7	1	1	4
7124	부산 기장군	다함께돌봄사업(종사자처우개선비)	2,448	4	4	7	8	7	1	1	3
7125	부산 기장군	재활용품관리	2,200	4	8	7	8	7	5	5	4
7126	부산 기장군	다함께돌봄사업(종사자처우개선비)	2,160	4	4	7	8	7	1	1	3
7127	부산 기장군	재활용품관리	1,880	4	7	7	8	7	5	5	4
7128	부산 기장군	청소년산모임신출산의료비지원	1,000	4	1	5	8	7	1	2	2
7129	부산 기장군	다함께돌봄사업(종사자처우개선비)	300	4	4	7	8	7	1	1	3
7130	울산 중구	장애인활동지원사업	7,269,560	4	1	7	8	7	5	5	4
7131	울산 중구	3~5세보육료	6,221,782	4	6	7	8	7	1	1	4
7132	울산 중구	생활폐기물수집운반대행수수료	3,822,110	4	1	1	1	1	2	1	1
7133	울산 중구	재활용품수집운반대행수수료	3,032,133	4	1	1	1	1	2	1	1
7134	울산 중구	음식물류폐기물수집운반대행	2,768,719	4	1	4	1	7	2	1	1
7135	울산 중구	노인복지관운영	2,276,520	4	1	1	5	1	1	1	4
7136	울산 중구	발달장애인주간활동서비스지원	2,168,457	4	1	7	8	7	5	5	4
7137	울산 중구	음식물류폐기물처리비(소각장반입등)	1,422,136	4	1	7	8	7	5	5	4
7138	울산 중구	지역사회서비스투자사업	1,221,621	4	1	7	8	7	5	5	4
7139	울산 중구	종합사회복지관운영	916,778	4	1	7	8	7	1	5	1
7140	울산 중구	발달재활서비스바우처지원	870,000	4	1	1	5	1	1	1	1
7141	울산 중구	육아종합지원센터운영비및사업비	773,587	4	1	7	8	7	5	5	4
7142	울산 중구	장애인활동지원제도추가사업	768,000	4	4	5	3	1	1	1	4
7143	울산 중구	어린이집보육료차액지원	711,600	4	6	7	8	7	5	5	4
7144	울산 중구	발달장애인방과후활동서비스지원	514,743	4	1	7	8	7	1	1	4
7145	울산 중구	어린이급식관리지원센터운영	500,000	4	2	2	2	2	3	3	1
7146	울산 중구	일상돌봄서비스사업	493,000	4	1	7	8	7	1	5	1
7147	울산 중구	원도심가로청소대행수수료	470,474	4	1	1	1	1	2	1	1
7148	울산 중구	공사장생활폐기물수집운반대행수수료	465,683	4	1	1	1	1	2	1	1
7149	울산 중구	자원봉사센터운영	460,482	4	6	5	8	7	1	1	4
7150	울산 중구	대형폐기물수집운반대행수수료	421,472	4	1	1	1	1	2	1	4
7151	울산 중구	중구청소년센터운영	335,265	4	1	1	8	1	1	1	1
7152	울산 중구	재활용품선별위탁처리	326,250	4	4	1	3	2	2	1	4
7153	울산 중구	부모급여보육료	264,200	4	2	7	8	7	1	1	4
7154	울산 중구	자전거사업민간위탁	250,000	4	4	1	3	1	1	1	3
7155	울산 중구	시간제보육지원	236,000	4	2	7	8	7	1	1	4
7156	울산 중구	직장어린이집위탁	224,000	4	1	1	5	1	1	1	3
7157	울산 중구	성남청소년센터운영	215,944	4	1	1	8	1	1	1	1

순번	시군구	지출명 (사업명)	2024년예산 (단위 : 천원 /1년간)	민간이전 분류 (지방자치단체 세출예산 집행기준에 의거) 1. 민간경상사업보조(307-02) 2. 민간단체 법정운영비보조(307-03) 3. 민간행사사업보조(307-04) 4. 민간위탁금(307-05) 5. 사회복지시설 법정운영비보조(307-10) 6. 민간인위탁교육비(307-12) 7. 공기관등에대한경상적위탁사업비(308-13) 8. 민간자본사업보조,자체재원(402-01) 9. 민간자본사업보조,이전재원(402-02) 10. 민간위탁사업비(402-03) 11. 공기관등에 대한 자본적 위탁사업비(403-02)	민간이전지출 근거 (지방보조금 관리기준 참고) 1. 법률에 규정 2. 국고보조 재원(국가지정) 3. 용도 지정 기부금 4. 조례에 직접규정 5. 지자체가 권장하는 사업을 하는 공공기관 6. 시,도 정책 및 재정사정 7. 기타 8. 해당없음	입찰방식 계약체결방법 (경쟁형태) 1. 일반경쟁 2. 제한경쟁 3. 지명경쟁 4. 수의계약 5. 법정위탁 6. 기타 ( ) 7. 없음	입찰방식 계약기간 1. 1년 2. 2년 3. 3년 4. 4년 5. 5년 6. 기타 ( )년 7. 단기계약 (1년미만) 8. 없음	입찰방식 낙찰자선정방법 1. 적격심사 2. 협상에의한계약 3. 최저가낙찰제 4. 규격가격분리 5. 2단계 경쟁입찰 6. 기타 ( ) 7. 없음	운영예산 산정 운영예산 산정 1. 내부산정 (지자체 자체적으로 산정) 2. 외부산정 (외부전문기관위탁 산정) 3. 내·외부 모두 산정 4. 산정 無 5. 없음	운영예산 산정 정산방법 1. 내부정산 (지자체 내부적으로 정산) 2. 외부정산 (외부전문기관위탁 정산) 3. 내·외부 모두 산정 4. 정산 無 5. 없음	성과평가 실시여부 1. 실시 2. 미실시 3. 향후 추진 4. 해당없음
7158	울산 중구	진로직업체험센터운영	205,000	4	1	7	8	7	1	1	4
7159	울산 중구	청소년방과후아카데미운영	197,018	4	1	1	8	1	1	1	1
7160	울산 중구	시각장애인안마사파견사업	187,695	4	1	4	1	7	1	1	2
7161	울산 중구	구강서원관리운영비	161,000	4	1,4	6	2	6	1	1	1
7162	울산 중구	장애인활동지원사업가산급여	134,573	4	1	7	8	7	5	5	4
7163	울산 중구	청년디딤터운영	120,000	4	4	1	2	1	1	1	4
7164	울산 중구	저소득여성청소년위생용품지원	119,194	4	1	7	8	7	5	5	1
7165	울산 중구	발달장애인주간활동서비스지원	111,518	4	1	7	8	7	5	5	4
7166	울산 중구	분뇨수집운반수수료재정지원	100,000	4	4	5	2	2	1	1	4
7167	울산 중구	공원화장실위탁관리	90,000	4	1	1	1	3	1	1	3
7168	울산 중구	장애인의료비지원	68,135	4	1	7	8	7	5	5	4
7169	울산 중구	태화연야영장화장실청소및시설유지관리용역	61,152	4	1	4	1	2	1	1	3
7170	울산 중구	입화산자연휴양림화장실청소및시설유지관리용역	61,152	4	1	1	1	2	1	1	3
7171	울산 중구	황방산생태야영장화장실청소및시설유지관리용역	61,152	4	1	4	1	2	1	1	3
7172	울산 중구	장애인전용목욕탕사업운영비	55,200	4	6	1	2	7	1	1	2
7173	울산 중구	청소년지도사배치지원	50,736	4	1	1	8	1	1	1	1
7174	울산 중구	울산관광종합정보공유소운영	50,000	4	4	7	8	7	5	5	4
7175	울산 중구	육아종합지원센터글로버부모교육사업운영비	40,200	4	2	5	3	1	1	1	4
7176	울산 중구	종갓집중구태화강달리기	35,000	4	4	7	8	7	1	1	1
7177	울산 중구	야간동물찻길사고민간대행	22,000	4	7	7	1	7	1	5	4
7178	울산 중구	관내야영장및휴양림오수처리시설유지관리	21,490	4	1	4	1	2	1	1	3
7179	울산 중구	청년마음건강지원사업	19,334	4	1	7	8	7	1	5	1
7180	울산 중구	전국통합자원봉사보험가입서비스지원	19,188	4	1	5	8	7	1	1	4
7181	울산 중구	언어발달지원바우처지원	18,000	4	1	7	8	7	5	5	4
7182	울산 중구	마을교과서제4편제작	15,000	4	4	6	1	7	1	1	1
7183	울산 중구	동천둔치이동식화장실위탁관리비	15,000	4	4	4	1	7	1	1	2
7184	울산 중구	내황배수장앞공중화장실위탁관리	10,884	4	1	4	1	2	1	5	4
7185	울산 중구	청소년센터프로그램운영	8,000	4	1	1	8	1	1	1	1
7186	울산 중구	청소년센터프로그램운영	8,000	4	1	1	8	1	1	1	1
7187	울산 중구	공원화장실오수처리시설위탁관리비	7,680	4	1	4	1	7	1	1	3
7188	울산 중구	발달장애인부모심리상담지원	7,619	4	1	7	8	7	5	5	4
7189	울산 중구	청소년동아리활동지원	6,600	4	1	7	8	7	5	5	4
7190	울산 중구	동물등록민간위탁대행사업비	6,000	4	4	5	2	1	5	1	4
7191	울산 중구	우정지하보도화장실위탁	6,000	4	1	4	1	7	1	1	2
7192	울산 중구	출산가정영아용침대지원	3,000	4	8	7	8	7	1	3	1
7193	울산 중구	분뇨처리수수료징수교부금	1,800	4	4	5	2	2	1	1	4
7194	울산 중구	청소년운영위원회운영	1,500	4	1	1	8	1	1	1	1
7195	울산 중구	청소년운영위원회운영	1,500	4	1	1	8	1	1	1	1
7196	울산 중구	청소년참여위원회운영	1,400	4	1	1	8	1	1	1	1
7197	울산 남구	노인일자리및사회활동지원확대	11,731,702	4	2	5	1	1	1	1	1

순번	시군구	지출명 (사업명)	2024년예산 (단위 : 천원 /1년간)	민간이전 분류 (지방자치단체 세출예산 집행기준에 의거) 1. 민간경상사업보조(307-02) 2. 민간단체 법정운영비보조(307-03) 3. 민간행사사업보조(307-04) 4. 민간위탁금(307-05) 5. 사회복지시설 법정운영비보조(307-10) 6. 민간인위탁교육비(307-12) 7. 공기관등에대한경상적위탁사업비(308-13) 8. 민간자본사업보조,자체재원(402-01) 9. 민간자본사업보조,이전재원(402-02) 10. 민간위탁사업비(402-03) 11. 공기관등에 대한 자본적 위탁사업비(403-02)	민간이전지출 근거 (지방보조금 관리기준 참고) 1. 법률에 규정 2. 국고보조 재원(국가지정) 3. 용도 지정 기부금 4. 조례에 직접규정 5. 지자체가 권장하는 사업을 하는 공공기관 6. 시,도 정책 및 재정사정 7. 기타 8. 해당없음	입찰방식 계약체결방법 (경쟁형태) 1. 일반경쟁 2. 제한경쟁 3. 지명경쟁 4. 수의계약 5. 법정위탁 6. 기타 ( ) 7. 없음	입찰방식 계약기간 1. 1년 2. 2년 3. 3년 4. 4년 5. 5년 6. 기타 ( )년 7. 단기계약 (1년미만) 8. 없음	입찰방식 낙찰자선정방법 1. 적격심사 2. 협상에의한계약 3. 최저가낙찰제 4. 규격가격분리 5. 2단계 경쟁입찰 6. 기타 ( ) 7. 없음	운영예산 산정 운영예산 산정 1. 내부산정 (지자체 자체적으로 산정) 2. 외부산정 (외부전문기관위탁 산정) 3. 내·외부 모두 산정 4. 산정 無 5. 없음	운영예산 산정 정산방법 1. 내부정산 (지자체 내부적으로 정산) 2. 외부정산 (외부전문기관위탁 정산) 3. 내·외부 모두 산정 4. 정산 無 5. 없음	성과평가 실시여부 1. 실시 2. 미실시 3. 향후 추진 4. 해당없음
7198	울산 남구	노인복지관민간위탁금	3,518,085	4	1	5	5	1	1	1	1
7199	울산 남구	노인맞춤돌봄서비스사업	3,286,291	4	2	6	2	1	1	1	1
7200	울산 남구	지역사회서비스투자사업	1,536,939	4	1	5	8	7	2	2	1
7201	울산 남구	기초정신건강복지센터지원	1,351,448	4	2	2	3	1	1	1	1
7202	울산 남구	어린이.사회복지급식관리지원센터운영	730,000	4	2	6	5	1	2	2	1
7203	울산 남구	청소년문화의집운영	727,692	4	1	1	3	7	1	1	1
7204	울산 남구	청소년차오름센터운영	644,859	4	1	1	3	7	1	1	1
7205	울산 남구	생활폐기물(가로청소)대행	640,391	4	1	1	2	1	2	1	1
7206	울산 남구	청소년상담복지센터운영	627,039	4	1	5	5	7	1	1	1
7207	울산 남구	2024년도재활용품선별위탁용역	558,264	4	7	6	1	2	2	5	4
7208	울산 남구	자원봉사센터운영지원	452,132	4	1	7	8	7	1	1	1
7209	울산 남구	암검진사업	382,488	4	2	7	8	7	1	1	1
7210	울산 남구	생활사회서비스투자사업(일상돌봄서비스)	376,858	4	2	5	8	7	2	2	1
7211	울산 남구	청소년진로직업체험센터운영	369,902	4	1	5	3	7	1	1	1
7212	울산 남구	분뇨수집운반수수료지원금지급	285,000	4	4	7	8	7	1	5	2
7213	울산 남구	독거노인장애인응급안전안심서비스	278,348	4	1	6	2	1	1	1	1
7214	울산 남구	중독관리통합지원센터지원	253,580	4	2	2	3	1	1	1	1
7215	울산 남구	학교밖청소년지원	216,191	4	1	5	3	7	1	1	1
7216	울산 남구	불법광고물정비위탁	136,000	4	4	6	2	6	1	1	1
7217	울산 남구	청소년건강지원	125,274	4	2	7	8	7	1	1	4
7218	울산 남구	노인복지관종사자수당	123,120	4	1	5	5	1	1	1	1
7219	울산 남구	청소년축제지원	115,000	4	4	7	8	7	1	1	1
7220	울산 남구	자원봉사코디네이터지원	91,114	4	2	7	8	7	1	1	1
7221	울산 남구	공중화장실관리민간위탁	80,000	4	4	1	1	1	1	5	2
7222	울산 남구	남구보훈회관관리협의회운영비	73,657	4	1	7	8	7	5	5	4
7223	울산 남구	청년마음건강지원사업	48,054	4	1	5	8	7	2	2	1
7224	울산 남구	의료급여수급자일반건강검진사업	34,420	4	2	7	8	7	1	1	1
7225	울산 남구	전국통합자원봉사보험가입서비스지원	21,056	4	2	7	8	7	1	1	1
7226	울산 남구	학교폭력예방프로그램운영	15,000	4	7	5	5	7	1	1	1
7227	울산 남구	온산수질개선사업소분뇨처리비징수교부금	4,560	4	4	7	8	7	1	5	2
7228	울산 동구	지역사회서비스투자사업	1,073,454	4	2	5	8	7	3	2	4
7229	울산 동구	공중화장실청소용역	790,000	4	4	2	1	6	1	1	4
7230	울산 동구	어린이급식관리지원센터설치운영	470,000	4	2	6	5	6	5	2	1
7231	울산 동구	영어광장운영	83,000	4	7	1	3	1	1	1	1
7232	울산 동구	내일의나를발견하는창의진로교실	50,000	4	4	1	3	1	1	1	1
7233	울산 동구	방학영어캠프운영	30,000	4	5	5	3	1	1	1	4
7234	울산 동구	경영안정자금지원업무위탁	22,000	4	4	4	1	7	3	4	1
7235	울산 동구	동구청소년진로지원센터위탁운영	328,000	4	4	1	3	1	1	3	2
7236	울산 동구	동구국민체육센터민간위탁금	1,956,280	4	4	1	5	1	1	1	2
7237	울산 동구	전하체육센터관리	1,330,731	4	4	1	5	1	1	1	2

순번	시군구	지출명 (사업명)	2024년예산 (단위 : 천원 /1년간)	민간이전 분류 (지방자치단체 세출예산 집행기준에 의거) 1. 민간경상사업보조(307-02) 2. 민간단체 법정운영비보조(307-03) 3. 민간행사사업보조(307-04) 4. 민간위탁금(307-05) 5. 사회복지시설 법정운영비보조(307-10) 6. 민간인위탁교육비(307-12) 7. 공기관등에대한경상적위탁사업비(308-13) 8. 민간자본사업보조,자체재원(402-01) 9. 민간자본사업보조,이전재원(402-02) 10. 민간위탁사업비(402-03) 11. 공기관등에 대한 자본적 위탁사업비(403-02)	민간이전지출 근거 (지방보조금 관리기준 참고) 1. 법률에 규정 2. 국고보조 재원(국가지정) 3. 용도 지정 기부금 4. 조례에 직접규정 5. 지자체가 권장하는 사업을 하는 공공기관 6. 시,도 정책 및 재정사정 7. 기타 8. 해당없음	입찰방식 계약체결방법 (경쟁형태) 1. 일반경쟁 2. 제한경쟁 3. 지명경쟁 4. 수의계약 5. 법정위탁 6. 기타 ( ) 7. 없음	입찰방식 계약기간 1. 1년 2. 2년 3. 3년 4. 4년 5. 5년 6. 기타 ( )년 7. 단기계약 (1년미만) 8. 없음	입찰방식 낙찰자선정방법 1. 적격심사 2. 협상에의한계약 3. 최저가낙찰제 4. 규격가격분리 5. 2단계 경쟁입찰 6. 기타 ( ) 7. 없음	운영예산 산정 운영예산 산정 1. 내부산정 (지자체 자체적으로 산정) 2. 외부산정 (외부전문기관위탁 산정) 3. 내·외부 모두 산정 4. 산정 無 5. 없음	운영예산 산정 정산방법 1. 내부정산 (지자체 내부적으로 정산) 2. 외부정산 (외부전문기관위탁 정산) 3. 내·외부 모두 산정 4. 정산 無 5. 없음	성과평가 실시여부 1. 실시 2. 미실시 3. 향후 추진 4. 해당없음
7238	울산 동구	슬도아트및문화공장방어진운영	320,000	4	4	6	6	6	1	1	2
7239	울산 동구	화정체육관민간위탁금	270,270	4	4	1	5	1	1	1	2
7240	울산 동구	의료기관결핵환자관리지원	113,049	4	2	7	8	7	2	3	1
7241	울산 동구	동구야구경기장관리	90,197	4	4	1	5	1	1	1	2
7242	울산 동구	의료관련감염표본감시	22,000	4	1	5	1	7	5	1	4
7243	울산 동구	한센복지협회부담금치료	5,650	4	1	5	1	7	2	1	4
7244	울산 북구	장애인활동지원사업	7,314,286	4	2	7	8	7	5	5	4
7245	울산 북구	발달장애인주간활동서비스지원	1,255,714	4	1	7	8	7	5	5	4
7246	울산 북구	북구장애인복지관운영	1,195,722	4	1	5	5	7	1	1	4
7247	울산 북구	노인복지관운영비	1,176,940	4	1	1	5	1	1	1	4
7248	울산 북구	지역사회서비스투자사업사업비	1,120,835	4	2	7	8	7	5	5	1
7249	울산 북구	공공산후조리원위탁운영	1,104,871	4	4	1	3	1	3	1	3
7250	울산 북구	산모신생아건강관리지원사업	1,031,060	4	2	7	8	7	5	5	4
7251	울산 북구	발달재활서비스바우처지원	1,005,122	4	1	7	8	7	5	5	4
7252	울산 북구	가족센터운영	872,740	4	2	1	3	1	5	1	3
7253	울산 북구	장애인활동지원시비추가사업	575,991	4	1	7	8	7	5	5	4
7254	울산 북구	북구발달장애인평생교육센터운영	523,440	4	1	5	5	7	1	1	4
7255	울산 북구	청소년문화의집운영	491,460	4	1	1	3	1	1	1	4
7256	울산 북구	청소년발달장애학생방과후활동서비스지원	464,286	4	1	7	8	7	5	5	4
7257	울산 북구	세대공감창의놀이터운영	463,984	4	4	2	3	1	1	1	2
7258	울산 북구	생활사회서비스투자사업(일상돌봄서비스)	424,698	4	2	7	8	7	5	5	1
7259	울산 북구	저소득희귀난치성질환자의료비지원	415,400	4	2	5	8	7	5	5	4
7260	울산 북구	노인복지관분관운영비	398,226	4	1	1	5	1	1	1	4
7261	울산 북구	기저귀및조제분유지원	380,000	4	2	7	8	7	5	5	4
7262	울산 북구	학교급식식재료공급및배송지원	312,765	4	4	7	8	7	1	1	4
7263	울산 북구	구청어린이집운영	311,457	4	4	6	5	6	1	1	4
7264	울산 북구	청소년방과후아카데미운영지원	279,401	4	1	1	3	7	1	1	4
7265	울산 북구	송정생활문화센터운영위탁금	276,952	4	4	6	3	6	1	1	1
7266	울산 북구	(사)울산광역시북구자원봉사센터운영	247,966	4	5	7	8	7	1	3	1
7267	울산 북구	청소년상담복지센터운영	244,297	4	6	1	3	1	1	1	4
7268	울산 북구	소금나루214운영	221,358	4	4	2	3	1	1	1	2
7269	울산 북구	암검진비지원	218,551	4	2	7	8	7	5	5	4
7270	울산 북구	진로직업체험센터운영	205,000	4	1	1	3	7	5	1	4
7271	울산 북구	감성갱도22운영	200,809	4	4	2	3	1	1	1	2
7272	울산 북구	박상진의사역사공원및생가운영관리	200,000	4	6	5	3	1	1	1	3
7273	울산 북구	학교밖청소년지원	159,138	4	1	3	3	1	1	1	4
7274	울산 북구	북구생활문화센터운영위탁금	155,885	4	4	6	3	6	1	1	1
7275	울산 북구	비정규직노동자지원센터운영	146,241	4	4	4	2	1	1	1	1
7276	울산 북구	장애인활동보조가산급여	139,878	4	1	7	8	7	5	5	4
7277	울산 북구	청소년동반자프로그램운영	139,017	4	1	1	3	7	1	1	4

순번	시군구	지출명 (사업명)	2024년예산 (단위 : 천원 /1년간)	민간이전 분류 (지방자치단체 세출예산 집행기준에 의거) 1. 민간경상사업보조(307-02) 2. 민간단체 법정운영비보조(307-03) 3. 민간행사사업보조(307-04) 4. 민간위탁금(307-05) 5. 사회복지시설 법정운영비보조(307-10) 6. 민간인위탁교육비(307-12) 7. 공기관등에대한경상적위탁사업비(308-13) 8. 민간자본사업보조,자체재원(402-01) 9. 민간자본사업보조,이전재원(402-02) 10. 민간위탁사업비(402-03) 11. 공기관등에 대한 자본적 위탁사업비(403-02)	민간이전지출 근거 (지방보조금 관리기준 참고) 1. 법률에 규정 2. 국고보조 재원(국가지정) 3. 용도 지정 기부금 4. 조례에 직접규정 5. 지자체가 권장하는 사업을 하는 공공기관 6. 시,도 정책 및 재정사정 7. 기타 8. 해당없음	입찰방식 계약체결방법 (경쟁형태) 1. 일반경쟁 2. 제한경쟁 3. 지명경쟁 4. 수의계약 5. 법정위탁 6. 기타 ( ) 7. 없음	입찰방식 계약기간 1. 1년 2. 2년 3. 3년 4. 4년 5. 5년 6. 기타 ( )년 7. 단기계약 (1년미만) 8. 없음	입찰방식 낙찰자선정방법 1. 적격심사 2. 협상에의한계약 3. 최저가낙찰제 4. 규격가격분리 5. 2단계 경쟁입찰 6. 기타 ( ) 7. 없음	운영예산 산정 운영예산 산정 1. 내부산정 (지자체 자체적으로 산정) 2. 외부산정 (외부전문기관위탁 산정) 3. 내·외부 모두 산정 4. 산정 無 5. 없음	운영예산 산정 정산방법 1. 내부정산 (지자체 내부적으로 정산) 2. 외부정산 (외부전문기관위탁 정산) 3. 내·외부 모두 산정 4. 정산 無 5. 없음	성과평가 실시여부 1. 실시 2. 미실시 3. 향후 추진 4. 해당없음
7278	울산 북구	지역사회청소년통합지원체계구축	134,080	4	1	1	3	7	1	1	4
7279	울산 북구	여성청소년위생용품지원	110,654	4	2	7	8	7	5	3	4
7280	울산 북구	"꿈에마루"운영(전곡)	96,980	4	1	1	3	1	1	1	4
7281	울산 북구	북구장애아동재활치료센터운영	96,255	4	7	5	3	7	1	1	4
7282	울산 북구	노동역사관운영	96,232	4	4	4	2	1	1	1	1
7283	울산 북구	조업중인양된해양쓰레기수매사업위탁비	90,000	4	1	5	1	7	1	1	4
7284	울산 북구	자원봉사코디네이터지원육성	82,400	4	2	7	8	7	1	3	1
7285	울산 북구	치매치료관리비지원(전환사업)	82,000	4	2	5	8	7	5	5	4
7286	울산 북구	"몽글몽글"운영(강동)	77,383	4	1	1	3	1	1	1	4
7287	울산 북구	농소3동주민자치센터운영위탁	76,136	4	4	5	1	6	1	1	2
7288	울산 북구	북구장애인인권센터운영	73,004	4	4	5	3	7	1	1	4
7289	울산 북구	자원봉사베스트울산활성화	64,000	4	6	7	8	7	1	3	1
7290	울산 북구	분뇨수집운반업체지원	60,000	4	4	5	3	7	3	4	2
7291	울산 북구	장애인전용목욕탕운영	57,300	4	6	5	2	7	1	1	4
7292	울산 북구	강동동주민자치센터운영위탁	54,932	4	4	5	1	6	1	1	2
7293	울산 북구	발달장애인주간활동서비스시비추가지원	52,003	4	1	7	8	7	5	5	4
7294	울산 북구	농소2동주민자치센터운영위탁	51,584	4	4	5	1	6	1	1	2
7295	울산 북구	효문동주민자치센터운영위탁	51,584	4	4	5	1	6	1	1	2
7296	울산 북구	해안쓰레기위탁처리비	46,000	4	1	1	1	1	1	1	4
7297	울산 북구	청소년지도사배치지원	45,035	4	1	1	3	7	1	1	4
7298	울산 북구	염포동주민자치센터운영위탁	43,868	4	4	5	1	6	1	1	2
7299	울산 북구	송정동주민자치센터운영위탁	37,172	4	4	5	1	6	1	1	2
7300	울산 북구	양정동주민자치센터운영위탁	37,172	4	4	5	1	6	1	1	2
7301	울산 북구	농소1동주민자치센터운영위탁	36,056	4	4	5	1	6	1	1	2
7302	울산 북구	찾아가는경로당프로그램운영	35,000	4	1	7	7	7	1	1	4
7303	울산 북구	고위기청소년집중심리클리닉	34,165	4	1	1	3	7	1	1	4
7304	울산 북구	학교밖청소년급식지원	30,300	4	2	3	3	7	5	1	4
7305	울산 북구	거주외국인근로자지원사업	30,000	4	4	1	2	7	1	1	4
7306	울산 북구	청년마음건강지원사업사업비	17,756	4	2	7	8	7	5	5	1
7307	울산 북구	전국통합자원봉사보험가입서비스지원	17,570	4	2	7	8	7	1	3	1
7308	울산 북구	의료급여수급권자일반건강검진비	14,050	4	2	7	8	7	5	5	4
7309	울산 북구	한센병관리위탁금	13,930	4	1	5	1	7	3	3	4
7310	울산 북구	발달장애인부모상담	5,714	4	1	7	8	7	5	5	4
7311	울산 북구	청소년안심약국지원사업	3,000	4	6	1	3	7	1	1	4
7312	울산 북구	지역청소년참여기구운영	2,800	4	1	1	3	7	5	1	4
7313	울산 북구	표준모자보건수첩제작	2,300	4	2	7	8	7	5	5	4
7314	울산 북구	언어발달지원바우처지원	2,160	4	1	7	8	7	5	5	4
7315	울산 북구	만6세미만의료수급권자검진	2,104	4	2	7	8	7	5	5	4
7316	울산 북구	청소년시설운영위원회운영	2,000	4	1	1	3	7	5	1	4
7317	울산 북구	병의원접촉자검진비위탁(결핵관리사업)	2,000	4	2	5	1	7	5	5	4

순번	시군구	지출명 (사업명)	2024년예산 (단위 : 천원 /1년간)	민간이전 분류 (지방자치단체 세출예산 집행기준에 의거) 1. 민간경상사업보조(307-02) 2. 민간단체 법정운영비보조(307-03) 3. 민간행사사업보조(307-04) 4. 민간위탁금(307-05) 5. 사회복지시설 법정운영비보조(307-10) 6. 민간인위탁교육비(307-12) 7. 공기관등에대한경상적위탁사업비(308-13) 8. 민간자본사업보조,자체재원(402-01) 9. 민간자본사업보조,이전재원(402-02) 10. 민간위탁사업비(402-03) 11. 공기관등에 대한 자본적 위탁사업비(403-02)	민간이전지출 근거 (지방보조금 관리기준 참고) 1. 법률에 규정 2. 국고보조 재원(국가지정) 3. 용도 지정 기부금 4. 조례에 직접규정 5. 지자체가 권장하는 사업을 하는 공공기관 6. 시,도 정책 및 재정사정 7. 기타 8. 해당없음	입찰방식: 계약체결방법 (경쟁형태) 1. 일반경쟁 2. 제한경쟁 3. 지명경쟁 4. 수의계약 5. 법정위탁 6. 기타 ( ) 7. 없음	입찰방식: 계약기간 1. 1년 2. 2년 3. 3년 4. 4년 5. 5년 6. 기타 ( )년 7. 단기계약 (1년미만) 8. 없음	입찰방식: 낙찰자선정방법 1. 적격심사 2. 협상에의한계약 3. 최저가낙찰제 4. 규격가격분리 5. 2단계 경쟁입찰 6. 기타 ( ) 7. 없음	운영예산 산정: 운영예산 산정 1. 내부산정 (지자체 자체적으로 산정) 2. 외부산정 (외부전문기관위탁 산정) 3. 내·외부 모두 산정 4. 산정 無 5. 없음	운영예산 산정: 정산방법 1. 내부정산 (지자체 내부적으로 정산) 2. 외부정산 (외부전문기관위탁 정산) 3. 내·외부 모두 산정 4. 정산 無 5. 없음	성과평가 실시여부 1. 실시 2. 미실시 3. 향후 추진 4. 해당없음
7318	울산 북구	청소년산모임신출산의료비지원	1,340	4	2	7	8	7	5	5	4
7319	울산 북구	신생아난청조기진단통보위탁비지급	1,292	4	2	7	8	7	5	5	4
7320	울산 울주군	생활쓰레기수집운반대행료	13,039,052	4	4	1	1	1	2	2	1
7321	울산 울주군	만3~5세누리과정보육료지원	6,364,791	4	4	7	8	7	1	2	4
7322	울산 울주군	육아종합지원센터운영	2,554,787	4	4	1	5	7	1	1	4
7323	울산 울주군	울주군정신건강복지센터위탁운영	1,380,736	4	1	5	5	1	2	2	1
7324	울산 울주군	지역자율형사회서비스투자사업	1,167,195	4	2	5	8	7	5	2	1
7325	울산 울주군	가족센터운영	1,043,160	4	2	7	8	7	1	1	1
7326	울산 울주군	가족센터운영지원	949,782	4	4	7	8	7	1	1	1
7327	울산 울주군	산모신생아건강관리지원(전환사업)	824,512	4	2	7	8	7	5	5	4
7328	울산 울주군	어린이집보육료차액지원	790,920	4	4	7	8	7	1	2	4
7329	울산 울주군	어린이집위탁금	678,946	4	1	1	5	1	3	3	1
7330	울산 울주군	보조교사,대체교사지원	628,550	4	2	7	8	7	1	1	4
7331	울산 울주군	지역급식관리지원센터운영	575,000	4	1	5	3	7	5	3	1
7332	울산 울주군	생활사회서비스투자사업	556,548	4	2	5	8	7	5	2	1
7333	울산 울주군	자원봉사센터운영	530,655	4	1	7	8	7	1	1	1
7334	울산 울주군	친환경학교급식식재료배송위탁지원	515,200	4	4	1	3	1	1	2	3
7335	울산 울주군	다문화가족특성화사업지원	462,587	4	2	7	8	7	1	1	1
7336	울산 울주군	울주형지역산업맞춤형전문인력육성사업	450,000	4	1	7	8	7	1	3	3
7337	울산 울주군	생활민원기동대운영	436,713	4	4	1	2	7	1	1	1
7338	울산 울주군	푸드뱅크마켓운영	417,818	4	5	7	8	7	1	1	2
7339	울산 울주군	기저귀및조제분유지원	408,000	4	2	7	8	7	5	5	4
7340	울산 울주군	희귀질환자의료비지원사업	391,204	4	2	5	8	7	2	2	4
7341	울산 울주군	부모급여보육료	340,000	4	2	7	8	7	1	2	4
7342	울산 울주군	국가암관리(암검진자치단체보조)	312,624	4	2	7	8	7	5	5	4
7343	울산 울주군	간이급수시설유지관리위탁용역	305,000	4	1,4	2	1	3	1	1	4
7344	울산 울주군	치매치료관리비지원	260,800	4	2	7	8	7	2	2	1
7345	울산 울주군	생활체육시설유지관리	200,000	4	1	7	8	7	1	1	1
7346	울산 울주군	대형폐기물(폐목재)재활용처리비	150,000	4	1	2	1	3	1	1	4
7347	울산 울주군	여성청소년위생용품지원	117,282	4	2	7	8	7	1	1	1
7348	울산 울주군	드론통합관제센터운영용역	100,000	4	4	7	8	7	5	5	4
7349	울산 울주군	자원봉사코디네이터지원육성	94,547	4	1	7	8	7	1	1	1
7350	울산 울주군	공동나눔터운영지원	85,068	4	2	7	8	7	1	1	1
7351	울산 울주군	지역사회건강조사	68,972	4	2	5	8	7	2	2	4
7352	울산 울주군	음식물류폐기물위탁처리비	63,000	4	4	7	8	7	5	5	4
7353	울산 울주군	소상공인경영안정자금사무위탁	60,000	4	4	1	3	6	1	1	4
7354	울산 울주군	무단투기폐기물처리비	60,000	4	1	4	7	7	5	5	4
7355	울산 울주군	수해쓰레기수집운반비	60,000	4	4	4	7	7	5	5	4
7356	울산 울주군	자원봉사베스트울산활성화지원	50,000	4	1	7	8	7	1	1	1
7357	울산 울주군	시간제보육서비스제공지원	50,000	4	2	7	8	7	1	1	4

순번	시군구	지출명 (사업명)	2024년예산 (단위 : 천원 /1년간)	민간이전 분류 (지방자치단체 세출예산 집행기준에 의거) 1. 민간경상사업보조(307-02) 2. 민간단체 법정운영비보조(307-03) 3. 민간행사사업보조(307-04) 4. 민간위탁금(307-05) 5. 사회복지시설 법정운영비보조(307-10) 6. 민간인위탁교육비(307-12) 7. 공기관등에대한경상적위탁사업비(308-13) 8. 민간자본사업보조,자체재원(402-01) 9. 민간자본사업보조,이전재원(402-02) 10. 민간위탁사업비(402-03) 11. 공기관등에 대한 자본적 위탁사업비(403-02)	민간이전지출 근거 (지방보조금 관리기준 참고) 1. 법률에 규정 2. 국고보조 재원(국가지정) 3. 용도 지정 기부금 4. 조례에 직접규정 5. 지자체가 권장하는 사업을 하는 공공기관 6. 시,도 정책 및 재정사정 7. 기타 8. 해당없음	입찰방식 계약체결방법 (경쟁형태) 1. 일반경쟁 2. 제한경쟁 3. 지명경쟁 4. 수의계약 5. 법정위탁 6. 기타 ( ) 7. 없음	입찰방식 계약기간 1. 1년 2. 2년 3. 3년 4. 4년 5. 5년 6. 기타 ( )년 7. 단기계약 (1년미만) 8. 없음	입찰방식 낙찰자선정방법 1. 적격심사 2. 협상에의한계약 3. 최저가낙찰제 4. 규격가격분리 5. 2단계 경쟁입찰 6. 기타 ( ) 7. 없음	운영예산 산정 운영예산 산정 1. 내부산정 (지자체 자체적으로 산정) 2. 외부산정 (외부전문기관위탁 산정) 3. 내·외부 모두 산정 4. 산정 無 5. 없음	운영예산 산정 정산방법 1. 내부정산 (지자체 내부적으로 정산) 2. 외부정산 (외부전문기관위탁 정산) 3. 내·외부 모두 산정 4. 정산 無 5. 없음	성과평가 실시여부 1. 실시 2. 미실시 3. 향후 추진 4. 해당없음
7358	울산 울주군	대곡댐상류가축분뇨수집운반비	43,058	4	4	1	1	3	1	1	2
7359	울산 울주군	지방육아종합지원센터운영(가정양육사업지원)	40,200	4	4	1	5	7	1	1	4
7360	울산 울주군	일반건강검진사업	34,680	4	2	7	8	7	5	5	4
7361	울산 울주군	가로기달기위탁운영	28,700	4	4	7	8	7	5	5	4
7362	울산 울주군	결혼이민자역량강화지원	24,500	4	2	7	8	7	1	1	1
7363	울산 울주군	마을공동체만들기학교	20,000	4	2	1	7	6	1	1	4
7364	울산 울주군	청년마음건강지원사업	17,646	4	2	5	8	7	5	2	1
7365	울산 울주군	국제결혼가족사회적응및조기정착사업지원	16,000	4	4	7	8	7	1	1	1
7366	울산 울주군	재활용품선별장잔재물처리비(비상시)	15,400	4	4	7	8	7	5	5	4
7367	울산 울주군	전국통합자원봉사보험가입서비스지원	13,182	4	1	7	8	7	1	1	1
7368	울산 울주군	한센협회위탁운영	6,800	4	1	5	1	7	2	3	1
7369	울산 울주군	결핵환자가족검진(건강보험가입자)	3,905	4	1	7	8	7	5	5	4
7370	울산 울주군	영유아검진비지원	2,600	4	2	7	8	7	5	5	4
7371	울산 울주군	표준모자보건수첩제작	2,000	4	2	7	8	7	5	5	4
7372	울산 울주군	청소년산모임신출산의료비지원	1,340	4	2	7	8	7	5	5	4
7373	세종특별자치시	공동육아나눔터운영	1,930,028	4	2	6	5	1	1	3	1
7374	세종특별자치시	가족센터운영	1,122,730	4	2	6	5	1	1	3	1
7375	세종특별자치시	민원콜센터위탁운영	752,120	4	4	1	6	2	1	1	3
7376	세종특별자치시	다문화가족특화	495,364	4	2	6	5	1	1	3	1
7377	세종특별자치시	여성긴급전화1366센터운영비	420,798	4	2	7	8	7	5	5	4
7378	세종특별자치시	다문화가족지원	412,954	4	2	6	5	1	1	3	1
7379	세종특별자치시	지방육아종합지원센터운영지원(전환사업)	391,045	4	1	5	5	1	1	1	3
7380	세종특별자치시	가정폭력,성폭력통합상담소운영지원	265,063	4	1	5	5	1	1	1	1
7381	세종특별자치시	지방육아종합지원센터운영지원(자체)	171,052	4	1	5	5	1	1	1	3
7382	세종특별자치시	여성긴급전화1366센터종사자처우개선비	64,420	4	1	7	8	7	5	5	4
7383	세종특별자치시	결혼이민자역량강화지원	20,000	4	2	6	5	1	1	3	1
7384	세종특별자치시	소형특수농기계면허취득교육비	5,000	4	4	7	8	7	5	5	4
7385	세종특별자치시	가정폭력피해자의료비지원	3,571	4	2	5	8	7	1	1	4
7386	세종특별자치시	가정폭력피해자치료회복프로그램	1,905	4	2	5	8	7	1	1	4
7387	세종특별자치시	환경교육센터운영	150,000	4	1	1	3	7	1	1	3
7388	세종특별자치시	녹색구매지원센터운영	48,000	4	2	1	3	7	1	1	3
7389	세종특별자치시	기초정신건강복지센터위탁운영	1,165,972	4	1,2	1	3	1	1	3	3
7390	세종특별자치시	시도감염병관리지원단운영지원	610,000	4	1	2	3	1	3	3	1
7391	세종특별자치시	광역치매센터운영	531,681	4	2	2	2	1	2	3	1
7392	세종특별자치시	세종사회적경제공동체센터사회적경제팀운영	481,950	4	4	2	2	2	1	3	1
7393	세종특별자치시	광역정신건강복지센터인력확충	469,320	4	2	2	3	1	3	3	3
7394	세종특별자치시	통합정신건강증진사업운영	435,000	4	2	2	3	1	3	3	3
7395	세종특별자치시	세종시고혈압당뇨병등록교육센터운영	274,000	4	2	1	3	1	1	3	1
7396	세종특별자치시	광역정신건강복지센터운영	271,316	4	2	2	3	1	3	3	3
7397	세종특별자치시	근로자종합복지관위탁운영	194,235	4	4	1	3	1	1	1	1

순번	시군구	지출명 (사업명)	2024년예산 (단위 : 천원 /1년간)	민간이전 분류 (지방자치단체 세출예산 집행기준에 의거) 1. 민간경상사업보조(307-02) 2. 민간단체 법정운영비보조(307-03) 3. 민간행사사업보조(307-04) 4. 민간위탁금(307-05) 5. 사회복지시설 법정운영비보조(307-10) 6. 민간인위탁교육비(307-12) 7. 공기관등에대한경상적위탁사업비(308-13) 8. 민간자본사업보조,자체재원(402-01) 9. 민간자본사업보조,이전재원(402-02) 10. 민간위탁사업비(402-03) 11. 공기관등에 대한 자본적 위탁사업비(403-02)	민간이전지출 근거 (지방보조금 관리기준 참고) 1. 법률에 규정 2. 국고보조 재원(국가지정) 3. 용도 지정 기부금 4. 조례에 직접규정 5. 지자체가 권장하는 사업을 하는 공공기관 6. 시,도 정책 및 재정사정 7. 기타 8. 해당없음	입찰방식 계약체결방법 (경쟁형태) 1. 일반경쟁 2. 제한경쟁 3. 지명경쟁 4. 수의계약 5. 법정위탁 6. 기타 ( ) 7. 없음	입찰방식 계약기간 1. 1년 2. 2년 3. 3년 4. 4년 5. 5년 6. 기타 ( )년 7. 단기계약 (1년미만) 8. 없음	입찰방식 낙찰자선정방법 1. 적격심사 2. 협상에의한계약 3. 최저가낙찰제 4. 규격가격분리 5. 2단계 경쟁입찰 6. 기타 ( ) 7. 없음	운영예산 산정 운영예산 산정 1. 내부산정 (지자체 자체적으로 산정) 2. 외부산정 (외부전문기관위탁 산정) 3. 내·외부 모두 산정 4. 산정 無 5. 없음	운영예산 산정 정산방법 1. 내부정산 (지자체 내부적으로 정산) 2. 외부정산 (외부전문기관위탁 정산) 3. 내·외부 모두 산정 4. 정산 無 5. 없음	성과평가 실시여부 1. 실시 2. 미실시 3. 향후 추진 4. 해당없음
7398	세종특별자치시	마을기업중간지원기관운영	130,000	4	4	2	2	2	1	1	1
7399	세종특별자치시	자살유족지원사업운영	116,000	4	2	2	3	1	3	3	3
7400	세종특별자치시	해외시장개척지원	115,000	4	4	4	1	2	1	1	1
7401	세종특별자치시	중소기업국내판로지원	80,000	4	4	2	3	1	1	1	1
7402	세종특별자치시	지역사회건강조사	69,584	4	2	4	1	6	3	3	3
7403	세종특별자치시	노사민정협의회사무국위탁운영	57,149	4	4	1	3	1	1	1	1
7404	세종특별자치시	한센병치료위탁	50,000	4	4	7	3	1	1	5	4
7405	세종특별자치시	자살예방실무자정신건강증진	32,000	4	2	2	3	1	3	3	3
7406	세종특별자치시	치매공공후견광역지원단운영	334	4	2	2	2	1	2	3	1
7407	세종특별자치시	장애인복지관운영	1,869,000	4	1	7	8	7	5	5	4
7408	세종특별자치시	장애인직업재활시설운영(민간위탁)	1,028,051	4	4	7	8	7	5	5	4
7409	세종특별자치시	노인복지주택지원	639,500	4	1,4	7	8	7	1	1	4
7410	세종특별자치시	세종장애인주간보호센터운영	587,483	4	1	7	8	7	5	5	4
7411	세종특별자치시	보람장애인주간보호센터운영	576,162	4	1	7	8	7	5	5	4
7412	세종특별자치시	종촌장애인주간보호센터운영	441,685	4	1	7	8	7	5	5	4
7413	세종특별자치시	충청권관광진흥협의회공동사업추진	400,000	4	6	7	8	7	5	5	4
7414	세종특별자치시	장애인가족지원센터	356,856	4	4	6	3	1	1	1	3
7415	세종특별자치시	세종점자도서관운영	311,310	4	1	7	8	7	5	5	4
7416	세종특별자치시	장애인보조기기센터운영	227,750	4	1	7	8	7	5	5	4
7417	세종특별자치시	세종창업키움센터관리운영	195,000	4	4	1	3	1	1	1	1
7418	세종특별자치시	장애인휠체어등수리지원	97,444	4	4	7	8	7	5	5	4
7419	세종특별자치시	국내외박람회관광홍보관운영	61,000	4	4	7	8	7	5	5	4
7420	세종특별자치시	세종시티투어운영	59,600	4	4	7	8	7	5	5	4
7421	강원특별자치도	강원특별자치도청어린이집운영지원	1,825,062	4	1	2	3	6	1	1	1
7422	강원특별자치도	강원특별자치도특별교통수단운영지원	1,175,000	4	2	1	3	2	2	3	1
7423	강원특별자치도	평창동계올림픽기념관관리및운영	700,867	4	4	5	5	6	1	3	1
7424	강원특별자치도	사회적경제지원센터운영	672,000	4	4	1	3	7	1	1	3
7425	강원특별자치도	속초항국제크루즈터미널관리운영	665,000	4	5	2	3	2	3	2	3
7426	강원특별자치도	강원특별자치도감염병관리지원단운영지원	610,000	4	1,2	1	3	1	5	2	1
7427	강원특별자치도	첨단스마트농업단지시설운영	500,000	4	4	1	5	2	1	1	3
7428	강원특별자치도	삼척항지진해일침수방지시설관리운영(전환)	500,000	4	2	1	3	2	2	2	3
7429	강원특별자치도	해외강원관광사무소운영	498,000	4	4	7	8	7	5	5	4
7430	강원특별자치도	공동직장어린이집운영	437,255	4	4	1	3	2	1	4	4
7431	강원특별자치도	한센병예방및치료	432,000	4	1,4	4	3	1	1	1	1
7432	강원특별자치도	공동직장어린이집운영	431,000	4	4	1	3	2	1	4	4
7433	강원특별자치도	시도아토피천식교육정보센터운영	390,000	4	2	4	3	7	5	2	1
7434	강원특별자치도	공공보건의료지원단운영	300,000	4	4	5	3	7	5	3	3
7435	강원특별자치도	지역거점병원공공성강화	300,000	4	4	5	3	7	5	3	3
7436	강원특별자치도	광역정신건강복지센터지원	284,256	4	1	5	3	7	5	3	4
7437	강원특별자치도	마을공동체종합지원센터운영	278,650	4	4	7	3	2	1	1	3

순번	시군구	지출명 (사업명)	2024년예산 (단위 : 천원 /1년간)	민간이전 분류 (지방자치단체 세출예산 집행기준에 의거) 1. 민간경상사업보조(307-02) 2. 민간단체 법정운영비보조(307-03) 3. 민간행사사업보조(307-04) 4. 민간위탁금(307-05) 5. 사회복지시설 법정운영비보조(307-10) 6. 민간인위탁교육비(307-12) 7. 공기관등에대한경상적위탁사업비(308-13) 8. 민간자본사업보조,자체재원(402-01) 9. 민간자본사업보조,이전재원(402-02) 10. 민간위탁사업비(402-03) 11. 공기관등에 대한 자본적 위탁사업비(403-02)	민간이전지출 근거 (지방보조금 관리기준 참고) 1. 법률에 규정 2. 국고보조 재원(국가지정) 3. 용도 지정 기부금 4. 조례에 직접규정 5. 지자체가 권장하는 사업을 하는 공공기관 6. 시,도 정책 및 재정사정 7. 기타 8. 해당없음	입찰방식 계약체결방법 (경쟁형태) 1. 일반경쟁 2. 제한경쟁 3. 지명경쟁 4. 수의계약 5. 법정위탁 6. 기타 ( ) 7. 없음	입찰방식 계약기간 1. 1년 2. 2년 3. 3년 4. 4년 5. 5년 6. 기타 ( )년 7. 단기계약 (1년미만) 8. 없음	입찰방식 낙찰자선정방법 1. 적격심사 2. 협상에의한계약 3. 최저가낙찰제 4. 규격가격분리 5. 2단계 경쟁입찰 6. 기타 ( ) 7. 없음	운영예산 산정 운영예산 산정 1. 내부산정 (지자체 자체적으로 산정) 2. 외부산정 (외부전문기관위탁 산정) 3. 내·외부 모두 산정 4. 산정 無 5. 없음	운영예산 산정 정산방법 1. 내부정산 (지자체 내부적으로 정산) 2. 외부정산 (외부전문기관위탁 정산) 3. 내·외부 모두 산정 4. 정산 無 5. 없음	성과평가 실시여부 1. 실시 2. 미실시 3. 향후 추진 4. 해당없음
7438	강원특별자치도	문화관광해설사육성사업(전환)	250,000	4	4	7	8	7	5	5	4
7439	강원특별자치도	지역사회통합건강증진사업(직접)	236,000	4	2	1	3	2	1	2	1
7440	강원특별자치도	산불예방교육및훈련	234,500	4	1	4	7	6	5	1	4
7441	강원특별자치도	강원특별자치도종합관광안내소운영(춘천)	232,290	4	1	7	8	7	5	5	4
7442	강원특별자치도	제대군인정착지원	200,000	4	4	1	2	2	1	3	1
7443	강원특별자치도	자연학습원운영	180,000	4	4	7	3	7	3	1	1
7444	강원특별자치도	심폐소생술등응급처치교육비지원	150,000	4	5	5	2	1	5	3	3
7445	강원특별자치도	결핵예방및퇴치사업	144,800	4	1,4	4	3	1	1	1	1
7446	강원특별자치도	강원특별자치도관광콘텐츠스타트업	140,650	4	4	7	8	7	5	5	4
7447	강원특별자치도	춘천전적기념관관리위탁	130,000	4	1,4	7	8	7	5	5	4
7448	강원특별자치도	강원특별자치도사회복지회관위탁운영	111,651	4	4	7	5	7	1	1	4
7449	강원특별자치도	강원특별자치도모두누림관광환경조성	100,000	4	4	7	8	7	5	5	4
7450	강원특별자치도	강원국악예술회관운영관리	85,000	4	4	7	8	7	1	1	4
7451	강원특별자치도	도내공항탑승모객인센티브지원	68,600	4	4	7	8	7	5	5	4
7452	강원특별자치도	공예산업육성및브랜드화	60,000	4	4	6	2	6	1	1	1
7453	강원특별자치도	구내식당위탁운영	55,000	4	4	4	2	2	1	1	3
7454	강원특별자치도	수산동물질병관리	39,000	4	2	4	1	7	1	2	4
7455	강원특별자치도	강원특별자치도감염병관리지원단운영지원	26,400	4	1,4	1	3	1	5	2	1
7456	강원특별자치도	감염병대응역량강화교육	26,000	4	1,4	1	3	1	5	2	1
7457	강원특별자치도	기생충구제사업	20,000	4	2	4	1	7	1	2	4
7458	강원특별자치도	농업인단체회관운영지원	9,500	4	4	7	8	7	1	1	3
7459	강원 춘천시	시립노인복지관운영	3,795,000	4	1	1	5	1	1	1	3
7460	강원 춘천시	대형폐기물관리및수집운반처리	2,950,000	4	4	6	2	6	2	1	3
7461	강원 춘천시	소규모하수처리시설관리대행용역	2,600,000	4	1	1	5	1	1	1	1
7462	강원 춘천시	춘천시장애인종합복지관운영	1,941,535	4	1	7	5	1	1	1	3
7463	강원 춘천시	음식물류폐기물자원화시설	1,587,097	4	4	1	3	2	2	5	1
7464	강원 춘천시	노숙인복지시설운영지원	1,414,000	4	5	1	5	1	1	1	1
7465	강원 춘천시	하수관로정비임대형민자사업(BTL)운영비	1,389,000	4	7	6	6	6	2	1	1
7466	강원 춘천시	춘천시육아종합지원센터관리및운영	1,181,228	4	1	1	5	1	1	1	1
7467	강원 춘천시	춘천사회혁신센터운영	900,000	4	4	1	3	1	1	1	1
7468	강원 춘천시	춘천시장애인근로사업장운영	682,581	4	1	7	5	1	1	1	3
7469	강원 춘천시	근화동396청년창업공간운영	680,000	4	4	1	3	1	1	1	1
7470	강원 춘천시	급식안전지원및관리강화	680,000	4	1	7	5	7	1	1	1
7471	강원 춘천시	종합사회복지관운영지원	670,000	4	1	7	8	7	1	1	4
7472	강원 춘천시	동춘천일반산업단지공공폐수처리시설관리대행	657,315	4	1,4	1	3	2	3	1	1
7473	강원 춘천시	춘천인형극장운영	650,000	4	4	7	3	7	1	1	3
7474	강원 춘천시	종합사회복지관운영지원	650,000	4	1	7	8	7	1	1	4
7475	강원 춘천시	종합사회복지관운영지원	650,000	4	1	7	8	7	1	1	4
7476	강원 춘천시	시니어클럽운영	605,000	4	1	1	5	1	1	1	3
7477	강원 춘천시	어우리단기보호소운영	570,094	4	1	1	5	1	1	1	1

순번	시군구	지출명 (사업명)	2024년예산 (단위 : 천원 /1년간)	민간이전 분류 (지방자치단체 세출예산 집행기준에 의거) 1. 민간경상사업보조(307-02) 2. 민간단체 법정운영비보조(307-03) 3. 민간행사사업보조(307-04) 4. 민간위탁금(307-05) 5. 사회복지시설 법정운영비보조(307-10) 6. 민간인위탁교육비(307-12) 7. 공기관등에대한경상적위탁사업비(308-13) 8. 민간자본사업보조,자체재원(402-01) 9. 민간자본사업보조,이전재원(402-02) 10. 민간위탁사업비(402-03) 11. 공기관등에 대한 자본적 위탁사업비(403-02)	민간이전지출 근거 (지방보조금 관리기준 참고) 1. 법률에 규정 2. 국고보조 재원(국가지정) 3. 용도 지정 기부금 4. 조례에 직접규정 5. 지자체가 권장하는 사업을 하는 공공기관 6. 시,도 정책 및 재정사정 7. 기타 8. 해당없음	입찰방식 계약체결방법 (경쟁형태) 1. 일반경쟁 2. 제한경쟁 3. 지명경쟁 4. 수의계약 5. 법정위탁 6. 기타 ( ) 7. 없음	입찰방식 계약기간 1. 1년 2. 2년 3. 3년 4. 4년 5. 5년 6. 기타 ( )년 7. 단기계약 (1년미만) 8. 없음	입찰방식 낙찰자선정방법 1. 적격심사 2. 협상에의한계약 3. 최저가낙찰제 4. 규격가격분리 5. 2단계 경쟁입찰 6. 기타 ( ) 7. 없음	운영예산 산정 운영예산 산정 1. 내부산정 (지자체 자체적으로 산정) 2. 외부산정 (외부전문기관위탁 산정) 3. 내·외부 모두 산정 4. 산정 無 5. 없음	운영예산 산정 정산방법 1. 내부정산 (지자체 내부적으로 정산) 2. 외부정산 (외부전문기관위탁 정산) 3. 내·외부 모두 산정 4. 정산 無 5. 없음	성과평가 실시여부 1. 실시 2. 미실시 3. 향후 추진 4. 해당없음
7478	강원 춘천시	춘천시사회적경제지원센터운영	562,000	4	4	7	8	7	5	5	4
7479	강원 춘천시	청소년수련관운영	497,231	4	4	5	3	1	1	1	1
7480	강원 춘천시	어우리주간보호소운영	488,133	4	1	7	5	1	1	1	3
7481	강원 춘천시	의암류인석기념관운영	480,000	4	4	4	3	6	1	1	1
7482	강원 춘천시	공립요양병원의료서비스환경개선	450,000	4	4	7	8	7	5	5	4
7483	강원 춘천시	희망의일터운영	328,046	4	1	7	5	1	1	1	3
7484	강원 춘천시	어우리꿈터운영	323,708	4	1	7	5	1	1	1	3
7485	강원 춘천시	축제극장몸짓운영	300,000	4	5	7	8	7	5	5	4
7486	강원 춘천시	춘천시유아숲체험원(장)교육운영	300,000	4	2	1	3	2	1	1	1
7487	강원 춘천시	청소년문화의집운영	291,000	4	4	5	3	1	1	1	1
7488	강원 춘천시	노숙인일시보호시설운영	277,020	4	5	1	5	1	1	1	1
7489	강원 춘천시	성매매피해자지원시설운영	243,643	4	1	1	5	1	1	1	1
7490	강원 춘천시	지속가능발전사업	197,789	4	4	1	3	1	1	1	3
7491	강원 춘천시	청소년상담복지센터운영	192,100	4	1	1	3	6	1	1	1
7492	강원 춘천시	장애인가족지원센터운영	182,353	4	4	7	3	1	1	1	3
7493	강원 춘천시	분뇨수집현실화에따른차액보전금	140,000	4	4	7	8	7	1	1	4
7494	강원 춘천시	청소년안전망구축사업	136,166	4	1	1	3	7	1	1	1
7495	강원 춘천시	학교밖청소년지원센터운영	131,740	4	1	1	3	6	1	1	1
7496	강원 춘천시	춘천막국수체험박물관운영	120,315	4	4	4	2	6	1	1	1
7497	강원 춘천시	보훈단체활성화(보훈회관및현충시설민간위탁운영비)	107,000	4	1	2	3	1	1	5	4
7498	강원 춘천시	학교밖청소년지원센터운영(인건비및운영비)	92,734	4	1	1	3	6	1	1	1
7499	강원 춘천시	춘천예술마당위탁운영	85,000	4	5	1	3	1	1	1	1
7500	강원 춘천시	지역아동센터특성별추가지원	75,600	4	2	7	8	7	5	5	4
7501	강원 춘천시	소양호선착장민간위탁	70,000	4	1	4	3	1	1	1	4
7502	강원 춘천시	에티오피아한국전참전기념관민간위탁	65,753	4	7	7	8	7	1	1	1
7503	강원 춘천시	장애인주택개조	38,000	4	6	4	3	7	1	1	3
7504	강원 춘천시	강원도형수선유지주거급여지원	32,000	4	6	4	3	7	1	1	3
7505	강원 춘천시	전통시장고객쉼터위탁운영	17,000	4	1	7	8	7	5	5	4
7506	강원 춘천시	성매매피해자보호시설운영	17,000	4	1	1	5	1	1	1	1
7507	강원 강릉시	생활폐기물수집운반대행	13,407,818	4	1	2	2	1	2	1	1
7508	강원 강릉시	강릉시공공하수도시설운영관리대행	13,000,000	4	1	1	5	2	1	1	1
7509	강원 강릉시	폐기물소각시설위탁운영비	5,632,000	4	1	5	2	6	1	1	2
7510	강원 강릉시	음식물류폐기물처리대행	3,299,730	4	1	2	1	1	2	1	2
7511	강원 강릉시	특별교통수단운영지원	2,432,600	4	1	7	8	7	1	1	2
7512	강원 강릉시	상수도검침민간위탁금	1,713,071	4	4	5	2	6	2	4	4
7513	강원 강릉시	근로능력있는수급자의탈수급지원(자산형성사업)	1,200,133	4	2	5	8	7	5	5	4
7514	강원 강릉시	지역자율형사회서비스투자사업지원	1,189,900	4	1	5	8	7	5	5	1
7515	강원 강릉시	공공폐수처리시설운영비지원	850,000	4	1	4	8	7	1	1	4
7516	강원 강릉시	지역급식관리지원센터운영	725,000	4	2	5	5	1	3	2	1
7517	강원 강릉시	정신건강복지센터인건비지원	711,740	4	1	1	3	1	1	1	1

순번	시군구	지출명 (사업명)	2024년예산 (단위 : 천원 /1년간)	민간이전 분류 (지방자치단체 세출예산 집행기준에 의거) 1. 민간경상사업보조(307-02) 2. 민간단체 법정운영비보조(307-03) 3. 민간행사사업보조(307-04) 4. 민간위탁금(307-05) 5. 사회복지시설 법정운영비보조(307-10) 6. 민간인위탁교육비(307-12) 7. 공기관등에대한경상적위탁사업비(308-13) 8. 민간자본사업보조,자체재원(402-01) 9. 민간자본사업보조,이전재원(402-02) 10. 민간위탁사업비(402-03) 11. 공기관등에 대한 자본적 위탁사업비(403-02)	민간이전지출 근거 (지방보조금 관리기준 참고) 1. 법률에 규정 2. 국고보조 재원(국가지정) 3. 용도 지정 기부금 4. 조례에 직접규정 5. 지자체가 권장하는 사업을 하는 공공기관 6. 시,도 정책 및 재정사정 7. 기타 8. 해당없음	입찰방식			운영예산 산정		성과평가 실시여부
						계약체결방법 (경쟁형태) 1. 일반경쟁 2. 제한경쟁 3. 지명경쟁 4. 수의계약 5. 법정위탁 6. 기타 ( ) 7. 없음	계약기간 1. 1년 2. 2년 3. 3년 4. 4년 5. 5년 6. 기타 ( )년 7. 단기계약 (1년미만) 8. 없음	낙찰자선정방법 1. 적격심사 2. 협상에의한계약 3. 최저가낙찰제 4. 규격가격분리 5. 2단계 경쟁입찰 6. 기타 ( ) 7. 없음	운영예산 산정 1. 내부산정 (지자체 자체적으로 산정) 2. 외부산정 (외부전문기관위탁 산정) 3. 내·외부 모두 산정 4. 산정 無 5. 없음	정산방법 1. 내부정산 (지자체 내부적으로 정산) 2. 외부정산 (외부전문기관위탁 정산) 3. 내·외부 모두 산정 4. 정산 無 5. 없음	1. 실시 2. 미실시 3. 향후 추진 4. 해당없음
7518	강원 강릉시	폐가구류등대형폐기물처리대행	610,000	4	1	2	1	1	1	1	1
7519	강원 강릉시	어촌신활력증진사업앵커조직운영	555,000	4	2	6	4	6	3	3	3
7520	강원 강릉시	폐비닐포장재처리대행	532,385	4	1	2	1	1	2	1	2
7521	강원 강릉시	직장어린이집위탁운영비	515,000	4	1	1	5	1	1	1	3
7522	강원 강릉시	대형폐기물수집운반대행	510,000	4	1	4	2	7	2	1	1
7523	강원 강릉시	민원콜센터구축운영	465,000	4	4	7	8	7	2	5	4
7524	강원 강릉시	대체교사지원	403,212	4	2	7	5	7	5	1	4
7525	강원 강릉시	소각시설손해배상보험료	360,000	4	1	5	2	6	1	1	2
7526	강원 강릉시	페스티로폼처리대행	340,800	4	1	2	1	1	2	1	2
7527	강원 강릉시	노점상・노상적치물정비및사후관리대행	300,000	4	1	2	1	1	1	1	2
7528	강원 강릉시	동물사랑센터운영위탁금	296,020	4	1	2	3	1	1	1	2
7529	강원 강릉시	통합정신건강증진사업지원	280,000	4	1	1	3	1	1	1	1
7530	강원 강릉시	걷는길민간위탁운영	279,236	4	4	7	3	7	1	1	3
7531	강원 강릉시	가사간병방문지원	254,838	4	2	5	8	7	5	5	4
7532	강원 강릉시	특별교통수단운영지원	248,060	4	1	7	8	7	1	1	4
7533	강원 강릉시	저소득주민건강보험료지원	210,000	4	4	7	8	7	1	1	4
7534	강원 강릉시	외국인근로자지원센터위탁운영	180,000	4	4	1	3	2	1	1	1
7535	강원 강릉시	중독관리통합지원센터운영	170,990	4	1	1	3	1	1	1	1
7536	강원 강릉시	방역소독대행	169,000	4	1	7	8	7	5	5	4
7537	강원 강릉시	의료기관결핵환자관리지원	150,736	4	1,2	7	8	7	2	3	1
7538	강원 강릉시	해양쓰레기집하장운영	140,000	4	6	5	1	7	1	1	4
7539	강원 강릉시	음식물류폐기물거점수거용기세척대행	134,250	4	1	7	8	7	5	5	4
7540	강원 강릉시	폐비닐포장재운반대행	126,483	4	1	2	1	1	2	1	2
7541	강원 강릉시	재활용잔재폐기물처리대행	125,550	4	6	7	8	7	1	5	4
7542	강원 강릉시	폐어구회수보증금지원	122,092	4	2	5	1	7	1	1	4
7543	강원 강릉시	조업중인양쓰레기수매	120,000	4	6	5	1	7	1	1	4
7544	강원 강릉시	수중해안가및항포구쓰레기수시정화	120,000	4	7	5	1	7	1	1	4
7545	강원 강릉시	장난감도서관운영요원인건비지원	108,000	4	4	7	5	7	5	1	4
7546	강원 강릉시	해수욕장교통지도위탁용역	100,000	4	1	4	7	6	1	1	4
7547	강원 강릉시	자살유족원스톱서비스지원	100,000	4	1	1	3	1	1	1	1
7548	강원 강릉시	자살예방및생명존중사업	91,880	4	6	1	3	1	1	1	1
7549	강원 강릉시	자살예방및정신건강증진사업	91,636	4	1	1	3	1	1	1	1
7550	강원 강릉시	정신건강복지센터지원	76,650	4	1	1	3	1	1	1	1
7551	강원 강릉시	자살예방사업인력지원	74,072	4	1	1	3	1	1	1	1
7552	강원 강릉시	장난감도서관운영비지원	70,000	4	4	7	5	7	1	1	4
7553	강원 강릉시	지정위탁사업비	67,520	4	2	4	1	7	1	1	4
7554	강원 강릉시	올림픽교통종사자활동비	61,600	4	7	7	8	7	1	1	4
7555	강원 강릉시	소비자상담센터위탁운영	60,000	4	4	2	3	1	1	1	3
7556	강원 강릉시	이동통제초소설치및운영사무위탁비	50,000	4	1	4	8	7	5	5	4
7557	강원 강릉시	방역소독대행료	50,000	4	1	6	7	3	2	1	1

순번	시군구	지출명 (사업명)	2024년예산 (단위 : 천원 /1년간)	민간이전 분류 (지방자치단체 세출예산 집행기준에 의거)	민간이전지출 근거 (지방보조금 관리기준 참고)	입찰방식			운영예산 산정		성과평가 실시여부
				1. 민간경상사업보조(307-02) 2. 민간단체 법정운영비보조(307-03) 3. 민간행사사업보조(307-04) 4. 민간위탁금(307-05) 5. 사회복지시설 법정운영비보조(307-10) 6. 민간인위탁교육비(307-12) 7. 공기관등에대한경상적위탁사업비(308-13) 8. 민간자본사업보조,자체재원(402-01) 9. 민간자본사업보조,이전재원(402-02) 10. 민간위탁사업비(402-03) 11. 공기관등에 대한 자본적 위탁사업비(403-02)	1. 법률에 규정 2. 국고보조 재원(국가지정) 3. 용도 지정 기부금 4. 조례에 직접규정 5. 지자체가 권장하는 사업을 하는 공공기관 6. 시,도 정책 및 재정사정 7. 기타 8. 해당없음	계약체결방법 (경쟁형태) 1. 일반경쟁 2. 제한경쟁 3. 지명경쟁 4. 수의계약 5. 법정위탁 6. 기타 ( ) 7. 없음	계약기간 1. 1년 2. 2년 3. 3년 4. 4년 5. 5년 6. 기타 ( )년 7. 단기계약 (1년미만) 8. 없음	낙찰자선정방법 1. 적격심사 2. 협상에의한계약 3. 최저가낙찰제 4. 규격가격분리 5. 2단계 경쟁입찰 6. 기타 ( ) 7. 없음	운영예산 산정 1. 내부산정 (지자체 자체적으로 산정) 2. 외부산정 (외부전문기관위탁 산정) 3. 내·외부 모두 산정 4. 산정 無 5. 없음	정산방법 1. 내부정산 (지자체 내부적으로 정산) 2. 외부정산 (외부전문기관위탁 정산) 3. 내·외부 모두 산정 4. 정산 無 5. 없음	1. 실시 2. 미실시 3. 향후 추진 4. 해당없음
7558	강원 강릉시	청년마음건강바우처사업지원	42,542	4	1	5	8	7	5	5	1
7559	강원 강릉시	여성농업인개인농작업환경개선지원사업	42,000	4	4	7	8	7	1	1	4
7560	강원 강릉시	경포권해변쓰레기처리대행	40,000	4	6	7	7	7	1	1	4
7561	강원 강릉시	중독관리통합지원센터인건비지원	39,000	4	1	1	3	1	1	1	1
7562	강원 강릉시	영구임대아파트공동전기료지원	36,000	4	4	7	8	7	1	1	3
7563	강원 강릉시	불가사리수매	35,000	4	1	5	7	7	5	1	4
7564	강원 강릉시	옥외광고물안전도검사대행	32,000	4	4	1	3	1	1	1	4
7565	강원 강릉시	청소년마약류예방사업운영비	31,000	4	6	1	3	1	1	1	1
7566	강원 강릉시	농공단지협의회운영비지원	30,000	4	1	4	1	7	1	1	4
7567	강원 강릉시	공유수면불법시설물단속및관리	30,000	4	7	1	7	6	1	1	4
7568	강원 강릉시	생명지킴이사례관리활동지원	29,603	4	6	1	3	1	1	1	1
7569	강원 강릉시	대문어매입방류	27,000	4	1	5	7	7	5	1	4
7570	강원 강릉시	마실작은도서관운영	26,780	4	1	6	5	6	1	1	4
7571	강원 강릉시	통제초소,농장초소긴급설치및운영사무위탁비	20,000	4	1	4	8	7	5	5	4
7572	강원 강릉시	소각재운반차량수선유지비	19,200	4	1	5	2	6	1	1	2
7573	강원 강릉시	소각재운반차량유류비	16,800	4	1	5	2	6	1	1	2
7574	강원 강릉시	방역소독대행장비유류비(연무)	10,000	4	1	6	7	3	2	1	1
7575	강원 강릉시	환경성질환건강검진대행	6,000	4	1	5	1	7	1	1	1
7576	강원 강릉시	해돋이행사교통관리업무지원금	5,000	4	7	7	7	7	1	1	4
7577	강원 강릉시	위탁검사비	3,600	4	8	4	1	7	1	1	4
7578	강원 동해시	생활폐기물전처리시설민간위탁	2,100,000	4	7	2	3	2	2	5	4
7579	강원 동해시	2023년음식물류폐기물수집운반대행용역	1,422,059	4	4	4	1	7	2	1	1
7580	강원 동해시	음식물류폐기물민간위탁	1,261,825	4	7	1	1	1	2	5	4
7581	강원 동해시	폐수처리시설대행위탁관리비	1,050,000	4	1	1	5	2	2	1	1
7582	강원 동해시	사회복지관운영	698,720	4	4	1	5	7	1	1	3
7583	강원 동해시	특별교통수단운영	644,480	4	2	5	2	7	1	1	1
7584	강원 동해시	1세시대어르신일자리사업(복권기금사업)	562,508	4	2	7	1	7	5	1	1
7585	강원 동해시	동해시노인종합복지관운영	475,000	4	1	5	5	1	1	1	1
7586	강원 동해시	묵호노인종합복지관운영	475,000	4	1	5	5	1	1	1	1
7587	강원 동해시	가족센터운영	439,400	4	2	7	8	7	1	1	2
7588	강원 동해시	정신건강복지센터인력확충	422,180	4	2	1	3	2	1	1	1
7589	강원 동해시	2023년도대형폐기물수집운반민간위탁용역	418,148	4	4	2	1	1	2	1	4
7590	강원 동해시	2023년동해시재활용센터설치운영대행용역	403,192	4	4	4	1	7	2	1	4
7591	강원 동해시	지역급식관리지원센터설치운영(국도비)	365,000	4	2	6	3	1	3	2	1
7592	강원 동해시	장애인직업재활시설운영지원	340,392	4	1,4	1	5	5	1	1	1
7593	강원 동해시	2023년도생활폐기물수집운반및처리민간위탁용역(남부)	331,340	4	4	2	1	1	2	1	1
7594	강원 동해시	2023년도생활폐기물수집운반및처리민간위탁용역(중부)	331,340	4	4	2	1	1	2	1	1
7595	강원 동해시	2023년도생활폐기물수집운반및처리민간위탁용역(북부)	331,340	4	4	2	1	1	2	1	1
7596	강원 동해시	장애인주간보호소운영지원	313,233	4	1,4	1	5	1	1	1	1
7597	강원 동해시	생활문화센터운영비	259,316	4	4	7	8	7	5	1	1

순번	시군구	지출명 (사업명)	2024년예산 (단위 : 천원 /1년간)	민간이전 분류 (지방자치단체 세출예산 집행기준에 의거) 1. 민간경상사업보조(307-02) 2. 민간단체 법정운영비보조(307-03) 3. 민간행사사업보조(307-04) 4. 민간위탁금(307-05) 5. 사회복지시설 법정운영비보조(307-10) 6. 민간인위탁교육비(307-12) 7. 공기관등에대한경상적위탁사업비(308-13) 8. 민간자본사업보조,자체재원(402-01) 9. 민간자본사업보조,이전재원(402-02) 10. 민간위탁사업비(402-03) 11. 공기관등에 대한 자본적 위탁사업비(403-02)	민간이전지출 근거 (지방보조금 관리기준 참고) 1. 법률에 규정 2. 국고보조 재원(국가지정) 3. 용도 지정 기부금 4. 조례에 직접규정 5. 지자체가 권장하는 사업을 하는 공공기관 6. 시,도 정책 및 재정사정 7. 기타 8. 해당없음	입찰방식			운영예산 산정		성과평가 실시여부
						계약체결방법 (경쟁형태) 1. 일반경쟁 2. 제한경쟁 3. 지명경쟁 4. 수의계약 5. 법정위탁 6. 기타 ( ) 7. 없음	계약기간 1. 1년 2. 2년 3. 3년 4. 4년 5. 5년 6. 기타 ( )년 7. 단기계약 (1년미만) 8. 없음	낙찰자선정방법 1. 적격심사 2. 협상에의한계약 3. 최저가낙찰제 4. 규격가격분리 5. 2단계 경쟁입찰 6. 기타 ( ) 7. 없음	운영예산 산정 1. 내부산정 (지자체 자체적으로 산정) 2. 외부산정 (외부전문기관위탁 산정) 3. 내·외부 모두 산정 4. 산정 無 5. 없음	정산방법 1. 내부정산 (지자체 내부적으로 정산) 2. 외부정산 (외부전문기관위탁 정산) 3. 내·외부 모두 산정 4. 정산 無 5. 없음	1. 실시 2. 미실시 3. 향후 추진 4. 해당없음
7598	강원 동해시	재가노인복지시설운영	241,600	4	2	5	5	7	1	1	4
7599	강원 동해시	재가노인식사배달	188,640	4	1	5	3	7	1	1	4
7600	강원 동해시	통합정신건강증진사업	180,000	4	2	1	3	2	1	1	1
7601	강원 동해시	청년공간운영지원	169,655	4	4	1	2	1	1	1	1
7602	강원 동해시	경로식당무료급식	146,965	4	1	5	3	7	1	1	4
7603	강원 동해시	생명존중사업	139,963	4	2	1	3	2	1	1	1
7604	강원 동해시	해오름유아숲체험원교육운영민간위탁용역	120,219	4	2	1	7	2	1	1	4
7605	강원 동해시	청년가치성장타운운영지원	91,434	4	4	1	2	1	1	1	1
7606	강원 동해시	수산물공동폐수처리장운영비지원	80,000	4	4	7	8	7	5	5	4
7607	강원 동해시	정신건강복지세터자살예방사업	74,072	4	2	1	3	2	1	1	1
7608	강원 동해시	지역사회건강조사조사분석위탁운영	67,138	4	2	6	1	7	1	3	1
7609	강원 동해시	경로당공동작업장사업	60,000	4	1	7	1	7	1	1	1
7610	강원 동해시	조업중인양쓰레기수매	60,000	4	6	7	8	7	5	5	4
7611	강원 동해시	기초정신건강복지센터지원	51,100	4	2	1	3	2	1	1	1
7612	강원 동해시	자살유족원스톱서비스지원사업	50,000	4	2	1	3	2	1	1	1
7613	강원 동해시	해양쓰레기처리지원	50,000	4	2	7	8	7	5	5	4
7614	강원 동해시	자살예방및정신건강증진사업	37,994	4	2	1	3	2	1	1	1
7615	강원 동해시	해양쓰레기집하장운영관리	30,000	4	2	7	8	7	5	5	4
7616	강원 동해시	해양레저스포츠교육프로그램지원	20,000	4	6	7	8	7	5	5	4
7617	강원 동해시	농업인회관운영관리지원	18,000	4	4	4	1	7	5	5	1
7618	강원 동해시	항포구해양쓰레기수거	14,000	4	6	7	8	7	5	5	4
7619	강원 동해시	1세시대어르신일자리사업	2,400	4	2	7	1	7	5	1	1
7620	강원 동해시	장애인무료급식지원	2,400	4	4	7	8	7	1	1	1
7621	강원 동해시	건강한방역활동추진	2,000	4	7	6	8	7	1	1	4
7622	강원 태백시	폐기물소각시설운영	3,000,000	4	4	1	3	2	2	1	4
7623	강원 태백시	폐기물수집운반수수료비용보전	2,265,628	4	4	1	1	1	1	1	1
7624	강원 태백시	장애인활동지원급여지원	1,442,366	4	2	1	8	6	1	1	2
7625	강원 태백시	자활근로지원	1,290,775	4	1	7	8	7	1	1	1
7626	강원 태백시	장애인직업재활시설운영지원	1,199,536	4	1	5	5	6	1	3	1
7627	강원 태백시	발달장애인주간활동서비스지원	525,458	4	2	7	8	7	5	5	4
7628	강원 태백시	기초형정신건강복지센터인력확충	524,440	4	2	1	2	1	5	3	3
7629	강원 태백시	특별교통수단(교통약자콜택시)운영	350,878	4	1	5	3	6	1	1	3
7630	강원 태백시	도시재생지원센터운영	291,792	4	1	5	2	7	1	1	3
7631	강원 태백시	어린이·사회복지급식관리지원센터운영	250,000	4	2	5	3	7	1	3	3
7632	강원 태백시	Ecojobcity태백도시재생사업	222,937	4	1	5	2	7	1	1	3
7633	강원 태백시	태백건널목위탁관리	201,000	4	4	1	1	3	2	1	2
7634	강원 태백시	음식물류폐기물자원화	198,000	4	4	1,4	1	1,3	2	1	4
7635	강원 태백시	황지동도시재생사업	184,206	4	1	5	2	7	1	1	3
7636	강원 태백시	지역사회서비스투자사업지원	168,691	4	1	5	1	7	1	1	1
7637	강원 태백시	태백체험공원운영활성화	151,000	4	4	1	3	1	1	1	1

순번	시군구	지출명 (사업명)	2024년예산 (단위 : 천원 /1년간)	민간이전 분류 (지방자치단체 세출예산 집행기준에 의거) 1. 민간경상사업보조(307-02) 2. 민간단체 법정운영비보조(307-03) 3. 민간행사사업보조(307-04) 4. 민간위탁금(307-05) 5. 사회복지시설 법정운영비보조(307-10) 6. 민간인위탁교육비(307-12) 7. 공기관등에대한경상적위탁사업비(308-13) 8. 민간자본사업보조,자체재원(402-01) 9. 민간자본사업보조,이전재원(402-02) 10. 민간위탁사업비(402-03) 11. 공기관등에 대한 자본적 위탁사업비(403-02)	민간이전지출 근거 (지방보조금 관리기준 참고) 1. 법률에 규정 2. 국고보조 재원(국가지정) 3. 용도 지정 기부금 4. 조례에 직접규정 5. 지자체가 권장하는 사업을 하는 공공기관 6. 시,도 정책 및 재정사정 7. 기타 8. 해당없음	입찰방식: 계약체결방법 (경쟁형태) 1. 일반경쟁 2. 제한경쟁 3. 지명경쟁 4. 수의계약 5. 법정위탁 6. 기타 ( ) 7. 없음	입찰방식: 계약기간 1. 1년 2. 2년 3. 3년 4. 4년 5. 5년 6. 기타 ( )년 7. 단기계약 (1년미만) 8. 없음	입찰방식: 낙찰자선정방법 1. 적격심사 2. 협상에의한계약 3. 최저가낙찰제 4. 규격가격분리 5. 2단계 경쟁입찰 6. 기타 ( ) 7. 없음	운영예산 산정: 운영예산 산정 1. 내부산정 (지자체 자체적으로 산정) 2. 외부산정 (외부전문기관위탁 산정) 3. 내·외부 모두 산정 4. 산정 無 5. 없음	운영예산 산정: 정산방법 1. 내부정산 (지자체 내부적으로 정산) 2. 외부정산 (외부전문기관위탁 정산) 3. 내·외부 모두 산정 4. 정산 無 5. 없음	성과평가 실시여부 1. 실시 2. 미실시 3. 향후 추진 4. 해당없음
7638	강원 태백시	태백사랑상품권운영	147,312	4	1	1	3	2	3	3	4
7639	강원 태백시	발달재활서비스바우처사업	141,316	4	2	1	3	6	1	1	2
7640	강원 태백시	철암탄광역사촌운영활성화	136,000	4	4	1	3	1	1	1	1
7641	강원 태백시	통합정신건강증진	130,000	4	2	1	2	1	5	3	3
7642	강원 태백시	장난감도서관운영관리	100,000	4	1	7	8	7	1	1	3
7643	강원 태백시	장애인주간보호시설운영지원	99,744	4	1	7	8	7	5	5	4
7644	강원 태백시	자살예방및생명존중사업	86,100	4	6	1	2	1	5	3	3
7645	강원 태백시	공중간이화장실관리	86,000	4	4	2	1	3	2	1	4
7646	강원 태백시	태백문화의집운영	74,740	4	4	6	2	6	1	1	4
7647	강원 태백시	근로자종합복지관운영	71,240	4	4	1	3	6	2	2	3
7648	강원 태백시	지역사회건강조사지원	66,528	4	2	5	1	7	5	2	4
7649	강원 태백시	가사간병방문지원	65,552	4	1	5	1	7	1	1	1
7650	강원 태백시	기초형정신건강증진센터운영	51,100	4	2	1	2	1	5	3	3
7651	강원 태백시	자살유족원스톱서비스지원	50,000	4	2	1	2	1	5	3	3
7652	강원 태백시	기초정신건강복지센터자살예방사업지원	37,036	4	2	1	2	1	5	3	3
7653	강원 태백시	쓰레기종량제운영	35,623	4	4	1	2	1	1	1	2
7654	강원 태백시	자살예방및정신건강증진사업지원(기금)	25,544	4	2	1	2	1	5	3	3
7655	강원 태백시	정신보건시설종사자처우개선	25,200	4	6	1	2	1	5	3	3
7656	강원 태백시	생명지킴이사례관리활동지원	15,000	4	6	1	2	1	5	3	3
7657	강원 태백시	농특산물유통관리운영	8,000	4	4	7	8	7	5	5	4
7658	강원 태백시	한센병관리사업	7,100	4	5,6	2	3	7	1	2	4
7659	강원 태백시	활동보조가산급여	6,732	4	2	1	8	6	1	1	2
7660	강원 태백시	결핵예방및퇴치지원	6,166	4	1	5	8	7	1	1	1
7661	강원 태백시	태백청년치유캠프	5,000	4	7	1	2	1	5	3	3
7662	강원 태백시	전문축산인육성지원	1,500	4	1	7	1	2	1	1	1
7663	강원 태백시	청년마음건강바우처사업	1,017	4	1	5	1	7	1	1	1
7664	강원 속초시	교통약자특별교통수단운영	829,200	4	4	7	8	7	1	1	4
7665	강원 속초시	속초시노인복지관운영	750,757	4	4	5	5	1	1	1	1
7666	강원 속초시	속초종합사회복지관운영	629,000	4	4	7	8	7	5	1	1
7667	강원 속초시	정신건강복지센터인력확충	486,980	4	4	6	5	6	3	3	4
7668	강원 속초시	지역급식관리지원센터운영지원	415,000	4	2	1	5	1	5	2	1
7669	강원 속초시	조업중인양쓰레기수매	200,000	4	1	6	1	7	1	1	4
7670	강원 속초시	속초시지속가능발전협의회운영	175,103	4	1	7	8	7	1	1	4
7671	강원 속초시	청소년문화의집민간위탁금	164,890	4	1	4	5	1	1	1	1
7672	강원 속초시	교통안전체험관민간위탁금	140,000	4	1	2	3	2	1	1	3
7673	강원 속초시	교통약자특별교통수단운영지원	133,560	4	4	7	8	7	1	1	4
7674	강원 속초시	아동청소년친화공간운영지원	133,082	4	1	4	5	1	1	1	4
7675	강원 속초시	근로자종합복지관운영	108,560	4	4	4	5	6	1	1	1
7676	강원 속초시	자살유족원스톱서비스지원사업	100,000	4	4	6	5	6	3	3	4
7677	강원 속초시	통합정신건강증진사업	100,000	4	4	6	5	6	3	3	4

순번	시군구	지출명 (사업명)	2024년예산 (단위 : 천원 /1년간)	민간이전 분류 (지방자치단체 세출예산 집행기준에 의거) 1. 민간경상사업보조(307-02) 2. 민간단체 법정운영비보조(307-03) 3. 민간행사사업보조(307-04) 4. 민간위탁금(307-05) 5. 사회복지시설 법정운영비보조(307-10) 6. 민간인위탁교육비(307-12) 7. 공기관등에대한경상적위탁사업비(308-13) 8. 민간자본사업보조,자체재원(402-01) 9. 민간자본사업보조,이전재원(402-02) 10. 민간위탁사업비(402-03) 11. 공기관등에 대한 자본적 위탁사업비(403-02)	민간이전지출 근거 (지방보조금 관리기준 참고) 1. 법률에 규정 2. 국고보조 재원(국가지정) 3. 용도 지정 기부금 4. 조례에 직접규정 5. 지자체가 권장하는 사업을 하는 공공기관 6. 시,도 정책 및 재정사정 7. 기타 8. 해당없음	입찰방식 계약체결방법 (경쟁형태) 1. 일반경쟁 2. 제한경쟁 3. 지명경쟁 4. 수의계약 5. 법정위탁 6. 기타 ( ) 7. 없음	입찰방식 계약기간 1. 1년 2. 2년 3. 3년 4. 4년 5. 5년 6. 기타 ( )년 7. 단기계약 (1년미만) 8. 없음	입찰방식 낙찰자선정방법 1. 적격심사 2. 협상에의한계약 3. 최저가낙찰제 4. 규격가격분리 5. 2단계 경쟁입찰 6. 기타 ( ) 7. 없음	운영예산 산정 운영예산 산정 1. 내부산정 (지자체 자체적으로 산정) 2. 외부산정 (외부전문기관위탁 산정) 3. 내·외부 모두 산정 4. 산정 無 5. 없음	운영예산 산정 정산방법 1. 내부정산 (지자체 내부적으로 정산) 2. 외부정산 (외부전문기관위탁 정산) 3. 내·외부 모두 산정 4. 정산 無 5. 없음	성과평가 실시여부 1. 실시 2. 미실시 3. 향후 추진 4. 해당없음
7678	강원 속초시	기초정신건강복지센터자살예방사업지원	74,072	4	4	6	5	6	3	3	4
7679	강원 속초시	장애인무료순환버스운영지원	70,596	4	4	7	8	7	1	1	1
7680	강원 속초시	지역사회건강조사위탁사업비	67,062	4	2	5	1	7	1	1	4
7681	강원 속초시	장애인카페운영지원	65,540	4	1	7	8	7	1	1	1
7682	강원 속초시	자살예방및정신건강증진사업	64,592	4	4	6	5	6	3	3	4
7683	강원 속초시	도문농요전수관운영위탁	52,000	4	4	7	8	7	1	1	1
7684	강원 속초시	기초정신건강복지센터운영	51,100	4	4	6	5	6	3	3	4
7685	강원 속초시	척산생활체육관운영비	50,000	4	4	1	5	2	1	1	3
7686	강원 속초시	아트플랫폼갯배운영위탁	47,047	4	4	7	8	7	1	1	4
7687	강원 속초시	자살예방및생명존중사업	46,450	4	4	6	5	6	3	3	4
7688	강원 속초시	정신보건사업추진(종사자처우개선)	32,600	4	4	6	5	6	3	3	4
7689	강원 속초시	불가사리수매	30,000	4	1	6	1	7	1	1	4
7690	강원 속초시	영랑호화랑도체험장운영비	29,450	4	4	1	5	2	1	1	3
7691	강원 속초시	청소년문화의집청소년지도사인건비지원	25,944	4	2	7	8	7	1	1	4
7692	강원 속초시	생명지킴이사례관리활동지원	24,687	4	4	6	5	6	3	3	4
7693	강원 속초시	인조잔디축구장운영비	24,000	4	4	1	5	2	1	1	3
7694	강원 속초시	한궁연습장운영지원	20,000	4	1	5	5	1	1	1	1
7695	강원 속초시	연안어장침적폐어구수거비지원	20,000	4	1	6	1	7	1	1	4
7696	강원 속초시	지역급식관리지원센터운영지원(자체)	10,000	4	5	1	5	1	1	2	1
7697	강원 속초시	속초시기후환경네트워크지원	8,560	4	1	1	1	1	2	1	1
7698	강원 속초시	사자놀이전수관운영위탁	8,320	4	4	7	8	7	1	1	1
7699	강원 속초시	속초시립테니스장운영비	2,000	4	4	1	5	2	1	1	3
7700	강원 삼척시	자활근로사업	2,789,226	4	1	5	1	7	1	1	1
7701	강원 삼척시	장애인거주시설운영지원	927,254	4	2	7	7	7	1	1	1
7702	강원 삼척시	종합사회복지관운영	800,000	4	1	5	5	2	1	1	1
7703	강원 삼척시	특별교통수단(나눔콜택시)운영	750,000	4	1	5	3	6	1	1	4
7704	강원 삼척시	노인복지관운영	693,000	4	4	7	5	7	1	1	4
7705	강원 삼척시	쓰레기수거위탁대행관리	600,000	4	1	2	2	1	2	1	1
7706	강원 삼척시	노인복지관운영	572,000	4	4	7	5	7	1	1	4
7707	강원 삼척시	음식물쓰레기위탁처리	480,000	4	1	1	1	1	1	1	4
7708	강원 삼척시	생활폐기물연료화전처리시설운영	440,200	4	1	1	2	1	1	1	4
7709	강원 삼척시	기초정신건강복지센터인력확충	412,060	4	2	1	3	1	5	2	1
7710	강원 삼척시	시군역량강화	350,000	4	4	7	8	7	5	5	3
7711	강원 삼척시	천년SAM(SeaArtMuseum)척아트피아	340,000	4	7	2	5	2	3	1	3
7712	강원 삼척시	강원남부권영상미디어센터운영(도)	310,000	4	4	6	3	6	2	1	3
7713	강원 삼척시	가족센터운영	271,700	4	2	7	8	7	1	1	4
7714	강원 삼척시	지역사회서비스투자사업	258,761	4	1	5	8	7	5	1	1
7715	강원 삼척시	청소년상담복지센터운영	252,000	4	2	5	5	1	1	1	1
7716	강원 삼척시	학대피해아동쉼터운영	247,894	4	6	7	8	7	5	1	4
7717	강원 삼척시	특별교통수단(나눔콜택시)운영(기금)	238,700	4	1	5	3	6	1	1	4

순번	시군구	지출명 (사업명)	2024년예산 (단위 : 천원 /1년간)	민간이전 분류 (지방자치단체 세출예산 집행기준에 의거) 1. 민간경상사업보조(307-02) 2. 민간단체 법정운영비보조(307-03) 3. 민간행사사업보조(307-04) 4. 민간위탁금(307-05) 5. 사회복지시설 법정운영비보조(307-10) 6. 민간인위탁교육비(307-12) 7. 공기관등에대한경상적위탁사업비(308-13) 8. 민간자본사업보조,자체재원(402-01) 9. 민간자본사업보조,이전재원(402-02) 10. 민간위탁사업비(402-03) 11. 공기관등에 대한 자본적 위탁사업비(403-02)	민간이전지출 근거 (지방보조금 관리기준 참고) 1. 법률에 규정 2. 국고보조 재원(국가지정) 3. 용도 지정 기부금 4. 조례에 직접규정 5. 지자체가 권장하는 사업을 하는 공공기관 6. 시,도 정책 및 재정사정 7. 기타 8. 해당없음	입찰방식 계약체결방법 (경쟁형태) 1. 일반경쟁 2. 제한경쟁 3. 지명경쟁 4. 수의계약 5. 법정위탁 6. 기타 ( ) 7. 없음	입찰방식 계약기간 1. 1년 2. 2년 3. 3년 4. 4년 5. 5년 6. 기타 ( )년 7. 단기계약 (1년미만) 8. 없음	입찰방식 낙찰자선정방법 1. 적격심사 2. 협상에의한계약 3. 최저가낙찰제 4. 규격가격분리 5. 2단계 경쟁입찰 6. 기타 ( ) 7. 없음	운영예산 산정 운영예산 산정 1. 내부산정 (지자체 자체적으로 산정) 2. 외부산정 (외부전문기관위탁 산정) 3. 내·외부 모두 산정 4. 산정 無 5. 없음	운영예산 산정 정산방법 1. 내부정산 (지자체 내부적으로 정산) 2. 외부정산 (외부전문기관위탁 정산) 3. 내·외부 모두 산정 4. 정산 無 5. 없음	성과평가 실시여부 1. 실시 2. 미실시 3. 향후 추진 4. 해당없음
7718	강원 삼척시	어린이급식관리지원센터설치운영	216,000	4	2	6	5	1	1	3	1
7719	강원 삼척시	장애인단기거주시설운영	200,000	4	1	7	7	7	1	1	1
7720	강원 삼척시	일반농산어촌개발(시군역량강화)	200,000	4	1	7	8	7	5	5	4
7721	강원 삼척시	소규모수도시설유지관리	200,000	4	4	7	8	7	5	5	4
7722	강원 삼척시	가족센터운영	172,950	4	2	7	8	7	1	1	4
7723	강원 삼척시	심포뷰티스마켓운영	172,000	4	1	4	3	2	2	3	3
7724	강원 삼척시	어린이과학놀이체험관운영	170,000	4	1	1	2	2	2	1	3
7725	강원 삼척시	가족센터운영	164,526	4	2	7	8	7	1	1	4
7726	강원 삼척시	청년내일저축계좌차상위계층이하	161,169	4	1	7	8	7	5	3	4
7727	강원 삼척시	요보호아동그룹홈운영지원	139,944	4	2	7	8	7	5	1	4
7728	강원 삼척시	통합정신건강증진사업지원	130,000	4	2	1	3	1	5	2	1
7729	강원 삼척시	조업중인양해양쓰레기수매(도)(전환사업)	120,000	4	4	7	8	7	5	5	4
7730	강원 삼척시	장애인거주시설운영지원	115,600	4	1	7	7	7	1	1	1
7731	강원 삼척시	특별교통수단(나눔콜택시)운영	114,480	4	1	5	3	6	1	1	4
7732	강원 삼척시	청소년안전망구축사업	102,000	4	2	5	5	1	1	1	1
7733	강원 삼척시	요보호아동그룹홈운영지원	100,000	4	7	7	8	7	5	1	4
7734	강원 삼척시	재가복지시설운영	100,000	4	4	5	5	1	1	1	4
7735	강원 삼척시	가족센터운영	100,000	4	6	7	8	7	1	1	4
7736	강원 삼척시	강원남부권영상미디어센터운영(도)	90,000	4	4	6	3	6	2	1	3
7737	강원 삼척시	방역소독관리	90,000	4	1	4	7	3	1	1	4
7738	강원 삼척시	학교밖청소년지원	88,642	4	2	5	5	1	1	1	1
7739	강원 삼척시	가사간병방문지원사업	87,298	4	1	7	8	7	1	2	4
7740	강원 삼척시	생활폐기물연료화전처리시설운영	86,000	4	1	4	1	7	1	1	4
7741	강원 삼척시	블랙다이아몬드도계	80,000	4	1	4	8	7	1	1	4
7742	강원 삼척시	수산물공동폐수처리장위탁관리	80,000	4	4	7	8	7	5	5	4
7743	강원 삼척시	도계역세권도시재생사업	75,000	4	4	6	3	7	1	3	1
7744	강원 삼척시	지역사회건강조사조사분석위탁운영	66,986	4	2	7	8	7	5	3	1
7745	강원 삼척시	일반농산어촌개발사업추진단운영	60,000	4	4	7	8	7	5	5	3
7746	강원 삼척시	자살예방및생명존중사업(도)	59,280	4	6	1	3	1	5	2	1
7747	강원 삼척시	기초정신건강복지센터지원	51,100	4	2	1	3	1	5	2	1
7748	강원 삼척시	영유아실내놀이터운영	50,000	4	4	1	5	1	1	1	4
7749	강원 삼척시	공영버스터미널관리운영	50,000	4	1	2	3	6	3	1	3
7750	강원 삼척시	자살유족원스톱서비스지원	50,000	4	2	1	3	1	5	2	1
7751	강원 삼척시	가족센터운영	44,900	4	2	7	8	7	1	1	4
7752	강원 삼척시	희망저축계좌1	43,200	4	1	7	8	7	5	3	4
7753	강원 삼척시	학대피해아동쉼터운영지원	40,000	4	7	7	8	7	5	1	4
7754	강원 삼척시	해양쓰레기집하장운영(도)	40,000	4	4	7	8	7	5	5	4
7755	강원 삼척시	청년내일저축계좌차상위계층초과	38,400	4	1	7	8	7	5	3	4
7756	강원 삼척시	희망저축계좌2	38,400	4	1	7	8	7	5	3	4
7757	강원 삼척시	자살예방및정신건강증진사업	37,994	4	2	1	3	1	5	2	1

순번	시군구	지출명 (사업명)	2024년예산 (단위 : 천원 /1년간)	민간이전 분류 (지방자치단체 세출예산 집행기준에 의거) 1. 민간경상사업보조(307-02) 2. 민간단체 법정운영비보조(307-03) 3. 민간행사사업보조(307-04) 4. 민간위탁금(307-05) 5. 사회복지시설 법정운영비보조(307-10) 6. 민간인위탁교육비(307-12) 7. 공기관등에대한경상적위탁사업비(308-13) 8. 민간자본사업보조,자체재원(402-01) 9. 민간자본사업보조,이전재원(402-02) 10. 민간위탁사업비(402-03) 11. 공기관등에 대한 자본적 위탁사업비(403-02)	민간이전지출 근거 (지방보조금 관리기준 참고) 1. 법률에 규정 2. 국고보조 재원(국가지정) 3. 용도 지정 기부금 4. 조례에 직접규정 5. 지자체가 권장하는 사업을 하는 공공기관 6. 시,도 정책 및 재정사정 7. 기타 8. 해당없음	입찰방식 계약체결방법 (경쟁형태) 1. 일반경쟁 2. 제한경쟁 3. 지명경쟁 4. 수의계약 5. 법정위탁 6. 기타 ( ) 7. 없음	입찰방식 계약기간 1. 1년 2. 2년 3. 3년 4. 4년 5. 5년 6. 기타 ( )년 7. 단기계약 (1년미만) 8. 없음	입찰방식 낙찰자선정방법 1. 적격심사 2. 협상에의한계약 3. 최저가낙찰제 4. 규격가격분리 5. 2단계 경쟁입찰 6. 기타 ( ) 7. 없음	운영예산 산정 운영예산 산정 1. 내부산정 (지자체 자체적으로 산정) 2. 외부산정 (외부전문기관위탁 산정) 3. 내·외부 모두 산정 4. 산정 無 5. 없음	운영예산 산정 정산방법 1. 내부정산 (지자체 내부적으로 정산) 2. 외부정산 (외부전문기관위탁 정산) 3. 내·외부 모두 산정 4. 정산 無 5. 없음	성과평가 실시여부 1. 실시 2. 미실시 3. 향후 추진 4. 해당없음
7758	강원 삼척시	정신건강복지센터자살예방사업지원	37,036	4	2	1	3	1	5	2	1
7759	강원 삼척시	청소년동반자프로그램운영	32,542	4	2	5	5	1	1	1	1
7760	강원 삼척시	정신보건시설종사자처우개선(도)	27,600	4	6	1	3	1	5	2	1
7761	강원 삼척시	장애인거주시설관리전담인력지원(도)	25,896	4	1	7	7	7	1	1	1
7762	강원 삼척시	근로자복지회관운영	22,500	4	4	7	8	7	1	1	3
7763	강원 삼척시	가족센터운영	21,357	4	6	7	8	7	1	1	4
7764	강원 삼척시	옥외광고물관리	20,000	4	1,4	2	2	1	1	1	2
7765	강원 삼척시	블랙다이아몬드도계	18,000	4	1	4	8	7	1	1	4
7766	강원 삼척시	자살예방및생명존중사업(도)	14,820	4	6	1	3	1	5	2	1
7767	강원 삼척시	생명지킴이사례관리활동지원(도)	13,800	4	6	1	3	1	5	2	1
7768	강원 삼척시	청년저축계좌	12,000	4	1	7	8	7	5	3	4
7769	강원 삼척시	농업인단체회관운영	10,000	4	4	7	8	7	1	1	3
7770	강원 삼척시	환경성질환예방및사후관리	10,000	4	7	7	8	7	1	1	2
7771	강원 삼척시	청년마음건강지원사업	9,361	4	1	5	8	7	5	1	1
7772	강원 삼척시	희망키움통장2	7,000	4	1	7	8	7	5	3	4
7773	강원 삼척시	학교밖청소년지원(급식)	5,200	4	2	5	5	1	1	1	1
7774	강원 삼척시	내일키움통장	5,000	4	1	7	8	7	5	3	4
7775	강원 삼척시	공립형근덕지역아동센터운영지원	5,000	4	1	5	5	7	1	1	1
7776	강원 삼척시	희망키움통장1	4,410	4	1	7	8	7	5	3	4
7777	강원 삼척시	청년희망키움통장	2,995	4	1	7	8	7	5	3	4
7778	강원 삼척시	장애인거주시설공기청정기렌탈지원	1,520	4	1	7	7	7	1	1	1
7779	강원 횡성군	행복농자재지원	4,860,215	4	6	7	8	7	1	1	2
7780	강원 횡성군	행복(반값)농자재지원(도)	2,467,000	4	6	7	8	7	1	1	1
7781	강원 횡성군	가족센터운영	800,386	4	2	1	3	1	5	1	1
7782	강원 횡성군	정신건강복지센터위탁운영	749,662	4	1	7	3	2	3	3	1
7783	강원 횡성군	농특산물직거래센터	330,000	4	4	7	3	7	1	1	1
7784	강원 횡성군	횡성수소충전소운영비	274,000	4	1	7	8	7	5	5	4
7785	강원 횡성군	일반농산어촌개발지역역량강화사업	124,000	4	2	7	8	7	3	1	1
7786	강원 횡성군	다함께돌봄센터운영지원	86,000	4	8	7	8	7	5	5	1
7787	강원 횡성군	지역사회건강조사민간위탁	66,528	4	2	7	1	2	3	3	1
7788	강원 횡성군	꿈키움통합복지프로그램운영	50,000	4	6	1	1	1	1	1	1
7789	강원 횡성군	농업인단체지원사업	42,000	4	4	7	1	7	1	1	3
7790	강원 횡성군	다함께돌봄센터운영비지원(군비추가)	24,820	4	8	7	8	7	5	5	1
7791	강원 횡성군	귀농귀촌유치지원(도)	16,000	4	1	7	8	7	5	5	4
7792	강원 횡성군	마을교육공동체위탁운영	550,000	4	4	7	1	7	1	1	1
7793	강원 횡성군	작은영화관위탁운영비	366,000	4	4	7	7	7	1	1	1
7794	강원 횡성군	회다지소리문화체험관위탁운영비	242,660	4	4	7	7	7	1	1	1
7795	강원 횡성군	생활폐기물수집운반대행사업	6,860,000	4	1	1	3	2	2	1	3
7796	강원 횡성군	장애인활동지원급여지급	2,945,232	4	2	7	8	7	5	1	4
7797	강원 횡성군	자활근로사업	2,854,476	4	1	7	8	7	1	1	1

순번	시군구	지출명 (사업명)	2024년예산 (단위 : 천원 /1년간)	민간이전 분류 (지방자치단체 세출예산 집행기준에 의거) 1. 민간경상사업보조(307-02) 2. 민간단체 법정운영비보조(307-03) 3. 민간행사사업보조(307-04) 4. 민간위탁금(307-05) 5. 사회복지시설 법정운영비보조(307-10) 6. 민간인위탁교육비(307-12) 7. 공기관등에대한경상적위탁사업비(308-13) 8. 민간자본사업보조,자체재원(402-01) 9. 민간자본사업보조,이전재원(402-02) 10. 민간위탁사업비(402-03) 11. 공기관등에 대한 자본적 위탁사업비(403-02)	민간이전지출 근거 (지방보조금 관리기준 참고) 1. 법률에 규정 2. 국고보조 재원(국가지정) 3. 용도 지정 기부금 4. 조례에 직접규정 5. 지자체가 권장하는 사업을 하는 공공기관 6. 시,도 정책 및 재정사정 7. 기타 8. 해당없음	입찰방식: 계약체결방법 (경쟁형태) 1. 일반경쟁 2. 제한경쟁 3. 지명경쟁 4. 수의계약 5. 법정위탁 6. 기타 ( ) 7. 없음	입찰방식: 계약기간 1. 1년 2. 2년 3. 3년 4. 4년 5. 5년 6. 기타 ( )년 7. 단기계약 (1년미만) 8. 없음	입찰방식: 낙찰자선정방법 1. 적격심사 2. 협상에의한계약 3. 최저가낙찰제 4. 규격가격분리 5. 2단계 경쟁입찰 6. 기타 ( ) 7. 없음	운영예산 산정: 운영예산 산정 1. 내부산정 (지자체 자체적으로 산정) 2. 외부산정 (외부전문기관위탁 산정) 3. 내·외부 모두 산정 4. 산정 無 5. 없음	운영예산 산정: 정산방법 1. 내부정산 (지자체 내부적으로 정산) 2. 외부정산 (외부전문기관위탁 정산) 3. 내·외부 모두 산정 4. 정산 無 5. 없음	성과평가 실시여부 1. 실시 2. 미실시 3. 향후 추진 4. 해당없음
7798	강원 횡성군	장애인지역사회재활시설지원	2,012,975	4	1	7	5	7	1	1	1
7799	강원 횡성군	재활용선별장민간위탁	1,274,780	4	4	1	3	1	2	1	3
7800	강원 횡성군	산업단지공공폐수시설민간위탁용역	1,267,200	4	4	6	3	6	1	4	1
7801	강원 횡성군	장애인주간활동서비스	840,728	4	2	7	8	7	5	1	4
7802	강원 횡성군	교통약자특별교통수단민간위탁운영비	709,608	4	1	1	2	1	1	1	1
7803	강원 횡성군	장애인직업재활시설지원	643,041	4	1	7	8	7	1	1	1
7804	강원 횡성군	가연성폐기물운반처리민간대행용역	480,000	4	8	7	8	7	5	5	4
7805	강원 횡성군	노상주차장민간위탁운영비	432,000	4	4	5	3	1	1	1	2
7806	강원 횡성군	산업단지공동이용시설위탁관리지원금	395,520	4	4	7	8	7	1	1	4
7807	강원 횡성군	지역자율형사회서비스투자사업	303,887	4	2	7	8	7	5	1	4
7808	강원 횡성군	사회적경제민간업무위탁	300,000	4	4	7	8	7	1	1	4
7809	강원 횡성군	음식물폐기물운반및처리용역	268,600	4	8	7	8	7	5	5	4
7810	강원 횡성군	장애인생활편의서비스지원	205,822	4	4	7	8	7	1	1	1
7811	강원 횡성군	장애아동가족지원(발달재활)	165,268	4	2	7	8	7	5	1	4
7812	강원 횡성군	장애인시각장애인안마사일자리지원	149,000	4	8	7	8	7	5	1	4
7813	강원 횡성군	장애인복지일자리지원	138,195	4	8	7	8	7	5	1	4
7814	강원 횡성군	장애인방과후활동서비스	124,620	4	2	7	8	7	5	1	4
7815	강원 횡성군	어린이급식관리지원센터운영	118,600	4	2	7	8	7	5	2	1
7816	강원 횡성군	침출수처리장단순관리대행	118,000	4	1	1	3	1	2	1	3
7817	강원 횡성군	장애인기초생활보장지원	116,815	4	6	7	8	7	5	1	4
7818	강원 횡성군	횡성사랑상품권발행및운영	100,000	4	1,4	1	3	2	1	1	1
7819	강원 횡성군	방역소독대행비	99,200	4	1	7	8	7	5	5	4
7820	강원 횡성군	가사간병지원사업	47,108	4	2	7	8	7	5	1	4
7821	강원 횡성군	장애인활동지원가산수당	12,957	4	2	7	8	7	5	1	4
7822	강원 횡성군	어린이급식관리지원센터프로그램운영비지원	5,280	4	5	7	8	7	1	1	1
7823	강원 횡성군	자활기금운영	3,000	4	4	7	8	7	1	1	1
7824	강원 영월군	특별교통수단운영지원	519,000	4	2	1	3	1	1	1	3
7825	강원 영월군	특별교통수단운영지원(국토교통부)	95,400	4	2	1	3	1	1	1	3
7826	강원 영월군	장애인복지시설운영지원	1,484,711	4	1	7	8	7	1	1	1
7827	강원 영월군	종합사회복지관운영	1,367,416	4	4	1	5	1	1	3	1
7828	강원 영월군	자활지원(근로사업)	1,232,270	4	1	5	1	7	5	1	1
7829	강원 영월군	청소년수련관운영	721,830	4	1	1	5	1	1	1	1
7830	강원 영월군	건강가정및다문화가족지원센터통합서비스	621,586	4	1	1	1	1	1	1	1
7831	강원 영월군	농산물브랜드육성사업	608,000	4	4	7	8	7	1	1	4
7832	강원 영월군	영월군어르신목욕및이미용바우처사업	470,000	4	4	4	8	7	1	1	4
7833	강원 영월군	청소년문화의집운영	416,090	4	1	1	5	1	1	1	1
7834	강원 영월군	농기계위탁수리지원	300,000	4	4	7	8	7	1	1	1
7835	강원 영월군	근로능력있는수급자의탈수급지원	206,466	4	1	5	1	7	5	1	1
7836	강원 영월군	농작업대행지원	200,000	4	4	7	8	7	1	1	1
7837	강원 영월군	청소년방과후아카데미운영(국)	198,660	4	2	1	5	1	1	1	1

순번	시군구	지출명 (사업명)	2024년예산 (단위 : 천원 /1년간)	민간이전 분류 (지방자치단체 세출예산 집행기준에 의거) 1. 민간경상사업보조(307-02) 2. 민간단체 법정운영비보조(307-03) 3. 민간행사사업보조(307-04) 4. 민간위탁금(307-05) 5. 사회복지시설 법정운영비보조(307-10) 6. 민간인위탁교육비(307-12) 7. 공기관등에대한경상적위탁사업비(308-13) 8. 민간자본사업보조,자체재원(402-01) 9. 민간자본사업보조,이전재원(402-02) 10. 민간위탁사업비(402-03) 11. 공기관등에 대한 자본적 위탁사업비(403-02)	민간이전지출 근거 (지방보조금 관리기준 참고) 1. 법률에 규정 2. 국고보조 재원(국가지정) 3. 용도 지정 기부금 4. 조례에 직접규정 5. 지자체가 권장하는 사업을 하는 공공기관 6. 시,도 정책 및 재정사정 7. 기타 8. 해당없음	입찰방식			운영예산 산정		성과평가 실시여부
						계약체결방법 (경쟁형태) 1. 일반경쟁 2. 제한경쟁 3. 지명경쟁 4. 수의계약 5. 법정위탁 6. 기타 ( ) 7. 없음	계약기간 1. 1년 2. 2년 3. 3년 4. 4년 5. 5년 6. 기타 ( )년 7. 단기계약 (1년미만) 8. 없음	낙찰자선정방법 1. 적격심사 2. 협상에의한계약 3. 최저가낙찰제 4. 규격가격분리 5. 2단계 경쟁입찰 6. 기타 ( ) 7. 없음	운영예산 산정 1. 내부산정 (지자체 자체적으로 산정) 2. 외부산정 (외부전문기관위탁 산정) 3. 내·외부 모두 산정 4. 산정 無 5. 없음	정산방법 1. 내부정산 (지자체 내부적으로 정산) 2. 외부정산 (외부전문기관위탁 정산) 3. 내·외부 모두 산정 4. 정산 無 5. 없음	1. 실시 2. 미실시 3. 향후 추진 4. 해당없음
7838	강원 영월군	청소년상담복지센터운영	198,276	4	1	1	5	1	1	1	1
7839	강원 영월군	장애인직업재활시설기능보강사업지원	189,900	4	1	7	8	7	1	1	1
7840	강원 영월군	영월군사회적경제지원센터운영	160,000	4	1	7	8	7	5	5	4
7841	강원 영월군	장애인거주시설기능보강사업지원	145,120	4	1	7	8	7	1	1	1
7842	강원 영월군	영월군가족센터운영	138,950	4	1	1	1	1	1	1	1
7843	강원 영월군	건강가정및다문화가족지원사업	100,430	4	1	1	1	1	1	1	1
7844	강원 영월군	영월시네마운영	100,000	4	4	7	8	7	1	1	3
7845	강원 영월군	생활문화센터운영활성화지원(군비추가)	97,778	4	4	7	8	7	1	1	3
7846	강원 영월군	학교밖청소년지원(국)	88,642	4	2	1	5	1	1	1	1
7847	강원 영월군	지역사회만성병조사감시체계구축	66,374	4	2	7	8	7	5	3	4
7848	강원 영월군	영월관광센터운영및관리(군비)	65,000	4	4	7	3	7	1	1	1
7849	강원 영월군	영월아카데미운영	60,000	4	4	5	7	1	2	1	1
7850	강원 영월군	아이돌봄지원긴급돌봄	60,000	4	1	1	1	1	1	1	1
7851	강원 영월군	공동육아나눔터지원	56,712	4	1	1	1	1	1	1	1
7852	강원 영월군	청소년방과후아카데미운영(군)	55,891	4	1	1	5	1	1	1	1
7853	강원 영월군	농산물통합브랜드포장재지원	50,000	4	4	7	8	7	1	1	4
7854	강원 영월군	이중언어가족환경조성	46,430	4	1	1	1	1	1	1	1
7855	강원 영월군	방문교육서비스지원	40,054	4	1	1	1	1	1	1	1
7856	강원 영월군	장애인주택개조사업	38,000	4	2	7	7	7	1	1	4
7857	강원 영월군	결혼이민자통번역서비스지원	34,100	4	1	1	1	1	1	1	1
7858	강원 영월군	옥외광고물등관리,정비	32,000	4	4	7	7	7	1	1	1
7859	강원 영월군	농기계전문교육	27,000	4	4	7	8	7	1	1	1
7860	강원 영월군	학교밖청소년지원(군)	21,330	4	1	1	5	1	1	1	1
7861	강원 영월군	공동육아나눔터지원사업(군비추가)	21,000	4	1	1	1	1	1	1	1
7862	강원 영월군	다문화마음치유어울림교실	20,000	4	1	1	1	1	1	1	1
7863	강원 영월군	결혼이민자역량강화지원	15,500	4	1	1	1	1	1	1	1
7864	강원 영월군	다문화가족자녀한글교육지원	11,856	4	1	1	1	1	1	1	1
7865	강원 영월군	생활문화센터운영활성화지원	8,100	4	6	7	8	7	1	1	3
7866	강원 영월군	농특산물안전성검사(군비추가)	8,075	4	4	7	8	7	1	1	4
7867	강원 영월군	강원형수선유지주거급여(집수리)	8,000	4	6	7	7	7	1	1	4
7868	강원 영월군	학교밖청소년급식지원	7,200	4	2	1	5	1	1	1	1
7869	강원 영월군	결혼이민자상호멘토링사업	5,600	4	1	1	1	1	1	1	1
7870	강원 영월군	청년중증장애인자산형성사업	5,400	4	6	7	8	7	1	1	4
7871	강원 영월군	농특산물안전성검사	2,550	4	6	7	8	7	1	1	4
7872	강원 영월군	다문화가족방문교육지도사처우개선비	2,456	4	1	1	1	1	1	1	1
7873	강원 영월군	세계인의날기념행사참가비	1,900	4	1	1	1	1	1	1	1
7874	강원 영월군	담배소매인지정사실조사운영	1,589	4	1	4	8	7	1	5	4
7875	강원 영월군	청소관리	709,200	4	4	2	2	5	2	1	1
7876	강원 영월군	음식물쓰레기자원화	500,000	4	4	7	8	7	5	5	4
7877	강원 영월군	소각처리시설안정적운영	500,000	4	4	7	8	7	5	5	4

순번	시군구	지출명 (사업명)	2024년예산 (단위 : 천원 /1년간)	민간이전 분류 (지방자치단체 세출예산 집행기준에 의거) 1. 민간경상사업보조(307-02) 2. 민간단체 법정운영비보조(307-03) 3. 민간행사사업보조(307-04) 4. 민간위탁금(307-05) 5. 사회복지시설 법정운영비보조(307-10) 6. 민간인위탁교육비(307-12) 7. 공기관등에대한경상적위탁사업비(308-13) 8. 민간자본사업보조,자체재원(402-01) 9. 민간자본사업보조,이전재원(402-02) 10. 민간위탁사업비(402-03) 11. 공기관등에 대한 자본적 위탁사업비(403-02)	민간이전지출 근거 (지방보조금 관리기준 참고) 1. 법률에 규정 2. 국고보조 재원(국가지정) 3. 용도 지정 기부금 4. 조례에 직접규정 5. 지자체가 권장하는 사업을 하는 공공기관 6. 시,도 정책 및 재정사정 7. 기타 8. 해당없음	입찰방식 계약체결방법 (경쟁형태) 1. 일반경쟁 2. 제한경쟁 3. 지명경쟁 4. 수의계약 5. 법정위탁 6. 기타 ( ) 7. 없음	입찰방식 계약기간 1. 1년 2. 2년 3. 3년 4. 4년 5. 5년 6. 기타 ( )년 7. 단기계약 (1년미만) 8. 없음	입찰방식 낙찰자선정방법 1. 적격심사 2. 협상에의한계약 3. 최저가낙찰제 4. 규격가격분리 5. 2단계 경쟁입찰 6. 기타 ( ) 7. 없음	운영예산 산정 운영예산 산정 1. 내부산정 (지자체 자체적으로 산정) 2. 외부산정 (외부전문기관위탁 산정) 3. 내·외부 모두 산정 4. 산정 無 5. 없음	운영예산 산정 정산방법 1. 내부정산 (지자체 내부적으로 정산) 2. 외부정산 (외부전문기관위탁 정산) 3. 내·외부 모두 산정 4. 정산 無 5. 없음	성과평가 실시여부 1. 실시 2. 미실시 3. 향후 추진 4. 해당없음
7878	강원 영월군	어린이사회복지급식관리지원센터운영	180,600	4	1	5	3	1	1	2	1
7879	강원 영월군	재활용사업추진	100,000	4	4	7	8	7	5	5	4
7880	강원 영월군	분뇨차액보전	65,000	4	4	7	8	7	5	5	4
7881	강원 평창군	공공하수처리시설운영지원	6,000,000	4	1	1	5	2	2	1	1
7882	강원 평창군	대화진부공공하수처리시설운영지원	3,500,000	4	1	1	6	6	2	1	1
7883	강원 평창군	음식물쓰레기공공처리시설위탁금	1,800,000	4	1	7	8	7	5	5	4
7884	강원 평창군	평창군자원회수센터민간위탁용역	1,160,000	4	1	2	3	2	1	1	4
7885	강원 평창군	백룡동굴가이드운영위탁금	644,931	4	4	2	6	1	3	1	3
7886	강원 평창군	특별교통수단운영지원	628,000	4	2	6	3	7	1	1	1
7887	강원 평창군	대형폐기물처리위탁금	500,000	4	1	2	1	1	2	1	2
7888	강원 평창군	공선조직육성위탁금	500,000	4	6	7	8	7	1	1	1
7889	강원 평창군	시군역량강화	400,000	4	4	5	3	7	5	1	4
7890	강원 평창군	HAPPY7평창시민대학운영위탁금	320,000	4	4	7	1	7	3	1	3
7891	강원 평창군	한강시원지체험관위탁금	300,000	4	4	7	8	7	1	1	4
7892	강원 평창군	한약재유통지원시설운영위탁금	263,000	4	4	7	8	7	1	1	4
7893	강원 평창군	통합문화이용권위탁금	248,170	4	4	7	8	7	1	1	1
7894	강원 평창군	청소년상담복지센터위탁금	230,800	4	1	1	3	1	1	1	1
7895	강원 평창군	스카이타워체험시설민간위탁	180,000	4	4	7	8	7	5	5	4
7896	강원 평창군	조합공동사업법인운영위탁금	150,000	4	6	7	8	7	1	1	1
7897	강원 평창군	HAPPY7평창시네마위탁금	145,670	4	8	1	3	7	1	1	1
7898	강원 평창군	자산형성지원사업비예탁	119,484	4	2	7	8	7	1	1	3
7899	강원 평창군	어린이급식관리지원센터설치운영	118,600	4	2	1	3	1	1	1	1
7900	강원 평창군	진부어린이실내놀이터운영	111,400	4	4	7	5	7	1	1	4
7901	강원 평창군	문화복지센터운영	110,000	4	5	1	1	1	1	1	1
7902	강원 평창군	시티투어버스운영위탁금	80,000	4	1,4	7	8	7	5	5	4
7903	강원 평창군	농촌중심지활성화	72,000	4	1	7	8	7	5	5	4
7904	강원 평창군	농특산물온라인쇼핑몰운영위탁금	50,000	4	5	7	8	7	1	1	1
7905	강원 평창군	고향사랑기부제답례품공급위탁금	44,000	4	4	7	8	7	5	5	4
7906	강원 평창군	현수막지정게시대관리및불법광고물정비위탁금	25,000	4	4	2	3	7	1	1	4
7907	강원 평창군	조합공동사업법인판촉및홍보위탁금	15,000	4	6	7	8	7	1	1	1
7908	강원 평창군	백룡동굴가이드교육위탁비	10,000	4	4	2	6	1	3	1	3
7909	강원 평창군	옥외광고물등안전도검사위탁금	10,000	4	4	2	3	7	1	1	4
7910	강원 평창군	어린이급식관리지원센터위탁금	10,000	4	7	1	3	1	1	1	1
7911	강원 평창군	농촌협약	10,000	4	4	5	3	7	1	1	4
7912	강원 평창군	농가조직화및유통관계자교육위탁금	7,000	4	6	7	8	7	1	1	1
7913	강원 정선군	정선군환경기초시설(25개소)관리대행용역	6,300,000	4	1	1	5	2	2	1	1
7914	강원 정선군	음식물류폐기물전문업체위탁처리	1,688,864	4	1	1	1	1	2	1	1
7915	강원 정선군	고한읍도시재생뉴딜사업	1,277,095	4	4	1	3	1	1	1	1
7916	강원 정선군	사업비	1,238,675	4	5	7	8	7	5	5	4
7917	강원 정선군	전국및도단위체육대회유치	1,084,000	4	1	7	8	7	1	1	1

순번	시군구	지출명 (사업명)	2024년예산 (단위 : 천원 /1년간)	민간이전 분류 (지방자치단체 세출예산 집행기준에 의거) 1. 민간경상사업보조(307-02) 2. 민간단체 법정운영비보조(307-03) 3. 민간행사사업보조(307-04) 4. 민간위탁금(307-05) 5. 사회복지시설 법정운영비보조(307-10) 6. 민간인위탁교육비(307-12) 7. 공기관등에대한경상적위탁사업비(308-13) 8. 민간자본사업보조,자체재원(402-01) 9. 민간자본사업보조,이전재원(402-02) 10. 민간위탁사업비(402-03) 11. 공기관등에 대한 자본적 위탁사업비(403-02)	민간이전지출 근거 (지방보조금 관리기준 참고) 1. 법률에 규정 2. 국고보조 재원(국가지정) 3. 용도 지정 기부금 4. 조례에 직접규정 5. 지자체가 권장하는 사업을 하는 공공기관 6. 시,도 정책 및 재정사정 7. 기타 8. 해당없음	입찰방식: 계약체결방법 (경쟁형태) 1. 일반경쟁 2. 제한경쟁 3. 지명경쟁 4. 수의계약 5. 법정위탁 6. 기타 ( ) 7. 없음	입찰방식: 계약기간 1. 1년 2. 2년 3. 3년 4. 4년 5. 5년 6. 기타 ( )년 7. 단기계약 (1년미만) 8. 없음	입찰방식: 낙찰자선정방법 1. 적격심사 2. 협상에의한계약 3. 최저가낙찰제 4. 규격가격분리 5. 2단계 경쟁입찰 6. 기타 ( ) 7. 없음	운영예산 산정: 운영예산 산정 1. 내부산정 (지자체 자체적으로 산정) 2. 외부산정 (외부전문기관위탁 산정) 3. 내·외부 모두 산정 4. 산정 無 5. 없음	운영예산 산정: 정산방법 1. 내부정산 (지자체 내부적으로 정산) 2. 외부정산 (외부전문기관위탁 정산) 3. 내·외부 모두 산정 4. 정산 無 5. 없음	성과평가 실시여부 1. 실시 2. 미실시 3. 향후 추진 4. 해당없음
7918	강원 정선군	영아반보육료지원	1,016,844	4	1	5	8	7	1	1	1
7919	강원 정선군	징검다리스쿨운영	800,000	4	5	7	8	7	5	5	4
7920	강원 정선군	인건비	712,003	4	6	5	8	7	1	1	1
7921	강원 정선군	도시재생지원센터인건비및운영비	629,581	4	4	1	3	1	1	1	1
7922	강원 정선군	정선군가족센터운영	586,556	4	4	7	8	7	1	1	1
7923	강원 정선군	사북공공도서관운영	537,225	4	1	1	3	1	1	1	1
7924	강원 정선군	정선군노인요양원(치매전담실)운영비지원	533,000	4	1	7	7	7	1	1	4
7925	강원 정선군	공공형계절근로사업민간위탁지원	507,000	4	6	6	1	6	1	1	1
7926	강원 정선군	인건비	445,914	4	6	7	8	7	1	1	1
7927	강원 정선군	아이돌봄지원사업	432,712	4	2	7	5	7	1	1	1
7928	강원 정선군	특별교통수단(장애인콜택시)운영(기금)	401,266	4	2	4	5	7	2	2	1
7929	강원 정선군	디지털생활문해교육운영(폐기금)	400,000	4	4	1	5	1	1	1	1
7930	강원 정선군	고한복합문화센터운영	400,000	4	1	2	3	6	1	1	3
7931	강원 정선군	인건비	336,975	4	6	7	8	7	1	1	1
7932	강원 정선군	인건비	335,991	4	6	7	8	7	1	1	1
7933	강원 정선군	인건비	327,215	4	6	7	8	7	1	1	1
7934	강원 정선군	청년학교교육프로그램운영나비캠퍼스(지방소멸대응기금)	300,000	4	8	7	5	7	5	1	1
7935	강원 정선군	폐광지역생활주변환경개선(폐기금)	300,000	4	4	4	1	7	1	1	3
7936	강원 정선군	친환경우수농산물학교급식지원	282,000	4	7	7	8	7	1	1	4
7937	강원 정선군	공동체역량강화프로그램운영	270,000	4	6	7	8	7	1	1	1
7938	강원 정선군	정선작은영화관운영지원	270,000	4	1	6	3	6	5	5	2
7939	강원 정선군	노인일자리및사회활동지원사업(공익형)활동보조수당지원	253,000	4	1	5	3	7	1	1	1
7940	강원 정선군	사업비	200,000	4	8	7	5	7	5	5	1
7941	강원 정선군	콜센터위탁운영비	185,558	4	6	5	8	7	1	1	1
7942	강원 정선군	신동다함께돌봄센터인건비	182,970	4	8	7	8	7	5	5	4
7943	강원 정선군	아이랑키즈카페(정선)운영	180,000	4	2	2	3	1	1	1	3
7944	강원 정선군	운영비	179,428	4	6	7	8	7	1	1	1
7945	강원 정선군	정선군가족센터운영(군비추가)	174,220	4	6	5	8	7	1	1	1
7946	강원 정선군	아리키즈카페(사북)운영	170,000	4	6	7	8	7	1	1	1
7947	강원 정선군	민둥산복합스포츠센터운영	150,000	4	6	7	8	7	1	1	1
7948	강원 정선군	관리비	147,956	4	5	7	8	7	5	5	4
7949	강원 정선군	장애인보호작업장운영	142,651	4	6	7	8	7	1	1	1
7950	강원 정선군	인건비	138,677	4	5	7	8	7	5	1	4
7951	강원 정선군	사업비	130,000	4	6	7	8	7	1	1	1
7952	강원 정선군	일반운영비	125,599	4	6	7	8	7	1	1	1
7953	강원 정선군	어린이급식관리지원센터운영	118,600	4	8	7	5	7	5	1	1
7954	강원 정선군	공동육아나눔터운영	113,424	4	1	1	4	1	1	1	4
7955	강원 정선군	사업비	110,000	4	6	7	8	7	1	1	1
7956	강원 정선군	가온누리돌봄센터운영비	107,520	4	6	7	8	7	1	1	1
7957	강원 정선군	지역사회청소년안전망운영지원	102,000	4	2	2	3	1	1	1	3

순번	시군구	지출명 (사업명)	2024년예산 (단위 : 천원 /1년간)	민간이전 분류 (지방자치단체 세출예산 집행기준에 의거) 1. 민간경상사업보조(307-02) 2. 민간단체 법정운영비보조(307-03) 3. 민간행사사업보조(307-04) 4. 민간위탁금(307-05) 5. 사회복지시설 법정운영비보조(307-10) 6. 민간인위탁교육비(307-12) 7. 공기관등에대한경상적위탁사업비(308-13) 8. 민간자본사업보조,자체재원(402-01) 9. 민간자본사업보조,이전재원(402-02) 10. 민간위탁사업비(402-03) 11. 공기관등에 대한 자본적 위탁사업비(403-02)	민간이전지출 근거 (지방보조금 관리기준 참고) 1. 법률에 규정 2. 국고보조 재원(국가지정) 3. 용도 지정 기부금 4. 조례에 직접규정 5. 지자체가 권장하는 사업을 하는 공공기관 6. 시,도 정책 및 재정사정 7. 기타 8. 해당없음	입찰방식: 계약체결방법 (경쟁형태) 1. 일반경쟁 2. 제한경쟁 3. 지명경쟁 4. 수의계약 5. 법정위탁 6. 기타 ( ) 7. 없음	입찰방식: 계약기간 1. 1년 2. 2년 3. 3년 4. 4년 5. 5년 6. 기타 ( )년 7. 단기계약 (1년미만) 8. 없음	입찰방식: 낙찰자선정방법 1. 적격심사 2. 협상에의한계약 3. 최저가낙찰제 4. 규격가격분리 5. 2단계 경쟁입찰 6. 기타 ( ) 7. 없음	운영예산 산정: 운영예산 산정 1. 내부산정 (지자체 자체적으로 산정) 2. 외부산정 (외부전문기관위탁 산정) 3. 내·외부 모두 산정 4. 산정 無 5. 없음	운영예산 산정: 정산방법 1. 내부정산 (지자체 내부적으로 정산) 2. 외부정산 (외부전문기관위탁 정산) 3. 내·외부 모두 산정 4. 정산 無 5. 없음	성과평가 실시여부 1. 실시 2. 미실시 3. 향후 추진 4. 해당없음
7958	강원 정선군	사북해봄마을지역역량강화	100,000	4	1	4	3	1	1	1	1
7959	강원 정선군	관리비	95,167	4	6	7	8	7	1	1	1
7960	강원 정선군	관리비	94,147	4	6	7	8	7	1	1	1
7961	강원 정선군	학교밖청소년지원센터운영	88,642	4	6	7	8	7	1	1	1
7962	강원 정선군	다문화가족자녀언어발달지원	81,180	4	6	7	8	7	1	1	1
7963	강원 정선군	사업비	80,000	4	6	7	8	7	1	1	1
7964	강원 정선군	희망드림행복빨래방운영비	80,000	4	8	7	5	7	5	1	1
7965	강원 정선군	쌀가공체험장위탁운영	80,000	4	1	4	5	6	1	1	4
7966	강원 정선군	작은도서관도서순회실무사지원사업비	77,500	4	1	1	3	1	1	1	1
7967	강원 정선군	특별교통수단(장애인콜택시)운영(국비)	76,320	4	2	4	5	7	2	2	1
7968	강원 정선군	아이돌봄돌봐아본인부담금지원	75,000	4	6	7	5	7	1	1	1
7969	강원 정선군	귀농귀촌상담및농업인교육사무위탁	74,400	4	6	6	3	6	1	1	3
7970	강원 정선군	사북다함께돌봄센터인건비	73,260	4	2	2	3	1	1	1	3
7971	강원 정선군	다함께자람'돌봄교실운영	70,000	4	5	7	8	7	5	5	4
7972	강원 정선군	지역사회건강조사위탁	66,374	4	2	6	1	7	5	5	4
7973	강원 정선군	머물고싶은정선공동육아모임	65,000	4	5	7	8	7	5	5	4
7974	강원 정선군	공공도서관개관시간연장지원	65,000	4	1	1	3	1	1	1	1
7975	강원 정선군	인건비	60,719	4	5	7	8	7	5	5	4
7976	강원 정선군	초등학력인정문해교실	60,000	4	4	1	5	1	1	1	1
7977	강원 정선군	청소년동반자프로그램운영	56,562	4	6	7	8	7	1	1	1
7978	강원 정선군	1:1방문한국어교육사업	46,300	4	6	7	8	7	1	1	1
7979	강원 정선군	사북다함께돌봄센터운영비	40,120	4	2	2	3	1	1	1	3
7980	강원 정선군	자녀양육및자녀생활등방문교육서비스지원	40,054	4	6	7	8	7	1	1	1
7981	강원 정선군	중학학력인정문해교실	40,000	4	4	1	5	1	1	1	1
7982	강원 정선군	사업비	37,500	4	6	7	8	7	1	1	1
7983	강원 정선군	이중언어가족환경조성	36,430	4	6	7	8	7	1	1	1
7984	강원 정선군	결혼이민자통번역서비스지원	34,100	4	6	7	8	7	1	1	1
7985	강원 정선군	농업인회관위탁관리비지원	26,400	4	1	2	5	1	1	1	1
7986	강원 정선군	임계청소년문화의집배치지도사인건비	25,944	4	6	7	8	7	1	1	1
7987	강원 정선군	정선군청소년수련관배치지도사인건비	25,944	4	6	5	8	7	1	1	1
7988	강원 정선군	사북청소년장학센터배치지도사인건비	25,368	4	6	7	8	7	1	1	1
7989	강원 정선군	신동청소년아동장학복지센터배치지도사인건비	25,368	4	6	7	8	7	1	1	1
7990	강원 정선군	영아아이돌보미수당지원	25,000	4	6	7	5	7	1	1	1
7991	강원 정선군	어린이날대축제행사지원	25,000	4	6	7	8	7	1	1	1
7992	강원 정선군	운영시간연장인건비	23,640	4	2	2	3	1	1	1	3
7993	강원 정선군	관리비	23,423	4	6	7	8	7	1	1	1
7994	강원 정선군	다문화자신만만세계요리대회	20,000	4	6	7	8	7	1	1	1
7995	강원 정선군	함께키움공동육아지원사업	20,000	4	6	7	8	7	1	1	1
7996	강원 정선군	다문화가정국제특급우편요금지원	20,000	4	6	7	8	7	1	1	1
7997	강원 정선군	아이사랑가족사랑대축제	20,000	4	6	7	8	7	1	1	1

순번	시군구	지출명 (사업명)	2024년예산 (단위 : 천원 /1년간)	민간이전 분류 (지방자치단체 세출예산 집행기준에 의거) 1. 민간경상사업보조(307-02) 2. 민간단체 법정운영비보조(307-03) 3. 민간행사사업보조(307-04) 4. 민간위탁금(307-05) 5. 사회복지시설 법정운영비보조(307-10) 6. 민간인위탁교육비(307-12) 7. 공기관등에대한경상적위탁사업비(308-13) 8. 민간자본사업보조,자체재원(402-01) 9. 민간자본사업보조,이전재원(402-02) 10. 민간위탁사업비(402-03) 11. 공기관등에 대한 자본적 위탁사업비(403-02)	민간이전지출 근거 (지방보조금 관리기준 참고) 1. 법률에 규정 2. 국고보조 재원(국가지정) 3. 용도 지정 기부금 4. 조례에 직접규정 5. 지자체가 권장하는 사업을 하는 공공기관 6. 시,도 정책 및 재정사정 7. 기타 8. 해당없음	입찰방식 계약체결방법 (경쟁형태) 1. 일반경쟁 2. 제한경쟁 3. 지명경쟁 4. 수의계약 5. 법정위탁 6. 기타 ( ) 7. 없음	입찰방식 계약기간 1. 1년 2. 2년 3. 3년 4. 4년 5. 5년 6. 기타 ( )년 7. 단기계약 (1년미만) 8. 없음	입찰방식 낙찰자선정방법 1. 적격심사 2. 협상에의한계약 3. 최저가낙찰제 4. 규격가격분리 5. 2단계 경쟁입찰 6. 기타 ( ) 7. 없음	운영예산 산정 운영예산 산정 1. 내부산정 (지자체 자체적으로 산정) 2. 외부산정 (외부전문기관위탁 산정) 3. 내·외부 모두 산정 4. 산정 無 5. 없음	운영예산 산정 정산방법 1. 내부정산 (지자체 내부적으로 정산) 2. 외부정산 (외부전문기관위탁 정산) 3. 내·외부 모두 산정 4. 정산 無 5. 없음	성과평가 실시여부 1. 실시 2. 미실시 3. 향후 추진 4. 해당없음
7998	강원 정선군	북스타트운영사업비	20,000	4	1	1	3	1	1	1	1
7999	강원 정선군	특화도서관운영사업비	20,000	4	1	1	3	1	1	1	1
8000	강원 정선군	어린이급식관리지원센터설치운영(군비추가)	17,200	4	1	1	4	1	1	1	4
8001	강원 정선군	결혼이민자역량강화지원	15,500	4	6	7	8	7	1	1	1
8002	강원 정선군	아이돌보미처우개선지원(자체)	15,000	4	6	7	5	7	1	1	1
8003	강원 정선군	문화학교운영사업비	15,000	4	1	1	3	1	1	1	1
8004	강원 정선군	강원일보건강달리기대회	15,000	4	1	7	8	7	1	1	1
8005	강원 정선군	도민일보건강달리기대회	15,000	4	1	7	8	7	1	1	1
8006	강원 정선군	정선군청소년상담복지센터종사자처우개선수당	12,600	4	6	7	8	7	1	1	1
8007	강원 정선군	인문학아카데미사업비	10,000	4	1	1	3	1	1	1	1
8008	강원 정선군	과수작목반전문가컨설팅	10,000	4	1	7	8	7	5	5	4
8009	강원 정선군	학교밖청소년급식지원	6,500	4	6	7	8	7	1	1	1
8010	강원 정선군	아이돌보미처우개선지원	6,480	4	6	7	5	7	1	1	1
8011	강원 정선군	학교밖청소년'꿈드림수당'지원	6,000	4	6	7	8	7	1	1	1
8012	강원 정선군	다문화가족자녀한글교육지원	5,016	4	6	7	8	7	1	1	1
8013	강원 정선군	다문화가정정선바로알기프로그램	5,000	4	6	7	8	7	1	1	1
8014	강원 정선군	건강한우리가족만들기	5,000	4	6	7	8	7	1	1	1
8015	강원 정선군	다문화가족방문교육지도사처우개선	2,456	4	6	7	8	7	1	1	1
8016	강원 정선군	결혼이민자상호멘토링사업	2,400	4	6	7	8	7	1	1	1
8017	강원 정선군	세계인의날기념행사참가비	1,900	4	6	7	8	7	1	1	1
8018	강원 화천군	화천군공공하수처리시설운영관리민간위탁용역	3,675,000	4	7	6	5	1	2	1	1
8019	강원 화천군	자활근로사업비	1,282,363	4	1	5	1	6	1	1	1
8020	강원 화천군	장애인활동지원급여지원	1,098,552	4	1	1	8	1	1	1	1
8021	강원 화천군	공공산후조리원위탁운영	816,700	4	1,4	2	3	1	3	3	3
8022	강원 화천군	장애인일자리(복지일자리)사업	780,802	4	1	1	1	1	1	1	1
8023	강원 화천군	진료의사업무대행비(소아과,산부인과)	464,486	4	6	7	8	7	5	5	4
8024	강원 화천군	발달장애인주간활동서비스지원	394,096	4	1	1	3	1	1	1	1
8025	강원 화천군	화천힐링센터민간위탁금교부	220,000	4	4	1	3	1	1	1	1
8026	강원 화천군	지역사회서비스투자사업	176,708	4	2	1	1	1	1	1	1
8027	강원 화천군	장례식장위탁운영비	134,400	4	4	2	5	1	3	1	1
8028	강원 화천군	이동목욕차량운영사업	110,000	4	4	2	5	1	2	1	1
8029	강원 화천군	발달재활서비스바우처사업	88,620	4	4	1	5	1	1	1	4
8030	강원 화천군	장애인일자리(안마사파견)사업	55,874	4	1	1	8	1	1	1	1
8031	강원 화천군	발달장애인방과후돌봄서비스지원	49,850	4	1	1	1	1	1	1	1
8032	강원 화천군	가사간병방문도우미	34,838	4	1	1	3	1	1	1	1
8033	강원 화천군	친정엄마같은출산지원바우처	20,000	4	2	1	1	1	3	3	1
8034	강원 화천군	청년마음건강사업	2,047	4	2	1	1	1	3	3	1
8035	강원 화천군	장애인활동지원급여(가산급여)지원	593	4	2	1	1	1	3	3	1
8036	강원 양구군	양구군공공하수처리시설단순관리대행	4,278,616	4	1	1	8	1	1	1	1
8037	강원 양구군	소각시설및전처리시설관리운영민간위탁운영	2,450,000	4	4	1	3	2	1	1	2

순번	시군구	지출명 (사업명)	2024년예산 (단위 : 천원 /1년간)	민간이전 분류 (지방자치단체 세출예산 집행기준에 의거) 1. 민간경상사업보조(307-02) 2. 민간단체 법정운영비보조(307-03) 3. 민간행사사업보조(307-04) 4. 민간위탁금(307-05) 5. 사회복지시설 법정운영비보조(307-10) 6. 민간인위탁교육비(307-12) 7. 공기관등에대한경상적위탁사업비(308-13) 8. 민간자본사업보조,지체재원(402-01) 9. 민간자본사업보조,이전재원(402-02) 10. 민간위탁사업비(402-03) 11. 공기관등에 대한 자본적 위탁사업비(403-02)	민간이전지출 근거 (지방보조금 관리기준 참고) 1. 법률에 규정 2. 국고보조 재원(국가지정) 3. 용도 지정 기부금 4. 조례에 직접규정 5. 지자체가 권장하는 사업을 하는 공공기관 6. 시,도 정책 및 재정사정 7. 기타 8. 해당없음	입찰방식 계약체결방법 (경쟁형태) 1. 일반경쟁 2. 제한경쟁 3. 지명경쟁 4. 수의계약 5. 법정위탁 6. 기타 ( ) 7. 없음	입찰방식 계약기간 1. 1년 2. 2년 3. 3년 4. 4년 5. 5년 6. 기타 ( )년 7. 단기계약 (1년미만) 8. 없음	입찰방식 낙찰자선정방법 1. 적격심사 2. 협상에의한계약 3. 최저가낙찰제 4. 규격가격분리 5. 2단계 경쟁입찰 6. 기타 ( ) 7. 없음	운영예산 산정 운영예산 산정 1. 내부산정 (지자체 자체적으로 산정) 2. 외부산정 (외부전문기관위탁 산정) 3. 내·외부 모두 산정 4. 산정 無 5. 없음	운영예산 산정 정산방법 1. 내부정산 (지자체 내부적으로 정산) 2. 외부정산 (외부전문기관위탁 정산) 3. 내·외부 모두 산정 4. 정산 無 5. 없음	성과평가 실시여부 1. 실시 2. 미실시 3. 향후 추진 4. 해당없음
8038	강원 양구군	음식물류폐기물수집운반처리위탁용역	1,349,139	4	1	2	1	1	2	1	1
8039	강원 양구군	저출산대책운영추진	958,000	4	4	4	5	6	2	3	1
8040	강원 양구군	소각성상폐기물수집운반위탁용역	892,217	4	1	2	1	1	2	1	1
8041	강원 양구군	장애인활동지원급여지원	489,442	4	2	5	3	1	2	3	1
8042	강원 양구군	아이돌봄지원	450,000	4	1,2	5	8	7	1	1	1
8043	강원 양구군	발달장애인주간활동서비스지원	446,670	4	2	5	3	1	2	3	1
8044	강원 양구군	특별교통수단운영지원(기금)	412,760	4	2	1	3	6	1	1	4
8045	강원 양구군	기초정신건강복지센터인력확충	383,800	4	2	5	5	1	1	1	3
8046	강원 양구군	양구군LPG배관망시설안전관리위탁	331,000	4	4	7	8	7	2	1	4
8047	강원 양구군	지역자율형사회서비스투자사업(지역사회서비스투자사업지원)	148,216	4	2	7	8	7	5	5	4
8048	강원 양구군	어린이급식관리지원센터운영	118,600	4	2	7	8	7	1	2	1
8049	강원 양구군	RE.TOWN지역관광활성화사업	100,000	4	3	7	7	7	5	1	1
8050	강원 양구군	통합정신건강증진사업	100,000	4	2	5	5	1	1	1	3
8051	강원 양구군	정신건강복지센터자살예방사업지원	74,072	4	2	5	5	1	1	1	3
8052	강원 양구군	발달재활서비스바우처지원	71,854	4	2	5	3	1	2	3	1
8053	강원 양구군	자살예방및생명존중사업	71,450	4	2	5	5	1	1	1	3
8054	강원 양구군	지역사회건강조사조사분석위탁운영	65,304	4	2	4	1	7	3	3	1
8055	강원 양구군	간이화장실민간위탁관리용역	65,000	4	4	7	8	7	5	5	4
8056	강원 양구군	산림서비스도우미운영(숲해설가)	58,668	4	2	2	1	2	1	1	4
8057	강원 양구군	산림서비스도우미운영(유아숲)	58,668	4	2	2	1	2	1	1	4
8058	강원 양구군	특별교통수단운영지원(국토부)	57,240	4	2	1	3	6	1	1	4
8059	강원 양구군	기초형정신건강복지센터운영지원	51,100	4	2	5	5	1	1	1	3
8060	강원 양구군	2024년원어민화상영어학습운영용역	50,000	4	4	4	1	6	1	1	1
8061	강원 양구군	감염병관리사업	40,000	4	6	7	8	7	5	5	4
8062	강원 양구군	지역자율형사회서비스투자사업(가사간병도우미지원)	31,867	4	2	7	8	7	1	1	1
8063	강원 양구군	치매치료관리비	30,000	4	2	5	8	7	5	5	4
8064	강원 양구군	전통예절관교육관운영	29,000	4	1	7	8	7	5	1	1
8065	강원 양구군	자살예방및정신건강증진사업	25,544	4	2	5	5	1	1	1	3
8066	강원 양구군	정신보건시설종사자처우개선지원사업	22,600	4	2	5	5	1	1	1	3
8067	강원 양구군	침출수처리장위탁관리	22,000	4	1	7	8	7	5	5	4
8068	강원 양구군	생명사랑마음나눔공동체사업(이통장생명사랑지킴이)	17,000	4	2	5	5	1	1	1	3
8069	강원 양구군	정신건강관리사업	17,000	4	2	5	5	1	1	1	3
8070	강원 양구군	안전한출산인프라구축사업	10,000	4	7	6	8	7	4	1	4
8071	강원 양구군	장애인활동지원사업추가사업(도자체)	5,000	4	1	5	3	1	2	3	1
8072	강원 양구군	대형농기계자격증취득지원	5,000	4	7	7	8	7	5	5	4
8073	강원 양구군	청년마음건강바우처사업	2,081	4	2	7	8	7	5	5	4
8074	강원 양구군	신생아난청조기진단	2,000	4	2	7	8	7	4	1	4
8075	강원 양구군	활동보조가산급여	733	4	2	5	3	1	2	3	1
8076	강원 인제군	인제영어교육센터운영(인제,기린)	1,244,816	4	4	1	3	1	1	1	1
8077	강원 인제군	공공재활용선별시설운영	1,240,000	4	4	1	5	2	2	2	1

순번	시군구	지출명 (사업명)	2024년예산 (단위 : 천원 /1년간)	민간이전 분류 (지방자치단체 세출예산 집행기준에 의거) 1. 민간경상사업보조(307-02) 2. 민간단체 법정운영비보조(307-03) 3. 민간행사사업보조(307-04) 4. 민간위탁금(307-05) 5. 사회복지시설 법정운영비보조(307-10) 6. 민간인위탁교육비(307-12) 7. 공기관등에대한경상적위탁사업비(308-13) 8. 민간자본사업보조,자체재원(402-01) 9. 민간자본사업보조,이전재원(402-02) 10. 민간위탁사업비(402-03) 11. 공기관등에 대한 자본적 위탁사업비(403-02)	민간이전지출 근거 (지방보조금 관리기준 참고) 1. 법률에 규정 2. 국고보조 재원(국가지정) 3. 용도 지정 기부금 4. 조례에 직접규정 5. 지자체가 권장하는 사업을 하는 공공기관 6. 시,도 정책 및 재정사정 7. 기타 8. 해당없음	입찰방식 계약체결방법 (경쟁형태) 1. 일반경쟁 2. 제한경쟁 3. 지명경쟁 4. 수의계약 5. 법정위탁 6. 기타 ( ) 7. 없음	입찰방식 계약기간 1. 1년 2. 2년 3. 3년 4. 4년 5. 5년 6. 기타 ( )년 7. 단기계약 (1년미만) 8. 없음	입찰방식 낙찰자선정방법 1. 적격심사 2. 협상에의한계약 3. 최저가낙찰제 4. 규격가격분리 5. 2단계 경쟁입찰 6. 기타 ( ) 7. 없음	운영예산 산정 운영예산 산정 1. 내부산정 (지자체 자체적으로 산정) 2. 외부산정 (외부전문기관위탁 산정) 3. 내·외부 모두 산정 4. 산정 無 5. 없음	운영예산 산정 정산방법 1. 내부정산 (지자체 내부적으로 정산) 2. 외부정산 (외부전문기관위탁 정산) 3. 내·외부 모두 산정 4. 정산 無 5. 없음	성과평가 실시여부 1. 실시 2. 미실시 3. 향후 추진 4. 해당없음
8078	강원 인제군	종합사회복지관운영	981,000	4	1	7	8	7	1	1	1
8079	강원 인제군	석면관리종합대책[균특]	711,800	4	4	1	3	1	5	5	3
8080	강원 인제군	인제군사회적경제지원센터민간위탁운영	700,000	4	4	4	3	1	1	1	1
8081	강원 인제군	장애인활동지원	556,222	4	2	5	8	7	5	1	4
8082	강원 인제군	DMZ생태계보전교육홍보[자체]	460,000	4	4	4	5	7	1	1	1
8083	강원 인제군	지역사회서비스투자[균특]	430,829	4	2	5	8	7	3	2	1
8084	강원 인제군	발달장애인주간활동서비스	394,096	4	2	5	8	7	5	1	4
8085	강원 인제군	농산물가공센터관리위탁	360,000	4	1,4	4	3	7	2	1	1
8086	강원 인제군	RCE운영사업지원	310,000	4	4	7	1	7	1	1	1
8087	강원 인제군	DMZ생태계보전교육홍보[도비]	300,000	4	4	4	5	7	1	1	1
8088	강원 인제군	고품질벌꿀가공센터관리위탁	250,000	4	1	7	8	7	1	1	4
8089	강원 인제군	로컬유학생활인프라조성[자체]	250,000	4	1	7	8	7	1	1	1
8090	강원 인제군	장묘센터민간위탁	231,300	4	4	7	5	7	1	1	1
8091	강원 인제군	발달장애학생방과후활동서비스	224,316	4	2	5	8	7	5	1	4
8092	강원 인제군	발달재활서비스(바우처)	153,339	4	2	5	8	7	5	1	4
8093	강원 인제군	내설악미술관위탁운영	150,000	4	4	4	3	7	1	1	1
8094	강원 인제군	주민참여형농업비점오염저감사업[국비]	140,000	4	4	1	3	6	5	1	4
8095	강원 인제군	가사간병방문지원[균특]	72,451	4	2	5	8	7	3	2	1
8096	강원 인제군	농촌체험휴양마을역량강화교육[국비]	4,560	4	1	7	8	7	1	1	1
8097	강원 인제군	청년마음건강지원	4,162	4	2	5	8	7	3	2	1
8098	강원 인제군	중증장애인활동보조지원	2,500	4	2	5	8	7	5	1	4
8099	강원 인제군	언어발달지원	2,246	4	2	5	8	7	5	1	4
8100	강원 인제군	장애인활동지원가산급여지원	743	4	2	5	8	7	5	1	4
8101	강원 고성군	역사안보전시관위탁교부금	400,000	4	4	4	8	6	1	1	4
8102	강원 고성군	특별교통수단운영	260,000	4	1	5	3	6	1	1	4
8103	강원 고성군	해양박물관위탁교부금	240,000	4	1	5	3	6	1	1	4
8104	강원 고성군	중증장애인강원형일자리지원	142,445	4	4	7	8	7	5	5	4
8105	강원 고성군	어린이급식관리지원센터운영	118,600	4	6	1	1	1	1	1	2
8106	강원 고성군	장애인복지일자리지원	110,556	4	1	1	3	1	3	2	4
8107	강원 고성군	근로능력있는수급자의탈수급지원	94,028	4	2	1	1	1	1	1	2
8108	강원 고성군	지역사회건강조사사업	65,840	4	2	6	8	1	1	1	2
8109	강원 고성군	특별교통수단운영(국비)	47,700	4	2	7	1	7	5	2	4
8110	강원 고성군	야간방역민간위탁	45,000	4	1	5	3	6	1	1	4
8111	강원 고성군	왕곡마을숙박체험료징수위탁금	18,000	4	1	2	7	1	1	1	1
8112	강원 고성군	달홀목욕탕위탁금	15,000	4	4	7	5	7	1	1	1
8113	강원 고성군	한센병관리사업위탁금	6,800	4	5	7	8	7	1	1	2
8114	충북 청주시	생활폐기물수집운반민간대행수수료	14,000,000	4	5	7	8	7	5	5	2
8115	충북 청주시	음식물류폐기물수집운반대행수수료	11,000,000	4	1	1	2	1	2	2	4
8116	충북 청주시	내수하수(분뇨),강내오창오송하수처리시설	8,844,000	4	1	1	2	1	2	2	1
8117	충북 청주시	생활폐기물위탁처리	7,700,000	4	8	2	5	2	3	1	4

순번	시군구	지출명 (사업명)	2024년예산 (단위 : 천원 /1년간)	민간이전 분류 (지방자치단체 세출예산 집행기준에 의거) 1. 민간경상사업보조(307-02) 2. 민간단체 법정운영비보조(307-03) 3. 민간행사사업보조(307-04) 4. 민간위탁금(307-05) 5. 사회복지시설 법정운영비보조(307-10) 6. 민간인위탁교육비(307-12) 7. 공기관등에대한경상적위탁사업비(308-13) 8. 민간자본사업보조,자체재원(402-01) 9. 민간자본사업보조,이전재원(402-02) 10. 민간위탁사업비(402-03) 11. 공기관등에 대한 자본적 위탁사업비(403-02)	민간이전지출 근거 (지방보조금 관리기준 참고) 1. 법률에 규정 2. 국고보조 재원(국가지정) 3. 용도 지정 기부금 4. 조례에 직접규정 5. 지자체가 권장하는 사업을 하는 공공기관 6. 시,도 정책 및 재정사정 7. 기타 8. 해당없음	입찰방식 계약체결방법 (경쟁형태) 1. 일반경쟁 2. 제한경쟁 3. 지명경쟁 4. 수의계약 5. 법정위탁 6. 기타 ( ) 7. 없음	입찰방식 계약기간 1. 1년 2. 2년 3. 3년 4. 4년 5. 5년 6. 기타 ( )년 7. 단기계약 (1년미만) 8. 없음	입찰방식 낙찰자선정방법 1. 적격심사 2. 협상에의한계약 3. 최저가낙찰제 4. 규격가격분리 5. 2단계 경쟁입찰 6. 기타 ( ) 7. 없음	운영예산 산정 운영예산 산정 1. 내부산정 (지자체 자체적으로 산정) 2. 외부산정 (외부전문기관위탁 산정) 3. 내·외부 모두 산정 4. 산정 無 5. 없음	운영예산 산정 정산방법 1. 내부정산 (지자체 내부적으로 정산) 2. 외부정산 (외부전문기관위탁 정산) 3. 내·외부 모두 산정 4. 정산 無 5. 없음	성과평가 실시여부 1. 실시 2. 미실시 3. 향후 추진 4. 해당없음
8118	충북 청주시	자활근로사업민간위탁	5,501,765	4	2	6	8	7	2	1	1
8119	충북 청주시	음식물류폐기물자원화시설	4,650,000	4	4	1	3	2	2	1	2
8120	충북 청주시	유기성폐기물에너지화시설	4,420,000	4	4	1	3	2	2	1	2
8121	충북 청주시	민간위탁종합사회복지관운영(6개소)	4,306,487	4	1	7	8	7	1	1	3
8122	충북 청주시	재활용품선별시설관리	4,284,000	4	4	1	3	2	2	1	2
8123	충북 청주시	오송공공폐수처리시설관리대행비	3,624,000	4	8	2	5	2	3	1	1
8124	충북 청주시	오송제2공공폐수처리시설관리대행비	2,700,000	4	8	2	5	2	3	1	1
8125	충북 청주시	내수가축분뇨처리시설관리대행비	2,328,000	4	8	2	5	2	3	1	1
8126	충북 청주시	장애인복지관운영지원(청주시장애인종합복지관)	1,679,166	4	1	1	5	1	1	1	3
8127	충북 청주시	문의지역하수처리시설관리대행비	1,632,000	4	8	2	5	2	3	1	1
8128	충북 청주시	건강가정.다문화가족지원센터운영	1,511,030	4	8	7	8	7	5	1	4
8129	충북 청주시	다함께돌봄사업	1,369,748	4	2	1	5	1	1	1	3
8130	충북 청주시	옥산공공하수처리시설관리대행비	1,116,000	4	8	2	5	2	3	1	1
8131	충북 청주시	청주시도시재생지원센터운영	1,078,875	4	4	6	1	7	1	1	1
8132	충북 청주시	어린이체험관관리운영위탁	967,824	4	4	1	3	1	1	2	3
8133	충북 청주시	남이공공하수처리시설관리대행비	936,000	4	8	2	5	2	3	1	1
8134	충북 청주시	장애인단기거주시설운영지원(1개소)	868,404	4	1	7	8	7	3	3	1
8135	충북 청주시	공공마을하수처리시설관리대행비(오창등17개소)	804,000	4	8	2	5	2	3	1	1
8136	충북 청주시	내수국민체육센터	762,318	4	4	1	3	6	1	1	1
8137	충북 청주시	청주상당노인복지관위탁운영	753,411	4	1	1	4	1	1	1	1
8138	충북 청주시	어린이급식관리지원센터운영(흥덕청원)	735,000	4	1	2	3	6	5	5	1
8139	충북 청주시	청주가경노인복지관위탁운영	732,799	4	1	1	3	1	1	1	1
8140	충북 청주시	정신건강복지센터인력확충	721,570	4	2	5	5	1	1	1	1
8141	충북 청주시	청주서원노인복지관위탁운영	715,041	4	1	1	2	1	1	1	1
8142	충북 청주시	청주내덕노인복지관위탁운영	710,991	4	1	1	3	1	1	1	1
8143	충북 청주시	장애인직업적응훈련시설운영지원(1개소)	701,761	4	1	1	5	1	1	1	3
8144	충북 청주시	청주시노인종합복지관위탁운영	700,559	4	1	1	4	1	1	1	1
8145	충북 청주시	어린이급식관리지원센터운영(상당서원)	700,000	4	1	2	3	6	5	5	1
8146	충북 청주시	장애인주간보호시설운영지원(1개소)	691,565	4	1	1	5	1	1	1	3
8147	충북 청주시	정신건강복지센터인력확충	644,810	4	2	5	5	1	1	1	1
8148	충북 청주시	정신건강복지센터인력확충	644,810	4	1,2,4	6	5	1	5	1	1
8149	충북 청주시	어린이급식관리지원센터운영(소규모전담)	630,000	4	1	2	3	6	5	5	1
8150	충북 청주시	청소년수련관운영	628,000	4	8	7	3	6	1	1	1
8151	충북 청주시	정신건강복지센터인력확충	606,430	4	2	1	5	1	1	1	1
8152	충북 청주시	민간위탁교부금	585,000	4	4	5	3	7	1	1	4
8153	충북 청주시	3세대이상공동주택폐비닐처리민간대행	540,765	4	1	2	1	1	2	2	1
8154	충북 청주시	새활용시민센터민간위탁	500,000	4	4	1	3	2	1	1	1
8155	충북 청주시	학대피해아동쉼터운영사업(2개소)	495,788	4	2	1	5	1	1	1	1
8156	충북 청주시	용정축구공원및흥덕축구공원(1개월)	482,400	4	4	7	8	7	5	5	4
8157	충북 청주시	청년뜨락5959운영비	450,000	4	4	7	8	7	1	1	1

순번	시군구	지출명 (사업명)	2024년예산 (단위 : 천원 /1년간)	민간이전 분류 (지방자치단체 세출예산 집행기준에 의거) 1. 민간경상사업보조(307-02) 2. 민간단체 법정운영비보조(307-03) 3. 민간행사사업보조(307-04) 4. 민간위탁금(307-05) 5. 사회복지시설 법정운영비보조(307-10) 6. 민간인위탁교육비(307-12) 7. 공기관등에대한경상적위탁사업비(308-13) 8. 민간자본사업보조,자체재원(402-01) 9. 민간자본사업보조,이전재원(402-02) 10. 민간위탁사업비(402-03) 11. 공기관등에 대한 자본적 위탁사업비(403-02)	민간이전지출 근거 (지방보조금 관리기준 참고) 1. 법률에 규정 2. 국고보조 재원(국가지정) 3. 용도 지정 기부금 4. 조례에 직접규정 5. 지자체가 권장하는 사업을 하는 공공기관 6. 시,도 정책 및 재정사정 7. 기타 8. 해당없음	입찰방식 계약체결방법 (경쟁형태) 1. 일반경쟁 2. 제한경쟁 3. 지명경쟁 4. 수의계약 5. 법정위탁 6. 기타 ( ) 7. 없음	입찰방식 계약기간 1. 1년 2. 2년 3. 3년 4. 4년 5. 5년 6. 기타 ( )년 7. 단기계약 (1년미만) 8. 없음	입찰방식 낙찰자선정방법 1. 적격심사 2. 협상에의한계약 3. 최저가낙찰제 4. 규격가격분리 5. 2단계 경쟁입찰 6. 기타 ( ) 7. 없음	운영예산 산정 운영예산 산정 1. 내부산정 (지자체 자체적으로 산정) 2. 외부산정 (외부전문기관위탁 산정) 3. 내·외부 모두 산정 4. 산정 無 5. 없음	운영예산 산정 정산방법 1. 내부정산 (지자체 내부적으로 정산) 2. 외부정산 (외부전문기관위탁 정산) 3. 내·외부 모두 산정 4. 정산 無 5. 없음	성과평가 실시여부 1. 실시 2. 미실시 3. 향후 추진 4. 해당없음
8158	충북 청주시	미원하수처리시설관리대행비	408,000	4	8	2	5	2	3	1	1
8159	충북 청주시	기적의도서관운영	395,828	4	4	1	6	2	1	1	1
8160	충북 청주시	청주시장애인가족지원센터운영	376,252	4	1,4	1	5	1	1	1	3
8161	충북 청주시	주거복지센터운영비	359,092	4	4	1	3	1	1	1	1
8162	충북 청주시	독거노인통합지원센터운영	355,486	4	4	7	8	7	1	5	1
8163	충북 청주시	마을공동체지원센터운영	355,480	4	4	1	5	1	1	1	1
8164	충북 청주시	마을공동체지원센터운영	355,480	4	4	1	5	1	1	1	1
8165	충북 청주시	3세대미만공동주택폐비닐플라스틱처리민간대행	337,453	4	1	2	1	1	2	2	1
8166	충북 청주시	청소년수련원운영	327,360	4	8	7	3	6	1	1	1
8167	충북 청주시	마을하수처리시설관리대행비	324,000	4	8	2	5	2	3	1	1
8168	충북 청주시	하수관로정비BTL민간투자사업운영비	320,000	4	7	6	6	7	5	4	1
8169	충북 청주시	사회복지급식관리지원센터운영	300,000	4	1	2	3	6	5	5	1
8170	충북 청주시	장애인스포츠센터및근대5종훈련장	292,000	4	4	1	5	6	1	1	1
8171	충북 청주시	청주시외국인주민지원센터위탁운영	288,563	4	4	1	3	6	1	1	3
8172	충북 청주시	아동복지관운영지원	287,329	4	4	4	3	3	1	1	3
8173	충북 청주시	흥덕구청어린이집운영	258,789	4	4	7	5	7	1	1	4
8174	충북 청주시	다문화가족지원센터운영(청원)	257,220	4	8	7	8	7	5	1	4
8175	충북 청주시	통합정신건강증진사업	246,112	4	2	5	5	1	1	1	1
8176	충북 청주시	수소차충전소운영	242,846	4	1	6	5	6	3	1	2
8177	충북 청주시	국민체육센터및스쿼시경기장(1개월)	225,000	4	4	7	8	7	5	5	4
8178	충북 청주시	수소차충전소운영	219,439	4	1	6	5	6	3	1	2
8179	충북 청주시	청주유도회관및남궁유도회관	212,400	4	4	4	3	7	1	1	1
8180	충북 청주시	청주시청소년상담복지센터운영지원	212,381	4	4	7	8	7	1	1	1
8181	충북 청주시	청주정구장	208,800	4	4	4	3	7	1	1	1
8182	충북 청주시	수소차충전소운영	206,119	4	1	6	5	6	3	1	2
8183	충북 청주시	수소차충전소운영	204,641	4	1	6	5	6	3	1	2
8184	충북 청주시	수소차충전소운영	202,069	4	1	6	5	6	3	1	2
8185	충북 청주시	청주시여울림센터운영	201,918	4	4	2	3	1	1	1	3
8186	충북 청주시	통합정신건강증진사업	192,986	4	2	5	5	1	1	1	1
8187	충북 청주시	상당청소년문화의집운영	182,000	4	8	7	1	6	1	1	1
8188	충북 청주시	청원청소년문화의집운영	182,000	4	8	7	3	6	1	1	1
8189	충북 청주시	서청주청소년상담복지센터운영지원	181,136	4	4	7	8	7	1	1	1
8190	충북 청주시	흥덕청소년방과후아카데미운영	180,938	4	2	6	3	6	1	1	1
8191	충북 청주시	청원청소년방과후아카데미운영	180,938	4	2	6	3	6	1	1	1
8192	충북 청주시	해외통상사무소(우한시)운영	180,000	4	4	1	2	1	1	1	1
8193	충북 청주시	중독관리통합지원센터운영	170,990	4	2	5	5	1	1	1	1
8194	충북 청주시	청원생명쇼핑몰운영및판매활성화	165,800	4	4	7	8	7	5	5	3
8195	충북 청주시	마을하수처리시설관리대행비(구룡등4개소)	156,000	4	8	2	5	2	3	1	1
8196	충북 청주시	통합정신건강증진사업	144,686	4	1,2,4	6	5	1	5	1	1
8197	충북 청주시	통합정신건강증진사업	144,686	4	2	1	5	1	1	1	1

순번	시군구	지출명 (사업명)	2024년예산 (단위 : 천원 /1년간)	민간이전 분류 (지방자치단체 세출예산 집행기준에 의거) 1. 민간경상사업보조(307-02) 2. 민간단체 법정운영비보조(307-03) 3. 민간행사사업보조(307-04) 4. 민간위탁금(307-05) 5. 사회복지시설 법정운영비보조(307-10) 6. 민간인위탁교육비(307-12) 7. 공기관등에대한경상적위탁사업비(308-13) 8. 민간자본사업보조,자체재원(402-01) 9. 민간자본사업보조,이전재원(402-02) 10. 민간위탁사업비(402-03) 11. 공기관등에 대한 자본적 위탁사업비(403-02)	민간이전지출 근거 (지방보조금 관리기준 참고) 1. 법률에 규정 2. 국고보조 재원(국가지정) 3. 용도 지정 기부금 4. 조례에 직접규정 5. 지자체가 권장하는 사업을 하는 공공기관 6. 시,도 정책 및 재정사정 7. 기타 8. 해당없음	입찰방식: 계약체결방법 (경쟁형태) 1. 일반경쟁 2. 제한경쟁 3. 지명경쟁 4. 수의계약 5. 법정위탁 6. 기타 ( ) 7. 없음	입찰방식: 계약기간 1. 1년 2. 2년 3. 3년 4. 4년 5. 5년 6. 기타 ( )년 7. 단기계약 (1년미만) 8. 없음	입찰방식: 낙찰자선정방법 1. 적격심사 2. 협상에의한계약 3. 최저가낙찰제 4. 규격가격분리 5. 2단계 경쟁입찰 6. 기타 ( ) 7. 없음	운영예산 산정: 운영예산 산정 1. 내부산정 (지자체 자체적으로 산정) 2. 외부산정 (외부전문기관위탁 산정) 3. 내·외부 모두 산정 4. 산정 無 5. 없음	운영예산 산정: 정산방법 1. 내부정산 (지자체 내부적으로 정산) 2. 외부정산 (외부전문기관위탁 정산) 3. 내·외부 모두 정산 4. 정산 無 5. 없음	성과평가 실시여부 1. 실시 2. 미실시 3. 향후 추진 4. 해당없음
8198	충북 청주시	복대근로자종합복지관위탁	132,472	4	1	2	3	1	1	1	1
8199	충북 청주시	청주시특산품전시홍보판매장민간위탁	110,000	4	1	6	3	6	1	1	3
8200	충북 청주시	어린이교통안전교육장민간위탁	103,485	4	1,4	6	3	6	1	1	1
8201	충북 청주시	자살예방및정신건강증진사업	71,260	4	2	5	5	1	1	1	1
8202	충북 청주시	지역사회건강조사	68,480	4	1	5	1	7	5	2	4
8203	충북 청주시	지역사회건강조사	68,132	4	1	7	8	7	1	1	2
8204	충북 청주시	지역사회건강조사	68,056	4	2	5	8	7	1	1	4
8205	충북 청주시	지역사회건강조사비	67,980	4	2	5	8	7	1	1	4
8206	충북 청주시	자살예방및정신건강증진사업	66,938	4	1,2,4	6	5	1	5	1	1
8207	충북 청주시	정신건강복지센터자살예방사업지원	66,810	4	2	1	5	1	1	1	1
8208	충북 청주시	숲해설위탁운영	58,668	4	1,2	7	8	7	5	5	4
8209	충북 청주시	유아숲위탁운영	58,668	4	1,2	7	8	7	5	5	4
8210	충북 청주시	등산로조성및관리	54,000	4	1,2	7	8	7	5	5	4
8211	충북 청주시	중독관리통합지원센터운영(자체)	53,000	4	6	5	5	1	1	1	1
8212	충북 청주시	정신건강복지센터운영	51,100	4	2	5	5	1	1	1	1
8213	충북 청주시	정신건강복지센터운영	51,100	4	1,2,4	6	5	1	5	1	1
8214	충북 청주시	정신건강복지센터운영	51,100	4	2	5	5	1	1	1	1
8215	충북 청주시	정신건강복지센터운영	51,100	4	2	5	5	1	1	1	1
8216	충북 청주시	자전거대여소및무료연습장운영	50,000	4	2	1	5	1	1	1	1
8217	충북 청주시	자살유족원스톱서비스지원사업	44,500	4	4	1	2	1	1	1	2
8218	충북 청주시	자살유족원스톱서비스지원	44,500	4	2	5	5	1	1	1	1
8219	충북 청주시	자살유족원스톱서비스지원사업	44,500	4	1,2,4	6	5	1	5	1	1
8220	충북 청주시	자살유족원스톱서비스지원사업	44,500	4	2	5	5	1	1	1	1
8221	충북 청주시	정신건강복지센터자살예방사업지원	42,675	4	2	1	5	1	1	1	1
8222	충북 청주시	우울증환자치료관리비지원	38,000	4	2	5	5	1	1	1	1
8223	충북 청주시	2024년흥덕구불법유동광고물휴일정비용역	37,000	4	2	5	5	1	1	1	1
8224	충북 청주시	자살위험자응급개입치료비지원	36,000	4	7	7	8	7	5	5	4
8225	충북 청주시	문화재시설위탁경비	35,000	4	2	5	5	1	1	1	1
8226	충북 청주시	우울증환자치료관리비지원	29,000	4	4	4	3	7	1	1	4
8227	충북 청주시	우울증환자치료관리비지원	27,000	4	1,4	6	5	1	5	1	1
8228	충북 청주시	감염병관리	25,740	4	2	1	5	1	1	1	1
8229	충북 청주시	우울증환자치료관리비지원	25,000	4	1	5	1	7	1	1	1
8230	충북 청주시	정신건강복지센터등종사자처우개선비지원	24,000	4	6	5	5	1	1	1	1
8231	충북 청주시	정신건강복지센터등종사자처우개선비지원	22,800	4	2	5	5	1	1	1	1
8232	충북 청주시	정신건강복지센터등종사자처우개선비지원	20,400	4	6	5	5	1	1	1	1
8233	충북 청주시	현수막잔재물제거용역	20,000	4	1,4	6	5	1	5	1	1
8234	충북 청주시	정신건강복지센터운영(자체)	20,000	4	8	4	7	6	1	5	4
8235	충북 청주시	자살위험자응급개입치료비지원	20,000	4	1,4	6	5	1	5	1	1
8236	충북 청주시	국경일가로기게양관리및철거	20,000	4	1,4	6	5	1	5	1	1
8237	충북 청주시	정신건강복지센터등종사자처우개선비지원	19,200	4	7	4	1	7	1	5	4

순번	시군구	지출명 (사업명)	2024년예산 (단위 : 천원 /1년간)	민간이전 분류 (지방자치단체 세출예산 집행기준에 의거) 1. 민간경상사업보조(307-02) 2. 민간단체 법정운영비보조(307-03) 3. 민간행사사업보조(307-04) 4. 민간위탁금(307-05) 5. 사회복지시설 법정운영비보조(307-10) 6. 민간인위탁교육비(307-12) 7. 공기관등에대한경상적위탁사업비(308-13) 8. 민간자본사업보조,자체재원(402-01) 9. 민간자본사업보조,이전재원(402-02) 10. 민간위탁사업비(402-03) 11. 공기관등에 대한 자본적 위탁사업비(403-02)	민간이전지출 근거 (지방보조금 관리기준 참고) 1. 법률에 규정 2. 국고보조 재원(국가지정) 3. 용도 지정 기부금 4. 조례에 직접규정 5. 지자체가 권장하는 사업을 하는 공공기관 6. 시,도 정책 및 재정사정 7. 기타 8. 해당없음	입찰방식 계약체결방법 (경쟁형태) 1. 일반경쟁 2. 제한경쟁 3. 지명경쟁 4. 수의계약 5. 법정위탁 6. 기타 ( ) 7. 없음	입찰방식 계약기간 1. 1년 2. 2년 3. 3년 4. 4년 5. 5년 6. 기타 ( )년 7. 단기계약 (1년미만) 8. 없음	입찰방식 낙찰자선정방법 1. 적격심사 2. 협상에의한계약 3. 최저가낙찰제 4. 규격가격분리 5. 2단계 경쟁입찰 6. 기타 ( ) 7. 없음	운영예산 산정 운영예산 산정 1. 내부산정 (지자체 자체적으로 산정) 2. 외부산정 (외부전문기관위탁 산정) 3. 내·외부 모두 산정 4. 산정 無 5. 없음	운영예산 산정 정산방법 1. 내부정산 (지자체 내부적으로 정산) 2. 외부정산 (외부전문기관위탁 정산) 3. 내·외부 모두 산정 4. 정산 無 5. 없음	성과평가 실시여부 1. 실시 2. 미실시 3. 향후 추진 4. 해당없음
8238	충북 청주시	한센병관리	18,000	4	6	4	1	1	1	1	1
8239	충북 청주시	의료관련감염병표본감시체계운영	18,000	4	2	5	1	1	5	3	1
8240	충북 청주시	정신건강복지센터운영(자체)	17,000	4	6	5	5	1	1	1	1
8241	충북 청주시	정신질환치료비지원사업	15,940	4	2	5	5	1	1	1	1
8242	충북 청주시	한센병관리	15,660	4	2	4	1	1	1	1	1
8243	충북 청주시	자살예방정신건강증진사업	15,000	4	5	5	5	1	1	1	1
8244	충북 청주시	정신건강복지센터운영(자체)	15,000	4	2	1	5	1	1	1	1
8245	충북 청주시	정신질환치료비지원사업	13,580	4	1,2,4	6	5	1	5	1	1
8246	충북 청주시	자살위험자응급개입치료비지원	13,000	4	6	5	5	1	1	1	1
8247	충북 청주시	자살위험자응급개입치료비지원	13,000	4	2	1	5	1	1	1	1
8248	충북 청주시	청주시정보화교육장정소용역(청주시시민정보화교육)	12,000	4	7	4	1	7	1	1	4
8249	충북 청주시	정신질환치료비지원사업	7,900	4	2	5	5	1	1	1	1
8250	충북 청주시	의료관련감염병표본감시체계운영	6,480	4	2	7	8	7	5	1	4
8251	충북 청주시	지역사회자살예방네트워크구축	4,000	4	6	5	5	1	1	1	1
8252	충북 청주시	지역사회자살예방네트워크구축	4,000	4	1,4	6	5	1	5	1	1
8253	충북 청주시	지역사회자살예방네트워크구축	4,000	4	2	5	5	1	1	1	1
8254	충북 청주시	지역사회자살예방네트워크구축	4,000	4	2	1	5	1	1	1	1
8255	충북 청주시	정신질환치료비지원사업	3,060	4	2	1	5	1	1	1	1
8256	충북 청주시	의료관련감염병표본감시체계운영	2,160	4	2	7	8	7	5	1	1
8257	충북 청주시	폐소화기수집운반대행수수료	1,320	4	8	7	8	7	5	5	4
8258	충북 충주시	민간위탁자활근로사업비	2,156,646	4	1	5	5	6	2	1	1
8259	충북 충주시	노인복지관위탁운영	2,011,054	4	4	7	8	7	1	1	1
8260	충북 충주시	사회복지관운영	901,453	4	4	5	5	6	1	1	1
8261	충북 충주시	장애인주간보호시설지원	675,668	4	4	7	5	7	1	1	1
8262	충북 충주시	장애인단기거주시설지원	451,540	4	4	7	5	7	1	1	1
8263	충북 충주시	충주시수소충전소민간위탁운영	400,000	4	4	7	5	7	2	1	3
8264	충북 충주시	다함께돌봄센터인건비지원	293,088	4	2	7	8	7	1	1	1
8265	충북 충주시	충주어린이과학관위탁운영	257,800	4	4	7	8	7	3	3	4
8266	충북 충주시	수소충전소민간위탁운영	244,000	4	4	1	5	1	2	1	3
8267	충북 충주시	장애인가족지원센터운영지원	242,425	4	4	1	5	1	1	1	3
8268	충북 충주시	근로자종합복지관위탁운영지원	188,000	4	4	7	8	7	1	1	1
8269	충북 충주시	충주산업단지관리공단운영	50,000	4	4	7	8	7	1	1	1
8270	충북 충주시	다함께돌봄센터운영비지원	48,000	4	2	7	8	7	1	1	1
8271	충북 충주시	호암공원및호암생태전시관위탁관리	45,000	4	7	6	1	7	1	1	1
8272	충북 충주시	수안보인공암벽장위탁운영	40,000	4	7	1	3	7	1	1	1
8273	충북 충주시	다함께돌봄센터운영비지원(자체)	40,000	4	6	7	8	7	1	1	1
8274	충북 충주시	수안보생활체육공원위탁운영	32,000	4	7	1	3	7	1	1	1
8275	충북 충주시	앙성온천광장위탁운영	28,156	4	1	1	2	2	1	1	3
8276	충북 충주시	자활사업활성화추진사업	20,000	4	6	7	1	7	1	1	1
8277	충북 충주시	전문농업인최고경영자과정운영	5,000	4	1	7	8	7	5	5	4

순번	시군구	지출명 (사업명)	2024년예산 (단위 : 천원 /1년간)	민간이전 분류 (지방자치단체 세출예산 집행기준에 의거) 1. 민간경상사업보조(307-02) 2. 민간단체 법정운영비보조(307-03) 3. 민간행사사업보조(307-04) 4. 민간위탁금(307-05) 5. 사회복지시설 법정운영비보조(307-10) 6. 민간인위탁교육비(307-12) 7. 공기관등에대한경상적위탁사업비(308-13) 8. 민간자본사업보조,자체재원(402-01) 9. 민간자본사업보조,이전재원(402-02) 10. 민간위탁사업비(402-03) 11. 공기관등에 대한 자본적 위탁사업비(403-02)	민간이전지출 근거 (지방보조금 관리기준 참고) 1. 법률에 규정 2. 국고보조 재원(국가지정) 3. 용도 지정 기부금 4. 조례에 직접규정 5. 지자체가 권장하는 사업을 하는 공공기관 6. 시,도 정책 및 재정사정 7. 기타 8. 해당없음	입찰방식 계약체결방법 (경쟁형태) 1. 일반경쟁 2. 제한경쟁 3. 지명경쟁 4. 수의계약 5. 법정위탁 6. 기타 ( ) 7. 없음	계약기간 1. 1년 2. 2년 3. 3년 4. 4년 5. 5년 6. 기타 ( )년 7. 단기계약 (1년미만) 8. 없음	낙찰자선정방법 1. 적격심사 2. 협상에의한계약 3. 최저가낙찰제 4. 규격가격분리 5. 2단계 경쟁입찰 6. 기타 ( ) 7. 없음	운영예산 산정 운영예산 산정 1. 내부산정 (지자체 자체적으로 산정) 2. 외부산정 (외부전문기관위탁 산정) 3. 내·외부 모두 산정 4. 산정 無 5. 없음	정산방법 1. 내부정산 (지자체 내부적으로 정산) 2. 외부정산 (외부전문기관위탁 정산) 3. 내·외부 모두 정산 4. 정산 無 5. 없음	성과평가 실시여부 1. 실시 2. 미실시 3. 향후 추진 4. 해당없음
8278	충북 충주시	특별교통수단이동지원센터운영(인건비)	2,463,410	4	4	2	3	1	1	1	2
8279	충북 충주시	육아종합지원센터운영지원	592,576	4	6	7	7	7	1	1	1
8280	충북 충주시	시민행복콜센터위탁운영	438,873	4	4	2	3	2	1	1	1
8281	충북 충주시	특별교통수단이동지원센터운영(운영비)	415,950	4	4	2	3	1	1	1	2
8282	충북 충주시	서충주청소년문화의집운영	317,753	4	4	6	6	6	1	1	4
8283	충북 충주시	청소년수련원운영지원	280,000	4	4	6	3	6	1	1	4
8284	충북 충주시	충주고구려천문과학관	230,000	4	4	1	3	2	1	1	4
8285	충북 충주시	지역역량강화사업	181,500	4	2	2	3	2	1	1	3
8286	충북 충주시	청소년상담복지센터운영	175,960	4	4	6	3	6	1	1	4
8287	충북 충주시	충주시농촌활성화지원센터운영	170,000	4	4	2	3	2	1	1	3
8288	충북 충주시	어린이교통안전체험장운영	55,000	4	4	7	8	7	5	5	4
8289	충북 제천시	영유아보육료	9,133,810	4	8	7	8	7	5	5	4
8290	충북 제천시	소각시설및음식물처리시설위탁운영	3,900,498	4	8	7	8	7	5	5	4
8291	충북 제천시	생활폐기물수집운반(대행)	3,477,969	4	8	7	8	7	5	5	4
8292	충북 제천시	누리과정보육료지원	3,282,862	4	8	7	8	7	5	5	4
8293	충북 제천시	제2회제천국제음악영화제운영	2,490,000	4	8	7	8	7	5	5	4
8294	충북 제천시	계획공모형지역관광개발사업	2,156,000	4	8	7	8	7	5	5	4
8295	충북 제천시	마을하수처리시설민간관리대행용역비	1,958,198	4	8	7	8	7	5	5	4
8296	충북 제천시	재활용선별시설위탁운영	1,902,644	4	8	7	8	7	5	5	4
8297	충북 제천시	자활근로사업민간위탁	1,900,000	4	8	7	8	7	5	5	4
8298	충북 제천시	음식물류쓰레기수집운반(대행)	1,809,031	4	8	7	8	7	5	5	4
8299	충북 제천시	장애인종합복지관운영지원	1,661,567	4	8	7	8	7	5	5	4
8300	충북 제천시	제천시고려인동재외동포이주정착지원(상반기)	1,600,000	4	8	7	8	7	5	5	4
8301	충북 제천시	한방바이오박람회	1,200,000	4	8	7	8	7	5	5	4
8302	충북 제천시	마을하수처리시설민간관리대행용역비(한강수계기금)	1,159,845	4	8	7	8	7	5	5	4
8303	충북 제천시	농촌신활력플러스사업(농촌협약)	1,000,000	4	8	7	8	7	5	5	4
8304	충북 제천시	교통약자특별교통수단위탁운영비	991,848	4	8	7	8	7	5	5	4
8305	충북 제천시	종합사회복지관운영	787,930	4	8	7	8	7	5	5	4
8306	충북 제천시	침출수처리시설위탁운영	761,880	4	8	7	8	7	5	5	4
8307	충북 제천시	한방생명과학관시설(BTL)운영비	716,000	4	8	7	8	7	5	5	4
8308	충북 제천시	제천로컬푸드판매장운영등	630,000	4	8	7	8	7	5	5	4
8309	충북 제천시	기적의도서관운영	625,000	4	8	7	8	7	5	5	4
8310	충북 제천시	제천시노인종합복지관운영	620,000	4	8	7	8	7	5	5	4
8311	충북 제천시	정신건강복지센터인력확충	606,430	4	8	7	8	7	5	5	4
8312	충북 제천시	제천시장애인단기보호센터운영지원	568,888	4	8	7	8	7	5	5	4
8313	충북 제천시	한방엑스포공원위탁운영	563,696	4	8	7	8	7	5	5	4
8314	충북 제천시	우수약초GAP인증사업지원	500,000	4	8	7	8	7	5	5	4
8315	충북 제천시	장애청소년직업적응훈련시설운영지원	499,905	4	8	7	8	7	5	5	4
8316	충북 제천시	육아종합지원센터운영지원	486,000	4	8	7	8	7	5	5	4
8317	충북 제천시	제천시먹거리통합지원센터운영지원	470,000	4	8	7	8	7	5	5	4

순번	시군구	지출명 (사업명)	2024년예산 (단위 : 천원 /1년간)	민간이전 분류 (지방자치단체 세출예산 집행기준에 의거) 1. 민간경상사업보조(307-02) 2. 민간단체 법정운영비보조(307-03) 3. 민간행사사업보조(307-04) 4. 민간위탁금(307-05) 5. 사회복지시설 법정운영비보조(307-10) 6. 민간인위탁교육비(307-12) 7. 공기관등에대한경상적위탁사업비(308-13) 8. 민간자본사업보조,자체재원(402-01) 9. 민간자본사업보조,이전재원(402-02) 10. 민간위탁사업비(402-03) 11. 공기관등에 대한 자본적 위탁사업비(403-02)	민간이전지출 근거 (지방보조금 관리기준 참고) 1. 법률에 규정 2. 국고보조 재원(국가지정) 3. 용도 지정 기부금 4. 조례에 직접규정 5. 지자체가 권장하는 사업을 하는 공공기관 6. 시,도 정책 및 재정사정 7. 기타 8. 해당없음	입찰방식			운영예산 산정		성과평가 실시여부
						계약체결방법 (경쟁형태) 1. 일반경쟁 2. 제한경쟁 3. 지명경쟁 4. 수의계약 5. 법정위탁 6. 기타 ( ) 7. 없음	계약기간 1. 1년 2. 2년 3. 3년 4. 4년 5. 5년 6. 기타 ( )년 7. 단기계약 (1년미만) 8. 없음	낙찰자선정방법 1. 적격심사 2. 협상에의한계약 3. 최저가낙찰제 4. 규격가격분리 5. 2단계 경쟁입찰 6. 기타 ( ) 7. 없음	운영예산 산정 1. 내부산정 (지자체 자체적으로 산정) 2. 외부산정 (외부전문기관위탁 산정) 3. 내·외부 모두 산정 4. 산정 無 5. 없음	정산방법 1. 내부정산 (지자체 내부적으로 정산) 2. 외부정산 (외부전문기관위탁 정산) 3. 내·외부 모두 산정 4. 정산 無 5. 없음	1. 실시 2. 미실시 3. 향후 추진 4. 해당없음
8318	충북 제천시	산업단지공공폐수처리시설민간관리대행용역비	468,515	4	8	7	8	7	5	5	4
8319	충북 제천시	제천시청직장어린이집민간위탁운영비	465,000	4	8	7	8	7	5	5	4
8320	충북 제천시	제천시노인교실운영	429,156	4	8	7	8	7	5	5	4
8321	충북 제천시	왕암동폐기물매립시설위탁운영	400,000	4	8	7	8	7	5	5	4
8322	충북 제천시	시군역량강화사업(농촌협약)	400,000	4	8	7	8	7	5	5	4
8323	충북 제천시	하수찌꺼기시설유지관리운영비	400,000	4	8	7	8	7	5	5	4
8324	충북 제천시	제천시장애인보호작업장운영지원	391,390	4	8	7	8	7	5	5	4
8325	충북 제천시	산모신생아건강관리지원	365,920	4	8	7	8	7	5	5	4
8326	충북 제천시	자동차(수송기계)부품산업클러스터육성사업	350,000	4	8	7	8	7	5	5	4
8327	충북 제천시	자동차(수송기계)부품산업클러스터육성사업(시비추가분)	350,000	4	8	7	8	7	5	5	4
8328	충북 제천시	한약재유통지원시설(BTL)운영	340,000	4	8	7	8	7	5	5	4
8329	충북 제천시	어린이급식관리지원센터운영	315,000	4	8	7	8	7	5	5	4
8330	충북 제천시	농촌테마공원연계프로그램개발지원	310,000	4	8	7	8	7	5	5	4
8331	충북 제천시	학사식당위탁료	287,100	4	8	7	8	7	5	5	4
8332	충북 제천시	농촌협약지원센터운영	280,000	4	8	7	8	7	5	5	4
8333	충북 제천시	상수도주부검침민간대행사업비	279,000	4	8	7	8	7	5	5	4
8334	충북 제천시	수소충전소위탁운영비	270,000	4	8	7	8	7	5	5	4
8335	충북 제천시	저소득층기저귀조제분유지원	249,600	4	8	7	8	7	5	5	4
8336	충북 제천시	제천시실버복지관운영	233,000	4	8	7	8	7	5	5	4
8337	충북 제천시	제천시장애인가족지원센터운영	230,837	4	8	7	8	7	5	5	4
8338	충북 제천시	제천청소년문화의집운영지원	223,819	4	8	7	8	7	5	5	4
8339	충북 제천시	제천사랑의집운영비	222,000	4	8	7	8	7	5	5	4
8340	충북 제천시	제2회제천국제음악영화제운영(협력사업)	210,000	4	8	7	8	7	5	5	4
8341	충북 제천시	암조기검진사업	210,000	4	8	7	8	7	5	5	4
8342	충북 제천시	교통약자특별교통수단위탁운영비	209,000	4	8	7	8	7	5	5	4
8343	충북 제천시	희귀난치성질환자의료비지원	186,726	4	8	7	8	7	5	5	4
8344	충북 제천시	청소년상담복지센터(지방상담사업)운영	183,900	4	8	7	8	7	5	5	4
8345	충북 제천시	동물보호센터위탁인건비	165,262	4	8	7	8	7	5	5	4
8346	충북 제천시	누리과정부모부담보육료지원	159,708	4	8	7	8	7	5	5	4
8347	충북 제천시	제천시티투어운영	150,000	4	8	7	8	7	5	5	4
8348	충북 제천시	단체관광객유치인센티브제공	150,000	4	8	7	8	7	5	5	4
8349	충북 제천시	통합정신건강증진사업	149,034	4	8	7	8	7	5	5	4
8350	충북 제천시	장애아동재활치료센터운영	140,000	4	8	7	8	7	5	5	4
8351	충북 제천시	갈잎흙생산등산림자원이용활성화사업	135,000	4	8	7	8	7	5	5	4
8352	충북 제천시	전국민마음건강증진	134,200	4	8	7	8	7	5	5	4
8353	충북 제천시	농촌신활력플러스사업추진단운영	120,000	4	8	7	8	7	5	5	4
8354	충북 제천시	농촌인력지원센터운영지원	119,000	4	8	7	8	7	5	5	4
8355	충북 제천시	동물보호센터위탁운영비	110,000	4	8	7	8	7	5	5	4
8356	충북 제천시	충북북부권관광협의회공동사업	102,000	4	8	7	8	7	5	5	4
8357	충북 제천시	남부지역이동복지관운영	100,000	4	8	7	8	7	5	5	4

순번	시군구	지출명 (사업명)	2024년예산 (단위 : 천원 /1년간)	민간이전 분류 (지방자치단체 세출예산 집행기준에 의거) 1. 민간경상사업보조(307-02) 2. 민간단체 법정운영비보조(307-03) 3. 민간행사사업보조(307-04) 4. 민간위탁금(307-05) 5. 사회복지시설 법정운영비보조(307-10) 6. 민간인위탁교육비(307-12) 7. 공기관등에대한경상적위탁사업비(308-13) 8. 민간자본사업보조,자체재원(402-01) 9. 민간자본사업보조,이전재원(402-02) 10. 민간위탁사업비(402-03) 11. 공기관등에 대한 자본적 위탁사업비(403-02)	민간이전지출 근거 (지방보조금 관리기준 참고) 1. 법률에 규정 2. 국고보조 재원(국가지정) 3. 용도 지정 기부금 4. 조례에 직접규정 5. 지자체가 권장하는 사업을 하는 공공기관 6. 시,도 정책 및 재정사정 7. 기타 8. 해당없음	입찰방식 계약체결방법 (경쟁형태) 1. 일반경쟁 2. 제한경쟁 3. 지명경쟁 4. 수의계약 5. 법정위탁 6. 기타 ( ) 7. 없음	입찰방식 계약기간 1. 1년 2. 2년 3. 3년 4. 4년 5. 5년 6. 기타 ( )년 7. 단기계약 (1년미만) 8. 없음	입찰방식 낙찰자선정방법 1. 적격심사 2. 협상에의한계약 3. 최저가낙찰제 4. 규격가격분리 5. 2단계 경쟁입찰 6. 기타 ( ) 7. 없음	운영예산 산정 운영예산 산정 1. 내부산정 (지자체 자체적으로 산정) 2. 외부산정 (외부전문기관위탁 산정) 3. 내·외부 모두 산정 4. 산정 無 5. 없음	운영예산 산정 정산방법 1. 내부정산 (지자체 내부적으로 정산) 2. 외부정산 (외부전문기관위탁 정산) 3. 내·외부 모두 산정 4. 정산 無 5. 없음	성과평가 실시여부 1. 실시 2. 미실시 3. 향후 추진 4. 해당없음
8358	충북 제천시	사회복지급식관리지원센터운영	100,000	4	8	7	8	7	5	5	4
8359	충북 제천시	방역소독민간대행	98,000	4	8	7	8	7	5	5	4
8360	충북 제천시	농촌인력지원센터운영	90,000	4	8	7	8	7	5	5	4
8361	충북 제천시	청소년스터디카페운영	89,928	4	8	7	8	7	5	5	4
8362	충북 제천시	종량제봉투등의공급대행	86,000	4	8	7	8	7	5	5	4
8363	충북 제천시	시간제보육료	85,000	4	8	7	8	7	5	5	4
8364	충북 제천시	자살예방정신건강증진사업	81,440	4	8	7	8	7	5	5	4
8365	충북 제천시	이통장역할강화워크숍	80,000	4	8	7	8	7	5	5	4
8366	충북 제천시	건축업무대행수수료	80,000	4	8	7	8	7	5	5	4
8367	충북 제천시	교통체험학습장프로그램운영	78,000	4	8	7	8	7	5	5	4
8368	충북 제천시	특별교통수단운영비지원	74,480	4	8	7	8	7	5	5	4
8369	충북 제천시	시민회관민간위탁	69,824	4	8	7	8	7	5	5	4
8370	충북 제천시	지역사회건강조사위탁비	67,904	4	8	7	8	7	5	5	4
8371	충북 제천시	영농폐기물수거처리비	66,000	4	8	7	8	7	5	5	4
8372	충북 제천시	자살예방사업지원	65,612	4	8	7	8	7	5	5	4
8373	충북 제천시	숲해설위탁운영	58,668	4	8	7	8	7	5	5	4
8374	충북 제천시	유아숲교육운영	58,668	4	8	7	8	7	5	5	4
8375	충북 제천시	정신건강복지센터운영	51,100	4	8	7	8	7	5	5	4
8376	충북 제천시	제천에서일주일살아보기	50,000	4	8	7	8	7	5	5	4
8377	충북 제천시	장애인보장구수리센터운영	46,554	4	8	7	8	7	5	5	4
8378	충북 제천시	자살유족원스톱서비스지원	44,500	4	8	7	8	7	5	5	4
8379	충북 제천시	관광수용태세개선및홍보지원사업	40,000	4	8	7	8	7	5	5	4
8380	충북 제천시	타박람회홍보부스운영	40,000	4	8	7	8	7	5	5	4
8381	충북 제천시	정신건강증진및자살예방사업	40,000	4	8	7	8	7	5	5	4
8382	충북 제천시	우울증환자치료비지원	37,000	4	8	7	8	7	5	5	4
8383	충북 제천시	일반건강검진	31,030	4	8	7	8	7	5	5	4
8384	충북 제천시	동물보호센터운영	28,800	4	8	7	8	7	5	5	4
8385	충북 제천시	정신건강증진센터등종사자처우개선비	22,800	4	8	7	8	7	5	5	4
8386	충북 제천시	청풍교리마을하수처리장사용료	22,134	4	8	7	8	7	5	5	4
8387	충북 제천시	자살위험자응급개입치료비지원	22,000	4	8	7	8	7	5	5	4
8388	충북 제천시	솟대문화공간시설위탁관리	21,000	4	8	7	8	7	5	5	4
8389	충북 제천시	「제천트래블리그」청년관광공모전	20,000	4	8	7	8	7	5	5	4
8390	충북 제천시	제천맛집육성아카데미위탁교육	20,000	4	8	7	8	7	5	5	4
8391	충북 제천시	산모신생아건강관리사지원	20,000	4	8	7	8	7	5	5	4
8392	충북 제천시	귀농창업계획수립과정	20,000	4	8	7	8	7	5	5	4
8393	충북 제천시	프리미엄미식관광상품(마을맛여행)운영	18,000	4	8	7	8	7	5	5	4
8394	충북 제천시	한센병관리사업위탁료	16,000	4	8	7	8	7	5	5	4
8395	충북 제천시	시멘트공장주변지역주민건강검진사업(사후관리)	14,000	4	8	7	8	7	5	5	4
8396	충북 제천시	오티별신제전수교육관운영	12,000	4	8	7	8	7	5	5	4
8397	충북 제천시	행복주택위탁관리비	12,000	4	8	7	8	7	5	5	4

순번	시군구	지출명 (사업명)	2024년예산 (단위 : 천원 /1년간)	민간이전 분류 (지방자치단체 세출예산 집행기준에 의거) 1. 민간경상사업보조(307-02) 2. 민간단체 법정운영비보조(307-03) 3. 민간행사사업보조(307-04) 4. 민간위탁금(307-05) 5. 사회복지시설 법정운영비보조(307-10) 6. 민간인위탁교육비(307-12) 7. 공기관등에대한경상적위탁사업비(308-13) 8. 민간자본사업보조,자체재원(402-01) 9. 민간자본사업보조,이전재원(402-02) 10. 민간위탁사업비(402-03) 11. 공기관등에 대한 자본적 위탁사업비(403-02)	민간이전지출 근거 (지방보조금 관리기준 참고) 1. 법률에 규정 2. 국고보조 재원(국가지정) 3. 용도 지정 기부금 4. 조례에 직접규정 5. 지자체가 권장하는 사업을 하는 공공기관 6. 시,도 정책 및 재정사정 7. 기타 8. 해당없음	입찰방식 계약체결방법 (경쟁형태) 1. 일반경쟁 2. 제한경쟁 3. 지명경쟁 4. 수의계약 5. 법정위탁 6. 기타 ( ) 7. 없음	입찰방식 계약기간 1. 1년 2. 2년 3. 3년 4. 4년 5. 5년 6. 기타 ( )년 7. 단기계약 (1년미만) 8. 없음	입찰방식 낙찰자선정방법 1. 적격심사 2. 협상에의한계약 3. 최저가낙찰제 4. 규격가격분리 5. 2단계 경쟁입찰 6. 기타 ( ) 7. 없음	운영예산 산정 운영예산 산정 1. 내부산정 (지자체 자체적으로 산정) 2. 외부산정 (외부전문기관위탁 산정) 3. 내·외부 모두 산정 4. 산정 無 5. 없음	운영예산 산정 정산방법 1. 내부정산 (지자체 내부적으로 정산) 2. 외부정산 (외부전문기관위탁 정산) 3. 내·외부 모두 산정 4. 정산 無 5. 없음	성과평가 실시여부 1. 실시 2. 미실시 3. 향후 추진 4. 해당없음
8398	충북 제천시	자살고위험자및우울증환자치료비지원	12,000	4	8	7	8	7	5	5	4
8399	충북 제천시	제천관광홍보팸투어	10,000	4	8	7	8	7	5	5	4
8400	충북 제천시	음식관광홍보팸투어	10,000	4	8	7	8	7	5	5	4
8401	충북 제천시	미식관광상품가스트로투어운영	8,000	4	8	7	8	7	5	5	4
8402	충북 제천시	자살예방응급네트워크구축	5,000	4	8	7	8	7	5	5	4
8403	충북 제천시	참여병원예방관리비	4,320	4	8	7	8	7	5	5	4
8404	충북 제천시	지역사회자살예방네트워크구축	4,000	4	8	7	8	7	5	5	4
8405	충북 제천시	영유아건강검진	3,213	4	8	7	8	7	5	5	4
8406	충북 제천시	전문농업인최고경영자과정운영	2,500	4	8	7	8	7	5	5	4
8407	충북 제천시	청소년산모임신출산의료비지원	1,800	4	8	7	8	7	5	5	4
8408	충북 제천시	결핵환자가족접촉자조사	1,000	4	8	7	8	7	5	5	4
8409	충북 제천시	표준모자보건수첩제작	828	4	8	7	8	7	5	5	4
8410	충북 보은군	금강수계환경기초시설민간위탁금(보은등25개소)	5,209,830	4	2	1	5	6	2	1	1
8411	충북 보은군	생활폐기물수집운반대행사업비1권역	3,029,579	4	6	1	3	1	2	1	1
8412	충북 보은군	생활폐기물소각시설운영민간위탁	2,623,622	4	4	4	3	2	2	1	4
8413	충북 보은군	생활폐기물수집운반대행사업비2권역	2,400,365	4	6	1	3	1	2	1	1
8414	충북 보은군	가축분뇨공공처리시설운영민간위탁금	1,970,522	4	2	1	5	6	2	1	1
8415	충북 보은군	자활근로사업비	1,440,167	4	1	5	1	6	5	1	1
8416	충북 보은군	한강수계환경기초시설민간위탁금(속리산등5개소)	1,247,013	4	2	1	5	6	2	1	1
8417	충북 보은군	장애인복지관운영	1,189,003	4	4	7	5	7	5	1	1
8418	충북 보은군	보은군농촌신활력플러스사업	990,000	4	2	5	3	7	1	1	1
8419	충북 보은군	보은군실버복지관운영	688,225	4	4	7	8	7	1	1	1
8420	충북 보은군	보은산업단지공공폐수처리시설민간위탁금	670,000	4	4	1	3	2	2	1	3
8421	충북 보은군	가족지원센터운영지원	618,066	4	5	5	3	7	3	1	1
8422	충북 보은군	보은군노인복지관운영	564,110	4	4	7	8	7	1	1	1
8423	충북 보은군	보은군하수관거(BTL)운영비	520,000	4	7	1	6	6	2	3	1
8424	충북 보은군	CCTV통합관제센터모니터링요원용역사업	427,464	4	4	3	1	1	1	1	2
8425	충북 보은군	보은군역량강화사업	400,000	4	4	5	3	7	1	1	1
8426	충북 보은군	정신건강복지센터인력확충위탁운영비	376,150	4	2	5	3	7	5	3	1
8427	충북 보은군	상근직인건비	366,723	4	4	5	3	7	1	1	1
8428	충북 보은군	보은산업단지공업용수도시설민간위탁금	200,000	4	4	1	3	2	2	1	3
8429	충북 보은군	초등학교CCTV연계사업(교육청지원)	189,984	4	4	3	1	1	1	1	2
8430	충북 보은군	수소충전소운영비지원	180,000	4	4	2	5	6	2	1	1
8431	충북 보은군	통합정신건강증진사업위탁운영비	178,500	4	2	5	3	7	5	3	1
8432	충북 보은군	보은군일자리종합지원센터운영	150,700	4	4	7	3	7	1	1	1
8433	충북 보은군	전국민마음건강증진사업위탁운영비	134,200	4	2	5	3	7	5	3	1
8434	충북 보은군	어린이급식관리지원센터운영	118,600	4	1	7	5	1	4	2	1
8435	충북 보은군	청소년상담복지센터운영지원	111,430	4	4	7	8	7	1	1	1
8436	충북 보은군	특별교통수단운영비지원	107,030	4	1	2	2	1	1	1	1
8437	충북 보은군	도로노면청소대행사업	100,000	4	6	1	1	3	1	1	4

순번	시군구	지출명 (사업명)	2024년예산 (단위 : 천원 /1년간)	민간이전 분류 (지방자치단체 세출예산 집행기준에 의거) 1. 민간경상사업보조(307-02) 2. 민간단체 법정운영비보조(307-03) 3. 민간행사사업보조(307-04) 4. 민간위탁금(307-05) 5. 사회복지시설 법정운영비보조(307-10) 6. 민간인위탁교육비(307-12) 7. 공기관등에대한경상적위탁사업비(308-13) 8. 민간자본사업보조,자체재원(402-01) 9. 민간자본사업보조,이전재원(402-02) 10. 민간위탁사업비(402-03) 11. 공기관등에 대한 자본적 위탁사업비(403-02)	민간이전지출 근거 (지방보조금 관리기준 참고) 1. 법률에 규정 2. 국고보조 재원(국가지정) 3. 용도 지정 기부금 4. 조례에 직접규정 5. 지자체가 권장하는 사업을 하는 공공기관 6. 시,도 정책 및 재정사정 7. 기타 8. 해당없음	입찰방식 계약체결방법 (경쟁형태) 1. 일반경쟁 2. 제한경쟁 3. 지명경쟁 4. 수의계약 5. 법정위탁 6. 기타 ( ) 7. 없음	계약기간 1. 1년 2. 2년 3. 3년 4. 4년 5. 5년 6. 기타 ( )년 7. 단기계약 (1년미만) 8. 없음	낙찰자선정방법 1. 적격심사 2. 협상에의한계약 3. 최저가낙찰제 4. 규격가격분리 5. 2단계 경쟁입찰 6. 기타 ( ) 7. 없음	운영예산 산정 운영예산 산정 1. 내부산정 (지자체 자체적으로 산정) 2. 외부산정 (외부전문기관위탁 산정) 3. 내·외부 모두 산정 4. 산정 無 5. 없음	정산방법 1. 내부정산 (지자체 내부적으로 정산) 2. 외부정산 (외부전문기관위탁 정산) 3. 내·외부 모두 산정 4. 정산 無 5. 없음	성과평가 실시여부 1. 실시 2. 미실시 3. 향후 추진 4. 해당없음
8438	충북 보은군	공중화장실청소대행1권역	80,000	4	6	1	1	3	1	1	4
8439	충북 보은군	공중화장실청소대행2권역	80,000	4	6	1	1	3	1	1	4
8440	충북 보은군	정신건강복지센터자살예방사업지원위탁운영비	77,254	4	2	5	3	7	5	3	1
8441	충북 보은군	특별교통수단운영비	76,000	4	1	2	2	1	1	1	1
8442	충북 보은군	다함께돌봄센터인건비지원	73,272	4	1	7	8	7	3	1	1
8443	충북 보은군	자살예방및정신건강증진사업위탁운영비	71,260	4	2	5	3	7	5	3	1
8444	충북 보은군	정신건강복지센터위탁운영비	51,100	4	2	5	3	7	5	3	1
8445	충북 보은군	장애인직업능력향상교육(제과제빵교육)	39,600	4	4	7	8	7	5	1	1
8446	충북 보은군	삼산어린이집노후교재교구교체	36,500	4	5	7	8	7	3	1	1
8447	충북 보은군	보은군장류체험장민간위탁금	32,000	4	5	4	5	1	1	1	1
8448	충북 보은군	관리운영비	30,699	4	4	5	3	7	1	1	1
8449	충북 보은군	퇴직적립금	30,561	4	4	5	3	7	1	1	1
8450	충북 보은군	우울증환자치료관리비지원위탁운영비	30,000	4	2	5	3	7	5	3	1
8451	충북 보은군	여비	26,400	4	4	5	3	7	1	1	1
8452	충북 보은군	센터장인건비	16,800	4	4	5	3	7	1	1	1
8453	충북 보은군	국민연금	16,503	4	4	5	3	7	1	1	1
8454	충북 보은군	다문화가족지원센터운영비보조	15,000	4	5	5	3	7	3	1	1
8455	충북 보은군	정신건강복지센터등종사자처우개선위탁운영비	14,400	4	2	5	3	7	5	3	1
8456	충북 보은군	특별교통수단운영비지원(광역)	13,970	4	1	2	2	1	1	1	1
8457	충북 보은군	건강보험	13,001	4	4	5	3	7	1	1	1
8458	충북 보은군	관리운영비	12,200	4	4	7	8	7	1	1	1
8459	충북 보은군	다함께돌봄센터운영비지원	12,000	4	1	7	8	7	3	1	1
8460	충북 보은군	퇴직적립금	9,864	4	4	5	3	7	1	1	1
8461	충북 보은군	여비	7,200	4	4	5	3	7	1	1	1
8462	충북 보은군	고용보험	6,418	4	4	5	3	7	1	1	1
8463	충북 보은군	다문화가족지원방문교육지도자처우개선	5,400	4	1	5	3	7	3	1	1
8464	충북 보은군	국민연금	5,327	4	4	5	3	7	1	1	1
8465	충북 보은군	건강보험	4,197	4	4	5	3	7	1	1	1
8466	충북 보은군	자살위험자응급개입치료비지원위탁운영비	4,000	4	2	5	3	7	5	3	1
8467	충북 보은군	산재보험	3,301	4	4	5	3	7	1	1	1
8468	충북 보은군	지역사회자살예방네트워크구축위탁운영비	3,000	4	2	5	3	7	5	3	1
8469	충북 보은군	소방시설점검료	2,400	4	4	5	3	7	1	1	1
8470	충북 보은군	엘리베이터점검료	2,400	4	4	5	3	7	1	1	1
8471	충북 보은군	소방시설점검료	2,400	4	4	7	8	7	1	1	1
8472	충북 보은군	엘리베이터점검료	2,400	4	4	7	8	7	1	1	1
8473	충북 보은군	산재보험	2,072	4	4	5	3	7	1	1	1
8474	충북 보은군	업무추진비	1,800	4	4	5	3	7	1	1	1
8475	충북 보은군	장기요양보험	1,666	4	4	5	3	7	1	1	1
8476	충북 보은군	회의비	1,500	4	4	5	3	7	1	1	1
8477	충북 보은군	정신질환치료비지원사업	1,460	4	2	5	3	7	5	3	1

순번	시군구	지출명 (사업명)	2024년예산 (단위 : 천원 /1년간)	민간이전 분류 (지방자치단체 세출예산 집행기준에 의거) 1. 민간경상사업보조(307-02) 2. 민간단체 법정운영비보조(307-03) 3. 민간행사사업보조(307-04) 4. 민간위탁금(307-05) 5. 사회복지시설 법정운영비보조(307-10) 6. 민간인위탁교육비(307-12) 7. 공기관등에대한경상적위탁사업비(308-13) 8. 민간자본사업보조,자체재원(402-01) 9. 민간자본사업보조,이전재원(402-02) 10. 민간위탁사업비(402-03) 11. 공기관등에 대한 자본적 위탁사업비(403-02)	민간이전지출 근거 (지방보조금 관리기준 참고) 1. 법률에 규정 2. 국고보조 재원(국가지정) 3. 용도 지정 기부금 4. 조례에 직접규정 5. 지자체가 권장하는 사업을 하는 공공기관 6. 시,도 정책 및 재정사정 7. 기타 8. 해당없음	입찰방식 계약체결방법 (경쟁형태) 1. 일반경쟁 2. 제한경쟁 3. 지명경쟁 4. 수의계약 5. 법정위탁 6. 기타 ( ) 7. 없음	입찰방식 계약기간 1. 1년 2. 2년 3. 3년 4. 4년 5. 5년 6. 기타 ( )년 7. 단기계약 (1년미만) 8. 없음	입찰방식 낙찰자선정방법 1. 적격심사 2. 협상에의한계약 3. 최저가낙찰제 4. 규격가격분리 5. 2단계 경쟁입찰 6. 기타 ( ) 7. 없음	운영예산 산정 운영예산 산정 1. 내부산정 (지자체 자체적으로 산정) 2. 외부산정 (외부전문기관위탁 산정) 3. 내·외부 모두 산정 4. 산정 無 5. 없음	운영예산 산정 정산방법 1. 내부정산 (지자체 내부적으로 정산) 2. 외부정산 (외부전문기관위탁 정산) 3. 내·외부 모두 산정 4. 정산 無 5. 없음	성과평가 실시여부 1. 실시 2. 미실시 3. 향후 추진 4. 해당없음
8478	충북 보은군	고용보험	1,066	4	4	5	3	7	1	1	1
8479	충북 보은군	장기요양보험	538	4	4	5	3	7	1	1	1
8480	충북 옥천군	하수처리시설및분뇨처리시설운영관리위탁	6,500,000	4	2	2	5	2	2	2	1
8481	충북 옥천군	청소대행사업운영비	5,821,000	4	1	1	3	2	2	1	1
8482	충북 옥천군	소각시설운영비	2,232,673	4	1	5	3	2	2	1	2
8483	충북 옥천군	장애인복지관운영비지원	1,731,130	4	4	6	5	6	1	1	1
8484	충북 옥천군	자활근로사업비	1,284,473	4	2	7	8	7	1	1	1
8485	충북 옥천군	노인복지관(본관,별관)	1,211,470	4	4	6	5	6	1	1	1
8486	충북 옥천군	특별교통수단운영비지원(지방비)	900,000	4	4	5	3	6	1	1	4
8487	충북 옥천군	하수관거BTL사업운영관리위탁	680,000	4	2	2	6	6	1	2	1
8488	충북 옥천군	농촌신활력플러스사업운영지원	677,480	4	4	6	4	7	1	1	4
8489	충북 옥천군	장애인보호작업장운영비지원	669,633	4	4	6	5	6	1	1	1
8490	충북 옥천군	정신건강복지센터인력확충	601,710	4	1	6	5	6	1	1	1
8491	충북 옥천군	여성농어업인행복바우처사업	513,000	4	1,4	7	8	7	1	1	4
8492	충북 옥천군	농촌활력지원센터운영	477,000	4	4	6	3	6	2	1	3
8493	충북 옥천군	노인복지관(청산분관)	428,000	4	4	6	5	6	1	1	1
8494	충북 옥천군	옥천군일반농산어촌개발사업역량강화	400,000	4	1	6	3	6	5	1	4
8495	충북 옥천군	시니어클럽운영비지원(1개소)	380,043	4	4	6	5	6	1	1	1
8496	충북 옥천군	저소득재가노인밑반찬배달사업	327,600	4	6	7	8	7	1	1	1
8497	충북 옥천군	장애인가족지원센터운영(1개소)	325,078	4	4	6	5	6	1	1	1
8498	충북 옥천군	옥천읍농촌중심지활성화사업역량강화	282,900	4	1	7	8	7	1	1	4
8499	충북 옥천군	마을공동체지원센터운영(1개소)	261,613	4	4	1	3	2	2	5	3
8500	충북 옥천군	청산산업단지공공폐수처리시설운영비	244,812	4	1	1	5	1	2	1	4
8501	충북 옥천군	관성회관운영민간위탁금	242,730	4	1	7	8	7	5	5	1
8502	충북 옥천군	장애인주간보호시설운영비(1개소)	221,790	4	4	6	5	6	1	1	1
8503	충북 옥천군	재가노인복지시설운영지원	211,228	4	1	7	8	7	1	1	2
8504	충북 옥천군	옥천로컬푸드직매장운영비지원	200,000	4	4	5	3	2	1	1	3
8505	충북 옥천군	공공급식센터식재료조달운영지원	192,000	4	4	7	8	7	5	5	4
8506	충북 옥천군	독거노인응급안전시스템운영(1개소)	166,091	4	2	4	1	1	1	1	1
8507	충북 옥천군	공설장사시설민간위탁금	159,387	4	4	2	5	1	2	1	1
8508	충북 옥천군	다함께돌봄사업인건비지원(3개소)	146,544	4	2	7	8	1	1	1	3
8509	충북 옥천군	농촌신활력플러스사업운영	143,668	4	4	6	4	7	1	1	4
8510	충북 옥천군	청성어린이행복센터운영	134,000	4	4	7	8	7	1	1	4
8511	충북 옥천군	청소년안전망구축	120,013	4	1	2	3	1	1	1	3
8512	충북 옥천군	청소년상담복지센터운영지원	113,425	4	4	2	3	1	1	1	3
8513	충북 옥천군	학교밖청소년지원	109,218	4	1	2	3	1	1	1	3
8514	충북 옥천군	전통문화체험관야간경비용역	108,000	4	1	2	1	7	1	1	2
8515	충북 옥천군	경로식당무료급식사업	104,000	4	6	7	8	7	1	1	1
8516	충북 옥천군	영농폐기물수거처리지원사업	102,200	4	6	7	8	7	1	1	4
8517	충북 옥천군	농산물산지유통센터관리운영	100,000	4	4	2	5	2	2	1	1

순번	시군구	지출명 (사업명)	2024년예산 (단위 : 천원 /1년간)	민간이전 분류 (지방자치단체 세출예산 집행기준에 의거) 1. 민간경상사업보조(307-02) 2. 민간단체 법정운영비보조(307-03) 3. 민간행사사업보조(307-04) 4. 민간위탁금(307-05) 5. 사회복지시설 법정운영비보조(307-10) 6. 민간인위탁교육비(307-12) 7. 공기관등에대한경상적위탁사업비(308-13) 8. 민간자본사업보조,자체재원(402-01) 9. 민간자본사업보조,이전재원(402-02) 10. 민간위탁사업비(402-03) 11. 공기관등에 대한 자본적 위탁사업비(403-02)	민간이전지출 근거 (지방보조금 관리기준 참고) 1. 법률에 규정 2. 국고보조 재원(국가지정) 3. 용도 지정 기부금 4. 조례에 직접규정 5. 지자체가 권장하는 사업을 하는 공공기관 6. 시,도 정책 및 재정사정 7. 기타 8. 해당없음	입찰방식: 계약체결방법 (경쟁형태) 1. 일반경쟁 2. 제한경쟁 3. 지명경쟁 4. 수의계약 5. 법정위탁 6. 기타 ( ) 7. 없음	입찰방식: 계약기간 1. 1년 2. 2년 3. 3년 4. 4년 5. 5년 6. 기타 ( )년 7. 단기계약 (1년미만) 8. 없음	입찰방식: 낙찰자선정방법 1. 적격심사 2. 협상에의한계약 3. 최저가낙찰제 4. 규격가격분리 5. 2단계 경쟁입찰 6. 기타 ( ) 7. 없음	운영예산 산정: 운영예산 산정 1. 내부산정 (지자체 자체적으로 산정) 2. 외부산정 (외부전문기관위탁 산정) 3. 내·외부 모두 산정 4. 산정 無 5. 없음	운영예산 산정: 정산방법 1. 내부정산 (지자체 내부적으로 정산) 2. 외부정산 (외부전문기관위탁 정산) 3. 내·외부 모두 정산 4. 정산 無 5. 없음	성과평가 실시여부 1. 실시 2. 미실시 3. 향후 추진 4. 해당없음
8518	충북 옥천군	스마트복합쉼터관리운영비	100,000	4	4	2	3	2	2	1	3
8519	충북 옥천군	소규모수도시설민간위탁	97,000	4	4	3	1	1	3	1	1
8520	충북 옥천군	청산면기초생활거점육성사업역량강화	92,600	4	4	6	3	6	5	1	4
8521	충북 옥천군	통합정신건강증진사업	81,316	4	1	6	5	6	1	1	1
8522	충북 옥천군	저소득재가장애인밑반찬배달사업	78,000	4	6	7	8	7	1	1	1
8523	충북 옥천군	특별교통수단운영비지원(국비)	76,000	4	4	5	3	6	1	1	4
8524	충북 옥천군	장애인일감만들어주기지원센터운영(1개소)	70,890	4	6	7	8	7	1	1	1
8525	충북 옥천군	지역사회건강조사비	67,216	4	2	7	8	7	5	3	4
8526	충북 옥천군	우울증환자치료관리비지원(3,건)	60,000	4	1	6	5	6	1	1	1
8527	충북 옥천군	군서면기초생활거점육성사업역량강화	60,000	4	4	6	3	6	5	1	4
8528	충북 옥천군	이원면기초생활거점육성사업역량강화	53,400	4	1	6	3	6	1	1	4
8529	충북 옥천군	기초정신건강복지센터운영(1개소)	51,100	4	1	6	5	6	1	1	1
8530	충북 옥천군	옥천마을포럼	50,000	4	4	6	3	6	5	1	4
8531	충북 옥천군	유기동물관리보상금지원	45,000	4	1	5	1	2	5	1	1
8532	충북 옥천군	동이면기초생활거점육성사업역량강화	44,300	4	4	6	3	6	5	1	4
8533	충북 옥천군	노후농약빈병수거함처리비	42,400	4	6	7	8	7	1	1	4
8534	충북 옥천군	자살예방및정신건강증진사업(1개소)	40,720	4	1	6	5	6	1	1	1
8535	충북 옥천군	정신건강복지센터자살예방사업지원(1명)	40,436	4	1	6	5	6	1	1	1
8536	충북 옥천군	여성장애인가사도우미사업지원	39,800	4	7	7	8	7	1	1	1
8537	충북 옥천군	다문화가족고국방문지원	32,000	4	1	5	8	7	1	1	4
8538	충북 옥천군	장계관광지야간경비용역	30,000	4	1	2	1	7	1	1	2
8539	충북 옥천군	신규마을만들기사업(주민역량강화)	30,000	4	7	7	8	7	1	1	4
8540	충북 옥천군	옥천체육센터야간경비용역	30,000	4	7	4	1	3	1	5	4
8541	충북 옥천군	다함께돌봄사업운영비(3개소)	28,800	4	2	7	8	1	1	1	3
8542	충북 옥천군	다문화가족자활교육지원(5개과정)	25,000	4	1	5	8	7	1	1	4
8543	충북 옥천군	다함께돌봄센터간식비	25,000	4	4	7	8	1	1	1	3
8544	충북 옥천군	청소년동반자프로그램운영	24,020	4	1	2	3	1	1	1	3
8545	충북 옥천군	다함께돌봄센터급식비	23,100	4	4	7	8	1	1	1	3
8546	충북 옥천군	귀곡리마을만들기사업(주민역량강화)	20,000	4	7	7	8	7	1	1	4
8547	충북 옥천군	추소리마을만들기사업(주민역량강화)	20,000	4	7	7	8	7	1	1	4
8548	충북 옥천군	이평1리마을만들기사업(주민역량강화)	20,000	4	7	7	8	7	1	1	4
8549	충북 옥천군	유기동물관리	18,750	4	1	5	1	2	5	1	1
8550	충북 옥천군	학교밖청소년급식비지원	15,000	4	1	2	3	1	1	1	3
8551	충북 옥천군	정신건강복지센터종사자처우개선비지원(12명)	14,400	4	1	6	5	6	1	1	1
8552	충북 옥천군	자살위험자응급개입치료비지원(14명)	11,000	4	1	6	5	6	1	1	1
8553	충북 옥천군	장애인건강증진활동사업(1개소)	9,000	4	6	7	8	7	1	1	1
8554	충북 옥천군	살처분대상가축랜더링처리	5,000	4	7	7	8	7	5	5	4
8555	충북 옥천군	정신질환자치료비지원(6명)	3,060	4	1	6	5	6	1	1	1
8556	충북 옥천군	지역사회자살예방네트워크구축	3,000	4	1	6	5	6	1	1	1
8557	충북 영동군	환경기초시설운영민간위탁금	4,851,020	4	1	2	5	2	2	2	1

순번	시군구	지출명 (사업명)	2024년예산 (단위 : 천원 /1년간)	민간이전 분류 (지방자치단체 세출예산 집행기준에 의거) 1. 민간경상사업보조(307-02) 2. 민간단체 법정운영비보조(307-03) 3. 민간행사사업보조(307-04) 4. 민간위탁금(307-05) 5. 사회복지시설 법정운영비보조(307-10) 6. 민간인위탁교육비(307-12) 7. 공기관등에대한경상적위탁사업비(308-13) 8. 민간자본사업보조,자체재원(402-01) 9. 민간자본사업보조,이전재원(402-02) 10. 민간위탁사업비(402-03) 11. 공기관등에 대한 자본적 위탁사업비(403-02)	민간이전지출 근거 (지방보조금 관리기준 참고) 1. 법률에 규정 2. 국고보조 재원(국가지정) 3. 용도 지정 기부금 4. 조례에 직접규정 5. 지자체가 권장하는 사업을 하는 공공기관 6. 시,도 정책 및 재정사정 7. 기타 8. 해당없음	입찰방식 계약체결방법 (경쟁형태) 1. 일반경쟁 2. 제한경쟁 3. 지명경쟁 4. 수의계약 5. 법정위탁 6. 기타 ( ) 7. 없음	입찰방식 계약기간 1. 1년 2. 2년 3. 3년 4. 4년 5. 5년 6. 기타 ( )년 7. 단기계약 (1년미만) 8. 없음	입찰방식 낙찰자선정방법 1. 적격심사 2. 협상에의한계약 3. 최저가낙찰제 4. 규격가격분리 5. 2단계 경쟁입찰 6. 기타 ( ) 7. 없음	운영예산 산정 운영예산 산정 1. 내부산정 (지자체 자체적으로 산정) 2. 외부산정 (외부전문기관위탁 산정) 3. 내·외부 모두 산정 4. 산정 無 5. 없음	운영예산 산정 정산방법 1. 내부정산 (지자체 내부적으로 정산) 2. 외부정산 (외부전문기관위탁 정산) 3. 내·외부 모두 산정 4. 정산 無 5. 없음	성과평가 실시여부 1. 실시 2. 미실시 3. 향후 추진 4. 해당없음
8558	충북 영동군	조림및숲가꾸기사업	2,294,674	4	1	1	1	7	3	2	1
8559	충북 영동군	영동군장애인복지관운영	1,369,840	4	4	7	8	7	5	1	1
8560	충북 영동군	노인복지관위탁운영비	1,182,062	4	2	1	5	1	1	3	1
8561	충북 영동군	자활근로사업	916,960	4	2	7	8	7	5	1	1
8562	충북 영동군	여성농어업인행복바우처사업	714,000	4	6	7	2	7	5	5	4
8563	충북 영동군	영동군장애인보호작업장운영	659,099	4	4	7	8	7	5	1	1
8564	충북 영동군	가족센터운영비	642,256	4	1	6	5	6	1	1	3
8565	충북 영동군	농촌중심지활성화(역량강화)	540,000	4	1	7	8	7	3	3	1
8566	충북 영동군	레인보우영동연수원민간위탁운영	538,000	4	4	1	2	2	1	1	3
8567	충북 영동군	아이돌봄지원사업	433,957	4	1	6	3	6	1	1	3
8568	충북 영동군	육아종합지원센터민간위탁금	400,000	4	4	1	4	1	1	1	1
8569	충북 영동군	시군역량강화	400,000	4	1	7	8	7	3	3	1
8570	충북 영동군	CCTV통합관제센터모니터요원용역사업	379,968	4	4	1	1	3	1	1	4
8571	충북 영동군	문화체육센터관리운영	344,712	4	4	2	1	1	1	1	3
8572	충북 영동군	수소충전소운영	294,527	4	1	4	5	2	1	1	4
8573	충북 영동군	영동산업단지공공폐수처리시설민간위탁	274,000	4	1	4	3	2	2	1	1
8574	충북 영동군	영동시니어클럽운영비지원	272,781	4	1	7	8	7	1	1	2
8575	충북 영동군	다문화가족특성화사업	210,352	4	1	6	5	6	1	1	3
8576	충북 영동군	근로능력이있는수급자의탈수급지원사업	208,043	4	2	7	8	7	5	1	1
8577	충북 영동군	기초생활거점육성(역량강화)	202,000	4	1	7	8	7	3	3	1
8578	충북 영동군	초등학교CCTV연계사업	189,984	4	4	1	1	3	2	2	4
8579	충북 영동군	청소년상담센터운영	173,470	4	1,4	1	5	1	1	1	4
8580	충북 영동군	마을만들기자율개발사업(전환사업)	155,000	4	1	7	8	7	3	3	1
8581	충북 영동군	농특산물온라인쇼핑몰운영및관리	150,000	4	4	1	1	2	5	5	4
8582	충북 영동군	어린이급식관리지원센터운영	118,600	4	1,2	5	3	1	2	2	1
8583	충북 영동군	청소년안전망구축사업	102,000	4	2	1	5	1	5	1	4
8584	충북 영동군	사회복지급식관리지원센터운영	100,000	4	1,2	5	3	1	2	2	1
8585	충북 영동군	학교밖청소년지원	88,642	4	2	1	5	1	5	1	4
8586	충북 영동군	문화의집운영비	82,350	4	4	7	8	7	1	1	1
8587	충북 영동군	가족센터운영	72,000	4	4	6	5	6	1	1	3
8588	충북 영동군	장애인일감만들어주기지원센터운영	70,890	4	4	7	8	7	5	1	1
8589	충북 영동군	지역사회건강조사지정위탁금	67,138	4	2	4	1	7	1	1	1
8590	충북 영동군	공동육아나눔터운영비	56,712	4	1	6	5	6	1	1	3
8591	충북 영동군	실내테니스장관리운영	55,886	4	4	2	1	1	1	1	3
8592	충북 영동군	어린이교통안전교육장민간위탁	51,500	4	4	1	3	1	1	1	3
8593	충북 영동군	청소년동반자프로그램운영지원	44,622	4	2	1	5	1	5	1	4
8594	충북 영동군	문화의집사업비	43,000	4	4	7	8	7	1	1	1
8595	충북 영동군	농촌현장포럼사업(전환사업)	35,000	4	1	7	8	7	3	3	1
8596	충북 영동군	신활력사업단운영	35,000	4	4	7	8	7	1	1	3
8597	충북 영동군	다문화가족통번역지원	32,813	4	6	6	5	6	1	1	3

순번	시군구	지출명 (사업명)	2024년예산 (단위 : 천원 /1년간)	민간이전 분류 (지방자치단체 세출예산 집행기준에 의거) 1. 민간경상사업보조(307-02) 2. 민간단체 법정운영비보조(307-03) 3. 민간행사사업보조(307-04) 4. 민간위탁금(307-05) 5. 사회복지시설 법정운영비보조(307-10) 6. 민간인위탁교육비(307-12) 7. 공기관등에대한경상적위탁사업비(308-13) 8. 민간자본사업보조,자체재원(402-01) 9. 민간자본사업보조,이전재원(402-02) 10. 민간위탁사업비(402-03) 11. 공기관등에 대한 자본적 위탁사업비(403-02)	민간이전지출 근거 (지방보조금 관리기준 참고) 1. 법률에 규정 2. 국고보조 재원(국가지정) 3. 용도 지정 기부금 4. 조례에 직접규정 5. 지자체가 권장하는 사업을 하는 공공기관 6. 시,도 정책 및 재정사정 7. 기타 8. 해당없음	입찰방식 계약체결방법 (경쟁형태) 1. 일반경쟁 2. 제한경쟁 3. 지명경쟁 4. 수의계약 5. 법정위탁 6. 기타 ( ) 7. 없음	입찰방식 계약기간 1. 1년 2. 2년 3. 3년 4. 4년 5. 5년 6. 기타 ( )년 7. 단기계약 (1년미만) 8. 없음	입찰방식 낙찰자선정방법 1. 적격심사 2. 협상에의한계약 3. 최저가낙찰제 4. 규격가격분리 5. 2단계 경쟁입찰 6. 기타 ( ) 7. 없음	운영예산 산정 운영예산 산정 1. 내부산정 (지자체 자체적으로 산정) 2. 외부산정 (외부전문기관위탁 산정) 3. 내·외부 모두 산정 4. 산정 無 5. 없음	운영예산 산정 정산방법 1. 내부정산 (지자체 내부적으로 정산) 2. 외부정산 (외부전문기관위탁 정산) 3. 내·외부 모두 산정 4. 정산 無 5. 없음	성과평가 실시여부 1. 실시 2. 미실시 3. 향후 추진 4. 해당없음
8598	충북 영동군	여성장애인평생교육확대	31,500	4	4	7	8	7	5	1	1
8599	충북 영동군	다문화가족한마음축제지원	30,000	4	6	6	1	6	1	1	3
8600	충북 영동군	여성장애인가사도우미지원사업	29,000	4	4	7	8	7	5	1	1
8601	충북 영동군	다문화가정초등학생학습지원	29,000	4	4	6	1	6	1	1	3
8602	충북 영동군	한센병관리위탁사업비	21,100	4	1	5	1	7	1	1	1
8603	충북 영동군	다문화가족친정나들이지원	20,000	4	4	6	1	6	1	1	3
8604	충북 영동군	행복가족상담서비스운영	20,000	4	6	6	5	6	1	1	3
8605	충북 영동군	설계리농요전수관운영	18,000	4	4	7	3	7	1	1	3
8606	충북 영동군	학교밖청소년급식비	9,250	4	2	1	5	1	5	1	4
8607	충북 영동군	장애인건강증진활동사업	9,000	4	4	7	8	7	5	1	1
8608	충북 영동군	1인1기장애인기업체상생일자리사업	8,101	4	6	7	8	7	5	1	1
8609	충북 영동군	가족센터종사자처우개선비	4,800	4	6	6	5	6	1	1	3
8610	충북 영동군	아이돌봄지원센터종사자처우개선비	1,200	4	6	6	3	6	1	1	3
8611	충북 영동군	공동육아나눔터종사자처우개선비	1,200	4	6	6	5	6	1	1	3
8612	충북 영동군	노근리평화공원관리운영	1,004,400	4	1,2	1	3	1	1	1	3
8613	충북 증평군	청소및종량제봉투관리	3,000,000	4	4	2	3	1	2	1	1
8614	충북 증평군	수질개선사업소운영	2,973,904	4	1	1	5	2	2	1	1
8615	충북 증평군	사회복지관운영	399,432	4	1	4	5	2	1	1	1
8616	충북 증평군	시군역량강화	384,286	4	7	7	8	7	5	5	4
8617	충북 증평군	증평국민체육센터운영	350,000	4	6	6	3	1	2	3	3
8618	충북 증평군	청소및종량제봉투관리	300,000	4	4	2	3	1	2	1	1
8619	충북 증평군	청소및종량제봉투관리	300,000	4	4	2	3	1	2	1	1
8620	충북 증평군	증평위생처리장운영	296,839	4	1	1	5	2	2	1	1
8621	충북 증평군	학대피해아동쉼터운영비	247,894	4	2	5	5	7	5	1	4
8622	충북 증평군	농촌창의사업(농촌다움복원)(전환사업)	200,000	4	7	7	8	7	5	5	4
8623	충북 증평군	다함께돌봄센터인건비지원	146,544	4	2	1	5	6	5	1	4
8624	충북 증평군	교통약자이동편의증진	145,682	4	1	1	2	1	1	1	2
8625	충북 증평군	일자리종합지원센터운영	117,000	4	4	1	3	1	1	1	1
8626	충북 증평군	중간지원조직운영	110,480	4	7	7	8	7	5	5	4
8627	충북 증평군	상수도요금관리	91,980	4	4	1	1	1	1	1	4
8628	충북 증평군	산림서비스도우미(유아숲교육운영)	88,002	4	2	7	8	7	5	5	4
8629	충북 증평군	노점상및노상적치물관리	81,000	4	1	7	8	7	5	5	4
8630	충북 증평군	문화의집운영	67,602	4	1	4	5	7	1	1	1
8631	충북 증평군	산림서비스도우미(숲해설위탁운영)	58,668	4	2	7	8	7	5	5	4
8632	충북 증평군	다함께돌봄센터운영비지원	55,000	4	7	1	5	6	1	1	4
8633	충북 증평군	공공폐수처리시설운영관리	45,000	4	7	2	1	1	1	1	4
8634	충북 증평군	사회복지관운영	25,000	4	1	4	5	2	1	1	1
8635	충북 증평군	다함께돌봄센터운영비지원	24,000	4	2	1	5	6	5	1	4
8636	충북 증평군	광역이동전용특별교통수단운영비지원	18,620	4	1	1	2	1	1	1	2
8637	충북 증평군	특별교통수단운영비지원	15,000	4	1	1	2	1	1	1	2

순번	시군구	지출명 (사업명)	2024년예산 (단위 : 천원 /1년간)	민간이전 분류 (지방자치단체 세출예산 집행기준에 의거) 1. 민간경상사업보조(307-02) 2. 민간단체 법정운영비보조(307-03) 3. 민간행사사업보조(307-04) 4. 민간위탁금(307-05) 5. 사회복지시설 법정운영비보조(307-10) 6. 민간인위탁교육비(307-12) 7. 공기관등에대한경상적위탁사업비(308-13) 8. 민간자본사업보조,자체재원(402-01) 9. 민간자본사업보조,이전재원(402-02) 10. 민간위탁사업비(402-03) 11. 공기관등에 대한 자본적 위탁사업비(403-02)	민간이전지출 근거 (지방보조금 관리기준 참고) 1. 법률에 규정 2. 국고보조 재원(국가지정) 3. 용도 지정 기부금 4. 조례에 직접규정 5. 지자체가 권장하는 사업을 하는 공공기관 6. 시,도 정책 및 재정사정 7. 기타 8. 해당없음	입찰방식 계약체결방법 (경쟁형태) 1. 일반경쟁 2. 제한경쟁 3. 지명경쟁 4. 수의계약 5. 법정위탁 6. 기타 ( ) 7. 없음	입찰방식 계약기간 1. 1년 2. 2년 3. 3년 4. 4년 5. 5년 6. 기타 ( )년 7. 단기계약 (1년미만) 8. 없음	입찰방식 낙찰자선정방법 1. 적격심사 2. 협상에의한계약 3. 최저가낙찰제 4. 규격가격분리 5. 2단계 경쟁입찰 6. 기타 ( ) 7. 없음	운영예산 산정 운영예산 산정 1. 내부산정 (지자체 자체적으로 산정) 2. 외부산정 (외부전문기관위탁 산정) 3. 내·외부 모두 산정 4. 산정 無 5. 없음	운영예산 산정 정산방법 1. 내부정산 (지자체 내부적으로 정산) 2. 외부정산 (외부전문기관위탁 정산) 3. 내·외부 모두 산정 4. 정산 無 5. 없음	성과평가 실시여부 1. 실시 2. 미실시 3. 향후 추진 4. 해당없음
8638	충북 증평군	교통약자이동편의증진	10,800	4	1	1	2	1	1	1	2
8639	충북 증평군	상수도요금관리	900	4	4	1	1	1	1	1	4
8640	충북 진천군	영유아보육료지원)	9,324,949	4	2	7	8	7	5	1	4
8641	충북 진천군	생활폐기물수집운반대행비)	5,877,000	4	1	1	3	1	2	1	1
8642	충북 진천군	소각시설위탁운영)	3,579,339	4	4	2	4	2	2	1	2
8643	충북 진천군	공공폐수처리시설민간위탁금)	3,212,947	4	1	4	2	7	2	1	3
8644	충북 진천군	누리과정보육료예탁)	3,075,301	4	6	7	8	7	5	1	4
8645	충북 진천군	공공폐수처리시설민간위탁금)	3,057,228	4	1	4	5	7	2	1	3
8646	충북 진천군	공공하수처리시설운영관리(진천공공하수처리시설)	2,506,905	4	1	1	5	2	2	1	1
8647	충북 진천군	광역폐기물종합처리시설운영관리(가연성생활폐기물위탁처리)	2,422,500	4	4	2	7	1	1	1	4
8648	충북 진천군	가축분뇨공공처리시설민간위탁운영비)	1,836,000	4	1	2	5	2	2	1	3
8649	충북 진천군	광혜원폐수처리시설관리대행비(하수운영부담금))	1,381,000	4	4	7	8	7	5	5	4
8650	충북 진천군	진천군장애인복지관운영)	1,290,507	4	1	6	5	6	1	3	1
8651	충북 진천군	자활근로사업)	1,257,526	4	1,2	5	1	7	5	5	1
8652	충북 진천군	진천하수슬러지처리시설)	1,044,360	4	1	1	5	2	2	1	1
8653	충북 진천군	음식물류폐기물공공처리시설위탁비	919,733	4	4	1	2	2	2	1	3
8654	충북 진천군	노인복지관위탁운영비)	906,181	4	1	1	5	1	1	1	1
8655	충북 진천군	지역사회서비스투자사업예탁금)	863,000	4	1	7	8	7	1	1	1
8656	충북 진천군	공공하수처리시설운영관리(덕산공공하수처리시설)	736,622	4	1	1	5	2	2	1	1
8657	충북 진천군	정신건강복지센터인력확충)	721,570	4	1	5	5	7	5	1	1
8658	충북 진천군	재활용선별시설위탁운영)	714,074	4	4	2	6	1	2	1	2
8659	충북 진천군	침출수처리시설위탁운영)	712,887	4	4	6	4	6	2	1	1
8660	충북 진천군	교통약자이동지원센터운영(지방비))	667,380	4	4	1	4	2	1	1	1
8661	충북 진천군	분뇨처리시설민간위탁운영비(6톤/일))	593,905	4	1	1	5	2	2	1	1
8662	충북 진천군	공공하수처리시설운영관리(소규모공공하수처리시설)	572,854	4	1	1	5	2	2	1	1
8663	충북 진천군	6진천,초평하수관거정비임대형민자사업(BTL)운영비)	540,000	4	1	6	6	6	2	2	4
8664	충북 진천군	CCTV통합관제센터모니터요원용역사업)	522,456	4	6	1	1	1	1	1	4
8665	충북 진천군	공공하수처리시설운영관리(이월공공하수처리시설)	477,561	4	1	1	5	2	2	1	1
8666	충북 진천군	진천군육아종합지원센터운영)	415,000	4	2	7	8	7	5	1	4
8667	충북 진천군	공공폐수처리시설민간위탁금)	408,153	4	1	4	2	7	2	1	3
8668	충북 진천군	농산물유통지원센터안정화지원)	381,600	4	4	1	5	1	1	1	1
8669	충북 진천군	5덕산,이월하수관거정비임대형민자사업(BTL)운영비)	364,000	4	1	6	6	6	2	2	4
8670	충북 진천군	진천군장애인주간보호시설운영)	359,148	4	1	6	5	6	1	3	1
8671	충북 진천군	어린이급식관리지원센터운영)	315,000	4	2	1	5	1	1	1	1
8672	충북 진천군	K스마트인공지능(AI)교육지원)	300,000	4	4	2	2	1	1	2	3
8673	충북 진천군	광역폐기물종합처리시설운영관리(침출수위탁처리)	300,000	4	4	7	8	7	5	5	4
8674	충북 진천군	다함께돌봄센터인건비)	293,088	4	2	7	8	7	5	1	4
8675	충북 진천군	민간,가정어린이집학부모부담금지원)	288,000	4	4	7	8	7	1	1	4
8676	충북 진천군	CCTV모니터관제요원용역)	284,976	4	6	1	1	1	1	1	4
8677	충북 진천군	수소충전소운영비지원)	276,000	4	4	1	4	1	2	1	1

순번	시군구	지출명 (사업명)	2024년예산 (단위 : 천원 /1년간)	민간이전 분류 (지방자치단체 세출예산 집행기준에 의거) 1. 민간경상사업보조(307-02) 2. 민간단체 법정운영비보조(307-03) 3. 민간행사사업보조(307-04) 4. 민간위탁금(307-05) 5. 사회복지시설 법정운영비보조(307-10) 6. 민간인위탁교육비(307-12) 7. 공기관등에대한경상적위탁사업비(308-13) 8. 민간자본사업보조,자체재원(402-01) 9. 민간자본사업보조,이전재원(402-02) 10. 민간위탁사업비(402-03) 11. 공기관등에 대한 자본적 위탁사업비(403-02)	민간이전지출 근거 (지방보조금 관리기준 참고) 1. 법률에 규정 2. 국고보조 재원(국가지정) 3. 용도 지정 기부금 4. 조례에 직접규정 5. 지자체가 권장하는 사업을 하는 공공기관 6. 시,도 정책 및 재정사정 7. 기타 8. 해당없음	입찰방식: 계약체결방법 (경쟁형태) 1. 일반경쟁 2. 제한경쟁 3. 지명경쟁 4. 수의계약 5. 법정위탁 6. 기타 ( ) 7. 없음	입찰방식: 계약기간 1. 1년 2. 2년 3. 3년 4. 4년 5. 5년 6. 기타 ( )년 7. 단기계약 (1년미만) 8. 없음	입찰방식: 낙찰자선정방법 1. 적격심사 2. 협상에의한계약 3. 최저가낙찰제 4. 규격가격분리 5. 2단계 경쟁입찰 6. 기타 ( ) 7. 없음	운영예산 산정: 운영예산 산정 1. 내부산정 (지자체 자체적으로 산정) 2. 외부산정 (외부전문기관위탁 산정) 3. 내·외부 모두 산정 4. 산정 無 5. 없음	운영예산 산정: 정산방법 1. 내부정산 (지자체 내부적으로 정산) 2. 외부정산 (외부전문기관위탁 정산) 3. 내·외부 모두 산정 4. 정산 無 5. 없음	성과평가 실시여부 1. 실시 2. 미실시 3. 향후 추진 4. 해당없음
8678	충북 진천군	광역폐기물종합처리시설운영관리(대형생활폐기물(폐합성수지류등)위탁처리비)	276,000	4	4	1	1	1	1	1	4
8679	충북 진천군	상수도검침업무민간위탁사업비)	261,600	4	4	1	1	1	1	1	3
8680	충북 진천군	마을만들기통합지원센터민간위탁금)	253,000	4	1	7	8	7	1	1	4
8681	충북 진천군	종합안전교육체험관운영)	236,660	4	4	4	5	1	2	1	4
8682	충북 진천군	광역폐기물종합처리시설운영관리(대형폐기물(폐목재)위탁처리비)	220,000	4	4	6	1	7	1	1	4
8683	충북 진천군	진천군통합중간지원센터운영비)	206,000	4	7	1	3	2	1	1	3
8684	충북 진천군	프로그램위탁비)	205,560	4	1	7	7	7	1	1	1
8685	충북 진천군	공공하수처리시설수질관제시스템유지관리용역)	200,000	4	1	1	1	5	1	1	4
8686	충북 진천군	통합정신건강증진사업)	195,402	4	1	5	5	7	5	1	1
8687	충북 진천군	청소년상담복지센터운영지원)	173,900	4	1	1	3	7	1	1	1
8688	충북 진천군	진천군통합중간지원센터민간위탁금)	163,493	4	1	7	8	7	1	1	4
8689	충북 진천군	군립치매전담요양시설운영비)	160,000	4	1	1	5	1	1	1	1
8690	충북 진천군	농촌신활력플러스(자체)운영비)	154,695	4	7	1	3	2	1	1	3
8691	충북 진천군	전국민마음건강증진)	134,200	4	1	5	5	7	5	1	1
8692	충북 진천군	학교밖청소년지원)	131,740	4	1	1	3	7	1	1	1
8693	충북 진천군	취약지응급의료기관운영지원)	130,000	4	6	7	7	7	1	1	4
8694	충북 진천군	중부권관광협의회공동사업)	127,500	4	4	4	1	7	1	1	2
8695	충북 진천군	생거진천케어팜운영지원)	110,000	4	4	1	3	1	1	1	3
8696	충북 진천군	청소년안전망구축)	102,000	4	1	1	3	7	1	1	1
8697	충북 진천군	사회복지급식관리지원센터설치운영)	100,000	4	2	5	5	6	1	1	1
8698	충북 진천군	산림치유지도사운영)	96,000	4	2	7	8	7	5	5	4
8699	충북 진천군	정신건강증진사업수행)	93,773	4	1	5	5	7	5	1	1
8700	충북 진천군	불법현수막제거업무민간위탁금)	90,000	4	4	6	3	6	1	1	3
8701	충북 진천군	시군역량강화(진천군))	87,100	4	7	1	3	2	1	1	3
8702	충북 진천군	교통약자이동센터운영)	85,500	4	4	1	4	2	1	1	1
8703	충북 진천군	정신건강복지센터자살예방사업지원)	75,592	4	1	5	5	7	5	1	1
8704	충북 진천군	택배배송비)	75,000	4	4	2	1	3	1	1	4
8705	충북 진천군	광역폐기물종합처리시설운영관리(침출수이송처리)	73,500	4	4	7	8	7	5	5	4
8706	충북 진천군	지역사회건강조사위탁)	66,834	4	2	7	1	7	5	1	1
8707	충북 진천군	진천군(1,2단계)하수관거정비임대형민자사업(BTL)성과평가업무위탁금)	65,000	4	1	5	6	6	1	1	4
8708	충북 진천군	자살예방사업수행)	63,000	4	1	5	5	7	5	1	1
8709	충북 진천군	농촌중심지활성화사업(덕산읍))	60,000	4	7	7	8	7	1	1	3
8710	충북 진천군	우수농산물육성(쇼핑몰대행업체운영비)	60,000	4	4	2	1	3	1	1	4
8711	충북 진천군	전통시장지원(생거진천전통시장)	58,886	4	4	4	3	7	1	1	3
8712	충북 진천군	숲해설운영)	58,668	4	2	7	8	7	5	5	4
8713	충북 진천군	유아숲교육운영)	58,668	4	2	7	8	7	5	5	4
8714	충북 진천군	청소년동반자프로그램운영지원)	56,562	4	1	1	3	7	1	1	1
8715	충북 진천군	폐사된소처리비용지원)	53,750	4	6	7	8	7	1	1	4
8716	충북 진천군	정신건강복지센터운영)	51,100	4	1	5	5	7	5	1	1
8717	충북 진천군	시간제보육료)	50,000	4	2	7	8	7	5	1	4

순번	시군구	지출명 (사업명)	2024년예산 (단위 : 천원 /1년간)	민간이전 분류 (지방자치단체 세출예산 집행기준에 의거) 1. 민간경상사업보조(307-02) 2. 민간단체 법정운영비보조(307-03) 3. 민간행사사업보조(307-04) 4. 민간위탁금(307-05) 5. 사회복지시설 법정운영비보조(307-10) 6. 민간인위탁교육비(307-12) 7. 공기관등에대한경상적위탁사업비(308-13) 8. 민간자본사업보조,자체재원(402-01) 9. 민간자본사업보조,이전재원(402-02) 10. 민간위탁사업비(402-03) 11. 공기관등에 대한 자본적 위탁사업비(403-02)	민간이전지출 근거 (지방보조금 관리기준 참고) 1. 법률에 규정 2. 국고보조 재원(국가지정) 3. 용도 지정 기부금 4. 조례에 직접규정 5. 지자체가 권장하는 사업을 하는 공공기관 6. 시,도 정책 및 재정사정 7. 기타 8. 해당없음	입찰방식			운영예산 산정		성과평가 실시여부
						계약체결방법 (경쟁형태) 1. 일반경쟁 2. 제한경쟁 3. 지명경쟁 4. 수의계약 5. 법정위탁 6. 기타 ( ) 7. 없음	계약기간 1. 1년 2. 2년 3. 3년 4. 4년 5. 5년 6. 기타 ( )년 7. 단기계약 (1년미만) 8. 없음	낙찰자선정방법 1. 적격심사 2. 협상에의한계약 3. 최저가낙찰제 4. 규격가격분리 5. 2단계 경쟁입찰 6. 기타 ( ) 7. 없음	운영예산 산정 1. 내부산정 (지자체 자체적으로 산정) 2. 외부산정 (외부전문기관위탁 산정) 3. 내·외부 모두 산정 4. 산정 無 5. 없음	정산방법 1. 내부정산 (지자체 내부적으로 정산) 2. 외부정산 (외부전문기관위탁 정산) 3. 내·외부 모두 산정 4. 정산 無 5. 없음	1. 실시 2. 미실시 3. 향후 추진 4. 해당없음
8718	충북 진천군	다함께돌봄센터운영비)	48,000	4	2	7	8	7	5	1	4
8719	충북 진천군	자살예방및정신건강증진사업)	40,720	4	1	5	5	7	5	1	1
8720	충북 진천군	농촌중심지활성화사업(광혜원면))	40,000	4	7	7	8	7	1	1	3
8721	충북 진천군	꿈더하기운영지원)	39,472	4	6	2	3	1	1	1	1
8722	충북 진천군	우울증환자치료관리비지원)	37,500	4	1	5	5	7	5	1	1
8723	충북 진천군	지하수이용부담금검침업무민간위탁사업비)	33,120	4	4	1	2	1	1	1	3
8724	충북 진천군	전통시장지원(진천중앙시장)	32,043	4	4	4	3	7	1	1	3
8725	충북 진천군	학교밖청소년지원센터운영비)	30,380	4	1	1	3	7	1	1	1
8726	충북 진천군	진천공예미술관민간위탁운영비)	30,000	4	4	4	4	7	1	1	2
8727	충북 진천군	광역폐기물종합처리시설운영관리(대형폐기물(포켓매트리스)위탁처리비)	30,000	4	4	1	1	1	1	1	4
8728	충북 진천군	산림치유두드림캠프운영)	27,000	4	6	7	8	7	5	5	4
8729	충북 진천군	가사간병방문관리사지원사업)	25,287	4	1	7	8	7	5	5	4
8730	충북 진천군	다함께돌봄센터운영비지원)	24,000	4	4	7	8	7	5	1	4
8731	충북 진천군	정신건강복지센터등종사자처우개선비지원)	24,000	4	1	5	5	7	5	1	1
8732	충북 진천군	기초생활거점조성(초평면))	20,000	4	7	7	8	7	1	1	3
8733	충북 진천군	기초생활거점조성(문백면))	20,000	4	7	7	8	7	1	1	3
8734	충북 진천군	기초생활거점조성(이월면))	20,000	4	7	7	8	7	1	1	3
8735	충북 진천군	우수농산물육성(광고운영활성화지원)	20,000	4	4	2	1	3	1	1	4
8736	충북 진천군	자살위험자응급개입치료비지원)	17,000	4	1	5	5	7	5	1	1
8737	충북 진천군	학교밖청소년급식비지원)	13,500	4	1	1	3	7	1	1	1
8738	충북 진천군	정신질환치료비지원사업)	13,180	4	1	5	5	7	5	1	1
8739	충북 진천군	재가정신질환자및정신장애인사회재활프로그램운영)	13,000	4	1	5	5	7	5	1	1
8740	충북 진천군	매립장운영관리(이송)	12,000	4	4	4	1	7	1	1	4
8741	충북 진천군	생거진천노인복지센터운영)	10,000	4	1	1	5	1	1	1	1
8742	충북 진천군	가축전염병살처분비)	10,000	4	1	7	8	7	1	1	4
8743	충북 진천군	우수농산물육성(쇼핑몰업그레이드)	10,000	4	4	2	1	3	1	1	4
8744	충북 진천군	학교밖청소년교통비)	7,500	4	1	1	3	7	1	1	1
8745	충북 진천군	하수도검침업무민간위탁사업비)	5,400	4	4	1	2	1	1	1	3
8746	충북 진천군	학교밖청소년진로지원)	5,000	4	1	1	3	7	1	1	1
8747	충북 진천군	청년마음건강지원사업예탁금)	4,967	4	1	7	8	7	1	1	1
8748	충북 진천군	지역사회자살예방네트워크구축)	4,000	4	1	5	5	7	5	1	1
8749	충북 진천군	학교밖청소년교재구입비)	1,525	4	1	1	3	7	1	1	1
8750	충북 진천군	보증기간경과장치성능유지관리)	1,458	4	2	7	8	7	5	5	4
8751	충북 진천군	매립장운영관리(처리)	1,200	4	8	7	8	7	1	1	4
8752	충북 음성군	공익형	9,985,310	4	2	5	3	1	1	3	3
8753	충북 음성군	대행비	8,000,000	4	1	7	8	7	5	5	4
8754	충북 음성군	공공하수처리시설관리대행비	4,076,797	4	1	4	5	6	2	1	1
8755	충북 음성군	사회서비스형	3,664,912	4	2	5	3	1	1	3	3
8756	충북 음성군	노인맞춤돌봄서비스	3,381,190	4	2	5	4	1	1	3	3
8757	충북 음성군	가축분뇨공공처리시설운영비	2,746,667	4	4	5	3	7	2	1	4

순번	시군구	지출명 (사업명)	2024년예산 (단위 : 천원 /1년간)	민간이전 분류 (지방자치단체 세출예산 집행기준에 의거) 1. 민간경상사업보조(307-02) 2. 민간단체 법정운영비보조(307-03) 3. 민간행사사업보조(307-04) 4. 민간위탁금(307-05) 5. 사회복지시설 법정운영비보조(307-10) 6. 민간인위탁교육비(307-12) 7. 공기관등에대한경상적위탁사업비(308-13) 8. 민간자본사업보조,자체재원(402-01) 9. 민간자본사업보조,이전재원(402-02) 10. 민간위탁사업비(402-03) 11. 공기관등에 대한 자본적 위탁사업비(403-02)	민간이전지출 근거 (지방보조금 관리기준 참고) 1. 법률에 규정 2. 국고보조 재원(국가지정) 3. 용도 지정 기부금 4. 조례에 직접규정 5. 지자체가 권장하는 사업을 하는 공공기관 6. 시,도 정책 및 재정사정 7. 기타 8. 해당없음	입찰방식 계약체결방법 (경쟁형태) 1. 일반경쟁 2. 제한경쟁 3. 지명경쟁 4. 수의계약 5. 법정위탁 6. 기타 ( ) 7. 없음	입찰방식 계약기간 1. 1년 2. 2년 3. 3년 4. 4년 5. 5년 6. 기타 ( )년 7. 단기계약 (1년미만) 8. 없음	입찰방식 낙찰자선정방법 1. 적격심사 2. 협상에의한계약 3. 최저가낙찰제 4. 규격가격분리 5. 2단계 경쟁입찰 6. 기타 ( ) 7. 없음	운영예산 산정 운영예산 산정 1. 내부산정 (지자체 자체적으로 산정) 2. 외부산정 (외부전문기관위탁 산정) 3. 내·외부 모두 산정 4. 산정 無 5. 없음	운영예산 산정 정산방법 1. 내부정산 (지자체 내부적으로 정산) 2. 외부정산 (외부전문기관위탁 정산) 3. 내·외부 모두 산정 4. 정산 無 5. 없음	성과평가 실시여부 1. 실시 2. 미실시 3. 향후 추진 4. 해당없음
8758	충북 음성군	충북혁신도시수질복원센터관리대행비	2,227,348	4	8	4	5	6	2	1	1
8759	충북 음성군	시군장애인복지관운영	1,685,247	4	4	1	5	6	1	1	1
8760	충북 음성군	공공하수관로관리대행운영비	1,050,000	4	1	4	5	6	2	1	1
8761	충북 음성군	하수관거정비BTL운영민간위탁비	970,000	4	1	4	6	2	1	1	1
8762	충북 음성군	하수슬러지처리시설관리대행비	923,147	4	1	4	5	6	2	1	1
8763	충북 음성군	수행기관전담인력	828,240	4	2	5	3	1	1	3	3
8764	충북 음성군	지역활성화지원센터민간위탁금	685,090	4	4	6	3	6	1	1	3
8765	충북 음성군	가족센터운영	636,556	4	1	1	3	1	5	1	1
8766	충북 음성군	자살예방및지역정신보건사업(정신건강복지센터인력확충)	606,430	4	2	2	5	7	3	1	1
8767	충북 음성군	음성군노인복지관종사자인건비	593,580	4	1	5	5	1	1	3	3
8768	충북 음성군	음성반다비국민체육센터운영위탁	537,000	4	4	1	6	2	2	1	3
8769	충북 음성군	분뇨처리시설관리대행비	462,032	4	1	4	5	6	2	1	1
8770	충북 음성군	종사자인건비(시니어클럽)	460,320	4	1	5	8	1	1	3	3
8771	충북 음성군	특별교통수단운영지원	460,000	4	1	1	5	1	1	1	4
8772	충북 음성군	시장형	437,880	4	2	5	3	1	1	3	3
8773	충북 음성군	산업단지복합문화센터운영	428,156	4	4	1	3	1	1	1	1
8774	충북 음성군	한빛복지관종사자인건비	404,573	4	1	5	5	1	1	1	3
8775	충북 음성군	맹동혁신국민체육센터수영장운영위탁	385,200	4	4	1	2	2	2	1	3
8776	충북 음성군	감염병예방방역소독민간위탁	367,500	4	5	1	1	3	2	1	2
8777	충북 음성군	아이돌봄지원사업	366,738	4	1	7	8	7	1	1	1
8778	충북 음성군	외국인지원센터운영	333,000	4	4	1	3	1	1	1	1
8779	충북 음성군	노인일자리및사회활동지원사업(음성형일자리)	320,000	4	1	5	8	1	1	3	3
8780	충북 음성군	어린이급식관리지원센터운영위탁	315,000	4	1	5	5	7	5	2	1
8781	충북 음성군	노인맞춤돌봄서비스운영비(군비추가분)	283,130	4	7	5	4	1	1	3	3
8782	충북 음성군	한빛복지관운영비	278,178	4	1	5	5	1	1	1	3
8783	충북 음성군	음성군노인복지관운영비	260,090	4	1	5	5	1	1	3	3
8784	충북 음성군	장애인가족지원센터운영비	251,571	4	4	1	5	6	1	1	1
8785	충북 음성군	공공하수처리시설수질자동측정기기TMS유지관리대행비	250,000	4	1	4	3	6	1	1	1
8786	충북 음성군	음식물류폐기물위탁처리비	240,000	4	1	1	1	1	1	1	2
8787	충북 음성군	소규모공공하수처리시설관리대행비	211,993	4	1	4	5	6	2	1	1
8788	충북 음성군	음성군물놀이장운영	203,000	4	4	1	2	2	2	1	3
8789	충북 음성군	금왕청소년센터운영지원	197,624	4	1,4	1	3	1	1	1	3
8790	충북 음성군	음성군농촌활력지원센터운영비	191,000	4	1	1	3	6	2	1	3
8791	충북 음성군	통합정신건강증진사업	187,100	4	2	7	8	7	5	1	4
8792	충북 음성군	청소년수련원운영지원	180,000	4	1,4	2	3	1	1	1	3
8793	충북 음성군	청소년상담복지센터운영지원	172,354	4	1,4	6	3	1	1	1	1
8794	충북 음성군	독거노인장애인응급안전안심서비스운영	167,867	4	2	5	3	6	1	3	3
8795	충북 음성군	생극,수질복원센터수질자동측정기기TMS유지관리대행비	157,000	4	1	4	3	6	1	1	1
8796	충북 음성군	학교밖청소년지원	153,191	4	2	7	3	7	5	1	4
8797	충북 음성군	청소년안전망구축	151,931	4	2	6	3	1	5	1	1

순번	시군구	지출명 (사업명)	2024년예산 (단위 : 천원 /1년간)	민간이전 분류 (지방자치단체 세출예산 집행기준에 의거) 1. 민간경상사업보조(307-02) 2. 민간단체 법정운영비보조(307-03) 3. 민간행사사업보조(307-04) 4. 민간위탁금(307-05) 5. 사회복지시설 법정운영비보조(307-10) 6. 민간인위탁교육비(307-12) 7. 공기관등에대한경상적위탁사업비(308-13) 8. 민간자본사업보조,자체재원(402-01) 9. 민간자본사업보조,이전재원(402-02) 10. 민간위탁사업비(402-03) 11. 공기관등에 대한 자본적 위탁사업비(403-02)	민간이전지출 근거 (지방보조금 관리기준 참고) 1. 법률에 규정 2. 국고보조 재원(국가지정) 3. 용도 지정 기부금 4. 조례에 직접규정 5. 지자체가 권장하는 사업을 하는 공공기관 6. 시,도 정책 및 재정사정 7. 기타 8. 해당없음	입찰방식 계약체결방법 (경쟁형태) 1. 일반경쟁 2. 제한경쟁 3. 지명경쟁 4. 수의계약 5. 법정위탁 6. 기타 ( ) 7. 없음	입찰방식 계약기간 1. 1년 2. 2년 3. 3년 4. 4년 5. 5년 6. 기타 ( )년 7. 단기계약 (1년미만) 8. 없음	입찰방식 낙찰자선정방법 1. 적격심사 2. 협상에의한계약 3. 최저가낙찰제 4. 규격가격분리 5. 2단계 경쟁입찰 6. 기타 ( ) 7. 없음	운영예산 산정 운영예산 산정 1. 내부산정 (지자체 자체적으로 산정) 2. 외부산정 (외부전문기관위탁 산정) 3. 내·외부 모두 산정 4. 산정 無 5. 없음	운영예산 산정 정산방법 1. 내부정산 (지자체 내부적으로 정산) 2. 외부정산 (외부전문기관위탁 정산) 3. 내·외부 모두 산정 4. 정산 無 5. 없음	성과평가 실시여부 1. 실시 2. 미실시 3. 향후 추진 4. 해당없음
8798	충북 음성군	품바재생예술체험촌위탁운영비	151,555	4	4	6	3	6	1	1	1
8799	충북 음성군	다함께돌봄센터인건비지원	146,544	4	1	7	8	7	5	5	4
8800	충북 음성군	수소충전소운영비지원	144,000	4	1	7	8	7	2	1	3
8801	충북 음성군	시군역량강화	138,571	4	1	1	3	6	1	1	3
8802	충북 음성군	전국민마음건강증진	134,200	4	2	2	5	7	3	1	1
8803	충북 음성군	임시정류소운영지원	120,000	4	7	7	3	7	1	1	3
8804	충북 음성군	공동육아나눔터사업	113,424	4	1	7	8	7	1	1	1
8805	충북 음성군	정신건강복지센터자살예방사업지원	111,754	4	2	2	5	7	3	1	1
8806	충북 음성군	장애인편의증진기술지원센터운영	106,131	4	1	7	3	7	1	1	1
8807	충북 음성군	음성군문화예술체험촌민간위탁금	103,050	4	4	6	3	6	1	1	1
8808	충북 음성군	농산물쇼핑몰(음성장터)운영및관리비	100,000	4	1	7	8	7	1	1	4
8809	충북 음성군	특별교통수단운영지원	95,000	4	1	1	5	1	1	1	4
8810	충북 음성군	유아숲교육운영	88,002	4	1	7	8	7	5	5	4
8811	충북 음성군	방문지도사지원	80,108	4	1	1	3	1	5	1	1
8812	충북 음성군	기관운영비(시니어클럽)	79,424	4	1	5	8	1	1	3	3
8813	충북 음성군	대풍산업단지완충저류시설위탁운영비	76,000	4	2	6	6	7	1	1	4
8814	충북 음성군	지역사회건강조사지정위탁사업비	66,374	4	1	5	1	7	3	3	1
8815	충북 음성군	통번역지원사지원	65,626	4	1	1	3	1	5	1	1
8816	충북 음성군	고추묘관리비	65,000	4	4	7	8	7	1	1	3
8817	충북 음성군	감곡면도시재생현장지원센터민간위탁금	64,910	4	4	6	3	6	1	1	3
8818	충북 음성군	폐가전제품중간집하장관리용역	60,000	4	4	1	4	7	1	1	4
8819	충북 음성군	숲해설가운영	58,668	4	1	7	8	7	5	5	4
8820	충북 음성군	특별교통수단운영지원	51,210	4	1	1	5	1	1	1	4
8821	충북 음성군	기초정신건강복지센터운영	51,100	4	2	2	5	7	3	1	1
8822	충북 음성군	여비	41,040	4	2	2	5	7	3	1	1
8823	충북 음성군	자살예방및정신건강증진사업	40,720	4	2	2	5	7	3	1	1
8824	충북 음성군	언어발달지원	40,590	4	1	1	3	1	5	1	1
8825	충북 음성군	품바재생예술체험촌콘텐츠사업비	40,000	4	4	6	3	6	1	1	1
8826	충북 음성군	예식장및지하식당운영	39,529	4	4	7	8	7	1	1	4
8827	충북 음성군	이중언어직접학습	36,680	4	1	1	3	1	5	1	1
8828	충북 음성군	이중언어부모코칭	36,430	4	1	1	3	1	5	1	1
8829	충북 음성군	통번역지원	34,100	4	1	1	3	1	5	1	1
8830	충북 음성군	취업알선형	33,600	4	2	5	3	1	1	3	3
8831	충북 음성군	장애인주택개조사업	30,400	4	1	4	7	7	1	1	1
8832	충북 음성군	금왕교육장(승덕)운영지원	25,260	4	1	1	3	1	1	1	1
8833	충북 음성군	다함께돌봄센터운영비지원	24,000	4	1	7	8	7	5	5	4
8834	충북 음성군	정신건강복지센터등종사자처우개선비지원	24,000	4	2	2	5	7	3	1	1
8835	충북 음성군	무장애시설지원사업	20,000	4	1	1	7	1	1	1	1
8836	충북 음성군	행복가족상담원스톱서비스	20,000	4	1	1	3	1	5	1	1
8837	충북 음성군	결혼이민자역량강화교육	20,000	4	1	1	3	1	5	1	1

순번	시군구	지출명 (사업명)	2024년예산 (단위 : 천원 /1년간)	민간이전 분류 (지방자치단체 세출예산 집행기준에 의거) 1. 민간경상사업보조(307-02) 2. 민간단체 법정운영비보조(307-03) 3. 민간행사사업보조(307-04) 4. 민간위탁금(307-05) 5. 사회복지시설 법정운영비보조(307-10) 6. 민간인위탁교육비(307-12) 7. 공기관등에대한경상적위탁사업비(308-13) 8. 민간자본사업보조,자체재원(402-01) 9. 민간자본사업보조,이전재원(402-02) 10. 민간위탁사업비(402-03) 11. 공기관등에 대한 자본적 위탁사업비(403-02)	민간이전지출 근거 (지방보조금 관리기준 참고) 1. 법률에 규정 2. 국고보조 재원(국가지정) 3. 용도 지정 기부금 4. 조례에 직접규정 5. 지자체가 권장하는 사업을 하는 공공기관 6. 시,도 정책 및 재정사정 7. 기타 8. 해당없음	입찰방식 계약체결방법 (경쟁형태) 1. 일반경쟁 2. 제한경쟁 3. 지명경쟁 4. 수의계약 5. 법정위탁 6. 기타 ( ) 7. 없음	입찰방식 계약기간 1. 1년 2. 2년 3. 3년 4. 4년 5. 5년 6. 기타 ( )년 7. 단기계약 (1년미만) 8. 없음	입찰방식 낙찰자선정방법 1. 적격심사 2. 협상에의한계약 3. 최저가낙찰제 4. 규격가격분리 5. 2단계 경쟁입찰 6. 기타 ( ) 7. 없음	운영예산 산정 운영예산 산정 1. 내부산정 (지자체 자체적으로 산정) 2. 외부산정 (외부전문기관위탁 산정) 3. 내·외부 모두 산정 4. 산정 無 5. 없음	운영예산 산정 정산방법 1. 내부정산 (지자체 내부적으로 정산) 2. 외부정산 (외부전문기관위탁 정산) 3. 내·외부 모두 산정 4. 정산 無 5. 없음	성과평가 실시여부 1. 실시 2. 미실시 3. 향후 추진 4. 해당없음
8838	충북 음성군	외국인주민,다문화가족화합행사	20,000	4	4	7	8	7	1	1	4
8839	충북 음성군	우울증환자치료관리비지원	20,000	4	2	2	5	7	3	1	1
8840	충북 음성군	안전보건관리비	18,000	4	1	7	8	7	5	5	4
8841	충북 음성군	한센병민간위탁금	18,000	4	1	7	1	7	4	1	1
8842	충북 음성군	벼병해충공동방제	18,000	4	4	7	8	7	1	1	3
8843	충북 음성군	음성품바축제관련SNS이벤트	15,000	4	1	4	7	7	1	1	1
8844	충북 음성군	전문농업인최고경영자과정운영	15,000	4	4	7	8	7	1	1	3
8845	충북 음성군	자살위험자응급개입치료비지원	12,000	4	2	2	5	7	3	1	1
8846	충북 음성군	복지수당	11,400	4	2	2	5	7	3	1	1
8847	충북 음성군	공공요금(음성,금빛)지원	8,400	4	1	1	3	1	1	1	1
8848	충북 음성군	마더센터프로그램운영	8,000	4	1	7	8	7	1	1	1
8849	충북 음성군	다문화가족특성화사업종사자처우개선비	7,200	4	1	1	3	1	5	1	1
8850	충북 음성군	글로벌언어교실운영지원	6,000	4	1	1	3	1	1	1	1
8851	충북 음성군	동절기유충구제위탁사업(619개소)	6,000	4	5	4	1	7	2	1	2
8852	충북 음성군	결혼이주여성리더십과정지원	5,000	4	1	1	3	1	1	1	1
8853	충북 음성군	지역사회자살예방네트워크구축	4,000	4	2	2	5	7	3	1	1
8854	충북 음성군	정신질환자치료비지원	3,860	4	2	2	5	7	3	1	1
8855	충북 음성군	다문화가정방문지도사운영지원	3,360	4	1	1	3	1	1	1	1
8856	충북 음성군	민방위사이버교육경비	3,077	4	1	7	8	7	5	1	4
8857	충북 음성군	다문화나눔봉사단운영	2,000	4	1	1	3	1	1	1	1
8858	충북 음성군	언어발달지도사운영지원	1,800	4	1	1	3	1	1	1	1
8859	충북 단양군	지방상수도운영위탁대가지급	4,925,532	4	1	6	6	6	3	3	1
8860	충북 단양군	환경기초시설민간관리대행용역비	3,993,800	4	1	1	5	2	2	1	1
8861	충북 단양군	장애인복지관운영	1,269,000	4	1	7	5	1	1	1	1
8862	충북 단양군	단양군립노인요양병원응급실운영지원	810,460	4	1	4	5	7	1	3	2
8863	충북 단양군	노인복지관운영비	790,000	4	1	7	8	7	5	1	1
8864	충북 단양군	시군역량강화지원사업	395,714	4	2	7	8	7	5	5	4
8865	충북 단양군	공동출하선별포장작업지원	360,000	4	4	6	8	6	5	5	4
8866	충북 단양군	단양군농산물유통가공센터운영	295,000	4	4	6	8	6	5	5	4
8867	충북 단양군	찾아가는산부인과	200,000	4	2	5	8	7	5	2	4
8868	충북 단양군	재가노인복지시설운영지원	170,656	4	1	7	8	7	5	1	1
8869	충북 단양군	농촌신활력플러스사업중간조직운영비	167,775	4	4	7	8	7	5	5	4
8870	충북 단양군	공동출하포장재지원	160,000	4	4	6	8	6	5	5	4
8871	충북 단양군	공동출하운송물류비지원	160,000	4	4	6	8	6	5	5	4
8872	충북 단양군	아이돌봄지원	154,516	4	2	1,4	3	1	1	2	1
8873	충북 단양군	일자리종합지원사업(단양군일자리종합지원센터운영)	150,000	4	4	6	2	6	1	1	1
8874	충북 단양군	농산물순회수집출하지원운영	150,000	4	4	6	8	6	5	5	4
8875	충북 단양군	농촌고용인력지원	120,000	4	2	6	3	6	1	1	1
8876	충북 단양군	어린이급식관리지원센터설치운영	118,600	4	7	4	3	1	1	1	4
8877	충북 단양군	치매안심요양병원공공사업지원	100,000	4	1	7	1	7	5	1	4

순번	시군구	지출명 (사업명)	2024년예산 (단위 : 천원 /1년간)	민간이전 분류 (지방자치단체 세출예산 집행기준에 의거) 1. 민간경상사업보조(307-02) 2. 민간단체 법정운영비보조(307-03) 3. 민간행사사업보조(307-04) 4. 민간위탁금(307-05) 5. 사회복지시설 법정운영비보조(307-10) 6. 민간인위탁교육비(307-12) 7. 공기관등에대한경상적위탁사업비(308-13) 8. 민간자본사업보조,자체재원(402-01) 9. 민간자본사업보조,이전재원(402-02) 10. 민간위탁사업비(402-03) 11. 공기관등에 대한 자본적 위탁사업비(403-02)	민간이전지출 근거 (지방보조금 관리기준 참고) 1. 법률에 규정 2. 국고보조 재원(국가지정) 3. 용도 지정 기부금 4. 조례에 직접규정 5. 지자체가 권장하는 사업을 하는 공공기관 6. 시,도 정책 및 재정사정 7. 기타 8. 해당없음	입찰방식			운영예산 산정		성과평가 실시여부
						계약체결방법 (경쟁형태) 1. 일반경쟁 2. 제한경쟁 3. 지명경쟁 4. 수의계약 5. 법정위탁 6. 기타 ( ) 7. 없음	계약기간 1. 1년 2. 2년 3. 3년 4. 4년 5. 5년 6. 기타 ( )년 7. 단기계약 (1년미만) 8. 없음	낙찰자선정방법 1. 적격심사 2. 협상에의한계약 3. 최저가낙찰제 4. 규격가격분리 5. 2단계 경쟁입찰 6. 기타 ( ) 7. 없음	운영예산 산정 1. 내부산정 (지자체 자체적으로 산정) 2. 외부산정 (외부전문기관위탁 산정) 3. 내·외부 모두 산정 4. 산정 無 5. 없음	정산방법 1. 내부정산 (지자체 내부적으로 정산) 2. 외부정산 (외부전문기관위탁 정산) 3. 내·외부 모두 산정 4. 정산 無 5. 없음	1. 실시 2. 미실시 3. 향후 추진 4. 해당없음
8878	충북 단양군	2024년산림교육(유아숲)위탁운영사업	88,002	4	6	7	8	7	5	5	4
8879	충북 단양군	당직의료기관(단양군립노인요양병원)운영지원	81,000	4	2	4	5	7	1	3	2
8880	충북 단양군	단양군농촌생활권활성화중간지원조직운영비및인건비	60,000	4	4	7	8	6	5	5	4
8881	충북 단양군	2024년산림교육(숲해설)위탁운영사업	58,668	4	6	7	8	7	5	5	4
8882	충북 단양군	장애인복지관무료급식	52,500	4	1	7	5	1	1	1	1
8883	충북 단양군	로원도로변정비및꽃길조성민간위탁	50,000	4	4	4	7	7	1	5	4
8884	충북 단양군	단양이색관광콘셉트투어	40,000	4	4	4	7	7	1	1	2
8885	충북 단양군	양수장운영비	33,000	4	4	7	8	7	5	5	4
8886	충북 단양군	단양관광자원홍보를위한관광설명회및팸투어	30,000	4	4	4	7	7	1	1	2
8887	충북 단양군	일자리종합지원사업(전문기능인력자격과정운영)	30,000	4	4	7	8	7	1	1	1
8888	충북 단양군	월남참전자회안보결의대회	22,000	4	4	7	8	7	1	1	1
8889	충북 단양군	무형문화재전수관(사기장)위탁운영비	20,000	4	4	7	8	7	5	5	4
8890	충북 단양군	단고을프로모션사업지원	20,000	4	4	6	8	6	5	5	4
8891	충북 단양군	유네스코학교및관계기관팸투어	20,000	4	4	6	1	6	1	2	2
8892	충북 단양군	느림보강물길관리위탁	20,000	4	4	4	7	7	1	5	4
8893	충북 단양군	생활형(체류)관광활성화지원사업	10,000	4	4	4	7	7	1	1	2
8894	충북 단양군	공원화장실민간위탁관리	8,200	4	4	4	7	7	1	5	4
8895	충북 단양군	표준모자보건수첩	828	4	2	5	8	7	5	5	4
8896	충청남도	어린이인성학습원운영	1,648,000	4	4	1	6	1	1	1	1
8897	충청남도	직장어린이집위탁운영비	1,450,000	4	1	1	3	1	2	2	1
8898	충청남도	충남시각장애인복지관운영	1,213,587	4	4	2	5	2	1	1	1
8899	충청남도	노동권익센터운영	990,000	4	4	2	6	2	1	1	3
8900	충청남도	충남서부장애인종합복지관운영	946,290	4	4	2	6	2	1	1	1
8901	충청남도	충남노동자복지회관운영	920,000	4	4	2	3	2	1	1	3
8902	충청남도	충남남부장애인종합복지관운영	902,046	4	4	2	6	2	1	1	1
8903	충청남도	충남사회적경제지원센터운영	810,000	4	4	6	3	6	1	3	1
8904	충청남도	충남공익활동지원센터운영	680,000	4	4	1	3	1	1	1	1
8905	충청남도	충청남도감염병관리지원단운영지원	610,000	4	1	1	3	1	5	3	1
8906	충청남도	공공보건의료지원단운영	600,000	4	1,4	1	3	1	1	2	1
8907	충청남도	소통협력공간조성	590,000	4	4	2	2	2	1	3	3
8908	충청남도	충남육아종합지원센터운영	573,860	4	1	1	3	1	1	1	1
8909	충청남도	자립지원사업비	503,550	4	2	1	5	1	1	1	3
8910	충청남도	마을기업지원기관컨설팅사업	474,000	4	4	6	3	6	1	1	1
8911	충청남도	충청남도가족센터	459,600	4	6	7	8	7	5	5	4
8912	충청남도	노사민정협력활성화	410,000	4	2	2	3	2	1	1	3
8913	충청남도	이동노동자종합지원센터운영	390,000	4	4	2	3	2	1	3	3
8914	충청남도	자립지원전담인력배치	373,920	4	2	1	5	1	1	1	3
8915	충청남도	피해장애인쉼터설치운영	357,024	4	4	2	5	2	1	1	3
8916	충청남도	북한이탈주민지역적응센터운영	344,000	4	2	5	3	7	1	3	3
8917	충청남도	지역장애인권익옹호기관운영	335,000	4	4	2	3	2	1	1	1

순번	시군구	지출명 (사업명)	2024년예산 (단위 : 천원 /1년간)	민간이전 분류 (지방자치단체 세출예산 집행기준에 의거)	민간이전지출 근거 (지방보조금 관리기준 참고)	입찰방식			운영예산 산정		성과평가 실시여부
				1. 민간경상사업보조(307-02) 2. 민간단체 법정운영비보조(307-03) 3. 민간행사사업보조(307-04) 4. 민간위탁금(307-05) 5. 사회복지시설 법정운영비보조(307-10) 6. 민간인위탁교육비(307-12) 7. 공기관등에대한경상적위탁사업비(308-13) 8. 민간자본사업보조,자체재원(402-01) 9. 민간자본사업보조,이전재원(402-02) 10. 민간위탁사업비(402-03) 11. 공기관등에 대한 자본적 위탁사업비(403-02)	1. 법률에 규정 2. 국고보조 재원(국가지정) 3. 용도 지정 기부금 4. 조례에 직접규정 5. 지자체가 권장하는 사업을 하는 공공기관 6. 시,도 정책 및 재정사정 7. 기타 8. 해당없음	계약체결방법 (경쟁형태) 1. 일반경쟁 2. 제한경쟁 3. 지명경쟁 4. 수의계약 5. 법정위탁 6. 기타 ( ) 7. 없음	계약기간 1. 1년 2. 2년 3. 3년 4. 4년 5. 5년 6. 기타 ( )년 7. 단기계약 (1년미만) 8. 없음	낙찰자선정방법 1. 적격심사 2. 협상에의한계약 3. 최저가낙찰제 4. 규격가격분리 5. 2단계 경쟁입찰 6. 기타 ( ) 7. 없음	운영예산 산정 1. 내부산정 (지자체 자체적으로 산정) 2. 외부산정 (외부전문기관위탁 산정) 3. 내·외부 모두 산정 4. 산정 無 5. 없음	정산방법 1. 내부정산 (지자체 내부적으로 정산) 2. 외부정산 (외부전문기관위탁 정산) 3. 내·외부 모두 산정 4. 정산 無 5. 없음	1. 실시 2. 미실시 3. 향후 추진 4. 해당없음
8918	충청남도	충남아이키움뜰운영	315,000	4	1	1	3	1	1	1	1
8919	충청남도	아동자립증진지원	290,000	4	1,4	1	5	1	1	1	3
8920	충청남도	안심육아환경조성사업	283,500	4	1	1	3	1	1	1	1
8921	충청남도	충남광역외국인노동자쉼터운영	230,000	4	4	7	3	7	1	1	3
8922	충청남도	심폐소생술등응급처치교육비지원	220,000	4	1	1	3	1	3	3	1
8923	충청남도	지역아동센터시도지원단운영	172,807	4	4	2	3	2	1	1	1
8924	충청남도	노사민정사무국운영	160,000	4	4	2	3	2	1	1	3
8925	충청남도	산불종사자교육비	137,800	4	2	1	1	1	1	1	1
8926	충청남도	지역사회서비스청년사업단	121,665	4	2	7	8	7	5	5	4
8927	충청남도	보육교직원보수교육	120,000	4	1,2	7	8	7	5	5	4
8928	충청남도	한센병관리진료사업	120,000	4	4	7	8	7	1	1	3
8929	충청남도	자립지원전담인력배치(자체)	92,928	4	1,4	1	5	1	1	1	3
8930	충청남도	북한이탈주민가족통합교육서비스	88,000	4	4	1	3	1	1	1	3
8931	충청남도	한센병환자재활사업지원	37,000	4	4	7	8	7	1	1	3
8932	충청남도	충남육아종합지원센터임차료	33,400	4	1	1	3	1	1	1	1
8933	충청남도	청년공익활동가육성사업	7,500	4	2	7	8	7	1	1	1
8934	충청남도	재난의료지원차량(이동응급의료세트)관리	7,000	4	1	4	3	1	1	3	1
8935	충청남도	광역정신건강복지센터인력지원	1,200,000	4	2	5	3	1	1	1	1
8936	충청남도	충남광역이동지원센터운영	1,074,106	4	4	1	3	2	1	3	1
8937	충청남도	광역치매센터운영지원	639,389	4	2	5	3	1	1	1	1
8938	충청남도	통합정신건강증진사업운영지원(자살예방)(광역)	410,000	4	2	5	3	1	1	1	1
8939	충청남도	광역자살예방사업수행기관인력지원	296,288	4	2	5	3	1	1	1	1
8940	충청남도	광역정신건강복지센터운영비	271,316	4	2	5	3	1	1	1	1
8941	충청남도	통합정신건강증진사업운영지원(정신건강)	244,000	4	2	5	3	1	1	1	1
8942	충청남도	통합건강증진사업지원단운영지원	134,680	4	6	4	2	7	5	3	1
8943	충청남도	지역사회중심금연사업민간위탁지원	84,548	4	6	4	2	7	5	3	1
8944	충청남도	공감센터(심리상담실)운영	75,500	4	6	5	3	1	1	1	1
8945	충청남도	심뇌혈관질환예방관리사업민간위탁지원	69,412	4	6	4	2	7	5	3	1
8946	충청남도	광역정신건강복지센터임차료	60,000	4	6	5	3	1	1	1	1
8947	충청남도	광역정신건강복지센터처우개선비	30,000	4	6	5	3	1	1	1	1
8948	충청남도	치매인지강화프로그램개발	21,420	4	6	5	3	1	1	1	1
8949	충청남도	광역치매센터종사자처우개선비	14,400	4	6	5	3	1	1	1	1
8950	충청남도	광역치매센터치매공공후견사업지원	5,357	4	2	5	3	1	1	1	1
8951	충남 천안시	홍대용과학관운영	1,000,000	4	7	1	6	2	3	4	1
8952	충남 천안시	청년센터운영	982,000	4	4	7	2	2	1	1	1
8953	충남 천안시	BTL시설임차료(전환사업)	642,000	4	2	2	6	1	1	4	1
8954	충남 천안시	청년인턴운영	485,810	4	6	5	2	1	1	1	2
8955	충남 천안시	노숙인쉼터운영	373,148	4	1	1	5	2	1	1	4
8956	충남 천안시	천안형인재육성프로그램	340,000	4	6	5	2	1	1	1	2
8957	충남 천안시	천안형채용연계프로그램운영	295,500	4	6	5	2	1	1	1	2

순번	시군구	지출명 (사업명)	2024년예산 (단위 : 천원 /1년간)	민간이전 분류 (지방자치단체 세출예산 집행기준에 의거) 1. 민간경상사업보조(307-02) 2. 민간단체 법정운영비보조(307-03) 3. 민간행사사업보조(307-04) 4. 민간위탁금(307-05) 5. 사회복지시설 법정운영비보조(307-10) 6. 민간인위탁교육비(307-12) 7. 공기관등에대한경상적위탁사업비(308-13) 8. 민간자본사업보조,자체재원(402-01) 9. 민간자본사업보조,이전재원(402-02) 10. 민간위탁사업비(402-03) 11. 공기관등에 대한 자본적 위탁사업비(403-02)	민간이전지출 근거 (지방보조금 관리기준 참고) 1. 법률에 규정 2. 국고보조 재원(국가지정) 3. 용도 지정 기부금 4. 조례에 직접규정 5. 지자체가 권장하는 사업을 하는 공공기관 6. 시,도 정책 및 재정사정 7. 기타 8. 해당없음	입찰방식			운영예산 산정		성과평가 실시여부
						계약체결방법 (경쟁형태) 1. 일반경쟁 2. 제한경쟁 3. 지명경쟁 4. 수의계약 5. 법정위탁 6. 기타 ( ) 7. 없음	계약기간 1. 1년 2. 2년 3. 3년 4. 4년 5. 5년 6. 기타 ( )년 7. 단기계약 (1년미만) 8. 없음	낙찰자선정방법 1. 적격심사 2. 협상에의한계약 3. 최저가낙찰제 4. 규격가격분리 5. 2단계 경쟁입찰 6. 기타 ( ) 7. 없음	운영예산 산정 1. 내부산정 (지자체 자체적으로 산정) 2. 외부산정 (외부전문기관위탁 산정) 3. 내·외부 모두 산정 4. 산정 無 5. 없음	정산방법 1. 내부정산 (지자체 내부적으로 정산) 2. 외부정산 (외부전문기관위탁 정산) 3. 내·외부 모두 산정 4. 정산 無 5. 없음	1. 실시 2. 미실시 3. 향후 추진 4. 해당없음
8958	충남 천안시	직업교육혁신지구운영	250,000	4	2	5	2	1	1	1	1
8959	충남 천안시	시장경제활성화	169,268	4	1,4	5	1	7	1	1	1
8960	충남 천안시	중독관리통합지원센터지원	167,380	4	2	1	3	1	1	1	1
8961	충남 천안시	지역사회건강조사조사분석위탁운영(서북구)	68,516	4	2	4	1	7	2	2	1
8962	충남 천안시	지역사회건강조사조사분석위탁운영(동남구)	68,286	4	2	4	1	7	2	2	1
8963	충남 천안시	통합정신건강증진사업지원(정신)	60,000	4	2	1	3	1	1	1	1
8964	충남 천안시	한센병환자진료지원	26,000	4	1	5	1	7	5	3	4
8965	충남 천안시	정신,중독센터종사자처우개선비지원	6,570	4	6	1	3	1	1	1	1
8966	충남 공주시	가축분뇨공공처리시설운영	2,460,000	4	4	7	8	7	5	5	4
8967	충남 공주시	자활근로사업	2,144,683	4	1	6	3	1	1	1	4
8968	충남 공주시	장애인종합복지관운영	1,632,669	4	1	2	5	6	1	3	3
8969	충남 공주시	교통약자특별교통수단운영비	1,372,000	4	4	1	2	1	1	1	1
8970	충남 공주시	아이돌봄지원	1,305,215	4	2	1	3	1	1	1	3
8971	충남 공주시	통합관제센터관제업무운영	1,120,000	4	1	7	2	1	1	1	4
8972	충남 공주시	가족센터운영	915,390	4	2	4	5	1	1	1	3
8973	충남 공주시	공주시정신건강복지센터운영	885,502	4	1	1,4	6	1	1	3	3
8974	충남 공주시	공주시노인종합복지관운영	670,000	4	4	1	5	1	1	1	1
8975	충남 공주시	학대피해아동쉼터운영지원	474,364	4	1	4	5	1	5	1	4
8976	충남 공주시	먹거리중간지원조직운영	420,000	4	4	4	2	7	1	1	3
8977	충남 공주시	공주시청년시설민간위탁운영	410,000	4	4	2	3	1	1	3	1
8978	충남 공주시	다함께돌봄센터인건비지원	357,420	4	1	1	5	1	5	1	4
8979	충남 공주시	로컬푸드통합지원센터자립화	344,800	4	4	4	2	7	1	1	3
8980	충남 공주시	다문화가족특성화사업	342,367	4	2	4	5	1	1	1	3
8981	충남 공주시	특별교통수단운영비보조(국비)	342,000	4	4	1	2	1	1	1	1
8982	충남 공주시	청소년문화센터운영	332,384	4	4	2	3	1	1	1	1
8983	충남 공주시	어린이급식관리지원센터운영	315,000	4	1	2	3	1	4	2	1
8984	충남 공주시	청소년꿈창작소운영	227,000	4	4	2	3	1	1	1	1
8985	충남 공주시	청소년상담복지센터운영	220,010	4	4	2	3	1	1	1	1
8986	충남 공주시	공동육아나눔터운영	198,492	4	2	4	5	1	1	1	3
8987	충남 공주시	장애인가족지원센터운영	180,000	4	1	2	3	1	3	3	4
8988	충남 공주시	공동육아나눔터운영지원(자체)	162,000	4	6	4	5	1	1	1	3
8989	충남 공주시	공주시안전체험공원민간위탁	150,000	4	1	1	2	2	1	1	1
8990	충남 공주시	다문화어울림사업	98,167	4	6	4	5	1	1	1	3
8991	충남 공주시	특별교통수단운영비보조	90,000	4	4	1	2	1	1	1	1
8992	충남 공주시	청소년전용카페운영	84,116	4	4	2	3	1	1	1	1
8993	충남 공주시	다함께돌봄센터운영비지원(국비)	60,000	4	1	1	5	1	5	1	4
8994	충남 공주시	다함께돌봄센터운영비지원(자체)	60,000	4	1	1	5	1	5	1	4
8995	충남 공주시	건강가정다문화가족지원센터종사자처우개선비,정액급식비등인건비추가지원	59,230	4	6	4	5	1	1	1	3
8996	충남 공주시	언어상담지원	55,000	4	6	4	5	1	1	1	3
8997	충남 공주시	한센병환자관리지원	24,000	4	1	4	3	7	1	1	1

순번	시군구	지출명 (사업명)	2024년예산 (단위 : 천원 /1년간)	민간이전 분류 (지방자치단체 세출예산 집행기준에 의거) 1. 민간경상사업보조(307-02) 2. 민간단체 법정운영비보조(307-03) 3. 민간행사사업보조(307-04) 4. 민간위탁금(307-05) 5. 사회복지시설 법정운영비보조(307-10) 6. 민간인위탁교육비(307-12) 7. 공기관등에대한경상적위탁사업비(308-13) 8. 민간자본사업보조,자체재원(402-01) 9. 민간자본사업보조,이전재원(402-02) 10. 민간위탁사업비(402-03) 11. 공기관등에 대한 자본적 위탁사업비(403-02)	민간이전지출 근거 (지방보조금 관리기준 참고) 1. 법률에 규정 2. 국고보조 재원(국가지정) 3. 용도 지정 기부금 4. 조례에 직접규정 5. 지자체가 권장하는 사업을 하는 공공기관 6. 시,도 정책 및 재정사정 7. 기타 8. 해당없음	입찰방식 계약체결방법 (경쟁형태) 1. 일반경쟁 2. 제한경쟁 3. 지명경쟁 4. 수의계약 5. 법정위탁 6. 기타 ( ) 7. 없음	입찰방식 계약기간 1. 1년 2. 2년 3. 3년 4. 4년 5. 5년 6. 기타 ( )년 7. 단기계약 (1년미만) 8. 없음	입찰방식 낙찰자선정방법 1. 적격심사 2. 협상에의한계약 3. 최저가낙찰제 4. 규격가격분리 5. 2단계 경쟁입찰 6. 기타 ( ) 7. 없음	운영예산 산정 운영예산 산정 1. 내부산정 (지자체 자체적으로 산정) 2. 외부산정 (외부전문기관위탁 산정) 3. 내·외부 모두 산정 4. 산정 無 5. 없음	운영예산 산정 정산방법 1. 내부정산 (지자체 내부적으로 정산) 2. 외부정산 (외부전문기관위탁 정산) 3. 내·외부 모두 산정 4. 정산 無 5. 없음	성과평가 실시여부 1. 실시 2. 미실시 3. 향후 추진 4. 해당없음
8998	충남 공주시	다함께돌봄종사자처우개선비	15,840	4	1	1	5	1	5	1	4
8999	충남 공주시	공주시가족센터방문교육지도사처우개선비	12,600	4	6	4	5	1	1	1	3
9000	충남 공주시	특별교통수단운영처우개선비보조	10,680	4	4	1	2	1	1	1	1
9001	충남 공주시	다함께돌봄종사자정액급식비	6,000	4	1	1	5	1	5	1	4
9002	충남 공주시	공무원자녀대여학자금부담금	1,000	4	1	7	8	7	5	5	4
9003	충남 보령시	특별교통수단운영	939,398	4	4	7	8	7	1	1	3
9004	충남 보령시	대천연안여객선터미널위탁관리	540,000	4	1	7	8	7	5	5	4
9005	충남 보령시	오천항여객선터미널운영	165,000	4	1	4	1	7	2	1	2
9006	충남 보령시	보령머드화장품사업운영	2,026,000	4	4	4	3	7	3	3	1
9007	충남 보령시	자활근로사업민간위탁사업비	1,642,038	4	1	5	1	7	1	1	1
9008	충남 보령시	보령머드테마파크사업운영	1,087,311	4	4	5	3	7	1	1	1
9009	충남 보령시	노인복지관운영	753,866	4	4	1	5	1	1	1	1
9010	충남 보령시	대천해수욕장관광지질서계도	670,000	4	4	4	3	7	1	1	3
9011	충남 보령시	명천종합사회복지관운영	621,850	4	4	5	5	7	1	1	1
9012	충남 보령시	노인복지관운영	517,574	4	4	1	5	1	1	1	1
9013	충남 보령시	어린이사회복지급식관리지원센터설치운영	415,000	4	1	4	3	1	5	3	3
9014	충남 보령시	일반농산어촌개발지역역량강화사업	370,000	4	4	1	2	1	1	1	3
9015	충남 보령시	청소년문화의집운영	361,282	4	1,4	7	8	7	1	1	1
9016	충남 보령시	취약지역응급의료센터기관운영비지원	300,000	4	2	7	8	7	5	3	4
9017	충남 보령시	마을만들기지원센터운영	300,000	4	4	1	2	1	1	1	3
9018	충남 보령시	최중증발달장애인주간개별일대일활동지원	228,823	4	2	7	8	7	5	5	4
9019	충남 보령시	청소년상담복지센터운영	228,373	4	4	7	8	7	1	1	1
9020	충남 보령시	마을만들기지원센터운영	165,582	4	4	1	2	1	1	1	3
9021	충남 보령시	보령시학교급식지원센터물류부분업무위탁	140,000	4	4	1	2	1	1	1	3
9022	충남 보령시	옥천돌문화공원운영관리	132,687	4	4	1	2	1	1	1	3
9023	충남 보령시	보령시에너지전환네트워크구축	120,000	4	4	1	3	1	1	1	4
9024	충남 보령시	보령머드테마파크뷰티관운영	80,000	4	4	2	2	7	1	3	3
9025	충남 보령시	기후변화교육센터운영비	50,000	4	4	4	3	7	3	3	1
9026	충남 보령시	농촌현장포럼	40,000	4	4	4	1	2	1	1	4
9027	충남 보령시	보령머드박물관관리운영	26,991	4	4	1	1	1	1	1	3
9028	충남 아산시	아산테크노밸리공공폐수처리시설민간투자사업(BTOa)운영비	3,600,000	4	4	5	3	7	1	1	1
9029	충남 아산시	특별교통수단운영	3,364,000	4	4	6	8	7	1	1	4
9030	충남 아산시	장애인복지관운영	1,930,154	4	1	6	3	6	1	1	1
9031	충남 아산시	노인종합복지관운영지원	1,835,739	4	1	7	8	7	5	1	4
9032	충남 아산시	장영실과학관BTL사업	1,780,000	4	2,4	1	5	7	2	3	1
9033	충남 아산시	아산시콜센터관리운영위탁용역	945,531	4	4	2	6	1	1	1	1
9034	충남 아산시	장애인직업재활시설운영	610,604	4	1	2	2	2	1	1	1
9035	충남 아산시	육아종합지원센터운영	590,000	4	4	7	8	7	5	1	4
9036	충남 아산시	학대피해아동쉼터운영	475,968	4	2	1	3	6	1	1	1
9037	충남 아산시	아산시청직장어린이집운영민간위탁	463,266	4	4	7	8	7	1	1	1

순번	시군구	지출명 (사업명)	2024년예산 (단위 : 천원 /1년간)	민간이전 분류 (지방자치단체 세출예산 집행기준에 의거) 1. 민간경상사업보조(307-02) 2. 민간단체 법정운영비보조(307-03) 3. 민간행사사업보조(307-04) 4. 민간위탁금(307-05) 5. 사회복지시설 법정운영비보조(307-10) 6. 민간인위탁교육비(307-12) 7. 공기관등에대한경상적위탁사업비(308-13) 8. 민간자본사업보조,자체재원(402-01) 9. 민간자본사업보조,이전재원(402-02) 10. 민간위탁사업비(402-03) 11. 공기관등에 대한 자본적 위탁사업비(403-02)	민간이전지출 근거 (지방보조금 관리기준 참고) 1. 법률에 규정 2. 국고보조 재원(국가지정) 3. 용도 지정 기부금 4. 조례에 직접규정 5. 지자체가 권장하는 사업을 하는 공공기관 6. 시,도 정책 및 재정사정 7. 기타 8. 해당없음	입찰방식 계약체결방법 (경쟁형태) 1. 일반경쟁 2. 제한경쟁 3. 지명경쟁 4. 수의계약 5. 법정위탁 6. 기타 ( ) 7. 없음	입찰방식 계약기간 1. 1년 2. 2년 3. 3년 4. 4년 5. 5년 6. 기타 ( )년 7. 단기계약 (1년미만) 8. 없음	입찰방식 낙찰자선정방법 1. 적격심사 2. 협상에의한계약 3. 최저가낙찰제 4. 규격가격분리 5. 2단계 경쟁입찰 6. 기타 ( ) 7. 없음	운영예산 산정 운영예산 산정 1. 내부산정 (지자체 자체적으로 산정) 2. 외부산정 (외부전문기관위탁 산정) 3. 내·외부 모두 산정 4. 산정 無 5. 없음	운영예산 산정 정산방법 1. 내부정산 (지자체 내부적으로 정산) 2. 외부정산 (외부전문기관위탁 정산) 3. 내·외부 모두 산정 4. 정산 無 5. 없음	성과평가 실시여부 1. 실시 2. 미실시 3. 향후 추진 4. 해당없음
9038	충남 아산시	다함께돌봄센터인건비지원	390,784	4	2	1	5	1	5	1	1
9039	충남 아산시	복지관부설장애인주간보호센터운영	291,483	4	1	7	8	7	5	1	4
9040	충남 아산시	청소년상담복지센터운영	258,096	4	6	5	1	7	1	1	4
9041	충남 아산시	인주일반산업단지환경기초시설운영비	200,000	4	4	6	8	7	1	1	4
9042	충남 아산시	학교밖청소년지원	196,336	4	6	5	1	7	3	1	4
9043	충남 아산시	장애인가족지원센터운영	180,000	4	1	7	8	7	5	1	4
9044	충남 아산시	청소년동반자프로그램운영	171,430	4	6	5	1	7	3	1	4
9045	충남 아산시	장애인자립생활지원센터운영	164,266	4	1	7	8	7	5	1	4
9046	충남 아산시	일반농산어촌개발사업완료지구관리운영위탁료지원	120,000	4	7	4	1	7	1	1	4
9047	충남 아산시	지역사회청소년통합지원체계구축(청소년안전망)	102,000	4	6	5	1	7	3	1	4
9048	충남 아산시	청소년문화예술진로지원	90,000	4	6	5	1	7	3	1	4
9049	충남 아산시	평생교육원민간위탁	88,000	4	4	6	3	7	1	3	1
9050	충남 아산시	장애인자립생활지원센터운영(자체)	83,356	4	1	7	8	7	5	1	4
9051	충남 아산시	아산테크노밸리입주기업체협의회운영비지원	80,000	4	4	6	8	7	1	1	4
9052	충남 아산시	도고농공단지기업체협의회운영비지원	75,000	4	4	6	8	7	1	1	4
9053	충남 아산시	득산농공단지공공폐수처리시설운영	71,500	4	4	6	8	7	1	1	4
9054	충남 아산시	학교밖세상소통카드(학교밖)	68,400	4	6	5	1	7	3	1	4
9055	충남 아산시	지역사회건강조사자료분석위탁운영	68,362	4	1,2	7	1	7	5	5	4
9056	충남 아산시	고위기청소년집중심리클리닉운영	68,332	4	6	5	1	7	3	1	4
9057	충남 아산시	다함께돌봄센터운영지원	64,000	4	2	1	5	1	5	1	1
9058	충남 아산시	득산농공단지운영협의회운영비지원	60,000	4	4	6	8	7	1	1	4
9059	충남 아산시	평생교육원민간위탁	60,000	4	4	6	3	7	1	3	1
9060	충남 아산시	아산시주거약자주택개량사업	50,000	4	4	1	3	1	1	1	1
9061	충남 아산시	고령자주택개조사업	42,000	4	6	1	3	1	1	1	1
9062	충남 아산시	평생교육원민간위탁	41,000	4	4	6	3	7	1	3	1
9063	충남 아산시	학교밖청소년지원(자체)	41,000	4	6	5	1	7	3	1	4
9064	충남 아산시	육아종합지원센터운영(시설관리비)	40,000	4	4	1	3	6	1	1	1
9065	충남 아산시	장애인주택개조사업	38,000	4	2	1	3	1	1	1	1
9066	충남 아산시	청소년상담복지센터지원	30,007	4	6	5	1	7	3	1	4
9067	충남 아산시	한센병민간위탁사업	21,500	4	1	5	1	7	5	5	4
9068	충남 아산시	다함께돌봄센터운영시간연장인건비	17,208	4	2	1	5	1	5	1	1
9069	충남 아산시	정기수질검사수수료지원	12,150	4	4	7	3	7	1	1	4
9070	충남 아산시	아동청소년마음행복지원사업(상담복지)	9,000	4	6	5	1	7	3	1	4
9071	충남 아산시	다함께돌봄센터운영시간연장운영비	6,000	4	2	1	5	1	5	1	1
9072	충남 아산시	장애인가족지원센터운영	6,000	4	1	7	8	7	5	1	4
9073	충남 아산시	청소년사회적응프로그램운영	5,000	4	6	5	1	7	3	1	4
9074	충남 서산시	생활폐기물수집운반대행사업(서부권역)	9,550,000	4	4	1	3	1	2	1	1
9075	충남 서산시	생활폐기물수집운반대행사업(동부권역)	6,790,000	4	4	1	3	1	2	1	1
9076	충남 서산시	공공재활용기반시설운영관리위탁	2,317,125	4	1	1	3	2	2	1	3
9077	충남 서산시	서산문화복지센터운영	2,196,909	4	4	5	3	7	1	1	1

순번	시군구	지출명 (사업명)	2024년예산 (단위 : 천원 /1년간)	민간이전 분류 (지방자치단체 세출예산 집행기준에 의거) 1. 민간경상사업보조(307-02) 2. 민간단체 법정운영비보조(307-03) 3. 민간행사사업보조(307-04) 4. 민간위탁금(307-05) 5. 사회복지시설 법정운영비보조(307-10) 6. 민간인위탁교육비(307-12) 7. 공기관등에대한경상적위탁사업비(308-13) 8. 민간자본사업보조,자체재원(402-01) 9. 민간자본사업보조,이전재원(402-02) 10. 민간위탁사업비(402-03) 11. 공기관등에 대한 자본적 위탁사업비(403-02)	민간이전지출 근거 (지방보조금 관리기준 참고) 1. 법률에 규정 2. 국고보조 재원(국가지정) 3. 용도 지정 기부금 4. 조례에 직접규정 5. 지자체가 권장하는 사업을 하는 공공기관 6. 시,도 정책 및 재정사정 7. 기타 8. 해당없음	입찰방식 계약체결방법 (경쟁형태) 1. 일반경쟁 2. 제한경쟁 3. 지명경쟁 4. 수의계약 5. 법정위탁 6. 기타 ( ) 7. 없음	입찰방식 계약기간 1. 1년 2. 2년 3. 3년 4. 4년 5. 5년 6. 기타 ( )년 7. 단기계약 (1년미만) 8. 없음	입찰방식 낙찰자선정방법 1. 적격심사 2. 협상에의한계약 3. 최저가낙찰제 4. 규격가격분리 5. 2단계 경쟁입찰 6. 기타 ( ) 7. 없음	운영예산 산정 운영예산 산정 1. 내부산정 (지자체 자체적으로 산정) 2. 외부산정 (외부전문기관위탁 산정) 3. 내·외부 모두 산정 4. 산정 無 5. 없음	운영예산 산정 정산방법 1. 내부정산 (지자체 내부적으로 정산) 2. 외부정산 (외부전문기관위탁 정산) 3. 내·외부 모두 산정 4. 정산 無 5. 없음	성과평가 실시여부 1. 실시 2. 미실시 3. 향후 추진 4. 해당없음
9078	충남 서산시	서산테크노밸리국민체육센터민간위탁운영	1,654,500	4	4	1	3	2	1	1	3
9079	충남 서산시	장애인복지관운영	1,608,170	4	1	1	5	1	5	1	1
9080	충남 서산시	자활근로사업	1,544,513	4	2	5	1	7	5	3	1
9081	충남 서산시	생활폐기물소각처리용역(단가계약)	1,458,119	4	4	1	6	1	1	5	4
9082	충남 서산시	도시안전통합센터CCTV관제사무위탁	1,061,172	4	4	2	3	2	1	1	3
9083	충남 서산시	Wakeup국제청소년센터운영	991,794	4	4	6	5	6	1	1	4
9084	충남 서산시	육아종합지원센터운영	873,594	4	4	1	5	1	1	1	1
9085	충남 서산시	석림사회복지관운영	774,208	4	4	5	5	7	1	1	1
9086	충남 서산시	학대피해아동쉼터위탁운영	602,114	4	2	5	5	7	5	1	4
9087	충남 서산시	서산시장애인보호작업장운영	567,666	4	1	1	5	1	5	1	1
9088	충남 서산시	아이돌봄지원사업	511,425	4	2	7	1	7	1	1	4
9089	충남 서산시	가족센터운영(자체)	487,968	4	1	7	1	7	1	1	4
9090	충남 서산시	청소년문화의집운영	486,045	4	4	5	3	7	1	1	1
9091	충남 서산시	가족센터운영	427,480	4	1	7	1	7	5	1	4
9092	충남 서산시	청소년상담복지센터운영(자체)	419,804	4	2	5	2	1	1	1	4
9093	충남 서산시	지역자활센터운영	411,745	4	2	5	1	7	5	3	1
9094	충남 서산시	다함께돌봄센터인건비지원	368,290	4	2	5	5	1	5	1	4
9095	충남 서산시	서산시니어클럽운영	320,000	4	4	6	3	7	1	1	2
9096	충남 서산시	공동육아나눔터운영	275,970	4	1	7	1	7	5	1	4
9097	충남 서산시	장애인가족지원센터지원	220,959	4	6	7	8	7	1	1	1
9098	충남 서산시	비정규직근로자지원센터	200,099	4	4	1	3	1	1	1	1
9099	충남 서산시	중증장애인자립생활지원	188,235	4	6	7	8	7	1	1	1
9100	충남 서산시	영상미디어센터운영지원	163,400	4	4	7	8	7	5	5	4
9101	충남 서산시	내포문화숲길운영관리	161,000	4	1	5	1	6	3	2	1
9102	충남 서산시	다함께돌봄센터운영비지원	160,796	4	2	5	5	1	5	1	4
9103	충남 서산시	청소년전용공간(영차영차)운영	142,770	4	1	5	2	1	1	1	1
9104	충남 서산시	공동육아나눔터운영(자체)	124,606	4	1	7	1	7	1	1	4
9105	충남 서산시	서산시어르신상담센터운영지원	120,447	4	4	7	5	7	1	1	4
9106	충남 서산시	박첨지놀이전수관운영	109,500	4	4	4	3	7	1	1	1
9107	충남 서산시	발달장애인주간활동서비스도추가지원	99,598	4	6	7	8	7	5	3	2
9108	충남 서산시	쓰레기종량제규격봉투판매위탁	93,842	4	1	1	1	3	2	1	4
9109	충남 서산시	충남형온종일돌봄센터운영	92,725	4	2	5	5	1	5	1	4
9110	충남 서산시	지역사회건강조사조사분석위탁운영	68,208	4	1,2	7	8	7	3	3	1
9111	충남 서산시	유아숲체험원위탁운영	58,668	4	2	5	1	2	3	2	1
9112	충남 서산시	현수막지정게시대관리	40,000	4	1	6	2	6	1	1	4
9113	충남 서산시	한센병관리위탁사업	34,000	4	1	5	1	7	3	1	1
9114	충남 서산시	사회복지사보수교육비지원	17,920	4	1	7	8	7	1	1	3
9115	충남 서산시	장애인복지관종사자정액급식비	12,600	4	1	1	5	1	5	1	1
9116	충남 서산시	장애인보호작업장근로장애인급식지원	10,000	4	1	7	8	7	5	1	1
9117	충남 논산시	논산시생활폐기물수집운반대행	9,286,154	4	1	2	3	2	2	2	1

순번	시군구	지출명 (사업명)	2024년예산 (단위 : 천원 /1년간)	민간이전 분류 (지방자치단체 세출예산 집행기준에 의거)	민간이전지출 근거 (지방보조금 관리기준 참고)	입찰방식			운영예산 산정		성과평가 실시여부
				1. 민간경상사업보조(307-02) 2. 민간단체 법정운영비보조(307-03) 3. 민간행사사업보조(307-04) 4. 민간위탁금(307-05) 5. 사회복지시설 법정운영비보조(307-10) 6. 민간인위탁교육비(307-12) 7. 공기관등에대한경상적위탁사업비(308-13) 8. 민간자본사업보조,자체재원(402-01) 9. 민간자본사업보조,이전재원(402-02) 10. 민간위탁사업비(402-03) 11. 공기관등에 대한 자본적 위탁사업비(403-02)	1. 법률에 규정 2. 국고보조 재원(국가지정) 3. 용도 지정 기부금 4. 조례에 직접규정 5. 지자체가 권장하는 사업을 하는 공공기관 6. 시,도 정책 및 재정사정 7. 기타 8. 해당없음	계약체결방법 (경쟁형태) 1. 일반경쟁 2. 제한경쟁 3. 지명경쟁 4. 수의계약 5. 법정위탁 6. 기타 ( ) 7. 없음	계약기간 1. 1년 2. 2년 3. 3년 4. 4년 5. 5년 6. 기타 ( )년 7. 단기계약 (1년미만) 8. 없음	낙찰자선정방법 1. 적격심사 2. 협상에의한계약 3. 최저가낙찰제 4. 규격가격분리 5. 2단계 경쟁입찰 6. 기타 ( ) 7. 없음	운영예산 산정 1. 내부산정 (지자체 자체적으로 산정) 2. 외부산정 (외부전문기관위탁 산정) 3. 내·외부 모두 산정 4. 산정 無 5. 없음	정산방법 1. 내부정산 (지자체 내부적으로 정산) 2. 외부정산 (외부전문기관위탁 정산) 3. 내·외부 모두 산정 4. 정산 無 5. 없음	1. 실시 2. 미실시 3. 향후 추진 4. 해당없음
9118	충남 논산시	논산시분뇨및가축분뇨공공처리시설관리운영민간위탁	2,910,008	4	1	4	3	7	2	2	1
9119	충남 논산시	가족센터운영	1,069,756	4	1	7	3	7	3	3	1
9120	충남 논산시	논산시자원봉사센터위탁운영	853,466	4	2	6	8	7	5	5	4
9121	충남 논산시	아이꽃돌봄센터위탁운영(강산홈,내동홈)	504,011	4	4	1	3	1	1	1	4
9122	충남 논산시	논산시사회적경제통합지원센터운영(민간위탁)	460,000	4	4	4	2	7	1	1	1
9123	충남 논산시	학교돌봄터위탁운영	451,389	4	1	1	3	1	1	1	4
9124	충남 논산시	논산시민원콜센터설치및운영사업	359,000	4	4	1	6	2	1	1	3
9125	충남 논산시	논산청소년문화예술플랫폼위탁관리운영	350,000	4	4	7	8	7	5	5	4
9126	충남 논산시	다함께돌봄센터위탁운영	337,252	4	1	1	3	1	1	1	4
9127	충남 논산시	가족축제행사운영	300,000	4	1	7	3	7	3	3	1
9128	충남 논산시	다문화가족특성화사업	267,935	4	1	7	3	7	3	3	1
9129	충남 논산시	학대피해아동쉼터위탁운영	237,984	4	4	1	3	2	1	1	3
9130	충남 논산시	다문화어울림사업	108,666	4	1	7	3	7	3	3	1
9131	충남 논산시	가족희망드림지원	94,912	4	1	7	3	7	3	3	1
9132	충남 논산시	다문화자녀언어발달지원	80,244	4	1	7	3	7	3	3	1
9133	충남 논산시	결혼이민자통번역서비스지원	77,576	4	1	7	3	7	3	3	1
9134	충남 논산시	공동육아나눔터운영	56,712	4	1	7	8	7	5	5	4
9135	충남 논산시	가족센터종사자처우개선비,정액급식비인건비추가지원	50,660	4	6	7	3	7	3	3	1
9136	충남 논산시	아이꽃돌봄센터위탁운영(대교홈)	44,750	4	4	1	2	1	1	1	4
9137	충남 논산시	전통시장주차장민간위탁	40,000	4	4	4	1	7	1	1	2
9138	충남 논산시	한센병관리이동진료사업	36,000	4	4	4	1	7	1	1	4
9139	충남 논산시	아동복지시설종사자인건비추가지원	27,621	4	4	1	3	2	1	1	3
9140	충남 논산시	조동숍쏙위탁관리운영	25,662	4	4	7	8	7	5	5	4
9141	충남 논산시	세대공감희망나누기	22,200	4	1	7	3	7	3	3	1
9142	충남 논산시	충남형1인가구지원사업	20,000	4	4	7	3	7	3	3	1
9143	충남 논산시	아동복지시설(생활및이용)종사자처우개선	10,800	4	1	1	3	2	1	1	3
9144	충남 논산시	연산백중놀이전수관운영위탁	8,000	4	4	5	3	7	1	1	4
9145	충남 논산시	아동복지시설(생활및이용)종사자정액급식비지원	4,200	4	1	1	3	2	1	1	3
9146	충남 계룡시	계룡공공하수처리시설관리대행용역	3,285,000	4	1	2	3	2	2	1	1
9147	충남 계룡시	장애인활동지원사업	2,745,513	4	2	5	8	7	3	3	3
9148	충남 계룡시	음식물류폐기물수집운반처리수수료	884,687	4	4	1	2	1	2	1	3
9149	충남 계룡시	종합사회복지관운영비	730,780	4	1	1	5	1	1	1	3
9150	충남 계룡시	성인발달장애인주간활동서비스지원	709,393	4	2	5	8	7	3	3	3
9151	충남 계룡시	노인복지관운영지원	695,000	4	4	5	5	7	1	1	4
9152	충남 계룡시	가로청소업무민간대행	613,894	4	5	1	1	1	2	1	4
9153	충남 계룡시	대형폐기물수집운반업무민간대행	542,440	4	4	1	3	1	2	1	3
9154	충남 계룡시	계룡시어린이감성체험장운영	406,800	4	4	1	5	7	1	1	1
9155	충남 계룡시	가족센터운영	395,516	4	1	5	5	7	5	1	4
9156	충남 계룡시	계룡시청소년수련관운영	385,492	4	1	7	8	7	5	5	4
9157	충남 계룡시	아이돌봄지원사업	313,800	4	2	1	2	1	1	1	1

순번	시군구	지출명 (사업명)	2024년예산 (단위 : 천원 /1년간)	민간이전 분류 (지방자치단체 세출예산 집행기준에 의거) 1. 민간경상사업보조(307-02) 2. 민간단체 법정운영비보조(307-03) 3. 민간행사사업보조(307-04) 4. 민간위탁금(307-05) 5. 사회복지시설 법정운영비보조(307-10) 6. 민간인위탁교육비(307-12) 7. 공기관등에대한경상적위탁사업비(308-13) 8. 민간자본사업보조,자체재원(402-01) 9. 민간자본사업보조,이전재원(402-02) 10. 민간위탁사업비(402-03) 11. 공기관등에 대한 자본적 위탁사업비(403-02)	민간이전지출 근거 (지방보조금 관리기준 참고) 1. 법률에 규정 2. 국고보조 재원(국가지정) 3. 용도 지정 기부금 4. 조례에 직접규정 5. 지자체가 권장하는 사업을 하는 공공기관 6. 시,도 정책 및 재정사정 7. 기타 8. 해당없음	입찰방식 계약체결방법 (경쟁형태) 1. 일반경쟁 2. 제한경쟁 3. 지명경쟁 4. 수의계약 5. 법정위탁 6. 기타 ( ) 7. 없음	입찰방식 계약기간 1. 1년 2. 2년 3. 3년 4. 4년 5. 5년 6. 기타 ( )년 7. 단기계약 (1년미만) 8. 없음	입찰방식 낙찰자선정방법 1. 적격심사 2. 협상에의한계약 3. 최저가낙찰제 4. 규격가격분리 5. 2단계 경쟁입찰 6. 기타 ( ) 7. 없음	운영예산 산정 운영예산 산정 1. 내부산정 (지자체 자체적으로 산정) 2. 외부산정 (외부전문기관위탁 산정) 3. 내·외부 모두 산정 4. 산정 無 5. 없음	운영예산 산정 정산방법 1. 내부정산 (지자체 내부적으로 정산) 2. 외부정산 (외부전문기관위탁 정산) 3. 내·외부 모두 산정 4. 정산 無 5. 없음	성과평가 실시여부 1. 실시 2. 미실시 3. 향후 추진 4. 해당없음
9158	충남 계룡시	시니어클럽운영지원	310,000	4	1	7	8	7	5	1	1
9159	충남 계룡시	발달재활서비스사업	214,694	4	2	5	8	7	3	3	3
9160	충남 계룡시	근로능력있는수급자의탈수급지원	209,739	4	2	7	8	7	1	2	4
9161	충남 계룡시	장애인활동지원도추가지원사업	188,626	4	6	5	8	7	3	3	3
9162	충남 계룡시	지역사회서비스투자사업예탁금	186,628	4	2	5	8	7	3	3	3
9163	충남 계룡시	장애인주간보호시설운영지원	167,000	4	6	1	5	1	1	1	3
9164	충남 계룡시	청소년상담복지센터운영	166,000	4	1	7	8	7	1	1	1
9165	충남 계룡시	다문화가족지원사업	156,257	4	1	5	5	7	5	1	4
9166	충남 계룡시	대형폐기물처리비	150,000	4	5	7	8	7	5	5	4
9167	충남 계룡시	공동주택배출재활용품(일부)수집운반처리수수료	144,089	4	5	1	1	1	2	1	3
9168	충남 계룡시	지역사회건강조사조사분석위탁운영	67,138	4	2	7	1	7	5	5	4
9169	충남 계룡시	정명각운영지원	65,000	4	4	7	8	7	1	1	4
9170	충남 계룡시	발달장애인방과후돌봄서비스지원	41,564	4	2	5	8	7	3	3	3
9171	충남 계룡시	장애인활동보조가산급여	35,801	4	2	5	8	7	3	3	3
9172	충남 계룡시	위해곤충구제및방역사업강화	26,504	4	7	4	7	3	1	1	2
9173	충남 계룡시	지역자율형사회서비스투자사업(가사간병)	24,286	4	2	5	8	7	1	1	4
9174	충남 계룡시	지역자율형사회서비스투자사업(청년마음건강지원사업)	7,387	4	2	5	8	7	3	3	3
9175	충남 계룡시	청소년포토샵교육프로그램운영지원	7,150	4	5	7	8	7	5	5	4
9176	충남 계룡시	언어발달지원바우처지원사업	2,160	4	2	5	8	7	3	3	3
9177	충남 당진시	가연성생활폐기물상차운반및소각처리용역	8,505,425	4	1	1	3	1	2	1	4
9178	충남 당진시	환경기초시설관리업무대행비	5,742,912	4	1	2	5	2	2	1	1
9179	충남 당진시	생활폐기물수거민간위탁사업	5,288,000	4	7	4	1	6	2	1	1
9180	충남 당진시	당진시가축분뇨공공처리시설민간위탁용역	3,155,551	4	4	1	3	1	2	1	4
9181	충남 당진시	석문국가산단공공폐수처리시설민간위탁금	2,112,000	4	1	2	6	2	2	1	4
9182	충남 당진시	당진시음식물류자원화시설운영민간위탁용역	2,098,018	4	4	1	3	1	2	1	4
9183	충남 당진시	아이돌봄지원사업서비스제공기관운영	2,018,700	4	2,6	7	8	7	1	1	4
9184	충남 당진시	문예의전당위탁사업비	1,699,000	4	4	1	5	1	1	1	1
9185	충남 당진시	특별교통수단차량운영비	1,519,600	4	1	2	3	1	1	1	2
9186	충남 당진시	하수관거정비BTL민간투자사업운영비	1,280,000	4	2	7	6	7	1	1	1
9187	충남 당진시	송산사회복지관운영민간위탁금	834,850	4	4	5	5	1	1	1	1
9188	충남 당진시	송악시사회복지관운영민간위탁금	805,655	4	4	5	5	1	1	1	3
9189	충남 당진시	합덕일반산단공공폐수처리시설민간위탁금	780,000	4	1	2	6	2	2	1	4
9190	충남 당진시	당진시종합복지타운민간위탁금	737,008	4	4	4	5	7	2	1	2
9191	충남 당진시	북부사회복지관운영민간위탁금	736,843	4	4	5	5	1	1	1	1
9192	충남 당진시	남부사회복지관운영민간위탁금	728,367	4	4	5	5	1	1	1	1
9193	충남 당진시	시군자원봉사센터운영민간위탁금	674,688	4	4	5	3	1	1	1	1
9194	충남 당진시	근로능력있는수급자의탈수급지원민간위탁금	620,676	4	2	7	8	7	5	5	4
9195	충남 당진시	건강가정및다문화가족지원센터(자체)	533,630	4	6	7	8	7	1	1	4
9196	충남 당진시	민원콜센터운영	507,844	4	8	6	3	6	1	1	1
9197	충남 당진시	학대피해아동쉼터운영지원	495,788	4	2	5	5	1	1	1	4

순번	시군구	지출명 (사업명)	2024년예산 (단위 : 천원 /1년간)	민간이전 분류 (지방자치단체 세출예산 집행기준에 의거) 1. 민간경상사업보조(307-02) 2. 민간단체 법정운영비보조(307-03) 3. 민간행사사업보조(307-04) 4. 민간위탁금(307-05) 5. 사회복지시설 법정운영비보조(307-10) 6. 민간인위탁교육비(307-12) 7. 공기관등에대한경상적위탁사업비(308-13) 8. 민간자본사업보조,자체재원(402-01) 9. 민간자본사업보조,이전재원(402-02) 10. 민간위탁사업비(402-03) 11. 공기관등에 대한 자본적 위탁사업비(403-02)	민간이전지출 근거 (지방보조금 관리기준 참고) 1. 법률에 규정 2. 국고보조 재원(국가지정) 3. 용도 지정 기부금 4. 조례에 직접규정 5. 지자체가 권장하는 사업을 하는 공공기관 6. 시,도 정책 및 재정사정 7. 기타 8. 해당없음	입찰방식			운영예산 산정		성과평가 실시여부
						계약체결방법 (경쟁형태) 1. 일반경쟁 2. 제한경쟁 3. 지명경쟁 4. 수의계약 5. 법정위탁 6. 기타 ( ) 7. 없음	계약기간 1. 1년 2. 2년 3. 3년 4. 4년 5. 5년 6. 기타 ( )년 7. 단기계약 (1년미만) 8. 없음	낙찰자선정방법 1. 적격심사 2. 협상에의한계약 3. 최저가낙찰제 4. 규격가격분리 5. 2단계 경쟁입찰 6. 기타 ( ) 7. 없음	운영예산 산정 1. 내부산정 (지자체 자체적으로 산정) 2. 외부산정 (외부전문기관위탁 산정) 3. 내·외부 모두 산정 4. 산정 無 5. 없음	정산방법 1. 내부정산 (지자체 내부적으로 정산) 2. 외부정산 (외부전문기관위탁 정산) 3. 내·외부 모두 산정 4. 정산 無 5. 없음	1. 실시 2. 미실시 3. 향후 추진 4. 해당없음
9198	충남 당진시	다문화가족특성화사업	457,716	4	2,6	7	8	7	1	1	4
9199	충남 당진시	공동육아나눔터운영	386,358	4	2,6	7	8	7	1	1	4
9200	충남 당진시	당진문화예술학교위탁운영	345,000	4	4	1	5	1	1	1	1
9201	충남 당진시	동물보호소운영비지원	340,000	4	1	1	2	1	1	1	3
9202	충남 당진시	다문화가족지원센터운영	297,140	4	2,6	7	8	7	1	1	4
9203	충남 당진시	건강가정지원센터운영지원	261,058	4	2,6	7	8	7	1	1	4
9204	충남 당진시	문화공감터위탁운영	200,000	4	4	1	5	1	1	1	1
9205	충남 당진시	해수욕장안전관리위탁	195,000	4	4	7	8	7	5	5	4
9206	충남 당진시	가족희망드림지원사업	161,864	4	2,6	7	8	7	1	1	4
9207	충남 당진시	생활문화센터위탁운영	146,505	4	4	1	5	1	1	1	2
9208	충남 당진시	쓰레기종량제봉투위탁배달사업	125,901	4	4	2	3	3	3	1	4
9209	충남 당진시	지역아동센터인건비(공립지역아동센터)	123,461	4	2	7	8	7	1	1	4
9210	충남 당진시	건가다가종사자처우개선비정액급식비	121,333	4	6	7	8	7	1	1	4
9211	충남 당진시	다문화어울림사업	116,667	4	6	7	8	7	1	1	4
9212	충남 당진시	다함께돌봄센터인건비	108,552	4	2	7	8	1	1	1	4
9213	충남 당진시	어린이교통안전체험장민간위탁운영	108,298	4	4	5	1	1	1	1	4
9214	충남 당진시	충남형온종일돌봄센터지원	85,272	4	2	7	8	1	1	1	4
9215	충남 당진시	보훈회관운영민간위탁금	81,800	4	1	7	8	7	1	1	1
9216	충남 당진시	자원봉사코디네이터지원육성민간위탁금	66,300	4	4	5	3	1	1	1	1
9217	충남 당진시	면천두견주전수교육관민간관리위탁료(사용료건포함)	54,187	4	4	7	7	7	1	1	1
9218	충남 당진시	자활사례관리사지원민간위탁금	31,477	4	6	7	8	7	5	1	4
9219	충남 당진시	숲해설가위탁운영	29,334	4	2	7	8	7	5	5	4
9220	충남 당진시	다문화대축제행사지원	20,000	4	6	7	8	7	1	1	4
9221	충남 당진시	충남형1인가구지원사업	20,000	4	4	7	8	7	1	1	4
9222	충남 당진시	지역아동센터운영비(공립형지역아동센터)	19,740	4	2	7	8	7	1	1	4
9223	충남 당진시	폐가구등폐목재류위탁처리용역	12,000	4	1	4	1	7	1	5	4
9224	충남 당진시	다함께돌봄센터운영비	12,000	4	2	7	8	1	1	1	4
9225	충남 당진시	전국통합자원봉사보험가입서비스지원민간위탁금	10,876	4	4	5	3	1	1	1	1
9226	충남 당진시	시우수광고물전시회개최지원	10,000	4	5	7	7	7	1	1	4
9227	충남 당진시	공립형지역아동센터추가운영지원	8,704	4	4	7	8	7	1	1	4
9228	충남 당진시	다함께돌봄센터종사자처우개선비	5,040	4	6	7	8	1	1	1	4
9229	충남 당진시	고독사위험군지원민간위탁금	3,000	4	2	7	8	7	5	5	4
9230	충남 당진시	다함께돌봄센터정액급식비	2,520	4	6	7	8	1	1	1	4
9231	충남 금산군	노인일자리사업위탁운영비	3,900,000	4	2	6	3	7	1	1	4
9232	충남 금산군	생활폐기물소각시설운영	2,489,900	4	4	2	2	2	2	1	1
9233	충남 금산군	자활근로사업	1,414,790	4	2	5	1	7	1	1	4
9234	충남 금산군	생활자원회수센터	637,775	4	4	2	2	2	2	1	3
9235	충남 금산군	기초정신건강복지센터인력확충	582,960	4	2	5	3	1	1	1	1
9236	충남 금산군	음식물류폐기물수집운반대행(1권역)	390,000	4	1	1	3	1	2	1	2
9237	충남 금산군	다함께돌봄사업	339,904	4	2	7	8	7	1	1	1

순번	시군구	지출명 (사업명)	2024년예산 (단위 : 천원 /1년간)	민간이전 분류 (지방자치단체 세출예산 집행기준에 의거) 1. 민간경상사업보조(307-02) 2. 민간단체 법정운영비보조(307-03) 3. 민간행사사업보조(307-04) 4. 민간위탁금(307-05) 5. 사회복지시설 법정운영비보조(307-10) 6. 민간인위탁교육비(307-12) 7. 공기관등에대한경상적위탁사업비(308-13) 8. 민간자본사업보조,자체재원(402-01) 9. 민간자본사업보조,이전재원(402-02) 10. 민간위탁사업비(402-03) 11. 공기관등에 대한 자본적 위탁사업비(403-02)	민간이전지출 근거 (지방보조금 관리기준 참고) 1. 법률에 규정 2. 국고보조 재원(국가지정) 3. 용도 지정 기부금 4. 조례에 직접규정 5. 지자체가 권장하는 사업을 하는 공공기관 6. 시,도 정책 및 재정사정 7. 기타 8. 해당없음	입찰방식: 계약체결방법 (경쟁형태) 1. 일반경쟁 2. 제한경쟁 3. 지명경쟁 4. 수의계약 5. 법정위탁 6. 기타 ( ) 7. 없음	입찰방식: 계약기간 1. 1년 2. 2년 3. 3년 4. 4년 5. 5년 6. 기타 ( )년 7. 단기계약 (1년미만) 8. 없음	입찰방식: 낙찰자선정방법 1. 적격심사 2. 협상에의한계약 3. 최저가낙찰제 4. 규격가격분리 5. 2단계 경쟁입찰 6. 기타 ( ) 7. 없음	운영예산 산정: 운영예산 산정 1. 내부산정 (지자체 자체적으로 산정) 2. 외부산정 (외부전문기관위탁 산정) 3. 내·외부 모두 산정 4. 산정 無 5. 없음	운영예산 산정: 정산방법 1. 내부정산 (지자체 내부적으로 정산) 2. 외부정산 (외부전문기관위탁 정산) 3. 내·외부 모두 산정 4. 정산 無 5. 없음	성과평가 실시여부 1. 실시 2. 미실시 3. 향후 추진 4. 해당없음
9238	충남 금산군	음식물류폐기물수집운반대행(2권역)	310,000	4	1	1	3	1	2	1	2
9239	충남 금산군	어린이급식관리지원센터설치운영	216,000	4	1	2	3	1	5	2	1
9240	충남 금산군	재가치매노인주간보호소운영	118,000	4	4	1	3	2	1	1	1
9241	충남 금산군	기초자살예방사업수행기관인력확충	74,072	4	2	5	3	1	1	1	1
9242	충남 금산군	통합정신건강증진사업지원(정신건강)	63,000	4	6	5	3	1	1	1	1
9243	충남 금산군	기초정신건강복지센터지원	51,100	4	1	5	3	1	1	1	1
9244	충남 금산군	공설봉안당위탁운영비	49,285	4	4	5	3	1	1	1	3
9245	충남 금산군	통합정신건강증진사업(자살예방)	29,600	4	6	5	3	1	1	1	1
9246	충남 금산군	지역자살예방사업지원	20,476	4	1	5	3	1	1	1	1
9247	충남 금산군	여성대학운영	20,000	4	1	3	2	1	1	1	4
9248	충남 금산군	정신건강증진사업지원	19,400	4	6	5	3	1	1	1	1
9249	충남 금산군	기초정신건강복지센터종사자처우개선비	14,760	4	2	5	3	1	1	1	1
9250	충남 금산군	생명사랑공동캠페인및자살예방홍보지원	12,000	4	6	5	3	1	1	1	1
9251	충남 금산군	정신건강복지센터지원	8,000	4	7	5	3	1	1	1	1
9252	충남 금산군	지역사회자살예방사업	6,000	4	7	5	3	1	1	1	1
9253	충남 금산군	어린이급식관리지원센터종사자처우개선	600	4	1	2	3	1	5	2	1
9254	충남 부여군	생활폐기물수집운반민간위탁	6,437,056	4	4	2	2	2	2	1	1
9255	충남 부여군	장애인복지관운영	1,481,649	4	4	7	1	7	1	1	1
9256	충남 부여군	노인종합복지관운영및관리	950,000	4	4	7	8	7	1	1	1
9257	충남 부여군	공공급식식재료배송용역	360,000	4	6	7	8	7	5	5	4
9258	충남 부여군	신동엽문학관위탁관리비	250,000	4	4	1	1	1	1	1	1
9259	충남 부여군	어린이급식관리지원센터운영지원	216,000	4	1	1	5	1	4	2	1
9260	충남 부여군	교통약자특별교통수단운영지원	175,800	4	4	7	8	7	1	1	1
9261	충남 부여군	서울농장운영위탁금(서울시부담금+군비)	150,000	4	4	6	3	7	1	1	4
9262	충남 부여군	부여군온라인쇼핑몰(굿뜨래몰)운영	120,000	4	4	1	1	1	1	1	3
9263	충남 부여군	건축사업무(현장조사및검사확인업무)대행	100,000	4	1	7	8	7	1	1	2
9264	충남 부여군	굿뜨래농식품온라인판촉마케팅	80,000	4	4	7	8	7	5	5	4
9265	충남 부여군	생활문화센터위탁관리비	80,000	4	4	4	1	7	1	1	1
9266	충남 부여군	상권활성화구역공중화장실관리	60,000	4	1	1	3	7	2	5	4
9267	충남 부여군	부여중앙시장공영주차장관리	60,000	4	1	4	3	7	2	1	3
9268	충남 부여군	은산산업단지공공폐수처리시설위탁운영비	50,000	4	1	4	5	7	1	1	4
9269	충남 부여군	농부직거래플랫폼구축및운영	50,000	4	4	7	8	7	5	5	4
9270	충남 부여군	동남리향교마을도시재생뉴딜사업	45,000	4	1	7	8	7	1	1	3
9271	충남 부여군	국내외여행박람회참가	40,000	4	4	6	1	1	1	1	3
9272	충남 부여군	국내외여행설명회개최	40,000	4	4	6	1	1	1	1	3
9273	충남 부여군	불법옥외광고물철거민간위탁	40,000	4	4	1	1	1	1	1	1
9274	충남 부여군	농식품국내시장개척사업	30,000	4	4	7	8	7	5	5	4
9275	충남 부여군	게시대운영관리민간위탁	30,000	4	4	1	1	1	1	1	1
9276	충남 부여군	숲해설위탁운영	29,334	4	1	5	1	7	1	3	1
9277	충남 부여군	아동행사체험활동지원	16,100	4	4	7	8	7	1	1	4

순번	시군구	지출명 (사업명)	2024년예산 (단위 : 천원 /1년간)	민간이전 분류 (지방자치단체 세출예산 집행기준에 의거) 1. 민간경상사업보조(307-02) 2. 민간단체 법정운영비보조(307-03) 3. 민간행사사업보조(307-04) 4. 민간위탁금(307-05) 5. 사회복지시설 법정운영비보조(307-10) 6. 민간인위탁교육비(307-12) 7. 공기관등에대한경상적위탁사업비(308-13) 8. 민간자본사업보조,자체재원(402-01) 9. 민간자본사업보조,이전재원(402-02) 10. 민간위탁사업비(402-03) 11. 공기관등에 대한 자본적 위탁사업비(403-02)	민간이전지출 근거 (지방보조금 관리기준 참고) 1. 법률에 규정 2. 국고보조 재원(국가지정) 3. 용도 지정 기부금 4. 조례에 직접규정 5. 지자체가 권장하는 사업을 하는 공공기관 6. 시,도 정책 및 재정사정 7. 기타 8. 해당없음	입찰방식			운영예산 산정		성과평가 실시여부
						계약체결방법 (경쟁형태) 1. 일반경쟁 2. 제한경쟁 3. 지명경쟁 4. 수의계약 5. 법정위탁 6. 기타 ( ) 7. 없음	계약기간 1. 1년 2. 2년 3. 3년 4. 4년 5. 5년 6. 기타 ( )년 7. 단기계약 (1년미만) 8. 없음	낙찰자선정방법 1. 적격심사 2. 협상에의한계약 3. 최저가낙찰제 4. 규격가격분리 5. 2단계 경쟁입찰 6. 기타 ( ) 7. 없음	운영예산 산정 1. 내부산정 (지자체 자체적으로 산정) 2. 외부산정 (외부전문기관위탁 산정) 3. 내·외부 모두 산정 4. 산정 無 5. 없음	정산방법 1. 내부정산 (지자체 내부적으로 정산) 2. 외부정산 (외부전문기관위탁 정산) 3. 내·외부 모두 산정 4. 정산 無 5. 없음	1. 실시 2. 미실시 3. 향후 추진 4. 해당없음
9278	충남 부여군	농식품해외시장개척사업	15,000	4	4	7	8	7	5	5	4
9279	충남 부여군	밤나무풀베기사업점검용역	10,000	4	4	7	8	7	1	1	2
9280	충남 부여군	어린이급식관리지원센터종사자처우개선비	600	4	4	1	5	1	4	2	4
9281	충남 서천군	지정게시대관리및불법광고물철거민간위탁	24,000	4	4	1	2	1	1	1	4
9282	충남 서천군	장애인복지일자리지원	359,392	4	1	7	8	7	2	1	4
9283	충남 서천군	재가치매노인주간보호소운영	129,800	4	1,4	7	3	1,2	5	1	1
9284	충남 서천군	2024년가로(보안)등수선및유지관리민간위탁용역(2권역)	87,029	4	4	1	1	3	2	5	4
9285	충남 서천군	2024년가로(보안)등수선및유지관리민간위탁용역(3권역)	84,134	4	4	1	1	3	2	5	4
9286	충남 서천군	2024년가로(보안)등수선및유지관리민간위탁용역(5권역)	83,866	4	4	1	1	3	2	5	4
9287	충남 서천군	2024년가로(보안)등수선및유지관리민간위탁용역(1권역)	82,379	4	7	1	1	3	2	5	4
9288	충남 서천군	자원봉사센터위탁	75,000	4	1	7	8	7	1	1	1
9289	충남 서천군	2024년가로(보안)등수선및유지관리민간위탁용역(4권역)	71,438	4	4	1	1	3	2	5	4
9290	충남 서천군	외국인노동자상담활동지원사업	63,000	4	4	1	3	6	1	1	1
9291	충남 서천군	우수여왕벌보급지원	48,000	4	1	7	8	7	5	5	4
9292	충남 서천군	1+3사랑나눔자원봉사활동	8,000	4	1	7	8	7	5	1	1
9293	충남 청양군	어린이급식관리지원센터운영	118,600	4	1	1	5	1	3	3	1
9294	충남 청양군	어린이급식관리지원센터종사자처우개선비	600	4	1	7	8	7	5	5	4
9295	충남 청양군	노인일자리및사회활동지원	9,254,480	4	1,2	7	8	7	1	1	1
9296	충남 청양군	스포츠마케팅추진사업	2,800,000	4	4	5	3	1	1	1	1
9297	충남 청양군	청양군환경기초시설단순관리대행용역	2,720,000	4	7	6	3	2	2	1	1
9298	충남 청양군	업무대행운영비(의사)	1,852,346	4	4	7	1	7	1	1	4
9299	충남 청양군	CCTV통합관제센터모니터링	1,059,702	4	4	1	1	1	1	1	4
9300	충남 청양군	자활근로,지역자활센터및광역자활센터운영(자활근로)	1,005,791	4	1	7	1	7	1	1	1
9301	충남 청양군	주민자치회운영지원	890,120	4	4	6	5	6	1	1	3
9302	충남 청양군	응급전담의사	661,812	4	4	7	1	7	1	1	4
9303	충남 청양군	슬레이트처리지원사업	645,400	4	1	1	3	1	5	2	1
9304	충남 청양군	지역사회통합돌봄사업	390,000	4	4	7	7	7	1	1	1
9305	충남 청양군	공동방제단운영비지원	294,590	4	2	7	1	7	5	1	4
9306	충남 청양군	교통약자이동편의증진차량운영비보조	256,000	4	1	2	5	1	3	3	1
9307	충남 청양군	구제역예방백신지원(전업농가)	224,650	4	2	7	1	7	5	1	4
9308	충남 청양군	수리계운영지원	200,000	4	4	7	8	7	5	1	4
9309	충남 청양군	고령자복지주택연계통합돌봄센터구축사업	150,000	4	6	7	7	7	1	1	1
9310	충남 청양군	청양시네마민간위탁	131,650	4	4	7	8	7	1	1	1
9311	충남 청양군	시군역량강화	120,000	4	4	7	8	7	5	1	3
9312	충남 청양군	응급전담간호사	117,188	4	4	7	1	7	1	1	4
9313	충남 청양군	업무대행운영비	99,359	4	4	7	1	7	1	1	4
9314	충남 청양군	업무대행운영비(간호사)	50,400	4	4	7	1	7	1	1	4
9315	충남 청양군	기업체근로자작업복공동세탁소위탁운영비	25,000	4	4	7	8	7	5	5	4
9316	충남 청양군	장애인주택개조사업	15,200	4	1	4	1	7	5	2	1
9317	충남 청양군	고령자주택주거환경개선사업	7,000	4	1	4	1	7	5	1	1

순번	시군구	지출명 (사업명)	2024년예산 (단위 : 천원 /1년간)	민간이전 분류 (지방자치단체 세출예산 집행기준에 의거) 1. 민간경상사업보조(307-02) 2. 민간단체 법정운영비보조(307-03) 3. 민간행사사업보조(307-04) 4. 민간위탁금(307-05) 5. 사회복지시설 법정운영비보조(307-10) 6. 민간인위탁교육비(307-12) 7. 공기관등에대한경상적위탁사업비(308-13) 8. 민간자본사업보조,자체재원(402-01) 9. 민간자본사업보조,이전재원(402-02) 10. 민간위탁사업비(402-03) 11. 공기관등에 대한 자본적 위탁사업비(403-02)	민간이전지출 근거 (지방보조금 관리기준 참고) 1. 법률에 규정 2. 국고보조 재원(국가지정) 3. 용도 지정 기부금 4. 조례에 직접규정 5. 지자체가 권장하는 사업을 하는 공공기관 6. 시,도 정책 및 재정사정 7. 기타 8. 해당없음	입찰방식 계약체결방법 (경쟁형태) 1. 일반경쟁 2. 제한경쟁 3. 지명경쟁 4. 수의계약 5. 법정위탁 6. 기타 ( ) 7. 없음	입찰방식 계약기간 1. 1년 2. 2년 3. 3년 4. 4년 5. 5년 6. 기타 ( )년 7. 단기계약 (1년미만) 8. 없음	입찰방식 낙찰자선정방법 1. 적격심사 2. 협상에의한계약 3. 최저가낙찰제 4. 규격가격분리 5. 2단계 경쟁입찰 6. 기타 ( ) 7. 없음	운영예산 산정 운영예산 산정 1. 내부산정 (지자체 자체적으로 산정) 2. 외부산정 (외부전문기관위탁 산정) 3. 내·외부 모두 산정 4. 산정 無 5. 없음	운영예산 산정 정산방법 1. 내부정산 (지자체 내부적으로 정산) 2. 외부정산 (외부전문기관위탁 정산) 3. 내·외부 모두 산정 4. 정산 無 5. 없음	성과평가 실시여부 1. 실시 2. 미실시 3. 향후 추진 4. 해당없음
9318	충남 청양군	특별교통수단운전원처우개선비	6,120	4	1	2	5	1	3	3	4
9319	충남 청양군	사회복지사보수교육비지원	3,920	4	1	7	8	7	1	1	1
9320	충남 예산군	맑은누리센터시설위탁관리비	4,888,089	4	1	1	3	2	2	1	1
9321	충남 예산군	가축분뇨공공처리시설위탁관리비	2,739,616	4	1	1	3	2	2	1	1
9322	충남 예산군	장애인종합복지관운영	1,689,821	4	1	4	5	1	1	3	1
9323	충남 예산군	자활근로	1,533,737	4	1	4	1	7	3	1	1
9324	충남 예산군	산업단지공공폐수처리시설민간위탁금	1,529,544	4	4	2	3	2	2	1	1
9325	충남 예산군	농공단지공공폐수처리시설민간위탁금	1,419,229	4	4	2	3	2	2	1	1
9326	충남 예산군	분뇨처리시설위탁관리비	970,055	4	1	1	3	2	2	1	1
9327	충남 예산군	노인종합복지관운영지원	870,900	4	4	7	8	7	1	1	3
9328	충남 예산군	음식물류폐기물수집운반민간위탁비	554,086	4	1	1	2	7	1	1	1
9329	충남 예산군	교통약자이동편의증진특별교통수단운영지원	500,000	4	1	1	3	1	1	1	3
9330	충남 예산군	장애인직업재활시설운영비	486,321	4	1	4	5	1	1	3	1
9331	충남 예산군	도시재생지원센터운영	368,773	4	1	2	3	1	1	1	1
9332	충남 예산군	예산군청직장어린이집운영	329,530	4	1	1	3	7	1	1	1
9333	충남 예산군	시니어클럽운영비지원	300,000	4	1	7	5	1	1	1	1
9334	충남 예산군	마을만들기중간조직지원	300,000	4	4	6	1	7	1	1	1
9335	충남 예산군	마을만들기중간조직지원(추가자체재원)	300,000	4	4	6	1	7	1	1	1
9336	충남 예산군	시군역량강화사업	289,000	4	4	6	1	7	1	1	1
9337	충남 예산군	황새사육연구위탁	282,000	4	2	4	1	7	3	3	1
9338	충남 예산군	학대피해아동쉼터운영	247,894	4	2	7	8	7	5	5	4
9339	충남 예산군	어린이급식관리지원센터운영지원	216,000	4	2	5	2	2	1	1	1
9340	충남 예산군	예산3리도시재생현장지원센터운영비	200,000	4	1	5	1	7	1	1	1
9341	충남 예산군	내포보부상촌운영관리비	200,000	4	8	1	3	2	2	1	3
9342	충남 예산군	자원봉사센터운영지원	179,960	4	1,4	7	8	7	1	1	3
9343	충남 예산군	농촌지역개발사업지속관리체계구축	150,000	4	4	6	1	7	1	1	1
9344	충남 예산군	다함께돌봄센터인건비지원	145,640	4	2	4	3	1	5	1	1
9345	충남 예산군	다함께돌봄센터설치비지원	140,000	4	2	4	3	1	5	1	1
9346	충남 예산군	전국황새모니터링	136,150	4	2	4	1	7	3	3	1
9347	충남 예산군	특별교통수단운영비	133,000	4	1	1	3	1	1	1	3
9348	충남 예산군	자원봉사센터운영	97,276	4	1,4	7	8	7	1	1	3
9349	충남 예산군	행복마을만들기지원사업	74,000	4	4	6	1	7	1	1	1
9350	충남 예산군	지역사회조사분석위탁운영사업	67,904	4	1	7	8	7	5	5	1
9351	충남 예산군	자원봉사코디네이터지원	66,300	4	1,4	7	8	7	1	1	3
9352	충남 예산군	행복마을자원봉사코디네이터양성	64,800	4	1,4	7	8	7	1	1	3
9353	충남 예산군	읍면자원봉사거점캠프운영	64,377	4	1,4	7	8	7	1	1	3
9354	충남 예산군	예산군자원봉사센터프로그램운영비	60,700	4	1,4	7	8	7	1	1	3
9355	충남 예산군	사회복지급식관리지원센터운영지원	50,000	4	2	5	2	2	1	1	3
9356	충남 예산군	교통약자이동편의증진특별교통수단운영지원	50,000	4	1	1	3	1	1	1	3
9357	충남 예산군	작은영화관(예산시네마)운영지원금	30,000	4	4	6	5	6	1	2	1

순번	시군구	지출명 (사업명)	2024년예산 (단위 : 천원 /1년간)	민간이전 분류 (지방자치단체 세출예산 집행기준에 의거) 1. 민간경상사업보조(307-02) 2. 민간단체 법정운영비보조(307-03) 3. 민간행사사업보조(307-04) 4. 민간위탁금(307-05) 5. 사회복지시설 법정운영비보조(307-10) 6. 민간인위탁교육비(307-12) 7. 공기관등에대한경상적위탁사업비(308-13) 8. 민간자본사업보조,자체재원(402-01) 9. 민간자본사업보조,이전재원(402-02) 10. 민간위탁사업비(402-03) 11. 공기관등에 대한 자본적 위탁사업비(403-02)	민간이전지출 근거 (지방보조금 관리기준 참고) 1. 법률에 규정 2. 국고보조 재원(국가지정) 3. 용도 지정 기부금 4. 조례에 직접규정 5. 지자체가 권장하는 사업을 하는 공공기관 6. 시,도 정책 및 재정사정 7. 기타 8. 해당없음	입찰방식 계약체결방법 (경쟁형태) 1. 일반경쟁 2. 제한경쟁 3. 지명경쟁 4. 수의계약 5. 법정위탁 6. 기타 ( ) 7. 없음	입찰방식 계약기간 1. 1년 2. 2년 3. 3년 4. 4년 5. 5년 6. 기타 ( )년 7. 단기계약 (1년미만) 8. 없음	입찰방식 낙찰자선정방법 1. 적격심사 2. 협상에의한계약 3. 최저가낙찰제 4. 규격가격분리 5. 2단계 경쟁입찰 6. 기타 ( ) 7. 없음	운영예산 산정 운영예산 산정 1. 내부산정 (지자체 자체적으로 산정) 2. 외부산정 (외부전문기관위탁 산정) 3. 내·외부 모두 산정 4. 산정 無 5. 없음	운영예산 산정 정산방법 1. 내부정산 (지자체 내부적으로 정산) 2. 외부정산 (외부전문기관위탁 정산) 3. 내·외부 모두 산정 4. 정산 無 5. 없음	성과평가 실시여부 1. 실시 2. 미실시 3. 향후 추진 4. 해당없음
9358	충남 예산군	한센병관리위탁사업비	23,000	4	1	7	8	7	2	2	1
9359	충남 예산군	다함께돌봄센터운영비지원	20,000	4	2	4	3	1	5	1	1
9360	충남 예산군	대중교통비환급지원(K패스)	10,200	4	2	7	8	7	1	1	2
9361	충남 예산군	1+3사랑나눔자원봉사활동	8,000	4	1,4	7	8	7	1	1	3
9362	충남 예산군	시니어클럽종사자처우개선	7,920	4	1	7	5	1	1	1	1
9363	충남 예산군	알뜰교통카드마일리지지원	6,200	4	2	7	8	7	1	1	2
9364	충남 예산군	자원봉사참여자보험료지원	5,300	4	1,4	7	8	7	1	1	3
9365	충남 예산군	특별교통수단운전원처우개선비	4,560	4	1	1	3	1	1	1	3
9366	충남 예산군	시니어클럽종사자정액급식비지원	4,200	4	1	7	5	1	1	1	1
9367	충남 예산군	자원봉사자의날기념행사	4,000	4	1,4	7	8	7	1	1	3
9368	충남 예산군	자원봉사센터근무자처우개선	1,200	4	1,4	7	8	7	1	1	3
9369	충남 예산군	어린이사회복지급식관리지원센터종사자처우개선비	650	4	6	5	2	2	1	1	1
9370	경상북도	도청운동경기부육성지원	3,880,000	4	4	4	3	7	1	1	1
9371	경상북도	새마을운동테마공원시설관리용역	1,900,000	4	4	7	8	7	5	5	4
9372	경상북도	도청어린이집운영	1,696,736	4	1	7	5	7	5	3	4
9373	경상북도	광역이동지원센터운영	1,217,000	4	1	1	5	6	1	1	1
9374	경상북도	사회적경제지원센터운영	800,000	4	4	6	5	6	1	1	1
9375	경상북도	경상북도광역치매센터운영지원	709,041	4	2	4	3	7	1	1	1
9376	경상북도	감염병관리지원단운영	610,000	4	1	1	3	1	5	2	1
9377	경상북도	마을기업육성사업(교육컨설팅지원)	600,000	4	4	6	3	6	1	1	1
9378	경상북도	북부권청년창업지원센터운영	500,000	4	4	1	3	1	1	1	1
9379	경상북도	아토피천식교육정보센터운영	390,000	4	2	4	3	7	5	3	1
9380	경상북도	경상북도가족센터운영	370,000	4	7	7	5	7	1	3	1
9381	경상북도	경북K드림외국인지원센터운영	300,000	4	4	7	8	7	1	1	3
9382	경상북도	경상북도노인전문간호센터운영	300,000	4	4	5	5	1	1	1	2
9383	경상북도	공공보건의료지원단운영지원	300,000	4	2	1	8	7	5	3	4
9384	경상북도	경상북도도시재생지원센터운영	300,000	4	1	1	3	2	1	1	1
9385	경상북도	경상북도정신건강복지센터운영	271,332	4	2	2	3	1	1	1	1
9386	경상북도	공공보건의료지원단운영지원	260,000	4	6	1	8	7	5	3	4
9387	경상북도	응급의료운영지원	250,000	4	1	7	8	7	5	5	4
9388	경상북도	산불진화인력교육및평가	245,700	4	1	5	3	6	2	1	4
9389	경상북도	건강증진사업지원단운영	230,000	4	1	4	3	7	3	1	1
9390	경상북도	심폐소생술등응급처치교육지원	220,000	4	1	7	8	7	5	5	4
9391	경상북도	경상북도산림사관학교운영	200,000	4	1	7	8	7	5	5	4
9392	경상북도	경상북도가족센터사업지원	170,000	4	7	7	5	7	1	3	1
9393	경상북도	경상북도사회복지인인권센터운영	170,000	4	4	2	3	1	1	1	4
9394	경상북도	대한민국전기산업엑스포개최	150,000	4	5	7	1	1	1	5	4
9395	경상북도	숲해설위탁용역	117,336	4	8	6	7	2	5	1	4
9396	경상북도	수목원유아숲체험원	117,336	4	2	7	8	7	5	5	4
9397	경상북도	경북k드림외국인지원센터사업	100,000	4	4	7	8	7	5	5	4

순번	시군구	지출명 (사업명)	2024년예산 (단위 : 천원 /1년간)	민간이전 분류 (지방자치단체 세출예산 집행기준에 의거) 1. 민간경상사업보조(307-02) 2. 민간단체 법정운영비보조(307-03) 3. 민간행사사업보조(307-04) 4. 민간위탁금(307-05) 5. 사회복지시설 법정운영비보조(307-10) 6. 민간인위탁교육비(307-12) 7. 공기관등에대한경상적위탁사업비(308-13) 8. 민간자본사업보조,자체재원(402-01) 9. 민간자본사업보조,이전재원(402-02) 10. 민간위탁사업비(402-03) 11. 공기관등에 대한 자본적 위탁사업비(403-02)	민간이전지출 근거 (지방보조금 관리기준 참고) 1. 법률에 규정 2. 국고보조 재원(국가지정) 3. 용도 지정 기부금 4. 조례에 직접규정 5. 지자체가 권장하는 사업을 하는 공공기관 6. 시,도 정책 및 재정사정 7. 기타 8. 해당없음	입찰방식 계약체결방법 (경쟁형태) 1. 일반경쟁 2. 제한경쟁 3. 지명경쟁 4. 수의계약 5. 법정위탁 6. 기타 ( ) 7. 없음	입찰방식 계약기간 1. 1년 2. 2년 3. 3년 4. 4년 5. 5년 6. 기타 ( )년 7. 단기계약 (1년미만) 8. 없음	입찰방식 낙찰자선정방법 1. 적격심사 2. 협상에의한계약 3. 최저가낙찰제 4. 규격가격분리 5. 2단계 경쟁입찰 6. 기타 ( ) 7. 없음	운영예산 산정 운영예산 산정 1. 내부산정 (지자체 자체적으로 산정) 2. 외부산정 (외부전문기관위탁 산정) 3. 내·외부 모두 산정 4. 산정 無 5. 없음	운영예산 산정 정산방법 1. 내부정산 (지자체 내부적으로 정산) 2. 외부정산 (외부전문기관위탁 정산) 3. 내·외부 모두 정산 4. 정산 無 5. 없음	성과평가 실시여부 1. 실시 2. 미실시 3. 향후 추진 4. 해당없음
9398	경상북도	미래취약근로자노동기본권인식교육	100,000	4	4	6	3	6	1	1	1
9399	경상북도	동해안에너지클러스터포럼	100,000	4	5	7	1	1	2	5	4
9400	경상북도	국제그린에너지엑스포개최	100,000	4	5	7	1	1	1	5	4
9401	경상북도	금연지원서비스	96,240	4	1	4	3	1	2	3	1
9402	경상북도	숲해설위탁운영	88,002	4	2	7	8	7	5	5	4
9403	경상북도	도청직원한마당어울림행사	70,000	4	4	6	6	6	2	1	4
9404	경상북도	심뇌혈관질환예방관리사업지원단운영	69,412	4	2	4	3	7	5	3	1
9405	경상북도	수소산업육성등전문가그룹운영	50,000	4	5	7	1	1	1	5	4
9406	경상북도	친서민노후전기시설교체지원	40,000	4	5	7	1	1	4	5	4
9407	경상북도	자살예방실무자정신건강증진	32,000	4	2	2	3	1	1	1	1
9408	경상북도	도시재생전문가교육	20,000	4	6	7	1	7	1	1	1
9409	경상북도	경상북도지역사회건강조사통계집발간	15,000	4	6	4	7	7	2	1	4
9410	경상북도	친서민노후보일러수리지원	15,000	4	5	7	1	1	4	5	4
9411	경상북도	방역교육위탁비용	15,000	4	1,2	5	6	6	1	1	1
9412	경상북도	치매공공후견광역지원단운영	8,036	4	2	4	3	7	1	1	1
9413	경상북도	경상북도에너지대상지원	7,000	4	5	7	1	1	4	5	4
9414	경북 포항시	2024~2025음식물류폐기물수집운반및처리대행용역(1차분)	11,203,632	4	1	1	2	1	2	1	1
9415	경북 포항시	생활폐기물에너지화시설사용료	6,525,000	4	8	6	6	1	2	4	1
9416	경북 포항시	2024년재활용선별시설운영관리위탁용역	2,475,000	4	1	1	2	1	2	1	1
9417	경북 포항시	지역급식관리지원센터운영	1,435,000	4	2	7	8	7	5	5	4
9418	경북 포항시	2024년도공동주택생활폐기물수집운반대행용역(1권역_7차분)	1,386,000	4	1	1	2	1	2	1	1
9419	경북 포항시	2024년도공동주택생활폐기물수집운반대행용역(1권역_4차분)	1,170,888	4	1	1	2	1	2	1	1
9420	경북 포항시	철강공단지역청소대행용역비지급(2024년_3차분)	1,131,200	4	1	4	6	1	2	1	1
9421	경북 포항시	2024년도공동주택생활폐기물수집운반대행용역(1권역_6차분)	1,040,400	4	1	1	2	1	2	1	1
9422	경북 포항시	2024년도공동주택생활폐기물수집운반대행용역(1권역_1차분)	981,696	4	1	1	2	1	2	1	1
9423	경북 포항시	2024년도공동주택생활폐기물수집운반대행용역(1권역_5차분)	966,864	4	1	1	2	1	2	1	1
9424	경북 포항시	2024년도공동주택생활폐기물수집운반대행용역(1권역_2차분)	941,935	4	1	1	2	1	2	1	1
9425	경북 포항시	2024년도공동주택생활폐기물수집운반대행용역(1권역_3차분)	916,920	4	1	1	2	1	2	1	1
9426	경북 포항시	포항철강산업단지하수도시설물관리대행용역	800,000	4	1	7	3	7	2	1	1
9427	경북 포항시	자원봉사센터운영비	441,024	4	1	5	3	7	1	1	2
9428	경북 포항시	고혈압당뇨병등록관리사업	342,000	4	2	1	3	6	5	3	1
9429	경북 포항시	다함께돌봄센터,인건비및운영비	168,948	4	1	5	5	7	1	1	3
9430	경북 포항시	다함께돌봄센터,인건비및운영비	166,058	4	1	5	5	7	1	1	3
9431	경북 포항시	다함께돌봄센터,인건비및운영비	145,250	4	1	5	5	7	1	1	3
9432	경북 포항시	다함께돌봄센터,인건비및운영비	136,560	4	1	5	5	7	1	1	3
9433	경북 포항시	다함께돌봄센터,인건비및운영비	132,552	4	1	5	5	7	1	1	3
9434	경북 포항시	지역아동센터인건비및운영비	105,399	4	1	5	8	7	1	1	3
9435	경북 포항시	지역아동센터인건비및운영비	105,399	4	1	5	8	7	1	1	3
9436	경북 포항시	지역아동센터인건비및운영비	105,399	4	1	5	8	7	1	1	3
9437	경북 포항시	지역아동센터인건비및운영비	105,399	4	1	5	8	7	1	1	3

순번	시군구	지출명 (사업명)	2024년예산 (단위 : 천원 /1년간)	민간이전 분류 (지방자치단체 세출예산 집행기준에 의거) 1. 민간경상사업보조(307-02) 2. 민간단체 법정운영비보조(307-03) 3. 민간행사사업보조(307-04) 4. 민간위탁금(307-05) 5. 사회복지시설 법정운영비보조(307-10) 6. 민간인위탁교육비(307-12) 7. 공기관등에대한경상적위탁사업비(308-13) 8. 민간자본사업보조,자체재원(402-01) 9. 민간자본사업보조,이전재원(402-02) 10. 민간위탁사업비(402-03) 11. 공기관등에 대한 자본적 위탁사업비(403-02)	민간이전지출 근거 (지방보조금 관리기준 참고) 1. 법률에 규정 2. 국고보조 재원(국가지정) 3. 용도 지정 기부금 4. 조례에 직접규정 5. 지자체가 권장하는 사업을 하는 공공기관 6. 시,도 정책 및 재정사정 7. 기타 8. 해당없음	입찰방식			운영예산 산정		성과평가 실시여부
						계약체결방법 (경쟁형태) 1. 일반경쟁 2. 제한경쟁 3. 지명경쟁 4. 수의계약 5. 법정위탁 6. 기타 ( ) 7. 없음	계약기간 1. 1년 2. 2년 3. 3년 4. 4년 5. 5년 6. 기타 ( )년 7. 단기계약 (1년미만) 8. 없음	낙찰자선정방법 1. 적격심사 2. 협상에의한계약 3. 최저가낙찰제 4. 규격가격분리 5. 2단계 경쟁입찰 6. 기타 ( ) 7. 없음	운영예산 산정 1. 내부산정 (지자체 자체적으로 산정) 2. 외부산정 (외부전문기관위탁 산정) 3. 내·외부 모두 산정 4. 산정 無 5. 없음	정산방법 1. 내부정산 (지자체 내부적으로 정산) 2. 외부정산 (외부전문기관위탁 정산) 3. 내·외부 모두 산정 4. 정산 無 5. 없음	1. 실시 2. 미실시 3. 향후 추진 4. 해당없음
9438	경북 포항시	지역아동센터인건비및운영비	105,399	4	1	5	8	7	1	1	3
9439	경북 포항시	지역아동센터인건비및운영비	105,399	4	1	5	8	7	1	1	3
9440	경북 포항시	지역아동센터인건비및운영비	105,399	4	1	5	8	7	1	1	3
9441	경북 포항시	지역아동센터인건비및운영비	105,399	4	1	5	8	7	1	1	3
9442	경북 포항시	지역아동센터인건비및운영비	105,399	4	1	5	8	7	1	1	3
9443	경북 포항시	지역아동센터인건비및운영비	105,399	4	1	5	8	7	1	1	3
9444	경북 포항시	지역아동센터인건비및운영비	105,399	4	1	5	8	7	1	1	3
9445	경북 포항시	지역아동센터인건비및운영비	105,399	4	1	5	8	7	1	1	3
9446	경북 포항시	지역아동센터인건비및운영비	105,399	4	1	5	8	7	1	1	3
9447	경북 포항시	지역아동센터인건비및운영비	105,399	4	1	5	8	7	1	1	3
9448	경북 포항시	지역아동센터인건비및운영비	105,399	4	1	5	8	7	1	1	3
9449	경북 포항시	지역아동센터인건비및운영비	105,399	4	1	5	8	7	1	1	3
9450	경북 포항시	지역아동센터인건비및운영비	105,399	4	1	5	8	7	1	1	3
9451	경북 포항시	지역아동센터인건비및운영비	105,399	4	1	5	8	7	1	1	3
9452	경북 포항시	지역아동센터인건비및운영비	105,399	4	1	5	8	7	1	1	3
9453	경북 포항시	지역아동센터인건비및운영비	105,399	4	1	5	8	7	1	1	3
9454	경북 포항시	지역아동센터인건비및운영비	105,399	4	1	5	8	7	1	1	3
9455	경북 포항시	지역아동센터인건비및운영비	105,399	4	1	5	8	7	1	1	3
9456	경북 포항시	지역아동센터인건비및운영비	105,399	4	1	5	8	7	1	1	3
9457	경북 포항시	지역아동센터인건비및운영비	105,399	4	1	5	8	7	1	1	3
9458	경북 포항시	지역아동센터인건비및운영비	105,399	4	1	5	8	7	1	1	3
9459	경북 포항시	지역아동센터인건비및운영비	105,399	4	1	5	8	7	1	1	3
9460	경북 포항시	지역아동센터인건비및운영비	105,399	4	1	5	8	7	1	1	3
9461	경북 포항시	지역아동센터인건비및운영비	105,399	4	1	5	8	7	1	1	3
9462	경북 포항시	지역아동센터인건비및운영비	105,399	4	1	5	8	7	1	1	3
9463	경북 포항시	지역아동센터인건비및운영비	105,399	4	1	5	8	7	1	1	3
9464	경북 포항시	지역아동센터인건비및운영비	105,399	4	1	5	8	7	1	1	3
9465	경북 포항시	지역아동센터인건비및운영비	105,399	4	1	5	8	7	1	1	3
9466	경북 포항시	지역아동센터인건비및운영비	105,399	4	1	5	8	7	1	1	3
9467	경북 포항시	지역아동센터인건비및운영비	105,399	4	1	5	8	7	1	1	3
9468	경북 포항시	지역아동센터인건비및운영비	105,399	4	1	5	8	7	1	1	3
9469	경북 포항시	지역아동센터인건비및운영비	105,399	4	1	5	8	7	1	1	3
9470	경북 포항시	지역아동센터인건비및운영비	105,399	4	1	5	8	7	1	1	3
9471	경북 포항시	지역아동센터인건비및운영비	105,399	4	1	5	8	7	1	1	3
9472	경북 포항시	지역아동센터인건비및운영비	105,399	4	1	5	8	7	1	1	3
9473	경북 포항시	지역아동센터인건비및운영비	105,399	4	1	5	8	7	1	1	3
9474	경북 포항시	지역아동센터인건비및운영비	105,399	4	1	5	8	7	1	1	3
9475	경북 포항시	지역아동센터인건비및운영비	105,399	4	1	5	8	7	1	1	3
9476	경북 포항시	지역아동센터인건비및운영비	105,399	4	1	5	8	7	1	1	3
9477	경북 포항시	지역아동센터인건비및운영비	105,399	4	1	5	8	7	1	1	3

순번	시군구	지출명 (사업명)	2024년예산 (단위 : 천원 /1년간)	민간이전 분류 (지방자치단체 세출예산 집행기준에 의거) 1. 민간경상사업보조(307-02) 2. 민간단체 법정운영비보조(307-03) 3. 민간행사사업보조(307-04) 4. 민간위탁금(307-05) 5. 사회복지시설 법정운영비보조(307-10) 6. 민간인위탁교육비(307-12) 7. 공기관등에대한경상적위탁사업비(308-13) 8. 민간자본사업보조,자체재원(402-01) 9. 민간자본사업보조,이전재원(402-02) 10. 민간위탁사업비(402-03) 11. 공기관등에 대한 자본적 위탁사업비(403-02)	민간이전지출 근거 (지방보조금 관리기준 참고) 1. 법률에 규정 2. 국고보조 재원(국가지정) 3. 용도 지정 기부금 4. 조례에 직접규정 5. 지자체가 권장하는 사업을 하는 공공기관 6. 시,도 정책 및 재정사정 7. 기타 8. 해당없음	입찰방식: 계약체결방법 (경쟁형태) 1. 일반경쟁 2. 제한경쟁 3. 지명경쟁 4. 수의계약 5. 법정위탁 6. 기타 ( ) 7. 없음	입찰방식: 계약기간 1. 1년 2. 2년 3. 3년 4. 4년 5. 5년 6. 기타 ( )년 7. 단기계약 (1년미만) 8. 없음	입찰방식: 낙찰자선정방법 1. 적격심사 2. 협상에의한계약 3. 최저가낙찰제 4. 규격가격분리 5. 2단계 경쟁입찰 6. 기타 ( ) 7. 없음	운영예산 산정: 운영예산 산정 1. 내부산정 (지자체 자체적으로 산정) 2. 외부산정 (외부전문기관위탁 산정) 3. 내·외부 모두 산정 4. 산정 無 5. 없음	운영예산 산정: 정산방법 1. 내부정산 (지자체 내부적으로 정산) 2. 외부정산 (외부전문기관위탁 정산) 3. 내·외부 모두 산정 4. 정산 無 5. 없음	성과평가 실시여부 1. 실시 2. 미실시 3. 향후 추진 4. 해당없음
9478	경북 포항시	지역아동센터인건비및운영비	105,399	4	1	5	8	7	1	1	3
9479	경북 포항시	지역아동센터인건비및운영비	105,399	4	1	5	8	7	1	1	3
9480	경북 포항시	지역아동센터인건비및운영비	105,399	4	1	5	8	7	1	1	3
9481	경북 포항시	지역아동센터인건비및운영비	105,399	4	1	5	8	7	1	1	3
9482	경북 포항시	지역아동센터인건비및운영비	105,399	4	1	5	8	7	1	1	3
9483	경북 포항시	지역아동센터인건비및운영비	105,399	4	1	5	8	7	1	1	3
9484	경북 포항시	지역아동센터인건비및운영비	105,399	4	1	5	8	7	1	1	3
9485	경북 포항시	지역아동센터인건비및운영비	105,399	4	1	5	8	7	1	1	3
9486	경북 포항시	지역아동센터인건비및운영비	105,399	4	1	5	8	7	1	1	3
9487	경북 포항시	지역아동센터인건비및운영비	105,399	4	1	5	8	7	1	1	3
9488	경북 포항시	지역아동센터인건비및운영비	105,399	4	1	5	8	7	1	1	3
9489	경북 포항시	지역아동센터인건비및운영비	105,399	4	1	5	8	7	1	1	3
9490	경북 포항시	지역아동센터인건비및운영비	105,399	4	1	5	8	7	1	1	3
9491	경북 포항시	지역아동센터인건비및운영비	105,399	4	1	5	8	7	1	1	3
9492	경북 포항시	지역아동센터인건비및운영비	105,399	4	1	5	8	7	1	1	3
9493	경북 포항시	지역아동센터인건비및운영비	105,399	4	1	5	8	7	1	1	3
9494	경북 포항시	지역아동센터인건비및운영비	105,399	4	1	5	8	7	1	1	3
9495	경북 포항시	지역아동센터인건비및운영비	105,399	4	1	5	8	7	1	1	3
9496	경북 포항시	지역아동센터인건비및운영비	105,399	4	1	5	8	7	1	1	3
9497	경북 포항시	지역아동센터인건비및운영비	105,399	4	1	5	8	7	1	1	3
9498	경북 포항시	자원봉사센터활성화사업<보조>	90,000	4	1	5	3	7	1	1	2
9499	경북 포항시	지역사회건강조사	68,132	4	2	7	1	7	2	2	1
9500	경북 포항시	지역사회건강조사	68,132	4	2	5	1	7	5	3	4
9501	경북 포항시	자원봉사센터코디네이터지원<보조>	66,382	4	2	5	3	7	1	1	2
9502	경북 포항시	자원봉사센터보험료지원<보조>	30,784	4	2	5	3	7	1	1	2
9503	경북 포항시	읍면동자원봉사거점센터프로그램운영	25,000	4	1	5	3	7	1	1	2
9504	경북 포항시	포항시자원봉사자대회	12,000	4	1	5	3	7	1	1	2
9505	경북 포항시	자원봉사자재능나눔문화제	10,000	4	1	5	3	7	1	1	2
9506	경북 포항시	맞춤형자원봉사프로그램운영지원<보조>	10,000	4	1	5	3	7	1	1	2
9507	경북 포항시	포항벼룩시장교환장터운영	3,000	4	1	5	3	7	1	1	2
9508	경북 경주시	자원회수시설(소각장)운영	7,800,000	4	4	1	2	2	2	1	3
9509	경북 경주시	생활폐기물및재활용품수집운반대행	5,180,219	4	4	1	2	1	2	1	1
9510	경북 경주시	생활폐기물및재활용품수집운반대행	5,180,219	4	4	7	8	7	5	5	4
9511	경북 경주시	생활폐기물및재활용품수집운반대행	5,180,219	4	4	7	8	7	5	5	4
9512	경북 경주시	생활폐기물및재활용품수집운반대행	5,180,219	4	4	7	8	7	5	5	4
9513	경북 경주시	생활폐기물및재활용품수집운반대행	5,180,219	4	4	7	8	7	5	5	4
9514	경북 경주시	생활폐기물및재활용품수집운반대행	5,180,219	4	4	7	8	7	5	5	4
9515	경북 경주시	음식물류폐기물수집운반대행	4,812,392	4	4	1	2	1	2	1	1
9516	경북 경주시	음식물류폐기물수집운반대행	4,812,392	4	4	7	8	7	5	5	4
9517	경북 경주시	음식물류폐기물수집운반대행	4,812,392	4	4	7	8	7	5	5	4

순번	시군구	지출명 (사업명)	2024년예산 (단위 : 천원 /1년간)	민간이전 분류 (지방자치단체 세출예산 집행기준에 의거) 1. 민간경상사업보조(307-02) 2. 민간단체 법정운영비보조(307-03) 3. 민간행사사업보조(307-04) 4. 민간위탁금(307-05) 5. 사회복지시설 법정운영비보조(307-10) 6. 민간인위탁교육비(307-12) 7. 공기관등에대한경상적위탁사업비(308-13) 8. 민간자본사업보조,자체재원(402-01) 9. 민간자본사업보조,이전재원(402-02) 10. 민간위탁사업비(402-03) 11. 공기관등에 대한 자본적 위탁사업비(403-02)	민간이전지출 근거 (지방보조금 관리기준 참고) 1. 법률에 규정 2. 국고보조 재원(국가지정) 3. 용도 지정 기부금 4. 조례에 직접규정 5. 지자체가 권장하는 사업을 하는 공공기관 6. 시,도 정책 및 재정사정 7. 기타 8. 해당없음	입찰방식 계약체결방법 (경쟁형태) 1. 일반경쟁 2. 제한경쟁 3. 지명경쟁 4. 수의계약 5. 법정위탁 6. 기타 ( ) 7. 없음	입찰방식 계약기간 1. 1년 2. 2년 3. 3년 4. 4년 5. 5년 6. 기타 ( )년 7. 단기계약 (1년미만) 8. 없음	입찰방식 낙찰자선정방법 1. 적격심사 2. 협상에의한계약 3. 최저가낙찰제 4. 규격가격분리 5. 2단계 경쟁입찰 6. 기타 ( ) 7. 없음	운영예산 산정 운영예산 산정 1. 내부산정 (지자체 자체적으로 산정) 2. 외부산정 (외부전문기관위탁 산정) 3. 내·외부 모두 산정 4. 산정 無 5. 없음	운영예산 산정 정산방법 1. 내부정산 (지자체 내부적으로 정산) 2. 외부정산 (외부전문기관위탁 정산) 3. 내·외부 모두 산정 4. 정산 無 5. 없음	성과평가 실시여부 1. 실시 2. 미실시 3. 향후 추진 4. 해당없음
9518	경북 경주시	가축분뇨공공처리시설민간위탁	3,800,000	4	4	7	5	2	2	1	2
9519	경북 경주시	예술의전당관리운영비지급(spc사)	3,100,000	4	4	2	6	1	2	5	1
9520	경북 경주시	재활용선별시설운영대행수수료	2,984,000	4	4	4	1	7	2	1	3
9521	경북 경주시	음식물자원화시설운영대행수수료	2,970,000	4	4	4	1	7	2	1	3
9522	경북 경주시	자활근로사업	1,854,131	4	1	2	5	7	1	1	3
9523	경북 경주시	자원회수시설(소각장)대수선	1,500,000	4	4	1	2	2	2	1	3
9524	경북 경주시	특별교통수단(교통약자이동차량)운영비지원	1,480,000	4	4	6	3	6	1	1	2
9525	경북 경주시	장애인복지일자리사업	1,036,530	4	2	1	3	1	1	1	1
9526	경북 경주시	자원봉사센터운영지원	854,000	4	1,4	7	8	7	1	1	1
9527	경북 경주시	정신건강복지센터인력지원	612,680	4	1	1	3	1	1	1	4
9528	경북 경주시	다함께돌봄인건비(센터장및돌봄교사)	610,600	4	1	1	5	1	1	1	2
9529	경북 경주시	사회복지관운영비	600,000	4	7	7	8	7	1	1	1
9530	경북 경주시	어린이급식관리지원센터설치운영	525,000	4	2	7	8	7	5	5	4
9531	경북 경주시	특별교통수단(교통약자이동차량)운영비보조	475,000	4	1	6	3	6	1	1	2
9532	경북 경주시	마을돌봄터코디네이터인건비지원	312,804	4	1	1	5	1	1	1	2
9533	경북 경주시	등록교육센터운영비	280,000	4	1	1	3	1	1	2	1
9534	경북 경주시	직장어린이집운영위탁비	260,000	4	1	7	5	7	1	1	4
9535	경북 경주시	장난감도서관운영	260,000	4	4	7	8	7	1	1	2
9536	경북 경주시	시각장애인안마사파견사업	242,250	4	2	1	3	1	1	1	1
9537	경북 경주시	신라예술제	190,000	4	8	7	1	7	1	1	4
9538	경북 경주시	통합정신건강증진사업	189,080	4	1	1	3	1	1	1	4
9539	경북 경주시	지역우수농산물학교급식지원	180,000	4	4	1	1	6	1	1	4
9540	경북 경주시	발달장애인요양보호사보조일자리사업	112,000	4	2	1	3	1	1	1	1
9541	경북 경주시	치매환자지원프로그램운영	104,000	4	2	7	8	7	5	5	4
9542	경북 경주시	다함께돌봄운영비	100,000	4	1	1	5	1	1	1	2
9543	경북 경주시	경주사랑시민캠퍼스운영지원사업	100,000	4	6,7	7	8	7	1	1	4
9544	경북 경주시	시민과함께하는경주행복아카데미운영	90,000	4	6,7	7	8	7	1	1	4
9545	경북 경주시	장애인체육관운영지원	83,830	4	1	5	2	2	1	1	4
9546	경북 경주시	사랑의주거환경개선사업	80,500	4	7	7	8	7	1	1	1
9547	경북 경주시	자살예방사업인력확충	74,072	4	1	1	3	1	1	1	4
9548	경북 경주시	다문화가족자녀교육지원사업	70,000	4	5	1	1	1	1	1	1
9549	경북 경주시	지역사회건강조사사업	68,132	4	1	4	1	7	5	5	1
9550	경북 경주시	사회복지관사례관리사운영지원	67,200	4	7	7	8	7	1	1	1
9551	경북 경주시	자원봉사코디네이터지원	66,382	4	1,4	7	8	7	1	1	1
9552	경북 경주시	자살예방및정신건강증진사업	65,362	4	1	1	3	1	1	1	4
9553	경북 경주시	제9차세계유산도시기구청소년연합회어깨동무캠프	60,000	4	6	2	7	2	1	1	4
9554	경북 경주시	이동복지관운영	60,000	4	7	7	8	7	1	1	1
9555	경북 경주시	도민대학운영	60,000	4	6	2	7	3	3	3	3
9556	경북 경주시	정신건강복지센터운영	51,100	4	1	1	3	1	1	1	4
9557	경북 경주시	결혼이민자취업지원사업	50,000	4	5	7	8	7	5	5	4

순번	시군구	지출명 (사업명)	2024년예산 (단위 : 천원 /1년간)	민간이전 분류 (지방자치단체 세출예산 집행기준에 의거) 1. 민간경상사업보조(307-02) 2. 민간단체 법정운영비보조(307-03) 3. 민간행사사업보조(307-04) 4. 민간위탁금(307-05) 5. 사회복지시설 법정운영비보조(307-10) 6. 민간인위탁교육비(307-12) 7. 공기관등에대한경상적위탁사업비(308-13) 8. 민간자본사업보조,자체재원(402-01) 9. 민간자본사업보조,이전재원(402-02) 10. 민간위탁사업비(402-03) 11. 공기관등에 대한 자본적 위탁사업비(403-02)	민간이전지출 근거 (지방보조금 관리기준 참고) 1. 법률에 규정 2. 국고보조 재원(국가지정) 3. 용도 지정 기부금 4. 조례에 직접규정 5. 지자체가 권장하는 사업을 하는 공공기관 6. 시,도 정책 및 재정사정 7. 기타 8. 해당없음	입찰방식 계약체결방법 (경쟁형태) 1. 일반경쟁 2. 제한경쟁 3. 지명경쟁 4. 수의계약 5. 법정위탁 6. 기타 ( ) 7. 없음	입찰방식 계약기간 1. 1년 2. 2년 3. 3년 4. 4년 5. 5년 6. 기타 ( )년 7. 단기계약 (1년미만) 8. 없음	입찰방식 낙찰자선정방법 1. 적격심사 2. 협상에의한계약 3. 최저가낙찰제 4. 규격가격분리 5. 2단계 경쟁입찰 6. 기타 ( ) 7. 없음	운영예산 산정 운영예산 산정 1. 내부산정 (지자체 자체적으로 산정) 2. 외부산정 (외부전문기관위탁 산정) 3. 내·외부 모두 산정 4. 산정 無 5. 없음	운영예산 산정 정산방법 1. 내부정산 (지자체 내부적으로 정산) 2. 외부정산 (외부전문기관위탁 정산) 3. 내·외부 모두 정산 4. 정산 無 5. 없음	성과평가 실시여부 1. 실시 2. 미실시 3. 향후 추진 4. 해당없음
9558	경북 경주시	풍물경연대회	50,000	4	8	7	1	7	1	1	4
9559	경북 경주시	마을돌봄터사업지원	50,000	4	1	1	5	1	1	1	2
9560	경북 경주시	마을돌봄터종사자명절수당및가족수당	44,380	4	1	1	5	1	1	1	2
9561	경북 경주시	친절한경자씨프로그램지원	42,000	4	1,4	7	8	7	1	1	1
9562	경북 경주시	결혼이민여성친정방문사업	40,000	4	5	1	1	1	1	1	1
9563	경북 경주시	마을돌봄터센터장추가인건비	39,484	4	1	1	5	1	1	1	2
9564	경북 경주시	기초푸드뱅크운영비	36,000	4	7	7	8	7	1	1	1
9565	경북 경주시	신라학술제	30,000	4	8	7	1	7	1	1	4
9566	경북 경주시	정신건강및중독관리통합지원센터종사자수당	26,880	4	1	1	3	1	1	1	4
9567	경북 경주시	고운서예전국휘호대전	25,000	4	8	7	1	7	1	1	4
9568	경북 경주시	원효예술제	20,000	4	8	7	1	7	1	1	4
9569	경북 경주시	신라불교문화영산대재	20,000	4	8	7	1	7	1	1	4
9570	경북 경주시	사회복지관특화사업비지원	20,000	4	7	7	8	7	1	1	1
9571	경북 경주시	평생교육사계속교육및워크숍개최	20,000	4	6,7	7	8	7	1	1	4
9572	경북 경주시	서블향연의밤	15,000	4	8	7	1	7	1	1	4
9573	경북 경주시	저소득층주민건강종합센터운영	12,000	4	7	7	8	7	1	1	1
9574	경북 경주시	자원봉사센터보험료지원	11,882	4	1,4	7	8	7	1	1	1
9575	경북 경주시	화랑서제	10,000	4	8	7	1	7	1	1	4
9576	경북 경주시	계림학생미술대회	10,000	4	8	7	1	7	1	1	4
9577	경북 경주시	맞춤형자원봉사프로그램운영지원	9,390	4	1,4	7	8	7	1	1	1
9578	경북 경주시	청년고민상담소운영	8,000	4	1	1	3	1	1	1	4
9579	경북 경주시	육부촌풍물퍼레이드	6,000	4	8	7	1	7	1	1	4
9580	경북 경주시	저소득층문풍지불여드리기사업	5,000	4	7	7	8	7	1	1	1
9581	경북 경주시	담배판매인지정조사업무대행비	3,600	4	4	5	3	7	1	1	4
9582	경북 경주시	자살예방환경조성	2,800	4	1	1	3	1	1	1	4
9583	경북 영천시	면단위하수및가축분뇨위생처리장관리대행용역	1,580,000	4	7	1	5	2	2	1	1
9584	경북 영천시	금호하수처리장관리대행용역	1,100,000	4	7	1	3	2	2	1	1
9585	경북 영천시	정신건강복지센터인력지원	612,680	4	1	1	3	1	5	1	1
9586	경북 영천시	분만취약지산부인과운영	500,000	4	6	7	8	7	5	5	1
9587	경북 영천시	국)지역급식관리지원센터설치운영	316,000	4	2	1	3	1	1	1	1
9588	경북 영천시	마을하수처리장관리대행용역	162,000	4	7	1	1	3	1	1	1
9589	경북 영천시	통합정신건강증진사업	141,000	4	1	1	3	1	5	1	1
9590	경북 영천시	자살예방사업인력확충	74,072	4	1	1	3	1	5	1	1
9591	경북 영천시	지역사회건강조사	67,750	4	2	7	1	7	2	2	1
9592	경북 영천시	자살예방및정신건강증진사업	65,362	4	1	1	3	1	5	1	1
9593	경북 영천시	기초정신건강복지센터운영	51,100	4	1	1	3	1	5	1	1
9594	경북 영천시	정신건강복지센터종사자수당	30,240	4	1	1	3	1	5	1	1
9595	경북 영천시	청년고민상담소운영	8,000	4	1	1	3	1	5	1	1
9596	경북 영천시	자살예방환경조성	3,500	4	1	1	3	1	5	1	1
9597	경북 영천시	정신건강복지센터종사자복지포인트지원	1,400	4	1	1	3	1	5	1	1

순번	시군구	지출명 (사업명)	2024년예산 (단위 : 천원 /1년간)	민간이전 분류 (지방자치단체 세출예산 집행기준에 의거) 1. 민간경상사업보조(307-02) 2. 민간단체 법정운영비보조(307-03) 3. 민간행사사업보조(307-04) 4. 민간위탁금(307-05) 5. 사회복지시설 법정운영비보조(307-10) 6. 민간인위탁교육비(307-12) 7. 공기관등에대한경상적위탁사업비(308-13) 8. 민간자본사업보조,자체재원(402-01) 9. 민간자본사업보조,이전재원(402-02) 10. 민간위탁사업비(402-03) 11. 공기관등에 대한 자본적 위탁사업비(403-02)	민간이전지출 근거 (지방보조금 관리기준 참고) 1. 법률에 규정 2. 국고보조 재원(국가지정) 3. 용도 지정 기부금 4. 조례에 직접규정 5. 지자체가 권장하는 사업을 하는 공공기관 6. 시,도 정책 및 재정사정 7. 기타 8. 해당없음	입찰방식 계약체결방법 (경쟁형태) 1. 일반경쟁 2. 제한경쟁 3. 지명경쟁 4. 수의계약 5. 법정위탁 6. 기타 ( ) 7. 없음	입찰방식 계약기간 1. 1년 2. 2년 3. 3년 4. 4년 5. 5년 6. 기타 ( )년 7. 단기계약 (1년미만) 8. 없음	입찰방식 낙찰자선정방법 1. 적격심사 2. 협상에의한계약 3. 최저가낙찰제 4. 규격가격분리 5. 2단계 경쟁입찰 6. 기타 ( ) 7. 없음	운영예산 산정 운영예산 산정 1. 내부산정 (지자체 자체적으로 산정) 2. 외부산정 (외부전문기관위탁 산정) 3. 내·외부 모두 산정 4. 산정 無 5. 없음	운영예산 산정 정산방법 1. 내부정산 (지자체 내부적으로 정산) 2. 외부정산 (외부전문기관위탁 정산) 3. 내·외부 모두 산정 4. 정산 無 5. 없음	성과평가 실시여부 1. 실시 2. 미실시 3. 향후 추진 4. 해당없음
9598	경북 영천시	국)노인일자리및사회활동지원확대	11,395,440	4	2	7	8	7	1	1	1
9599	경북 영천시	자활근로위탁운영	1,737,721	4	2	7	8	7	5	1	1
9600	경북 영천시	음식물류폐기물위탁처리비	800,000	4	7	6	1	6	2	1	3
9601	경북 영천시	문화특화지역조성사업	740,000	4	6	7	1	7	1	1	1
9602	경북 영천시	특별교통수단운영	730,000	4	1	1	2	1	1	1	2
9603	경북 영천시	포은선생충효정신선양및인재양성교육	581,875	4	4	1	3	1	1	3	1
9604	경북 영천시	국)장애인일자리지원(복지일자리)	444,164	4	1	7	8	7	5	5	4
9605	경북 영천시	생활폐기물수집운반위탁처리비(1구역)	420,000	4	7	2	1	3	2	1	1
9606	경북 영천시	생활폐기물수집운반위탁처리비(2구역)	420,000	4	7	2	1	3	2	1	1
9607	경북 영천시	생활폐기물수집운반위탁처리비(3구역)	420,000	4	7	2	1	3	2	1	1
9608	경북 영천시	도)시니어클럽운영	360,000	4	4	1	5	1	1	3	1
9609	경북 영천시	영천청년센터운영	300,000	4	4	1	3	1	1	1	2
9610	경북 영천시	청년창업지원센터운영	300,000	4	4	7	8	7	1	1	4
9611	경북 영천시	직장어린이집운영분담금	240,000	4	6	7	8	7	1	1	4
9612	경북 영천시	도)장난감도서관운영	120,000	4	4	7	8	7	1	1	3
9613	경북 영천시	노인복지관운영	95,738	4	6	7	8	7	1	1	4
9614	경북 영천시	화랑설화마을특별한겨울이야기운영	83,000	4	4	4	7	2	5	5	3
9615	경북 영천시	근로자복지회관운영위탁	40,000	4	1	5	5	1	1	1	1
9616	경북 영천시	도)민간분야노인일자리사업개발비지원	32,000	4	4	1	5	1	1	1	1
9617	경북 영천시	담배소매인지정사실조사	5,000	4	4	6	3	7	5	1	4
9618	경북 영천시	경북행복도민대학영천캠퍼스운영	60,000	4	6	7	8	7	5	5	4
9619	경북 영천시	시민행복아카데미운영	20,000	4	7	7	8	7	5	5	4
9620	경북 김천시	소각장민간위탁	6,000,000	4	7	6	6	7	1	1	4
9621	경북 김천시	아이돌봄지원(돌봄지원)	5,471,140	4	1	5	3	1	1	1	1
9622	경북 김천시	장애인활동지원급여지원	5,393,227	4	4	5	8	7	1	1	4
9623	경북 김천시	농촌신활력플러스사업	2,100,000	4	4	7	1	1	4	5	4
9624	경북 김천시	폐기물위탁처리비	1,800,000	4	7	7	8	7	5	5	4
9625	경북 김천시	아이돌봄부모부담금지원	1,675,000	4	1	5	3	1	1	1	1
9626	경북 김천시	하수관거BTL사업운영비	1,430,000	4	1	6	6	6	3	1	3
9627	경북 김천시	시군장애인종합복지관운영	1,426,000	4	4	7	8	7	1	1	4
9628	경북 김천시	발달장애인주간활동서비스지원	1,366,234	4	4	5	8	7	1	1	4
9629	경북 김천시	노인복지관위탁운영비	1,165,000	4	4	4	5	7	1	1	4
9630	경북 김천시	생활폐기물수집운반대행비(공동주택)	900,000	4	1	1	3	1	2	1	1
9631	경북 김천시	건강가정다문화가족지원센터통합서비스지원	832,080	4	1	5	5	1	1	1	1
9632	경북 김천시	장애인복지일자리사업	773,942	4	4	1	1	1	1	1	4
9633	경북 김천시	재활용선별장운영관리민간위탁용역	768,000	4	4	1	3	1	2	1	4
9634	경북 김천시	음식물류폐기물수집운반대행비	756,000	4	1	1	3	1	2	2	1
9635	경북 김천시	산모신생아도우미바우처지원금	704,220	4	2	7	8	7	5	3	4
9636	경북 김천시	가축분뇨공공처리시설민간위탁운영관리비	663,750	4	2	6	6	6	1	1	4
9637	경북 김천시	부곡사회복지관운영비	648,320	4	1	7	8	7	1	1	4

순번	시군구	지출명 (사업명)	2024년예산 (단위 : 천원 /1년간)	민간이전 분류 (지방자치단체 세출예산 집행기준에 의거) 1. 민간경상사업보조(307-02) 2. 민간단체 법정운영비보조(307-03) 3. 민간행사사업보조(307-04) 4. 민간위탁금(307-05) 5. 사회복지시설 법정운영비보조(307-10) 6. 민간인위탁교육비(307-12) 7. 공기관등에대한경상적위탁사업비(308-13) 8. 민간자본사업보조,자체재원(402-01) 9. 민간자본사업보조,이전재원(402-02) 10. 민간위탁사업비(402-03) 11. 공기관등에 대한 자본적 위탁사업비(403-02)	민간이전지출 근거 (지방보조금 관리기준 참고) 1. 법률에 규정 2. 국고보조 재원(국가지정) 3. 용도 지정 기부금 4. 조례에 직접규정 5. 지자체가 권장하는 사업을 하는 공공기관 6. 시,도 정책 및 재정사정 7. 기타 8. 해당없음	입찰방식 계약체결방법 (경쟁형태) 1. 일반경쟁 2. 제한경쟁 3. 지명경쟁 4. 수의계약 5. 법정위탁 6. 기타 ( ) 7. 없음	입찰방식 계약기간 1. 1년 2. 2년 3. 3년 4. 4년 5. 5년 6. 기타 ( )년 7. 단기계약 (1년미만) 8. 없음	입찰방식 낙찰자선정방법 1. 적격심사 2. 협상에의한계약 3. 최저가낙찰제 4. 규격가격분리 5. 2단계 경쟁입찰 6. 기타 ( ) 7. 없음	운영예산 산정 운영예산 산정 1. 내부산정 (지자체 자체적으로 산정) 2. 외부산정 (외부전문기관위탁 산정) 3. 내·외부 모두 산정 4. 산정 無 5. 없음	운영예산 산정 정산방법 1. 내부정산 (지자체 내부적으로 정산) 2. 외부정산 (외부전문기관위탁 정산) 3. 내·외부 모두 산정 4. 정산 無 5. 없음	성과평가 실시여부 1. 실시 2. 미실시 3. 향후 추진 4. 해당없음
9638	경북 김천시	김천시교통약자이동지원센터(특별교통수단)운영	642,500	4	1	1	3	1	1	1	2
9639	경북 김천시	발달재활서비스	631,568	4	4	5	8	7	1	1	4
9640	경북 김천시	가축분뇨자원화시설민간위탁운영관리비	523,875	4	2	4	2	6	2	1	4
9641	경북 김천시	마을상수도유지관리대행비	500,000	4	1	1	2	1	3	1	2
9642	경북 김천시	스포츠강좌이용권지원	498,000	4	1	7	8	7	5	5	4
9643	경북 김천시	김천시청직장어린이집운영위탁비	410,000	4	1	6	3	6	1	1	4
9644	경북 김천시	시니어클럽운영비지원	360,000	4	1	5	1	1	1	1	4
9645	경북 김천시	대형폐기물수집운반대행비	360,000	4	1	1	2	1	2	1	1
9646	경북 김천시	청년(창업지원)센터운영	359,000	4	4	1	2	1	1	2	1
9647	경북 김천시	독거노인제공인력교통비지원	298,800	4	5	4	2	7	1	1	4
9648	경북 김천시	재활용선별장잔재물처리비	280,800	4	8	7	8	1	5	5	4
9649	경북 김천시	근로자종합복지관운영	280,000	4	4	7	8	7	1	1	1
9650	경북 김천시	중증장애인자립지원센터운영	278,986	4	4	7	8	7	1	1	4
9651	경북 김천시	취업지원센터운영	270,000	4	6	1	2	1	1	1	2
9652	경북 김천시	저소득층기저귀조제분유지원금예탁	263,000	4	2	7	8	7	5	3	4
9653	경북 김천시	청소년발달장애인방과후돌봄서비스지원	257,683	4	4	5	8	7	1	1	4
9654	경북 김천시	특별교통수단운영비	247,000	4	2	1	3	1	2	1	2
9655	경북 김천시	장애인활동지원서비스지원	246,111	4	4	5	8	7	1	1	4
9656	경북 김천시	치매치료관리비지원	240,000	4	1	7	8	7	5	5	4
9657	경북 김천시	마을돌봄터인건비지원	219,816	4	2	1	5	1	5	1	1
9658	경북 김천시	김천시도시재생지원센터위탁운영	200,000	4	4	1	2	1	1	1	1
9659	경북 김천시	자녀양육및자녀생활등방문교육서비스지원	180,243	4	1	5	5	1	1	1	1
9660	경북 김천시	노상적치물정비용역	179,000	4	4	2	1	1	1	1	2
9661	경북 김천시	배수펌프장(평화,양금,황금,모암우수)위탁관리비	178,928	4	1	6	6	6	3	1	2
9662	경북 김천시	마을돌봄터활성화지원	171,936	4	6	1	5	1	5	1	1
9663	경북 김천시	현장지원센터운영지원	150,000	4	2	1	2	1	1	1	1
9664	경북 김천시	농촌신활력플러스사업추진단인건비	141,600	4	4	7	1	1	4	5	4
9665	경북 김천시	분뇨처리시설민간위탁운영비	140,250	4	2	6	6	6	1	1	1
9666	경북 김천시	RFID음식물종량기유지보수용역	132,000	4	8	1	1	1	2	2	4
9667	경북 김천시	독거노인중증장애인응급안전안심서비스운영지원(장비유지보수)	129,912	4	2	4	2	7	5	1	4
9668	경북 김천시	공동육아나눔터운영	113,424	4	1	5	5	1	1	1	1
9669	경북 김천시	김천시노사민정협의회사무국운영	100,000	4	4	7	8	7	1	1	1
9670	경북 김천시	장애인스포츠강좌이용권지원	99,000	4	1	7	8	7	5	5	4
9671	경북 김천시	진로적성체험센터설치운영위탁	90,000	4	6	7	1	7	1	1	4
9672	경북 김천시	독거노인중증장애인응급안전안심서비스운영지원(인건비)	89,737	4	2	4	2	7	5	1	4
9673	경북 김천시	장애인활동지원가산급여	86,387	4	4	5	8	7	1	1	4
9674	경북 김천시	결혼이민여성이중언어강사일자리창출사업	85,250	4	1	5	5	1	1	1	1
9675	경북 김천시	다문화가족자녀언어발달지원	81,180	4	1	5	5	1	1	1	1
9676	경북 김천시	결혼이민자통번역서비스지원	68,200	4	1	5	5	1	1	1	1
9677	경북 김천시	음식물류폐기물민간위탁처리비	60,000	4	8	7	8	7	5	5	4

순번	시군구	지출명 (사업명)	2024년예산 (단위 : 천원 /1년간)	민간이전 분류 (지방자치단체 세출예산 집행기준에 의거) 1. 민간경상사업보조(307-02) 2. 민간단체 법정운영비보조(307-03) 3. 민간행사사업보조(307-04) 4. 민간위탁금(307-05) 5. 사회복지시설 법정운영비보조(307-10) 6. 민간인위탁교육비(307-12) 7. 공기관등에대한경상적위탁사업비(308-13) 8. 민간자본사업보조,자체재원(402-01) 9. 민간자본사업보조,이전재원(402-02) 10. 민간위탁사업비(402-03) 11. 공기관등에 대한 자본적 위탁사업비(403-02)	민간이전지출 근거 (지방보조금 관리기준 참고) 1. 법률에 규정 2. 국고보조 재원(국가지정) 3. 용도 지정 기부금 4. 조례에 직접규정 5. 지자체가 권장하는 사업을 하는 공공기관 6. 시,도 정책 및 재정사정 7. 기타 8. 해당없음	입찰방식			운영예산 산정		성과평가 실시여부
						계약체결방법 (경쟁형태) 1. 일반경쟁 2. 제한경쟁 3. 지명경쟁 4. 수의계약 5. 법정위탁 6. 기타 ( ) 7. 없음	계약기간 1. 1년 2. 2년 3. 3년 4. 4년 5. 5년 6. 기타 ( )년 7. 단기계약 (1년미만) 8. 없음	낙찰자선정방법 1. 적격심사 2. 협상에의한계약 3. 최저가낙찰제 4. 규격가격분리 5. 2단계 경쟁입찰 6. 기타 ( ) 7. 없음	운영예산 산정 1. 내부산정 (지자체 자체적으로 산정) 2. 외부산정 (외부전문기관위탁 산정) 3. 내·외부 모두 산정 4. 산정 無 5. 없음	정산방법 1. 내부정산 (지자체 내부적으로 정산) 2. 외부정산 (외부전문기관위탁 정산) 3. 내·외부 모두 산정 4. 정산 無 5. 없음	1. 실시 2. 미실시 3. 향후 추진 4. 해당없음
9678	경북 김천시	시민정보화교육위탁교육비	50,000	4	4	7	8	7	5	5	4
9679	경북 김천시	일자리박람회개최	50,000	4	4	1	7	1	1	1	2
9680	경북 김천시	기업맞춤형인력양성교육	50,000	4	4	1	7	1	1	1	2
9681	경북 김천시	치매예방프로그램	50,000	4	2	2	2	1	1	1	1
9682	경북 김천시	가족센터관리비지원	44,000	4	1	5	5	1	1	1	1
9683	경북 김천시	농기계체험프로그램	44,000	4	2	1	1	1	1	1	1
9684	경북 김천시	신중년NEWSTART인력양성사업	40,000	4	2	2	4	1	1	1	1
9685	경북 김천시	주민주도마을기업육성교육	40,000	4	2	2	4	1	1	1	1
9686	경북 김천시	방과후학습도우미프로그램	40,000	4	2	2	2	1	1	1	1
9687	경북 김천시	이중언어부모코칭사업	36,430	4	1	5	5	1	1	1	1
9688	경북 김천시	마을돌봄터운영비지원	36,000	4	2	1	5	1	5	1	1
9689	경북 김천시	다문화가족행복도우미지원	34,250	4	1	5	5	1	1	1	1
9690	경북 김천시	다문화가족지역맞춤형학습및프로그램지원	30,000	4	1	5	5	1	1	1	1
9691	경북 김천시	우수기업체견학프로그램운영	30,000	4	4	1	7	1	1	1	2
9692	경북 김천시	시민문화기획자양성프로그램	30,000	4	2	1	1	1	1	1	1
9693	경북 김천시	가축전염병폐사축랜더링처리비	30,000	4	1	7	8	7	1	1	1
9694	경북 김천시	캔,페트병자동수거장비유지관리비	28,800	4	4	4	1	2	1	1	4
9695	경북 김천시	김천(구미)KTX역사농특산물직매장운영	24,000	4	4	1	7	1	1	1	4
9696	경북 김천시	결혼이민자역량강화지원	20,000	4	1	5	5	1	1	1	1
9697	경북 김천시	가족기능강화지원	20,000	4	1	5	5	1	1	1	1
9698	경북 김천시	RFID음식물종량기정기점검용역	20,000	4	1	7	8	7	5	5	4
9699	경북 김천시	주민역량강화프로그램운영	20,000	4	4	7	8	7	5	5	4
9700	경북 김천시	마을문화유산해설사양성프로그램	20,000	4	2	1	1	1	1	1	1
9701	경북 김천시	새싹길장난감도서관운영	19,500	4	1	5	5	1	1	1	1
9702	경북 김천시	한센병관리위탁금	18,134	4	4	7	8	7	5	5	4
9703	경북 김천시	김천휴게소로컬푸드행복장터운영	18,000	4	4	1	3	1	1	1	4
9704	경북 김천시	시니어커뮤니티케어센터프로그램	17,800	4	2	1	1	1	1	1	1
9705	경북 김천시	경북농민사관학교(최고농업경영자과정)교육비지원	16,800	4	7	7	8	7	3	2	4
9706	경북 김천시	영아종일제등전담아이돌보미지원	15,600	4	1	5	3	1	1	1	1
9707	경북 김천시	다문화가족복지차량운영지원	15,000	4	1	5	5	1	1	1	1
9708	경북 김천시	주산지농산물우수관리(GAP)안전성분석사업	15,000	4	4	2	1	1	4	1	4
9709	경북 김천시	유기동물보호센터위탁운영	14,400	4	1	7	8	7	1	1	4
9710	경북 김천시	가축분뇨공공처리시설사용료징수교부금	13,500	4	4	7	2	7	1	5	4
9711	경북 김천시	다문화가족인식개선사업	12,000	4	1	5	5	1	1	1	1
9712	경북 김천시	추풍령휴게소로컬푸드행복장터운영	12,000	4	4	1	3	1	1	1	4
9713	경북 김천시	마을관리협동조합정착지원프로그램	10,000	4	2	1	1	1	1	1	1
9714	경북 김천시	방역초소근무자용역비	10,000	4	1	7	8	7	1	1	1
9715	경북 김천시	발달장애인부모상담지원	9,595	4	4	5	8	7	1	1	4
9716	경북 김천시	공동육아나눔터자녀돌봄품앗이지원	9,000	4	1	5	5	1	1	1	1
9717	경북 김천시	폐농약위탁처리비	9,000	4	8	7	8	1	5	5	4

순번	시군구	지출명 (사업명)	2024년예산 (단위 : 천원 /1년간)	민간이전 분류 (지방자치단체 세출예산 집행기준에 의거) 1. 민간경상사업보조(307-02) 2. 민간단체 법정운영비보조(307-03) 3. 민간행사사업보조(307-04) 4. 민간위탁금(307-05) 5. 사회복지시설 법정운영비보조(307-10) 6. 민간인위탁교육비(307-12) 7. 공기관등에대한경상적위탁사업비(308-13) 8. 민간자본사업보조,자체재원(402-01) 9. 민간자본사업보조,이전재원(402-02) 10. 민간위탁사업비(402-03) 11. 공기관등에 대한 자본적 위탁사업비(403-02)	민간이전지출 근거 (지방보조금 관리기준 참고) 1. 법률에 규정 2. 국고보조 재원(국가지정) 3. 용도 지정 기부금 4. 조례에 직접규정 5. 지자체가 권장하는 사업을 하는 공공기관 6. 시,도 정책 및 재정사정 7. 기타 8. 해당없음	입찰방식 계약체결방법 (경쟁형태) 1. 일반경쟁 2. 제한경쟁 3. 지명경쟁 4. 수의계약 5. 법정위탁 6. 기타 ( ) 7. 없음	계약기간 1. 1년 2. 2년 3. 3년 4. 4년 5. 5년 6. 기타 ( )년 7. 단기계약 (1년미만) 8. 없음	낙찰자선정방법 1. 적격심사 2. 협상에의한계약 3. 최저가낙찰제 4. 규격가격분리 5. 2단계 경쟁입찰 6. 기타 ( ) 7. 없음	운영예산 산정 운영예산 산정 1. 내부산정 (지자체 자체적으로 산정) 2. 외부산정 (외부전문기관위탁 산정) 3. 내·외부 모두 산정 4. 산정 無 5. 없음	정산방법 1. 내부정산 (지자체 내부적으로 정산) 2. 외부정산 (외부전문기관위탁 정산) 3. 내·외부 모두 산정 4. 정산 無 5. 없음	성과평가 실시여부 1. 실시 2. 미실시 3. 향후 추진 4. 해당없음
9718	경북 김천시	언어발달지원	7,776	4	4	5	8	7	1	1	4
9719	경북 김천시	한국교통안전공단자동차검사연구센터농특산물전시판매장운영	6,000	4	4	7	8	1	1	1	4
9720	경북 김천시	다문화가족친정방문지원	5,000	4	1	5	5	1	1	1	1
9721	경북 김천시	가족센터주차장이용료지원	5,000	4	1	5	5	1	1	1	1
9722	경북 김천시	독거노인중증장애인응급안전안심서비스운영지원(기관운영비)	4,320	4	2	4	2	7	5	1	4
9723	경북 김천시	천연기념물보호	4,000	4	1	6	1	1	4	5	4
9724	경북 김천시	결혼이민자운전면허취득비용지원	3,000	4	1	5	5	1	1	1	1
9725	경북 김천시	결혼이민자국적취득비용지원	3,000	4	1	5	5	1	1	1	1
9726	경북 김천시	야생동물진료센터운영	3,000	4	6	7	8	7	1	1	2
9727	경북 김천시	담배소매인지정사실조사업무대행비	3,000	4	1	7	8	7	1	1	1
9728	경북 김천시	화학사고방제작업에따른폐기물처리비	1,000	4	1	7	8	7	5	5	4
9729	경북 안동시	2024년안동시립도서관(중앙,용부,어린이)청사청소용역	330,000	4	4	2	1	3	1	1	1
9730	경북 안동시	2024년안동시립도서관(중앙,용부,어린이)경비용역	150,000	4	4	2	1	3	1	1	1
9731	경북 안동시	3대문화권선도사업관리운영위탁금	5,600,000	4	4	2	3	2	2	3	1
9732	경북 안동시	생활폐기물수집운반민간위탁수수료	4,700,000	4	4	2	1	1	2	1	1
9733	경북 안동시	압축폐기물위탁처리	1,400,000	4	4	2	1	1	1	1	1
9734	경북 안동시	안동시장애인종합복지관운영	1,274,836	4	4	1	5	1	1	1	1
9735	경북 안동시	[기]경로당행복도우미지원	1,240,971	4	6	1	1	7	5	1	1
9736	경북 안동시	안동문화관광단지관리운영위탁	1,000,000	4	4	4	8	7	1	1	1
9737	경북 안동시	육아종합지원센터운영비지원	1,000,000	4	4	7	8	7	1	1	3
9738	경북 안동시	공사장생활폐기물위탁처리	1,000,000	4	4	2	1	1	1	1	1
9739	경북 안동시	종합사회복지관운영지원	996,000	4	1	1	5	1	1	1	1
9740	경북 안동시	장애인일자리지원(복지일자리)	974,338	4	2	1	1	1	5	1	1
9741	경북 안동시	건강가정및다문화가족지원센터통합서비스지원	853,630	4	2	7	8	7	3	3	1
9742	경북 안동시	공동육아나눔터운영지원	720,000	4	3	7	8	7	3	3	1
9743	경북 안동시	폐가구류위탁처리	520,000	4	4	2	1	1	1	1	1
9744	경북 안동시	지역급식관리지원센터운영	520,000	4	2	5	5	1	5	3	1
9745	경북 안동시	(재)한국천연색소산업화센터운영지원	500,000	4	4	7	8	7	5	5	4
9746	경북 안동시	자원봉사센터운영지원	426,447	4	1,4	5	2	1	1	1	1
9747	경북 안동시	다함께돌봄인건비지원	390,784	4	4	7	8	7	1	1	1
9748	경북 안동시	세계탈문화예술연맹운영비	350,000	4	4	7	1	7	1	1	3
9749	경북 안동시	안동시콜센터민간위탁금	350,000	4	4	7	2	7	2	1	3
9750	경북 안동시	시청사청소용역	320,000	4	4	1	1	1	1	1	2
9751	경북 안동시	낙동강변야외물놀이장사무및운영민간위탁용역	300,000	4	4	2	7	2	2	1	4
9752	경북 안동시	[도]중증장애인자립지원센터운영	232,865	4	6	1	5	1	1	1	1
9753	경북 안동시	근로자종합복지관운영비	220,000	4	4	7	3	7	1	1	1
9754	경북 안동시	공유재산관리위탁료	220,000	4	4	1	1	1	1	1	1
9755	경북 안동시	마을돌봄코디네이터지원	206,244	4	4	7	8	7	1	1	1
9756	경북 안동시	폐반사필름위탁처리	198,000	4	4	2	1	1	1	1	1
9757	경북 안동시	청소년방과후아카데미운영지원	188,978	4	1	7	8	7	1	1	1

순번	시군구	지출명 (사업명)	2024년예산 (단위 : 천원 /1년간)	민간이전 분류 (지방자치단체 세출예산 집행기준에 의거) 1. 민간경상사업보조(307-02) 2. 민간단체 법정운영비보조(307-03) 3. 민간행사사업보조(307-04) 4. 민간위탁금(307-05) 5. 사회복지시설 법정운영비보조(307-10) 6. 민간인위탁교육비(307-12) 7. 공기관등에대한경상적위탁사업비(308-13) 8. 민간자본사업보조,자체재원(402-01) 9. 민간자본사업보조,이전재원(402-02) 10. 민간위탁사업비(402-03) 11. 공기관등에 대한 자본적 위탁사업비(403-02)	민간이전지출 근거 (지방보조금 관리기준 참고) 1. 법률에 규정 2. 국고보조 재원(국가지정) 3. 용도 지정 기부금 4. 조례에 직접규정 5. 지자체가 권장하는 사업을 하는 공공기관 6. 시,도 정책 및 재정사정 7. 기타 8. 해당없음	입찰방식			운영예산 산정		성과평가 실시여부
						계약체결방법 (경쟁형태) 1. 일반경쟁 2. 제한경쟁 3. 지명경쟁 4. 수의계약 5. 법정위탁 6. 기타 ( ) 7. 없음	계약기간 1. 1년 2. 2년 3. 3년 4. 4년 5. 5년 6. 기타 ( )년 7. 단기계약 (1년미만) 8. 없음	낙찰자선정방법 1. 적격심사 2. 협상에의한계약 3. 최저가낙찰제 4. 규격가격분리 5. 2단계 경쟁입찰 6. 기타 ( ) 7. 없음	운영예산 산정 1. 내부산정 (지자체 자체적으로 산정) 2. 외부산정 (외부전문기관위탁 산정) 3. 내·외부 모두 산정 4. 산정 無 5. 없음	정산방법 1. 내부정산 (지자체 내부적으로 정산) 2. 외부정산 (외부전문기관위탁 정산) 3. 내·외부 모두 산정 4. 정산 無 5. 없음	1. 실시 2. 미실시 3. 향후 추진 4. 해당없음
9758	경북 안동시	예움터마을관리운영위탁금	171,980	4	4	7	8	7	5	5	4
9759	경북 안동시	반다비체육관청소용역	158,400	4	4	7	8	7	5	5	4
9760	경북 안동시	다목적체육관청소용역	158,400	4	4	7	8	7	5	5	4
9761	경북 안동시	재활용잔재물폐기물위탁처리	150,000	4	4	2	1	1	1	1	1
9762	경북 안동시	안동시티투어버스운영위탁	146,400	4	4	7	8	7	3	1	3
9763	경북 안동시	보건소청사청소용역	138,600	4	8	2	1	1	1	1	4
9764	경북 안동시	농업기술센터청소용역비(청사,종합교육관,농기계임대사업소)	135,000	4	4	7	8	7	5	5	4
9765	경북 안동시	음식물류폐기물종량기기유지관리	131,976	4	7	1	1	1	1	1	1
9766	경북 안동시	장난감도서관운영지원	120,000	4	4	7	8	7	1	1	3
9767	경북 안동시	쓰레기봉투및대형폐기물스티커위탁판매	120,000	4	4	7	8	7	5	5	4
9768	경북 안동시	낙동강변공중화장실관리민간위탁	120,000	4	4	7	8	7	5	5	4
9769	경북 안동시	2023년신활력플러스사업추진단인건비	119,428	4	4	7	8	7	1	1	4
9770	경북 안동시	아픈아이돌봄센터운영	116,667	4	5	7	8	7	1	1	1
9771	경북 안동시	공동육아나눔터운영	113,424	4	3	7	8	7	3	3	1
9772	경북 안동시	시각장애인안마사파견사업	111,807	4	2	1	1	1	5	1	1
9773	경북 안동시	공설봉안당위탁관리	110,000	4	4	7	5	7	1	1	1
9774	경북 안동시	음식물류폐기물수거용기세척용역	108,000	4	4	4	1	6	1	1	1
9775	경북 안동시	소각폐기물운반대행	100,160	4	4	2	1	1	1	1	1
9776	경북 안동시	익스트림파크운영위탁금	100,000	4	4	4	6	7	1	1	3
9777	경북 안동시	공중화장실청소용역비	95,964	4	6	1	1	5	1	1	4
9778	경북 안동시	시민운동장청소용역	91,680	4	4	1	1	3	1	1	2
9779	경북 안동시	클린하우스청소용역	90,000	4	6	7	8	7	1	1	4
9780	경북 안동시	매트리스위탁처리	90,000	4	4	2	1	1	1	1	1
9781	경북 안동시	유아숲교육위탁운영	88,002	4	1	6	7	2	5	1	1
9782	경북 안동시	수출사과병해충예찰사업	80,000	4	1	2	7	3	1	1	1
9783	경북 안동시	청사청소용역비	80,000	4	7	1	1	3	1	1	4
9784	경북 안동시	자원봉사센터코디네이터지원	66,382	4	1,4	5	2	1	1	1	1
9785	경북 안동시	다함께돌봄운영비지원	64,000	4	4	7	8	7	1	1	1
9786	경북 안동시	숲해설위탁운영	58,668	4	1	6	7	2	5	1	1
9787	경북 안동시	마을돌봄센터장추가지원	56,404	4	4	7	8	7	1	1	1
9788	경북 안동시	충의역사체험장운영지원	55,000	4	8	7	8	7	3	1	4
9789	경북 안동시	노인복지시설관리및지원	50,000	4	6	1	1	7	1	1	1
9790	경북 안동시	난연성폐스티로폼위탁처리	48,000	4	4	2	1	1	1	1	1
9791	경북 안동시	안동시노인종합복지관운영	45,000	4	7	7	8	7	1	1	1
9792	경북 안동시	음식물류폐기물종량기기청소용역	42,000	4	4	4	1	6	1	1	1
9793	경북 안동시	사이버안동장터위탁운영	40,000	4	6	6	3	7	1	1	4
9794	경북 안동시	신활력플러스추진단운영및사업비	33,000	4	2	7	8	7	3	3	3
9795	경북 안동시	마을돌봄터사업지원	32,000	4	4	7	8	7	1	1	1
9796	경북 안동시	중앙신시장공중화장실관리민간위탁	30,000	4	7	1	1	7	1	1	4
9797	경북 안동시	[도]시군장애인종합복지관운영	30,000	4	1	1	5	1	1	1	1

순번	시군구	지출명 (사업명)	2024년예산 (단위 : 천원 /1년간)	민간이전 분류 (지방자치단체 세출예산 집행기준에 의거) 1. 민간경상사업보조(307-02) 2. 민간단체 법정운영비보조(307-03) 3. 민간행사사업보조(307-04) 4. 민간위탁금(307-05) 5. 사회복지시설 법정운영비보조(307-10) 6. 민간인위탁교육비(307-12) 7. 공기관등에대한경상적위탁사업비(308-13) 8. 민간자본사업보조,자체재원(402-01) 9. 민간자본사업보조,이전재원(402-02) 10. 민간위탁사업비(402-03) 11. 공기관등에 대한 자본적 위탁사업비(403-02)	민간이전지출 근거 (지방보조금 관리기준 참고) 1. 법률에 규정 2. 국고보조 재원(국가지정) 3. 용도 지정 기부금 4. 조례에 직접규정 5. 지자체가 권장하는 사업을 하는 공공기관 6. 시,도 정책 및 재정사정 7. 기타 8. 해당없음	입찰방식: 계약체결방법 (경쟁형태) 1. 일반경쟁 2. 제한경쟁 3. 지명경쟁 4. 수의계약 5. 법정위탁 6. 기타 ( ) 7. 없음	입찰방식: 계약기간 1. 1년 2. 2년 3. 3년 4. 4년 5. 5년 6. 기타 ( )년 7. 단기계약 (1년미만) 8. 없음	입찰방식: 낙찰자선정방법 1. 적격심사 2. 협상에의한계약 3. 최저가낙찰제 4. 규격가격분리 5. 2단계 경쟁입찰 6. 기타 ( ) 7. 없음	운영예산 산정: 운영예산 산정 1. 내부산정 (지자체 자체적으로 산정) 2. 외부산정 (외부전문기관위탁 산정) 3. 내·외부 모두 산정 4. 산정 無 5. 없음	운영예산 산정: 정산방법 1. 내부정산 (지자체 내부적으로 정산) 2. 외부정산 (외부전문기관위탁 정산) 3. 내·외부 모두 산정 4. 정산 無 5. 없음	성과평가 실시여부 1. 실시 2. 미실시 3. 향후 추진 4. 해당없음
9798	경북 안동시	남후농공단지공공시설물관리위탁	25,000	4	1	5	3	7	1	1	3
9799	경북 안동시	풍산농공단지공공시설물관리위탁	25,000	4	1	5	3	7	1	1	3
9800	경북 안동시	댐시범화장실관리민간위탁	24,000	4	4	7	8	7	5	5	4
9801	경북 안동시	농업인상담소청소용역비	23,400	4	4	7	8	7	5	5	4
9802	경북 안동시	영상정보통합센터청사청소	22,000	4	1,4	4	1	7	1	1	4
9803	경북 안동시	생활계유해폐기물(폐농약)위탁처리용역	22,000	4	6	7	8	7	1	1	4
9804	경북 안동시	투명페트병자동수거기위탁운영용역	21,600	4	6	7	1	7	1	1	4
9805	경북 안동시	사이버안동장터할인쿠폰발행지원	20,000	4	6	6	3	7	1	1	4
9806	경북 안동시	사이버안동장터화요특가운영지원	20,000	4	6	6	3	7	1	1	4
9807	경북 안동시	불법광고물정비단속민간위탁	17,000	4	7	4	1	1	1	1	1
9808	경북 안동시	사이버안동장터택배비지원	12,000	4	6	6	3	7	1	1	4
9809	경북 안동시	사이버안동장터신규회원이벤트지원	10,000	4	6	6	3	7	1	1	4
9810	경북 안동시	소비자민원위탁대행	10,000	4	6	6	1	7	1	1	1
9811	경북 안동시	지식재산아카데미	10,000	4	4	7	1	7	1	1	2
9812	경북 안동시	한국담배판매인회안동조합교부금	5,000	4	8	7	1	7	5	5	1
9813	경북 안동시	마을돌봄종사자복지포인트지원	1,200	4	4	7	8	7	1	1	1
9814	경북 안동시	정신건강복지센터인력지원	468,520	4	1	7	8	7	1	1	1
9815	경북 안동시	이육사문학관운영지원	445,000	4	4	1	3	7	1	1	1
9816	경북 안동시	자살예방사업인력지원	370,363	4	1	7	8	7	1	1	1
9817	경북 안동시	안동포타운민간위탁운영비	350,000	4	4	1	3	1	2	1	3
9818	경북 안동시	정신응급개입팀인력지원	223,200	4	1	7	8	7	1	1	1
9819	경북 안동시	소천권태호음악관운영지원	140,000	4	4	1	3	1	1	1	1
9820	경북 안동시	권정생동화나라위탁운영	100,000	4	4	7	8	7	1	1	1
9821	경북 안동시	경상북도유교문화회관유지관리지원	81,000	4	4	7	8	7	1	1	1
9822	경북 안동시	정신건강복지센터운영	72,100	4	1	7	8	7	1	1	1
9823	경북 안동시	아동청소년정신건강증진사업	72,000	4	1	7	8	7	1	1	1
9824	경북 안동시	공예문화전시관운영지원	70,000	4	4	1	3	7	2	1	1
9825	경북 안동시	자살예방및정신건강증진사업	65,362	4	1	7	8	7	1	1	1
9826	경북 안동시	통합정신건강증진사업	65,000	4	1	7	8	7	1	1	1
9827	경북 안동시	자연색문화원운영비	32,000	4	4	1	3	7	2	1	1
9828	경북 안동시	정신건강및중독관리통합지원센터종사자수당	31,920	4	1	7	8	7	1	1	1
9829	경북 안동시	정신응급개입팀운영	12,932	4	1	7	8	7	1	1	1
9830	경북 안동시	외로움대책소통회복프로그램운영	8,000	4	1	7	8	7	1	1	1
9831	경북 안동시	자살예방환경조성	3,500	4	1	7	8	7	1	1	1
9832	경북 안동시	안동시청어린이집운영	280,000	4	4	6	2	1	1	1	1
9833	경북 구미시	환경자원화시설위탁운영비	13,000,000	4	4	2	3	2	2	1	1
9834	경북 구미시	중앙하수처리시설운영비	8,400,000	4	1	6	6	6	2	1	1
9835	경북 구미시	아이돌봄수당	7,823,790	4	2	7	8	7	1	1	1
9836	경북 구미시	일반쓰레기수집운반(대행)	7,640,702	4	4	2	3	2	2	1	1
9837	경북 구미시	시청운동선수단육성지원	4,700,000	4	4	7	1	7	1	1	4

순번	시군구	지출명 (사업명)	2024년예산 (단위 : 천원 /1년간)	민간이전 분류 (지방자치단체 세출예산 집행기준에 의거) 1. 민간경상사업보조(307-02) 2. 민간단체 법정운영비보조(307-03) 3. 민간행사사업보조(307-04) 4. 민간위탁금(307-05) 5. 사회복지시설 법정운영비보조(307-10) 6. 민간인위탁교육비(307-12) 7. 공기관등에대한경상적위탁사업비(308-13) 8. 민간자본사업보조,자체재원(402-01) 9. 민간자본사업보조,이전재원(402-02) 10. 민간위탁사업비(402-03) 11. 공기관등에 대한 자본적 위탁사업비(403-02)	민간이전지출 근거 (지방보조금 관리기준 참고) 1. 법률에 규정 2. 국고보조 재원(국가지정) 3. 용도 지정 기부금 4. 조례에 직접규정 5. 지자체가 권장하는 사업을 하는 공공기관 6. 시,도 정책 및 재정사정 7. 기타 8. 해당없음	입찰방식			운영예산 산정		성과평가 실시여부
						계약체결방법 (경쟁형태) 1. 일반경쟁 2. 제한경쟁 3. 지명경쟁 4. 수의계약 5. 법정위탁 6. 기타 ( ) 7. 없음	계약기간 1. 1년 2. 2년 3. 3년 4. 4년 5. 5년 6. 기타 ( )년 7. 단기계약 (1년미만) 8. 없음	낙찰자선정방법 1. 적격심사 2. 협상에의한계약 3. 최저가낙찰제 4. 규격가격분리 5. 2단계 경쟁입찰 6. 기타 ( ) 7. 없음	운영예산 산정 1. 내부산정 (지자체 자체적으로 산정) 2. 외부산정 (외부전문기관위탁 산정) 3. 내·외부 모두 산정 4. 산정 無 5. 없음	정산방법 1. 내부정산 (지자체 내부적으로 정산) 2. 외부정산 (외부전문기관위탁 정산) 3. 내·외부 모두 산정 4. 정산 無 5. 없음	1. 실시 2. 미실시 3. 향후 추진 4. 해당없음
9838	경북 구미시	지역자활센터자활근로사업	4,261,412	4	2	5	8	7	5	5	1
9839	경북 구미시	음식물쓰레기수집운반(대행)	4,078,000	4	4	2	3	2	2	1	1
9840	경북 구미시	노인맞춤돌봄서비스	3,966,800	4	1,4	4	2	7	1	1	3
9841	경북 구미시	하수슬러지처리시설관리대행	2,800,000	4	1	1	3	4	2	1	1
9842	경북 구미시	225구미아시아육상경기선수권대회개최지원	2,600,000	4	4	7	8	7	5	5	4
9843	경북 구미시	재활용품대형폐기물수집운반(대행)	2,544,825	4	4	2	3	2	2	1	1
9844	경북 구미시	남은음식물쓰레기민간위탁처리비	2,511,000	4	8	2	3	2	2	1	1
9845	경북 구미시	근로자문화센터위탁운영	2,502,190	4	4	1	5	1	1	1	1
9846	경북 구미시	아이돌봄부모부담금경감	2,500,000	4	1,4	7	8	7	1	1	2
9847	경북 구미시	구미시선산청소년수련관위탁운영	2,400,000	4	4	2	3	1	3	3	1
9848	경북 구미시	환경자원화시설보관생활폐기물처리	2,000,000	4	4	7	8	7	5	5	4
9849	경북 구미시	장애인복지관운영	1,579,000	4	1,4	1	5	1	1	1	3
9850	경북 구미시	건강가정다문화가족지원센터통합운영	1,386,830	4	2	6	3	1	1	1	1
9851	경북 구미시	다함께돌봄센터운영	1,330,000	4	1	1	5	2	1	1	1
9852	경북 구미시	경북도민체육대회지원	1,293,000	4	4	7	7	7	1	1	4
9853	경북 구미시	어린이사회복지급식관리지원센터설치운영	1,255,000	4	1,4	1	3	1	1	2	1
9854	경북 구미시	어린이사회복지급식관리지원센터설치운영	1,255,000	4	1,4	1	3	1	1	2	1
9855	경북 구미시	구미시강동청소년문화의집위탁운영	1,200,000	4	4	2	3	1	3	3	1
9856	경북 구미시	장애인체육시설운영	998,000	4	1,4	1	5	1	1	1	3
9857	경북 구미시	기초정신건강복지센터인력지원	901,000	4	1	4,5	5	7	5	1	1
9858	경북 구미시	장애인복지일자리지원사업	822,314	4	1	6	3	6	1	1	2
9859	경북 구미시	새일센터지정운영	813,218	4	1	5	8	7	1	1	4
9860	경북 구미시	드론특별자유화구역운영	800,000	4	4	7	8	7	5	5	4
9861	경북 구미시	구미종합사회복지관운영	766,000	4	1	6	5	7	1	1	1
9862	경북 구미시	금오종합사회복지관운영	766,000	4	1	6	5	7	1	1	1
9863	경북 구미시	육아종합지원센터운영지원	740,000	4	4	1	5	1	1	1	2
9864	경북 구미시	중소기업기숙사임차지원사업	600,000	4	4	1	3	1	1	1	3
9865	경북 구미시	도민행복대학구미캠퍼스운영	600,000	4	6	1	7	2	1	1	3
9866	경북 구미시	생가및주변시설물관리운영	570,098	4	4	4	3	6	1	1	1
9867	경북 구미시	구미시자원봉사센터운영지원	517,012	4	4	5	2	7	1	1	4
9868	경북 구미시	2024경상북도항공방위물류박람회	500,000	4	4	7	8	7	5	5	4
9869	경북 구미시	장난감도서관운영	500,000	4	4	1	5	1	1	1	2
9870	경북 구미시	발달장애인요양보호사보조사업	429,334	4	1	6	3	6	1	1	2
9871	경북 구미시	구미시노인종합복지관경로식당위탁운영	389,025	4	3	2	1	2	2	5	3
9872	경북 구미시	숭조당1,2관운영비	381,300	4	4	4	3	7	1	1	3
9873	경북 구미시	통합정신건강증진사업	372,870	4	1	4,5	5	7	5	1	1
9874	경북 구미시	구미시소상공인지원센터	360,000	4	4	7	8	7	5	5	4
9875	경북 구미시	제25회대한민국정수대전	334,000	4	6	1	7	7	1	1	1
9876	경북 구미시	외국인근로자상담센터활성화사업	314,000	4	4	1	1	1	1	1	1
9877	경북 구미시	다문화가족특성화사업	309,033	4	2	7	8	7	1	1	2

순번	시군구	지출명 (사업명)	2024년예산 (단위 : 천원 /1년간)	민간이전 분류 (지방자치단체 세출예산 집행기준에 의거) 1. 민간경상사업보조(307-02) 2. 민간단체 법정운영비보조(307-03) 3. 민간행사사업보조(307-04) 4. 민간위탁금(307-05) 5. 사회복지시설 법정운영비보조(307-10) 6. 민간인위탁교육비(307-12) 7. 공기관등에대한경상적위탁사업비(308-13) 8. 민간자본사업보조,자체재원(402-01) 9. 민간자본사업보조,이전재원(402-02) 10. 민간위탁사업비(402-03) 11. 공기관등에 대한 자본적 위탁사업비(403-02)	민간이전지출 근거 (지방보조금 관리기준 참고) 1. 법률에 규정 2. 국고보조 재원(국가지정) 3. 용도 지정 기부금 4. 조례에 직접규정 5. 지자체가 권장하는 사업을 하는 공공기관 6. 시,도 정책 및 재정사정 7. 기타 8. 해당없음	입찰방식 계약체결방법 (경쟁형태) 1. 일반경쟁 2. 제한경쟁 3. 지명경쟁 4. 수의계약 5. 법정위탁 6. 기타 ( ) 7. 없음	입찰방식 계약기간 1. 1년 2. 2년 3. 3년 4. 4년 5. 5년 6. 기타 ( )년 7. 단기계약 (1년미만) 8. 없음	입찰방식 낙찰자선정방법 1. 적격심사 2. 협상에의한계약 3. 최저가낙찰제 4. 규격가격분리 5. 2단계 경쟁입찰 6. 기타 ( ) 7. 없음	운영예산 산정 운영예산 산정 1. 내부산정 (지자체 자체적으로 산정) 2. 외부산정 (외부전문기관위탁 산정) 3. 내·외부 모두 산정 4. 산정 無 5. 없음	운영예산 산정 정산방법 1. 내부정산 (지자체 내부적으로 정산) 2. 외부정산 (외부전문기관위탁 정산) 3. 내·외부 모두 산정 4. 정산 無 5. 없음	성과평가 실시여부 1. 실시 2. 미실시 3. 향후 추진 4. 해당없음
9878	경북 구미시	노동자작업복공동세탁소운영	302,000	4	4	1	6	1	1	1	3
9879	경북 구미시	시군역량강화사업	297,000	4	2	7	8	7	5	1	4
9880	경북 구미시	왕산기념관운영위탁금	296,750	4	4	6	3	6	1	1	2
9881	경북 구미시	제62회도민체전전야제행사및문화예술행사	290,000	4	6	7	8	7	5	5	4
9882	경북 구미시	구미푸드페스티벌	290,000	4	4	1	7	1	1	1	1
9883	경북 구미시	구미푸드페스티벌	290,000	4	4	1	7	1	1	1	1
9884	경북 구미시	공동육아나눔터운영	283,560	4	2	7	8	7	1	1	2
9885	경북 구미시	신중년사회공헌사업	280,450	4	4	1	1	1	1	1	4
9886	경북 구미시	독거노인장애인응급안전안심서비스운영지원	280,380	4	2	4	3	1	5	1	2
9887	경북 구미시	여성인력개발센터운영	260,000	4	1	5	8	7	1	1	4
9888	경북 구미시	장난감도서관운영	260,000	4	4	1	3	1	1	1	2
9889	경북 구미시	과학영재교육원운영지원	250,000	4	1	7	8	7	5	5	4
9890	경북 구미시	구미시취업지원센터운영	250,000	4	1	1	1	1	1	1	1
9891	경북 구미시	2024전국학교대항배드민턴선수권대회	240,000	4	4	7	7	7	1	1	4
9892	경북 구미시	유아숲교육운영위탁	229,328	4	2	6	1	7	5	1	4
9893	경북 구미시	정신응급개입팀인력지원	223,200	4	1	4,5	5	7	5	1	1
9894	경북 구미시	청소년방과후아카데미	220,945	4	2	2	3	1	3	1	1
9895	경북 구미시	청소년방과후아카데미	216,045	4	2	2	3	1	3	1	1
9896	경북 구미시	낙동강수상레포츠체험센터운영	208,000	4	4	6	3	1	1	1	1
9897	경북 구미시	시각장애인안마사파견사업	204,981	4	1	6	3	6	1	1	2
9898	경북 구미시	구미노동법률상담센터운영	203,000	4	4	1	3	1	1	1	3
9899	경북 구미시	2024iLEAGUE여름축구축제	200,000	4	4	7	7	7	1	1	4
9900	경북 구미시	제62회도민체전(자원봉사반)	199,630	4	4	7	8	7	5	5	4
9901	경북 구미시	청춘,금오천벚꽃페스티벌	190,000	4	4	7	8	7	5	5	4
9902	경북 구미시	중독관리통합지원센터지원	170,990	4	1	4,5	5	7	5	1	1
9903	경북 구미시	경북행복기업산업안전환경개선사업	162,000	4	4	4	3	1	1	1	3
9904	경북 구미시	특별교통수단(이동지원센터)운영비	153,000	4	4	5	3	7	1	3	3
9905	경북 구미시	자살예방사업인력확충	148,144	4	1	4,5	5	7	5	1	1
9906	경북 구미시	노인맞춤돌봄서비스생활지원사전화비및교통비	145,320	4	1,4	4	2	7	1	1	3
9907	경북 구미시	LG주부배구대회지원	139,000	4	7	7	7	7	1	1	4
9908	경북 구미시	장애인재가복지봉사센터운영	137,800	4	1,4	1	5	1	1	1	3
9909	경북 구미시	명창박록주전국국악대전	135,000	4	4	1	1	1	1	1	1
9910	경북 구미시	아픈아이돌봄센터운영	134,340	4	4	1	3	1	1	1	2
9911	경북 구미시	구미발갱이들소리전수관	124,950	4	4	5	3	7	1	1	4
9912	경북 구미시	2024경북도민생활체육대축전참가	120,000	4	4	7	7	7	1	1	4
9913	경북 구미시	장난감도서관운영	120,000	4	4	1	5	1	1	1	2
9914	경북 구미시	장난감도서관운영	120,000	4	4	1	5	1	1	1	2
9915	경북 구미시	새마을이동도서관운영	110,300	4	4	5	1	7	1	1	4
9916	경북 구미시	찾아가는음악회	105,000	4	4	7	8	7	5	5	4
9917	경북 구미시	구미문화예술동아리지원사업	100,000	4	4	7	8	7	5	5	4

순번	시군구	지출명 (사업명)	2024년예산 (단위 : 천원 /1년간)	민간이전 분류 (지방자치단체 세출예산 집행기준에 의거) 1. 민간경상사업보조(307-02) 2. 민간단체 법정운영비보조(307-03) 3. 민간행사사업보조(307-04) 4. 민간위탁금(307-05) 5. 사회복지시설 법정운영비보조(307-10) 6. 민간인위탁교육비(307-12) 7. 공기관등에대한경상적위탁사업비(308-13) 8. 민간자본사업보조,자체재원(402-01) 9. 민간자본사업보조,이전재원(402-02) 10. 민간위탁사업비(402-03) 11. 공기관등에 대한 자본적 위탁사업비(403-02)	민간이전지출 근거 (지방보조금 관리기준 참고) 1. 법률에 규정 2. 국고보조 재원(국가지정) 3. 용도 지정 기부금 4. 조례에 직접규정 5. 지자체가 권장하는 사업을 하는 공공기관 6. 시,도 정책 및 재정사정 7. 기타 8. 해당없음	입찰방식 계약체결방법 (경쟁형태) 1. 일반경쟁 2. 제한경쟁 3. 지명경쟁 4. 수의계약 5. 법정위탁 6. 기타 ( ) 7. 없음	입찰방식 계약기간 1. 1년 2. 2년 3. 3년 4. 4년 5. 5년 6. 기타 ( )년 7. 단기계약 (1년미만) 8. 없음	입찰방식 낙찰자선정방법 1. 적격심사 2. 협상에의한계약 3. 최저가낙찰제 4. 규격가격분리 5. 2단계 경쟁입찰 6. 기타 ( ) 7. 없음	운영예산 산정 운영예산 산정 1. 내부산정 (지자체 자체적으로 산정) 2. 외부산정 (외부전문기관위탁 산정) 3. 내·외부 모두 산정 4. 산정 無 5. 없음	운영예산 산정 정산방법 1. 내부정산 (지자체 내부적으로 정산) 2. 외부정산 (외부전문기관위탁 정산) 3. 내·외부 모두 산정 4. 정산 無 5. 없음	성과평가 실시여부 1. 실시 2. 미실시 3. 향후 추진 4. 해당없음
9918	경북 구미시	구미팜농특산물상품배송료	100,000	4	4	4	1	1	1	1	3
9919	경북 구미시	청년중독관리사업	100,000	4	1	4,5	5	7	5	1	1
9920	경북 구미시	기업과직장인을위한평생학습	100,000	4	7	1	7	1	1	1	3
9921	경북 구미시	제39회대통령기전국볼링대회	95,000	4	4	7	7	7	1	1	4
9922	경북 구미시	회장기제64회전국검도단별선수권대회	95,000	4	4	7	7	7	1	1	4
9923	경북 구미시	구미시정책과제연구개발등지원	94,900	4	4	1	6	1	1	1	3
9924	경북 구미시	진학진로1:1맞춤컨설팅	90,000	4	4	7	8	7	5	5	4
9925	경북 구미시	공공스포츠클럽운영	90,000	4	4	7	1	7	1	1	4
9926	경북 구미시	사회공헌지원사업운영	90,000	4	4	6	3	6	1	1	1
9927	경북 구미시	결혼이민여성이중언어강사일자리창출사업	85,250	4	6	7	8	7	1	1	2
9928	경북 구미시	제28회대한게이트볼협회장기생활체육전국게이트볼대회	85,000	4	4	7	7	7	1	1	4
9929	경북 구미시	일자리창출학습형테마강좌운영	80,000	4	7	1	7	1	1	1	3
9930	경북 구미시	마을평생학습활성화지원사업	80,000	4	4	4	7	7	1	1	3
9931	경북 구미시	대학위탁전문평생교육과정	80,000	4	7	1	7	1	1	1	3
9932	경북 구미시	2024구미챌린저전국산악자전거대회	75,000	4	4	7	7	7	1	1	4
9933	경북 구미시	선산문화의집운영위탁	74,900	4	4	4	5	7	1	1	1
9934	경북 구미시	구미역관광안내소운영	71,000	4	4	1	1	3	1	1	4
9935	경북 구미시	구미1969산업투어	70,000	4	4	1	7	1	1	1	1
9936	경북 구미시	스마트헬스케어	69,000	4	7	1	2	1	1	1	2
9937	경북 구미시	농기계아카데미위탁교육	68,800	4	4	1	1	1	2	2	4
9938	경북 구미시	지역사회건강조사조사분석위탁운영	68,708	4	2	4	7	7	2	2	1
9939	경북 구미시	지역사회건강조사조사분석위탁운영	67,520	4	1	4	7	7	2	2	4
9940	경북 구미시	구미종합사회복지관사례관리사업	67,200	4	1	5	1	7	1	1	1
9941	경북 구미시	금오종합사회복지관사례관리사업	67,200	4	1	5	1	7	1	1	1
9942	경북 구미시	자원봉사코디네이터지원	66,382	4	2	5	1	7	1	1	4
9943	경북 구미시	자살예방및정신건강증진사업	65,362	4	1	4,5	5	7	5	1	1
9944	경북 구미시	정신건강및중독관리통합지원센터종사자수당	63,840	4	1	4,5	5	7	5	1	1
9945	경북 구미시	한자능력향상프로그램	60,000	4	4	7	8	7	5	5	4
9946	경북 구미시	초등학생영어향상프로그램	60,000	4	4	7	8	7	5	5	4
9947	경북 구미시	시티투어운영	60,000	4	4	6	7	6	1	1	4
9948	경북 구미시	2024경북어르신종합체육대회참가	60,000	4	4	7	7	7	1	1	4
9949	경북 구미시	농산물가공창업교육프로그램운영	60,000	4	4	7	8	7	5	5	4
9950	경북 구미시	구미독서문화축제	60,000	4	4	1	7	1	1	1	1
9951	경북 구미시	성과공유회및플리마켓운영	60,000	4	7	1	7	1	1	1	3
9952	경북 구미시	구미시여성대학운영	60,000	4	7	1	7	1	1	1	3
9953	경북 구미시	구미전국청소년국악경연대회	54,000	4	4	7	8	7	5	5	4
9954	경북 구미시	감정노동자심리상담및치유프로그램	52,000	4	4	1	1	1	1	1	1
9955	경북 구미시	기초정신건강복지센터운영	51,100	4	1	4,5	5	7	5	1	1
9956	경북 구미시	스마트안전방범설치지원사업	50,000	4	4	7	8	7	5	5	4
9957	경북 구미시	경영혁신외식서비스지원	50,000	4	2,4	7	8	7	5	5	4

순번	시군구	지출명 (사업명)	2024년예산 (단위 : 천원 /1년간)	민간이전 분류 (지방자치단체 세출예산 집행기준에 의거) 1. 민간경상사업보조(307-02) 2. 민간단체 법정운영비보조(307-03) 3. 민간행사사업보조(307-04) 4. 민간위탁금(307-05) 5. 사회복지시설 법정운영비보조(307-10) 6. 민간인위탁교육비(307-12) 7. 공기관등에대한경상적위탁사업비(308-13) 8. 민간자본사업보조,자체재원(402-01) 9. 민간자본사업보조,이전재원(402-02) 10. 민간위탁사업비(402-03) 11. 공기관등에 대한 자본적 위탁사업비(403-02)	민간이전지출 근거 (지방보조금 관리기준 참고) 1. 법률에 규정 2. 국고보조 재원(국가지정) 3. 용도 지정 기부금 4. 조례에 직접규정 5. 지자체가 권장하는 사업을 하는 공공기관 6. 시,도 정책 및 재정사정 7. 기타 8. 해당없음	입찰방식 계약체결방법 (경쟁형태) 1. 일반경쟁 2. 제한경쟁 3. 지명경쟁 4. 수의계약 5. 법정위탁 6. 기타 ( ) 7. 없음	입찰방식 계약기간 1. 1년 2. 2년 3. 3년 4. 4년 5. 5년 6. 기타 ( )년 7. 단기계약 (1년미만) 8. 없음	입찰방식 낙찰자선정방법 1. 적격심사 2. 협상에의한계약 3. 최저가낙찰제 4. 규격가격분리 5. 2단계 경쟁입찰 6. 기타 ( ) 7. 없음	운영예산 산정 운영예산 산정 1. 내부산정 (지자체 자체적으로 산정) 2. 외부산정 (외부전문기관위탁 산정) 3. 내·외부 모두 산정 4. 산정 無 5. 없음	운영예산 산정 정산방법 1. 내부정산 (지자체 내부적으로 정산) 2. 외부정산 (외부전문기관위탁 정산) 3. 내·외부 모두 산정 4. 정산 無 5. 없음	성과평가 실시여부 1. 실시 2. 미실시 3. 향후 추진 4. 해당없음
9958	경북 구미시	경영혁신외식서비스지원	50,000	4	2,4	7	8	7	5	5	4
9959	경북 구미시	YES구미캠퍼스운영사업	48,000	4	4	7	8	7	5	1	4
9960	경북 구미시	구미아시아연극제	47,700	4	4	7	8	7	5	5	4
9961	경북 구미시	육아종합지원센터운영	46,000	4	4	1	5	1	1	1	2
9962	경북 구미시	다문화가족지역맞춤형학습및프로그램지원	45,147	4	6	7	8	7	1	1	2
9963	경북 구미시	중소기업기술지원및마이스터고등진로적성교육사업	40,000	4	4	1	1	1	1	1	1
9964	경북 구미시	건강지킴이센터위탁운영	40,000	4	4	6	3	6	1	1	4
9965	경북 구미시	구미종합사회복지관특화사업(이동복지관)	40,000	4	1	5	1	7	1	1	1
9966	경북 구미시	금오종합사회복지관특화사업(이동복지관)	40,000	4	1	5	1	7	1	1	1
9967	경북 구미시	문화가함께하는친환경셀러들의마켓	40,000	4	7	1	7	1	1	1	2
9968	경북 구미시	억대농양성과정위탁교육	39,600	4	4	1	1	1	2	2	4
9969	경북 구미시	정월대보름민속문화제	35,000	4	6	1	7	7	1	1	1
9970	경북 구미시	제26회경상북도장애인체육대회참가	35,000	4	4	7	7	7	1	1	4
9971	경북 구미시	로드킬동물사체수집운반(대행)	32,100	4	4	4	2	7	1	1	1
9972	경북 구미시	창조농업인양성과정위탁교육	32,000	4	4	1	1	1	2	2	4
9973	경북 구미시	노사민정사무국운영	31,610	4	4	7	3	7	1	1	3
9974	경북 구미시	자활사례관리	31,477	4	2	5	8	7	5	5	1
9975	경북 구미시	구미시인구의날기념식	30,000	4	4	4	7	6	1	1	1
9976	경북 구미시	축제관광콘텐츠기획가양성교육	30,000	4	6	7	8	7	5	5	4
9977	경북 구미시	새마을알뜰벼룩장터운영	30,000	4	4	4	1	7	1	1	4
9978	경북 구미시	새마을의날행사	30,000	4	4	7	8	7	5	5	4
9979	경북 구미시	미혼남녀커플매칭프로젝트	30,000	4	6	1	1	1	1	1	2
9980	경북 구미시	농특산물금요직거래장터운영	28,000	4	4	7	8	7	5	5	4
9981	경북 구미시	안전보건관리체계구축컨설팅지원사업	25,000	4	4	7	8	7	5	5	4
9982	경북 구미시	자활활성화사업비지원	25,000	4	6	5	8	7	5	5	1
9983	경북 구미시	장애인체육가맹경기단체활성화	24,000	4	4	7	7	7	1	1	4
9984	경북 구미시	영아종일제등전담아이돌보미지원	24,000	4	1,4	7	8	7	1	1	2
9985	경북 구미시	구미팜농특산물쇼핑몰위탁운영	21,600	4	4	4	1	1	1	1	3
9986	경북 구미시	고령근로자건강증진프로그램운영	20,500	4	4	1	1	1	1	1	1
9987	경북 구미시	노사정네트워킹협력사업	20,000	4	4	1	1	1	1	1	1
9988	경북 구미시	2024구미시방문전지훈련팀지원	20,000	4	4	7	1	7	1	1	4
9989	경북 구미시	해양레저스포츠교육프로그램(체험교실)운영	20,000	4	7	4	7	7	1	1	1
9990	경북 구미시	학습도시지원사업	20,000	4	7	1	7	2	1	1	3
9991	경북 구미시	평생학습형일자리연계	17,000	4	7	4	7	1	1	1	3
9992	경북 구미시	여성취업인력육성사업	15,750	4	1	5	8	7	1	1	4
9993	경북 구미시	자녀돌봄품앗이	15,000	4	6	7	8	7	1	1	2
9994	경북 구미시	구미시도시재생대학	15,000	4	7	1	7	1	1	1	1
9995	경북 구미시	자연보호아카데미	15,000	4	4	7	8	7	5	5	4
9996	경북 구미시	전국통합자원봉사종합보험가입지원	14,942	4	2	5	1	7	1	1	4
9997	경북 구미시	주민참여예산제예산학교	13,500	4	1	4	7	7	1	1	2

순번	시군구	지출명 (사업명)	2024년예산 (단위 : 천원 /1년간)	민간이전 분류 (지방자치단체 세출예산 집행기준에 의거) 1. 민간경상사업보조(307-02) 2. 민간단체 법정운영비보조(307-03) 3. 민간행사사업보조(307-04) 4. 민간위탁금(307-05) 5. 사회복지시설 법정운영비보조(307-10) 6. 민간인위탁교육비(307-12) 7. 공기관등에대한경상적위탁사업비(308-13) 8. 민간자본사업보조,자체재원(402-01) 9. 민간자본사업보조,이전재원(402-02) 10. 민간위탁사업비(402-03) 11. 공기관등에 대한 자본적 위탁사업비(403-02)	민간이전지출 근거 (지방보조금 관리기준 참고) 1. 법률에 규정 2. 국고보조 재원(국가지정) 3. 용도 지정 기부금 4. 조례에 직접규정 5. 지자체가 권장하는 사업을 하는 공공기관 6. 시,도 정책 및 재정사정 7. 기타 8. 해당없음	입찰방식 계약체결방법 (경쟁형태) 1. 일반경쟁 2. 제한경쟁 3. 지명경쟁 4. 수의계약 5. 법정위탁 6. 기타 ( ) 7. 없음	입찰방식 계약기간 1. 1년 2. 2년 3. 3년 4. 4년 5. 5년 6. 기타 ( )년 7. 단기계약 (1년미만) 8. 없음	입찰방식 낙찰자선정방법 1. 적격심사 2. 협상에의한계약 3. 최저가낙찰제 4. 규격가격분리 5. 2단계 경쟁입찰 6. 기타 ( ) 7. 없음	운영예산 산정 운영예산 산정 1. 내부산정 (지자체 자체적으로 산정) 2. 외부산정 (외부전문기관위탁 산정) 3. 내·외부 모두 산정 4. 산정 無 5. 없음	운영예산 산정 정산방법 1. 내부정산 (지자체 내부적으로 정산) 2. 외부정산 (외부전문기관위탁 정산) 3. 내·외부 모두 산정 4. 정산 無 5. 없음	성과평가 실시여부 1. 실시 2. 미실시 3. 향후 추진 4. 해당없음
9998	경북 구미시	정신응급대응팀운영	12,932	4	1	4,5	5	7	5	1	1
9999	경북 구미시	국제화역량강화사업	12,000	4	4	7	8	7	3	3	1
10000	경북 구미시	선산시민대학운영	12,000	4	4	7	8	7	5	5	4
10001	경북 구미시	다문화가족방문지도사활동지원	10,800	4	6	7	8	7	1	1	2
10002	경북 구미시	금요직거래장터농특산물홍보	10,500	4	4	7	8	7	5	5	4
10003	경북 구미시	치유농업사양성과정위탁교육	10,500	4	4	7	8	7	5	5	4
10004	경북 구미시	지역노사민정협력활성화사업	10,000	4	4	7	7	7	1	1	3
10005	경북 구미시	관광홍보설명회개최	10,000	4	4	7	8	7	5	5	4
10006	경북 구미시	문화관광해설사역량강화교육	10,000	4	4	4	7	7	1	1	4
10007	경북 구미시	종목별장애인체육대회참가	10,000	4	4	7	1	7	1	1	4
10008	경북 구미시	장애인우수선수육성지원	10,000	4	4	7	1	7	1	1	4
10009	경북 구미시	제11회구미시장애인생활체육대회개최	10,000	4	4	7	7	7	1	1	4
10010	경북 구미시	취약계층안전교육	10,000	4	4	7	8	7	5	5	4
10011	경북 구미시	어린이교통안전체험장운영	10,000	4	4	7	8	7	5	5	4
10012	경북 구미시	어린이안전인형극	10,000	4	4	7	8	7	5	5	4
10013	경북 구미시	맞춤형자원봉사프로그램운영지원	9,390	4	4	5	7	7	1	1	4
10014	경북 구미시	청년고민상담소운영	8,000	4	1	4,5	5	7	5	1	1
10015	경북 구미시	자살예방환경조성	7,000	4	1	4,5	5	7	5	1	1
10016	경북 구미시	지역특화평생교육활성화	7,000	4	7	1	7	2	1	1	3
10017	경북 구미시	작은행복나눔장터	6,000	4	7	1	4	1	1	1	4
10018	경북 구미시	구미시노래연습장업자정기교육	5,000	4	1	4	1	6	1	1	4
10019	경북 구미시	옥외광고사업종사자교육	5,000	4	1	7	1	1	1	1	4
10020	경북 구미시	싱싱장터농특산물홍보	5,000	4	4	7	8	7	5	5	4
10021	경북 구미시	농업인단체구미농특산물홍보	5,000	4	4	7	8	7	5	5	4
10022	경북 구미시	새일센터종사자처우개선비	2,760	4	1	5	8	7	1	1	4
10023	경북 상주시	장애인활동지원급여(바우처)	4,641,933	4	1	7	8	7	5	5	4
10024	경북 상주시	생활폐기물소각시설운영위탁	4,503,000	4	4	7	8	7	5	5	4
10025	경북 상주시	농작물재해보험료지원	4,467,046	4	6	7	8	7	5	5	4
10026	경북 상주시	가축분뇨공공처리및자원화시설운영	2,932,840	4	4	2	5	2	2	1	1
10027	경북 상주시	자활근로사업(지역자활센터)	1,728,168	4	2	7	8	7	1	1	4
10028	경북 상주시	생활폐기물처리위탁	1,440,000	4	4	2	3	2	2	1	2
10029	경북 상주시	상주시청실업팀운영	1,295,000	4	1	7	8	7	1	1	4
10030	경북 상주시	공공산후조리원운영비지원	1,000,000	4	1	7	3	1	5	1	1
10031	경북 상주시	특별교통수단운영위탁	728,000	4	4	6	3	1	1	1	1
10032	경북 상주시	국민체육센터지도자	595,555	4	4	5	1	7	1	1	2
10033	경북 상주시	정신건강복지센터인력확충위탁	576,640	4	2	1	5	1	5	1	1
10034	경북 상주시	육아종합지원센터운영위탁	540,000	4	1	5	5	7	1	1	4
10035	경북 상주시	주민주도형마을리빙랩운영	500,000	4	7	1	2	1	2	2	1
10036	경북 상주시	지역사회서비스투자사업	484,503	4	1	7	1	7	5	1	1
10037	경북 상주시	경로식당무료급식	361,920	4	1	7	1	7	1	1	2

순번	시군구	지출명 (사업명)	2024년예산 (단위 : 천원 /1년간)	민간이전 분류 (지방자치단체 세출예산 집행기준에 의거) 1. 민간경상사업보조(307-02) 2. 민간단체 법정운영비보조(307-03) 3. 민간행사사업보조(307-04) 4. 민간위탁금(307-05) 5. 사회복지시설 법정운영비보조(307-10) 6. 민간인위탁교육비(307-12) 7. 공기관등에대한경상적위탁사업비(308-13) 8. 민간자본사업보조,자체재원(402-01) 9. 민간자본사업보조,이전재원(402-02) 10. 민간위탁사업비(402-03) 11. 공기관등에 대한 자본적 위탁사업비(403-02)	민간이전지출 근거 (지방보조금 관리기준 참고) 1. 법률에 규정 2. 국고보조 재원(국가지정) 3. 용도 지정 기부금 4. 조례에 직접규정 5. 지자체가 권장하는 사업을 하는 공공기관 6. 시,도 정책 및 재정사정 7. 기타 8. 해당없음	입찰방식: 계약체결방법 (경쟁형태) 1. 일반경쟁 2. 제한경쟁 3. 지명경쟁 4. 수의계약 5. 법정위탁 6. 기타 ( ) 7. 없음	입찰방식: 계약기간 1. 1년 2. 2년 3. 3년 4. 4년 5. 5년 6. 기타 ( )년 7. 단기계약 (1년미만) 8. 없음	입찰방식: 낙찰자선정방법 1. 적격심사 2. 협상에의한계약 3. 최저가낙찰제 4. 규격가격분리 5. 2단계 경쟁입찰 6. 기타 ( ) 7. 없음	운영예산 산정: 운영예산 산정 1. 내부산정 (지자체 자체적으로 산정) 2. 외부산정 (외부전문기관위탁 산정) 3. 내·외부 모두 산정 4. 산정 無 5. 없음	운영예산 산정: 정산방법 1. 내부정산 (지자체 내부적으로 정산) 2. 외부정산 (외부전문기관위탁 정산) 3. 내·외부 모두 산정 4. 정산 無 5. 없음	성과평가 실시여부 1. 실시 2. 미실시 3. 향후 추진 4. 해당없음
10038	경북 상주시	도시재생지원센터운영위탁	360,000	4	4	4	1	2	2	2	1
10039	경북 상주시	어린이사회복지급식관리지원센터운영위탁	350,000	4	1	6	5	6	5	2	1
10040	경북 상주시	노인맞춤돌봄서비스사업수행인력교통비지원	347,400	4	4	1	1	6	1	1	4
10041	경북 상주시	장애인복지일자리사업	345,510	4	1	7	1	7	1	1	4
10042	경북 상주시	발달장애인주간활동서비스지원	341,558	4	4	5	5	1	1	1	3
10043	경북 상주시	치매치료관리비지원사업위탁(전환)	320,000	4	2	5	2	7	2	2	4
10044	경북 상주시	산모신생아건강관리지원사업위탁(전환)	315,800	4	1	5	8	7	5	2	4
10045	경북 상주시	상주시청직장어린이집운영	310,000	4	6	1	5	6	1	1	3
10046	경북 상주시	여성농업인행복바우처지원위탁	300,024	4	6	7	8	7	5	5	4
10047	경북 상주시	희귀질환자의료비지원사업위탁	300,000	4	1	5	6	7	1	2	2
10048	경북 상주시	장애아동발달재활서비스	290,919	4	1	7	8	7	5	5	4
10049	경북 상주시	농업인안전보험료지원	285,567	4	6	7	8	7	5	5	4
10050	경북 상주시	정신재활시설운영위탁	273,289	4	6	7	8	7	5	1	4
10051	경북 상주시	거동불편재가노인식사배달	270,100	4	1	7	1	7	1	1	2
10052	경북 상주시	대형폐기물(폐가구류등)처리위탁	268,800	4	4	2	1	5	1	1	2
10053	경북 상주시	국가암조기검진사업위탁	249,700	4	1	5	8	7	5	3	1
10054	경북 상주시	독거노인장애인응급안전안심서비스운영지원	235,733	4	4	7	8	7	1	1	4
10055	경북 상주시	농기계종합보험료지원	216,667	4	6	7	8	7	5	5	4
10056	경북 상주시	유청소년승마교육센터실내외청소용역	213,600	4	4	2	1	1	1	1	1
10057	경북 상주시	이안면두지역살기운영위탁	200,000	4	4	7	8	7	5	5	4
10058	경북 상주시	청사청소용역	185,600	4	4	2	1	3	1	1	2
10059	경북 상주시	도시재생뉴딜사업(중심시가지형)S/W사업	180,000	4	4	4	6	7	5	1	1
10060	경북 상주시	상주서울농장운영위탁	150,000	4	4	7	8	7	1	1	4
10061	경북 상주시	마을돌봄터인건비지원	146,544	4	1,2	1	5	7	5	5	4
10062	경북 상주시	청리일반산업단지공공폐수처리장위탁	142,500	4	4	1	5	6	2	1	1
10063	경북 상주시	청사청소용역	139,200	4	1	2	1	3	1	1	1
10064	경북 상주시	마을돌봄터활성화지원	136,005	4	1	1	5	7	5	5	4
10065	경북 상주시	쓰레기종량제봉투판매위탁수수료	135,000	4	4	7	8	7	1	1	2
10066	경북 상주시	농촌보육정보센터운영위탁	130,000	4	6	7	8	7	5	5	4
10067	경북 상주시	장난감도서관운영	120,000	4	6	7	8	7	1	1	4
10068	경북 상주시	의회청사(보건소)청소용역	117,300	4	4	2	1	1	1	1	4
10069	경북 상주시	발달장애인방과후활동서비스지원	116,373	4	4	5	5	1	1	1	3
10070	경북 상주시	배수펌프장운영위탁	100,000	4	8	5	1	1	1	5	4
10071	경북 상주시	방역소독민간위탁	98,000	4	7	1	1	6	2	1	4
10072	경북 상주시	국민체육센터운영요원	96,892	4	4	5	1	7	1	1	2
10073	경북 상주시	청사청소용역(평생학습원으로예산이체)	92,800	4	4	2	1	3	1	1	4
10074	경북 상주시	청사청소용역	92,800	4	4	1	1	3	1	1	4
10075	경북 상주시	자전거박물관청소용역	92,800	4	4	1	1	1	1	1	4
10076	경북 상주시	오폐수처리장위탁관리	90,000	4	8	1	5	5	2	1	1
10077	경북 상주시	속리산둘레길운영관리민간위탁	86,000	4	1	7	8	7	5	5	4

순번	시군구	지출명 (사업명)	2024년예산 (단위 : 천원 /1년간)	민간이전 분류 (지방자치단체 세출예산 집행기준에 의거)	민간이전지출 근거 (지방보조금 관리기준 참고)	입찰방식			운영예산 산정		성과평가 실시여부
				1. 민간경상사업보조(307-02) 2. 민간단체 법정운영비보조(307-03) 3. 민간행사사업보조(307-04) 4. 민간위탁금(307-05) 5. 사회복지시설 법정운영비보조(307-10) 6. 민간인위탁교육비(307-12) 7. 공기관등에대한경상적위탁사업비(308-13) 8. 민간자본사업보조,자체재원(402-01) 9. 민간자본사업보조,이전재원(402-02) 10. 민간위탁사업비(402-03) 11. 공기관등에 대한 자본적 위탁사업비(403-02)	1. 법률에 규정 2. 국고보조 재원(국가지정) 3. 용도 지정 기부금 4. 조례에 직접규정 5. 지자체가 권장하는 사업을 하는 공공기관 6. 시,도 정책 및 재정사정 7. 기타 8. 해당없음	계약체결방법 (경쟁형태) 1. 일반경쟁 2. 제한경쟁 3. 지명경쟁 4. 수의계약 5. 법정위탁 6. 기타 ( ) 7. 없음	계약기간 1. 1년 2. 2년 3. 3년 4. 4년 5. 5년 6. 기타 ( )년 7. 단기계약 (1년미만) 8. 없음	낙찰자선정방법 1. 적격심사 2. 협상에의한계약 3. 최저가낙찰제 4. 규격가격분리 5. 2단계 경쟁입찰 6. 기타 ( ) 7. 없음	운영예산 산정 1. 내부산정 (지자체 자체적으로 산정) 2. 외부산정 (외부전문기관위탁 산정) 3. 내·외부 모두 산정 4. 산정 無 5. 없음	정산방법 1. 내부정산 (지자체 내부적으로 정산) 2. 외부정산 (외부전문기관위탁 정산) 3. 내·외부 모두 산정 4. 정산 無 5. 없음	1. 실시 2. 미실시 3. 향후 추진 4. 해당없음
10078	경북 상주시	일상돌봄서비스사업	85,709	4	1	7	1	7	5	1	1
10079	경북 상주시	생애최초청년창업희망키움사업위탁	84,105	4	2	7	8	7	5	1	4
10080	경북 상주시	낙동강어린이수상안전교육장운영비	83,000	4	7	7	8	7	1	1	4
10081	경북 상주시	하이스토리경북특화관광프로그램운영	83,000	4	6	7	8	7	5	5	4
10082	경북 상주시	레벨업청년창업자육성지원사업(2기)위탁	82,364	4	2	7	8	7	5	1	4
10083	경북 상주시	낙동강수상버스프로그램운영	80,000	4	1	4	3	2	1	1	3
10084	경북 상주시	낙동강문학관운영위탁	77,000	4	1	4	3	2	1	1	3
10085	경북 상주시	자살예방사업인력확충위탁	74,072	4	2	1	5	1	5	1	1
10086	경북 상주시	상주보해양레저스포츠프로그램운영(전환)	70,000	4	1	4	7	7	1	1	3
10087	경북 상주시	낙단보해양레저스포츠프로그램운영(전환)	70,000	4	1	4	7	7	1	1	3
10088	경북 상주시	지역사회건강조사위탁	67,750	4	1	5	6	7	1	2	2
10089	경북 상주시	사회복지관사례관리사운영	67,200	4	1	7	1	7	5	1	3
10090	경북 상주시	자원봉사센터코디네이터지원	66,382	4	1	7	1	7	5	1	3
10091	경북 상주시	통합정신건강증진사업위탁	65,000	4	2	1	5	1	5	1	1
10092	경북 상주시	아동청소년정신건강증진사업위탁	60,000	4	2	1	5	1	5	1	1
10093	경북 상주시	중증장애인활동보조가산급여	59,390	4	4	7	8	7	5	5	4
10094	경북 상주시	숲해설위탁운영	58,668	4	1	7	8	7	5	5	4
10095	경북 상주시	가사간병방문지원사업	53,336	4	1	7	8	7	5	5	1
10096	경북 상주시	한센간이양로주택운영위탁	51,856	4	2	5	1	7	3	1	2
10097	경북 상주시	정신건강복지센터운영위탁	51,100	4	2	1	5	1	5	1	1
10098	경북 상주시	백두대간생태교육장운영위탁	50,000	4	4	7	8	7	5	5	4
10099	경북 상주시	정신건강증진사업운영위탁	50,000	4	6	1	5	1	1	1	1
10100	경북 상주시	발굴조사현장인부용역(보통인부)	49,900	4	7	7	8	7	5	5	4
10101	경북 상주시	국민체육센터청소용역	48,500	4	4	1	1	3	1	1	2
10102	경북 상주시	문화회관청소용역	46,400	4	8	4	1	5	1	1	4
10103	경북 상주시	승천원청소용역	46,400	4	6	1	1	3	1	1	4
10104	경북 상주시	청사청소용역	46,400	4	4	2	1	3	1	1	4
10105	경북 상주시	청사청소용역(청소련수련관청소용역,아이여성행복과로이체)	46,400	4	4	2	1	3	1	1	4
10106	경북 상주시	장애인활동보조지원	39,245	4	1	7	8	7	5	5	4
10107	경북 상주시	장애인주택개조사업	38,000	4	2	7	1	7	3	3	1
10108	경북 상주시	함창보건지소및찜질방청소용역	37,700	4	4	2	1	3	1	1	4
10109	경북 상주시	거점소독시설및통제초소운영위탁	35,000	4	1	7	8	7	1	1	3
10110	경북 상주시	자살예방및정신건강증진사업위탁	32,682	4	2	1	5	1	5	1	1
10111	경북 상주시	위험성평가업무위탁	30,000	4	1	4	7	7	1	1	4
10112	경북 상주시	육아종합지원센터운영(전환)	30,000	4	6	5	5	7	1	1	4
10113	경북 상주시	범시민나무심기행사위탁	30,000	4	1	7	8	7	5	5	4
10114	경북 상주시	치매치료약제비지원사업운영위탁	30,000	4	2	5	2	7	1	1	4
10115	경북 상주시	국제교류협력사업활성화프로그램운영위탁	25,000	4	4	7	8	7	5	5	4
10116	경북 상주시	자활활성화사업비지원	25,000	4	2	7	8	7	1	1	4
10117	경북 상주시	폐타이어및폐매트리스처리위탁	25,000	4	4	7	8	7	5	5	4

순번	시군구	지출명 (사업명)	2024년예산 (단위 : 천원 /1년간)	민간이전 분류 (지방자치단체 세출예산 집행기준에 의거) 1. 민간경상사업보조(307-02) 2. 민간단체 법정운영비보조(307-03) 3. 민간행사사업보조(307-04) 4. 민간위탁금(307-05) 5. 사회복지시설 법정운영비보조(307-10) 6. 민간인위탁교육비(307-12) 7. 공기관등에대한경상적위탁사업비(308-13) 8. 민간자본사업보조,자체재원(402-01) 9. 민간자본사업보조,이전재원(402-02) 10. 민간위탁사업비(402-03) 11. 공기관등에 대한 자본적 위탁사업비(403-02)	민간이전지출 근거 (지방보조금 관리기준 참고) 1. 법률에 규정 2. 국고보조 재원(국가지정) 3. 용도 지정 기부금 4. 조례에 직접규정 5. 지자체가 권장하는 사업을 하는 공공기관 6. 시,도 정책 및 재정사정 7. 기타 8. 해당없음	입찰방식: 계약체결방법 (경쟁형태) 1. 일반경쟁 2. 제한경쟁 3. 지명경쟁 4. 수의계약 5. 법정위탁 6. 기타 ( ) 7. 없음	입찰방식: 계약기간 1. 1년 2. 2년 3. 3년 4. 4년 5. 5년 6. 기타 ( )년 7. 단기계약 (1년미만) 8. 없음	입찰방식: 낙찰자선정방법 1. 적격심사 2. 협상에의한계약 3. 최저가낙찰제 4. 규격가격분리 5. 2단계 경쟁입찰 6. 기타 ( ) 7. 없음	운영예산 산정: 운영예산 산정 1. 내부산정 (지자체 자체적으로 산정) 2. 외부산정 (외부전문기관위탁 산정) 3. 내·외부 모두 산정 4. 산정 無 5. 없음	운영예산 산정: 정산방법 1. 내부정산 (지자체 내부적으로 정산) 2. 외부정산 (외부전문기관위탁 정산) 3. 내·외부 모두 산정 4. 정산 無 5. 없음	성과평가 실시여부 1. 실시 2. 미실시 3. 향후 추진 4. 해당없음
10118	경북 상주시	마을돌봄터운영비지원	24,000	4	1,2	1	5	7	5	5	4
10119	경북 상주시	민간분야노인일자리사업개발비지원	24,000	4	1	7	8	7	1	1	4
10120	경북 상주시	SNS홍보활성화운영위탁	22,000	4	4	7	8	7	5	5	4
10121	경북 상주시	산업안전관리업무위탁	22,000	4	1	4	7	7	1	1	4
10122	경북 상주시	산업보건관리업무위탁	22,000	4	1	4	7	7	1	1	4
10123	경북 상주시	경천섬공중화장실청소용역	22,000	4	8	7	8	7	1	1	4
10124	경북 상주시	버스승강장청소용역	22,000	4	7	4	1	7	1	1	2
10125	경북 상주시	국가하천친수시설화장실유지관리위탁	21,600	4	8	4	1	7	1	1	4
10126	경북 상주시	도시공원공중화장실청소용역	21,600	4	4	7	4	7	5	1	1
10127	경북 상주시	어린이놀이시설청소및유지관리용역	21,600	4	4	7	4	7	5	1	1
10128	경북 상주시	여름철성수기물놀이장의료지원	21,000	4	1	7	8	7	5	5	4
10129	경북 상주시	폐반사필름처리위탁	19,800	4	4	7	8	7	5	5	4
10130	경북 상주시	전통향토음식전문강사양성아카데미	19,500	4	1	7	8	7	5	5	4
10131	경북 상주시	병성천파크골프장화장실청소용역	16,416	4	4	4	1	7	1	1	4
10132	경북 상주시	북천산책로공중화장실청소용역	15,600	4	8	4	8	7	1	1	4
10133	경북 상주시	주민참여예산학교운영위탁(주민참여예산)	15,000	4	4	7	8	7	5	5	4
10134	경북 상주시	한센병관리위탁	13,086	4	1	5	1	7	3	1	2
10135	경북 상주시	기초푸드뱅크운영	12,000	4	1	7	1	7	5	1	3
10136	경북 상주시	발달장애인부모상담지원	11,513	4	1	7	8	7	5	5	4
10137	경북 상주시	유림회관시설운영위탁	10,000	4	5	7	8	7	1	1	1
10138	경북 상주시	HACCP인증유지보수컨설팅	10,000	4	1	7	8	7	5	5	4
10139	경북 상주시	음식물류폐기물종량제납부칩판매위탁수수료	9,000	4	4	7	8	7	1	1	2
10140	경북 상주시	자전거등록업무위탁	9,000	4	1	4	1	7	1	1	2
10141	경북 상주시	청년고민상담소운영위탁	8,000	4	6	1	5	1	5	1	1
10142	경북 상주시	함창유림회관운영위탁	7,000	4	5	7	8	7	1	1	1
10143	경북 상주시	야생동물진료센터운영위탁	6,000	4	1	7	1	7	1	1	2
10144	경북 상주시	독거노인응급안전안심서비스사업응급관리요원교통비지원	5,400	4	4	7	8	7	1	1	4
10145	경북 상주시	중학생결핵환자발견조기검진위탁	5,091	4	6	5	1	7	3	5	2
10146	경북 상주시	담배소매인신청현지실사대행사업	5,000	4	4	6	3	7	1	1	1
10147	경북 상주시	자살예방사업운영위탁	5,000	4	6	1	5	1	1	1	1
10148	경북 상주시	청년마음건강지원사업	4,498	4	1	7	1	7	5	1	1
10149	경북 상주시	충서당운영위탁	4,000	4	5	7	8	7	1	1	1
10150	경북 상주시	응급실기반자살시도자관리위탁	4,000	4	2	1	5	1	5	1	1
10151	경북 상주시	자원봉사센터자원봉사자보험료지원	3,602	4	1	6	1	1	5	1	3
10152	경북 상주시	영유아건강검진사업위탁	1,437	4	1	5	8	7	5	2	4
10153	경북 상주시	언어발달지원서비스	1,320	4	6	7	8	7	1	1	3
10154	경북 상주시	청소년산모의료비지원사업위탁	1,000	4	1	5	8	7	5	2	4
10155	경북 상주시	마을돌봄터종사자복지포인트지원	400	4	1	7	8	7	5	5	4
10156	경북 문경시	문경시니어클럽위탁운영	9,527,812	4	1	1	1	1	4	1	1
10157	경북 문경시	농작물재해보험료지원	3,618,182	4	2	7	8	7	5	5	4

순번	시군구	지출명 (사업명)	2024년예산 (단위 : 천원 /1년간)	민간이전 분류 (지방자치단체 세출예산 집행기준에 의거) 1. 민간경상사업보조(307-02) 2. 민간단체 법정운영비보조(307-03) 3. 민간행사사업보조(307-04) 4. 민간위탁금(307-05) 5. 사회복지시설 법정운영비보조(307-10) 6. 민간인위탁교육비(307-12) 7. 공기관등에대한경상적위탁사업비(308-13) 8. 민간자본사업보조,자체재원(402-01) 9. 민간자본사업보조,이전재원(402-02) 10. 민간위탁사업비(402-03) 11. 공기관등에 대한 자본적 위탁사업비(403-02)	민간이전지출 근거 (지방보조금 관리기준 참고) 1. 법률에 규정 2. 국고보조 재원(국가지정) 3. 용도 지정 기부금 4. 조례에 직접규정 5. 지자체가 권장하는 사업을 하는 공공기관 6. 시,도 정책 및 재정사정 7. 기타 8. 해당없음	입찰방식			운영예산 산정		성과평가 실시여부
						계약체결방법 (경쟁형태) 1. 일반경쟁 2. 제한경쟁 3. 지명경쟁 4. 수의계약 5. 법정위탁 6. 기타 ( ) 7. 없음	계약기간 1. 1년 2. 2년 3. 3년 4. 4년 5. 5년 6. 기타 ( )년 7. 단기계약 (1년미만) 8. 없음	낙찰자선정방법 1. 적격심사 2. 협상에의한계약 3. 최저가낙찰제 4. 규격가격분리 5. 2단계 경쟁입찰 6. 기타 ( ) 7. 없음	운영예산 산정 1. 내부산정 (지자체 자체적으로 산정) 2. 외부산정 (외부전문기관위탁 산정) 3. 내·외부 모두 산정 4. 산정 無 5. 없음	정산방법 1. 내부정산 (지자체 내부적으로 정산) 2. 외부정산 (외부전문기관위탁 정산) 3. 내·외부 모두 산정 4. 정산 無 5. 없음	1. 실시 2. 미실시 3. 향후 추진 4. 해당없음
10158	경북 문경시	생활폐기물수집운반및가로청소대행	3,170,018	4	1	1	2	1	2	1	1
10159	경북 문경시	경로당깔끄미사업단	1,756,890	4	1	1	1	1	4	1	1
10160	경북 문경시	자활근로사업	1,374,952	4	2	5	1	7	1	1	1
10161	경북 문경시	건강가정및다문화가족지원센터통합서비스지원	1,035,460	4	1	7	8	7	5	1	4
10162	경북 문경시	음식물쓰레기수집운반비	720,000	4	1	1	2	3	2	1	2
10163	경북 문경시	[국비]첫만남이용권지원	622,000	4	2	5	8	7	5	3	4
10164	경북 문경시	문경시육아종합지원센터운영	555,220	4	1	7	7	7	1	1	4
10165	경북 문경시	[기금]정신건강복지센터인력지원	540,600	4	2	2	3	1	5	5	4
10166	경북 문경시	문경시종합사회복지관운영	528,000	4	4	7	8	7	1	1	4
10167	경북 문경시	흥덕종합사회복지관운영	421,000	4	4	7	8	7	1	1	4
10168	경북 문경시	생활폐기물소각처리비	408,240	4	7	5	6	2	4	4	2
10169	경북 문경시	교통약자특별교통수단운영	390,000	4	4	2	3	1	1	1	1
10170	경북 문경시	가연성생활폐기물맑은누리파크운반대행	360,000	4	1	4	2	1	2	1	2
10171	경북 문경시	세계유교문화축전지원	350,000	4	4	7	8	7	5	5	4
10172	경북 문경시	장애인일자리지원(복지일자리)	276,408	4	1	7	7	7	5	1	4
10173	경북 문경시	장애인일자리지원(복지일자리)	269,498	4	1	7	7	7	5	1	4
10174	경북 문경시	다문화가족특성화사업	268,979	4	1	7	8	7	5	1	4
10175	경북 문경시	문경문화원운영지원	259,490	4	1	7	8	7	1	1	1
10176	경북 문경시	경제기반형도시재생현장지원센터운영	255,000	4	2	1	3	1	1	3	1
10177	경북 문경시	자원봉사센터운영지원	252,000	4	4	7	1	7	1	1	4
10178	경북 문경시	박열기념관운영	218,000	4	7	2	5	1	1	1	1
10179	경북 문경시	도시재생기초지원센터운영	217,000	4	2	1	3	1	1	1	1
10180	경북 문경시	운강이강년기념관운영	190,000	4	7	2	2	1	1	1	1
10181	경북 문경시	[도비]산모신생아건강관리지원사업	189,100	4	2	5	8	7	5	3	4
10182	경북 문경시	[국비]저소득층기저귀조제분유지원	150,700	4	2	5	8	7	5	3	4
10183	경북 문경시	중심시가지형도시재생현장지원센터운영	144,000	4	2	1	3	1	1	3	1
10184	경북 문경시	여성농업인행복바우처지원	144,000	4	1	7	8	7	5	5	4
10185	경북 문경시	농업인안전보험료지원	136,250	4	2	7	8	7	5	5	4
10186	경북 문경시	장난감도서관운영	120,000	4	1	7	7	7	1	1	4
10187	경북 문경시	농기계종합보험료지원	112,500	4	2	7	8	7	5	5	4
10188	경북 문경시	마을돌봄터인건비지원	103,576	4	2	7	8	7	5	1	4
10189	경북 문경시	[기금]통합정신건강증진사업	100,400	4	2	2	3	1	5	5	4
10190	경북 문경시	2023문경문화제	100,000	4	4	7	8	7	1	1	1
10191	경북 문경시	공중화장실관리민간위탁대행	100,000	4	4	1	2	3	2	1	2
10192	경북 문경시	공중화장실관리민간위탁대행	100,000	4	4	1	2	3	2	1	2
10193	경북 문경시	도시재생뉴딜사업(중심시가지형)	100,000	4	2	1	3	1	1	3	1
10194	경북 문경시	공립요양병원치매환자지원프로그램운영	100,000	4	2	7	8	7	5	1	1
10195	경북 문경시	[기금]지역사회건강조사	68,020	4	2	7	8	7	3	3	4
10196	경북 문경시	마을돌봄터운영지원	63,408	4	6	7	8	7	5	1	4
10197	경북 문경시	장애인스포츠강좌이용권지원	52,800	4	2	5	8	7	3	2	1

순번	시군구	지출명 (사업명)	2024년예산 (단위 : 천원 /1년간)	민간이전 분류 (지방자치단체 세출예산 집행기준에 의거) 1. 민간경상사업보조(307-02) 2. 민간단체 법정운영비보조(307-03) 3. 민간행사사업보조(307-04) 4. 민간위탁금(307-05) 5. 사회복지시설 법정운영비보조(307-10) 6. 민간인위탁교육비(307-12) 7. 공기관등에대한경상적위탁사업비(308-13) 8. 민간자본사업보조,자체재원(402-01) 9. 민간자본사업보조,이전재원(402-02) 10. 민간위탁사업비(402-03) 11. 공기관등에 대한 자본적 위탁사업비(403-02)	민간이전지출 근거 (지방보조금 관리기준 참고) 1. 법률에 규정 2. 국고보조 재원(국가지정) 3. 용도 지정 기부금 4. 조례에 직접규정 5. 지자체가 권장하는 사업을 하는 공공기관 6. 시,도 정책 및 재정사정 7. 기타 8. 해당없음	입찰방식 계약체결방법 (경쟁형태) 1. 일반경쟁 2. 제한경쟁 3. 지명경쟁 4. 수의계약 5. 법정위탁 6. 기타 ( ) 7. 없음	입찰방식 계약기간 1. 1년 2. 2년 3. 3년 4. 4년 5. 5년 6. 기타 ( )년 7. 단기계약 (1년미만) 8. 없음	입찰방식 낙찰자선정방법 1. 적격심사 2. 협상에의한계약 3. 최저가낙찰제 4. 규격가격분리 5. 2단계 경쟁입찰 6. 기타 ( ) 7. 없음	운영예산 산정 운영예산 산정 1. 내부산정 (지자체 자체적으로 산정) 2. 외부산정 (외부전문기관위탁 산정) 3. 내·외부 모두 산정 4. 산정 無 5. 없음	운영예산 산정 정산방법 1. 내부정산 (지자체 내부적으로 정산) 2. 외부정산 (외부전문기관위탁 정산) 3. 내·외부 모두 산정 4. 정산 無 5. 없음	성과평가 실시여부 1. 실시 2. 미실시 3. 향후 추진 4. 해당없음
10198	경북 문경시	[기금]정신건강복지센터운영	51,100	4	2	2	3	1	5	5	4
10199	경북 문경시	한센간이양로주택운영지원	48,133	4	2	7	8	7	5	1	2
10200	경북 문경시	[기금]자살예방사업인력지원	37,036	4	2	2	3	1	5	5	4
10201	경북 문경시	문경읍영화상영등프로그램운영	36,000	4	4	1	3	1	1	1	1
10202	경북 문경시	[기금]자살예방및정신건강증진사업	32,682	4	2	2	3	1	5	5	4
10203	경북 문경시	다문화가족지역맞춤형학습및프로그램지원	30,000	4	1	7	8	7	5	1	4
10204	경북 문경시	챗골새뜰마루프로그램운영	30,000	4	4	1	3	1	1	1	1
10205	경북 문경시	지방육아종합지원센터운영	28,000	4	1	7	7	7	1	1	4
10206	경북 문경시	[도비]정신건강및중독관리통합센터종사자수당	25,200	4	2	2	3	1	5	5	4
10207	경북 문경시	문경무형문화재전수관운영	23,000	4	6	5	3	6	1	1	1
10208	경북 문경시	마을돌봄터운영비지원	16,000	4	2	7	8	7	5	1	4
10209	경북 문경시	한센관리사업운영위탁비	13,675	4	4	7	8	7	5	1	2
10210	경북 문경시	[도비]청년고민상담소운영	4,000	4	2	2	3	1	5	5	4
10211	경북 문경시	[도비]자살예방환경조성사업	3,200	4	2	2	3	1	5	5	4
10212	경북 문경시	의료관련감염병감시체계운영지원	2,160	4	2	7	8	7	5	1	1
10213	경북 문경시	[기금]청소년산모의료비지원	1,000	4	2	5	8	7	5	3	4
10214	경북 경산시	2024년생활폐기물수집운반대행용역	13,534,825	4	1	1	1	1	2	1	3
10215	경북 경산시	(국비보조)아이돌봄수당	5,658,440	4	1	5	3	1	4	1	1
10216	경북 경산시	생활폐기물	4,763,791	4	4	6	6	6	5	5	4
10217	경북 경산시	2024년음식물류폐기물처리대행용역	4,114,064	4	1	1	1	1	3	1	4
10218	경북 경산시	경북경산지역자활센터자활근로사업	2,988,124	4	2	3	1	1	1	1	1
10219	경북 경산시	경산일반산업단지공공시설물위탁관리	2,974,752	4	7	5	1	7	1	2	3
10220	경북 경산시	경산공공하수처리시설고도처리시설민간투자사업	2,400,000	4	4	6	6	2	3	1	1
10221	경북 경산시	분뇨및가축분뇨공공처리시설운영비	2,200,000	4	1,4	2	5	2	2	5	1
10222	경북 경산시	경산공공하수처리시설증설민간투자사업	2,000,000	4	4	2	5	2	2	5	1
10223	경북 경산시	아이돌봄부모부담금경감	1,987,960	4	4	6	6	2	3	1	1
10224	경북 경산시	특별교통수단(교통약자콜택시)운영	1,542,914	4	4	5	3	1	4	1	1
10225	경북 경산시	장애인종합복지관운영	1,337,425	4	4	1	3	1	1	1	2
10226	경북 경산시	(국비보조)건강가정다문화가족지원센터통합서비스지원	1,034,130	4	1	5	5	1	1	1	1
10227	경북 경산시	삽살개육종연구소운영지원	899,505	4	1	5	5	1	4	1	1
10228	경북 경산시	—재활용품	774,333	4	4	5	5	7	1	1	1
10229	경북 경산시	노인종합복지관인건비	740,525	4	4	6	6	6	5	5	4
10230	경북 경산시	정신건강복지센터인력확충	684,760	4	1	1	5	1	1	1	1
10231	경북 경산시	자원봉사센터운영지원	663,212	4	2	1	5	1	3	1	1
10232	경북 경산시	어르신종합복지관인건비	631,046	4	1	7	8	7	1	1	2
10233	경북 경산시	백천종합사회복지관운영지원	600,000	4	1	1	5	1	1	1	1
10234	경북 경산시	재활용선별장반입대형폐기물위탁처리비	580,800	4	4	5	5	1	3	1	1
10235	경북 경산시	동의한방촌관리운영지원	401,771	4	4	7	8	7	5	5	4
10236	경북 경산시	시니어클럽운영지원	380,000	4	4	7	8	7	5	5	3
10237	경북 경산시	직장어린이집운영	320,000	4	1	5	5	6	5	1	1

순번	시군구	지출명 (사업명)	2024년예산 (단위 : 천원 /1년간)	민간이전 분류 (지방자치단체 세출예산 집행기준에 의거) 1. 민간경상사업보조(307-02) 2. 민간단체 법정운영비보조(307-03) 3. 민간행사사업보조(307-04) 4. 민간위탁금(307-05) 5. 사회복지시설 법정운영비보조(307-10) 6. 민간인위탁교육비(307-12) 7. 공기관등에대한경상적위탁사업비(308-13) 8. 민간자본사업보조,자체재원(402-01) 9. 민간자본사업보조,이전재원(402-02) 10. 민간위탁사업비(402-03) 11. 공기관등에 대한 자본적 위탁사업비(403-02)	민간이전지출 근거 (지방보조금 관리기준 참고) 1. 법률에 규정 2. 국고보조 재원(국가지정) 3. 용도 지정 기부금 4. 조례에 직접규정 5. 지자체가 권장하는 사업을 하는 공공기관 6. 시,도 정책 및 재정사정 7. 기타 8. 해당없음	입찰방식 계약체결방법 (경쟁형태) 1. 일반경쟁 2. 제한경쟁 3. 지명경쟁 4. 수의계약 5. 법정위탁 6. 기타 ( ) 7. 없음	입찰방식 계약기간 1. 1년 2. 2년 3. 3년 4. 4년 5. 5년 6. 기타 ( )년 7. 단기계약 (1년미만) 8. 없음	입찰방식 낙찰자선정방법 1. 적격심사 2. 협상에의한계약 3. 최저가낙찰제 4. 규격가격분리 5. 2단계 경쟁입찰 6. 기타 ( ) 7. 없음	운영예산 산정 운영예산 산정 1. 내부산정 (지자체 자체적으로 산정) 2. 외부산정 (외부전문기관위탁 산정) 3. 내·외부 모두 산정 4. 산정 無 5. 없음	운영예산 산정 정산방법 1. 내부정산 (지자체 내부적으로 정산) 2. 외부정산 (외부전문기관위탁 정산) 3. 내·외부 모두 산정 4. 정산 無 5. 없음	성과평가 실시여부 1. 실시 2. 미실시 3. 향후 추진 4. 해당없음
10238	경북 경산시	유기동물보호소운영	312,500	4	1	1	2	1	1	1	3
10239	경북 경산시	재활용선별장추가재활용시설운영용역	310,000	4	4	4	1	7	1	1	4
10240	경북 경산시	다함께돌봄인건비지원	293,088	4	1	1	5	1	1	1	1
10241	경북 경산시	경산웹툰창작소운영	250,000	4	4	7	8	7	5	5	4
10242	경북 경산시	노인종합복지관운영비	243,000	4	1	1	5	1	1	1	1
10243	경북 경산시	어르신종합복지관운영비	235,000	4	1	1	5	1	1	1	1
10244	경북 경산시	마을돌봄터운영지원	226,680	4	1	1	5	1	1	1	1
10245	경북 경산시	계림청소년수련원운영	219,286	4	4	1	5	1	1	1	1
10246	경북 경산시	노인종합복지관회원수송차량운영비	216,400	4	1	1	5	1	1	1	1
10247	경북 경산시	2024년생활폐기물수집운반대행용역(일요일수거)	215,000	4	1	7	8	7	5	5	4
10248	경북 경산시	(국비보조)다문화가족특성화사업	214,852	4	1	5	5	1	4	1	1
10249	경북 경산시	유아숲체험원교육운영	205,338	4	4	1	1	2	1	1	1
10250	경북 경산시	경산의삽살개사료및방역비	189,650	4	4	5	5	7	1	1	1
10251	경북 경산시	근로자복지회관민간위탁	165,000	4	4	5	5	7	1	1	4
10252	경북 경산시	남천유지수송수펌프장유지관리용역	160,000	4	4	4	3	2	2	1	1
10253	경북 경산시	어르신종합복지관회원수송차량운영비	158,400	4	1	1	5	1	1	1	1
10254	경북 경산시	통합정신건강증진사업운영	153,800	4	2	1	5	1	3	1	1
10255	경북 경산시	경산의삽살개혈통보존관리비	150,000	4	4	5	5	7	1	1	1
10256	경북 경산시	장난감도서관운영	140,000	4	4	7	8	7	5	3	4
10257	경북 경산시	여성농업인복지시설운영지원	120,000	4	6	7	8	7	1	1	4
10258	경북 경산시	(국비보조)공동육아나눔터운영	113,424	4	1	5	5	1	4	1	1
10259	경북 경산시	재활용선별장반입폐목재위탁처리비	105,000	4	4	7	8	7	5	5	4
10260	경북 경산시	하양공설시장위탁관리	95,210	4	1	7	8	7	1	1	1
10261	경북 경산시	결혼이민여성이중언어강사일자리창출사업	87,000	4	4	5	5	1	4	1	1
10262	경북 경산시	경산묘목조합운영및유통시설지원	80,000	4	4	4	6	1	1	1	1
10263	경북 경산시	(국비보조)지역사회건강조사	68,132	4	2	7	1	7	5	2	1
10264	경북 경산시	백천종합사회복지관사례관리사인건비	67,200	4	6	7	8	7	3	1	4
10265	경북 경산시	자원봉사코디네이터지원	66,382	4	1	7	8	7	1	1	2
10266	경북 경산시	자살예방및정신건강증진사업운영	65,362	4	2	1	5	1	3	1	1
10267	경북 경산시	정신건강복지센터운영	51,100	4	2	1	5	1	3	1	1
10268	경북 경산시	시티투어운영	50,000	4	4	7	8	7	5	5	4
10269	경북 경산시	다함께돌봄운영비지원	48,000	4	1	1	5	1	1	1	1
10270	경북 경산시	다문화가족지역맞춤형학습및프로그램지원	43,333	4	4	5	5	1	4	1	1
10271	경북 경산시	노동자작업복공동세탁소운영	40,000	4	4	4	3	7	1	1	4
10272	경북 경산시	경산지식산업지구폐수중계펌프장유지관리용역	40,000	4	4	4	3	2	2	1	1
10273	경북 경산시	자살예방사업인력확충	37,036	4	2	1	5	1	3	1	1
10274	경북 경산시	정신건강복지센터종사자수당	31,920	4	2	1	5	1	3	1	1
10275	경북 경산시	사회적경제기업혁신성장패키지	30,000	4	4	7	8	7	5	5	4
10276	경북 경산시	자원봉사자보험료지원	20,806	4	1	7	8	7	1	1	2
10277	경북 경산시	유실유기동물구조보호비지원	20,300	4	1	1	2	1	1	1	3

순번	시군구	지출명 (사업명)	2024년예산 (단위 : 천원 /1년간)	민간이전 분류 (지방자치단체 세출예산 집행기준에 의거) 1. 민간경상사업보조(307-02) 2. 민간단체 법정운영비보조(307-03) 3. 민간행사사업보조(307-04) 4. 민간위탁금(307-05) 5. 사회복지시설 법정운영비보조(307-10) 6. 민간인위탁교육비(307-12) 7. 공기관등에대한경상적위탁사업비(308-13) 8. 민간자본사업보조,자체재원(402-01) 9. 민간자본사업보조,이전재원(402-02) 10. 민간위탁사업비(402-03) 11. 공기관등에 대한 자본적 위탁사업비(403-02)	민간이전지출 근거 (지방보조금 관리기준 참고) 1. 법률에 규정 2. 국고보조 재원(국가지정) 3. 용도 지정 기부금 4. 조례에 직접규정 5. 지자체가 권장하는 사업을 하는 공공기관 6. 시,도 정책 및 재정사정 7. 기타 8. 해당없음	입찰방식 계약체결방법 (경쟁형태) 1. 일반경쟁 2. 제한경쟁 3. 지명경쟁 4. 수의계약 5. 법정위탁 6. 기타 ( ) 7. 없음	입찰방식 계약기간 1. 1년 2. 2년 3. 3년 4. 4년 5. 5년 6. 기타 ( )년 7. 단기계약 (1년미만) 8. 없음	입찰방식 낙찰자선정방법 1. 적격심사 2. 협상에의한계약 3. 최저가낙찰제 4. 규격가격분리 5. 2단계 경쟁입찰 6. 기타 ( ) 7. 없음	운영예산 산정 운영예산 산정 1. 내부산정 (지자체 자체적으로 산정) 2. 외부산정 (외부전문기관위탁 산정) 3. 내·외부 모두 산정 4. 산정 無 5. 없음	운영예산 산정 정산방법 1. 내부정산 (지자체 내부적으로 정산) 2. 외부정산 (외부전문기관위탁 정산) 3. 내·외부 모두 신정 4. 정산 無 5. 없음	성과평가 실시여부 1. 실시 2. 미실시 3. 향후 추진 4. 해당없음
10278	경북 경산시	경산공설시장위탁관리	20,000	4	1	7	8	7	1	1	1
10279	경북 경산시	노동력절감기술교육(농업용중장비면허취득)	16,000	4	6	7	8	7	1	1	4
10280	경북 경산시	맞춤형자원봉사프로그램운영지원	9,390	4	1	7	8	7	1	1	2
10281	경북 경산시	청년고민상담소운영	8,000	4	2	1	5	1	3	1	1
10282	경북 경산시	자살시도자치료비지원	6,000	4	2	1	5	1	3	1	1
10283	경북 경산시	연계장려수당	400	4	2	1	5	1	3	1	1
10284	경북 의성군	상수도검침민간위탁	11,580,000	4	4	1	3	1	2	1	4
10285	경북 의성군	농작물재해보험료지원	7,282,955	4	6	7	8	7	1	1	3
10286	경북 의성군	의성군통합하수처리시설민간위탁비(의성군환경사업소단순관리대행사업)	4,442,354	4	1	1	5	5	2	1	1
10287	경북 의성군	생활폐기물수집운반민간위탁(1권역)	2,727,000	4	4	2	3	3	2	1	1
10288	경북 의성군	생활폐기물소각시설운영민간대행	1,503,000	4	4	4	3	7	2	1	4
10289	경북 의성군	자활근로사업비(지역자활센터)	905,519	4	2	5	1	7	3	3	1
10290	경북 의성군	생활폐기물위탁처리	893,700	4	6	6	8	7	5	5	4
10291	경북 의성군	공립요양병원운영	583,000	4	4	7	6	7	2	5	1
10292	경북 의성군	최치원문학관운영위탁	450,000	4	7	6	5	6	2	1	1
10293	경북 의성군	이웃사촌시범마을중간지원조직지원	409,600	4	4	7	1	7	1	1	1
10294	경북 의성군	자원봉사센터운영지원	400,000	4	4	7	8	7	1	1	4
10295	경북 의성군	특별교통수단운영지원	354,629	4	1	1	3	1	3	1	1
10296	경북 의성군	박서생과청년통신사공원위탁운영비	354,357	4	4	1	3	2	2	1	1
10297	경북 의성군	의성문화원운영비지원	332,957	4	4	7	8	7	1	1	4
10298	경북 의성군	행복의성지원센터사무처운영	315,000	4	4	6	2	7	1	1	1
10299	경북 의성군	농산물가공창업아카데미운영	300,000	4	4	7	8	7	5	5	4
10300	경북 의성군	시군역량강화사업	300,000	4	4	7	8	7	1	1	3
10301	경북 의성군	은빛청춘대학운영	230,000	4	4	1	1	1	1	1	1
10302	경북 의성군	농업인안전보험료지원	217,000	4	6	7	8	7	1	1	3
10303	경북 의성군	산모신생아건강관리지원(전환사업)	205,400	4	2	7	8	7	5	3	4
10304	경북 의성군	의성미래교육지구운영	200,000	4	4	7	4	7	1	1	1
10305	경북 의성군	함께책임지는교육프로그램운영	200,000	4	4	7	1	7	1	1	1
10306	경북 의성군	가연성생활폐기물운반용역	200,000	4	7	2	1	3	2	5	4
10307	경북 의성군	의성수질원격감시시스템(TMS)유지관리대행민간위탁(의성군공공하수처리시설수질원격감시시스템(TMS)유지관리용역)	200,000	4	1	1	7	5	2	1	3
10308	경북 의성군	로컬푸드직매장운영위탁	124,000	4	6	1	3	2	2	1	3
10309	경북 의성군	농촌활성화지원센터운영	118,344	4	4	7	8	7	1	1	3
10310	경북 의성군	영농폐기물위탁처리	112,000	4	1	7	8	7	5	5	4
10311	경북 의성군	저소득층기저귀조제분유지원(국비)	78,800	4	2	7	8	7	5	3	4
10312	경북 의성군	지역사회건강조사	67,292	4	2	7	1	7	5	1	4
10313	경북 의성군	자원봉사코디네이터지원육성	66,382	4	4	7	8	7	1	1	4
10314	경북 의성군	농기계종합보험료지원	60,000	4	6	7	8	7	1	1	3
10315	경북 의성군	의성장날쇼핑몰유지관리	50,000	4	4	6	3	6	1	1	3
10316	경북 의성군	이웃사촌마을골목정원관리	45,000	4	4	7	1	7	1	1	1
10317	경북 의성군	맞춤형자원봉사프로그램운영지원	9,390	4	4	7	8	7	1	1	4

순번	시군구	지출명 (사업명)	2024년예산 (단위 : 천원 /1년간)	민간이전 분류 (지방자치단체 세출예산 집행기준에 의거) 1. 민간경상사업보조(307-02) 2. 민간단체 법정운영비보조(307-03) 3. 민간행사사업보조(307-04) 4. 민간위탁금(307-05) 5. 사회복지시설 법정운영비보조(307-10) 6. 민간인위탁교육비(307-12) 7. 공기관등에대한경상적위탁사업비(308-13) 8. 민간자본사업보조,자체재원(402-01) 9. 민간자본사업보조,이전재원(402-02) 10. 민간위탁사업비(402-03) 11. 공기관등에 대한 자본적 위탁사업비(403-02)	민간이전지출 근거 (지방보조금 관리기준 참고) 1. 법률에 규정 2. 국고보조 재원(국가지정) 3. 용도 지정 기부금 4. 조례에 직접규정 5. 지자체가 권장하는 사업을 하는 공공기관 6. 시,도 정책 및 재정사정 7. 기타 8. 해당없음	입찰방식 계약체결방법 (경쟁형태) 1. 일반경쟁 2. 제한경쟁 3. 지명경쟁 4. 수의계약 5. 법정위탁 6. 기타 ( ) 7. 없음	입찰방식 계약기간 1. 1년 2. 2년 3. 3년 4. 4년 5. 5년 6. 기타 ( )년 7. 단기계약 (1년미만) 8. 없음	입찰방식 낙찰자선정방법 1. 적격심사 2. 협상에의한계약 3. 최저가낙찰제 4. 규격가격분리 5. 2단계 경쟁입찰 6. 기타 ( ) 7. 없음	운영예산 산정 운영예산 산정 1. 내부산정 (지자체 자체적으로 산정) 2. 외부산정 (외부전문기관위탁 산정) 3. 내·외부 모두 산정 4. 산정 無 5. 없음	운영예산 산정 정산방법 1. 내부정산 (지자체 내부적으로 정산) 2. 외부정산 (외부전문기관위탁 정산) 3. 내·외부 모두 산정 4. 정산 無 5. 없음	성과평가 실시여부 1. 실시 2. 미실시 3. 향후 추진 4. 해당없음
10318	경북 의성군	영유아건강검진	625	4	2	7	8	7	5	3	4
10319	경북 청송군	농작물재해보험료지원	12,142,614	4	2	7	8	7	5	5	4
10320	경북 청송군	노인사회활동지원사업(공익활동)	11,948,530	4	1	5	1	7	5	1	1
10321	경북 청송군	보건의료원진료부문민간위탁금	4,697,000	4	7	4	5	6	1	2	1
10322	경북 청송군	노인사회활동지원사업(사회서비스형)	2,708,480	4	1	5	1	7	5	1	1
10323	경북 청송군	생활폐기물처리위탁	1,900,000	4	7	6	6	7	5	5	4
10324	경북 청송군	노인사회활동지원사업(노인일자리담당자)	962,220	4	1	5	1	7	5	1	1
10325	경북 청송군	장애인활동지원급여지원	885,456	4	1	7	8	7	5	5	4
10326	경북 청송군	노인사회활동지원사업(시장형)	651,360	4	1	5	1	7	5	1	1
10327	경북 청송군	시니어클럽운영지원	614,224	4	1	5	1	7	5	1	1
10328	경북 청송군	체육시설운영위탁	600,000	4	4	7	8	7	5	5	4
10329	경북 청송군	외씨버선길홍보및유지관리	500,000	4	4	5	1	1	1	1	2
10330	경북 청송군	저품위사과시장격리수매지원(수매기관50%)	390,000	4	6	7	8	7	1	1	4
10331	경북 청송군	농업인안전보험료지원사업	282,100	4	2	7	8	7	5	5	4
10332	경북 청송군	항일의병기념공원운영지원	281,938	4	6	4	5	7	1	1	4
10333	경북 청송군	발달장애인주간활동서비스지원	262,737	4	1	7	8	7	5	5	4
10334	경북 청송군	얼음골빙벽밸리지구관리위탁	240,000	4	4	6	1	6	5	1	4
10335	경북 청송군	사업장생활계폐기물위탁처리	200,000	4	1	7	8	7	5	5	4
10336	경북 청송군	지역사회서비스투자사업	199,433	4	1	7	8	7	5	1	4
10337	경북 청송군	특별교통수단운영지원	188,990	4	4	1	3	1	1	1	4
10338	경북 청송군	농촌인력지원센터운영지원	120,000	4	4	7	8	7	1	1	1
10339	경북 청송군	가사간병방문지원사업	81,577	4	1	7	8	7	5	1	4
10340	경북 청송군	농촌인력중개센터운영지원	80,000	4	4	7	8	7	1	1	1
10341	경북 청송군	침출수위탁처리	72,000	4	1	7	8	7	5	5	4
10342	경북 청송군	위생처리장탈리액이송처리	72,000	4	7	4	3	7	1	1	4
10343	경북 청송군	일상돌봄서비스사업	50,709	4	1	7	8	7	5	1	4
10344	경북 청송군	FTA시행사업관리위탁	50,000	4	5	7	8	7	1	1	4
10345	경북 청송군	맑은누리파크통합허가및기타운영비	45,000	4	7	6	6	7	5	5	4
10346	경북 청송군	농기계종합보험료지원	43,333	4	2	7	8	7	5	5	4
10347	경북 청송군	노인일자리및사회활동지원사업평가대회	41,000	4	1	5	1	7	5	1	1
10348	경북 청송군	주왕산상의집단오수처리시설위탁관리비	38,400	4	7	7	1	7	1	1	4
10349	경북 청송군	민간분야노인일자리사업개발비지원(자본)	34,000	4	1	5	1	7	5	1	1
10350	경북 청송군	유아숲교육위탁운영	29,334	4	1	7	8	7	1	1	2
10351	경북 청송군	청소년발달장애학생방과후활동서비스지원	24,937	4	1	7	8	7	5	5	4
10352	경북 청송군	장애아동가족지원발달재활서비스	22,000	4	1	7	8	7	5	5	4
10353	경북 청송군	장애인활동지원가산급여지원	10,799	4	1	7	8	7	5	5	4
10354	경북 청송군	청송항일의병활동학술회의	10,000	4	6	4	5	7	1	1	4
10355	경북 청송군	시니어리더스양성교육	10,000	4	1	5	1	7	5	1	1
10356	경북 청송군	사과자판기운영관리	10,000	4	4	2	3	2	1	1	4
10357	경북 청송군	청송항일의병기념공원해설사양성기본과정	8,000	4	6	4	5	7	1	1	4

순번	시군구	지출명 (사업명)	2024년예산 (단위 : 천원 /1년간)	민간이전 분류 (지방자치단체 세출예산 집행기준에 의거) 1. 민간경상사업보조(307-02) 2. 민간단체 법정운영비보조(307-03) 3. 민간행사사업보조(307-04) 4. 민간위탁금(307-05) 5. 사회복지시설 법정운영비보조(307-10) 6. 민간인위탁교육비(307-12) 7. 공기관등에대한경상적위탁사업비(308-13) 8. 민간자본사업보조,자체재원(402-01) 9. 민간자본사업보조,이전재원(402-02) 10. 민간위탁사업비(402-03) 11. 공기관등에 대한 자본적 위탁사업비(403-02)	민간이전지출 근거 (지방보조금 관리기준 참고) 1. 법률에 규정 2. 국고보조 재원(국가지정) 3. 용도 지정 기부금 4. 조례에 직접규정 5. 지자체가 권장하는 사업을 하는 공공기관 6. 시,도 정책 및 재정사정 7. 기타 8. 해당없음	입찰방식 계약체결방법 (경쟁형태) 1. 일반경쟁 2. 제한경쟁 3. 지명경쟁 4. 수의계약 5. 법정위탁 6. 기타 ( ) 7. 없음	입찰방식 계약기간 1. 1년 2. 2년 3. 3년 4. 4년 5. 5년 6. 기타 ( )년 7. 단기계약 (1년미만) 8. 없음	입찰방식 낙찰자선정방법 1. 적격심사 2. 협상에의한계약 3. 최저가낙찰제 4. 규격가격분리 5. 2단계 경쟁입찰 6. 기타 ( ) 7. 없음	운영예산 산정 운영예산 산정 1. 내부산정 (지자체 자체적으로 산정) 2. 외부산정 (외부전문기관위탁 산정) 3. 내·외부 모두 산정 4. 산정 無 5. 없음	운영예산 산정 정산방법 1. 내부정산 (지자체 내부적으로 정산) 2. 외부정산 (외부전문기관위탁 정산) 3. 내·외부 모두 산정 4. 정산 無 5. 없음	성과평가 실시여부 1. 실시 2. 미실시 3. 향후 추진 4. 해당없음
10358	경북 청송군	항일의병의길걷기사업운영	7,000	4	6	4	5	7	1	1	4
10359	경북 청송군	한센병관리사업지원	6,699	4	4	7	8	7	1	1	1
10360	경북 청송군	민간분야노인일자리사업개발비지원(경상)	6,000	4	1	5	1	7	5	1	1
10361	경북 청송군	청송항일의병기념공원해설사양성심화과정	5,000	4	6	4	5	7	1	1	4
10362	경북 청송군	청년마음건강지원사업	1,080	4	1	7	8	7	5	1	4
10363	경북 청송군	장애인의료비지원	1,000	4	1	7	8	7	5	5	4
10364	경북 영양군	과실전문생산단지기반조성지원(입암연당지구)	367,500	4	2	7	8	7	5	5	4
10365	경북 영양군	특별교통수단운영지원	298,000	4	1	1	3	1	1	1	2
10366	경북 영양군	어린이급식관리지원센터설치운영	123,250	4	1	5	5	6	2	2	1
10367	경북 영양군	영양군작은영화관운영지원	100,000	4	4	7	8	7	1	1	1
10368	경북 영양군	재래시장활성화	18,000	4	4	7	1	7	1	1	4
10369	경북 영양군	담배소매인지정사실조사위탁	3,000	4	4	7	8	7	1	1	4
10370	경북 영덕군	지역자활센터자활근로사업	1,630,000	4	1	7	8	7	5	1	2
10371	경북 영덕군	맑은누리파크생활쓰레기처리위탁금	1,485,000	4	6	7	8	7	1	5	4
10372	경북 영덕군	창업및스타트업이전활성화지원사업	1,400,000	4	5	7	8	7	5	5	4
10373	경북 영덕군	창업허브센터운영	1,400,000	4	5	7	8	7	5	5	4
10374	경북 영덕군	마케팅지원사업	800,000	4	5	7	8	7	5	5	4
10375	경북 영덕군	슬레이트처리지원	667,400	4	2	7	8	1	2	2	4
10376	경북 영덕군	영덕형스마트팜기술연구	400,000	4	5	7	8	7	5	5	4
10377	경북 영덕군	문화예술분야자율공모사업	400,000	4	5	7	8	7	5	5	4
10378	경북 영덕군	청년문화예술발전소활동및교육지원	400,000	4	5	7	8	7	5	5	4
10379	경북 영덕군	지역체험및페스티벌운영	300,000	4	5	7	8	7	5	5	4
10380	경북 영덕군	영덕한달살기	300,000	4	5	7	8	7	5	5	4
10381	경북 영덕군	자원봉사센터운영지원	227,500	4	1	7	8	7	1	1	1
10382	경북 영덕군	농촌형교통모델운영(블루시티버스)	216,000	4	2	7	8	7	3	2	4
10383	경북 영덕군	어린이급식관리지원센터운영지원	118,600	4	1	7	8	7	5	1	4
10384	경북 영덕군	자원봉사코디네이터지원육성(균특보조)	66,382	4	1	7	8	7	1	1	1
10385	경북 영덕군	가사간병방문지원사업	57,500	4	1	7	8	7	5	1	2
10386	경북 영덕군	자원봉사진흥사업	50,000	4	1	7	8	7	1	1	1
10387	경북 영덕군	자원봉사센터활성화사업	38,000	4	1	7	8	7	1	1	1
10388	경북 영덕군	저소득층여성청소년위생용품지원	28,227	4	2	7	8	7	5	5	4
10389	경북 영덕군	찾아가는맞춤형친절정결서비스교육위탁(남,북부권,대게상가)	27,000	4	7	7	8	7	5	1	4
10390	경북 영덕군	위생업소위생등급제컨설팅지원	18,000	4	7	7	8	7	5	1	4
10391	경북 영덕군	맞춤형자원봉사프로그램운영지원	9,390	4	1	7	8	7	1	1	1
10392	경북 영덕군	무연고사망자등장례서비스비용지원	6,000	4	1	7	8	7	1	1	4
10393	경북 영덕군	스마트HACCP구축보급지원	5,000	4	6	7	8	7	5	5	4
10394	경북 영덕군	전국통합자원봉사보험가입서비스지원	1,242	4	1	7	8	7	1	1	1
10395	경북 청도군	생활폐기물수집운반대행비	1,822,000	4	4	7	8	7	5	5	4
10396	경북 청도군	청도군장애인복지관운영	1,030,000	4	1	5	5	1	1	1	3
10397	경북 청도군	영유아보육료지원	779,982	4	1	7	1	1	1	1	3

순번	시군구	지출명 (사업명)	2024년예산 (단위 : 천원 /1년간)	민간이전 분류 (지방자치단체 세출예산 집행기준에 의거) 1. 민간경상사업보조(307-02) 2. 민간단체 법정운영비보조(307-03) 3. 민간행사사업보조(307-04) 4. 민간위탁금(307-05) 5. 사회복지시설 법정운영비보조(307-10) 6. 민간인위탁교육비(307-12) 7. 공기관등에대한경상적위탁사업비(308-13) 8. 민간자본사업보조,자체재원(402-01) 9. 민간자본사업보조,이전재원(402-02) 10. 민간위탁사업비(402-03) 11. 공기관등에 대한 자본적 위탁사업비(403-02)	민간이전지출 근거 (지방보조금 관리기준 참고) 1. 법률에 규정 2. 국고보조 재원(국가지정) 3. 용도 지정 기부금 4. 조례에 직접규정 5. 지자체가 권장하는 사업을 하는 공공기관 6. 시,도 정책 및 재정사정 7. 기타 8. 해당없음	입찰방식 계약체결방법 (경쟁형태) 1. 일반경쟁 2. 제한경쟁 3. 지명경쟁 4. 수의계약 5. 법정위탁 6. 기타 ( ) 7. 없음	입찰방식 계약기간 1. 1년 2. 2년 3. 3년 4. 4년 5. 5년 6. 기타 ( )년 7. 단기계약 (1년미만) 8. 없음	입찰방식 낙찰자선정방법 1. 적격심사 2. 협상에의한계약 3. 최저가낙찰제 4. 규격가격분리 5. 2단계 경쟁입찰 6. 기타 ( ) 7. 없음	운영예산 산정 운영예산 산정 1. 내부산정 (지자체 자체적으로 산정) 2. 외부산정 (외부전문기관위탁 산정) 3. 내·외부 모두 산정 4. 산정 無 5. 없음	운영예산 산정 정산방법 1. 내부정산 (지자체 내부적으로 정산) 2. 외부정산 (외부전문기관위탁 정산) 3. 내·외부 모두 산정 4. 정산 無 5. 없음	성과평가 실시여부 1. 실시 2. 미실시 3. 향후 추진 4. 해당없음
10398	경북 청도군	음식물류폐기물수집운반대행비	748,400	4	4	7	8	7	5	5	4
10399	경북 청도군	건강가정다문화가족지원센터통합서비스지원	746,166	4	1	7	1	1	1	1	3
10400	경북 청도군	음식물류폐기물위탁처리비	514,800	4	4	7	8	7	5	5	4
10401	경북 청도군	청도밝은미래팜랩(소멸대응기금)	500,000	4	2	7	8	7	1	1	1
10402	경북 청도군	새마을운동발상지기념공원위탁운영비	450,000	4	4	4	3	7	1	1	2
10403	경북 청도군	누리과정보육료	365,904	4	1	7	1	1	1	1	3
10404	경북 청도군	특별교통수단운영	360,000	4	4	1	1	1	1	1	2
10405	경북 청도군	독거노인중증장애인응급안전알림서비스사업	313,023	4	4	7	1	7	1	1	1
10406	경북 청도군	조직활성화공무원위탁교육비	220,000	4	7	7	8	7	5	5	4
10407	경북 청도군	다문화가족특성화사업	170,298	4	1	7	1	1	1	1	3
10408	경북 청도군	도시민유치지원사업	150,000	4	4	7	8	7	1	1	1
10409	경북 청도군	시군역량강화('22협약)	144,100	4	2	5	3	7	1	1	3
10410	경북 청도군	귀농귀촌종합지원센터인건비	139,200	4	4	7	8	7	1	1	1
10411	경북 청도군	어린이급식관리지원센터설치운영	118,600	4	2	1	5	1	5	3	1
10412	경북 청도군	특별교통수단운영비보조금	114,000	4	2	1	1	1	1	1	2
10413	경북 청도군	새마을연구센터운영	105,000	4	5	7	8	7	5	5	4
10414	경북 청도군	장애인종합지원센터운영	73,000	4	4	5	1	1	1	1	3
10415	경북 청도군	청도반시염색산업화사업	60,000	4	4	4	7	7	1	1	3
10416	경북 청도군	농기계임대사업	60,000	4	4	7	8	7	1	1	1
10417	경북 청도군	공동육아나눔터운영	56,712	4	1	7	1	1	1	1	3
10418	경북 청도군	재활용품경진대회폐기물위탁처리	50,000	4	1	7	8	7	5	5	4
10419	경북 청도군	장애인보호작업장장려금	50,000	4	1	5	5	1	1	1	3
10420	경북 청도군	여성대학지원	40,000	4	4	7	8	7	5	5	4
10421	경북 청도군	보훈회관운영	36,000	4	4	5	1	1	1	1	1
10422	경북 청도군	유해야생동물포획사체처리비	30,000	4	2	7	8	7	5	5	4
10423	경북 청도군	농산물종합가공센터운영지원	30,000	4	4	4	7	7	1	1	3
10424	경북 청도군	여성대학원운영	30,000	4	4	7	8	7	5	5	4
10425	경북 청도군	다문화가족자녀학습지원	30,000	4	4	7	8	7	5	5	4
10426	경북 청도군	청도천체육시설관리	26,000	4	4	6	3	7	1	1	1
10427	경북 청도군	결혼이민여성및자녀한글교육지원	25,000	4	4	7	8	7	5	5	4
10428	경북 청도군	귀농귀촌유치지원사업	20,200	4	4	7	8	7	1	1	1
10429	경북 청도군	결혼이민여성이중언어강사일자리창출사업	17,500	4	4	7	1	1	1	1	3
10430	경북 청도군	다문화가족지역맞춤형학습및프로그램지원	16,000	4	4	7	1	1	1	1	3
10431	경북 청도군	기초푸드뱅크운영지원	12,000	4	1	7	8	7	1	1	1
10432	경북 청도군	농촌여성일자리창출전문자격취득교육	8,000	4	2	4	7	7	1	1	3
10433	경북 청도군	노인일자리및사회활동지원	6,216	4	4	7	1	7	1	1	1
10434	경북 청도군	중도입국자녀한글교육	5,000	4	4	7	8	7	5	5	4
10435	경북 청도군	노인돌봄기본서비스사업지원	3,152	4	4	7	1	7	1	1	1
10436	경북 청도군	귀농청년농시책지원	1,300	4	4	7	8	7	1	1	1
10437	경북 청도군	통합문화이용권운영지원	377,780	4	1	7	8	7	5	5	4

순번	시군구	지출명 (사업명)	2024년예산 (단위 : 천원 /1년간)	민간이전 분류 (지방자치단체 세출예산 집행기준에 의거) 1. 민간경상사업보조(307-02) 2. 민간단체 법정운영비보조(307-03) 3. 민간행사사업보조(307-04) 4. 민간위탁금(307-05) 5. 사회복지시설 법정운영비보조(307-10) 6. 민간인위탁교육비(307-12) 7. 공기관등에대한경상적위탁사업비(308-13) 8. 민간자본사업보조,자체재원(402-01) 9. 민간자본사업보조,이전재원(402-02) 10. 민간위탁사업비(402-03) 11. 공기관등에 대한 자본적 위탁사업비(403-02)	민간이전지출 근거 (지방보조금 관리기준 참고) 1. 법률에 규정 2. 국고보조 재원(국가지정) 3. 용도 지정 기부금 4. 조례에 직접규정 5. 지자체가 권장하는 사업을 하는 공공기관 6. 시,도 정책 및 재정사정 7. 기타 8. 해당없음	입찰방식 계약체결방법 (경쟁형태) 1. 일반경쟁 2. 제한경쟁 3. 지명경쟁 4. 수의계약 5. 법정위탁 6. 기타 ( ) 7. 없음	입찰방식 계약기간 1. 1년 2. 2년 3. 3년 4. 4년 5. 5년 6. 기타 ( )년 7. 단기계약 (1년미만) 8. 없음	입찰방식 낙찰자선정방법 1. 적격심사 2. 협상에의한계약 3. 최저가낙찰제 4. 규격가격분리 5. 2단계 경쟁입찰 6. 기타 ( ) 7. 없음	운영예산 산정 운영예산 산정 1. 내부산정 (지자체 자체적으로 산정) 2. 외부산정 (외부전문기관위탁 산정) 3. 내·외부 모두 산정 4. 산정 無 5. 없음	운영예산 산정 정산방법 1. 내부정산 (지자체 내부적으로 정산) 2. 외부정산 (외부전문기관위탁 정산) 3. 내·외부 모두 정산 4. 정산 無 5. 없음	성과평가 실시여부 1. 실시 2. 미실시 3. 향후 추진 4. 해당없음
10438	경북 청도군	청도나드리투어버스	70,000	4	4	1	2	1	1	1	3
10439	경북 청도군	신화랑풍류마을관리운영	1,700,000	4	1,4	4	3	7	1	1	3
10440	경북 청도군	소통협력공간운영	1,000,000	4	4	1	3	6	1	3	3
10441	경북 청도군	한국코미디타운관리운영	109,500	4	1,4	1	2	2	1	1	3
10442	경북 청도군	외국인(유학생)교류정착프로그램	90,000	4	1	7	8	7	5	5	4
10443	경북 청도군	풍각농공단지공공시설물전기사용료보조금	48,000	4	4	7	8	7	1	1	4
10444	경북 청도군	경북행복기업산업안전환경개선사업	20,000	4	6	7	8	7	2	2	4
10445	경북 고령군	고령상수도위탁운영비	4,103,000	4	1	5	6	7	2	3	1
10446	경북 고령군	공공하수처리시설운영관리대행	3,350,000	4	1	1	5	2	2	1	1
10447	경북 고령군	장애인활동지원급여지원	2,227,054	4	4	7	8	7	1	1	1
10448	경북 고령군	자활근로사업	1,211,723	4	4	7	8	7	1	1	1
10449	경북 고령군	환경기초시설TMS관리대행	500,000	4	1	1	2	5	1	1	4
10450	경북 고령군	지역자활센터운영	262,284	4	4	7	8	7	1	1	1
10451	경북 고령군	시군자원봉사센터운영지원	260,000	4	1	4	3	6	1	1	1
10452	경북 고령군	자원봉사센터위탁운영	260,000	4	6	6	3	1	1	1	1
10453	경북 고령군	아이나라키즈교육센터	260,000	4	4	6	3	1	1	1	1
10454	경북 고령군	다산면주민자치센터운영지원	175,854	4	4	4	1	6	1	1	1
10455	경북 고령군	발달장애인주간활동서비스지원	157,643	4	4	7	8	7	1	1	1
10456	경북 고령군	장난감도서관운영	120,000	4	4	6	6	1	1	1	1
10457	경북 고령군	어린이급식관리지원센터운영지원	118,600	4	1	7	8	7	5	5	4
10458	경북 고령군	발달재활서비스바우처지원	106,146	4	4	7	8	7	1	1	1
10459	경북 고령군	지역사회건강조사조사분석위탁운영	66,680	4	2	6	1	7	5	5	2
10460	경북 고령군	시군자원봉사센터코디네이터지원	66,382	4	1	4	3	6	1	1	1
10461	경북 고령군	코디네이터지원	66,382	4	1	6	3	1	1	1	1
10462	경북 고령군	중증장애인활동보조가산급여	64,790	4	4	7	8	7	1	1	1
10463	경북 고령군	지역사회서비스투자사업(가사간병)	44,021	4	4	7	8	7	1	1	1
10464	경북 고령군	다문화가족캠프지원	25,000	4	6	1	7	3	1	1	1
10465	경북 고령군	발달장애인방과후돌봄서비스지원	24,934	4	4	7	8	7	1	1	1
10466	경북 고령군	다문화가족모국방문지원	20,000	4	6	4	7	7	1	1	1
10467	경북 고령군	근로자종합복지관운영지원	10,000	4	4	4	3	7	1	1	1
10468	경북 고령군	맞춤형자원봉사프로그램운영지원	9,390	4	1	4	3	6	1	1	1
10469	경북 고령군	맞춤형자원봉사프로그램	9,390	4	6	6	3	1	1	1	1
10470	경북 고령군	살처분및매몰지용역	4,800	4	1	7	8	7	1	1	4
10471	경북 고령군	시군자원봉사센터자원봉사자보험료지원	1,730	4	1	4	3	6	1	1	1
10472	경북 고령군	자원봉사자보험료지원	1,730	4	1	6	3	1	1	1	1
10473	경북 성주군	생활폐기물소각시설운영관리위탁비	2,063,055	4	1	1	3	2	2	1	3
10474	경북 성주군	생활폐기물수집운반대행비	1,881,882	4	1	2	3	1	2	1	1
10475	경북 성주군	아이돌봄수당	1,031,600	4	1	7	5	7	1	1	4
10476	경북 성주군	공립어린이집운영비(4개소)	890,000	4	7	7	8	7	1	1	4
10477	경북 성주군	종합사회복지관운영	880,000	4	4	7	8	7	1	1	1

순번	시군구	지출명 (사업명)	2024년예산 (단위 : 천원 /1년간)	민간이전 분류 (지방자치단체 세출예산 집행기준에 의거) 1. 민간경상사업보조(307-02) 2. 민간단체 법정운영비보조(307-03) 3. 민간행사사업보조(307-04) 4. 민간위탁금(307-05) 5. 사회복지시설 법정운영비보조(307-10) 6. 민간인위탁교육비(307-12) 7. 공기관등에대한경상적위탁사업비(308-13) 8. 민간자본사업보조,자체재원(402-01) 9. 민간자본사업보조,이전재원(402-02) 10. 민간위탁사업비(402-03) 11. 공기관등에 대한 자본적 위탁사업비(403-02)	민간이전지출 근거 (지방보조금 관리기준 참고) 1. 법률에 규정 2. 국고보조 재원(국가지정) 3. 용도 지정 기부금 4. 조례에 직접규정 5. 지자체가 권장하는 사업을 하는 공공기관 6. 시,도 정책 및 재정사정 7. 기타 8. 해당없음	입찰방식			운영예산 산정		성과평가 실시여부
						계약체결방법 (경쟁형태) 1. 일반경쟁 2. 제한경쟁 3. 지명경쟁 4. 수의계약 5. 법정위탁 6. 기타 ( ) 7. 없음	계약기간 1. 1년 2. 2년 3. 3년 4. 4년 5. 5년 6. 기타 ( )년 7. 단기계약 (1년미만) 8. 없음	낙찰자선정방법 1. 적격심사 2. 협상에의한계약 3. 최저가낙찰제 4. 규격가격분리 5. 2단계 경쟁입찰 6. 기타 ( ) 7. 없음	운영예산 산정 1. 내부산정 (지자체 자체적으로 산정) 2. 외부산정 (외부전문기관위탁 산정) 3. 내·외부 모두 산정 4. 산정 無 5. 없음	정산방법 1. 내부정산 (지자체 내부적으로 정산) 2. 외부정산 (외부전문기관위탁 정산) 3. 내·외부 모두 산정 4. 정산 無 5. 없음	1. 실시 2. 미실시 3. 향후 추진 4. 해당없음
10478	경북 성주군	음식물류폐기물수집운반대행비	575,405	4	1	2	3	1	2	1	1
10479	경북 성주군	건강가정및다문화가족지원센터통합서비스지원	569,340	4	2	7	5	7	5	1	4
10480	경북 성주군	특별교통수단운영지원	460,000	4	6	5	2	7	5	1	2
10481	경북 성주군	음식물류폐기물처리대행비	385,000	4	1	2	1	1	2	1	3
10482	경북 성주군	첫만남이용권지원	352,000	4	1	5	8	7	5	5	2
10483	경북 성주군	지역사회서비스투자사업	304,781	4	1	7	8	7	1	1	1
10484	경북 성주군	성주군자원봉사센터운영지원	238,000	4	1	7	3	7	1	1	1
10485	경북 성주군	아이돌봄부모부담금경감운영	226,000	4	4	7	5	7	1	1	4
10486	경북 성주군	참한별온동네스무바퀴	200,000	4	4	7	8	7	1	1	1
10487	경북 성주군	성주일반산업단지폐수처리시설운영관리비	170,000	4	4	7	8	7	1	1	4
10488	경북 성주군	산모신생아건강관리지원	163,200	4	1	5	8	7	5	5	2
10489	경북 성주군	일상돌봄서비스	162,788	4	1	7	8	7	1	1	1
10490	경북 성주군	성주일반산업단지공공시설물유지관리비	150,000	4	4	4	5	7	1	1	4
10491	경북 성주군	다함께돌봄인건비지원	146,544	4	2	7	5	7	5	1	4
10492	경북 성주군	어린이급식관리지원센터설치운영	118,600	4	1	7	8	7	1	1	4
10493	경북 성주군	마을돌봄터활성화지원	117,988	4	2	7	5	7	5	1	4
10494	경북 성주군	유기동물보호센터운영(군비추가)	100,000	4	1	5	1	1	1	1	1
10495	경북 성주군	종사자처우개선인건비등지원	85,000	4	6	7	5	7	1	1	4
10496	경북 성주군	저소득층기저귀조제분유지원사업	78,000	4	1	5	8	7	5	5	2
10497	경북 성주군	지역사회보장협의체운영지원	75,000	4	1	7	8	7	1	1	4
10498	경북 성주군	자원봉사센터프로그램운영지원	75,000	4	1	7	3	7	1	1	1
10499	경북 성주군	외국인지역특화형비자희망이음사업	70,000	4	2	7	5	7	5	1	4
10500	경북 성주군	종합사회복지관사례관리사운영지원	67,200	4	4	7	8	7	1	1	1
10501	경북 성주군	지역사회건강조사	67,062	4	2	6	1	7	5	5	4
10502	경북 성주군	자원봉사센터코디네이터지원	66,382	4	1	7	3	7	1	1	1
10503	경북 성주군	방문교육서비스지원	60,081	4	2	7	5	7	5	1	4
10504	경북 성주군	공동육아나눔터운영	56,712	4	2	7	5	7	5	1	4
10505	경북 성주군	결혼이민여성이중언어강사일자리창출사업	52,000	4	2	7	5	7	5	1	4
10506	경북 성주군	성주생활체육공원운영및유지관리	50,000	4	2	5	3	1	1	1	2
10507	경북 성주군	지역특화형비자외국인정착주거지원	49,200	4	2	7	5	7	5	1	4
10508	경북 성주군	유기동물입양센터운영	45,000	4	1	5	1	1	1	1	1
10509	경북 성주군	다문화가족자녀언어발달지원	40,590	4	2	7	5	7	5	1	4
10510	경북 성주군	결혼이민자통번역서비스지원	34,100	4	2	7	5	7	5	1	4
10511	경북 성주군	유기동물보호센터운영지원	29,000	4	1	5	1	1	1	1	1
10512	경북 성주군	유기동물입양센터운영	26,900	4	1	5	1	1	1	1	1
10513	경북 성주군	여성대학운영	24,000	4	6	7	7	7	1	1	4
10514	경북 성주군	다함께돌봄운영비지원	24,000	4	2	7	5	7	5	1	4
10515	경북 성주군	유기동물포획단운영	23,664	4	1	5	1	1	1	1	1
10516	경북 성주군	사회복지관특화사업	20,000	4	4	7	8	7	1	1	1
10517	경북 성주군	가족센터운영비지원	17,870	4	6	7	5	7	1	1	4

순번	시군구	지출명 (사업명)	2024년예산 (단위 : 전원 /1년간)	민간이전 분류 (지방자치단체 세출예산 집행기준에 의거) 1. 민간경상사업보조(307-02) 2. 민간단체 법정운영비보조(307-03) 3. 민간행사사업보조(307-04) 4. 민간위탁금(307-05) 5. 사회복지시설 법정운영비보조(307-10) 6. 민간인위탁교육비(307-12) 7. 공기관등에대한경상적위탁사업비(308-13) 8. 민간자본사업보조,자체재원(402-01) 9. 민간자본사업보조,이전재원(402-02) 10. 민간위탁사업비(402-03) 11. 공기관등에 대한 자본적 위탁사업비(403-02)	민간이전지출 근거 (지방보조금 관리기준 참고) 1. 법률에 규정 2. 국고보조 재원(국가지정) 3. 용도 지정 기부금 4. 조례에 직접규정 5. 지자체가 권장하는 사업을 하는 공공기관 6. 시,도 정책 및 재정사정 7. 기타 8. 해당없음	입찰방식 계약체결방법 (경쟁형태) 1. 일반경쟁 2. 제한경쟁 3. 지명경쟁 4. 수의계약 5. 법정위탁 6. 기타 ( ) 7. 없음	입찰방식 계약기간 1. 1년 2. 2년 3. 3년 4. 4년 5. 5년 6. 기타 ( )년 7. 단기계약 (1년미만) 8. 없음	입찰방식 낙찰자선정방법 1. 적격심사 2. 협상에의한계약 3. 최저가낙찰제 4. 규격가격분리 5. 2단계 경쟁입찰 6. 기타 ( ) 7. 없음	운영예산 산정 운영예산 산정 1. 내부산정 (지자체 자체적으로 산정) 2. 외부산정 (외부전문기관위탁 산정) 3. 내·외부 모두 산정 4. 산정 無 5. 없음	운영예산 산정 정산방법 1. 내부정산 (지자체 내부적으로 정산) 2. 외부정산 (외부전문기관위탁 정산) 3. 내·외부 모두 산정 4. 정산 無 5. 없음	성과평가 실시여부 1. 실시 2. 미실시 3. 향후 추진 4. 해당없음
10518	경북 성주군	성주생활문화센터전기요금및전기안전대행수수료	17,569	4	4	6	3	2	1	1	3
10519	경북 성주군	다문화가족지역맞춤형학습및프로그램지원	16,000	4	2	7	5	7	5	1	4
10520	경북 성주군	결혼이민자역량강화지원	15,500	4	2	7	5	7	5	1	4
10521	경북 성주군	성주생활문화센터환경정비인건비	15,499	4	4	6	3	2	1	1	3
10522	경북 성주군	유기동물포획차량유류대및보험료등	15,000	4	1	5	1	1	1	1	1
10523	경북 성주군	유기동물포획단운영	13,920	4	1	5	1	1	1	1	1
10524	경북 성주군	산모신생아건강관리지원(자체)	10,320	4	1	5	8	7	5	5	2
10525	경북 성주군	성주생활문화센터프로그램운영지원	10,000	4	4	6	3	2	1	1	3
10526	경북 성주군	맞춤형봉사프로그램지원	10,000	4	1	7	3	7	1	1	1
10527	경북 성주군	다문화자녀프로그램운영	7,200	4	6	7	5	7	1	1	4
10528	경북 성주군	성주생활문화센터건물유지보수비	6,774	4	4	6	3	2	1	1	3
10529	경북 성주군	가족친화문화프로그램운영	6,400	4	6	7	5	7	1	1	4
10530	경북 성주군	경로당지도자교육지원	5,250	4	6	7	8	7	1	1	4
10531	경북 성주군	지역사회서비스투자사업(청년마음건강지원사업)	5,111	4	1	7	8	7	1	1	1
10532	경북 성주군	별고을시네마민간위탁금	5,000	4	4	6	3	2	1	1	3
10533	경북 성주군	보육아동부모교육운영	5,000	4	7	7	8	7	1	1	4
10534	경북 성주군	어린이집교직원연수대회	5,000	4	7	7	8	7	1	1	4
10535	경북 성주군	맞춤형봉사프로그램지원(군비추가분)	5,000	4	1	7	3	7	1	1	1
10536	경북 성주군	자원봉사자상해보험가입	2,396	4	1	7	3	7	1	1	1
10537	경북 성주군	다함께돌봄운영비지원	1,680	4	6	7	5	7	1	1	4
10538	경북 성주군	영아전담아이돌보미지원	1,600	4	4	7	5	7	1	1	4
10539	경북 성주군	다문화가족복지시설종사자복지포인트지원	1,400	4	2	7	5	7	5	1	4
10540	경북 성주군	청소년산모의료비지원	1,200	4	1	5	8	7	5	5	2
10541	경북 성주군	마을돌봄터종사자복지포인트지원	400	4	2	7	5	7	5	1	4
10542	경북 칠곡군	생활폐기물위탁처리비	5,820,000	4	7	7	6	7	1	1	4
10543	경북 칠곡군	생활폐기물수집운반대행사업비	5,322,000	4	7	1	1	2	2	1	1
10544	경북 칠곡군	석적국민체육센터운영	810,000	4	7	1	2	6	2	1	2
10545	경북 칠곡군	북삼국민체육센터운영	720,000	4	7	1	2	6	2	1	2
10546	경북 칠곡군	분뇨처리시설운영비	649,064	4	7	7	6	7	1	1	4
10547	경북 칠곡군	특별교통수단운영지원	539,103	4	4	1	3	1	1	1	4
10548	경북 칠곡군	칠곡군어린이사회복지급식관리위탁운영	520,000	4	1	7	5	7	5	5	4
10549	경북 칠곡군	칠곡군전적기념관민간위탁운영	450,000	4	4	2	3	1	1	1	1
10550	경북 칠곡군	가축분뇨공공처리시설운영비	401,374	4	7	7	6	7	1	1	4
10551	경북 칠곡군	칠곡국민체육센터운영	360,000	4	7	1	2	6	2	1	2
10552	경북 칠곡군	시군역량강화사업운영지원	300,000	4	2	1	6	1	1	1	3
10553	경북 칠곡군	한티가는길및억새마을위탁운영	300,000	4	1,4	7	8	7	5	5	4
10554	경북 칠곡군	취업지원센터운영지원	260,000	4	4	1	3	6	1	3	1
10555	경북 칠곡군	장난감도서관운영	250,000	4	6	7	8	7	1	1	4
10556	경북 칠곡군	농촌협약지원센터운영지원	112,000	4	4	1	6	1	1	1	3
10557	경북 칠곡군	도시숲정원관리인운영	105,280	4	2	7	8	7	5	5	4

순번	시군구	지출명 (사업명)	2024년예산 (단위 : 천원 /1년간)	민간이전 분류 (지방자치단체 세출예산 집행기준에 의거) 1. 민간경상사업보조(307-02) 2. 민간단체 법정운영비보조(307-03) 3. 민간행사사업보조(307-04) 4. 민간위탁금(307-05) 5. 사회복지시설 법정운영비보조(307-10) 6. 민간인위탁교육비(307-12) 7. 공기관등에대한경상적위탁사업비(308-13) 8. 민간자본사업보조,자체재원(402-01) 9. 민간자본사업보조,이전재원(402-02) 10. 민간위탁사업비(402-03) 11. 공기관등에 대한 자본적 위탁사업비(403-02)	민간이전지출 근거 (지방보조금 관리기준 참고) 1. 법률에 규정 2. 국고보조 재원(국가지정) 3. 용도 지정 기부금 4. 조례에 직접규정 5. 지자체가 권장하는 사업을 하는 공공기관 6. 시,도 정책 및 재정사정 7. 기타 8. 해당없음	입찰방식 계약체결방법 (경쟁형태) 1. 일반경쟁 2. 제한경쟁 3. 지명경쟁 4. 수의계약 5. 법정위탁 6. 기타 ( ) 7. 없음	입찰방식 계약기간 1. 1년 2. 2년 3. 3년 4. 4년 5. 5년 6. 기타 ( )년 7. 단기계약 (1년미만) 8. 없음	입찰방식 낙찰자선정방법 1. 적격심사 2. 협상에의한계약 3. 최저가낙찰제 4. 규격가격분리 5. 2단계 경쟁입찰 6. 기타 ( ) 7. 없음	운영예산 산정 운영예산 산정 1. 내부산정 (지자체 자체적으로 산정) 2. 외부산정 (외부전문기관위탁 산정) 3. 내·외부 모두 산정 4. 산정 無 5. 없음	운영예산 산정 정산방법 1. 내부정산 (지자체 내부적으로 정산) 2. 외부정산 (외부전문기관위탁 정산) 3. 내·외부 모두 산정 4. 정산 無 5. 없음	성과평가 실시여부 1. 실시 2. 미실시 3. 향후 추진 4. 해당없음
10558	경북 칠곡군	방치폐기물위탁처리	105,000	4	2	1	7	3	1	1	4
10559	경북 칠곡군	소각장비산재위탁처리비	72,000	4	7	7	8	7	5	5	4
10560	경북 칠곡군	1인창조기업지원센터지원	67,000	4	4	1	3	6	1	3	1
10561	경북 칠곡군	도민대학운영	60,000	4	6	7	8	7	5	5	4
10562	경북 칠곡군	영농폐기물위탁처리비	50,000	4	4	7	8	7	5	5	4
10563	경북 칠곡군	생활폐기물처분부담금	50,000	4	7	7	6	7	1	1	4
10564	경북 칠곡군	하천하구쓰레기정화	49,000	4	2	1	7	3	1	1	4
10565	경북 칠곡군	청년아카데미운영	40,000	4	6	7	8	7	5	5	4
10566	경북 칠곡군	폐수위탁처리비	36,000	4	7	4	1	1	1	1	2
10567	경북 칠곡군	6차산업가공전문교육	30,000	4	6	7	8	7	5	5	4
10568	경북 칠곡군	국립청소년기관장의체험수련활동	25,592	4	8	4	7	7	3	3	3
10569	경북 칠곡군	음식물쓰레기위탁처리비	25,000	4	7	7	8	7	5	5	4
10570	경북 칠곡군	6차산업홍보프로그램운영	20,000	4	6	7	8	7	5	5	4
10571	경북 칠곡군	농촌교육농장교사양성과정운영	20,000	4	6	7	8	7	5	5	4
10572	경북 칠곡군	칠곡농업"부자농"CEO육성프로젝트	15,000	4	8	4	7	7	1	1	4
10573	경북 칠곡군	농업인신기술양성교육	15,000	4	8	4	7	7	1	1	4
10574	경북 칠곡군	칠곡평생학습대학원격학습교육	15,000	4	6	7	8	7	5	5	4
10575	경북 칠곡군	칠곡평생학습대학평가인정외학습과목운영	15,000	4	6	7	8	7	5	5	4
10576	경북 칠곡군	사회새내기리더양성교육	11,080	4	8	7	8	7	5	5	4
10577	경북 칠곡군	공설봉안당위탁관리비	8,000	4	4	7	7	7	5	5	4
10578	경북 칠곡군	농기계안전교육위탁교육비	6,300	4	6	4	7	6	5	5	4
10579	경북 칠곡군	담배소매인지정관련사실조사업무활동비	3,000	4	4	4	1	7	5	1	4
10580	경북 예천군	장애인활동지원서비스(바우처)지원	2,844,190	4	1	7	8	7	2	2	4
10581	경북 예천군	예천하수슬러지처리관리대행	1,187,523	4	2	2	5	2	2	1	1
10582	경북 예천군	예천하수처리장관리대행(충인,미호관거포함)	1,173,130	4	2	2	5	2	2	1	1
10583	경북 예천군	생활폐기물위탁처리비	1,140,000	4	6	7	8	7	5	5	4
10584	경북 예천군	생활폐기물수집운반대행수수료	924,000	4	4	7	8	7	5	5	4
10585	경북 예천군	업그레이드형자활근로지원	919,294	4	1	5	1	7	3	1	2
10586	경북 예천군	가축분뇨공공처리시설관리대행	588,035	4	2	2	5	2	2	1	1
10587	경북 예천군	발달장애인주간활동서비스(바우처)지원	578,023	4	1	7	8	7	2	2	4
10588	경북 예천군	음식물류폐기물위탁처리비	522,000	4	4	7	8	7	5	5	4
10589	경북 예천군	시군역량강화사업위탁	513,000	4	1	7	8	7	5	5	4
10590	경북 예천군	노인복지관인건비지원	464,903	4	1	7	8	7	1	1	4
10591	경북 예천군	특별교통수단위탁운영(장애인콜밴)	390,000	4	2	6	3	1	1	1	1
10592	경북 예천군	시니어클럽운영	360,000	4	1	7	5	7	1	3	2
10593	경북 예천군	장애아동발달재활서비스(바우처)지원	335,807	4	1	7	8	7	2	2	4
10594	경북 예천군	신도시패밀리파크위탁운영	300,000	4	4	7	8	7	5	5	4
10595	경북 예천군	읍부마을하수처리장(충인시설포함)관리대행	283,186	4	2	2	5	2	2	1	1
10596	경북 예천군	일상돌봄서비스지원	271,202	4	1	5	1	7	1	1	1
10597	경북 예천군	어린이급식관리지원센터운영지원	241,800	4	1	7	8	7	5	5	4

순번	시군구	지출명 (사업명)	2024년예산 (단위 : 천원 /1년간)	민간이전 분류 (지방자치단체 세출예산 집행기준에 의거) 1. 민간경상사업보조(307-02) 2. 민간단체 법정운영비보조(307-03) 3. 민간행사사업보조(307-04) 4. 민간위탁금(307-05) 5. 사회복지시설 법정운영비보조(307-10) 6. 민간인위탁교육비(307-12) 7. 공기관등에대한경상적위탁사업비(308-13) 8. 민간자본사업보조,자체재원(402-01) 9. 민간자본사업보조,이전재원(402-02) 10. 민간위탁사업비(402-03) 11. 공기관등에 대한 자본적 위탁사업비(403-02)	민간이전지출 근거 (지방보조금 관리기준 참고) 1. 법률에 규정 2. 국고보조 재원(국가지정) 3. 용도 지정 기부금 4. 조례에 직접규정 5. 지자체가 권장하는 사업을 하는 공공기관 6. 시,도 정책 및 재정사정 7. 기타 8. 해당없음	입찰방식 계약체결방법 (경쟁형태) 1. 일반경쟁 2. 제한경쟁 3. 지명경쟁 4. 수의계약 5. 법정위탁 6. 기타 ( ) 7. 없음	입찰방식 계약기간 1. 1년 2. 2년 3. 3년 4. 4년 5. 5년 6. 기타 ( )년 7. 단기계약 (1년미만) 8. 없음	입찰방식 낙찰자선정방법 1. 적격심사 2. 협상에의한계약 3. 최저가낙찰제 4. 규격가격분리 5. 2단계 경쟁입찰 6. 기타 ( ) 7. 없음	운영예산 산정 운영예산 산정 1. 내부산정 (지자체 자체적으로 산정) 2. 외부산정 (외부전문기관위탁 산정) 3. 내·외부 모두 산정 4. 산정 無 5. 없음	운영예산 산정 정산방법 1. 내부정산 (지자체 내부적으로 정산) 2. 외부정산 (외부전문기관위탁 정산) 3. 내·외부 모두 산정 4. 정산 無 5. 없음	성과평가 실시여부 1. 실시 2. 미실시 3. 향후 추진 4. 해당없음
10598	경북 예천군	맞춤형사회서비스지원(아동청소년심리지원등)	235,762	4	1	5	1	7	1	1	1
10599	경북 예천군	직장어린이집위탁운영	200,000	4	1	1	5	1	1	1	3
10600	경북 예천군	신풍마을하수처리장관리대행	179,964	4	2	2	5	2	2	1	1
10601	경북 예천군	대형폐기물위탁처리비	160,000	4	4	7	8	7	5	5	4
10602	경북 예천군	신음마을하수처리장관리대행	151,112	4	2	2	5	2	2	1	1
10603	경북 예천군	노인복지관운영비지원	148,965	4	1	7	8	7	1	1	4
10604	경북 예천군	청년돋움사업	134,500	4	4	7	8	7	5	5	4
10605	경북 예천군	발달장애학생방과후활동서비스(바우처)지원	124,687	4	1	7	8	7	2	2	4
10606	경북 예천군	장애인활동보조서비스지원	124,467	4	1	7	8	7	2	2	4
10607	경북 예천군	읍실마을하수처리장관리대행	122,765	4	2	2	5	2	2	1	1
10608	경북 예천군	장난감도서관운영	120,000	4	6	7	8	7	5	1	4
10609	경북 예천군	예천분뇨처리장관리대행	120,000	4	2	2	5	2	2	1	1
10610	경북 예천군	농촌인력지원센터운영	120,000	4	6	7	8	7	1	1	4
10611	경북 예천군	공동육아나눔터운영	113,424	4	2	7	8	7	1	1	4
10612	경북 예천군	낙상마을하수처리장관리대행	110,731	4	2	2	5	2	2	1	1
10613	경북 예천군	TMS관리대행	110,000	4	2	2	1	3	1	1	4
10614	경북 예천군	지역사회보장협의체운영비지원	103,760	4	1	5	1	7	1	1	4
10615	경북 예천군	도청신도시하수관거관리대행	102,000	4	2	2	5	2	2	1	1
10616	경북 예천군	청년키움사업	97,000	4	4	7	8	7	5	5	4
10617	경북 예천군	마전마을하수처리장관리대행	90,015	4	2	2	5	2	2	1	1
10618	경북 예천군	우망마을하수처리장관리대행	87,252	4	2	2	5	2	2	1	1
10619	경북 예천군	농촌인력중개센터운영지원	80,000	4	2	7	3	7	2	1	1
10620	경북 예천군	오천마을하수처리장관리대행	70,015	4	2	7	8	7	1	1	4
10621	경북 예천군	활체험센터위탁관리	70,000	4	2	7	3	7	2	1	1
10622	경북 예천군	지역사회건강조사	67,062	4	4	2	3	2	2	1	3
10623	경북 예천군	경도대학습관운영	60,000	4	2	7	1	7	1	1	4
10624	경북 예천군	포리마을하수처리장관리대행	59,202	4	4	7	8	7	5	5	4
10625	경북 예천군	청년센터이음프로젝트(교육프로그램운영)	50,000	4	2	2	5	2	2	1	1
10626	경북 예천군	사회복지급식관리지원센터운영지원	50,000	4	4	7	8	7	5	5	4
10627	경북 예천군	소규모마을하수처리시설관리대행(유천지구)	49,020	4	1	7	8	7	5	5	4
10628	경북 예천군	소규모마을하수처리시설관리대행(풍양지구)	47,040	4	8	2	1	3	1	1	1
10629	경북 예천군	소규모마을하수처리시설관리대행(용문지구)	47,040	4	8	2	1	3	1	1	1
10630	경북 예천군	소규모마을하수처리시설관리대행(용궁지구)	46,500	4	8	2	1	3	1	1	1
10631	경북 예천군	삼강마을하수처리장관리대행	46,368	4	8	2	1	3	1	1	1
10632	경북 예천군	소규모마을하수처리시설관리대행(효자,은풍지구)	46,020	4	2	2	5	2	2	1	1
10633	경북 예천군	소규모마을하수처리시설관리대행(지보지구)	45,000	4	8	2	1	3	1	1	1
10634	경북 예천군	이동목욕차량위탁운영	41,600	4	8	2	1	3	1	1	1
10635	경북 예천군	향석마을하수처리장관리대행	38,468	4	1	4	1	7	1	1	2
10636	경북 예천군	도촌마을하수처리장관리대행	36,289	4	2	2	5	2	2	1	1
10637	경북 예천군	감천문화마을하수처리장관리대행	35,684	4	2	2	5	2	2	1	1

순번	시군구	지출명 (사업명)	2024년예산 (단위 : 천원 /1년간)	민간이전 분류 (지방자치단체 세출예산 집행기준에 의거) 1. 민간경상사업보조(307-02) 2. 민간단체 법정운영비보조(307-03) 3. 민간행사사업보조(307-04) 4. 민간위탁금(307-05) 5. 사회복지시설 법정운영비보조(307-10) 6. 민간인위탁교육비(307-12) 7. 공기관등에대한경상적위탁사업비(308-13) 8. 민간자본사업보조,자체재원(402-01) 9. 민간자본사업보조,이전재원(402-02) 10. 민간위탁사업비(402-03) 11. 공기관등에 대한 자본적 위탁사업비(403-02)	민간이전지출 근거 (지방보조금 관리기준 참고) 1. 법률에 규정 2. 국고보조 재원(국가지정) 3. 용도 지정 기부금 4. 조례에 직접규정 5. 지자체가 권장하는 사업을 하는 공공기관 6. 시,도 정책 및 재정사정 7. 기타 8. 해당없음	입찰방식 계약체결방법 (경쟁형태) 1. 일반경쟁 2. 제한경쟁 3. 지명경쟁 4. 수의계약 5. 법정위탁 6. 기타 ( ) 7. 없음	입찰방식 계약기간 1. 1년 2. 2년 3. 3년 4. 4년 5. 5년 6. 기타 ( )년 7. 단기계약 (1년미만) 8. 없음	입찰방식 낙찰자선정방법 1. 적격심사 2. 협상에의한계약 3. 최저가낙찰제 4. 규격가격분리 5. 2단계 경쟁입찰 6. 기타 ( ) 7. 없음	운영예산 산정 운영예산 산정 1. 내부산정 (지자체 자체적으로 산정) 2. 외부산정 (외부전문기관위탁 산정) 3. 내·외부 모두 산정 4. 산정 無 5. 없음	운영예산 산정 정산방법 1. 내부정산 (지자체 내부적으로 정산) 2. 외부정산 (외부전문기관위탁 정산) 3. 내·외부 모두 산정 4. 정산 無 5. 없음	성과평가 실시여부 1. 실시 2. 미실시 3. 향후 추진 4. 해당없음
10638	경북 예천군	포획야생동물사체위탁처리	35,000	4	6	4	1	2	1	1	4
10639	경북 예천군	활동보조가산급여	32,396	4	1	7	8	7	2	2	4
10640	경북 예천군	암천마을하수처리장관리대행	31,539	4	2	2	5	2	2	1	1
10641	경북 예천군	금당마루및소소금당위탁관리비	30,000	4	7	1	2	1	2	1	3
10642	경북 예천군	사회적경제활성화사업위탁	30,000	4	4	7	8	7	5	5	4
10643	경북 예천군	사과테마파크오토캠핑장위탁관리	30,000	4	4	7	8	7	1	1	1
10644	경북 예천군	파크골프장위탁관리	28,000	4	4	2	6	1	1	1	4
10645	경북 예천군	소규모마을하수처리시설관리대행(호명지구)	27,120	4	8	2	1	3	1	1	1
10646	경북 예천군	공설테니스장위탁관리	25,000	4	4	2	6	1	1	1	4
10647	경북 예천군	담암마을하수처리장관리대행	24,819	4	2	2	5	2	2	1	1
10648	경북 예천군	장애인주택개조지원	22,800	4	1	7	8	7	5	5	4
10649	경북 예천군	평생학습동아리지원	20,000	4	4	7	8	7	5	5	4
10650	경북 예천군	마을평생교육지도자양성사업(심화)	20,000	4	4	7	8	7	5	5	4
10651	경북 예천군	국궁전수관위탁관리	20,000	4	4	7	1	7	1	1	1
10652	경북 예천군	군민환경교육위탁운영	20,000	4	1	7	8	7	5	5	4
10653	경북 예천군	야생동물사체위탁처리	18,300	4	2	4	1	2	1	1	4
10654	경북 예천군	청소년성장캠프운영	16,000	4	4	7	8	7	5	5	4
10655	경북 예천군	결혼이민자역량강화지원	15,500	4	2	7	8	7	1	1	4
10656	경북 예천군	가사간병방문도우미	13,155	4	1	5	1	7	1	1	1
10657	경북 예천군	한센환자진료사업위탁운영	11,469	4	6	7	8	7	2	4	4
10658	경북 예천군	사례관리대상자환경개선위탁	10,000	4	1	5	1	7	1	1	2
10659	경북 예천군	방치폐기물(폐타이어등)운반및처리비용	10,000	4	7	7	8	7	5	5	4
10660	경북 예천군	탁구장위탁관리	10,000	4	4	2	1	1	1	1	4
10661	경북 예천군	지역특화여성취업교육	6,000	4	4	7	8	7	1	1	4
10662	경북 예천군	소규모사업장방지시설운영(사업대행)	5,700	4	2	7	8	7	5	5	4
10663	경북 예천군	야구장위탁관리	5,000	4	4	2	6	1	1	1	4
10664	경북 예천군	청년마음건강지원사업	4,088	4	1	5	1	7	1	1	2
10665	경북 예천군	장난감도서관놀이교육프로그램지원사업	4,000	4	6	7	8	7	1	1	4
10666	경북 예천군	귀농인의집위탁운영	3,000	4	4	7	8	7	1	1	1
10667	경북 예천군	담배소매인현지조사위탁	2,800	4	6	7	8	7	5	5	4
10668	경북 예천군	정구장위탁관리	2,500	4	4	2	6	1	1	1	4
10669	경북 예천군	보증기간경과장치성능유지관리	2,030	4	1	7	8	7	5	5	4
10670	경북 봉화군	노인일자리및사회활동지원	6,950,612	4	2	6	1	1	1	1	1
10671	경북 봉화군	생활폐기물수집운반대생사업비	4,028,000	4	4	2	2	1	2	1	1
10672	경북 봉화군	노인일자리및사회활동지원	1,622,840	4	2	6	1	1	1	1	1
10673	경북 봉화군	가축분뇨공공처리시설운영	1,420,000	4	1	2	6	5	2	1	3
10674	경북 봉화군	모니터링요원용역비	1,337,500	4	8	1	1	1	1	1	4
10675	경북 봉화군	자활근로사업(지역자활센터)	1,029,325	4	2	5	1	7	1	1	1
10676	경북 봉화군	노인복지관운영위탁금	915,000	4	7	7	8	7	1	1	1
10677	경북 봉화군	기초정신건강복지센터위탁운영	708,612	4	1	2	3	1	5	1	1

순번	시군구	지출명 (사업명)	2024년예산 (단위 : 천원 /1년간)	민간이전 분류 (지방자치단체 세출예산 집행기준에 의거) 1. 민간경상사업보조(307-02) 2. 민간단체 법정운영비보조(307-03) 3. 민간행사사업보조(307-04) 4. 민간위탁금(307-05) 5. 사회복지시설 법정운영비보조(307-10) 6. 민간인위탁교육비(307-12) 7. 공기관등에대한경상적위탁사업비(308-13) 8. 민간자본사업보조,지체재원(402-01) 9. 민간자본사업보조,이전재원(402-02) 10. 민간위탁사업비(402-03) 11. 공기관등에 대한 자본적 위탁사업비(403-02)	민간이전지출 근거 (지방보조금 관리기준 참고) 1. 법률에 규정 2. 국고보조 재원(국가지정) 3. 용도 지정 기부금 4. 조례에 직접규정 5. 지자체가 권장하는 사업을 하는 공공기관 6. 시,도 정책 및 재정사정 7. 기타 8. 해당없음	입찰방식 계약체결방법 (경쟁형태) 1. 일반경쟁 2. 제한경쟁 3. 지명경쟁 4. 수의계약 5. 법정위탁 6. 기타 ( ) 7. 없음	입찰방식 계약기간 1. 1년 2. 2년 3. 3년 4. 4년 5. 5년 6. 기타 ( )년 7. 단기계약 (1년미만) 8. 없음	입찰방식 낙찰자선정방법 1. 적격심사 2. 협상에의한계약 3. 최저가낙찰제 4. 규격가격분리 5. 2단계 경쟁입찰 6. 기타 ( ) 7. 없음	운영예산 산정 운영예산 산정 1. 내부산정 (지자체 자체적으로 산정) 2. 외부산정 (외부전문기관위탁 산정) 3. 내·외부 모두 산정 4. 산정 無 5. 없음	운영예산 산정 정산방법 1. 내부정산 (지자체 내부적으로 정산) 2. 외부정산 (외부전문기관위탁 정산) 3. 내·외부 모두 산정 4. 정산 無 5. 없음	성과평가 실시여부 1. 실시 2. 미실시 3. 향후 추진 4. 해당없음
10678	경북 봉화군	영유아보육료지원	600,212	4	2	7	8	7	5	5	4
10679	경북 봉화군	맑은누리파크소각폐기물운반용역	420,000	4	4	7	8	7	5	5	4
10680	경북 봉화군	특별교통수단운영	377,000	4	4	1	3	1	1	1	1
10681	경북 봉화군	시니어클럽운영	360,000	4	1	6	5	6	1	1	2
10682	경북 봉화군	노인일자리및사회활동지원	349,730	4	2	6	1	1	1	1	1
10683	경북 봉화군	생활폐기물위탁처리용역	205,200	4	4	7	8	7	5	5	4
10684	경북 봉화군	가연성영농폐기물처리용역	168,000	4	4	7	8	7	5	5	4
10685	경북 봉화군	공립요양병원치매환자지원프로그램운영	100,000	4	1	7	1	7	5	2	1
10686	경북 봉화군	지역사회건강조사	67,104	4	2	7	8	7	5	5	4
10687	경북 봉화군	도민대학운영	60,000	4	6	1	1	1	5	1	1
10688	경북 봉화군	유아숲교육운영	58,668	4	1	7	8	7	5	5	4
10689	경북 봉화군	폐반사필름등위탁처리비	42,000	4	4	7	8	7	5	5	4
10690	경북 봉화군	임도개설지사후관리대행사업	40,000	4	1	7	8	7	5	5	4
10691	경북 봉화군	주민리더십교육	33,000	4	5	7	8	7	5	1	1
10692	경북 봉화군	난연성폐스티로폼위탁처리비	30,000	4	4	7	8	7	5	5	4
10693	경북 봉화군	소규모하수처리시설위탁운영관리	24,000	4	7	4	1	7	1	1	4
10694	경북 봉화군	소규모하수처리시설위탁운영관리	24,000	4	1	4	1	2	1	5	4
10695	경북 봉화군	장애인주택개조사업	19,000	4	2	7	8	7	5	5	4
10696	경북 봉화군	농업유통단지오수처리시설유지관리	14,400	4	4	4	1	7	1	1	1
10697	경북 봉화군	자연휴양림오수처리시설관리대행	9,000	4	1	4	1	7	1	5	4
10698	경북 봉화군	한센병진료위탁사업비	8,925	4	5	5	1	7	1	1	1
10699	경북 봉화군	목재문화체험장오수처리시설관리대행	7,500	4	1	4	1	7	1	5	4
10700	경북 울진군	장애인종합복지관운영	1,699,636	4	1	7	8	7	1	1	1
10701	경북 울진군	울진왕피천케이블카운영	1,265,194	4	1,4	2	2	2	2	1	4
10702	경북 울진군	하수관거BTL사업관리운영비	980,000	4	1	5	8	7	2	5	1
10703	경북 울진군	울진아쿠아리움운영	942,712	4	1,4	2	5	2	2	1	3
10704	경북 울진군	중증장애인자립지원센터운영	330,222	4	1	7	8	7	1	1	1
10705	경북 울진군	장애인주간보호시설운영	222,949	4	1	7	8	7	1	1	1
10706	경북 울진군	지역사회건강조사	67,716	4	2	5	1	7	5	1	1
10707	경북 울진군	근남면문화체육센터운영	52,000	4	4	6	5	6	3	3	3
10708	경북 울진군	농어촌장애인주택개조지원사업	26,600	4	7	4	7	7	1	1	4
10709	경북 울진군	건강한치아가꾸기	8,000	4	6	7	1	7	1	1	4
10710	경북 울진군	당뇨합병증예방사업	1,500	4	6	7	1	7	1	1	4
10711	경북 울진군	당뇨합병증예방사업	200	4	6	7	1	7	1	1	4
10712	경북 울릉군	생활폐기물소각시설민간위탁비	1,996,273	4	4	4	3	2	1	1	2
10713	경북 울릉군	음식물류폐기물공공처리시설민간위탁비	690,000	4	4	4	1	2	1	1	2
10714	경북 울릉군	가족센터운영지원(자체사업)	94,740	4	1	7	8	7	1	1	1
10715	경북 울릉군	가족센터사업지원(자체사업)	69,550	4	1	7	8	7	1	1	1
10716	경북 울릉군	특별교통수단운영	31,000	4	4	7	8	7	5	5	4
10717	경상남도	산불교육및훈련등	227,200	4	1	4	1	6	2	1	3

순번	시군구	지출명 (사업명)	2024년예산 (단위 : 천원 /1년간)	민간이전 분류 (지방자치단체 세출예산 집행기준에 의거) 1. 민간경상사업보조(307-02) 2. 민간단체 법정운영비보조(307-03) 3. 민간행사사업보조(307-04) 4. 민간위탁금(307-05) 5. 사회복지시설 법정운영비보조(307-10) 6. 민간인위탁교육비(307-12) 7. 공기관등에대한경상적위탁사업비(308-13) 8. 민간자본사업보조,자체재원(402-01) 9. 민간자본사업보조,이전재원(402-02) 10. 민간위탁사업비(402-03) 11. 공기관등에 대한 자본적 위탁사업비(403-02)	민간이전지출 근거 (지방보조금 관리기준 참고) 1. 법률에 규정 2. 국고보조 재원(국가지정) 3. 용도 지정 기부금 4. 조례에 직접규정 5. 지자체가 권장하는 사업을 하는 공공기관 6. 시,도 정책 및 재정사정 7. 기타 8. 해당없음	입찰방식			운영예산 산정		성과평가 실시여부
						계약체결방법 (경쟁형태) 1. 일반경쟁 2. 제한경쟁 3. 지명경쟁 4. 수의계약 5. 법정위탁 6. 기타 ( ) 7. 없음	계약기간 1. 1년 2. 2년 3. 3년 4. 4년 5. 5년 6. 기타 ( )년 7. 단기계약 (1년미만) 8. 없음	낙찰자선정방법 1. 적격심사 2. 협상에의한계약 3. 최저가낙찰제 4. 규격가격분리 5. 2단계 경쟁입찰 6. 기타 ( ) 7. 없음	운영예산 산정 1. 내부산정 (지자체 자체적으로 산정) 2. 외부산정 (외부전문기관위탁 산정) 3. 내·외부 모두 산정 4. 산정 無 5. 없음	정산방법 1. 내부정산 (지자체 내부적으로 정산) 2. 외부정산 (외부전문기관위탁 정산) 3. 내·외부 모두 산정 4. 정산 無 5. 없음	1. 실시 2. 미실시 3. 향후 추진 4. 해당없음
10718	경상남도	지역산업마케팅지원(해외마케팅)	870,000	4	4	6	2	7	1	1	3
10719	경상남도	여성긴급전화1366경남센터운영지원	720,798	4	2	7	5	7	3	1	1
10720	경상남도	지방육아종합지원센터운영(직접)(전환)	604,608	4	1	5	3	7	1	1	1
10721	경상남도	경상남도외국인주민지원센터운영	525,000	4	4	7	3	7	1	1	1
10722	경상남도	지역장애인권익옹호기관운영지원	489,791	4	1,2,4	1	3	1	3	3	1
10723	경상남도	돌봄노동자지원센터운영지원	357,000	4	4	7	5	7	1	1	1
10724	경상남도	도장애인가족지원센터운영비지원	342,000	4	4	1	3	1	1	1	3
10725	경상남도	여성폭력관련시설종사자처우개선(도)	262,800	4	5	7	8	7	3	1	1
10726	경상남도	중소기업수출역량강화지원	131,000	4	4	6	2	7	1	1	3
10727	경상남도	성매매피해아동청소년지원센터운영	127,882	4	2	7	3	7	3	1	1
10728	경상남도	경남육아종합지원센터운영	107,600	4	1	5	3	7	1	1	1
10729	경상남도	젠더폭력재발방지통합관리시스템운영	70,000	4	5	7	8	7	3	1	1
10730	경상남도	시간제보육지원관리기관운영	51,640	4	1	5	3	7	1	1	1
10731	경상남도	장난감도서관인프라구축	50,000	4	1	5	3	7	1	1	1
10732	경상남도	농식품소비자단체교육홍보지원	40,000	4	2	7	8	7	1	1	1
10733	경상남도	긴급피난처위기여성생활보호및귀가조치	30,000	4	5	7	8	7	3	1	1
10734	경상남도	세계인의날기념식및문화다양성증진행사	24,000	4	7	7	7	7	1	1	4
10735	경상남도	여성긴급전화1366경남센터기능보강	18,000	4	2	7	8	7	3	1	1
10736	경상남도	여성긴급전화1366경남센터네트워크관리	15,000	4	5	7	8	7	3	1	1
10737	경상남도	장애인차별및인권침해실태조사	15,000	4	1,2,4	1	3	1	3	3	1
10738	경상남도	다문화체험및교육프로그램운영	8,000	4	7	7	8	7	1	1	1
10739	경상남도	무역의날포상전수및경남무역인상시상	5,000	4	4	6	2	7	1	1	3
10740	경상남도	젠더폭력근절홍보	5,000	4	1	7	8	7	1	1	1
10741	경상남도	여성긴급전화1366경남센터의료비지원	3,000	4	2	7	8	7	3	1	1
10742	경남 창원시	창원생활폐기물재활용처리종합단지민간위탁운영용역(3차)	10,055,570	4	1	2	3	2	2	1	1
10743	경남 창원시	덕동하수슬러지소각시설관리대행	9,710,000	4	1	2	3	5	2	1	1
10744	경남 창원시	성산자원회수시설민간위탁관리용역	9,107,880	4	1	2	3	2	2	1	3
10745	경남 창원시	진해·진해동부공공하수도시설관리대행	8,620,000	4	1	2	3	5	2	1	1
10746	경남 창원시	마산자원회수시설민간위탁관리용역(마산재활용선별장민간위탁관리포함)	8,388,000	4	1	2	3	2	2	1	1
10747	경남 창원시	창원시대산북면공공하수도시설관리대행	7,828,000	4	1	2	3	5	2	1	1
10748	경남 창원시	창원시진동공공하수도시설관리대행	3,454,000	4	1	2	3	5	2	1	1
10749	경남 창원시	진해자원회수시설민간위탁관리용역	3,388,020	4	1	2	3	2	2	1	1
10750	경남 창원시	창원음폐수바이오에너지화시설민간위탁관리용역	2,733,230	4	1	4	3	6	2	1	1
10751	경남 창원시	창원분뇨가축분뇨공공처리시설관리대행	2,691,000	4	1	2	3	5	2	1	1
10752	경남 창원시	장애인복지관운영(3개소)	2,315,803	4	1	1	5	1	1	1	1
10753	경남 창원시	어린이급식관리지원센터운영비	2,205,000	4	2	1	5	1	1	2	1
10754	경남 창원시	창원과학체험관BTL사업임대료	2,104,000	4	2	1	6	2	5	5	1
10755	경남 창원시	평생학습센터위탁운영비	2,034,702	4	5	5	2	6	1	1	1
10756	경남 창원시	마산음식물류폐기물자원화처리장민간위탁운영용역(3차)	1,527,880	4	1	2	3	2	2	1	1
10757	경남 창원시	창원시진해종합사회복지관운영비	1,470,695	4	1	5	5	7	5	1	1

순번	시군구	지출명 (사업명)	2024년예산 (단위 : 천원 /1년간)	민간이전 분류 (지방자치단체 세출예산 집행기준에 의거) 1. 민간경상사업보조(307-02) 2. 민간단체 법정운영비보조(307-03) 3. 민간행사사업보조(307-04) 4. 민간위탁금(307-05) 5. 사회복지시설 법정운영비보조(307-10) 6. 민간인위탁교육비(307-12) 7. 공기관등에대한경상적위탁사업비(308-13) 8. 민간자본사업보조,자체재원(402-01) 9. 민간자본사업보조,이전재원(402-02) 10. 민간위탁사업비(402-03) 11. 공기관등에 대한 자본적 위탁사업비(403-02)	민간이전지출 근거 (지방보조금 관리기준 참고) 1. 법률에 규정 2. 국고보조 재원(국가지정) 3. 용도 지정 기부금 4. 조례에 직접규정 5. 지자체가 권장하는 사업을 하는 공공기관 6. 시,도 정책 및 재정사정 7. 기타 8. 해당없음	입찰방식: 계약체결방법 (경쟁형태) 1. 일반경쟁 2. 제한경쟁 3. 지명경쟁 4. 수의계약 5. 법정위탁 6. 기타 ( ) 7. 없음	입찰방식: 계약기간 1. 1년 2. 2년 3. 3년 4. 4년 5. 5년 6. 기타 ( )년 7. 단기계약 (1년미만) 8. 없음	입찰방식: 낙찰자선정방법 1. 적격심사 2. 협상에의한계약 3. 최저가낙찰제 4. 규격가격분리 5. 2단계 경쟁입찰 6. 기타 ( ) 7. 없음	운영예산 산정: 운영예산 산정 1. 내부산정 (지자체 자체적으로 산정) 2. 외부산정 (외부전문기관위탁 산정) 3. 내·외부 모두 산정 4. 산정 無 5. 없음	운영예산 산정: 정산방법 1. 내부정산 (지자체 내부적으로 정산) 2. 외부정산 (외부전문기관위탁 정산) 3. 내·외부 모두 산정 4. 정산 無 5. 없음	성과평가 실시여부 1. 실시 2. 미실시 3. 향후 추진 4. 해당없음
10758	경남 창원시	창원과학체험관BTL사업운영비	1,393,005	4	7	1	6	2	5	5	1
10759	경남 창원시	직업재활센터및보호작업센터운영지원	1,177,547	4	1	1	5	1	1	1	1
10760	경남 창원시	육아종합지원센터대체교사	1,041,333	4	1	7	8	7	1	1	4
10761	경남 창원시	공립작은도서관위탁운영비	1,010,365	4	4	7	8	7	1	1	1
10762	경남 창원시	마산회원노인종합복지관운영	980,000	4	1,4	1	5	1	1	1	1
10763	경남 창원시	시립곰두리국민체육센터운영	920,000	4	4	1	5	6	1	1	2
10764	경남 창원시	창원정신건강복지센터위탁운영	915,982	4	2	1	3	2	4	1	1
10765	경남 창원시	진해서부노인종합복지관운영	795,000	4	1,4	1	5	1	1	1	1
10766	경남 창원시	진해노인종합복지관운영	791,122	4	1,4	1	5	1	1	1	1
10767	경남 창원시	2024년의창1구역공원녹지청소용역	710,600	4	8	7	8	7	5	5	4
10768	경남 창원시	창원시마산가족센터운영(위탁)	688,030	4	1,4	6	5	6	5	1	3
10769	경남 창원시	2024년의창2구역공원녹지청소용역	631,400	4	8	7	8	7	5	5	4
10770	경남 창원시	중리초등학교복합화시설(BTL)	606,000	4	1	6	8	6	1	1	1
10771	경남 창원시	장애인특별운송사업운영	600,000	4	4	7	1	7	1	1	1
10772	경남 창원시	창원시정신재활센터위탁운영	600,000	4	1	1	3	2	1	1	1
10773	경남 창원시	진해청소년전당	596,300	4	1	1	5	6	1	1	1
10774	경남 창원시	육아종합지원센터운영(전환사업)	504,000	4	4	1	5	1	1	1	1
10775	경남 창원시	진해기적의도서관위탁운영	450,000	4	4	1	5	1	2	1	1
10776	경남 창원시	자은종합사회복지관운영비	435,178	4	1	5	5	7	5	1	1
10777	경남 창원시	창원시시군역량강화사업	400,000	4	4	7	8	7	1	1	1
10778	경남 창원시	주남환경교실생태교육프로그램운영	400,000	4	4	1	6	2	2	1	1
10779	경남 창원시	공중화장실청소용역	372,023	4	1	2	1	1	1	1	2
10780	경남 창원시	마산가족센터다문화가족특성화사업	361,440	4	1,4	6	5	6	5	1	3
10781	경남 창원시	진해청소년수련관	359,560	4	1	1	5	6	1	1	1
10782	경남 창원시	사회적경제지원센터운영	329,000	4	4	1	3	1	1	3	1
10783	경남 창원시	창원중독관리통합지원센터위탁운영	307,380	4	2	1	3	2	4	1	1
10784	경남 창원시	중간조지원조직운영	307,096	4	4	7	8	7	1	1	1
10785	경남 창원시	2024년칠서정수장청사관리용역	300,000	4	8	7	8	7	5	5	4
10786	경남 창원시	장난감도서관운영	270,000	4	4	7	3	7	1	1	4
10787	경남 창원시	2024년사화공원내모험체험존운영용역	264,000	4	8	7	8	7	5	5	4
10788	경남 창원시	이순신리더십국제센터민간위탁	225,000	4	4	2	2	2	2	3	1
10789	경남 창원시	공중화장실위탁관리	224,400	4	4	2	1	1	1	1	4
10790	경남 창원시	청소년성문화센터운영	213,209	4	2	1	5	2	1	1	3
10791	경남 창원시	장애인체육관운영	213,070	4	1	1	5	1	1	1	1
10792	경남 창원시	마산항친수공간청소용역	210,000	4	8	7	8	7	5	5	4
10793	경남 창원시	공중화장실청소용역비	209,000	4	4	2	1	3	1	1	2
10794	경남 창원시	유아숲지도사산림복지전문업위탁운영지원	205,058	4	2	7	8	7	5	5	4
10795	경남 창원시	봉림청소년수련관	204,440	4	1	6	6	7	1	1	1
10796	경남 창원시	사회복지급식관리지원센터위탁운영비	200,000	4	2	1	2	1	1	2	1
10797	경남 창원시	팔용농산물도매시장청소용역	200,000	4	7	7	8	7	5	5	4

순번	시군구	지출명 (사업명)	2024년예산 (단위 : 천원 /1년간)	민간이전 분류 (지방자치단체 세출예산 집행기준에 의거) 1. 민간경상사업보조(307-02) 2. 민간단체 법정운영비보조(307-03) 3. 민간행사사업보조(307-04) 4. 민간위탁금(307-05) 5. 사회복지시설 법정운영비보조(307-10) 6. 민간인위탁교육비(307-12) 7. 공기관등에대한경상적위탁사업비(308-13) 8. 민간자본사업보조,자체재원(402-01) 9. 민간자본사업보조,이전재원(402-02) 10. 민간위탁사업비(402-03) 11. 공기관등에 대한 자본적 위탁사업비(403-02)	민간이전지출 근거 (지방보조금 관리기준 참고) 1. 법률에 규정 2. 국고보조 재원(국가지정) 3. 용도 지정 기부금 4. 조례에 직접규정 5. 지자체가 권장하는 사업을 하는 공공기관 6. 시,도 정책 및 재정사정 7. 기타 8. 해당없음	입찰방식			운영예산 산정		성과평가 실시여부
						계약체결방법 (경쟁형태) 1. 일반경쟁 2. 제한경쟁 3. 지명경쟁 4. 수의계약 5. 법정위탁 6. 기타 ( ) 7. 없음	계약기간 1. 1년 2. 2년 3. 3년 4. 4년 5. 5년 6. 기타 ( )년 7. 단기계약 (1년미만) 8. 없음	낙찰자선정방법 1. 적격심사 2. 협상에의한계약 3. 최저가낙찰제 4. 규격가격분리 5. 2단계 경쟁입찰 6. 기타 ( ) 7. 없음	운영예산 산정 1. 내부산정 (지자체 자체적으로 산정) 2. 외부산정 (외부전문기관위탁 산정) 3. 내·외부 모두 산정 4. 산정 無 5. 없음	정산방법 1. 내부정산 (지자체 내부적으로 정산) 2. 외부정산 (외부전문기관위탁 정산) 3. 내·외부 모두 산정 4. 정산 無 5. 없음	1. 실시 2. 미실시 3. 향후 추진 4. 해당없음
10798	경남 창원시	2024년내서농산물도매시장청소용역	200,000	4	7	7	8	7	5	5	4
10799	경남 창원시	공동육아나눔터운영(4개소)	198,492	4	1,4	6	5	6	5	1	3
10800	경남 창원시	새마을문고운영비	187,200	4	4	7	8	7	1	1	1
10801	경남 창원시	장애아동발달지원센터운영	170,000	4	1	1	5	1	1	1	1
10802	경남 창원시	중독관리통합지원센터운영비	167,380	4	2	1	3	1	3	3	1
10803	경남 창원시	조업중인양쓰레기수매사업	160,000	4	6	7	8	7	5	5	4
10804	경남 창원시	여성노동자임대아파트시설경비용역	148,000	4	4	2	1	1	1	1	4
10805	경남 창원시	정수장청사관리용역	143,136	4	7	2	1	3	1	1	2
10806	경남 창원시	장애인복지관재가복지센터운영	139,252	4	1	1	5	1	1	1	1
10807	경남 창원시	해양친수시설청소용역	130,000	4	8	7	8	7	5	5	4
10808	경남 창원시	봉림청소년문화의집	129,680	4	1	1	5	6	1	1	1
10809	경남 창원시	마산청소년문화의집	129,680	4	1	1	5	6	1	1	1
10810	경남 창원시	2024년석동정수장청소용역	123,189	4	8	1	1	1	2	1	2
10811	경남 창원시	진해청소년문화의집	119,390	4	1	1	5	6	1	1	1
10812	경남 창원시	창원시농촌신활력플러스사업	110,188	4	4	7	8	7	1	1	1
10813	경남 창원시	진해장애인목욕탕운영	102,000	4	1	1	5	1	1	1	1
10814	경남 창원시	통합정신건강증진사업운영비(중독센터)	98,200	4	2	1	3	1	3	3	1
10815	경남 창원시	산림치유지도사산림복지전문업위탁운영지원	96,000	4	2	7	8	7	5	5	4
10816	경남 창원시	마을만들기(자율개발)예비단계사업	87,000	4	4	7	8	7	1	1	1
10817	경남 창원시	창원수목원청소용역	85,000	4	7	4	7	3	1	1	4
10818	경남 창원시	웅천도요지전시관야간경비용역	77,500	4	8	4	1	3	1	1	4
10819	경남 창원시	문신미술관야간경비용역	77,000	4	8	4	1	3	1	1	4
10820	경남 창원시	문학관야간경비용역	77,000	4	8	4	1	3	1	1	4
10821	경남 창원시	음악관야간경비용역	77,000	4	8	4	1	3	1	1	4
10822	경남 창원시	마산박물관야간경비용역	76,000	4	8	4	1	3	1	1	4
10823	경남 창원시	공공부문사립작은도서관위탁운영비	71,058	4	4	7	8	7	1	1	1
10824	경남 창원시	마을상수도위탁관리사업	70,000	4	4	7	8	7	5	5	4
10825	경남 창원시	지역사회건강조사분석위탁운영비	68,590	4	2	4	1	2	3	3	1
10826	경남 창원시	지역사회건강조사분석위탁운영비	68,590	4	2	4	1	2	3	3	1
10827	경남 창원시	지역사회건강조사조사분석위탁운영비	68,362	4	2	4	1	2	3	3	1
10828	경남 창원시	멧돼지폐사체처리(아프리카돼지열병대응사업)	66,895	4	1	4	1	7	1	1	4
10829	경남 창원시	마산항친수공간불법행위단속용역	65,000	4	8	7	8	7	5	5	4
10830	경남 창원시	진해만생태숲해설운영사업	58,942	4	2	7	8	7	5	5	4
10831	경남 창원시	마산박물관청소용역	54,000	4	8	4	1	3	1	1	4
10832	경남 창원시	문학관및음악관청소용역	54,000	4	8	4	1	3	1	1	4
10833	경남 창원시	웅천도요지전시관청소용역	53,700	4	8	4	1	3	1	1	4
10834	경남 창원시	이원수문학관위탁운영	51,600	4	1,4	4	3	7	1	1	1
10835	경남 창원시	근로자복지타운관리운영위탁금	50,000	4	4	7	8	7	5	5	4
10836	경남 창원시	병원아동돌봄서비스	50,000	4	4	7	8	7	1	1	1
10837	경남 창원시	용지호수수질관리민간위탁	50,000	4	6	2	1	3	1	1	2

순번	시군구	지출명 (사업명)	2024년예산 (단위 : 천원 /1년간)	민간이전 분류 (지방자치단체 세출예산 집행기준에 의거) 1. 민간경상사업보조(307-02) 2. 민간단체 법정운영비보조(307-03) 3. 민간행사사업보조(307-04) 4. 민간위탁금(307-05) 5. 사회복지시설 법정운영비보조(307-10) 6. 민간인위탁교육비(307-12) 7. 공기관등에대한경상적위탁사업비(308-13) 8. 민간자본사업보조,자체재원(402-01) 9. 민간자본사업보조,이전재원(402-02) 10. 민간위탁사업비(402-03) 11. 공기관등에 대한 자본적 위탁사업비(403-02)	민간이전지출 근거 (지방보조금 관리기준 참고) 1. 법률에 규정 2. 국고보조 재원(국가지정) 3. 용도 지정 기부금 4. 조례에 직접규정 5. 지자체가 권장하는 사업을 하는 공공기관 6. 시,도 정책 및 재정사정 7. 기타 8. 해당없음	입찰방식: 계약체결방법 (경쟁형태) 1. 일반경쟁 2. 제한경쟁 3. 지명경쟁 4. 수의계약 5. 법정위탁 6. 기타 ( ) 7. 없음	입찰방식: 계약기간 1. 1년 2. 2년 3. 3년 4. 4년 5. 5년 6. 기타 ( )년 7. 단기계약 (1년미만) 8. 없음	입찰방식: 낙찰자선정방법 1. 적격심사 2. 협상에의한계약 3. 최저가낙찰제 4. 규격가격분리 5. 2단계 경쟁입찰 6. 기타 ( ) 7. 없음	운영예산 산정: 운영예산 산정 1. 내부산정 (지자체 자체적으로 산정) 2. 외부산정 (외부전문기관위탁 산정) 3. 내·외부 모두 산정 4. 산정 無 5. 없음	운영예산 산정: 정산방법 1. 내부정산 (지자체 내부적으로 정산) 2. 외부정산 (외부전문기관위탁 정산) 3. 내·외부 모두 정산 4. 정산 無 5. 없음	성과평가 실시여부 1. 실시 2. 미실시 3. 향후 추진 4. 해당없음
10838	경남 창원시	문신미술관청소용역	50,000	4	8	4	1	3	1	1	4
10839	경남 창원시	여성회관창원관청소용역	48,000	4	4	2	1	1	1	1	4
10840	경남 창원시	여성회관마산관청사청소용역	48,000	4	4	2	1	1	1	1	4
10841	경남 창원시	드림파크전시관청소용역	42,000	4	7	2	1	3	1	1	4
10842	경남 창원시	3.15해양누리공원물놀이장운영및청소용역	40,000	4	8	7	8	7	5	5	4
10843	경남 창원시	어린이교통공원위탁운영비	36,740	4	4	6	2	6	1	1	2
10844	경남 창원시	고라니및야생조류폐사체처리	30,000	4	1	4	1	7	1	1	4
10845	경남 창원시	치유의숲청소용역	30,000	4	7	2	1	3	1	1	4
10846	경남 창원시	리폼자전거생산	27,500	4	6	1	7	5	1	1	4
10847	경남 창원시	여상장애인교육	26,412	4	2	1	3	1	1	1	1
10848	경남 창원시	생태계교란생물퇴치사업	24,000	4	2	4	7	7	1	1	1
10849	경남 창원시	청소용역	24,000	4	7	7	8	7	5	5	4
10850	경남 창원시	마을상수도위탁관리사업	22,000	4	4	7	8	7	5	5	4
10851	경남 창원시	시장공영주차장관리운영(명서시장외16개소)	20,000	4	1	7	8	7	5	5	4
10852	경남 창원시	마산항친수공간비점오염저감시설유지관리용역	20,000	4	8	7	8	7	5	5	4
10853	경남 창원시	중독관리사업(4대중독)운영비	20,000	4	6	1	3	1	3	3	1
10854	경남 창원시	창원수목원분수시설청소용역	20,000	4	7	7	8	7	5	5	4
10855	경남 창원시	산불무인감시카메라위탁관리용역	20,000	4	8	4	7	7	1	4	4
10856	경남 창원시	추가부지유지관리대행	18,000	4	7	4	7	7	1	1	1
10857	경남 창원시	2024년보훈시설청소등관리용역	17,500	4	4	4	1	3	1	1	4
10858	경남 창원시	마을상수도위탁관리	17,000	4	4	4	1	7	1	1	2
10859	경남 창원시	마산구항취수관로사설항로표지위탁관리용역	15,983	4	4	7	8	7	5	5	4
10860	경남 창원시	해양친수시설분수시설운영용역	15,000	4	8	7	8	7	5	5	4
10861	경남 창원시	분수시설저수조청소용역	15,000	4	8	7	8	7	5	5	4
10862	경남 창원시	주남저수지연꽃단지관리위탁	15,000	4	8	4	7	7	1	1	4
10863	경남 창원시	2024년부상야생동물치료민간위탁	13,200	4	1	4	1	7	1	1	2
10864	경남 창원시	유해야생동물포획틀관리용역	13,000	4	1	4	1	7	1	1	4
10865	경남 창원시	2024년부상야생동물치료민간위탁	13,000	4	1	4	1	7	1	1	2
10866	경남 창원시	이원수문학관홈페이지유지보수및소식지발간	13,000	4	1,4	4	3	7	1	1	1
10867	경남 창원시	부상야생동물치료비	13,000	4	1	4	1	6	1	1	4
10868	경남 창원시	리폼자전거폐기물처리	12,000	4	6	1	7	5	1	1	4
10869	경남 창원시	2024년내서농산물도매시장소방안전관리용역	12,000	4	7	7	8	7	5	5	4
10870	경남 창원시	주남저수지철새먹이(볍씨)생산영농위탁	12,000	4	7	4	1	7	1	1	2
10871	경남 창원시	부상야생동물치료	12,000	4	1	4	1	6	1	1	3
10872	경남 창원시	부상야생동물출동구조비	12,000	4	1	4	1	6	1	1	4
10873	경남 창원시	2024년부상야생동물구조민간위탁	11,400	4	1	4	1	7	1	1	2
10874	경남 창원시	2024년부상야생동물구조민간위탁	11,100	4	1	4	1	7	1	1	2
10875	경남 창원시	팔용농산물도매시장방역용역	11,000	4	7	7	8	7	5	5	4
10876	경남 창원시	한센병관리사업지원	10,250	4	1,4,6	5	1	7	5	5	2
10877	경남 창원시	부상야생동물구조	10,200	4	1	4	1	6	1	1	3

순번	시군구	지출명 (사업명)	2024년예산 (단위 : 천원 /1년간)	민간이전 분류 (지방자치단체 세출예산 집행기준에 의거) 1. 민간경상사업보조(307-02) 2. 민간단체 법정운영비보조(307-03) 3. 민간행사사업보조(307-04) 4. 민간위탁금(307-05) 5. 사회복지시설 법정운영비보조(307-10) 6. 민간인위탁교육비(307-12) 7. 공기관등에대한경상적위탁사업비(308-13) 8. 민간자본사업보조,자체재원(402-01) 9. 민간자본사업보조,이전재원(402-02) 10. 민간위탁사업비(402-03) 11. 공기관등에 대한 자본적 위탁사업비(403-02)	민간이전지출 근거 (지방보조금 관리기준 참고) 1. 법률에 규정 2. 국고보조 재원(국가지정) 3. 용도 지정 기부금 4. 조례에 직접규정 5. 지자체가 권장하는 사업을 하는 공공기관 6. 시,도 정책 및 재정사정 7. 기타 8. 해당없음	입찰방식			운영예산 산정		성과평가 실시여부
						계약체결방법 (경쟁형태) 1. 일반경쟁 2. 제한경쟁 3. 지명경쟁 4. 수의계약 5. 법정위탁 6. 기타 ( ) 7. 없음	계약기간 1. 1년 2. 2년 3. 3년 4. 4년 5. 5년 6. 기타 ( )년 7. 단기계약 (1년미만) 8. 없음	낙찰자선정방법 1. 적격심사 2. 협상에의한계약 3. 최저가낙찰제 4. 규격가격분리 5. 2단계 경쟁입찰 6. 기타 ( ) 7. 없음	운영예산 산정 1. 내부산정 (지자체 자체적으로 산정) 2. 외부산정 (외부전문기관위탁 산정) 3. 내·외부 모두 산정 4. 산정 無 5. 없음	정산방법 1. 내부정산 (지자체 내부적으로 정산) 2. 외부정산 (외부전문기관위탁 정산) 3. 내·외부 모두 산정 4. 정산 無 5. 없음	1. 실시 2. 미실시 3. 향후 추진 4. 해당없음
10878	경남 창원시	2024년내서농산물도매시장방역용역	10,000	4	7	7	8	7	5	5	4
10879	경남 창원시	주남저수지환경정비	10,000	4	8	4	7	7	1	1	4
10880	경남 창원시	웅천도요지전시관조경관리용역	10,000	4	8	4	1	3	1	1	4
10881	경남 창원시	우도보도교사설항로표지위탁관리용역	9,000	4	1	4	1	7	1	1	1
10882	경남 창원시	한센병관리사업지원	8,410	4	1,4,6	5	1	7	5	5	2
10883	경남 창원시	보도교사설항로표지위탁관리용역	8,000	4	8	7	8	7	5	5	4
10884	경남 창원시	먹는물공동시설위탁관리	6,120	4	4	4	1	7	1	1	2
10885	경남 창원시	한센병관리사업지원	5,420	4	1,4,6	5	1	7	5	5	2
10886	경남 창원시	AI조류검사	1,500	4	1	4	1	7	1	1	4
10887	경남 진주시	2024년경남진주혁신도시복합혁신센터시설물관리용역	462,528	4	8	2	1	1,3	2	2	4
10888	경남 진주시	위탁자활근로사업	3,658,032	4	2	7	1	7	1	1	1
10889	경남 진주시	음식물쓰레기공공처리시설위탁운영수수료	3,451,000	4	1	1	3	1	2	1	1
10890	경남 진주시	교통약자특별교통수단위탁사업	3,192,000	4	4	1	2	2	2	1	3
10891	경남 진주시	진주시체육회운영지원	3,008,828	4	1,4	7	8	7	1	1	1
10892	경남 진주시	재활용품선별장민간위탁	2,536,000	4	4	4	2	7	2	1	1
10893	경남 진주시	저소득층자산형성지원사업	1,781,508	4	2	7	8	7	1	1	1
10894	경남 진주시	공공폐수처리시설위탁운영비	1,670,000	4	1	2	3	4	2	1	1
10895	경남 진주시	장애인종합복지관운영비	1,573,477	4	1	7	8	7	1	1	4
10896	경남 진주시	노숙인복지시설운영지원(전환사업)	1,561,897	4	1	1	5	1	1	1	1
10897	경남 진주시	사회복지관시설운영비	1,315,585	4	1	7	8	7	1	1	4
10898	경남 진주시	진성및소규모공공하수처리시설관리대행운영용역비	1,308,000	4	4	2	3	2	2	1	1
10899	경남 진주시	노인일자리전담인력인건비(위탁형)	1,242,360	4	2	1	1	1	1	1	1
10900	경남 진주시	장애인문화체육센터관리위탁금	1,195,105	4	1,4	4	3	1	1	1	1
10901	경남 진주시	하수슬러지처리시설(탄화)민간위탁용역비	1,143,105	4	4	2	3	4	3	1	1
10902	경남 진주시	진주시민축구단운영지원	995,000	4	1,4	7	8	7	2	1	1
10903	경남 진주시	실크산업혁신센터위탁관리비	900,000	4	4	7	8	7	1	1	1
10904	경남 진주시	장애인체육회운영지원	784,178	4	1,4	7	8	7	1	1	1
10905	경남 진주시	진주지식산업센터건물관리용역	520,000	4	1	1	1	3	2	1	4
10906	경남 진주시	장애인복지일자리지원사업	462,994	4	1	7	8	7	5	5	4
10907	경남 진주시	수소차충전소민간위탁금	328,748	4	1,4	7	8	7	5	1	1
10908	경남 진주시	물빛나루쉼터운영	300,000	4	4	2	3	2	2	1	1
10909	경남 진주시	2024년혁신지원센터및복합문화센터건물관리용역	250,000	4	4	1	1	3	1	1	4
10910	경남 진주시	무역사절단파견사업(종합.기계)	230,000	4	4	7	8	7	1	1	4
10911	경남 진주시	지수남명진취가및승산에부자한옥위탁운영	170,000	4	4	6	2	6	2	1	4
10912	경남 진주시	충효교육원운영	150,000	4	4	7	8	7	1	1	4
10913	경남 진주시	발달장애인요양보호사보조일자리지원사업	93,200	4	1	7	8	7	5	5	4
10914	경남 진주시	수출물류비지원사업	40,000	4	4	7	8	7	1	1	4
10915	경남 진주시	건강올리고사업	30,000	4	1	1	1	1	1	1	1
10916	경남 진주시	보건지소및보건진료소운영지역건강역량강화사업	30,000	4	7	6	1	6	1	1	1
10917	경남 진주시	한센환자위탁진료비	21,520	4	1	7	1	7	2	3	2

순번	시군구	지출명 (사업명)	2024년예산 (단위 : 천원 /1년간)	민간이전 분류 (지방자치단체 세출예산 집행기준에 의거) 1. 민간경상사업보조(307-02) 2. 민간단체 법정운영비보조(307-03) 3. 민간행사사업보조(307-04) 4. 민간위탁금(307-05) 5. 사회복지시설 법정운영비보조(307-10) 6. 민간인위탁교육비(307-12) 7. 공기관등에대한경상적위탁사업비(308-13) 8. 민간자본사업보조,자체재원(402-01) 9. 민간자본사업보조,이전재원(402-02) 10. 민간위탁사업비(402-03) 11. 공기관등에 대한 자본적 위탁사업비(403-02)	민간이전지출 근거 (지방보조금 관리기준 참고) 1. 법률에 규정 2. 국고보조 재원(국가지정) 3. 용도 지정 기부금 4. 조례에 직접규정 5. 지자체가 권장하는 사업을 하는 공공기관 6. 시,도 정책 및 재정사정 7. 기타 8. 해당없음	입찰방식 계약체결방법 (경쟁형태) 1. 일반경쟁 2. 제한경쟁 3. 지명경쟁 4. 수의계약 5. 법정위탁 6. 기타 ( ) 7. 없음	입찰방식 계약기간 1. 1년 2. 2년 3. 3년 4. 4년 5. 5년 6. 기타 ( )년 7. 단기계약 (1년미만) 8. 없음	입찰방식 낙찰자선정방법 1. 적격심사 2. 협상에의한계약 3. 최저가낙찰제 4. 규격가격분리 5. 2단계 경쟁입찰 6. 기타 ( ) 7. 없음	운영예산 산정 운영예산 산정 1. 내부산정 (지자체 자체적으로 산정) 2. 외부산정 (외부전문기관위탁 산정) 3. 내·외부 모두 산정 4. 산정 無 5. 없음	운영예산 산정 정산방법 1. 내부정산 (지자체 내부적으로 정산) 2. 외부정산 (외부전문기관위탁 정산) 3. 내·외부 모두 산정 4. 정산 無 5. 없음	성과평가 실시여부 1. 실시 2. 미실시 3. 향후 추진 4. 해당없음
10918	경남 진주시	건강한아파트만들기	20,000	4	1	1	2	1	1	1	1
10919	경남 진주시	건강도시공모사업	20,000	4	4	1	7	1	1	1	1
10920	경남 진주시	창작유등체험관사업지원	15,000	4	1,4	4	3	7	1	1	1
10921	경남 진주시	호스피스자원봉사자양성교육프로그램위탁비	10,000	4	1	1	1	1	1	1	1
10922	경남 진주시	표본감시운영경비	6,720	4	2	7	8	7	2	3	2
10923	경남 진주시	근로자가족복지회관위탁운영	5,000	4	4	1	5	6	1	1	1
10924	경남 진주시	재향군인회안보전문가초청강연및안보결의대회	4,000	4	1	7	8	7	1	1	1
10925	경남 진주시	재향군인회안보현장견학	4,000	4	1	7	8	7	1	1	1
10926	경남 진주시	봉산사화장실관리위탁비	3,600	4	6	7	1	7	1	1	3
10927	경남 진주시	진주시재향군인회향군의날행사	3,000	4	1	7	8	7	1	1	1
10928	경남 진주시	의료관련감염병표본감시체계운영	2,268	4	2	7	8	7	2	3	1
10929	경남 진주시	어린이교통공원위탁운영	210	4	4	1	2	2	2	1	3
10930	경남 진주시	새서부시장공중화장실관리위탁	4,560	4	4	7	1	6	1	1	4
10931	경남 진주시	문산시장공중화장실관리위탁	3,600	4	4	7	1	6	1	1	4
10932	경남 진주시	기초정신건강복지센터인력지원	411,840	4	1	7	8	7	5	5	4
10933	경남 진주시	중독관리통합지원센터위탁운영	247,380	4	1	1	3	1	1	1	1
10934	경남 진주시	통합정신건강증진사업	137,500	4	1	7	8	7	5	5	4
10935	경남 진주시	정신건강복지센터자살예방사업지원	74,072	4	1	7	8	7	5	5	4
10936	경남 진주시	아동청소년정신보건사업	58,000	4	1	7	8	7	5	5	4
10937	경남 진주시	유아숲체험위탁운영	57,332	4	1,2	1	7	3	3	1	4
10938	경남 진주시	기초정신건강복지센터지원	51,100	4	1	7	8	7	5	5	4
10939	경남 진주시	숲해설위탁운영	28,666	4	1,2	1	7	3	3	1	4
10940	경남 진주시	기초정신건강복지센터등종사자복지수당	25,200	4	1	7	8	7	5	5	4
10941	경남 진주시	농업인회관운영비지원	12,000	4	4	7	8	7	5	5	4
10942	경남 진주시	자살예방및정신건강증진사업	10,000	4	4	7	8	7	5	1	4
10943	경남 진주시	지역주도형일자리사업((신)진주실크바이오부흥프로젝트)	5,500	4	1	1	7	1	1	1	1
10944	경남 통영시	민간위탁자활사업	2,526,941	4	2	7	1	7	1	1	1
10945	경남 통영시	특별교통수단위탁운영	1,296,266	4	1	5	8	7	5	1	1
10946	경남 통영시	종합사회복지관운영	1,146,915	4	4	5	3	6	1	1	4
10947	경남 통영시	가족센터운영지원	1,008,086	4	4	1	5	1	1	1	4
10948	경남 통영시	도남사회복지관운영	782,133	4	2	2	5	1	2	3	1
10949	경남 통영시	2023한산면용초항어촌신활력증진사업(앵커조직운영비)	500,000	4	4	1	5	1	1	1	4
10950	경남 통영시	지역급식관리지원센터운영	415,000	4	2	6	4	6	3	3	3
10951	경남 통영시	청소년문화의집운영	322,270	4	1	1	5	1	5	3	1
10952	경남 통영시	청소년수련시설운영지원	220,000	4	4	5	8	7	1	1	2
10953	경남 통영시	도천희망나눔터운영	181,528	4	4	5	8	7	1	1	2
10954	경남 통영시	가족센터운영지원(자체)	150,871	4	6	7	3	7	1	1	4
10955	경남 통영시	여성회관운영	125,672	4	4	2	5	1	1	3	1
10956	경남 통영시	도시숲정원관리인	105,280	4	4	5	3	7	1	1	1
10957	경남 통영시	경남지역특화사업발굴지원(대고포마을꽃동산및카페)	90,000	4	2	7	8	7	5	5	4

순번	시군구	지출명 (사업명)	2024년예산 (단위 : 천원 /1년간)	민간이전 분류 (지방자치단체 세출예산 집행기준에 의거) 1. 민간경상사업보조(307-02) 2. 민간단체 법정운영비보조(307-03) 3. 민간행사사업보조(307-04) 4. 민간위탁금(307-05) 5. 사회복지시설 법정운영비보조(307-10) 6. 민간인위탁교육비(307-12) 7. 공기관등에대한경상적위탁사업비(308-13) 8. 민간자본사업보조,자체재원(402-01) 9. 민간자본사업보조,이전재원(402-02) 10. 민간위탁사업비(402-03) 11. 공기관등에 대한 자본적 위탁사업비(403-02)	민간이전지출 근거 (지방보조금 관리기준 참고) 1. 법률에 규정 2. 국고보조 재원(국가지정) 3. 용도 지정 기부금 4. 조례에 직접규정 5. 지자체가 권장하는 사업을 하는 공공기관 6. 시,도 정책 및 재정사정 7. 기타 8. 해당없음	입찰방식 계약체결방법 (경쟁형태) 1. 일반경쟁 2. 제한경쟁 3. 지명경쟁 4. 수의계약 5. 법정위탁 6. 기타 ( ) 7. 없음	입찰방식 계약기간 1. 1년 2. 2년 3. 3년 4. 4년 5. 5년 6. 기타 ( )년 7. 단기계약 (1년미만) 8. 없음	입찰방식 낙찰자선정방법 1. 적격심사 2. 협상에의한계약 3. 최저가낙찰제 4. 규격가격분리 5. 2단계 경쟁입찰 6. 기타 ( ) 7. 없음	운영예산 산정 운영예산 산정 1. 내부산정 (지자체 자체적으로 산정) 2. 외부산정 (외부전문기관위탁 산정) 3. 내·외부 모두 산정 4. 산정 無 5. 없음	운영예산 산정 정산방법 1. 내부정산 (지자체 내부적으로 정산) 2. 외부정산 (외부전문기관위탁 정산) 3. 내·외부 모두 산정 4. 정산 無 5. 없음	성과평가 실시여부 1. 실시 2. 미실시 3. 향후 추진 4. 해당없음
10958	경남 통영시	저소득차상위계층특별지원사업	78,593	4	6	7	8	7	5	1	4
10959	경남 통영시	지역사회건강조사조사분석위탁운영	68,286	4	2	4	1	7	3	3	1
10960	경남 통영시	장난감은행운영	60,000	4	4	7	8	7	1	1	1
10961	경남 통영시	산림교육위탁운영사업	58,764	4	2	7	8	7	5	5	4
10962	경남 통영시	한센환자지원사업	8,410	4	1	5	1	7	2	2	4
10963	경남 통영시	신활력플러스	385,000	4	2	5	1	7	1	1	3
10964	경남 통영시	농촌신활력플러스사업(자체)	78,600	4	4	5	1	7	1	1	3
10965	경남 통영시	분뇨처리장관리대행	870,000	4	1	2	5	2	2	1	1
10966	경남 통영시	도서지역해상운송연료운반선운영	110,000	4	4	6	3	1	2	1	3
10967	경남 김해시	민간위탁자활근로사업	3,710,379	4	2	7	8	7	1	1	4
10968	경남 김해시	교통약자이동권보장	3,000,183	4	4	2	2	1	2	1	1
10969	경남 김해시	아이돌봄지원운영비	2,500,000	4	2	1	5	1	1	3	1
10970	경남 김해시	저소득층기저귀및조제분유지원	1,074,000	4	2	5	8	7	3	3	1
10971	경남 김해시	어린이급식관리지원센터위탁운영	1,048,600	4	2	6	3	1	1	2	1
10972	경남 김해시	도시재생지원센터운영비	825,082	4	1	1	2	6	1	1	4
10973	경남 김해시	깨어있는시민문화체험전시관운영민간위탁	671,334	4	4	2	3	1	2	1	3
10974	경남 김해시	진영읍도시재생뉴딜사업현장지원센터운영비	663,238	4	1	1	6	6	1	1	4
10975	경남 김해시	불암동도시재생뉴딜사업	657,000	4	1	1	2	6	1	1	4
10976	경남 김해시	2024년김해목재문화박물관관리및운영위탁용역(2차분)	612,000	4	1,4	4	3	2	3	1	3
10977	경남 김해시	기초정신건강복지센터인력확충	580,000	4	1	1	3	1	1	1	1
10978	경남 김해시	저소득차상위계층특별지원사업	463,537	4	6	7	8	7	1	1	4
10979	경남 김해시	아이돌봄서비스본인부담금추가지원	460,000	4	6	1	5	1	1	3	1
10980	경남 김해시	통합정신건강증진사업	456,500	4	1	1	3	1	1	1	1
10981	경남 김해시	봉하마을생태문화공원관리및운영위탁	434,676	4	4	2	5	7	3	1	3
10982	경남 김해시	가사서비스지원사업운영	400,000	4	2	4	3	1	1	1	1
10983	경남 김해시	시군역량강화사업	400,000	4	4	4	3	7	1	1	1
10984	경남 김해시	StationG(청년공유공간)조성운영	360,000	4	4	7	7	7	5	5	4
10985	경남 김해시	김해시농촌활성화지원센터지원	344,454	4	4	4	3	7	1	1	1
10986	경남 김해시	김해시기후변화홍보체험시설운영	333,480	4	4	1	3	2	2	1	1
10987	경남 김해시	공공폐수처리시설민간위탁금	322,700	4	1	1,4	2	6	2	1	3
10988	경남 김해시	식사지원사업운영	320,000	4	2	4	3	1	1	1	1
10989	경남 김해시	화포천습지생태공원시설민간위탁금	320,000	4	4	1	2	2	2	1	1
10990	경남 김해시	김해청년다움(청년센터)운영	270,000	4	4	1	3	6	1	1	1
10991	경남 김해시	ESG혁신기업청년인재양성사업	235,000	4	2	7	8	7	1	3	2
10992	경남 김해시	이주배경청소년지원지역자원연계사업	221,500	4	2	5	2	1	5	1	1
10993	경남 김해시	김해분청도자전시판매관민간위탁금	202,700	4	4	7	8	7	1	1	4
10994	경남 김해시	김해분청도자박물관운영	200,000	4	4	6	2	6	1	1	1
10995	경남 김해시	중독관리통합지원센터지원(이전재원)	187,610	4	1	1	3	1	1	1	1
10996	경남 김해시	케어안심주택운영	125,000	4	2	4	6	1	1	1	1
10997	경남 김해시	정신질환치료비지원	120,000	4	1	1	3	1	1	1	1

순번	시군구	지출명 (사업명)	2024년예산 (단위 : 천원 /1년간)	민간이전 분류 (지방자치단체 세출예산 집행기준에 의거) 1. 민간경상사업보조(307-02) 2. 민간단체 법정운영비보조(307-03) 3. 민간행사사업보조(307-04) 4. 민간위탁금(307-05) 5. 사회복지시설 법정운영비보조(307-10) 6. 민간인위탁교육비(307-12) 7. 공기관등에대한경상적위탁사업비(308-13) 8. 민간자본사업보조,지체재원(402-01) 9. 민간자본사업보조,이전재원(402-02) 10. 민간위탁사업비(402-03) 11. 공기관등에 대한 자본적 위탁사업비(403-02)	민간이전지출 근거 (지방보조금 관리기준 참고) 1. 법률에 규정 2. 국고보조 재원(국가지정) 3. 용도 지정 기부금 4. 조례에 직접규정 5. 지자체가 권장하는 사업을 하는 공공기관 6. 시,도 정책 및 재정사정 7. 기타 8. 해당없음	입찰방식: 계약체결방법 (경쟁형태) 1. 일반경쟁 2. 제한경쟁 3. 지명경쟁 4. 수의계약 5. 법정위탁 6. 기타 ( ) 7. 없음	입찰방식: 계약기간 1. 1년 2. 2년 3. 3년 4. 4년 5. 5년 6. 기타 ( )년 7. 단기계약 (1년미만) 8. 없음	입찰방식: 낙찰자선정방법 1. 적격심사 2. 협상에의한계약 3. 최저가낙찰제 4. 규격가격분리 5. 2단계 경쟁입찰 6. 기타 ( ) 7. 없음	운영예산 산정: 운영예산 산정 1. 내부산정 (지자체 자체적으로 산정) 2. 외부산정 (외부전문기관위탁 산정) 3. 내·외부 모두 산정 4. 산정 無 5. 없음	운영예산 산정: 정산방법 1. 내부정산 (지자체 내부적으로 정산) 2. 외부정산 (외부전문기관위탁 정산) 3. 내·외부 모두 산정 4. 정산 無 5. 없음	성과평가 실시여부 1. 실시 2. 미실시 3. 향후 추진 4. 해당없음
10998	경남 김해시	한국어교육상설교육장운영	100,000	4	4	7	8	7	5	5	4
10999	경남 김해시	김해민속박물관운영	96,680	4	1	7	8	7	5	5	1
11000	경남 김해시	대통령생가위탁운영비	90,000	4	4	4	5	7	1	1	2
11001	경남 김해시	병원동행서비스지원사업운영	80,000	4	2	4	3	1	1	1	1
11002	경남 김해시	정신건강복지센터자살예방사업인력지원	72,190	4	1	1	3	1	1	1	1
11003	경남 김해시	지역사회건강조사	68,590	4	2	7	8	7	5	5	1
11004	경남 김해시	자살예방및정신건강증진사업(이전재원)	61,768	4	1	1	3	1	1	1	1
11005	경남 김해시	2024년유아숲교육운영사업	58,588	4	2,6	7	8	7	5	5	4
11006	경남 김해시	기초정신건강복지센터지원(이전재원)	51,100	4	1	1	3	1	1	1	1
11007	경남 김해시	김해형1인크리에이터육성사업	50,000	4	7	1	7	6	5	1	2
11008	경남 김해시	취약지역생활여건개조사업지역역량강화(한림면장방마을)	50,000	4	4,5	4	2	7	1	1	1
11009	경남 김해시	취약지역생활여건개조사업지역역량강화(생림면안금마을)	50,000	4	4,5	4	2	7	1	1	1
11010	경남 김해시	사회복지급식관리지원센터위탁운영	50,000	4	2	7	8	7	5	5	4
11011	경남 김해시	외국인주민어울림커뮤니티센터운영	43,000	4	4	1	2	1	1	1	4
11012	경남 김해시	공공형예식장운영위탁금	42,000	4	6	5	2	1	1	1	3
11013	경남 김해시	대동선착장관리운영	35,000	4	4	4	3	7	1	1	1
11014	경남 김해시	안전도시연구센터민간위탁금	33,000	4	4	7	8	7	5	5	4
11015	경남 김해시	자살예방및정신건강증진사업(자체재원)	30,000	4	1	1	3	1	1	1	1
11016	경남 김해시	2024년숲해설운영사업	29,470	4	2,6	7	8	7	5	5	4
11017	경남 김해시	기초정신건강복지센터등종사자복지수당	26,400	4	1	1	3	1	1	1	1
11018	경남 김해시	한센병관리사업	26,350	4	1	5	3	7	3	3	1
11019	경남 김해시	진례문화발전소운영지원	25,000	4	4	4	3	7	1	1	3
11020	경남 김해시	진영하모니타운운영지원	25,000	4	4	4	3	7	1	1	3
11021	경남 김해시	생철권역무척사랑센터운영지원	25,000	4	4	4	6	7	1	1	3
11022	경남 김해시	중독관리통합지원센터지원(자체재원)	25,000	4	1	1	3	1	1	1	1
11023	경남 김해시	간단집수리운영	20,000	4	2	4	3	1	1	1	1
11024	경남 김해시	아동,청소년정신보건사업	13,300	4	1	1	3	1	1	1	1
11025	경남 김해시	기초정신건강복지센터지원(자체재원)	13,000	4	1	1	3	1	1	1	1
11026	경남 김해시	홈클린버스운영	10,000	4	4	7	8	7	1	1	3
11027	경남 김해시	아이돌보미건강증진비	6,870	4	6	1	5	1	1	3	1
11028	경남 김해시	청소년산모임신출산의료비지원	6,000	4	2	5	8	7	3	3	1
11029	경남 거제시	노인일자리및사회활동지원(노인일자리및사회활동지원사업참여자및담당자인건비)	13,887,330	4	1	7	1	7	5	1	4
11030	경남 거제시	생활폐기물수집운반대행료	6,410,695	4	1	1	2	5	2	3	1
11031	경남 거제시	재활용품폐기물수집운반대행료	4,652,460	4	1	1	2	5	2	3	1
11032	경남 거제시	자활센터위탁자활근로사업	2,902,863	4	2	7	8	7	5	1	2
11033	경남 거제시	음식물류폐기물수집운반대행료	2,877,285	4	1	1	2	5	2	3	1
11034	경남 거제시	노인맞춤돌봄서비스지원	2,474,370	4	1	1	3	1	1	1	1
11035	경남 거제시	특별교통수단(교통약자콜택시)위탁운영지원	2,097,558	4	4	1	2	1	2	1	2
11036	경남 거제시	거제시종합사회복지관운영	1,871,786	4	1	5	5	7	1	1	1
11037	경남 거제시	거제시장애인복지관운영	1,596,964	4	1	5	5	7	1	1	1

순번	시군구	지출명 (사업명)	2024년예산 (단위 : 천원 /1년간)	민간이전 분류 (지방자치단체 세출예산 집행기준에 의거) 1. 민간경상사업보조(307-02) 2. 민간단체 법정운영비보조(307-03) 3. 민간행사사업보조(307-04) 4. 민간위탁금(307-05) 5. 사회복지시설 법정운영비보조(307-10) 6. 민간인위탁교육비(307-12) 7. 공기관등에대한경상적위탁사업비(308-13) 8. 민간자본사업보조,자체재원(402-01) 9. 민간자본사업보조,이전재원(402-02) 10. 민간위탁사업비(402-03) 11. 공기관등에 대한 자본적 위탁사업비(403-02)	민간이전지출 근거 (지방보조금 관리기준 참고) 1. 법률에 규정 2. 국고보조 재원(국가지정) 3. 용도 지정 기부금 4. 조례에 직접규정 5. 지자체가 권장하는 사업을 하는 공공기관 6. 시,도 정책 및 재정사정 7. 기타 8. 해당없음	입찰방식			운영예산 산정		성과평가 실시여부
						계약체결방법 (경쟁형태) 1. 일반경쟁 2. 제한경쟁 3. 지명경쟁 4. 수의계약 5. 법정위탁 6. 기타 ( ) 7. 없음	계약기간 1. 1년 2. 2년 3. 3년 4. 4년 5. 5년 6. 기타 ( )년 7. 단기계약 (1년미만) 8. 없음	낙찰자선정방법 1. 적격심사 2. 협상에의한계약 3. 최저가낙찰제 4. 규격가격분리 5. 2단계 경쟁입찰 6. 기타 ( ) 7. 없음	운영예산 산정 1. 내부산정 (지자체 자체적으로 산정) 2. 외부산정 (외부전문기관위탁 산정) 3. 내·외부 모두 산정 4. 산정 無 5. 없음	정산방법 1. 내부정산 (지자체 내부적으로 정산) 2. 외부정산 (외부전문기관위탁 정산) 3. 내·외부 모두 산정 4. 정산 無 5. 없음	1. 실시 2. 미실시 3. 향후 추진 4. 해당없음
11038	경남 거제시	옥포종합사회복지관운영	1,507,793	4	1	5	5	7	1	1	1
11039	경남 거제시	거제사랑상품권위탁업무대행수수료	1,374,000	4	4	6	1	7	1	1	4
11040	경남 거제시	통합문화이용권사업	1,367,730	4	1	6	8	7	5	5	4
11041	경남 거제시	해수욕장안전관리사무민간위탁	1,322,000	4	1	7	8	7	5	5	4
11042	경남 거제시	대형생활폐기물수집운반대행료	1,102,171	4	1	1	2	1	2	3	1
11043	경남 거제시	공중화장실청소용역	1,056,700	4	1	1	2	1	1	1	4
11044	경남 거제시	가족센터(건강가정다문화가족지원센터)운영	1,032,230	4	1	7	8	7	1	1	4
11045	경남 거제시	영어마을및진로교육지원센터운영위탁	730,000	4	4	6	6	6	1	1	1
11046	경남 거제시	장애인복지일자리지원(참여형)	642,656	4	2	7	1	7	5	1	4
11047	경남 거제시	도서자가발전시설위탁운영	633,449	4	4	5	8	7	1	1	4
11048	경남 거제시	어린이급식관리지원센터운영지원	630,000	4	2	5	5	7	1	1	1
11049	경남 거제시	다함께돌봄센터인건비지원	493,914	4	1	1	5	1	1	1	2
11050	경남 거제시	직장보육시설민간위탁운영	393,000	4	1	1	5	6	4	1	2
11051	경남 거제시	시니어클럽운영비지원	330,000	4	1	1	3	1	1	1	1
11052	경남 거제시	급식차량배송대행비	324,687	4	4	1	1	1	1	1	3
11053	경남 거제시	자원봉사센터위탁운영	314,000	4	1	1	3	1	1	1	1
11054	경남 거제시	노동복지회관운영	276,873	4	4	7	8	7	5	5	4
11055	경남 거제시	여성인력개발센터운영	250,000	4	4	7	5	7	1	1	3
11056	경남 거제시	ICT연계인공지능통합돌봄(AI스피커운영)	221,823	4	1	7	8	7	1	1	2
11057	경남 거제시	방문교육	200,270	4	1	7	8	7	1	1	4
11058	경남 거제시	사회적경제지원센터운영	200,000	4	4	1	3	1	1	1	1
11059	경남 거제시	발달장애인요양보호사보조일자리지원	186,500	4	2	7	1	7	5	1	4
11060	경남 거제시	공동육아나눔터지원	170,136	4	1	7	8	7	1	1	4
11061	경남 거제시	비정규직노동자지원센터운영지원	140,000	4	4	5	4	2	1	1	3
11062	경남 거제시	독거노인,장애인응급안전안심서비스운영지원	129,714	4	1	7	8	7	1	1	2
11063	경남 거제시	청마생가및기념관등시설물관리운영	125,000	4	4	7	8	7	1	1	1
11064	경남 거제시	유아숲지도사위탁운영	120,000	4	7	7	8	7	5	5	4
11065	경남 거제시	유아숲지도사산림복지전문업위탁운영지원	117,176	4	2	7	8	7	5	5	4
11066	경남 거제시	현장조사검사및확인업무대행수수료	100,000	4	1	7	8	7	5	5	4
11067	경남 거제시	돌봄프로그램비지원	84,000	4	1	1	5	1	1	1	2
11068	경남 거제시	다함께돌봄센터운영비지원	78,000	4	1	1	5	1	1	1	2
11069	경남 거제시	결혼이민자통번역서비스지원	71,436	4	1	7	8	7	1	1	4
11070	경남 거제시	지역사회건강조사조사분석위탁운영	68,516	4	2	6	1	6	3	3	4
11071	경남 거제시	폐형광등수집운반대행료	59,640	4	1	1	1	3	2	3	2
11072	경남 거제시	노인맞춤돌봄서비스종사자교통통신비지원	50,820	4	6	1	3	1	1	1	1
11073	경남 거제시	해수욕장안전관리시설관리운영민간위탁	50,000	4	1	7	8	7	5	5	4
11074	경남 거제시	사회복지급식관리지원센터운영지원	50,000	4	2	5	5	7	1	1	1
11075	경남 거제시	장애인복지일자리지원(연계형)	48,372	4	2	7	1	7	5	1	4
11076	경남 거제시	독거노인,장애인응급안전안심서비스운영지원(자체)	44,555	4	1	7	8	7	1	1	2
11077	경남 거제시	다문화가족자녀언어발달지원	40,590	4	1	7	8	7	1	1	4

순번	시군구	지출명 (사업명)	2024년예산 (단위 : 천원 /1년간)	민간이전 분류 (지방자치단체 세출예산 집행기준에 의거) 1. 민간경상사업보조(307-02) 2. 민간단체 법정운영비보조(307-03) 3. 민간행사사업보조(307-04) 4. 민간위탁금(307-05) 5. 사회복지시설 법정운영비보조(307-10) 6. 민간인위탁교육비(307-12) 7. 공기관등에대한경상적위탁사업비(308-13) 8. 민간자본사업보조,자체재원(402-01) 9. 민간자본사업보조,이전재원(402-02) 10. 민간위탁사업비(402-03) 11. 공기관등에 대한 자본적 위탁사업비(403-02)	민간이전지출 근거 (지방보조금 관리기준 참고) 1. 법률에 규정 2. 국고보조 재원(국가지정) 3. 용도 지정 기부금 4. 조례에 직접규정 5. 지자체가 권장하는 사업을 하는 공공기관 6. 시,도 정책 및 재정사정 7. 기타 8. 해당없음	입찰방식: 계약체결방법 (경쟁형태) 1. 일반경쟁 2. 제한경쟁 3. 지명경쟁 4. 수의계약 5. 법정위탁 6. 기타 ( ) 7. 없음	입찰방식: 계약기간 1. 1년 2. 2년 3. 3년 4. 4년 5. 5년 6. 기타 ( )년 7. 단기계약 (1년미만) 8. 없음	입찰방식: 낙찰자선정방법 1. 적격심사 2. 협상에의한계약 3. 최저가낙찰제 4. 규격가격분리 5. 2단계 경쟁입찰 6. 기타 ( ) 7. 없음	운영예산 산정: 운영예산 산정 1. 내부산정 (지자체 자체적으로 산정) 2. 외부산정 (외부전문기관위탁 산정) 3. 내·외부 모두 산정 4. 산정 無 5. 없음	운영예산 산정: 정산방법 1. 내부정산 (지자체 내부적으로 정산) 2. 외부정산 (외부전문기관위탁 정산) 3. 내·외부 모두 산정 4. 정산 無 5. 없음	성과평가 실시여부 1. 실시 2. 미실시 3. 향후 추진 4. 해당없음
11078	경남 거제시	경로당비품등수리	40,000	4	1	7	8	7	5	5	4
11079	경남 거제시	하수처리시설(정화조)관리용역	37,800	4	8	4	1	7	1	1	1
11080	경남 거제시	이중언어가족환경조성	36,430	4	1	7	8	7	1	1	4
11081	경남 거제시	권리중심중증장애인맞춤형일자리지원	34,058	4	6	7	8	7	5	5	4
11082	경남 거제시	다함께돌봄센터종사자수당지원	33,800	4	1	1	5	1	1	1	2
11083	경남 거제시	노인맞춤돌봄서비스지원(독거노인생활관리사유류대)	33,600	4	1	1	3	1	1	1	1
11084	경남 거제시	숲해설위탁운영사업	29,470	4	2	7	8	7	5	5	4
11085	경남 거제시	여성결혼이민자원어민강사수당지원	26,460	4	1	7	8	7	1	1	4
11086	경남 거제시	노동자작업복공동세탁소운영지원	25,000	4	4	5	4	2	1	1	3
11087	경남 거제시	작은다문화학교운영	25,000	4	1	7	8	7	1	1	4
11088	경남 거제시	결혼이민자역량강화지원	24,500	4	1	7	8	7	1	1	4
11089	경남 거제시	건강가정다문화가족지원센터종사자수당지원	20,800	4	1	7	8	7	1	1	4
11090	경남 거제시	다문화가족지원특수시책사업	16,670	4	1	7	8	7	1	1	4
11091	경남 거제시	신혼부부프로그램운영등	10,000	4	1	7	8	7	1	1	4
11092	경남 거제시	가족한마당행사	10,000	4	1	7	8	7	1	1	4
11093	경남 거제시	여성결혼이민자인턴채용	9,717	4	1	7	8	7	1	1	4
11094	경남 거제시	다함께돌봄센터운영시간연장인건비	8,820	4	1	1	5	1	1	1	2
11095	경남 거제시	이중언어교육프로그램(글로벌인재양성)운영	7,684	4	1	7	8	7	1	1	4
11096	경남 거제시	노인맞춤돌봄서비스지원(관리자수당)	5,760	4	1	1	3	1	1	1	1
11097	경남 거제시	한센등록환자관리비지원	5,420	4	1	5	8	7	5	5	4
11098	경남 거제시	다함께돌봄센터운영시간연장운영비	3,000	4	1	1	5	1	1	1	2
11099	경남 거제시	담배소매인지정신청사실조사업무대행	2,400	4	4	6	1	7	1	1	4
11100	경남 거제시	건강가정다문화가족지원센터지원(방문교육지도사수당)	2,000	4	1	7	8	7	1	1	4
11101	경남 거제시	건강가정다문화가족지원센터지원(소식지발간)	2,000	4	1	7	8	7	1	1	4
11102	경남 거제시	노인맞춤돌봄서비스지원(고독사예방안부확인전화비)	1,200	4	1	1	3	1	1	1	1
11103	경남 거제시	녹비작물종자지원	481	4	2	7	8	7	5	5	4
11104	경남 양산시	생활폐기물수집운반처리	10,097,343	4	1	1	2	1	2	2	1
11105	경남 양산시	생활폐기물수집운반처리	4,309,823	4	1	1	2	1	2	2	1
11106	경남 양산시	바이오가스화시설민간위탁운영비(낙동강수계기금172,533천원)	4,111,971	4	1	2	3	5	2	1	1
11107	경남 양산시	생활자원회수센터위탁운영	3,300,000	4	4	2	3	2	2	1	3
11108	경남 양산시	생활폐기물수집운반처리	1,672,528	4	1	1	2	1	2	2	1
11109	경남 양산시	양산시종합사회복지관운영	1,091,500	4	1	5	5	1	1	1	4
11110	경남 양산시	급식안전지원및관리강화	940,000	4	1	6	3	6	5	2	1
11111	경남 양산시	상하북종합사회복지관운영	910,260	4	1	5	5	1	1	1	4
11112	경남 양산시	아동보호전문기관운영지원	609,838	4	2	1	5	1	1	1	2
11113	경남 양산시	학대피해아동쉼터운영지원	496,988	4	2	1	5	1	1	1	2
11114	경남 양산시	수소충전소증설및운영	429,945	4	4	5	5	7	3	1	3
11115	경남 양산시	청년센터운영	300,000	4	4	7	8	7	1	1	4
11116	경남 양산시	양산당곡생태학습관민간위탁운영관리	259,916	4	1,4	6	3	7	2	1	3
11117	경남 양산시	다함께돌봄센터인건비	218,008	4	2	7	8	7	1	1	3

순번	시군구	지출명 (사업명)	2024년예산 (단위 : 천원 /1년간)	민간이전 분류 (지방자치단체 세출예산 집행기준에 의거) 1. 민간경상사업보조(307-02) 2. 민간단체 법정운영비보조(307-03) 3. 민간행사사업보조(307-04) 4. 민간위탁금(307-05) 5. 사회복지시설 법정운영비보조(307-10) 6. 민간인위탁교육비(307-12) 7. 공기관등에대한경상적위탁사업비(308-13) 8. 민간자본사업보조,자체재원(402-01) 9. 민간자본사업보조,이전재원(402-02) 10. 민간위탁사업비(402-03) 11. 공기관등에 대한 자본적 위탁사업비(403-02)	민간이전지출 근거 (지방보조금 관리기준 참고) 1. 법률에 규정 2. 국고보조 재원(국가지정) 3. 용도 지정 기부금 4. 조례에 직접규정 5. 지자체가 권장하는 사업을 하는 공공기관 6. 시,도 정책 및 재정사정 7. 기타 8. 해당없음	입찰방식 계약체결방법 (경쟁형태) 1. 일반경쟁 2. 제한경쟁 3. 지명경쟁 4. 수의계약 5. 법정위탁 6. 기타 ( ) 7. 없음	입찰방식 계약기간 1. 1년 2. 2년 3. 3년 4. 4년 5. 5년 6. 기타 ( )년 7. 단기계약 (1년미만) 8. 없음	입찰방식 낙찰자선정방법 1. 적격심사 2. 협상에의한계약 3. 최저가낙찰제 4. 규격가격분리 5. 2단계 경쟁입찰 6. 기타 ( ) 7. 없음	운영예산 산정 운영예산 산정 1. 내부산정 (지자체 자체적으로 산정) 2. 외부산정 (외부전문기관위탁 산정) 3. 내·외부 모두 산정 4. 산정 無 5. 없음	운영예산 산정 정산방법 1. 내부정산 (지자체 내부적으로 정산) 2. 외부정산 (외부전문기관위탁 정산) 3. 내·외부 모두 산정 4. 정산 無 5. 없음	성과평가 실시여부 1. 실시 2. 미실시 3. 향후 추진 4. 해당없음
11118	경남 양산시	웅상문예원관리운영	183,029	4	4	7	8	7	3	5	4
11119	경남 양산시	양산시노동자종합복지관위탁운영	165,000	4	4	1	3	1	1	1	3
11120	경남 양산시	학대피해아동쉼터운영지원(시)	158,592	4	6	1	5	1	1	1	2
11121	경남 양산시	아동보호전문기관(방문형가정회복프로그램)	122,674	4	6	1	5	1	1	1	2
11122	경남 양산시	생활폐기물수집운반처리	120,140	4	1	1	1	3	1	1	4
11123	경남 양산시	시민평생교육원위탁운영	100,000	4	1,4	7	8	7	5	5	4
11124	경남 양산시	평생학습마을학교위탁운영	98,000	4	1,4	7	8	7	5	5	4
11125	경남 양산시	아동보호전문기관운영지원(도)	71,000	4	6	1	5	1	1	1	2
11126	경남 양산시	양산시비정규직노동자지원센터위탁우녕	59,160	4	4	1	3	1	1	1	3
11127	경남 양산시	아동보호전문기관운영지원(시)	54,362	4	6	1	5	1	1	1	2
11128	경남 양산시	작은도서관독서활동지도자양성사업	50,000	4	1,4	7	8	7	5	5	4
11129	경남 양산시	다함께돌봄센터운영비	40,000	4	2	7	8	7	1	1	3
11130	경남 양산시	First리더양성과정위탁운영	31,500	4	4	1	7	1	1	1	1
11131	경남 양산시	하절기행락철내원사계곡관리위탁비	30,000	4	1,4	7	8	7	5	5	4
11132	경남 양산시	양산온누리학습교실위탁운영	27,000	4	1,4	7	8	7	5	5	4
11133	경남 양산시	학대피해아동쉼터운영지원(도)	25,000	4	6	1	5	1	1	1	2
11134	경남 양산시	행락철홍룡사일원주정차지도	14,200	4	4	7	8	7	5	5	4
11135	경남 양산시	담배소매인지정현지조사위탁	10,120	4	4	7	5	7	1	1	1
11136	경남 의령군	특별교통수단운영지원(교통약자특별교통수단운영)	493,000	4	4	1	3	1	1	5	4
11137	경남 의령군	곤충생태학습관운영관리	363,771	4	4	2	3	2	1	5	4
11138	경남 의령군	지역자율형사회서비스투자사업(지원)지역사회서비스투자사업(아동청소년심리지원등)	128,750	4	2	7	8	7	5	5	4
11139	경남 의령군	제15회천강문학상작품공모	125,000	4	4	4	3	1	1	1	1
11140	경남 의령군	근로능력있는수급자의탈수급지원	93,679	4	6	7	8	7	5	1	4
11141	경남 의령군	가사간병방문지원사업	15,881	4	6	7	8	7	5	1	4
11142	경남 의령군	특별교통수단운영지원(교통약자특별교통수단유료도로통행료지원)	2,600	4	4	1	3	1	1	5	4
11143	경남 의령군	자원봉사활성화지원(자원봉사자연수)	2,200	4	1	7	8	7	5	5	4
11144	경남 의령군	지역사회서비스투자사업(청년마음건강지원사업)	1,762	4	2	7	8	7	5	5	4
11145	경남 함안군	노인일자리및사회활동지원	5,617,429	4	2	1	1	1	1	1	1
11146	경남 함안군	특별교통수단(장애인콜택시)운영지원	704,000	4	1	1	5	1	1	1	1
11147	경남 함안군	장애인지역사회재활시설운영	408,534	4	2	5	1	1	1	1	2
11148	경남 함안군	시군역량강화사업	364,000	4	4	7	1	7	5	1	4
11149	경남 함안군	함안청년창업가지속성장지원	300,000	4	4	7	3	7	2	3	1
11150	경남 함안군	장애인일자리지원(복지일자리)	297,148	4	2	5	1	1	1	1	2
11151	경남 함안군	우리동네스타기업만들기	250,000	4	4	7	8	7	5	5	4
11152	경남 함안군	장애인복지센터운영지원	191,800	4	4	4	5	1	1	5	4
11153	경남 함안군	애국지사손양원기념관운영	115,000	4	4	4	2	1	1	1	1
11154	경남 함안군	공동육아나눔터지원	114,388	4	2	5	5	7	5	1	1
11155	경남 함안군	독립유공이태준기념관운영	100,000	4	4	4	3	1	1	1	1
11156	경남 함안군	장애인일자리지원(발달장애인요양보호사보조))	93,200	4	2	7	8	7	5	5	4
11157	경남 함안군	함안경찰승전기념공원운영	50,000	4	4	4	2	1	1	1	4

순번	시군구	지출명 (사업명)	2024년예산 (단위 : 천원 /1년간)	민간이전 분류 (지방자치단체 세출예산 집행기준에 의거) 1. 민간경상사업보조(307-02) 2. 민간단체 법정운영비보조(307-03) 3. 민간행사사업보조(307-04) 4. 민간위탁금(307-05) 5. 사회복지시설 법정운영비보조(307-10) 6. 민간인위탁교육비(307-12) 7. 공기관등에대한경상적위탁사업비(308-13) 8. 민간자본사업보조,자체재원(402-01) 9. 민간자본사업보조,이전재원(402-02) 10. 민간위탁사업비(402-03) 11. 공기관등에 대한 자본적 위탁사업비(403-02)	민간이전지출 근거 (지방보조금 관리기준 참고) 1. 법률에 규정 2. 국고보조 재원(국가지정) 3. 용도 지정 기부금 4. 조례에 직접규정 5. 지자체가 권장하는 사업을 하는 공공기관 6. 시,도 정책 및 재정사정 7. 기타 8. 해당없음	입찰방식 계약체결방법 (경쟁형태) 1. 일반경쟁 2. 제한경쟁 3. 지명경쟁 4. 수의계약 5. 법정위탁 6. 기타 ( ) 7. 없음	입찰방식 계약기간 1. 1년 2. 2년 3. 3년 4. 4년 5. 5년 6. 기타 ( )년 7. 단기계약 (1년미만) 8. 없음	입찰방식 낙찰자선정방법 1. 적격심사 2. 협상에의한계약 3. 최저가낙찰제 4. 규격가격분리 5. 2단계 경쟁입찰 6. 기타 ( ) 7. 없음	운영예산 산정 운영예산 산정 1. 내부산정 (지자체 자체적으로 산정) 2. 외부산정 (외부전문기관위탁 산정) 3. 내·외부 모두 산정 4. 산정 無 5. 없음	운영예산 산정 정산방법 1. 내부정산 (지자체 내부적으로 정산) 2. 외부정산 (외부전문기관위탁 정산) 3. 내·외부 모두 산정 4. 정산 無 5. 없음	성과평가 실시여부 1. 실시 2. 미실시 3. 향후 추진 4. 해당없음
11158	경남 함안군	맞춤형하우스클린사업	40,000	4	5	5	1	7	1	1	1
11159	경남 함안군	육성마위탁관리	37,800	4	7	7	8	7	5	5	4
11160	경남 함안군	유아숲지도사위탁운영	57,332	4	1	2	1	2	1	1	1
11161	경남 함안군	숲해설산림복지전문업위탁	31,533	4	1	7	8	7	5	5	4
11162	경남 함안군	지역청소년참여기구운영(지원)	2,800,000	4	4	1	3	1	3	3	1
11163	경남 함안군	청소년수련관운영	390,520	4	4	1	3	1	1	1	1
11164	경남 함안군	청소년방과후아카데미운영(수련관)	245,334	4	1	1	3	1	3	3	1
11165	경남 함안군	청소년문화의집운영	236,200	4	4	1	3	1	1	1	1
11166	경남 함안군	어린이급식관리지원센터설치운영지원	232,000	4	1	6	5	6	3	3	1
11167	경남 함안군	청소년상담센터운영	209,736	4	4	1	3	1	3	3	1
11168	경남 함안군	청소년방과후아카데미운영(문화의집)	165,983	4	1	1	3	1	3	3	1
11169	경남 함안군	지역사회청소년통합지원체계구축	134,957	4	4	1	3	1	3	3	1
11170	경남 함안군	학교밖청소년지원	117,012	4	4	1	3	1	3	3	1
11171	경남 함안군	청소년동반자프로그램운영	77,130	4	1	1	3	1	3	3	1
11172	경남 함안군	청소년지도사배치지원	50,736	4	1	1	3	1	3	3	1
11173	경남 함안군	사회복지급식관리지원센터설치운영지원	50,000	4	1	6	5	6	3	3	1
11174	경남 함안군	청소년행사지원	38,000	4	1	1	1	1	1	1	1
11175	경남 함안군	학교밖청소년지원(급식지원)	10,628	4	4	1	3	1	3	3	1
11176	경남 창녕군	시군역량강화사업	576,000	4	4	1	1	1	1	1	3
11177	경남 창녕군	자체처리불가폐기물,대형폐기물위탁처리	546,800	4	6	1	1	3	1	1	2
11178	경남 창녕군	공중화장실유지관리(창녕읍등9개읍면)	230,015	4	8	7	8	7	5	5	1
11179	경남 창녕군	어린이급식관리지원센터설치운영지원	118,600	4	2	7	8	7	1	1	1
11180	경남 창녕군	방치폐기물처리비	100,000	4	6	4	7	7	1	1	1
11181	경남 창녕군	하천쓰레기운반처리비	12,711	4	4	7	8	7	5	5	4
11182	경남 고성군	가족센터운영	501,560	4	2	1	5	6	1	1	1
11183	경남 고성군	교통약자특별교통수단운영	429,388	4	4	2	3	1	1	1	4
11184	경남 고성군	장애인복지관운영	381,215	4	1	6	5	6	1	1	1
11185	경남 고성군	고성읍순환버스민간위탁금	320,000	4	1	7	3	7	1	1	1
11186	경남 고성군	장사시설운영지원	255,130	4	4	6	3	1	1	1	1
11187	경남 고성군	공립작은도서관운영	175,000	4	4	7	8	7	1	1	2
11188	경남 고성군	다함께돌봄센터인건비지원	146,544	4	2	5	5	6	3	1	1
11189	경남 고성군	고성군수요응답형콜버스운영	120,000	4	2	7	1	7	1	1	3
11190	경남 고성군	어린이급식관리지원센터설치운영	118,600	4	2	1	3	1	2	2	1
11191	경남 고성군	공동육아나눔터운영	113,424	4	2	5	3	6	3	1	1
11192	경남 고성군	생태테마관광자원화사업(경상사업)	100,000	4	1	2	1	2	1	1	2
11193	경남 고성군	쉼터및걷기여행길프로그램운영	100,000	4	2	6	1	7	1	1	2
11194	경남 고성군	관광지환경개선	84,000	4	4	7	8	7	1	1	1
11195	경남 고성군	거점형장난감도서관운영지원	80,000	4	2	5	3	6	3	1	1
11196	경남 고성군	고성생태관광마을공방운영	50,000	4	4	1	2	1	2	1	1
11197	경남 고성군	다함께돌봄센터운영비지원(자체)	33,000	4	7	5	5	6	3	1	1

순번	시군구	지출명 (사업명)	2024년예산 (단위 : 천원 /1년간)	민간이전 분류 (지방자치단체 세출예산 집행기준에 의거) 1. 민간경상사업보조(307-02) 2. 민간단체 법정운영비보조(307-03) 3. 민간행사사업보조(307-04) 4. 민간위탁금(307-05) 5. 사회복지시설 법정운영비보조(307-10) 6. 민간인위탁교육비(307-12) 7. 공기관등에대한경상적위탁사업비(308-13) 8. 민간자본사업보조,자체재원(402-01) 9. 민간자본사업보조,이전재원(402-02) 10. 민간위탁사업비(402-03) 11. 공기관등에 대한 자본적 위탁사업비(403-02)	민간이전지출 근거 (지방보조금 관리기준 참고) 1. 법률에 규정 2. 국고보조 재원(국가지정) 3. 용도 지정 기부금 4. 조례에 직접규정 5. 지자체가 권장하는 사업을 하는 공공기관 6. 시,도 정책 및 재정사정 7. 기타 8. 해당없음	입찰방식			운영예산 산정		성과평가 실시여부
						계약체결방법 (경쟁형태) 1. 일반경쟁 2. 제한경쟁 3. 지명경쟁 4. 수의계약 5. 법정위탁 6. 기타 ( ) 7. 없음	계약기간 1. 1년 2. 2년 3. 3년 4. 4년 5. 5년 6. 기타 ( )년 7. 단기계약 (1년미만) 8. 없음	낙찰자선정방법 1. 적격심사 2. 협상에의한계약 3. 최저가낙찰제 4. 규격가격분리 5. 2단계 경쟁입찰 6. 기타 ( ) 7. 없음	운영예산 산정 1. 내부산정 (지자체 자체적으로 산정) 2. 외부산정 (외부전문기관위탁 산정) 3. 내·외부 모두 산정 4. 산정 無 5. 없음	정산방법 1. 내부정산 (지자체 내부적으로 정산) 2. 외부정산 (외부전문기관위탁 정산) 3. 내·외부 모두 산정 4. 정산 無 5. 없음	1. 실시 2. 미실시 3. 향후 추진 4. 해당없음
11198	경남 고성군	예비못자리설치사업	31,250	4	4	7	8	7	5	5	4
11199	경남 고성군	숲해설산림복지전문업위탁운영지원	29,470	4	1	7	8	7	5	5	4
11200	경남 고성군	유아숲체험원위탁운영지원	29,294	4	1	7	8	7	5	5	4
11201	경남 고성군	고성한달살이사업	25,000	4	6	6	1	7	1	1	2
11202	경남 고성군	다함께돌봄센터운영비지원	24,000	4	2	5	5	6	3	1	1
11203	경남 고성군	장난감도서관운영(자체)	15,000	4	7	5	3	6	3	1	1
11204	경남 고성군	충효교육관운영	12,000	4	4	6	3	6	1	1	4
11205	경남 고성군	쉼터및걷기여행길프로그램운영	12,000	4	2	6	1	7	1	1	2
11206	경남 고성군	공룡나라두레팜운영	8,700	4	4	4	5	1	1	1	1
11207	경남 고성군	임산물생산기반조성	4,374	4	2	7	8	7	5	5	4
11208	경남 고성군	친환경임산물재배관리	1,894	4	2	7	8	7	5	5	4
11209	경남 남해군	자활근로사업	1,797,945	4	1	5	1	7	1	1	4
11210	경남 남해군	슬레이트처리지원	1,794,000	4	2	1	3	1	1	1	4
11211	경남 남해군	교통약자이동편의증진	523,740	4	1	1	2	7	1	1	4
11212	경남 남해군	해수욕장관리	458,000	4	1	4	5	7	1	1	2
11213	경남 남해군	어구부표보증금제	221,600	4	2	7	8	7	1	1	4
11214	경남 남해군	먹거리통합지원센터운영지원	208,892	4	4	6	1	1	1	1	4
11215	경남 남해군	남해서울농장운영	150,000	4	6	1	5	1	3	1	1
11216	경남 남해군	조업중인양쓰레기수매(전환)	150,000	4	4	5	7	7	5	1	4
11217	경남 남해군	남해군승마장운영	125,000	4	4	1	3	2	2	2	3
11218	경남 남해군	어린이급식관리지원센터설치운영	118,600	4	2	7	3	1	1	2	1
11219	경남 남해군	남해각유지관리(남해관광문화재단관리위탁)	96,589	4	1	4	3	7	1	1	4
11220	경남 남해군	관광시설유지관리(관광시설공중화장실위탁관리9개소)	90,000	4	7	1	1	3	1	1	1
11221	경남 남해군	마을상수도위탁관리(77개소)	60,000	4	4	7	8	7	1	1	2
11222	경남 남해군	2024년남해군종량제봉투및납부필증공급대행위탁	55,000	4	4	2	1	3	2	1	4
11223	경남 남해군	유아숲체험원위탁운영지원	29,294	4	2	5	1	2	3	1	1
11224	경남 남해군	한아름센터운영	24,000	4	4	1	3	1	1	1	4
11225	경남 남해군	지정해역위생관리	24,000	4	4	7	8	7	1	1	4
11226	경남 남해군	국가지정문화재화장실위탁관리(가천물건가인리)	22,200	4	7	7	1	7	1	4	4
11227	경남 남해군	이순신순국공원시설관리(오수처리시설위탁관리)	20,000	4	7	4	1	6	1	1	4
11228	경남 남해군	국가지정문화재주변정비	8,400	4	7	7	1	7	1	4	4
11229	경남 남해군	감염병예방관리	5,420	4	2	7	8	7	1	1	4
11230	경남 남해군	양식어장관리(전환사업)	4,000	4	4	5	7	7	5	1	4
11231	경남 남해군	남해군음식물류폐기물수집운반및처리시설운영위탁용역(2차)	1,189,530	4	1	1	3	2	2	1	3
11232	경남 남해군	공중실주민민간위탁	57,720	4	4	7	8	7	1	1	4
11233	경남 하동군	슬레이트처리지원	1,226,000	4	2	1	1	1	1	1	4
11234	경남 하동군	특별교통수단운영	524,000	4	1	1	2	1	1	1	4
11235	경남 하동군	아이돌봄지원	473,000	4	1	7	8	7	5	5	4
11236	경남 하동군	통합문화이용권사업	434,070	4	4	7	8	7	1	1	3
11237	경남 하동군	지역혁신마을발굴및운영지원사업	222,000	4	4	7	8	7	1	1	4

순번	시군구	지출명 (사업명)	2024년예산 (단위 : 천원 /1년간)	민간이전 분류 (지방자치단체 세출예산 집행기준에 의거) 1. 민간경상사업보조(307-02) 2. 민간단체 법정운영비보조(307-03) 3. 민간행사사업보조(307-04) 4. 민간위탁금(307-05) 5. 사회복지시설 법정운영비보조(307-10) 6. 민간인위탁교육비(307-12) 7. 공기관등에대한경상적위탁사업비(308-13) 8. 민간자본사업보조,자체재원(402-01) 9. 민간자본사업보조,이전재원(402-02) 10. 민간위탁사업비(402-03) 11. 공기관등에 대한 자본적 위탁사업비(403-02)	민간이전지출 근거 (지방보조금 관리기준 참고) 1. 법률에 규정 2. 국고보조 재원(국가지정) 3. 용도 지정 기부금 4. 조례에 직접규정 5. 지자체가 권장하는 사업을 하는 공공기관 6. 시,도 정책 및 재정사정 7. 기타 8. 해당없음	입찰방식 계약체결방법 (경쟁형태) 1. 일반경쟁 2. 제한경쟁 3. 지명경쟁 4. 수의계약 5. 법정위탁 6. 기타 ( ) 7. 없음	입찰방식 계약기간 1. 1년 2. 2년 3. 3년 4. 4년 5. 5년 6. 기타 ( )년 7. 단기계약 (1년미만) 8. 없음	입찰방식 낙찰자선정방법 1. 적격심사 2. 협상에의한계약 3. 최저가낙찰제 4. 규격가격분리 5. 2단계 경쟁입찰 6. 기타 ( ) 7. 없음	운영예산 산정 운영예산 산정 1. 내부산정 (지자체 자체적으로 산정) 2. 외부산정 (외부전문기관위탁 산정) 3. 내·외부 모두 산정 4. 산정 無 5. 없음	운영예산 산정 정산방법 1. 내부정산 (지자체 내부적으로 정산) 2. 외부정산 (외부전문기관위탁 정산) 3. 내·외부 모두 산정 4. 정산 無 5. 없음	성과평가 실시여부 1. 실시 2. 미실시 3. 향후 추진 4. 해당없음
11238	경남 하동군	공중화장실유지관리	165,300	4	4	7	8	7	5	5	4
11239	경남 하동군	어린이급식관리지원센터설치운영	118,600	4	1	5	3	1	2	2	3
11240	경남 하동군	특별교통수단운영(국비)	114,000	4	1	1	2	1	1	1	4
11241	경남 하동군	복지회관지원	70,000	4	6	7	8	7	5	5	4
11242	경남 하동군	문화시설관리	55,000	4	4	2	3	1	1	1	3
11243	경남 하동군	이병주문학관운영	50,000	4	4	7	8	7	1	1	1
11244	경남 하동군	하동편백치유의숲운영관리	32,000	4	1	7	8	7	5	5	4
11245	경남 하동군	산림치유지도사위탁운영지원	32,000	4	1	7	8	7	5	5	4
11246	경남 하동군	숲해설사운영	29,470	4	1	7	8	7	5	5	4
11247	경남 하동군	자연생태해설사양성	20,000	4	7	7	8	7	5	5	4
11248	경남 하동군	한센병예방관리	18,000	4	1	7	8	7	5	5	4
11249	경남 하동군	송림숲생태해설프로그램운영	10,000	4	7	7	8	7	5	5	4
11250	경남 하동군	도대표우수습지지정관리	10,000	4	7	7	8	7	5	5	4
11251	경남 하동군	생활권수목진료	2,782	4	1	7	7	3	5	1	4
11252	경남 산청군	공공체육시설관리위탁	900,000	4	1	1	5	2	2	1	2
11253	경남 산청군	특별교통수단(교통약자콜택시)운영비지원	800,000	4	1,2,4	2	3	1	1	1	1
11254	경남 산청군	산청박물관운영	200,000	4	4	7	8	7	5	5	4
11255	경남 산청군	청소년방과후아카데미운영	195,642	4	1	7	8	7	1	1	4
11256	경남 산청군	공중화장실유지관리	192,000	4	4	7	8	7	1	4	2
11257	경남 산청군	어린이급식관리지원센터운영	118,600	4	2	6	3	2	4	1	2
11258	경남 산청군	목면시배유지운영	68,000	4	4	7	8	7	5	5	4
11259	경남 산청군	산림치유지도사위탁운영지원	64,000	4	1	1	1	2	3	3	4
11260	경남 산청군	숲해설산림복지전문업위탁운영지원	58,942	4	1	1	1	2	3	3	4
11261	경남 산청군	목조각장전수관운영프로그램지원	50,400	4	4	7	8	7	5	5	4
11262	경남 산청군	공공청소년수련시설관리	40,000	4	4	7	8	7	1	1	4
11263	경남 산청군	청소년방과후아카데미운영(자체)	29,600	4	1	7	8	7	1	1	4
11264	경남 산청군	버스정보시스템(BIS)유지보수운영	22,300	4	6	7	1	7	2	4	4
11265	경남 함양군	자활근로사업	2,117,579	4	4	7	8	7	5	5	4
11266	경남 함양군	슬레이트처리지원사업	1,000,000	4	8	1	3	2	5	5	3
11267	경남 함양군	공영노상주차장유료화운영위탁	443,633	4	4	2	2	1	1	1	4
11268	경남 함양군	초중학생영어캠프및해외어학연수지원	222,000	4	4	6	1	2	1	1	1
11269	경남 함양군	청소년방과후아카데미운영	194,114	4	1	6	1	6	1	1	1
11270	경남 함양군	장애인목욕탕운영	186,000	4	4	1	5	2	1	1	3
11271	경남 함양군	찾아가는면단위어린이학습지지원	176,400	4	4	7	8	7	5	5	1
11272	경남 함양군	휠체어택시운영	137,230	4	4	1	5	6	5	1	3
11273	경남 함양군	지리산생태체험단지관리위탁운영	110,000	4	7	1	2	2	2	1	4
11274	경남 함양군	서민자녀맞춤형교육지원사업	100,000	4	4	6	1	7	1	1	1
11275	경남 함양군	산림치유지도사위탁운영	64,000	4	2	1	1	2	1	1	2
11276	경남 함양군	함양군영어사이버스쿨사업추진	60,000	4	4	6	1	2	1	1	1
11277	경남 함양군	숲해설위탁운영	58,942	4	2	1	1	2	1	1	2

순번	시군구	지출명 (사업명)	2024년예산 (단위 : 천원 /1년간)	민간이전 분류 (지방자치단체 세출예산 집행기준에 의거) 1. 민간경상사업보조(307-02) 2. 민간단체 법정운영비보조(307-03) 3. 민간행사사업보조(307-04) 4. 민간위탁금(307-05) 5. 사회복지시설 법정운영비보조(307-10) 6. 민간인위탁교육비(307-12) 7. 공기관등에대한경상적위탁사업비(308-13) 8. 민간자본사업보조,자체재원(402-01) 9. 민간자본사업보조,이전재원(402-02) 10. 민간위탁사업비(402-03) 11. 공기관등에 대한 자본적 위탁사업비(403-02)	민간이전지출 근거 (지방보조금 관리기준 참고) 1. 법률에 규정 2. 국고보조 재원(국가지정) 3. 용도 지정 기부금 4. 조례에 직접규정 5. 지자체가 권장하는 사업을 하는 공공기관 6. 시,도 정책 및 재정사정 7. 기타 8. 해당없음	입찰방식			운영예산 산정		성과평가 실시여부
						계약체결방법 (경쟁형태) 1. 일반경쟁 2. 제한경쟁 3. 지명경쟁 4. 수의계약 5. 법정위탁 6. 기타 ( ) 7. 없음	계약기간 1. 1년 2. 2년 3. 3년 4. 4년 5. 5년 6. 기타 ( )년 7. 단기계약 (1년미만) 8. 없음	낙찰자선정방법 1. 적격심사 2. 협상에의한계약 3. 최저가낙찰제 4. 규격가격분리 5. 2단계 경쟁입찰 6. 기타 ( ) 7. 없음	운영예산 산정 1. 내부산정 (지자체 자체적으로 산정) 2. 외부산정 (외부전문기관위탁 산정) 3. 내·외부 모두 산정 4. 산정 無 5. 없음	정산방법 1. 내부정산 (지자체 내부적으로 정산) 2. 외부정산 (외부전문기관위탁 정산) 3. 내·외부 모두 산정 4. 정산 無 5. 없음	1. 실시 2. 미실시 3. 향후 추진 4. 해당없음
11278	경남 함양군	청소년방과후활동지원	27,200	4	1	7	8	7	5	5	4
11279	경남 함양군	전통시장공중화장실관리	21,000	4	1,4	7	1	7	1	1	1
11280	경남 합천군	장애인활동지원사업	3,391,980	4	1	5	8	7	3	3	4
11281	경남 합천군	자활근로사업(민간위탁)	2,119,645	4	2	5	1	2	3	3	1
11282	경남 합천군	발달장애인주간활동서비스지원	622,840	4	1	5	8	7	3	3	4
11283	경남 합천군	합천체육관민간위탁관리운영	598,668	4	6	2	3	2	2	1	2
11284	경남 합천군	육아지원센터운영	460,444	4	1,4	5	5	7	1	1	2
11285	경남 합천군	치매치료관리비지원	281,220	4	1	7	8	7	5	3	4
11286	경남 합천군	합천군창의사민간위탁	180,000	4	4	1	3	7	1	1	4
11287	경남 합천군	장애인도우미지원사업	140,000	4	1	5	8	7	3	3	4
11288	경남 합천군	희귀질환자의료비지원사업	119,740	4	2	5	8	7	5	5	4
11289	경남 합천군	청소년발달장애인방과후활동서비스	71,859	4	1	5	8	7	3	3	4
11290	경남 합천군	기저귀및조제분유지원	70,000	4	2	5	8	7	5	5	4
11291	경남 합천군	발달재활서비스지원	69,600	4	1	5	8	7	3	3	4
11292	경남 합천군	공동육아나눔터운영지원	56,712	4	2	5	5	1	1	1	4
11293	경남 합천군	원폭자료관위탁운영	55,000	4	6	6	3	6	3	3	3
11294	경남 합천군	산모신생아건강관리사지원(전환사업)	49,437	4	2	5	8	7	5	5	4
11295	경남 합천군	제9회합천관광전국사진공모전	40,000	4	4	7	8	7	1	1	1
11296	경남 합천군	장애인활동지원가산급여지원	29,623	4	1	5	8	7	3	3	4
11297	경남 합천군	의료폐기물위탁처리	20,600	4	1	4	1	7	5	5	4
11298	경남 합천군	의료급여수급권자일반검진비지원	12,100	4	2	5	8	7	5	5	4
11299	경남 합천군	육아지원센터지원(부모교육)	10,000	4	1,4	5	5	7	1	1	2
11300	경남 합천군	한센병관리사업	5,880	4	2	5	8	7	2	2	4
11301	경남 합천군	황산화장실위탁관리	5,112	4	7	6	8	7	1	5	4
11302	경남 합천군	원폭자료관시설유지관리비	5,000	4	6	6	3	6	3	3	3
11303	경남 합천군	의료급여수급권자영유아검진사업	660	4	1	5	1	7	5	5	1
11304	경남 합천군	청소년산모임신출산의료비지원	600	4	2	5	8	7	5	5	4
11305	전라북도	전북농어촌종합지원센터운영(1차)(전환사업)	2,500,000	4	4	1	3	6	1	1	1
11306	전라북도	특별교통수단광역이동지원센터위탁	1,878,000	4	1	1	3	2	1	3	1
11307	전라북도	전북특별자치도교통문화연수원운영비보조	1,774,000	4	1	1	3	2	1	1	1
11308	전라북도	정신건강복지센터인력지원(도)	1,515,050	4	2	5	5	1	1	2	1
11309	전라북도	전북사회적경제혁신타운운영	1,200,000	4	4	1	3	1	1	3	1
11310	전라북도	부안신재생에너지단지운영지원	1,024,000	4	5	1	3	2	1	1	1
11311	전라북도	청소년활동진흥센터운영(2차)(전환사업)	732,000	4	6	5	5	7	1	1	1
11312	전라북도	통합정신건강증진사업(도)	681,400	4	2	5	5	1	1	2	1
11313	전라북도	새만금메타버스체험관운영	680,000	4	4	2	6	2	1	1	3
11314	전라북도	전북특별자치도광역치매센터운영	641,436	4	2	5	3	1	1	2	1
11315	전라북도	생태관광육성지원센터운영	600,000	4	4	1	3	6	1	3	3
11316	전라북도	도청어린이집운영	599,012	4	1	1	3	1	1	1	1
11317	전라북도	청소년상담복지센터운영지원	583,242	4	1	5	5	7	1	1	1

순번	시군구	지출명 (사업명)	2024년예산 (단위 : 천원 /1년간)	민간이전 분류 (지방자치단체 세출예산 집행기준에 의거) 1. 민간경상사업보조(307-02) 2. 민간단체 법정운영비보조(307-03) 3. 민간행사사업보조(307-04) 4. 민간위탁금(307-05) 5. 사회복지시설 법정운영비보조(307-10) 6. 민간인위탁교육비(307-12) 7. 공기관등에대한경상적위탁사업비(308-13) 8. 민간자본사업보조,자체재원(402-01) 9. 민간자본사업보조,이전재원(402-02) 10. 민간위탁사업비(402-03) 11. 공기관등에 대한 자본적 위탁사업비(403-02)	민간이전지출 근거 (지방보조금 관리기준 참고) 1. 법률에 규정 2. 국고보조 재원(국가지정) 3. 용도 지정 기부금 4. 조례에 직접규정 5. 지자체가 권장하는 사업을 하는 공공기관 6. 시,도 정책 및 재정사정 7. 기타 8. 해당없음	입찰방식: 계약체결방법 (경쟁형태) 1. 일반경쟁 2. 제한경쟁 3. 지명경쟁 4. 수의계약 5. 법정위탁 6. 기타 ( ) 7. 없음	입찰방식: 계약기간 1. 1년 2. 2년 3. 3년 4. 4년 5. 5년 6. 기타 ( )년 7. 단기계약 (1년미만) 8. 없음	입찰방식: 낙찰자선정방법 1. 적격심사 2. 협상에의한계약 3. 최저가낙찰제 4. 규격가격분리 5. 2단계 경쟁입찰 6. 기타 ( ) 7. 없음	운영예산 산정: 운영예산 산정 1. 내부산정 (지자체 자체적으로 산정) 2. 외부산정 (외부전문기관위탁 산정) 3. 내·외부 모두 산정 4. 산정 無 5. 없음	운영예산 산정: 정산방법 1. 내부정산 (지자체 내부적으로 정산) 2. 외부정산 (외부전문기관위탁 정산) 3. 내·외부 모두 정산 4. 정산 無 5. 없음	성과평가 실시여부 1. 실시 2. 미실시 3. 향후 추진 4. 해당없음
11318	전라북도	마을기업지원기관운영(2차)(전환사업)	492,000	4	4	1	2	2	1	3	4
11319	전라북도	자연환경연수원운영지원	431,000	4	4	1	3	1	1	3	1
11320	전라북도	아토피천식교육정보센터운영	400,000	4	2	6	3	1	1	2	1
11321	전라북도	전북공공보건의료지원단운영지원	300,000	4	1	7	8	7	1	1	3
11322	전라북도	전북특별자치도정신건강복지센터지원	284,256	4	2	5	5	1	1	2	1
11323	전라북도	사회적기업고도화사업	250,000	4	4	1	1	1	1	1	1
11324	전라북도	중독관리통합지원센터운영(도)	244,984	4	2	5	5	1	1	2	1
11325	전라북도	전북공공보건의료지원단운영지원(자체)	200,000	4	1	7	8	7	1	1	3
11326	전라북도	전북형협동조합발굴육성(신규)	150,000	4	4	7	8	7	5	5	4
11327	전라북도	정신건강복지센터자살예방사업인력지원(도)	148,144	4	2	1	5	1	1	2	1
11328	전라북도	통합건강증진사업지원단운영지원	140,000	4	1	6	3	1	1	2	1
11329	전라북도	심뇌혈관질환예방관리사업지원단운영지원	69,412	4	1	6	3	1	1	2	1
11330	전라북도	자살예방실무자등정신건강증진사업	32,000	4	2	1	5	1	1	2	1
11331	전라북도	치매공공후견광역지원단(광역치매센터)운영	4,687	4	2	5	3	1	1	2	4
11332	전북 전주시	전주권소각자원센터위탁운영	11,045,000	4	1,2	1	3	2	1	1	1
11333	전북 전주시	자활근로사업	9,579,533	4	2	5	1	7	5	1	1
11334	전북 전주시	음식물쓰레기민간위탁처리비	6,578,280	4	1	6	6	6	1	1	3
11335	전북 전주시	근로능력있는수급자의탈수급지원(청년내일저축계좌)	5,134,818	4	2	5	8	7	5	1	4
11336	전북 전주시	노인복지관운영	4,993,000	4	4	5	5	1	1	3	1
11337	전북 전주시	장애인활동보조추가지원사업	3,836,164	4	1	7	8	7	1	1	4
11338	전북 전주시	발달재활서비스바우처지원	3,235,260	4	1	7	8	7	3	3	2
11339	전북 전주시	사회복지관운영	2,723,000	4	1	6	5	7	1	1	1
11340	전북 전주시	재활용품쓰레기민간위탁처리비	2,141,448	4	1	6	6	6	1	1	3
11341	전북 전주시	청소년시설민간위탁운영	2,104,000	4	1	6	1	6	1	3	1
11342	전북 전주시	어린이급식관리지원센터설치운영	1,470,000	4	1,2	2	5	1	3	3	1
11343	전북 전주시	CCTV통합관제센터운영	1,076,832	4	4	2	3	2	1	1	2
11344	전북 전주시	전주시지역소통협력센터운영	1,039,177	4	4	1	2	6	1	1	3
11345	전북 전주시	활동보조가산급여	1,002,457	4	1	7	8	7	1	1	4
11346	전북 전주시	지역자활센터운영지원	998,606	4	2	5	8	7	5	1	1
11347	전북 전주시	정신건강복지센터인력지원	911,940	4	2	1	3	1	1	1	1
11348	전북 전주시	노인일거리마련센터운영지원	798,000	4	6	7	8	7	1	1	4
11349	전북 전주시	도시재생지원센터	722,000	4	1	7	8	7	1	1	1
11350	전북 전주시	생활문화센터민간위탁	670,000	4	4	7	8	7	1	1	1
11351	전북 전주시	콜센터운영	669,219	4	4	1	3	2	1	1	1
11352	전북 전주시	육아종합지원센터위탁운영	631,000	4	1	1	5	1	1	1	1
11353	전북 전주시	드론기술개발지원센터운영	600,000	4	4	1	3	1	1	1	1
11354	전북 전주시	전주영화제작소운영	585,000	4	4	1	3	1	1	1	1
11355	전북 전주시	에너지센터운영	550,000	4	4	1	3	1	1	1	1
11356	전북 전주시	통합정신건강증진사업	517,300	4	2	1	3	1	1	1	1
11357	전북 전주시	자살예방심리치유지원	392,000	4	1	1	3	1	1	1	1

순번	시군구	지출명 (사업명)	2024년예산 (단위 : 천원 /1년간)	민간이전 분류 (지방자치단체 세출예산 집행기준에 의거) 1. 민간경상사업보조(307-02) 2. 민간단체 법정운영비보조(307-03) 3. 민간행사사업보조(307-04) 4. 민간위탁금(307-05) 5. 사회복지시설 법정운영비보조(307-10) 6. 민간인위탁교육비(307-12) 7. 공기관등에대한경상적위탁사업비(308-13) 8. 민간자본사업보조,자체재원(402-01) 9. 민간자본사업보조,이전재원(402-02) 10. 민간위탁사업비(402-03) 11. 공기관등에 대한 자본적 위탁사업비(403-02)	민간이전지출 근거 (지방보조금 관리기준 참고) 1. 법률에 규정 2. 국고보조 재원(국가지정) 3. 용도 지정 기부금 4. 조례에 직접규정 5. 지자체가 권장하는 사업을 하는 공공기관 6. 시,도 정책 및 재정사정 7. 기타 8. 해당없음	입찰방식 계약체결방법 (경쟁형태) 1. 일반경쟁 2. 제한경쟁 3. 지명경쟁 4. 수의계약 5. 법정위탁 6. 기타 ( ) 7. 없음	입찰방식 계약기간 1. 1년 2. 2년 3. 3년 4. 4년 5. 5년 6. 기타 ( )년 7. 단기계약 (1년미만) 8. 없음	입찰방식 낙찰자선정방법 1. 적격심사 2. 협상에의한계약 3. 최저가낙찰제 4. 규격가격분리 5. 2단계 경쟁입찰 6. 기타 ( ) 7. 없음	운영예산 산정 운영예산 산정 1. 내부산정 (지자체 자체적으로 산정) 2. 외부산정 (외부전문기관위탁 산정) 3. 내·외부 모두 산정 4. 산정 無 5. 없음	운영예산 산정 정산방법 1. 내부정산 (지자체 내부적으로 정산) 2. 외부정산 (외부전문기관위탁 정산) 3. 내·외부 모두 산정 4. 정산 無 5. 없음	성과평가 실시여부 1. 실시 2. 미실시 3. 향후 추진 4. 해당없음
11358	전북 전주시	전주영화종합촬영소운영	386,000	4	4	7	8	7	1	1	1
11359	전북 전주시	전주시새활용센터다시봄운영	382,000	4	4	1	6	2	1	1	1
11360	전북 전주시	근로능력있는수급자의탈수급지원(희망저축계좌Ⅰ)	358,394	4	2	5	8	7	5	1	4
11361	전북 전주시	전주시주거복지센터운영	357,000	4	1,4	2	3	1	1	1	3
11362	전북 전주시	팔복동빈집밀집구역재생사업	300,000	4	1	7	8	7	1	1	1
11363	전북 전주시	전주대사습청운영	264,000	4	4	2	3	1	1	1	1
11364	전북 전주시	근로능력있는수급자의탈수급지원(희망저축계좌Ⅱ)	262,218	4	2	5	8	7	5	1	4
11365	전북 전주시	인후반촌도시재생뉴딜사업	260,000	4	1	7	8	7	1	1	1
11366	전북 전주시	청소년상담복지센터운영지원	253,681	4	2	6	3	6	1	3	1
11367	전북 전주시	노인취업지원센터운영	243,000	4	6	5	3	1	1	1	1
11368	전북 전주시	저소득장애인맞춤형일자리지원	233,000	4	6	1	1	1	1	1	1
11369	전북 전주시	중독관리통합지원센터운영	230,990	4	1	1	6	6	1	1	1
11370	전북 전주시	청소년성문화센터운영	226,107	4	2	6	3	6	1	3	1
11371	전북 전주시	비정규직노동자지원센터운영	224,000	4	4	6	2	6	1	1	4
11372	전북 전주시	정신건강복지센터자살예방사업인력지원	222,216	4	2	1	3	1	1	1	1
11373	전북 전주시	최명희문학관민간위탁	209,193	4	4	1	3	1	1	3	1
11374	전북 전주시	전주전통술박물관민간위탁	201,193	4	4	1	3	1	1	3	1
11375	전북 전주시	전주부채문화관민간위탁	201,193	4	4	1	3	1	1	3	1
11376	전북 전주시	완판본문화관민간위탁	201,193	4	4	1	3	1	1	3	1
11377	전북 전주시	근로능력있는수급자의탈수급지원(청년저축계좌)	199,228	4	2	5	8	7	5	1	4
11378	전북 전주시	전주형공영자전거대여소운영	163,000	4	4	7	2	6	1	1	1
11379	전북 전주시	동완산동새뜰마을현장지원센터민간위탁금	160,000	4	4	7	8	7	1	1	1
11380	전북 전주시	드론축구상설경기장운영	150,000	4	4	7	8	7	5	5	4
11381	전북 전주시	교통약자교통안전위탁교육운영	140,600	4	1	1	2	1	1	1	1
11382	전북 전주시	공립작은도서관운영	127,681	4	4	7	8	7	1	1	1
11383	전북 전주시	장애인전용목욕탕운영	122,000	4	1	5	5	1	1	1	4
11384	전북 전주시	놀라운예술터뜻밖의미술관운영	108,000	4	4	1	3	2	1	1	1
11385	전북 전주시	불법투기혼합폐기물위탁처리	105,000	4	6	7	8	7	5	5	4
11386	전북 전주시	불법투기혼합폐기물위탁처리	105,000	4	6	7	8	7	5	5	4
11387	전북 전주시	낙수정새뜰마을현장지원센터민간위탁금	100,000	4	4	7	8	7	1	1	1
11388	전북 전주시	사회복지급식관리지원센터설치운영	100,000	4	1,2	2	6	1	3	3	1
11389	전북 전주시	자살예방및정신건강증진사업	81,440	4	2	1	3	1	1	1	1
11390	전북 전주시	장애인일자리지원센터운영	78,000	4	6	1	1	1	1	1	1
11391	전북 전주시	근로능력있는수급자의탈수급지원(청년희망키움통장)	70,494	4	2	5	8	7	5	1	4
11392	전북 전주시	근로능력있는수급자의탈수급지원(희망키움통장Ⅱ)	65,078	4	2	5	8	7	5	1	4
11393	전북 전주시	지역자활센터사례관리사인건비	62,954	4	2	5	8	7	5	1	4
11394	전북 전주시	언어발달지원바우처지원	52,310	4	1	7	8	7	3	3	2
11395	전북 전주시	정신건강복지센터운영	51,100	4	2	1	3	1	1	1	1
11396	전북 전주시	견훤왕궁지구새뜰마을현장지원센터민간위탁금	40,000	4	4	7	8	7	5	5	4
11397	전북 전주시	근로능력있는수급자의탈수급지원(내일키움통장)	35,632	4	2	5	8	7	5	1	4

순번	시군구	지출명 (사업명)	2024년예산 (단위 : 천원 /1년간)	민간이전 분류 (지방자치단체 세출예산 집행기준에 의거) 1. 민간경상사업보조(307-02) 2. 민간단체 법정운영비보조(307-03) 3. 민간행사사업보조(307-04) 4. 민간위탁금(307-05) 5. 사회복지시설 법정운영비보조(307-10) 6. 민간인위탁교육비(307-12) 7. 공기관등에대한경상적위탁사업비(308-13) 8. 민간자본사업보조,자체재원(402-01) 9. 민간자본사업보조,이전재원(402-02) 10. 민간위탁사업비(402-03) 11. 공기관등에 대한 자본적 위탁사업비(403-02)	민간이전지출 근거 (지방보조금 관리기준 참고) 1. 법률에 규정 2. 국고보조 재원(국가지정) 3. 용도 지정 기부금 4. 조례에 직접규정 5. 지자체가 권장하는 사업을 하는 공공기관 6. 시,도 정책 및 재정사정 7. 기타 8. 해당없음	입찰방식 계약체결방법 (경쟁형태) 1. 일반경쟁 2. 제한경쟁 3. 지명경쟁 4. 수의계약 5. 법정위탁 6. 기타 ( ) 7. 없음	입찰방식 계약기간 1. 1년 2. 2년 3. 3년 4. 4년 5. 5년 6. 기타 ( )년 7. 단기계약 (1년미만) 8. 없음	입찰방식 낙찰자선정방법 1. 적격심사 2. 협상에의한계약 3. 최저가낙찰제 4. 규격가격분리 5. 2단계 경쟁입찰 6. 기타 ( ) 7. 없음	운영예산 산정 운영예산 산정 1. 내부산정 (지자체 자체적으로 산정) 2. 외부산정 (외부전문기관위탁 산정) 3. 내·외부 모두 산정 4. 산정 無 5. 없음	운영예산 산정 정산방법 1. 내부정산 (지자체 내부적으로 정산) 2. 외부정산 (외부전문기관위탁 정산) 3. 내·외부 모두 산정 4. 정산 無 5. 없음	성과평가 실시여부 1. 실시 2. 미실시 3. 향후 추진 4. 해당없음
11398	전북 전주시	근로능력있는수급자의탈수급지원(희망키움통장)	31,929	4	2	5	8	7	5	1	4
11399	전북 전주시	한센병관리사업	31,500	4	1	7	8	7	5	1	4
11400	전북 전주시	노숙인시설위탁관리(사랑의집)	27,000	4	6	6	5	1	1	1	1
11401	전북 전주시	발달장애인부모심리상담지원	16,971	4	1	7	8	7	3	3	2
11402	전북 전주시	보건소결핵관리사업	10,374	4	1	7	8	7	5	1	4
11403	전북 익산시	자활근로,지역자활센터및광역자활센터운영(자활지원사업)	9,125,470	4	2	5	1	7	1	1	1
11404	전북 익산시	09btl하수관거정비임대료및운영비지급	7,786,000	4	2	6	6	1,2	1	1	1
11405	전북 익산시	06btl하수관거정비임대료및운영비지급	6,620,000	4	2	6	6	1,2	1	1	1
11406	전북 익산시	음식물류폐기물위탁처리	4,304,778	4	1	2	2	1	1	1	4
11407	전북 익산시	가축분뇨공공처리시설민간위탁금	4,000,000	4	7	6	6	2	3	1	4
11408	전북 익산시	근로능력있는수급자의탈수급지원	1,996,151	4	2	5	8	7	1	1	4
11409	전북 익산시	사회복지시설운영지원(자체)	1,201,304	4	1	1	5	1	1	1	1
11410	전북 익산시	지역사회서비스투자사업(가사간병방문지원사업)	976,601	4	2	5	8	7	1	1	4
11411	전북 익산시	산모신생아건강관리지원사업	950,375	4	1	7	8	7	5	5	1
11412	전북 익산시	시립도서관시설관리운영	935,984	4	1	7	6	7	3	4	1
11413	전북 익산시	민자사업정부지급금(모현도서관BTL)	919,000	4	1	7	6	7	3	4	1
11414	전북 익산시	정신건강복지센터인력지원	817,520	4	2	5	3	1	1	1	1
11415	전북 익산시	치매치료관리비지원(전환사업)	648,000	4	2	5	8	7	5	5	4
11416	전북 익산시	CCTV통합관제센터24시간모니터링용역	635,500	4	1	5	2	2	1	1	3
11417	전북 익산시	어린이급식관리지원센터운영	630,000	4	2	7	3	7	3	3	1
11418	전북 익산시	국가암관리지자체지원(국가암검진사업)	572,400	4	2	5	8	7	1	1	4
11419	전북 익산시	익산패션주얼리공동연구개발센터위탁(연구동및폐수처리동)	542,000	4	4	1	3	2	1	1	1
11420	전북 익산시	저소득층기저귀조제분유지원사업	540,000	4	1	7	8	7	5	5	4
11421	전북 익산시	청소년수련관민간위탁	531,331	4	1	1	3	1	1	1	3
11422	전북 익산시	민원콜센터운영	515,888	4	1	1	1	2	1	1	1
11423	전북 익산시	공공영상미디어센터운영	480,000	4	4	2	3	2	1	1	1
11424	전북 익산시	청소년문화의집민간위탁	330,205	4	1	1	3	1	1	1	3
11425	전북 익산시	유스호스텔운영보조금	329,944	4	1	1	3	1	1	1	3
11426	전북 익산시	익산신중년일자리센터운영	300,000	4	4	1	2	1	1	1	3
11427	전북 익산시	희귀질환자의료비지원	276,000	4	2	5	8	7	1	1	4
11428	전북 익산시	중독관리통합지원센터운영	244,984	4	2	5	3	1	1	1	1
11429	전북 익산시	익산패션주얼리공동연구개발센터위탁(도금동)	240,000	4	4	1	3	2	1	1	1
11430	전북 익산시	통합정신건강증진사업	238,000	4	2	5	3	1	1	1	1
11431	전북 익산시	자살예방심리치유지원	207,560	4	1	5	3	1	1	1	1
11432	전북 익산시	익산시비정규직노동자지원센터운영	182,500	4	4	1	3	1	1	1	1
11433	전북 익산시	청소년성문화센터운영	171,192	4	2	1	3	1	1	1	3
11434	전북 익산시	국가식품클러스터복합문화센터운영	157,312	4	4	1	1	2	1	1	3
11435	전북 익산시	청소년특화공간운영지원	118,396	4	4	1	3	1	1	1	3
11436	전북 익산시	사회복지급식관리지원센터운영	100,000	4	2	7	3	7	3	3	1
11437	전북 익산시	의료급여수급권자일반검진비지원	78,966	4	2	5	8	7	1	1	4

순번	시군구	지출명 (사업명)	2024년예산 (단위 : 천원 /1년간)	민간이전 분류 (지방자치단체 세출예산 집행기준에 의거) 1. 민간경상사업보조(307-02) 2. 민간단체 법정운영비보조(307-03) 3. 민간행사사업보조(307-04) 4. 민간위탁금(307-05) 5. 사회복지시설 법정운영비보조(307-10) 6. 민간인위탁교육비(307-12) 7. 공기관등에대한경상적위탁사업비(308-13) 8. 민간자본사업보조,자체재원(402-01) 9. 민간자본사업보조,이전재원(402-02) 10. 민간위탁사업비(402-03) 11. 공기관등에 대한 자본적 위탁사업비(403-02)	민간이전지출 근거 (지방보조금 관리기준 참고) 1. 법률에 규정 2. 국고보조 재원(국가지정) 3. 용도 지정 기부금 4. 조례에 직접규정 5. 지자체가 권장하는 사업을 하는 공공기관 6. 시,도 정책 및 재정사정 7. 기타 8. 해당없음	입찰방식			운영예산 산정		성과평가 실시여부
						계약체결방법 (경쟁형태) 1. 일반경쟁 2. 제한경쟁 3. 지명경쟁 4. 수의계약 5. 법정위탁 6. 기타 ( ) 7. 없음	계약기간 1. 1년 2. 2년 3. 3년 4. 4년 5. 5년 6. 기타 ( )년 7. 단기계약 (1년미만) 8. 없음	낙찰자선정방법 1. 적격심사 2. 협상에의한계약 3. 최저가낙찰제 4. 규격가격분리 5. 2단계 경쟁입찰 6. 기타 ( ) 7. 없음	운영예산 산정 1. 내부산정 (지자체 자체적으로 산정) 2. 외부산정 (외부전문기관위탁 산정) 3. 내·외부 모두 산정 4. 산정 無 5. 없음	정산방법 1. 내부정산 (지자체 내부적으로 정산) 2. 외부정산 (외부전문기관위탁 정산) 3. 내·외부 모두 산정 4. 정산 無 5. 없음	1. 실시 2. 미실시 3. 향후 추진 4. 해당없음
11438	전북 익산시	정신건강복지센터자살예방사업인력지원	74,072	4	2	5	3	1	1	1	1
11439	전북 익산시	지역사회건강조사조사분석위탁운영	67,980	4	2	7	8	7	2	3	1
11440	전북 익산시	자살예방및정신건강증진사업	62,160	4	2	5	3	1	1	1	1
11441	전북 익산시	기초정신건강복지센터운영	51,100	4	2	5	3	1	1	1	1
11442	전북 익산시	청소년성문화센터운영	25,660	4	1	1	3	1	1	1	3
11443	전북 익산시	익산기세배전수교육관운영	11,736	4	1	2	3	1	1	1	1
11444	전북 익산시	표준모자보건수첩제작	6,600	4	7	7	8	7	5	5	4
11445	전북 익산시	한센병관리	5,114	4	1,4	7	8	7	1	1	4
11446	전북 익산시	청소년산모임신출산의료비지원	4,800	4	1	7	8	7	5	5	4
11447	전북 정읍시	민간위탁금	5,432,000	4	2	6	6	6	1	4	1
11448	전북 정읍시	생활폐기물수집운반대행처리비	4,273,672	4	4	6	1	2	3	3	1
11449	전북 정읍시	생활폐기물소각처리민간위탁처리비	2,951,617	4	4	6	6	2	5	5	4
11450	전북 정읍시	분뇨및가축분뇨공공처리시설민간위탁	2,820,000	4	7	4	6	7	1	1	2
11451	전북 정읍시	자활근로민간위탁	2,257,457	4	2	7	8	7	5	5	1
11452	전북 정읍시	아이돌봄지원사업	2,129,538	4	1	1	5	1	1	1	3
11453	전북 정읍시	지역사회서비스투자사업	2,061,405	4	1	5	8	7	5	5	1
11454	전북 정읍시	슬레이트처리지원사업	1,691,960	4	2	2	1	7	5	1	4
11455	전북 정읍시	정읍시정신건강복지센터운영	1,497,504	4	2	1	3	1	4	1	1
11456	전북 정읍시	하수슬러지처리시설관리대행운영비	1,350,000	4	8	6	6	2	3	1	1
11457	전북 정읍시	2023년특별교통수단장애인콜택시위탁운영	1,090,189	4	1	2	3	1	2	2	1
11458	전북 정읍시	정읍시노인복지관위탁운영	934,534	4	1	5	5	3	2	1	1
11459	전북 정읍시	민간위탁금	859,152	4	6	6	3	6	1	4	1
11460	전북 정읍시	가족센터운영지원	707,366	4	1	1	5	1	1	1	3
11461	전북 정읍시	정읍시북부노인복지관위탁운영	701,168	4	1	5	5	3	2	1	1
11462	전북 정읍시	정읍사회복지관운영비	661,907	4	1	1	5	1	1	1	1
11463	전북 정읍시	아동보호전문기관인건비	641,240	4	2	7	8	7	5	5	4
11464	전북 정읍시	가사간병방문지원사업	447,363	4	1	5	8	7	5	5	1
11465	전북 정읍시	도시재생지원센터민간위탁운영지원	403,864	4	1,4,6	1,4	3	1	3	1	1
11466	전북 정읍시	시군역량강화	392,000	4	2	1,4	3	1	3	1	3
11467	전북 정읍시	근로능력있는수급자의탈수급지원(청년내일저축계좌차상위이하,초과자)	386,908	4	2	7	8	7	5	5	1
11468	전북 정읍시	어린이사회복지급식관리지원센터운영	365,000	4	2	1	5	1	5	1	1
11469	전북 정읍시	청년지원센터운영	309,368	4	4	1	3	1	1	1	4
11470	전북 정읍시	정읍시공동체활성화센터민간위탁운영지원	287,484	4	1,4,6	1,4	3	1	3	1	1
11471	전북 정읍시	농어업농어촌일자리플러스센터구축지원	220,000	4	1,4,6	1,4	3	1	3	1	1
11472	전북 정읍시	다함께돌봄센터인건비	219,816	4	2	1	5	1	1	1	4
11473	전북 정읍시	기초환경교육센터운영	200,000	4	4	1	3	1	5	5	3
11474	전북 정읍시	정읍시생활문화센터활성화사업위탁관리비	191,345	4	4	2	3	1	1	1	3
11475	전북 정읍시	다문화가족방문교육	180,242	4	1	1	5	1	1	1	3
11476	전북 정읍시	저소득층기저귀및조제분유지원	160,000	4	8	5	1	7	5	2	4
11477	전북 정읍시	상생지원센터청년창업생태계조성사업	150,000	4	4	7	8	7	1	1	4

순번	시군구	지출명 (사업명)	2024년예산 (단위 : 천원 /1년간)	민간이전 분류 (지방자치단체 세출예산 집행기준에 의거) 1. 민간경상사업보조(307-02) 2. 민간단체 법정운영비보조(307-03) 3. 민간행사사업보조(307-04) 4. 민간위탁금(307-05) 5. 사회복지시설 법정운영비보조(307-10) 6. 민간인위탁교육비(307-12) 7. 공기관등에대한경상적위탁사업비(308-13) 8. 민간자본사업보조,자체재원(402-01) 9. 민간자본사업보조,이전재원(402-02) 10. 민간위탁사업비(402-03) 11. 공기관등에 대한 자본적 위탁사업비(403-02)	민간이전지출 근거 (지방보조금 관리기준 참고) 1. 법률에 규정 2. 국고보조 재원(국가지정) 3. 용도 지정 기부금 4. 조례에 직접규정 5. 지자체가 권장하는 사업을 하는 공공기관 6. 시,도 정책 및 재정사정 7. 기타 8. 해당없음	입찰방식 계약체결방법 (경쟁형태) 1. 일반경쟁 2. 제한경쟁 3. 지명경쟁 4. 수의계약 5. 법정위탁 6. 기타 ( ) 7. 없음	입찰방식 계약기간 1. 1년 2. 2년 3. 3년 4. 4년 5. 5년 6. 기타 ( )년 7. 단기계약 (1년미만) 8. 없음	입찰방식 낙찰자선정방법 1. 적격심사 2. 협상에의한계약 3. 최저가낙찰제 4. 규격가격분리 5. 2단계 경쟁입찰 6. 기타 ( ) 7. 없음	운영예산 산정 운영예산 산정 1. 내부산정 (지자체 자체적으로 산정) 2. 외부산정 (외부전문기관위탁 산정) 3. 내·외부 모두 산정 4. 산정 無 5. 없음	운영예산 산정 정산방법 1. 내부정산 (지자체 내부적으로 정산) 2. 외부정산 (외부전문기관위탁 정산) 3. 내·외부 모두 정산 4. 정산 無 5. 없음	성과평가 실시여부 1. 실시 2. 미실시 3. 향후 추진 4. 해당없음
11478	전북 정읍시	한국가요촌달하운영및관리민간위탁	139,600	4	4	1	3	2	2	1	3
11479	전북 정읍시	비정규직노동자지원센터운영	133,354	4	4	1	3	1	1	1	4
11480	전북 정읍시	글로벌마을학당운영	125,000	4	6	1	5	1	1	1	3
11481	전북 정읍시	가족센터종사자법정제수당	122,000	4	6	1	5	1	1	1	3
11482	전북 정읍시	국가유공자주거환경개선사업	100,000	4	6	7	8	7	5	5	4
11483	전북 정읍시	아동보호전문기관운영비	91,082	4	2	7	8	7	5	5	4
11484	전북 정읍시	사회적경제중간지원조직민간위탁운영지원	86,000	4	7	7	8	7	1	1	4
11485	전북 정읍시	어린이교통공원위탁운영	82,892	4	4	5	1	7	1	1	1
11486	전북 정읍시	다문화가족자녀언어발달지원	81,180	4	1	1	5	1	1	1	3
11487	전북 정읍시	이중언어학습지원	73,110	4	1	1	5	1	1	1	3
11488	전북 정읍시	결혼이민자통번역서비스지원	68,200	4	1	1	5	1	1	1	3
11489	전북 정읍시	지역사회건강조사조사분석	68,174	4	8	5	8	7	5	2	4
11490	전북 정읍시	공동육아나눔터운영비지원	56,712	4	1	1	5	1	1	1	3
11491	전북 정읍시	아동보호전문기관사업비	45,920	4	2	7	8	7	5	5	4
11492	전북 정읍시	근로능력있는수급자의탈수급지원(희망키움통장2)	38,167	4	2	7	8	7	5	5	1
11493	전북 정읍시	가족센터종사자인건비	37,500	4	6	1	5	1	1	1	3
11494	전북 정읍시	다함께돌봄센터운영비	36,000	4	2	1	5	1	1	1	4
11495	전북 정읍시	솔티생태관광방문자센터운영	29,000	4	6	7	1	7	1	1	4
11496	전북 정읍시	근로능력있는수급자의탈수급지원(희망저축계좌2)	26,610	4	2	7	8	7	5	5	1
11497	전북 정읍시	결혼이민자역량강화지원	24,500	4	1	1	5	1	1	1	3
11498	전북 정읍시	한센병관리사업위탁비	23,315	4	7	7	8	7	2	2	4
11499	전북 정읍시	근로능력있는수급자의탈수급지원(청년저축계좌)	21,194	4	2	7	8	7	5	5	1
11500	전북 정읍시	마을만들기(자율개발소성신천마을)	20,000	4	2	7	8	7	1	1	3
11501	전북 정읍시	마을만들기(자율개발정우대서마을)	20,000	4	2	7	8	7	1	1	3
11502	전북 정읍시	청년지원센터장비대여사업(빌려DREAM)	15,000	4	4	7	8	7	1	1	4
11503	전북 정읍시	근로능력있는수급자의탈수급지원(청년희망키움통장)	12,440	4	2	7	8	7	5	5	1
11504	전북 정읍시	방문지도사처우개선비	10,800	4	6	1	5	1	1	1	3
11505	전북 정읍시	청년마음건강지원사업	10,447	4	1	5	8	7	5	5	1
11506	전북 정읍시	결혼이민자직업훈련교육	10,000	4	6	1	5	1	1	1	3
11507	전북 정읍시	쓰레기종량제제외지역수거수수료	10,000	4	4	6	6	2	5	5	4
11508	전북 정읍시	다함께돌봄센터종사자특별수당	8,640	4	2	1	5	1	1	1	4
11509	전북 정읍시	아이돌보미영아전담안심돌봄수당	7,800	4	6	1	5	1	1	1	3
11510	전북 정읍시	근로능력있는수급자의탈수급지원(내일키움통장)	6,363	4	2	7	8	7	5	5	1
11511	전북 정읍시	아동학대심리상담치료비지원	6,226	4	2	7	8	7	5	5	4
11512	전북 정읍시	건강한가정조성부모교육	5,000	4	6	1	5	1	1	1	3
11513	전북 정읍시	결혼이민자등국적취득비용지원	4,500	4	6	1	5	1	1	1	3
11514	전북 정읍시	다함께돌봄센터종사자명절수당	2,400	4	2	1	5	1	1	1	4
11515	전북 정읍시	아이돌보미건강검진비지원	1,830	4	6	1	5	1	1	1	3
11516	전북 정읍시	표본감시기관운영비지원	960	4	2	7	8	7	5	5	4
11517	전북 남원시	남원공공하수,분뇨,음식물처리시설관리대행	2,512,000	4	7	6	5	2	2	5	1

순번	시군구	지출명 (사업명)	2024년예산 (단위 : 천원 /1년간)	민간이전 분류 (지방자치단체 세출예산 집행기준에 의거) 1. 민간경상사업보조(307-02) 2. 민간단체 법정운영비보조(307-03) 3. 민간행사사업보조(307-04) 4. 민간위탁금(307-05) 5. 사회복지시설 법정운영비보조(307-10) 6. 민간인위탁교육비(307-12) 7. 공기관등에대한경상적위탁사업비(308-13) 8. 민간자본사업보조,자체재원(402-01) 9. 민간자본사업보조,이전재원(402-02) 10. 민간위탁사업비(402-03) 11. 공기관등에 대한 자본적 위탁사업비(403-02)	민간이전지출 근거 (지방보조금 관리기준 참고) 1. 법률에 규정 2. 국고보조 재원(국가지정) 3. 용도 지정 기부금 4. 조례에 직접규정 5. 지자체가 권장하는 사업을 하는 공공기관 6. 시,도 정책 및 재정사정 7. 기타 8. 해당없음	입찰방식			운영예산 산정		성과평가 실시여부
						계약체결방법 (경쟁형태) 1. 일반경쟁 2. 제한경쟁 3. 지명경쟁 4. 수의계약 5. 법정위탁 6. 기타 ( ) 7. 없음	계약기간 1. 1년 2. 2년 3. 3년 4. 4년 5. 5년 6. 기타 ( )년 7. 단기계약 (1년미만) 8. 없음	낙찰자선정방법 1. 적격심사 2. 협상에의한계약 3. 최저가낙찰제 4. 규격가격분리 5. 2단계 경쟁입찰 6. 기타 ( ) 7. 없음	운영예산 산정 1. 내부산정 (지자체 자체적으로 산정) 2. 외부산정 (외부전문기관위탁 산정) 3. 내·외부 모두 산정 4. 산정 無 5. 없음	정산방법 1. 내부정산 (지자체 내부적으로 정산) 2. 외부정산 (외부전문기관위탁 정산) 3. 내·외부 모두 산정 4. 정산 無 5. 없음	1. 실시 2. 미실시 3. 향후 추진 4. 해당없음
11518	전북 남원시	남원예촌전통한옥체험시설민간위탁운영	1,757,827	4	4	6	6	1	1	3	1
11519	전북 남원시	청소년수련관운영	588,323	4	4	5	3	1	1	1	4
11520	전북 남원시	육아종합지원센터위탁운영비	530,713	4	1	7	8	7	5	5	4
11521	전북 남원시	아이맘행복누리센터위탁운영비	400,000	4	4	7	8	7	5	5	4
11522	전북 남원시	청소년방과후아카데미운영	377,956	4	2	7	8	7	1	1	4
11523	전북 남원시	청소년문화의집운영	295,078	4	4	5	3	1	1	1	4
11524	전북 남원시	청소년상담복지센터운영	189,000	4	5	5	3	1	1	1	4
11525	전북 남원시	광한루원경외주차장민간위탁	142,550	4	4	6	1	1	1	3	4
11526	전북 남원시	청소년안전망운영	102,000	4	2	5	3	1	1	1	4
11527	전북 남원시	학교밖청소년지원센터운영	88,642	4	2	5	3	1	1	1	4
11528	전북 남원시	청소년동반자프로그램운영	65,084	4	2	5	3	1	1	1	4
11529	전북 남원시	유아숲교육위탁운영	58,668	4	2	2	7	2	1	1	1
11530	전북 남원시	공공청소년수련시설청소년지도사배치지원	50,736	4	2	7	8	7	1	1	4
11531	전북 남원시	청소년동반자운영지원(처우개선)	26,740	4	5	5	3	1	1	1	4
11532	전북 남원시	청소년상담복지센터사업비	20,000	4	2	5	3	1	1	1	4
11533	전북 남원시	청소년문화의집종사자처우개선	17,474	4	5	7	8	7	1	1	4
11534	전북 남원시	청소년안전망처우개선지원	16,858	4	5	5	3	1	1	1	4
11535	전북 남원시	청소년수련관종사자처우개선	16,034	4	5	7	8	7	1	1	4
11536	전북 남원시	학교밖청소년지원센터처우개선	15,505	4	5	5	3	1	1	1	4
11537	전북 남원시	학교밖청소년급식지원	10,000	4	2	5	3	1	1	1	4
11538	전북 남원시	청소년참여위원회운영	2,800	4	6	7	8	7	1	1	4
11539	전북 남원시	청소년수련시설운영위원회운영	2,000	4	4	7	8	7	1	1	4
11540	전북 김제시	공공하수처리시설관리대행운영	7,887,071	4	1	6	6	2	1	1	1
11541	전북 김제시	가축분뇨처리시설	3,676,336	4	4	6	6	7	1	1	2
11542	전북 김제시	자활근로사업(위탁기관)	3,573,524	4	2	5	1	7	1	1	1
11543	전북 김제시	소규모공공하수처리시설관리대행운영	1,987,900	4	1	5	3	6	1	1	1
11544	전북 김제시	하수슬러지처리시설관리대행운영	1,485,433	4	1	2	5	5	1	1	1
11545	전북 김제시	지역사회서비스투자사업	1,365,410	4	2	7	8	7	5	2	1
11546	전북 김제시	9BTL민간위탁대행운영	1,330,000	4	1	6	6	2	1	1	1
11547	전북 김제시	분뇨처리시설	881,750	4	4	6	6	7	1	1	2
11548	전북 김제시	노인복지타운노인복지관	781,829	4	4	7	7	7	1	1	4
11549	전북 김제시	장애인콜택시운영	724,608	4	1	7	8	7	1	1	4
11550	전북 김제시	6BTL민간위탁대행운영	585,000	4	1	6	6	2	1	1	1
11551	전북 김제시	재정구간하수관로관리대행운영	580,000	4	1	4	5	2	1	1	3
11552	전북 김제시	광역쓰레기처리장반입불가폐기물처리	500,000	4	8	1	1	1	1	1	4
11553	전북 김제시	지역자활센터운영	488,076	4	2	5	1	7	1	1	1
11554	전북 김제시	지평선학당공무원시험준비반운영용역	476,000	4	4	2	2	2	1	1	4
11555	전북 김제시	김제사회복지관운영	470,776	4	1	1	5	6	1	3	1
11556	전북 김제시	일상돌봄서비스사업	450,000	4	2	7	8	7	5	2	1
11557	전북 김제시	청년공간E:DA(이다)운영	340,000	4	4	6	3	6	1	2	3

순번	시군구	지출명 (사업명)	2024년예산 (단위 : 천원 /1년간)	민간이전 분류 (지방자치단체 세출예산 집행기준에 의거) 1. 민간경상사업보조(307-02) 2. 민간단체 법정운영비보조(307-03) 3. 민간행사사업보조(307-04) 4. 민간위탁금(307-05) 5. 사회복지시설 법정운영비보조(307-10) 6. 민간인위탁교육비(307-12) 7. 공기관등에대한경상적위탁사업비(308-13) 8. 민간자본사업보조,자체재원(402-01) 9. 민간자본사업보조,이전재원(402-02) 10. 민간위탁사업비(402-03) 11. 공기관등에 대한 자본적 위탁사업비(403-02)	민간이전지출 근거 (지방보조금 관리기준 참고) 1. 법률에 규정 2. 국고보조 재원(국가지정) 3. 용도 지정 기부금 4. 조례에 직접규정 5. 지자체가 권장하는 사업을 하는 공공기관 6. 시,도 정책 및 재정사정 7. 기타 8. 해당없음	입찰방식: 계약체결방법 (경쟁형태) 1. 일반경쟁 2. 제한경쟁 3. 지명경쟁 4. 수의계약 5. 법정위탁 6. 기타 ( ) 7. 없음	입찰방식: 계약기간 1. 1년 2. 2년 3. 3년 4. 4년 5. 5년 6. 기타 ( )년 7. 단기계약 (1년미만) 8. 없음	입찰방식: 낙찰자선정방법 1. 적격심사 2. 협상에의한계약 3. 최저가낙찰제 4. 규격가격분리 5. 2단계 경쟁입찰 6. 기타 ( ) 7. 없음	운영예산 산정: 운영예산 산정 1. 내부산정 (지자체 자체적으로 산정) 2. 외부산정 (외부전문기관위탁 산정) 3. 내·외부 모두 산정 4. 산정 無 5. 없음	운영예산 산정: 정산방법 1. 내부정산 (지자체 내부적으로 정산) 2. 외부정산 (외부전문기관위탁 정산) 3. 내·외부 모두 산정 4. 정산 無 5. 없음	성과평가 실시여부 1. 실시 2. 미실시 3. 향후 추진 4. 해당없음
11558	전북 김제시	장애인콜택시운영	323,000	4	1	7	8	7	1	1	4
11559	전북 김제시	임차택시운영	307,200	4	1	7	8	7	1	1	4
11560	전북 김제시	정신건강복지센터인력지원	307,040	4	2	2	3	1	1	1	1
11561	전북 김제시	노인복지타운노인요양원	300,000	4	4	7	7	7	1	1	4
11562	전북 김제시	어린이급식관리지원센터설치운영비	300,000	4	2	4	5	7	1	1	1
11563	전북 김제시	가사간병방문지원사업	280,781	4	2	7	8	7	5	2	1
11564	전북 김제시	근로능력이있는수급자탈수급지원(청년내일저축계좌차상위이하,초과자)	279,818	4	2	5	1	7	1	1	1
11565	전북 김제시	치매치료관리비	239,400	4	2	5	8	1	1	1	1
11566	전북 김제시	음식물류폐기물슬러지처리비	200,000	4	8	2	7	3	1	1	4
11567	전북 김제시	농촌,산간방치쓰레기처리	150,000	4	8	1	1	1	1	1	4
11568	전북 김제시	GAP토양,용수안전성분석지원사업	140,110	4	1	7	8	7	5	5	4
11569	전북 김제시	통합정신건강증진사업	138,000	4	2,6	2	3	1	1	1	1
11570	전북 김제시	시영영구임대주택위탁관리	130,000	4	7	2	1	1	1	1	4
11571	전북 김제시	새만금지역수거쓰레기처리	100,000	4	8	1	1	1	1	1	4
11572	전북 김제시	영농폐자재수거및적정처리지원	100,000	4	8	1	1	1	1	1	4
11573	전북 김제시	사회복지급식관리지원센터설치운영비	100,000	4	2	4	6	7	1	1	1
11574	전북 김제시	폐가구류등대형폐기물처리	88,000	4	8	1	1	1	1	1	4
11575	전북 김제시	음식물류폐기물위탁(휴일,축제)	80,000	4	8	2	7	3	1	1	4
11576	전북 김제시	자살예방및정신건강증진사업	71,800	4	2	2	3	1	1	1	1
11577	전북 김제시	지역사회건강조사	67,520	4	1	7	1	7	2	2	4
11578	전북 김제시	자살예방심리치유지원	66,520	4	6	2	3	1	1	1	1
11579	전북 김제시	발달장애인주간활동서비스도추가지원	58,140	4	4	7	7	7	1	1	2
11580	전북 김제시	정신건강복지센터운영(기초)	51,100	4	2	2	3	1	1	1	1
11581	전북 김제시	음식물류폐기물위탁(긴급상황)	50,000	4	8	2	7	3	1	1	4
11582	전북 김제시	방치폐기물처리(건설폐기물등)	50,000	4	7	1	1	1	1	1	4
11583	전북 김제시	방치폐기물처리(사업장및지정폐기물등)	40,000	4	7	1	1	1	1	1	4
11584	전북 김제시	다함께돌봄센터운영비지원	37,200	4	6	5	5	1	1	1	3
11585	전북 김제시	정신건강복지센터자살예방사업인력지원	37,036	4	2	2	3	1	1	1	1
11586	전북 김제시	공공용역출하농산물안전성검사비지원사업	35,880	4	4	7	8	7	5	5	4
11587	전북 김제시	근로능력이있는수급자탈수급지원(청년저축계좌)	33,911	4	2	5	1	7	1	1	1
11588	전북 김제시	근로능력이있는수급자탈수급지원(희망저축계좌2)	24,323	4	2	5	1	7	1	1	1
11589	전북 김제시	한센병관리위탁	24,085	4	4	5	3	1	1	1	4
11590	전북 김제시	협잡물위탁(매립장반입불가폐기물)	24,000	4	8	2	7	3	1	1	4
11591	전북 김제시	정신건강관리사업	20,900	4	2	2	3	1	1	1	1
11592	전북 김제시	하구쓰레기수거처리사업	17,000	4	8	1	7	1	1	1	4
11593	전북 김제시	근로능력이있는수급자탈수급지원(희망키움통장Ⅱ)Ⅱ	11,835	4	2	5	1	7	1	1	1
11594	전북 김제시	근로능력이있는수급자탈수급지원(내일키움통장)	11,453	4	2	5	1	7	1	1	1
11595	전북 김제시	폐농약위탁처리	7,500	4	7	1	7	3	1	1	4
11596	전북 김제시	청년마음건강지원사업	7,500	4	2	7	8	7	5	2	1
11597	전북 김제시	근로능력이있는수급자탈수급지원(청년희망키움통장)	4,665	4	2	5	1	7	1	1	1

순번	시군구	지출명 (사업명)	2024년예산 (단위 : 천원 /1년간)	민간이전 분류 (지방자치단체 세출예산 집행기준에 의거) 1. 민간경상사업보조(307-02) 2. 민간단체 법정운영비보조(307-03) 3. 민간행사사업보조(307-04) 4. 민간위탁금(307-05) 5. 사회복지시설 법정운영비보조(307-10) 6. 민간인위탁교육비(307-12) 7. 공기관등에대한경상적위탁사업비(308-13) 8. 민간자본사업보조,자체재원(402-01) 9. 민간자본사업보조,이전재원(402-02) 10. 민간위탁사업비(402-03) 11. 공기관등에 대한 자본적 위탁사업비(403-02)	민간이전지출 근거 (지방보조금 관리기준 참고) 1. 법률에 규정 2. 국고보조 재원(국가지정) 3. 용도 지정 기부금 4. 조례에 직접규정 5. 지자체가 권장하는 사업을 하는 공공기관 6. 시,도 정책 및 재정사정 7. 기타 8. 해당없음	입찰방식			운영예산 산정		성과평가 실시여부
						계약체결방법 (경쟁형태) 1. 일반경쟁 2. 제한경쟁 3. 지명경쟁 4. 수의계약 5. 법정위탁 6. 기타 ( ) 7. 없음	계약기간 1. 1년 2. 2년 3. 3년 4. 4년 5. 5년 6. 기타 ( )년 7. 단기계약 (1년미만) 8. 없음	낙찰자선정방법 1. 적격심사 2. 협상에의한계약 3. 최저가낙찰제 4. 규격가격분리 5. 2단계 경쟁입찰 6. 기타 ( ) 7. 없음	운영예산 산정 1. 내부산정 (지자체 자체적으로 산정) 2. 외부산정 (외부전문기관위탁 산정) 3. 내·외부 모두 산정 4. 산정 無 5. 없음	정산방법 1. 내부정산 (지자체 내부적으로 정산) 2. 외부정산 (외부전문기관위탁 정산) 3. 내·외부 모두 산정 4. 정산 無 5. 없음	1. 실시 2. 미실시 3. 향후 추진 4. 해당없음
11598	전북 김제시	근로능력이있는수급자탈수급지원(희망키움통장I)	4,490	4	2	5	1	7	1	1	1
11599	전북 완주군	음식물류폐기물수집운반처리위탁수수료	2,657,481	4	1	6	3	1	2	1	1
11600	전북 완주군	장애인콜택시운영비지원사업	750,000	4	1	1	3	7	1	1	3
11601	전북 완주군	공동주택등폐기물수집운반위탁수수료(1권역)	709,296	4	1	6	3	1	2	1	1
11602	전북 완주군	정신건강복지센터인력확충	542,880	4	1	2	5	1	1	1	1
11603	전북 완주군	완주교육통합지원센터	350,000	4	4	1	3	1	1	1	1
11604	전북 완주군	작은도서관운영	309,651	4	4	1	3	1	1	1	1
11605	전북 완주군	어린이안전체험관운영	275,000	4	1	1	3	1	1	1	1
11606	전북 완주군	공동주택등폐기물수집운반위탁수수료(2권역)	242,184	4	1	6	3	1	2	1	1
11607	전북 완주군	청소년상담복지센터운영	234,828	4	1	5	3	1	1	1	1
11608	전북 완주군	청소년문화의집운영	208,900	4	1	2	3	1	1	1	1
11609	전북 완주군	통합정신건강증진사업	180,700	4	1	2	3	1	1	1	1
11610	전북 완주군	자살예방심리치유지원	65,823	4	1	2	5	1	1	1	1
11611	전북 완주군	정신건강복지센터운영	51,100	4	1	2	5	1	1	1	1
11612	전북 완주군	정신건강복지센터자살예방사업인력지원	37,036	4	1	2	5	1	1	1	1
11613	전북 완주군	자살예방및정신건강증진사업	31,080	4	1	2	5	1	1	1	1
11614	전북 완주군	조경수유통센터민간위탁	20,000	4	4	1	2	1	1	1	1
11615	전북 완주군	한센병관리	14,174	4	1	5	8	7	5	5	4
11616	전북 완주군	생명사랑녹색마을지킴사업	12,000	4	1	2	5	1	1	1	1
11617	전북 완주군	민방위대원사이버교육경비	2,323	4	1	4	1	1	4	4	1
11618	전북 장수군	노인일자리및사회활동지원사업확대(지자체보조)	11,849,966	4	1	2	2	1	1	1	3
11619	전북 장수군	장수군가축분뇨처리시설관리대행	2,224,782	4	4	2	3	2	2	1	1
11620	전북 장수군	장수군폐기물소각시설및재활용선별시설민간위탁	1,492,693	4	4	2	3	2	2	1	1
11621	전북 장수군	노인복지관운영	1,195,000	4	1	1	5	1	1	1	1
11622	전북 장수군	장애인복지관운영지원	1,156,000	4	1	1	3	1	1	1	3
11623	전북 장수군	슬레이트처리및개량사업	1,013,680	4	2	7	8	7	5	1	1
11624	전북 장수군	가족센터운영	533,366	4	1	5	5	1	1	1	3
11625	전북 장수군	장수군승마레저파크시설민간위탁운영	430,000	4	7	1	2	2	2	1	1
11626	전북 장수군	장애인보호작업장운영지원	359,306	4	1	1	3	1	1	1	1
11627	전북 장수군	음식물류폐기물위탁처리	250,000	4	4	1	1	1	1	1	1
11628	전북 장수군	장수만남의광장관리및운영	242,372	4	4	1	2	6	1	2	3
11629	전북 장수군	군단위LPG배관망시설위탁관리	222,907	4	1	6	3	6	1	1	3
11630	전북 장수군	다함께돌봄센터인건비지원	146,544	4	2	7	8	7	5	1	4
11631	전북 장수군	어린이급식관리지원센터운영지원	118,600	4	2	1	3	1	1	1	1
11632	전북 장수군	공동육아나눔터운영	113,424	4	1	5	5	1	1	1	3
11633	전북 장수군	슬레이트처리지원	104,000	4	2	7	8	7	5	1	1
11634	전북 장수군	다문화가족고향나들이사업(자체사업)	100,000	4	1	5	5	1	1	1	3
11635	전북 장수군	다문화마을학당운영	99,000	4	1	5	5	1	1	1	3
11636	전북 장수군	근로능력있는수급자의탈수급지원(청년내일저축계좌차상위이상)	93,183	4	2	7	8	7	1	1	4
11637	전북 장수군	이중언어학습지원	83,110	4	1	5	5	1	1	1	3

순번	시군구	지출명 (사업명)	2024년예산 (단위 : 천원 /1년간)	민간이전 분류 (지방자치단체 세출예산 집행기준에 의거) 1. 민간경상사업보조(307-02) 2. 민간단체 법정운영비보조(307-03) 3. 민간행사사업보조(307-04) 4. 민간위탁금(307-05) 5. 사회복지시설 법정운영비보조(307-10) 6. 민간인위탁교육비(307-12) 7. 공기관등에대한경상적위탁사업비(308-13) 8. 민간자본사업보조,자체재원(402-01) 9. 민간자본사업보조,이전재원(402-02) 10. 민간위탁사업비(402-03) 11. 공기관등에 대한 자본적 위탁사업비(403-02)	민간이전지출 근거 (지방보조금 관리기준 참고) 1. 법률에 규정 2. 국고보조 재원(국가지정) 3. 용도 지정 기부금 4. 조례에 직접규정 5. 지자체가 권장하는 사업을 하는 공공기관 6. 시,도 정책 및 재정사정 7. 기타 8. 해당없음	입찰방식 계약체결방법 (경쟁형태) 1. 일반경쟁 2. 제한경쟁 3. 지명경쟁 4. 수의계약 5. 법정위탁 6. 기타 ( ) 7. 없음	입찰방식 계약기간 1. 1년 2. 2년 3. 3년 4. 4년 5. 5년 6. 기타 ( )년 7. 단기계약 (1년미만) 8. 없음	입찰방식 낙찰자선정방법 1. 적격심사 2. 협상에의한계약 3. 최저가낙찰제 4. 규격가격분리 5. 2단계 경쟁입찰 6. 기타 ( ) 7. 없음	운영예산 산정 운영예산 산정 1. 내부산정 (지자체 자체적으로 산정) 2. 외부산정 (외부전문기관위탁 산정) 3. 내·외부 모두 산정 4. 산정 無 5. 없음	운영예산 산정 정산방법 1. 내부정산 (지자체 내부적으로 정산) 2. 외부정산 (외부전문기관위탁 정산) 3. 내·외부 모두 산정 4. 정산 無 5. 없음	성과평가 실시여부 1. 실시 2. 미실시 3. 향후 추진 4. 해당없음
11638	전북 장수군	축산물이력제(귀표부착비)	81,514	4	2	7	8	7	5	5	4
11639	전북 장수군	가족센터종사자추가지원(자체)	68,467	4	1	5	5	1	1	1	3
11640	전북 장수군	결혼이민자통번역서비스지원	68,200	4	1	5	5	1	1	1	3
11641	전북 장수군	지역사회건강조사조사분석위탁운영	65,686	4	2	5	1	7	2	2	4
11642	전북 장수군	자녀양육및자녀생활등방문교육서비스지원	55,245	4	1	5	5	1	1	1	3
11643	전북 장수군	가족센터도비종사자인력지원	42,800	4	1	5	5	1	1	1	3
11644	전북 장수군	다문화가족자녀언어발달지원	40,590	4	1	5	5	1	1	1	3
11645	전북 장수군	가족센터종사자복지수당지급	36,480	4	1	5	5	1	1	1	3
11646	전북 장수군	가족센터군비종사자인력지원(자체)	30,843	4	1	5	5	1	1	1	3
11647	전북 장수군	다함께돌봄센터운영비지원	24,000	4	2	7	8	7	5	1	4
11648	전북 장수군	농촌소득사업위탁수수료지원	20,000	4	4	5	6	7	1	1	1
11649	전북 장수군	근로능력있는수급자의탈수급지원(청년내일저축계좌차상위이하)	16,958	4	2	7	8	7	1	1	4
11650	전북 장수군	결혼이민자역량강화지원	15,500	4	1	5	5	1	1	1	3
11651	전북 장수군	외국인주민지역정착맞춤형지원사업	12,000	4	1	5	5	1	1	1	3
11652	전북 장수군	근로능력있는수급자의탈수급지원(내일키움통장지원)	9,458	4	2	7	8	7	1	1	4
11653	전북 장수군	근로능력있는수급자의탈수급지원(희망저축계좌)	8,782	4	2	7	8	7	1	1	4
11654	전북 장수군	결혼이민자직업훈련교육비	8,500	4	1	5	5	1	1	1	3
11655	전북 장수군	다문화가족고향나들이사업	8,400	4	1	5	5	1	1	1	3
11656	전북 장수군	이주여성국제운송비지원	6,000	4	1	5	5	1	1	1	3
11657	전북 장수군	다함께돌봄센터종사자수당지원	5,760	4	2	7	8	7	5	1	4
11658	전북 장수군	결혼이민자역량강화자조모임사업	5,000	4	1	5	5	1	1	1	3
11659	전북 장수군	한센병환자이동진료사업(한센병환자의료비지원)	4,579	4	1	5	1	7	2	1	4
11660	전북 장수군	건강한가정조성부모교육지원	3,000	4	1	5	5	1	1	1	3
11661	전북 장수군	근로능력있는수급자의탈수급지원(희망키움통장지원)	1,845	4	2	7	8	7	1	1	4
11662	전북 임실군	교통약자이동편의증진사업	473,992	4	4	1	3	1	1	1	4
11663	전북 임실군	오수터미널위탁운영비	60,000	4	4	1	3	1	1	1	1
11664	전북 임실군	임실공영주차장위탁관리	18,000	4	4	4	5	7	1	1	4
11665	전북 순창군	노인일자리사업(공익형)	7,026,450	4	7	5	5	1	1	1	4
11666	전북 순창군	노인일자리사업(사회서비스형)	5,230,752	4	7	5	5	1	1	1	4
11667	전북 순창군	장애인복지관민간위탁금	1,088,765	4	6	3	5	1	5	1	3
11668	전북 순창군	벼병해충방제지원사업	767,040	4	4	7	8	7	1	1	1
11669	전북 순창군	자활근로사업(민간위탁)	754,083	4	2	6	1	7	1	1	1
11670	전북 순창군	노인일자리사업(수행기관전담인력)	621,180	4	7	5	5	1	1	1	4
11671	전북 순창군	행복콜버스운영비	546,000	4	4	1	3	1	1	1	2
11672	전북 순창군	쉴랜드위탁운영사업비	425,000	4	4	5	5	1	1	1	3
11673	전북 순창군	지역사회서비스투자사업	413,673	4	2	5	8	7	1	1	4
11674	전북 순창군	순창군청소년수련관운영	386,780	4	4	2	3	7	1	1	1
11675	전북 순창군	특별교통수단광역이동지원센터운영비	355,368	4	4	1	3	1	1	1	2
11676	전북 순창군	CCTV통합관제센터모니터요원용역사업비	317,263	4	4	7	3	7	1	1	1
11677	전북 순창군	노인일자리사업(시장형)	267,000	4	7	5	5	1	1	1	4

순번	시군구	지출명 (사업명)	2024년예산 (단위 : 천원 /1년간)	민간이전 분류 (지방자치단체 세출예산 집행기준에 의거) 1. 민간경상사업보조(307-02) 2. 민간단체 법정운영비보조(307-03) 3. 민간행사사업보조(307-04) 4. 민간위탁금(307-05) 5. 사회복지시설 법정운영비보조(307-10) 6. 민간인위탁교육비(307-12) 7. 공기관등에대한경상적위탁사업비(308-13) 8. 민간자본사업보조,자체재원(402-01) 9. 민간자본사업보조,이전재원(402-02) 10. 민간위탁사업비(402-03) 11. 공기관등에 대한 자본적 위탁사업비(403-02)	민간이전지출 근거 (지방보조금 관리기준 참고) 1. 법률에 규정 2. 국고보조 재원(국가지정) 3. 용도 지정 기부금 4. 조례에 직접규정 5. 지자체가 권장하는 사업을 하는 공공기관 6. 시,도 정책 및 재정사정 7. 기타 8. 해당없음	입찰방식 계약체결방법 (경쟁형태) 1. 일반경쟁 2. 제한경쟁 3. 지명경쟁 4. 수의계약 5. 법정위탁 6. 기타 ( ) 7. 없음	입찰방식 계약기간 1. 1년 2. 2년 3. 3년 4. 4년 5. 5년 6. 기타 ( )년 7. 단기계약 (1년미만) 8. 없음	입찰방식 낙찰자선정방법 1. 적격심사 2. 협상에의한계약 3. 최저가낙찰제 4. 규격가격분리 5. 2단계 경쟁입찰 6. 기타 ( ) 7. 없음	운영예산 산정 운영예산 산정 1. 내부산정 (지자체 자체적으로 산정) 2. 외부산정 (외부전문기관위탁 산정) 3. 내·외부 모두 산정 4. 산정 無 5. 없음	운영예산 산정 정산방법 1. 내부정산 (지자체 내부적으로 정산) 2. 외부정산 (외부전문기관위탁 정산) 3. 내·외부 모두 산정 4. 정산 無 5. 없음	성과평가 실시여부 1. 실시 2. 미실시 3. 향후 추진 4. 해당없음
11678	전북 순창군	공익형노인일자리인건비추가지원	229,350	4	7	5	5	1	1	1	4
11679	전북 순창군	순창청소년문화의집운영	194,089	4	4	2	3	7	1	1	1
11680	전북 순창군	청소년방과후아카데미운영	186,074	4	2	2	3	7	1	1	1
11681	전북 순창군	복흥청소년문화의집운영	170,413	4	4	2	3	7	1	1	1
11682	전북 순창군	귀농귀촌지원센터운영	170,000	4	1	7	8	7	1	1	1
11683	전북 순창군	공병해충방제지원사업	150,960	4	4	7	8	7	1	1	1
11684	전북 순창군	순창군청소년상담복지센터인건비	131,854	4	4	2	3	7	1	1	1
11685	전북 순창군	거동불편저소득재가노인식사배달	129,600	4	6	5	1	1	1	1	4
11686	전북 순창군	공익형노인일자리참여자문화체험비	125,100	4	7	5	5	1	1	1	4
11687	전북 순창군	순창군어린이급식관리지원센터운영	118,600	4	2	5	8	7	1	1	1
11688	전북 순창군	아이돌봄센터운영비지원(6개월)	118,571	4	4	1	3	1	1	1	1
11689	전북 순창군	두릅병해충공동방제지원	116,120	4	6	7	8	6	1	1	4
11690	전북 순창군	지역사회청소년안전망구축운영	102,000	4	2	2	3	7	1	1	1
11691	전북 순창군	학교밖청소년지원	88,642	4	2	2	3	7	1	1	1
11692	전북 순창군	치매치료관리비	86,400	4	1	5	1	7	5	5	4
11693	전북 순창군	다함께돌봄사업인건비지원	73,272	4	2	1	5	1	1	1	1
11694	전북 순창군	농특산물직판장민간위탁금	70,000	4	4	1	3	1	1	1	3
11695	전북 순창군	국악원운영비	60,880	4	1	6	1	6	1	1	1
11696	전북 순창군	특별교통수단광역이동지원센터운영비(국비)	57,000	4	1	1	3	1	1	1	2
11697	전북 순창군	병해충방제지원사업위탁수수료	45,900	4	4	7	8	7	1	1	1
11698	전북 순창군	가사간병방문지원사업	45,541	4	2	5	8	7	1	1	4
11699	전북 순창군	인계작은도서관운영지원	45,065	4	1	1	3	1	1	1	3
11700	전북 순창군	팔덕작은도서관운영지원	45,065	4	1	1	3	1	1	1	3
11701	전북 순창군	쌍치작은도서관운영지원	45,065	4	1	1	3	1	1	1	3
11702	전북 순창군	동계작은도서관운영지원	44,776	4	1	1	3	1	1	1	3
11703	전북 순창군	적성작은도서관운영지원	44,776	4	1	1	3	1	1	1	3
11704	전북 순창군	유등작은도서관운영지원	44,776	4	1	1	3	1	1	1	3
11705	전북 순창군	풍산작은도서관운영지원	44,776	4	1	1	3	1	1	1	3
11706	전북 순창군	복흥작은도서관운영지원	44,776	4	1	1	3	1	1	1	3
11707	전북 순창군	구림작은도서관운영지원	44,776	4	1	1	3	1	1	1	3
11708	전북 순창군	국가암검진비	40,280	4	8	7	8	7	5	5	4
11709	전북 순창군	청소년동반자프로그램운영	32,542	4	2	2	3	7	1	1	1
11710	전북 순창군	어린이날추진	30,000	4	4	2	3	7	1	1	1
11711	전북 순창군	청소년지도자배치지원사업지원	25,368	4	2	2	3	7	1	1	1
11712	전북 순창군	청소년지도사배치지원사업지원	25,368	4	2	2	3	7	1	1	1
11713	전북 순창군	천재의공간영화산책민간위탁금	25,000	4	4	6	5	7	1	2	1
11714	전북 순창군	순창농요금과들소리전수관운영비	25,000	4	4	1	3	7	1	1	1
11715	전북 순창군	청소년어울림마당운영	24,000	4	6	2	3	7	1	1	1
11716	전북 순창군	청소년문화축제	20,000	4	4	2	3	7	1	1	1
11717	전북 순창군	GAP토양용수안전성분석지원	20,000	4	2	4	1	7	1	1	1

순번	시군구	지출명 (사업명)	2024년예산 (단위 : 천원 /1년간)	민간이전 분류 (지방자치단체 세출예산 집행기준에 의거) 1. 민간경상사업보조(307-02) 2. 민간단체 법정운영비보조(307-03) 3. 민간행사사업보조(307-04) 4. 민간위탁금(307-05) 5. 사회복지시설 법정운영비보조(307-10) 6. 민간인위탁교육비(307-12) 7. 공기관등에대한경상적위탁사업비(308-13) 8. 민간자본사업보조,자체재원(402-01) 9. 민간자본사업보조,이전재원(402-02) 10. 민간위탁사업비(402-03) 11. 공기관등에 대한 자본적 위탁사업비(403-02)	민간이전지출 근거 (지방보조금 관리기준 참고) 1. 법률에 규정 2. 국고보조 재원(국가지정) 3. 용도 지정 기부금 4. 조례에 직접규정 5. 지자체가 권장하는 사업을 하는 공공기관 6. 시,도 정책 및 재정사정 7. 기타 8. 해당없음	입찰방식 계약체결방법 (경쟁형태) 1. 일반경쟁 2. 제한경쟁 3. 지명경쟁 4. 수의계약 5. 법정위탁 6. 기타 ( ) 7. 없음	입찰방식 계약기간 1. 1년 2. 2년 3. 3년 4. 4년 5. 5년 6. 기타 ( )년 7. 단기계약 (1년미만) 8. 없음	입찰방식 낙찰자선정방법 1. 적격심사 2. 협상에의한계약 3. 최저가낙찰제 4. 규격가격분리 5. 2단계 경쟁입찰 6. 기타 ( ) 7. 없음	운영예산 산정 운영예산 산정 1. 내부산정 (지자체 자체적으로 산정) 2. 외부산정 (외부전문기관위탁 산정) 3. 내·외부 모두 산정 4. 산정 無 5. 없음	운영예산 산정 정산방법 1. 내부정산 (지자체 내부적으로 정산) 2. 외부정산 (외부전문기관위탁 정산) 3. 내·외부 모두 정산 4. 정산 無 5. 없음	성과평가 실시여부 1. 실시 2. 미실시 3. 향후 추진 4. 해당없음
11718	전북 순창군	청소년상담복지센터사업비지원	19,000	4	6	2	3	7	1	1	1
11719	전북 순창군	순창군청소년상담복지센터운영비	18,000	4	4	2	3	7	1	1	1
11720	전북 순창군	다함께돌봄사업(운영비)	12,000	4	2	1	5	1	1	1	1
11721	전북 순창군	의료급여수급권자일반건강검진비	10,400	4	8	7	8	7	5	5	4
11722	전북 순창군	청소년동아리운영	10,000	4	6	2	3	7	1	1	1
11723	전북 순창군	청소년문화놀이터	10,000	4	4	2	3	7	1	1	1
11724	전북 순창군	청소년골목페스티벌	10,000	4	4	2	3	7	1	1	1
11725	전북 순창군	다함께돌봄센터운영비(군비)	8,800	4	4	1	5	1	1	1	1
11726	전북 순창군	청소년방과후아카데미어린이통학버스운영지원	8,040	4	2	2	3	7	1	1	1
11727	전북 순창군	옹기체험관운영지원(체험객유치인센티브)	8,000	4	4	1	5	1	1	1	1
11728	전북 순창군	노인일자리사업(취업알선형)	4,500	4	7	5	5	1	1	1	4
11729	전북 순창군	청소년교류캠프추진	3,000	4	4	2	3	7	1	1	1
11730	전북 순창군	청소년참여위원회운영	2,800	4	6	2	3	7	1	1	1
11731	전북 순창군	학교밖청소년급식지원	1,500	4	2	2	3	7	1	1	1
11732	전북 순창군	의료급여수급권자영유아건강검진비	410	4	8	7	8	7	5	5	4
11733	전북 고창군	노인맞춤돌봄서비스사업	3,363,343	4	2	7	8	7	1	1	4
11734	전북 고창군	고창군사회복지시설운영	1,932,398	4	1	7	8	7	1	1	4
11735	전북 고창군	자활근로사업위탁사업비	1,411,548	4	2	7	8	7	5	5	4
11736	전북 고창군	장애인복지관운영	1,225,000	4	4	7	8	7	1	1	4
11737	전북 고창군	특별교통수단운영	592,516	4	4	1	3	1	1	1	1
11738	전북 고창군	옛도심지역도시재생현장지원센터운영	583,000	4	4	7	8	7	5	5	4
11739	전북 고창군	자연장운영	360,994	4	4	1	3	1	1	1	1
11740	전북 고창군	시니어클럽운영지원	338,640	4	2	7	8	7	1	1	4
11741	전북 고창군	장애인직업재활시설운영지원	273,622	4	4	7	8	7	1	1	4
11742	전북 고창군	추모의집운영	221,250	4	4	1	3	1	1	1	1
11743	전북 고창군	어린이급식관리지원센터관리	200,000	4	1	1	3	1	1	1	1
11744	전북 고창군	청년내일저축계좌(차상위이하자,초과자)	165,818	4	2	7	8	7	5	5	4
11745	전북 고창군	산모신생아건강관리지원사업	114,000	4	2	7	8	7	2	2	4
11746	전북 고창군	조업중인양쓰레기수매사업	100,000	4	6	7	8	7	5	5	4
11747	전북 고창군	인양해양폐기물수거처리사업	100,000	4	6	7	8	7	5	5	4
11748	전북 고창군	장애인주간보호시설운영지원	94,400	4	4	7	8	7	1	1	4
11749	전북 고창군	기저귀및조제분유지원	88,000	4	2	7	8	7	2	2	4
11750	전북 고창군	농산물종합가공센터운영	68,121	4	4	7	8	7	5	5	4
11751	전북 고창군	지역사회건강조사조사분석위탁운영	67,216	4	2	7	8	7	2	2	4
11752	전북 고창군	도시재생지원센터운영	47,641	4	4	7	8	7	5	5	4
11753	전북 고창군	유해생물구제사업(불가사리및부유성식물)	30,000	4	6	7	8	7	5	5	4
11754	전북 고창군	심원면죽곡마을주민역량강화	30,000	4	4	7	8	7	5	5	4
11755	전북 고창군	고창읍주곡마을주민역량강화	20,000	4	4	7	8	7	5	5	4
11756	전북 고창군	희망저축계좌1	14,933	4	2	7	8	7	5	5	4
11757	전북 고창군	청년저축계좌	9,891	4	2	7	8	7	5	5	4

순번	시군구	지출명 (사업명)	2024년예산 (단위 : 천원 /1년간)	민간이전 분류 (지방자치단체 세출예산 집행기준에 의거) 1. 민간경상사업보조(307-02) 2. 민간단체 법정운영비보조(307-03) 3. 민간행사사업보조(307-04) 4. 민간위탁금(307-05) 5. 사회복지시설 법정운영비보조(307-10) 6. 민간인위탁교육비(307-12) 7. 공기관등에대한경상적위탁사업비(308-13) 8. 민간자본사업보조,자체재원(402-01) 9. 민간자본사업보조,이전재원(402-02) 10. 민간위탁사업비(402-03) 11. 공기관등에 대한 자본적 위탁사업비(403-02)	민간이전지출 근거 (지방보조금 관리기준 참고) 1. 법률에 규정 2. 국고보조 재원(국가지정) 3. 용도 지정 기부금 4. 조례에 직접규정 5. 지자체가 권장하는 사업을 하는 공공기관 6. 시,도 정책 및 재정사정 7. 기타 8. 해당없음	입찰방식			운영예산 산정		성과평가 실시여부
						계약체결방법 (경쟁형태) 1. 일반경쟁 2. 제한경쟁 3. 지명경쟁 4. 수의계약 5. 법정위탁 6. 기타 ( ) 7. 없음	계약기간 1. 1년 2. 2년 3. 3년 4. 4년 5. 5년 6. 기타 ( )년 7. 단기계약 (1년미만) 8. 없음	낙찰자선정방법 1. 적격심사 2. 협상에의한계약 3. 최저가낙찰제 4. 규격가격분리 5. 2단계 경쟁입찰 6. 기타 ( ) 7. 없음	운영예산 산정 1. 내부산정 (지자체 자체적으로 산정) 2. 외부산정 (외부전문기관위탁 산정) 3. 내·외부 모두 산정 4. 산정 無 5. 없음	정산방법 1. 내부정산 (지자체 내부적으로 정산) 2. 외부정산 (외부전문기관위탁 정산) 3. 내·외부 모두 산정 4. 정산 無 5. 없음	1. 실시 2. 미실시 3. 향후 추진 4. 해당없음
11758	전북 고창군	희망키움통장2	5,230	4	2	7	8	7	5	5	4
11759	전북 고창군	청년희망키움통장	4,665	4	2	7	8	7	5	5	4
11760	전북 고창군	희망키움통장1	4,490	4	2	7	8	7	5	5	4
11761	전북 고창군	내일키움통장	4,295	4	2	7	8	7	5	5	4
11762	전북 고창군	희망저축계좌2	3,743	4	2	7	8	7	5	5	4
11763	전북 고창군	한센인의날행사참가	2,500	4	5	7	8	2	2	2	2
11764	전북 고창군	청소년산모임신출산의료비지원	1,000	4	2	7	8	7	2	2	4
11765	전북 부안군	장애인복지관운영	1,350,000	4	4	6	5	1	1	3	1
11766	전북 부안군	장애인직업재활시설운영	735,000	4	4	1	5	1	1	3	1
11767	전북 부안군	부안군교통약자이동지원센터운영	710,736	4	1	1	5	1	1	1	1
11768	전북 부안군	정신건강복지센터	708,092	4	1	1	5	1	1	3	3
11769	전북 부안군	공중화장실관리	617,350	4	6	7	8	7	5	5	4
11770	전북 부안군	종합사회복지관운영	551,818	4	4	6	5	1	1	3	1
11771	전북 부안군	부안반다비체육센터민간위탁	452,200	4	4	1	5	1	1	1	3
11772	전북 부안군	육아종합지원센터운영	360,000	4	1	5	5	7	5	1	4
11773	전북 부안군	실버주택노인복지관위탁운영	317,773	4	1,4	1	5	7	1	1	4
11774	전북 부안군	부안군농어촌종합지원센터운영관리	290,000	4	6	7	8	7	1	1	1
11775	전북 부안군	변산해수욕장관광지운영관리민간위탁	238,400	4	4	1	3	7	3	1	3
11776	전북 부안군	부안군민원콜센터민간위탁	238,248	4	4	4	6	7	1	1	3
11777	전북 부안군	부안군어린이급식관리지원센터운영	200,000	4	1	1	5	7	5	2	3
11778	전북 부안군	모항해수욕장관광지운영관리민간위탁	144,000	4	4	1	3	7	3	1	3
11779	전북 부안군	버스승강장청소사무	100,000	4	6	1	1	1	1	1	2
11780	전북 부안군	위도띠뱃놀이전수교육관관리운영	20,000	4	4	6	5	7	1	1	4
11781	전북 부안군	동진면농촌중심지활성화사업시설물운영관리	12,000	4	4	4	5	1	1	1	1
11782	전북 부안군	백산면농촌중심지활성화사업시설물운영관리	12,000	4	4	4	5	1	1	1	1
11783	전북 부안군	보안면농촌중심지활성화사업시설물운영관리	12,000	4	4	4	5	1	1	1	1
11784	전북 부안군	계화면농촌중심지활성화사업시설물운영관리	12,000	4	4	4	5	1	1	1	1
11785	전북 부안군	선사문화권역단위종합정비사업시설물운영관리	12,000	4	4	4	5	1	1	1	1
11786	전북 부안군	상서면농촌중심지활성화사업시설물운영관리	12,000	4	4	4	5	1	1	1	1
11787	전남 완도군	해양치유시설프로그램위탁운영	2,300,000	4	6	1	1	1	1	1	3
11788	전남 완도군	해양바이오공동협력연구소운영	200,000	4	6	7	8	7	5	5	4
11789	전남 완도군	지역관광활성화지원	20,000	4	4	7	8	7	5	5	3
11790	전남 완도군	취약지응급실운영기관지원	500,000	4	4	7	8	7	1	2	1
11791	전남 완도군	공공산후조리원운영비지원	361,600	4	6	5	8	7	4	1	4
11792	전남 완도군	의료및분만취약지지원사업(소아청소년과지원)	250,000	4	2	6	8	6	2	2	1
11793	전남 완도군	완도청정마켓민간위탁운영	200,000	4	4	1	2	2	1	1	2
11794	전남 완도군	의료및분만취약지지원사업(외래산부인과지원)	200,000	4	2	6	8	6	2	2	1
11795	전남 완도군	의료취약지인공신장실운영	200,000	4	2	6	8	6	2	2	1
11796	전남 완도군	취약지응급실운영기관지원	108,000	4	2	7	8	7	2	2	1
11797	전남 완도군	취약지응급실운영기관지원	81,000	4	2	7	8	7	2	2	2

순번	시군구	지출명 (사업명)	2024년예산 (단위 : 천원 /1년간)	민간이전 분류 (지방자치단체 세출예산 집행기준에 의거) 1. 민간경상사업보조(307-02) 2. 민간단체 법정운영비보조(307-03) 3. 민간행사사업보조(307-04) 4. 민간위탁금(307-05) 5. 사회복지시설 법정운영비보조(307-10) 6. 민간인위탁교육비(307-12) 7. 공기관등에대한경상적위탁사업비(308-13) 8. 민간자본사업보조,자체재원(402-01) 9. 민간자본사업보조,이전재원(402-02) 10. 민간위탁사업비(402-03) 11. 공기관등에 대한 자본적 위탁사업비(403-02)	민간이전지출 근거 (지방보조금 관리기준 참고) 1. 법률에 규정 2. 국고보조 재원(국가지정) 3. 용도 지정 기부금 4. 조례에 직접규정 5. 지자체가 권장하는 사업을 하는 공공기관 6. 시,도 정책 및 재정사정 7. 기타 8. 해당없음	입찰방식: 계약체결방법 (경쟁형태) 1. 일반경쟁 2. 제한경쟁 3. 지명경쟁 4. 수의계약 5. 법정위탁 6. 기타 ( ) 7. 없음	입찰방식: 계약기간 1. 1년 2. 2년 3. 3년 4. 4년 5. 5년 6. 기타 ( )년 7. 단기계약 (1년미만) 8. 없음	입찰방식: 낙찰자선정방법 1. 적격심사 2. 협상에의한계약 3. 최저가낙찰제 4. 규격가격분리 5. 2단계 경쟁입찰 6. 기타 ( ) 7. 없음	운영예산 산정: 운영예산 산정 1. 내부산정 (지자체 자체적으로 산정) 2. 외부산정 (외부전문기관위탁 산정) 3. 내·외부 모두 산정 4. 산정 無 5. 없음	운영예산 산정: 정산방법 1. 내부정산 (지자체 내부적으로 정산) 2. 외부정산 (외부전문기관위탁 정산) 3. 내·외부 모두 산정 4. 정산 無 5. 없음	성과평가 실시여부 1. 실시 2. 미실시 3. 향후 추진 4. 해당없음
11798	전남 완도군	지역사회건강조사	67,292	4	2	5	8	7	4	2	4
11799	전남 완도군	공공산후조리원기능보강비지원	20,000	4	6	5	8	7	4	1	4
11800	전남 완도군	한센병관리사업	12,000	4	1	4	1	7	1	1	2
11801	전남 목포시	음식물류폐기물수집운반대행용역	2,091,954	4	7	1	2	1	2	1	1
11802	전남 목포시	장애인콜차량운영비보조	1,695,857	4	4	6	3	7	1	1	4
11803	전남 목포시	음식물류폐기물처리대행용역	1,478,400	4	7	4	1	7	1	1	2
11804	전남 목포시	대형폐기물민간위탁	1,347,830	4	7	1	1	1	1	1	2
11805	전남 목포시	어린이급식관리지원센터설치운영	630,000	4	2	7	8	7	5	3	4
11806	전남 목포시	고혈압당뇨병등록관리사업	323,000	4	2	7	8	7	5	5	4
11807	전남 목포시	벤처및문화산업지원센터운영민간위탁금	260,000	4	5	2	2	1	1	1	1
11808	전남 목포시	임차택시운영비보조	153,600	4	4	6	3	7	1	1	4
11809	전남 목포시	부주산국제클라이밍센터위탁운영	85,414	4	4	4	2	2	1	1	3
11810	전남 목포시	목포국가무형문화재전수교육관관리및운영	82,656	4	4	7	8	7	5	5	4
11811	전남 목포시	노동상담실운영	72,000	4	4	6	2	1	1	1	1
11812	전남 목포시	지역사회건강조사조사분석위탁운영	68,132	4	2	7	8	7	5	5	4
11813	전남 목포시	외국인근로자상담센터	67,970	4	4	7	8	7	1	1	4
11814	전남 목포시	청소년노동인권센터운영	51,840	4	4	6	3	1	1	1	1
11815	전남 목포시	담배판매인지정사실조사업무위탁	9,000	4	4	4	2	2	1	1	4
11816	전남 여수시	여수공공하수처리시설및부대시설관리대행업무	7,094,576	4	1	1	5	2	3	1	1
11817	전남 여수시	교통약자이동지원센터위탁운영	3,326,906	4	4	1	3	1	1	1	1
11818	전남 여수시	여수시청소년해양교육원민간위탁비	1,620,000	4	4	1	3	2	1	1	3
11819	전남 여수시	자활근로사업민간위탁운영	1,375,000	4	2	5	1	6	1	1	1
11820	전남 여수시	자활근로사업민간위탁운영	1,375,000	4	2	5	1	6	1	1	1
11821	전남 여수시	여수시청직장어린이집운영	1,360,000	4	4	6	3	6	1	1	3
11822	전남 여수시	아이돌봄지원사업운영	848,555	4	2	6	5	1	1	1	1
11823	전남 여수시	종합사회복지관운영지원	752,254	4	1	5	5	1	1	1	1
11824	전남 여수시	종합사회복지관운영지원	750,383	4	1	5	5	1	1	1	1
11825	전남 여수시	종합사회복지관운영지원	650,712	4	1	5	5	1	1	1	3
11826	전남 여수시	어린이급식관리지원센터위탁운영	630,000	4	1	1	5	1	5	2	1
11827	전남 여수시	조업중인양쓰레기수매	630,000	4	6	5	1	7	1	1	1
11828	전남 여수시	종합사회복지관운영지원	599,338	4	1	5	5	1	1	1	3
11829	전남 여수시	여수시콜센터민간위탁운영	578,373	4	4	2	2	2	1	1	1
11830	전남 여수시	육아종합지원센터운영지원	530,000	4	1	5	5	7	1	1	2
11831	전남 여수시	대체교사인건비지원	496,000	4	1	5	5	7	1	1	2
11832	전남 여수시	다함께돌봄사업인건비지원	468,000	4	2	5	5	1	1	1	4
11833	전남 여수시	청소년수련관운영	422,656	4	1	1	5	1	1	1	1
11834	전남 여수시	가족센터운영	419,900	4	2	6	5	1	1	1	1
11835	전남 여수시	새일센터운영지원	374,215	4	2	7	8	7	1	1	1
11836	전남 여수시	학대피해아동쉼터운영	356,577	4	2	1	5	1	3	1	1
11837	전남 여수시	사회적경제마을통합지원센터운영	350,000	4	4	1	3	1	1	1	1

순번	시군구	지출명 (사업명)	2024년예산 (단위 : 전원 /1년간)	민간이전 분류 (지방자치단체 세출예산 집행기준에 의거)	민간이전지출 근거 (지방보조금 관리기준 참고)	입찰방식			운영예산 산정		성과평가 실시여부
				1. 민간경상사업보조(307-02) 2. 민간단체 법정운영비보조(307-03) 3. 민간행사사업보조(307-04) 4. 민간위탁금(307-05) 5. 사회복지시설 법정운영비보조(307-10) 6. 민간인위탁교육비(307-12) 7. 공기관등에대한경상적위탁사업비(308-13) 8. 민간자본사업보조,자체재원(402-01) 9. 민간자본사업보조,이전재원(402-02) 10. 민간위탁사업비(402-03) 11. 공기관등에 대한 자본적 위탁사업비(403-02)	1. 법률에 규정 2. 국고보조 재원(국가지정) 3. 용도 지정 기부금 4. 조례에 직접규정 5. 지자체가 권장하는 사업을 하는 공공기관 6. 시,도 정책 및 재정사정 7. 기타 8. 해당없음	계약체결방법 (경쟁형태) 1. 일반경쟁 2. 제한경쟁 3. 지명경쟁 4. 수의계약 5. 법정위탁 6. 기타 ( ) 7. 없음	계약기간 1. 1년 2. 2년 3. 3년 4. 4년 5. 5년 6. 기타 ( )년 7. 단기계약 (1년미만) 8. 없음	낙찰자선정방법 1. 적격심사 2. 협상에의한계약 3. 최저가낙찰제 4. 규격가격분리 5. 2단계 경쟁입찰 6. 기타 ( ) 7. 없음	운영예산 산정 1. 내부산정 (지자체 자체적으로 산정) 2. 외부산정 (외부전문기관위탁 산정) 3. 내·외부 모두 산정 4. 산정 無 5. 없음	정산방법 1. 내부정산 (지자체 내부적으로 정산) 2. 외부정산 (외부전문기관위탁 정산) 3. 내·외부 모두 산정 4. 정산 無 5. 없음	1. 실시 2. 미실시 3. 향후 추진 4. 해당없음
11838	전남 여수시	새일여성인턴	258,000	4	2	7	8	7	1	1	1
11839	전남 여수시	다문화가족방문교육서비스지원	220,980	4	2	6	5	1	1	1	1
11840	전남 여수시	여수시외국인주민종합지원센터운영사업	215,437	4	2	6	5	1	1	1	1
11841	전남 여수시	여수새날상담센터운영비	178,003	4	1	5	8	7	5	1	4
11842	전남 여수시	공동방제단운영(인건비)	174,972	4	2	6	1	6	1	1	1
11843	전남 여수시	다함께돌봄사업운영(자체)	173,960	4	4	5	5	1	1	1	4
11844	전남 여수시	가족역량강화지원사업(취약위기가족지원)	168,750	4	2	6	5	1	1	1	1
11845	전남 여수시	청소년성문화센터운영	166,280	4	1	1	3	1	1	1	1
11846	전남 여수시	여수시산단노동자작업복공동세탁소위탁운영	166,260	4	4	2	3	1	1	1	1
11847	전남 여수시	미평청소년문화의집운영	135,016	4	1	1	5	1	1	1	1
11848	전남 여수시	여문청소년문화의집운영	134,625	4	1	1	5	1	1	1	1
11849	전남 여수시	공동방제단운영(재료비)	131,978	4	2	6	1	6	1	1	1
11850	전남 여수시	여성창업플랫폼운영	123,000	4	4	7	8	7	1	1	1
11851	전남 여수시	경력단절여성직업교육훈련사업	117,500	4	2	7	8	7	1	1	1
11852	전남 여수시	공동육아나눔터운영보조금지원(2개소)	109,692	4	2	1	5	1	1	1	4
11853	전남 여수시	이동도서관운영지원	109,000	4	4	7	1	7	1	1	1
11854	전남 여수시	청소년상담복지센터운영(자체)	105,563	4	1	1	5	1	1	1	1
11855	전남 여수시	지역사회청소년통합지원체계구축	100,102	4	1	1	5	1	1	1	1
11856	전남 여수시	공립요양병원공공보건사업지원	100,000	4	2	1	5	1	5	1	3
11857	전남 여수시	경력단절여성단기일자리지원과정	100,000	4	4	7	8	7	1	1	1
11858	전남 여수시	청소년상담복지센터운영	90,655	4	1	1	5	1	1	1	1
11859	전남 여수시	국동항내수변공원불법행위단속용역	90,000	4	8	2	7	6	1	1	1
11860	전남 여수시	가족센터상담전문인력지원	84,840	4	2	6	5	1	1	1	1
11861	전남 여수시	다문화가족자녀언어발달지원	78,680	4	2	6	5	1	1	1	1
11862	전남 여수시	청소년동반자프로그램운영	77,768	4	1	1	5	1	1	1	1
11863	전남 여수시	다함께돌봄사업운영비지원	74,000	4	2	5	5	1	1	1	4
11864	전남 여수시	여수시비정규직노동센터위탁운영	73,800	4	4	1	3	1	1	1	1
11865	전남 여수시	청소년지도자처우개선수당지원	69,600	4	4	1	8	1	1	1	1
11866	전남 여수시	일사천리양육정보「여수형보육헬퍼」사업	68,200	4	1	5	5	7	1	1	2
11867	전남 여수시	지역사회건강조사위탁	68,132	4	1	5	1	7	2	2	1
11868	전남 여수시	여수산단고령자일자리센터	67,800	4	4	1	3	1	1	1	1
11869	전남 여수시	보훈회관운영	60,000	4	4	4	3	1	1	1	1
11870	전남 여수시	가족센터종사자처우개선수당	55,800	4	6	6	5	1	1	1	1
11871	전남 여수시	사회적경제공동판매장운영활성화	50,000	4	4	1	3	1	1	1	1
11872	전남 여수시	정서안정및진로취업지원	46,700	4	2	6	5	1	1	1	1
11873	전남 여수시	취학준비학습지원	44,200	4	2	6	5	1	1	1	1
11874	전남 여수시	다문화가족사례관리지원	37,018	4	2	6	5	1	1	1	1
11875	전남 여수시	청소년유해환경감시전담인력배치	37,000	4	1	1	1	1	1	1	4
11876	전남 여수시	다문화가족이중언어가족환경조성	35,031	4	2	6	5	1	1	1	1
11877	전남 여수시	여수시노동상담소위탁운영	34,840	4	4	1	3	1	1	1	1

순번	시군구	지출명 (사업명)	2024년예산 (단위 : 천원 /1년간)	민간이전 분류 (지방자치단체 세출예산 집행기준에 의거) 1. 민간경상사업보조(307-02) 2. 민간단체 법정운영비보조(307-03) 3. 민간행사사업보조(307-04) 4. 민간위탁금(307-05) 5. 사회복지시설 법정운영비보조(307-10) 6. 민간인위탁교육비(307-12) 7. 공기관등에대한경상적위탁사업비(308-13) 8. 민간자본사업보조,자체재원(402-01) 9. 민간자본사업보조,이전재원(402-02) 10. 민간위탁사업비(402-03) 11. 공기관등에 대한 자본적 위탁사업비(403-02)	민간이전지출 근거 (지방보조금 관리기준 참고) 1. 법률에 규정 2. 국고보조 재원(국가지정) 3. 용도 지정 기부금 4. 조례에 직접규정 5. 지자체가 권장하는 사업을 하는 공공기관 6. 시,도 정책 및 재정사정 7. 기타 8. 해당없음	입찰방식 계약체결방법 (경쟁형태) 1. 일반경쟁 2. 제한경쟁 3. 지명경쟁 4. 수의계약 5. 법정위탁 6. 기타 ( ) 7. 없음	입찰방식 계약기간 1. 1년 2. 2년 3. 3년 4. 4년 5. 5년 6. 기타 ( )년 7. 단기계약 (1년미만) 8. 없음	입찰방식 낙찰자선정방법 1. 적격심사 2. 협상에의한계약 3. 최저가낙찰제 4. 규격가격분리 5. 2단계 경쟁입찰 6. 기타 ( ) 7. 없음	운영예산 산정 운영예산 산정 1. 내부산정 (지자체 자체적으로 산정) 2. 외부산정 (외부전문기관위탁 산정) 3. 내·외부 모두 산정 4. 산정 無 5. 없음	운영예산 산정 정산방법 1. 내부정산 (지자체 내부적으로 정산) 2. 외부정산 (외부전문기관위탁 정산) 3. 내·외부 모두 산정 4. 정산 無 5. 없음	성과평가 실시여부 1. 실시 2. 미실시 3. 향후 추진 4. 해당없음
11878	전남 여수시	가족센터종사자특별수당	33,480	4	6	6	5	1	1	1	1
11879	전남 여수시	새일센터종사자처우개선비	33,120	4	4	7	8	7	1	1	1
11880	전남 여수시	결혼이민자통번역서비스지원	32,813	4	2	6	5	1	1	1	1
11881	전남 여수시	작은다문화학교운영	32,440	4	2	6	5	1	1	1	1
11882	전남 여수시	경력단절여성전문기술지원과정	30,000	4	4	7	8	7	1	1	1
11883	전남 여수시	새일센터종사자활동비지원	28,800	4	2	7	8	7	1	1	1
11884	전남 여수시	청소년수련관지도사배치	24,648	4	1	1	5	1	1	1	1
11885	전남 여수시	미평청소년문화의집지도사배치	24,648	4	1	1	5	1	1	1	1
11886	전남 여수시	여문청소년문화의집지도사배치	24,648	4	1	1	5	1	1	1	1
11887	전남 여수시	결혼이민자역량강화지원	24,500	4	2	6	5	1	1	1	1
11888	전남 여수시	여성친화인증기업환경개선비지원	24,000	4	4	7	8	7	1	1	1
11889	전남 여수시	결혼이민여성산모도우미운영	21,840	4	2	6	5	1	1	1	1
11890	전남 여수시	독립유공자발굴및선양사업	20,000	4	4	4	3	1	1	1	1
11891	전남 여수시	육아종합지원센터가정양육지원(부모교육사업)	20,000	4	1	5	5	7	1	1	2
11892	전남 여수시	다문화엄마학교운영	20,000	4	2	6	5	1	1	1	1
11893	전남 여수시	결혼이주여성모국방만사업	20,000	4	2	6	5	1	1	1	1
11894	전남 여수시	여수새날상담센터사업비	15,713	4	1	5	8	7	5	1	4
11895	전남 여수시	한센병관리사업위탁	13,200	4	1	7	1	7	1	1	1
11896	전남 여수시	다문화가족취업교육지원	12,000	4	2	6	5	1	1	1	1
11897	전남 여수시	찾아가는어린이집다문화이해교실운영	10,800	4	2	6	5	1	1	1	1
11898	전남 여수시	여수지역독립운동자료실운영비	10,000	4	4	4	3	1	1	1	1
11899	전남 여수시	여성취업창업교실운영	9,600	4	4	7	8	7	1	1	1
11900	전남 여수시	청소년성문화센터운영(종사자특별수당,교육환경개선)	9,200	4	1	1	3	1	1	1	1
11901	전남 여수시	진로체험행복카드지원	7,500	4	4	6	6	7	1	1	4
11902	전남 여수시	처우개선수당4대보험료지원(기관부담금)	7,308	4	4	1	8	1	1	1	1
11903	전남 여수시	학대피해아동쉼터종사자특별수당	6,840	4	6	1	5	1	1	1	1
11904	전남 여수시	정원전문가양성위탁교육	6,800	4	6	1	5	1	3	1	1
11905	전남 여수시	다문화이주민플러스센터운영	6,000	4	6	6	7	2	5	1	1
11906	전남 여수시	찾아가는결혼이민자다이음사업	5,940	4	2	6	5	1	1	1	1
11907	전남 여수시	다문화도서관운영	5,000	4	2	6	5	1	1	1	1
11908	전남 여수시	에이즈예방사업운영지원	4,500	4	1	4	3	6	1	1	1
11909	전남 여수시	여성폭력방지시설종사자특별수당(여수새날상담센터)	4,320	4	1	5	8	7	5	1	4
11910	전남 여수시	여성친화인증기업운영비지원	4,000	4	4	7	8	7	1	1	1
11911	전남 여수시	아이돌보미건강검진비지원	3,600	4	2	6	5	1	1	1	1
11912	전남 여수시	학대피해아동쉼터종사자위험수당	3,000	4	6	1	5	1	3	1	1
11913	전남 순천시	생활폐기물수집운반위탁대행비	9,500,000	4	4	1	2	3	2	2	1
11914	전남 순천시	스카이큐브운영관리	3,779,000	4	4	2	3	2	1	2	3
11915	전남 순천시	음식물자원화시설위탁운영비	3,380,150	4	1	4	3	2	2	2	4
11916	전남 순천시	자활근로사업민간위탁비	2,321,668	4	2	6	1	6	1	1	1
11917	전남 순천시	장애인콜택시운영비지원	2,282,609	4	1	2	3	1	1	1	4

순번	시군구	지출명 (사업명)	2024년예산 (단위 : 천원 /1년간)	민간이전 분류 (지방자치단체 세출예산 집행기준에 의거) 1. 민간경상사업보조(307-02) 2. 민간단체 법정운영비보조(307-03) 3. 민간행사사업보조(307-04) 4. 민간위탁금(307-05) 5. 사회복지시설 법정운영비보조(307-10) 6. 민간인위탁교육비(307-12) 7. 공기관등에대한경상적위탁사업비(308-13) 8. 민간자본사업보조,자체재원(402-01) 9. 민간자본사업보조,이전재원(402-02) 10. 민간위탁사업비(402-03) 11. 공기관등에 대한 자본적 위탁사업비(403-02)	민간이전지출 근거 (지방보조금 관리기준 참고) 1. 법률에 규정 2. 국고보조 재원(국가지정) 3. 용도 지정 기부금 4. 조례에 직접규정 5. 지자체가 권장하는 사업을 하는 공공기관 6. 시,도 정책 및 재정사정 7. 기타 8. 해당없음	입찰방식 계약체결방법 (경쟁형태) 1. 일반경쟁 2. 제한경쟁 3. 지명경쟁 4. 수의계약 5. 법정위탁 6. 기타 ( ) 7. 없음	계약기간 1. 1년 2. 2년 3. 3년 4. 4년 5. 5년 6. 기타 ( )년 7. 단기계약 (1년미만) 8. 없음	낙찰자선정방법 1. 적격심사 2. 협상에의한계약 3. 최저가낙찰제 4. 규격가격분리 5. 2단계 경쟁입찰 6. 기타 ( ) 7. 없음	운영예산 산정 운영예산 산정 1. 내부산정 (지자체 자체적으로 산정) 2. 외부산정 (외부전문기관위탁 산정) 3. 내·외부 모두 산정 4. 산정 無 5. 없음	정산방법 1. 내부정산 (지자체 내부적으로 정산) 2. 외부정산 (외부전문기관위탁 정산) 3. 내·외부 모두 산정 4. 정산 無 5. 없음	성과평가 실시여부 1. 실시 2. 미실시 3. 향후 추진 4. 해당없음
11918	전남 순천시	대형폐기물위탁처리비	1,440,000	4	4	1	1	3	3	1	2
11919	전남 순천시	음식물자원화시설중간부산물민간위탁운영비	1,200,000	4	1	1	1	3	1	1	4
11920	전남 순천시	어촌신활력증진사업	1,000,000	4	2	7	8	7	5	5	4
11921	전남 순천시	어린이급식관리지원센터운영	735,000	4	1	7	8	7	5	1	1
11922	전남 순천시	순천만국가정원어린이동물원운영관리대행용역	699,000	4	4	1	2	2	1	2	3
11923	전남 순천시	왕지매립장혼합재활용품위탁처리비	655,200	4	8	1	1	3	5	5	4
11924	전남 순천시	민원콜센터운영민간위탁	638,040	4	4	1	3	2	1	3	1
11925	전남 순천시	직영시장폐기물처리수수료	500,000	4	6	1	1	6	3	1	1
11926	전남 순천시	조례종합사회복지관운영비	483,627	4	5	5	5	1	1	1	3
11927	전남 순천시	경전선철도청원건널목경비용역	475,000	4	4	1	2	1	1	1	3
11928	전남 순천시	공동주택페스티로폼민간위탁용역	450,000	4	1	1	1	1	2	1	4
11929	전남 순천시	직장어린이집운영	330,000	4	1,4	1	5	1	3	3	3
11930	전남 순천시	정신건강복지센터인력확충	275,860	4	2	1,2	6	1	1	1	1
11931	전남 순천시	매트리스위탁처리비	250,000	4	8	1	1	3	5	5	4
11932	전남 순천시	시티투어운영	240,000	4	4	2	2	2	3	3	3
11933	전남 순천시	순천시지역에너지센터운영	200,000	4	7	7	8	7	5	5	4
11934	전남 순천시	순천풀뿌리교육자치협력센터운영	200,000	4	4	1	3	1	3	1	1
11935	전남 순천시	통합정신건강증진사업운영	176,000	4	2	1,2	6	1	1	1	1
11936	전남 순천시	청소년성문화센터운영	171,192	4	2	1	3	1	1	3	1
11937	전남 순천시	로컬푸드기획생산체계구축사업	160,000	4	4	7	8	7	1	1	2
11938	전남 순천시	쓰레기종량제봉투및음식물칩공급대행비	150,000	4	4	4	1	7	2	1	2
11939	전남 순천시	전남사회적경제유통센터운영	136,000	4	4	1	3	2	3	3	1
11940	전남 순천시	2024년용당노인복지관셔틀버스임차용역	134,300	4	7	1	7	3	1	1	4
11941	전남 순천시	2024년용당노인복지관셔틀버스임차용역	134,300	4	7	1	7	3	1	1	4
11942	전남 순천시	발달재활서비스도확대	121,200	4	1	7	8	7	1	1	1
11943	전남 순천시	사회복지급식관리지원센터운영	100,000	4	1	7	8	7	5	1	1
11944	전남 순천시	흑두루미희망농업위탁사업	100,000	4	4	7	8	7	5	5	4
11945	전남 순천시	순천여행관광약자이동차량운영	87,995	4	4	4	2	7	1	3	3
11946	전남 순천시	생태도시위원회사무국위탁운영	75,000	4	4	5	1	7	1	1	3
11947	전남 순천시	보훈복지회관운영및관리	65,000	4	4	1	3	7	1	1	3
11948	전남 순천시	기초정신건강복지센터운영	51,100	4	2	1,2	6	1	1	1	1
11949	전남 순천시	장애인특수시책추진	30,000	4	4	7	1	7	1	1	1
11950	전남 순천시	유아숲체험원교육위탁운영	28,866	4	2	7	8	7	5	5	4
11951	전남 순천시	청소년기관종사자처우개선수당	22,914	4	4	7	8	7	1	1	4
11952	전남 순천시	청소년성문화센터운영(추가지원)	10,000	4	6	1	3	1	1	1	4
11953	전남 순천시	조곡무료급식소민간위탁운영비지원	10,000	4	1	7	5	7	1	1	1
11954	전남 나주시	노인복지관운영지원	1,302,120	4	1	7	8	7	1	1	4
11955	전남 나주시	통합관제센터CCTV모니터링용역	1,300,000	4	8	7	8	7	5	5	4
11956	전남 나주시	가족센터운영지원	1,105,636	4	2	5	3	1	2	1	1
11957	전남 나주시	교통약자이동지원센터위탁운영비	1,045,788	4	1	5	3	1	1	1	3

순번	시군구	지출명 (사업명)	2024년예산 (단위 : 천원 /1년간)	민간이전 분류 (지방자치단체 세출예산 집행기준에 의거) 1. 민간경상사업보조(307-02) 2. 민간단체 법정운영비보조(307-03) 3. 민간행사사업보조(307-04) 4. 민간위탁금(307-05) 5. 사회복지시설 법정운영비보조(307-10) 6. 민간인위탁교육비(307-12) 7. 공기관등에대한경상적위탁사업비(308-13) 8. 민간자본사업보조,자체재원(402-01) 9. 민간자본사업보조,이전재원(402-02) 10. 민간위탁사업비(402-03) 11. 공기관등에 대한 자본적 위탁사업비(403-02)	민간이전지출 근거 (지방보조금 관리기준 참고) 1. 법률에 규정 2. 국고보조 재원(국가지정) 3. 용도 지정 기부금 4. 조례에 직접규정 5. 지자체가 권장하는 사업을 하는 공공기관 6. 시,도 정책 및 재정사정 7. 기타 8. 해당없음	입찰방식: 계약체결방법 (경쟁형태) 1. 일반경쟁 2. 제한경쟁 3. 지명경쟁 4. 수의계약 5. 법정위탁 6. 기타 ( ) 7. 없음	입찰방식: 계약기간 1. 1년 2. 2년 3. 3년 4. 4년 5. 5년 6. 기타 ( )년 7. 단기계약 (1년미만) 8. 없음	입찰방식: 낙찰자선정방법 1. 적격심사 2. 협상에의한계약 3. 최저가낙찰제 4. 규격가격분리 5. 2단계 경쟁입찰 6. 기타 ( ) 7. 없음	운영예산 산정: 운영예산 산정 1. 내부산정 (지자체 자체적으로 산정) 2. 외부산정 (외부전문기관위탁 산정) 3. 내·외부 모두 산정 4. 산정 無 5. 없음	운영예산 산정: 정산방법 1. 내부정산 (지자체 내부적으로 정산) 2. 외부정산 (외부전문기관위탁 정산) 3. 내·외부 모두 정산 4. 정산 無 5. 없음	성과평가 실시여부 1. 실시 2. 미실시 3. 향후 추진 4. 해당없음
11958	전남 나주시	양로시설운영비지원(전환사업)	605,276	4	1	7	8	7	1	1	4
11959	전남 나주시	나주복암리고분전시관위탁운영비	400,000	4	4	1	3	7	1	1	4
11960	전남 나주시	공공산후조리원운영비지원	373,720	4	6	7	8	7	5	1	4
11961	전남 나주시	시니어클럽운영	353,500	4	2	7	8	7	5	5	4
11962	전남 나주시	장애인주간보호시설운영	268,139	4	1	5	5	1	5	5	3
11963	전남 나주시	나주학생독립운동기념관위탁운영비	206,000	4	4	1	3	7	1	1	4
11964	전남 나주시	자녀양육및자녀생활등방문교육서비스지원	200,270	4	2	5	3	1	2	1	1
11965	전남 나주시	공동육아나눔터운영	170,136	4	2	5	3	1	2	1	1
11966	전남 나주시	다문화가족자녀언어발달지원사업	121,770	4	2	5	3	1	2	1	1
11967	전남 나주시	이중언어가족환경조성사업	109,540	4	2	5	3	1	2	1	1
11968	전남 나주시	결혼이민자통번역서비스지원	102,300	4	2	7	7	7	1	1	1
11969	전남 나주시	농어민문화체육센터	95,000	4	4	6	3	6	1	1	2
11970	전남 나주시	센터민간위탁금	91,500	4	4	1	5	1	1	1	1
11971	전남 나주시	장애인연합회관운영	90,000	4	4	5	3	1	1	1	1
11972	전남 나주시	가족센터운영확대지원	89,500	4	6	5	3	1	1	1	1
11973	전남 나주시	공중화장실청소위탁용역	80,000	4	4	4	1	7	1	1	1
11974	전남 나주시	임신부가사돌봄서비스지원사업	80,000	4	7	2	1	3	1	1	1
11975	전남 나주시	다문화가족맞춤형서비스확대지원	65,000	4	6	5	3	1	1	1	1
11976	전남 나주시	공중화장실청소위탁용역	50,626	4	4	2	1	3	1	1	2
11977	전남 나주시	공중화장실청소위탁용역	50,039	4	4	2	1	3	1	1	2
11978	전남 나주시	공중화장실청소위탁용역	49,877	4	4	2	1	3	1	1	2
11979	전남 나주시	공중화장실청소위탁용역	47,997	4	4	2	1	3	1	1	2
11980	전남 나주시	공중화장실청소위탁용역	47,530	4	4	2	1	3	1	1	2
11981	전남 나주시	공중화장실청소위탁용역	46,988	4	4	2	1	3	1	1	2
11982	전남 나주시	공중화장실청소위탁용역	46,067	4	4	2	1	3	1	1	2
11983	전남 나주시	자전거대여소민간위탁운영	36,000	4	4	6	3	6	1	1	2
11984	전남 나주시	무형문화재전수교육관위탁운영비	30,000	4	4	4	5	1	1	1	4
11985	전남 나주시	결혼이민자모국어상담활동지원	29,250	4	6	5	3	1	2	1	1
11986	전남 나주시	결혼이민자역량강화지원	24,500	4	2	5	3	1	2	1	1
11987	전남 나주시	가족센터종사자특별수당	22,680	4	6	5	3	1	2	1	1
11988	전남 나주시	향토문화회관위탁금	20,000	4	4	4	3	1	1	1	4
11989	전남 나주시	결혼이민여성산모도우미운영	12,231	4	6	5	3	1	2	1	1
11990	전남 나주시	꿈이룸배움카드시스템운영	10,000	4	7	7	8	7	5	5	4
11991	전남 나주시	결혼이민자국적취득지원사업	3,000	4	6	5	3	1	2	1	1
11992	전남 광양시	자활사업추진	1,783,328	4	1	7	1	7	5	1	1
11993	전남 광양시	재활용품선별운영	1,243,281	4	4	4	3	7	2	3	1
11994	전남 광양시	금호동청소대행사업비	955,922	4	7	4	1	7	1	1	1
11995	전남 광양시	대한민국문화도시조성사업추진	700,000	4	4	1	3	6	1	3	3
11996	전남 광양시	광양시립영세공원운영	693,000	4	4	1	4	1	1	1	3
11997	전남 광양시	중마노인복지관운영	670,800	4	4	1	5	1	1	3	3

순번	시군구	지출명 (사업명)	2024년예산 (단위 : 천원 /1년간)	민간이전 분류 (지방자치단체 세출예산 집행기준에 의거) 1. 민간경상사업보조(307-02) 2. 민간단체 법정운영비보조(307-03) 3. 민간행사사업보조(307-04) 4. 민간위탁금(307-05) 5. 사회복지시설 법정운영비보조(307-10) 6. 민간인위탁교육비(307-12) 7. 공기관등에대한경상적위탁사업비(308-13) 8. 민간자본사업보조,자체재원(402-01) 9. 민간자본사업보조,이전재원(402-02) 10. 민간위탁사업비(402-03) 11. 공기관등에 대한 자본적 위탁사업비(403-02)	민간이전지출 근거 (지방보조금 관리기준 참고) 1. 법률에 규정 2. 국고보조 재원(국가지정) 3. 용도 지정 기부금 4. 조례에 직접규정 5. 지자체가 권장하는 사업을 하는 공공기관 6. 시,도 정책 및 재정사정 7. 기타 8. 해당없음	입찰방식 계약체결방법 (경쟁형태) 1. 일반경쟁 2. 제한경쟁 3. 지명경쟁 4. 수의계약 5. 법정위탁 6. 기타 ( ) 7. 없음	입찰방식 계약기간 1. 1년 2. 2년 3. 3년 4. 4년 5. 5년 6. 기타 ( )년 7. 단기계약 (1년미만) 8. 없음	입찰방식 낙찰자선정방법 1. 적격심사 2. 협상에의한계약 3. 최저가낙찰제 4. 규격가격분리 5. 2단계 경쟁입찰 6. 기타 ( ) 7. 없음	운영예산 산정 운영예산 산정 1. 내부산정 (지자체 자체적으로 산정) 2. 외부산정 (외부전문기관위탁 산정) 3. 내·외부 모두 산정 4. 산정 無 5. 없음	운영예산 산정 정산방법 1. 내부정산 (지자체 내부적으로 정산) 2. 외부정산 (외부전문기관위탁 정산) 3. 내·외부 모두 산정 4. 정산 無 5. 없음	성과평가 실시여부 1. 실시 2. 미실시 3. 향후 추진 4. 해당없음
11998	전남 광양시	마을하수도운영관리위탁금	562,000	4	7	7	8	7	5	5	4
11999	전남 광양시	청소년문화센터위탁운영	550,000	4	1,4	1	3	1	1	1	1
12000	전남 광양시	노인일자리지원기관(시니어클럽)운영	346,710	4	1	1	5	1	5	1	1
12001	전남 광양시	사라실예술촌운영	200,000	4	4	1	3	1	1	1	1
12002	전남 광양시	국민체육센터민간위탁	175,000	4	4	1	3	1	1	1	1
12003	전남 광양시	광양청소년문화의집위탁운영	170,000	4	1,4	1	3	1	1	1	1
12004	전남 광양시	금호청소년문화의집위탁운영	160,000	4	1,4	1	3	1	1	1	1
12005	전남 광양시	공중화장실위탁관리비	126,219	4	7	4	1	3	1	1	4
12006	전남 광양시	공중화장실위탁관리비	119,994	4	7	4	1	3	1	1	4
12007	전남 광양시	도시숲정원관리민간위탁운영사업	105,280	4	7	7	8	7	5	5	4
12008	전남 광양시	장도전수교육관위탁운영비	98,000	4	4	7	8	7	1	1	1
12009	전남 광양시	쓰레기종량제봉투배부대행비	94,176	4	4	2	1	3	1	1	4
12010	전남 광양시	공중화장실위탁관리비	68,487	4	7	4	1	3	1	1	4
12011	전남 광양시	공중화장실위탁관리비	66,158	4	7	4	1	3	1	1	4
12012	전남 광양시	공중화장실위탁관리비	63,695	4	7	4	1	3	1	1	4
12013	전남 광양시	공중화장실위탁관리비	63,452	4	7	4	1	3	1	1	4
12014	전남 광양시	공중화장실위탁관리비	63,034	4	7	4	1	3	1	1	4
12015	전남 광양시	공중화장실위탁관리비	53,485	4	7	4	1	3	1	1	4
12016	전남 광양시	O수산물유통센터환경청소용역	50,000	4	8	7	8	7	5	5	4
12017	전남 광양시	시민정보화교육운영민간위탁	48,600	4	4	7	8	7	5	5	4
12018	전남 광양시	광양역사문화관위탁운영비	47,000	4	8	7	8	7	1	1	1
12019	전남 광양시	궁시전수교육관위탁운영비	33,000	4	4	7	8	7	1	1	1
12020	전남 광양시	공중화장실오수처리시설위탁관리비	25,000	4	1	4	1	6	1	1	4
12021	전남 광양시	용강정수장청사청소용역	9,600	4	1	7	8	7	5	5	4
12022	전남 광양시	면시가지도로변물뿌리기	6,000	4	6	4	7	7	5	5	4
12023	전남 광양시	시가지도로면물뿌리기용역	5,000	4	1	7	8	7	5	5	4
12024	전남 담양군	생활폐기물수집운반민간위탁비	2,100,000	4	4	1	3	2	2	1	1
12025	전남 담양군	공공하수도시설관리대행[2차분]	1,727,851	4	1	1	3	6	2	3	1
12026	전남 담양군	가로청소및화장실승강장시설유지관리민간위탁	1,300,000	4	4	1	3	2	2	1	2
12027	전남 담양군	소각시설민간위탁금(고정비)	1,000,000	4	1	1	3	2	2	1	4
12028	전남 담양군	담양군노인복지관운영비	958,000	4	4	7	8	7	5	5	1
12029	전남 담양군	소각시설민간위탁금(변동비)	800,000	4	1	1	3	2	1	1	4
12030	전남 담양군	공공하수처리시설관리대행(고서,대전)	681,991	4	1	1	3	6	2	3	1
12031	전남 담양군	장애인콜택시시군운영비	523,000	4	2	7	8	7	1	1	3
12032	전남 담양군	담양군하수관로관리대행(고서,대전,소규모)	448,234	4	1	1	3	6	2	3	1
12033	전남 담양군	신규급수전설치공사	420,000	4	4	5	3	7	1	1	4
12034	전남 담양군	풀뿌리공동체지원센터위탁운영(사업비)	380,000	4	2	7	8	7	1	1	4
12035	전남 담양군	소규모하수처리시설관리대행(51개소)	308,741	4	1	1	3	6	2	3	1
12036	전남 담양군	민간위탁운영비	300,000	4	1	5	6	7	3	3	1
12037	전남 담양군	오수맨홀펌프장(93개소)	288,885	4	1	1	3	6	2	3	1

순번	시군구	지출명 (사업명)	2024년예산 (단위 : 천원 /1년간)	민간이전 분류 (지방자치단체 세출예산 집행기준에 의거)	민간이전지출 근거 (지방보조금 관리기준 참고)	입찰방식			운영예산 산정		성과평가 실시여부
				1. 민간경상사업보조(307-02) 2. 민간단체 법정운영비보조(307-03) 3. 민간행사사업보조(307-04) 4. 민간위탁금(307-05) 5. 사회복지시설 법정운영비보조(307-10) 6. 민간인위탁교육비(307-12) 7. 공기관등에대한경상적위탁사업비(308-13) 8. 민간자본사업보조,자체재원(402-01) 9. 민간자본사업보조,이전재원(402-02) 10. 민간위탁사업비(402-03) 11. 공기관등에 대한 자본적 위탁사업비(403-02)	1. 법률에 규정 2. 국고보조 재원(국가지정) 3. 용도 지정 기부금 4. 조례에 직접규정 5. 지자체가 권장하는 사업을 하는 공공기관 6. 시,도 정책 및 재정사정 7. 기타 8. 해당없음	계약체결방법 (경쟁형태) 1. 일반경쟁 2. 제한경쟁 3. 지명경쟁 4. 수의계약 5. 법정위탁 6. 기타 ( ) 7. 없음	계약기간 1. 1년 2. 2년 3. 3년 4. 4년 5. 5년 6. 기타 ( )년 7. 단기계약 (1년미만) 8. 없음	낙찰자선정방법 1. 적격심사 2. 협상에의한계약 3. 최저가낙찰제 4. 규격가격분리 5. 2단계 경쟁입찰 6. 기타 ( ) 7. 없음	운영예산 산정 1. 내부산정 (지자체 자체적으로 산정) 2. 외부산정 (외부전문기관위탁 산정) 3. 내·외부 모두 산정 4. 산정 無 5. 없음	정산방법 1. 내부정산 (지자체 내부적으로 정산) 2. 외부정산 (외부전문기관위탁 정산) 3. 내·외부 모두 산정 4. 정산 無 5. 없음	1. 실시 2. 미실시 3. 향후 추진 4. 해당없음
12038	전남 담양군	소규모수도시설및먹는물공동시설민간위탁	210,000	4	4	1	2	1	2	1	4
12039	전남 담양군	어린이급식관리지원센터설치운영	200,000	4	2	5	8	7	2	2	1
12040	전남 담양군	고서,대전하수처리시설농축슬러지운반	160,000	4	7	6	1	6	1	1	4
12041	전남 담양군	풀뿌리공동체지원센터운영(운영비)	141,000	4	4	7	8	7	1	1	4
12042	전남 담양군	담양군청소년수련원운영비지원	100,000	4	4	4	1	2	1	1	3
12043	전남 담양군	시설하우스주변환경정비사업	90,000	4	6	7	8	7	5	5	4
12044	전남 담양군	공중화장실유지관리비(변동비)	80,000	4	4	1	3	2	1	1	2
12045	전남 담양군	소규모잉여슬러지운반(51개소)	72,000	4	7	6	1	6	1	1	4
12046	전남 담양군	지역사회건강조사지정위탁사업비	67,138	4	1	5	1	7	5	5	4
12047	전남 담양군	휴가철무단투기및행락지,관광지쓰레기관리	60,000	4	4	1	3	2	1	1	1
12048	전남 담양군	사회복지급식관리지원센터설치운영	50,000	4	2	7	8	7	5	5	4
12049	전남 담양군	음식물류폐기물처리시설유지관리비(변동비)	50,000	4	4	1	3	2	1	1	1
12050	전남 담양군	평가위원회운영위탁수수료	38,600	4	1	5	6	7	3	3	1
12051	전남 담양군	도림리저류시설슬러지운반	34,560	4	7	6	1	6	1	1	4
12052	전남 담양군	축제장환경정비용역	30,000	4	4	7	8	7	5	5	4
12053	전남 담양군	유아숲위탁운영	28,866	4	2	7	8	7	5	5	4
12054	전남 담양군	추월산관광단지,용마루길공중화장실(4개소)청소업무및쓰레기수거민간위탁	28,800	4	4	7	8	7	5	5	4
12055	전남 담양군	공원내쓰레기수거및청소용역	23,400	4	2	7	8	7	5	5	4
12056	전남 담양군	정원전문가양성교육	11,250	4	2	4	1	7	3	1	2
12057	전남 담양군	한센병등록환자위탁사업비	6,100	4	8	7	8	7	5	1	2
12058	전남 담양군	경력단절여성경력이음바우처지원	4,000	4	4	7	8	7	5	5	4
12059	전남 곡성군	정신건강복지센터운영	671,066	4	1	2	3	1	1	1	1
12060	전남 곡성군	음식물류폐기물수집,운반,위탁처리	645,880	4	1	4	3	7	2	4	3
12061	전남 곡성군	곡성군가족센터운영	567,620	4	2	7	5	6	4	1	4
12062	전남 곡성군	특별교통수단(장애인콜택시)운영지원	413,000	4	2	1	2	1	1	1	3
12063	전남 곡성군	대형폐기물수집운반및처리비	400,000	4	1	1	7	1	1	5	4
12064	전남 곡성군	다문화가족특성화사업	243,862	4	2	7	5	6	4	1	4
12065	전남 곡성군	적환장운영및생활폐기물운반위탁	146,665	4	1	4	2	7	2	4	3
12066	전남 곡성군	결혼이민자정착지원사업	132,442	4	4	7	5	6	1	1	4
12067	전남 곡성군	곡성몰위탁관리운영	132,000	4	1	1	6	2	1	1	3
12068	전남 곡성군	어린이급식관리지원센터	118,600	4	1	1	3	1	1	1	1
12069	전남 곡성군	건강가정다문화가족지원	104,050	4	4	7	5	6	1	1	4
12070	전남 곡성군	침구류세트구입(세탁지원서비스사업)	70,000	4	4	7	8	7	5	5	4
12071	전남 곡성군	지역사회건강조사운영	66,950	4	2	7	8	7	5	3	4
12072	전남 곡성군	암조기검진비예탁금	54,370	4	1	7	8	7	2	2	4
12073	전남 곡성군	뚝방마켓운영민간위탁금	46,000	4	4	6	3	6	2	1	3
12074	전남 곡성군	취약노인주거환경개선	44,000	4	1	1	7	1	1	1	4
12075	전남 곡성군	기초푸드뱅크운영	34,000	4	1	1	1	1	1	1	4
12076	전남 곡성군	저소득월동김장지원사업	21,000	4	4	7	8	7	1	1	4
12077	전남 곡성군	희망복지기동서비스순회서비스반전기수리재료비	20,000	4	5	7	8	7	1	1	4

순번	시군구	지출명 (사업명)	2024년예산 (단위 : 천원 /1년간)	민간이전 분류 (지방자치단체 세출예산 집행기준에 의거) 1. 민간경상사업보조(307-02) 2. 민간단체 법정운영비보조(307-03) 3. 민간행사사업보조(307-04) 4. 민간위탁금(307-05) 5. 사회복지시설 법정운영비보조(307-10) 6. 민간인위탁교육비(307-12) 7. 공기관등에대한경상적위탁사업비(308-13) 8. 민간자본사업보조,자체재원(402-01) 9. 민간자본사업보조,이전재원(402-02) 10. 민간위탁사업비(402-03) 11. 공기관등에 대한 자본적 위탁사업비(403-02)	민간이전지출 근거 (지방보조금 관리기준 참고) 1. 법률에 규정 2. 국고보조 재원(국가지정) 3. 용도 지정 기부금 4. 조례에 직접규정 5. 지자체가 권장하는 사업을 하는 공공기관 6. 시,도 정책 및 재정사정 7. 기타 8. 해당없음	입찰방식			운영예산 산정		성과평가 실시여부
						계약체결방법 (경쟁형태) 1. 일반경쟁 2. 제한경쟁 3. 지명경쟁 4. 수의계약 5. 법정위탁 6. 기타 ( ) 7. 없음	계약기간 1. 1년 2. 2년 3. 3년 4. 4년 5. 5년 6. 기타 ( )년 7. 단기계약 (1년미만) 8. 없음	낙찰자선정방법 1. 적격심사 2. 협상에의한계약 3. 최저가낙찰제 4. 규격가격분리 5. 2단계 경쟁입찰 6. 기타 ( ) 7. 없음	운영예산 산정 1. 내부산정 (지자체 자체적으로 산정) 2. 외부산정 (외부전문기관위탁 산정) 3. 내·외부 모두 산정 4. 산정 無 5. 없음	정산방법 1. 내부정산 (지자체 내부적으로 정산) 2. 외부정산 (외부전문기관위탁 정산) 3. 내·외부 모두 산정 4. 정산 無 5. 없음	1. 실시 2. 미실시 3. 향후 추진 4. 해당없음
12078	전남 곡성군	찾아가는행복빨래방운영	20,000	4	5	7	8	7	1	1	4
12079	전남 곡성군	의료급여수급권자검진비	9,083	4	1	7	8	7	2	2	4
12080	전남 곡성군	희망복지기동서비스현장방역소독	5,250	4	5	7	8	7	1	1	4
12081	전남 곡성군	여성단체를통한지역특산품판매	5,000	4	4	7	8	7	1	1	4
12082	전남 곡성군	불용(폐)농약처리비	2,600	4	4	7	8	7	5	5	4
12083	전남 곡성군	아이돌봄종사자건강검진비지원	900	4	6	7	5	6	4	1	4
12084	전남 곡성군	만6세미만의료급여수급권자검진비	229	4	1	7	8	7	2	2	4
12085	전남 구례군	구례군환경기초시설운영관리대행용역	1,391,443	4	6	1	3	5	2	5	1
12086	전남 구례군	장애인복지관운영활성화	1,163,476	4	6	7	1	7	5	5	2
12087	전남 구례군	생활폐기물위탁처리비	800,000	4	5	6	6	7	1	1	4
12088	전남 구례군	음식물폐기물수집운반비	600,000	4	5	1	6	1	2	3	4
12089	전남 구례군	여성농업인행복바우처지원	380,000	4	4	7	8	7	5	3	4
12090	전남 구례군	농촌신활력플러스사업	374,000	4	7	7	5	7	5	1	3
12091	전남 구례군	음식물폐기물처리비	319,000	4	5	1	6	1	1	1	4
12092	전남 구례군	지역역량강화사업	300,000	4	7	2	6	6	5	1	3
12093	전남 구례군	통합문화이용권사업	251,680	4	1	7	8	7	1	1	1
12094	전남 구례군	특별교통수단운영지원비지원	203,667	4	4	1	3	2	1	1	2
12095	전남 구례군	장애인주간보호시설운영	152,825	4	6	7	1	7	5	5	2
12096	전남 구례군	농촌활성화지원센터운영	139,800	4	7	2	6	6	1	1	3
12097	전남 구례군	장애인복지관급식비지원	124,800	4	6	7	1	7	5	5	2
12098	전남 구례군	도시숲정원관리인운영	105,280	4	2	7	8	7	5	5	4
12099	전남 구례군	대형생활폐기물위탁처리비	100,000	4	5	1	6	1	1	1	4
12100	전남 구례군	유아숲교육운영	59,206	4	2	7	8	7	5	5	4
12101	전남 구례군	지체장애인편의시설지원센터운영	53,115	4	6	7	1	7	5	5	2
12102	전남 구례군	장애인공감과치유탐방프로그램운영	40,000	4	6	7	1	7	5	5	2
12103	전남 구례군	동편제판소리전수관운영관리	39,600	4	1	7	8	7	1	1	1
12104	전남 구례군	숲해설운영	29,668	4	2	7	8	7	5	5	4
12105	전남 구례군	육재수확점검관리	14,954	4	2	7	8	7	5	5	4
12106	전남 구례군	구례향제줄풍류전수관운영지원	5,000	4	1	7	8	7	1	1	1
12107	전남 구례군	가공센터HACCP사후관리컨설팅	5,000	4	4	4	7	2	1	1	3
12108	전남 구례군	경력단절여성경력이음바우처지원사업	1,500	4	6	7	8	7	5	4	4
12109	전남 고흥군	폐기물처리시설운영	4,188,000	4	4	2	4	2	2	1	2
12110	전남 고흥군	조업중인양쓰레기수매(전환사업)	900,000	4	1	7	8	7	5	5	4
12111	전남 고흥군	농공단지공공폐수처리시설운영	290,141	4	4	4	3	6	2	1	1
12112	전남 고흥군	터미널관리	30,000	4	4	7	8	7	5	5	4
12113	전남 고흥군	시니어합창단운영지원	5,000	4	4	7	1	7	5	1	4
12114	전남 화순군	생활폐기물위탁처리비	1,260,000	4	7	1	1	1	5	1	4
12115	전남 화순군	아이돌봄지원	1,216,451	4	2	5	2	1	1	1	4
12116	전남 화순군	가족센터운영	663,830	4	2	7	8	7	1	1	4
12117	전남 화순군	교통약자특별교통수단운영비지원	293,000	4	1	5	3	1	1	1	1

순번	시군구	지출명 (사업명)	2024년예산 (단위 : 천원 /1년간)	민간이전 분류 (지방자치단체 세출예산 집행기준에 의거) 1. 민간경상사업보조(307-02) 2. 민간단체 법정운영비보조(307-03) 3. 민간행사사업보조(307-04) 4. 민간위탁금(307-05) 5. 사회복지시설 법정운영비보조(307-10) 6. 민간인위탁교육비(307-12) 7. 공기관등에대한경상적위탁사업비(308-13) 8. 민간자본사업보조,자체재원(402-01) 9. 민간자본사업보조,이전재원(402-02) 10. 민간위탁사업비(402-03) 11. 공기관등에 대한 자본적 위탁사업비(403-02)	민간이전지출 근거 (지방보조금 관리기준 참고) 1. 법률에 규정 2. 국고보조 재원(국가지정) 3. 용도 지정 기부금 4. 조례에 직접규정 5. 지자체가 권장하는 사업을 하는 공공기관 6. 시,도 정책 및 재정사정 7. 기타 8. 해당없음	입찰방식: 계약체결방법 (경쟁형태) 1. 일반경쟁 2. 제한경쟁 3. 지명경쟁 4. 수의계약 5. 법정위탁 6. 기타 ( ) 7. 없음	입찰방식: 계약기간 1. 1년 2. 2년 3. 3년 4. 4년 5. 5년 6. 기타 ( )년 7. 단기계약 (1년미만) 8. 없음	입찰방식: 낙찰자선정방법 1. 적격심사 2. 협상에의한계약 3. 최저가낙찰제 4. 규격가격분리 5. 2단계 경쟁입찰 6. 기타 ( ) 7. 없음	운영예산 산정: 운영예산 산정 1. 내부산정 (지자체 자체적으로 산정) 2. 외부산정 (외부전문기관위탁 산정) 3. 내·외부 모두 산정 4. 산정 無 5. 없음	운영예산 산정: 정산방법 1. 내부정산 (지자체 내부적으로 정산) 2. 외부정산 (외부전문기관위탁 정산) 3. 내·외부 모두 산정 4. 정산 無 5. 없음	성과평가 실시여부 1. 실시 2. 미실시 3. 향후 추진 4. 해당없음
12118	전남 화순군	청소년상담복지센터운영	174,855	4	2	5	3	2	1	1	1
12119	전남 화순군	화순생활문화센터위탁운영	165,000	4	4	5	2	6	1	1	4
12120	전남 화순군	학교밖청소년지원센터운영	131,740	4	2	5	3	2	1	1	1
12121	전남 화순군	청소년안전망구축	102,000	4	2	5	3	2	1	1	1
12122	전남 화순군	화순군립요양병원운영비지원	100,000	4	4	5	5	1	1	1	4
12123	전남 화순군	다함께돌봄센터1호점인건비지원	78,000	4	1	5	5	7	1	1	4
12124	전남 화순군	다함께돌봄센터2호점인건비지원	78,000	4	1	5	5	7	1	1	4
12125	전남 화순군	학교밖청소년참여수당	48,400	4	2	5	3	2	1	1	1
12126	전남 화순군	아프리카돼지열병대응폐사체처리비	36,400	4	2	7	8	7	5	5	4
12127	전남 화순군	가족센터종사자처우개선비	33,086	4	4	7	8	7	1	1	4
12128	전남 화순군	청소년동반자프로그램운영	32,592	4	2	5	3	2	1	1	1
12129	전남 화순군	결혼이민자모국어상담원운영	30,000	4	6	7	8	7	1	1	4
12130	전남 화순군	다문화가족친정보내주기	30,000	4	4	7	8	7	1	1	4
12131	전남 화순군	다문화가족전문상담운영	30,000	4	4	7	8	7	1	1	4
12132	전남 화순군	다문화가족통합서비스지원	23,000	4	4	7	8	7	1	1	4
12133	전남 화순군	다함께돌봄센터1호점운영비지원	22,000	4	1	5	5	7	1	1	4
12134	전남 화순군	다함께돌봄센터2호점운영비지원	22,000	4	1	5	5	7	1	1	4
12135	전남 화순군	웰다잉문화조성사업	15,000	4	4	5	7	1	1	1	4
12136	전남 화순군	결혼이민여성산모도우미운영	10,920	4	6	7	8	7	1	1	4
12137	전남 화순군	다문화가족평등한가족관계유지를위한교육	10,000	4	4	7	8	7	1	1	4
12138	전남 화순군	퇴직적립금및4대보험증액분(군비추가분)	9,282	4	4	7	8	7	1	1	4
12139	전남 화순군	학교밖청소년급식비지원	8,100	4	2	5	3	2	1	1	1
12140	전남 화순군	고라니폐사체처리비	8,000	4	1	7	8	7	5	5	4
12141	전남 화순군	한센사업대상자관리위탁금	7,200	4	1	7	8	7	5	5	4
12142	전남 화순군	다문화이해교실운영	6,900	4	6	7	8	7	1	1	4
12143	전남 화순군	다문화가족전문인력양성지원	5,000	4	4	7	8	7	1	1	4
12144	전남 화순군	아이돌보미건강검진비지원	1,500	4	6	5	2	1	1	1	4
12145	전남 장흥군	자활근로사업추진	1,896,801	4	1	5	1	7	1	1	1
12146	전남 장흥군	영유아보육료지원(국비)	1,500,000	4	2	7	8	7	1	1	4
12147	전남 장흥군	아이돌봄지원(국비)	963,638	4	2	7	8	7	1	1	4
12148	전남 장흥군	공공폐수처리시설민간위탁금	640,000	4	1	1	5	6	1	1	4
12149	전남 장흥군	누리과정보육료지원	600,000	4	2	7	8	7	1	1	4
12150	전남 장흥군	취약지역생활여건개조사업(부산면용반)	583,000	4	2	5	3	2	1	1	4
12151	전남 장흥군	취약지역생활여건개조사업(용산면운주)	501,000	4	2	5	3	2	1	1	4
12152	전남 장흥군	건강가정및다문화가족통합운영지원(기금)	492,580	4	4	7	8	7	1	1	4
12153	전남 장흥군	청소년수련관운영	430,000	4	4	7	8	7	1	1	1
12154	전남 장흥군	기초정신건강복지센터인력확충(기금)	326,230	4	2	1	3	7	1	1	1
12155	전남 장흥군	장흥군중간지원조직지원	315,000	4	4	5	5	2	1	1	4
12156	전남 장흥군	부산면기초생활거점조성사업	311,000	4	4	4	5	6	1	3	4
12157	전남 장흥군	장평면기초생활거점조성사업	300,000	4	4	4	5	6	1	3	4

순번	시군구	지출명 (사업명)	2024년예산 (단위 : 천원 /1년간)	민간이전 분류 (지방자치단체 세출예산 집행기준에 의거) 1. 민간경상사업보조(307-02) 2. 민간단체 법정운영비보조(307-03) 3. 민간행사사업보조(307-04) 4. 민간위탁금(307-05) 5. 사회복지시설 법정운영비보조(307-10) 6. 민간인위탁교육비(307-12) 7. 공기관등에대한경상적위탁사업비(308-13) 8. 민간자본사업보조,자체재원(402-01) 9. 민간자본사업보조,이전재원(402-02) 10. 민간위탁사업비(402-03) 11. 공기관등에 대한 자본적 위탁사업비(403-02)	민간이전지출 근거 (지방보조금 관리기준 참고) 1. 법률에 규정 2. 국고보조 재원(국가지정) 3. 용도 지정 기부금 4. 조례에 직접규정 5. 지자체가 권장하는 사업을 하는 공공기관 6. 시,도 정책 및 재정사정 7. 기타 8. 해당없음	입찰방식 계약체결방법 (경쟁형태) 1. 일반경쟁 2. 제한경쟁 3. 지명경쟁 4. 수의계약 5. 법정위탁 6. 기타 ( ) 7. 없음	입찰방식 계약기간 1. 1년 2. 2년 3. 3년 4. 4년 5. 5년 6. 기타 ( )년 7. 단기계약 (1년미만) 8. 없음	입찰방식 낙찰자선정방법 1. 적격심사 2. 협상에의한계약 3. 최저가낙찰제 4. 규격가격분리 5. 2단계 경쟁입찰 6. 기타 ( ) 7. 없음	운영예산 산정 운영예산 산정 1. 내부산정 (지자체 자체적으로 산정) 2. 외부산정 (외부전문기관위탁 산정) 3. 내·외부 모두 산정 4. 산정 無 5. 없음	운영예산 산정 정산방법 1. 내부정산 (지자체 내부적으로 정산) 2. 외부정산 (외부전문기관위탁 정산) 3. 내·외부 모두 산정 4. 정산 無 5. 없음	성과평가 실시여부 1. 실시 2. 미실시 3. 향후 추진 4. 해당없음
12158	전남 장흥군	유치면기초생활거점조성사업	240,000	4	4	4	5	6	1	3	4
12159	전남 장흥군	장흥군역량강화사업(농림축산식품부)	240,000	4	4	4	3	2	1	1	3
12160	전남 장흥군	공동방제단운영지원(인건비)	233,296	4	8	7	8	7	5	5	4
12161	전남 장흥군	어린이급식관리지원센터설치운영(국비)	216,000	4	2	5	2	1	1	1	4
12162	전남 장흥군	장동면기초생활거점(2단계)조성사업	200,000	4	4	4	5	6	1	3	4
12163	전남 장흥군	공동방제단운영지원(운영비)	197,928	4	8	7	8	7	5	5	4
12164	전남 장흥군	치매치료관리비지원	192,717	4	2	7	8	7	5	5	4
12165	전남 장흥군	그린환경센터재활용품선별작업민간위탁사업	160,000	4	7	7	8	7	5	5	4
12166	전남 장흥군	자녀양육및자녀생활등방문교육서비스지원(기금)	147,320	4	4	7	8	7	1	1	4
12167	전남 장흥군	축산시설악취저감공동살포단운영지원사업	100,000	4	1	7	8	7	5	5	4
12168	전남 장흥군	장흥군역량강화사업(해양수산부)	100,000	4	4	4	3	2	1	1	3
12169	전남 장흥군	치유의숲운영(국비)	96,000	4	1	7	8	7	1	1	4
12170	전남 장흥군	유아숲교육운영(국비)	86,598	4	1	7	8	7	1	1	4
12171	전남 장흥군	통합정신건강증진사업(기금)	80,000	4	2	1	3	7	1	1	1
12172	전남 장흥군	정신건강복지센터자살예방사업인력지원(기금)	74,072	4	2	1	3	7	1	1	1
12173	전남 장흥군	청소년상담복지센터운영지원	74,000	4	4	7	8	7	1	1	1
12174	전남 장흥군	암조기검진사업	72,960	4	1	7	8	7	1	1	1
12175	전남 장흥군	저소득층기저귀조제분유지원(국비)	68,548	4	2	5	8	7	5	5	1
12176	전남 장흥군	지역사회건강조사	66,910	4	1	7	7	7	5	3	2
12177	전남 장흥군	아이돌봄서비스본인부담금지원	60,000	4	4	7	8	7	1	1	4
12178	전남 장흥군	장흥군장난감도서관운영지원	60,000	4	1	7	8	7	5	5	4
12179	전남 장흥군	아동청소년정신보건사업(기금)	58,000	4	2	1	3	7	1	1	1
12180	전남 장흥군	산림서비스도우미(숲해설가)(국비)	57,332	4	1	7	8	7	1	1	4
12181	전남 장흥군	정신건강복지센터운영(기금)	51,100	4	2	1	3	7	1	1	1
12182	전남 장흥군	자활근로사업단지원(청소사업단)	50,000	4	1	7	8	7	1	1	1
12183	전남 장흥군	자활근로사업및자활기업전문가인건비	48,000	4	1	7	8	7	1	1	1
12184	전남 장흥군	지역자살예방및정신건강증진사업(기금)	28,062	4	2	1	3	7	1	1	1
12185	전남 장흥군	여성청소년생리용품지원사업(국비)	25,200	4	1	7	8	7	1	5	1
12186	전남 장흥군	치매조기검진비	20,000	4	2	7	8	7	5	5	4
12187	전남 장흥군	희귀질환자의료비지원	19,390	4	1	7	8	7	1	1	1
12188	전남 장흥군	결혼이민자역량강화지원(한국어교육)(기금)	15,500	4	4	7	8	7	1	1	4
12189	전남 장흥군	여성기술교육지원	15,000	4	7	7	8	7	1	1	1
12190	전남 장흥군	어린이집운영도자체지원	13,440	4	2	7	8	7	1	1	4
12191	전남 장흥군	의료수급자건강검진	11,009	4	1	7	8	7	1	1	1
12192	전남 장흥군	여성리더대학운영	10,000	4	7	7	8	7	1	1	1
12193	전남 장흥군	살처분대가축렌더링위탁처리사업	10,000	4	8	7	8	7	5	5	4
12194	전남 장흥군	여성취업창업교실운영	9,600	4	6	7	8	7	5	1	1
12195	전남 장흥군	홍덕정민간위탁	8,500	4	1	4	3	7	1	1	4
12196	전남 장흥군	부부관계향상운영지원	8,000	4	4	7	8	7	1	1	4
12197	전남 장흥군	한센병관리	7,700	4	1	5	8	7	1	2	2

순번	시군구	지출명 (사업명)	2024년예산 (단위 : 천원 /1년간)	민간이전 분류 (지방자치단체 세출예산 집행기준에 의거) 1. 민간경상사업보조(307-02) 2. 민간단체 법정운영비보조(307-03) 3. 민간행사사업보조(307-04) 4. 민간위탁금(307-05) 5. 사회복지시설 법정운영비보조(307-10) 6. 민간인위탁교육비(307-12) 7. 공기관등에대한경상적위탁사업비(308-13) 8. 민간자본사업보조,자체재원(402-01) 9. 민간자본사업보조,이전재원(402-02) 10. 민간위탁사업비(402-03) 11. 공기관등에 대한 자본적 위탁사업비(403-02)	민간이전지출 근거 (지방보조금 관리기준 참고) 1. 법률에 규정 2. 국고보조 재원(국가지정) 3. 용도 지정 기부금 4. 조례에 직접규정 5. 지자체가 권장하는 사업을 하는 공공기관 6. 시,도 정책 및 재정사정 7. 기타 8. 해당없음	입찰방식: 계약체결방법 (경쟁형태) 1. 일반경쟁 2. 제한경쟁 3. 지명경쟁 4. 수의계약 5. 법정위탁 6. 기타 ( ) 7. 없음	입찰방식: 계약기간 1. 1년 2. 2년 3. 3년 4. 4년 5. 5년 6. 기타 ( )년 7. 단기계약 (1년미만) 8. 없음	입찰방식: 낙찰자선정방법 1. 적격심사 2. 협상에의한계약 3. 최저가낙찰제 4. 규격가격분리 5. 2단계 경쟁입찰 6. 기타 ( ) 7. 없음	운영예산 산정: 운영예산 산정 1. 내부산정 (지자체 자체적으로 산정) 2. 외부산정 (외부전문기관위탁 산정) 3. 내·외부 모두 산정 4. 산정 無 5. 없음	운영예산 산정: 정산방법 1. 내부정산 (지자체 내부적으로 정산) 2. 외부정산 (외부전문기관위탁 정산) 3. 내·외부 모두 산정 4. 정산 無 5. 없음	성과평가 실시여부 1. 실시 2. 미실시 3. 향후 추진 4. 해당없음
12198	전남 장흥군	유기동물폐사체등의료폐기물처리비	6,300	4	8	7	8	7	5	5	4
12199	전남 장흥군	테니스장민간위탁	5,000	4	1	4	3	7	1	1	4
12200	전남 장흥군	남성cooking교실운영	5,000	4	7	7	8	7	1	1	1
12201	전남 장흥군	찾아가는다문화이해교육운영	5,000	4	4	7	8	7	1	1	4
12202	전남 장흥군	정남진게이트볼장민간위탁	4,500	4	1	4	3	7	1	1	4
12203	전남 장흥군	경력단절여성경력이음바우처	3,500	4	6	7	8	7	5	1	1
12204	전남 장흥군	생활체육야구장민간위탁	3,000	4	1	4	3	7	1	1	4
12205	전남 장흥군	정구장민간위탁	2,000	4	1	4	3	7	1	1	4
12206	전남 장흥군	족구장민간위탁	2,000	4	1	4	3	7	1	1	4
12207	전남 장흥군	영유아건강검진(기금)	1,388	4	2	5	8	7	5	5	1
12208	전남 장흥군	청소년산모의료비지원(기금)	1,200	4	2	5	8	7	5	5	1
12209	전남 장흥군	아이돌보미건강검진비지원	900	4	2	7	8	7	1	1	4
12210	전남 강진군	강진군공공하수도시설관리대행용역	1,252,502	4	7	1	5	1	2	1	1
12211	전남 강진군	누리과정보육료	1,153,217	4	1	1	7	1	1	1	4
12212	전남 강진군	지역사회서비스투자사업	826,061	4	2	7	1	7	1	1	1
12213	전남 강진군	환경정화센터소각시설위탁운영	788,148	4	1	1	2	2	2	1	1
12214	전남 강진군	유기질비료지원(전환사업)	708,190	4	1	6	7	7	1	1	1
12215	전남 강진군	아이돌봄지원예탁금	572,000	4	1	1	7	1	1	1	4
12216	전남 강진군	유기질지원사업	487,810	4	1	6	7	7	1	1	1
12217	전남 강진군	시군역량강화(강진군)	400,000	4	4	5	1	7	1	1	3
12218	전남 강진군	교통약자이동편의증진	360,000	4	8	7	8	7	5	5	4
12219	전남 강진군	장애인복지일자리민간위탁	333,792	4	8	7	1	7	5	5	4
12220	전남 강진군	(기본)교통약자이동편의증진	330,000	4	1	6	6	1	1	1	4
12221	전남 강진군	자활근로사업민간위탁	285,675	4	2	7	1	7	1	1	1
12222	전남 강진군	음식물류폐기물위탁처리	261,000	4	1	7	8	7	5	5	4
12223	전남 강진군	강진하수관거BTL사업위탁운영비	240,000	4	1	2	6	2	2	1	1
12224	전남 강진군	강진공공하수처리장하수슬러지위탁처리용역	229,500	4	7	7	8	7	1	1	4
12225	전남 강진군	어린이급식관리지원센터	200,000	4	1	7	8	7	3	3	3
12226	전남 강진군	강진산단공공폐수처리장관리대행용역	172,615	4	7	1	4	1	2	1	4
12227	전남 강진군	토양개량제지원	154,000	4	1	6	7	7	1	1	1
12228	전남 강진군	상수도시설운영관리(급수공사대행)	150,000	4	4	6	2	1	1	1	4
12229	전남 강진군	일상돌봄서비스	93,750	4	2	7	1	7	1	1	1
12230	전남 강진군	가사간병방문지원사업	75,000	4	2	7	1	7	1	1	1
12231	전남 강진군	지역사회건강조사	66,910	4	2	7	1	7	1	1	4
12232	전남 강진군	장애인콜택시운영비보조사업	60,000	4	1	6	6	1	1	1	4
12233	전남 강진군	농산어촌활성화지원센터운영비지원	59,280	4	4	7	8	7	1	1	3
12234	전남 강진군	강진공공하수처리시설수질TMS관리대행용역	34,012	4	7	7	8	7	1	1	4
12235	전남 강진군	저소득층여성청소년위생용품지원사업	31,000	4	1	1	7	1	1	1	4
12236	전남 강진군	(기본)터미널운영	29,040	4	4	7	8	7	1	1	4
12237	전남 강진군	청년안테나숍운영지원	20,000	4	4	1	2	1	1	1	2

순번	시군구	지출명 (사업명)	2024년예산 (단위 : 천원 /1년간)	민간이전 분류 (지방자치단체 세출예산 집행기준에 의거) 1. 민간경상사업보조(307-02) 2. 민간단체 법정운영비보조(307-03) 3. 민간행사사업보조(307-04) 4. 민간위탁금(307-05) 5. 사회복지시설 법정운영비보조(307-10) 6. 민간인위탁교육비(307-12) 7. 공기관등에대한경상적위탁사업비(308-13) 8. 민간자본사업보조,자체재원(402-01) 9. 민간자본사업보조,이전재원(402-02) 10. 민간위탁사업비(402-03) 11. 공기관등에 대한 자본적 위탁사업비(403-02)	민간이전지출 근거 (지방보조금 관리기준 참고) 1. 법률에 규정 2. 국고보조 재원(국가지정) 3. 용도 지정 기부금 4. 조례에 직접규정 5. 지자체가 권장하는 사업을 하는 공공기관 6. 시,도 정책 및 재정사정 7. 기타 8. 해당없음	입찰방식			운영예산 산정		성과평가 실시여부
						계약체결방법 (경쟁형태) 1. 일반경쟁 2. 제한경쟁 3. 지명경쟁 4. 수의계약 5. 법정위탁 6. 기타 ( ) 7. 없음	계약기간 1. 1년 2. 2년 3. 3년 4. 4년 5. 5년 6. 기타 ( )년 7. 단기계약 (1년미만) 8. 없음	낙찰자선정방법 1. 적격심사 2. 협상에의한계약 3. 최저가낙찰제 4. 규격가격분리 5. 2단계 경쟁입찰 6. 기타 ( ) 7. 없음	운영예산 산정 1. 내부산정 (지자체 자체적으로 산정) 2. 외부산정 (외부전문기관위탁 산정) 3. 내·외부 모두 산정 4. 산정 無 5. 없음	정산방법 1. 내부정산 (지자체 내부적으로 정산) 2. 외부정산 (외부전문기관위탁 정산) 3. 내·외부 모두 산정 4. 정산 無 5. 없음	1. 실시 2. 미실시 3. 향후 추진 4. 해당없음
12238	전남 강진군	강진공공하수처리장폐기물협잡물(소각)위탁처리용역	19,470	4	7	7	8	7	1	1	4
12239	전남 강진군	강진산단공공폐수처리장폐수슬러지위탁처리용역	17,000	4	7	7	8	7	1	1	4
12240	전남 강진군	고려청자박물관안내및해설	13,510	4	8	7	7	7	1	1	4
12241	전남 강진군	조업중인양쓰레기수매사업	10,000	4	6	7	8	7	5	5	4
12242	전남 강진군	청년마음건강지원사업	8,637	4	2	7	1	7	1	1	1
12243	전남 강진군	디지털박물관안내및해설	4,620	4	8	7	7	7	1	1	4
12244	전남 강진군	경력단절여성경력이음바우처	1,000	4	1	1	7	1	1	1	4
12245	전남 강진군	영유아보육료지원	1,000	4	1	1	7	1	1	1	4
12246	전남 해남군	노인일자리사업민간위탁(공익형)	3,370,000	4	2	7	1	7	5	1	4
12247	전남 해남군	만~2세보육료	2,800,000	4	1	7	8	7	1	1	4
12248	전남 해남군	노인일자리사업민간위탁(사회서비스형)	2,031,360	4	2	7	1	7	5	1	4
12249	전남 해남군	슬레이트처리지원사업	1,590,000	4	2	1	1	7	5	1	3
12250	전남 해남군	만3~5세누리과정	1,567,735	4	1	7	8	7	1	1	4
12251	전남 해남군	노인일자리사업민간위탁(시장형)	453,900	4	2	7	1	7	5	1	4
12252	전남 해남군	방치슬레이트처리지원	336,000	4	2	1	1	7	5	1	3
12253	전남 해남군	노인일자리사업수행기관담당자인건비	266,220	4	2	7	1	7	5	1	4
12254	전남 해남군	가족어울림센터운영지원	257,147	4	4	7	8	7	1	1	3
12255	전남 해남군	어린이급식관리지원센터운영비	216,000	4	1	7	3	7	1	1	1
12256	전남 해남군	청소년상담복지센터운영지원(자체)	123,607	4	6	7	8	7	1	1	1
12257	전남 해남군	황산청소년문화의집운영비	120,000	4	6	7	8	7	1	1	1
12258	전남 해남군	가족어울림센터신규프로그램운영비	105,000	4	4	7	8	7	1	1	3
12259	전남 해남군	청소년안전망구축지원	102,000	4	2	7	8	7	1	1	1
12260	전남 해남군	산림치유프로그램위탁운영	96,000	4	2	7	8	7	5	5	4
12261	전남 해남군	학교밖청소년지원사업	88,642	4	2	7	8	7	1	1	1
12262	전남 해남군	청소년동반자사업	77,094	4	2	7	8	7	1	1	1
12263	전남 해남군	청소년상담복지센터운영지원	69,324	4	6	7	8	7	1	1	1
12264	전남 해남군	지역사회건강조사사업비	68,020	4	2	5	1	2	2	2	1
12265	전남 해남군	다문화가족지원센터종사자인건비보조	66,580	4	6	7	8	7	1	1	3
12266	전남 해남군	저소득여성청소년생리용품지원	50,000	4	2	7	8	7	1	1	1
12267	전남 해남군	환경영향마을방역대행	48,000	4	4	1	1	7	5	1	3
12268	전남 해남군	삼산목욕장운영비	34,500	4	4	6	2	6	1	1	1
12269	전남 해남군	화산목욕장운영비	34,500	4	4	6	2	6	1	1	1
12270	전남 해남군	현산목욕장운영비	34,500	4	4	6	2	6	1	1	1
12271	전남 해남군	송지목욕장운영비	34,500	4	4	7	8	7	5	5	4
12272	전남 해남군	북평목욕장운영비	34,500	4	4	6	2	6	1	1	1
12273	전남 해남군	북일목욕장운영비	34,500	4	4	6	2	6	1	1	1
12274	전남 해남군	옥천목욕장운영비	34,500	4	4	6	2	6	1	1	1
12275	전남 해남군	황산목욕장운영비	34,500	4	4	6	2	6	1	1	1
12276	전남 해남군	문내목욕장운영비	34,500	4	4	6	2	6	1	1	1
12277	전남 해남군	숲해설위탁운영	29,668	4	2	7	8	7	5	5	4

순번	시군구	지출명 (사업명)	2024년예산 (단위 : 천원 /1년간)	민간이전 분류 (지방자치단체 세출예산 집행기준에 의거) 1. 민간경상사업보조(307-02) 2. 민간단체 법정운영비보조(307-03) 3. 민간행사사업보조(307-04) 4. 민간위탁금(307-05) 5. 사회복지시설 법정운영비보조(307-10) 6. 민간인위탁교육비(307-12) 7. 공기관등에대한경상적위탁사업비(308-13) 8. 민간자본사업보조,자체재원(402-01) 9. 민간자본사업보조,이전재원(402-02) 10. 민간위탁사업비(402-03) 11. 공기관등에 대한 자본적 위탁사업비(403-02)	민간이전지출 근거 (지방보조금 관리기준 참고) 1. 법률에 규정 2. 국고보조 재원(국가지정) 3. 용도 지정 기부금 4. 조례에 직접규정 5. 지자체가 권장하는 사업을 하는 공공기관 6. 시,도 정책 및 재정사정 7. 기타 8. 해당없음	입찰방식 계약체결방법 (경쟁형태) 1. 일반경쟁 2. 제한경쟁 3. 지명경쟁 4. 수의계약 5. 법정위탁 6. 기타 ( ) 7. 없음	입찰방식 계약기간 1. 1년 2. 2년 3. 3년 4. 4년 5. 5년 6. 기타 ( )년 7. 단기계약 (1년미만) 8. 없음	입찰방식 낙찰자선정방법 1. 적격심사 2. 협상에의한계약 3. 최저가낙찰제 4. 규격가격분리 5. 2단계 경쟁입찰 6. 기타 ( ) 7. 없음	운영예산 산정 운영예산 산정 1. 내부산정 (지자체 자체적으로 산정) 2. 외부산정 (외부전문기관위탁 산정) 3. 내·외부 모두 산정 4. 산정 無 5. 없음	운영예산 산정 정산방법 1. 내부정산 (지자체 내부적으로 정산) 2. 외부정산 (외부전문기관위탁 정산) 3. 내·외부 모두 산정 4. 정산 無 5. 없음	성과평가 실시여부 1. 실시 2. 미실시 3. 향후 추진 4. 해당없음
12278	전남 해남군	유아숲위탁운영	29,604	4	2	7	8	7	5	5	4
12279	전남 해남군	청소년지도사배치지원	25,368	4	2	7	8	7	1	1	1
12280	전남 해남군	학교밖청소년참여수당지원	13,440	4	6	7	8	7	1	1	1
12281	전남 해남군	학교밖청소년급식비	11,928	4	2	7	8	7	1	1	1
12282	전남 해남군	어린이급식관리지원센터시설임차료지원	10,800	4	1	7	3	7	1	1	1
12283	전남 해남군	학교밖청소년지원센터운영지원	10,000	4	6	7	8	7	1	1	1
12284	전남 해남군	다함께돌봄센터이용아동간식비	9,400	4	7	5	5	1	1	1	1
12285	전남 해남군	여성직업훈련수강료	7,680	4	6	7	8	7	1	1	4
12286	전남 해남군	소규모어린이급식소식생활관리물품구입비지원	6,000	4	1	7	3	7	1	1	1
12287	전남 해남군	다함께돌봄센터프로그램비	3,500	4	6	7	8	7	1	1	4
12288	전남 해남군	청소년지도위한부모교육	3,200	4	6	7	8	7	1	1	1
12289	전남 해남군	청소년참여위원회운영지원	2,800	4	2	7	8	7	1	1	1
12290	전남 해남군	수련시설청소년운영위원회운영	2,000	4	2	7	8	7	1	1	1
12291	전남 영암군	보육교직원인건비지원	6,270,000	4	4	1	5	1	1	3	2
12292	전남 영암군	자활근로사업위탁비	1,404,251	4	1,4	5	1	7	1	1	1
12293	전남 영암군	민간위탁운영비(고정비)	1,031,520	4	4	1	5	2	1	5	1
12294	전남 영암군	민간위탁운영비(고정비)	553,605	4	4	1	5	2	1	5	1
12295	전남 영암군	건강가정및다문화가족지원센터통합서비스운영	553,590	4	4	7	8	7	5	1	4
12296	전남 영암군	읍면복지회관관리요원지원	408,678	4	4	7	8	7	5	1	4
12297	전남 영암군	대불산단복합문화센터본동위탁운영비	403,994	4	4	5	3	7	1	1	3
12298	전남 영암군	장애인콜택시운영	400,000	4	7	7	7	7	1	1	4
12299	전남 영암군	장애인주간보호센터운영지원	389,079	4	1,4	7	8	7	1	1	1
12300	전남 영암군	역량강화사업연구용역비	328,000	4	2	6	2	7	1	3	2
12301	전남 영암군	근로자종합복지관위탁운영	300,000	4	4	7	3	7	1	1	2
12302	전남 영암군	도시재생지원센터운영민간위탁비	253,200	4	1,4	5	3	2	2	1	3
12303	전남 영암군	에너지센터민간위탁금	250,000	4	4	7	6	7	1	1	2
12304	전남 영암군	대불산단근로자작업복세탁소위탁운영비	216,300	4	4	5	5	7	1	1	3
12305	전남 영암군	지역급식관리지원센터설치운영	216,000	4	1	7	8	7	5	5	4
12306	전남 영암군	찾아가는실버대학위탁교육비	190,000	4	4	7	8	7	5	5	4
12307	전남 영암군	영암서울농장운영비	175,000	4	4	1	2	1	1	3	1
12308	전남 영암군	삼호문화의집활동지원	170,000	4	4	4	3	2	1	1	2
12309	전남 영암군	가정폭력상담소운영지원	146,711	4	4,6	7	8	7	5	5	4
12310	전남 영암군	쓰레기종량제봉투공급민간위탁비	136,000	4	4	7	8	7	1	1	4
12311	전남 영암군	시니어대학위탁교육비	130,000	4	4	7	8	7	5	5	4
12312	전남 영암군	공동방제단인건비	116,648	4	2	7	8	7	5	5	4
12313	전남 영암군	공동방제단운영비	102,815	4	2	7	8	7	5	5	4
12314	전남 영암군	영암몰운영	100,000	4	6	7	8	7	5	5	4
12315	전남 영암군	영암군민아카데미위탁교육비	100,000	4	4	7	8	7	5	5	4
12316	전남 영암군	농어촌공영목욕장운영비	90,000	4	4	1	5	1	1	3	2
12317	전남 영암군	가사간병방문지원사업	80,000	4	1,4	7	8	7	1	1	4

순번	시군구	지출명 (사업명)	2024년예산 (단위 : 천원 /1년간)	민간이전 분류 (지방자치단체 세출예산 집행기준에 의거) 1. 민간경상사업보조(307-02) 2. 민간단체 법정운영비보조(307-03) 3. 민간행사사업보조(307-04) 4. 민간위탁금(307-05) 5. 사회복지시설 법정운영비보조(307-10) 6. 민간인위탁교육비(307-12) 7. 공기관등에대한경상적위탁사업비(308-13) 8. 민간자본사업보조,자체재원(402-01) 9. 민간자본사업보조,이전재원(402-02) 10. 민간위탁사업비(402-03) 11. 공기관등에 대한 자본적 위탁사업비(403-02)	민간이전지출 근거 (지방보조금 관리기준 참고) 1. 법률에 규정 2. 국고보조 재원(국가지정) 3. 용도 지정 기부금 4. 조례에 직접규정 5. 지자체가 권장하는 사업을 하는 공공기관 6. 시,도 정책 및 재정사정 7. 기타 8. 해당없음	입찰방식			운영예산 산정		성과평가 실시여부
						계약체결방법 (경쟁형태) 1. 일반경쟁 2. 제한경쟁 3. 지명경쟁 4. 수의계약 5. 법정위탁 6. 기타 ( ) 7. 없음	계약기간 1. 1년 2. 2년 3. 3년 4. 4년 5. 5년 6. 기타 ( )년 7. 단기계약 (1년미만) 8. 없음	낙찰자선정방법 1. 적격심사 2. 협상에의한계약 3. 최저가낙찰제 4. 규격가격분리 5. 2단계 경쟁입찰 6. 기타 ( ) 7. 없음	운영예산 산정 1. 내부산정 (지자체 자체적으로 산정) 2. 외부산정 (외부전문기관위탁 산정) 3. 내·외부 모두 산정 4. 산정 無 5. 없음	정산방법 1. 내부정산 (지자체 내부적으로 정산) 2. 외부정산 (외부전문기관위탁 정산) 3. 내·외부 모두 산정 4. 정산 無 5. 없음	1. 실시 2. 미실시 3. 향후 추진 4. 해당없음
12318	전남 영암군	영암군외국인주민지원센터위탁운영	72,000	4	4	1	3	1	1	1	1
12319	전남 영암군	발달재활서비스도비추가지원	69,120	4	1,2	7	8	7	5	1	4
12320	전남 영암군	면단위공영목욕장운영비	64,000	4	4	1	5	1	1	3	2
12321	전남 영암군	공중화장실청소관리용역	62,400	4	4	7	8	7	1	1	4
12322	전남 영암군	유아숲위탁운영	57,732	4	2	7	8	7	5	5	4
12323	전남 영암군	사회적기업일자리창출사업지원	53,900	4	5	7	8	7	1	1	1
12324	전남 영암군	유기동물보호센터운영비지원	50,000	4	1,7	7	8	7	5	5	4
12325	전남 영암군	읍면복지회관관리요원사회보험료	46,998	4	4	7	8	7	5	1	4
12326	전남 영암군	읍면복지회관관리요원퇴직금	33,529	4	4	7	8	7	5	1	4
12327	전남 영암군	읍면지역실외사육견중성화수술지원	32,000	4	1,2	7	8	7	5	5	4
12328	전남 영암군	어린이집기능보강사업	30,000	4	4	1	5	1	1	3	2
12329	전남 영암군	AI살처분대행작업	30,000	4	4	7	8	7	5	5	4
12330	전남 영암군	유기동물보호시설운영	30,000	4	1,6	7	8	7	5	5	4
12331	전남 영암군	숲해설위탁운영	28,666	4	2	7	8	7	5	5	4
12332	전남 영암군	새일센터종사자처우개선비	22,080	4	4	7	8	7	5	5	4
12333	전남 영암군	산란계농장드론소독지원	22,050	4	2	7	8	7	5	1	4
12334	전남 영암군	외국인주민상담및프로그램운영	22,000	4	4	1	3	1	5	5	4
12335	전남 영암군	천연염색전시체험관위탁운영	20,000	4	4	7	3	7	1	1	1
12336	전남 영암군	가축살처분랜더링비	20,000	4	4	7	8	7	1	1	1
12337	전남 영암군	길고양이중성화수술비지원	20,000	4	1,2	7	8	7	5	5	4
12338	전남 영암군	농산물가공창업교육위탁(주민참여예산)	20,000	4	6	7	8	7	5	5	4
12339	전남 영암군	새일센터종사자활동비지원	19,200	4	4	7	8	7	5	1	4
12340	전남 영암군	영암문예회관운영비지원	16,800	4	8	7	8	7	5	5	4
12341	전남 영암군	시가지가로기게양민간위탁	15,000	4	4	7	8	7	1	1	2
12342	전남 영암군	청년농부미디어크리에이터양성교육	15,000	4	6	7	8	7	5	5	4
12343	전남 영암군	문화관광해설가위탁교육	12,000	4	4	7	8	7	5	5	4
12344	전남 영암군	지역역량강화사업유지관리비	10,000	4	1	6	2	7	1	3	2
12345	전남 영암군	농업플랫폼대학위탁교육비(농업인)	10,000	4	6	7	8	7	5	5	4
12346	전남 영암군	멜론농업인교육및홍보마케팅	10,000	4	6	7	8	7	5	5	4
12347	전남 영암군	외국인주민과함께하는세계인의날행사	8,000	4	4	1	3	1	1	1	3
12348	전남 영암군	경로당입식테이블지원	8,000	4	4,6	7	8	7	5	5	4
12349	전남 영암군	유기유실동물구조보호비용지원	4,200	4	1,2	7	8	7	5	5	4
12350	전남 영암군	유기유실동물입양비지원	1,500	4	1,2	7	8	7	5	5	4
12351	전남 무안군	지역사회서비스투자사업	824,286	4	1	7	8	7	1	1	1
12352	전남 무안군	시군역량강화사업	400,000	4	1	7	8	7	5	1	1
12353	전남 무안군	근로능력있는수급자의탈수급지원	398,298	4	6	7	8	7	1	1	1
12354	전남 무안군	발달재활서비스도확대지원	172,800	4	2	1	3	1	1	1	4
12355	전남 무안군	가사간병바우처사업	40,000	4	6	7	8	7	1	1	1
12356	전남 무안군	무안군청년플랫폼위탁운영	250,000	4	4	2	2	1	1	1	1
12357	전남 무안군	무안군어린이급식관리지원센터운영	315,000	4	1	6	3	1	3	3	3

순번	시군구	지출명 (사업명)	2024년예산 (단위 : 천원 /1년간)	민간이전 분류 (지방자치단체 세출예산 집행기준에 의거) 1. 민간경상사업보조(307-02) 2. 민간단체 법정운영비보조(307-03) 3. 민간행사사업보조(307-04) 4. 민간위탁금(307-05) 5. 사회복지시설 법정운영비보조(307-10) 6. 민간인위탁교육비(307-12) 7. 공기관등에대한경상적위탁사업비(308-13) 8. 민간자본사업보조,자체재원(402-01) 9. 민간자본사업보조,이전재원(402-02) 10. 민간위탁사업비(402-03) 11. 공기관등에 대한 자본적 위탁사업비(403-02)	민간이전지출 근거 (지방보조금 관리기준 참고) 1. 법률에 규정 2. 국고보조 재원(국가지정) 3. 용도 지정 기부금 4. 조례에 직접규정 5. 지자체가 권장하는 사업을 하는 공공기관 6. 시,도 정책 및 재정사정 7. 기타 8. 해당없음	입찰방식 계약체결방법 (경쟁형태) 1. 일반경쟁 2. 제한경쟁 3. 지명경쟁 4. 수의계약 5. 법정위탁 6. 기타 ( ) 7. 없음	입찰방식 계약기간 1. 1년 2. 2년 3. 3년 4. 4년 5. 5년 6. 기타 ( )년 7. 단기계약 (1년미만) 8. 없음	입찰방식 낙찰자선정방법 1. 적격심사 2. 협상에의한계약 3. 최저가낙찰제 4. 규격가격분리 5. 2단계 경쟁입찰 6. 기타 ( ) 7. 없음	운영예산 산정 운영예산 산정 1. 내부산정 (지자체 자체적으로 산정) 2. 외부산정 (외부전문기관위탁 산정) 3. 내·외부 모두 산정 4. 산정 無 5. 없음	운영예산 산정 정산방법 1. 내부정산 (지자체 내부적으로 정산) 2. 외부정산 (외부전문기관위탁 정산) 3. 내·외부 모두 산정 4. 정산 無 5. 없음	성과평가 실시여부 1. 실시 2. 미실시 3. 향후 추진 4. 해당없음
12358	전남 함평군	전국일제소독의날공동방제단지원	224,296	4	2	7	1	7	5	1	4
12359	전남 함평군	함평군공공체육시설(야구장등)위탁금운영	148,800	4	4	1	3	1	1	1	2
12360	전남 함평군	지역사회건강조사	66,680	4	1	6	1	7	2	3	4
12361	전남 함평군	함평군청청소위탁관리용역	47,520	4	7	4	1	7	1	1	4
12362	전남 함평군	노인전문요양병원운영	40,000	4	1	1	6	1	2	5	1
12363	전남 함평군	함평군공공체육시설(스포츠텔)위탁금운영	24,074	4	4	1	3	1	1	1	2
12364	전남 함평군	전남청년문화복지카드지원사업	295,109	4	6	6	8	7	5	1	2
12365	전남 함평군	평생학습프로그램운영	197,000	4	4	7	8	7	5	5	4
12366	전남 함평군	자활사업	1,260,000	4	2	5	1	7	1	1	2
12367	전남 함평군	근로능력있는수급자의탈수급지원	189,423	4	2	5	1	7	1	1	2
12368	전남 영광군	2023년장애인활동지원급여예탁(3차)	2,000,000	4	8	7	8	7	5	5	4
12369	전남 영광군	2023년도서자가발전소관리운영보조금교부결정및송금	1,335,871	4	8	7	8	7	5	5	4
12370	전남 영광군	2023년영유아보육료예탁(2차)	1,100,000	4	8	7	8	7	5	5	4
12371	전남 영광군	2023년장애인활동지원급여예탁	1,000,000	4	8	7	8	7	5	5	4
12372	전남 영광군	2023년장애인활동지원급여예탁(2차)	1,000,000	4	8	7	8	7	5	5	4
12373	전남 영광군	2023년아이돌봄서비스정부지원금예탁(3차)	1,000,000	4	8	7	8	7	5	5	4
12374	전남 영광군	2023년영유아보육료예탁(3차)	900,000	4	8	7	8	7	5	5	4
12375	전남 영광군	2023년영유아보육료예탁(4차)	900,000	4	8	7	8	7	5	5	4
12376	전남 영광군	2023년장애인활동지원급여예탁(4차)	889,962	4	8	7	8	7	5	5	4
12377	전남 영광군	「2023년도노인맞춤돌봄서비스」보조금송금(하반기)	886,604	4	8	7	8	7	5	5	4
12378	전남 영광군	2023년영유아보육료예탁(4차)	779,222	4	8	7	8	7	5	5	4
12379	전남 영광군	영광군환경관리센터소각시설민간위탁운영관리용역(2차분)	753,466	4	8	7	8	7	5	5	4
12380	전남 영광군	「2023년도노인맞춤돌봄서비스」보조금송금(하반기)	710,970	4	8	7	8	7	5	5	4
12381	전남 영광군	「2023년도노인맞춤돌봄서비스」보조금송금(하반기)	672,710	4	8	7	8	7	5	5	4
12382	전남 영광군	2023년영유아보육료예탁(1차)	600,000	4	8	7	8	7	5	5	4
12383	전남 영광군	2023년누리과정보육료예탁(4차)	500,000	4	8	7	8	7	5	5	4
12384	전남 영광군	2023년도노인맞춤돌봄서비스보조금교부결정및송금(1분기)	443,303	4	8	7	8	7	5	5	4
12385	전남 영광군	「2023년도노인맞춤돌봄서비스」보조금송금(2분기)	443,303	4	8	7	8	7	5	5	4
12386	전남 영광군	2023년누리과정보육료예탁(2차)	440,000	4	8	7	8	7	5	5	4
12387	전남 영광군	2023년누리과정보육료예탁(3차)	400,000	4	8	7	8	7	5	5	4
12388	전남 영광군	영광군산업농공단지공공폐수처리시설통합운영관리민간위탁용역(2023년분)지출품의등록	370,029	4	8	7	8	7	5	5	4
12389	전남 영광군	2023년도노인맞춤돌봄서비스보조금교부결정및송금(1분기)	355,485	4	8	7	8	7	5	5	4
12390	전남 영광군	「2023년도노인맞춤돌봄서비스」보조금송금(2분기)	355,485	4	8	7	8	7	5	5	4
12391	전남 영광군	2023년누리과정보육료예탁(1차)	350,000	4	8	7	8	7	5	5	4
12392	전남 영광군	2023년도노인맞춤돌봄서비스보조금교부결정및송금(1분기)	336,355	4	8	7	8	7	5	5	4
12393	전남 영광군	「2023년도노인맞춤돌봄서비스」보조금송금(2분기)	336,355	4	8	7	8	7	5	5	4
12394	전남 영광군	2023년재활용품선별사업민간위탁관리용역비지급(1차)	311,136	4	8	7	8	7	5	5	4
12395	전남 영광군	2023년재활용품선별사업민간위탁관리용역비지급(2차)	311,135	4	8	7	8	7	5	5	4
12396	전남 영광군	2023년지역사회서비스투자사업사업비예탁(1차)	300,000	4	8	7	8	7	5	5	4
12397	전남 영광군	2023년자활근로사업민간위탁보조금교부결정및송금통지(1차)	300,000	4	8	7	8	7	5	5	4

순번	시군구	지출명 (사업명)	2024년예산 (단위 : 천원 /1년간)	민간이전 분류 (지방자치단체 세출예산 집행기준에 의거) 1. 민간경상사업보조(307-02) 2. 민간단체 법정운영비보조(307-03) 3. 민간행사사업보조(307-04) 4. 민간위탁금(307-05) 5. 사회복지시설 법정운영비보조(307-10) 6. 민간인위탁교육비(307-12) 7. 공기관등에대한경상적위탁사업비(308-13) 8. 민간자본사업보조,자체재원(402-01) 9. 민간자본사업보조,이전재원(402-02) 10. 민간위탁사업비(402-03) 11. 공기관등에 대한 자본적 위탁사업비(403-02)	민간이전지출 근거 (지방보조금 관리기준 참고) 1. 법률에 규정 2. 국고보조 재원(국가지정) 3. 용도 지정 기부금 4. 조례에 직접규정 5. 지자체가 권장하는 사업을 하는 공공기관 6. 시,도 정책 및 재정사정 7. 기타 8. 해당없음	입찰방식			운영예산 산정		성과평가 실시여부
						계약체결방법 (경쟁형태) 1. 일반경쟁 2. 제한경쟁 3. 지명경쟁 4. 수의계약 5. 법정위탁 6. 기타 ( ) 7. 없음	계약기간 1. 1년 2. 2년 3. 3년 4. 4년 5. 5년 6. 기타 ( )년 7. 단기계약 (1년미만) 8. 없음	낙찰자선정방법 1. 적격심사 2. 협상에의한계약 3. 최저가낙찰제 4. 규격가격분리 5. 2단계 경쟁입찰 6. 기타 ( ) 7. 없음	운영예산 산정 1. 내부산정 (지자체 자체적으로 산정) 2. 외부산정 (외부전문기관위탁 산정) 3. 내·외부 모두 산정 4. 산정 無 5. 없음	정산방법 1. 내부정산 (지자체 내부적으로 정산) 2. 외부정산 (외부전문기관위탁 정산) 3. 내·외부 모두 산정 4. 정산 無 5. 없음	1. 실시 2. 미실시 3. 향후 추진 4. 해당없음
12398	전남 영광군	2023년자활근로사업민간위탁보조금송금통지(2차)	300,000	4	8	7	8	7	5	5	4
12399	전남 영광군	2023년자활근로사업민간위탁보조금변경승인및송금통지(3분기)	300,000	4	8	7	8	7	5	5	4
12400	전남 영광군	2023년자활근로사업민간위탁보조금변경교부결정및송금통지(4분기)	300,000	4	8	7	8	7	5	5	4
12401	전남 영광군	2023년장애인활동지원도추가지원사업비예탁	300,000	4	8	7	8	7	5	5	4
12402	전남 영광군	2023년아이돌봄지원사업보조금교부결정및통보	300,000	4	8	7	8	7	5	5	4
12403	전남 영광군	2023년아이돌봄지원사업보조금변경교부결정및통보(2차)	300,000	4	8	7	8	7	5	5	4
12404	전남 영광군	2023년영광지식산업센터위탁운영민간위탁금교부결정및송금	297,503	4	8	7	8	7	5	5	4
12405	전남 영광군	2023년노인일자리및사회활동지원사업수행기관보조금교부결정및송금(상반기)	277,585	4	8	7	8	7	5	5	4
12406	전남 영광군	2023년노인일자리및사회활동지원사업수행기관보조금교부결정및송금(하반기)	277,585	4	8	7	8	7	5	5	4
12407	전남 영광군	2023년아이돌봄서비스정부지원금예탁(4차)	247,000	4	8	7	8	7	5	5	4
12408	전남 영광군	2023년노인일자리및사회활동지원사업수행기관보조금교부결정및송금(상반기)	237,930	4	8	7	8	7	5	5	4
12409	전남 영광군	2023년노인일자리및사회활동지원사업수행기관보조금교부결정및송금(하반기)	237,930	4	8	7	8	7	5	5	4
12410	전남 영광군	2023년노인일자리및사회활동지원사업수행기관보조금교부결정및송금(상반기)	226,800	4	8	7	8	7	5	5	4
12411	전남 영광군	2023년노인일자리및사회활동지원사업수행기관보조금교부결정및송금(하반기)	226,800	4	8	7	8	7	5	5	4
12412	전남 영광군	2023년지역사회서비스투자사업사업비예탁(1차)	222,500	4	8	7	8	7	5	5	4
12413	전남 영광군	2023년발달장애인주간활동서비스사업비예탁	200,000	4	8	7	8	7	5	5	4
12414	전남 영광군	2023년발달장애인주간활동서비스사업비예탁(2차)	200,000	4	8	7	8	7	5	5	4
12415	전남 영광군	2023년부모급여(보육료)정부지원금예탁금송금(1차)	200,000	4	8	7	8	7	5	5	4
12416	전남 영광군	2023년시군역량강화사업전담기간민간위탁보조금지출품의	198,000	4	8	7	8	7	5	5	4
12417	전남 영광군	2023년노인일자리지원사업보조금교부결정및송금(상반기)	195,300	4	8	7	8	7	5	5	4
12418	전남 영광군	2023년노인일자리지원사업보조금교부결정및송금(상반기)	195,300	4	8	7	8	7	5	5	4
12419	전남 영광군	2023년아이돌봄서비스정부지원금예탁(2차)	195,000	4	8	7	8	7	5	5	4
12420	전남 영광군	2023년하반기영광군특별교통수단(장애인콜택시)운영민간위탁금지급	173,124	4	8	7	8	7	5	5	4
12421	전남 영광군	영광군환경관리센터소각시설민간위탁운영관리용역(2차분)	171,387	4	8	7	8	7	5	5	4
12422	전남 영광군	2023년누리과정보육료예탁(2차)	160,713	4	8	7	8	7	5	5	4
12423	전남 영광군	2023년상반기영광군특별교통수단(장애인콜택시)운영민간위탁금지급	160,000	4	8	7	8	7	5	5	4
12424	전남 영광군	2023년발달장애인주간활동서비스사업비예탁(3차)	156,654	4	8	7	8	7	5	5	4
12425	전남 영광군	2023년정신건강복지센터인력확충보조금교부결정및지급(1차)	155,228	4	8	7	8	7	5	5	4
12426	전남 영광군	2023년장애아동가족지원(발달재활서비스)비용예탁	151,200	4	8	7	8	7	5	5	4
12427	전남 영광군	청년스타강사양성사업보조금송금(2차)	150,000	4	8	7	8	7	5	5	4
12428	전남 영광군	2023년마을어장환경개선사업사업비지급	150,000	4	8	7	8	7	5	5	4
12429	전남 영광군	2023년부모급여(보육료)정부지원금예탁금송금(1차)	130,000	4	8	7	8	7	5	5	4
12430	전남 영광군	영광군환경관리센터소각시설민간위탁운영관리용역(2차분)	121,577	4	8	7	8	7	5	5	4
12431	전남 영광군	2023년청년센터운영사업보조금교부결정및송금(1차)	121,000	4	8	7	8	7	5	5	4
12432	전남 영광군	2023년노인일자리지원사업보조금교부결정및송금(상반기)	119,700	4	8	7	8	7	5	5	4
12433	전남 영광군	2023년영광형노인일자리및사회활동지원사업수행기관보조금교부결정및송금(하반기)	119,700	4	8	7	8	7	5	5	4
12434	전남 영광군	영광군환경관리센터소각시설민간위탁운영관리용역(2차분)	116,270	4	8	7	8	7	5	5	4
12435	전남 영광군	영광군환경관리센터소각시설민간위탁운영관리용역(2차분)	116,270	4	8	7	8	7	5	5	4
12436	전남 영광군	영광군환경관리센터소각시설민간위탁운영관리용역(2차분)	116,270	4	8	7	8	7	5	5	4
12437	전남 영광군	2023년정신건강복지센터인력확충보조금송금(2차)	112,547	4	8	7	8	7	5	5	4

순번	시군구	지출명 (사업명)	2024년예산 (단위 : 천원 /1년간)	민간이전 분류 (지방자치단체 세출예산 집행기준에 의거) 1. 민간경상사업보조(307-02) 2. 민간단체 법정운영비보조(307-03) 3. 민간행사사업보조(307-04) 4. 민간위탁금(307-05) 5. 사회복지시설 법정운영비보조(307-10) 6. 민간인위탁교육비(307-12) 7. 공기관등에대한경상적위탁사업비(308-13) 8. 민간자본사업보조,자체재원(402-01) 9. 민간자본사업보조,이전재원(402-02) 10. 민간위탁사업비(402-03) 11. 공기관등에 대한 자본적 위탁사업비(403-02)	민간이전지출 근거 (지방보조금 관리기준 참고) 1. 법률에 규정 2. 국고보조 재원(국가지정) 3. 용도 지정 기부금 4. 조례에 직접규정 5. 지자체가 권장하는 사업을 하는 공공기관 6. 시,도 정책 및 재정사정 7. 기타 8. 해당없음	입찰방식 계약체결방법 (경쟁형태) 1. 일반경쟁 2. 제한경쟁 3. 지명경쟁 4. 수의계약 5. 법정위탁 6. 기타 ( ) 7. 없음	입찰방식 계약기간 1. 1년 2. 2년 3. 3년 4. 4년 5. 5년 6. 기타 ( )년 7. 단기계약 (1년미만) 8. 없음	입찰방식 낙찰자선정방법 1. 적격심사 2. 협상에의한계약 3. 최저가낙찰제 4. 규격가격분리 5. 2단계 경쟁입찰 6. 기타 ( ) 7. 없음	운영예산 산정 운영예산 산정 1. 내부산정 (지자체 자체적으로 산정) 2. 외부산정 (외부전문기관위탁 산정) 3. 내·외부 모두 산정 4. 산정 無 5. 없음	운영예산 산정 정산방법 1. 내부정산 (지자체 내부적으로 정산) 2. 외부정산 (외부전문기관위탁 정산) 3. 내·외부 모두 정산 4. 정산 無 5. 없음	성과평가 실시여부 1. 실시 2. 미실시 3. 향후 추진 4. 해당없음
12438	전남 영광군	2023년공립요양병원공공보건사업(치매환자지원프로그램)보조금교부결정및송금	100,000	4	8	7	8	7	5	5	4
12439	전남 영광군	2023년청소년방과후아카데(분소법성)운영보조금교부결정및송금(1차)	91,611	4	8	7	8	7	5	5	4
12440	전남 영광군	2023년국가암조기검진사업예탁금지급	88,540	4	8	7	8	7	5	5	4
12441	전남 영광군	2023년산모신생아건강관리지원사업예탁금지급(2차)	86,000	4	8	7	8	7	5	5	4
12442	전남 영광군	2022년영광시니어클럽수행기관보조금교부결정및송금(1분기)	85,058	4	8	7	8	7	5	5	4
12443	전남 영광군	2023년영광시니어클럽수행기관보조금교부결정및송금(4분기)	85,058	4	8	7	8	7	5	5	4
12444	전남 영광군	2022년영광시니어클럽수행기관보조금교부결정및송금(2분기)	85,057	4	8	7	8	7	5	5	4
12445	전남 영광군	2023년영광시니어클럽수행기관보조금교부결정및송금(3분기)	85,057	4	8	7	8	7	5	5	4
12446	전남 영광군	2023년노인일자리지원사업보조금교부결정및송금(상반기)	85,000	4	8	7	8	7	5	5	4
12447	전남 영광군	2023년노인일자리사회서비스선도모델사업보조금교부결정및송금	82,146	4	8	7	8	7	5	5	4
12448	전남 영광군	2023년청년센터운영사업보조금교부결정및송금(2차)	80,800	4	8	7	8	7	5	5	4
12449	전남 영광군	영광군어린이급식관리지원센터운영비보조금교부결정및송금(2차)	80,000	4	8	7	8	7	5	5	4
12450	전남 영광군	2023년청소년방과후아카데(법성분소)운영민간위탁금변경교부결정및송금(2차)	79,771	4	8	7	8	7	5	5	4
12451	전남 영광군	2023년누리과정보육료예탁(4차)	79,641	4	8	7	8	7	5	5	4
12452	전남 영광군	2023년정신건강복지센터통합정신건강사업보조금송금(3차)	75,943	4	8	7	8	7	5	5	4
12453	전남 영광군	2023년노인일자리지원사업보조금교부결정및송금(상반기)	75,600	4	8	7	8	7	5	5	4
12454	전남 영광군	2023년전남형노인일자리사업보조금교부결정및송금(하반기)	75,600	4	8	7	8	7	5	5	4
12455	전남 영광군	2023년시군역량강화사업전담기관민간위탁보조금품의등록	72,000	4	8	7	8	7	5	5	4
12456	전남 영광군	영광군환경관리센터소각시설민간위탁운영관리용역(2차분)	71,766	4	8	7	8	7	5	5	4
12457	전남 영광군	2023년산모신생아건강관리지원사업예탁금지급(3차)	70,215	4	8	7	8	7	5	5	4
12458	전남 영광군	2023년장애인일자리(복지형)사업보조금교부결정및송금(1분기)	68,000	4	8	7	8	7	5	5	4
12459	전남 영광군	2023년2분기장애인일자리(복지형)사업보조금송금통보	68,000	4	8	7	8	7	5	5	4
12460	전남 영광군	2023년3분기장애인일자리(복지형)사업보조금송금통보	68,000	4	8	7	8	7	5	5	4
12461	전남 영광군	2023년청소년동반자프로그램운영보조금교부결정및송금(2차)	67,516	4	8	7	8	7	5	5	4
12462	전남 영광군	2023년4분기장애인일자리(복지형)사업보조금송금통보(지체장애인협회)	65,957	4	8	7	8	7	5	5	4
12463	전남 영광군	「2022년노인맞춤돌봄서비스자체수당」보조금교부결정및송금통보(1차)	65,710	4	8	7	8	7	5	5	4
12464	전남 영광군	「2023년노인맞춤돌봄서비스자체수당」보조금송금(2차)	65,710	4	8	7	8	7	5	5	4
12465	전남 영광군	「2023년노인맞춤돌봄서비스자체수당」보조금송금(3차)	65,710	4	8	7	8	7	5	5	4
12466	전남 영광군	2023년장애아동가족지원(발달재활서비스)사업비용예탁(2차)	64,478	4	8	7	8	7	5	5	4
12467	전남 영광군	2023년노인일자리및사회활동지원사업수행기관보조금교부결정및송금(상반기)	63,000	4	8	7	8	7	5	5	4
12468	전남 영광군	2023년노인일자리및사회활동지원사업수행기관보조금교부결정및송금(하반기)	63,000	4	8	7	8	7	5	5	4
12469	전남 영광군	2023년아이돌봄서비스정부지원금예탁(1차)	60,000	4	8	7	8	7	5	5	4
12470	전남 영광군	영광군어린이급식관리지원센터운영비보조금교부결정및송금(1차)	60,000	4	8	7	8	7	5	5	4
12471	전남 영광군	영광군어린이급식관리지원센터운영비보조금교부결정및송금(3차)	60,000	4	8	7	8	7	5	5	4
12472	전남 영광군	2023년조업중인양쓰레기수매사업보조금지급(지출품의)	60,000	4	8	7	8	7	5	5	4
12473	전남 영광군	2023년정신건강복지센터인력지원보조금송금(4차)	58,482	4	8	7	8	7	5	5	4
12474	전남 영광군	2023년정신건강복지센터통합정신건강사업보조금송금(2차)	57,440	4	8	7	8	7	5	5	4
12475	전남 영광군	2023년행복동지사업보조금교부결정및송금	56,000	4	8	7	8	7	5	5	4
12476	전남 영광군	영광군산업농공단지공공폐수처리시설통합운영관리민간위탁용역(2023년분)지출품의등록	55,917	4	8	7	8	7	5	5	4
12477	전남 영광군	2023년청소년상담복지센터운영민간위탁금변경교부결정및송금(2차)	52,898	4	8	7	8	7	5	5	4

순번	시군구	지출명 (사업명)	2024년예산 (단위 : 천원 /1년간)	민간이전 분류 (지방자치단체 세출예산 집행기준에 의거) 1. 민간경상사업보조(307-02) 2. 민간단체 법정운영비보조(307-03) 3. 민간행사사업보조(307-04) 4. 민간위탁금(307-05) 5. 사회복지시설 법정운영비보조(307-10) 6. 민간인위탁교육비(307-12) 7. 공기관등에대한경상적위탁사업비(308-13) 8. 민간자본사업보조,자체재원(402-01) 9. 민간자본사업보조,이전재원(402-02) 10. 민간위탁사업비(402-03) 11. 공기관등에 대한 자본적 위탁사업비(403-02)	민간이전지출 근거 (지방보조금 관리기준 참고) 1. 법률에 규정 2. 국고보조 재원(국가지정) 3. 용도 지정 기부금 4. 조례에 직접규정 5. 지자체가 권장하는 사업을 하는 공공기관 6. 시,도 정책 및 재정사정 7. 기타 8. 해당없음	입찰방식			운영예산 산정		성과평가 실시여부
						계약체결방법 (경쟁형태) 1. 일반경쟁 2. 제한경쟁 3. 지명경쟁 4. 수의계약 5. 법정위탁 6. 기타 ( ) 7. 없음	계약기간 1. 1년 2. 2년 3. 3년 4. 4년 5. 5년 6. 기타 ( )년 7. 단기계약 (1년미만) 8. 없음	낙찰자선정방법 1. 적격심사 2. 협상에의한계약 3. 최저가낙찰제 4. 규격가격분리 5. 2단계 경쟁입찰 6. 기타 ( ) 7. 없음	운영예산 산정 1. 내부산정 (지자체 자체적으로 산정) 2. 외부산정 (외부전문기관위탁 산정) 3. 내·외부 모두 산정 4. 산정 無 5. 없음	정산방법 1. 내부정산 (지자체 내부적으로 정산) 2. 외부정산 (외부전문기관위탁 정산) 3. 내·외부 모두 산정 4. 정산 無 5. 없음	1. 실시 2. 미실시 3. 향후 추진 4. 해당없음
12478	전남 영광군	영광군산업농공단지공공폐수처리시설통합운영관리민간위탁용역(2023년분)지출품의등록	51,401	4	8	7	8	7	5	5	4
12479	전남 영광군	영광군청직장어린이집위탁보육료(2분기)지급	51,364	4	8	7	8	7	5	5	4
12480	전남 영광군	2023년청소년안전망운영보조금교부결정및송금(1차)	50,051	4	8	7	8	7	5	5	4
12481	전남 영광군	2023년청소년안전망운영보조금송금(2차)	50,051	4	8	7	8	7	5	5	4
12482	전남 영광군	청년스타강사양성사업보조금교부결정및송금(1차)	50,000	4	8	7	8	7	5	5	4
12483	전남 영광군	2023년발달장애인방과후활동서비스사업비예탁(1차)	50,000	4	8	7	8	7	5	5	4
12484	전남 영광군	2023년저소득층기저귀조제분유지원사업예탁금지급(3차)	50,000	4	8	7	8	7	5	5	4
12485	전남 영광군	2023년영광군노란우산공제희망장려금지원사업보조금지급	48,000	4	8	7	8	7	5	5	4
12486	전남 영광군	2023년학교밖청소년지원센터운영민간위탁금변경교부결정및송금(2차)	47,151	4	8	7	8	7	5	5	4
12487	전남 영광군	2023년학교밖청소년지원센터운영보조금교부결정및송금(1차)	46,779	4	8	7	8	7	5	5	4
12488	전남 영광군	2023년청소년상담복지센터운영보조금교부결정및송금(1차)	44,957	4	8	7	8	7	5	5	4
12489	전남 영광군	영광군산업농공단지공공폐수처리시설통합운영관리민간위탁용역(2023년분)지출품의등록	44,318	4	8	7	8	7	5	5	4
12490	전남 영광군	2023년희귀질환자의료비지원사업예탁금지급(2차)	44,170	4	8	7	8	7	5	5	4
12491	전남 영광군	2023년장애인편의시설실태전수조사사업비보조금교부결정및송금	44,117	4	8	7	8	7	5	5	4
12492	전남 영광군	2023년정신건강복지센터통합정신건강사업보조금송금(4차)	43,917	4	8	7	8	7	5	5	4
12493	전남 영광군	2023년산모신생아건강관리지원사업예탁금지급(1차)	43,000	4	8	7	8	7	5	5	4
12494	전남 영광군	2023년4분기직장어린이집위탁보육비용지급	41,663	4	8	7	8	7	5	5	4
12495	전남 영광군	2023년저소득층기저귀조제분유지원사업예탁금지급(2차)	40,000	4	8	7	8	7	5	5	4
12496	전남 영광군	2023년노인맞춤돌봄서비스자체수당변경교부결정및송금	39,820	4	8	7	8	7	5	5	4
12497	전남 영광군	2023년3분기직장어린이집위탁보육료지급	39,228	4	8	7	8	7	5	5	4
12498	전남 영광군	2023년가사간병방문지원사업비예탁(1차)	38,439	4	8	7	8	7	5	5	4
12499	전남 영광군	2023년가사간병방문지원사업비예탁(3차)	38,438	4	8	7	8	7	5	5	4
12500	전남 영광군	2023년가사간병방문지원사업비예탁(4차)	38,437	4	8	7	8	7	5	5	4
12501	전남 영광군	2023년가사간병방문지원사업비예탁(2차)	38,436	4	8	7	8	7	5	5	4
12502	전남 영광군	2023년영광군숲해설위탁운영	37,060	4	8	7	8	7	5	5	4
12503	전남 영광군	2023년희귀질환자의료비지원사업대행사업비송금(1차)	36,880	4	8	7	8	7	5	5	4
12504	전남 영광군	2023년영광군유아숲교육위탁운영	36,710	4	8	7	8	7	5	5	4
12505	전남 영광군	2023년청소년동반자프로그램운영보조금교부결정및송금(1차)	36,692	4	8	7	8	7	5	5	4
12506	전남 영광군	2023년저소득층기저귀조제분유지원사업예탁금지급(1차)	34,000	4	8	7	8	7	5	5	4
12507	전남 영광군	2023년지역사회건강조사위탁사업비지급(1차)	33,646	4	8	7	8	7	5	5	4
12508	전남 영광군	2023년지역사회건강조사위탁사업비지급(2차)	33,646	4	8	7	8	7	5	5	4
12509	전남 영광군	2023년노인일자리및사회활동지원사업수행기관보조금교부결정및송금(상반기)	31,500	4	8	7	8	7	5	5	4
12510	전남 영광군	2023년노인일자리및사회활동지원사업수행기관보조금교부결정및송금(하반기)	31,500	4	8	7	8	7	5	5	4
12511	전남 영광군	2023년학교폭력예방프로그램운영보조금교부결정및송금(1차)	29,722	4	8	7	8	7	5	5	4
12512	전남 영광군	2023년학교폭력예방프로그램운영보조금송금(2차)	29,722	4	8	7	8	7	5	5	4
12513	전남 영광군	2023년노인일자리및사회활동지원사업수행기관보조금교부결정및송금(상반기)	29,041	4	8	7	8	7	5	5	4
12514	전남 영광군	2023년노인일자리전담인력보조금교부결정및송금(하반기)	29,041	4	8	7	8	7	5	5	4
12515	전남 영광군	2023년자살예방및정신건강증진사업보조금송금(2차)	27,993	4	8	7	8	7	5	5	4
12516	전남 영광군	2023년청소년방과후아카데(주말형자람터)운영민간위탁금변경교부결정및송금(2차)	27,711	4	8	7	8	7	5	5	4
12517	전남 영광군	2023년청소년방과후아카데(주말형글로리)운영민간위탁금변경교부결정및송금(2차)	27,711	4	8	7	8	7	5	5	4

순번	시군구	지출명 (사업명)	2024년예산 (단위 : 천원 /1년간)	민간이전 분류 (지방자치단체 세출예산 집행기준에 의거) 1. 민간경상사업보조(307-02) 2. 민간단체 법정운영비보조(307-03) 3. 민간행사사업보조(307-04) 4. 민간위탁금(307-05) 5. 사회복지시설 법정운영비보조(307-10) 6. 민간인위탁교육비(307-12) 7. 공기관등에대한경상적위탁사업비(308-13) 8. 민간자본사업보조,자체재원(402-01) 9. 민간자본사업보조,이전재원(402-02) 10. 민간위탁사업비(402-03) 11. 공기관등에 대한 자본적 위탁사업비(403-02)	민간이전지출 근거 (지방보조금 관리기준 참고) 1. 법률에 규정 2. 국고보조 재원(국가지정) 3. 용도 지정 기부금 4. 조례에 직접규정 5. 지자체가 권장하는 사업을 하는 공공기관 6. 시,도 정책 및 재정사정 7. 기타 8. 해당없음	입찰방식 계약체결방법 (경쟁형태) 1. 일반경쟁 2. 제한경쟁 3. 지명경쟁 4. 수의계약 5. 법정위탁 6. 기타 ( ) 7. 없음	입찰방식 계약기간 1. 1년 2. 2년 3. 3년 4. 4년 5. 5년 6. 기타 ( )년 7. 단기계약 (1년미만) 8. 없음	입찰방식 낙찰자선정방법 1. 적격심사 2. 협상에의한계약 3. 최저가낙찰제 4. 규격가격분리 5. 2단계 경쟁입찰 6. 기타 ( ) 7. 없음	운영예산 산정 운영예산 산정 1. 내부산정 (지자체 자체적으로 산정) 2. 외부산정 (외부전문기관위탁 산정) 3. 내·외부 모두 산정 4. 산정 無 5. 없음	운영예산 산정 정산방법 1. 내부정산 (지자체 내부적으로 정산) 2. 외부정산 (외부전문기관위탁 정산) 3. 내·외부 모두 산정 4. 정산 無 5. 없음	성과평가 실시여부 1. 실시 2. 미실시 3. 향후 추진 4. 해당없음
12518	전남 영광군	2023년1분기(1.~2월)직장어린이집민간위탁비용지급	27,649	4	8	7	8	7	5	5	4
12519	전남 영광군	2023년노인일자리및사회활동지원사업(시장형)수행기관보조금교부결정및송금(상반기)	26,700	4	8	7	8	7	5	5	4
12520	전남 영광군	2023년노인일자리및사회활동지원사업(시장형)수행기관보조금교부결정및송금(상반기)	26,700	4	8	7	8	7	5	5	4
12521	전남 영광군	2023년노인일자리및사회활동지원사업수행기관보조금교부결정및송금(하반기)	26,700	4	8	7	8	7	5	5	4
12522	전남 영광군	2023년노인일자리및사회활동지원사업수행기관보조금교부결정및송금(하반기)	26,700	4	8	7	8	7	5	5	4
12523	전남 영광군	2023년영광군특별교통수단(장애인콜택시)운영민간위탁금(추경)지급	25,000	4	8	7	8	7	5	5	4
12524	전남 영광군	2023년자살예방및정신건강증진사업보조금교부결정및송금(1차)	24,864	4	8	7	8	7	5	5	4
12525	전남 영광군	2023년청소년방과후아카데미(법성분소)운영민간위탁금송금(3차)	24,220	4	8	7	8	7	5	5	4
12526	전남 영광군	2023년기초정신건강복지센터운영보조금송금(2차)	23,251	4	8	7	8	7	5	5	4
12527	전남 영광군	2023년청소년방과후아카데(주말형글로리)운영보조금교부결정및송금(1차)	21,791	4	8	7	8	7	5	5	4
12528	전남 영광군	2023년청소년방과후아카데(주말형자람터)운영보조금교부결정및송금(1차)	21,791	4	8	7	8	7	5	5	4
12529	전남 영광군	2023년자녀양육및자녀생활등방문교육서비스지원사업보조금송금(2분기)	20,420	4	8	7	8	7	5	5	4
12530	전남 영광군	2023년도제2기정원전문가양성교육용역지출	20,240	4	8	7	8	7	5	5	4
12531	전남 영광군	2023년자녀양육및자녀생활등방문교육서비스지원사업보조금송금(1분기)	20,000	4	8	7	8	7	5	5	4
12532	전남 영광군	2023년다문화엄마학교운영보조금	20,000	4	8	7	8	7	5	5	4
12533	전남 영광군	2023년자녀양육및자녀생활등방문교육서비스지원사업보조금송금(3분기)	19,620	4	8	7	8	7	5	5	4
12534	전남 영광군	2023년노인일자리및사회활동지원사업(시장형)수행기관보조금교부결정및송금(상반기)	18,690	4	8	7	8	7	5	5	4
12535	전남 영광군	2023년노인일자리및사회활동지원사업수행기관보조금교부결정및송금(하반기)	18,690	4	8	7	8	7	5	5	4
12536	전남 영광군	2023년도노인맞춤돌봄서비스보조금변경교부결정및송금	18,595	4	8	7	8	7	5	5	4
12537	전남 영광군	2023년강소농전문과정역량강화브랜딩교육용역	18,400	4	8	7	8	7	5	5	4
12538	전남 영광군	2023년하반기경로당공동방역용역품의등록	18,298	4	8	7	8	7	5	5	4
12539	전남 영광군	2023년상반기경로당공동방역용역품의등록	18,257	4	8	7	8	7	5	5	4
12540	전남 영광군	2023년자살예방및정신건강증진사업보조금교부결정및송금(3차)	18,183	4	8	7	8	7	5	5	4
12541	전남 영광군	2023년기초정신건강복지센터운영보조금교부결정및송금(1차)	17,885	4	8	7	8	7	5	5	4
12542	전남 영광군	2023년결혼이민자통번역서비스지원사업보조금송금(1분기)	17,627	4	8	7	8	7	5	5	4
12543	전남 영광군	2023년결혼이민자통번역서비스지원사업보조금송금(2분기)	17,300	4	8	7	8	7	5	5	4
12544	전남 영광군	2023년장애인일자리(복지형)사업보조금교부결정및송금(1분기)	17,000	4	8	7	8	7	5	5	4
12545	전남 영광군	2023년2분기장애인일자리(복지형)사업보조금송금통보	17,000	4	8	7	8	7	5	5	4
12546	전남 영광군	2023년3분기장애인일자리(복지형)사업보조금송금통보	17,000	4	8	7	8	7	5	5	4
12547	전남 영광군	2023년결혼이민자통번역서비스지원사업보조금송금(3분기)	17,000	4	8	7	8	7	5	5	4
12548	전남 영광군	2023년4분기장애인일자리(복지형)사업보조금송금통보(농아인협회)	16,489	4	8	7	8	7	5	5	4
12549	전남 영광군	영광군어린이급식관리지원센터운영비추가보조금교부결정및송금	16,000	4	8	7	8	7	5	5	4
12550	전남 영광군	2023년영광군숲해설위탁운영	15,892	4	8	7	8	7	5	5	4
12551	전남 영광군	2023년노인일자리및사회활동지원사업수행기관보조금교부결정및송금(상반기)	15,750	4	8	7	8	7	5	5	4
12552	전남 영광군	2023년노인일자리및사회활동지원사업수행기관보조금교부결정및송금(하반기)	15,750	4	8	7	8	7	5	5	4
12553	전남 영광군	2023년영광군유아숲교육위탁운영	15,742	4	8	7	8	7	5	5	4
12554	전남 영광군	2023년도노인맞춤돌봄서비스보조금변경교부결정및송금	15,278	4	8	7	8	7	5	5	4
12555	전남 영광군	2023년공동육아나눔터운영보조금송금통보(2분기)	14,822	4	8	7	8	7	5	5	4
12556	전남 영광군	2023년도노인맞춤돌봄서비스보조금변경교부결정및송금	14,417	4	8	7	8	7	5	5	4
12557	전남 영광군	2023년학교밖청소년교육참여수당지원사업보조금교부결정및송금통보	14,369	4	8	7	8	7	5	5	4

순번	시군구	지출명 (사업명)	2024년예산 (단위 : 천원 /1년간)	민간이전 분류 (지방자치단체 세출예산 집행기준에 의거) 1. 민간경상사업보조(307-02) 2. 민간단체 법정운영비보조(307-03) 3. 민간행사사업보조(307-04) 4. 민간위탁금(307-05) 5. 사회복지시설 법정운영비보조(307-10) 6. 민간인위탁교육비(307-12) 7. 공기관등에대한경상적위탁사업비(308-13) 8. 민간자본사업보조,자체재원(402-01) 9. 민간자본사업보조,이전재원(402-02) 10. 민간위탁사업비(402-03) 11. 공기관등에 대한 자본적 위탁사업비(403-02)	민간이전지출 근거 (지방보조금 관리기준 참고) 1. 법률에 규정 2. 국고보조 재원(국가지정) 3. 용도 지정 기부금 4. 조례에 직접규정 5. 지자체가 권장하는 사업을 하는 공공기관 6. 시,도 정책 및 재정사정 7. 기타 8. 해당없음	입찰방식			운영예산 산정		성과평가 실시여부
						계약체결방법 (경쟁형태) 1. 일반경쟁 2. 제한경쟁 3. 지명경쟁 4. 수의계약 5. 법정위탁 6. 기타 ( ) 7. 없음	계약기간 1. 1년 2. 2년 3. 3년 4. 4년 5. 5년 6. 기타 ( )년 7. 단기계약 (1년미만) 8. 없음	낙찰자선정방법 1. 적격심사 2. 협상에의한계약 3. 최저가낙찰제 4. 규격가격분리 5. 2단계 경쟁입찰 6. 기타 ( ) 7. 없음	운영예산 산정 1. 내부산정 (지자체 자체적으로 산정) 2. 외부산정 (외부전문기관위탁 산정) 3. 내·외부 모두 산정 4. 산정 無 5. 없음	정산방법 1. 내부정산 (지자체 내부적으로 정산) 2. 외부정산 (외부전문기관위탁 정산) 3. 내·외부 모두 산정 4. 정산 無 5. 없음	1. 실시 2. 미실시 3. 향후 추진 4. 해당없음
12558	전남 영광군	2023년공동육아나눔터운영보조금송금통보(3분기)	14,272	4	8	7	8	7	5	5	4
12559	전남 영광군	2022년영광아카데미운영용역비지급	14,168	4	8	7	8	7	5	5	4
12560	전남 영광군	2023년장애인활동지원가산급여사업비예탁(3차)	14,156	4	8	7	8	7	5	5	4
12561	전남 영광군	2023년공동육아나눔터운영보조금교부결정및1분기보조금송금통보	13,798	4	8	7	8	7	5	5	4
12562	전남 영광군	2023년결혼이민자통번역서비스지원사업보조금송금(4분기)	13,698	4	8	7	8	7	5	5	4
12563	전남 영광군	2023년자녀양육및자녀생활등방문교육서비스지원사업보조금송금(4분기)	13,620	4	8	7	8	7	5	5	4
12564	전남 영광군	2023년노인일자리및사회활동지원사업(시장형)수행기관보조금교부결정및송금(상반기)	13,350	4	8	7	8	7	5	5	4
12565	전남 영광군	2023년노인일자리및사회활동지원사업수행기관보조금교부결정및송금(하반기)	13,350	4	8	7	8	7	5	5	4
12566	전남 영광군	제2의인생을준비하는전문인력양성과정용역	12,880	4	8	7	8	7	5	5	4
12567	전남 영광군	2023년자살예방사업인력지원사업보조금교부결정및송금(1차)	12,633	4	8	7	8	7	5	5	4
12568	전남 영광군	2023년장애인활동지원가산급여사업비예탁	12,411	4	8	7	8	7	5	5	4
12569	전남 영광군	2023년4분기공동육아나눔터운영보조금송금통보	12,302	4	8	7	8	7	5	5	4
12570	전남 영광군	2023년자활사업참여자역량강화지원보조금교부결정및송금통지	12,000	4	8	7	8	7	5	5	4
12571	전남 영광군	2023년누리과정보육료예탁(4차)	11,873	4	8	7	8	7	5	5	4
12572	전남 영광군	2023년자살예방사업인력지원사업보조금송금(2차)	11,829	4	8	7	8	7	5	5	4
12573	전남 영광군	2023년저소득층기저귀조제분유지원사업예탁금지급(4차)	11,650	4	8	7	8	7	5	5	4
12574	전남 영광군	2023년자살예방사업인력지원사업보조금교부결정및송금(3차)	11,633	4	8	7	8	7	5	5	4
12575	전남 영광군	2023년다문화가족자녀언어발달지원사업보조금송금(2분기)	11,050	4	8	7	8	7	5	5	4
12576	전남 영광군	2023년다문화가족자녀언어발달지원사업보조금송금(3분기)	10,800	4	8	7	8	7	5	5	4
12577	전남 영광군	2023년정신건강복지센터인력지원보조금송금(3차)	10,703	4	8	7	8	7	5	5	4
12578	전남 영광군	2023년노인일자리및사회활동지원사업(시장형)수행기관보조금교부결정및송금(상반기)	10,680	4	8	7	8	7	5	5	4
12579	전남 영광군	2023년노인일자리및사회활동지원사업수행기관보조금교부결정및송금(하반기)	10,680	4	8	7	8	7	5	5	4
12580	전남 영광군	2023년다문화가족자녀언어발달지원사업보조금송금(1분기)	10,650	4	8	7	8	7	5	5	4
12581	전남 영광군	2023년다문화가족사례관리지원사업보조금송금(2분기)	10,400	4	8	7	8	7	5	5	4
12582	전남 영광군	2023년영광군여성자치대학운영용역비지급	10,340	4	8	7	8	7	5	5	4
12583	전남 영광군	2023년다문화가족사례관리지원사업보조금송금(3분기)	10,300	4	8	7	8	7	5	5	4
12584	전남 영광군	2023년기초정신건강복지센터운영보조금송금(3차)	9,964	4	8	7	8	7	5	5	4
12585	전남 영광군	2023년다문화가족사례관리지원사업보조금송금(1분기)	9,957	4	8	7	8	7	5	5	4
12586	전남 영광군	2023년찾아가는문화강연운영용역비지급	9,660	4	8	7	8	7	5	5	4
12587	전남 영광군	2023년다문화가족이중언어가족환경조성사업보조금송금(2분기)	9,200	4	8	7	8	7	5	5	4
12588	전남 영광군	2023년다문화가족이중언어가족환경조성사업보조금송금(3분기)	9,100	4	8	7	8	7	5	5	4
12589	전남 영광군	2023년다문화가족이중언어가족환경조성사업보조금송금(1분기)	8,757	4	8	7	8	7	5	5	4
12590	전남 영광군	영광명소알리기드론촬영교육운영용역비지급	8,464	4	8	7	8	7	5	5	4
12591	전남 영광군	2023년도한센병관리사업보조금교부결정및송금	8,300	4	8	7	8	7	5	5	4
12592	전남 영광군	2023년다문화가족이중언어가족환경조성사업보조금송금(4분기)	7,974	4	8	7	8	7	5	5	4
12593	전남 영광군	「2023년민간가정어린이집학부모차액보육료」지원금예탁(1차)	7,500	4	8	7	8	7	5	5	4
12594	전남 영광군	「2023년민간가정어린이집학부모차액보육료」지원금예탁(2차)	7,500	4	8	7	8	7	5	5	4
12595	전남 영광군	2023년정신건강복지센터통합정신건강사업보조금교부결정및지급(1차)	7,100	4	8	7	8	7	5	5	4
12596	전남 영광군	2023년의료급여수급권자일반건강검진사업예탁금지급(1차)	7,081	4	8	7	8	7	5	5	4
12597	전남 영광군	2023년의료급여수급권자일반건강검진사업예탁금지급(2차)	7,080	4	8	7	8	7	5	5	4

순번	시군구	지출명 (사업명)	2024년예산 (단위 : 천원 /1년간)	민간이전 분류 (지방자치단체 세출예산 집행기준에 의거) 1. 민간경상사업보조(307-02) 2. 민간단체 법정운영비보조(307-03) 3. 민간행사사업보조(307-04) 4. 민간위탁금(307-05) 5. 사회복지시설 법정운영비보조(307-10) 6. 민간인위탁교육비(307-12) 7. 공기관등에대한경상적위탁사업비(308-13) 8. 민간자본사업보조,자체재원(402-01) 9. 민간자본사업보조,이전재원(402-02) 10. 민간위탁사업비(402-03) 11. 공기관등에 대한 자본적 위탁사업비(403-02)	민간이전지출 근거 (지방보조금 관리기준 참고) 1. 법률에 규정 2. 국고보조 재원(국가지정) 3. 용도 지정 기부금 4. 조례에 직접규정 5. 지자체가 권장하는 사업을 하는 공공기관 6. 시,도 정책 및 재정사정 7. 기타 8. 해당없음	입찰방식 계약체결방법 (경쟁형태) 1. 일반경쟁 2. 제한경쟁 3. 지명경쟁 4. 수의계약 5. 법정위탁 6. 기타 ( ) 7. 없음	입찰방식 계약기간 1. 1년 2. 2년 3. 3년 4. 4년 5. 5년 6. 기타 ( )년 7. 단기계약 (1년미만) 8. 없음	입찰방식 낙찰자선정방법 1. 적격심사 2. 협상에의한계약 3. 최저가낙찰제 4. 규격가격분리 5. 2단계 경쟁입찰 6. 기타 ( ) 7. 없음	운영예산 산정 운영예산 산정 1. 내부산정 (지자체 자체적으로 산정) 2. 외부산정 (외부전문기관위탁 산정) 3. 내·외부 모두 산정 4. 산정 無 5. 없음	운영예산 산정 정산방법 1. 내부정산 (지자체 내부적으로 정산) 2. 외부정산 (외부전문기관위탁 정산) 3. 내·외부 모두 정산 4. 정산 無 5. 없음	성과평가 실시여부 1. 실시 2. 미실시 3. 향후 추진 4. 해당없음
12598	전남 영광군	2023년출산가정방문산후조리서비스확대지원사업예탁금지급(3차)	7,000	4	8	7	8	7	5	5	4
12599	전남 영광군	2023년결혼이주여성산모도우미운영보조금	6,989	4	8	7	8	7	5	5	4
12600	전남 영광군	2023년학교밖청소년급식비지원사업민간위탁금변경교부결정및송금통보(2차)	6,899	4	8	7	8	7	5	5	4
12601	전남 영광군	2023년다문화가족자녀언어발달지원사업보조금송금(4분기)	6,840	4	8	7	8	7	5	5	4
12602	전남 영광군	2023년다문화가족사례관리지원사업보조금송금(4분기)	6,361	4	8	7	8	7	5	5	4
12603	전남 영광군	영광군산업농공단지공공폐수처리시설통합운영관리민간위탁용역(2023년분)지출품의등록	6,116	4	8	7	8	7	5	5	4
12604	전남 영광군	2022년영광아카데미운영용역비지급	6,072	4	8	7	8	7	5	5	4
12605	전남 영광군	2023년다함께돌봄센터추가운영비(1분기)보조금교부결정및송금	6,000	4	8	7	8	7	5	5	4
12606	전남 영광군	2023년다함께돌봄센터추가운영비(2분기)보조금송금(2차)	6,000	4	8	7	8	7	5	5	4
12607	전남 영광군	2023년다함께돌봄센터추가운영비지원(3분기)보조금송금	6,000	4	8	7	8	7	5	5	4
12608	전남 영광군	2023년다함께돌봄센터군추가운영비보조금송금통지	6,000	4	8	7	8	7	5	5	4
12609	전남 영광군	2023년출산가정방문산후조리서비스확대지원사업예탁금지급(2차)	6,000	4	8	7	8	7	5	5	4
12610	전남 영광군	2023년결혼이민자역량강화사업보조금송금(2분기)	5,500	4	8	7	8	7	5	5	4
12611	전남 영광군	2023년결혼이민자역량강화사업보조금송금(3분기)	5,400	4	8	7	8	7	5	5	4
12612	전남 영광군	2023년노인일자리및사회활동지원사업(시장형)수행기관보조금교부결정및송금(상반기)	5,340	4	8	7	8	7	5	5	4
12613	전남 영광군	2023년노인일자리및사회활동지원사업수행기관보조금교부결정및송금(하반기)	5,340	4	8	7	8	7	5	5	4
12614	전남 영광군	2023년(기초)정원전문가양성교육위탁교육비선급금지급품의등록(1차)	5,236	4	8	7	8	7	5	5	4
12615	전남 영광군	제2의인생을준비하는전문인력양성과정용역	5,120	4	8	7	8	7	5	5	4
12616	전남 영광군	영다락방복지리더양성보조금교부결정및송금	5,000	4	8	7	8	7	5	5	4
12617	전남 영광군	2023년결혼이민자역량강화사업보조금송금(1분기)	5,000	4	8	7	8	7	5	5	4
12618	전남 영광군	2023년출산가정방문산후조리서비스확대지원사업예탁금지급	5,000	4	8	7	8	7	5	5	4
12619	전남 영광군	2023년학교밖청소년참여수당지원민간위탁금변경교부결정및송금(2차)	4,831	4	8	7	8	7	5	5	4
12620	전남 영광군	2023년영광군유아숲교육위탁운영용역설계변경(증)	4,780	4	8	7	8	7	5	5	4
12621	전남 영광군	2023년아동청소년정신건강증진사업보조금교부결정및송금(1차)	4,655	4	8	7	8	7	5	5	4
12622	전남 영광군	2023년학교밖청소년급식비지원사업보조금교부결정및송금통보(1차)	4,599	4	8	7	8	7	5	5	4
12623	전남 영광군	2023년찾아가는어린이집다문화이해교실운영보조금	4,500	4	8	7	8	7	5	5	4
12624	전남 영광군	2023년영광군숲해설위탁운영용역설계변경(증)	4,380	4	8	7	8	7	5	5	4
12625	전남 영광군	2023년찾아가는문화강연운영용역비지급	4,140	4	8	7	8	7	5	5	4
12626	전남 영광군	2023년결혼이민자역량강화사업보조금송금(4분기)	4,100	4	8	7	8	7	5	5	4
12627	전남 영광군	2023년청년마음건강지원사업비예탁(1차)	4,050	4	8	7	8	7	5	5	4
12628	전남 영광군	2023년청년마음건강지원사업비예탁(2차)	4,050	4	8	7	8	7	5	5	4
12629	전남 영광군	2023년아동청소년정신건강증진사업보조금송금(2차)	3,591	4	8	7	8	7	5	5	4
12630	전남 영광군	2023년아동청소년정신건강증진사업보조금송금(4차)	2,593	4	8	7	8	7	5	5	4
12631	전남 영광군	「2023년민간가정어린이집학부모차액보육료」지원금예탁(2차)	2,500	4	8	7	8	7	5	5	4
12632	전남 영광군	2023년아동청소년정신건강증진사업보조금교부결정및송금(3차)	2,461	4	8	7	8	7	5	5	4
12633	전남 영광군	2023년도제2기정원전문가양성교육용역설계변경(증)지출	2,260	4	8	7	8	7	5	5	4
12634	전남 영광군	2023년(기초)정원전문가양성교육위탁교육비(2차완납금)지급	2,244	4	8	7	8	7	5	5	4
12635	전남 영광군	영광명소알리기드론활영교육운영용역비지급	2,116	4	8	7	8	7	5	5	4
12636	전남 영광군	2023년장애인활동지원가산급여사업비예탁(4차)	1,843	4	8	7	8	7	5	5	4
12637	전남 영광군	2023년아이돌보미건강관리비지원사업보조금교부결정및송금	1,800	4	8	7	8	7	5	5	4

순번	시군구	지출명 (사업명)	2024년예산 (단위 : 천원 /1년간)	민간이전 분류 (지방자치단체 세출예산 집행기준에 의거) 1. 민간경상사업보조(307-02) 2. 민간단체 법정운영비보조(307-03) 3. 민간행사사업보조(307-04) 4. 민간위탁금(307-05) 5. 사회복지시설 법정운영비보조(307-10) 6. 민간인위탁교육비(307-12) 7. 공기관등에대한경상적위탁사업비(308-13) 8. 민간자본사업보조,자체재원(402-01) 9. 민간자본사업보조,이전재원(402-02) 10. 민간위탁사업비(402-03) 11. 공기관등에 대한 자본적 위탁사업비(403-02)	민간이전지출 근거 (지방보조금 관리기준 참고) 1. 법률에 규정 2. 국고보조 재원(국가지정) 3. 용도 지정 기부금 4. 조례에 직접규정 5. 지자체가 권장하는 사업을 하는 공공기관 6. 시,도 정책 및 재정사정 7. 기타 8. 해당없음	입찰방식			운영예산 산정		성과평가 실시여부
						계약체결방법 (경쟁형태) 1. 일반경쟁 2. 제한경쟁 3. 지명경쟁 4. 수의계약 5. 법정위탁 6. 기타 ( ) 7. 없음	계약기간 1. 1년 2. 2년 3. 3년 4. 4년 5. 5년 6. 기타 ( )년 7. 단기계약 (1년미만) 8. 없음	낙찰자선정방법 1. 적격심사 2. 협상에의한계약 3. 최저가낙찰제 4. 규격가격분리 5. 2단계 경쟁입찰 6. 기타 ( ) 7. 없음	운영예산 산정 1. 내부산정 (지자체 자체적으로 산정) 2. 외부산정 (외부전문기관위탁 산정) 3. 내·외부 모두 산정 4. 산정 無 5. 없음	정산방법 1. 내부정산 (지자체 내부적으로 정산) 2. 외부정산 (외부전문기관위탁 정산) 3. 내·외부 모두 산정 4. 정산 無 5. 없음	1. 실시 2. 미실시 3. 향후 추진 4. 해당없음
12638	전남 영광군	2023년결혼이주여성산모도우미운영보조금	1,747	4	8	7	8	7	5	5	4
12639	전남 영광군	2023년장애인활동지원가산급여사업비예탁(2차)	1,362	4	8	7	8	7	5	5	4
12640	전남 영광군	2023년영유아건강검진사업예탁금지급(2차)	858	4	8	7	8	7	5	5	4
12641	전남 영광군	2023년청소년유해환경감시단운영보조금교부결정및송금(2차)	818	4	8	7	8	7	5	5	4
12642	전남 영광군	2023년청소년유해환경감시단운영보조금교부결정및송금(1차)	817	4	8	7	8	7	5	5	4
12643	전남 영광군	2023년청소년산모임신출산의료비지원사업예탁금지급(1차)	720	4	8	7	8	7	5	5	4
12644	전남 영광군	2023년영유아건강검진사업예탁금지급(1차)	572	4	8	7	8	7	5	5	4
12645	전남 영광군	2023년표준모자보건수첩제작사업예탁금지급(1차)	316	4	8	7	8	7	5	5	4
12646	전남 영광군	2023년표준모자보건수첩제작사업예탁금지급(2차)	313	4	8	7	8	7	5	5	4
12647	전남 영광군	2023년청년센터운영사업보조금교부결정및송금(1차)	200	4	8	7	8	7	5	5	4
12648	전남 장성군	폐기물처리시설운영관리	2,300,000	4	1	2	5	2	2	1	4
12649	전남 장성군	하수처리시설	2,013,064	4	6	2	3	2	3	1	1
12650	전남 장성군	자활근로	1,090,300	4	1	7	8	7	1	1	4
12651	전남 장성군	하수처리시설	1,041,174	4	6	2	3	2	3	1	1
12652	전남 장성군	폐기물처리시설운영관리	1,006,000	4	1	2	2	3	2	1	1
12653	전남 장성군	하수처리시설	912,582	4	6	2	3	2	3	1	1
12654	전남 장성군	폐수처리시설	875,693	4	6	2	3	2	3	1	1
12655	전남 장성군	여성농업인행복바우처지원사업	672,000	4	6	5	1	7	5	1	4
12656	전남 장성군	청소년수련관운영	540,000	4	1	7	8	1	1	1	4
12657	전남 장성군	통합문화이용권사업	370,630	4	2	7	1	7	5	1	4
12658	전남 장성군	마을하수처리시설유지관리	345,600	4	6	2	2	2	2	1	1
12659	전남 장성군	공중화장실관리	335,500	4	8	7	8	7	1	1	4
12660	전남 장성군	폐수처리시설	307,132	4	6	2	3	2	3	1	1
12661	전남 장성군	교통약자이동편의증진차량운영	300,000	4	1	1	3	1	1	1	4
12662	전남 장성군	청소년방과후아카데미운영	264,522	4	1	7	8	1	1	1	4
12663	전남 장성군	어린이사회복지급식관리지원센터설치운영	200,000	4	2	5	8	7	1	1	4
12664	전남 장성군	21세기장성아카데미	175,000	4	4	4	1	7	1	1	4
12665	전남 장성군	공립노인전문요양병원운영	156,000	4	4	2	5	1	1	1	4
12666	전남 장성군	장성사랑의집운영	150,000	4	4	1	3	1	1	1	4
12667	전남 장성군	장성군농촌협약수립	120,000	4	4	1	2	1	1	1	3
12668	전남 장성군	청소년안전망운영	102,000	4	1	7	8	1	1	1	4
12669	전남 장성군	어린이사회복지급식관리지원센터설치운영	100,000	4	2	5	8	7	1	1	4
12670	전남 장성군	청소년상담복지센터운영	90,655	4	1	7	8	1	1	1	4
12671	전남 장성군	학교밖청소년지원	88,642	4	1	7	8	1	1	1	4
12672	전남 장성군	다함께돌봄사업지원	78,000	4	2	7	8	7	5	5	4
12673	전남 장성군	지역사회건강조사	67,138	4	2	7	1	7	2	2	4
12674	전남 장성군	청소년상담복지센터운영(군비추가)	51,898	4	1	7	8	1	1	1	4
12675	전남 장성군	산림편익시설	50,000	4	7	7	6	7	5	5	4
12676	전남 장성군	청소년방과후아카데미운영	49,196	4	1	7	8	1	1	1	4
12677	전남 장성군	청소년동반자프로그램운영	44,552	4	1	7	8	1	1	1	4

순번	시군구	지출명 (사업명)	2024년예산 (단위 : 천원 /1년간)	민간이전 분류 (지방자치단체 세출예산 집행기준에 의거) 1. 민간경상사업보조(307-02) 2. 민간단체 법정운영비보조(307-03) 3. 민간행사사업보조(307-04) 4. 민간위탁금(307-05) 5. 사회복지시설 법정운영비보조(307-10) 6. 민간인위탁교육비(307-12) 7. 공기관등에대한경상적위탁사업비(308-13) 8. 민간자본사업보조,자체재원(402-01) 9. 민간자본사업보조,이전재원(402-02) 10. 민간위탁사업비(402-03) 11. 공기관등에 대한 자본적 위탁사업비(403-02)	민간이전지출 근거 (지방보조금 관리기준 참고) 1. 법률에 규정 2. 국고보조 재원(국가지정) 3. 용도 지정 기부금 4. 조례에 직접규정 5. 지자체가 권장하는 사업을 하는 공공기관 6. 시,도 정책 및 재정사정 7. 기타 8. 해당없음	입찰방식 계약체결방법 (경쟁형태) 1. 일반경쟁 2. 제한경쟁 3. 지명경쟁 4. 수의계약 5. 법정위탁 6. 기타 ( ) 7. 없음	입찰방식 계약기간 1. 1년 2. 2년 3. 3년 4. 4년 5. 5년 6. 기타 ( )년 7. 단기계약 (1년미만) 8. 없음	입찰방식 낙찰자선정방법 1. 적격심사 2. 협상에의한계약 3. 최저가낙찰제 4. 규격가격분리 5. 2단계 경쟁입찰 6. 기타 ( ) 7. 없음	운영예산 산정 운영예산 산정 1. 내부산정 (지자체 자체적으로 산정) 2. 외부산정 (외부전문기관위탁 산정) 3. 내·외부 모두 산정 4. 산정 無 5. 없음	운영예산 산정 정산방법 1. 내부정산 (지자체 내부적으로 정산) 2. 외부정산 (외부전문기관위탁 정산) 3. 내·외부 모두 산정 4. 정산 無 5. 없음	성과평가 실시여부 1. 실시 2. 미실시 3. 향후 추진 4. 해당없음
12678	전남 장성군	장성유림회관지원	43,000	4	4	4	5	7	5	1	4
12679	전남 장성군	어린이사회복지급식관리지원센터설치운영	40,000	4	2	5	8	7	1	1	4
12680	전남 장성군	상수도급배수시설공사및관리	27,600	4	6	4	7	7	1	1	4
12681	전남 장성군	청소년지도사배치지원	25,368	4	1	7	8	1	1	1	4
12682	전남 장성군	청소년지도자처우개선수당지원	22,542	4	1	7	8	1	1	1	4
12683	전남 장성군	청소년상담복지센터운영(군비추가)	17,800	4	1	7	8	1	1	1	4
12684	전남 장성군	상수도급배수시설공사및관리	16,800	4	6	4	7	7	1	1	4
12685	전남 장성군	금곡영화마을운영	12,960	4	8	4	1	6	5	1	4
12686	전남 장성군	다함께돌봄사업지원	12,000	4	2	7	8	7	5	5	4
12687	전남 장성군	장성호관광지운영	10,956	4	8	4	1	6	5	1	4
12688	전남 장성군	학교밖청소년급식지원	10,120	4	1	7	8	1	1	1	4
12689	전남 장성군	청소년상담복지센터운영(군비추가)	5,908	4	1	7	8	1	1	1	4
12690	전남 장성군	여성취업창업교실운영	4,800	4	1	7	8	7	5	5	4
12691	전남 장성군	청소년상담복지센터운영(군비추가)	4,173	4	1	7	8	1	1	1	4
12692	전남 장성군	청소년참여위원회운영	2,800	4	1	7	8	1	1	1	4
12693	전남 진도군	장애인활동지원급여지원	1,801,418	4	2	5	1	7	1	1	1
12694	전남 진도군	소각시설관리운영위탁금	1,382,711	4	8	1	3	2	2	4	4
12695	전남 진도군	자활근로사업민간위탁금	1,141,160	4	2	5	1	7	1	1	1
12696	전남 진도군	슬레이트처리사업위탁금	1,080,000	4	2	2	1	1	5	1	3
12697	전남 진도군	운영요원인건비	900,000	4	1,4	7	8	7	1	3	4
12698	전남 진도군	영유아보육료지원	800,000	4	2	7	8	7	3	1	4
12699	전남 진도군	공공하수처리시설운영관리위탁용역	527,296	4	1	1	5	5	1	1	1
12700	전남 진도군	지역사회서비스투자사업	507,500	4	2	5	1	7	1	1	1
12701	전남 진도군	발전소운영유류대	424,000	4	1,4	7	8	7	1	3	4
12702	전남 진도군	발달장애인주간활동서비스바우처지원	324,647	4	2	5	1	7	1	1	1
12703	전남 진도군	군내공공폐수처리장관리대행용역	200,000	4	1	2	2	2	2	1	3
12704	전남 진도군	조업중인양된해양폐기물수매사업	200,000	4	8	7	8	7	5	5	3
12705	전남 진도군	분만취약지외래산부인과운영지원	200,000	4	2	7	8	7	1	1	1
12706	전남 진도군	계절꽃농가위탁생산	156,000	4	4	7	8	7	5	5	4
12707	전남 진도군	진도군볼링장운영위탁	132,000	4	8	7	8	7	5	5	4
12708	전남 진도군	발달재활서비스바우처지원	124,615	4	2	5	1	7	1	1	1
12709	전남 진도군	어린이급식관리지원센터운영위탁	123,600	4	8	7	8	7	5	5	4
12710	전남 진도군	지역사회서비스취약지지원사업	108,000	4	2	5	1	7	1	1	1
12711	전남 진도군	발달장애인방과후활동서비스바우처지원	96,186	4	2	5	1	7	1	1	1
12712	전남 진도군	일상돌봄서비스	93,750	4	2	5	1	7	1	1	1
12713	전남 진도군	보훈회관운영	84,484	4	6	7	8	7	1	1	1
12714	전남 진도군	진도군립자연장지운영비	75,000	4	4	1	5	1	1	1	1
12715	전남 진도군	장애인활동지원도추가지원	70,525	4	2	5	1	7	1	1	1
12716	전남 진도군	지역사회건강조사위탁금	66,604	4	2	5	1	7	5	1	4
12717	전남 진도군	가사간병방문지원사업	55,000	4	2	5	1	7	1	1	1

순번	시군구	지출명 (사업명)	2024년예산 (단위 : 천원 /1년간)	민간이전 분류 (지방자치단체 세출예산 집행기준에 의거) 1. 민간경상사업보조(307-02) 2. 민간단체 법정운영비보조(307-03) 3. 민간행사사업보조(307-04) 4. 민간위탁금(307-05) 5. 사회복지시설 법정운영비보조(307-10) 6. 민간인위탁교육비(307-12) 7. 공기관등에대한경상적위탁사업비(308-13) 8. 민간자본사업보조,자체재원(402-01) 9. 민간자본사업보조,이전재원(402-02) 10. 민간위탁사업비(402-03) 11. 공기관등에 대한 자본적 위탁사업비(403-02)	민간이전지출 근거 (지방보조금 관리기준 참고) 1. 법률에 규정 2. 국고보조 재원(국가지정) 3. 용도 지정 기부금 4. 조례에 직접규정 5. 지자체가 권장하는 사업을 하는 공공기관 6. 시,도 정책 및 재정사정 7. 기타 8. 해당없음	입찰방식			운영예산 산정		성과평가 실시여부
						계약체결방법 (경쟁형태) 1. 일반경쟁 2. 제한경쟁 3. 지명경쟁 4. 수의계약 5. 법정위탁 6. 기타 ( ) 7. 없음	계약기간 1. 1년 2. 2년 3. 3년 4. 4년 5. 5년 6. 기타 ( )년 7. 단기계약 (1년미만) 8. 없음	낙찰자선정방법 1. 적격심사 2. 협상에의한계약 3. 최저가낙찰제 4. 규격가격분리 5. 2단계 경쟁입찰 6. 기타 ( ) 7. 없음	운영예산 산정 1. 내부산정 (지자체 자체적으로 산정) 2. 외부산정 (외부전문기관위탁 산정) 3. 내·외부 모두 산정 4. 산정 無 5. 없음	정산방법 1. 내부정산 (지자체 내부적으로 정산) 2. 외부정산 (외부전문기관위탁 정산) 3. 내·외부 모두 산정 4. 정산 無 5. 없음	1. 실시 2. 미실시 3. 향후 추진 4. 해당없음
12718	전남 진도군	군민행복아카데미운영	50,000	4	8	7	8	7	5	5	4
12719	전남 진도군	장애인활동지원가산급여	47,866	4	2	5	1	7	1	1	1
12720	전남 진도군	여성청소년위생용품지원	25,000	4	2	7	8	7	5	1	1
12721	전남 진도군	폐유수거비	10,000	4	1,4	7	8	7	1	3	4
12722	전남 진도군	한센병진료및관리대행	10,000	4	1	5	8	7	2	2	4
12723	전남 진도군	피부과무료진료위탁	10,000	4	1	7	8	7	5	5	4
12724	전남 진도군	발달장애인사회참여프로그램(자조모임)지원	9,000	4	6	6	1	7	1	1	1
12725	전남 진도군	청년마음건강지원사업	2,250	4	2	5	1	7	1	1	1
12726	전남 신안군	공립형지역아동센터급식비지원	170,520	4	1	7	8	7	1	1	4
12727	전남 신안군	섬마을인생학교운영지원	150,000	4	4	5	5	1	2	2	3
12728	전남 신안군	조업중인양쓰레기수매사업	90,000	4	5	6	1	7	1	1	2
12729	전남 신안군	14책방운영	70,000	4	1	1	3	1	5	5	3
12730	전남 신안군	공립형지역아동센터급식도우미인건비	28,800	4	1	7	8	7	1	1	4
12731	전남 신안군	공립형지역아동센터종사자특별수당	23,760	4	1	7	8	7	1	1	4
12732	전남 신안군	공립형지역아동센터종사자인건비보전수당	21,600	4	1	7	8	7	1	1	4
12733	전남 신안군	공립형지역아동센터추가운영비지원	12,887	4	1	7	8	7	1	1	4
12734	전남 신안군	청소년지도자처우개선지원	6,630	4	1	2	3	1	5	5	4
12735	제주 제주시	야생동물등로드킬민간위탁사업	70,000	4	1	1	3	7	1	1	2
12736	제주 제주시	가축분뇨공공처리증설시설의무운영위수탁사업	4,800,000	4	1	4	2	7	2	1	3
12737	제주 제주시	가축분뇨공공처리시설위탁운영	1,700,000	4	4	2	3	1	2	1	3
12738	제주 제주시	제주시가족센터운영	1,458,330	4	2	1	5	1	3	3	1
12739	제주 제주시	동부지구국민체육센터민간위탁	1,325,000	4	1	1	3	2	2	3	3
12740	제주 제주시	서부지구국민체육센터민간위탁	1,325,000	4	1	1	3	2	2	3	3
12741	제주 제주시	시직장운동경기부운영	1,319,000	4	1	4	1	7	1	1	1
12742	제주 제주시	제주시희망원운영비(지방이양사업)	1,247,195	4	1	1	5	1	1	1	1
12743	제주 제주시	소통협력센터운영	1,200,000	4	4	1	3	1	1	3	3
12744	제주 제주시	제주형장애인지역사회통합돌봄사업	1,175,500	4	1	1	3	1	1	1	1
12745	제주 제주시	유기동물구조포획관리운영	662,000	4	4	1	3	6	3	1	1
12746	제주 제주시	제주시동백주간활동센터민간위탁운영비	632,300	4	1	1	5	1	1	1	1
12747	제주 제주시	제주올레안내소및올레길지킴이운영	623,000	4	4	4	3	7	1	1	3
12748	제주 제주시	홀로사는노인지원센터운영	581,000	4	4	1	3	1	1	1	3
12749	제주 제주시	제주시니어클럽운영	580,000	4	1	4	5	7	1	1	3
12750	제주 제주시	제주시동부지역공공형단기거주시설민간위탁운영비	558,188	4	1	1	5	1	1	1	1
12751	제주 제주시	제주시자원봉사센터운영	525,000	4	1	1	2	6	1	1	1
12752	제주 제주시	학대피해아동쉼터운영비,인건비,사업비	495,788	4	2	7	8	7	5	1	2
12753	제주 제주시	희망나눔종합지원센터운영비(정액)	453,041	4	1	7	8	7	1	1	1
12754	제주 제주시	중앙지하도상가관리민간위탁사업	421,500	4	4	4	3	7	2	1	1
12755	제주 제주시	새활용센터운영	417,000	4	4	7	8	7	5	5	4
12756	제주 제주시	다함께돌봄센터인건비지원	404,000	4	2	7	8	7	5	1	2
12757	제주 제주시	청소년상담복지센터운영	332,700	4	7	6	3	7	1	1	4

순번	시군구	지출명 (사업명)	2024년예산 (단위 : 천원 /1년간)	민간이전 분류 (지방자치단체 세출예산 집행기준에 의거) 1. 민간경상사업보조(307-02) 2. 민간단체 법정운영비보조(307-03) 3. 민간행사사업보조(307-04) 4. 민간위탁금(307-05) 5. 사회복지시설 법정운영비보조(307-10) 6. 민간인위탁교육비(307-12) 7. 공기관등에대한경상적위탁사업비(308-13) 8. 민간자본사업보조,지체재원(402-01) 9. 민간자본사업보조,이전재원(402-02) 10. 민간위탁사업비(402-03) 11. 공기관등에 대한 자본적 위탁사업비(403-02)	민간이전지출 근거 (지방보조금 관리기준 참고) 1. 법률에 규정 2. 국고보조 재원(국가지정) 3. 용도 지정 기부금 4. 조례에 직접규정 5. 지자체가 권장하는 사업을 하는 공공기관 6. 시,도 정책 및 재정사정 7. 기타 8. 해당없음	입찰방식: 계약체결방법 (경쟁형태) 1. 일반경쟁 2. 제한경쟁 3. 지명경쟁 4. 수의계약 5. 법정위탁 6. 기타 ( ) 7. 없음	입찰방식: 계약기간 1. 1년 2. 2년 3. 3년 4. 4년 5. 5년 6. 기타 ( )년 7. 단기계약 (1년미만) 8. 없음	입찰방식: 낙찰자선정방법 1. 적격심사 2. 협상에의한계약 3. 최저가낙찰제 4. 규격가격분리 5. 2단계 경쟁입찰 6. 기타 ( ) 7. 없음	운영예산 산정: 운영예산 산정 1. 내부산정 (지자체 자체적으로 산정) 2. 외부산정 (외부전문기관위탁 산정) 3. 내·외부 모두 산정 4. 산정 無 5. 없음	운영예산 산정: 정산방법 1. 내부정산 (지자체 내부적으로 정산) 2. 외부정산 (외부전문기관위탁 정산) 3. 내·외부 모두 산정 4. 정산 無 5. 없음	성과평가 실시여부 1. 실시 2. 미실시 3. 향후 추진 4. 해당없음
12758	제주 제주시	학대피해아동쉼터보수체계개편인건비	261,600	4	2	7	8	7	5	1	2
12759	제주 제주시	조천청소년문화의집운영비	202,584	4	1	4	3	6	1	1	1
12760	제주 제주시	삼도1동청소년문화의집운영비	201,484	4	1	4	3	6	1	1	1
12761	제주 제주시	경로당프로그램활성화사업	166,830	4	4	7	3	7	1	1	1
12762	제주 제주시	동백동산습지센터관리및체험운영	155,000	4	4	4	3	6	1	1	3
12763	제주 제주시	제주시희망원추가인건비지원	151,900	4	1	1	5	1	1	1	1
12764	제주 제주시	외도다목적생활문화센터운영	126,000	4	4	4	3	7	1	1	1
12765	제주 제주시	삼양다목적생활문화센터운영	126,000	4	4	4	3	7	1	1	1
12766	제주 제주시	용담다목적생활문화센터운영	126,000	4	4	4	3	7	1	1	1
12767	제주 제주시	노인복지회관운영비	123,080	4	4	7	5	7	1	1	1
12768	제주 제주시	다함께돌봄센터보수체계개편인건비	123,000	4	2	7	8	7	5	1	2
12769	제주 제주시	제주시민속오일시장사무의민간위탁	61,320	4	4	7	8	7	5	5	4
12770	제주 제주시	노형꿈틀작은도서관운영	61,300	4	1	1	3	2	1	1	1
12771	제주 제주시	봉아름작은도서관운영	60,400	4	1	1	3	2	1	1	1
12772	제주 제주시	다함께돌봄센터운영비지원	56,000	4	2	7	8	7	5	1	2
12773	제주 제주시	노숙인인수요원(야간)인건비지원	48,800	4	1	1	5	1	1	1	1
12774	제주 제주시	저지오름보전관리정보센터위탁	48,000	4	4	7	8	7	5	5	4
12775	제주 제주시	제주형장애인지역사회통합돌봄지원센터민간위탁사업비	45,000	4	1	7	8	7	1	1	1
12776	제주 제주시	공중화장실청소위탁	42,000	4	1	7	8	7	5	5	4
12777	제주 제주시	두맹이작은도서관운영	38,600	4	1	4	3	7	1	1	1
12778	제주 제주시	성짓골작은도서관운영	38,200	4	1	4	3	7	1	1	1
12779	제주 제주시	제주시희망원종사자위험수당지원	27,600	4	1	1	5	1	1	1	1
12780	제주 제주시	삼도1동청소년문화의집청소년지도사(배치)인건비	25,584	4	1,2	4	3	6	1	1	1
12781	제주 제주시	조천청소년문화의집청소년지도사(배치)인건비	25,584	4	1,2	4	3	6	1	1	1
12782	제주 제주시	공중화장실청소위탁	22,000	4	4	1	1	1	1	1	4
12783	제주 제주시	한림오일시장위탁관리비	20,000	4	1,4	4	1	7	1	1	1
12784	제주 제주시	제주청소년수련원위탁운영	18,000	4	4	1	3	6	1	1	3
12785	제주 제주시	산짓물공원공중화장실청소위탁	17,000	4	4	7	8	7	5	5	4
12786	제주 제주시	노숙인일시보호시설운영	15,000	4	1	1	5	1	1	1	1
12787	제주 제주시	제주시희망원의료비지원	10,000	4	1	1	5	1	1	1	1
12788	제주 제주시	삼도1동청소년문화의집청소년동아리활동지원	2,500	4	1	4	3	6	1	1	1
12789	제주 제주시	조천청소년문화의집청소년동아리활동지원	2,500	4	1	4	3	6	1	1	1
12790	제주 제주시	음식물류폐기물위탁운영관리비	5,080,800	4	4	4	2	2	1	1	1
12791	제주 제주시	매립장침출수및음식물탈리액전처리시설위탁운영	2,433,420	4	4	4	1	7	1	1	1
12792	제주 제주시	슬레이트지붕철거및개량지원사업	2,126,000	4	2	1	2	1	1	1	3
12793	제주 제주시	정신건강복지센터인력확충인건비	1,176,424	4	1	4	5	7	5	1	1
12794	제주 제주시	용담1동지구도시재생현장지원센터운영및지역역량강화사업	1,130,000	4	2	4	3	6	1	3	3
12795	제주 제주시	고혈압,당뇨병등록교육센터운영	399,600	4	4	7	8	7	5	5	4
12796	제주 제주시	중독관리통합지원센터운영비	270,990	4	1	4	5	7	5	1	1
12797	제주 제주시	일도2동지구현장지원센터운영및지역역량강화사업	250,000	4	2	4	3	6	1	3	3

순번	시군구	지출명 (사업명)	2024년예산 (단위 : 천원 /1년간)	민간이전 분류 (지방자치단체 세출예산 집행기준에 의거) 1. 민간경상사업보조(307-02) 2. 민간단체 법정운영비보조(307-03) 3. 민간행사사업보조(307-04) 4. 민간위탁금(307-05) 5. 사회복지시설 법정운영비보조(307-10) 6. 민간인위탁교육비(307-12) 7. 공기관등에대한경상적위탁사업비(308-13) 8. 민간자본사업보조,자체재원(402-01) 9. 민간자본사업보조,이전재원(402-02) 10. 민간위탁사업비(402-03) 11. 공기관등에 대한 자본적 위탁사업비(403-02)	민간이전지출 근거 (지방보조금 관리기준 참고) 1. 법률에 규정 2. 국고보조 재원(국가지정) 3. 용도 지정 기부금 4. 조례에 직접규정 5. 지자체가 권장하는 사업을 하는 공공기관 6. 시,도 정책 및 재정사정 7. 기타 8. 해당없음	입찰방식 계약체결방법 (경쟁형태) 1. 일반경쟁 2. 제한경쟁 3. 지명경쟁 4. 수의계약 5. 법정위탁 6. 기타 ( ) 7. 없음	입찰방식 계약기간 1. 1년 2. 2년 3. 3년 4. 4년 5. 5년 6. 기타 ( )년 7. 단기계약 (1년미만) 8. 없음	입찰방식 낙찰자선정방법 1. 적격심사 2. 협상에의한계약 3. 최저가낙찰제 4. 규격가격분리 5. 2단계 경쟁입찰 6. 기타 ( ) 7. 없음	운영예산 산정 운영예산 산정 1. 내부산정 (지자체 자체적으로 산정) 2. 외부산정 (외부전문기관위탁 산정) 3. 내·외부 모두 산정 4. 산정 無 5. 없음	운영예산 산정 정산방법 1. 내부정산 (지자체 내부적으로 정산) 2. 외부정산 (외부전문기관위탁 정산) 3. 내·외부 모두 산정 4. 정산 無 5. 없음	성과평가 실시여부 1. 실시 2. 미실시 3. 향후 추진 4. 해당없음
12798	제주 제주시	정신질환자회복지원	206,000	4	1	4	5	7	5	1	1
12799	제주 제주시	통합정신건강증진사업	158,506	4	1	4	5	7	5	1	1
12800	제주 제주시	정신건강복지센터자살예방지원인건비	148,144	4	1	4	5	7	5	1	1
12801	제주 제주시	이주여성가족지원센터운영	145,000	4	4	1	3	1	1	1	1
12802	제주 제주시	제주시자전거수리센터운영및무단방치자전거수거	129,000	4	4	4	3	6	1	1	3
12803	제주 제주시	자살예방및정신건강증진사업	102,128	4	1	4	5	7	5	1	1
12804	제주 제주시	청년중독관리사업	100,000	4	1	4	5	7	5	1	1
12805	제주 제주시	공공자전거스테이션관리및운영	67,000	4	4	1	3	6	1	1	4
12806	제주 제주시	정신건강복지센터운영비	51,100	4	1	4	5	7	5	1	1
12807	제주 제주시	공중화장실민간위탁관리비	50,000	4	4	1	1	1	1	1	4
12808	제주 제주시	자살유족지원사업	49,000	4	1	4	5	7	5	1	1
12809	제주 제주시	공중화장실청소용역비	40,000	4	4	2	2	2	1	1	1
12810	제주 제주시	누웨마루거리공중화장실등청소위탁관리	20,000	4	7	1	1	1	1	1	1
12811	제주 제주시	세화오일시장민간위탁관리비	18,000	4	4	5	3	7	1	1	4
12812	제주 제주시	함덕오일시장민간위탁	12,000	4	4	5	1	7	1	1	4
12813	제주 제주시	해수욕장공중화장실청소민간위탁관리비	7,700	4	4	1	1	1	1	1	3
12814	제주 제주시	제주시청직장어린이집운영	274,800	4	1	1	5	1	1	1	2
12815	제주 제주시	일반농산어촌개발제주시역량강화사업	212,800	4	4	4	2	7	1	1	1
12816	제주 제주시	가로기게양위탁	78,000	4	4	1	1	6	1	1	2
12817	제주 서귀포시	남부광역환경관리센터운영관리	6,900,000	4	4	2	3	2	2	2	1
12818	제주 서귀포시	생활자원회수센터(색달)재활용품선별시설운영사업	3,271,000	4	4	2	3	1	2	2	1
12819	제주 서귀포시	중앙동도시재생센터민간위탁운영	2,160,000	4	4	6	1	7	1	1	3
12820	제주 서귀포시	노후슬레이트처리지원사업	2,022,000	4	4	1	2	2	1	1	3
12821	제주 서귀포시	지역자활센터민간위탁	1,506,237	4	1	5	8	7	5	1	1
12822	제주 서귀포시	지역자활센터민간위탁	1,506,237	4	1	5	8	7	5	1	1
12823	제주 서귀포시	가축분뇨공공처리시설민간위탁(1개소)	1,450,000	4	1	1	3	2	3	3	1
12824	제주 서귀포시	가족센터운영	1,305,610	4	2	1	5	6	1	1	3
12825	제주 서귀포시	시직장운동경기부운영	1,300,000	4	1	4	1	7	1	1	1
12826	제주 서귀포시	서귀포국민체육센터운영관리	1,170,000	4	1,4	4	3	7	1	3	1
12827	제주 서귀포시	서귀포시사랑원운영비(지방이양사업)	1,074,012	4	1	7	8	7	1	1	3
12828	제주 서귀포시	제주혁신도시복합혁신센터수영장운영	1,000,000	4	1,4	1	3	2	2	1	3
12829	제주 서귀포시	서귀포시노인복지관운영	974,100	4	1	4	5	7	1	1	1
12830	제주 서귀포시	동부종합사회복지관운영	877,600	4	1,4	7	5	7	1	1	4
12831	제주 서귀포시	클린하우스및배출용기세척소독업무	815,913	4	4	7	8	7	5	5	4
12832	제주 서귀포시	서귀포시스타트업베이운영	808,000	4	6	6	3	7	1	1	3
12833	제주 서귀포시	서귀포시어르신통합돌봄지원사업	744,600	4	4	1	3	1	1	1	3
12834	제주 서귀포시	서귀포시서부종합사회복지관운영	737,100	4	1,4	7	5	7	1	1	4
12835	제주 서귀포시	서귀포종합사회복지관운영	678,100	4	1,4	7	5	7	1	1	4
12836	제주 서귀포시	제주올레안내소및올레길지킴이운영	600,000	4	4	4	3	7	1	1	3
12837	제주 서귀포시	서귀포시니어클럽운영	590,000	4	1	4	5	7	1	1	3

순번	시군구	지출명 (사업명)	2024년예산 (단위 : 천원 /1년간)	민간이전 분류 (지방자치단체 세출예산 집행기준에 의거) 1. 민간경상사업보조(307-02) 2. 민간단체 법정운영비보조(307-03) 3. 민간행사사업보조(307-04) 4. 민간위탁금(307-05) 5. 사회복지시설 법정운영비보조(307-10) 6. 민간인위탁교육비(307-12) 7. 공기관등에대한경상적위탁사업비(308-13) 8. 민간자본사업보조,자체재원(402-01) 9. 민간자본사업보조,이전재원(402-02) 10. 민간위탁사업비(402-03) 11. 공기관등에 대한 자본적 위탁사업비(403-02)	민간이전지출 근거 (지방보조금 관리기준 참고) 1. 법률에 규정 2. 국고보조 재원(국가지정) 3. 용도 지정 기부금 4. 조례에 직접규정 5. 지자체가 권장하는 사업을 하는 공공기관 6. 시,도 정책 및 재정사정 7. 기타 8. 해당없음	입찰방식 계약체결방법 (경쟁형태) 1. 일반경쟁 2. 제한경쟁 3. 지명경쟁 4. 수의계약 5. 법정위탁 6. 기타 ( ) 7. 없음	입찰방식 계약기간 1. 1년 2. 2년 3. 3년 4. 4년 5. 5년 6. 기타 ( )년 7. 단기계약 (1년미만) 8. 없음	입찰방식 낙찰자선정방법 1. 적격심사 2. 협상에의한계약 3. 최저가낙찰제 4. 규격가격분리 5. 2단계 경쟁입찰 6. 기타 ( ) 7. 없음	운영예산 산정 운영예산 산정 1. 내부산정 (지자체 자체적으로 산정) 2. 외부산정 (외부전문기관위탁 산정) 3. 내·외부 모두 산정 4. 산정 無 5. 없음	운영예산 산정 정산방법 1. 내부정산 (지자체 내부적으로 정산) 2. 외부정산 (외부전문기관위탁 정산) 3. 내·외부 모두 산정 4. 정산 無 5. 없음	성과평가 실시여부 1. 실시 2. 미실시 3. 향후 추진 4. 해당없음
12838	제주 서귀포시	서귀포서부주간활동센터운영	505,500	4	1	7	8	7	1	1	3
12839	제주 서귀포시	홀로사는노인지원센터운영(성인지예산)	484,100	4	4	1	3	7	1	1	1
12840	제주 서귀포시	서귀포해오름장애인주간보호시설운영	453,851	4	1	7	8	7	1	1	3
12841	제주 서귀포시	서귀포시노인보호전문기관운영지원	440,460	4	1	1	5	1	1	1	3
12842	제주 서귀포시	다함께돌봄사업인건비지원	433,000	4	1	7	8	7	1	1	1
12843	제주 서귀포시	제주곶자왈도립공원운영	428,000	4	1	1	2	2	1	1	1
12844	제주 서귀포시	청소년상담복지센터운영	354,100	4	1	5	3	7	1	1	3
12845	제주 서귀포시	대정읍도시재생센터민간위탁운영	330,000	4	4	6	1	7	1	1	3
12846	제주 서귀포시	남원읍문화체육복합센터운영관리	300,000	4	1,4	7	8	7	5	5	4
12847	제주 서귀포시	표선면문화체육복합센터운영관리	300,000	4	1,4	7	8	7	5	5	4
12848	제주 서귀포시	고혈압당뇨병등록교육센터운영	250,000	4	4	1	3	1	1	2	1
12849	제주 서귀포시	학대피아동남아쉼터운영	247,894	4	2	1	5	6	1	1	1
12850	제주 서귀포시	서귀포시청소년문화의집민간위탁운영	244,144	4	1	5	3	7	1	1	1
12851	제주 서귀포시	일반농산어촌개발사업서귀포시역량강화사업	220,050	4	4	5	1	7	1	1	1
12852	제주 서귀포시	성폭력피해자보호시설운영비등지원	201,079	4	1	1	5	6	1	1	3
12853	제주 서귀포시	성산읍도시재생센터민간위탁운영	180,000	4	4	6	1	7	1	1	3
12854	제주 서귀포시	천지동도시재생센터민간위탁운영	180,000	4	4	6	1	7	1	1	3
12855	제주 서귀포시	경로당프로그램활성화사업	174,700	4	4	1	3	1	1	1	3
12856	제주 서귀포시	생활폐기물수집운반업무(가파도,마라도)	173,987	4	4	7	8	7	5	5	4
12857	제주 서귀포시	개방화장실위탁관리	160,000	4	1	2	1	1	1	1	1
12858	제주 서귀포시	서귀포시노인복지회관운영	151,800	4	4	1	5	7	1	1	3
12859	제주 서귀포시	서귀포시장애인회관관리운영비	150,600	4	4	4	5	7	1	1	3
12860	제주 서귀포시	학대피해아동남아쉼터보수체계개편인건비지원	120,550	4	1	1	5	6	1	1	1
12861	제주 서귀포시	서귀포시사랑원추가인건비	104,400	4	1	7	8	7	1	1	3
12862	제주 서귀포시	성폭력피해자보호시설보수체계개편인건비	101,300	4	1	1	5	6	1	1	3
12863	제주 서귀포시	자기주도학습지원프로그램운영	100,000	4	4	1	3	1	1	1	3
12864	제주 서귀포시	남원파크골프장운영관리	90,000	4	1,4	4	3	7	1	1	4
12865	제주 서귀포시	농촌현장포럼운영등	85,000	4	4	5	1	7	1	1	1
12866	제주 서귀포시	서귀포테니스장운영관리	84,000	4	1,4	4	3	7	1	1	4
12867	제주 서귀포시	서귀포생활체육문화센터운영관리	71,450	4	1,4	4	3	7	1	1	4
12868	제주 서귀포시	올레코스공중화장실운영	65,000	4	1	2	2	2	1	1	2
12869	제주 서귀포시	공동육아나눔터2호점운영	56,712	4	1	1	5	6	1	1	3
12870	제주 서귀포시	강창학파크골프장운영관리	55,000	4	1,4	4	3	7	1	1	4
12871	제주 서귀포시	저장형수세식화장실위탁관리	53,000	4	1	2	1	1	1	1	4
12872	제주 서귀포시	다함께돌봄사업운영비지원	52,000	4	1	7	8	7	1	1	1
12873	제주 서귀포시	제주fc전용축구장운영관리	52,000	4	1,4	4	3	7	1	1	4
12874	제주 서귀포시	중앙꿈쟁이작은도서관위탁운영	50,850	4	4	2	3	1	1	1	4
12875	제주 서귀포시	풍남작은도서관위탁운영	50,850	4	4	2	3	1	1	1	4
12876	제주 서귀포시	효돈축구공원천연잔디구장운영관리	49,000	4	1,4	4	3	7	1	1	4
12877	제주 서귀포시	야생동물(노루)로드킬처리	46,000	4	1	2	1	1	1	1	4

순번	시군구	지출명 (사업명)	2024년예산 (단위 : 천원 /1년간)	민간이전 분류 (지방자치단체 세출예산 집행기준에 의거) 1. 민간경상사업보조(307-02) 2. 민간단체 법정운영비보조(307-03) 3. 민간행사사업보조(307-04) 4. 민간위탁금(307-05) 5. 사회복지시설 법정운영비보조(307-10) 6. 민간인위탁교육비(307-12) 7. 공기관등에대한경상적위탁사업비(308-13) 8. 민간자본사업보조,자체재원(402-01) 9. 민간자본사업보조,이전재원(402-02) 10. 민간위탁사업비(402-03) 11. 공기관등에 대한 자본적 위탁사업비(403-02)	민간이전지출 근거 (지방보조금 관리기준 참고) 1. 법률에 규정 2. 국고보조 재원(국가지정) 3. 용도 지정 기부금 4. 조례에 직접규정 5. 지자체가 권장하는 사업을 하는 공공기관 6. 시,도 정책 및 재정사정 7. 기타 8. 해당없음	입찰방식 계약체결방법 (경쟁형태) 1. 일반경쟁 2. 제한경쟁 3. 지명경쟁 4. 수의계약 5. 법정위탁 6. 기타 ( ) 7. 없음	입찰방식 계약기간 1. 1년 2. 2년 3. 3년 4. 4년 5. 5년 6. 기타 ( )년 7. 단기계약 (1년미만) 8. 없음	입찰방식 낙찰자선정방법 1. 적격심사 2. 협상에의한계약 3. 최저가낙찰제 4. 규격가격분리 5. 2단계 경쟁입찰 6. 기타 ( ) 7. 없음	운영예산 산정 운영예산 산정 1. 내부산정 (지자체 자체적으로 산정) 2. 외부산정 (외부전문기관위탁 산정) 3. 내·외부 모두 산정 4. 산정 無 5. 없음	운영예산 산정 정산방법 1. 내부정산 (지자체 내부적으로 정산) 2. 외부정산 (외부전문기관위탁 정산) 3. 내·외부 모두 산정 4. 정산 無 5. 없음	성과평가 실시여부 1. 실시 2. 미실시 3. 향후 추진 4. 해당없음
12878	제주 서귀포시	노인학대예방홍보및인권교육사업비	36,600	4	1	1	5	1	1	1	3
12879	제주 서귀포시	순환수세식화장실위탁관리	27,000	4	1	4	1	1	1	1	4
12880	제주 서귀포시	서귀포시행복드림아카데미운영	25,000	4	4	1	3	7	1	1	4
12881	제주 서귀포시	서귀포시사랑원종사자위험수당	24,000	4	1	7	8	7	1	1	3
12882	제주 서귀포시	서귀포생활야구장운영관리	21,000	4	1,4	4	3	7	1	1	4
12883	제주 서귀포시	서귀포시사랑원프로그램운영및강사료	13,000	4	1	7	8	7	1	1	3
12884	제주 서귀포시	서귀포전천후게이트볼장운영관리	12,300	4	1,4	4	3	7	1	1	4
12885	제주 서귀포시	서귀포시사랑원일시보호시설운영비	12,000	4	1	7	8	7	1	1	3
12886	제주 서귀포시	삼다체육공원인조잔디축구장운영관리	11,000	4	1,4	4	3	7	1	1	4
12887	제주 서귀포시	남아쉼터입소아동복지증진사업	10,015	4	1	1	5	6	1	1	1
12888	제주 서귀포시	성폭력피해자보호시설비수급자생계비등지원	9,139	4	1	1	5	6	1	1	3
12889	제주 서귀포시	서귀포시청소년문화의집청소년동아리활동지원	8,750	4	1	5	3	7	1	1	1
12890	제주 서귀포시	성폭력피해자보호시설치료회복프로그램운영지원	6,257	4	1	1	5	6	1	1	3
12891	제주 서귀포시	서귀포시사랑원의약품등지원	4,000	4	1	7	8	7	1	1	3
12892	제주 서귀포시	성폭력피해자보호시설냉난방비지원	3,000	4	1	1	5	6	1	1	3
12893	제주 서귀포시	성폭력피해자보호시설입소아동지원	1,800	4	1	1	5	6	1	1	3
12894	제주 서귀포시	성폭력피해자보호시설심리치료비지원	1,500	4	1	1	5	6	1	1	3
12895	제주 서귀포시	읍행정홍보광고료	1,000	4	1	7	8	7	1	1	4

chapter

2

사회복지시설법정운영비보조 (307-10)

목 차

목 차

목 차

목 차

2024년 전국 지방자치단체 사회복지시설 법정운영비보조(307-10) 운영현황

순번	시군구	지출명 (사업명)	2024년예산 (단위 : 천원 /1년간)	민간이전 분류 (지방자치단체 세출예산 집행기준에 의거) 1. 민간경상사업보조(307-02) 2. 민간단체 법정운영비보조(307-03) 3. 민간행사사업보조(307-04) 4. 민간위탁금(307-05) 5. 사회복지시설 법정운영비보조(307-10) 6. 민간인위탁교육비(307-12) 7. 공기관등에대한경상적위탁사업비(308-13) 8. 민간자본사업보조,자체재원(402-01) 9. 민간자본사업보조,이전재원(402-02) 10. 민간위탁사업비(402-03) 11. 공기관등에 대한 자본적 위탁사업비(403-02)	민간이전지출 근거 (지방보조금 관리기준 참고) 1. 법률에 규정 2. 국고보조 재원(국가지정) 3. 용도 지정 기부금 4. 조례에 직접규정 5. 지자체가 권장하는 사업을 하는 공공기관 6. 시,도 정책 및 재정사정 7. 기타 8. 해당없음	입찰방식 계약체결방법 (경쟁형태) 1. 일반경쟁 2. 제한경쟁 3. 지명경쟁 4. 수의계약 5. 법정위탁 6. 기타 ( ) 7. 없음	입찰방식 계약기간 1. 1년 2. 2년 3. 3년 4. 4년 5. 5년 6. 기타 ( )년 7. 단기계약 (1년미만) 8. 없음	입찰방식 낙찰자선정방법 1. 적격심사 2. 협상에의한계약 3. 최저가낙찰제 4. 규격가격분리 5. 2단계 경쟁입찰 6. 기타 ( ) 7. 없음	운영예산 산정 운영예산 산정 1. 내부산정 (지자체 자체적으로 산정) 2. 외부산정 (외부전문기관위탁 산정) 3. 내·외부 모두 산정 4. 산정 無 5. 없음	운영예산 산정 정산방법 1. 내부정산 (지자체 내부적으로 정산) 2. 외부정산 (외부전문기관위탁 정산) 3. 내·외부 모두 산정 4. 정산 無 5. 없음	성과평가 실시여부 1. 실시 2. 미실시 3. 향후 추진 4. 해당없음
1	서울특별시	장애인직업재활시설운영	48,536,697	5	1	1	8	1	1	3	2
2	서울특별시	장애인주간보호시설운영	32,292,383	5	1	6	8	1	1	1	1
3	서울특별시	장애인공동생활가정운영	10,174,522	5	1	7	8	7	1	1	1
4	서울특별시	한부모가족복지시설운영지원	10,162,055	5	1	7	8	7	1	1	1
5	서울특별시	장애인수어통역센터운영	7,957,437	5	1	5	8	7	1	1	1
6	서울특별시	재가노인복지시설운영	6,578,452	5	4	7	8	7	1	1	1
7	서울특별시	성매매피해자지원시설및상담소운영지원	4,348,896	5	1,2	6	8	7	1	1	1
8	서울특별시	성폭력피해상담소운영지원	4,343,108	5	2	7	8	7	1	1	3
9	서울특별시	장애인의료재활시설운영	4,322,607	5	1	7	8	7	1	1	4
10	서울특별시	해바라기센터운영지원	4,296,062	5	2	7	8	7	1	1	3
11	서울특별시	가정폭력피해자보호시설운영지원	4,266,636	5	1	7	8	7	1	1	3
12	서울특별시	어르신주거복지시설운영(양로)(전환사업)	3,862,277	5	4	7	8	7	5	1	1
13	서울특별시	아동청소년정신건강지원시설(아이존)운영	3,646,319	5	1	7	8	7	1	1	1
14	서울특별시	정신요양시설운영보조(국비)	3,426,186	5	1	7	8	7	5	5	4
15	서울특별시	정신질환자지역사회전환시설운영	3,264,969	5	1	7	8	7	5	5	4
16	서울특별시	가정폭력상담소운영지원	3,206,208	5	1	7	8	7	5	1	1
17	서울특별시	성매매피해자지원시설및상담소운영지원(자체)	2,546,947	5	1,2	6	8	7	1	1	1
18	서울특별시	폭력피해이주여성보호시설운영지원	1,789,615	5	1,2	7	8	7	5	1	1
19	서울특별시	가정위탁센터,입양기관,결연기관운영지원	1,633,945	5	7	7	8	7	1	1	1
20	서울특별시	정신질환자자립생활지원센터운영	1,620,151	5	4	7	8	7	5	5	4
21	서울특별시	정신질환자취업지원시설운영보조	666,942	5	1	7	8	7	5	5	4
22	서울특별시	성폭력피해자보호시설운영지원	599,003	5	2	7	8	7	1	1	3
23	서울특별시	폭력피해이주여성상담소운영지원	349,320	5	1	7	8	7	5	1	1
24	서울특별시	장애인거주시설자립생활강화	313,192	5	1	1	1	1	1	1	2
25	서울특별시	마음치유그룹홈운영지원	300,000	5	1	7	7	7	1	1	1
26	서울특별시	강제입원절차보조인지원	300,000	5	2	7	8	7	5	5	4
27	서울특별시	학대피해노인전용쉼터운영	270,010	5	2	7	5	1	1	1	1
28	서울특별시	성착취피해아동청소년통합지원(자체)	266,663	5	4	1	3	1	1	1	4
29	서울특별시	성착취피해아동청소년통합지원	255,764	5	2	1	3	1	1	1	4
30	서울특별시	성매매집결지현장지원사업	225,256	5	1,2	6	8	7	1	1	1
31	서울특별시	노인종합복지관운영	148,000	5	4	7	8	6	1	1	1
32	서울 중구	성아어린이집	881,553	5	1	1	5	1	2	2	1
33	서울 중구	대청어린이집	515,130	5	1	1	5	1	2	2	1
34	서울 용산구	개포스타힐스어린이집	428,883	5	1	1	5	1	2	2	1
35	서울 용산구	한빛어린이집	382,311	5	1	1	5	1	2	2	1
36	서울 용산구	해솔어린이집	325,631	5	1	1	5	1	2	2	1
37	서울 성동구	만3~5세누리과정보육료	6,614,111	5	1	7	8	7	5	5	4

순번	시군구	지출명 (사업명)	2024년예산 (단위 : 천원 /1년간)	민간이전 분류 (지방자치단체 세출예산 집행기준에 의거) 1. 민간경상사업보조(307-02) 2. 민간단체 법정운영비보조(307-03) 3. 민간행사사업보조(307-04) 4. 민간위탁금(307-05) 5. 사회복지시설 법정운영비보조(307-10) 6. 민간인위탁교육비(307-12) 7. 공기관등에대한경상적위탁사업비(308-13) 8. 민간자본사업보조,자체재원(402-01) 9. 민간자본사업보조,이전재원(402-02) 10. 민간위탁사업비(402-03) 11. 공기관등에 대한 자본적 위탁사업비(403-02)	민간이전지출 근거 (지방보조금 관리기준 참고) 1. 법률에 규정 2. 국고보조 재원(국가지정) 3. 용도 지정 기부금 4. 조례에 직접규정 5. 지자체가 권장하는 사업을 하는 공공기관 6. 시,도 정책 및 재정사정 7. 기타 8. 해당없음	입찰방식: 계약체결방법 (경쟁형태) 1. 일반경쟁 2. 제한경쟁 3. 지명경쟁 4. 수의계약 5. 법정위탁 6. 기타 ( ) 7. 없음	입찰방식: 계약기간 1. 1년 2. 2년 3. 3년 4. 4년 5. 5년 6. 기타 ( )년 7. 단기계약 (1년미만) 8. 없음	입찰방식: 낙찰자선정방법 1. 적격심사 2. 협상에의한계약 3. 최저가낙찰제 4. 규격가격분리 5. 2단계 경쟁입찰 6. 기타 ( ) 7. 없음	운영예산 산정: 운영예산 산정 1. 내부산정 (지자체 자체적으로 산정) 2. 외부산정 (외부전문기관위탁 산정) 3. 내·외부 모두 산정 4. 산정 無 5. 없음	운영예산 산정: 정산방법 1. 내부정산 (지자체 내부적으로 정산) 2. 외부정산 (외부전문기관위탁 정산) 3. 내·외부 모두 산정 4. 정산 無 5. 없음	성과평가 실시여부 1. 실시 2. 미실시 3. 향후 추진 4. 해당없음
38	서울 성동구	보육돌봄서비스(보육교직원처우개선)	5,504,425	5	1	7	8	7	5	5	4
39	서울 성동구	보육교직원처우개선지원	4,183,484	5	1	7	8	7	5	5	4
40	서울 성동구	어린이집운영지원	2,682,103	5	1	7	8	7	5	5	4
41	서울 성동구	보육교직원 처우개선 지원(근무환경 개선)	2,173,717	5	1	7	8	7	5	5	4
42	서울 성동구	지역아동센터인건비지원	1,017,787	5	1	7	8	7	5	5	4
43	서울 성동구	특화보육지원	543,290	5	1	7	8	7	5	5	4
44	서울 성동구	대체교사 지원	485,747	5	1	7	8	7	5	5	4
45	서울 성동구	장애아통합어린이집운영지원	239,004	5	1	7	8	7	5	5	4
46	서울 성동구	어린이집공기청정기지원	206,846	5	1	7	8	7	5	5	4
47	서울 성동구	지역아동센터운영비지원	174,191	5	1	7	8	7	5	5	4
48	서울 성동구	방과후어린이집운영지원	163,056	5	1	7	8	7	5	5	4
49	서울 성동구	시간제보육서비스제공지원	138,120	5	1	7	8	7	5	5	4
50	서울 성동구	어린이집 운영지원(교재교구비)	120,050	5	1	7	8	7	1	1	4
51	서울 성동구	지역아동센터운영지원	93,428	5	1	7	8	7	5	5	4
52	서울 성동구	어린이집 교원 보수교육	15,260	5	1	7	8	7	5	5	4
53	서울 성동구	특성별지역아동센터추가지원	7,200	5	1	7	8	7	5	5	4
54	서울 성동구	방과후 보육료	6,161	5	1	7	8	7	5	5	4
55	서울 성동구	한티어린이집	839,916	5	1	1	5	1	2	2	1
56	서울 성동구	청담어린이집	506,623	5	1	1	5	1	2	2	1
57	서울 광진구	보육교직원인건비지원	12,978,217	5	1	7	8	7	1	1	1
58	서울 광진구	누리과정보육료지원	5,817,748	5	1	7	8	7	1	1	1
59	서울 광진구	보조교사및보육도우미,연장보육전담교사지원사업	5,071,235	5	1	7	8	7	1	1	1
60	서울 광진구	장애인복지관운영	2,739,503	5	7	7	8	7	1	1	4
61	서울 광진구	기타어린이집운영비(어린이집운영지원)	2,575,360	5	4	7	8	7	1	1	1
62	서울 광진구	기타어린이집운영비(보육교직원처우개선지원)	2,116,840	5	4	7	8	7	1	1	1
63	서울 광진구	기타어린이집운영비(특화보육사업)	1,842,954	5	4	7	8	7	1	1	1
64	서울 광진구	어린이집누리과정보조금지원	1,838,140	5	1	7	8	7	1	1	1
65	서울 광진구	서울형어린이집지원	1,740,000	5	4	7	8	7	1	1	1
66	서울 광진구	지역아동센터운영지원	1,651,615	5	1,2	7	8	7	1	1	4
67	서울 광진구	보육아동급간식비	1,380,846	5	4	7	8	7	1	1	1
68	서울 광진구	경로당운영및지원	909,780	5	1	7	8	7	1	1	1
69	서울 광진구	지역자활센터운영지원	538,655	5	2	7	8	7	1	1	3
70	서울 광진구	광진시니어클럽운영지원	375,592	5	8	7	8	7	1	1	1
71	서울 광진구	장애아통합어린이집운영지원	295,498	5	1	7	8	7	1	1	1
72	서울 광진구	어린이집대체교사지원	289,204	5	1	7	8	7	1	1	1
73	서울 광진구	광진장애인가족지원센터운영	225,128	5	1	7	8	7	5	1	4
74	서울 광진구	어린이집공기질개선사업지원	207,910	5	4	7	8	7	1	1	1
75	서울 광진구	장애인편의증진기술지원센터운영	169,390	5	1	1	3	1	3	1	2
76	서울 광진구	어린이집냉난방비지원	162,900	5	4	7	8	7	1	1	1
77	서울 광진구	경로당냉난방비및양곡비지원	159,036	5	1	7	8	7	1	1	4

순번	시군구	지출명 (사업명)	2024년예산 (단위 : 천원 /1년간)	민간이전 분류 (지방자치단체 세출예산 집행기준에 의거) 1. 민간경상사업보조(307-02) 2. 민간단체 법정운영비보조(307-03) 3. 민간행사사업보조(307-04) 4. 민간위탁금(307-05) 5. 사회복지시설 법정운영비보조(307-10) 6. 민간인위탁교육비(307-12) 7. 공기관등에대한경상적위탁사업비(308-13) 8. 민간자본사업보조,자체재원(402-01) 9. 민간자본사업보조,이전재원(402-02) 10. 민간위탁사업비(402-03) 11. 공기관등에 대한 자본적 위탁사업비(403-02)	민간이전지출 근거 (지방보조금 관리기준 참고) 1. 법률에 규정 2. 국고보조 재원(국가지정) 3. 용도 지정 기부금 4. 조례에 직접규정 5. 지자체가 권장하는 사업을 하는 공공기관 6. 시,도 정책 및 재정사정 7. 기타 8. 해당없음	입찰방식			운영예산 산정		성과평가 실시여부
						계약체결방법 (경쟁형태) 1. 일반경쟁 2. 제한경쟁 3. 지명경쟁 4. 수의계약 5. 법정위탁 6. 기타 ( ) 7. 없음	계약기간 1. 1년 2. 2년 3. 3년 4. 4년 5. 5년 6. 기타 ( )년 7. 단기계약 (1년미만) 8. 없음	낙찰자선정방법 1. 적격심사 2. 협상에의한계약 3. 최저가낙찰제 4. 규격가격분리 5. 2단계 경쟁입찰 6. 기타 ( ) 7. 없음	운영예산 산정 1. 내부산정 (지자체 자체적으로 산정) 2. 외부산정 (외부전문기관위탁 산정) 3. 내·외부 모두 산정 4. 산정 無 5. 없음	정산방법 1. 내부정산 (지자체 내부적으로 정산) 2. 외부정산 (외부전문기관위탁 정산) 3. 내·외부 모두 산정 4. 정산 無 5. 없음	1. 실시 2. 미실시 3. 향후 추진 4. 해당없음
78	서울 광진구	어린이집교재교구비지원	153,517	5	1	7	8	7	1	1	1
79	서울 광진구	노인회유지관리및행사지원	148,575	5	1,4	7	8	7	1	1	1
80	서울 광진구	서울형모아어린이집운영	120,500	5	4	7	8	7	1	1	1
81	서울 광진구	장애인자립생활센터운영지원	108,960	5	1	7	8	7	5	1	4
82	서울 광진구	시간제보육서비스제공지원	101,372	5	1	7	8	7	1	1	1
83	서울 광진구	중증장애인야간순회방문서비스	95,392	5	7	5	1	2	5	5	1
84	서울 광진구	시각장애인전용쉼터운영	55,000	5	1	7	8	7	5	1	4
85	서울 광진구	광진구수어통역센터운영	53,000	5	1	7	8	7	5	1	4
86	서울 광진구	장애인응급안전안심서비스	47,706	5	7	5	1	2	5	5	1
87	서울 광진구	자활사례관리	31,482	5	2	7	8	7	1	1	3
88	서울 광진구	경로당활성화사업	31,200	5	1,4	7	8	7	1	1	1
89	서울 광진구	저소득어르신급식지원사업	28,316	5	1	5	1	1	1	1	1
90	서울 광진구	사회복지시설사회복지사등의처우개선사업	24,720	5	4	7	8	7	1	3	1
91	서울 광진구	방과후어린이집운영지원	18,288	5	1	7	8	7	1	1	1
92	서울 광진구	어린이집교원보수교육	15,840	5	1	7	8	7	1	1	1
93	서울 광진구	공동생활가정(그룹홈)특별지원	12,240	5	4,6	7	8	7	1	1	2
94	서울 광진구	노인복지관운영및지원	7,920	5	1,4	1	5	1	1	1	4
95	서울 광진구	열린어린이집운영비	7,300	5	4	7	8	7	1	1	1
96	서울 광진구	사회복지시설사회복지사등의처우개선사업(정신재활시설)	7,200	5	1,4	7	8	7	1	1	1
97	서울 광진구	노인맞춤돌봄서비스사업지원	1,680	5	1	1	3	1	1	1	1
98	서울 광진구	방과후보육료지원	678	5	1	7	8	7	1	1	1
99	서울 동대문구	보육교직원처우개선지원(보조교사등)	5,745,786	5	2	7	7	7	1	2	2
100	서울 동대문구	아이돌봄지원	3,312,372	5	1	7	3	7	1	1	2
101	서울 동대문구	보육교직원처우개선지원(처우개선지원등)	2,614,148	5	2	7	8	7	1	1	2
102	서울 동대문구	보육교직원처우개선지원(근무환경개선비)	2,600,294	5	2	7	8	7	1	1	2
103	서울 동대문구	종합사회복지관지원	2,457,626	5	1	7	8	7	1	2	4
104	서울 동대문구	만3~5세담임수당	2,197,952	5	6	7	8	7	1	1	2
105	서울 동대문구	특화보육지원	1,844,304	5	6	7	8	7	1	1	2
106	서울 동대문구	지역아동센터지원(보조사업)	1,771,264	5	4	7	8	7	1	5	4
107	서울 동대문구	어린이집운영지원(운영비등)	1,186,240	5	6	7	8	7	1	1	2
108	서울 동대문구	우리동네키움센터(인건비)	1,061,870	5	2	7	8	7	1	1	1
109	서울 동대문구	영유아간식비지원	649,080	5	6	7	8	7	1	1	2
110	서울 동대문구	어린이집급간식비지원	540,522	5	6	7	8	7	1	1	2
111	서울 동대문구	보육교사복리후생비(정부지원승인)	522,000	5	7	7	8	7	1	1	2
112	서울 동대문구	민간가정어린이집보육교사복리후생비(비서울형)	480,000	5	7	7	7	7	1	1	2
113	서울 동대문구	지역자활센터운영	412,161	5	1	5	1	7	5	5	1
114	서울 동대문구	청소년상담복지센터운영지원	407,136	5	2	7	3	7	1	1	1
115	서울 동대문구	민간가정어린이집조리원인건비	394,800	5	7	7	7	7	1	1	2
116	서울 동대문구	대체교사인건비지원	358,214	5	6	7	8	7	1	1	4
117	서울 동대문구	대체교사인건비지원	358,214	5	2	7	8	7	1	1	2

순번	시군구	지출명 (사업명)	2024년예산 (단위 : 천원 /1년간)	민간이전 분류 (지방자치단체 세출예산 집행기준에 의거) 1. 민간경상사업보조(307-02) 2. 민간단체 법정운영비보조(307-03) 3. 민간행사사업보조(307-04) 4. 민간위탁금(307-05) 5. 사회복지시설 법정운영비보조(307-10) 6. 민간인위탁교육비(307-12) 7. 공기관등에대한경상적위탁사업비(308-13) 8. 민간자본사업보조,자체재원(402-01) 9. 민간자본사업보조,이전재원(402-02) 10. 민간위탁사업비(402-03) 11. 공기관등에 대한 자본적 위탁사업비(403-02)	민간이전지출 근거 (지방보조금 관리기준 참고) 1. 법률에 규정 2. 국고보조 재원(국가지정) 3. 용도 지정 기부금 4. 조례에 직접규정 5. 지자체가 권장하는 사업을 하는 공공기관 6. 시,도 정책 및 재정사정 7. 기타 8. 해당없음	입찰방식: 계약체결방법 (경쟁형태) 1. 일반경쟁 2. 제한경쟁 3. 지명경쟁 4. 수의계약 5. 법정위탁 6. 기타 ( ) 7. 없음	입찰방식: 계약기간 1. 1년 2. 2년 3. 3년 4. 4년 5. 5년 6. 기타 ( )년 7. 단기계약 (1년미만) 8. 없음	입찰방식: 낙찰자선정방법 1. 적격심사 2. 협상에의한계약 3. 최저가낙찰제 4. 규격가격분리 5. 2단계 경쟁입찰 6. 기타 ( ) 7. 없음	운영예산 산정: 운영예산 산정 1. 내부산정 (지자체 자체적으로 산정) 2. 외부산정 (외부전문기관위탁 산정) 3. 내·외부 모두 산정 4. 산정 無 5. 없음	운영예산 산정: 정산방법 1. 내부정산 (지자체 내부적으로 정산) 2. 외부정산 (외부전문기관위탁 정산) 3. 내·외부 모두 산정 4. 정산 無 5. 없음	성과평가 실시여부 1. 실시 2. 미실시 3. 향후 추진 4. 해당없음
118	서울 동대문구	보육교직원명절수당	288,000	5	7	7	8	7	1	1	2
119	서울 동대문구	어린이집공기청정기관리운영비지원	247,990	5	6	7	8	7	1	1	2
120	서울 동대문구	우리동네키움센터(운영비)	245,710	5	2	7	8	7	1	1	1
121	서울 동대문구	민간가정어린이집보육교사근속수당(비서울형,방과후포함)	213,600	5	7	7	7	7	1	1	2
122	서울 동대문구	어린이집운영지원(교재교구비)	197,817	5	2	7	7	7	1	1	2
123	서울 동대문구	푸드뱅크및푸드마켓지원	180,861	5	1	7	8	7	1	2	4
124	서울 동대문구	어린이집냉난방비지원	163,500	5	7	7	8	7	1	1	2
125	서울 동대문구	동대문구사회복지협의회	145,866	5	1	7	8	7	1	3	1
126	서울 동대문구	장애통합어린이집운영비지원	105,612	5	6	7	8	7	1	1	2
127	서울 동대문구	지역아동센터지원(자체사업)	104,520	5	4	7	8	7	1	5	4
128	서울 동대문구	방과후어린이집운영지원	96,010	5	6	7	8	7	1	1	2
129	서울 동대문구	원장연구개발비(정부지원미승인)	93,120	5	6	7	7	7	1	1	2
130	서울 동대문구	외국인아동재원어린이집보육료지원	72,656	5	6	7	8	7	1	1	2
131	서울 동대문구	아이돌봄지원사업종사자확충지원	38,950	5	6	7	3	7	1	1	2
132	서울 동대문구	청소년상담복지센터상담인력운영지원	38,572	5	6	7	1	7	1	1	1
133	서울 동대문구	자활사례관리전달체계운영	31,482	5	1	5	1	7	5	5	1
134	서울 동대문구	지역자활센터종사자복지수당	30,556	5	6	5	1	7	5	5	1
135	서울 동대문구	어린이집교원보수교육	20,780	5	2	7	8	7	5	5	4
136	서울 동대문구	아이돌봄지원사업종사자조정수당	10,396	5	6	7	3	7	1	1	2
137	서울 동대문구	공동육아나눔터운영지원사업종사자처우개선	4,428	5	2	7	3	7	1	1	2
138	서울 동대문구	시간제보육서비스제공지원	4,000	5	6	7	8	7	1	1	4
139	서울 중랑구	누리과정지원	12,958,039	5	6	7	8	7	5	5	4
140	서울 중랑구	보조교사등인건비지원	8,202,480	5	1	7	8	7	5	5	4
141	서울 중랑구	어린이집운영지원	7,378,732	5	1,4	7	8	7	5	5	4
142	서울 중랑구	서울형어린이집운영등	3,563,062	5	4	7	8	7	5	1	4
143	서울 중랑구	보육교직원처우개선지원	2,777,406	5	1	7	8	7	5	5	4
144	서울 중랑구	지역아동센터인건비지원	1,826,160	5	2,4	7	8	7	5	5	4
145	서울 중랑구	보육교사복리후생지원	1,354,800	5	4	7	8	7	5	5	4
146	서울 중랑구	영유아급간식비지원	1,247,242	5	4	7	8	7	5	5	4
147	서울 중랑구	종합사회복지관운영지원	1,169,322	5	1	1	5	1	1	1	1
148	서울 중랑구	보육교직원인건비국고미지원시설	1,167,932	5	1	7	8	7	5	5	4
149	서울 중랑구	어린이집직접채용대체교사지원	641,889	5	2	7	8	7	5	5	4
150	서울 중랑구	지역자활센터운영지원	488,529	5	2	5	8	7	5	5	1
151	서울 중랑구	시간제보육서비스제공지원	441,652	5	2	7	8	7	5	5	4
152	서울 중랑구	지역아동센터운영지원	404,566	5	2,4	7	8	7	5	5	4
153	서울 중랑구	장애아통합시설운영지원	329,304	5	6	7	8	7	5	5	4
154	서울 중랑구	어린이집공기청정기지원	318,742	5	1,4	7	8	7	5	5	4
155	서울 중랑구	조리사인건비지원	289,200	5	4	7	8	7	1	5	4
156	서울 중랑구	어린이집특화보육지원	287,498	5	6	7	8	7	5	5	4
157	서울 중랑구	교사대아동비율축소사업운영지원	148,720	5	4	7	8	7	5	5	4

순번	시군구	지출명 (사업명)	2024년예산 (단위 : 천원 /1년간)	민간이전 분류 (지방자치단체 세출예산 집행기준에 의거) 1. 민간경상사업보조(307-02) 2. 민간단체 법정운영비보조(307-03) 3. 민간행사사업보조(307-04) 4. 민간위탁금(307-05) 5. 사회복지시설 법정운영비보조(307-10) 6. 민간인위탁교육비(307-12) 7. 공기관등에대한경상적위탁사업비(308-13) 8. 민간자본사업보조,자체재원(402-01) 9. 민간자본사업보조,이전재원(402-02) 10. 민간위탁사업비(402-03) 11. 공기관등에 대한 자본적 위탁사업비(403-02)	민간이전지출 근거 (지방보조금 관리기준 참고) 1. 법률에 규정 2. 국고보조 재원(국가지정) 3. 용도 지정 기부금 4. 조례에 직접규정 5. 지자체가 권장하는 사업을 하는 공공기관 6. 시,도 정책 및 재정사정 7. 기타 8. 해당없음	입찰방식			운영예산 산정		성과평가 실시여부
						계약체결방법 (경쟁형태) 1. 일반경쟁 2. 제한경쟁 3. 지명경쟁 4. 수의계약 5. 법정위탁 6. 기타 ( ) 7. 없음	계약기간 1. 1년 2. 2년 3. 3년 4. 4년 5. 5년 6. 기타 ( )년 7. 단기계약 (1년미만) 8. 없음	낙찰자선정방법 1. 적격심사 2. 협상에의한계약 3. 최저가낙찰제 4. 규격가격분리 5. 2단계 경쟁입찰 6. 기타 ( ) 7. 없음	운영예산 산정 1. 내부산정 (지자체 자체적으로 산정) 2. 외부산정 (외부전문기관위탁 산정) 3. 내·외부 모두 산정 4. 산정 無 5. 없음	정산방법 1. 내부정산 (지자체 내부적으로 정산) 2. 외부정산 (외부전문기관위탁 정산) 3. 내·외부 모두 산정 4. 정산 無 5. 없음	1. 실시 2. 미실시 3. 향후 추진 4. 해당없음
158	서울 중랑구	어린이집운영지원(평가인증어린이집교재교구비)	144,551	5	1	7	8	7	5	1	4
159	서울 중랑구	방과후교실운영지원	97,704	5	6	7	8	7	5	5	4
160	서울 중랑구	보육교직원인건비교사대아동비율개선시범사업	97,012	5	1	7	8	7	5	5	4
161	서울 중랑구	어린이집냉난방비지원	74,120	5	4	7	8	7	1	5	4
162	서울 중랑구	서울형공유어린이집운영지원	43,600	5	1,4	7	8	7	5	5	4
163	서울 중랑구	서울형세전담반어린이집지원	34,540	5	4	7	8	7	5	5	4
164	서울 중랑구	자활사례관리	31,482	5	2	5	8	7	5	5	1
165	서울 중랑구	특성별지역아동센터추가지원	22,320	5	2,4	7	8	7	5	5	4
166	서울 중랑구	어린이집교원보수교육	17,929	5	1	7	8	7	1	1	4
167	서울 중랑구	연화어린이집	731,627	5	1	1	5	1	2	2	1
168	서울 성북구	어린이집운영지원	7,390,979	5	1	7	8	7	5	5	4
169	서울 성북구	보조교사및보육도우미지원	6,634,196	5	2	7	8	7	5	1	4
170	서울 성북구	장애인복지관운영	3,503,362	5	1	1	5	7	5	3	4
171	서울 성북구	보육교직원근무환경개선비지원	3,174,700	5	4	1	2	1	1	1	1
172	서울 성북구	자활근로사업	2,931,004	5	2	5	8	7	5	5	1
173	서울 성북구	지역아동센터인건비지원	2,493,318	5	2	7	8	7	1	1	4
174	서울 성북구	만3~5세담임수당지원	2,107,340	5	1	7	8	7	5	5	4
175	서울 성북구	종합사회복지관운영지원	1,302,244	5	1	1	5	7	3	1	1
176	서울 성북구	경로당운영비지원	1,104,720	5	1	7	8	7	1	1	4
177	서울 성북구	어린이집영유아반간식비지원	981,635	5	1	7	8	7	5	5	4
178	서울 성북구	지역아동센터운영비지원	589,295	5	2	7	8	7	1	1	4
179	서울 성북구	발달장애인평생교육센터운영지원	569,279	5	4	7	8	7	1	1	1
180	서울 성북구	성북구가족센터운영	530,084	5	2	7	5	7	5	5	1
181	서울 성북구	어린이집대체교사지원	512,814	5	2	7	8	7	1	1	4
182	서울 성북구	지역자활센터운영	485,665	5	2	5	8	7	5	5	1
183	서울 성북구	시니어클럽운영	368,150	5	1	7	8	7	1	2	1
184	서울 성북구	다문화가족지원센터운영	344,070	5	2	7	5	7	5	5	1
185	서울 성북구	다문화가족지원센터특성화사업	331,677	5	2	7	5	7	5	5	1
186	서울 성북구	시간제보육사업지원	310,850	5	2	7	8	7	1	1	4
187	서울 성북구	경로당냉난방비및양곡비지원	252,035	5	1	7	8	7	1	1	4
188	서울 성북구	장애인자립생활센터지원확대	246,064	5	4	7	8	7	1	1	1
189	서울 성북구	보훈회관운영비지원	237,579	5	4	7	8	7	5	5	4
190	서울 성북구	장애인단체등운영지원	198,013	5	1	7	8	7	1	1	1
191	서울 성북구	장애인편의시설지원센터운영	169,842	5	4	1	2	1	1	1	1
192	서울 성북구	민간가정어린이집교재교구비지원	157,617	5	2	7	8	7	1	1	4
193	서울 성북구	장애인보조기구수리사업	120,943	5	4	1	2	1	1	1	1
194	서울 성북구	장애아통합보육활성화사업비지원	107,796	5	1	7	8	7	5	5	4
195	서울 성북구	점자도서관운영	105,389	5	1	1	5	7	5	3	4
196	서울 성북구	공동육아나눔터운영	57,283	5	2	7	5	7	5	5	1
197	서울 성북구	특성별지역아동센터추가지원	52,200	5	2	7	8	7	1	1	4

순번	시군구	지출명 (사업명)	2024년예산 (단위 : 천원 /1년간)	민간이전 분류 (지방자치단체 세출예산 집행기준에 의거) 1. 민간경상사업보조(307-02) 2. 민간단체 법정운영비보조(307-03) 3. 민간행사사업보조(307-04) 4. 민간위탁금(307-05) 5. 사회복지시설 법정운영비보조(307-10) 6. 민간인위탁교육비(307-12) 7. 공기관등에대한경상적위탁사업비(308-13) 8. 민간자본사업보조,자체재원(402-01) 9. 민간자본사업보조,이전재원(402-02) 10. 민간위탁사업비(402-03) 11. 공기관등에 대한 자본적 위탁사업비(403-02)	민간이전지출 근거 (지방보조금 관리기준 참고) 1. 법률에 규정 2. 국고보조 재원(국가지정) 3. 용도 지정 기부금 4. 조례에 직접규정 5. 지자체가 권장하는 사업을 하는 공공기관 6. 시,도 정책 및 재정사정 7. 기타 8. 해당없음	입찰방식: 계약체결방법 (경쟁형태) 1. 일반경쟁 2. 제한경쟁 3. 지명경쟁 4. 수의계약 5. 법정위탁 6. 기타 ( ) 7. 없음	입찰방식: 계약기간 1. 1년 2. 2년 3. 3년 4. 4년 5. 5년 6. 기타 ( )년 7. 단기계약 (1년미만) 8. 없음	입찰방식: 낙찰자선정방법 1. 적격심사 2. 협상에의한계약 3. 최저가낙찰제 4. 규격가격분리 5. 2단계 경쟁입찰 6. 기타 ( ) 7. 없음	운영예산 산정: 운영예산 산정 1. 내부산정 (지자체 자체적으로 산정) 2. 외부산정 (외부전문기관위탁 산정) 3. 내·외부 모두 산정 4. 산정 無 5. 없음	운영예산 산정: 정산방법 1. 내부정산 (지자체 내부적으로 정산) 2. 외부정산 (외부전문기관위탁 정산) 3. 내·외부 모두 산정 4. 정산 無 5. 없음	성과평가 실시여부 1. 실시 2. 미실시 3. 향후 추진 4. 해당없음
198	서울 성북구	수어통역센터운영지원	49,694	5	1	1	5	7	5	3	4
199	서울 성북구	개방형경로당운영비지원	45,600	5	1	7	8	7	1	1	4
200	서울 성북구	자활사례관리	31,482	5	2	5	8	7	5	5	2
201	서울 성북구	어린이집교원보수교육	20,560	5	2	7	8	7	5	1	4
202	서울 성북구	성북노인종합복지관지원	15,600	5	1	7	8	7	1	1	4
203	서울 성북구	노인교실운영	4,800	5	1	7	8	7	1	1	4
204	서울 성북구	청수어린이집	600,924	5	1	1	5	1	2	2	1
205	서울 성북구	초롱어린이집	393,184	5	1	1	5	1	2	2	1
206	서울 강북구	어린이집운영지원	3,579,351	5	6	7	8	7	5	1	4
207	서울 강북구	보육교직원처우개선지원(보조교사연장교사)	3,367,743	5	2	7	8	7	5	1	4
208	서울 강북구	누리과정운영지원	2,233,245	5	2	7	8	7	5	1	4
209	서울 강북구	어린이집운영지원(자체)	1,884,026	5	4	7	8	7	1	1	4
210	서울 강북구	서울형어린이집공인운영	1,779,926	5	6	7	8	7	5	1	4
211	서울 강북구	지역아동센터인건비지원	1,768,985	5	1	7	8	7	1	1	1
212	서울 강북구	보육교직원처우개선지원(교사근무환경개선비)	1,613,411	5	2	7	8	7	5	1	4
213	서울 강북구	보조교사인건비지원	1,460,820	5	6	7	8	7	5	1	4
214	서울 강북구	경로당운영지원	722,088	5	1	7	8	7	1	1	4
215	서울 강북구	경로당냉난방비및양곡비지원	449,756	5	1	7	8	7	1	1	4
216	서울 강북구	지역아동센터운영비지원(기본운영비,추가운영비)	326,614	5	1	7	8	7	1	1	1
217	서울 강북구	어린이집직접채용대체교사지원	226,984	5	2	7	8	7	5	1	4
218	서울 강북구	지역아동센터운영지원	199,200	5	4	7	8	7	1	1	1
219	서울 강북구	시간제보육서비스제공지원	163,332	5	2	1	3	1	1	1	1
220	서울 강북구	장애아통합(전문)어린이집운영지원	136,392	5	6	7	8	7	5	1	4
221	서울 강북구	장애인편의증진기술지원센터운영비지원	118,520	5	6	6	3	6	1	1	4
222	서울 강북구	어린이집운영지원(국비)	96,584	5	2	7	8	7	5	1	4
223	서울 강북구	수어통역센터운영지원	95,928	5	5	7	8	7	1	1	4
224	서울 강북구	장애인편의시설전문모니터링단운영지원	63,442	5	6	7	1	7	1	1	4
225	서울 강북구	장애인시설및편의지원	50,270	5	5	7	8	7	1	1	4
226	서울 강북구	방과후어린이집운영지원	42,528	5	6	7	8	7	5	1	4
227	서울 강북구	특성별지역아동센터추가지원(특수목적형,토요운영)	28,800	5	1	7	8	7	1	1	1
228	서울 강북구	어린이집교원보수교육비지원(국비)	10,100	5	2	7	8	7	5	1	4
229	서울 도봉구	보조교사지원	3,940,417	5	1	7	8	7	5	5	1
230	서울 도봉구	어린이집운영지원	3,711,207	5	1	7	8	7	5	5	4
231	서울 도봉구	서울형어린이집운영지원	3,444,784	5	1	7	8	7	5	5	2
232	서울 도봉구	누리과정지원	2,159,026	5	1	7	8	6	5	5	4
233	서울 도봉구	보조교사지원	1,873,110	5	1	7	8	7	5	5	1
234	서울 도봉구	보육교직원처우개선지원	1,677,706	5	1	7	8	7	5	5	4
235	서울 도봉구	어린이집기타운영비지원	1,227,959	5	1	7	8	7	5	5	4
236	서울 도봉구	경로당운영지원	1,021,575	5	1	7	8	7	1	1	4
237	서울 도봉구	지역아동센터인건비지원	631,272	5	1,2,4	7	8	7	1	1	4

순번	시군구	지출명 (사업명)	2024년예산 (단위 : 천원 /1년간)	민간이전 분류 (지방자치단체 세출예산 집행기준에 의거) 1. 민간경상사업보조(307-02) 2. 민간단체 법정운영비보조(307-03) 3. 민간행사사업보조(307-04) 4. 민간위탁금(307-05) 5. 사회복지시설 법정운영비보조(307-10) 6. 민간인위탁교육비(307-12) 7. 공기관등에대한경상적위탁사업비(308-13) 8. 민간자본사업보조,자체재원(402-01) 9. 민간자본사업보조,이전재원(402-02) 10. 민간위탁사업비(402-03) 11. 공기관등에 대한 자본적 위탁사업비(403-02)	민간이전지출 근거 (지방보조금 관리기준 참고) 1. 법률에 규정 2. 국고보조 재원(국가지정) 3. 용도 지정 기부금 4. 조례에 직접규정 5. 지자체가 권장하는 사업을 하는 공공기관 6. 시,도 정책 및 재정사정 7. 기타 8. 해당없음	입찰방식			운영예산 산정		성과평가 실시여부
						계약체결방법 (경쟁형태) 1. 일반경쟁 2. 제한경쟁 3. 지명경쟁 4. 수의계약 5. 법정위탁 6. 기타 ( ) 7. 없음	계약기간 1. 1년 2. 2년 3. 3년 4. 4년 5. 5년 6. 기타 ( )년 7. 단기계약 (1년미만) 8. 없음	낙찰자선정방법 1. 적격심사 2. 협상에의한계약 3. 최저가낙찰제 4. 규격가격분리 5. 2단계 경쟁입찰 6. 기타 ( ) 7. 없음	운영예산 산정 1. 내부산정 (지자체 자체적으로 산정) 2. 외부산정 (외부전문기관위탁 산정) 3. 내·외부 모두 산정 4. 산정 無 5. 없음	정산방법 1. 내부정산 (지자체 내부적으로 정산) 2. 외부정산 (외부전문기관위탁 정산) 3. 내·외부 모두 산정 4. 정산 無 5. 없음	1. 실시 2. 미실시 3. 향후 추진 4. 해당없음
238	서울 도봉구	도봉형교사대아동비율개선사업	555,000	5	1	7	8	7	5	5	4
239	서울 도봉구	자활근로,지역자활센터운영(지역자활센터운영지원)	506,591	5	1	6	1	7	5	5	1
240	서울 도봉구	서울시급간식비차액지원	478,952	5	1	7	8	7	5	5	4
241	서울 도봉구	서울형전임교사지원	420,570	5	1	7	8	7	5	5	4
242	서울 도봉구	어린이집대체교사지원	399,451	5	1	7	8	7	5	5	4
243	서울 도봉구	장애아통합어린이집운영지원	392,168	5	1	7	8	7	5	5	4
244	서울 도봉구	도봉튼튼영유아영양지원	206,040	5	1	7	8	7	5	5	4
245	서울 도봉구	지역아동센터지원	175,500	5	1,2,4	7	8	7	1	1	4
246	서울 도봉구	중증장애인자립생활센터지원	162,392	5	4	7	8	7	1	1	4
247	서울 도봉구	시간제보육사업운영관리	158,560	5	1	7	8	7	5	5	4
248	서울 도봉구	어린이집운영지원	135,183	5	1	7	8	7	5	5	4
249	서울 도봉구	장애인편의시설지원	132,588	5	1	7	8	7	5	5	2
250	서울 도봉구	경로당냉난방비및양곡비지원(도봉구경로당운영지원)	130,160	5	1	7	8	7	5	5	4
251	서울 도봉구	지역아동센터운영비지원(기본운영비,추가운영비)	109,241	5	1,2,4	7	8	7	1	1	4
252	서울 도봉구	방과후교실운영지원	70,300	5	1	7	8	7	5	5	4
253	서울 도봉구	모아어린이집운영지원	53,650	5	1	7	8	7	5	5	4
254	서울 도봉구	서울형세전담반	43,876	5	1	7	8	7	5	5	4
255	서울 도봉구	자활사례관리	31,482	5	1	7	8	7	5	5	4
256	서울 도봉구	특성별지역아동센터추가지원(특수목적형,토요운영)	25,200	5	1,2,4	6	1	7	5	5	1
257	서울 도봉구	어린이집교원보수교육	20,960	5	1	7	8	7	1	1	4
258	서울 도봉구	지역아동센터환경개선비지원(지자체.법인,개인시설)	13,958	5	1,2,4	7	8	7	5	5	2
259	서울 노원구	장애인복지관등운영지원	4,377,310	5	1	7	8	7	1	1	4
260	서울 노원구	지역아동센터인건비	2,183,735	5	5	7	8	7	1	1	1
261	서울 노원구	지역자활센터운영	1,372,482	5	2	7	8	7	1	1	1
262	서울 노원구	종합사회복지관운영보조금	1,239,385	5	4	7	8	7	5	1	1
263	서울 노원구	지역아동센터운영비	720,166	5	5	7	8	7	3	1	1
264	서울 노원구	장애인자립생활지원센터운영지원	158,400	5	1,4	7	8	7	1	1	1
265	서울 노원구	자활사례관리비	94,444	5	2	7	8	7	5	5	4
266	서울 노원구	수어통역센터운영지원	51,318	5	1	7	8	7	5	1	1
267	서울 은평구	보조교사지원	9,042,468	5	1	7	8	7	1	1	1
268	서울 은평구	보육교직원처우개선지원	7,761,292	5	1	7	8	7	5	1	4
269	서울 은평구	특화보육지원	5,399,319	5	1	7	8	7	5	1	4
270	서울 은평구	장애인복지관운영	4,460,354	5	1	7	8	7	5	1	4
271	서울 은평구	어린이집운영지원	3,951,245	5	1	7	8	7	1	1	4
272	서울 은평구	차액보육료	3,813,083	5	1	7	8	7	1	1	4
273	서울 은평구	지역아동센터운영비지원	3,608,310	5	2	7	8	7	5	1	4
274	서울 은평구	누리과정담임수당및운영비지원	3,416,699	5	1	7	8	7	5	5	4
275	서울 은평구	경로당유지관리	1,173,240	5	1	7	8	7	5	1	4
276	서울 은평구	대체교사인건비지원	668,177	5	1	7	8	7	1	1	4
277	서울 은평구	지역자활센터운영	488,077	5	2	5	1	7	5	1	4

순번	시군구	지출명 (사업명)	2024년예산 (단위 : 천원 /1년간)	민간이전 분류 (지방자치단체 세출예산 집행기준에 의거) 1. 민간경상사업보조(307-02) 2. 민간단체 법정운영비보조(307-03) 3. 민간행사사업보조(307-04) 4. 민간위탁금(307-05) 5. 사회복지시설 법정운영비보조(307-10) 6. 민간인위탁교육비(307-12) 7. 공기관등에대한경상적위탁사업비(308-13) 8. 민간자본사업보조,자체재원(402-01) 9. 민간자본사업보조,이전재원(402-02) 10. 민간위탁사업비(402-03) 11. 공기관등에 대한 자본적 위탁사업비(403-02)	민간이전지출 근거 (지방보조금 관리기준 참고) 1. 법률에 규정 2. 국고보조 재원(국가지정) 3. 용도 지정 기부금 4. 조례에 직접규정 5. 지자체가 권장하는 사업을 하는 공공기관 6. 시,도 정책 및 재정사정 7. 기타 8. 해당없음	입찰방식: 계약체결방법 (경쟁형태) 1. 일반경쟁 2. 제한경쟁 3. 지명경쟁 4. 수의계약 5. 법정위탁 6. 기타 ( ) 7. 없음	입찰방식: 계약기간 1. 1년 2. 2년 3. 3년 4. 4년 5. 5년 6. 기타 ( )년 7. 단기계약 (1년미만) 8. 없음	입찰방식: 낙찰자선정방법 1. 적격심사 2. 협상에의한계약 3. 최저가낙찰제 4. 규격가격분리 5. 2단계 경쟁입찰 6. 기타 ( ) 7. 없음	운영예산 산정: 운영예산 산정 1. 내부산정 (지자체 자체적으로 산정) 2. 외부산정 (외부전문기관위탁 산정) 3. 내·외부 모두 산정 4. 산정 無 5. 없음	운영예산 산정: 정산방법 1. 내부정산 (지자체 내부적으로 정산) 2. 외부정산 (외부전문기관위탁 정산) 3. 내·외부 모두 산정 4. 정산 無 5. 없음	성과평가 실시여부 1. 실시 2. 미실시 3. 향후 추진 4. 해당없음
278	서울 은평구	시니어클럽지원	425,832	5	1	6	5	6	5	1	1
279	서울 은평구	장애인주간보호센터운영지원	376,040	5	1	7	8	7	1	1	1
280	서울 은평구	장애아통합어린이집운영	349,116	5	1	7	8	7	5	1	4
281	서울 은평구	장애인자립생활지원센터지원	223,248	5	1	7	8	7	1	1	4
282	서울 은평구	장애인편의증진기술지원센터운영지원	200,079	5	1	5	1	7	1	1	1
283	서울 은평구	경로당냉난방비및양곡비지원	192,575	5	1	7	8	7	1	1	4
284	서울 은평구	복지기획업무추진	187,041	5	1	7	7	7	1	1	4
285	서울 은평구	장애인가족지원센터운영	164,932	5	2	6	3	6	1	1	4
286	서울 은평구	시간제보육운영지원	159,488	5	2	7	8	7	1	1	4
287	서울 은평구	방과후어린이집운영	115,212	5	1	7	8	7	5	1	4
288	서울 은평구	특성별지역아동센터추가지원	93,600	5	2	7	8	7	5	5	4
289	서울 은평구	놀아인쉼터운영비지원	89,664	5	1	7	8	7	1	1	3
290	서울 은평구	육아지원코디네이터운영	37,182	5	8	7	8	7	5	5	4
291	서울 은평구	지역자활센터자활사례관리	31,482	5	2	5	1	7	1	1	1
292	서울 은평구	지역아동센터문화활동지원(참여예산)	30,000	5	5	7	8	7	1	1	3
293	서울 은평구	방과후보육료	24,641	5	1	7	8	7	5	1	4
294	서울 은평구	디에이치자이개포어린이집	556,612	5	1	1	5	1	2	2	1
295	서울 서대문구	3~5세누리과정보육료지원	6,870,608	5	1	7	8	7	1	1	1
296	서울 서대문구	보조교사인건비지원(국비보조)	3,353,663	5	1	7	8	7	1	1	1
297	서울 서대문구	어린이집운영지원	2,697,800	5	1	7	8	7	1	1	1
298	서울 서대문구	보육교직원처우개선지원(국비보조)	2,614,890	5	1	7	8	7	1	1	1
299	서울 서대문구	특화보육운영지원	2,489,918	5	1	7	8	7	1	1	1
300	서울 서대문구	보육교직원처우개선지원	2,303,400	5	1,4	7	8	7	1	1	1
301	서울 서대문구	3~5세누리과정운영지원	2,106,744	5	1	7	8	7	1	1	1
302	서울 서대문구	보조교사인건비지원	1,728,065	5	1	7	8	7	1	1	1
303	서울 서대문구	경로당운영지원	1,348,896	5	1,4	7	8	7	1	1	4
304	서울 서대문구	종합사회복지관운영지원	1,262,100	5	1	7	8	7	1	1	1
305	서울 서대문구	어린이집운영지원	941,996	5	1,4	7	8	7	1	1	1
306	서울 서대문구	지역아동센터운영비지원	748,991	5	2	6	5	1	2	1	3
307	서울 서대문구	시간제보육운영지원(보건복지부형)	662,640	5	2	7	8	7	1	1	1
308	서울 서대문구	어린이집급간식비지원	461,688	5	1	7	8	7	1	1	1
309	서울 서대문구	시간제보육운영지원(서대문구형)	437,840	5	1	7	8	7	1	1	1
310	서울 서대문구	장애아통합보육운영지원	382,298	5	1	7	8	7	1	1	1
311	서울 서대문구	특화보육운영지원	321,284	5	1,4	7	8	7	1	1	1
312	서울 서대문구	직접채용대체교사인건비지원	287,940	5	1	7	8	7	1	1	1
313	서울 서대문구	서울형전임교사인건비지원	265,560	5	1	7	8	7	1	1	1
314	서울 서대문구	어린이집공기청정기지원	244,232	5	1	7	8	7	1	1	1
315	서울 서대문구	사회복지협의회운영	189,267	5	1	7	8	7	1	1	1
316	서울 서대문구	경로당냉난방비및양곡비지원	157,223	5	1,4	7	8	7	1	1	4
317	서울 서대문구	방과후교실어린이집운영지원	96,134	5	1,4	7	8	7	1	1	1

순번	시군구	지출명 (사업명)	2024년예산 (단위 : 천원 /1년간)	민간이전 분류 (지방자치단체 세출예산 집행기준에 의거) 1. 민간경상사업보조(307-02) 2. 민간단체 법정운영비보조(307-03) 3. 민간행사사업보조(307-04) 4. 민간위탁금(307-05) 5. 사회복지시설 법정운영비보조(307-10) 6. 민간인위탁교육비(307-12) 7. 공기관등에대한경상적위탁사업비(308-13) 8. 민간자본사업보조,자체재원(402-01) 9. 민간자본사업보조,이전재원(402-02) 10. 민간위탁사업비(402-03) 11. 공기관등에 대한 자본적 위탁사업비(403-02)	민간이전지출 근거 (지방보조금 관리기준 참고) 1. 법률에 규정 2. 국고보조 재원(국가지정) 3. 용도 지정 기부금 4. 조례에 직접규정 5. 지자체가 권장하는 사업을 하는 공공기관 6. 시,도 정책 및 재정사정 7. 기타 8. 해당없음	입찰방식			운영예산 산정		성과평가 실시여부
						계약체결방법 (경쟁형태) 1. 일반경쟁 2. 제한경쟁 3. 지명경쟁 4. 수의계약 5. 법정위탁 6. 기타 ( ) 7. 없음	계약기간 1. 1년 2. 2년 3. 3년 4. 4년 5. 5년 6. 기타 ( )년 7. 단기계약 (1년미만) 8. 없음	낙찰자선정방법 1. 적격심사 2. 협상에의한계약 3. 최저가낙찰제 4. 규격가격분리 5. 2단계 경쟁입찰 6. 기타 ( ) 7. 없음	운영예산 산정 1. 내부산정 (지자체 자체적으로 산정) 2. 외부산정 (외부전문기관위탁 산정) 3. 내·외부 모두 산정 4. 산정 無 5. 없음	정산방법 1. 내부정산 (지자체 내부적으로 정산) 2. 외부정산 (외부전문기관위탁 정산) 3. 내·외부 모두 산정 4. 정산 無 5. 없음	1. 실시 2. 미실시 3. 향후 추진 4. 해당없음
318	서울 서대문구	다함께돌봄센터운영비지원	95,710	5	1	6	5	1	3	1	3
319	서울 서대문구	어린이집교재교구비지원	86,900	5	1	7	8	7	1	1	1
320	서울 서대문구	노인여가복지시설운영	80,400	5	1,4	5	5	1	1	1	1
321	서울 서대문구	한부모가족매입임대주택주거지원사업	80,144	5	2	7	8	7	5	1	1
322	서울 서대문구	지역아동센터운영지원	51,600	5	1	6	5	1	1	1	3
323	서울 서대문구	방과후보육료지원	14,428	5	1	7	8	7	1	1	1
324	서울 서대문구	특성별지역아동센터추가지원	14,400	5	2	6	5	1	2	1	3
325	서울 서대문구	보육교직원보수교육비지원	11,640	5	1	7	8	7	1	1	1
326	서울 마포구	어린이집운영지원사업(구비)	675,154	5	8	7	8	7	1	1	1
327	서울 마포구	어린이집보육교사지원(구비)	667,200	5	8	7	8	7	1	1	1
328	서울 마포구	어린이집영유아간식비지원(구비)	544,920	5	8	7	8	7	1	1	1
329	서울 마포구	보훈회관운영(인건비및운영비)	225,450	5	4	7	4	7	1	1	1
330	서울 마포구	마포형어린이집시범운영	174,860	5	8	7	8	7	1	1	1
331	서울 마포구	어린이집원장지원(구비)	125,400	5	8	7	8	7	1	1	1
332	서울 마포구	지역아동센터운영비지원	115,800	5	8	7	8	7	5	5	1
333	서울 마포구	5+세대인생이모작지원	65,000	5	1	6	1	6	1	1	1
334	서울 마포구	장애인자립생활센터지원	60,000	5	4	6	1	6	1	1	1
335	서울 마포구	지역아동센터인건비지원	30,360	5	8	7	8	7	5	5	1
336	서울 양천구	보육교직원처우개선지원(보조교사)	7,130,934	5	1	7	8	7	5	5	1
337	서울 양천구	종사자인건비(기본급외)	4,778,832	5	1	7	8	7	5	5	1
338	서울 양천구	서울형어린이집지원	3,112,565	5	1	7	8	7	5	5	1
339	서울 양천구	보육교직원처우개선지원	3,058,184	5	1	7	8	7	5	5	1
340	서울 양천구	부모급여지원	3,014,000	5	1	7	8	7	5	5	1
341	서울 양천구	보육료차액지원(일반아동)	2,933,988	5	1	7	8	7	5	5	4
342	서울 양천구	어린이집운영지원	2,705,236	5	1	7	8	7	5	5	1
343	서울 양천구	지역아동센터인건비지원	2,050,835	5	2	7	8	7	5	5	1
344	서울 양천구	경로당운영	1,182,970	5	7	7	8	7	1	1	4
345	서울 양천구	장애인일자리(복지일자리)	850,000	5	2	1	1	1	1	1	4
346	서울 양천구	민간보육시설지원	572,530	5	1	7	8	7	5	5	1
347	서울 양천구	장애통합및전담시설지원	514,596	5	1	7	8	7	5	5	1
348	서울 양천구	지역자활센터운영	453,727	5	1	4	1	6	1	1	1
349	서울 양천구	지역아동센터운영비지원	389,183	5	2	7	8	7	1	1	4
350	서울 양천구	시간제보육서비스제공지원	381,232	5	1	7	8	7	5	5	1
351	서울 양천구	어린이집공기청정기운영비지원	293,221	5	1	7	8	7	5	5	1
352	서울 양천구	양천해누리복지관운영	174,262	5	1	7	5	7	1	1	1
353	서울 양천구	자립생활센터운영	147,435	5	2	1	1	1	1	1	1
354	서울 양천구	지역아동센터운영지원	140,220	5	4	7	8	7	1	1	4
355	서울 양천구	장애인편의증진기술지원센터지원	126,350	5	1	1	1	1	1	1	4
356	서울 양천구	서울형모아어린이집지원	97,100	5	1	7	8	7	5	5	1
357	서울 양천구	노인회지회지원	77,483	5	4	7	8	7	1	1	2

순번	시군구	지출명 (사업명)	2024년예산 (단위 : 천원 /1년간)	민간이전 분류 (지방자치단체 세출예산 집행기준에 의거) 1. 민간경상사업보조(307-02) 2. 민간단체 법정운영비보조(307-03) 3. 민간행사사업보조(307-04) 4. 민간위탁금(307-05) 5. 사회복지시설 법정운영비보조(307-10) 6. 민간인위탁교육비(307-12) 7. 공기관등에대한경상적위탁사업비(308-13) 8. 민간자본사업보조,자체재원(402-01) 9. 민간자본사업보조,이전재원(402-02) 10. 민간위탁사업비(402-03) 11. 공기관등에 대한 자본적 위탁사업비(403-02)	민간이전지출 근거 (지방보조금 관리기준 참고) 1. 법률에 규정 2. 국고보조 재원(국가지정) 3. 용도 지정 기부금 4. 조례에 직접규정 5. 지자체가 권장하는 사업을 하는 공공기관 6. 시,도 정책 및 재정사정 7. 기타 8. 해당없음	입찰방식 계약체결방법 (경쟁형태) 1. 일반경쟁 2. 제한경쟁 3. 지명경쟁 4. 수의계약 5. 법정위탁 6. 기타 ( ) 7. 없음	입찰방식 계약기간 1. 1년 2. 2년 3. 3년 4. 4년 5. 5년 6. 기타 ( )년 7. 단기계약 (1년미만) 8. 없음	입찰방식 낙찰자선정방법 1. 적격심사 2. 협상에의한계약 3. 최저가낙찰제 4. 규격가격분리 5. 2단계 경쟁입찰 6. 기타 ( ) 7. 없음	운영예산 산정 운영예산 산정 1. 내부산정 (지자체 자체적으로 산정) 2. 외부산정 (외부전문기관위탁 산정) 3. 내·외부 모두 산정 4. 산정 無 5. 없음	운영예산 산정 정산방법 1. 내부정산 (지자체 내부적으로 정산) 2. 외부정산 (외부전문기관위탁 정산) 3. 내·외부 모두 산정 4. 정산 無 5. 없음	성과평가 실시여부 1. 실시 2. 미실시 3. 향후 추진 4. 해당없음
358	서울 양천구	수어통역센터(농아인쉼터)운영지원	63,720	5	1	7	8	7	2	1	4
359	서울 양천구	지역아동센터특성별운영비지원	43,200	5	2	7	8	7	1	1	4
360	서울 양천구	방과후교실운영비	31,896	5	1	7	8	7	5	5	1
361	서울 양천구	자활사례관리	31,482	5	1	4	1	6	1	1	1
362	서울 양천구	편의증진기술지원센터전문모니터링단지원	30,600	5	1	1	1	1	1	1	4
363	서울 양천구	지역자활센터종사자복지수당지원	25,028	5	1	4	1	6	1	1	1
364	서울 양천구	어린이집교원보수교육	19,800	5	1	7	8	7	5	5	1
365	서울 양천구	보육료차액지원(법정저소득)	15,384	5	1	7	8	7	5	5	1
366	서울 양천구	양천형밤샘긴급돌봄어린이집운영	15,000	5	1	7	8	7	5	5	1
367	서울 양천구	방과후보육료	12,667	5	1	7	8	7	5	5	1
368	서울 강서구	누리과정보육료	12,996,549	5	6	7	8	7	5	5	4
369	서울 강서구	어린이집보조교사지원	10,697,940	5	2	7	8	7	5	5	4
370	서울 강서구	보육교사담임교사수당지원	4,351,200	5	2	7	8	7	5	5	4
371	서울 강서구	누리과정보육료차액지원	4,056,311	5	6	7	8	7	5	5	4
372	서울 강서구	누리과정운영지원	3,998,548	5	1	7	8	7	1	1	4
373	서울 강서구	보육교사처우개선비지원	3,874,534	5	6	7	8	7	5	5	4
374	서울 강서구	어린이집운영지원	3,065,399	5	6	7	8	7	5	5	4
375	서울 강서구	어린이집영유아간식비지원	1,940,686	5	6	7	8	7	5	5	4
376	서울 강서구	지역아동센터인건비지원	1,652,135	5	4	7	8	7	1	1	1
377	서울 강서구	어르신사랑방(경로당)운영비지원	1,124,155	5	4	7	8	7	1	1	1
378	서울 강서구	자활근로사업	983,000	5	2	5	1	1	1	1	4
379	서울 강서구	보육교직원복리후생비지원	912,900	5	4	7	8	7	5	5	4
380	서울 강서구	어린이집운영개선비지원	827,040	5	4	7	8	7	5	5	4
381	서울 강서구	어린이집공기질개선지원	546,276	5	1	7	8	7	5	5	4
382	서울 강서구	보육교사중식비등지원	497,396	5	6	7	8	7	5	5	4
383	서울 강서구	장애아통합어린이집운영지원	444,712	5	6	7	8	7	5	5	4
384	서울 강서구	어린이집특화보육운영지원	432,030	5	6	7	8	7	5	5	4
385	서울 강서구	시간제보육사업	366,742	5	1	7	8	7	1	1	1
386	서울 강서구	어린이집대체교사지원	362,390	5	2	7	8	7	5	5	4
387	서울 강서구	지역아동센터기본운영비지원	299,711	5	4	7	8	7	1	1	1
388	서울 강서구	어린이집교재교구비지원	242,273	5	6	7	8	7	5	5	4
389	서울 강서구	서울형모아어린이집지원	145,260	5	4	7	8	7	1	1	4
390	서울 강서구	기초푸드뱅크마켓운영	88,416	5	4	1	5	1	1	1	2
391	서울 강서구	지역아동센터운영지원	83,600	5	1,4	7	8	7	1	1	1
392	서울 강서구	농아인쉼터운영비지원	60,000	5	1	7	8	7	5	5	4
393	서울 강서구	어르신문화교실운영지원	58,500	5	5	1	1	1	1	1	1
394	서울 강서구	방과후어린이집운영지원	57,348	5	6	7	8	7	5	5	4
395	서울 강서구	어린이집상해배상보험가입지원	55,246	5	6	7	8	7	5	5	4
396	서울 강서구	사회복지시설종사자처우개선비	50,880	5	1	7	8	7	5	5	4
397	서울 강서구	장애인개인생활시설운영비지원	45,600	5	1	7	8	7	5	5	4

순번	시군구	지출명 (사업명)	2024년예산 (단위 : 천원 /1년간)	민간이전 분류 (지방자치단체 세출예산 집행기준에 의거) 1. 민간경상사업보조(307-02) 2. 민간단체 법정운영비보조(307-03) 3. 민간행사사업보조(307-04) 4. 민간위탁금(307-05) 5. 사회복지시설 법정운영비보조(307-10) 6. 민간인위탁교육비(307-12) 7. 공기관등에대한경상적위탁사업비(308-13) 8. 민간자본사업보조,자체재원(402-01) 9. 민간자본사업보조,이전재원(402-02) 10. 민간위탁사업비(402-03) 11. 공기관등에 대한 자본적 위탁사업비(403-02)	민간이전지출 근거 (지방보조금 관리기준 참고) 1. 법률에 규정 2. 국고보조 재원(국가지정) 3. 용도 지정 기부금 4. 조례에 직접규정 5. 지자체가 권장하는 사업을 하는 공공기관 6. 시,도 정책 및 재정사정 7. 기타 8. 해당없음	입찰방식 계약체결방법 (경쟁형태) 1. 일반경쟁 2. 제한경쟁 3. 지명경쟁 4. 수의계약 5. 법정위탁 6. 기타 ( ) 7. 없음	입찰방식 계약기간 1. 1년 2. 2년 3. 3년 4. 4년 5. 5년 6. 기타 ( )년 7. 단기계약 (1년미만) 8. 없음	입찰방식 낙찰자선정방법 1. 적격심사 2. 협상에의한계약 3. 최저가낙찰제 4. 규격가격분리 5. 2단계 경쟁입찰 6. 기타 ( ) 7. 없음	운영예산 산정 운영예산 산정 1. 내부산정 (지자체 자체적으로 산정) 2. 외부산정 (외부전문기관위탁 산정) 3. 내·외부 모두 산정 4. 산정 無 5. 없음	운영예산 산정 정산방법 1. 내부정산 (지자체 내부적으로 정산) 2. 외부정산 (외부전문기관위탁 정산) 3. 내·외부 모두 산정 4. 정산 無 5. 없음	성과평가 실시여부 1. 실시 2. 미실시 3. 향후 추진 4. 해당없음
398	서울 강서구	발산어르신행복센터운영지원	44,400	5	5	7	8	7	1	1	1
399	서울 강서구	특수목적운영비추가지원	36,000	5	4	7	8	7	1	1	1
400	서울 강서구	토요운영비추가지원	32,400	5	4	7	8	7	1	1	1
401	서울 강서구	방과후보육료	27,920	5	6	7	8	7	5	5	4
402	서울 강서구	보육교사보수교육비지원	27,640	5	2	7	8	7	5	5	1
403	서울 강서구	지역아동센터추가운영비지원	10,800	5	4	7	8	7	1	1	1
404	서울 강서구	인권지킴이단운영지원	10,000	5	1	7	8	7	5	5	4
405	서울 강서구	사회복지시설종사자처우개선비	7,800	5	4	7	8	7	1	1	4
406	서울 강서구	영유아코딩교육지원사업	6,000	5	1	7	8	7	1	1	3
407	서울 강서구	논현어린이집	618,130	5	1	1	5	1	2	2	1
408	서울 강서구	한별어린이집	577,845	5	1	1	5	1	2	2	1
409	서울 강서구	예향어린이집	506,923	5	1	1	5	1	2	2	1
410	서울 강서구	푸른어린이집	473,455	5	1	1	5	1	2	2	1
411	서울 강서구	세곡연두어린이집	338,268	5	1	1	5	1	2	2	1
412	서울 강서구	가온어린이집	279,035	5	1	1	5	1	2	2	1
413	서울 강서구	서울형좋은돌봄인증노인복지시설종사자처우개선수당	15,000	5	4	7	8	7	1	1	4
414	서울 강서구	서울형좋은돌봄인증노인복지시설종사자처우개선수당	15,000	5	4	7	8	7	1	1	4
415	서울 강서구	서울형좋은돌봄인증노인복지시설종사자처우개선수당	15,000	5	4	7	8	7	1	1	4
416	서울 강서구	서울형좋은돌봄인증노인복지시설종사자처우개선수당	15,000	5	4	7	8	7	1	1	4
417	서울 강서구	서울형좋은돌봄인증노인복지시설종사자처우개선수당	15,000	5	4	7	8	7	1	1	4
418	서울 강서구	서울형좋은돌봄인증노인복지시설종사자처우개선수당	15,000	5	4	7	8	7	1	1	4
419	서울 강서구	서울형좋은돌봄인증노인복지시설종사자처우개선수당	15,000	5	4	7	8	7	1	1	4
420	서울 강서구	서울형좋은돌봄인증노인복지시설종사자처우개선수당	15,000	5	4	7	8	7	1	1	4
421	서울 구로구	아이돌봄지원(돌봄수당및서비스관리)	6,020,694	5	2	5	3	7	1	1	4
422	서울 구로구	만3~5세아담임수당(누리과정담임수당)	3,405,100	5	1	7	8	7	5	5	4
423	서울 구로구	장애인종합복지관운영비지원(장애인종합복지관운영비)	3,256,211	5	1	7	8	7	1	3	4
424	서울 구로구	서울형어린이집운영지원(인건비지원)	3,089,415	5	1	7	8	7	5	5	4
425	서울 구로구	보육교직원인건비지원(국공립법인(시비지원))	3,054,590	5	1	7	8	7	5	5	4
426	서울 구로구	보육교직원처우개선지원(국비연장보육전담교사)	3,040,137	5	2	7	8	7	5	5	4
427	서울 구로구	보육교직원처우개선지원(국비보조교사)	2,965,580	5	2	7	8	7	5	5	4
428	서울 구로구	어린이집운영지원(근무환경개선)(교사근무환경개선비)	2,958,386	5	1	7	8	7	5	5	4
429	서울 구로구	어린이집운영개선인건비지원(처우개선비(서울형포함))	2,936,244	5	1	7	8	7	5	5	4
430	서울 구로구	지역아동센터인건비지원(인건비(24개소))	2,364,785	5	2	7	8	7	1	1	4
431	서울 구로구	보육교직원처우개선지원(시비보육도우미)	1,977,516	5	6	7	8	7	5	5	4
432	서울 구로구	어린이집운영비지원(영아반운영비)	1,665,460	5	1	7	8	7	5	5	4
433	서울 구로구	다함께돌봄(우리동네키움센터인건비)(인건비지원)	1,409,808	5	6	1	5	1	1	1	4
434	서울 구로구	서울형시범사업운영지원(교사대아동비율개선(32개소))	1,001,472	5	1	7	8	7	5	5	4
435	서울 구로구	자활사업(지역자활센터운영)(자활사업(지역자활센터운영비))	898,862	5	1	7	8	7	5	5	4
436	서울 구로구	경로당운영지원(시비지원)	882,000	5	1	7	8	7	5	5	4
437	서울 구로구	서울형어린이집운영지원(운영비지원)	767,085	5	1	7	8	7	5	5	4

순번	시군구	지출명 (사업명)	2024년예산 (단위 : 천원 /1년간)	민간이전 분류 (지방자치단체 세출예산 집행기준에 의거) 1. 민간경상사업보조(307-02) 2. 민간단체 법정운영비보조(307-03) 3. 민간행사사업보조(307-04) 4. 민간위탁금(307-05) 5. 사회복지시설 법정운영비보조(307-10) 6. 민간인위탁교육비(307-12) 7. 공기관등에대한경상적위탁사업비(308-13) 8. 민간자본사업보조,자체재원(402-01) 9. 민간자본사업보조,이전재원(402-02) 10. 민간위탁사업비(402-03) 11. 공기관등에 대한 자본적 위탁사업비(403-02)	민간이전지출 근거 (지방보조금 관리기준 참고) 1. 법률에 규정 2. 국고보조 재원(국가지정) 3. 용도 지정 기부금 4. 조례에 직접규정 5. 지자체가 권장하는 사업을 하는 공공기관 6. 시,도 정책 및 재정사정 7. 기타 8. 해당없음	입찰방식 계약체결방법 (경쟁형태) 1. 일반경쟁 2. 제한경쟁 3. 지명경쟁 4. 수의계약 5. 법정위탁 6. 기타 ( ) 7. 없음	입찰방식 계약기간 1. 1년 2. 2년 3. 3년 4. 4년 5. 5년 6. 기타 ( )년 7. 단기계약 (1년미만) 8. 없음	입찰방식 낙찰자선정방법 1. 적격심사 2. 협상에의한계약 3. 최저가낙찰제 4. 규격가격분리 5. 2단계 경쟁입찰 6. 기타 ( ) 7. 없음	운영예산 산정 운영예산 산정 1. 내부산정 (지자체 자체적으로 산정) 2. 외부산정 (외부전문기관위탁 산정) 3. 내·외부 모두 산정 4. 산정 無 5. 없음	운영예산 산정 정산방법 1. 내부정산 (지자체 내부적으로 정산) 2. 외부정산 (외부전문기관위탁 정산) 3. 내·외부 모두 산정 4. 정산 無 5. 없음	성과평가 실시여부 1. 실시 2. 미실시 3. 향후 추진 4. 해당없음
438	서울 구로구	어린이집복리후생비지원(복리후생비)	751,014	5	1	7	8	7	5	5	4
439	서울 구로구	어린이집급간식비지원(유아급간식비)	655,346	5	1	7	8	7	5	5	4
440	서울 구로구	보육교직원처우개선지원(시비보조교사)	650,208	5	6	7	8	7	5	5	4
441	서울 구로구	어린이집급간식비지원(영아급간식비구비추가)	633,600	5	1	7	8	7	5	5	4
442	서울 구로구	다함께돌봄(우리동네키움센터운영)(급식비지원)	578,560	5	6	1	5	1	1	1	4
443	서울 구로구	어린이집운영지원(직접채용대체교사)(대체교사지원)	505,696	5	1	7	8	7	1	1	1
444	서울 구로구	지역아동센터아동복지교사파견지원(아동복지교사(24명))	435,068	5	2	7	8	7	1	1	4
445	서울 구로구	지역아동센터운영(기본운영비(24개소))	390,958	5	2	7	8	7	1	1	4
446	서울 구로구	어린이집운영비지원(보육교사중식비)	369,022	5	1	7	8	7	5	5	4
447	서울 구로구	어린이집냉난방비지원(어린이집냉난방비지원)	361,000	5	1	7	8	7	5	5	4
448	서울 구로구	장애아통합어린이집운영(교재교구및인건비등)	321,576	5	6	7	8	7	1	1	4
449	서울 구로구	공기청정기운영비지원(보육실)	303,282	5	1	7	8	7	5	5	4
450	서울 구로구	경로당운영지원(구비추가지원)	302,400	5	1	7	8	7	5	5	4
451	서울 구로구	건강가정지원센터운영(센터운영비)	271,700	5	1,2	5	5	1	1	1	4
452	서울 구로구	어린이집복리후생비지원(조리원인건비(민간가정협동))	232,968	5	1	7	8	7	5	5	4
453	서울 구로구	다함께돌봄(우리동네키움센터운영)(운영비지원(국비))	228,000	5	6	1	5	1	1	1	4
454	서울 구로구	맞춤보육서비스인건비지원(맞춤보육인건비및운영비지원)	217,166	5	1	7	8	7	5	1	4
455	서울 구로구	지역아동센터운영(운영비추가지원(구비))	201,600	5	4	7	8	7	1	1	4
456	서울 구로구	아이돌봄지원(틈새3종(영아,등하원,병원동행))	201,261	5	6	5	3	7	1	1	4
457	서울 구로구	어린이집급간식비지원(영아급간식비)	194,745	5	1	7	8	7	5	5	4
458	서울 구로구	시간제보육서비스제공지원(시간차등형(4개소))	179,572	5	1	7	8	7	1	1	2
459	서울 구로구	경로당냉난방비및양곡비지원(난방비구비추가지원(12개소))	177,600	5	1	7	8	7	5	5	4
460	서울 구로구	서울형시범사업운영지원(서울형전임교사)	177,428	5	1	7	8	7	5	5	4
461	서울 구로구	다함께돌봄(우리동네키움센터운영)(운영비지원)	174,972	5	6	1	5	1	1	1	4
462	서울 구로구	어린이집복리후생비지원(처우개선비(비서울형원장))	156,000	5	1	7	8	7	5	5	4
463	서울 구로구	경로당냉난방비및양곡비지원(난방비지원(9개소))	149,850	5	1	7	8	7	5	5	4
464	서울 구로구	아이돌봄지원(돌보미,한부모,복지포인트지원)	149,320	5	6	5	3	7	1	1	4
465	서울 구로구	어린이집운영비지원(유아반운영비)	122,088	5	1	7	8	7	5	5	4
466	서울 구로구	아이돌봄지원(조정수당및서울형지원확대)	114,222	5	6	5	3	7	1	1	4
467	서울 구로구	건강가정지원센터운영(종사자5종수당)	97,332	5	1	5	5	1	1	1	4
468	서울 구로구	경로당냉난방비및양곡비지원(양곡비지원(21개소))	89,380	5	1	7	8	7	5	5	4
469	서울 구로구	지역아동센터인건비지원(조리인력인건비)	72,600	5	4	7	8	7	1	1	4
470	서울 구로구	장애아통합어린이집운영(장애아지원프로그램)	71,434	5	1	7	8	7	1	1	2
471	서울 구로구	자활사업(지역자활센터종사자조정수당)(종사자조정수당지원)	70,697	5	6	7	8	7	5	5	4
472	서울 구로구	사회복지협의회운영지원(사회복지협의회운영비지원)	70,600	5	1	7	8	7	1	1	2
473	서울 구로구	노인교실운영(노인교실운영지원)	68,400	5	1	7	8	7	5	5	4
474	서울 구로구	경로당순회프로그램관리자운영(인건비(기관부담금포함2명))	64,274	5	1	7	8	7	5	5	4
475	서울 구로구	자활사업(사례관리)(사례관리)	62,962	5	1	7	8	7	5	5	4
476	서울 구로구	장애인전산교육장운영(운영요원및시설장인건비)	58,608	5	1	5	8	7	1	1	2
477	서울 구로구	수어통역센터및농아인쉼터운영지원(수어통역센터운영지원)	54,293	5	1	7	8	7	1	1	4

순번	시군구	지출명 (사업명)	2024년예산 (단위 : 천원 /1년간)	민간이전 분류 (지방자치단체 세출예산 집행기준에 의거) 1. 민간경상사업보조(307-02) 2. 민간단체 법정운영비보조(307-03) 3. 민간행사사업보조(307-04) 4. 민간위탁금(307-05) 5. 사회복지시설 법정운영비보조(307-10) 6. 민간인위탁교육비(307-12) 7. 공기관등에대한경상적위탁사업비(308-13) 8. 민간자본사업보조,자체재원(402-01) 9. 민간자본사업보조,이전재원(402-02) 10. 민간위탁사업비(402-03) 11. 공기관등에 대한 자본적 위탁사업비(403-02)	민간이전지출 근거 (지방보조금 관리기준 참고) 1. 법률에 규정 2. 국고보조 재원(국가지정) 3. 용도 지정 기부금 4. 조례에 직접규정 5. 지자체가 권장하는 사업을 하는 공공기관 6. 시,도 정책 및 재정사정 7. 기타 8. 해당없음	입찰방식 계약체결방법 (경쟁형태) 1. 일반경쟁 2. 제한경쟁 3. 지명경쟁 4. 수의계약 5. 법정위탁 6. 기타 ( ) 7. 없음	입찰방식 계약기간 1. 1년 2. 2년 3. 3년 4. 4년 5. 5년 6. 기타 ( )년 7. 단기계약 (1년미만) 8. 없음	입찰방식 낙찰자선정방법 1. 적격심사 2. 협상에의한계약 3. 최저가낙찰제 4. 규격가격분리 5. 2단계 경쟁입찰 6. 기타 ( ) 7. 없음	운영예산 산정 운영예산 산정 1. 내부산정 (지자체 자체적으로 산정) 2. 외부산정 (외부전문기관위탁 산정) 3. 내·외부 모두 산정 4. 산정 無 5. 없음	운영예산 산정 정산방법 1. 내부정산 (지자체 내부적으로 정산) 2. 외부정산 (외부전문기관위탁 정산) 3. 내·외부 모두 산정 4. 정산 無 5. 없음	성과평가 실시여부 1. 실시 2. 미실시 3. 향후 추진 4. 해당없음
478	서울 구로구	수어통역센터및농아인쉼터운영지원(농아인쉼터운영지원)	49,710	5	1	7	8	7	1	1	4
479	서울 구로구	경로당운영지원(개방형경로당)	48,000	5	1	7	8	7	5	5	4
480	서울 구로구	공기청정기운영비지원(유희실)	47,026	5	1	7	8	7	5	5	4
481	서울 구로구	장애인복지시설운영비지원(중증장애인자립생활센터운영비)	43,200	5	1	7	8	7	1	1	4
482	서울 구로구	장애인거주시설운영지원(브니엘의집인건비지원)	41,600	5	1	7	8	7	1	1	4
483	서울 구로구	장애인전산교육장운영(강사인건비)	40,728	5	1	5	8	7	1	1	2
484	서울 구로구	방과후어린이집운영지원(운영비지원)	38,404	5	1	7	8	7	5	1	4
485	서울 구로구	서울형시범사업운영지원(세전담반운영)	38,270	5	1	7	8	7	5	5	4
486	서울 구로구	특성별지역아동센터추가지원(토요운영)	32,400	5	2	7	8	7	1	1	4
487	서울 구로구	지역아동센터운영(추가운영비(9개소))	30,600	5	2	7	8	7	1	1	4
488	서울 구로구	사회복지시설종사자처우개선지원사업(시설종사자처우개선비)	28,700	5	1,4	7	8	7	1	1	4
489	서울 구로구	경로당냉난방비및양곡비지원(냉방비구비추가지원(12개소))	22,080	5	1	7	8	7	5	5	4
490	서울 구로구	특성별지역아동센터추가지원(특수목적운영)	21,600	5	2	7	8	7	1	1	4
491	서울 구로구	경로당냉난방비및양곡비지원(냉방비지원(9개소))	21,320	5	1	7	8	7	5	5	4
492	서울 구로구	장애인종합복지관운영비지원(복지포인트)	20,400	5	1	7	8	7	1	3	4
493	서울 구로구	다함께돌봄(우리동네키움센터운영)(운영비지원(구비추가))	19,200	5	6	1	5	1	1	1	4
494	서울 구로구	장애인전산교육장운영(운영비)	16,920	5	1	5	8	7	1	1	2
495	서울 구로구	어린이집급간식비지원(AI푸드스캐너지원)	16,000	5	1	7	8	7	5	5	4
496	서울 구로구	장애인단체지원(장애인단체연합회사무실운영비)	14,400	5	1	7	8	7	5	5	4
497	서울 구로구	아동복지시설등지원(아동공동생활가정(개인시설)종사자처우개선비)	14,400	5	1,4	7	7	7	1	1	4
498	서울 구로구	아동복지시설등지원(시설종사자복지포인트)	12,000	5	1,4	7	7	7	1	1	4
499	서울 구로구	건강가정지원센터운영(종사자조정수당)	11,636	5	1	5	5	1	1	1	4
500	서울 구로구	장애인단체지원(한국시각장애인연합회구로구지회사무실운영비)	8,400	5	1	7	8	7	5	5	4
501	서울 구로구	지역아동센터인건비지원(종사자복지포인트)	7,900	5	4	7	8	7	1	1	4
502	서울 구로구	다함께돌봄(우리동네키움센터인건비)(시설종사자처우개선비)	6,500	5	6	1	5	1	1	1	4
503	서울 구로구	어린이집복리후생비지원(처우개선비(장애아전문어린이집))	6,000	5	1	7	8	7	5	5	4
504	서울 구로구	어린이집운영비지원(보수교육중식비)	4,912	5	1	7	8	7	5	5	4
505	서울 구로구	경로당순회프로그램관리자운영(활동비)	4,800	5	1	7	8	7	5	5	4
506	서울 구로구	건강가정지원센터운영(사회복지사처우개선비)	4,600	5	1	5	5	1	1	1	4
507	서울 구로구	경로당순회프로그램관리자운영(명절수당)	4,491	5	1	7	8	7	5	5	4
508	서울 구로구	어린이집운영비지원(현장학습비(저소득))	4,387	5	1	7	8	7	5	5	4
509	서울 구로구	건강가정지원센터운영(종사자복지포인트)	3,300	5	1	5	5	1	1	1	4
510	서울 구로구	구로노인종합복지관운영지원(시설종사자처우개선비)	2,600	5	6	7	8	7	1	3	4
511	서울 구로구	경로당순회프로그램관리자운영(프로그램운영비)	2,400	5	1	7	8	7	5	5	4
512	서울 구로구	장애인전산교육장운영(명절상여금)	2,400	5	1	5	8	7	1	1	2
513	서울 구로구	한부모가족복지시설위문격려및처우개선비지원(시설종사자처우개선비)	2,000	5	4	7	8	7	1	1	4
514	서울 구로구	여성복지시설지원(시설종사자처우개선비)	2,000	5	1	7	8	7	1	1	2
515	서울 구로구	어린이집운영비지원(재능기부)	1,800	5	1	7	8	7	5	5	4
516	서울 구로구	어린이집복리후생비지원(처우개선비(방과후교실원장))	1,560	5	1	7	8	7	5	5	4
517	서울 구로구	구로어르신돌봄통합센터운영지원(시설종사자처우개선비)	500	5	1	1	5	7	1	1	2

순번	시군구	지출명 (사업명)	2024년예산 (단위 : 천원 /1년간)	민간이전 분류 (지방자치단체 세출예산 집행기준에 의거) 1. 민간경상사업보조(307-02) 2. 민간단체 법정운영비보조(307-03) 3. 민간행사사업보조(307-04) 4. 민간위탁금(307-05) 5. 사회복지시설 법정운영비보조(307-10) 6. 민간인위탁교육비(307-12) 7. 공기관등에대한경상적위탁사업비(308-13) 8. 민간자본사업보조,자체재원(402-01) 9. 민간자본사업보조,이전재원(402-02) 10. 민간위탁사업비(402-03) 11. 공기관등에 대한 자본적 위탁사업비(403-02)	민간이전지출 근거 (지방보조금 관리기준 참고) 1. 법률에 규정 2. 국고보조 재원(국가지정) 3. 용도 지정 기부금 4. 조례에 직접규정 5. 지자체가 권장하는 사업을 하는 공공기관 6. 시,도 정책 및 재정사정 7. 기타 8. 해당없음	입찰방식 계약체결방법 (경쟁형태) 1. 일반경쟁 2. 제한경쟁 3. 지명경쟁 4. 수의계약 5. 법정위탁 6. 기타 ( ) 7. 없음	입찰방식 계약기간 1. 1년 2. 2년 3. 3년 4. 4년 5. 5년 6. 기타 ( )년 7. 단기계약 (1년미만) 8. 없음	입찰방식 낙찰자선정방법 1. 적격심사 2. 협상에의한계약 3. 최저가낙찰제 4. 규격가격분리 5. 2단계 경쟁입찰 6. 기타 ( ) 7. 없음	운영예산 산정 운영예산 산정 1. 내부산정 (지자체 자체적으로 산정) 2. 외부산정 (외부전문기관위탁 산정) 3. 내·외부 모두 산정 4. 산정 無 5. 없음	운영예산 산정 정산방법 1. 내부정산 (지자체 내부적으로 정산) 2. 외부정산 (외부전문기관위탁 정산) 3. 내·외부 모두 산정 4. 정산 無 5. 없음	성과평가 실시여부 1. 실시 2. 미실시 3. 향후 추진 4. 해당없음
518	서울 금천구	지역아동센터인건비지원	2,758,986	5	1,2	7	8	7	5	5	4
519	서울 금천구	금천장애인종합복지관운영	2,027,853	5	1	7	8	7	4	1	1
520	서울 금천구	종합사회복지관운영	1,296,490	5	1	7	8	7	3	3	4
521	서울 금천구	경로당운영지원	717,040	5	1,4	7	7	7	3	3	4
522	서울 금천구	지역자활센터운영	545,414	5	1	5	6	7	5	3	1
523	서울 금천구	지역아동센터운영비지원(기본운영비,추가운영비)	489,575	5	1,2	7	8	7	5	5	4
524	서울 금천구	지역아동센터운영지원	322,800	5	4	7	8	7	5	5	4
525	서울 금천구	기초장애인가족지원센터운영	211,920	5	5	1	3	1	1	1	3
526	서울 금천구	장애인편의증진기술지원센터지원	172,430	5	1	5	3	7	1	1	4
527	서울 금천구	경로당특별냉난방비등지원	111,370	5	1,4	7	7	7	3	3	4
528	서울 금천구	금천어울림복지센터운영	102,006	5	5	1	5	1	1	1	3
529	서울 금천구	사회복지의날기념사회복지시설종사자격려	76,000	5	6	7	8	7	1	1	1
530	서울 금천구	지역사회보장협의체운영	60,449	5	6	7	8	7	1	1	4
531	서울 금천구	특성별지역아동센터추가지원(특수목적형,토요운영)	57,600	5	1,2	7	8	7	5	5	4
532	서울 금천구	장애인복지시설지원	56,000	5	1	7	8	7	1	1	4
533	서울 금천구	자활사례관리	31,482	5	1	5	6	7	5	3	1
534	서울 금천구	언북어린이집	561,508	5	1	1	5	1	2	2	1
535	서울 영등포구	누리과정보육료지원	10,579,388	5	2	7	8	7	5	5	4
536	서울 영등포구	보육교직원처우개선지원(보조교사)	9,390,668	5	2	7	8	7	5	5	4
537	서울 영등포구	누리과정운영비지원	3,540,099	5	2	7	8	7	5	5	4
538	서울 영등포구	보육교직원처우개선지원	3,484,894	5	2	7	8	7	5	5	4
539	서울 영등포구	어린이집운영지원	3,373,068	5	6	7	8	7	5	5	4
540	서울 영등포구	보육교직원처우개선지원	3,352,514	5	6	7	8	7	5	5	4
541	서울 영등포구	종합사회복지관운영	2,965,116	5	1,4	7	8	7	1	1	1
542	서울 영등포구	경로당운영지원	2,746,600	5	1	7	8	7	1	1	4
543	서울 영등포구	지역아동센터인건비지원	1,739,435	5	2	7	8	7	1	1	4
544	서울 영등포구	민간가정어린이집운영지원	1,540,880	5	4	7	8	7	5	5	4
545	서울 영등포구	특화보육지원	1,362,916	5	6	7	8	7	5	5	4
546	서울 영등포구	국공립어린이집운영지원	1,063,000	5	4	7	8	7	5	5	4
547	서울 영등포구	우리동네키움센터운영(인건비)	952,536	5	2	7	8	7	1	1	4
548	서울 영등포구	어린이집급간식비지원	719,196	5	6	7	8	7	5	5	4
549	서울 영등포구	경로당냉난방비및양곡비지원	636,421	5	1	7	8	7	1	1	4
550	서울 영등포구	장애인일자리지원(복지일자리)	539,000	5	1	1	1	1	4	1	4
551	서울 영등포구	어린이집지원	512,273	5	2	7	8	7	5	5	4
552	서울 영등포구	지역자활센터운영	491,647	5	2	6	8	7	5	1	4
553	서울 영등포구	직접채용대체교사운영지원	385,460	5	2	7	8	7	5	5	4
554	서울 영등포구	영등포시니어클럽운영	374,152	5	1	1	5	1	3	3	1
555	서울 영등포구	장애아통합보육활성화	312,532	5	6	7	8	7	5	5	4
556	서울 영등포구	지역아동센터운영비지원(기본운영비,추가운영비)	310,317	5	2	7	8	7	1	1	4
557	서울 영등포구	사회복지협의회지원	253,827	5	1	7	8	1	1	1	4

순번	시군구	지출명 (사업명)	2024년예산 (단위 : 천원 /1년간)	민간이전 분류 (지방자치단체 세출예산 집행기준에 의거) 1. 민간경상사업보조(307-02) 2. 민간단체 법정운영비보조(307-03) 3. 민간행사사업보조(307-04) 4. 민간위탁금(307-05) 5. 사회복지시설 법정운영비보조(307-10) 6. 민간인위탁교육비(307-12) 7. 공기관등에대한경상적위탁사업비(308-13) 8. 민간자본사업보조,자체재원(402-01) 9. 민간자본사업보조,이전재원(402-02) 10. 민간위탁사업비(402-03) 11. 공기관등에 대한 자본적 위탁사업비(403-02)	민간이전지출 근거 (지방보조금 관리기준 참고) 1. 법률에 규정 2. 국고보조 재원(국가지정) 3. 용도 지정 기부금 4. 조례에 직접규정 5. 지자체가 권장하는 사업을 하는 공공기관 6. 시,도 정책 및 재정사정 7. 기타 8. 해당없음	입찰방식			운영예산 산정		성과평가 실시여부
						계약체결방법 (경쟁형태) 1. 일반경쟁 2. 제한경쟁 3. 지명경쟁 4. 수의계약 5. 법정위탁 6. 기타 ( ) 7. 없음	계약기간 1. 1년 2. 2년 3. 3년 4. 4년 5. 5년 6. 기타 ( )년 7. 단기계약 (1년미만) 8. 없음	낙찰자선정방법 1. 적격심사 2. 협상에의한계약 3. 최저가낙찰제 4. 규격가격분리 5. 2단계 경쟁입찰 6. 기타 ( ) 7. 없음	운영예산 산정 1. 내부산정 (지자체 자체적으로 산정) 2. 외부산정 (외부전문기관위탁 산정) 3. 내·외부 모두 산정 4. 산정 無 5. 없음	정산방법 1. 내부정산 (지자체 내부적으로 정산) 2. 외부정산 (외부전문기관위탁 정산) 3. 내·외부 모두 산정 4. 정산 無 5. 없음	1. 실시 2. 미실시 3. 향후 추진 4. 해당없음
558	서울 영등포구	우리동네키움센터운영	253,066	5	2	7	8	7	1	1	4
559	서울 영등포구	지역아동센터운영	216,000	5	4	7	8	7	1	1	1
560	서울 영등포구	장애인복지시설운영지원	198,484	5	6	3	8	7	1	1	4
561	서울 영등포구	장애인편의증진기술지원센터운영	157,490	5	1	4	3	1	1	1	4
562	서울 영등포구	서울형모아어린이집운영	113,000	5	6	7	8	7	1	1	4
563	서울 영등포구	시간제보육서비스제공지원	106,080	5	1	7	8	7	1	1	1
564	서울 영등포구	경로당프로그램활성화	101,247	5	1	7	8	7	1	1	4
565	서울 영등포구	노인교실운영비지원	84,894	5	1	7	8	7	1	1	4
566	서울 영등포구	보훈대상자위문및행사	78,500	5	1,4	7	8	7	1	1	4
567	서울 영등포구	특성별지역아동센터추가지원(특수목적형,토요운영)	75,600	5	2	7	8	7	1	1	4
568	서울 영등포구	보훈회관운영	63,632	5	1,4	7	8	7	1	1	4
569	서울 영등포구	방과후보육시설운영지원	61,536	5	6	7	8	7	5	5	4
570	서울 영등포구	농아인쉼터운영	47,941	5	1	7	8	7	1	1	4
571	서울 영등포구	지역자활센터종사자수당	33,136	5	6	6	8	7	5	1	4
572	서울 영등포구	자활사례관리	31,482	5	2	6	8	7	5	1	4
573	서울 영등포구	지역사회보장협의체운영	29,593	5	1	7	8	7	1	1	4
574	서울 영등포구	어린이집교원보수교육	27,060	5	2	7	8	7	5	5	4
575	서울 영등포구	영등포시니어클럽운영(구비추가)	24,000	5	1	1	5	1	3	3	1
576	서울 영등포구	방과후보육료	2,490	5	6	7	8	7	5	5	4
577	서울 영등포구	신사어린이집	874,939	5	1	1	5	1	2	2	1
578	서울 영등포구	강남데시앙포레어린이집	690,436	5	1	1	5	1	2	2	1
579	서울 영등포구	세곡나비어린이집	584,361	5	1	1	5	1	2	2	1
580	서울 영등포구	구민회관어린이집	581,779	5	1	1	5	1	2	2	1
581	서울 동작구	누리과정보육료	7,783,200	5	1	7	8	7	5	5	4
582	서울 동작구	사회복지관운영지원	7,420,599	5	4	1	5	1	1	1	3
583	서울 동작구	보조교사및연장전담교사지원	4,116,192	5	2	7	8	7	5	5	4
584	서울 동작구	보육교직원처우개선지원	2,972,620	5	2	7	8	7	5	5	4
585	서울 동작구	3~5세아누리과정지원	2,426,795	5	2	7	8	7	5	5	4
586	서울 동작구	장애인복지관(삼성소리샘복지관)운영지원	2,407,812	5	1	7	8	7	1	1	1
587	서울 동작구	보조교사및보육도우미지원	2,336,954	5	6	7	8	7	5	5	4
588	서울 동작구	지역아동센터인건비지원	1,757,435	5	2	7	8	7	1	1	2
589	서울 동작구	대체교사지원사업(어린이집직접채용)	503,196	5	2	7	8	7	5	5	4
590	서울 동작구	서울형전임교사인건비지원	399,492	5	6	7	8	7	5	5	4
591	서울 동작구	지역아동센터운영비지원	352,751	5	2	7	8	7	1	1	2
592	서울 동작구	장애인편의시설지원	207,268	5	1	7	8	7	1	1	1
593	서울 동작구	푸드뱅크마켓센터운영지원	202,215	5	1	7	8	7	5	5	4
594	서울 동작구	장애인복지시설운영지원	160,910	5	1	7	8	7	1	1	1
595	서울 동작구	특성별지원아동센터추가지원	39,600	5	2	7	8	7	1	1	2
596	서울 동작구	방과후보육료	20,400	5	1	7	8	7	5	5	4
597	서울 동작구	어린이집교원보수교육	19,460	5	2	7	8	7	5	5	4

순번	시군구	지출명 (사업명)	2024년예산 (단위 : 천원 /1년간)	민간이전 분류 (지방자치단체 세출예산 집행기준에 의거) 1. 민간경상사업보조(307-02) 2. 민간단체 법정운영비보조(307-03) 3. 민간행사사업보조(307-04) 4. 민간위탁금(307-05) 5. 사회복지시설 법정운영비보조(307-10) 6. 민간인위탁교육비(307-12) 7. 공기관등에대한경상적위탁사업비(308-13) 8. 민간자본사업보조,자체재원(402-01) 9. 민간자본사업보조,이전재원(402-02) 10. 민간위탁사업비(402-03) 11. 공기관등에 대한 자본적 위탁사업비(403-02)	민간이전지출 근거 (지방보조금 관리기준 참고) 1. 법률에 규정 2. 국고보조 재원(국가지정) 3. 용도 지정 기부금 4. 조례에 직접규정 5. 지자체가 권장하는 사업을 하는 공공기관 6. 시,도 정책 및 재정사정 7. 기타 8. 해당없음	입찰방식 계약체결방법 (경쟁형태) 1. 일반경쟁 2. 제한경쟁 3. 지명경쟁 4. 수의계약 5. 법정위탁 6. 기타 ( ) 7. 없음	입찰방식 계약기간 1. 1년 2. 2년 3. 3년 4. 4년 5. 5년 6. 기타 ( )년 7. 단기계약 (1년미만) 8. 없음	입찰방식 낙찰자선정방법 1. 적격심사 2. 협상에의한계약 3. 최저가낙찰제 4. 규격가격분리 5. 2단계 경쟁입찰 6. 기타 ( ) 7. 없음	운영예산 산정 운영예산 산정 1. 내부산정 (지자체 자체적으로 산정) 2. 외부산정 (외부전문기관위탁 산정) 3. 내·외부 모두 산정 4. 산정 無 5. 없음	운영예산 산정 정산방법 1. 내부정산 (지자체 내부적으로 정산) 2. 외부정산 (외부전문기관위탁 정산) 3. 내·외부 모두 산정 4. 정산 無 5. 없음	성과평가 실시여부 1. 실시 2. 미실시 3. 향후 추진 4. 해당없음
598	서울 동작구	오르다어린이집	662,905	5	1	1	5	1	2	2	1
599	서울 동작구	가로수어린이집	523,744	5	1	1	5	1	2	2	1
600	서울 동작구	보미나어린이집	496,781	5	1	1	5	1	2	2	1
601	서울 동작구	수서어린이집	480,959	5	1	1	5	1	2	2	1
602	서울 동작구	디아크리온어린이집	455,187	5	1	1	5	1	2	2	1
603	서울 관악구	보조교사및보육도우미지원	6,434,477	5	2	7	8	7	1	1	4
604	서울 관악구	서울형어린이집운영지원	3,413,782	5	4	7	8	7	1	1	4
605	서울 관악구	어린이집운영지원	3,338,685	5	4	7	8	7	1	1	1
606	서울 관악구	어린이집보육교직원처우개선지원	3,119,798	5	4	7	8	7	1	1	4
607	서울 관악구	누리과정담임교사지원	3,082,000	5	4	7	8	7	1	1	4
608	서울 관악구	지역아동센터인건비지원	2,646,636	5	1	7	8	7	1	1	2
609	서울 관악구	교사근무환경개선비및교사겸직원장지원	2,388,667	5	2	7	8	7	1	1	4
610	서울 관악구	장애인복지관운영	2,244,000	5	1	5	5	7	1	1	1
611	서울 관악구	장애인복지관운영	1,815,000	5	1	5	5	7	1	1	1
612	서울 관악구	영유아급간식비지원	1,364,898	5	4	7	8	7	1	1	4
613	서울 관악구	사회복지관운영지원	1,276,000	5	1	5	5	7	1	1	1
614	서울 관악구	사회복지관운영지원	1,269,000	5	1	5	8	7	1	1	1
615	서울 관악구	사회복지관운영지원	1,260,000	5	1	5	5	7	1	1	1
616	서울 관악구	사회복지관운영지원	1,249,000	5	1	5	5	7	1	1	1
617	서울 관악구	사회복지관운영지원	1,182,000	5	1	5	8	7	1	1	1
618	서울 관악구	지역자활센터운영지원	1,127,172	5	1	5	1	7	5	5	4
619	서울 관악구	경로당운영지원	945,280	5	4	5	1	7	1	1	4
620	서울 관악구	보육교직원자기개발비지원	710,640	5	4	7	8	7	1	1	4
621	서울 관악구	교사대아동비율개선사업지원	648,830	5	4	7	8	7	1	1	3
622	서울 관악구	다문화가족지원센터운영	589,536	5	2	5	5	7	4	3	1
623	서울 관악구	대체교사및서울형전임교사지원	569,050	5	2	7	8	7	1	1	4
624	서울 관악구	지역아동센터아동복지교사파견지원	491,977	5	1	7	8	7	1	1	2
625	서울 관악구	지역아동센터운영비지원(기본운영비,추가운영비)	465,312	5	1	7	8	7	1	1	2
626	서울 관악구	취약(맞춤)보육지원	400,000	5	6	7	8	7	1	1	4
627	서울 관악구	지역아동센터운영지원	361,200	5	1	7	8	7	1	1	2
628	서울 관악구	건강가정지원센터운영	360,032	5	2	5	5	7	4	3	1
629	서울 관악구	장애아통합시설운영지원	290,000	5	6	7	8	7	1	1	4
630	서울 관악구	육아종합지원센터운영지원(전환사업)	288,932	5	1	7	8	7	5	5	4
631	서울 관악구	외국인재원어린이집지원	280,464	5	4	7	8	7	1	1	4
632	서울 관악구	어린이집공기청정기지원	252,376	5	4	7	8	7	1	1	4
633	서울 관악구	장기근속수당지원	216,000	5	1	7	8	7	5	5	4
634	서울 관악구	경로당냉,난방비지원	185,469	5	1	5	1	7	1	1	4
635	서울 관악구	어린이집냉난방비지원	149,400	5	4	7	8	7	1	1	4
636	서울 관악구	시간제보육시설운영지원	139,940	5	2	7	8	7	1	1	4
637	서울 관악구	어린이집교재교구비지원	136,384	5	2	7	8	7	1	1	4

순번	시군구	지출명 (사업명)	2024년예산 (단위 : 천원 /1년간)	민간이전 분류 (지방자치단체 세출예산 집행기준에 의거) 1. 민간경상사업보조(307-02) 2. 민간단체 법정운영비보조(307-03) 3. 민간행사사업보조(307-04) 4. 민간위탁금(307-05) 5. 사회복지시설 법정운영비보조(307-10) 6. 민간인위탁교육비(307-12) 7. 공기관등에대한경상적위탁사업비(308-13) 8. 민간자본사업보조,자체재원(402-01) 9. 민간자본사업보조,이전재원(402-02) 10. 민간위탁사업비(402-03) 11. 공기관등에 대한 자본적 위탁사업비(403-02)	민간이전지출 근거 (지방보조금 관리기준 참고) 1. 법률에 규정 2. 국고보조 재원(국가지정) 3. 용도 지정 기부금 4. 조례에 직접규정 5. 지자체가 권장하는 사업을 하는 공공기관 6. 시,도 정책 및 재정사정 7. 기타 8. 해당없음	입찰방식 계약체결방법 (경쟁형태) 1. 일반경쟁 2. 제한경쟁 3. 지명경쟁 4. 수의계약 5. 법정위탁 6. 기타 ( ) 7. 없음	입찰방식 계약기간 1. 1년 2. 2년 3. 3년 4. 4년 5. 5년 6. 기타 ( )년 7. 단기계약 (1년미만) 8. 없음	입찰방식 낙찰자선정방법 1. 적격심사 2. 협상에의한계약 3. 최저가낙찰제 4. 규격가격분리 5. 2단계 경쟁입찰 6. 기타 ( ) 7. 없음	운영예산 산정 운영예산 산정 1. 내부산정 (지자체 자체적으로 산정) 2. 외부산정 (외부전문기관위탁 산정) 3. 내·외부 모두 산정 4. 산정 無 5. 없음	운영예산 산정 정산방법 1. 내부정산 (지자체 내부적으로 정산) 2. 외부정산 (외부전문기관위탁 정산) 3. 내·외부 모두 산정 4. 정산 無 5. 없음	성과평가 실시여부 1. 실시 2. 미실시 3. 향후 추진 4. 해당없음
638	서울 관악구	1인가구지원센터운영	122,700	5	4	5	5	7	1	1	1
639	서울 관악구	어린이집식당운영지원	100,800	5	4	7	8	7	1	1	4
640	서울 관악구	노인지회운영지원	91,570	5	4	5	1	7	1	1	4
641	서울 관악구	특성별지역아동센터추가지원(특수목적형,토요운영)	64,800	5	1	7	8	7	1	1	2
642	서울 관악구	자활사례관리	62,962	5	1	5	1	7	5	5	4
643	서울 관악구	서울형모아어린이집지원	53,650	5	4	7	8	7	1	1	4
644	서울 관악구	육아지원코디네이터운영	41,080	5	6	1	8	1	3	1	1
645	서울 관악구	방과후어린이집운영지원	38,404	5	4	7	8	7	1	1	4
646	서울 관악구	서울형세전담반지원	32,858	5	4	7	8	7	5	5	4
647	서울 관악구	노인교실운영지원	32,000	5	1	5	1	7	1	1	4
648	서울 관악구	보육교직원보수교육지원	17,520	5	1	7	8	7	1	1	4
649	서울 관악구	미세먼지및실내공기질관리	4,000	5	4	7	8	7	1	1	4
650	서울 관악구	도곡어린이집	914,942	5	1	1	5	1	2	2	1
651	서울 서초구	보조교사및보육도우미지원	5,896,609	5	2	7	8	7	5	5	4
652	서울 서초구	어린이집운영지원(자체사업)	4,279,258	5	7	7	8	7	5	5	4
653	서울 서초구	어린이집보육교직원처우개선지원	3,335,968	5	6	7	8	7	5	5	4
654	서울 서초구	교사근무환경개선비지원	3,052,233	5	2	7	8	7	5	5	4
655	서울 서초구	어린이집운영지원	2,645,965	5	6	7	8	7	5	5	4
656	서울 서초구	장애인복지관운영	1,564,597	5	1	7	8	7	1	1	4
657	서울 서초구	어린이집특화보육지원	1,296,864	5	6	7	8	7	5	5	4
658	서울 서초구	까리따스방배종합사회복지관운영비	1,253,713	5	1	5	5	7	3	3	3
659	서울 서초구	장애아통합시설운영지원	380,542	5	6	7	8	7	5	5	4
660	서울 서초구	어린이집대체교사지원	379,340	5	2	7	8	7	5	5	4
661	서울 서초구	어린이집공기청정기운영비지원	272,200	5	6	7	8	7	5	5	4
662	서울 서초구	사회복지시설종사자처우개선비	108,000	5	1	5	1	7	3	3	4
663	서울 서초구	까리따스방배종합사회복지관버스운영비	99,684	5	1	5	8	7	1	3	4
664	서울 서초구	사회복지시설종사자상해보험지원	28,000	5	1	5	1	7	3	3	4
665	서울 서초구	지역자활센터운영	6,480	5	4	5	1	1	1	1	3
666	서울 서초구	사회복지사등생일선물지원비	3,000	5	1	5	1	7	3	3	4
667	서울 서초구	선재어린이집	815,041	5	1	1	5	1	2	2	1
668	서울 서초구	압구정아람어린이집	750,702	5	1	1	5	1	2	2	1
669	서울 서초구	포레스트어린이집	543,898	5	1	1	5	1	2	2	1
670	서울 서초구	보람어린이집	518,945	5	1	1	5	1	2	2	1
671	서울 서초구	세곡햇빛어린이집	479,735	5	1	1	5	1	2	2	1
672	서울 서초구	지혜어린이집	477,142	5	1	1	5	1	2	2	1
673	서울 강남구	강남구육아종합지원센터운영지원	2,089,963	5	1	1	5	1	1	1	1
674	서울 강남구	삼성어린이집	932,533	5	1	1	5	1	2	2	1
675	서울 강남구	목련어린이집	909,156	5	1	1	5	1	2	2	1
676	서울 강남구	대치어린이집	856,509	5	1	1	5	1	2	2	1
677	서울 강남구	큰솔어린이집	839,916	5	1	1	5	1	2	2	1

순번	시군구	지출명 (사업명)	2024년예산 (단위 : 천원 /1년간)	민간이전 분류 (지방자치단체 세출예산 집행기준에 의거) 1. 민간경상사업보조(307-02) 2. 민간단체 법정운영비보조(307-03) 3. 민간행사사업보조(307-04) 4. 민간위탁금(307-05) 5. 사회복지시설 법정운영비보조(307-10) 6. 민간인위탁교육비(307-12) 7. 공기관등에대한경상적위탁사업비(308-13) 8. 민간자본사업보조,자체재원(402-01) 9. 민간자본사업보조,이전재원(402-02) 10. 민간위탁사업비(402-03) 11. 공기관등에 대한 자본적 위탁사업비(403-02)	민간이전지출 근거 (지방보조금 관리기준 참고) 1. 법률에 규정 2. 국고보조 재원(국가지정) 3. 용도 지정 기부금 4. 조례에 직접규정 5. 지자체가 권장하는 사업을 하는 공공기관 6. 시,도 정책 및 재정사정 7. 기타 8. 해당없음	입찰방식 계약체결방법 (경쟁형태) 1. 일반경쟁 2. 제한경쟁 3. 지명경쟁 4. 수의계약 5. 법정위탁 6. 기타 ( ) 7. 없음	입찰방식 계약기간 1. 1년 2. 2년 3. 3년 4. 4년 5. 5년 6. 기타 ( )년 7. 단기계약 (1년미만) 8. 없음	입찰방식 낙찰자선정방법 1. 적격심사 2. 협상에의한계약 3. 최저가낙찰제 4. 규격가격분리 5. 2단계 경쟁입찰 6. 기타 ( ) 7. 없음	운영예산 산정 운영예산 산정 1. 내부산정 (지자체 자체적으로 산정) 2. 외부산정 (외부전문기관위탁 산정) 3. 내·외부 모두 산정 4. 산정 無 5. 없음	운영예산 산정 정산방법 1. 내부정산 (지자체 내부적으로 정산) 2. 외부정산 (외부전문기관위탁 정산) 3. 내·외부 모두 산정 4. 정산 無 5. 없음	성과평가 실시여부 1. 실시 2. 미실시 3. 향후 추진 4. 해당없음
678	서울 강남구	역삼가애어린이집	788,813	5	1	1	5	1	2	2	1
679	서울 강남구	방죽어린이집	762,387	5	1	1	5	1	2	2	1
680	서울 강남구	선혜어린이집	627,583	5	1	1	5	1	2	2	1
681	서울 강남구	미담어린이집	623,496	5	1	1	5	1	2	2	1
682	서울 강남구	예지어린이집	595,982	5	1	1	5	1	2	2	1
683	서울 강남구	선우어린이집	584,502	5	1	1	5	1	2	2	1
684	서울 강남구	힐스어린이집	547,616	5	1	1	5	1	2	2	1
685	서울 강남구	세곡푸르지오어린이집	494,402	5	1	1	5	1	2	2	1
686	서울 강남구	일원어린이집	473,997	5	1	1	5	1	2	2	1
687	서울 강남구	바름어린이집	457,160	5	1	1	5	1	2	2	1
688	서울 강남구	역삼어린이집	452,294	5	1	1	5	1	2	2	1
689	서울 강남구	압구정어린이집	439,416	5	1	1	5	1	2	2	1
690	서울 강남구	예다솜어린이집	418,043	5	1	1	5	1	2	2	1
691	서울 강남구	수연어린이집	401,073	5	1	1	5	1	2	2	1
692	서울 강남구	청마을어린이집	388,216	5	1	1	5	1	2	2	1
693	서울 강남구	신동아어린이집	360,058	5	1	1	5	1	2	2	1
694	서울 강남구	초록어린이집	287,140	5	1	1	5	1	2	2	1
695	서울 강남구	산들어린이집	254,277	5	1	1	5	1	2	2	1
696	서울 강남구	수서행복한어린이집	254,277	5	1	1	5	1	2	2	1
697	서울 강남구	자곡어린이집	163,059	5	1	1	5	1	2	2	1
698	서울 강남구	학리삼성시니어센터	366	5	1	1	5	1	1	1	3
699	서울 송파구	어린이집지원(근무환경개선비)	6,037,680	5	1	7	8	7	1	1	4
700	서울 송파구	누리과정담임수당및운영비지원	5,364,096	5	1	7	8	7	1	1	4
701	서울 송파구	어린이집급간식비지원	3,720,000	5	1	7	8	7	1	1	4
702	서울 송파구	어린이집보육교직원복리후생비지원	3,180,000	5	1	7	8	7	1	1	4
703	서울 송파구	지역아동센터종사자인건비지원	1,908,935	5	2	7	6	1,3	1	1	4
704	서울 송파구	경로당운영비지원	1,703,585	5	1	7	8	7	1	1	2
705	서울 송파구	장애인복지관운영	1,686,606	5	1	7	8	7	5	5	4
706	서울 송파구	저소득어르신급식지원사업	900,884	5	1	7	8	7	1	1	4
707	서울 송파구	어린이집직접채용대체교사지원	699,910	5	1	7	8	7	1	1	4
708	서울 송파구	장애아통합보육시설운영지원	608,480	5	1	7	8	7	1	1	4
709	서울 송파구	송파시니어클럽운영	514,152	5	1	7	8	7	1	3	3
710	서울 송파구	어린이집공기청정기설치지원	482,962	5	1	7	8	7	1	1	4
711	서울 송파구	서울형전임교사운영지원	443,856	5	1	5	8	7	1	1	4
712	서울 송파구	경로당활성화사업	423,331	5	1	7	8	7	1	1	1
713	서울 송파구	어린이집명절휴가비지원	356,000	5	1	7	8	7	1	1	4
714	서울 송파구	지역아동센터지원	352,325	5	1	7	6	7	1	1	4
715	서울 송파구	장애아통합및아토피어린이집운영지원	339,984	5	1	5	8	7	1	1	4
716	서울 송파구	지역아동센터운영비지원(기본운영비,추가운영비)	337,511	5	2	7	6	7	1	1	4
717	서울 송파구	아동복지교사파견지원	269,557	5	2	7	8	7	1	1	4

순번	시군구	지출명 (사업명)	2024년예산 (단위 : 천원 /1년간)	민간이전 분류 (지방자치단체 세출예산 집행기준에 의거) 1. 민간경상사업보조(307-02) 2. 민간단체 법정운영비보조(307-03) 3. 민간행사사업보조(307-04) 4. 민간위탁금(307-05) 5. 사회복지시설 법정운영비보조(307-10) 6. 민간인위탁교육비(307-12) 7. 공기관등에대한경상적위탁사업비(308-13) 8. 민간자본사업보조,자체재원(402-01) 9. 민간자본사업보조,이전재원(402-02) 10. 민간위탁사업비(402-03) 11. 공기관등에 대한 자본적 위탁사업비(403-02)	민간이전지출 근거 (지방보조금 관리기준 참고) 1. 법률에 규정 2. 국고보조 재원(국가지정) 3. 용도 지정 기부금 4. 조례에 직접규정 5. 지자체가 권장하는 사업을 하는 공공기관 6. 시,도 정책 및 재정사정 7. 기타 8. 해당없음	입찰방식			운영예산 산정		성과평가 실시여부
						계약체결방법 (경쟁형태) 1. 일반경쟁 2. 제한경쟁 3. 지명경쟁 4. 수의계약 5. 법정위탁 6. 기타 ( ) 7. 없음	계약기간 1. 1년 2. 2년 3. 3년 4. 4년 5. 5년 6. 기타 ( )년 7. 단기계약 (1년미만) 8. 없음	낙찰자선정방법 1. 적격심사 2. 협상에의한계약 3. 최저가낙찰제 4. 규격가격분리 5. 2단계 경쟁입찰 6. 기타 ( ) 7. 없음	운영예산 산정 1. 내부산정 (지자체 자체적으로 산정) 2. 외부산정 (외부전문기관위탁 산정) 3. 내·외부 모두 산정 4. 산정 無 5. 없음	정산방법 1. 내부정산 (지자체 내부적으로 정산) 2. 외부정산 (외부전문기관위탁 정산) 3. 내·외부 모두 산정 4. 정산 無 5. 없음	1. 실시 2. 미실시 3. 향후 추진 4. 해당없음
718	서울 송파구	어린이집지원(교재교구비)	256,430	5	1	7	8	7	1	1	4
719	서울 송파구	시간제보육서비스제공지원	256,340	5	1	7	8	7	5	5	4
720	서울 송파구	민간가정어린이집조리원인건비지원	183,600	5	1	7	8	7	1	1	4
721	서울 송파구	어린이집보육교사장기근속수당지원	182,400	5	1	7	8	7	1	1	4
722	서울 송파구	서울형모아어린이집운영지원	178,036	5	1	5	8	7	1	1	4
723	서울 송파구	중증장애인자립생활지원센터운영지원	175,747	5	4	7	8	7	1	1	1
724	서울 송파구	어린이집냉난방비지원	120,840	5	5	7	8	7	5	5	4
725	서울 송파구	구립노인요양시설장기요양요원처우개선비지원	109,200	5	1	7	8	7	1	1	4
726	서울 송파구	노인회관운영지원	94,283	5	1	7	8	7	1	1	4
727	서울 송파구	특성별지역아동센터추가지원(특수목적형,토요운영)	68,400	5	2	7	8	7	5	5	4
728	서울 송파구	청소년공부방운영	62,000	5	1,4	7	8	7	1	1	1
729	서울 송파구	사회복지시설종사자처우개선비지원	46,335	5	1	7	8	7	1	1	1
730	서울 송파구	어린이집보육교직원교육	39,320	5	1	7	8	7	1	1	4
731	서울 송파구	어린이집IoT기반환경센서설치지원	13,000	5	1	7	8	7	1	1	4
732	서울 송파구	다문화통합어린이집운영지원	10,800	5	1	5	8	7	1	1	4
733	서울 송파구	방과후보육료지원	6,240	5	1	7	8	7	1	1	4
734	서울 송파구	여성쉼터운영	5,400	5	4	5	5	7	1	1	1
735	서울 송파구	구립장애인보호작업장시설운영	5,000	5	4	5	5	1	1	1	1
736	서울 송파구	숲어린이집운영지원	4,800	5	1	5	8	7	1	1	4
737	서울 송파구	다솔어린이집	986,406	5	1	1	5	1	2	2	1
738	서울 송파구	한울어린이집	470,607	5	1	1	5	1	2	2	1
739	서울 강동구	보조교사및보육도우미,연장보육인건비	7,346,026	5	1,2,5	7	8	7	3	3	4
740	서울 강동구	장애인복지관운영	7,316,014	5	1	7	8	7	1	1	4
741	서울 강동구	어린이집종사자인건비지원	3,611,963	5	1,2,5	7	8	7	3	3	4
742	서울 강동구	노인맞춤돌봄서비스사업비	2,824,688	5	1	7	8	7	5	1	1
743	서울 강동구	지역아동센터인건비지원	2,385,336	5	2	7	8	7	1	1	4
744	서울 강동구	영장애아반운영비	1,922,146	5	1,5	7	8	7	3	3	4
745	서울 강동구	서울형어린이집운영지원	1,599,432	5	1,5	7	8	7	3	3	4
746	서울 강동구	어린이집지원	1,533,262	5	1	7	8	7	1	1	1
747	서울 강동구	2)인건비	1,244,389	5	1,5	7	8	7	3	3	4
748	서울 강동구	조리원인건비	756,000	5	1	7	8	7	1	1	4
749	서울 강동구	대체교사인건비	648,660	5	1,2,5	7	8	7	3	3	4
750	서울 강동구	일반운영비	604,800	5	1	7	8	7	1	1	4
751	서울 강동구	아동복지교사파견지원	520,917	5	2	7	8	7	1	1	4
752	서울 강동구	운영비(교재교구비,치료사인건비,장애아보육도우미)	472,100	5	1,5,6	7	8	7	3	3	4
753	서울 강동구	운영비구비추가지원	440,592	5	4	7	8	7	1	1	4
754	서울 강동구	지역아동센터운영비지원	425,232	5	2	7	8	7	1	1	4
755	서울 강동구	2)운영비	355,043	5	1,5	7	8	7	3	3	4
756	서울 강동구	서울형전임교사인건비지원	350,858	5	1	7	8	7	3	3	4
757	서울 강동구	시간제보육교사인건비	324,212	5	1,2,5	7	8	7	3	3	4

순번	시군구	지출명 (사업명)	2024년예산 (단위 : 천원 /1년간)	민간이전 분류 (지방자치단체 세출예산 집행기준에 의거) 1. 민간경상사업보조(307-02) 2. 민간단체 법정운영비보조(307-03) 3. 민간행사사업보조(307-04) 4. 민간위탁금(307-05) 5. 사회복지시설 법정운영비보조(307-10) 6. 민간인위탁교육비(307-12) 7. 공기관등에대한경상적위탁사업비(308-13) 8. 민간자본사업보조,자체재원(402-01) 9. 민간자본사업보조,이전재원(402-02) 10. 민간위탁사업비(402-03) 11. 공기관등에 대한 자본적 위탁사업비(403-02)	민간이전지출 근거 (지방보조금 관리기준 참고) 1. 법률에 규정 2. 국고보조 재원(국가지정) 3. 용도 지정 기부금 4. 조례에 직접규정 5. 지자체가 권장하는 사업을 하는 공공기관 6. 시,도 정책 및 재정사정 7. 기타 8. 해당없음	입찰방식 계약체결방법 (경쟁형태) 1. 일반경쟁 2. 제한경쟁 3. 지명경쟁 4. 수의계약 5. 법정위탁 6. 기타 ( ) 7. 없음	입찰방식 계약기간 1. 1년 2. 2년 3. 3년 4. 4년 5. 5년 6. 기타 ( )년 7. 단기계약 (1년미만) 8. 없음	입찰방식 낙찰자선정방법 1. 적격심사 2. 협상에의한계약 3. 최저가낙찰제 4. 규격가격분리 5. 2단계 경쟁입찰 6. 기타 ( ) 7. 없음	운영예산 산정 운영예산 산정 1. 내부산정 (지자체 자체적으로 산정) 2. 외부산정 (외부전문기관위탁 산정) 3. 내·외부 모두 산정 4. 산정 無 5. 없음	운영예산 산정 정산방법 1. 내부정산 (지자체 내부적으로 정산) 2. 외부정산 (외부전문기관위탁 정산) 3. 내·외부 모두 산정 4. 정산 無 5. 없음	성과평가 실시여부 1. 실시 2. 미실시 3. 향후 추진 4. 해당없음
758	서울 강동구	강동형교사대아동비율시범사업인건비	314,496	5	1	7	8	7	1	1	1
759	서울 강동구	서울형등교사대아동비율개선지원	243,720	5	1,5	7	8	7	3	3	4
760	서울 강동구	중증장애인자립생활지원센터지원	165,000	5	4	6	1	7	1	1	1
761	서울 강동구	냉난방비지원	100,450	5	1	7	8	7	1	1	4
762	서울 강동구	종교시설인건비	96,840	5	1	7	8	7	3	3	4
763	서울 강동구	운영비지원	96,000	5	4	7	8	7	1	1	4
764	서울 강동구	중식비	82,800	5	4	7	8	7	1	1	4
765	서울 강동구	경로당순회프로그램전담인력인건비	78,710	5	6	7	8	7	1	1	4
766	서울 강동구	난방비	78,255	5	2	7	8	7	1	1	4
767	서울 강동구	사회복지시설종사자처우개선복지포인트	66,200	5	1	7	8	7	1	1	4
768	서울 강동구	양곡비	61,290	5	2	7	8	7	1	1	4
769	서울 강동구	서울형세전담반운영	58,150	5	1	7	8	7	1	1	4
770	서울 강동구	특성별지역아동센터추가지원	54,000	5	2	7	8	7	1	1	4
771	서울 강동구	시각장애인쉼터인건비및운영비	50,998	5	1	7	8	7	1	1	4
772	서울 강동구	지체장애인쉼터인건비및운영비	50,998	5	1	7	8	7	1	1	4
773	서울 강동구	아동돌봄시설조리원지원	50,400	5	4	7	8	7	1	1	1
774	서울 강동구	운영비(대한노인회강동구지회)	49,680	5	4	7	8	7	1	1	4
775	서울 강동구	수어통역센터농아인쉼터운영비및인건비	49,630	5	1	7	8	7	3	1	4
776	서울 강동구	운영비	48,240	5	1,5	7	8	7	3	3	4
777	서울 강동구	사회복지시설종사자처우개선복지포인트	42,400	5	1	7	8	7	1	1	4
778	서울 강동구	사회복지시설종사자처우개선복지포인트	42,000	5	4	6	1	1	1	1	1
779	서울 강동구	수어통역센터인건비	41,000	5	1	7	8	7	3	1	4
780	서울 강동구	시간제보육운영비	38,400	5	1,2,5	7	8	7	3	3	4
781	서울 강동구	실버푸르미운영경로당운영비추가지원	37,260	5	4	7	8	7	1	1	4
782	서울 강동구	성가정노인종합복지관운영	30,000	5	1	6	5	1	1	1	1
783	서울 강동구	경로당특화프로그램전담인력인건비	26,178	5	6	7	8	7	1	1	4
784	서울 강동구	개방형경로당운영비추가지원	24,300	5	6	7	8	7	1	1	4
785	서울 강동구	개인시설운영지원(사랑쉼터의집)	24,000	5	1	7	8	7	1	1	4
786	서울 강동구	사회복지시설종사자처우개선복지포인트	21,800	5	4	7	8	7	1	1	4
787	서울 강동구	종사자처우개선비	21,600	5	4	7	8	7	1	1	4
788	서울 강동구	사회복지시설종사자처우개선복지포인트	20,400	5	1	7	8	7	1	1	4
789	서울 강동구	사회복지시설종사자정액급식비지원	18,000	5	4	7	8	7	1	1	1
790	서울 강동구	사회복지시설종사자처우개선복지포인트	17,000	5	4	7	8	7	1	1	4
791	서울 강동구	꿈미소운영경로당운영비추가지원	14,400	5	4	7	8	7	1	1	4
792	서울 강동구	토요운영센터보조금지원	12,800	5	4	7	8	7	1	1	4
793	서울 강동구	어르신사회활동참여지원사업활동비	12,000	5	6	7	8	7	1	1	4
794	서울 강동구	시각장애인쉼터운영비(구비추가)	12,000	5	1	7	8	7	1	1	4
795	서울 강동구	냉방비	11,135	5	2	7	8	7	1	1	4
796	서울 강동구	다문화통합어린이집운영지원	10,800	5	1,5,6	7	8	7	3	3	4
797	서울 강동구	노인맞춤돌봄서비스전담사회복지사정액급식비	8,400	5	4	7	8	7	5	1	4

순번	시군구	지출명 (사업명)	2024년예산 (단위 : 천원 /1년간)	민간이전 분류 (지방자치단체 세출예산 집행기준에 의거) 1. 민간경상사업보조(307-02) 2. 민간단체 법정운영비보조(307-03) 3. 민간행사사업보조(307-04) 4. 민간위탁금(307-05) 5. 사회복지시설 법정운영비보조(307-10) 6. 민간인위탁교육비(307-12) 7. 공기관등에대한경상적위탁사업비(308-13) 8. 민간자본사업보조,자체재원(402-01) 9. 민간자본사업보조,이전재원(402-02) 10. 민간위탁사업비(402-03) 11. 공기관등에 대한 자본적 위탁사업비(403-02)	민간이전지출 근거 (지방보조금 관리기준 참고) 1. 법률에 규정 2. 국고보조 재원(국가지정) 3. 용도 지정 기부금 4. 조례에 직접규정 5. 지자체가 권장하는 사업을 하는 공공기관 6. 시,도 정책 및 재정사정 7. 기타 8. 해당없음	입찰방식 계약체결방법 (경쟁형태) 1. 일반경쟁 2. 제한경쟁 3. 지명경쟁 4. 수의계약 5. 법정위탁 6. 기타 ( ) 7. 없음	입찰방식 계약기간 1. 1년 2. 2년 3. 3년 4. 4년 5. 5년 6. 기타 ( )년 7. 단기계약 (1년미만) 8. 없음	입찰방식 낙찰자선정방법 1. 적격심사 2. 협상에의한계약 3. 최저가낙찰제 4. 규격가격분리 5. 2단계 경쟁입찰 6. 기타 ( ) 7. 없음	운영예산 산정 운영예산 산정 1. 내부산정 (지자체 자체적으로 산정) 2. 외부산정 (외부전문기관위탁 산정) 3. 내·외부 모두 산정 4. 산정 無 5. 없음	운영예산 산정 정산방법 1. 내부정산 (지자체 내부적으로 정산) 2. 외부정산 (외부전문기관위탁 정산) 3. 내·외부 모두 산정 4. 정산 無 5. 없음	성과평가 실시여부 1. 실시 2. 미실시 3. 향후 추진 4. 해당없음
798	서울 강동구	사회복지시설종사자처우개선복지포인트	7,800	5	1	5	5	1	1	1	4
799	서울 강동구	냉방비구립추가지원	6,580	5	4	7	8	7	1	1	4
800	서울 강동구	사회복지시설종사자처우개선복지포인트	5,600	5	4	7	8	7	1	1	1
801	서울 강동구	사회복지시설종사자처우개선복지포인트지원	4,600	5	4	6	8	1	1	1	1
802	서울 강동구	모범경로당운영비추가지원	4,200	5	4	7	8	7	1	1	4
803	서울 강동구	경로당회장교육비	3,900	5	4	7	8	7	1	1	4
804	서울 강동구	노인신문구독료	3,312	5	4	7	8	7	1	1	4
805	서울 강동구	사회복지시설종사자처우개선복지포인트	2,600	5	1	5	8	7	1	1	4
806	서울 강동구	사회복지시설(사랑쉼터의집)종사자급식비지원	2,400	5	1	7	8	7	1	1	4
807	서울 강동구	실버푸르미운영비	1,800	5	4	7	8	7	1	1	4
808	서울 강동구	사회복지시설종사자처우개선복지포인트	1,800	5	1	1	5	1	1	1	3
809	서울 강동구	사회복지시설종사자처우개선복지포인트	1,200	5	4	7	8	7	1	1	3
810	서울 강동구	사회복지시설종사자처우개선복지포인트	1,000	5	4	1	5	1	1	1	4
811	서울 강동구	사회복지시설종사자처우개선복지포인트	1,000	5	4	6	5	6	3	2	4
812	서울 강동구	회계관리우수경로당운영비추가지원	1,000	5	4	7	8	7	1	1	4
813	서울 강동구	사회복지시설종사자처우개선복지포인트	800	5	1	7	8	7	1	1	1
814	서울 강동구	사회복지시설종사자처우개선복지포인트	600	5	1	7	8	7	1	1	1
815	서울 강동구	래미안라클래시어린이집	528,911	5	1	1	5	1	2	2	1
816	경기 수원시	아동양육시설운영	8,392,209	5	6	7	8	7	1	1	4
817	경기 수원시	지역아동센터인건비지원	6,102,448	5	2	7	8	7	1	1	4
818	경기 수원시	보육교직원인건비지원(영아전담등교직원인건비)	5,866,193	5	2	7	8	7	5	5	4
819	경기 수원시	장애인직업재활시설신고운영	5,772,147	5	1,4	7	8	7	5	1	4
820	경기 수원시	어린이집운영지원	4,922,007	5	2	7	8	7	5	1	4
821	경기 수원시	선도교육청어린이집급식비지원	4,899,794	5	2	7	8	7	5	5	4
822	경기 수원시	장애인거주시설운영	3,528,067	5	1,4	7	8	7	5	1	4
823	경기 수원시	정신재활시설운영지원	2,579,930	5	1	7	8	7	5	1	4
824	경기 수원시	보육교직원처우개선비지원(대체교사인건비)(국비)	2,551,000	5	2	7	8	7	5	5	4
825	경기 수원시	양로시설운영	2,395,340	5	1	7	8	7	5	1	4
826	경기 수원시	가정민간조리원인건비지원	2,251,200	5	2	7	8	7	5	1	2
827	경기 수원시	장애인주간보호시설(신고)운영	1,623,469	5	1,4	7	8	7	5	1	4
828	경기 수원시	세아전용어린이집운영지원	1,519,704	5	2	7	8	7	5	5	4
829	경기 수원시	재가노인복지시설운영	1,500,000	5	1	7	8	7	5	1	4
830	경기 수원시	수행기관전담인력인건비	1,479,000	5	1	7	8	7	1	1	1
831	경기 수원시	어린이집운영	1,280,800	5	2	7	8	7	5	5	4
832	경기 수원시	공공형어린이집운영비(전환사업)	1,198,000	5	2	7	8	7	5	5	4
833	경기 수원시	지역아동센터기본운영비지원	1,155,168	5	2	7	8	7	1	1	4
834	경기 수원시	영아표준보육과정프로그램지원	1,110,000	5	2	7	8	7	5	5	4
835	경기 수원시	요보호아동그룹홈운영	1,097,988	5	6	7	8	7	1	1	4
836	경기 수원시	지역아동센터돌봄교사	1,011,648	5	6	7	8	7	1	1	4
837	경기 수원시	장애인공동생활가정운영	960,651	5	1,4	7	8	7	5	1	4

순번	시군구	지출명 (사업명)	2024년예산 (단위 : 천원 /1년간)	민간이전 분류 (지방자치단체 세출예산 집행기준에 의거) 1. 민간경상사업보조(307-02) 2. 민간단체 법정운영비보조(307-03) 3. 민간행사사업보조(307-04) 4. 민간위탁금(307-05) 5. 사회복지시설 법정운영비보조(307-10) 6. 민간인위탁교육비(307-12) 7. 공기관등에대한경상적위탁사업비(308-13) 8. 민간자본사업보조,자체재원(402-01) 9. 민간자본사업보조,이전재원(402-02) 10. 민간위탁사업비(402-03) 11. 공기관등에 대한 자본적 위탁사업비(403-02)	민간이전지출 근거 (지방보조금 관리기준 참고) 1. 법률에 규정 2. 국고보조 재원(국가지정) 3. 용도 지정 기부금 4. 조례에 직접규정 5. 지자체가 권장하는 사업을 하는 공공기관 6. 시,도 정책 및 재정사정 7. 기타 8. 해당없음	입찰방식: 계약체결방법 (경쟁형태) 1. 일반경쟁 2. 제한경쟁 3. 지명경쟁 4. 수의계약 5. 법정위탁 6. 기타 ( ) 7. 없음	입찰방식: 계약기간 1. 1년 2. 2년 3. 3년 4. 4년 5. 5년 6. 기타 ( )년 7. 단기계약 (1년미만) 8. 없음	입찰방식: 낙찰자선정방법 1. 적격심사 2. 협상에의한계약 3. 최저가낙찰제 4. 규격가격분리 5. 2단계 경쟁입찰 6. 기타 ( ) 7. 없음	운영예산 산정: 운영예산 산정 1. 내부산정 (지자체 자체적으로 산정) 2. 외부산정 (외부전문기관위탁 산정) 3. 내·외부 모두 산정 4. 산정 無 5. 없음	운영예산 산정: 정산방법 1. 내부정산 (지자체 내부적으로 정산) 2. 외부정산 (외부전문기관위탁 정산) 3. 내·외부 모두 산정 4. 정산 無 5. 없음	성과평가 실시여부 1. 실시 2. 미실시 3. 향후 추진 4. 해당없음
838	경기 수원시	지역아동센터인건비추가지원	950,785	5	2	7	8	7	1	1	4
839	경기 수원시	장애인생활이동지원센터운영	638,910	5	1,4	7	8	7	5	1	4
840	경기 수원시	정부지원시설운영지원	609,950	5	2	7	8	7	5	5	4
841	경기 수원시	야간연장어린이집운영지원	571,200	5	2	7	8	7	5	5	4
842	경기 수원시	정부지원시설야간보육지원	431,520	5	2	7	8	7	5	5	4
843	경기 수원시	어린이집공기청정기지원	430,188	5	2	7	8	7	5	5	4
844	경기 수원시	수어통역센터운영	414,120	5	1,4	7	8	7	5	1	4
845	경기 수원시	장애인직업재활시설운영(7종)	390,597	5	1,4	7	8	7	1	1	4
846	경기 수원시	어린이집운영(교재교구비)(국비)	384,131	5	2	7	8	7	5	5	4
847	경기 수원시	공공형어린이집운영활성화지원	374,760	5	2	7	8	7	5	5	4
848	경기 수원시	시간제보육서비스제공지원(국비)	370,320	5	2	7	8	7	5	5	4
849	경기 수원시	공공형어린이집조리원인건비	367,200	5	2	7	8	7	5	5	4
850	경기 수원시	장애인편의시설기술지원센터운영	332,902	5	1,4	7	8	7	5	1	4
851	경기 수원시	장애아보조교사인건비	316,800	5	2	7	8	7	5	5	4
852	경기 수원시	장애인거주시설운영(6종)	279,680	5	1,4	7	8	7	5	1	4
853	경기 수원시	장애인직업재활시설훈련장애인기회수당	268,800	5	1,4	7	8	7	1	1	4
854	경기 수원시	요보호아동그룹홈운영인건비추가지원	248,650	5	6	7	8	7	1	1	4
855	경기 수원시	개인운영장애인생활시설지원	217,200	5	1,4	7	8	7	5	1	4
856	경기 수원시	민간어린이집원장처우개선	216,000	5	4	7	8	7	1	1	4
857	경기 수원시	시각장애인점자도서관신고운영	215,500	5	1,4	7	8	7	5	1	4
858	경기 수원시	장애인직업재활시설입소자(4종)	157,435	5	1,4	7	8	7	1	1	4
859	경기 수원시	수원새빛형어린이집운영	152,500	5	2	7	8	7	5	5	4
860	경기 수원시	지역아동센터급식종사자인건비	148,800	5	6	7	8	7	1	1	4
861	경기 수원시	민간어린이집등연료비지원	140,100	5	4	7	8	7	1	1	4
862	경기 수원시	대체인력인건비	136,000	5	2	7	8	7	5	5	4
863	경기 수원시	노인양로요양시설기초생활수급자	133,155	5	1	7	8	7	5	1	2
864	경기 수원시	교통약자이동편의기술지원센터운영	130,873	5	4	1	5	1	1	1	1
865	경기 수원시	장애인재가복지시설운영지원(2종)	113,400	5	1,4	7	8	7	5	1	4
866	경기 수원시	시군육아종합지원센터영유아발달지원상담원배치	107,400	5	2	7	8	7	5	5	4
867	경기 수원시	지역아동센터특수목적운영지원	100,800	5	2	7	8	7	1	1	4
868	경기 수원시	민간푸드뱅크운영	91,568	5	1	7	8	7	1	1	4
869	경기 수원시	시군육아종합지원센터놀이지도사배치	91,320	5	2	7	8	7	5	5	4
870	경기 수원시	장애인365쉼터운영지원	90,750	5	1,4	7	8	7	5	1	4
871	경기 수원시	중증장애인자립생활체험홈운영	90,000	5	6	6	5	1	1	1	4
872	경기 수원시	민간어린이집원장처우개선	85,440	5	1	7	8	7	1	1	1
873	경기 수원시	장애아전문어린이집간호사인건비	69,048	5	2	7	8	7	5	5	4
874	경기 수원시	육아종합지원센터부모교육	68,000	5	2	7	8	7	5	5	4
875	경기 수원시	공동생활가정종사자시간외근무수당	58,332	5	6	7	8	7	1	1	4
876	경기 수원시	민간어린이집등연료비지원	57,100	5	1	7	8	7	1	1	1
877	경기 수원시	장애인거주시설입소자지원(4종)	54,186	5	1,4	7	8	7	5	1	4

순번	시군구	지출명 (사업명)	2024년예산 (단위 : 천원 /1년간)	민간이전 분류 (지방자치단체 세출예산 집행기준에 의거) 1. 민간경상사업보조(307-02) 2. 민간단체 법정운영비보조(307-03) 3. 민간행사사업보조(307-04) 4. 민간위탁금(307-05) 5. 사회복지시설 법정운영비보조(307-10) 6. 민간인위탁교육비(307-12) 7. 공기관등에대한경상적위탁사업비(308-13) 8. 민간자본사업보조,자체재원(402-01) 9. 민간자본사업보조,이전재원(402-02) 10. 민간위탁사업비(402-03) 11. 공기관등에 대한 자본적 위탁사업비(403-02)	민간이전지출 근거 (지방보조금 관리기준 참고) 1. 법률에 규정 2. 국고보조 재원(국가지정) 3. 용도 지정 기부금 4. 조례에 직접규정 5. 지자체가 권장하는 사업을 하는 공공기관 6. 시,도 정책 및 재정사정 7. 기타 8. 해당없음	입찰방식 계약체결방법 (경쟁형태) 1. 일반경쟁 2. 제한경쟁 3. 지명경쟁 4. 수의계약 5. 법정위탁 6. 기타 ( ) 7. 없음	입찰방식 계약기간 1. 1년 2. 2년 3. 3년 4. 4년 5. 5년 6. 기타 ( )년 7. 단기계약 (1년미만) 8. 없음	입찰방식 낙찰자선정방법 1. 적격심사 2. 협상에의한계약 3. 최저가낙찰제 4. 규격가격분리 5. 2단계 경쟁입찰 6. 기타 ( ) 7. 없음	운영예산 산정 운영예산 산정 1. 내부산정 (지자체 자체적으로 산정) 2. 외부산정 (외부전문기관위탁 산정) 3. 내·외부 모두 산정 4. 산정 無 5. 없음	운영예산 산정 정산방법 1. 내부정산 (지자체 내부적으로 정산) 2. 외부정산 (외부전문기관위탁 정산) 3. 내·외부 모두 산정 4. 정산 無 5. 없음	성과평가 실시여부 1. 실시 2. 미실시 3. 향후 추진 4. 해당없음
878	경기 수원시	지역아동센터추가운영비지원	44,000	5	2	7	8	7	1	1	4
879	경기 수원시	정신요양및정신재활시설입소자건강진단등	36,726	5	1	7	8	7	5	5	4
880	경기 수원시	장애인거주시설종사자연장야간근로수당지원	36,402	5	1,4	7	8	7	5	1	4
881	경기 수원시	노인일자리수행기관및종사자지원	30,000	5	1	7	8	7	1	1	1
882	경기 수원시	장애영유아보육교사전문성교육	30,000	5	2	7	8	7	5	5	4
883	경기 수원시	지역아동센터토요운영지원	18,000	5	2	7	8	7	1	1	4
884	경기 수원시	장애아보육어린이집지원	16,000	5	2	7	8	7	5	5	4
885	경기 수원시	개인운영노인생활시설운영	12,600	5	1	7	8	7	5	1	2
886	경기 수원시	노인취업지원센터운영	12,000	5	1	7	8	7	1	1	1
887	경기 수원시	무료노인복지시설관리	12,000	5	1	7	8	7	5	1	1
888	경기 수원시	보육교직원처우개선지원(농촌보육교사특별근무수당)(국비)	5,300	5	2	7	8	7	5	5	4
889	경기 수원시	어린이집운영(농어촌소재법인어린이집지원)(국비)	2,464	5	2	7	8	7	5	5	4
890	경기 수원시	어린이집운영지원(차량운영비)(국비)	2,119	5	2	7	8	7	5	5	4
891	경기 수원시	세전용어린이집운영컨설팅지원	850	5	2	7	8	7	5	5	4
892	경기 성남시	장애인직업재활시설운영	6,306,661	5	1	7	8	7	5	5	4
893	경기 성남시	장애인주간보호시설운영	5,464,225	5	1	7	8	7	5	5	4
894	경기 성남시	장애인거주시설(법인운영)운영비지원	4,662,938	5	1	7	8	7	1	1	4
895	경기 성남시	다함께돌봄센터인건비지원	2,286,000	5	2	7	8	7	1	1	4
896	경기 성남시	경로당운영지원	1,650,012	5	4	7	8	7	1	1	1
897	경기 성남시	장애인공동생활가정운영	1,470,871	5	1	7	8	7	5	5	4
898	경기 성남시	경로식당무료급식지원	1,420,476	5	4	7	8	7	1	1	4
899	경기 성남시	경로식당무료급식지원	1,383,360	5	4	1	5	1	1	1	1
900	경기 성남시	재가노인복지시설운영	1,250,000	5	6	7	8	7	1	1	4
901	경기 성남시	지역아동센터인건비지원	1,229,000	5	2	7	8	7	5	1	4
902	경기 성남시	그룹홈지원	1,214,460	5	2	7	8	7	5	1	4
903	경기 성남시	근로자시설운영관리	1,026,286	5	4	1	5	1	1	1	1
904	경기 성남시	경로당운영비지원	900,540	5	4	7	8	7	1	1	1
905	경기 성남시	경로식당취사원인건비	849,620	5	4	7	8	7	1	1	4
906	경기 성남시	경로식당무료급식지원	802,860	5	4	1	5	1	1	1	3
907	경기 성남시	지역자활센터운영관리	801,166	5	1	5	1	7	1	1	1
908	경기 성남시	지역아동센터인건비지원	791,000	5	2	7	8	7	5	1	4
909	경기 성남시	경로식당취사원인건비	616,201	5	4	1	5	1	1	1	3
910	경기 성남시	학교돌봄터인건비지원	613,320	5	2	7	8	7	1	1	4
911	경기 성남시	장애인거주시설(개인운영)운영비지원	608,400	5	1	7	8	7	1	1	4
912	경기 성남시	중증장애인자립생활센터	600,000	5	6	7	8	7	5	5	1
913	경기 성남시	저소득재가노인식사배달비	599,941	5	4	1	5	1	1	1	3
914	경기 성남시	지역아동센터인건비지원	590,000	5	2	7	8	7	1	1	4
915	경기 성남시	공공형어린이집운영비지원(전환사업)	552,000	5	2	7	8	7	1	1	4
916	경기 성남시	아동돌봄틈새서비스	549,024	5	4	7	8	7	1	1	4
917	경기 성남시	아동돌봄틈새서비스	549,024	5	4	7	8	7	1	1	4

순번	시군구	지출명 (사업명)	2024년예산 (단위 : 천원 /1년간)	민간이전 분류 (지방자치단체 세출예산 집행기준에 의거) 1. 민간경상사업보조(307-02) 2. 민간단체 법정운영비보조(307-03) 3. 민간행사사업보조(307-04) 4. 민간위탁금(307-05) 5. 사회복지시설 법정운영비보조(307-10) 6. 민간인위탁교육비(307-12) 7. 공기관등에대한경상적위탁사업비(308-13) 8. 민간자본사업보조,자체재원(402-01) 9. 민간자본사업보조,이전재원(402-02) 10. 민간위탁사업비(402-03) 11. 공기관등에 대한 자본적 위탁사업비(403-02)	민간이전지출 근거 (지방보조금 관리기준 참고) 1. 법률에 규정 2. 국고보조 재원(국가지정) 3. 용도 지정 기부금 4. 조례에 직접규정 5. 지자체가 권장하는 사업을 하는 공공기관 6. 시,도 정책 및 재정사정 7. 기타 8. 해당없음	입찰방식 계약체결방법 (경쟁형태) 1. 일반경쟁 2. 제한경쟁 3. 지명경쟁 4. 수의계약 5. 법정위탁 6. 기타 ( ) 7. 없음	입찰방식 계약기간 1. 1년 2. 2년 3. 3년 4. 4년 5. 5년 6. 기타 ( )년 7. 단기계약 (1년미만) 8. 없음	입찰방식 낙찰자선정방법 1. 적격심사 2. 협상에의한계약 3. 최저가낙찰제 4. 규격가격분리 5. 2단계 경쟁입찰 6. 기타 ( ) 7. 없음	운영예산 산정 운영예산 산정 1. 내부산정 (지자체 자체적으로 산정) 2. 외부산정 (외부전문기관위탁 산정) 3. 내·외부 모두 산정 4. 산정 無 5. 없음	운영예산 산정 정산방법 1. 내부정산 (지자체 내부적으로 정산) 2. 외부정산 (외부전문기관위탁 정산) 3. 내·외부 모두 산정 4. 정산 無 5. 없음	성과평가 실시여부 1. 실시 2. 미실시 3. 향후 추진 4. 해당없음
918	경기 성남시	노숙인자활시설운영	528,595	5	1	7	8	7	1	1	1
919	경기 성남시	학대피해아동전용그룹홈운영비지원	475,968	5	2	7	8	7	5	1	4
920	경기 성남시	장애인생활이동지원센터운영	421,850	5	1	7	8	7	5	5	4
921	경기 성남시	경로식당취사원인건비	393,360	5	4	1	5	1	1	1	1
922	경기 성남시	지역아동센터운영비지원(자체)	392,110	5	4	7	8	7	1	1	4
923	경기 성남시	지역아동센터운영비지원(자체)	392,110	5	4	7	8	7	1	1	4
924	경기 성남시	지역아동센터운영비지원(자체)	392,110	5	4	7	8	7	1	1	4
925	경기 성남시	지역아동센터운영비지원(자체)	392,110	5	4	7	8	7	1	1	4
926	경기 성남시	지역아동센터운영비지원(자체)	392,110	5	4	7	8	7	1	1	4
927	경기 성남시	노숙인자활사업	372,243	5	1	7	8	7	1	1	1
928	경기 성남시	장애인직업재활시설지원(7종)	368,315	5	1	7	8	7	5	5	4
929	경기 성남시	장애인거주시설입소자지원(7종)	349,025	5	1	7	8	7	1	1	4
930	경기 성남시	다함께돌봄센터운영비지원	348,000	5	2	7	8	7	1	1	4
931	경기 성남시	청소년자립지원관운영지원	333,173	5	2	7	8	7	1	1	1
932	경기 성남시	지역아동센터인건비추가지원	333,121	5	6	7	8	7	5	1	4
933	경기 성남시	수어통역센터운영	323,890	5	1	7	8	7	5	5	4
934	경기 성남시	학교돌봄터운영비지원	288,000	5	2	7	8	7	1	1	4
935	경기 성남시	성매매피해자지원시설운영(국비)	283,809	5	2	5	8	7	3	3	4
936	경기 성남시	가정폭력상담소운영(국비)	280,673	5	2	5	8	7	3	3	4
937	경기 성남시	지역아동센터운영비지원	272,736	5	2	7	8	7	5	1	4
938	경기 성남시	경로당사회봉사활동비	271,740	5	4	7	8	7	1	1	1
939	경기 성남시	공공형어린이집인건비지원(전환사업)	260,400	5	4	7	8	7	1	1	4
940	경기 성남시	성매매피해자상담소운영	257,700	5	2	5	8	7	3	3	4
941	경기 성남시	가정폭력피해자보호시설운영(국비)	248,234	5	2	5	8	7	3	3	4
942	경기 성남시	장애인편의시설기술지원센터운영	243,000	5	1	7	8	7	5	5	4
943	경기 성남시	지역아동센터돌봄교사지원	230,976	5	6	7	8	7	5	1	4
944	경기 성남시	성폭력상담소운영	227,677	5	2	5	8	7	3	3	4
945	경기 성남시	공공형어린이집운영활성화지원(전환사업)	220,923	5	4	7	8	7	1	1	4
946	경기 성남시	경로식당취사원인건비	196,680	5	4	1	5	1	1	1	1
947	경기 성남시	저소득재가노인식사배달	190,580	5	4	7	8	7	1	1	4
948	경기 성남시	가정폭력상담소운영	186,720	5	2	5	8	7	3	3	4
949	경기 성남시	다함께돌봄센터인건비추가지원	169,312	5	2	7	8	7	1	1	4
950	경기 성남시	경로식당취사원인건비	167,040	5	4	1	5	1	1	1	1
951	경기 성남시	노숙인무료급식소운영지원	165,484	5	1	7	8	7	1	1	1
952	경기 성남시	공공형어린이집운영비지원(전환사업)	159,921	5	4	7	8	7	1	1	4
953	경기 성남시	지역아동센터운영비지원	154,944	5	2	7	8	7	5	1	4
954	경기 성남시	가정폭력상담소운영	152,488	5	2	5	8	7	3	3	4
955	경기 성남시	경로당냉난방비및양곡비지원	144,867	5	4	7	8	7	1	1	1
956	경기 성남시	푸드뱅크및마켓사업운영비	142,338	5	1	7	8	7	1	1	4
957	경기 성남시	저소득재가노인식사배달	136,350	5	4	1	5	1	1	1	1

순번	시군구	지출명 (사업명)	2024년예산 (단위 : 천원 /1년간)	민간이전 분류 (지방자치단체 세출예산 집행기준에 의거) 1. 민간경상사업보조(307-02) 2. 민간단체 법정운영비보조(307-03) 3. 민간행사사업보조(307-04) 4. 민간위탁금(307-05) 5. 사회복지시설 법정운영비보조(307-10) 6. 민간인위탁교육비(307-12) 7. 공기관등에대한경상적위탁사업비(308-13) 8. 민간자본사업보조,자체재원(402-01) 9. 민간자본사업보조,이전재원(402-02) 10. 민간위탁사업비(402-03) 11. 공기관등에 대한 자본적 위탁사업비(403-02)	민간이전지출 근거 (지방보조금 관리기준 참고) 1. 법률에 규정 2. 국고보조 재원(국가지정) 3. 용도 지정 기부금 4. 조례에 직접규정 5. 지자체가 권장하는 사업을 하는 공공기관 6. 시,도 정책 및 재정사정 7. 기타 8. 해당없음	입찰방식			운영예산 산정		성과평가 실시여부
						계약체결방법 (경쟁형태) 1. 일반경쟁 2. 제한경쟁 3. 지명경쟁 4. 수의계약 5. 법정위탁 6. 기타 ( ) 7. 없음	계약기간 1. 1년 2. 2년 3. 3년 4. 4년 5. 5년 6. 기타 ( )년 7. 단기계약 (1년미만) 8. 없음	낙찰자선정방법 1. 적격심사 2. 협상에의한계약 3. 최저가낙찰제 4. 규격가격분리 5. 2단계 경쟁입찰 6. 기타 ( ) 7. 없음	운영예산 산정 1. 내부산정 (지자체 자체적으로 산정) 2. 외부산정 (외부전문기관위탁 산정) 3. 내·외부 모두 산정 4. 산정 無 5. 없음	정산방법 1. 내부정산 (지자체 내부적으로 정산) 2. 외부정산 (외부전문기관위탁 정산) 3. 내·외부 모두 산정 4. 정산 無 5. 없음	1. 실시 2. 미실시 3. 향후 추진 4. 해당없음
958	경기 성남시	G푸드드림사업	136,000	5	1	7	8	7	1	1	4
959	경기 성남시	그룹홈인건비추가지원사업	130,000	5	6	7	8	7	5	1	4
960	경기 성남시	지역아동센터돌봄교사지원	129,924	5	6	7	8	7	5	1	4
961	경기 성남시	경로당사회봉사활동비	122,400	5	4	7	8	7	1	1	1
962	경기 성남시	어린이집공기청정기설치지원	115,172	5	4	7	8	7	1	1	4
963	경기 성남시	아동복지시설운영지원	106,672	5	6	7	8	7	5	1	4
964	경기 성남시	지역아동센터운영비지원	105,600	5	2	7	8	7	1	1	4
965	경기 성남시	지역아동센터운영비지원	105,600	5	2	7	8	7	1	1	4
966	경기 성남시	시간제보육지원	105,432	5	1	1	5	6	1	3	1
967	경기 성남시	장애인직업재활시설지원(4종)	95,423	5	1	7	8	7	5	5	4
968	경기 성남시	지역아동센터인건비추가지원	95,341	5	2	7	8	7	5	1	4
969	경기 성남시	지역아동센터취사인건비지원	93,852	5	6	7	8	7	5	1	4
970	경기 성남시	어린이집공기청정기설치지원	93,419	5	6	7	8	7	5	5	4
971	경기 성남시	지역아동센터인건비추가지원	93,316	5	2	7	8	7	1	1	4
972	경기 성남시	장애인응급365쉼터운영비지원	90,750	5	1	7	8	7	1	1	4
973	경기 성남시	중증장애인자립생활체험홈운영비지원	90,000	5	1	7	8	7	1	1	4
974	경기 성남시	탈수급유지지원사업	82,000	5	1	5	1	7	1	1	1
975	경기 성남시	장애인거주시설입소자지원(4종)	80,744	5	1	7	8	7	1	1	4
976	경기 성남시	경로당양곡비지원	77,938	5	4	7	8	7	1	1	1
977	경기 성남시	경로당사회봉사활동비	77,868	5	4	7	8	7	1	1	1
978	경기 성남시	통장사례관리자운영	74,440	5	1	5	1	7	1	1	1
979	경기 성남시	공공형어린이집인건비지원(전환사업)	72,800	5	4	7	8	7	1	1	4
980	경기 성남시	지역아동센터돌봄교사지원	72,180	5	4	7	8	7	1	1	4
981	경기 성남시	장애인재가복지지설운영지원(2종)	67,600	5	1	7	8	7	5	5	4
982	경기 성남시	시군거점아동돌봄센터운영	67,076	5	4	7	8	7	1	1	4
983	경기 성남시	여성폭력피해자인건비차액지원	66,416	5	1	5	8	7	3	3	4
984	경기 성남시	다함께돌봄센터운영시간연장시범사업지원(인건비)	65,964	5	2	7	8	7	1	1	4
985	경기 성남시	학대피해아동쉼터인건비추가지원	64,669	5	5	7	8	7	5	1	4
986	경기 성남시	노숙인보호및지원	62,960	5	1	7	8	7	1	1	1
987	경기 성남시	성매매피해자그룹홈운영	61,694	5	2	5	8	7	3	3	4
988	경기 성남시	자활사례관리	61,415	5	1	5	1	7	1	1	1
989	경기 성남시	노인요양시설기초생활수급자지원등	61,121	5	1	7	8	7	5	1	4
990	경기 성남시	어린이집공기청정기설치지원	59,976	5	4	7	8	7	1	1	4
991	경기 성남시	공공형어린이집운영활성화지원(전환사업)	59,480	5	4	7	8	7	1	1	4
992	경기 성남시	장애인편의시설현장조사요원운영	57,148	5	1	7	8	7	5	5	4
993	경기 성남시	지역아동센터취사인건비지원	56,311	5	6	7	8	7	5	1	4
994	경기 성남시	경로식당취사원인건비	55,361	5	4	1	5	1	1	1	1
995	경기 성남시	무료경로식당부대비용지원	54,000	5	4	7	8	7	1	1	4
996	경기 성남시	경로당동절기난방비지원	53,000	5	4	7	8	7	1	1	1
997	경기 성남시	학대피해아동쉼터지원	52,880	5	6	7	8	7	5	1	4

순번	시군구	지출명 (사업명)	2024년예산 (단위 : 천원 /1년간)	민간이전 분류 (지방자치단체 세출예산 집행기준에 의거) 1. 민간경상사업보조(307-02) 2. 민간단체 법정운영비보조(307-03) 3. 민간행사사업보조(307-04) 4. 민간위탁금(307-05) 5. 사회복지시설 법정운영비보조(307-10) 6. 민간인위탁교육비(307-12) 7. 공기관등에대한경상적위탁사업비(308-13) 8. 민간자본사업보조,자체재원(402-01) 9. 민간자본사업보조,이전재원(402-02) 10. 민간위탁사업비(402-03) 11. 공기관등에 대한 자본적 위탁사업비(403-02)	민간이전지출 근거 (지방보조금 관리기준 참고) 1. 법률에 규정 2. 국고보조 재원(국가지정) 3. 용도 지정 기부금 4. 조례에 직접규정 5. 지자체가 권장하는 사업을 하는 공공기관 6. 시,도 정책 및 재정사정 7. 기타 8. 해당없음	입찰방식 계약체결방법 (경쟁형태) 1. 일반경쟁 2. 제한경쟁 3. 지명경쟁 4. 수의계약 5. 법정위탁 6. 기타 ( ) 7. 없음	입찰방식 계약기간 1. 1년 2. 2년 3. 3년 4. 4년 5. 5년 6. 기타 ( )년 7. 단기계약 (1년미만) 8. 없음	입찰방식 낙찰자선정방법 1. 적격심사 2. 협상에의한계약 3. 최저가낙찰제 4. 규격가격분리 5. 2단계 경쟁입찰 6. 기타 ( ) 7. 없음	운영예산 산정 운영예산 산정 1. 내부산정 (지자체 자체적으로 산정) 2. 외부산정 (외부전문기관위탁 산정) 3. 내·외부 모두 산정 4. 산정 無 5. 없음	운영예산 산정 정산방법 1. 내부정산 (지자체 내부적으로 정산) 2. 외부정산 (외부전문기관위탁 정산) 3. 내·외부 모두 산정 4. 정산 無 5. 없음	성과평가 실시여부 1. 실시 2. 미실시 3. 향후 추진 4. 해당없음
998	경기 성남시	지역아동센터관리운영비지원	50,645	5	6	7	8	7	5	1	4
999	경기 성남시	경로당냉난방비및양곡비지원	45,251	5	4	7	8	7	1	1	1
1000	경기 성남시	공공형어린이집운영비차액보존지원	45,000	5	4	7	8	7	1	1	4
1001	경기 성남시	장애인거주시설종사자연장야간근로수당지원	42,338	5	1	7	8	7	1	1	4
1002	경기 성남시	장애인복지시설재활프로그램운영	41,409	5	1	7	8	7	5	5	4
1003	경기 성남시	장애인생산품마케팅활동지원	41,078	5	1	7	8	7	5	5	4
1004	경기 성남시	학대피해아동그룹홈지원	38,160	5	6	7	8	7	5	1	4
1005	경기 성남시	경로당냉난방비및양곡비지원	36,768	5	4	7	8	7	1	1	1
1006	경기 성남시	지역아동센터관리운영비지원	33,458	5	6	7	8	7	5	1	4
1007	경기 성남시	무료경로식당부대비용지원	28,800	5	4	1	5	1	1	1	1
1008	경기 성남시	자활교육훈련경비	28,000	5	1	5	1	7	1	1	1
1009	경기 성남시	지역아동센터체험활동비지원	23,250	5	6	7	8	7	5	1	4
1010	경기 성남시	특성별지역아동센터추가지원	23,040	5	2	7	8	7	1	1	4
1011	경기 성남시	다함께돌봄센터운영시간연장시범사업지원(운영비)	23,000	5	2	7	8	7	1	1	4
1012	경기 성남시	학교돌봄터추가인건비지원(자체)	22,800	5	4	7	8	7	1	1	4
1013	경기 성남시	특성별지역아동센터추가지원	22,320	5	2	7	8	7	5	1	4
1014	경기 성남시	특성별지역아동센터추가지원	22,320	5	2	7	8	7	5	1	4
1015	경기 성남시	경로당사회봉사활동비	21,732	5	4	7	8	7	1	1	1
1016	경기 성남시	무료경로식당부대비용지원	21,600	5	4	1	5	1	1	1	1
1017	경기 성남시	경로식당기능보강	20,000	5	4	7	8	7	1	1	4
1018	경기 성남시	위기여성긴급보호시설운영사업	19,800	5	1	5	8	7	3	3	4
1019	경기 성남시	경로식당자원봉사활동비	17,280	5	4	1	5	1	1	1	1
1020	경기 성남시	성매매피해자지원시설기능보강	15,500	5	2	5	8	7	3	3	4
1021	경기 성남시	지역아동센터체험활동비지원	15,500	5	6	7	8	7	5	1	4
1022	경기 성남시	지역아동센터운영비지원	13,200	5	2	7	8	7	5	1	4
1023	경기 성남시	경로식당취사연료비및공공요금	12,960	5	4	1	5	1	1	1	1
1024	경기 성남시	경로식당기능보강	12,000	5	4	1	5	1	1	1	1
1025	경기 성남시	무료경로식당기능보강	12,000	5	4	1	5	1	1	1	1
1026	경기 성남시	경로식당취사원인건비	11,400	5	4	1	5	1	1	1	1
1027	경기 성남시	공공형어린이집운영비차액보존지원	10,800	5	4	7	8	7	1	1	4
1028	경기 성남시	지역아동센터체험활동비지원	10,000	5	2	7	8	7	1	1	4
1029	경기 성남시	경로식당무료급식지원	8,520	5	4	1	5	1	1	1	1
1030	경기 성남시	노숙인무료급식소운영지원	7,800	5	1	7	8	7	1	1	1
1031	경기 성남시	경로당냉난방비및양곡비지원	7,130	5	4	7	8	7	1	1	1
1032	경기 성남시	저소득재가노인식사배달	6,818	5	4	1	5	1	1	1	1
1033	경기 성남시	폭염대비냉방비지원	6,500	5	4	7	8	7	1	1	1
1034	경기 성남시	다함께돌봄센터추가인건비지원(자체)	6,300	5	2	7	8	7	1	1	4
1035	경기 성남시	가정폭력피해자보호시설기능보강	6,000	5	2	5	8	7	3	3	4
1036	경기 성남시	가정폭력피해자보호시설운영	5,390	5	2	5	8	7	3	3	4
1037	경기 성남시	특성별지역아동센터추가지원	3,840	5	2	7	8	7	5	1	4

순번	시군구	지출명 (사업명)	2024년예산 (단위 : 천원 /1년간)	민간이전 분류 (지방자치단체 세출예산 집행기준에 의거) 1. 민간경상사업보조(307-02) 2. 민간단체 법정운영비보조(307-03) 3. 민간행사사업보조(307-04) 4. 민간위탁금(307-05) 5. 사회복지시설 법정운영비보조(307-10) 6. 민간인위탁교육비(307-12) 7. 공기관등에대한경상적위탁사업비(308-13) 8. 민간자본사업보조,자체재원(402-01) 9. 민간자본사업보조,이전재원(402-02) 10. 민간위탁사업비(402-03) 11. 공기관등에 대한 자본적 위탁사업비(403-02)	민간이전지출 근거 (지방보조금 관리기준 참고) 1. 법률에 규정 2. 국고보조 재원(국가지정) 3. 용도 지정 기부금 4. 조례에 직접규정 5. 지자체가 권장하는 사업을 하는 공공기관 6. 시,도 정책 및 재정사정 7. 기타 8. 해당없음	입찰방식			운영예산 산정		성과평가 실시여부
						계약체결방법 (경쟁형태) 1. 일반경쟁 2. 제한경쟁 3. 지명경쟁 4. 수의계약 5. 법정위탁 6. 기타 ( ) 7. 없음	계약기간 1. 1년 2. 2년 3. 3년 4. 4년 5. 5년 6. 기타 ( )년 7. 단기계약 (1년미만) 8. 없음	낙찰자선정방법 1. 적격심사 2. 협상에의한계약 3. 최저가낙찰제 4. 규격가격분리 5. 2단계 경쟁입찰 6. 기타 ( ) 7. 없음	운영예산 산정 1. 내부산정 (지자체 자체적으로 산정) 2. 외부산정 (외부전문기관위탁 산정) 3. 내·외부 모두 산정 4. 산정 無 5. 없음	정산방법 1. 내부정산 (지자체 내부적으로 정산) 2. 외부정산 (외부전문기관위탁 정산) 3. 내·외부 모두 산정 4. 정산 無 5. 없음	1. 실시 2. 미실시 3. 향후 추진 4. 해당없음
1038	경기 성남시	장애인생활시설공기청정기렌탈지원	2,577	5	1	7	8	7	1	1	4
1039	경기 성남시	경로식당취사원복리후생비	2,400	5	4	1	5	1	1	1	3
1040	경기 성남시	경로식당취사원인건비	190	5	4	1	5	1	1	1	1
1041	경기 의정부시	아동양육시설운영	4,171,078	5	6	7	8	7	1	1	1
1042	경기 의정부시	장애인직업재활시설운영	3,676,494	5	1	7	8	7	1	1	1
1043	경기 의정부시	지역아동센터인건비지원	2,936,452	5	2	7	8	7	5	1	1
1044	경기 의정부시	장애인거주시설운영지원	2,023,940	5	1	7	8	7	1	1	1
1045	경기 의정부시	지역아동센터인건비추가지원	821,950	5	6	7	8	7	5	1	1
1046	경기 의정부시	양로시설운영비지원(전환)	788,555	5	2	7	8	7	1	1	2
1047	경기 의정부시	아동보호전문기관운영	589,642	5	2	5	5	1	1	1	1
1048	경기 의정부시	경로당운영난방비	570,240	5	1	7	8	7	1	1	4
1049	경기 의정부시	학대피해아동쉼터운영지원	495,788	5	2	5	5	1	1	1	1
1050	경기 의정부시	지역자활센터운영	494,219	5	2	5	1	1	5	1	1
1051	경기 의정부시	지역아동센터기본운영비지원	480,288	5	2	7	8	7	5	1	1
1052	경기 의정부시	재가노인복지시설지원	462,200	5	2	7	8	7	1	1	4
1053	경기 의정부시	시니어클럽운영비	413,000	5	2	1	5	1	1	1	1
1054	경기 의정부시	수어통역센터운영	390,412	5	1	7	8	7	1	1	1
1055	경기 의정부시	경로당운영난방비(시비추가)	390,305	5	1	7	8	7	1	1	4
1056	경기 의정부시	장애인생활이동지원센터운영	375,204	5	1	7	8	7	1	1	1
1057	경기 의정부시	요보호아동그룹홈운영	279,888	5	6	7	8	7	1	1	1
1058	경기 의정부시	장애인복지시설운영지원(7종)	242,192	5	1	7	8	7	1	1	1
1059	경기 의정부시	여성폭력피해자지원시설종사자인건비지원	222,415	5	6	7	8	7	1	1	4
1060	경기 의정부시	성매매피해상담소운영	190,280	5	1	7	8	7	5	1	4
1061	경기 의정부시	성폭력상담소운영	185,930	5	1	7	8	7	5	1	4
1062	경기 의정부시	장애인직업재활시설훈련장애인기회수당	149,580	5	1	7	8	7	5	1	4
1063	경기 의정부시	가정폭력상담소운영	146,711	5	1	7	8	7	1	1	1
1064	경기 의정부시	의정부푸드뱅크마켓운영비지원	136,210	5	1	7	8	7	5	1	4
1065	경기 의정부시	실버인력뱅크운영비	112,000	5	2	1	5	1	1	1	1
1066	경기 의정부시	개인운영장애인거주시설지원	105,000	5	1	7	8	7	1	1	1
1067	경기 의정부시	지역아동센터기본운영비(시비추가)	79,320	5	6	7	8	7	5	1	1
1068	경기 의정부시	고령장애인쉼터지원	74,000	5	1	7	8	7	1	1	1
1069	경기 의정부시	푸드코디네이터인건비	70,000	5	1	7	8	7	1	1	4
1070	경기 의정부시	학대피해아동쉼터인건비추가지원	53,982	5	6	5	5	1	1	1	1
1071	경기 의정부시	아동보호전문기관인건비추가지원	50,000	5	6	5	5	1	1	1	1
1072	경기 의정부시	요보호아동그룹홈인건비추가지원	44,900	5	6	7	8	7	1	1	1
1073	경기 의정부시	탈수급유지지원사업	42,850	5	6	5	1	1	5	1	1
1074	경기 의정부시	학대피해아동쉼터지원	37,896	5	6	5	5	1	1	1	1
1075	경기 의정부시	통장사례관리운영	37,220	5	2	5	1	1	5	1	1
1076	경기 의정부시	아동보호전문기관인건비지원	32,642	5	6	5	5	1	1	1	1
1077	경기 의정부시	자활사례관리	31,477	5	2	5	1	1	5	1	1

순번	시군구	지출명 (사업명)	2024년예산 (단위 : 천원 /1년간)	민간이전 분류 (지방자치단체 세출예산 집행기준에 의거) 1. 민간경상사업보조(307-02) 2. 민간단체 법정운영비보조(307-03) 3. 민간행사사업보조(307-04) 4. 민간위탁금(307-05) 5. 사회복지시설 법정운영비보조(307-10) 6. 민간인위탁교육비(307-12) 7. 공기관등에대한경상적위탁사업비(308-13) 8. 민간자본사업보조,자체재원(402-01) 9. 민간자본사업보조,이전재원(402-02) 10. 민간위탁사업비(402-03) 11. 공기관등에 대한 자본적 위탁사업비(403-02)	민간이전지출 근거 (지방보조금 관리기준 참고) 1. 법률에 규정 2. 국고보조 재원(국가지정) 3. 용도 지정 기부금 4. 조례에 직접규정 5. 지자체가 권장하는 사업을 하는 공공기관 6. 시,도 정책 및 재정사정 7. 기타 8. 해당없음	입찰방식: 계약체결방법 (경쟁형태) 1. 일반경쟁 2. 제한경쟁 3. 지명경쟁 4. 수의계약 5. 법정위탁 6. 기타 ( ) 7. 없음	입찰방식: 계약기간 1. 1년 2. 2년 3. 3년 4. 4년 5. 5년 6. 기타 ( )년 7. 단기계약 (1년미만) 8. 없음	입찰방식: 낙찰자선정방법 1. 적격심사 2. 협상에의한계약 3. 최저가낙찰제 4. 규격가격분리 5. 2단계 경쟁입찰 6. 기타 ( ) 7. 없음	운영예산 산정: 운영예산 산정 1. 내부산정 (지자체 자체적으로 산정) 2. 외부산정 (외부전문기관위탁 산정) 3. 내·외부 모두 산정 4. 산정 無 5. 없음	운영예산 산정: 정산방법 1. 내부정산 (지자체 내부적으로 정산) 2. 외부정산 (외부전문기관위탁 정산) 3. 내·외부 모두 산정 4. 정산 無 5. 없음	성과평가 실시여부 1. 실시 2. 미실시 3. 향후 추진 4. 해당없음
1078	경기 의정부시	지역아동센터추가운영비지원	30,600	5	2	7	8	7	5	1	1
1079	경기 의정부시	특성별지역아동센터추가지원(특수목적형)	28,800	5	2	7	8	7	5	1	1
1080	경기 의정부시	나누리푸드뱅크운영비지원	24,213	5	1	7	8	7	1	1	1
1081	경기 의정부시	지역아동센터냉난방비지원	16,800	5	6	7	8	7	5	1	1
1082	경기 의정부시	특성별지역아동센터추가지원(토요운영)	14,400	5	2	7	8	7	5	1	1
1083	경기 의정부시	장애인거주시설(중증)공기청정기렌탈지원	1,198	5	1	7	8	7	1	1	1
1084	경기 안양시	국공립법인교직원인건비	9,786,560	5	8	7	8	7	5	5	4
1085	경기 안양시	아동양육시설운영	6,344,694	5	8	7	8	7	5	5	4
1086	경기 안양시	보조교사인건비	3,728,375	5	8	7	8	7	5	5	4
1087	경기 안양시	보조교사인건비	3,145,375	5	8	7	8	7	5	5	4
1088	경기 안양시	지역아동센터인건비지원	2,038,100	5	8	7	8	7	5	5	4
1089	경기 안양시	보조교사인건비	1,632,250	5	8	7	8	7	5	5	4
1090	경기 안양시	영아전담등교직원인건비	1,607,795	5	8	7	8	7	5	5	4
1091	경기 안양시	장애인주간보호시설운영(신고시설)	1,578,716	5	8	7	8	7	5	5	4
1092	경기 안양시	장애인거주시설운영	1,270,939	5	8	7	8	7	5	5	4
1093	경기 안양시	어린이집운영지원	1,028,060	5	8	7	8	7	5	5	4
1094	경기 안양시	선도교육청어린이집급식비지원	976,920	5	8	7	8	7	5	5	4
1095	경기 안양시	어린이집운영지원	882,890	5	8	7	8	7	5	5	4
1096	경기 안양시	장애인직업재활시설운영(신고시설)	819,455	5	8	7	8	7	5	5	4
1097	경기 안양시	선도교육청어린이집급식비지원	790,709	5	8	7	8	7	5	5	4
1098	경기 안양시	공공형어린이집운영비	751,280	5	8	7	8	7	5	5	4
1099	경기 안양시	영세아전용어린이집운영지원	727,587	5	8	7	8	7	5	5	4
1100	경기 안양시	아동복지시설생활지원	688,580	5	8	7	8	7	5	5	4
1101	경기 안양시	선도교육청어린이집급식비지원	671,120	5	8	7	8	7	5	5	4
1102	경기 안양시	아동양육시설생계급여	663,000	5	8	7	8	7	5	5	4
1103	경기 안양시	지역아동센터인건비추가지원	591,130	5	8	7	8	7	5	5	4
1104	경기 안양시	가정민간어린이집조리원인건비	590,400	5	8	7	8	7	5	5	4
1105	경기 안양시	평가인증어린이집안심보육지원	560,000	5	8	7	8	7	5	5	4
1106	경기 안양시	영세아전용어린이집운영지원	519,705	5	8	7	8	7	5	5	4
1107	경기 안양시	어린이집조리원인건비지원	500,400	5	8	7	8	7	5	5	4
1108	경기 안양시	영아전담등교직원인건비	488,721	5	8	7	8	7	5	5	4
1109	경기 안양시	가정민간어린이집조리원인건비	480,000	5	8	7	8	7	5	5	4
1110	경기 안양시	공공형어린이집운영비	472,720	5	8	7	8	7	5	5	4
1111	경기 안양시	지역자활센터운영	450,856	5	8	7	8	7	5	5	4
1112	경기 안양시	평가인증어린이집안심보육지원	418,000	5	8	7	8	7	5	5	4
1113	경기 안양시	가정폭력상담소운영지원	398,326	5	8	7	8	7	5	5	4
1114	경기 안양시	수어통역센터운영	393,250	5	8	7	8	7	5	5	4
1115	경기 안양시	어린이집조리원인건비지원	356,400	5	8	7	8	7	5	5	4
1116	경기 안양시	지역아동센터기본운영비지원	355,584	5	8	7	8	7	5	5	4
1117	경기 안양시	가정폭력피해자보호시설지원	354,572	5	8	7	8	7	5	5	4

순번	시군구	지출명 (사업명)	2024년예산 (단위 : 천원 /1년간)	민간이전 분류 (지방자치단체 세출예산 집행기준에 의거) 1. 민간경상사업보조(307-02) 2. 민간단체 법정운영비보조(307-03) 3. 민간행사사업보조(307-04) 4. 민간위탁금(307-05) 5. 사회복지시설 법정운영비보조(307-10) 6. 민간인위탁교육비(307-12) 7. 공기관등에대한경상적위탁사업비(308-13) 8. 민간자본사업보조,자체재원(402-01) 9. 민간자본사업보조,이전재원(402-02) 10. 민간위탁사업비(402-03) 11. 공기관등에 대한 자본적 위탁사업비(403-02)	민간이전지출 근거 (지방보조금 관리기준 참고) 1. 법률에 규정 2. 국고보조 재원(국가지정) 3. 용도 지정 기부금 4. 조례에 직접규정 5. 지자체가 권장하는 사업을 하는 공공기관 6. 시,도 정책 및 재정사정 7. 기타 8. 해당없음	입찰방식 계약체결방법 (경쟁형태) 1. 일반경쟁 2. 제한경쟁 3. 지명경쟁 4. 수의계약 5. 법정위탁 6. 기타 ( ) 7. 없음	입찰방식 계약기간 1. 1년 2. 2년 3. 3년 4. 4년 5. 5년 6. 기타 ( )년 7. 단기계약 (1년미만) 8. 없음	입찰방식 낙찰자선정방법 1. 적격심사 2. 협상에의한계약 3. 최저가낙찰제 4. 규격가격분리 5. 2단계 경쟁입찰 6. 기타 ( ) 7. 없음	운영예산 산정 운영예산 산정 1. 내부산정 (지자체 자체적으로 산정) 2. 외부산정 (외부전문기관위탁 산정) 3. 내·외부 모두 산정 4. 산정 無 5. 없음	운영예산 산정 정산방법 1. 내부정산 (지자체 내부적으로 정산) 2. 외부정산 (외부전문기관위탁 정산) 3. 내·외부 모두 산정 4. 정산 無 5. 없음	성과평가 실시여부 1. 실시 2. 미실시 3. 향후 추진 4. 해당없음
1118	경기 안양시	청소년중장기쉼터운영	344,170	5	8	7	8	7	5	5	4
1119	경기 안양시	지역아동센터돌봄교사지원	325,248	5	8	7	8	7	5	5	4
1120	경기 안양시	장애인생활이동지원센터운영	319,880	5	8	7	8	7	5	5	4
1121	경기 안양시	여성새로일하기센터운영	316,419	5	8	7	8	7	5	5	4
1122	경기 안양시	어린이집운영지원	295,283	5	8	7	8	7	5	5	4
1123	경기 안양시	경로당운영지원	294,260	5	8	7	8	7	5	5	4
1124	경기 안양시	경로당냉·난방비및양곡비지원	279,440	5	8	7	8	7	5	5	4
1125	경기 안양시	경로당지원(부식비등)	278,400	5	8	7	8	7	5	5	4
1126	경기 안양시	경로당지원(부식비등)	258,960	5	8	7	8	7	5	5	4
1127	경기 안양시	재가노인복지시설운영지원	250,000	5	8	7	8	7	5	5	4
1128	경기 안양시	여성인력개발센터운영	250,000	5	8	7	8	7	5	5	4
1129	경기 안양시	영아표준보육과정프로그램지원	242,900	5	8	7	8	7	5	5	4
1130	경기 안양시	경로당운영지원	237,100	5	8	7	8	7	5	5	4
1131	경기 안양시	경로당냉난방비및양곡비지원	225,161	5	8	7	8	7	5	5	4
1132	경기 안양시	공공형어린이집운영활성화지원	209,100	5	8	7	8	7	5	5	4
1133	경기 안양시	공공형어린이집조리원인건비지원	206,000	5	8	7	8	7	5	5	4
1134	경기 안양시	여성폭력피해자지원시설인건비지원	202,011	5	8	7	8	7	5	5	4
1135	경기 안양시	영아표준보육과정프로그램지원	171,475	5	8	7	8	7	5	5	4
1136	경기 안양시	시간제보육서비스제공지원	155,280	5	8	7	8	7	5	5	4
1137	경기 안양시	장애인거주시설운영지원(6종신고시설)	149,286	5	8	7	8	7	5	5	4
1138	경기 안양시	24시간시간제보육어린이집운영지원	147,840	5	8	7	8	7	5	5	4
1139	경기 안양시	공공형어린이집운영활성화지원	140,900	5	8	7	8	7	5	5	4
1140	경기 안양시	푸드마켓사업지원	138,077	5	8	7	8	7	5	5	4
1141	경기 안양시	어린이집급식비차액지원	136,200	5	8	7	8	7	5	5	4
1142	경기 안양시	대체교사인건비	125,000	5	8	7	8	7	5	5	4
1143	경기 안양시	G푸드드림지원	124,685	5	8	7	8	7	5	5	4
1144	경기 안양시	요보호아동그룹홈운영지원	123,156	5	8	7	8	7	5	5	4
1145	경기 안양시	경로당사회봉사활동비	122,610	5	8	7	8	7	5	5	4
1146	경기 안양시	공공형어린이집조리원인건비지원	122,600	5	8	7	8	7	5	5	4
1147	경기 안양시	영아전담등교직원인건비	111,246	5	8	7	8	7	5	5	4
1148	경기 안양시	우수형어린이집환경개선비	109,000	5	8	7	8	7	5	5	4
1149	경기 안양시	푸드뱅크사업지원	104,980	5	8	7	8	7	5	5	4
1150	경기 안양시	경로당사회봉사활동비	98,790	5	8	7	8	7	5	5	4
1151	경기 안양시	어린이집급식비차액지원	96,000	5	8	7	8	7	5	5	4
1152	경기 안양시	어린이집공기청정기지원	91,620	5	8	7	8	7	5	5	4
1153	경기 안양시	지역아동센터특기적성교육강사지원	91,200	5	8	7	8	7	5	5	4
1154	경기 안양시	청소년중장기쉼터야간근무자배치지원	88,724	5	8	7	8	7	5	5	4
1155	경기 안양시	지역아동센터급식도우미지원	85,800	5	8	7	8	7	5	5	4
1156	경기 안양시	어린이집지원(교재교구비)	84,011	5	8	7	8	7	5	5	4
1157	경기 안양시	야간연장형어린이집운영지원	81,600	5	8	7	8	7	5	5	4

순번	시군구	지출명 (사업명)	2024년예산 (단위 : 천원 /1년간)	민간이전 분류 (지방자치단체 세출예산 집행기준에 의거) 1. 민간경상사업보조(307-02) 2. 민간단체 법정운영비보조(307-03) 3. 민간행사사업보조(307-04) 4. 민간위탁금(307-05) 5. 사회복지시설 법정운영비보조(307-10) 6. 민간인위탁교육비(307-12) 7. 공기관등에대한경상적위탁사업비(308-13) 8. 민간자본사업보조,자체재원(402-01) 9. 민간자본사업보조,이전재원(402-02) 10. 민간위탁사업비(402-03) 11. 공기관등에 대한 자본적 위탁사업비(403-02)	민간이전지출 근거 (지방보조금 관리기준 참고) 1. 법률에 규정 2. 국고보조 재원(국가지정) 3. 용도 지정 기부금 4. 조례에 직접규정 5. 지자체가 권장하는 사업을 하는 공공기관 6. 시,도 정책 및 재정사정 7. 기타 8. 해당없음	입찰방식 계약체결방법 (경쟁형태) 1. 일반경쟁 2. 제한경쟁 3. 지명경쟁 4. 수의계약 5. 법정위탁 6. 기타 ( ) 7. 없음	입찰방식 계약기간 1. 1년 2. 2년 3. 3년 4. 4년 5. 5년 6. 기타 ( )년 7. 단기계약 (1년미만) 8. 없음	입찰방식 낙찰자선정방법 1. 적격심사 2. 협상에의한계약 3. 최저가낙찰제 4. 규격가격분리 5. 2단계 경쟁입찰 6. 기타 ( ) 7. 없음	운영예산 산정 운영예산 산정 1. 내부산정 (지자체 자체적으로 산정) 2. 외부산정 (외부전문기관위탁 산정) 3. 내·외부 모두 산정 4. 산정 無 5. 없음	운영예산 산정 정산방법 1. 내부정산 (지자체 내부적으로 정산) 2. 외부정산 (외부전문기관위탁 정산) 3. 내·외부 모두 산정 4. 정산 無 5. 없음	성과평가 실시여부 1. 실시 2. 미실시 3. 향후 추진 4. 해당없음
1158	경기 안양시	장애인공동생활가정운영(신고시설)	80,649	5	8	7	8	7	5	5	4
1159	경기 안양시	어린이집공기청정기지원(자체)	79,850	5	8	7	8	7	5	5	4
1160	경기 안양시	지역아동센터운영비추가지원	79,200	5	8	7	8	7	5	5	4
1161	경기 안양시	계절운영비지원	78,500	5	8	7	8	7	5	5	4
1162	경기 안양시	어린이집공기청정기지원	78,000	5	8	7	8	7	5	5	4
1163	경기 안양시	정신재활시설운영지원	76,783	5	8	7	8	7	5	5	4
1164	경기 안양시	장애통합지역아동센터지원	76,200	5	8	7	8	7	5	5	4
1165	경기 안양시	정신재활시설운영지원	75,164	5	8	7	8	7	5	5	4
1166	경기 안양시	대체교사인건비	75,000	5	8	7	8	7	5	5	4
1167	경기 안양시	어린이집공기청정기지원(자체)	74,550	5	8	7	8	7	5	5	4
1168	경기 안양시	우수형어린이집환경개선비	74,000	5	8	7	8	7	5	5	4
1169	경기 안양시	어린이집우수축산물차액지원	72,000	5	8	7	8	7	5	5	4
1170	경기 안양시	개인운영장애인거주시설지원	70,800	5	8	7	8	7	5	5	4
1171	경기 안양시	대체교사인건비	70,000	5	8	7	8	7	5	5	4
1172	경기 안양시	영아표준보육과정프로그램지원	69,225	5	8	7	8	7	5	5	4
1173	경기 안양시	계절운영비지원	60,200	5	8	7	8	7	5	5	4
1174	경기 안양시	어린이집지원(교재교구비)	58,808	5	8	7	8	7	5	5	4
1175	경기 안양시	특성별지역아동센터추가지원(특수목적형)	57,600	5	8	7	8	7	5	5	4
1176	경기 안양시	노인생활시설수급자및환경개선비지원	51,845	5	8	7	8	7	5	5	4
1177	경기 안양시	도민대상폭력예방교육	50,000	5	8	7	8	7	5	5	4
1178	경기 안양시	장애인거주시설기능보강	49,000	5	8	7	8	7	5	5	4
1179	경기 안양시	야간연장형어린이집운영지원	48,960	5	8	7	8	7	5	5	4
1180	경기 안양시	장애인직업재활시설훈련장애인기회수당	48,000	5	8	7	8	7	5	5	4
1181	경기 안양시	어린이집공기청정기지원	42,240	5	8	7	8	7	5	5	4
1182	경기 안양시	어린이집대체인력인건비	41,000	5	8	7	8	7	5	5	4
1183	경기 안양시	어린이집공기청정기지원	38,016	5	8	7	8	7	5	5	4
1184	경기 안양시	어린이집계절운영비지원	34,700	5	8	7	8	7	5	5	4
1185	경기 안양시	장애아전문어린이집간호사인건비지원	34,524	5	8	7	8	7	5	5	4
1186	경기 안양시	야간연장형어린이집운영지원	32,640	5	8	7	8	7	5	5	4
1187	경기 안양시	가정폭력피해자치료회복프로그램운영	32,380	5	8	7	8	7	5	5	4
1188	경기 안양시	지역아동센터냉난방비지원	30,800	5	8	7	8	7	5	5	4
1189	경기 안양시	가정폭력가해자교정치료프로그램운영	26,000	5	8	7	8	7	5	5	4
1190	경기 안양시	가정폭력피해자보호시설(비수급)생계비등지원	25,351	5	8	7	8	7	5	5	4
1191	경기 안양시	어린이집지원(교재교구비)	25,206	5	8	7	8	7	5	5	4
1192	경기 안양시	특성별지역아동센터추가지원(토요운영)	25,200	5	8	7	8	7	5	5	4
1193	경기 안양시	입양기관운영	23,000	5	8	7	8	7	5	5	4
1194	경기 안양시	새일센터종사자정규직처우개선비지원	22,080	5	8	7	8	7	5	5	4
1195	경기 안양시	장애인재가복지시설운영지원(2종신고시설)	21,400	5	8	7	8	7	5	5	4
1196	경기 안양시	국공립어린이집간호사인건비지원	19,800	5	8	7	8	7	5	5	4
1197	경기 안양시	가정민간어린이집조리원인건비지원	19,200	5	8	7	8	7	5	5	4

순번	시군구	지출명 (사업명)	2024년예산 (단위 : 천원 /1년간)	민간이전 분류 (지방자치단체 세출예산 집행기준에 의거) 1. 민간경상사업보조(307-02) 2. 민간단체 법정운영비보조(307-03) 3. 민간행사사업보조(307-04) 4. 민간위탁금(307-05) 5. 사회복지시설 법정운영비보조(307-10) 6. 민간인위탁교육비(307-12) 7. 공기관등에대한경상적위탁사업비(308-13) 8. 민간자본사업보조,자체재원(402-01) 9. 민간자본사업보조,이전재원(402-02) 10. 민간위탁사업비(402-03) 11. 공기관등에 대한 자본적 위탁사업비(403-02)	민간이전지출 근거 (지방보조금 관리기준 참고) 1. 법률에 규정 2. 국고보조 재원(국가지정) 3. 용도 지정 기부금 4. 조례에 직접규정 5. 지자체가 권장하는 사업을 하는 공공기관 6. 시,도 정책 및 재정사정 7. 기타 8. 해당없음	입찰방식			운영예산 산정		성과평가 실시여부
						계약체결방법 (경쟁형태) 1. 일반경쟁 2. 제한경쟁 3. 지명경쟁 4. 수의계약 5. 법정위탁 6. 기타 ( ) 7. 없음	계약기간 1. 1년 2. 2년 3. 3년 4. 4년 5. 5년 6. 기타 ( )년 7. 단기계약 (1년미만) 8. 없음	낙찰자선정방법 1. 적격심사 2. 협상에의한계약 3. 최저가낙찰제 4. 규격가격분리 5. 2단계 경쟁입찰 6. 기타 ( ) 7. 없음	운영예산 산정 1. 내부산정 (지자체 자체적으로 산정) 2. 외부산정 (외부전문기관위탁 산정) 3. 내·외부 모두 산정 4. 산정 無 5. 없음	정산방법 1. 내부정산 (지자체 내부적으로 정산) 2. 외부정산 (외부전문기관위탁 정산) 3. 내·외부 모두 산정 4. 정산 無 5. 없음	1. 실시 2. 미실시 3. 향후 추진 4. 해당없음
1198	경기 안양시	기초생활생계급여(가정폭력피해자보호시설)	19,000	5	8	7	8	7	5	5	4
1199	경기 안양시	장애인주간보호센터기초수급자이용료감면지원신고시설	17,400	5	8	7	8	7	5	5	4
1200	경기 안양시	장애인거주시설종사자연장야간근로수당지원	16,998	5	8	7	8	7	5	5	4
1201	경기 안양시	청소년공부방운영	16,320	5	8	7	8	7	5	5	4
1202	경기 안양시	청소년공부방운영	16,320	5	8	7	8	7	5	5	4
1203	경기 안양시	장애인직업재활시설운영지원(6종신고시설)	15,800	5	8	7	8	7	5	5	4
1204	경기 안양시	성폭력피해자치료회복프로그램	15,760	5	8	7	8	7	5	5	4
1205	경기 안양시	급식비차액지원	15,600	5	8	7	8	7	5	5	4
1206	경기 안양시	어린이집대체인력인건비	15,500	5	8	7	8	7	5	5	4
1207	경기 안양시	수어통역센터영상방송사업비지원	14,894	5	8	7	8	7	5	5	4
1208	경기 안양시	어린이집조리원인건비지원	14,400	5	8	7	8	7	5	5	4
1209	경기 안양시	가정폭력피해자보호지원(동반아동지원비등)	14,138	5	8	7	8	7	5	5	4
1210	경기 안양시	가정폭력피해자의료비지원	13,960	5	8	7	8	7	5	5	4
1211	경기 안양시	지역아동센터추가운영비지원	10,200	5	8	7	8	7	5	5	4
1212	경기 안양시	어린이집대체인력인건비	9,500	5	8	7	8	7	5	5	4
1213	경기 안양시	경계선지능아동자립지원	8,749	5	8	7	8	7	5	5	4
1214	경기 안양시	장애인주간보호시설기능보강	8,213	5	8	7	8	7	5	5	4
1215	경기 안양시	입양비용지원	8,100	5	8	7	8	7	5	5	4
1216	경기 안양시	요보호아동그룹홈인건비추가지원	8,000	5	8	7	8	7	5	5	4
1217	경기 안양시	어린이집교원보수교육	5,760	5	8	7	8	7	5	5	4
1218	경기 안양시	어린이집교원보수교육	5,760	5	8	7	8	7	5	5	4
1219	경기 안양시	어린이집교원보수교육	5,340	5	8	7	8	7	5	5	4
1220	경기 안양시	정신재활시설입소자회복비등	4,966	5	8	7	8	7	5	5	4
1221	경기 안양시	정신재활시설입소자회복비등	4,966	5	8	7	8	7	5	5	4
1222	경기 안양시	어린이집전기레인지지원	4,380	5	8	7	8	7	5	5	4
1223	경기 안양시	가정폭력피해자직업훈련비	4,284	5	8	7	8	7	5	5	4
1224	경기 안양시	장애아전문어린이집교재교구비	4,000	5	8	7	8	7	5	5	4
1225	경기 안양시	어린이집전기레인지지원	3,340	5	8	7	8	7	5	5	4
1226	경기 안양시	장애아보육어린이집지원	2,000	5	8	7	8	7	5	5	4
1227	경기 안양시	어린이집전기레인지지원	300	5	8	7	8	7	5	5	4
1228	경기 부천시	보육교직원인건비지원(보조교사등)(원미)	5,915,000	5	1	7	8	7	3	1	4
1229	경기 부천시	장애인거주시설운영지원	4,400,912	5	1	7	8	7	5	5	4
1230	경기 부천시	장애인주간보호시설운영	3,823,263	5	1	7	8	7	5	5	4
1231	경기 부천시	보육교직원인건비지원(영아전담등)	3,033,824	5	2	7	8	7	5	1	4
1232	경기 부천시	장애인직업재활시설운영	2,756,543	5	1	7	8	7	5	5	4
1233	경기 부천시	보육교직원인건비지원(보조교사등)(소사)	2,520,000	5	1	7	8	7	5	5	4
1234	경기 부천시	보육교직원인건비지원(보조교사등)	1,975,000	5	2	7	7	7	5	1	4
1235	경기 부천시	보육교직원인건비지원(보조교사등)(오정)	1,858,000	5	1	7	8	7	3	1	4
1236	경기 부천시	노인일자리수행기관전담인력인건비(국비)	1,416,882	5	2	7	8	7	5	1	1
1237	경기 부천시	어린이집운영지원(급식비및운영비/원미)	1,309,000	5	1	7	8	7	3	1	4

순번	시군구	지출명 (사업명)	2024년예산 (단위 : 천원 /1년간)	민간이전 분류 (지방자치단체 세출예산 집행기준에 의거) 1. 민간경상사업보조(307-02) 2. 민간단체 법정운영비보조(307-03) 3. 민간행사사업보조(307-04) 4. 민간위탁금(307-05) 5. 사회복지시설 법정운영비보조(307-10) 6. 민간인위탁교육비(307-12) 7. 공기관등에대한경상적위탁사업비(308-13) 8. 민간자본사업보조,자체재원(402-01) 9. 민간자본사업보조,이전재원(402-02) 10. 민간위탁사업비(402-03) 11. 공기관등에 대한 자본적 위탁사업비(403-02)	민간이전지출 근거 (지방보조금 관리기준 참고) 1. 법률에 규정 2. 국고보조 재원(국가지정) 3. 용도 지정 기부금 4. 조례에 직접규정 5. 지자체가 권장하는 사업을 하는 공공기관 6. 시,도 정책 및 재정사정 7. 기타 8. 해당없음	입찰방식 계약체결방법 (경쟁형태) 1. 일반경쟁 2. 제한경쟁 3. 지명경쟁 4. 수의계약 5. 법정위탁 6. 기타 ( ) 7. 없음	입찰방식 계약기간 1. 1년 2. 2년 3. 3년 4. 4년 5. 5년 6. 기타 ( )년 7. 단기계약 (1년미만) 8. 없음	입찰방식 낙찰자선정방법 1. 적격심사 2. 협상에의한계약 3. 최저가낙찰제 4. 규격가격분리 5. 2단계 경쟁입찰 6. 기타 ( ) 7. 없음	운영예산 산정 운영예산 산정 1. 내부산정 (지자체 자체적으로 산정) 2. 외부산정 (외부전문기관위탁 산정) 3. 내·외부 모두 산정 4. 산정 無 5. 없음	운영예산 산정 정산방법 1. 내부정산 (지자체 내부적으로 정산) 2. 외부정산 (외부전문기관위탁 정산) 3. 내·외부 모두 산정 4. 정산 無 5. 없음	성과평가 실시여부 1. 실시 2. 미실시 3. 향후 추진 4. 해당없음
1238	경기 부천시	보육교직원인건비지원(영아전담등/원미)	1,300,000	5	1	7	8	7	3	1	4
1239	경기 부천시	어린이집대체교사인건비지원	1,297,000	5	2	7	7	7	5	1	4
1240	경기 부천시	자활근로,지역자활센터운영(지역자활센터운영비)	1,226,365	5	2	7	1	7	5	1	4
1241	경기 부천시	공공형어린이집운영비(원미)	1,172,094	5	1	7	8	7	3	1	4
1242	경기 부천시	어린이집운영지원(급식비및운영비/소사)	905,000	5	1	7	8	7	5	5	4
1243	경기 부천시	영세아전용어린이집운영지원(원미)	813,270	5	1	7	8	7	3	1	4
1244	경기 부천시	재가노인복지시설운영	750,000	5	1	7	8	7	5	5	4
1245	경기 부천시	가정민간어린이집조리원인건비지원(도비/원미)	744,000	5	1	7	8	7	3	1	4
1246	경기 부천시	경로당운영지원	723,386	5	1,4	7	8	7	1	1	2
1247	경기 부천시	어린이집보조인력지원(원미)	674,136	5	1	7	8	7	1	1	4
1248	경기 부천시	보육교직원인건비지원(영아전담등/소사)	648,000	5	1	7	8	7	5	5	4
1249	경기 부천시	공동생활가정형태보호	636,168	5	2	7	8	7	5	1	4
1250	경기 부천시	보육교직원인건비지원(영아전담등/오정)	621,000	5	1	7	8	7	3	1	4
1251	경기 부천시	어린이집운영지원(급식비및운영비/오정)	558,000	5	1	7	8	7	3	1	4
1252	경기 부천시	경로당운영지원	549,844	5	1	7	8	7	1	1	4
1253	경기 부천시	시니어클럽운영	534,636	5	1	7	8	7	1	1	1
1254	경기 부천시	장애인공동생활가정운영	526,049	5	1	7	8	7	5	5	4
1255	경기 부천시	어린이집운영지원(원미)	496,400	5	1	7	8	7	3	1	4
1256	경기 부천시	가정민간어린이집조리원인건비지원(도비/소사)	475,200	5	1	7	8	7	5	5	4
1257	경기 부천시	공공형어린이집인건비(조리원)(원미)	468,054	5	1	7	8	7	3	1	4
1258	경기 부천시	공공형어린이집운영비(소사)	457,187	5	1	7	8	7	5	5	4
1259	경기 부천시	장애인생활이동지원센터운영	451,140	5	1	7	8	7	5	5	4
1260	경기 부천시	부천여자단기청소년쉼터운영	426,882	5	1	7	8	7	1	1	1
1261	경기 부천시	어린이집보조인력지원(소사)	426,120	5	1	7	8	7	5	5	4
1262	경기 부천시	모자가족복지시설운영(인건비등)	411,722	5	2	7	8	7	1	1	4
1263	경기 부천시	어린이집운영지원(급식비및운영비)	402,796	5	6	7	8	7	5	1	4
1264	경기 부천시	가정폭력상담소운영	395,970	5	1	5	8	7	5	1	3
1265	경기 부천시	수어통역센터운영	395,740	5	1	7	8	7	5	5	4
1266	경기 부천시	노숙인자활시설운영비	372,199	5	1	7	8	7	1	1	1
1267	경기 부천시	장애인단기거주시설운영	360,504	5	1	7	8	7	5	5	4
1268	경기 부천시	영아표준보육과정프로그램지원(원미)	353,100	5	1	7	8	7	3	1	4
1269	경기 부천시	공공형어린이집운영활성화지원(원미)	341,280	5	1	7	8	7	3	1	4
1270	경기 부천시	경로당서포터즈지원사업	340,200	5	4	7	8	7	1	1	2
1271	경기 부천시	꿈나무아동종합상담소운영비지원	338,270	5	5	7	8	7	1	1	4
1272	경기 부천시	지역봉사지도원활동비지원	315,000	5	4	7	8	7	1	1	1
1273	경기 부천시	여성인력개발센터운영	289,800	5	1	5	8	6	1	1	4
1274	경기 부천시	성폭력상담소운영	284,044	5	1	5	8	7	5	1	3
1275	경기 부천시	장애인맞춤형도우미운영	281,889	5	1	7	8	7	5	5	4
1276	경기 부천시	시간차등형보육시범사업	279,280	5	2	7	8	7	5	1	4
1277	경기 부천시	장애인거주시설운영지원(6종)	274,015	5	1	7	8	7	5	5	4

순번	시군구	지출명 (사업명)	2024년예산 (단위 : 천원 /1년간)	민간이전 분류 (지방자치단체 세출예산 집행기준에 의거) 1. 민간경상사업보조(307-02) 2. 민간단체 법정운영비보조(307-03) 3. 민간행사사업보조(307-04) 4. 민간위탁금(307-05) 5. 사회복지시설 법정운영비보조(307-10) 6. 민간인위탁교육비(307-12) 7. 공기관등에대한경상적위탁사업비(308-13) 8. 민간자본사업보조,자체재원(402-01) 9. 민간자본사업보조,이전재원(402-02) 10. 민간위탁사업비(402-03) 11. 공기관등에 대한 자본적 위탁사업비(403-02)	민간이전지출 근거 (지방보조금 관리기준 참고) 1. 법률에 규정 2. 국고보조 재원(국가지정) 3. 용도 지정 기부금 4. 조례에 직접규정 5. 지자체가 권장하는 사업을 하는 공공기관 6. 시,도 정책 및 재정사정 7. 기타 8. 해당없음	입찰방식			운영예산 산정		성과평가 실시여부
						계약체결방법 (경쟁형태) 1. 일반경쟁 2. 제한경쟁 3. 지명경쟁 4. 수의계약 5. 법정위탁 6. 기타 ( ) 7. 없음	계약기간 1. 1년 2. 2년 3. 3년 4. 4년 5. 5년 6. 기타 ( )년 7. 단기계약 (1년미만) 8. 없음	낙찰자선정방법 1. 적격심사 2. 협상에의한계약 3. 최저가낙찰제 4. 규격가격분리 5. 2단계 경쟁입찰 6. 기타 ( ) 7. 없음	운영예산 산정 1. 내부산정 (지자체 자체적으로 산정) 2. 외부산정 (외부전문기관위탁 산정) 3. 내·외부 모두 산정 4. 산정 無 5. 없음	정산방법 1. 내부정산 (지자체 내부적으로 정산) 2. 외부정산 (외부전문기관위탁 정산) 3. 내·외부 모두 산정 4. 정산 無 5. 없음	1. 실시 2. 미실시 3. 향후 추진 4. 해당없음
1278	경기 부천시	영세아전용어린이집운영지원(소사)	271,089	5	1	7	8	7	5	5	4
1279	경기 부천시	영세아전용어린이집운영지원(오정)	271,089	5	1	7	8	7	3	1	4
1280	경기 부천시	가정민간어린이집조리원인건비지원(도비/오정)	268,800	5	1	7	8	7	3	1	4
1281	경기 부천시	어린이집운영지원(소사)	261,850	5	1	7	8	7	5	5	4
1282	경기 부천시	학대피해아동쉼터운영	247,894	5	2	7	8	7	1	1	4
1283	경기 부천시	노인회지회운영비(인건비및지회장활동비)	242,399	5	4	7	8	7	1	1	1
1284	경기 부천시	어린이집보조인력지원(오정)	239,112	5	1	7	8	7	3	1	4
1285	경기 부천시	지역사회보장협의체운영	182,915	5	4	7	8	7	1	1	1
1286	경기 부천시	영아표준보육과정프로그램지원(소사)	172,500	5	1	7	8	7	5	5	4
1287	경기 부천시	장애인직업재활시설운영지원(7종)	157,695	5	1	7	8	7	5	5	4
1288	경기 부천시	공공형어린이집운영활성화지원(소사)	151,740	5	1	7	8	7	5	5	4
1289	경기 부천시	경로당순회프로그램관리자지원(인건비및활동비)	150,165	5	4	7	8	7	1	1	1
1290	경기 부천시	어린이집운영지원(오정)	148,900	5	1	7	8	7	3	1	4
1291	경기 부천시	보육교직원인건비지원(국공립법인)	147,972	5	6	7	8	7	5	1	4
1292	경기 부천시	개인운영장애인거주시설지원	142,800	5	1	7	8	7	5	5	4
1293	경기 부천시	공동생활가정인건비추가지원	139,900	5	6	7	8	7	5	1	4
1294	경기 부천시	노인상담센터운영비및인건비지원	139,238	5	4	7	8	7	1	1	2
1295	경기 부천시	공공형어린이집운영비(오정)	135,921	5	1	7	8	7	3	1	4
1296	경기 부천시	어린이집공기청정기지원(원미)	127,974	5	1	7	8	7	3	1	4
1297	경기 부천시	어린이집대체교사인건비(원미)	120,000	5	1	7	8	7	3	1	4
1298	경기 부천시	노인일자리수행기관전담인력인건비	118,320	5	2	7	8	7	5	1	1
1299	경기 부천시	장애인직업재활시설기회수당	111,360	5	1	7	8	7	5	5	4
1300	경기 부천시	공공형어린이집인건비(조리원/소사)	111,307	5	1	7	8	7	5	5	4
1301	경기 부천시	어린이집운영지원(교재교구비/원미)	107,000	5	1	7	8	7	3	1	4
1302	경기 부천시	야간연장형어린이집운영지원(원미)	106,800	5	1	7	8	7	3	1	4
1303	경기 부천시	야간연장형어린이집운영지원(소사)	106,800	5	1	7	8	7	5	5	4
1304	경기 부천시	영아표준보육과정프로그램지원(오정)	105,900	5	1	7	8	7	3	1	4
1305	경기 부천시	G푸드드림사업	105,000	5	6	7	8	7	1	1	1
1306	경기 부천시	장애인365쉼터운영	98,314	5	1	7	8	7	5	5	4
1307	경기 부천시	야간연장형어린이집운영지원	97,200	5	6	7	8	7	5	1	4
1308	경기 부천시	자활근로,지역자활센터운영(종사자생활임금)	97,000	5	2	7	1	7	1	1	4
1309	경기 부천시	부천여자단기청소년쉼터야간근무자배치지원	93,840	5	1	7	8	7	1	1	1
1310	경기 부천시	영아표준보육과정프로그램지원	93,300	5	6	7	8	7	5	1	4
1311	경기 부천시	장애인재가복지시설운영지원(2종)	92,200	5	1	7	8	7	5	5	4
1312	경기 부천시	자활근로,지역자활센터운영(통장사례관리)	74,440	5	2	7	1	7	5	1	4
1313	경기 부천시	경로당인터넷,와이파이사용료	73,716	5	4	7	8	7	1	1	1
1314	경기 부천시	어린이집공기청정기지원(소사)	73,326	5	1	7	8	7	5	5	4
1315	경기 부천시	야간연장형어린이집운영지원(오정)	73,200	5	1	7	8	7	3	1	4
1316	경기 부천시	어린이집대체교사인건비지원(소사)	70,000	5	1	7	8	7	5	5	4
1317	경기 부천시	시간차등형보육시범사업	69,800	5	2	7	8	7	5	1	4

순번	시군구	지출명 (사업명)	2024년예산 (단위 : 천원 /1년간)	민간이전 분류 (지방자치단체 세출예산 집행기준에 의거) 1. 민간경상사업보조(307-02) 2. 민간단체 법정운영비보조(307-03) 3. 민간행사사업보조(307-04) 4. 민간위탁금(307-05) 5. 사회복지시설 법정운영비보조(307-10) 6. 민간인위탁교육비(307-12) 7. 공기관등에대한경상적위탁사업비(308-13) 8. 민간자본사업보조,자체재원(402-01) 9. 민간자본사업보조,이전재원(402-02) 10. 민간위탁사업비(402-03) 11. 공기관등에 대한 자본적 위탁사업비(403-02)	민간이전지출 근거 (지방보조금 관리기준 참고) 1. 법률에 규정 2. 국고보조 재원(국가지정) 3. 용도 지정 기부금 4. 조례에 직접규정 5. 지자체가 권장하는 사업을 하는 공공기관 6. 시,도 정책 및 재정사정 7. 기타 8. 해당없음	입찰방식: 계약체결방법 (경쟁형태) 1. 일반경쟁 2. 제한경쟁 3. 지명경쟁 4. 수의계약 5. 법정위탁 6. 기타 ( ) 7. 없음	입찰방식: 계약기간 1. 1년 2. 2년 3. 3년 4. 4년 5. 5년 6. 기타 ( )년 7. 단기계약 (1년미만) 8. 없음	입찰방식: 낙찰자선정방법 1. 적격심사 2. 협상에의한계약 3. 최저가낙찰제 4. 규격가격분리 5. 2단계 경쟁입찰 6. 기타 ( ) 7. 없음	운영예산 산정: 운영예산 산정 1. 내부산정 (지자체 자체적으로 산정) 2. 외부산정 (외부전문기관위탁 산정) 3. 내·외부 모두 산정 4. 산정 無 5. 없음	운영예산 산정: 정산방법 1. 내부정산 (지자체 내부적으로 정산) 2. 외부정산 (외부전문기관위탁 정산) 3. 내·외부 모두 산정 4. 정산 無 5. 없음	성과평가 실시여부 1. 실시 2. 미실시 3. 향후 추진 4. 해당없음
1318	경기 부천시	장애인직업재활시설입소자지원(4종)	65,270	5	1	7	8	7	5	5	4
1319	경기 부천시	365어르신돌봄센터운영비지원	65,000	5	1	7	8	7	5	5	4
1320	경기 부천시	어린이집보조인력지원	62,520	5	6	7	8	7	5	1	4
1321	경기 부천시	노인복지관비대면프로그램지원	60,000	5	4	7	8	7	1	1	2
1322	경기 부천시	장애아전문어린이집지원	52,296	5	6	7	8	7	5	1	4
1323	경기 부천시	어린이집대체교사인건비지원(오정)	50,000	5	1	7	8	7	3	1	4
1324	경기 부천시	어린이집운영지원(교재교구비/소사)	49,000	5	1	7	8	7	5	5	4
1325	경기 부천시	어린이집공기청정기지원(오정)	47,982	5	1	7	8	7	3	1	4
1326	경기 부천시	어린이집공기청정기지원	47,058	5	6	7	7	7	5	1	4
1327	경기 부천시	공공형어린이집운영활성화지원(오정)	46,980	5	1	7	8	7	3	1	4
1328	경기 부천시	장애인거주시설입소자지원(4종)	45,566	5	1	7	8	7	5	5	4
1329	경기 부천시	노인요양시설수급자및환경개선비지원	42,272	5	1	7	8	7	5	5	4
1330	경기 부천시	사회복지자원봉사사업운영	42,000	5	6	7	8	7	5	5	4
1331	경기 부천시	장애아전문어린이집간호인력인건비	41,400	5	6	7	8	7	5	1	4
1332	경기 부천시	장애인직업재활시설마케팅지원	41,078	5	1	7	8	7	5	5	4
1333	경기 부천시	대한노인회부천시지회시설유지관리비및공공운영비	40,800	5	4	7	8	7	1	1	1
1334	경기 부천시	어린이집운영지원(교재교구비)	38,000	5	2	7	8	7	5	1	4
1335	경기 부천시	공공형어린이집인건비(조리원/오정)	34,239	5	1	7	8	7	3	1	4
1336	경기 부천시	장애인거주시설종사자연장야간근로수당지원	31,112	5	1	7	8	7	5	5	4
1337	경기 부천시	어린이집운영지원	30,230	5	6	7	8	7	5	1	4
1338	경기 부천시	어린이집운영지원(교재교구비/오정)	29,688	5	1	7	8	7	3	1	4
1339	경기 부천시	장애인복지시설재활프로그램지원	26,710	5	1	7	8	7	5	5	4
1340	경기 부천시	학대피해아동쉼터지원(도)	26,440	5	6	7	8	7	1	1	4
1341	경기 부천시	수행기관부대경비지원	24,000	5	1	7	8	7	1	1	1
1342	경기 부천시	어린이집대체인력인건비(원미)	23,500	5	1	7	8	7	3	1	4
1343	경기 부천시	모자가족복지시설지원	18,943	5	2	7	8	7	1	1	4
1344	경기 부천시	어린이집대체인력인건비	17,050	5	6	7	7	7	5	1	4
1345	경기 부천시	대한노인회오정지회정보화교실운영지원	13,120	5	4	7	8	7	1	1	1
1346	경기 부천시	어린이집운영지원	12,000	5	6	7	8	7	5	1	4
1347	경기 부천시	취약지역어린이집차량운영지원	12,000	5	6	7	8	7	5	1	4
1348	경기 부천시	위탁노인복지시설유지보수비	10,800	5	4	7	8	7	1	1	2
1349	경기 부천시	어린이집운영지원	10,500	5	6	7	8	7	5	1	4
1350	경기 부천시	어린이집운영지원	9,966	5	6	7	8	7	5	1	4
1351	경기 부천시	어린이집대체인력인건비(소사)	9,400	5	1	7	8	7	5	5	4
1352	경기 부천시	대한노인회부천시지회경로당순회차량유지관리비	7,920	5	4	7	8	7	1	1	1
1353	경기 부천시	어린이집운영지원(차량운영비지원)	7,200	5	2	7	8	7	5	1	4
1354	경기 부천시	노인취업지원센터운영지원	7,200	5	1	7	8	7	1	1	1
1355	경기 부천시	어린이집대체인력인건비(오정)	7,050	5	1	7	8	7	3	1	4
1356	경기 부천시	학대피해아동쉼터인건비추가지원(도)	6,205	5	6	7	8	7	1	1	4
1357	경기 부천시	취약지역어린이집차량운영지원	2,400	5	6	7	8	7	5	1	4

순번	시군구	지출명 (사업명)	2024년예산 (단위 : 천원 /1년간)	민간이전 분류 (지방자치단체 세출예산 집행기준에 의거) 1. 민간경상사업보조(307-02) 2. 민간단체 법정운영비보조(307-03) 3. 민간행사사업보조(307-04) 4. 민간위탁금(307-05) 5. 사회복지시설 법정운영비보조(307-10) 6. 민간인위탁교육비(307-12) 7. 공기관등에대한경상적위탁사업비(308-13) 8. 민간자본사업보조,자체재원(402-01) 9. 민간자본사업보조,이전재원(402-02) 10. 민간위탁사업비(402-03) 11. 공기관등에 대한 자본적 위탁사업비(403-02)	민간이전지출 근거 (지방보조금 관리기준 참고) 1. 법률에 규정 2. 국고보조 재원(국가지정) 3. 용도 지정 기부금 4. 조례에 직접규정 5. 지자체가 권장하는 사업을 하는 공공기관 6. 시,도 정책 및 재정사정 7. 기타 8. 해당없음	입찰방식			운영예산 산정		성과평가 실시여부
						계약체결방법 (경쟁형태) 1. 일반경쟁 2. 제한경쟁 3. 지명경쟁 4. 수의계약 5. 법정위탁 6. 기타 ( ) 7. 없음	계약기간 1. 1년 2. 2년 3. 3년 4. 4년 5. 5년 6. 기타 ( )년 7. 단기계약 (1년미만) 8. 없음	낙찰자선정방법 1. 적격심사 2. 협상에의한계약 3. 최저가낙찰제 4. 규격가격분리 5. 2단계 경쟁입찰 6. 기타 ( ) 7. 없음	운영예산 산정 1. 내부산정 (지자체 자체적으로 산정) 2. 외부산정 (외부전문기관위탁 산정) 3. 내·외부 모두 산정 4. 산정 無 5. 없음	정산방법 1. 내부정산 (지자체 내부적으로 정산) 2. 외부정산 (외부전문기관위탁 정산) 3. 내·외부 모두 산정 4. 정산 無 5. 없음	1. 실시 2. 미실시 3. 향후 추진 4. 해당없음
1358	경기 부천시	장애아전문어린이집지원	2,000	5	6	7	8	7	5	1	4
1359	경기 부천시	푸드뱅크종사자처우개선비	1,200	5	6	7	8	7	1	1	1
1360	경기 부천시	사회복지관운영	614	5	1	7	8	7	1	1	1
1361	경기 부천시	어린이집운영지원	175	5	6	7	8	7	5	1	4
1362	경기 광명시	국공립법인교직원인건비	7,312,301	5	2	7	8	7	5	1	4
1363	경기 광명시	보조교사인건비(연장보육전담교사인건비포함)	4,526,000	5	2	7	8	7	5	1	4
1364	경기 광명시	지역아동센터인건비지원	2,751,152	5	2	7	8	7	1	1	4
1365	경기 광명시	영아전담등교직원인건비(야간연장형,장애아통합)	1,742,215	5	2	7	8	7	5	1	4
1366	경기 광명시	선도교육청어린이집급식비지원	1,342,786	5	6	7	8	7	5	1	4
1367	경기 광명시	경기도어린이집운영지원	1,026,953	5	6	7	8	7	5	1	4
1368	경기 광명시	요보호아동그룹홈운영비지원	699,720	5	2	7	8	7	1	1	4
1369	경기 광명시	지역아동센터인건비추가지원	682,720	5	6	7	8	7	1	1	4
1370	경기 광명시	세아전용어린이집운영지원	673,524	5	6	7	8	7	5	1	4
1371	경기 광명시	공공형어린이집운영비	595,477	5	6	7	8	7	5	1	4
1372	경기 광명시	대체교사인건비	546,000	5	2	7	8	7	5	1	4
1373	경기 광명시	가정민간어린이집조리원인건비	523,200	5	6	7	8	7	5	1	4
1374	경기 광명시	가정,협동11인이상/국공립,민간등51인이상운영비지원	517,440	5	6	7	8	7	5	1	4
1375	경기 광명시	기본운영비지원	481,056	5	2	7	8	7	1	1	4
1376	경기 광명시	지역아동센터돌봄교사지원	480,000	5	6	7	8	7	1	1	4
1377	경기 광명시	지역자활센터운영	409,787	5	2	7	8	7	1	1	1
1378	경기 광명시	생활이동지원센터운영	361,530	5	1	7	8	7	1	1	4
1379	경기 광명시	수어통역센터운영	352,260	5	6	7	8	7	1	1	4
1380	경기 광명시	광명희망나기운동본부운영	350,402	5	1	7	8	7	1	3	1
1381	경기 광명시	공공형어린이집조리원인건비	337,680	5	6	7	8	7	5	1	4
1382	경기 광명시	광명사랑터운영	268,800	5	1	7	8	7	1	1	1
1383	경기 광명시	영아표준보육과정프로그램지원	265,800	5	6	7	8	7	5	1	4
1384	경기 광명시	야간연장형어린이집운영비	249,600	5	6	7	8	7	5	1	4
1385	경기 광명시	가정민간어린이집조리원인건비	240,000	5	6	7	8	7	1	1	1
1386	경기 광명시	장애위험아동전담돌보미지원	239,000	5	6	7	8	7	1	1	1
1387	경기 광명시	공공형어린이집운영활성화	222,646	5	6	7	8	7	5	1	4
1388	경기 광명시	대한노인회광명시지회인건비	214,300	5	1	7	8	7	1	3	2
1389	경기 광명시	시간제보육운영	200,400	5	1	7	8	7	1	1	4
1390	경기 광명시	가정폭력피해자보호시설운영비	194,326	5	6	5	5	1	1	1	1
1391	경기 광명시	요보호아동그룹홈운영인건비추가지원	183,900	5	6	7	8	7	1	1	4
1392	경기 광명시	보훈단체운영비지원(9개단체)	182,345	5	4	7	8	7	1	1	4
1393	경기 광명시	공동생활가정아동학습활동비지원	180,830	5	6	7	8	7	1	1	4
1394	경기 광명시	개인운영장애인거주시설	180,000	5	1	7	8	7	1	1	4
1395	경기 광명시	가정폭력상담소운영	146,711	5	1	7	8	7	5	1	1
1396	경기 광명시	광명시지역사회보장협의체운영	130,132	5	1,4	7	8	7	1	1	4
1397	경기 광명시	국공립민간법인등정원81인이상인건비	120,000	5	6	7	8	7	1	1	1

순번	시군구	지출명 (사업명)	2024년예산 (단위 : 천원 /1년간)	민간이전 분류 (지방자치단체 세출예산 집행기준에 의거) 1. 민간경상사업보조(307-02) 2. 민간단체 법정운영비보조(307-03) 3. 민간행사사업보조(307-04) 4. 민간위탁금(307-05) 5. 사회복지시설 법정운영비보조(307-10) 6. 민간인위탁교육비(307-12) 7. 공기관등에대한경상적위탁사업비(308-13) 8. 민간자본사업보조,자체재원(402-01) 9. 민간자본사업보조,이전재원(402-02) 10. 민간위탁사업비(402-03) 11. 공기관등에 대한 자본적 위탁사업비(403-02)	민간이전지출 근거 (지방보조금 관리기준 참고) 1. 법률에 규정 2. 국고보조 재원(국가지정) 3. 용도 지정 기부금 4. 조례에 직접규정 5. 지자체가 권장하는 사업을 하는 공공기관 6. 시,도 정책 및 재정사정 7. 기타 8. 해당없음	입찰방식 계약체결방법 (경쟁형태) 1. 일반경쟁 2. 제한경쟁 3. 지명경쟁 4. 수의계약 5. 법정위탁 6. 기타 ( ) 7. 없음	입찰방식 계약기간 1. 1년 2. 2년 3. 3년 4. 4년 5. 5년 6. 기타 ( )년 7. 단기계약 (1년미만) 8. 없음	입찰방식 낙찰자선정방법 1. 적격심사 2. 협상에의한계약 3. 최저가낙찰제 4. 규격가격분리 5. 2단계 경쟁입찰 6. 기타 ( ) 7. 없음	운영예산 산정 운영예산 산정 1. 내부산정 (지자체 자체적으로 산정) 2. 외부산정 (외부전문기관위탁 산정) 3. 내·외부 모두 산정 4. 산정 無 5. 없음	운영예산 산정 정산방법 1. 내부정산 (지자체 내부적으로 정산) 2. 외부정산 (외부전문기관위탁 정산) 3. 내·외부 모두 산정 4. 정산 無 5. 없음	성과평가 실시여부 1. 실시 2. 미실시 3. 향후 추진 4. 해당없음
1398	경기 광명시	가정,협동1인이하/국공립,민간등5인이하운영비지원	118,800	5	6	7	8	7	5	1	4
1399	경기 광명시	장애인직업재활시설훈련장애인기회수당	111,360	5	6	7	8	7	1	1	4
1400	경기 광명시	어린이집공기청정기지원	96,887	5	6	7	8	7	5	1	4
1401	경기 광명시	지역아동센터특기적성교육강사지원	96,000	5	6	7	8	7	1	1	4
1402	경기 광명시	교재교구비	94,775	5	2	7	8	7	5	1	4
1403	경기 광명시	대한노인회광명시지회운영비	85,582	5	1	7	8	7	1	3	2
1404	경기 광명시	장애통합지역아동센터지원	80,400	5	6	7	8	7	1	1	4
1405	경기 광명시	장애인성폭력피해자지원시설종사자인건비지원	62,412	5	6	7	8	7	1	1	1
1406	경기 광명시	51인이상시설	58,750	5	6	7	8	7	1	1	1
1407	경기 광명시	여성폭력피해자지원시설종사자인건비지원	58,026	5	1	7	8	7	1	1	1
1408	경기 광명시	장애인복지시설운영지원(7종)	55,393	5	6	7	8	7	1	1	4
1409	경기 광명시	2인이하시설	54,000	5	6	7	8	7	1	1	1
1410	경기 광명시	사회복지협의회운영	52,780	5	1	7	8	7	1	1	1
1411	경기 광명시	여성폭력피해자지원시설종사자인건비지원	52,319	5	1	7	8	7	5	1	1
1412	경기 광명시	시지역사회보장협의체활성화지원	50,000	5	1,4	7	8	7	1	1	4
1413	경기 광명시	사회복지자원봉사사업운영	42,000	5	4	7	8	7	1	1	4
1414	경기 광명시	장애인재가복지시설운영지원(2종)	38,800	5	6	7	8	7	5	5	4
1415	경기 광명시	어린이집대체교사인건비	36,000	5	6	7	8	7	1	1	1
1416	경기 광명시	추가운영비지원	29,400	5	2	7	8	7	1	1	4
1417	경기 광명시	5인이하시설	29,000	5	6	7	8	7	1	1	1
1418	경기 광명시	수어통역센터임차료지원	27,060	5	6	7	8	7	1	1	4
1419	경기 광명시	보훈단체차량유지비	24,000	5	4	7	8	7	1	1	4
1420	경기 광명시	51인이상시설	23,500	5	6	7	8	7	1	1	1
1421	경기 광명시	광명장애인보호작업장	22,167	5	6	7	8	7	1	1	4
1422	경기 광명시	2인이하시설	21,600	5	6	7	8	7	1	1	1
1423	경기 광명시	가정폭력상담소운영(임대료)	18,000	5	1	7	8	7	1	1	1
1424	경기 광명시	지역아동센터냉난방비지원	18,000	5	4	7	8	7	1	1	4
1425	경기 광명시	장애인복지시설재활프로그램지원	17,224	5	6	7	8	7	1	1	4
1426	경기 광명시	재향군인회운영비지원	15,000	5	4	7	8	7	1	1	4
1427	경기 광명시	어린이집대체인력인건비	15,000	5	6	7	8	7	5	1	4
1428	경기 광명시	어린이집교원보수교육	13,885	5	1	7	8	7	1	1	4
1429	경기 광명시	광명장애인직업적응훈련센터	12,315	5	6	7	8	7	1	1	4
1430	경기 광명시	5인이하시설	11,600	5	6	7	8	7	1	1	1
1431	경기 광명시	그룹홈냉난방비지원	10,500	5	4	7	8	7	1	1	4
1432	경기 광명시	장애영유아보육교사전문성강화교육	10,000	5	1	7	8	7	1	1	4
1433	경기 광명시	장애인성폭력피해자지원시설운영비지원	9,600	5	6	7	8	7	1	1	1
1434	경기 광명시	자활교육훈련지원사업	9,307	5	6	7	8	7	1	1	4
1435	경기 광명시	비수급자생계비	6,875	5	6	5	5	1	1	1	1
1436	경기 광명시	생활이동지원센터임차료지원	5,280	5	6	7	8	7	1	1	4
1437	경기 광명시	장애아보육어린이집지원	2,000	5	6	7	8	7	5	5	4

순번	시군구	지출명 (사업명)	2024년예산 (단위 : 천원 /1년간)	민간이전 분류 (지방자치단체 세출예산 집행기준에 의거) 1. 민간경상사업보조(307-02) 2. 민간단체 법정운영비보조(307-03) 3. 민간행사사업보조(307-04) 4. 민간위탁금(307-05) 5. 사회복지시설 법정운영비보조(307-10) 6. 민간인위탁교육비(307-12) 7. 공기관등에대한경상적위탁사업비(308-13) 8. 민간자본사업보조,자체재원(402-01) 9. 민간자본사업보조,이전재원(402-02) 10. 민간위탁사업비(402-03) 11. 공기관등에 대한 자본적 위탁사업비(403-02)	민간이전지출 근거 (지방보조금 관리기준 참고) 1. 법률에 규정 2. 국고보조 재원(국가지정) 3. 용도 지정 기부금 4. 조례에 직접규정 5. 지자체가 권장하는 사업을 하는 공공기관 6. 시,도 정책 및 재정사정 7. 기타 8. 해당없음	입찰방식 계약체결방법 (경쟁형태) 1. 일반경쟁 2. 제한경쟁 3. 지명경쟁 4. 수의계약 5. 법정위탁 6. 기타 ( ) 7. 없음	입찰방식 계약기간 1. 1년 2. 2년 3. 3년 4. 4년 5. 5년 6. 기타 ( )년 7. 단기계약 (1년미만) 8. 없음	입찰방식 낙찰자선정방법 1. 적격심사 2. 협상에의한계약 3. 최저가낙찰제 4. 규격가격분리 5. 2단계 경쟁입찰 6. 기타 ( ) 7. 없음	운영예산 산정 운영예산 산정 1. 내부산정 (지자체 자체적으로 산정) 2. 외부산정 (외부전문기관위탁 산정) 3. 내·외부 모두 산정 4. 산정 無 5. 없음	운영예산 산정 정산방법 1. 내부정산 (지자체 내부적으로 정산) 2. 외부정산 (외부전문기관위탁 정산) 3. 내·외부 모두 산정 4. 정산 無 5. 없음	성과평가 실시여부 1. 실시 2. 미실시 3. 향후 추진 4. 해당없음
1438	경기 광명시	아동교육활동지원비	1,350	5	6	5	5	1	1	1	1
1439	경기 광명시	교복구입비	560	5	6	5	5	1	1	1	1
1440	경기 광명시	특별위로금(연2회)	500	5	6	5	5	1	1	1	1
1441	경기 광명시	월동대책비	200	5	6	5	5	1	1	1	1
1442	경기 평택시	아동양육시설운영지원	6,994,743	5	1	7	8	7	5	5	4
1443	경기 평택시	장애인직업재활시설운영	3,971,222	5	1	7	8	7	1	1	4
1444	경기 평택시	지역아동센터인건비지원	3,344,400	5	2	7	8	7	5	5	4
1445	경기 평택시	지역아동센터운영비지원	979,548	5	2	7	8	7	5	5	4
1446	경기 평택시	성매매피해자지원시설운영	846,176	5	2	7	8	7	5	1	3
1447	경기 평택시	여성폭력피해자지원시설인건비지원	637,894	5	6	7	8	7	5	5	4
1448	경기 평택시	정신재활시설운영지원	603,456	5	1	7	8	7	5	5	4
1449	경기 평택시	지역아동센터인건비추가지원	599,100	5	6	7	8	7	5	5	4
1450	경기 평택시	지역자활센터운영	397,146	5	1	5	1	7	5	1	4
1451	경기 평택시	장애인직업재활시설운영지원(7종)	217,711	5	1	7	8	7	1	1	4
1452	경기 평택시	가정폭력상담소운영지원	177,171	5	2	7	8	7	5	5	4
1453	경기 평택시	성폭력상담소운영	142,022	5	2	7	8	7	5	5	4
1454	경기 평택시	장애인직업재활시설훈련장애인기회수당	122,880	5	1	7	8	7	1	1	4
1455	경기 평택시	특성별지역아동센터추가지원	75,600	5	2	7	8	7	5	5	4
1456	경기 평택시	장애인직업재활시설입소자지원4종	73,935	5	1	7	8	7	1	1	4
1457	경기 평택시	기부식품등제공사업장운영지원	44,000	5	4	7	8	7	1	1	1
1458	경기 평택시	기부식품등제공사업장운영지원	44,000	5	4	7	8	7	1	1	1
1459	경기 평택시	기부식품등제공사업장운영지원	44,000	5	4	7	8	7	1	1	1
1460	경기 평택시	기부식품등제공사업장운영지원	44,000	5	4	7	8	7	1	1	1
1461	경기 평택시	기부식품등제공사업장운영지원	44,000	5	4	7	8	7	1	1	1
1462	경기 평택시	장애인직업재활시설마케팅지원	42,310	5	1	7	8	7	1	1	1
1463	경기 평택시	장애통합지역아동센터지원	40,200	5	6	7	8	7	1	1	4
1464	경기 평택시	G푸드드림	35,000	5	4	7	8	7	5	5	4
1465	경기 평택시	G푸드드림	35,000	5	4	7	8	7	1	1	1
1466	경기 평택시	장애인복지시설공기청정기임차료지원	28,800	5	1	7	8	7	1	1	4
1467	경기 동두천시	아동복지시설운영	2,599,607	5	1,6	7	8	7	1	5	4
1468	경기 동두천시	노숙인시설운영비(노숙인재활요양시설지원)(전환사업)	1,810,432	5	6	7	8	7	5	1	2
1469	경기 동두천시	보육교직원인건비지원(국공립법인)	1,783,490	5	1	7	8	7	1	1	4
1470	경기 동두천시	보육교직원인건비지원(영아전담등)	1,586,975	5	1	7	8	7	1	1	4
1471	경기 동두천시	보육교직원처우개선지원(보조교사인건비)	1,470,000	5	1	7	8	7	1	1	4
1472	경기 동두천시	장애인복지관운영	1,365,480	5	1	5	5	1	1	1	1
1473	경기 동두천시	지역아동센터인건비지원(균특/지원)	1,289,800	5	2	7	8	7	5	5	4
1474	경기 동두천시	건강가정및다문화가족지원센터운영	698,956	5	2	6	3	1	1	2	1
1475	경기 동두천시	노인일자리및사회활동지원확대(노인일자리및사회활동전담인력인건비)	650,760	5	1	5	1	1	3	3	4
1476	경기 동두천시	장애인주간보호시설운영	508,927	5	1	5	5	1	1	1	1
1477	경기 동두천시	장애인직업재활시설운영	488,431	5	1	5	5	1	1	1	1

순번	시군구	지출명 (사업명)	2024년예산 (단위 : 천원 /1년간)	민간이전 분류 (지방자치단체 세출예산 집행기준에 의거) 1. 민간경상사업보조(307-02) 2. 민간단체 법정운영비보조(307-03) 3. 민간행사사업보조(307-04) 4. 민간위탁금(307-05) 5. 사회복지시설 법정운영비보조(307-10) 6. 민간인위탁교육비(307-12) 7. 공기관등에대한경상적위탁사업비(308-13) 8. 민간자본사업보조,자체재원(402-01) 9. 민간자본사업보조,이전재원(402-02) 10. 민간위탁사업비(402-03) 11. 공기관등에 대한 자본적 위탁사업비(403-02)	민간이전지출 근거 (지방보조금 관리기준 참고) 1. 법률에 규정 2. 국고보조 재원(국가지정) 3. 용도 지정 기부금 4. 조례에 직접규정 5. 지자체가 권장하는 사업을 하는 공공기관 6. 시,도 정책 및 재정사정 7. 기타 8. 해당없음	입찰방식: 계약체결방법 (경쟁형태) 1. 일반경쟁 2. 제한경쟁 3. 지명경쟁 4. 수의계약 5. 법정위탁 6. 기타 ( ) 7. 없음	입찰방식: 계약기간 1. 1년 2. 2년 3. 3년 4. 4년 5. 5년 6. 기타 ( )년 7. 단기계약 (1년미만) 8. 없음	입찰방식: 낙찰자선정방법 1. 적격심사 2. 협상에의한계약 3. 최저가낙찰제 4. 규격가격분리 5. 2단계 경쟁입찰 6. 기타 ( ) 7. 없음	운영예산 산정: 운영예산 산정 1. 내부산정 (지자체 자체적으로 산정) 2. 외부산정 (외부전문기관위탁 산정) 3. 내·외부 모두 산정 4. 산정 無 5. 없음	운영예산 산정: 정산방법 1. 내부정산 (지자체 내부적으로 정산) 2. 외부정산 (외부전문기관위탁 정산) 3. 내·외부 모두 산정 4. 정산 無 5. 없음	성과평가 실시여부 1. 실시 2. 미실시 3. 향후 추진 4. 해당없음
1478	경기 동두천시	지역아동센터인건비추가지원(자체/지원)	426,311	5	4	7	8	7	5	5	4
1479	경기 동두천시	장애인단기거주시설운영	424,970	5	1	5	5	1	1	1	1
1480	경기 동두천시	보육교직원처우개선지원(대체교사인건비)	325,000	5	1	7	8	7	1	1	4
1481	경기 동두천시	수어통역센터운영	312,040	5	1	7	8	7	1	1	4
1482	경기 동두천시	가정,민간어린이집조리원인건비	280,800	5	1	7	8	7	1	1	4
1483	경기 동두천시	학대피해아동쉼터지원	247,894	5	1,2	1	5	7	5	5	4
1484	경기 동두천시	지역아동센터운영비지원(균특)	234,240	5	2	7	8	7	5	5	4
1485	경기 동두천시	성매매피해자지원시설및상담소운영	233,857	5	2	7	8	7	5	5	4
1486	경기 동두천시	세아전용시설운영	222,244	5	1	7	8	7	1	1	4
1487	경기 동두천시	장애인생활이동지원센터운영	194,090	5	1	7	8	7	1	1	4
1488	경기 동두천시	한부모가족복지시설운영	172,559	5	1	7	8	7	5	5	4
1489	경기 동두천시	야간연장형보육시설운영	148,800	5	1	7	8	7	1	1	4
1490	경기 동두천시	아이돌봄지원사업	147,754	5	2	4	3	2	1	2	4
1491	경기 동두천시	성폭력,가정폭력상담소운영지원	142,022	5	2	7	8	7	5	5	4
1492	경기 동두천시	요보호아동그룹홈운영	139,944	5	1,2	7	8	7	5	5	4
1493	경기 동두천시	독거노인응급안전안심서비스지원	127,942	5	1	1	2	1	5	5	1
1494	경기 동두천시	시군지역사회보장협의체활성화지원사업	118,900	5	6	5	8	7	5	5	1
1495	경기 동두천시	공공형어린이집운영비(전환사업)	108,000	5	1	7	8	7	1	1	4
1496	경기 동두천시	여성폭력피해자지원시설인건비지원	94,914	5	2	7	8	7	5	5	4
1497	경기 동두천시	장애인365쉼터운영지원	94,700	5	1	5	5	1	1	1	1
1498	경기 동두천시	어린이집운영지원(공기청정기지원)	92,400	5	1	7	8	7	1	1	4
1499	경기 동두천시	영아표준보육과정프로그램	90,000	5	1	7	8	7	1	1	4
1500	경기 동두천시	시군장애인편의시설기술지원센터운영	88,000	5	1	7	8	7	1	1	4
1501	경기 동두천시	공공형어린이집운영활성화(전환사업)	86,000	5	1	7	8	7	1	1	4
1502	경기 동두천시	학대피해아동쉼터인건비추가지원	66,110	5	1,6	1	5	7	5	5	4
1503	경기 동두천시	동두천형어린이집육성	50,400	5	1	7	8	7	1	1	4
1504	경기 동두천시	장애인거주시설운영지원(6종)	44,355	5	1	7	5	7	1	1	4
1505	경기 동두천시	장애인직업재활시설운영지원(7종)	44,316	5	1	7	8	7	1	1	4
1506	경기 동두천시	시군사회복지협의회사회복지정보센터운영	42,000	5	6	5	8	7	5	5	1
1507	경기 동두천시	시군노인상담센터지원	40,380	5	4	7	8	7	5	5	4
1508	경기 동두천시	장애통합지역아동센터지원	39,600	5	6	7	8	7	5	5	4
1509	경기 동두천시	요보호아동그룹홈인건비추가지원(도/시)	37,900	5	1,6	7	8	7	5	5	4
1510	경기 동두천시	특성별지역아동센터추가지원	36,000	5	2	7	8	7	5	5	4
1511	경기 동두천시	G푸드드림사업운영	35,000	5	2	7	8	7	5	1	2
1512	경기 동두천시	경로당활성화지원(자체)	34,511	5	4	7	8	7	1	1	4
1513	경기 동두천시	공공형어린이집인건비(전환사업)	34,344	5	1	7	8	7	1	1	4
1514	경기 동두천시	장애인편의시설현장조사요원운영	29,713	5	1	7	8	7	1	1	4
1515	경기 동두천시	지역아동센터지역연계프로그램운영	27,600	5	4	7	8	7	5	5	4
1516	경기 동두천시	어린이집운영지원(차량운영비)	25,430	5	1	7	8	7	1	1	4
1517	경기 동두천시	장애아전문어린이집지원	22,000	5	1	7	8	7	1	1	4

순번	시군구	지출명 (사업명)	2024년예산 (단위 : 천원 /1년간)	민간이전 분류 (지방자치단체 세출예산 집행기준에 의거) 1. 민간경상사업보조(307-02) 2. 민간단체 법정운영비보조(307-03) 3. 민간행사사업보조(307-04) 4. 민간위탁금(307-05) 5. 사회복지시설 법정운영비보조(307-10) 6. 민간인위탁교육비(307-12) 7. 공기관등에대한경상적위탁사업비(308-13) 8. 민간자본사업보조,자체재원(402-01) 9. 민간자본사업보조,이전재원(402-02) 10. 민간위탁사업비(402-03) 11. 공기관등에 대한 자본적 위탁사업비(403-02)	민간이전지출 근거 (지방보조금 관리기준 참고) 1. 법률에 규정 2. 국고보조 재원(국가지정) 3. 용도 지정 기부금 4. 조례에 직접규정 5. 지자체가 권장하는 사업을 하는 공공기관 6. 시,도 정책 및 재정사정 7. 기타 8. 해당없음	입찰방식			운영예산 산정		성과평가 실시여부
						계약체결방법 (경쟁형태) 1. 일반경쟁 2. 제한경쟁 3. 지명경쟁 4. 수의계약 5. 법정위탁 6. 기타 ( ) 7. 없음	계약기간 1. 1년 2. 2년 3. 3년 4. 4년 5. 5년 6. 기타 ( )년 7. 단기계약 (1년미만) 8. 없음	낙찰자선정방법 1. 적격심사 2. 협상에의한계약 3. 최저가낙찰제 4. 규격가격분리 5. 2단계 경쟁입찰 6. 기타 ( ) 7. 없음	운영예산 산정 1. 내부산정 (지자체 자체적으로 산정) 2. 외부산정 (외부전문기관위탁 산정) 3. 내·외부 모두 산정 4. 산정 無 5. 없음	정산방법 1. 내부정산 (지자체 내부적으로 정산) 2. 외부정산 (외부전문기관위탁 정산) 3. 내·외부 모두 산정 4. 정산 無 5. 없음	1. 실시 2. 미실시 3. 향후 추진 4. 해당없음
1518	경기 동두천시	천사푸드뱅크지원(기부식품제공)	14,400	5	4	7	8	7	5	1	2
1519	경기 동두천시	장애인재가복지시설운영지원(2종)	14,200	5	1	7	5	7	1	1	4
1520	경기 동두천시	천사푸드뱅크지원(기부식품제공)	10,600	5	4	7	8	7	5	1	2
1521	경기 동두천시	장애인주간보호시설차량임차료지원	9,400	5	1	7	5	7	1	1	4
1522	경기 동두천시	어린이집대체인력인건비	8,300	5	1	7	8	7	1	1	4
1523	경기 동두천시	시간제보육지원	6,480	5	1	7	8	7	1	1	4
1524	경기 동두천시	시군노인상담센터지원	2,596	5	4	7	8	7	5	5	4
1525	경기 동두천시	어린이집운영지원(농어촌소재법인)	2,464	5	1	7	8	7	1	1	4
1526	경기 동두천시	지역아동센터운영비지원(균특)	2,400	5	2	7	8	7	5	5	4
1527	경기 안산시	보육교직원처우개선지원(보조교사인건비)	11,514,000	5	2	7	8	7	5	5	2
1528	경기 안산시	장애인거주시설운영지원	8,582,778	5	6	7	8	7	1	1	4
1529	경기 안산시	지역아동센터인건비지원	6,915,852	5	1	7	8	7	1	1	4
1530	경기 안산시	장애인직업재활시설운영	6,625,317	5	6	7	8	7	1	1	4
1531	경기 안산시	장애인주간보호시설운영	5,116,597	5	6	7	8	7	1	1	4
1532	경기 안산시	요보호그룹홈형태보호	4,618,152	5	1	7	6	7	4	1	1
1533	경기 안산시	보육교직원처우개선지원(대체교사인건비)	1,418,000	5	2	7	8	7	5	5	4
1534	경기 안산시	장애인거주시설운영지원(6종)(이양사무)	1,385,359	5	6	7	8	7	1	1	4
1535	경기 안산시	시군아동보호전문기관운영	1,268,602	5	1	5	5	1	1	1	1
1536	경기 안산시	지역아동센터돌봄교사지원	1,106,688	5	1	7	8	7	5	5	4
1537	경기 안산시	지역아동센터기본운영비지원	1,070,880	5	1	7	8	7	1	1	4
1538	경기 안산시	장애인단기거주시설운영(이양사무)	1,060,945	5	6	7	8	7	1	1	4
1539	경기 안산시	장애인공동생활가정운영(이양사무)	937,314	5	6	7	8	7	1	1	4
1540	경기 안산시	지역아동센터인건비추가지원	912,000	5	1	7	8	7	1	1	4
1541	경기 안산시	요보호그룹홈형태보호(추가인건비)	894,400	5	1	7	6	7	4	1	1
1542	경기 안산시	자활근로,지역자활센터및광역자활센터운영(지역자활센터운영)	639,512	5	2	7	8	7	5	1	1
1543	경기 안산시	수어통역센터운영	541,640	5	6	7	8	7	1	1	4
1544	경기 안산시	학대피해아동쉼터운영비,인건비,사업비	495,788	5	1	7	8	7	1	1	1
1545	경기 안산시	장애인직업재활시설운영지원(6종)	480,077	5	6	7	8	7	1	1	4
1546	경기 안산시	장애인생활이동지원센터운영	476,720	5	6	7	8	7	1	1	4
1547	경기 안산시	공공형어린이집조리원인건비지원	387,430	5	6	7	8	7	5	5	4
1548	경기 안산시	노숙인자활시설운영	337,237	5	7	7	8	7	1	1	4
1549	경기 안산시	개인운영장애인거주시설지원	291,600	5	6	7	8	7	1	1	4
1550	경기 안산시	여성인력개발센터운영지원	289,800	5	1	6	8	1	1	1	2
1551	경기 안산시	장애인직업재활시설훈련장애인기회수당	251,520	5	4	7	8	7	1	1	4
1552	경기 안산시	명휘체육센터운영	249,293	5	6	7	8	7	1	1	4
1553	경기 안산시	지역아동센터급식교사지원	241,800	5	1	7	8	7	5	5	4
1554	경기 안산시	시간제보육서비스제공지원	229,560	5	2	7	8	7	5	5	4
1555	경기 안산시	지역아동센터운영비지원(시비추가)	226,800	5	1	7	8	7	1	1	4
1556	경기 안산시	폭력피해이주여성보호시설운영지원(국비)	221,084	5	2	7	8	7	5	5	4
1557	경기 안산시	지역아동센터특기적성교육강사지원	192,000	5	1	7	8	7	5	5	4

순번	시군구	지출명 (사업명)	2024년예산 (단위 : 천원 /1년간)	민간이전 분류 (지방자치단체 세출예산 집행기준에 의거) 1. 민간경상사업보조(307-02) 2. 민간단체 법정운영비보조(307-03) 3. 민간행사사업보조(307-04) 4. 민간위탁금(307-05) 5. 사회복지시설 법정운영비보조(307-10) 6. 민간인위탁교육비(307-12) 7. 공기관등에대한경상적위탁사업비(308-13) 8. 민간자본사업보조,자체재원(402-01) 9. 민간자본사업보조,이전재원(402-02) 10. 민간위탁사업비(402-03) 11. 공기관등에 대한 자본적 위탁사업비(403-02)	민간이전지출 근거 (지방보조금 관리기준 참고) 1. 법률에 규정 2. 국고보조 재원(국가지정) 3. 용도 지정 기부금 4. 조례에 직접규정 5. 지자체가 권장하는 사업을 하는 공공기관 6. 시,도 정책 및 재정사정 7. 기타 8. 해당없음	입찰방식 계약체결방법 (경쟁형태) 1. 일반경쟁 2. 제한경쟁 3. 지명경쟁 4. 수의계약 5. 법정위탁 6. 기타 ( ) 7. 없음	입찰방식 계약기간 1. 1년 2. 2년 3. 3년 4. 4년 5. 5년 6. 기타 ( )년 7. 단기계약 (1년미만) 8. 없음	입찰방식 낙찰자선정방법 1. 적격심사 2. 협상에의한계약 3. 최저가낙찰제 4. 규격가격분리 5. 2단계 경쟁입찰 6. 기타 ( ) 7. 없음	운영예산 산정 운영예산 산정 1. 내부산정 (지자체 자체적으로 산정) 2. 외부산정 (외부전문기관위탁 산정) 3. 내·외부 모두 산정 4. 산정 無 5. 없음	운영예산 산정 정산방법 1. 내부정산 (지자체 내부적으로 정산) 2. 외부정산 (외부전문기관위탁 정산) 3. 내·외부 모두 산정 4. 정산 無 5. 없음	성과평가 실시여부 1. 실시 2. 미실시 3. 향후 추진 4. 해당없음
1558	경기 안산시	어린이집운영지원(교재교구비지원)	181,694	5	2	7	8	7	5	5	2
1559	경기 안산시	시군아동보호전문기관운영(도)	151,617	5	1	5	5	1	1	1	1
1560	경기 안산시	시군아동보호전문기관운영(도)추가인건비	126,168	5	1	5	5	1	1	1	1
1561	경기 안산시	차량운영및환경개선사업지원	117,000	5	6	7	8	7	1	1	4
1562	경기 안산시	장애인직업재활시설입소자지원(4종)	113,541	5	6	7	8	7	1	1	4
1563	경기 안산시	장애인거주시설입소자지원(4종)	96,469	5	6	7	8	7	1	1	4
1564	경기 안산시	장애인365쉼터운영지원	94,700	5	6	7	8	7	1	1	4
1565	경기 안산시	장애인거주시설종사자연장야간근로수당지원	89,980	5	6	7	8	7	1	1	4
1566	경기 안산시	자활역량강화및저소득층일자리지원(탈수급유지지원)	85,700	5	4	7	8	7	5	1	4
1567	경기 안산시	지역아동센터특수목적형추가지원	79,200	5	1	7	8	7	1	1	4
1568	경기 안산시	장애아보육어린이집지원	78,000	5	2	7	8	7	5	5	4
1569	경기 안산시	정신재활시설운영지원	77,786	5	7	7	8	7	1	1	1
1570	경기 안산시	자활근로,지역자활센터및광역자활센터운영(통장사례관리운영비)	74,440	5	2	7	8	7	5	1	4
1571	경기 안산시	장애인복지시설재활프로그램운영	71,794	5	6	7	8	7	1	1	4
1572	경기 안산시	장애아전문어린이집간호사인건비지원	69,048	5	2	7	8	7	5	5	4
1573	경기 안산시	자활사업지원(운영비)	61,200	5	4	7	8	7	1	1	4
1574	경기 안산시	지역아동센터냉난방비지원	60,700	5	1	7	8	7	1	1	4
1575	경기 안산시	학대피해아동쉼터인건비추가지원	59,845	5	1	7	8	7	1	1	1
1576	경기 안산시	보육교직원대체인력인건비지원	58,000	5	2	7	8	7	5	5	4
1577	경기 안산시	학대피해아동그룹홈(생계비)지원	54,080	5	1	7	8	7	1	1	1
1578	경기 안산시	지역아동센터토요운영추가지원	50,400	5	1	7	8	7	1	1	4
1579	경기 안산시	폭력피해이주여성보호시설종사자인건비지원	43,910	5	2	7	8	7	5	5	4
1580	경기 안산시	장애인직업재활시설마케팅지원	41,078	5	6	7	8	7	1	1	4
1581	경기 안산시	안산시립지역아동센터인건비지원	32,180	5	1	7	8	7	1	1	4
1582	경기 안산시	지역아동센터추가운영비지원	15,200	5	1	7	8	7	1	1	4
1583	경기 안산시	자활역량강화및저소득층일자리지원(교육훈련지원)	14,299	5	4	7	8	7	5	1	4
1584	경기 안산시	아동복지시설기능보강사업	14,000	5	1	7	8	7	3	3	1
1585	경기 안산시	어린이집운영지원(차량운영비)	10,596	5	2	7	8	7	5	5	4
1586	경기 안산시	폭력피해이주여성보호시설운영지원	10,060	5	2	7	8	7	5	5	4
1587	경기 안산시	장애인거주시설공기청정기렌탈지원	2,793	5	6	7	8	7	1	1	4
1588	경기 안산시	장애인거주시설운영지원(IoT,AI활용돌봄사업)	1,503	5	6	7	8	7	1	1	4
1589	경기 고양시	보육교직원인건비지원(영아전담등)	6,931,772	5	2	7	8	7	5	1	4
1590	경기 고양시	보육교직원처우개선지원(보조교사)	4,609,020	5	2	7	8	7	5	1	4
1591	경기 고양시	보육교직원처우개선지원(보조교사)	4,254,480	5	1	7	8	7	5	5	4
1592	경기 고양시	정신요양시설운영비	3,426,000	5	6	7	8	7	5	5	4
1593	경기 고양시	지역아동센터인건비지원	2,853,952	5	2	7	8	7	5	5	4
1594	경기 고양시	아동복지시설운영지원	1,836,348	5	1	7	8	7	5	1	4
1595	경기 고양시	선도교육청어린이집급식비지원	1,430,567	5	2	7	8	7	5	1	4
1596	경기 고양시	시립어린이집기타보육교직원인건비지원	1,165,800	5	4	7	8	7	1	1	1
1597	경기 고양시	어린이집운영지원	1,037,958	5	4	7	8	7	5	5	4

순번	시군구	지출명 (사업명)	2024년예산 (단위 : 천원 /1년간)	민간이전 분류 (지방자치단체 세출예산 집행기준에 의거) 1. 민간경상사업보조(307-02) 2. 민간단체 법정운영비보조(307-03) 3. 민간행사사업보조(307-04) 4. 민간위탁금(307-05) 5. 사회복지시설 법정운영비보조(307-10) 6. 민간인위탁교육비(307-12) 7. 공기관등에대한경상적위탁사업비(308-13) 8. 민간자본사업보조,자체재원(402-01) 9. 민간자본사업보조,이전재원(402-02) 10. 민간위탁사업비(402-03) 11. 공기관등에 대한 자본적 위탁사업비(403-02)	민간이전지출 근거 (지방보조금 관리기준 참고) 1. 법률에 규정 2. 국고보조 재원(국가지정) 3. 용도 지정 기부금 4. 조례에 직접규정 5. 지자체가 권장하는 사업을 하는 공공기관 6. 시,도 정책 및 재정사정 7. 기타 8. 해당없음	입찰방식			운영예산 산정		성과평가 실시여부
						계약체결방법 (경쟁형태) 1. 일반경쟁 2. 제한경쟁 3. 지명경쟁 4. 수의계약 5. 법정위탁 6. 기타 ( ) 7. 없음	계약기간 1. 1년 2. 2년 3. 3년 4. 4년 5. 5년 6. 기타 ( )년 7. 단기계약 (1년미만) 8. 없음	낙찰자선정방법 1. 적격심사 2. 협상에의한계약 3. 최저가낙찰제 4. 규격가격분리 5. 2단계 경쟁입찰 6. 기타 ( ) 7. 없음	운영예산 산정 1. 내부산정 (지자체 자체적으로 산정) 2. 외부산정 (외부전문기관위탁 산정) 3. 내·외부 모두 산정 4. 산정 無 5. 없음	정산방법 1. 내부정산 (지자체 내부적으로 정산) 2. 외부정산 (외부전문기관위탁 정산) 3. 내·외부 모두 산정 4. 정산 無 5. 없음	1. 실시 2. 미실시 3. 향후 추진 4. 해당없음
1598	경기 고양시	지역아동보호전문기관운영	1,017,100	5	1	6	5	6	5	1	4
1599	경기 고양시	요보호아동그룹홈형태보호	910,532	5	1	7	8	7	5	1	4
1600	경기 고양시	양로시설운영비지원	900,445	5	1	6	8	7	1	1	3
1601	경기 고양시	선도교육청어린이집급식비지원	858,340	5	4	7	8	7	5	5	4
1602	경기 고양시	정신재활시설운영비	768,378	5	6	7	8	7	5	5	4
1603	경기 고양시	지역아동센터인건비추가지원	698,160	5	2	7	8	7	5	5	4
1604	경기 고양시	경로당운영지원(경로당식비지원)	648,000	5	1	7	8	7	1	1	4
1605	경기 고양시	세아전용어린이집운영	635,504	5	4	7	8	7	5	5	4
1606	경기 고양시	노인일자리활성화(시니어클럽)	576,400	5	6	7	8	7	1	1	1
1607	경기 고양시	지역아동센터돌봄교사지원	531,264	5	2	7	8	7	5	5	4
1608	경기 고양시	어린이집운영지원(급식비)	518,979	5	4	7	8	7	5	1	4
1609	경기 고양시	지역아동센터운영비지원(기본운영비,추가운영비)	516,640	5	2	7	8	7	5	5	4
1610	경기 고양시	보육교직원처우개선지원(대체교사)	507,000	5	2	7	8	7	5	1	4
1611	경기 고양시	재가노인복지시설지원	500,000	5	1	6	8	7	1	1	3
1612	경기 고양시	가정민간어린이집조리원인건비	467,040	5	4	7	8	7	5	5	4
1613	경기 고양시	지역자활센터운영	450,855	5	1	5	1	6	1	3	1
1614	경기 고양시	공공형어린이집운영비	435,791	5	4	7	8	7	5	5	4
1615	경기 고양시	경로당운영지원도비(경로당운영비)	388,800	5	1	7	8	7	1	1	4
1616	경기 고양시	정신재활시설운영비	359,647	5	6	7	8	7	5	5	4
1617	경기 고양시	고양시지역사회보장협의체운영	346,850	5	4	7	7	7	1	1	1
1618	경기 고양시	실버인력뱅크운영	329,205	5	6	7	8	7	1	1	1
1619	경기 고양시	시간제보육서비스제공지원	321,600	5	1	7	8	7	5	1	1
1620	경기 고양시	학대피해아동쉼터운영지원	316,433	5	1	7	8	7	5	1	4
1621	경기 고양시	독거노인,중증장애인응급안전안심서비스기관운영비	272,540	5	2	5	1	6	5	5	4
1622	경기 고양시	영아표준보육과정프로그램지원	260,057	5	4	7	8	7	5	5	4
1623	경기 고양시	정신재활시설운영	243,012	5	6	7	8	7	5	5	4
1624	경기 고양시	시립어린이집공공요금지원	240,000	5	4	7	8	7	5	5	4
1625	경기 고양시	야간연장형어린이집운영	206,400	5	4	7	8	7	1	1	1
1626	경기 고양시	정신재활시설운영비	197,041	5	6	7	8	7	5	5	4
1627	경기 고양시	시립어린이집조리원인건비	180,000	5	4	7	8	7	1	1	1
1628	경기 고양시	가정폭력상담소운영	172,790	5	1	7	8	7	1	1	4
1629	경기 고양시	경로당사회활동(경로당사회봉사활동비)	162,000	5	1	7	8	7	1	1	4
1630	경기 고양시	장애통합지역아동센터지원	159,600	5	2	7	8	7	5	5	4
1631	경기 고양시	경로당난방비및양곡비지원(경로당냉난방비및양곡비)	139,445	5	1	4	7	2	1	1	4
1632	경기 고양시	공공형어린이집인건비(조리원)지원	139,406	5	4	7	8	7	5	5	4
1633	경기 고양시	성폭력상담소운영	139,152	5	1	7	8	7	1	1	4
1634	경기 고양시	경로당운영지원(경로당운영비자체사업)	138,360	5	1	7	8	7	1	1	4
1635	경기 고양시	시립어린이집난방비지원	126,000	5	4	7	8	7	1	1	1
1636	경기 고양시	가정,성폭력상담소추가인건비지원	121,802	5	6	7	8	7	1	1	4
1637	경기 고양시	공공형어린이집운영활성화지원	118,273	5	4	7	8	7	5	5	4

순번	시군구	지출명 (사업명)	2024년예산 (단위 : 전원 /1년간)	민간이전 분류 (지방자치단체 세출예산 집행기준에 의거) 1. 민간경상사업보조(307-02) 2. 민간단체 법정운영비보조(307-03) 3. 민간행사사업보조(307-04) 4. 민간위탁금(307-05) 5. 사회복지시설 법정운영비보조(307-10) 6. 민간인위탁교육비(307-12) 7. 공기관등에대한경상적위탁사업비(308-13) 8. 민간자본사업보조,자체재원(402-01) 9. 민간자본사업보조,이전재원(402-02) 10. 민간위탁사업비(402-03) 11. 공기관등에 대한 자본적 위탁사업비(403-02)	민간이전지출 근거 (지방보조금 관리기준 참고) 1. 법률에 규정 2. 국고보조 재원(국가지정) 3. 용도 지정 기부금 4. 조례에 직접규정 5. 지자체가 권장하는 사업을 하는 공공기관 6. 시,도 정책 및 재정사정 7. 기타 8. 해당없음	입찰방식 계약체결방법 (경쟁형태) 1. 일반경쟁 2. 제한경쟁 3. 지명경쟁 4. 수의계약 5. 법정위탁 6. 기타 ( ) 7. 없음	입찰방식 계약기간 1. 1년 2. 2년 3. 3년 4. 4년 5. 5년 6. 기타 ( )년 7. 단기계약 (1년미만) 8. 없음	입찰방식 낙찰자선정방법 1. 적격심사 2. 협상에의한계약 3. 최저가낙찰제 4. 규격가격분리 5. 2단계 경쟁입찰 6. 기타 ( ) 7. 없음	운영예산 산정 운영예산 산정 1. 내부산정 (지자체 자체적으로 산정) 2. 외부산정 (외부전문기관위탁 산정) 3. 내·외부 모두 산정 4. 산정 無 5. 없음	운영예산 산정 정산방법 1. 내부정산 (지자체 내부적으로 정산) 2. 외부정산 (외부전문기관위탁 정산) 3. 내·외부 모두 산정 4. 정산 無 5. 없음	성과평가 실시여부 1. 실시 2. 미실시 3. 향후 추진 4. 해당없음
1638	경기 고양시	위기이웃발굴지원	116,565	5	4	7	7	7	1	1	1
1639	경기 고양시	야간연장형어린이집운영	115,200	5	4	7	8	7	5	5	4
1640	경기 고양시	어린이집공기청정기지원	109,560	5	4	7	8	7	5	5	4
1641	경기 고양시	노인일자리취창업초기투자비지원	106,000	5	6	6	8	7	1	1	4
1642	경기 고양시	어린이집조리원인건비	102,600	5	4	7	8	7	5	5	4
1643	경기 고양시	영아표준보육과정프로그램지원	101,002	5	6	7	8	7	5	1	4
1644	경기 고양시	지역아동센터특기적성교육강사비	91,200	5	2	7	8	7	5	5	4
1645	경기 고양시	어린이집공기청정기유지관리지원	90,024	5	4	7	8	7	5	1	4
1646	경기 고양시	장애아전문어린이집운영지원	87,360	5	4	7	8	7	1	1	4
1647	경기 고양시	노인종합복지관기능보강	83,750	5	4	7	7	7	1	1	4
1648	경기 고양시	노인양로요양시설기초생활수급자지원	82,256	5	1	6	8	7	1	1	3
1649	경기 고양시	경로당냉난방비및양곡비지원(경로당양곡비지원자체사업)	81,000	5	1	1	7	3	1	1	4
1650	경기 고양시	보육교직원처우개선지원(대체교사)	76,000	5	1	7	8	7	5	5	4
1651	경기 고양시	어린이집운영지원(교재교구비)	73,800	5	1	7	8	7	5	5	4
1652	경기 고양시	정신재활시설운영	72,431	5	6	7	8	7	5	5	4
1653	경기 고양시	시립어린이집대체인력인건비	60,700	5	4	7	8	7	5	1	4
1654	경기 고양시	어린이집운영지원(교재교구비)	59,919	5	2	7	8	7	5	1	4
1655	경기 고양시	시군지역사회보장협의체지원	50,000	5	4	7	7	7	1	1	1
1656	경기 고양시	탈수급유지지원사업	42,850	5	6	5	1	6	1	3	1
1657	경기 고양시	지역아동센터체험활동비지원	42,500	5	2	7	8	7	5	5	4
1658	경기 고양시	자활사업운영지원	42,000	5	4	5	1	6	1	3	1
1659	경기 고양시	특성별지역아동센터추가지원	39,600	5	2	7	8	7	5	5	4
1660	경기 고양시	독거노인,중증장애인응급안전안심서비스모니터링지원	34,954	5	6	5	1	6	5	5	4
1661	경기 고양시	장애아전문어린이집간호사인건비지원	34,524	5	4	7	8	7	5	1	4
1662	경기 고양시	장애아보육어린이집지원	34,000	5	4	7	8	7	5	1	4
1663	경기 고양시	경기GS시니어동행편의점지원	29,580	5	6	6	8	7	1	1	4
1664	경기 고양시	자활교육훈련지원	27,000	5	6	5	1	6	1	3	1
1665	경기 고양시	노인여가복지시설임차료지원	18,000	5	4	7	7	7	1	1	4
1666	경기 고양시	어린이집운영지원(차량운영비)	13,700	5	1	7	8	7	5	5	4
1667	경기 고양시	지역아동센터냉난방비지원	12,400	5	2	7	8	7	5	5	4
1668	경기 고양시	독거노인공동생활카네이션하우스	10,000	5	4	6	6	7	1	1	1
1669	경기 고양시	경계선지능아동자립지원	5,250	5	1	7	8	7	5	1	4
1670	경기 고양시	노인일자리수행기관지원	5,000	5	6	6	8	7	1	1	4
1671	경기 고양시	대체인력인건비	3,800	5	4	7	8	7	5	5	4
1672	경기 고양시	어린이집운영지원(차량운영비)	2,400	5	2	7	8	7	5	1	4
1673	경기 고양시	지역자활사업종사자건강검진비(자체)	2,000	5	4	5	1	6	1	3	1
1674	경기 고양시	소담어린이집	544,300	5	1	1	5	1	2	2	1
1675	경기 과천시	노인양로시설운영비(구세군과천양로원)	985,822	5	6	7	8	7	5	3	2
1676	경기 과천시	장애인직업재활시설운영(행복우산/행복나무)	598,072	5	2	7	8	7	1	1	4
1677	경기 과천시	장애인주간보호시설운영(사랑의동산)	375,228	5	7	7	8	7	1	1	4

순번	시군구	지출명 (사업명)	2024년예산 (단위 : 천원 /1년간)	민간이전 분류 (지방자치단체 세출예산 집행기준에 의거) 1. 민간경상사업보조(307-02) 2. 민간단체 법정운영비보조(307-03) 3. 민간행사사업보조(307-04) 4. 민간위탁금(307-05) 5. 사회복지시설 법정운영비보조(307-10) 6. 민간인위탁교육비(307-12) 7. 공기관등에대한경상적위탁사업비(308-13) 8. 민간자본사업보조,자체재원(402-01) 9. 민간자본사업보조,이전재원(402-02) 10. 민간위탁사업비(402-03) 11. 공기관등에 대한 자본적 위탁사업비(403-02)	민간이전지출 근거 (지방보조금 관리기준 참고) 1. 법률에 규정 2. 국고보조 재원(국가지정) 3. 용도 지정 기부금 4. 조례에 직접규정 5. 지자체가 권장하는 사업을 하는 공공기관 6. 시,도 정책 및 재정사정 7. 기타 8. 해당없음	입찰방식 계약체결방법 (경쟁형태) 1. 일반경쟁 2. 제한경쟁 3. 지명경쟁 4. 수의계약 5. 법정위탁 6. 기타 ( ) 7. 없음	입찰방식 계약기간 1. 1년 2. 2년 3. 3년 4. 4년 5. 5년 6. 기타 ( )년 7. 단기계약 (1년미만) 8. 없음	입찰방식 낙찰자선정방법 1. 적격심사 2. 협상에의한계약 3. 최저가낙찰제 4. 규격가격분리 5. 2단계 경쟁입찰 6. 기타 ( ) 7. 없음	운영예산 산정 운영예산 산정 1. 내부산정 (지자체 자체적으로 산정) 2. 외부산정 (외부전문기관위탁 산정) 3. 내·외부 모두 산정 4. 산정 無 5. 없음	운영예산 산정 정산방법 1. 내부정산 (지자체 내부적으로 정산) 2. 외부정산 (외부전문기관위탁 정산) 3. 내·외부 모두 산정 4. 정산 無 5. 없음	성과평가 실시여부 1. 실시 2. 미실시 3. 향후 추진 4. 해당없음
1678	경기 과천시	장애인생활이동지원센터운영	339,280	5	1	7	8	7	1	1	4
1679	경기 과천시	재가노인복지시설운영비	306,000	5	6	7	6	7	5	3	2
1680	경기 과천시	수어통역센터운영	301,480	5	1	7	8	7	1	1	4
1681	경기 과천시	365어르신돌봄센터운영	87,750	5	1	7	8	7	1	1	1
1682	경기 과천시	노인생활시설수급자및환경개선비지원	37,272	5	6	7	8	7	5	3	2
1683	경기 과천시	장애인재가복지시설운영지원(장애인복지관외2개소)	24,800	5	6	7	8	7	1	1	4
1684	경기 구리시	보육교직원처우개선지원(보조교사인건비)	3,172,000	5	1	7	8	7	5	5	4
1685	경기 구리시	교직원인건비지원(국공립법인)	3,144,805	5	1	7	8	7	5	5	4
1686	경기 구리시	교직원인건비지원(영아전담등)	2,125,508	5	1	7	8	7	5	5	4
1687	경기 구리시	장애인직업재활시설운영	2,045,080	5	1	1	5	1	1	3	1
1688	경기 구리시	어린이집운영지원	910,593	5	1	7	8	7	5	5	4
1689	경기 구리시	장애인거주시설운영지원(국비)	871,743	5	1	7	8	7	1	3	1
1690	경기 구리시	세아전용어린이집운영	826,228	5	1	7	8	7	5	5	4
1691	경기 구리시	ㅇ2인이상29인이하	549,602	5	2	7	8	7	1	1	4
1692	경기 구리시	ㅇ3인이상	504,000	5	2	7	8	7	1	1	4
1693	경기 구리시	장애인생활이동지원센터운영	461,380	5	1	5	8	6	1	3	1
1694	경기 구리시	공공형어린이집운영비(전환사업)	432,000	5	1	7	8	7	5	5	4
1695	경기 구리시	시니어클럽운영지원	393,600	5	1	5	5	1	1	1	1
1696	경기 구리시	장애인공동생활가정운영	382,890	5	1	1	5	1	1	1	1
1697	경기 구리시	가정민간어린이집조리원인건비지원	374,400	5	1	7	8	7	5	5	4
1698	경기 구리시	수어통역센터운영	316,290	5	1	5	8	6	1	3	1
1699	경기 구리시	보육교직원처우개선지원(대체교사인건비)	309,000	5	1	7	8	7	5	5	4
1700	경기 구리시	청소년쉼터(남자)운영	307,843	5	2	7	8	7	1	1	4
1701	경기 구리시	지역아동센터돌봄교사지원	251,328	5	1	7	8	7	1	1	4
1702	경기 구리시	지역아동센터인건비추가지원(호봉제)	237,800	5	1	7	8	7	1	1	4
1703	경기 구리시	조리원인건비지원	215,720	5	1	7	8	7	5	5	4
1704	경기 구리시	중증장애인자립생활센터지원	210,000	5	1	5	8	6	1	1	1
1705	경기 구리시	영아표준보육과정프로그램지원	180,600	5	1	7	8	7	5	5	4
1706	경기 구리시	장애인복지시설(직업재활시설)운영지원(7종)	168,972	5	1	1	5	1	1	1	1
1707	경기 구리시	야간연장어린이집운영지원	163,200	5	1	7	8	7	5	5	4
1708	경기 구리시	개인운영장애인거주시설지원	148,800	5	1	7	8	7	1	1	1
1709	경기 구리시	가정폭력상담소운영지원	146,711	5	2	7	8	7	1	1	1
1710	경기 구리시	ㅇ1인이상19인이하	137,400	5	2	7	8	7	1	1	4
1711	경기 구리시	요보호아동그룹홈운영비지원	134,140	5	4	7	8	7	1	1	4
1712	경기 구리시	ㅇ정원2~29인이하센터	132,864	5	2	7	8	7	1	1	4
1713	경기 구리시	지역아동센터종사자명절휴가비	130,785	5	1	7	8	7	1	1	4
1714	경기 구리시	공공형어린이집운영활성화지원	125,000	5	1	7	8	7	5	5	4
1715	경기 구리시	공공형어린이집조리원인건비지원	114,480	5	1	7	8	7	5	5	4
1716	경기 구리시	시간제보육서비스제공지원	103,440	5	1	7	8	7	5	5	4
1717	경기 구리시	청소년쉼터(남자)야간근무자배치지원사업	90,460	5	6	7	8	7	1	1	4

순번	시군구	지출명 (사업명)	2024년예산 (단위 : 천원 /1년간)	민간이전 분류 (지방자치단체 세출예산 집행기준에 의거) 1. 민간경상사업보조(307-02) 2. 민간단체 법정운영비보조(307-03) 3. 민간행사사업보조(307-04) 4. 민간위탁금(307-05) 5. 사회복지시설 법정운영비보조(307-10) 6. 민간인위탁교육비(307-12) 7. 공기관등에대한경상적위탁사업비(308-13) 8. 민간자본사업보조,자체재원(402-01) 9. 민간자본사업보조,이전재원(402-02) 10. 민간위탁사업비(402-03) 11. 공기관등에 대한 자본적 위탁사업비(403-02)	민간이전지출 근거 (지방보조금 관리기준 참고) 1. 법률에 규정 2. 국고보조 재원(국가지정) 3. 용도 지정 기부금 4. 조례에 직접규정 5. 지자체가 권장하는 사업을 하는 공공기관 6. 시,도 정책 및 재정사정 7. 기타 8. 해당없음	입찰방식 계약체결방법 (경쟁형태) 1. 일반경쟁 2. 제한경쟁 3. 지명경쟁 4. 수의계약 5. 법정위탁 6. 기타 ( ) 7. 없음	입찰방식 계약기간 1. 1년 2. 2년 3. 3년 4. 4년 5. 5년 6. 기타 ( )년 7. 단기계약 (1년미만) 8. 없음	입찰방식 낙찰자선정방법 1. 적격심사 2. 협상에의한계약 3. 최저가낙찰제 4. 규격가격분리 5. 2단계 경쟁입찰 6. 기타 ( ) 7. 없음	운영예산 산정 운영예산 산정 1. 내부산정 (지자체 자체적으로 산정) 2. 외부산정 (외부전문기관위탁 산정) 3. 내·외부 모두 산정 4. 산정 無 5. 없음	운영예산 산정 정산방법 1. 내부정산 (지자체 내부적으로 정산) 2. 외부정산 (외부전문기관위탁 정산) 3. 내·외부 모두 산정 4. 정산 無 5. 없음	성과평가 실시여부 1. 실시 2. 미실시 3. 향후 추진 4. 해당없음
1718	경기 구리시	o 정원3인이상센터	88,048	5	2	7	8	7	1	1	4
1719	경기 구리시	장애인편의시설기술지원센터운영	88,000	5	1	7	8	7	5	1	4
1720	경기 구리시	중증장애인자립생활센터다목적실운영지원	83,000	5	1	5	8	6	1	1	1
1721	경기 구리시	o 3인이상	80,249	5	2	7	8	7	1	1	4
1722	경기 구리시	CCTV관리비및전기안전점검비	68,465	5	1	7	8	7	5	5	4
1723	경기 구리시	o 2인이상29인이하	64,200	5	2	7	8	7	1	1	4
1724	경기 구리시	장애인거주시설운영지원(6종)	62,359	5	1	1	5	1	1	1	1
1725	경기 구리시	여성폭력피해자지원시설종사자인건비지원	62,108	5	4	7	8	7	1	1	1
1726	경기 구리시	지역아동센터추가운영비(29인이하)	59,400	5	1	7	8	7	1	1	4
1727	경기 구리시	어린이집교재교구비지원	58,421	5	1	7	8	7	5	5	4
1728	경기 구리시	지역아동센터특기적성교육강사지원	57,600	5	1	7	8	7	1	1	4
1729	경기 구리시	다함께돌봄센터명절수당	43,499	5	1	1	8	1	1	1	4
1730	경기 구리시	공동생활가정학습활동지원	42,860	5	4	7	8	7	1	1	4
1731	경기 구리시	장애인직업재활시설마케팅활동지원	42,310	5	1	1	5	1	1	1	1
1732	경기 구리시	장애인복지시설(직업재활시설)입소자지원(4종)	40,229	5	1	1	5	1	1	1	1
1733	경기 구리시	o 1인이상19인이하	40,075	5	2	7	8	7	1	1	4
1734	경기 구리시	장애통합지역아동센터지원	39,600	5	1	7	8	7	1	1	4
1735	경기 구리시	지역아동센터특수목적형추가지원	36,000	5	2	7	8	7	1	1	4
1736	경기 구리시	G푸드드림코디네이터인건비	35,000	5	6	1	8	1	1	1	1
1737	경기 구리시	지역아동센터추가운영비(3인이상)	33,000	5	1	7	8	7	1	1	4
1738	경기 구리시	다함께돌봄센터인건비추가지원	32,050	5	1	1	8	1	1	1	4
1739	경기 구리시	장애인편의시설현장조사요원운영	29,713	5	1	7	8	7	5	1	4
1740	경기 구리시	장애인거주시설입소자지원(4종)	29,363	5	1	1	5	1	1	1	1
1741	경기 구리시	가정폭력상담소운영지원(여성행복센터대부료)	27,319	5	4	7	8	7	1	1	1
1742	경기 구리시	어린이집대체인력인건비지원	27,000	5	1	7	8	7	5	5	4
1743	경기 구리시	o 정원1~19인이하센터	25,440	5	2	7	8	7	1	1	4
1744	경기 구리시	지역아동센터체험활동비	22,500	5	1	7	8	7	1	1	4
1745	경기 구리시	국공립어린이집신규개원안착지원	20,000	5	1	7	8	7	5	5	4
1746	경기 구리시	어린이집교원보수교육	15,868	5	1	7	8	7	5	5	4
1747	경기 구리시	청소년쉼터(남자)이용청소년등지원	15,000	5	6	7	8	7	1	1	4
1748	경기 구리시	요보호아동그룹홈인건비추가지원	12,800	5	4	7	8	7	1	1	4
1749	경기 구리시	장애인재가복지시설운영지원(2종)	10,800	5	1	1	5	1	1	1	1
1750	경기 구리시	장애인거주시설종사자연장야간근로수당지원	10,472	5	1	7	8	7	1	1	1
1751	경기 구리시	o 정원1~19인이하센터	8,480	5	2	7	8	7	1	1	4
1752	경기 구리시	o 다센터법인추가운영비(3인이상)	7,200	5	2	7	8	7	1	1	4
1753	경기 구리시	지역아동센터토요운영추가지원	7,200	5	2	7	8	7	1	1	4
1754	경기 구리시	당연사업장운영비지원	6,000	5	4	1	8	1	1	1	1
1755	경기 구리시	장애아보육어린이집지원	4,000	5	1	7	8	7	5	5	4
1756	경기 구리시	공동생활가정종사자명절휴가비	2,400	5	4	7	8	7	1	1	4
1757	경기 구리시	o 다센터법인추가운영비(29인이하)	2,000	5	2	7	8	7	1	1	4

순번	시군구	지출명 (사업명)	2024년예산 (단위 : 천원 /1년간)	민간이전 분류 (지방자치단체 세출예산 집행기준에 의거) 1. 민간경상사업보조(307-02) 2. 민간단체 법정운영비보조(307-03) 3. 민간행사사업보조(307-04) 4. 민간위탁금(307-05) 5. 사회복지시설 법정운영비보조(307-10) 6. 민간인위탁교육비(307-12) 7. 공기관등에대한경상적위탁사업비(308-13) 8. 민간자본사업보조,자체재원(402-01) 9. 민간자본사업보조,이전재원(402-02) 10. 민간위탁사업비(402-03) 11. 공기관등에 대한 자본적 위탁사업비(403-02)	민간이전지출 근거 (지방보조금 관리기준 참고) 1. 법률에 규정 2. 국고보조 재원(국가지정) 3. 용도 지정 기부금 4. 조례에 직접규정 5. 지자체가 권장하는 사업을 하는 공공기관 6. 시,도 정책 및 재정사정 7. 기타 8. 해당없음	입찰방식 계약체결방법 (경쟁형태) 1. 일반경쟁 2. 제한경쟁 3. 지명경쟁 4. 수의계약 5. 법정위탁 6. 기타 ( ) 7. 없음	입찰방식 계약기간 1. 1년 2. 2년 3. 3년 4. 4년 5. 5년 6. 기타 ( )년 7. 단기계약 (1년미만) 8. 없음	입찰방식 낙찰자선정방법 1. 적격심사 2. 협상에의한계약 3. 최저가낙찰제 4. 규격가격분리 5. 2단계 경쟁입찰 6. 기타 ( ) 7. 없음	운영예산 산정 운영예산 산정 1. 내부산정 (지자체 자체적으로 산정) 2. 외부산정 (외부전문기관위탁 산정) 3. 내·외부 모두 산정 4. 산정 無 5. 없음	운영예산 산정 정산방법 1. 내부정산 (지자체 내부적으로 정산) 2. 외부정산 (외부전문기관위탁 정산) 3. 내·외부 모두 산정 4. 정산 無 5. 없음	성과평가 실시여부 1. 실시 2. 미실시 3. 향후 추진 4. 해당없음
1758	경기 남양주시	장애인거주시설운영지원	8,834,818	5	1	7	8	7	5	5	4
1759	경기 남양주시	지역아동센터인건비지원	6,180,800	5	2	7	8	7	1	1	4
1760	경기 남양주시	어린이집교직원처우개선지원(어린이집교직원처우개선비)	6,122,870	5	1	7	8	7	5	5	4
1761	경기 남양주시	보육교직원처우개선지원(교사근무환경개선비)	6,090,000	5	2	7	8	7	5	5	4
1762	경기 남양주시	장애인직업재활시설운영	4,078,163	5	1	7	8	7	5	5	4
1763	경기 남양주시	보육교직원인건비지원(영아전담등교직원인건비)	3,978,923	5	2	7	8	7	5	5	4
1764	경기 남양주시	선도교육청어린이집급식비지원	3,592,048	5	1	7	8	7	5	5	4
1765	경기 남양주시	어린이집운영지원	3,053,557	5	1	7	8	7	5	5	4
1766	경기 남양주시	영세아전용어린이집운영지원	2,190,942	5	1	7	8	7	5	5	4
1767	경기 남양주시	어린이집교직원처우개선지원(보육교사처우개선비추가지원)	1,684,920	5	1	7	8	7	5	5	4
1768	경기 남양주시	지역아동센터인건비추가지원	1,620,825	5	6	7	8	7	1	1	4
1769	경기 남양주시	대체교사인건비지원	1,591,000	5	2	7	8	7	5	5	4
1770	경기 남양주시	보육교직원처우개선지원(농촌보육교사특별근무수당)	1,425,000	5	2	7	8	7	5	5	4
1771	경기 남양주시	가정,민간어린이집조리원인건비	1,372,800	5	1	7	8	7	5	5	4
1772	경기 남양주시	경로당냉난방비및양곡비지원	1,284,381	5	2	7	8	7	1	1	1
1773	경기 남양주시	보육교사장기근속수당지원	1,284,000	5	1	7	8	7	5	5	4
1774	경기 남양주시	어린이집교직원처우개선지원(영아반교사등특수근무수당)	1,126,000	5	1	7	8	7	5	5	4
1775	경기 남양주시	지역아동센터운영비지원	1,105,500	5	2	7	8	7	1	1	4
1776	경기 남양주시	가정,민간어린이집조리원인건비추가지원	1,080,000	5	1	7	8	7	5	5	4
1777	경기 남양주시	요보호아동그룹홈운영	946,032	5	2	7	8	7	1	1	4
1778	경기 남양주시	공공형어린이집운영비(전환사업)	900,000	5	1	7	8	7	5	5	4
1779	경기 남양주시	개인운영장애인생활시설지원	751,200	5	1	7	8	7	5	5	4
1780	경기 남양주시	장애인주간보호시설운영	734,900	5	1	7	5	7	5	5	4
1781	경기 남양주시	영아표준보육과정프로그램	678,600	5	1	7	8	7	5	5	4
1782	경기 남양주시	장애인거주시설운영지원(6종)	593,301	5	1	7	8	7	5	5	4
1783	경기 남양주시	야간연장어린이집운영지원	552,000	5	1	7	8	7	5	5	4
1784	경기 남양주시	어린이집운영지원(차량운영비)	529,795	5	2	7	8	7	5	5	4
1785	경기 남양주시	평가제어린이집보육교직원수당지원	510,000	5	1	7	8	7	5	5	4
1786	경기 남양주시	청소년쉼터운영지원	482,064	5	1	7	8	7	1	1	1
1787	경기 남양주시	지역아동센터운영비추가지원	472,200	5	6	7	8	7	1	1	4
1788	경기 남양주시	장애인생활이동지원센터운영	463,810	5	1	7	8	7	5	5	4
1789	경기 남양주시	장애인수어통역센터운영	441,260	5	1	7	8	7	5	5	4
1790	경기 남양주시	동지역보육교사특수근무수당지원	338,400	5	1	7	8	7	5	5	4
1791	경기 남양주시	시간제보육서비스제공지원	333,000	5	1	7	8	7	5	5	4
1792	경기 남양주시	지역자활센터운영	303,396	5	2	5	1	1	1	1	1
1793	경기 남양주시	어린이집공기청정기유지관리지원	302,280	5	1	7	8	7	5	5	4
1794	경기 남양주시	장애인직업재활시설운영지원(7종)	270,157	5	1	7	8	7	5	5	4
1795	경기 남양주시	어린이집운영지원(교재교구비)	251,779	5	2	7	8	7	5	5	4
1796	경기 남양주시	장애인단기거주시설운영	245,980	5	1	7	8	7	5	5	4
1797	경기 남양주시	개인운영장애인생활시설지원(자체)	244,800	5	1	7	8	7	5	5	4

순번	시군구	지출명 (사업명)	2024년예산 (단위 : 천원 /1년간)	민간이전 분류 (지방자치단체 세출예산 집행기준에 의거) 1. 민간경상사업보조(307-02) 2. 민간단체 법정운영비보조(307-03) 3. 민간행사사업보조(307-04) 4. 민간위탁금(307-05) 5. 사회복지시설 법정운영비보조(307-10) 6. 민간인위탁교육비(307-12) 7. 공기관등에대한경상적위탁사업비(308-13) 8. 민간자본사업보조,자체재원(402-01) 9. 민간자본사업보조,이전재원(402-02) 10. 민간위탁사업비(402-03) 11. 공기관등에 대한 자본적 위탁사업비(403-02)	민간이전지출 근거 (지방보조금 관리기준 참고) 1. 법률에 규정 2. 국고보조 재원(국가지정) 3. 용도 지정 기부금 4. 조례에 직접규정 5. 지자체가 권장하는 사업을 하는 공공기관 6. 시,도 정책 및 재정사정 7. 기타 8. 해당없음	입찰방식 계약체결방법 (경쟁형태) 1. 일반경쟁 2. 제한경쟁 3. 지명경쟁 4. 수의계약 5. 법정위탁 6. 기타 ( ) 7. 없음	입찰방식 계약기간 1. 1년 2. 2년 3. 3년 4. 4년 5. 5년 6. 기타 ( )년 7. 단기계약 (1년미만) 8. 없음	입찰방식 낙찰자선정방법 1. 적격심사 2. 협상에의한계약 3. 최저가낙찰제 4. 규격가격분리 5. 2단계 경쟁입찰 6. 기타 ( ) 7. 없음	운영예산 산정 운영예산 산정 1. 내부산정 (지자체 자체적으로 산정) 2. 외부산정 (외부전문기관위탁 산정) 3. 내·외부 모두 산정 4. 산정 無 5. 없음	운영예산 산정 정산방법 1. 내부정산 (지자체 내부적으로 정산) 2. 외부정산 (외부전문기관위탁 정산) 3. 내·외부 모두 산정 4. 정산 無 5. 없음	성과평가 실시여부 1. 실시 2. 미실시 3. 향후 추진 4. 해당없음
1798	경기 남양주시	장애통합지역아동센터지원	239,400	5	6	7	8	7	1	1	4
1799	경기 남양주시	특수보육활성화(공공형어린이집운영활성화)(전환사업)	236,667	5	1	7	8	7	5	5	4
1800	경기 남양주시	특수보육활성화(공공형어린이집조리원인건비)(전환사업)	236,027	5	1	7	8	7	5	5	4
1801	경기 남양주시	보육교직원처우개선지원(교사겸직원장)	236,000	5	2	7	8	7	5	5	4
1802	경기 남양주시	보육교직원복리후생비지원	236,000	5	1	7	8	7	5	5	4
1803	경기 남양주시	요보호아동그룹홈인건비추가지원	235,300	5	6	7	8	7	1	1	4
1804	경기 남양주시	평가제어린이집난방비지원	222,600	5	1	7	8	7	5	5	4
1805	경기 남양주시	아동복지시설아동문화학습활동지원	188,630	5	6	7	8	7	1	1	4
1806	경기 남양주시	평가제어린이집원장처우개선비지원	183,600	5	1	7	8	7	5	5	4
1807	경기 남양주시	평가제어린이집환경개선	150,000	5	1	7	8	7	5	5	4
1808	경기 남양주시	가정폭력상담소운영지원	146,711	5	2	7	8	7	1	1	4
1809	경기 남양주시	성폭력상담소운영지원	142,022	5	2	7	8	7	1	1	4
1810	경기 남양주시	보육교직원복리후생비지원	141,000	5	1	7	8	7	5	5	4
1811	경기 남양주시	어린이집교직원처우개선지원(대체인력인건비)	135,000	5	1	7	8	7	5	5	4
1812	경기 남양주시	여성폭력피해자지원시설인건비지원	133,270	5	6	7	8	7	1	1	4
1813	경기 남양주시	청소년쉼터야간근무자배치지원	127,010	5	1	7	8	7	1	1	1
1814	경기 남양주시	장애인공동생활가정운영	118,460	5	1	7	8	7	5	5	4
1815	경기 남양주시	다함께돌봄센터설치비지원	110,000	5	2	5	8	7	1	1	4
1816	경기 남양주시	어린이집환경개선	96,000	5	2	7	8	7	5	5	4
1817	경기 남양주시	외국인근로자자녀보육지원	96,000	5	1	7	8	7	5	5	4
1818	경기 남양주시	장애인365쉼터운영지원	94,700	5	1	7	8	7	5	5	4
1819	경기 남양주시	장애인직업재활시설훈련장애인기회수당	90,240	5	6	7	8	7	5	5	4
1820	경기 남양주시	특성별지역아동센터추가지원	82,800	5	2	7	8	7	1	1	4
1821	경기 남양주시	특성별지역아동센터추가지원	79,200	5	2	7	8	7	1	1	4
1822	경기 남양주시	장애인거주시설종사자연장야간근로수당지원	71,242	5	1	7	8	7	5	5	4
1823	경기 남양주시	장애인재가복지시설운영지원(2종)	63,800	5	1	7	8	7	5	5	4
1824	경기 남양주시	지역아동센터운영비지원	62,000	5	2	7	8	7	1	1	4
1825	경기 남양주시	국공립어린이집확충	60,000	5	1	7	8	7	5	1	1
1826	경기 남양주시	동지역평가제어린이집차량운영비지원	45,000	5	1	7	8	7	5	5	4
1827	경기 남양주시	학대피해아동쉼터설치지원	40,000	5	6	7	8	7	1	1	4
1828	경기 남양주시	어린이집전기안전검사비지원	35,700	5	1	7	8	7	5	5	4
1829	경기 남양주시	노인생활시설수급자및환경개선비지원	31,546	5	1	7	8	7	1	1	4
1830	경기 남양주시	어린이집환경개선	30,000	5	1	7	8	7	5	5	4
1831	경기 남양주시	사회복지협의회사회복지자원봉사사업운영	29,400	5	6	7	8	7	1	1	4
1832	경기 남양주시	어린이집교원보수교육	26,283	5	2	7	8	7	5	5	4
1833	경기 남양주시	여성폭력피해자지원시설인건비추가지원	12,006	5	6	7	8	7	1	1	4
1834	경기 남양주시	장애인거주시설공기청정기렌탈지원	5,987	5	1	7	8	7	5	5	4
1835	경기 남양주시	어린이집운영지원(농어촌소재법인어린이집지원)	4,928	5	1	7	8	7	5	5	4
1836	경기 남양주시	장애아보육어린이집지원	2,000	5	1	7	8	7	5	5	4
1837	경기 남양주시	경계선지능아동자립지원(요보호아동자립지원)	1,752	5	2	7	8	7	1	1	4

순번	시군구	지출명 (사업명)	2024년예산 (단위 : 천원 /1년간)	민간이전 분류 (지방자치단체 세출예산 집행기준에 의거) 1. 민간경상사업보조(307-02) 2. 민간단체 법정운영비보조(307-03) 3. 민간행사사업보조(307-04) 4. 민간위탁금(307-05) 5. 사회복지시설 법정운영비보조(307-10) 6. 민간인위탁교육비(307-12) 7. 공기관등에대한경상적위탁사업비(308-13) 8. 민간자본사업보조,자체재원(402-01) 9. 민간자본사업보조,이전재원(402-02) 10. 민간위탁사업비(402-03) 11. 공기관등에 대한 자본적 위탁사업비(403-02)	민간이전지출 근거 (지방보조금 관리기준 참고) 1. 법률에 규정 2. 국고보조 재원(국가지정) 3. 용도 지정 기부금 4. 조례에 직접규정 5. 지자체가 권장하는 사업을 하는 공공기관 6. 시,도 정책 및 재정사정 7. 기타 8. 해당없음	입찰방식			운영예산 산정		성과평가 실시여부
						계약체결방법 (경쟁형태) 1. 일반경쟁 2. 제한경쟁 3. 지명경쟁 4. 수의계약 5. 법정위탁 6. 기타 ( ) 7. 없음	계약기간 1. 1년 2. 2년 3. 3년 4. 4년 5. 5년 6. 기타 ( )년 7. 단기계약 (1년미만) 8. 없음	낙찰자선정방법 1. 적격심사 2. 협상에의한계약 3. 최저가낙찰제 4. 규격가격분리 5. 2단계 경쟁입찰 6. 기타 ( ) 7. 없음	운영예산 산정 1. 내부산정 (지자체 자체적으로 산정) 2. 외부산정 (외부전문기관위탁 산정) 3. 내·외부 모두 산정 4. 산정 無 5. 없음	정산방법 1. 내부정산 (지자체 내부적으로 정산) 2. 외부정산 (외부전문기관위탁 정산) 3. 내·외부 모두 산정 4. 정산 無 5. 없음	1. 실시 2. 미실시 3. 향후 추진 4. 해당없음
1838	경기 남양주시	장애인거주시설IoT,AI활용돌봄사업운영비	1,200	5	1	7	8	7	5	5	4
1839	경기 남양주시	명화어린이집	361,618	5	1	1	5	1	2	2	1
1840	경기 군포시	국공립법인교직원인건비	5,757,192	5	2	7	8	7	5	5	4
1841	경기 군포시	보조교사인건비	4,766,000	5	2	7	8	7	5	5	4
1842	경기 군포시	보육교직원인건비(영아전담등)(야간연장,장애통합)	1,962,911	5	2	7	8	7	5	1	4
1843	경기 군포시	장애인주간보호시설운영	1,625,512	5	5	7	8	7	1	1	4
1844	경기 군포시	장애인거주시설운영지원	1,459,669	5	1	7	8	7	5	1	4
1845	경기 군포시	장애인직업재활시설운영비지원	1,395,654	5	4	7	8	7	1	1	4
1846	경기 군포시	지역아동센터인건비지원(균도시)	1,293,952	5	2	7	8	7	5	1	4
1847	경기 군포시	선도교육청어린이집급식비지원	1,158,761	5	7	7	8	7	1	1	4
1848	경기 군포시	어린이집운영(급식비,운영비)지원	992,253	5	6	7	8	7	5	1	4
1849	경기 군포시	영세아어린이집운영	991,424	5	6	7	8	7	5	5	4
1850	경기 군포시	보육교직원처우개선(대체교사인건비)	773,000	5	2	5	5	6	1	3	4
1851	경기 군포시	장애인단기거주시설운영	616,410	5	4	7	8	7	1	1	4
1852	경기 군포시	가정민간조리원인건비지원	552,000	5	6	7	8	7	5	5	4
1853	경기 군포시	요보호아동그룹홈운영지원	528,600	5	2	7	8	7	1	1	1
1854	경기 군포시	가정민간조리원인건비추가지원	504,000	5	6	7	8	7	5	5	4
1855	경기 군포시	공공형어린이집운영비	468,000	5	6	7	8	7	5	1	4
1856	경기 군포시	시니어클럽운영비	456,446	5	5	7	8	7	1	1	1
1857	경기 군포시	지역자활센터운영	366,424	5	2	7	8	7	5	5	1
1858	경기 군포시	수어통역센터운영	361,880	5	4	7	8	7	1	1	4
1859	경기 군포시	장애인생활이동지원센터운영	350,040	5	4	7	8	7	1	1	4
1860	경기 군포시	청소년쉼터운영지원(기도시)	340,144	5	1	7	8	7	5	1	4
1861	경기 군포시	지역아동센터인건비추가지원(도시)	329,040	5	6	7	8	7	5	1	4
1862	경기 군포시	장애인단체운영비지원	320,000	5	4	7	8	7	1	1	1
1863	경기 군포시	지역아동센터운영비지원(균도시)	254,584	5	2	7	8	7	5	1	4
1864	경기 군포시	재가노인복지시설지원(재가노인복지시설운영비)	250,000	5	2	7	8	7	1	1	1
1865	경기 군포시	재가노인복지시설지원(재가노인복지시설운영비)	250,000	5	2	5	8	7	5	1	4
1866	경기 군포시	영아표준보육과정프로그램지원	249,000	5	6	7	8	7	5	5	4
1867	경기 군포시	야간연장어린이집조리원인건비	237,600	5	7	7	8	7	1	1	4
1868	경기 군포시	여성폭력피해자지원시설종사자인건비지원	222,272	5	6	7	8	7	1	1	4
1869	경기 군포시	장애인센터운영지원	211,276	5	4	7	8	7	1	1	1
1870	경기 군포시	야간연장어린이집운영	206,400	5	6	7	8	7	5	1	4
1871	경기 군포시	한부모가족복지시설운영	188,643	5	1	7	8	7	5	1	4
1872	경기 군포시	민간가정어린이집안심보육환경개선지원	174,500	5	6	7	8	7	5	5	4
1873	경기 군포시	가정폭력상담소운영	172,190	5	1	7	8	7	1	1	4
1874	경기 군포시	장애인거주시설운영지원(5종)	155,632	5	4	7	8	7	1	1	4
1875	경기 군포시	성폭력상담소운영	142,022	5	2	7	8	7	1	1	4
1876	경기 군포시	요보호아동그룹홈인건비추가지원	132,700	5	6	7	8	7	1	1	1
1877	경기 군포시	공공형어린이집조리원인건비	123,384	5	6	7	8	7	5	1	4

순번	시군구	지출명 (사업명)	2024년예산 (단위 : 천원 /1년간)	민간이전 분류 (지방자치단체 세출예산 집행기준에 의거) 1. 민간경상사업보조(307-02) 2. 민간단체 법정운영비보조(307-03) 3. 민간행사사업보조(307-04) 4. 민간위탁금(307-05) 5. 사회복지시설 법정운영비보조(307-10) 6. 민간인위탁교육비(307-12) 7. 공기관등에대한경상적위탁사업비(308-13) 8. 민간자본사업보조,자체재원(402-01) 9. 민간자본사업보조,이전재원(402-02) 10. 민간위탁사업비(402-03) 11. 공기관등에 대한 자본적 위탁사업비(403-02)	민간이전지출 근거 (지방보조금 관리기준 참고) 1. 법률에 규정 2. 국고보조 재원(국가지정) 3. 용도 지정 기부금 4. 조례에 직접규정 5. 지자체가 권장하는 사업을 하는 공공기관 6. 시,도 정책 및 재정사정 7. 기타 8. 해당없음	입찰방식 계약체결방법 (경쟁형태) 1. 일반경쟁 2. 제한경쟁 3. 지명경쟁 4. 수의계약 5. 법정위탁 6. 기타 ( ) 7. 없음	입찰방식 계약기간 1. 1년 2. 2년 3. 3년 4. 4년 5. 5년 6. 기타 ( )년 7. 단기계약 (1년미만) 8. 없음	입찰방식 낙찰자선정방법 1. 적격심사 2. 협상에의한계약 3. 최저가낙찰제 4. 규격가격분리 5. 2단계 경쟁입찰 6. 기타 ( ) 7. 없음	운영예산 산정 운영예산 산정 1. 내부산정 (지자체 자체적으로 산정) 2. 외부산정 (외부전문기관위탁 산정) 3. 내·외부 모두 산정 4. 산정 無 5. 없음	운영예산 산정 정산방법 1. 내부정산 (지자체 내부적으로 정산) 2. 외부정산 (외부전문기관위탁 정산) 3. 내·외부 모두 산정 4. 정산 無 5. 없음	성과평가 실시여부 1. 실시 2. 미실시 3. 향후 추진 4. 해당없음
1878	경기 군포시	시간제보육제공기관지원	113,160	5	2	7	8	7	5	5	4
1879	경기 군포시	실버인력뱅크통합운영비	112,000	5	5	7	8	7	1	1	1
1880	경기 군포시	어린이집공기청정기지원	107,316	5	2	7	8	7	5	5	4
1881	경기 군포시	교재교구비지원	92,026	5	2	7	8	7	5	5	4
1882	경기 군포시	청소년쉼터야간근무자배치지원(도시)	90,460	5	4	7	8	7	5	1	4
1883	경기 군포시	장애인공동생활가정운영	89,680	5	4	7	8	7	1	1	4
1884	경기 군포시	시군장애인편의시설기술지원센터운영	88,000	5	6	5	8	7	5	1	1
1885	경기 군포시	공공형어린이집운영활성화지원	87,430	5	6	7	8	7	5	1	4
1886	경기 군포시	어린이집냉난방비지원	82,770	5	4	7	8	7	1	1	4
1887	경기 군포시	아동복지생활시설학습활동지원	81,110	5	6	7	8	7	1	1	1
1888	경기 군포시	장애인직업재활시설운영지원(6종)	79,822	5	4	7	8	7	1	1	4
1889	경기 군포시	장애인직업재활시설훈련장애인기회수당	67,200	5	4	7	8	7	1	1	4
1890	경기 군포시	정신재활시설운영지원	59,909	5	6	7	8	7	1	1	4
1891	경기 군포시	어린이집대체인력인건비지원	49,000	5	6	7	8	7	5	5	4
1892	경기 군포시	탈수급유지지원사업	42,850	5	2	7	8	7	5	5	1
1893	경기 군포시	장애인재가복지시설운영지원(2종)	42,600	5	4	7	8	7	1	1	4
1894	경기 군포시	통장사례관리자운영	37,220	5	2	7	8	7	5	5	1
1895	경기 군포시	장애인직업재활시설입소자지원	35,482	5	4	7	8	7	1	1	4
1896	경기 군포시	지역자활센터운영(시)	33,528	5	2	7	8	7	5	5	1
1897	경기 군포시	자활사례관리	31,477	5	2	7	8	7	5	5	1
1898	경기 군포시	특수목적형지역아동센터추가지원(균도시)	28,800	5	2	7	8	7	5	1	4
1899	경기 군포시	실버인력뱅크통합지원금	25,000	5	5	7	8	7	1	1	1
1900	경기 군포시	장애인거주시설입소자지원(4종)	20,526	5	4	7	8	7	1	1	4
1901	경기 군포시	장애인거주시설종사자연장야간근로수당	20,188	5	4	7	8	7	1	1	4
1902	경기 군포시	한부모가족복지시설지원	15,885	5	1	7	8	7	5	1	4
1903	경기 군포시	요보호아동그룹홈운영추가지원(시)	15,380	5	6	7	8	7	1	1	1
1904	경기 군포시	국공립,법인육아휴직자건강보험,퇴직적립금	13,010	5	7	7	8	7	1	1	1
1905	경기 군포시	장애아보육어린이집지원	6,000	5	7	7	8	7	1	1	4
1906	경기 군포시	그룹홈경계선지능아동자립지원	3,501	5	6	7	8	7	1	1	1
1907	경기 군포시	입양아동가족지원(입양비용)	2,700	5	2	7	8	7	5	5	2
1908	경기 군포시	정신재활시설입소자구료비등	1,466	5	6	7	8	7	1	1	4
1909	경기 군포시	장애인거주시설공기청정기렌탈지원	1,427	5	4	7	8	7	1	1	4
1910	경기 군포시	국공립어린이집(가정형)장기수선충당금	1,000	5	7	7	8	7	1	1	1
1911	경기 군포시	정신재활시설공동캠프지원	904	5	6	7	8	7	1	1	4
1912	경기 의왕시	보육교직원인건비지원(국공립,법인)	5,942,660	5	1	7	8	7	5	5	4
1913	경기 의왕시	보육교직원처우개선지원(보조교사)	2,798,000	5	1	7	8	7	5	5	4
1914	경기 의왕시	보육교직원인건비지원(영아전담등)	1,144,253	5	1	7	8	7	5	5	4
1915	경기 의왕시	선도교육청어린이집급식비지원	943,609	5	1	7	8	7	5	5	4
1916	경기 의왕시	어린이집운영지원(급식비,보육활동비,운영비)	650,333	5	1	7	8	7	5	5	4
1917	경기 의왕시	보육교직원처우개선지원(대체교사)	439,000	5	1	7	8	7	5	5	4

순번	시군구	지출명 (사업명)	2024년예산 (단위 : 천원 /1년간)	민간이전 분류 (지방자치단체 세출예산 집행기준에 의거) 1. 민간경상사업보조(307-02) 2. 민간단체 법정운영비보조(307-03) 3. 민간행사사업보조(307-04) 4. 민간위탁금(307-05) 5. 사회복지시설 법정운영비보조(307-10) 6. 민간인위탁교육비(307-12) 7. 공기관등에대한경상적위탁사업비(308-13) 8. 민간자본사업보조,자체재원(402-01) 9. 민간자본사업보조,이전재원(402-02) 10. 민간위탁사업비(402-03) 11. 공기관등에 대한 자본적 위탁사업비(403-02)	민간이전지출 근거 (지방보조금 관리기준 참고) 1. 법률에 규정 2. 국고보조 재원(국가지정) 3. 용도 지정 기부금 4. 조례에 직접규정 5. 지자체가 권장하는 사업을 하는 공공기관 6. 시,도 정책 및 재정사정 7. 기타 8. 해당없음	입찰방식			운영예산 산정		성과평가 실시여부
						계약체결방법 (경쟁형태) 1. 일반경쟁 2. 제한경쟁 3. 지명경쟁 4. 수의계약 5. 법정위탁 6. 기타 ( ) 7. 없음	계약기간 1. 1년 2. 2년 3. 3년 4. 4년 5. 5년 6. 기타 ( )년 7. 단기계약 (1년미만) 8. 없음	낙찰자선정방법 1. 적격심사 2. 협상에의한계약 3. 최저가낙찰제 4. 규격가격분리 5. 2단계 경쟁입찰 6. 기타 ( ) 7. 없음	운영예산 산정 1. 내부산정 (지자체 자체적으로 산정) 2. 외부산정 (외부전문기관위탁 산정) 3. 내·외부 모두 산정 4. 산정 無 5. 없음	정산방법 1. 내부정산 (지자체 내부적으로 정산) 2. 외부정산 (외부전문기관위탁 정산) 3. 내·외부 모두 산정 4. 정산 無 5. 없음	1. 실시 2. 미실시 3. 향후 추진 4. 해당없음
1918	경기 의왕시	영세아전용어린이집운영	344,766	5	1	7	8	7	5	5	4
1919	경기 의왕시	민간가정어린이집조리원인건비지원	302,400	5	1	7	8	7	5	5	4
1920	경기 의왕시	공공형어린이집운영비	252,000	5	1	7	8	7	5	5	4
1921	경기 의왕시	민간가정어린이집조리원인건비지원(자체)	244,800	5	1	7	8	7	5	5	4
1922	경기 의왕시	영아표준보육과정프로그램지원	147,000	5	1	7	8	7	5	5	4
1923	경기 의왕시	야간연장어린이집운영지원	120,000	5	1	7	8	7	5	5	4
1924	경기 의왕시	시간제보육서비스제공지원	120,000	5	1	7	8	7	5	5	4
1925	경기 의왕시	공공형어린이집운영활성화지원	100,000	5	1	7	8	7	5	5	4
1926	경기 의왕시	어린이집대체인력인건비지원	86,000	5	1	7	8	7	5	5	4
1927	경기 의왕시	어린이집운영지원(급식비자체)	81,600	5	1	7	8	7	5	5	4
1928	경기 의왕시	공공형어린이집인건비지원	69,960	5	1	7	8	7	5	5	4
1929	경기 의왕시	보육시설냉난방비지원	59,500	5	1	7	8	7	5	5	4
1930	경기 의왕시	보육교직원인건비지원(영양사,간호사)	58,428	5	1	7	8	7	5	5	4
1931	경기 의왕시	어린이집운영지원(교재교구비)	54,802	5	1	7	8	7	5	5	4
1932	경기 의왕시	어린이집운영지원(차량운영비)	36,026	5	1	7	8	7	5	5	4
1933	경기 의왕시	아이사랑(시간제보육)보조교사지원	25,008	5	6	7	8	7	1	1	4
1934	경기 의왕시	어린이집운영지원(농어촌소재법인어린이집)	9,855	5	1	7	8	7	5	5	4
1935	경기 의왕시	여성폭력피해자지원사업인건비지원	8,750	5	6	7	8	7	1	1	4
1936	경기 의왕시	여성폭력피해자지원사업인건비지원(자체)	6,960	5	6	7	8	7	1	1	4
1937	경기 의왕시	장애아보육어린이집지원	2,000	5	1	7	8	7	5	5	4
1938	경기 하남시	(전환)노인생활시설(양로시설)운영비지원	1,186,027	5	1	7	8	7	1	1	4
1939	경기 하남시	경로당운영비지원	1,036,140	5	1	7	8	7	1	1	4
1940	경기 하남시	수어통역센터운영	454,731	5	4	7	8	7	1	1	4
1941	경기 하남시	장애인생활이동지원센터운영	443,930	5	1	7	8	7	1	3	4
1942	경기 하남시	경로당냉난방비및양곡비지원	429,954	5	4	7	8	7	1	3	4
1943	경기 하남시	재가노인복지시설운영(영락재가노인지원서비스센터)	380,000	5	1	7	8	7	1	1	1
1944	경기 하남시	장애인주간보호시설운영	294,530	5	1	7	8	7	1	1	4
1945	경기 하남시	365어르신돌봄센터운영	50,000	5	1	7	8	7	1	2	4
1946	경기 하남시	노인양로요양시설기초생활수급자지원등	32,066	5	1	7	8	7	1	1	4
1947	경기 하남시	카네이션하우스운영	10,000	5	6	7	8	7	1	1	1
1948	경기 용인시	대치도담어린이집	455,187	5	1	1	5	1	2	2	1
1949	경기 용인시	장애인거주시설운영지원	11,694,197	5	1	7	8	7	5	5	4
1950	경기 용인시	선도교육청어린이집급식비지원	5,694,964	5	6	7	8	7	5	1	4
1951	경기 용인시	영아전담등교직원인건비	5,338,702	5	2	7	8	7	5	1	4
1952	경기 용인시	어린이집운영지원	4,886,613	5	6	7	8	7	1	1	4
1953	경기 용인시	장애인직업재활시설운영	3,035,659	5	1	7	8	7	5	5	4
1954	경기 용인시	대체교사인건비	2,483,000	5	2	7	8	7	5	1	4
1955	경기 용인시	가정민간어린이집조리원인건비지원	2,246,400	5	6	7	8	7	5	1	4
1956	경기 용인시	세아전용어린이집운영지원	2,229,816	5	6	7	8	7	5	1	4
1957	경기 용인시	장애인주간보호시설운영	1,969,996	5	1	7	8	7	5	5	4

순번	시군구	지출명 (사업명)	2024년예산 (단위 : 천원 /1년간)	민간이전 분류 (지방자치단체 세출예산 집행기준에 의거) 1. 민간경상사업보조(307-02) 2. 민간단체 법정운영비보조(307-03) 3. 민간행사사업보조(307-04) 4. 민간위탁금(307-05) 5. 사회복지시설 법정운영비보조(307-10) 6. 민간인위탁교육비(307-12) 7. 공기관등에대한경상적위탁사업비(308-13) 8. 민간자본사업보조,자체재원(402-01) 9. 민간자본사업보조,이전재원(402-02) 10. 민간위탁사업비(402-03) 11. 공기관등에 대한 자본적 위탁사업비(403-02)	민간이전지출 근거 (지방보조금 관리기준 참고) 1. 법률에 규정 2. 국고보조 재원(국가지정) 3. 용도 지정 기부금 4. 조례에 직접규정 5. 지자체가 권장하는 사업을 하는 공공기관 6. 시,도 정책 및 재정사정 7. 기타 8. 해당없음	입찰방식 계약체결방법 (경쟁형태) 1. 일반경쟁 2. 제한경쟁 3. 지명경쟁 4. 수의계약 5. 법정위탁 6. 기타 ( ) 7. 없음	입찰방식 계약기간 1. 1년 2. 2년 3. 3년 4. 4년 5. 5년 6. 기타 ( )년 7. 단기계약 (1년미만) 8. 없음	입찰방식 낙찰자선정방법 1. 적격심사 2. 협상에의한계약 3. 최저가낙찰제 4. 규격가격분리 5. 2단계 경쟁입찰 6. 기타 ( ) 7. 없음	운영예산 산정 운영예산 산정 1. 내부산정 (지자체 자체적으로 산정) 2. 외부산정 (외부전문기관위탁 산정) 3. 내·외부 모두 산정 4. 산정 無 5. 없음	운영예산 산정 정산방법 1. 내부정산 (지자체 내부적으로 정산) 2. 외부정산 (외부전문기관위탁 정산) 3. 내·외부 모두 산정 4. 정산 無 5. 없음	성과평가 실시여부 1. 실시 2. 미실시 3. 향후 추진 4. 해당없음
1958	경기 용인시	장애인공동생활가정운영	1,206,970	5	1	7	8	7	5	5	4
1959	경기 용인시	정부지원시설운영비지원	1,189,228	5	4	7	8	7	5	1	1
1960	경기 용인시	장애인거주시설운영지원(6종)	1,156,235	5	1	7	8	7	5	5	4
1961	경기 용인시	공공형어린이집운영비	1,074,364	5	6	7	8	7	5	1	4
1962	경기 용인시	영아표준보육과정프로그램지원	913,200	5	6	7	8	7	1	1	4
1963	경기 용인시	장애아통합어린이집운영비지원	884,476	5	4	7	8	7	1	1	1
1964	경기 용인시	어린이집보조교사지원(자체)	883,740	5	4	7	8	7	1	1	1
1965	경기 용인시	한부모가족복지시설지원	788,196	5	1	7	8	7	5	1	4
1966	경기 용인시	종합사회복지관운영	764,352	5	1	7	8	7	1	1	4
1967	경기 용인시	장애인생활이동지원센터운영	539,580	5	1	7	8	7	5	5	4
1968	경기 용인시	어린이집공기청정기지원	448,800	5	4	7	8	7	1	1	4
1969	경기 용인시	야간연장어린이집운영지원	441,600	5	6	7	8	7	5	1	4
1970	경기 용인시	평가인증시설취사부인건비	421,200	5	4	7	8	7	1	1	3
1971	경기 용인시	시간제보육서비스제공지원	420,360	5	2	7	8	7	5	1	4
1972	경기 용인시	공공형어린이집운영활성화지원	400,000	5	6	7	8	7	5	1	4
1973	경기 용인시	차량운영비지원	380,382	5	2	7	8	7	1	1	4
1974	경기 용인시	개인운영장애인거주시설지원	354,000	5	1	7	8	7	5	5	4
1975	경기 용인시	공공형어린이집조리원인건비지원	349,800	5	6	7	8	7	5	1	4
1976	경기 용인시	교재교구비지원	333,982	5	2	7	8	7	1	1	4
1977	경기 용인시	수어통역센터운영	333,740	5	1	7	8	7	5	5	4
1978	경기 용인시	재가노인복지시설운영	250,000	5	6	7	8	7	1	1	1
1979	경기 용인시	재가노인복지시설운영	250,000	5	6	7	8	7	1	1	1
1980	경기 용인시	재가노인복지시설운영	250,000	5	6	7	8	7	1	1	1
1981	경기 용인시	재가노인복지시설운영	250,000	5	6	7	8	7	1	1	1
1982	경기 용인시	재가노인복지시설운영	250,000	5	6	7	8	7	1	1	1
1983	경기 용인시	공공형어린이집담임교사차액인건비지원	198,000	5	4	7	8	7	1	1	1
1984	경기 용인시	장애인직업재활시설입소자지원(7종)	188,674	5	1	7	8	7	5	1	4
1985	경기 용인시	대체인력인건비	188,000	5	6	7	8	7	5	5	4
1986	경기 용인시	어린이집냉난방비지원	152,800	5	4	7	8	7	5	1	4
1987	경기 용인시	여성폭력피해자지원시설인건비지원	150,128	5	1	7	8	7	1	1	3
1988	경기 용인시	가정폭력상담소지원	146,711	5	2	7	8	7	5	1	4
1989	경기 용인시	성폭력,가정폭력상담소운영지원(성폭력상담소지원)	142,022	5	2	7	8	7	5	1	4
1990	경기 용인시	사회복지협의회운영	131,630	5	1	7	8	7	5	1	4
1991	경기 용인시	장애인거주시설종사자연장,야간근로수당지원	126,630	5	1	7	8	7	1	1	4
1992	경기 용인시	장애인거주시설입소자지원(4종)	114,482	5	1	7	8	7	5	5	4
1993	경기 용인시	어린이집냉난방비지원	86,600	5	4	7	8	7	1	1	1
1994	경기 용인시	장애인복지시설재활프로그램지원	86,206	5	1	7	8	7	5	5	4
1995	경기 용인시	정신재활시설운영지원	79,830	5	7	7	8	7	1	1	4
1996	경기 용인시	장애인직업재활시설훈련장애인기회수당	78,720	5	1	7	8	7	5	5	4
1997	경기 용인시	노인회분회지원	76,608	5	1	7	8	7	1	1	2

순번	시군구	지출명 (사업명)	2024년예산 (단위 : 천원 /1년간)	민간이전 분류 (지방자치단체 세출예산 집행기준에 의거) 1. 민간경상사업보조(307-02) 2. 민간단체 법정운영비보조(307-03) 3. 민간행사사업보조(307-04) 4. 민간위탁금(307-05) 5. 사회복지시설 법정운영비보조(307-10) 6. 민간인위탁교육비(307-12) 7. 공기관등에대한경상적위탁사업비(308-13) 8. 민간자본사업보조,자체재원(402-01) 9. 민간자본사업보조,이전재원(402-02) 10. 민간위탁사업비(402-03) 11. 공기관등에 대한 자본적 위탁사업비(403-02)	민간이전지출 근거 (지방보조금 관리기준 참고) 1. 법률에 규정 2. 국고보조 재원(국가지정) 3. 용도 지정 기부금 4. 조례에 직접규정 5. 지자체가 권장하는 사업을 하는 공공기관 6. 시,도 정책 및 재정사정 7. 기타 8. 해당없음	입찰방식 계약체결방법 (경쟁형태) 1. 일반경쟁 2. 제한경쟁 3. 지명경쟁 4. 수의계약 5. 법정위탁 6. 기타 ( ) 7. 없음	입찰방식 계약기간 1. 1년 2. 2년 3. 3년 4. 4년 5. 5년 6. 기타 ( )년 7. 단기계약 (1년미만) 8. 없음	입찰방식 낙찰자선정방법 1. 적격심사 2. 협상에의한계약 3. 최저가낙찰제 4. 규격가격분리 5. 2단계 경쟁입찰 6. 기타 ( ) 7. 없음	운영예산 산정 운영예산 산정 1. 내부산정 (지자체 자체적으로 산정) 2. 외부산정 (외부전문기관위탁 산정) 3. 내·외부 모두 산정 4. 산정 無 5. 없음	운영예산 산정 정산방법 1. 내부정산 (지자체 내부적으로 정산) 2. 외부정산 (외부전문기관위탁 정산) 3. 내·외부 모두 산정 4. 정산 無 5. 없음	성과평가 실시여부 1. 실시 2. 미실시 3. 향후 추진 4. 해당없음
1998	경기 용인시	장애인재가복지시설운영지원(2종)	74,600	5	1	7	8	7	5	5	4
1999	경기 용인시	노인요양시설운영비	52,283	5	1	7	8	7	5	1	4
2000	경기 용인시	O365어르신돌봄센터운영	50,000	5	6	7	8	7	1	1	2
2001	경기 용인시	장애아보육어린이집지원	44,000	5	6	7	8	7	1	1	4
2002	경기 용인시	노인요양시설기초생활수급자지원등	36,026	5	1	7	8	7	5	1	4
2003	경기 용인시	장애아전문어린이집간호사인건비지원	34,524	5	6	7	8	7	1	1	4
2004	경기 용인시	장애인직업재활시설입소자지원(4종)	30,752	5	1	7	8	7	5	5	4
2005	경기 용인시	한부모가족복지시설운영	30,366	5	1	7	8	7	5	1	4
2006	경기 용인시	농어촌소재법인어린이집지원	9,855	5	2	7	8	7	1	1	4
2007	경기 용인시	정신요양및정신재활시설종사자특수근무수당등	5,333	5	7	7	8	7	1	1	4
2008	경기 용인시	장애인거주시설공기청정기렌탈지원	3,050	5	1	7	8	7	5	5	4
2009	경기 용인시	장애인거주시설IoT,AI활용돌봄사업운영	1,166	5	1	7	8	7	5	5	4
2010	경기 용인시	정신재활시설공동캠프지원	904	5	7	7	8	7	1	1	4
2011	경기 파주시	교직원인건비(국공립법인)	11,780,475	5	2	7	8	7	5	5	4
2012	경기 파주시	장애인거주시설	9,814,050	5	2	7	8	7	1	1	4
2013	경기 파주시	아동양육시설운영	3,482,789	5	8	7	8	7	5	5	4
2014	경기 파주시	장애인직업재활시설운영	3,401,163	5	1	7	8	7	1	1	4
2015	경기 파주시	교직원인건비(영아전담등)	3,318,392	5	2	7	8	7	5	5	4
2016	경기 파주시	지역아동센터인건비지원	2,125,800	5	1	7	8	7	5	1	4
2017	경기 파주시	영세아전용어린이집운영	1,612,532	5	6	7	8	7	5	5	4
2018	경기 파주시	경로당운영ㆍ난방비및임대아파트경로당양곡비	1,503,329	5	4	7	8	7	1	1	4
2019	경기 파주시	경로당냉난방비및양곡비	1,032,968	5	2	7	8	7	5	1	4
2020	경기 파주시	장애인거주시설운영지원(6종)	954,126	5	1	7	8	7	1	1	4
2021	경기 파주시	경로당운영비	935,280	5	2	7	8	7	5	1	4
2022	경기 파주시	공공형어린이집운영비	792,000	5	6	7	8	7	5	5	4
2023	경기 파주시	정신재활시설운영	563,674	5	1	7	8	7	1	3	4
2024	경기 파주시	장애인공동생활가정	559,190	5	1	7	8	7	1	1	4
2025	경기 파주시	지역아동센터인건비(호봉제)추가지원	515,190	5	1	7	8	7	5	1	4
2026	경기 파주시	장애인단기거주시설	481,040	5	1	7	8	7	1	1	4
2027	경기 파주시	장애인생활이동지원센터운영	417,980	5	1	7	8	7	1	1	4
2028	경기 파주시	지역아동센터운영비지원	406,308	5	1	7	8	7	5	1	4
2029	경기 파주시	요보호아동그룹홈운영	386,256	5	8	7	8	7	5	5	4
2030	경기 파주시	수어통역센터운영	356,460	5	1	7	8	7	1	1	4
2031	경기 파주시	장애인주간보호시설	343,974	5	1	7	8	7	1	1	4
2032	경기 파주시	공공형어린이집운영활성화	310,000	5	6	7	8	7	5	5	4
2033	경기 파주시	지역자활센터운영	300,824	5	2	5	1	7	1	1	1
2034	경기 파주시	농어촌어린이집차량운영비	298,805	5	2	7	8	7	5	1	4
2035	경기 파주시	여성폭력피해자지원시설종사자인건비지원	272,067	5	1	7	8	7	1	1	1
2036	경기 파주시	학대피해아동쉼터운영지원	247,894	5	2	7	8	7	1	1	4
2037	경기 파주시	성매매피해자지원시설운영	243,641	5	1	7	8	7	1	1	1

순번	시군구	지출명 (사업명)	2024년예산 (단위 : 천원 /1년간)	민간이전 분류 (지방자치단체 세출예산 집행기준에 의거) 1. 민간경상사업보조(307-02) 2. 민간단체 법정운영비보조(307-03) 3. 민간행사사업보조(307-04) 4. 민간위탁금(307-05) 5. 사회복지시설 법정운영비보조(307-10) 6. 민간인위탁교육비(307-12) 7. 공기관등에대한경상적위탁사업비(308-13) 8. 민간자본사업보조,자체재원(402-01) 9. 민간자본사업보조,이전재원(402-02) 10. 민간위탁사업비(402-03) 11. 공기관등에 대한 자본적 위탁사업비(403-02)	민간이전지출 근거 (지방보조금 관리기준 참고) 1. 법률에 규정 2. 국고보조 재원(국가지정) 3. 용도 지정 기부금 4. 조례에 직접규정 5. 지자체가 권장하는 사업을 하는 공공기관 6. 시,도 정책 및 재정사정 7. 기타 8. 해당없음	입찰방식 계약체결방법 (경쟁형태) 1. 일반경쟁 2. 제한경쟁 3. 지명경쟁 4. 수의계약 5. 법정위탁 6. 기타 ( ) 7. 없음	계약기간 1. 1년 2. 2년 3. 3년 4. 4년 5. 5년 6. 기타 ( )년 7. 단기계약 (1년미만) 8. 없음	낙찰자선정방법 1. 적격심사 2. 협상에의한계약 3. 최저가낙찰제 4. 규격가격분리 5. 2단계 경쟁입찰 6. 기타 ( ) 7. 없음	운영예산 산정 운영예산 산정 1. 내부산정 (지자체 자체적으로 산정) 2. 외부산정 (외부전문기관위탁 산정) 3. 내·외부 모두 산정 4. 산정 無 5. 없음	정산방법 1. 내부정산 (지자체 내부적으로 정산) 2. 외부정산 (외부전문기관위탁 정산) 3. 내·외부 모두 산정 4. 정산 無 5. 없음	성과평가 실시여부 1. 실시 2. 미실시 3. 향후 추진 4. 해당없음
2038	경기 파주시	공공형어린이집조리원인건비	240,355	5	6	7	8	7	5	5	4
2039	경기 파주시	개인운영장애인거주시설	217,200	5	1	7	8	7	1	1	4
2040	경기 파주시	야간연장형어린이집	211,200	5	2	7	8	7	5	5	4
2041	경기 파주시	성폭력피해자보호시설	201,079	5	1	7	8	7	1	1	1
2042	경기 파주시	성매매피해자상담소	190,280	5	1	7	8	7	1	1	1
2043	경기 파주시	장애인복지시설운영지원(7종)	173,867	5	1	7	8	7	1	1	4
2044	경기 파주시	교재교구비	165,957	5	2	7	8	7	5	1	4
2045	경기 파주시	성폭력상담소	142,022	5	1	7	8	7	1	1	1
2046	경기 파주시	장애인편의시설기술지원센터	139,329	5	1	7	8	7	1	1	4
2047	경기 파주시	장애인편의시설기술지원센터	88,000	5	1	7	8	7	1	1	4
2048	경기 파주시	장애인거주시설실비입소이용료	82,862	5	2	7	8	7	1	1	4
2049	경기 파주시	요보호아동그룹홈인건비추가지원(호봉제)	73,100	5	8	7	8	7	5	5	4
2050	경기 파주시	가정폭력피해자상담지원	67,685	5	1	7	8	7	1	1	1
2051	경기 파주시	장애인거주시설종사자연장야간근로수당	64,892	5	1	7	8	7	1	1	4
2052	경기 파주시	장애인편의시설현장조사요원	59,427	5	1	7	8	7	1	1	4
2053	경기 파주시	장애인생활이동지원센터임차료	59,030	5	1	7	8	7	1	1	4
2054	경기 파주시	지역아동센터급식운영비지원	55,000	5	1	7	8	7	5	1	4
2055	경기 파주시	학대피해아동쉼터인건비추가지원	53,492	5	2	7	8	7	1	1	4
2056	경기 파주시	사회복지사보수교육	51,520	5	1	7	8	7	1	1	4
2057	경기 파주시	지역아동센터특수목적형지원	50,400	5	1	7	8	7	5	1	4
2058	경기 파주시	추가운영비지원	40,800	5	1	7	8	7	5	1	4
2059	경기 파주시	장애통합지역아동센터지원	40,200	5	1	7	8	7	5	1	4
2060	경기 파주시	사회복지시설종사자상해보험	31,100	5	1	7	8	7	1	1	4
2061	경기 파주시	학대피해아동쉼터지원	27,040	5	2	7	8	7	1	1	4
2062	경기 파주시	지역아동센터토요운영지원	25,200	5	1	7	8	7	5	1	4
2063	경기 파주시	장애인재가복지시설운영지원(2종)	25,000	5	1	7	8	7	1	1	4
2064	경기 파주시	냉난방비(24개소)	24,000	5	1	7	8	7	5	1	4
2065	경기 파주시	수어통역센터임차료	22,440	5	1	7	8	7	1	1	4
2066	경기 파주시	정신요양및정신재활시설입소자구료비등	20,597	5	1	7	8	7	1	1	4
2067	경기 파주시	노인생활시설수급자및환경개선비	12,808	5	1,4	7	8	7	1	1	4
2068	경기 파주시	성폭력피해자보호지원	7,850	5	1	7	8	7	1	1	1
2069	경기 파주시	농어촌소재법인어린이집	7,391	5	2	7	8	7	5	1	4
2070	경기 파주시	아동복지시설월동연료비	6,480	5	8	7	8	7	5	5	4
2071	경기 파주시	장애인거주시설IOT,AI활용돌봄사업운영지원	4,443	5	2	7	8	7	1	1	4
2072	경기 파주시	정신재활시설공동캠프	3,616	5	1	7	8	7	1	1	4
2073	경기 파주시	장애인거주시설공기청정기렌탈비	3,479	5	2	7	8	7	1	1	4
2074	경기 이천시	장애인거주시설운영지원	12,955,738	5	2	7	8	7	5	5	4
2075	경기 이천시	장애인직업재활시설운영지원	4,811,305	5	1	7	8	7	5	5	4
2076	경기 이천시	선도교육청어린이집급식비지원	1,494,048	5	2	7	8	7	1	1	1
2077	경기 이천시	장애인거주시설운영지원(6종)	1,177,970	5	1	7	8	7	5	5	4

순번	시군구	지출명 (사업명)	2024년예산 (단위 : 천원 /1년간)	민간이전 분류 (지방자치단체 세출예산 집행기준에 의거) 1. 민간경상사업보조(307-02) 2. 민간단체 법정운영비보조(307-03) 3. 민간행사사업보조(307-04) 4. 민간위탁금(307-05) 5. 사회복지시설 법정운영비보조(307-10) 6. 민간인위탁교육비(307-12) 7. 공기관등에대한경상적위탁사업비(308-13) 8. 민간자본사업보조,자체재원(402-01) 9. 민간자본사업보조,이전재원(402-02) 10. 민간위탁사업비(402-03) 11. 공기관등에 대한 자본적 위탁사업비(403-02)	민간이전지출 근거 (지방보조금 관리기준 참고) 1. 법률에 규정 2. 국고보조 재원(국가지정) 3. 용도 지정 기부금 4. 조례에 직접규정 5. 지자체가 권장하는 사업을 하는 공공기관 6. 시,도 정책 및 재정사정 7. 기타 8. 해당없음	입찰방식 계약체결방법 (경쟁형태) 1. 일반경쟁 2. 제한경쟁 3. 지명경쟁 4. 수의계약 5. 법정위탁 6. 기타 ( ) 7. 없음	입찰방식 계약기간 1. 1년 2. 2년 3. 3년 4. 4년 5. 5년 6. 기타 ( )년 7. 단기계약 (1년미만) 8. 없음	입찰방식 낙찰자선정방법 1. 적격심사 2. 협상에의한계약 3. 최저가낙찰제 4. 규격가격분리 5. 2단계 경쟁입찰 6. 기타 ( ) 7. 없음	운영예산 산정 운영예산 산정 1. 내부산정 (지자체 자체적으로 산정) 2. 외부산정 (외부전문기관위탁 산정) 3. 내·외부 모두 산정 4. 산정 無 5. 없음	운영예산 산정 정산방법 1. 내부정산 (지자체 내부적으로 정산) 2. 외부정산 (외부전문기관위탁 정산) 3. 내·외부 모두 산정 4. 정산 無 5. 없음	성과평가 실시여부 1. 실시 2. 미실시 3. 향후 추진 4. 해당없음
2078	경기 이천시	어린이집운영지원	1,148,233	5	2	7	8	7	1	1	1
2079	경기 이천시	경로당운영지원	902,880	5	1	7	8	7	5	5	4
2080	경기 이천시	경로당냉난방비지원	882,990	5	1	7	8	7	5	5	4
2081	경기 이천시	노인양로시설운영	710,350	5	1	7	8	7	5	5	4
2082	경기 이천시	경로당운영비	495,600	5	1	7	8	7	5	5	4
2083	경기 이천시	주간보호시설(토브)운영	490,971	5	1	7	8	7	5	5	4
2084	경기 이천시	장애인단기거주시설운영지원(예담)	430,000	5	1	7	8	7	5	5	4
2085	경기 이천시	지역자활센터운영비	407,535	5	1	7	8	7	5	5	4
2086	경기 이천시	경로당사회봉사활동비지원	376,200	5	1	7	8	7	5	5	4
2087	경기 이천시	지역사회보장협의체운영	356,863	5	1	7	8	7	5	5	4
2088	경기 이천시	청소년쉼터운영지원	307,843	5	1	7	8	7	5	5	4
2089	경기 이천시	수어통역센터운영지원	295,610	5	1	7	8	7	5	1	4
2090	경기 이천시	장애인생활이동지원센터운영지원	281,710	5	1	7	8	7	5	5	4
2091	경기 이천시	재가노인복지시설운영	250,000	5	1	7	8	7	5	5	4
2092	경기 이천시	장애인직업재활시설(장애인복지시설운영지원(7종))	196,078	5	1	7	8	7	5	5	4
2093	경기 이천시	중증장애인자립생활센터체험홈운영지원	180,000	5	1	7	8	7	5	5	4
2094	경기 이천시	어린이집냉난방비지원	168,000	5	4	7	8	7	1	1	1
2095	경기 이천시	가정폭력상담소운영	146,711	5	2	7	8	7	1	1	1
2096	경기 이천시	개인운영장애인거주시설지원	142,800	5	1	7	8	7	5	5	4
2097	경기 이천시	장애인거주시설종사자연장,야간근로수당지원	137,008	5	1	7	8	7	5	5	4
2098	경기 이천시	장애인거주시설입소자지원(4종)	132,593	5	1	7	8	7	5	5	4
2099	경기 이천시	경로당활성화운영지원	119,151	5	1	7	8	7	5	5	4
2100	경기 이천시	장애인365쉼터운영지원	94,700	5	1	7	8	7	5	5	4
2101	경기 이천시	어린이집공기청정기지원	88,836	5	2	7	8	7	5	5	4
2102	경기 이천시	장애인복지시설운영지원(실비입소이용료지원)	88,092	5	2	7	8	7	1	1	1
2103	경기 이천시	장애인편의시설기술지원센터운영	88,000	5	1	7	8	7	5	5	4
2104	경기 이천시	가정폭력상담소운영(시비추가분)	86,600	5	6	7	8	7	5	5	4
2105	경기 이천시	장애인직업재활시설마케팅지원	84,620	5	1	7	8	7	1	1	1
2106	경기 이천시	노인생활시설수급자및환경개선비지원	81,830	5	1	7	8	7	5	5	4
2107	경기 이천시	경기도형보육컨설턴트인건비지원	74,342	5	4	7	8	7	5	5	4
2108	경기 이천시	외국인자녀보육지원	72,000	5	2	7	8	7	1	1	1
2109	경기 이천시	장애인편의시설기술지원센터운영(시비추가분)	57,800	5	1	7	8	7	1	1	1
2110	경기 이천시	장애인직업재활시설훈련장애인기회수당	57,600	5	1	7	8	7	5	5	4
2111	경기 이천시	장애인직업재활시설(장애인복지시설입소자지원(4종))	55,872	5	1	7	8	7	5	5	4
2112	경기 이천시	시군지역사회보장협의체활성화지원사업	50,000	5	1	7	8	7	5	5	4
2113	경기 이천시	어린이집운영지원(시비추가분)	42,651	5	2	7	8	7	1	1	1
2114	경기 이천시	시군사회복지협의회사회복지자원봉사사업운영	42,000	5	1	7	8	7	5	5	4
2115	경기 이천시	응급안전안심서비스종사자추가채용	33,288	5	1	7	8	7	5	5	4
2116	경기 이천시	장애인재가복지시설운영지원(2종)	28,400	5	1	7	8	7	5	5	4
2117	경기 이천시	어린이집교원보수교육	16,265	5	2	7	8	7	1	1	1

순번	시군구	지출명 (사업명)	2024년예산 (단위 : 천원 /1년간)	민간이전 분류 (지방자치단체 세출예산 집행기준에 의거) 1. 민간경상사업보조(307-02) 2. 민간단체 법정운영비보조(307-03) 3. 민간행사사업보조(307-04) 4. 민간위탁금(307-05) 5. 사회복지시설 법정운영비보조(307-10) 6. 민간인위탁교육비(307-12) 7. 공기관등에대한경상적위탁사업비(308-13) 8. 민간자본사업보조,자체재원(402-01) 9. 민간자본사업보조,이전재원(402-02) 10. 민간위탁사업비(402-03) 11. 공기관등에 대한 자본적 위탁사업비(403-02)	민간이전지출 근거 (지방보조금 관리기준 참고) 1. 법률에 규정 2. 국고보조 재원(국가지정) 3. 용도 지정 기부금 4. 조례에 직접규정 5. 지자체가 권장하는 사업을 하는 공공기관 6. 시,도 정책 및 재정사정 7. 기타 8. 해당없음	입찰방식 계약체결방법 (경쟁형태) 1. 일반경쟁 2. 제한경쟁 3. 지명경쟁 4. 수의계약 5. 법정위탁 6. 기타 ( ) 7. 없음	계약기간 1. 1년 2. 2년 3. 3년 4. 4년 5. 5년 6. 기타 ( )년 7. 단기계약 (1년미만) 8. 없음	낙찰자선정방법 1. 적격심사 2. 협상에의한계약 3. 최저가낙찰제 4. 규격가격분리 5. 2단계 경쟁입찰 6. 기타 ( ) 7. 없음	운영예산 산정 운영예산 산정 1. 내부산정 (지자체 자체적으로 산정) 2. 외부산정 (외부전문기관위탁 산정) 3. 내·외부 모두 산정 4. 산정 無 5. 없음	정산방법 1. 내부정산 (지자체 내부적으로 정산) 2. 외부정산 (외부전문기관위탁 정산) 3. 내·외부 모두 산정 4. 정산 無 5. 없음	성과평가 실시여부 1. 실시 2. 미실시 3. 향후 추진 4. 해당없음
2118	경기 이천시	경로당프로그램비지원	12,000	5	1	7	8	7	5	5	4
2119	경기 이천시	모니터링활동비지원	350	5	2	7	8	7	1	1	1
2120	경기 시흥시	사회복지관운영(법인)	2,510,942	5	1	7	8	7	1	1	1
2121	경기 시흥시	장애인복지관운영(자체)	1,373,195	5	1	7	8	7	5	1	1
2122	경기 시흥시	시흥형경로당지원사업(자체)	700,000	5	1	7	8	7	1	1	2
2123	경기 시흥시	어린이집취사부인건비지원	600,000	5	4	7	8	7	1	1	1
2124	경기 시흥시	세반운영어린이집지원	247,500	5	4	7	8	7	1	1	1
2125	경기 시흥시	일자리수행기관운영지원	237,769	5	2	5	8	7	1	1	4
2126	경기 시흥시	푸드뱅크마켓운영	193,341	5	1	7	8	7	1	1	1
2127	경기 시흥시	장애인재가복지센터운영	148,583	5	1	7	8	7	5	1	4
2128	경기 시흥시	지역아동센터추가운영비지원	134,350	5	1	7	8	7	1	1	1
2129	경기 시흥시	보육시설냉난방비지원	100,000	5	4	7	8	7	1	1	1
2130	경기 시흥시	시흥시장애인편의시설기술지원센터운영(자체)	61,626	5	1	7	8	7	5	1	1
2131	경기 시흥시	지역아동센터급식교사처우개선비지원	39,600	5	1	7	8	7	1	1	1
2132	경기 시흥시	장애아통합어린이집추가지정	24,960	5	4	7	8	7	1	1	1
2133	경기 시흥시	중부권가정폭력상담소운영	5,000	5	1	7	8	7	1	1	4
2134	경기 시흥시	공동생활가정운영(자체)	3,600	5	1	7	8	7	1	1	3
2135	경기 안성시	장애인거주시설운영지원	8,865,567	5	8	7	8	7	5	5	4
2136	경기 안성시	장애인직업재활시설운영	2,234,568	5	1	7	8	7	5	5	4
2137	경기 안성시	요보호아동그룹홈형태보호	2,032,008	5	1	7	8	7	5	5	4
2138	경기 안성시	아동복지시설운영비지원	1,454,821	5	1	7	8	7	5	5	4
2139	경기 안성시	장애인공동생활가정운영	1,345,420	5	8	7	8	7	5	5	4
2140	경기 안성시	지역아동센터인건비지원	1,149,900	5	6	7	8	7	5	5	4
2141	경기 안성시	경로당운영지원	1,030,320	5	1	7	8	7	5	5	4
2142	경기 안성시	경로당냉난방비지원	957,802	5	1	7	8	7	5	5	4
2143	경기 안성시	사회복지관인건비	743,465	5	1	7	8	7	5	5	4
2144	경기 안성시	경로당운영추가보조	518,400	5	6	7	8	7	5	5	4
2145	경기 안성시	요보호아동그룹홈인건비추가지원	482,400	5	1	7	8	7	5	5	4
2146	경기 안성시	노인양로시설운영지원	430,429	5	1	7	8	7	5	5	4
2147	경기 안성시	수어통역센터운영	395,610	5	1	7	8	7	5	5	4
2148	경기 안성시	지역아동센터인건비추가지원	336,975	5	6	7	8	7	5	5	4
2149	경기 안성시	지역아동센터운영비지원	329,424	5	6	7	8	7	5	5	4
2150	경기 안성시	장애인생활이동지원센터운영	290,360	5	1	7	8	7	5	5	4
2151	경기 안성시	정신재활시설운영지원	265,470	5	6	7	8	7	5	5	4
2152	경기 안성시	재가노인복지시설운영비	250,000	5	1	7	8	7	5	5	4
2153	경기 안성시	개인운영장애인거주시설지원	223,200	5	8	7	8	7	5	5	4
2154	경기 안성시	장기요양기관환기시설설치	64,440	5	1	7	8	7	5	5	4
2155	경기 안성시	안성동부푸드뱅크운영	48,000	5	1	7	8	7	5	5	4
2156	경기 안성시	서안성푸드뱅크운영	48,000	5	1	7	8	7	5	5	4
2157	경기 안성시	안성연화마을푸드뱅크운영	48,000	5	1	7	8	7	5	5	4

순번	시군구	지출명 (사업명)	2024년예산 (단위 : 천원 /1년간)	민간이전 분류 (지방자치단체 세출예산 집행기준에 의거) 1. 민간경상사업보조(307-02) 2. 민간단체 법정운영비보조(307-03) 3. 민간행사사업보조(307-04) 4. 민간위탁금(307-05) 5. 사회복지시설 법정운영비보조(307-10) 6. 민간인위탁교육비(307-12) 7. 공기관등에대한경상적위탁사업비(308-13) 8. 민간자본사업보조,자체재원(402-01) 9. 민간자본사업보조,이전재원(402-02) 10. 민간위탁사업비(402-03) 11. 공기관등에 대한 자본적 위탁사업비(403-02)	민간이전지출 근거 (지방보조금 관리기준 참고) 1. 법률에 규정 2. 국고보조 재원(국가지정) 3. 용도 지정 기부금 4. 조례에 직접규정 5. 지자체가 권장하는 사업을 하는 공공기관 6. 시,도 정책 및 재정사정 7. 기타 8. 해당없음	입찰방식			운영예산 산정		성과평가 실시여부
						계약체결방법 (경쟁형태) 1. 일반경쟁 2. 제한경쟁 3. 지명경쟁 4. 수의계약 5. 법정위탁 6. 기타 ( ) 7. 없음	계약기간 1. 1년 2. 2년 3. 3년 4. 4년 5. 5년 6. 기타 ( )년 7. 단기계약 (1년미만) 8. 없음	낙찰자선정방법 1. 적격심사 2. 협상에의한계약 3. 최저가낙찰제 4. 규격가격분리 5. 2단계 경쟁입찰 6. 기타 ( ) 7. 없음	운영예산 산정 1. 내부산정 (지자체 자체적으로 산정) 2. 외부산정 (외부전문기관위탁 산정) 3. 내·외부 모두 산정 4. 산정 無 5. 없음	정산방법 1. 내부정산 (지자체 내부적으로 정산) 2. 외부정산 (외부전문기관위탁 정산) 3. 내·외부 모두 산정 4. 정산 無 5. 없음	1. 실시 2. 미실시 3. 향후 추진 4. 해당없음
2158	경기 안성시	노인생활시설수급자및환경개선비지원	45,189	5	1	7	8	7	5	5	4
2159	경기 안성시	안성이동푸드마켓G푸드드림사업지원	45,000	5	1	7	8	7	5	5	4
2160	경기 안성시	안성기초푸드뱅크운영	41,500	5	1	7	8	7	5	5	4
2161	경기 안성시	노인요양시설운영비	39,213	5	1	7	8	7	5	5	4
2162	경기 안성시	안성기초푸드뱅크G푸드드림사업지원	35,000	5	1	7	8	7	5	5	4
2163	경기 안성시	서안성푸드뱅크G푸드드림사업지원	35,000	5	1	7	8	7	5	5	4
2164	경기 안성시	안성동부푸드뱅크G푸드드림사업지원	35,000	5	1	7	8	7	5	5	4
2165	경기 안성시	안성연화마을푸드뱅크G푸드드림사업지원	35,000	5	1	7	8	7	5	5	4
2166	경기 안성시	안성이동푸드마켓운영	35,000	5	1	7	8	7	5	5	4
2167	경기 안성시	사회복지관운영비	17,706	5	1	7	8	7	5	5	4
2168	경기 안성시	특수목적형지역아동센터추가지원	14,400	5	6	7	8	7	5	5	4
2169	경기 안성시	정신요양및정신재활시설입소자수용비등	11,640	5	6	7	8	7	5	5	4
2170	경기 안성시	개인운영신고시설(노인)운영비	9,000	5	1	7	8	7	5	5	4
2171	경기 여주시	아동양육시설운영	1,991,426	5	6	7	8	7	5	1	4
2172	경기 여주시	지역아동센터인건비지원	1,151,652	5	2	7	8	7	5	1	4
2173	경기 여주시	한부모가족복지시설운영	406,633	5	1	7	8	7	1	1	4
2174	경기 여주시	요보호아동그룹홈형태보호	403,044	5	2	7	8	7	5	1	4
2175	경기 여주시	공공형어린이집운영지원	396,000	5	6	7	8	7	3	3	1
2176	경기 여주시	지역아동센터인건비추가지원	330,125	5	6	7	8	7	5	1	4
2177	경기 여주시	지역아동센터운영비지원	326,012	5	2	7	8	7	5	1	4
2178	경기 여주시	학대피해아동쉼터운영지원(국비/지원)	247,894	5	2	7	8	7	5	1	4
2179	경기 여주시	가정폭력상담소운영지원	216,394	5	2	7	8	7	1	1	4
2180	경기 여주시	요보호아동그룹홈운영인건비추가지원	129,200	5	6	7	8	7	5	1	4
2181	경기 여주시	시군지역사회보장협의체활성화지원사업	126,000	5	2	7	8	7	5	1	1
2182	경기 여주시	시간제보육서비스제공지원	90,480	5	6	5	8	7	1	1	4
2183	경기 여주시	장애통합지역아동센터지원	79,800	5	6	7	8	7	5	1	4
2184	경기 여주시	장애인편의시설기술지원센터	79,500	5	1	7	8	7	5	1	4
2185	경기 여주시	여성폭력피해자지원시설인건비지원	52,930	5	6	7	8	7	1	1	4
2186	경기 여주시	공공형어린이집안심보육지원	36,000	5	6	7	8	7	3	3	1
2187	경기 여주시	시군장애인편의시설현장조사요원운영	28,574	5	1	7	8	7	5	1	4
2188	경기 여주시	학대피해아동쉼터지원(도비/지원)	27,040	5	6	7	8	7	5	1	4
2189	경기 여주시	학대피해아동쉼터인건비추가지원	22,082	5	6	7	8	7	5	1	4
2190	경기 여주시	특성별지역아동센터추가지원	18,000	5	2	7	8	7	5	1	4
2191	경기 여주시	경계선지능아동자립지원	9,050	5	2	7	8	7	5	1	4
2192	경기 화성시	영아전담등교직원인건비지원	5,900,297	5	1	7	8	7	1	1	4
2193	경기 화성시	어린이집운영지원	4,681,633	5	1,6	7	8	7	1	1	4
2194	경기 화성시	선도교육청어린이집급식비지원	4,325,421	5	1,6	7	8	7	1	1	4
2195	경기 화성시	정신요양시설운영지원	2,644,000	5	8	7	8	7	5	1	4
2196	경기 화성시	가정,민간어린이집조리원인건비지원	2,179,200	5	1,6	7	8	7	1	1	4
2197	경기 화성시	정신재활시설운영지원	1,863,741	5	8	7	8	7	5	1	4

순번	시군구	지출명 (사업명)	2024년예산 (단위 : 천원 /1년간)	민간이전 분류 (지방자치단체 세출예산 집행기준에 의거) 1. 민간경상사업보조(307-02) 2. 민간단체 법정운영비보조(307-03) 3. 민간행사사업보조(307-04) 4. 민간위탁금(307-05) 5. 사회복지시설 법정운영비보조(307-10) 6. 민간인위탁교육비(307-12) 7. 공기관등에대한경상적위탁사업비(308-13) 8. 민간자본사업보조,자체재원(402-01) 9. 민간자본사업보조,이전재원(402-02) 10. 민간위탁사업비(402-03) 11. 공기관등에 대한 자본적 위탁사업비(403-02)	민간이전지출 근거 (지방보조금 관리기준 참고) 1. 법률에 규정 2. 국고보조 재원(국가지정) 3. 용도 지정 기부금 4. 조례에 직접규정 5. 지자체가 권장하는 사업을 하는 공공기관 6. 시,도 정책 및 재정사정 7. 기타 8. 해당없음	입찰방식: 계약체결방법 (경쟁형태) 1. 일반경쟁 2. 제한경쟁 3. 지명경쟁 4. 수의계약 5. 법정위탁 6. 기타 ( ) 7. 없음	입찰방식: 계약기간 1. 1년 2. 2년 3. 3년 4. 4년 5. 5년 6. 기타 ( )년 7. 단기계약 (1년미만) 8. 없음	입찰방식: 낙찰자선정방법 1. 적격심사 2. 협상에의한계약 3. 최저가낙찰제 4. 규격가격분리 5. 2단계 경쟁입찰 6. 기타 ( ) 7. 없음	운영예산 산정: 운영예산 산정 1. 내부산정 (지자체 자체적으로 산정) 2. 외부산정 (외부전문기관위탁 산정) 3. 내·외부 모두 산정 4. 산정 無 5. 없음	운영예산 산정: 정산방법 1. 내부정산 (지자체 내부적으로 정산) 2. 외부정산 (외부전문기관위탁 정산) 3. 내·외부 모두 산정 4. 정산 無 5. 없음	성과평가 실시여부 1. 실시 2. 미실시 3. 향후 추진 4. 해당없음
2198	경기 화성시	보직교직원처우개선지원(대체교사인건비)	1,621,000	5	1	7	8	7	1	1	4
2199	경기 화성시	노숙인재활시설지원(전환사업)	1,279,952	5	1	7	8	7	3	3	4
2200	경기 화성시	가정,민간어린이집조리원인건비지원(자체)	1,248,000	5	1,6	7	8	7	1	1	4
2201	경기 화성시	특수보육활성화지원(영아표준보육과정프로그램지원)	1,065,600	5	1	7	8	7	1	1	4
2202	경기 화성시	장애인생활이동지원센터운영지원	785,700	5	1	7	8	7	1	1	2
2203	경기 화성시	화성형어린이집운영지원	689,370	5	4	7	8	7	1	1	4
2204	경기 화성시	공공형어린이집운영지원	648,000	5	4	7	8	7	1	1	4
2205	경기 화성시	어린이집냉난방비	620,000	5	1	7	8	7	1	1	4
2206	경기 화성시	국공립어린이집보조교사인건비지원	544,935	5	1	7	8	7	1	1	4
2207	경기 화성시	국공립어린이집보조교사인건비지원	544,935	5	1	7	8	7	1	1	4
2208	경기 화성시	야간연장형어린이집운영지원	480,000	5	4	7	8	7	1	1	4
2209	경기 화성시	어린이집공기청정기지원	477,180	5	1	7	8	7	1	1	4
2210	경기 화성시	시간제보육서비스제공지원	428,520	5	1	7	8	7	1	1	4
2211	경기 화성시	영유아육아돌봄운영지원	423,720	5	4	7	8	7	1	1	4
2212	경기 화성시	어린이집에어컨클리닝지원	417,450	5	1	7	8	7	1	1	4
2213	경기 화성시	수어통역센터운영지원	417,270	5	1	7	8	7	1	1	2
2214	경기 화성시	장애아통합어린이집치료사인건비지원	388,800	5	4	7	8	7	1	1	4
2215	경기 화성시	자활근로,지역자활센터운영(지역자활센터운영)	366,424	5	2	7	8	7	1	3	4
2216	경기 화성시	어린이집운영지원(교재교구비)	300,894	5	1,2	7	8	7	1	1	4
2217	경기 화성시	공공형어린이집운영활성화지원	300,000	5	4	7	8	7	1	1	4
2218	경기 화성시	어린이집보건위생지원	292,800	5	1	7	8	7	1	1	4
2219	경기 화성시	농어촌어린이집차량운영비지원	220,395	5	1	7	8	7	1	1	4
2220	경기 화성시	공공형어린이집인건비지원(조리원)	199,280	5	4	7	8	7	1	1	4
2221	경기 화성시	어린이집교직원처우개선지원(대체인력인건비)	107,000	5	1	7	8	7	1	1	4
2222	경기 화성시	노숙인재활요양시설지원(도비추가지원)	69,956	5	1	7	8	7	3	3	4
2223	경기 화성시	장애아보육어린이집지원	66,000	5	4	7	8	7	1	1	4
2224	경기 화성시	장애아전문어린이집간호사인건비지원	34,524	5	4	7	8	7	1	1	4
2225	경기 화성시	어린이집운영지원(농어촌소재법인어린이집)	12,319	5	1,4	7	8	7	1	1	4
2226	경기 광주시	요보호아동그룹홈형태보호외	4,672,197	5	1,2	7	8	7	5	5	4
2227	경기 양주시	누리과정운영	12,558,694	5	1	7	8	7	5	1	4
2228	경기 양주시	보육교직원인건비지원(국공립법인교직원인건비)	8,313,480	5	2	7	8	7	5	1	4
2229	경기 양주시	보육교직원처우개선지원(보조교사인건비)	6,025,000	5	1	7	8	7	5	1	4
2230	경기 양주시	장애인거주시설운영	4,754,229	5	1	7	8	7	1	1	4
2231	경기 양주시	보육교직원인건비지원(영아전담등교직원인건비)	2,190,790	5	2	7	8	7	1	3	4
2232	경기 양주시	선도교육청어린이집급식비지원	1,809,676	5	1	7	8	7	5	1	4
2233	경기 양주시	아동보호치료시설운영	1,628,750	5	1	7	8	7	1	1	4
2234	경기 양주시	지역아동센터인건비지원	1,541,752	5	1,2	7	8	7	5	1	2
2235	경기 양주시	경로당운영지원	1,494,780	5	4	7	8	7	1	1	4
2236	경기 양주시	어린이집운영지원	1,279,180	5	1	7	8	7	5	1	4
2237	경기 양주시	장애인직업재활시설운영	1,116,225	5	1	7	8	7	1	1	4

순번	시군구	지출명 (사업명)	2024년예산 (단위 : 천원 /1년간)	민간이전 분류 (지방자치단체 세출예산 집행기준에 의거)	민간이전지출 근거 (지방보조금 관리기준 참고)	입찰방식			운영예산 산정		성과평가 실시여부
				1. 민간경상사업보조(307-02) 2. 민간단체 법정운영비보조(307-03) 3. 민간행사사업보조(307-04) 4. 민간위탁금(307-05) 5. 사회복지시설 법정운영비보조(307-10) 6. 민간인위탁교육비(307-12) 7. 공기관등에대한경상적위탁사업비(308-13) 8. 민간자본사업보조,자체재원(402-01) 9. 민간자본사업보조,이전재원(402-02) 10. 민간위탁사업비(402-03) 11. 공기관등에 대한 자본적 위탁사업비(403-02)	1. 법률에 규정 2. 국고보조 재원(국가지정) 3. 용도 지정 기부금 4. 조례에 직접규정 5. 지자체가 권장하는 사업을 하는 공공기관 6. 시,도 정책 및 재정사정 7. 기타 8. 해당없음	계약체결방법 (경쟁형태) 1. 일반경쟁 2. 제한경쟁 3. 지명경쟁 4. 수의계약 5. 법정위탁 6. 기타 ( ) 7. 없음	계약기간 1. 1년 2. 2년 3. 3년 4. 4년 5. 5년 6. 기타 ( )년 7. 단기계약 (1년미만) 8. 없음	낙찰자선정방법 1. 적격심사 2. 협상에의한계약 3. 최저가낙찰제 4. 규격가격분리 5. 2단계 경쟁입찰 6. 기타 ( ) 7. 없음	운영예산 산정 1. 내부산정 (지자체 자체적으로 산정) 2. 외부산정 (외부전문기관위탁 산정) 3. 내·외부 모두 산정 4. 산정 無 5. 없음	정산방법 1. 내부정산 (지자체 내부적으로 정산) 2. 외부정산 (외부전문기관위탁 정산) 3. 내·외부 모두 정산 4. 정산 無 5. 없음	1. 실시 2. 미실시 3. 향후 추진 4. 해당없음
2238	경기 양주시	장애인거주시설운영지원(6종)	880,051	5	1	7	8	7	1	1	4
2239	경기 양주시	아동양육시설운영	852,932	5	1	7	8	7	1	1	4
2240	경기 양주시	보육교직원처우개선지원(대체교사인건비)	830,000	5	2	7	8	7	1	3	4
2241	경기 양주시	특수보육활성화지원(가정민간어린이집조리원인건비)	777,600	5	6	7	8	7	5	1	4
2242	경기 양주시	공공형어린이집운영비(전환사업)	684,000	5	1	7	8	7	1	1	4
2243	경기 양주시	개인운영장애인거주시설지원	608,400	5	1	7	8	7	1	1	4
2244	경기 양주시	지역아동센터인건비추가지원	488,255	5	1	7	8	7	5	1	2
2245	경기 양주시	장애인생활이동지원센터운영	479,980	5	1	7	8	7	1	1	4
2246	경기 양주시	장애인주간보호시설운영	448,285	5	1	7	8	7	1	1	4
2247	경기 양주시	지역아동센터운영비지원	307,200	5	1,2	7	8	7	5	1	2
2248	경기 양주시	지역자활센터운영	300,824	5	2	7	8	7	4	1	4
2249	경기 양주시	어린이집공기청정기지원	299,376	5	1	7	8	7	1	1	4
2250	경기 양주시	특수보육활성화지원(영아표준보육과정프로그램지원)	270,000	5	1	7	8	7	5	1	4
2251	경기 양주시	수어통역센터운영	259,200	5	1	7	8	7	1	1	4
2252	경기 양주시	경기북부시각장애인점자도서관운영	256,337	5	1	7	8	7	1	1	4
2253	경기 양주시	재가노인지원서비스센터지원	250,000	5	6	7	8	7	5	5	4
2254	경기 양주시	폭력피해이주여성보호시설운영지원(국비)	221,084	5	2	7	8	7	1	3	4
2255	경기 양주시	특수보육활성화지원(야간연장형어린이집운영)	216,000	5	6	7	8	7	1	3	4
2256	경기 양주시	어린이집지원(차량운영비)	182,250	5	2	7	8	7	1	1	4
2257	경기 양주시	공공형어린이집운영활성화(전환사업)	175,000	5	1	7	8	7	1	1	4
2258	경기 양주시	지역사회보장협의체운영	168,513	5	1	7	8	7	1	1	1
2259	경기 양주시	정부지원어린이집운영비지원	167,700	5	1	7	8	7	1	1	1
2260	경기 양주시	공공형어린이집취사부인건비(전환사업)	166,632	5	1	7	8	7	1	1	4
2261	경기 양주시	어린이집냉난방비지원	161,500	5	6	7	8	7	1	1	4
2262	경기 양주시	지역아동센터추가운영비지원	155,880	5	1	7	8	7	5	1	1
2263	경기 양주시	아동복지시설아동학습활동지원	155,460	5	1	7	8	7	1	1	4
2264	경기 양주시	장애인직업재활시설운영지원(7종)	152,696	5	1	7	8	7	1	1	4
2265	경기 양주시	가정폭력상담소운영지원	146,711	5	2	7	8	7	1	3	4
2266	경기 양주시	요보호아동그룹홈운영	123,156	5	1	7	8	7	1	1	4
2267	경기 양주시	푸드뱅크및푸드마켓운영지원	112,509	5	1	7	8	7	1	1	1
2268	경기 양주시	시간제보육서비스제공지원	109,920	5	2	7	8	7	1	3	4
2269	경기 양주시	장애인365쉼터운영지원	94,700	5	1	7	8	7	1	1	4
2270	경기 양주시	어린이집지원(교재교구비)	90,475	5	2	7	8	7	1	1	4
2271	경기 양주시	G푸드드림사업운영	70,000	5	1	7	8	7	1	1	1
2272	경기 양주시	어린이집안전공제회비지원	60,000	5	1	7	8	7	1	1	1
2273	경기 양주시	특성별지역아동센터추가지원	57,600	5	1,2	7	8	7	5	1	2
2274	경기 양주시	여성폭력피해자지원시설인건비지원	56,350	5	2	7	8	7	1	3	4
2275	경기 양주시	육아종합지원센터전문상담사배치(영유아발달지원상담원배치)	53,700	5	6	7	8	7	1	3	4
2276	경기 양주시	주민복지서비스제공	53,228	5	1	7	8	7	1	1	1
2277	경기 양주시	장애인거주시설종사자연장,야간근로수당	48,936	5	1	7	8	7	1	1	4

순번	시군구	지출명 (사업명)	2024년예산 (단위 : 천원 /1년간)	민간이전 분류 (지방자치단체 세출예산 집행기준에 의거) 1. 민간경상사업보조(307-02) 2. 민간단체 법정운영비보조(307-03) 3. 민간행사사업보조(307-04) 4. 민간위탁금(307-05) 5. 사회복지시설 법정운영비보조(307-10) 6. 민간인위탁교육비(307-12) 7. 공기관등에대한경상적위탁사업비(308-13) 8. 민간자본사업보조,자체재원(402-01) 9. 민간자본사업보조,이전재원(402-02) 10. 민간위탁사업비(402-03) 11. 공기관등에 대한 자본적 위탁사업비(403-02)	민간이전지출 근거 (지방보조금 관리기준 참고) 1. 법률에 규정 2. 국고보조 재원(국가지정) 3. 용도 지정 기부금 4. 조례에 직접규정 5. 지자체가 권장하는 사업을 하는 공공기관 6. 시,도 정책 및 재정사정 7. 기타 8. 해당없음	입찰방식 계약체결방법 (경쟁형태) 1. 일반경쟁 2. 제한경쟁 3. 지명경쟁 4. 수의계약 5. 법정위탁 6. 기타 ( ) 7. 없음	입찰방식 계약기간 1. 1년 2. 2년 3. 3년 4. 4년 5. 5년 6. 기타 ( )년 7. 단기계약 (1년미만) 8. 없음	입찰방식 낙찰자선정방법 1. 적격심사 2. 협상에의한계약 3. 최저가낙찰제 4. 규격가격분리 5. 2단계 경쟁입찰 6. 기타 ( ) 7. 없음	운영예산 산정 운영예산 산정 1. 내부산정 (지자체 자체적으로 산정) 2. 외부산정 (외부전문기관위탁 산정) 3. 내·외부 모두 산정 4. 산정 無 5. 없음	운영예산 산정 정산방법 1. 내부정산 (지자체 내부적으로 정산) 2. 외부정산 (외부전문기관위탁 정산) 3. 내·외부 모두 산정 4. 정산 無 5. 없음	성과평가 실시여부 1. 실시 2. 미실시 3. 향후 추진 4. 해당없음
2278	경기 양주시	육아종합지원센터전문상담사배치(놀이지도사배치)	45,660	5	6	7	8	7	1	3	4
2279	경기 양주시	장애인거주시설입소자지원(4종)	45,156	5	1	7	8	7	1	1	4
2280	경기 양주시	개인운영장애인복지시설난방비지원	42,750	5	4	7	8	7	1	1	4
2281	경기 양주시	특수보육활성화지원(장애아전문어린이집지원)	40,000	5	6	7	8	7	5	1	4
2282	경기 양주시	어린이집교직원처우개선지원(대체인력인건비)	36,000	5	6	7	8	7	1	3	4
2283	경기 양주시	지역아동센터냉난방비지원	35,480	5	1	7	8	7	5	1	1
2284	경기 양주시	장애인직업재활시설훈련장애인기회수당	34,560	5	1	7	8	7	1	1	4
2285	경기 양주시	특수보육활성화지원(장애아전문어린이집간호사인건비지원)	34,524	5	6	7	8	7	5	1	4
2286	경기 양주시	폭력피해이주여성보호시설인건비지원	34,120	5	6	7	8	7	1	3	4
2287	경기 양주시	육아종합지원센터운영(육아종합센터부모교육)	34,000	5	6	7	8	7	1	3	4
2288	경기 양주시	장애영유아보육교사전문성강화교육	30,000	5	1	7	8	7	5	1	4
2289	경기 양주시	노인활용쉼터운영지원	27,930	5	1	7	8	7	1	1	4
2290	경기 양주시	장애인복지시설지원(재활프로그램운영)	25,760	5	1	7	8	7	1	1	4
2291	경기 양주시	노인생활시설기초생활수급자지원	23,943	5	6	7	8	7	5	5	4
2292	경기 양주시	요보호아동그룹홈인건비추가지원	21,600	5	1	7	8	7	1	1	4
2293	경기 양주시	장애인재가복지시설운영지원(2종)	21,400	5	1	7	8	7	1	1	4
2294	경기 양주시	장애인직업재활시설입소자지원(4종)	20,520	5	1	7	8	7	1	1	4
2295	경기 양주시	폭력피해이주여성보호시설운영지원	10,060	5	6	7	8	7	1	3	4
2296	경기 양주시	개인운영노인생활시설지원	9,000	5	6	7	8	7	5	5	4
2297	경기 양주시	장애인거주시설공기청정기렌탈지원	2,023	5	1	7	8	7	1	1	4
2298	경기 양주시	어린이집안전점검수수료지원	2,000	5	6	7	8	7	1	1	4
2299	경기 양주시	노인취업지원센터운영지원	1,600	5	1	7	8	7	1	1	1
2300	경기 연천군	장애인거주시설운영지원(국비)	3,223,119	5	1	5	8	7	1	1	1
2301	경기 연천군	장애인직업재활시설운영지원	596,503	5	1	5	8	7	1	1	1
2302	경기 연천군	장애인생활이동지원센터운영지원	276,980	5	1	5	8	7	1	1	1
2303	경기 연천군	학대피해아동쉼터운영지원	247,894	5	1	5	8	7	1	1	1
2304	경기 연천군	수어통역센터운영지원	233,810	5	1	5	5	6	5	1	4
2305	경기 연천군	경로당운영비지원	233,280	5	1	5	8	7	1	1	1
2306	경기 연천군	경로당동절기난방비지원	205,350	5	1	5	1	7	1	1	1
2307	경기 연천군	선도교육청어린이집급식비지원	143,070	5	1	7	8	7	3	1	4
2308	경기 연천군	성폭력상담소운영비및인건비지원	142,022	5	1	5	8	7	3	1	4
2309	경기 연천군	가정폭력상담소운영지원	141,280	5	1	5	8	7	3	1	4
2310	경기 연천군	경로당공공활동비	133,200	5	1	5	1	7	1	1	1
2311	경기 연천군	경로당운영난방비지원	129,600	5	1	5	1	7	1	1	1
2312	경기 연천군	어린이집운영지원(급식비및운영비)	115,777	5	1	7	8	7	3	1	4
2313	경기 연천군	공공형어린이집운영비지원	108,000	5	1	7	8	7	3	1	4
2314	경기 연천군	경로당사회활동비지원	97,200	5	1	5	1	7	1	1	1
2315	경기 연천군	지역사회보장협의체법정운영비지원	94,000	5	4	7	7	7	1	1	1
2316	경기 연천군	어린이집영유아급.간식비지원	82,200	5	1	7	8	7	1	1	4
2317	경기 연천군	어린이집아동집중관리전담보육교사지원	75,600	5	1	7	8	7	1	1	4

순번	시군구	지출명 (사업명)	2024년예산 (단위 : 천원 /1년간)	민간이전 분류 (지방자치단체 세출예산 집행기준에 의거) 1. 민간경상사업보조(307-02) 2. 민간단체 법정운영비보조(307-03) 3. 민간행사사업보조(307-04) 4. 민간위탁금(307-05) 5. 사회복지시설 법정운영비보조(307-10) 6. 민간인위탁교육비(307-12) 7. 공기관등에대한경상적위탁사업비(308-13) 8. 민간자본사업보조,자체재원(402-01) 9. 민간자본사업보조,이전재원(402-02) 10. 민간위탁사업비(402-03) 11. 공기관등에 대한 자본적 위탁사업비(403-02)	민간이전지출 근거 (지방보조금 관리기준 참고) 1. 법률에 규정 2. 국고보조 재원(국가지정) 3. 용도 지정 기부금 4. 조례에 직접규정 5. 지자체가 권장하는 사업을 하는 공공기관 6. 시,도 정책 및 재정사정 7. 기타 8. 해당없음	입찰방식			운영예산 산정		성과평가 실시여부
						계약체결방법 (경쟁형태) 1. 일반경쟁 2. 제한경쟁 3. 지명경쟁 4. 수의계약 5. 법정위탁 6. 기타 ( ) 7. 없음	계약기간 1. 1년 2. 2년 3. 3년 4. 4년 5. 5년 6. 기타 ( )년 7. 단기계약 (1년미만) 8. 없음	낙찰자선정방법 1. 적격심사 2. 협상에의한계약 3. 최저가낙찰제 4. 규격가격분리 5. 2단계 경쟁입찰 6. 기타 ( ) 7. 없음	운영예산 산정 1. 내부산정 (지자체 자체적으로 산정) 2. 외부산정 (외부전문기관위탁 산정) 3. 내·외부 모두 산정 4. 산정 無 5. 없음	정산방법 1. 내부정산 (지자체 내부적으로 정산) 2. 외부정산 (외부전문기관위탁 정산) 3. 내·외부 모두 산정 4. 정산 無 5. 없음	1. 실시 2. 미실시 3. 향후 추진 4. 해당없음
2318	경기 연천군	학대피해아동쉼터인건비추가지원(호봉제)	53,381	5	1	5	5	6	5	1	4
2319	경기 연천군	야간연장어린이집운영비지원	52,800	5	1	7	8	7	3	1	4
2320	경기 연천군	연천군지역사회보장협의체활성화지원	50,000	5	4	7	7	7	1	1	1
2321	경기 연천군	농어촌어린이집차량운영비지원	48,741	5	1	7	8	7	3	1	4
2322	경기 연천군	장애인거주시설종사자연장야간근로수당지원	40,212	5	1	5	8	7	1	1	1
2323	경기 연천군	경로당냉방비지원	36,630	5	1	5	1	7	1	1	1
2324	경기 연천군	경로당양곡추가지원	36,180	5	1	5	1	7	1	1	1
2325	경기 연천군	노인교실운영비지원	35,000	5	1	5	1	7	1	1	1
2326	경기 연천군	경로당전담운영인건비지원	33,520	5	1	5	1	7	1	1	1
2327	경기 연천군	푸드뱅크운영비지원	31,500	5	1	7	8	7	1	1	1
2328	경기 연천군	경로당양곡지원	23,157	5	1	5	1	7	1	1	1
2329	경기 연천군	민간가정어린이집조리원추가지원	19,200	5	1	7	8	7	1	1	4
2330	경기 연천군	어린이집냉난방비지원	18,050	5	1	7	8	7	1	1	4
2331	경기 연천군	민간가정어린이집공기청정기지원	16,104	5	1	7	8	7	3	1	4
2332	경기 연천군	경로당노인여가활동프로그램지원	12,000	5	1	5	1	7	1	1	1
2333	경기 연천군	다함께돌봄센터인건비추가지원(호봉제)	9,071	5	1	5	5	6	5	1	4
2334	경기 연천군	어린이집교재교구추가지원	7,410	5	1	7	8	7	1	1	4
2335	경기 연천군	농어촌소재법인어린이집지원	2,464	5	1	7	8	7	3	1	4
2336	경기 가평군	노숙인시설운영비	2,643,935	5	6	7	8	7	5	5	4
2337	경기 가평군	경로당냉난방비및양곡비지원	410,846	5	2	7	7	7	1	1	4
2338	경기 가평군	장애인생활이동지원센터운영	390,300	5	6	7	8	7	5	5	4
2339	경기 가평군	경로당운영비지원	367,200	5	6	7	7	7	1	1	4
2340	경기 가평군	경로당운영비추가지원	271,800	5	4	7	7	7	1	1	1
2341	경기 가평군	수어통역센터운영	271,290	5	6	7	8	7	5	5	4
2342	경기 가평군	노숙인재활요양시설지원	204,030	5	6	7	8	7	5	5	4
2343	경기 가평군	노인회인건비지원	162,825	5	4	7	7	7	1	1	1
2344	경기 가평군	노인회운영비지원	89,176	5	4	7	7	7	1	1	1
2345	경기 가평군	독거노인응급안전안심서비스운영(자체)	33,500	5	4	7	8	7	1	1	4
2346	경기 가평군	미등록경로당운영비지원	32,000	5	4	7	7	7	1	1	1
2347	경기 가평군	경로당소독지원	30,600	5	4	7	7	7	1	1	1
2348	경기 가평군	경로당화재보험료지원	27,555	5	4	7	7	7	1	1	1
2349	경기 가평군	장애인재가복지시설운영지원(2종)	21,200	5	6	7	8	7	1	1	1
2350	경기 가평군	독거노인카네이션하우스지원	20,000	5	6	7	7	7	5	5	4
2351	경기 가평군	장애인지역사회재활시설운영지원	1,920	5	4	7	8	7	1	1	4
2352	경기 가평군	장애인거주시설운영지원	9,609,464	5	2	7	8	7	5	5	4
2353	경기 가평군	신한마리오어린이집	571,245	5	1	1	5	1	2	2	1
2354	경기 가평군	장애인거주시설운영지원(5종)	398,245	5	6	7	8	7	5	5	4
2355	경기 가평군	장애인직업재활시설운영지원	313,773	5	6	7	8	7	5	5	4
2356	경기 가평군	장애인거주시설입소자지원(4종)	111,247	5	6	7	8	7	5	5	4
2357	경기 가평군	장애인거주시설종사자연장및야간근로수당지원	14,762	5	6	7	8	7	5	5	4

순번	시군구	지출명 (사업명)	2024년예산 (단위 : 천원 /1년간)	민간이전 분류 (지방자치단체 세출예산 집행기준에 의거) 1. 민간경상사업보조(307-02) 2. 민간단체 법정운영비보조(307-03) 3. 민간행사사업보조(307-04) 4. 민간위탁금(307-05) 5. 사회복지시설 법정운영비보조(307-10) 6. 민간인위탁교육비(307-12) 7. 공기관등에대한경상적위탁사업비(308-13) 8. 민간자본사업보조,자체재원(402-01) 9. 민간자본사업보조,이전재원(402-02) 10. 민간위탁사업비(402-03) 11. 공기관등에 대한 자본적 위탁사업비(403-02)	민간이전지출 근거 (지방보조금 관리기준 참고) 1. 법률에 규정 2. 국고보조 재원(국가지정) 3. 용도 지정 기부금 4. 조례에 직접규정 5. 지자체가 권장하는 사업을 하는 공공기관 6. 시,도 정책 및 재정사정 7. 기타 8. 해당없음	입찰방식 계약체결방법 (경쟁형태) 1. 일반경쟁 2. 제한경쟁 3. 지명경쟁 4. 수의계약 5. 법정위탁 6. 기타 ( ) 7. 없음	입찰방식 계약기간 1. 1년 2. 2년 3. 3년 4. 4년 5. 5년 6. 기타 ( )년 7. 단기계약 (1년미만) 8. 없음	입찰방식 낙찰자선정방법 1. 적격심사 2. 협상에의한계약 3. 최저가낙찰제 4. 규격가격분리 5. 2단계 경쟁입찰 6. 기타 ( ) 7. 없음	운영예산 산정 운영예산 산정 1. 내부산정 (지자체 자체적으로 산정) 2. 외부산정 (외부전문기관위탁 산정) 3. 내·외부 모두 산정 4. 산정 無 5. 없음	운영예산 산정 정산방법 1. 내부정산 (지자체 내부적으로 정산) 2. 외부정산 (외부전문기관위탁 정산) 3. 내·외부 모두 산정 4. 정산 無 5. 없음	성과평가 실시여부 1. 실시 2. 미실시 3. 향후 추진 4. 해당없음
2358	경기 가평군	장애인직업재활시설운영지원(6종)	8,600	5	6	7	8	7	5	5	4
2359	경기 가평군	장애인직업재활시설훈련장애인기회수당지원	7,680	5	6	7	8	7	5	5	4
2360	경기 가평군	장애인거주시설IoT,AI활용돌봄사업운영비	3,600	5	2	7	8	7	5	5	4
2361	경기 가평군	장애인거주시설공기청정기렌탈지원	2,394	5	2	7	8	7	5	5	4
2362	경기 양평군	장애인직업재활시설운영	2,029,872	5	1	7	8	7	1	1	4
2363	경기 양평군	장애인거주시설운영지원(6종)	1,481,936	5	1	7	8	7	1	1	4
2364	경기 양평군	경로당활성화	1,051,404	5	1	7	8	7	1	1	1
2365	경기 양평군	장애인주간보호시설운영	562,030	5	1	7	8	7	1	1	4
2366	경기 양평군	장애인생활이동지원센터운영	478,170	5	1	7	8	7	1	1	4
2367	경기 양평군	노숙인자활시설운영지원	437,782	5	1	7	8	7	1	1	1
2368	경기 양평군	수어통역센터운영	307,720	5	1	7	8	7	1	1	4
2369	경기 양평군	지역자활센터운영	262,603	5	2	5	8	7	1	1	1
2370	경기 양평군	장애인공동생활가정운영	260,390	5	1	7	8	7	1	1	4
2371	경기 양평군	대한노인회양평군지회운영지원	236,442	5	4	7	8	7	1	1	1
2372	경기 양평군	장애인직업재활시설입소자지원(7종)	169,952	5	1	7	8	7	1	1	4
2373	경기 양평군	장애인단체지원	154,841	5	1	7	8	7	1	1	1
2374	경기 양평군	대한노인회읍면분회운영	115,000	5	4	7	8	7	1	1	1
2375	경기 양평군	양평군지역사회보장협의체운영	94,327	5	1	7	8	7	1	1	1
2376	경기 양평군	개인운영장애인거주시설지원	74,400	5	1	7	8	7	1	1	4
2377	경기 양평군	양평군사회복지협의회운영지원	70,904	5	1	7	8	7	1	1	1
2378	경기 양평군	시각장애인연합회지원	47,923	5	1	7	8	7	1	1	1
2379	경기 양평군	고엽제전우회운영지원	44,770	5	4	7	8	7	1	1	1
2380	경기 양평군	특수임무유공자회운영지원	40,078	5	4	7	8	7	1	1	1
2381	경기 양평군	무공수훈자회운영지원	36,320	5	4	7	8	7	1	1	1
2382	경기 양평군	6.25참전유공자회운영지원	35,900	5	4	7	8	7	1	1	1
2383	경기 양평군	상이군경회운영지원	35,700	5	4	7	8	7	1	1	1
2384	경기 양평군	전몰군경유족회운영지원	34,100	5	4	7	8	7	1	1	1
2385	경기 양평군	월남전참전자회운영지원	32,656	5	4	7	8	7	1	1	1
2386	경기 양평군	사회복지사협회운영지원	28,950	5	1	7	8	7	1	1	1
2387	경기 양평군	전몰군경미망인회운영지원	28,700	5	4	7	8	7	1	1	1
2388	경기 양평군	장애인재가복지시설운영지원(2종)	28,400	5	1	7	8	7	1	1	4
2389	경기 양평군	보훈단체차량운영비및운전원인건비지원	27,192	5	4	7	8	7	1	1	1
2390	경기 양평군	광복회운영지원	25,220	5	4	7	8	7	1	1	1
2391	경기 양평군	장애인주간보호시설운영	25,080	5	1	7	8	7	1	1	1
2392	경기 양평군	양평군보훈단체협의회운영지원	8,000	5	4	7	8	7	1	1	1
2393	경기 양평군	장애인거주시설IoT,AI활용돌봄사업운영지원	3,051	5	1	7	8	7	2	1	4
2394	인천 중구	보육교직원인건비지원(국비보조)	7,646,682	5	2	7	8	7	1	1	4
2395	인천 중구	보육교직원처우개선지원(보조교사,연장반전담교사인건비)	2,483,350	5	2	7	8	7	1	1	1
2396	인천 중구	보육교직원처우개선지원(교사근무환경개선비)	1,400,000	5	2	7	8	7	1	1	4
2397	인천 중구	보육교사처우개선비	1,271,262	5	6	7	8	7	1	1	4

순번	시군구	지출명 (사업명)	2024년예산 (단위 : 천원 /1년간)	민간이전 분류 (지방자치단체 세출예산 집행기준에 의거) 1. 민간경상사업보조(307-02) 2. 민간단체 법정운영비보조(307-03) 3. 민간행사사업보조(307-04) 4. 민간위탁금(307-05) 5. 사회복지시설 법정운영비보조(307-10) 6. 민간인위탁교육비(307-12) 7. 공기관등에대한경상적위탁사업비(308-13) 8. 민간자본사업보조,자체재원(402-01) 9. 민간자본사업보조,이전재원(402-02) 10. 민간위탁사업비(402-03) 11. 공기관등에 대한 자본적 위탁사업비(403-02)	민간이전지출 근거 (지방보조금 관리기준 참고) 1. 법률에 규정 2. 국고보조 재원(국가지정) 3. 용도 지정 기부금 4. 조례에 직접규정 5. 지자체가 권장하는 사업을 하는 공공기관 6. 시,도 정책 및 재정사정 7. 기타 8. 해당없음	입찰방식			운영예산 산정		성과평가 실시여부
						계약체결방법 (경쟁형태) 1. 일반경쟁 2. 제한경쟁 3. 지명경쟁 4. 수의계약 5. 법정위탁 6. 기타 ( ) 7. 없음	계약기간 1. 1년 2. 2년 3. 3년 4. 4년 5. 5년 6. 기타 ( )년 7. 단기계약 (1년미만) 8. 없음	낙찰자선정방법 1. 적격심사 2. 협상에의한계약 3. 최저가낙찰제 4. 규격가격분리 5. 2단계 경쟁입찰 6. 기타 ( ) 7. 없음	운영예산 산정 1. 내부산정 (지자체 자체적으로 산정) 2. 외부산정 (외부전문기관위탁 산정) 3. 내·외부 모두 산정 4. 산정 無 5. 없음	정산방법 1. 내부정산 (지자체 내부적으로 정산) 2. 외부정산 (외부전문기관위탁 정산) 3. 내·외부 모두 산정 4. 정산 無 5. 없음	1. 실시 2. 미실시 3. 향후 추진 4. 해당없음
2398	인천 중구	사회복지시설운영비보조	947,638	5	1	7	8	7	5	1	4
2399	인천 중구	보육교사처우개선비(자체)	921,960	5	6	7	8	7	1	1	1
2400	인천 중구	한부모가족복지시설지원	746,083	5	6	7	8	7	5	5	4
2401	인천 중구	어린이집만5세아필요경비지원	741,324	5	6	7	8	7	1	1	4
2402	인천 중구	사회복지시설운영비보조	686,718	5	1	7	8	7	5	1	4
2403	인천 중구	노인인력개발센터운영비지원	543,563	5	2	7	8	7	1	1	4
2404	인천 중구	정부미지원시설부모부담보육료지원	524,147	5	6	7	8	7	1	1	1
2405	인천 중구	장애인단기거주시설운영	410,220	5	1	7	8	7	1	1	4
2406	인천 중구	경로당운영비지원	359,150	5	1	7	8	7	1	1	4
2407	인천 중구	민간장애인직업재활시설운영	282,500	5	1	7	8	7	1	1	4
2408	인천 중구	인천형어린이집지원(인천형어린이집운영비)	278,198	5	6	7	8	7	1	1	1
2409	인천 중구	정부미지원어린이집조리원인건비지원	248,160	5	6	7	8	7	1	1	1
2410	인천 중구	경로당냉난방비및양곡비지원	226,915	5	1	7	8	7	1	1	4
2411	인천 중구	민간장애인주간보호센터운영	218,624	5	1	7	8	7	1	1	4
2412	인천 중구	장애인자립생활센터운영	218,290	5	1	1	8	7	1	1	4
2413	인천 중구	성폭력피해자보호시설운영	201,079	5	2	7	8	7	5	5	4
2414	인천 중구	장애인거주시설운영지원	180,554	5	1	7	8	7	1	1	4
2415	인천 중구	재가복지센터운영	159,046	5	1	2	5	1	1	1	4
2416	인천 중구	가정폭력상담소운영지원	146,712	5	2	7	8	7	5	5	4
2417	인천 중구	특수어린이집운영지원	114,560	5	6	7	8	7	1	1	1
2418	인천 중구	여성권익시설시비지원인건비	106,145	5	2	7	8	7	5	5	4
2419	인천 중구	어린이집냉난방비	99,500	5	6	7	8	7	1	1	1
2420	인천 중구	폭력피해여성주거지원사업	85,120	5	2	7	8	7	5	5	4
2421	인천 중구	시간차등형(시간제)보육	82,642	5	2	7	8	7	1	1	1
2422	인천 중구	한부모가족시설아이돌봄서비스지원	66,258	5	2	7	8	7	5	5	4
2423	인천 중구	보육교직원처우개선지원(대체교사인건비)	65,729	5	2	7	8	7	1	1	1
2424	인천 중구	법정저소득층아동필요경비지원	56,880	5	6	7	8	7	1	1	4
2425	인천 중구	보육교직원처우개선지원(교사겸직원장수당)	55,000	5	2	7	8	7	1	1	4
2426	인천 중구	어린이집운영지원(교재교구비)	51,943	5	2	7	8	7	1	1	1
2427	인천 중구	정부미지원어린이집세반운영비지원	51,000	5	6	7	8	7	1	1	1
2428	인천 중구	노인대학운영비지원	38,000	5	1	7	8	7	1	1	4
2429	인천 중구	종사자급량비및관리자수당지원	30,000	5	6	7	8	7	1	1	4
2430	인천 중구	보육교직원인건비지원(자체)	28,362	5	4	7	8	7	1	1	4
2431	인천 중구	여성권익시설종사자시간외수당	24,947	5	2	7	8	7	5	5	4
2432	인천 중구	어린이집살균소독비지원	14,800	5	6	7	8	7	1	1	1
2433	인천 중구	종사자복지점수지원	13,950	5	6	7	8	7	1	1	4
2434	인천 중구	여성권익시설종사자급량비및관리자수당	12,960	5	2	7	8	7	5	5	4
2435	인천 중구	장애인직업재활시설종사자급량비및관리자수당지원	10,560	5	6	7	8	7	1	1	4
2436	인천 중구	노인대학운영비지원	7,800	5	1	7	8	7	1	1	4
2437	인천 중구	노인대학운영비지원	7,800	5	1	7	8	7	1	1	4

순번	시군구	지출명 (사업명)	2024년예산 (단위 : 천원 /1년간)	민간이전 분류 (지방자치단체 세출예산 집행기준에 의거) 1. 민간경상사업보조(307-02) 2. 민간단체 법정운영비보조(307-03) 3. 민간행사사업보조(307-04) 4. 민간위탁금(307-05) 5. 사회복지시설 법정운영비보조(307-10) 6. 민간인위탁교육비(307-12) 7. 공기관등에대한경상적위탁사업비(308-13) 8. 민간자본사업보조,자체재원(402-01) 9. 민간자본사업보조,이전재원(402-02) 10. 민간위탁사업비(402-03) 11. 공기관등에 대한 자본적 위탁사업비(403-02)	민간이전지출 근거 (지방보조금 관리기준 참고) 1. 법률에 규정 2. 국고보조 재원(국가지정) 3. 용도 지정 기부금 4. 조례에 직접규정 5. 지자체가 권장하는 사업을 하는 공공기관 6. 시,도 정책 및 재정사정 7. 기타 8. 해당없음	입찰방식 계약체결방법 (경쟁형태) 1. 일반경쟁 2. 제한경쟁 3. 지명경쟁 4. 수의계약 5. 법정위탁 6. 기타 ( ) 7. 없음	입찰방식 계약기간 1. 1년 2. 2년 3. 3년 4. 4년 5. 5년 6. 기타 ( )년 7. 단기계약 (1년미만) 8. 없음	입찰방식 낙찰자선정방법 1. 적격심사 2. 협상에의한계약 3. 최저가낙찰제 4. 규격가격분리 5. 2단계 경쟁입찰 6. 기타 ( ) 7. 없음	운영예산 산정 운영예산 산정 1. 내부산정 (지자체 자체적으로 산정) 2. 외부산정 (외부전문기관위탁 산정) 3. 내·외부 모두 산정 4. 산정 無 5. 없음	운영예산 산정 정산방법 1. 내부정산 (지자체 내부적으로 정산) 2. 외부정산 (외부전문기관위탁 정산) 3. 내·외부 모두 산정 4. 정산 無 5. 없음	성과평가 실시여부 1. 실시 2. 미실시 3. 향후 추진 4. 해당없음
2438	인천 중구	노인인력개발센터종사자급량비지원	7,680	5	2	7	8	7	1	1	4
2439	인천 중구	한부모가족복지시설입소자상담치료,의료비지원	7,000	5	2	7	8	7	5	5	4
2440	인천 중구	한부모가족복지시설입소자상담치료지원	6,400	5	2	7	8	7	5	5	4
2441	인천 중구	노인맞춤돌봄서비스종사자처우개선	4,850	5	6	7	8	7	5	5	3
2442	인천 중구	노인맞춤돌봄서비스종사자처우개선	4,850	5	6	7	8	7	5	5	3
2443	인천 중구	개방형경로당운영비	4,800	5	1	7	8	7	1	1	4
2444	인천 중구	종사자종합건강검진비	4,800	5	6	7	8	7	1	1	4
2445	인천 중구	여성폭력피해자보호시설운영지원(보호시설임차료지원)	4,800	5	2	7	8	7	5	5	4
2446	인천 중구	장애인직업재활시설종사자복지점수지원	2,950	5	6	7	8	7	1	1	4
2447	인천 중구	여성권익시설종사자복지지원	2,950	5	2	7	8	7	5	5	4
2448	인천 중구	어린이집운영지원(차량운영비)	2,400	5	2	7	8	7	1	1	1
2449	인천 중구	노인인력개발센터종사자복지점수지원	2,200	5	2	7	8	7	1	1	4
2450	인천 중구	장애인직업재활시설종사자종합건강검진비지원	1,400	5	6	7	8	7	1	1	4
2451	인천 중구	노인인력개발센터종사자종합건강검진비지원	1,200	5	2	7	8	7	1	1	4
2452	인천 중구	노인인력개발센터관리자수당지원	1,200	5	2	7	8	7	1	1	4
2453	인천 중구	장애인특별운송사업종사자급량비지원	1,200	5	6	7	8	7	1	1	4
2454	인천 중구	여성권익시설종사자종합건강검진비	1,200	5	2	7	8	7	5	5	4
2455	인천 중구	장애인특별운송사업종사자복지점수지원	500	5	6	7	8	7	1	1	4
2456	인천 중구	장애인특별운소사업종사자건강검진	200	5	6	7	8	7	1	1	4
2457	인천 동구	영유아보육료지원	3,988,691	5	2	7	8	7	5	5	4
2458	인천 동구	국공립법인등인건비,취약보육(영아전담)인건비,취약보육(시간연장형)인건비,취약보육(장애아통합)인건비	2,829,858	5	2	7	8	7	5	5	4
2459	인천 동구	아동복지시설운영지원	1,991,351	5	1	7	8	7	1	1	4
2460	인천 동구	만3~5세아누리과정지원	1,682,282	5	6	7	8	7	5	5	4
2461	인천 동구	동구한마음복지관운영	1,303,862	5	1	5	5	1	1	1	2
2462	인천 동구	장애인직업재활시설운영	1,214,168	5	1	7	7	1	1	1	2
2463	인천 동구	노인맞춤돌봄서비스사업비	1,058,971	5	1	7	8	7	1	1	4
2464	인천 동구	보육교직원처우개선(보조교사)	984,740	5	2	7	8	7	5	5	4
2465	인천 동구	경로식당무료급식사업,경로식당무료급식소(식사배달포함)인력지원사업	627,462	5	1	7	8	7	1	1	4
2466	인천 동구	가족센터운영지원	592,830	5	5	5	5	6	5	5	4
2467	인천 동구	지역아동센터인건비지원	561,150	5	1	7	8	7	1	1	4
2468	인천 동구	노인인력개발센터운영지원	540,668	5	1	7	8	7	1	1	1
2469	인천 동구	담임교사지원비,교사겸직원장지원비	442,274	5	2	7	8	7	5	5	4
2470	인천 동구	지역자활센터운영비	403,644	5	1	7	8	7	5	5	4
2471	인천 동구	보육교사처우개선비지원	371,598	5	6	7	8	7	5	5	4
2472	인천 동구	재가노인복지시설(등외)운영비지원	318,477	5	1	7	8	7	1	1	2
2473	인천 동구	지역아동센터종사자임금보전비지원	318,093	5	1	7	8	7	1	1	4
2474	인천 동구	장려수당,장기근속수당,명정수당지원	258,000	5	6	7	8	7	5	5	4
2475	인천 동구	동구장애인주간보호센터운영	241,914	5	1	5	5	1	1	1	2
2476	인천 동구	부모급여(보육료)지원	200,000	5	2	7	8	7	5	5	4
2477	인천 동구	장애인직업재활시설기능보강사업	176,000	5	1	7	7	1	1	1	2

순번	시군구	지출명 (사업명)	2024년예산 (단위 : 천원 /1년간)	민간이전 분류 (지방자치단체 세출예산 집행기준에 의거) 1. 민간경상사업보조(307-02) 2. 민간단체 법정운영비보조(307-03) 3. 민간행사사업보조(307-04) 4. 민간위탁금(307-05) 5. 사회복지시설 법정운영비보조(307-10) 6. 민간인위탁교육비(307-12) 7. 공기관등에대한경상적위탁사업비(308-13) 8. 민간자본사업보조,자체재원(402-01) 9. 민간자본사업보조,이전재원(402-02) 10. 민간위탁사업비(402-03) 11. 공기관등에 대한 자본적 위탁사업비(403-02)	민간이전지출 근거 (지방보조금 관리기준 참고) 1. 법률에 규정 2. 국고보조 재원(국가지정) 3. 용도 지정 기부금 4. 조례에 직접규정 5. 지자체가 권장하는 사업을 하는 공공기관 6. 시,도 정책 및 재정사정 7. 기타 8. 해당없음	입찰방식 계약체결방법 (경쟁형태) 1. 일반경쟁 2. 제한경쟁 3. 지명경쟁 4. 수의계약 5. 법정위탁 6. 기타 ( ) 7. 없음	입찰방식 계약기간 1. 1년 2. 2년 3. 3년 4. 4년 5. 5년 6. 기타 ( )년 7. 단기계약 (1년미만) 8. 없음	입찰방식 낙찰자선정방법 1. 적격심사 2. 협상에의한계약 3. 최저가낙찰제 4. 규격가격분리 5. 2단계 경쟁입찰 6. 기타 ( ) 7. 없음	운영예산 산정 운영예산 산정 1. 내부산정 (지자체 자체적으로 산정) 2. 외부산정 (외부전문기관위탁 산정) 3. 내·외부 모두 산정 4. 산정 無 5. 없음	운영예산 산정 정산방법 1. 내부정산 (지자체 내부적으로 정산) 2. 외부정산 (외부전문기관위탁 정산) 3. 내·외부 모두 산정 4. 정산 無 5. 없음	성과평가 실시여부 1. 실시 2. 미실시 3. 향후 추진 4. 해당없음
2478	인천 동구	어린이집만5세아필요경비지원	173,040	5	6	7	8	7	5	5	4
2479	인천 동구	발달재활서비스바우처지원	162,058	5	1	7	8	7	1	1	2
2480	인천 동구	장애인재가복지센터운영	152,436	5	1	5	5	1	1	1	2
2481	인천 동구	취약보육프로그램(특수보육시설)운영지원,장애아자연체험학습비지원,장애아전담보조교사인건비지원	125,600	5	6	7	8	7	5	5	4
2482	인천 동구	지역아동센터급식도우미지원	123,296	5	1	7	8	7	1	1	4
2483	인천 동구	경로당운영지원	121,060	5	1	7	8	7	1	1	4
2484	인천 동구	거동불편저소득재가노인식사배달	107,292	5	1	7	8	7	1	1	4
2485	인천 동구	지역아동센터운영비지원	106,416	5	1	7	8	7	1	1	4
2486	인천 동구	경로당냉난방비등한시지원	90,768	5	2	7	8	7	1	1	4
2487	인천 동구	탈시설단기체험홈운영	86,400	5	1	7	8	7	5	5	4
2488	인천 동구	장애인공동생활가정운영	78,050	5	1	7	7	1	1	1	2
2489	인천 동구	장애인특별운송사업	77,312	5	1	5	5	1	1	1	2
2490	인천 동구	경로당여가문화보급사업지원	71,798	5	1	7	8	7	1	1	4
2491	인천 동구	공공형어린이집운영비(전환사업)	71,063	5	6	7	8	7	5	5	4
2492	인천 동구	어린이집급식비격차완화지원유아	56,502	5	5	7	8	7	5	5	4
2493	인천 동구	가족센터(다문화분야)종사자처우개선사업	55,706	5	5	5	5	6	5	5	4
2494	인천 동구	지역자활센터종사자처우개선사업비	45,420	5	6	7	8	7	5	5	4
2495	인천 동구	법정서도그증아동그밖의필요경비지원	45,252	5	6	7	8	7	5	5	4
2496	인천 동구	시간차등형보육지원	44,468	5	2	7	8	7	5	5	4
2497	인천 동구	가족센터(가족사업분야)종사자처우개선사업	43,617	5	5	5	5	6	5	5	4
2498	인천 동구	성폭력피해자의료비지원	42,500	5	2	5	5	6	5	5	4
2499	인천 동구	노인일자리수행기관운영지원(노인문화센터)	41,680	5	6	7	8	7	5	5	4
2500	인천 동구	어린이집직접채용대체교사지원	41,400	5	2	7	8	7	1	1	1
2501	인천 동구	경로당순회프로그램관리자인건비	40,192	5	1	7	8	7	5	1	4
2502	인천 동구	정부미지원어린이집조리원인건비지원	39,480	5	6	7	8	7	5	5	4
2503	인천 동구	노인대학운영지원	38,000	5	1	7	8	7	1	1	4
2504	인천 동구	어린이집냉난방비지원	36,752	5	6	7	8	7	5	5	4
2505	인천 동구	공공형어린이집조리원인건비지원,공공형어린이집유아반지원,공공형어린이집누리과정품질개선비지원	35,206	5	6	7	8	7	5	5	4
2506	인천 동구	자활사례관리	31,477	5	1	7	8	7	5	5	4
2507	인천 동구	어린이집급식비격차완화지원	30,888	5	5	7	8	7	5	5	4
2508	인천 동구	다자녀가정부모부담보육료지원	25,848	5	6	7	8	7	5	5	4
2509	인천 동구	교재교구비지원	23,100	5	6	7	8	7	5	5	4
2510	인천 동구	지역아동센터학습환경지원	22,210	5	1	7	8	7	1	1	4
2511	인천 동구	살균소독비지원	20,560	5	6	7	8	7	5	5	4
2512	인천 동구	가족센터기자재구입	20,000	5	5	5	5	6	5	5	4
2513	인천 동구	중증장애인시민옹호지원사업	17,200	5	1	5	5	1	1	1	2
2514	인천 동구	정부미지원어린이집세반운영비지원	15,600	5	6	7	8	7	5	5	4
2515	인천 동구	경로당방역(소독비)지원	13,200	5	1	7	8	7	1	1	4
2516	인천 동구	여성권익시설종사자지원사업	12,543	5	5	5	5	6	5	5	4
2517	인천 동구	경계선지능아동자립지원사업	11,700	5	1	7	8	7	1	1	4

순번	시군구	지출명 (사업명)	2024년예산 (단위 : 천원 /1년간)	민간이전 분류 (지방자치단체 세출예산 집행기준에 의거) 1. 민간경상사업보조(307-02) 2. 민간단체 법정운영비보조(307-03) 3. 민간행사사업보조(307-04) 4. 민간위탁금(307-05) 5. 사회복지시설 법정운영비보조(307-10) 6. 민간인위탁교육비(307-12) 7. 공기관등에대한경상적위탁사업비(308-13) 8. 민간자본사업보조,자체재원(402-01) 9. 민간자본사업보조,이전재원(402-02) 10. 민간위탁사업비(402-03) 11. 공기관등에 대한 자본적 위탁사업비(403-02)	민간이전지출 근거 (지방보조금 관리기준 참고) 1. 법률에 규정 2. 국고보조 재원(국가지정) 3. 용도 지정 기부금 4. 조례에 직접규정 5. 지자체가 권장하는 사업을 하는 공공기관 6. 시,도 정책 및 재정사정 7. 기타 8. 해당없음	입찰방식 계약체결방법 (경쟁형태) 1. 일반경쟁 2. 제한경쟁 3. 지명경쟁 4. 수의계약 5. 법정위탁 6. 기타 ( ) 7. 없음	입찰방식 계약기간 1. 1년 2. 2년 3. 3년 4. 4년 5. 5년 6. 기타 ( )년 7. 단기계약 (1년미만) 8. 없음	입찰방식 낙찰자선정방법 1. 적격심사 2. 협상에의한계약 3. 최저가낙찰제 4. 규격가격분리 5. 2단계 경쟁입찰 6. 기타 ( ) 7. 없음	운영예산 산정 운영예산 산정 1. 내부산정 (지자체 자체적으로 산정) 2. 외부산정 (외부전문기관위탁 산정) 3. 내·외부 모두 산정 4. 산정 無 5. 없음	운영예산 산정 정산방법 1. 내부정산 (지자체 내부적으로 정산) 2. 외부정산 (외부전문기관위탁 정산) 3. 내·외부 모두 산정 4. 정산 無 5. 없음	성과평가 실시여부 1. 실시 2. 미실시 3. 향후 추진 4. 해당없음
2518	인천 동구	지역아동센터프로그램비지원	10,880	5	1	7	8	7	1	1	4
2519	인천 동구	특성별지역아동센터추가지원	10,800	5	1	7	8	7	1	1	4
2520	인천 동구	외국인아동만5세아보육료지원	8,400	5	6	7	8	7	5	5	4
2521	인천 동구	아이돌보미활동장려수당지원	7,840	5	5	5	5	6	5	5	4
2522	인천 동구	외국인아동만5세아필요경비지원	5,580	5	6	7	8	7	5	5	4
2523	인천 동구	어린이집영유아안전보험가입지원	5,352	5	6	7	8	7	5	5	4
2524	인천 동구	가정폭력상담소운영지원	5,000	5	7	7	8	7	5	5	4
2525	인천 동구	지역아동센터종사자복지점수지원	4,250	5	1	7	8	7	1	1	4
2526	인천 동구	어린이집시설물유지관리안전점검비지원	4,000	5	6	7	8	7	5	5	4
2527	인천 동구	외국인아동만5세아부모부담보육료지원	3,390	5	6	7	8	7	5	5	4
2528	인천 동구	지역아동센터종사자종합건강검진비지원	2,000	5	1	7	8	7	1	1	4
2529	인천 동구	어린이집통학버스3점식좌석안전띠지원	1,942	5	6	7	8	7	5	5	4
2530	인천 동구	지역아동센터해충방역비지원	1,941	5	1	7	8	7	1	1	4
2531	인천 미추홀구	어린이집보육교직원인건비	9,747,226	5	1	7	8	7	5	1	4
2532	인천 미추홀구	보조교사등인건비	5,317,400	5	1	7	8	7	5	1	4
2533	인천 미추홀구	노인맞춤돌봄서비스사업	3,570,164	5	2	2	3	6	1	1	4
2534	인천 미추홀구	장애인복지관운영	3,093,215	5	1	7	8	7	1	1	4
2535	인천 미추홀구	종합사회복지관지원	2,927,131	5	1	7	6	7	1	1	4
2536	인천 미추홀구	장애인직업재활시설운영	2,817,300	5	1	7	8	7	1	1	4
2537	인천 미추홀구	장애인거주시설운영	2,497,355	5	1	7	8	7	1	1	4
2538	인천 미추홀구	노인일자리수행기관전담인력인건비	1,863,540	5	2	7	8	7	5	5	4
2539	인천 미추홀구	노인문화센터운영	1,754,644	5	1	5	5	7	5	1	1
2540	인천 미추홀구	장애인주간보호사업운영	1,625,074	5	1	7	8	7	1	1	4
2541	인천 미추홀구	노인복지관운영비지원	1,222,287	5	1	5	5	7	5	1	1
2542	인천 미추홀구	공공형어린이집지원(전환사업)	1,210,123	5	1	7	8	7	5	1	4
2543	인천 미추홀구	지역자활센터운영	1,023,087	5	1	7	8	7	1	1	1
2544	인천 미추홀구	경로당운영지원	870,406	5	1	7	8	7	1	1	2
2545	인천 미추홀구	인천재활의원운영	829,104	5	1	7	8	7	1	1	4
2546	인천 미추홀구	정부미지원어린이집지원	656,160	5	1	7	8	7	5	1	4
2547	인천 미추홀구	재가노인복지시설지원(등급외자)	624,206	5	1	7	8	7	5	5	4
2548	인천 미추홀구	어린이집직접채용대체교사인건비	554,200	5	1	7	8	7	5	1	4
2549	인천 미추홀구	장애인공동생활가정지원	530,320	5	1	7	8	7	1	1	4
2550	인천 미추홀구	시각장애인점자도서관운영지원	505,500	5	1	7	8	7	1	1	4
2551	인천 미추홀구	공공형어린이집활성화지원	488,532	5	1	7	8	7	5	1	4
2552	인천 미추홀구	장애인단기보호시설운영	414,454	5	1	5	5	7	1	1	4
2553	인천 미추홀구	경로당냉난방비및양곡비지원	401,284	5	1,2	7	8	7	1	1	2
2554	인천 미추홀구	미추홀시니어클럽운영비	400,409	5	2	7	8	7	5	5	4
2555	인천 미추홀구	시간제보육사업지원	393,152	5	1	6	8	6	1	1	4
2556	인천 미추홀구	재가복지센터운영	348,853	5	1	7	8	7	1	1	4
2557	인천 미추홀구	인천시노인인력개발센터전담인력인건비	266,220	5	2	7	8	7	5	5	4

순번	시군구	지출명 (사업명)	2024년예산 (단위 : 천원 /1년간)	민간이전 분류 (지방자치단체 세출예산 집행기준에 의거) 1. 민간경상사업보조(307-02) 2. 민간단체 법정운영비보조(307-03) 3. 민간행사사업보조(307-04) 4. 민간위탁금(307-05) 5. 사회복지시설 법정운영비보조(307-10) 6. 민간인위탁교육비(307-12) 7. 공기관등에대한경상적위탁사업비(308-13) 8. 민간자본사업보조,자체재원(402-01) 9. 민간자본사업보조,이전재원(402-02) 10. 민간위탁사업비(402-03) 11. 공기관등에 대한 자본적 위탁사업비(403-02)	민간이전지출 근거 (지방보조금 관리기준 참고) 1. 법률에 규정 2. 국고보조 재원(국가지정) 3. 용도 지정 기부금 4. 조례에 직접규정 5. 지자체가 권장하는 사업을 하는 공공기관 6. 시,도 정책 및 재정사정 7. 기타 8. 해당없음	입찰방식			운영예산 산정		성과평가 실시여부
						계약체결방법 (경쟁형태) 1. 일반경쟁 2. 제한경쟁 3. 지명경쟁 4. 수의계약 5. 법정위탁 6. 기타 ( ) 7. 없음	계약기간 1. 1년 2. 2년 3. 3년 4. 4년 5. 5년 6. 기타 ( )년 7. 단기계약 (1년미만) 8. 없음	낙찰자선정방법 1. 적격심사 2. 협상에의한계약 3. 최저가낙찰제 4. 규격가격분리 5. 2단계 경쟁입찰 6. 기타 ( ) 7. 없음	운영예산 산정 1. 내부산정 (지자체 자체적으로 산정) 2. 외부산정 (외부전문기관위탁 산정) 3. 내·외부 모두 산정 4. 산정 無 5. 없음	정산방법 1. 내부정산 (지자체 내부적으로 정산) 2. 외부정산 (외부전문기관위탁 정산) 3. 내·외부 모두 산정 4. 정산 無 5. 없음	1. 실시 2. 미실시 3. 향후 추진 4. 해당없음
2558	인천 미추홀구	특수보육시설운영지원	266,000	5	6	7	8	7	5	5	4
2559	인천 미추홀구	장애아전담보조교사지원	265,600	5	6	7	8	7	5	5	4
2560	인천 미추홀구	어린이집냉난방비지원	225,968	5	1	7	8	7	5	1	4
2561	인천 미추홀구	도담도담장난감월드	223,086	5	1	1	5	1	1	1	1
2562	인천 미추홀구	장애인자립생활지원센터운영지원	204,800	5	1	7	8	7	1	1	4
2563	인천 미추홀구	자립생활주택운영및설치	202,226	5	1	7	8	7	1	1	4
2564	인천 미추홀구	노인일자리수행기관전담인력복지지원	91,620	5	2	7	8	7	5	5	4
2565	인천 미추홀구	장애인거주시설임금보전비	90,512	5	1	7	8	7	1	1	4
2566	인천 미추홀구	노인일자리수행기관사업운영지원	84,190	5	2	7	8	7	5	5	4
2567	인천 미추홀구	노숙인복지시설지원	64,333	5	1	7	8	7	1	1	4
2568	인천 미추홀구	지역자활센터운영(자활사례관리)	62,954	5	1	7	8	7	1	1	1
2569	인천 미추홀구	장애인시설종사자복지점수	62,000	5	1	7	8	7	1	1	4
2570	인천 미추홀구	노인여가시설종사자처우개선	59,710	5	1	5	5	7	5	1	4
2571	인천 미추홀구	지역자활센터종사자임금보전수당	54,000	5	6	7	8	7	1	1	4
2572	인천 미추홀구	어린이집영유아안전관리지원	40,170	5	6	7	8	7	5	5	4
2573	인천 미추홀구	노인대학운영비지원	38,000	5	1	7	8	7	5	1	1
2574	인천 미추홀구	지역자활센터종사자급량비및관리자수당	32,160	5	6	7	8	7	1	1	4
2575	인천 미추홀구	노인일자리전담기관종사자복지지원	30,460	5	2	7	8	7	5	5	4
2576	인천 미추홀구	장애인시설종사자종합건강검진비	23,000	5	1	7	8	7	1	1	4
2577	인천 미추홀구	재가노인복지시설(등급외자)종사자처우개선	16,090	5	1	7	8	7	5	5	4
2578	인천 미추홀구	노인맞춤돌봄서비스종사자처우개선	15,520	5	6	2	3	6	1	1	4
2579	인천 미추홀구	지역자활센터종사자시간외수당	12,212	5	6	7	8	7	1	1	4
2580	인천 미추홀구	지역자활센터종사자복지점수	8,250	5	6	7	8	7	1	1	4
2581	인천 미추홀구	장애인자립주택운영	6,000	5	1	7	8	7	1	1	4
2582	인천 미추홀구	차량운영비	4,800	5	2	7	8	7	5	5	4
2583	인천 미추홀구	어린이이용시설종사자안전교육비지원	4,600	5	6	7	8	7	5	5	4
2584	인천 미추홀구	지역자활센터종사자종합건강검진비지원	3,000	5	6	7	8	7	1	1	4
2585	인천 미추홀구	노인일자리수행기관종사자복지지원	2,420	5	2	7	8	7	5	5	4
2586	인천 연수구	어린이집보조교사인건비지원	6,249,600	5	1	7	8	7	1	1	2
2587	인천 연수구	장애인거주시설운영지원	3,829,742	5	2	7	8	7	1	1	4
2588	인천 연수구	종합사회복지관운영지원	3,123,305	5	1	5	5	1	5	1	4
2589	인천 연수구	장애인복지관운영	1,837,282	5	6	7	8	7	1	1	4
2590	인천 연수구	연수구노인복지관운영지원	1,398,204	5	1	7	8	7	5	5	4
2591	인천 연수구	영주귀국사할린한인입소시설운영비지원	1,306,000	5	1	7	8	7	1	3	4
2592	인천 연수구	송도노인복지관운영지원	1,043,820	5	1	7	8	7	5	5	4
2593	인천 연수구	경로당운영지원(보조사업)	1,011,120	5	1,4	7	8	7	1	1	4
2594	인천 연수구	장애인주간보호시설운영	869,402	5	6	7	8	7	1	1	4
2595	인천 연수구	양로시설운영비지원(전환사업)	742,497	5	1	7	8	7	1	3	4
2596	인천 연수구	청학노인복지관운영지원	705,025	5	1	7	8	7	5	5	4
2597	인천 연수구	장애인단기거주시설운영	523,090	5	6	7	8	7	1	1	4

순번	시군구	지출명 (사업명)	2024년예산 (단위 : 천원 /1년간)	민간이전 분류 (지방자치단체 세출예산 집행기준에 의거) 1. 민간경상사업보조(307-02) 2. 민간단체 법정운영비보조(307-03) 3. 민간행사사업보조(307-04) 4. 민간위탁금(307-05) 5. 사회복지시설 법정운영비보조(307-10) 6. 민간인위탁교육비(307-12) 7. 공기관등에대한경상적위탁사업비(308-13) 8. 민간자본사업보조,자체재원(402-01) 9. 민간자본사업보조,이전재원(402-02) 10. 민간위탁사업비(402-03) 11. 공기관등에 대한 자본적 위탁사업비(403-02)	민간이전지출 근거 (지방보조금 관리기준 참고) 1. 법률에 규정 2. 국고보조 재원(국가지정) 3. 용도 지정 기부금 4. 조례에 직접규정 5. 지자체가 권장하는 사업을 하는 공공기관 6. 시,도 정책 및 재정사정 7. 기타 8. 해당없음	입찰방식 계약체결방법 (경쟁형태) 1. 일반경쟁 2. 제한경쟁 3. 지명경쟁 4. 수의계약 5. 법정위탁 6. 기타 ( ) 7. 없음	계약기간 1. 1년 2. 2년 3. 3년 4. 4년 5. 5년 6. 기타 ( )년 7. 단기계약 (1년미만) 8. 없음	낙찰자선정방법 1. 적격심사 2. 협상에의한계약 3. 최저가낙찰제 4. 규격가격분리 5. 2단계 경쟁입찰 6. 기타 ( ) 7. 없음	운영예산 산정 1. 내부산정 (지자체 자체적으로 산정) 2. 외부산정 (외부전문기관위탁 산정) 3. 내·외부 모두 산정 4. 산정 無 5. 없음	정산방법 1. 내부정산 (지자체 내부적으로 정산) 2. 외부정산 (외부전문기관위탁 정산) 3. 내·외부 모두 산정 4. 정산 無 5. 없음	성과평가 실시여부 1. 실시 2. 미실시 3. 향후 추진 4. 해당없음
2598	인천 연수구	장애인직업재활시설운영	518,386	5	6	7	8	7	1	1	4
2599	인천 연수구	연수구청어린이집운영지원	430,930	5	1	7	8	7	1	1	2
2600	인천 연수구	구립장애인주간보호시설운영	377,443	5	6	7	8	7	1	1	4
2601	인천 연수구	장애인공동생활가정운영	331,340	5	6	7	8	7	1	1	4
2602	인천 연수구	경로당냉난방비및양곡비지원	300,400	5	1,2,4	7	8	7	1	1	4
2603	인천 연수구	노인요양시설운영(등외자)	288,343	5	1	7	8	7	1	3	4
2604	인천 연수구	종합사회복지관운영지원	249,776	5	1	5	5	1	5	1	4
2605	인천 연수구	장애인자립생활(IL)센터지원	211,306	5	6	7	8	7	1	1	4
2606	인천 연수구	청학동다함께돌봄센터	197,105	5	1	6	5	6	1	1	3
2607	인천 연수구	장애인특별운송사업추진	196,000	5	6	7	8	7	1	1	4
2608	인천 연수구	장애인재가복지센터운영	195,145	5	6	7	8	7	1	1	4
2609	인천 연수구	어린이집운영지원(교재교구비)	156,736	5	2	7	8	7	1	1	2
2610	인천 연수구	연수2동다함께돌봄센터	129,138	5	1	6	5	6	1	1	3
2611	인천 연수구	재가노인복지시설지원(등외자)	125,056	5	8	7	8	7	5	5	4
2612	인천 연수구	럭키송도다함께돌봄센터	108,229	5	1	6	5	6	1	1	3
2613	인천 연수구	연수1동다함께돌봄센터	107,494	5	1	6	5	6	1	1	3
2614	인천 연수구	장애인개인신고시설운영	91,206	5	6	7	8	7	1	1	4
2615	인천 연수구	지역사회건강조사사업	68,938	5	2	6	1	7	3	3	1
2616	인천 연수구	연수구가족센터지원	48,176	5	1	5	5	6	1	1	1
2617	인천 연수구	경로당여가문화사업지원	40,985	5	1,4	7	8	7	1	1	4
2618	인천 연수구	노인대학운영지원	38,000	5	1	7	7	7	4	1	1
2619	인천 연수구	송도동다함께돌봄센터	23,312	5	1	7	8	7	5	5	4
2620	인천 연수구	지역자활센터종사자급량비및관리자수당	17,520	5	4	5	1	7	1	1	4
2621	인천 연수구	지역자활센터종사자시간외수당	5,550	5	4	5	1	7	1	1	4
2622	인천 남동구	종합사회복지관인건비	4,039,586	5	1	7	8	7	1	3	1
2623	인천 남동구	지역아동센터인건비지원	3,720,000	5	2	7	8	7	1	1	3
2624	인천 남동구	청소년복지시설운영지원	1,683,046	5	1	7	8	7	1	1	4
2625	인천 남동구	장애인수어통역센터운영	1,662,206	5	1	6	5	1	1	1	4
2626	인천 남동구	장애인주간보호시설운영	1,596,772	5	1	6	5	6	1	1	4
2627	인천 남동구	장애인거주시설운영	1,518,818	5	1	7	8	7	1	1	4
2628	인천 남동구	장애인직업재활시설운영	1,461,413	5	1	7	8	7	1	1	4
2629	인천 남동구	장애인생활이동지원센터운영	1,235,867	5	1	7	8	7	1	1	4
2630	인천 남동구	경로당운영지원	1,112,740	5	1	7	8	7	5	5	4
2631	인천 남동구	노인일자리전담기관운영비지원	871,155	5	1,4	6	8	7	1	1	4
2632	인천 남동구	지역아동센터운영비지원	678,072	5	2	7	8	7	1	1	3
2633	인천 남동구	지역자활센터운영	571,232	5	2	5	8	7	1	1	1
2634	인천 남동구	경로당냉난방비및양곡비지원	509,281	5	1	7	8	7	5	5	4
2635	인천 남동구	부자보호시설운영비지원	489,153	5	1	7	8	7	1	1	4
2636	인천 남동구	청소년문화의집운영지원	395,281	5	4	7	8	7	1	1	4
2637	인천 남동구	폭력피해이주여성상담소운영지원	340,400	5	1	7	8	7	5	5	4

순번	시군구	지출명 (사업명)	2024년예산 (단위 : 천원 /1년간)	민간이전 분류 (지방자치단체 세출예산 집행기준에 의거) 1. 민간경상사업보조(307-02) 2. 민간단체 법정운영비보조(307-03) 3. 민간행사사업보조(307-04) 4. 민간위탁금(307-05) 5. 사회복지시설 법정운영비보조(307-10) 6. 민간인위탁교육비(307-12) 7. 공기관등에대한경상적위탁사업비(308-13) 8. 민간자본사업보조,자체재원(402-01) 9. 민간자본사업보조,이전재원(402-02) 10. 민간위탁사업비(402-03) 11. 공기관등에 대한 자본적 위탁사업비(403-02)	민간이전지출 근거 (지방보조금 관리기준 참고) 1. 법률에 규정 2. 국고보조 재원(국가지정) 3. 용도 지정 기부금 4. 조례에 직접규정 5. 지자체가 권장하는 사업을 하는 공공기관 6. 시,도 정책 및 재정사정 7. 기타 8. 해당없음	입찰방식			운영예산 산정		성과평가 실시여부
						계약체결방법 (경쟁형태) 1. 일반경쟁 2. 제한경쟁 3. 지명경쟁 4. 수의계약 5. 법정위탁 6. 기타 ( ) 7. 없음	계약기간 1. 1년 2. 2년 3. 3년 4. 4년 5. 5년 6. 기타 ( )년 7. 단기계약 (1년미만) 8. 없음	낙찰자선정방법 1. 적격심사 2. 협상에의한계약 3. 최저가낙찰제 4. 규격가격분리 5. 2단계 경쟁입찰 6. 기타 ( ) 7. 없음	운영예산 산정 1. 내부산정 (지자체 자체적으로 산정) 2. 외부산정 (외부전문기관위탁 산정) 3. 내·외부 모두 산정 4. 산정 無 5. 없음	정산방법 1. 내부정산 (지자체 내부적으로 정산) 2. 외부정산 (외부전문기관위탁 정산) 3. 내·외부 모두 산정 4. 정산 無 5. 없음	1. 실시 2. 미실시 3. 향후 추진 4. 해당없음
2638	인천 남동구	종합사회복지관운영	335,176	5	1	7	8	7	1	3	1
2639	인천 남동구	성폭력상담소운영지원	327,952	5	1	7	8	7	5	5	4
2640	인천 남동구	청소년상담복지센터운영지원	266,884	5	1	7	8	7	1	1	4
2641	인천 남동구	폭력피해이주여성보호시설운영지원	265,385	5	1	7	8	7	5	5	4
2642	인천 남동구	학교밖청소년지원센터운영지원	253,989	5	1	7	8	7	1	1	4
2643	인천 남동구	요보호아동그룹홈운영지원(인건비)	251,820	5	2	7	8	7	5	5	4
2644	인천 남동구	재가노인복지시설운영(등외자)	209,280	5	1	5	8	7	1	1	4
2645	인천 남동구	성폭력피해자보호시설운영지원	204,485	5	1	7	8	7	5	5	4
2646	인천 남동구	폭력피해이주여성자립홈운영지원	161,375	5	1	7	8	7	5	5	4
2647	인천 남동구	장애인공동생활가정운영	148,100	5	1	7	8	7	1	1	4
2648	인천 남동구	푸드마켓인건비지원	127,796	5	1	7	7	7	5	5	4
2649	인천 남동구	푸드마켓운영비지원	114,240	5	1	7	7	7	5	5	4
2650	인천 남동구	띵동푸드마켓인건비지원	84,386	5	1	7	7	7	5	5	4
2651	인천 남동구	종합사회복지관운영(자체)	77,970	5	1	7	8	7	1	3	1
2652	인천 남동구	장애인거주시설임금보전비	69,939	5	1	7	8	7	1	1	4
2653	인천 남동구	푸드뱅크인건비지원	61,460	5	1	7	7	7	5	5	4
2654	인천 남동구	지역아동센터환경개선지원	60,000	5	2	7	8	7	1	1	3
2655	인천 남동구	폭력피해여성주거지원	47,400	5	6	7	8	7	1	1	4
2656	인천 남동구	푸드뱅크인건비지원(자체)	41,000	5	1	7	7	7	5	5	4
2657	인천 남동구	자활사례관리사인건비	31,477	5	2	5	8	7	1	1	1
2658	인천 남동구	여성폭력피해자그룹홈지원	31,370	5	6	7	8	7	1	1	4
2659	인천 남동구	개인(노인)운영신고시설지원	28,332	5	1	5	8	7	1	1	4
2660	인천 남동구	푸드뱅크운영비지원	23,500	5	1	7	7	7	5	5	4
2661	인천 남동구	폭력피해이주여성보호시설운영지원(공공요금)	12,480	5	7	7	8	7	1	1	4
2662	인천 남동구	요보호아동그룹홈운영지원(운영비)	11,280	5	2	7	8	7	5	5	4
2663	인천 남동구	띵동푸드마켓운영비지원	7,400	5	1	7	7	7	5	5	4
2664	인천 부평구	장애인거주시설운영	9,668,851	5	1,6	5	1	7	1	1	1
2665	인천 부평구	아동양육시설운영	7,679,587	5	1	7	8	7	1	1	2
2666	인천 부평구	지역아동센터인건비지원	3,021,450	5	7	6	8	7	3	1	2
2667	인천 부평구	사회복지관운영비	2,656,581	5	1	5	6	7	1	3	2
2668	인천 부평구	장애인직업재활시설운영	2,498,308	5	1,4	5	1	7	1	1	1
2669	인천 부평구	장애인복지관운영	2,169,954	5	1,6	5	5	7	1	1	1
2670	인천 부평구	장애인주간보호시설운영	2,077,989	5	1,6	5	5	7	1	1	1
2671	인천 부평구	지역아동센터종사자처우개선	1,451,489	5	1	7	8	7	1	1	2
2672	인천 부평구	노인문화센터운영지원	1,287,773	5	1	7	8	7	1	1	1
2673	인천 부평구	노인복지관운영	1,191,374	5	1	7	8	7	1	1	1
2674	인천 부평구	지역자활센터운영	928,585	5	2	5	1	7	1	1	2
2675	인천 부평구	노인(무료)양로시설운영지원	891,055	5	1	7	8	7	1	1	1
2676	인천 부평구	노인인력개발센터운영	664,930	5	4	7	8	7	1	1	1
2677	인천 부평구	지역아동센터급식도우미지원	573,906	5	4	7	8	7	1	1	2

순번	시군구	지출명 (사업명)	2024년예산 (단위 : 천원 /1년간)	민간이전 분류 (지방자치단체 세출예산 집행기준에 의거) 1. 민간경상사업보조(307-02) 2. 민간단체 법정운영비보조(307-03) 3. 민간행사사업보조(307-04) 4. 민간위탁금(307-05) 5. 사회복지시설 법정운영비보조(307-10) 6. 민간인위탁교육비(307-12) 7. 공기관등에대한경상적위탁사업비(308-13) 8. 민간자본사업보조,자체재원(402-01) 9. 민간자본사업보조,이전재원(402-02) 10. 민간위탁사업비(402-03) 11. 공기관등에 대한 자본적 위탁사업비(403-02)	민간이전지출 근거 (지방보조금 관리기준 참고) 1. 법률에 규정 2. 국고보조 재원(국가지정) 3. 용도 지정 기부금 4. 조례에 직접규정 5. 지자체가 권장하는 사업을 하는 공공기관 6. 시,도 정책 및 재정사정 7. 기타 8. 해당없음	입찰방식 계약체결방법 (경쟁형태) 1. 일반경쟁 2. 제한경쟁 3. 지명경쟁 4. 수의계약 5. 법정위탁 6. 기타 ( ) 7. 없음	입찰방식 계약기간 1. 1년 2. 2년 3. 3년 4. 4년 5. 5년 6. 기타 ( )년 7. 단기계약 (1년미만) 8. 없음	입찰방식 낙찰자선정방법 1. 적격심사 2. 협상에의한계약 3. 최저가낙찰제 4. 규격가격분리 5. 2단계 경쟁입찰 6. 기타 ( ) 7. 없음	운영예산 산정 운영예산 산정 1. 내부산정 (지자체 자체적으로 산정) 2. 외부산정 (외부전문기관위탁 산정) 3. 내·외부 모두 산정 4. 산정 無 5. 없음	운영예산 산정 정산방법 1. 내부정산 (지자체 내부적으로 정산) 2. 외부정산 (외부전문기관위탁 정산) 3. 내·외부 모두 산정 4. 정산 無 5. 없음	성과평가 실시여부 1. 실시 2. 미실시 3. 향후 추진 4. 해당없음
2678	인천 부평구	지역아동센터운영비지원	563,928	5	2	7	8	7	1	2	2
2679	인천 부평구	경로당운영비지원	555,492	5	1	7	8	7	1	1	1
2680	인천 부평구	가사간병방문지원사업	514,286	5	1	7	8	1	1	1	2
2681	인천 부평구	경로당냉난방비및양곡비지원	454,687	5	1	7	8	7	1	1	1
2682	인천 부평구	시자체장애인자립생활센터운영	423,912	5	1,4	5	1	7	1	1	1
2683	인천 부평구	장애인단기보호시설운영	409,816	5	1,6	5	1	7	1	1	1
2684	인천 부평구	장애인공동생활가정운영	362,150	5	1,6	5	1	7	1	1	1
2685	인천 부평구	푸드마켓사업운영비	314,734	5	4	5	8	7	1	1	2
2686	인천 부평구	장애인직업재활시설기능보강	297,236	5	2	7	8	7	5	5	4
2687	인천 부평구	여성권익시설운영비	293,191	5	6	7	8	7	5	1	2
2688	인천 부평구	요보호아동그룹홈운영지원	279,888	5	1	7	8	7	1	1	2
2689	인천 부평구	아동복지시설(쉼터)운영	274,002	5	1	5	5	7	1	1	2
2690	인천 부평구	보훈단체운영비지원	222,354	5	1	6	8	7	1	1	1
2691	인천 부평구	재가노인복지시설지원	204,678	5	1	7	8	7	1	1	1
2692	인천 부평구	성폭력상담소운영및교통비지원	185,930	5	1	7	8	7	5	1	2
2693	인천 부평구	가족역량강화지원	168,750	5	2	5	8	7	1	1	4
2694	인천 부평구	지역자활센터종사자처우개선	161,430	5	6	5	1	7	1	1	2
2695	인천 부평구	지역사회보장협의체운영	155,626	5	1	5	8	7	1	1	2
2696	인천 부평구	푸드뱅크사업운영비	143,016	5	4	5	8	7	1	1	2
2697	인천 부평구	응급안전안심서비스종사자처우개선	132,584	5	4	5	1	7	1	1	1
2698	인천 부평구	공동생활가정운영지원	123,811	5	1	7	8	7	1	1	2
2699	인천 부평구	노인요양시설지원	104,852	5	1	7	8	7	1	1	1
2700	인천 부평구	노인일자리수행기관지원	101,610	5	1	7	8	7	1	1	1
2701	인천 부평구	장애인개인신고시설운영	93,336	5	1,4,6	5	1	7	1	1	1
2702	인천 부평구	실비장애인거주시설입소이용료지원	91,728	5	1,6	5	1	7	1	1	1
2703	인천 부평구	특성별지역아동센터추가지원	75,600	5	1	7	8	7	1	1	2
2704	인천 부평구	장애인거주시설자립체험프로그램비	60,000	5	1,6	5	1	7	1	1	1
2705	인천 부평구	노인대학운영지원	56,500	5	1	7	8	7	1	1	1
2706	인천 부평구	지역아동센터프로그램비지원	55,550	5	1	7	8	7	1	1	2
2707	인천 부평구	장애인거주시설기능보강	55,320	5	2	7	8	7	5	5	4
2708	인천 부평구	장애인주간보호시설기능보강	54,824	5	2	7	8	7	5	5	4
2709	인천 부평구	장애인자립생활주택운영	52,102	5	1,4	5	2	7	1	1	1
2710	인천 부평구	노인여가시설종사자처우개선	49,090	5	1	7	8	7	1	1	1
2711	인천 부평구	지역자활센터복지증진사업비지원(자활기금)	40,000	5	4	7	8	7	1	1	2
2712	인천 부평구	개인(노인)운영신고시설	26,532	5	1	7	8	7	1	1	1
2713	인천 부평구	장애인거주시설입원환자간병비지원	14,744	5	1,6	5	1	7	1	1	1
2714	인천 부평구	노인맞춤돌봄서비스종사자지원	14,110	5	6	7	8	7	5	5	4
2715	인천 부평구	어르신민간시설활용여가보급사업	13,600	5	4	7	8	7	1	1	1
2716	인천 부평구	행복한어르신공동밥상지원	6,250	5	4	7	8	7	1	1	1
2717	인천 계양구	보육교직원인건비지원	5,861,602	5	1	7	8	7	1	1	4

순번	시군구	지출명 (사업명)	2024년예산 (단위 : 천원 /1년간)	민간이전 분류 (지방자치단체 세출예산 집행기준에 의거) 1. 민간경상사업보조(307-02) 2. 민간단체 법정운영비보조(307-03) 3. 민간행사사업보조(307-04) 4. 민간위탁금(307-05) 5. 사회복지시설 법정운영비보조(307-10) 6. 민간인위탁교육비(307-12) 7. 공기관등에대한경상적위탁사업비(308-13) 8. 민간자본사업보조,자체재원(402-01) 9. 민간자본사업보조,이전재원(402-02) 10. 민간위탁사업비(402-03) 11. 공기관등에 대한 자본적 위탁사업비(403-02)	민간이전지출 근거 (지방보조금 관리기준 참고) 1. 법률에 규정 2. 국고보조 재원(국가지정) 3. 용도 지정 기부금 4. 조례에 직접규정 5. 지자체가 권장하는 사업을 하는 공공기관 6. 시,도 정책 및 재정사정 7. 기타 8. 해당없음	입찰방식 계약체결방법 (경쟁형태) 1. 일반경쟁 2. 제한경쟁 3. 지명경쟁 4. 수의계약 5. 법정위탁 6. 기타 ( ) 7. 없음	입찰방식 계약기간 1. 1년 2. 2년 3. 3년 4. 4년 5. 5년 6. 기타 ( )년 7. 단기계약 (1년미만) 8. 없음	입찰방식 낙찰자선정방법 1. 적격심사 2. 협상에의한계약 3. 최저가낙찰제 4. 규격가격분리 5. 2단계 경쟁입찰 6. 기타 ( ) 7. 없음	운영예산 산정 운영예산 산정 1. 내부산정 (지자체 자체적으로 산정) 2. 외부산정 (외부전문기관위탁 산정) 3. 내·외부 모두 산정 4. 산정 無 5. 없음	운영예산 산정 정산방법 1. 내부정산 (지자체 내부적으로 정산) 2. 외부정산 (외부전문기관위탁 정산) 3. 내·외부 모두 산정 4. 정산 無 5. 없음	성과평가 실시여부 1. 실시 2. 미실시 3. 향후 추진 4. 해당없음
2718	인천 계양구	보조교사및연장보육전담교사인건비지원	4,049,900	5	1	7	8	7	1	1	4
2719	인천 계양구	노인맞춤돌봄서비스	2,256,237	5	2	6	3	1	5	1	4
2720	인천 계양구	장애인거주시설운영지원	2,116,699	5	2	7	8	7	1	1	4
2721	인천 계양구	보육교직원처우개선지원(교사근무환경개선비)	1,915,300	5	1	7	8	7	1	1	4
2722	인천 계양구	장애인복지관운영지원	1,899,157	5	1	7	8	7	1	1	4
2723	인천 계양구	지역아동센터인건비지원	1,788,750	5	2	7	8	7	1	1	4
2724	인천 계양구	보육교직원처우개선비지원	1,537,768	5	1	7	8	7	1	1	4
2725	인천 계양구	장애인주간보호시설운영지원	1,468,098	5	1	7	8	7	1	1	4
2726	인천 계양구	노인일자리및사회활동지원확대(전담인력인건비)	1,419,840	5	2	7	8	7	5	1	4
2727	인천 계양구	장애인직업재활시설운영지원	1,284,000	5	1	7	8	7	1	1	4
2728	인천 계양구	계양종합사회복지관운영	1,101,470	5	1	7	8	7	1	1	2
2729	인천 계양구	노인일자리전담기관지원	1,039,538	5	6	7	8	7	5	1	4
2730	인천 계양구	노숙인시설운영	983,166	5	7	7	8	7	5	1	4
2731	인천 계양구	지역아동센터종사자처우개선비지원	888,281	5	2	7	8	7	1	1	4
2732	인천 계양구	재가노인복지사업	742,238	5	1	7	8	7	5	1	4
2733	인천 계양구	장애인자세유지기구보급	599,679	5	1	7	8	7	1	1	4
2734	인천 계양구	지역자활센터운영비	531,439	5	2	5	1	7	3	3	1
2735	인천 계양구	공공형어린이집운영비(전환사업)	504,110	5	1	7	8	7	1	1	4
2736	인천 계양구	인천형어린이집지원	501,114	5	1	7	8	7	1	1	4
2737	인천 계양구	학대피해아동쉼터운영지원	495,788	5	2	1	3	2	1	1	1
2738	인천 계양구	경로당운영지원	469,670	5	1	7	8	7	1	1	4
2739	인천 계양구	정부미지원어린이집조리원인건비지원	451,200	5	1	7	8	7	1	1	4
2740	인천 계양구	쪽방상담소운영	383,357	5	7	7	8	7	5	1	4
2741	인천 계양구	경로당냉난방비및양곡비지원	379,788	5	1	7	8	7	1	1	4
2742	인천 계양구	지역아동센터운영비지원	363,504	5	2	7	8	7	1	1	4
2743	인천 계양구	지역아동센터급식도우미지원	344,508	5	1	7	8	7	1	1	4
2744	인천 계양구	공공형어린이집지원	273,456	5	1	7	8	7	1	1	4
2745	인천 계양구	보육교직원처우개선지원(대체교사)	270,328	5	1	7	8	7	1	1	4
2746	인천 계양구	시간제보육사업	267,036	5	1	7	8	7	1	1	4
2747	인천 계양구	기부식품제공사업지원	235,920	5	1	7	8	7	1	1	2
2748	인천 계양구	장애인공동생활가정운영지원	229,700	5	1	7	8	7	1	1	4
2749	인천 계양구	사례관리(지역보조기기센터운영사업지원)	227,750	5	2	7	8	7	1	1	4
2750	인천 계양구	중증장애인자립생활센터지원(국비보조)	222,000	5	2	7	8	7	1	1	4
2751	인천 계양구	직장어린이집지원	209,027	5	1	7	8	7	1	1	4
2752	인천 계양구	중증장애인자립생활센터지원	205,000	5	1	7	8	7	1	1	4
2753	인천 계양구	가정폭력피해자보호시설운영지원(운영비)	201,857	5	2	7	8	7	1	1	4
2754	인천 계양구	장애인재가복지센터운영지원	194,528	5	1	7	8	7	1	1	4
2755	인천 계양구	어린이집냉난방비지원	157,972	5	1	7	8	7	1	1	4
2756	인천 계양구	가정폭력상담소운영지원	146,710	5	2	7	8	7	1	1	4
2757	인천 계양구	장애아전담보조교사지원	146,308	5	1	7	8	7	1	1	4

순번	시군구	지출명 (사업명)	2024년예산 (단위 : 천원 /1년간)	민간이전 분류 (지방자치단체 세출예산 집행기준에 의거) 1. 민간경상사업보조(307-02) 2. 민간단체 법정운영비보조(307-03) 3. 민간행사사업보조(307-04) 4. 민간위탁금(307-05) 5. 사회복지시설 법정운영비보조(307-10) 6. 민간인위탁교육비(307-12) 7. 공기관등에대한경상적위탁사업비(308-13) 8. 민간자본사업보조,자체재원(402-01) 9. 민간자본사업보조,이전재원(402-02) 10. 민간위탁사업비(402-03) 11. 공기관등에 대한 자본적 위탁사업비(403-02)	민간이전지출 근거 (지방보조금 관리기준 참고) 1. 법률에 규정 2. 국고보조 재원(국가지정) 3. 용도 지정 기부금 4. 조례에 직접규정 5. 지자체가 권장하는 사업을 하는 공공기관 6. 시,도 정책 및 재정사정 7. 기타 8. 해당없음	입찰방식 계약체결방법 (경쟁형태) 1. 일반경쟁 2. 제한경쟁 3. 지명경쟁 4. 수의계약 5. 법정위탁 6. 기타 ( ) 7. 없음	입찰방식 계약기간 1. 1년 2. 2년 3. 3년 4. 4년 5. 5년 6. 기타 ( )년 7. 단기계약 (1년미만) 8. 없음	입찰방식 낙찰자선정방법 1. 적격심사 2. 협상에의한계약 3. 최저가낙찰제 4. 규격가격분리 5. 2단계 경쟁입찰 6. 기타 ( ) 7. 없음	운영예산 산정 운영예산 산정 1. 내부산정 (지자체 자체적으로 산정) 2. 외부산정 (외부전문기관위탁 산정) 3. 내·외부 모두 산정 4. 산정 無 5. 없음	운영예산 산정 정산방법 1. 내부정산 (지자체 내부적으로 정산) 2. 외부정산 (외부전문기관위탁 정산) 3. 내·외부 모두 산정 4. 정산 無 5. 없음	성과평가 실시여부 1. 실시 2. 미실시 3. 향후 추진 4. 해당없음
2758	인천 계양구	지역사회보장협의체운영	137,479	5	4	7	8	7	5	5	4
2759	인천 계양구	여성권익시설종사자지원사업	128,291	5	6	7	8	7	1	1	4
2760	인천 계양구	노인일자리수행기관지원	124,750	5	6	7	8	7	5	1	4
2761	인천 계양구	공동생활가정(그룹홈)운영지원	123,156	5	2	7	8	7	1	1	4
2762	인천 계양구	지역아동센터특성별추가지원	116,736	5	2	7	8	7	1	1	4
2763	인천 계양구	지역아동센터학습환경지원	108,670	5	1	7	8	7	1	1	4
2764	인천 계양구	보훈시설운영지원	105,322	5	4	4	3	7	1	1	1
2765	인천 계양구	장애인거주시설임금보전비	102,100	5	1	7	8	7	1	1	4
2766	인천 계양구	장애인특별운송사업	94,817	5	1	7	8	7	1	1	4
2767	인천 계양구	장애인지역사회재활시설종사자처우개선	84,690	5	1	7	8	7	1	1	4
2768	인천 계양구	노인대학운영지원	69,200	5	1	7	8	7	1	1	4
2769	인천 계양구	특수보육시설(취약보육)운영지원	66,000	5	1	7	8	7	1	1	4
2770	인천 계양구	지역자활센터종사자처우개선	62,920	5	6	5	1	7	3	3	1
2771	인천 계양구	지역아동센터방학중급식도우미지원	59,870	5	1	7	8	7	1	1	4
2772	인천 계양구	장애인거주시설종사자처우개선	58,680	5	1	7	8	7	1	1	4
2773	인천 계양구	노인여가시설종사자처우개선	55,730	5	1	7	8	7	1	1	4
2774	인천 계양구	노인일자리전담인력(기간제)처우개선비지원	55,400	5	6	7	8	7	1	1	4
2775	인천 계양구	학대피해아동쉼터종사자처우개선	43,457	5	6	7	8	7	5	1	4
2776	인천 계양구	어린이집방역소독	42,630	5	7	7	8	7	1	1	4
2777	인천 계양구	공동생활가정(그룹홈)종사자임금보전비등지원	39,612	5	6	7	8	7	1	1	1
2778	인천 계양구	장애인직업재활시설배움수당지원	34,800	5	1	7	8	7	1	1	4
2779	인천 계양구	사회복지기금(자활사업분야)운용	32,400	5	2	5	1	7	3	3	1
2780	인천 계양구	자활사례관리	31,477	5	2	5	1	7	3	3	1
2781	인천 계양구	장애인직업재활시설종사자처우개선	27,300	5	1	7	8	7	1	1	4
2782	인천 계양구	지역아동센터운영비지원(자체)	22,000	5	2	7	8	7	1	1	4
2783	인천 계양구	재가노인복지사업종사자처우개선	20,570	5	1	7	8	7	1	1	4
2784	인천 계양구	중증장애인시민옹호지원사업	16,800	5	1	7	8	7	5	1	4
2785	인천 계양구	노인맞춤돌봄서비스생활지원사운영비보조	15,000	5	7	6	3	1	1	1	4
2786	인천 계양구	공동생활가정(그룹홈)프로그램운영비지원	14,330	5	6	7	8	7	5	1	4
2787	인천 계양구	폭력피해여성주거지원운영지원	11,400	5	6	7	8	7	1	1	4
2788	인천 계양구	노인맞춤돌봄서비스종사자처우개선	10,280	5	1	6	3	1	1	1	4
2789	인천 계양구	중증장애인자립생활센터종사자처우개선	10,130	5	1	7	8	7	5	1	4
2790	인천 계양구	사례관리(지역보조기기센터운영사업지원)종사자처우개선	6,650	5	2	7	8	7	1	1	4
2791	인천 계양구	지역아동센터해충방역비지원	6,376	5	1	7	8	7	1	1	4
2792	인천 계양구	독거노인중증장애인응급안전안심서비스종사자처우개선	2,620	5	6	7	2	7	1	1	1
2793	인천 계양구	장애인거주시설IoT활용돌봄사업	1,716	5	2	7	8	7	1	1	4
2794	인천 계양구	장애인거주시설공기청정기렌탈지원	1,260	5	2	7	8	7	1	1	4
2795	인천 계양구	장애인편의증진기술지원센터종사자처우개선	1,210	5	1	7	8	7	1	1	4
2796	인천 서구	노숙인등복지지원	2,870,463	5	6	7	8	7	1	1	2
2797	인천 서구	지역아동센터인건비지원	2,835,900	5	1	7	8	7	1	1	4

순번	시군구	지출명 (사업명)	2024년예산 (단위 : 천원 /1년간)	민간이전 분류 (지방자치단체 세출예산 집행기준에 의거) 1. 민간경상사업보조(307-02) 2. 민간단체 법정운영비보조(307-03) 3. 민간행사사업보조(307-04) 4. 민간위탁금(307-05) 5. 사회복지시설 법정운영비보조(307-10) 6. 민간인위탁교육비(307-12) 7. 공기관등에대한경상적위탁사업비(308-13) 8. 민간자본사업보조,자체재원(402-01) 9. 민간자본사업보조,이전재원(402-02) 10. 민간위탁사업비(402-03) 11. 공기관등에 대한 자본적 위탁사업비(403-02)	민간이전지출 근거 (지방보조금 관리기준 참고) 1. 법률에 규정 2. 국고보조 재원(국가지정) 3. 용도 지정 기부금 4. 조례에 직접규정 5. 지자체가 권장하는 사업을 하는 공공기관 6. 시,도 정책 및 재정사정 7. 기타 8. 해당없음	입찰방식			운영예산 산정		성과평가 실시여부
						계약체결방법 (경쟁형태) 1. 일반경쟁 2. 제한경쟁 3. 지명경쟁 4. 수의계약 5. 법정위탁 6. 기타 ( ) 7. 없음	계약기간 1. 1년 2. 2년 3. 3년 4. 4년 5. 5년 6. 기타 ( )년 7. 단기계약 (1년미만) 8. 없음	낙찰자선정방법 1. 적격심사 2. 협상에의한계약 3. 최저가낙찰제 4. 규격가격분리 5. 2단계 경쟁입찰 6. 기타 ( ) 7. 없음	운영예산 산정 1. 내부산정 (지자체 자체적으로 산정) 2. 외부산정 (외부전문기관위탁 산정) 3. 내·외부 모두 산정 4. 산정 無 5. 없음	정산방법 1. 내부정산 (지자체 내부적으로 정산) 2. 외부정산 (외부전문기관위탁 정산) 3. 내·외부 모두 산정 4. 정산 無 5. 없음	1. 실시 2. 미실시 3. 향후 추진 4. 해당없음
2798	인천 서구	장애인직업재활시설운영지원(7개소)	2,268,900	5	1	7	8	7	1	1	1
2799	인천 서구	발달장애인평생교육센터위탁운영비	1,557,784	5	1,4	7	8	7	1	3	4
2800	인천 서구	공공형어린이집누리과정품질개선비지원사업	1,554,224	5	1	7	7	7	1	1	4
2801	인천 서구	정신요양시설운영지원(소망의집)	1,544,000	5	2	7	8	7	5	1	4
2802	인천 서구	공공형어린이집지원	1,520,981	5	1	7	7	7	1	1	4
2803	인천 서구	장애인종합복지관운영	1,503,833	5	1	7	8	7	1	1	1
2804	인천 서구	장애인주간보호시설운영	1,445,190	5	1	7	8	7	1	1	1
2805	인천 서구	정부미지원어린이집조리원인건비지원	1,381,800	5	6	7	8	7	1	1	1
2806	인천 서구	지역아동센터종사자임금보전비지원	1,277,242	5	1	7	8	7	1	1	4
2807	인천 서구	경로당운영지원	1,165,778	5	1	7	8	7	1	1	4
2808	인천 서구	공동생활가정(그룹홈)운영지원	946,032	5	1	7	8	7	1	1	4
2809	인천 서구	재가노인복지시설운영지원	807,476	5	4	7	8	7	1	1	4
2810	인천 서구	다함께돌봄센터인건비지원	776,648	5	1	1	5	6	1	1	4
2811	인천 서구	노인인력개발센터운영지원	658,899	5	6	7	8	7	1	1	4
2812	인천 서구	경로당냉난방비및양곡비지원	656,863	5	2	7	8	7	1	1	4
2813	인천 서구	장애인공동생활가정운영지원	622,500	5	1	7	8	7	1	1	1
2814	인천 서구	자활사업(지역자활센터지원)	571,232	5	1	7	8	7	1	1	1
2815	인천 서구	공공형어린이집조리원인건비지원	534,364	5	1	7	7	7	1	1	4
2816	인천 서구	지역아동센터급식도우미인건비지원	527,637	5	1	7	8	7	1	1	4
2817	인천 서구	지역아동센터운영비지원	501,312	5	1	7	8	7	1	1	4
2818	인천 서구	학대피해아동쉼터운영지원	495,788	5	1	1	5	7	1	1	4
2819	인천 서구	기부식품제공사업지원	459,254	5	6	7	8	7	1	1	4
2820	인천 서구	장애인자립생활센터지원	413,680	5	4	7	8	7	1	1	4
2821	인천 서구	공동생활가정(그룹홈)종사자임금보전비	358,599	5	4	7	8	7	1	1	1
2822	인천 서구	다함께돌봄센터종사자임금보전수당지원	302,742	5	1	7	8	7	1	1	4
2823	인천 서구	어린이집보육환경개선운영비	300,000	5	1	1	5	6	1	1	4
2824	인천 서구	가정폭력상담소운영지원	253,417	5	6	7	7	7	1	1	4
2825	인천 서구	건강가정지원센터임금보전비등지원사업	194,296	5	2	7	8	7	5	5	4
2826	인천 서구	장애인재가복지센터운영	159,146	5	2	7	8	7	1	1	1
2827	인천 서구	지역사회보장협의체운영지원	157,200	5	1	7	8	7	1	1	1
2828	인천 서구	다문화가족지원센터종사자임금보전비등지원	155,788	5	4	7	8	7	1	1	2
2829	인천 서구	서구장애인편의증진기술센터운영	144,186	5	2	7	8	7	1	1	1
2830	인천 서구	노인일자리확충수행기관지원	132,700	5	1	7	8	7	1	1	1
2831	인천 서구	다함께돌봄센터운영비지원	128,000	5	6	7	8	7	1	1	4
2832	인천 서구	장애인직업재활시설훈련장애인배움수당	114,000	5	1	1	5	6	1	1	4
2833	인천 서구	지역아동센터학습환경지원비	109,350	5	1	7	8	7	5	5	4
2834	인천 서구	아동복지시설프로그램비지원	105,920	5	1	7	8	7	1	1	4
2835	인천 서구	노숙인복지시설지원	86,029	5	1	7	8	7	1	1	4
2836	인천 서구	어린이집영유아안전보험가입지원	78,492	5	6	7	8	7	1	1	2
2837	인천 서구	지역아동센터방학중급식도우미인건비지원	78,092	5	6	7	8	7	1	1	1

순번	시군구	지출명 (사업명)	2024년예산 (단위 : 천원 /1년간)	민간이전 분류 (지방자치단체 세출예산 집행기준에 의거) 1. 민간경상사업보조(307-02) 2. 민간단체 법정운영비보조(307-03) 3. 민간행사사업보조(307-04) 4. 민간위탁금(307-05) 5. 사회복지시설 법정운영비보조(307-10) 6. 민간인위탁교육비(307-12) 7. 공기관등에대한경상적위탁사업비(308-13) 8. 민간자본사업보조,자체재원(402-01) 9. 민간자본사업보조,이전재원(402-02) 10. 민간위탁사업비(402-03) 11. 공기관등에 대한 자본적 위탁사업비(403-02)	민간이전지출 근거 (지방보조금 관리기준 참고) 1. 법률에 규정 2. 국고보조 재원(국가지정) 3. 용도 지정 기부금 4. 조례에 직접규정 5. 지자체가 권장하는 사업을 하는 공공기관 6. 시,도 정책 및 재정사정 7. 기타 8. 해당없음	입찰방식: 계약체결방법 (경쟁형태) 1. 일반경쟁 2. 제한경쟁 3. 지명경쟁 4. 수의계약 5. 법정위탁 6. 기타 ( ) 7. 없음	입찰방식: 계약기간 1. 1년 2. 2년 3. 3년 4. 4년 5. 5년 6. 기타 ( )년 7. 단기계약 (1년미만) 8. 없음	입찰방식: 낙찰자선정방법 1. 적격심사 2. 협상에의한계약 3. 최저가낙찰제 4. 규격가격분리 5. 2단계 경쟁입찰 6. 기타 ( ) 7. 없음	운영예산 산정: 운영예산 산정 1. 내부산정 (지자체 자체적으로 산정) 2. 외부산정 (외부전문기관위탁 산정) 3. 내·외부 모두 산정 4. 산정 無 5. 없음	운영예산 산정: 정산방법 1. 내부정산 (지자체 내부적으로 정산) 2. 외부정산 (외부전문기관위탁 정산) 3. 내·외부 모두 산정 4. 정산 無 5. 없음	성과평가 실시여부 1. 실시 2. 미실시 3. 향후 추진 4. 해당없음
2838	인천 서구	여성권익시설시비지원인건비	76,325	5	6	7	8	7	5	5	4
2839	인천 서구	가정폭력성폭력통합상담소운영지원	73,041	5	1	7	8	7	5	5	4
2840	인천 서구	지역자활센터종사자처우개선사업	61,930	5	1	7	8	7	1	1	1
2841	인천 서구	지역아동센터프로그램비지원	58,030	5	1	7	8	7	1	1	4
2842	인천 서구	학대피해아동쉼터운영지원(시비지원)	54,763	5	1	1	5	7	1	1	4
2843	인천 서구	노인요양시설지원(등외자)	54,022	5	6	7	8	7	1	1	4
2844	인천 서구	다함께돌봄센터추가운영비지원	54,000	5	1	1	5	6	1	1	4
2845	인천 서구	발달장애인평생교육센터종사자처우개선비	41,545	5	1,4	7	8	7	1	3	4
2846	인천 서구	특성별지역아동센터추가지원	39,600	5	1	7	8	7	1	1	4
2847	인천 서구	공동생활가정(그룹홈)종사자급량비및관리자수당지원	33,360	5	1	7	8	7	1	1	4
2848	인천 서구	장애인직업재활시설종사자지원(7개소)	32,400	5	1	7	8	7	1	1	1
2849	인천 서구	다함께돌봄센터종사자급량비및관리자수당	32,320	5	1	1	5	6	1	1	4
2850	인천 서구	자활사업(자활사례관리)	31,477	5	1	7	8	7	1	1	1
2851	인천 서구	공공형어린이집유아반활성화지원	30,870	5	1	7	7	7	1	1	4
2852	인천 서구	개인운영신고시설운영비	27,732	5	4	7	8	7	1	1	4
2853	인천 서구	지역아동센터종사자복지점수	20,575	5	1	7	8	7	1	1	4
2854	인천 서구	다행복문화스쿨운영비지원	18,330	5	2	7	8	7	1	1	1
2855	인천 서구	장애인주간보호센터(구비지원)	18,000	5	1	7	8	7	1	1	1
2856	인천 서구	종합사회복지관운영지원	16,571	5	1	7	8	7	1	1	2
2857	인천 서구	공동육아나눔터초등돌봄교실운영비	15,680	5	2	7	8	7	1	1	1
2858	인천 서구	지역사회재활시설종사자지원	15,300	5	1	7	8	7	1	1	1
2859	인천 서구	여성권익시설종사자소규모국비시설시간외수당	11,800	5	6	7	8	7	5	5	4
2860	인천 서구	다함께돌봄센터학습교구지원	11,212	5	1	1	5	6	1	1	4
2861	인천 서구	장애인직업재활시설종사자지원(7개소)	11,000	5	1	7	8	7	1	1	1
2862	인천 서구	장애인공동생활가정종사자지원	8,640	5	1	7	8	7	1	1	1
2863	인천 서구	지역아동센터해충방역지원	8,594	5	1	7	8	7	1	1	4
2864	인천 서구	지역아동센터종사자종합건강검진비용지원	7,600	5	1	7	8	7	1	1	4
2865	인천 서구	장애인주간보호센터(구비지원)	7,200	5	1	7	8	7	1	1	1
2866	인천 서구	공동생활가정(그룹홈)종사자복지점수지원	7,050	5	1	7	8	7	1	1	4
2867	인천 서구	다함께돌봄센터종사자복지점수지원	6,500	5	1	1	5	6	1	1	4
2868	인천 서구	지역사회재활시설종사자지원	5,800	5	1	7	8	7	1	1	1
2869	인천 서구	장애인직업재활시설종사자지원(7개소)	5,400	5	1	7	8	7	1	1	1
2870	인천 서구	여성권익시설종사자급량비및관리자수당	5,400	5	6	7	8	7	5	5	4
2871	인천 서구	공동생활가정(그룹홈)종사자종합건강검진비지원	2,800	5	1	7	8	7	1	1	4
2872	인천 서구	장애인공동생활가정종사자지원	2,600	5	1	7	8	7	1	1	1
2873	인천 서구	장애인종합복지관특별운송사업	2,400	5	1	7	8	7	1	1	1
2874	인천 서구	다함께돌봄센터종사자종합건강검진비지원	2,400	5	1	1	5	6	1	1	4
2875	인천 서구	여성권익시설종사자복지지원	1,900	5	6	7	8	7	5	5	4
2876	인천 서구	장애인종합복지관특별운송사업	1,050	5	1	7	8	7	1	1	1
2877	인천 서구	장애인공동생활가정종사자지원	1,000	5	1	7	8	7	1	1	1

순번	시군구	지출명 (사업명)	2024년예산 (단위 : 천원 /1년간)	민간이전 분류 (지방자치단체 세출예산 집행기준에 의거) 1. 민간경상사업보조(307-02) 2. 민간단체 법정운영비보조(307-03) 3. 민간행사사업보조(307-04) 4. 민간위탁금(307-05) 5. 사회복지시설 법정운영비보조(307-10) 6. 민간인위탁교육비(307-12) 7. 공기관등에대한경상적위탁사업비(308-13) 8. 민간자본사업보조,자체재원(402-01) 9. 민간자본사업보조,이전재원(402-02) 10. 민간위탁사업비(402-03) 11. 공기관등에 대한 자본적 위탁사업비(403-02)	민간이전지출 근거 (지방보조금 관리기준 참고) 1. 법률에 규정 2. 국고보조 재원(국가지정) 3. 용도 지정 기부금 4. 조례에 직접규정 5. 지자체가 권장하는 사업을 하는 공공기관 6. 시,도 정책 및 재정사정 7. 기타 8. 해당없음	입찰방식 계약체결방법 (경쟁형태) 1. 일반경쟁 2. 제한경쟁 3. 지명경쟁 4. 수의계약 5. 법정위탁 6. 기타 ( ) 7. 없음	입찰방식 계약기간 1. 1년 2. 2년 3. 3년 4. 4년 5. 5년 6. 기타 ( )년 7. 단기계약 (1년미만) 8. 없음	입찰방식 낙찰자선정방법 1. 적격심사 2. 협상에의한계약 3. 최저가낙찰제 4. 규격가격분리 5. 2단계 경쟁입찰 6. 기타 ( ) 7. 없음	운영예산 산정 운영예산 산정 1. 내부산정 (지자체 자체적으로 산정) 2. 외부산정 (외부전문기관위탁 산정) 3. 내·외부 모두 산정 4. 산정 無 5. 없음	운영예산 산정 정산방법 1. 내부정산 (지자체 내부적으로 정산) 2. 외부정산 (외부전문기관위탁 정산) 3. 내·외부 모두 산정 4. 정산 無 5. 없음	성과평가 실시여부 1. 실시 2. 미실시 3. 향후 추진 4. 해당없음
2878	인천 서구	여성권익시설종사자종합건강검진비지원	600	5	6	7	8	7	5	5	4
2879	인천 서구	장애인종합복지관특별운송사업	200	5	1	7	8	7	1	1	1
2880	인천 강화군	장애인거주시설운영지원	6,996,535	5	1,6	7	8	7	1	1	1
2881	인천 강화군	정신요양시설운영지원	2,215,000	5	1	7	8	7	1	1	4
2882	인천 강화군	아동양육시설운영지원	2,191,534	5	6	1	5	1	3	1	4
2883	인천 강화군	장애인직업재활시설운영지원	1,686,680	5	1,6	7	8	7	1	1	1
2884	인천 강화군	보육교직원인건비지원	1,680,460	5	1	1	5	1	3	1	4
2885	인천 강화군	아이돌봄지원	1,621,435	5	4	1	3	1	1	1	1
2886	인천 강화군	지역아동센터인건비지원	900,150	5	2	7	8	7	1	1	4
2887	인천 강화군	장애인거주시설종사자수당지원	517,403	5	1,6	7	8	7	1	1	1
2888	인천 강화군	장애인주간보호시설운영지원	463,000	5	1,6	7	8	7	1	1	1
2889	인천 강화군	지역아동센터종사자임금보전비지원	461,015	5	4	7	8	7	1	1	4
2890	인천 강화군	장애인공동생활가정운영지원	429,200	5	1,6	7	8	7	1	1	1
2891	인천 강화군	보육교직원처우개선지원(보조교사)	372,000	5	1	1	5	1	3	1	4
2892	인천 강화군	지역자활센터운영	366,051	5	1	7	8	7	1	1	1
2893	인천 강화군	재가노인복지시설운영지원(등외자)	350,340	5	6	7	7	7	1	1	4
2894	인천 강화군	치매치료관리비지원(전환사업21단계)	198,156	5	2	7	8	7	5	5	4
2895	인천 강화군	지역아동센터운영비지원	185,796	5	2	7	8	7	1	1	4
2896	인천 강화군	장애인재가복지센터운영	182,866	5	1,6	7	8	7	1	1	1
2897	인천 강화군	지역아동센터급식도우미지원(자체)	172,309	5	4	7	8	7	1	1	4
2898	인천 강화군	푸드마켓지원	155,902	5	1	7	8	7	1	1	1
2899	인천 강화군	아동양육시설프로그램비지원	144,646	5	1	7	8	7	1	1	4
2900	인천 강화군	노인대학운영지원(자체)	97,064	5	1	5	8	7	1	1	4
2901	인천 강화군	푸드뱅크지원	80,942	5	1	7	8	7	1	1	1
2902	인천 강화군	실비장애인거주시설입소이용료지원	73,499	5	1,6	7	8	7	1	1	1
2903	인천 강화군	다함께돌봄센터인건비지원	73,260	5	1	5	5	7	1	1	4
2904	인천 강화군	어린이집차량운영비지원	64,800	5	1	1	5	1	3	1	4
2905	인천 강화군	개인운영(양로시설)운영지원	58,464	5	6	7	7	7	1	1	4
2906	인천 강화군	지역아동센터운영비추가지원	52,800	5	4	7	8	7	1	1	4
2907	인천 강화군	장애인거주시설종사자복지점수	52,500	5	1,6	7	8	7	1	1	1
2908	인천 강화군	정신요양시설종사자임금보전비(처우개선)	48,903	5	1	7	8	7	1	1	4
2909	인천 강화군	장애인직업재활시설종사자복지점수	43,750	5	1,6	7	8	7	1	1	1
2910	인천 강화군	어린이집운영지원(차량운영비)	41,440	5	1	1	5	1	3	1	4
2911	인천 강화군	아동양육시설종사자급량비및관리자수당지원	40,560	5	1	7	8	7	1	1	4
2912	인천 강화군	장애인생활시설자립체험프로그램지원	40,000	5	1,6	7	8	7	1	1	1
2913	인천 강화군	지역자활센터종사자임금보전수당	39,890	5	1	7	8	7	1	1	1
2914	인천 강화군	노인대학운영지원	38,000	5	1	5	8	7	1	1	4
2915	인천 강화군	어린이집지원	34,664	5	6	1	5	1	3	1	4
2916	인천 강화군	지역아동센터학습환경지원비	34,630	5	4	7	8	7	1	1	4
2917	인천 강화군	지역아동센터급식도우미지원	33,840	5	4	7	8	7	1	1	4

순번	시군구	지출명 (사업명)	2024년예산 (단위 : 천원 /1년간)	민간이전 분류 (지방자치단체 세출예산 집행기준에 의거) 1. 민간경상사업보조(307-02) 2. 민간단체 법정운영비보조(307-03) 3. 민간행사사업보조(307-04) 4. 민간위탁금(307-05) 5. 사회복지시설 법정운영비보조(307-10) 6. 민간인위탁교육비(307-12) 7. 공기관등에대한경상적위탁사업비(308-13) 8. 민간자본사업보조,자체재원(402-01) 9. 민간자본사업보조,이전재원(402-02) 10. 민간위탁사업비(402-03) 11. 공기관등에 대한 자본적 위탁사업비(403-02)	민간이전지출 근거 (지방보조금 관리기준 참고) 1. 법률에 규정 2. 국고보조 재원(국가지정) 3. 용도 지정 기부금 4. 조례에 직접규정 5. 지자체가 권장하는 사업을 하는 공공기관 6. 시,도 정책 및 재정사정 7. 기타 8. 해당없음	입찰방식 계약체결방법 (경쟁형태) 1. 일반경쟁 2. 제한경쟁 3. 지명경쟁 4. 수의계약 5. 법정위탁 6. 기타 ( ) 7. 없음	입찰방식 계약기간 1. 1년 2. 2년 3. 3년 4. 4년 5. 5년 6. 기타 ( )년 7. 단기계약 (1년미만) 8. 없음	입찰방식 낙찰자선정방법 1. 적격심사 2. 협상에의한계약 3. 최저가낙찰제 4. 규격가격분리 5. 2단계 경쟁입찰 6. 기타 ( ) 7. 없음	운영예산 산정 운영예산 산정 1. 내부산정 (지자체 자체적으로 산정) 2. 외부산정 (외부전문기관위탁 산정) 3. 내·외부 모두 산정 4. 산정 無 5. 없음	운영예산 산정 정산방법 1. 내부정산 (지자체 내부적으로 정산) 2. 외부정산 (외부전문기관위탁 정산) 3. 내·외부 모두 산정 4. 정산 無 5. 없음	성과평가 실시여부 1. 실시 2. 미실시 3. 향후 추진 4. 해당없음
2918	인천 강화군	장애인복지관,주간보호센터,재가복지센터종사자복지점수	33,700	5	1,6	7	8	7	1	1	1
2919	인천 강화군	정신요양및재활시설종사자급량비및관리자수당	29,760	5	1	7	8	7	1	1	4
2920	인천 강화군	보육교직원지원(대체교사)	18,032	5	1	1	5	1	3	1	4
2921	인천 강화군	장애인복지시설종사자특수지근무수당지원	18,000	5	1,6	7	8	7	1	1	1
2922	인천 강화군	장애인시설입원환자간병비지원	17,178	5	1,6	7	8	7	1	1	1
2923	인천 강화군	지역아동센터프로그램비지원	16,940	5	4	7	8	7	1	1	4
2924	인천 강화군	다함께돌봄센터종사자임금보전수당지원	16,256	5	1	5	5	7	1	1	4
2925	인천 강화군	노인요양시설지원(등외자)	13,107	5	6	7	7	7	1	1	4
2926	인천 강화군	장애인생활시설오폐수시설관리	13,000	5	1,6	7	8	7	1	1	1
2927	인천 강화군	다함께돌봄센터운영비지원	12,000	5	1	5	5	7	1	1	4
2928	인천 강화군	어린이집운영지원(교재교구비)	11,500	5	1	1	5	1	3	1	4
2929	인천 강화군	아동양육시설종사자복지점수지원	11,150	5	1	7	8	7	1	1	4
2930	인천 강화군	정신요양및재활시설종사자복지점수	8,750	5	1	7	8	7	1	1	4
2931	인천 강화군	재가노인복지시설(등외자)종사자급량비및관리자수당	8,160	5	6	7	7	7	1	1	4
2932	인천 강화군	어린이집환경개선비지원	8,100	5	1	1	5	1	3	1	4
2933	인천 강화군	특성별지역아동센터추가지원	7,200	5	2	7	8	7	1	1	4
2934	인천 강화군	지역아동센터종사자복지점수지원	7,075	5	4	7	8	7	1	1	4
2935	인천 강화군	아이돌봄활동장려수당지원	6,600	5	4	1	3	1	1	1	1
2936	인천 강화군	장애인공동생활가정종사자급량비지원	5,760	5	1,6	7	8	7	1	1	1
2937	인천 강화군	아동양육시설종사자종합검진비지원	4,000	5	1	7	8	7	1	1	4
2938	인천 강화군	장애인거주시설공기청정기렌탈지원	3,780	5	1,6	7	8	7	1	1	1
2939	인천 강화군	다함께돌봄센터종사자급량비및관리자수당지원	3,120	5	1	5	5	7	1	1	4
2940	인천 강화군	지역아동센터해충방역비지원	3,050	5	4	7	8	7	1	1	4
2941	인천 강화군	노인무료급식사업기관장비보강사업	3,000	5	6	7	8	7	5	1	4
2942	인천 강화군	푸드뱅크종사자급량비	2,880	5	1	7	8	7	1	1	1
2943	인천 강화군	정신요양및재활시설종사자종합건강검진비	2,800	5	1	7	8	7	1	1	4
2944	인천 강화군	지역자활센터종사자복지점수	2,550	5	1	7	8	7	1	1	1
2945	인천 강화군	지역아동센터종사자종합검진비지원	2,400	5	4	7	8	7	1	1	4
2946	인천 강화군	장애인공동생활가정종사자복지점수	2,100	5	1,6	7	8	7	1	1	1
2947	인천 강화군	재가노인복지시설(등외자)종사자복지점수	1,650	5	6	7	7	7	1	1	4
2948	인천 강화군	지역자활센터종사자종합건강검진비	1,000	5	1	7	8	7	1	1	1
2949	인천 강화군	다함께돌봄센터학습환경지원	932	5	1	5	5	7	1	1	4
2950	인천 강화군	푸드뱅크종사자복지점수	850	5	1	7	8	7	1	1	1
2951	인천 강화군	다함께돌봄센터종사자복지점수	500	5	1	5	5	7	1	1	4
2952	인천 강화군	푸드뱅크종사자건강검진비	400	5	1	7	8	7	1	1	1
2953	인천 강화군	다함께돌봄센터종사자종합검진비지원	400	5	1	5	5	7	1	1	4
2954	인천 강화군	재가노인복지시설(등외자)종사자종합검진비	200	5	6	7	7	7	1	1	4
2955	인천 옹진군	종합사회복지관운영지원	819,176	5	1	7	8	7	5	5	4
2956	인천 옹진군	장애인복지시설종사자지원	411,408	5	6	7	8	7	4	1	4
2957	인천 옹진군	건강가정및다문화가족지원센터운영	371,900	5	2	7	8	7	4	1	4

순번	시군구	지출명 (사업명)	2024년예산 (단위 : 천원 /1년간)	민간이전 분류 (지방자치단체 세출예산 집행기준에 의거) 1. 민간경상사업보조(307-02) 2. 민간단체 법정운영비보조(307-03) 3. 민간행사사업보조(307-04) 4. 민간위탁금(307-05) 5. 사회복지시설 법정운영비보조(307-10) 6. 민간인위탁교육비(307-12) 7. 공기관등에대한경상적위탁사업비(308-13) 8. 민간자본사업보조,자체재원(402-01) 9. 민간자본사업보조,이전재원(402-02) 10. 민간위탁사업비(402-03) 11. 공기관등에 대한 자본적 위탁사업비(403-02)	민간이전지출 근거 (지방보조금 관리기준 참고) 1. 법률에 규정 2. 국고보조 재원(국가지정) 3. 용도 지정 기부금 4. 조례에 직접규정 5. 지자체가 권장하는 사업을 하는 공공기관 6. 시,도 정책 및 재정사정 7. 기타 8. 해당없음	입찰방식			운영예산 산정		성과평가 실시여부
						계약체결방법 (경쟁형태) 1. 일반경쟁 2. 제한경쟁 3. 지명경쟁 4. 수의계약 5. 법정위탁 6. 기타 ( ) 7. 없음	계약기간 1. 1년 2. 2년 3. 3년 4. 4년 5. 5년 6. 기타 ( )년 7. 단기계약 (1년미만) 8. 없음	낙찰자선정방법 1. 적격심사 2. 협상에의한계약 3. 최저가낙찰제 4. 규격가격분리 5. 2단계 경쟁입찰 6. 기타 ( ) 7. 없음	운영예산 산정 1. 내부산정 (지자체 자체적으로 산정) 2. 외부산정 (외부전문기관위탁 산정) 3. 내·외부 모두 산정 4. 산정 無 5. 없음	정산방법 1. 내부정산 (지자체 내부적으로 정산) 2. 외부정산 (외부전문기관위탁 정산) 3. 내·외부 모두 산정 4. 정산 無 5. 없음	1. 실시 2. 미실시 3. 향후 추진 4. 해당없음
2958	인천 옹진군	보조교사지원	140,000	5	2	7	8	7	3	1	4
2959	인천 옹진군	청소년방과후아카데미운영	100,000	5	2	7	8	7	5	5	4
2960	인천 옹진군	지역아동센터인건비지원	68,700	5	1	5	8	1	1	1	3
2961	인천 옹진군	청소년방과후아카데미운영(자체)	56,000	5	2	7	8	7	5	5	4
2962	인천 옹진군	농촌공동아이돌봄센터지원	48,100	5	2	7	8	7	1	1	2
2963	인천 옹진군	어린이집운영지원	33,940	5	2	7	8	7	3	1	4
2964	인천 옹진군	지역아동센터종사자임금보전비지원	32,492	5	1	5	8	1	1	1	3
2965	인천 옹진군	지역아동센터운영비지원	19,772	5	1	5	8	1	1	1	3
2966	인천 옹진군	지역아동센터연중급식도우미지원	14,200	5	1	5	8	1	1	1	3
2967	인천 옹진군	장애아전담보조교사지원	13,540	5	2	7	8	7	3	1	4
2968	인천 옹진군	보육사업운영지원	12,700	5	4	7	8	7	3	1	4
2969	인천 옹진군	어린이집냉난방비지원	11,816	5	6	7	8	7	3	1	4
2970	인천 옹진군	다함께돌봄센터종사자임금보전수당지원	8,778	5	1	1	5	1	1	1	3
2971	인천 옹진군	대체교사지원	5,152	5	2	7	8	7	3	1	4
2972	인천 옹진군	재가노인복지시설(등외자)복지점수	4,100	5	4	7	8	7	5	5	4
2973	인천 옹진군	특수보육(취약보육)시설운영지원	3,600	5	6	7	8	7	3	1	4
2974	인천 옹진군	다함께돌봄센터종사자급량비및관리자수당지원	2,876	5	1	1	5	1	1	1	3
2975	인천 옹진군	지역아동센터학습환경지원	2,780	5	1	5	8	1	1	1	3
2976	인천 옹진군	지역아동센터방학중급식도우미지원	2,604	5	1	5	8	1	1	1	3
2977	인천 옹진군	다함께돌봄센터학습환경지원	1,904	5	1	1	5	1	1	1	3
2978	인천 옹진군	어린이집방역물품지원	1,800	5	6	7	8	7	3	1	4
2979	인천 옹진군	지역아동센터프로그램지원	1,100	5	1	5	8	1	1	1	3
2980	인천 옹진군	정부미지원어린이집세반운영비지원사업	600	5	6	7	8	7	3	1	4
2981	인천 옹진군	지역아동센터해충방역지원	599	5	1	5	8	1	1	1	3
2982	인천 옹진군	지역아동센터이용아동건강검진비용지원	570	5	1	5	8	1	1	1	3
2983	인천 옹진군	지역아동센터종사자복지점수지원	550	5	1	5	8	1	1	1	3
2984	인천 옹진군	다함께돌봄센터종사자복지점수지원	550	5	1	1	5	1	1	1	3
2985	인천 옹진군	다함께돌봄센터종사자종합건강검진비지원	200	5	1	1	5	1	1	1	3
2986	인천 옹진군	지역아동센터이용아동미세먼지방지마스크지원	190	5	1	5	8	1	1	1	3
2987	인천 옹진군	지역아동센터응급처치교육지원	155	5	1	5	8	1	1	1	3
2988	광주 동구	보육교직원인건비지원	7,000,000	5	1	7	8	7	1	1	4
2989	광주 동구	장애인거주시설운영지원	4,277,140	5	1	7	8	7	1	1	4
2990	광주 동구	보육교직원처우개선지원(보조,대체교사지원)	1,750,000	5	1	7	8	7	1	1	1
2991	광주 동구	동구장애인복지관운영지원	1,489,178	5	1	7	8	7	1	1	4
2992	광주 동구	양로시설운영비지원(노인복지시설지원)(전환사업)	1,252,489	5	1	7	8	7	1	1	4
2993	광주 동구	해바라기센터운영지원	1,179,125	5	2	7	8	7	5	5	1
2994	광주 동구	성매매피해자지원시설및상담소운영	997,122	5	2	7	8	7	5	5	1
2995	광주 동구	장애인주간보호시설운영지원	696,000	5	1	7	8	7	1	1	1
2996	광주 동구	장애인직업재활시설운영지원	687,000	5	1	7	8	7	1	1	1
2997	광주 동구	종합사회복지관운영지원	652,645	5	1	7	8	7	1	1	4

순번	시군구	지출명 (사업명)	2024년예산 (단위 : 천원 /1년간)	민간이전 분류 (지방자치단체 세출예산 집행기준에 의거) 1. 민간경상사업보조(307-02) 2. 민간단체 법정운영비보조(307-03) 3. 민간행사사업보조(307-04) 4. 민간위탁금(307-05) 5. 사회복지시설 법정운영비보조(307-10) 6. 민간인위탁교육비(307-12) 7. 공기관등에대한경상적위탁사업비(308-13) 8. 민간자본사업보조,자체재원(402-01) 9. 민간자본사업보조,이전재원(402-02) 10. 민간위탁사업비(402-03) 11. 공기관등에 대한 자본적 위탁사업비(403-02)	민간이전지출 근거 (지방보조금 관리기준 참고) 1. 법률에 규정 2. 국고보조 재원(국가지정) 3. 용도 지정 기부금 4. 조례에 직접규정 5. 지자체가 권장하는 사업을 하는 공공기관 6. 시,도 정책 및 재정사정 7. 기타 8. 해당없음	입찰방식: 계약체결방법 (경쟁형태) 1. 일반경쟁 2. 제한경쟁 3. 지명경쟁 4. 수의계약 5. 법정위탁 6. 기타 ( ) 7. 없음	입찰방식: 계약기간 1. 1년 2. 2년 3. 3년 4. 4년 5. 5년 6. 기타 ( )년 7. 단기계약 (1년미만) 8. 없음	입찰방식: 낙찰자선정방법 1. 적격심사 2. 협상에의한계약 3. 최저가낙찰제 4. 규격가격분리 5. 2단계 경쟁입찰 6. 기타 ( ) 7. 없음	운영예산 산정: 운영예산 산정 1. 내부산정 (지자체 자체적으로 산정) 2. 외부산정 (외부전문기관위탁 산정) 3. 내·외부 모두 산정 4. 산정 無 5. 없음	운영예산 산정: 정산방법 1. 내부정산 (지자체 내부적으로 정산) 2. 외부정산 (외부전문기관위탁 정산) 3. 내·외부 모두 산정 4. 정산 無 5. 없음	성과평가 실시여부 1. 실시 2. 미실시 3. 향후 추진 4. 해당없음
2998	광주 동구	정신재활시설운영지원	554,644	5	1	7	8	7	5	1	4
2999	광주 동구	장애인공동생활가정운영지원	433,067	5	1	7	8	7	1	1	1
3000	광주 동구	가족센터운영(성인지예산)	397,340	5	1	7	8	7	5	5	1
3001	광주 동구	경로당운영지원	392,600	5	1	7	8	7	1	1	4
3002	광주 동구	자활지원센터운영	386,193	5	1	5	8	7	5	1	1
3003	광주 동구	청소년쉼터운영	379,273	5	2	1	3	2	1	1	1
3004	광주 동구	동구시니어클럽운영지원	354,688	5	6	7	8	7	1	1	4
3005	광주 동구	공공형어린이집지원	339,803	5	1	7	8	7	1	1	4
3006	광주 동구	어린이집급식비	326,000	5	6	7	8	7	1	1	4
3007	광주 동구	경로당냉난방비및양곡비지원	307,686	5	1	7	8	7	1	1	4
3008	광주 동구	장애인재활지원센터운영지원	245,000	5	1	7	8	7	1	1	1
3009	광주 동구	여성복지시설종사자지원(인건비보전수당)	241,403	5	6	7	8	7	5	5	1
3010	광주 동구	어린이집안심보육비지원	228,000	5	6	7	8	7	1	1	4
3011	광주 동구	노인요양시설종사자특별수당	166,200	5	1	7	8	7	1	1	4
3012	광주 동구	동구농아인쉼터운영지원	100,000	5	1	7	8	7	1	1	1
3013	광주 동구	지역사회보장협의체운영	97,346	5	1	7	8	7	1	1	4
3014	광주 동구	대한노인회동구지회운영	78,056	5	1	5	5	7	1	1	4
3015	광주 동구	민간어린이집취사부지원	54,000	5	6	7	8	7	1	1	4
3016	광주 동구	여성복지시설종사자지원(종사자특별수당)	52,800	5	6	7	8	7	5	5	1
3017	광주 동구	공공형어린이집취사부지원	43,200	5	6	7	8	7	1	1	4
3018	광주 동구	다문화가족교류소통공간운영	42,600	5	1	7	8	7	5	5	1
3019	광주 동구	어린이집냉난방비지원	32,000	5	6	7	8	7	1	1	4
3020	광주 동구	정부지원어린이집교재교구비	31,000	5	6	7	8	7	1	1	4
3021	광주 동구	자활사례관리	30,709	5	1	5	8	7	5	1	1
3022	광주 동구	어린이집운영지원(민간어린이집교재교구비지원)	29,000	5	1	7	8	7	1	1	4
3023	광주 동구	가정어린이집취사부지원	21,600	5	6	7	8	7	1	1	4
3024	광주 동구	지역자활센터인건비보전수당	20,000	5	6	5	8	7	5	1	1
3025	광주 동구	장애인거주시설(공생포함)종사자복지포인트	14,975	5	1	7	8	7	1	1	1
3026	광주 동구	민간어린이집도서구입비지원	12,000	5	6	7	8	7	1	1	4
3027	광주 동구	공공형어린이집환경개선비	10,000	5	6	7	8	7	1	1	4
3028	광주 동구	조리사대체인력비	8,700	5	6	7	8	7	1	1	4
3029	광주 동구	보육교직원안전교육비	8,000	5	6	7	8	7	1	1	4
3030	광주 동구	동구장애인복지관종사자복지포인트	4,750	5	1	7	8	7	1	1	1
3031	광주 동구	여성복지시설종사자지원(종사자복지포인트)	3,800	5	6	7	8	7	5	5	1
3032	광주 동구	양로시설종사자복지포인트지원	3,600	5	1	7	8	7	1	1	4
3033	광주 동구	장애인주간보호시설종사자복지포인트	2,850	5	1	7	8	7	1	1	1
3034	광주 동구	공공형어린이집환경개선비지원	2,000	5	6	7	8	7	1	1	4
3035	광주 동구	자활지원센터종사자지원	1,450	5	6	5	8	7	5	1	1
3036	광주 동구	장애인직업재활시설종사자복지포인트	1,200	5	1	7	8	7	1	1	1
3037	광주 서구	장애인주간보호시설운영	2,434,930	5	1	7	8	7	1	1	3

순번	시군구	지출명 (사업명)	2024년예산 (단위 : 천원 /1년간)	민간이전 분류 (지방자치단체 세출예산 집행기준에 의거) 1. 민간경상사업보조(307-02) 2. 민간단체 법정운영비보조(307-03) 3. 민간행사사업보조(307-04) 4. 민간위탁금(307-05) 5. 사회복지시설 법정운영비보조(307-10) 6. 민간인위탁교육비(307-12) 7. 공기관등에대한경상적위탁사업비(308-13) 8. 민간자본사업보조,자체재원(402-01) 9. 민간자본사업보조,이전재원(402-02) 10. 민간위탁사업비(402-03) 11. 공기관등에 대한 자본적 위탁사업비(403-02)	민간이전지출 근거 (지방보조금 관리기준 참고) 1. 법률에 규정 2. 국고보조 재원(국가지정) 3. 용도 지정 기부금 4. 조례에 직접규정 5. 지자체가 권장하는 사업을 하는 공공기관 6. 시,도 정책 및 재정사정 7. 기타 8. 해당없음	입찰방식 계약체결방법 (경쟁형태) 1. 일반경쟁 2. 제한경쟁 3. 지명경쟁 4. 수의계약 5. 법정위탁 6. 기타 ( ) 7. 없음	입찰방식 계약기간 1. 1년 2. 2년 3. 3년 4. 4년 5. 5년 6. 기타 ( )년 7. 단기계약 (1년미만) 8. 없음	입찰방식 낙찰자선정방법 1. 적격심사 2. 협상에의한계약 3. 최저가낙찰제 4. 규격가격분리 5. 2단계 경쟁입찰 6. 기타 ( ) 7. 없음	운영예산 산정 운영예산 산정 1. 내부산정 (지자체 자체적으로 산정) 2. 외부산정 (외부전문기관위탁 산정) 3. 내·외부 모두 산정 4. 산정 無 5. 없음	운영예산 산정 정산방법 1. 내부정산 (지자체 내부적으로 정산) 2. 외부정산 (외부전문기관위탁 정산) 3. 내·외부 모두 산정 4. 정산 無 5. 없음	성과평가 실시여부 1. 실시 2. 미실시 3. 향후 추진 4. 해당없음
3038	광주 서구	장애인공동생활가정운영	2,340,573	5	1	7	8	7	1	1	3
3039	광주 서구	장애인거주시설운영지원	1,794,953	5	1	7	8	7	1	1	3
3040	광주 서구	지역자활센터운영비	894,015	5	2	7	8	7	5	1	1
3041	광주 서구	장애인단기거주시설운영	866,518	5	1	7	8	7	1	1	3
3042	광주 서구	장애인직업재활시설운영	714,035	5	1	7	8	7	1	1	3
3043	광주 서구	양로시설운영지원	680,000	5	1	7	8	7	1	1	1
3044	광주 서구	주민자치회시범운영지원	655,330	5	4	7	8	7	1	1	1
3045	광주 서구	경로당냉난방비및양곡비지원	574,944	5	1	7	8	7	1	1	4
3046	광주 서구	노인일거리마련및일자리전담기관운영	446,435	5	1	1	5	6	1	1	1
3047	광주 서구	청소년쉼터운영지원	364,732	5	2	7	8	7	1	1	4
3048	광주 서구	다함께돌봄센터인건비지원	262,000	5	2	7	8	7	4	1	4
3049	광주 서구	농아인쉼터운영	213,900	5	6	7	8	7	1	1	3
3050	광주 서구	중증장애인자립생활센터운영	164,266	5	2	7	8	7	5	1	1
3051	광주 서구	지적장애인자립지원센터운영	160,000	5	6	7	8	7	5	1	1
3052	광주 서구	로뎀나무그룹홈운영사업	134,940	5	2	1	5	1	1	1	1
3053	광주 서구	중증장애인자립생활센터운영(순시비)	106,100	5	6	7	8	7	5	1	1
3054	광주 서구	경로식당조리인력지원	97,844	5	4	7	8	7	1	1	4
3055	광주 서구	장애인복지시설종사자특별수당지원	90,000	5	6	7	8	7	1	1	3
3056	광주 서구	경로식당조리인력추가지원	73,384	5	4	7	8	7	1	1	4
3057	광주 서구	자활사례관리	62,953	5	2	7	8	7	5	1	1
3058	광주 서구	노인복지시설종사자특별수당추가지원	59,000	5	1	7	8	7	1	1	1
3059	광주 서구	다함께돌봄센터운영비지원	40,000	5	2	7	8	7	4	1	4
3060	광주 서구	지역자활센터종사자인건비보전수당	39,400	5	6	7	8	7	1	1	1
3061	광주 서구	장애인복지시설종사자복지포인트지원	29,200	5	1	7	8	7	1	1	3
3062	광주 서구	장애인복지시설냉난방비지원	28,600	5	6	7	8	7	1	1	3
3063	광주 서구	지역자활센터종사자특별수당	7,200	5	7	7	8	7	1	1	1
3064	광주 서구	지역자활센터종사자복지포인트	2,900	5	6	7	8	7	1	1	1
3065	광주 남구	정신요양시설운영지원	4,081,000	5	1,2	7	8	7	1	3	4
3066	광주 남구	아동복지시설운영	3,839,298	5	1	7	8	7	1	1	4
3067	광주 남구	지역아동센터인건비지원	3,248,856	5	1	7	8	7	4	5	4
3068	광주 남구	종합사회복지관인건비및운영비지원(사회복지관지원운영)	2,125,582	5	1	7	8	7	5	1	4
3069	광주 남구	한부모가족복지시설운영비지원	1,212,279	5	1	7	8	7	5	5	4
3070	광주 남구	가족센터운영	978,486	5	2	7	8	7	5	1	4
3071	광주 남구	가정폭력피해자보호시설운영지원	719,833	5	2	7	8	7	1	1	4
3072	광주 남구	지역아동센터운영비지원	673,680	5	1	7	8	7	4	5	4
3073	광주 남구	정신재활시설운영지원	558,328	5	1	7	8	7	1	3	4
3074	광주 남구	성폭력피해자보호시설운영지원	556,504	5	2	7	8	7	1	1	4
3075	광주 남구	여성권익시설종사자지원	542,640	5	6	7	8	7	1	1	4
3076	광주 남구	다함께돌봄센터인건비지원	513,000	5	4	1	5	1	5	1	3
3077	광주 남구	요보호아동그룹홈운영	443,385	5	1	7	8	7	1	1	4

순번	시군구	지출명 (사업명)	2024년예산 (단위 : 천원 /1년간)	민간이전 분류 (지방자치단체 세출예산 집행기준에 의거) 1. 민간경상사업보조(307-02) 2. 민간단체 법정운영비보조(307-03) 3. 민간행사사업보조(307-04) 4. 민간위탁금(307-05) 5. 사회복지시설 법정운영비보조(307-10) 6. 민간인위탁교육비(307-12) 7. 공기관등에대한경상적위탁사업비(308-13) 8. 민간자본사업보조,자체재원(402-01) 9. 민간자본사업보조,이전재원(402-02) 10. 민간위탁사업비(402-03) 11. 공기관등에 대한 자본적 위탁사업비(403-02)	민간이전지출 근거 (지방보조금 관리기준 참고) 1. 법률에 규정 2. 국고보조 재원(국가지정) 3. 용도 지정 기부금 4. 조례에 직접규정 5. 지자체가 권장하는 사업을 하는 공공기관 6. 시,도 정책 및 재정사정 7. 기타 8. 해당없음	입찰방식: 계약체결방법 (경쟁형태) 1. 일반경쟁 2. 제한경쟁 3. 지명경쟁 4. 수의계약 5. 법정위탁 6. 기타 ( ) 7. 없음	입찰방식: 계약기간 1. 1년 2. 2년 3. 3년 4. 4년 5. 5년 6. 기타 ( )년 7. 단기계약 (1년미만) 8. 없음	입찰방식: 낙찰자선정방법 1. 적격심사 2. 협상에의한계약 3. 최저가낙찰제 4. 규격가격분리 5. 2단계 경쟁입찰 6. 기타 ( ) 7. 없음	운영예산 산정: 운영예산 산정 1. 내부산정 (지자체 자체적으로 산정) 2. 외부산정 (외부전문기관위탁 산정) 3. 내·외부 모두 산정 4. 산정 無 5. 없음	운영예산 산정: 정산방법 1. 내부정산 (지자체 내부적으로 정산) 2. 외부정산 (외부전문기관위탁 정산) 3. 내·외부 모두 산정 4. 정산 無 5. 없음	성과평가 실시여부 1. 실시 2. 미실시 3. 향후 추진 4. 해당없음
3078	광주 남구	가정폭력상담소운영지원	357,680	5	2	7	8	7	1	1	4
3079	광주 남구	성폭력상담소운영지원	321,494	5	2	7	8	7	1	1	4
3080	광주 남구	정신요양시설종사자및입소자지원	238,073	5	1	7	8	7	1	3	4
3081	광주 남구	학대피해아동쉼터운영	237,984	5	1	7	8	7	1	1	4
3082	광주 남구	청소년쉼터운영지원	103,800	5	1	7	8	7	5	1	3
3083	광주 남구	기부식품제공사업육성	99,776	5	1	7	8	7	5	1	4
3084	광주 남구	다함께돌봄센터운영비지원	84,000	5	4	1	5	1	5	1	3
3085	광주 남구	지역아동센터운영비추가지원	57,600	5	1	7	8	7	4	5	4
3086	광주 남구	폭력피해여성주거지원운영지원	41,180	5	2	7	8	7	1	1	4
3087	광주 남구	지역아동센터운영비지원(냉난방비관련)	38,400	5	1	7	8	7	4	5	4
3088	광주 남구	특성별지역아동센터추가지원	34,080	5	1	7	8	7	4	5	4
3089	광주 북구	누리과정지원	13,226,777	5	1	7	8	7	5	5	4
3090	광주 북구	지역아동센터인건비지원	9,781,144	5	2	7	8	7	5	1	4
3091	광주 북구	장애인거주시설운영지원	9,095,022	5	1	7	8	7	1	1	4
3092	광주 북구	보육교직원처우개선	6,520,995	5	2	7	8	7	5	5	4
3093	광주 북구	장애인복지관운영지원	5,082,909	5	1	7	8	7	1	1	4
3094	광주 북구	장애인직업재활시설운영지원	4,500,000	5	1	7	8	7	1	1	4
3095	광주 북구	아동복지시설운영	2,617,079	5	1	7	8	7	5	1	4
3096	광주 북구	장애인주간보호시설운영지원	2,382,303	5	1	7	8	7	1	1	4
3097	광주 북구	지역아동센터운영비지원	1,846,129	5	2	7	8	7	5	1	4
3098	광주 북구	최중증발달장애인융합돌봄센터운영지원	1,836,000	5	1	7	8	7	1	1	4
3099	광주 북구	요보호아동그룹홈운영지원	1,684,968	5	1	7	8	7	5	1	4
3100	광주 북구	지역자활센터운영등	1,539,986	5	2	5	8	7	1	1	1
3101	광주 북구	어린이집급식비지원	1,400,000	5	6	7	8	7	5	5	4
3102	광주 북구	경로당운영비	1,348,620	5	4	7	8	7	1	1	4
3103	광주 북구	어린이집차액보육료	1,100,000	5	6	7	8	7	5	5	4
3104	광주 북구	공공형어린이집운영(전환사업)	989,200	5	6	7	8	7	5	5	4
3105	광주 북구	장애인공동생활가정운영지원	930,004	5	1	7	8	7	1	1	4
3106	광주 북구	어린이집안심보육비지원	927,000	5	6	7	8	7	5	5	4
3107	광주 북구	다함께돌봄센터인건비지원	903,700	5	1	1	5	1	5	1	4
3108	광주 북구	경로당한시냉난방비지원(양곡비포함)	903,366	5	4	7	8	7	1	1	4
3109	광주 북구	청소년쉼터운영지원	808,566	5	2	7	8	7	5	1	4
3110	광주 북구	노인요양시설종사자특별수당	703,080	5	1	7	8	7	1	1	1
3111	광주 북구	어린이집취사부인건비	617,133	5	6	7	8	7	5	5	4
3112	광주 북구	장애인단기거주시설운영지원	605,640	5	1	7	8	7	1	1	4
3113	광주 북구	시간제보육지원	533,376	5	1	7	8	7	5	5	4
3114	광주 북구	가족센터운영	439,400	5	6	1	5	1	5	1	1
3115	광주 북구	아동그룹홈종사자인건비보전수당	410,000	5	1	7	8	7	5	1	4
3116	광주 북구	장애인체육관운영지원	406,931	5	1	7	8	7	1	1	4
3117	광주 북구	노숙인시설운영지원	382,565	5	1	1	5	1	1	1	1

순번	시군구	지출명 (사업명)	2024년예산 (단위 : 천원 /1년간)	민간이전 분류 (지방자치단체 세출예산 집행기준에 의거) 1. 민간경상사업보조(307-02) 2. 민간단체 법정운영비보조(307-03) 3. 민간행사사업보조(307-04) 4. 민간위탁금(307-05) 5. 사회복지시설 법정운영비보조(307-10) 6. 민간인위탁교육비(307-12) 7. 공기관등에대한경상적위탁사업비(308-13) 8. 민간자본사업보조,자체재원(402-01) 9. 민간자본사업보조,이전재원(402-02) 10. 민간위탁사업비(402-03) 11. 공기관등에 대한 자본적 위탁사업비(403-02)	민간이전지출 근거 (지방보조금 관리기준 참고) 1. 법률에 규정 2. 국고보조 재원(국가지정) 3. 용도 지정 기부금 4. 조례에 직접규정 5. 지자체가 권장하는 사업을 하는 공공기관 6. 시,도 정책 및 재정사정 7. 기타 8. 해당없음	입찰방식			운영예산 산정		성과평가 실시여부
						계약체결방법 (경쟁형태) 1. 일반경쟁 2. 제한경쟁 3. 지명경쟁 4. 수의계약 5. 법정위탁 6. 기타 ( ) 7. 없음	계약기간 1. 1년 2. 2년 3. 3년 4. 4년 5. 5년 6. 기타 ( )년 7. 단기계약 (1년미만) 8. 없음	낙찰자선정방법 1. 적격심사 2. 협상에의한계약 3. 최저가낙찰제 4. 규격가격분리 5. 2단계 경쟁입찰 6. 기타 ( ) 7. 없음	운영예산 산정 1. 내부산정 (지자체 자체적으로 산정) 2. 외부산정 (외부전문기관위탁 산정) 3. 내·외부 모두 산정 4. 산정 無 5. 없음	정산방법 1. 내부정산 (지자체 내부적으로 정산) 2. 외부정산 (외부전문기관위탁 정산) 3. 내·외부 모두 산정 4. 정산 無 5. 없음	1. 실시 2. 미실시 3. 향후 추진 4. 해당없음
3118	광주 북구	학대피해아동쉼터운영	247,894	5	1	1	5	1	5	1	4
3119	광주 북구	폭력피해이주여성지원	235,784	5	2	7	8	7	5	1	4
3120	광주 북구	성폭력피해자보호시설운영지원	210,218	5	2	7	8	7	5	1	4
3121	광주 북구	정신재활시설운영	193,600	5	1	7	8	7	1	1	4
3122	광주 북구	어린이집운영지원	177,400	5	2	7	8	7	5	5	4
3123	광주 북구	경로당난방비	175,740	5	4	7	8	7	1	1	4
3124	광주 북구	장애인복지관급식비지원	156,960	5	1	7	8	7	1	1	4
3125	광주 북구	다함께돌봄센터운영비지원	148,000	5	1	1	5	1	5	1	4
3126	광주 북구	어린이집냉난방비지원	146,400	5	6	7	8	7	5	5	4
3127	광주 북구	지역사회보장협의체운영	144,807	5	4	5	8	7	1	1	1
3128	광주 북구	아동그룹홈종사자특별수당	144,000	5	1	7	8	7	5	1	4
3129	광주 북구	성폭력상담소운영지원	142,022	5	2	7	8	7	5	1	4
3130	광주 북구	지역아동센터운영비추가지원	140,400	5	6	7	8	7	5	1	4
3131	광주 북구	지역아동센터운영비지원(자체)	139,200	5	4	7	8	7	5	1	4
3132	광주 북구	정신재활시설운영	138,450	5	1	7	8	7	1	1	4
3133	광주 북구	농아인쉼터운영지원	124,627	5	1	7	8	7	1	1	4
3134	광주 북구	민간시설도서구입비	105,000	5	6	7	8	7	5	5	4
3135	광주 북구	북구장애인직업재활센터위탁	100,000	5	1	7	8	7	1	1	4
3136	광주 북구	자활사례관리운영	94,427	5	2	5	8	7	5	1	4
3137	광주 북구	성폭력방지업무추진(지원)	84,827	5	1,6	7	8	7	5	1	4
3138	광주 북구	정신재활시설운영	83,250	5	1	7	8	7	1	1	4
3139	광주 북구	정부지원시설교재교구비	75,000	5	1	7	8	7	5	5	4
3140	광주 북구	경로당와이파이	67,390	5	4	7	8	7	1	1	4
3141	광주 북구	외국인아동보육료지원	67,200	5	4	7	8	7	5	5	4
3142	광주 북구	특성별지역아동센터추가지원	57,600	5	2	7	8	7	5	1	4
3143	광주 북구	다문화가족교류소통공간운영	44,900	5	6	7	8	7	5	1	4
3144	광주 북구	보육교직원안전교육비지원	40,000	5	6	7	8	7	5	5	4
3145	광주 북구	가정폭력방지업무추진(지원)	39,800	5	1,6	7	8	7	5	1	4
3146	광주 북구	다문화거점센터운영	36,900	5	6	7	8	7	5	1	4
3147	광주 북구	가족센터종사자특별수당	34,800	5	6	7	8	7	5	1	4
3148	광주 북구	공공형어린이집환경개선비	34,000	5	6	7	8	7	5	5	4
3149	광주 북구	장애인거주시설종사자복지포인트	33,550	5	1	7	8	7	1	1	4
3150	광주 북구	장애인지역사회재활시설종사자복지포인트	31,573	5	1	7	8	7	1	1	4
3151	광주 북구	노인요양시설종사자특별수당(자체)	27,600	5	1	7	8	7	1	1	1
3152	광주 북구	장애인복지관전용버스운영지원	26,800	5	1	7	8	7	1	1	4
3153	광주 북구	장애인특별운송지원	25,750	5	1	7	8	7	1	1	4
3154	광주 북구	학대피해아동쉼터종사자인건비보전수당	25,000	5	1	1	5	1	5	1	4
3155	광주 북구	장애인직업재활시설종사자복지포인트	21,000	5	1	7	8	7	1	1	4
3156	광주 북구	조리사대체인력지원	15,000	5	6	7	8	7	5	5	4
3157	광주 북구	장애아전담시설차량인건비지원	12,000	5	1	7	8	7	5	5	4

순번	시군구	지출명 (사업명)	2024년예산 (단위 : 천원 /1년간)	민간이전 분류 (지방자치단체 세출예산 집행기준에 의거) 1. 민간경상사업보조(307-02) 2. 민간단체 법정운영비보조(307-03) 3. 민간행사사업보조(307-04) 4. 민간위탁금(307-05) 5. 사회복지시설 법정운영비보조(307-10) 6. 민간인위탁교육비(307-12) 7. 공기관등에대한경상적위탁사업비(308-13) 8. 민간자본사업보조,자체재원(402-01) 9. 민간자본사업보조,이전재원(402-02) 10. 민간위탁사업비(402-03) 11. 공기관등에 대한 자본적 위탁사업비(403-02)	민간이전지출 근거 (지방보조금 관리기준 참고) 1. 법률에 규정 2. 국고보조 재원(국가지정) 3. 용도 지정 기부금 4. 조례에 직접규정 5. 지자체가 권장하는 사업을 하는 공공기관 6. 시,도 정책 및 재정사정 7. 기타 8. 해당없음	입찰방식 계약체결방법 (경쟁형태) 1. 일반경쟁 2. 제한경쟁 3. 지명경쟁 4. 수의계약 5. 법정위탁 6. 기타 ( ) 7. 없음	입찰방식 계약기간 1. 1년 2. 2년 3. 3년 4. 4년 5. 5년 6. 기타 ( )년 7. 단기계약 (1년미만) 8. 없음	입찰방식 낙찰자선정방법 1. 적격심사 2. 협상에의한계약 3. 최저가낙찰제 4. 규격가격분리 5. 2단계 경쟁입찰 6. 기타 ( ) 7. 없음	운영예산 산정 운영예산 산정 1. 내부산정 (지자체 자체적으로 산정) 2. 외부산정 (외부전문기관위탁 산정) 3. 내·외부 모두 산정 4. 산정 無 5. 없음	운영예산 산정 정산방법 1. 내부정산 (지자체 내부적으로 정산) 2. 외부정산 (외부전문기관위탁 정산) 3. 내·외부 모두 산정 4. 정산 無 5. 없음	성과평가 실시여부 1. 실시 2. 미실시 3. 향후 추진 4. 해당없음
3158	광주 북구	아이돌봄지원서비스제공기관종사자특별수당	8,400	5	6	7	8	7	5	1	4
3159	광주 북구	아이돌보미의료비지원	6,150	5	6	7	8	7	5	1	4
3160	광주 북구	지역자활센터종사자복지포인트지원	5,100	5	4	5	8	7	5	1	4
3161	광주 북구	학교밖청소년지원센터종사자특별수당	4,200	5	4	7	8	7	1	1	1
3162	광주 북구	장애아전담시설차량운영비	2,400	5	1	7	8	7	5	5	4
3163	광주 광산구	장애인거주시설운영지원	11,514,180	5	2	7	8	7	1	1	4
3164	광주 광산구	보육교직원처우개선지원(보조교사)	10,374,262	5	1	7	8	7	1	1	2
3165	광주 광산구	장애인직업재활시설운영지원	5,924,000	5	1	7	8	7	1	3	2
3166	광주 광산구	장애인지역사회재활시설운영지원	3,319,330	5	1	7	8	7	1	1	1
3167	광주 광산구	가족센터위탁운영	1,956,618	5	2	6	5	7	5	1	1
3168	광주 광산구	장애인거주시설운영지원(시자체)	1,812,040	5	1	7	8	7	1	3	2
3169	광주 광산구	어린이집급식비지원	1,426,000	5	6	1	1	1	1	1	2
3170	광주 광산구	경로당운영비	1,212,656	5	4	7	8	7	1	1	2
3171	광주 광산구	공공형어린이집운영비(전환사업)	1,142,631	5	6	7	8	7	1	1	2
3172	광주 광산구	보육교직원처우개선지원(대체교사)	1,085,320	5	1	7	8	7	1	1	2
3173	광주 광산구	보육교직원안심보육비지원	1,022,000	5	6	7	8	7	1	1	2
3174	광주 광산구	경로당냉난방비	756,530	5	1	7	8	7	1	1	2
3175	광주 광산구	송광종합사회복지관운영지원	728,649	5	1	7	8	7	1	1	4
3176	광주 광산구	노인복지시설종사자특별수당	707,400	5	1	7	8	7	1	1	1
3177	광주 광산구	한부모가조족복지업무추진	703,256	5	6	7	8	7	5	1	1
3178	광주 광산구	하남종합사회복지관운영지원	667,338	5	1	7	8	7	1	1	4
3179	광주 광산구	시간제보육서비스제공지원	601,081	5	1	7	8	7	1	1	2
3180	광주 광산구	자활센터운영(광산지역자활센터	531,439	5	2	5	1	7	5	1	4
3181	광주 광산구	시니어클럽운영	356,287	5	1	7	7	7	1	1	3
3182	광주 광산구	중증장애인자립생활지원	321,660	5	2	7	8	7	1	3	2
3183	광주 광산구	장애인생산품판매시설운영지원	250,000	5	1	7	8	7	1	3	2
3184	광주 광산구	어린이집운영지원(민간시설교재교구비)	223,333	5	1	7	8	7	1	3	2
3185	광주 광산구	지역사회보장협의체운영활성화지원	214,940	5	1	7	8	7	1	1	2
3186	광주 광산구	지적장애인자립지원센터운영지원	173,000	5	1	7	8	7	1	1	1
3187	광주 광산구	가정폭력상담소운영지원	164,988	5	2	7	8	7	1	3	2
3188	광주 광산구	기부식품지원사업	156,000	5	2	7	8	7	5	1	1
3189	광주 광산구	기부식품지원사업	156,000	5	1	6	6	7	3	3	1
3190	광주 광산구	기부식품지원사업	156,000	5	1	6	6	7	3	3	1
3191	광주 광산구	경로당정부양곡지원	152,520	5	1	7	8	7	1	1	2
3192	광주 광산구	탈시설자립지원주거사업	147,000	5	2	7	8	7	1	3	2
3193	광주 광산구	장애인거주시설운영지원(실비입소이용료)	109,174	5	2	7	8	7	1	1	4
3194	광주 광산구	중증장애인자립생활지원(시자체)	103,100	5	2	7	8	7	1	3	2
3195	광주 광산구	경로당한시난방비	90,000	5	4	7	8	7	1	1	2
3196	광주 광산구	노인복지시설종사자특별수당(순구비)	55,800	5	1	7	8	7	1	1	1
3197	광주 광산구	미등록경로당운영지원	46,320	5	4	7	8	7	1	1	2

순번	시군구	지출명 (사업명)	2024년예산 (단위 : 천원 /1년간)	민간이전 분류 (지방자치단체 세출예산 집행기준에 의거) 1. 민간경상사업보조(307-02) 2. 민간단체 법정운영비보조(307-03) 3. 민간행사사업보조(307-04) 4. 민간위탁금(307-05) 5. 사회복지시설 법정운영비보조(307-10) 6. 민간인위탁교육비(307-12) 7. 공기관등에대한경상적위탁사업비(308-13) 8. 민간자본사업보조,자체재원(402-01) 9. 민간자본사업보조,이전재원(402-02) 10. 민간위탁사업비(402-03) 11. 공기관등에 대한 자본적 위탁사업비(403-02)	민간이전지출 근거 (지방보조금 관리기준 참고) 1. 법률에 규정 2. 국고보조 재원(국가지정) 3. 용도 지정 기부금 4. 조례에 직접규정 5. 지자체가 권장하는 사업을 하는 공공기관 6. 시,도 정책 및 재정사정 7. 기타 8. 해당없음	입찰방식			운영예산 산정		성과평가 실시여부
						계약체결방법 (경쟁형태) 1. 일반경쟁 2. 제한경쟁 3. 지명경쟁 4. 수의계약 5. 법정위탁 6. 기타 ( ) 7. 없음	계약기간 1. 1년 2. 2년 3. 3년 4. 4년 5. 5년 6. 기타 ( )년 7. 단기계약 (1년미만) 8. 없음	낙찰자선정방법 1. 적격심사 2. 협상에의한계약 3. 최저가낙찰제 4. 규격가격분리 5. 2단계 경쟁입찰 6. 기타 ( ) 7. 없음	운영예산 산정 1. 내부산정 (지자체 자체적으로 산정) 2. 외부산정 (외부전문기관위탁 산정) 3. 내·외부 모두 산정 4. 산정 無 5. 없음	정산방법 1. 내부정산 (지자체 내부적으로 정산) 2. 외부정산 (외부전문기관위탁 정산) 3. 내·외부 모두 산정 4. 정산 無 5. 없음	1. 실시 2. 미실시 3. 향후 추진 4. 해당없음
3198	광주 광산구	가정폭력,성폭력방지업무추진	36,050	5	6	7	8	7	5	1	1
3199	광주 광산구	자활사례관리인건비(광산지역자활센터)	31,477	5	2	5	1	7	5	1	4
3200	광주 광산구	어린이집운영지원(차량운영비)	26,400	5	1	7	8	7	1	1	2
3201	광주 광산구	종사자특별수당(광산지역자활센터)	24,499	5	2	5	1	7	5	1	4
3202	광주 광산구	장애인거주시설공기청정기렌탈지원	11,160	5	2	7	8	7	1	1	4
3203	광주 광산구	어린이집운영지원(농어촌소재법인어린이집지원)	6,667	5	1	7	8	7	1	1	2
3204	대구광역시	아동보호전문기관운영	2,334,726	5	2	7	8	7	5	5	4
3205	대구광역시	노인보호전문기관운영지원	867,940	5	2	7	8	7	5	5	4
3206	대구광역시	사회복지협의회지원	678,535	5	1	7	8	7	5	5	4
3207	대구광역시	광역자활센터운영	616,471	5	1	7	8	7	5	5	4
3208	대구광역시	아이돌봄광역지원센터	595,324	5	1	7	8	7	5	5	4
3209	대구광역시	아동보호전문기관종사자처우개선비	581,000	5	1	7	8	7	5	5	4
3210	대구광역시	자립지원사업비	539,850	5	1	7	8	7	5	5	4
3211	대구광역시	가정위탁지원센터종사자처우개선비	522,653	5	1	7	8	7	5	5	4
3212	대구광역시	자립지원전담요원배치	334,560	5	1	7	8	7	5	5	4
3213	대구광역시	어린이교통랜드운영	315,000	5	4	7	8	7	5	5	4
3214	대구광역시	학대피해장애인쉼터운영추가지원	280,000	5	6	7	8	7	5	5	4
3215	대구광역시	경로당광역지원센터운영지원	278,000	5	2	7	8	7	5	5	4
3216	대구광역시	결연기관운영	258,248	5	1	7	8	7	5	5	4
3217	대구광역시	장애인권익옹호기관운영지원	257,668	5	2	7	8	7	5	5	4
3218	대구광역시	학대피해노인전용쉼터운영	247,008	5	2	7	8	7	5	5	4
3219	대구광역시	장애인권익옹호기관운영추가지원	220,000	5	6	7	8	7	5	5	4
3220	대구광역시	학대피해장애인쉼터운영지원	183,792	5	5	7	8	7	5	5	4
3221	대구광역시	아동보호전문기관거점심리지원팀운영	155,374	5	2	7	8	7	5	5	4
3222	대구광역시	성매매피해아동청소년지원센터운영	127,884	5	1,2	7	8	7	5	5	4
3223	대구광역시	지역사회서비스청년사업단운영	121,665	5	2	7	8	7	5	5	4
3224	대구광역시	사회복지공동모금회지원	99,000	5	1	7	8	7	5	5	4
3225	대구광역시	가정위탁지원센터운영비	50,417	5	1	7	8	7	5	5	4
3226	대구광역시	아동보호전문기관사무실임차료지원	38,280	5	1	7	8	7	5	5	4
3227	대구광역시	아이돌봄광역지원센터종사자처우개선	17,100	5	1	7	8	7	5	5	4
3228	대구광역시	성매매피해자아동청소년지원센터종사자수당	7,200	5	1,6	7	8	7	5	5	4
3229	대구광역시	노인보호전문기관종사자복지포인트	4,750	5	7	7	8	7	5	5	4
3230	대구광역시	노인보호전문기관종사자상해보험료	220	5	7	7	8	7	5	5	4
3231	대구 중구	영유아보육료지원	5,814,149	5	1	7	8	7	3	1	4
3232	대구 중구	보육교직원인건비지원	4,627,401	5	1	7	8	7	3	1	4
3233	대구 중구	사회복지관운영지원	1,933,872	5	1	7	6	7	1	1	1
3234	대구 중구	장애인생활이동지원센터운영	968,110	5	1	7	8	7	1	1	1
3235	대구 중구	장애인직업재활시설운영	908,859	5	1	7	8	7	1	1	1
3236	대구 중구	보조교사,대체교사지원	880,918	5	1	7	8	7	3	1	4
3237	대구 중구	장애인주간보호시설운영	810,840	5	1	7	8	7	1	1	1

순번	시군구	지출명 (사업명)	2024년예산 (단위 : 천원 /1년간)	민간이전 분류 (지방자치단체 세출예산 집행기준에 의거) 1. 민간경상사업보조(307-02) 2. 민간단체 법정운영비보조(307-03) 3. 민간행사사업보조(307-04) 4. 민간위탁금(307-05) 5. 사회복지시설 법정운영비보조(307-10) 6. 민간인위탁교육비(307-12) 7. 공기관등에대한경상적위탁사업비(308-13) 8. 민간자본사업보조,자체재원(402-01) 9. 민간자본사업보조,이전재원(402-02) 10. 민간위탁사업비(402-03) 11. 공기관등에 대한 자본적 위탁사업비(403-02)	민간이전지출 근거 (지방보조금 관리기준 참고) 1. 법률에 규정 2. 국고보조 재원(국가지정) 3. 용도 지정 기부금 4. 조례에 직접규정 5. 지자체가 권장하는 사업을 하는 공공기관 6. 시,도 정책 및 재정사정 7. 기타 8. 해당없음	입찰방식: 계약체결방법 (경쟁형태) 1. 일반경쟁 2. 제한경쟁 3. 지명경쟁 4. 수의계약 5. 법정위탁 6. 기타 ( ) 7. 없음	입찰방식: 계약기간 1. 1년 2. 2년 3. 3년 4. 4년 5. 5년 6. 기타 ( )년 7. 단기계약 (1년미만) 8. 없음	입찰방식: 낙찰자선정방법 1. 적격심사 2. 협상에의한계약 3. 최저가낙찰제 4. 규격가격분리 5. 2단계 경쟁입찰 6. 기타 ( ) 7. 없음	운영예산 산정: 운영예산 산정 1. 내부산정 (지자체 자체적으로 산정) 2. 외부산정 (외부전문기관위탁 산정) 3. 내·외부 모두 산정 4. 산정 無 5. 없음	운영예산 산정: 정산방법 1. 내부정산 (지자체 내부적으로 정산) 2. 외부정산 (외부전문기관위탁 정산) 3. 내·외부 모두 산정 4. 정산 無 5. 없음	성과평가 실시여부 1. 실시 2. 미실시 3. 향후 추진 4. 해당없음
3238	대구 중구	양로시설운영	736,828	5	1	7	8	7	3	1	4
3239	대구 중구	재가노인돌봄센터운영	641,934	5	4	7	8	7	3	1	4
3240	대구 중구	보육교직원처우개선지원	530,000	5	1	7	8	7	3	1	4
3241	대구 중구	지역아동센터인건비	487,950	5	2	7	8	7	1	1	4
3242	대구 중구	성매매피해자지원시설운영	487,282	5	2	7	8	7	1	1	2
3243	대구 중구	자활지원센터운영	458,576	5	2	7	8	7	1	1	2
3244	대구 중구	지역자활센터운영	412,161	5	1	7	8	7	3	1	1
3245	대구 중구	경증치매노인기억학교운영	407,835	5	1	7	8	7	3	1	4
3246	대구 중구	시니어클럽운영비지원	406,915	5	1	1	5	1	1	1	4
3247	대구 중구	만3~5세누리과정담임수당등지원	377,803	5	1	7	8	7	3	1	4
3248	대구 중구	노숙인쉼터및상담소운영	355,363	5	1	7	8	7	1	1	4
3249	대구 중구	한부모가족복지시설운영	354,250	5	2	7	8	7	1	1	2
3250	대구 중구	아동복지시설운영	290,150	5	1	7	8	7	1	5	4
3251	대구 중구	경로당운영	250,130	5	1	7	8	7	1	1	4
3252	대구 중구	학대피해아동쉼터운영	237,984	5	1	7	8	7	1	5	4
3253	대구 중구	가정폭력성폭력통합상담소운영	214,418	5	2	7	8	7	1	1	2
3254	대구 중구	성매매피해자지원시설운영(종사자처우개선)	206,656	5	2	7	8	7	1	1	2
3255	대구 중구	장애인단기공동거주시설운영지원	201,365	5	1	7	8	7	1	1	1
3256	대구 중구	성매매피해상담소운영	190,280	5	2	7	8	7	1	1	2
3257	대구 중구	민간가정등보육교사수당지원	178,560	5	1	7	8	7	3	1	4
3258	대구 중구	국공립등보육교사수당지원	132,600	5	1	7	8	7	3	1	4
3259	대구 중구	경로당냉난방비및양곡비지원	126,500	5	2	7	8	7	1	1	4
3260	대구 중구	공공형어린이집운영비지원(전환사업)	108,207	5	1	7	8	7	3	1	4
3261	대구 중구	요보호아동그룹홈운영	102,815	5	2	7	8	7	1	5	4
3262	대구 중구	지역아동센터운영비	86,400	5	2	7	8	7	1	1	4
3263	대구 중구	지역아동센터종사자처우개선비	76,933	5	2	7	8	7	1	1	4
3264	대구 중구	학대피해아동쉼터운영지원	76,260	5	1	7	8	7	1	5	4
3265	대구 중구	요보호아동그룹홈운영지원	66,618	5	1	7	8	7	1	5	4
3266	대구 중구	그룹홈운영	65,253	5	2	7	8	7	1	1	2
3267	대구 중구	여성폭력상담소운영(종사자처우개선)	50,956	5	2	7	8	7	1	1	2
3268	대구 중구	어린이집보육교사장기근속수당지원	50,520	5	1	7	8	7	3	1	4
3269	대구 중구	어린이집운영지원	20,593	5	1	7	8	7	3	1	4
3270	대구 중구	양로시설입소자보호비	19,452	5	4	7	8	7	3	1	4
3271	대구 중구	어린이집냉난방비지원	18,400	5	1	7	8	7	3	1	4
3272	대구 중구	지역자활센터종사자추가지원	18,370	5	4	7	8	7	3	1	1
3273	대구 중구	어린이집조리원운영비지원	13,200	5	1	7	8	7	3	1	4
3274	대구 중구	노인교실운영	11,700	5	1	7	8	7	1	1	4
3275	대구 중구	어린이집안전공제회단체가입지원	10,000	5	1	7	8	7	3	1	4
3276	대구 중구	어린이집교직원하계연수비	10,000	5	1	7	8	7	3	1	4
3277	대구 중구	평가어린이집환경개선비지원	8,000	5	1	7	8	7	3	1	4

순번	시군구	지출명 (사업명)	2024년예산 (단위 : 천원 /1년간)	민간이전 분류 (지방자치단체 세출예산 집행기준에 의거) 1. 민간경상사업보조(307-02) 2. 민간단체 법정운영비보조(307-03) 3. 민간행사사업보조(307-04) 4. 민간위탁금(307-05) 5. 사회복지시설 법정운영비보조(307-10) 6. 민간인위탁교육비(307-12) 7. 공기관등에대한경상적위탁사업비(308-13) 8. 민간자본사업보조,자체재원(402-01) 9. 민간자본사업보조,이전재원(402-02) 10. 민간위탁사업비(402-03) 11. 공기관등에 대한 자본적 위탁사업비(403-02)	민간이전지출 근거 (지방보조금 관리기준 참고) 1. 법률에 규정 2. 국고보조 재원(국가지정) 3. 용도 지정 기부금 4. 조례에 직접규정 5. 지자체가 권장하는 사업을 하는 공공기관 6. 시,도 정책 및 재정사정 7. 기타 8. 해당없음	입찰방식			운영예산 산정		성과평가 실시여부
						계약체결방법 (경쟁형태) 1. 일반경쟁 2. 제한경쟁 3. 지명경쟁 4. 수의계약 5. 법정위탁 6. 기타 ( ) 7. 없음	계약기간 1. 1년 2. 2년 3. 3년 4. 4년 5. 5년 6. 기타 ( )년 7. 단기계약 (1년미만) 8. 없음	낙찰자선정방법 1. 적격심사 2. 협상에의한계약 3. 최저가낙찰제 4. 규격가격분리 5. 2단계 경쟁입찰 6. 기타 ( ) 7. 없음	운영예산 산정 1. 내부산정 (지자체 자체적으로 산정) 2. 외부산정 (외부전문기관위탁 산정) 3. 내·외부 모두 산정 4. 산정 無 5. 없음	정산방법 1. 내부정산 (지자체 내부적으로 정산) 2. 외부정산 (외부전문기관위탁 정산) 3. 내·외부 모두 산정 4. 정산 無 5. 없음	1. 실시 2. 미실시 3. 향후 추진 4. 해당없음
3278	대구 중구	특수목적형지역아동센터운영	7,200	5	2	7	8	7	1	1	4
3279	대구 중구	공공형어린이집조리원인건비	7,200	5	1	7	8	7	3	1	4
3280	대구 중구	어린이집보육교사근속장려수당지원	6,840	5	1	7	8	7	3	1	4
3281	대구 중구	교사겸직원장수당지원	5,760	5	1	7	8	7	3	1	4
3282	대구 중구	지역아동센터냉난방비	2,000	5	2	7	8	7	1	1	4
3283	대구 중구	장애아보육교직원특별수당지원	1,680	5	1	7	8	7	3	1	4
3284	대구 동구	노인맞춤돌봄서비스사업	6,374,824	5	2	7	8	7	5	1	1
3285	대구 동구	만3~5세보육료지원	5,612,095	5	6	7	8	7	3	3	2
3286	대구 동구	아동복지시설지원	5,424,478	5	1	7	8	7	5	5	4
3287	대구 동구	종합사회복지관운영	2,850,553	5	1	7	8	7	1	1	2
3288	대구 동구	장애인직업재활시설운영지원	2,356,223	5	1	7	8	7	5	5	4
3289	대구 동구	종합사회복지관운영	1,904,700	5	1	7	8	7	1	1	2
3290	대구 동구	만3~5세보육료지원	1,896,372	5	6	7	8	7	3	3	2
3291	대구 동구	재가노인복지시설운영	1,833,309	5	1	7	8	7	1	1	1
3292	대구 동구	지역아동센터인건비지원	1,802,000	5	2	7	8	7	5	5	4
3293	대구 동구	장애인주간보호시설운영지원	1,660,310	5	1	7	8	7	5	5	4
3294	대구 동구	장애인거주시설운영추가지원	1,334,579	5	1	7	8	7	5	5	4
3295	대구 동구	정신요양시설운영지원	1,228,000	5	1	7	8	7	5	5	4
3296	대구 동구	유아보육료차액지원	931,865	5	6	7	8	7	3	3	2
3297	대구 동구	공공형보육시설지원(전환사업)	909,091	5	6	7	8	7	3	3	2
3298	대구 동구	민간,가정등보육교사수당지원	907,200	5	6	7	8	7	3	3	2
3299	대구 동구	치매노인보호시설운영	827,985	5	1	7	8	7	1	1	1
3300	대구 동구	동구노인종합복지관운영	618,899	5	1	7	8	7	1	1	1
3301	대구 동구	지역아동센터운영지원	544,311	5	6	7	8	7	5	5	4
3302	대구 동구	자활근로,지역자활센터및광역자활센터운영(지역자활센터운영)	531,439	5	1	5	1	1	5	1	1
3303	대구 동구	시간제보육서비스제공지원	504,922	5	2	7	8	7	3	3	2
3304	대구 동구	경로당운영지원	471,595	5	1	7	8	7	1	1	1
3305	대구 동구	국공립법인시설종사자수당	445,740	5	6	7	8	7	3	3	2
3306	대구 동구	지역아동센터운영비지원	436,532	5	2	7	8	7	5	5	4
3307	대구 동구	독거노인장애인응급안전안심서비스운영지원	427,406	5	2	7	8	7	5	1	1
3308	대구 동구	시니어클럽운영	406,677	5	1	7	8	7	1	1	1
3309	대구 동구	노숙인쉼터운영지원	385,615	5	1	7	8	7	1	1	4
3310	대구 동구	경로당냉난방비및양곡비지원	374,754	5	1	7	8	7	1	1	1
3311	대구 동구	양육모그룹홈운영지원	336,780	5	1	5	8	7	5	1	1
3312	대구 동구	아동복지시설지원	328,872	5	1	7	8	7	5	5	4
3313	대구 동구	장애인공동생활가정운영지원	294,382	5	1	7	8	7	5	5	4
3314	대구 동구	경로당운영지원	282,568	5	1	7	8	7	1	1	1
3315	대구 동구	장기근속보육교직원수당지원	268,200	5	6	7	8	7	3	3	2
3316	대구 동구	노인복지시설운영	233,235	5	1	7	8	7	1	1	1
3317	대구 동구	아동복지시설지원	207,533	5	1	7	8	7	5	5	4

순번	시군구	지출명 (사업명)	2024년예산 (단위 : 천원 /1년간)	민간이전 분류 (지방자치단체 세출예산 집행기준에 의거) 1. 민간경상사업보조(307-02) 2. 민간단체 법정운영비보조(307-03) 3. 민간행사사업보조(307-04) 4. 민간위탁금(307-05) 5. 사회복지시설 법정운영비보조(307-10) 6. 민간인위탁교육비(307-12) 7. 공기관등에대한경상적위탁사업비(308-13) 8. 민간자본사업보조,자체재원(402-01) 9. 민간자본사업보조,이전재원(402-02) 10. 민간위탁사업비(402-03) 11. 공기관등에 대한 자본적 위탁사업비(403-02)	민간이전지출 근거 (지방보조금 관리기준 참고) 1. 법률에 규정 2. 국고보조 재원(국가지정) 3. 용도 지정 기부금 4. 조례에 직접규정 5. 지자체가 권장하는 사업을 하는 공공기관 6. 시,도 정책 및 재정사정 7. 기타 8. 해당없음	입찰방식: 계약체결방법 (경쟁형태) 1. 일반경쟁 2. 제한경쟁 3. 지명경쟁 4. 수의계약 5. 법정위탁 6. 기타 ( ) 7. 없음	입찰방식: 계약기간 1. 1년 2. 2년 3. 3년 4. 4년 5. 5년 6. 기타 ( )년 7. 단기계약 (1년미만) 8. 없음	입찰방식: 낙찰자선정방법 1. 적격심사 2. 협상에의한계약 3. 최저가낙찰제 4. 규격가격분리 5. 2단계 경쟁입찰 6. 기타 ( ) 7. 없음	운영예산 산정: 운영예산 산정 1. 내부산정 (지자체 자체적으로 산정) 2. 외부산정 (외부전문기관위탁 산정) 3. 내·외부 모두 산정 4. 산정 無 5. 없음	운영예산 산정: 정산방법 1. 내부정산 (지자체 내부적으로 정산) 2. 외부정산 (외부전문기관위탁 정산) 3. 내·외부 모두 산정 4. 정산 無 5. 없음	성과평가 실시여부 1. 실시 2. 미실시 3. 향후 추진 4. 해당없음
3318	대구 동구	장애인생산품판매시설지원	189,953	5	1	7	8	7	5	5	4
3319	대구 동구	수화통역센터운영지원	186,230	5	1	7	8	7	5	5	4
3320	대구 동구	정신요양시설운영추가지원	181,585	5	1	7	8	7	5	5	4
3321	대구 동구	장애인주간보호시설운영지원 (마실)	158,000	5	1	7	8	7	5	5	4
3322	대구 동구	장애인편의증진기술지원기초센터운영	146,961	5	1	5	8	7	5	1	3
3323	대구 동구	가정폭력상담소운영지원	146,711	5	1	5	8	7	5	1	1
3324	대구 동구	장애인생산품판매시설추가지원	119,862	5	1	7	8	7	5	5	4
3325	대구 동구	경로당냉난방비및양곡비지원	110,000	5	1	7	8	7	1	1	1
3326	대구 동구	교사겸직원장수당	93,600	5	6	7	8	7	3	3	2
3327	대구 동구	경로당냉난방비및양곡비지원	83,300	5	1	7	8	7	1	1	1
3328	대구 동구	기초푸드뱅크지원	74,280	5	4	7	8	7	1	1	4
3329	대구 동구	어린이집안전공제회단체가입지원	65,542	5	6	7	8	7	3	3	2
3330	대구 동구	폭염혹한기생활지원사통신비지원	51,480	5	2	7	8	7	5	1	1
3331	대구 동구	독거노인폭염혹한기극복지원	51,000	5	2	7	8	7	5	1	1
3332	대구 동구	공공형어린이집조리원인건비지원	51,000	5	6	7	8	7	3	3	2
3333	대구 동구	동구노인종합복지관운영	50,000	5	1	7	8	7	1	1	1
3334	대구 동구	근속장려수당	49,680	5	6	7	8	7	3	3	2
3335	대구 동구	평가어린이집환경개선비지원	49,000	5	6	7	8	7	3	3	2
3336	대구 동구	사회복지일반운영	48,000	5	1	7	8	7	1	1	4
3337	대구 동구	대한노인회동구지회지원	44,300	5	1	7	8	7	1	1	1
3338	대구 동구	자활사례관리	31,476	5	1	5	1	1	5	1	1
3339	대구 동구	장애아보육시설종사자특별수당지원	26,640	5	6	7	8	7	3	3	2
3340	대구 동구	아동복지시설지원	25,050	5	1	7	8	7	5	5	4
3341	대구 동구	청소년지도사배치지원	24,648	5	1	2	2	1	5	1	1
3342	대구 동구	청소년지도사배치지원	24,648	5	1	2	2	1	5	1	1
3343	대구 동구	가정폭력상담소운영지원	22,209	5	1	5	8	7	5	1	1
3344	대구 동구	지역아동센터운영지원	22,060	5	6	7	8	7	5	5	4
3345	대구 동구	지역자활센터종사자수당	20,600	5	1	5	1	1	5	1	1
3346	대구 동구	지역아동센터환경개선지원	20,000	5	2	7	8	7	5	5	4
3347	대구 동구	지역아동센터종사자역량강화워크숍지원	20,000	5	6	7	8	7	5	5	4
3348	대구 동구	종합사회복지관운영추가지원	16,000	5	1	7	8	7	1	1	2
3349	대구 동구	아동복지시설지원	15,000	5	1	7	8	7	5	5	4
3350	대구 동구	아동복지시설지원	15,000	5	1	7	8	7	5	5	4
3351	대구 동구	지역아동센터특성별추가지원	14,880	5	2	7	8	7	5	5	4
3352	대구 동구	양육모그룹홈운영지원	12,480	5	1	5	8	7	5	1	1
3353	대구 동구	지역아동센터운영지원	12,200	5	6	7	8	7	5	5	4
3354	대구 동구	독거노인장애인응급안전안심서비스운영지원(시비특별수당)	12,024	5	2	7	8	7	5	1	1
3355	대구 동구	지역아동센터운영지원	10,100	5	6	7	8	7	5	5	4
3356	대구 동구	경계선지능아동자립지원	10,000	5	1	7	8	7	5	5	4
3357	대구 동구	지역아동센터특성별추가지원	7,680	5	2	7	8	7	5	5	4

순번	시군구	지출명 (사업명)	2024년예산 (단위 : 천원 /1년간)	민간이전 분류 (지방자치단체 세출예산 집행기준에 의거) 1. 민간경상사업보조(307-02) 2. 민간단체 법정운영비보조(307-03) 3. 민간행사사업보조(307-04) 4. 민간위탁금(307-05) 5. 사회복지시설 법정운영비보조(307-10) 6. 민간인위탁교육비(307-12) 7. 공기관등에대한경상적위탁사업비(308-13) 8. 민간자본사업보조,자체재원(402-01) 9. 민간자본사업보조,이전재원(402-02) 10. 민간위탁사업비(402-03) 11. 공기관등에 대한 자본적 위탁사업비(403-02)	민간이전지출 근거 (지방보조금 관리기준 참고) 1. 법률에 규정 2. 국고보조 재원(국가지정) 3. 용도 지정 기부금 4. 조례에 직접규정 5. 지자체가 권장하는 사업을 하는 공공기관 6. 시,도 정책 및 재정사정 7. 기타 8. 해당없음	입찰방식 계약체결방법 (경쟁형태) 1. 일반경쟁 2. 제한경쟁 3. 지명경쟁 4. 수의계약 5. 법정위탁 6. 기타 ( ) 7. 없음	입찰방식 계약기간 1. 1년 2. 2년 3. 3년 4. 4년 5. 5년 6. 기타 ( )년 7. 단기계약 (1년미만) 8. 없음	입찰방식 낙찰자선정방법 1. 적격심사 2. 협상에의한계약 3. 최저가낙찰제 4. 규격가격분리 5. 2단계 경쟁입찰 6. 기타 ( ) 7. 없음	운영예산 산정 운영예산 산정 1. 내부산정 (지자체 자체적으로 산정) 2. 외부산정 (외부전문기관위탁 산정) 3. 내·외부 모두 산정 4. 산정 無 5. 없음	운영예산 산정 정산방법 1. 내부정산 (지자체 내부적으로 정산) 2. 외부정산 (외부전문기관위탁 정산) 3. 내·외부 모두 산정 4. 정산 無 5. 없음	성과평가 실시여부 1. 실시 2. 미실시 3. 향후 추진 4. 해당없음
3358	대구 동구	늘푸른보호작업장운영	6,000	5	1	7	8	7	5	5	4
3359	대구 동구	지역아동센터어울림한마당행사지원	5,000	5	6	7	8	7	5	5	4
3360	대구 동구	장애인거주시설IoT.AI활용돌봄지원	4,900	5	1	7	8	7	5	5	4
3361	대구 동구	치매노인보호시설운영	4,130	5	1	7	8	7	1	1	1
3362	대구 동구	장애인거주시설공기청정기렌탈지원	3,405	5	1	7	8	7	5	5	4
3363	대구 동구	사회복지일반운영	2,000	5	1	7	8	7	1	1	4
3364	대구 동구	장애아전문보육시설활성화지원	2,000	5	6	7	8	7	3	3	2
3365	대구 동구	지역아동센터운영지원	530	5	6	7	8	7	5	5	4
3366	대구 서구	보육교직원인건비지원	6,647,669	5	2	7	8	7	1	1	4
3367	대구 서구	지역아동센터인건비지원	3,318,376	5	2	7	8	7	1	1	4
3368	대구 서구	보조교사및대체교사지원	1,734,937	5	2	7	8	7	1	1	4
3369	대구 서구	아동복지시설운영	1,370,821	5	2	7	8	7	3	3	1
3370	대구 서구	3~5세누리과정지원	1,237,834	5	2	7	8	7	1	1	4
3371	대구 서구	재가노인돌봄센터운영지원	1,233,726	5	4	7	8	7	1	1	4
3372	대구 서구	장애인거주시설운영지원	1,159,651	5	1	7	8	7	5	1	4
3373	대구 서구	보육교직원처우개선지원	1,148,333	5	2	7	8	7	1	1	4
3374	대구 서구	양로시설운영비지원(전환사업)	1,040,981	5	6	7	8	7	5	1	4
3375	대구 서구	경증치매노인기억학교운영	744,502	5	2	7	8	7	1	1	4
3376	대구 서구	공공형어린이집운영비(전환사업)	584,093	5	6	7	8	7	1	1	4
3377	대구 서구	지역아동센터운영비지원(기본운영비,추가운영비)	576,600	5	2	7	8	7	1	1	4
3378	대구 서구	지역아동센터종사자처우개선비	548,145	5	6	7	8	7	1	1	4
3379	대구 서구	한부모가족복지시설운영지원	517,510	5	2	7	8	7	3	3	1
3380	대구 서구	노숙인복지시설운영지원	493,822	5	1	7	8	7	1	1	4
3381	대구 서구	자활사업(자활센터)	488,076	5	2	7	8	7	5	1	1
3382	대구 서구	장애인주간보호시설운영지원	485,253	5	1	7	8	7	5	1	4
3383	대구 서구	민간,가정등보육교사수당지원	446,320	5	6	7	8	7	1	1	4
3384	대구 서구	서구시니어클럽운영	440,957	5	1	6	8	6	1	1	4
3385	대구 서구	장애인직업재활시설운영지원	430,149	5	1	7	8	7	5	1	4
3386	대구 서구	경로당운영및지원	338,270	5	1	7	8	7	1	1	4
3387	대구 서구	어린이집운영지원	260,140	5	2	7	8	7	1	1	4
3388	대구 서구	어린이집급식품질개선비지원	245,196	5	6	7	8	7	1	1	4
3389	대구 서구	학대피해아동쉼터운영비,인건비,사업비	237,784	5	2	7	8	7	3	3	1
3390	대구 서구	경로당냉난방비및양곡비지원	212,424	5	1	7	8	7	1	1	4
3391	대구 서구	국공립,법인보육교사수당지원	183,600	5	6	7	8	7	1	1	4
3392	대구 서구	성폭력,가정폭력상담소운영	142,022	5	2	7	8	7	3	3	1
3393	대구 서구	장애인공동생활가정운영	141,250	5	1	7	8	7	5	1	4
3394	대구 서구	장기근속보육교사처우개선지원	136,920	5	4	7	8	7	1	1	1
3395	대구 서구	학대피해아동쉼터종사자처우개선비	100,002	5	2	7	8	7	3	3	1
3396	대구 서구	특성별지역아동센터추가지원(특수목적형,토요운영)	90,000	5	2	7	8	7	1	1	4
3397	대구 서구	장애인거주시설운영추가지원	80,391	5	1	7	8	7	5	1	4

순번	시군구	지출명 (사업명)	2024년예산 (단위 : 천원 /1년간)	민간이전 분류 (지방자치단체 세출예산 집행기준에 의거) 1. 민간경상사업보조(307-02) 2. 민간단체 법정운영비보조(307-03) 3. 민간행사사업보조(307-04) 4. 민간위탁금(307-05) 5. 사회복지시설 법정운영비보조(307-10) 6. 민간인위탁교육비(307-12) 7. 공기관등에대한경상적위탁사업비(308-13) 8. 민간자본사업보조,자체재원(402-01) 9. 민간자본사업보조,이전재원(402-02) 10. 민간위탁사업비(402-03) 11. 공기관등에 대한 자본적 위탁사업비(403-02)	민간이전지출 근거 (지방보조금 관리기준 참고) 1. 법률에 규정 2. 국고보조 재원(국가지정) 3. 용도 지정 기부금 4. 조례에 직접규정 5. 지자체가 권장하는 사업을 하는 공공기관 6. 시,도 정책 및 재정사정 7. 기타 8. 해당없음	입찰방식 계약체결방법 (경쟁형태) 1. 일반경쟁 2. 제한경쟁 3. 지명경쟁 4. 수의계약 5. 법정위탁 6. 기타 ( ) 7. 없음	입찰방식 계약기간 1. 1년 2. 2년 3. 3년 4. 4년 5. 5년 6. 기타 ( )년 7. 단기계약 (1년미만) 8. 없음	입찰방식 낙찰자선정방법 1. 적격심사 2. 협상에의한계약 3. 최저가낙찰제 4. 규격가격분리 5. 2단계 경쟁입찰 6. 기타 ( ) 7. 없음	운영예산 산정 운영예산 산정 1. 내부산정 (지자체 자체적으로 산정) 2. 외부산정 (외부전문기관위탁 산정) 3. 내·외부 모두 산정 4. 산정 無 5. 없음	운영예산 산정 정산방법 1. 내부정산 (지자체 내부적으로 정산) 2. 외부정산 (외부전문기관위탁 정산) 3. 내·외부 모두 산정 4. 정산 無 5. 없음	성과평가 실시여부 1. 실시 2. 미실시 3. 향후 추진 4. 해당없음
3398	대구 서구	장애인편의증진기술지원센터운영	75,000	5	4	7	8	7	5	1	4
3399	대구 서구	한부모가족(매입임대)주거지원	70,144	5	2	7	8	7	3	3	1
3400	대구 서구	장애아보육교직원특별수당지원	59,040	5	6	7	8	7	1	1	4
3401	대구 서구	지역사회보장협의체활성화지원	45,590	5	8	7	8	7	1	1	1
3402	대구 서구	한부모가족복지시설운영(시특별지원)	45,480	5	2	7	8	7	3	3	1
3403	대구 서구	어린이집냉난방비지원	43,950	5	4	7	8	7	1	1	1
3404	대구 서구	노인생활시설운영지원	36,148	5	6	7	8	7	5	1	4
3405	대구 서구	한부모시설입소자상담.치료지원	33,200	5	2	7	8	7	3	3	1
3406	대구 서구	자활사업(자활센터사례관리)	31,476	5	2	7	8	7	5	1	1
3407	대구 서구	한부모가족복지시설퇴소자자립정착금지원	30,000	5	2	7	8	7	3	3	1
3408	대구 서구	여성폭력피해시설지원	29,554	5	1	7	8	7	3	3	1
3409	대구 서구	어린이집원장수당지원	27,360	5	6	7	8	7	1	1	4
3410	대구 서구	공공형어린이집인건비지원	25,200	5	6	7	8	7	1	1	4
3411	대구 서구	어린이집안전공제회단체가입지원	24,000	5	1	5	1	7	2	1	4
3412	대구 서구	평가인증어린이집환경개선비지원	22,000	5	1	7	8	7	1	1	4
3413	대구 서구	근속장려수당지원	19,800	5	6	7	8	7	1	1	4
3414	대구 서구	지역자활센터종사자인건비보전지원	17,388	5	4	7	8	7	5	1	1
3415	대구 서구	한부모시설아이돌봄서비스지원	15,526	5	2	7	8	7	3	3	1
3416	대구 서구	지역아동센터난방비지원	13,200	5	6	7	8	7	1	1	4
3417	대구 서구	공공형어린이집활성화지원	12,826	5	4	7	8	7	1	1	1
3418	대구 서구	경계선지능아동자립지원	5,655	5	2	7	1	7	3	3	1
3419	대구 서구	양로시설운영비지원(전환사업)	4,295	5	6	7	8	7	5	1	4
3420	대구 서구	장애아전문어린이집차량운영인건비지원	3,600	5	6	7	8	7	1	1	4
3421	대구 서구	장애아전담어린이집활성화지원	2,000	5	6	7	8	7	1	1	4
3422	대구 서구	장애인거주시설공기청정기(렌탈지원)	1,550	5	1	7	8	7	5	1	4
3423	대구 남구	보육교직원인건비지원	9,058,195	5	1	7	8	7	1	1	4
3424	대구 남구	영유아보육료지원	6,027,691	5	1	7	8	7	1	1	4
3425	대구 남구	아동복지시설인건비(4개소)	5,760,648	5	2	7	8	7	1	1	2
3426	대구 남구	장애인거주시설운영(2개소)지원	2,177,167	5	2	7	8	7	1	1	4
3427	대구 남구	만35세보육료지원	1,610,762	5	1	7	8	7	1	1	4
3428	대구 남구	장애인직업재활시설(운영비,인건비)운영	1,490,952	5	2	7	8	7	1	1	4
3429	대구 남구	장애인주간보호시설(인건비,운영비)운영	1,391,069	5	2	7	8	7	1	1	4
3430	대구 남구	지역아동센터인건비지원	1,017,000	5	2	7	8	7	1	1	4
3431	대구 남구	보조교사지원	1,002,057	5	1	7	8	7	1	1	4
3432	대구 남구	남구종합사회복지관운영	971,112	5	1	2	5	1	3	3	1
3433	대구 남구	대명사회복지관운영	950,017	5	1	2	5	1	3	3	1
3434	대구 남구	장애인공동생활가정(운영비,인건비)운영	888,267	5	2	7	8	7	1	1	4
3435	대구 남구	교사근무환경개선비	743,333	5	1	7	8	7	1	1	4
3436	대구 남구	만35세담임수당등지원	660,643	5	1	7	8	7	1	1	4
3437	대구 남구	노인복지관운영	617,072	5	4	7	8	7	1	1	1

순번	시군구	지출명 (사업명)	2024년예산 (단위 : 천원 /1년간)	민간이전 분류 (지방자치단체 세출예산 집행기준에 의거) 1. 민간경상사업보조(307-02) 2. 민간단체 법정운영비보조(307-03) 3. 민간행사사업보조(307-04) 4. 민간위탁금(307-05) 5. 사회복지시설 법정운영비보조(307-10) 6. 민간인위탁교육비(307-12) 7. 공기관등에대한경상적위탁사업비(308-13) 8. 민간자본사업보조,자체재원(402-01) 9. 민간자본사업보조,이전재원(402-02) 10. 민간위탁사업비(402-03) 11. 공기관등에 대한 자본적 위탁사업비(403-02)	민간이전지출 근거 (지방보조금 관리기준 참고) 1. 법률에 규정 2. 국고보조 재원(국가지정) 3. 용도 지정 기부금 4. 조례에 직접규정 5. 지자체가 권장하는 사업을 하는 공공기관 6. 시,도 정책 및 재정사정 7. 기타 8. 해당없음	입찰방식			운영예산 산정		성과평가 실시여부 1. 실시 2. 미실시 3. 향후 추진 4. 해당없음
						계약체결방법 (경쟁형태) 1. 일반경쟁 2. 제한경쟁 3. 지명경쟁 4. 수의계약 5. 법정위탁 6. 기타 ( ) 7. 없음	계약기간 1. 1년 2. 2년 3. 3년 4. 4년 5. 5년 6. 기타 ( )년 7. 단기계약 (1년미만) 8. 없음	낙찰자선정방법 1. 적격심사 2. 협상에의한계약 3. 최저가낙찰제 4. 규격가격분리 5. 2단계 경쟁입찰 6. 기타 ( ) 7. 없음	운영예산 산정 1. 내부산정 (지자체 자체적으로 산정) 2. 외부산정 (외부전문기관위탁 산정) 3. 내·외부 모두 산정 4. 산정 無 5. 없음	정산방법 1. 내부정산 (지자체 내부적으로 정산) 2. 외부정산 (외부전문기관위탁 정산) 3. 내·외부 모두 산정 4. 정산 無 5. 없음	
3438	대구 남구	요보호아동그룹홈운영지원(5개소)	606,450	5	7	7	8	7	1	1	2
3439	대구 남구	장애인자립주택관리운영	600,000	5	2	7	8	7	1	1	4
3440	대구 남구	재가노인돌봄센터운영지원(2개소)	596,946	5	1	7	8	7	1	1	2
3441	대구 남구	발달장애인주간활동서비스지원사업	555,894	5	1	7	8	7	1	1	4
3442	대구 남구	지역자활센터등운영지원	488,076	5	2	5	8	7	5	5	1
3443	대구 남구	가정폭력피해자보호시설운영(2개소)	423,658	5	1	7	8	7	1	1	2
3444	대구 남구	시니어클럽운영	409,973	5	1	7	8	7	1	1	2
3445	대구 남구	경증치매노인기억학교운영지원(1개소)	360,338	5	1	7	8	7	1	1	2
3446	대구 남구	노숙인복지시설운영지원(살림커뮤니티)	342,251	5	4	5	8	7	5	5	4
3447	대구 남구	아동복지시설운영비(4개소)	341,827	5	5	7	8	7	1	1	2
3448	대구 남구	한부모가족복지시설인건비	321,200	5	2	7	8	7	1	1	4
3449	대구 남구	수어통역센터(인건비,운영비)운영	295,974	5	2	7	8	7	1	1	4
3450	대구 남구	공공형어린이집운영비	272,381	5	1	7	8	7	1	1	4
3451	대구 남구	아동복지시설아동지원(4개소)	259,997	5	6	7	8	7	1	1	2
3452	대구 남구	발달장애인방과후활동서비스지원	243,577	5	1	7	8	7	1	1	4
3453	대구 남구	요보호아동그룹홈종사자처우개선비	230,115	5	8	7	8	7	1	1	2
3454	대구 남구	이주여성보호시설운영(운영비,인건비)	225,385	5	1	7	8	7	1	1	2
3455	대구 남구	유아보육료차액지원	224,002	5	1	7	8	7	1	1	4
3456	대구 남구	성폭력피해자보호시설인건비,운영비,사업비	205,979	5	1	7	8	7	1	1	2
3457	대구 남구	지역아동센터기본운영비지원	199,296	5	2	7	8	7	1	1	4
3458	대구 남구	국공립법인보육교사수당	193,800	5	1	7	8	7	1	1	4
3459	대구 남구	민간가정등보육교사수당지원	187,200	5	1	7	8	7	1	1	4
3460	대구 남구	장애인자립생활주택지원	185,400	5	2	7	8	7	1	1	4
3461	대구 남구	생명의전화대구상담소운영	178,640	5	1	5	8	7	3	3	1
3462	대구 남구	경로당냉난방비및양곡비지원	171,848	5	5	7	8	7	1	1	2
3463	대구 남구	어린이집급식품질개선지원	167,832	5	1	7	8	7	1	1	4
3464	대구 남구	지역아동센터종사자처우개선비(인건비)	167,359	5	6	7	8	7	1	1	4
3465	대구 남구	장애인자립생활지원센터(운영비,인건비)운영지원	164,266	5	2	7	8	7	1	1	4
3466	대구 남구	경로당운영등추가지원	142,756	5	5	7	8	7	1	1	2
3467	대구 남구	지적장애인자립지원센터(운영비,인건비)지원	142,500	5	6	7	8	7	1	1	4
3468	대구 남구	성폭력상담소인건비,운영비	142,022	5	1	7	8	7	1	1	2
3469	대구 남구	장애인거주시설운영추가지원(2개소)	135,916	5	2	7	8	7	1	1	4
3470	대구 남구	푸드뱅크운영지원	118,861	5	1	5	8	7	1	1	1
3471	대구 남구	한부모가족복지시설운영비	110,000	5	2	7	8	7	1	1	4
3472	대구 남구	직접채용대체교사지원	105,517	5	1	7	8	7	1	1	4
3473	대구 남구	경로당운영	98,614	5	5	7	8	7	1	1	2
3474	대구 남구	재가장애인복지봉사센터(운영비,인건비)운영(1개소)	98,392	5	2	7	8	7	1	1	4
3475	대구 남구	가정폭력피해자보호시설시비추가지원(2개소)	92,246	5	1	7	8	7	1	1	2
3476	대구 남구	보육교사장기근속수당	91,800	5	1	7	8	7	1	1	4
3477	대구 남구	성폭력피해자보호시설시비추가지원	88,945	5	1	7	8	7	1	1	2

순번	시군구	지출명 (사업명)	2024년예산 (단위 : 천원 /1년간)	민간이전 분류 (지방자치단체 세출예산 집행기준에 의거) 1. 민간경상사업보조(307-02) 2. 민간단체 법정운영비보조(307-03) 3. 민간행사사업보조(307-04) 4. 민간위탁금(307-05) 5. 사회복지시설 법정운영비보조(307-10) 6. 민간인위탁교육비(307-12) 7. 공기관등에대한경상적위탁사업비(308-13) 8. 민간자본사업보조,자체재원(402-01) 9. 민간자본사업보조,이전재원(402-02) 10. 민간위탁사업비(402-03) 11. 공기관등에 대한 자본적 위탁사업비(403-02)	민간이전지출 근거 (지방보조금 관리기준 참고) 1. 법률에 규정 2. 국고보조 재원(국가지정) 3. 용도 지정 기부금 4. 조례에 직접규정 5. 지자체가 권장하는 사업을 하는 공공기관 6. 시,도 정책 및 재정사정 7. 기타 8. 해당없음	입찰방식 계약체결방법 (경쟁형태) 1. 일반경쟁 2. 제한경쟁 3. 지명경쟁 4. 수의계약 5. 법정위탁 6. 기타 ( ) 7. 없음	입찰방식 계약기간 1. 1년 2. 2년 3. 3년 4. 4년 5. 5년 6. 기타 ( )년 7. 단기계약 (1년미만) 8. 없음	입찰방식 낙찰자선정방법 1. 적격심사 2. 협상에의한계약 3. 최저가낙찰제 4. 규격가격분리 5. 2단계 경쟁입찰 6. 기타 ( ) 7. 없음	운영예산 산정 운영예산 산정 1. 내부산정 (지자체 자체적으로 산정) 2. 외부산정 (외부전문기관위탁 산정) 3. 내·외부 모두 산정 4. 산정 無 5. 없음	운영예산 산정 정산방법 1. 내부정산 (지자체 내부적으로 정산) 2. 외부정산 (외부전문기관위탁 정산) 3. 내·외부 모두 산정 4. 정산 無 5. 없음	성과평가 실시여부 1. 실시 2. 미실시 3. 향후 추진 4. 해당없음
3478	대구 남구	지체장애인편의증진기술지원센터(운영비,인건비)지원	84,343	5	2	7	8	7	1	1	4
3479	대구 남구	발달장애인자립(문화,교육,여가서비스)지원	70,000	5	2	1	8	1	1	1	4
3480	대구 남구	폭력피해이주여성시설지원	63,289	5	1	7	8	7	1	1	2
3481	대구 남구	시간제보육지원	58,452	5	1	7	8	7	1	1	4
3482	대구 남구	푸드마켓운영지원	53,500	5	1	5	8	7	1	1	1
3483	대구 남구	장애아보육교직원특별수당지원	53,280	5	1	7	8	7	1	1	4
3484	대구 남구	어린이집냉난방비지원	51,600	5	1	7	8	7	1	1	4
3485	대구 남구	지역사회보장협의체직원인건비	49,918	5	4	5	8	7	1	1	1
3486	대구 남구	보육료지원아동간식비	48,600	5	1	7	8	7	1	1	4
3487	대구 남구	여성폭력상담소시비추가지원	47,991	5	1	7	8	7	1	1	2
3488	대구 남구	입소자시설아이돌봄서비스	44,271	5	1	7	8	7	1	1	4
3489	대구 남구	한부모가족복지시설생활자지원	38,712	5	2	7	8	7	1	1	4
3490	대구 남구	경로당순회프로그램관리자지원	33,854	5	5	7	8	7	1	1	1
3491	대구 남구	지역자활센터사례관리팀운영지원	31,476	5	2	5	8	7	5	5	3
3492	대구 남구	교재교구비	28,507	5	1	7	8	7	1	1	4
3493	대구 남구	장애인자립생활지원센터운영추가지원	27,500	5	2	7	8	7	1	1	4
3494	대구 남구	아동복지시설종사자복지포인트	26,450	5	3	7	8	7	1	1	2
3495	대구 남구	가정폭력피해자보호시설비수급자생계비(2개소)	23,377	5	1	7	8	7	1	1	2
3496	대구 남구	지역자활센터종사자추가지원	17,388	5	4	5	8	7	5	5	4
3497	대구 남구	인건비미지원어린이집취사부인건비지원	16,800	5	1	7	8	7	1	1	4
3498	대구 남구	인건비미지원어린이집운영비지원	16,800	5	1	7	8	7	1	1	4
3499	대구 남구	어린이집안전공제회단체가입지원	15,000	5	1	7	8	7	1	1	4
3500	대구 남구	평가인증어린이집환경개선비지원	15,000	5	8	7	8	7	5	1	4
3501	대구 남구	지역아동센터종사자근무환경개선비	15,000	5	1	7	8	7	1	1	4
3502	대구 남구	특수목적형지역아동센터추가지원	14,400	5	2	7	8	7	1	1	4
3503	대구 남구	공공형어린이집조리원인건비지원	10,800	5	1	7	8	7	1	1	4
3504	대구 남구	노인회실버프로그램운영	10,000	5	5	7	8	7	1	1	1
3505	대구 남구	모자가족복지시설퇴소자자립정착금지원	10,000	5	2	7	8	7	1	1	4
3506	대구 남구	한부모시설입소자상담,치료지원	9,600	5	1	7	8	7	1	1	4
3507	대구 남구	성폭력피해자보호시설비수급자생계비등	9,139	5	1	7	8	7	1	1	2
3508	대구 남구	지역아동센터추가운영비지원	9,000	5	2	7	8	7	1	1	4
3509	대구 남구	차량운영비	8,058	5	1	7	8	7	1	1	4
3510	대구 남구	지역사회보장협의체운영	8,000	5	4	5	8	7	1	1	1
3511	대구 남구	공공형어린이집담임교사처우개선비지원	7,500	5	1	7	8	7	1	1	4
3512	대구 남구	지역아동센터이용아동건강검진비지원	7,280	5	1	7	8	7	1	1	4
3513	대구 남구	장애아전문어린이집차량운영인건비지원	7,200	5	1	7	8	7	1	1	4
3514	대구 남구	근속장려수당	7,200	5	1	7	8	7	1	1	4
3515	대구 남구	교사겸직원장수당	7,200	5	1	7	8	7	1	1	4
3516	대구 남구	지역아동센터종사자복지포인트	5,500	5	6	7	8	7	1	1	4
3517	대구 남구	지역아동센터난방비지원	4,800	5	1	7	8	7	1	1	4

순번	시군구	지출명 (사업명)	2024년예산 (단위 : 천원 /1년간)	민간이전 분류 (지방자치단체 세출예산 집행기준에 의거) 1. 민간경상사업보조(307-02) 2. 민간단체 법정운영비보조(307-03) 3. 민간행사사업보조(307-04) 4. 민간위탁금(307-05) 5. 사회복지시설 법정운영비보조(307-10) 6. 민간인위탁교육비(307-12) 7. 공기관등에대한경상적위탁사업비(308-13) 8. 민간자본사업보조,자체재원(402-01) 9. 민간자본사업보조,이전재원(402-02) 10. 민간위탁사업비(402-03) 11. 공기관등에 대한 자본적 위탁사업비(403-02)	민간이전지출 근거 (지방보조금 관리기준 참고) 1. 법률에 규정 2. 국고보조 재원(국가지정) 3. 용도 지정 기부금 4. 조례에 직접규정 5. 지자체가 권장하는 사업을 하는 공공기관 6. 시,도 정책 및 재정사정 7. 기타 8. 해당없음	입찰방식 계약체결방법 (경쟁형태) 1. 일반경쟁 2. 제한경쟁 3. 지명경쟁 4. 수의계약 5. 법정위탁 6. 기타 ( ) 7. 없음	입찰방식 계약기간 1. 1년 2. 2년 3. 3년 4. 4년 5. 5년 6. 기타 ( )년 7. 단기계약 (1년미만) 8. 없음	입찰방식 낙찰자선정방법 1. 적격심사 2. 협상에의한계약 3. 최저가낙찰제 4. 규격가격분리 5. 2단계 경쟁입찰 6. 기타 ( ) 7. 없음	운영예산 산정 운영예산 산정 1. 내부산정 (지자체 자체적으로 산정) 2. 외부산정 (외부전문기관위탁 산정) 3. 내·외부 모두 산정 4. 산정 無 5. 없음	운영예산 산정 정산방법 1. 내부정산 (지자체 내부적으로 정산) 2. 외부정산 (외부전문기관위탁 정산) 3. 내·외부 모두 산정 4. 정산 無 5. 없음	성과평가 실시여부 1. 실시 2. 미실시 3. 향후 추진 4. 해당없음
3518	대구 남구	장애아전담어린이집활성화지원	4,000	5	6	7	8	7	1	1	4
3519	대구 남구	경증치매노인기억학교종사자복지포인트	1,850	5	1	7	8	7	1	1	2
3520	대구 남구	아동복지시설종사자상해보험료	1,140	5	4	7	8	7	1	1	2
3521	대구 남구	지역아동센터종사자상해보험료	240	5	6	7	8	7	1	1	4
3522	대구 북구	장애인거주시설운영비(2개소)	6,772,399	5	2	7	8	7	1	3	1
3523	대구 북구	보조교사,대체교사지원	6,733,372	5	2	7	8	7	5	5	4
3524	대구 북구	지역아동센터인건비지원	3,926,100	5	2	5	8	7	1	1	1
3525	대구 북구	어린이집시비특별지원사업	3,557,067	5	6	7	8	7	5	5	4
3526	대구 북구	아동복지시설지원	3,437,167	5	1	7	8	7	5	5	4
3527	대구 북구	보육교직원처우개선비지원	3,316,667	5	2	7	8	7	5	5	4
3528	대구 북구	정신요양시설운영비(1개소)	2,404,000	5	2	7	8	7	1	3	1
3529	대구 북구	장애인직업재활시설운영(6개소)	1,769,418	5	6	7	8	7	1	1	1
3530	대구 북구	장애인주간보호시설운영(7개소)	1,247,980	5	6	7	8	7	1	1	1
3531	대구 북구	경증치매노인기억학교지원	1,201,549	5	6	7	8	7	1	1	1
3532	대구 북구	재가노인복지시설운영지원	1,168,514	5	6	7	8	7	5	1	4
3533	대구 북구	상록뇌성마비복지관운영	1,151,767	5	6	7	8	7	1	1	4
3534	대구 북구	공공형어린이집운영비(전환사업)	1,147,727	5	2	7	8	7	1	1	1
3535	대구 북구	경로당운영비지원	1,112,400	5	2	7	8	7	5	5	4
3536	대구 북구	양로시설운영지원	972,762	5	4	7	8	7	1	1	4
3537	대구 북구	장애인거주시설운영비(시비특별지원)	803,748	5	1	7	8	7	1	1	4
3538	대구 북구	지역아동센터운영지원(구군)	750,055	5	6	7	8	7	1	3	1
3539	대구 북구	지역아동센터운영비지원	729,312	5	2	5	8	7	1	1	1
3540	대구 북구	경로당냉난방비및양곡비한시특별지원	716,034	5	2	5	8	7	1	1	1
3541	대구 북구	사회복지시설법정운영비보조	643,310	5	2	7	8	7	1	1	4
3542	대구 북구	지역자활센터운영지원	508,620	5	1	7	8	7	1	3	4
3543	대구 북구	장애인단기거주시설운영비(1개소)	439,931	5	2	5	1	7	5	1	1
3544	대구 북구	가족센터(건강가정다문화가족지원센터)운영	439,400	5	6	7	8	7	1	1	1
3545	대구 북구	요보호아동그룹홈형태보호지원	414,803	5	2	1	3	2	1	1	1
3546	대구 북구	북구시니어클럽운영지원	393,832	5	1	7	8	7	5	5	4
3547	대구 북구	사회복지시설법정운영비보조	390,599	5	1	7	8	7	1	1	4
3548	대구 북구	사회복지시설법정운영비보조	389,900	5	1	7	8	7	1	3	4
3549	대구 북구	정신요양시설운영비(시비특별지원)	276,767	5	1	7	8	7	1	3	4
3550	대구 북구	다문화가족특성화사업(방문교육서비스)	260,351	5	2	7	8	7	1	3	1
3551	대구 북구	북구수어통역센터운영	230,250	5	2	1	3	2	1	1	1
3552	대구 북구	공동육아나눔터운영	170,136	5	6	7	8	7	1	1	1
3553	대구 북구	어린이집운영지원	159,728	5	2	1	3	2	1	1	1
3554	대구 북구	지체장애인편의시설운영	120,000	5	2	7	8	7	5	5	4
3555	대구 북구	다함께돌봄센터인건비지원	109,600	5	6	7	8	7	1	1	4
3556	대구 북구	지역아동센터급식운영비추가지원	108,000	5	1	7	8	7	5	5	4
3557	대구 북구	중증장애인자립생활주택지원	97,340	5	2	5	8	7	1	1	1

순번	시군구	지출명 (사업명)	2024년예산 (단위 : 천원 /1년간)	민간이전 분류 (지방자치단체 세출예산 집행기준에 의거) 1. 민간경상사업보조(307-02) 2. 민간단체 법정운영비보조(307-03) 3. 민간행사사업보조(307-04) 4. 민간위탁금(307-05) 5. 사회복지시설 법정운영비보조(307-10) 6. 민간인위탁교육비(307-12) 7. 공기관등에대한경상적위탁사업비(308-13) 8. 민간자본사업보조,자체재원(402-01) 9. 민간자본사업보조,이전재원(402-02) 10. 민간위탁사업비(402-03) 11. 공기관등에 대한 자본적 위탁사업비(403-02)	민간이전지출 근거 (지방보조금 관리기준 참고) 1. 법률에 규정 2. 국고보조 재원(국가지정) 3. 용도 지정 기부금 4. 조례에 직접규정 5. 지자체가 권장하는 사업을 하는 공공기관 6. 시,도 정책 및 재정사정 7. 기타 8. 해당없음	입찰방식 계약체결방법 (경쟁형태) 1. 일반경쟁 2. 제한경쟁 3. 지명경쟁 4. 수의계약 5. 법정위탁 6. 기타 ( ) 7. 없음	입찰방식 계약기간 1. 1년 2. 2년 3. 3년 4. 4년 5. 5년 6. 기타 ( )년 7. 단기계약 (1년미만) 8. 없음	입찰방식 낙찰자선정방법 1. 적격심사 2. 협상에의한계약 3. 최저가낙찰제 4. 규격가격분리 5. 2단계 경쟁입찰 6. 기타 ( ) 7. 없음	운영예산 산정 운영예산 산정 1. 내부산정 (지자체 자체적으로 산정) 2. 외부산정 (외부전문기관위탁 산정) 3. 내·외부 모두 산정 4. 산정 無 5. 없음	운영예산 산정 정산방법 1. 내부정산 (지자체 내부적으로 정산) 2. 외부정산 (외부전문기관위탁 정산) 3. 내·외부 모두 산정 4. 정산 無 5. 없음	성과평가 실시여부 1. 실시 2. 미실시 3. 향후 추진 4. 해당없음
3558	대구 북구	장애인공동생활가정운영비(1개소)	85,140	5	6	7	8	7	1	1	1
3559	대구 북구	다문화가족특성화사업(이중언어학습지원)	73,110	5	2	1	3	2	1	1	1
3560	대구 북구	특수목적형지역아동센터추가지원	72,000	5	2	5	8	7	1	1	1
3561	대구 북구	가족센터(건강가정다문화가족지원센터)종사자처우개선	50,200	5	6	1	3	2	1	1	1
3562	대구 북구	다함께돌봄센터인건비(처우개선비)	31,180	5	6	7	8	7	5	5	4
3563	대구 북구	양로시설입소자보호비	27,244	5	6	7	8	7	1	1	4
3564	대구 북구	다함께돌봄센터운영비지원	16,000	5	1	7	8	7	5	5	4
3565	대구 북구	대구형경로당활성화	9,750	5	1	7	8	7	1	1	4
3566	대구 북구	사각지대다문화가족지원	9,500	5	6	1	3	2	1	1	1
3567	대구 북구	양로시설종사자지원	4,035	5	6	7	8	7	1	1	4
3568	대구 북구	종합사회복지관운영비	2,783,368	5	1	7	8	7	1	1	4
3569	대구 북구	푸드마켓사업지원	102,000	5	1	7	8	7	1	1	1
3570	대구 북구	지역사회보장협의체운영지원	43,772	5	4	7	8	7	1	1	4
3571	대구 수성구	장애인거주시설운영지원	10,893,647	5	2	7	8	7	5	3	1
3572	대구 수성구	아동복지운영지원(아동복지시설인건비)	6,154,537	5	2	7	8	7	5	5	4
3573	대구 수성구	보조교사,대체교사지원(보조교사지원)	4,141,517	5	1	7	8	7	5	5	4
3574	대구 수성구	보육교직원처우개선지원	2,388,333	5	1	7	8	7	5	5	4
3575	대구 수성구	재가노인돌봄센터운영	1,821,885	5	1	7	8	7	1	1	1
3576	대구 수성구	종합사회복지관지원(자체)	1,810,115	5	1	7	8	7	1	2	1
3577	대구 수성구	만3~5세누리과정담임수당등지원	1,597,422	5	1	7	8	7	5	5	4
3578	대구 수성구	지역아동센터인건비지원	1,472,850	5	2	7	8	7	4	1	2
3579	대구 수성구	장애인주간보호시설운영지원	1,327,760	5	2	7	8	7	5	1	1
3580	대구 수성구	한부모가족복지시설운영	1,191,410	5	1,2	6	8	7	1	1	1
3581	대구 수성구	경증치매노인기억학교운영	1,187,144	5	2	7	8	7	5	1	2
3582	대구 수성구	양로시설운영지원	1,086,120	5	1	7	8	7	5	1	2
3583	대구 수성구	경로당운영및활성화지원	726,177	5	1	7	8	7	1	1	1
3584	대구 수성구	보육교사수당지원(국공립법인시설보육교사수당)	652,800	5	1	7	8	7	5	5	4
3585	대구 수성구	장애인직업재활시설운영	638,213	5	1	5	8	7	1	1	1
3586	대구 수성구	경로당운영및활성화지원	620,564	5	8	7	8	7	1	1	4
3587	대구 수성구	장애인의료재활시설운영지원	527,308	5	2	7	8	7	5	1	1
3588	대구 수성구	보조교사,대체교사지원(어린이집직접채용대체교사지원)	514,972	5	1	7	8	7	5	5	4
3589	대구 수성구	시간제보육지원(시간제보육지원)	455,056	5	1	7	8	7	5	5	4
3590	대구 수성구	자활근로,지역자활센터및광역자활센터운영(지역자활센터운영)	447,007	5	1	6	1	7	1	1	4
3591	대구 수성구	어린이집급식품질개선사업	420,000	5	1	7	8	7	5	5	4
3592	대구 수성구	성매매피해자지원시설운영	409,569	5	1,2	6	8	7	1	1	1
3593	대구 수성구	장애인직업재활시설운영	378,346	5	1	5	8	7	1	1	1
3594	대구 수성구	보육교사수당지원(민간가정등보육교사수당)	345,600	5	1	7	8	7	5	5	4
3595	대구 수성구	아동복지운영지원(아동복지시설운영비)	334,188	5	2	7	8	7	5	5	4
3596	대구 수성구	폭력피해이주여성보호시설운영	333,672	5	1,2	6	8	7	1	1	1
3597	대구 수성구	경로당운영및활성화지원	322,393	5	1	7	8	7	1	1	1

순번	시군구	지출명 (사업명)	2024년예산 (단위 : 천원 /1년간)	민간이전 분류 (지방자치단체 세출예산 집행기준에 의거) 1. 민간경상사업보조(307-02) 2. 민간단체 법정운영비보조(307-03) 3. 민간행사사업보조(307-04) 4. 민간위탁금(307-05) 5. 사회복지시설 법정운영비보조(307-10) 6. 민간인위탁교육비(307-12) 7. 공기관등에대한경상적위탁사업비(308-13) 8. 민간자본사업보조,자체재원(402-01) 9. 민간자본사업보조,이전재원(402-02) 10. 민간위탁사업비(402-03) 11. 공기관등에 대한 자본적 위탁사업비(403-02)	민간이전지출 근거 (지방보조금 관리기준 참고) 1. 법률에 규정 2. 국고보조 재원(국가지정) 3. 용도 지정 기부금 4. 조례에 직접규정 5. 지자체가 권장하는 사업을 하는 공공기관 6. 시,도 정책 및 재정사정 7. 기타 8. 해당없음	입찰방식			운영예산 산정		성과평가 실시여부
						계약체결방법 (경쟁형태) 1. 일반경쟁 2. 제한경쟁 3. 지명경쟁 4. 수의계약 5. 법정위탁 6. 기타 ( ) 7. 없음	계약기간 1. 1년 2. 2년 3. 3년 4. 4년 5. 5년 6. 기타 ( )년 7. 단기계약 (1년미만) 8. 없음	낙찰자선정방법 1. 적격심사 2. 협상에의한계약 3. 최저가낙찰제 4. 규격가격분리 5. 2단계 경쟁입찰 6. 기타 ( ) 7. 없음	운영예산 산정 1. 내부산정 (지자체 자체적으로 산정) 2. 외부산정 (외부전문기관위탁 산정) 3. 내·외부 모두 산정 4. 산정 無 5. 없음	정산방법 1. 내부정산 (지자체 내부적으로 정산) 2. 외부정산 (외부전문기관위탁 정산) 3. 내·외부 모두 산정 4. 정산 無 5. 없음	1. 실시 2. 미실시 3. 향후 추진 4. 해당없음
3598	대구 수성구	이주여성상담소운영지원	289,080	5	1,2	6	8	7	1	1	1
3599	대구 수성구	장애인공동생활시설운영지원	273,098	5	2	7	8	7	5	1	1
3600	대구 수성구	지역아동센터운영비지원	262,656	5	2	7	8	7	4	1	2
3601	대구 수성구	수어통역센터운영지원	239,250	5	2	7	8	7	5	1	1
3602	대구 수성구	지역아동센터운영지원(종사자처우개선비)	235,606	5	6	7	8	7	4	1	2
3603	대구 수성구	장애인직업재활시설운영	216,620	5	1	5	8	7	1	1	1
3604	대구 수성구	발달장애지원센터운영	200,000	5	1	5	1	1	1	1	1
3605	대구 수성구	공공형어린이집운영비(전환사업)	193,182	5	1	1	3	1	1	1	4
3606	대구 수성구	아동복지운영지원(아동복지시설아동지원)	188,336	5	2	7	8	7	5	5	4
3607	대구 수성구	장애인편의시설지원센터운영지원	125,000	5	4	5	8	7	1	1	2
3608	대구 수성구	정부미지원시설어린이집운영비지원(정부미지원시설어린이집운영비지원)	112,800	5	1	7	8	7	5	5	4
3609	대구 수성구	장기근속보육교사수당지원(5년이상보육교사)	111,000	5	1	7	8	7	5	5	4
3610	대구 수성구	우수노인요양시설종사자장려금	110,580	5	6	7	8	7	5	1	2
3611	대구 수성구	요보호아동그룹홈운영(요보호아동그룹홈형태운영지원)	102,015	5	2	7	8	7	5	5	4
3612	대구 수성구	어린이집운영지원(교재교구비)	92,653	5	1	7	8	7	5	5	4
3613	대구 수성구	보육교사수당지원(장애아보육교직원특별수당)	56,640	5	1	7	8	7	5	5	4
3614	대구 수성구	휴일어린이집운영(휴일어린이집운영지원)	53,600	5	1	7	8	7	5	5	4
3615	대구 수성구	요보호아동그룹홈운영(요보호아동그룹홈종사자처우개선비)	46,024	5	2	7	8	7	5	5	4
3616	대구 수성구	장기근속보육교사수당지원(3년이상보육교사)	45,720	5	1	7	8	7	5	5	4
3617	대구 수성구	어린이집냉난방비지원(민간어린이집냉난방비지원)	42,000	5	1	7	8	7	5	5	4
3618	대구 수성구	경로당운영및활성화지원	42,000	5	1	7	8	7	1	1	1
3619	대구 수성구	보육교사수당지원교사(겸직원장수당)	41,760	5	1	7	8	7	5	5	4
3620	대구 수성구	어린이집안전공제회단체가입지원	40,800	5	1	7	8	7	5	5	4
3621	대구 수성구	어린이집냉난방비지원(기타지원어린이집냉난방비지원_국공립,법인,직장등)	37,200	5	1	7	8	7	5	5	4
3622	대구 수성구	양로시설입소자보호비	33,502	5	1	7	8	7	5	1	2
3623	대구 수성구	자활근로,지역자활센터및광역자활센터운영(자활사례관리)	31,476	5	1	6	1	7	1	1	4
3624	대구 수성구	정부미지원시설어린이집운영비지원(방역및보육환경안전관리비)	28,200	5	1	7	8	7	5	5	4
3625	대구 수성구	아동복지운영지원(아동복지시설종사자복지포인트)	28,100	5	2	7	8	7	5	5	4
3626	대구 수성구	어린이집냉난방비지원(가정어린이집냉난방비지원)	27,000	5	1	7	8	7	5	5	4
3627	대구 수성구	지역자활센터종사자수당	25,483	5	1	6	1	7	1	1	4
3628	대구 수성구	어린이집지원(보육교직원연수비)	24,000	5	1	7	8	7	5	5	4
3629	대구 수성구	특성별지역아동센터추가지원(특수목적형)	21,600	5	2	7	8	7	4	1	2
3630	대구 수성구	특성별지역아동센터추가지원(토요운영)	21,600	5	2	7	8	7	4	1	2
3631	대구 수성구	보육교사수당지원(근속장려수당)	20,160	5	1	7	8	7	5	5	4
3632	대구 수성구	보육교사수당지원(공공형어린이집(조리원)인건비시비특별지원)	17,400	5	1	7	8	7	5	5	4
3633	대구 수성구	정부미지원시설어린이집운영비지원(CCTV등기자재유지보수비)	16,100	5	1	7	8	7	5	5	4
3634	대구 수성구	지역아동센터운영지원(특화프로그램지원)	13,605	5	6	7	8	7	4	1	2
3635	대구 수성구	어린이집운영지원(장애아전문어린이집차량운영비)	12,086	5	1	7	8	7	5	5	4
3636	대구 수성구	장애아전문어린이집차량운영인건비지원(장애아전문어린이집차량운영인건비지원)	10,800	5	1	7	8	7	5	5	4
3637	대구 수성구	요보호아동그룹홈운영(요보호아동그룹홈종사자시간외근무수당)	10,048	5	2	7	8	7	5	5	4

순번	시군구	지출명 (사업명)	2024년예산 (단위 : 천원 /1년간)	민간이전 분류 (지방자치단체 세출예산 집행기준에 의거) 1. 민간경상사업보조(307-02) 2. 민간단체 법정운영비보조(307-03) 3. 민간행사사업보조(307-04) 4. 민간위탁금(307-05) 5. 사회복지시설 법정운영비보조(307-10) 6. 민간인위탁교육비(307-12) 7. 공기관등에대한경상적위탁사업비(308-13) 8. 민간자본사업보조,자체재원(402-01) 9. 민간자본사업보조,이전재원(402-02) 10. 민간위탁사업비(402-03) 11. 공기관등에 대한 자본적 위탁사업비(403-02)	민간이전지출 근거 (지방보조금 관리기준 참고) 1. 법률에 규정 2. 국고보조 재원(국가지정) 3. 용도 지정 기부금 4. 조례에 직접규정 5. 지자체가 권장하는 사업을 하는 공공기관 6. 시,도 정책 및 재정사정 7. 기타 8. 해당없음	입찰방식: 계약체결방법 (경쟁형태) 1. 일반경쟁 2. 제한경쟁 3. 지명경쟁 4. 수의계약 5. 법정위탁 6. 기타 ( ) 7. 없음	입찰방식: 계약기간 1. 1년 2. 2년 3. 3년 4. 4년 5. 5년 6. 기타 ( )년 7. 단기계약 (1년미만) 8. 없음	입찰방식: 낙찰자선정방법 1. 적격심사 2. 협상에의한계약 3. 최저가낙찰제 4. 규격가격분리 5. 2단계 경쟁입찰 6. 기타 ( ) 7. 없음	운영예산 산정: 운영예산 산정 1. 내부산정 (지자체 자체적으로 산정) 2. 외부산정 (외부전문기관위탁 산정) 3. 내·외부 모두 산정 4. 산정 無 5. 없음	운영예산 산정: 정산방법 1. 내부정산 (지자체 내부적으로 정산) 2. 외부정산 (외부전문기관위탁 정산) 3. 내·외부 모두 산정 4. 정산 無 5. 없음	성과평가 실시여부 1. 실시 2. 미실시 3. 향후 추진 4. 해당없음
3638	대구 수성구	요보호아동그룹홈운영(요보호아동그룹홈보호아동지원)	10,000	5	2	7	8	7	5	5	4
3639	대구 수성구	지역아동센터운영지원(난방비지원)	6,800	5	6	7	8	7	4	1	2
3640	대구 수성구	장애아어린이집지원(장애아전문어린이집활성화지원)	6,000	5	1	7	8	7	5	5	4
3641	대구 수성구	경증치매노인기억학교시비추가지원	5,970	5	2	7	8	7	5	1	2
3642	대구 수성구	양로시설시비추가지원	4,420	5	1	7	8	7	5	1	2
3643	대구 수성구	장애인거주시설공기정정기렌탈지원	3,295	5	2	7	8	7	5	1	1
3644	대구 수성구	어린이집냉난방비지원(협동어린이집냉난방비지원)	1,500	5	1	7	8	7	5	5	4
3645	대구 수성구	요보호아동그룹홈운영(요보호아동그룹홈종사자복지포인트)	750	5	2	7	8	7	5	5	4
3646	대구 수성구	장애인거주시설IOT,AI돌봄서비스지원	470	5	2	7	8	7	5	1	1
3647	대구 달서구	보조교사지원(연장보육전담교사지원포함)	6,710,765	5	2	7	8	7	5	1	2
3648	대구 달서구	교사근무환경개선비	3,637,265	5	2	7	8	7	5	1	2
3649	대구 달서구	만3~5세누리과정담임수당등지원	3,566,060	5	6	7	8	7	5	1	2
3650	대구 달서구	지역아동센터인건비지원	2,912,624	5	2	7	8	7	1	1	2
3651	대구 달서구	공공형어린이집운영비지원	1,747,640	5	6	7	8	7	5	1	2
3652	대구 달서구	민간가정등보육교사수당지원	1,536,480	5	2	7	8	7	5	1	2
3653	대구 달서구	장애인주간보호센터운영	1,295,500	5	1	7	8	7	1	1	1
3654	대구 달서구	한부모가족복지시설운영비지원	1,094,020	5	1	5	8	7	5	1	1
3655	대구 달서구	장애인직업재활시설운영	924,868	5	1	7	8	7	1	1	1
3656	대구 달서구	장애인거주시설운영지원	756,283	5	1	7	8	7	1	1	1
3657	대구 달서구	경로당냉난방비및양곡비지원	665,912	5	4	7	8	7	1	1	4
3658	대구 달서구	경로당운영추가지원	638,253	5	4	7	8	7	1	1	4
3659	대구 달서구	지역아동센터운영비지원(지방비)	525,991	5	2	7	8	7	1	1	2
3660	대구 달서구	어린이집직접채용대체교사지원	513,678	5	2	7	8	7	5	1	2
3661	대구 달서구	지역아동센터운영비지원	511,872	5	2	7	8	7	1	1	2
3662	대구 달서구	국공립법인시설보육교사수당	489,600	5	6	7	8	7	5	1	2
3663	대구 달서구	대구달서시니어클럽운영	473,008	5	4	7	8	7	1	1	4
3664	대구 달서구	지역자활센터운영지원	447,007	5	1	7	8	7	1	1	4
3665	대구 달서구	지역자활센터운영지원	447,007	5	1	7	8	7	1	1	4
3666	대구 달서구	경로당운영지원	392,561	5	4	7	8	7	1	1	4
3667	대구 달서구	어린이집보육교사수당지원(3년이상)	372,000	5	8	7	8	7	5	1	2
3668	대구 달서구	대구여성장애인통합상담소운영비지원	288,331	5	1	7	8	7	5	1	4
3669	대구 달서구	장애인단기거주시설운영	270,295	5	1	7	8	7	1	1	1
3670	대구 달서구	요보호아동그룹홈형태보호지원	268,280	5	1	5	8	7	5	1	1
3671	대구 달서구	대구점자도서관운영	267,585	5	1	7	8	7	1	1	1
3672	대구 달서구	수어통역센터운영	259,066	5	1	7	8	7	1	1	1
3673	대구 달서구	장애인공동생활가정운영	202,111	5	1	7	8	7	1	1	1
3674	대구 달서구	어린이집교사겸직원장수당	181,440	5	2	7	8	7	5	1	2
3675	대구 달서구	어린이집교재교구비	166,532	5	2	7	8	7	5	1	2
3676	대구 달서구	어린이집조리사운영비보조	129,600	5	4	7	8	7	5	1	2
3677	대구 달서구	학부모참여사업비지원	126,000	5	4	7	8	7	5	1	2

순번	시군구	지출명 (사업명)	2024년예산 (단위 : 천원 /1년간)	민간이전 분류 (지방자치단체 세출예산 집행기준에 의거) 1. 민간경상사업보조(307-02) 2. 민간단체 법정운영비보조(307-03) 3. 민간행사사업보조(307-04) 4. 민간위탁금(307-05) 5. 사회복지시설 법정운영비보조(307-10) 6. 민간인위탁교육비(307-12) 7. 공기관등에대한경상적위탁사업비(308-13) 8. 민간자본사업보조,자체재원(402-01) 9. 민간자본사업보조,이전재원(402-02) 10. 민간위탁사업비(402-03) 11. 공기관등에 대한 자본적 위탁사업비(403-02)	민간이전지출 근거 (지방보조금 관리기준 참고) 1. 법률에 규정 2. 국고보조 재원(국가지정) 3. 용도 지정 기부금 4. 조례에 직접규정 5. 지자체가 권장하는 사업을 하는 공공기관 6. 시,도 정책 및 재정사정 7. 기타 8. 해당없음	입찰방식 계약체결방법 (경쟁형태) 1. 일반경쟁 2. 제한경쟁 3. 지명경쟁 4. 수의계약 5. 법정위탁 6. 기타 ( ) 7. 없음	입찰방식 계약기간 1. 1년 2. 2년 3. 3년 4. 4년 5. 5년 6. 기타 ( )년 7. 단기계약 (1년미만) 8. 없음	입찰방식 낙찰자선정방법 1. 적격심사 2. 협상에의한계약 3. 최저가낙찰제 4. 규격가격분리 5. 2단계 경쟁입찰 6. 기타 ( ) 7. 없음	운영예산 산정 운영예산 산정 1. 내부산정 (지자체 자체적으로 산정) 2. 외부산정 (외부전문기관위탁 산정) 3. 내·외부 모두 산정 4. 산정 無 5. 없음	운영예산 산정 정산방법 1. 내부정산 (지자체 내부적으로 정산) 2. 외부정산 (외부전문기관위탁 정산) 3. 내·외부 모두 산정 4. 정산 無 5. 없음	성과평가 실시여부 1. 실시 2. 미실시 3. 향후 추진 4. 해당없음
3678	대구 달서구	달서구장애인편의증진기술지원센터운영	113,200	5	1	7	8	7	1	1	1
3679	대구 달서구	요보호아동그룹홈종사자처우개선비	101,048	5	1	5	8	7	5	1	1
3680	대구 달서구	한부모가족복지시설아이돌봄서비스지원	99,600	5	1	5	8	7	5	1	1
3681	대구 달서구	장애아보육교직원특별수당	92,160	5	6	7	8	7	5	1	2
3682	대구 달서구	교사겸직원장지원비	91,532	5	2	7	8	7	5	1	2
3683	대구 달서구	어린이집담임교사등추가지원(4년이상,공공형제외)	91,200	5	2	7	8	7	5	1	2
3684	대구 달서구	보육교사근속장려수당지원	90,000	5	2	7	8	7	5	1	2
3685	대구 달서구	공공형어린이집조리원인건비지원	90,000	5	6	7	8	7	5	1	2
3686	대구 달서구	지역아동센터특성별추가지원	72,000	5	2	7	8	7	1	1	2
3687	대구 달서구	여성폭력피해시설지원	59,532	5	1	7	8	7	5	1	4
3688	대구 달서구	장애인거주시설운영추가지원	55,841	5	1	7	8	7	1	1	1
3689	대구 달서구	장애전문어린이집차량운영비	52,933	5	2	7	8	7	5	1	2
3690	대구 달서구	국공립어린이집특활프로그램운영비	50,000	5	2	7	8	7	5	1	2
3691	대구 달서구	지역아동센터보조인력인건비	50,000	5	2	7	8	7	1	1	2
3692	대구 달서구	어린이집차량유지비	38,400	5	8	7	8	7	5	1	2
3693	대구 달서구	자활사례관리	31,477	5	1	7	8	7	1	1	4
3694	대구 달서구	자활사례관리	31,477	5	1	7	8	7	1	1	4
3695	대구 달서구	공공형어린이집담임교사처우개선(4년이상)	24,000	5	6	7	8	7	5	1	2
3696	대구 달서구	요보호아동그룹홈보호아동지원	20,000	5	1	5	8	7	5	1	1
3697	대구 달서구	요보호아동그룹홈종사자시간외근무수당	19,298	5	1	5	8	7	5	1	1
3698	대구 달서구	지역자활센터종사자인건비보전지원	17,300	5	4	7	8	7	1	1	4
3699	대구 달서구	지역자활센터종사자인건비보전지원	17,300	5	4	7	8	7	1	1	4
3700	대구 달서구	장애아전문어린이집차량운영인건비지원	14,400	5	6	7	8	7	5	1	2
3701	대구 달서구	달서구장애인편의증진기술지원센터운영(구)	5,000	5	1	7	8	7	1	1	1
3702	대구 달서구	어린이집장애아동현장학습비	4,000	5	4	7	8	7	5	1	2
3703	대구 달서구	요보호아동그룹홈종사자복지포인트	1,900	5	1	5	8	7	5	1	1
3704	대구 달성군	보조교사지원	4,034,518	5	2	7	8	7	5	5	4
3705	대구 달성군	보육교직원처우개선비(담임교사지원비)	3,045,296	5	2	7	8	7	1	1	4
3706	대구 달성군	만3~5세누리과정담임수당지원	2,237,775	5	6	7	8	7	1	1	4
3707	대구 달성군	경로당운영비지원	1,599,600	5	1	7	1	7	1	1	1
3708	대구 달성군	보육교직원처우개선비(농촌보육교사특별수당)	1,390,000	5	2	7	8	7	1	1	4
3709	대구 달성군	재가노인지원서비스운영비	1,179,517	5	1	1	3	1	1	1	1
3710	대구 달성군	민간가정등보육교사수당지원	1,018,080	5	6	7	8	7	1	1	4
3711	대구 달성군	양로시설운영비	855,084	5	1	7	8	7	1	1	1
3712	대구 달성군	시니어클럽운영지원	735,443	5	2	7	8	7	1	1	1
3713	대구 달성군	공공형어린이집지원(전환사업)	710,718	5	6	7	8	7	1	1	4
3714	대구 달성군	경로당냉난방비지원	707,200	5	1	7	1	7	1	1	1
3715	대구 달성군	농어촌지역어린이집보육교사교통비지원	522,000	5	4	7	8	7	1	1	4
3716	대구 달성군	국공립법인어린이집보육교사수당지원	469,200	5	6	7	8	7	1	1	4
3717	대구 달성군	지역자활센터운영	383,900	5	1	5	1	7	5	3	1

순번	시군구	지출명 (사업명)	2024년예산 (단위 : 천원 /1년간)	민간이전 분류 (지방자치단체 세출예산 집행기준에 의거) 1. 민간경상사업보조(307-02) 2. 민간단체 법정운영비보조(307-03) 3. 민간행사사업보조(307-04) 4. 민간위탁금(307-05) 5. 사회복지시설 법정운영비보조(307-10) 6. 민간인위탁교육비(307-12) 7. 공기관등에대한경상적위탁사업비(308-13) 8. 민간자본사업보조,자체재원(402-01) 9. 민간자본사업보조,이전재원(402-02) 10. 민간위탁사업비(402-03) 11. 공기관등에 대한 자본적 위탁사업비(403-02)	민간이전지출 근거 (지방보조금 관리기준 참고) 1. 법률에 규정 2. 국고보조 재원(국가지정) 3. 용도 지정 기부금 4. 조례에 직접규정 5. 지자체가 권장하는 사업을 하는 공공기관 6. 시,도 정책 및 재정사정 7. 기타 8. 해당없음	입찰방식: 계약체결방법 (경쟁형태) 1. 일반경쟁 2. 제한경쟁 3. 지명경쟁 4. 수의계약 5. 법정위탁 6. 기타 ( ) 7. 없음	입찰방식: 계약기간 1. 1년 2. 2년 3. 3년 4. 4년 5. 5년 6. 기타 ( )년 7. 단기계약 (1년미만) 8. 없음	입찰방식: 낙찰자선정방법 1. 적격심사 2. 협상에의한계약 3. 최저가낙찰제 4. 규격가격분리 5. 2단계 경쟁입찰 6. 기타 ( ) 7. 없음	운영예산 산정: 운영예산 산정 1. 내부산정 (지자체 자체적으로 산정) 2. 외부산정 (외부전문기관위탁 산정) 3. 내·외부 모두 산정 4. 산정 無 5. 없음	운영예산 산정: 정산방법 1. 내부정산 (지자체 내부적으로 정산) 2. 외부정산 (외부전문기관위탁 정산) 3. 내·외부 모두 산정 4. 정산 無 5. 없음	성과평가 실시여부 1. 실시 2. 미실시 3. 향후 추진 4. 해당없음
3718	대구 달성군	우수노인요양시설종사자장려금	376,920	5	1	7	8	7	1	1	1
3719	대구 달성군	어린이집직접채용대체교사지원	311,603	5	2	7	8	7	5	5	4
3720	대구 달성군	정신재활시설운영	310,601	5	1	7	8	7	1	1	4
3721	대구 달성군	장기근속보육교사수당지원	288,840	5	6	7	8	7	1	1	4
3722	대구 달성군	경로당양곡비지원	146,169	5	1	7	1	7	1	1	1
3723	대구 달성군	정신재활시설운영	132,274	5	1	7	8	7	1	1	4
3724	대구 달성군	어린이집냉난방비지원	126,000	5	4	7	8	7	1	1	4
3725	대구 달성군	어린이집운영지원(차량운영비)	122,152	5	2	7	8	7	1	1	4
3726	대구 달성군	어린이집운영지원(교재교구비)	102,964	5	2	7	8	7	1	1	4
3727	대구 달성군	교사겸직원장수당지원	83,520	5	6	7	8	7	1	1	4
3728	대구 달성군	가족센터센터장인건비	72,726	5	7	5	3	7	3	3	1
3729	대구 달성군	공공형어린이집(조리원)인건비지원	50,400	5	6	7	8	7	1	1	4
3730	대구 달성군	장애아전문어린이집특별수당지원	50,400	5	6	7	8	7	1	1	4
3731	대구 달성군	어린이집안전공제회단체가입지원	48,200	5	6	7	8	7	1	1	4
3732	대구 달성군	어린이집방역소독비지원	48,000	5	4	7	8	7	1	1	4
3733	대구 달성군	경로당임차료지원	42,000	5	1	4	7	3	1	1	1
3734	대구 달성군	공공형어린이집담임교사처우개선비지원	36,000	5	4	7	8	7	1	1	4
3735	대구 달성군	자활사례관리	30,707	5	1	5	1	7	5	3	1
3736	대구 달성군	어린이집운영지원(농어촌소재법인어린이집)	29,166	5	2	7	8	7	1	1	4
3737	대구 달성군	양로시설입소자보호비	22,791	5	1	7	8	7	1	1	1
3738	대구 달성군	지역자활센터종사자추가지원	14,532	5	7	5	1	7	5	3	1
3739	대구 달성군	대구형경로당여가프로그램지원	9,750	5	1	7	1	7	1	1	1
3740	대구 달성군	장애아전문어린이집차량운영인건비지원	7,200	5	6	7	8	7	1	1	4
3741	대구 달성군	양로시설시비추가지원	3,825	5	1	7	8	7	1	1	1
3742	대구 군위군	장애인거주시설운영	1,546,086	5	1,2	7	8	7	5	1	1
3743	대구 군위군	아동복지시설인건비	1,128,202	5	1	7	8	7	1	1	2
3744	대구 군위군	보육교직원인건비지원(국공립법인)	768,000	5	1	7	8	7	5	5	4
3745	대구 군위군	경로당운영비지원	587,910	5	7	5	8	7	5	1	4
3746	대구 군위군	경로당냉난방비및양곡비지원	513,158	5	7	5	8	7	5	1	4
3747	대구 군위군	장애인직업재활시설운영	478,586	5	1	7	8	7	5	1	1
3748	대구 군위군	경로당운영지원	336,350	5	7	5	8	7	5	1	4
3749	대구 군위군	재가노인돌봄센터운영	294,707	5	1	5	8	7	5	1	4
3750	대구 군위군	지역자활센터운영지원	262,284	5	2	7	8	7	3	3	1
3751	대구 군위군	수어통역센터운영	221,040	5	1	7	8	7	5	1	1
3752	대구 군위군	장애인생활이동지원센터운영	170,780	5	1	7	8	7	5	1	1
3753	대구 군위군	장애인편의증진기술지원센터운영	143,947	5	1	7	8	7	5	1	1
3754	대구 군위군	장애인거주시설운영추가지원	83,583	5	1	7	8	7	5	1	1
3755	대구 군위군	아동복지시설운영비	70,536	5	1	7	8	7	1	1	2
3756	대구 군위군	가족센터종사자처우개선	61,470	5	6	7	8	7	1	1	2
3757	대구 군위군	건강가정다문화가족지원센터종사자처우개선비	40,000	5	6	7	8	7	1	1	2

순번	시군구	지출명 (사업명)	2024년예산 (단위 : 천원 /1년간)	민간이전 분류 (지방자치단체 세출예산 집행기준에 의거) 1. 민간경상사업보조(307-02) 2. 민간단체 법정운영비보조(307-03) 3. 민간행사사업보조(307-04) 4. 민간위탁금(307-05) 5. 사회복지시설 법정운영비보조(307-10) 6. 민간인위탁교육비(307-12) 7. 공기관등에대한경상적위탁사업비(308-13) 8. 민간자본사업보조,자체재원(402-01) 9. 민간자본사업보조,이전재원(402-02) 10. 민간위탁사업비(402-03) 11. 공기관등에 대한 자본적 위탁사업비(403-02)	민간이전지출 근거 (지방보조금 관리기준 참고) 1. 법률에 규정 2. 국고보조 재원(국가지정) 3. 용도 지정 기부금 4. 조례에 직접규정 5. 지자체가 권장하는 사업을 하는 공공기관 6. 시,도 정책 및 재정사정 7. 기타 8. 해당없음	입찰방식 계약체결방법 (경쟁형태) 1. 일반경쟁 2. 제한경쟁 3. 지명경쟁 4. 수의계약 5. 법정위탁 6. 기타 ( ) 7. 없음	입찰방식 계약기간 1. 1년 2. 2년 3. 3년 4. 4년 5. 5년 6. 기타 ( )년 7. 단기계약 (1년미만) 8. 없음	입찰방식 낙찰자선정방법 1. 적격심사 2. 협상에의한계약 3. 최저가낙찰제 4. 규격가격분리 5. 2단계 경쟁입찰 6. 기타 ( ) 7. 없음	운영예산 산정 운영예산 산정 1. 내부산정 (지자체 자체적으로 산정) 2. 외부산정 (외부전문기관위탁 산정) 3. 내·외부 모두 산정 4. 산정 無 5. 없음	운영예산 산정 정산방법 1. 내부정산 (지자체 내부적으로 정산) 2. 외부정산 (외부전문기관위탁 정산) 3. 내·외부 모두 산정 4. 정산 無 5. 없음	성과평가 실시여부 1. 실시 2. 미실시 3. 향후 추진 4. 해당없음
3758	대구 군위군	청소년상담복지센터운영지원	30,000	5	2	5	8	7	5	1	2
3759	대구 군위군	아동복지시설아동지원	29,317	5	1	7	8	7	1	1	2
3760	대구 군위군	청소년동반자프로그램운영	24,020	5	2	5	8	7	5	1	2
3761	대구 군위군	지역자활센터종사자추가지원	18,979	5	6	7	8	7	3	3	1
3762	대구 군위군	시군청소년안전망	17,204	5	2	5	8	7	5	1	2
3763	대구 군위군	아동복지시설종사자복지포인트	5,100	5	1	7	8	7	1	1	2
3764	대전광역시	건강가정다문화가족지원센터운영	1,372,740	5	1	5	8	7	1	1	4
3765	대전광역시	해바라기센터운영지원	815,734	5	2	7	8	7	5	1	1
3766	대전광역시	광역자활센터운영지원	616,472	5	1	7	8	7	3	3	1
3767	대전광역시	노인보호전문기관운영	510,560	5	2	2	5	7	1	1	1
3768	대전광역시	여성인력개발센터운영	307,000	5	1	7	7	7	1	3	2
3769	대전광역시	사회복지협의회지원	302,760	5	1	7	8	7	1	1	4
3770	대전광역시	결연기관운영	286,026	5	1	7	7	7	1	1	4
3771	대전광역시	경로당광역지원센터운영	278,000	5	2	5	5	7	1	1	2
3772	대전광역시	가정위탁지원운영	269,700	5	1	7	7	7	1	3	4
3773	대전광역시	학대피해노인전용쉼터운영	247,008	5	2	2	5	7	1	1	1
3774	대전광역시	학대피해장애인쉼터운영지원	188,352	5	1	6	8	7	1	1	4
3775	대전광역시	지역아동센터시도지원단운영	165,570	5	2	1	3	1	5	1	4
3776	대전광역시	시노인연합회운영	145,084	5	4	5	8	7	1	1	2
3777	대전광역시	건강가정다문화가족지원센터시설운영비,청소용역비	105,264	5	1	5	8	7	1	1	4
3778	대전광역시	사회복지공동모금회운영지원	45,200	5	1	7	8	7	1	1	4
3779	대전광역시	노인보호전문기관운영(자체)	18,000	5	2	2	5	7	1	1	1
3780	대전광역시	광역자활센터종사자특별수당	10,800	5	1	7	8	7	1	1	1
3781	대전광역시	학대피해노인전용쉼터(자체)	9,000	5	2	2	5	7	1	1	1
3782	대전광역시	학대피해장애인쉼터지원(직접)	8,280	5	1	6	8	7	1	1	4
3783	대전광역시	광역자활센터종사자정액급식비	5,400	5	1	7	8	7	1	1	1
3784	대전 동구	아동복지시설운영지원	6,362,120	5	1	7	8	7	1	1	4
3785	대전 동구	장애인복지관운영	3,496,313	5	1	7	8	7	3	3	4
3786	대전 동구	지역아동센터인건비지원(국비)	2,364,000	5	2	7	8	7	5	1	4
3787	대전 동구	장애인주간보호센터운영	2,249,414	5	1	7	8	7	3	3	4
3788	대전 동구	장애인거주시설(국비)	2,212,857	5	1	7	8	7	3	3	4
3789	대전 동구	노인복지관운영	2,063,575	5	1	7	8	7	1	1	1
3790	대전 동구	장애인직업재활시설운영	1,618,409	5	1	7	8	7	3	3	4
3791	대전 동구	경로당운영비	1,069,200	5	4	7	7	7	1	1	2
3792	대전 동구	사회복지관운영비지원	789,213	5	1	5	5	1	1	1	2
3793	대전 동구	사회복지관운영비지원	775,913	5	1	5	5	1	1	1	2
3794	대전 동구	사회복지관운영비지원	775,219	5	1	5	5	1	1	1	2
3795	대전 동구	사회복지관운영비지원	712,243	5	1	5	5	1	1	1	2
3796	대전 동구	사회복지관운영비지원	698,354	5	1	5	5	1	1	1	2
3797	대전 동구	정신건강복지센터인력지원	575,700	5	1	7	8	7	5	5	4

순번	시군구	지출명 (사업명)	2024년예산 (단위 : 천원 /1년간)	민간이전 분류 (지방자치단체 세출예산 집행기준에 의거) 1. 민간경상사업보조(307-02) 2. 민간단체 법정운영비보조(307-03) 3. 민간행사사업보조(307-04) 4. 민간위탁금(307-05) 5. 사회복지시설 법정운영비보조(307-10) 6. 민간인위탁교육비(307-12) 7. 공기관등에대한경상적위탁사업비(308-13) 8. 민간자본사업보조,자체재원(402-01) 9. 민간자본사업보조,이전재원(402-02) 10. 민간위탁사업비(402-03) 11. 공기관등에 대한 자본적 위탁사업비(403-02)	민간이전지출 근거 (지방보조금 관리기준 참고) 1. 법률에 규정 2. 국고보조 재원(국가지정) 3. 용도 지정 기부금 4. 조례에 직접규정 5. 지자체가 권장하는 사업을 하는 공공기관 6. 시,도 정책 및 재정사정 7. 기타 8. 해당없음	입찰방식: 계약체결방법 (경쟁형태) 1. 일반경쟁 2. 제한경쟁 3. 지명경쟁 4. 수의계약 5. 법정위탁 6. 기타 ( ) 7. 없음	입찰방식: 계약기간 1. 1년 2. 2년 3. 3년 4. 4년 5. 5년 6. 기타 ( )년 7. 단기계약 (1년미만) 8. 없음	입찰방식: 낙찰자선정방법 1. 적격심사 2. 협상에의한계약 3. 최저가낙찰제 4. 규격가격분리 5. 2단계 경쟁입찰 6. 기타 ( ) 7. 없음	운영예산 산정: 운영예산 산정 1. 내부산정 (지자체 자체적으로 산정) 2. 외부산정 (외부전문기관위탁 산정) 3. 내·외부 모두 산정 4. 산정 無 5. 없음	운영예산 산정: 정산방법 1. 내부정산 (지자체 내부적으로 정산) 2. 외부정산 (외부전문기관위탁 정산) 3. 내·외부 모두 산정 4. 정산 無 5. 없음	성과평가 실시여부 1. 실시 2. 미실시 3. 향후 추진 4. 해당없음
3798	대전 동구	요보호아동그룹홈운영(국비)	542,988	5	1	7	8	7	1	1	2
3799	대전 동구	지역자활센터운영	447,007	5	1	5	1	1	4	3	1
3800	대전 동구	장애인수어통역센터운영	443,219	5	1	7	8	7	3	3	4
3801	대전 동구	경로당냉난방비및양곡비(국비)	442,066	5	2	7	7	7	1	1	2
3802	대전 동구	지역아동센터운영비지원(국비)	427,776	5	2	7	8	7	5	1	4
3803	대전 동구	경로당부식비	420,000	5	4	7	7	7	1	1	2
3804	대전 동구	아동복지시설운영지원	400,910	5	1	7	8	7	1	1	4
3805	대전 동구	지역아동센터급식종사자지원	384,722	5	1	7	8	7	5	1	4
3806	대전 동구	시니어클럽운영	352,220	5	4	7	8	7	1	1	2
3807	대전 동구	가정폭력피해자보호시설운영지원(국비)	308,979	5	1	7	8	7	1	1	1
3808	대전 동구	아동복지시설운영지원	278,640	5	1	7	8	7	1	1	4
3809	대전 동구	지역아동센터인건비부족분지원	209,958	5	1	7	8	7	5	1	4
3810	대전 동구	돌봄추가인력지원	190,000	5	1	7	8	7	5	1	4
3811	대전 동구	성폭력상담소운영지원(국비)	185,930	5	1	7	8	7	1	1	1
3812	대전 동구	세아전용어린이집보육교사인건비지원	181,500	5	1	7	3	1	1	1	2
3813	대전 동구	중증장애인자립생활센터운영(국비)	164,266	5	1	2	3	1	1	3	1
3814	대전 동구	노인복지시설운영및확충	158,400	5	6	7	8	7	1	1	4
3815	대전 동구	노인복지시설운영및확충	158,400	5	6	7	8	7	1	1	4
3816	대전 동구	지역아동센터명절휴가비지원	104,400	5	1	7	8	7	5	1	4
3817	대전 동구	지체장애인편의시설지원센터운영	104,205	5	1	2	1	1	1	1	1
3818	대전 동구	요보호아동그룹홈운영지원	85,218	5	1	7	8	7	1	1	2
3819	대전 동구	아동복지시설종사자정액급식비	77,400	5	1	7	8	7	1	1	4
3820	대전 동구	지역아동센터종사자특별수당	69,600	5	1	7	8	7	5	1	4
3821	대전 동구	아동복지시설운영지원	58,352	5	1	7	8	7	1	1	4
3822	대전 동구	지역아동센터종사자가족수당	52,400	5	1	7	8	7	5	1	4
3823	대전 동구	특성별지역아동센터추가지원(국비)	50,400	5	2	7	8	7	5	1	4
3824	대전 동구	지역아동센터프로그램비지원	41,120	5	1	7	8	7	5	1	4
3825	대전 동구	지역아동센터종사자정액급식비지원	34,800	5	1	7	8	7	5	1	4
3826	대전 동구	자활사례관리	31,477	5	1	5	1	1	4	3	1
3827	대전 동구	아동복지시설운영지원	31,344	5	1	7	8	7	1	1	4
3828	대전 동구	지역아동센터냉난방비	31,200	5	1	7	8	7	5	1	4
3829	대전 동구	가정폭력피해자보호시설지원	30,240	5	1	7	8	7	1	1	1
3830	대전 동구	아동복지시설종사자종합건강검진비	21,800	5	7	7	8	7	5	1	4
3831	대전 동구	지역자활센터종사자관리	21,600	5	1	5	1	1	4	3	1
3832	대전 동구	건강관리실설치경로당운영비지원	16,800	5	4	7	7	7	1	1	2
3833	대전 동구	중독관리통합지원센터	15,200	5	1	7	8	7	5	5	4
3834	대전 동구	노인복지시설운영및확충	12,960	5	6	7	8	7	1	1	4
3835	대전 동구	가정폭력피해자보호시설지원	12,600	5	1	7	8	7	1	1	1
3836	대전 동구	성폭력상담소종사자특별수당	12,000	5	1	7	8	7	1	1	1
3837	대전 동구	가정폭력상담소종사자특별수당	9,600	5	1	7	8	7	1	1	1

순번	시군구	지출명 (사업명)	2024년예산 (단위 : 천원 /1년간)	민간이전 분류 (지방자치단체 세출예산 집행기준에 의거) 1. 민간경상사업보조(307-02) 2. 민간단체 법정운영비보조(307-03) 3. 민간행사사업보조(307-04) 4. 민간위탁금(307-05) 5. 사회복지시설 법정운영비보조(307-10) 6. 민간인위탁교육비(307-12) 7. 공기관등에대한경상적위탁사업비(308-13) 8. 민간자본사업보조,자체재원(402-01) 9. 민간자본사업보조,이전재원(402-02) 10. 민간위탁사업비(402-03) 11. 공기관등에 대한 자본적 위탁사업비(403-02)	민간이전지출 근거 (지방보조금 관리기준 참고) 1. 법률에 규정 2. 국고보조 재원(국가지정) 3. 용도 지정 기부금 4. 조례에 직접규정 5. 지자체가 권장하는 사업을 하는 공공기관 6. 시,도 정책 및 재정사정 7. 기타 8. 해당없음	입찰방식			운영예산 산정		성과평가 실시여부
						계약체결방법 (경쟁형태) 1. 일반경쟁 2. 제한경쟁 3. 지명경쟁 4. 수의계약 5. 법정위탁 6. 기타 ( ) 7. 없음	계약기간 1. 1년 2. 2년 3. 3년 4. 4년 5. 5년 6. 기타 ( )년 7. 단기계약 (1년미만) 8. 없음	낙찰자선정방법 1. 적격심사 2. 협상에의한계약 3. 최저가낙찰제 4. 규격가격분리 5. 2단계 경쟁입찰 6. 기타 ( ) 7. 없음	운영예산 산정 1. 내부산정 (지자체 자체적으로 산정) 2. 외부산정 (외부전문기관위탁 산정) 3. 내·외부 모두 산정 4. 산정 無 5. 없음	정산방법 1. 내부정산 (지자체 내부적으로 정산) 2. 외부정산 (외부전문기관위탁 정산) 3. 내·외부 모두 산정 4. 정산 無 5. 없음	1. 실시 2. 미실시 3. 향후 추진 4. 해당없음
3838	대전 동구	가정폭력피해자보호시설지원	8,640	5	1	7	8	7	1	1	1
3839	대전 동구	성폭력상담소종사자특별수당	7,000	5	1	7	8	7	1	1	1
3840	대전 동구	세아전용어린이집운영비지원	6,600	5	1	7	3	1	1	1	2
3841	대전 동구	가정폭력상담소종사자특별수당	5,600	5	1	7	8	7	1	1	1
3842	대전 동구	가정폭력피해자보호시설지원	5,400	5	1	7	8	7	1	1	1
3843	대전 동구	성폭력상담소종사자특별수당	4,800	5	1	7	8	7	1	1	1
3844	대전 동구	요보호아동그룹홈냉난방비	4,800	5	1	7	8	7	1	1	2
3845	대전 동구	노인복지시설운영및확충	4,320	5	6	7	8	7	1	1	4
3846	대전 동구	가정폭력상담소종사자특별수당	3,840	5	1	7	8	7	1	1	1
3847	대전 동구	지역아동센터방역비지원	3,640	5	7	7	8	7	5	1	4
3848	대전 동구	노인공동생활가정운영비	3,500	5	4	7	7	7	1	1	2
3849	대전 동구	성폭력상담소종사자특별수당	3,000	5	1	7	8	7	1	1	1
3850	대전 동구	가정폭력상담소종사자특별수당	2,400	5	1	7	8	7	1	1	1
3851	대전 동구	노인복지시설운영및확충	2,160	5	6	7	8	7	1	1	4
3852	대전 동구	여성복지시설종사자종합건강검진비	1,800	5	7	7	8	7	5	5	4
3853	대전 동구	가족복지시설종자사종합건강검진비	1,000	5	7	7	8	7	5	5	4
3854	대전 동구	청소년복지시설종사가건강검진비	1,000	5	7	7	8	7	5	5	4
3855	대전 동구	푸드마켓사업지원	208,100	5	1	7	8	7	1	1	2
3856	대전 동구	푸드마켓사업지원	208,100	5	1	7	8	7	1	1	2
3857	대전 동구	정신요양시설운영지원	2,045,000	5	1	7	8	7	5	1	4
3858	대전 동구	노숙인시설운영	811,293	5	1	7	8	7	1	1	1
3859	대전 동구	노숙인시설운영	556,382	5	1	7	8	7	1	1	1
3860	대전 동구	정신재활시설운영지원	479,530	5	1	7	8	7	5	1	4
3861	대전 동구	노숙인시설운영	470,766	5	1	7	8	7	1	1	1
3862	대전 동구	노숙인시설운영	462,509	5	1	7	8	7	1	1	1
3863	대전 동구	노숙인시설운영	390,408	5	1	7	8	7	1	1	1
3864	대전 동구	노숙인시설운영	387,062	5	1	7	8	7	1	1	1
3865	대전 동구	정신요양시설지원	103,545	5	1	7	8	7	5	1	4
3866	대전 중구	보육돌봄서비스	7,566,674	5	8	7	8	7	5	1	4
3867	대전 중구	장애인거주시설운영지원	5,022,390	5	1	7	8	7	1	1	4
3868	대전 중구	지역아동센터인건비지원	4,699,858	5	1	7	8	7	5	1	4
3869	대전 중구	보조교사지원	4,549,143	5	8	7	8	7	5	1	4
3870	대전 중구	어린이집교직원수당지원	3,303,946	5	8	7	8	7	5	1	4
3871	대전 중구	장애인지역사회재활시설운영지원	2,634,140	5	1	7	8	7	1	1	4
3872	대전 중구	정신재활시설운영지원	2,071,775	5	1	5	8	7	1	1	1
3873	대전 중구	아동양육시설운영지원	1,772,298	5	1	7	8	7	5	1	4
3874	대전 중구	장애인직업재활시설운영지원	1,043,978	5	1	7	8	7	1	1	4
3875	대전 중구	어린이집무상급식지원	1,015,200	5	1	7	8	7	5	1	4
3876	대전 중구	어린이집운영지원	1,007,900	5	8	7	8	7	5	1	4
3877	대전 중구	한부모가족복지시설운영	955,250	5	1	7	8	7	5	1	4

순번	시군구	지출명 (사업명)	2024년예산 (단위 : 천원 /1년간)	민간이전 분류 (지방자치단체 세출예산 집행기준에 의거) 1. 민간경상사업보조(307-02) 2. 민간단체 법정운영비보조(307-03) 3. 민간행사사업보조(307-04) 4. 민간위탁금(307-05) 5. 사회복지시설 법정운영비보조(307-10) 6. 민간인위탁교육비(307-12) 7. 공기관등에대한경상적위탁사업비(308-13) 8. 민간자본사업보조,자체재원(402-01) 9. 민간자본사업보조,이전재원(402-02) 10. 민간위탁사업비(402-03) 11. 공기관등에 대한 자본적 위탁사업비(403-02)	민간이전지출 근거 (지방보조금 관리기준 참고) 1. 법률에 규정 2. 국고보조 재원(국가지정) 3. 용도 지정 기부금 4. 조례에 직접규정 5. 지자체가 권장하는 사업을 하는 공공기관 6. 시,도 정책 및 재정사정 7. 기타 8. 해당없음	입찰방식 계약체결방법 (경쟁형태) 1. 일반경쟁 2. 제한경쟁 3. 지명경쟁 4. 수의계약 5. 법정위탁 6. 기타 ( ) 7. 없음	입찰방식 계약기간 1. 1년 2. 2년 3. 3년 4. 4년 5. 5년 6. 기타 ( )년 7. 단기계약 (1년미만) 8. 없음	입찰방식 낙찰자선정방법 1. 적격심사 2. 협상에의한계약 3. 최저가낙찰제 4. 규격가격분리 5. 2단계 경쟁입찰 6. 기타 ( ) 7. 없음	운영예산 산정 운영예산 산정 1. 내부산정 (지자체 자체적으로 산정) 2. 외부산정 (외부전문기관위탁 산정) 3. 내·외부 모두 산정 4. 산정 無 5. 없음	운영예산 산정 정산방법 1. 내부정산 (지자체 내부적으로 정산) 2. 외부정산 (외부전문기관위탁 정산) 3. 내·외부 모두 산정 4. 정산 無 5. 없음	성과평가 실시여부 1. 실시 2. 미실시 3. 향후 추진 4. 해당없음
3878	대전 중구	재가노인복지시설운영비지원	918,000	5	1	7	8	7	1	1	4
3879	대전 중구	사회복지관운영지원	893,930	5	1	7	8	7	1	3	1
3880	대전 중구	경로당운영비(냉난방비포함)	885,060	5	1	7	8	7	1	1	4
3881	대전 중구	사회복지관운영지원	720,605	5	1	7	8	7	1	3	1
3882	대전 중구	지역아동센터운영비지원	702,704	5	1	7	8	7	5	1	4
3883	대전 중구	요보호아동그룹형태보호	688,924	5	1	7	8	7	5	1	4
3884	대전 중구	양로시설운영지원	622,756	5	1	7	8	7	1	1	4
3885	대전 중구	대전여성자활지원센터운영	612,487	5	1	7	8	7	5	1	4
3886	대전 중구	지역자활센터운영	447,007	5	1	7	8	7	1	1	4
3887	대전 중구	다문화가족지원센터운영	404,026	5	1	1	5	6	5	1	1
3888	대전 중구	경로당부식비지원	357,600	5	1	7	8	7	1	1	4
3889	대전 중구	경로당냉난방비및양곡비지원	355,346	5	1	7	8	7	1	1	4
3890	대전 중구	시니어클럽운영비지원	353,220	5	1	7	8	7	1	1	4
3891	대전 중구	학대피해아동쉼터지원	342,806	5	1	7	8	7	5	1	4
3892	대전 중구	성폭력피해자보호시설운영	335,404	5	1	7	8	7	5	1	4
3893	대전 중구	성매매피해자지원시설운영	243,641	5	1	7	8	7	5	1	4
3894	대전 중구	가정폭력상담소운영	214,418	5	1	7	8	7	5	1	4
3895	대전 중구	무지개푸드마켓운영	210,900	5	1	7	8	7	1	1	4
3896	대전 중구	성매매피해상담소운영	190,280	5	1	7	8	7	5	1	4
3897	대전 중구	청소년방과후아카데미운영지원	188,978	5	7	7	8	7	2	1	1
3898	대전 중구	성매매피해아동청소년통합지원	169,978	5	1	7	8	7	5	1	4
3899	대전 중구	대전장애인자립생활센터지원	166,466	5	1	7	8	7	1	1	4
3900	대전 중구	장애인거주시설기능보강사업	160,568	5	1	7	8	7	1	1	4
3901	대전 중구	빛나눔장애인자립생활센터지원	101,400	5	1	7	8	7	1	1	4
3902	대전 중구	성매매피해상담소운영지원	99,225	5	1	7	8	7	5	1	4
3903	대전 중구	가정폭력상담소운영지원	98,703	5	1	7	8	7	5	1	4
3904	대전 중구	노인맞춤돌봄서비스사업종사자수당	94,320	5	1	7	8	7	1	1	4
3905	대전 중구	경로당부식비추가지원	89,400	5	1	7	8	7	1	1	4
3906	대전 중구	경로당운영비추가지원	89,400	5	1	7	8	7	1	1	4
3907	대전 중구	장애인편의시설기초센터운영지원	88,529	5	1	7	8	7	1	1	4
3908	대전 중구	공동생활가정주거지원	79,644	5	1	7	8	7	5	1	4
3909	대전 중구	교재교구비	71,667	5	1	7	8	7	5	1	4
3910	대전 중구	성폭력피해자보호시설운영지원	70,442	5	1	7	8	7	5	1	4
3911	대전 중구	어린이집냉난방비지원	63,800	5	1	7	8	7	1	1	4
3912	대전 중구	장애인직업재활시설기능보강사업	62,300	5	1	7	8	7	1	1	4
3913	대전 중구	대전여성자활지원센터운영지원	58,882	5	1	7	8	7	5	1	4
3914	대전 중구	성매매피해자지원시설운영지원	50,200	5	1	7	8	7	5	1	4
3915	대전 중구	평가제우수어린이집프로그램운영비지원사업	50,200	5	8	7	8	7	5	1	4
3916	대전 중구	특성별지역아동센터추가지원	46,800	5	1	7	8	7	5	1	4
3917	대전 중구	종사자처우개선비사업	37,000	5	6	1	5	6	5	1	1

순번	시군구	지출명 (사업명)	2024년예산 (단위 : 천원 /1년간)	민간이전 분류 (지방자치단체 세출예산 집행기준에 의거) 1. 민간경상사업보조(307-02) 2. 민간단체 법정운영비보조(307-03) 3. 민간행사사업보조(307-04) 4. 민간위탁금(307-05) 5. 사회복지시설 법정운영비보조(307-10) 6. 민간인위탁교육비(307-12) 7. 공기관등에대한경상적위탁사업비(308-13) 8. 민간자본사업보조,자체재원(402-01) 9. 민간자본사업보조,이전재원(402-02) 10. 민간위탁사업비(402-03) 11. 공기관등에 대한 자본적 위탁사업비(403-02)	민간이전지출 근거 (지방보조금 관리기준 참고) 1. 법률에 규정 2. 국고보조 재원(국가지정) 3. 용도 지정 기부금 4. 조례에 직접규정 5. 지자체가 권장하는 사업을 하는 공공기관 6. 시,도 정책 및 재정사정 7. 기타 8. 해당없음	입찰방식 계약체결방법 (경쟁형태) 1. 일반경쟁 2. 제한경쟁 3. 지명경쟁 4. 수의계약 5. 법정위탁 6. 기타 ( ) 7. 없음	입찰방식 계약기간 1. 1년 2. 2년 3. 3년 4. 4년 5. 5년 6. 기타 ( )년 7. 단기계약 (1년미만) 8. 없음	입찰방식 낙찰자선정방법 1. 적격심사 2. 협상에의한계약 3. 최저가낙찰제 4. 규격가격분리 5. 2단계 경쟁입찰 6. 기타 ( ) 7. 없음	운영예산 산정 운영예산 산정 1. 내부산정 (지자체 자체적으로 산정) 2. 외부산정 (외부전문기관위탁 산정) 3. 내·외부 모두 산정 4. 산정 無 5. 없음	운영예산 산정 정산방법 1. 내부정산 (지자체 내부적으로 정산) 2. 외부정산 (외부전문기관위탁 정산) 3. 내·외부 모두 산정 4. 정산 無 5. 없음	성과평가 실시여부 1. 실시 2. 미실시 3. 향후 추진 4. 해당없음
3918	대전 중구	여성복지시설지원	31,560	5	1	7	8	7	5	1	4
3919	대전 중구	자활사례관리	31,477	5	1	7	8	7	1	1	4
3920	대전 중구	청소년수련시설지도사배치지원	25,368	5	1	7	8	7	2	1	1
3921	대전 중구	지역자활센터종사자특별수당	22,800	5	1	7	8	7	1	1	4
3922	대전 중구	재가노인복지시설종사자특별수당	21,600	5	1	7	8	7	1	1	4
3923	대전 중구	노인복지개인운영시설지원	21,412	5	1	7	8	7	1	1	4
3924	대전 중구	도서구입비	15,470	5	1	7	8	7	5	1	4
3925	대전 중구	공공형어린이집	12,000	5	1	7	8	7	5	1	4
3926	대전 중구	재가노인복지시설종사자정액급식비	10,800	5	1	7	8	7	1	1	4
3927	대전 중구	독거노인장애인응급안전안심서비스종사자수당	10,800	5	1	7	8	7	1	1	4
3928	대전 중구	푸드뱅크지원사업	7,000	5	1	7	8	7	1	1	4
3929	대전 중구	생활시설종사자특별수당	4,320	5	1	7	8	7	1	1	4
3930	대전 중구	노인공동생활가정운영비	3,500	5	1	7	8	7	1	1	4
3931	대전 중구	재가노인복지시설건강검진비	1,800	5	1	7	8	7	1	1	4
3932	대전 중구	장애인거주시설공기청정기렌탈지원사업	1,385	5	1	7	8	7	1	1	4
3933	대전 중구	차량운영비	1,200	5	8	7	8	7	5	1	4
3934	대전 서구	보육교직원인건비지원	10,207,940	5	1	7	8	7	5	5	1
3935	대전 서구	보육교직원처우개선지원(보조교사인건비)	9,418,093	5	2	7	8	7	5	5	1
3936	대전 서구	아이돌봄지원사업	7,037,803	5	1	5	5	1	5	1	1
3937	대전 서구	어린이집종사자지원	6,134,696	5	6	7	8	7	5	5	1
3938	대전 서구	아동복지시설운영지원	5,713,586	5	1	7	8	7	1	1	1
3939	대전 서구	장애인이용시설지원	5,048,279	5	1	7	8	7	1	1	4
3940	대전 서구	사회복지관운영지원	4,429,264	5	1	7	8	7	1	1	4
3941	대전 서구	어린이집지원	4,368,802	5	1	7	8	7	5	5	1
3942	대전 서구	자활사업(자활근로)	3,834,270	5	1	5	1	2	1	1	4
3943	대전 서구	보육교직원처우개선지원(교사근무환경개선비)	3,524,184	5	2	7	8	7	5	5	1
3944	대전 서구	장애인직업재활시설운영지원	3,111,677	5	1	7	8	7	1	1	4
3945	대전 서구	정신요양시설운영지원	2,792,000	5	2	7	8	7	5	1	4
3946	대전 서구	지역아동센터인건비지원	2,783,250	5	1	7	8	7	5	5	4
3947	대전 서구	행복한우리복지관운영지원	2,593,864	5	1	7	8	7	1	1	4
3948	대전 서구	정신재활시설운영지원	2,229,839	5	6	7	8	7	1	1	4
3949	대전 서구	보육교직원처우개선지원(대체교사지원)	1,892,837	5	2	7	8	7	5	5	1
3950	대전 서구	경로당운영지원	1,790,964	5	1	7	8	7	5	1	4
3951	대전 서구	공공형어린이집운영비(전환사업)	1,690,000	5	1	7	8	7	1	1	1
3952	대전 서구	지역아동센터운영지원	1,169,020	5	1	7	8	7	5	5	4
3953	대전 서구	가족센터운영	1,038,686	5	1	5	5	1	5	1	1
3954	대전 서구	서구노인복지관운영지원	1,009,941	5	1	5	5	7	1	1	1
3955	대전 서구	어린이집지원	968,540	5	1	7	8	7	5	5	1
3956	대전 서구	건강체련관운영지원	858,202	5	1	5	5	7	1	1	1
3957	대전 서구	양로시설운영비지원(전환사업)	776,070	5	1	7	8	7	1	1	4

순번	시군구	지출명 (사업명)	2024년예산 (단위 : 천원 /1년간)	민간이전 분류 (지방자치단체 세출예산 집행기준에 의거) 1. 민간경상사업보조(307-02) 2. 민간단체 법정운영비보조(307-03) 3. 민간행사사업보조(307-04) 4. 민간위탁금(307-05) 5. 사회복지시설 법정운영비보조(307-10) 6. 민간인위탁교육비(307-12) 7. 공기관등에대한경상적위탁사업비(308-13) 8. 민간자본사업보조,자체재원(402-01) 9. 민간자본사업보조,이전재원(402-02) 10. 민간위탁사업비(402-03) 11. 공기관등에 대한 자본적 위탁사업비(403-02)	민간이전지출 근거 (지방보조금 관리기준 참고) 1. 법률에 규정 2. 국고보조 재원(국가지정) 3. 용도 지정 기부금 4. 조례에 직접규정 5. 지자체가 권장하는 사업을 하는 공공기관 6. 시,도 정책 및 재정사정 7. 기타 8. 해당없음	입찰방식 계약체결방법 (경쟁형태) 1. 일반경쟁 2. 제한경쟁 3. 지명경쟁 4. 수의계약 5. 법정위탁 6. 기타 ( ) 7. 없음	입찰방식 계약기간 1. 1년 2. 2년 3. 3년 4. 4년 5. 5년 6. 기타 ( )년 7. 단기계약 (1년미만) 8. 없음	입찰방식 낙찰자선정방법 1. 적격심사 2. 협상에의한계약 3. 최저가낙찰제 4. 규격가격분리 5. 2단계 경쟁입찰 6. 기타 ( ) 7. 없음	운영예산 산정 운영예산 산정 1. 내부산정 (지자체 자체적으로 산정) 2. 외부산정 (외부전문기관위탁 산정) 3. 내·외부 모두 산정 4. 산정 無 5. 없음	운영예산 산정 정산방법 1. 내부정산 (지자체 내부적으로 정산) 2. 외부정산 (외부전문기관위탁 정산) 3. 내·외부 모두 산정 4. 정산 無 5. 없음	성과평가 실시여부 1. 실시 2. 미실시 3. 향후 추진 4. 해당없음
3958	대전 서구	유등노인복지관운영지원	750,139	5	1	5	5	7	1	1	1
3959	대전 서구	한부모가족복지시설운영지원	657,592	5	1	7	8	7	5	5	4
3960	대전 서구	자활사업(지역자활센터운영)	556,239	5	1	5	1	2	1	1	4
3961	대전 서구	성매매방지및피해자지원	525,428	5	1	7	8	7	5	5	4
3962	대전 서구	지역아동센터운영비지원	498,120	5	1	7	8	7	5	5	4
3963	대전 서구	시니어클럽운영	352,820	5	1	7	8	7	1	1	4
3964	대전 서구	폭력피해이주여성지원사업	318,326	5	1	7	8	7	5	5	4
3965	대전 서구	학대피해아동쉼터운영	301,618	5	1	7	8	7	1	1	1
3966	대전 서구	성폭력상담소운영지원	250,891	5	1	7	8	7	5	5	4
3967	대전 서구	지역아동센터(센터맘)돌봄지원사업	234,000	5	1	7	8	7	5	5	4
3968	대전 서구	학교밖청소년지원사업(기금)	173,336	5	1	5	3	7	1	1	1
3969	대전 서구	노인정책운영	172,000	5	1	7	8	7	5	1	4
3970	대전 서구	서구청소년상담복지센터운영	168,353	5	1	1	5	1	1	1	1
3971	대전 서구	보호대상아동그룹홈운영	164,230	5	1	7	8	7	1	1	1
3972	대전 서구	서구노인지회지원	149,912	5	1	7	8	7	5	1	4
3973	대전 서구	정신요양시설시비지원	136,920	5	6	7	8	7	1	1	4
3974	대전 서구	청소년수련시설청소년지도사배치지원	127,992	5	1	7	8	7	1	1	4
3975	대전 서구	다함께돌봄추가인력지원	107,800	5	1	1	5	1	1	1	3
3976	대전 서구	청소년사회안전망구축지원	102,000	5	1	1	5	1	1	1	1
3977	대전 서구	노인맞춤돌봄서비스종사자지원	93,720	5	1	1	2	1	1	1	4
3978	대전 서구	특성별지역아동센터추가지원	61,200	5	1	7	8	7	5	5	4
3979	대전 서구	양로시설운영비지원	47,840	5	1	7	8	7	1	1	4
3980	대전 서구	지역아동센터운영지원	43,800	5	1	7	8	7	5	5	4
3981	대전 서구	학교밖청소년지원사업	39,464	5	1	5	3	7	1	1	1
3982	대전 서구	학대피해아동쉼터운영지원	38,696	5	1	7	8	7	1	1	1
3983	대전 서구	자활사업(자활사례관리)	31,477	5	1	5	1	2	1	1	4
3984	대전 서구	보호대상아동그룹홈운영지원	24,918	5	1	7	8	7	1	1	1
3985	대전 서구	노인생활시설운영지원	19,440	5	1	7	8	7	1	1	4
3986	대전 서구	독거노인・장애인응급안전안심서비스종사자지원	14,400	5	1	1	3	1	1	1	4
3987	대전 서구	폭력피해이주여성보호시설퇴소자자립지원	13,000	5	1	7	8	7	5	5	4
3988	대전 서구	재가노인복지시설운영지원	11,400	5	7	7	8	7	1	1	4
3989	대전 서구	정신건강증진시설종사자종합건강검진비지원	7,000	5	6	6	5	7	1	1	4
3990	대전 서구	어린이집지원(장애전담차량유지비)	5,667	5	1	7	8	7	5	5	1
3991	대전 서구	미혼모자보호시설퇴소자자립정착금	5,000	5	1	7	8	7	5	5	4
3992	대전 서구	중증장애인자립생활센터지원	4,400	5	1	7	8	7	1	1	4
3993	대전 서구	장애인거주시설IoT,AI활동돌봄사업운영	2,824	5	1	7	8	7	1	1	4
3994	대전 서구	기부식품제공사업지원	2,800	5	1	7	8	7	1	1	1
3995	대전 서구	지체장애인편의시설지원센터운영	2,200	5	1	7	8	7	1	1	4
3996	대전 유성구	보육교직원인건비지원(정부지원,시간연장)	9,980,375	5	1	7	8	7	1	1	4
3997	대전 유성구	어린이집보조교사지원	9,779,036	5	2	7	8	7	1	1	4

순번	시군구	지출명 (사업명)	2024년예산 (단위 : 천원 /1년간)	민간이전 분류 (지방자치단체 세출예산 집행기준에 의거) 1. 민간경상사업보조(307-02) 2. 민간단체 법정운영비보조(307-03) 3. 민간행사사업보조(307-04) 4. 민간위탁금(307-05) 5. 사회복지시설 법정운영비보조(307-10) 6. 민간인위탁교육비(307-12) 7. 공기관등에대한경상적위탁사업비(308-13) 8. 민간자본사업보조,자체재원(402-01) 9. 민간자본사업보조,이전재원(402-02) 10. 민간위탁사업비(402-03) 11. 공기관등에 대한 자본적 위탁사업비(403-02)	민간이전지출 근거 (지방보조금 관리기준 참고) 1. 법률에 규정 2. 국고보조 재원(국가지정) 3. 용도 지정 기부금 4. 조례에 직접규정 5. 지자체가 권장하는 사업을 하는 공공기관 6. 시,도 정책 및 재정사정 7. 기타 8. 해당없음	입찰방식 계약체결방법 (경쟁형태) 1. 일반경쟁 2. 제한경쟁 3. 지명경쟁 4. 수의계약 5. 법정위탁 6. 기타 ( ) 7. 없음	입찰방식 계약기간 1. 1년 2. 2년 3. 3년 4. 4년 5. 5년 6. 기타 ( )년 7. 단기계약 (1년미만) 8. 없음	입찰방식 낙찰자선정방법 1. 적격심사 2. 협상에의한계약 3. 최저가낙찰제 4. 규격가격분리 5. 2단계 경쟁입찰 6. 기타 ( ) 7. 없음	운영예산 산정 운영예산 산정 1. 내부산정 (지자체 자체적으로 산정) 2. 외부산정 (외부전문기관위탁 산정) 3. 내·외부 모두 산정 4. 산정 無 5. 없음	운영예산 산정 정산방법 1. 내부정산 (지자체 내부적으로 정산) 2. 외부정산 (외부전문기관위탁 정산) 3. 내·외부 모두 산정 4. 정산 無 5. 없음	성과평가 실시여부 1. 실시 2. 미실시 3. 향후 추진 4. 해당없음
3998	대전 유성구	정신요양시설운영보조	4,765,000	5	2	7	8	7	1	1	4
3999	대전 유성구	장애인거주시설인건비	3,689,339	5	1	7	8	7	1	1	4
4000	대전 유성구	지역아동센터인건비지원	2,060,500	5	2	7	8	7	1	1	2
4001	대전 유성구	아동복지시설인건비	1,837,753	5	1	7	8	7	1	1	2
4002	대전 유성구	보육교직원처우개선비	1,747,200	5	4	7	8	7	1	1	4
4003	대전 유성구	장애인직업재활시설인건비	1,556,015	5	1	7	8	7	1	1	4
4004	대전 유성구	어린이집운영비지원	1,374,000	5	4	7	8	7	1	1	4
4005	대전 유성구	장애인단기거주시설인건비	1,341,476	5	1	7	8	7	1	1	4
4006	대전 유성구	공공형어린이집지원	1,265,000	5	4	7	8	7	1	1	4
4007	대전 유성구	경로당운영비	1,199,880	5	1	7	8	7	3	1	4
4008	대전 유성구	정신재활시설인건비	1,061,932	5	1	7	8	7	1	1	4
4009	대전 유성구	장애인주간보호시설인건비	995,168	5	1	7	8	7	1	1	4
4010	대전 유성구	특수어린이집보육교직원특별수당	982,800	5	4	7	8	7	1	1	4
4011	대전 유성구	양로시설운영인건비	871,527	5	1	7	8	7	1	1	4
4012	대전 유성구	보육교직원정액급식비	806,400	5	4	7	8	7	1	1	4
4013	대전 유성구	영유아반보육교직원특별수당	762,000	5	4	7	8	7	1	1	4
4014	대전 유성구	보호대상아동그룹홈운영	736,116	5	1	7	8	7	1	1	2
4015	대전 유성구	보육교직원처우개선(대체교사지원)	533,176	5	2	7	8	7	1	1	4
4016	대전 유성구	보육교직원명절수당	488,000	5	4	7	8	7	1	1	4
4017	대전 유성구	경로당부식비지원	484,800	5	1	7	8	7	3	1	4
4018	대전 유성구	경로당냉난방비및양곡비지원	481,746	5	1	7	8	7	3	1	4
4019	대전 유성구	지역자활센터운영	403,644	5	2	5	1	6	4	1	2
4020	대전 유성구	기본운영비	368,016	5	2	7	8	7	1	1	2
4021	대전 유성구	장애인의료재활시설인건비	367,710	5	1	7	8	7	1	1	4
4022	대전 유성구	보육교직원시간외근무수당	349,200	5	4	7	8	7	1	1	4
4023	대전 유성구	영유아어린이집보조교사인건비	343,860	5	4	7	8	7	1	1	4
4024	대전 유성구	시니어클럽운영비	341,419	5	6	5	5	7	1	1	4
4025	대전 유성구	어린이집운영비추가지원	336,000	5	4	7	8	7	1	1	4
4026	대전 유성구	장애인수어통역센터인건비	321,536	5	1	7	8	7	1	1	4
4027	대전 유성구	장애인공동생활가정인건비	296,121	5	1	7	8	7	1	1	4
4028	대전 유성구	학대피해아동쉼터운영	247,894	5	1	7	8	7	1	1	2
4029	대전 유성구	세전용어린이집보육교사인건비	247,500	5	4	7	8	7	1	1	2
4030	대전 유성구	보육교직원처우개선비추가지원	243,600	5	4	7	8	7	1	1	4
4031	대전 유성구	보육교직원스승의날특별수당	220,000	5	4	7	8	7	1	1	4
4032	대전 유성구	푸드마켓운영	208,100	5	1	7	8	7	3	1	1
4033	대전 유성구	보육교사마음건강지원수당	204,000	5	4	7	8	7	1	1	4
4034	대전 유성구	장애인생산품판매시설지원	189,953	5	1	7	8	7	1	1	4
4035	대전 유성구	장애인거주시설운영비	179,715	5	1	7	8	7	1	1	4
4036	대전 유성구	보호대상아동그룹홈종사자추가인건비	169,722	5	1	7	8	7	1	1	2
4037	대전 유성구	보육교사장기근속수당	165,600	5	4	7	8	7	1	1	4

순번	시군구	지출명 (사업명)	2024년예산 (단위 : 천원 /1년간)	민간이전 분류 (지방자치단체 세출예산 집행기준에 의거) 1. 민간경상사업보조(307-02) 2. 민간단체 법정운영비보조(307-03) 3. 민간행사사업보조(307-04) 4. 민간위탁금(307-05) 5. 사회복지시설 법정운영비보조(307-10) 6. 민간인위탁교육비(307-12) 7. 공기관등에대한경상적위탁사업비(308-13) 8. 민간자본사업보조,자체재원(402-01) 9. 민간자본사업보조,이전재원(402-02) 10. 민간위탁사업비(402-03) 11. 공기관등에 대한 자본적 위탁사업비(403-02)	민간이전지출 근거 (지방보조금 관리기준 참고) 1. 법률에 규정 2. 국고보조 재원(국가지정) 3. 용도 지정 기부금 4. 조례에 직접규정 5. 지자체가 권장하는 사업을 하는 공공기관 6. 시,도 정책 및 재정사정 7. 기타 8. 해당없음	입찰방식 계약체결방법 (경쟁형태) 1. 일반경쟁 2. 제한경쟁 3. 지명경쟁 4. 수의계약 5. 법정위탁 6. 기타 ( ) 7. 없음	입찰방식 계약기간 1. 1년 2. 2년 3. 3년 4. 4년 5. 5년 6. 기타 ( )년 7. 단기계약 (1년미만) 8. 없음	입찰방식 낙찰자선정방법 1. 적격심사 2. 협상에의한계약 3. 최저가낙찰제 4. 규격가격분리 5. 2단계 경쟁입찰 6. 기타 ( ) 7. 없음	운영예산 산정 운영예산 산정 1. 내부산정 (지자체 자체적으로 산정) 2. 외부산정 (외부전문기관위탁 산정) 3. 내·외부 모두 산정 4. 산정 無 5. 없음	운영예산 산정 정산방법 1. 내부정산 (지자체 내부적으로 정산) 2. 외부정산 (외부전문기관위탁 정산) 3. 내·외부 모두 산정 4. 정산 無 5. 없음	성과평가 실시여부 1. 실시 2. 미실시 3. 향후 추진 4. 해당없음
4038	대전 유성구	지역아동센터운영비추가지원	160,317	5	2	7	8	7	1	1	2
4039	대전 유성구	재가시설등급외자지원	153,000	5	1	7	8	7	1	1	4
4040	대전 유성구	장애인거주시설종사자특별수당	151,200	5	1	7	8	7	1	1	4
4041	대전 유성구	장애인체육관인건비	149,310	5	1	7	8	7	1	1	4
4042	대전 유성구	종사자특별수당	140,400	5	2	7	8	7	1	1	4
4043	대전 유성구	지체장애인편의시설지원센터운영	130,483	5	4	7	8	7	1	1	1
4044	대전 유성구	장애인지역사회재활시설종사자특별수당	130,320	5	1	7	8	7	1	1	4
4045	대전 유성구	장애인직업재활시설운영비	119,256	5	1	7	8	7	1	1	4
4046	대전 유성구	다함께명절수당지원	111,000	5	4	7	8	7	1	1	4
4047	대전 유성구	지역아동센터종사자명절휴가비	90,000	5	2	7	8	7	1	1	2
4048	대전 유성구	어린이집원장처우개선비	84,300	5	4	7	8	7	1	1	4
4049	대전 유성구	아동복지시설운영비(2개소)	78,351	5	1	7	8	7	1	1	2
4050	대전 유성구	아동복지시설종사자특별수당	69,120	5	1	7	8	7	1	1	2
4051	대전 유성구	정신재활시설운영비	68,874	5	1	7	8	7	1	1	4
4052	대전 유성구	지역아동센터종사자특별수당	60,000	5	2	7	8	7	1	1	2
4053	대전 유성구	장애인주간보호시설운영비	53,745	5	1	7	8	7	1	1	4
4054	대전 유성구	보호대상아동그룹홈종사자특별수당	51,840	5	1	7	8	7	1	1	2
4055	대전 유성구	이동형푸드마켓운영	50,000	5	1	7	8	7	3	1	1
4056	대전 유성구	생활시설종사자특별수당	49,680	5	1	7	8	7	1	1	4
4057	대전 유성구	지역사회보장협의체사무국인건비지원	48,738	5	1,4	7	8	7	1	1	1
4058	대전 유성구	학대피해아동쉼터추가인건비	47,490	5	1	7	8	7	1	1	2
4059	대전 유성구	장애인지역사회재활시설종사자정액급식비	47,400	5	1	7	8	7	1	1	4
4060	대전 유성구	지역아동센터종사자가족수당	46,800	5	2	7	8	7	1	1	2
4061	대전 유성구	양로시설운영비	43,960	5	1	7	8	7	1	1	4
4062	대전 유성구	특수목적형추가지원	43,200	5	2	7	8	7	1	1	2
4063	대전 유성구	보호대상아동그룹홈종사자명절휴가비	43,200	5	1	7	8	7	1	1	2
4064	대전 유성구	장애인단기거주시설운영비	42,652	5	1	7	8	7	1	1	4
4065	대전 유성구	장애인거주시설종사자정액급식비	42,000	5	1	7	8	7	1	1	4
4066	대전 유성구	종사자정액급식비	39,000	5	2	7	8	7	1	1	4
4067	대전 유성구	지역아동센터종사자장기근속수당	36,280	5	2	7	8	7	1	1	2
4068	대전 유성구	지역아동센터프로그램비지원	35,480	5	2	7	8	7	1	1	2
4069	대전 유성구	정신재활시설종사자특별수당	34,560	5	1	7	8	7	1	1	4
4070	대전 유성구	장애인직업재활시설종사자특별수당	32,400	5	1	7	8	7	1	1	4
4071	대전 유성구	자활사례관리사인건비	31,476	5	2	5	1	6	4	1	2
4072	대전 유성구	지역아동센터종사자정액급식비지원	30,000	5	2	7	8	7	1	1	2
4073	대전 유성구	대전가톨릭농수산물지원센터	28,000	5	1	7	8	7	3	1	1
4074	대전 유성구	지역아동센터냉난방비지원	26,400	5	2	7	8	7	1	1	2
4075	대전 유성구	장애인의료재활시설운영비	24,817	5	1	7	8	7	1	1	4
4076	대전 유성구	장애인공동생활가정운영비	23,916	5	1	7	8	7	1	1	4
4077	대전 유성구	종사자정액급식비	19,200	5	1	7	8	7	1	1	2

순번	시군구	지출명 (사업명)	2024년예산 (단위 : 천원 /1년간)	민간이전 분류 (지방자치단체 세출예산 집행기준에 의거) 1. 민간경상사업보조(307-02) 2. 민간단체 법정운영비보조(307-03) 3. 민간행사사업보조(307-04) 4. 민간위탁금(307-05) 5. 사회복지시설 법정운영비보조(307-10) 6. 민간인위탁교육비(307-12) 7. 공기관등에대한경상적위탁사업비(308-13) 8. 민간자본사업보조,자체재원(402-01) 9. 민간자본사업보조,이전재원(402-02) 10. 민간위탁사업비(402-03) 11. 공기관등에 대한 자본적 위탁사업비(403-02)	민간이전지출 근거 (지방보조금 관리기준 참고) 1. 법률에 규정 2. 국고보조 재원(국가지정) 3. 용도 지정 기부금 4. 조례에 직접규정 5. 지자체가 권장하는 사업을 하는 공공기관 6. 시,도 정책 및 재정사정 7. 기타 8. 해당없음	입찰방식			운영예산 산정		성과평가 실시여부
						계약체결방법 (경쟁형태) 1. 일반경쟁 2. 제한경쟁 3. 지명경쟁 4. 수의계약 5. 법정위탁 6. 기타 ( ) 7. 없음	계약기간 1. 1년 2. 2년 3. 3년 4. 4년 5. 5년 6. 기타 ( )년 7. 단기계약 (1년미만) 8. 없음	낙찰자선정방법 1. 적격심사 2. 협상에의한계약 3. 최저가낙찰제 4. 규격가격분리 5. 2단계 경쟁입찰 6. 기타 ( ) 7. 없음	운영예산 산정 1. 내부산정 (지자체 자체적으로 산정) 2. 외부산정 (외부전문기관위탁 산정) 3. 내·외부 모두 산정 4. 산정 無 5. 없음	정산방법 1. 내부정산 (지자체 내부적으로 정산) 2. 외부정산 (외부전문기관위탁 정산) 3. 내·외부 모두 산정 4. 정산 無 5. 없음	1. 실시 2. 미실시 3. 향후 추진 4. 해당없음
4078	대전 유성구	보호대상아동그룹홈종사자가족수당	18,303	5	1	7	8	7	1	1	2
4079	대전 유성구	토요운영추가지원	18,000	5	2	7	8	7	1	1	2
4080	대전 유성구	보호대상아동그룹홈아동지원	18,000	5	1	7	8	7	1	1	2
4081	대전 유성구	정부지원어린이집차량유지비	18,000	5	4	7	8	7	1	1	4
4082	대전 유성구	청각장애인수어통역센터운영비	17,656	5	1	7	8	7	1	1	4
4083	대전 유성구	장애인직업재활시설종사자정액급식비	16,200	5	1	7	8	7	1	1	4
4084	대전 유성구	아동복지시설기본운영비(2개소)	15,672	5	1	7	8	7	1	1	2
4085	대전 유성구	장애인체육관운영비	15,011	5	1	7	8	7	1	1	4
4086	대전 유성구	보호대상아동그룹홈종사자정액급식비지원	14,400	5	1	7	8	7	1	1	2
4087	대전 유성구	아동공동생활가정(그룹홈)운영비추가지원	14,400	5	1	7	8	7	1	1	2
4088	대전 유성구	학대피해아동쉼터종사자특별수당	12,960	5	1	7	8	7	1	1	2
4089	대전 유성구	지역자활센터종사자특별수당	12,000	5	6	5	1	6	4	1	2
4090	대전 유성구	생활시설등종사자정액급식비	10,800	5	1	7	8	7	1	1	4
4091	대전 유성구	학대피해아동쉼터명절휴가비	10,800	5	1	7	8	7	1	1	2
4092	대전 유성구	공공형어린이집교육환경개선비지원	10,000	5	4	7	8	7	1	1	4
4093	대전 유성구	정신재활시설종사자정액급식비	9,600	5	1	7	8	7	1	1	4
4094	대전 유성구	세전용어린이집운영비	9,000	5	4	7	8	7	1	1	4
4095	대전 유성구	정신건강증진시설종사자종합건강검진비지원	8,000	5	1	7	8	7	1	1	4
4096	대전 유성구	종사자특별수당	7,200	5	6	5	5	7	1	1	4
4097	대전 유성구	보호대상아동그룹홈냉난방비지원	7,200	5	1	7	8	7	1	1	2
4098	대전 유성구	종사자건강검진비	7,000	5	1	7	8	7	1	1	4
4099	대전 유성구	양로시설프로그램운영비	6,801	5	1	7	8	7	1	1	4
4100	대전 유성구	아동복지시설종사자종합건강검진비	6,200	5	1	7	8	7	1	1	2
4101	대전 유성구	지역자활센터종사자정액급식비	6,000	5	6	5	1	6	4	1	2
4102	대전 유성구	학대피해아동쉼터종사자시간외수당	6,000	5	1	7	8	7	1	1	2
4103	대전 유성구	지역아동센터종사자건강검진비	5,000	5	2	7	8	7	1	1	2
4104	대전 유성구	시설아동상해보험료지원	5,000	5	1	7	8	7	1	1	2
4105	대전 유성구	장애인생산품판매시설종사자보조수당	4,800	5	1	7	8	7	1	1	4
4106	대전 유성구	아동복지시설운영보조	4,800	5	1	7	8	7	1	1	2
4107	대전 유성구	학대피해아동쉼터종사자가족수당	4,536	5	1	7	8	7	1	1	2
4108	대전 유성구	정액급식비	3,600	5	6	5	5	7	1	1	4
4109	대전 유성구	노인복지시설이용시설종사자특별수당지원	3,600	5	1	7	8	7	1	1	4
4110	대전 유성구	학대피해아동쉼터정액급식비	3,600	5	1	7	8	7	1	1	2
4111	대전 유성구	노인공동생활가정운영비	3,500	5	1	7	8	7	3	1	4
4112	대전 유성구	종사자건강검진비	2,800	5	1	7	8	7	1	1	4
4113	대전 유성구	종사자건강검진비	2,800	5	1	7	8	7	1	1	4
4114	대전 유성구	장애인거주시설공기청정기렌탈비지원	2,771	5	1	7	8	7	1	1	4
4115	대전 유성구	지역사회보장협의체운영지원	2,500	5	1,4	7	8	7	1	1	1
4116	대전 유성구	지역아동센터종사자건강생활수당	2,500	5	2	7	8	7	1	1	2
4117	대전 유성구	종사자정액급식비	2,400	5	1	7	8	7	3	1	1

순번	시군구	지출명 (사업명)	2024년예산 (단위 : 천원 /1년간)	민간이전 분류 (지방자치단체 세출예산 집행기준에 의거) 1. 민간경상사업보조(307-02) 2. 민간단체 법정운영비보조(307-03) 3. 민간행사사업보조(307-04) 4. 민간위탁금(307-05) 5. 사회복지시설 법정운영비보조(307-10) 6. 민간인위탁교육비(307-12) 7. 공기관등에대한경상적위탁사업비(308-13) 8. 민간자본사업보조,자체재원(402-01) 9. 민간자본사업보조,이전재원(402-02) 10. 민간위탁사업비(402-03) 11. 공기관등에 대한 자본적 위탁사업비(403-02)	민간이전지출 근거 (지방보조금 관리기준 참고) 1. 법률에 규정 2. 국고보조 재원(국가지정) 3. 용도 지정 기부금 4. 조례에 직접규정 5. 지자체가 권장하는 사업을 하는 공공기관 6. 시,도 정책 및 재정사정 7. 기타 8. 해당없음	입찰방식: 계약체결방법 (경쟁형태) 1. 일반경쟁 2. 제한경쟁 3. 지명경쟁 4. 수의계약 5. 법정위탁 6. 기타 ( ) 7. 없음	입찰방식: 계약기간 1. 1년 2. 2년 3. 3년 4. 4년 5. 5년 6. 기타 ( )년 7. 단기계약 (1년미만) 8. 없음	입찰방식: 낙찰자선정방법 1. 적격심사 2. 협상에의한계약 3. 최저가낙찰제 4. 규격가격분리 5. 2단계 경쟁입찰 6. 기타 ( ) 7. 없음	운영예산 산정: 운영예산 산정 1. 내부산정 (지자체 자체적으로 산정) 2. 외부산정 (외부전문기관위탁 산정) 3. 내·외부 모두 산정 4. 산정 無 5. 없음	운영예산 산정: 정산방법 1. 내부정산 (지자체 내부적으로 정산) 2. 외부정산 (외부전문기관위탁 정산) 3. 내·외부 모두 산정 4. 정산 無 5. 없음	성과평가 실시여부 1. 실시 2. 미실시 3. 향후 추진 4. 해당없음
4118	대전 유성구	장애인생산품판매시설종사자정액급식비	2,400	5	1	7	8	7	1	1	4
4119	대전 유성구	냉난방비지원	2,400	5	1	7	8	7	1	1	2
4120	대전 유성구	종사자건강검진비	2,200	5	1	7	8	7	1	1	4
4121	대전 유성구	생활시설종사자건강검진비	2,000	5	1	7	8	7	1	1	4
4122	대전 유성구	종사자건강검진비	2,000	5	1	7	8	7	1	1	4
4123	대전 유성구	장애인거주시설IoT디지털돌봄시스템운영비지원	1,884	5	1	7	8	7	1	1	4
4124	대전 유성구	종사자정액급식비	1,800	5	6	7	8	7	1	1	1
4125	대전 유성구	지역자활센터종사자건강검진비	1,200	5	2	5	1	6	4	1	2
4126	대전 유성구	종사자건강검진비	600	5	1	7	8	7	1	1	4
4127	대전 유성구	종사자건강검진비	600	5	1	7	8	7	1	1	4
4128	대전 유성구	종사자종합건강검진비	400	5	1	7	8	7	3	1	1
4129	대전 유성구	종합건강검진비	400	5	6	5	5	7	1	1	4
4130	대전 유성구	종사자건강검진비	400	5	1	7	8	7	1	1	4
4131	대전 유성구	종사자건강검진비	200	5	1	7	8	7	1	1	4
4132	대전 유성구	종사자건강검진비	200	5	6	7	8	7	1	1	1
4133	대전 대덕구	장애인거주시설운영지원(국비)	12,952,929	5	1	7	8	7	1	1	4
4134	대전 대덕구	보육교직원인건비	6,426,654	5	1	7	8	7	5	1	4
4135	대전 대덕구	어린이집보조교사지원(국비)	3,664,449	5	1	7	8	7	5	1	4
4136	대전 대덕구	지역아동센터운영비지원(국비)	2,811,540	5	2	7	8	7	1	1	4
4137	대전 대덕구	장애인직업재활시설운영	2,123,020	5	1	7	8	7	1	1	4
4138	대전 대덕구	장애인주간보호시설운영	1,949,029	5	1	7	8	7	1	1	4
4139	대전 대덕구	아동복지시설운영	1,573,207	5	2	7	8	7	1	1	4
4140	대전 대덕구	장애인단기보호시설운영	1,195,601	5	1	7	8	7	1	1	4
4141	대전 대덕구	장애인거주시설운영지원	824,346	5	1	7	8	7	1	1	4
4142	대전 대덕구	어린이집취사인력인건비지원	814,800	5	1	7	8	7	5	1	4
4143	대전 대덕구	경로당운영비지원	769,760	5	1	7	8	7	1	1	4
4144	대전 대덕구	한부모가족복지시설운영	746,166	5	1	7	8	7	5	5	4
4145	대전 대덕구	장애인거주시설기타지원	742,440	5	1	7	8	7	1	1	4
4146	대전 대덕구	대전사회복지관인건비	678,552	5	1	5	8	7	1	1	1
4147	대전 대덕구	가족센터운영지원(국비)	594,226	5	1	1	5	1	5	5	4
4148	대전 대덕구	공공형어린이집지원	573,334	5	1	7	8	7	5	1	4
4149	대전 대덕구	어린이집반별운영비	570,000	5	1	7	8	7	5	1	4
4150	대전 대덕구	지역아동센터운영비지원	568,685	5	2	7	8	7	1	1	4
4151	대전 대덕구	학대피해아동쉼터운영	495,788	5	2	7	8	7	1	1	4
4152	대전 대덕구	지역자활센터운영비	403,644	5	1	5	1	1	1	1	1
4153	대전 대덕구	청각장애인수어통역센터운영	358,798	5	1	7	8	7	1	1	4
4154	대전 대덕구	시니어클럽운영	352,420	5	1	5	8	7	1	1	4
4155	대전 대덕구	성폭력피해자보호시설운영지원	327,098	5	1	7	8	7	5	5	4
4156	대전 대덕구	경로당냉난방비및양곡지원	307,650	5	6	7	8	7	1	1	4
4157	대전 대덕구	경로당부식비지원	307,200	5	2	7	8	7	1	1	4

순번	시군구	지출명 (사업명)	2024년예산 (단위 : 천원 /1년간)	민간이전 분류 (지방자치단체 세출예산 집행기준에 의거) 1. 민간경상사업보조(307-02) 2. 민간단체 법정운영비보조(307-03) 3. 민간행사사업보조(307-04) 4. 민간위탁금(307-05) 5. 사회복지시설 법정운영비보조(307-10) 6. 민간인위탁교육비(307-12) 7. 공기관등에대한경상적위탁사업비(308-13) 8. 민간자본사업보조,자체재원(402-01) 9. 민간자본사업보조,이전재원(402-02) 10. 민간위탁사업비(402-03) 11. 공기관등에 대한 자본적 위탁사업비(403-02)	민간이전지출 근거 (지방보조금 관리기준 참고) 1. 법률에 규정 2. 국고보조 재원(국가지정) 3. 용도 지정 기부금 4. 조례에 직접규정 5. 지자체가 권장하는 사업을 하는 공공기관 6. 시,도 정책 및 재정사정 7. 기타 8. 해당없음	입찰방식 계약체결방법 (경쟁형태) 1. 일반경쟁 2. 제한경쟁 3. 지명경쟁 4. 수의계약 5. 법정위탁 6. 기타 ( ) 7. 없음	입찰방식 계약기간 1. 1년 2. 2년 3. 3년 4. 4년 5. 5년 6. 기타 ( )년 7. 단기계약 (1년미만) 8. 없음	입찰방식 낙찰자선정방법 1. 적격심사 2. 협상에의한계약 3. 최저가낙찰제 4. 규격가격분리 5. 2단계 경쟁입찰 6. 기타 ( ) 7. 없음	운영예산 산정 운영예산 산정 1. 내부산정 (지자체 자체적으로 산정) 2. 외부산정 (외부전문기관위탁 산정) 3. 내·외부 모두 산정 4. 산정 無 5. 없음	운영예산 산정 정산방법 1. 내부정산 (지자체 내부적으로 정산) 2. 외부정산 (외부전문기관위탁 정산) 3. 내·외부 모두 산정 4. 정산 無 5. 없음	성과평가 실시여부 1. 실시 2. 미실시 3. 향후 추진 4. 해당없음
4158	대전 대덕구	어린이집대체교사지원(어린이집직접채용)	289,536	5	1	7	8	7	5	1	4
4159	대전 대덕구	장애인공동생활가정운영	255,105	5	1	7	8	7	1	1	4
4160	대전 대덕구	야간연장형보조교사지원	221,496	5	1	7	8	7	5	1	4
4161	대전 대덕구	세아전용어린이집지원	213,750	5	1	7	8	7	5	1	4
4162	대전 대덕구	가정폭력상담소운영지원	146,711	5	1	7	8	7	5	5	4
4163	대전 대덕구	보호대상아동그룹홈운영	139,944	5	2	7	8	7	1	1	4
4164	대전 대덕구	지적장애인자립지원센터운영비	133,206	5	1	7	8	7	1	1	4
4165	대전 대덕구	장애인이용시설종사자특별수당	118,800	5	1	7	8	7	1	1	4
4166	대전 대덕구	어린이집안심보육운영비	118,800	5	1	7	8	7	5	1	4
4167	대전 대덕구	지체장애인편의시설지원	104,196	5	1	7	8	7	1	1	4
4168	대전 대덕구	중증장애인자립생활센터지원	100,000	5	1	7	8	7	1	1	4
4169	대전 대덕구	학대피해아동쉼터운영지원	89,720	5	2	7	8	7	1	1	4
4170	대전 대덕구	아동복지시설지원	80,040	5	2	7	8	7	1	1	4
4171	대전 대덕구	경로당운영비추가지원	78,400	5	3	7	8	7	1	1	4
4172	대전 대덕구	학대피해아동쉼터운영	75,792	5	2	7	8	7	1	1	4
4173	대전 대덕구	야간연장어린이집난방비	74,386	5	1	7	8	7	5	1	4
4174	대전 대덕구	영유아어린이집보조교사인건비	68,772	5	1	7	8	7	5	1	4
4175	대전 대덕구	사회복지관종사자특별수당	61,200	5	1	5	8	7	1	1	1
4176	대전 대덕구	장애인이용시설종사자정액급식비지원	59,400	5	1	7	8	7	1	1	4
4177	대전 대덕구	대전사회복지관운영비	54,123	5	1	5	8	7	1	1	1
4178	대전 대덕구	보호대상아동그룹홈운영	48,647	5	2	7	8	7	1	1	4
4179	대전 대덕구	가족센터운영지원	46,800	5	1	1	5	1	5	5	4
4180	대전 대덕구	차량유지비	46,800	5	1	7	8	7	5	1	4
4181	대전 대덕구	어린이집냉난방비지원	43,330	5	1	7	8	7	5	1	4
4182	대전 대덕구	지역아동센터프로그램비지원	41,240	5	2	7	8	7	1	1	4
4183	대전 대덕구	사회복지관종사자정액급식비	30,600	5	1	5	8	7	1	1	1
4184	대전 대덕구	장애인거주시설종사자건강검진비	26,400	5	1	7	8	7	5	5	4
4185	대전 대덕구	국공립교재교구비	22,000	5	1	7	8	7	5	1	4
4186	대전 대덕구	어린이집도서구입비	13,000	5	1	7	8	7	5	1	4
4187	대전 대덕구	장애인이용시설종사자건강검진비지원	9,800	5	1	7	8	7	5	5	4
4188	대전 대덕구	사회복지관종사자종합건강검진비	5,000	5	1	5	8	7	1	1	1
4189	대전 대덕구	장애인자립생활센터종사자지원	4,400	5	1	7	8	7	5	5	4
4190	대전 대덕구	장애인거주시설공기청정기렌탈지원(국비)	2,771	5	1	7	8	7	1	1	4
4191	대전 대덕구	장애인거주시설IOT,AI활용돌봄사업운영지원(국비)	1,884	5	1	7	8	7	1	1	4
4192	대전 대덕구	정신재활시설운영보조금	451,926	5	1	7	8	7	1	1	1
4193	대전 대덕구	정신재활시설운영보조금	158,095	5	1	7	8	7	1	1	1
4194	대전 대덕구	정신재활시설운영보조금	155,860	5	1	7	8	7	1	1	1
4195	대전 대덕구	정신재활시설운영보조금	126,152	5	1	7	8	7	1	1	1
4196	대전 대덕구	정신재활시설운영보조금	71,974	5	1	7	8	7	1	1	1
4197	부산 중구	장애인직업재활시설운영지원	268,166	5	1	7	8	7	1	1	4

순번	시군구	지출명 (사업명)	2024년예산 (단위 : 천원 /1년간)	민간이전 분류 (지방자치단체 세출예산 집행기준에 의거) 1. 민간경상사업보조(307-02) 2. 민간단체 법정운영비보조(307-03) 3. 민간행사사업보조(307-04) 4. 민간위탁금(307-05) 5. 사회복지시설 법정운영비보조(307-10) 6. 민간인위탁교육비(307-12) 7. 공기관등에대한경상적위탁사업비(308-13) 8. 민간자본사업보조,자체재원(402-01) 9. 민간자본사업보조,이전재원(402-02) 10. 민간위탁사업비(402-03) 11. 공기관등에 대한 자본적 위탁사업비(403-02)	민간이전지출 근거 (지방보조금 관리기준 참고) 1. 법률에 규정 2. 국고보조 재원(국가지정) 3. 용도 지정 기부금 4. 조례에 직접규정 5. 지자체가 권장하는 사업을 하는 공공기관 6. 시,도 정책 및 재정사정 7. 기타 8. 해당없음	입찰방식 계약체결방법 (경쟁형태) 1. 일반경쟁 2. 제한경쟁 3. 지명경쟁 4. 수의계약 5. 법정위탁 6. 기타 ( ) 7. 없음	입찰방식 계약기간 1. 1년 2. 2년 3. 3년 4. 4년 5. 5년 6. 기타 ( )년 7. 단기계약 (1년미만) 8. 없음	입찰방식 낙찰자선정방법 1. 적격심사 2. 협상에의한계약 3. 최저가낙찰제 4. 규격가격분리 5. 2단계 경쟁입찰 6. 기타 ( ) 7. 없음	운영예산 산정 운영예산 산정 1. 내부산정 (지자체 자체적으로 산정) 2. 외부산정 (외부전문기관위탁 산정) 3. 내·외부 모두 산정 4. 산정 無 5. 없음	운영예산 산정 정산방법 1. 내부정산 (지자체 내부적으로 정산) 2. 외부정산 (외부전문기관위탁 정산) 3. 내·외부 모두 산정 4. 정산 無 5. 없음	성과평가 실시여부 1. 실시 2. 미실시 3. 향후 추진 4. 해당없음
4198	부산 중구	장애인자립생활센터운영지원	146,000	5	1	7	8	7	1	1	4
4199	부산 중구	장애인주간보호시설운영지원	141,118	5	1	7	8	7	1	1	4
4200	부산 중구	장애아동주간보호시설운영지원	86,027	5	1	7	8	7	1	1	4
4201	부산 중구	푸드마켓운영지원	70,743	5	1	7	8	7	1	1	1
4202	부산 중구	장애인지역법인근로작업장지원	32,975	5	1	7	8	7	1	1	4
4203	부산 중구	기초푸드뱅크운영	6,000	5	1	7	8	7	1	1	1
4204	부산 서구	아동시설운영비지원	5,770,087	5	2	5	8	7	1	1	4
4205	부산 서구	보육교직원인건비지원	3,961,045	5	2	7	8	7	1	1	2
4206	부산 서구	장애인거주시설운영지원	3,586,407	5	1	7	8	7	1	1	4
4207	부산 서구	정신요양시설운영지원	2,815,403	5	1	7	8	7	5	5	4
4208	부산 서구	한부모가족복지시설운영지원	1,677,626	5	2	5	8	7	1	1	4
4209	부산 서구	성매매피해자지원시설운영	1,223,428	5	2	5	8	7	1	1	4
4210	부산 서구	장애인복지관운영지원	1,012,151	5	1	7	8	7	1	1	4
4211	부산 서구	해바라기센터운영지원	859,113	5	2	5	8	7	1	1	4
4212	부산 서구	사회복귀시설운영지원	762,947	5	1	7	8	7	5	5	4
4213	부산 서구	부산기독교종합사회복지관운영지원	722,406	5	4	6	8	7	1	1	4
4214	부산 서구	장애인직업재활시설운영지원	710,423	5	1	7	8	7	1	1	4
4215	부산 서구	어린이집보조교사인건비지원	637,982	5	2	7	8	7	1	1	2
4216	부산 서구	생계급여(정신보건시설수급자)	420,000	5	1	7	8	7	5	5	4
4217	부산 서구	지역자활센터운영	403,644	5	1	5	1	7	5	1	4
4218	부산 서구	장애인단기거주시설운영지원	367,063	5	1	7	8	7	1	1	4
4219	부산 서구	지역아동센터인건비지원	268,128	5	2	5	8	7	1	1	1
4220	부산 서구	장애인주간보호시설운영지원	267,905	5	1	7	8	7	1	1	4
4221	부산 서구	가정폭력피해자보호시설운영지원	219,789	5	2	5	8	7	1	1	4
4222	부산 서구	수어통역센터운영지원	201,867	5	1	7	8	7	1	1	4
4223	부산 서구	성매매피해상담소운영	190,280	5	2	5	8	7	1	1	4
4224	부산 서구	중증장애인자립생활센터지원	160,830	5	2	7	8	7	5	5	4
4225	부산 서구	청소년한부모자립지원패키지	131,800	5	2	5	8	7	1	1	4
4226	부산 서구	정신요양시설종사자복지수당지원	118,956	5	1	7	8	7	5	5	4
4227	부산 서구	장애인거주시설종사자특수근무수당지원	91,020	5	1	7	8	7	1	1	4
4228	부산 서구	지역아동센터운영지원(시비사업)	73,920	5	6	5	8	7	1	1	1
4229	부산 서구	지역아동센터운영지원	69,432	5	2	5	8	7	1	1	1
4230	부산 서구	중증장애인자립생활센터시비지원	30,000	5	6	7	8	7	5	5	4
4231	부산 서구	지역아동센터특수목적형지원	22,120	5	2	5	8	7	1	1	1
4232	부산 서구	지역아동센터환경개선비지원	13,000	5	2	5	8	7	1	1	1
4233	부산 서구	어린이집난방비지원	9,640	5	1	7	8	7	1	1	1
4234	부산 서구	정부미지원어린이집차량운영비지원	7,800	5	1	7	8	7	1	1	1
4235	부산 서구	장애인거주시설종사자복지포인트	6,700	5	1	7	8	7	1	1	4
4236	부산 서구	어린이집냉방비지원	6,200	5	1	7	8	7	1	1	1
4237	부산 서구	지역아동센터운영지원(자체)	6,000	5	5	5	8	7	1	1	1

순번	시군구	지출명 (사업명)	2024년예산 (단위 : 천원 /1년간)	민간이전 분류 (지방자치단체 세출예산 집행기준에 의거) 1. 민간경상사업보조(307-02) 2. 민간단체 법정운영비보조(307-03) 3. 민간행사사업보조(307-04) 4. 민간위탁금(307-05) 5. 사회복지시설 법정운영비보조(307-10) 6. 민간인위탁교육비(307-12) 7. 공기관등에대한경상적위탁사업비(308-13) 8. 민간자본사업보조,자체재원(402-01) 9. 민간자본사업보조,이전재원(402-02) 10. 민간위탁사업비(402-03) 11. 공기관등에 대한 자본적 위탁사업비(403-02)	민간이전지출 근거 (지방보조금 관리기준 참고) 1. 법률에 규정 2. 국고보조 재원(국가지정) 3. 용도 지정 기부금 4. 조례에 직접규정 5. 지자체가 권장하는 사업을 하는 공공기관 6. 시,도 정책 및 재정사정 7. 기타 8. 해당없음	입찰방식			운영예산 산정		성과평가 실시여부
						계약체결방법 (경쟁형태) 1. 일반경쟁 2. 제한경쟁 3. 지명경쟁 4. 수의계약 5. 법정위탁 6. 기타 ( ) 7. 없음	계약기간 1. 1년 2. 2년 3. 3년 4. 4년 5. 5년 6. 기타 ( )년 7. 단기계약 (1년미만) 8. 없음	낙찰자선정방법 1. 적격심사 2. 협상에의한계약 3. 최저가낙찰제 4. 규격가격분리 5. 2단계 경쟁입찰 6. 기타 ( ) 7. 없음	운영예산 산정 1. 내부산정 (지자체 자체적으로 산정) 2. 외부산정 (외부전문기관위탁 산정) 3. 내·외부 모두 산정 4. 산정 無 5. 없음	정산방법 1. 내부정산 (지자체 내부적으로 정산) 2. 외부정산 (외부전문기관위탁 정산) 3. 내·외부 모두 산정 4. 정산 無 5. 없음	1. 실시 2. 미실시 3. 향후 추진 4. 해당없음
4238	부산 동구	부산종합사회복지관	832,749	5	6	1	5	1	5	3	1
4239	부산 영도구	어린이집종사자인건비지원(보육교직원인건비지원)	4,871,199	5	2	7	8	1	5	5	4
4240	부산 영도구	누리과정보육료지원(누리과정보육료지원)	3,174,252	5	2	7	8	1	5	5	4
4241	부산 영도구	아동양육시설운영지원(아동시설운영(인건비))	1,872,302	5	6	1	8	7	1	1	3
4242	부산 영도구	어린이집보조교사인건비지원(어린이집보조교사인건비지원)	1,353,144	5	2	7	8	1	5	5	4
4243	부산 영도구	장애인생활시설운영비	1,252,110	5	1	7	8	7	5	5	4
4244	부산 영도구	지역아동센터인건비지원(지역아동센터인건비지원)	1,044,600	5	1	7	8	7	5	1	1
4245	부산 영도구	장애인복지관운영비	1,025,226	5	2	1	5	1	5	5	4
4246	부산 영도구	노인복지관인건비	1,006,738	5	1	7	8	7	1	1	4
4247	부산 영도구	사회복지관운영지원(인건비)	714,339	5	1	1	5	1	1	1	1
4248	부산 영도구	사회복지관운영지원(인건비)	675,515	5	1	1	5	1	1	1	1
4249	부산 영도구	사회복지관운영지원(인건비)	667,221	5	1	1	5	1	1	1	1
4250	부산 영도구	사회복지관운영지원(인건비)	657,101	5	1	1	5	1	1	1	1
4251	부산 영도구	건강가정다문화가족지원센터통합서비스(가족센터운영)	608,980	5	2	5	3	1	3	3	1
4252	부산 영도구	사회복지관운영지원(인건비)	575,000	5	1	1	5	1	1	1	1
4253	부산 영도구	지역자활센터운영	447,007	5	1	5	1	7	5	1	1
4254	부산 영도구	장애인주간보호시설운영	444,938	5	1	7	8	7	5	5	4
4255	부산 영도구	모자복지시설운영비(모자복지시설운영비)	416,650	5	1	7	8	7	1	3	1
4256	부산 영도구	어린이집지원(어린이집급간식비지원)	410,624	5	6	7	8	1	5	5	4
4257	부산 영도구	장애인의료재활시설운영	349,539	5	1	7	8	7	5	5	4
4258	부산 영도구	장애인직업재활시설운영	342,267	5	1	7	8	7	5	5	4
4259	부산 영도구	시니어클럽운영지원	306,628	5	1	2	5	1	1	1	1
4260	부산 영도구	다함께돌봄센터인건비지원(다함께돌봄센터종사자인건비지원)	293,088	5	2	1	8	7	1	1	3
4261	부산 영도구	재가노인복지시설운영비	270,124	5	1	7	8	7	1	1	4
4262	부산 영도구	지역아동센터종사자처우개선비지원(지역아동센터종사자처우개선비지원)	199,500	5	1	7	8	7	5	1	1
4263	부산 영도구	정신재활시설운영지원(인건비)	189,736	5	1	7	8	7	5	1	4
4264	부산 영도구	경로당운영비	188,568	5	1	7	8	7	1	1	4
4265	부산 영도구	노인복지관운영비	183,047	5	1	7	8	7	1	1	4
4266	부산 영도구	지방상담운영지원	163,782	5	2	1	3	1	1	3	1
4267	부산 영도구	지역아동센터운영비지원(지역아동센터기본운영비지원)	162,192	5	1	7	8	7	5	1	1
4268	부산 영도구	청소년동반자운영지원	118,160	5	2	1	3	1	1	3	1
4269	부산 영도구	청소년안전망구축지원	102,000	5	2	1	3	1	1	3	1
4270	부산 영도구	공공형어린이집지원(전환사업)(공공형어린이집지원)	97,560	5	2	7	8	7	5	5	4
4271	부산 영도구	아동양육시설운영지원(아동시설운영(아동현원별운영비))	95,457	5	6	1	8	7	1	1	3
4272	부산 영도구	시간제보육지원(시간제보육지원)	85,240	5	1	7	8	7	5	5	4
4273	부산 영도구	노인전문요양시설운영(노인전문요양시설종사자복지수당)	72,000	5	1	7	8	7	1	1	4
4274	부산 영도구	푸드마켓사업지원(푸드마켓운영지원)	68,572	5	1	5	8	7	1	1	4
4275	부산 영도구	공동생활가정(그룹홈)운영지원(그룹홈운영지원(인건비))	66,498	5	1	1	8	7	1	1	3
4276	부산 영도구	부산형영영아반운영(부산형영영아반운영)	64,350	5	2	7	8	1	5	5	4
4277	부산 영도구	사회복지관운영지원(운영비)	60,000	5	1	1	5	1	1	1	1

순번	시군구	지출명 (사업명)	2024년예산 (단위 : 천원 /1년간)	민간이전 분류 (지방자치단체 세출예산 집행기준에 의거) 1. 민간경상사업보조(307-02) 2. 민간단체 법정운영비보조(307-03) 3. 민간행사사업보조(307-04) 4. 민간위탁금(307-05) 5. 사회복지시설 법정운영비보조(307-10) 6. 민간인위탁교육비(307-12) 7. 공기관등에대한경상적위탁사업비(308-13) 8. 민간자본사업보조,자체재원(402-01) 9. 민간자본사업보조,이전재원(402-02) 10. 민간위탁사업비(402-03) 11. 공기관등에 대한 자본적 위탁사업비(403-02)	민간이전지출 근거 (지방보조금 관리기준 참고) 1. 법률에 규정 2. 국고보조 재원(국가지정) 3. 용도 지정 기부금 4. 조례에 직접규정 5. 지자체가 권장하는 사업을 하는 공공기관 6. 시,도 정책 및 재정사정 7. 기타 8. 해당없음	입찰방식 계약체결방법 (경쟁형태) 1. 일반경쟁 2. 제한경쟁 3. 지명경쟁 4. 수의계약 5. 법정위탁 6. 기타 ( ) 7. 없음	입찰방식 계약기간 1. 1년 2. 2년 3. 3년 4. 4년 5. 5년 6. 기타 ( )년 7. 단기계약 (1년미만) 8. 없음	입찰방식 낙찰자선정방법 1. 적격심사 2. 협상에의한계약 3. 최저가낙찰제 4. 규격가격분리 5. 2단계 경쟁입찰 6. 기타 ( ) 7. 없음	운영예산 산정 운영예산 산정 1. 내부산정 (지자체 자체적으로 산정) 2. 외부산정 (외부전문기관위탁 산정) 3. 내·외부 모두 산정 4. 산정 無 5. 없음	운영예산 산정 정산방법 1. 내부정산 (지자체 내부적으로 정산) 2. 외부정산 (외부전문기관위탁 정산) 3. 내·외부 모두 산정 4. 정산 無 5. 없음	성과평가 실시여부 1. 실시 2. 미실시 3. 향후 추진 4. 해당없음
4278	부산 영도구	사회복지관운영지원(운영비)	55,000	5	1	1	5	1	1	1	1
4279	부산 영도구	사회복지관운영지원(운영비)	55,000	5	1	1	5	1	1	1	1
4280	부산 영도구	노인장기요양보험등급외자부담금지원	51,610	5	1	7	8	7	1	1	4
4281	부산 영도구	사회복지관운영지원(운영비)	50,000	5	1	1	5	1	1	1	1
4282	부산 영도구	시니어클럽운영지원	48,387	5	1	2	5	1	1	1	1
4283	부산 영도구	다함께돌봄센터운영비지원(다함께돌봄센터운영비지원)	48,000	5	2	1	8	7	1	1	3
4284	부산 영도구	다함께돌봄센터인건비지원(시비지원)(다함께돌봄센터종사자처우개선수당)	45,120	5	6	1	8	7	1	1	3
4285	부산 영도구	사회복지관운영지원(운영비)	45,000	5	1	1	5	1	1	1	1
4286	부산 영도구	어린이집지원(어린이집친환경급식재료비지원)	36,000	5	6	7	8	1	5	5	4
4287	부산 영도구	특수목적형지역아동센터추가지원(특수목적형지역아동센터지원)	36,000	5	1	7	8	7	5	1	1
4288	부산 영도구	온종일돌봄사업지원(다함께돌봄센터운영비지원)	30,000	5	4	1	8	7	1	1	3
4289	부산 영도구	교재교구비지원(어린이집교재교구비지원)	28,792	5	2	7	8	1	5	5	4
4290	부산 영도구	어린이집현장학습및문화행사비(어린이집현장학습및문화행사비)	25,150	5	2	7	8	1	5	5	4
4291	부산 영도구	지역자활센터직원복지수당	24,966	5	1	5	1	7	5	1	1
4292	부산 영도구	지역아동센터프로그램비지원(지역아동센터프로그램비지원)	21,960	5	1	7	8	7	5	1	1
4293	부산 영도구	어린이집지원(어린이집난방비지원)	20,400	5	2	7	8	1	5	5	4
4294	부산 영도구	정신재활시설운영지원(관리운영비)	19,940	5	1	7	8	7	5	1	4
4295	부산 영도구	공동생활가정종사자처우개선비지원(그룹홈(아동시설)종사자처우개선비지원)	18,240	5	6	1	8	7	1	1	3
4296	부산 영도구	토요운영지역아동센터추가지원(토요운영지역아동센터지원)	18,000	5	1	7	8	7	5	1	1
4297	부산 영도구	청소년동반자자체부담금	17,136	5	6	1	3	1	1	3	1
4298	부산 영도구	정부지원어린이집차량운영비지원(정부지원어린이집차량운영비지원)	13,200	5	2	7	8	1	5	5	4
4299	부산 영도구	정부미지원어린이집조리원인건비지원어린이집현장학습및문화행사비(어린이집현장학습및문화행사비)	12,000	5	2	7	8	1	5	5	4
4300	부산 영도구	지역아동센터종사자처우개선비지원(자체)(지역아동센터종사자처우개선비추가지원(자체))	12,000	5	1	7	8	7	5	1	1
4301	부산 영도구	지역아동센터운영비지원(지역아동센터추가운영비지원(다센터운영법인))	11,400	5	1	7	8	7	5	1	1
4302	부산 영도구	어린이집지원(어린이집냉방비지원)	10,200	5	2	7	8	1	5	5	4
4303	부산 영도구	지역아동센터운영비지원(시비지원)(종사자시간외수당지원)	9,564	5	1	7	8	7	5	1	1
4304	부산 영도구	아동양육시설운영지원(아동시설운영(시설운영비))	8,836	5	6	1	8	7	1	1	3
4305	부산 영도구	저녁돌봄지역아동센터지원(저녁돌봄지역아동센터지원)	7,800	5	1	7	8	7	5	1	1
4306	부산 영도구	공동생활가정(그룹홈)운영지원(그룹홈운영지원(운영비))	7,552	5	2	1	8	7	1	1	3
4307	부산 영도구	공공형어린이집조리원인건비지원(공공형어린이집조리원인건비지원)	7,200	5	2	7	8	7	5	5	4
4308	부산 영도구	사회복지관운영지원(시간외수당)	7,173	5	1	1	5	1	1	1	1
4309	부산 영도구	사회복지관운영지원(시간외수당)	6,695	5	1	1	5	1	1	1	1
4310	부산 영도구	사회복지관운영지원(시간외수당)	6,695	5	1	1	5	1	1	1	1
4311	부산 영도구	사회복지관운영지원(시간외수당)	6,695	5	1	1	5	1	1	1	1
4312	부산 영도구	어린이집지원(정부미지원어린이집차량운영비지원)	6,600	5	2	7	8	1	5	5	4
4313	부산 영도구	푸드뱅크사업지원(기초푸드뱅크지원)	6,000	5	1	5	8	7	1	1	4
4314	부산 영도구	건강가정다문화가족지원센터종사자시간외근무수당(가족센터종사자시간외수당)	5,961	5	6	5	3	1	3	3	1
4315	부산 영도구	사회복지관운영지원(시간외수당)	5,739	5	1	1	5	1	1	1	1
4316	부산 영도구	가족센터종사자처우개선비(가족센터종사자처우개선비)	5,022	5	6	5	3	1	3	3	1
4317	부산 영도구	장애아어린이집차량기사인건비지원(장애아어린이집차량기사인건비지원)	4,800	5	2	7	8	1	5	5	4

순번	시군구	지출명 (사업명)	2024년예산 (단위 : 천원 /1년간)	민간이전 분류 (지방자치단체 세출예산 집행기준에 의거)	민간이전지출 근거 (지방보조금 관리기준 참고)	입찰방식			운영예산 산정		성과평가 실시여부
				1. 민간경상사업보조(307-02) 2. 민간단체 법정운영비보조(307-03) 3. 민간행사사업보조(307-04) 4. 민간위탁금(307-05) 5. 사회복지시설 법정운영비보조(307-10) 6. 민간인위탁교육비(307-12) 7. 공기관등에대한경상적위탁사업비(308-13) 8. 민간자본사업보조,자체재원(402-01) 9. 민간자본사업보조,이전재원(402-02) 10. 민간위탁사업비(402-03) 11. 공기관등에 대한 자본적 위탁사업비(403-02)	1. 법률에 규정 2. 국고보조 재원(국가지정) 3. 용도 지정 기부금 4. 조례에 직접규정 5. 지자체가 권장하는 사업을 하는 공공기관 6. 시,도 정책 및 재정사정 7. 기타 8. 해당없음	계약체결방법 (경쟁형태) 1. 일반경쟁 2. 제한경쟁 3. 지명경쟁 4. 수의계약 5. 법정위탁 6. 기타 ( ) 7. 없음	계약기간 1. 1년 2. 2년 3. 3년 4. 4년 5. 5년 6. 기타 ( )년 7. 단기계약 (1년미만) 8. 없음	낙찰자선정방법 1. 적격심사 2. 협상에의한계약 3. 최저가낙찰제 4. 규격가격분리 5. 2단계 경쟁입찰 6. 기타 ( ) 7. 없음	운영예산 산정 1. 내부산정 (지자체 자체적으로 산정) 2. 외부산정 (외부전문기관위탁 산정) 3. 내·외부 모두 산정 4. 산정 無 5. 없음	정산방법 1. 내부정산 (지자체 내부적으로 정산) 2. 외부정산 (외부전문기관위탁 정산) 3. 내·외부 모두 산정 4. 정산 無 5. 없음	1. 실시 2. 미실시 3. 향후 추진 4. 해당없음
4318	부산 영도구	학교밖청소년지원센터종사자처우개선비	3,600	5	6	1	3	1	1	3	1
4319	부산 영도구	아동양육시설운영지원(아동시설운영(복지포인트))	3,500	5	6	1	8	7	1	1	3
4320	부산 영도구	지역아동센터운영비지원(시비지원)(냉난방비지원)	3,450	5	1	7	8	7	5	1	1
4321	부산 영도구	다함께돌봄센터인건비지원(시비지원)(다함께돌봄센터종사자시간외수당)	3,280	5	6	1	8	7	1	1	3
4322	부산 영도구	아동양육시설등안전관리환경개선비지원(아동양육시설안전관리환경개선비지원)	2,000	5	6	1	8	7	1	1	3
4323	부산 영도구	지역아동센터운영비지원(시비지원)(종사자복지포인트지원)	2,000	5	1	7	8	7	5	1	1
4324	부산 영도구	사회복지관운영지원(복지포인트)	1,600	5	1	1	5	1	1	1	1
4325	부산 영도구	아동양육시설운영지원(아동시설운영(시설아동행사지원))	1,600	5	6	1	8	7	1	1	3
4326	부산 영도구	사회복지관운영지원(복지포인트)	1,500	5	1	1	5	1	1	1	1
4327	부산 영도구	사회복지관운영지원(복지포인트)	1,500	5	1	1	5	1	1	1	1
4328	부산 영도구	사회복지관운영지원(복지포인트)	1,500	5	1	1	5	1	1	1	1
4329	부산 영도구	사회복지관운영지원(복지포인트)	1,300	5	1	1	5	1	1	1	1
4330	부산 영도구	건강가정다문화가족지원센터종사자복지수당(가족센터종사자복지수당)	1,300	5	6	5	3	1	3	3	1
4331	부산 영도구	공동생활가정종사자시간외근무수당(공동생활가정종사자시간외근무수당)	956	5	6	1	8	7	1	1	3
4332	부산 영도구	공동생활가정안전관리비지원(공동생활가정안전관리비지원)	900	5	6	1	8	7	1	1	3
4333	부산 영도구	시니어클럽운영지원	700	5	1	2	5	1	1	1	1
4334	부산 영도구	다함께돌봄센터인건비지원(시비지원)(다함께돌봄센터종사자복지포인트)	600	5	6	1	8	7	1	1	3
4335	부산 영도구	야간어린이집폴리스콜운영사업(야간어린이집폴리스콜운영사업)	524	5	2	7	8	1	5	5	4
4336	부산 영도구	모자복지시설운영비(모자복지시설종사자복지수당)	500	5	1	7	8	7	3	3	4
4337	부산 영도구	정신재활시설운영지원(복지포인트)	300	5	1	7	8	7	5	1	4
4338	부산 영도구	공동생활가정종사자복지포인트(공동생활가정종사자복지포인트)	200	5	6	1	8	7	1	1	3
4339	부산 부산진구	어린이집보육교직원인건비	8,771,320	5	1	7	8	7	5	5	4
4340	부산 부산진구	장애인거주시설운영지원	3,054,798	5	1	7	8	7	5	1	2
4341	부산 부산진구	어린이집보조교사인건비지원	2,830,416	5	1	7	8	7	5	5	4
4342	부산 부산진구	근무환경개선비(연장전담보육교사수당포함)	1,826,618	5	1	7	8	7	5	1	2
4343	부산 부산진구	장애인직업재활시설운영	1,683,365	5	1	7	8	7	5	1	2
4344	부산 부산진구	지역아동센터인건비지원	1,630,800	5	1	7	8	7	5	1	4
4345	부산 부산진구	어린이집연장전담교사인건비지원	1,551,450	5	1	7	8	7	5	5	4
4346	부산 부산진구	어린이집보조교사인건비지원	1,278,966	5	1	7	8	7	5	5	4
4347	부산 부산진구	재가노인지원서비스센터운영지원	576,956	5	6	7	7	7	1	1	1
4348	부산 부산진구	장애인주간보호시설운영	559,905	5	1	7	8	7	5	1	4
4349	부산 부산진구	지역아동센터운영지원	557,866	5	1	7	8	7	5	1	4
4350	부산 부산진구	아동양육시설등운영지원	519,260	5	1	7	8	7	5	1	4
4351	부산 부산진구	공공형어린이집지원(전환사업)	462,000	5	4	7	8	7	1	1	2
4352	부산 부산진구	시니어클럽운영	379,370	5	1	5	5	1	1	1	1
4353	부산 부산진구	정신재활시설운영지원	372,427	5	1	7	8	7	5	1	2
4354	부산 부산진구	지역아동센터운영비지원	330,024	5	1	7	8	7	5	1	4
4355	부산 부산진구	다함께돌봄센터인건비지원	323,392	5	1	1	5	6	5	1	2
4356	부산 부산진구	장애인단기거주시설운영	321,580	5	1	7	8	7	5	1	2
4357	부산 부산진구	학대피해아동쉼터운영지원	247,894	5	1	1	5	6	5	1	1

순번	시군구	지출명 (사업명)	2024년예산 (단위 : 천원 /1년간)	민간이전 분류 (지방자치단체 세출예산 집행기준에 의거) 1. 민간경상사업보조(307-02) 2. 민간단체 법정운영비보조(307-03) 3. 민간행사사업보조(307-04) 4. 민간위탁금(307-05) 5. 사회복지시설 법정운영비보조(307-10) 6. 민간인위탁교육비(307-12) 7. 공기관등에대한경상적위탁사업비(308-13) 8. 민간자본사업보조,자체재원(402-01) 9. 민간자본사업보조,이전재원(402-02) 10. 민간위탁사업비(402-03) 11. 공기관등에 대한 자본적 위탁사업비(403-02)	민간이전지출 근거 (지방보조금 관리기준 참고) 1. 법률에 규정 2. 국고보조 재원(국가지정) 3. 용도 지정 기부금 4. 조례에 직접규정 5. 지자체가 권장하는 사업을 하는 공공기관 6. 시,도 정책 및 재정사정 7. 기타 8. 해당없음	입찰방식: 계약체결방법 (경쟁형태) 1. 일반경쟁 2. 제한경쟁 3. 지명경쟁 4. 수의계약 5. 법정위탁 6. 기타 ( ) 7. 없음	입찰방식: 계약기간 1. 1년 2. 2년 3. 3년 4. 4년 5. 5년 6. 기타 ( )년 7. 단기계약 (1년미만) 8. 없음	입찰방식: 낙찰자선정방법 1. 적격심사 2. 협상에의한계약 3. 최저가낙찰제 4. 규격가격분리 5. 2단계 경쟁입찰 6. 기타 ( ) 7. 없음	운영예산 산정: 운영예산 산정 1. 내부산정 (지자체 자체적으로 산정) 2. 외부산정 (외부전문기관위탁 산정) 3. 내·외부 모두 산정 4. 산정 無 5. 없음	운영예산 산정: 정산방법 1. 내부정산 (지자체 내부적으로 정산) 2. 외부정산 (외부전문기관위탁 정산) 3. 내·외부 모두 산정 4. 정산 無 5. 없음	성과평가 실시여부 1. 실시 2. 미실시 3. 향후 추진 4. 해당없음
4358	부산 부산진구	사회복지상담소운영(생명의전화)	220,000	5	1	7	8	7	5	1	2
4359	부산 부산진구	장애인생산품판매시설운영	189,953	5	1	7	8	7	5	1	4
4360	부산 부산진구	장애인공동생활가정운영	150,530	5	1	7	8	7	5	1	2
4361	부산 부산진구	요보호아동그룹홈운영	128,720	5	1	7	8	7	5	1	4
4362	부산 부산진구	특수목적형지역아동센터추가지원	100,800	5	1	7	8	7	5	1	4
4363	부산 부산진구	어린이집연료비지원	97,000	5	4	7	8	7	5	1	2
4364	부산 부산진구	장애인생산품판매시설직원복지수당	83,197	5	1	7	8	7	5	1	4
4365	부산 부산진구	노인의료복지시설종사자복지수당	80,640	5	6	7	7	7	1	1	4
4366	부산 부산진구	다함께돌봄센터운영비지원	76,000	5	1	1	5	6	5	1	2
4367	부산 부산진구	학교돌봄터사업인건비지원	74,712	5	1	1	5	6	5	1	2
4368	부산 부산진구	기관보육료지원어린이집조리원인건비지원	69,000	5	1	7	8	7	5	5	4
4369	부산 부산진구	장애인거주시설종사자복지수당	65,100	5	1	7	8	7	5	1	2
4370	부산 부산진구	공공형어린이집조리원인건비	57,600	5	4	7	8	7	1	1	2
4371	부산 부산진구	어린이집안전공제회보험료지원	50,000	5	4	7	8	7	5	1	2
4372	부산 부산진구	다함께돌봄센터인건비지원	40,360	5	1	1	5	6	5	1	2
4373	부산 부산진구	토요운영지역아동센터추가지원	25,200	5	1	7	8	7	5	1	4
4374	부산 부산진구	학교돌봄터사업운영비지원	24,000	5	1	1	5	6	5	1	2
4375	부산 부산진구	요보호아동그룹홈운영(시비지원)	22,175	5	1	7	8	7	5	1	4
4376	부산 부산진구	학대피해아동쉼터종사자수당지원	20,751	5	1	1	5	6	5	1	1
4377	부산 부산진구	학교밖청소년급식비지원	16,778	5	1	7	3	7	5	1	1
4378	부산 부산진구	정부지원어린이집차량운영비	15,000	5	6	7	8	7	1	1	2
4379	부산 부산진구	정신질환당사자지원사업	14,760	5	1	7	8	7	5	1	2
4380	부산 부산진구	학교밖청소년지원사업(자체)	12,400	5	1	7	3	7	1	1	1
4381	부산 부산진구	장애인거주시설자립생활체험홈운영	12,000	5	1	7	8	7	5	1	2
4382	부산 부산진구	장애아전문어린이집차량기사인건비	12,000	5	1	7	8	7	5	5	4
4383	부산 부산진구	장애아통합어린이집차량기사인건비	12,000	5	1	7	8	7	5	5	4
4384	부산 부산진구	부산진구전포청소년센터청소년방과후종사자지원	5,880	5	6	7	1	7	5	1	4
4385	부산 부산진구	부산진구부전청소년센터청소년방과후종사자지원	5,880	5	6	7	1	7	5	1	4
4386	부산 부산진구	부산진구가야청소년센터청소년방과후종사자지원	5,880	5	6	7	1	7	5	1	4
4387	부산 부산진구	장애아어린이집차량운영비	4,800	5	2	7	8	7	1	1	2
4388	부산 부산진구	장애인거주시설시비지원	3,800	5	1	7	8	7	5	1	2
4389	부산 부산진구	학교밖청소년지원사업(종사자처우개선)	3,600	5	1	7	3	7	1	1	1
4390	부산 부산진구	아동양육시설동안전관리환경개선비	2,000	5	1	7	8	7	5	1	4
4391	부산 부산진구	학교밖청소년급식비지원	1,999	5	1	7	3	7	5	1	1
4392	부산 부산진구	장애아전문어린이집영유아안전장치운영지원	820	5	6	7	8	7	1	1	2
4393	부산 동래구	보육교직원인건비지원	10,828,885	5	1	7	8	7	5	5	4
4394	부산 동래구	만3~5세아누리과정보육료지원	6,497,490	5	2	7	8	7	1	1	4
4395	부산 동래구	만35세아누리보육료지원	5,296,241	5	6	7	8	7	1	3	4
4396	부산 동래구	보육교직원처우개선지원(보조교사인건비)	2,909,040	5	2	7	8	7	1	3	4
4397	부산 동래구	보육교직원처우개선지원(담임교사지원)	1,904,262	5	2	7	8	7	1	3	4

순번	시군구	지출명 (사업명)	2024년예산 (단위 : 천원 /1년간)	민간이전 분류 (지방자치단체 세출예산 집행기준에 의거) 1. 민간경상사업보조(307-02) 2. 민간단체 법정운영비보조(307-03) 3. 민간행사사업보조(307-04) 4. 민간위탁금(307-05) 5. 사회복지시설 법정운영비보조(307-10) 6. 민간인위탁교육비(307-12) 7. 공기관등에대한경상적위탁사업비(308-13) 8. 민간자본사업보조,자체재원(402-01) 9. 민간자본사업보조,이전재원(402-02) 10. 민간위탁사업비(402-03) 11. 공기관등에 대한 자본적 위탁사업비(403-02)	민간이전지출 근거 (지방보조금 관리기준 참고) 1. 법률에 규정 2. 국고보조 재원(국가지정) 3. 용도 지정 기부금 4. 조례에 직접규정 5. 지자체가 권장하는 사업을 하는 공공기관 6. 시,도 정책 및 재정사정 7. 기타 8. 해당없음	입찰방식			운영예산 산정		성과평가 실시여부
						계약체결방법 (경쟁형태) 1. 일반경쟁 2. 제한경쟁 3. 지명경쟁 4. 수의계약 5. 법정위탁 6. 기타 ( ) 7. 없음	계약기간 1. 1년 2. 2년 3. 3년 4. 4년 5. 5년 6. 기타 ( )년 7. 단기계약 (1년미만) 8. 없음	낙찰자선정방법 1. 적격심사 2. 협상에의한계약 3. 최저가낙찰제 4. 규격가격분리 5. 2단계 경쟁입찰 6. 기타 ( ) 7. 없음	운영예산 산정 1. 내부산정 (지자체 자체적으로 산정) 2. 외부산정 (외부전문기관위탁 산정) 3. 내·외부 모두 산정 4. 산정 無 5. 없음	정산방법 1. 내부정산 (지자체 내부적으로 정산) 2. 외부정산 (외부전문기관위탁 정산) 3. 내·외부 모두 산정 4. 정산 無 5. 없음	1. 실시 2. 미실시 3. 향후 추진 4. 해당없음
4398	부산 동래구	아동시설운영지원	1,824,369	5	1	5	8	1	3	1	4
4399	부산 동래구	정신요양시설운영지원	1,672,857	5	2	7	8	7	1	3	1
4400	부산 동래구	지역아동센터인건비지원	1,331,856	5	1	7	8	7	5	5	4
4401	부산 동래구	노숙인재활요양시설운영	863,003	5	1	7	8	7	1	3	1
4402	부산 동래구	양로시설운영비지원(황전양로원)(전환사업)	834,889	5	1	7	8	7	1	1	4
4403	부산 동래구	장애인직업재활시설운영	681,916	5	1	7	8	7	1	1	4
4404	부산 동래구	민간가정어린이집보육교사복지수당	548,000	5	6	7	8	7	1	1	4
4405	부산 동래구	어린이집급간식비지원	511,200	5	6	7	8	7	1	1	4
4406	부산 동래구	가족센터운영	446,680	5	1	5	5	7	1	1	1
4407	부산 동래구	정신재활시설운영	420,935	5	6	7	8	7	1	1	1
4408	부산 동래구	지역자활센터지원	384,443	5	2	6	1	7	5	5	4
4409	부산 동래구	경로당냉난방비및양곡비지원	376,632	5	2	7	8	7	5	1	4
4410	부산 동래구	노인요양시설노인장기요양보험등외수가지원	330,000	5	1	7	8	7	1	1	4
4411	부산 동래구	장애인주간보호시설운영	316,603	5	1	7	8	7	1	1	4
4412	부산 동래구	지역아동센터운영비지원	308,304	5	1	7	8	7	5	5	4
4413	부산 동래구	재가노인복지시설운영	292,000	5	1	7	8	7	4	3	4
4414	부산 동래구	경로당운영비지원	284,400	5	6	7	8	7	5	1	4
4415	부산 동래구	경로당운영비지원(자체)	246,480	5	4	7	8	7	5	1	4
4416	부산 동래구	시니어클럽운영	245,600	5	1	7	5	7	4	3	4
4417	부산 동래구	성매매피해자지원시설운영	243,641	5	1	7	8	7	5	1	4
4418	부산 동래구	공공형어린이집지원(전환사업)	216,667	5	6	7	8	7	5	5	4
4419	부산 동래구	가정폭력피해자지원사업	214,418	5	1	7	8	7	5	1	4
4420	부산 동래구	성매매피해상담소운영	190,280	5	1	7	8	7	5	1	4
4421	부산 동래구	장애인자립생활센터운영	120,000	5	1	7	8	7	1	1	4
4422	부산 동래구	어린이집난방비지원	99,300	5	7	7	8	7	1	1	4
4423	부산 동래구	정부미지원어린이집조리원인건비	84,000	5	6	7	8	7	1	1	4
4424	부산 동래구	공동생활가정운영지원	82,335	5	1	5	8	1	3	1	4
4425	부산 동래구	특수목적형지역아동센터추가지원	79,660	5	1	7	8	7	5	5	4
4426	부산 동래구	지역아동센터종사자처우개선비	75,120	5	6	7	8	7	5	5	4
4427	부산 동래구	어린이집안전공제회비지원	67,112	5	7	7	8	7	5	5	4
4428	부산 동래구	성매매피해자지원시설운영	65,253	5	1	7	8	7	5	1	4
4429	부산 동래구	어린이집현장학습및문화행사비	61,080	5	1	7	8	7	1	1	4
4430	부산 동래구	어린이집교재교구비지원	54,342	5	2	7	8	7	1	1	4
4431	부산 동래구	사회복지시설종사자처우개선비	43,080	5	4	7	7	7	1	1	1
4432	부산 동래구	지역사회보장협의체사무국운영	42,000	5	4	7	7	7	1	1	1
4433	부산 동래구	토요운영지역아동센터추가지원	39,924	5	1	7	8	7	5	5	4
4434	부산 동래구	장애전담어린이집보육교사특수근무수당	39,800	5	1	7	8	7	5	5	4
4435	부산 동래구	보육교사스승의날복지수당ㅣㅈ원	39,000	5	7	7	8	7	1	1	4
4436	부산 동래구	지역아동센터프로그램비지원	36,708	5	6	7	8	7	5	5	4
4437	부산 동래구	노인요양시설운영	36,000	5	1	7	8	7	1	1	4

순번	시군구	지출명 (사업명)	2024년예산 (단위 : 천원 /1년간)	민간이전 분류 (지방자치단체 세출예산 집행기준에 의거) 1. 민간경상사업보조(307-02) 2. 민간단체 법정운영비보조(307-03) 3. 민간행사사업보조(307-04) 4. 민간위탁금(307-05) 5. 사회복지시설 법정운영비보조(307-10) 6. 민간인위탁교육비(307-12) 7. 공기관등에대한경상적위탁사업비(308-13) 8. 민간자본사업보조,자체재원(402-01) 9. 민간자본사업보조,이전재원(402-02) 10. 민간위탁사업비(402-03) 11. 공기관등에 대한 자본적 위탁사업비(403-02)	민간이전지출 근거 (지방보조금 관리기준 참고) 1. 법률에 규정 2. 국고보조 재원(국가지정) 3. 용도 지정 기부금 4. 조례에 직접규정 5. 지자체가 권장하는 사업을 하는 공공기관 6. 시,도 정책 및 재정사정 7. 기타 8. 해당없음	입찰방식: 계약체결방법 (경쟁형태) 1. 일반경쟁 2. 제한경쟁 3. 지명경쟁 4. 수의계약 5. 법정위탁 6. 기타 ( ) 7. 없음	입찰방식: 계약기간 1. 1년 2. 2년 3. 3년 4. 4년 5. 5년 6. 기타 ( )년 7. 단기계약 (1년미만) 8. 없음	입찰방식: 낙찰자선정방법 1. 적격심사 2. 협상에의한계약 3. 최저가낙찰제 4. 규격가격분리 5. 2단계 경쟁입찰 6. 기타 ( ) 7. 없음	운영예산 산정: 운영예산 산정 1. 내부산정 (지자체 자체적으로 산정) 2. 외부산정 (외부전문기관위탁 산정) 3. 내·외부 모두 산정 4. 산정 無 5. 없음	운영예산 산정: 정산방법 1. 내부정산 (지자체 내부적으로 정산) 2. 외부정산 (외부전문기관위탁 정산) 3. 내·외부 모두 산정 4. 정산 無 5. 없음	성과평가 실시여부 1. 실시 2. 미실시 3. 향후 추진 4. 해당없음
4438	부산 동래구	시설아동용돈지원	35,712	5	1	5	8	1	3	1	4
4439	부산 동래구	자활사례관리	30,707	5	2	6	1	7	5	5	4
4440	부산 동래구	장애인주말주간일시보호시설운영	30,000	5	1	7	8	7	1	1	4
4441	부산 동래구	자활센터직원복지수당	29,247	5	6	6	1	7	5	5	4
4442	부산 동래구	지역아동센터종사자복지수당	28,800	5	4	7	8	7	5	5	4
4443	부산 동래구	정신요양시설종사자복지수당	28,800	5	6	7	8	7	1	3	1
4444	부산 동래구	지역아동센터환경개선비지원	25,000	5	1	7	8	7	5	5	4
4445	부산 동래구	장애아전문어린이집차량기사인건비지원	24,000	5	1	7	8	7	5	5	4
4446	부산 동래구	통합정신건강증진사업(정신질환당사자지원사업)	22,800	5	2	7	8	7	1	1	1
4447	부산 동래구	공공형어린이집조리원인건비지원	21,600	5	6	7	8	7	5	5	4
4448	부산 동래구	장애인지역법인근로작업장지원	20,000	5	1	7	8	7	1	1	4
4449	부산 동래구	정부지원어린이집보육교사복지수당	19,440	5	6	7	8	7	1	1	4
4450	부산 동래구	민간.가정어린이집보육교사장기근속수당지원	18,796	5	6	7	8	7	1	1	4
4451	부산 동래구	지역아동센터종사자시간외근무수당지원	17,920	5	6	7	8	7	5	5	4
4452	부산 동래구	어린이집냉방비지원	16,600	5	7	7	8	7	1	1	4
4453	부산 동래구	야간보호전담지역아동센터지원	14,400	5	6	7	8	7	5	5	4
4454	부산 동래구	시설아동교통비지원	13,947	5	1	5	8	1	3	1	4
4455	부산 동래구	정부지원어린이집차량운영비지원	11,000	5	1	7	8	7	5	5	4
4456	부산 동래구	학습보조비지원	10,000	5	1	5	8	1	3	1	4
4457	부산 동래구	아동시설안전관리환경개선비지원	9,250	5	1	5	8	1	3	1	4
4458	부산 동래구	여성폭력피해자지원시설복지증진	9,000	5	7	7	8	7	5	1	4
4459	부산 동래구	여성폭력피해자지원시설복지증진	9,000	5	7	7	8	7	5	1	4
4460	부산 동래구	여성폭력피해자지원시설복지증진	7,800	5	7	7	8	7	5	1	4
4461	부산 동래구	지역아동센터냉난방비지원	5,586	5	1	7	8	7	5	5	4
4462	부산 동래구	공동생활가정보호아동지원	4,133	5	1	5	8	1	3	1	4
4463	부산 동래구	시설아동수학여행비지원	3,937	5	1	5	8	1	3	1	4
4464	부산 동래구	지역아동센터종사자복지포인트지원	3,800	5	6	7	8	7	5	5	4
4465	부산 동래구	공동생활가정종사자처우개선비	3,600	5	1	5	8	1	3	1	4
4466	부산 동래구	여성폭력피해자지원시설복지증진	3,300	5	7	7	8	7	5	1	4
4467	부산 동래구	시설아동수련활동비지원	3,248	5	1	5	8	1	3	1	4
4468	부산 동래구	지역사회보장협의체사무국운영	3,000	5	4	7	7	7	1	1	1
4469	부산 동래구	공동생활가정종사자처우개선비지원	2,400	5	1	5	8	1	3	1	4
4470	부산 동래구	사회복지업무종사자장기근속유급휴가수당	2,100	5	4	7	7	7	1	1	1
4471	부산 동래구	어린이집운영지원(장애전담차량운영비)	1,316	5	1	7	8	7	5	5	4
4472	부산 동래구	공동생활가정안전관리비	900	5	1	5	8	1	3	1	4
4473	부산 동래구	영아기저귀지원	810	5	1	5	8	1	3	1	4
4474	부산 동래구	공동생활가정종사자시간외수당지원	600	5	1	5	8	1	3	1	4
4475	부산 동래구	야간어린이집플리스쿨서비스지원	460	5	6	7	8	7	1	1	4
4476	부산 동래구	공동생활가정종사자복지포인트지원	300	5	1	5	8	1	3	1	4
4477	부산 남구	보육교직원인건비지원	6,582,695	5	2	7	8	7	1	1	4

순번	시군구	지출명 (사업명)	2024년예산 (단위 : 천원 /1년간)	민간이전 분류 (지방자치단체 세출예산 집행기준에 의거) 1. 민간경상사업보조(307-02) 2. 민간단체 법정운영비보조(307-03) 3. 민간행사사업보조(307-04) 4. 민간위탁금(307-05) 5. 사회복지시설 법정운영비보조(307-10) 6. 민간인위탁교육비(307-12) 7. 공기관등에대한경상적위탁사업비(308-13) 8. 민간자본사업보조,자체재원(402-01) 9. 민간자본사업보조,이전재원(402-02) 10. 민간위탁사업비(402-03) 11. 공기관등에 대한 자본적 위탁사업비(403-02)	민간이전지출 근거 (지방보조금 관리기준 참고) 1. 법률에 규정 2. 국고보조 재원(국가지정) 3. 용도 지정 기부금 4. 조례에 직접규정 5. 지자체가 권장하는 사업을 하는 공공기관 6. 시,도 정책 및 재정사정 7. 기타 8. 해당없음	입찰방식			운영예산 산정		성과평가 실시여부
						계약체결방법 (경쟁형태) 1. 일반경쟁 2. 제한경쟁 3. 지명경쟁 4. 수의계약 5. 법정위탁 6. 기타 ( ) 7. 없음	계약기간 1. 1년 2. 2년 3. 3년 4. 4년 5. 5년 6. 기타 ( )년 7. 단기계약 (1년미만) 8. 없음	낙찰자선정방법 1. 적격심사 2. 협상에의한계약 3. 최저가낙찰제 4. 규격가격분리 5. 2단계 경쟁입찰 6. 기타 ( ) 7. 없음	운영예산 산정 1. 내부산정 (지자체 자체적으로 산정) 2. 외부산정 (외부전문기관위탁 산정) 3. 내·외부 모두 산정 4. 산정 無 5. 없음	정산방법 1. 내부정산 (지자체 내부적으로 정산) 2. 외부정산 (외부전문기관위탁 정산) 3. 내·외부 모두 산정 4. 정산 無 5. 없음	1. 실시 2. 미실시 3. 향후 추진 4. 해당없음
4478	부산 남구	만35세누리과정보육료지원	5,768,243	5	6	7	8	7	1	1	4
4479	부산 남구	장애인거주시설운영지원	3,469,450	5	1	7	8	7	1	2	1
4480	부산 남구	보육교직원처우개선지원(보조교사인건비)	2,855,017	5	2	7	8	7	1	1	4
4481	부산 남구	보육교직원처우개선지원(담임교사지원비)	1,527,660	5	2	7	8	7	1	1	4
4482	부산 남구	보육시설운영지원	797,366	5	6	7	8	7	1	1	4
4483	부산 남구	요보호아동그룹홈운영	669,144	5	2	7	8	7	1	1	4
4484	부산 남구	장애인직업재활시설지원	629,573	5	1	7	8	7	1	2	1
4485	부산 남구	경로당운영비지원	557,640	5	1,4	7	8	7	1	1	4
4486	부산 남구	지역자활센터운영	447,007	5	1	7	8	7	5	5	4
4487	부산 남구	경로당냉난방비지원	424,308	5	1,4	7	8	7	1	1	4
4488	부산 남구	지역아동센터시비추가지원사업	333,515	5	1	7	8	1	5	1	1
4489	부산 남구	장애인공동생활가정지원	310,984	5	1	7	8	7	1	2	1
4490	부산 남구	요보호아동그룹홈운영시비추가지원사업	289,958	5	2	7	8	7	1	1	4
4491	부산 남구	재가노인지원서비스센터운영지원	289,872	5	6	7	8	7	4	1	1
4492	부산 남구	지역아동센터운영비지원	282,144	5	1	7	8	1	5	1	1
4493	부산 남구	장애인거주시설운영시비추가지원	213,248	5	1	7	8	7	1	2	1
4494	부산 남구	독거노인중증장애인응급안전안심서비스운영지원	212,007	5	2	6	2	7	1	1	1
4495	부산 남구	시간제보육서비스지원	160,504	5	2	7	8	7	1	1	4
4496	부산 남구	아동양육시설지원	154,000	5	2	7	8	7	1	1	1
4497	부산 남구	가정폭력상담소운영지원	141,280	5	1	7	8	7	5	1	1
4498	부산 남구	보육시설운영지원(자체)	104,500	5	1	7	8	7	1	1	1
4499	부산 남구	정신재활시설운영	95,117	5	2	7	8	7	1	1	4
4500	부산 남구	어린이집운영지원	81,327	5	2	7	8	7	1	1	4
4501	부산 남구	특수목적형지역아동센터지원	60,532	5	1	7	8	1	5	1	1
4502	부산 남구	공공형어린이집조리원인건비	46,800	5	6	7	8	7	1	1	4
4503	부산 남구	자활사례관리	31,477	5	1	7	8	7	5	5	4
4504	부산 남구	지역자활센터종사자복지수당	26,969	5	1	7	8	7	5	5	4
4505	부산 남구	토요운영지역아동센터지원	18,148	5	1	7	8	1	5	1	1
4506	부산 남구	지역사회보장협의체운영	9,500	5	4	7	8	7	1	1	1
4507	부산 남구	통합정신건강증진사업(정신질환당사자지원사업)	3,600	5	2	7	8	7	1	1	4
4508	부산 북구	보육교직원인건비지원	5,858,672	5	1	7	8	7	1	1	2
4509	부산 북구	어린이집보조교사지원	3,076,417	5	1	7	8	7	1	1	2
4510	부산 북구	장애인생활시설종사자복지수당	2,331,549	5	6	7	8	7	1	1	1
4511	부산 북구	장애인복지관운영	2,239,684	5	1	7	8	7	1	1	1
4512	부산 북구	교사근무환경개선지원	2,141,236	5	1	7	8	7	1	1	2
4513	부산 북구	사회복지관운영(2개소)금곡,장선	1,475,425	5	1	5	8	7	1	1	4
4514	부산 북구	장애인보조기구수리사업	1,475,425	5	2	5	8	7	1	1	1
4515	부산 북구	지역아동센터인건비지원	1,233,504	5	1	7	8	7	1	1	2
4516	부산 북구	기관보육료지원어린이집보육교사복지수당지원	1,207,200	5	1,4	7	8	7	1	1	2
4517	부산 북구	노인양로시설운영비	921,899	5	1	7	8	7	5	1	4

순번	시군구	지출명 (사업명)	2024년예산 (단위 : 천원 /1년간)	민간이전 분류 (지방자치단체 세출예산 집행기준에 의거) 1. 민간경상사업보조(307-02) 2. 민간단체 법정운영비보조(307-03) 3. 민간행사사업보조(307-04) 4. 민간위탁금(307-05) 5. 사회복지시설 법정운영비보조(307-10) 6. 민간인위탁교육비(307-12) 7. 공기관등에대한경상적위탁사업비(308-13) 8. 민간자본사업보조,자체재원(402-01) 9. 민간자본사업보조,이전재원(402-02) 10. 민간위탁사업비(402-03) 11. 공기관등에 대한 자본적 위탁사업비(403-02)	민간이전지출 근거 (지방보조금 관리기준 참고) 1. 법률에 규정 2. 국고보조 재원(국가지정) 3. 용도 지정 기부금 4. 조례에 직접규정 5. 지자체가 권장하는 사업을 하는 공공기관 6. 시,도 정책 및 재정사정 7. 기타 8. 해당없음	입찰방식: 계약체결방법 (경쟁형태) 1. 일반경쟁 2. 제한경쟁 3. 지명경쟁 4. 수의계약 5. 법정위탁 6. 기타 ( ) 7. 없음	입찰방식: 계약기간 1. 1년 2. 2년 3. 3년 4. 4년 5. 5년 6. 기타 ( )년 7. 단기계약 (1년미만) 8. 없음	입찰방식: 낙찰자선정방법 1. 적격심사 2. 협상에의한계약 3. 최저가낙찰제 4. 규격가격분리 5. 2단계 경쟁입찰 6. 기타 ( ) 7. 없음	운영예산 산정: 운영예산 산정 1. 내부산정 (지자체 자체적으로 산정) 2. 외부산정 (외부전문기관위탁 산정) 3. 내·외부 모두 산정 4. 산정 無 5. 없음	운영예산 산정: 정산방법 1. 내부정산 (지자체 내부적으로 정산) 2. 외부정산 (외부전문기관위탁 정산) 3. 내·외부 모두 산정 4. 정산 無 5. 없음	성과평가 실시여부 1. 실시 2. 미실시 3. 향후 추진 4. 해당없음
4518	부산 북구	지역자활센터운영지원	894,014	5	1	7	8	7	5	1	1
4519	부산 북구	장애인직업재활시설운영	767,001	5	1	7	8	7	1	1	1
4520	부산 북구	노인복지관운영	729,789	5	1	7	8	7	5	1	4
4521	부산 북구	공공형어린이집지원(전환사업)	601,667	5	6	7	8	7	1	1	2
4522	부산 북구	재가노인복지시설운영비	570,612	5	1	7	8	7	5	1	4
4523	부산 북구	지역아동센터운영시비지원사업	465,379	5	1	7	8	7	1	1	2
4524	부산 북구	장애인주간보호시설운영	393,039	5	1	7	8	7	1	1	1
4525	부산 북구	시니어클럽운영	379,476	5	1	1	5	1	5	1	4
4526	부산 북구	시간제보육지원	311,592	5	1	7	8	7	1	1	2
4527	부산 북구	다문화가족지원센터운영	298,640	5	2	5	5	7	5	5	4
4528	부산 북구	아동시설운영	282,443	5	1	7	8	7	1	1	2
4529	부산 북구	지역아동센터운영비지원	277,320	5	1	7	8	7	1	1	2
4530	부산 북구	요보호아동그룹홈운영지원	269,480	5	1	7	8	7	1	1	2
4531	부산 북구	다함께돌봄센터인건비지원	268,664	5	1	7	8	7	5	1	2
4532	부산 북구	노인요양시설종사자복지수당	242,640	5	1	7	8	7	5	1	4
4533	부산 북구	수화통역센터운영(청각장애인)	201,371	5	1	7	8	7	1	1	1
4534	부산 북구	자녀양육및자녀생활등방문교육서비스지원	165,735	5	2	5	5	7	5	5	4
4535	부산 북구	어린이집냉·난방비지원	150,000	5	4	7	8	7	1	1	2
4536	부산 북구	가정폭력피해자지원사업	146,711	5	2	7	8	7	5	5	2
4537	부산 북구	기관보육료지원어린이집조리원인건비지원	120,000	5	1,4	7	8	7	1	1	2
4538	부산 북구	기관보육료지원어린이집보육교사장기근속수당지원	92,880	5	1,4	7	8	7	1	1	2
4539	부산 북구	요보호아동그룹홈운영시비지원사업	90,775	5	1	7	8	7	1	1	2
4540	부산 북구	언어발달지원사업	78,688	5	2	5	5	7	5	5	4
4541	부산 북구	장애인생활시설종사자복지포인트지원	75,983	5	6	7	8	7	1	1	1
4542	부산 북구	어린이집안전공제보험료지원사업	68,631	5	4	7	8	7	1	1	2
4543	부산 북구	특수목적형지역아동센터추가지원	65,376	5	1	7	8	7	1	1	2
4544	부산 북구	장애영유아어린이집보육교사특수근무수당지원	61,200	5	1	7	8	7	1	1	2
4545	부산 북구	지역자활센터직원복지수당지원	50,052	5	1	7	8	7	5	1	1
4546	부산 북구	사회복지시설종사자복지수당	46,800	5	1	7	8	7	1	1	4
4547	부산 북구	공공형어린이집조리원인건비지원	46,800	5	6	7	8	7	1	1	2
4548	부산 북구	노인양로시설야간경비인건비	45,960	5	1	7	8	7	5	1	4
4549	부산 북구	다함께돌봄센터운영비지원	44,000	5	1	7	8	7	5	1	2
4550	부산 북구	푸드뱅크지원	41,500	5	1	5	8	7	1	1	4
4551	부산 북구	푸드마켓운영	40,000	5	1	5	8	7	1	1	4
4552	부산 북구	다문화가족사례관리지원	37,017	5	2	5	5	7	5	5	4
4553	부산 북구	지역사회보장협의체사무국운영지원	36,000	5	1	7	8	7	1	1	1
4554	부산 북구	장애아어린이집차량기사인건비지원	36,000	5	1	7	8	7	1	1	2
4555	부산 북구	이중언어가족환경조성사업	35,031	5	2	5	5	7	5	5	4
4556	부산 북구	결혼이민자통번역서비스사업	32,813	5	2	5	5	7	5	5	4
4557	부산 북구	토요운영지역아동센터추가지원	32,668	5	1	7	8	7	1	1	2

순번	시군구	지출명 (사업명)	2024년예산 (단위 : 천원 /1년간)	민간이전 분류 (지방자치단체 세출예산 집행기준에 의거) 1. 민간경상사업보조(307-02) 2. 민간단체 법정운영비보조(307-03) 3. 민간행사사업보조(307-04) 4. 민간위탁금(307-05) 5. 사회복지시설 법정운영비보조(307-10) 6. 민간인위탁교육비(307-12) 7. 공기관등에대한경상적위탁사업비(308-13) 8. 민간자본사업보조,자체재원(402-01) 9. 민간자본사업보조,이전재원(402-02) 10. 민간위탁사업비(402-03) 11. 공기관등에 대한 자본적 위탁사업비(403-02)	민간이전지출 근거 (지방보조금 관리기준 참고) 1. 법률에 규정 2. 국고보조 재원(국가지정) 3. 용도 지정 기부금 4. 조례에 직접규정 5. 지자체가 권장하는 사업을 하는 공공기관 6. 시,도 정책 및 재정사정 7. 기타 8. 해당없음	입찰방식			운영예산 산정		성과평가 실시여부
						계약체결방법 (경쟁형태) 1. 일반경쟁 2. 제한경쟁 3. 지명경쟁 4. 수의계약 5. 법정위탁 6. 기타 ( ) 7. 없음	계약기간 1. 1년 2. 2년 3. 3년 4. 4년 5. 5년 6. 기타 ( )년 7. 단기계약 (1년미만) 8. 없음	낙찰자선정방법 1. 적격심사 2. 협상에의한계약 3. 최저가낙찰제 4. 규격가격분리 5. 2단계 경쟁입찰 6. 기타 ( ) 7. 없음	운영예산 산정 1. 내부산정 (지자체 자체적으로 산정) 2. 외부산정 (외부전문기관위탁 산정) 3. 내·외부 모두 산정 4. 산정 無 5. 없음	정산방법 1. 내부정산 (지자체 내부적으로 정산) 2. 외부정산 (외부전문기관위탁 정산) 3. 내·외부 모두 산정 4. 정산 無 5. 없음	1. 실시 2. 미실시 3. 향후 추진 4. 해당없음
4558	부산 북구	지역아동센터환경개선비지원	30,000	5	1	7	8	7	1	1	2
4559	부산 북구	여성폭력피해상담소종사자지원	29,254	5	7	7	8	7	5	5	2
4560	부산 북구	공공청소년수련시설청소년지도사배치지원	25,944	5	2	2	5	1	4	1	1
4561	부산 북구	결혼이민자역량강화지원	24,500	5	2	5	5	7	5	5	4
4562	부산 북구	다함께돌봄센터인건비지원(자체)	23,570	5	1	7	8	7	1	1	2
4563	부산 북구	노인양로시설종사자복지수당	19,200	5	1	7	8	7	5	1	4
4564	부산 북구	인건비지원어린이집보육교사복지수당지원	17,420	5	1,4	7	8	7	1	1	2
4565	부산 북구	사회복지사장기근속수당	14,000	5	1	7	8	7	1	1	4
4566	부산 북구	장애영유아어린이집치료사근무환경개선비지원	9,600	5	1	7	8	7	1	1	2
4567	부산 북구	지역사회보장협의체사무국전담직원인건비	7,200	5	1	7	8	7	3	1	1
4568	부산 북구	노인복지관시간외근무수당	6,299	5	1	7	8	7	5	1	4
4569	부산 북구	장애인생활시설운영	6,000	5	2	7	8	7	1	1	1
4570	부산 북구	다문화가족지원센터운영시비지원	5,877	5	2	5	5	7	5	5	4
4571	부산 북구	장애인공동생활가정운영	4,300	5	6	7	8	7	1	5	4
4572	부산 북구	지역아동센터종사자처우개선비지원	4,200	5	1,4	7	8	7	1	1	1
4573	부산 북구	다문화가족지원센터운영시비지원	2,100	5	2	5	5	7	5	5	4
4574	부산 북구	노인양로시설종사자복지포인트지원	1,600	5	1	7	8	7	5	1	4
4575	부산 북구	노인복지관종사자복지포인트지원	1,400	5	1	7	8	7	5	1	4
4576	부산 해운대구	청소년지도사배치지원	25,368	5	2	7	8	7	1	1	4
4577	부산 해운대구	청소년방과후아카데미종사자지원	5,880	5	6	7	8	7	1	1	4
4578	부산 해운대구	학교밖청소년지원센터운영(자체)	3,600	5	4	2	5	1	1	1	4
4579	부산 사하구	어린이집종사자인건비지원	7,215,129	5	1	7	8	7	1	1	4
4580	부산 사하구	정신요양시설운영지원	3,062,000	5	2	7	8	7	5	3	4
4581	부산 사하구	어린이집교사근무환경개선비지원	2,154,900	5	1	7	7	7	1	1	4
4582	부산 사하구	아동양육시설(애아원)운영지원	1,753,126	5	4	7	8	7	1	1	4
4583	부산 사하구	보육교직원처우개선지원(보조교사인건비)	1,271,296	5	1	7	8	7	1	1	4
4584	부산 사하구	지역아동센터인건비지원	1,264,824	5	2	7	8	7	1	1	4
4585	부산 사하구	기관보육료지원어린이집보육교사복지수당지원	1,104,000	5	1	7	7	7	1	1	4
4586	부산 사하구	공공형어린이집지원	952,000	5	1	7	7	7	1	1	4
4587	부산 사하구	장애인직업재활시설(보호작업장)운영지원	941,351	5	1	7	8	7	1	1	1
4588	부산 사하구	양로시설운영경비(전환사업)	894,843	5	6	7	8	7	5	1	4
4589	부산 사하구	장애인주간보호시설운영지원	858,074	5	1	7	8	7	1	1	4
4590	부산 사하구	장애인공동생활가정운영지원	541,424	5	1	7	8	7	1	1	1
4591	부산 사하구	어린이집친환경쌀등급간식비지원	479,160	5	1	7	8	7	1	1	4
4592	부산 사하구	다함께돌봄센터인건비지원	414,216	5	2	7	5	7	1	1	4
4593	부산 사하구	모자보호시설운영	382,803	5	1	7	8	7	1	1	1
4594	부산 사하구	지역아동센터종사자처우개선지원	357,448	5	4	7	8	7	1	1	4
4595	부산 사하구	영영아반(12개월이하)운영비보조	347,020	5	1	7	7	7	1	1	4
4596	부산 사하구	지역아동센터운영비지원	300,696	5	2	7	8	7	1	1	4
4597	부산 사하구	학대피해아동쉼터운영	237,182	5	2	1	5	1	1	1	4

순번	시군구	지출명 (사업명)	2024년예산 (단위 : 천원 /1년간)	민간이전 분류 (지방자치단체 세출예산 집행기준에 의거) 1. 민간경상사업보조(307-02) 2. 민간단체 법정운영비보조(307-03) 3. 민간행사사업보조(307-04) 4. 민간위탁금(307-05) 5. 사회복지시설 법정운영비보조(307-10) 6. 민간인위탁교육비(307-12) 7. 공기관등에대한경상적위탁사업비(308-13) 8. 민간자본사업보조,자체재원(402-01) 9. 민간자본사업보조,이전재원(402-02) 10. 민간위탁사업비(402-03) 11. 공기관등에 대한 자본적 위탁사업비(403-02)	민간이전지출 근거 (지방보조금 관리기준 참고) 1. 법률에 규정 2. 국고보조 재원(국가지정) 3. 용도 지정 기부금 4. 조례에 직접규정 5. 지자체가 권장하는 사업을 하는 공공기관 6. 시,도 정책 및 재정사정 7. 기타 8. 해당없음	입찰방식 계약체결방법 (경쟁형태) 1. 일반경쟁 2. 제한경쟁 3. 지명경쟁 4. 수의계약 5. 법정위탁 6. 기타 ( ) 7. 없음	입찰방식 계약기간 1. 1년 2. 2년 3. 3년 4. 4년 5. 5년 6. 기타 ( )년 7. 단기계약 (1년미만) 8. 없음	입찰방식 낙찰자선정방법 1. 적격심사 2. 협상에의한계약 3. 최저가낙찰제 4. 규격가격분리 5. 2단계 경쟁입찰 6. 기타 ( ) 7. 없음	운영예산 산정 운영예산 산정 1. 내부산정 (지자체 자체적으로 산정) 2. 외부산정 (외부전문기관위탁 산정) 3. 내·외부 모두 산정 4. 산정 無 5. 없음	운영예산 산정 정산방법 1. 내부정산 (지자체 내부적으로 정산) 2. 외부정산 (외부전문기관위탁 정산) 3. 내·외부 모두 산정 4. 정산 無 5. 없음	성과평가 실시여부 1. 실시 2. 미실시 3. 향후 추진 4. 해당없음
4598	부산 사하구	노인요양시설종사자복지수당지원	232,560	5	6	7	8	7	5	1	4
4599	부산 사하구	정신재활시설운영지원(주간재활시설)	185,778	5	7	7	8	7	5	3	4
4600	부산 사하구	장애인수어통역센터운영지원	179,798	5	1	7	8	7	1	1	4
4601	부산 사하구	부산형365열린시간제어린이집운영지원	153,096	5	6	7	7	7	1	1	4
4602	부산 사하구	기관보육료지원어린이집조리원인건비지원	134,662	5	1	7	7	7	1	1	4
4603	부산 사하구	정신요양시설운영지원(순시비)	119,996	5	7	7	8	7	5	3	4
4604	부산 사하구	요호보아동공동생활가정(하늘채)운영	97,793	5	2	7	8	7	1	1	4
4605	부산 사하구	어린이집교재교구비지원	93,749	5	1	7	7	7	1	1	4
4606	부산 사하구	인건비지원어린이집운영비지원	80,000	5	1	7	1	7	1	1	4
4607	부산 사하구	모자보호시설아이돌봄서비스지원	78,651	5	1	7	8	7	1	1	1
4608	부산 사하구	어린이집난방비지원	78,000	5	1	7	8	7	1	1	4
4609	부산 사하구	어린이집현장학습및문화행사비지원	76,850	5	1	7	7	7	1	1	4
4610	부산 사하구	어린이집영유아안전보험가입지원	68,867	5	1	7	8	7	1	1	4
4611	부산 사하구	미등록경로당운영지원	66,600	5	4	7	8	7	1	1	1
4612	부산 사하구	공공형어린이집조리원인건비지원	64,800	5	1	7	7	7	1	1	4
4613	부산 사하구	정신재활시설운영지원(공동생활가정)	64,087	5	7	7	8	7	5	3	4
4614	부산 사하구	특수목적형지역아동센터추가지원	61,016	5	2	7	8	7	1	1	4
4615	부산 사하구	정부지원어린이집인건비지원	50,000	5	1	7	1	7	1	1	4
4616	부산 사하구	요호보아동공동생활가정(하늘채)운영	47,321	5	4	7	8	7	1	1	4
4617	부산 사하구	기관보육료지원어린이집차량운영비지원	45,000	5	1	7	8	7	1	1	4
4618	부산 사하구	지역아동센터환경개선비지원	43,000	5	2	7	8	7	1	1	4
4619	부산 사하구	지역아동센터프로그램비지원	40,800	5	4	7	8	7	1	1	4
4620	부산 사하구	장애인지역법인근로작업장운영지원	40,375	5	1	7	8	7	1	1	4
4621	부산 사하구	어린이집냉방비지원	40,000	5	1	7	8	7	1	1	4
4622	부산 사하구	다함께돌봄센터종사자처우개선지원	21,460	5	4	7	8	7	1	1	4
4623	부산 사하구	인건비지원어린이집차량운영비지원	21,000	5	1	7	8	7	1	1	4
4624	부산 사하구	학대피해아동쉼터운영지원	20,751	5	4	1	5	1	1	1	4
4625	부산 사하구	야간전담지역아동센터지원	15,600	5	4	7	8	7	1	1	4
4626	부산 사하구	토요운영지역아동센터추가지원	15,000	5	2	7	8	7	1	1	4
4627	부산 사하구	지역아동센터냉난방비지원	5,865	5	4	7	8	7	1	1	4
4628	부산 사하구	어린이집운영지원(차량운영비)	4,800	5	1	7	8	7	1	1	4
4629	부산 사하구	아동양육시설(애아원)안전관리및환경개선지원	2,000	5	4	7	8	7	1	1	4
4630	부산 사하구	장애아전문어린이집영유아안전장치운영지원	820	5	1	7	8	7	1	1	4
4631	부산 사하구	모자보호시설운영	500	5	1	7	8	7	1	1	1
4632	부산 강서구	장애인거주시설인건비	12,190,982	5	1	7	8	7	1	1	1
4633	부산 강서구	국공립법인어린이집지원	5,061,829	5	1	7	8	7	1	1	1
4634	부산 강서구	아이돌봄지원사업	3,212,844	5	1	7	8	7	1	1	1
4635	부산 강서구	보육보조교사(연장보육전담)인건비지원	2,867,317	5	1	7	8	7	1	1	1
4636	부산 강서구	담임교사지원비및교사겸직원장지원	1,732,476	5	2	7	8	7	1	1	1
4637	부산 강서구	아동복지시설운영비	1,703,644	5	6	7	8	7	1	1	1

순번	시군구	지출명 (사업명)	2024년예산 (단위 : 천원 /1년간)	민간이전 분류 (지방자치단체 세출예산 집행기준에 의거) 1. 민간경상사업보조(307-02) 2. 민간단체 법정운영비보조(307-03) 3. 민간행사사업보조(307-04) 4. 민간위탁금(307-05) 5. 사회복지시설 법정운영비보조(307-10) 6. 민간인위탁교육비(307-12) 7. 공기관등에대한경상적위탁사업비(308-13) 8. 민간자본사업보조,자체재원(402-01) 9. 민간자본사업보조,이전재원(402-02) 10. 민간위탁사업비(402-03) 11. 공기관등에 대한 자본적 위탁사업비(403-02)	민간이전지출 근거 (지방보조금 관리기준 참고) 1. 법률에 규정 2. 국고보조 재원(국가지정) 3. 용도 지정 기부금 4. 조례에 직접규정 5. 지자체가 권장하는 사업을 하는 공공기관 6. 시,도 정책 및 재정사정 7. 기타 8. 해당없음	입찰방식			운영예산 산정		성과평가 실시여부
						계약체결방법 (경쟁형태) 1. 일반경쟁 2. 제한경쟁 3. 지명경쟁 4. 수의계약 5. 법정위탁 6. 기타 ( ) 7. 없음	계약기간 1. 1년 2. 2년 3. 3년 4. 4년 5. 5년 6. 기타 ( )년 7. 단기계약 (1년미만) 8. 없음	낙찰자선정방법 1. 적격심사 2. 협상에의한계약 3. 최저가낙찰제 4. 규격가격분리 5. 2단계 경쟁입찰 6. 기타 ( ) 7. 없음	운영예산 산정 1. 내부산정 (지자체 자체적으로 산정) 2. 외부산정 (외부전문기관위탁 산정) 3. 내·외부 모두 산정 4. 산정 無 5. 없음	정산방법 1. 내부정산 (지자체 내부적으로 정산) 2. 외부정산 (외부전문기관위탁 정산) 3. 내·외부 모두 산정 4. 정산 無 5. 없음	1. 실시 2. 미실시 3. 향후 추진 4. 해당없음
4638	부산 강서구	장애인직업재활시설인건비	1,222,636	5	1	7	8	7	1	1	1
4639	부산 강서구	정부미지원어린이집보육교사복지수당	880,800	5	1	7	8	7	1	1	1
4640	부산 강서구	장애인거주시설관리운영비	584,353	5	1	7	8	7	1	1	1
4641	부산 강서구	재가노인복지시설지원	427,959	5	1	7	8	7	1	1	1
4642	부산 강서구	강서구지역자활센터운영비	409,413	5	2	7	8	7	1	1	1
4643	부산 강서구	부산형영영아반운영지원	393,746	5	1	7	8	7	1	1	1
4644	부산 강서구	경로당냉난방비및양곡비	388,850	5	2	7	8	7	1	1	1
4645	부산 강서구	보육교사교통비지원	378,000	5	6	7	8	7	1	1	1
4646	부산 강서구	경로당운영비지원	371,144	5	1	7	8	7	1	1	1
4647	부산 강서구	시니어클럽운영지원	365,075	5	1	7	8	7	1	1	1
4648	부산 강서구	종사자특수근무수당	322,460	5	1	7	8	7	1	1	1
4649	부산 강서구	경로당운영비지원(자체)	315,928	5	4	7	8	7	1	1	1
4650	부산 강서구	장애인주간보호시설인건비	284,327	5	1	7	8	7	1	1	1
4651	부산 강서구	지역아동센터인건비지원	263,736	5	2	7	8	7	1	1	1
4652	부산 강서구	장애아통합어린이집지원	168,002	5	1	7	8	7	1	1	1
4653	부산 강서구	어린이집차량운영비	163,200	5	6	7	8	7	1	1	1
4654	부산 강서구	어린이집친환경쌀구입비	151,200	5	6	7	8	7	1	1	1
4655	부산 강서구	가정폭력(통합)상담소운영비	146,711	5	1	7	8	7	1	1	1
4656	부산 강서구	정부미지원어린이집조리원인건비	129,000	5	1	7	8	7	1	1	1
4657	부산 강서구	장애인실비입소이용료	109,487	5	1	7	8	7	1	1	1
4658	부산 강서구	어린이집냉난방비	103,800	5	6	7	8	7	1	1	1
4659	부산 강서구	공동생활가정(그룹홈)종사자인건비	96,375	5	2	7	8	7	1	1	1
4660	부산 강서구	어린이집교재교구비지원	89,408	5	2	7	8	7	1	1	1
4661	부산 강서구	공공형어린이집지원	75,810	5	1	7	8	7	1	1	1
4662	부산 강서구	부산형365열린시간제어린이집운영지원	75,000	5	6	7	8	7	1	1	1
4663	부산 강서구	노인의료복지시설종사자복지수당	74,880	5	2	7	8	7	1	1	1
4664	부산 강서구	어린이집현장학습및문화행사비	70,000	5	1	7	8	7	1	1	1
4665	부산 강서구	농어촌보육교사특별근무수당지원	68,820	5	2	7	8	7	1	1	1
4666	부산 강서구	장애인직업재활시설관리운영비	63,702	5	1	7	8	7	1	1	1
4667	부산 강서구	지역아동센터종사자처우개선비	60,094	5	6	7	8	7	1	1	1
4668	부산 강서구	장애인직업재활시설재가장애인중식비	58,266	5	1	7	8	7	1	1	1
4669	부산 강서구	지역아동센터운영비지원	58,248	5	2	7	8	7	1	1	1
4670	부산 강서구	정부미지원어린이집보육교사장기근속수당	48,600	5	1	7	8	7	1	1	1
4671	부산 강서구	농어촌어린이집차량운영비지원	33,600	5	2	7	8	7	1	1	1
4672	부산 강서구	학대피해아동전담기관(그룹홈)운영지원(심리상담원인건비)	29,269	5	6	7	8	7	1	1	1
4673	부산 강서구	정부지원어린이집보육교사복지수당	28,080	5	1	7	8	7	1	1	1
4674	부산 강서구	야간연장어린이집지원	26,514	5	1	7	8	7	1	1	1
4675	부산 강서구	장애인주간보호시설관리운영비	24,000	5	1	7	8	7	1	1	1
4676	부산 강서구	공동생활가정(그룹홈)종사자복지수당	23,625	5	6	7	8	7	1	1	1
4677	부산 강서구	종사자복지포인트	23,000	5	1	7	8	7	1	1	1

순번	시군구	지출명 (사업명)	2024년예산 (단위 : 천원 /1년간)	민간이전 분류 (지방자치단체 세출예산 집행기준에 의거) 1. 민간경상사업보조(307-02) 2. 민간단체 법정운영비보조(307-03) 3. 민간행사사업보조(307-04) 4. 민간위탁금(307-05) 5. 사회복지시설 법정운영비보조(307-10) 6. 민간인위탁교육비(307-12) 7. 공기관등에대한경상적위탁사업비(308-13) 8. 민간자본사업보조,자체재원(402-01) 9. 민간자본사업보조,이전재원(402-02) 10. 민간위탁사업비(402-03) 11. 공기관등에 대한 자본적 위탁사업비(403-02)	민간이전지출 근거 (지방보조금 관리기준 참고) 1. 법률에 규정 2. 국고보조 재원(국가지정) 3. 용도 지정 기부금 4. 조례에 직접규정 5. 지자체가 권장하는 사업을 하는 공공기관 6. 시,도 정책 및 재정사정 7. 기타 8. 해당없음	입찰방식 계약체결방법 (경쟁형태) 1. 일반경쟁 2. 제한경쟁 3. 지명경쟁 4. 수의계약 5. 법정위탁 6. 기타 ( ) 7. 없음	입찰방식 계약기간 1. 1년 2. 2년 3. 3년 4. 4년 5. 5년 6. 기타 ( )년 7. 단기계약 (1년미만) 8. 없음	입찰방식 낙찰자선정방법 1. 적격심사 2. 협상에의한계약 3. 최저가낙찰제 4. 규격가격분리 5. 2단계 경쟁입찰 6. 기타 ( ) 7. 없음	운영예산 산정 운영예산 산정 1. 내부산정 (지자체 자체적으로 산정) 2. 외부산정 (외부전문기관위탁 산정) 3. 내·외부 모두 산정 4. 산정 無 5. 없음	운영예산 산정 정산방법 1. 내부정산 (지자체 내부적으로 정산) 2. 외부정산 (외부전문기관위탁 정산) 3. 내·외부 모두 산정 4. 정산 無 5. 없음	성과평가 실시여부 1. 실시 2. 미실시 3. 향후 추진 4. 해당없음
4678	부산 강서구	직원복지수당	22,652	5	2	7	8	7	1	1	1
4679	부산 강서구	노인무료급식운영지원	20,000	5	1	7	8	7	1	1	1
4680	부산 강서구	특수목적형지역아동센터추가지원	14,748	5	2	7	8	7	1	1	1
4681	부산 강서구	장애영유아어린이집보육교사특수근무수당	14,400	5	1	7	8	7	1	1	1
4682	부산 강서구	공공형어린이집조리원인건비지원	13,500	5	1	7	8	7	1	1	1
4683	부산 강서구	지역아동센터지원	10,460	5	6	7	8	7	1	1	1
4684	부산 강서구	김장비및간식비	8,500	5	1	7	8	7	1	1	1
4685	부산 강서구	입소자입원간호비	8,000	5	1	7	8	7	1	1	1
4686	부산 강서구	지역아동센터저녁돌봄지원	7,800	5	6	7	8	7	1	1	1
4687	부산 강서구	농어촌법인어린이집지원	6,875	5	2	7	8	7	1	1	1
4688	부산 강서구	장애인거주시설공기청정기렌탈지원	6,400	5	1	7	8	7	1	1	1
4689	부산 강서구	공동생활가정(그룹홈)운영비	6,240	5	2	7	8	7	1	1	1
4690	부산 강서구	장애인거주시설IOT,AI활용돌봄사업	5,640	5	1	7	8	7	1	1	1
4691	부산 강서구	여성폭력피해자지원시설복지증진비	4,930	5	6	7	8	7	1	1	1
4692	부산 강서구	장애아어린이집차량기사인건비지원	4,800	5	1	7	8	7	1	1	1
4693	부산 강서구	지역아동센터종사자시간외근무수당	3,838	5	6	7	8	7	1	1	1
4694	부산 강서구	아이돌보미건강검진비지원	3,540	5	1	7	8	7	1	1	1
4695	부산 강서구	정부지원어린이집차량운영비	3,000	5	1	7	8	7	1	1	1
4696	부산 강서구	장애인주간보호시설시간외근무수당	2,878	5	1	7	8	7	1	1	1
4697	부산 강서구	장애인직업재활시설복지포인트	2,100	5	1	7	8	7	1	1	1
4698	부산 강서구	아동복지시설안전관리비	2,000	5	6	7	8	7	1	1	1
4699	부산 강서구	공동생활가정(그룹홈)종사자시간외근무수당	1,919	5	6	7	8	7	1	1	1
4700	부산 강서구	공동생활가정(그룹홈)안전관리비	900	5	6	7	8	7	1	1	1
4701	부산 강서구	복지포인트	800	5	2	7	8	7	1	1	1
4702	부산 강서구	장애인주간보호시설복지포인트	600	5	1	7	8	7	1	1	1
4703	부산 강서구	공동생활가정(그룹홈)종사자복지포인트	400	5	6	7	8	7	1	1	1
4704	부산 강서구	야간어린이집폴리스콜서비스	205	5	1	7	8	7	1	1	1
4705	부산 연제구	장애인거주시설운영	4,972,540	5	2	7	8	7	5	1	4
4706	부산 연제구	장애인직업재활시설운영	976,895	5	6	7	8	7	5	1	4
4707	부산 연제구	거제종합사회복지관운영비(가1형)	718,100	5	1	7	8	7	1	1	4
4708	부산 연제구	연산종합사회복지관운영비(나1형)	598,700	5	1	7	8	7	1	1	4
4709	부산 연제구	연제구노인복지관인건비	549,933	5	4	5	5	6	1	1	1
4710	부산 연제구	지역자활센터운영비	403,644	5	1	7	8	7	5	5	4
4711	부산 연제구	경로당운영비	232,200	5	4	7	8	7	1	1	4
4712	부산 연제구	장애인주간보호센터운영	225,148	5	6	7	8	7	5	1	4
4713	부산 연제구	수어통역센터운영	213,511	5	6	7	8	7	5	1	4
4714	부산 연제구	경로당난방비	213,100	5	2	7	8	7	1	1	4
4715	부산 연제구	부산연제시니어클럽인건비	205,648	5	1	5	5	6	1	1	1
4716	부산 연제구	장애인거주시설종사자특수근무수당	197,308	5	6	7	8	7	5	1	4
4717	부산 연제구	경로당운영비지원(구비추가)	147,600	5	4	7	8	7	1	1	4

순번	시군구	지출명 (사업명)	2024년예산 (단위 : 천원 /1년간)	민간이전 분류 (지방자치단체 세출예산 집행기준에 의거) 1. 민간경상사업보조(307-02) 2. 민간단체 법정운영비보조(307-03) 3. 민간행사사업보조(307-04) 4. 민간위탁금(307-05) 5. 사회복지시설 법정운영비보조(307-10) 6. 민간인위탁교육비(307-12) 7. 공기관등에대한경상적위탁사업비(308-13) 8. 민간자본사업보조,자체재원(402-01) 9. 민간자본사업보조,이전재원(402-02) 10. 민간위탁사업비(402-03) 11. 공기관등에 대한 자본적 위탁사업비(403-02)	민간이전지출 근거 (지방보조금 관리기준 참고) 1. 법률에 규정 2. 국고보조 재원(국가지정) 3. 용도 지정 기부금 4. 조례에 직접규정 5. 지자체가 권장하는 사업을 하는 공공기관 6. 시,도 정책 및 재정사정 7. 기타 8. 해당없음	입찰방식 계약체결방법 (경쟁형태) 1. 일반경쟁 2. 제한경쟁 3. 지명경쟁 4. 수의계약 5. 법정위탁 6. 기타 ( ) 7. 없음	입찰방식 계약기간 1. 1년 2. 2년 3. 3년 4. 4년 5. 5년 6. 기타 ( )년 7. 단기계약 (1년미만) 8. 없음	입찰방식 낙찰자선정방법 1. 적격심사 2. 협상에의한계약 3. 최저가낙찰제 4. 규격가격분리 5. 2단계 경쟁입찰 6. 기타 ( ) 7. 없음	운영예산 산정 운영예산 산정 1. 내부산정 (지자체 자체적으로 산정) 2. 외부산정 (외부전문기관위탁 산정) 3. 내·외부 모두 산정 4. 산정 無 5. 없음	운영예산 산정 정산방법 1. 내부정산 (지자체 내부적으로 정산) 2. 외부정산 (외부전문기관위탁 정산) 3. 내·외부 모두 산정 4. 정산 無 5. 없음	성과평가 실시여부 1. 실시 2. 미실시 3. 향후 추진 4. 해당없음
4718	부산 연제구	재가노인지원서비스센터운영비	146,000	5	1	7	8	7	1	1	4
4719	부산 연제구	장애인공동생활가정운영	132,461	5	6	7	8	7	5	1	4
4720	부산 연제구	연제구노인복지관운영비	104,287	5	4	5	5	6	1	1	1
4721	부산 연제구	장애인보조기구수리센터운영비	90,000	5	2,4,7	7	8	7	5	1	4
4722	부산 연제구	경로당양곡비	53,888	5	2	7	8	7	1	1	4
4723	부산 연제구	기부식품제공사업(기초푸드마켓)	50,000	5	1	7	8	7	1	1	4
4724	부산 연제구	중증장애인자립생활지원	50,000	5	6	7	8	7	5	1	4
4725	부산 연제구	장애인거주시설체험홈운영	48,000	5	6	7	8	7	5	1	4
4726	부산 연제구	경로당냉방비	42,900	5	2	7	8	7	1	1	4
4727	부산 연제구	부산연제시니어클럽운영비	30,848	5	1	5	5	6	1	1	1
4728	부산 연제구	직원복지수당	28,090	5	1	7	8	7	1	1	4
4729	부산 연제구	노인의료복지시설종사자복지수당	25,000	5	1	7	8	7	5	5	4
4730	부산 연제구	연산종합사회복지관운영비보조	8,400	5	1	7	8	7	1	1	1
4731	부산 연제구	장애인거주시설종사자복지포인트	8,400	5	6	7	8	7	5	1	4
4732	부산 연제구	기부식품제공사업(기초푸드뱅크)	6,000	5	1	7	8	7	1	1	4
4733	부산 연제구	연제구노인복지관종사자시간외수당	5,640	5	4	5	5	6	1	1	1
4734	부산 연제구	장애인거주시설IoT,AI활용돌봄사업운영	2,300	5	2	7	8	7	5	1	4
4735	부산 연제구	연제구노인복지관종사자복지포인트	1,300	5	4	5	5	6	1	1	1
4736	부산 연제구	연제구노인복지관종사자급여보전액	1,020	5	4	5	5	6	1	1	1
4737	부산 수영구	장애인주간보호시설운영지원(보조사업)	922,624	5	1	7	8	6	1	1	2
4738	부산 수영구	수영구장애인복지관운영(보조사업)	919,436	5	4	7	5	6	1	1	2
4739	부산 수영구	장애인직업재활시설운영(보조사업)	573,485	5	1	7	8	6	1	1	2
4740	부산 수영구	수영구수어통역센터운영지원(보조사업)	203,848	5	1	7	8	6	1	1	2
4741	부산 수영구	장애인공동생활가정운영지원(보조사업)	178,783	5	1	7	8	6	1	1	2
4742	부산 수영구	중증장애인자립생활지원사업(보조사업)	146,000	5	6	7	8	6	1	1	2
4743	부산 수영구	수영구장애인복지관운영(보조사업)	90,533	5	4	7	5	6	1	1	2
4744	부산 수영구	장애인주간보호시설운영지원(보조사업)	72,000	5	1	7	8	6	1	1	2
4745	부산 수영구	장애인직업재활시설운영(보조사업)	38,055	5	1	7	8	6	1	1	2
4746	부산 수영구	장애인공동생활가정운영지원(보조사업)	36,000	5	1	7	8	6	1	1	2
4747	부산 수영구	장애인직업재활시설운영(보조사업)	35,109	5	1	7	8	6	1	1	2
4748	부산 수영구	수영구장애인복지관운영(보조사업)	31,600	5	4	7	5	6	1	1	2
4749	부산 수영구	수영구수어통역센터운영지원(보조사업)	12,000	5	1	7	8	6	1	1	2
4750	부산 수영구	수영구장애인복지관운영(보조사업)	9,613	5	4	7	5	6	1	1	2
4751	부산 수영구	장애인주간보호시설운영지원(보조사업)	9,594	5	1	7	8	6	1	1	2
4752	부산 수영구	수영구장애인복지관운영(보조사업)	2,100	5	4	7	5	6	1	1	2
4753	부산 수영구	장애인주간보호시설운영지원(보조사업)	2,000	5	1	7	8	6	1	1	2
4754	부산 수영구	수영구수어통역센터운영지원(보조사업)	1,919	5	1	7	8	6	1	1	2
4755	부산 수영구	장애인직업재활시설운영(보조사업)	1,000	5	1	7	8	6	1	1	2
4756	부산 수영구	수영구수어통역센터운영지원(보조사업)	400	5	1	7	8	6	1	1	2
4757	부산 수영구	장애인공동생활가정운영지원(보조사업)	300	5	1	7	8	6	1	1	2

순번	시군구	지출명 (사업명)	2024년예산 (단위 : 천원 /1년간)	민간이전 분류 (지방자치단체 세출예산 집행기준에 의거) 1. 민간경상사업보조(307-02) 2. 민간단체 법정운영비보조(307-03) 3. 민간행사사업보조(307-04) 4. 민간위탁금(307-05) 5. 사회복지시설 법정운영비보조(307-10) 6. 민간인위탁교육비(307-12) 7. 공기관등에대한경상적위탁사업비(308-13) 8. 민간자본사업보조,자체재원(402-01) 9. 민간자본사업보조,이전재원(402-02) 10. 민간위탁사업비(402-03) 11. 공기관등에 대한 자본적 위탁사업비(403-02)	민간이전지출 근거 (지방보조금 관리기준 참고) 1. 법률에 규정 2. 국고보조 재원(국가지정) 3. 용도 지정 기부금 4. 조례에 직접규정 5. 지자체가 권장하는 사업을 하는 공공기관 6. 시,도 정책 및 재정사정 7. 기타 8. 해당없음	입찰방식 계약체결방법 (경쟁형태) 1. 일반경쟁 2. 제한경쟁 3. 지명경쟁 4. 수의계약 5. 법정위탁 6. 기타 ( ) 7. 없음	계약기간 1. 1년 2. 2년 3. 3년 4. 4년 5. 5년 6. 기타 ( )년 7. 단기계약 (1년미만) 8. 없음	낙찰자선정방법 1. 적격심사 2. 협상에의한계약 3. 최저가낙찰제 4. 규격가격분리 5. 2단계 경쟁입찰 6. 기타 ( ) 7. 없음	운영예산 산정 운영예산 산정 1. 내부산정 (지자체 자체적으로 산정) 2. 외부산정 (외부전문기관위탁 산정) 3. 내·외부 모두 산정 4. 산정 無 5. 없음	정산방법 1. 내부정산 (지자체 내부적으로 정산) 2. 외부정산 (외부전문기관위탁 정산) 3. 내·외부 모두 산정 4. 정산 無 5. 없음	성과평가 실시여부 1. 실시 2. 미실시 3. 향후 추진 4. 해당없음
4758	부산 수영구	아동복지시설운영비(보조사업)	1,726,322	5	1	7	8	7	1	3	4
4759	부산 수영구	홀트수영종합사회복지관운영비	820,251	5	1	7	8	7	1	3	4
4760	부산 수영구	부산종합사회복지관운영비	760,460	5	1	7	8	7	1	3	4
4761	부산 수영구	수영구노인복지관운영비	729,788	5	1	7	8	7	5	1	1
4762	부산 수영구	광안노인복지관운영비	687,143	5	1	7	8	7	5	1	1
4763	부산 수영구	지역자활센터지원	447,007	5	1	5	1	7	5	1	2
4764	부산 수영구	지역아동센터인건비	375,600	5	2	1	8	7	5	5	4
4765	부산 수영구	시니어클럽운영	365,075	5	1	7	8	7	5	1	1
4766	부산 수영구	정신재활시설운영지원(보조사업)	324,160	5	7	7	8	7	1	3	4
4767	부산 수영구	경로당운영비지원	315,840	5	1	7	8	7	1	1	4
4768	부산 수영구	재가노인지원서비스센터운영비지원(보조사업)	299,959	5	1	7	8	7	5	5	4
4769	부산 수영구	가정폭력(통합)상담소운영지원(보조사업)	214,418	5	2	7	8	7	3	3	1
4770	부산 수영구	지역아동센터운영지원비	83,952	5	2	1	8	7	5	5	4
4771	부산 수영구	다함께돌봄사업인건비지원(보조사업)	73,992	5	1	6	5	2	1	1	1
4772	부산 수영구	다함께돌봄사업인건비지원(보조사업)	73,992	5	1	1	5	1	1	1	1
4773	부산 수영구	다함께돌봄사업인건비지원(보조사업)	73,992	5	1	1	5	1	1	1	1
4774	부산 수영구	다함께돌봄사업인건비지원(보조사업)	73,992	5	1	1	5	1	1	1	1
4775	부산 수영구	다함께돌봄사업인건비지원(보조사업)	73,992	5	1	1	5	1	1	1	1
4776	부산 수영구	노인복지시설직원복지수당(보조사업)	53,000	5	1	7	8	7	5	5	4
4777	부산 수영구	가정폭력(통합)상담소종사자복지수당(보조사업)	33,439	5	1	7	8	7	3	3	1
4778	부산 수영구	다함께돌봄사업운영(보조사업)	27,000	5	1	1	5	1	1	1	1
4779	부산 수영구	정신재활시설운영지원(보조사업)	24,725	5	7	7	8	7	1	3	4
4780	부산 수영구	다함께돌봄사업운영(보조사업)	24,000	5	1	1	5	1	1	1	1
4781	부산 수영구	지역자활센터종사자직원복지수당	23,611	5	6	5	1	7	5	1	2
4782	부산 수영구	어린이집운영지원	17,520	5	1	7	8	7	5	5	4
4783	부산 수영구	다함께돌봄사업운영(보조사업)	16,000	5	1	6	5	2	1	1	1
4784	부산 수영구	다함께돌봄사업운영(보조사업)	16,000	5	1	1	5	1	1	1	1
4785	부산 수영구	다함께돌봄사업운영(보조사업)	16,000	5	1	1	5	1	1	1	1
4786	부산 수영구	정신질환당사자지원사업(보조사업)	14,000	5	7	7	8	7	1	3	4
4787	부산 수영구	다함께돌봄사업인건비지원(시비보조사업)	13,258	5	1	6	5	2	1	1	1
4788	부산 수영구	다함께돌봄사업인건비지원(시비보조사업)	13,258	5	1	1	5	1	1	1	1
4789	부산 수영구	다함께돌봄사업인건비지원(시비보조사업)	13,258	5	1	1	5	1	1	1	1
4790	부산 수영구	다함께돌봄사업인건비지원(시비보조사업)	13,258	5	1	1	5	1	1	1	1
4791	부산 수영구	다함께돌봄사업인건비지원(시비보조사업)	13,258	5	1	1	5	1	1	1	1
4792	부산 수영구	수영구노인복지관복지포인트및시간외수당	7,699	5	1	7	8	7	5	1	1
4793	부산 수영구	토요운영지역아동센터지원	7,200	5	2	1	1	1	1	1	4
4794	부산 수영구	특수목적형지역아동센터지원	7,200	5	2	1	8	1	3	1	4
4795	부산 수영구	광안노인복지관복지포인트및시간외수당	7,115	5	1	7	8	7	5	1	1
4796	부산 수영구	가족센터종사자처우개선지원(보조사업)	6,247	5	1	5	5	1	3	3	1
4797	부산 수영구	광안노인복지관운영비지원	4,200	5	1	7	8	7	5	1	1

순번	시군구	지출명 (사업명)	2024년예산 (단위 : 천원 /1년간)	민간이전 분류 (지방자치단체 세출예산 집행기준에 의거) 1. 민간경상사업보조(307-02) 2. 민간단체 법정운영비보조(307-03) 3. 민간행사사업보조(307-04) 4. 민간위탁금(307-05) 5. 사회복지시설 법정운영비보조(307-10) 6. 민간인위탁교육비(307-12) 7. 공기관등에대한경상적위탁사업비(308-13) 8. 민간자본사업보조,자체재원(402-01) 9. 민간자본사업보조,이전재원(402-02) 10. 민간위탁사업비(402-03) 11. 공기관등에 대한 자본적 위탁사업비(403-02)	민간이전지출 근거 (지방보조금 관리기준 참고) 1. 법률에 규정 2. 국고보조 재원(국가지정) 3. 용도 지정 기부금 4. 조례에 직접규정 5. 지자체가 권장하는 사업을 하는 공공기관 6. 시,도 정책 및 재정사정 7. 기타 8. 해당없음	입찰방식			운영예산 산정		성과평가 실시여부
						계약체결방법 (경쟁형태) 1. 일반경쟁 2. 제한경쟁 3. 지명경쟁 4. 수의계약 5. 법정위탁 6. 기타 ( ) 7. 없음	계약기간 1. 1년 2. 2년 3. 3년 4. 4년 5. 5년 6. 기타 ( )년 7. 단기계약 (1년미만) 8. 없음	낙찰자선정방법 1. 적격심사 2. 협상에의한계약 3. 최저가낙찰제 4. 규격가격분리 5. 2단계 경쟁입찰 6. 기타 ( ) 7. 없음	운영예산 산정 1. 내부산정 (지자체 자체적으로 산정) 2. 외부산정 (외부전문기관위탁 산정) 3. 내·외부 모두 산정 4. 산정 無 5. 없음	정산방법 1. 내부정산 (지자체 내부적으로 정산) 2. 외부정산 (외부전문기관위탁 정산) 3. 내·외부 모두 산정 4. 정산 無 5. 없음	1. 실시 2. 미실시 3. 향후 추진 4. 해당없음
4798	부산 수영구	가족센터종사자처우개선지원(보조사업)	1,300	5	1	5	5	1	3	3	1
4799	부산 수영구	정신재활시설운영지원(보조사업)	600	5	7	7	8	7	1	3	4
4800	부산 사상구	어린이집종사자인건비	6,762,813	5	1	7	8	7	5	5	4
4801	부산 사상구	어린이집보조교사(연장전담)지원	1,920,217	5	1	7	8	7	5	5	4
4802	부산 사상구	지역아동센터인건비지원	1,461,300	5	2	7	8	7	5	5	1
4803	부산 사상구	장애인거주시설운영지원	1,147,251	5	1	7	8	7	5	1	4
4804	부산 사상구	장애인주간보호시설운영	760,341	5	1	7	8	7	5	1	4
4805	부산 사상구	지역아동센터종사자처우개선비지원	620,000	5	2	7	8	7	5	5	1
4806	부산 사상구	장애인직업재활시설운영	604,044	5	1	7	8	7	5	1	4
4807	부산 사상구	요보호아동그룹홈운영지원	452,626	5	2	7	8	7	5	1	2
4808	부산 사상구	장애인단기보호시설지원	408,368	5	1	7	8	7	5	1	4
4809	부산 사상구	장애인공동생활가정지원	368,953	5	1	7	8	7	5	1	4
4810	부산 사상구	시니어클럽운영	355,715	5	1	7	8	7	5	1	4
4811	부산 사상구	지역자활센터운영지원	338,044	5	2	7	8	7	5	1	2
4812	부산 사상구	공공형어린이집운영비지원	298,939	5	1	7	8	7	5	5	4
4813	부산 사상구	지역아동센터운영비지원	283,296	5	2	7	8	7	5	5	1
4814	부산 사상구	재가노인복지시설운영비	277,744	5	4	7	8	7	1	1	1
4815	부산 사상구	경로당운영지원	246,600	5	1	7	8	7	5	1	4
4816	부산 사상구	부산점자도서관운영	224,019	5	1	7	8	7	5	1	4
4817	부산 사상구	노인복지시설직원복지수당	182,160	5	6	7	8	7	5	1	1
4818	부산 사상구	경로당운영	162,000	5	1	7	8	7	5	1	4
4819	부산 사상구	중증장애인자립생활센터지원	158,533	5	1	7	8	7	5	1	4
4820	부산 사상구	특수목적형지역아동센터추가지원	64,800	5	2	7	8	7	5	5	1
4821	부산 사상구	공동생활가정종사자처우개선비지원	60,240	5	7	7	8	7	5	1	2
4822	부산 사상구	사무국간사인건비	49,940	5	4	7	8	7	1	1	4
4823	부산 사상구	공공형어린이집조리원지원	46,800	5	1	7	8	7	5	5	4
4824	부산 사상구	장애인거주시설시비지원	44,660	5	1	7	8	7	5	1	4
4825	부산 사상구	중증장애인자립생활센터시비지원	30,000	5	1	7	8	7	5	1	4
4826	부산 사상구	학대피해아동전담그룹홈운영지원	28,389	5	7	7	8	7	5	1	2
4827	부산 사상구	지역자활센터직원복지수당	25,881	5	6	7	8	7	5	1	2
4828	부산 사상구	지역아동센터종사자장려수당지원	24,000	5	4	7	8	7	5	5	1
4829	부산 사상구	토요운영지역아동센터추가지원	21,600	5	2	7	8	7	5	5	1
4830	부산 사상구	지역아동센터종사자시간외수당지원	19,130	5	2	7	8	7	5	5	1
4831	부산 사상구	사무국사업비	12,000	5	4	7	8	7	1	1	4
4832	부산 사상구	지역아동센터추가운영비지원(다센터운영법인)	7,800	5	2	7	8	7	5	5	1
4833	부산 사상구	공동생활가정종사자시간외근무수당지원	6,217	5	7	7	8	7	5	1	2
4834	부산 사상구	지역아동센터종사자복지포인트지원	4,000	5	2	7	8	7	5	5	1
4835	부산 사상구	공동생활가정종사자복지포인트지원	1,300	5	7	7	8	7	5	1	2
4836	부산 사상구	장애인거주시설IoT,AI활용돌봄사업운영비지원	1,150	5	1	7	8	7	5	1	4
4837	부산 사상구	사무국운영비	1,000	5	4	7	8	7	1	1	4

순번	시군구	지출명 (사업명)	2024년예산 (단위 : 천원 /1년간)	민간이전 분류 (지방자치단체 세출예산 집행기준에 의거) 1. 민간경상사업보조(307-02) 2. 민간단체 법정운영비보조(307-03) 3. 민간행사사업보조(307-04) 4. 민간위탁금(307-05) 5. 사회복지시설 법정운영비보조(307-10) 6. 민간인위탁교육비(307-12) 7. 공기관등에대한경상적위탁사업비(308-13) 8. 민간자본사업보조,자체재원(402-01) 9. 민간자본사업보조,이전재원(402-02) 10. 민간위탁사업비(402-03) 11. 공기관등에 대한 자본적 위탁사업비(403-02)	민간이전지출 근거 (지방보조금 관리기준 참고) 1. 법률에 규정 2. 국고보조 재원(국가지정) 3. 용도 지정 기부금 4. 조례에 직접규정 5. 지자체가 권장하는 사업을 하는 공공기관 6. 시,도 정책 및 재정사정 7. 기타 8. 해당없음	입찰방식 계약체결방법 (경쟁형태) 1. 일반경쟁 2. 제한경쟁 3. 지명경쟁 4. 수의계약 5. 법정위탁 6. 기타 ( ) 7. 없음	입찰방식 계약기간 1. 1년 2. 2년 3. 3년 4. 4년 5. 5년 6. 기타 ( )년 7. 단기계약 (1년미만) 8. 없음	입찰방식 낙찰자선정방법 1. 적격심사 2. 협상에의한계약 3. 최저가낙찰제 4. 규격가격분리 5. 2단계 경쟁입찰 6. 기타 ( ) 7. 없음	운영예산 산정 운영예산 산정 1. 내부산정 (지자체 자체적으로 산정) 2. 외부산정 (외부전문기관위탁 산정) 3. 내·외부 모두 산정 4. 산정 無 5. 없음	운영예산 산정 정산방법 1. 내부정산 (지자체 내부적으로 정산) 2. 외부정산 (외부전문기관위탁 정산) 3. 내·외부 모두 산정 4. 정산 無 5. 없음	성과평가 실시여부 1. 실시 2. 미실시 3. 향후 추진 4. 해당없음
4838	부산 기장군	보육교직원인건비지원	11,344,303	5	1	7	8	7	5	5	4
4839	부산 기장군	장애인거주시설운영지원	4,604,700	5	2	7	8	7	5	1	4
4840	부산 기장군	보육교직원처우개선지원(보조교사인건비지원)	3,893,884	5	1	7	8	7	5	5	4
4841	부산 기장군	장애인복지관운영	724,139	5	1	7	8	7	1	1	4
4842	부산 기장군	장애인거주시설운영지원	541,634	5	2	7	8	7	5	1	4
4843	부산 기장군	지역자활센터지원	447,007	5	2	5	8	6	1	1	1
4844	부산 기장군	가족센터운영	372,660	5	1	2	5	1	5	5	3
4845	부산 기장군	시니어클럽운영지원	304,518	5	1	5	5	1	5	5	2
4846	부산 기장군	장애인직업재활시설운영	258,837	5	1	7	8	7	1	1	4
4847	부산 기장군	노인의료복지시설종사자복지수당	223,080	5	1	7	8	7	1	1	1
4848	부산 기장군	가정폭력피해자지원	217,873	5	1	6	6	6	5	5	1
4849	부산 기장군	365온종일어린이집운영	177,830	5	1	7	8	7	5	5	4
4850	부산 기장군	어린이집냉난방비지원	172,800	5	5	7	8	7	1	1	2
4851	부산 기장군	자원봉사센터운영비지원(추가군비)	155,000	5	1	7	8	7	1	1	1
4852	부산 기장군	장애인주간보호시설운영	147,481	5	1	7	8	7	1	1	4
4853	부산 기장군	정신재활시설운영비	143,767	5	1	7	7	7	1	1	1
4854	부산 기장군	자녀양육및자녀생활등방문교육서비스지원	110,490	5	1	2	5	1	5	5	3
4855	부산 기장군	중증장애인자립생활센터운영지원	100,000	5	1	7	8	7	1	1	4
4856	부산 기장군	장애인복지관운영	89,000	5	1	7	8	7	1	1	4
4857	부산 기장군	장애인공동생활가정지원	87,086	5	1	7	8	7	5	1	4
4858	부산 기장군	장애인거주시설운영지원(종사자특수근무수당)	85,200	5	1	7	8	7	5	1	4
4859	부산 기장군	경로당순회프로그램관리자배치사업지원	68,956	5	4	7	8	7	1	1	4
4860	부산 기장군	장애인직업재활시설운영	65,300	5	1	7	8	7	1	1	4
4861	부산 기장군	자원봉사코디네이터지원육성	64,800	5	1	7	8	7	1	1	4
4862	부산 기장군	시니어클럽운영지원	57,144	5	1	5	5	1	5	5	2
4863	부산 기장군	공공형어린이집조리원인건비지원	43,200	5	6	7	8	7	1	5	2
4864	부산 기장군	장애인목욕탕운영지원	42,100	5	1	7	8	7	1	1	4
4865	부산 기장군	다문화가족자녀언어발달지원	39,344	5	1	2	5	1	5	5	3
4866	부산 기장군	다문화가족사례관리지원	37,017	5	1	2	5	1	5	5	3
4867	부산 기장군	노인교실운영(추가군비)	36,830	5	1	7	8	7	1	1	1
4868	부산 기장군	지역사회보장협의체사무국설치운영	36,000	5	1	7	1	7	1	1	4
4869	부산 기장군	결혼이민자통번역서비스지원	32,813	5	1	2	5	1	5	5	3
4870	부산 기장군	자활사례관리	31,476	5	2	5	8	6	1	1	1
4871	부산 기장군	장애인주말주간일시보호사업	30,000	5	1	7	8	7	1	1	4
4872	부산 기장군	지역자활센터직원복지수당지원	27,712	5	2	5	8	6	1	1	1
4873	부산 기장군	장애인공동생활가정지원	24,000	5	1	7	8	7	5	1	4
4874	부산 기장군	장애인주간보호시설운영	24,000	5	1	7	8	7	1	1	4
4875	부산 기장군	청년실업해소유급실무자인건비	21,900	5	1	7	8	7	1	1	4
4876	부산 기장군	장애인직업재활시설운영	21,300	5	1	7	8	7	1	1	4
4877	부산 기장군	결혼이민자역량강화지원	20,000	5	1	2	5	1	5	5	3

순번	시군구	지출명 (사업명)	2024년예산 (단위 : 천원 /1년간)	민간이전 분류 (지방자치단체 세출예산 집행기준에 의거)	민간이전지출 근거 (지방보조금 관리기준 참고)	입찰방식			운영예산 산정		성과평가 실시여부
						계약체결방법 (경쟁형태)	계약기간	낙찰자선정방법	운영예산 산정	정산방법	
				1. 민간경상사업보조(307-02) 2. 민간단체 법정운영비보조(307-03) 3. 민간행사사업보조(307-04) 4. 민간위탁금(307-05) 5. 사회복지시설 법정운영비보조(307-10) 6. 민간인위탁교육비(307-12) 7. 공기관등에대한경상적위탁사업비(308-13) 8. 민간자본사업보조,자체재원(402-01) 9. 민간자본사업보조,이전재원(402-02) 10. 민간위탁사업비(402-03) 11. 공기관등에 대한 자본적 위탁사업비(403-02)	1. 법률에 규정 2. 국고보조 재원(국가지정) 3. 용도 지정 기부금 4. 조례에 직접규정 5. 지자체가 권장하는 사업을 하는 공공기관 6. 시,도 정책 및 재정사정 7. 기타 8. 해당없음	1. 일반경쟁 2. 제한경쟁 3. 지명경쟁 4. 수의계약 5. 법정위탁 6. 기타 ( ) 7. 없음	1. 1년 2. 2년 3. 3년 4. 4년 5. 5년 6. 기타 ( )년 7. 단기계약 (1년미만) 8. 없음	1. 적격심사 2. 협상에의한계약 3. 최저가낙찰제 4. 규격가격분리 5. 2단계 경쟁입찰 6. 기타 ( ) 7. 없음	1. 내부산정 (지자체 자체적으로 산정) 2. 외부산정 (외부전문기관위탁 산정) 3. 내·외부 모두 산정 4. 산정 無 5. 없음	1. 내부정산 (지자체 내부적으로 정산) 2. 외부정산 (외부전문기관위탁 정산) 3. 내·외부 모두 산정 4. 정산 無 5. 없음	1. 실시 2. 미실시 3. 향후 추진 4. 해당없음
4878	부산 기장군	365온종일어린이집운영	20,000	5	1	7	8	7	5	5	4
4879	부산 기장군	자원봉사센터운영비지원	16,000	5	1	7	8	7	1	1	4
4880	부산 기장군	지역사회보장협의체사무국설치운영(추가군비)	12,500	5	1	7	1	7	1	1	4
4881	부산 기장군	정신질환당사자지원사업비(시설프로그램운영비)	8,000	5	2	7	7	7	1	1	1
4882	부산 기장군	청년실업해소유급실무자인건비	7,700	5	1	7	8	7	1	1	4
4883	부산 기장군	노인교실운영	7,200	5	1	7	8	7	1	1	1
4884	부산 기장군	전국통합자원봉사보험가입서비스지원	6,816	5	1	7	8	7	1	1	4
4885	부산 기장군	지역사회보장협의체사무국설치운영(추가군비)	3,000	5	1	7	1	7	1	1	4
4886	부산 기장군	시니어클럽운영지원	2,736	5	1	5	5	1	5	5	2
4887	부산 기장군	시니어클럽운영지원	700	5	1	5	5	1	5	5	2
4888	울산 중구	정부지원어린이집교직원인건비	4,750,000	5	2	7	8	7	1	1	4
4889	울산 중구	어린이집보조교사지원	2,802,000	5	2	7	8	7	1	1	4
4890	울산 중구	3~5세누리과정운영비	2,073,000	5	6	7	8	7	1	1	4
4891	울산 중구	교사근무환경개선비	2,069,920	5	2	7	8	7	1	5	4
4892	울산 중구	공공형어린이집운영비	942,666	5	1	7	8	7	1	1	4
4893	울산 중구	장애인직업재활시설운영비	930,359	5	1	7	8	7	1	1	1
4894	울산 중구	한부모가족복지시설운영비	906,267	5	1	7	8	7	5	3	4
4895	울산 중구	대체교사지원	840,000	5	2	5	3	1	1	1	4
4896	울산 중구	장애인주간보호시설운영비	743,342	5	1	7	8	7	1	1	1
4897	울산 중구	담임교사처우개선비	671,040	5	6	7	8	7	1	1	4
4898	울산 중구	수어통역센터운영비	670,264	5	1	7	8	7	1	1	1
4899	울산 중구	우리집장애인단기보호센터운영비	664,339	5	1	7	8	7	1	1	1
4900	울산 중구	가족센터운영비	638,490	5	2	1	5	1	5	3	4
4901	울산 중구	발달장애인평생교육센터운영비	571,049	5	1	7	8	7	1	1	4
4902	울산 중구	지역아동센터인건비	549,600	5	1	7	8	7	5	3	1
4903	울산 중구	경로당운영지원	471,103	5	2	7	8	7	1	1	4
4904	울산 중구	지역자활센터운영비	447,007	5	1	5	1	7	1	1	1
4905	울산 중구	재가노인복지시설지원	425,080	5	1	5	8	7	1	1	4
4906	울산 중구	노인의료복지시설종사자지원	350,880	5	1	5	8	7	1	1	4
4907	울산 중구	시니어클럽운영	335,000	5	1	1	5	1	1	1	4
4908	울산 중구	아이돌봄지원	262,800	5	1	1	3	1	1	3	1
4909	울산 중구	경로당냉난방비및양곡비지원(한시난방비)	226,896	5	2	7	8	7	1	1	4
4910	울산 중구	2세반,장애아반교사처우개선비	225,912	5	6	7	8	7	1	1	4
4911	울산 중구	조리원인건비	158,400	5	4	7	8	7	1	1	1
4912	울산 중구	성폭력상담소운영지원	151,622	5	2	5	8	7	3	3	4
4913	울산 중구	국공립,법인어린이집취약보육교직원수당	146,880	5	4	7	8	7	1	1	4
4914	울산 중구	교사명절휴가비	140,000	5	4	7	8	7	1	5	1
4915	울산 중구	지역아동센터운영비	132,600	5	1	7	8	7	5	3	1
4916	울산 중구	중구중증장애인자립생활지원센터운영	130,000	5	1	7	8	7	1	1	1
4917	울산 중구	청소년회복지원시설운영지원	112,827	5	1	7	8	7	1	1	2

순번	시군구	지출명 (사업명)	2024년예산 (단위 : 천원 /1년간)	민간이전 분류 (지방자치단체 세출예산 집행기준에 의거) 1. 민간경상사업보조(307-02) 2. 민간단체 법정운영비보조(307-03) 3. 민간행사사업보조(307-04) 4. 민간위탁금(307-05) 5. 사회복지시설 법정운영비보조(307-10) 6. 민간인위탁교육비(307-12) 7. 공기관등에대한경상적위탁사업비(308-13) 8. 민간자본사업보조,자체재원(402-01) 9. 민간자본사업보조,이전재원(402-02) 10. 민간위탁사업비(402-03) 11. 공기관등에 대한 자본적 위탁사업비(403-02)	민간이전지출 근거 (지방보조금 관리기준 참고) 1. 법률에 규정 2. 국고보조 재원(국가지정) 3. 용도 지정 기부금 4. 조례에 직접규정 5. 지자체가 권장하는 사업을 하는 공공기관 6. 시,도 정책 및 재정사정 7. 기타 8. 해당없음	입찰방식 계약체결방법 (경쟁형태) 1. 일반경쟁 2. 제한경쟁 3. 지명경쟁 4. 수의계약 5. 법정위탁 6. 기타 ( ) 7. 없음	입찰방식 계약기간 1. 1년 2. 2년 3. 3년 4. 4년 5. 5년 6. 기타 ( )년 7. 단기계약 (1년미만) 8. 없음	입찰방식 낙찰자선정방법 1. 적격심사 2. 협상에의한계약 3. 최저가낙찰제 4. 규격가격분리 5. 2단계 경쟁입찰 6. 기타 ( ) 7. 없음	운영예산 산정 운영예산 산정 1. 내부산정 (지자체 자체적으로 산정) 2. 외부산정 (외부전문기관위탁 산정) 3. 내·외부 모두 산정 4. 산정 無 5. 없음	운영예산 산정 정산방법 1. 내부정산 (지자체 내부적으로 정산) 2. 외부정산 (외부전문기관위탁 정산) 3. 내·외부 모두 산정 4. 정산 無 5. 없음	성과평가 실시여부 1. 실시 2. 미실시 3. 향후 추진 4. 해당없음
4918	울산 중구	다함께돌봄센터인건비	111,668	5	1	1	2	1	5	3	1
4919	울산 중구	장애인복지시설추가운영비지원	101,808	5	1	7	8	7	1	1	1
4920	울산 중구	지역아동센터추가운영비지원	99,240	5	1	7	8	7	5	3	1
4921	울산 중구	최중증장애인주간보호센터운영비	92,456	5	1	7	8	7	1	1	1
4922	울산 중구	원장처우개선비	86,400	5	4	7	8	7	1	5	4
4923	울산 중구	보육교사맞춤형복지포인트	72,800	5	6	7	8	7	1	1	4
4924	울산 중구	고독사맞춤형사례관리사업운영	68,564	5	4	7	8	7	1	1	4
4925	울산 중구	어린이집급,간식비	54,432	5	4	7	8	7	1	1	1
4926	울산 중구	보육교직원스승의날특별수당	52,000	5	6	7	8	7	1	1	4
4927	울산 중구	울산나눔터공동생활가정운영비	51,019	5	1	7	8	7	1	1	1
4928	울산 중구	냉난방비	47,900	5	6	7	8	7	1	1	1
4929	울산 중구	공공형어린이집조리원인건비	46,800	5	6	7	8	7	1	1	4
4930	울산 중구	교사장기근속수당	44,640	5	4	7	8	7	1	5	1
4931	울산 중구	교사장기근속수당	44,400	5	6	7	8	7	1	1	4
4932	울산 중구	어린이집보육물품구입비	25,700	5	4	7	8	7	1	1	1
4933	울산 중구	장애아전문어린이집차량기사인건비	24,732	5	4	7	8	7	1	1	4
4934	울산 중구	장애인문해교실프로그램운영	22,350	5	1	7	8	7	1	1	1
4935	울산 중구	경로당냉난방비및양곡비지원(한시냉방비)	20,470	5	2	7	8	7	1	1	4
4936	울산 중구	한부모가족복지시설기능보강사업	19,938	5	2	7	8	7	5	3	4
4937	울산 중구	다함께돌봄센터운영비	18,540	5	1	1	2	1	5	3	1
4938	울산 중구	장애아전문어린이집교직원자격수당	18,000	5	4	7	8	7	1	1	4
4939	울산 중구	지역자활센터종사자처우개선수당	14,400	5	1	5	1	7	1	1	1
4940	울산 중구	특성별지역아동센터추가지원	14,400	5	1	7	8	7	5	3	1
4941	울산 중구	사회복지시설및전담공무원보조요원지원	13,900	5	1	1	5	1	1	1	1
4942	울산 중구	공공형어린이집교육환경개선비	12,000	5	6	7	8	7	1	1	4
4943	울산 중구	가족센터종사자수당	10,200	5	6	7	8	7	5	3	4
4944	울산 중구	가족센터특화사업등종사자수당	8,160	5	7	7	8	7	5	3	4
4945	울산 중구	다함께돌봄센터종사자수당	8,080	5	1	1	2	1	5	3	1
4946	울산 중구	청소년회복지원시설종사자수당	6,120	5	6	7	8	7	1	1	2
4947	울산 중구	장애아전문어린이집차량운영비	4,800	5	2	7	8	7	1	1	4
4948	울산 중구	근로자의날교사당직수당	4,000	5	4	7	8	7	1	5	1
4949	울산 중구	지역자활센터종사자자격수당	3,840	5	1	5	1	7	1	1	1
4950	울산 중구	장애아동보육료지원	1,200	5	6	7	8	7	1	1	4
4951	울산 남구	시니어클럽운영	5,913,860	5	2	5	5	1	1	1	1
4952	울산 남구	가족센터운영지원	1,366,160	5	1	5	5	1	1	1	1
4953	울산 남구	남구종합사회복지관운영비	914,481	5	1	1	5	7	1	1	1
4954	울산 남구	청소년쉼터운영	796,738	5	2	7	8	7	1	1	1
4955	울산 남구	노인일자리및사회활동지원확대	778,680	5	2	5	1	1	1	1	1
4956	울산 남구	재가노인복지시설운영비	674,275	5	6	7	8	7	1	1	1
4957	울산 남구	지역자활센터운영	483,007	5	1	5	1	1	1	1	1

순번	시군구	지출명 (사업명)	2024년예산 (단위 : 천원 /1년간)	민간이전 분류 (지방자치단체 세출예산 집행기준에 의거) 1. 민간경상사업보조(307-02) 2. 민간단체 법정운영비보조(307-03) 3. 민간행사사업보조(307-04) 4. 민간위탁금(307-05) 5. 사회복지시설 법정운영비보조(307-10) 6. 민간인위탁교육비(307-12) 7. 공기관등에대한경상적위탁사업비(308-13) 8. 민간자본사업보조,자체재원(402-01) 9. 민간자본사업보조,이전재원(402-02) 10. 민간위탁사업비(402-03) 11. 공기관등에 대한 자본적 위탁사업비(403-02)	민간이전지출 근거 (지방보조금 관리기준 참고) 1. 법률에 규정 2. 국고보조 재원(국가지정) 3. 용도 지정 기부금 4. 조례에 직접규정 5. 지자체가 권장하는 사업을 하는 공공기관 6. 시,도 정책 및 재정사정 7. 기타 8. 해당없음	입찰방식 계약체결방법 (경쟁형태) 1. 일반경쟁 2. 제한경쟁 3. 지명경쟁 4. 수의계약 5. 법정위탁 6. 기타 ( ) 7. 없음	입찰방식 계약기간 1. 1년 2. 2년 3. 3년 4. 4년 5. 5년 6. 기타 ( )년 7. 단기계약 (1년미만) 8. 없음	입찰방식 낙찰자선정방법 1. 적격심사 2. 협상에의한계약 3. 최저가낙찰제 4. 규격가격분리 5. 2단계 경쟁입찰 6. 기타 ( ) 7. 없음	운영예산 산정 운영예산 산정 1. 내부산정 (지자체 자체적으로 산정) 2. 외부산정 (외부전문기관위탁 산정) 3. 내·외부 모두 산정 4. 산정 無 5. 없음	운영예산 산정 정산방법 1. 내부정산 (지자체 내부적으로 정산) 2. 외부정산 (외부전문기관위탁 정산) 3. 내·외부 모두 산정 4. 정산 無 5. 없음	성과평가 실시여부 1. 실시 2. 미실시 3. 향후 추진 4. 해당없음
4958	울산 남구	정신재활시설운영	295,960	5	1	6	8	7	5	1	1
4959	울산 남구	노인요양시설종사자수당	116,040	5	6	7	8	7	1	1	1
4960	울산 남구	자활사례관리사운영	31,477	5	1	5	1	1	1	1	1
4961	울산 남구	지역자활센터종사자수당	20,840	5	1	5	1	1	1	1	1
4962	울산 남구	푸드뱅크운영	9,545	5	1	7	8	7	1	1	1
4963	울산 동구	동구종합사회복지관운영	797,637	5	6	1	5	6	1	1	1
4964	울산 동구	화정종합사회복지관운영	671,687	5	6	1	5	6	1	1	1
4965	울산 동구	고독사사례관리운영비	68,564	5	6	1	2	1	1	1	1
4966	울산 북구	장애유형별거주시설운영비	7,309,939	5	1	7	8	7	5	5	4
4967	울산 북구	장애인직업재활시설운영비	1,004,138	5	1	7	8	7	5	5	4
4968	울산 북구	장애인단기보호시설운영비	974,085	5	1	7	8	7	5	5	4
4969	울산 북구	종합사회복지관인건비및운영비	768,209	5	1	7	8	7	5	1	1
4970	울산 북구	장애인주간보호시설운영비	724,031	5	1	7	8	7	5	5	4
4971	울산 북구	지역아동센터인건비지원	719,100	5	1	7	8	7	5	5	4
4972	울산 북구	지역자활센터운영비	407,712	5	1	7	8	7	5	5	4
4973	울산 북구	청소년쉼터운영	384,044	5	1	7	8	7	5	5	4
4974	울산 북구	노인의료복지시설종사자지원	354,960	5	6	7	8	7	5	5	4
4975	울산 북구	장애인거주시설운영시비지원	317,073	5	1	7	8	7	5	5	4
4976	울산 북구	최중증주간보호시설운영비	293,935	5	1	7	8	7	5	5	4
4977	울산 북구	공동생활가정(그룹홈)운영지원	279,888	5	1	7	8	7	5	1	2
4978	울산 북구	재가노인복지시설운영비	272,981	5	6	7	8	7	5	5	4
4979	울산 북구	시니어클럽운영비	265,279	5	6	7	8	7	5	5	4
4980	울산 북구	장애인공동생활가정운영비	263,363	5	1	7	8	7	5	5	4
4981	울산 북구	학대피해아동쉼터운영지원	247,894	5	1	1	5	1	5	1	2
4982	울산 북구	아이돌봄지원운영비	226,919	5	1	1	3	7	5	1	3
4983	울산 북구	성폭력피해자보호시설운영비	197,473	5	1	5	8	7	1	1	1
4984	울산 북구	중증장애인자립생활센터운영비	183,706	5	1	7	8	7	5	5	4
4985	울산 북구	북구가정폭력상담소운영비	172,790	5	1	5	8	7	1	1	1
4986	울산 북구	지역아동센터운영비지원	169,728	5	1	7	8	7	5	5	4
4987	울산 북구	아이돌봄시비지원	161,994	5	6	1	3	1	5	1	3
4988	울산 북구	권역별복지관운영비	146,000	5	5	7	8	7	5	5	4
4989	울산 북구	노인의료복지시설종사자지원	121,200	5	6	7	8	7	5	5	4
4990	울산 북구	인건비추가지원	95,405	5	1	7	8	7	5	5	4
4991	울산 북구	북울산가족상담소운영비	94,842	5	1	5	8	7	1	1	1
4992	울산 북구	돌봄도우미지원	69,809	5	1	7	8	7	5	5	4
4993	울산 북구	공동생활가정종사자처우개선비	54,540	5	1	7	8	7	5	1	2
4994	울산 북구	다함께돌봄센터종사자수당지원	46,440	5	6	1	5	1	5	1	1
4995	울산 북구	종합사회복지관종사자수당	46,279	5	6	7	8	7	5	5	4
4996	울산 북구	장애인직업재활시설근로자급간식비지원	36,000	5	1	7	8	7	5	5	4
4997	울산 북구	노인복지관종사자수당	31,920	5	6	7	8	7	5	5	4

순번	시군구	지출명 (사업명)	2024년예산 (단위 : 천원 /1년간)	민간이전 분류 (지방자치단체 세출예산 집행기준에 의거) 1. 민간경상사업보조(307-02) 2. 민간단체 법정운영비보조(307-03) 3. 민간행사사업보조(307-04) 4. 민간위탁금(307-05) 5. 사회복지시설 법정운영비보조(307-10) 6. 민간인위탁교육비(307-12) 7. 공기관등에대한경상적위탁사업비(308-13) 8. 민간자본사업보조,자체재원(402-01) 9. 민간자본사업보조,이전재원(402-02) 10. 민간위탁사업비(402-03) 11. 공기관등에 대한 자본적 위탁사업비(403-02)	민간이전지출 근거 (지방보조금 관리기준 참고) 1. 법률에 규정 2. 국고보조 재원(국가지정) 3. 용도 지정 기부금 4. 조례에 직접규정 5. 지자체가 권장하는 사업을 하는 공공기관 6. 시,도 정책 및 재정사정 7. 기타 8. 해당없음	입찰방식 계약체결방법 (경쟁형태) 1. 일반경쟁 2. 제한경쟁 3. 지명경쟁 4. 수의계약 5. 법정위탁 6. 기타 ( ) 7. 없음	입찰방식 계약기간 1. 1년 2. 2년 3. 3년 4. 4년 5. 5년 6. 기타 ( )년 7. 단기계약 (1년미만) 8. 없음	입찰방식 낙찰자선정방법 1. 적격심사 2. 협상에의한계약 3. 최저가낙찰제 4. 규격가격분리 5. 2단계 경쟁입찰 6. 기타 ( ) 7. 없음	운영예산 산정 운영예산 산정 1. 내부산정 (지자체 자체적으로 산정) 2. 외부산정 (외부전문기관위탁 산정) 3. 내·외부 모두 산정 4. 산정 無 5. 없음	운영예산 산정 정산방법 1. 내부정산 (지자체 내부적으로 정산) 2. 외부정산 (외부전문기관위탁 정산) 3. 내·외부 모두 산정 4. 정산 無 5. 없음	성과평가 실시여부 1. 실시 2. 미실시 3. 향후 추진 4. 해당없음
4998	울산 북구	가족센터(다문화특성화사업등)처우개선비	28,560	5	6	1	3	1	5	1	3
4999	울산 북구	특수목적운영비지원	21,600	5	1	7	8	7	5	5	4
5000	울산 북구	지역사회재활시설추가운영비	18,000	5	1	7	8	7	5	5	4
5001	울산 북구	가정폭력상담소종사자수당'	15,360	5	1	5	8	7	1	1	1
5002	울산 북구	학대피해아동쉼터종사자처우개선비	15,120	5	1	1	5	1	5	1	2
5003	울산 북구	지역자활센터종사자처우개선수당	14,400	5	6	7	8	7	5	5	4
5004	울산 북구	지역사회재활시설이용자급간식비	13,320	5	1	7	8	7	5	5	4
5005	울산 북구	정서지원프로그램	12,000	5	4	7	8	7	5	5	4
5006	울산 북구	공공요금지원	12,000	5	1	7	8	7	5	5	4
5007	울산 북구	토요운영지원	11,904	5	4	7	8	7	5	5	4
5008	울산 북구	노인복지관분관종사자수당	11,400	5	6	7	8	7	5	5	4
5009	울산 북구	재가시설종사자처우개선수당	10,800	5	6	7	8	7	5	5	4
5010	울산 북구	성폭력피해자보호시설가계보조수당	10,800	5	1	5	8	7	1	1	1
5011	울산 북구	가족센터처우개선비	10,200	5	6	1	3	1	5	1	3
5012	울산 북구	종사자자격수당	10,080	5	4	7	8	7	5	5	4
5013	울산 북구	장난감도서관운영비	10,000	5	5	7	8	7	5	5	4
5014	울산 북구	기능보강비	10,000	5	4	7	8	7	5	5	4
5015	울산 북구	종사자수당	9,000	5	6	7	8	7	5	5	4
5016	울산 북구	성폭력피해자보호시설비수급자생계비	8,947	5	1	5	8	7	1	1	1
5017	울산 북구	성폭력피해자보호시설추가운영비	7,800	5	1	5	8	7	1	1	1
5018	울산 북구	토요운영지원	7,200	5	1	7	8	7	5	5	4
5019	울산 북구	희망키움통장사업비	7,196	5	1	7	8	7	5	5	4
5020	울산 북구	공동생활가정종사자수당	6,400	5	1	7	8	7	5	5	4
5021	울산 북구	성폭력피해자보호시설야간근무수당	6,000	5	1	7	8	7	5	1	2
5022	울산 북구	푸드뱅크운영	5,900	5	1	5	8	7	1	1	1
5023	울산 북구	단기보호시설입소자급간식비	5,832	5	6	7	8	7	5	5	4
5024	울산 북구	지역자활센터종사자자격수당	3,840	5	1	7	8	7	5	5	4
5025	울산 북구	가정폭력상담소자격수당	3,840	5	6	7	8	7	5	5	4
5026	울산 북구	재가시설종사자자격수당	2,880	5	1	5	8	7	1	1	1
5027	울산 북구	성폭력피해자보호시설사회복지수당	2,400	5	6	7	8	7	5	5	4
5028	울산 북구	청소년쉼터종사자수당	2,400	5	1	5	8	7	1	1	1
5029	울산 북구	성폭력피해자보호시설긴급생계비	1,071	5	6	7	8	7	5	5	4
5030	울산 울주군	보육교직원인건비지원(정부지원)	11,079,183	5	1	5	8	7	1	1	1
5031	울산 울주군	울산양육원운영비지원	4,823,692	5	2	7	8	7	1	1	4
5032	울산 울주군	지역아동센터지원	3,382,828	5	1	7	8	7	1	1	4
5033	울산 울주군	보육교직원처우개선지원	2,818,933	5	2	7	8	7	5	1	1
5034	울산 울주군	보조교사,대체교사지원	2,804,633	5	2	7	8	7	1	1	4
5035	울산 울주군	어린이집운영활성화	2,429,224	5	2	7	8	7	1	1	4
5036	울산 울주군	만3~5세누리과정보육료지원	2,100,000	5	4	7	8	7	1	1	4
5037	울산 울주군	정신요양시설운영	1,967,645	5	4	7	8	7	1	1	4

순번	시군구	지출명 (사업명)	2024년예산 (단위 : 천원 /1년간)	민간이전 분류 (지방자치단체 세출예산 집행기준에 의거) 1. 민간경상사업보조(307-02) 2. 민간단체 법정운영비보조(307-03) 3. 민간행사사업보조(307-04) 4. 민간위탁금(307-05) 5. 사회복지시설 법정운영비보조(307-10) 6. 민간인위탁교육비(307-12) 7. 공기관등에대한경상적위탁사업비(308-13) 8. 민간자본사업보조,자체재원(402-01) 9. 민간자본사업보조,이전재원(402-02) 10. 민간위탁사업비(402-03) 11. 공기관등에 대한 자본적 위탁사업비(403-02)	민간이전지출 근거 (지방보조금 관리기준 참고) 1. 법률에 규정 2. 국고보조 재원(국가지정) 3. 용도 지정 기부금 4. 조례에 직접규정 5. 지자체가 권장하는 사업을 하는 공공기관 6. 시,도 정책 및 재정사정 7. 기타 8. 해당없음	입찰방식			운영예산 산정		성과평가 실시여부
						계약체결방법 (경쟁형태) 1. 일반경쟁 2. 제한경쟁 3. 지명경쟁 4. 수의계약 5. 법정위탁 6. 기타 ( ) 7. 없음	계약기간 1. 1년 2. 2년 3. 3년 4. 4년 5. 5년 6. 기타 ( )년 7. 단기계약 (1년미만) 8. 없음	낙찰자선정방법 1. 적격심사 2. 협상에의한계약 3. 최저가낙찰제 4. 규격가격분리 5. 2단계 경쟁입찰 6. 기타 ( ) 7. 없음	운영예산 산정 1. 내부산정 (지자체 자체적으로 산정) 2. 외부산정 (외부전문기관위탁 산정) 3. 내·외부 모두 산정 4. 산정 無 5. 없음	정산방법 1. 내부정산 (지자체 내부적으로 정산) 2. 외부정산 (외부전문기관위탁 정산) 3. 내·외부 모두 산정 4. 정산 無 5. 없음	1. 실시 2. 미실시 3. 향후 추진 4. 해당없음
5038	울산 울주군	어린이집운영비추가지원	1,569,732	5	4	7	8	7	1	1	4
5039	울산 울주군	어린이집보육교직원인건비추가지원	1,527,388	5	4	7	8	7	1	1	4
5040	울산 울주군	공공형어린이집지원	842,400	5	4	7	8	7	1	1	4
5041	울산 울주군	다함께돌봄센터지원	701,456	5	2	5	5	7	5	1	1
5042	울산 울주군	울산일시보호시설운영	415,982	5	1	7	8	7	1	1	4
5043	울산 울주군	시간제보육서비스제공지원	390,485	5	2	7	8	7	1	1	4
5044	울산 울주군	한부모가족복지시설운영	354,452	5	1	7	8	7	3	1	1
5045	울산 울주군	청소년쉼터운영지원	353,105	5	1	5	3	7	1	1	4
5046	울산 울주군	울산자립생활관운영	311,858	5	1	7	8	7	1	1	4
5047	울산 울주군	정신재활시설운영	282,013	5	1	7	8	7	2	1	1
5048	울산 울주군	어린이집운영지원	275,917	5	2	7	8	7	1	1	4
5049	울산 울주군	아이돌봄운영비지원	263,267	5	1,2	5	3	7	1	1	1
5050	울산 울주군	성폭력상담센터운영지원	185,930	5	2	7	8	7	3	1	2
5051	울산 울주군	그루터기운영비	139,944	5	1,2	7	8	7	1	1	4
5052	울산 울주군	청소년쉼터운영추가지원	58,534	5	1	5	3	7	1	1	4
5053	울산 울주군	한부모가족복지시설아이돌봄서비스	37,016	5	1	7	8	7	3	1	1
5054	울산 울주군	그루터기운영비	23,780	5	1	7	8	7	1	1	4
5055	울산 울주군	성폭력상담센터추가운영지원	13,400	5	2	7	8	7	3	1	2
5056	울산 울주군	한부모가족복지시설입소자상담의료지원	11,530	5	1	7	8	7	3	1	1
5057	울산 울주군	입양비용지원	2,992	5	1,2	7	8	7	5	5	4
5058	세종특별자치시	보육교직원인건비지원	26,284,500	5	2	7	8	7	5	5	2
5059	세종특별자치시	보조교사,대체교사지원	11,193,500	5	2	7	8	7	5	5	2
5060	세종특별자치시	어린이집운영지원(자체)	5,883,910	5	1	7	8	7	5	5	1
5061	세종특별자치시	누리과정운영비지원	4,620,000	5	1	7	8	7	5	5	2
5062	세종특별자치시	공공형어린이집운영비(전환사업)	1,209,600	5	1	7	8	7	5	5	2
5063	세종특별자치시	시간제보육사업운영	703,000	5	2	7	8	7	5	5	2
5064	세종특별자치시	어린이집운영지원	372,000	5	2	7	8	7	5	5	2
5065	세종특별자치시	새일센터지정운영	316,419	5	2	5	5	1	1	2	4
5066	세종특별자치시	성폭력상담소운영지원	106,516	5	2	5	8	7	1	1	4
5067	세종특별자치시	성인권상담센터운영지원(자체)	73,957	5	1	5	8	7	1	1	4
5068	세종특별자치시	가정양육지원(전환사업)	65,967	5	1	5	5	1	1	1	3
5069	세종특별자치시	상담전문요원배치(전환사업)	59,786	5	1	5	5	1	1	1	3
5070	세종특별자치시	새일센터운영지원(자체)	58,440	5	1	5	5	1	1	2	1
5071	세종특별자치시	정신요양시설운영지원	2,550,190	5	2	5	8	7	2	3	1
5072	세종특별자치시	정신재활시설운영지원	534,926	5	2	5	8	7	2	3	1
5073	세종특별자치시	장애인거주시설운영	6,339,594	5	1	7	8	7	5	5	4
5074	세종특별자치시	장애인직업재활시설운영	2,203,963	5	4	7	8	7	5	5	4
5075	세종특별자치시	장애인생활이동지원센터운영	521,220	5	1	7	8	7	5	5	4
5076	세종특별자치시	청각언어장애인지원센터운영	503,410	5	1	7	8	7	5	5	4
5077	세종특별자치시	발달장애인지원센터운영	326,000	5	1	7	8	7	5	5	4

순번	시군구	지출명 (사업명)	2024년예산 (단위 : 천원 /1년간)	민간이전 분류 (지방자치단체 세출예산 집행기준에 의거) 1. 민간경상사업보조(307-02) 2. 민간단체 법정운영비보조(307-03) 3. 민간행사사업보조(307-04) 4. 민간위탁금(307-05) 5. 사회복지시설 법정운영비보조(307-10) 6. 민간인위탁교육비(307-12) 7. 공기관등에대한경상적위탁사업비(308-13) 8. 민간자본사업보조,자체재원(402-01) 9. 민간자본사업보조,이전재원(402-02) 10. 민간위탁사업비(402-03) 11. 공기관등에 대한 자본적 위탁사업비(403-02)	민간이전지출 근거 (지방보조금 관리기준 참고) 1. 법률에 규정 2. 국고보조 재원(국가지정) 3. 용도 지정 기부금 4. 조례에 직접규정 5. 지자체가 권장하는 사업을 하는 공공기관 6. 시,도 정책 및 재정사정 7. 기타 8. 해당없음	입찰방식: 계약체결방법 (경쟁형태) 1. 일반경쟁 2. 제한경쟁 3. 지명경쟁 4. 수의계약 5. 법정위탁 6. 기타 ( ) 7. 없음	입찰방식: 계약기간 1. 1년 2. 2년 3. 3년 4. 4년 5. 5년 6. 기타 ( )년 7. 단기계약 (1년미만) 8. 없음	입찰방식: 낙찰자선정방법 1. 적격심사 2. 협상에의한계약 3. 최저가낙찰제 4. 규격가격분리 5. 2단계 경쟁입찰 6. 기타 ( ) 7. 없음	운영예산 산정: 운영예산 산정 1. 내부산정 (지자체 자체적으로 산정) 2. 외부산정 (외부전문기관위탁 산정) 3. 내·외부 모두 산정 4. 산정 無 5. 없음	운영예산 산정: 정산방법 1. 내부정산 (지자체 내부적으로 정산) 2. 외부정산 (외부전문기관위탁 정산) 3. 내·외부 모두 정산 4. 정산 無 5. 없음	성과평가 실시여부 1. 실시 2. 미실시 3. 향후 추진 4. 해당없음
5078	세종특별자치시	장애인거주시설종사자처우개선	323,450	5	6	7	8	7	5	5	4
5079	세종특별자치시	장애인편의증진기술지원센터운영	283,572	5	4	7	8	7	5	5	4
5080	세종특별자치시	노인장기요양보험등급외자운영	216,915	5	1	7	8	7	1	1	1
5081	세종특별자치시	재가노인복지시설지원	202,453	5	1,4	7	8	7	1	1	1
5082	세종특별자치시	피해장애인쉼터운영	192,026	5	1	7	8	7	5	5	4
5083	세종특별자치시	피해장애인쉼터운영(자체)	189,963	5	7	7	8	7	5	5	4
5084	세종특별자치시	장애인생산품판매시설운영	189,953	5	2	7	8	7	5	5	4
5085	세종특별자치시	노인생활시설종사자처우개선	181,800	5	1	7	8	7	1	1	1
5086	세종특별자치시	장애인자립생활센터운영(자체)	180,189	5	7	7	8	7	5	5	4
5087	세종특별자치시	장애인공동생활가정운영	170,184	5	1	7	8	7	5	5	4
5088	세종특별자치시	장애인자립생활센터운영	164,266	5	1	7	8	7	5	5	4
5089	세종특별자치시	발달장애인긴급돌봄사업운영지원	104,100	5	1	7	8	7	5	5	4
5090	세종특별자치시	발달장애인지원센터최중증통합돌봄운영인력지원	45,000	5	1	7	8	7	5	5	4
5091	세종특별자치시	노인개인운영신고시설지원	22,557	5	1	7	8	7	1	1	1
5092	세종특별자치시	장애인생산품판매시설종사자처우개선	6,330	5	7	7	8	7	5	5	4
5093	세종특별자치시	노인이용시설종사자처우개선	5,100	5	1,4	7	8	7	1	1	1
5094	강원특별자치도	아동보호전문기관운영	3,778,050	5	1	7	7	7	1	1	4
5095	강원특별자치도	장애아가족양육지원사업	2,886,364	5	1	7	8	7	1	1	1
5096	강원특별자치도	도장애인종합복지관운영	2,872,046	5	1	5	5	7	1	1	1
5097	강원특별자치도	지역노인보호전문기관운영지원	1,276,380	5	2	7	5	7	5	1	4
5098	강원특별자치도	장애인직업재활시설운영	861,731	5	1	7	8	7	1	1	1
5099	강원특별자치도	아동일시보호시설운영	800,255	5	1	7	5	7	1	3	4
5100	강원특별자치도	가정위탁지원센터운영	770,948	5	2	7	5	7	1	1	4
5101	강원특별자치도	강원특별자치도청소년활동진흥센터운영(전환)	698,360	5	4	7	8	7	1	1	3
5102	강원특별자치도	광역치매센터운영	642,941	5	1	5	3	7	5	3	4
5103	강원특별자치도	도육아종합지원센터운영지원(전환)	619,537	5	1	7	3	7	1	1	1
5104	강원특별자치도	자립지원사업비	608,250	5	2	7	2	7	1	3	4
5105	강원특별자치도	강원특별자치도발달장애인지원센터운영지원	574,000	5	1	7	8	7	1	1	1
5106	강원특별자치도	도수어통역센터운영	442,520	5	1	7	8	7	1	1	1
5107	강원특별자치도	강원특별자치도청소년상담복지센터운영	434,613	5	1	7	8	7	1	1	4
5108	강원특별자치도	강원특별자치도청소년수련원위탁운영	429,000	5	4	7	8	7	1	1	3
5109	강원특별자치도	장애인권익옹호기관운영	427,091	5	2	7	8	7	1	1	4
5110	강원특별자치도	자립지원전담인력배치	413,280	5	2	7	2	7	1	3	4
5111	강원특별자치도	장애인생활이동지원센터운영	352,947	5	1	7	8	7	1	1	1
5112	강원특별자치도	청소년성문화센터운영	342,384	5	2	7	8	7	1	1	3
5113	강원특별자치도	아동자립지원시설운영	340,000	5	1	7	5	7	1	3	4
5114	강원특별자치도	장애인단기거주시설운영지원	333,697	5	1	7	8	7	1	1	1
5115	강원특별자치도	경로당광역지원센터운영지원	300,000	5	2	7	3	7	5	1	4
5116	강원특별자치도	사회복지기관시설운영추진	284,880	5	1	7	8	7	1	1	4
5117	강원특별자치도	결연기관운영	270,000	5	1	7	7	7	1	1	4

순번	시군구	지출명 (사업명)	2024년예산 (단위 : 천원 /1년간)	민간이전 분류 (지방자치단체 세출예산 집행기준에 의거) 1. 민간경상사업보조(307-02) 2. 민간단체 법정운영비보조(307-03) 3. 민간행사사업보조(307-04) 4. 민간위탁금(307-05) 5. 사회복지시설 법정운영비보조(307-10) 6. 민간인위탁교육비(307-12) 7. 공기관등에대한경상적위탁사업비(308-13) 8. 민간자본사업보조,자체재원(402-01) 9. 민간자본사업보조,이전재원(402-02) 10. 민간위탁사업비(402-03) 11. 공기관등에 대한 자본적 위탁사업비(403-02)	민간이전지출 근거 (지방보조금 관리기준 참고) 1. 법률에 규정 2. 국고보조 재원(국가지정) 3. 용도 지정 기부금 4. 조례에 직접규정 5. 지자체가 권장하는 사업을 하는 공공기관 6. 시,도 정책 및 재정사정 7. 기타 8. 해당없음	입찰방식 계약체결방법 (경쟁형태) 1. 일반경쟁 2. 제한경쟁 3. 지명경쟁 4. 수의계약 5. 법정위탁 6. 기타 ( ) 7. 없음	입찰방식 계약기간 1. 1년 2. 2년 3. 3년 4. 4년 5. 5년 6. 기타 ( )년 7. 단기계약 (1년미만) 8. 없음	입찰방식 낙찰자선정방법 1. 적격심사 2. 협상에의한계약 3. 최저가낙찰제 4. 규격가격분리 5. 2단계 경쟁입찰 6. 기타 ( ) 7. 없음	운영예산 산정 운영예산 산정 1. 내부산정 (지자체 자체적으로 산정) 2. 외부산정 (외부전문기관위탁 산정) 3. 내·외부 모두 산정 4. 산정 無 5. 없음	운영예산 산정 정산방법 1. 내부정산 (지자체 내부적으로 정산) 2. 외부정산 (외부전문기관위탁 정산) 3. 내·외부 모두 산정 4. 정산 無 5. 없음	성과평가 실시여부 1. 실시 2. 미실시 3. 향후 추진 4. 해당없음
5118	강원특별자치도	학대피해노인전용쉼터운영지원	247,008	5	2	7	5	7	5	1	4
5119	강원특별자치도	새라새주간보호소운영	241,050	5	1	5	5	7	1	1	1
5120	강원특별자치도	강원특별자치도사회복지협의회운영	231,844	5	1	7	8	7	1	1	4
5121	강원특별자치도	강원특별자치도보조기기센터운영지원	227,750	5	1	7	8	7	1	1	1
5122	강원특별자치도	하나린주간보호소운영	222,528	5	1	7	8	7	1	1	1
5123	강원특별자치도	북한이탈주민지역적응센터운영	209,380	5	2	7	3	7	5	5	1
5124	강원특별자치도	점자도서관운영	208,600	5	1	7	8	7	1	1	1
5125	강원특별자치도	강원특별자치도청소년활동진흥센터강릉분소운영	200,000	5	4	7	8	7	1	1	3
5126	강원특별자치도	장애인생산품판매시설지원	189,952	5	1	5	5	7	1	1	1
5127	강원특별자치도	주간활동서비스운영인력지원	187,200	5	1	7	8	7	1	1	1
5128	강원특별자치도	광역푸드뱅크운영	186,640	5	1	7	8	7	1	1	4
5129	강원특별자치도	바르고고운우리말사용지원	183,965	5	4	7	8	7	1	1	1
5130	강원특별자치도	지역아동센터지원단운영	179,990	5	2	7	8	7	5	5	4
5131	강원특별자치도	피해장애인쉼터운영지원	179,478	5	1	5	5	7	1	1	1
5132	강원특별자치도	장애인공동생활가정운영지원	157,763	5	1	7	8	7	1	1	1
5133	강원특별자치도	거점심리치료센터운영	155,374	5	2	7	7	7	1	1	4
5134	강원특별자치도	노인맞춤돌봄서비스거점기관지원	154,663	5	2	7	3	7	5	1	4
5135	강원특별자치도	북한이탈주민지역적응센터운영	151,620	5	2	7	3	7	5	5	1
5136	강원특별자치도	아동보호전문기관운영비추가지원	140,000	5	1	7	7	7	1	1	4
5137	강원특별자치도	권역재활병원공공재활프로그램운영지원	139,597	5	2	7	8	7	1	1	1
5138	강원특별자치도	여성권익증진시설운영지원	129,301	5	1	7	8	7	1	1	4
5139	강원특별자치도	발달장애인긴급돌봄운영지원	104,120	5	1	7	8	7	1	1	1
5140	강원특별자치도	피해장애인쉼터운영	79,750	5	1	5	5	7	1	1	1
5141	강원특별자치도	도보훈회관운영지원	65,000	5	1	7	8	7	1	1	4
5142	강원특별자치도	독거노인장애인응급안전안심서비스거점기관지원	61,970	5	2	7	3	7	5	1	4
5143	강원특별자치도	장애인생산품판매시설마케팅인력지원	59,720	5	1	5	5	7	1	1	1
5144	강원특별자치도	시간제보육서비스제공지원(관리기관)	46,000	5	1	7	8	7	1	1	4
5145	강원 춘천시	보육교직원인건비지원	13,166,392	5	2	7	8	7	5	1	4
5146	강원 춘천시	장애인거주시설운영지원(국비)	11,432,369	5	1	7	8	7	1	1	3
5147	강원 춘천시	보조교사,대체교사지원	5,439,380	5	2	7	8	7	5	1	4
5148	강원 춘천시	지역아동센터인건비	2,851,949	5	2	7	8	7	5	5	4
5149	강원 춘천시	아동양육시설운영지원	2,122,156	5	1	7	8	7	5	5	4
5150	강원 춘천시	아이돌봄지원운영비	2,114,715	5	2	5	3	7	1	1	1
5151	강원 춘천시	지역아동센터안정적운영지원	1,878,390	5	1	7	8	7	5	5	4
5152	강원 춘천시	장애인거주시설(단기보호소,공동생활가정)운영지원	1,199,892	5	1	7	8	7	1	1	3
5153	강원 춘천시	어린이집보조인력일자리지원	1,135,200	5	6	7	8	7	5	1	4
5154	강원 춘천시	양로시설운영지원	881,248	5	1	5	5	1	1	1	1
5155	강원 춘천시	공공형어린이집운영비지원	847,152	5	1	7	8	7	5	1	2
5156	강원 춘천시	어린이집간식비지원	831,000	5	1	7	8	7	5	1	1
5157	강원 춘천시	최중증발달장애인개별1:1지원사업	794,938	5	1	7	8	7	5	5	4

순번	시군구	지출명 (사업명)	2024년예산 (단위 : 전원 /1년간)	민간이전 분류 (지방자치단체 세출예산 집행기준에 의거) 1. 민간경상사업보조(307-02) 2. 민간단체 법정운영비보조(307-03) 3. 민간행사사업보조(307-04) 4. 민간위탁금(307-05) 5. 사회복지시설 법정운영비보조(307-10) 6. 민간인위탁교육비(307-12) 7. 공기관등에대한경상적위탁사업비(308-13) 8. 민간자본사업보조,자체재원(402-01) 9. 민간자본사업보조,이전재원(402-02) 10. 민간위탁사업비(402-03) 11. 공기관등에 대한 자본적 위탁사업비(403-02)	민간이전지출 근거 (지방보조금 관리기준 참고) 1. 법률에 규정 2. 국고보조 재원(국가지정) 3. 용도 지정 기부금 4. 조례에 직접규정 5. 지자체가 권장하는 사업을 하는 공공기관 6. 시,도 정책 및 재정사정 7. 기타 8. 해당없음	입찰방식: 계약체결방법 (경쟁형태) 1. 일반경쟁 2. 제한경쟁 3. 지명경쟁 4. 수의계약 5. 법정위탁 6. 기타 ( ) 7. 없음	입찰방식: 계약기간 1. 1년 2. 2년 3. 3년 4. 4년 5. 5년 6. 기타 ( )년 7. 단기계약 (1년미만) 8. 없음	입찰방식: 낙찰자선정방법 1. 적격심사 2. 협상에의한계약 3. 최저가낙찰제 4. 규격가격분리 5. 2단계 경쟁입찰 6. 기타 ( ) 7. 없음	운영예산 산정: 운영예산 산정 1. 내부산정 (지자체 자체적으로 산정) 2. 외부산정 (외부전문기관위탁 산정) 3. 내·외부 모두 산정 4. 산정 無 5. 없음	운영예산 산정: 정산방법 1. 내부정산 (지자체 내부적으로 정산) 2. 외부정산 (외부전문기관위탁 정산) 3. 내·외부 모두 산정 4. 정산 無 5. 없음	성과평가 실시여부 1. 실시 2. 미실시 3. 향후 추진 4. 해당없음
5158	강원 춘천시	지역아동센터인건비추가지원	653,965	5	1	7	8	7	5	5	4
5159	강원 춘천시	도래샘주간보호소운영	616,571	5	1	7	8	7	1	1	3
5160	강원 춘천시	지역아동센터운영비	587,604	5	2	7	8	7	5	5	4
5161	강원 춘천시	어린이집보조교사인건비지원	538,272	5	4	7	8	7	5	1	1
5162	강원 춘천시	지역자활센터운영	527,869	5	1	7	8	7	5	5	4
5163	강원 춘천시	학대피해아동쉼터운영지원	522,788	5	1	4	5	1	1	1	1
5164	강원 춘천시	미혼모자복지시설운영지원(마리아의집)	469,000	5	7	7	8	7	1	1	1
5165	강원 춘천시	밀알일터운영	449,445	5	1	7	8	7	1	1	3
5166	강원 춘천시	시간제보육제공지원	390,000	5	2	7	8	7	5	1	4
5167	강원 춘천시	남양동산운영	378,222	5	1	7	8	7	1	1	3
5168	강원 춘천시	춘천시수어통역센터운영	375,412	5	1	7	8	7	1	1	3
5169	강원 춘천시	참좋은일터운영	336,245	5	1	7	8	7	1	1	3
5170	강원 춘천시	정부미지원어린이집보조인력지원	324,000	5	4	7	8	7	5	1	1
5171	강원 춘천시	새일센터운영지원	316,419	5	1	7	8	7	1	1	1
5172	강원 춘천시	어린이집운영비지원	315,612	5	6	7	8	7	5	1	4
5173	강원 춘천시	이주여성상담소운영	304,400	5	1	7	8	7	1	1	1
5174	강원 춘천시	그린교육원운영	294,640	5	1	7	8	7	1	1	3
5175	강원 춘천시	어린이집지원	292,966	5	2	7	8	7	5	1	4
5176	강원 춘천시	새일여성인턴	228,000	5	1	7	8	7	1	1	1
5177	강원 춘천시	가정폭력피해자보호시설운영	227,461	5	1	7	8	7	1	1	1
5178	강원 춘천시	춘천여성인력개발센터운영	216,222	5	1	7	8	7	1	1	1
5179	강원 춘천시	장애인거주시설전담인력지원	206,160	5	1	7	8	7	1	1	3
5180	강원 춘천시	춘천시장애인생활이동지원센터운영	203,595	5	1	7	8	7	1	1	3
5181	강원 춘천시	미혼모자복지시설운영지원(요셉의집)	195,000	5	7	7	8	7	1	1	1
5182	강원 춘천시	더드림직업재활원운영	191,373	5	1	7	8	7	1	1	3
5183	강원 춘천시	성매매피해상담소운영	190,278	5	1	7	8	7	1	1	1
5184	강원 춘천시	살롬직업재활센터운영	188,849	5	1	7	8	7	1	1	3
5185	강원 춘천시	가정폭력상담소운영	179,723	5	1	7	8	7	1	1	1
5186	강원 춘천시	지역사회보장협의체운영지원	173,631	5	4	7	8	7	1	1	4
5187	강원 춘천시	장애인자립생활지원센터운영	164,263	5	1	7	8	7	1	1	3
5188	강원 춘천시	춘천시사회복지협의회운영	160,000	5	1	7	8	7	1	1	4
5189	강원 춘천시	공공형어린이집조리원인건비지원	151,800	5	1	7	8	7	5	1	2
5190	강원 춘천시	어린이집냉난방비추가지원	132,840	5	1	7	8	7	1	1	1
5191	강원 춘천시	보조기기수리지원센터운영지원	118,000	5	7	7	8	7	3	1	1
5192	강원 춘천시	어린이집운영수준향상지원냉난방비지원	106,200	5	6	7	8	7	5	1	4
5193	강원 춘천시	푸드뱅크운영지원	105,000	5	1	7	8	7	1	1	4
5194	강원 춘천시	장애인종합상담실운영지원	103,948	5	4	7	8	7	3	1	4
5195	강원 춘천시	직업교육훈련프로그램	94,000	5	1	7	8	7	1	1	1
5196	강원 춘천시	장애인편의증진기술지원센터운영지원	85,425	5	1	7	8	7	3	1	4
5197	강원 춘천시	여성장애인교육지원	71,545	5	1	1	3	1	3	1	1

순번	시군구	지출명 (사업명)	2024년예산 (단위 : 천원 /1년간)	민간이전 분류 (지방자치단체 세출예산 집행기준에 의거) 1. 민간경상사업보조(307-02) 2. 민간단체 법정운영비보조(307-03) 3. 민간행사사업보조(307-04) 4. 민간위탁금(307-05) 5. 사회복지시설 법정운영비보조(307-10) 6. 민간인위탁교육비(307-12) 7. 공기관등에대한경상적위탁사업비(308-13) 8. 민간자본사업보조,자체재원(402-01) 9. 민간자본사업보조,이전재원(402-02) 10. 민간위탁사업비(402-03) 11. 공기관등에 대한 자본적 위탁사업비(403-02)	민간이전지출 근거 (지방보조금 관리기준 참고) 1. 법률에 규정 2. 국고보조 재원(국가지정) 3. 용도 지정 기부금 4. 조례에 직접규정 5. 지자체가 권장하는 사업을 하는 공공기관 6. 시,도 정책 및 재정사정 7. 기타 8. 해당없음	입찰방식 계약체결방법 (경쟁형태) 1. 일반경쟁 2. 제한경쟁 3. 지명경쟁 4. 수의계약 5. 법정위탁 6. 기타 ( ) 7. 없음	입찰방식 계약기간 1. 1년 2. 2년 3. 3년 4. 4년 5. 5년 6. 기타 ( )년 7. 단기계약 (1년미만) 8. 없음	입찰방식 낙찰자선정방법 1. 적격심사 2. 협상에의한계약 3. 최저가낙찰제 4. 규격가격분리 5. 2단계 경쟁입찰 6. 기타 ( ) 7. 없음	운영예산 산정 운영예산 산정 1. 내부산정 (지자체 자체적으로 산정) 2. 외부산정 (외부전문기관위탁 산정) 3. 내·외부 모두 산정 4. 산정 無 5. 없음	운영예산 산정 정산방법 1. 내부정산 (지자체 내부적으로 정산) 2. 외부정산 (외부전문기관위탁 정산) 3. 내·외부 모두 산정 4. 정산 無 5. 없음	성과평가 실시여부 1. 실시 2. 미실시 3. 향후 추진 4. 해당없음
5198	강원 춘천시	지역아동센터급식도우미지원	69,750	5	1	7	8	7	5	5	4
5199	강원 춘천시	시각장애인자립지원센터운영지원	52,910	5	4	7	8	7	3	1	4
5200	강원 춘천시	지역아동센터운영비추가지원	47,928	5	1	7	8	7	5	5	4
5201	강원 춘천시	어린이집운영수준향상지원교재교구비지원	37,400	5	6	7	8	7	5	1	4
5202	강원 춘천시	지역자활센터종사자처우개선지원	32,000	5	1	7	8	7	1	1	4
5203	강원 춘천시	자활사례관리운영	31,477	5	1	7	8	7	5	5	4
5204	강원 춘천시	다함께돌봄센터(꿈자람나눔터)운영비지원	29,400	5	1	1	5	6	5	5	4
5205	강원 춘천시	다함께돌봄센터(꿈자람나눔터)운영비지원	29,400	5	1	1	5	6	5	5	4
5206	강원 춘천시	다함께돌봄센터(꿈자람나눔터)운영비지원	29,400	5	1	1	5	6	5	5	4
5207	강원 춘천시	어린이집입학준비금지원	20,475	5	1	7	8	7	5	1	2
5208	강원 춘천시	가정폭력피해자보호시설운영	17,000	5	1	7	8	7	1	1	1
5209	강원 춘천시	장애인거주시설공기청정기렌탈지원	3,050	5	1	7	8	7	1	1	1
5210	강원 춘천시	어린이집경조사대체교직원인건비지원	900	5	4	7	8	7	1	1	3
5211	강원 강릉시	보육교직원인건비	9,160,350	5	1	7	8	7	5	1	1
5212	강원 강릉시	장애인거주시설운영지원(3개소)	6,114,764	5	1	7	8	7	5	5	4
5213	강원 강릉시	보조교사지원(연장보육전담교사지원포함)	2,640,969	5	1	7	8	7	5	5	4
5214	강원 강릉시	아이돌봄서비스제공기관운영비(임대료포함)	2,005,664	5	2	7	8	7	5	5	4
5215	강원 강릉시	아동시설운영	1,994,450	5	5	7	8	7	5	5	4
5216	강원 강릉시	지역아동센터인건비지원	1,887,600	5	2	7	8	7	5	5	4
5217	강원 강릉시	장애인복지관운영지원	1,530,000	5	1	7	8	7	5	5	4
5218	강원 강릉시	담임교사(연장보육전담교사)지원	1,451,791	5	1	7	8	7	5	5	4
5219	강원 강릉시	평안의집운영지원	1,173,209	5	1	7	8	7	5	5	4
5220	강원 강릉시	노숙인시설운영지원	1,128,000	5	1	7	8	7	5	5	4
5221	강원 강릉시	가족센터통합서비스지원	1,050,536	5	1	7	8	7	5	5	4
5222	강원 강릉시	공공형어린이집지원	966,555	5	1	7	8	7	5	5	4
5223	강원 강릉시	장애인직업재활시설운영지원(3개소)	852,349	5	1	7	8	7	5	5	4
5224	강원 강릉시	장애인주간보호시설운영지원(3개소)	806,888	5	1	7	8	7	5	5	4
5225	강원 강릉시	어린이집보조인력일자리지원(장애아전문포함)	654,000	5	1	7	8	7	5	5	4
5226	강원 강릉시	종합사회복지관운영지원	628,000	5	1	7	8	7	5	5	4
5227	강원 강릉시	지역아동센터인건비추가지원	560,305	5	6	7	8	7	5	5	4
5228	강원 강릉시	장애인공동생활가정운영지원(7개소)	552,023	5	1	7	8	7	5	5	4
5229	강원 강릉시	요보호아동그룹홈운영	492,624	5	2	7	8	7	5	5	4
5230	강원 강릉시	지역자활센터운영	488,076	5	1	7	8	7	5	5	4
5231	강원 강릉시	한부모가족복지시설운영지원	408,000	5	2	7	8	7	5	5	4
5232	강원 강릉시	생활이동지원센터운영지원	377,650	5	1	7	8	7	5	5	4
5233	강원 강릉시	정부미지원시설보육교사처우개선	366,000	5	1	7	8	7	5	5	4
5234	강원 강릉시	지역아동센터기본운영비	353,040	5	2	7	8	7	5	5	4
5235	강원 강릉시	시니어클럽운영	336,000	5	1	7	8	7	5	5	4
5236	강원 강릉시	수어통역센터운영지원	328,818	5	1	7	8	7	5	5	4
5237	강원 강릉시	사회복지시설종사자복지포인트지원	290,000	5	5	7	8	7	5	5	4

순번	시군구	지출명 (사업명)	2024년예산 (단위 : 천원 /1년간)	민간이전 분류 (지방자치단체 세출예산 집행기준에 의거) 1. 민간경상사업보조(307-02) 2. 민간단체 법정운영비보조(307-03) 3. 민간행사사업보조(307-04) 4. 민간위탁금(307-05) 5. 사회복지시설 법정운영비보조(307-10) 6. 민간인위탁교육비(307-12) 7. 공기관등에대한경상적위탁사업비(308-13) 8. 민간자본사업보조,자체재원(402-01) 9. 민간자본사업보조,이전재원(402-02) 10. 민간위탁사업비(402-03) 11. 공기관등에 대한 자본적 위탁사업비(403-02)	민간이전지출 근거 (지방보조금 관리기준 참고) 1. 법률에 규정 2. 국고보조 재원(국가지정) 3. 용도 지정 기부금 4. 조례에 직접규정 5. 지자체가 권장하는 사업을 하는 공공기관 6. 시,도 정책 및 재정사정 7. 기타 8. 해당없음	입찰방식 계약체결방법 (경쟁형태) 1. 일반경쟁 2. 제한경쟁 3. 지명경쟁 4. 수의계약 5. 법정위탁 6. 기타 ( ) 7. 없음	입찰방식 계약기간 1. 1년 2. 2년 3. 3년 4. 4년 5. 5년 6. 기타 ( )년 7. 단기계약 (1년미만) 8. 없음	입찰방식 낙찰자선정방법 1. 적격심사 2. 협상에의한계약 3. 최저가낙찰제 4. 규격가격분리 5. 2단계 경쟁입찰 6. 기타 ( ) 7. 없음	운영예산 산정 운영예산 산정 1. 내부산정 (지자체 자체적으로 산정) 2. 외부산정 (외부전문기관위탁 산정) 3. 내·외부 모두 산정 4. 산정 無 5. 없음	운영예산 산정 정산방법 1. 내부정산 (지자체 내부적으로 정산) 2. 외부정산 (외부전문기관위탁 정산) 3. 내·외부 모두 산정 4. 정산 無 5. 없음	성과평가 실시여부 1. 실시 2. 미실시 3. 향후 추진 4. 해당없음
5238	강원 강릉시	지역아동센터돌봄인력지원	280,656	5	7	7	8	7	5	5	4
5239	강원 강릉시	정신재활시설운영	275,000	5	1	7	8	7	5	5	4
5240	강원 강릉시	강릉시육아종합지원센터운영지원(인건비포함)	266,000	5	1	7	8	7	5	5	4
5241	강원 강릉시	농어촌보육교사특별수당	253,116	5	1	7	8	7	5	5	4
5242	강원 강릉시	여성인력개발센터운영	217,691	5	1	7	8	7	5	5	4
5243	강원 강릉시	보육교직원명절수당	217,200	5	1	7	8	7	5	5	4
5244	강원 강릉시	사회복지시설종사자복지수당(아동복지)	215,640	5	6	7	8	7	5	5	4
5245	강원 강릉시	가정폭력상담소운영	214,418	5	6	7	8	7	5	5	4
5246	강원 강릉시	장애인단기거주시설운영	214,352	5	1	7	8	7	5	5	4
5247	강원 강릉시	가정폭력피해자지원시설운영추가지원	213,416	5	1	7	8	7	5	5	4
5248	강원 강릉시	영아반보육교사특별수당	209,280	5	1	7	8	7	5	5	4
5249	강원 강릉시	다함께돌봄사업인건비지원	208,000	5	2	7	8	7	5	5	4
5250	강원 강릉시	시간제보육운영비	200,000	5	1	7	8	7	5	5	4
5251	강원 강릉시	가정폭력피해자보호시설운영	193,620	5	1	7	8	7	5	5	4
5252	강원 강릉시	지방청소년상담사업지원	165,000	5	1	7	8	7	5	5	4
5253	강원 강릉시	보육교사장기근속수당	165,000	5	1	7	8	7	5	5	4
5254	강원 강릉시	어린이집운영안정화지원	164,700	5	1	7	8	7	5	5	4
5255	강원 강릉시	장애인자립생활센터지원	164,267	5	1	7	8	7	5	5	4
5256	강원 강릉시	노숙인일시보호및물리치료사인건비운영비지원(시비추가)	161,000	5	1	7	8	7	5	5	4
5257	강원 강릉시	노인회운영비	155,000	5	1	7	8	7	5	5	4
5258	강원 강릉시	장애인가족지원센터운영	127,637	5	1	7	8	7	5	5	4
5259	강원 강릉시	지적장애인자립지원센터운영	121,411	5	1	7	8	7	5	5	4
5260	강원 강릉시	지역사회보장협의체활성화	110,000	5	1	7	8	7	5	5	4
5261	강원 강릉시	사회복지협의회운영지원	110,000	5	1	7	8	7	5	5	4
5262	강원 강릉시	사회복지시설종사자복지수당	106,920	5	1	7	8	7	5	5	4
5263	강원 강릉시	장애인편의증진기술지원센터운영지원	102,449	5	1	7	8	7	5	5	4
5264	강원 강릉시	장애인종합상담실운영	100,891	5	1	7	8	7	5	5	4
5265	강원 강릉시	공공형조리원인건비지원	99,000	5	1	7	8	7	5	5	4
5266	강원 강릉시	다함께돌봄사업운영비지원	96,000	5	2	7	8	7	5	5	4
5267	강원 강릉시	요보호아동그룹홈인건비부족분지원	86,615	5	6	7	8	7	5	5	4
5268	강원 강릉시	4대보험및퇴직금지원	78,115	5	6	7	8	7	5	5	4
5269	강원 강릉시	차량운영비	77,867	5	1	7	8	7	5	5	4
5270	강원 강릉시	장애인거주시설전담인력지원	77,688	5	1	7	8	7	5	5	4
5271	강원 강릉시	어린이집교재교구비	65,800	5	1	7	8	7	5	5	4
5272	강원 강릉시	강릉자유푸드뱅크운영지원	65,000	5	1	7	8	7	5	5	4
5273	강원 강릉시	평가제(인증.우수)어린이집냉난방비지원	60,000	5	1	7	8	7	5	5	4
5274	강원 강릉시	학교밖청소년지원센터운영(시비추가)	58,232	5	1	7	8	7	5	5	4
5275	강원 강릉시	어린이집냉난방비지원	58,200	5	1	7	8	7	5	5	4
5276	강원 강릉시	노인대학운영(3개소)	58,000	5	1	7	8	7	5	5	4
5277	강원 강릉시	강릉푸드뱅크운영지원	57,000	5	1	7	8	7	5	5	4

순번	시군구	지출명 (사업명)	2024년예산 (단위 : 천원 /1년간)	민간이전 분류 (지방자치단체 세출예산 집행기준에 의거) 1. 민간경상사업보조(307-02) 2. 민간단체 법정운영비보조(307-03) 3. 민간행사사업보조(307-04) 4. 민간위탁금(307-05) 5. 사회복지시설 법정운영비보조(307-10) 6. 민간인위탁교육비(307-12) 7. 공기관등에대한경상적위탁사업비(308-13) 8. 민간자본사업보조,자체재원(402-01) 9. 민간자본사업보조,이전재원(402-02) 10. 민간위탁사업비(402-03) 11. 공기관등에 대한 자본적 위탁사업비(403-02)	민간이전지출 근거 (지방보조금 관리기준 참고) 1. 법률에 규정 2. 국고보조 재원(국가지정) 3. 용도 지정 기부금 4. 조례에 직접규정 5. 지자체가 권장하는 사업을 하는 공공기관 6. 시,도 정책 및 재정사정 7. 기타 8. 해당없음	입찰방식			운영예산 산정		성과평가 실시여부
						계약체결방법 (경쟁형태) 1. 일반경쟁 2. 제한경쟁 3. 지명경쟁 4. 수의계약 5. 법정위탁 6. 기타 ( ) 7. 없음	계약기간 1. 1년 2. 2년 3. 3년 4. 4년 5. 5년 6. 기타 ( )년 7. 단기계약 (1년미만) 8. 없음	낙찰자선정방법 1. 적격심사 2. 협상에의한계약 3. 최저가낙찰제 4. 규격가격분리 5. 2단계 경쟁입찰 6. 기타 ( ) 7. 없음	운영예산 산정 1. 내부산정 (지자체 자체적으로 산정) 2. 외부산정 (외부전문기관위탁 산정) 3. 내·외부 모두 산정 4. 산정 無 5. 없음	정산방법 1. 내부정산 (지자체 내부적으로 정산) 2. 외부정산 (외부전문기관위탁 정산) 3. 내·외부 모두 산정 4. 정산 無 5. 없음	1. 실시 2. 미실시 3. 향후 추진 4. 해당없음
5278	강원 강릉시	지역아동센터종사자명절수당지원	50,000	5	7	7	8	7	5	5	4
5279	강원 강릉시	시각장애인자립지원센터지원	42,935	5	1	7	8	7	5	5	4
5280	강원 강릉시	지역아동센터[특성별]지원	39,600	5	2	7	8	7	5	5	4
5281	강원 강릉시	정부지원어린이집교재교구비지원	34,050	5	1	7	8	7	5	5	4
5282	강원 강릉시	지역아동센터추가운영비	33,000	5	2	7	8	7	5	5	4
5283	강원 강릉시	자활사례관리	31,477	5	1	7	8	7	5	5	4
5284	강원 강릉시	지역아동센터운영비추가지원	30,072	5	6	7	8	7	5	5	4
5285	강원 강릉시	휴일어린이집운영지원	29,000	5	1	7	8	7	5	5	4
5286	강원 강릉시	장애인복지기관종사자처우개선수당	28,800	5	1	7	8	7	5	5	4
5287	강원 강릉시	가정양육지원(부모교육사업)	25,000	5	1	7	8	7	5	5	4
5288	강원 강릉시	농어촌소재법인어린이집	20,333	5	1	7	8	7	5	5	4
5289	강원 강릉시	장애인자립생활센터운영추가지원	18,000	5	1	7	8	7	5	5	4
5290	강원 강릉시	가정폭력피해자보호시설운영	17,000	5	1	7	8	7	5	5	4
5291	강원 강릉시	장애아어린이집보육교사수당	16,800	5	6	7	8	7	5	5	4
5292	강원 강릉시	저소득층아동어린이집입학준비금지원	13,965	5	1	7	8	7	5	5	4
5293	강원 강릉시	다함께돌봄센터종사자초과근무수당지원	13,248	5	1	7	8	7	5	5	4
5294	강원 강릉시	공동생활가정종사자명절수당지원	12,000	5	5	7	8	7	5	5	4
5295	강원 강릉시	다함께돌봄센터종사자명절수당지원	12,000	5	5	7	8	7	5	5	4
5296	강원 강릉시	사회복지시설종사자단체연수비지원	10,000	5	5	7	8	7	5	5	4
5297	강원 강릉시	해솔터운영	8,000	5	5	7	8	7	5	5	4
5298	강원 강릉시	장애아전문어린이집재활치료프로그램지원	5,000	5	6	7	8	7	5	5	4
5299	강원 강릉시	여성권익증진시설종사자역량강화지원	4,400	5	1	7	8	7	5	5	4
5300	강원 강릉시	개인운영신고시설운영지원	4,200	5	1	7	8	7	5	5	4
5301	강원 강릉시	공동육아나눔터임대료지원(시비추가)	3,500	5	1	7	8	7	5	5	4
5302	강원 동해시	보육교직원인건비	3,806,227	5	2	7	8	7	1	1	2
5303	강원 동해시	장애인거주시설운영지원	2,350,490	5	1,2,4	7	8	7	1	1	1
5304	강원 동해시	자활근로사업	1,768,000	5	1	5	5	7	1	1	1
5305	강원 동해시	보조교사인건비	1,416,052	5	2	7	8	7	1	1	2
5306	강원 동해시	지역아동센터인건비지원	1,379,100	5	2	7	8	7	1	1	1
5307	강원 동해시	지역사회서비스투자사업	783,594	5	1,2	7	8	7	5	1	1
5308	강원 동해시	교사및겸직원장지원비	727,015	5	2	7	8	7	1	1	2
5309	강원 동해시	경로당운영비지원	569,680	5	1	7	8	7	1	1	4
5310	강원 동해시	지역자활센터운영	412,161	5	1	5	5	7	1	1	1
5311	강원 동해시	일상돌봄서비스	411,000	5	1,2	7	8	7	5	1	1
5312	강원 동해시	보조인력인건비지원	396,000	5	2	7	8	7	1	1	2
5313	강원 동해시	경로당냉난방비및양곡비지원	327,201	5	1	7	8	7	1	1	4
5314	강원 동해시	지역아동센터인건비추가지원	288,290	5	2	7	8	7	1	1	1
5315	강원 동해시	학대피해아동쉼터운영비지원	247,894	5	1	7	8	7	1	1	2
5316	강원 동해시	장애인단기거주시설운영지원	240,000	5	1,4	7	8	7	1	1	1
5317	강원 동해시	지역아동센터운영비지원(기본운영비)	235,920	5	2	7	8	7	1	1	1

순번	시군구	지출명 (사업명)	2024년예산 (단위 : 천원 /1년간)	민간이전 분류 (지방자치단체 세출예산 집행기준에 의거) 1. 민간경상사업보조(307-02) 2. 민간단체 법정운영비보조(307-03) 3. 민간행사사업보조(307-04) 4. 민간위탁금(307-05) 5. 사회복지시설 법정운영비보조(307-10) 6. 민간인위탁교육비(307-12) 7. 공기관등에대한경상적위탁사업비(308-13) 8. 민간자본사업보조,자체재원(402-01) 9. 민간자본사업보조,이전재원(402-02) 10. 민간위탁사업비(402-03) 11. 공기관등에 대한 자본적 위탁사업비(403-02)	민간이전지출 근거 (지방보조금 관리기준 참고) 1. 법률에 규정 2. 국고보조 재원(국가지정) 3. 용도 지정 기부금 4. 조례에 직접규정 5. 지자체가 권장하는 사업을 하는 공공기관 6. 시,도 정책 및 재정사정 7. 기타 8. 해당없음	입찰방식: 계약체결방법 (경쟁형태) 1. 일반경쟁 2. 제한경쟁 3. 지명경쟁 4. 수의계약 5. 법정위탁 6. 기타 ( ) 7. 없음	입찰방식: 계약기간 1. 1년 2. 2년 3. 3년 4. 4년 5. 5년 6. 기타 ( )년 7. 단기계약 (1년미만) 8. 없음	입찰방식: 낙찰자선정방법 1. 적격심사 2. 협상에의한계약 3. 최저가낙찰제 4. 규격가격분리 5. 2단계 경쟁입찰 6. 기타 ( ) 7. 없음	운영예산 산정: 운영예산 산정 1. 내부산정 (지자체 자체적으로 산정) 2. 외부산정 (외부전문기관위탁 산정) 3. 내·외부 모두 산정 4. 산정 無 5. 없음	운영예산 산정: 정산방법 1. 내부정산 (지자체 내부적으로 정산) 2. 외부정산 (외부전문기관위탁 정산) 3. 내·외부 모두 산정 4. 정산 無 5. 없음	성과평가 실시여부 1. 실시 2. 미실시 3. 향후 추진 4. 해당없음
5318	강원 동해시	수어통역센터운영지원	226,126	5	1,4	7	8	7	1	1	1
5319	강원 동해시	장애인생활이동지원센터운영지원	224,400	5	1,4	7	8	7	1	1	1
5320	강원 동해시	ucare센터운영지원	220,000	5	1	7	3	7	1	1	1
5321	강원 동해시	동해시노인지회운영지원	216,348	5	1	7	8	7	1	1	4
5322	강원 동해시	가정폭력상담소운영지원	213,212	5	2	7	8	7	1	1	2
5323	강원 동해시	지역사회시니어클럽운영	192,500	5	1	7	5	7	1	1	1
5324	강원 동해시	가사간병방문지원사업	165,134	5	1	7	8	7	5	1	1
5325	강원 동해시	어린이집품질향상지원	144,250	5	6	7	8	7	1	1	2
5326	강원 동해시	지역아동센터급식전담인력지원	126,000	5	2	7	8	7	1	1	1
5327	강원 동해시	지역사회복지협의체운영지원	121,000	5	1	7	8	7	1	1	1
5328	강원 동해시	사회복지협의회운영지원	99,000	5	6	7	8	7	1	1	3
5329	강원 동해시	지역아동센터운영비추가지원	84,360	5	2	7	8	7	1	1	1
5330	강원 동해시	다함께돌봄센터인건비지원	74,000	5	2	7	5	7	1	1	1
5331	강원 동해시	여성권익증진시설운영지원	70,293	5	2	7	8	7	1	1	2
5332	강원 동해시	어린이집필요경비지원	58,000	5	6	7	8	7	1	1	3
5333	강원 동해시	어린이집통학차량유류비지원	39,650	5	6	7	8	7	1	1	2
5334	강원 동해시	다함께돌봄센터운영비지원	34,000	5	2	7	5	7	1	1	1
5335	강원 동해시	새일센터종사자처우개선비지원	27,960	5	2	7	8	7	1	1	2
5336	강원 동해시	장애인거주시설관리전담인력지원	24,360	5	4,6	7	8	7	1	1	1
5337	강원 동해시	어린이집입학준비금	21,000	5	6	7	8	7	1	1	2
5338	강원 동해시	청년마음건강지원사업	18,418	5	1,2	7	8	7	5	1	1
5339	강원 동해시	어린이집대체교사지원	9,440	5	2	7	8	7	1	1	2
5340	강원 동해시	지역아동센터특성별추가지원	7,200	5	2	7	8	7	1	1	1
5341	강원 동해시	학대피해아동쉼터운영비추가원	6,000	5	1	7	8	7	1	1	2
5342	강원 동해시	자활역량강화사업	6,000	5	1	6	8	7	5	5	4
5343	강원 태백시	보육교직원인건비지원	3,050,763	5	1	7	8	7	1	1	3
5344	강원 태백시	노인맞춤돌봄서비스사업운영	2,147,926	5	1	7	8	7	5	1	4
5345	강원 태백시	누리과정보육료지원	1,691,260	5	1	7	8	7	1	1	3
5346	강원 태백시	영유아보육료지원	1,485,972	5	1	7	8	7	1	1	3
5347	강원 태백시	장애인복지관운영지원	1,210,074	5	1	7	8	7	1	3	1
5348	강원 태백시	지역아동센터인건비지원	1,065,149	5	2	7	8	7	1	1	4
5349	강원 태백시	장애인지역사회재활시설운영지원	642,147	5	1	7	8	7	1	3	1
5350	강원 태백시	어린이집보조,대체교사지원사업	478,047	5	1	7	8	7	1	1	3
5351	강원 태백시	태백시가족센터운영지원	469,240	5	1	7	8	7	1	1	1
5352	강원 태백시	지역아동센터추가운영비지원	330,096	5	6	7	8	7	1	1	4
5353	강원 태백시	보육교직원처우개선지원(수당)	324,767	5	1	7	8	7	1	1	3
5354	강원 태백시	노인복지시설종사자복지수당	312,185	5	1	7	8	7	5	1	4
5355	강원 태백시	다함께돌봄센터인건비지원	307,960	5	2	7	8	7	1	1	4
5356	강원 태백시	지역자활센터운영(국비)	262,284	5	1	7	8	7	1	1	1
5357	강원 태백시	누리과정특별활동비	262,200	5	1	7	8	7	1	1	3

순번	시군구	지출명 (사업명)	2024년예산 (단위 : 천원 /1년간)	민간이전 분류 (지방자치단체 세출예산 집행기준에 의거) 1. 민간경상사업보조(307-02) 2. 민간단체 법정운영비보조(307-03) 3. 민간행사사업보조(307-04) 4. 민간위탁금(307-05) 5. 사회복지시설 법정운영비보조(307-10) 6. 민간인위탁교육비(307-12) 7. 공기관등에대한경상적위탁사업비(308-13) 8. 민간자본사업보조,자체재원(402-01) 9. 민간자본사업보조,이전재원(402-02) 10. 민간위탁사업비(402-03) 11. 공기관등에 대한 자본적 위탁사업비(403-02)	민간이전지출 근거 (지방보조금 관리기준 참고) 1. 법률에 규정 2. 국고보조 재원(국가지정) 3. 용도 지정 기부금 4. 조례에 직접규정 5. 지자체가 권장하는 사업을 하는 공공기관 6. 시,도 정책 및 재정사정 7. 기타 8. 해당없음	입찰방식			운영예산 산정		성과평가 실시여부
						계약체결방법 (경쟁형태) 1. 일반경쟁 2. 제한경쟁 3. 지명경쟁 4. 수의계약 5. 법정위탁 6. 기타 ( ) 7. 없음	계약기간 1. 1년 2. 2년 3. 3년 4. 4년 5. 5년 6. 기타 ( )년 7. 단기계약 (1년미만) 8. 없음	낙찰자선정방법 1. 적격심사 2. 협상에의한계약 3. 최저가낙찰제 4. 규격가격분리 5. 2단계 경쟁입찰 6. 기타 ( ) 7. 없음	운영예산 산정 1. 내부산정 (지자체 자체적으로 산정) 2. 외부산정 (외부전문기관위탁 산정) 3. 내·외부 모두 산정 4. 산정 無 5. 없음	정산방법 1. 내부정산 (지자체 내부적으로 정산) 2. 외부정산 (외부전문기관위탁 정산) 3. 내·외부 모두 산정 4. 정산 無 5. 없음	1. 실시 2. 미실시 3. 향후 추진 4. 해당없음
5358	강원 태백시	지역아동센터운영활성화지원	253,219	5	6	7	8	7	1	1	4
5359	강원 태백시	독거노인중증장애인응급안전안심서비스운영지원	243,091	5	1	7	8	7	5	1	4
5360	강원 태백시	지역아동센터운영비지원	201,192	5	2	7	8	7	1	1	4
5361	강원 태백시	자원봉사센터운영지원	166,189	5	4	7	8	7	1	1	1
5362	강원 태백시	국공립어린이집운영지원	160,768	5	1	7	8	7	1	1	3
5363	강원 태백시	가정폭력상담소운영지원	146,710	5	1	7	8	7	1	1	1
5364	강원 태백시	요보호아동그룹홈보호운영지원	123,156	5	1	7	8	7	1	1	4
5365	강원 태백시	개인운영신고시설지원	116,612	5	1	7	8	7	1	1	1
5366	강원 태백시	사회복지협의회지원	115,475	5	1	7	8	7	1	1	3
5367	강원 태백시	어린이집보조인력일자리지원	112,200	5	1	7	8	7	1	1	3
5368	강원 태백시	장애인복지시설종사자복지수당	109,680	5	1	7	8	7	1	1	1
5369	강원 태백시	장애인민원봉사실운영지원	99,254	5	1	7	8	7	1	1	1
5370	강원 태백시	어린이집교직원처우개선지원	91,480	5	1	7	8	7	1	1	3
5371	강원 태백시	재가노인지원서비스운영지원	83,756	5	1	7	8	7	1	1	1
5372	강원 태백시	아동,자활시설종사자복지수당	75,960	5	1	7	8	7	1	1	4
5373	강원 태백시	발달장애인요양보호사보조	74,667	5	2	7	8	7	1	1	2
5374	강원 태백시	자원봉사코디네이터지원	66,412	5	4	7	8	7	1	1	1
5375	강원 태백시	어린이집장기근속수당	62,161	5	1	7	8	7	1	1	3
5376	강원 태백시	지역사회보장협의체운영	57,991	5	1	7	8	7	1	1	3
5377	강원 태백시	어린이집운영지원	57,720	5	1	7	8	7	1	1	3
5378	강원 태백시	장애인편의시설지원센터운영	52,940	5	1	7	8	7	1	1	1
5379	강원 태백시	공공형어린이집운영지원(전환사업)	51,656	5	1	7	8	7	1	1	3
5380	강원 태백시	시간제보육서비스지원사업	48,000	5	1	7	8	7	1	1	3
5381	강원 태백시	장애인자립지원센터운영지원	47,500	5	1	7	8	7	1	1	1
5382	강원 태백시	어린이집품질향상지원사업	43,300	5	1	7	8	7	1	1	3
5383	강원 태백시	어린이집장난감소독비지원	32,544	5	1	7	8	7	1	1	3
5384	강원 태백시	시군사회복지시설종사자복지수당(여성)	32,280	5	1	7	8	7	1	1	1
5385	강원 태백시	자활사례관리추가배치지원	31,474	5	1	7	8	7	1	1	1
5386	강원 태백시	민간가정어린이집운영지원	28,681	5	1	7	8	7	1	1	3
5387	강원 태백시	노후사회참여프로그램지원	26,820	5	1	7	8	7	1	1	1
5388	강원 태백시	어린이집운영비등지원	21,144	5	1	7	8	7	1	1	3
5389	강원 태백시	시각장애인안마사파견	18,625	5	2	7	8	7	1	1	2
5390	강원 태백시	여성권익증진시설운영지원	18,380	5	1	7	8	7	1	1	1
5391	강원 태백시	아이돌보미처우개선지원	10,800	5	1	7	8	7	1	1	1
5392	강원 태백시	다함께돌봄센터지원	10,000	5	2	7	8	7	1	1	4
5393	강원 태백시	자활사업실시기관역량강화	6,000	5	1	7	8	7	1	1	1
5394	강원 태백시	어린이집안전공제단체가입지원	4,371	5	1	7	8	7	1	1	3
5395	강원 태백시	그룹홈인건비부족분지원	3,000	5	1	7	8	7	1	1	4
5396	강원 태백시	다문화가족방문교육지도사처우개선비지원	2,456	5	1	7	8	7	1	1	1
5397	강원 속초시	국공립법인어린이집인건비지원	5,495,527	5	1	7	8	7	3	1	1

순번	시군구	지출명 (사업명)	2024년예산 (단위 : 천원 /1년간)	민간이전 분류 (지방자치단체 세출예산 집행기준에 의거) 1. 민간경상사업보조(307-02) 2. 민간단체 법정운영비보조(307-03) 3. 민간행사사업보조(307-04) 4. 민간위탁금(307-05) 5. 사회복지시설 법정운영비보조(307-10) 6. 민간인위탁교육비(307-12) 7. 공기관등에대한경상적위탁사업비(308-13) 8. 민간자본사업보조,자체재원(402-01) 9. 민간자본사업보조,이전재원(402-02) 10. 민간위탁사업비(402-03) 11. 공기관등에 대한 자본적 위탁사업비(403-02)	민간이전지출 근거 (지방보조금 관리기준 참고) 1. 법률에 규정 2. 국고보조 재원(국가지정) 3. 용도 지정 기부금 4. 조례에 직접규정 5. 지자체가 권장하는 사업을 하는 공공기관 6. 시,도 정책 및 재정사정 7. 기타 8. 해당없음	입찰방식: 계약체결방법 (경쟁형태) 1. 일반경쟁 2. 제한경쟁 3. 지명경쟁 4. 수의계약 5. 법정위탁 6. 기타 ( ) 7. 없음	입찰방식: 계약기간 1. 1년 2. 2년 3. 3년 4. 4년 5. 5년 6. 기타 ( )년 7. 단기계약 (1년미만) 8. 없음	입찰방식: 낙찰자선정방법 1. 적격심사 2. 협상에의한계약 3. 최저가낙찰제 4. 규격가격분리 5. 2단계 경쟁입찰 6. 기타 ( ) 7. 없음	운영예산 산정: 운영예산 산정 1. 내부산정 (지자체 자체적으로 산정) 2. 외부산정 (외부전문기관위탁 산정) 3. 내·외부 모두 산정 4. 산정 無 5. 없음	운영예산 산정: 정산방법 1. 내부정산 (지자체 내부적으로 정산) 2. 외부정산 (외부전문기관위탁 정산) 3. 내·외부 모두 산정 4. 정산 無 5. 없음	성과평가 실시여부 1. 실시 2. 미실시 3. 향후 추진 4. 해당없음
5398	강원 속초시	보조교사(연장보육전담교사)지원	1,582,052	5	1	7	8	7	3	1	1
5399	강원 속초시	수행기관전담인력인건비	769,080	5	2	7	8	7	3	1	1
5400	강원 속초시	가족센터통합서비스운영	439,400	5	1	7	8	7	3	1	1
5401	강원 속초시	금강장애인복지센터운영지원	422,462	5	1	7	8	7	3	1	1
5402	강원 속초시	시니어클럽운영비지원	369,540	5	4	7	8	7	3	1	1
5403	강원 속초시	경로당운영비지원	368,830	5	1	7	8	7	3	1	1
5404	강원 속초시	영아전담어린이집인건비지원	313,322	5	1	7	8	7	3	1	1
5405	강원 속초시	속초시수어통역센터운영지원	312,800	5	1	7	8	7	3	1	1
5406	강원 속초시	지역자활센터운영	310,591	5	1	7	8	7	3	1	1
5407	강원 속초시	어린이집보조인력일자리지원	290,400	5	1	7	8	7	3	1	1
5408	강원 속초시	속초시장애인복지센터운영지원	277,336	5	1	7	8	7	3	1	1
5409	강원 속초시	보훈단체운영지원	229,693	5	1	7	8	7	3	1	1
5410	강원 속초시	최중증발달장애인주간개별일대일운영	228,822	5	2	7	8	7	5	5	4
5411	강원 속초시	가정폭력피해자보호시설운영지원	227,461	5	1	7	8	7	3	1	1
5412	강원 속초시	학대피해아동쉼터운영비	216,247	5	2	7	8	7	3	1	1
5413	강원 속초시	공공형어린이집지원	194,100	5	1	7	8	7	3	1	1
5414	강원 속초시	경로당냉난방비지원	186,400	5	1	7	8	7	3	1	1
5415	강원 속초시	성폭력장애인성폭력상담소운영지원	185,930	5	1	7	8	7	3	1	1
5416	강원 속초시	노인복지시설종사자복지수당(5년이상)	181,180	5	1	7	8	7	3	1	1
5417	강원 속초시	중증장애인자립생활센터지원	164,267	5	4	7	8	7	3	1	1
5418	강원 속초시	다함께돌봄센터지역특화사업지원	150,000	5	1	7	8	7	3	1	1
5419	강원 속초시	가정폭력상담소운영지원	146,710	5	1	7	8	7	3	1	1
5420	강원 속초시	노인복지시설종사자복지수당(5년미만)	146,560	5	1	7	8	7	3	1	1
5421	강원 속초시	속초시장애인생활이동지원센터운영지원	129,322	5	1	7	8	7	3	1	1
5422	강원 속초시	자비의집보호작업장운영지원(인건비)	128,107	5	1	7	8	7	3	1	1
5423	강원 속초시	지적장애인자립지원센터운영지원	126,970	5	4	7	8	7	3	1	1
5424	강원 속초시	다함께돌봄사업운영지원(인건비)(속초시다함께돌봄센터)	126,324	5	1	7	8	7	3	1	1
5425	강원 속초시	연장형교사인건비지원	125,950	5	1	7	8	7	3	1	1
5426	강원 속초시	노인복지시설종사자복지수당(1년미만)	117,710	5	1	7	8	7	3	1	1
5427	강원 속초시	장애인종합상담실운영비지원	107,545	5	2	7	8	7	3	1	1
5428	강원 속초시	사회복지시설종사자복지수당	107,040	5	4	7	8	7	3	1	1
5429	강원 속초시	대한노인회속초시지회운영비지원	99,125	5	4	7	8	7	3	1	1
5430	강원 속초시	장애인보장구A/S센터운영지원	96,687	5	4	7	8	7	3	1	1
5431	강원 속초시	장애인야학운영	90,724	5	1	7	8	7	3	1	1
5432	강원 속초시	지역아동센터인건비지원(다솜)	79,400	5	1	7	8	7	3	1	1
5433	강원 속초시	지역아동센터인건비지원(새마을)	79,400	5	1	7	8	7	3	1	1
5434	강원 속초시	지역아동센터인건비지원(새솔)	79,400	5	1	7	8	7	3	1	1
5435	강원 속초시	지역아동센터인건비지원(어울림행복한홈스쿨)	79,400	5	1	7	8	7	3	1	1
5436	강원 속초시	지역아동센터인건비지원(하나로)	79,400	5	1	7	8	7	3	1	1
5437	강원 속초시	지역아동센터인건비지원(행복한홈스쿨)	79,400	5	1	7	8	7	3	1	1

순번	시군구	지출명 (사업명)	2024년예산 (단위 : 천원 /1년간)	민간이전 분류 (지방자치단체 세출예산 집행기준에 의거) 1. 민간경상사업보조(307-02) 2. 민간단체 법정운영비보조(307-03) 3. 민간행사사업보조(307-04) 4. 민간위탁금(307-05) 5. 사회복지시설 법정운영비보조(307-10) 6. 민간인위탁교육비(307-12) 7. 공기관등에대한경상적위탁사업비(308-13) 8. 민간자본사업보조,자체재원(402-01) 9. 민간자본사업보조,이전재원(402-02) 10. 민간위탁사업비(402-03) 11. 공기관등에 대한 자본적 위탁사업비(403-02)	민간이전지출 근거 (지방보조금 관리기준 참고) 1. 법률에 규정 2. 국고보조 재원(국가지정) 3. 용도 지정 기부금 4. 조례에 직접규정 5. 지자체가 권장하는 사업을 하는 공공기관 6. 시,도 정책 및 재정사정 7. 기타 8. 해당없음	입찰방식			운영예산 산정		성과평가 실시여부
						계약체결방법 (경쟁형태) 1. 일반경쟁 2. 제한경쟁 3. 지명경쟁 4. 수의계약 5. 법정위탁 6. 기타 ( ) 7. 없음	계약기간 1. 1년 2. 2년 3. 3년 4. 4년 5. 5년 6. 기타 ( )년 7. 단기계약 (1년미만) 8. 없음	낙찰자선정방법 1. 적격심사 2. 협상에의한계약 3. 최저가낙찰제 4. 규격가격분리 5. 2단계 경쟁입찰 6. 기타 ( ) 7. 없음	운영예산 산정 1. 내부산정 (지자체 자체적으로 산정) 2. 외부산정 (외부전문기관위탁 산정) 3. 내·외부 모두 산정 4. 산정 無 5. 없음	정산방법 1. 내부정산 (지자체 내부적으로 정산) 2. 외부정산 (외부전문기관위탁 정산) 3. 내·외부 모두 산정 4. 정산 無 5. 없음	1. 실시 2. 미실시 3. 향후 추진 4. 해당없음
5438	강원 속초시	속초노인복지센터	78,004	5	1	7	8	7	3	1	1
5439	강원 속초시	장애인단체시설운영	77,989	5	4	7	8	7	3	1	1
5440	강원 속초시	장애인편의시설지원센터운영지원	74,294	5	2	7	8	7	3	1	1
5441	강원 속초시	사회복지협의회운영	73,780	5	1	7	8	7	3	1	1
5442	강원 속초시	여성권익증진시설종사자처우개선(4대보험및퇴직금)	73,520	5	6	7	8	7	3	1	1
5443	강원 속초시	사회복지시설종사자복지수당지원	65,160	5	6	7	8	7	3	1	1
5444	강원 속초시	어린이집운영비등지원	64,800	5	1	7	8	7	3	1	1
5445	강원 속초시	반야노인복지센터	64,000	5	1	7	8	7	3	1	1
5446	강원 속초시	중증장애인자립생활센터지원(자체)	58,257	5	4	7	8	7	3	1	1
5447	강원 속초시	다함께돌봄사업운영지원(인건비)(생명숲돌봄센터)	55,676	5	1	7	8	7	3	1	1
5448	강원 속초시	다함께돌봄센터인건비(속초시다함께돌봄센터)(자체)	53,280	5	1	7	8	7	3	1	1
5449	강원 속초시	속초시사회복지협의회인건비(자체)	52,845	5	1	7	8	7	3	1	1
5450	강원 속초시	장애인복지시설종사자복지수당	45,600	5	1	7	8	7	3	1	1
5451	강원 속초시	다문화가족소통공간운영	44,900	5	1	7	8	7	3	1	1
5452	강원 속초시	시각장애인자립지원센터운영지원	43,275	5	4	7	8	7	3	1	1
5453	강원 속초시	중증장애인자립생활지원센터운영지원	43,115	5	4	7	8	7	3	1	1
5454	강원 속초시	지역자활센터운영지원(인건비)(자체)	40,951	5	4	7	8	7	3	1	1
5455	강원 속초시	장애인편의시설지원센터운영지원(자체)	40,924	5	4	7	8	7	3	1	1
5456	강원 속초시	지역사회보장협의체활성화지원	36,875	5	4	7	8	7	3	1	1
5457	강원 속초시	교재교구비지원	33,000	5	1	7	8	7	3	1	1
5458	강원 속초시	공공형어린이집조리원인건비지원	33,000	5	1	7	8	7	3	1	1
5459	강원 속초시	여성권익증진시설(가정폭력상담소)운영지원	32,865	5	1	7	8	7	3	1	1
5460	강원 속초시	에너지이용지원	32,400	5	1	7	8	7	3	1	1
5461	강원 속초시	사회복지기관종사자처우개선	31,800	5	4	7	8	7	3	1	1
5462	강원 속초시	지역자율형사회서비스투자사업(일상돌봄서비스전문인력인건비)	30,000	5	4	7	8	7	3	1	1
5463	강원 속초시	보현의집인건비부족분지원	30,000	5	1	7	8	7	3	1	1
5464	강원 속초시	여성단체운영활성화사업	28,593	5	6	7	8	7	3	1	1
5465	강원 속초시	안보단체운영지원	28,442	5	1	7	8	7	3	1	1
5466	강원 속초시	야간연장어린이집조리원인건비	27,000	5	1	7	8	7	3	1	1
5467	강원 속초시	어린이집냉난방비지원	27,000	5	1	7	8	7	3	1	1
5468	강원 속초시	지역사회보장협의체활성화지원(자체)	26,696	5	4	7	8	7	3	1	1
5469	강원 속초시	아이돌보미처우개선	22,680	5	6	7	8	7	3	1	1
5470	강원 속초시	학대피해아동쉼터운영지원(자체)	22,659	5	4	7	8	7	3	1	1
5471	강원 속초시	여성새로일하기센터종사자처우개선	20,520	5	6	7	8	7	3	1	1
5472	강원 속초시	어린이집교재교구비지원(정부지원어린이집)	19,500	5	1	7	8	7	3	1	1
5473	강원 속초시	대체교사지원(어린이집직접채용형)	18,827	5	1	7	8	7	3	1	1
5474	강원 속초시	자비의집보호작업장운영지원(운영비)	18,490	5	1	7	8	7	3	1	1
5475	강원 속초시	다함께돌봄사업운영시간연장지원(인건비)	17,640	5	1	7	8	7	3	1	1
5476	강원 속초시	여성권익증진시설운영지원(운영비및난방비)	17,000	5	1	7	8	7	3	1	1
5477	강원 속초시	지역아동센터종사자인건비지원(다솜)	16,920	5	1	7	8	7	3	1	1

순번	시군구	지출명 (사업명)	2024년예산 (단위 : 천원 /1년간)	민간이전 분류 (지방자치단체 세출예산 집행기준에 의거) 1. 민간경상사업보조(307-02) 2. 민간단체 법정운영비보조(307-03) 3. 민간행사사업보조(307-04) 4. 민간위탁금(307-05) 5. 사회복지시설 법정운영비보조(307-10) 6. 민간인위탁교육비(307-12) 7. 공기관등에대한경상적위탁사업비(308-13) 8. 민간자본사업보조,자체재원(402-01) 9. 민간자본사업보조,이전재원(402-02) 10. 민간위탁사업비(402-03) 11. 공기관등에 대한 자본적 위탁사업비(403-02)	민간이전지출 근거 (지방보조금 관리기준 참고) 1. 법률에 규정 2. 국고보조 재원(국가지정) 3. 용도 지정 기부금 4. 조례에 직접규정 5. 지자체가 권장하는 사업을 하는 공공기관 6. 시,도 정책 및 재정사정 7. 기타 8. 해당없음	입찰방식 계약체결방법 (경쟁형태) 1. 일반경쟁 2. 제한경쟁 3. 지명경쟁 4. 수의계약 5. 법정위탁 6. 기타 ( ) 7. 없음	입찰방식 계약기간 1. 1년 2. 2년 3. 3년 4. 4년 5. 5년 6. 기타 ( )년 7. 단기계약 (1년미만) 8. 없음	입찰방식 낙찰자선정방법 1. 적격심사 2. 협상에의한계약 3. 최저가낙찰제 4. 규격가격분리 5. 2단계 경쟁입찰 6. 기타 ( ) 7. 없음	운영예산 산정 운영예산 산정 1. 내부산정 (지자체 자체적으로 산정) 2. 외부산정 (외부전문기관위탁 산정) 3. 내·외부 모두 산정 4. 산정 無 5. 없음	운영예산 산정 정산방법 1. 내부정산 (지자체 내부적으로 정산) 2. 외부정산 (외부전문기관위탁 정산) 3. 내·외부 모두 산정 4. 정산 無 5. 없음	성과평가 실시여부 1. 실시 2. 미실시 3. 향후 추진 4. 해당없음
5478	강원 속초시	지역아동센터종사자인건비지원(새마을)	16,880	5	1	7	8	7	3	1	1
5479	강원 속초시	지역아동센터종사자인건비지원(새솔)	16,880	5	1	7	8	7	3	1	1
5480	강원 속초시	지역아동센터종사자인건비지원(어울림행복한홈스쿨)	16,880	5	1	7	8	7	3	1	1
5481	강원 속초시	지역아동센터종사자인건비지원(하나로)	16,880	5	1	7	8	7	3	1	1
5482	강원 속초시	지역아동센터종사자인건비지원(행복한홈스쿨)	16,880	5	1	7	8	7	3	1	1
5483	강원 속초시	지역아동센터운영비지원(다솜)	16,064	5	1	7	8	7	3	1	1
5484	강원 속초시	지역아동센터운영비지원(새마을)	16,064	5	1	7	8	7	3	1	1
5485	강원 속초시	지역아동센터운영비지원(새솔)	16,064	5	1	7	8	7	3	1	1
5486	강원 속초시	지역아동센터운영비지원(어울림행복한홈스쿨)	16,064	5	1	7	8	7	3	1	1
5487	강원 속초시	지역아동센터운영비지원(하나로)	16,064	5	1	7	8	7	3	1	1
5488	강원 속초시	지역아동센터운영비지원(행복한홈스쿨)	16,064	5	1	7	8	7	3	1	1
5489	강원 속초시	다함께돌봄센터운영비(생명숲돌봄센터)(자체)	13,744	5	1	7	8	7	3	1	1
5490	강원 속초시	어린이집출산휴가담임교사대체인력인건비	12,000	5	1	7	8	7	3	1	1
5491	강원 속초시	다함께돌봄사업(운영비)(생명숲돌봄센터)	12,000	5	1	7	8	7	3	1	1
5492	강원 속초시	다함께돌봄사업(운영비)(속초시다함께돌봄센터)	12,000	5	1	7	8	7	3	1	1
5493	강원 속초시	가정폭력피해자보호시설운영지원사업(자체)	10,665	5	6	7	8	7	3	1	1
5494	강원 속초시	다함께돌봄센터운영비(속초시다함께돌봄센터)(자체)	10,311	5	1	7	8	7	3	1	1
5495	강원 속초시	여성권익증진시설운영지원(교육운영비및홍보비등)	10,000	5	1	7	8	7	3	1	1
5496	강원 속초시	어린이집기타종사자대체인력인건비	9,999	5	1	7	8	7	3	1	1
5497	강원 속초시	성폭력장애인성폭력상담소인건비(명절수당)지원(자체)	7,795	5	6	7	8	7	3	1	1
5498	강원 속초시	가정폭력상담소인건비(명절수당)지원(자체)	7,656	5	6	7	8	7	3	1	1
5499	강원 속초시	지역아동센터인건비지원(새솔)(자체)	7,631	5	1	7	8	7	3	1	1
5500	강원 속초시	지역아동센터인건비지원(새마을)(자체)	7,599	5	1	7	8	7	3	1	1
5501	강원 속초시	지역아동센터인건비지원(하나로)(자체)	7,250	5	1	7	8	7	3	1	1
5502	강원 속초시	지역아동센터인건비지원(어울림행복한홈스쿨)(자체)	7,163	5	1	7	8	7	3	1	1
5503	강원 속초시	다함께돌봄센터인건비(생명숲돌봄센터)(자체)	6,960	5	1	7	8	7	3	1	1
5504	강원 속초시	지역아동센터인건비지원(행복한홈스쿨)(자체)	6,895	5	1	7	8	7	3	1	1
5505	강원 속초시	지역아동센터인건비지원(다솜)(자체)	6,733	5	1	7	8	7	3	1	1
5506	강원 속초시	자활사업실시기관역량강화	6,000	5	4	7	8	7	3	1	1
5507	강원 속초시	다함께돌봄사업운영시간연장지원(운영비)	6,000	5	1	7	8	7	3	1	1
5508	강원 속초시	사회복지시설종사자처우개선수당	4,800	5	4	7	8	7	3	1	1
5509	강원 속초시	개인운영신고시설지원	4,200	5	1	7	8	7	3	1	1
5510	강원 속초시	다문화가족방문교육지도사처우개선	3,684	5	1	7	8	7	3	1	1
5511	강원 속초시	장애인종합상담실인건비지원(자체)	3,000	5	4	7	8	7	3	1	1
5512	강원 속초시	지역아동센터운영비지원(하나로)(자체)	1,400	5	1	7	8	7	3	1	1
5513	강원 속초시	지역아동센터운영비지원(행복한홈스쿨)(자체)	1,400	5	1	7	8	7	3	1	1
5514	강원 속초시	지역아동센터운영비지원(어울림행복한홈스쿨)(자체)	1,320	5	1	7	8	7	3	1	1
5515	강원 속초시	지역아동센터운영비지원(새솔)(자체)	1,200	5	1	7	8	7	3	1	1
5516	강원 속초시	지역아동센터운영비지원(새마을)(자체)	1,188	5	1	7	8	7	3	1	1
5517	강원 속초시	지역아동센터운영비지원(다솜)(자체)	1,160	5	1	7	8	7	3	1	1

순번	시군구	지출명 (사업명)	2024년예산 (단위 : 천원 /1년간)	민간이전 분류 (지방자치단체 세출예산 집행기준에 의거) 1. 민간경상사업보조(307-02) 2. 민간단체 법정운영비보조(307-03) 3. 민간행사사업보조(307-04) 4. 민간위탁금(307-05) 5. 사회복지시설 법정운영비보조(307-10) 6. 민간인위탁교육비(307-12) 7. 공기관등에대한경상적위탁사업비(308-13) 8. 민간자본사업보조,자체재원(402-01) 9. 민간자본사업보조,이전재원(402-02) 10. 민간위탁사업비(402-03) 11. 공기관등에 대한 자본적 위탁사업비(403-02)	민간이전지출 근거 (지방보조금 관리기준 참고) 1. 법률에 규정 2. 국고보조 재원(국가지정) 3. 용도 지정 기부금 4. 조례에 직접규정 5. 지자체가 권장하는 사업을 하는 공공기관 6. 시,도 정책 및 재정사정 7. 기타 8. 해당없음	입찰방식 계약체결방법 -(경쟁형태) 1. 일반경쟁 2. 제한경쟁 3. 지명경쟁 4. 수의계약 5. 법정위탁 6. 기타 ( ) 7. 없음	입찰방식 계약기간 1. 1년 2. 2년 3. 3년 4. 4년 5. 5년 6. 기타 ( )년 7. 단기계약 (1년미만) 8. 없음	입찰방식 낙찰자선정방법 1. 적격심사 2. 협상에의한계약 3. 최저가낙찰제 4. 규격가격분리 5. 2단계 경쟁입찰 6. 기타 ( ) 7. 없음	운영예산 산정 운영예산 산정 1. 내부산정 (지자체 자체적으로 산정) 2. 외부산정 (외부전문기관위탁 산정) 3. 내·외부 모두 산정 4. 산정 無 5. 없음	운영예산 산정 정산방법 1. 내부정산 (지자체 내부적으로 정산) 2. 외부정산 (외부전문기관위탁 정산) 3. 내·외부 모두 산정 4. 정산 無 5. 없음	성과평가 실시여부 1. 실시 2. 미실시 3. 향후 추진 4. 해당없음
5518	강원 속초시	지역아동센터추가운영비지원(다솜)	600	5	1	7	8	7	3	1	1
5519	강원 속초시	지역아동센터추가운영비지원(새마을)	600	5	1	7	8	7	3	1	1
5520	강원 속초시	지역아동센터추가운영비지원(새솔)	600	5	1	7	8	7	3	1	1
5521	강원 속초시	지역아동센터추가운영비지원(어울림행복한홈스쿨)	600	5	1	7	8	7	3	1	1
5522	강원 속초시	지역아동센터추가운영비지원(하나로)	600	5	1	7	8	7	3	1	1
5523	강원 속초시	지역아동센터추가운영비지원(행복한홈스쿨)	600	5	1	7	8	7	3	1	1
5524	강원 삼척시	보육교직원인건비지원	2,843,559	5	2	7	8	7	5	5	4
5525	강원 삼척시	지역아동센터인건비지원	1,189,051	5	6	7	8	7	5	5	4
5526	강원 삼척시	보조교사,대체교사지원	917,163	5	2	7	8	7	5	5	4
5527	강원 삼척시	경로당운영비지원(도)	820,739	5	6	7	8	7	1	1	4
5528	강원 삼척시	장애인보호작업장운영	688,062	5	1	7	7	7	1	1	1
5529	강원 삼척시	경로당냉난방비및양곡비지원	582,800	5	2	7	8	7	1	1	4
5530	강원 삼척시	보육교직원인건비지원	521,872	5	2	7	8	7	5	5	4
5531	강원 삼척시	노인복지시설종사자복지수당지원(도)	468,930	5	6	7	8	7	5	1	4
5532	강원 삼척시	지역자활센터운영	403,644	5	1	6	8	7	1	1	1
5533	강원 삼척시	수어통역센터운영	395,609	5	1	7	7	7	1	1	1
5534	강원 삼척시	시니어클럽운영	350,000	5	1	7	7	7	1	1	2
5535	강원 삼척시	지적장애인자립지원센터운영	305,715	5	1	7	7	7	1	1	1
5536	강원 삼척시	장애인주간보호소(샘터)운영	299,020	5	1	7	7	7	1	1	1
5537	강원 삼척시	공공형어린이집지원(도)(전환사업)	275,496	5	6	7	8	7	5	5	4
5538	강원 삼척시	누리과정운영지원(도)	257,862	5	6	7	8	7	5	5	4
5539	강원 삼척시	보육교직원인건비지원	257,831	5	2	7	8	7	5	5	4
5540	강원 삼척시	장애인생활이동지원센터운영	252,521	5	1	7	7	7	1	1	1
5541	강원 삼척시	어린이집보조인력일자리지원(도)	224,400	5	6	7	8	7	5	5	4
5542	강원 삼척시	장애인휠체어리프트장착차량운영	209,579	5	1	7	7	7	1	1	1
5543	강원 삼척시	지역아동센터운영비지원	201,492	5	2	7	8	7	5	5	4
5544	강원 삼척시	청각언어장애인(농아인)자립지원센터운영	199,456	5	1	7	7	7	1	1	1
5545	강원 삼척시	가정폭력성폭력통합상담소운영	181,960	5	2	7	8	7	1	1	4
5546	강원 삼척시	민간,가정어린이집조리원인건비지원	172,800	5	6	7	8	7	5	5	4
5547	강원 삼척시	장애인복지센터운영	171,451	5	1	7	7	7	1	1	1
5548	강원 삼척시	지역아동센터인건비추가지원(도)	169,990	5	6	7	8	7	5	5	4
5549	강원 삼척시	노인관련단체공익사업지원	134,785	5	1	7	7	7	1	1	2
5550	강원 삼척시	요보호아동그룹홈운영지원	123,156	5	2	7	8	7	5	1	4
5551	강원 삼척시	어린이집차량운영비지원	121,000	5	6	7	8	7	5	5	4
5552	강원 삼척시	장애인종합상담실운영(도)	111,927	5	1	7	7	7	1	1	1
5553	강원 삼척시	사회복지시설종사자복지수당(도)	109,440	5	1	7	8	7	5	5	4
5554	강원 삼척시	삼척발달재활치료센터운영	108,480	5	1	7	7	7	1	1	1
5555	강원 삼척시	장애인복지시설종사자수당(도)	99,600	5	1	7	7	7	1	1	1
5556	강원 삼척시	지역아동센터추가운영비지원	95,040	5	6	7	8	7	5	5	4
5557	강원 삼척시	시군사회복지협의회운영지원(도)	73,780	5	1	7	8	7	1	1	4

순번	시군구	지출명 (사업명)	2024년예산 (단위 : 천원 /1년간)	민간이전 분류 (지방자치단체 세출예산 집행기준에 의거) 1. 민간경상사업보조(307-02) 2. 민간단체 법정운영비보조(307-03) 3. 민간행사사업보조(307-04) 4. 민간위탁금(307-05) 5. 사회복지시설 법정운영비보조(307-10) 6. 민간인위탁교육비(307-12) 7. 공기관등에대한경상적위탁사업비(308-13) 8. 민간자본사업보조,자체재원(402-01) 9. 민간자본사업보조,이전재원(402-02) 10. 민간위탁사업비(402-03) 11. 공기관등에 대한 자본적 위탁사업비(403-02)	민간이전지출 근거 (지방보조금 관리기준 참고) 1. 법률에 규정 2. 국고보조 재원(국가지정) 3. 용도 지정 기부금 4. 조례에 직접규정 5. 지자체가 권장하는 사업을 하는 공공기관 6. 시,도 정책 및 재정사정 7. 기타 8. 해당없음	입찰방식 계약체결방법 (경쟁형태) 1. 일반경쟁 2. 제한경쟁 3. 지명경쟁 4. 수의계약 5. 법정위탁 6. 기타 ( ) 7. 없음	입찰방식 계약기간 1. 1년 2. 2년 3. 3년 4. 4년 5. 5년 6. 기타 ( )년 7. 단기계약 (1년미만) 8. 없음	입찰방식 낙찰자선정방법 1. 적격심사 2. 협상에의한계약 3. 최저가낙찰제 4. 규격가격분리 5. 2단계 경쟁입찰 6. 기타 ( ) 7. 없음	운영예산 산정 운영예산 산정 1. 내부산정 (지자체 자체적으로 산정) 2. 외부산정 (외부전문기관위탁 산정) 3. 내·외부 모두 산정 4. 산정 無 5. 없음	운영예산 산정 정산방법 1. 내부정산 (지자체 내부적으로 정산) 2. 외부정산 (외부전문기관위탁 정산) 3. 내·외부 모두 산정 4. 정산 無 5. 없음	성과평가 실시여부 1. 실시 2. 미실시 3. 향후 추진 4. 해당없음
5558	강원 삼척시	경로당순회프로그램관리자지원(도)	72,876	5	6	7	7	7	1	1	2
5559	강원 삼척시	보육교직원인건비지원	72,871	5	2	7	8	7	5	5	4
5560	강원 삼척시	지역아동센터급식도우미인건비지원	69,900	5	6	7	8	7	5	5	4
5561	강원 삼척시	어린이집운영지원	67,000	5	6	7	8	7	5	5	4
5562	강원 삼척시	어린이집운영비등지원(도)	63,912	5	6	7	8	7	5	5	4
5563	강원 삼척시	어린이집품질향상지원(도)	59,400	5	6	7	8	7	5	5	4
5564	강원 삼척시	경로당운영비지원	58,320	5	5	7	8	7	1	1	4
5565	강원 삼척시	지역사회보장협의체운영지원	55,000	5	1	5	8	7	1	1	1
5566	강원 삼척시	장애인편의시설지원센터운영(도)	54,152	5	1	7	7	7	1	1	1
5567	강원 삼척시	어린이집급식비지원	50,400	5	6	7	8	7	5	5	4
5568	강원 삼척시	시군사회복지협의회운영및이동복지지원	50,000	5	1	7	8	7	1	1	4
5569	강원 삼척시	어린이집공기청정기임차료지원	50,000	5	6	7	8	7	5	5	4
5570	강원 삼척시	사회복지시설종사자지원(도)	44,040	5	6	7	8	7	1	1	4
5571	강원 삼척시	지역아동센터추가운영비지원	42,000	5	6	7	8	7	5	5	4
5572	강원 삼척시	여성단체협의회운영지원	38,000	5	4	7	8	7	1	1	4
5573	강원 삼척시	가정폭력성폭력통합상담소운영(도)	37,300	5	6	7	8	7	1	1	4
5574	강원 삼척시	지역사회보장협의체운영지원(도)	36,875	5	1	5	8	7	1	1	1
5575	강원 삼척시	지역아동센터추가운영비지원	36,000	5	6	7	8	7	5	5	4
5576	강원 삼척시	시각장애인재활지원센터운영(도)	35,146	5	1	7	7	7	1	1	1
5577	강원 삼척시	자활사례관리	31,477	5	1	6	8	7	1	1	1
5578	강원 삼척시	요보호아동그룹홈운영지원	30,000	5	2	7	8	7	5	1	4
5579	강원 삼척시	경로당분회운영비지원	29,200	5	5	7	8	7	1	1	4
5580	강원 삼척시	지역아동센터운영비추가지원(도)	27,564	5	6	7	8	7	5	5	4
5581	강원 삼척시	어린이집지원	26,400	5	2	7	8	7	5	5	4
5582	강원 삼척시	지역아동센터급식도우미인건비지원(도)	24,750	5	6	7	8	7	5	5	4
5583	강원 삼척시	장애인복지기관종사자처우개선수당(도)	24,600	5	1	7	7	7	1	1	1
5584	강원 삼척시	여성권익증진시설종사자지원(도)	22,975	5	6	7	8	7	1	1	4
5585	강원 삼척시	어린이집품질향상지원(도)	22,800	5	6	7	8	7	5	5	4
5586	강원 삼척시	보육시설및종사자우대지원	22,800	5	6	7	8	7	5	5	4
5587	강원 삼척시	지역아동센터추가운영비지원	20,800	5	6	7	8	7	5	5	4
5588	강원 삼척시	보조교사,대체교사지원	20,311	5	2	7	8	7	5	5	4
5589	강원 삼척시	어린이집지원	20,200	5	2	7	8	7	5	5	4
5590	강원 삼척시	특성별지역아동센터추가지원	14,400	5	2	7	8	7	5	5	4
5591	강원 삼척시	어린이집품질향상지원(도)	12,600	5	6	7	8	7	5	5	4
5592	강원 삼척시	사회복지기관종사자처우개선수당(도)	12,000	5	1	7	8	7	5	5	4
5593	강원 삼척시	가정폭력성폭력통합상담소운영	10,000	5	6	7	8	7	1	1	4
5594	강원 삼척시	경로당순회프로그램관리자지원	7,000	5	6	7	7	7	1	1	2
5595	강원 삼척시	자활사업실시기관역량강화지원(도)	6,000	5	1	6	8	7	1	1	2
5596	강원 삼척시	삼척시사회복지시설종사자복지수당	5,000	5	1	7	8	7	5	5	4
5597	강원 삼척시	요보호아동그룹홈운영지원(도)	4,000	5	6	7	8	7	5	1	4

순번	시군구	지출명 (사업명)	2024년예산 (단위 : 천원 /1년간)	민간이전 분류 (지방자치단체 세출예산 집행기준에 의거) 1. 민간경상사업보조(307-02) 2. 민간단체 법정운영비보조(307-03) 3. 민간행사사업보조(307-04) 4. 민간위탁금(307-05) 5. 사회복지시설 법정운영비보조(307-10) 6. 민간인위탁교육비(307-12) 7. 공기관등에대한경상적위탁사업비(308-13) 8. 민간자본사업보조,자체재원(402-01) 9. 민간자본사업보조,이전재원(402-02) 10. 민간위탁사업비(402-03) 11. 공기관등에 대한 자본적 위탁사업비(403-02)	민간이전지출 근거 (지방보조금 관리기준 참고) 1. 법률에 규정 2. 국고보조 재원(국가지정) 3. 용도 지정 기부금 4. 조례에 직접규정 5. 지자체가 권장하는 사업을 하는 공공기관 6. 시,도 정책 및 재정사정 7. 기타 8. 해당없음	입찰방식			운영예산 산정		성과평가 실시여부
						계약체결방법 (경쟁형태) 1. 일반경쟁 2. 제한경쟁 3. 지명경쟁 4. 수의계약 5. 법정위탁 6. 기타 ( ) 7. 없음	계약기간 1. 1년 2. 2년 3. 3년 4. 4년 5. 5년 6. 기타 ( )년 7. 단기계약 (1년미만) 8. 없음	낙찰자선정방법 1. 적격심사 2. 협상에의한계약 3. 최저가낙찰제 4. 규격가격분리 5. 2단계 경쟁입찰 6. 기타 ( ) 7. 없음	운영예산 산정 1. 내부산정 (지자체 자체적으로 산정) 2. 외부산정 (외부전문기관위탁 산정) 3. 내·외부 모두 산정 4. 산정 無 5. 없음	정산방법 1. 내부정산 (지자체 내부적으로 정산) 2. 외부정산 (외부전문기관위탁 정산) 3. 내·외부 모두 산정 4. 정산 無 5. 없음	1. 실시 2. 미실시 3. 향후 추진 4. 해당없음
5598	강원 삼척시	지역자활센터운영	3,000	5	1	6	8	7	1	1	1
5599	강원 삼척시	어린이집지원	2,600	5	2	7	8	7	5	5	4
5600	강원 삼척시	장애인종합상담실운영	2,400	5	1	7	7	7	1	1	1
5601	강원 횡성군	보육교직원인건비지원	2,691,347	5	2	7	1	7	1	1	1
5602	강원 횡성군	어린이집보조교사인건비지원	418,520	5	2	7	1	7	1	1	1
5603	강원 횡성군	지역아동센터인건비지원	403,200	5	8	7	8	7	5	5	1
5604	강원 횡성군	외국인계절근로자도입운영	150,000	5	1	7	8	7	5	5	4
5605	강원 횡성군	가정폭력상담소운영	146,710	5	2	5	8	7	5	1	1
5606	강원 횡성군	여성권익증진시설운영지원(도)	95,270	5	6	5	8	7	5	1	1
5607	강원 횡성군	지역아동센터인건비추가지원	80,160	5	8	7	8	7	5	5	1
5608	강원 횡성군	지역아동센터기본운영비지원	77,400	5	8	7	8	7	5	5	1
5609	강원 횡성군	어린이집운영지원	76,000	5	2	7	1	7	1	1	1
5610	강원 횡성군	공공형어린이집운영비지원(도)(전환)	52,407	5	6	7	1	7	1	1	1
5611	강원 횡성군	지역아동센터급식도우미지원(군비추가)	27,000	5	8	7	8	7	5	5	1
5612	강원 횡성군	지역아동센터운영(군비추가)	22,400	5	8	7	8	7	5	5	1
5613	강원 횡성군	어린이집운영지원(도)	17,712	5	6	7	1	7	1	1	1
5614	강원 횡성군	국공립시간연장보육교사인건비(군비)	16,940	5	7	7	1	7	1	1	1
5615	강원 횡성군	지역아동센터추가운영비지원	10,200	5	8	7	8	7	5	5	1
5616	강원 횡성군	지역아동센터급식전담인력지원	9,000	5	8	7	8	7	5	5	1
5617	강원 횡성군	지역아동센터운영비추가지원	6,768	5	8	7	8	7	5	5	1
5618	강원 횡성군	어린이집대체교사지원	6,000	5	2	7	1	7	1	1	1
5619	강원 횡성군	지역아동센터토요운영지원	3,600	5	8	7	8	7	5	5	1
5620	강원 횡성군	장애인거주시설지원	1,094,333	5	2	7	1	7	1	1	1
5621	강원 횡성군	자활센터운영	403,644	5	1	7	8	7	1	1	1
5622	강원 횡성군	지역사회보장협의체운영(도)	65,970	5	1	7	8	7	1	1	1
5623	강원 횡성군	시각장애인자립지원센터운영(도)	40,400	5	1	7	8	7	5	1	4
5624	강원 횡성군	장애인거주시설시설관리전담인력지원(도)	30,696	5	6	7	8	7	5	1	4
5625	강원 횡성군	장애인거주시설지원(개인시설)	16,500	5	6	7	1	7	1	1	1
5626	강원 영월군	장애인거주시설운영	1,580,993	5	1	7	8	7	1	1	1
5627	강원 영월군	지역아동센터인건비지원	1,354,051	5	1	7	8	7	1	1	4
5628	강원 영월군	지역아동센터추가운영지원(군비추가)	1,241,160	5	1	7	8	7	1	1	1
5629	강원 영월군	경로당운영비지원(도)	564,340	5	1	7	8	7	1	1	4
5630	강원 영월군	요보호아동그룹홈보호	369,468	5	1	7	8	7	1	1	4
5631	강원 영월군	자원봉사센터운영	352,790	5	4	7	8	7	1	1	1
5632	강원 영월군	경로당운영활성화지원	344,100	5	2	7	8	7	5	1	4
5633	강원 영월군	자활지원(지역자활센터운영지원)	308,740	5	1	5	1	7	5	1	1
5634	강원 영월군	지역아동센터운영비지원	256,320	5	1	7	8	7	1	1	4
5635	강원 영월군	노인복지시설운영지원(군비)	220,000	5	4	7	8	7	1	1	4
5636	강원 영월군	영월군지역사회보장협의체운영지원(군비추가)	111,084	5	4	7	8	7	1	1	1
5637	강원 영월군	지역아동센터특성별지원	97,200	5	1	7	8	7	1	1	4

순번	시군구	지출명 (사업명)	2024년예산 (단위 : 천원 /1년간)	민간이전 분류 (지방자치단체 세출예산 집행기준에 의거) 1. 민간경상사업보조(307-02) 2. 민간단체 법정운영비보조(307-03) 3. 민간행사사업보조(307-04) 4. 민간위탁금(307-05) 5. 사회복지시설 법정운영비보조(307-10) 6. 민간인위탁교육비(307-12) 7. 공기관등에대한경상적위탁사업비(308-13) 8. 민간자본사업보조,자체재원(402-01) 9. 민간자본사업보조,이전재원(402-02) 10. 민간위탁사업비(402-03) 11. 공기관등에 대한 자본적 위탁사업비(403-02)	민간이전지출 근거 (지방보조금 관리기준 참고) 1. 법률에 규정 2. 국고보조 재원(국가지정) 3. 용도 지정 기부금 4. 조례에 직접규정 5. 지자체가 권장하는 사업을 하는 공공기관 6. 시,도 정책 및 재정사정 7. 기타 8. 해당없음	입찰방식 계약체결방법 (경쟁형태) 1. 일반경쟁 2. 제한경쟁 3. 지명경쟁 4. 수의계약 5. 법정위탁 6. 기타 ( ) 7. 없음	입찰방식 계약기간 1. 1년 2. 2년 3. 3년 4. 4년 5. 5년 6. 기타 ( )년 7. 단기계약 (1년미만) 8. 없음	입찰방식 낙찰자선정방법 1. 적격심사 2. 협상에의한계약 3. 최저가낙찰제 4. 규격가격분리 5. 2단계 경쟁입찰 6. 기타 ( ) 7. 없음	운영예산 산정 운영예산 산정 1. 내부산정 (지자체 자체적으로 산정) 2. 외부산정 (외부전문기관위탁 산정) 3. 내·외부 모두 산정 4. 산정 無 5. 없음	운영예산 산정 정산방법 1. 내부정산 (지자체 내부적으로 정산) 2. 외부정산 (외부전문기관위탁 정산) 3. 내·외부 모두 산정 4. 정산 無 5. 없음	성과평가 실시여부 1. 실시 2. 미실시 3. 향후 추진 4. 해당없음
5638	강원 영월군	새마을회운영지원	69,100	5	4	7	8	7	1	1	1
5639	강원 영월군	경로당운영활성화지원	61,380	5	2	7	8	7	5	1	4
5640	강원 영월군	장애인거주시설관리전담인력지원	51,792	5	1	7	8	7	1	1	1
5641	강원 영월군	청소년수련시설운영지원(국)	50,736	5	2	1	5	1	1	1	1
5642	강원 영월군	요보호아동그룹홈보호(군비추가)	46,092	5	1	7	8	7	1	1	3
5643	강원 영월군	영월군지역사회보장협의체운영지원	36,875	5	4	7	8	7	1	1	1
5644	강원 영월군	지역아동센터특성별지원(군비추가)	32,400	5	1	7	8	7	1	1	1
5645	강원 영월군	자활사례관리	31,474	5	1	5	1	7	5	1	1
5646	강원 영월군	청소년수련시설운영지원(군)	26,193	5	1	1	5	1	1	1	1
5647	강원 영월군	자활사업실시기관운영지원	6,000	5	1	5	1	7	5	1	1
5648	강원 평창군	보육교직원인건비지원	2,772,299	5	2	7	8	7	5	1	4
5649	강원 평창군	장애인거주시설운영지원	1,412,541	5	2	7	8	7	1	1	3
5650	강원 평창군	경로당운영활성화지원	863,200	5	1	7	8	7	1	1	3
5651	강원 평창군	다함께돌봄사업지원	761,765	5	2	7	5	7	5	1	4
5652	강원 평창군	건강가정및다문화가족지원	514,676	5	2	2	5	1	2	1	1
5653	강원 평창군	경로당냉난방비및양곡비지원	453,800	5	1	7	8	7	1	1	3
5654	강원 평창군	시니어클럽운영지원	436,081	5	1	5	5	1	1	1	1
5655	강원 평창군	보조교사및대체교사지원	388,960	5	2	7	8	7	5	1	4
5656	강원 평창군	지역자활센터운영보조금교부	305,647	5	2	7	8	7	1	1	3
5657	강원 평창군	장애인직업재활시설곰두리광고운영지원	288,948	5	5	7	8	7	1	1	3
5658	강원 평창군	장애인생활이동지원센터운영지원	276,000	5	5	7	8	7	1	1	3
5659	강원 평창군	수어통역센터운영지원	208,000	5	5	7	8	7	1	1	3
5660	강원 평창군	어린이집지원	200,800	5	2	7	8	7	5	1	4
5661	강원 평창군	사회복지협의회운영지원	172,784	5	1	7	8	7	1	1	4
5662	강원 평창군	경로당운영비지원	127,200	5	1	7	8	7	1	1	3
5663	강원 평창군	장애인종합상담실운영지원	104,300	5	6	7	8	7	1	1	3
5664	강원 평창군	장애인복지센터운영지원	91,300	5	5	7	8	7	1	1	3
5665	강원 평창군	어린이집보조인력일자리지원	79,200	5	6	7	8	7	5	1	4
5666	강원 평창군	장애인복지시설종사자복지수당	74,760	5	6	7	8	7	1	1	3
5667	강원 평창군	공동육아나눔터운영	56,712	5	2	2	5	1	2	1	1
5668	강원 평창군	시각장애인자립지원센터운영지원	53,200	5	6	7	8	7	1	1	3
5669	강원 평창군	편의증진기술지원센터운영지원	43,773	5	6	7	8	7	1	1	3
5670	강원 평창군	장애인거주시설관리전담인력지원	25,896	5	6	7	8	7	1	1	3
5671	강원 평창군	어린이집운영비지원	22,488	5	6	7	8	7	5	1	4
5672	강원 평창군	어린이집품질향상지원	20,700	5	6	7	8	7	5	1	4
5673	강원 평창군	다문화마음치유어울림교실	20,000	5	2	2	5	1	2	1	1
5674	강원 평창군	사회복지시설(자활센터)종사자복지수당	10,000	5	4	7	8	7	1	1	3
5675	강원 평창군	사회복지기관종사자처우개선수당지원	9,000	5	6	7	8	7	1	1	4
5676	강원 평창군	장애인복지기관종사자처우개선수당	9,000	5	6	7	8	7	1	1	3
5677	강원 평창군	지역자활센터역량강화지원	6,000	5	4	7	8	7	1	1	3

순번	시군구	지출명 (사업명)	2024년예산 (단위 : 천원 /1년간)	민간이전 분류 (지방자치단체 세출예산 집행기준에 의거) 1. 민간경상사업보조(307-02) 2. 민간단체 법정운영비보조(307-03) 3. 민간행사사업보조(307-04) 4. 민간위탁금(307-05) 5. 사회복지시설 법정운영비보조(307-10) 6. 민간인위탁교육비(307-12) 7. 공기관등에대한경상적위탁사업비(308-13) 8. 민간자본사업보조,자체재원(402-01) 9. 민간자본사업보조,이전재원(402-02) 10. 민간위탁사업비(402-03) 11. 공기관등에 대한 자본적 위탁사업비(403-02)	민간이전지출 근거 (지방보조금 관리기준 참고) 1. 법률에 규정 2. 국고보조 재원(국가지정) 3. 용도 지정 기부금 4. 조례에 직접규정 5. 지자체가 권장하는 사업을 하는 공공기관 6. 시,도 정책 및 재정사정 7. 기타 8. 해당없음	입찰방식			운영예산 산정		성과평가 실시여부
						계약체결방법 (경쟁형태) 1. 일반경쟁 2. 제한경쟁 3. 지명경쟁 4. 수의계약 5. 법정위탁 6. 기타 ( ) 7. 없음	계약기간 1. 1년 2. 2년 3. 3년 4. 4년 5. 5년 6. 기타 ( )년 7. 단기계약 (1년미만) 8. 없음	낙찰자선정방법 1. 적격심사 2. 협상에의한계약 3. 최저가낙찰제 4. 규격가격분리 5. 2단계 경쟁입찰 6. 기타 ( ) 7. 없음	운영예산 산정 1. 내부산정 (지자체 자체적으로 산정) 2. 외부산정 (외부전문기관위탁 산정) 3. 내·외부 모두 산정 4. 산정 無 5. 없음	정산방법 1. 내부정산 (지자체 내부적으로 정산) 2. 외부정산 (외부전문기관위탁 정산) 3. 내·외부 모두 산정 4. 정산 無 5. 없음	1. 실시 2. 미실시 3. 향후 추진 4. 해당없음
5678	강원 평창군	대한적십자사봉사회평창지구협의회사업지원	5,000	5	4	7	8	7	5	5	4
5679	강원 평창군	어린이집지원	2,748	5	6	7	8	7	5	1	4
5680	강원 평창군	결혼이민자상호멘토링지원	2,400	5	2	2	5	1	2	1	1
5681	강원 평창군	장애인거주시설공기청정기렌탈지원	1,520	5	6	7	8	7	1	1	3
5682	강원 평창군	저소득층아동지원	1,260	5	6	7	8	7	5	1	4
5683	강원 정선군	국공립법인어린이집인건비	2,662,055	5	1	7	8	7	1	1	1
5684	강원 정선군	장애인거주시설운영지원	1,678,116	5	2	7	8	7	5	1	4
5685	강원 정선군	지역아동센터인건비지원	834,000	5	2	7	8	7	1	1	2
5686	강원 정선군	보육료	655,200	5	6	7	8	7	1	1	1
5687	강원 정선군	경로당운영비지원(도)	528,940	5	1	7	8	7	1	1	4
5688	강원 정선군	재가노인복지시설운영비지원	379,000	5	1	7	8	7	1	1	1
5689	강원 정선군	지역아동센터군추가인건비지원	370,000	5	6	7	8	7	1	1	1
5690	강원 정선군	지역아동센터인건비부족분지원	354,495	5	6	7	8	7	1	1	2
5691	강원 정선군	난방비	314,500	5	2	7	8	7	1	1	4
5692	강원 정선군	어린이집사무원인건비지원	303,600	5	1	7	8	7	1	1	1
5693	강원 정선군	보조교사,연장보육교사지원	297,252	5	1	7	8	7	1	1	1
5694	강원 정선군	사회복지협의회운영	208,871	5	8	7	8	7	5	5	4
5695	강원 정선군	인건비	191,339	5	6	7	8	7	5	1	4
5696	강원 정선군	방과후과정비	163,800	5	6	7	8	7	1	1	1
5697	강원 정선군	인건비	162,205	5	6	7	8	7	5	1	4
5698	강원 정선군	누리반특별활동비지원	150,600	5	4	7	8	7	1	1	1
5699	강원 정선군	성폭력상담소운영지원	149,356	5	1	5	8	7	1	1	1
5700	강원 정선군	보조교사및연장반교사인건비지원	146,411	5	1	7	8	7	1	1	1
5701	강원 정선군	시간연장형교사인건비	139,948	5	1	7	8	7	1	1	1
5702	강원 정선군	지역아동센터기본운영비	138,180	5	2	7	8	7	1	1	2
5703	강원 정선군	요보호아동그룹홈운영비지원	123,156	5	1	7	8	7	1	1	4
5704	강원 정선군	장애인종합상담실운영	104,936	5	6	7	8	7	5	1	4
5705	강원 정선군	지역아동센터군추가운영비지원	100,000	5	6	7	8	7	1	1	1
5706	강원 정선군	어린이집급간식비지원	89,280	5	4	7	8	7	1	1	1
5707	강원 정선군	인건비	82,640	5	6	7	8	7	5	1	4
5708	강원 정선군	어린이집보조인력일자리지원	79,200	5	4	7	8	7	1	1	1
5709	강원 정선군	인건비	76,131	5	1	7	8	7	1	1	1
5710	강원 정선군	장애인편의증진기술지원센터운영지원	61,883	5	6	7	8	7	5	1	4
5711	강원 정선군	시각장애인자립지원센터운영지원	56,700	5	6	7	8	7	5	1	4
5712	강원 정선군	냉방비	56,100	5	2	7	8	7	1	1	4
5713	강원 정선군	장애인거주시설전담인력지원	46,277	5	6	7	8	7	5	1	4
5714	강원 정선군	노인대학운영프로그램비지원	39,690	5	1	7	8	7	1	1	4
5715	강원 정선군	차량운영비	36,800	5	1	7	8	7	1	1	1
5716	강원 정선군	인건비	34,480	5	5	7	8	7	5	1	4
5717	강원 정선군	경로당운영비(연회비)지원	33,000	5	1	7	8	7	1	1	4

순번	시군구	지출명 (사업명)	2024년예산 (단위 : 천원 /1년간)	민간이전 분류 (지방자치단체 세출예산 집행기준에 의거) 1. 민간경상사업보조(307-02) 2. 민간단체 법정운영비보조(307-03) 3. 민간행사사업보조(307-04) 4. 민간위탁금(307-05) 5. 사회복지시설 법정운영비보조(307-10) 6. 민간인위탁교육비(307-12) 7. 공기관등에대한경상적위탁사업비(308-13) 8. 민간자본사업보조,자체재원(402-01) 9. 민간자본사업보조,이전재원(402-02) 10. 민간위탁사업비(402-03) 11. 공기관등에 대한 자본적 위탁사업비(403-02)	민간이전지출 근거 (지방보조금 관리기준 참고) 1. 법률에 규정 2. 국고보조 재원(국가지정) 3. 용도 지정 기부금 4. 조례에 직접규정 5. 지자체가 권장하는 사업을 하는 공공기관 6. 시,도 정책 및 재정사정 7. 기타 8. 해당없음	입찰방식 계약체결방법 (경쟁형태) 1. 일반경쟁 2. 제한경쟁 3. 지명경쟁 4. 수의계약 5. 법정위탁 6. 기타 ( ) 7. 없음	입찰방식 계약기간 1. 1년 2. 2년 3. 3년 4. 4년 5. 5년 6. 기타 ( )년 7. 단기계약 (1년미만) 8. 없음	입찰방식 낙찰자선정방법 1. 적격심사 2. 협상에의한계약 3. 최저가낙찰제 4. 규격가격분리 5. 2단계 경쟁입찰 6. 기타 ( ) 7. 없음	운영예산 산정 운영예산 산정 1. 내부산정 (지자체 자체적으로 산정) 2. 외부산정 (외부전문기관위탁 산정) 3. 내·외부 모두 산정 4. 산정 無 5. 없음	운영예산 산정 정산방법 1. 내부정산 (지자체 내부적으로 정산) 2. 외부정산 (외부전문기관위탁 정산) 3. 내·외부 모두 정산 4. 정산 無 5. 없음	성과평가 실시여부 1. 실시 2. 미실시 3. 향후 추진 4. 해당없음
5718	강원 정선군	농어촌소재법인어린이집지원	24,200	5	1	7	8	7	1	1	1
5719	강원 정선군	지역아동센터추가운영비지원	23,688	5	6	7	8	7	1	1	2
5720	강원 정선군	지역아동센터추가운영비	21,600	5	2	7	8	7	1	1	2
5721	강원 정선군	운영지원비추가분	19,048	5	6	7	8	7	1	1	1
5722	강원 정선군	여성권익증진시설종사자처우개선(4대보험및퇴직적립금지원)	18,380	5	1	5	8	7	1	1	1
5723	강원 정선군	운영비	15,128	5	6	7	8	7	5	1	4
5724	강원 정선군	지역아동센터특수목적형지원	14,400	5	2	7	8	7	1	1	2
5725	강원 정선군	운영비	13,190	5	1	7	8	7	1	1	1
5726	강원 정선군	보육교사처우개선비	12,240	5	6	7	8	7	1	1	1
5727	강원 정선군	운영비	12,100	5	6	7	8	7	5	1	4
5728	강원 정선군	어린이집교재교구비지원(어린이집품질향상)	11,000	5	4	7	8	7	1	1	1
5729	강원 정선군	운영비	10,371	5	6	7	8	7	5	1	4
5730	강원 정선군	교재교구비	9,000	5	1	7	8	7	1	1	1
5731	강원 정선군	어린이집냉난방비지원(어린이집품질향상)	7,200	5	4	7	8	7	1	1	1
5732	강원 정선군	정선노인지회찾아가는노인복지사업운영	4,300	5	1	7	8	7	1	1	1
5733	강원 정선군	일반운영비	4,230	5	5	7	8	7	5	1	4
5734	강원 정선군	개인운영신고시설운영지원	4,200	5	1	7	7	7	1	1	4
5735	강원 정선군	노인취업지원센터운영	2,400	5	8	7	8	7	5	5	4
5736	강원 정선군	장애인거주시설공기청정기렌탈료지원	1,520	5	2	7	8	7	5	1	4
5737	강원 정선군	저소득층아동입학준비금지원	420	5	6	7	8	7	1	1	1
5738	강원 화천군	보육교직원인건비지원	2,244,531	5	2	7	8	7	1	1	4
5739	강원 화천군	장애인지역사회재활시설지원	823,017	5	1	7	8	7	1	1	4
5740	강원 화천군	장애인직업재활시설지원	407,171	5	1	7	8	7	1	1	4
5741	강원 화천군	경로당운영비지원	388,564	5	1	7	8	7	1	1	1
5742	강원 화천군	보조대체교사지원	360,132	5	2	7	8	7	1	1	4
5743	강원 화천군	지역자활센터운영	359,548	5	1	5	1	6	1	1	1
5744	강원 화천군	보육교직원처우개선지원	318,347	5	2	7	8	7	1	1	4
5745	강원 화천군	아이돌봄지원사업	278,982	5	2	7	8	7	1	1	4
5746	강원 화천군	아이돌봄지원사업운영비	278,982	5	2	7	8	7	1	1	4
5747	강원 화천군	시니어클럽운영비지원	210,000	5	1	5	5	7	1	1	1
5748	강원 화천군	어린이집누리과정운영비지원	204,414	5	6	7	8	7	1	1	4
5749	강원 화천군	어린이집보조인력일자리지원	85,800	5	6	7	8	7	1	1	4
5750	강원 화천군	사회복지협의회운영지원	73,780	5	2	1	1	1	3	3	1
5751	강원 화천군	어린이집독립반인건비지원	62,900	5	6	7	8	7	1	1	1
5752	강원 화천군	공공형어린이집운영비	61,048	5	6	7	8	7	1	1	4
5753	강원 화천군	어린이집운영지원	54,980	5	2	7	8	7	1	1	4
5754	강원 화천군	장애인재활시설센터지원	50,931	5	1	7	8	7	1	1	4
5755	강원 화천군	어린이집종사자명절수당	50,800	5	6	7	8	7	1	1	4
5756	강원 화천군	시간제보육인건비및운영비	36,000	5	2	7	8	7	1	1	4
5757	강원 화천군	영아반보육교사특별수당	33,600	5	6	7	8	7	1	1	4

순번	시군구	지출명 (사업명)	2024년예산 (단위 : 천원 /1년간)	민간이전 분류 (지방자치단체 세출예산 집행기준에 의거) 1. 민간경상사업보조(307-02) 2. 민간단체 법정운영비보조(307-03) 3. 민간행사사업보조(307-04) 4. 민간위탁금(307-05) 5. 사회복지시설 법정운영비보조(307-10) 6. 민간인위탁교육비(307-12) 7. 공기관등에대한경상적위탁사업비(308-13) 8. 민간자본사업보조,자체재원(402-01) 9. 민간자본사업보조,이전재원(402-02) 10. 민간위탁사업비(402-03) 11. 공기관등에 대한 자본적 위탁사업비(403-02)	민간이전지출 근거 (지방보조금 관리기준 참고) 1. 법률에 규정 2. 국고보조 재원(국가지정) 3. 용도 지정 기부금 4. 조례에 직접규정 5. 지자체가 권장하는 사업을 하는 공공기관 6. 시,도 정책 및 재정사정 7. 기타 8. 해당없음	입찰방식 계약체결방법 (경쟁형태) 1. 일반경쟁 2. 제한경쟁 3. 지명경쟁 4. 수의계약 5. 법정위탁 6. 기타 ( ) 7. 없음	입찰방식 계약기간 1. 1년 2. 2년 3. 3년 4. 4년 5. 5년 6. 기타 ( )년 7. 단기계약 (1년미만) 8. 없음	입찰방식 낙찰자선정방법 1. 적격심사 2. 협상에의한계약 3. 최저가낙찰제 4. 규격가격분리 5. 2단계 경쟁입찰 6. 기타 ( ) 7. 없음	운영예산 산정 운영예산 산정 1. 내부산정 (지자체 자체적으로 산정) 2. 외부산정 (외부전문기관위탁 산정) 3. 내·외부 모두 산정 4. 산정 無 5. 없음	운영예산 산정 정산방법 1. 내부정산 (지자체 내부적으로 정산) 2. 외부정산 (외부전문기관위탁 정산) 3. 내·외부 모두 산정 4. 정산 無 5. 없음	성과평가 실시여부 1. 실시 2. 미실시 3. 향후 추진 4. 해당없음
5758	강원 화천군	정부미지원어린이집보육교사처우개선	31,200	5	6	7	8	7	1	1	4
5759	강원 화천군	어린이집차량운영비지원	13,000	5	6	7	8	7	1	1	1
5760	강원 화천군	지역사회보장협의체운영비	9,125	5	1	7	8	7	1	1	2
5761	강원 화천군	어린이집냉난방비지원	8,400	5	6	7	8	7	1	1	4
5762	강원 화천군	자활사업실시기관역량강화지원사업	6,000	5	6	6	1	6	1	1	1
5763	강원 화천군	정부지원어린이집교재교구비지원	5,100	5	6	7	8	7	1	1	4
5764	강원 화천군	장애인거주시설공기청정기렌탈지원	3,044	5	1	1	8	7	1	1	4
5765	강원 화천군	저소득층아동입학준비금지원	1,890	5	6	7	8	7	1	1	4
5766	강원 양구군	보육교직원인건비지원	2,510,800	5	2	7	8	7	1	1	1
5767	강원 양구군	경로당운영비지원	372,256	5	1	7	8	7	5	1	1
5768	강원 양구군	양구시니어클럽운영지원	300,000	5	1	4	5	7	3	1	1
5769	강원 양구군	지역자활센터운영	262,284	5	2	7	8	7	1	1	4
5770	강원 양구군	재가노인복지시설운영	194,600	5	1	7	8	7	1	1	4
5771	강원 양구군	지역아동센터운영비지원	191,165	5	1,2	5	8	7	1	1	1
5772	강원 양구군	경로당광역지원센터운영지원(경로당동절기난방비지원)	168,350	5	2	7	8	7	5	1	4
5773	강원 양구군	장애인생활이동지원센터지원	154,799	5	1	7	8	7	1	1	3
5774	강원 양구군	지적발달장애인자립지원센터운영지원	141,480	5	5	7	8	7	1	1	3
5775	강원 양구군	수어통역센터운영지원	134,623	5	1	7	8	7	1	1	3
5776	강원 양구군	장애인종합상담실운영지원	132,765	5	5	7	8	7	1	1	3
5777	강원 양구군	지역사회중심사업운영지원	130,000	5	5	7	5	1	1	3	3
5778	강원 양구군	요보호아동그룹홈운영	123,156	5	1	7	8	7	1	1	1
5779	강원 양구군	푸드뱅크운영사업지원	86,000	5	1	7	8	7	1	1	1
5780	강원 양구군	경로당운영활성화추진	77,192	5	1	4	1	7	1	1	1
5781	강원 양구군	어린이집보조인력일자리지원	72,600	5	6	7	8	7	1	1	1
5782	강원 양구군	어린이집교직원처우개선지원	66,040	5	6	7	8	7	1	1	1
5783	강원 양구군	장애인편의증진기술지원센터프로그램지원	56,388	5	1	7	8	7	1	1	3
5784	강원 양구군	어린이집운영지원	51,780	5	2	7	8	7	1	1	1
5785	강원 양구군	시각장애인자립지원센터운영	40,435	5	5	7	8	7	1	1	3
5786	강원 양구군	지역자활센터운영	31,474	5	6	7	8	7	1	1	4
5787	강원 양구군	보육료부모부담금지원	21,972	5	6	7	8	7	1	1	1
5788	강원 양구군	경로당광역지원센터운영지원(경로당폭염대비냉방비지원)	20,930	5	2	7	8	7	5	1	4
5789	강원 양구군	어린이집운영비지원사업	17,712	5	6	7	8	7	1	1	1
5790	강원 양구군	어린이집운영비지원사업	15,600	5	6	7	8	7	1	1	1
5791	강원 양구군	미배달지역택배지원사업	15,000	5	4	7	7	7	1	1	4
5792	강원 양구군	아동복지시설(그룹홈)인건비부족분지원	10,000	5	1	7	8	7	1	1	1
5793	강원 양구군	어린이집품질향상지원	9,100	5	6	7	8	7	1	1	1
5794	강원 양구군	양구노인종합복지센터운영	8,820	5	4	7	1	7	1	1	1
5795	강원 양구군	어린이집품질향상지원	7,800	5	6	7	8	7	1	1	1
5796	강원 양구군	자활사업실시기관역량강화지원사업	6,000	5	6	7	8	7	5	1	4
5797	강원 양구군	어린이집보호자교육지원사업	4,000	5	7	7	8	7	1	1	1

순번	시군구	지출명 (사업명)	2024년예산 (단위 : 천원 /1년간)	민간이전 분류 (지방자치단체 세출예산 집행기준에 의거) 1. 민간경상사업보조(307-02) 2. 민간단체 법정운영비보조(307-03) 3. 민간행사사업보조(307-04) 4. 민간위탁금(307-05) 5. 사회복지시설 법정운영비보조(307-10) 6. 민간인위탁교육비(307-12) 7. 공기관등에대한경상적위탁사업비(308-13) 8. 민간자본사업보조,자체재원(402-01) 9. 민간자본사업보조,이전재원(402-02) 10. 민간위탁사업비(402-03) 11. 공기관등에 대한 자본적 위탁사업비(403-02)	민간이전지출 근거 (지방보조금 관리기준 참고) 1. 법률에 규정 2. 국고보조 재원(국가지정) 3. 용도 지정 기부금 4. 조례에 직접규정 5. 지자체가 권장하는 사업을 하는 공공기관 6. 시,도 정책 및 재정사정 7. 기타 8. 해당없음	입찰방식 계약체결방법 (경쟁형태) 1. 일반경쟁 2. 제한경쟁 3. 지명경쟁 4. 수의계약 5. 법정위탁 6. 기타 ( ) 7. 없음	계약기간 1. 1년 2. 2년 3. 3년 4. 4년 5. 5년 6. 기타 ( )년 7. 단기계약 (1년미만) 8. 없음	낙찰자선정방법 1. 적격심사 2. 협상에의한계약 3. 최저가낙찰제 4. 규격가격분리 5. 2단계 경쟁입찰 6. 기타 ( ) 7. 없음	운영예산 산정 운영예산 산정 1. 내부산정 (지자체 자체적으로 산정) 2. 외부산정 (외부전문기관위탁 산정) 3. 내·외부 모두 산정 4. 산정 無 5. 없음	정산방법 1. 내부정산 (지자체 내부적으로 정산) 2. 외부정산 (외부전문기관위탁 정산) 3. 내·외부 모두 산정 4. 정산 無 5. 없음	성과평가 실시여부 1. 실시 2. 미실시 3. 향후 추진 4. 해당없음
5798	강원 양구군	어린이집입학준비금지원	1,155	5	6	7	8	7	1	1	1
5799	강원 양구군	아동복지시설운영비(냉방비)	300	5	1	7	8	7	1	1	1
5800	강원 인제군	장애인거주시설(애향원,임마누엘집)운영지원	4,366,555	5	2	5	8	7	5	1	4
5801	강원 인제군	장애인직업재활지원	707,261	5	1	7	8	7	1	1	1
5802	강원 인제군	다문화가족지원센터운영	485,490	5	2	5	5	7	5	1	1
5803	강원 인제군	노인지회운영및사업지원	318,669	5	4	7	8	7	1	1	1
5804	강원 인제군	자활센터운영(국비)	302,284	5	1	5	8	7	5	2	1
5805	강원 인제군	시니어클럽운영지원	288,260	5	1	7	8	7	1	1	1
5806	강원 인제군	지적장애인자립지원센터운영지원	256,620	5	1	7	8	7	1	1	1
5807	강원 인제군	장애인종합상담실운영지원	197,741	5	1	7	8	7	1	1	1
5808	강원 인제군	장애인생활이동지원센터운영지원	193,760	5	1	7	8	7	1	1	1
5809	강원 인제군	시각장애인자립지원센터운영	187,750	5	1	7	8	7	1	1	1
5810	강원 인제군	사회복지협의회운영지원	120,000	5	1	7	8	7	1	1	1
5811	강원 인제군	자원봉사코디네이터지원[국비]	66,412	5	2	5	8	7	3	2	1
5812	강원 인제군	사회복지시설종사자복지수당	55,080	5	5	7	8	7	5	5	4
5813	강원 인제군	장애인거주시설전담관리인력지원	51,792	5	2	5	8	7	5	1	4
5814	강원 인제군	푸드뱅크종사자처우개선수당	48,000	5	1	7	8	7	1	1	1
5815	강원 인제군	자활사례관리지원	30,439	5	1	5	8	7	5	2	1
5816	강원 인제군	자원봉사센터프로그램운영인센티브지원[도비]	24,000	5	5	6	8	7	3	1	1
5817	강원 인제군	강원도형자활사업지원	6,000	5	1	5	8	7	5	2	1
5818	강원 인제군	기초푸드뱅크운영지원	4,800	5	5	7	8	7	1	1	4
5819	강원 인제군	자원봉사자보험료지원[국비]	1,652	5	2	5	8	7	3	2	1
5820	강원 고성군	장애인거주시설운영지원	1,176,080	5	2	1	1	7	5	5	4
5821	강원 고성군	양로시설운영지원	546,568	5	6	7	8	7	1	1	1
5822	강원 고성군	노인복지관운영	524,000	5	4	7	8	7	1	1	1
5823	강원 고성군	고성군가족센터운영지원(국비)	481,266	5	2	7	8	7	3	1	1
5824	강원 고성군	지역자활센터운영	363,852	5	2	7	8	7	1	1	2
5825	강원 고성군	시니어클럽운영	290,000	5	5	7	8	7	1	1	1
5826	강원 고성군	장애인보호작업장운영	280,000	5	5	7	8	7	1	1	2
5827	강원 고성군	재가노인복지시설운영	260,000	5	4	7	8	7	1	1	1
5828	강원 고성군	장애인생활이동지원센터운영	219,600	5	5	7	8	7	1	1	2
5829	강원 고성군	수어통역센터운영	217,198	5	5	7	8	7	1	1	2
5830	강원 고성군	고성군가족센터운영지원(군비)	174,700	5	4	7	8	7	1	1	1
5831	강원 고성군	사회복지협의회운영지원	160,834	5	1	7	8	7	1	1	1
5832	강원 고성군	장애인종합상담실운영지원	117,000	5	6	7	8	7	1	1	2
5833	강원 고성군	푸드뱅크운영지원	97,770	5	1	7	8	7	1	1	1
5834	강원 고성군	지적장애인자립지원센터운영지원	88,545	5	5	7	8	7	1	1	2
5835	강원 고성군	시각장애인자립지원센터운영지원	58,625	5	6	7	8	7	1	1	2
5836	강원 고성군	장애인편의증진기술지원센터운영	57,714	5	6	7	8	7	1	1	2
5837	강원 고성군	노인생활시설등급외자운영	26,210	5	6	7	8	7	1	1	1

순번	시군구	지출명 (사업명)	2024년예산 (단위 : 천원 /1년간)	민간이전 분류 (지방자치단체 세출예산 집행기준에 의거) 1. 민간경상사업보조(307-02) 2. 민간단체 법정운영비보조(307-03) 3. 민간행사사업보조(307-04) 4. 민간위탁금(307-05) 5. 사회복지시설 법정운영비보조(307-10) 6. 민간인위탁교육비(307-12) 7. 공기관등에대한경상적위탁사업비(308-13) 8. 민간자본사업보조,자체재원(402-01) 9. 민간자본사업보조,이전재원(402-02) 10. 민간위탁사업비(402-03) 11. 공기관등에 대한 자본적 위탁사업비(403-02)	민간이전지출 근거 (지방보조금 관리기준 참고) 1. 법률에 규정 2. 국고보조 재원(국가지정) 3. 용도 지정 기부금 4. 조례에 직접규정 5. 지자체가 권장하는 사업을 하는 공공기관 6. 시,도 정책 및 재정사정 7. 기타 8. 해당없음	입찰방식 계약체결방법 (경쟁형태) 1. 일반경쟁 2. 제한경쟁 3. 지명경쟁 4. 수의계약 5. 법정위탁 6. 기타 ( ) 7. 없음	입찰방식 계약기간 1. 1년 2. 2년 3. 3년 4. 4년 5. 5년 6. 기타 ( )년 7. 단기계약 (1년미만) 8. 없음	입찰방식 낙찰자선정방법 1. 적격심사 2. 협상에의한계약 3. 최저가낙찰제 4. 규격가격분리 5. 2단계 경쟁입찰 6. 기타 ( ) 7. 없음	운영예산 산정 운영예산 산정 1. 내부산정 (지자체 자체적으로 산정) 2. 외부산정 (외부전문기관위탁 산정) 3. 내·외부 모두 산정 4. 산정 無 5. 없음	운영예산 산정 정산방법 1. 내부정산 (지자체 내부적으로 정산) 2. 외부정산 (외부전문기관위탁 정산) 3. 내·외부 모두 산정 4. 정산 無 5. 없음	성과평가 실시여부 1. 실시 2. 미실시 3. 향후 추진 4. 해당없음
5838	강원 고성군	장애인거주시설관리전담인력지원	25,896	5	6	7	8	7	1	1	2
5839	강원 고성군	지역자활센터종사자처우개선지원(자체)	23,000	5	2	6	8	1	1	1	2
5840	강원 고성군	장애인종합상담실운영지원(자체)	16,990	5	6	7	8	7	1	1	2
5841	강원 고성군	장애인편의증진기술지원센터운영지원	1,500	5	5	7	8	7	1	1	2
5842	충북 청주시	장애인직업재활시설운영지원(14개소)	9,985,682	5	1	7	8	7	1	1	1
5843	충북 청주시	지역아동센터인건비	6,534,300	5	1	7	8	7	1	1	1
5844	충북 청주시	장애인주간보호시설운영지원(9개소)	4,436,733	5	1	7	8	7	1	1	1
5845	충북 청주시	장애인복지관운영지원(혜원장애인종합복지관)	2,206,250	5	1	7	8	7	1	1	1
5846	충북 청주시	정신재활시설운영	2,005,028	5	1	7	8	7	5	1	4
5847	충북 청주시	정신요양시설운영	1,821,000	5	2	7	8	7	1	1	4
5848	충북 청주시	장애인공동생활가정운영지원	1,628,731	5	1	7	8	7	3	3	4
5849	충북 청주시	지역아동센터운영비	1,277,628	5	1	7	8	7	1	1	1
5850	충북 청주시	법인종합사회복지관운영(2개소)	1,145,578	5	1	7	8	7	1	1	1
5851	충북 청주시	성덕원운영	1,135,289	5	1	7	7	7	1	1	1
5852	충북 청주시	지역아동센터인건비부족분지원	940,000	5	6	7	8	7	1	1	1
5853	충북 청주시	장애인단기거주시설운영지원(2개소)	893,244	5	1	7	8	7	3	3	1
5854	충북 청주시	개인운영장애인거주시설지원	801,506	5	1	7	8	7	3	3	4
5855	충북 청주시	학대피해아동쉼터운영사업(3개소)	743,682	5	2	6	8	7	1	1	2
5856	충북 청주시	장애인재활의원운영지원(1개소)	743,045	5	1	7	8	7	1	1	1
5857	충북 청주시	점자도서관운영지원(1개소)	542,954	5	1	7	8	7	1	1	4
5858	충북 청주시	장애인생활이동지원센터운영지원(1개소)	448,150	5	1	7	8	7	1	1	1
5859	충북 청주시	청주지역자활센터운영비(표준형)	447,007	5	2	7	8	7	2	1	4
5860	충북 청주시	청원지역자활센터운영비(표준형)	403,644	5	2	7	8	7	2	1	4
5861	충북 청주시	수어통역센터운영지원(1개소)	383,800	5	1	7	8	7	1	1	1
5862	충북 청주시	한마음실직자지원센터운영	277,357	5	1	7	7	7	1	1	1
5863	충북 청주시	폭력피해이주여성보호시설운영	265,385	5	1,2	7	8	7	5	1	4
5864	충북 청주시	폭력피해이주여성상담소운영지원	263,522	5	1,2	7	8	7	5	1	4
5865	충북 청주시	정신재활시설운영비	148,932	5	4	7	8	7	1	1	1
5866	충북 청주시	지역아동센터특성별추가지원	140,400	5	1	1	1	1	1	1	1
5867	충북 청주시	한부모가족복지시설운영(3개소)	67,001	5	1	7	8	7	5	1	1
5868	충북 청주시	지역아동센터운영비추가지원	48,900	5	6	7	8	7	1	1	1
5869	충북 청주시	자활사례관리사인건비지원	31,477	5	2	7	8	7	2	1	4
5870	충북 충주시	장애인거주시설운영지원	10,710,581	5	1	7	8	7	5	5	4
5871	충북 충주시	지역아동센터인건비지원	3,083,100	5	2	7	8	7	1	1	1
5872	충북 충주시	경로당운영비지원	2,223,562	5	1,4	7	8	7	5	5	4
5873	충북 충주시	장애인직업재활시설지원	1,922,721	5	1	7	8	7	5	5	4
5874	충북 충주시	아동복지시설운영	1,475,300	5	1	7	8	7	1	1	1
5875	충북 충주시	경로당냉난방비지원	1,301,530	5	1,4	7	8	7	5	5	4
5876	충북 충주시	가족센터운영	1,253,736	5	2	1	3	1	5	5	1
5877	충북 충주시	정신재활시설운영	952,195	5	1	7	8	7	1	1	4

순번	시군구	지출명 (사업명)	2024년예산 (단위 : 천원 /1년간)	민간이전 분류 (지방자치단체 세출예산 집행기준에 의거) 1. 민간경상사업보조(307-02) 2. 민간단체 법정운영비보조(307-03) 3. 민간행사사업보조(307-04) 4. 민간위탁금(307-05) 5. 사회복지시설 법정운영비보조(307-10) 6. 민간인위탁교육비(307-12) 7. 공기관등에대한경상적위탁사업비(308-13) 8. 민간자본사업보조,자체재원(402-01) 9. 민간자본사업보조,이전재원(402-02) 10. 민간위탁사업비(402-03) 11. 공기관등에 대한 자본적 위탁사업비(403-02)	민간이전지출 근거 (지방보조금 관리기준 참고) 1. 법률에 규정 2. 국고보조 재원(국가지정) 3. 용도 지정 기부금 4. 조례에 직접규정 5. 지자체가 권장하는 사업을 하는 공공기관 6. 시,도 정책 및 재정사정 7. 기타 8. 해당없음	입찰방식 계약체결방법 (경쟁형태) 1. 일반경쟁 2. 제한경쟁 3. 지명경쟁 4. 수의계약 5. 법정위탁 6. 기타 ( ) 7. 없음	입찰방식 계약기간 1. 1년 2. 2년 3. 3년 4. 4년 5. 5년 6. 기타 ( )년 7. 단기계약 (1년미만) 8. 없음	입찰방식 낙찰자선정방법 1. 적격심사 2. 협상에의한계약 3. 최저가낙찰제 4. 규격가격분리 5. 2단계 경쟁입찰 6. 기타 ( ) 7. 없음	운영예산 산정 운영예산 산정 1. 내부산정 (지자체 자체적으로 산정) 2. 외부산정 (외부전문기관위탁 산정) 3. 내·외부 모두 산정 4. 산정 無 5. 없음	운영예산 산정 정산방법 1. 내부정산 (지자체 내부적으로 정산) 2. 외부정산 (외부전문기관위탁 정산) 3. 내·외부 모두 산정 4. 정산 無 5. 없음	성과평가 실시여부 1. 실시 2. 미실시 3. 향후 추진 4. 해당없음
5878	충북 충주시	사회복지시설종사자대우수당지원	925,990	5	6	7	8	7	5	1	4
5879	충북 충주시	지역아동센터운영비지원	626,100	5	2	7	8	7	1	1	1
5880	충북 충주시	지역아동센터인건비부족분(호봉제)	608,932	5	6	7	8	7	1	1	1
5881	충북 충주시	지역자활센터운영비	403,644	5	1	5	5	6	2	1	1
5882	충북 충주시	장애인생활이동지원센터운영지원	369,956	5	1	7	8	7	5	5	4
5883	충북 충주시	장애인주간보호시설지원	342,100	5	1	7	8	7	5	5	4
5884	충북 충주시	수어통역센터지원	311,582	5	1	7	8	7	5	5	4
5885	충북 충주시	요보호아동그룹홈운영지원	279,888	5	1	7	8	7	1	1	1
5886	충북 충주시	장애인공동생활가정지원	217,784	5	1	7	8	7	5	5	4
5887	충북 충주시	개인운영장애인거주시설지원	168,045	5	1	7	8	7	5	5	4
5888	충북 충주시	특성별지역아동센터추가지원	61,200	5	2	7	8	7	1	1	1
5889	충북 충주시	요보호아동그룹홈인건비부족분(호봉제)	36,278	5	1	7	8	7	1	1	1
5890	충북 충주시	지역아동센터긴급일시돌봄시범사업	10,000	5	6	7	8	7	1	1	1
5891	충북 충주시	장애인거주시설공기청정기렌탈지원	2,851	5	2	7	8	7	5	5	4
5892	충북 충주시	장애인거주시설IOT,AI활용돌봄사업	2,372	5	2	7	8	7	5	5	4
5893	충북 충주시	보조교사및연장보육전담교사지원	2,587,527	5	2	7	7	7	5	1	4
5894	충북 충주시	누리과정운영비지원	899,249	5	2	7	7	7	5	1	4
5895	충북 충주시	공공형어린이집지원	412,000	5	6	7	7	7	5	1	4
5896	충북 충주시	보육교직원인건비지원	118,844	5	2	7	7	7	5	1	4
5897	충북 충주시	차량운영비지원	93,160	5	2	7	7	7	5	1	4
5898	충북 충주시	교재교구비	66,000	5	2	7	7	7	5	1	4
5899	충북 충주시	농어촌소재법인어린이집지원	24,000	5	2	7	7	7	5	1	4
5900	충북 충주시	교사겸직원장지원	23,333	5	2	7	7	7	5	1	4
5901	충북 충주시	어린이집직접채용지원	20,000	5	2	7	7	7	5	1	4
5902	충북 제천시	장애인생활시설운영지원	8,591,186	5	8	7	8	7	5	5	4
5903	충북 제천시	아동복지시설운영	3,002,773	5	8	7	8	7	5	5	4
5904	충북 제천시	아동보호치료시설운영지원	1,532,982	5	8	7	8	7	5	5	4
5905	충북 제천시	장애인주간보호센터운영지원	1,344,675	5	8	7	8	7	5	5	4
5906	충북 제천시	장애인직업재활시설운영지원	1,304,930	5	8	7	8	7	5	5	4
5907	충북 제천시	가족센터운영	882,660	5	8	7	8	7	5	5	4
5908	충북 제천시	지역아동센터인건비지원(종사자12개월)	613,800	5	8	7	8	7	5	5	4
5909	충북 제천시	장애인단기보호센터운영지원	607,200	5	8	7	8	7	5	5	4
5910	충북 제천시	사회복지시설종사자대우수당	545,590	5	8	7	8	7	5	5	4
5911	충북 제천시	명락노인종합복지관운영	483,612	5	8	7	8	7	5	5	4
5912	충북 제천시	요보호아동그룹홈운영지원	473,016	5	8	7	8	7	5	5	4
5913	충북 제천시	제천지역자활센터운영비	403,644	5	8	7	8	7	5	5	4
5914	충북 제천시	시각장애인심부름센터운영	355,822	5	8	7	8	7	5	5	4
5915	충북 제천시	수어통역센터운영	354,300	5	8	7	8	7	5	5	4
5916	충북 제천시	가정폭력피해자보호시설운영	353,626	5	8	7	8	7	5	5	4
5917	충북 제천시	제천시니어클럽운영	340,671	5	8	7	8	7	5	5	4

순번	시군구	지출명 (사업명)	2024년예산 (단위 : 천원 /1년간)	민간이전 분류 (지방자치단체 세출예산 집행기준에 의거) 1. 민간경상사업보조(307-02) 2. 민간단체 법정운영비보조(307-03) 3. 민간행사사업보조(307-04) 4. 민간위탁금(307-05) 5. 사회복지시설 법정운영비보조(307-10) 6. 민간인위탁교육비(307-12) 7. 공기관등에대한경상적위탁사업비(308-13) 8. 민간자본사업보조,자체재원(402-01) 9. 민간자본사업보조,이전재원(402-02) 10. 민간위탁사업비(402-03) 11. 공기관등에 대한 자본적 위탁사업비(403-02)	민간이전지출 근거 (지방보조금 관리기준 참고) 1. 법률에 규정 2. 국고보조 재원(국가지정) 3. 용도 지정 기부금 4. 조례에 직접규정 5. 지자체가 권장하는 사업을 하는 공공기관 6. 시,도 정책 및 재정사정 7. 기타 8. 해당없음	입찰방식 계약체결방법 (경쟁형태) 1. 일반경쟁 2. 제한경쟁 3. 지명경쟁 4. 수의계약 5. 법정위탁 6. 기타 ( ) 7. 없음	입찰방식 계약기간 1. 1년 2. 2년 3. 3년 4. 4년 5. 5년 6. 기타 ( )년 7. 단기계약 (1년미만) 8. 없음	입찰방식 낙찰자선정방법 1. 적격심사 2. 협상에의한계약 3. 최저가낙찰제 4. 규격가격분리 5. 2단계 경쟁입찰 6. 기타 ( ) 7. 없음	운영예산 산정 운영예산 산정 1. 내부산정 (지자체 자체적으로 산정) 2. 외부산정 (외부전문기관위탁 산정) 3. 내·외부 모두 산정 4. 산정 無 5. 없음	운영예산 산정 정산방법 1. 내부정산 (지자체 내부적으로 정산) 2. 외부정산 (외부전문기관위탁 정산) 3. 내·외부 모두 산정 4. 정산 無 5. 없음	성과평가 실시여부 1. 실시 2. 미실시 3. 향후 추진 4. 해당없음
5918	충북 제천시	학대피해아동쉼터운영	247,894	5	8	7	8	7	5	5	4
5919	충북 제천시	취업상담사인건비	229,740	5	8	7	8	7	5	5	4
5920	충북 제천시	장애인공동생활가정운영	210,214	5	8	7	8	7	5	5	4
5921	충북 제천시	가정폭력상담소운영	146,711	5	8	7	8	7	5	5	4
5922	충북 제천시	제천시사회복지협의회운영비	146,600	5	8	7	8	7	5	5	4
5923	충북 제천시	중증장애인자립생활센터운영지원	145,000	5	8	7	8	7	5	5	4
5924	충북 제천시	성폭력상담소운영지원	142,022	5	8	7	8	7	5	5	4
5925	충북 제천시	기본운영비지원	137,592	5	8	7	8	7	5	5	4
5926	충북 제천시	지역아동센터인건비부족분(호봉제,종사자12개월)	125,000	5	8	7	8	7	5	5	4
5927	충북 제천시	개인운영신고시설운영지원	91,200	5	8	7	8	7	5	5	4
5928	충북 제천시	장애인일감만들어주기지원센터운영	70,890	5	8	7	8	7	5	5	4
5929	충북 제천시	청소년쉼터운영지원	68,544	5	8	7	8	7	5	5	4
5930	충북 제천시	지역아동센터인건비지원(종사자6개월)	64,200	5	8	7	8	7	5	5	4
5931	충북 제천시	장애인거주시설실비입소이용료지원	50,376	5	8	7	8	7	5	5	4
5932	충북 제천시	요보호아동그룹홈인건비부족분(호봉제)	49,518	5	8	7	8	7	5	5	4
5933	충북 제천시	제천시편의증진기술지원센터	48,608	5	8	7	8	7	5	5	4
5934	충북 제천시	가족센터공공요금및운영비	40,000	5	8	7	8	7	5	5	4
5935	충북 제천시	사회복지시설종사자대우수당	34,760	5	8	7	8	7	5	5	4
5936	충북 제천시	학교밖청소년지원센터운영지원	22,209	5	8	7	8	7	5	5	4
5937	충북 제천시	자활사업활성화사업비	20,000	5	8	7	8	7	5	5	4
5938	충북 제천시	성과운영비	14,629	5	8	7	8	7	5	5	4
5939	충북 제천시	청소년상담센터청소년동반자프로그램운영지원	12,553	5	8	7	8	7	5	5	4
5940	충북 제천시	다문화종사자처우개선비지원	8,400	5	8	7	8	7	5	5	4
5941	충북 제천시	지역아동센터운영비지원(자체)	7,800	5	8	7	8	7	5	5	4
5942	충북 제천시	아동센터추가지원(특수목적형)	7,200	5	8	7	8	7	5	5	4
5943	충북 제천시	추가운영비지원	6,000	5	8	7	8	7	5	5	4
5944	충북 제천시	지역아동센터긴급일시돌봄시범사업	5,000	5	8	7	8	7	5	5	4
5945	충북 제천시	아이돌봄지원사업종사자처우개선비	4,800	5	8	7	8	7	5	5	4
5946	충북 제천시	지역아동센터인건비부족분	4,322	5	8	7	8	7	5	5	4
5947	충북 제천시	공동육아나눔터종사자처우개선비	3,600	5	8	7	8	7	5	5	4
5948	충북 제천시	아동센터추가지원(토요운영)	3,600	5	8	7	8	7	5	5	4
5949	충북 제천시	장애인생활시설공기청정기렌탈지원	3,360	5	8	7	8	7	5	5	4
5950	충북 제천시	팀장직무수당	1,200	5	8	7	8	7	5	5	4
5951	충북 제천시	장애인거주시설IoT,AI활용돌봄사업운영비지원	533	5	8	7	8	7	5	5	4
5952	충북 보은군	보육교직원인건비지원(국공립법인)	864,000	5	5	7	8	7	3	1	1
5953	충북 보은군	경로당냉,난방비지원	609,000	5	4	7	8	7	1	1	1
5954	충북 보은군	지역아동센터인건비지원	561,150	5	2	7	8	7	1	1	1
5955	충북 보은군	지역자활센터운영비지원	307,846	5	1	7	8	6	5	1	1
5956	충북 보은군	수어통역센터운영	221,693	5	4	7	8	7	5	1	1
5957	충북 보은군	장애인생활이동지원센터운영	202,129	5	4	7	8	7	5	1	1

순번	시군구	지출명 (사업명)	2024년예산 (단위 : 천원 /1년간)	민간이전 분류 (지방자치단체 세출예산 집행기준에 의거) 1. 민간경상사업보조(307-02) 2. 민간단체 법정운영비보조(307-03) 3. 민간행사사업보조(307-04) 4. 민간위탁금(307-05) 5. 사회복지시설 법정운영비보조(307-10) 6. 민간인위탁교육비(307-12) 7. 공기관등에대한경상적위탁사업비(308-13) 8. 민간자본사업보조,자체재원(402-01) 9. 민간자본사업보조,이전재원(402-02) 10. 민간위탁사업비(402-03) 11. 공기관등에 대한 자본적 위탁사업비(403-02)	민간이전지출 근거 (지방보조금 관리기준 참고) 1. 법률에 규정 2. 국고보조 재원(국가지정) 3. 용도 지정 기부금 4. 조례에 직접규정 5. 지자체가 권장하는 사업을 하는 공공기관 6. 시,도 정책 및 재정사정 7. 기타 8. 해당없음	입찰방식 계약체결방법 (경쟁형태) 1. 일반경쟁 2. 제한경쟁 3. 지명경쟁 4. 수의계약 5. 법정위탁 6. 기타 ( ) 7. 없음	입찰방식 계약기간 1. 1년 2. 2년 3. 3년 4. 4년 5. 5년 6. 기타 ( )년 7. 단기계약 (1년미만) 8. 없음	입찰방식 낙찰자선정방법 1. 적격심사 2. 협상에의한계약 3. 최저가낙찰제 4. 규격가격분리 5. 2단계 경쟁입찰 6. 기타 ( ) 7. 없음	운영예산 산정 운영예산 산정 1. 내부산정 (지자체 자체적으로 산정) 2. 외부산정 (외부전문기관위탁 산정) 3. 내·외부 모두 산정 4. 산정 無 5. 없음	운영예산 산정 정산방법 1. 내부정산 (지자체 내부적으로 정산) 2. 외부정산 (외부전문기관위탁 정산) 3. 내·외부 모두 산정 4. 정산 無 5. 없음	성과평가 실시여부 1. 실시 2. 미실시 3. 향후 추진 4. 해당없음
5958	충북 보은군	경로당운영비지원	192,060	5	4	7	8	7	1	1	1
5959	충북 보은군	지역아동센터기본운영비	132,720	5	2	7	8	7	1	1	1
5960	충북 보은군	보육교직원인건비지원(보조교사및연장보육전담교사)(14명)	121,055	5	5	7	8	7	3	1	1
5961	충북 보은군	누리과정운영지원	113,041	5	5	7	8	7	3	1	1
5962	충북 보은군	어린이집급식품질개선	77,280	5	5	7	8	7	3	1	1
5963	충북 보은군	여성취업센터운영	51,568	5	5	7	8	7	3	1	1
5964	충북 보은군	보육교직원인건비지원(시간연장형)	50,000	5	5	7	8	7	3	1	1
5965	충북 보은군	시간제보육운영지원	30,000	5	5	7	8	7	3	1	1
5966	충북 보은군	정부미지원시설취사부지원	28,800	5	5	7	8	7	3	1	1
5967	충북 보은군	어린이집지원(차량운영비)	26,000	5	5	7	8	7	3	1	1
5968	충북 보은군	특수목적형추가지원	21,600	5	2	7	8	7	1	1	1
5969	충북 보은군	보육교직원인건비지원(대체교사)	16,272	5	5	7	8	7	3	1	1
5970	충북 보은군	어린이집아이행복(보육)도우미지원	12,840	5	5	7	8	7	3	1	1
5971	충북 보은군	지역아동센터추가운영비	12,000	5	2	7	8	7	1	1	1
5972	충북 보은군	지역아동센터냉난방비지원	10,500	5	5	7	8	7	1	1	1
5973	충북 보은군	농촌등취약지역보육교직원인건비지원	10,443	5	5	7	8	7	3	1	1
5974	충북 보은군	어린이집지원(차량운영비)(군비추가부담분)	9,600	5	5	7	8	7	5	5	4
5975	충북 보은군	토요운영추가지원	7,200	5	2	7	8	7	1	1	1
5976	충북 보은군	어린이집냉난방비지원	7,000	5	5	7	8	7	3	1	1
5977	충북 보은군	지역아동센터운영비지원(자체)	6,300	5	6	7	8	7	1	1	1
5978	충북 보은군	어린이집지원(농어촌소재법인어린이집)(2개소)	6,000	5	5	7	8	7	3	1	1
5979	충북 보은군	어린이집공기청정기운영비지원	5,407	5	5	7	8	7	3	1	1
5980	충북 보은군	지역아동센터긴급일시돌봄시범사업	5,000	5	6	7	8	7	1	1	1
5981	충북 보은군	어린이집지원(교재교구비)	4,000	5	5	7	8	7	3	1	1
5982	충북 보은군	시군어린이집대체조리원지원사업	400	5	5	7	8	7	3	1	1
5983	충북 옥천군	정신요양시설운영비(영생원,부활원)지원	5,103,000	5	1	5	8	7	1	1	1
5984	충북 옥천군	보육교직원인건비지원(127명)	3,084,400	5	2	7	8	7	5	5	4
5985	충북 옥천군	장애인생활시설운영비지원(청산원)	2,291,589	5	2	7	8	7	1	1	1
5986	충북 옥천군	아동복지시설운영비지원(영실애육원)	1,821,700	5	1	7	8	7	1	3	3
5987	충북 옥천군	경로당냉난방비지원(319개소)	700,990	5	1	7	8	7	1	1	1
5988	충북 옥천군	학대피해아동쉼터운영지원(2개소)	495,788	5	2	7	8	7	1	1	3
5989	충북 옥천군	어린이집보조교사지원(25명)	332,899	5	2	7	8	7	5	5	4
5990	충북 옥천군	지역아동센터인건비지원(4개소)	322,950	5	2	7	8	7	1	1	3
5991	충북 옥천군	정신재활시설운영비지원(별뜰)	232,423	5	1	7	8	7	1	1	1
5992	충북 옥천군	장애인생활이동지원센터운영사업지원	228,220	5	1	7	8	7	1	1	1
5993	충북 옥천군	청각장애인수어통역센터운영사업지원	196,900	5	1	7	8	7	1	1	1
5994	충북 옥천군	누리과정운영지원(1개소)	162,876	5	1	7	8	7	5	5	4
5995	충북 옥천군	육아종합지원센터옥천분소운영지원(1개소)	145,000	5	1	7	8	7	5	5	4
5996	충북 옥천군	어린이집차량운영비지원(15개소)	124,900	5	2	7	8	7	5	5	4
5997	충북 옥천군	공공형어린이집지원(2개소)	100,983	5	1	7	8	7	5	5	4

순번	시군구	지출명 (사업명)	2024년예산 (단위 : 천원 /1년간)	민간이전 분류 (지방자치단체 세출예산 집행기준에 의거) 1. 민간경상사업보조(307-02) 2. 민간단체 법정운영비보조(307-03) 3. 민간행사사업보조(307-04) 4. 민간위탁금(307-05) 5. 사회복지시설 법정운영비보조(307-10) 6. 민간인위탁교육비(307-12) 7. 공기관등에대한경상적위탁사업비(308-13) 8. 민간자본사업보조,자체재원(402-01) 9. 민간자본사업보조,이전재원(402-02) 10. 민간위탁사업비(402-03) 11. 공기관등에 대한 자본적 위탁사업비(403-02)	민간이전지출 근거 (지방보조금 관리기준 참고) 1. 법률에 규정 2. 국고보조 재원(국가지정) 3. 용도 지정 기부금 4. 조례에 직접규정 5. 지자체가 권장하는 사업을 하는 공공기관 6. 시,도 정책 및 재정사정 7. 기타 8. 해당없음	입찰방식			운영예산 산정		성과평가 실시여부
						계약체결방법 (경쟁형태) 1. 일반경쟁 2. 제한경쟁 3. 지명경쟁 4. 수의계약 5. 법정위탁 6. 기타 ( ) 7. 없음	계약기간 1. 1년 2. 2년 3. 3년 4. 4년 5. 5년 6. 기타 ( )년 7. 단기계약 (1년미만) 8. 없음	낙찰자선정방법 1. 적격심사 2. 협상에의한계약 3. 최저가낙찰제 4. 규격가격분리 5. 2단계 경쟁입찰 6. 기타 ( ) 7. 없음	운영예산 산정 1. 내부산정 (지자체 자체적으로 산정) 2. 외부산정 (외부전문기관위탁 산정) 3. 내·외부 모두 산정 4. 산정 無 5. 없음	정산방법 1. 내부정산 (지자체 내부적으로 정산) 2. 외부정산 (외부전문기관위탁 정산) 3. 내·외부 모두 산정 4. 정산 無 5. 없음	1. 실시 2. 미실시 3. 향후 추진 4. 해당없음
5998	충북 옥천군	지역아동센터기본운영비지원(4개소)	93,252	5	2	7	8	7	1	1	3
5999	충북 옥천군	시간제보육운영지원	81,272	5	2	7	8	7	5	5	4
6000	충북 옥천군	지역아동센터인건비부족분(호봉제)지원(4개소)	60,242	5	2	7	8	7	1	1	3
6001	충북 옥천군	어린이집대체교사지원	34,620	5	2	7	8	7	5	5	4
6002	충북 옥천군	어린이집아이행복(보육)도우미지원(2개소)	25,680	5	1	7	8	7	5	5	4
6003	충북 옥천군	장애아전문어린이집운전원인건비지원(1개소)	24,732	5	1	7	8	7	5	5	4
6004	충북 옥천군	어린이집조리사인건비지원	24,000	5	1	7	8	7	5	5	4
6005	충북 옥천군	육아종합지원센터옥천분소통합관리자지원(2명)	23,400	5	1	7	8	7	5	5	4
6006	충북 옥천군	소외지역차량운행어린이집지원	17,000	5	4	7	8	7	5	5	4
6007	충북 옥천군	어린이집공기청정기운영비지원(91대)	11,970	5	1	7	8	7	5	5	4
6008	충북 옥천군	어린이집냉난방비지원	8,400	5	4	7	8	7	5	5	4
6009	충북 옥천군	농어촌소재법인어린이집지원(3개소)	8,000	5	4	7	8	7	5	5	4
6010	충북 옥천군	농촌등취약지역보육교직원인건비지원	5,000	5	1	7	8	7	5	5	4
6011	충북 옥천군	지역아동센터긴급일시돌봄지원	5,000	5	2	7	8	7	1	1	3
6012	충북 옥천군	읍면법인어린이집차량운영비지원(1개소)	4,800	5	1	7	8	7	5	5	4
6013	충북 옥천군	지역아동센터운영비추가지원	3,600	5	2	7	8	7	1	1	3
6014	충북 옥천군	어린이집대체조리원지원(9명)	800	5	1	7	8	7	5	5	4
6015	충북 옥천군	장애인생활시설IOT,AI활용돌봄사업운영지원(청산원)	594	5	2	7	8	7	1	1	1
6016	충북 영동군	보육교직원인건비지원	2,218,400	5	2	7	8	7	1	1	4
6017	충북 영동군	경로당냉난방비등지원사업	781,050	5	1	7	8	7	1	1	1
6018	충북 영동군	장애인공동생활가정운영	588,437	5	4	7	8	7	5	1	1
6019	충북 영동군	장애인주간보호시설운영	578,231	5	4	7	8	7	5	1	1
6020	충북 영동군	경로당운영비지원	488,000	5	1	7	8	7	1	1	1
6021	충북 영동군	장애인생활이동지원센터운영	272,144	5	4	7	8	7	5	1	1
6022	충북 영동군	학대피해아동쉼터운영비(1개소)	247,894	5	2	7	8	7	5	5	4
6023	충북 영동군	수어통역센터운영	199,900	5	4	7	8	7	5	1	1
6024	충북 영동군	성폭력상담소운영지원	142,022	5	2	7	8	7	5	1	4
6025	충북 영동군	노인회지회운영비지원	141,821	5	1	7	8	7	1	1	2
6026	충북 영동군	재가노인복지시설운영지원	136,653	5	1	7	8	7	1	1	1
6027	충북 영동군	영동군사회복지협의회운영비	53,243	5	1	7	8	7	5	1	1
6028	충북 영동군	대한노인회영동군지회사무국운영비지원	33,454	5	1	7	8	7	1	1	2
6029	충북 영동군	폭력피해지원시설종사자처우개선	26,764	5	6	7	8	7	5	1	4
6030	충북 영동군	개인운영복지시설운영지원	19,200	5	1	7	8	7	1	1	1
6031	충북 영동군	읍면분회운영비지원	17,160	5	1	7	8	7	1	1	2
6032	충북 영동군	분회난방비지원	12,000	5	1	7	8	7	1	1	1
6033	충북 영동군	농촌취약지역보육교직원인건비지원	5,000	5	2	7	8	7	1	1	4
6034	충북 영동군	분회냉방비지원	1,920	5	1	7	8	7	1	1	1
6035	충북 증평군	보육교직원인건비지원	2,158,000	5	2	7	8	7	5	1	4
6036	충북 증평군	보조연장교사지원	544,743	5	2	7	8	7	5	1	4
6037	충북 증평군	사회복지관운영	394,844	5	1	7	8	7	1	3	1

순번	시군구	지출명 (사업명)	2024년예산 (단위 : 전원 /1년간)	민간이전 분류 (지방자치단체 세출예산 집행기준에 의거) 1. 민간경상사업보조(307-02) 2. 민간단체 법정운영비보조(307-03) 3. 민간행사사업보조(307-04) 4. 민간위탁금(307-05) 5. 사회복지시설 법정운영비보조(307-10) 6. 민간인위탁교육비(307-12) 7. 공기관등에대한경상적위탁사업비(308-13) 8. 민간자본사업보조,자체재원(402-01) 9. 민간자본사업보조,이전재원(402-02) 10. 민간위탁사업비(402-03) 11. 공기관등에 대한 자본적 위탁사업비(403-02)	민간이전지출 근거 (지방보조금 관리기준 참고) 1. 법률에 규정 2. 국고보조 재원(국가지정) 3. 용도 지정 기부금 4. 조례에 직접규정 5. 지자체가 권장하는 사업을 하는 공공기관 6. 시,도 정책 및 재정사정 7. 기타 8. 해당없음	입찰방식 계약체결방법 (경쟁형태) 1. 일반경쟁 2. 제한경쟁 3. 지명경쟁 4. 수의계약 5. 법정위탁 6. 기타 ( ) 7. 없음	입찰방식 계약기간 1. 1년 2. 2년 3. 3년 4. 4년 5. 5년 6. 기타 ( )년 7. 단기계약 (1년미만) 8. 없음	입찰방식 낙찰자선정방법 1. 적격심사 2. 협상에의한계약 3. 최저가낙찰제 4. 규격가격분리 5. 2단계 경쟁입찰 6. 기타 ( ) 7. 없음	운영예산 산정 운영예산 산정 1. 내부산정 (지자체 자체적으로 산정) 2. 외부산정 (외부전문기관위탁 산정) 3. 내·외부 모두 산정 4. 산정 無 5. 없음	운영예산 산정 정산방법 1. 내부정산 (지자체 내부적으로 정산) 2. 외부정산 (외부전문기관위탁 정산) 3. 내·외부 모두 산정 4. 정산 無 5. 없음	성과평가 실시여부 1. 실시 2. 미실시 3. 향후 추진 4. 해당없음
6038	충북 증평군	지역아동센터인건비지원	371,100	5	2	7	8	7	5	1	4
6039	충북 증평군	개인운영장애인거주시설지원	262,674	5	6	7	8	7	1	1	1
6040	충북 증평군	지역자활센터운영	262,284	5	2	6	1	7	3	3	1
6041	충북 증평군	경로당냉난방비및양곡비지원	231,800	5	2	7	8	7	5	5	1
6042	충북 증평군	증평군수어통역센터운영	162,654	5	1	7	8	7	1	1	1
6043	충북 증평군	장애인생활이동지원센터운영	151,431	5	1	7	8	7	1	1	1
6044	충북 증평군	충북육아종합지원센터증평분소지원	115,331	5	1	7	1	7	1	1	4
6045	충북 증평군	사회복지시설종사자대우수당지원	105,190	5	1	7	8	7	1	1	1
6046	충북 증평군	보육교직원인건비지원	100,000	5	2	7	8	7	5	1	4
6047	충북 증평군	어린이집조리원운전원인건비지원	79,200	5	1	7	8	7	1	1	4
6048	충북 증평군	지역아동센터운영비지원	76,620	5	2	7	8	7	5	1	4
6049	충북 증평군	장애인일감만들어주기지원센터운영	70,890	5	1	7	8	7	1	1	1
6050	충북 증평군	지역아동센터인건비부족분(호봉제)	67,322	5	6	7	8	7	5	1	4
6051	충북 증평군	어린이집운영지원	64,000	5	2	7	8	7	5	1	4
6052	충북 증평군	장애인편의증진기술지원센터운영	62,296	5	1	5	8	7	1	1	1
6053	충북 증평군	사회복지시설종사자대우수당지원	48,720	5	6	7	7	7	5	5	4
6054	충북 증평군	사회보장협의체운영	46,446	5	1	6	8	7	1	1	1
6055	충북 증평군	공공형어린이집운영비지원(전환사업)	27,054	5	2	7	8	7	5	1	4
6056	충북 증평군	대체교사지원	26,696	5	2	7	8	7	5	1	4
6057	충북 증평군	사회복지관운영	25,000	5	1	7	8	7	1	3	1
6058	충북 증평군	충북육아종합지원센터증평분소지원	23,400	5	1	7	1	7	1	1	4
6059	충북 증평군	어린이집공기청정기운영지원	16,500	5	2	7	8	7	5	1	4
6060	충북 증평군	어린이집운영지원	16,000	5	2	7	8	7	5	1	4
6061	충북 증평군	장애인생활이동지원센터운영	14,730	5	1	7	8	7	1	1	1
6062	충북 증평군	증평군수어통역센터운영	14,710	5	1	7	8	7	1	1	1
6063	충북 증평군	지역아동센터운영비지원	12,600	5	2	7	8	7	5	1	4
6064	충북 증평군	개인운영복지시설운영지원	8,400	5	6	7	8	7	5	1	4
6065	충북 증평군	어린이집운영지원	8,000	5	2	7	8	7	5	1	4
6066	충북 증평군	사회보장협의체운영	7,700	5	1	6	8	7	1	1	1
6067	충북 증평군	장애인편의증진기술지원센터운영	6,164	5	1	5	8	7	1	1	1
6068	충북 증평군	지역아동센터긴급일시돌봄시범사업	5,000	5	8	7	8	7	5	1	4
6069	충북 증평군	개인운영복지시설운영지원	4,800	5	6	7	8	7	1	1	1
6070	충북 증평군	읍면법인어린이집차량운영지원	4,800	5	6	7	8	7	5	1	4
6071	충북 증평군	지역아동센터운영비추가지원	3,900	5	6	7	8	7	5	1	4
6072	충북 진천군	보육교직원인건비지원)	6,792,000	5	2	7	8	7	5	1	4
6073	충북 진천군	어린이집보조교사및연장보육전담교사지원)	1,255,935	5	2	7	8	7	5	1	4
6074	충북 진천군	누리과정운영비지원)	781,200	5	6	7	8	7	5	1	4
6075	충북 진천군	지역아동센터인건비지원)	753,750	5	2	7	8	7	5	1	4
6076	충북 진천군	가족센터운영)	745,256	5	2	7	8	7	5	1	4
6077	충북 진천군	경로당냉난방비지원)	630,021	5	1	7	8	7	1	1	1

순번	시군구	지출명 (사업명)	2024년예산 (단위 : 천원 /1년간)	민간이전 분류 (지방자치단체 세출예산 집행기준에 의거) 1. 민간경상사업보조(307-02) 2. 민간단체 법정운영비보조(307-03) 3. 민간행사사업보조(307-04) 4. 민간위탁금(307-05) 5. 사회복지시설 법정운영비보조(307-10) 6. 민간인위탁교육비(307-12) 7. 공기관등에대한경상적위탁사업비(308-13) 8. 민간자본사업보조,자체재원(402-01) 9. 민간자본사업보조,이전재원(402-02) 10. 민간위탁사업비(402-03) 11. 공기관등에 대한 자본적 위탁사업비(403-02)	민간이전지출 근거 (지방보조금 관리기준 참고) 1. 법률에 규정 2. 국고보조 재원(국가지정) 3. 용도 지정 기부금 4. 조례에 직접규정 5. 지자체가 권장하는 사업을 하는 공공기관 6. 시,도 정책 및 재정사정 7. 기타 8. 해당없음	입찰방식			운영예산 산정		성과평가 실시여부
						계약체결방법 (경쟁형태) 1. 일반경쟁 2. 제한경쟁 3. 지명경쟁 4. 수의계약 5. 법정위탁 6. 기타 ( ) 7. 없음	계약기간 1. 1년 2. 2년 3. 3년 4. 4년 5. 5년 6. 기타 ( )년 7. 단기계약 (1년미만) 8. 없음	낙찰자선정방법 1. 적격심사 2. 협상에의한계약 3. 최저가낙찰제 4. 규격가격분리 5. 2단계 경쟁입찰 6. 기타 ( ) 7. 없음	운영예산 산정 1. 내부산정 (지자체 자체적으로 산정) 2. 외부산정 (외부전문기관위탁 산정) 3. 내·외부 모두 산정 4. 산정 無 5. 없음	정산방법 1. 내부정산 (지자체 내부적으로 정산) 2. 외부정산 (외부전문기관위탁 정산) 3. 내·외부 모두 산정 4. 정산 無 5. 없음	1. 실시 2. 미실시 3. 향후 추진 4. 해당없음
6078	충북 진천군	어린이집급식품질개선)	545,760	5	6	7	8	7	5	1	4
6079	충북 진천군	경로당운영비지원)	513,300	5	1	7	8	7	1	1	1
6080	충북 진천군	장애인직업재활시설운영비)	466,880	5	1	7	8	7	5	5	4
6081	충북 진천군	진천시니어클럽운영)	354,000	5	1	1	8	7	5	5	1
6082	충북 진천군	지역자활센터운영비지원)	307,846	5	2	7	8	7	5	5	1
6083	충북 진천군	진천군장애인생활이동지원센터운영지원)	289,262	5	1	7	8	7	5	5	4
6084	충북 진천군	진천군수어통역센터운영지원)	261,000	5	1	7	8	7	5	5	4
6085	충북 진천군	학대피해아동쉼터운영(여아))	247,894	5	2	7	8	7	5	1	4
6086	충북 진천군	학대피해아동쉼터운영(남아))	247,894	5	2	7	8	7	5	1	4
6087	충북 진천군	재가노인복지시설운영지원)	210,379	5	1	1	8	7	5	5	1
6088	충북 진천군	가정폭력피해자보호시설운영지원)	193,622	5	2	6	8	7	1	1	1
6089	충북 진천군	공공형어린이집운영비(전환))	185,299	5	6	7	8	7	5	1	4
6090	충북 진천군	노인회지원(마을대표)	174,000	5	1	7	8	7	1	1	1
6091	충북 진천군	장애인거주시설(개인운영장애인거주시설)운영지원)	168,045	5	1	7	8	7	5	5	4
6092	충북 진천군	지역아동센터기본운영비지원)	136,620	5	2	7	8	7	5	1	4
6093	충북 진천군	장애인가족지원센터운영)	126,809	5	1	7	8	7	5	5	4
6094	충북 진천군	영아반운영지원)	118,440	5	4	7	8	7	1	1	4
6095	충북 진천군	어린이집조리원지원)	115,200	5	4	7	8	7	1	1	4
6096	충북 진천군	경로당간식비지원)	105,850	5	1	7	8	7	1	1	1
6097	충북 진천군	차량운영비지원)	104,000	5	2	7	8	7	5	1	4
6098	충북 진천군	대한노인회진천군지회운영비)	97,500	5	1	7	8	7	1	1	1
6099	충북 진천군	어린이집아이행복(보육)도우미지원)	89,880	5	6	7	8	7	5	1	4
6100	충북 진천군	지역아동센터인건비부족분(호봉제지원))	88,563	5	1	7	8	7	5	1	4
6101	충북 진천군	진천군사회복지협의회운영비)	84,400	5	1	7	8	7	1	1	1
6102	충북 진천군	지역아동센터추가운영비지원)	75,600	5	4	7	8	7	1	1	1
6103	충북 진천군	어린이집직접채용대체교사지원)	71,724	5	2	7	8	7	5	1	4
6104	충북 진천군	가정폭력피해지원시설종사자처우개선비)	66,090	5	6	6	8	7	1	1	1
6105	충북 진천군	진천군장애인편의시설지원센터운영비)	63,938	5	1	7	8	7	5	5	4
6106	충북 진천군	사회복지시설및단체관련지원(진천군사회복지협의회(진천군기초푸드뱅크))	63,000	5	1	7	8	7	1	1	1
6107	충북 진천군	어린이집냉난방비지원)	60,000	5	4	7	8	7	1	1	4
6108	충북 진천군	진천군지역사회보장협의체운영비지원)	53,841	5	1	7	8	7	1	1	1
6109	충북 진천군	여성취업지원센터운영비)	51,952	5	6	7	1	7	5	1	3
6110	충북 진천군	장애인공동생활가정운영지원(장애인공동생활가정빛의집)	50,468	5	1	7	8	7	5	5	4
6111	충북 진천군	농촌등취약지역보육교직원인건비지원)	49,210	5	2	7	8	7	5	1	4
6112	충북 진천군	장애인공동생활가정운영지원(장애인공동생활가정꿈의집)	45,160	5	1	7	8	7	5	5	4
6113	충북 진천군	어린이집공기청정기운영비지원)	38,717	5	6	7	8	7	5	1	4
6114	충북 진천군	교재교구비지원)	34,000	5	2	7	8	7	5	1	4
6115	충북 진천군	대한노인회진천군지회운영비)	33,455	5	1	7	8	7	1	1	1
6116	충북 진천군	야간연장보육료지원)	32,000	5	2	7	8	7	5	1	4
6117	충북 진천군	열린어린이집운영비지원)	27,000	5	4	7	8	7	1	1	4

순번	시군구	지출명 (사업명)	2024년예산 (단위 : 천원 /1년간)	민간이전 분류 (지방자치단체 세출예산 집행기준에 의거) 1. 민간경상사업보조(307-02) 2. 민간단체 법정운영비보조(307-03) 3. 민간행사사업보조(307-04) 4. 민간위탁금(307-05) 5. 사회복지시설 법정운영비보조(307-10) 6. 민간인위탁교육비(307-12) 7. 공기관등에대한경상적위탁사업비(308-13) 8. 민간자본사업보조,자체재원(402-01) 9. 민간자본사업보조,이전재원(402-02) 10. 민간위탁사업비(402-03) 11. 공기관등에 대한 자본적 위탁사업비(403-02)	민간이전지출 근거 (지방보조금 관리기준 참고) 1. 법률에 규정 2. 국고보조 재원(국가지정) 3. 용도 지정 기부금 4. 조례에 직접규정 5. 지자체가 권장하는 사업을 하는 공공기관 6. 시,도 정책 및 재정사정 7. 기타 8. 해당없음	입찰방식: 계약체결방법 (경쟁형태) 1. 일반경쟁 2. 제한경쟁 3. 지명경쟁 4. 수의계약 5. 법정위탁 6. 기타 ( ) 7. 없음	입찰방식: 계약기간 1. 1년 2. 2년 3. 3년 4. 4년 5. 5년 6. 기타 ( )년 7. 단기계약 (1년미만) 8. 없음	입찰방식: 낙찰자선정방법 1. 적격심사 2. 협상에의한계약 3. 최저가낙찰제 4. 규격가격분리 5. 2단계 경쟁입찰 6. 기타 ( ) 7. 없음	운영예산 산정: 운영예산 산정 1. 내부산정 (지자체 자체적으로 산정) 2. 외부산정 (외부전문기관위탁 산정) 3. 내·외부 모두 산정 4. 산정 無 5. 없음	운영예산 산정: 정산방법 1. 내부정산 (지자체 내부적으로 정산) 2. 외부정산 (외부전문기관위탁 정산) 3. 내·외부 모두 정산 4. 정산 無 5. 없음	성과평가 실시여부 1. 실시 2. 미실시 3. 향후 추진 4. 해당없음
6118	충북 진천군	가정폭력피해자보호시설종사자인건비)	23,000	5	8	6	8	7	1	1	1
6119	충북 진천군	노인회분회운영비)	18,200	5	1	7	8	7	1	1	1
6120	충북 진천군	기존미등록경로당운영지원)	16,900	5	1	7	8	7	1	1	1
6121	충북 진천군	노인회지원(읍면노인회분회장)	16,800	5	1	7	8	7	1	1	1
6122	충북 진천군	노인회지원(읍면노인회사무국장)	16,800	5	1	7	8	7	1	1	1
6123	충북 진천군	농어촌소재법인어린이집지원)	16,000	5	2	7	8	7	5	1	4
6124	충북 진천군	사회복지시설및단체관련지원(나눔과기쁨기초푸드뱅크)	14,000	5	1	7	8	7	1	1	1
6125	충북 진천군	지역아동센터방학프로그램운영비지원)	9,630	5	4	7	8	7	1	1	1
6126	충북 진천군	읍면법인어린이집차량운영지원)	9,600	5	6	7	8	7	5	1	4
6127	충북 진천군	개정후미등록경로당운영지원)	7,960	5	1	7	8	7	1	1	1
6128	충북 진천군	지역아동센터운영지원)	7,800	5	1	7	8	7	5	1	4
6129	충북 진천군	노인회지원(지회장)	6,000	5	1	7	8	7	1	1	1
6130	충북 진천군	개인운영신고시설종사자처우개선비지원)	5,040	5	1	7	8	7	1	1	1
6131	충북 진천군	충북형어린이집공동협력사업지원)	5,000	5	6	7	8	7	5	1	4
6132	충북 진천군	지역아동센터긴급,일시돌봄시범사업)	5,000	5	1	7	8	7	5	1	4
6133	충북 진천군	개인운영복지시설운영지원)	4,800	5	1	7	8	7	1	1	1
6134	충북 진천군	지역아동센터추가운영비지원)	3,600	5	2	7	8	7	5	1	4
6135	충북 진천군	여성취업지원기관종사자대우수당)	2,640	5	6	7	1	7	5	1	3
6136	충북 진천군	여성취업지원센터종사자처우개선비)	1,200	5	6	7	1	7	5	1	3
6137	충북 진천군	어린이집대체조리원지원사업)	548	5	6	7	8	7	5	1	4
6138	충북 음성군	아동복지시설운영(3개소)	5,391,600	5	1	7	8	7	5	5	4
6139	충북 음성군	노숙인시설지원(운영비)	4,733,617	5	1	7	8	7	3	3	4
6140	충북 음성군	지역아동센터인건비지원	1,530,000	5	2	7	8	7	5	5	4
6141	충북 음성군	보조교사지원	1,437,515	5	1	7	8	7	1	1	4
6142	충북 음성군	노인양로시설운영비지원	1,098,591	5	1	7	8	7	5	1	4
6143	충북 음성군	사회복지시설종사자대우수당	1,070,070	5	1	7	8	7	5	3	4
6144	충북 음성군	경로당냉난방비지원	845,282	5	2	7	8	7	1	1	4
6145	충북 음성군	어린이집맞춤형운영지원	840,500	5	1	7	8	7	1	1	4
6146	충북 음성군	장애인보호작업장운영	372,881	5	1	7	8	7	5	1	1
6147	충북 음성군	지역자활센터운영비	368,799	5	2	7	8	7	5	5	4
6148	충북 음성군	지역아동센터기본운영비지원	357,324	5	2	7	8	7	5	5	4
6149	충북 음성군	장애인생활이동지원센터운영	310,097	5	1	7	8	7	1	1	1
6150	충북 음성군	지역아동센터인건비부족분(호봉제)지원	292,000	5	6	7	8	7	5	5	4
6151	충북 음성군	지역아동센터인건비추가지원(6개월)	272,850	5	2	7	8	7	5	5	4
6152	충북 음성군	주간보호시설운영	257,848	5	1	7	8	7	1	1	1
6153	충북 음성군	음성군자원봉사센터운영비	243,081	5	1	7	8	7	3	1	1
6154	충북 음성군	여성폭력피해통합상담소운영	216,394	5	2	7	8	7	1	1	1
6155	충북 음성군	인건비	215,280	5	2	7	8	7	3	3	1
6156	충북 음성군	사회복지협의회운영비	195,908	5	1,4	7	8	7	1	1	1
6157	충북 음성군	수어통역센터운영	185,767	5	1	7	8	7	1	1	1

순번	시군구	지출명 (사업명)	2024년예산 (단위 : 천원 /1년간)	민간이전 분류 (지방자치단체 세출예산 집행기준에 의거) 1. 민간경상사업보조(307-02) 2. 민간단체 법정운영비보조(307-03) 3. 민간행사사업보조(307-04) 4. 민간위탁금(307-05) 5. 사회복지시설 법정운영비보조(307-10) 6. 민간인위탁교육비(307-12) 7. 공기관등에대한경상적위탁사업비(308-13) 8. 민간자본사업보조,자체재원(402-01) 9. 민간자본사업보조,이전재원(402-02) 10. 민간위탁사업비(402-03) 11. 공기관등에 대한 자본적 위탁사업비(403-02)	민간이전지출 근거 (지방보조금 관리기준 참고) 1. 법률에 규정 2. 국고보조 재원(국가지정) 3. 용도 지정 기부금 4. 조례에 직접규정 5. 지자체가 권장하는 사업을 하는 공공기관 6. 시,도 정책 및 재정사정 7. 기타 8. 해당없음	입찰방식			운영예산 산정		성과평가 실시여부
						계약체결방법 (경쟁형태) 1. 일반경쟁 2. 제한경쟁 3. 지명경쟁 4. 수의계약 5. 법정위탁 6. 기타 ( ) 7. 없음	계약기간 1. 1년 2. 2년 3. 3년 4. 4년 5. 5년 6. 기타 ( )년 7. 단기계약 (1년미만) 8. 없음	낙찰자선정방법 1. 적격심사 2. 협상에의한계약 3. 최저가낙찰제 4. 규격가격분리 5. 2단계 경쟁입찰 6. 기타 ( ) 7. 없음	운영예산 산정 1. 내부산정 (지자체 자체적으로 산정) 2. 외부산정 (외부전문기관위탁 산정) 3. 내·외부 모두 산정 4. 산정 無 5. 없음	정산방법 1. 내부정산 (지자체 내부적으로 정산) 2. 외부정산 (외부전문기관위탁 정산) 3. 내·외부 모두 산정 4. 정산 無 5. 없음	1. 실시 2. 미실시 3. 향후 추진 4. 해당없음
6158	충북 음성군	개인운영장애인거주시설지원	168,045	5	1	7	8	7	5	5	4
6159	충북 음성군	육아종합지원센터음성분소운영	153,500	5	5	7	8	7	1	1	4
6160	충북 음성군	중증장애인자립생활센터운영	145,000	5	1	7	8	7	5	5	4
6161	충북 음성군	대한노인회음성군지회운영지원	132,322	5	4	7	8	7	1	1	4
6162	충북 음성군	차량운영비지원	130,000	5	1	7	8	7	1	1	4
6163	충북 음성군	지역아동센터운영비지원(자체)	115,500	5	4	7	8	7	5	5	4
6164	충북 음성군	아이행복(보육)도우미지원	89,880	5	1	7	8	7	1	1	4
6165	충북 음성군	장애인연합회운영비	81,548	5	1	7	8	7	1	1	1
6166	충북 음성군	대체교사지원	80,907	5	1	7	8	7	1	1	4
6167	충북 음성군	음성군통합돌봄지원센터종사자인건비	72,578	5	6	6	8	7	1	1	3
6168	충북 음성군	중증장애인일감만들어주기지원센터운영	70,890	5	1	7	8	7	1	1	4
6169	충북 음성군	공공형어린이집운영지원	63,175	5	1	7	8	7	1	1	4
6170	충북 음성군	지역사회보장협의체운영비	60,384	5	1,4	7	8	7	1	1	1
6171	충북 음성군	농촌등취약지역보육교직원인건비지원	58,108	5	1	7	8	7	1	1	4
6172	충북 음성군	여성취업지원센터운영	53,884	5	6	7	8	7	1	1	1
6173	충북 음성군	음성군통합돌봄지원센터운영비	53,612	5	6	6	8	7	1	1	3
6174	충북 음성군	운영비	52,800	5	2	7	8	7	3	3	1
6175	충북 음성군	지역아동센터특수목적형추가지원	43,200	5	2	7	8	7	5	5	4
6176	충북 음성군	관성푸드뱅크사업운영비	38,321	5	1	7	8	7	1	1	1
6177	충북 음성군	폭력피해지원시설종사자처우개선	38,310	5	6	7	8	7	1	1	4
6178	충북 음성군	교재교구비지원	36,000	5	1	7	8	7	1	1	4
6179	충북 음성군	읍면법인어린이집차량운영지원	33,600	5	1	7	8	7	1	1	4
6180	충북 음성군	대한노인회음성군지회사무국운영지원	33,453	5	4	7	8	7	1	1	4
6181	충북 음성군	어린이집공기청정기운영비지원	32,732	5	1	7	8	7	1	1	4
6182	충북 음성군	월남전참전자회운영비지원	29,220	5	4	7	8	7	1	1	1
6183	충북 음성군	입양기관운영	25,200	5	1	7	8	7	5	5	4
6184	충북 음성군	농어촌소재법인어린이집지원	24,000	5	1	7	8	7	1	1	4
6185	충북 음성군	육아종합지원센터시군분소통합관리자지원	23,400	5	5	7	8	7	1	1	4
6186	충북 음성군	지역아동센터운영지원	19,200	5	6	7	8	7	5	5	4
6187	충북 음성군	지역아동센터인건비부족분(호봉제)지원(6개월)	18,369	5	6	7	8	7	5	5	4
6188	충북 음성군	고엽제전우회운영비지원	16,560	5	4	7	8	7	1	1	1
6189	충북 음성군	지역아동센터추가운영비지원	16,200	5	2	7	8	7	5	5	4
6190	충북 음성군	상이군경회운영비지원	16,087	5	4	7	8	7	1	1	1
6191	충북 음성군	전몰군경유족회운영비지원	15,444	5	4	7	8	7	1	1	1
6192	충북 음성군	범죄피해자지원센터운영비	15,000	5	1	7	8	7	1	1	4
6193	충북 음성군	6.25참전유공자회운영비지원	14,260	5	4	7	8	7	1	1	1
6194	충북 음성군	전몰군경미망인회운영비지원	12,684	5	4	7	8	7	1	1	1
6195	충북 음성군	무공수훈자회운영비지원	10,720	5	4	7	8	7	1	1	1
6196	충북 음성군	가정폭력상담소종사자복리후생비	6,000	5	8	7	8	7	1	1	4
6197	충북 음성군	광복회운영비지원	5,000	5	4	7	8	7	1	1	1

순번	시군구	지출명 (사업명)	2024년예산 (단위 : 천원 /1년간)	민간이전 분류 (지방자치단체 세출예산 집행기준에 의거) 1. 민간경상사업보조(307-02) 2. 민간단체 법정운영비보조(307-03) 3. 민간행사사업보조(307-04) 4. 민간위탁금(307-05) 5. 사회복지시설 법정운영비보조(307-10) 6. 민간인위탁교육비(307-12) 7. 공기관등에대한경상적위탁사업비(308-13) 8. 민간자본사업보조,자체재원(402-01) 9. 민간자본사업보조,이전재원(402-02) 10. 민간위탁사업비(402-03) 11. 공기관등에 대한 자본적 위탁사업비(403-02)	민간이전지출 근거 (지방보조금 관리기준 참고) 1. 법률에 규정 2. 국고보조 재원(국가지정) 3. 용도 지정 기부금 4. 조례에 직접규정 5. 지자체가 권장하는 사업을 하는 공공기관 6. 시,도 정책 및 재정사정 7. 기타 8. 해당없음	입찰방식 계약체결방법 (경쟁형태) 1. 일반경쟁 2. 제한경쟁 3. 지명경쟁 4. 수의계약 5. 법정위탁 6. 기타 ( ) 7. 없음	입찰방식 계약기간 1. 1년 2. 2년 3. 3년 4. 4년 5. 5년 6. 기타 ( )년 7. 단기계약 (1년미만) 8. 없음	입찰방식 낙찰자선정방법 1. 적격심사 2. 협상에의한계약 3. 최저가낙찰제 4. 규격가격분리 5. 2단계 경쟁입찰 6. 기타 ( ) 7. 없음	운영예산 산정 운영예산 산정 1. 내부산정 (지자체 자체적으로 산정) 2. 외부산정 (외부전문기관위탁 산정) 3. 내·외부 모두 산정 4. 산정 無 5. 없음	운영예산 산정 정산방법 1. 내부정산 (지자체 내부적으로 정산) 2. 외부정산 (외부전문기관위탁 정산) 3. 내·외부 모두 산정 4. 정산 無 5. 없음	성과평가 실시여부 1. 실시 2. 미실시 3. 향후 추진 4. 해당없음
6198	충북 음성군	지역아동센터긴급일시돌봄시범사업	5,000	5	6	7	8	7	5	5	4
6199	충북 음성군	충북형어린이집공동협력사업지원	5,000	5	1	7	8	7	1	1	4
6200	충북 음성군	어린이집대체조리원지원사업	4,055	5	1	7	8	7	1	1	4
6201	충북 음성군	여성취업지원기관종사자대우수당지원	3,840	5	6	7	8	7	1	1	4
6202	충북 음성군	지역아동센터토요운영추가지원	3,600	5	2	7	8	7	5	5	4
6203	충북 음성군	개인운영복지시설운영지원	2,400	5	1	7	8	7	5	5	4
6204	충북 음성군	공동육아나눔터종사자처우개선비	2,400	5	8	7	8	7	1	1	1
6205	충북 음성군	아이돌봄지원센터종사자처우개선비	1,200	5	8	7	8	7	1	1	1
6206	충북 음성군	여성취업지원기관종사자처우개선비지원	1,200	5	6	7	8	7	1	1	4
6207	충북 단양군	장애인거주시설운영지원	1,235,637	5	1	7	8	7	3	1	4
6208	충북 단양군	요보호아동그룹홈운영지원	526,200	5	2	7	8	7	1	1	1
6209	충북 단양군	지역아동센터인건비지원	407,700	5	2	7	8	7	1	1	1
6210	충북 단양군	지역자활센터운영	262,284	5	2	7	1	7	5	1	1
6211	충북 단양군	장애인생활이동지원센터운영	252,200	5	1	7	8	7	1	1	1
6212	충북 단양군	주간보호시설운영	242,760	5	1	7	8	7	1	1	1
6213	충북 단양군	수어통역센터운영	221,700	5	1	7	8	7	1	1	1
6214	충북 단양군	성폭력상담소지원사업	142,022	5	2	7	8	7	3	1	1
6215	충북 단양군	지역아동센터운영비지원	95,580	5	2	7	8	7	1	1	1
6216	충북 단양군	지역아동센터인건비부족분	86,161	5	6	7	8	7	1	1	1
6217	충북 단양군	지역사회보장협의체운영지원	80,250	5	1	7	8	7	1	1	1
6218	충북 단양군	요보호아동그룹홈인건비부족분	63,002	5	6	7	8	7	1	1	1
6219	충북 단양군	지역아동센터운영및프로그램지원	34,100	5	6	7	8	7	1	1	1
6220	충북 단양군	지역아동센터체험,견학비지원	13,000	5	6	7	8	7	1	1	1
6221	충북 단양군	지역아동센터특수목적형지원	7,200	5	2	7	8	7	1	1	1
6222	충북 단양군	지역아동센터냉난방비지원	5,000	5	6	7	8	7	1	1	1
6223	충북 단양군	지역아동센터운영지원(자체)	4,800	5	6	7	8	7	1	1	1
6224	충청남도	지역아동보호전문기관운영	4,362,678	5	1	7	8	7	1	1	4
6225	충청남도	해바라기센터운영지원	1,160,493	5	2	7	8	7	5	5	4
6226	충청남도	여성긴급전화1366센터운영지원	721,604	5	2	7	8	7	5	5	4
6227	충청남도	충남사회복지협의회운영지원	620,000	5	4	7	8	7	1	1	4
6228	충청남도	충남광역자활센터운영	616,471	5	2	7	8	7	1	1	4
6229	충청남도	충남가정위탁지원센터운영지원	509,986	5	1	7	8	7	1	1	4
6230	충청남도	충남수어통역센터	432,000	5	1	5	8	7	1	1	4
6231	충청남도	장애인자립생활지원센터운영비	364,000	5	1	1	3	1	1	1	1
6232	충청남도	장애인민원상담센터운영	324,398	5	1	6	1	7	1	1	1
6233	충청남도	충남장애인가족지원센터운영	217,326	5	1	1	3	1	1	1	1
6234	충청남도	충남장애인편의증진기술지원센터운영	205,426	5	1	7	8	7	1	1	3
6235	충청남도	장애인시설종사자처우개선(도)	196,350	5	1	7	8	7	5	5	4
6236	충청남도	장애인생산품판매시설운영	189,952	5	2	5	8	7	5	5	1
6237	충청남도	여성장애인교육사업(운영비)	168,600	5	1	1	3	1	1	1	1

순번	시군구	지출명 (사업명)	2024년예산 (단위 : 천원 /1년간)	민간이전 분류 (지방자치단체 세출예산 집행기준에 의거) 1. 민간경상사업보조(307-02) 2. 민간단체 법정운영비보조(307-03) 3. 민간행사사업보조(307-04) 4. 민간위탁금(307-05) 5. 사회복지시설 법정운영비보조(307-10) 6. 민간인위탁교육비(307-12) 7. 공기관등에대한경상적위탁사업비(308-13) 8. 민간자본사업보조,자체재원(402-01) 9. 민간자본사업보조,이전재원(402-02) 10. 민간위탁사업비(402-03) 11. 공기관등에 대한 자본적 위탁사업비(403-02)	민간이전지출 근거 (지방보조금 관리기준 참고) 1. 법률에 규정 2. 국고보조 재원(국가지정) 3. 용도 지정 기부금 4. 조례에 직접규정 5. 지자체가 권장하는 사업을 하는 공공기관 6. 시,도 정책 및 재정사정 7. 기타 8. 해당없음	입찰방식 계약체결방법 (경쟁형태) 1. 일반경쟁 2. 제한경쟁 3. 지명경쟁 4. 수의계약 5. 법정위탁 6. 기타 ( ) 7. 없음	입찰방식 계약기간 1. 1년 2. 2년 3. 3년 4. 4년 5. 5년 6. 기타 ( )년 7. 단기계약 (1년미만) 8. 없음	입찰방식 낙찰자선정방법 1. 적격심사 2. 협상에의한계약 3. 최저가낙찰제 4. 규격가격분리 5. 2단계 경쟁입찰 6. 기타 ( ) 7. 없음	운영예산 산정 운영예산 산정 1. 내부산정 (지자체 자체적으로 산정) 2. 외부산정 (외부전문기관위탁 산정) 3. 내·외부 모두 산정 4. 산정 無 5. 없음	운영예산 산정 정산방법 1. 내부정산 (지자체 내부적으로 정산) 2. 외부정산 (외부전문기관위탁 정산) 3. 내·외부 모두 산정 4. 정산 無 5. 없음	성과평가 실시여부 1. 실시 2. 미실시 3. 향후 추진 4. 해당없음
6238	충청남도	스토킹피해자긴급주거지원	127,800	5	2	7	8	7	5	5	4
6239	충청남도	충남사회복지공동모금회운영지원	100,000	5	1	7	8	7	1	1	4
6240	충청남도	장애인시설종사자정액급식비(도)	94,920	5	1	7	8	7	5	5	4
6241	충청남도	장애인자립시설종사자처우개선비(도)	57,600	5	4	7	8	7	1	1	1
6242	충청남도	사회복지사안전체계구축상담인력인건비	45,000	5	1	7	8	7	1	1	4
6243	충청남도	충남다문화가족지원거점센터운영지원	42,300	5	1	7	8	7	5	5	4
6244	충청남도	충남광역자활센터처우개선	24,570	5	4	7	8	7	1	1	4
6245	충청남도	장애인지원센터종사자처우개선비(도)	23,400	5	1	7	1	7	1	1	1
6246	충청남도	스토킹피해자치료회복프로그램	22,900	5	2	7	8	7	5	5	4
6247	충청남도	긴급피난처운영(도)	20,000	5	6	7	8	7	5	5	4
6248	충청남도	충남사회복지사협회운영지원	8,900	5	1	7	8	7	1	1	4
6249	충청남도	충남다문화가족지원거점센터	6,120	5	3	7	8	7	5	5	4
6250	충청남도	충남다문화가족지원거점센터	3,360	5	3	7	8	7	5	5	4
6251	충청남도	장애인생산품판매시설종사자정액급식비	3,360	5	4	7	8	7	1	1	1
6252	충청남도	충남다문화가족지원거점센터종사자(도)	1,970	5	3	7	8	7	5	5	4
6253	충남 천안시	대체교사,보조교사지원사업	6,676,800	5	2	7	8	7	1	1	2
6254	충남 천안시	정신요양시설운영지원(정신요양시설운영)	6,214,917	5	2	7	8	7	1	1	2
6255	충남 천안시	지역아동센터인건비지원	4,800,000	5	2	7	8	7	1	1	1
6256	충남 천안시	노인복지시설지원	1,745,400	5	1	7	8	7	1	1	4
6257	충남 천안시	경로당냉난방비및양곡비지원	1,672,000	5	1	7	8	7	5	1	4
6258	충남 천안시	노인복지증진및묘지관리	1,598,400	5	8	4	1	7	1	1	4
6259	충남 천안시	지역아동센터운영비지원	1,053,684	5	2	7	8	7	1	1	1
6260	충남 천안시	정신재활시설운영	875,415	5	6	7	8	7	1	1	2
6261	충남 천안시	시보육특수시책사업	552,000	5	6	1	1	1	1	5	1
6262	충남 천안시	정신재활시설지원	506,000	5	1	7	8	7	5	5	4
6263	충남 천안시	생활안정지원(아동복지시설인건비추가)	364,800	5	2	7	8	7	1	1	1
6264	충남 천안시	시간제보육서비스제공지원	280,056	5	2	1	8	1	3	5	1
6265	충남 천안시	생활안정지원(아동복지시설처우개선)	259,200	5	2	7	8	7	1	1	1
6266	충남 천안시	정신건강증진시설지원	151,080	5	6	7	8	7	1	1	2
6267	충남 천안시	특성별지역아동센터추가지원	119,040	5	2	7	8	7	1	1	1
6268	충남 천안시	아동보육관리	60,000	5	1	7	8	7	1	1	4
6269	충남 천안시	정신건강증진시설종사자정액급식비	45,600	5	6	7	8	7	1	1	2
6270	충남 천안시	아동보육관리	35,000	5	4	7	7	7	1	1	2
6271	충남 공주시	지역아동센터인건비지원	650,400	5	1	7	8	7	5	1	4
6272	충남 공주시	공주기독교종합사회복지관인건비	540,000	5	1	7	8	7	3	1	1
6273	충남 공주시	금강종합사회복지관인건비	500,000	5	1	7	8	7	3	1	1
6274	충남 공주시	지역자활센터운영	368,797	5	1	7	8	7	1	1	4
6275	충남 공주시	가정폭력피해자보호시설운영지원	307,852	5	1	7	8	7	5	5	4
6276	충남 공주시	성매매피해자지원시설운영	243,641	5	1	7	8	7	5	5	4
6277	충남 공주시	여성복지시설종사자추가인건비	230,532	5	1	7	8	7	5	5	4

순번	시군구	지출명 (사업명)	2024년예산 (단위 : 천원 /1년간)	민간이전 분류 (지방자치단체 세출예산 집행기준에 의거) 1. 민간경상사업보조(307-02) 2. 민간단체 법정운영비보조(307-03) 3. 민간행사사업보조(307-04) 4. 민간위탁금(307-05) 5. 사회복지시설 법정운영비보조(307-10) 6. 민간인위탁교육비(307-12) 7. 공기관등에대한경상적위탁사업비(308-13) 8. 민간자본사업보조,자체재원(402-01) 9. 민간자본사업보조,이전재원(402-02) 10. 민간위탁사업비(402-03) 11. 공기관등에 대한 자본적 위탁사업비(403-02)	민간이전지출 근거 (지방보조금 관리기준 참고) 1. 법률에 규정 2. 국고보조 재원(국가지정) 3. 용도 지정 기부금 4. 조례에 직접규정 5. 지자체가 권장하는 사업을 하는 공공기관 6. 시,도 정책 및 재정사정 7. 기타 8. 해당없음	입찰방식: 계약체결방법 (경쟁형태) 1. 일반경쟁 2. 제한경쟁 3. 지명경쟁 4. 수의계약 5. 법정위탁 6. 기타 ( ) 7. 없음	입찰방식: 계약기간 1. 1년 2. 2년 3. 3년 4. 4년 5. 5년 6. 기타 ( )년 7. 단기계약 (1년미만) 8. 없음	입찰방식: 낙찰자선정방법 1. 적격심사 2. 협상에의한계약 3. 최저가낙찰제 4. 규격가격분리 5. 2단계 경쟁입찰 6. 기타 ( ) 7. 없음	운영예산 산정: 운영예산 산정 1. 내부산정 (지자체 자체적으로 산정) 2. 외부산정 (외부전문기관위탁 산정) 3. 내·외부 모두 산정 4. 산정 無 5. 없음	운영예산 산정: 정산방법 1. 내부정산 (지자체 내부적으로 정산) 2. 외부정산 (외부전문기관위탁 정산) 3. 내·외부 모두 산정 4. 정산 無 5. 없음	성과평가 실시여부 1. 실시 2. 미실시 3. 향후 추진 4. 해당없음
6278	충남 공주시	아동복지시설인건비추가지원	205,399	5	1	7	8	7	5	1	4
6279	충남 공주시	공주기독교종합사회복지관운영비	170,000	5	1	7	8	7	3	1	1
6280	충남 공주시	금강종합사회복지관운영비	170,000	5	1	7	8	7	3	1	1
6281	충남 공주시	보훈단체운영비	151,900	5	1	7	8	7	5	1	3
6282	충남 공주시	지역아동센터운영비지원	149,064	5	1	7	8	7	5	1	4
6283	충남 공주시	가정폭력상담소운영	146,711	5	1	7	8	7	5	5	4
6284	충남 공주시	성폭력상담소운영	142,022	5	1	7	8	7	5	5	4
6285	충남 공주시	요보호아동그룹홈운영보조금지원	134,140	5	1	7	8	7	5	1	4
6286	충남 공주시	공주시지역사회보장협의체운영	65,000	5	1	5	8	7	1	1	3
6287	충남 공주시	아동복지시설근무자처우개선	59,480	5	1	7	8	7	5	1	4
6288	충남 공주시	지역아동센터통학차량이용지원	54,000	5	1	7	8	7	5	1	4
6289	충남 공주시	기초푸드뱅크운영지원	51,840	5	1	7	8	7	5	5	4
6290	충남 공주시	폭력피해여성주거지원운영지원	42,560	5	1	7	8	7	5	5	4
6291	충남 공주시	지역아동센터지원(포괄)	40,380	5	1	7	8	7	5	1	4
6292	충남 공주시	사회복지협의회인건비지원	37,000	5	1	7	8	7	3	1	1
6293	충남 공주시	여성복지시설종사자처우개선비	36,220	5	1	7	8	7	5	5	4
6294	충남 공주시	새일센터운영지원	33,300	5	1	7	8	7	5	5	3
6295	충남 공주시	자활사례관리사지원	31,477	5	1	7	8	7	1	1	4
6296	충남 공주시	사회복지관근무자처우개선비	30,960	5	1	7	8	7	3	1	1
6297	충남 공주시	특성별지역아동센터추가지원	22,320	5	1	7	8	7	5	1	4
6298	충남 공주시	아동복지시설종사자정액급식비	21,400	5	1	7	8	7	5	1	4
6299	충남 공주시	사회복지관근무자정액급식비	13,800	5	1	7	8	7	3	1	1
6300	충남 공주시	여성권익증진시설종사자정액급식비	13,600	5	1	7	8	7	5	5	4
6301	충남 공주시	지역자활센터종사자처우개선비	11,160	5	1	7	8	7	1	1	4
6302	충남 공주시	사회복지협의회기능보강	7,000	5	1	7	8	7	3	1	1
6303	충남 공주시	지역자활센터정액급식비	5,880	5	1	7	8	7	1	1	4
6304	충남 보령시	아동양육시설운영비	2,432,483	5	6	7	8	7	1	1	1
6305	충남 보령시	경로당운영비	1,012,140	5	4	7	8	7	5	5	4
6306	충남 보령시	경로당냉난방비및양곡비지원	984,500	5	1	7	8	7	5	5	4
6307	충남 보령시	노인생활이용시설종사자처우개선비지원	337,440	5	1	7	8	7	5	5	4
6308	충남 보령시	다함께돌봄사업인건비	317,512	5	2	7	8	7	5	1	1
6309	충남 보령시	지역자활센터운영	305,648	5	1	7	8	7	1	1	4
6310	충남 보령시	아동복지시설종사자처우개선비	124,350	5	6	7	8	7	1	1	1
6311	충남 보령시	노연복지관운영지원	69,600	5	1	7	8	7	5	5	4
6312	충남 보령시	아동복지시설종사자정액급식비	56,280	5	6	7	8	7	1	1	1
6313	충남 보령시	다함께돌봄사업운영비지원	52,000	5	2	7	8	7	5	1	1
6314	충남 보령시	명천종합사회복지관종사자처우개선비	15,507	5	6	5	5	7	1	1	1
6315	충남 보령시	지역자활센터종사자처우개선비	10,560	5	1	7	8	7	1	1	4
6316	충남 보령시	다함께돌봄사업처우개선비지원	8,100	5	6	7	8	7	5	1	1
6317	충남 보령시	지역자활센터종사자정액급식비	7,560	5	1	7	8	7	1	1	4

순번	시군구	지출명 (사업명)	2024년예산 (단위 : 천원 /1년간)	민간이전 분류 (지방자치단체 세출예산 집행기준에 의거) 1. 민간경상사업보조(307-02) 2. 민간단체 법정운영비보조(307-03) 3. 민간행사사업보조(307-04) 4. 민간위탁금(307-05) 5. 사회복지시설 법정운영비보조(307-10) 6. 민간인위탁교육비(307-12) 7. 공기관등에대한경상적위탁사업비(308-13) 8. 민간자본사업보조,자체재원(402-01) 9. 민간자본사업보조,이전재원(402-02) 10. 민간위탁사업비(402-03) 11. 공기관등에 대한 자본적 위탁사업비(403-02)	민간이전지출 근거 (지방보조금 관리기준 참고) 1. 법률에 규정 2. 국고보조 재원(국가지정) 3. 용도 지정 기부금 4. 조례에 직접규정 5. 지자체가 권장하는 사업을 하는 공공기관 6. 시,도 정책 및 재정사정 7. 기타 8. 해당없음	입찰방식			운영예산 산정		성과평가 실시여부
						계약체결방법 (경쟁형태) 1. 일반경쟁 2. 제한경쟁 3. 지명경쟁 4. 수의계약 5. 법정위탁 6. 기타 ( ) 7. 없음	계약기간 1. 1년 2. 2년 3. 3년 4. 4년 5. 5년 6. 기타 ( )년 7. 단기계약 (1년미만) 8. 없음	낙찰자선정방법 1. 적격심사 2. 협상에의한계약 3. 최저가낙찰제 4. 규격가격분리 5. 2단계 경쟁입찰 6. 기타 ( ) 7. 없음	운영예산 산정 1. 내부산정 (지자체 자체적으로 산정) 2. 외부산정 (외부전문기관위탁 산정) 3. 내·외부 모두 산정 4. 산정 無 5. 없음	정산방법 1. 내부정산 (지자체 내부적으로 정산) 2. 외부정산 (외부전문기관위탁 정산) 3. 내·외부 모두 산정 4. 정산 無 5. 없음	1. 실시 2. 미실시 3. 향후 추진 4. 해당없음
6318	충남 보령시	명천종합사회복지관종사자정액급식비	7,560	5	6	5	5	7	1	1	1
6319	충남 보령시	아동양육시설종사자힐링연수프로그램	6,000	5	6	7	8	7	1	1	1
6320	충남 보령시	다함께돌봄사업종사자정액급식비	3,780	5	6	7	8	7	5	1	1
6321	충남 보령시	지역사회보장협의체근무자직무보조비	2,880	5	6	7	8	7	1	1	1
6322	충남 아산시	장애인거주시설운영(국비)	4,861,755	5	1	7	8	7	5	1	4
6323	충남 아산시	지역아동센터인건비지원	2,686,248	5	2	7	8	7	5	1	1
6324	충남 아산시	정신요양시설운영지원	2,291,000	5	1	7	8	7	5	5	4
6325	충남 아산시	경로당운영비지원(54개소)	1,835,400	5	4	7	8	7	1	1	2
6326	충남 아산시	아동양육시설운영	1,784,584	5	4	7	8	7	1	1	1
6327	충남 아산시	정신재활시설운영비	1,585,080	5	1	7	8	7	5	5	4
6328	충남 아산시	경로당냉난방비한시지원	1,048,313	5	1,2	7	8	7	1	1	2
6329	충남 아산시	공동생활가정운영	983,145	5	2	7	8	7	1	1	1
6330	충남 아산시	무료양로시설운영비지원(온양정애원)	961,289	5	1	7	8	7	1	1	4
6331	충남 아산시	장애인직업재활시설운영	837,207	5	1	7	8	7	5	1	4
6332	충남 아산시	장애인거주시설운영지원(개인)	740,548	5	1	7	8	7	5	1	4
6333	충남 아산시	지역아동센터운영비지원	703,100	5	2	7	8	7	5	1	1
6334	충남 아산시	동부노인복지관운영지원	686,340	5	1	7	8	7	5	5	4
6335	충남 아산시	지역아동센터종사자인건비추가지원	620,535	5	4	7	8	7	5	1	1
6336	충남 아산시	재가노인복지시설운영비지원	605,000	5	1	7	8	7	1	1	4
6337	충남 아산시	장애인생활이동지원센터운영	433,476	5	1	7	8	7	5	1	1
6338	충남 아산시	노인의료복지시설종사자처우개선지원	382,300	5	1	7	8	7	1	1	4
6339	충남 아산시	수어통역센터운영	369,400	5	1	7	8	7	5	1	4
6340	충남 아산시	뇌병변주간보호센터운영지원	313,186	5	1	7	8	7	5	5	4
6341	충남 아산시	공동생활가정종사자인건비추가지원	310,000	5	4	7	8	7	1	1	1
6342	충남 아산시	지역사회시니어클럽운영	310,000	5	1	7	8	7	1	1	4
6343	충남 아산시	장애인거주시설운영(처우개선)	222,960	5	1	7	8	7	5	1	4
6344	충남 아산시	장애인편의시설지원센터운영	218,400	5	1	7	8	7	5	1	4
6345	충남 아산시	장애인주간보호센터운영지원시범사업	213,515	5	1	7	8	7	5	1	4
6346	충남 아산시	경로당냉난방비추가지원	196,000	5	1,6	7	8	7	1	1	2
6347	충남 아산시	장애인주간보호센터운영지원	190,000	5	1	7	8	7	5	1	4
6348	충남 아산시	지역아동센터운영사업비및급식인력지원	145,920	5	4	7	8	7	5	1	1
6349	충남 아산시	어린이집냉난방비지원	144,000	5	1	7	8	7	5	1	2
6350	충남 아산시	지역아동센터종사자처우개선비	141,150	5	4	7	8	7	5	1	1
6351	충남 아산시	정신질환시설종사자처우개선비	120,960	5	1	7	8	7	5	5	4
6352	충남 아산시	아동학습환경지원	109,000	5	4	7	8	7	1	1	1
6353	충남 아산시	장애인거주시설종사자인건비부족분(연장근로수당)	103,704	5	1	7	8	7	5	1	4
6354	충남 아산시	아동생활안정지원	100,000	5	4	7	8	7	1	1	1
6355	충남 아산시	지역아동센터아동건강증진및정서함양지원	100,000	5	4	7	8	7	5	1	1
6356	충남 아산시	장애인이용시설근무자처우개선비지원	99,708	5	1	7	8	7	5	1	4
6357	충남 아산시	장애인거주시설종사자정액급식비지원	92,400	5	1	7	8	7	5	1	4

순번	시군구	지출명 (사업명)	2024년예산 (단위 : 천원 /1년간)	민간이전 분류 (지방자치단체 세출예산 집행기준에 의거) 1. 민간경상사업보조(307-02) 2. 민간단체 법정운영비보조(307-03) 3. 민간행사사업보조(307-04) 4. 민간위탁금(307-05) 5. 사회복지시설 법정운영비보조(307-10) 6. 민간인위탁교육비(307-12) 7. 공기관등에대한경상적위탁사업비(308-13) 8. 민간자본사업보조,자체재원(402-01) 9. 민간자본사업보조,이전재원(402-02) 10. 민간위탁사업비(402-03) 11. 공기관등에 대한 자본적 위탁사업비(403-02)	민간이전지출 근거 (지방보조금 관리기준 참고) 1. 법률에 규정 2. 국고보조 재원(국가지정) 3. 용도 지정 기부금 4. 조례에 직접규정 5. 지자체가 권장하는 사업을 하는 공공기관 6. 시,도 정책 및 재정사정 7. 기타 8. 해당없음	입찰방식: 계약체결방법 (경쟁형태) 1. 일반경쟁 2. 제한경쟁 3. 지명경쟁 4. 수의계약 5. 법정위탁 6. 기타 ( ) 7. 없음	입찰방식: 계약기간 1. 1년 2. 2년 3. 3년 4. 4년 5. 5년 6. 기타 ( )년 7. 단기계약 (1년미만) 8. 없음	입찰방식: 낙찰자선정방법 1. 적격심사 2. 협상에의한계약 3. 최저가낙찰제 4. 규격가격분리 5. 2단계 경쟁입찰 6. 기타 ( ) 7. 없음	운영예산 산정: 운영예산 산정 1. 내부산정 (지자체 자체적으로 산정) 2. 외부산정 (외부전문기관위탁 산정) 3. 내·외부 모두 산정 4. 산정 無 5. 없음	운영예산 산정: 정산방법 1. 내부정산 (지자체 내부적으로 정산) 2. 외부정산 (외부전문기관위탁 정산) 3. 내·외부 모두 산정 4. 정산 無 5. 없음	성과평가 실시여부 1. 실시 2. 미실시 3. 향후 추진 4. 해당없음
6358	충남 아산시	공동생활가정종사자시간외근무수당지원	90,112	5	4	7	8	7	1	1	1
6359	충남 아산시	지역아동센터운영비추가지원	81,600	5	4	7	8	7	5	1	1
6360	충남 아산시	특수목적형추가지원	74,400	5	2	7	8	7	5	1	1
6361	충남 아산시	공동생활가정종사자처우개선비지원	73,320	5	4	7	8	7	1	1	1
6362	충남 아산시	아동양육시설종사자처우개선비지원	71,740	5	4	7	8	7	1	1	1
6363	충남 아산시	장애인거주시설종사자보호수당	60,771	5	1	7	8	7	5	1	4
6364	충남 아산시	정신건강증진시설종사자정액급식비	50,400	5	1	7	8	7	5	5	4
6365	충남 아산시	장애인복지시설종사자처우개선(건강검진비,복지포인트)	50,000	5	1	7	8	7	5	1	4
6366	충남 아산시	지역아동센터종사자정액급식비지원	49,800	5	4	7	8	7	5	1	1
6367	충남 아산시	장애인이용시설종사자정액급식비지원	48,720	5	1	7	8	7	5	1	4
6368	충남 아산시	야간어린이집보육교사인건비	46,000	5	6	7	3	1	1	1	1
6369	충남 아산시	재가노인복지시설종사자처우개선지원	45,840	5	1	7	8	7	1	1	4
6370	충남 아산시	장애인직업재활시설운영지원(자체)	44,073	5	1	7	8	7	5	1	4
6371	충남 아산시	장애인직업재활시설종사자처우개선비	41,190	5	1	7	8	7	5	1	4
6372	충남 아산시	노인종합복지관종사자처우개선지원(22명)	35,280	5	1	7	8	7	5	5	4
6373	충남 아산시	지역아동센터냉난방비추가지원	27,200	5	2	7	8	7	5	1	1
6374	충남 아산시	장애전문어린이집기사인건비	24,729	5	6	7	8	7	1	1	4
6375	충남 아산시	공동생활가정종사자정액급식비지원	24,600	5	4	7	8	7	1	1	1
6376	충남 아산시	공동생활가정운영비추가지원	24,000	5	4	7	8	7	1	1	1
6377	충남 아산시	노인주거복지시설종사자처우개선지원	22,820	5	1	7	8	7	1	1	4
6378	충남 아산시	아동양육시설종사자정액급식비지원	22,200	5	4	7	8	7	1	1	1
6379	충남 아산시	장애인주간보호센터프로그램지원(현안사업)	20,000	5	1	7	8	7	5	1	4
6380	충남 아산시	다함께돌봄센터근무자처우개선	18,720	5	4	1	5	1	5	1	1
6381	충남 아산시	아동건강증진및정서함양지원	17,800	5	4	7	8	7	1	1	1
6382	충남 아산시	지역아동센터종사자건강검진비지원	17,100	5	4	7	8	7	5	1	1
6383	충남 아산시	장애인직업재활시설종사자정액급식비	16,800	5	1	7	8	7	5	1	4
6384	충남 아산시	지역아동센터종사자복지포인트지원	16,000	5	4	7	8	7	5	1	1
6385	충남 아산시	대한노인회부설노인대학운영비	16,000	5	1,6	7	8	7	1	1	2
6386	충남 아산시	토요운영추가지원	15,360	5	2	7	8	7	5	1	1
6387	충남 아산시	동부노인복지관종사자처우개선지원(11명)	14,400	5	1	7	8	7	5	5	4
6388	충남 아산시	토요운영지역아동센터운영비지원(도자체)	13,200	5	4	7	8	7	5	1	1
6389	충남 아산시	노인종합복지관종사자정액급식비지원	13,200	5	1	7	8	7	5	5	4
6390	충남 아산시	양로시설종사자정액급식비지원	12,600	5	1	7	8	7	1	1	4
6391	충남 아산시	동지역어린이집차량운영비지원	12,000	5	6	7	8	7	1	1	4
6392	충남 아산시	공동생활가정입소아동심리치료비지원	10,000	5	4	7	8	7	1	1	1
6393	충남 아산시	경계선아동자립지원	10,000	5	2	7	8	7	1	1	1
6394	충남 아산시	장애인직업재활시설종사자보호수당	9,600	5	1	7	8	7	5	1	4
6395	충남 아산시	지역사회시니어클럽운영	8,850	5	1	7	8	7	1	1	4
6396	충남 아산시	장애인자립생활지원센터처우개선비지원	7,200	5	1	7	8	7	5	1	4
6397	충남 아산시	아동생활시설종사자복지포인트비지원	7,000	5	4	7	8	7	1	1	1

순번	시군구	지출명 (사업명)	2024년예산 (단위 : 천원 /1년간)	민간이전 분류 (지방자치단체 세출예산 집행기준에 의거)	민간이전지출 근거 (지방보조금 관리기준 참고)	입찰방식			운영예산 산정		성과평가 실시여부
				1. 민간경상사업보조(307-02) 2. 민간단체 법정운영비보조(307-03) 3. 민간행사사업보조(307-04) 4. 민간위탁금(307-05) 5. 사회복지시설 법정운영비보조(307-10) 6. 민간인위탁교육비(307-12) 7. 공기관등에대한경상적위탁사업비(308-13) 8. 민간자본사업보조,자체재원(402-01) 9. 민간자본사업보조,이전재원(402-02) 10. 민간위탁사업비(402-03) 11. 공기관등에 대한 자본적 위탁사업비(403-02)	1. 법률에 규정 2. 국고보조 재원(국가지정) 3. 용도 지정 기부금 4. 조례에 직접규정 5. 지자체가 권장하는 사업을 하는 공공기관 6. 시,도 정책 및 재정사정 7. 기타 8. 해당없음	계약체결방법 (경쟁형태) 1. 일반경쟁 2. 제한경쟁 3. 지명경쟁 4. 수의계약 5. 법정위탁 6. 기타 ( ) 7. 없음	계약기간 1. 1년 2. 2년 3. 3년 4. 4년 5. 5년 6. 기타 ( )년 7. 단기계약 (1년미만) 8. 없음	낙찰자선정방법 1. 적격심사 2. 협상에의한계약 3. 최저가낙찰제 4. 규격가격분리 5. 2단계 경쟁입찰 6. 기타 ( ) 7. 없음	운영예산 산정 1. 내부산정 (지자체 자체적으로 산정) 2. 외부산정 (외부전문기관위탁 산정) 3. 내·외부 모두 산정 4. 산정 無 5. 없음	정산방법 1. 내부정산 (지자체 내부적으로 정산) 2. 외부정산 (외부전문기관위탁 정산) 3. 내·외부 모두 산정 4. 정산 無 5. 없음	1. 실시 2. 미실시 3. 향후 추진 4. 해당없음
6398	충남 아산시	동부노인복지관종사자정액급식비지원	6,600	5	1	7	8	7	5	5	4
6399	충남 아산시	정신건강증진시설종사자처우개선비	6,500	5	4	7	8	7	5	5	4
6400	충남 아산시	아동생활시설종사자건강검진비지원	6,000	5	4	7	8	7	1	1	1
6401	충남 아산시	다함께돌봄센터종사자정액급식비지원	5,400	5	4	1	5	1	5	1	1
6402	충남 아산시	공동생활가정물품구입비지원	5,000	5	4	7	8	7	1	1	1
6403	충남 아산시	무료양로시설운영비추가지원(자체)	5,000	5	1	7	8	7	1	1	4
6404	충남 아산시	노인복지관근무자건강검진비지원	4,800	5	1	7	8	7	5	5	4
6405	충남 아산시	야간어린이집운영지원	3,600	5	6	7	3	1	1	1	1
6406	충남 아산시	노인복지관근무자복지포인트지원	3,600	5	1	7	8	7	5	5	4
6407	충남 아산시	장애인가족지원센터종사자처우개선	3,600	5	1	7	8	7	5	1	4
6408	충남 아산시	지역사회시니어클럽운영	3,000	5	1	7	8	7	1	1	4
6409	충남 아산시	정신건강증진시설종사자처우개선비	2,400	5	4	7	8	7	5	5	4
6410	충남 아산시	다함께돌봄센터근무자처우개선(자체)	2,000	5	4	1	5	1	4	1	1
6411	충남 아산시	노인생활시설종사자건강검진비지원	1,800	5	4	7	8	7	1	1	4
6412	충남 아산시	재가노인복지시설종사자건강검진비지원	1,800	5	4	7	8	7	1	1	4
6413	충남 아산시	노인생활시설종사자복지포인트지원	1,600	5	4	7	8	7	1	1	4
6414	충남 아산시	다함께돌봄센터근무자처우개선(자체)	1,500	5	4	1	5	1	4	1	1
6415	충남 아산시	사회복지시설종사자처우개선	1,500	5	4	7	8	7	1	1	4
6416	충남 아산시	재가노인복지시설종사자복지포인트지원	1,200	5	4	7	8	7	1	1	4
6417	충남 아산시	장애인거주시설디지털돌봄시범사업운영지원	960	5	4	7	8	7	1	1	4
6418	충남 아산시	지역사회시니어클럽종사자처우개선추가지원	800	5	1	7	8	7	5	5	4
6419	충남 아산시	지역사회시니어클럽종사자처우개선추가지원	600	5	1	7	8	7	1	1	4
6420	충남 서산시	장애인거주시설운영지원	7,297,797	5	1	7	8	7	1	1	4
6421	충남 서산시	보육교직원인건비지원(정부지원어린이집)	3,638,244	5	2	7	8	7	5	1	1
6422	충남 서산시	노인맞춤돌봄서비스사업지원(지역센터)	3,219,170	5	2	5	2	7	5	1	4
6423	충남 서산시	노인맞춤돌봄서비스사업지원(지역센터)	3,219,170	5	2	5	2	7	1	3	1
6424	충남 서산시	어린이집보조교사지원	2,806,987	5	2	7	8	7	1	3	1
6425	충남 서산시	어린이집보육도우미지원	2,372,054	5	6	7	8	7	5	1	4
6426	충남 서산시	3~5세누리과정보육료지원	2,020,000	5	2	7	8	7	5	1	4
6427	충남 서산시	어린이집필요경비	1,924,650	5	6	7	8	7	5	1	4
6428	충남 서산시	지역아동센터인건비지원	1,419,731	5	2	7	8	7	5	1	4
6429	충남 서산시	지원시설유아반교사인건비지원	1,413,613	5	6	7	8	7	1	1	1
6430	충남 서산시	어린이집및보육교사자체지원	1,209,840	5	6	7	8	7	5	1	4
6431	충남 서산시	장애인단기거주시설운영	840,709	5	1	7	8	7	5	1	4
6432	충남 서산시	공공형어린이집교육환경개선비	648,720	5	6	7	8	7	5	1	1
6433	충남 서산시	영유아급간식비지원	641,550	5	6	7	8	7	5	1	4
6434	충남 서산시	서림직업재활원운영	608,624	5	1	7	8	7	5	1	1
6435	충남 서산시	두리사랑보호작업장운영	555,172	5	1	7	8	7	5	1	1
6436	충남 서산시	노인복지시설종사자처우개선비지원	538,080	5	6	7	8	7	3	1	4
6437	충남 서산시	공공형어린이집지원(전환사업)	452,062	5	6	7	8	7	5	1	4

순번	시군구	지출명 (사업명)	2024년예산 (단위 : 천원 /1년간)	민간이전 분류 (지방자치단체 세출예산 집행기준에 의거) 1. 민간경상사업보조(307-02) 2. 민간단체 법정운영비보조(307-03) 3. 민간행사사업보조(307-04) 4. 민간위탁금(307-05) 5. 사회복지시설 법정운영비보조(307-10) 6. 민간인위탁교육비(307-12) 7. 공기관등에대한경상적위탁사업비(308-13) 8. 민간자본사업보조,자체재원(402-01) 9. 민간자본사업보조,이전재원(402-02) 10. 민간위탁사업비(402-03) 11. 공기관등에 대한 자본적 위탁사업비(403-02)	민간이전지출 근거 (지방보조금 관리기준 참고) 1. 법률에 규정 2. 국고보조 재원(국가지정) 3. 용도 지정 기부금 4. 조례에 직접규정 5. 지자체가 권장하는 사업을 하는 공공기관 6. 시,도 정책 및 재정사정 7. 기타 8. 해당없음	입찰방식 계약체결방법 (경쟁형태) 1. 일반경쟁 2. 제한경쟁 3. 지명경쟁 4. 수의계약 5. 법정위탁 6. 기타 ( ) 7. 없음	입찰방식 계약기간 1. 1년 2. 2년 3. 3년 4. 4년 5. 5년 6. 기타 ( )년 7. 단기계약 (1년미만) 8. 없음	입찰방식 낙찰자선정방법 1. 적격심사 2. 협상에의한계약 3. 최저가낙찰제 4. 규격가격분리 5. 2단계 경쟁입찰 6. 기타 ( ) 7. 없음	운영예산 산정 운영예산 산정 1. 내부산정 (지자체 자체적으로 산정) 2. 외부산정 (외부전문기관위탁 산정) 3. 내·외부 모두 산정 4. 산정 無 5. 없음	운영예산 산정 정산방법 1. 내부정산 (지자체 내부적으로 정산) 2. 외부정산 (외부전문기관위탁 정산) 3. 내·외부 모두 산정 4. 정산 無 5. 없음	성과평가 실시여부 1. 실시 2. 미실시 3. 향후 추진 4. 해당없음
6438	충남 서산시	어린이집부모부담금지원	450,000	5	2	7	8	7	5	1	4
6439	충남 서산시	어린이집반별운영비	442,800	5	6	7	8	7	5	1	4
6440	충남 서산시	장애인생활이동지원센터운영	409,252	5	1	7	8	7	1	1	1
6441	충남 서산시	영유아급간식비지원(자체)	370,500	5	6	7	8	7	5	1	4
6442	충남 서산시	일상돌봄서비스지원	318,360	5	6	5	8	7	5	5	4
6443	충남 서산시	노인맞춤돌봄서비스처우개선비지원(지역센터)	316,200	5	6	5	2	7	1	3	1
6444	충남 서산시	노인맞춤돌봄서비스처우개선비지원(지역센터)	316,200	5	6	5	2	7	1	3	1
6445	충남 서산시	어린이집대체교사지원	304,507	5	2	7	8	7	5	1	4
6446	충남 서산시	수어통역센터운영	287,480	5	1	7	8	7	1	1	1
6447	충남 서산시	장애인거주시설종사자처우개선비	280,560	5	1	7	8	7	5	1	1
6448	충남 서산시	지역아동센터운영비지원	270,744	5	2	7	8	7	1	1	1
6449	충남 서산시	요보호아동그룹홈운영지원	246,310	5	2	7	1	7	5	1	4
6450	충남 서산시	영아반교육환경개선비지원	243,000	5	6	7	8	7	5	1	4
6451	충남 서산시	정부미지원어린이집교육환경개선비지원	208,460	5	6	7	8	7	5	1	4
6452	충남 서산시	어린이집운영지원(차량운영비)	201,940	5	2	7	8	7	5	1	4
6453	충남 서산시	장애인주간보호센터운영	201,725	5	1	7	8	7	5	1	1
6454	충남 서산시	청소년통합지원체계(청소년안정망)구축	170,332	5	2	5	2	1	5	1	1
6455	충남 서산시	가정성폭력상담소운영지원	146,711	5	2	7	1	7	1	1	4
6456	충남 서산시	학교밖청소년지원(꿈드림)	131,739	5	2	5	2	1	5	1	1
6457	충남 서산시	두리사랑공동체운영	130,473	5	1	7	8	7	5	1	1
6458	충남 서산시	가족희망드림지원	128,388	5	1	7	1	7	5	1	4
6459	충남 서산시	노인교실지원	104,500	5	4	7	8	7	1	1	4
6460	충남 서산시	공공형어린이집차량안전도우미	98,707	5	6	7	8	7	5	1	4
6461	충남 서산시	장애인거주시설종사자정액급식비	82,800	5	1	7	8	7	5	1	1
6462	충남 서산시	시간제보육지원사업	70,360	5	2	7	8	7	5	1	4
6463	충남 서산시	청소년동반자프로그램운영	68,572	5	2	5	2	1	5	1	1
6464	충남 서산시	장애인편의증진기술지원센터운영지원	67,020	5	1	7	8	7	1	3	1
6465	충남 서산시	장애인거주시설중증장애인보호자수당	64,450	5	1	7	8	7	5	1	1
6466	충남 서산시	어린이집운영지원(교재교구비)	62,715	5	2	7	8	7	5	1	4
6467	충남 서산시	여성폭력긴급피난처운영	56,541	5	1	7	1	7	1	1	4
6468	충남 서산시	공공도서관개관시간연장	54,240	5	2	5	7	7	5	1	1
6469	충남 서산시	특성별지역아동센터추가지원	54,000	5	2	7	8	7	1	1	1
6470	충남 서산시	청소년지도사배치지원	50,736	5	2	5	7	7	5	1	1
6471	충남 서산시	장애인직업재활시설종사자처우개선비	46,680	5	1	7	8	7	5	1	1
6472	충남 서산시	장애인복지관종사자처우개선비	36,000	5	1	1	5	1	5	1	1
6473	충남 서산시	어린이집운영지원(농어촌소재)	32,644	5	2	7	8	7	5	1	4
6474	충남 서산시	학교밖세상소통카드	28,800	5	2	5	2	1	5	1	1
6475	충남 서산시	학교밖청소년지원(도비추가)	20,000	5	2	5	2	1	5	1	1
6476	충남 서산시	영유아보육료지원	20,000	5	2	7	8	7	5	1	4
6477	충남 서산시	지역노인대학활성화지원	17,900	5	7	7	8	7	1	1	4

순번	시군구	지출명 (사업명)	2024년예산 (단위 : 천원 /1년간)	민간이전 분류 (지방자치단체 세출예산 집행기준에 의거) 1. 민간경상사업보조(307-02) 2. 민간단체 법정운영비보조(307-03) 3. 민간행사사업보조(307-04) 4. 민간위탁금(307-05) 5. 사회복지시설 법정운영비보조(307-10) 6. 민간인위탁교육비(307-12) 7. 공기관등에대한경상적위탁사업비(308-13) 8. 민간자본사업보조,자체재원(402-01) 9. 민간자본사업보조,이전재원(402-02) 10. 민간위탁사업비(402-03) 11. 공기관등에 대한 자본적 위탁사업비(403-02)	민간이전지출 근거 (지방보조금 관리기준 참고) 1. 법률에 규정 2. 국고보조 재원(국가지정) 3. 용도 지정 기부금 4. 조례에 직접규정 5. 지자체가 권장하는 사업을 하는 공공기관 6. 시,도 정책 및 재정사정 7. 기타 8. 해당없음	입찰방식			운영예산 산정		성과평가 실시여부
						계약체결방법 (경쟁형태) 1. 일반경쟁 2. 제한경쟁 3. 지명경쟁 4. 수의계약 5. 법정위탁 6. 기타 ( ) 7. 없음	계약기간 1. 1년 2. 2년 3. 3년 4. 4년 5. 5년 6. 기타 ( )년 7. 단기계약 (1년미만) 8. 없음	낙찰자선정방법 1. 적격심사 2. 협상에의한계약 3. 최저가낙찰제 4. 규격가격분리 5. 2단계 경쟁입찰 6. 기타 ( ) 7. 없음	운영예산 산정 1. 내부산정 (지자체 자체적으로 산정) 2. 외부산정 (외부전문기관위탁 산정) 3. 내·외부 모두 산정 4. 산정 無 5. 없음	정산방법 1. 내부정산 (지자체 내부적으로 정산) 2. 외부정산 (외부전문기관위탁 정산) 3. 내·외부 모두 산정 4. 정산 無 5. 없음	1. 실시 2. 미실시 3. 향후 추진 4. 해당없음
6478	충남 서산시	장애인직업재활시설종사자정액급식비	14,400	5	1	7	8	7	5	1	1
6479	충남 서산시	청소년상담복지센터운영	12,667	5	2	5	2	1	5	1	1
6480	충남 서산시	학교밖청소년지원(급식)	12,500	5	2	5	2	1	5	1	1
6481	충남 서산시	징애전문어린이집차량안전도우미지원	12,340	5	6	7	8	7	5	1	4
6482	충남 서산시	장애인직업재활시설중증장애인보호자수당	11,520	5	1	7	8	7	5	1	1
6483	충남 서산시	아동청소년마음행복지원사업	9,000	5	2	5	2	1	5	1	1
6484	충남 서산시	다함께돌봄센터종사자처우개선비	8,550	5	2	5	5	1	5	1	4
6485	충남 서산시	장애아전담어린이집차량운영비지원	7,800	5	6	7	8	7	5	1	4
6486	충남 서산시	장애인주간보호센터종사자처우개선비	5,400	5	1	7	8	7	5	1	1
6487	충남 서산시	다함께돌봄센터종사자정액급식비	3,990	5	2	5	5	1	5	1	4
6488	충남 서산시	지역청소년참여기구운영(운영위원회)	3,167	5	2	5	7	7	5	1	1
6489	충남 서산시	장애인주간보호센터종사자정액급식비	2,400	5	1	7	8	7	5	1	1
6490	충남 서산시	지역자활센터종사자정액급식비	1,680	5	6	5	8	7	5	5	4
6491	충남 논산시	정신요양시설운영지원	7,583,000	5	1	7	8	7	5	3	4
6492	충남 논산시	장애인거주시설운영지원	6,675,814	5	2	7	8	7	1	1	4
6493	충남 논산시	아동양육시설운영비지원	5,153,895	5	1	7	8	7	1	1	4
6494	충남 논산시	정부지원어린이집인건비	2,642,624	5	2	7	8	7	1	1	4
6495	충남 논산시	지역아동센터인건비지원	2,201,504	5	2	7	8	7	1	1	4
6496	충남 논산시	어린이집보조교사지원	1,755,584	5	2	7	8	7	1	1	4
6497	충남 논산시	어르신회관냉난방비및양곡지원	1,241,947	5	1	7	8	7	2	1	1
6498	충남 논산시	유아반교사인건비	1,171,050	5	6	7	8	7	1	1	4
6499	충남 논산시	정신재활시설운영지원	668,857	5	1	7	8	7	5	3	4
6500	충남 논산시	공공형어린이집교육환경개선비	579,360	5	6	7	8	7	1	1	4
6501	충남 논산시	지역아동센터운영비지원	574,608	5	2	7	8	7	1	1	4
6502	충남 논산시	양로시설운영비지원	529,291	5	6	7	8	7	4	1	4
6503	충남 논산시	어르신복지시설종사자처우개선비	492,360	5	6	7	8	7	4	1	4
6504	충남 논산시	아동복지시설종사자인건비추가지원	439,134	5	1	7	8	7	1	1	4
6505	충남 논산시	논산지역자활센터운영지원	363,853	5	1	6	8	7	5	5	4
6506	충남 논산시	수어통역센터운영지원	325,300	5	1	7	8	7	1	1	1
6507	충남 논산시	논산시시니어클럽운영비지원	320,000	5	1	7	8	7	1	1	4
6508	충남 논산시	청소년복지시설운영지원	300,691	5	1	7	8	7	5	1	4
6509	충남 논산시	공공형어린이집운영비	300,000	5	2	7	8	7	1	1	4
6510	충남 논산시	여성인력개발센터운영	288,870	5	1	7	8	7	3	3	2
6511	충남 논산시	가정폭력피해자보호시설운영비	284,349	5	1	7	8	7	3	3	2
6512	충남 논산시	장애인생활이동지원센터운영지원	269,000	5	1	7	8	7	1	1	1
6513	충남 논산시	장애인거주시설종사자처우개선	258,125	5	6	7	8	7	1	1	4
6514	충남 논산시	정신건강증진시설종사자처우개선비	238,920	5	1	7	8	7	5	1	4
6515	충남 논산시	장애인주간보호시설운영지원	195,297	5	1	7	8	7	1	1	4
6516	충남 논산시	아동양육시설처우개선비	184,044	5	1	7	8	7	1	1	4
6517	충남 논산시	어르신일자리전담기관운영비지원(자체)	174,000	5	1	7	8	7	1	1	4

순번	시군구	지출명 (사업명)	2024년예산 (단위 : 천원 /1년간)	민간이전 분류 (지방자치단체 세출예산 집행기준에 의거) 1. 민간경상사업보조(307-02) 2. 민간단체 법정운영비보조(307-03) 3. 민간행사사업보조(307-04) 4. 민간위탁금(307-05) 5. 사회복지시설 법정운영비보조(307-10) 6. 민간인위탁교육비(307-12) 7. 공기관등에대한경상적위탁사업비(308-13) 8. 민간자본사업보조,자체재원(402-01) 9. 민간자본사업보조,이전재원(402-02) 10. 민간위탁사업비(402-03) 11. 공기관등에 대한 자본적 위탁사업비(403-02)	민간이전지출 근거 (지방보조금 관리기준 참고) 1. 법률에 규정 2. 국고보조 재원(국가지정) 3. 용도 지정 기부금 4. 조례에 직접규정 5. 지자체가 권장하는 사업을 하는 공공기관 6. 시,도 정책 및 재정사정 7. 기타 8. 해당없음	입찰방식 계약체결방법 (경쟁형태) 1. 일반경쟁 2. 제한경쟁 3. 지명경쟁 4. 수의계약 5. 법정위탁 6. 기타 ( ) 7. 없음	입찰방식 계약기간 1. 1년 2. 2년 3. 3년 4. 4년 5. 5년 6. 기타 ( )년 7. 단기계약 (1년미만) 8. 없음	입찰방식 낙찰자선정방법 1. 적격심사 2. 협상에의한계약 3. 최저가낙찰제 4. 규격가격분리 5. 2단계 경쟁입찰 6. 기타 ( ) 7. 없음	운영예산 산정 운영예산 산정 1. 내부산정 (지자체 자체적으로 산정) 2. 외부산정 (외부전문기관위탁 산정) 3. 내·외부 모두 산정 4. 산정 無 5. 없음	운영예산 산정 정산방법 1. 내부정산 (지자체 내부적으로 정산) 2. 외부정산 (외부전문기관위탁 정산) 3. 내·외부 모두 산정 4. 정산 無 5. 없음	성과평가 실시여부 1. 실시 2. 미실시 3. 향후 추진 4. 해당없음
6518	충남 논산시	장애인자립생활지원센터운영지원	164,266	5	2	7	8	7	1	1	4
6519	충남 논산시	대체교사인건비	163,432	5	2	7	8	7	1	1	4
6520	충남 논산시	장애인복지시설종사자정액급식비지원	150,360	5	6	7	8	7	1	1	4
6521	충남 논산시	복지정책업무지원(사회복지협의회운영)	146,976	5	1	7	8	7	1	1	1
6522	충남 논산시	가정폭력상담소운영비	146,711	5	1	7	8	7	3	3	2
6523	충남 논산시	대한노인회논산시지회운영비지원	145,000	5	1	7	8	7	1	1	1
6524	충남 논산시	지역아동센터종사자명절수당지원	135,300	5	1	7	8	7	1	1	4
6525	충남 논산시	영아반교육환경개선비	114,500	5	6	7	8	7	1	1	4
6526	충남 논산시	논산시지역사회보장협의체지원(지역사회보장협의체운영)	113,009	5	1	7	8	7	1	1	1
6527	충남 논산시	여성권익증진시설종사자인건비추가지원	111,210	5	6	7	8	7	3	3	2
6528	충남 논산시	정신건강증진시설종사자정액급식비	100,800	5	1	7	8	7	5	1	4
6529	충남 논산시	아동양육시설종사자정액급식비지원	82,320	5	4	7	8	7	1	1	4
6530	충남 논산시	정부미지원어린이집교육환경개선비	79,800	5	6	7	8	7	1	1	4
6531	충남 논산시	지역아동센터종사자처우개선비지원	79,200	5	4	7	8	7	1	1	4
6532	충남 논산시	장애인편의증진기술지원센터운영지원	76,720	5	1	7	8	7	1	1	1
6533	충남 논산시	장애인거주시설중증장애인보호자수당	75,136	5	6	7	8	7	1	1	4
6534	충남 논산시	장애인보호작업장운영지원	68,670	5	1	7	8	7	1	1	1
6535	충남 논산시	청소년복지시설야간당직대체인력비지원	58,451	5	6	7	8	7	5	1	4
6536	충남 논산시	푸드마켓운영지원	57,000	5	1	6	8	7	5	5	4
6537	충남 논산시	장애인이용시설종사자처우개선비(복지관,주간)	55,440	5	6	7	8	7	1	1	4
6538	충남 논산시	장애인단체연합회운영지원	51,550	5	1	7	8	7	1	1	1
6539	충남 논산시	장애인자립생활지원센터운영지원(자체)	47,600	5	1	7	8	7	1	1	1
6540	충남 논산시	분회어르신회관운영지원	36,000	5	1	7	8	7	1	1	1
6541	충남 논산시	특성별지역아동센터추가지원	36,000	5	2	7	8	7	1	1	4
6542	충남 논산시	6.25참전유공자회논산시지회운영	33,752	5	1	7	8	7	1	1	1
6543	충남 논산시	장애아전문어린이집운전자인건비	30,908	5	4	7	8	7	1	1	4
6544	충남 논산시	고엽제전우회논산시지회운영	30,566	5	1	7	8	7	1	1	1
6545	충남 논산시	무공수훈자회논산시지회운영	30,458	5	1	7	8	7	1	1	1
6546	충남 논산시	지역사회보장협의체운영활성화지원	28,380	5	1	7	8	7	1	1	1
6547	충남 논산시	월남전참전자회논산시지회운영	26,565	5	1	7	8	7	1	1	1
6548	충남 논산시	농어촌소재법인어린이집운영비	22,992	5	2	7	8	7	1	1	4
6549	충남 논산시	상이군경회논산시지회운영	22,317	5	1	7	8	7	1	1	1
6550	충남 논산시	광복회논산계룡금산연합지회운영	22,136	5	1	7	8	7	1	1	1
6551	충남 논산시	여성권익보호시설종사자처우개선비	21,960	5	6	7	8	7	3	3	2
6552	충남 논산시	지체장애인협회운영지원	21,000	5	1	7	8	7	1	1	1
6553	충남 논산시	전몰군경유족회논산시지회운영	18,618	5	1	7	8	7	1	1	1
6554	충남 논산시	전몰군경미망인회논산시지회운영	18,592	5	1	7	8	7	1	1	1
6555	충남 논산시	장애인이용시설종사자처우개선비(수어통역,생활이동,편의증진)	18,360	5	6	7	8	7	1	1	4
6556	충남 논산시	특수임무유공자회논산시지회운영	17,855	5	1	7	8	7	1	1	1
6557	충남 논산시	가정폭력피해자보호시설운영지원(기능보강)	17,490	5	1	7	8	7	3	3	2

순번	시군구	지출명 (사업명)	2024년예산 (단위 : 천원 /1년간)	민간이전 분류 (지방자치단체 세출예산 집행기준에 의거) 1. 민간경상사업보조(307-02) 2. 민간단체 법정운영비보조(307-03) 3. 민간행사사업보조(307-04) 4. 민간위탁금(307-05) 5. 사회복지시설 법정운영비보조(307-10) 6. 민간인위탁교육비(307-12) 7. 공기관등에대한경상적위탁사업비(308-13) 8. 민간자본사업보조,자체재원(402-01) 9. 민간자본사업보조,이전재원(402-02) 10. 민간위탁사업비(402-03) 11. 공기관등에 대한 자본적 위탁사업비(403-02)	민간이전지출 근거 (지방보조금 관리기준 참고) 1. 법률에 규정 2. 국고보조 재원(국가지정) 3. 용도 지정 기부금 4. 조례에 직접규정 5. 지자체가 권장하는 사업을 하는 공공기관 6. 시,도 정책 및 재정사정 7. 기타 8. 해당없음	입찰방식 계약체결방법 (경쟁형태) 1. 일반경쟁 2. 제한경쟁 3. 지명경쟁 4. 수의계약 5. 법정위탁 6. 기타 ( ) 7. 없음	입찰방식 계약기간 1. 1년 2. 2년 3. 3년 4. 4년 5. 5년 6. 기타 ( )년 7. 단기계약 (1년미만) 8. 없음	입찰방식 낙찰자선정방법 1. 적격심사 2. 협상에의한계약 3. 최저가낙찰제 4. 규격가격분리 5. 2단계 경쟁입찰 6. 기타 ( ) 7. 없음	운영예산 산정 운영예산 산정 1. 내부산정 (지자체 자체적으로 산정) 2. 외부산정 (외부전문기관위탁 산정) 3. 내·외부 모두 산정 4. 산정 無 5. 없음	운영예산 산정 정산방법 1. 내부정산 (지자체 내부적으로 정산) 2. 외부정산 (외부전문기관위탁 정산) 3. 내·외부 모두 산정 4. 정산 無 5. 없음	성과평가 실시여부 1. 실시 2. 미실시 3. 향후 추진 4. 해당없음
6558	충남 논산시	국공립어린이집임차료지원사업	14,040	5	4	7	8	7	1	1	4
6559	충남 논산시	아동생활시설관리운영비추가지원	10,800	5	1	7	8	7	1	1	4
6560	충남 논산시	여성권익보호시설종사자정액급식비지원	10,080	5	6	7	8	7	3	3	2
6561	충남 논산시	시니어클럽종사자처우개선비지원	9,360	5	1	7	8	7	1	1	4
6562	충남 논산시	청소년복지시설종사자처우개선비	8,760	5	6	7	8	7	5	1	4
6563	충남 논산시	양로시설종사자정액급식비지원	7,560	5	6	7	8	7	4	1	4
6564	충남 논산시	장애인자립생활지원센터종사자처우개선비지원	5,760	5	6	7	8	7	1	1	4
6565	충남 논산시	청소년복지시설종사자정액급식비지원	5,040	5	6	7	8	7	5	1	4
6566	충남 논산시	시니어클럽종사자정액급식비지원	5,040	5	1	7	8	7	1	1	4
6567	충남 논산시	장애인주간보호시설전문직수당	2,520	5	1	7	8	7	1	1	1
6568	충남 계룡시	다함께돌봄센터운영비지원	12,000,000	5	1	1	5	7	1	1	1
6569	충남 계룡시	지역아동센터운영비추가지원	10,800,000	5	1	7	8	7	1	1	1
6570	충남 계룡시	지역아동센터근무자처우개선비	7,200,000	5	1	7	8	7	1	1	1
6571	충남 계룡시	영유아보육료지원	5,658,000	5	1	7	8	7	1	1	4
6572	충남 계룡시	보육교직원인건비지원	3,150,000	5	1	7	8	7	1	1	4
6573	충남 계룡시	아동복지시설종사자정액급식비지원	2,400,000	5	1	7	8	7	1	1	1
6574	충남 계룡시	3~5세누리과정보육료지원	2,287,600	5	6	7	8	7	1	1	4
6575	충남 계룡시	정부지원어린이집유아반교사인건비지원	278,000	5	1	7	8	7	1	1	4
6576	충남 계룡시	장애인단기보호센터운영비,인건비	249,874	5	6	1	5	1	1	1	3
6577	충남 계룡시	공공형어린이집운영비지원	240,000	5	6	7	8	7	1	1	4
6578	충남 계룡시	한부모가족복지시설운영	231,000	5	1	7	8	7	5	1	4
6579	충남 계룡시	공공형어린이집교육환경개선비지원	224,400	5	6	7	8	7	1	1	4
6580	충남 계룡시	장애인직업재활시설운영지원	191,105	5	6	7	8	7	1	1	3
6581	충남 계룡시	사회복귀시설운영지원	142,000	5	8	7	8	7	1	1	4
6582	충남 계룡시	성폭력상담소운영지원	139,695	5	1	7	8	7	5	1	4
6583	충남 계룡시	경로당운영비지원	137,640	5	4	7	8	7	1	1	4
6584	충남 계룡시	지역아동센터인건비지원	134,064	5	1	7	8	7	1	1	1
6585	충남 계룡시	사회복지협의회운영	111,161	5	1	7	8	7	1	1	1
6586	충남 계룡시	경로당냉난방비및양곡비지원	90,440	5	2	7	8	7	1	1	4
6587	충남 계룡시	다함께돌봄센터인건비지원	71,484	5	1	7	8	7	1	1	1
6588	충남 계룡시	지역아동센터운영비지원	56,880	5	1	7	8	7	1	1	1
6589	충남 계룡시	시간제보육어린이집지원	53,600	5	1	7	8	7	1	1	4
6590	충남 계룡시	지역사회보장협의체운영	52,633	5	1	7	8	7	1	1	1
6591	충남 계룡시	장애인단기거주시설인력추가지원	49,800	5	6	1	5	1	1	1	3
6592	충남 계룡시	여성권익증진시설종사자인건비추가지원	34,210	5	1	7	8	7	5	1	4
6593	충남 계룡시	지역사회보장협의체활성화지원	17,000	5	1	7	8	7	1	1	1
6594	충남 계룡시	정신보건시설지원	5,520	5	8	7	8	7	1	1	4
6595	충남 계룡시	장애인주간보호시설종사자처우개선비	5,340	5	6	1	5	1	1	1	3
6596	충남 계룡시	장애인거주시설종사자정액급식비	3,600	5	6	1	5	1	1	1	3
6597	충남 계룡시	경로당무더위쉼터냉방비지원	2,100	5	6	7	8	7	1	1	4

순번	시군구	지출명 (사업명)	2024년예산 (단위 : 천원 /1년간)	민간이전 분류 (지방자치단체 세출예산 집행기준에 의거) 1. 민간경상사업보조(307-02) 2. 민간단체 법정운영비보조(307-03) 3. 민간행사사업보조(307-04) 4. 민간위탁금(307-05) 5. 사회복지시설 법정운영비보조(307-10) 6. 민간인위탁교육비(307-12) 7. 공기관등에대한경상적위탁사업비(308-13) 8. 민간자본사업보조,자체재원(402-01) 9. 민간자본사업보조,이전재원(402-02) 10. 민간위탁사업비(402-03) 11. 공기관등에 대한 자본적 위탁사업비(403-02)	민간이전지출 근거 (지방보조금 관리기준 참고) 1. 법률에 규정 2. 국고보조 재원(국가지정) 3. 용도 지정 기부금 4. 조례에 직접규정 5. 지자체가 권장하는 사업을 하는 공공기관 6. 시,도 정책 및 재정사정 7. 기타 8. 해당없음	입찰방식 계약체결방법 (경쟁형태) 1. 일반경쟁 2. 제한경쟁 3. 지명경쟁 4. 수의계약 5. 법정위탁 6. 기타 ( ) 7. 없음	입찰방식 계약기간 1. 1년 2. 2년 3. 3년 4. 4년 5. 5년 6. 기타 ( )년 7. 단기계약 (1년미만) 8. 없음	입찰방식 낙찰자선정방법 1. 적격심사 2. 협상에의한계약 3. 최저가낙찰제 4. 규격가격분리 5. 2단계 경쟁입찰 6. 기타 ( ) 7. 없음	운영예산 산정 운영예산 산정 1. 내부산정 (지자체 자체적으로 산정) 2. 외부산정 (외부전문기관위탁 산정) 3. 내·외부 모두 산정 4. 산정 無 5. 없음	운영예산 산정 정산방법 1. 내부정산 (지자체 내부적으로 정산) 2. 외부정산 (외부전문기관위탁 정산) 3. 내·외부 모두 산정 4. 정산 無 5. 없음	성과평가 실시여부 1. 실시 2. 미실시 3. 향후 추진 4. 해당없음
6598	충남 계룡시	장애인주간보호센터종사자정액급식비	1,800	5	6	1	5	1	1	1	3
6599	충남 당진시	지역아동센터인건비	905,383	5	2	7	8	7	1	1	4
6600	충남 당진시	요보호아동그룹홈운영	666,143	5	2	7	8	7	1	1	4
6601	충남 당진시	자활근로,지역자활센터및광역자활센터운영(지역자활센터운영)	390,493	5	2	7	8	7	5	1	4
6602	충남 당진시	아동복지시설종사자인건비추가지원	304,110	5	6	7	8	7	1	1	4
6603	충남 당진시	아동복지시설인건비추가지원	304,110	5	6	7	8	7	1	1	4
6604	충남 당진시	지역아동센터운영비	210,468	5	2	7	8	7	1	1	4
6605	충남 당진시	아동복지시설종사자처우개선비	117,980	5	6	7	8	7	1	1	4
6606	충남 당진시	사회복지관운영	115,587	5	1	5	5	1	1	1	4
6607	충남 당진시	지역사회보장협의체지원	110,414	5	4	7	8	7	1	1	1
6608	충남 당진시	아동복지시설종사자수당	101,400	5	6	7	8	7	1	1	4
6609	충남 당진시	아동복지시설종사자처우개선비(이용시설)	58,990	5	6	7	8	7	1	1	4
6610	충남 당진시	지역아동센터운영,사업비및급식인력지원	46,345	5	6	7	8	7	1	1	4
6611	충남 당진시	푸드뱅크사업	45,000	5	4	7	8	7	1	1	1
6612	충남 당진시	아동복지시설종사자정액급식비	43,680	5	6	7	8	7	1	1	4
6613	충남 당진시	지역아동센터추가운영비(29명이하)	36,480	5	4	7	8	7	1	1	4
6614	충남 당진시	사회복지협의회운영보조	32,400	5	1	7	7	7	1	1	1
6615	충남 당진시	특수목적형추가지원	28,800	5	2	7	8	7	1	1	4
6616	충남 당진시	지역아동센터추가운영비(3명이상)	27,360	5	4	7	8	7	1	1	4
6617	충남 당진시	현수막지정게시대민간위탁관리지원	20,000	5	5	7	7	7	1	1	4
6618	충남 당진시	자활근로,지역자활센터및광역자활센터운영(지역자활센터종사자)	18,360	5	6	7	8	7	5	1	4
6619	충남 당진시	지역아동센터추가운영비(1명미만)	380	5	4	7	8	7	1	1	4
6620	충남 금산군	정부지원어린이집인건비	1,776,011	5	2	7	8	7	1	1	1
6621	충남 금산군	아동양육시설운영비	1,765,032	5	6	7	8	7	1	3	1
6622	충남 금산군	충남보육특수시책사업	1,465,637	5	6	7	8	7	1	1	1
6623	충남 금산군	장애인거주시설운영	1,406,148	5	1	7	8	7	1	1	4
6624	충남 금산군	장애인직업재활시설운영	655,416	5	1	7	8	7	1	1	4
6625	충남 금산군	보조교사지원	591,928	5	2	7	8	7	1	1	1
6626	충남 금산군	지역자활센터운영비	368,797	5	2	7	8	7	1	1	4
6627	충남 금산군	금산시니어클럽운영비지원	290,000	5	4	7	8	7	1	1	4
6628	충남 금산군	장애인생활이동지원센터운영지원	283,000	5	1	7	8	7	1	1	4
6629	충남 금산군	비단고을그린케어(단기)운영지원	250,680	5	1	7	8	7	1	1	4
6630	충남 금산군	농어촌어린이집통학차량인건비(자체)	218,656	5	2	7	8	7	1	1	1
6631	충남 금산군	수어통역센터운영지원	199,351	5	1	7	8	7	1	1	4
6632	충남 금산군	노인복지시설종사자처우개선비	198,120	5	1	7	8	7	1	1	4
6633	충남 금산군	상담소운영지원	183,050	5	1	7	8	7	5	5	4
6634	충남 금산군	누리과정운영비지급	170,219	5	6	7	8	7	1	1	1
6635	충남 금산군	재가노인지원서비스운영	149,000	5	1	7	8	7	1	1	4
6636	충남 금산군	상담소운영지원	138,090	5	1	7	8	7	5	5	4
6637	충남 금산군	아동복지시설근무자처우개선지원(	130,920	5	6	7	8	7	1	1	1

순번	시군구	지출명 (사업명)	2024년예산 (단위 : 천원 /1년간)	민간이전 분류 (지방자치단체 세출예산 집행기준에 의거) 1. 민간경상사업보조(307-02) 2. 민간단체 법정운영비보조(307-03) 3. 민간행사사업보조(307-04) 4. 민간위탁금(307-05) 5. 사회복지시설 법정운영비보조(307-10) 6. 민간인위탁교육비(307-12) 7. 공기관등에대한경상적위탁사업비(308-13) 8. 민간자본사업보조,자체재원(402-01) 9. 민간자본사업보조,이전재원(402-02) 10. 민간위탁사업비(402-03) 11. 공기관등에 대한 자본적 위탁사업비(403-02)	민간이전지출 근거 (지방보조금 관리기준 참고) 1. 법률에 규정 2. 국고보조 재원(국가지정) 3. 용도 지정 기부금 4. 조례에 직접규정 5. 지자체가 권장하는 사업을 하는 공공기관 6. 시,도 정책 및 재정사정 7. 기타 8. 해당없음	입찰방식 계약체결방법 (경쟁형태) 1. 일반경쟁 2. 제한경쟁 3. 지명경쟁 4. 수의계약 5. 법정위탁 6. 기타 ( ) 7. 없음	입찰방식 계약기간 1. 1년 2. 2년 3. 3년 4. 4년 5. 5년 6. 기타 ( )년 7. 단기계약 (1년미만) 8. 없음	입찰방식 낙찰자선정방법 1. 적격심사 2. 협상에의한계약 3. 최저가낙찰제 4. 규격가격분리 5. 2단계 경쟁입찰 6. 기타 ( ) 7. 없음	운영예산 산정 운영예산 산정 1. 내부산정 (지자체 자체적으로 산정) 2. 외부산정 (외부전문기관위탁 산정) 3. 내·외부 모두 산정 4. 산정 無 5. 없음	운영예산 산정 정산방법 1. 내부정산 (지자체 내부적으로 정산) 2. 외부정산 (외부전문기관위탁 정산) 3. 내·외부 모두 산정 4. 정산 無 5. 없음	성과평가 실시여부 1. 실시 2. 미실시 3. 향후 추진 4. 해당없음
6638	충남 금산군	대체교사지원	107,228	5	2	7	8	7	1	1	1
6639	충남 금산군	금산군장애인편의증진기술지원센터운영지원	75,605	5	1	7	8	7	1	1	4
6640	충남 금산군	어린이집냉방비지원(자체)	60,000	5	2	7	8	7	1	1	1
6641	충남 금산군	장애인거주시설종사자처우개선	57,994	5	6	7	8	7	1	1	4
6642	충남 금산군	아동복지시설종사자정액급식비지원	57,960	5	6	7	8	7	1	1	1
6643	충남 금산군	농어촌어린이집차량운영비지급	54,451	5	2	7	8	7	1	1	1
6644	충남 금산군	영유아특별발달지원보조교사인건비(자체)	40,320	5	2	7	8	7	1	1	1
6645	충남 금산군	푸드뱅크지원	40,000	5	8	7	8	7	1	1	4
6646	충남 금산군	장애인거주시설종사자연장근로수당	38,981	5	6	7	8	7	1	1	4
6647	충남 금산군	아이유평등학교생활지도원인건비	37,677	5	1	7	8	7	1	1	4
6648	충남 금산군	장애인거주시설종사자정액급식비	27,960	5	6	7	8	7	1	1	4
6649	충남 금산군	노인생활시설등급외자운영비지원	24,550	5	1	7	8	7	1	1	4
6650	충남 금산군	장애인직업재활시설종사자처우개선비	18,120	5	6	7	8	7	1	1	4
6651	충남 금산군	장애인거주시설중증장애인보호자수당	17,126	5	6	7	8	7	1	1	4
6652	충남 금산군	야간연장어린이집운영(자체)	16,200	5	2	7	8	7	1	1	1
6653	충남 금산군	장애인이용시설종사자처우개선	15,300	5	6	7	8	7	1	1	4
6654	충남 금산군	장애인단기보호시설인건비지원(도비종사자)	13,492	5	6	7	8	7	1	1	4
6655	충남 금산군	지역자활센터종사자처우개선비	13,320	5	2	7	8	7	1	1	4
6656	충남 금산군	농어촌소재법인어린이집	10,991	5	2	7	8	7	1	1	1
6657	충남 금산군	아이유평등학교운영지원	10,000	5	1	7	8	7	1	1	4
6658	충남 금산군	어린이집교재교구지원	9,240	5	2	7	8	7	1	1	1
6659	충남 금산군	장애인직업재활시설종사자정액급식비	7,560	5	6	7	8	7	1	1	4
6660	충남 금산군	새터공동체운영지원	5,000	5	1	7	8	7	1	1	4
6661	충남 금산군	장애인이용시설종사자정액급식비	4,800	5	6	7	8	7	1	1	4
6662	충남 금산군	장애인직업재활시설심리치유등프로그램운영지원	4,738	5	6	7	8	7	1	1	4
6663	충남 금산군	장애인직업재활시설중증장애인보호자수당	4,320	5	6	7	8	7	1	1	4
6664	충남 부여군	아동양육시설운영지원	2,457,248	5	8	7	8	7	1	1	4
6665	충남 부여군	정신요양시설운영지원	1,963,000	5	2	7	8	7	1	1	4
6666	충남 부여군	보육교직원인건비지원	1,699,236	5	1	7	8	7	1	1	4
6667	충남 부여군	장애인거주시설운영지원	574,743	5	2	7	1	7	1	1	4
6668	충남 부여군	지원시설유아반교사인건비지원	532,859	5	6	7	8	7	1	1	4
6669	충남 부여군	보조교사지원	378,520	5	1	7	8	7	1	1	4
6670	충남 부여군	노인생활시설종사자처우개선비	335,880	5	4	7	8	7	5	1	1
6671	충남 부여군	장애인생활이동지원센터운영	290,000	5	4	7	1	7	1	1	1
6672	충남 부여군	장애인직업재활시설운영	284,196	5	1	7	1	7	1	1	1
6673	충남 부여군	어린이집필요경비지원	263,773	5	6	7	8	7	1	1	4
6674	충남 부여군	지역아동센터군비추가지원	253,560	5	4	7	8	7	5	1	4
6675	충남 부여군	학대피해아동쉼터운영지원	247,894	5	2	7	8	7	1	1	4
6676	충남 부여군	수어통역센터운영	245,035	5	4	7	1	7	1	1	1
6677	충남 부여군	아동복지시설종사자인건비추가지원	206,803	5	4	7	8	7	1	1	4

순번	시군구	지출명 (사업명)	2024년예산 (단위 : 천원 /1년간)	민간이전 분류 (지방자치단체 세출예산 집행기준에 의거) 1. 민간경상사업보조(307-02) 2. 민간단체 법정운영비보조(307-03) 3. 민간행사사업보조(307-04) 4. 민간위탁금(307-05) 5. 사회복지시설 법정운영비보조(307-10) 6. 민간인위탁교육비(307-12) 7. 공기관등에대한경상적위탁사업비(308-13) 8. 민간자본사업보조,자체재원(402-01) 9. 민간자본사업보조,이전재원(402-02) 10. 민간위탁사업비(402-03) 11. 공기관등에 대한 자본적 위탁사업비(403-02)	민간이전지출 근거 (지방보조금 관리기준 참고) 1. 법률에 규정 2. 국고보조 재원(국가지정) 3. 용도 지정 기부금 4. 조례에 직접규정 5. 지자체가 권장하는 사업을 하는 공공기관 6. 시,도 정책 및 재정사정 7. 기타 8. 해당없음	입찰방식 계약체결방법 (경쟁형태) 1. 일반경쟁 2. 제한경쟁 3. 지명경쟁 4. 수의계약 5. 법정위탁 6. 기타 ( ) 7. 없음	입찰방식 계약기간 1. 1년 2. 2년 3. 3년 4. 4년 5. 5년 6. 기타 ( )년 7. 단기계약 (1년미만) 8. 없음	입찰방식 낙찰자선정방법 1. 적격심사 2. 협상에의한계약 3. 최저가낙찰제 4. 규격가격분리 5. 2단계 경쟁입찰 6. 기타 ( ) 7. 없음	운영예산 산정 운영예산 산정 1. 내부산정 (지자체 자체적으로 산정) 2. 외부산정 (외부전문기관위탁 산정) 3. 내·외부 모두 산정 4. 산정 無 5. 없음	운영예산 산정 정산방법 1. 내부정산 (지자체 내부적으로 정산) 2. 외부정산 (외부전문기관위탁 정산) 3. 내·외부 모두 산정 4. 정산 無 5. 없음	성과평가 실시여부 1. 실시 2. 미실시 3. 향후 추진 4. 해당없음
6678	충남 부여군	어린이집보육도우미지원	172,737	5	6	7	8	7	1	1	4
6679	충남 부여군	장애인편의시설지원센터운영	164,601	5	4	7	1	7	1	1	1
6680	충남 부여군	정신재활시설운영지원	147,000	5	1	7	8	7	1	1	4
6681	충남 부여군	만3~5세누리과정운영비(교육비특별회계전입금)	136,000	5	1	7	8	7	1	1	4
6682	충남 부여군	아동복지시설종사자처우개선비지원	129,240	5	4	7	8	7	1	1	4
6683	충남 부여군	공동육아나눔터운영	110,388	5	4	1	3	1	1	1	1
6684	충남 부여군	어린이집보육교직원4대보험료지원	101,400	5	4	7	8	7	1	1	4
6685	충남 부여군	장애아보육보조인력지원	100,032	5	4	7	8	7	1	1	4
6686	충남 부여군	지역아동센터기능보강사업	100,000	5	6	7	8	7	5	1	4
6687	충남 부여군	어린이집부모부담금지원	97,500	5	4	7	8	7	1	1	4
6688	충남 부여군	영유아급간식비지원	89,100	5	6	7	8	7	1	1	4
6689	충남 부여군	정신건강증진시설지원	85,800	5	1	7	8	7	1	1	4
6690	충남 부여군	어린이집차량운영비지원	67,147	5	1	7	8	7	1	1	4
6691	충남 부여군	아동복지시설종사자정액급식비지원	60,480	5	4	7	8	7	1	1	4
6692	충남 부여군	장애인이용시설종사자정액급식	58,800	5	4	7	8	7	5	5	4
6693	충남 부여군	장애인이용시설종사자처우개선	55,244	5	4	7	8	7	5	5	4
6694	충남 부여군	어린이집냉난방비지원	54,000	5	1	7	8	7	1	1	4
6695	충남 부여군	장애인거주시설운영지원(도)	49,716	5	2	7	1	7	1	1	4
6696	충남 부여군	장애인주단기보호시설운영	45,700	5	4	7	1	7	1	1	1
6697	충남 부여군	시간제보육보육교사인건비및운영비	36,299	5	1	7	8	7	1	1	4
6698	충남 부여군	영아반교육환경개선비지원	36,000	5	6	7	8	7	1	1	4
6699	충남 부여군	시군대체교사인건비	32,944	5	1	7	8	7	1	1	4
6700	충남 부여군	농어촌소재법인어린이집지원	23,740	5	1	7	8	7	1	1	4
6701	충남 부여군	공동육아나눔터운영지원	22,000	5	4	1	3	1	1	1	1
6702	충남 부여군	온종일돌봄사업지원	20,000	5	4	7	8	7	5	1	4
6703	충남 부여군	어린이집교재교구비지원	10,700	5	1	7	8	7	1	1	4
6704	충남 부여군	정부미지원어린이집교육환경개선비	10,220	5	6	7	8	7	1	1	4
6705	충남 부여군	가족센터종사자처우개선비	5,450	5	4	1	3	1	1	1	1
6706	충남 부여군	지역아동센터인건비지원	4,800	5	2	7	8	7	5	1	4
6707	충남 부여군	아동학습환경지원	4,800	5	4	7	8	7	1	1	4
6708	충남 부여군	특성별지역아동센터추가지원	3,000	5	2	7	8	7	5	1	4
6709	충남 부여군	가족센터종사자정액급식비	1,680	5	4	1	3	1	1	1	1
6710	충남 서천군	장애인거주시설운영지원(성일,성도)	3,761,619	5	1	7	8	7	1	1	1
6711	충남 서천군	장애인복지관민간위탁운영비지원	880,000	5	1	7	8	7	1	1	1
6712	충남 서천군	장애인직업재활시설운영지원	482,108	5	1	7	8	7	1	1	1
6713	충남 서천군	장애인생활이동지원센터운영	250,000	5	1	7	8	7	1	1	1
6714	충남 서천군	수어통역센터운영	228,660	5	1	7	8	7	1	1	1
6715	충남 서천군	장애인시설종사자처우개선비	187,572	5	1	7	8	7	1	1	1
6716	충남 서천군	장애인단기주간보호지원	160,000	5	1	7	8	7	1	1	1
6717	충남 서천군	자원봉사센터운영	92,024	5	1	7	8	7	5	1	1

순번	시군구	지출명 (사업명)	2024년예산 (단위 : 천원 /1년간)	민간이전 분류 (지방자치단체 세출예산 집행기준에 의거) 1. 민간경상사업보조(307-02) 2. 민간단체 법정운영비보조(307-03) 3. 민간행사사업보조(307-04) 4. 민간위탁금(307-05) 5. 사회복지시설 법정운영비보조(307-10) 6. 민간인위탁교육비(307-12) 7. 공기관등에대한경상적위탁사업비(308-13) 8. 민간자본사업보조,자체재원(402-01) 9. 민간자본사업보조,이전재원(402-02) 10. 민간위탁사업비(402-03) 11. 공기관등에 대한 자본적 위탁사업비(403-02)	민간이전지출 근거 (지방보조금 관리기준 참고) 1. 법률에 규정 2. 국고보조 재원(국가지정) 3. 용도 지정 기부금 4. 조례에 직접규정 5. 지자체가 권장하는 사업을 하는 공공기관 6. 시,도 정책 및 재정사정 7. 기타 8. 해당없음	입찰방식 계약체결방법 (경쟁형태) 1. 일반경쟁 2. 제한경쟁 3. 지명경쟁 4. 수의계약 5. 법정위탁 6. 기타 ( ) 7. 없음	입찰방식 계약기간 1. 1년 2. 2년 3. 3년 4. 4년 5. 5년 6. 기타 ( )년 7. 단기계약 (1년미만) 8. 없음	입찰방식 낙찰자선정방법 1. 적격심사 2. 협상에의한계약 3. 최저가낙찰제 4. 규격가격분리 5. 2단계 경쟁입찰 6. 기타 ( ) 7. 없음	운영예산 산정 운영예산 산정 1. 내부산정 (지자체 자체적으로 산정) 2. 외부산정 (외부전문기관위탁 산정) 3. 내·외부 모두 산정 4. 산정 無 5. 없음	운영예산 산정 정산방법 1. 내부정산 (지자체 내부적으로 정산) 2. 외부정산 (외부전문기관위탁 정산) 3. 내·외부 모두 산정 4. 정산 無 5. 없음	성과평가 실시여부 1. 실시 2. 미실시 3. 향후 추진 4. 해당없음
6718	충남 서천군	장애인시설종사자정액급식비	83,160	5	1	7	8	7	1	1	1
6719	충남 서천군	장애인편의증진기술지원센터운영	71,771	5	1	7	8	7	1	1	1
6720	충남 서천군	읍면동거점센터설치운영	69,770	5	1	7	8	7	5	1	1
6721	충남 서천군	장애인거주시설종사자인건비부족분	69,238	5	1	7	8	7	1	1	1
6722	충남 서천군	자원봉사코디네이터지원육성	66,300	5	1	7	8	7	5	1	1
6723	충남 서천군	읍면지역사회보장협의체운영	65,000	5	4	7	8	7	1	1	1
6724	충남 서천군	행복마을자원봉사코디네이터양성	64,800	5	1	7	8	7	5	1	1
6725	충남 서천군	장애인공동생활가정운영	53,500	5	1	7	8	7	1	1	1
6726	충남 서천군	지역사회보장협의체운영	42,329	5	4	7	8	7	1	1	1
6727	충남 서천군	사회복지협의회운영	41,489	5	1	7	8	7	1	1	1
6728	충남 서천군	장애인거주시설중증자애인보호자수당	37,568	5	1	7	8	7	1	1	1
6729	충남 서천군	지역자율형사회서비스취약지지원사업	36,000	5	2	7	8	7	5	1	1
6730	충남 서천군	푸드뱅크운영	35,600	5	1	7	8	7	1	1	1
6731	충남 서천군	푸드마켓운영	34,709	5	1	7	8	7	1	1	1
6732	충남 서천군	지체장애인협회운영지원(체육활동실포함)	29,810	5	1	7	8	7	1	1	1
6733	충남 서천군	장애인부모회운영지원	27,000	5	1	7	8	7	1	1	1
6734	충남 서천군	지역사회보장협의체운영활성화지원	26,940	5	4	7	8	7	1	1	1
6735	충남 서천군	장애인자립시설종사자처우개선	12,960	5	1	7	8	7	1	1	1
6736	충남 서천군	장애인직업재활시설종사자정액급식비	5,040	5	1	7	8	7	1	1	1
6737	충남 서천군	장애인직업재활시설중증장애인보호수당	2,880	5	1	7	8	7	1	1	1
6738	충남 서천군	장애인거주시설공기청정기렌탈지원	1,800	5	1	7	8	7	1	1	1
6739	충남 청양군	결식아동급식비지원	893,116	5	1	7	8	7	1	1	1
6740	충남 청양군	지역사회통합돌봄사업	731,970	5	4	7	8	7	5	1	1
6741	충남 청양군	경로당냉난방비지원	673,620	5	2	7	7	7	1	1	1
6742	충남 청양군	청양군노인종합복지관지원	620,000	5	1,4	7	8	7	1	1	2
6743	충남 청양군	보육교직원인건비지원	566,444	5	4	7	8	7	1	1	1
6744	충남 청양군	장애인직업재활시설운영등지원	545,078	5	1	7	8	7	1	1	1
6745	충남 청양군	아이돌봄지원사업	393,600	5	1	7	8	7	3	3	1
6746	충남 청양군	건강가정다문화가족지원센터운영	338,997	5	6	7	8	7	5	1	4
6747	충남 청양군	장애인생활이동지원센터운영	329,324	5	1	7	8	7	5	1	1
6748	충남 청양군	시니어클럽운영비지원	310,000	5	1,6	7	8	7	1	1	1
6749	충남 청양군	서부장애인복지관청양분관운영비지원	304,240	5	1	7	8	7	1	1	1
6750	충남 청양군	장애인수화통역센터운영	262,023	5	1	7	8	7	1	1	1
6751	충남 청양군	지역아동센터인건비지원	239,234	5	1	7	8	7	5	1	1
6752	충남 청양군	지원시설유아반교사인건비지원	235,476	5	6	7	8	7	1	1	1
6753	충남 청양군	고령자복지주택연계통합돌봄센터구축사업	200,000	5	6	7	7	7	1	1	1
6754	충남 청양군	결식아동급식비지원	192,792	5	1	7	8	7	5	1	1
6755	충남 청양군	가정성폭력상담소운영지원	181,445	5	4,6	7	8	7	5	1	1
6756	충남 청양군	재가노인지원서비스운영	156,000	5	6	7	1	7	1	1	2
6757	충남 청양군	어린이집보육도우미지원	153,202	5	4,6	7	8	7	1	1	1

순번	시군구	지출명 (사업명)	2024년예산 (단위 : 천원 /1년간)	민간이전 분류 (지방자치단체 세출예산 집행기준에 의거) 1. 민간경상사업보조(307-02) 2. 민간단체 법정운영비보조(307-03) 3. 민간행사사업보조(307-04) 4. 민간위탁금(307-05) 5. 사회복지시설 법정운영비보조(307-10) 6. 민간인위탁교육비(307-12) 7. 공기관등에대한경상적위탁사업비(308-13) 8. 민간자본사업보조,자체재원(402-01) 9. 민간자본사업보조,이전재원(402-02) 10. 민간위탁사업비(402-03) 11. 공기관등에 대한 자본적 위탁사업비(403-02)	민간이전지출 근거 (지방보조금 관리기준 참고) 1. 법률에 규정 2. 국고보조 재원(국가지정) 3. 용도 지정 기부금 4. 조례에 직접규정 5. 지자체가 권장하는 사업을 하는 공공기관 6. 시,도 정책 및 재정사정 7. 기타 8. 해당없음	입찰방식: 계약체결방법 (경쟁형태) 1. 일반경쟁 2. 제한경쟁 3. 지명경쟁 4. 수의계약 5. 법정위탁 6. 기타 ( ) 7. 없음	입찰방식: 계약기간 1. 1년 2. 2년 3. 3년 4. 4년 5. 5년 6. 기타 ( )년 7. 단기계약 (1년미만) 8. 없음	입찰방식: 낙찰자선정방법 1. 적격심사 2. 협상에의한계약 3. 최저가낙찰제 4. 규격가격분리 5. 2단계 경쟁입찰 6. 기타 ( ) 7. 없음	운영예산 산정: 운영예산 산정 1. 내부산정 (지자체 자체적으로 산정) 2. 외부산정 (외부전문기관위탁 산정) 3. 내·외부 모두 산정 4. 산정 無 5. 없음	운영예산 산정: 정산방법 1. 내부정산 (지자체 내부적으로 정산) 2. 외부정산 (외부전문기관위탁 정산) 3. 내·외부 모두 산정 4. 정산 無 5. 없음	성과평가 실시여부 1. 실시 2. 미실시 3. 향후 추진 4. 해당없음
6758	충남 청양군	보육교직원처우개선지원(보조교사지원)	139,711	5	4	7	8	7	1	1	1
6759	충남 청양군	노인생활이용시설종사자처우개선비	97,080	5	1	7	8	7	1	1	3
6760	충남 청양군	사회복지협의회운영비	89,047	5	1	7	8	7	1	1	1
6761	충남 청양군	청양군지역사회보장협의체운영비	88,460	5	1	7	8	7	1	1	1
6762	충남 청양군	만3~5세누리과정보육료지원	88,000	5	2	7	8	7	5	5	4
6763	충남 청양군	장애인편의증진기술지원센터운영	83,000	5	1	7	8	7	1	1	1
6764	충남 청양군	여성복지시설종사자처우개선비	73,313	5	6	7	8	7	5	1	4
6765	충남 청양군	어린이집운영	56,784	5	4,6	7	8	7	1	1	1
6766	충남 청양군	아동복지시설종사자인건비추가지원	49,224	5	1	7	8	7	5	1	1
6767	충남 청양군	건강가정지원센터종사자처우개선지원	42,056	5	2	7	8	7	5	1	4
6768	충남 청양군	결혼이민자통번역서비스지원(자체)	36,280	5	4,6	7	8	7	5	1	1
6769	충남 청양군	어린이집운영지원(어린이집차량운영비지원)	30,167	5	1	7	8	7	1	1	1
6770	충남 청양군	공공형어린이집지원(전환사업)	28,780	5	2	7	8	7	1	1	1
6771	충남 청양군	지역사회보장협의체활성화운영지원	26,940	5	6	7	8	7	2	1	1
6772	충남 청양군	공공형어린이집차량안전도우미지원	24,677	5	6	7	8	7	1	1	1
6773	충남 청양군	장애인이용시설근무자처우개선비	18,754	5	1	7	8	7	3	3	1
6774	충남 청양군	영아반교육환경개선비	16,500	5	2	7	8	7	1	1	1
6775	충남 청양군	장애인직업재활시설종사자처우개선	15,120	5	1	7	8	7	3	3	1
6776	충남 청양군	건강가정다문화가족지원센터종사자인건비추가지원	14,910	5	2	7	8	7	5	1	4
6777	충남 청양군	노인종합복지관종사자처우개선비지원	14,730	5	1,6	7	8	7	1	1	1
6778	충남 청양군	지역아동센터지원(포괄)	13,140	5	1	7	8	7	5	1	1
6779	충남 청양군	장애인작업재활시설훈련수당지원	10,800	5	4	7	8	7	1	1	1
6780	충남 청양군	아동복지시설종사자처우개선비지원	10,080	5	1	7	8	7	5	1	1
6781	충남 청양군	지역아동센터종사자처우개선비지원	9,600	5	1	7	8	7	5	1	1
6782	충남 청양군	지역아동센터차량운영지원	9,000	5	1	7	8	7	5	1	1
6783	충남 청양군	푸드뱅크운영지원	9,000	5	1	7	1	7	1	1	4
6784	충남 청양군	장애인시설종사자정액급식비	8,400	5	1	7	8	7	3	3	1
6785	충남 청양군	지역자활센터(지역자활센터처우개선비지원)	8,280	5	1	7	1	7	1	1	4
6786	충남 청양군	시니어클럽종사자처우개선비지원	7,620	5	1,6	7	8	7	1	1	1
6787	충남 청양군	지역자활센터사무실임차료지원	7,200	5	1	7	1	7	1	1	4
6788	충남 청양군	우수어린이집냉난방비지원	6,750	5	2	7	8	7	1	1	1
6789	충남 청양군	시간제보육지원(통합반)	6,000	5	2	7	8	7	1	1	1
6790	충남 청양군	장애인직업재활시설정액급식비	5,880	5	1	7	8	7	3	3	1
6791	충남 청양군	노인종합복지관종사자정액급식비지원	5,400	5	1,6	7	8	7	1	1	1
6792	충남 청양군	어린이집운영지원(농어촌소재법인어린이집지원)	5,392	5	4,6	7	8	7	1	1	1
6793	충남 청양군	아동복지시설종사자정액급식비지원	5,040	5	1	7	8	7	5	1	1
6794	충남 청양군	지역자활센터종사자정액급식비	4,200	5	1	7	1	7	1	1	4
6795	충남 청양군	시니어클럽종사자정액급식비지원	4,200	5	1,6	7	8	7	1	1	1
6796	충남 청양군	장애인직업재활시설중증장애인보호수당	3,360	5	1	7	8	7	3	3	1
6797	충남 청양군	정부미지원어린이집교육환경개선비지원(도특수)	3,080	5	2	7	8	7	1	1	1

순번	시군구	지출명 (사업명)	2024년예산 (단위 : 천원 /1년간)	민간이전 분류 (지방자치단체 세출예산 집행기준에 의거) 1. 민간경상사업보조(307-02) 2. 민간단체 법정운영비보조(307-03) 3. 민간행사사업보조(307-04) 4. 민간위탁금(307-05) 5. 사회복지시설 법정운영비보조(307-10) 6. 민간인위탁교육비(307-12) 7. 공기관등에대한경상적위탁사업비(308-13) 8. 민간자본사업보조,자체재원(402-01) 9. 민간자본사업보조,이전재원(402-02) 10. 민간위탁사업비(402-03) 11. 공기관등에 대한 자본적 위탁사업비(403-02)	민간이전지출 근거 (지방보조금 관리기준 참고) 1. 법률에 규정 2. 국고보조 재원(국가지정) 3. 용도 지정 기부금 4. 조례에 직접규정 5. 지자체가 권장하는 사업을 하는 공공기관 6. 시,도 정책 및 재정사정 7. 기타 8. 해당없음	입찰방식			운영예산 산정		성과평가 실시여부
						계약체결방법 (경쟁형태) 1. 일반경쟁 2. 제한경쟁 3. 지명경쟁 4. 수의계약 5. 법정위탁 6. 기타 ( ) 7. 없음	계약기간 1. 1년 2. 2년 3. 3년 4. 4년 5. 5년 6. 기타 ( )년 7. 단기계약 (1년미만) 8. 없음	낙찰자선정방법 1. 적격심사 2. 협상에의한계약 3. 최저가낙찰제 4. 규격가격분리 5. 2단계 경쟁입찰 6. 기타 ( ) 7. 없음	운영예산 산정 1. 내부산정 (지자체 자체적으로 산정) 2. 외부산정 (외부전문기관위탁 산정) 3. 내·외부 모두 산정 4. 산정 無 5. 없음	정산방법 1. 내부정산 (지자체 내부적으로 정산) 2. 외부정산 (외부전문기관위탁 정산) 3. 내·외부 모두 산정 4. 정산 無 5. 없음	1. 실시 2. 미실시 3. 향후 추진 4. 해당없음
6798	충남 청양군	어린이집운영	2,912	5	1	7	8	7	1	1	1
6799	충남 청양군	공공형어린이집교육환경개선비	2,040	5	2	7	8	7	1	1	1
6800	충남 예산군	장애인거주시설운영지원	1,477,840	5	2	7	8	7	1	3	1
6801	충남 예산군	정신요양시설운영지원	1,269,000	5	2	7	8	7	5	1	4
6802	충남 예산군	지역자활센터운영비	363,849	5	1	4	1	7	3	1	1
6803	충남 예산군	장애인생활이동지원센터운영	245,000	5	1	7	8	7	1	1	4
6804	충남 예산군	장애인주간보호센터운영	237,315	5	1	7	8	7	1	1	1
6805	충남 예산군	수어통역센터운영	234,000	5	1	7	8	7	1	1	4
6806	충남 예산군	재가노인서비스지원운영	152,000	5	6	7	8	7	1	1	3
6807	충남 예산군	정신재활시설운영지원	143,988	5	6	7	8	7	5	1	4
6808	충남 예산군	사회복지협의회운영지원	85,000	5	1	7	8	7	5	1	1
6809	충남 예산군	장애인편의시설지원센터운영	70,000	5	1	7	8	7	1	1	4
6810	충남 예산군	청소년지도사배치지원	56,256	5	2	7	8	7	5	1	4
6811	충남 예산군	예산다다푸드마켓운영지원	49,512	5	1	7	8	7	5	1	1
6812	충남 예산군	정신건강증진시설종사자처우개선비	39,960	5	6	7	8	7	5	1	4
6813	충남 예산군	여성회관관리및운영	33,000	5	4	7	8	7	1	1	1
6814	충남 예산군	자활사례관리사인건비	31,477	5	1	4	1	7	3	1	4
6815	충남 예산군	긴급피난처운영	23,269	5	1	7	8	7	1	1	1
6816	충남 예산군	어린이집공기청정기운영비지원	20,730	5	1	7	8	7	1	1	4
6817	충남 예산군	어린이집냉난방비지원	15,000	5	1	7	8	7	1	1	4
6818	충남 예산군	정신건강증진시설종사자정액급식비	13,800	5	6	7	8	7	5	1	4
6819	충남 예산군	지역자활센터종사자처우개선비	9,720	5	1	4	1	7	3	1	4
6820	충남 예산군	지역아동센터공기청정기렌탈료	6,194	5	1,4	7	8	7	1	1	4
6821	충남 예산군	시간외수당지원	5,400	5	6	7	8	7	1	1	4
6822	충남 예산군	지역자활센터종사자정액급식비	5,040	5	1	4	1	7	3	1	4
6823	충남 예산군	기초푸드뱅크운영지원	5,000	5	1	7	8	7	5	1	1
6824	경상북도	경북해바라기센터운영지원	1,861,256	5	2	7	8	7	5	1	4
6825	경상북도	노인보호전문기관운영지원	1,735,880	5	1	1	5	1	5	1	1
6826	경상북도	경상북도장애인종합복지관운영	1,715,000	5	4	6	5	7	1	3	1
6827	경상북도	가정위탁지원센터운영	1,144,790	5	1	7	8	7	1	1	1
6828	경상북도	학대피해노인전용쉼터운영지원	494,016	5	1	1	5	1	5	1	1
6829	경상북도	도청소년쉼터운영	324,000	5	1	7	8	7	5	5	1
6830	경상북도	경로당광역지원센터운영	320,000	5	2	7	8	7	1	1	4
6831	경상북도	결연기관운영지원	315,000	5	1	7	8	7	1	1	1
6832	경상북도	도청소년활동진흥센터지원	300,000	5	1	7	8	7	1	1	1
6833	경상북도	혁신에너지벤처기술창업지원	300,000	5	5	7	1	3	1	5	4
6834	경상북도	지역장애인권익옹호기관운영	277,668	5	2	1	3	6	1	1	1
6835	경상북도	쿰나래운영지원	267,473	5	2	7	8	7	5	1	4
6836	경상북도	인권침해피해장애인쉼터운영	239,082	5	2	1	5	6	1	1	4
6837	경상북도	아동청소년무지개쉼터운영사업	234,782	5	2	7	8	7	5	1	4

순번	시군구	지출명 (사업명)	2024년예산 (단위 : 천원 /1년간)	민간이전 분류 (지방자치단체 세출예산 집행기준에 의거) 1. 민간경상사업보조(307-02) 2. 민간단체 법정운영비보조(307-03) 3. 민간행사사업보조(307-04) 4. 민간위탁금(307-05) 5. 사회복지시설 법정운영비보조(307-10) 6. 민간인위탁교육비(307-12) 7. 공기관등에대한경상적위탁사업비(308-13) 8. 민간자본사업보조,자체재원(402-01) 9. 민간자본사업보조,이전재원(402-02) 10. 민간위탁사업비(402-03) 11. 공기관등에 대한 자본적 위탁사업비(403-02)	민간이전지출 근거 (지방보조금 관리기준 참고) 1. 법률에 규정 2. 국고보조 재원(국가지정) 3. 용도 지정 기부금 4. 조례에 직접규정 5. 지자체가 권장하는 사업을 하는 공공기관 6. 시,도 정책 및 재정사정 7. 기타 8. 해당없음	입찰방식 계약체결방법 (경쟁형태) 1. 일반경쟁 2. 제한경쟁 3. 지명경쟁 4. 수의계약 5. 법정위탁 6. 기타 ( ) 7. 없음	입찰방식 계약기간 1. 1년 2. 2년 3. 3년 4. 4년 5. 5년 6. 기타 ( )년 7. 단기계약 (1년미만) 8. 없음	입찰방식 낙찰자선정방법 1. 적격심사 2. 협상에의한계약 3. 최저가낙찰제 4. 규격가격분리 5. 2단계 경쟁입찰 6. 기타 ( ) 7. 없음	운영예산 산정 운영예산 산정 1. 내부산정 (지자체 자체적으로 산정) 2. 외부산정 (외부전문기관위탁 산정) 3. 내·외부 모두 산정 4. 산정 無 5. 없음	운영예산 산정 정산방법 1. 내부정산 (지자체 내부적으로 정산) 2. 외부정산 (외부전문기관위탁 정산) 3. 내·외부 모두 산정 4. 정산 無 5. 없음	성과평가 실시여부 1. 실시 2. 미실시 3. 향후 추진 4. 해당없음
6838	경상북도	지역장애인보조기기센터운영	227,750	5	2	1	5	1	5	5	4
6839	경상북도	노인맞춤돌봄서비스광역지원기관운영지원(지특중앙)	207,000	5	2	7	8	7	1	1	1
6840	경상북도	육아종합지원센터운영	190,000	5	1	5	5	7	3	3	1
6841	경상북도	장애인생산품판매시설운영	189,952	5	2	7	8	7	1	1	1
6842	경상북도	경상북도근로자복지연수원운영지원	150,000	5	1	6	1	6	1	1	1
6843	경상북도	장애인생산품판매시설지원	150,000	5	1	7	8	7	1	1	1
6844	경상북도	성매매피해아동청소년통합지원센터운영지원	127,882	5	1	5	3	7	1	1	1
6845	경상북도	경상북도사회복지공동모금회운영지원	120,000	5	1	7	1	7	1	1	1
6846	경상북도	장애인생산품판매시설지원(분점)	120,000	5	1	7	8	7	1	1	1
6847	경상북도	시간제보육사업관리기관운영	100,000	5	2	5	5	7	3	3	1
6848	경상북도	독거노인장애인응급안전안심서비스광역지원기관운영지원(지특중앙)	65,000	5	2	7	8	7	1	1	1
6849	경상북도	거점센터운영	50,000	5	7	7	5	7	1	3	1
6850	경상북도	그린에너지분권실현포럼	50,000	5	5	7	1	1	2	5	4
6851	경상북도	도청소년상담복지센터운영지원	40,000	5	1	7	8	7	1	1	1
6852	경상북도	경북에너지행사지원	40,000	5	5	7	1	1	2	5	4
6853	경상북도	노인맞춤돌봄서비스광역지원기관운영지원(직접)	30,000	5	2	7	8	7	1	1	1
6854	경상북도	여성긴급전화1366운영지원	20,000	5	1	5	5	7	5	1	1
6855	경상북도	아동보호치료시설운영지원	20,000	5	1	7	8	7	1	1	1
6856	경상북도	에너지절약체험교육지원	13,000	5	5	7	1	1	2	5	4
6857	경북 포항시	아동양육시설운영지원<보조>	2,479,502	5	1	7	8	7	5	1	4
6858	경북 포항시	청소년쉼터운영	1,076,385	5	1	7	8	7	5	1	4
6859	경북 포항시	청소년쉼터운영	1,076,385	5	1	7	8	7	5	1	4
6860	경북 포항시	청소년쉼터운영	1,076,385	5	1	7	8	7	5	1	4
6861	경북 포항시	아동보호전문기관운영지원	789,570	5	1	7	8	7	5	1	4
6862	경북 포항시	학대피해아동쉼터운영	743,682	5	1	7	8	7	5	1	4
6863	경북 포항시	지역자활센터운영지원	557,263	5	1,2	5	8	7	5	3	1
6864	경북 포항시	정신재활시설운영등	341,704	5	6	5	1	1	1	1	1
6865	경북 포항시	일시보호시설운영지원	265,016	5	1	7	8	7	5	1	4
6866	경북 포항시	요보호아동그룹홈운영지원	263,100	5	1	7	8	7	5	1	4
6867	경북 포항시	아동복지시설인건비추가지원	227,471	5	1	7	8	7	5	1	4
6868	경북 포항시	지역사회보장협의체운영지원	200,000	5	1	7	8	7	1	1	1
6869	경북 포항시	아동보호전문기관인건비및종사자수당	147,920	5	1	7	8	7	5	1	4
6870	경북 포항시	푸드마켓운영지원	129,586	5	1	7	8	7	1	1	2
6871	경북 포항시	공동생활가정운영지원	83,806	5	1	7	8	7	5	1	4
6872	경북 포항시	자활사례관리	62,952	5	1,2	5	8	7	5	3	4
6873	경북 포항시	지역자활센터자활활성화사업	50,000	5	1	5	8	7	5	1	4
6874	경북 포항시	기초푸드뱅크운영지원	36,000	5	1	7	8	7	1	1	2
6875	경북 포항시	기초푸드뱅크운영지원	36,000	5	1	7	8	7	1	1	2
6876	경북 포항시	기초푸드뱅크운영지원	12,000	5	1	7	8	7	1	1	2
6877	경북 포항시	기초푸드뱅크운영지원	12,000	5	1	7	8	7	1	1	2

순번	시군구	지출명 (사업명)	2024년예산 (단위 : 천원 /1년간)	민간이전 분류 (지방자치단체 세출예산 집행기준에 의거) 1. 민간경상사업보조(307-02) 2. 민간단체 법정운영비보조(307-03) 3. 민간행사사업보조(307-04) 4. 민간위탁금(307-05) 5. 사회복지시설 법정운영비보조(307-10) 6. 민간인위탁교육비(307-12) 7. 공기관등에대한경상적위탁사업비(308-13) 8. 민간자본사업보조,자체재원(402-01) 9. 민간자본사업보조,이전재원(402-02) 10. 민간위탁사업비(402-03) 11. 공기관등에 대한 자본적 위탁사업비(403-02)	민간이전지출 근거 (지방보조금 관리기준 참고) 1. 법률에 규정 2. 국고보조 재원(국가지정) 3. 용도 지정 기부금 4. 조례에 직접규정 5. 지자체가 권장하는 사업을 하는 공공기관 6. 시,도 정책 및 재정사정 7. 기타 8. 해당없음	입찰방식 계약체결방법 (경쟁형태) 1. 일반경쟁 2. 제한경쟁 3. 지명경쟁 4. 수의계약 5. 법정위탁 6. 기타 ( ) 7. 없음	입찰방식 계약기간 1. 1년 2. 2년 3. 3년 4. 4년 5. 5년 6. 기타 ( )년 7. 단기계약 (1년미만) 8. 없음	입찰방식 낙찰자선정방법 1. 적격심사 2. 협상에의한계약 3. 최저가낙찰제 4. 규격가격분리 5. 2단계 경쟁입찰 6. 기타 ( ) 7. 없음	운영예산 산정 운영예산 산정 1. 내부산정 (지자체 자체적으로 산정) 2. 외부산정 (외부전문기관위탁 산정) 3. 내·외부 모두 산정 4. 산정 無 5. 없음	운영예산 산정 정산방법 1. 내부정산 (지자체 내부적으로 정산) 2. 외부정산 (외부전문기관위탁 정산) 3. 내·외부 모두 산정 4. 정산 無 5. 없음	성과평가 실시여부 1. 실시 2. 미실시 3. 향후 추진 4. 해당없음
6878	경북 포항시	아동학대긴급입소자지원	11,200	5	1	7	8	7	5	1	4
6879	경북 포항시	아동복지시설냉난방비지원<보조>	4,200	5	1	7	8	7	5	1	4
6880	경북 포항시	지역자활센터종사자복지포인트지원	2,100	5	1	5	8	7	5	1	4
6881	경북 경주시	장애인거주시설운영	7,126,789	5	1	7	7	7	3	3	4
6882	경북 경주시	국공립법인어린이집인건비	4,469,836	5	2	7	8	7	1	1	2
6883	경북 경주시	아동양육시설운영지원	3,610,050	5	1	7	8	7	1	1	4
6884	경북 경주시	지역아동센터기존인력인건비지원	2,624,160	5	4	7	8	7	1	1	4
6885	경북 경주시	보조교사(연장보육전담교사포함)지원	2,092,607	5	2	7	8	7	1	1	2
6886	경북 경주시	장애인직업재활시설운영	1,841,507	5	6	7	8	7	1	1	4
6887	경북 경주시	장애아전문어린이집인건비	1,729,109	5	2	7	8	7	1	1	2
6888	경북 경주시	장애인종합복지관운영	1,605,000	5	6	7	8	7	1	1	4
6889	경북 경주시	아이행복도우미인건비	1,344,455	5	4	7	8	7	1	1	2
6890	경북 경주시	양로시설운영비지원	1,025,000	5	1	7	8	7	5	5	4
6891	경북 경주시	재가노인통합지원센터운영지원	800,000	5	1	7	8	7	5	5	4
6892	경북 경주시	장애인단기거주시설운영	796,132	5	1	7	7	7	3	3	4
6893	경북 경주시	장애인주간보호시설운영	672,057	5	6	7	8	7	1	1	4
6894	경북 경주시	정신재활시설운영	571,029	5	6	7	8	7	1	1	4
6895	경북 경주시	지역아동센터기본운영비지원	500,124	5	4	7	8	7	1	1	4
6896	경북 경주시	지역아동센터인건비추가지원	498,131	5	4	7	8	7	1	1	4
6897	경북 경주시	한부모가족복지시설운영비지원	490,294	5	1	7	8	7	1	1	4
6898	경북 경주시	한부모가족복지시설(미혼모자시설)운영비지원	466,480	5	1	7	8	7	1	1	4
6899	경북 경주시	지역아동센터추가인력인건비지원	417,300	5	4	7	8	7	1	1	4
6900	경북 경주시	장애아통합어린이집인건비	416,222	5	2	7	8	7	1	1	2
6901	경북 경주시	장애인직업재활시설기능보강	414,908	5	2	7	8	7	1	1	4
6902	경북 경주시	시니어클럽운영	360,000	5	1	5	8	7	1	1	4
6903	경북 경주시	청소년쉼터운영지원	358,795	5	2	7	8	7	5	3	1
6904	경북 경주시	지역자활센터운영비	345,438	5	2	2	5	1	1	1	3
6905	경북 경주시	아동보호전문기관운영지원	327,445	5	1	7	8	7	1	1	4
6906	경북 경주시	수화통역센터운영	323,237	5	6	7	8	7	1	1	4
6907	경북 경주시	시간연장형어린이집인건비	291,903	5	2	7	8	7	1	1	2
6908	경북 경주시	학대피해아동쉼터운영	247,894	5	1	7	8	7	1	1	4
6909	경북 경주시	장애인생활이동지원센터운영	246,706	5	6	7	8	7	1	1	4
6910	경북 경주시	지역아동센터급식인력지원	241,800	5	4	7	8	7	1	1	4
6911	경북 경주시	중증장애인자립지원센터운영	184,234	5	6	7	8	7	1	1	4
6912	경북 경주시	중증장애인자립생활(IL)운영지원	164,266	5	2	7	8	7	1	1	4
6913	경북 경주시	거점심리치료센터운영지원	155,374	5	1	7	8	7	1	1	4
6914	경북 경주시	장애인재가복지봉사센터운영	137,800	5	6	7	8	7	1	1	4
6915	경북 경주시	대체교사지원	118,142	5	2	7	8	7	1	1	2
6916	경북 경주시	일시보호시설운영지원	111,784	5	1	7	8	7	1	1	4
6917	경북 경주시	아동복지시설인건비추가지원	57,596	5	1	7	8	7	1	1	4

순번	시군구	지출명 (사업명)	2024년예산 (단위 : 천원 /1년간)	민간이전 분류 (지방자치단체 세출예산 집행기준에 의거) 1. 민간경상사업보조(307-02) 2. 민간단체 법정운영비보조(307-03) 3. 민간행사사업보조(307-04) 4. 민간위탁금(307-05) 5. 사회복지시설 법정운영비보조(307-10) 6. 민간인위탁교육비(307-12) 7. 공기관등에대한경상적위탁사업비(308-13) 8. 민간자본사업보조,자체재원(402-01) 9. 민간자본사업보조,이전재원(402-02) 10. 민간위탁사업비(402-03) 11. 공기관등에 대한 자본적 위탁사업비(403-02)	민간이전지출 근거 (지방보조금 관리기준 참고) 1. 법률에 규정 2. 국고보조 재원(국가지정) 3. 용도 지정 기부금 4. 조례에 직접규정 5. 지자체가 권장하는 사업을 하는 공공기관 6. 시,도 정책 및 재정사정 7. 기타 8. 해당없음	입찰방식 계약체결방법 (경쟁형태) 1. 일반경쟁 2. 제한경쟁 3. 지명경쟁 4. 수의계약 5. 법정위탁 6. 기타 ( ) 7. 없음	입찰방식 계약기간 1. 1년 2. 2년 3. 3년 4. 4년 5. 5년 6. 기타 ( )년 7. 단기계약 (1년미만) 8. 없음	입찰방식 낙찰자선정방법 1. 적격심사 2. 협상에의한계약 3. 최저가낙찰제 4. 규격가격분리 5. 2단계 경쟁입찰 6. 기타 ( ) 7. 없음	운영예산 산정 운영예산 산정 1. 내부산정 (지자체 자체적으로 산정) 2. 외부산정 (외부전문기관위탁 산정) 3. 내·외부 모두 산정 4. 산정 無 5. 없음	운영예산 산정 정산방법 1. 내부정산 (지자체 내부적으로 정산) 2. 외부정산 (외부전문기관위탁 정산) 3. 내·외부 모두 정산 4. 정산 無 5. 없음	성과평가 실시여부 1. 실시 2. 미실시 3. 향후 추진 4. 해당없음
6918	경북 경주시	특수목적형추가지원	50,400	5	4	7	8	7	5	5	4
6919	경북 경주시	야간연장어린이집인건비추가지원	45,000	5	4	7	8	7	1	1	2
6920	경북 경주시	아동보호전문기관운영지원	34,200	5	1	7	8	7	1	1	4
6921	경북 경주시	토요운영추가지원	21,600	5	4	7	8	7	5	5	4
6922	경북 경주시	지역아동센터냉난방비지원	16,800	5	4	7	8	7	1	1	4
6923	경북 경주시	청소년쉼터종사자수당지원	11,760	5	1	7	8	7	5	1	1
6924	경북 경주시	지역아동센터추가운영비지원	9,300	5	4	7	8	7	1	1	4
6925	경북 경주시	아동학대긴급입소자지원	4,800	5	1	7	8	7	1	1	4
6926	경북 경주시	쉼터청소년자립지원강화프로그램운영지원	4,000	5	1	7	8	7	5	1	1
6927	경북 경주시	아동복지시설냉난방비지원	1,800	5	1	7	8	7	1	1	4
6928	경북 경주시	정신재활시설종사자복지포인트	1,000	5	6	7	8	7	1	1	4
6929	경북 영천시	국)장애인거주시설운영지원	3,885,639	5	1	7	8	7	1	1	4
6930	경북 영천시	국)정신요양시설운영지원	2,628,000	5	1	7	8	7	1	1	4
6931	경북 영천시	도)노숙인시설운영비(전환사업)	2,072,000	5	1	7	8	7	1	1	4
6932	경북 영천시	도)시군장애인종합복지관운영	1,415,000	5	1	7	8	7	1	1	4
6933	경북 영천시	도)경로당운영지원	1,157,700	5	1	7	8	7	1	1	4
6934	경북 영천시	국)경로당냉난방비및양곡비지원	1,014,091	5	1	7	8	7	1	1	4
6935	경북 영천시	도)공공형어린이집운영비(전환사업)	900,000	5	6	7	8	7	1	1	3
6936	경북 영천시	건강가정및다문화가족지원센터운영	790,320	5	1	7	8	7	5	2	1
6937	경북 영천시	도)장애인단기거주시설운영	711,716	5	1	7	8	7	1	1	4
6938	경북 영천시	종합사회복지관운영	710,000	5	1	1	5	1	1	1	4
6939	경북 영천시	도)양로시설운영비지원(전환사업)	626,000	5	2	7	8	7	1	1	4
6940	경북 영천시	도)장애인직업재활시설운영	548,640	5	1	7	8	7	1	1	4
6941	경북 영천시	지역자활센터운영비	346,891	5	2	7	8	7	5	1	1
6942	경북 영천시	도)장애인수어통역센터운영	301,292	5	1	7	8	7	1	1	4
6943	경북 영천시	도)장애인생활이동지원센터운영	263,890	5	1	7	8	7	1	1	4
6944	경북 영천시	도)중증장애인자립지원센터운영	230,633	5	1	7	8	7	1	1	4
6945	경북 영천시	도)장애인주간보호시설운영	182,412	5	1	7	8	7	1	1	4
6946	경북 영천시	도)지적장애인자립지원센터운영	160,000	5	1	7	8	7	1	1	4
6947	경북 영천시	경로당운영	142,900	5	1	7	8	7	1	1	4
6948	경북 영천시	도)장애인편의증진기술지원센터운영	130,000	5	1	7	8	7	1	1	4
6949	경북 영천시	도)지역사회보장협의체운영지원	100,000	5	6	7	8	7	5	5	4
6950	경북 영천시	도)사회복지관사례관리사운영지원	67,200	5	1	1	5	1	1	1	4
6951	경북 영천시	자활사례관리	31,477	5	2	7	8	7	5	1	1
6952	경북 영천시	노숙인복지시설운영	28,800	5	1	7	8	7	1	1	4
6953	경북 영천시	자활활성화사업비	25,000	5	6	7	8	7	5	1	1
6954	경북 영천시	공용시설운영비	18,000	5	1	7	8	7	1	1	1
6955	경북 영천시	다문화어린이집차량운영비	13,811	5	6	7	8	7	1	1	4
6956	경북 김천시	보육교직원인건비지원	6,837,970	5	2	7	1	7	1	1	4
6957	경북 김천시	아동양육시설운영지원	5,102,890	5	1	7	8	7	5	5	4

순번	시군구	지출명 (사업명)	2024년예산 (단위 : 천원 /1년간)	민간이전 분류 (지방자치단체 세출예산 집행기준에 의거) 1. 민간경상사업보조(307-02) 2. 민간단체 법정운영비보조(307-03) 3. 민간행사사업보조(307-04) 4. 민간위탁금(307-05) 5. 사회복지시설 법정운영비보조(307-10) 6. 민간인위탁교육비(307-12) 7. 공기관등에대한경상적위탁사업비(308-13) 8. 민간자본사업보조,자체재원(402-01) 9. 민간자본사업보조,이전재원(402-02) 10. 민간위탁사업비(402-03) 11. 공기관등에 대한 자본적 위탁사업비(403-02)	민간이전지출 근거 (지방보조금 관리기준 참고) 1. 법률에 규정 2. 국고보조 재원(국가지정) 3. 용도 지정 기부금 4. 조례에 직접규정 5. 지자체가 권장하는 사업을 하는 공공기관 6. 시,도 정책 및 재정사정 7. 기타 8. 해당없음	입찰방식			운영예산 산정		성과평가 실시여부
						계약체결방법 (경쟁형태) 1. 일반경쟁 2. 제한경쟁 3. 지명경쟁 4. 수의계약 5. 법정위탁 6. 기타 ( ) 7. 없음	계약기간 1. 1년 2. 2년 3. 3년 4. 4년 5. 5년 6. 기타 ( )년 7. 단기계약 (1년미만) 8. 없음	낙찰자선정방법 1. 적격심사 2. 협상에의한계약 3. 최저가낙찰제 4. 규격가격분리 5. 2단계 경쟁입찰 6. 기타 ( ) 7. 없음	운영예산 산정 1. 내부산정 (지자체 자체적으로 산정) 2. 외부산정 (외부전문기관위탁 산정) 3. 내·외부 모두 산정 4. 산정 無 5. 없음	정산방법 1. 내부정산 (지자체 내부적으로 정산) 2. 외부정산 (외부전문기관위탁 정산) 3. 내·외부 모두 산정 4. 정산 無 5. 없음	1. 실시 2. 미실시 3. 향후 추진 4. 해당없음
6958	경북 김천시	국공립법인어린이집인건비지원	4,243,677	5	2	7	1	7	1	1	4
6959	경북 김천시	장애인거주시설운영지원	2,751,777	5	1	7	8	7	1	1	4
6960	경북 김천시	어린이집보조교사지원	2,555,686	5	2	7	1	7	1	1	4
6961	경북 김천시	보조교사(연장보육전담교사포함)지원	2,455,529	5	2	7	1	7	1	1	4
6962	경북 김천시	정신요양시설운영	2,279,000	5	2	7	8	7	1	1	4
6963	경북 김천시	장애아전문어린이집인건비지원	1,572,065	5	2	7	1	7	1	1	4
6964	경북 김천시	경로당운영비	1,424,900	5	1	7	8	7	5	1	4
6965	경북 김천시	지역아동센터인건비지원	982,380	5	2	7	8	7	5	1	1
6966	경북 김천시	아이행복도우미인건비지원	952,063	5	1	7	1	7	1	1	4
6967	경북 김천시	어린이집영아반운영비지원	798,180	5	1	7	1	7	1	1	4
6968	경북 김천시	어린이집필요경비지원	731,600	5	1	7	1	7	1	1	4
6969	경북 김천시	장애인거주시설운영(자체)	626,506	5	1	7	8	7	1	1	4
6970	경북 김천시	영아전담어린이집	555,212	5	2	7	1	7	1	1	4
6971	경북 김천시	장애인직업재활시설운영	504,238	5	1	7	8	7	1	1	4
6972	경북 김천시	공공형어린이집지원	488,000	5	6	7	5	7	5	5	4
6973	경북 김천시	지역자활센터운영비지원	447,007	5	1	5	1	7	1	2	1
6974	경북 김천시	장애인단기거주시설운영	413,082	5	1	7	8	7	1	1	4
6975	경북 김천시	장애인주간보호시설운영	410,002	5	1	7	8	7	1	1	4
6976	경북 김천시	시간연장형어린이집인건비지원	389,872	5	2	7	1	7	1	1	4
6977	경북 김천시	경로당급식비지원	358,600	5	4	7	8	7	1	1	4
6978	경북 김천시	보육아동간식비지원	333,083	5	1	7	1	7	1	1	4
6979	경북 김천시	지역아동센터인건비추가지원	290,126	5	6	7	8	7	5	1	1
6980	경북 김천시	장애인생활이동지원센터운영	280,507	5	1	7	8	7	1	1	4
6981	경북 김천시	장애인수어통역센터운영	250,510	5	1	7	8	7	1	1	4
6982	경북 김천시	인건비추가지원(기본급)	213,152	5	6	7	8	7	5	1	1
6983	경북 김천시	재가노인복지시설운영	200,000	5	1	4	2	7	3	1	4
6984	경북 김천시	지역아동센터기본운영비지원	190,356	5	2	7	8	7	5	1	1
6985	경북 김천시	시간제보육서비스지원	168,128	5	5	7	1	7	1	1	4
6986	경북 김천시	아동보호전문기관운영지원	141,721	5	1	5	8	7	1	1	1
6987	경북 김천시	지역아동센터활성화지원	124,400	5	6	7	8	7	5	1	1
6988	경북 김천시	조리사인건비지원	109,200	5	6	7	8	7	5	1	1
6989	경북 김천시	어린이집운영지원	100,653	5	2	7	1	7	1	1	4
6990	경북 김천시	대체교사지원	100,157	5	2	7	1	7	1	1	4
6991	경북 김천시	어린이집방과후과정학급운영비지원	91,200	5	1	7	1	7	1	1	4
6992	경북 김천시	어린이집특별활동프로그램운영지원	84,000	5	1	7	8	7	5	5	4
6993	경북 김천시	장애아통합어린이집인건비지원	77,144	5	2	7	1	7	1	1	4
6994	경북 김천시	일시보호시설운영비지원	71,591	5	1	7	8	7	5	5	4
6995	경북 김천시	범죄피해자지원센터운영지원	69,500	5	1	7	8	7	1	1	1
6996	경북 김천시	명절휴가비	52,309	5	6	7	8	7	5	1	1
6997	경북 김천시	장애아전담어린이집기사인건비지원	49,457	5	1	7	1	7	1	1	4

순번	시군구	지출명 (사업명)	2024년예산 (단위 : 천원 /1년간)	민간이전 분류 (지방자치단체 세출예산 집행기준에 의거) 1. 민간경상사업보조(307-02) 2. 민간단체 법정운영비보조(307-03) 3. 민간행사사업보조(307-04) 4. 민간위탁금(307-05) 5. 사회복지시설 법정운영비보조(307-10) 6. 민간인위탁교육비(307-12) 7. 공기관등에대한경상적위탁사업비(308-13) 8. 민간자본사업보조,자체재원(402-01) 9. 민간자본사업보조,이전재원(402-02) 10. 민간위탁사업비(402-03) 11. 공기관등에 대한 자본적 위탁사업비(403-02)	민간이전지출 근거 (지방보조금 관리기준 참고) 1. 법률에 규정 2. 국고보조 재원(국가지정) 3. 용도 지정 기부금 4. 조례에 직접규정 5. 지자체가 권장하는 사업을 하는 공공기관 6. 시,도 정책 및 재정사정 7. 기타 8. 해당없음	입찰방식 계약체결방법 (경쟁형태) 1. 일반경쟁 2. 제한경쟁 3. 지명경쟁 4. 수의계약 5. 법정위탁 6. 기타 ( ) 7. 없음	입찰방식 계약기간 1. 1년 2. 2년 3. 3년 4. 4년 5. 5년 6. 기타 ( )년 7. 단기계약 (1년미만) 8. 없음	입찰방식 낙찰자선정방법 1. 적격심사 2. 협상에의한계약 3. 최저가낙찰제 4. 규격가격분리 5. 2단계 경쟁입찰 6. 기타 ( ) 7. 없음	운영예산 산정 운영예산 산정 1. 내부산정 (지자체 자체적으로 산정) 2. 외부산정 (외부전문기관위탁 산정) 3. 내·외부 모두 산정 4. 산정 無 5. 없음	운영예산 산정 정산방법 1. 내부정산 (지자체 내부적으로 정산) 2. 외부정산 (외부전문기관위탁 정산) 3. 내·외부 모두 산정 4. 정산 無 5. 없음	성과평가 실시여부 1. 실시 2. 미실시 3. 향후 추진 4. 해당없음
6998	경북 김천시	영아전담어린이집기사인건비	49,457	5	1	7	1	7	1	1	4
6999	경북 김천시	교재교구비	47,696	5	2	7	1	7	1	1	4
7000	경북 김천시	어린이집환경개선비지원	46,000	5	1	7	1	7	1	1	4
7001	경북 김천시	차량운영비	43,320	5	2	7	1	7	1	1	4
7002	경북 김천시	가족수당	24,665	5	6	7	8	7	5	1	1
7003	경북 김천시	아동보호전문기관인건비및종사자수당지원	18,028	5	1	5	8	7	1	1	1
7004	경북 김천시	특수목적형지역아동센터추가지원	14,400	5	2	7	8	7	5	1	1
7005	경북 김천시	장애아동어린이집입소료등지원	14,160	5	1	7	1	7	1	1	4
7006	경북 김천시	다문화어린이집차량운영비지원	12,000	5	1	7	1	7	1	1	4
7007	경북 김천시	어린이집차량유지비	11,000	5	1	7	1	7	1	1	4
7008	경북 김천시	농어촌소재법인어린이집지원	9,637	5	2	7	1	7	1	1	4
7009	경북 김천시	지역아동센터추가운영비지원	8,100	5	2	7	8	7	5	1	1
7010	경북 김천시	특화프로그램지원	8,000	5	6	7	8	7	5	1	1
7011	경북 김천시	난방비지원	7,200	5	6	7	8	7	5	1	1
7012	경북 김천시	보육아동인성교육비지원	6,623	5	1	7	1	7	1	1	4
7013	경북 김천시	국공립어린이집보육교사인건비지원	5,000	5	6	7	5	7	5	5	4
7014	경북 김천시	토요운영지역아동센터추가지원	3,600	5	2	7	8	7	5	1	1
7015	경북 김천시	아동양육시설냉난방비지원	1,800	5	1	7	8	7	5	5	4
7016	경북 안동시	[국]정신요양시설운영지원	4,079,000	5	1	7	8	7	1	1	1
7017	경북 안동시	[도]장애인직업재활시설운영	3,542,236	5	1	7	8	7	1	1	1
7018	경북 안동시	아동양육시설운영및사업비지원	2,313,670	5	1	5	8	7	1	1	2
7019	경북 안동시	지역아동센터인건비지원	946,320	5	2	7	8	7	1	1	1
7020	경북 안동시	[도]장애인주간보호시설운영	898,859	5	1	7	8	7	1	1	1
7021	경북 안동시	[도]장애인의료재활시설운영	883,539	5	1	7	8	7	1	1	1
7022	경북 안동시	[도]장애인공동생활가정운영	547,364	5	1	7	8	7	1	1	1
7023	경북 안동시	지역자활센터운영지원	447,007	5	1	5	1	7	1	1	1
7024	경북 안동시	[도]장애인단기보호시설운영	402,755	5	1	7	8	7	1	1	1
7025	경북 안동시	[도]노인사회활동지원	360,000	5	1	7	8	7	5	1	1
7026	경북 안동시	한부모가족복지시설지원	348,864	5	1	7	8	7	3	3	1
7027	경북 안동시	[도]수화통역센터운영	332,849	5	1	7	8	7	1	1	1
7028	경북 안동시	가정폭력상담소운영지원	275,711	5	2	7	8	7	3	3	1
7029	경북 안동시	[도]장애인재가복지봉사센터운영	275,333	5	6	7	8	7	1	1	1
7030	경북 안동시	장애인복지종사자처우개선	271,200	5	4	7	8	7	1	1	1
7031	경북 안동시	[도]장애인재활지원센터운영	270,000	5	1	7	8	7	1	1	1
7032	경북 안동시	성폭력상담소운영지원	264,532	5	2	7	8	7	3	3	1
7033	경북 안동시	[도]장애인생활이동지원센터운영	263,204	5	1	7	8	7	1	1	1
7034	경북 안동시	청소년상담센터운영지원	225,000	5	1	7	8	7	1	1	1
7035	경북 안동시	[도]재가노인복지센터운영	220,400	5	6	7	8	7	5	1	1
7036	경북 안동시	대한노인회안동시지회운영	207,000	5	4	7	8	7	1	1	1
7037	경북 안동시	[도]지적장애인지원센터운영	190,000	5	1	7	8	7	1	1	1

순번	시군구	지출명 (사업명)	2024년예산 (단위 : 천원 /1년간)	민간이전 분류 (지방자치단체 세출예산 집행기준에 의거) 1. 민간경상사업보조(307-02) 2. 민간단체 법정운영비보조(307-03) 3. 민간행사사업보조(307-04) 4. 민간위탁금(307-05) 5. 사회복지시설 법정운영비보조(307-10) 6. 민간인위탁교육비(307-12) 7. 공기관등에대한경상적위탁사업비(308-13) 8. 민간자본사업보조,자체재원(402-01) 9. 민간자본사업보조,이전재원(402-02) 10. 민간위탁사업비(402-03) 11. 공기관등에 대한 자본적 위탁사업비(403-02)	민간이전지출 근거 (지방보조금 관리기준 참고) 1. 법률에 규정 2. 국고보조 재원(국가지정) 3. 용도 지정 기부금 4. 조례에 직접규정 5. 지자체가 권장하는 사업을 하는 공공기관 6. 시,도 정책 및 재정사정 7. 기타 8. 해당없음	입찰방식 계약체결방법 (경쟁형태) 1. 일반경쟁 2. 제한경쟁 3. 지명경쟁 4. 수의계약 5. 법정위탁 6. 기타 ( ) 7. 없음	입찰방식 계약기간 1. 1년 2. 2년 3. 3년 4. 4년 5. 5년 6. 기타 ( )년 7. 단기계약 (1년미만) 8. 없음	입찰방식 낙찰자선정방법 1. 적격심사 2. 협상에의한계약 3. 최저가낙찰제 4. 규격가격분리 5. 2단계 경쟁입찰 6. 기타 ( ) 7. 없음	운영예산 산정 운영예산 산정 1. 내부산정 (지자체 자체적으로 산정) 2. 외부산정 (외부전문기관위탁 산정) 3. 내·외부 모두 산정 4. 산정 無 5. 없음	운영예산 산정 정산방법 1. 내부정산 (지자체 내부적으로 정산) 2. 외부정산 (외부전문기관위탁 정산) 3. 내·외부 모두 산정 4. 정산 無 5. 없음	성과평가 실시여부 1. 실시 2. 미실시 3. 향후 추진 4. 해당없음
7038	경북 안동시	지역아동센터운영비지원	183,252	5	2	7	8	7	1	1	1
7039	경북 안동시	[도]장애인가족지원센터운영	170,000	5	1	7	8	7	1	1	1
7040	경북 안동시	장애인공동생활가정운영	169,000	5	1	7	8	7	1	1	1
7041	경북 안동시	[도]시군지체장애인및편의시설상담지원	165,000	5	1	7	8	7	1	1	1
7042	경북 안동시	지역아동센터인건비추가지원	158,405	5	6	7	8	7	1	1	1
7043	경북 안동시	사회복지사처우개선	156,000	5	4	7	7	7	1	1	1
7044	경북 안동시	[도]시군교통사고피해자상담사업	130,000	5	1	7	8	7	1	1	1
7045	경북 안동시	[도]척수장애인재활지원센터운영	115,000	5	1	7	8	7	1	1	1
7046	경북 안동시	지역사회보장협의체운영지원	100,576	5	4	7	7	7	1	1	1
7047	경북 안동시	지역사회보장협의체운영비보조	75,000	5	6	7	7	7	1	1	1
7048	경북 안동시	[도]지체장애인여성자립지원센터운영	70,000	5	1	7	8	7	1	1	1
7049	경북 안동시	[국]장애인실비입소이용료지원	63,504	5	1	7	8	7	1	1	1
7050	경북 안동시	[도]장애인생활시설서비스지원	60,110	5	1	7	8	7	1	1	1
7051	경북 안동시	[도]신장장애인종합상담실운영	60,000	5	1	7	8	7	1	1	1
7052	경북 안동시	[도]시군지체장애인민원상담사업	57,500	5	1	7	8	7	1	1	1
7053	경북 안동시	[도]뇌병변장애인인권상담및이동지원센터운영지원	57,500	5	1	7	8	7	1	1	1
7054	경북 안동시	[도]신체장애인재활상담실운영	52,500	5	1	7	8	7	1	1	1
7055	경북 안동시	[도]장애인복지시설종사자복지포인트	50,100	5	1	7	8	7	1	1	1
7056	경북 안동시	여성장애인가사도우미파견사업	43,333	5	6	7	8	7	5	5	1
7057	경북 안동시	특성별지역아동센터추가지원	28,800	5	2	7	8	7	1	1	1
7058	경북 안동시	[도]농아인동료상담요원활동지원	27,386	5	6	7	8	7	1	1	1
7059	경북 안동시	지역자활센터운영비	25,000	5	1	5	1	7	1	1	1
7060	경북 안동시	지역아동센터조리사인건비	23,400	5	6	7	8	7	1	1	1
7061	경북 안동시	[도]정신요양시설입소자의약품지원	15,210	5	6	7	8	7	1	1	1
7062	경북 안동시	[도]뇌병변장애인의사소통권리증진사업	12,500	5	1	7	8	7	1	1	1
7063	경북 안동시	[도]장애인생활시설퇴소자자립생활정착금지원	10,000	5	1	7	8	7	1	1	1
7064	경북 안동시	[국]장애인디지털돌봄사업	7,010	5	1	7	8	7	1	1	1
7065	경북 안동시	지역아동센터냉난방비지원	6,600	5	6	7	8	7	1	1	1
7066	경북 안동시	아동복지시설종사자복지포인트지원	3,900	5	1	5	8	7	1	1	1
7067	경북 안동시	지역아동센터종사자복지포인트	3,200	5	6	7	8	7	1	1	2
7068	경북 안동시	사회복지종사자복지포인트지원(지역자활센터)	2,640	5	4	5	1	7	1	1	1
7069	경북 안동시	[도]한센생활시설입소자건강검진비및부식비	2,640	5	6	7	8	7	1	1	1
7070	경북 안동시	사회복지사처우개선(이웃사촌복지센터및지역사회보장협의체복지포인트)	1,200	5	4	5	1	7	1	1	1
7071	경북 안동시	아동복지시설냉난방비지원	1,200	5	1	5	8	7	1	1	1
7072	경북 안동시	[국]장애인거주시설공기청정기렌탈지원	1,107	5	2	7	8	7	1	1	2
7073	경북 안동시	사회복지시설종사자처우개선(지역자활센터)	1,100	5	4	5	1	7	1	1	1
7074	경북 안동시	[국]지역아동보호전문기관운영	344,191	5	2	7	8	7	1	1	4
7075	경북 안동시	[도]지역아동보호전문기관종사자수당	73,852	5	2	7	8	7	1	1	4
7076	경북 안동시	일시보호시설운영비지원	71,591	5	2	7	8	7	1	1	4
7077	경북 안동시	아동학대긴급입소자지원	3,200	5	1	7	8	7	1	1	4

순번	시군구	지출명 (사업명)	2024년예산 (단위 : 천원 /1년간)	민간이전 분류 (지방자치단체 세출예산 집행기준에 의거) 1. 민간경상사업보조(307-02) 2. 민간단체 법정운영비보조(307-03) 3. 민간행사사업보조(307-04) 4. 민간위탁금(307-05) 5. 사회복지시설 법정운영비보조(307-10) 6. 민간인위탁교육비(307-12) 7. 공기관등에대한경상적위탁사업비(308-13) 8. 민간자본사업보조,자체재원(402-01) 9. 민간자본사업보조,이전재원(402-02) 10. 민간위탁사업비(402-03) 11. 공기관등에 대한 자본적 위탁사업비(403-02)	민간이전지출 근거 (지방보조금 관리기준 참고) 1. 법률에 규정 2. 국고보조 재원(국가지정) 3. 용도 지정 기부금 4. 조례에 직접규정 5. 지자체가 권장하는 사업을 하는 공공기관 6. 시,도 정책 및 재정사정 7. 기타 8. 해당없음	입찰방식 계약체결방법 (경쟁형태) 1. 일반경쟁 2. 제한경쟁 3. 지명경쟁 4. 수의계약 5. 법정위탁 6. 기타 ( ) 7. 없음	입찰방식 계약기간 1. 1년 2. 2년 3. 3년 4. 4년 5. 5년 6. 기타 ( )년 7. 단기계약 (1년미만) 8. 없음	입찰방식 낙찰자선정방법 1. 적격심사 2. 협상에의한계약 3. 최저가낙찰제 4. 규격가격분리 5. 2단계 경쟁입찰 6. 기타 ( ) 7. 없음	운영예산 산정 운영예산 산정 1. 내부산정 (지자체 자체적으로 산정) 2. 외부산정 (외부전문기관위탁 산정) 3. 내·외부 모두 산정 4. 산정 無 5. 없음	운영예산 산정 정산방법 1. 내부정산 (지자체 내부적으로 정산) 2. 외부정산 (외부전문기관위탁 정산) 3. 내·외부 모두 산정 4. 정산 無 5. 없음	성과평가 실시여부 1. 실시 2. 미실시 3. 향후 추진 4. 해당없음
7078	경북 안동시	아동보호전문기관종사자복지포인트지원	1,900	5	2	7	8	7	1	1	4
7079	경북 안동시	정신재활시설운영	1,385,485	5	1	7	8	7	1	1	1
7080	경북 안동시	정신재활시설종사자수당	30,240	5	1	7	8	7	1	1	1
7081	경북 안동시	사회복지종사자복지포인트지원	4,320	5	1	7	8	7	1	1	1
7082	경북 안동시	사회복지종사자복지포인트지원	3,120	5	1	7	8	7	1	1	1
7083	경북 안동시	정신재활시설입소자지원	1,440	5	1	7	8	7	1	1	1
7084	경북 구미시	보육교직원인건비	10,894,467	5	2	7	8	7	5	1	4
7085	경북 구미시	보조교사및연장보육전담교사	8,931,363	5	2	7	8	7	5	1	4
7086	경북 구미시	지역아동센터인건비지원(국비사업)	4,424,880	5	1	7	8	7	1	1	1
7087	경북 구미시	아이행복도우미인건비	3,815,283	5	6	7	8	7	5	1	4
7088	경북 구미시	어린이집영아반운영비	2,990,665	5	6	7	8	7	5	1	4
7089	경북 구미시	어린이집필요경비지원	2,752,000	5	6	7	8	7	5	1	4
7090	경북 구미시	보육아동간식비	2,648,304	5	6	7	8	7	5	1	4
7091	경북 구미시	장애인주간보호시설운영	1,980,030	5	1,6	7	8	7	1	1	3
7092	경북 구미시	아동양육시설운영비	1,710,900	5	1	7	8	7	1	2	1
7093	경북 구미시	중증장애인거주시설운영	1,430,202	5	1	7	8	7	1	1	3
7094	경북 구미시	공공형어린이집운영비	1,410,227	5	2	7	8	7	5	1	4
7095	경북 구미시	재가노인통합지원센터운영비	1,000,000	5	2	7	8	7	1	1	3
7096	경북 구미시	장애인단기거주시설운영	994,503	5	1,6	7	8	7	1	1	3
7097	경북 구미시	지역아동센터운영비지원(국비사업)	846,732	5	1	7	8	7	1	1	1
7098	경북 구미시	양로시설운영지원	826,000	5	1	7	8	7	5	1	4
7099	경북 구미시	지역아동센터인건비지원(도비사업)	806,714	5	1	7	8	7	1	1	1
7100	경북 구미시	장애인보호작업장운영	800,000	5	1,6	7	8	7	1	1	3
7101	경북 구미시	수어통역센터운영	696,226	5	1,6	7	8	7	1	1	3
7102	경북 구미시	자활센터운영비	531,439	5	2	5	8	7	5	5	1
7103	경북 구미시	지역아동보호전문기관운영(국비사업)	518,739	5	2	7	8	7	1	1	1
7104	경북 구미시	시간차등형보육지원	500,836	5	1	7	8	7	5	1	4
7105	경북 구미시	학대피해아동쉼터운영(국비사업)	495,788	5	2	7	8	7	1	1	1
7106	경북 구미시	장애인생활이동지원센터운영	441,566	5	1,6	7	8	7	1	1	3
7107	경북 구미시	청소년쉼터운영지원	440,000	5	2	2	3	1	3	3	1
7108	경북 구미시	대체교사	407,408	5	2	7	8	7	5	1	4
7109	경북 구미시	구미시니어클럽운영	360,000	5	1,4	7	5	7	5	1	3
7110	경북 구미시	폭력피해이주여성보호시설운영지원	313,601	5	2	7	8	7	1	1	2
7111	경북 구미시	방과후과정학급운영비	265,200	5	6	7	8	7	5	1	4
7112	경북 구미시	차량운영비	252,866	5	2	7	8	7	5	1	4
7113	경북 구미시	장애인성폭력상담소운영지원	251,708	5	1	7	8	7	1	1	4
7114	경북 구미시	24시시간제보육사업운영지원	240,000	5	4	7	8	7	5	1	4
7115	경북 구미시	아동복지시설인건비추가지원	238,892	5	1	7	8	7	1	1	1
7116	경북 구미시	장애인공동생활가정운영	235,419	5	1,6	7	8	7	1	1	3
7117	경북 구미시	지역아동센터조리사인건비지원	234,000	5	1	7	8	7	1	1	1

순번	시군구	지출명 (사업명)	2024년예산 (단위 : 천원 /1년간)	민간이전 분류 (지방자치단체 세출예산 집행기준에 의거) 1. 민간경상사업보조(307-02) 2. 민간단체 법정운영비보조(307-03) 3. 민간행사사업보조(307-04) 4. 민간위탁금(307-05) 5. 사회복지시설 법정운영비보조(307-10) 6. 민간인위탁교육비(307-12) 7. 공기관등에대한경상적위탁사업비(308-13) 8. 민간자본사업보조,자체재원(402-01) 9. 민간자본사업보조,이전재원(402-02) 10. 민간위탁사업비(402-03) 11. 공기관등에 대한 자본적 위탁사업비(403-02)	민간이전지출 근거 (지방보조금 관리기준 참고) 1. 법률에 규정 2. 국고보조 재원(국가지정) 3. 용도 지정 기부금 4. 조례에 직접규정 5. 지자체가 권장하는 사업을 하는 공공기관 6. 시,도 정책 및 재정사정 7. 기타 8. 해당없음	입찰방식 계약체결방법 (경쟁형태) 1. 일반경쟁 2. 제한경쟁 3. 지명경쟁 4. 수의계약 5. 법정위탁 6. 기타 ( ) 7. 없음	입찰방식 계약기간 1. 1년 2. 2년 3. 3년 4. 4년 5. 5년 6. 기타 ( )년 7. 단기계약 (1년미만) 8. 없음	입찰방식 낙찰자선정방법 1. 적격심사 2. 협상에의한계약 3. 최저가낙찰제 4. 규격가격분리 5. 2단계 경쟁입찰 6. 기타 ( ) 7. 없음	운영예산 산정 운영예산 산정 1. 내부산정 (지자체 자체적으로 산정) 2. 외부산정 (외부전문기관위탁 산정) 3. 내·외부 모두 산정 4. 산정 無 5. 없음	운영예산 산정 정산방법 1. 내부정산 (지자체 내부적으로 정산) 2. 외부정산 (외부전문기관위탁 정산) 3. 내·외부 모두 산정 4. 정산 無 5. 없음	성과평가 실시여부 1. 실시 2. 미실시 3. 향후 추진 4. 해당없음
7118	경북 구미시	중증장애인자립지원센터운영	224,485	5	1,6	7	8	7	1	1	3
7119	경북 구미시	구미노인일자리창출지원센터운영	221,670	5	1,4	7	3	7	1	1	3
7120	경북 구미시	구미시청소년상담복지센터운영지원	214,000	5	2	2	1	1	3	3	1
7121	경북 구미시	성폭력상담소운영비	205,955	5	1	7	8	7	1	1	4
7122	경북 구미시	어린이집냉난방비	195,000	5	6	7	8	7	5	1	4
7123	경북 구미시	한부모가족복지시설지원	165,360	5	1	7	8	7	1	1	4
7124	경북 구미시	요보호아동그룹홈운영(국비사업)	139,944	5	2	7	8	7	1	1	1
7125	경북 구미시	외국인아동보육료지원	120,000	5	6	7	8	7	5	1	4
7126	경북 구미시	다문화가족복지시설종사자수당	102,600	5	6	7	8	7	1	1	2
7127	경북 구미시	특성별지역아동센터추가지원(국비사업)	100,800	5	1	7	8	7	1	1	1
7128	경북 구미시	영아전담어린이집기사인건비지원	74,187	5	6	7	8	7	5	1	4
7129	경북 구미시	장애아어린이집기사인건비	74,187	5	6	7	8	7	5	1	4
7130	경북 구미시	지역아동보전문기관운영지원	65,989	5	1	7	8	7	1	1	1
7131	경북 구미시	어린이집차량유지비	60,000	5	6	7	8	7	5	1	4
7132	경북 구미시	장애아전문어린이집차량운행비지원	60,000	5	6	7	8	7	5	1	4
7133	경북 구미시	보육아동인성교육비	51,747	5	6	7	8	7	5	1	4
7134	경북 구미시	범죄피해자지원센터운영비	51,700	5	1	5	8	7	1	1	4
7135	경북 구미시	열린어린이집프로그램운영	50,000	5	6	7	8	7	1	1	4
7136	경북 구미시	아동복지시설냉난방비지원	30,600	5	1	7	8	7	1	1	1
7137	경북 구미시	지역아동센터운영지원	28,700	5	1	7	8	7	1	1	1
7138	경북 구미시	다문화어린이집차량운영비	25,000	5	6	7	8	7	5	1	4
7139	경북 구미시	여성폭력상담소종사자수당	15,120	5	1	7	8	7	1	1	4
7140	경북 구미시	청소년쉼터종사자수당	12,460	5	6	2	3	1	3	3	1
7141	경북 구미시	요보호아동자립지원	12,000	5	2	7	8	7	1	1	1
7142	경북 구미시	학대피해아동쉼터운영지원	6,400	5	2	7	8	7	1	1	1
7143	경북 상주시	장애인거주시설운영(행복희망재활원희망과사람)지원	3,686,805	5	2	7	8	7	1	1	3
7144	경북 상주시	국공립법인어린이집인건비지원	3,169,864	5	2	7	8	7	1	1	4
7145	경북 상주시	정신요양시설운영비지원	2,121,000	5	1	7	8	7	5	1	4
7146	경북 상주시	아동양육시설운영비지원	1,680,880	5	1	7	8	7	5	5	4
7147	경북 상주시	경로당운영지원	1,616,700	5	4	7	8	7	5	5	4
7148	경북 상주시	장애인종합복지관운영지원	1,429,979	5	4	5	5	1	1	1	3
7149	경북 상주시	경로당냉난방비및양곡비지원	1,404,014	5	1	7	8	7	1	1	4
7150	경북 상주시	장애인직업재활시설운영지원	1,347,734	5	6	7	8	7	1	1	3
7151	경북 상주시	보조(연장보육전담)교사지원	1,025,624	5	2	7	8	7	1	1	4
7152	경북 상주시	상주시가족센터운영지원	965,350	5	1	7	5	7	5	5	4
7153	경북 상주시	종합사회복지관운영비지원	807,000	5	1	7	1	7	1	1	3
7154	경북 상주시	노인종합복지관운영지원	760,000	5	4	5	5	1	1	1	3
7155	경북 상주시	장애인단기거주시설(정민재활원)운영지원	670,079	5	6	7	8	7	1	1	3
7156	경북 상주시	지역아동센터인건비지원	647,520	5	2	7	8	7	1	1	4
7157	경북 상주시	아이행복도우미인건비지원	439,829	5	2	7	8	7	1	1	4

순번	시군구	지출명 (사업명)	2024년예산 (단위 : 천원 /1년간)	민간이전 분류 (지방자치단체 세출예산 집행기준에 의거) 1. 민간경상사업보조(307-02) 2. 민간단체 법정운영비보조(307-03) 3. 민간행사사업보조(307-04) 4. 민간위탁금(307-05) 5. 사회복지시설 법정운영비보조(307-10) 6. 민간인위탁교육비(307-12) 7. 공기관등에대한경상적위탁사업비(308-13) 8. 민간자본사업보조,자체재원(402-01) 9. 민간자본사업보조,이전재원(402-02) 10. 민간위탁사업비(402-03) 11. 공기관등에 대한 자본적 위탁사업비(403-02)	민간이전지출 근거 (지방보조금 관리기준 참고) 1. 법률에 규정 2. 국고보조 재원(국가지정) 3. 용도 지정 기부금 4. 조례에 직접규정 5. 지자체가 권장하는 사업을 하는 공공기관 6. 시,도 정책 및 재정사정 7. 기타 8. 해당없음	입찰방식 계약체결방법 (경쟁형태) 1. 일반경쟁 2. 제한경쟁 3. 지명경쟁 4. 수의계약 5. 법정위탁 6. 기타 ( ) 7. 없음	입찰방식 계약기간 1. 1년 2. 2년 3. 3년 4. 4년 5. 5년 6. 기타 ( )년 7. 단기계약 (1년미만) 8. 없음	입찰방식 낙찰자선정방법 1. 적격심사 2. 협상에의한계약 3. 최저가낙찰제 4. 규격가격분리 5. 2단계 경쟁입찰 6. 기타 ( ) 7. 없음	운영예산 산정 운영예산 산정 1. 내부산정 (지자체 자체적으로 산정) 2. 외부산정 (외부전문기관위탁 산정) 3. 내·외부 모두 산정 4. 산정 無 5. 없음	운영예산 산정 정산방법 1. 내부정산 (지자체 내부적으로 정산) 2. 외부정산 (외부전문기관위탁 정산) 3. 내·외부 모두 산정 4. 정산 無 5. 없음	성과평가 실시여부 1. 실시 2. 미실시 3. 향후 추진 4. 해당없음
7158	경북 상주시	교사근무환경개선비지원	432,220	5	2	7	8	7	1	1	4
7159	경북 상주시	시니어클럽운영지원	427,018	5	1	7	8	7	1	1	4
7160	경북 상주시	지역자활센터운영비지원	403,644	5	2	7	8	7	1	1	4
7161	경북 상주시	재가노인통합지원센터운영지원	400,000	5	1	7	8	7	1	1	3
7162	경북 상주시	영아전담어린이집인건비지원	364,289	5	2	7	8	7	1	1	4
7163	경북 상주시	장애인주간보호시설운영지원	314,394	5	6	7	8	7	1	1	3
7164	경북 상주시	여성폭력피해통합상담소운영지원	301,394	5	1	5	8	7	5	1	1
7165	경북 상주시	중증장애인자립지원센터운영지원	292,945	5	6	5	5	1	1	1	3
7166	경북 상주시	수어통역센터운영지원	270,204	5	6	7	8	7	1	1	3
7167	경북 상주시	장애인생활이동지원센터운영지원	263,280	5	6	7	8	7	1	1	3
7168	경북 상주시	가정폭력피해자보호시설운영지원	257,960	5	1	5	8	7	5	1	1
7169	경북 상주시	어린이집필요경비지원	251,000	5	6	7	8	7	1	1	4
7170	경북 상주시	지역아동센터인건비추가지원	210,009	5	6	7	8	7	1	1	4
7171	경북 상주시	성폭력상담소운영지원	186,274	5	1	5	8	7	5	1	1
7172	경북 상주시	지역아동센터기본운영비지원	142,524	5	2	7	8	7	1	1	4
7173	경북 상주시	요보호아동그룹홈운영지원	139,944	5	1	7	8	7	5	5	4
7174	경북 상주시	장애인재가복지봉사센터운영지원	137,800	5	4	5	5	1	1	1	3
7175	경북 상주시	지역아동센터추가인력인건비지원	112,350	5	2	7	8	7	1	1	4
7176	경북 상주시	야간연장형어린이집인건비지원	96,756	5	2	7	8	7	1	1	4
7177	경북 상주시	지역아동보호전문기관운영지원	77,954	5	1	7	8	7	5	5	4
7178	경북 상주시	아동양육시설사업비지원	71,275	5	1	7	8	7	5	5	4
7179	경북 상주시	지역아동센터활성화지원	71,200	5	6	7	8	7	1	1	4
7180	경북 상주시	특수목적형지역아동센터추가지원	57,600	5	2	7	8	7	1	1	4
7181	경북 상주시	농촌보육교사수당지원	54,276	5	2	7	8	7	1	1	4
7182	경북 상주시	아동복지시설인건비추가지원	51,312	5	1	7	8	7	5	5	4
7183	경북 상주시	장애인단체사무실임차료지원	49,000	5	1	5	1	7	1	1	4
7184	경북 상주시	대체교사지원	45,196	5	2	7	8	7	1	1	4
7185	경북 상주시	노인복지시설종사자복지포인트지원	43,200	5	4	7	8	7	5	5	4
7186	경북 상주시	일시보호시설운영지원	38,936	5	1	7	8	7	5	5	4
7187	경북 상주시	민간가정어린이집보육아동급간식비지원	33,600	5	6	7	8	7	1	1	4
7188	경북 상주시	자활사례관리사업운영비지원	31,477	5	2	7	8	7	1	1	4
7189	경북 상주시	자활기업한시적인건비지원	30,000	5	2	7	8	7	1	1	4
7190	경북 상주시	노인회분회지원	28,800	5	1	7	8	7	1	1	4
7191	경북 상주시	어린이집방과후과정학급운영비지원	22,800	5	6	7	8	7	1	1	4
7192	경북 상주시	공공형어린이집운영지원(전환)	22,400	5	6	7	8	7	1	1	4
7193	경북 상주시	차량운영비지원	18,537	5	2	7	8	7	1	1	4
7194	경북 상주시	장애인복지시설종사자복지포인트지원	17,100	5	4	7	8	7	5	5	4
7195	경북 상주시	교재교구비지원	16,760	5	2	7	8	7	1	1	4
7196	경북 상주시	어린이집냉난방비지원	13,500	5	6	7	8	7	1	1	4
7197	경북 상주시	공동생활가정운영지원	9,980	5	1	7	8	7	5	5	4

순번	시군구	지출명 (사업명)	2024년예산 (단위 : 천원 /1년간)	민간이전 분류 (지방자치단체 세출예산 집행기준에 의거) 1. 민간경상사업보조(307-02) 2. 민간단체 법정운영비보조(307-03) 3. 민간행사사업보조(307-04) 4. 민간위탁금(307-05) 5. 사회복지시설 법정운영비보조(307-10) 6. 민간인위탁교육비(307-12) 7. 공기관등에대한경상적위탁사업비(308-13) 8. 민간자본사업보조,자체재원(402-01) 9. 민간자본사업보조,이전재원(402-02) 10. 민간위탁사업비(402-03) 11. 공기관등에 대한 자본적 위탁사업비(403-02)	민간이전지출 근거 (지방보조금 관리기준 참고) 1. 법률에 규정 2. 국고보조 재원(국가지정) 3. 용도 지정 기부금 4. 조례에 직접규정 5. 지자체가 권장하는 사업을 하는 공공기관 6. 시,도 정책 및 재정사정 7. 기타 8. 해당없음	입찰방식 계약체결방법 (경쟁형태) 1. 일반경쟁 2. 제한경쟁 3. 지명경쟁 4. 수의계약 5. 법정위탁 6. 기타 ( ) 7. 없음	입찰방식 계약기간 1. 1년 2. 2년 3. 3년 4. 4년 5. 5년 6. 기타 ( )년 7. 단기계약 (1년미만) 8. 없음	입찰방식 낙찰자선정방법 1. 적격심사 2. 협상에의한계약 3. 최저가낙찰제 4. 규격가격분리 5. 2단계 경쟁입찰 6. 기타 ( ) 7. 없음	운영예산 산정 운영예산 산정 1. 내부산정 (지자체 자체적으로 산정) 2. 외부산정 (외부전문기관위탁 산정) 3. 내·외부 모두 산정 4. 산정 無 5. 없음	운영예산 산정 정산방법 1. 내부정산 (지자체 내부적으로 정산) 2. 외부정산 (외부전문기관위탁 정산) 3. 내·외부 모두 산정 4. 정산 無 5. 없음	성과평가 실시여부 1. 실시 2. 미실시 3. 향후 추진 4. 해당없음
7198	경북 상주시	아동보호전문기관인건비및종사자수당지원	9,916	5	1	7	8	7	5	5	4
7199	경북 상주시	경계선아동맞춤형사례관리서비스지원	9,600	5	2	7	8	7	1	1	4
7200	경북 상주시	사회복지시설종사자복지포인트지원	4,600	5	1	7	8	7	5	1	4
7201	경북 상주시	아동복지시설종사자복지포인트지원	3,300	5	6	7	8	7	1	1	4
7202	경북 상주시	아동학대긴급입소자지원	3,200	5	1	7	8	7	5	5	4
7203	경북 상주시	아동복지시설냉난방비지원	1,200	5	6	7	8	7	1	1	4
7204	경북 상주시	장애인거주시설디지털돌봄사업지원	960	5	2	7	8	7	1	1	4
7205	경북 상주시	지역자활센터종사자복지포인트지원	900	5	2	7	8	7	1	1	4
7206	경북 문경시	보육교직원인건비지원	3,194,072	5	1	7	8	7	5	1	4
7207	경북 문경시	아동양육시설운영지원	1,637,970	5	6	7	8	7	5	1	4
7208	경북 문경시	장애인거주시설운영지원	1,288,055	5	1	5	8	7	1	3	1
7209	경북 문경시	경로당운영지원	1,245,000	5	4	7	8	7	1	1	4
7210	경북 문경시	경로당냉난방비및양곡비지원	988,940	5	4	7	8	7	1	1	4
7211	경북 문경시	장애인종합복지관운영	980,000	5	1	5	8	7	1	3	1
7212	경북 문경시	어린이집보조교사인건비지원	947,945	5	1	7	8	7	5	1	4
7213	경북 문경시	지역아동센터인건비지원	793,950	5	2	7	8	7	5	1	4
7214	경북 문경시	양로시설운영비지원	753,000	5	1	7	8	7	1	1	2
7215	경북 문경시	장애인직업재활시설운영	591,122	5	1	5	8	7	1	3	1
7216	경북 문경시	공공형어린이집지원	460,000	5	1	7	8	7	5	1	4
7217	경북 문경시	아이행복도우미지원	442,029	5	1	7	7	7	1	1	4
7218	경북 문경시	문경시니어클럽운영	388,000	5	1	7	8	7	5	1	1
7219	경북 문경시	지역급식관리지원센터	348,829	5	1	7	8	7	5	5	4
7220	경북 문경시	지역자활센터운영	340,314	5	2	5	1	7	1	1	1
7221	경북 문경시	장애인단기거주시설운영	312,284	5	1	5	8	7	1	3	1
7222	경북 문경시	장애인생활이동지원센터운영	300,726	5	1	5	8	7	1	3	1
7223	경북 문경시	수화통역센터운영	292,264	5	1	5	8	7	1	3	1
7224	경북 문경시	어린이집필요경비지원	291,440	5	1	7	8	7	5	1	4
7225	경북 문경시	누리과정	270,000	5	1	7	7	7	1	1	4
7226	경북 문경시	중증장애인자립지원센터운영	265,493	5	1	5	8	7	1	3	1
7227	경북 문경시	어린이집영아반운영비지원	237,195	5	1	7	8	7	5	1	4
7228	경북 문경시	장애인주간보호시설운영	234,959	5	1	5	8	7	1	3	1
7229	경북 문경시	이웃사촌복지센터	230,000	5	6	7	8	7	1	1	4
7230	경북 문경시	청소년상담복지센터운영지원	206,000	5	1	7	8	7	5	5	4
7231	경북 문경시	재가노인통합지원센터지원	200,000	5	6	7	8	7	5	5	4
7232	경북 문경시	지역아동센터운영비지원	188,680	5	2	7	8	7	5	1	4
7233	경북 문경시	[도비]장애인가족지원센터운영	176,000	5	1	7	7	7	5	1	4
7234	경북 문경시	학교밖청소년지원센터운영지원	169,443	5	1	7	8	7	5	5	4
7235	경북 문경시	[도비]지체장애인편의시설센터운영	168,000	5	1	7	7	7	5	1	4
7236	경북 문경시	성폭력상담소운영지원	142,022	5	1,2	7	8	7	5	1	4
7237	경북 문경시	장애인재가복지봉사센터운영	137,800	5	1	5	8	7	1	3	1

순번	시군구	지출명 (사업명)	2024년예산 (단위 : 천원 /1년간)	민간이전 분류 (지방자치단체 세출예산 집행기준에 의거) 1. 민간경상사업보조(307-02) 2. 민간단체 법정운영비보조(307-03) 3. 민간행사사업보조(307-04) 4. 민간위탁금(307-05) 5. 사회복지시설 법정운영비보조(307-10) 6. 민간인위탁교육비(307-12) 7. 공기관등에대한경상적위탁사업비(308-13) 8. 민간자본사업보조,자체재원(402-01) 9. 민간자본사업보조,이전재원(402-02) 10. 민간위탁사업비(402-03) 11. 공기관등에 대한 자본적 위탁사업비(403-02)	민간이전지출 근거 (지방보조금 관리기준 참고) 1. 법률에 규정 2. 국고보조 재원(국가지정) 3. 용도 지정 기부금 4. 조례에 직접규정 5. 지자체가 권장하는 사업을 하는 공공기관 6. 시,도 정책 및 재정사정 7. 기타 8. 해당없음	입찰방식 계약체결방법 (경쟁형태) 1. 일반경쟁 2. 제한경쟁 3. 지명경쟁 4. 수의계약 5. 법정위탁 6. 기타 ( ) 7. 없음	입찰방식 계약기간 1. 1년 2. 2년 3. 3년 4. 4년 5. 5년 6. 기타 ( )년 7. 단기계약 (1년미만) 8. 없음	입찰방식 낙찰자선정방법 1. 적격심사 2. 협상에의한계약 3. 최저가낙찰제 4. 규격가격분리 5. 2단계 경쟁입찰 6. 기타 ( ) 7. 없음	운영예산 산정 운영예산 산정 1. 내부산정 (지자체 자체적으로 산정) 2. 외부산정 (외부전문기관위탁 산정) 3. 내·외부 모두 산정 4. 산정 無 5. 없음	운영예산 산정 정산방법 1. 내부정산 (지자체 내부적으로 정산) 2. 외부정산 (외부전문기관위탁 정산) 3. 내·외부 모두 산정 4. 정산 無 5. 없음	성과평가 실시여부 1. 실시 2. 미실시 3. 향후 추진 4. 해당없음
7238	경북 문경시	아동보호전문기관운영지원	136,972	5	2	7	8	7	5	1	4
7239	경북 문경시	[도비]교통사고예방상담센터운영	136,500	5	1	7	7	7	5	1	4
7240	경북 문경시	지역사회보장협의체운영지원	128,000	5	4	7	8	7	1	1	4
7241	경북 문경시	보육아동간식비	127,927	5	1	7	8	7	5	1	4
7242	경북 문경시	청소년안전망사업	123,982	5	1	7	8	7	5	5	4
7243	경북 문경시	[도비]척수장애인재활지원센터운영	121,000	5	1	7	7	7	5	1	4
7244	경북 문경시	[도비]지체장애인여성자립지원센터운영	80,000	5	1	7	7	7	5	1	4
7245	경북 문경시	지역아동센터활성화지원	75,600	5	5	7	8	7	5	1	4
7246	경북 문경시	대한노인회문경시지회운영비지원	69,600	5	4	7	8	7	1	1	2
7247	경북 문경시	[도비]장애인권익지원사업	58,500	5	1	7	7	7	5	1	4
7248	경북 문경시	공동육아나눔터운영지원	56,712	5	5	7	8	7	5	1	4
7249	경북 문경시	[도비]지체장애인복지지원사업	52,500	5	1	7	7	7	5	1	4
7250	경북 문경시	청소년동반자프로그램운영	49,640	5	1	7	8	7	5	5	4
7251	경북 문경시	국공립어린이집운영지원	48,000	5	1	7	8	7	5	1	4
7252	경북 문경시	어린이집운영지원	45,345	5	1	7	8	7	5	1	4
7253	경북 문경시	어린이집방과후과정학급운영비지원	39,600	5	1	7	8	7	5	1	4
7254	경북 문경시	특수보육시설기사인건비지원	24,729	5	1	7	8	7	5	1	4
7255	경북 문경시	평가인증환경개선비	20,000	5	1	7	7	7	1	1	4
7256	경북 문경시	아동보호전문기관인건비및종사자수당	15,780	5	2	7	8	7	5	1	4
7257	경북 문경시	보육아동인성교육비지원	15,203	5	1	7	7	7	1	1	4
7258	경북 문경시	학교밖청소년급식지원	12,070	5	1	7	8	7	5	5	4
7259	경북 문경시	다문화어린이집차량운영비	8,162	5	1	7	8	7	5	1	4
7260	경북 문경시	개인운영노인복지시설공공요금지원	7,560	5	1	7	8	7	1	1	2
7261	경북 문경시	어린이집차량유지비	5,200	5	1	7	8	7	5	1	4
7262	경북 문경시	여성폭력관련시설종사자수당지원	5,040	5	1,2	7	8	7	5	1	4
7263	경북 문경시	장애인생활시설서비스지원	3,900	5	1	5	8	7	1	3	1
7264	경북 문경시	장애인거주시설이용자인권교육	1,231	5	1	5	8	7	1	3	1
7265	경북 문경시	여성폭력관련시설종사자복지포인트지원	300	5	1,2	7	8	7	5	1	4
7266	경북 문경시	장애아동어린이집입소료등지원	300	5	1	7	8	7	5	1	4
7267	경북 경산시	보육교직원인건비	10,869,239	5	2	7	8	7	5	3	4
7268	경북 경산시	어린이집보조교사지원	4,716,866	5	2	7	8	7	5	3	4
7269	경북 경산시	보육교직원처우개선	2,701,613	5	2	7	8	7	5	3	4
7270	경북 경산시	지역아동센터인건비지원	2,046,990	5	1	7	8	7	5	5	4
7271	경북 경산시	아이행복도우미인건비	1,741,146	5	4	7	8	7	5	3	4
7272	경북 경산시	어린이집필요경비지원	1,678,000	5	2	7	8	7	5	3	4
7273	경북 경산시	장애인직업재활시설운영	1,410,418	5	1	7	8	7	1	1	1
7274	경북 경산시	경로당운영지원	1,047,400	5	1	7	8	7	5	1	4
7275	경북 경산시	경로당냉난방비및양곡비지원	968,332	5	1	7	8	7	5	1	4
7276	경북 경산시	장애인복지시설종사자수당	815,400	5	1	7	8	7	1	1	1
7277	경북 경산시	양로시설인건비	784,000	5	1	7	8	7	1	1	4

순번	시군구	지출명 (사업명)	2024년예산 (단위 : 천원 /1년간)	민간이전 분류 (지방자치단체 세출예산 집행기준에 의거) 1. 민간경상사업보조(307-02) 2. 민간단체 법정운영비보조(307-03) 3. 민간행사사업보조(307-04) 4. 민간위탁금(307-05) 5. 사회복지시설 법정운영비보조(307-10) 6. 민간인위탁교육비(307-12) 7. 공기관등에대한경상적위탁사업비(308-13) 8. 민간자본사업보조,자체재원(402-01) 9. 민간자본사업보조,이전재원(402-02) 10. 민간위탁사업비(402-03) 11. 공기관등에 대한 자본적 위탁사업비(403-02)	민간이전지출 근거 (지방보조금 관리기준 참고) 1. 법률에 규정 2. 국고보조 재원(국가지정) 3. 용도 지정 기부금 4. 조례에 직접규정 5. 지자체가 권장하는 사업을 하는 공공기관 6. 시,도 정책 및 재정사정 7. 기타 8. 해당없음	입찰방식: 계약체결방법 (경쟁형태) 1. 일반경쟁 2. 제한경쟁 3. 지명경쟁 4. 수의계약 5. 법정위탁 6. 기타 ( ) 7. 없음	입찰방식: 계약기간 1. 1년 2. 2년 3. 3년 4. 4년 5. 5년 6. 기타 ( )년 7. 단기계약 (1년미만) 8. 없음	입찰방식: 낙찰자선정방법 1. 적격심사 2. 협상에의한계약 3. 최저가낙찰제 4. 규격가격분리 5. 2단계 경쟁입찰 6. 기타 ( ) 7. 없음	운영예산 산정: 운영예산 산정 1. 내부산정 (지자체 자체적으로 산정) 2. 외부산정 (외부전문기관위탁 산정) 3. 내·외부 모두 산정 4. 산정 無 5. 없음	운영예산 산정: 정산방법 1. 내부정산 (지자체 내부적으로 정산) 2. 외부정산 (외부전문기관위탁 정산) 3. 내·외부 모두 산정 4. 정산 無 5. 없음	성과평가 실시여부 1. 실시 2. 미실시 3. 향후 추진 4. 해당없음
7278	경북 경산시	장애인주간보호시설운영	623,613	5	1	7	8	7	1	1	1
7279	경북 경산시	지역아동센터종사자수당	561,899	5	1	7	8	7	5	5	4
7280	경북 경산시	요보호아동그룹홈지원	526,200	5	2	7	8	7	5	5	4
7281	경북 경산시	수어통역센터운영	408,092	5	1	7	8	7	1	1	4
7282	경북 경산시	경북경산지역자활센터운영	403,644	5	2	3	1	1	1	1	1
7283	경북 경산시	재가노인복지시설운영지원	400,000	5	6	7	8	7	1	1	3
7284	경북 경산시	지역아동보호전문기관운영지원	393,340	5	2	7	8	7	5	5	4
7285	경북 경산시	지역아동센터운영지원	379,040	5	1	7	8	7	5	5	4
7286	경북 경산시	어린이집보육교직원명절휴가비	360,000	5	4	7	8	7	5	5	4
7287	경북 경산시	장애인생활이동지원센터운영	326,866	5	1	7	8	7	1	1	4
7288	경북 경산시	한부모가족복지시설지원	286,048	5	4	7	8	7	1	1	4
7289	경북 경산시	어린이집운영지원	262,094	5	2	7	8	7	5	3	4
7290	경북 경산시	지역아동센터급식인력지원	241,800	5	1	7	8	7	5	5	4
7291	경북 경산시	(국비보조)성폭력상담소운영지원	215,602	5	1	7	8	7	5	5	4
7292	경북 경산시	중증장애인자립지원센터운영	207,808	5	1	7	8	7	1	1	1
7293	경북 경산시	(국비보조)성폭력상담소운영지원	195,402	5	1	7	8	7	5	5	4
7294	경북 경산시	(국비보조)가정폭력상담소운영지원	194,711	5	1	7	8	7	5	5	4
7295	경북 경산시	정부지원어린이집교재교구기자재비	190,000	5	4	7	8	7	5	3	4
7296	경북 경산시	어린이집방과후과정학급운영비지원	180,000	5	2	7	8	7	5	3	4
7297	경북 경산시	중증장애인자립생활지원센터운영	164,267	5	1	7	8	7	1	1	4
7298	경북 경산시	일시보호시설운영비지원	134,393	5	6	7	8	7	5	5	4
7299	경북 경산시	대한노인회경산시지회운영지원	124,170	5	1	7	8	7	1	1	1
7300	경북 경산시	24시시간제보육지원	120,000	5	2	7	8	7	5	3	4
7301	경북 경산시	노인복지시설복지포인트지원	107,600	5	1	7	8	7	5	5	4
7302	경북 경산시	어린이집냉난방비지원	95,000	5	4	7	8	7	5	3	4
7303	경북 경산시	인건비	89,120	5	1	7	8	7	1	1	1
7304	경북 경산시	어린이집차량유지비(동지역)	84,000	5	4	7	8	7	5	3	4
7305	경북 경산시	아동복지시설종사자시간외수당	76,800	5	6	7	8	7	5	5	4
7306	경북 경산시	경로당프로그램관리자인건비	70,440	5	1	7	8	7	1	1	1
7307	경북 경산시	양로시설운영비	59,000	5	1	7	8	7	1	1	4
7308	경북 경산시	평가인증어린이집장비구입비	50,000	5	4	7	8	7	5	3	4
7309	경북 경산시	특수보육시설기사인건비	49,457	5	4	7	8	7	5	5	4
7310	경북 경산시	아동복지시설종사자추가기본급지원	48,648	5	6	7	8	7	5	5	4
7311	경북 경산시	운영비	42,500	5	1	7	8	7	1	1	1
7312	경북 경산시	지역아동보호전문기관운영지원	36,564	5	6	7	8	7	5	5	4
7313	경북 경산시	공동생활가정종사자추가인력지원	33,576	5	6	7	8	7	5	5	4
7314	경북 경산시	다문화어린이집차량운영비	31,323	5	4	7	8	7	5	3	4
7315	경북 경산시	장애인공동생활가정운영	26,400	5	1	7	8	7	1	1	4
7316	경북 경산시	아동복지시설종사자명절수당	23,986	5	6	7	8	7	5	5	4
7317	경북 경산시	마을돌봄터운영지원	22,297	5	1	1	5	1	1	1	1

순번	시군구	지출명 (사업명)	2024년예산 (단위 : 천원 /1년간)	민간이전 분류 (지방자치단체 세출예산 집행기준에 의거) 1. 민간경상사업보조(307-02) 2. 민간단체 법정운영비보조(307-03) 3. 민간행사사업보조(307-04) 4. 민간위탁금(307-05) 5. 사회복지시설 법정운영비보조(307-10) 6. 민간인위탁교육비(307-12) 7. 공기관등에대한경상적위탁사업비(308-13) 8. 민간자본사업보조,자체재원(402-01) 9. 민간자본사업보조,이전재원(402-02) 10. 민간위탁사업비(402-03) 11. 공기관등에 대한 자본적 위탁사업비(403-02)	민간이전지출 근거 (지방보조금 관리기준 참고) 1. 법률에 규정 2. 국고보조 재원(국가지정) 3. 용도 지정 기부금 4. 조례에 직접규정 5. 지자체가 권장하는 사업을 하는 공공기관 6. 시,도 정책 및 재정사정 7. 기타 8. 해당없음	입찰방식: 계약체결방법 (경쟁형태) 1. 일반경쟁 2. 제한경쟁 3. 지명경쟁 4. 수의계약 5. 법정위탁 6. 기타 ( ) 7. 없음	입찰방식: 계약기간 1. 1년 2. 2년 3. 3년 4. 4년 5. 5년 6. 기타 ( )년 7. 단기계약 (1년미만) 8. 없음	입찰방식: 낙찰자선정방법 1. 적격심사 2. 협상에의한계약 3. 최저가낙찰제 4. 규격가격분리 5. 2단계 경쟁입찰 6. 기타 ( ) 7. 없음	운영예산 산정: 운영예산 산정 1. 내부산정 (지자체 자체적으로 산정) 2. 외부산정 (외부전문기관위탁 산정) 3. 내·외부 모두 산정 4. 산정 無 5. 없음	운영예산 산정: 정산방법 1. 내부정산 (지자체 내부적으로 정산) 2. 외부정산 (외부전문기관위탁 정산) 3. 내·외부 모두 산정 4. 정산 無 5. 없음	성과평가 실시여부 1. 실시 2. 미실시 3. 향후 추진 4. 해당없음
7318	경북 경산시	어린이집차량유지비	18,300	5	4	7	8	7	5	3	4
7319	경북 경산시	아동복지시설냉난방비지원	13,200	5	1	7	8	7	5	5	4
7320	경북 경산시	지역사회보장협의체지원	13,086	5	1	7	8	7	1	1	1
7321	경북 경산시	어린이집재무회계프로그램사용료	11,340	5	4	7	8	7	5	5	4
7322	경북 경산시	(자체사업)거주외국인복지지원	6,000	5	1	5	5	1	1	1	1
7323	경북 경산시	개인운영노인복지시설공공요금지원	5,640	5	1	7	8	7	1	1	4
7324	경북 경산시	아동복지시설종사자가족수당	4,080	5	6	7	8	7	5	5	4
7325	경북 경산시	그룹홈냉난방비지원	2,400	5	6	7	8	7	5	5	4
7326	경북 경산시	장애인거주시설공기청정기렌탈지원	1,950	5	1	7	8	7	1	1	1
7327	경북 의성군	보육교직원인건비지원	3,105,789	5	2	7	8	7	1	1	4
7328	경북 의성군	경로당운영지원	1,311,300	5	1	7	8	7	1	1	4
7329	경북 의성군	아동양육시설운영비지원	1,239,660	5	6	7	8	7	1	1	4
7330	경북 의성군	장애인거주시설운영	892,848	5	2	7	8	7	1	1	4
7331	경북 의성군	건강가정및다문화가족지원센터운영	653,156	5	4	7	8	7	1	1	4
7332	경북 의성군	지역아동센터기존인력인건비지원	545,280	5	2	7	8	7	1	1	4
7333	경북 의성군	양로시설운영지원	514,000	5	1	7	8	7	5	1	1
7334	경북 의성군	장애인거주시설운영	474,499	5	1	7	8	7	1	1	4
7335	경북 의성군	장애인직업재활시설운영	472,518	5	6	7	8	7	1	1	4
7336	경북 의성군	어린이집보조교사지원	373,812	5	2	7	8	7	1	1	4
7337	경북 의성군	시니어클럽운영	360,000	5	5	5	7	7	1	1	1
7338	경북 의성군	장애인주간보호시설운영	336,391	5	6	7	8	7	1	1	4
7339	경북 의성군	장애인주간보호시설운영지원(서부권역)	336,391	5	1	7	8	7	1	1	4
7340	경북 의성군	다함께돌봄센터(마을돌봄터)인건비지원	293,088	5	2	7	8	7	1	1	4
7341	경북 의성군	경상북도장애인복지관분관운영	266,000	5	6	7	8	7	1	1	4
7342	경북 의성군	지역자활센터운영비지원	262,284	5	2	5	1	7	3	3	1
7343	경북 의성군	수어통역센터운영	248,318	5	6	7	8	7	1	1	4
7344	경북 의성군	아이행복도우미인건비지원	224,482	5	6	7	8	7	1	1	4
7345	경북 의성군	시군청소년상담복지센터운영지원	178,000	5	6	7	8	7	1	1	4
7346	경북 의성군	장애인생활이동지원센터운영	176,275	5	6	7	8	7	1	1	4
7347	경북 의성군	장애인가족지원센터운영	170,000	5	6	7	8	7	1	1	4
7348	경북 의성군	마을돌봄터종사자추가인건비지원	158,016	5	6	7	8	7	1	1	4
7349	경북 의성군	어린이집필요경비지원	151,000	5	6	7	8	7	1	1	4
7350	경북 의성군	취약보육활성화	129,929	5	6	7	8	7	1	1	4
7351	경북 의성군	지역아동센터기본운영비지원	125,904	5	2	7	8	7	1	1	4
7352	경북 의성군	지역아동센터인건비추가지원	116,798	5	6	7	8	7	1	1	4
7353	경북 의성군	청소년안전망운영	107,520	5	2	7	8	7	1	1	4
7354	경북 의성군	지역아동센터추가인력인건비지원	80,250	5	2	7	8	7	1	1	4
7355	경북 의성군	지역사회보장협의체운영지원	75,000	5	6	7	8	7	1	1	1
7356	경북 의성군	지역사회보장협의체운영지원	65,000	5	6	7	8	7	1	1	1
7357	경북 의성군	지역아동센터조리사인건비지원	62,400	5	6	7	8	7	1	1	4

순번	시군구	지출명 (사업명)	2024년예산 (단위 : 천원 /1년간)	민간이전 분류 (지방자치단체 세출예산 집행기준에 의거) 1. 민간경상사업보조(307-02) 2. 민간단체 법정운영비보조(307-03) 3. 민간행사사업보조(307-04) 4. 민간위탁금(307-05) 5. 사회복지시설 법정운영비보조(307-10) 6. 민간인위탁교육비(307-12) 7. 공기관등에대한경상적위탁사업비(308-13) 8. 민간자본사업보조,자체재원(402-01) 9. 민간자본사업보조,이전재원(402-02) 10. 민간위탁사업비(402-03) 11. 공기관등에 대한 자본적 위탁사업비(403-02)	민간이전지출 근거 (지방보조금 관리기준 참고) 1. 법률에 규정 2. 국고보조 재원(국가지정) 3. 용도 지정 기부금 4. 조례에 직접규정 5. 지자체가 권장하는 사업을 하는 공공기관 6. 시,도 정책 및 재정사정 7. 기타 8. 해당없음	입찰방식			운영예산 산정		성과평가 실시여부
						계약체결방법 (경쟁형태) 1. 일반경쟁 2. 제한경쟁 3. 지명경쟁 4. 수의계약 5. 법정위탁 6. 기타 ( ) 7. 없음	계약기간 1. 1년 2. 2년 3. 3년 4. 4년 5. 5년 6. 기타 ( )년 7. 단기계약 (1년미만) 8. 없음	낙찰자선정방법 1. 적격심사 2. 협상에의한계약 3. 최저가낙찰제 4. 규격가격분리 5. 2단계 경쟁입찰 6. 기타 ( ) 7. 없음	운영예산 산정 1. 내부산정 (지자체 자체적으로 산정) 2. 외부산정 (외부전문기관위탁 산정) 3. 내·외부 모두 산정 4. 산정 無 5. 없음	정산방법 1. 내부정산 (지자체 내부적으로 정산) 2. 외부정산 (외부전문기관위탁 정산) 3. 내·외부 모두 산정 4. 정산 無 5. 없음	1. 실시 2. 미실시 3. 향후 추진 4. 해당없음
7358	경북 의성군	가족센터종사자처우개선비	58,000	5	4	7	8	7	1	1	4
7359	경북 의성군	어린이집운영지원	56,473	5	2	7	8	7	1	1	4
7360	경북 의성군	지체장애인복지지원사업	52,500	5	6	7	8	7	1	1	4
7361	경북 의성군	다함께돌봄센터(마을돌봄터)운영비지원	48,000	5	2	7	8	7	1	1	4
7362	경북 의성군	지역아동보호전문기관운영지원	37,415	5	1	7	8	7	1	1	4
7363	경북 의성군	청소년동반자프로그램운영지원	32,542	5	2	7	8	7	1	1	4
7364	경북 의성군	노인복지시설종사자복지포인트	29,500	5	1	7	8	7	5	1	4
7365	경북 의성군	어린이집방과후과정학급운영비지원	24,000	5	6	7	8	7	1	1	4
7366	경북 의성군	국비미지원상담소운영지원	18,000	5	4	7	8	7	1	1	4
7367	경북 의성군	일시보호시설운영비지원	12,560	5	1	7	8	7	1	1	4
7368	경북 의성군	기초푸드뱅크운영지원	12,000	5	1	7	1	7	1	1	1
7369	경북 의성군	군립춘산어린이집운영지원	9,720	5	4	7	8	7	1	1	4
7370	경북 의성군	특수목적형지역아동센터추가지원	7,200	5	2	7	8	7	1	1	4
7371	경북 의성군	지역아동센터추가운영비지원	7,100	5	2	7	8	7	1	1	4
7372	경북 의성군	농아인동료상담요원활동지원	5,478	5	6	7	8	7	1	1	4
7373	경북 의성군	지역아동센터냉난방비지원	4,200	5	6	7	8	7	1	1	4
7374	경북 의성군	토요운영지역아동센터추가지원	3,600	5	2	7	8	7	1	1	4
7375	경북 의성군	지역아동보호전문기관운영지원	3,478	5	1	7	8	7	1	1	4
7376	경북 의성군	아동복지시설종사자복지포인트지원	2,400	5	6	7	8	7	1	1	4
7377	경북 의성군	지역아동센터종사자복지포인트지원	2,100	5	6	7	8	7	1	1	4
7378	경북 의성군	다문화가족시설종사자복지포인트지원	2,100	5	4	7	8	7	1	1	4
7379	경북 의성군	마을돌봄터종사자복지포인트지원	800	5	6	7	8	7	1	1	4
7380	경북 의성군	아동복지시설냉난방비지원	600	5	6	7	8	7	1	1	4
7381	경북 의성군	여성폭력관련시설종사자복지포인트	300	5	4	7	8	7	1	1	4
7382	경북 청송군	장애인거주시설운영지원	1,430,401	5	2	5	8	7	5	1	4
7383	경북 청송군	양로시설운영지원	393,000	5	1	7	1	7	5	5	4
7384	경북 청송군	장애인직업재활시설운영	374,475	5	6	7	8	7	5	5	4
7385	경북 청송군	지역아동센터인건비지원	320,790	5	2	7	8	7	5	1	3
7386	경북 청송군	장애인수어통역센터운영	224,772	5	6	5	8	7	5	1	3
7387	경북 청송군	장애인생활이동지원센터운영	152,999	5	6	5	8	7	5	1	4
7388	경북 청송군	지역아동센터기본운영비	59,220	5	2	7	8	7	5	1	4
7389	경북 청송군	조리사인건비지원	46,800	5	2	7	8	7	5	1	3
7390	경북 청송군	명절수당	30,528	5	2	7	8	7	5	1	3
7391	경북 청송군	노인복지시설종사자복지포인트지원	26,300	5	1	7	8	7	5	5	4
7392	경북 청송군	종사자수당	13,440	5	2	7	8	7	5	1	3
7393	경북 청송군	가족수당	12,116	5	2	7	8	7	5	1	3
7394	경북 청송군	특화프로그램지원	12,000	5	2	7	8	7	5	1	3
7395	경북 청송군	지역아동센터추가운영비	9,800	5	2	7	8	7	5	1	3
7396	경북 청송군	인건비추가지원	7,988	5	2	7	8	7	5	1	3
7397	경북 청송군	일시보호시설운영지원	6,280	5	1	7	8	7	5	5	4

순번	시군구	지출명 (사업명)	2024년예산 (단위 : 천원 /1년간)	민간이전 분류 (지방자치단체 세출예산 집행기준에 의거) 1. 민간경상사업보조(307-02) 2. 민간단체 법정운영비보조(307-03) 3. 민간행사사업보조(307-04) 4. 민간위탁금(307-05) 5. 사회복지시설 법정운영비보조(307-10) 6. 민간인위탁교육비(307-12) 7. 공기관등에대한경상적위탁사업비(308-13) 8. 민간자본사업보조,지체재원(402-01) 9. 민간자본사업보조,이전재원(402-02) 10. 민간위탁사업비(402-03) 11. 공기관등에 대한 자본적 위탁사업비(403-02)	민간이전지출 근거 (지방보조금 관리기준 참고) 1. 법률에 규정 2. 국고보조 재원(국가지정) 3. 용도 지정 기부금 4. 조례에 직접규정 5. 지자체가 권장하는 사업을 하는 공공기관 6. 시,도 정책 및 재정사정 7. 기타 8. 해당없음	입찰방식: 계약체결방법 (경쟁형태) 1. 일반경쟁 2. 제한경쟁 3. 지명경쟁 4. 수의계약 5. 법정위탁 6. 기타 ( ) 7. 없음	입찰방식: 계약기간 1. 1년 2. 2년 3. 3년 4. 4년 5. 5년 6. 기타 ( )년 7. 단기계약 (1년미만) 8. 없음	입찰방식: 낙찰자선정방법 1. 적격심사 2. 협상에의한계약 3. 최저가낙찰제 4. 규격가격분리 5. 2단계 경쟁입찰 6. 기타 ( ) 7. 없음	운영예산 산정: 운영예산 산정 1. 내부산정 (지자체 자체적으로 산정) 2. 외부산정 (외부전문기관위탁 산정) 3. 내·외부 모두 산정 4. 산정 無 5. 없음	운영예산 산정: 정산방법 1. 내부정산 (지자체 내부적으로 정산) 2. 외부정산 (외부전문기관위탁 정산) 3. 내·외부 모두 산정 4. 정산 無 5. 없음	성과평가 실시여부 1. 실시 2. 미실시 3. 향후 추진 4. 해당없음
7398	경북 청송군	장애인복지시설종사자복지포인트	3,600	5	6	5	8	7	5	1	4
7399	경북 청송군	난방비지원	1,800	5	2	7	8	7	5	1	3
7400	경북 영양군	장애인거주시설운영지원	1,557,781	5	2	7	8	7	1	1	1
7401	경북 영양군	보육교직원인건비지원	885,692	5	2	7	8	7	1	1	1
7402	경북 영양군	장애인직업재활시설운영	483,133	5	6	7	8	7	1	1	1
7403	경북 영양군	도장애인복지관분관운영	264,000	5	6	7	8	7	1	1	1
7404	경북 영양군	수어통역센터운영지원	175,706	5	6	7	8	7	1	1	1
7405	경북 영양군	장애인생활이동지원센터운영	171,609	5	6	7	8	7	1	1	1
7406	경북 영양군	어린이집운영지원	139,571	5	4	7	8	7	1	1	1
7407	경북 영양군	교통사고예방상담지원센터운영	120,000	5	6	7	8	7	1	1	1
7408	경북 영양군	장애인편의증진기술지원센터운영	115,000	5	6	7	8	7	1	1	1
7409	경북 영양군	장애인정보화지원사업	95,000	5	6	7	8	7	1	1	1
7410	경북 영양군	지체장애인여성자립지원센터운영	70,000	5	6	7	8	7	1	1	1
7411	경북 영양군	장애인권익지원사업	52,500	5	6	7	8	7	1	1	1
7412	경북 영양군	지체장애인복지지원사업운영	52,500	5	6	7	8	7	1	1	1
7413	경북 영양군	어린이집필요경비지원	42,400	5	6	7	8	7	1	1	1
7414	경북 영양군	지역아동보호전문기관운영지원(국비)	22,998	5	1	7	8	7	1	1	1
7415	경북 영양군	보육아동급간식비	20,000	5	6	7	8	7	1	1	1
7416	경북 영양군	장애인공동생활가정운영	14,400	5	6	7	8	7	1	1	1
7417	경북 영양군	어린이집운영지원	10,980	5	2	7	8	7	1	1	1
7418	경북 영양군	어린이집방과후과정학급운영비지원	7,200	5	6	7	8	7	1	1	1
7419	경북 영양군	일시보호시설운영지원	5,024	5	1	7	8	7	1	1	1
7420	경북 영양군	어린이집환경개선비지원	3,390	5	6	7	8	7	1	1	1
7421	경북 영양군	다문화어린이집차량운영비	2,800	5	6	7	8	7	1	1	1
7422	경북 영양군	지역아동보호전문기관운영지원	2,649	5	1	7	8	7	1	1	1
7423	경북 영덕군	아동양육시설운영지원	1,657,930	5	2	7	8	7	1	1	1
7424	경북 영덕군	지역아동센터인건비지원	354,870	5	1	7	8	7	1	1	4
7425	경북 영덕군	지역자활센터운영지원	262,284	5	1	7	8	7	5	1	2
7426	경북 영덕군	지역아동센터추가인건비지원	123,807	5	6	7	8	7	1	1	4
7427	경북 영덕군	지역아동센터운영비지원	70,080	5	1	7	8	7	1	1	4
7428	경북 영덕군	아동보호전문기관운영지원	31,509	5	2	7	8	7	5	5	4
7429	경북 영덕군	지역아동센터급식도우미지원	23,400	5	6	7	8	7	1	1	4
7430	경북 영덕군	일시보호시설운영비지원	10,048	5	2	7	8	7	5	5	4
7431	경북 영덕군	노인복지시설종사자복지포인트지원	8,900	5	4	7	8	7	5	5	4
7432	경북 영덕군	지역아동센터특화프로그램지원	8,000	5	6	7	8	7	1	1	4
7433	경북 영덕군	지역아동센터프로그램지원	7,800	5	8	7	8	7	1	1	4
7434	경북 영덕군	지역아동보호전문기관운영지원	4,466	5	2	7	8	7	5	5	4
7435	경북 영덕군	지역아동센터추가운영비지원	3,600	5	1	7	8	7	1	1	4
7436	경북 영덕군	아동복지시설종사자복지포인트지원	2,900	5	2	7	8	7	1	1	1
7437	경북 영덕군	지역아동센터냉난방비지원	2,400	5	6	7	8	7	1	1	4

순번	시군구	지출명 (사업명)	2024년예산 (단위 : 천원 /1년간)	민간이전 분류 (지방자치단체 세출예산 집행기준에 의거) 1. 민간경상사업보조(307-02) 2. 민간단체 법정운영비보조(307-03) 3. 민간행사사업보조(307-04) 4. 민간위탁금(307-05) 5. 사회복지시설 법정운영비보조(307-10) 6. 민간인위탁교육비(307-12) 7. 공기관등에대한경상적위탁사업비(308-13) 8. 민간자본사업보조,자체재원(402-01) 9. 민간자본사업보조,이전재원(402-02) 10. 민간위탁사업비(402-03) 11. 공기관등에 대한 자본적 위탁사업비(403-02)	민간이전지출 근거 (지방보조금 관리기준 참고) 1. 법률에 규정 2. 국고보조 재원(국가지정) 3. 용도 지정 기부금 4. 조례에 직접규정 5. 지자체가 권장하는 사업을 하는 공공기관 6. 시,도 정책 및 재정사정 7. 기타 8. 해당없음	입찰방식 계약체결방법 (경쟁형태) 1. 일반경쟁 2. 제한경쟁 3. 지명경쟁 4. 수의계약 5. 법정위탁 6. 기타 ( ) 7. 없음	입찰방식 계약기간 1. 1년 2. 2년 3. 3년 4. 4년 5. 5년 6. 기타 ( )년 7. 단기계약 (1년미만) 8. 없음	입찰방식 낙찰자선정방법 1. 적격심사 2. 협상에의한계약 3. 최저가낙찰제 4. 규격가격분리 5. 2단계 경쟁입찰 6. 기타 ( ) 7. 없음	운영예산 산정 운영예산 산정 1. 내부산정 (지자체 자체적으로 산정) 2. 외부산정 (외부전문기관위탁 산정) 3. 내·외부 모두 산정 4. 산정 無 5. 없음	운영예산 산정 정산방법 1. 내부정산 (지자체 내부적으로 정산) 2. 외부정산 (외부전문기관위탁 정산) 3. 내·외부 모두 산정 4. 정산 無 5. 없음	성과평가 실시여부 1. 실시 2. 미실시 3. 향후 추진 4. 해당없음
7438	경북 영덕군	지역아동센터종사자복지포인트지원	1,200	5	2	7	8	7	1	1	4
7439	경북 영덕군	아동복지시설냉난방비지원	600	5	2	7	8	7	1	1	1
7440	경북 청도군	시군자원봉사센터운영지원	385,000	5	1	7	8	7	1	1	1
7441	경북 청도군	다함께돌봄인건비	219,816	5	1	5	5	1	1	1	4
7442	경북 청도군	요보호아동그룹홈운영비	139,944	5	1	7	8	7	1	1	4
7443	경북 청도군	지역아동센터인건비	136,320	5	1	7	8	7	1	1	4
7444	경북 청도군	돌봄코디네이터인건비	111,564	5	1	5	5	1	1	1	4
7445	경북 청도군	지역사회보장협의체운영지원	105,000	5	1	7	8	7	1	1	1
7446	경북 청도군	맞춤형자원봉사프로그램운영지원	50,000	5	1	7	8	7	1	1	1
7447	경북 청도군	지역아동센터추가인건비	41,927	5	1	7	8	7	1	1	4
7448	경북 청도군	다함께돌봄운영비	36,000	5	1	5	5	1	1	1	4
7449	경북 청도군	지역아동센터기본운영비	29,544	5	1	7	8	7	1	1	4
7450	경북 청도군	공동생활가정시간외수당	19,200	5	1	7	8	7	1	1	4
7451	경북 청도군	다함께돌봄사업비	18,000	5	1	5	5	1	1	1	4
7452	경북 청도군	다함께돌봄명절및가족수당	14,817	5	1	5	5	1	1	1	4
7453	경북 청도군	공동생활가정추가기본급	11,952	5	1	7	8	7	1	1	4
7454	경북 청도군	지역아동센터명절수당	11,013	5	1	7	8	7	1	1	4
7455	경북 청도군	지역아동센터조리사인건비	7,800	5	1	7	8	7	1	1	4
7456	경북 청도군	공동생활가정명절수당	6,721	5	1	7	8	7	1	1	4
7457	경북 청도군	공동생활가정가족수당	3,120	5	1	7	8	7	1	1	4
7458	경북 청도군	지역아동센터추가운영비	2,400	5	1	7	8	7	1	1	4
7459	경북 청도군	센터장추가인건비	2,292	5	1	5	5	1	1	1	4
7460	경북 청도군	지역아동센터가족수당	2,195	5	1	7	8	7	1	1	4
7461	경북 청도군	지역아동센터난방비	1,200	5	1	7	8	7	1	1	4
7462	경북 고령군	장애인거주시설운영	4,327,815	5	1	7	8	7	1	1	4
7463	경북 고령군	보육교직원인건비지원	1,670,676	5	1	7	8	7	1	1	4
7464	경북 고령군	양로시설운영지원	1,432,000	5	1	7	8	7	1	1	1
7465	경북 고령군	노숙인시설운영	1,235,000	5	6	7	8	7	1	1	1
7466	경북 고령군	장애인시설지원(장애인직업재활시설운영)	730,231	5	1	7	8	7	1	1	4
7467	경북 고령군	누리과정보육료및운영비지원	712,792	5	6	7	8	7	1	1	1
7468	경북 고령군	경로당운영비(211개소)	578,200	5	6	7	8	7	1	1	1
7469	경북 고령군	지역아동센너인건비지원	406,980	5	2	7	8	7	1	1	1
7470	경북 고령군	경로당난방비(211개소)	351,315	5	6	7	8	7	5	1	4
7471	경북 고령군	어린이집보조교사지원	311,209	5	1	7	8	7	1	1	1
7472	경북 고령군	장애인시설지원(수어통역센터운영)	235,007	5	1	7	8	7	1	1	4
7473	경북 고령군	공공형어린이집운영비	224,000	5	6	7	8	7	1	1	1
7474	경북 고령군	다문화가족지원센터운영	174,700	5	1	5	2	1	5	1	1
7475	경북 고령군	지역아동센터추가인건비지원	161,951	5	6	7	8	7	5	1	4
7476	경북 고령군	장애인시설지원(장애인생활이동지원센터운영)	145,603	5	1	7	8	7	1	1	4
7477	경북 고령군	아이행복도우미인건비지원	135,343	5	1	7	8	7	1	1	1

순번	시군구	지출명 (사업명)	2024년예산 (단위 : 천원 /1년간)	민간이전 분류 (지방자치단체 세출예산 집행기준에 의거) 1. 민간경상사업보조(307-02) 2. 민간단체 법정운영비보조(307-03) 3. 민간행사사업보조(307-04) 4. 민간위탁금(307-05) 5. 사회복지시설 법정운영비보조(307-10) 6. 민간인위탁교육비(307-12) 7. 공기관등에대한경상적위탁사업비(308-13) 8. 민간자본사업보조,자체재원(402-01) 9. 민간자본사업보조,이전재원(402-02) 10. 민간위탁사업비(402-03) 11. 공기관등에 대한 자본적 위탁사업비(403-02)	민간이전지출 근거 (지방보조금 관리기준 참고) 1. 법률에 규정 2. 국고보조 재원(국가지정) 3. 용도 지정 기부금 4. 조례에 직접규정 5. 지자체가 권장하는 사업을 하는 공공기관 6. 시,도 정책 및 재정사정 7. 기타 8. 해당없음	입찰방식: 계약체결방법 (경쟁형태) 1. 일반경쟁 2. 제한경쟁 3. 지명경쟁 4. 수의계약 5. 법정위탁 6. 기타 ( ) 7. 없음	입찰방식: 계약기간 1. 1년 2. 2년 3. 3년 4. 4년 5. 5년 6. 기타 ( )년 7. 단기계약 (1년미만) 8. 없음	입찰방식: 낙찰자선정방법 1. 적격심사 2. 협상에의한계약 3. 최저가낙찰제 4. 규격가격분리 5. 2단계 경쟁입찰 6. 기타 ( ) 7. 없음	운영예산 산정: 운영예산 산정 1. 내부산정 (지자체 자체적으로 산정) 2. 외부산정 (외부전문기관위탁 산정) 3. 내·외부 모두 산정 4. 산정 無 5. 없음	운영예산 산정: 정산방법 1. 내부정산 (지자체 내부적으로 정산) 2. 외부정산 (외부전문기관위탁 정산) 3. 내·외부 모두 산정 4. 정산 無 5. 없음	성과평가 실시여부 1. 실시 2. 미실시 3. 향후 추진 4. 해당없음
7478	경북 고령군	영주귀국사할린한인지원	130,000	5	2	7	8	7	1	1	1
7479	경북 고령군	어린이집필요경비지원	124,200	5	6	7	8	7	1	1	1
7480	경북 고령군	지역아동센터운영비지원	85,416	5	2	7	8	7	5	1	4
7481	경북 고령군	다함께돌봄인건비지원	73,272	5	1	5	5	1	5	1	1
7482	경북 고령군	경로당냉방비(211개소)	62,667	5	6	7	8	7	1	1	1
7483	경북 고령군	어린이집운영지원	61,176	5	1	7	8	7	1	1	1
7484	경북 고령군	시간차등형보육사업	55,594	5	1	7	8	7	1	1	1
7485	경북 고령군	마을돌봄터활성화지원	49,200	5	1	5	5	1	5	1	1
7486	경북 고령군	지역아동센터조리사인건비지원	39,000	5	6	7	8	7	5	1	4
7487	경북 고령군	어린이집지원	35,000	5	4	7	8	7	1	1	1
7488	경북 고령군	어린이집방과후과정학급운영비지원	22,800	5	6	7	8	7	1	1	1
7489	경북 고령군	경로당운영비군비추가(211개소)	21,000	5	6	7	8	7	1	1	1
7490	경북 고령군	지역아동보호전문기관운영	19,435	5	2	7	8	7	5	1	4
7491	경북 고령군	특수목적형지원	14,400	5	2	7	8	7	5	1	4
7492	경북 고령군	장애인시설지원(장애인거주시설서비스지원,이용자인권교육)	12,967	5	1	7	8	7	1	1	4
7493	경북 고령군	다함께돌봄운영비지원	12,000	5	1	5	5	1	5	1	1
7494	경북 고령군	일시보호시설운영비지원	10,048	5	6	7	8	7	5	1	4
7495	경북 고령군	지역아동센터학습프로그램지원	4,000	5	6	7	8	7	5	1	4
7496	경북 고령군	아동복지시설냉난방비지원	3,000	5	6	7	8	7	5	1	4
7497	경북 고령군	지역아동보호전문기관운영	2,472	5	6	7	8	7	5	1	4
7498	경북 성주군	양로시설운영비지원	564,000	5	1	7	8	7	5	1	4
7499	경북 성주군	재가노인지원서비스사업운영	200,000	5	1	7	8	7	5	1	4
7500	경북 성주군	일시보호시설운영비지원	12,560	5	1	7	8	7	5	3	4
7501	경북 칠곡군	장애인거주시설운영지원	2,644,432	5	1	7	8	7	1	1	4
7502	경북 칠곡군	양로시설운영비지원	2,332,000	5	1	7	8	7	5	5	4
7503	경북 칠곡군	장애인복지관운영	1,351,000	5	1	2	5	6	1	1	4
7504	경북 칠곡군	공공형어린이집지원	1,025,000	5	1	7	8	7	1	1	4
7505	경북 칠곡군	장애인직업재활시설운영	777,496	5	1	7	8	7	1	1	4
7506	경북 칠곡군	경로당운영지원	715,300	5	1	7	8	7	1	1	4
7507	경북 칠곡군	여성새로일하기센터운영	570,928	5	1	7	8	7	5	5	4
7508	경북 칠곡군	지역자활센터운영비지원	403,644	5	1	5	1	7	1	1	1
7509	경북 칠곡군	한부모가족복지시설지원	388,020	5	1	7	8	7	5	5	4
7510	경북 칠곡군	어린이집운영비지원	318,004	5	1	7	8	7	1	1	4
7511	경북 칠곡군	통합상담소운영지원	279,418	5	1	7	8	7	5	5	4
7512	경북 칠곡군	여성인력개발센터운영	260,000	5	1	7	8	7	5	5	4
7513	경북 칠곡군	수어통역센터운영	250,364	5	1	7	8	7	1	1	4
7514	경북 칠곡군	중증장애인자립지원센터운영지원	242,502	5	1	2	5	1	1	1	4
7515	경북 칠곡군	재가노인복지센터운영	242,000	5	6	7	8	7	5	5	4
7516	경북 칠곡군	장애인주간보호시설운영지원	228,471	5	1	7	8	7	1	1	4
7517	경북 칠곡군	장애인생활이동지원센터운영	192,429	5	1	7	8	7	1	1	4

순번	시군구	지출명 (사업명)	2024년예산 (단위 : 천원 /1년간)	민간이전 분류 (지방자치단체 세출예산 집행기준에 의거) 1. 민간경상사업보조(307-02) 2. 민간단체 법정운영비보조(307-03) 3. 민간행사사업보조(307-04) 4. 민간위탁금(307-05) 5. 사회복지시설 법정운영비보조(307-10) 6. 민간인위탁교육비(307-12) 7. 공기관등에대한경상적위탁사업비(308-13) 8. 민간자본사업보조,자체재원(402-01) 9. 민간자본사업보조,이전재원(402-02) 10. 민간위탁사업비(402-03) 11. 공기관등에 대한 자본적 위탁사업비(403-02)	민간이전지출 근거 (지방보조금 관리기준 참고) 1. 법률에 규정 2. 국고보조 재원(국가지정) 3. 용도 지정 기부금 4. 조례에 직접규정 5. 지자체가 권장하는 사업을 하는 공공기관 6. 시,도 정책 및 재정사정 7. 기타 8. 해당없음	입찰방식 계약체결방법 (경쟁형태) 1. 일반경쟁 2. 제한경쟁 3. 지명경쟁 4. 수의계약 5. 법정위탁 6. 기타 ( ) 7. 없음	입찰방식 계약기간 1. 1년 2. 2년 3. 3년 4. 4년 5. 5년 6. 기타 ( )년 7. 단기계약 (1년미만) 8. 없음	입찰방식 낙찰자선정방법 1. 적격심사 2. 협상에의한계약 3. 최저가낙찰제 4. 규격가격분리 5. 2단계 경쟁입찰 6. 기타 ( ) 7. 없음	운영예산 산정 운영예산 산정 1. 내부산정 (지자체 자체적으로 산정) 2. 외부산정 (외부전문기관위탁 산정) 3. 내·외부 모두 산정 4. 산정 無 5. 없음	운영예산 산정 정산방법 1. 내부정산 (지자체 내부적으로 정산) 2. 외부정산 (외부전문기관위탁 정산) 3. 내·외부 모두 산정 4. 정산 無 5. 없음	성과평가 실시여부 1. 실시 2. 미실시 3. 향후 추진 4. 해당없음
7518	경북 칠곡군	보육시설연료비지원	63,000	5	6	7	8	7	1	1	4
7519	경북 칠곡군	노인복지시설종사자복지포인트지원	44,600	5	6	7	8	7	5	5	4
7520	경북 칠곡군	자활활성화사업비지원	25,000	5	1	5	1	7	1	1	1
7521	경북 칠곡군	어린이집재무회계프로그램비지원	18,000	5	6	7	8	7	1	1	4
7522	경북 칠곡군	농아인동료상담요원활동지원	16,431	5	1	7	8	7	1	1	4
7523	경북 칠곡군	긴급피난처운영	12,000	5	1	7	8	7	5	5	4
7524	경북 칠곡군	여성새로일하기센터종사자정규직전환수당	11,040	5	1	7	8	7	5	5	4
7525	경북 칠곡군	장애인거주시설서지스지원	7,800	5	1	7	8	7	1	1	4
7526	경북 칠곡군	독거노인응급안전돌보미운영(자체)	3,120	5	6	7	8	7	5	5	4
7527	경북 칠곡군	다문화가족지원	2,700	5	1	7	8	7	5	5	4
7528	경북 칠곡군	장애인거주시설운영(공기청정기렌탈지원)	1,094	5	1	7	8	7	1	1	4
7529	경북 칠곡군	지역자활센터종사자복지포인트지원	900	5	1	5	1	7	1	1	1
7530	경북 칠곡군	여성폭력관련시설종사자수당	700	5	1	7	8	7	5	5	4
7531	경북 칠곡군	장애인거주시설이용자인권교육	617	5	1	7	8	7	1	1	4
7532	경북 칠곡군	한부모가족복지시설지원	500	5	1	7	8	7	5	5	4
7533	경북 예천군	장애인거주시설운영지원(2개소)	3,979,688	5	1	7	8	7	2	2	1
7534	경북 예천군	보육교직원인건비지원	2,914,536	5	2	7	8	7	5	1	4
7535	경북 예천군	경로당운영지원	1,180,300	5	4	7	8	7	5	5	4
7536	경북 예천군	경로당냉난방비지원	746,026	5	2	7	8	7	5	5	4
7537	경북 예천군	가족센터운영지원	721,120	5	4	7	8	7	1	1	4
7538	경북 예천군	지역아동센터인건비지원	659,610	5	1	7	8	7	5	1	4
7539	경북 예천군	장애인직업재활시설운영	608,462	5	1	7	8	7	2	2	1
7540	경북 예천군	다함께돌봄센터인건비지원	439,632	5	1	7	8	7	5	1	4
7541	경북 예천군	재가노인통합지원센터지원	400,000	5	1	7	8	7	1	1	1
7542	경북 예천군	공공형어린이집지원	312,000	5	2	7	8	7	5	1	4
7543	경북 예천군	지역자활센터운영비지원	292,795	5	1	5	8	7	3	1	1
7544	경북 예천군	장애인생활이동지원센터운영지원	231,110	5	1	7	8	7	2	1	1
7545	경북 예천군	수어통역센터운영지원	199,851	5	1	7	8	7	2	1	1
7546	경북 예천군	아동보호전문기관운영지원	141,544	5	4	7	8	7	5	5	4
7547	경북 예천군	지역아동센터운영비지원	126,684	5	1	7	8	7	5	1	4
7548	경북 예천군	시간제보육지원	125,542	5	2	7	8	7	5	1	4
7549	경북 예천군	어린이집운영지원(교재교구비,차량운영비,농어촌법인어린이집)	113,965	5	2	7	8	7	5	1	4
7550	경북 예천군	지역아동센터인건비추가지원	107,589	5	1	7	8	7	5	1	4
7551	경북 예천군	다함께돌봄센터운영비지원(국비)	72,000	5	1	7	8	7	5	1	4
7552	경북 예천군	어린이집방과후과정학급운영비지원	40,800	5	6	7	8	7	5	1	4
7553	경북 예천군	일시보호시설운영비지원	30,144	5	4	7	8	7	5	5	4
7554	경북 예천군	아동보호전문기관운영지원	16,307	5	4	7	8	7	5	5	4
7555	경북 예천군	지역아동센터추가운영비지원	11,200	5	1	7	8	7	5	1	4
7556	경북 예천군	중증장애인거주시설공기청정기대여료지원(2개소)	2,586	5	2	7	8	7	2	1	1
7557	경북 봉화군	경로당운영지원	1,108,970	5	5	7	8	7	1	1	1

순번	시군구	지출명 (사업명)	2024년예산 (단위 : 천원 /1년간)	민간이전 분류 (지방자치단체 세출예산 집행기준에 의거) 1. 민간경상사업보조(307-02) 2. 민간단체 법정운영비보조(307-03) 3. 민간행사사업보조(307-04) 4. 민간위탁금(307-05) 5. 사회복지시설 법정운영비보조(307-10) 6. 민간인위탁교육비(307-12) 7. 공기관등에대한경상적위탁사업비(308-13) 8. 민간자본사업보조,자체재원(402-01) 9. 민간자본사업보조,이전재원(402-02) 10. 민간위탁사업비(402-03) 11. 공기관등에 대한 자본적 위탁사업비(403-02)	민간이전지출 근거 (지방보조금 관리기준 참고) 1. 법률에 규정 2. 국고보조 재원(국가지정) 3. 용도 지정 기부금 4. 조례에 직접규정 5. 지자체가 권장하는 사업을 하는 공공기관 6. 시,도 정책 및 재정사정 7. 기타 8. 해당없음	입찰방식 계약체결방법 (경쟁형태) 1. 일반경쟁 2. 제한경쟁 3. 지명경쟁 4. 수의계약 5. 법정위탁 6. 기타 ( ) 7. 없음	입찰방식 계약기간 1. 1년 2. 2년 3. 3년 4. 4년 5. 5년 6. 기타 ( )년 7. 단기계약 (1년미만) 8. 없음	입찰방식 낙찰자선정방법 1. 적격심사 2. 협상에의한계약 3. 최저가낙찰제 4. 규격가격분리 5. 2단계 경쟁입찰 6. 기타 ( ) 7. 없음	운영예산 산정 운영예산 산정 1. 내부산정 (지자체 자체적으로 산정) 2. 외부산정 (외부전문기관위탁 산정) 3. 내·외부 모두 산정 4. 산정 無 5. 없음	운영예산 산정 정산방법 1. 내부정산 (지자체 내부적으로 정산) 2. 외부정산 (외부전문기관위탁 정산) 3. 내·외부 모두 산정 4. 정산 無 5. 없음	성과평가 실시여부 1. 실시 2. 미실시 3. 향후 추진 4. 해당없음
7558	경북 봉화군	장애인직업재활시설운영	507,909	5	1	7	1	7	1	1	2
7559	경북 봉화군	경로당냉난방비지원	500,000	5	2	7	8	7	1	1	1
7560	경북 봉화군	경상북도장애인복지관분관운영	289,000	5	1	7	1	7	1	1	2
7561	경북 봉화군	장애인거주시설운영지원	262,000	5	1	7	1	7	1	1	2
7562	경북 봉화군	수어통역센터운영	211,568	5	1	7	1	7	1	1	2
7563	경북 봉화군	장애인생활이동센터운영	187,243	5	1	7	1	7	1	1	2
7564	경북 봉화군	지역자활센터운영지원	153,475	5	2	5	1	7	1	1	1
7565	경북 봉화군	장애인주간보호센터운영지원	123,000	5	1	7	1	7	1	1	2
7566	경북 봉화군	지역사회보장협의체운영지원	75,000	5	6	7	8	7	1	1	1
7567	경북 봉화군	공공형어린이집지원	64,000	5	4	7	8	7	5	5	4
7568	경북 봉화군	지역아동센터운영비지원	43,920	5	2	7	8	7	5	1	4
7569	경북 봉화군	경로당프로그램관리자인건비	33,924	5	4	7	1	7	1	1	2
7570	경북 봉화군	보육아동간식비	33,250	5	4	7	8	7	5	5	4
7571	경북 봉화군	어린이집영아반운영비지원	31,375	5	4	7	8	7	5	5	4
7572	경북 봉화군	어린이집운영지원	30,452	5	2	7	8	7	5	5	4
7573	경북 봉화군	복지센터운영비	25,000	5	1	7	1	7	1	1	2
7574	경북 봉화군	노인시대신문구독료	17,990	5	4	7	1	7	1	1	2
7575	경북 봉화군	어린이집안전공제회비	1,100	5	4	7	8	7	5	5	4
7576	경북 울진군	장애인거주시설운영지원	1,471,360	5	1	7	8	7	1	1	1
7577	경북 울진군	장애인직업재활시설운영	1,172,115	5	1	7	8	7	1	1	1
7578	경북 울진군	한부모가족복지시설운영지원	450,808	5	1	7	8	7	1	1	1
7579	경북 울진군	가족센터운영	267,700	5	1	5	5	7	1	1	1
7580	경북 울진군	수어통역센터운영	204,828	5	1	7	8	7	1	1	1
7581	경북 울진군	장애인생활이동지원센터운영	199,417	5	1	7	8	7	1	1	1
7582	경북 울진군	센터종사자처우개선인건비지원	102,660	5	1	5	5	7	1	1	1
7583	경북 울진군	노인복지시설종사자포인트지원	15,200	5	1	5	8	7	5	1	4
7584	경북 울진군	농아인동료상담요원활동지원	12,000	5	1	7	8	7	1	1	1
7585	경북 울진군	장애인거주시설서비스지원	5,000	5	1	7	8	7	1	1	1
7586	경북 울진군	장애인거주시설이용자인권교육지원	1,200	5	1	7	8	7	1	1	1
7587	경북 울릉군	경로당지원(경로당운영지원)	119,800	5	1	7	8	7	1	1	1
7588	경북 울릉군	장애인생활이동지원센터운영	163,276	5	1	7	8	7	1	1	1
7589	경북 울릉군	시군장애인편의증진기술지원센터운영	108,000	5	1	7	8	7	1	1	1
7590	경상남도	지역노인보호전문기관운영지원	962,200	5	1	5	5	7	5	1	3
7591	경상남도	경상남도경로당광역지원센터운영	320,000	5	1	5	5	7	5	1	3
7592	경상남도	수어통역센터경남지원본부운영지원	277,400	5	1	5	8	7	1	1	1
7593	경상남도	학대피해노인전용쉼터운영지원	247,008	5	1	5	5	7	5	1	3
7594	경상남도	중증장애인생산품판매시설운영지원	189,952	5	2	7	8	7	3	5	4
7595	경상남도	수어통역센터경남지원본부종사자수당	13,000	5	1	5	8	7	1	1	1
7596	경남 창원시	장애인거주시설운영지원(7개소)	12,916,305	5	1	7	8	7	1	1	1
7597	경남 창원시	아동양육시설운영비및인건비	6,612,000	5	1	7	8	7	1	1	1

순번	시군구	지출명 (사업명)	2024년예산 (단위 : 천원 /1년간)	민간이전 분류 (지방자치단체 세출예산 집행기준에 의거) 1. 민간경상사업보조(307-02) 2. 민간단체 법정운영비보조(307-03) 3. 민간행사사업보조(307-04) 4. 민간위탁금(307-05) 5. 사회복지시설 법정운영비보조(307-10) 6. 민간인위탁교육비(307-12) 7. 공기관등에대한경상적위탁사업비(308-13) 8. 민간자본사업보조,자체재원(402-01) 9. 민간자본사업보조,이전재원(402-02) 10. 민간위탁사업비(402-03) 11. 공기관등에 대한 자본적 위탁사업비(403-02)	민간이전지출 근거 (지방보조금 관리기준 참고) 1. 법률에 규정 2. 국고보조 재원(국가지정) 3. 용도 지정 기부금 4. 조례에 직접규정 5. 지자체가 권장하는 사업을 하는 공공기관 6. 시,도 정책 및 재정사정 7. 기타 8. 해당없음	입찰방식			운영예산 산정		성과평가 실시여부
						계약체결방법 (경쟁형태) 1. 일반경쟁 2. 제한경쟁 3. 지명경쟁 4. 수의계약 5. 법정위탁 6. 기타 ( ) 7. 없음	계약기간 1. 1년 2. 2년 3. 3년 4. 4년 5. 5년 6. 기타 ( )년 7. 단기계약 (1년미만) 8. 없음	낙찰자선정방법 1. 적격심사 2. 협상에의한계약 3. 최저가낙찰제 4. 규격가격분리 5. 2단계 경쟁입찰 6. 기타 ( ) 7. 없음	운영예산 산정 1. 내부산정 (지자체 자체적으로 산정) 2. 외부산정 (외부전문기관위탁 산정) 3. 내·외부 모두 산정 4. 산정 無 5. 없음	정산방법 1. 내부정산 (지자체 내부적으로 정산) 2. 외부정산 (외부전문기관위탁 정산) 3. 내·외부 모두 산정 4. 정산 無 5. 없음	1. 실시 2. 미실시 3. 향후 추진 4. 해당없음
7598	경남 창원시	장애인직업재활시설운영지원	5,110,418	5	1	7	8	7	1	1	1
7599	경남 창원시	어린이집기타필요경비지원사업	3,434,111	5	1	7	8	7	1	1	4
7600	경남 창원시	평가인증어린이집(민간,가정)취사부인건비지원	2,265,120	5	1	7	8	7	1	1	4
7601	경남 창원시	공공형어린이집지원(전환사업)	2,196,370	5	1	7	8	7	1	1	4
7602	경남 창원시	어린이집영아반운영활성화지원	1,661,500	5	1	7	8	7	1	1	4
7603	경남 창원시	양로시설운영비지원	1,634,875	5	1	7	7	7	1	1	4
7604	경남 창원시	양로시설야간근무자격려수당	1,634,875	5	1	7	7	7	1	1	4
7605	경남 창원시	노인일자리사업(시니어클럽운영)	1,500,000	5	1	7	8	7	1	1	1
7606	경남 창원시	성매매피해자지원시설운영(4개소)	1,301,102	5	1	7	8	7	5	1	1
7607	경남 창원시	지역자활센터운영	1,173,785	5	2	7	8	7	5	1	1
7608	경남 창원시	한부모가족복지시설운영비	922,650	5	1	7	8	7	1	1	1
7609	경남 창원시	시간제보육서비스제공지원	908,740	5	1	7	8	7	1	1	4
7610	경남 창원시	시간제보육서비스제공지원	908,740	5	1	7	8	7	1	1	4
7611	경남 창원시	성폭력피해자보호시설운영(3개소)	862,687	5	1	7	8	7	5	1	1
7612	경남 창원시	장애인주간보호시설운영(1개소)	851,000	5	1	7	8	7	1	1	1
7613	경남 창원시	장애인공동생활가정운영	832,095	5	1	7	8	7	1	1	1
7614	경남 창원시	금강노인종합복지관운영	783,016	5	1,4	7	8	7	1	1	4
7615	경남 창원시	요보호아동그룹홈운영	649,356	5	1	7	8	7	1	1	1
7616	경남 창원시	독거노인중증장애인응급안전안심서비스운영지원	645,370	5	1	1	3	1	1	3	1
7617	경남 창원시	노인일자리사업(노인일자리창출지원센터운영)	520,000	5	1	7	8	7	1	1	1
7618	경남 창원시	가정폭력상담소운영(3개소)	518,370	5	1	7	8	7	5	1	1
7619	경남 창원시	장애인수어통역센터운영(3개소)	500,000	5	1	7	8	7	1	1	1
7620	경남 창원시	장애인생활이동지원센터운영(3개소)	480,000	5	1	7	8	7	1	1	1
7621	경남 창원시	장애인의료재활시설운영	478,100	5	1	7	8	7	1	1	1
7622	경남 창원시	단기거주시설(진동사랑의집)운영지원	452,000	5	1	7	8	7	1	1	1
7623	경남 창원시	진해지역자활센터위탁운영	445,729	5	1	5	1	7	5	1	1
7624	경남 창원시	성폭력상담소운영(3개소)	426,066	5	1	7	8	7	5	1	1
7625	경남 창원시	성매매피해자상담소운영(2개소)	367,100	5	1	7	8	7	5	1	1
7626	경남 창원시	창원형세아전담어린이집운영지원	331,964	5	1	7	8	7	1	1	4
7627	경남 창원시	금강노인문화센터운영	302,000	5	1,4	7	8	7	1	1	4
7628	경남 창원시	어린이집운영지원(교재교구비)	296,142	5	1	7	8	7	1	1	4
7629	경남 창원시	따뜻한쉼자리운영	287,018	5	1	7	8	7	5	1	1
7630	경남 창원시	어린이집운영지원(차량운영비)	277,167	5	1	7	8	7	1	1	4
7631	경남 창원시	폭력피해이주여성보호시설운영	265,385	5	1	7	8	7	5	1	1
7632	경남 창원시	민간가정어린이집냉난방비	258,800	5	1	7	8	7	1	1	4
7633	경남 창원시	시각장애인주간보호시설운영(3개소)	252,000	5	1	7	8	7	1	1	1
7634	경남 창원시	재활교재대출센터운영(2개소)	238,219	5	1	7	8	7	1	1	1
7635	경남 창원시	사랑이샘솟는집운영	228,645	5	1	7	8	7	5	1	1
7636	경남 창원시	청소년회복지원시설운영지원	225,656	5	1	7	8	7	1	1	1
7637	경남 창원시	점자정보도서관운영	220,000	5	1	7	8	7	1	1	1

순번	시군구	지출명 (사업명)	2024년예산 (단위 : 천원 /1년간)	민간이전 분류 (지방자치단체 세출예산 집행기준에 의거) 1. 민간경상사업보조(307-02) 2. 민간단체 법정운영비보조(307-03) 3. 민간행사사업보조(307-04) 4. 민간위탁금(307-05) 5. 사회복지시설 법정운영비보조(307-10) 6. 민간인위탁교육비(307-12) 7. 공기관등에대한경상적위탁사업비(308-13) 8. 민간자본사업보조,자체재원(402-01) 9. 민간자본사업보조,이전재원(402-02) 10. 민간위탁사업비(402-03) 11. 공기관등에 대한 자본적 위탁사업비(403-02)	민간이전지출 근거 (지방보조금 관리기준 참고) 1. 법률에 규정 2. 국고보조 재원(국가지정) 3. 용도 지정 기부금 4. 조례에 직접규정 5. 지자체가 권장하는 사업을 하는 공공기관 6. 시,도 정책 및 재정사정 7. 기타 8. 해당없음	입찰방식 계약체결방법 (경쟁형태) 1. 일반경쟁 2. 제한경쟁 3. 지명경쟁 4. 수의계약 5. 법정위탁 6. 기타 ( ) 7. 없음	입찰방식 계약기간 1. 1년 2. 2년 3. 3년 4. 4년 5. 5년 6. 기타 ( )년 7. 단기계약 (1년미만) 8. 없음	입찰방식 낙찰자선정방법 1. 적격심사 2. 협상에의한계약 3. 최저가낙찰제 4. 규격가격분리 5. 2단계 경쟁입찰 6. 기타 ( ) 7. 없음	운영예산 산정 운영예산 산정 1. 내부산정 (지자체 자체적으로 산정) 2. 외부산정 (외부전문기관위탁 산정) 3. 내·외부 모두 산정 4. 산정 無 5. 없음	운영예산 산정 정산방법 1. 내부정산 (지자체 내부적으로 정산) 2. 외부정산 (외부전문기관위탁 정산) 3. 내·외부 모두 산정 4. 정산 無 5. 없음	성과평가 실시여부 1. 실시 2. 미실시 3. 향후 추진 4. 해당없음
7638	경남 창원시	장애인성폭력상담소운영(1개소)	185,930	5	1	7	8	7	5	1	1
7639	경남 창원시	대안교육위탁기관운영(1개소)	174,752	5	1	7	8	7	5	1	1
7640	경남 창원시	공공형어린이집보육품질지원	154,273	5	1	7	8	7	1	1	4
7641	경남 창원시	독거노인응급안전돌봄사업	145,000	5	1	1	3	1	1	3	1
7642	경남 창원시	추가배치종사자인건비	130,088	5	2	7	8	7	5	1	1
7643	경남 창원시	통장사례관리자운영비	119,376	5	2	7	8	7	5	1	1
7644	경남 창원시	창원시진해종합사회복지관종사자수당	98,000	5	1	5	5	7	5	1	1
7645	경남 창원시	자활사례관리자인건비	94,431	5	2	7	8	7	5	1	1
7646	경남 창원시	폭력피해여성주거지원사업운영(2개소)	82,360	5	1	7	8	7	5	1	1
7647	경남 창원시	장애인거주시설지도원야간근무수당	76,650	5	1	7	8	7	1	1	1
7648	경남 창원시	자립지원공동생활시설운영(1개소)	63,145	5	1	7	8	7	5	1	1
7649	경남 창원시	한부모가족복지시설종사자수당지원	46,800	5	1	7	8	7	1	1	4
7650	경남 창원시	국공립간호사영양사인건비지원	46,000	5	1	7	8	7	1	1	4
7651	경남 창원시	자은종합사회복지관종사자수당	28,000	5	1	5	5	7	5	1	1
7652	경남 창원시	어린이집운영지원(농어촌소재법인어린이집)	26,337	5	1	7	8	7	1	1	4
7653	경남 창원시	창원시정신재활센터위탁운영	18,200	5	1	1	3	2	1	1	1
7654	경남 창원시	폭력피해이주여성보호시설퇴소자자립지원금	13,000	5	1	7	8	7	5	1	1
7655	경남 창원시	농촌공동아이돌봄센터지원	12,500	5	2	7	8	7	5	1	4
7656	경남 창원시	장애인거주시설IOT,AI활용돌봄사업운영비	9,668	5	1	7	8	7	1	1	1
7657	경남 창원시	장애인거주시설공기청정기렌탈지원	5,959	5	1	7	8	7	1	1	1
7658	경남 창원시	희망키움통장사업비	4,946	5	2	7	8	7	5	1	1
7659	경남 진주시	보육교직원인건비(국공립등)	12,007,480	5	1,2	7	8	7	5	1	4
7660	경남 진주시	보조교사인건비	4,723,071	5	1,2	7	8	7	5	1	4
7661	경남 진주시	공공형어린이집운영비보조	758,733	5	1,2	7	8	7	5	1	4
7662	경남 진주시	영아반운영활성화지원	675,360	5	1,6	7	8	7	5	1	4
7663	경남 진주시	어린이집취사원인건비지원	638,170	5	1,6	7	8	7	5	1	4
7664	경남 진주시	시청어린이집운영비	183,750	5	1	7	8	7	5	1	4
7665	경남 진주시	정부미지원어린이집취사원인건비지원	156,000	5	1,6	7	8	7	5	1	4
7666	경남 진주시	장애아통합어린이집치료사인건비지원	120,000	5	1,6	7	8	7	5	1	4
7667	경남 진주시	장애아전문어린이집운전기사인건비지원	36,000	5	1,6	7	8	7	5	1	4
7668	경남 진주시	공공형어린이집유아반운영비지원	23,523	5	1,2	7	8	7	5	1	4
7669	경남 진주시	농어촌소재법인어린이집지원	10,558	5	1,2	7	8	7	5	1	4
7670	경남 진주시	보육교직원인건비지원(국공립등)	12,227,480	5	1,2	7	8	7	5	1	4
7671	경남 진주시	장애인직업재활시설운영비	2,244,826	5	1	7	8	7	1	1	4
7672	경남 진주시	장애인단기거주시설운영비	2,034,071	5	1	7	8	7	1	1	4
7673	경남 진주시	중증장애인거주시설운영비	1,898,796	5	1	7	8	7	1	1	4
7674	경남 진주시	지역아동센터인건비지원	1,779,750	5	1	7	8	7	5	1	4
7675	경남 진주시	노인복지시설종사자수당	1,151,800	5	1	7	8	7	1	1	4
7676	경남 진주시	경로당운영비지원	800,000	5	1	7	8	7	1	1	4
7677	경남 진주시	장애인주간보호시설운영비	784,473	5	1	7	8	7	1	1	4

순번	시군구	지출명 (사업명)	2024년예산 (단위 : 천원 /1년간)	민간이전 분류 (지방자치단체 세출예산 집행기준에 의거) 1. 민간경상사업보조(307-02) 2. 민간단체 법정운영비보조(307-03) 3. 민간행사사업보조(307-04) 4. 민간위탁금(307-05) 5. 사회복지시설 법정운영비보조(307-10) 6. 민간인위탁교육비(307-12) 7. 공기관등에대한경상적위탁사업비(308-13) 8. 민간자본사업보조,자체재원(402-01) 9. 민간자본사업보조,이전재원(402-02) 10. 민간위탁사업비(402-03) 11. 공기관등에 대한 자본적 위탁사업비(403-02)	민간이전지출 근거 (지방보조금 관리기준 참고) 1. 법률에 규정 2. 국고보조 재원(국가지정) 3. 용도 지정 기부금 4. 조례에 직접규정 5. 지자체가 권장하는 사업을 하는 공공기관 6. 시,도 정책 및 재정사정 7. 기타 8. 해당없음	입찰방식 계약체결방법 (경쟁형태) 1. 일반경쟁 2. 제한경쟁 3. 지명경쟁 4. 수의계약 5. 법정위탁 6. 기타 ( ) 7. 없음	입찰방식 계약기간 1. 1년 2. 2년 3. 3년 4. 4년 5. 5년 6. 기타 ( )년 7. 단기계약 (1년미만) 8. 없음	입찰방식 낙찰자선정방법 1. 적격심사 2. 협상에의한계약 3. 최저가낙찰제 4. 규격가격분리 5. 2단계 경쟁입찰 6. 기타 ( ) 7. 없음	운영예산 산정 운영예산 산정 1. 내부산정 (지자체 자체적으로 산정) 2. 외부산정 (외부전문기관위탁 산정) 3. 내·외부 모두 산정 4. 산정 無 5. 없음	운영예산 산정 정산방법 1. 내부정산 (지자체 내부적으로 정산) 2. 외부정산 (외부전문기관위탁 정산) 3. 내·외부 모두 산정 4. 정산 無 5. 없음	성과평가 실시여부 1. 실시 2. 미실시 3. 향후 추진 4. 해당없음
7678	경남 진주시	공공형어린이집운영비보조	758,733	5	1,2	7	8	7	5	1	4
7679	경남 진주시	다함께돌봄센터인건비지원	717,320	5	1	7	8	7	5	1	4
7680	경남 진주시	시니어클럽(2개소)운영비	660,000	5	6	7	5	1	1	1	1
7681	경남 진주시	어린이집취사원인건비지원	638,170	5	1,6	7	8	7	5	1	4
7682	경남 진주시	아동보호전문기관운영지원	589,642	5	2	5	5	1	1	1	1
7683	경남 진주시	학대피해아동쉼터운영	475,788	5	2	5	5	1	1	1	1
7684	경남 진주시	장애인공동생활가정운영비	439,354	5	1	7	8	7	1	1	4
7685	경남 진주시	지역자활센터운영비	409,786	5	2	7	8	7	1	1	1
7686	경남 진주시	지역아동센터급식종사자인건비	370,440	5	1	7	8	7	5	1	1
7687	경남 진주시	지역아동센터운영비지원	342,012	5	1	7	8	7	5	1	4
7688	경남 진주시	장애인수어통역센터운영비	291,707	5	1	7	8	7	1	1	4
7689	경남 진주시	가정폭력피해자보호시설운영지원	287,739	5	2	7	8	7	5	1	4
7690	경남 진주시	장애인생활이동지원센터운영비	276,658	5	1	7	8	7	1	1	4
7691	경남 진주시	노인일자리창출지원센터운영비	270,000	5	6	7	5	1	1	1	1
7692	경남 진주시	장애인복지시설종사자수당	252,200	5	1	7	8	7	1	1	4
7693	경남 진주시	노인여가복지시설기능강화	201,600	5	1	7	8	7	1	1	4
7694	경남 진주시	노인맞춤돌봄서비스생활지원사,전담사회복지사교통통신비지원	199,920	5	6	1	3	1	5	1	4
7695	경남 진주시	장애인자립생활지원센터지원	191,000	5	1	5	3	1	1	1	1
7696	경남 진주시	지역아동센터종사자처우개선지원	189,899	5	1	7	8	7	5	1	1
7697	경남 진주시	가정폭력상담소운영지원	173,590	5	2	7	8	7	5	1	4
7698	경남 진주시	다함께돌봄센터추가운영비지원	170,816	5	1	7	8	7	5	1	1
7699	경남 진주시	정부미지원어린이집취사원인건비지원	156,000	5	1,6	7	8	7	5	1	4
7700	경남 진주시	여성폭력관련시설종사자처우개선	150,333	5	6	7	8	7	5	1	4
7701	경남 진주시	푸드마켓운영비	140,000	5	1	7	8	7	1	1	1
7702	경남 진주시	지역아동센터종사자수당지원	114,400	5	1	7	8	7	5	1	4
7703	경남 진주시	시군장애인가족지원센터운영	106,000	5	1	5	3	1	1	1	1
7704	경남 진주시	방문형가정회복프로그램지원	105,504	5	1	5	5	1	1	1	1
7705	경남 진주시	다함께돌봄센터운영지원	104,000	5	1	7	8	7	5	1	4
7706	경남 진주시	장애인직업재활시설종사자수당	83,200	5	1	7	8	7	1	1	4
7707	경남 진주시	지역아동센터추가운영지원	80,400	5	1	7	8	7	5	1	4
7708	경남 진주시	여성장애인교육지원센터운영	77,578	5	1	5	3	1	1	1	1
7709	경남 진주시	노인복지시설종사자자격수당	76,800	5	1	7	8	7	1	1	4
7710	경남 진주시	아동보호전문기관운영지원(도)	70,848	5	6	5	5	1	1	1	1
7711	경남 진주시	장애인복지시설종사자자격수당	69,120	5	1	7	8	7	1	1	4
7712	경남 진주시	학대피해아동쉼터운영(도)	66,668	5	6	5	5	1	1	1	1
7713	경남 진주시	아동보호전문기관운영지원(시)	60,000	5	1	5	5	1	1	1	1
7714	경남 진주시	사회복지관시설종사자수당	57,200	5	1	7	8	7	1	1	4
7715	경남 진주시	노숙인복지시설종사자수당	57,200	5	1	1	5	1	1	1	1
7716	경남 진주시	다함께돌봄센터종사자수당지원	49,400	5	1	7	8	7	5	1	4
7717	경남 진주시	장애인셔틀버스운영비	48,830	5	1	7	8	7	1	1	4

순번	시군구	지출명 (사업명)	2024년예산 (단위 : 천원 /1년간)	민간이전 분류 (지방자치단체 세출예산 집행기준에 의거) 1. 민간경상사업보조(307-02) 2. 민간단체 법정운영비보조(307-03) 3. 민간행사사업보조(307-04) 4. 민간위탁금(307-05) 5. 사회복지시설 법정운영비보조(307-10) 6. 민간인위탁교육비(307-12) 7. 공기관등에대한경상적위탁사업비(308-13) 8. 민간자본사업보조,자체재원(402-01) 9. 민간자본사업보조,이전재원(402-02) 10. 민간위탁사업비(402-03) 11. 공기관등에 대한 자본적 위탁사업비(403-02)	민간이전지출 근거 (지방보조금 관리기준 참고) 1. 법률에 규정 2. 국고보조 재원(국가지정) 3. 용도 지정 기부금 4. 조례에 직접규정 5. 지자체가 권장하는 사업을 하는 공공기관 6. 시,도 정책 및 재정사정 7. 기타 8. 해당없음	입찰방식 계약체결방법 (경쟁형태) 1. 일반경쟁 2. 제한경쟁 3. 지명경쟁 4. 수의계약 5. 법정위탁 6. 기타 ( ) 7. 없음	입찰방식 계약기간 1. 1년 2. 2년 3. 3년 4. 4년 5. 5년 6. 기타 ( )년 7. 단기계약 (1년미만) 8. 없음	입찰방식 낙찰자선정방법 1. 적격심사 2. 협상에의한계약 3. 최저가낙찰제 4. 규격가격분리 5. 2단계 경쟁입찰 6. 기타 ( ) 7. 없음	운영예산 산정 운영예산 산정 1. 내부산정 (지자체 자체적으로 산정) 2. 외부산정 (외부전문기관위탁 산정) 3. 내·외부 모두 산정 4. 산정 無 5. 없음	운영예산 산정 정산방법 1. 내부정산 (지자체 내부적으로 정산) 2. 외부정산 (외부전문기관위탁 정산) 3. 내·외부 모두 산정 4. 정산 無 5. 없음	성과평가 실시여부 1. 실시 2. 미실시 3. 향후 추진 4. 해당없음
7718	경남 진주시	다함께돌봄센터종사자처우개선지원	44,820	5	1	7	8	7	5	1	1
7719	경남 진주시	자산형성지원사업사례관리자운영비	37,220	5	2	7	8	7	1	1	1
7720	경남 진주시	특성별지역아동센터추가지원	36,000	5	1	7	8	7	5	1	4
7721	경남 진주시	장애아전문어린이집운전기사인건비지원	36,000	5	1,6	7	8	7	5	1	4
7722	경남 진주시	여성폭력관련시설종사자수당	33,800	5	6	7	8	7	5	1	4
7723	경남 진주시	사례관리전달체계개선(자활사례관리)	31,476	5	2	7	8	7	1	1	1
7724	경남 진주시	가정폭력피해자보호시설취사원지원	28,649	5	6	7	8	7	5	1	4
7725	경남 진주시	노숙인복지시설취사원인건비	26,140	5	1	1	5	1	1	1	1
7726	경남 진주시	지역자활센터종사자수당	26,000	5	1	7	8	7	1	1	1
7727	경남 진주시	공공형어린이집유아반운영비지원	23,523	5	1,2	7	8	7	5	1	4
7728	경남 진주시	지역아동센터종사자자격수당지원	21,120	5	1	7	8	7	1	1	1
7729	경남 진주시	아동존중인식개선	20,000	5	4	5	5	1	1	1	1
7730	경남 진주시	푸드뱅크운영비	11,000	5	1	7	8	7	1	1	1
7731	경남 진주시	사회복지관시설종사자자격수당	10,560	5	1	7	8	7	1	1	4
7732	경남 진주시	다함께돌봄센터종사자자격수당지원	9,120	5	1	7	8	7	1	1	1
7733	경남 진주시	학대피해아동쉼터운영(시)	8,400	5	1	5	5	1	1	1	1
7734	경남 진주시	노숙인복지시설종사자자격수당	7,680	5	1	1	5	1	1	1	1
7735	경남 진주시	중증장애인거주시설야간근무수당	7,300	5	1	7	8	7	1	1	4
7736	경남 진주시	여성폭력관련시설종사자자격수당	6,240	5	4	7	8	7	5	1	4
7737	경남 진주시	지역자활센터사회복지사자격수당	5,760	5	1	7	8	7	1	1	1
7738	경남 진주시	정신재활시설운영지원	251,883	5	1	7	8	7	1	1	4
7739	경남 진주시	정신재활시설종사자수당	7,800	5	1	7	8	7	1	1	4
7740	경남 통영시	보육교직원인건비지원	5,010,879	5	1	7	8	7	1	1	1
7741	경남 통영시	보조교사및대체교사지원	1,974,039	5	1	7	8	7	1	1	1
7742	경남 통영시	35세누리과정지원	1,700,000	5	1	7	8	7	1	1	1
7743	경남 통영시	통영육아원운영지원	1,615,225	5	2	7	8	7	1	1	4
7744	경남 통영시	한부모가족복지시설운영비지원	760,228	5	1	7	8	7	1	1	1
7745	경남 통영시	요보호아동그룹홈운영	542,988	5	2	7	8	7	5	1	4
7746	경남 통영시	공공형어린이집지원(전환사업)	479,200	5	1	7	8	7	1	1	1
7747	경남 통영시	지역자활센터운영비	368,798	5	1	7	8	7	5	1	4
7748	경남 통영시	어린이집필요경비지원사업	316,964	5	1	7	8	7	1	1	1
7749	경남 통영시	지역아동보호전문기관운영	301,194	5	2	7	8	7	5	1	4
7750	경남 통영시	가정폭력피해자지원시설운영및서비스지원	172,790	5	2	7	8	7	5	1	1
7751	경남 통영시	어린이집취사원인건비	147,960	5	1	7	8	7	1	1	1
7752	경남 통영시	다함께돌봄센터인건비지원	146,544	5	2	7	5	7	5	1	4
7753	경남 통영시	성폭력상담소운영지원	134,098	5	2	7	8	7	5	1	1
7754	경남 통영시	어린이집운영지원(차량운영비)	122,632	5	1	7	8	7	1	1	1
7755	경남 통영시	학대피해아동쉼터운영	114,776	5	2	7	8	7	5	1	4
7756	경남 통영시	영아반운영활성화지원	94,267	5	1	7	8	7	1	1	1
7757	경남 통영시	푸드마켓지원사업	93,182	5	1	6	8	7	1	1	1

순번	시군구	지출명 (사업명)	2024년예산 (단위 : 천원 /1년간)	민간이전 분류 (지방자치단체 세출예산 집행기준에 의거) 1. 민간경상사업보조(307-02) 2. 민간단체 법정운영비보조(307-03) 3. 민간행사사업보조(307-04) 4. 민간위탁금(307-05) 5. 사회복지시설 법정운영비보조(307-10) 6. 민간인위탁교육비(307-12) 7. 공기관등에대한경상적위탁사업비(308-13) 8. 민간자본사업보조,자체재원(402-01) 9. 민간자본사업보조,이전재원(402-02) 10. 민간위탁사업비(402-03) 11. 공기관등에 대한 자본적 위탁사업비(403-02)	민간이전지출 근거 (지방보조금 관리기준 참고) 1. 법률에 규정 2. 국고보조 재원(국가지정) 3. 용도 지정 기부금 4. 조례에 직접규정 5. 지자체가 권장하는 사업을 하는 공공기관 6. 시,도 정책 및 재정사정 7. 기타 8. 해당없음	입찰방식 계약체결방법 (경쟁형태) 1. 일반경쟁 2. 제한경쟁 3. 지명경쟁 4. 수의계약 5. 법정위탁 6. 기타 ( ) 7. 없음	입찰방식 계약기간 1. 1년 2. 2년 3. 3년 4. 4년 5. 5년 6. 기타 ( )년 7. 단기계약 (1년미만) 8. 없음	입찰방식 낙찰자선정방법 1. 적격심사 2. 협상에의한계약 3. 최저가낙찰제 4. 규격가격분리 5. 2단계 경쟁입찰 6. 기타 ( ) 7. 없음	운영예산 산정 운영예산 산정 1. 내부산정 (지자체 자체적으로 산정) 2. 외부산정 (외부전문기관위탁 산정) 3. 내·외부 모두 산정 4. 산정 無 5. 없음	운영예산 산정 정산방법 1. 내부정산 (지자체 내부적으로 정산) 2. 외부정산 (외부전문기관위탁 정산) 3. 내·외부 모두 산정 4. 정산 無 5. 없음	성과평가 실시여부 1. 실시 2. 미실시 3. 향후 추진 4. 해당없음
7758	경남 통영시	아동복지시설종사자수당	85,800	5	6	7	8	7	5	1	4
7759	경남 통영시	아동복지시설종사자수당	85,800	5	6	7	8	7	1	1	4
7760	경남 통영시	어린이집취사원인건비(자체)	74,400	5	1	7	8	7	1	1	1
7761	경남 통영시	다함께돌봄센터운영비지원(자체)	74,360	5	6	7	5	7	1	1	4
7762	경남 통영시	여성보호시설상담소운영지원	73,000	5	1	7	8	7	5	1	1
7763	경남 통영시	여성폭력관련시설종사자처우개선	70,104	5	1	7	8	7	5	1	1
7764	경남 통영시	사회복지관종사자수당지원	54,600	5	4	7	8	7	1	1	4
7765	경남 통영시	우리마을아이돌봄사업	52,000	5	6	7	5	7	5	1	4
7766	경남 통영시	어린이집운영지원(교재교구비)	51,584	5	1	7	8	7	1	1	1
7767	경남 통영시	민관협력활성화사업	50,900	5	7	7	8	7	1	1	1
7768	경남 통영시	사회복지정보센터운영	50,000	5	6	7	8	7	1	1	4
7769	경남 통영시	동지역차량운영비지원	48,000	5	1	7	8	7	1	1	1
7770	경남 통영시	푸드뱅크지원	46,054	5	1	6	8	7	1	1	1
7771	경남 통영시	공공형어린이집보육품질지원	42,680	5	1	7	8	7	1	1	1
7772	경남 통영시	지역아동보호전문기관운영지원(도)	41,538	5	6	7	8	7	5	1	4
7773	경남 통영시	학대피해아동쉼터운영(도)	41,132	5	6	7	8	7	5	1	4
7774	경남 통영시	아동복지시설종사자처우개선(자체)	38,850	5	6	7	8	7	1	1	4
7775	경남 통영시	시간제보육서비스제공지원	37,980	5	1	7	8	7	1	1	1
7776	경남 통영시	요보호아동그룹홈운영(자체)	35,640	5	6	7	8	7	1	1	4
7777	경남 통영시	사회복지관종사자수당지원	33,800	5	4	7	8	7	1	1	4
7778	경남 통영시	민간어린이집냉.난방비	32,800	5	1	7	8	7	1	1	1
7779	경남 통영시	지역자활센터종사자수당	29,026	5	4	7	8	7	5	1	4
7780	경남 통영시	여성폭력관련시설종사자수당	28,600	5	1	7	8	7	5	1	1
7781	경남 통영시	한부모가족복지시설아이돌봄서비스지원	25,282	5	1	7	8	7	1	1	1
7782	경남 통영시	방문형가정회복프로그램시범사업	25,062	5	2	7	8	7	5	1	4
7783	경남 통영시	어린이집운영지원(교재교구비)(자체)	25,000	5	1	7	8	7	1	1	1
7784	경남 통영시	다함께돌봄센터운영비지원	24,000	5	2	7	5	7	5	1	4
7785	경남 통영시	여성복지시설종사자수당	20,800	5	1	7	8	7	1	1	1
7786	경남 통영시	여성복지시설종사자처우개선	19,684	5	1	7	8	7	1	1	1
7787	경남 통영시	오지지역차량운영비지원	15,600	5	1	7	8	7	1	1	1
7788	경남 통영시	영유아보육료지원	15,000	5	1	7	8	7	1	1	1
7789	경남 통영시	어린이집보육교직원어린이안전교육비지원	15,000	5	1	7	8	7	1	1	1
7790	경남 통영시	보육교직원직무교육비지원(자체)	13,200	5	1	7	8	7	1	1	1
7791	경남 통영시	장애아전문어린이집운전기사인건비지원	12,000	5	1	7	8	7	1	1	1
7792	경남 통영시	사회복지관종사자처우개선비지원	9,324	5	4	7	8	7	1	1	1
7793	경남 통영시	사회복지관종사자처우개선비지원	5,180	5	4	7	8	7	1	1	1
7794	경남 통영시	어린이집교원보수교육	4,968	5	1	7	8	7	1	1	1
7795	경남 통영시	다함께돌봄사업종사자수당지원	4,300	5	6	7	5	7	5	1	4
7796	경남 통영시	어린이집운영지원(농어촌소재법인어린이집)	2,860	5	1	7	8	7	1	1	1
7797	경남 김해시	보조연장보육교사인건비지원	8,642,400	5	2	7	8	7	5	5	4

순번	시군구	지출명 (사업명)	2024년예산 (단위 : 천원 /1년간)	민간이전 분류 (지방자치단체 세출예산 집행기준에 의거) 1. 민간경상사업보조(307-02) 2. 민간단체 법정운영비보조(307-03) 3. 민간행사사업보조(307-04) 4. 민간위탁금(307-05) 5. 사회복지시설 법정운영비보조(307-10) 6. 민간인위탁교육비(307-12) 7. 공기관등에대한경상적위탁사업비(308-13) 8. 민간자본사업보조,자체재원(402-01) 9. 민간자본사업보조,이전재원(402-02) 10. 민간위탁사업비(402-03) 11. 공기관등에 대한 자본적 위탁사업비(403-02)	민간이전지출 근거 (지방보조금 관리기준 참고) 1. 법률에 규정 2. 국고보조 재원(국가지정) 3. 용도 지정 기부금 4. 조례에 직접규정 5. 지자체가 권장하는 사업을 하는 공공기관 6. 시,도 정책 및 재정사정 7. 기타 8. 해당없음	입찰방식 계약체결방법 (경쟁형태) 1. 일반경쟁 2. 제한경쟁 3. 지명경쟁 4. 수의계약 5. 법정위탁 6. 기타 ( ) 7. 없음	입찰방식 계약기간 1. 1년 2. 2년 3. 3년 4. 4년 5. 5년 6. 기타 ( )년 7. 단기계약 (1년미만) 8. 없음	입찰방식 낙찰자선정방법 1. 적격심사 2. 협상에의한계약 3. 최저가낙찰제 4. 규격가격분리 5. 2단계 경쟁입찰 6. 기타 ( ) 7. 없음	운영예산 산정 운영예산 산정 1. 내부산정 (지자체 자체적으로 산정) 2. 외부산정 (외부전문기관위탁 산정) 3. 내·외부 모두 산정 4. 산정 無 5. 없음	운영예산 산정 정산방법 1. 내부정산 (지자체 내부적으로 정산) 2. 외부정산 (외부전문기관위탁 정산) 3. 내·외부 모두 산정 4. 정산 無 5. 없음	성과평가 실시여부 1. 실시 2. 미실시 3. 향후 추진 4. 해당없음
7798	경남 김해시	장애인거주시설운영	6,074,000	5	4	7	8	7	1	1	1
7799	경남 김해시	아동복지시설운영비지원	3,424,427	5	1	7	8	7	5	1	1
7800	경남 김해시	지역아동센터인건비지원	3,390,600	5	1	7	8	7	5	1	4
7801	경남 김해시	누리과정운영비지원	2,684,607	5	2	7	8	7	5	5	4
7802	경남 김해시	장애아전문어린이집종사자인건비지원	2,400,000	5	1	7	8	7	5	5	4
7803	경남 김해시	생림정신요양원운영비	2,359,000	5	2	7	8	7	1	1	1
7804	경남 김해시	장애인직업재활시설운영	2,263,737	5	4	7	8	7	1	1	1
7805	경남 김해시	그밖의연장형어린이집담당교사인건비	1,832,423	5	2	7	8	7	5	5	4
7806	경남 김해시	어린이집필요경비지원	1,755,120	5	6	7	8	7	5	5	4
7807	경남 김해시	김해시가족센터운영비	1,531,110	5	2	5	5	1	5	1	4
7808	경남 김해시	경로당냉난방비및양곡비지원	1,383,724	5	1	7	8	7	5	5	4
7809	경남 김해시	어린이집영유아급간식비지원	1,320,000	5	6	7	8	7	5	5	4
7810	경남 김해시	어린이집취사원인건비지원	1,199,160	5	6	7	8	7	5	5	4
7811	경남 김해시	어린이집영아반운영활성화지원	1,152,000	5	6	7	8	7	5	5	4
7812	경남 김해시	경로당운영지원	1,140,000	5	1	7	8	7	5	5	4
7813	경남 김해시	김해시종합사회복지관운영비	893,706	5	6	7	8	7	1	1	1
7814	경남 김해시	아동보호전문기관운영비지원	749,368	5	2	7	8	7	5	1	4
7815	경남 김해시	지역아동센터운영비지원	626,868	5	2	7	8	7	5	1	4
7816	경남 김해시	영아전담어린이집종사자인건비지원	528,000	5	1	7	8	7	5	5	4
7817	경남 김해시	장애아통합어린이집보육교사인건비	516,000	5	2	7	8	7	5	5	4
7818	경남 김해시	장애인복지시설종사자수당지원	478,400	5	4	7	8	7	1	1	1
7819	경남 김해시	지역자활센터운영비(인건비,사업비등)	437,384	5	2	7	8	7	1	1	4
7820	경남 김해시	장애인주간보호소운영	411,160	5	4	7	8	7	1	1	1
7821	경남 김해시	장애인거주시설(개인실비)운영	385,000	5	4	7	8	7	1	1	1
7822	경남 김해시	직장어린이집운영비지원	384,000	5	1	7	8	7	5	5	4
7823	경남 김해시	김해시니어클럽운영	357,000	5	1	6	5	1	5	1	1
7824	경남 김해시	공공형어린이집운영비	348,000	5	6	7	8	7	5	5	4
7825	경남 김해시	김해가야시니어클럽운영	346,500	5	1	6	5	1	5	1	1
7826	경남 김해시	가정폭력상담소운영비	345,580	5	2	7	7	7	5	5	2
7827	경남 김해시	공동생활가정운영비지원	337,836	5	2	7	8	7	5	1	4
7828	경남 김해시	한부모가족복지시설관리운영비	332,000	5	1	7	8	7	1	1	4
7829	경남 김해시	경로당운영지원(자체재원)	327,090	5	4	7	8	7	5	5	4
7830	경남 김해시	노인복지시설종사자수당	325,000	5	1	7	8	7	1	1	2
7831	경남 김해시	청소년쉼터운영지원	299,271	5	1	7	8	7	1	1	4
7832	경남 김해시	김해노인일자리창출지원센터운영	283,500	5	1	6	5	1	5	1	1
7833	경남 김해시	아동복지시설종사자수당	253,000	5	6	7	8	7	5	1	4
7834	경남 김해시	학대피해아동쉼터운영비지원	247,894	5	2	7	8	7	5	1	4
7835	경남 김해시	가정폭력피해자보호시설운영비	237,774	5	2	7	8	7	5	5	2
7836	경남 김해시	어린이집차량운영비지원	237,600	5	1	7	8	7	5	5	4
7837	경남 김해시	공동육아나눔터운영지원사업	226,848	5	2	5	5	1	5	1	1

순번	시군구	지출명 (사업명)	2024년예산 (단위 : 천원 /1년간)	민간이전 분류 (지방자치단체 세출예산 집행기준에 의거) 1. 민간경상사업보조(307-02) 2. 민간단체 법정운영비보조(307-03) 3. 민간행사사업보조(307-04) 4. 민간위탁금(307-05) 5. 사회복지시설 법정운영비보조(307-10) 6. 민간인위탁교육비(307-12) 7. 공기관등에대한경상적위탁사업비(308-13) 8. 민간자본사업보조,자체재원(402-01) 9. 민간자본사업보조,이전재원(402-02) 10. 민간위탁사업비(402-03) 11. 공기관등에 대한 자본적 위탁사업비(403-02)	민간이전지출 근거 (지방보조금 관리기준 참고) 1. 법률에 규정 2. 국고보조 재원(국가지정) 3. 용도 지정 기부금 4. 조례에 직접규정 5. 지자체가 권장하는 사업을 하는 공공기관 6. 시,도 정책 및 재정사정 7. 기타 8. 해당없음	입찰방식 계약체결방법 (경쟁형태) 1. 일반경쟁 2. 제한경쟁 3. 지명경쟁 4. 수의계약 5. 법정위탁 6. 기타 ( ) 7. 없음	입찰방식 계약기간 1. 1년 2. 2년 3. 3년 4. 4년 5. 5년 6. 기타 ( )년 7. 단기계약 (1년미만) 8. 없음	입찰방식 낙찰자선정방법 1. 적격심사 2. 협상에의한계약 3. 최저가낙찰제 4. 규격가격분리 5. 2단계 경쟁입찰 6. 기타 ( ) 7. 없음	운영예산 산정 운영예산 산정 1. 내부산정 (지자체 자체적으로 산정) 2. 외부산정 (외부전문기관위탁 산정) 3. 내·외부 모두 산정 4. 산정 無 5. 없음	운영예산 산정 정산방법 1. 내부정산 (지자체 내부적으로 정산) 2. 외부정산 (외부전문기관위탁 정산) 3. 내·외부 모두 산정 4. 정산 無 5. 없음	성과평가 실시여부 1. 실시 2. 미실시 3. 향후 추진 4. 해당없음
7838	경남 김해시	지역아동센터종사자수당	221,000	5	6	7	8	7	5	1	4
7839	경남 김해시	수어통역센터운영	218,660	5	4	7	8	7	1	1	1
7840	경남 김해시	어린이집교재교구비지원	203,610	5	2	7	8	7	5	5	4
7841	경남 김해시	장애인공동생활가정운영	196,550	5	4	7	8	7	1	1	1
7842	경남 김해시	여성폭력피해자지원시설종사자기본급처우개선	176,530	5	6	7	7	7	5	5	2
7843	경남 김해시	대체교사인건비지원	174,183	5	2	7	8	7	5	5	4
7844	경남 김해시	중증장애인실비입소이용료지원	165,816	5	4	7	8	7	1	1	1
7845	경남 김해시	지역아동센터추가운영비지원	164,400	5	6	7	8	7	5	1	4
7846	경남 김해시	시간제보육인건비및운영비	152,160	5	2	7	8	7	5	5	4
7847	경남 김해시	정부미지원어린이집냉,난방연료비	151,600	5	1	7	8	7	5	5	4
7848	경남 김해시	김해시가족센터진영사업소운영	146,600	5	6	5	5	1	1	1	4
7849	경남 김해시	노인복지시설종사자수당	140,400	5	1	7	8	7	1	1	2
7850	경남 김해시	성폭력상담소운영비	139,752	5	2	7	7	7	5	5	2
7851	경남 김해시	특성별지역아동센터추가지원	139,440	5	1	7	8	7	5	1	4
7852	경남 김해시	노인복지시설종사자수당	127,400	5	1	7	8	7	1	1	2
7853	경남 김해시	시각장애인주간보호센터운영	124,072	5	4	7	8	7	1	1	1
7854	경남 김해시	365열린어린이집지원	120,000	5	6	7	8	7	5	5	4
7855	경남 김해시	장애인생활이동지원센터운영	119,105	5	4	7	8	7	1	1	1
7856	경남 김해시	청소년회복지원시설운영지원	114,517	5	1	7	8	7	1	1	4
7857	경남 김해시	장애아전문어린이집운전원인건비	100,800	5	7	7	8	7	5	5	4
7858	경남 김해시	생림정신요양원종사자수당	91,000	5	6	7	8	7	1	1	1
7859	경남 김해시	다함께돌봄센터인건비지원	90,912	5	2	7	8	7	5	5	4
7860	경남 김해시	여성폭력피해자지원시설종사자수당	72,800	5	6	7	7	7	5	5	2
7861	경남 김해시	노인복지시설종사자수당	72,800	5	1	7	8	7	1	1	2
7862	경남 김해시	아동보호전문기관추가운영비지원	70,848	5	6	7	8	7	5	1	4
7863	경남 김해시	노인복지시설종사자수당	70,200	5	1	7	8	7	1	1	2
7864	경남 김해시	영유아보육료지원(보육바우처미적용사업)	65,000	5	6	7	8	7	5	5	4
7865	경남 김해시	지역아동센터냉난방비지원	56,100	5	6	7	8	7	5	1	4
7866	경남 김해시	장애인복지시설사회복지사자격수당지원	53,640	5	4	7	8	7	1	1	1
7867	경남 김해시	김해시가족센터종사자수당	46,800	5	6	5	5	1	1	1	4
7868	경남 김해시	공공형어린이집운영활성화비(자체재원)	46,080	5	6	7	8	7	5	5	4
7869	경남 김해시	김해시종합사회복지관종사자수당	44,200	5	6	7	8	7	1	1	1
7870	경남 김해시	지역아동센터종사자장기근속수당지원	41,500	5	4	7	8	7	1	1	1
7871	경남 김해시	학대피해아동쉼터운영비지원	41,132	5	6	7	8	7	5	1	4
7872	경남 김해시	지역아동센터종사자처우개선비	40,800	5	4	7	8	7	1	1	1
7873	경남 김해시	자산형성지원사업사례관리자운영비	38,336	5	2	7	8	7	1	1	4
7874	경남 김해시	자활사례관리자운영	32,242	5	2	7	8	7	1	1	4
7875	경남 김해시	지역자활센터활성화지원(운영비등)	31,000	5	6	7	8	7	1	1	4
7876	경남 김해시	지역아동센터종사자자격수당지원	29,880	5	4	7	8	7	5	1	1
7877	경남 김해시	지역자활센터종사자수당	28,600	5	6	7	8	7	1	1	4

순번	시군구	지출명 (사업명)	2024년예산 (단위 : 천원 /1년간)	민간이전 분류 (지방자치단체 세출예산 집행기준에 의거) 1. 민간경상사업보조(307-02) 2. 민간단체 법정운영비보조(307-03) 3. 민간행사사업보조(307-04) 4. 민간위탁금(307-05) 5. 사회복지시설 법정운영비보조(307-10) 6. 민간인위탁교육비(307-12) 7. 공기관등에대한경상적위탁사업비(308-13) 8. 민간자본사업보조,자체재원(402-01) 9. 민간자본사업보조,이전재원(402-02) 10. 민간위탁사업비(402-03) 11. 공기관등에 대한 자본적 위탁사업비(403-02)	민간이전지출 근거 (지방보조금 관리기준 참고) 1. 법률에 규정 2. 국고보조 재원(국가지정) 3. 용도 지정 기부금 4. 조례에 직접규정 5. 지자체가 권장하는 사업을 하는 공공기관 6. 시,도 정책 및 재정사정 7. 기타 8. 해당없음	입찰방식 계약체결방법 (경쟁형태) 1. 일반경쟁 2. 제한경쟁 3. 지명경쟁 4. 수의계약 5. 법정위탁 6. 기타 ( ) 7. 없음	입찰방식 계약기간 1. 1년 2. 2년 3. 3년 4. 4년 5. 5년 6. 기타 ( )년 7. 단기계약 (1년미만) 8. 없음	입찰방식 낙찰자선정방법 1. 적격심사 2. 협상에의한계약 3. 최저가낙찰제 4. 규격가격분리 5. 2단계 경쟁입찰 6. 기타 ( ) 7. 없음	운영예산 산정 운영예산 산정 1. 내부산정 (지자체 자체적으로 산정) 2. 외부산정 (외부전문기관위탁 산정) 3. 내·외부 모두 산정 4. 산정 無 5. 없음	운영예산 산정 정산방법 1. 내부정산 (지자체 내부적으로 정산) 2. 외부정산 (외부전문기관위탁 정산) 3. 내·외부 모두 산정 4. 정산 無 5. 없음	성과평가 실시여부 1. 실시 2. 미실시 3. 향후 추진 4. 해당없음
7878	경남 김해시	장애인거주시설종사자야간수당지원	27,376	5	4	7	8	7	1	1	1
7879	경남 김해시	청소년복지시설운영지원	26,000	5	6	7	8	7	5	1	4
7880	경남 김해시	생림정신요양원경비원인건비	24,730	5	6	7	8	7	1	1	1
7881	경남 김해시	아동양육시설종사자자격수당지원	24,120	5	4	7	8	7	5	1	1
7882	경남 김해시	가정폭력피해자보호시설취사원지원	23,334	5	2	7	8	7	5	5	2
7883	경남 김해시	노인복지시설종사자수당	19,900	5	1	7	8	7	1	1	2
7884	경남 김해시	정부지원어린이집난방연료비	18,600	5	1	7	8	7	5	5	4
7885	경남 김해시	노인복지시설종사자수당	17,200	5	1	7	8	7	1	1	2
7886	경남 김해시	노인복지시설종사자수당	13,000	5	1	7	8	7	1	1	2
7887	경남 김해시	김해시가족센터사회복지사자격수당	12,240	5	6	5	5	1	1	1	4
7888	경남 김해시	다함께돌봄센터운영비지원	12,000	5	2	7	8	7	5	5	4
7889	경남 김해시	농어촌소재법인어린이집지원	11,400	5	2	7	8	7	5	5	4
7890	경남 김해시	어린이집실내공기질점검비지원	10,850	5	4	7	8	7	5	5	4
7891	경남 김해시	한부모가족복지시설종사자수당	10,400	5	6	7	8	7	1	1	4
7892	경남 김해시	사회복지시설종사자사회복지사자격수당	8,640	5	4	7	8	7	1	1	1
7893	경남 김해시	노인복지시설종사자수당	8,500	5	1	7	8	7	1	1	2
7894	경남 김해시	다문화사업국차량임차지원	8,400	5	6	5	5	1	1	1	4
7895	경남 김해시	노인복지시설종사자수당	7,800	5	1	7	8	7	1	1	2
7896	경남 김해시	건강가정지원국차량임차지원	7,000	5	6	5	5	1	1	1	4
7897	경남 김해시	신규국공립어린이집운영비지원	6,000	5	7	7	8	7	5	5	4
7898	경남 김해시	아동보호전문기관종사자자격수당지원	5,400	5	4	7	8	7	5	1	1
7899	경남 김해시	다함께돌봄센터종사자수당지원	5,200	5	6	7	8	7	5	5	4
7900	경남 김해시	노인복지시설종사자수당	5,200	5	1	7	8	7	1	1	2
7901	경남 김해시	노인복지시설종사자수당	5,200	5	1	7	8	7	1	1	2
7902	경남 김해시	김해시종합사회복지관사회복지사자격수당	5,040	5	4	7	8	7	1	1	1
7903	경남 김해시	학대피해아동쉼터종사자위험수당지원	3,600	5	4	7	8	7	5	1	1
7904	경남 김해시	공동생활가정장기근속수당지원	3,000	5	1	7	8	7	1	1	1
7905	경남 김해시	사회복지시설(지역자활센터)종사자자격수당	2,880	5	4	7	8	7	1	1	4
7906	경남 김해시	공동생활가정종사자자격수당지원	2,520	5	4	7	8	7	5	1	1
7907	경남 김해시	청소년복지시설운영지원(자체재원)	2,520	5	4	7	8	7	5	1	1
7908	경남 김해시	노인복지시설종사자수당	2,100	5	1	7	8	7	1	1	2
7909	경남 김해시	학대피해아동쉼터종사자자격수당지원	1,800	5	4	7	8	7	5	1	1
7910	경남 김해시	노인복지시설사회복지사자격수당	1,800	5	4	7	8	7	1	1	2
7911	경남 김해시	노인복지시설사회복지사자격수당	1,800	5	4	7	8	7	1	1	2
7912	경남 김해시	노인복지시설사회복지사자격수당	1,800	5	4	7	8	7	1	1	2
7913	경남 김해시	노인복지시설사회복지사자격수당	1,800	5	4	7	8	7	1	1	2
7914	경남 김해시	노인복지시설사회복지사자격수당	1,800	5	4	7	8	7	1	1	2
7915	경남 김해시	노인복지시설사회복지사자격수당	1,800	5	4	7	8	7	1	1	2
7916	경남 김해시	노인복지시설사회복지사자격수당	1,800	5	4	7	8	7	1	1	2
7917	경남 김해시	노인복지시설사회복지사자격수당	1,800	5	4	7	8	7	1	1	2

순번	시군구	지출명 (사업명)	2024년예산 (단위 : 천원 /1년간)	민간이전 분류 (지방자치단체 세출예산 집행기준에 의거) 1. 민간경상사업보조(307-02) 2. 민간단체 법정운영비보조(307-03) 3. 민간행사사업보조(307-04) 4. 민간위탁금(307-05) 5. 사회복지시설 법정운영비보조(307-10) 6. 민간인위탁교육비(307-12) 7. 공기관등에대한경상적위탁사업비(308-13) 8. 민간자본사업보조,자체재원(402-01) 9. 민간자본사업보조,이전재원(402-02) 10. 민간위탁사업비(402-03) 11. 공기관등에 대한 자본적 위탁사업비(403-02)	민간이전지출 근거 (지방보조금 관리기준 참고) 1. 법률에 규정 2. 국고보조 재원(국가지정) 3. 용도 지정 기부금 4. 조례에 직접규정 5. 지자체가 권장하는 사업을 하는 공공기관 6. 시,도 정책 및 재정사정 7. 기타 8. 해당없음	입찰방식 계약체결방법 (경쟁형태) 1. 일반경쟁 2. 제한경쟁 3. 지명경쟁 4. 수의계약 5. 법정위탁 6. 기타 ( ) 7. 없음	입찰방식 계약기간 1. 1년 2. 2년 3. 3년 4. 4년 5. 5년 6. 기타 ( )년 7. 단기계약 (1년미만) 8. 없음	입찰방식 낙찰자선정방법 1. 적격심사 2. 협상에의한계약 3. 최저가낙찰제 4. 규격가격분리 5. 2단계 경쟁입찰 6. 기타 ( ) 7. 없음	운영예산 산정 운영예산 산정 1. 내부산정 (지자체 자체적으로 산정) 2. 외부산정 (외부전문기관위탁 산정) 3. 내·외부 모두 산정 4. 산정 無 5. 없음	운영예산 산정 정산방법 1. 내부정산 (지자체 내부적으로 정산) 2. 외부정산 (외부전문기관위탁 정산) 3. 내·외부 모두 산정 4. 정산 無 5. 없음	성과평가 실시여부 1. 실시 2. 미실시 3. 향후 추진 4. 해당없음
7918	경남 김해시	노인복지시설사회복지사자격수당	1,800	5	4	7	8	7	1	1	2
7919	경남 김해시	노인복지시설사회복지사자격수당	1,800	5	4	7	8	7	1	1	2
7920	경남 김해시	노인복지시설사회복지사자격수당	1,800	5	4	7	8	7	1	1	2
7921	경남 김해시	노인복지시설사회복지사자격수당	1,800	5	4	7	8	7	1	1	2
7922	경남 김해시	노인복지시설사회복지사자격수당	1,800	5	4	7	8	7	1	1	2
7923	경남 김해시	노인복지시설사회복지사자격수당	1,800	5	4	7	8	7	1	1	2
7924	경남 김해시	한부모가족복지시설사회복지사자격수당	1,440	5	4	7	8	7	1	1	4
7925	경남 김해시	방학중종일제보육아동보육료(차상위이하취학아동3명)	600	5	6	7	8	7	5	5	4
7926	경남 김해시	공공형어린이집보육품질지원	600	5	6	7	8	7	5	5	4
7927	경남 김해시	지역아동보호전문기관운영(자체재원)	600	5	4	7	8	7	5	5	4
7928	경남 거제시	장애인거주시설운영비지원	10,836,600	5	1	7	8	7	5	5	4
7929	경남 거제시	국공립,법인어린이집보육교직원인건비	6,012,935	5	1	7	8	7	5	5	4
7930	경남 거제시	아동양육시설운영지원	3,014,580	5	1	7	8	7	5	5	4
7931	경남 거제시	연장보육전담교사인건비지원	2,547,464	5	1	7	8	7	5	5	4
7932	경남 거제시	보조교사인건비지원	1,955,383	5	1	7	8	7	5	5	4
7933	경남 거제시	지역아동센터인건비지원	1,108,800	5	1	7	8	7	5	5	4
7934	경남 거제시	누리과정운영비지원	1,078,104	5	1	7	8	7	5	5	4
7935	경남 거제시	어린이집필요경비(만5세아)	958,284	5	1	7	8	7	5	5	4
7936	경남 거제시	양로시설운영비지원	949,950	5	6	7	8	7	5	5	4
7937	경남 거제시	장애아전문어린이집보육교직원인건비	883,839	5	1	7	8	7	5	5	4
7938	경남 거제시	장애인직업재활시설운영비지원	861,246	5	1	7	8	7	5	5	4
7939	경남 거제시	장애인복지시설종사자수당지원	860,600	5	1	7	8	7	5	5	4
7940	경남 거제시	장애인주간보호시설운영비지원	830,467	5	1	7	8	7	5	5	4
7941	경남 거제시	재가시설운영비지원(등급외)	756,316	5	6	7	8	7	5	5	4
7942	경남 거제시	장애인공동생활가정운영	750,500	5	1	7	8	7	5	5	4
7943	경남 거제시	노인복지시설종사자수당	681,200	5	6	7	8	7	5	5	4
7944	경남 거제시	경로당냉난방비지원	676,000	5	1	7	8	7	5	5	4
7945	경남 거제시	그밖의시간연장형어린이집보육교직원인건비	637,830	5	1	7	8	7	5	5	4
7946	경남 거제시	경로당운영비지원	626,400	5	1	7	8	7	5	5	4
7947	경남 거제시	어린이집반운영비지원	600,000	5	1	7	8	7	5	5	4
7948	경남 거제시	아동보호전문기관운영지원	562,728	5	1	7	8	7	5	5	4
7949	경남 거제시	장애인의료재활시설운영	558,085	5	1	7	8	7	5	5	4
7950	경남 거제시	어린이집이용아동급간식비지원	550,000	5	1	7	8	7	5	5	4
7951	경남 거제시	공공형어린이집운영비지원	519,133	5	1	7	8	7	5	5	4
7952	경남 거제시	어린이집취사원인건비지원	515,160	5	1	7	8	7	5	5	4
7953	경남 거제시	영아전담어린이집보육교직원인건비	508,675	5	1	7	8	7	5	5	4
7954	경남 거제시	어린이집영아반운영활성화지원	447,997	5	1	7	8	7	5	5	4
7955	경남 거제시	가정,민간어린이집취사원인건비지원	432,000	5	1	7	8	7	5	5	4
7956	경남 거제시	지역자활센터운영비지원	368,798	5	2	7	8	7	5	5	4
7957	경남 거제시	대체교사인건비지원	312,843	5	1	7	8	7	5	5	4

순번	시군구	지출명 (사업명)	2024년예산 (단위 : 천원 /1년간)	민간이전 분류 (지방자치단체 세출예산 집행기준에 의거) 1. 민간경상사업보조(307-02) 2. 민간단체 법정운영비보조(307-03) 3. 민간행사사업보조(307-04) 4. 민간위탁금(307-05) 5. 사회복지시설 법정운영비보조(307-10) 6. 민간인위탁교육비(307-12) 7. 공기관등에대한경상적위탁사업비(308-13) 8. 민간자본사업보조,자체재원(402-01) 9. 민간자본사업보조,이전재원(402-02) 10. 민간위탁사업비(402-03) 11. 공기관등에 대한 자본적 위탁사업비(403-02)	민간이전지출 근거 (지방보조금 관리기준 참고) 1. 법률에 규정 2. 국고보조 재원(국가지정) 3. 용도 지정 기부금 4. 조례에 직접규정 5. 지자체가 권장하는 사업을 하는 공공기관 6. 시,도 정책 및 재정사정 7. 기타 8. 해당없음	입찰방식 계약체결방법 (경쟁형태) 1. 일반경쟁 2. 제한경쟁 3. 지명경쟁 4. 수의계약 5. 법정위탁 6. 기타 ( ) 7. 없음	입찰방식 계약기간 1. 1년 2. 2년 3. 3년 4. 4년 5. 5년 6. 기타 ( )년 7. 단기계약 (1년미만) 8. 없음	입찰방식 낙찰자선정방법 1. 적격심사 2. 협상에의한계약 3. 최저가낙찰제 4. 규격가격분리 5. 2단계 경쟁입찰 6. 기타 ( ) 7. 없음	운영예산 산정 운영예산 산정 1. 내부산정 (지자체 자체적으로 산정) 2. 외부산정 (외부전문기관위탁 산정) 3. 내·외부 모두 산정 4. 산정 無 5. 없음	운영예산 산정 정산방법 1. 내부정산 (지자체 내부적으로 정산) 2. 외부정산 (외부전문기관위탁 정산) 3. 내·외부 모두 산정 4. 정산 無 5. 없음	성과평가 실시여부 1. 실시 2. 미실시 3. 향후 추진 4. 해당없음
7958	경남 거제시	요보호아동그룹홈운영지원	279,888	5	1	7	8	7	5	5	4
7959	경남 거제시	가정폭력피해자보호시설운영지원	256,028	5	1	7	8	7	5	5	4
7960	경남 거제시	학대피해아동쉼터운영지원	247,894	5	1	7	8	7	5	5	4
7961	경남 거제시	새일센터운영지원	246,004	5	1	7	8	7	5	5	4
7962	경남 거제시	장애인수어통역센터운영	213,410	5	1	7	8	7	5	5	4
7963	경남 거제시	지역아동센터운영비지원	193,416	5	1	1	5	1	1	1	2
7964	경남 거제시	장애인자립생활지원센터운영	191,000	5	1	7	8	7	5	5	4
7965	경남 거제시	아동복지시설종사자수당지원	176,800	5	1	7	8	7	5	5	4
7966	경남 거제시	가정폭력상담소운영지원	164,988	5	1	7	8	7	5	5	4
7967	경남 거제시	시각장애인주간보호센터운영	152,000	5	1	7	8	7	5	5	4
7968	경남 거제시	어린이집교재교구비지원	147,000	5	1	7	8	7	5	5	4
7969	경남 거제시	성폭력상담소운영지원	142,022	5	1	7	8	7	5	5	4
7970	경남 거제시	어린이집운영지원(차량운영비)	129,200	5	1	7	8	7	5	5	4
7971	경남 거제시	장애인생활이동지원센터운영	113,500	5	1	7	8	7	5	5	4
7972	경남 거제시	사회복지관종사자수당	111,800	5	6	7	8	7	5	5	4
7973	경남 거제시	장애인가족지원센터운영	109,000	5	1	7	8	7	5	5	4
7974	경남 거제시	장애아통합어린이집보육교직원인건비	104,990	5	1	7	8	7	5	5	4
7975	경남 거제시	여성폭력관련시설종사자처우개선	100,355	5	1	7	8	7	5	5	4
7976	경남 거제시	365열린어린이집인건비및운영비지원	92,080	5	1	7	8	7	5	5	4
7977	경남 거제시	공동생활가정종사자처우개선지원	88,231	5	1	7	8	7	5	5	4
7978	경남 거제시	동(洞)지역어린이집차량운영비지원	87,600	5	1	7	8	7	5	5	4
7979	경남 거제시	장애인편의증진기술지원센터운영	73,000	5	1	7	8	7	5	5	4
7980	경남 거제시	지역아동센터종사자수당지원	72,800	5	1	7	8	7	5	5	4
7981	경남 거제시	지회부설노인교실운영	70,000	5	1	7	8	7	5	5	4
7982	경남 거제시	어린이집냉난방비지원	70,000	5	1	7	8	7	5	5	4
7983	경남 거제시	아동보호전문기관운영지원	65,732	5	1	7	8	7	5	5	4
7984	경남 거제시	방문형가정회복프로그램	62,762	5	1	7	8	7	5	5	4
7985	경남 거제시	장애인복지관종사자수당지원	57,200	5	1	7	8	7	5	5	4
7986	경남 거제시	장애인세대사례관리지원	55,000	5	1	7	8	7	5	5	4
7987	경남 거제시	지역아동센터추가운영비지원	54,000	5	1	7	8	7	5	5	4
7988	경남 거제시	장애인거주시설야간근무자격려수당지원	52,925	5	1	7	8	7	5	5	4
7989	경남 거제시	여성폭력관련시설종사자수당지원	41,600	5	1	7	8	7	5	5	4
7990	경남 거제시	학대피해아동쉼터운영지원	41,132	5	1	7	8	7	5	5	4
7991	경남 거제시	시간제보육서비스인건비및운영비지원	39,800	5	1	7	8	7	5	5	4
7992	경남 거제시	장애인직업재활시설종사자수당지원	36,400	5	1	7	8	7	5	5	4
7993	경남 거제시	공공형어린이집보육품질지원	29,404	5	1	7	8	7	5	5	4
7994	경남 거제시	특수목적형지역아동센터추가지원	28,800	5	1	7	8	7	5	5	4
7995	경남 거제시	가정폭력피해자보호시설취사원지원	27,216	5	1	7	8	7	5	5	4
7996	경남 거제시	지역자활센터활성화지원	27,000	5	6	7	8	7	5	5	4
7997	경남 거제시	새일센터운영비(처우개선비)지원	24,840	5	1	7	8	7	5	5	4

순번	시군구	지출명 (사업명)	2024년예산 (단위 : 천원 /1년간)	민간이전 분류 (지방자치단체 세출예산 집행기준에 의거) 1. 민간경상사업보조(307-02) 2. 민간단체 법정운영비보조(307-03) 3. 민간행사사업보조(307-04) 4. 민간위탁금(307-05) 5. 사회복지시설 법정운영비보조(307-10) 6. 민간인위탁교육비(307-12) 7. 공기관등에대한경상적위탁사업비(308-13) 8. 민간자본사업보조,자체재원(402-01) 9. 민간자본사업보조,이전재원(402-02) 10. 민간위탁사업비(402-03) 11. 공기관등에 대한 자본적 위탁사업비(403-02)	민간이전지출 근거 (지방보조금 관리기준 참고) 1. 법률에 규정 2. 국고보조 재원(국가지정) 3. 용도 지정 기부금 4. 조례에 직접규정 5. 지자체가 권장하는 사업을 하는 공공기관 6. 시,도 정책 및 재정사정 7. 기타 8. 해당없음	입찰방식			운영예산 산정		성과평가 실시여부
						계약체결방법 (경쟁형태) 1. 일반경쟁 2. 제한경쟁 3. 지명경쟁 4. 수의계약 5. 법정위탁 6. 기타 ( ) 7. 없음	계약기간 1. 1년 2. 2년 3. 3년 4. 4년 5. 5년 6. 기타 ( )년 7. 단기계약 (1년미만) 8. 없음	낙찰자선정방법 1. 적격심사 2. 협상에의한계약 3. 최저가낙찰제 4. 규격가격분리 5. 2단계 경쟁입찰 6. 기타 ( ) 7. 없음	운영예산 산정 1. 내부산정 (지자체 자체적으로 산정) 2. 외부산정 (외부전문기관위탁 산정) 3. 내·외부 모두 산정 4. 산정 無 5. 없음	정산방법 1. 내부정산 (지자체 내부적으로 정산) 2. 외부정산 (외부전문기관위탁 정산) 3. 내·외부 모두 산정 4. 정산 無 5. 없음	1. 실시 2. 미실시 3. 향후 추진 4. 해당없음
7998	경남 거제시	지역자활센터종사자수당지원	20,800	5	6	7	8	7	5	5	4
7999	경남 거제시	지역아동센터냉난방비지원	17,500	5	1	7	8	7	5	5	4
8000	경남 거제시	거제시장애인자립홈운영	15,000	5	1	7	8	7	5	5	4
8001	경남 거제시	농촌공동아이돌봄센터숭덕초등학교어린이집지원	13,700	5	1	7	8	7	5	5	4
8002	경남 거제시	장애아전문어린이집차량운영인건비지원	12,000	5	1	7	8	7	5	5	4
8003	경남 거제시	영유아보육료지원(직접지급)	11,160	5	1	7	8	7	5	5	4
8004	경남 거제시	민간노인교실운영	10,500	5	1	7	8	7	5	5	4
8005	경남 거제시	"함께All거제"운영유지보수지원	10,000	5	1	7	8	7	5	5	4
8006	경남 거제시	가정폭력피해자보호시설종사자위험수당지원	8,400	5	1	7	8	7	5	5	4
8007	경남 거제시	지역아동센터교재교구비지원	7,150	5	1	7	8	7	5	5	4
8008	경남 거제시	농어촌소재법인어린이집운영비지원	5,760	5	1	7	8	7	5	5	4
8009	경남 거제시	가정폭력상담소임차료지원	4,400	5	1	7	8	7	5	5	4
8010	경남 거제시	성폭력상담소임차료지원	3,900	5	1	7	8	7	5	5	4
8011	경남 거제시	지역아동센터추가운영비(다센터법인)	3,000	5	1	7	8	7	5	5	4
8012	경남 거제시	장애인거주시설공기청정기렌탈지원	2,981	5	1	7	8	7	5	5	4
8013	경남 거제시	공동생활가정교재교구비지원	1,650	5	1	7	8	7	5	5	4
8014	경남 거제시	장애인거주시설IoT,AI활용돌봄사업운영비	1,612	5	1	7	8	7	5	5	4
8015	경남 거제시	외국인유아보육료(직접지급)보조금지원	1,200	5	1	7	8	7	5	5	4
8016	경남 양산시	보육교직원인건비지원	11,150,928	5	2	7	8	7	1	1	2
8017	경남 양산시	보육교직원처우개선지원(보조교사)	6,590,514	5	2	7	8	7	1	1	2
8018	경남 양산시	장애인거주시설운영지원	5,563,630	5	1	7	8	7	1	1	4
8019	경남 양산시	어린이집필요경비지원	1,721,632	5	2	7	8	7	1	1	2
8020	경남 양산시	아동복지시설운영(애육원)	1,052,899	5	6	7	8	7	1	1	2
8021	경남 양산시	어린이집이용아동간식비지원	960,000	5	6	7	8	7	1	1	1
8022	경남 양산시	양로시설운영지원(전환사업)	894,109	5	1	7	8	7	1	1	4
8023	경남 양산시	노인복지시설종사자수당지원	886,600	5	1	7	8	7	1	1	4
8024	경남 양산시	장애인주간보호시설운영	850,489	5	1	7	8	7	1	1	4
8025	경남 양산시	어린이집취사원인건비지원	773,640	5	6	7	8	7	1	1	2
8026	경남 양산시	지역사회시니어클럽운영	670,000	5	1	7	8	7	1	1	4
8027	경남 양산시	수어통역센터운영	307,562	5	1	7	8	7	1	1	4
8028	경남 양산시	장애인복지시설종사자수당	305,450	5	4	7	8	7	1	1	4
8029	경남 양산시	요보호아동그룹홈운영지원	281,088	5	2	7	8	7	1	1	2
8030	경남 양산시	어린이집취사원인건비지원(자체)	272,400	5	1	7	8	7	1	1	1
8031	경남 양산시	장애인단기거주시설운영	249,200	5	1	7	8	7	1	1	4
8032	경남 양산시	어린이집공기청정기렌탈료지원	224,400	5	6	7	8	7	1	1	1
8033	경남 양산시	어린이집운영지원(차량운영비)	213,167	5	2	7	8	7	1	1	2
8034	경남 양산시	장애인생활이동지원센터운영	202,900	5	1	7	8	7	1	1	4
8035	경남 양산시	시각장애인주간보호시설운영	146,200	5	1	7	8	7	1	1	4
8036	경남 양산시	어린이집운영지원(교재교구비)	131,217	5	2	7	8	7	1	1	2
8037	경남 양산시	아동복지시설종사자수당지원	130,000	5	6	7	8	7	1	1	2

순번	시군구	지출명 (사업명)	2024년예산 (단위 : 천원 /1년간)	민간이전 분류 (지방자치단체 세출예산 집행기준에 의거) 1. 민간경상사업보조(307-02) 2. 민간단체 법정운영비보조(307-03) 3. 민간행사사업보조(307-04) 4. 민간위탁금(307-05) 5. 사회복지시설 법정운영비보조(307-10) 6. 민간인위탁교육비(307-12) 7. 공기관등에대한경상적위탁사업비(308-13) 8. 민간자본사업보조,자체재원(402-01) 9. 민간자본사업보조,이전재원(402-02) 10. 민간위탁사업비(402-03) 11. 공기관등에 대한 자본적 위탁사업비(403-02)	민간이전지출 근거 (지방보조금 관리기준 참고) 1. 법률에 규정 2. 국고보조 재원(국가지정) 3. 용도 지정 기부금 4. 조례에 직접규정 5. 지자체가 권장하는 사업을 하는 공공기관 6. 시,도 정책 및 재정사정 7. 기타 8. 해당없음	입찰방식 계약체결방법 (경쟁형태) 1. 일반경쟁 2. 제한경쟁 3. 지명경쟁 4. 수의계약 5. 법정위탁 6. 기타 ( ) 7. 없음	입찰방식 계약기간 1. 1년 2. 2년 3. 3년 4. 4년 5. 5년 6. 기타 ( )년 7. 단기계약 (1년미만) 8. 없음	입찰방식 낙찰자선정방법 1. 적격심사 2. 협상에의한계약 3. 최저가낙찰제 4. 규격가격분리 5. 2단계 경쟁입찰 6. 기타 ( ) 7. 없음	운영예산 산정 운영예산 산정 1. 내부산정 (지자체 자체적으로 산정) 2. 외부산정 (외부전문기관위탁 산정) 3. 내·외부 모두 산정 4. 산정 無 5. 없음	운영예산 산정 정산방법 1. 내부정산 (지자체 내부적으로 정산) 2. 외부정산 (외부전문기관위탁 정산) 3. 내·외부 모두 산정 4. 정산 無 5. 없음	성과평가 실시여부 1. 실시 2. 미실시 3. 향후 추진 4. 해당없음
8038	경남 양산시	동소재어린이집차량운영비지원(자체)	120,000	5	6	7	8	7	1	1	1
8039	경남 양산시	장애인복지관종사자수당	117,000	5	4	7	8	7	1	1	4
8040	경남 양산시	종합사회복지관종사자수당지원	114,400	5	6	7	8	7	5	5	4
8041	경남 양산시	365일24시간시간제보육서비스지원	75,880	5	6	7	8	7	1	1	2
8042	경남 양산시	장애인직업재활시설종사자수당	49,400	5	4	7	8	7	1	1	4
8043	경남 양산시	장애아전문어린이집운전기사인건비지원	48,300	5	1	7	8	7	1	1	1
8044	경남 양산시	정부지원어린이집냉난방비지원(자체)	28,200	5	6	7	8	7	1	1	1
8045	경남 양산시	요보호아동그룹홈운영지원(시)	24,000	5	6	7	8	7	1	1	2
8046	경남 양산시	장애인거주시설보조원야간수당	22,752	5	1	7	8	7	1	1	4
8047	경남 양산시	요보호아동자립지원(경계선지능아동자립지원)	21,600	5	2	7	8	7	1	1	2
8048	경남 양산시	장애인자립홈운영	20,000	5	6	1	3	1	1	1	3
8049	경남 양산시	어린이집운영지원(농어촌소재법인어린이집)	19,677	5	2	7	8	7	1	1	2
8050	경남 양산시	다함께돌봄센터종사자수당	10,400	5	6	7	8	7	1	1	3
8051	경남 양산시	양로시설야간근무자격려수당	1,825	5	1	7	8	7	1	1	4
8052	경남 양산시	양산시공공하수도시설위탁운영	10,700,000	5	1	2	5	6	2	1	1
8053	경남 의령군	노숙인복지시설운영지원	1,329,588	5	1	7	8	7	5	3	4
8054	경남 의령군	노숙인복지시설종사자수당	46,800	5	6	7	8	7	5	1	4
8055	경남 의령군	한센정착촌간이양로시설운영비	34,976	5	2	7	8	7	5	5	4
8056	경남 의령군	노숙인복지시설취사원인건비	24,000	5	6	7	8	7	5	1	4
8057	경남 의령군	재가한센인생계비	6,786	5	2	7	8	7	5	5	4
8058	경남 함안군	농어촌소재법인어린이집운영지원	10,726,000	5	2	7	8	7	5	1	1
8059	경남 함안군	공공형어린이집보육품질지원	5,833,000	5	6	7	8	7	5	1	1
8060	경남 함안군	정부지원어린이집인건비지원	3,149,455	5	2	7	8	7	5	1	1
8061	경남 함안군	장애인거주시설운영지원	1,689,851	5	2	7	8	7	1	1	2
8062	경남 함안군	보조교사,대체교사지원사업	1,061,116	5	2	7	8	7	5	1	1
8063	경남 함안군	가족센터지원	1,029,210	5	2	5	5	7	5	1	1
8064	경남 함안군	양로시설운영지원(전환사업)	843,650	5	2	7	8	7	1	1	2
8065	경남 함안군	노인복지시설지원	501,800	5	2	7	8	7	1	1	2
8066	경남 함안군	장애인직업재활시설운영지원	454,428	5	6	7	8	7	1	1	2
8067	경남 함안군	공공형어린이집운영비지원(전환사업)	383,360	5	2	7	8	7	5	1	1
8068	경남 함안군	지역자활센터운영	366,050	5	2	5	1	7	5	1	1
8069	경남 함안군	시니어클럽운영	330,000	5	2	1	5	1	1	1	2
8070	경남 함안군	보육시설및종사자지원(자체)	312,620	5	6	7	8	7	5	1	1
8071	경남 함안군	장애인단기거주시설운영지원	310,000	5	6	7	8	7	1	1	2
8072	경남 함안군	장애인지역사회재활시설운영	266,250	5	2	5	1	1	1	1	2
8073	경남 함안군	장애인생활시설운영지원	225,300	5	6	7	8	7	1	1	2
8074	경남 함안군	시간제보육서비스제공지원	223,200	5	2	7	8	7	5	1	1
8075	경남 함안군	어린이집취사원인건비지원	151,700	5	6	7	8	7	5	1	1
8076	경남 함안군	여성보호시설운영지원	139,752	5	2	5	5	7	5	1	1
8077	경남 함안군	어린이집차량운영비지원	106,202	5	2	7	8	7	5	1	1

순번	시군구	지출명 (사업명)	2024년예산 (단위 : 천원 /1년간)	민간이전 분류 (지방자치단체 세출예산 집행기준에 의거) 1. 민간경상사업보조(307-02) 2. 민간단체 법정운영비보조(307-03) 3. 민간행사사업보조(307-04) 4. 민간위탁금(307-05) 5. 사회복지시설 법정운영비보조(307-10) 6. 민간인위탁교육비(307-12) 7. 공기관등에대한경상적위탁사업비(308-13) 8. 민간자본사업보조,자체재원(402-01) 9. 민간자본사업보조,이전재원(402-02) 10. 민간위탁사업비(402-03) 11. 공기관등에 대한 자본적 위탁사업비(403-02)	민간이전지출 근거 (지방보조금 관리기준 참고) 1. 법률에 규정 2. 국고보조 재원(국가지정) 3. 용도 지정 기부금 4. 조례에 직접규정 5. 지자체가 권장하는 사업을 하는 공공기관 6. 시,도 정책 및 재정사정 7. 기타 8. 해당없음	입찰방식 계약체결방법 (경쟁형태) 1. 일반경쟁 2. 제한경쟁 3. 지명경쟁 4. 수의계약 5. 법정위탁 6. 기타 ( ) 7. 없음	입찰방식 계약기간 1. 1년 2. 2년 3. 3년 4. 4년 5. 5년 6. 기타 ( )년 7. 단기계약 (1년미만) 8. 없음	입찰방식 낙찰자선정방법 1. 적격심사 2. 협상에의한계약 3. 최저가낙찰제 4. 규격가격분리 5. 2단계 경쟁입찰 6. 기타 ( ) 7. 없음	운영예산 산정 운영예산 산정 1. 내부산정 (지자체 자체적으로 산정) 2. 외부산정 (외부전문기관위탁 산정) 3. 내·외부 모두 산정 4. 산정 無 5. 없음	운영예산 산정 정산방법 1. 내부정산 (지자체 내부적으로 정산) 2. 외부정산 (외부전문기관위탁 정산) 3. 내·외부 모두 산정 4. 정산 無 5. 없음	성과평가 실시여부 1. 실시 2. 미실시 3. 향후 추진 4. 해당없음
8078	경남 함안군	장애인가족지원센터운영	106,000	5	4	4	5	1	1	1	4
8079	경남 함안군	경남함안군장애인편의증진기술지원센터운영지원	71,500	5	4	5	8	7	1	1	4
8080	경남 함안군	어린이집영아반운영활성화지원	55,093	5	6	7	8	7	5	1	1
8081	경남 함안군	지역자활센터종사자수당	26,000	5	2	7	8	7	5	1	2
8082	경남 함안군	다문화가족지원센터종사자지원	20,600	5	5	5	5	7	5	1	1
8083	경남 함안군	노인복지회관운영	18,000	5	4	7	8	7	1	1	2
8084	경남 함안군	장애인복지센터종사자수당	7,800	5	4	4	5	1	1	1	4
8085	경남 함안군	지역아동센터인건비지원	371,510	5	2	7	8	7	5	1	4
8086	경남 함안군	지역아동보호전문기관운영	162,099	5	2	7	8	7	5	1	4
8087	경남 함안군	요보호아동그룹홈운영지원	150,044	5	2	7	8	7	5	1	4
8088	경남 함안군	지역아동센터운영지원	46,465	5	2	7	8	7	5	1	4
8089	경남 함안군	지역아동센터운영보조(군)	44,944	5	4	7	8	7	5	1	4
8090	경남 함안군	지역아동센터추가운영비지원(도)	41,200	5	6	7	8	7	5	1	4
8091	경남 함안군	특수목적형지역아동센터지원	29,760	5	2	7	8	7	5	1	4
8092	경남 함안군	아동복지시설종사자처우개선비지원	9,000	5	4	7	8	7	5	1	4
8093	경남 고성군	정신요양시설운영지원	2,532,000	5	2	7	8	7	5	5	4
8094	경남 고성군	아동복지시설운영	2,252,025	5	1	7	8	7	5	5	4
8095	경남 고성군	장애인거주시설운영지원	1,907,866	5	1,2	7	8	7	1	1	4
8096	경남 고성군	보육교직원인건비지원	1,535,003	5	2	1	8	7	1	1	1
8097	경남 고성군	지역사회재활시설운영	573,033	5	1	7	8	7	1	1	4
8098	경남 고성군	사회복귀시설운영비지원	567,859	5	1	7	8	7	5	5	4
8099	경남 고성군	아동복지시설운영	547,660	5	1	7	8	7	5	5	4
8100	경남 고성군	장애인거주시설운영지원	537,790	5	1	7	8	7	1	1	4
8101	경남 고성군	보조교사,대체교사지원사업	534,859	5	2	1	8	7	1	1	1
8102	경남 고성군	지역아동센터인건비지원(국비)	508,500	5	1	7	8	7	5	5	4
8103	경남 고성군	장애인직업재활시설지원	386,767	5	1	7	8	7	1	1	4
8104	경남 고성군	지역자활센터운영비지원	349,008	5	2	7	7	7	1	3	1
8105	경남 고성군	시니어클럽지원	330,000	5	1	1	5	1	1	1	1
8106	경남 고성군	공공형어린이집운영비(전환사업)	183,396	5	6	1	8	7	1	1	1
8107	경남 고성군	가정폭력상담소운영지원	146,711	5	1	7	8	7	5	1	4
8108	경남 고성군	시각장애인주간보호소운영	136,177	5	1	7	8	7	1	1	4
8109	경남 고성군	정신보건시설종사자인건비	130,000	5	6	7	8	7	5	5	4
8110	경남 고성군	지역아동센터운영비지원(국비)	128,760	5	1	7	8	7	5	5	4
8111	경남 고성군	장애인가족지원센터운영	110,000	5	1	7	8	7	1	1	4
8112	경남 고성군	아동보호전문기관운영비지원	102,516	5	1	7	7	7	5	1	2
8113	경남 고성군	편의증진기술지원센터운영	66,789	5	1	7	8	7	1	1	4
8114	경남 고성군	노인교실운영지원	61,000	5	1	7	8	1	1	1	3
8115	경남 고성군	푸드뱅크운영	45,200	5	8	7	8	7	5	5	4
8116	경남 고성군	취사원인건비지원	38,400	5	6	1	8	7	1	1	1
8117	경남 고성군	어린이집운영지원(차량운영비)	35,148	5	2	1	8	7	1	1	1

순번	시군구	지출명 (사업명)	2024년예산 (단위 : 천원 /1년간)	민간이전 분류 (지방자치단체 세출예산 집행기준에 의거) 1. 민간경상사업보조(307-02) 2. 민간단체 법정운영비보조(307-03) 3. 민간행사사업보조(307-04) 4. 민간위탁금(307-05) 5. 사회복지시설 법정운영비보조(307-10) 6. 민간인위탁교육비(307-12) 7. 공기관등에대한경상적위탁사업비(308-13) 8. 민간자본사업보조,자체재원(402-01) 9. 민간자본사업보조,이전재원(402-02) 10. 민간위탁사업비(402-03) 11. 공기관등에 대한 자본적 위탁사업비(403-02)	민간이전지출 근거 (지방보조금 관리기준 참고) 1. 법률에 규정 2. 국고보조 재원(국가지정) 3. 용도 지정 기부금 4. 조례에 직접규정 5. 지자체가 권장하는 사업을 하는 공공기관 6. 시,도 정책 및 재정사정 7. 기타 8. 해당없음	입찰방식 계약체결방법 (경쟁형태) 1. 일반경쟁 2. 제한경쟁 3. 지명경쟁 4. 수의계약 5. 법정위탁 6. 기타 ( ) 7. 없음	입찰방식 계약기간 1. 1년 2. 2년 3. 3년 4. 4년 5. 5년 6. 기타 ( )년 7. 단기계약 (1년미만) 8. 없음	입찰방식 낙찰자선정방법 1. 적격심사 2. 협상에의한계약 3. 최저가낙찰제 4. 규격가격분리 5. 2단계 경쟁입찰 6. 기타 ( ) 7. 없음	운영예산 산정 운영예산 산정 1. 내부산정 (지자체 자체적으로 산정) 2. 외부산정 (외부전문기관위탁 산정) 3. 내·외부 모두 산정 4. 산정 無 5. 없음	운영예산 산정 정산방법 1. 내부정산 (지자체 내부적으로 정산) 2. 외부정산 (외부전문기관위탁 정산) 3. 내·외부 모두 산정 4. 정산 無 5. 없음	성과평가 실시여부 1. 실시 2. 미실시 3. 향후 추진 4. 해당없음
8118	경남 고성군	여성폭력관련시설종사자기본급	32,730	5	1	7	8	7	5	1	4
8119	경남 고성군	지역자활센터활성화지원	25,000	5	2	7	7	7	1	3	1
8120	경남 고성군	정신요양시설경비원인건비지원	24,732	5	6	7	8	7	5	5	4
8121	경남 고성군	지역아동센터운영비지원	21,600	5	1	7	8	7	5	5	4
8122	경남 고성군	지역아동센터추가운영비지원	21,600	5	1	7	8	7	5	5	4
8123	경남 고성군	사회복지사자격수당지원	14,400	5	4	7	8	7	5	5	4
8124	경남 고성군	가정폭력상담소종사자수당지원	10,400	5	1	7	8	7	5	1	4
8125	경남 고성군	어린이집운영지원(교재교구비)	10,008	5	2	1	8	7	1	1	1
8126	경남 고성군	지역아동센터난방비지원	9,000	5	1	7	8	7	5	5	4
8127	경남 고성군	위기여성긴급피난처운영지원	4,050	5	1	7	8	7	5	1	4
8128	경남 고성군	특성별지역아동센터추가지원사업	3,600	5	8	7	8	7	5	5	4
8129	경남 고성군	어린이집운영지원(농어촌소재법인어린이집)	2,860	5	2	1	8	7	1	1	1
8130	경남 고성군	가정폭력상담소종사자자격수당지급	1,440	5	1	7	8	7	5	1	4
8131	경남 남해군	노인맞춤돌봄서비스	2,941,970	5	2	5	2	6	5	3	1
8132	경남 남해군	장애인거주시설운영	2,886,836	5	1	7	8	7	1	1	4
8133	경남 남해군	보육교직원인건비지원사업	1,937,778	5	2	7	8	7	5	5	1
8134	경남 남해군	장애인복지관운영	1,044,314	5	1	7	8	7	1	1	4
8135	경남 남해군	양로시설운영지원	860,838	5	1	7	8	7	5	5	4
8136	경남 남해군	장애인직업재활시설운영	679,305	5	1	7	8	7	1	1	4
8137	경남 남해군	지역아동센터인건비지원	496,950	5	1	7	8	7	1	1	1
8138	경남 남해군	아동양육시설운영	431,430	5	1	7	8	7	1	1	1
8139	경남 남해군	노인복지시설종사자지원	371,800	5	4	7	8	7	1	1	1
8140	경남 남해군	경로당운영비지원	341,880	5	1,4	7	8	7	1	1	1
8141	경남 남해군	시니어클럽운영	330,000	5	1	5	5	7	3	3	1
8142	경남 남해군	지역자활센터운영	264,481	5	1	7	8	7	1	1	1
8143	경남 남해군	어린이집필요경비지원사업	209,364	5	2	7	8	7	5	5	1
8144	경남 남해군	보육교직원처우개선지원(보조교사)	196,100	5	2	7	8	7	5	5	1
8145	경남 남해군	수어통역센터운영	186,309	5	1	7	8	7	1	1	4
8146	경남 남해군	보육교직원인건비지원사업	169,751	5	2	7	8	7	5	5	1
8147	경남 남해군	장애인복지시설종사자수당(거주,지역사회재활시설)	163,800	5	1	7	8	7	1	1	4
8148	경남 남해군	독거노인중증장애인응급안전안심서비스	147,196	5	2	5	2	6	5	3	1
8149	경남 남해군	가정폭력상담소운영	141,880	5	2	5	8	7	5	1	1
8150	경남 남해군	보육교직원인건비지원사업	140,583	5	2	7	8	7	5	5	1
8151	경남 남해군	보육교직원처우개선지원(보조교사)	126,788	5	2	7	8	7	5	5	1
8152	경남 남해군	지역아동센터운영비지원	123,692	5	1	7	8	7	1	1	1
8153	경남 남해군	생활이동지원센터운영	118,500	5	1	7	8	7	1	1	4
8154	경남 남해군	시각장애인주간보호소운영	118,000	5	1	7	8	7	1	1	4
8155	경남 남해군	노인맞춤돌봄서비스종사자수당지원	113,400	5	2	5	2	6	5	3	1
8156	경남 남해군	장애인가족지원센터운영	110,000	5	1	7	8	7	1	1	4
8157	경남 남해군	공공형어린이집운영비(전환사업)	95,216	5	6	7	8	7	5	5	1

순번	시군구	지출명 (사업명)	2024년예산 (단위 : 천원 /1년간)	민간이전 분류 (지방자치단체 세출예산 집행기준에 의거) 1. 민간경상사업보조(307-02) 2. 민간단체 법정운영비보조(307-03) 3. 민간행사사업보조(307-04) 4. 민간위탁금(307-05) 5. 사회복지시설 법정운영비보조(307-10) 6. 민간인위탁교육비(307-12) 7. 공기관등에대한경상적위탁사업비(308-13) 8. 민간자본사업보조,자체재원(402-01) 9. 민간자본사업보조,이전재원(402-02) 10. 민간위탁사업비(402-03) 11. 공기관등에 대한 자본적 위탁사업비(403-02)	민간이전지출 근거 (지방보조금 관리기준 참고) 1. 법률에 규정 2. 국고보조 재원(국가지정) 3. 용도 지정 기부금 4. 조례에 직접규정 5. 지자체가 권장하는 사업을 하는 공공기관 6. 시,도 정책 및 재정사정 7. 기타 8. 해당없음	입찰방식 계약체결방법 (경쟁형태) 1. 일반경쟁 2. 제한경쟁 3. 지명경쟁 4. 수의계약 5. 법정위탁 6. 기타 ( ) 7. 없음	입찰방식 계약기간 1. 1년 2. 2년 3. 3년 4. 4년 5. 5년 6. 기타 ( )년 7. 단기계약 (1년미만) 8. 없음	입찰방식 낙찰자선정방법 1. 적격심사 2. 협상에의한계약 3. 최저가낙찰제 4. 규격가격분리 5. 2단계 경쟁입찰 6. 기타 ( ) 7. 없음	운영예산 산정 운영예산 산정 1. 내부산정 (지자체 자체적으로 산정) 2. 외부산정 (외부전문기관위탁 산정) 3. 내·외부 모두 산정 4. 산정 無 5. 없음	운영예산 산정 정산방법 1. 내부정산 (지자체 내부적으로 정산) 2. 외부정산 (외부전문기관위탁 정산) 3. 내·외부 모두 산정 4. 정산 無 5. 없음	성과평가 실시여부 1. 실시 2. 미실시 3. 향후 추진 4. 해당없음
8158	경남 남해군	장애인공동생활가정운영	92,700	5	1	7	8	7	1	1	4
8159	경남 남해군	보육교직원인건비지원사업	79,788	5	2	7	8	7	5	5	1
8160	경남 남해군	경남서부아동보호전문기관운영지원(자치단체부담금)	66,272	5	1	7	8	7	1	1	1
8161	경남 남해군	장애인편의증진기술지원센터운영	65,000	5	1	7	8	7	1	1	4
8162	경남 남해군	어린이집운영지원(차량운영비)	61,018	5	2	7	8	7	5	5	1
8163	경남 남해군	365일열린어린이집운영지원사업	60,000	5	6	7	8	7	5	5	1
8164	경남 남해군	취약지역어린이집운영비지원(미조하나,에덴)	53,400	5	2	7	8	7	5	5	1
8165	경남 남해군	우리마을아이돌봄사업	52,000	5	1	7	8	7	1	1	1
8166	경남 남해군	시간제보육서비스제공지원사업	49,500	5	2	7	8	7	5	5	1
8167	경남 남해군	여성장애인일감지원센터운영	45,000	5	1	7	8	7	1	1	4
8168	경남 남해군	여성폭력관련시설종사자처우개선	38,686	5	2	5	8	7	5	1	1
8169	경남 남해군	지역아동센터종사자수당	36,400	5	1	7	8	7	1	1	1
8170	경남 남해군	지역아동센터추가운영비지원	25,200	5	1	7	8	7	1	1	1
8171	경남 남해군	장애인직업재활시설종사자수당	24,100	5	1	7	8	7	1	1	4
8172	경남 남해군	지역자활센터활성화지원	23,000	5	6	7	8	7	1	1	4
8173	경남 남해군	아동복지시설종사자수당	20,800	5	1	7	8	7	1	1	1
8174	경남 남해군	장애인가족지원센터운영	19,000	5	1	7	8	7	5	5	4
8175	경남 남해군	지역자활센터종사자지원	13,000	5	6	7	8	7	1	1	1
8176	경남 남해군	경남서부아동보호전문기관운영추가지원(자치단체부담금)	11,770	5	1	7	8	7	1	1	1
8177	경남 남해군	장애인거주시설야간근무자격려수당	10,950	5	1	7	8	7	1	1	4
8178	경남 남해군	여성폭력관련시설종사자처우개선	9,600	5	2	5	8	7	5	1	1
8179	경남 남해군	경남서부아동보호전문기관방문형가정회복프로그램	9,470	5	1	7	8	7	1	1	1
8180	경남 남해군	지역아동센터냉난방비	9,300	5	1	7	8	7	1	1	1
8181	경남 남해군	어린이집운영지원(교재교구비)	4,650	5	2	7	8	7	5	5	1
8182	경남 남해군	공공형어린이집보육품질지원사업	2,600	5	2	7	8	7	5	5	1
8183	경남 남해군	어린이집영아반운영활성화지원	1,440	5	6	7	8	7	5	5	1
8184	경남 남해군	민간어린이집난방연료비지원	1,200	5	6	7	8	7	5	5	1
8185	경남 남해군	여성폭력관련시설종사자처우개선	800	5	2	5	8	7	5	1	1
8186	경남 하동군	장애인거주시설운영지원	2,224,360	5	2	7	8	7	1	1	4
8187	경남 하동군	보육교직원인건비지원	1,544,135	5	2	7	8	7	1	1	1
8188	경남 하동군	노인복지시설종사자지원	637,000	5	6	7	8	7	1	1	4
8189	경남 하동군	지역아동센터인건비지원	524,550	5	2	7	1	7	5	1	1
8190	경남 하동군	시니어클럽운영지원	330,000	5	1	7	8	7	1	1	4
8191	경남 하동군	지역자활센터운영지원	262,425	5	1	7	8	7	5	3	4
8192	경남 하동군	보육교직원인건비및운영지원	211,095	5	2	7	8	7	1	1	1
8193	경남 하동군	수어통역센터운영	168,516	5	1	7	8	7	1	1	4
8194	경남 하동군	365열린어린이집(7to23)지원	150,000	5	6	7	8	7	1	1	1
8195	경남 하동군	성폭력상담소운영지원	134,098	5	1	7	8	7	5	5	4
8196	경남 하동군	장애인생활이동지원센터운영	120,000	5	1	7	8	7	1	1	4
8197	경남 하동군	장애인가족지원센터지원	110,000	5	1	7	8	7	1	1	4

순번	시군구	지출명 (사업명)	2024년예산 (단위 : 천원 /1년간)	민간이전 분류 (지방자치단체 세출예산 집행기준에 의거) 1. 민간경상사업보조(307-02) 2. 민간단체 법정운영비보조(307-03) 3. 민간행사사업보조(307-04) 4. 민간위탁금(307-05) 5. 사회복지시설 법정운영비보조(307-10) 6. 민간인위탁교육비(307-12) 7. 공기관등에대한경상적위탁사업비(308-13) 8. 민간자본사업보조,자체재원(402-01) 9. 민간자본사업보조,이전재원(402-02) 10. 민간위탁사업비(402-03) 11. 공기관등에 대한 자본적 위탁사업비(403-02)	민간이전지출 근거 (지방보조금 관리기준 참고) 1. 법률에 규정 2. 국고보조 재원(국가지정) 3. 용도 지정 기부금 4. 조례에 직접규정 5. 지자체가 권장하는 사업을 하는 공공기관 6. 시,도 정책 및 재정사정 7. 기타 8. 해당없음	입찰방식: 계약체결방법 (경쟁형태) 1. 일반경쟁 2. 제한경쟁 3. 지명경쟁 4. 수의계약 5. 법정위탁 6. 기타 ( ) 7. 없음	입찰방식: 계약기간 1. 1년 2. 2년 3. 3년 4. 4년 5. 5년 6. 기타 ( )년 7. 단기계약 (1년미만) 8. 없음	입찰방식: 낙찰자선정방법 1. 적격심사 2. 협상에의한계약 3. 최저가낙찰제 4. 규격가격분리 5. 2단계 경쟁입찰 6. 기타 ( ) 7. 없음	운영예산 산정: 운영예산 산정 1. 내부산정 (지자체 자체적으로 산정) 2. 외부산정 (외부전문기관위탁 산정) 3. 내·외부 모두 산정 4. 산정 無 5. 없음	운영예산 산정: 정산방법 1. 내부정산 (지자체 내부적으로 정산) 2. 외부정산 (외부전문기관위탁 정산) 3. 내·외부 모두 산정 4. 정산 無 5. 없음	성과평가 실시여부 1. 실시 2. 미실시 3. 향후 추진 4. 해당없음
8198	경남 하동군	시각장애인주간보호센터운영	108,000	5	1	7	8	7	1	1	4
8199	경남 하동군	장애인복지시설종사자수당지원	106,600	5	1	7	8	7	1	1	4
8200	경남 하동군	지역아동센터운영비지원	106,356	5	2	7	1	7	5	1	1
8201	경남 하동군	요보호아동그룹홈운영지원	97,419	5	5	7	1	7	5	1	1
8202	경남 하동군	노인맞춤돌봄서비스종사자교통통신비지원	84,840	5	6	7	8	7	1	1	4
8203	경남 하동군	어린이집지원	76,800	5	4	7	8	7	1	1	1
8204	경남 하동군	시간제보육서비스제공지원사업	67,320	5	2	7	8	7	1	1	1
8205	경남 하동군	지역아동보호전문기관운영	58,910	5	5	7	1	7	5	1	1
8206	경남 하동군	공공형어린이집운영비(전환사업)	49,344	5	6	7	8	7	1	1	1
8207	경남 하동군	어린이집운영지원(차량운영비)	43,018	5	2	7	8	7	1	1	1
8208	경남 하동군	지역아동센터종사자수당	36,400	5	6	7	1	7	5	1	1
8209	경남 하동군	자활사례관리	31,476	5	1	7	8	7	5	3	4
8210	경남 하동군	지역아동센터추가운영비지원(도)	26,400	5	6	7	1	7	5	1	1
8211	경남 하동군	어린이집영아반운영활성화지원	23,040	5	6	7	8	7	1	1	1
8212	경남 하동군	지역자활센터종사자지원	15,600	5	1	7	8	7	5	3	4
8213	경남 하동군	특수목적형지원	14,400	5	2	7	1	7	5	1	1
8214	경남 하동군	장애인거주시설근무자야근수당	10,950	5	1	7	8	7	1	1	4
8215	경남 하동군	장애인직업재활시설종사자수당지원	10,400	5	6	7	8	7	1	1	4
8216	경남 하동군	사회복지시설종사자수당지원	10,100	5	6	7	1	7	5	1	1
8217	경남 하동군	공립치매전담요양시설운영지원	10,000	5	4	7	8	7	1	1	4
8218	경남 하동군	방문형가정회복프로그램시범사업	9,268	5	5	7	1	7	5	1	1
8219	경남 하동군	지역아동센터냉난방비지원	8,800	5	6	7	1	7	5	1	1
8220	경남 하동군	지역아동보호전문기관운영지원	6,646	5	6	7	1	7	5	1	1
8221	경남 하동군	어린이집운영지원(교재교구비)	6,610	5	2	7	8	7	1	1	1
8222	경남 하동군	공공형어린이집보육품질지원사업	2,520	5	6	7	8	7	1	1	1
8223	경남 산청군	장애인거주시설운영지원	4,100,193	5	2	7	8	7	1	1	2
8224	경남 산청군	노인맞춤돌봄서비스사업지원	3,054,500	5	2	7	8	7	5	5	4
8225	경남 산청군	보육교직원인건비지원	1,770,004	5	2	7	8	7	1	1	4
8226	경남 산청군	산엔청복지관운영지원	1,560,000	5	1	1	5	1	1	3	3
8227	경남 산청군	가족문화센터운영지원	890,986	5	4	1	5	1	1	1	4
8228	경남 산청군	노인복지시설종사자지원	871,000	5	6	7	8	7	5	5	4
8229	경남 산청군	경로당냉난방비및양곡비지원	823,842	5	1	7	8	7	5	5	4
8230	경남 산청군	경로당운영지원	452,760	5	6	7	8	7	5	5	4
8231	경남 산청군	지역아동센터인건비지원	375,600	5	1	7	8	7	1	1	4
8232	경남 산청군	시니어클럽운영	330,000	5	6	7	8	7	5	5	4
8233	경남 산청군	지역자활센터운영	262,283	5	2	5	8	7	1	1	1
8234	경남 산청군	장애인직업재활시설	230,000	5	2	7	8	7	1	1	2
8235	경남 산청군	한센간이양로주택등기능보강	228,000	5	1	7	8	7	5	5	3
8236	경남 산청군	장애인시설종사자수당	211,269	5	4	7	8	7	1	1	2
8237	경남 산청군	독거노인중증장애인응급안전알림서비스운영지원	140,626	5	2	7	8	7	5	5	4

순번	시군구	지출명 (사업명)	2024년예산 (단위 : 천원 /1년간)	민간이전 분류 (지방자치단체 세출예산 집행기준에 의거) 1. 민간경상사업보조(307-02) 2. 민간단체 법정운영비보조(307-03) 3. 민간행사사업보조(307-04) 4. 민간위탁금(307-05) 5. 사회복지시설 법정운영비보조(307-10) 6. 민간인위탁교육비(307-12) 7. 공기관등에대한경상적위탁사업비(308-13) 8. 민간자본사업보조,자체재원(402-01) 9. 민간자본사업보조,이전재원(402-02) 10. 민간위탁사업비(402-03) 11. 공기관등에 대한 자본적 위탁사업비(403-02)	민간이전지출 근거 (지방보조금 관리기준 참고) 1. 법률에 규정 2. 국고보조 재원(국가지정) 3. 용도 지정 기부금 4. 조례에 직접규정 5. 지자체가 권장하는 사업을 하는 공공기관 6. 시,도 정책 및 재정사정 7. 기타 8. 해당없음	입찰방식			운영예산 산정		성과평가 실시여부
						계약체결방법 (경쟁형태) 1. 일반경쟁 2. 제한경쟁 3. 지명경쟁 4. 수의계약 5. 법정위탁 6. 기타 ( ) 7. 없음	계약기간 1. 1년 2. 2년 3. 3년 4. 4년 5. 5년 6. 기타 ( )년 7. 단기계약 (1년미만) 8. 없음	낙찰자선정방법 1. 적격심사 2. 협상에의한계약 3. 최저가낙찰제 4. 규격가격분리 5. 2단계 경쟁입찰 6. 기타 ( ) 7. 없음	운영예산 산정 1. 내부산정 (지자체 자체적으로 산정) 2. 외부산정 (외부전문기관위탁 산정) 3. 내·외부 모두 산정 4. 산정 無 5. 없음	정산방법 1. 내부정산 (지자체 내부적으로 정산) 2. 외부정산 (외부전문기관위탁 정산) 3. 내·외부 모두 산정 4. 정산 無 5. 없음	1. 실시 2. 미실시 3. 향후 추진 4. 해당없음
8238	경남 산청군	장애인생활이동지원센터	117,000	5	2	7	8	7	1	1	2
8239	경남 산청군	노인맞춤돌봄서비스종사자교통,통신비지원사업	114,240	5	2	7	8	7	5	5	4
8240	경남 산청군	시각장애인주간보호센터	113,000	5	1	7	8	7	1	1	2
8241	경남 산청군	수어통역센터	112,000	5	1	7	8	7	1	1	2
8242	경남 산청군	장애인가족지원센터	110,000	5	1	7	8	7	1	1	2
8243	경남 산청군	보조교사및연장보육교사인건비	100,711	5	2	7	8	7	1	1	4
8244	경남 산청군	장애인복지관종사자수당	80,600	5	4	7	8	7	1	1	2
8245	경남 산청군	지역아동센터운영지원	78,828	5	1	7	8	7	1	1	4
8246	경남 산청군	한센생활시설종사자등지원	71,778	5	1	7	8	7	5	5	3
8247	경남 산청군	장애인편의증진기술지원센터	66,842	5	1	7	8	7	1	1	2
8248	경남 산청군	어린이집차량운영비지원	66,086	5	2	7	8	7	1	1	4
8249	경남 산청군	아동보호전문기관운영지원	51,836	5	2	7	8	7	1	1	4
8250	경남 산청군	대체교사인건비지원	51,027	5	2	7	8	7	1	1	4
8251	경남 산청군	지역사회보장협의체전담직원인건비	44,700	5	4	7	8	7	1	1	1
8252	경남 산청군	시간제보육서비스제공지원	40,280	5	2	7	8	7	1	1	4
8253	경남 산청군	다문화가족지원센터종사자수당지원	36,400	5	4	1	5	1	1	1	4
8254	경남 산청군	지역아동센터운영지원(종사자수당)	28,600	5	1	7	8	7	1	1	4
8255	경남 산청군	지역자활센터활성화지원	22,000	5	6	5	8	7	1	1	1
8256	경남 산청군	지역아동센터추가운영비지원(도)	20,400	5	1	7	8	7	1	1	4
8257	경남 산청군	지역자활센터종사자수당	13,000	5	6	5	8	7	1	1	1
8258	경남 산청군	장애인거주시설지도원야근수당	11,376	5	2	7	8	7	1	1	2
8259	경남 산청군	아동보호전문기관운영비지원(도)(추가인건비)	8,793	5	6	7	8	7	1	1	4
8260	경남 산청군	장애인직업재활시설종사자수당	7,800	5	4	7	8	7	1	1	2
8261	경남 산청군	경로당운영지원(자체)	7,200	5	1	7	8	7	5	5	4
8262	경남 산청군	방문형가정회복프로그램	7,108	5	2	7	8	7	1	1	4
8263	경남 산청군	지역아동센터운영비지원(냉난방비)	6,900	5	1	7	8	7	1	1	4
8264	경남 산청군	어린이집교재교구비지원	5,810	5	2	7	8	7	1	1	4
8265	경남 산청군	지역사회보장협의체사무실운영경비	3,000	5	4	7	8	7	1	1	4
8266	경남 함양군	정신요양시설운영지원	2,280,000	5	2	7	8	7	1	1	1
8267	경남 함양군	보육교직원인건비지원	2,264,751	5	1	7	8	5	5	1	4
8268	경남 함양군	아동양육시설운영지원	1,736,525	5	4	7	8	7	1	1	4
8269	경남 함양군	장애인거주시설운영지원	1,534,038	5	2	7	8	7	5	1	4
8270	경남 함양군	재가노인복지시설운영비	471,524	5	4	7	8	7	5	5	4
8271	경남 함양군	보조교사,대체교사지원	414,289	5	1	7	8	5	5	1	4
8272	경남 함양군	지역자활센터운영	366,050	5	4	7	8	7	5	5	4
8273	경남 함양군	지역사회재활시설운영	362,300	5	6	7	8	7	5	1	4
8274	경남 함양군	시니어클럽운영	330,000	5	4	7	8	7	5	5	4
8275	경남 함양군	장애인복지센터운영	308,412	5	6	7	8	7	5	1	4
8276	경남 함양군	장애인직업재활시설운영지원	307,798	5	6	7	8	7	5	1	4
8277	경남 함양군	영유아보육지원	286,708	5	4	7	8	5	5	1	4

순번	시군구	지출명 (사업명)	2024년예산 (단위 : 천원 /1년간)	민간이전 분류 (지방자치단체 세출예산 집행기준에 의거) 1. 민간경상사업보조(307-02) 2. 민간단체 법정운영비보조(307-03) 3. 민간행사사업보조(307-04) 4. 민간위탁금(307-05) 5. 사회복지시설 법정운영비보조(307-10) 6. 민간인위탁교육비(307-12) 7. 공기관등에대한경상적위탁사업비(308-13) 8. 민간자본사업보조,자체재원(402-01) 9. 민간자본사업보조,이전재원(402-02) 10. 민간위탁사업비(402-03) 11. 공기관등에 대한 자본적 위탁사업비(403-02)	민간이전지출 근거 (지방보조금 관리기준 참고) 1. 법률에 규정 2. 국고보조 재원(국가지정) 3. 용도 지정 기부금 4. 조례에 직접규정 5. 지자체가 권장하는 사업을 하는 공공기관 6. 시,도 정책 및 재정사정 7. 기타 8. 해당없음	입찰방식 계약체결방법 (경쟁형태) 1. 일반경쟁 2. 제한경쟁 3. 지명경쟁 4. 수의계약 5. 법정위탁 6. 기타 ( ) 7. 없음	계약기간 1. 1년 2. 2년 3. 3년 4. 4년 5. 5년 6. 기타 ( )년 7. 단기계약 (1년미만) 8. 없음	낙찰자선정방법 1. 적격심사 2. 협상에의한계약 3. 최저가낙찰제 4. 규격가격분리 5. 2단계 경쟁입찰 6. 기타 ( ) 7. 없음	운영예산 산정 운영예산 산정 1. 내부산정 (지자체 자체적으로 산정) 2. 외부산정 (외부전문기관위탁 산정) 3. 내·외부 모두 산정 4. 산정 無 5. 없음	정산방법 1. 내부정산 (지자체 내부적으로 정산) 2. 외부정산 (외부전문기관위탁 정산) 3. 내·외부 모두 산정 4. 정산 無 5. 없음	성과평가 실시여부 1. 실시 2. 미실시 3. 향후 추진 4. 해당없음
8278	경남 함양군	보육교직원처우개선지원(국비)	244,201	5	1	7	8	5	5	1	4
8279	경남 함양군	어린이집필요경비지원(자체)	216,000	5	4	7	8	5	5	1	4
8280	경남 함양군	지역사회재활시설운영	154,103	5	6	7	8	7	5	1	4
8281	경남 함양군	지역사회재활시설운영	120,552	5	6	7	8	7	5	1	4
8282	경남 함양군	다함께돌봄센터운영지원	102,912	5	4	7	8	7	1	1	4
8283	경남 함양군	정신요양시설운영비(종사자수당)	91,600	5	6	7	8	7	1	1	4
8284	경남 함양군	지역아동센터운영지원	76,032	5	4	7	8	7	1	1	4
8285	경남 함양군	지역아동보호전문기관운영	66,274	5	4	7	8	7	1	1	4
8286	경남 함양군	장애인거주시설운영지원(자체)	60,000	5	6	7	8	7	5	1	4
8287	경남 함양군	보육교직원처우개선지원	54,245	5	1	7	8	5	5	1	4
8288	경남 함양군	어린이집필요경비지원	44,687	5	1	7	8	5	5	1	4
8289	경남 함양군	24시간어린이집운영지원	41,040	5	4	7	8	5	5	1	4
8290	경남 함양군	어린이집환경개선	30,000	5	1	7	8	5	5	1	4
8291	경남 함양군	어린이집운영지원(차량운영비)	29,574	5	1	7	8	5	5	1	4
8292	경남 함양군	정신요양시설운영비(경비원인건비)	24,132	5	6	7	8	7	1	1	4
8293	경남 함양군	보육교직원처우개선지원(자체)	23,030	5	4	7	8	5	5	1	4
8294	경남 함양군	지역아동센터운영지원	16,800	5	4	7	8	7	1	1	4
8295	경남 함양군	아동보호전문기관방문형가정회복프로그램지원	9,914	5	4	7	8	7	1	1	4
8296	경남 함양군	지역아동보호전문기관운영지원	8,922	5	4	7	8	7	1	1	4
8297	경남 함양군	어린이집운영지원(교재교구비)	8,498	5	1	7	8	5	5	1	4
8298	경남 함양군	차량운영비지원(자체)	6,000	5	4	7	8	5	5	1	4
8299	경남 함양군	어린이집취사원인건비지원	5,160	5	1	7	8	5	5	1	4
8300	경남 함양군	어린이집운영지원(농어촌소재법인어린이집지원)	5,090	5	1	7	8	5	5	1	4
8301	경남 함양군	어린이집영아반운영활성화지원	2,880	5	1	7	8	5	5	1	4
8302	경남 함양군	장애인복지시설공기청정기렌탈지원사업	1,488	5	2	7	8	7	5	1	4
8303	경남 함양군	외국인유아부모보육료지원사업	1,200	5	1	7	8	5	5	1	4
8304	경남 함양군	어린이집냉난방비지원	400	5	1	7	8	5	5	1	4
8305	경남 합천군	장애인거주시설운영비	1,868,142	5	1	7	8	7	3	3	4
8306	경남 합천군	보육교직원인건비지원	1,441,242	5	2	7	8	7	5	1	4
8307	경남 합천군	지역자활센터운영	242,531	5	2	6	8	7	3	3	1
8308	경남 합천군	장애인복지센터운영	238,320	5	6	7	8	7	3	3	4
8309	경남 합천군	보조교사대체교사인건비지원	225,387	5	2	7	8	7	5	1	4
8310	경남 합천군	보육교직원처우개선지원	189,341	5	2	7	8	7	5	1	4
8311	경남 합천군	여성보호시설.상담소운영지원	179,196	5	1	5	8	7	1	1	2
8312	경남 합천군	수어통역센터운영	157,614	5	6	7	8	7	3	3	4
8313	경남 합천군	시각장애인주간보호소운영	109,500	5	6	7	8	7	3	3	4
8314	경남 합천군	장애인생활이동지원센터운영	106,200	5	6	7	8	7	3	3	4
8315	경남 합천군	장애인거주시설,재활시설종사자수당	104,000	5	6	7	8	7	3	3	4
8316	경남 합천군	장애인복지시설사회복지사자격수당	24,000	5	4	7	8	7	3	3	4
8317	경남 합천군	어린이집보육교직원처우개선비지원	14,520	5	1	7	8	7	5	1	4

순번	시군구	지출명 (사업명)	2024년예산 (단위 : 천원 /1년간)	민간이전 분류 (지방자치단체 세출예산 집행기준에 의거) 1. 민간경상사업보조(307-02) 2. 민간단체 법정운영비보조(307-03) 3. 민간행사사업보조(307-04) 4. 민간위탁금(307-05) 5. 사회복지시설 법정운영비보조(307-10) 6. 민간인위탁교육비(307-12) 7. 공기관등에대한경상적위탁사업비(308-13) 8. 민간자본사업보조,자체재원(402-01) 9. 민간자본사업보조,이전재원(402-02) 10. 민간위탁사업비(402-03) 11. 공기관등에 대한 자본적 위탁사업비(403-02)	민간이전지출 근거 (지방보조금 관리기준 참고) 1. 법률에 규정 2. 국고보조 재원(국가지정) 3. 용도 지정 기부금 4. 조례에 직접규정 5. 지자체가 권장하는 사업을 하는 공공기관 6. 시,도 정책 및 재정사정 7. 기타 8. 해당없음	입찰방식			운영예산 산정		성과평가 실시여부
						계약체결방법 (경쟁형태) 1. 일반경쟁 2. 제한경쟁 3. 지명경쟁 4. 수의계약 5. 법정위탁 6. 기타 ( ) 7. 없음	계약기간 1. 1년 2. 2년 3. 3년 4. 4년 5. 5년 6. 기타 ( )년 7. 단기계약 (1년미만) 8. 없음	낙찰자선정방법 1. 적격심사 2. 협상에의한계약 3. 최저가낙찰제 4. 규격가격분리 5. 2단계 경쟁입찰 6. 기타 ( ) 7. 없음	운영예산 산정 1. 내부산정 (지자체 자체적으로 산정) 2. 외부산정 (외부전문기관위탁 산정) 3. 내·외부 모두 산정 4. 산정 無 5. 없음	정산방법 1. 내부정산 (지자체 내부적으로 정산) 2. 외부정산 (외부전문기관위탁 정산) 3. 내·외부 모두 산정 4. 정산 無 5. 없음	1. 실시 2. 미실시 3. 향후 추진 4. 해당없음
8318	경남 합천군	장애인복지관(센터)종사자수당	10,400	5	6	7	8	7	3	3	4
8319	경남 합천군	장애인거주시설야간근무자격려수당	7,300	5	6	7	8	7	3	3	4
8320	경남 합천군	어린이집운영지원(농어촌소재법인어린이집)	2,690	5	2	7	8	7	5	1	4
8321	경남 합천군	장애인복지시설사회복지사보수교육비	2,000	5	4	7	8	7	3	3	4
8322	경남 합천군	장애인거주시설공기청정기렌탈지원	1,488	5	2	7	8	7	3	3	4
8323	전라북도	전북특별자치도청소년단체협의회지원	95,887	5	6	5	5	7	1	1	1
8324	전라북도	디지털미디어피해청소년지원전담상담사배치사업(직접)	74,220	5	2	7	8	7	5	5	4
8325	전북 전주시	장애인거주시설운영지원	4,865,345	5	2	7	8	7	1	1	4
8326	전북 전주시	아동복지시설운영지원	4,097,904	5	1	7	8	7	1	1	1
8327	전북 전주시	장애인주간보호시설운영	3,135,380	5	1	7	8	7	1	1	4
8328	전북 전주시	정신요양시설운영지원	2,875,000	5	1	7	8	7	1	1	4
8329	전북 전주시	장애인직업재활시설운영비	1,730,140	5	1	7	8	7	1	1	4
8330	전북 전주시	보호대상아동그룹홈운영	1,693,686	5	1	7	8	7	1	1	1
8331	전북 전주시	다함께돌봄센터인건비지원	1,549,140	5	1	1	5	1	1	1	1
8332	전북 전주시	장애인복지관운영비	1,515,000	5	1	5	5	1	1	1	4
8333	전북 전주시	전주시아동보호전문기관운영	1,313,764	5	1	1	5	1	2	2	3
8334	전북 전주시	사회복지관운영	1,274,643	5	1	6	5	7	1	1	1
8335	전북 전주시	한부모가족복지시설운영비	1,242,189	5	1	7	8	7	1	1	4
8336	전북 전주시	노숙인시설운영(전환사업)	1,194,741	5	2	6	5	1	1	1	1
8337	전북 전주시	청소년쉼터운영지원	1,162,111	5	2	7	8	7	1	1	4
8338	전북 전주시	시니어클럽운영지원	1,115,000	5	6	5	5	1	3	3	1
8339	전북 전주시	노인무료양로시설지원(전환사업)	916,824	5	1	7	8	7	3	1	1
8340	전북 전주시	경로당냉난방비및양곡비지원	807,300	5	1	7	8	7	1	1	4
8341	전북 전주시	경로당냉난방비및양곡비지원	778,638	5	1	7	8	7	5	1	4
8342	전북 전주시	아동일시보호시설운영지원	597,756	5	1	7	8	7	1	1	1
8343	전북 전주시	장애인단기보호시설운영	473,085	5	1	7	8	7	1	1	4
8344	전북 전주시	독거노인장애인응급안전안심서비스운영지원	452,306	5	2	7	8	7	5	3	4
8345	전북 전주시	가정폭력상담소운영지원	400,142	5	1	7	8	7	5	1	2
8346	전북 전주시	장애인수어통역센터운영	400,000	5	1	7	8	7	1	1	4
8347	전북 전주시	성폭력상담소운영지원	396,461	5	1	7	8	7	5	1	2
8348	전북 전주시	지역아동센터종사자복지수당	365,400	5	1	7	8	7	1	1	1
8349	전북 전주시	다함께돌봄센터운영비지원	348,200	5	1	1	5	1	1	1	1
8350	전북 전주시	지역아동센터종사자인건비추가지원	306,180	5	1	7	8	7	1	1	1
8351	전북 전주시	장애인생활이동지원센터운영	292,000	5	1	7	8	7	1	1	4
8352	전북 전주시	장애인공동생활가정운영	283,230	5	1	7	8	7	1	1	4
8353	전북 전주시	시간차등형보육지원	272,744	5	1	1	8	1	1	1	1
8354	전북 전주시	학대피해아동쉼터운영	258,694	5	1	7	8	7	1	1	1
8355	전북 전주시	성폭력피해자보호시설운영지원	254,111	5	1	7	8	7	5	1	2
8356	전북 전주시	가정폭력피해자보호시설운영지원	213,810	5	1	7	8	7	5	1	2
8357	전북 전주시	공동생활가정(그룹홈)종사자인건비추가지원	203,965	5	1	7	8	7	1	1	1

순번	시군구	지출명 (사업명)	2024년예산 (단위 : 천원 /1년간)	민간이전 분류 (지방자치단체 세출예산 집행기준에 의거) 1. 민간경상사업보조(307-02) 2. 민간단체 법정운영비보조(307-03) 3. 민간행사사업보조(307-04) 4. 민간위탁금(307-05) 5. 사회복지시설 법정운영비보조(307-10) 6. 민간인위탁교육비(307-12) 7. 공기관등에대한경상적위탁사업비(308-13) 8. 민간자본사업보조,자체재원(402-01) 9. 민간자본사업보조,이전재원(402-02) 10. 민간위탁사업비(402-03) 11. 공기관등에 대한 자본적 위탁사업비(403-02)	민간이전지출 근거 (지방보조금 관리기준 참고) 1. 법률에 규정 2. 국고보조 재원(국가지정) 3. 용도 지정 기부금 4. 조례에 직접규정 5. 지자체가 권장하는 사업을 하는 공공기관 6. 시,도 정책 및 재정사정 7. 기타 8. 해당없음	입찰방식 계약체결방법 (경쟁형태) 1. 일반경쟁 2. 제한경쟁 3. 지명경쟁 4. 수의계약 5. 법정위탁 6. 기타 ( ) 7. 없음	입찰방식 계약기간 1. 1년 2. 2년 3. 3년 4. 4년 5. 5년 6. 기타 ( )년 7. 단기계약 (1년미만) 8. 없음	입찰방식 낙찰자선정방법 1. 적격심사 2. 협상에의한계약 3. 최저가낙찰제 4. 규격가격분리 5. 2단계 경쟁입찰 6. 기타 ( ) 7. 없음	운영예산 산정 운영예산 산정 1. 내부산정 (지자체 자체적으로 산정) 2. 외부산정 (외부전문기관위탁 산정) 3. 내·외부 모두 산정 4. 산정 無 5. 없음	운영예산 산정 정산방법 1. 내부정산 (지자체 내부적으로 정산) 2. 외부정산 (외부전문기관위탁 정산) 3. 내·외부 모두 산정 4. 정산 無 5. 없음	성과평가 실시여부 1. 실시 2. 미실시 3. 향후 추진 4. 해당없음
8358	전북 전주시	장애인편의증진기술지원센터운영	202,045	5	1	7	8	7	1	1	4
8359	전북 전주시	지적장애인자립지원센터운영	158,535	5	1	7	8	7	1	1	4
8360	전북 전주시	노인데이케어센터운영	149,364	5	1	7	8	7	5	1	1
8361	전북 전주시	아동보호전문기관종사자수당	132,261	5	1	1	5	1	2	2	3
8362	전북 전주시	전주시지역사회보장협의체운영	106,299	5	1	7	8	7	1	1	4
8363	전북 전주시	다문화가족지원센터종사자수당	102,400	5	4	7	8	7	5	1	4
8364	전북 전주시	민간가정어린이집영아반운영비지원(정부인센티브미지원)	75,600	5	6	7	8	7	5	5	4
8365	전북 전주시	민간가정어린이집영아반운영비지원(정부인센티브미지원)	64,800	5	6	7	8	7	5	5	4
8366	전북 전주시	장애인주간보호시설기능보강	58,000	5	1	7	8	7	1	1	4
8367	전북 전주시	대한노인회분회운영비지원	53,730	5	1	7	8	7	1	1	1
8368	전북 전주시	폭력피해이주여성상담소종사자수당	37,120	5	1	7	8	7	1	1	4
8369	전북 전주시	다문화가족지원센터종사인력지원	33,066	5	4	7	8	7	5	1	4
8370	전북 전주시	공동생활가정(그룹홈)종사자명절수당	28,800	5	1	7	8	7	1	1	1
8371	전북 전주시	다함께돌봄센터운영시간연장지원	23,640	5	1	1	5	1	1	1	1
8372	전북 전주시	지역아동센터교재교구비지원	20,700	5	1	7	8	7	1	1	1
8373	전북 전주시	다함께돌봄센터종사자명절수당	17,200	5	1	1	5	1	1	1	1
8374	전북 전주시	지역아동센터냉난방비지원	13,800	5	1	7	8	7	1	1	1
8375	전북 전주시	노인여가시설유지보수	7,000	5	4	7	8	7	1	1	4
8376	전북 전주시	노인여가시설유지보수	5,620	5	1	4	8	7	1	1	3
8377	전북 전주시	폭력피해이주여성보호시설종사자수당	4,800	5	1	7	8	7	1	1	4
8378	전북 익산시	아동복지시설운영	4,241,736	5	1	7	8	7	1	1	4
8379	전북 익산시	보육교직원처우개선지원(어린이집보조연장교사지원)	4,212,140	5	1	7	8	7	1	1	4
8380	전북 익산시	자활근로,지역자활센터및광역자활센터운영(지역자활센터운영)	976,154	5	2	5	1	7	1	1	1
8381	전북 익산시	아동보호전문기관운영	910,122	5	1	7	5	7	1	1	1
8382	전북 익산시	공공형어린이집지원	847,690	5	1	7	8	7	1	1	4
8383	전북 익산시	사회복지시설운영지원(자체)	624,906	5	1	1	5	1	1	1	1
8384	전북 익산시	어린이집급간식비지원	531,300	5	1	7	8	7	1	1	4
8385	전북 익산시	청소년쉼터운영지원	516,117	5	2	7	8	7	1	1	4
8386	전북 익산시	학대피해아동쉼터운영비,인건비,사업비	495,788	5	1	1	5	6	1	1	1
8387	전북 익산시	정부지원시설교직원인건비추가지원	451,023	5	1	7	8	7	1	1	4
8388	전북 익산시	어린이집지원(교재교구비,차량운영비,농어촌법인지원)	276,333	5	1	7	8	7	1	1	4
8389	전북 익산시	요보호그룹홈운영	263,100	5	1	7	8	7	1	1	4
8390	전북 익산시	어린이집보육도우미지원	256,700	5	1	7	8	7	1	1	4
8391	전북 익산시	아동복지시설생활아동지원	185,065	5	1	7	8	7	1	1	4
8392	전북 익산시	어린이집세반운영비	180,000	5	1	7	8	7	1	1	4
8393	전북 익산시	청소년회복지원시설	130,865	5	2	7	8	7	1	1	4
8394	전북 익산시	어린이집냉난방비지원	123,300	5	1	7	8	7	1	1	4
8395	전북 익산시	장애아전문어린이집운전원인건비지원	74,196	5	1	7	8	7	1	1	4
8396	전북 익산시	자활근로,지역자활센터및광역자활센터운영(자활사례관리운영)	62,954	5	2	5	1	7	1	1	1
8397	전북 익산시	민간가정어린이집영아반운영비지원(정부인센티브미지원)	28,800	5	1	7	8	7	1	1	4

순번	시군구	지출명 (사업명)	2024년예산 (단위 : 천원 /1년간)	민간이전 분류 (지방자치단체 세출예산 집행기준에 의거) 1. 민간경상사업보조(307-02) 2. 민간단체 법정운영비보조(307-03) 3. 민간행사사업보조(307-04) 4. 민간위탁금(307-05) 5. 사회복지시설 법정운영비보조(307-10) 6. 민간인위탁교육비(307-12) 7. 공기관등에대한경상적위탁사업비(308-13) 8. 민간자본사업보조,지체재원(402-01) 9. 민간자본사업보조,이전재원(402-02) 10. 민간위탁사업비(402-03) 11. 공기관등에 대한 자본적 위탁사업비(403-02)	민간이전지출 근거 (지방보조금 관리기준 참고) 1. 법률에 규정 2. 국고보조 재원(국가지정) 3. 용도 지정 기부금 4. 조례에 직접규정 5. 지자체가 권장하는 사업을 하는 공공기관 6. 시,도 정책 및 재정사정 7. 기타 8. 해당없음	입찰방식 계약체결방법 (경쟁형태) 1. 일반경쟁 2. 제한경쟁 3. 지명경쟁 4. 수의계약 5. 법정위탁 6. 기타 ( ) 7. 없음	입찰방식 계약기간 1. 1년 2. 2년 3. 3년 4. 4년 5. 5년 6. 기타 ( )년 7. 단기계약 (1년미만) 8. 없음	입찰방식 낙찰자선정방법 1. 적격심사 2. 협상에의한계약 3. 최저가낙찰제 4. 규격가격분리 5. 2단계 경쟁입찰 6. 기타 ( ) 7. 없음	운영예산 산정 운영예산 산정 1. 내부산정 (지자체 자체적으로 산정) 2. 외부산정 (외부전문기관위탁 산정) 3. 내·외부 모두 산정 4. 산정 無 5. 없음	운영예산 산정 정산방법 1. 내부정산 (지자체 내부적으로 정산) 2. 외부정산 (외부전문기관위탁 정산) 3. 내·외부 모두 산정 4. 정산 無 5. 없음	성과평가 실시여부 1. 실시 2. 미실시 3. 향후 추진 4. 해당없음
8398	전북 익산시	어린이집교원양성지원	14,301	5	1	7	8	7	1	1	4
8399	전북 익산시	공공형어린이집교육환경개선비	10,500	5	1	7	8	7	1	1	4
8400	전북 익산시	취약지역어린이집운영비	10,200	5	1	7	8	7	1	1	4
8401	전북 정읍시	장애인거주시설(법인)운영지원	7,962,949	5	1	7	8	7	5	5	3
8402	전북 정읍시	보육교직원인건비지원	6,500,000	5	1	7	8	7	1	1	3
8403	전북 정읍시	지역아동센터인건비지원	2,510,400	5	2	7	8	7	1	1	4
8404	전북 정읍시	아동복지시설운영비	1,586,968	5	6	7	8	7	1	1	3
8405	전북 정읍시	어린이집보조.연장교사지원	1,586,264	5	1	7	8	7	1	1	3
8406	전북 정읍시	장애인직업재활시설운영지원	807,110	5	1	7	8	7	5	5	3
8407	전북 정읍시	장애인생활시설(개인)운영지원	534,010	5	1	7	8	7	5	5	3
8408	전북 정읍시	지역자활센터운영비	488,076	5	2	7	8	7	5	5	1
8409	전북 정읍시	지역아동센터기본운영비	480,324	5	2	7	8	7	1	1	4
8410	전북 정읍시	정신재활시설운영	392,530	5	1	7	8	7	5	1	4
8411	전북 정읍시	시니어클럽운영	330,000	5	5	7	8	7	5	1	2
8412	전북 정읍시	장애인생활이동지원센터운영	315,000	5	1	7	8	7	1	1	3
8413	전북 정읍시	장애인수어통역센터운영	275,000	5	1	7	8	7	1	1	3
8414	전북 정읍시	지역아동센터인건비추가지원	208,190	5	6	7	8	7	1	1	4
8415	전북 정읍시	울림주간보호센터운영지원(인건비)	200,285	5	1	7	8	7	1	1	3
8416	전북 정읍시	섬진강댐노인복지관운영비	200,000	5	1	7	8	3	1	1	1
8417	전북 정읍시	푸른나래주간보호센터운영지원(인건비)	190,810	5	1	7	8	7	1	1	3
8418	전북 정읍시	정부지원어린이집보육교직원인건비추가지원	177,830	5	1	7	8	7	1	1	3
8419	전북 정읍시	공공형어린이집운영비지원	172,525	5	5	7	8	7	1	1	3
8420	전북 정읍시	성폭력상담소운영	164,914	5	2	7	8	7	1	1	3
8421	전북 정읍시	가정폭력상담소운영	163,804	5	2	7	8	7	1	1	3
8422	전북 정읍시	참좋은푸드마켓운영지원	90,206	5	1	7	7	7	1	1	1
8423	전북 정읍시	아동복지시설지원	85,154	5	6	7	8	7	1	1	3
8424	전북 정읍시	장애인공동생활가정운영지원	67,660	5	1	7	8	7	5	5	3
8425	전북 정읍시	참좋은푸드뱅크운영지원	66,315	5	1	7	7	7	1	1	1
8426	전북 정읍시	기초푸드뱅크운영비	62,140	5	1	1	5	1	1	1	1
8427	전북 정읍시	지역아동센터추가운영비(다센터)	58,800	5	2	7	8	7	1	1	4
8428	전북 정읍시	지역사회보장협의체운영지원	53,065	5	4	7	8	7	1	1	1
8429	전북 정읍시	어린이집대체교사지원	40,016	5	4	7	8	7	1	1	3
8430	전북 정읍시	시간제보육제공기관운영비지원	37,200	5	5	7	8	7	1	1	3
8431	전북 정읍시	대한노인회정읍시지회운영	36,000	5	7	7	8	7	1	1	1
8432	전북 정읍시	자활일자리사업참여자국비사례관리	31,476	5	2	7	8	7	5	5	1
8433	전북 정읍시	지역아동센터특수목적형운영지원	28,800	5	2	7	8	7	1	1	4
8434	전북 정읍시	6.25참전유공자회운영비	20,000	5	1	7	8	7	5	5	4
8435	전북 정읍시	지역자활센터종사자특별수당	18,090	5	2	7	8	7	5	5	1
8436	전북 정읍시	고엽제전우회운영비	18,000	5	1	7	8	7	5	5	4
8437	전북 정읍시	월남전참전자회운영비	18,000	5	1	7	8	7	5	5	4

순번	시군구	지출명 (사업명)	2024년예산 (단위 : 천원 /1년간)	민간이전 분류 (지방자치단체 세출예산 집행기준에 의거) 1. 민간경상사업보조(307-02) 2. 민간단체 법정운영비보조(307-03) 3. 민간행사사업보조(307-04) 4. 민간위탁금(307-05) 5. 사회복지시설 법정운영비보조(307-10) 6. 민간인위탁교육비(307-12) 7. 공기관등에대한경상적위탁사업비(308-13) 8. 민간자본사업보조,자체재원(402-01) 9. 민간자본사업보조,이전재원(402-02) 10. 민간위탁사업비(402-03) 11. 공기관등에 대한 자본적 위탁사업비(403-02)	민간이전지출 근거 (지방보조금 관리기준 참고) 1. 법률에 규정 2. 국고보조 재원(국가지정) 3. 용도 지정 기부금 4. 조례에 직접규정 5. 지자체가 권장하는 사업을 하는 공공기관 6. 시,도 정책 및 재정사정 7. 기타 8. 해당없음	입찰방식: 계약체결방법 (경쟁형태) 1. 일반경쟁 2. 제한경쟁 3. 지명경쟁 4. 수의계약 5. 법정위탁 6. 기타 ( ) 7. 없음	입찰방식: 계약기간 1. 1년 2. 2년 3. 3년 4. 4년 5. 5년 6. 기타 ( )년 7. 단기계약 (1년미만) 8. 없음	입찰방식: 낙찰자선정방법 1. 적격심사 2. 협상에의한계약 3. 최저가낙찰제 4. 규격가격분리 5. 2단계 경쟁입찰 6. 기타 ( ) 7. 없음	운영예산 산정: 운영예산 산정 1. 내부산정 (지자체 자체적으로 산정) 2. 외부산정 (외부전문기관위탁 산정) 3. 내·외부 모두 산정 4. 산정 無 5. 없음	운영예산 산정: 정산방법 1. 내부정산 (지자체 내부적으로 정산) 2. 외부정산 (외부전문기관위탁 정산) 3. 내·외부 모두 산정 4. 정산 無 5. 없음	성과평가 실시여부 1. 실시 2. 미실시 3. 향후 추진 4. 해당없음
8438	전북 정읍시	지역아동센터운영비추가지원	18,000	5	6	7	8	7	1	1	4
8439	전북 정읍시	울림주간보호센터운영지원(관리운영비)	16,000	5	1	7	8	7	1	1	3
8440	전북 정읍시	푸른나래주간보호센터운영지원(관리운영비)	16,000	5	1	7	8	7	1	1	3
8441	전북 정읍시	재가노인복지시설종사자특별수당	15,000	5	1	2	1	3	1	1	1
8442	전북 정읍시	지역아동센터토요운영지원	14,400	5	2	7	8	7	1	1	4
8443	전북 정읍시	상이군경회운영비	14,000	5	1	7	8	7	5	5	4
8444	전북 정읍시	전몰군경유족회운영비	14,000	5	1	7	8	7	5	5	4
8445	전북 정읍시	전몰군경미망인회운영비	14,000	5	1	7	8	7	5	5	4
8446	전북 정읍시	무공수훈자회운영비	14,000	5	1	7	8	7	5	5	4
8447	전북 정읍시	재향군인회운영비	14,000	5	1	7	8	7	5	5	4
8448	전북 정읍시	광복회운영비	12,000	5	1	7	8	7	5	5	4
8449	전북 정읍시	특수임무유공자회운영비	4,400	5	1	7	8	7	5	5	4
8450	전북 정읍시	지역자활센터교육비	3,000	5	2	7	8	7	5	5	1
8451	전북 남원시	지역아동센터인건비지원	1,756,650	5	2	7	8	7	1	1	4
8452	전북 남원시	남원시가족센터운영	368,900	5	2	7	8	7	1	1	4
8453	전북 남원시	지역아동센터운영비지원	347,556	5	2	7	8	7	1	1	4
8454	전북 남원시	학대피해아동쉼터운영지원	247,894	5	2	7	8	7	1	1	4
8455	전북 남원시	가정폭력상담소운영지원	236,785	5	2	7	8	7	1	1	4
8456	전북 남원시	가정폭력피해자보호시설운영지원	236,348	5	2	7	8	7	1	1	4
8457	전북 남원시	지역아동센터프로그램비추가지원	192,327	5	6	7	8	7	1	1	4
8458	전북 남원시	지역아동센터인건비추가지원	179,890	5	6	7	8	7	1	1	4
8459	전북 남원시	남원시가족센터종사자특별수당지원	150,500	5	4	7	8	7	1	1	4
8460	전북 남원시	가족센터종사자인건비및수당	55,133	5	4	7	8	7	1	1	4
8461	전북 남원시	토요운영지역아동센터추가지원	18,000	5	2	7	8	7	1	1	4
8462	전북 남원시	지역아동센터운영비추가지원	13,800	5	6	7	8	7	1	1	4
8463	전북 남원시	남원시가족센터임대료지원	12,000	5	4	7	8	7	1	1	4
8464	전북 남원시	다함께돌봄센터운영비지원	12,000	5	2	1	4	1	1	1	3
8465	전북 남원시	특수목적형지역아동센터추가지원	7,200	5	2	7	8	7	1	1	4
8466	전북 남원시	공동육아나눔터임대료등지원	3,100	5	4	7	8	7	1	1	4
8467	전북 김제시	장애인복지관운영	1,409,000	5	4	7	7	7	1	1	2
8468	전북 김제시	경로당냉난방비지원	1,379,940	5	2	7	7	7	1	1	4
8469	전북 김제시	경로당운영비지원(운영비,난방비,간식비)	1,215,360	5	2	7	7	7	1	1	4
8470	전북 김제시	개인운영거주시설운영비지원	902,410	5	4	7	7	7	1	1	2
8471	전북 김제시	사회복지관운영(길보른종합사회복지관)	624,280	5	1	1	5	6	1	3	1
8472	전북 김제시	법인운영거주시설운영비지원	588,157	5	4	7	7	7	1	1	2
8473	전북 김제시	장애인보호작업장운영	497,255	5	4	7	7	7	1	1	2
8474	전북 김제시	사회복지관운영(제일사회복지관)	448,070	5	1	1	5	6	1	3	1
8475	전북 김제시	장애인생활이동지원센터운영	344,000	5	4	7	7	7	1	1	2
8476	전북 김제시	장애인수어통역센터운영	272,000	5	4	7	7	7	1	1	2
8477	전북 김제시	학대피해아동쉼터운영비지원	247,894	5	2	5	5	1	1	1	3

순번	시군구	지출명 (사업명)	2024년예산 (단위 : 천원 /1년간)	민간이전 분류 (지방자치단체 세출예산 집행기준에 의거) 1. 민간경상사업보조(307-02) 2. 민간단체 법정운영비보조(307-03) 3. 민간행사사업보조(307-04) 4. 민간위탁금(307-05) 5. 사회복지시설 법정운영비보조(307-10) 6. 민간인위탁교육비(307-12) 7. 공기관등에대한경상적위탁사업비(308-13) 8. 민간자본사업보조,자체재원(402-01) 9. 민간자본사업보조,이전재원(402-02) 10. 민간위탁사업비(402-03) 11. 공기관등에 대한 자본적 위탁사업비(403-02)	민간이전지출 근거 (지방보조금 관리기준 참고) 1. 법률에 규정 2. 국고보조 재원(국가지정) 3. 용도 지정 기부금 4. 조례에 직접규정 5. 지자체가 권장하는 사업을 하는 공공기관 6. 시,도 정책 및 재정사정 7. 기타 8. 해당없음	입찰방식			운영예산 산정		성과평가 실시여부
						계약체결방법 (경쟁형태) 1. 일반경쟁 2. 제한경쟁 3. 지명경쟁 4. 수의계약 5. 법정위탁 6. 기타 ( ) 7. 없음	계약기간 1. 1년 2. 2년 3. 3년 4. 4년 5. 5년 6. 기타 ( )년 7. 단기계약 (1년미만) 8. 없음	낙찰자선정방법 1. 적격심사 2. 협상에의한계약 3. 최저가낙찰제 4. 규격가격분리 5. 2단계 경쟁입찰 6. 기타 ( ) 7. 없음	운영예산 산정 1. 내부산정 (지자체 자체적으로 산정) 2. 외부산정 (외부전문기관위탁 산정) 3. 내·외부 모두 산정 4. 산정 無 5. 없음	정산방법 1. 내부정산 (지자체 내부적으로 정산) 2. 외부정산 (외부전문기관위탁 정산) 3. 내·외부 모두 산정 4. 정산 無 5. 없음	1. 실시 2. 미실시 3. 향후 추진 4. 해당없음
8478	전북 김제시	청소년상담복지센터운영비(인건비포함)	237,300	5	2	7	7	7	1	1	1
8479	전북 김제시	장애인평생교육센터운영	206,605	5	4	7	7	7	1	1	2
8480	전북 김제시	장애인주간보호시설운영(인건비)	166,800	5	4	7	7	7	1	1	2
8481	전북 김제시	장애인편의증진기술지원센터운영	113,060	5	4	7	7	7	1	1	2
8482	전북 김제시	기초푸드뱅크사업	45,200	5	1	1	5	6	1	3	1
8483	전북 김제시	자활일자리사업참여자국비사례관리	31,476	5	2	5	1	7	1	1	1
8484	전북 김제시	미신고경로당운영비지원(운영비,난방비,간식비)	26,150	5	6	7	7	7	1	1	4
8485	전북 김제시	청소년상담복지센터사업지원	20,000	5	2	7	7	7	1	1	1
8486	전북 김제시	장애인주간보호시설운영(관리운영비)	16,000	5	4	7	7	7	1	1	2
8487	전북 김제시	마을만들기(길보른)	7,000	5	1	1	5	6	1	3	1
8488	전북 김제시	해피패밀리(김제)	7,000	5	1	1	5	6	1	3	1
8489	전북 김제시	좋은이웃만들기캠페인(제일)	7,000	5	1	1	5	6	1	3	1
8490	전북 김제시	지역자활센터종사자및참여자교육비지원	3,000	5	2	5	1	7	1	1	1
8491	전북 완주군	보육교직원인건비지원	6,349,388	5	1	7	8	7	5	1	4
8492	전북 완주군	보육교사처우개선비(보조연장교사)	1,800,000	5	1	7	8	7	5	1	4
8493	전북 완주군	아동복지시설운영비	1,269,908	5	1	7	8	7	5	1	1
8494	전북 완주군	지역아동센터인건비지원	1,112,736	5	2	7	8	7	5	1	1
8495	전북 완주군	지역아동센터방과후급식비지원	882,000	5	6	7	8	7	5	1	1
8496	전북 완주군	정신재활시설운영	753,280	5	1	7	8	7	1	1	4
8497	전북 완주군	다함께돌봄센터인건비지원	589,080	5	1	1	5	7	1	1	1
8498	전북 완주군	한부모가족복지시설운영비	434,218	5	1	7	1	7	1	1	1
8499	전북 완주군	요보호아동그룹홈운영	404,843	5	2	7	8	7	5	1	1
8500	전북 완주군	공공형어린이집운영비	367,000	5	1	7	8	7	5	1	4
8501	전북 완주군	지역아동센터운영비지원	239,376	5	2	7	8	7	5	1	1
8502	전북 완주군	어린이집차량운영비	212,360	5	1	7	8	7	5	1	4
8503	전북 완주군	어린이집보육도우미지원	199,600	5	1	7	8	7	5	1	4
8504	전북 완주군	지역아동센터프로그램비추가지원	133,020	5	6	7	8	7	5	1	1
8505	전북 완주군	교사,원장겸직어린이집조리원인건비지원	110,000	5	1	7	8	7	5	1	4
8506	전북 완주군	다함께돌봄센터운영비지원	100,800	5	1	1	5	7	1	1	1
8507	전북 완주군	청소년안전망구축	100,102	5	1	5	3	1	1	1	1
8508	전북 완주군	어린이집대체교사	90,000	5	1	7	8	7	5	1	4
8509	전북 완주군	학교밖청소년지원	86,930	5	1	5	3	1	1	1	1
8510	전북 완주군	민간시설농어촌차량운영비	72,000	5	1	7	8	7	5	1	4
8511	전북 완주군	보육시설냉난방비지원	66,900	5	1	7	8	7	5	1	4
8512	전북 완주군	다함께돌봄센터(자체)	64,080	5	1	1	5	7	1	1	1
8513	전북 완주군	청소년동반자프로그램운영지원	61,648	5	1	5	3	1	1	1	1
8514	전북 완주군	아동복지시설종사자처우개선비	61,160	5	1	7	8	7	5	1	1
8515	전북 완주군	지역아동센터종사자처우개선비(특별수당)	54,000	5	6	7	8	7	5	1	1
8516	전북 완주군	지역아동센터간식비지원	49,000	5	4	7	8	7	5	1	1
8517	전북 완주군	어린이집운영지원(교재교구비)	44,920	5	1	7	8	7	5	1	4

순번	시군구	지출명 (사업명)	2024년예산 (단위 : 천원 /1년간)	민간이전 분류 (지방자치단체 세출예산 집행기준에 의거) 1. 민간경상사업보조(307-02) 2. 민간단체 법정운영비보조(307-03) 3. 민간행사사업보조(307-04) 4. 민간위탁금(307-05) 5. 사회복지시설 법정운영비보조(307-10) 6. 민간인위탁교육비(307-12) 7. 공기관등에대한경상적위탁사업비(308-13) 8. 민간자본사업보조,자체재원(402-01) 9. 민간자본사업보조,이전재원(402-02) 10. 민간위탁사업비(402-03) 11. 공기관등에 대한 자본적 위탁사업비(403-02)	민간이전지출 근거 (지방보조금 관리기준 참고) 1. 법률에 규정 2. 국고보조 재원(국가지정) 3. 용도 지정 기부금 4. 조례에 직접규정 5. 지자체가 권장하는 사업을 하는 공공기관 6. 시,도 정책 및 재정사정 7. 기타 8. 해당없음	입찰방식 계약체결방법 (경쟁형태) 1. 일반경쟁 2. 제한경쟁 3. 지명경쟁 4. 수의계약 5. 법정위탁 6. 기타 ( ) 7. 없음	입찰방식 계약기간 1. 1년 2. 2년 3. 3년 4. 4년 5. 5년 6. 기타 ( )년 7. 단기계약 (1년미만) 8. 없음	입찰방식 낙찰자선정방법 1. 적격심사 2. 협상에의한계약 3. 최저가낙찰제 4. 규격가격분리 5. 2단계 경쟁입찰 6. 기타 ( ) 7. 없음	운영예산 산정 운영예산 산정 1. 내부산정 (지자체 자체적으로 산정) 2. 외부산정 (외부전문기관위탁 산정) 3. 내·외부 모두 산정 4. 산정 無 5. 없음	운영예산 산정 정산방법 1. 내부정산 (지자체 내부적으로 정산) 2. 외부정산 (외부전문기관위탁 정산) 3. 내·외부 모두 정산 4. 정산 無 5. 없음	성과평가 실시여부 1. 실시 2. 미실시 3. 향후 추진 4. 해당없음
8518	전북 완주군	공동생활가정종사자인건비추가지원	43,900	5	1	7	8	7	5	1	1
8519	전북 완주군	농어촌법인어린이집지원	39,840	5	1	7	8	7	5	1	4
8520	전북 완주군	공립지역아동센터운영	31,500	5	4	7	8	7	5	1	1
8521	전북 완주군	지역아동센터유류비지원	31,200	5	4	7	8	7	5	1	1
8522	전북 완주군	특수목적형지역아동센터추가지원	29,760	5	2	7	8	7	5	1	1
8523	전북 완주군	다함께돌봄센터종사자처우개선비	26,200	5	1	1	5	7	1	1	1
8524	전북 완주군	지역아동센터복지수당지원	19,200	5	4	7	8	7	5	1	1
8525	전북 완주군	지역아동센터복지수당지원	19,200	5	4	7	8	7	5	1	1
8526	전북 완주군	어린이집운영비특별지원	18,000	5	1	7	8	7	5	1	4
8527	전북 완주군	지역아동센터교재교구비지원	15,680	5	4	7	8	7	5	1	1
8528	전북 완주군	지역아동센터종사자처우개선비(명절수당)	13,200	5	6	7	8	7	5	1	1
8529	전북 완주군	토요운영지역아동센터추가지원	11,440	5	2	7	8	7	5	1	1
8530	전북 완주군	한부모가족복지시설종사자특별수당	9,720	5	1	7	1	7	1	1	1
8531	전북 완주군	지역아동센터운영비추가지원	7,800	5	6	7	8	7	5	1	1
8532	전북 완주군	공동생활가정종사자수당(야간근무수당)	7,500	5	1	7	8	7	5	1	1
8533	전북 완주군	어린이집교원양성지원	6,760	5	1	7	8	7	5	1	4
8534	전북 완주군	공공형어린이집교육환경개선비	6,500	5	1	7	8	7	5	1	4
8535	전북 장수군	보육교직원인건비지원	1,476,448	5	2	7	8	7	5	1	4
8536	전북 장수군	경로당활성화사업	855,189	5	1	7	8	7	1	1	4
8537	전북 장수군	지역아동센터인건비지원	625,350	5	2	7	8	7	5	1	4
8538	전북 장수군	정신재활시설운영	455,230	5	1	7	8	7	1	1	1
8539	전북 장수군	지역아동센터방과후급식지원	400,000	5	2	7	8	7	5	1	4
8540	전북 장수군	재가노인시설운영지원	390,000	5	1	7	8	7	1	1	4
8541	전북 장수군	시니어클럽	340,080	5	1	2	2	1	1	1	4
8542	전북 장수군	보육교직원처우개선지원(보조연장교사지원)	262,956	5	2	7	8	7	5	1	4
8543	전북 장수군	어린이집필요경비지원	180,504	5	6	7	8	7	5	1	4
8544	전북 장수군	장애인주간보호시설운영지원	180,000	5	1	7	8	7	1	1	1
8545	전북 장수군	장애인생활이동지원센터운영비지원	167,000	5	1	7	8	7	1	1	1
8546	전북 장수군	지역아동센터운영비지원	137,100	5	2	7	8	7	5	1	4
8547	전북 장수군	수어통역센터운영지원	127,500	5	1	7	8	7	1	1	1
8548	전북 장수군	주민도움센터운영	101,670	5	4	7	8	7	1	1	1
8549	전북 장수군	지체장애인편의시설지원센터운영지원	69,120	5	1	7	8	7	1	1	1
8550	전북 장수군	지역아동센터프로그램추가지원	64,030	5	2	7	8	7	5	1	4
8551	전북 장수군	지역아동센터운영지원(자체)	60,900	5	4	7	8	7	1	1	4
8552	전북 장수군	정부지원시설교직원인건비추가지원	58,030	5	6	7	8	7	5	1	4
8553	전북 장수군	노인데이케어센터운영	49,788	5	1	7	8	7	1	1	4
8554	전북 장수군	어린이집운영지원(자체)	47,648	5	7	7	8	7	1	1	4
8555	전북 장수군	어린이집필요경비지원(자체)	43,200	5	7	7	8	7	1	1	4
8556	전북 장수군	어린이집급간식비지원	33,360	5	6	7	8	7	5	1	4
8557	전북 장수군	노인맞춤형운동처방관리사지원	31,861	5	1	7	8	7	1	1	4

순번	시군구	지출명 (사업명)	2024년예산 (단위 : 천원 /1년간)	민간이전 분류 (지방자치단체 세출예산 집행기준에 의거) 1. 민간경상사업보조(307-02) 2. 민간단체 법정운영비보조(307-03) 3. 민간행사사업보조(307-04) 4. 민간위탁금(307-05) 5. 사회복지시설 법정운영비보조(307-10) 6. 민간인위탁교육비(307-12) 7. 공기관등에대한경상적위탁사업비(308-13) 8. 민간자본사업보조,자체재원(402-01) 9. 민간자본사업보조,이전재원(402-02) 10. 민간위탁사업비(402-03) 11. 공기관등에 대한 자본적 위탁사업비(403-02)	민간이전지출 근거 (지방보조금 관리기준 참고) 1. 법률에 규정 2. 국고보조 재원(국가지정) 3. 용도 지정 기부금 4. 조례에 직접규정 5. 지자체가 권장하는 사업을 하는 공공기관 6. 시,도 정책 및 재정사정 7. 기타 8. 해당없음	입찰방식 계약체결방법 (경쟁형태) 1. 일반경쟁 2. 제한경쟁 3. 지명경쟁 4. 수의계약 5. 법정위탁 6. 기타 ( ) 7. 없음	입찰방식 계약기간 1. 1년 2. 2년 3. 3년 4. 4년 5. 5년 6. 기타 ( )년 7. 단기계약 (1년미만) 8. 없음	입찰방식 낙찰자선정방법 1. 적격심사 2. 협상에의한계약 3. 최저가낙찰제 4. 규격가격분리 5. 2단계 경쟁입찰 6. 기타 ( ) 7. 없음	운영예산 산정 운영예산 산정 1. 내부산정 (지자체 자체적으로 산정) 2. 외부산정 (외부전문기관위탁 산정) 3. 내·외부 모두 산정 4. 산정 無 5. 없음	운영예산 산정 정산방법 1. 내부정산 (지자체 내부적으로 정산) 2. 외부정산 (외부전문기관위탁 정산) 3. 내·외부 모두 산정 4. 정산 無 5. 없음	성과평가 실시여부 1. 실시 2. 미실시 3. 향후 추진 4. 해당없음
8558	전북 장수군	어린이집운영지원	31,698	5	2	7	8	7	5	1	4
8559	전북 장수군	노인복지관연계프로그램운영	30,588	5	1	7	8	7	1	1	4
8560	전북 장수군	어린이집대체교사지원	30,000	5	2	7	8	7	5	1	4
8561	전북 장수군	어린이집보육도우미지원	30,000	5	6	7	8	7	5	1	4
8562	전북 장수군	장애인복지관종사자특별수당지원	27,930	5	1	7	8	7	1	1	1
8563	전북 장수군	보육교직원명절수당지원	27,000	5	7	7	8	7	5	1	4
8564	전북 장수군	푸드뱅크사업지원	26,600	5	4	7	8	7	1	1	1
8565	전북 장수군	노인복지관종사자지원	25,200	5	1	7	8	7	1	1	4
8566	전북 장수군	지역아동센터종사자처우개선비지원	22,680	5	2	7	8	7	5	1	4
8567	전북 장수군	주민도움센터운영(자체)	19,385	5	4	7	8	7	1	1	1
8568	전북 장수군	특성별지역아동센터추가지원	18,000	5	2	7	8	7	5	1	4
8569	전북 장수군	재가노인시설종사자지원	11,520	5	1	7	8	7	1	1	4
8570	전북 장수군	노인맞춤형운동처방관리사지원(자체)	11,157	5	1	7	8	7	1	1	4
8571	전북 장수군	정부지원시설교직원인건비(자체)지원	10,881	5	7	7	8	7	1	1	4
8572	전북 장수군	노인생활시설종사자지원	10,800	5	1	7	8	7	1	1	4
8573	전북 장수군	정신재활시설종사자특별수당	9,720	5	1	7	8	7	1	1	1
8574	전북 장수군	지역아동센터종사자인건비추가지원	9,253	5	2	7	8	7	5	1	4
8575	전북 장수군	장애인보호작업장종사자특별수당지원	8,790	5	1	7	8	7	1	1	1
8576	전북 장수군	어린이집세반운영비지원	8,400	5	6	7	8	7	5	1	4
8577	전북 장수군	장애인주간보호시설종사자특별수당지원	6,480	5	1	7	8	7	1	1	1
8578	전북 장수군	평가인증어린이집냉난방비지원	5,700	5	6	7	8	7	5	1	4
8579	전북 장수군	장애인생활이동지원센터종사자특별수당지원	5,400	5	1	7	8	7	1	1	1
8580	전북 장수군	수어통역센터종사자특별근무수당	5,400	5	1	7	8	7	1	1	1
8581	전북 장수군	취약지역어린이집운영비	1,800	5	6	7	8	7	5	1	4
8582	전북 장수군	어린이집교원보수교육	563	5	2	7	8	7	5	1	4
8583	전북 순창군	장애인거주시설운영지원	2,684,568	5	2	7	8	7	5	1	4
8584	전북 순창군	보육교직원인건비지원	2,100,000	5	2	7	8	7	1	1	1
8585	전북 순창군	경로당운영비등지원	1,370,545	5	1	7	8	7	1	1	1
8586	전북 순창군	경로당냉난방비지원	819,680	5	1	7	8	7	1	1	1
8587	전북 순창군	지역아동센터인건비지원	371,100	5	2	7	8	7	1	1	1
8588	전북 순창군	시니어클럽운영비	330,000	5	7	5	5	1	1	1	4
8589	전북 순창군	지역자활센터운영비등	262,284	5	2	7	8	7	1	1	1
8590	전북 순창군	어린이집보조연장교사지원	240,500	5	2	7	8	7	1	1	1
8591	전북 순창군	순창장애인생활이동지원센터운영지원	169,000	5	6	7	8	7	5	1	4
8592	전북 순창군	순창군수어통역센터운영지원	146,000	5	6	7	8	7	5	1	4
8593	전북 순창군	공동생활가정그룹홈보호운영	139,944	5	2	7	8	7	1	1	1
8594	전북 순창군	장애인편의증진기술지원센터운영	112,067	5	6	7	8	7	5	1	4
8595	전북 순창군	교사근무환경개선비	108,000	5	2	7	8	7	1	1	1
8596	전북 순창군	자원봉사센터인건비및운영비	106,610	5	4	7	8	7	1	1	1
8597	전북 순창군	주민도움센터인건비지원	89,670	5	4	7	8	7	1	1	1

순번	시군구	지출명 (사업명)	2024년예산 (단위 : 천원 /1년간)	민간이전 분류 (지방자치단체 세출예산 집행기준에 의거) 1. 민간경상사업보조(307-02) 2. 민간단체 법정운영비보조(307-03) 3. 민간행사사업보조(307-04) 4. 민간위탁금(307-05) 5. 사회복지시설 법정운영비보조(307-10) 6. 민간인위탁교육비(307-12) 7. 공기관등에대한경상적위탁사업비(308-13) 8. 민간자본사업보조,자체재원(402-01) 9. 민간자본사업보조,이전재원(402-02) 10. 민간위탁사업비(402-03) 11. 공기관등에 대한 자본적 위탁사업비(403-02)	민간이전지출 근거 (지방보조금 관리기준 참고) 1. 법률에 규정 2. 국고보조 재원(국가지정) 3. 용도 지정 기부금 4. 조례에 직접규정 5. 지자체가 권장하는 사업을 하는 공공기관 6. 시,도 정책 및 재정사정 7. 기타 8. 해당없음	입찰방식: 계약체결방법 (경쟁형태) 1. 일반경쟁 2. 제한경쟁 3. 지명경쟁 4. 수의계약 5. 법정위탁 6. 기타 ( ) 7. 없음	입찰방식: 계약기간 1. 1년 2. 2년 3. 3년 4. 4년 5. 5년 6. 기타 ( )년 7. 단기계약 (1년미만) 8. 없음	입찰방식: 낙찰자선정방법 1. 적격심사 2. 협상에의한계약 3. 최저가낙찰제 4. 규격가격분리 5. 2단계 경쟁입찰 6. 기타 ( ) 7. 없음	운영예산 산정: 운영예산 산정 1. 내부산정 (지자체 자체적으로 산정) 2. 외부산정 (외부전문기관위탁 산정) 3. 내·외부 모두 산정 4. 산정 無 5. 없음	운영예산 산정: 정산방법 1. 내부정산 (지자체 내부적으로 정산) 2. 외부정산 (외부전문기관위탁 정산) 3. 내·외부 모두 산정 4. 정산 無 5. 없음	성과평가 실시여부 1. 실시 2. 미실시 3. 향후 추진 4. 해당없음
8598	전북 순창군	경로당양곡비지원	78,382	5	1	7	8	7	1	1	1
8599	전북 순창군	지역아동센터운영비지원	76,032	5	2	7	8	7	1	1	1
8600	전북 순창군	자원봉사자코디네이터지원,육성	66,322	5	1	7	8	7	1	1	1
8601	전북 순창군	보육교직원처우개선비	65,770	5	6	7	8	7	1	1	1
8602	전북 순창군	종사자인건비추가지원	63,107	5	6	7	8	7	1	1	1
8603	전북 순창군	농촌보육교사특별근무수당(44명)	60,228	5	2	7	8	7	1	1	1
8604	전북 순창군	노인생활시설종사자특별수당	57,600	5	6	7	8	7	1	1	1
8605	전북 순창군	순창군사회복지협의회운영비등	50,957	5	1	7	8	7	1	1	1
8606	전북 순창군	대한노인회순창군지회운영비	45,400	5	1	7	8	7	1	1	4
8607	전북 순창군	시니어클럽교육사업운영지원	40,833	5	7	5	5	1	1	1	4
8608	전북 순창군	어린이집급간식비지원	38,640	5	6	7	8	7	1	1	1
8609	전북 순창군	자활사업참여자사례관리	31,476	5	6	7	8	7	1	1	4
8610	전북 순창군	어린이집차량운영비지원(11대)	29,400	5	2	7	8	7	1	1	1
8611	전북 순창군	기초푸드뱅크사업인건비지원	28,213	5	4	7	8	7	1	1	1
8612	전북 순창군	대체교사지원(월2,41천원)	26,000	5	2	7	8	7	1	1	1
8613	전북 순창군	고엽제전우회운영비	20,516	5	4	7	8	7	1	1	2
8614	전북 순창군	지역아동센터추가운영비지원	19,200	5	4	7	8	7	1	1	1
8615	전북 순창군	월남참전자회운영비	16,806	5	4	7	8	7	1	1	2
8616	전북 순창군	전몰군경유족회운영비	16,626	5	4	7	8	7	1	1	2
8617	전북 순창군	상이군경회운영비	15,986	5	4	7	8	7	1	1	2
8618	전북 순창군	무공수훈자회운영비	15,806	5	4	7	8	7	1	1	2
8619	전북 순창군	6.25참전유공자회운영비	15,602	5	4	7	8	7	1	1	2
8620	전북 순창군	전몰군경미망인회운영비	15,122	5	4	7	8	7	1	1	2
8621	전북 순창군	주민도움센터운영비지원	12,000	5	4	7	8	7	1	1	1
8622	전북 순창군	어린이집냉난방비지원(9개소)	8,700	5	6	7	8	7	1	1	1
8623	전북 순창군	시니어클럽종사자특별수당	8,640	5	7	5	5	1	1	1	4
8624	전북 순창군	어린이집교재교구비지원(9개소)	7,040	5	2	7	8	7	1	1	1
8625	전북 순창군	기초푸드뱅크사업운영비지원	6,650	5	4	7	8	7	1	1	1
8626	전북 순창군	재가노인복지시설종사자특별수당	5,760	5	6	7	8	7	1	1	1
8627	전북 순창군	공동생활가정종사자인건비추가지원	3,222	5	6	7	8	7	1	1	1
8628	전북 순창군	농어촌법인어린이집지원(순창어린이집)	2,743	5	2	7	8	7	1	1	1
8629	전북 순창군	공동생활가정종사자야간근무수당	2,400	5	6	7	8	7	1	1	1
8630	전북 순창군	지역아동센터운영비추가지원	2,400	5	6	7	8	7	1	1	1
8631	전북 순창군	한센간이양로주택운영지원	1,955	5	1	7	8	7	5	5	4
8632	전북 순창군	전국통합자원봉사보험가입서비스지원	1,725	5	1	7	8	7	1	1	1
8633	전북 순창군	공동생활가정(그룹홈)종사자명절수당	1,600	5	6	7	8	7	1	1	1
8634	전북 순창군	장애인거주시설CCTV렌탈비지원(사업량13대)	1,590	5	6	7	8	7	5	1	4
8635	전북 순창군	순창군노인전문요양원나들이차량임차료지원	1,000	5	4	7	8	7	1	1	1
8636	전북 순창군	IoT,AI활용돌봄사업(함께사는마을)	783	5	2	7	8	7	5	1	4
8637	전북 고창군	재가노인복지시설지원	3,006,578	5	1	7	8	7	1	1	1

순번	시군구	지출명 (사업명)	2024년예산 (단위 : 천원 /1년간)	민간이전 분류 (지방자치단체 세출예산 집행기준에 의거) 1. 민간경상사업보조(307-02) 2. 민간단체 법정운영비보조(307-03) 3. 민간행사사업보조(307-04) 4. 민간위탁금(307-05) 5. 사회복지시설 법정운영비보조(307-10) 6. 민간인위탁교육비(307-12) 7. 공기관등에대한경상적위탁사업비(308-13) 8. 민간자본사업보조,자체재원(402-01) 9. 민간자본사업보조,이전재원(402-02) 10. 민간위탁사업비(402-03) 11. 공기관등에 대한 자본적 위탁사업비(403-02)	민간이전지출 근거 (지방보조금 관리기준 참고) 1. 법률에 규정 2. 국고보조 재원(국가지정) 3. 용도 지정 기부금 4. 조례에 직접규정 5. 지자체가 권장하는 사업을 하는 공공기관 6. 시,도 정책 및 재정사정 7. 기타 8. 해당없음	입찰방식 계약체결방법 (경쟁형태) 1. 일반경쟁 2. 제한경쟁 3. 지명경쟁 4. 수의계약 5. 법정위탁 6. 기타 ( ) 7. 없음	입찰방식 계약기간 1. 1년 2. 2년 3. 3년 4. 4년 5. 5년 6. 기타 ( )년 7. 단기계약 (1년미만) 8. 없음	입찰방식 낙찰자선정방법 1. 적격심사 2. 협상에의한계약 3. 최저가낙찰제 4. 규격가격분리 5. 2단계 경쟁입찰 6. 기타 ( ) 7. 없음	운영예산 산정 운영예산 산정 1. 내부산정 (지자체 자체적으로 산정) 2. 외부산정 (외부전문기관위탁 산정) 3. 내·외부 모두 산정 4. 산정 無 5. 없음	운영예산 산정 정산방법 1. 내부정산 (지자체 내부적으로 정산) 2. 외부정산 (외부전문기관위탁 정산) 3. 내·외부 모두 산정 4. 정산 無 5. 없음	성과평가 실시여부 1. 실시 2. 미실시 3. 향후 추진 4. 해당없음
8638	전북 고창군	장애인거주시설운영지원	2,551,882	5	2	7	8	7	1	1	4
8639	전북 고창군	노인생활시설지원	2,104,125	5	1	7	8	7	1	1	4
8640	전북 고창군	경로당냉난방비등지원	1,466,515	5	1	7	8	7	1	1	4
8641	전북 고창군	경로당운영지원	1,281,700	5	1	7	8	7	1	1	4
8642	전북 고창군	경로당개보수	521,000	5	1	7	8	7	1	1	4
8643	전북 고창군	지역자활센터운영비	403,644	5	2	7	8	7	1	1	4
8644	전북 고창군	장애인보호작업장운영지원	339,003	5	4	7	8	7	1	1	4
8645	전북 고창군	장애인자립생활지원센터지원	164,266	5	2	7	8	7	1	1	2
8646	전북 고창군	장애인복지시설종사자특별수당	163,000	5	4	7	8	7	1	1	4
8647	전북 고창군	장애인생활이동지원센터운영	159,000	5	4	7	8	7	1	1	4
8648	전북 고창군	장애인수어통역센터운영	146,000	5	4	7	8	7	1	1	4
8649	전북 고창군	장애인편의증진사업	106,890	5	4	7	8	7	1	1	2
8650	전북 고창군	주민도움센터운영	101,670	5	4	7	1	7	1	1	1
8651	전북 고창군	노인복지관운영지원	83,689	5	1	7	8	7	1	1	4
8652	전북 고창군	기부식품제공사업	83,200	5	1	7	7	7	1	1	1
8653	전북 고창군	장애인공동생활가정운영	58,200	5	4	7	8	7	1	1	4
8654	전북 고창군	지역사회보장협의체운영지원(자체)	57,000	5	4	7	1	7	1	1	3
8655	전북 고창군	장애인자립생활지원센터추가운영비지원	45,734	5	4	7	8	7	1	1	2
8656	전북 고창군	사회복지관운영지원	22,480	5	1	7	8	7	1	1	4
8657	전북 고창군	지역자활센터종사자특별수당	9,720	5	2	7	8	7	5	5	4
8658	전북 고창군	장애인거주시설CCTV렌탈비지원	223	5	6	7	8	7	1	1	4
8659	전북 부안군	보육교직원인건비지원	1,702,712	5	1	7	8	7	5	1	4
8660	전북 부안군	지역아동센터인건비지원	669,000	5	2	7	8	7	1	1	4
8661	전북 부안군	보육교직원처우개선지원(보조,연장교사)	420,660	5	1	7	8	7	5	1	4
8662	전북 부안군	어린이집필요경비지원	409,032	5	1	7	8	7	5	1	4
8663	전북 부안군	다함께돌봄센터인건비지원	293,088	5	2	7	8	7	1	1	4
8664	전북 부안군	공공형어린이집운영비(전환사업)	215,269	5	1	7	8	7	5	1	4
8665	전북 부안군	지역아동센터운영비지원	124,860	5	2	7	8	7	1	1	4
8666	전북 부안군	어린이집및교사지원	113,598	5	4	7	8	7	5	1	4
8667	전북 부안군	어린이집급간식비지원	76,260	5	1	7	8	7	5	1	4
8668	전북 부안군	새일센터지정운영	71,160	5	1	5	8	7	5	1	4
8669	전북 부안군	어린이집보육도우미지원	60,000	5	1	7	8	7	5	1	4
8670	전북 부안군	보육교직원인건비지원	58,000	5	1	7	8	7	5	1	4
8671	전북 부안군	시간제보육서비스제공지원	53,676	5	1	7	8	7	5	1	4
8672	전북 부안군	다함께돌봄센터운영비지원	48,000	5	2	7	8	7	1	1	4
8673	전북 부안군	어린이집운영지원(차량운영비)	46,108	5	1	7	8	7	5	1	4
8674	전북 부안군	지역아동센터급식도우미사업	34,906	5	7	7	8	7	1	1	4
8675	전북 부안군	보육교직원처우개선지원(대체교사)	26,000	5	1	7	8	7	5	1	4
8676	전북 부안군	어린이집보육도우미지원	25,200	5	4	7	8	7	5	1	4
8677	전북 부안군	다함께돌봄센터운영비지원(자체사업)	24,000	5	7	7	8	7	1	1	4

순번	시군구	지출명 (사업명)	2024년예산 (단위 : 천원 /1년간)	민간이전 분류 (지방자치단체 세출예산 집행기준에 의거) 1. 민간경상사업보조(307-02) 2. 민간단체 법정운영비보조(307-03) 3. 민간행사사업보조(307-04) 4. 민간위탁금(307-05) 5. 사회복지시설 법정운영비보조(307-10) 6. 민간인위탁교육비(307-12) 7. 공기관등에대한경상적위탁사업비(308-13) 8. 민간자본사업보조,자체재원(402-01) 9. 민간자본사업보조,이전재원(402-02) 10. 민간위탁사업비(402-03) 11. 공기관등에 대한 자본적 위탁사업비(403-02)	민간이전지출 근거 (지방보조금 관리기준 참고) 1. 법률에 규정 2. 국고보조 재원(국가지정) 3. 용도 지정 기부금 4. 조례에 직접규정 5. 지자체가 권장하는 사업을 하는 공공기관 6. 시,도 정책 및 재정사정 7. 기타 8. 해당없음	입찰방식 계약체결방법 (경쟁형태) 1. 일반경쟁 2. 제한경쟁 3. 지명경쟁 4. 수의계약 5. 법정위탁 6. 기타 ( ) 7. 없음	입찰방식 계약기간 1. 1년 2. 2년 3. 3년 4. 4년 5. 5년 6. 기타 ( )년 7. 단기계약 (1년미만) 8. 없음	입찰방식 낙찰자선정방법 1. 적격심사 2. 협상에의한계약 3. 최저가낙찰제 4. 규격가격분리 5. 2단계 경쟁입찰 6. 기타 ( ) 7. 없음	운영예산 산정 운영예산 산정 1. 내부산정 (지자체 자체적으로 산정) 2. 외부산정 (외부전문기관위탁 산정) 3. 내·외부 모두 산정 4. 산정 無 5. 없음	운영예산 산정 정산방법 1. 내부정산 (지자체 내부적으로 정산) 2. 외부정산 (외부전문기관위탁 정산) 3. 내·외부 모두 산정 4. 정산 無 5. 없음	성과평가 실시여부 1. 실시 2. 미실시 3. 향후 추진 4. 해당없음
8678	전북 부안군	어린이집세반운영비지원	19,200	5	1	7	8	7	5	1	4
8679	전북 부안군	취약지역평가인증어린이집차량운영비	18,000	5	1	7	8	7	5	1	4
8680	전북 부안군	어린이집냉난방비지원	15,600	5	1	7	8	7	5	1	4
8681	전북 부안군	지역아동센터운영	15,000	5	7	7	8	7	1	1	4
8682	전북 부안군	어린이날큰잔치	15,000	5	4	7	8	7	1	1	4
8683	전북 부안군	어린이집운영지원(교재교구비)	12,512	5	1	7	8	7	5	1	4
8684	전북 부안군	어린이집영아반운영비지원	10,800	5	1	7	8	7	5	1	4
8685	전북 부안군	지역아동센터종사자인건비추가지원	9,559	5	6	7	8	7	1	1	4
8686	전북 부안군	공공형어린이집교육환경개선비지원	4,000	5	1	7	8	7	5	1	4
8687	전북 부안군	여성취업활성화지원	3,600	5	1	5	8	7	5	1	4
8688	전북 부안군	지역아동센터운영비추가지원	3,600	5	6	7	8	7	1	1	4
8689	전북 부안군	공동육아나눔터운영	2,240	5	1	1	5	1	5	1	4
8690	전남 목포시	목포시종합사회복지관운영비	9,101,557	5	1	7	8	7	1	1	1
8691	전남 목포시	정신요양시설지원	4,179,554	5	2	7	8	7	5	5	4
8692	전남 목포시	장애인복지관운영	874,043	5	1	6	8	7	1	1	4
8693	전남 목포시	장애인복지관운영	846,738	5	1	5	5	1	1	1	4
8694	전남 목포시	노인복지관운영지원	668,196	5	1	5	5	1	1	1	4
8695	전남 목포시	노인복지관운영지원	650,286	5	1	5	5	1	1	1	4
8696	전남 목포시	노인복지관운영지원	541,926	5	1	5	5	1	1	1	4
8697	전남 목포시	노인복지관운영지원	489,886	5	1	5	5	1	1	1	4
8698	전남 목포시	상동종합사회복지관운영비	461,560	5	1	7	8	7	1	1	1
8699	전남 목포시	상리사회복지관운영비	401,436	5	1	7	8	7	1	1	1
8700	전남 목포시	장애인가족지원센터지원	192,425	5	1	5	5	1	1	1	4
8701	전남 목포시	사회복지관종사자특별수당	50,040	5	6	7	8	7	1	1	1
8702	전남 목포시	지역사회보장협의체운영비	40,897	5	6	7	8	7	1	1	4
8703	전남 목포시	목포시사회복지협의회운영비	8,000	5	6	7	8	7	1	1	4
8704	전남 목포시	사회복지관종사자장기근속수당보조	880	5	7	7	8	7	1	1	1
8705	전남 여수시	어린이집교직원인건비지원	11,628,057	5	2	7	8	7	5	1	4
8706	전남 여수시	지역아동센터운영비지원	4,308,000	5	2	7	8	7	5	5	4
8707	전남 여수시	누리과정운영비,처우개선비(지방교육재정교부금)	3,492,845	5	1	7	8	7	5	1	4
8708	전남 여수시	아동복지시설운영비(인건비,운영비)	3,485,300	5	1	5	8	7	3	1	1
8709	전남 여수시	보조교사지원	3,137,851	5	2	7	8	7	5	1	4
8710	전남 여수시	어린이집반별운영비지원	1,041,200	5	1	7	8	7	5	1	4
8711	전남 여수시	어린이집부모부담특별활동비지원	900,000	5	1	7	8	7	1	1	1
8712	전남 여수시	노숙인복지시설운영	884,946	5	1	7	8	7	1	1	4
8713	전남 여수시	공공형어린이집운영비	841,317	5	1	1	3	1	1	1	1
8714	전남 여수시	시간제보육서비스제공지원	574,228	5	2	7	8	7	5	1	4
8715	전남 여수시	폭력피해이주여성보호시설운영비	514,734	5	1	5	8	7	5	1	4
8716	전남 여수시	성매매피해자자활지원센터운영비(여성자활지원센터)	451,100	5	1	5	8	7	5	1	4
8717	전남 여수시	소규모어린이집~1세반운영비지원	450,000	5	1	7	8	7	1	1	1

순번	시군구	지출명 (사업명)	2024년예산 (단위 : 천원 /1년간)	민간이전 분류 (지방자치단체 세출예산 집행기준에 의거) 1. 민간경상사업보조(307-02) 2. 민간단체 법정운영비보조(307-03) 3. 민간행사사업보조(307-04) 4. 민간위탁금(307-05) 5. 사회복지시설 법정운영비보조(307-10) 6. 민간인위탁교육비(307-12) 7. 공기관등에대한경상적위탁사업비(308-13) 8. 민간자본사업보조,자체재원(402-01) 9. 민간자본사업보조,이전재원(402-02) 10. 민간위탁사업비(402-03) 11. 공기관등에 대한 자본적 위탁사업비(403-02)	민간이전지출 근거 (지방보조금 관리기준 참고) 1. 법률에 규정 2. 국고보조 재원(국가지정) 3. 용도 지정 기부금 4. 조례에 직접규정 5. 지자체가 권장하는 사업을 하는 공공기관 6. 시,도 정책 및 재정사정 7. 기타 8. 해당없음	입찰방식			운영예산 산정		성과평가 실시여부
						계약체결방법 (경쟁형태) 1. 일반경쟁 2. 제한경쟁 3. 지명경쟁 4. 수의계약 5. 법정위탁 6. 기타 ( ) 7. 없음	계약기간 1. 1년 2. 2년 3. 3년 4. 4년 5. 5년 6. 기타 ( )년 7. 단기계약 (1년미만) 8. 없음	낙찰자선정방법 1. 적격심사 2. 협상에의한계약 3. 최저가낙찰제 4. 규격가격분리 5. 2단계 경쟁입찰 6. 기타 ( ) 7. 없음	운영예산 산정 1. 내부산정 (지자체 자체적으로 산정) 2. 외부산정 (외부전문기관위탁 산정) 3. 내·외부 모두 산정 4. 산정 無 5. 없음	정산방법 1. 내부정산 (지자체 내부적으로 정산) 2. 외부정산 (외부전문기관위탁 정산) 3. 내·외부 모두 산정 4. 정산 無 5. 없음	1. 실시 2. 미실시 3. 향후 추진 4. 해당없음
8718	전남 여수시	지역자활센터운영	434,335	5	2	5	8	7	1	1	1
8719	전남 여수시	민간가정어린이집조리원인건비지원	426,219	5	1	7	8	7	5	1	4
8720	전남 여수시	지역자활센터운영	399,735	5	2	5	8	7	1	1	1
8721	전남 여수시	정부지원시설보육교사인건비지원	345,000	5	1	7	8	7	1	1	1
8722	전남 여수시	여자단기청소년쉼터운영	327,886	5	2	7	8	7	1	1	4
8723	전남 여수시	여수여성인력개발센터운영비	310,000	5	4	7	8	7	1	1	1
8724	전남 여수시	여수형어린이집운영비(자체)	298,000	5	1	1	1	1	1	1	3
8725	전남 여수시	남자단기청소년쉼터운영	293,433	5	2	7	8	7	1	1	4
8726	전남 여수시	여수형어린이집반별운영비지원	280,800	5	1	7	8	7	1	1	1
8727	전남 여수시	가정폭력피해자보호시설운영비(여성쉼터)	276,884	5	1	5	8	7	5	1	4
8728	전남 여수시	요보호아동그룹홈운영	269,880	5	2	5	8	7	3	1	1
8729	전남 여수시	성폭력피해자보호시설운영비(담쟁이쉼터)	238,516	5	1	5	8	7	5	1	4
8730	전남 여수시	성매매피해자지원시설운영비(무지개쉼터)	235,809	5	1	5	8	7	5	1	4
8731	전남 여수시	지역아동센터운영비추가지원	210,744	5	6	7	8	7	5	5	4
8732	전남 여수시	민간가정어린이집차량운영비	189,600	5	1	7	8	7	1	1	1
8733	전남 여수시	성매매피해자상담소운영비(여성인권지원센터)	184,150	5	1	5	8	7	5	1	4
8734	전남 여수시	공공형어린이집조리원인건비	142,569	5	1	1	3	1	1	1	1
8735	전남 여수시	가정폭력피해상담소운영비(여성상담센터)	141,880	5	1	5	8	7	5	1	4
8736	전남 여수시	정부지원시설누리반보육여건개선비	139,900	5	1	7	8	7	5	1	4
8737	전남 여수시	여성폭력방지시설운영도추가지원	124,684	5	1	5	8	7	5	1	4
8738	전남 여수시	시단위어린이집차량운영비지원	115,200	5	1	7	8	7	5	1	4
8739	전남 여수시	긴급주말돌봄어린이집운영비	109,500	5	1	1	8	1	1	1	4
8740	전남 여수시	청소년쉼터야간근무대체인력	103,895	5	6	7	8	7	1	1	4
8741	전남 여수시	아동복지시설운영비(종사자특별수당)	88,560	5	6	5	8	7	3	1	1
8742	전남 여수시	민간가정어린이집운전기사인건비(일부)	84,000	5	1	7	8	7	1	1	1
8743	전남 여수시	어린이집교재교구비지원	75,714	5	2	7	8	7	5	1	4
8744	전남 여수시	차량운영비(농어촌,장애아전문)지원	74,302	5	2	7	8	7	5	1	4
8745	전남 여수시	어린이집냉난방비지원	70,800	5	1	7	8	7	1	1	1
8746	전남 여수시	지역아동센터특수목적형지원	65,772	5	2	7	8	7	5	5	4
8747	전남 여수시	폭력피해이주여성보호시설도추가지원	56,717	5	1	5	8	7	5	1	4
8748	전남 여수시	여성복지시설종사자처우개선비	54,360	5	1	5	8	7	5	1	4
8749	전남 여수시	여성폭력방지시설종사자특별수당	45,000	5	1	5	8	7	5	1	4
8750	전남 여수시	지역자활센터운영	44,000	5	2	5	8	7	1	1	1
8751	전남 여수시	지역자활센터운영	41,840	5	2	5	8	7	1	1	1
8752	전남 여수시	도서벽지어린이집운전기사인건비	31,237	5	1	7	8	7	1	1	1
8753	전남 여수시	아동복지시설자립지원프로그램비	30,000	5	2	5	8	7	3	1	1
8754	전남 여수시	요보호아동그룹홈종사자인건비보전	30,000	5	6	5	8	7	3	1	1
8755	전남 여수시	아동복지시설아동지원(생활용돈,수학여행비,대학입학준비금)	26,800	5	6	5	8	7	3	1	1
8756	전남 여수시	열린어린이집운영활성화비지원	25,200	5	1	1	8	1	1	1	1
8757	전남 여수시	장애아전문어린이집운전기사인건비지원	24,127	5	1	7	8	7	5	1	4

순번	시군구	지출명 (사업명)	2024년예산 (단위 : 천원 /1년간)	민간이전 분류 (지방자치단체 세출예산 집행기준에 의거) 1. 민간경상사업보조(307-02) 2. 민간단체 법정운영비보조(307-03) 3. 민간행사사업보조(307-04) 4. 민간위탁금(307-05) 5. 사회복지시설 법정운영비보조(307-10) 6. 민간인위탁교육비(307-12) 7. 공기관등에대한경상적위탁사업비(308-13) 8. 민간자본사업보조,자체재원(402-01) 9. 민간자본사업보조,이전재원(402-02) 10. 민간위탁사업비(402-03) 11. 공기관등에 대한 자본적 위탁사업비(403-02)	민간이전지출 근거 (지방보조금 관리기준 참고) 1. 법률에 규정 2. 국고보조 재원(국가지정) 3. 용도 지정 기부금 4. 조례에 직접규정 5. 지자체가 권장하는 사업을 하는 공공기관 6. 시,도 정책 및 재정사정 7. 기타 8. 해당없음	입찰방식: 계약체결방법 (경쟁형태) 1. 일반경쟁 2. 제한경쟁 3. 지명경쟁 4. 수의계약 5. 법정위탁 6. 기타 ( ) 7. 없음	입찰방식: 계약기간 1. 1년 2. 2년 3. 3년 4. 4년 5. 5년 6. 기타 ( )년 7. 단기계약 (1년미만) 8. 없음	입찰방식: 낙찰자선정방법 1. 적격심사 2. 협상에의한계약 3. 최저가낙찰제 4. 규격가격분리 5. 2단계 경쟁입찰 6. 기타 ( ) 7. 없음	운영예산 산정: 운영예산 산정 1. 내부산정 (지자체 자체적으로 산정) 2. 외부산정 (외부전문기관위탁 산정) 3. 내·외부 모두 산정 4. 산정 無 5. 없음	운영예산 산정: 정산방법 1. 내부정산 (지자체 내부적으로 정산) 2. 외부정산 (외부전문기관위탁 정산) 3. 내·외부 모두 산정 4. 정산 無 5. 없음	성과평가 실시여부 1. 실시 2. 미실시 3. 향후 추진 4. 해당없음
8758	전남 여수시	지역아동센터냉난방비지원	23,520	5	4	7	8	7	5	5	4
8759	전남 여수시	요보호아동그룹홈아동지원(생활용돈,수학여행비,대학입학준비금등)	20,800	5	6	5	8	7	3	1	1
8760	전남 여수시	지역아동센터토요운영비	19,200	5	2	7	8	7	5	5	4
8761	전남 여수시	폭력피해이주여성보호시설종사자특별수당	17,280	5	1	5	8	7	5	1	4
8762	전남 여수시	요보호아동그룹홈(종사자특별수당)	11,520	5	6	5	8	7	3	1	1
8763	전남 여수시	농어촌소재법인어린이집지원	6,422	5	2	7	8	7	5	1	4
8764	전남 여수시	지역자활센터운영(자체)	4,500	5	2	5	8	7	1	1	1
8765	전남 여수시	청소년수련시설청소년운영위원회운영	4,000	5	1	1	5	1	1	1	1
8766	전남 여수시	지역청소년참여위원회운영	2,800	5	1	1	5	1	1	1	1
8767	전남 여수시	영아장애아전문어린이집냉난방비지원	1,600	5	1	7	8	7	5	1	4
8768	전남 순천시	장애인거주시설운영지원	1,915,011	5	1	7	8	7	1	1	1
8769	전남 순천시	장애인종합복지관운영지원	1,703,072	5	1	7	8	7	1	1	1
8770	전남 순천시	시니어클럽운영지원	340,230	5	1	1	5	1	1	1	1
8771	전남 순천시	장애인생활이동지원센터운영	322,685	5	1	7	8	7	1	1	1
8772	전남 순천시	장애인수어통역센터운영비	288,655	5	1	7	8	7	1	1	1
8773	전남 순천시	모부자복지시설운영	283,880	5	1	7	8	7	1	1	1
8774	전남 순천시	가정폭력피해자보호시설운영지원	276,404	5	1	7	8	7	1	1	1
8775	전남 순천시	장애인종합복지관급식비	244,800	5	1	7	8	7	1	1	1
8776	전남 순천시	성매매피해자지원시설운영지원	243,640	5	1	7	8	7	1	1	1
8777	전남 순천시	장애인단기보호시설운영	191,187	5	1	7	8	7	1	1	1
8778	전남 순천시	성매매피해자상담소운영지원	190,280	5	1	7	8	7	1	1	1
8779	전남 순천시	여성복지시설지원(도추가지원)	175,664	5	1	7	8	7	1	1	1
8780	전남 순천시	가정폭력상담소운영지원	146,711	5	1	7	8	7	1	1	1
8781	전남 순천시	성폭력상담소운영지원	142,022	5	1	7	8	7	1	1	1
8782	전남 순천시	모부자복지시설운영(시설이용지원)	21,480	5	1	7	8	7	1	1	1
8783	전남 순천시	가정폭력피해재발방지지원사업	4,450	5	1	7	8	7	1	1	1
8784	전남 나주시	장애인거주시설운영지원	3,599,943	5	2	7	8	7	1	1	4
8785	전남 나주시	경로당냉난방비및양곡비지원	1,476,159	5	1	7	8	7	5	5	4
8786	전남 나주시	경로당운영	1,088,841	5	1	7	8	7	5	5	4
8787	전남 나주시	경로당공동급식지원	966,200	5	6	7	8	7	5	5	4
8788	전남 나주시	장애인개인운영거주시설지원	810,914	5	1	7	8	7	1	1	4
8789	전남 나주시	발달장애인긴급돌봄센터운영지원	531,536	5	2	5	1	1	5	5	3
8790	전남 나주시	장애인직업재활시설운영	510,489	5	1	7	8	7	5	5	4
8791	전남 나주시	장애인생활이동지원센터운영	289,755	5	1	7	8	7	5	5	4
8792	전남 나주시	수어통역센터운영	274,380	5	1	7	8	7	5	5	4
8793	전남 나주시	미혼모자가족복지시설지원	257,000	5	6	5	3	1	2	1	1
8794	전남 나주시	장애인공동생활가정운영지원	179,100	5	1	7	8	7	1	1	4
8795	전남 나주시	장애인재활복지시설종사자특별수당	162,720	5	6	7	8	7	1	1	4
8796	전남 나주시	중증장애인자립생활센터지원	160,830	5	1	7	8	7	5	5	4
8797	전남 나주시	성폭력상담소운영지원	142,022	5	2	7	8	7	2	1	1

순번	시군구	지출명 (사업명)	2024년예산 (단위 : 천원 /1년간)	민간이전 분류 (지방자치단체 세출예산 집행기준에 의거) 1. 민간경상사업보조(307-02) 2. 민간단체 법정운영비보조(307-03) 3. 민간행사사업보조(307-04) 4. 민간위탁금(307-05) 5. 사회복지시설 법정운영비보조(307-10) 6. 민간인위탁교육비(307-12) 7. 공기관등에대한경상적위탁사업비(308-13) 8. 민간자본사업보조,자체재원(402-01) 9. 민간자본사업보조,이전재원(402-02) 10. 민간위탁사업비(402-03) 11. 공기관등에 대한 자본적 위탁사업비(403-02)	민간이전지출 근거 (지방보조금 관리기준 참고) 1. 법률에 규정 2. 국고보조 재원(국가지정) 3. 용도 지정 기부금 4. 조례에 직접규정 5. 지자체가 권장하는 사업을 하는 공공기관 6. 시,도 정책 및 재정사정 7. 기타 8. 해당없음	입찰방식 계약체결방법 (경쟁형태) 1. 일반경쟁 2. 제한경쟁 3. 지명경쟁 4. 수의계약 5. 법정위탁 6. 기타 ( ) 7. 없음	입찰방식 계약기간 1. 1년 2. 2년 3. 3년 4. 4년 5. 5년 6. 기타 ( )년 7. 단기계약 (1년미만) 8. 없음	입찰방식 낙찰자선정방법 1. 적격심사 2. 협상에의한계약 3. 최저가낙찰제 4. 규격가격분리 5. 2단계 경쟁입찰 6. 기타 ( ) 7. 없음	운영예산 산정 운영예산 산정 1. 내부산정 (지자체 자체적으로 산정) 2. 외부산정 (외부전문기관위탁 산정) 3. 내·외부 모두 산정 4. 산정 無 5. 없음	운영예산 산정 정산방법 1. 내부정산 (지자체 내부적으로 정산) 2. 외부정산 (외부전문기관위탁 정산) 3. 내·외부 모두 산정 4. 정산 無 5. 없음	성과평가 실시여부 1. 실시 2. 미실시 3. 향후 추진 4. 해당없음
8798	전남 나주시	장애인목욕탕운영	84,934	5	1	7	8	7	5	5	4
8799	전남 나주시	장애인편의증진기술지원센터운영	65,335	5	1	7	8	7	1	1	4
8800	전남 나주시	중증장애인자립생활지원센터추가지원	58,000	5	1	7	8	7	5	5	4
8801	전남 나주시	장애인체험홈운영	55,600	5	1	7	8	7	5	5	4
8802	전남 나주시	읍면동경로당운영	32,000	5	1	7	8	7	5	5	4
8803	전남 나주시	여성폭력방지시설운영도추가지원	29,690	5	6	7	8	7	2	1	1
8804	전남 나주시	노인복지관종사자특별수당	27,000	5	6	7	8	7	1	1	4
8805	전남 나주시	한부모가족복지시설지원	21,480	5	6	5	3	1	2	1	1
8806	전남 나주시	장애인실비요양시설입소료지원	20,880	5	2	7	8	7	1	1	4
8807	전남 나주시	시니어클럽종사자특별수당	6,480	5	2	7	8	7	5	5	4
8808	전남 나주시	모자가족복지시설퇴소자자립정착금	5,000	5	6	5	3	1	2	1	1
8809	전남 나주시	성폭력상담소종사자특별수당	4,320	5	6	7	8	7	2	1	1
8810	전남 나주시	여성폭력피해자의료비지원	4,286	5	2	7	8	7	2	1	1
8811	전남 나주시	장애인재활복지생활시설김장부식비지원	3,200	5	6	7	8	7	1	1	4
8812	전남 나주시	한부모가족복지시설종사자특별수당	2,520	5	6	5	3	1	2	1	1
8813	전남 나주시	장애인거주시설공기청정기렌탈지원	1,800	5	2	7	8	7	1	1	4
8814	전남 광양시	어린이집운영자체지원사업	7,613,277	5	1	7	8	7	5	1	4
8815	전남 광양시	장애인종합복지관운영	4,542,765	5	1	5	5	1	1	1	4
8816	전남 광양시	보조(연장)교사인건비	3,576,000	5	1	7	8	7	5	1	4
8817	전남 광양시	아이돌봄지원	2,224,723	5	2	7	8	7	1	1	3
8818	전남 광양시	35세누리과정운영비	2,050,000	5	1	7	8	7	5	1	4
8819	전남 광양시	지역아동센터인건비지원	1,690,000	5	2	7	8	7	1	1	3
8820	전남 광양시	장애유형별복지사업	1,135,228	5	1	7	8	7	1	1	4
8821	전남 광양시	가족센터운영비	1,129,290	5	2	1	5	6	1	1	1
8822	전남 광양시	초등방과후돌봄지원	1,060,000	5	2	7	8	7	1	1	3
8823	전남 광양시	지역아동센터이용아동급식비지원	784,000	5	6	7	8	7	1	1	3
8824	전남 광양시	경로당냉난방비지원	628,450	5	1,2,4	7	8	7	1	1	4
8825	전남 광양시	장애인주간보호시설운영	580,033	5	1	5	5	1	1	1	4
8826	전남 광양시	경로당운영비지원	574,520	5	1,4	7	8	7	1	1	4
8827	전남 광양시	장애인개인운영거주시설지원	573,096	5	1	7	8	7	1	1	4
8828	전남 광양시	요보호아동그룹홈운영지원	526,200	5	1	7	8	7	5	1	4
8829	전남 광양시	학대피해아동쉼터운영지원	515,468	5	1	7	8	7	5	1	4
8830	전남 광양시	지역아동센터운영비지원	486,000	5	2,6	7	8	7	1	1	3
8831	전남 광양시	지역자활센터운영	448,760	5	2	7	1	7	1	1	1
8832	전남 광양시	시간제보육전담교사인건비및운영비	443,376	5	1	7	8	7	5	1	1
8833	전남 광양시	아동양육시설운영비지원	389,140	5	1	7	8	7	5	1	4
8834	전남 광양시	경로식당무료급식지원사업	384,983	5	6	1	1	1	5	3	2
8835	전남 광양시	다문화가족특성화사업	331,926	5	2	1	5	6	1	1	1
8836	전남 광양시	다함께돌봄센터인건비	300,000	5	2	7	8	7	1	1	3
8837	전남 광양시	장애인단기거주시설운영	259,931	5	1	5	4	1	1	1	4

순번	시군구	지출명 (사업명)	2024년예산 (단위 : 천원 /1년간)	민간이전 분류 (지방자치단체 세출예산 집행기준에 의거) 1. 민간경상사업보조(307-02) 2. 민간단체 법정운영비보조(307-03) 3. 민간행사사업보조(307-04) 4. 민간위탁금(307-05) 5. 사회복지시설 법정운영비보조(307-10) 6. 민간인위탁교육비(307-12) 7. 공기관등에대한경상적위탁사업비(308-13) 8. 민간자본사업보조,자체재원(402-01) 9. 민간자본사업보조,이전재원(402-02) 10. 민간위탁사업비(402-03) 11. 공기관등에 대한 자본적 위탁사업비(403-02)	민간이전지출 근거 (지방보조금 관리기준 참고) 1. 법률에 규정 2. 국고보조 재원(국가지정) 3. 용도 지정 기부금 4. 조례에 직접규정 5. 지자체가 권장하는 사업을 하는 공공기관 6. 시,도 정책 및 재정사정 7. 기타 8. 해당없음	입찰방식 계약체결방법 (경쟁형태) 1. 일반경쟁 2. 제한경쟁 3. 지명경쟁 4. 수의계약 5. 법정위탁 6. 기타 ( ) 7. 없음	입찰방식 계약기간 1. 1년 2. 2년 3. 3년 4. 4년 5. 5년 6. 기타 ( )년 7. 단기계약 (1년미만) 8. 없음	입찰방식 낙찰자선정방법 1. 적격심사 2. 협상에의한계약 3. 최저가낙찰제 4. 규격가격분리 5. 2단계 경쟁입찰 6. 기타 ( ) 7. 없음	운영예산 산정 운영예산 산정 1. 내부산정 (지자체 자체적으로 산정) 2. 외부산정 (외부전문기관위탁 산정) 3. 내·외부 모두 산정 4. 산정 無 5. 없음	운영예산 산정 정산방법 1. 내부정산 (지자체 내부적으로 정산) 2. 외부정산 (외부전문기관위탁 정산) 3. 내·외부 모두 산정 4. 정산 無 5. 없음	성과평가 실시여부 1. 실시 2. 미실시 3. 향후 추진 4. 해당없음
8838	전남 광양시	어린이집운영지원	245,060	5	1	7	8	7	5	1	4
8839	전남 광양시	가정폭력피해자보호시설운영	229,320	5	2	5	8	7	1	1	1
8840	전남 광양시	공공형어린이집운영활성화비	194,200	5	1	7	8	7	5	1	4
8841	전남 광양시	가정폭력상담소운영	147,711	5	2	5	8	7	1	1	1
8842	전남 광양시	요보호아동그룹홈자체지원	135,940	5	1	7	8	7	5	1	4
8843	전남 광양시	지역아동센터지원사업	126,708	5	6	7	8	7	1	1	3
8844	전남 광양시	저소득거동불편재가노인식사배달사업	123,752	5	6	1	1	1	5	3	2
8845	전남 광양시	장애인공동생활가정운영	61,134	5	1	5	5	1	1	1	4
8846	전남 광양시	노인회지회운영비	55,000	5	4	7	8	7	5	1	4
8847	전남 광양시	지역사회보장협의체운영비	50,000	5	1	5	8	7	5	1	4
8848	전남 광양시	다함께돌봄센터운영비	48,000	5	2	7	8	7	1	1	3
8849	전남 광양시	사회복지협의회운영지원	40,000	5	1	7	8	7	1	1	4
8850	전남 광양시	구급차량운영비	6,000	5	1	7	1	7	1	1	1
8851	전남 광양시	아이돌보미건강검진비지원	2,550	5	6	7	8	7	1	1	3
8852	전남 담양군	장애인복지관운영	1,710,569	5	1	7	8	7	1	1	4
8853	전남 담양군	국공립법인시설(6개소)	1,606,000	5	4	7	8	7	5	5	4
8854	전남 담양군	장애인거주시설운영지원(혜림생활원)	1,361,106	5	1	7	8	7	1	1	4
8855	전남 담양군	만2세영유아보육료지원	1,350,000	5	4	7	8	7	5	5	4
8856	전남 담양군	만3~5세누리과정지원	1,260,393	5	4	7	8	7	5	5	4
8857	전남 담양군	아이돌봄지원사업	1,260,366	5	2	7	8	7	5	5	4
8858	전남 담양군	노숙인복지시설운영비(기쁨원)	1,037,968	5	2	7	8	7	5	5	4
8859	전남 담양군	인건비지원	844,000	5	2	7	8	7	4	1	1
8860	전남 담양군	장애인거주시설운영비지원(개인)	728,726	5	1	7	8	7	5	5	4
8861	전남 담양군	영아전담시설(2개소)	490,000	5	1	7	8	7	1	1	4
8862	전남 담양군	보조교사지원(22명)	300,000	5	4	7	8	7	5	5	4
8863	전남 담양군	자활센터운영	245,427	5	2	7	8	7	5	5	4
8864	전남 담양군	장애인주간보호시설운영	239,799	5	1	7	8	7	1	1	1
8865	전남 담양군	요보호아동그룹홈인건비지원	235,032	5	1	7	8	7	1	1	4
8866	전남 담양군	교사근무환경개선비	212,529	5	4	7	8	7	5	5	4
8867	전남 담양군	생활이동지원센터운영지원	201,055	5	1	7	8	7	5	5	4
8868	전남 담양군	장애인단기보호시설운영	186,667	5	1	7	8	7	1	1	4
8869	전남 담양군	운영비지원(1개소)	176,000	5	1	7	8	7	1	1	4
8870	전남 담양군	수화통역센터운영	136,775	5	1	7	8	7	5	5	4
8871	전남 담양군	발달장애인일시돌봄센터운영	120,000	5	1	7	8	7	1	1	4
8872	전남 담양군	장애인복지관급식비지원	114,000	5	1	7	8	7	1	1	4
8873	전남 담양군	농촌보육교사특별근무수당	101,881	5	4	7	8	7	1	1	4
8874	전남 담양군	대한노인회담양군지회운영비지원	70,000	5	1	7	8	7	5	5	4
8875	전남 담양군	지체장애인편의시설지원센터운영	63,466	5	1	7	8	7	1	1	4
8876	전남 담양군	장애인거주시설종사자특별수당	63,360	5	1	7	8	7	1	1	4
8877	전남 담양군	민간가정어린이집조리원인건비(6명)	45,432	5	4	7	8	7	5	5	4

순번	시군구	지출명 (사업명)	2024년예산 (단위 : 천원 /1년간)	민간이전 분류 (지방자치단체 세출예산 집행기준에 의거) 1. 민간경상사업보조(307-02) 2. 민간단체 법정운영비보조(307-03) 3. 민간행사사업보조(307-04) 4. 민간위탁금(307-05) 5. 사회복지시설 법정운영비보조(307-10) 6. 민간인위탁교육비(307-12) 7. 공기관등에대한경상적위탁사업비(308-13) 8. 민간자본사업보조,자체재원(402-01) 9. 민간자본사업보조,이전재원(402-02) 10. 민간위탁사업비(402-03) 11. 공기관등에 대한 자본적 위탁사업비(403-02)	민간이전지출 근거 (지방보조금 관리기준 참고) 1. 법률에 규정 2. 국고보조 재원(국가지정) 3. 용도 지정 기부금 4. 조례에 직접규정 5. 지자체가 권장하는 사업을 하는 공공기관 6. 시,도 정책 및 재정사정 7. 기타 8. 해당없음	입찰방식 계약체결방법 (경쟁형태) 1. 일반경쟁 2. 제한경쟁 3. 지명경쟁 4. 수의계약 5. 법정위탁 6. 기타 ( ) 7. 없음	입찰방식 계약기간 1. 1년 2. 2년 3. 3년 4. 4년 5. 5년 6. 기타 ( )년 7. 단기계약 (1년미만) 8. 없음	입찰방식 낙찰자선정방법 1. 적격심사 2. 협상에의한계약 3. 최저가낙찰제 4. 규격가격분리 5. 2단계 경쟁입찰 6. 기타 ( ) 7. 없음	운영예산 산정 운영예산 산정 1. 내부산정 (지자체 자체적으로 산정) 2. 외부산정 (외부전문기관위탁 산정) 3. 내·외부 모두 산정 4. 산정 無 5. 없음	운영예산 산정 정산방법 1. 내부정산 (지자체 내부적으로 정산) 2. 외부정산 (외부전문기관위탁 정산) 3. 내·외부 모두 산정 4. 정산 無 5. 없음	성과평가 실시여부 1. 실시 2. 미실시 3. 향후 추진 4. 해당없음
8878	전남 담양군	장애인이용시설종사자특별수당	45,360	5	1	7	8	7	1	1	4
8879	전남 담양군	민간가정어린이집학부모치액보육료	43,200	5	4	7	8	7	5	5	4
8880	전남 담양군	지역사회보장협의체전담인력인건비지원	42,436	5	1	7	8	7	1	1	4
8881	전남 담양군	어린이집누리과정교사인건비추가지원	39,000	5	4	7	8	7	5	5	4
8882	전남 담양군	지역아동센터종사자처우개선비	37,800	5	1	7	8	7	5	5	4
8883	전남 담양군	어린이집종사자복지수당지원	37,440	5	4	7	8	7	5	5	4
8884	전남 담양군	자활사례관리사지원	36,476	5	2	7	8	7	1	1	1
8885	전남 담양군	읍면지역사회보장협의체운영비(12개소)	36,000	5	1	7	8	7	1	1	4
8886	전남 담양군	담양군가족센터명절휴가비지원	35,400	5	2	7	8	7	1	1	4
8887	전남 담양군	보육교사명절휴가비지원	28,000	5	4	7	8	7	5	5	4
8888	전남 담양군	어린이집차량운영비(12개소)	26,000	5	4	7	8	7	5	5	4
8889	전남 담양군	영아전담어린이집종사자특별수당	21,600	5	4	7	8	7	5	5	4
8890	전남 담양군	지역아동센터종사자4대보험료(기관부담금)지원	20,788	5	1	7	8	7	5	5	4
8891	전남 담양군	담양군가족센터특성화사업종사자인건비지원	20,560	5	2	7	8	7	1	1	4
8892	전남 담양군	어린이집누리반보육여건개선비	18,500	5	4	7	8	7	5	5	4
8893	전남 담양군	장애인거주시설휴일수당지원	17,493	5	1	7	8	7	1	1	4
8894	전남 담양군	요보호아동그룹홈운영비지원(2개소)	11,280	5	1	7	8	7	5	5	4
8895	전남 담양군	어린이집교재교구비(13개소)	10,800	5	4	7	8	7	5	5	4
8896	전남 담양군	군지역사회보장협의체운영비	10,000	5	1	7	8	7	1	1	4
8897	전남 담양군	담양인권지원상담소임대료지원	9,600	5	2	7	8	7	5	5	4
8898	전남 담양군	담양군노인복지관종사자특별수당	8,640	5	6	7	8	7	5	5	1
8899	전남 담양군	지역아동센터종사자명절수당지원	8,400	5	1	7	8	7	5	5	4
8900	전남 담양군	지역자활센터종사자특별수당	6,480	5	2	7	8	7	1	1	1
8901	전남 담양군	그밖의연장형교사(2명)	6,000	5	4	7	8	7	5	5	4
8902	전남 담양군	기쁨원종사자특별수당(16명)	5,616	5	2	7	8	7	4	1	1
8903	전남 담양군	교사겸직원장지원비	3,840	5	4	7	8	7	5	5	4
8904	전남 담양군	토요운영추가지원	3,600	5	1	7	8	7	5	5	4
8905	전남 담양군	지역아동센터냉난방비지원	3,000	5	1	7	8	7	5	5	4
8906	전남 담양군	농어촌소재법인어린이집지원(1개소)	2,600	5	4	7	8	7	5	5	4
8907	전남 담양군	아이돌보미보수교육보전금	2,160	5	2	7	8	7	5	5	4
8908	전남 담양군	그룹홈아동자립프로그램비	1,960	5	1	7	8	7	5	5	4
8909	전남 담양군	영아전담어린이집냉난방비(2개소)	1,600	5	4	7	8	7	5	5	4
8910	전남 담양군	아이돌보미건강검진비지원	900	5	2	7	8	7	5	5	4
8911	전남 곡성군	장애인거주시설운영지원(곡성삼강원)	2,621,753	5	1	7	8	7	5	5	4
8912	전남 곡성군	장애인거주시설운영지원(인정원)	1,392,276	5	1	7	8	7	5	5	4
8913	전남 곡성군	지역아동센터운영비지원	739,964	5	1	7	7	7	5	5	1
8914	전남 곡성군	장애인직업재활시설운영지원(1개소)	546,480	5	1	7	8	7	5	5	4
8915	전남 곡성군	경로당난방비지원	529,688	5	4	5	8	7	1	1	1
8916	전남 곡성군	경로당운영비지원	495,660	5	4	5	8	7	1	1	1
8917	전남 곡성군	청소년문화의집운영지원	329,000	5	1	1	3	1	1	1	4

순번	시군구	지출명 (사업명)	2024년예산 (단위 : 천원 /1년간)	민간이전 분류 (지방자치단체 세출예산 집행기준에 의거) 1. 민간경상사업보조(307-02) 2. 민간단체 법정운영비보조(307-03) 3. 민간행사사업보조(307-04) 4. 민간위탁금(307-05) 5. 사회복지시설 법정운영비보조(307-10) 6. 민간인위탁교육비(307-12) 7. 공기관등에대한경상적위탁사업비(308-13) 8. 민간자본사업보조,자체재원(402-01) 9. 민간자본사업보조,이전재원(402-02) 10. 민간위탁사업비(402-03) 11. 공기관등에 대한 자본적 위탁사업비(403-02)	민간이전지출 근거 (지방보조금 관리기준 참고) 1. 법률에 규정 2. 국고보조 재원(국가지정) 3. 용도 지정 기부금 4. 조례에 직접규정 5. 지자체가 권장하는 사업을 하는 공공기관 6. 시,도 정책 및 재정사정 7. 기타 8. 해당없음	입찰방식 계약체결방법 (경쟁형태) 1. 일반경쟁 2. 제한경쟁 3. 지명경쟁 4. 수의계약 5. 법정위탁 6. 기타 ( ) 7. 없음	입찰방식 계약기간 1. 1년 2. 2년 3. 3년 4. 4년 5. 5년 6. 기타 ( )년 7. 단기계약 (1년미만) 8. 없음	입찰방식 낙찰자선정방법 1. 적격심사 2. 협상에의한계약 3. 최저가낙찰제 4. 규격가격분리 5. 2단계 경쟁입찰 6. 기타 ( ) 7. 없음	운영예산 산정 운영예산 산정 1. 내부산정 (지자체 자체적으로 산정) 2. 외부산정 (외부전문기관위탁 산정) 3. 내·외부 모두 산정 4. 산정 無 5. 없음	운영예산 산정 정산방법 1. 내부정산 (지자체 내부적으로 정산) 2. 외부정산 (외부전문기관위탁 정산) 3. 내·외부 모두 산정 4. 정산 無 5. 없음	성과평가 실시여부 1. 실시 2. 미실시 3. 향후 추진 4. 해당없음
8918	전남 곡성군	지역자활센터운영비	262,284	5	2	7	8	7	5	5	4
8919	전남 곡성군	장애인생활이동지원센터운영(1개소)	159,300	5	1	7	8	7	5	5	4
8920	전남 곡성군	청소년상담복지센터운영지원	149,070	5	1	1	5	1	1	1	4
8921	전남 곡성군	요보호아동그룹홈운영지원	134,304	5	2	5	8	7	1	1	4
8922	전남 곡성군	경로당냉방비지원(324개소)	106,920	5	4	5	8	7	1	1	1
8923	전남 곡성군	어린이집영아반교사인건비지원	100,000	5	4	7	8	7	5	5	4
8924	전남 곡성군	어린이집유아반교사인건비지원	100,000	5	4	7	8	7	5	5	4
8925	전남 곡성군	다함께돌봄센터인건비지원	78,000	5	1	1	5	1	5	5	1
8926	전남 곡성군	장애인편의증진시설지원센터운영	71,865	5	1	7	8	7	5	5	4
8927	전남 곡성군	시간제보육서비스제공	52,840	5	2	5	1	7	5	1	4
8928	전남 곡성군	자활사례관리	36,476	5	6	7	8	7	5	5	4
8929	전남 곡성군	다함께돌봄센터운영비지원	12,000	5	1	1	5	1	5	5	1
8930	전남 곡성군	지역자활센터종사자특별수당	6,480	5	6	7	8	7	5	5	4
8931	전남 구례군	어린이집종사자인건비	1,329,554	5	2	7	8	7	5	1	4
8932	전남 구례군	지역아동센터운영비지원	815,600	5	2	7	8	7	3	1	2
8933	전남 구례군	경로당냉난방비지원	533,484	5	1	7	8	7	1	1	4
8934	전남 구례군	경로당운영비	429,915	5	1	7	8	7	1	1	4
8935	전남 구례군	지역아동센터급식비지원	352,800	5	6	7	8	7	3	1	2
8936	전남 구례군	자활센터운영지원	260,500	5	2	5	1	7	5	1	1
8937	전남 구례군	보육교직원처우개선	160,000	5	2	7	8	7	5	1	4
8938	전남 구례군	그룹홈운영지원(요보호아동그룹홈운영지원)	139,944	5	2	7	8	7	5	1	4
8939	전남 구례군	어린이집운영자체지원	104,144	5	2	7	8	7	5	1	4
8940	전남 구례군	지역아동센터종사자인건비보전수당	38,400	5	6	7	8	7	3	1	2
8941	전남 구례군	지역아동센터운영비지원(자체)	32,151	5	6	7	8	7	3	1	2
8942	전남 구례군	지역아동센터어린이통학버스안전지킴이지원	28,518	5	4	7	8	7	3	1	2
8943	전남 구례군	지역아동센터종사자특별수당	24,120	5	6	7	8	7	3	1	2
8944	전남 구례군	어린이집차량운영비	20,800	5	2	7	8	7	5	1	4
8945	전남 구례군	지역아동센터급식도우미지원	14,904	5	6	7	8	7	3	1	2
8946	전남 구례군	특성별지역아동센터추가지원	10,800	5	2	7	8	7	3	1	2
8947	전남 구례군	어린이집교재교구비	5,800	5	2	7	8	7	5	1	4
8948	전남 구례군	열린어린이집운영활성화비지원	900	5	2	7	8	7	5	1	4
8949	전남 고흥군	보육교직원인건비지원	3,786,480	5	1,4	7	8	7	5	5	4
8950	전남 고흥군	지역아동센터운영비지원	1,682,000	5	1	7	8	7	1	1	1
8951	전남 고흥군	경로당냉난방비및양곡비지원	1,406,100	5	4	7	8	7	1	1	4
8952	전남 고흥군	장애인복지관운영	1,143,018	5	1	5	8	7	2	3	1
8953	전남 고흥군	경로당운영비지원	1,136,645	5	4	7	8	7	1	1	4
8954	전남 고흥군	건강가정및다문화가족지원센터운영	933,540	5	1,4	1	5	1	1	1	1
8955	전남 고흥군	지역아동센터이용아동급식비지원	764,400	5	1	7	8	7	1	1	1
8956	전남 고흥군	시니어클럽운영	346,710	5	6	5	5	7	1	1	4
8957	전남 고흥군	경로당부식비지원	338,880	5	4	7	8	7	1	1	4

순번	시군구	지출명 (사업명)	2024년예산 (단위 : 천원 /1년간)	민간이전 분류 (지방자치단체 세출예산 집행기준에 의거) 1. 민간경상사업보조(307-02) 2. 민간단체 법정운영비보조(307-03) 3. 민간행사사업보조(307-04) 4. 민간위탁금(307-05) 5. 사회복지시설 법정운영비보조(307-10) 6. 민간인위탁교육비(307-12) 7. 공기관등에대한경상적위탁사업비(308-13) 8. 민간자본사업보조,자체재원(402-01) 9. 민간자본사업보조,이전재원(402-02) 10. 민간위탁사업비(402-03) 11. 공기관등에 대한 자본적 위탁사업비(403-02)	민간이전지출 근거 (지방보조금 관리기준 참고) 1. 법률에 규정 2. 국고보조 재원(국가지정) 3. 용도 지정 기부금 4. 조례에 직접규정 5. 지자체가 권장하는 사업을 하는 공공기관 6. 시,도 정책 및 재정사정 7. 기타 8. 해당없음	입찰방식 계약체결방법 (경쟁형태) 1. 일반경쟁 2. 제한경쟁 3. 지명경쟁 4. 수의계약 5. 법정위탁 6. 기타 ( ) 7. 없음	입찰방식 계약기간 1. 1년 2. 2년 3. 3년 4. 4년 5. 5년 6. 기타 ( )년 7. 단기계약 (1년미만) 8. 없음	입찰방식 낙찰자선정방법 1. 적격심사 2. 협상에의한계약 3. 최저가낙찰제 4. 규격가격분리 5. 2단계 경쟁입찰 6. 기타 ( ) 7. 없음	운영예산 산정 운영예산 산정 1. 내부산정 (지자체 자체적으로 산정) 2. 외부산정 (외부전문기관위탁 산정) 3. 내·외부 모두 산정 4. 산정 無 5. 없음	운영예산 산정 정산방법 1. 내부정산 (지자체 내부적으로 정산) 2. 외부정산 (외부전문기관위탁 정산) 3. 내·외부 모두 산정 4. 정산 無 5. 없음	성과평가 실시여부 1. 실시 2. 미실시 3. 향후 추진 4. 해당없음
8958	전남 고흥군	지역자활센터운영지원	287,284	5	1	5	8	7	2	3	1
8959	전남 고흥군	요보호아동그룹홈운영지원	279,888	5	1	7	8	7	1	1	4
8960	전남 고흥군	노인요양시설종사자특별수당	267,000	5	6	7	8	7	5	5	4
8961	전남 고흥군	어린이집지원	257,200	5	1,4	7	8	7	5	5	4
8962	전남 고흥군	장애인주간보호시설운영(예빛누리)	249,433	5	1	5	8	7	2	1	1
8963	전남 고흥군	군노인회지원	230,661	5	1	6	6	2	1	3	3
8964	전남 고흥군	가정폭력상담소운영지원	198,115	5	1	5	8	7	1	1	4
8965	전남 고흥군	장애인생활이동지원센터운영	165,665	5	1	5	8	7	2	1	4
8966	전남 고흥군	지역아동센터어린이통학버스동승보호자지원	141,974	5	1	7	8	7	1	1	1
8967	전남 고흥군	청각장애인수화통역센터운영	135,210	5	1	5	8	7	2	1	4
8968	전남 고흥군	노인주간보호센터프로그램지원	134,000	5	6	7	8	7	5	5	4
8969	전남 고흥군	학기중아동급식지원	121,600	5	1	5	2	1	1	1	1
8970	전남 고흥군	장애인복지관무료급식지원	120,000	5	1	5	8	7	2	3	4
8971	전남 고흥군	방학중아동급식지원	115,200	5	1	5	2	1	1	1	1
8972	전남 고흥군	어린이집운영지원	107,400	5	1,4	7	8	7	5	5	4
8973	전남 고흥군	지역아동센터종사자인건비보전수당	88,800	5	1	7	8	7	1	1	1
8974	전남 고흥군	장애인복지지원	87,830	5	1	5	8	7	2	1	4
8975	전남 고흥군	지역아동센터종사자특별수당	75,960	5	1	7	8	7	1	1	1
8976	전남 고흥군	지역아동센터추가운영비지원	73,416	5	1	7	8	7	1	1	1
8977	전남 고흥군	요보호그룹홈생활지원	60,540	5	1	7	8	7	1	1	4
8978	전남 고흥군	장애인전용목욕탕운영	60,000	5	4	5	8	7	2	3	4
8979	전남 고흥군	장애인공동생활가정운영(꿈틔움)	59,700	5	1	5	8	7	2	1	1
8980	전남 고흥군	민간가정어린이집취사부인건비지원	55,200	5	1,4	7	8	7	5	5	4
8981	전남 고흥군	장애인편의시설지원센터운영	51,330	5	1	5	8	7	2	1	4
8982	전남 고흥군	사회복지협의회운영지원	40,000	5	6	7	8	7	1	1	4
8983	전남 고흥군	지역아동센터급식도우미지원	39,744	5	1	7	8	7	1	1	1
8984	전남 고흥군	공공형어린이집운영지원(전환사업)	36,582	5	1,4	7	8	7	5	5	4
8985	전남 고흥군	자활사례관리사지원	36,476	5	1	5	8	7	2	3	1
8986	전남 고흥군	여성폭력방지시설운영도추가지원	35,446	5	1	5	8	7	1	1	4
8987	전남 고흥군	장애인시설종사자특별수당지원	34,560	5	1	5	8	7	2	3	4
8988	전남 고흥군	지역아동센터냉난방비지원	30,600	5	1	7	8	7	1	1	1
8989	전남 고흥군	특수목적형지역아동센터지원	28,800	5	1	7	8	7	1	1	1
8990	전남 고흥군	결식아동급식지원(연중)	23,360	5	1	5	2	1	1	1	1
8991	전남 고흥군	다문화가족지원센터종사자특별수당지원	20,520	5	1,4	1	5	1	1	1	1
8992	전남 고흥군	영아전담어린이집지원	11,600	5	1,4	7	8	7	5	5	4
8993	전남 고흥군	사회복지기금	10,000	5	4	6	8	6	1	1	2
8994	전남 고흥군	공공형어린이집조리원인건비지원	9,466	5	1,4	7	8	7	5	5	4
8995	전남 고흥군	지역자활센터종사자특별수당	6,480	5	1	5	8	7	2	3	1
8996	전남 고흥군	여성폭력방지시설종사자특별수당지원	5,400	5	1	5	8	7	1	1	4
8997	전남 고흥군	가정폭력피해재발방지	3,450	5	1	5	8	7	1	1	4

순번	시군구	지출명 (사업명)	2024년예산 (단위 : 천원 /1년간)	민간이전 분류 (지방자치단체 세출예산 집행기준에 의거) 1. 민간경상사업보조(307-02) 2. 민간단체 법정운영비보조(307-03) 3. 민간행사사업보조(307-04) 4. 민간위탁금(307-05) 5. 사회복지시설 법정운영비보조(307-10) 6. 민간인위탁교육비(307-12) 7. 공기관등에대한경상적위탁사업비(308-13) 8. 민간자본사업보조,자체재원(402-01) 9. 민간자본사업보조,이전재원(402-02) 10. 민간위탁사업비(402-03) 11. 공기관등에 대한 자본적 위탁사업비(403-02)	민간이전지출 근거 (지방보조금 관리기준 참고) 1. 법률에 규정 2. 국고보조 재원(국가지정) 3. 용도 지정 기부금 4. 조례에 직접규정 5. 지자체가 권장하는 사업을 하는 공공기관 6. 시,도 정책 및 재정사정 7. 기타 8. 해당없음	입찰방식: 계약체결방법 (경쟁형태) 1. 일반경쟁 2. 제한경쟁 3. 지명경쟁 4. 수의계약 5. 법정위탁 6. 기타 ( ) 7. 없음	입찰방식: 계약기간 1. 1년 2. 2년 3. 3년 4. 4년 5. 5년 6. 기타 ( )년 7. 단기계약 (1년미만) 8. 없음	입찰방식: 낙찰자선정방법 1. 적격심사 2. 협상에의한계약 3. 최저가낙찰제 4. 규격가격분리 5. 2단계 경쟁입찰 6. 기타 ( ) 7. 없음	운영예산 산정: 운영예산 산정 1. 내부산정 (지자체 자체적으로 산정) 2. 외부산정 (외부전문기관위탁 산정) 3. 내·외부 모두 산정 4. 산정 無 5. 없음	운영예산 산정: 정산방법 1. 내부정산 (지자체 내부적으로 정산) 2. 외부정산 (외부전문기관위탁 정산) 3. 내·외부 모두 산정 4. 정산 無 5. 없음	성과평가 실시여부 1. 실시 2. 미실시 3. 향후 추진 4. 해당없음
8998	전남 고흥군	열린어린이집운영활성화비지원	3,000	5	1,4	7	8	7	5	5	4
8999	전남 화순군	보육교직원인건비지원	3,902,000	5	1	7	8	7	1	1	4
9000	전남 화순군	지역아동센터지원	3,347,288	5	1	7	8	7	1	1	4
9001	전남 화순군	경로당지원	2,048,359	5	2	7	8	7	1	1	4
9002	전남 화순군	아동복지시설운영	1,471,480	5	1	7	8	7	1	1	4
9003	전남 화순군	노인복지관운영지원	900,000	5	1	5	5	7	1	1	4
9004	전남 화순군	보조교사,대체교사지원	700,000	5	1	7	8	7	1	1	4
9005	전남 화순군	경로당운영비	693,972	5	6	7	8	7	1	1	4
9006	전남 화순군	노인양로시설운영	624,808	5	2	7	8	7	5	1	4
9007	전남 화순군	보육교직원처우개선지원	595,400	5	1	7	8	7	1	1	4
9008	전남 화순군	어린이집운영자체지원	467,538	5	1,4	7	8	7	1	1	4
9009	전남 화순군	공공형어린이집운영비	218,282	5	1	7	8	7	1	1	4
9010	전남 화순군	어린이집운영지원	190,540	5	1	7	8	7	1	1	4
9011	전남 화순군	가정폭력상담소운영지원	126,666	5	4	7	8	7	1	1	4
9012	전남 화순군	열린어린이집운영지원	3,600	5	1	7	8	7	1	1	4
9013	전남 장흥군	보육교직원인건비지원(국비)	2,870,000	5	2	7	8	7	1	1	4
9014	전남 장흥군	지역아동센터운영비지원(균특)	1,119,966	5	6	7	8	7	5	5	4
9015	전남 장흥군	경로당냉난방비및정부양곡지원(국비)	768,528	5	1	7	8	7	1	1	4
9016	전남 장흥군	종합사회복지관운영지원	554,000	5	1	7	8	7	1	1	1
9017	전남 장흥군	장애인개인운영시설지원	548,783	5	6	7	8	7	1	1	1
9018	전남 장흥군	경로당운영비	473,811	5	1	7	8	7	1	1	4
9019	전남 장흥군	지역아동센터운영자체지원사업	462,608	5	6	7	8	7	5	5	4
9020	전남 장흥군	요보호아동그룹홈운영지원(국비)	403,044	5	1	7	8	7	5	5	4
9021	전남 장흥군	지역자활센터운영지원	366,051	5	1	7	8	7	1	1	1
9022	전남 장흥군	보조교사,대체교사지원(국비)	300,000	5	2	7	8	7	1	1	4
9023	전남 장흥군	다함께돌봄사업인건비지원(도/균특)	286,000	5	6	7	8	7	5	5	4
9024	전남 장흥군	장애인주간보호시설운영	228,835	5	6	7	8	7	1	1	1
9025	전남 장흥군	누리과정보육료지원	199,496	5	2	7	8	7	1	1	4
9026	전남 장흥군	수어통역센터지원	174,840	5	6	7	8	7	1	1	1
9027	전남 장흥군	시각장애인생활이동지원센터운영	173,920	5	6	7	8	7	1	1	1
9028	전남 장흥군	어린이집운영도자체지원	130,782	5	2	7	8	7	1	1	4
9029	전남 장흥군	보육시설운영지원	119,000	5	7	7	8	7	1	1	4
9030	전남 장흥군	지역자활센터운영	87,000	5	1	7	8	7	1	1	1
9031	전남 장흥군	다함께돌봄센터프로그램비지원	70,000	5	6	7	8	7	5	5	4
9032	전남 장흥군	요보호아동그룹홈운영자체지원사업	69,692	5	1	7	8	7	5	5	4
9033	전남 장흥군	건강가정및다문화가족통합운영지원	67,523	5	4	7	8	7	1	1	4
9034	전남 장흥군	어린이집운영지원(국비)	64,300	5	2	7	8	7	1	1	4
9035	전남 장흥군	다함께돌봄사업운영비지원(도/균특)	38,000	5	6	7	8	7	5	5	4
9036	전남 장흥군	공공형어린이집지원(전환사업)	36,582	5	2	7	8	7	1	1	4
9037	전남 장흥군	자활사례관리(인건비)	31,477	5	2	7	8	7	1	1	1

순번	시군구	지출명 (사업명)	2024년예산 (단위 : 천원 /1년간)	민간이전 분류 (지방자치단체 세출예산 집행기준에 의거) 1. 민간경상사업보조(307-02) 2. 민간단체 법정운영비보조(307-03) 3. 민간행사사업보조(307-04) 4. 민간위탁금(307-05) 5. 사회복지시설 법정운영비보조(307-10) 6. 민간인위탁교육비(307-12) 7. 공기관등에대한경상적위탁사업비(308-13) 8. 민간자본사업보조,자체재원(402-01) 9. 민간자본사업보조,이전재원(402-02) 10. 민간위탁사업비(402-03) 11. 공기관등에 대한 자본적 위탁사업비(403-02)	민간이전지출 근거 (지방보조금 관리기준 참고) 1. 법률에 규정 2. 국고보조 재원(국가지정) 3. 용도 지정 기부금 4. 조례에 직접규정 5. 지자체가 권장하는 사업을 하는 공공기관 6. 시,도 정책 및 재정사정 7. 기타 8. 해당없음	입찰방식			운영예산 산정		성과평가 실시여부
						계약체결방법 (경쟁형태) 1. 일반경쟁 2. 제한경쟁 3. 지명경쟁 4. 수의계약 5. 법정위탁 6. 기타 ( ) 7. 없음	계약기간 1. 1년 2. 2년 3. 3년 4. 4년 5. 5년 6. 기타 ( )년 7. 단기계약 (1년미만) 8. 없음	낙찰자선정방법 1. 적격심사 2. 협상에의한계약 3. 최저가낙찰제 4. 규격가격분리 5. 2단계 경쟁입찰 6. 기타 ( ) 7. 없음	운영예산 산정 1. 내부산정 (지자체 자체적으로 산정) 2. 외부산정 (외부전문기관위탁 산정) 3. 내·외부 모두 산정 4. 산정 無 5. 없음	정산방법 1. 내부정산 (지자체 내부적으로 정산) 2. 외부정산 (외부전문기관위탁 정산) 3. 내·외부 모두 산정 4. 정산 無 5. 없음	1. 실시 2. 미실시 3. 향후 추진 4. 해당없음
9038	전남 장흥군	장흥군가족센터종사자특별수당	19,440	5	4	7	8	7	1	1	4
9039	전남 장흥군	특성별지역아동센터추가지원(균특)	18,000	5	6	7	8	7	5	5	4
9040	전남 장흥군	종합사회복지관운영지원	15,120	5	1	7	8	7	1	1	1
9041	전남 장흥군	자활센터종사자특별수당	9,720	5	6	7	8	7	1	1	1
9042	전남 장흥군	대체인력인건비지원	7,680	5	6	7	8	7	5	5	4
9043	전남 장흥군	다문화교류센터운영관리	5,140	5	4	7	8	7	1	1	4
9044	전남 장흥군	자활사례관리(운영비)	5,000	5	6	7	8	7	1	1	1
9045	전남 장흥군	다문화가족자녀언어발달지원	4,050	5	4	7	8	7	1	1	4
9046	전남 장흥군	열린어린이집활성화지원	2,100	5	2	7	8	7	1	1	4
9047	전남 장흥군	경계선지능아동자립지원(국비)	2,050	5	1	7	8	7	5	5	4
9048	전남 강진군	아동복지시설운영지원	1,453,500	5	1	5	8	7	5	2	4
9049	전남 강진군	강진군장애인종합복지관운영비	1,224,418	5	6	2	5	1	1	1	1
9050	전남 강진군	지역아동센터인건비지원	872,000	5	1	5	8	7	5	1	4
9051	전남 강진군	양로시설운영지원	768,177	5	4	1	7	3	1	1	4
9052	전남 강진군	지역아동센터급식비지원	490,000	5	6	5	8	7	5	1	4
9053	전남 강진군	가족센터운영비지원	267,700	5	1,4	1	7	1	1	1	4
9054	전남 강진군	강진군장애인생활이동지원센터운영비	252,405	5	6	7	8	7	1	1	1
9055	전남 강진군	지역아동센터운영비지원	218,000	5	1	5	8	7	5	1	4
9056	전남 강진군	강진군수어통역센터운영비	217,005	5	6	7	8	7	1	1	1
9057	전남 강진군	취약,위기가족통합지원	105,440	5	1,4	1	7	1	1	1	4
9058	전남 강진군	다함께돌봄사업인건비	78,000	5	1	5	3	7	5	1	4
9059	전남 강진군	가족센터종사자처우개선비지원	77,938	5	1,4	1	7	1	1	1	4
9060	전남 강진군	다문화가족자녀지원	77,500	5	1,4	1	7	1	1	1	4
9061	전남 강진군	지역아동센터운영비추가지원	71,460	5	4	5	8	7	1	1	4
9062	전남 강진군	지역아동센터종사자인건비보전수당	69,600	5	6	5	8	7	5	1	4
9063	전남 강진군	강진군지체장애인편의시설지원센터운영비	69,410	5	6	7	8	7	1	1	1
9064	전남 강진군	공동생활가정운영비지원	59,700	5	6	7	8	7	1	1	1
9065	전남 강진군	지역아동센터자체운영비지원	54,552	5	6	5	8	7	5	1	1
9066	전남 강진군	다문화교류소통공간운영	44,900	5	1,4	1	7	1	1	1	4
9067	전남 강진군	아동복지시설종사자특별수당	31,320	5	1	5	8	7	5	1	4
9068	전남 강진군	자역아동센터종사자특별수당지원	31,320	5	6	5	8	7	5	1	4
9069	전남 강진군	지역아동센터급식도우미지원	24,840	5	6	5	8	7	5	1	4
9070	전남 강진군	다함께돌봄센터운영비추가지원	22,620	5	4	5	3	7	1	1	4
9071	전남 강진군	가족센터종사자특별수당	14,040	5	1,4	1	7	1	1	1	4
9072	전남 강진군	다함께돌봄센터운영비	14,000	5	1	5	3	7	5	1	4
9073	전남 강진군	지역아동센터운영비추가지원	10,000	5	6	5	8	7	5	1	4
9074	전남 강진군	특수목적형지역아동센터지원	7,440	5	1	5	8	7	5	1	4
9075	전남 강진군	가족센터방문교육지도사수당지원	1,800	5	1,4	1	7	1	1	1	4
9076	전남 해남군	어린이집교직원인건비지원	4,294,000	5	1	7	8	7	1	1	4
9077	전남 해남군	지역아동센터인건비지원	2,066,000	5	2	7	8	7	5	1	4

순번	시군구	지출명 (사업명)	2024년예산 (단위 : 천원 /1년간)	민간이전 분류 (지방자치단체 세출예산 집행기준에 의거) 1. 민간경상사업보조(307-02) 2. 민간단체 법정운영비보조(307-03) 3. 민간행사사업보조(307-04) 4. 민간위탁금(307-05) 5. 사회복지시설 법정운영비보조(307-10) 6. 민간인위탁교육비(307-12) 7. 공기관등에대한경상적위탁사업비(308-13) 8. 민간자본사업보조,자체재원(402-01) 9. 민간자본사업보조,이전재원(402-02) 10. 민간위탁사업비(402-03) 11. 공기관등에 대한 자본적 위탁사업비(403-02)	민간이전지출 근거 (지방보조금 관리기준 참고) 1. 법률에 규정 2. 국고보조 재원(국가지정) 3. 용도 지정 기부금 4. 조례에 직접규정 5. 지자체가 권장하는 사업을 하는 공공기관 6. 시,도 정책 및 재정사정 7. 기타 8. 해당없음	입찰방식 계약체결방법 (경쟁형태) 1. 일반경쟁 2. 제한경쟁 3. 지명경쟁 4. 수의계약 5. 법정위탁 6. 기타 ( ) 7. 없음	입찰방식 계약기간 1. 1년 2. 2년 3. 3년 4. 4년 5. 5년 6. 기타 ( )년 7. 단기계약 (1년미만) 8. 없음	입찰방식 낙찰자선정방법 1. 적격심사 2. 협상에의한계약 3. 최저가낙찰제 4. 규격가격분리 5. 2단계 경쟁입찰 6. 기타 ( ) 7. 없음	운영예산 산정 운영예산 산정 1. 내부산정 (지자체 자체적으로 산정) 2. 외부산정 (외부전문기관위탁 산정) 3. 내·외부 모두 산정 4. 산정 無 5. 없음	운영예산 산정 정산방법 1. 내부정산 (지자체 내부적으로 정산) 2. 외부정산 (외부전문기관위탁 정산) 3. 내·외부 모두 산정 4. 정산 無 5. 없음	성과평가 실시여부 1. 실시 2. 미실시 3. 향후 추진 4. 해당없음
9078	전남 해남군	사례관리지원	1,367,040	5	6	7	8	7	1	1	1
9079	전남 해남군	경로당동절기특별난방비지원	1,110,000	5	2	7	1	7	5	1	4
9080	전남 해남군	노인종합복지관운영	1,000,202	5	1	7	8	7	5	1	4
9081	전남 해남군	보조(연장)교사지원	676,000	5	1	7	8	7	1	1	4
9082	전남 해남군	지역아동센터운영비지원	442,000	5	2	7	8	7	5	5	4
9083	전남 해남군	담임교사지원비	368,600	5	1	7	8	7	1	1	4
9084	전남 해남군	지역아동센터급식도우미인건비	295,327	5	2	7	8	7	5	1	4
9085	전남 해남군	지역아동센터차량동승자인건비	295,327	5	2	7	8	7	5	1	4
9086	전남 해남군	요보호아동그룹홈운영지원	268,608	5	2	7	8	7	1	1	1
9087	전남 해남군	시니어클럽운영비	264,000	5	1	7	5	7	5	1	4
9088	전남 해남군	시간제보육서비스제공	250,000	5	1	7	8	7	1	1	4
9089	전남 해남군	독거노인중증장애인응급안전안심서비스운영지원	237,274	5	2	7	3	7	5	1	4
9090	전남 해남군	학대피해아동쉼터운영지원	203,460	5	2	5	3	7	1	1	1
9091	전남 해남군	경로당하절기냉방비지원	198,000	5	2	7	1	7	5	1	4
9092	전남 해남군	노인맞춤돌봄생활관리사교통통신비지원	183,360	5	4	7	3	7	5	1	4
9093	전남 해남군	농촌보육교사특별근무수당	172,800	5	1	7	8	7	1	1	4
9094	전남 해남군	어린이집반별운영비지원	162,000	5	6	7	8	7	1	1	4
9095	전남 해남군	민간가정어린이집학부모차액보육료	160,320	5	6	7	8	7	1	1	4
9096	전남 해남군	학대피해아동양육시설일시보호비용지원	156,000	5	2	5	5	1	1	1	1
9097	전남 해남군	성폭력상담소운영지원	142,022	5	1	7	8	7	1	1	3
9098	전남 해남군	노인요양시설종사자특별수당	136,800	5	6	7	8	7	5	1	4
9099	전남 해남군	지역아동센터추가운영비지원	101,760	5	2	7	8	7	5	1	4
9100	전남 해남군	지역아동센터종사자인건비보전수당	90,738	5	2	7	8	7	5	1	4
9101	전남 해남군	지역아동센터급식도우미지원	90,720	5	2	7	8	7	5	1	4
9102	전남 해남군	공공형어린이집지원(전환)	90,076	5	1	7	8	7	1	1	4
9103	전남 해남군	차량운영비	88,380	5	1	7	8	7	1	1	4
9104	전남 해남군	종사자복리후생비	81,120	5	2	7	8	7	5	1	4
9105	전남 해남군	어린이집보육교직원복지수당	69,480	5	1	7	8	7	1	1	4
9106	전남 해남군	급식도우미,차량동승자4대보험	69,120	5	2	7	8	7	5	1	4
9107	전남 해남군	면소재어린이집보육교직원교통비	57,600	5	1	7	8	7	1	1	4
9108	전남 해남군	차량운영비지원	57,600	5	2	7	8	7	5	1	4
9109	전남 해남군	법인법단어린이집보육교사처우개선비	54,000	5	1	7	8	7	1	1	4
9110	전남 해남군	민간가정어린이집보육교사처우개선비	54,000	5	1	7	8	7	1	1	4
9111	전남 해남군	지역아동센터특수목적형지원	47,693	5	2	7	8	7	5	1	4
9112	전남 해남군	지역아동센터아동급식비지원	45,792	5	2	7	8	7	5	1	4
9113	전남 해남군	민간가정어린이집취사부인건비지원	45,432	5	6	7	8	7	1	1	4
9114	전남 해남군	어린이집종사자장기재직수당	43,200	5	1	7	8	7	1	1	4
9115	전남 해남군	다함께돌봄센터운영비지원	34,848	5	7	5	5	1	1	1	1
9116	전남 해남군	공립어린이집원장및담임교사특별수당	33,600	5	1	7	8	7	1	1	4
9117	전남 해남군	5년이상종사자	32,400	5	1	7	8	7	1	1	4

순번	시군구	지출명 (사업명)	2024년예산 (단위 : 천원 /1년간)	민간이전 분류 (지방자치단체 세출예산 집행기준에 의거) 1. 민간경상사업보조(307-02) 2. 민간단체 법정운영비보조(307-03) 3. 민간행사사업보조(307-04) 4. 민간위탁금(307-05) 5. 사회복지시설 법정운영비보조(307-10) 6. 민간인위탁교육비(307-12) 7. 공기관등에대한경상적위탁사업비(308-13) 8. 민간자본사업보조,자체재원(402-01) 9. 민간자본사업보조,이전재원(402-02) 10. 민간위탁사업비(402-03) 11. 공기관등에 대한 자본적 위탁사업비(403-02)	민간이전지출 근거 (지방보조금 관리기준 참고) 1. 법률에 규정 2. 국고보조 재원(국가지정) 3. 용도 지정 기부금 4. 조례에 직접규정 5. 지자체가 권장하는 사업을 하는 공공기관 6. 시,도 정책 및 재정사정 7. 기타 8. 해당없음	입찰방식 계약체결방법 (경쟁형태) 1. 일반경쟁 2. 제한경쟁 3. 지명경쟁 4. 수의계약 5. 법정위탁 6. 기타 ( ) 7. 없음	입찰방식 계약기간 1. 1년 2. 2년 3. 3년 4. 4년 5. 5년 6. 기타 ( )년 7. 단기계약 (1년미만) 8. 없음	입찰방식 낙찰자선정방법 1. 적격심사 2. 협상에의한계약 3. 최저가낙찰제 4. 규격가격분리 5. 2단계 경쟁입찰 6. 기타 ( ) 7. 없음	운영예산 산정 운영예산 산정 1. 내부산정 (지자체 자체적으로 산정) 2. 외부산정 (외부전문기관위탁 산정) 3. 내·외부 모두 산정 4. 산정 無 5. 없음	운영예산 산정 정산방법 1. 내부정산 (지자체 내부적으로 정산) 2. 외부정산 (외부전문기관위탁 정산) 3. 내·외부 모두 산정 4. 정산 無 5. 없음	성과평가 실시여부 1. 실시 2. 미실시 3. 향후 추진 4. 해당없음
9118	전남 해남군	운영비	31,647	5	2	5	3	7	1	1	1
9119	전남 해남군	아동양육시설운영비지원	30,528	5	6	7	8	7	1	1	1
9120	전남 해남군	시설아동대학입학준비금	28,000	5	6	7	8	7	1	1	1
9121	전남 해남군	영아장애아전담어린이집종사자특별수당	25,200	5	6	7	8	7	1	1	4
9122	전남 해남군	시설아동보호및지원	25,014	5	6	7	8	7	1	1	1
9123	전남 해남군	보육교직원명절휴가비	25,000	5	1	7	8	7	1	1	4
9124	전남 해남군	장애아전문어린이집운전원인건비	24,729	5	6	7	8	7	1	1	4
9125	전남 해남군	누리반보육여건개선비	24,400	5	1	7	8	7	1	1	4
9126	전남 해남군	다함께돌봄센터인건비지원	24,000	5	2	5	5	1	1	1	1
9127	전남 해남군	청소년지도자처우개선수당	22,800	5	6	7	8	7	1	1	1
9128	전남 해남군	농어촌소재법인어린이집지원	22,600	5	1	7	8	7	1	1	4
9129	전남 해남군	어린이집차량보험료지원	22,000	5	4	7	8	7	1	1	4
9130	전남 해남군	지역아동센터종사자특별수당지원	21,600	5	2	7	8	7	5	1	4
9131	전남 해남군	공공형어린이집취사부인건비지원	18,932	5	6	7	8	7	1	1	4
9132	전남 해남군	교재교구비	18,200	5	1	7	8	7	1	1	4
9133	전남 해남군	노인복지관종사자특별수당	16,200	5	1	7	8	7	5	1	4
9134	전남 해남군	학대피해아동쉼터종사자위험수당	14,950	5	7	5	3	7	1	1	1
9135	전남 해남군	인건비	12,787	5	2	5	3	7	1	1	1
9136	전남 해남군	아동복지시설종사자특별수당	12,720	5	6	7	8	7	1	1	1
9137	전남 해남군	인건비	11,280	5	2	7	8	7	1	1	1
9138	전남 해남군	시니어합창단운영비지원	10,800	5	6	7	1	7	5	1	4
9139	전남 해남군	3년이상5년미만종사자	10,800	5	1	7	8	7	1	1	4
9140	전남 해남군	공립어린이집연료비지원	10,500	5	1	7	8	7	1	1	4
9141	전남 해남군	경계선지능아동선별비용	10,500	5	2	7	8	7	1	1	1
9142	전남 해남군	운영비	9,216	5	6	7	8	7	1	1	1
9143	전남 해남군	폭력(성폭력,가정폭력)예방교육및사업운영지원	8,000	5	4	7	8	7	1	1	3
9144	전남 해남군	성폭력상담소인건비보조	7,800	5	4	7	8	7	1	1	3
9145	전남 해남군	요보호아동그룹홈차량운영비	7,200	5	7	7	8	7	1	1	1
9146	전남 해남군	아동그룹홈보호및지원	6,980	5	6	7	8	7	1	1	1
9147	전남 해남군	시니어클럽종사자특별수당	6,480	5	6	7	5	7	5	1	4
9148	전남 해남군	시설아동대학입학준비금지원	6,480	5	6	7	8	7	1	1	1
9149	전남 해남군	대체교사인건비	6,000	5	1	7	8	7	1	1	4
9150	전남 해남군	사업비	5,472	5	6	5	3	7	1	1	1
9151	전남 해남군	장애아전문어린이집치료사처우개선수당	5,400	5	6	7	8	7	1	1	4
9152	전남 해남군	아동그룹홈종사자인건비차액보전	4,800	5	7	7	8	7	1	1	1
9153	전남 해남군	위기관리청소년대상성폭력예방교육	4,300	5	4	7	8	7	1	1	3
9154	전남 해남군	시설아동생필품구입비지원	4,200	5	6	7	8	7	1	1	1
9155	전남 해남군	교사겸직원장지원비	3,840	5	1	7	8	7	1	1	4
9156	전남 해남군	요보호아동그룹홈종사자복리후생비	3,600	5	7	7	8	7	1	1	1
9157	전남 해남군	성폭력상담소종사자특별수당	3,456	5	6	7	8	7	1	1	3

순번	시군구	지출명 (사업명)	2024년예산 (단위 : 천원 /1년간)	민간이전 분류 (지방자치단체 세출예산 집행기준에 의거) 1. 민간경상사업보조(307-02) 2. 민간단체 법정운영비보조(307-03) 3. 민간행사사업보조(307-04) 4. 민간위탁금(307-05) 5. 사회복지시설 법정운영비보조(307-10) 6. 민간인위탁교육비(307-12) 7. 공기관등에대한경상적위탁사업비(308-13) 8. 민간자본사업보조,자체재원(402-01) 9. 민간자본사업보조,이전재원(402-02) 10. 민간위탁사업비(402-03) 11. 공기관등에 대한 자본적 위탁사업비(403-02)	민간이전지출 근거 (지방보조금 관리기준 참고) 1. 법률에 규정 2. 국고보조 재원(국가지정) 3. 용도 지정 기부금 4. 조례에 직접규정 5. 지자체가 권장하는 사업을 하는 공공기관 6. 시,도 정책 및 재정사정 7. 기타 8. 해당없음	입찰방식: 계약체결방법 (경쟁형태) 1. 일반경쟁 2. 제한경쟁 3. 지명경쟁 4. 수의계약 5. 법정위탁 6. 기타 ( ) 7. 없음	입찰방식: 계약기간 1. 1년 2. 2년 3. 3년 4. 4년 5. 5년 6. 기타 ( )년 7. 단기계약 (1년미만) 8. 없음	입찰방식: 낙찰자선정방법 1. 적격심사 2. 협상에의한계약 3. 최저가낙찰제 4. 규격가격분리 5. 2단계 경쟁입찰 6. 기타 ( ) 7. 없음	운영예산 산정: 운영예산 산정 1. 내부산정 (지자체 자체적으로 산정) 2. 외부산정 (외부전문기관위탁 산정) 3. 내·외부 모두 산정 4. 산정 無 5. 없음	운영예산 산정: 정산방법 1. 내부정산 (지자체 내부적으로 정산) 2. 외부정산 (외부전문기관위탁 정산) 3. 내·외부 모두 산정 4. 정산 無 5. 없음	성과평가 실시여부 1. 실시 2. 미실시 3. 향후 추진 4. 해당없음
9158	전남 해남군	시설아동수학여행비지원	3,360	5	6	7	8	7	1	1	1
9159	전남 해남군	열린어린이집운영활성화비	3,000	5	6	7	8	7	1	1	4
9160	전남 해남군	해남성폭력상담소입치료차액지원	2,400	5	4	7	8	7	1	1	3
9161	전남 해남군	학대피해아동쉼터종사자특별수당지원	2,400	5	6	5	3	7	1	1	1
9162	전남 해남군	청소년지도자처우개선수당4대보험	2,394	5	6	7	8	7	1	1	1
9163	전남 해남군	시설아동자립지원프로그램비지원	1,500	5	6	7	8	7	1	1	1
9164	전남 해남군	시설아동수학여행비지원	1,500	5	6	7	8	7	1	1	1
9165	전남 해남군	시설아동생활용돈지원	1,000	5	6	7	8	7	1	1	1
9166	전남 해남군	영아장애아전담어린이집냉난방비	800	5	6	7	8	7	1	1	4
9167	전남 해남군	명절상여금지원	600	5	2	7	8	7	1	1	1
9168	전남 해남군	시설아동생활용돈	600	5	6	7	8	7	1	1	1
9169	전남 영암군	아동복지시설운영비지원	1,665,419	5	4	7	8	7	1	1	3
9170	전남 영암군	지역아동센터종사자인건비지원	1,544,000	5	5	7	8	7	1	1	4
9171	전남 영암군	경로당난방비	758,260	5	1,2,4	7	8	7	5	5	4
9172	전남 영암군	경로당운영비	669,602	5	1,4	7	8	7	5	5	4
9173	전남 영암군	청년근속장려금지원	437,500	5	5	7	8	7	1	1	4
9174	전남 영암군	지역자활센터운영비	403,644	5	1,4	7	8	7	1	1	1
9175	전남 영암군	시니어클럽운영비지원	340,230	5	1	1	5	1	2	3	2
9176	전남 영암군	경로당냉방비	155,760	5	1,2,4	7	8	7	5	5	4
9177	전남 영암군	새일여성인턴	148,200	5	1	1	5	1	1	3	2
9178	전남 영암군	장기요양요원처우개선수당	108,000	5	4	7	8	7	1	1	3
9179	전남 영암군	호텔등투자기업시설보조금	100,000	5	2	7	8	7	1	1	3
9180	전남 영암군	꿈사다리공부방사업지원	96,040	5	1,2,4	7	8	7	5	1	3
9181	전남 영암군	노인생활시설종사자특별수당	96,000	5	5	7	8	7	5	5	4
9182	전남 영암군	조선업퇴직자희망채용장려금지원	75,000	5	2	1	3	1	1	1	4
9183	전남 영암군	직업교육훈련	70,500	5	1	1	5	1	1	3	2
9184	전남 영암군	농촌공동아이돌봄센터운영비	68,500	5	4	7	8	7	1	3	4
9185	전남 영암군	전남농공단지기업맞춤형특화지원사업	45,000	5	2	6	8	7	5	5	4
9186	전남 영암군	농어촌청소년진로탐색및참의활동분담금	30,000	5	2	7	8	7	1	1	4
9187	전남 영암군	지역아동센터특수목적형추가지원	28,800	5	1,4	7	8	7	5	1	4
9188	전남 영암군	지역아동센터인프라구축지원	17,000	5	5	7	8	7	5	5	4
9189	전남 영암군	정부미지원어린이집기능보강사업	16,000	5	1,2,4	7	8	7	1	1	4
9190	전남 영암군	방과후아카데미대상자귀가차량지원	8,040	5	2	7	8	7	5	5	4
9191	전남 영암군	시니어클럽종사자특별수당	6,480	5	1	1	5	1	2	3	2
9192	전남 영암군	가족센터종사자역량강화워크숍	3,500	5	4	7	8	7	5	1	3
9193	전남 영암군	다문화여성정리수납전문가양성교육	3,000	5	2	7	8	7	5	1	4
9194	전남 영암군	청소년유해환경감시단운영비	1,600	5	2	7	8	7	5	1	4
9195	전남 영암군	재가노인복지시설종사자특별수당	1,080	5	5	7	8	7	1	1	4
9196	전남 무안군	장애인복지관운영	1,422,411	5	2	7	8	7	5	1	4
9197	전남 무안군	자활근로사업추진	1,323,078	5	1	5	1	7	1	1	1

순번	시군구	지출명 (사업명)	2024년예산 (단위 : 천원 /1년간)	민간이전 분류 (지방자치단체 세출예산 집행기준에 의거) 1. 민간경상사업보조(307-02) 2. 민간단체 법정운영비보조(307-03) 3. 민간행사사업보조(307-04) 4. 민간위탁금(307-05) 5. 사회복지시설 법정운영비보조(307-10) 6. 민간인위탁교육비(307-12) 7. 공기관등에대한경상적위탁사업비(308-13) 8. 민간자본사업보조,자체재원(402-01) 9. 민간자본사업보조,이전재원(402-02) 10. 민간위탁사업비(402-03) 11. 공기관등에 대한 자본적 위탁사업비(403-02)	민간이전지출 근거 (지방보조금 관리기준 참고) 1. 법률에 규정 2. 국고보조 재원(국가지정) 3. 용도 지정 기부금 4. 조례에 직접규정 5. 지자체가 권장하는 사업을 하는 공공기관 6. 시,도 정책 및 재정사정 7. 기타 8. 해당없음	입찰방식			운영예산 산정		성과평가 실시여부
						계약체결방법 (경쟁형태) 1. 일반경쟁 2. 제한경쟁 3. 지명경쟁 4. 수의계약 5. 법정위탁 6. 기타 ( ) 7. 없음	계약기간 1. 1년 2. 2년 3. 3년 4. 4년 5. 5년 6. 기타 ( )년 7. 단기계약 (1년미만) 8. 없음	낙찰자선정방법 1. 적격심사 2. 협상에의한계약 3. 최저가낙찰제 4. 규격가격분리 5. 2단계 경쟁입찰 6. 기타 ( ) 7. 없음	운영예산 산정 1. 내부산정 (지자체 자체적으로 산정) 2. 외부산정 (외부전문기관위탁 산정) 3. 내·외부 모두 산정 4. 산정 無 5. 없음	정산방법 1. 내부정산 (지자체 내부적으로 정산) 2. 외부정산 (외부전문기관위탁 정산) 3. 내·외부 모두 산정 4. 정산 無 5. 없음	1. 실시 2. 미실시 3. 향후 추진 4. 해당없음
9198	전남 무안군	종합사회복지관운영지원	592,324	5	1	5	5	7	1	1	1
9199	전남 무안군	장애인직업재활시설운영	401,293	5	2	7	8	7	5	1	4
9200	전남 무안군	지역자활센터운영	307,844	5	1	5	1	7	1	1	1
9201	전남 무안군	수어통역센터운영	223,545	5	2	7	8	7	5	1	4
9202	전남 무안군	장애인자립생활센터운영	216,510	5	2	7	8	7	5	1	4
9203	전남 무안군	장애인주간보호시설운영	201,354	5	2	7	8	7	5	1	4
9204	전남 무안군	장애인생활이동지원센터운영	169,935	5	2	7	8	7	5	1	4
9205	전남 무안군	지체장애인편의시설지원센터운영	85,195	5	2	7	8	7	5	1	4
9206	전남 무안군	사회복지협의회운영지원	80,000	5	1	5	8	7	1	1	1
9207	전남 무안군	자활사례관리	36,476	5	1	5	1	7	1	1	1
9208	전남 무안군	사회복지관종사자특별수당	14,400	5	1	5	1	7	1	1	1
9209	전남 무안군	지역자활센터종사자특별수당	6,480	5	1	5	1	7	1	1	1
9210	전남 무안군	발달장애인사회참여프로그램지원	6,400	5	1	5	1	7	1	1	1
9211	전남 무안군	장애인수어교실운영	3,800	5	2	7	8	7	1	1	4
9212	전남 무안군	주바라무안복지원운영비	347	5	2	7	8	7	5	1	4
9213	전남 함평군	장애인거주시설운영지원	935,426	5	1	1	5	1	5	1	1
9214	전남 함평군	장애인생활시설(개인신고)운영	589,873	5	1	7	8	7	5	1	1
9215	전남 함평군	무지개근로사업장운영	581,327	5	1	1	5	1	5	1	1
9216	전남 함평군	장애인보호작업장운영	450,762	5	1	1	5	1	5	1	1
9217	전남 함평군	무지개주간보호센터운영	409,307	5	1	7	8	7	5	1	1
9218	전남 함평군	지역자활센터운영	363,852	5	2	5	1	7	1	1	1
9219	전남 함평군	생활이동지원센터운영지원	189,300	5	1	7	8	7	5	1	2
9220	전남 함평군	수화통역센터운영	147,000	5	1	7	8	7	5	1	1
9221	전남 함평군	장애인편의시설지원센터운영	80,500	5	1	7	8	7	5	1	1
9222	전남 함평군	자활사례관리	36,476	5	6	5	1	7	1	1	1
9223	전남 함평군	지역자활센터종사자특별수당지원	7,560	5	6	5	1	7	1	1	2
9224	전남 함평군	장애인수어교실프로그램운영	4,000	5	1	7	8	7	5	1	2
9225	전남 함평군	장애인거주시설김장부식비	1,180	5	1	7	8	7	5	1	1
9226	전남 영광군	2023년2월분보육교직원(종사자)인건비지급	297,326	5	8	7	8	7	5	5	4
9227	전남 영광군	2023년1월분보육교직원(종사자)인건비지급	294,411	5	8	7	8	7	5	5	4
9228	전남 영광군	2023년11월보육교직원(종사자)인건비지급	293,121	5	8	7	8	7	5	5	4
9229	전남 영광군	2023년1월보육교직원(종사자)인건비지급	292,225	5	8	7	8	7	5	5	4
9230	전남 영광군	2023년9월보육교직원(종사자)인건비지급	292,175	5	8	7	8	7	5	5	4
9231	전남 영광군	2023년5월분보육교직원(종사자)인건비지급	290,244	5	8	7	8	7	5	5	4
9232	전남 영광군	2023년8월보육교직원(종사자)인건비지급	288,879	5	8	7	8	7	5	5	4
9233	전남 영광군	2023년6월분보육교직원(종사자)인건비지급	287,548	5	8	7	8	7	5	5	4
9234	전남 영광군	2023년7월분보육교직원(종사자)인건비지급	286,426	5	8	7	8	7	5	5	4
9235	전남 영광군	2023년4월분보육교직원(종사자)인건비지급	284,325	5	8	7	8	7	5	5	4
9236	전남 영광군	2023년3월분보육교직원(종사자)인건비지급	282,671	5	8	7	8	7	5	5	4
9237	전남 영광군	2023년3분기장애인거주시설운영지원보조금송금	275,002	5	8	7	8	7	5	5	4

순번	시군구	지출명 (사업명)	2024년예산 (단위 : 천원 /1년간)	민간이전 분류 (지방자치단체 세출예산 집행기준에 의거) 1. 민간경상사업보조(307-02) 2. 민간단체 법정운영비보조(307-03) 3. 민간행사사업보조(307-04) 4. 민간위탁금(307-05) 5. 사회복지시설 법정운영비보조(307-10) 6. 민간인위탁교육비(307-12) 7. 공기관등에대한경상적위탁사업비(308-13) 8. 민간자본사업보조,자체재원(402-01) 9. 민간자본사업보조,이전재원(402-02) 10. 민간위탁사업비(402-03) 11. 공기관등에 대한 자본적 위탁사업비(403-02)	민간이전지출 근거 (지방보조금 관리기준 참고) 1. 법률에 규정 2. 국고보조 재원(국가지정) 3. 용도 지정 기부금 4. 조례에 직접규정 5. 지자체가 권장하는 사업을 하는 공공기관 6. 시,도 정책 및 재정사정 7. 기타 8. 해당없음	입찰방식 계약체결방법 (경쟁형태) 1. 일반경쟁 2. 제한경쟁 3. 지명경쟁 4. 수의계약 5. 법정위탁 6. 기타 ( ) 7. 없음	입찰방식 계약기간 1. 1년 2. 2년 3. 3년 4. 4년 5. 5년 6. 기타 ( )년 7. 단기계약 (1년미만) 8. 없음	입찰방식 낙찰자선정방법 1. 적격심사 2. 협상에의한계약 3. 최저가낙찰제 4. 규격가격분리 5. 2단계 경쟁입찰 6. 기타 ( ) 7. 없음	운영예산 산정 운영예산 산정 1. 내부산정 (지자체 자체적으로 산정) 2. 외부산정 (외부전문기관위탁 산정) 3. 내·외부 모두 산정 4. 산정 無 5. 없음	운영예산 산정 정산방법 1. 내부정산 (지자체 내부적으로 정산) 2. 외부정산 (외부전문기관위탁 정산) 3. 내·외부 모두 산정 4. 정산 無 5. 없음	성과평가 실시여부 1. 실시 2. 미실시 3. 향후 추진 4. 해당없음
9238	전남 영광군	2023년아동복지시설(그룹홈)운영지원보조금교부결정및송금(1분기)	264,607	5	8	7	8	7	5	5	4
9239	전남 영광군	2023년4분기요보호아동그룹홈운영지원보조금송금통지	260,522	5	8	7	8	7	5	5	4
9240	전남 영광군	2023년요보호아동그룹홈운영지원보조금변경교부결정및3분기송금통지	260,433	5	8	7	8	7	5	5	4
9241	전남 영광군	2023년장애인거주시설운영지원보조금송금(1분기)	260,356	5	8	7	8	7	5	5	4
9242	전남 영광군	2023년지역아동센터인건비지원(2분기)보조금송금	259,200	5	8	7	8	7	5	5	4
9243	전남 영광군	2023년지역아동센터인건비지원(2분기)보조금송금	259,200	5	8	7	8	7	5	5	4
9244	전남 영광군	2023년지역아동센터인건비지원(3분기)보조금송금	259,200	5	8	7	8	7	5	5	4
9245	전남 영광군	2023년지역아동센터인건비지원보조금송금	259,200	5	8	7	8	7	5	5	4
9246	전남 영광군	2023년지역아동센터인건비지원(2분기)보조금송금	259,200	5	8	7	8	7	5	5	4
9247	전남 영광군	2023년4분기장애인거주시설운영지원보조금송금	256,288	5	8	7	8	7	5	5	4
9248	전남 영광군	2023년2분기장애인거주시설운영지원보조금송금	240,231	5	8	7	8	7	5	5	4
9249	전남 영광군	2023년2분기아동복지시설(그룹홈)운영지원보조금송금	235,052	5	8	7	8	7	5	5	4
9250	전남 영광군	2023년12월보육교직원(종사자)인건비지급	227,544	5	8	7	8	7	5	5	4
9251	전남 영광군	2023년지역아동센터인건비지원(1분기)보조금교부결정및송금(1차)	225,684	5	8	7	8	7	5	5	4
9252	전남 영광군	2023년지역아동센터인건비지원(1분기)보조금교부결정및송금(1차)	225,684	5	8	7	8	7	5	5	4
9253	전남 영광군	2023년지역아동센터인건비지원(1분기)보조금교부결정및송금(1차)	225,684	5	8	7	8	7	5	5	4
9254	전남 영광군	2023년3분기장애인주간보호시설운영지원보조금송금	208,111	5	8	7	8	7	5	5	4
9255	전남 영광군	2023년2분기장애인주간보호시설운영지원보조금송금	197,029	5	8	7	8	7	5	5	4
9256	전남 영광군	2023년정신재활시설운영보조금교부결정및송금(1차)	194,830	5	8	7	8	7	5	5	4
9257	전남 영광군	2023년장애인주간보호시설운영지원보조금송금(1분기)	194,602	5	8	7	8	7	5	5	4
9258	전남 영광군	2023년정신재활시설운영보조금송금(5차)	187,942	5	8	7	8	7	5	5	4
9259	전남 영광군	2023경로당운영지원금교부결정및1/4분기송금통보(냉난방비)	180,023	5	8	7	8	7	5	5	4
9260	전남 영광군	`23경로당운영지원금(냉난방비)교부결정및2분기송금통보	180,023	5	8	7	8	7	5	5	4
9261	전남 영광군	2023년경로당운영보조금(냉난방비)3분기송금통보	179,070	5	8	7	8	7	5	5	4
9262	전남 영광군	2023년경로당운영보조금(운영비,냉난방비,부식비)4분기송금통보	179,070	5	8	7	8	7	5	5	4
9263	전남 영광군	2023년4분기장애인주간보호시설운영지원보조금송금	178,485	5	8	7	8	7	5	5	4
9264	전남 영광군	2023년정신재활시설운영지원보조금송금(3차)	176,751	5	8	7	8	7	5	5	4
9265	전남 영광군	2023년영광군가족센터운영보조금송금(2분기)	170,850	5	8	7	8	7	5	5	4
9266	전남 영광군	2023경로당운영지원금교부결정및1/4분기송금통보	166,260	5	8	7	8	7	5	5	4
9267	전남 영광군	2023년경로당운영비3분기지급	165,390	5	8	7	8	7	5	5	4
9268	전남 영광군	`23경로당운영지원금(운영비,부식비)2분기송금통보	165,360	5	8	7	8	7	5	5	4
9269	전남 영광군	2023년정신재활시설운영보조금송금(6차)	156,724	5	8	7	8	7	5	5	4
9270	전남 영광군	2023년영광군가족센터운영보조금송금(4분기)	149,590	5	8	7	8	7	5	5	4
9271	전남 영광군	2023년영광군가족센터운영보조금송금(3분기)	148,500	5	8	7	8	7	5	5	4
9272	전남 영광군	2023년4분기아동복지시설(푸른동산)운영지원보조금송금통지	132,022	5	8	7	8	7	5	5	4
9273	전남 영광군	2023년영광군가족센터운영보조금송금(1분기)	121,020	5	8	7	8	7	5	5	4
9274	전남 영광군	2023년대한노인회지원금(군지회운영비외4개사업)보조금교부결정및상반기송금통보(마을노인회)	115,500	5	8	7	8	7	5	5	4
9275	전남 영광군	2023년대한노인회지원금(군지회운영비외4개사업)보조금교부결정및하반기송금통보(마을노인회)	115,500	5	8	7	8	7	5	5	4
9276	전남 영광군	2023년경로당긴급냉방비지원보조금지급	112,500	5	8	7	8	7	5	5	4
9277	전남 영광군	2023년양로시설운영지원보조금송금(9차)	101,034	5	8	7	8	7	5	5	4

순번	시군구	지출명 (사업명)	2024년예산 (단위 : 천원 /1년간)	민간이전 분류 (지방자치단체 세출예산 집행기준에 의거) 1. 민간경상사업보조(307-02) 2. 민간단체 법정운영비보조(307-03) 3. 민간행사사업보조(307-04) 4. 민간위탁금(307-05) 5. 사회복지시설 법정운영비보조(307-10) 6. 민간인위탁교육비(307-12) 7. 공기관등에대한경상적위탁사업비(308-13) 8. 민간자본사업보조,자체재원(402-01) 9. 민간자본사업보조,이전재원(402-02) 10. 민간위탁사업비(402-03) 11. 공기관등에 대한 자본적 위탁사업비(403-02)	민간이전지출 근거 (지방보조금 관리기준 참고) 1. 법률에 규정 2. 국고보조 재원(국가지정) 3. 용도 지정 기부금 4. 조례에 직접규정 5. 지자체가 권장하는 사업을 하는 공공기관 6. 시,도 정책 및 재정사정 7. 기타 8. 해당없음	입찰방식 계약체결방법 (경쟁형태) 1. 일반경쟁 2. 제한경쟁 3. 지명경쟁 4. 수의계약 5. 법정위탁 6. 기타 ( ) 7. 없음	입찰방식 계약기간 1. 1년 2. 2년 3. 3년 4. 4년 5. 5년 6. 기타 ( )년 7. 단기계약 (1년미만) 8. 없음	입찰방식 낙찰자선정방법 1. 적격심사 2. 협상에의한계약 3. 최저가낙찰제 4. 규격가격분리 5. 2단계 경쟁입찰 6. 기타 ( ) 7. 없음	운영예산 산정 운영예산 산정 1. 내부산정 (지자체 자체적으로 산정) 2. 외부산정 (외부전문기관위탁 산정) 3. 내·외부 모두 산정 4. 산정 無 5. 없음	운영예산 산정 정산방법 1. 내부정산 (지자체 내부적으로 정산) 2. 외부정산 (외부전문기관위탁 정산) 3. 내·외부 모두 산정 4. 정산 無 5. 없음	성과평가 실시여부 1. 실시 2. 미실시 3. 향후 추진 4. 해당없음
9278	전남 영광군	2023년장애인거주시설운영지원(법인)보조금송금	93,852	5	8	7	8	7	5	5	4
9279	전남 영광군	2023년양로시설운영지원보조금교부결정및송금통보(1월분)	92,880	5	8	7	8	7	5	5	4
9280	전남 영광군	2023년경로당운영보조금(운영비,냉난방비,부식비)4분기송금통보	92,859	5	8	7	8	7	5	5	4
9281	전남 영광군	2023년전남영광지역자활센터운영비보조금교부결정및송금통지(1차)	86,995	5	8	7	8	7	5	5	4
9282	전남 영광군	2023년전남영광지역자활센터운영보조금송금통지(2차)	86,992	5	8	7	8	7	5	5	4
9283	전남 영광군	2023년전남영광지역자활센터운영비보조금변경교부결정및송금통지(4분기)	85,372	5	8	7	8	7	5	5	4
9284	전남 영광군	2023년장애인직업재활시설운영지원보조금송금(1분기)	85,211	5	8	7	8	7	5	5	4
9285	전남 영광군	경로당친환경쌀지원사업보조금(상반기)지급	84,905	5	8	7	8	7	5	5	4
9286	전남 영광군	경로당친환경쌀지원사업보조금(상반기)지급	84,905	5	8	7	8	7	5	5	4
9287	전남 영광군	2023년양로시설운영지원보조금송금(12차)	84,124	5	8	7	8	7	5	5	4
9288	전남 영광군	2023년3분기장애인직업재활시설운영지원보조금송금	82,804	5	8	7	8	7	5	5	4
9289	전남 영광군	2023년전남영광지역자활센터운영비보조금변경교부결정및송금통지(3분기)	81,265	5	8	7	8	7	5	5	4
9290	전남 영광군	2023년양로시설운영지원보조금송금(7차)	77,129	5	8	7	8	7	5	5	4
9291	전남 영광군	2023년2분기장애인직업재활시설운영지원보조금송금	74,370	5	8	7	8	7	5	5	4
9292	전남 영광군	2023년양로시설운영지원보조금송금통보(5차)	73,140	5	8	7	8	7	5	5	4
9293	전남 영광군	2023년양로시설운영지원보조금송금통보(4차)	72,864	5	8	7	8	7	5	5	4
9294	전남 영광군	2023년경로당운영보조금(운영비,냉난방비,부식비)4분기송금통보	72,531	5	8	7	8	7	5	5	4
9295	전남 영광군	2023년양로시설운영지원보조금송금(11차)	72,517	5	8	7	8	7	5	5	4
9296	전남 영광군	2023년양로시설운영지원보조금송금(8차)	72,448	5	8	7	8	7	5	5	4
9297	전남 영광군	2023년양로시설운영지원보조금송금통보	72,138	5	8	7	8	7	5	5	4
9298	전남 영광군	2023년양로시설운영지원보조금송금(1차)	72,042	5	8	7	8	7	5	5	4
9299	전남 영광군	2023년양로시설운영지원보조금송금통보(2차)	72,030	5	8	7	8	7	5	5	4
9300	전남 영광군	2023년양로시설운영지원보조금송금통보(3차)	71,877	5	8	7	8	7	5	5	4
9301	전남 영광군	2023년4분기장애인직업재활시설운영지원보조금송금	70,275	5	8	7	8	7	5	5	4
9302	전남 영광군	2023년지역아동센터운영비지원(2분기)보조금송금	67,107	5	8	7	8	7	5	5	4
9303	전남 영광군	`23년1~2분기소급분요보호아동그룹홈운영지원보조금지급통보	66,754	5	8	7	8	7	5	5	4
9304	전남 영광군	2023년9월분아동복지시설(푸른동산)운영지원보조금송금통지	65,604	5	8	7	8	7	5	5	4
9305	전남 영광군	2023년아동보호치료시설(푸른동산)운영지원보조금교부결정및송금	64,549	5	8	7	8	7	5	5	4
9306	전남 영광군	2023년지역아동센터운영비지원보조금송금(5차)	62,367	5	8	7	8	7	5	5	4
9307	전남 영광군	2023년3분기수어통역센터운영지원보조금송금	61,706	5	8	7	8	7	5	5	4
9308	전남 영광군	2023년장애인생활이동지원센터운영지원보조금송금(1분기)	59,442	5	8	7	8	7	5	5	4
9309	전남 영광군	2023년4분기장애인거주시설운영지원보조금반납	59,261	5	8	7	8	7	5	5	4
9310	전남 영광군	2023년3분기장애인생활이동지원센터운영지원보조금송금	57,648	5	8	7	8	7	5	5	4
9311	전남 영광군	2023년지역아동센터운영비지원(1분기)보조금교부결정및송금(1차)	57,627	5	8	7	8	7	5	5	4
9312	전남 영광군	2023년수어통역센터운영지원보조금송금(1분기)	56,648	5	8	7	8	7	5	5	4
9313	전남 영광군	2023년2분기수어통역센터운영지원보조금송금	52,765	5	8	7	8	7	5	5	4
9314	전남 영광군	2023년2분기장애인생활이동지원센터운영지원보조금송금	52,015	5	8	7	8	7	5	5	4
9315	전남 영광군	2023년지적장애인자립지원센터운영지원보조금송금(1분기)	49,800	5	8	7	8	7	5	5	4
9316	전남 영광군	2023년지적장애인자립지원센터운영지원보조금송금(1분기)	49,800	5	8	7	8	7	5	5	4
9317	전남 영광군	2023년4월분아동보호치료시설(푸른동산)운영지원보조금송금	49,595	5	8	7	8	7	5	5	4

순번	시군구	지출명 (사업명)	2024년예산 (단위 : 천원 /1년간)	민간이전 분류 (지방자치단체 세출예산 집행기준에 의거) 1. 민간경상사업보조(307-02) 2. 민간단체 법정운영비보조(307-03) 3. 민간행사사업보조(307-04) 4. 민간위탁금(307-05) 5. 사회복지시설 법정운영비보조(307-10) 6. 민간인위탁교육비(307-12) 7. 공기관등에대한경상적위탁사업비(308-13) 8. 민간자본사업보조,자체재원(402-01) 9. 민간자본사업보조,이전재원(402-02) 10. 민간위탁사업비(402-03) 11. 공기관등에 대한 자본적 위탁사업비(403-02)	민간이전지출 근거 (지방보조금 관리기준 참고) 1. 법률에 규정 2. 국고보조 재원(국가지정) 3. 용도 지정 기부금 4. 조례에 직접규정 5. 지자체가 권장하는 사업을 하는 공공기관 6. 시,도 정책 및 재정사정 7. 기타 8. 해당없음	입찰방식 계약체결방법 (경쟁형태) 1. 일반경쟁 2. 제한경쟁 3. 지명경쟁 4. 수의계약 5. 법정위탁 6. 기타 ( ) 7. 없음	입찰방식 계약기간 1. 1년 2. 2년 3. 3년 4. 4년 5. 5년 6. 기타 ( )년 7. 단기계약 (1년미만) 8. 없음	입찰방식 낙찰자선정방법 1. 적격심사 2. 협상에의한계약 3. 최저가낙찰제 4. 규격가격분리 5. 2단계 경쟁입찰 6. 기타 ( ) 7. 없음	운영예산 산정 운영예산 산정 1. 내부산정 (지자체 자체적으로 산정) 2. 외부산정 (외부전문기관위탁 산정) 3. 내·외부 모두 산정 4. 산정 無 5. 없음	운영예산 산정 정산방법 1. 내부정산 (지자체 내부적으로 정산) 2. 외부정산 (외부전문기관위탁 정산) 3. 내·외부 모두 산정 4. 정산 無 5. 없음	성과평가 실시여부 1. 실시 2. 미실시 3. 향후 추진 4. 해당없음
9318	전남 영광군	2023년3월분아동보호치료시설(푸른동산)운영지원보조금송금	48,850	5	8	7	8	7	5	5	4
9319	전남 영광군	2023년4분기장애인생활이동지원센터운영지원보조금송금	48,030	5	8	7	8	7	5	5	4
9320	전남 영광군	2023년4분기수어통역센터운영지원보조금송금	46,566	5	8	7	8	7	5	5	4
9321	전남 영광군	2023년8월분아동복지시설(푸른동산)운영지원보조금송금	46,201	5	8	7	8	7	5	5	4
9322	전남 영광군	2023년6월아동복지시설운영지원보조금변경교부결정및송금	46,188	5	8	7	8	7	5	5	4
9323	전남 영광군	2023년5월분아동보호치료시설(푸른동산)운영지원보조금송금	46,042	5	8	7	8	7	5	5	4
9324	전남 영광군	2023년2월분아동보호치료시설(푸른동산)운영지원보조금송금	45,704	5	8	7	8	7	5	5	4
9325	전남 영광군	2023년7월아동복지시설(푸른동산)운영지원보조금송금	45,524	5	8	7	8	7	5	5	4
9326	전남 영광군	2023년지역아동센터운영비지원보조금송금(8차)	44,738	5	8	7	8	7	5	5	4
9327	전남 영광군	2023년다함께돌봄센터인건비지원(1분기)보조금교부결정및송금(1차)	35,742	5	8	7	8	7	5	5	4
9328	전남 영광군	2023년다함께돌봄센터인건비(2분기)보조금송금(2차)	35,742	5	8	7	8	7	5	5	4
9329	전남 영광군	2023년다함께돌봄센터인건비(3분기)보조금송금	35,742	5	8	7	8	7	5	5	4
9330	전남 영광군	2023년다함께돌봄센터인건비지원보조금송금통지	35,742	5	8	7	8	7	5	5	4
9331	전남 영광군	2023년대한노인회지원금(군지회운영비외4개사업)보조금교부결정및상반기송금통보(군지회운영비)	33,875	5	8	7	8	7	5	5	4
9332	전남 영광군	2023년대한노인회지원금(군지회운영비외4개사업)보조금교부결정및하반기송금통보(군지회운영비)	33,875	5	8	7	8	7	5	5	4
9333	전남 영광군	2023년2분기지적장애인자립지원센터운영지원보조금송금	33,786	5	8	7	8	7	5	5	4
9334	전남 영광군	2023년2분기지적장애인자립지원센터운영지원보조금송금	33,786	5	8	7	8	7	5	5	4
9335	전남 영광군	2023년지역아동센터인건비지원(1분기)보조금송금(2차)	33,516	5	8	7	8	7	5	5	4
9336	전남 영광군	2023년지역아동센터인건비지원(1분기)보조금송금(2차)	33,516	5	8	7	8	7	5	5	4
9337	전남 영광군	2023년지역아동센터인건비지원(1분기)보조금송금(2차)	33,516	5	8	7	8	7	5	5	4
9338	전남 영광군	2023년노인요양시설종사자특별수당보조금교부결정및송금통보	28,300	5	8	7	8	7	5	5	4
9339	전남 영광군	2023년노인요양시설종사자특별수당보조금송금(4차)	28,250	5	8	7	8	7	5	5	4
9340	전남 영광군	2023년노인요양시설종사자특별수당보조금교부결정및송금통보(2차)	27,850	5	8	7	8	7	5	5	4
9341	전남 영광군	2023년노인요양시설종사자특별수당보조금송금(3차)	27,525	5	8	7	8	7	5	5	4
9342	전남 영광군	2023년9월보조교사인건비지급	21,743	5	8	7	8	7	5	5	4
9343	전남 영광군	2023년(사)대한노인회영광군지회읍면분회운영지원보조금송금	20,800	5	8	7	8	7	5	5	4
9344	전남 영광군	2023년무더위쉼터냉방비지원금지급	20,000	5	8	7	8	7	5	5	4
9345	전남 영광군	2023년영광군푸드뱅크운영비보조금교부결정및통지(1차)	20,000	5	8	7	8	7	5	5	4
9346	전남 영광군	2023년4월보조(비담임)교사인건비지급	19,944	5	8	7	8	7	5	5	4
9347	전남 영광군	2023년5월보조(비담임)교사인건비지급	19,944	5	8	7	8	7	5	5	4
9348	전남 영광군	2023년기부식품제공(푸드뱅크)운영비보조금변경교부결정및송금통지(2차)	19,000	5	8	7	8	7	5	5	4
9349	전남 영광군	2023년6월보조(비담임)교사인건비지급	18,319	5	8	7	8	7	5	5	4
9350	전남 영광군	2023년7월보조(비담임)교사인건비지급	17,728	5	8	7	8	7	5	5	4
9351	전남 영광군	2023년3월보조교사인건비지급	17,714	5	8	7	8	7	5	5	4
9352	전남 영광군	2023년8월보조교사인건비지급	17,714	5	8	7	8	7	5	5	4
9353	전남 영광군	2023년1월보조교사인건비지급	17,479	5	8	7	8	7	5	5	4
9354	전남 영광군	2023년재가노인시설운영비보조금송금(4차)	17,044	5	8	7	8	7	5	5	4
9355	전남 영광군	2023년재가노인시설운영비보조금교부결정및송금	17,043	5	8	7	8	7	5	5	4
9356	전남 영광군	2023년재가노인시설운영비보조금송금통보(2차)	17,043	5	8	7	8	7	5	5	4
9357	전남 영광군	2023년재가노인시설운영비보조금송금(3차)	17,043	5	8	7	8	7	5	5	4

순번	시군구	지출명 (사업명)	2024년예산 (단위 : 천원 /1년간)	민간이전 분류 (지방자치단체 세출예산 집행기준에 의거) 1. 민간경상사업보조(307-02) 2. 민간단체 법정운영비보조(307-03) 3. 민간행사사업보조(307-04) 4. 민간위탁금(307-05) 5. 사회복지시설 법정운영비보조(307-10) 6. 민간인위탁교육비(307-12) 7. 공기관등에대한경상적위탁사업비(308-13) 8. 민간자본사업보조,자체재원(402-01) 9. 민간자본사업보조,이전재원(402-02) 10. 민간위탁사업비(402-03) 11. 공기관등에 대한 자본적 위탁사업비(403-02)	민간이전지출 근거 (지방보조금 관리기준 참고) 1. 법률에 규정 2. 국고보조 재원(국가지정) 3. 용도 지정 기부금 4. 조례에 직접규정 5. 지자체가 권장하는 사업을 하는 공공기관 6. 시,도 정책 및 재정사정 7. 기타 8. 해당없음	입찰방식			운영예산 산정		성과평가 실시여부
						계약체결방법 (경쟁형태) 1. 일반경쟁 2. 제한경쟁 3. 지명경쟁 4. 수의계약 5. 법정위탁 6. 기타 ( ) 7. 없음	계약기간 1. 1년 2. 2년 3. 3년 4. 4년 5. 5년 6. 기타 ( )년 7. 단기계약 (1년미만) 8. 없음	낙찰자선정방법 1. 적격심사 2. 협상에의한계약 3. 최저가낙찰제 4. 규격가격분리 5. 2단계 경쟁입찰 6. 기타 ( ) 7. 없음	운영예산 산정 1. 내부산정 (지자체 자체적으로 산정) 2. 외부산정 (외부전문기관위탁 산정) 3. 내·외부 모두 산정 4. 산정 無 5. 없음	정산방법 1. 내부정산 (지자체 내부적으로 정산) 2. 외부정산 (외부전문기관위탁 정산) 3. 내·외부 모두 산정 4. 정산 無 5. 없음	1. 실시 2. 미실시 3. 향후 추진 4. 해당없음
9358	전남 영광군	2023년자활사례관리운영비보조금교부결정및통지(1차)	16,354	5	8	7	8	7	5	5	4
9359	전남 영광군	2023년2월보조교사인건비지급	15,630	5	8	7	8	7	5	5	4
9360	전남 영광군	2023년5월보조교사인건비지급	15,630	5	8	7	8	7	5	5	4
9361	전남 영광군	2023년1월보조교사인건비지급	15,630	5	8	7	8	7	5	5	4
9362	전남 영광군	2023년11월보조교사인건비지급	15,630	5	8	7	8	7	5	5	4
9363	전남 영광군	2023년12월보조교사인건비지급	14,588	5	8	7	8	7	5	5	4
9364	전남 영광군	2023년9월연장보육전담교사인건비지급	14,298	5	8	7	8	7	5	5	4
9365	전남 영광군	2023년지역아동센터운영(2개소이상설치운영법인)보조금송금통지	13,800	5	8	7	8	7	5	5	4
9366	전남 영광군	2023년4월보조교사인건비지급	13,789	5	8	7	8	7	5	5	4
9367	전남 영광군	2023년대한노인회지원금(군지회운영비외4개사업)보조금교부결정및하반기송금통보(분회장활동비)	13,200	5	8	7	8	7	5	5	4
9368	전남 영광군	2023년6월보조교사인건비지급	12,504	5	8	7	8	7	5	5	4
9369	전남 영광군	2023년7월보조교사인건비지급	12,504	5	8	7	8	7	5	5	4
9370	전남 영광군	2023년전남영광지역자활센터운영비보조금변경교부결정및송금통지(인센티브)	12,500	5	8	7	8	7	5	5	4
9371	전남 영광군	2023년특성별지역아동센터추가지원(1분기)보조금교부결정및송금(1차)	12,180	5	8	7	8	7	5	5	4
9372	전남 영광군	2023년특성별지역아동센터추가지원(2분기)보조금송금	12,180	5	8	7	8	7	5	5	4
9373	전남 영광군	2023년특성별지역아동센터추가지원보조금송금(3차)	12,180	5	8	7	8	7	5	5	4
9374	전남 영광군	2023년특성별지역아동센터추가지원보조금송금	12,180	5	8	7	8	7	5	5	4
9375	전남 영광군	2023년5월연장보육전담교사인건비지급	12,098	5	8	7	8	7	5	5	4
9376	전남 영광군	2023년지역아동센터냉난방비추가지원보조금교부결정및송금통지	12,000	5	8	7	8	7	5	5	4
9377	전남 영광군	2023년어린이집교재교구비지원(어린이집운영)	11,800	5	8	7	8	7	5	5	4
9378	전남 영광군	2023년8월연장보육전담교사인건비지급	10,999	5	8	7	8	7	5	5	4
9379	전남 영광군	2023년지역아동센터운영비지원보조금변경교부결정및송금(9차)통지	10,369	5	8	7	8	7	5	5	4
9380	전남 영광군	2023년지역아동센터운영비지원(1분기)보조금송금(2차)	9,480	5	8	7	8	7	5	5	4
9381	전남 영광군	2023년지역아동센터운영비지원(난방비)보조금송금(3차)	9,000	5	8	7	8	7	5	5	4
9382	전남 영광군	2023년1월비담임교사인건비지급	8,864	5	8	7	8	7	5	5	4
9383	전남 영광군	2023년11월비담임교사인건비지급	8,864	5	8	7	8	7	5	5	4
9384	전남 영광군	2023년12월비담임교사인건비지급	8,864	5	8	7	8	7	5	5	4
9385	전남 영광군	2023년11월연장보육전담교사인건비지급	8,799	5	8	7	8	7	5	5	4
9386	전남 영광군	2023년1월연장보육전담교사인건비지급	8,550	5	8	7	8	7	5	5	4
9387	전남 영광군	2023년자활사례관리운영비보조금송금통지(3분기)	8,177	5	8	7	8	7	5	5	4
9388	전남 영광군	2023년자활사례관리운영비보조금송금통지(4분기)	8,177	5	8	7	8	7	5	5	4
9389	전남 영광군	2023년4분기요보호아동그룹홈운영지원보조금(추가분)송금통지	8,031	5	8	7	8	7	5	5	4
9390	전남 영광군	2023년2월연장보육전담교사인건비지급	7,699	5	8	7	8	7	5	5	4
9391	전남 영광군	2023년6월연장보육전담교사인건비지급	7,699	5	8	7	8	7	5	5	4
9392	전남 영광군	2023년1월연장보육전담교사인건비지급	7,699	5	8	7	8	7	5	5	4
9393	전남 영광군	2023년12월연장보육전담교사인건비지급	7,699	5	8	7	8	7	5	5	4
9394	전남 영광군	2023.3분기요보호아동그룹홈운영지원보조금추가송금통지	7,341	5	8	7	8	7	5	5	4
9395	전남 영광군	20231/4분기미등록경로당운영비,냉난방비교부결정및송금	6,965	5	8	7	8	7	5	5	4
9396	전남 영광군	2023년2/4분기미등록경로당운영비및냉난방비교부결정및송금	6,965	5	8	7	8	7	5	5	4
9397	전남 영광군	2023년3분기미등록경로당운영비및냉난방비교부결정및송금	6,965	5	8	7	8	7	5	5	4

순번	시군구	지출명 (사업명)	2024년예산 (단위 : 천원 /1년간)	민간이전 분류 (지방자치단체 세출예산 집행기준에 의거) 1. 민간경상사업보조(307-02) 2. 민간단체 법정운영비보조(307-03) 3. 민간행사사업보조(307-04) 4. 민간위탁금(307-05) 5. 사회복지시설 법정운영비보조(307-10) 6. 민간인위탁교육비(307-12) 7. 공기관등에대한경상적위탁사업비(308-13) 8. 민간자본사업보조,자체재원(402-01) 9. 민간자본사업보조,이전재원(402-02) 10. 민간위탁사업비(402-03) 11. 공기관등에 대한 자본적 위탁사업비(403-02)	민간이전지출 근거 (지방보조금 관리기준 참고) 1. 법률에 규정 2. 국고보조 재원(국가지정) 3. 용도 지정 기부금 4. 조례에 직접규정 5. 지자체가 권장하는 사업을 하는 공공기관 6. 시,도 정책 및 재정사정 7. 기타 8. 해당없음	입찰방식 계약체결방법 (경쟁형태) 1. 일반경쟁 2. 제한경쟁 3. 지명경쟁 4. 수의계약 5. 법정위탁 6. 기타 ( ) 7. 없음	입찰방식 계약기간 1. 1년 2. 2년 3. 3년 4. 4년 5. 5년 6. 기타 ( )년 7. 단기계약 (1년미만) 8. 없음	입찰방식 낙찰자선정방법 1. 적격심사 2. 협상에의한계약 3. 최저가낙찰제 4. 규격가격분리 5. 2단계 경쟁입찰 6. 기타 ( ) 7. 없음	운영예산 산정 운영예산 산정 1. 내부산정 (지자체 자체적으로 산정) 2. 외부산정 (외부전문기관위탁 산정) 3. 내·외부 모두 산정 4. 산정 無 5. 없음	운영예산 산정 정산방법 1. 내부정산 (지자체 내부적으로 정산) 2. 외부정산 (외부전문기관위탁 정산) 3. 내·외부 모두 산정 4. 정산 無 5. 없음	성과평가 실시여부 1. 실시 2. 미실시 3. 향후 추진 4. 해당없음
9398	전남 영광군	2023년3분기미등록경로당운영비및냉난방비교부결정및송금	6,965	5	8	7	8	7	5	5	4
9399	전남 영광군	2023년노인개인시설운영비보조금교부결정및송금(1분기)	6,000	5	8	7	8	7	5	5	4
9400	전남 영광군	2023년노인개인시설운영비보조금송금통보(2차)	6,000	5	8	7	8	7	5	5	4
9401	전남 영광군	2023년노인개인시설운영보조금송금(3차)	6,000	5	8	7	8	7	5	5	4
9402	전남 영광군	2023년노인개인시설운영보조금송금(4차)	6,000	5	8	7	8	7	5	5	4
9403	전남 영광군	2023년영광군생활권역공동체시니어동아리지원사업보조금교부결정및송금알림	6,000	5	8	7	8	7	5	5	4
9404	전남 영광군	2023년다함께돌봄센터운영비(1분기)지원보조금교부결정및송금(1차)	6,000	5	8	7	8	7	5	5	4
9405	전남 영광군	2023년다함께돌봄센터운영비지원보조금송금(3차)	6,000	5	8	7	8	7	5	5	4
9406	전남 영광군	2023년다함께돌봄센터운영지원(3분기)보조금송금	6,000	5	8	7	8	7	5	5	4
9407	전남 영광군	2023년다함께돌봄센터운영비지원보조금송금통지	6,000	5	8	7	8	7	5	5	4
9408	전남 영광군	2023년장애인직업재활시설운영지원보조금송금	5,862	5	8	7	8	7	5	5	4
9409	전남 영광군	2023년3월연장보육전담교사인건비지급	5,499	5	8	7	8	7	5	5	4
9410	전남 영광군	2023년양로시설종사자특별수당보조금송금통보(2차)	5,040	5	8	7	8	7	5	5	4
9411	전남 영광군	2023년양로시설종사자특별수당보조금송금(3차)	5,040	5	8	7	8	7	5	5	4
9412	전남 영광군	2023년양로시설종사자특별수당보조금송금(4차)	5,040	5	8	7	8	7	5	5	4
9413	전남 영광군	2023년양로시설종사자특별수당보조금교부결정및송금	5,010	5	8	7	8	7	5	5	4
9414	전남 영광군	2023년지역아동센터운영비지원보조금송금(기쁜우리)	4,740	5	8	7	8	7	5	5	4
9415	전남 영광군	2023년4월연장보육전담교사인건비지급	4,656	5	8	7	8	7	5	5	4
9416	전남 영광군	2023년1월농어촌소재어린이집차량운영비지원	4,600	5	8	7	8	7	5	5	4
9417	전남 영광군	2023년2월농어촌소재어린이집차량운영비지원	4,600	5	8	7	8	7	5	5	4
9418	전남 영광군	2023년3월농어촌소재어린이집차량운영비지원	4,600	5	8	7	8	7	5	5	4
9419	전남 영광군	2023년4월농어촌소재어린이집차량운영비지원	4,600	5	8	7	8	7	5	5	4
9420	전남 영광군	2023년5월농어촌소재어린이집차량운영비지원	4,600	5	8	7	8	7	5	5	4
9421	전남 영광군	2023년6월농어촌소재어린이집차량운영비지원	4,600	5	8	7	8	7	5	5	4
9422	전남 영광군	2023년7월농어촌소재어린이집차량운영비지원	4,600	5	8	7	8	7	5	5	4
9423	전남 영광군	2023년8월농어촌소재어린이집차량운영비지원	4,600	5	8	7	8	7	5	5	4
9424	전남 영광군	2023년9월농어촌소재어린이집차량운영비지원	4,600	5	8	7	8	7	5	5	4
9425	전남 영광군	2023년1월농어촌소재어린이집차량운영비지원	4,600	5	8	7	8	7	5	5	4
9426	전남 영광군	2023년11월농어촌소재어린이집차량운영비지원	4,600	5	8	7	8	7	5	5	4
9427	전남 영광군	2023년12월농어촌소재어린이집차량운영비지원	4,600	5	8	7	8	7	5	5	4
9428	전남 영광군	2023년7월연장보육전담교사인건비지급	4,399	5	8	7	8	7	5	5	4
9429	전남 영광군	2023년지역자활센터종사자특별수당보조금교부결정및통지(1차)	4,320	5	8	7	8	7	5	5	4
9430	전남 영광군	2023.3분기요보호아동그룹홈운영지원보조금추가송금통지	3,451	5	8	7	8	7	5	5	4
9431	전남 영광군	2023년수어통역센터운영지원보조금송금	3,000	5	8	7	8	7	5	5	4
9432	전남 영광군	2023년지역아동센터운영비(냉방요금)지원보조금송금	3,000	5	8	7	8	7	5	5	4
9433	전남 영광군	2023년공립형지역아동센터지원보조금교부결정및송금(1차)	3,000	5	8	7	8	7	5	5	4
9434	전남 영광군	2023년공립형지역아동센터지원보조금(2분기)송금	3,000	5	8	7	8	7	5	5	4
9435	전남 영광군	2023년공립형지역아동센터지원사업(3분기)보조금송금	3,000	5	8	7	8	7	5	5	4
9436	전남 영광군	2023년공립지역아동센터지원보조금송금	3,000	5	8	7	8	7	5	5	4
9437	전남 영광군	2023년12월민간가정어린이집취사부인건비지급	2,463	5	8	7	8	7	5	5	4

순번	시군구	지출명 (사업명)	2024년예산 (단위 : 천원 /1년간)	민간이전 분류 (지방자치단체 세출예산 집행기준에 의거) 1. 민간경상사업보조(307-02) 2. 민간단체 법정운영비보조(307-03) 3. 민간행사사업보조(307-04) 4. 민간위탁금(307-05) 5. 사회복지시설 법정운영비보조(307-10) 6. 민간인위탁교육비(307-12) 7. 공기관등에대한경상적위탁사업비(308-13) 8. 민간자본사업보조,자체재원(402-01) 9. 민간자본사업보조,이전재원(402-02) 10. 민간위탁사업비(402-03) 11. 공기관등에 대한 자본적 위탁사업비(403-02)	민간이전지출 근거 (지방보조금 관리기준 참고) 1. 법률에 규정 2. 국고보조 재원(국가지정) 3. 용도 지정 기부금 4. 조례에 직접규정 5. 지자체가 권장하는 사업을 하는 공공기관 6. 시,도 정책 및 재정사정 7. 기타 8. 해당없음	입찰방식			운영예산 산정		성과평가 실시여부
						계약체결방법 (경쟁형태) 1. 일반경쟁 2. 제한경쟁 3. 지명경쟁 4. 수의계약 5. 법정위탁 6. 기타 ( ) 7. 없음	계약기간 1. 1년 2. 2년 3. 3년 4. 4년 5. 5년 6. 기타 ( )년 7. 단기계약 (1년미만) 8. 없음	낙찰자선정방법 1. 적격심사 2. 협상에의한계약 3. 최저가낙찰제 4. 규격가격분리 5. 2단계 경쟁입찰 6. 기타 ( ) 7. 없음	운영예산 산정 1. 내부산정 (지자체 자체적으로 산정) 2. 외부산정 (외부전문기관위탁 산정) 3. 내·외부 모두 산정 4. 산정 無 5. 없음	정산방법 1. 내부정산 (지자체 내부적으로 정산) 2. 외부정산 (외부전문기관위탁 정산) 3. 내·외부 모두 산정 4. 정산 無 5. 없음	1. 실시 2. 미실시 3. 향후 추진 4. 해당없음
9438	전남 영광군	2023년지역자활센터종사자특별수당보조금송금통지(3분기)	2,160	5	8	7	8	7	5	5	4
9439	전남 영광군	2023년지역자활센터종사자특별수당보조금송금통지(4분기)	2,160	5	8	7	8	7	5	5	4
9440	전남 영광군	2023년요보호아동그룹홈운영지원보조금(추가분/냉방비)지원	1,600	5	8	7	8	7	5	5	4
9441	전남 영광군	2023년아동복지시설(그룹홈)운영지원보조금교부결정및송금(1분기)	1,374	5	8	7	8	7	5	5	4
9442	전남 영광군	2023년8월민간가정어린이집취사부인건비지급	1,231	5	8	7	8	7	5	5	4
9443	전남 영광군	2023년다함께돌봄센터운영비(난방비)지원보조금변경교부결정및송금(2차)	1,200	5	8	7	8	7	5	5	4
9444	전남 영광군	정신재활시설운영(난방비추가지원)보조금송금(2차)	1,200	5	8	7	8	7	5	5	4
9445	전남 영광군	2023년정신재활시설운영보조금송금(7차)	1,200	5	8	7	8	7	5	5	4
9446	전남 영광군	2023년1월민간가정어린이집취사부인건비지급	1,154	5	8	7	8	7	5	5	4
9447	전남 영광군	2023년2월민간가정어린이집취사부인건비지급	1,154	5	8	7	8	7	5	5	4
9448	전남 영광군	2023년3월민간가정어린이집취사부인건비지급	1,154	5	8	7	8	7	5	5	4
9449	전남 영광군	2023년4월민간가정어린이집취사부인건비지급	1,154	5	8	7	8	7	5	5	4
9450	전남 영광군	2023년9월민간가정어린이집취사부인건비지급	1,154	5	8	7	8	7	5	5	4
9451	전남 영광군	2023년1월민간가정어린이집취사부인건비지급	1,154	5	8	7	8	7	5	5	4
9452	전남 영광군	2023년5월연장보육전담교사인건비(추가분)지급	1,100	5	8	7	8	7	5	5	4
9453	전남 영광군	2023년8월어린이집대체교사인건비지급	1,052	5	8	7	8	7	5	5	4
9454	전남 영광군	2023년9월보조교사사용자부담금지급	1,034	5	8	7	8	7	5	5	4
9455	전남 영광군	2023년4월농어촌소재법인어린이집운영비지원	1,030	5	8	7	8	7	5	5	4
9456	전남 영광군	2023년5월농어촌소재법인어린이집운영비지원	1,030	5	8	7	8	7	5	5	4
9457	전남 영광군	2023년6월농어촌소재법인어린이집운영비지원	1,030	5	8	7	8	7	5	5	4
9458	전남 영광군	2023년7월농어촌소재법인어린이집운영비지원	1,030	5	8	7	8	7	5	5	4
9459	전남 영광군	2023년8월농어촌소재법인어린이집운영비지원	1,030	5	8	7	8	7	5	5	4
9460	전남 영광군	2023년9월농어촌소재법인어린이집운영비지원	1,030	5	8	7	8	7	5	5	4
9461	전남 영광군	2023년1월농어촌소재법인어린이집운영비지원	1,030	5	8	7	8	7	5	5	4
9462	전남 영광군	2023년11월농어촌소재법인어린이집운영비지원	1,030	5	8	7	8	7	5	5	4
9463	전남 영광군	2023년12월농어촌소재법인어린이집운영비지원	1,030	5	8	7	8	7	5	5	4
9464	전남 영광군	2023년1월농어촌소재어린이집차량운영비지원	1,010	5	8	7	8	7	5	5	4
9465	전남 영광군	2023년2월농어촌소재법인어린이집운영비지원	1,010	5	8	7	8	7	5	5	4
9466	전남 영광군	2023년3월농어촌소재법인어린이집운영비지원	1,010	5	8	7	8	7	5	5	4
9467	전남 영광군	2023년3월보조교사사용자부담금지급	926	5	8	7	8	7	5	5	4
9468	전남 영광군	2023년8월보조교사사용자부담금지급	926	5	8	7	8	7	5	5	4
9469	전남 영광군	2023년12월민간가정어린이집취사부인건비지급	924	5	8	7	8	7	5	5	4
9470	전남 영광군	2023년1월보조교사사용자부담금지급	913	5	8	7	8	7	5	5	4
9471	전남 영광군	2023년2월보조교사사용자부담금지급	810	5	8	7	8	7	5	5	4
9472	전남 영광군	2023년4월보조교사사용자부담금지급	810	5	8	7	8	7	5	5	4
9473	전남 영광군	2023년5월보조교사사용자부담금지급	810	5	8	7	8	7	5	5	4
9474	전남 영광군	2023년1월보조교사사용자부담금지급	810	5	8	7	8	7	5	5	4
9475	전남 영광군	2023년11월보조교사사용자부담금지급	810	5	8	7	8	7	5	5	4
9476	전남 영광군	2023년12월보조교사사용자부담금지급	810	5	8	7	8	7	5	5	4
9477	전남 영광군	2023년5월민간가정어린이집취사부인건비지급	770	5	8	7	8	7	5	5	4

순번	시군구	지출명 (사업명)	2024년예산 (단위 : 천원 /1년간)	민간이전 분류 (지방자치단체 세출예산 집행기준에 의거) 1. 민간경상사업보조(307-02) 2. 민간단체 법정운영비보조(307-03) 3. 민간행사사업보조(307-04) 4. 민간위탁금(307-05) 5. 사회복지시설 법정운영비보조(307-10) 6. 민간인위탁교육비(307-12) 7. 공기관등에대한경상적위탁사업비(308-13) 8. 민간자본사업보조,자체재원(402-01) 9. 민간자본사업보조,이전재원(402-02) 10. 민간위탁사업비(402-03) 11. 공기관등에 대한 자본적 위탁사업비(403-02)	민간이전지출 근거 (지방보조금 관리기준 참고) 1. 법률에 규정 2. 국고보조 재원(국가지정) 3. 용도 지정 기부금 4. 조례에 직접규정 5. 지자체가 권장하는 사업을 하는 공공기관 6. 시,도 정책 및 재정사정 7. 기타 8. 해당없음	입찰방식: 계약체결방법 (경쟁형태) 1. 일반경쟁 2. 제한경쟁 3. 지명경쟁 4. 수의계약 5. 법정위탁 6. 기타 ( ) 7. 없음	입찰방식: 계약기간 1. 1년 2. 2년 3. 3년 4. 4년 5. 5년 6. 기타 ( )년 7. 단기계약 (1년미만) 8. 없음	입찰방식: 낙찰자선정방법 1. 적격심사 2. 협상에의한계약 3. 최저가낙찰제 4. 규격가격분리 5. 2단계 경쟁입찰 6. 기타 ( ) 7. 없음	운영예산 산정: 운영예산 산정 1. 내부산정 (지자체 자체적으로 산정) 2. 외부산정 (외부전문기관위탁 산정) 3. 내·외부 모두 산정 4. 산정 無 5. 없음	운영예산 산정: 정산방법 1. 내부정산 (지자체 내부적으로 정산) 2. 외부정산 (외부전문기관위탁 정산) 3. 내·외부 모두 산정 4. 정산 無 5. 없음	성과평가 실시여부 1. 실시 2. 미실시 3. 향후 추진 4. 해당없음
9478	전남 영광군	2023년6월민간가정어린이집취사부인건비지급	770	5	8	7	8	7	5	5	4
9479	전남 영광군	2023년6월보조교사사용자부담금지급	752	5	8	7	8	7	5	5	4
9480	전남 영광군	2023년7월보조교사사용자부담금지급	694	5	8	7	8	7	5	5	4
9481	전남 영광군	2023년7월민간가정어린이집취사부인건비지급	616	5	8	7	8	7	5	5	4
9482	전남 영광군	2023년4월어린이집대체교사인건비지급(연장)	549	5	8	7	8	7	5	5	4
9483	전남 영광군	2023년12월민간가정어린이집취사부인건비지급	539	5	8	7	8	7	5	5	4
9484	전남 영광군	2023년6월어린이집대체교사인건비지급	503	5	8	7	8	7	5	5	4
9485	전남 영광군	학대피해아동일시보호비용지급	486	5	8	7	8	7	5	5	4
9486	전남 영광군	2023년8월민간가정어린이집취사부인건비지급	462	5	8	7	8	7	5	5	4
9487	전남 영광군	2023년정신보건시설김장부식비지원보조금송금	440	5	8	7	8	7	5	5	4
9488	전남 영광군	2023년7월어린이집대체교사인건비지급	434	5	8	7	8	7	5	5	4
9489	전남 영광군	2023년9월어린이집대체교사인건비지급	434	5	8	7	8	7	5	5	4
9490	전남 영광군	2023년12월어린이집대체교사인건비지급	411	5	8	7	8	7	5	5	4
9491	전남 영광군	2023년다함께돌봄센터운영지원(냉방비)보조금교부결정및송금	400	5	8	7	8	7	5	5	4
9492	전남 영광군	2023년7월민간가정어린이집취사부인건비지급	385	5	8	7	8	7	5	5	4
9493	전남 영광군	2023년1월어린이집대체교사인건비지급	331	5	8	7	8	7	5	5	4
9494	전남 영광군	2023년5월어린이집대체교사인건비지급(연장)	320	5	8	7	8	7	5	5	4
9495	전남 영광군	2023년3월어린이집대체교사인건비지급(연장)	274	5	8	7	8	7	5	5	4
9496	전남 영광군	2023년정신재활시설운영지원(냉방비추가지원)보조금송금(4차)	200	5	8	7	8	7	5	5	4
9497	전남 영광군	2023년정신재활시설운영보조금송금(8차)	200	5	8	7	8	7	5	5	4
9498	전남 영광군	2023년11월어린이집대체교사인건비지급	171	5	8	7	8	7	5	5	4
9499	전남 장성군	정신보건시설운영지원	2,881,000	5	2	7	8	7	1	1	4
9500	전남 장성군	보육교직원인건비지원	2,346,000	5	1	7	7	7	1	1	4
9501	전남 장성군	아동양육시설운영지원	1,511,946	5	1	7	8	7	1	1	4
9502	전남 장성군	장애인종합복지관운영지원	1,193,287	5	1	5	2	1	1	1	4
9503	전남 장성군	경로당운영지원(자체)	1,050,480	5	4	7	8	7	1	1	1
9504	전남 장성군	장애인개인운영시설지원	947,778	5	1	7	8	7	1	1	4
9505	전남 장성군	양로시설운영비지원(전환사업)	911,817	5	1	1	3	1	1	1	4
9506	전남 장성군	지역아동센터인건비지원	890,000	5	2	7	7	7	1	1	4
9507	전남 장성군	경로당운영지원	523,600	5	4	7	8	7	1	1	1
9508	전남 장성군	경로당냉난방비및양곡비지원	449,917	5	4	7	8	7	1	1	1
9509	전남 장성군	장성군노인복지관운영	379,572	5	5	1	5	1	1	1	4
9510	전남 장성군	보육교직원처우개선지원(보조교사지원)	340,000	5	1	7	7	7	1	1	4
9511	전남 장성군	지역자활센터운영	262,284	5	1	7	8	7	1	1	4
9512	전남 장성군	지역아동센터운영비지원	204,000	5	2	7	7	7	1	1	4
9513	전남 장성군	경로당냉난방비및양곡비지원	174,884	5	4	7	8	7	1	1	1
9514	전남 장성군	장애인생활이동지원센터운영	159,300	5	1	7	8	7	1	1	4
9515	전남 장성군	수어통역센터운영	141,000	5	1	7	8	7	1	1	4
9516	전남 장성군	지역아동센터통학차량안전도우미지원	129,600	5	2	7	7	7	1	1	4
9517	전남 장성군	장애인종합복지관급식비지원	100,800	5	1	5	2	1	1	1	4

순번	시군구	지출명 (사업명)	2024년예산 (단위 : 천원 /1년간)	민간이전 분류 (지방자치단체 세출예산 집행기준에 의거) 1. 민간경상사업보조(307-02) 2. 민간단체 법정운영비보조(307-03) 3. 민간행사사업보조(307-04) 4. 민간위탁금(307-05) 5. 사회복지시설 법정운영비보조(307-10) 6. 민간인위탁교육비(307-12) 7. 공기관등에대한경상적위탁사업비(308-13) 8. 민간자본사업보조,자체재원(402-01) 9. 민간자본사업보조,이전재원(402-02) 10. 민간위탁사업비(402-03) 11. 공기관등에 대한 자본적 위탁사업비(403-02)	민간이전지출 근거 (지방보조금 관리기준 참고) 1. 법률에 규정 2. 국고보조 재원(국가지정) 3. 용도 지정 기부금 4. 조례에 직접규정 5. 지자체가 권장하는 사업을 하는 공공기관 6. 시,도 정책 및 재정사정 7. 기타 8. 해당없음	입찰방식 계약체결방법 (경쟁형태) 1. 일반경쟁 2. 제한경쟁 3. 지명경쟁 4. 수의계약 5. 법정위탁 6. 기타 ( ) 7. 없음	입찰방식 계약기간 1. 1년 2. 2년 3. 3년 4. 4년 5. 5년 6. 기타 ( )년 7. 단기계약 (1년미만) 8. 없음	입찰방식 낙찰자선정방법 1. 적격심사 2. 협상에의한계약 3. 최저가낙찰제 4. 규격가격분리 5. 2단계 경쟁입찰 6. 기타 ( ) 7. 없음	운영예산 산정 운영예산 산정 1. 내부산정 (지자체 자체적으로 산정) 2. 외부산정 (외부전문기관위탁 산정) 3. 내·외부 모두 산정 4. 산정 無 5. 없음	운영예산 산정 정산방법 1. 내부정산 (지자체 내부적으로 정산) 2. 외부정산 (외부전문기관위탁 정산) 3. 내·외부 모두 산정 4. 정산 無 5. 없음	성과평가 실시여부 1. 실시 2. 미실시 3. 향후 추진 4. 해당없음
9518	전남 장성군	노인복지생활시설운영도비지원	99,600	5	1	7	8	1	1	3	4
9519	전남 장성군	어린이집자체지원	91,200	5	6	7	7	7	1	1	4
9520	전남 장성군	경로당냉난방비및양곡비지원	77,740	5	4	7	8	7	1	1	1
9521	전남 장성군	양로시설운영비지원(인건비추가)	61,714	5	1	1	3	1	1	1	4
9522	전남 장성군	보육교직원인건비지원	58,000	5	1	7	7	7	1	1	4
9523	전남 장성군	장애인거주및정신보건시설도비보조	57,240	5	1	7	7	7	1	1	4
9524	전남 장성군	공공형어린이집지원(전환사업)	36,582	5	1	7	7	7	1	1	4
9525	전남 장성군	어린이집자체지원	36,480	5	6	7	7	7	1	1	4
9526	전남 장성군	자활사례관리	36,476	5	1	7	8	7	1	1	4
9527	전남 장성군	어린이집운영지원	36,380	5	1	7	7	7	1	1	4
9528	전남 장성군	지역자활센터운영	34,000	5	1	7	8	7	1	1	4
9529	전남 장성군	경로당친환경쌀공급차액지원사업	32,640	5	4	7	8	7	1	1	1
9530	전남 장성군	장애인이용시설종사자특별수당	30,240	5	1	7	8	7	1	1	4
9531	전남 장성군	보육지원	27,600	5	1	7	7	7	1	1	4
9532	전남 장성군	장애인거주시설종사자특별수당	27,000	5	1	7	8	7	1	1	4
9533	전남 장성군	장성군노인복지관운영	24,200	5	5	1	5	1	1	1	4
9534	전남 장성군	어린이집자체지원	22,716	5	6	7	7	7	1	1	4
9535	전남 장성군	노인복지생활시설운영도비지원	20,160	5	1	7	8	1	1	3	4
9536	전남 장성군	어린이집자체지원	16,800	5	6	7	7	7	1	1	4
9537	전남 장성군	어린이집운영지원	14,600	5	1	7	7	7	1	1	4
9538	전남 장성군	지역자활센터운영	13,770	5	1	7	8	7	1	1	4
9539	전남 장성군	노인복지생활시설운영도비지원	13,681	5	1	1	3	1	1	1	4
9540	전남 장성군	어린이집운영지원	10,800	5	1	7	7	7	1	1	4
9541	전남 장성군	어린이집자체지원	9,466	5	6	7	7	7	1	1	4
9542	전남 장성군	장성군노인복지관운영	8,640	5	5	1	5	1	1	1	4
9543	전남 장성군	특성별지역아동센터추가지원	7,200	5	2	7	7	7	1	1	4
9544	전남 장성군	지역자활센터종사자특별수당	6,480	5	1	7	8	7	1	1	4
9545	전남 장성군	발달장애인자조모임	5,600	5	1	7	8	7	1	1	4
9546	전남 장성군	장애인거주및정신보건시설도비보조	4,040	5	1	7	8	7	1	1	4
9547	전남 장성군	장애인거주시설김장부식비	1,100	5	1	7	8	7	1	1	4
9548	전남 장성군	노인복지생활시설운영도비지원	875	5	1	1	3	1	1	1	4
9549	전남 진도군	국공립법인시설지원	2,158,000	5	2	7	8	7	3	1	4
9550	전남 진도군	장애인종합복지관운영비	1,312,116	5	6	7	8	7	3	3	1
9551	전남 진도군	진도노인복지관운영	816,000	5	4	1	5	1	1	1	1
9552	전남 진도군	지역아동센터기본인건비지원(7개소)	587,420	5	2	7	8	7	2	3	4
9553	전남 진도군	가족센터운영지원	535,289	5	2	1	5	1	5	1	1
9554	전남 진도군	경로당난방비지원	464,410	5	1	7	8	7	1	1	1
9555	전남 진도군	경로당운영비지원	437,393	5	1	7	8	7	1	1	1
9556	전남 진도군	서경노인복지관운영	375,000	5	4	7	8	7	1	1	1
9557	전남 진도군	지역아동센터이용아동급식비지원	346,920	5	6	7	8	7	2	3	4

순번	시군구	지출명 (사업명)	2024년예산 (단위 : 천원 /1년간)	민간이전 분류 (지방자치단체 세출예산 집행기준에 의거) 1. 민간경상사업보조(307-02) 2. 민간단체 법정운영비보조(307-03) 3. 민간행사사업보조(307-04) 4. 민간위탁금(307-05) 5. 사회복지시설 법정운영비보조(307-10) 6. 민간인위탁교육비(307-12) 7. 공기관등에대한경상적위탁사업비(308-13) 8. 민간자본사업보조,지체재원(402-01) 9. 민간자본사업보조,이전재원(402-02) 10. 민간위탁사업비(402-03) 11. 공기관등에 대한 자본적 위탁사업비(403-02)	민간이전지출 근거 (지방보조금 관리기준 참고) 1. 법률에 규정 2. 국고보조 재원(국가지정) 3. 용도 지정 기부금 4. 조례에 직접규정 5. 지자체가 권장하는 사업을 하는 공공기관 6. 시,도 정책 및 재정사정 7. 기타 8. 해당없음	입찰방식: 계약체결방법 (경쟁형태) 1. 일반경쟁 2. 제한경쟁 3. 지명경쟁 4. 수의계약 5. 법정위탁 6. 기타 ( ) 7. 없음	입찰방식: 계약기간 1. 1년 2. 2년 3. 3년 4. 4년 5. 5년 6. 기타 ( )년 7. 단기계약 (1년미만) 8. 없음	입찰방식: 낙찰자선정방법 1. 적격심사 2. 협상에의한계약 3. 최저가낙찰제 4. 규격가격분리 5. 2단계 경쟁입찰 6. 기타 ( ) 7. 없음	운영예산 산정: 운영예산 산정 1. 내부산정 (지자체 자체적으로 산정) 2. 외부산정 (외부전문기관위탁 산정) 3. 내·외부 모두 산정 4. 산정 無 5. 없음	운영예산 산정: 정산방법 1. 내부정산 (지자체 내부적으로 정산) 2. 외부정산 (외부전문기관위탁 정산) 3. 내·외부 모두 산정 4. 정산 無 5. 없음	성과평가 실시여부 1. 실시 2. 미실시 3. 향후 추진 4. 해당없음
9558	전남 진도군	지역자활센터운영비	262,284	5	2	5	1	7	1	1	1
9559	전남 진도군	수어통역센터운영비	204,510	5	6	7	8	7	1	1	1
9560	전남 진도군	장애인생활이동지원센터운영비	152,885	5	6	7	8	7	1	1	1
9561	전남 진도군	장애인복지관급식비지원	134,400	5	6	7	8	7	1	1	1
9562	전남 진도군	지역아동센터기본운영비지원(7개소)	131,156	5	2	7	8	7	2	3	4
9563	전남 진도군	경로당냉방비지원	92,400	5	1	7	8	7	1	1	1
9564	전남 진도군	자녀양육및자녀생활등방문교육서비스지원	92,075	5	2	1	5	1	5	1	1
9565	전남 진도군	다함께돌봄센터인건비지원	78,000	5	2	7	8	7	2	3	4
9566	전남 진도군	어린이집반별운영비지원	66,000	5	2	7	8	7	3	1	4
9567	전남 진도군	장애인편의증진기술지원센터운영	65,445	5	6	7	8	7	1	1	1
9568	전남 진도군	진도푸드뱅크운영비지원	60,000	5	8	7	8	7	1	1	1
9569	전남 진도군	장애인공동생활가정운영	59,700	5	6	7	8	7	1	1	1
9570	전남 진도군	공동육아나눔터운영지원	56,712	5	2	1	5	1	5	1	1
9571	전남 진도군	지역아동센터차량동승자인건비지원	52,180	5	7	7	8	7	1	3	4
9572	전남 진도군	차량운영비지원	51,980	5	2	7	8	7	3	1	4
9573	전남 진도군	장애인종합복지관목욕장운영비	50,000	5	4	7	8	7	1	1	1
9574	전남 진도군	어린이집운영비지원	50,000	5	2	7	8	7	3	1	4
9575	전남 진도군	노인요양시설종사자특별수당	43,700	5	6	7	8	7	1	1	1
9576	전남 진도군	경로당한글학교운영비지원	40,000	5	1	7	8	7	1	1	1
9577	전남 진도군	다문화가족자녀언어발달지원	39,340	5	2	1	5	1	5	1	1
9578	전남 진도군	다문화가족사례관리지원	37,018	5	2	1	5	1	5	1	1
9579	전남 진도군	자활사례관리비	36,476	5	2	5	1	7	1	1	1
9580	전남 진도군	지역아동센터종사자특별수당지원	36,000	5	6	7	8	7	2	3	4
9581	전남 진도군	지역아동센터종사자인건비보전수당지원	36,000	5	2	7	8	7	2	3	4
9582	전남 진도군	이중언어가족환경조성	35,031	5	2	1	5	1	5	1	1
9583	전남 진도군	지역아동센터군자체운영비지원	35,000	5	7	7	8	7	1	3	4
9584	전남 진도군	결혼이민자통번역서비스지원	32,813	5	2	1	5	1	5	1	1
9585	전남 진도군	장애인복지시설종사자특별수당	32,400	5	6	7	8	7	1	1	1
9586	전남 진도군	지역아동센터도자체운영비지원(7개소)	31,272	5	6	7	8	7	2	3	4
9587	전남 진도군	결혼이민자모국어상담원	30,000	5	2	1	5	1	5	1	1
9588	전남 진도군	시간연장형교사인건비지원	30,000	5	2	7	8	7	3	1	4
9589	전남 진도군	노인복지관종사자특별수당	29,160	5	6	7	8	7	1	1	1
9590	전남 진도군	시각장애인사회재활교육사업비	20,000	5	4	7	8	7	1	1	1
9591	전남 진도군	다문화엄마학교운영지원	20,000	5	2	1	5	1	5	1	1
9592	전남 진도군	다함께돌봄센터운영시간연장인건비지원	17,640	5	2	7	8	7	2	3	4
9593	전남 진도군	지역아동센터급식도우미지원사업	17,388	5	6	7	8	7	2	3	4
9594	전남 진도군	지역아동센터차량운영비지원	16,800	5	7	7	8	7	1	3	4
9595	전남 진도군	누리반보육여건개선비	15,900	5	2	7	8	7	3	1	4
9596	전남 진도군	가족센터사회복무요원배치지원	14,976	5	2	1	5	1	5	1	1
9597	전남 진도군	가족센터종사자특별수당	14,040	5	2	1	5	1	5	1	1

순번	시군구	지출명 (사업명)	2024년예산 (단위 : 천원 /1년간)	민간이전 분류 (지방자치단체 세출예산 집행기준에 의거) 1. 민간경상사업보조(307-02) 2. 민간단체 법정운영비보조(307-03) 3. 민간행사사업보조(307-04) 4. 민간위탁금(307-05) 5. 사회복지시설 법정운영비보조(307-10) 6. 민간인위탁교육비(307-12) 7. 공기관등에대한경상적위탁사업비(308-13) 8. 민간자본사업보조,자체재원(402-01) 9. 민간자본사업보조,이전재원(402-02) 10. 민간위탁사업비(402-03) 11. 공기관등에 대한 자본적 위탁사업비(403-02)	민간이전지출 근거 (지방보조금 관리기준 참고) 1. 법률에 규정 2. 국고보조 재원(국가지정) 3. 용도 지정 기부금 4. 조례에 직접규정 5. 지자체가 권장하는 사업을 하는 공공기관 6. 시,도 정책 및 재정사정 7. 기타 8. 해당없음	입찰방식 계약체결방법 (경쟁형태) 1. 일반경쟁 2. 제한경쟁 3. 지명경쟁 4. 수의계약 5. 법정위탁 6. 기타 ( ) 7. 없음	입찰방식 계약기간 1. 1년 2. 2년 3. 3년 4. 4년 5. 5년 6. 기타 ( )년 7. 단기계약 (1년미만) 8. 없음	입찰방식 낙찰자선정방법 1. 적격심사 2. 협상에의한계약 3. 최저가낙찰제 4. 규격가격분리 5. 2단계 경쟁입찰 6. 기타 ( ) 7. 없음	운영예산 산정 운영예산 산정 1. 내부산정 (지자체 자체적으로 산정) 2. 외부산정 (외부전문기관위탁 산정) 3. 내·외부 모두 산정 4. 산정 無 5. 없음	운영예산 산정 정산방법 1. 내부정산 (지자체 내부적으로 정산) 2. 외부정산 (외부전문기관위탁 정산) 3. 내·외부 모두 산정 4. 정산 無 5. 없음	성과평가 실시여부 1. 실시 2. 미실시 3. 향후 추진 4. 해당없음
9598	전남 진도군	다함께돌봄센터운영비지원	12,000	5	2	7	8	7	2	3	4
9599	전남 진도군	교재교구비지원	9,200	5	2	7	8	7	3	1	4
9600	전남 진도군	지역아동센터종사자명절수당지원	9,000	5	7	7	8	7	1	3	4
9601	전남 진도군	농어촌법인어린이집지원	8,800	5	2	7	8	7	3	1	4
9602	전남 진도군	가정어린이집취사부인부임지원(민간가정조리원)	7,572	5	2	7	8	7	3	1	4
9603	전남 진도군	지역자활센터종사자특별수당	6,480	5	2	5	1	7	1	1	1
9604	전남 진도군	다함께돌봄센터운영시간연장운영비지원	6,000	5	2	7	8	7	2	3	4
9605	전남 진도군	시니어합창단운영	5,000	5	6	7	8	7	1	1	1
9606	전남 진도군	수어교실운영비	3,800	5	6	7	8	7	1	1	1
9607	전남 진도군	지역아동센터토요운영비지원	3,600	5	2	7	8	7	2	3	4
9608	전남 진도군	열린어린이집활성화지원	2,700	5	2	7	8	7	3	1	4
9609	전남 진도군	노인복지기금사업(한궁대회개최등)	1,500	5	6	7	8	7	1	1	1
9610	전남 진도군	장애인거주시설종사자특별수당	1,080	5	6	7	8	7	1	1	1
9611	전남 진도군	아이돌보미건강검진비지원	450	5	2	1	5	1	5	1	1
9612	전남 신안군	아동복지시설운영비지원	1,840,400	5	1	7	8	7	5	5	4
9613	전남 신안군	신안군장애인거주시설운영지원	1,375,576	5	1	7	8	7	5	1	4
9614	전남 신안군	국공립법인시설지원(사회복지법인어린이집)	1,160,000	5	2	7	8	7	5	5	4
9615	전남 신안군	경로당냉난방비및양곡비	880,120	5	2	7	8	7	1	1	4
9616	전남 신안군	경로당운영	570,000	5	4	7	8	7	1	1	4
9617	전남 신안군	꿈이있는집운영비지원	561,448	5	1	7	8	7	5	1	4
9618	전남 신안군	공립형지역아동센터인건비지원	363,720	5	2	7	8	7	1	1	4
9619	전남 신안군	그밖의연장형교사지원(사회복지법인어린이집)	350,000	5	2	7	8	7	5	5	4
9620	전남 신안군	지역자활센터운영(센터운영비)	262,284	5	1	7	8	7	5	1	1
9621	전남 신안군	중증장애인자립생활지원센터운영지원	261,510	5	1	7	8	7	5	1	1
9622	전남 신안군	지역아동센터인건비지원	237,000	5	2	7	8	7	1	1	4
9623	전남 신안군	신안군장애인거주시설운영지원	218,855	5	4	7	8	7	5	1	4
9624	전남 신안군	신안군수화통역센터운영지원	165,320	5	1	7	8	7	5	1	4
9625	전남 신안군	장애인생활이동지원센터운영지원	111,140	5	1	7	8	7	5	1	4
9626	전남 신안군	노인요양시설운영	100,000	5	4	5	5	7	1	1	1
9627	전남 신안군	공립형지역아동센터기본운영비지원	82,533	5	2	7	8	7	1	1	4
9628	전남 신안군	노인요양시설운영	79,800	5	4	5	5	7	1	1	1
9629	전남 신안군	지역아동센터기본운영비지원	62,667	5	2	7	8	7	1	1	4
9630	전남 신안군	장애인체험홈운영지원	57,500	5	1	7	8	7	1	1	1
9631	전남 신안군	35세누리과정운영비(사회복지법인어린이집)	56,000	5	2	7	8	7	5	5	4
9632	전남 신안군	다함께돌봄사업인건비지원	52,000	5	2	7	8	7	1	1	4
9633	전남 신안군	장애인거주시설종사자특별수당	51,840	5	4	7	8	7	5	1	1
9634	전남 신안군	중증장애인자립생활지원센터운영지원	45,000	5	4	7	8	7	1	1	1
9635	전남 신안군	시설종사자특별수당지원	39,240	5	1	7	8	7	5	5	4
9636	전남 신안군	자활사례관리(인건비,운영비)	36,476	5	2	7	8	7	5	1	1
9637	전남 신안군	공립형지역아동센터차량리스비용	33,000	5	1	7	8	7	1	1	4

순번	시군구	지출명 (사업명)	2024년예산 (단위 : 천원 /1년간)	민간이전 분류 (지방자치단체 세출예산 집행기준에 의거) 1. 민간경상사업보조(307-02) 2. 민간단체 법정운영비보조(307-03) 3. 민간행사사업보조(307-04) 4. 민간위탁금(307-05) 5. 사회복지시설 법정운영비보조(307-10) 6. 민간인위탁교육비(307-12) 7. 공기관등에대한경상적위탁사업비(308-13) 8. 민간자본사업보조,자체재원(402-01) 9. 민간자본사업보조,이전재원(402-02) 10. 민간위탁사업비(402-03) 11. 공기관등에 대한 자본적 위탁사업비(403-02)	민간이전지출 근거 (지방보조금 관리기준 참고) 1. 법률에 규정 2. 국고보조 재원(국가지정) 3. 용도 지정 기부금 4. 조례에 직접규정 5. 지자체가 권장하는 사업을 하는 공공기관 6. 시,도 정책 및 재정사정 7. 기타 8. 해당없음	입찰방식 계약체결방법 (경쟁형태) 1. 일반경쟁 2. 제한경쟁 3. 지명경쟁 4. 수의계약 5. 법정위탁 6. 기타 ( ) 7. 없음	입찰방식 계약기간 1. 1년 2. 2년 3. 3년 4. 4년 5. 5년 6. 기타 ( )년 7. 단기계약 (1년미만) 8. 없음	입찰방식 낙찰자선정방법 1. 적격심사 2. 협상에의한계약 3. 최저가낙찰제 4. 규격가격분리 5. 2단계 경쟁입찰 6. 기타 ( ) 7. 없음	운영예산 산정 운영예산 산정 1. 내부산정 (지자체 자체적으로 산정) 2. 외부산정 (외부전문기관위탁 산정) 3. 내·외부 모두 산정 4. 산정 無 5. 없음	운영예산 산정 정산방법 1. 내부정산 (지자체 내부적으로 정산) 2. 외부정산 (외부전문기관위탁 정산) 3. 내·외부 모두 산정 4. 정산 無 5. 없음	성과평가 실시여부 1. 실시 2. 미실시 3. 향후 추진 4. 해당없음
9638	전남 신안군	장애인주간보호시설운영지원	31,351	5	1	7	8	7	5	1	4
9639	전남 신안군	지역아동센터환경개선비지원	30,000	5	1	7	8	7	1	1	4
9640	전남 신안군	반별운영비(사회복지법인어린이집)	27,600	5	4	7	8	7	5	5	4
9641	전남 신안군	보조교사지원(사회복지법인어린이집)	21,600	5	2	7	8	7	5	5	4
9642	전남 신안군	어린이집차량운영비(사회복지법인어린이집)	21,600	5	4	7	8	7	5	5	4
9643	전남 신안군	농어촌소재법인어린이집지원	17,800	5	2	7	8	7	5	5	4
9644	전남 신안군	장애인이용시설종사자특별수당	17,280	5	4	7	8	7	5	1	4
9645	전남 신안군	행복더하기노인대학운영	16,560	5	4	7	8	7	1	1	1
9646	전남 신안군	지역아동센터종사자특별수당	15,840	5	1	7	8	7	1	1	4
9647	전남 신안군	지역아동센터종사자인건비보전수당	14,400	5	1	7	8	7	1	1	4
9648	전남 신안군	지역아동센터추가운영비지원	12,275	5	1	7	8	7	1	1	4
9649	전남 신안군	다함께돌봄사업운영비지원	12,000	5	2	7	8	7	1	1	4
9650	전남 신안군	아동복지시설자립프로그램운영비	12,000	5	2	7	8	7	5	5	4
9651	전남 신안군	지역자활센터종사자특별수당	6,480	5	2	7	8	7	5	1	1
9652	전남 신안군	평가인증어린이집교재교구비지원(사회복지법인)	6,000	5	4	7	8	7	5	5	4
9653	전남 신안군	보육여건개선비(사회복지법인어린이집)	5,700	5	4	7	8	7	5	5	4
9654	전남 신안군	경계선지능아동자립지원(사례관리비)	5,250	5	2	7	8	7	5	5	4
9655	전남 신안군	지역아동센터운영등지원사업	5,000	5	1	7	8	7	1	1	4
9656	전남 신안군	경계선지능아동자립지원(선별검사비)	600	5	2	7	8	7	5	5	4
9657	전남 신안군	사회복지법인어린이집대체교사인건비	200	5	2	7	8	7	5	5	4
9658	제주 제주시	보조교사지원(연장보육전담교사포함)	11,943,000	5	1	7	8	7	1	1	4
9659	제주 제주시	장애인주간보호시설운영비(정액)	8,868,260	5	1	7	8	7	1	1	1
9660	제주 제주시	아동양육시설운영	6,686,548	5	1	7	8	7	1	1	2
9661	제주 제주시	장애인직업재활시설운영비(정액)	6,314,514	5	1	7	8	7	1	1	1
9662	제주 제주시	3~5세누리과정담당교사수당및운영비(교육비특별회계전입금)	5,943,132	5	1	7	8	7	1	1	4
9663	제주 제주시	보육교직원처우개선지원(교사근무환경개선비)	5,605,500	5	1	7	8	7	1	1	4
9664	제주 제주시	종합사회복지관운영비지원	5,383,200	5	1	7	8	7	1	1	2
9665	제주 제주시	공공형어린이집지원(정액)(지방이양사업)	5,206,000	5	1	7	8	7	1	1	1
9666	제주 제주시	지역아동센터인건비지원	3,285,370	5	2	7	8	7	1	5	2
9667	제주 제주시	무지개마을운영비	3,282,000	5	2	7	8	7	1	1	1
9668	제주 제주시	장애인단기거주시설운영비(정액)	3,077,281	5	1	7	8	7	1	1	1
9669	제주 제주시	보육교직원처우개선지원(농촌보육교사특별근무수당)	2,681,280	5	1	7	8	7	1	1	4
9670	제주 제주시	양로시설운영비	1,703,083	5	1	7	8	7	1	1	1
9671	제주 제주시	정신재활시설운영비(정액)	1,654,469	5	1	7	8	7	1	1	1
9672	제주 제주시	경로당운영비지원	1,293,600	5	1	7	8	7	1	1	4
9673	제주 제주시	청소년쉼터운영지원	1,047,942	5	2	7	8	7	5	1	1
9674	제주 제주시	시간제보육서비스제공지원(시간제보육서비스운영비지원)	834,400	5	1	7	8	7	1	1	4
9675	제주 제주시	어린이집운영지원(차량운영비)	756,000	5	1	7	8	7	1	1	4
9676	제주 제주시	제주춘강의원운영비(정액)	687,300	5	1	7	8	7	1	1	1
9677	제주 제주시	장애인공동생활가정운영비(정액)	597,366	5	1	7	8	7	1	1	1

순번	시군구	지출명 (사업명)	2024년예산 (단위 : 천원 /1년간)	민간이전 분류 (지방자치단체 세출예산 집행기준에 의거) 1. 민간경상사업보조(307-02) 2. 민간단체 법정운영비보조(307-03) 3. 민간행사사업보조(307-04) 4. 민간위탁금(307-05) 5. 사회복지시설 법정운영비보조(307-10) 6. 민간인위탁교육비(307-12) 7. 공기관등에대한경상적위탁사업비(308-13) 8. 민간자본사업보조,자체재원(402-01) 9. 민간자본사업보조,이전재원(402-02) 10. 민간위탁사업비(402-03) 11. 공기관등에 대한 자본적 위탁사업비(403-02)	민간이전지출 근거 (지방보조금 관리기준 참고) 1. 법률에 규정 2. 국고보조 재원(국가지정) 3. 용도 지정 기부금 4. 조례에 직접규정 5. 지자체가 권장하는 사업을 하는 공공기관 6. 시,도 정책 및 재정사정 7. 기타 8. 해당없음	입찰방식			운영예산 산정		성과평가 실시여부
						계약체결방법 (경쟁형태) 1. 일반경쟁 2. 제한경쟁 3. 지명경쟁 4. 수의계약 5. 법정위탁 6. 기타 ( ) 7. 없음	계약기간 1. 1년 2. 2년 3. 3년 4. 4년 5. 5년 6. 기타 ( )년 7. 단기계약 (1년미만) 8. 없음	낙찰자선정방법 1. 적격심사 2. 협상에의한계약 3. 최저가낙찰제 4. 규격가격분리 5. 2단계 경쟁입찰 6. 기타 ( ) 7. 없음	운영예산 산정 1. 내부산정 (지자체 자체적으로 산정) 2. 외부산정 (외부전문기관위탁 산정) 3. 내·외부 모두 산정 4. 산정 無 5. 없음	정산방법 1. 내부정산 (지자체 내부적으로 정산) 2. 외부정산 (외부전문기관위탁 정산) 3. 내·외부 모두 산정 4. 정산 無 5. 없음	1. 실시 2. 미실시 3. 향후 추진 4. 해당없음
9678	제주 제주시	지역아동센터운영비지원	596,000	5	2	7	8	7	5	1	2
9679	제주 제주시	가정폭력피해자보호시설운영비	558,351	5	2	7	8	7	1	1	4
9680	제주 제주시	공동생활가정운영지원	542,988	5	2	7	8	7	1	1	2
9681	제주 제주시	성폭력피해자보호시설운영	523,877	5	2	7	8	7	1	1	4
9682	제주 제주시	대체교사인건비	520,800	5	1	7	8	7	1	1	4
9683	제주 제주시	성매매피해자자활지원센터운영	459,176	5	2	7	8	7	1	1	4
9684	제주 제주시	아동자립지원시설운영	412,370	5	1	7	8	7	1	1	2
9685	제주 제주시	폭력피해이주여성상담소운영	340,400	5	2	7	8	7	1	1	4
9686	제주 제주시	성폭력상담소운영	284,044	5	2	7	8	7	1	1	4
9687	제주 제주시	폭력피해이주여성쉼터운영	265,385	5	2	7	8	7	1	1	4
9688	제주 제주시	가정폭력성폭력피해통합상담소운영	259,382	5	2	7	8	7	1	1	4
9689	제주 제주시	성매매피해자지원시설운영	244,241	5	2	7	8	7	1	1	4
9690	제주 제주시	여성폭력피해통합상담소지원	216,394	5	2	7	8	7	1	1	4
9691	제주 제주시	어린이집운영지원(교재교구비)	210,000	5	1	7	8	7	1	1	4
9692	제주 제주시	성매매피해상담소운영	190,280	5	2	7	8	7	1	1	4
9693	제주 제주시	공동육아나눔터지원	170,136	5	2	1	8	1	3	3	4
9694	제주 제주시	성매매피해아동청소년지원센터운영	129,882	5	2	7	8	7	1	1	4
9695	제주 제주시	어린이집운영지원(농어촌소재법인어린이집지원)	120,000	5	1	7	8	7	1	1	4
9696	제주 제주시	청소년회복지원시설운영지원	112,828	5	2	7	8	7	5	1	1
9697	제주 제주시	사랑의집실비입소이용료지원	110,103	5	1	7	8	7	1	1	1
9698	제주 제주시	다센터운영비영리법인추가운영비	60,000	5	2	7	8	7	5	1	2
9699	제주 제주시	특수목적형지역아동센터추가지원	57,600	5	2	7	8	7	5	1	2
9700	제주 제주시	가정폭력피해자치료회복프로그램	46,080	5	2	7	8	7	1	1	4
9701	제주 제주시	폭력피해여성주거지원사업운영지원	44,117	5	2	7	8	7	1	1	4
9702	제주 제주시	성매매피해자구조지원사업	33,301	5	2	7	8	7	1	1	4
9703	제주 제주시	성폭력피해자치료회복프로그램	14,600	5	2	7	8	7	1	1	4
9704	제주 제주시	가정폭력피해자직업훈련비	2,429	5	2	7	8	7	1	1	4
9705	제주 제주시	한부모가족복지시설운영비	648,013	5	1	7	8	7	1	1	1
9706	제주 제주시	미혼모자공동생활시설운영비	276,546	5	1	7	8	7	1	1	1
9707	제주 제주시	미혼모공동생활시설운영비	115,648	5	1	7	8	7	1	1	1
9708	제주 서귀포시	장애인거주시설운영비지원(정액)	6,957,518	5	1	7	8	7	1	1	4
9709	제주 서귀포시	아동양육시설운영비	4,375,438	5	1	7	8	7	1	1	1
9710	제주 서귀포시	보조교사,대체교사지원	4,154,600	5	1	5	7	7	1	1	4
9711	제주 서귀포시	장애인주간보호시설운영비지원(정액)	3,205,620	5	1	7	8	7	1	1	4
9712	제주 서귀포시	보육교직원처우개선지원	2,711,220	5	1	5	7	7	1	1	4
9713	제주 서귀포시	지역아동센터인건비지원	2,448,630	5	1	7	8	7	5	5	4
9714	제주 서귀포시	장애인직업재활시설운영비지원(정액)	2,160,592	5	1	7	8	7	1	1	4
9715	제주 서귀포시	누리과정담당교사수당및운영비	2,087,616	5	1	5	7	7	1	1	4
9716	제주 서귀포시	공공형어린이집운영지원	1,000,000	5	1	5	7	7	1	1	4
9717	제주 서귀포시	장애인공동생활가정운영비지원(정액)	692,052	5	1	7	8	7	1	1	4

순번	시군구	지출명 (사업명)	2024년예산 (단위 : 천원 /1년간)	민간이전 분류 (지방자치단체 세출예산 집행기준에 의거) 1. 민간경상사업보조(307-02) 2. 민간단체 법정운영비보조(307-03) 3. 민간행사사업보조(307-04) 4. 민간위탁금(307-05) 5. 사회복지시설 법정운영비보조(307-10) 6. 민간인위탁교육비(307-12) 7. 공기관등에대한경상적위탁사업비(308-13) 8. 민간자본사업보조,자체재원(402-01) 9. 민간자본사업보조,이전재원(402-02) 10. 민간위탁사업비(402-03) 11. 공기관등에 대한 자본적 위탁사업비(403-02)	민간이전지출 근거 (지방보조금 관리기준 참고) 1. 법률에 규정 2. 국고보조 재원(국가지정) 3. 용도 지정 기부금 4. 조례에 직접규정 5. 지자체가 권장하는 사업을 하는 공공기관 6. 시,도 정책 및 재정사정 7. 기타 8. 해당없음	입찰방식 계약체결방법 (경쟁형태) 1. 일반경쟁 2. 제한경쟁 3. 지명경쟁 4. 수의계약 5. 법정위탁 6. 기타 ( ) 7. 없음	입찰방식 계약기간 1. 1년 2. 2년 3. 3년 4. 4년 5. 5년 6. 기타 ( )년 7. 단기계약 (1년미만) 8. 없음	입찰방식 낙찰자선정방법 1. 적격심사 2. 협상에의한계약 3. 최저가낙찰제 4. 규격가격분리 5. 2단계 경쟁입찰 6. 기타 ( ) 7. 없음	운영예산 산정 운영예산 산정 1. 내부산정 (지자체 자체적으로 산정) 2. 외부산정 (외부전문기관위탁 산정) 3. 내·외부 모두 산정 4. 산정 無 5. 없음	운영예산 산정 정산방법 1. 내부정산 (지자체 내부적으로 정산) 2. 외부정산 (외부전문기관위탁 정산) 3. 내·외부 모두 산정 4. 정산 無 5. 없음	성과평가 실시여부 1. 실시 2. 미실시 3. 향후 추진 4. 해당없음
9718	제주 서귀포시	경로당운영비지원(정액)	665,500	5	1	5	8	7	1	1	4
9719	제주 서귀포시	아동보호전문기관운영비	628,498	5	2	7	8	7	1	1	4
9720	제주 서귀포시	장애인단기거주시설운영비지원(정액)	621,056	5	1	7	8	7	1	1	4
9721	제주 서귀포시	시간제보육서비스제공지원	502,240	5	1	5	7	7	1	1	4
9722	제주 서귀포시	어린이집운영지원	496,000	5	1	5	7	7	1	1	4
9723	제주 서귀포시	지역아동센터운영비지원	493,400	5	1	7	8	7	5	5	4
9724	제주 서귀포시	서귀포시육아종합지원센터운영	486,500	5	1	5	7	6	1	1	4
9725	제주 서귀포시	지역자활센터인건비및운영비	390,493	5	1	5	8	7	5	1	1
9726	제주 서귀포시	한부모가족복지시설운영비지원	365,168	5	1	7	8	7	1	1	4
9727	제주 서귀포시	서귀포시여자중장기청소년쉼터운영	322,916	5	1	7	8	7	1	3	4
9728	제주 서귀포시	서귀포시남자단기청소년쉼터운영	322,916	5	1	7	8	7	1	3	4
9729	제주 서귀포시	지역자활센터인건비및운영비	313,366	5	1	5	8	7	5	1	1
9730	제주 서귀포시	학대피해아동여아쉼터운영	247,894	5	2	7	8	7	1	1	4
9731	제주 서귀포시	통합상담소운영비지원	220,066	5	1	7	8	7	1	1	4
9732	제주 서귀포시	청소년회복지원시설운영	112,828	5	1	7	8	7	1	1	4
9733	제주 서귀포시	다센터운영비영리법인시설추가운영비	60,600	5	1	7	8	7	1	1	4
9734	제주 서귀포시	특수목적형지역아동센터추가지원	36,000	5	1	7	8	7	5	5	4
9735	제주 서귀포시	장애아동방학중보육료지원	2,000	5	1	5	7	7	1	1	4

chapter 3

민간인위탁교육비 (307-12)

목 차

목 차

목 차

2024년 전국 지방자치단체 민간인위탁교육비(307-12) 운영현황

순번	시군구	지출명 (사업명)	2024년예산 (단위 : 천원 /1년간)	민간이전 분류 (지방자치단체 세출예산 집행기준에 의거)	민간이전지출 근거 (지방보조금 관리기준 참고)	입찰방식			운영예산 산정		성과평가 실시여부
				1. 민간경상사업보조(307-02) 2. 민간단체 법정운영비보조(307-03) 3. 민간행사사업보조(307-04) 4. 민간위탁금(307-05) 5. 사회복지시설 법정운영비보조(307-10) 6. 민간인위탁교육비(307-12) 7. 공기관등에대한경상적위탁사업비(308-13) 8. 민간자본사업보조,자체재원(402-01) 9. 민간자본사업보조,이전재원(402-02) 10. 민간위탁사업비(402-03) 11. 공기관등에 대한 자본적 위탁사업비(403-02)	1. 법률에 규정 2. 국고보조 재원(국가지정) 3. 용도 지정 기부금 4. 조례에 직접규정 5. 지자체가 권장하는 사업을 하는 공공기관 6. 시,도 정책 및 재정사정 7. 기타 8. 해당없음	계약체결방법 (경쟁형태) 1. 일반경쟁 2. 제한경쟁 3. 지명경쟁 4. 수의계약 5. 법정위탁 6. 기타 ( ) 7. 없음	계약기간 1. 1년 2. 2년 3. 3년 4. 4년 5. 5년 6. 기타 ( )년 7. 단기계약 (1년미만) 8. 없음	낙찰자선정방법 1. 적격심사 2. 협상에의한계약 3. 최저가낙찰제 4. 규격가격분리 5. 2단계 경쟁입찰 6. 기타 ( ) 7. 없음	운영예산 산정 1. 내부산정 (지자체 자체적으로 산정) 2. 외부산정 (외부전문기관위탁 산정) 3. 내·외부 모두 산정 4. 산정 無 5. 없음	정산방법 1. 내부정산 (지자체 내부적으로 정산) 2. 외부정산 (외부전문기관위탁 정산) 3. 내·외부 모두 산정 4. 정산 無 5. 없음	1. 실시 2. 미실시 3. 향후 추진 4. 해당없음
1	서울 광진구	생생문화유산사업	4,000	6	4	7	8	7	5	5	4
2	서울 동대문구	결산검사위원교육	1,000	6	1	7	8	7	1	2	4
3	서울 성북구	지출및결산관리	500	6	1	7	8	7	1	1	4
4	서울 강북구	세입ㆍ세출결산및지출관리	900	6	7	7	8	7	5	5	4
5	서울 도봉구	세입세출결산	650	6	7	7	7	7	2	1	4
6	서울 은평구	자금관리및결산	1,000	6	1	7	8	7	5	5	4
7	서울 강서구	결산검사위원위탁교육비	600	6	1	7	8	7	5	5	4
8	서울 구로구	중학생글로벌교육프로그램지원(연수교육비)	400,000	6	4	1	7	2	1	1	4
9	서울 구로구	중학생글로벌교육프로그램지원(지도교사운영비)	21,000	6	4	1	7	2	1	1	4
10	서울 구로구	중학생글로벌교육프로그램지원(저소득층지원비)	12,500	6	4	1	7	2	1	1	4
11	서울 구로구	세입세출예산결산(결산검사위원위탁교육비)	700	6	1	7	7	7	1	5	4
12	서울 구로구	세입세출예산결산(결산검사위원교육여비)	125	6	1	7	7	7	1	5	4
13	서울 금천구	지출회계관리	400	6	1	7	8	7	5	5	2
14	서울 영등포구	2023회계연도통합결산	600	6	1	7	8	7	5	1	4
15	서울 동작구	결산검사위원교육비	900	6	1	7	8	7	5	5	4
16	서울 관악구	국민운동단체지원(새마을지도자위탁교육)	65,280	6	4	7	8	7	1	1	1
17	서울 관악구	민방위사이버교육위탁	21,240	6	8	4	1	2	5	1	1
18	서울 관악구	전통야외소극장운영	16,000	6	4	7	2	7	1	1	1
19	서울 관악구	결산검사위원교육	500	6	1	7	8	7	2	5	4
20	서울 송파구	계약및회계관리	1,566	6	1	7	8	7	1	1	4
21	서울 강동구	결산검사위원위탁교육비	700	6	1	7	8	7	5	5	4
22	경기 성남시	성남종합운동장운영관리사업(공사위탁사업)	12,050,632	6	8	7	8	7	1	1	4
23	경기 성남시	금곡공원국민체육센터운영관리사업(공사위탁사업)	3,656,800	6	8	7	8	7	1	1	4
24	경기 성남시	황새울국민체육센터운영관리사업(공사위탁사업)	3,392,605	6	8	7	8	7	1	1	4
25	경기 성남시	소규모체육시설운영관리사업(공사위탁사업)	2,680,692	6	8	7	8	7	1	1	4
26	경기 성남시	산성실내배드민턴장운영관리사업(공사위탁사업)	761,878	6	8	7	8	7	1	1	4
27	경기 성남시	탄천변체육시설운영관리사업(공사위탁사업)	251,678	6	8	7	8	7	1	1	4
28	경기 성남시	국민체력인증제운영관리사업(공사위탁사업)	200,000	6	8	7	8	7	1	1	4
29	경기 성남시	황송공원인조잔디구장운영관리사업(공사위탁사업)	146,900	6	8	7	8	7	1	1	4
30	경기 성남시	백현야구장운영관리사업(공사위탁사업)	79,070	6	8	7	8	7	1	1	4
31	경기 성남시	인라인스케이트장운영관리사업(공사위탁사업)	72,619	6	8	7	8	7	1	1	4
32	경기 안양시	재건축재개발정비사업시민강좌	20,000	6	8	7	8	7	5	5	4
33	경기 안양시	아동통합사례관리사전문화교육비	1,950	6	8	7	8	7	5	5	4
34	경기 광명시	도시디자인아카데미	40,000	6	4	7	8	7	5	5	4
35	경기 광명시	집수리학교	22,000	6	4	7	8	7	5	5	4
36	경기 광명시	청소년도시재생학교	22,000	6	4	7	8	7	5	5	4
37	경기 광명시	에코하우징학교	8,000	6	6	7	8	7	5	5	4

순번	시군구	지출명 (사업명)	2024년예산 (단위 : 천원 /1년간)	민간이전 분류 (지방자치단체 세출예산 집행기준에 의거) 1. 민간경상사업보조(307-02) 2. 민간단체 법정운영비보조(307-03) 3. 민간행사사업보조(307-04) 4. 민간위탁금(307-05) 5. 사회복지시설 법정운영비보조(307-10) 6. 민간인위탁교육비(307-12) 7. 공기관등에대한경상적위탁사업비(308-13) 8. 민간자본사업보조,자체재원(402-01) 9. 민간자본사업보조,이전재원(402-02) 10. 민간위탁사업비(402-03) 11. 공기관등에 대한 자본적 위탁사업비(403-02)	민간이전지출 근거 (지방보조금 관리기준 참고) 1. 법률에 규정 2. 국고보조 재원(국가지정) 3. 용도 지정 기부금 4. 조례에 직접규정 5. 지자체가 권장하는 사업을 하는 공공기관 6. 시,도 정책 및 재정사정 7. 기타 8. 해당없음	입찰방식: 계약체결방법 (경쟁형태) 1. 일반경쟁 2. 제한경쟁 3. 지명경쟁 4. 수의계약 5. 법정위탁 6. 기타 ( ) 7. 없음	입찰방식: 계약기간 1. 1년 2. 2년 3. 3년 4. 4년 5. 5년 6. 기타 ( )년 7. 단기계약 (1년미만) 8. 없음	입찰방식: 낙찰자선정방법 1. 적격심사 2. 협상에의한계약 3. 최저가낙찰제 4. 규격가격분리 5. 2단계 경쟁입찰 6. 기타 ( ) 7. 없음	운영예산 산정: 운영예산 산정 1. 내부산정 (지자체 자체적으로 산정) 2. 외부산정 (외부전문기관위탁 산정) 3. 내·외부 모두 산정 4. 산정 無 5. 없음	운영예산 산정: 정산방법 1. 내부정산 (지자체 내부적으로 정산) 2. 외부정산 (외부전문기관위탁 정산) 3. 내·외부 모두 산정 4. 정산 無 5. 없음	성과평가 실시여부 1. 실시 2. 미실시 3. 향후 추진 4. 해당없음
38	경기 광명시	결산검사위원교육비	3,000	6	1	4	8	7	5	5	4
39	경기 동두천시	자치위원교육및우수자치센터견학지원	16,500	6	4	7	8	7	1	1	1
40	경기 동두천시	민방위교육운영비(민방위대원사이버교육경비)	10,000	6	2	4	1	7	2	2	4
41	경기 동두천시	교육훈련관리	10,000	6	6	4	1	7	2	2	4
42	경기 동두천시	새마을지도자교육및행사지원	5,200	6	1	7	8	7	1	1	1
43	경기 동두천시	주택현장조사및검사	1,000	6	1	7	8	7	1	1	4
44	경기 동두천시	계약및세출예산집행	700	6	1	7	8	7	2	5	4
45	경기 안산시	결산검사위원교육비	700	6	1	7	8	7	1	4	4
46	경기 과천시	결산검사위원교육비	450	6	1	7	8	7	5	5	4
47	경기 구리시	사회복지시설종사자보수교육비지원	19,432	6	6	7	8	7	5	5	4
48	경기 구리시	구리시민정원사양성전문과정민간위탁교육비	17,500	6	4	5	7	7	2	2	4
49	경기 구리시	결산검사위원교육	1,500	6	1	7	8	7	5	5	3
50	경기 구리시	방문건강관리전문인력교육참가비	1,440	6	2	7	8	7	5	5	4
51	경기 구리시	AIIoT기반어르신건강관리사업전문인력교육참가비	1,200	6	2	7	8	7	5	5	4
52	경기 구리시	통합건강증진사업전문인력교육비	960	6	2	7	8	7	1	1	2
53	경기 구리시	금연상담사직무교육	480	6	2	7	8	7	1	1	2
54	경기 구리시	통합건강증진사업전문인력교육비	480	6	2	7	8	7	3	1	2
55	경기 구리시	금연지도원직무교육	320	6	2	7	8	7	1	1	2
56	경기 구리시	통합건강증진사업전문인력교육비	240	6	1,2	7	8	7	5	5	4
57	경기 남양주시	회계결산	1,000	6	7	7	8	7	5	5	4
58	경기 군포시	결산검사위원위탁교육비	600	6	1	7	8	7	5	5	4
59	경기 용인시	결산검사위원교육비	1,500	6	1	7	8	7	5	5	4
60	경기 파주시	공동주택관리교육	5,700	6	1	5	1	7	3	2	4
61	경기 파주시	결산검사위원교육비	1,400	6	1	7	8	7	2	4	4
62	경기 이천시	결산검사위원교육비	750	6	1	7	8	7	5	5	4
63	경기 시흥시	정보소외계층을위한IT교육	10,000	6	4	7	8	7	1	1	4
64	경기 시흥시	외식업영업주역량강화교육	10,000	6	1	7	8	7	5	5	4
65	경기 시흥시	농업용드론자격증취득사업	3,500	6	4	4	1	7	3	1	4
66	경기 안성시	결산검사위원교육비	750	6	7	7	8	7	5	5	4
67	경기 연천군	결산검사위원회운영	1,250	6	5	7	8	7	2	2	4
68	경기 가평군	도민대상폭력예방교육	20,000	6	1	7	8	7	5	1	4
69	경기 양평군	명예사회복지공무원복지대학운영	8,000	6	6	4	7	2	1	1	1
70	경기 양평군	결산검사위원위탁교육비	1,200	6	5	7	8	7	2	1	4
71	인천 동구	입주자대표회의구성원등운영교육(온라인)	567	6	1	7	8	7	5	5	4
72	인천 연수구	유통관련업단속지원	2,850	6	4	4	8	7	1	1	4
73	인천 연수구	결산검사위원교육	1,400	6	1,4	7	8	7	5	5	4
74	인천 남동구	통합건강증진사업전문인력교육비	6,820	6	2	7	8	7	1	4	4
75	인천 남동구	입주자대표회의운영윤리교육등위탁비	5,000	6	1	5	8	7	2	1	2
76	인천 남동구	결산검사위원위탁교육비	500	6	5	7	8	7	5	5	4
77	인천 부평구	결산검사위원교육비	850	6	1	5	8	7	1	1	4

순번	시군구	지출명 (사업명)	2024년예산 (단위 : 천원 /1년간)	민간이전 분류 (지방자치단체 세출예산 집행기준에 의거) 1. 민간경상사업보조(307-02) 2. 민간단체 법정운영비보조(307-03) 3. 민간행사사업보조(307-04) 4. 민간위탁금(307-05) 5. 사회복지시설 법정운영비보조(307-10) 6. 민간인위탁교육비(307-12) 7. 공기관등에대한경상적위탁사업비(308-13) 8. 민간자본사업보조,자체재원(402-01) 9. 민간자본사업보조,이전재원(402-02) 10. 민간위탁사업비(402-03) 11. 공기관등에 대한 자본적 위탁사업비(403-02)	민간이전지출 근거 (지방보조금 관리기준 참고) 1. 법률에 규정 2. 국고보조 재원(국가지정) 3. 용도 지정 기부금 4. 조례에 직접규정 5. 지자체가 권장하는 사업을 하는 공공기관 6. 시,도 정책 및 재정사정 7. 기타 8. 해당없음	입찰방식			운영예산 산정		성과평가 실시여부
						계약체결방법 (경쟁형태) 1. 일반경쟁 2. 제한경쟁 3. 지명경쟁 4. 수의계약 5. 법정위탁 6. 기타 ( ) 7. 없음	계약기간 1. 1년 2. 2년 3. 3년 4. 4년 5. 5년 6. 기타 ( )년 7. 단기계약 (1년미만) 8. 없음	낙찰자선정방법 1. 적격심사 2. 협상에의한계약 3. 최저가낙찰제 4. 규격가격분리 5. 2단계 경쟁입찰 6. 기타 ( ) 7. 없음	운영예산 산정 1. 내부산정 (지자체 자체적으로 산정) 2. 외부산정 (외부전문기관위탁 산정) 3. 내·외부 모두 산정 4. 산정 無 5. 없음	정산방법 1. 내부정산 (지자체 내부적으로 정산) 2. 외부정산 (외부전문기관위탁 정산) 3. 내·외부 모두 산정 4. 정산 無 5. 없음	1. 실시 2. 미실시 3. 향후 추진 4. 해당없음
78	인천 계양구	공동주택관리(입주자대표회의운영및윤리교육)	1,980	6	1	5	1	6	2	2	1
79	인천 계양구	결산검사위원위탁교육비	640	6	1	7	8	7	1	1	4
80	인천 강화군	문화관광해설사육성(전환사업21단계)	20,000	6	7	4	7	7	1	1	4
81	인천 옹진군	문화관광해설사육성	5,000	6	1	5	7	7	5	1	4
82	인천 옹진군	지역사회통합건강증진사업(지역사회통합건강증진사업)	1,750	6	2	7	8	7	5	5	4
83	인천 옹진군	방문건강관리사업	1,440	6	2	7	8	7	5	5	4
84	인천 옹진군	맞춤형방문건강관리	1,440	6	5	7	8	7	5	5	4
85	인천 옹진군	지역사회중심금연지원서비스(지역사회중심금연지원서비스)	1,000	6	2	7	8	7	5	5	4
86	인천 옹진군	건강생활실천통합서비스	777	6	1	7	8	7	5	5	4
87	인천 옹진군	신속하고정확한결산추진	450	6	7	4	7	6	2	2	2
88	인천 옹진군	구내식당관리운영	300	6	4	1	8	7	1	1	4
89	인천 옹진군	연평평화안보수련원식당운영	300	6	1	7	8	7	5	5	4
90	광주 동구	결산검사위원교육참석	300	6	1	7	8	7	1	1	2
91	광주 북구	새마을지도자위탁교육비	7,200	6	1	7	8	7	1	1	3
92	광주 광산구	종량제봉투수거데이터수집	17,300	6	1	7	8	7	4	1	1
93	대구광역시	전국민디지털역량강화교육사업	35,400	6	2	7	8	7	5	5	4
94	대구광역시	운수종사자교통안전위탁교육	9,200	6	7	7	8	7	5	5	4
95	대구광역시	결산검사위원사전교육비	2,600	6	4	7	8	7	5	5	4
96	대구 중구	결산검사위원위탁교육	450	6	1	7	8	7	5	5	4
97	대구 동구	공동주택관리	5,000	6	1	5	8	7	1	2	2
98	대구 동구	원활한계약및지출업무수행	780	6	1	7	8	7	1	5	4
99	대구 서구	신속정확한회계운영(결산검사위원교육비)	680	6	1	7	8	7	1	1	4
100	대구 남구	결산검사위원위탁교육비	600	6	1	7	8	7	5	5	4
101	대구 수성구	원활한회계업무수행	600	6	1	7	8	7	2	2	4
102	대구 달서구	결산검사위원위탁교육비	1,600	6	4	7	8	7	5	5	4
103	대구 군위군	청년맞춤형창업지원교육	20,000	6	4	7	8	7	5	5	4
104	대구 군위군	여성농업인일자리창출전문기능교육	10,000	6	4	7	8	7	5	5	4
105	대구 군위군	농산물가공교육운영	10,000	6	4	7	8	7	5	5	4
106	대구 군위군	민방위사이버교육운영비	8,000	6	1	6	8	7	5	5	4
107	대구 군위군	하수도업무추진법정전문교육등위탁비	2,000	6	8	7	8	7	5	5	4
108	대전광역시	어린이집교원양성지원	98,000	6	1	5	3	6	5	3	1
109	대전 동구	결산검사위원위탁교육비	800	6	1	7	7	7	2	5	4
110	대전 중구	석교동상인역량강화교육및상권활성화지원	220,000	6	1	7	8	7	5	5	4
111	대전 중구	의료급여수급권자영유아검진비지원	4,750	6	2	5	8	7	1	1	4
112	대전 중구	결산검사위원위탁교육비	700	6	1	7	8	7	5	5	4
113	대전 서구	재해복구지원및응급구호비	5,000	6	1	7	8	7	1	1	4
114	대전 서구	계약지출결산관리	1,200	6	4	6	8	7	1	1	4
115	대전 유성구	재해구호전문인력양성교육	6,000	6	1	7	7	7	1	4	2
116	대전 유성구	결산검사위원교육비	1,400	6	4	7	8	7	4	4	2
117	대전 유성구	결산검사위원교육참석여비	1,050	6	4	7	8	7	4	4	2

순번	시군구	지출명 (사업명)	2024년예산 (단위 : 천원 /1년간)	민간이전 분류 (지방자치단체 세출예산 집행기준에 의거) 1. 민간경상사업보조(307-02) 2. 민간단체 법정운영비보조(307-03) 3. 민간행사사업보조(307-04) 4. 민간위탁금(307-05) 5. 사회복지시설 법정운영비보조(307-10) 6. 민간인위탁교육비(307-12) 7. 공기관등에대한경상적위탁사업비(308-13) 8. 민간자본사업보조,자체재원(402-01) 9. 민간자본사업보조,이전재원(402-02) 10. 민간위탁사업비(402-03) 11. 공기관등에 대한 자본적 위탁사업비(403-02)	민간이전지출 근거 (지방보조금 관리기준 참고) 1. 법률에 규정 2. 국고보조 재원(국가지정) 3. 용도 지정 기부금 4. 조례에 직접규정 5. 지자체가 권장하는 사업을 하는 공공기관 6. 시,도 정책 및 재정사정 7. 기타 8. 해당없음	입찰방식 계약체결방법 (경쟁형태) 1. 일반경쟁 2. 제한경쟁 3. 지명경쟁 4. 수의계약 5. 법정위탁 6. 기타 ( ) 7. 없음	입찰방식 계약기간 1. 1년 2. 2년 3. 3년 4. 4년 5. 5년 6. 기타 ( )년 7. 단기계약 (1년미만) 8. 없음	입찰방식 낙찰자선정방법 1. 적격심사 2. 협상에의한계약 3. 최저가낙찰제 4. 규격가격분리 5. 2단계 경쟁입찰 6. 기타 ( ) 7. 없음	운영예산 산정 운영예산 산정 1. 내부산정 (지자체 자체적으로 산정) 2. 외부산정 (외부전문기관위탁 산정) 3. 내·외부 모두 산정 4. 산정 無 5. 없음	운영예산 산정 정산방법 1. 내부정산 (지자체 내부적으로 정산) 2. 외부정산 (외부전문기관위탁 정산) 3. 내·외부 모두 산정 4. 정산 無 5. 없음	성과평가 실시여부 1. 실시 2. 미실시 3. 향후 추진 4. 해당없음
118	부산 서구	결산서작성관리	450	6	1	7	8	7	5	5	4
119	부산 영도구	지출및결산업무추진(결산검사위원교육비)	600	6	1	7	8	7	2	2	4
120	부산 동래구	결산검사위원교육비	600	6	7	7	8	7	5	5	4
121	부산 동래구	지역사회중심금연서비스운영	400	6	7	7	8	7	5	5	4
122	부산 동래구	자율방재단운영활성화	300	6	4	7	8	7	5	5	4
123	부산 남구	새마을단체지원	11,170	6	1	7	8	7	1	1	1
124	부산 남구	공동주택관리지원(입주자대표회의교육비지원)	1,500	6	1	7	8	7	5	5	4
125	부산 남구	계약,결산및물품관리	800	6	1	7	8	7	2	2	4
126	부산 북구	결산검사위원위탁교육비	1,080	6	4	7	8	7	1	5	4
127	부산 해운대구	새마을교육위탁교육비	7,844	6	1	7	8	7	5	5	4
128	부산 사하구	재활용품선별장지게차운전자교육	800	6	7	7	8	7	5	5	4
129	부산 사하구	결산검사위원교육비	450	6	1	7	8	7	5	5	4
130	부산 강서구	위탁교육비	450	6	1	7	8	7	5	5	4
131	부산 연제구	공동주택운영위탁교육비	4,200	6	1	4	8	7	1	1	2
132	부산 사상구	결산검사위원교육	750	6	1	7	8	7	1	1	4
133	부산 기장군	모다(多)일청년인턴지원사업(지역주도형청년일자리사업)	6,000	6	2	7	8	7	5	5	4
134	부산 기장군	청년드림플러스창업지원사업	3,500	6	2	7	8	7	5	5	4
135	부산 기장군	세입세출결산	900	6	1	7	8	7	5	5	4
136	울산 중구	입주자대표회의구성원교육	2,660	6	1	5	8	7	2	2	1
137	울산 중구	결산검사위원교육비	260	6	1	7	8	7	5	5	4
138	울산 남구	마을공동체역량강화위탁운영	22,000	6	1,4	4	7	7	1	1	1
139	울산 북구	지출및결산관리	400	6	4	7	8	7	1	5	4
140	강원특별자치도	재해구호전문인력양성교육	7,000	6	1	7	8	7	1	1	1
141	강원 춘천시	여성인적자원개발	8,000	6	1	7	8	7	1	1	1
142	강원 춘천시	농어촌민박서비스안전교육	4,800	6	1	7	8	7	1	1	4
143	강원 춘천시	입주자대표회의온라인운영윤리교육위탁	3,000	6	1	7	8	7	1	5	4
144	강원 강릉시	결산검사위원위탁교육비	1,250	6	1	6	8	7	1	1	3
145	강원 동해시	도지사품질인증제	7,000	6	6	7	8	7	1	1	4
146	강원 동해시	반려동물문화조성교육	4,500	6	1	7	1	7	1	1	3
147	강원 태백시	민방위교육훈련	9,806	6	2	4	7	7	1	1	1
148	강원 태백시	농업인농업기계전문자격교육	8,000	6	4	7	8	7	5	5	4
149	강원 태백시	기관공통운영경비지원	5,000	6	1	1	1	2	2	2	4
150	강원 태백시	공동주택주거지원	2,000	6	1	7	8	7	5	2	4
151	강원 태백시	농촌체험휴양마을역량강화교육	480	6	1	4	1	7	1	1	4
152	강원 속초시	속초해수욕장수상인명구조요원자격증취득및갱신교육지원	6,000	6	1	4	7	7	1	1	2
153	강원 속초시	공동주택입주자대표회의구성원온라인위탁교육비지원	1,002	6	1	7	8	7	1	5	4
154	강원 속초시	결산검사위원교육비	300	6	1	7	8	7	5	5	4
155	강원 삼척시	도시재생지원센터운영	30,000	6	1	7	8	7	5	5	4
156	강원 삼척시	청정임산물복합체험시설운영	30,000	6	7	7	8	7	1	1	3
157	강원 삼척시	국가지질공원인증추진	6,000	6	5	7	8	7	3	3	3

순번	시군구	지출명 (사업명)	2024년예산 (단위 : 천원 /1년간)	민간이전 분류 (지방자치단체 세출예산 집행기준에 의거) 1. 민간경상사업보조(307-02) 2. 민간단체 법정운영비보조(307-03) 3. 민간행사사업보조(307-04) 4. 민간위탁금(307-05) 5. 사회복지시설 법정운영비보조(307-10) 6. 민간인위탁교육비(307-12) 7. 공기관등에대한경상적위탁사업비(308-13) 8. 민간자본사업보조,자체재원(402-01) 9. 민간자본사업보조,이전재원(402-02) 10. 민간위탁사업비(402-03) 11. 공기관등에 대한 자본적 위탁사업비(403-02)	민간이전지출 근거 (지방보조금 관리기준 참고) 1. 법률에 규정 2. 국고보조 재원(국가지정) 3. 용도 지정 기부금 4. 조례에 직접규정 5. 지자체가 권장하는 사업을 하는 공공기관 6. 시,도 정책 및 재정사정 7. 기타 8. 해당없음	입찰방식 계약체결방법 (경쟁형태) 1. 일반경쟁 2. 제한경쟁 3. 지명경쟁 4. 수의계약 5. 법정위탁 6. 기타 ( ) 7. 없음	입찰방식 계약기간 1. 1년 2. 2년 3. 3년 4. 4년 5. 5년 6. 기타 ( )년 7. 단기계약 (1년미만) 8. 없음	입찰방식 낙찰자선정방법 1. 적격심사 2. 협상에의한계약 3. 최저가낙찰제 4. 규격가격분리 5. 2단계 경쟁입찰 6. 기타 ( ) 7. 없음	운영예산 산정 운영예산 산정 1. 내부산정 (지자체 자체적으로 산정) 2. 외부산정 (외부전문기관위탁 산정) 3. 내·외부 모두 산정 4. 산정 無 5. 없음	운영예산 산정 정산방법 1. 내부정산 (지자체 내부적으로 정산) 2. 외부정산 (외부전문기관위탁 정산) 3. 내·외부 모두 산정 4. 정산 無 5. 없음	성과평가 실시여부 1. 실시 2. 미실시 3. 향후 추진 4. 해당없음
158	강원 삼척시	공동주택관리비용지원	2,000	6	1	5	1	7	2	2	4
159	강원 삼척시	공동주택관리비용지원	1,000	6	1	5	1	7	2	2	4
160	강원 횡성군	귀농귀촌유치지원(도)	50,000	6	1	7	8	7	5	5	4
161	강원 횡성군	농업경영최고사관과정위탁교육	22,000	6	5	4	1	1	2	2	1
162	강원 횡성군	농업인단체지원사업	10,000	6	5	7	8	7	5	5	4
163	강원 횡성군	농어촌민박법정의무교육	2,500	6	2	4	7	7	5	1	1
164	강원 횡성군	공동주택관리법정교육	2,000	6	8	7	8	7	5	5	4
165	강원 영월군	회계운영	1,000	6	1	7	8	7	5	5	4
166	강원 영월군	공동주택관리	500	6	8	7	8	7	5	5	4
167	강원 평창군	노인복지시설종사자복지수당	178,160	6	6	5	5	1	1	1	1
168	강원 평창군	공동주택운영관리지원	3,000	6	1,4	7	8	7	5	5	4
169	강원 평창군	결산검사위원위탁교육	500	6	1	7	8	7	5	5	4
170	강원 정선군	지질공원해설사양성	4,000	6	6	7	8	7	5	5	4
171	강원 정선군	결산검사위원위탁교육	1,200	6	4	7	8	7	5	5	4
172	강원 화천군	공공산림가꾸기	3,000	6	2	7	8	7	5	5	4
173	강원 양구군	귀농귀촌유치지원	20,000	6	6	7	7	7	5	5	4
174	강원 양구군	농산물종합가공시설운영	20,000	6	4,5	7	8	7	5	1	2
175	강원 양구군	농어촌민박서비스안전교육(자체)	1,400	6	2	5	7	7	1	1	4
176	강원 양구군	체험마을리더교육지원	1,200	6	4	7	7	7	1	1	4
177	강원 고성군	민방위사이버교육	5,900	6	1	7	8	7	5	5	4
178	강원 고성군	자살예방및생명존중사업	2,500	6	4	7	8	7	5	5	4
179	강원 고성군	노래연습장업자교육	1,000	6	5	7	8	7	1	1	1
180	충북 제천시	결산검사위원교육비	2,000	6	8	7	8	7	5	5	4
181	충북 제천시	공동주택관계자위탁교육비	1,000	6	8	7	8	7	5	5	4
182	충북 보은군	산나물·산약초대학운영(지방소멸대응기금)	40,000	6	2	7	8	7	1	1	3
183	충북 보은군	보은군농업인대학(드론과정)위탁교육비	20,000	6	6	4	7	7	2	1	4
184	충북 보은군	새마을지도자교육에따른위탁교육비	13,260	6	4	7	7	7	3	3	1
185	충북 보은군	사이버교육경비(군비추가분)	6,730	6	2	7	7	7	2	1	4
186	충북 보은군	사이버교육경비	2,770	6	2	7	7	7	2	1	4
187	충북 보은군	결산검사위원교육여비	1,120	6	1	7	8	7	1	1	4
188	충북 보은군	금연지도원역량교육교육비	320	6	2	7	8	7	2	3	2
189	충북 옥천군	사이버교육경비	12,770	6	4	7	8	7	1	1	3
190	충북 옥천군	드론농업활용교육	10,000	6	2	4	1	2	1	1	4
191	충북 옥천군	전문농업인최고경영자과정운영	5,000	6	6	7	8	7	1	1	1
192	충북 옥천군	결산검사위원위탁교육비	700	6	1	7	8	7	1	1	4
193	충북 영동군	농산물가공기술활용상품화촉진시범	30,000	6	1	7	8	7	5	5	4
194	충북 영동군	군정자문단연찬회	25,000	6	4	7	8	7	5	5	4
195	충북 영동군	한농연한여농역량강화워크숍	22,000	6	4	4	7	7	5	5	4
196	충북 영동군	청년농업인역량강화워크숍	20,000	6	4	4	7	7	5	5	4
197	충북 영동군	도시민유치영동팸투어	20,000	6	4	7	8	7	1	1	1

순번	시군구	지출명 (사업명)	2024년예산 (단위 : 천원 /1년간)	민간이전 분류 (지방자치단체 세출예산 집행기준에 의거) 1. 민간경상사업보조(307-02) 2. 민간단체 법정운영비보조(307-03) 3. 민간행사사업보조(307-04) 4. 민간위탁금(307-05) 5. 사회복지시설 법정운영비보조(307-10) 6. 민간인위탁교육비(307-12) 7. 공기관등에대한경상적위탁사업비(308-13) 8. 민간자본사업보조,자체재원(402-01) 9. 민간자본사업보조,이전재원(402-02) 10. 민간위탁사업비(402-03) 11. 공기관등에 대한 자본적 위탁사업비(403-02)	민간이전지출 근거 (지방보조금 관리기준 참고) 1. 법률에 규정 2. 국고보조 재원(국가지정) 3. 용도 지정 기부금 4. 조례에 직접규정 5. 지자체가 권장하는 사업을 하는 공공기관 6. 시,도 정책 및 재정사정 7. 기타 8. 해당없음	입찰방식 계약체결방법 (경쟁형태) 1. 일반경쟁 2. 제한경쟁 3. 지명경쟁 4. 수의계약 5. 법정위탁 6. 기타 ( ) 7. 없음	입찰방식 계약기간 1. 1년 2. 2년 3. 3년 4. 4년 5. 5년 6. 기타 ( )년 7. 단기계약 (1년미만) 8. 없음	입찰방식 낙찰자선정방법 1. 적격심사 2. 협상에의한계약 3. 최저가낙찰제 4. 규격가격분리 5. 2단계 경쟁입찰 6. 기타 ( ) 7. 없음	운영예산 산정 운영예산 산정 1. 내부산정 (지자체 자체적으로 산정) 2. 외부산정 (외부전문기관위탁 산정) 3. 내·외부 모두 산정 4. 산정 無 5. 없음	운영예산 산정 정산방법 1. 내부정산 (지자체 내부적으로 정산) 2. 외부정산 (외부전문기관위탁 정산) 3. 내·외부 모두 산정 4. 정산 無 5. 없음	성과평가 실시여부 1. 실시 2. 미실시 3. 향후 추진 4. 해당없음
198	충북 영동군	전문농업인최고경영자과정운영	17,500	6	1	7	8	7	5	5	4
199	충북 영동군	신규농업인기초영농기술교육	15,000	6	1	7	8	7	5	5	4
200	충북 영동군	농촌관광리더및경영자육성	14,000	6	6	7	8	7	5	5	4
201	충북 영동군	민간단체교육비	12,000	6	1	7	8	7	1	1	1
202	충북 증평군	결산검사	500	6	1	7	8	1	1	1	4
203	충북 증평군	공동주택지원	500	6	1	7	8	7	5	5	4
204	충북 진천군	농산물가공및창업교육)	18,000	6	4	7	8	7	5	5	4
205	충북 진천군	농산업기계자격증취득과정)	13,500	6	4	4	7	2	1	1	4
206	충북 진천군	새마을지도자교육)	10,500	6	1	7	8	7	1	1	1
207	충북 진천군	결산검사위원교육기관훈련비)	720	6	1	7	8	7	1	1	4
208	충북 음성군	결산검사위원교육비	2,000	6	1	7	8	7	2	2	4
209	충청남도	방역사업비지원	10,000	6	1	5	1	6	1	3	4
210	충남 천안시	도시농업육성	4,400	6	4	4	7	7	1	1	1
211	충남 공주시	결산검사운영	1,400	6	1	7	8	7	1	5	4
212	충남 보령시	농산물가공창업보육시범사업	20,000	6	6	7	8	7	5	5	4
213	충남 아산시	노래연습장업자교육	1,500	6	1	4	8	7	1	1	4
214	충남 아산시	지출및결산	1,400	6	1	7	8	7	5	5	4
215	충남 아산시	농어촌민박업서비스안전교육	800	6	1	7	8	7	1	1	1
216	충남 계룡시	도시농업관리사양성교육	14,000	6	1	4	7	7	1	1	3
217	충남 당진시	공동주택안전관리자및경비원법정교육위탁비	3,000	6	1	7	8	7	5	5	4
218	충남 당진시	공동주택입주자대표회의법정교육위탁비	2,000	6	1	7	8	7	5	5	4
219	충남 금산군	품목농업인연구연합회역량강화지원	15,000	6	5	7	8	7	5	5	4
220	충남 금산군	4H회원역량강화육성지원	10,000	6	5	7	8	7	5	5	4
221	충남 금산군	농촌지도자회직업역량강화시범사업	10,000	6	5	7	8	7	5	5	4
222	충남 금산군	청년농업인역량강화지원	9,500	6	5	7	8	7	5	5	4
223	충남 금산군	농업용드론조종자격증취득교육	7,500	6	5	7	8	7	5	5	4
224	충남 부여군	농산물가공창업산업화인력육성교육	15,000	6	7	7	8	7	5	5	4
225	충남 부여군	부여군사회복지사역량강화사업	5,000	6	4	4	7	7	1	1	4
226	충남 부여군	공동주택관리법정교육위탁비	1,000	6	1	5	1	7	1	1	4
227	충남 서천군	결산검사위원교육비및교통비	990	6	7	7	8	7	5	5	4
228	충남 청양군	드론전문자격증취득교육지원	22,500	6	6	7	8	7	5	5	4
229	충남 청양군	농촌지도자회직업역량강화시범	10,000	6	4	7	8	7	5	5	4
230	충남 청양군	청년농업인역량강화지원	9,500	6	4	7	8	7	5	5	4
231	충남 청양군	농업인소형농기계자격증반운영	6,000	6	6	7	8	7	5	5	4
232	충남 청양군	결산검사위원위탁교육	600	6	5	5	1	2	2	2	4
233	충남 예산군	지역사회보장협의체활성화지원	28,380	6	4	7	8	7	1	1	4
234	경상북도	스포츠인권교육	30,000	6	4	4	7	7	1	1	2
235	경상북도	농촌지도자임원리더십교육	20,000	6	4	7	8	7	5	5	4
236	경상북도	식품생산리더역량강화교육	16,000	6	4	4	8	7	1	1	1
237	경상북도	생활개선회핵심리더교육	16,000	6	4	4	7	7	1	1	1

순번	시군구	지출명 (사업명)	2024년예산 (단위 : 천원 /1년간)	민간이전 분류 (지방자치단체 세출예산 집행기준에 의거) 1. 민간경상사업보조(307-02) 2. 민간단체 법정운영비보조(307-03) 3. 민간행사사업보조(307-04) 4. 민간위탁금(307-05) 5. 사회복지시설 법정운영비보조(307-10) 6. 민간인위탁교육비(307-12) 7. 공기관등에대한경상적위탁사업비(308-13) 8. 민간자본사업보조,자체재원(402-01) 9. 민간자본사업보조,이전재원(402-02) 10. 민간위탁사업비(402-03) 11. 공기관등에 대한 자본적 위탁사업비(403-02)	민간이전지출 근거 (지방보조금 관리기준 참고) 1. 법률에 규정 2. 국고보조 재원(국가지정) 3. 용도 지정 기부금 4. 조례에 직접규정 5. 지자체가 권장하는 사업을 하는 공공기관 6. 시,도 정책 및 재정사정 7. 기타 8. 해당없음	입찰방식			운영예산 산정		성과평가 실시여부
						계약체결방법 (경쟁형태) 1. 일반경쟁 2. 제한경쟁 3. 지명경쟁 4. 수의계약 5. 법정위탁 6. 기타 ( ) 7. 없음	계약기간 1. 1년 2. 2년 3. 3년 4. 4년 5. 5년 6. 기타 ( )년 7. 단기계약 (1년미만) 8. 없음	낙찰자선정방법 1. 적격심사 2. 협상에의한계약 3. 최저가낙찰제 4. 규격가격분리 5. 2단계 경쟁입찰 6. 기타 ( ) 7. 없음	운영예산 산정 1. 내부산정 (지자체 자체적으로 산정) 2. 외부산정 (외부전문기관위탁 산정) 3. 내·외부 모두 산정 4. 산정 無 5. 없음	정산방법 1. 내부정산 (지자체 내부적으로 정산) 2. 외부정산 (외부전문기관위탁 정산) 3. 내·외부 모두 산정 4. 정산 無 5. 없음	1. 실시 2. 미실시 3. 향후 추진 4. 해당없음
238	경상북도	영호남교류역량교육	16,000	6	4	4	7	7	1	1	1
239	경상북도	여성농업인농촌자원소득화교육	16,000	6	4	4	7	7	1	1	1
240	경상북도	농촌지도자전현직회장특별교육	15,000	6	4	7	8	7	5	5	4
241	경상북도	청년농업인디지털능력배양교육(신규)	15,000	6	4	7	8	7	5	5	4
242	경상북도	청년농업인농업신기술확산교육(신규)	15,000	6	4	7	8	7	5	5	4
243	경상북도	영호남농촌지도자핵심리더현장교육	10,000	6	4	7	8	7	5	5	4
244	경상북도	농촌지도자시군회장역량강화교육	7,000	6	4	7	8	7	5	5	4
245	경북 경주시	여성농어업인육성교육	27,000	6	6	7	8	7	5	5	4
246	경북 경주시	경주희망농업세미나	20,000	6	1	7	8	7	5	5	4
247	경북 경주시	농산물가공기초교육비	20,000	6	4	7	8	7	5	5	4
248	경북 경주시	농산물가공심화교육비	20,000	6	4	7	8	7	5	5	4
249	경북 경주시	친환경전문기술교육	20,000	6	1	7	8	7	5	5	4
250	경북 경주시	정보화농업인경영마케팅교육지원	15,000	6	6	7	8	7	5	5	4
251	경북 경주시	진로진학지원단양성교육	3,600	6	8	7	8	7	5	5	4
252	경북 영천시	농가맞춤형브랜드및포장재디자인개발교육	20,000	6	7	7	8	7	5	5	4
253	경북 영천시	와인학교위탁교육비	40,000	6	4	7	8	7	1	1	4
254	경북 영천시	민방위사이버교육	1,686	6	1	2	1	1	2	1	1
255	경북 김천시	지역특화음식전문인력양성교육	20,000	6	7	4	7	1	1	1	1
256	경북 김천시	융화교육	16,000	6	6	7	8	7	5	5	4
257	경북 김천시	민방위사이버교육운영비	13,500	6	1	7	8	7	5	5	4
258	경북 김천시	민방위전자통지,전자출결운영비	12,500	6	1	7	8	7	5	5	4
259	경북 김천시	찾아가는산사태사전대비예방교육	10,000	6	6	7	8	7	5	5	4
260	경북 김천시	공동주택입주자대표운영관련교육	5,000	6	1	7	8	7	1	1	4
261	경북 김천시	민방위대원사이버교육경비(3~4년차)	2,666	6	1	7	8	7	5	5	4
262	경북 김천시	검사위원위탁교육비	2,000	6	1	7	8	7	5	5	4
263	경북 안동시	결산검사위원위탁교육	2,000	6	1	7	8	7	5	5	4
264	경북 구미시	찾아가는주민자치아카데미	25,000	6	7	7	8	7	1	5	4
265	경북 구미시	새마을지도자교육비	25,000	6	4	4	1	7	1	1	1
266	경북 구미시	주민자치위원역량강화교육	5,000	6	7	7	8	7	1	5	4
267	경북 상주시	이통장능력개발교육	25,750	6	4	7	8	7	5	5	4
268	경북 상주시	임대형스마트팜영농정착컨설팅위탁	20,000	6	2	7	8	7	5	5	4
269	경북 상주시	농업인학습단체역량강화워크숍	20,000	6	1	7	8	7	5	5	4
270	경북 상주시	자연과환경바로알기교육	13,000	6	8	7	7	7	1	1	2
271	경북 상주시	민방위대원사이버교육운영	11,000	6	7	4	7	7	1	1	4
272	경북 상주시	민방위전자통지및전자출결운영	9,000	6	7	4	7	7	1	1	4
273	경북 상주시	인구정책역량강화교육	3,000	6	4	4	7	7	1	1	1
274	경북 상주시	결산검사위원위탁교육비	2,000	6	1	7	8	7	5	5	4
275	경북 상주시	민방위대원사이버교육경비	1,296	6	2	4	7	7	1	1	4
276	경북 상주시	공동주택입주자대표운영관련교육	1,000	6	8	5	1	7	2	4	4
277	경북 상주시	금연지도원위탁교육비	480	6	1	7	8	7	5	5	4

순번	시군구	지출명 (사업명)	2024년예산 (단위 : 천원 /1년간)	민간이전 분류 (지방자치단체 세출예산 집행기준에 의거) 1. 민간경상사업보조(307-02) 2. 민간단체 법정운영비보조(307-03) 3. 민간행사사업보조(307-04) 4. 민간위탁금(307-05) 5. 사회복지시설 법정운영비보조(307-10) 6. 민간인위탁교육비(307-12) 7. 공기관등에대한경상적위탁사업비(308-13) 8. 민간자본사업보조,자체재원(402-01) 9. 민간자본사업보조,이전재원(402-02) 10. 민간위탁사업비(402-03) 11. 공기관등에 대한 자본적 위탁사업비(403-02)	민간이전지출 근거 (지방보조금 관리기준 참고) 1. 법률에 규정 2. 국고보조 재원(국가지정) 3. 용도 지정 기부금 4. 조례에 직접규정 5. 지자체가 권장하는 사업을 하는 공공기관 6. 시,도 정책 및 재정사정 7. 기타 8. 해당없음	입찰방식: 계약체결방법 (경쟁형태) 1. 일반경쟁 2. 제한경쟁 3. 지명경쟁 4. 수의계약 5. 법정위탁 6. 기타 ( ) 7. 없음	입찰방식: 계약기간 1. 1년 2. 2년 3. 3년 4. 4년 5. 5년 6. 기타 ( )년 7. 단기계약 (1년미만) 8. 없음	입찰방식: 낙찰자선정방법 1. 적격심사 2. 협상에의한계약 3. 최저가낙찰제 4. 규격가격분리 5. 2단계 경쟁입찰 6. 기타 ( ) 7. 없음	운영예산 산정: 운영예산 산정 1. 내부산정 (지자체 자체적으로 산정) 2. 외부산정 (외부전문기관위탁 산정) 3. 내·외부 모두 산정 4. 산정 無 5. 없음	운영예산 산정: 정산방법 1. 내부정산 (지자체 내부적으로 정산) 2. 외부정산 (외부전문기관위탁 정산) 3. 내·외부 모두 산정 4. 정산 無 5. 없음	성과평가 실시여부 1. 실시 2. 미실시 3. 향후 추진 4. 해당없음
278	경북 경산시	여성친화도시시민참여단위탁교육	12,000	6	5	4	7	7	1	1	1
279	경북 경산시	여성농업인일자리창출전문기능교육	8,000	6	1	7	8	7	5	5	4
280	경북 의성군	지질공원해설사양성교육비(소양,전문)	4,000	6	1	7	8	7	5	5	4
281	경북 청송군	굴삭기및지게차운전자격증위탁교육비	7,700	6	6	7	8	7	1	1	3
282	경북 청송군	새마을국민교육참석자교육비지원	5,000	6	7	7	8	7	1	1	4
283	경북 영덕군	여성농업인일자리창출전문기능교육	8,000	6	6	7	1	7	5	1	3
284	경북 청도군	민방위대원사이버교육경비	13,000	6	7	4	7	6	1	1	4
285	경북 청도군	결산검사위원위탁교육비	1,500	6	1	5	8	7	5	5	4
286	경북 고령군	표준인사행정시스템유지보수	18,693	6	1	5	1	7	5	5	4
287	경북 고령군	농촌마을종합개발업무추진	500	6	7	7	8	7	5	5	4
288	경북 성주군	민방위사이버교육위탁교육비	13,000	6	2	4	1	7	1	1	4
289	경북 성주군	결산검사위원교육여비지급	1,250	6	1	7	8	7	5	1	4
290	경북 성주군	결산검사위원위탁교육비	750	6	1	7	8	7	5	1	4
291	경북 성주군	민방위대원사이버교육	747	6	6	4	1	7	1	1	4
292	경북 예천군	농식품제품레시피개발위탁교육	22,000	6	7	4	1	7	1	1	3
293	경북 예천군	민방위사이버교육위탁운영	8,000	6	1	7	8	7	5	5	4
294	경북 예천군	민방위전자통지및출결관리위탁운영	6,000	6	7	7	8	7	5	5	4
295	경북 예천군	공동주택관리위탁교육비	5,000	6	1	7	8	7	3	4	4
296	경북 예천군	민방위사이버교육경비	884	6	2	7	8	7	5	5	4
297	경북 예천군	결산검사위원위탁교육	600	6	1	7	8	7	5	5	4
298	경북 울릉군	결산검사위원위탁교육비	900	6	1	7	8	7	5	5	4
299	경상남도	귀어학교어업창업기술교육	280,000	6	2	7	8	7	5	3	4
300	경상남도	수산경영대학과정(최고경영자)	105,640	6	1	7	8	7	1	1	1
301	경상남도	수산경영대학과정(전문가)	46,328	6	1	7	8	7	1	1	1
302	경남 통영시	차세대수산경영인육성	60,000	6	4	7	8	7	5	5	4
303	경남 거제시	거제형청년일자리창출모델사업(훈련장려금)	165,600	6	4	7	8	7	1	1	4
304	경남 거제시	옥포역사문화프로그램운영	50,000	6	1	7	8	7	5	5	4
305	경남 거제시	거제청년센터운영(청년취창업및취업컨설팅프로그램운영)	40,000	6	6	7	8	7	5	5	4
306	경남 거제시	청년아카데미운영	40,000	6	6	7	8	7	5	5	4
307	경남 거제시	주민역량강화프로그램운영	40,000	6	1	7	8	7	5	5	4
308	경남 거제시	시민정원사양성교육(기초반)	35,000	6	5	7	8	7	5	5	4
309	경남 거제시	시민정원사양성교육(심화반)	35,000	6	5	7	8	7	5	5	4
310	경남 거제시	노인교실운영	30,000	6	1	7	8	7	5	5	4
311	경남 거제시	청년창업공간운영(입점자컨설팅(멘토링)및레시피(제품)개발교육)	20,000	6	6	7	8	7	5	5	4
312	경남 거제시	창업아카데미운영	20,000	6	6	7	8	7	5	5	4
313	경남 거제시	새마을중앙교육참석	13,000	6	1	7	7	7	1	5	4
314	경남 거제시	찾아가는시민강사양성역량강화위탁교육	10,000	6	4	7	8	7	5	5	4
315	경남 거제시	거제청년유턴플러스일자리사업(직무교육및컨설팅)	8,834	6	6	7	8	7	5	5	4
316	경남 거제시	청년창업도움플러스사업(컨설팅지원)	5,000	6	6	7	8	7	5	5	4
317	경남 거제시	공동주택관리위탁교육비	5,000	6	1	5	6	7	2	1	4

순번	시군구	지출명 (사업명)	2024년예산 (단위 : 천원 /1년간)	민간이전 분류 (지방자치단체 세출예산 집행기준에 의거) 1. 민간경상사업보조(307-02) 2. 민간단체 법정운영비보조(307-03) 3. 민간행사사업보조(307-04) 4. 민간위탁금(307-05) 5. 사회복지시설 법정운영비보조(307-10) 6. 민간인위탁교육비(307-12) 7. 공기관등에대한경상적위탁사업비(308-13) 8. 민간자본사업보조,자체재원(402-01) 9. 민간자본사업보조,이전재원(402-02) 10. 민간위탁사업비(402-03) 11. 공기관등에 대한 자본적 위탁사업비(403-02)	민간이전지출 근거 (지방보조금 관리기준 참고) 1. 법률에 규정 2. 국고보조 재원(국가지정) 3. 용도 지정 기부금 4. 조례에 직접규정 5. 지자체가 권장하는 사업을 하는 공공기관 6. 시,도 정책 및 재정사정 7. 기타 8. 해당없음	입찰방식 계약체결방법 (경쟁형태) 1. 일반경쟁 2. 제한경쟁 3. 지명경쟁 4. 수의계약 5. 법정위탁 6. 기타 ( ) 7. 없음	입찰방식 계약기간 1. 1년 2. 2년 3. 3년 4. 4년 5. 5년 6. 기타 ( )년 7. 단기계약 (1년미만) 8. 없음	입찰방식 낙찰자선정방법 1. 적격심사 2. 협상에의한계약 3. 최저가낙찰제 4. 규격가격분리 5. 2단계 경쟁입찰 6. 기타 ( ) 7. 없음	운영예산 산정 운영예산 산정 1. 내부산정 (지자체 자체적으로 산정) 2. 외부산정 (외부전문기관위탁 산정) 3. 내·외부 모두 산정 4. 산정 無 5. 없음	운영예산 산정 정산방법 1. 내부정산 (지자체 내부적으로 정산) 2. 외부정산 (외부전문기관위탁 정산) 3. 내·외부 모두 산정 4. 정산 無 5. 없음	성과평가 실시여부 1. 실시 2. 미실시 3. 향후 추진 4. 해당없음
318	경남 거제시	거제청년도약사업(청년직무교육및컨설팅)	3,750	6	6	7	8	7	5	5	4
319	경남 거제시	2023회계연도결산김사위원교육비지원	1,500	6	1	7	8	7	1	1	4
320	경남 거제시	지역사회중심금연지원서비스사업금연지도원교육비	480	6	2	5	8	7	1	1	4
321	경남 함안군	지역산업맞춤형일자리창출지원사업	60,000	6	6	7	1	7	1	3	1
322	경남 함안군	모다드림청년통장지원사업	46,280	6	6	7	1	7	1	3	1
323	경남 함안군	ESG혁신기업청년인재양성사업	41,562	6	6	7	1	7	1	3	1
324	경남 함안군	경남청년인재주력산업동반성장일자리사업	38,972	6	6	7	1	7	1	3	1
325	경남 함안군	고졸자선도기업간희망사다리일자리사업	13,874	6	6	7	1	7	1	3	1
326	경남 고성군	민방위교육	14,707	6	1	7	8	7	5	5	4
327	경남 남해군	임산물유통기반조성사업	11,730	6	2	7	8	7	1	1	1
328	경남 남해군	농촌관광주체육성지원(농어촌민박사업자서비스안전교육지원)	8,600	6	1,2	4	7	7	1	1	1
329	경남 남해군	민방위사이버교육위탁	7,700	6	1	7	8	7	5	5	4
330	경남 남해군	농촌체험지도사및마을해설가양성	3,600	6	1,6	4	7	7	1	1	2
331	경남 남해군	체험마을리더교육지원	3,120	6	1,2	4	7	7	1	1	2
332	경남 남해군	재해구호교육비	3,000	6	1	7	8	7	1	1	4
333	경남 남해군	민방위사이버교육위탁	1,693	6	1	7	8	7	5	5	4
334	경남 남해군	지출및계약운영	800	6	1	7	8	7	5	5	4
335	경남 하동군	귀농귀촌유치지원사업	26,000	6	1	7	8	7	5	5	4
336	경남 하동군	신규농업인영농기초기술교육	7,994	6	2	7	8	7	1	1	1
337	경남 산청군	사회적기업육성지원(일자리창출)	105,000	6	2	7	8	7	3	1	4
338	경남 산청군	시민정원사양성교육	60,000	6	5	4	1	7	1	3	4
339	경남 산청군	사회적기업및마을기업창업지원	60,000	6	4	7	8	7	1	1	4
340	경남 산청군	지역특화마을기업신활력일자리육성	50,000	6	4	7	8	7	1	1	4
341	경남 산청군	2024약초재배전문기술교육	30,000	6	5	7	8	7	5	5	4
342	경남 산청군	지리산산청곶감기술교육	20,000	6	7	7	8	7	5	5	4
343	경남 산청군	사회적경제청년부흥프로젝트사업	20,000	6	2	7	8	7	3	1	4
344	경남 산청군	농촌체험지도사및마을해설사양성사업	4,800	6	6	7	8	7	5	5	4
345	경남 산청군	결산검사위원교육참석	2,000	6	7	7	8	7	5	1	4
346	전북 전주시	공동주택운영및안전관리교육	6,000	6	1	5	1	7	1	5	4
347	전북 전주시	세입세출결산검사	1,190	6	7	7	8	7	5	5	4
348	전북 익산시	농어촌민박서비스안전교육	490	6	1	5	7	7	5	1	4
349	전북 정읍시	시민정원사양성교육	24,000	6	4	7	8	7	5	5	4
350	전북 남원시	보육교직원보수교육	4,000	6	1,4	7	8	7	1	1	4
351	전북 남원시	농어촌민박사업자서비스안전교육지원	2,050	6	1	4	8	7	1	1	4
352	전북 남원시	새마을지도자중앙교육참석	1,250	6	1	7	8	7	1	1	1
353	전북 김제시	주민참여예산학교운영	11,000	6	1	4	7	7	1	1	3
354	전북 완주군	아동복지시설생활아동지원	45,269	6	1	7	8	7	5	1	1
355	전북 완주군	주민자치역량강화교육	10,000	6	4	7	8	7	1	1	3
356	전북 완주군	경계선지능아동자립지원사업	8,200	6	2	7	8	7	5	1	1
357	전북 순창군	민방위대원사이버교육위탁	7,000	6	1	7	8	7	5	5	4

순번	시군구	지출명 (사업명)	2024년예산 (단위 : 천원 /1년간)	민간이전 분류 (지방자치단체 세출예산 집행기준에 의거) 1. 민간경상사업보조(307-02) 2. 민간단체 법정운영비보조(307-03) 3. 민간행사사업보조(307-04) 4. 민간위탁금(307-05) 5. 사회복지시설 법정운영비보조(307-10) 6. 민간인위탁교육비(307-12) 7. 공기관등에대한경상적위탁사업비(308-13) 8. 민간자본사업보조,자체재원(402-01) 9. 민간자본사업보조,이전재원(402-02) 10. 민간위탁사업비(402-03) 11. 공기관등에 대한 자본적 위탁사업비(403-02)	민간이전지출 근거 (지방보조금 관리기준 참고) 1. 법률에 규정 2. 국고보조 재원(국가지정) 3. 용도 지정 기부금 4. 조례에 직접규정 5. 지자체가 권장하는 사업을 하는 공공기관 6. 시,도 정책 및 재정사정 7. 기타 8. 해당없음	입찰방식 계약체결방법 (경쟁형태) 1. 일반경쟁 2. 제한경쟁 3. 지명경쟁 4. 수의계약 5. 법정위탁 6. 기타 ( ) 7. 없음	입찰방식 계약기간 1. 1년 2. 2년 3. 3년 4. 4년 5. 5년 6. 기타 ( )년 7. 단기계약 (1년미만) 8. 없음	입찰방식 낙찰자선정방법 1. 적격심사 2. 협상에의한계약 3. 최저가낙찰제 4. 규격가격분리 5. 2단계 경쟁입찰 6. 기타 ( ) 7. 없음	운영예산 산정 운영예산 산정 1. 내부산정 (지자체 자체적으로 산정) 2. 외부산정 (외부전문기관위탁 산정) 3. 내·외부 모두 산정 4. 산정 無 5. 없음	운영예산 산정 정산방법 1. 내부정산 (지자체 내부적으로 정산) 2. 외부정산 (외부전문기관위탁 정산) 3. 내·외부 모두 산정 4. 정산 無 5. 없음	성과평가 실시여부 1. 실시 2. 미실시 3. 향후 추진 4. 해당없음
358	전북 순창군	농업용소형중장비자격증취득지원	6,800	6	4	1	7	1	1	1	1
359	전북 순창군	민방위대원사이버교육경비	1,474	6	1	7	8	7	5	5	4
360	전북 고창군	결산검사위원교육비	1,600	6	1	7	8	7	5	5	4
361	전북 부안군	청년인생설계학교	20,000	6	6	7	8	7	1	1	1
362	전북 부안군	청년정책협의체행복코칭	10,000	6	6	7	8	7	1	1	1
363	전북 부안군	글로벌온라인교실	20,000	6	4	4	7	2	3	1	1
364	전북 부안군	스마트팜확산지원(권역별현장지원센터)	18,000	6	1	4	7	3	1	1	1
365	전북 부안군	농업용건설기계운전기능사교육	16,000	6	1	4	7	7	1	1	4
366	전북 부안군	더드림부안아카데미	12,000	6	4	7	8	7	5	5	4
367	전북 부안군	예산학교위탁교육비	10,000	6	6	4	1	7	1	1	2
368	전북 부안군	평생학습아카데미(화상외국어)	10,000	6	4	4	7	2	3	1	1
369	전남 완도군	센터직원역량강화교육	40,000	6	6	7	8	7	5	5	4
370	전남 완도군	해양치유해설가보수교육	20,000	6	6	7	8	7	5	5	4
371	전남 목포시	경영혁신외식서비스지원	40,000	6	2	4	8	7	5	1	4
372	전남 목포시	결산검사위원위탁교육비	750	6	1	7	8	7	5	5	4
373	전남 여수시	스마트농기계활용교육	17,200	6	4	7	8	7	1	1	1
374	전남 여수시	새마을국민교육입소자위탁교육비	15,400	6	1	7	8	7	1	1	3
375	전남 여수시	시민참여단교육및벤치마킹	13,500	6	4	4	7	7	1	2	4
376	전남 여수시	찾아가는아동권리교육	8,400	6	6	7	8	7	5	5	4
377	전남 여수시	아동권리교육강사양성아카데미운영	7,000	6	6	7	8	7	5	5	4
378	전남 순천시	평생학습전문인위탁교육	80,000	6	4	7	8	7	3	1	1
379	전남 순천시	순천커뮤니티아카데미운영	70,000	6	4	7	8	7	3	1	1
380	전남 순천시	귀농귀촌길잡이교육	27,000	6	4	7	8	7	1	1	4
381	전남 순천시	장년층인생이모작지원사업	20,000	6	6	4	7	7	1	1	1
382	전남 순천시	새마을지도자교육위탁금	11,016	6	4	7	8	7	5	5	4
383	전남 순천시	여성단체역량강화및사회참여확대	10,000	6	6	7	8	7	1	1	1
384	전남 순천시	여성단체역량강화및사회참여확대	10,000	6	6	7	8	7	1	1	1
385	전남 나주시	임업후계자위탁교육	6,750	6	4	7	8	7	5	5	4
386	전남 나주시	정원전문가양성교육	6,000	6	4	7	8	7	5	5	4
387	전남 나주시	공동주택법정교육비	2,500	6	7	7	8	7	5	5	4
388	전남 광양시	여성친화도시조성지역사회활동역량강화교육	17,000	6	4	4	7	2	1	1	3
389	전남 광양시	아동권리교육강사양성아카데미운영	10,000	6	4	7	8	7	5	1	4
390	전남 광양시	여성취창업교실위탁운영	8,000	6	8	1	7	1	1	1	4
391	전남 광양시	사회복지종사자선진지견학	4,200	6	4	7	7	7	1	1	1
392	전남 광양시	농촌관광주체육성지원(농촌민박)	2,020	6	2	6	7	6	1	1	4
393	전남 담양군	담양인문학아카데미운영	20,000	6	4	7	1	7	1	1	1
394	전남 담양군	농업용드론전문자격증취득교육지원	12,500	6	5	7	8	7	5	5	4
395	전남 담양군	지역인문활동가양성및역량강화	4,000	6	4	7	1	7	1	1	1
396	전남 곡성군	치유농업사양성지원	5,250	6	4	7	8	7	5	5	4
397	전남 고흥군	무인기(드론)산업육성	84,000	6	4	4	7	7	1	1	3

순번	시군구	지출명 (사업명)	2024년예산 (단위 : 천원 /1년간)	민간이전 분류 (지방자치단체 세출예산 집행기준에 의거) 1. 민간경상사업보조(307-02) 2. 민간단체 법정운영비보조(307-03) 3. 민간행사사업보조(307-04) 4. 민간위탁금(307-05) 5. 사회복지시설 법정운영비보조(307-10) 6. 민간인위탁교육비(307-12) 7. 공기관등에대한경상적위탁사업비(308-13) 8. 민간자본사업보조,자체재원(402-01) 9. 민간자본사업보조,이전재원(402-02) 10. 민간위탁사업비(402-03) 11. 공기관등에 대한 자본적 위탁사업비(403-02)	민간이전지출 근거 (지방보조금 관리기준 참고) 1. 법률에 규정 2. 국고보조 재원(국가지정) 3. 용도 지정 기부금 4. 조례에 직접규정 5. 지자체가 권장하는 사업을 하는 공공기관 6. 시,도 정책 및 재정사정 7. 기타 8. 해당없음	입찰방식 계약체결방법 (경쟁형태) 1. 일반경쟁 2. 제한경쟁 3. 지명경쟁 4. 수의계약 5. 법정위탁 6. 기타 ( ) 7. 없음	입찰방식 계약기간 1. 1년 2. 2년 3. 3년 4. 4년 5. 5년 6. 기타 ( )년 7. 단기계약 (1년미만) 8. 없음	입찰방식 낙찰자선정방법 1. 적격심사 2. 협상에의한계약 3. 최저가낙찰제 4. 규격가격분리 5. 2단계 경쟁입찰 6. 기타 ( ) 7. 없음	운영예산 산정 운영예산 산정 1. 내부산정 (지자체 자체적으로 산정) 2. 외부산정 (외부전문기관위탁 산정) 3. 내·외부 모두 산정 4. 산정 無 5. 없음	운영예산 산정 정산방법 1. 내부정산 (지자체 내부적으로 정산) 2. 외부정산 (외부전문기관위탁 정산) 3. 내·외부 모두 산정 4. 정산 無 5. 없음	성과평가 실시여부 1. 실시 2. 미실시 3. 향후 추진 4. 해당없음
398	전남 고흥군	박물관체험교육프로그램운영	50,000	6	6	7	8	7	5	5	4
399	전남 고흥군	기술혁신지원서비스제고(청년보육생학습동아리활동)	40,000	6	6	7	8	7	5	5	4
400	전남 고흥군	농업기계안전교육지원	9,000	6	2	7	8	7	5	5	4
401	전남 고흥군	정원전문가양성교육지원	5,950	6	2	7	8	7	5	5	4
402	전남 고흥군	공공숲가꾸기(공공산림가꾸기)	3,500	6	2	7	8	7	5	5	4
403	전남 고흥군	모자보건관리	1,365	6	1,4	7	8	7	5	5	1
404	전남 화순군	여성역량강화를위한교육및워크숍	20,000	6	4	7	8	7	1	1	4
405	전남 장흥군	청년행복UP프로젝트	20,000	6	4	7	8	7	5	5	4
406	전남 장흥군	청년마케터양성교육	15,000	6	4	7	8	7	5	5	4
407	전남 장흥군	온라인청년센터운영	5,000	6	4	7	8	7	5	5	4
408	전남 강진군	정원전문가양성	2,992	6	2	7	8	7	5	5	4
409	전남 강진군	결산검사위원교육여비	2,700	6	1	7	8	7	1	1	4
410	전남 해남군	여성친화도시군민참여단역량강화교육지원	15,000	6	4	7	8	7	1	1	4
411	전남 해남군	새마을국민교육교육비	10,200	6	1	7	1	7	1	1	4
412	전남 해남군	공공숲가꾸기교육비	1,963	6	2	7	8	7	5	5	4
413	전남 해남군	자연휴양림수영장안전요원위탁교육	750	6	1	7	8	7	5	5	4
414	전남 해남군	금연지도원교육비	240	6	2	7	8	7	5	1	4
415	전남 영암군	정원전문가양성교육	6,000	6	6	7	8	7	5	5	4
416	전남 영암군	공공후견인교육비	100	6	2	7	8	7	5	1	4
417	전남 함평군	청년역량강화교육및인구인식개선교육등	20,000	6	4	7	8	7	5	5	4
418	전남 영광군	2023년드론자격증취득위탁교육비(기성금)집행	23,460	6	8	7	8	7	5	5	4
419	전남 영광군	2023년드론자격증취득위탁교육(추가)계획	13,800	6	8	7	8	7	5	5	4
420	전남 영광군	2023년소형건설기계조종사면허취득위탁교육비집행	13,524	6	8	7	8	7	5	5	4
421	전남 영광군	2023년돌봄종사자치유회복프로그램용역비집행	9,870	6	8	7	8	7	5	5	4
422	전남 영광군	2023년드론자격증취득위탁교육비(기성금)집행	9,660	6	8	7	8	7	5	5	4
423	전남 영광군	2023년드론자격증취득위탁교육비(기성금)집행	8,280	6	8	7	8	7	5	5	4
424	전남 영광군	「찾아가는맞춤형인구교실」및인구교육행사운영사업비지급	7,000	6	8	7	8	7	5	5	4
425	전남 영광군	2023년소형건설기계조종사면허취득위탁교육비집행	2,254	6	8	7	8	7	5	5	4
426	전남 영광군	2023년숲가꾸기자원조사단기술교육비(2기)납부	900	6	8	7	8	7	5	5	4
427	전남 영광군	2023년숲가꾸기패트롤(기본)기술교육비(7기)납부	840	6	8	7	8	7	5	5	4
428	전남 영광군	2023년산림바이오매스수집단기술교육비(2기)납부	840	6	8	7	8	7	5	5	4
429	전남 장성군	이장관리	22,000	6	4	7	7	2	1	1	4
430	전남 장성군	청년농업인정예인력양성전문교육	17,000	6	4	7	8	7	5	5	4
431	전남 장성군	생활개선회육성	12,750	6	4	7	8	7	5	5	4
432	전남 장성군	농산물가공지원센터운영	12,750	6	4	7	8	7	5	5	4
433	전남 장성군	푸드창업위드COOK운영	12,750	6	4	7	8	7	5	5	4
434	전남 장성군	정원전문가양성교육	8,500	6	6	7	6	7	5	5	4
435	전남 장성군	다문화가족지원	2,500	6	7	7	7	7	1	1	1
436	전남 진도군	무인항공조종사자격증반교육운영	75,000	6	4	7	8	7	5	5	4
437	전남 진도군	유아숲교육위탁운영	57,732	6	2	4	1	2	1	2	1

순번	시군구	지출명 (사업명)	2024년예산 (단위 : 천원 /1년간)	민간이전 분류 (지방자치단체 세출예산 집행기준에 의거) 1. 민간경상사업보조(307-02) 2. 민간단체 법정운영비보조(307-03) 3. 민간행사사업보조(307-04) 4. 민간위탁금(307-05) 5. 사회복지시설 법정운영비보조(307-10) 6. 민간인위탁교육비(307-12) 7. 공기관등에대한경상적위탁사업비(308-13) 8. 민간자본사업보조,자체재원(402-01) 9. 민간자본사업보조,이전재원(402-02) 10. 민간위탁사업비(402-03) 11. 공기관등에 대한 자본적 위탁사업비(403-02)	민간이전지출 근거 (지방보조금 관리기준 참고) 1. 법률에 규정 2. 국고보조 재원(국가지정) 3. 용도 지정 기부금 4. 조례에 직접규정 5. 지자체가 권장하는 사업을 하는 공공기관 6. 시,도 정책 및 재정사정 7. 기타 8. 해당없음	입찰방식 계약체결방법 (경쟁형태) 1. 일반경쟁 2. 제한경쟁 3. 지명경쟁 4. 수의계약 5. 법정위탁 6. 기타 ( ) 7. 없음	입찰방식 계약기간 1. 1년 2. 2년 3. 3년 4. 4년 5. 5년 6. 기타 ( )년 7. 단기계약 (1년미만) 8. 없음	입찰방식 낙찰자선정방법 1. 적격심사 2. 협상에의한계약 3. 최저가낙찰제 4. 규격가격분리 5. 2단계 경쟁입찰 6. 기타 ( ) 7. 없음	운영예산 산정 운영예산 산정 1. 내부산정 (지자체 자체적으로 산정) 2. 외부산정 (외부전문기관위탁 산정) 3. 내·외부 모두 산정 4. 산정 無 5. 없음	운영예산 산정 정산방법 1. 내부정산 (지자체 내부적으로 정산) 2. 외부정산 (외부전문기관위탁 정산) 3. 내·외부 모두 산정 4. 정산 無 5. 없음	성과평가 실시여부 1. 실시 2. 미실시 3. 향후 추진 4. 해당없음
438	전남 진도군	가공창업교육운영위탁교육비	30,000	6	4	7	8	7	5	5	4
439	전남 진도군	농기계자격증취득교육위탁교육비	22,000	6	4	7	8	7	5	5	4
440	전남 진도군	진도개아카데미위탁교육	20,000	6	6	7	8	7	5	5	4
441	전남 진도군	6차산업전문과정위탁교육운영	20,000	6	4	7	8	7	5	5	4
442	전남 진도군	희망청춘아카데미운영	15,000	6	4	7	8	7	4	1	4
443	전남 진도군	청년창업스쿨운영	15,000	6	4	7	8	7	4	1	4
444	전남 진도군	농업기계현장실무교육위탁교육비	9,000	6	2	7	8	7	5	5	4
445	전남 진도군	정원전문가양성위탁교육비	7,500	6	6	7	3	7	1	1	4
446	전남 진도군	임산물재배농가교육훈련비	5,000	6	1	7	8	7	5	3	1
447	전남 진도군	청년농업인경영진단분석컨설팅위탁교육비	3,000	6	4	7	8	7	5	5	4
448	전남 진도군	농촌민박서비스안전위탁교육지원사업	2,352	6	6	7	8	7	1	1	4
449	전남 진도군	결산검사위원위탁교육비	750	6	1	7	8	7	5	5	4
450	전남 신안군	슬로시티시민강사양성교육(3개과정)	20,000	6	4	7	8	7	5	5	4
451	전남 신안군	사회복지사보수교육	5,432	6	1	7	8	7	5	5	4

chapter

4

공기관등에대한경상적위탁사업비 (308-13)

목 차

목 차

광주

대구

대전

부산

울산

세종

강원

목 차

충북

충남

경북

경남

목 차

2024년 전국 지방자치단체 공기관등에 대한 경상적 위탁사업비(308-13) 운영현황

순번	시군구	지출명 (사업명)	2024년예산 (단위 : 천원 /1년간)	민간이전 분류 (지방자치단체 세출예산 집행기준에 의거) 1. 민간경상사업보조(307-02) 2. 민간단체 법정운영비보조(307-03) 3. 민간행사사업보조(307-04) 4. 민간위탁금(307-05) 5. 사회복지시설 법정운영비보조(307-10) 6. 민간인위탁교육비(307-12) 7. 공기관등에대한경상적위탁사업비(308-13) 8. 민간자본사업보조,자체재원(402-01) 9. 민간자본사업보조,이전재원(402-02) 10. 민간위탁사업비(402-03) 11. 공기관등에 대한 자본적 위탁사업비(403-02)	민간이전지출 근거 (지방보조금 관리기준 참고) 1. 법률에 규정 2. 국고보조 재원(국가지정) 3. 용도 지정 기부금 4. 조례에 직접규정 5. 지자체가 권장하는 사업을 하는 공공기관 6. 시,도 정책 및 재정사정 7. 기타 8. 해당없음	입찰방식			운영예산 산정		성과평가 실시여부
						계약체결방법 (경쟁형태) 1. 일반경쟁 2. 제한경쟁 3. 지명경쟁 4. 수의계약 5. 법정위탁 6. 기타 ( ) 7. 없음	계약기간 1. 1년 2. 2년 3. 3년 4. 4년 5. 5년 6. 기타 ( )년 7. 단기계약 (1년미만) 8. 없음	낙찰자선정방법 1. 적격심사 2. 협상에의한계약 3. 최저가낙찰제 4. 규격가격분리 5. 2단계 경쟁입찰 6. 기타 ( ) 7. 없음	운영예산 산정 1. 내부산정 (지자체 자체적으로 산정) 2. 외부산정 (외부전문기관위탁 산정) 3. 내·외부 모두 산정 4. 산정 無 5. 없음	정산방법 1. 내부정산 (지자체 내부적으로 정산) 2. 외부정산 (외부전문기관위탁 정산) 3. 내·외부 모두 산정 4. 정산 無 5. 없음	1. 실시 2. 미실시 3. 향후 추진 4. 해당없음
1	서울특별시	공동협력기술개발지원	5,340,333	7	4	4	3	7	3	3	1
2	서울특별시	인베스트서울운영	5,230,224	7	4	1	2	1	1	3	1
3	서울특별시	서울창업허브M+운영	4,935,266	7	4	4	5	7	1	1	1
4	서울특별시	장애인의료비지원	4,653,208	7	1,2	7	7	7	5	5	4
5	서울특별시	MICE유치및개최지원	4,542,000	7	4	6	1	6	1	1	1
6	서울특별시	서울도시제조허브운영	4,534,042	7	6	7	8	7	1	1	4
7	서울특별시	경력단절여성등의경제활동촉진사업운영	4,007,643	7	1	7	3	7	1	1	4
8	서울특별시	버스공영차고지관리	3,637,064	7	1	7	8	7	1	1	4
9	서울특별시	노들섬문화명소조성사업	3,625,293	7	1	6	3	7	1	3	3
10	서울특별시	1인가구주택관리서비스사업	3,487,365	7	1	5	2	7	3	3	1
11	서울특별시	게임산업육성및e스포츠활성화	3,444,019	7	5	4	3	7	1	2	1
12	서울특별시	서울글로벌센터빌딩운영관리	3,255,506	7	4	6	5	7	1	1	4
13	서울특별시	자동차세체납차량번호판영치업무지원	3,244,593	7	4	6	5	6	1	1	4
14	서울특별시	권역별예술교육센터조성및운영	3,193,464	7	1	4	2	7	1	3	3
15	서울특별시	공영도매시장안전성검사지원	3,104,104	7	1	7	8	7	1	1	1
16	서울특별시	전기차충전인프라구축	3,065,080	7	4	7	1	7	1	3	3
17	서울특별시	공연예술창작활성화(전환사업)	3,000,000	7	2	4	1	7	1	3	3
18	서울특별시	서울혁신파크(구,국립보건원이전부지)고품격경제문화타운조성	2,949,873	7	4	6	5	7	1	1	3
19	서울특별시	장충체육관운영	2,726,109	7	4	5	5	7	1	1	4
20	서울특별시	난지물재생센터내지하음식물류폐기물처리시설건립	2,613,750	7	2	7	6	7	1	1	4
21	서울특별시	연극창작지원시설조성및운영	2,557,677	7	1	4	3	7	1	3	3
22	서울특별시	잠실광역환승센터관리위탁	2,482,238	7	4	6	5	6	1	1	1
23	서울특별시	서울페스타2024개최	2,465,000	7	4	6	1	6	4	1	1
24	서울특별시	마곡산업단지관리기관운영	2,241,984	7	4	5	1	7	1	3	1
25	서울특별시	중소기업산업디자인개발지원	2,240,882	7	4	7	1	7	1	1	1
26	서울특별시	청년안심주택위탁관리	2,167,737	7	4	5	1	2	3	2	1
27	서울특별시	역세권공공임대주택위탁관리	2,058,116	7	4	6	8	7	5	5	4
28	서울특별시	공연장상주단체육성지원(전환사업)	2,038,000	7	2	4	1	7	1	3	3
29	서울특별시	약자를위한기술개발지원	2,017,236	7	5	5	3	7	1	3	3
30	서울특별시	서울상상나라운영	1,955,356	7	4	6	5	7	1	1	4
31	서울특별시	국제개발협력전담조직운영	1,716,499	7	5	7	2	7	1	1	2
32	서울특별시	로컬브랜드상권생태계조성	1,694,400	7	5	5	1	7	1	1	3
33	서울특별시	소통관리및시정정보제공	1,640,000	7	1	7	8	7	5	5	4
34	서울특별시	미디어콘텐츠센터운영	1,542,562	7	5	4	3	7	1	1	1
35	서울특별시	서울기업지원센터운영	1,505,416	7	5	6	1	7	1	1	1
36	서울특별시	중소기업매출채권보험료지원	1,500,000	7	5	6	1	7	1	1	1
37	서울특별시	수출보험(보증)료지원	1,500,000	7	1	7	7	7	1	1	4

순번	시군구	지출명 (사업명)	2024년예산 (단위 : 천원 /1년간)	민간이전 분류 (지방자치단체 세출예산 집행기준에 의거) 1. 민간경상사업보조(307-02) 2. 민간단체 법정운영비보조(307-03) 3. 민간행사사업보조(307-04) 4. 민간위탁금(307-05) 5. 사회복지시설 법정운영비보조(307-10) 6. 민간인위탁교육비(307-12) 7. 공기관등에대한경상적위탁사업비(308-13) 8. 민간자본사업보조,자체재원(402-01) 9. 민간자본사업보조,이전재원(402-02) 10. 민간위탁사업비(402-03) 11. 공기관등에 대한 자본적 위탁사업비(403-02)	민간이전지출 근거 (지방보조금 관리기준 참고) 1. 법률에 규정 2. 국고보조 재원(국가지정) 3. 용도 지정 기부금 4. 조례에 직접규정 5. 지자체가 권장하는 사업을 하는 공공기관 6. 시,도 정책 및 재정사정 7. 기타 8. 해당없음	입찰방식 계약체결방법 (경쟁형태) 1. 일반경쟁 2. 제한경쟁 3. 지명경쟁 4. 수의계약 5. 법정위탁 6. 기타 ( ) 7. 없음	입찰방식 계약기간 1. 1년 2. 2년 3. 3년 4. 4년 5. 5년 6. 기타 ( )년 7. 단기계약 (1년미만) 8. 없음	입찰방식 낙찰자선정방법 1. 적격심사 2. 협상에의한계약 3. 최저가낙찰제 4. 규격가격분리 5. 2단계 경쟁입찰 6. 기타 ( ) 7. 없음	운영예산 산정 운영예산 산정 1. 내부산정 (지자체 자체적으로 산정) 2. 외부산정 (외부전문기관위탁 산정) 3. 내·외부 모두 산정 4. 산정 無 5. 없음	운영예산 산정 정산방법 1. 내부정산 (지자체 내부적으로 정산) 2. 외부정산 (외부전문기관위탁 정산) 3. 내·외부 모두 산정 4. 정산 無 5. 없음	성과평가 실시여부 1. 실시 2. 미실시 3. 향후 추진 4. 해당없음
38	서울특별시	해외홍보도시마케팅	1,430,000	7	1	7	8	7	5	5	4
39	서울특별시	지역문화예술교육기반구축사업(전환사업)	1,427,000	7	2	4	1	7	1	3	4
40	서울특별시	디지털성범죄예방및피해자지원	1,412,067	7	4	1	3	1	1	1	3
41	서울특별시	몽촌토성위탁관리	1,329,809	7	1	4	1	7	2	1	1
42	서울특별시	상상비즈아카데미조성및운영	1,323,608	7	5	4	3	7	1	2	1
43	서울특별시	민간포털협력마케팅	1,311,396	7	1	7	8	7	5	5	4
44	서울특별시	확장현실(XR)산업활성화	1,287,502	7	4	7	8	7	5	5	4
45	서울특별시	재난취약계층소방안전대책	1,283,720	7	6	1	7	1	1	1	1
46	서울특별시	계류식가스기구사업서울의달	1,278,713	7	5	4	5	7	1	1	3
47	서울특별시	자동차전용도로제설	1,275,000	7	7	5	8	7	1	3	4
48	서울특별시	의료관광활성화	1,252,800	7	4	5	1	6	1	1	1
49	서울특별시	주소정보체계고도화	1,181,556	7	1	5	1	7	5	5	4
50	서울특별시	서울창업허브스케일업센터운영	1,147,593	7	4	4	6	7	1	1	1
51	서울특별시	서울파트너스하우스운영	1,111,360	7	5	5	2	7	1	1	4
52	서울특별시	서울문화관광해설사운영(전환사업)	1,080,810	7	4	5	1	6	1	1	1
53	서울특별시	서울동행일자리	1,079,000	7	6	7	8	7	1	1	2
54	서울특별시	서울및전국기능경기대회지원	1,010,520	7	4	7	8	7	1	1	4
55	서울특별시	G밸리의료기기개발지원센터운영	982,350	7	6	7	8	7	3	2	1
56	서울특별시	사회주택공급	963,404	7	4	7	8	7	1	1	2
57	서울특별시	서울창업센터동작운영	896,312	7	4	4	6	7	1	1	3
58	서울특별시	청년월세지원	787,094	7	1,4	6	2	7	1	1	2
59	서울특별시	소상공인고용보험가입지원	780,692	7	6	7	8	7	1	3	1
60	서울특별시	인터넷언론사활용시정안내	761,859	7	1	7	8	7	5	5	4
61	서울특별시	골목상권활성화지원	700,000	7	5	5	1	7	1	1	3
62	서울특별시	뉴미디어전략마케팅	697,122	7	1	7	8	7	5	5	4
63	서울특별시	청년골목창업지원사업	693,200	7	6	7	8	7	1	3	4
64	서울특별시	관광스타트업육성지원	670,000	7	4	5	1	6	1	1	1
65	서울특별시	서울에너지공사지원	639,952	7	4	6	1	7	5	5	1
66	서울특별시	공동체주택활성화추진	636,857	7	4	7	8	7	1	1	1
67	서울특별시	서울국제금융오피스운영	630,000	7	1,4	4	2	1	1	1	1
68	서울특별시	수소버스충전소운영	618,345	7	1	7	8	7	1	1	4
69	서울특별시	문화디지털정계전프로젝트운영	577,010	7	4	5	5	7	1	1	1
70	서울특별시	청년안심주택종합지원센터운영	551,559	7	4	5	1	7	1	1	1
71	서울특별시	한강공원시민이용홍보	550,000	7	1	7	8	7	5	5	4
72	서울특별시	서울환경에너지정책홍보	480,000	7	1	7	8	7	5	5	4
73	서울특별시	초고속정보통신인프라운영	477,206	7	1	4	3	6	1	1	2
74	서울특별시	청년부상제대군인상담센터운영	470,418	7	4	7	3	7	1	1	4
75	서울특별시	공연기자재공동이용플랫폼조성및운영	463,121	7	1	4	3	7	1	3	1
76	서울특별시	스토킹범죄예방및피해자지원	446,307	7	1	7	8	7	5	5	4
77	서울특별시	도시민박업및한옥체험업활성화지원	414,000	7	4	5	1	6	1	1	1

순번	시군구	지출명 (사업명)	2024년예산 (단위 : 천원 /1년간)	민간이전 분류 (지방자치단체 세출예산 집행기준에 의거) 1. 민간경상사업보조(307-02) 2. 민간단체 법정운영비보조(307-03) 3. 민간행사사업보조(307-04) 4. 민간위탁금(307-05) 5. 사회복지시설 법정운영비보조(307-10) 6. 민간인위탁교육비(307-12) 7. 공기관등에대한경상적위탁사업비(308-13) 8. 민간자본사업보조,자체재원(402-01) 9. 민간자본사업보조,이전재원(402-02) 10. 민간위탁사업비(402-03) 11. 공기관등에 대한 자본적 위탁사업비(403-02)	민간이전지출 근거 (지방보조금 관리기준 참고) 1. 법률에 규정 2. 국고보조 재원(국가지정) 3. 용도 지정 기부금 4. 조례에 직접규정 5. 지자체가 권장하는 사업을 하는 공공기관 6. 시,도 정책 및 재정사정 7. 기타 8. 해당없음	입찰방식 계약체결방법 (경쟁형태) 1. 일반경쟁 2. 제한경쟁 3. 지명경쟁 4. 수의계약 5. 법정위탁 6. 기타 ( ) 7. 없음	입찰방식 계약기간 1. 1년 2. 2년 3. 3년 4. 4년 5. 5년 6. 기타 ( )년 7. 단기계약 (1년미만) 8. 없음	입찰방식 낙찰자선정방법 1. 적격심사 2. 협상에의한계약 3. 최저가낙찰제 4. 규격가격분리 5. 2단계 경쟁입찰 6. 기타 ( ) 7. 없음	운영예산 산정 운영예산 산정 1. 내부산정 (지자체 자체적으로 산정) 2. 외부산정 (외부전문기관위탁 산정) 3. 내·외부 모두 산정 4. 산정 無 5. 없음	운영예산 산정 정산방법 1. 내부정산 (지자체 내부적으로 정산) 2. 외부정산 (외부전문기관위탁 정산) 3. 내·외부 모두 산정 4. 정산 無 5. 없음	성과평가 실시여부 1. 실시 2. 미실시 3. 향후 추진 4. 해당없음
78	서울특별시	서울공공한옥운영및활용사업	411,815	7	4	7	1	7	1	1	4
79	서울특별시	서울경제동향분석및경기예측	400,000	7	7	7	7	7	1	1	1
80	서울특별시	양자기술생태계조성및산업육성	400,000	7	6	7	8	7	5	5	4
81	서울특별시	탄소중립지원센터운영지원	400,000	7	2	5	3	7	5	1	1
82	서울특별시	공공시설신재생에너지보급및관리	395,000	7	4	6	1	7	1	5	4
83	서울특별시	서울관광MICE기업지원센터운영	384,804	7	4	6	1	6	1	1	1
84	서울특별시	서울관광거버넌스운영	370,000	7	1	7	8	7	5	5	4
85	서울특별시	행정정보시스템유지보수	341,000	7	1	5	1	7	2	2	4
86	서울특별시	문화도시서울	340,000	7	1	7	8	7	5	5	4
87	서울특별시	G밸리유망스타트업육성	336,334	7	5	7	3	7	1	3	4
88	서울특별시	서울시마약관리센터조성	300,000	7	4	7	8	7	5	5	4
89	서울특별시	디자인스타트업육성및디자인역량강화	300,000	7	4	7	1	7	1	1	1
90	서울특별시	서울형헬스케어운영	280,000	7	1	7	8	7	5	5	4
91	서울특별시	우수관광상품개발운영지원	270,000	7	4	5	1	6	1	1	1
92	서울특별시	공원이용고객만족서비스수준향상	270,000	7	1	7	8	7	5	5	4
93	서울특별시	한국폴리텍서울강서캠퍼스지원	251,745	7	1	7	8	7	1	1	4
94	서울특별시	자치단체간문화교류	250,000	7	1	7	7	7	1	3	3
95	서울특별시	해외핵심여행사및유관기관협력체계구축	250,000	7	4	5	1	6	1	1	1
96	서울특별시	스마트도시민관협력	220,000	7	1	7	8	7	5	5	4
97	서울특별시	배수지내부방식	207,900	7	4	7	5	7	1	1	1
98	서울특별시	약자와의동행정책홍보및교육	200,000	7	1	7	8	7	5	5	4
99	서울특별시	탄생응원서울프로젝트추진	200,000	7	1	7	8	7	5	5	4
100	서울특별시	청년정책추진을위한민관협력	200,000	7	1	7	8	7	5	5	4
101	서울특별시	안심소득시범사업추진체계구축운영	200,000	7	1	7	8	7	5	5	4
102	서울특별시	유아문화예술교육지원(전환사업)	200,000	7	2	4	2	7	1	3	3
103	서울특별시	디자인도시서울	200,000	7	1	7	8	7	5	5	4
104	서울특별시	하수관로원격감시시설유지관리(위탁사업비)	200,000	7	6	7	2	7	1	1	3
105	서울특별시	시도행정정보시스템운영	193,752	7	1	7	8	7	2	2	4
106	서울특별시	지방재정관리시스템운영	187,684	7	1	5	1	7	2	2	4
107	서울특별시	교통특별대책상황실운영등	180,000	7	1	7	8	7	5	5	4
108	서울특별시	수변활력거점조성사업	170,000	7	1	7	8	7	5	5	4
109	서울특별시	공무원채용및기타시험관리	159,148	7	1	7	8	7	5	5	4
110	서울특별시	서울청년밀키트창업지원	153,000	7	4	7	8	7	1	1	4
111	서울특별시	시립서울형키즈카페운영	150,000	7	1	7	8	7	5	5	4
112	서울특별시	서울시주거실태조사	150,000	7	1	7	8	7	5	5	4
113	서울특별시	인사전산시스템운영	148,783	7	1	7	8	7	2	2	4
114	서울특별시	에코마일리지제운영	130,000	7	1	7	8	7	5	5	4
115	서울특별시	초미세먼지감축정책협력	130,000	7	1	7	8	7	5	5	4
116	서울특별시	학력격차없는맞춤형온라인콘텐츠지원	120,000	7	1	7	8	7	5	5	4
117	서울특별시	홍릉일대클러스터조성	105,000	7	6	7	8	7	3	2	1

순번	시군구	지출명 (사업명)	2024년예산 (단위 : 천원 /1년간)	민간이전 분류 (지방자치단체 세출예산 집행기준에 의거) 1. 민간경상사업보조(307-02) 2. 민간단체 법정운영비보조(307-03) 3. 민간행사사업보조(307-04) 4. 민간위탁금(307-05) 5. 사회복지시설 법정운영비보조(307-10) 6. 민간인위탁교육비(307-12) 7. 공기관등에대한경상적위탁사업비(308-13) 8. 민간자본사업보조,자체재원(402-01) 9. 민간자본사업보조,이전재원(402-02) 10. 민간위탁사업비(402-03) 11. 공기관등에 대한 자본적 위탁사업비(403-02)	민간이전지출 근거 (지방보조금 관리기준 참고) 1. 법률에 규정 2. 국고보조 재원(국가지정) 3. 용도 지정 기부금 4. 조례에 직접규정 5. 지자체가 권장하는 사업을 하는 공공기관 6. 시,도 정책 및 재정사정 7. 기타 8. 해당없음	입찰방식 계약체결방법 (경쟁형태) 1. 일반경쟁 2. 제한경쟁 3. 지명경쟁 4. 수의계약 5. 법정위탁 6. 기타 ( ) 7. 없음	입찰방식 계약기간 1. 1년 2. 2년 3. 3년 4. 4년 5. 5년 6. 기타 ( )년 7. 단기계약 (1년미만) 8. 없음	입찰방식 낙찰자선정방법 1. 적격심사 2. 협상에의한계약 3. 최저가낙찰제 4. 규격가격분리 5. 2단계 경쟁입찰 6. 기타 ( ) 7. 없음	운영예산 산정 운영예산 산정 1. 내부산정 (지자체 자체적으로 산정) 2. 외부산정 (외부전문기관위탁 산정) 3. 내·외부 모두 산정 4. 산정 無 5. 없음	운영예산 산정 정산방법 1. 내부정산 (지자체 내부적으로 정산) 2. 외부정산 (외부전문기관위탁 정산) 3. 내·외부 모두 산정 4. 정산 無 5. 없음	성과평가 실시여부 1. 실시 2. 미실시 3. 향후 추진 4. 해당없음
118	서울특별시	서울난자동결시술비용지원사업	100,000	7	4	6	1	7	1	1	4
119	서울특별시	가족돌봄청년등저소득위기가구안심소득지원	100,000	7	1	7	8	7	5	5	4
120	서울특별시	재활용가능자원분리배출확대	100,000	7	1	7	8	7	5	5	4
121	서울특별시	평생교육운영활성화	100,000	7	1	7	8	7	5	5	4
122	서울특별시	서울지역간우호교류협약체결및운영	100,000	7	1	7	8	7	5	5	4
123	서울특별시	노들섬글로벌예술섬조성	100,000	7	1	7	8	7	5	5	4
124	서울특별시	2024서울국제정원박람회	100,000	7	1	7	8	7	5	5	4
125	서울특별시	물재생센터유입펌프효율측정용역및성능개선	100,000	7	4	7	8	7	5	5	4
126	서울특별시	법무행정서비스운영	93,076	7	1	5	1	6	2	2	4
127	서울특별시	자율주행자동차시범운행지구조성및운영	90,000	7	1	7	8	7	5	5	4
128	서울특별시	문화예술공연진흥	90,000	7	1	7	8	7	5	5	4
129	서울특별시	반려동물친화적환경조성지원	90,000	7	1	7	8	7	5	5	4
130	서울특별시	문화예술교육사현장역량강화	82,000	7	2	4	1	7	1	3	4
131	서울특별시	하천생태복원및녹화	80,000	7	1	7	8	7	5	5	4
132	서울특별시	에너지플랫폼관리운영	78,720	7	4	6	1	7	5	5	4
133	서울특별시	공공임대주택관리개선을위한위원회운영	78,500	7	5	6	8	6	1	1	4
134	서울특별시	역사도시서울조성및진흥	70,000	7	1	7	8	7	5	5	4
135	서울특별시	지방교부세자료관리시스템운영	67,376	7	1	7	8	7	5	5	4
136	서울특별시	공정거래종합상담센터운영	66,000	7	7	6	1	7	5	5	4
137	서울특별시	수도권여객기종점통행량(O/D)공동조사(국가직접지원)	64,000	7	1	7	8	7	5	5	4
138	서울특별시	교통신호체계운영및유지관리	61,400	7	7	7	8	7	3	3	4
139	서울특별시	소셜미디어를통한시민과의소통활성화	60,000	7	1	5	1	7	2	2	4
140	서울특별시	뉴미디어웹사이트운영	60,000	7	1	7	8	7	5	5	4
141	서울특별시	특화보육지원(자체)	60,000	7	1	7	8	7	5	5	4
142	서울특별시	소상공인간편결제활성화지원	60,000	7	1	7	8	5	5	5	4
143	서울특별시	재난의선제적예방홍보	60,000	7	1	7	8	7	1	3	4
144	서울특별시	보행친화도시기반조성	60,000	7	1	7	8	7	5	5	4
145	서울특별시	계획적소규모주택정비사업추진지원	60,000	7	1	7	8	7	5	5	4
146	서울특별시	서울도시건축비엔날레	60,000	7	1	7	8	7	5	5	4
147	서울특별시	생활밀착형공원조성	60,000	7	1	7	8	7	5	5	4
148	서울특별시	서울둘레길정비	60,000	7	1	7	8	7	5	5	4
149	서울특별시	서울형기초보장제도운영	52,548	7	5	7	8	7	2	1	1
150	서울특별시	시민참여활성화추진	50,000	7	1	7	8	7	5	5	4
151	서울특별시	온라인매체활용서울해외홍보마케팅	50,000	7	1	7	8	7	5	5	4
152	서울특별시	취약노동자권익보호	50,000	7	1	7	8	7	5	5	4
153	서울특별시	광역반려식물병원운영	50,000	7	1	7	8	7	5	5	4
154	서울특별시	청년몽땅정보통운영	50,000	7	1	7	8	7	5	5	4
155	서울특별시	청년의건강한재정출발지원(영테크)	50,000	7	1	7	8	7	5	5	4
156	서울특별시	청년인생설계학교	50,000	7	1	7	8	7	5	5	4
157	서울특별시	사회보장위원회운영지원	50,000	7	1	7	8	7	5	5	4

순번	시군구	지출명 (사업명)	2024년예산 (단위 : 천원 /1년간)	민간이전 분류 (지방자치단체 세출예산 집행기준에 의거) 1. 민간경상사업보조(307-02) 2. 민간단체 법정운영비보조(307-03) 3. 민간행사사업보조(307-04) 4. 민간위탁금(307-05) 5. 사회복지시설 법정운영비보조(307-10) 6. 민간인위탁교육비(307-12) 7. 공기관등에대한경상적위탁사업비(308-13) 8. 민간자본사업보조,자체재원(402-01) 9. 민간자본사업보조,이전재원(402-02) 10. 민간위탁사업비(402-03) 11. 공기관등에 대한 자본적 위탁사업비(403-02)	민간이전지출 근거 (지방보조금 관리기준 참고) 1. 법률에 규정 2. 국고보조 재원(국가지정) 3. 용도 지정 기부금 4. 조례에 직접규정 5. 지자체가 권장하는 사업을 하는 공공기관 6. 시,도 정책 및 재정사정 7. 기타 8. 해당없음	입찰방식 계약체결방법 (경쟁형태) 1. 일반경쟁 2. 제한경쟁 3. 지명경쟁 4. 수의계약 5. 법정위탁 6. 기타 ( ) 7. 없음	입찰방식 계약기간 1. 1년 2. 2년 3. 3년 4. 4년 5. 5년 6. 기타 ( )년 7. 단기계약 (1년미만) 8. 없음	입찰방식 낙찰자선정방법 1. 적격심사 2. 협상에의한계약 3. 최저가낙찰제 4. 규격가격분리 5. 2단계 경쟁입찰 6. 기타 ( ) 7. 없음	운영예산 산정 운영예산 산정 1. 내부산정 (지자체 자체적으로 산정) 2. 외부산정 (외부전문기관위탁 산정) 3. 내·외부 모두 산정 4. 산정 無 5. 없음	운영예산 산정 정산방법 1. 내부정산 (지자체 내부적으로 정산) 2. 외부정산 (외부전문기관위탁 정산) 3. 내·외부 모두 산정 4. 정산 無 5. 없음	성과평가 실시여부 1. 실시 2. 미실시 3. 향후 추진 4. 해당없음
158	서울특별시	장애인일자리통합지원센터운영	50,000	7	6	1	3	7	1	2	1
159	서울특별시	쪽방거주자생활안정지원(쪽방상담소운영지원)	50,000	7	1	7	8	7	5	5	4
160	서울특별시	자전거이용안전을위한기반조성	50,000	7	1	7	8	7	5	5	4
161	서울특별시	광역자원회수시설설치	50,000	7	1	7	8	7	5	5	4
162	서울특별시	엄마북돋움사업	50,000	7	1	7	8	7	5	5	4
163	서울특별시	서울야외도서관조성운영	50,000	7	1	7	8	7	5	5	4
164	서울특별시	주택정책제도개선을위한위원회운영	50,000	7	1	7	8	7	5	5	4
165	서울특별시	서울정원박람회	50,000	7	1	7	8	7	5	5	4
166	서울특별시	공원홍보기능강화	50,000	7	1	7	8	7	5	5	4
167	서울특별시	서울시하수정보시스템및물재생관리시스템유지보수	50,000	7	4	7	8	7	5	5	4
168	서울특별시	청렴의식향상및청렴문화확산	50,000	7	1	7	8	7	5	5	4
169	서울특별시	장애인활동지원사업활동지원운영	40,489	7	1	7	8	7	1	1	2
170	서울특별시	1인가구지원체계구축	40,000	7	1	7	8	7	5	5	4
171	서울특별시	불공정피해구제및공정거래문화정착	40,000	7	1	7	8	7	5	5	4
172	서울특별시	청년과함께하는서울형강소기업육성지원	40,000	7	1	7	8	7	5	5	4
173	서울특별시	서울창업허브공덕운영	40,000	7	4	4	1	7	1	1	4
174	서울특별시	뷰티도시서울추진	40,000	7	1	7	8	7	5	5	4
175	서울특별시	클러스터및진흥지구활성화추진	40,000	7	1	7	8	7	5	5	4
176	서울특별시	서울금융중심지활성화지원	40,000	7	1	7	8	7	5	5	4
177	서울특별시	홍릉바이오의료앵커운영	40,000	7	1	7	8	7	5	5	4
178	서울특별시	양재AI혁신지구육성	40,000	7	1	7	8	7	5	5	4
179	서울특별시	취약계층사기예방사업추진	40,000	7	1	7	8	7	5	5	4
180	서울특별시	어르신복지시설설치지원	40,000	7	1	7	8	7	5	5	4
181	서울특별시	재난위험요인사전발굴및관리강화	40,000	7	2	7	1	2	1	1	1
182	서울특별시	건축자산실태조사및관리체계구축	40,000	7	1	7	8	7	5	5	4
183	서울특별시	신속통합기획운영및활성화	40,000	7	1	7	8	7	5	5	4
184	서울특별시	균형발전정책확산을위한홍보강화	40,000	7	1	7	8	7	5	5	4
185	서울특별시	녹지생태도심재창조선도사업	40,000	7	1	7	8	7	5	5	4
186	서울특별시	지속가능한남산프로젝트	40,000	7	1	7	8	7	5	5	4
187	서울특별시	공원별특화여가프로그램운영	40,000	7	1	7	8	7	5	5	4
188	서울특별시	식물원운영및식물문화조성	40,000	7	1	7	8	7	5	5	4
189	서울특별시	풍수해예방대책	40,000	7	1	7	8	7	5	5	4
190	서울특별시	소규모정비형주거환경개선사업	38,920	7	5	6	8	7	1	1	4
191	서울특별시	서울형뉴딜일자리	36,000	7	1	7	8	7	5	5	4
192	서울특별시	공공토지건설형서울리츠	36,000	7	6	7	8	7	1	1	2
193	서울특별시	서울시자치경찰제홍보	35,000	7	1	7	8	7	5	5	4
194	서울특별시	홍릉일대도시재생뉴딜사업지원	34,000	7	2	6	6	2	3	3	3
195	서울특별시	자율적내부통제시스템운영	32,649	7	1	5	1	6	2	1	1
196	서울특별시	투자,출자출연기관경영평가등수행	32,200	7	1	5	1	7	5	5	4
197	서울특별시	아이돌봄지원(자체)	30,000	7	1	7	8	7	5	5	4

순번	시군구	지출명 (사업명)	2024년예산 (단위 : 천원 /1년간)	민간이전 분류 (지방자치단체 세출예산 집행기준에 의거) 1. 민간경상사업보조(307-02) 2. 민간단체 법정운영비보조(307-03) 3. 민간행사사업보조(307-04) 4. 민간위탁금(307-05) 5. 사회복지시설 법정운영비보조(307-10) 6. 민간인위탁교육비(307-12) 7. 공기관등에대한경상적위탁사업비(308-13) 8. 민간자본사업보조,자체재원(402-01) 9. 민간자본사업보조,이전재원(402-02) 10. 민간위탁사업비(402-03) 11. 공기관등에 대한 자본적 위탁사업비(403-02)	민간이전지출 근거 (지방보조금 관리기준 참고) 1. 법률에 규정 2. 국고보조 재원(국가지정) 3. 용도 지정 기부금 4. 조례에 직접규정 5. 지자체가 권장하는 사업을 하는 공공기관 6. 시,도 정책 및 재정사정 7. 기타 8. 해당없음	입찰방식 계약체결방법 (경쟁형태) 1. 일반경쟁 2. 제한경쟁 3. 지명경쟁 4. 수의계약 5. 법정위탁 6. 기타 ( ) 7. 없음	입찰방식 계약기간 1. 1년 2. 2년 3. 3년 4. 4년 5. 5년 6. 기타 ( )년 7. 단기계약 (1년미만) 8. 없음	입찰방식 낙찰자선정방법 1. 적격심사 2. 협상에의한계약 3. 최저가낙찰제 4. 규격가격분리 5. 2단계 경쟁입찰 6. 기타 ( ) 7. 없음	운영예산 산정 운영예산 산정 1. 내부산정 (지자체 자체적으로 산정) 2. 외부산정 (외부전문기관위탁 산정) 3. 내·외부 모두 산정 4. 산정 無 5. 없음	운영예산 산정 정산방법 1. 내부정산 (지자체 내부적으로 정산) 2. 외부정산 (외부전문기관위탁 정산) 3. 내·외부 모두 산정 4. 정산 無 5. 없음	성과평가 실시여부 1. 실시 2. 미실시 3. 향후 추진 4. 해당없음
198	서울특별시	아동친화도시추진	30,000	7	1	7	8	7	5	5	4
199	서울특별시	가정위탁아동지원	30,000	7	1	7	8	7	5	5	4
200	서울특별시	시민안심동행반려식물클리닉설치운영	30,000	7	1	7	8	7	5	5	4
201	서울특별시	어울림플라자(가칭)건립및운영	30,000	7	1	7	8	7	5	5	4
202	서울특별시	노후공해차량운행제한추진	30,000	7	1	7	8	7	5	5	4
203	서울특별시	보람일자리사업	30,000	7	1	7	8	7	5	5	4
204	서울특별시	중대재해예방활동및교육	30,000	7	7	4	8	7	1	5	4
205	서울특별시	서울역일대마스터플랜수립	30,000	7	1	7	8	7	5	5	4
206	서울특별시	광화문광장시민소통활성화	30,000	7	1	7	8	7	5	5	4
207	서울특별시	서울,초록물들이기프로젝트	30,000	7	1	7	8	7	5	5	4
208	서울특별시	도로시설물안전자문단운영	27,950	7	7	5	8	7	1	3	4
209	서울특별시	산업혁신거점조성계획수립	24,000	7	1	7	8	7	5	5	4
210	서울특별시	서울아이발달지원센터운영	20,000	7	1	7	8	7	5	5	4
211	서울특별시	서울시와함께하는나만의결혼식지원	20,000	7	1	7	8	7	5	5	4
212	서울특별시	서울형가사서비스지원	20,000	7	1	7	8	7	5	5	4
213	서울특별시	농산물가격안정지원	20,000	7	1	7	8	7	5	5	4
214	서울특별시	창의행정활성화	20,000	7	1	7	8	7	5	5	4
215	서울특별시	화재저감소방안전대책추진	20,000	7	1	7	8	7	5	5	4
216	서울특별시	캠퍼스타운기업성장센터관리운영	20,000	7	1	7	8	7	5	5	4
217	서울특별시	음식물류폐기물줄이기실천사업	20,000	7	1	7	8	7	5	5	4
218	서울특별시	북한이탈주민정착지원	20,000	7	1	7	8	7	5	5	4
219	서울특별시	재난및안전대책관리	20,000	7	1	7	8	7	5	5	4
220	서울특별시	서울건축문화제	20,000	7	1	7	8	7	5	5	4
221	서울특별시	국립서울현충원주변부공간구상	20,000	7	1	7	8	7	5	5	4
222	서울특별시	보행일상권조성계획기준마련및시범사업추진	20,000	7	1	7	8	7	5	5	4
223	서울특별시	서울둘레길2.유지관리(전환)	20,000	7	1	7	8	7	5	5	4
224	서울특별시	유아숲체험시설운영	20,000	7	1	7	8	7	5	5	4
225	서울특별시	도시자연공원구역협의매수	20,000	7	1	7	8	7	5	5	4
226	서울특별시	산불방지대책(자본)	20,000	7	1	7	8	7	5	5	4
227	서울특별시	문화비축기지유지관리	20,000	7	1	7	8	7	5	5	4
228	서울특별시	유출지하수활용을위한인프라구축	20,000	7	1	7	8	7	5	5	4
229	서울특별시	고향사랑기부제운영	11,875	7	1	5	1	7	5	5	4
230	서울특별시	시립미술관홍보강화	11,000	7	1	7	8	7	5	5	4
231	서울특별시	상시세금납부체제구축	10,134	7	1	5	1	7	2	2	4
232	서울특별시	서울시위기임산부통합지원	10,000	7	1	7	8	7	5	5	4
233	서울특별시	돌봄SOS사업운영	10,000	7	1	7	8	7	5	5	4
234	서울특별시	우리동네돌봄단운영	10,000	7	1	7	8	7	5	5	4
235	서울특별시	안전취약가구안전점검및정비	10,000	7	7	4	8	7	1	5	4
236	서울특별시	공원관광축제및시민참여프로그램운영	10,000	7	1	7	8	7	5	5	4
237	서울특별시	기록정보관리	7,470	7	1	7	8	7	5	5	4

순번	시군구	지출명 (사업명)	2024년예산 (단위 : 천원 /1년간)	민간이전 분류 (지방자치단체 세출예산 집행기준에 의거) 1. 민간경상사업보조(307-02) 2. 민간단체 법정운영비보조(307-03) 3. 민간행사사업보조(307-04) 4. 민간위탁금(307-05) 5. 사회복지시설 법정운영비보조(307-10) 6. 민간인위탁교육비(307-12) 7. 공기관등에대한경상적위탁사업비(308-13) 8. 민간자본사업보조,자체재원(402-01) 9. 민간자본사업보조,이전재원(402-02) 10. 민간위탁사업비(402-03) 11. 공기관등에 대한 자본적 위탁사업비(403-02)	민간이전지출 근거 (지방보조금 관리기준 참고) 1. 법률에 규정 2. 국고보조 재원(국가지정) 3. 용도 지정 기부금 4. 조례에 직접규정 5. 지자체가 권장하는 사업을 하는 공공기관 6. 시,도 정책 및 재정사정 7. 기타 8. 해당없음	입찰방식			운영예산 산정		성과평가 실시여부
						계약체결방법 (경쟁형태) 1. 일반경쟁 2. 제한경쟁 3. 지명경쟁 4. 수의계약 5. 법정위탁 6. 기타 ( ) 7. 없음	계약기간 1. 1년 2. 2년 3. 3년 4. 4년 5. 5년 6. 기타 ( )년 7. 단기계약 (1년미만) 8. 없음	낙찰자선정방법 1. 적격심사 2. 협상에의한계약 3. 최저가낙찰제 4. 규격가격분리 5. 2단계 경쟁입찰 6. 기타 ( ) 7. 없음	운영예산 산정 1. 내부산정 (지자체 자체적으로 산정) 2. 외부산정 (외부전문기관위탁 산정) 3. 내·외부 모두 산정 4. 산정 無 5. 없음	정산방법 1. 내부정산 (지자체 내부적으로 정산) 2. 외부정산 (외부전문기관위탁 정산) 3. 내·외부 모두 산정 4. 정산 無 5. 없음	1. 실시 2. 미실시 3. 향후 추진 4. 해당없음
238	서울특별시	내발산동공공기숙사운영	6,400	7	4	6	8	7	5	5	4
239	서울특별시	차세내업무관리시스템운영	5,600	7	7	5	1	7	5	5	2
240	서울특별시	서울특별시복지상시상	5,000	7	1	7	8	7	5	5	4
241	서울특별시	빈집활용주거환경개선(빈집매입)	4,392	7	5	7	6	7	1	1	4
242	서울특별시	저층주거지관리체계개선	3,600	7	1	7	8	7	5	5	4
243	서울 성동구	폐기물처리시설이용	4,517,751	7	7	7	8	7	1	5	4
244	서울 성동구	공통기반및재해복구시스템유지관리	128,060	7	1	7	1	7	3	3	4
245	서울 성동구	새올서비스데스크운영	6,950	7	1	7	1	7	3	3	4
246	서울 광진구	일반생활폐기물처리	1,168,550	7	7	7	8	7	4	4	4
247	서울 광진구	산모신생아건강관리지원(전환사업)	1,008,000	7	2	7	8	7	5	5	4
248	서울 광진구	국가암검진사업	350,720	7	1	7	8	7	1	5	4
249	서울 광진구	저소득층기저귀조제분유지원	326,400	7	2	7	8	7	5	5	4
250	서울 광진구	희귀질환자의료비지원	247,660	7	1	7	8	7	1	5	4
251	서울 광진구	정보시스템도입및유지관리	125,563	7	1	5	1	7	2	2	4
252	서울 광진구	예산편성관리	113,008	7	8	7	1	7	2	2	4
253	서울 광진구	주소정보시설및시스템유지관리	96,396	7	8	5	1	7	2	1	1
254	서울 광진구	치매치료관리비지원(전환사업)	87,000	7	1	7	8	7	1	1	1
255	서울 광진구	예산편성관리	80,996	7	8	7	1	7	2	2	4
256	서울 광진구	구민과함께하는광진홍보	68,100	7	1	7	8	7	1	1	4
257	서울 광진구	국가건강검진(의료급여수급권자등)	57,800	7	2	7	8	7	5	5	1
258	서울 광진구	홍보활동강화	46,340	7	7	4	1	2	1	1	4
259	서울 광진구	지역상권활성화및특화사업지원	38,250	7	7	7	7	7	1	2	1
260	서울 광진구	구SNS운영	29,040	7	1	5	8	7	1	1	4
261	서울 광진구	동행정및대민행정지원	28,246	7	5	7	8	7	5	5	4
262	서울 광진구	인사현안업무추진	24,049	7	7	5	1	2	2	2	1
263	서울 광진구	미디어를통한효율적인구정홍보	19,200	7	1	7	8	7	1	1	4
264	서울 광진구	효율적단속으로선진주차문화정착	14,999	7	6	7	8	7	2	2	4
265	서울 광진구	자율적내부통제운영	14,883	7	1	5	1	7	2	2	4
266	서울 광진구	보건소결핵관리사업	8,240	7	2	7	8	7	5	5	4
267	서울 광진구	주정차위반과태료부과및징수	7,964	7	6	4	1	7	2	2	4
268	서울 광진구	장애인활동지원급여지원(구비지원)	5,500	7	7	5	1	7	1	1	4
269	서울 광진구	임산부영유아건강관리	3,326	7	6	7	8	7	1	1	4
270	서울 광진구	청소년산모임신출산의료비지원	200	7	2	7	8	7	5	5	4
271	서울 동대문구	차액보육료	1,714,045	7	6	7	8	7	1	1	2
272	서울 동대문구	산모신생아건강관리지원사업예탁금	1,123,100	7	1	7	8	7	5	5	4
273	서울 동대문구	기저귀및조제분유지원사업예탁금	435,200	7	1	7	8	7	5	5	4
274	서울 동대문구	국가암검진	426,620	7	2	5	8	7	5	5	4
275	서울 동대문구	희귀질환자의료비지원	230,000	7	1	5	8	7	5	3	4
276	서울 동대문구	치매치료관리비지원	184,000	7	1	5	8	7	5	3	4
277	서울 동대문구	주거급여수선유지급여	79,200	7	7	5	1	7	1	1	1

순번	시군구	지출명 (사업명)	2024년예산 (단위 : 천원 /1년간)	민간이전 분류 (지방자치단체 세출예산 집행기준에 의거) 1. 민간경상사업보조(307-02) 2. 민간단체 법정운영비보조(307-03) 3. 민간행사사업보조(307-04) 4. 민간위탁금(307-05) 5. 사회복지시설 법정운영비보조(307-10) 6. 민간인위탁교육비(307-12) 7. 공기관등에대한경상적위탁사업비(308-13) 8. 민간자본사업보조,자체재원(402-01) 9. 민간자본사업보조,이전재원(402-02) 10. 민간위탁사업비(402-03) 11. 공기관등에 대한 자본적 위탁사업비(403-02)	민간이전지출 근거 (지방보조금 관리기준 참고) 1. 법률에 규정 2. 국고보조 재원(국가지정) 3. 용도 지정 기부금 4. 조례에 직접규정 5. 지자체가 권장하는 사업을 하는 공공기관 6. 시,도 정책 및 재정사정 7. 기타 8. 해당없음	입찰방식 계약체결방법 (경쟁형태) 1. 일반경쟁 2. 제한경쟁 3. 지명경쟁 4. 수의계약 5. 법정위탁 6. 기타 ( ) 7. 없음	입찰방식 계약기간 1. 1년 2. 2년 3. 3년 4. 4년 5. 5년 6. 기타 ( )년 7. 단기계약 (1년미만) 8. 없음	입찰방식 낙찰자선정방법 1. 적격심사 2. 협상에의한계약 3. 최저가낙찰제 4. 규격가격분리 5. 2단계 경쟁입찰 6. 기타 ( ) 7. 없음	운영예산 산정 운영예산 산정 1. 내부산정 (지자체 자체적으로 산정) 2. 외부산정 (외부전문기관위탁 산정) 3. 내·외부 모두 산정 4. 산정 無 5. 없음	운영예산 산정 정산방법 1. 내부정산 (지자체 내부적으로 정산) 2. 외부정산 (외부전문기관위탁 정산) 3. 내·외부 모두 산정 4. 정산 無 5. 없음	성과평가 실시여부 1. 실시 2. 미실시 3. 향후 추진 4. 해당없음
278	서울 동대문구	의료급여수급자일반건강검진	78,000	7	2	5	8	7	5	5	4
279	서울 동대문구	청년울활성화지원사업(공모)	64,000	7	1,6	7	8	7	5	5	4
280	서울 동대문구	방과후보육료	61,284	7	2	7	8	7	1	1	2
281	서울 동대문구	휘경4건널목존치에따른유지관리비부담	56,500	7	7	6	8	7	1	3	2
282	서울 동대문구	차세대주민등록시스템운영및유지보수	28,046	7	7	5	8	7	5	5	4
283	서울 동대문구	시간제보육서비스제공지원	24,507	7	6	7	8	7	1	1	4
284	서울 동대문구	인사랑시스템지자체분담금(응용S/W및인프라유지관리)	18,416	7	6	7	8	7	2	2	2
285	서울 동대문구	한방문화축제대중교통홍보	10,000	7	1	7	8	7	5	5	4
286	서울 동대문구	고향사랑기부제종합정보시스템유지관리	8,802	7	1	7	8	7	2	4	4
287	서울 동대문구	우편시스템유지보수	5,600	7	7	6	1	7	2	2	4
288	서울 동대문구	기능분류모델시스템고도화사업분담금	5,250	7	1	7	8	7	5	5	4
289	서울 동대문구	의료급여수급권자영유아검진비지원	4,600	7	2	5	8	7	5	5	4
290	서울 동대문구	표준모자보건수첩지원	3,628	7	1	7	8	7	5	5	4
291	서울 동대문구	청소년산모의료비지원	2,000	7	1	7	8	7	5	5	4
292	서울 동대문구	청량리재정비촉진지구사업추진신문공고료	2,000	7	1	7	8	7	5	5	4
293	서울 동대문구	이문휘경재정비촉진지구사업추진신문공고료	2,000	7	1	7	8	7	5	5	4
294	서울 중랑구	중랑문화재단도서관위탁운영	1,637,514	7	1,4	5	3	7	1	1	4
295	서울 중랑구	저소득층기저귀및조제분유지원	687,000	7	2	7	8	7	5	5	4
296	서울 중랑구	국가암관리사업(국가암검진)	512,905	7	2	5	8	7	5	5	4
297	서울 중랑구	희귀질환자의료비지원사업	440,100	7	2	5	8	7	5	5	4
298	서울 중랑구	디지털전통시장육성지원사업	225,000	7	1	7	8	7	5	5	4
299	서울 중랑구	청소년문화예술창작센터운영	201,000	7	4	4	3	1	1	1	3
300	서울 중랑구	수선유지급여	140,000	7	2	5	1	7	1	2	4
301	서울 중랑구	국가건강검진사업(의료수급권자일반검진)	112,000	7	2	5	8	7	5	5	4
302	서울 중랑구	신문광고료	36,000	7	1	7	8	7	1	5	4
303	서울 중랑구	국가건강검진사업(영유아건강검진)	7,200	7	2	5	8	7	5	5	4
304	서울 중랑구	청소년산모의료비지원	3,600	7	2	7	8	7	5	5	4
305	서울 중랑구	표준모자보건수첩지원	2,143	7	2	7	8	7	5	5	4
306	서울 강북구	생활폐기물반입처리비	4,634,970	7	1,5	7	8	7	1	5	4
307	서울 강북구	지역자율형사회서비스투자사업(산모신생아건강관리사지원)(전환사업)	614,667	7	2	7	8	7	5	3	4
308	서울 강북구	주거급여(국민기초생활보장수선유지급여지원)	450,000	7	1	5	1	2	2	2	1
309	서울 강북구	기저귀및조제분유지원	435,200	7	2	7	8	7	5	3	4
310	서울 강북구	희귀질환자의료비지원사업	274,000	7	2	7	8	7	3	3	4
311	서울 강북구	치매치료관리비지원사업(전환사업)	161,000	7	6	7	8	7	5	1	4
312	서울 강북구	예산편성관리	113,008	7	1	5	1	7	2	2	4
313	서울 강북구	공통기반전산장비유지관리	103,565	7	8	5	8	7	5	5	4
314	서울 강북구	공간정보사업	55,377	7	1	5	1	7	2	2	1
315	서울 강북구	언론매체구정광고	50,000	7	1	7	8	7	1	1	4
316	서울 강북구	공간정보사업	41,019	7	1	5	1	7	2	2	1
317	서울 강북구	구정책및홍보마케팅	38,000	7	1	7	8	7	5	5	4

순번	시군구	지출명 (사업명)	2024년예산 (단위 : 천원 /1년간)	민간이전 분류 (지방자치단체 세출예산 집행기준에 의거) 1. 민간경상사업보조(307-02) 2. 민간단체 법정운영비보조(307-03) 3. 민간행사사업보조(307-04) 4. 민간위탁금(307-05) 5. 사회복지시설 법정운영비보조(307-10) 6. 민간인위탁교육비(307-12) 7. 공기관등에대한경상적위탁사업비(308-13) 8. 민간자본사업보조,자체재원(402-01) 9. 민간자본사업보조,이전재원(402-02) 10. 민간위탁사업비(402-03) 11. 공기관등에 대한 자본적 위탁사업비(403-02)	민간이전지출 근거 (지방보조금 관리기준 참고) 1. 법률에 규정 2. 국고보조 재원(국가지정) 3. 용도 지정 기부금 4. 조례에 직접규정 5. 지자체가 권장하는 사업을 하는 공공기관 6. 시,도 정책 및 재정사정 7. 기타 8. 해당없음	입찰방식 계약체결방법 (경쟁형태) 1. 일반경쟁 2. 제한경쟁 3. 지명경쟁 4. 수의계약 5. 법정위탁 6. 기타 ( ) 7. 없음	입찰방식 계약기간 1. 1년 2. 2년 3. 3년 4. 4년 5. 5년 6. 기타 ( )년 7. 단기계약 (1년미만) 8. 없음	입찰방식 낙찰자선정방법 1. 적격심사 2. 협상에의한계약 3. 최저가낙찰제 4. 규격가격분리 5. 2단계 경쟁입찰 6. 기타 ( ) 7. 없음	운영예산 산정 운영예산 산정 1. 내부산정 (지자체 자체적으로 산정) 2. 외부산정 (외부전문기관위탁 산정) 3. 내·외부 모두 산정 4. 산정 無 5. 없음	운영예산 산정 정산방법 1. 내부정산 (지자체 내부적으로 정산) 2. 외부정산 (외부전문기관위탁 정산) 3. 내·외부 모두 산정 4. 정산 無 5. 없음	성과평가 실시여부 1. 실시 2. 미실시 3. 향후 추진 4. 해당없음
318	서울 강북구	의정활동홍보자료발간	30,960	7	1	7	8	7	1	1	4
319	서울 강북구	주민등록및인감업무관리	25,106	7	1	1	1	2	2	2	4
320	서울 강북구	인사관리운영	17,900	7	5	6	1	6	2	2	4
321	서울 강북구	자율적내부통제시스템운영	14,900	7	1	5	1	7	2	2	4
322	서울 강북구	도시계획운영	14,000	7	1	7	8	7	1	1	4
323	서울 강북구	인터넷생방송시스템운영	10,296	7	1	7	8	7	1	1	4
324	서울 강북구	고향사랑기부제운영	8,802	7	1	7	8	7	1	1	4
325	서울 강북구	주택재개발사업	7,392	7	8	7	8	7	5	5	4
326	서울 강북구	영유아건강검진지원	6,900	7	2	7	8	7	5	3	4
327	서울 강북구	우편물관리	5,600	7	5	5	1	7	2	1	4
328	서울 강북구	기록관운영	5,250	7	5	5	1	7	2	1	4
329	서울 강북구	무연고사망자안치료지원	4,928	7	1	5	8	7	2	1	4
330	서울 강북구	장애인활동지원구비추가사업	3,750	7	2	7	8	7	5	5	4
331	서울 강북구	보건소결핵관리사업	3,000	7	2	7	8	7	1	5	4
332	서울 강북구	재정비촉진지구사업	2,464	7	8	7	8	7	5	5	4
333	서울 강북구	미아중심재정비촉진지구운영	2,000	7	1	7	8	7	1	1	4
334	서울 강북구	표준모자보건수첩제공	1,306	7	6	7	8	7	5	3	4
335	서울 강북구	청소년산모의료비지원	600	7	2	7	8	7	5	3	4
336	서울 도봉구	생활폐기물처리	3,492,713	7	6	7	8	7	1	4	4
337	서울 도봉구	근로능력있는수급자의탈수급지원	2,715,466	7	1	5	8	7	1	3	4
338	서울 도봉구	장애인활동지원가산급여(도봉구장애인활동지원)	902,992	7	1	7	8	7	2	5	4
339	서울 도봉구	산모신생아건강관리지원(전환사업)	813,333	7	6	7	8	7	5	3	4
340	서울 도봉구	장애인활동지원	734,876	7	4	7	8	7	2	5	4
341	서울 도봉구	서울청년센터도봉운영	554,886	7	6	7	3	7	1	1	1
342	서울 도봉구	기저귀및조제분유지원(도봉구기저귀및조제분유지원)	544,000	7	2	7	8	7	5	3	4
343	서울 도봉구	국가암관리지자체지원(도봉구암조기검진)	463,620	7	1	5	8	7	1	1	1
344	서울 도봉구	주거급여	360,500	7	1	7	8	7	5	5	4
345	서울 도봉구	희귀난치성질환자의료비지원사업	335,000	7	2	7	8	7	5	5	4
346	서울 도봉구	지역자율형사회서비스투자사업(도봉구지역사회서비스투자사업)	295,020	7	1	7	8	7	4	5	4
347	서울 도봉구	공공도서관개관시간연장사업지원	282,991	7	2	7	8	7	1	1	4
348	서울 도봉구	지역자율형사회서비스투자사업(도봉구지역사회서비스투자사업)	265,356	7	1	7	8	7	5	5	4
349	서울 도봉구	청소년건강지원(저소득여성청소년위생용품지원)	222,876	7	1	7	8	7	4	5	4
350	서울 도봉구	치매치료관리비지원	200,000	7	1	7	8	7	5	5	4
351	서울 도봉구	영유아발달지원서비스지원사업(지역자율형사회서비스투자사업)	194,400	7	1	7	8	7	5	5	4
352	서울 도봉구	예산편성	125,153	7	1	5	3	7	2	2	4
353	서울 도봉구	행정정보시스템운영관리	110,076	7	8	7	1	7	2	2	4
354	서울 도봉구	의료급여수급권자일반검진비지원(도봉구의료급여수급권자검진사업)	70,000	7	1	5	8	7	1	1	1
355	서울 도봉구	지역자율형사회서비스투자사업(청년마음건강바우처)	69,300	7	2	7	8	7	5	5	1
356	서울 도봉구	가사간병방문지원사업	58,888	7	1	7	8	7	5	5	4
357	서울 도봉구	각종언론매체를통한홍보	57,000	7	1	5	8	7	1	1	2

순번	시군구	지출명 (사업명)	2024년예산 (단위 : 천원 /1년간)	민간이전 분류 (지방자치단체 세출예산 집행기준에 의거) 1. 민간경상사업보조(307-02) 2. 민간단체 법정운영비보조(307-03) 3. 민간행사사업보조(307-04) 4. 민간위탁금(307-05) 5. 사회복지시설 법정운영비보조(307-10) 6. 민간인위탁교육비(307-12) 7. 공기관등에대한경상적위탁사업비(308-13) 8. 민간자본사업보조,자체재원(402-01) 9. 민간자본사업보조,이전재원(402-02) 10. 민간위탁사업비(402-03) 11. 공기관등에 대한 자본적 위탁사업비(403-02)	민간이전지출 근거 (지방보조금 관리기준 참고) 1. 법률에 규정 2. 국고보조 재원(국가지정) 3. 용도 지정 기부금 4. 조례에 직접규정 5. 지자체가 권장하는 사업을 하는 공공기관 6. 시,도 정책 및 재정사정 7. 기타 8. 해당없음	입찰방식 계약체결방법 (경쟁형태) 1. 일반경쟁 2. 제한경쟁 3. 지명경쟁 4. 수의계약 5. 법정위탁 6. 기타 ( ) 7. 없음	입찰방식 계약기간 1. 1년 2. 2년 3. 3년 4. 4년 5. 5년 6. 기타 ( )년 7. 단기계약 (1년미만) 8. 없음	입찰방식 낙찰자선정방법 1. 적격심사 2. 협상에의한계약 3. 최저가낙찰제 4. 규격가격분리 5. 2단계 경쟁입찰 6. 기타 ( ) 7. 없음	운영예산 산정 운영예산 산정 1. 내부산정 (지자체 자체적으로 산정) 2. 외부산정 (외부전문기관위탁 산정) 3. 내·외부 모두 산정 4. 산정 無 5. 없음	운영예산 산정 정산방법 1. 내부정산 (지자체 내부적으로 정산) 2. 외부정산 (외부전문기관위탁 정산) 3. 내·외부 모두 산정 4. 정산 無 5. 없음	성과평가 실시여부 1. 실시 2. 미실시 3. 향후 추진 4. 해당없음
358	서울 도봉구	지역자율형사회서비스투자사업(도봉구지역자율형투자사업)	33,000	7	2	7	8	7	5	5	1
359	서울 도봉구	직원교육훈련비지원	30,000	7	1	5	1	7	2	2	1
360	서울 도봉구	홍보활동강화	30,000	7	1	7	8	7	1	1	4
361	서울 도봉구	주민등록인감업무지원	28,046	7	6	7	8	7	5	5	4
362	서울 도봉구	자율적내부통제시스템(청백e)운영	14,883	7	1	5	1	7	2	2	2
363	서울 도봉구	법무보호대상자사회정착지원	13,500	7	1	7	8	7	1	1	3
364	서울 도봉구	노인복지시설관리	7,200	7	1	7	8	7	1	1	1
365	서울 도봉구	도시관리계획	6,000	7	1	7	8	7	1	1	4
366	서울 도봉구	행정정보시스템구축및성능보강	5,250	7	1	7	8	7	2	2	4
367	서울 도봉구	국가건강검진(의료급여수급권자)사업운영(영유아검진비)	4,500	7	1	7	8	7	5	3	4
368	서울 도봉구	지구단위계획수립	4,000	7	1	7	8	7	1	1	4
369	서울 도봉구	보건소결핵관리사업(도봉구보건소결핵관리사업)	4,000	7	2	7	8	7	5	5	4
370	서울 도봉구	무의탁독거노인지원	3,520	7	1	7	8	7	1	1	4
371	서울 도봉구	모자보건사업(표준모자보건수첩지원)	3,048	7	6	7	8	7	5	3	4
372	서울 도봉구	종합사회복지관운영	2,400	7	1	7	8	7	1	1	4
373	서울 도봉구	모자보건사업(청소년산모임신출산지원)	200	7	2	7	8	7	5	3	4
374	서울 노원구	산모신생아건강관리지원	1,852,000	7	6	7	8	7	5	3	1
375	서울 노원구	장애아동발달재활서비스	1,716,960	7	2	7	8	7	5	3	1
376	서울 노원구	장애인활동지원(가산급여)	1,612,332	7	2	7	7	7	5	3	1
377	서울 노원구	발달장애인주간활동서비스	1,360,000	7	2	7	8	7	5	3	1
378	서울 노원구	노원평생학습대학	1,140,000	7	1,4	7	8	7	1	1	3
379	서울 노원구	국가암검진사업	714,091	7	2	7	8	7	5	2	1
380	서울 노원구	기저귀,조제분유지원	652,800	7	2	7	8	7	5	3	1
381	서울 노원구	청소년발달장애인방과후활동서비스	498,500	7	2	7	8	7	5	3	1
382	서울 노원구	노원구온종일돌봄사업단운영	449,092	7	4	1	5	7	1	1	1
383	서울 노원구	희귀질환자의료비지원	435,000	7	2	7	8	7	5	2	1
384	서울 노원구	육사체육시설운영	386,509	7	4	6	2	7	1	1	3
385	서울 노원구	중증장애인자립생활지원	298,826	7	4	7	7	7	5	3	1
386	서울 노원구	노원아이편한택시사업	279,422	7	4	7	1	7	1	1	4
387	서울 노원구	시각장애인안마서비스	240,000	7	2	7	8	7	5	3	1
388	서울 노원구	하계어울림센터운영(노원어르신행복주식회사)	212,630	7	6	6	1	7	1	1	1
389	서울 노원구	작은도서관어르신행복주식회사시설관리	196,244	7	1	6	1	7	1	1	1
390	서울 노원구	보훈회관운영	189,958	7	4	7	3	7	1	1	4
391	서울 노원구	중계온마을센터운영	184,295	7	4	7	1	7	1	1	3
392	서울 노원구	산불감시단운영	181,361	7	8	5	7	7	1	1	4
393	서울 노원구	안심이CCTV관제	99,000	7	5	6	1	6	1	1	4
394	서울 노원구	다함께돌봄사업	85,986	7	5	7	1	7	1	1	4
395	서울 노원구	성인장애인건강을위한맞춤운동서비스	69,000	7	2	7	8	7	5	3	1
396	서울 노원구	한내행복발전소청소용역	48,783	7	4	7	1	7	1	1	3
397	서울 노원구	장애인보조기기렌탈서비스	46,000	7	2	7	8	7	5	3	1

순번	시군구	지출명 (사업명)	2024년예산 (단위 : 천원 /1년간)	민간이전 분류 (지방자치단체 세출예산 집행기준에 의거) 1. 민간경상사업보조(307-02) 2. 민간단체 법정운영비보조(307-03) 3. 민간행사사업보조(307-04) 4. 민간위탁금(307-05) 5. 사회복지시설 법정운영비보조(307-10) 6. 민간인위탁교육비(307-12) 7. 공기관등에대한경상적위탁사업비(308-13) 8. 민간자본사업보조,자체재원(402-01) 9. 민간자본사업보조,이전재원(402-02) 10. 민간위탁사업비(402-03) 11. 공기관등에 대한 자본적 위탁사업비(403-02)	민간이전지출 근거 (지방보조금 관리기준 참고) 1. 법률에 규정 2. 국고보조 재원(국가지정) 3. 용도 지정 기부금 4. 조례에 직접규정 5. 지자체가 권장하는 사업을 하는 공공기관 6. 시,도 정책 및 재정사정 7. 기타 8. 해당없음	입찰방식 계약체결방법 (경쟁형태) 1. 일반경쟁 2. 제한경쟁 3. 지명경쟁 4. 수의계약 5. 법정위탁 6. 기타 ( ) 7. 없음	입찰방식 계약기간 1. 1년 2. 2년 3. 3년 4. 4년 5. 5년 6. 기타 ( )년 7. 단기계약 (1년미만) 8. 없음	입찰방식 낙찰자선정방법 1. 적격심사 2. 협상에의한계약 3. 최저가낙찰제 4. 규격가격분리 5. 2단계 경쟁입찰 6. 기타 ( ) 7. 없음	운영예산 산정 운영예산 산정 1. 내부산정 (지자체 자체적으로 산정) 2. 외부산정 (외부전문기관위탁 산정) 3. 내·외부 모두 산정 4. 산정 無 5. 없음	운영예산 산정 정산방법 1. 내부정산 (지자체 내부적으로 정산) 2. 외부정산 (외부전문기관위탁 정산) 3. 내·외부 모두 산정 4. 정산 無 5. 없음	성과평가 실시여부 1. 실시 2. 미실시 3. 향후 추진 4. 해당없음
398	서울 노원구	다모인운영지원	38,400	7	1	7	8	7	1	1	1
399	서울 노원구	로컬브랜드육성사업	30,000	7	6	7	8	7	1	1	3
400	서울 노원구	장애부모가정아동의언어발달지원	11,860	7	2	7	8	7	5	3	1
401	서울 노원구	국가건강검진사업운영(영유아건강검진지원)	11,000	7	2	7	8	7	5	2	1
402	서울 노원구	발달장애인부모상담지원	6,000	7	2	7	8	7	5	3	1
403	서울 노원구	청소년산모임신출산의료비지원	1,800	7	2	7	8	7	5	2	1
404	서울 노원구	표준모자보건수첩	1,088	7	2	7	8	7	5	2	1
405	서울 은평구	생활폐기물처리	4,565,525	7	1	7	8	7	5	5	4
406	서울 은평구	종합스포츠타운운영	3,449,818	7	4	5	3	7	1	1	4
407	서울 은평구	국가암관리지자체지원(국가암검진사업)	728,531	7	1	7	1	7	5	5	4
408	서울 은평구	주거급여	612,620	7	2	5	1	7	1	1	1
409	서울 은평구	희귀질환자의료비지원	530,000	7	1	7	8	7	5	5	4
410	서울 은평구	구공원시설유지관리	284,728	7	4	5	3	7	1	1	1
411	서울 은평구	전산행정시스템유지보수	222,505	7	1	5	1	7	2	2	4
412	서울 은평구	치매치료관리비사업(보조사업)(전환사업)	168,000	7	1	7	1	7	5	5	4
413	서울 은평구	앵봉산가족캠핑장유지관리	162,752	7	4	5	3	7	1	1	1
414	서울 은평구	예산회계시스템유지관리	127,116	7	1	5	8	7	5	5	4
415	서울 은평구	주소정보시설물유지관리및홍보	111,605	7	1	7	1	1	2	2	1
416	서울 은평구	의료급여수급권자일반검진비지원(일반건강검진사업)	111,000	7	1	7	8	7	5	5	4
417	서울 은평구	공원내체육시설유지관리	96,937	7	4	5	3	7	1	1	4
418	서울 은평구	각종언론매체를통한홍보	95,000	7	1	6	8	7	1	2	4
419	서울 은평구	은평형스마트쉼터운영	71,913	7	5	7	2	7	1	1	4
420	서울 은평구	구정홍보시설등관리	69,120	7	1	6	1	7	5	5	4
421	서울 은평구	경로당운영관리	60,000	7	5	7	3	7	1	1	4
422	서울 은평구	시설관리공단불광천관리지원	58,582	7	4	5	3	7	1	1	2
423	서울 은평구	버스정류소유지관리	55,886	7	4	7	8	7	1	1	4
424	서울 은평구	청년마음건강지원사업	49,072	7	2	7	8	7	5	5	4
425	서울 은평구	통합민원창구운영활성화	31,539	7	1	5	1	7	2	5	4
426	서울 은평구	시설관리공단업무지원	29,735	7	5	7	8	7	1	1	4
427	서울 은평구	시설관리공단업무위탁	26,301	7	5	7	8	7	1	1	4
428	서울 은평구	투명한인사관리	19,566	7	1	5	8	7	5	5	4
429	서울 은평구	고향사랑기부제운영	18,137	7	1	5	1	7	5	5	4
430	서울 은평구	공정하고효율적인자체감사활동	15,674	7	1	1	1	7	2	2	2
431	서울 은평구	불광천방송문화거리조성	12,000	7	5	7	8	7	1	1	4
432	서울 은평구	보건소결핵관리사업	10,972	7	2	4	1	7	5	2	2
433	서울 은평구	보호관찰대상자사회정착지원	10,000	7	4	7	8	7	1	1	4
434	서울 은평구	영유아건강검진지원및홍보	8,200	7	2	7	8	7	3	3	3
435	서울 은평구	등기소부지복합문화시설건립	6,000	7	7	7	8	7	1	1	2
436	서울 은평구	민원행정및기록물관리	5,250	7	8	7	8	7	5	5	4
437	서울 은평구	장애인활동지원(구비추가사업)	4,500	7	1	7	8	7	2	2	4

순번	시군구	지출명 (사업명)	2024년예산 (단위 : 천원 /1년간)	민간이전 분류 (지방자치단체 세출예산 집행기준에 의거) 1. 민간경상사업보조(307-02) 2. 민간단체 법정운영비보조(307-03) 3. 민간행사사업보조(307-04) 4. 민간위탁금(307-05) 5. 사회복지시설 법정운영비보조(307-10) 6. 민간인위탁교육비(307-12) 7. 공기관등에대한경상적위탁사업비(308-13) 8. 민간자본사업보조,자체재원(402-01) 9. 민간자본사업보조,이전재원(402-02) 10. 민간위탁사업비(402-03) 11. 공기관등에 대한 자본적 위탁사업비(403-02)	민간이전지출 근거 (지방보조금 관리기준 참고) 1. 법률에 규정 2. 국고보조 재원(국가지정) 3. 용도 지정 기부금 4. 조례에 직접규정 5. 지자체가 권장하는 사업을 하는 공공기관 6. 시,도 정책 및 재정사정 7. 기타 8. 해당없음	입찰방식: 계약체결방법 (경쟁형태) 1. 일반경쟁 2. 제한경쟁 3. 지명경쟁 4. 수의계약 5. 법정위탁 6. 기타 ( ) 7. 없음	입찰방식: 계약기간 1. 1년 2. 2년 3. 3년 4. 4년 5. 5년 6. 기타 ( )년 7. 단기계약 (1년미만) 8. 없음	입찰방식: 낙찰자선정방법 1. 적격심사 2. 협상에의한계약 3. 최저가낙찰제 4. 규격가격분리 5. 2단계 경쟁입찰 6. 기타 ( ) 7. 없음	운영예산 산정: 운영예산 산정 1. 내부산정 (지자체 자체적으로 산정) 2. 외부산정 (외부전문기관위탁 산정) 3. 내·외부 모두 산정 4. 산정 無 5. 없음	운영예산 산정: 정산방법 1. 내부정산 (지자체 내부적으로 정산) 2. 외부정산 (외부전문기관위탁 정산) 3. 내·외부 모두 산정 4. 정산 無 5. 없음	성과평가 실시여부 1. 실시 2. 미실시 3. 향후 추진 4. 해당없음
438	서울 은평구	노점방지및노점특별대책추진에따른사업	3,732	7	4	7	8	7	1	1	4
439	서울 은평구	구청사환경정비및유지관리	3,000	7	5	7	8	7	1	1	4
440	서울 은평구	표준모자보건수첩제공	2,974	7	2	7	8	7	3	3	3
441	서울 서대문구	희귀질환자의료비지원	273,000	7	2	7	8	7	5	5	4
442	서울 서대문구	국가암검진사업	268,020	7	2	7	8	7	5	5	4
443	서울 서대문구	예산편성	194,004	7	5	5	1	7	2	2	4
444	서울 서대문구	치매치료비지원사업(전환사업)	124,000	7	6	5	3	1	3	3	1
445	서울 서대문구	의료급여수급권자검진사업	48,000	7	2	7	8	7	5	5	4
446	서울 서대문구	청렴도향상추진	14,883	7	1	5	1	7	2	2	1
447	서울 서대문구	보건소결핵관리사업	5,642	7	2	7	8	7	5	5	4
448	서울 서대문구	웰다잉문화조성사업	3,500	7	8	7	8	7	5	5	4
449	서울 서대문구	약업소등지도관리	500	7	1	7	8	7	5	5	4
450	서울 마포구	차세대주민등록정보시스템운영	28,246	7	1	6	1	6	2	2	4
451	서울 양천구	양천문화회관운영	1,711,562	7	5	5	6	7	1	1	1
452	서울 양천구	산모신생아건강관리지원사업(전환사업)	1,184,000	7	2	5	8	7	3	3	1
453	서울 양천구	희귀질환자의료비지원사업	546,400	7	1	5	8	7	5	5	4
454	서울 양천구	저소득층기저귀조제분유지원사업	544,000	7	1	5	8	7	3	3	1
455	서울 양천구	국가암관리지자체지원	516,220	7	1	5	8	7	5	5	4
456	서울 양천구	주거급여(수선유지급여)	269,400	7	1	5	1	7	5	1	4
457	서울 양천구	행정정보시스템통합운영관리	141,428	7	7	5	1	7	1	1	1
458	서울 양천구	통합지방재정시스템운영및유지관리	127,116	7	7	5	1	7	5	5	4
459	서울 양천구	공동주택미디어보드운영비	99,000	7	7	4	7	7	1	1	4
460	서울 양천구	의정활동홍보광고	44,880	7	1	7	8	7	5	5	4
461	서울 양천구	구정홍보광고료	39,424	7	7	7	8	7	1	1	4
462	서울 양천구	로봇활용디지털역량강화사업	37,000	7	7	7	8	7	5	5	4
463	서울 양천구	동주민센터민원관련사업지원	31,539	7	8	7	7	7	1	1	1
464	서울 양천구	구정정책사업홍보비	20,000	7	7	7	8	7	1	1	4
465	서울 양천구	표준지방인사정보시스템등유지보수	19,064	7	5,7	6	1	6	5	5	4
466	서울 양천구	공직자청렴도제고	14,883	7	1	6	1	7	2	1	4
467	서울 양천구	도시계획신문공고료	12,320	7	1	7	7	7	5	5	4
468	서울 양천구	균형있는도시계획	9,702	7	1	7	7	7	5	5	4
469	서울 양천구	고향사랑기부제운영	8,802	7	1	5	1	6	2	2	4
470	서울 양천구	의료급여수급권자검진비(영유아)지원	7,800	7	1	5	8	7	5	5	4
471	서울 양천구	무연고사망자신문공고료	7,000	7	1,4	7	8	7	5	5	4
472	서울 양천구	도시계획신문공고료	6,160	7	1	7	7	7	5	5	4
473	서울 양천구	우편모아시스템유지관리비	5,600	7	6	5	1	2	2	2	4
474	서울 양천구	공원시설물유지관리	5,000	7	7	7	8	7	1	1	4
475	서울 양천구	동문화축제활성화지원	3,300	7	7	7	8	7	1	1	4
476	서울 양천구	취업박람회홍보광고비(취업박람회개최)	3,300	7	1,7	7	8	7	5	5	4
477	서울 양천구	목동택지개발사업지구지구단위계획부분재정비추진	3,080	7	1	7	7	7	5	5	4

순번	시군구	지출명 (사업명)	2024년예산 (단위 : 천원 /1년간)	민간이전 분류 (지방자치단체 세출예산 집행기준에 의거) 1. 민간경상사업보조(307-02) 2. 민간단체 법정운영비보조(307-03) 3. 민간행사사업보조(307-04) 4. 민간위탁금(307-05) 5. 사회복지시설 법정운영비보조(307-10) 6. 민간인위탁교육비(307-12) 7. 공기관등에대한경상적위탁사업비(308-13) 8. 민간자본사업보조,자체재원(402-01) 9. 민간자본사업보조,이전재원(402-02) 10. 민간위탁사업비(402-03) 11. 공기관등에 대한 자본적 위탁사업비(403-02)	민간이전지출 근거 (지방보조금 관리기준 참고) 1. 법률에 규정 2. 국고보조 재원(국가지정) 3. 용도 지정 기부금 4. 조례에 직접규정 5. 지자체가 권장하는 사업을 하는 공공기관 6. 시,도 정책 및 재정사정 7. 기타 8. 해당없음	입찰방식			운영예산 산정		성과평가 실시여부
						계약체결방법 (경쟁형태) 1. 일반경쟁 2. 제한경쟁 3. 지명경쟁 4. 수의계약 5. 법정위탁 6. 기타 ( ) 7. 없음	계약기간 1. 1년 2. 2년 3. 3년 4. 4년 5. 5년 6. 기타 ( )년 7. 단기계약 (1년미만) 8. 없음	낙찰자선정방법 1. 적격심사 2. 협상에의한계약 3. 최저가낙찰제 4. 규격가격분리 5. 2단계 경쟁입찰 6. 기타 ( ) 7. 없음	운영예산 산정 1. 내부산정 (지자체 자체적으로 산정) 2. 외부산정 (외부전문기관위탁 산정) 3. 내·외부 모두 산정 4. 산정 無 5. 없음	정산방법 1. 내부정산 (지자체 내부적으로 정산) 2. 외부정산 (외부전문기관위탁 정산) 3. 내·외부 모두 산정 4. 정산 無 5. 없음	1. 실시 2. 미실시 3. 향후 추진 4. 해당없음
478	서울 양천구	목동중심지구지구단위계획재정비수립	3,080	7	1	7	7	7	5	5	4
479	서울 양천구	영유아가정이동서비스지원'아이사랑택시'	2,200	7	4	7	7	7	1	1	4
480	서울 양천구	목3동도시재생뉴딜사업	2,000	7	1	7	8	7	1	1	4
481	서울 양천구	신월3동도시재생뉴딜사업	2,000	7	1	7	8	7	1	1	4
482	서울 양천구	청소년산모임신출산의료비지원	2,000	7	1	5	8	7	3	3	1
483	서울 양천구	표준모자보건수첩제작	1,306	7	7	5	8	7	1	1	1
484	서울 강서구	발달재활서비스	2,394,000	7	1	5	8	7	1	2	4
485	서울 강서구	발달장애인주간활동서비스	903,672	7	1	5	8	7	1	2	4
486	서울 강서구	장애인활동지원가산수당	650,994	7	1	5	8	7	1	2	4
487	서울 강서구	수선유지급여	500,000	7	1	5	8	7	3	3	1
488	서울 강서구	청소년발달장애학생방과후활동서비스지원	361,470	7	1	5	8	7	1	2	4
489	서울 강서구	지방재정시스템유지관리	141,239	7	1	7	8	7	2	2	4
490	서울 강서구	공통기반전산장비유지보수	129,947	7	1	5	1	7	2	2	4
491	서울 강서구	발달장애인부모상담지원	96,000	7	1	5	8	7	1	2	4
492	서울 강서구	온나라문서시스템유지관리	76,797	7	1	5	1	7	2	2	4
493	서울 강서구	언어발달지원	48,000	7	1	5	8	7	1	2	4
494	서울 강서구	기초수급자무연고사망자신문공고료	16,170	7	1	7	8	7	1	1	4
495	서울 강서구	청백e시스템유지관리및운영지원	15,674	7	1	7	8	7	2	2	4
496	서울 강서구	고향사랑기부종합정보시스템유지관리및운영	9,467	7	8	7	8	7	5	5	4
497	서울 강서구	지방행정공통정보시스템상담센터운영	7,000	7	1	5	1	7	2	2	4
498	서울 강서구	우편모아시스템유지보수	5,700	7	1	5	1	7	2	2	4
499	서울 강서구	지자체기능분류모델시스템고도화분담금	5,250	7	1	5	1	7	2	2	4
500	서울 강서구	2024년지자체기능분류모델(BRM)시스템고도화분담금	5,250	7	7	7	8	7	5	5	4
501	서울 구로구	산모신생아건강관리지원(전환)(서비스이용비용지원)	1,530,667	7	6	5	8	7	5	5	4
502	서울 구로구	구립온수어르신복지관운영지원(인건비(14명))	736,916	7	1	7	8	7	1	3	4
503	서울 구로구	저소득층기저귀및조제분유지원(기저귀및조제분유지원)	544,000	7	2	7	8	7	5	5	4
504	서울 구로구	희귀질환자의료비지원사업(의료비지원)	530,000	7	1	7	8	7	5	5	4
505	서울 구로구	국가암관리(암검진비용지원)	461,816	7	1	7	7	7	1	1	1
506	서울 구로구	중증장애인활동보조가산급여(가산급여)	440,996	7	1	5	8	7	1	2	4
507	서울 구로구	장애인활동지원(구비추가)(활동지원구비추가)	377,910	7	1	5	8	7	1	2	4
508	서울 구로구	구로시니어클럽운영(위탁사업비)	374,752	7	1	7	8	7	1	3	4
509	서울 구로구	구립온수어르신복지관운영지원(프로그램사업비)	172,730	7	1	7	8	7	1	3	4
510	서울 구로구	치매치료관리비지원(전환)(치매치료관리비)	168,000	7	6	1	3	1	3	1	1
511	서울 구로구	로컬브랜드상권육성사업(상권육성기구대행사업비)	138,000	7	7	6	6	7	1	1	4
512	서울 구로구	해외시장개척단운영(전시회운영대행비)	133,000	7	1	7	8	7	1	1	4
513	서울 구로구	업무관리및공통기반시스템운영(공통기반탑재시스템유지관리)	122,600	7	5	7	1	6	2	2	4
514	서울 구로구	구립온수어르신복지관운영지원(운영비)	119,430	7	1	7	8	7	1	3	4
515	서울 구로구	성과중심의예산운용(e호조+(차세대)유지관리)	113,008	7	5	7	7	7	5	5	4
516	서울 구로구	구정홍보활성화(신문,인터넷광고)	80,000	7	1	7	8	7	5	5	4
517	서울 구로구	SNS와영상매체를통한홍보(아파트미디어보드송출)	65,000	7	1	7	8	7	5	5	4

순번	시군구	지출명 (사업명)	2024년예산 (단위 : 천원 /1년간)	민간이전 분류 (지방자치단체 세출예산 집행기준에 의거) 1. 민간경상사업보조(307-02) 2. 민간단체 법정운영비보조(307-03) 3. 민간행사사업보조(307-04) 4. 민간위탁금(307-05) 5. 사회복지시설 법정운영비보조(307-10) 6. 민간인위탁교육비(307-12) 7. 공기관등에대한경상적위탁사업비(308-13) 8. 민간자본사업보조,자체재원(402-01) 9. 민간자본사업보조,이전재원(402-02) 10. 민간위탁사업비(402-03) 11. 공기관등에 대한 자본적 위탁사업비(403-02)	민간이전지출 근거 (지방보조금 관리기준 참고) 1. 법률에 규정 2. 국고보조 재원(국가지정) 3. 용도 지정 기부금 4. 조례에 직접규정 5. 지자체가 권장하는 사업을 하는 공공기관 6. 시,도 정책 및 재정사정 7. 기타 8. 해당없음	입찰방식 계약체결방법 (경쟁형태) 1. 일반경쟁 2. 제한경쟁 3. 지명경쟁 4. 수의계약 5. 법정위탁 6. 기타 ( ) 7. 없음	입찰방식 계약기간 1. 1년 2. 2년 3. 3년 4. 4년 5. 5년 6. 기타 ( )년 7. 단기계약 (1년미만) 8. 없음	입찰방식 낙찰자선정방법 1. 적격심사 2. 협상에의한계약 3. 최저가낙찰제 4. 규격가격분리 5. 2단계 경쟁입찰 6. 기타 ( ) 7. 없음	운영예산 산정 운영예산 산정 1. 내부산정 (지자체 자체적으로 산정) 2. 외부산정 (외부전문기관위탁 산정) 3. 내·외부 모두 산정 4. 산정 無 5. 없음	운영예산 산정 정산방법 1. 내부정산 (지자체 내부적으로 정산) 2. 외부정산 (외부전문기관위탁 정산) 3. 내·외부 모두 산정 4. 정산 無 5. 없음	성과평가 실시여부 1. 실시 2. 미실시 3. 향후 추진 4. 해당없음
518	서울 구로구	의료급여수급권자건강검진(일반+생애)(의료급여수급권자검진비)	61,000	7	1	7	7	7	1	1	1
519	서울 구로구	업무관리및공통기반시스템운영(온나라업무관리시스템SW/HW유지관리위탁금)	59,184	7	5	7	1	6	2	2	4
520	서울 구로구	중소기업매출채권보험지원사업(매출채권보험가입기업지원)	57,000	7	1	7	8	7	1	1	4
521	서울 구로구	주소정보사업활성화추진(국가주소정보시스템차세대구축및유지관리)	55,377	7	1	5	1	7	2	2	4
522	서울 구로구	고용유지지원금지원(워케이션지원사업)	50,000	7	4	7	1	7	3	2	3
523	서울 구로구	주소정보사업활성화추진(입체주소구축및주소정보기본도유지관리)	47,491	7	1	5	1	7	2	2	4
524	서울 구로구	지역자율형사회서비스(영유아발달지원)(서비스이용비용지원(사회보장정보원예탁))	45,700	7	2	5	8	7	5	5	4
525	서울 구로구	의정홍보활성화(언론사광고료)	40,000	7	1	7	8	7	5	5	4
526	서울 구로구	홍보(영상)물제작을통한홍보(방송구정홍보및송출)	40,000	7	1	7	8	7	5	5	4
527	서울 구로구	중소기업육성및마케팅지원(수출상담회행사지원)	40,000	7	1	7	8	7	1	1	4
528	서울 구로구	주민등록시스템구축(주민등록시스템구축위탁사업비)	28,246	7	1	2	1	2	2	2	1
529	서울 구로구	마을속교육기관교육활동지원(마을속과학체험교실운영)	25,000	7	7	7	8	7	5	5	4
530	서울 구로구	구립온수어르신복지관운영지원(인건비(조리원))	24,127	7	1	7	8	7	1	3	4
531	서울 구로구	인사관리(인사통계및차세대응용SW개발)	19,302	7	5	7	8	7	5	5	4
532	서울 구로구	업무관리및공통기반시스템운영(온나라업무관리시스템운영지원비)	18,300	7	5	7	1	6	2	2	4
533	서울 구로구	SNS와영상매체를통한홍보(카카오이모티콘배포)	17,000	7	1	7	8	7	5	5	4
534	서울 구로구	청렴업무수행(청백e시스템유지보수비)	15,674	7	1	5	1	7	2	2	4
535	서울 구로구	고향사랑기부제운영(시스템유지관리및운영)	8,344	7	1	2	1	2	2	2	1
536	서울 구로구	국가결핵관리(보건소결핵관리)(병의원가족접촉자검진비지원)	7,899	7	2	7	8	7	1	2	4
537	서울 구로구	의료수급자영유아건강검진(검진비지원)	7,000	7	2	5	8	7	5	5	4
538	서울 구로구	업무관리및공통기반시스템운영(기능분류모델시스템고도화위탁금)	5,250	7	5	7	1	6	2	2	4
539	서울 구로구	장애인활동지원(구비추가)(전자바우처시스템운영비)	4,250	7	1	5	8	7	1	2	4
540	서울 구로구	표준모자보건수첩(수첩제작(945건))	3,700	7	5	5	8	7	1	1	2
541	서울 구로구	협치행정기반구축(민관협치활성화관련홍보등)	2,000	7	7	7	8	7	5	5	4
542	서울 구로구	청소년산모임신출산지원(의료비지원)	1,800	7	2	7	8	7	5	5	4
543	서울 구로구	동청사및동행정관리(구로구민상일간지홍보등)	1,600	7	1	7	8	7	5	5	4
544	서울 구로구	중소기업매출채권보험지원사업(홍보비)	1,500	7	1	7	8	7	1	1	4
545	서울 구로구	무연고사망자지원사업(무연고사망자신문공고비)	1,500	7	1	7	8	7	5	5	4
546	서울 구로구	구립온수어르신복지관운영지원(시설종사자처우개선비)	1,400	7	6	7	8	7	1	3	4
547	서울 구로구	주민참여예산제운영(주민참여예산홍보물등제작)	1,000	7	7	7	8	7	5	5	4
548	서울 구로구	일자리박람회개최(일자리박람회홍보비)	880	7	1	7	8	7	2	5	4
549	서울 구로구	안양천물놀이장운영(안양천물놀이장홍보광고)	500	7	8	7	8	7	5	5	4
550	서울 구로구	안양천스케이트장운영(안양천스케이트장홍보등)	500	7	8	7	8	7	5	5	4
551	서울 금천구	산모신생아건강관리지원사업(전환사업)	662,667	7	6	5	8	7	5	1	4
552	서울 금천구	중소기업경쟁력강화지원	480,000	7	5	7	8	7	3	2	4
553	서울 금천구	저소득층기저귀조제분유지원사업	326,400	7	2	5	8	7	5	1	2
554	서울 금천구	국가암검진사업	312,360	7	1	5	1	7	3	3	1
555	서울 금천구	중소기업경영지원강화	250,000	7	1	7	8	7	1	1	4
556	서울 금천구	희귀질환자의료비지원	249,660	7	1	7	8	7	5	5	4
557	서울 금천구	공공도서관개관시간연장	224,000	7	2	7	8	7	1	1	4

순번	시군구	지출명 (사업명)	2024년예산 (단위 : 천원 /1년간)	민간이전 분류 (지방자치단체 세출예산 집행기준에 의거) 1. 민간경상사업보조(307-02) 2. 민간단체 법정운영비보조(307-03) 3. 민간행사사업보조(307-04) 4. 민간위탁금(307-05) 5. 사회복지시설 법정운영비보조(307-10) 6. 민간인위탁교육비(307-12) 7. 공기관등에대한경상적위탁사업비(308-13) 8. 민간자본사업보조,자체재원(402-01) 9. 민간자본사업보조,이전재원(402-02) 10. 민간위탁사업비(402-03) 11. 공기관등에 대한 자본적 위탁사업비(403-02)	민간이전지출 근거 (지방보조금 관리기준 참고) 1. 법률에 규정 2. 국고보조 재원(국가지정) 3. 용도 지정 기부금 4. 조례에 직접규정 5. 지자체가 권장하는 사업을 하는 공공기관 6. 시,도 정책 및 재정사정 7. 기타 8. 해당없음	입찰방식 계약체결방법 (경쟁형태) 1. 일반경쟁 2. 제한경쟁 3. 지명경쟁 4. 수의계약 5. 법정위탁 6. 기타 ( ) 7. 없음	입찰방식 계약기간 1. 1년 2. 2년 3. 3년 4. 4년 5. 5년 6. 기타 ( )년 7. 단기계약 (1년미만) 8. 없음	입찰방식 낙찰자선정방법 1. 적격심사 2. 협상에의한계약 3. 최저가낙찰제 4. 규격가격분리 5. 2단계 경쟁입찰 6. 기타 ( ) 7. 없음	운영예산 산정 운영예산 산정 1. 내부산정 (지자체 자체적으로 산정) 2. 외부산정 (외부전문기관위탁 산정) 3. 내·외부 모두 산정 4. 산정 無 5. 없음	운영예산 산정 정산방법 1. 내부정산 (지자체 내부적으로 정산) 2. 외부정산 (외부전문기관위탁 정산) 3. 내·외부 모두 산정 4. 정산 無 5. 없음	성과평가 실시여부 1. 실시 2. 미실시 3. 향후 추진 4. 해당없음
558	서울 금천구	공통행정시스템운영	207,542	7	5	7	1	6	2	2	4
559	서울 금천구	사업예산편성및운영	113,008	7	2	5	1	6	2	2	4
560	서울 금천구	치매치료관리비지원(전환사업)	110,000	7	1	1	3	1	5	1	1
561	서울 금천구	주거급여	88,000	7	1	5	8	7	5	5	4
562	서울 금천구	도로명주소정보화사업	86,648	7	2	5	1	6	1	1	2
563	서울 금천구	미디어를통한구정홍보	69,675	7	1	7	8	7	5	5	4
564	서울 금천구	의료급여수급권자일반검진비지원	65,000	7	1	5	1	7	3	3	4
565	서울 금천구	G밸리산업경쟁력강화	50,000	7	5	7	8	7	3	2	4
566	서울 금천구	언론을통한구정홍보	48,000	7	1	7	8	7	5	5	4
567	서울 금천구	의정홍보활동전개	33,000	7	1	7	8	7	1	1	4
568	서울 금천구	동주민센터기능보강	24,906	7	2	6	1	6	2	2	4
569	서울 금천구	인력및조직운영	15,363	7	7	6	1	6	5	1	4
570	서울 금천구	내부통제시스템운영	14,089	7	8	5	1	7	2	2	4
571	서울 금천구	고향사랑기부제운영	8,802	7	6	7	8	7	2	5	4
572	서울 금천구	지구단위계획수립	7,392	7	8	7	8	7	5	5	4
573	서울 금천구	영유아건강검진지원	7,100	7	2	5	8	7	5	1	2
574	서울 금천구	도시관리계획(변경)결정	4,928	7	8	7	8	7	5	5	4
575	서울 금천구	도서관다문화서비스사업	4,200	7	2	7	8	7	1	1	4
576	서울 금천구	보건소결핵관리사업	4,000	7	1	7	8	7	5	5	4
577	서울 금천구	장애인활동지원구비추가(매칭)	3,500	7	1	7	8	7	1	2	4
578	서울 금천구	무연고사망자관리	3,200	7	1	5	8	7	5	5	4
579	서울 금천구	청소년산모임신출산의료비지원	1,800	7	2	7	8	7	5	5	2
580	서울 금천구	표준모자보건수첩제작	1,012	7	2	7	8	7	5	5	2
581	서울 영등포구	장애인활동지원제도운영(시비추가)	2,244,735	7	1	7	8	7	1	1	4
582	서울 영등포구	산모신생아건강관리지원사업(전환사업)	1,422,120	7	2	7	8	7	2	3	4
583	서울 영등포구	문화도시조성	1,050,000	7	5	6	8	7	1	1	1
584	서울 영등포구	장애인활동지원급여지원(구비추가)	525,652	7	1	7	8	7	1	1	4
585	서울 영등포구	장애인활동지원가산급여	388,496	7	1	7	8	7	5	1	4
586	서울 영등포구	암조기검진	289,840	7	2	7	8	7	5	3	4
587	서울 영등포구	기저귀조제분유지원사업	280,000	7	2	5	8	7	5	5	4
588	서울 영등포구	희귀질환자의료비지원	230,000	7	2	7	8	7	5	3	4
589	서울 영등포구	치매치료관리비지원(전환사업)	167,000	7	6	7	8	7	3	3	4
590	서울 영등포구	효율적인예산편성운용	125,153	7	6	5	1	7	2	2	4
591	서울 영등포구	정보시스템유지관리	122,304	7	1	5	1	7	1	1	1
592	서울 영등포구	신문구독및언론홍보	86,000	7	1	7	8	7	1	4	4
593	서울 영등포구	의료급여수급권자일반검진비지원	56,000	7	2	7	8	7	5	3	4
594	서울 영등포구	의료관광기반조성및활성화	40,000	7	1	5	8	7	2	2	4
595	서울 영등포구	의정활동홍보	38,500	7	1	7	8	7	1	5	2
596	서울 영등포구	관내하수시설물유지관리공사	37,347	7	7	7	8	7	5	5	4
597	서울 영등포구	주거급여	33,000	7	2	7	1	7	5	5	4

순번	시군구	지출명 (사업명)	2024년예산 (단위 : 천원 /1년간)	민간이전 분류 (지방자치단체 세출예산 집행기준에 의거)	민간이전지출 근거 (지방보조금 관리기준 참고)	입찰방식			운영예산 산정		성과평가 실시여부
				1. 민간경상사업보조(307-02) 2. 민간단체 법정운영비보조(307-03) 3. 민간행사사업보조(307-04) 4. 민간위탁금(307-05) 5. 사회복지시설 법정운영비보조(307-10) 6. 민간인위탁교육비(307-12) 7. 공기관등에대한경상적위탁사업비(308-13) 8. 민간자본사업보조,자체재원(402-01) 9. 민간자본사업보조,이전재원(402-02) 10. 민간위탁사업비(402-03) 11. 공기관등에 대한 자본적 위탁사업비(403-02)	1. 법률에 규정 2. 국고보조 재원(국가지정) 3. 용도 지정 기부금 4. 조례에 직접규정 5. 지자체가 권장하는 사업을 하는 공공기관 6. 시,도 정책 및 재정사정 7. 기타 8. 해당없음	계약체결방법 (경쟁형태) 1. 일반경쟁 2. 제한경쟁 3. 지명경쟁 4. 수의계약 5. 법정위탁 6. 기타 ( ) 7. 없음	계약기간 1. 1년 2. 2년 3. 3년 4. 4년 5. 5년 6. 기타 ( )년 7. 단기계약 (1년미만) 8. 없음	낙찰자선정방법 1. 적격심사 2. 협상에의한계약 3. 최저가낙찰제 4. 규격가격분리 5. 2단계 경쟁입찰 6. 기타 ( ) 7. 없음	운영예산 산정 1. 내부산정 (지자체 자체적으로 산정) 2. 외부산정 (외부전문기관위탁 산정) 3. 내·외부 모두 산정 4. 산정 無 5. 없음	정산방법 1. 내부정산 (지자체 내부적으로 정산) 2. 외부정산 (외부전문기관위탁 정산) 3. 내·외부 모두 산정 4. 정산 無 5. 없음	1. 실시 2. 미실시 3. 향후 추진 4. 해당없음
598	서울 영등포구	정보시스템유지관리	31,200	7	1	5	1	7	1	1	1
599	서울 영등포구	통합민원창구운영	28,446	7	2	6	1	7	2	2	4
600	서울 영등포구	관광콘텐츠개발	20,000	7	1	5	8	7	2	2	4
601	서울 영등포구	효율적인조직운영	19,447	7	1	5	1	1	2	2	1
602	서울 영등포구	노점상및노상적치물단속	15,000	7	1	7	8	7	1	4	4
603	서울 영등포구	개인하수처리시설청소안내및미이행자관리	15,000	7	4	7	8	7	5	5	4
604	서울 영등포구	복지정책기획및홍보	10,000	7	1	4	1	7	1	1	2
605	서울 영등포구	교통안전시설물설치	10,000	7	1	7	8	7	1	4	4
606	서울 영등포구	공영주차장건설	10,000	7	1	5	7	7	1	1	4
607	서울 영등포구	지구단위계획추진	9,240	7	6	7	8	7	5	5	4
608	서울 영등포구	고향사랑기부제운영	8,802	7	1	5	1	7	5	5	4
609	서울 영등포구	보건소결핵관리사업	7,359	7	2	7	8	7	5	3	4
610	서울 영등포구	편안하고쾌적한민원실운영	5,600	7	2	6	1	6	2	2	1
611	서울 영등포구	도시관리계획운영	5,544	7	6	7	8	7	5	5	4
612	서울 영등포구	기록관운영및전산화사업	5,250	7	2	6	1	6	2	2	1
613	서울 영등포구	무연고사망자공영장례지원	3,960	7	1	4	8	2	2	2	2
614	서울 영등포구	표준모자보건수첩제작	3,086	7	2	7	8	7	2	3	4
615	서울 영등포구	청소년임산부의료비지원	2,400	7	2	7	8	7	2	3	4
616	서울 영등포구	영유아건강검진지원	2,300	7	2	5	8	7	2	3	4
617	서울 영등포구	민간재정비사업추진	1,152	7	1	5	7	7	5	5	4
618	서울 동작구	폐기물처리위탁	4,657,063	7	1	1	2	2	3	1	1
619	서울 동작구	재활용폐기물자원화	3,269,508	7	1	1	1	1	1	1	1
620	서울 동작구	장애인활동지원추가사업	2,445,756	7	1	5	6	7	1	1	1
621	서울 동작구	발달재활서비스바우처지원	945,000	7	1	5	6	7	3	3	2
622	서울 동작구	발달장애인주간활동서비스지원	612,688	7	1	5	6	7	3	3	2
623	서울 동작구	중증장애인활동보조가산급여	598,496	7	1	5	6	7	3	3	2
624	서울 동작구	공공도서관개관시간연장사업	548,459	7	2	7	8	7	1	1	3
625	서울 동작구	장애인활동지원구비추가사업	387,224	7	1	5	6	7	3	3	2
626	서울 동작구	청소년발달장애인방과후활동서비스지원	320,034	7	1	5	6	7	3	3	2
627	서울 동작구	지역자율형서비스투자사업(시각장애인안마서비스)	151,200	7	1	5	6	7	3	3	2
628	서울 동작구	e호조유지분담금	113,008	7	1	5	1	2	2	5	4
629	서울 동작구	시군구정보화시스템운영	110,662	7	1	5	1	7	2	2	4
630	서울 동작구	KAIS차세대구축및유지관리	55,377	7	1	5	1	2	2	2	4
631	서울 동작구	디지털지적(임야)도개선사업	41,500	7	2	5	4	6	5	5	4
632	서울 동작구	입체주소구축및주소정보기본도유지관리	41,019	7	1	5	1	2	2	2	4
633	서울 동작구	지역자율형서비스투자사업(장애인보조기기렌탈)	32,256	7	1	5	6	7	3	3	2
634	서울 동작구	지적기준점위탁관리	28,492	7	1	5	7	6	5	5	4
635	서울 동작구	주민등록인감사무관리	28,246	7	6	7	8	7	5	5	4
636	서울 동작구	인사관리운영	18,323	7	6	6	1	7	2	2	4
637	서울 동작구	청렴문화확산	14,883	7	1	5	1	7	2	2	4

순번	시군구	지출명 (사업명)	2024년예산 (단위 : 천원 /1년간)	민간이전 분류 (지방자치단체 세출예산 집행기준에 의거) 1. 민간경상사업보조(307-02) 2. 민간단체 법정운영비보조(307-03) 3. 민간행사사업보조(307-04) 4. 민간위탁금(307-05) 5. 사회복지시설 법정운영비보조(307-10) 6. 민간인위탁교육비(307-12) 7. 공기관등에대한경상적위탁사업비(308-13) 8. 민간자본사업보조,자체재원(402-01) 9. 민간자본사업보조,이전재원(402-02) 10. 민간위탁사업비(402-03) 11. 공기관등에 대한 자본적 위탁사업비(403-02)	민간이전지출 근거 (지방보조금 관리기준 참고) 1. 법률에 규정 2. 국고보조 재원(국가지정) 3. 용도 지정 기부금 4. 조례에 직접규정 5. 지자체가 권장하는 사업을 하는 공공기관 6. 시,도 정책 및 재정사정 7. 기타 8. 해당없음	입찰방식 계약체결방법 (경쟁형태) 1. 일반경쟁 2. 제한경쟁 3. 지명경쟁 4. 수의계약 5. 법정위탁 6. 기타 ( ) 7. 없음	입찰방식 계약기간 1. 1년 2. 2년 3. 3년 4. 4년 5. 5년 6. 기타 ( )년 7. 단기계약 (1년미만) 8. 없음	입찰방식 낙찰자선정방법 1. 적격심사 2. 협상에의한계약 3. 최저가낙찰제 4. 규격가격분리 5. 2단계 경쟁입찰 6. 기타 ( ) 7. 없음	운영예산 산정 운영예산 산정 1. 내부산정 (지자체 자체적으로 산정) 2. 외부산정 (외부전문기관위탁 산정) 3. 내·외부 모두 산정 4. 산정 無 5. 없음	운영예산 산정 정산방법 1. 내부정산 (지자체 내부적으로 정산) 2. 외부정산 (외부전문기관위탁 정산) 3. 내·외부 모두 산정 4. 정산 無 5. 없음	성과평가 실시여부 1. 실시 2. 미실시 3. 향후 추진 4. 해당없음
638	서울 동작구	수요자맞춤형임대주택운영관리	12,293	7	5	7	8	7	5	5	4
639	서울 동작구	언어발달지원바우처지원	9,720	7	1	5	6	7	3	3	2
640	서울 동작구	고향사랑기부제운영	8,802	7	6	7	8	7	5	5	4
641	서울 동작구	국가결핵관리	7,500	7	1	7	8	7	5	5	4
642	서울 동작구	발달장애인부모상담지원	5,760	7	1	5	6	7	3	3	2
643	서울 동작구	기록물보존관리	5,250	7	6	7	8	7	5	5	4
644	서울 동작구	도서관다문화서비스지원	1,500	7	2	7	8	7	1	1	3
645	서울 관악구	산모신생아건강관리지원(지역자율형사회서비스)(전환사업)	1,082,667	7	1	5	8	7	2	2	4
646	서울 관악구	문화도시조성사업	724,606	7	7	7	3	7	1	3	1
647	서울 관악구	별빛신사리상권르네상스사업	715,000	7	2	7	8	7	5	2	3
648	서울 관악구	희귀질환자의료비지원사업	458,000	7	2	7	8	7	5	3	4
649	서울 관악구	국가암검진사업	441,712	7	5	7	8	7	5	5	4
650	서울 관악구	저소득층기저귀조제분유지원	435,200	7	1	5	8	7	2	2	4
651	서울 관악구	건인보관소운영부담금	330,823	7	1	7	3	7	1	1	2
652	서울 관악구	치매치료관리비지원사업(전환사업)	247,000	7	5	7	8	7	2	2	4
653	서울 관악구	특성화문화관광형시장지원	201,600	7	1	7	8	7	1	1	1
654	서울 관악구	통합지방재정관리시스템운영관리	127,116	7	1	6	1	6	1	1	4
655	서울 관악구	의료급여수급권자일반검진지원사업	114,000	7	5	7	8	7	5	5	4
656	서울 관악구	공통기반및재해복구시스템유지관리	96,316	7	1	5	1	7	2	2	1
657	서울 관악구	홍보광고료	33,650	7	1	7	8	7	1	5	4
658	서울 관악구	주민등록정보시스템위탁운영	31,739	7	2	5	1	2	2	2	1
659	서울 관악구	의정활동홍보및홈페이지관리	28,750	7	1	5	7	7	1	1	4
660	서울 관악구	인사통계시스템유지관리및기능확대	19,870	7	1	6	1	6	1	1	4
661	서울 관악구	청백e시스템유지관리및운영지원	15,674	7	1	5	1	7	2	2	2
662	서울 관악구	보건소결핵관리사업	9,715	7	1	7	8	7	2	3	4
663	서울 관악구	고향사랑기부종합시스템위탁운영	8,802	7	2	5	1	2	2	2	1
664	서울 관악구	의료급여수급권자영유아검진비지원	7,000	7	1	5	8	7	2	2	4
665	서울 관악구	새올행정서비스데스크운영비	6,950	7	1	5	1	7	2	2	1
666	서울 관악구	우편모아시스템위탁운영	5,600	7	8	4	1	2	1	1	2
667	서울 관악구	자치단체기능분류모델(BRM)시스템고도화	5,250	7	7	7	8	7	5	5	4
668	서울 관악구	표준모자보건수첩제작	3,846	7	1	5	8	7	2	2	4
669	서울 관악구	청소년산모임신출산의료비지원	1,600	7	1	5	8	7	2	2	4
670	서울 관악구	대여학자금운영부담금	1,300	7	1	7	8	7	1	1	2
671	서울 서초구	산모신생아건강관리지원사업(전환사업)	1,801,140	7	6	7	8	7	5	5	4
672	서울 서초구	기저귀및조제분유지원	217,600	7	6	7	8	7	5	5	4
673	서울 서초구	지방재정시스템운영	113,008	7	1	7	7	7	5	5	4
674	서울 서초구	치매치료관리비지원	30,000	7	1	5	8	7	5	5	4
675	서울 서초구	청소년산모임신출산의료비지원	1,600	7	6	7	8	7	5	5	4
676	서울 강남구	공영주차장위수탁관리운영(노상24개소,노외31개소)	14,582,973	7	4	5	2	7	1	1	3
677	서울 강남구	평생학습관관리운영(3개소)	3,985,396	7	4	4	3	7	1	1	1

순번	시군구	지출명 (사업명)	2024년예산 (단위 : 천원 /1년간)	민간이전 분류 (지방자치단체 세출예산 집행기준에 의거) 1. 민간경상사업보조(307-02) 2. 민간단체 법정운영비보조(307-03) 3. 민간행사사업보조(307-04) 4. 민간위탁금(307-05) 5. 사회복지시설 법정운영비보조(307-10) 6. 민간인위탁교육비(307-12) 7. 공기관등에대한경상적위탁사업비(308-13) 8. 민간자본사업보조,자체재원(402-01) 9. 민간자본사업보조,이전재원(402-02) 10. 민간위탁사업비(402-03) 11. 공기관등에 대한 자본적 위탁사업비(403-02)	민간이전지출 근거 (지방보조금 관리기준 참고) 1. 법률에 규정 2. 국고보조 재원(국가지정) 3. 용도 지정 기부금 4. 조례에 직접규정 5. 지자체가 권장하는 사업을 하는 공공기관 6. 시,도 정책 및 재정사정 7. 기타 8. 해당없음	입찰방식 계약체결방법 (경쟁형태) 1. 일반경쟁 2. 제한경쟁 3. 지명경쟁 4. 수의계약 5. 법정위탁 6. 기타 ( ) 7. 없음	입찰방식 계약기간 1. 1년 2. 2년 3. 3년 4. 4년 5. 5년 6. 기타 ( )년 7. 단기계약 (1년미만) 8. 없음	입찰방식 낙찰자선정방법 1. 적격심사 2. 협상에의한계약 3. 최저가낙찰제 4. 규격가격분리 5. 2단계 경쟁입찰 6. 기타 ( ) 7. 없음	운영예산 산정 운영예산 산정 1. 내부산정 (지자체 자체적으로 산정) 2. 외부산정 (외부전문기관위탁 산정) 3. 내·외부 모두 산정 4. 산정 無 5. 없음	운영예산 산정 정산방법 1. 내부정산 (지자체 내부적으로 정산) 2. 외부정산 (외부전문기관위탁 정산) 3. 내·외부 모두 산정 4. 정산 無 5. 없음	성과평가 실시여부 1. 실시 2. 미실시 3. 향후 추진 4. 해당없음
678	서울 강남구	불법주정차관리위탁운영	3,681,271	7	4	5	3	7	1	1	3
679	서울 강남구	거주자우선주차장관리운영	2,051,365	7	4	4	3	7	1	1	3
680	서울 강남구	구민회관시설물유지관리	1,904,728	7	4	4	3	7	1	1	1
681	서울 강남구	도곡어린이실내놀이터	1,485,251	7	4	1	3	7	1	1	1
682	서울 강남구	강남구청직장어린이집운영	1,073,542	7	1	1	3	7	1	1	1
683	서울 강남구	견인차량보관소위탁운영	674,462	7	4	5	3	7	1	1	3
684	서울 강남구	청사부설주차장관리	213,209	7	4	4	2	7	1	1	1
685	서울 강남구	구립역삼푸른솔도서관부설주차장위수탁관리운영	127,418	7	4	5	3	7	1	1	1
686	서울 강남구	도곡정보문화도서관부설주차장위수탁관리운영	101,190	7	1	4	3	7	1	3	1
687	서울 강남구	역삼문화공원주차장관리	38,800	7	4	5	2	7	1	1	3
688	서울 송파구	각종폐기물처리	4,195,230	7	1	7	8	7	5	5	4
689	서울 송파구	송파여성문화회관운영	3,930,247	7	4	5	3	1	1	1	4
690	서울 송파구	산모신생아건강관리지원사업(전환사업)	2,672,000	7	2	7	8	7	1	1	1
691	서울 송파구	기저귀조제분유지원사업	761,600	7	2	7	8	7	5	2	4
692	서울 송파구	국가암관리지자체지원	652,275	7	2	7	8	7	5	5	4
693	서울 송파구	희귀질환자의료비지원사업	543,960	7	2	7	8	7	5	5	4
694	서울 송파구	구정역점시책광고	130,900	7	7	7	7	7	1	2	4
695	서울 송파구	지방재정관리시스템유지관리	127,282	7	2	5	1	7	5	5	4
696	서울 송파구	공통기반및재해복구시스템유지관리	124,967	7	8	5	1	7	2	2	4
697	서울 송파구	도로명주소사업	115,123	7	7	6	1	7	3	1	4
698	서울 송파구	치매치료관리비지원(전환사업)	101,000	7	7	7	8	7	5	5	4
699	서울 송파구	공공도서관개관시간연장지원	95,485	7	1	5	3	1	1	1	1
700	서울 송파구	의회및의정활동홍보	63,000	7	8	7	8	7	5	5	4
701	서울 송파구	통합민원운영지원	36,135	7	2	6	6	6	2	2	4
702	서울 송파구	지적측량기준점설치및관리	25,338	7	1	5	1	7	5	1	1
703	서울 송파구	조직인력관리등인사시책추진	23,175	7	7	6	1	6	2	2	4
704	서울 송파구	고향사랑기부금정보시스템운영	9,467	7	1	5	1	7	2	2	4
705	서울 송파구	표준모자보건수첩제작	7,706	7	6	7	8	7	5	5	2
706	서울 송파구	정보시스템유지보수	6,950	7	8	5	1	7	2	2	4
707	서울 송파구	온나라시스템구축	6,460	7	8	7	8	7	5	5	4
708	서울 송파구	구자체장애인활동지원급여지원	6,000	7	1	5	1	7	2	2	4
709	서울 송파구	보건소결핵관리사업	6,000	7	2	7	8	7	2	3	4
710	서울 송파구	민원처리제도개선	5,600	7	1	6	1	6	1	1	2
711	서울 송파구	청소년산모임신출산의료비지원	1,600	7	2	7	8	7	5	2	4
712	서울 강동구	수도권매립지반입수수료	2,397,421	7	1	7	8	7	5	5	4
713	서울 강동구	산모신생아도우미바우처	1,778,280	7	2	5	8	7	5	5	4
714	서울 강동구	저소득층기저귀및조제분유지원	761,600	7	2	5	8	7	5	5	4
715	서울 강동구	구립공공도서관개관시간연장지원	563,268	7	5	7	8	7	1	1	4
716	서울 강동구	암검진비	450,623	7	2	7	8	7	5	5	4
717	서울 강동구	의료비	419,000	7	2	7	8	7	5	5	4

순번	시군구	지출명 (사업명)	2024년예산 (단위 : 천원 /1년간)	민간이전 분류 (지방자치단체 세출예산 집행기준에 의거) 1. 민간경상사업보조(307-02) 2. 민간단체 법정운영비보조(307-03) 3. 민간행사사업보조(307-04) 4. 민간위탁금(307-05) 5. 사회복지시설 법정운영비보조(307-10) 6. 민간인위탁교육비(307-12) 7. 공기관등에대한경상적위탁사업비(308-13) 8. 민간자본사업보조,자체재원(402-01) 9. 민간자본사업보조,이전재원(402-02) 10. 민간위탁사업비(402-03) 11. 공기관등에 대한 자본적 위탁사업비(403-02)	민간이전지출 근거 (지방보조금 관리기준 참고) 1. 법률에 규정 2. 국고보조 재원(국가지정) 3. 용도 지정 기부금 4. 조례에 직접규정 5. 지자체가 권장하는 사업을 하는 공공기관 6. 시,도 정책 및 재정사정 7. 기타 8. 해당없음	입찰방식			운영예산 산정		성과평가 실시여부
						계약체결방법 (경쟁형태) 1. 일반경쟁 2. 제한경쟁 3. 지명경쟁 4. 수의계약 5. 법정위탁 6. 기타 ( ) 7. 없음	계약기간 1. 1년 2. 2년 3. 3년 4. 4년 5. 5년 6. 기타 ( )년 7. 단기계약 (1년미만) 8. 없음	낙찰자선정방법 1. 적격심사 2. 협상에의한계약 3. 최저가낙찰제 4. 규격가격분리 5. 2단계 경쟁입찰 6. 기타 ( ) 7. 없음	운영예산 산정 1. 내부산정 (지자체 자체적으로 산정) 2. 외부산정 (외부전문기관위탁 산정) 3. 내·외부 모두 산정 4. 산정 無 5. 없음	정산방법 1. 내부정산 (지자체 내부적으로 정산) 2. 외부정산 (외부전문기관위탁 정산) 3. 내·외부 모두 산정 4. 정산 無 5. 없음	1. 실시 2. 미실시 3. 향후 추진 4. 해당없음
718	서울 강동구	치매치료관리	187,740	7	2	1	3	1	3	3	1
719	서울 강동구	공통기반시스템유지관리	130,258	7	1	7	1	7	5	5	4
720	서울 강동구	2024년지방재정관리시스템위탁사업비	127,116	7	7	6	1	7	3	4	2
721	서울 강동구	주소정보기본도및시스템유지관리	94,914	7	2	5	1	2	5	5	4
722	서울 강동구	의료급여수급권자건강진단	80,000	7	2	7	8	7	5	5	4
723	서울 강동구	신문광고료	59,840	7	1	7	8	7	1	1	4
724	서울 강동구	아파트E/V미디어보드홍보	59,000	7	1	7	8	7	1	1	2
725	서울 강동구	신문광고료	50,000	7	1	7	8	7	1	1	2
726	서울 강동구	프로그램운영비	35,000	7	6	7	8	7	5	5	4
727	서울 강동구	차세대주민등록시스템운영	32,139	7	7	7	8	7	2	5	4
728	서울 강동구	차세대인사랑유지관리	19,355	7	1	5	1	2	2	2	4
729	서울 강동구	청백e시스템유지관리및운영지원	15,674	7	1	5	1	7	2	2	4
730	서울 강동구	2023년차세대지방재정관리시스템위탁운영관리(상승분)	13,658	7	7	6	1	7	3	4	2
731	서울 강동구	어린이비상대피유도안내판설치	12,000	7	5	7	8	7	5	5	4
732	서울 강동구	도시계획신문광고료	9,856	7	1	7	8	7	5	5	4
733	서울 강동구	고향사랑기부제종합정보시스템유지관리	8,802	7	1,5	7	8	7	2	2	4
734	서울 강동구	의료급여수급권자영유아검진비	6,000	7	2	5	8	7	5	5	4
735	서울 강동구	우편모아시스템통합유지관리위수탁	5,600	7	1	6	1	7	2	2	4
736	서울 강동구	기능분류모델시스템고도화사업추진비	5,250	7	7	6	1	6	2	2	4
737	서울 강동구	장애인활동지원구비지원사업시스템운영비	4,500	7	1	5	8	7	3	3	2
738	서울 강동구	임산부아동건강관리(표준모자보건수첩)	2,466	7	2	5	8	7	5	5	4
739	서울 강동구	신문공고료	2,464	7	1	7	8	7	5	5	4
740	서울 강동구	신문공고료	2,464	7	1	7	8	7	5	5	4
741	서울 강동구	암사도서관다문화서비스지원	1,041	7	4	7	8	7	5	1	4
742	경기도	신문사등을이용한홍보	4,990,000	7	1	5	8	7	1	5	4
743	경기도	방송을이용한홍보	2,575,000	7	1	5	8	7	5	5	4
744	경기도	북부도정시책기획홍보	1,640,000	7	1	5	8	7	5	5	4
745	경기도	인터넷언론을이용한홍보	1,586,000	7	1	5	8	7	5	5	4
746	경기도	케이블TV를이용한홍보	720,000	7	1	5	8	7	5	5	4
747	경기 수원시	자원순환센터관리	9,868,803	7	1,4	4	5	6	1	1	1
748	경기 수원시	거주자우선주차제및견인관리	3,942,268	7	5	6	3	7	1	1	4
749	경기 수원시	장안구민회관및주차장운영	3,936,729	7	1	4	5	7	1	1	1
750	경기 수원시	지역자율형사회서비스투자사업	3,431,428	7	2	7	8	7	5	5	4
751	경기 수원시	산모·신생아건강관리지원	3,000,000	7	6	7	8	7	5	5	4
752	경기 수원시	문화도시조성사업	2,700,000	7	4	6	3	7	1	1	1
753	경기 수원시	환승센터관리	2,117,119	7	5	6	3	7	1	1	4
754	경기 수원시	수원시자원봉사센터운영	1,758,954	7	1	7	5	7	1	3	1
755	경기 수원시	산모·신생아건강관리지원(추가형)	1,423,000	7	6	7	8	7	5	5	4
756	경기 수원시	저소득층기저귀·조제분유지원	1,300,000	7	2	7	8	7	5	5	4
757	경기 수원시	국가암관리지자체지원(암조기검진)(국비)	1,280,021	7	2	5	8	7	5	5	4

순번	시군구	지출명 (사업명)	2024년예산 (단위 : 천원 /1년간)	민간이전 분류 (지방자치단체 세출예산 집행기준에 의거) 1. 민간경상사업보조(307-02) 2. 민간단체 법정운영비보조(307-03) 3. 민간행사사업보조(307-04) 4. 민간위탁금(307-05) 5. 사회복지시설 법정운영비보조(307-10) 6. 민간인위탁교육비(307-12) 7. 공기관등에대한경상적위탁사업비(308-13) 8. 민간자본사업보조,자체재원(402-01) 9. 민간자본사업보조,이전재원(402-02) 10. 민간위탁사업비(402-03) 11. 공기관등에 대한 자본적 위탁사업비(403-02)	민간이전지출 근거 (지방보조금 관리기준 참고) 1. 법률에 규정 2. 국고보조 재원(국가지정) 3. 용도 지정 기부금 4. 조례에 직접규정 5. 지자체가 권장하는 사업을 하는 공공기관 6. 시,도 정책 및 재정사정 7. 기타 8. 해당없음	입찰방식 계약체결방법 (경쟁형태) 1. 일반경쟁 2. 제한경쟁 3. 지명경쟁 4. 수의계약 5. 법정위탁 6. 기타 ( ) 7. 없음	입찰방식 계약기간 1. 1년 2. 2년 3. 3년 4. 4년 5. 5년 6. 기타 ( )년 7. 단기계약 (1년미만) 8. 없음	입찰방식 낙찰자선정방법 1. 적격심사 2. 협상에의한계약 3. 최저가낙찰제 4. 규격가격분리 5. 2단계 경쟁입찰 6. 기타 ( ) 7. 없음	운영예산 산정 운영예산 산정 1. 내부산정 (지자체 자체적으로 산정) 2. 외부산정 (외부전문기관위탁 산정) 3. 내·외부 모두 산정 4. 산정 無 5. 없음	운영예산 산정 정산방법 1. 내부정산 (지자체 내부적으로 정산) 2. 외부정산 (외부전문기관위탁 정산) 3. 내·외부 모두 산정 4. 정산 無 5. 없음	성과평가 실시여부 1. 실시 2. 미실시 3. 향후 추진 4. 해당없음
758	경기 수원시	정조테마공연장운영	1,191,640	7	1	5	3	7	1	1	4
759	경기 수원시	수원시더함파크관리	1,104,446	7	1	4	5	7	1	1	1
760	경기 수원시	청소년쉼터운영	879,312	7	2	7	8	7	5	5	4
761	경기 수원시	희귀질환자의료비지원사업(국비)	823,000	7	2	5	8	7	5	5	4
762	경기 수원시	청소년동반자프로그램운영	617,968	7	2	7	8	7	5	5	4
763	경기 수원시	복합문화공간111CM운영	566,605	7	1	5	3	7	1	1	3
764	경기 수원시	장애인의료비지원(국비)	524,617	7	1	7	8	7	1	1	4
765	경기 수원시	청소년방과후아카데미운영	463,244	7	7	7	8	7	1	1	4
766	경기 수원시	가스열펌프배출가스저감장치부착지원사업	425,250	7	2	7	1	7	5	5	4
767	경기 수원시	지역사회보장협의체운영	420,027	7	1	7	8	7	1	1	1
768	경기 수원시	지역자율형사회서비스투자사업(가사간병방문지원)	325,217	7	2	7	8	7	5	5	4
769	경기 수원시	수원문화유산야행	272,500	7	2	6	3	7	3	3	1
770	경기 수원시	청소년복지시설야간근무자배치지원(쉼터)	260,964	7	2	7	8	7	5	5	4
771	경기 수원시	학교밖청소년지원	230,170	7	2	7	8	7	5	5	4
772	경기 수원시	소규모사업장방지시설설치지원사업	225,000	7	2	7	1	7	5	5	4
773	경기 수원시	시군학교밖청소년프로그램운영	224,623	7	2	7	8	7	5	5	4
774	경기 수원시	기업지원센터및메이커스페이스위탁운영	219,554	7	5	4	5	7	1	1	4
775	경기 수원시	공공청소년수련시설청소년지도사배치	191,376	7	7	7	8	7	1	1	4
776	경기 수원시	화서사랑채운영	163,000	7	1	4	3	7	1	1	1
777	경기 수원시	슬레이트철거및개량지원(균특)	127,200	7	1	7	1	7	5	5	4
778	경기 수원시	시청부설주차장관리	119,248	7	1	4	5	7	1	1	1
779	경기 수원시	시군청소년안전망운영	104,760	7	2	7	8	7	5	5	4
780	경기 수원시	2024차세대반도체패키징산업전	100,000	7	5	4	1	7	1	1	3
781	경기 수원시	디자인개발	100,000	7	6	7	8	7	1	1	4
782	경기 수원시	수출판매개척단운영	100,000	7	5	7	1	7	1	1	1
783	경기 수원시	수원시사편찬심화운영	100,000	7	5	6	3	7	1	1	1
784	경기 수원시	기술닥터사업지원	94,882	7	6	7	8	7	1	1	4
785	경기 수원시	일반건강검진지원(국비)	92,800	7	2	5	8	7	5	5	4
786	경기 수원시	중소기업개발생산판로맞춤형지원	77,000	7	6	7	8	7	1	1	4
787	경기 수원시	지역사회보장정책사업	72,800	7	1	7	8	7	1	1	1
788	경기 수원시	창업중소업체홍보영상	60,000	7	5	7	1	7	1	1	1
789	경기 수원시	원스톱수출운송(통관)	50,000	7	5	7	1	7	1	1	1
790	경기 수원시	수원시동지역사회보장협의체활성화지원	50,000	7	1	7	8	7	1	1	1
791	경기 수원시	경기청년공간프로그램운영	50,000	7	7	7	8	7	5	5	4
792	경기 수원시	사업장대기방지시설유지관리지원사업	44,000	7	5	7	1	7	5	5	4
793	경기 수원시	학교밖청소년문화활동지원	42,010	7	2	7	8	7	5	5	4
794	경기 수원시	국외박람회개별참가	40,000	7	5	7	1	7	1	1	1
795	경기 수원시	청소년동아리활동지원	38,750	7	7	7	8	7	1	1	4
796	경기 수원시	인터넷중독전담상담사배치	37,110	7	2	7	8	7	5	5	4
797	경기 수원시	학교밖청소년급식지원	35,870	7	2	7	8	7	5	5	4

순번	시군구	지출명 (사업명)	2024년예산 (단위 : 천원 /1년간)	민간이전 분류 (지방자치단체 세출예산 집행기준에 의거) 1. 민간경상사업보조(307-02) 2. 민간단체 법정운영비보조(307-03) 3. 민간행사사업보조(307-04) 4. 민간위탁금(307-05) 5. 사회복지시설 법정운영비보조(307-10) 6. 민간인위탁교육비(307-12) 7. 공기관등에대한경상적위탁사업비(308-13) 8. 민간자본사업보조,자체재원(402-01) 9. 민간자본사업보조,이전재원(402-02) 10. 민간위탁사업비(402-03) 11. 공기관등에 대한 자본적 위탁사업비(403-02)	민간이전지출 근거 (지방보조금 관리기준 참고) 1. 법률에 규정 2. 국고보조 재원(국가지정) 3. 용도 지정 기부금 4. 조례에 직접규정 5. 지자체가 권장하는 사업을 하는 공공기관 6. 시,도 정책 및 재정사정 7. 기타 8. 해당없음	입찰방식			운영예산 산정		성과평가 실시여부
						계약체결방법 (경쟁형태) 1. 일반경쟁 2. 제한경쟁 3. 지명경쟁 4. 수의계약 5. 법정위탁 6. 기타 ( ) 7. 없음	계약기간 1. 1년 2. 2년 3. 3년 4. 4년 5. 5년 6. 기타 ( )년 7. 단기계약 (1년미만) 8. 없음	낙찰자선정방법 1. 적격심사 2. 협상에의한계약 3. 최저가낙찰제 4. 규격가격분리 5. 2단계 경쟁입찰 6. 기타 ( ) 7. 없음	운영예산 산정 1. 내부산정 (지자체 자체적으로 산정) 2. 외부산정 (외부전문기관위탁 산정) 3. 내·외부 모두 산정 4. 산정 無 5. 없음	정산방법 1. 내부정산 (지자체 내부적으로 정산) 2. 외부정산 (외부전문기관위탁 정산) 3. 내·외부 모두 산정 4. 정산 無 5. 없음	1. 실시 2. 미실시 3. 향후 추진 4. 해당없음
798	경기 수원시	전자무역마케팅	30,000	7	5	7	1	7	1	1	1
799	경기 수원시	국외한인회네트워크활용수출지원	30,000	7	5	7	1	7	1	1	1
800	경기 수원시	청소년쉼터이용청소년지원	30,000	7	2	7	8	7	5	5	4
801	경기 수원시	지역자율형사회서비스투자사업(청년마음건강지원)	25,850	7	2	7	8	7	5	5	4
802	경기 수원시	청소년어울림마당운영	24,000	7	7	7	8	7	1	1	4
803	경기 수원시	국외수출보험	20,000	7	5	7	1	7	1	1	1
804	경기 수원시	중소기업수출역량강화교육	15,000	7	5	7	1	7	1	1	1
805	경기 수원시	동지역사회보장협의체위원역량강화	12,150	7	1	7	8	7	1	1	1
806	경기 수원시	학교밖청소년자립지원수당지원	9,600	7	2	7	8	7	5	5	4
807	경기 수원시	청소년산모임신·출산의료비지원	7,580	7	2	7	8	7	5	5	4
808	경기 수원시	장애인활동지원시스템유지관리	6,500	7	4	7	8	7	1	1	4
809	경기 수원시	주차장운영관리	5,940	7	4	4	8	7	2	3	4
810	경기 수원시	청소년참여위원회운영	2,800	7	7	7	8	7	1	1	4
811	경기 성남시	성남중앙지하상가관리사업(공사위탁사업)	5,051,236	7	5	5	5	7	1	1	4
812	경기 성남시	중증장애인활동지원사업	4,101,681	7	2	7	8	7	5	5	4
813	경기 성남시	중원도서관관리(공사위탁사업)	3,859,010	7	4	5	3	7	1	1	1
814	경기 성남시	발달장애인주간활동서비스	3,539,202	7	2	7	8	7	1	1	4
815	경기 성남시	대광위광역버스준공영제사업	3,487,387	7	5	6	6	7	2	2	4
816	경기 성남시	지하차도(터널),육교승강기유지관리(공사위탁사업)	3,340,698	7	5	5	8	7	5	5	2
817	경기 성남시	수정도서관관리(공사위탁사업)	3,305,249	7	4	5	3	7	1	1	1
818	경기 성남시	교통정보시스템운영관리(공사위탁사업)	2,741,378	7	7	7	8	7	5	5	1
819	경기 성남시	성남중앙공설시장관리사업(공사위탁사업)	2,291,040	7	5	5	5	7	1	1	4
820	경기 성남시	평생학습관스포츠센터사업(공사위탁사업)	1,943,544	7	1,5	4	3	7	1	1	4
821	경기 성남시	장애아동발달재활서비스	1,896,090	7	2	7	8	7	1	1	4
822	경기 성남시	발달장애학생방과후활동서비스	1,744,345	7	2	7	8	7	1	1	4
823	경기 성남시	청소년방과후아카데미운영지원	1,705,214	7	2	7	8	7	5	1	4
824	경기 성남시	언론매체행정광고비	1,690,000	7	1	5	8	7	1	4	4
825	경기 성남시	주차장관리	1,518,699	7	1	7	8	7	1	1	1
826	경기 성남시	견인사업(공사위탁사업)	1,514,231	7	4	7	8	7	1	1	4
827	경기 성남시	종량제봉투관리및유통사업	1,417,042	7	1	5	3	7	1	1	4
828	경기 성남시	터널및지하차도유지관리비	1,320,935	7	5	7	8	7	1	1	2
829	경기 성남시	수정커뮤니티센터관리사업(공사위탁사업)	1,240,857	7	5	5	8	7	1	1	4
830	경기 성남시	해외전시회성남관운영	1,207,000	7	4,6	6	7	6	1	3	1
831	경기 성남시	중원도서관관리(공사위탁사업)	1,081,542	7	4	5	3	7	1	1	1
832	경기 성남시	광역알뜰교통카드연계마일리지지원	1,078,400	7	2	7	8	7	2	2	4
833	경기 성남시	박물관체험동및희망대근린공원주차장관리경비(인력운영비,행정적경비,경상이전비)	1,031,626	7	4	5	3	7	1	1	4
834	경기 성남시	중증장애인활동지원사업가산급여(국비)	1,014,399	7	2	7	8	7	5	5	4
835	경기 성남시	경기문화창조허브지원(도직접지원)	1,000,000	7	6	7	8	7	5	2	2
836	경기 성남시	성남중앙지하상가부설주차장관리사업(공사위탁사업)	970,177	7	5	5	5	7	1	1	4
837	경기 성남시	성남시의료원기숙사운영관리(공사위탁사업)	959,294	7	5	6	5	6	1	1	4

순번	시군구	지출명 (사업명)	2024년예산 (단위 : 천원 /1년간)	민간이전 분류 (지방자치단체 세출예산 집행기준에 의거) 1. 민간경상사업보조(307-02) 2. 민간단체 법정운영비보조(307-03) 3. 민간행사사업보조(307-04) 4. 민간위탁금(307-05) 5. 사회복지시설 법정운영비보조(307-10) 6. 민간인위탁교육비(307-12) 7. 공기관등에대한경상적위탁사업비(308-13) 8. 민간자본사업보조,자체재원(402-01) 9. 민간자본사업보조,이전재원(402-02) 10. 민간위탁사업비(402-03) 11. 공기관등에 대한 자본적 위탁사업비(403-02)	민간이전지출 근거 (지방보조금 관리기준 참고) 1. 법률에 규정 2. 국고보조 재원(국가지정) 3. 용도 지정 기부금 4. 조례에 직접규정 5. 지자체가 권장하는 사업을 하는 공공기관 6. 시,도 정책 및 재정사정 7. 기타 8. 해당없음	입찰방식 계약체결방법 (경쟁형태) 1. 일반경쟁 2. 제한경쟁 3. 지명경쟁 4. 수의계약 5. 법정위탁 6. 기타 ( ) 7. 없음	입찰방식 계약기간 1. 1년 2. 2년 3. 3년 4. 4년 5. 5년 6. 기타 ( )년 7. 단기계약 (1년미만) 8. 없음	입찰방식 낙찰자선정방법 1. 적격심사 2. 협상에의한계약 3. 최저가낙찰제 4. 규격가격분리 5. 2단계 경쟁입찰 6. 기타 ( ) 7. 없음	운영예산 산정 운영예산 산정 1. 내부산정 (지자체 자체적으로 산정) 2. 외부산정 (외부전문기관위탁 산정) 3. 내·외부 모두 산정 4. 산정 無 5. 없음	운영예산 산정 정산방법 1. 내부정산 (지자체 내부적으로 정산) 2. 외부정산 (외부전문기관위탁 정산) 3. 내·외부 모두 정산 4. 정산 無 5. 없음	성과평가 실시여부 1. 실시 2. 미실시 3. 향후 추진 4. 해당없음
838	경기 성남시	자동차번호판교부대행(공사위탁사업)	926,440	7	5	5	1	7	1	1	4
839	경기 성남시	(광역형)국산의료기기교육훈련지원센터운영(국가직접지원)	900,000	7	7	7	5	6	3	3	1
840	경기 성남시	방송매체공익광고비	800,000	7	1	5	8	7	1	4	4
841	경기 성남시	지하차도(터널),육교승강기유지관리(공사위탁사업)	785,113	7	5	5	8	7	5	5	2
842	경기 성남시	장애인활동지원급여24시간지원	761,367	7	2	7	8	7	5	5	4
843	경기 성남시	야외공연장관리	741,901	7	4	6	3	6	1	1	4
844	경기 성남시	내곡터널유지관리사업(공사위탁사업)	695,450	7	8	7	8	7	1	1	2
845	경기 성남시	의정활동홍보비	650,000	7	1	7	8	7	1	1	4
846	경기 성남시	헬스케어산업육성컨벤션개최	570,000	7	5	6	1	6	1	1	3
847	경기 성남시	소공인직접지구공동기반시설운영지원	562,400	7	5	6	3	7	1	1	1
848	경기 성남시	단대동행복주택위탁관리대행사업	549,972	7	5	7	3	7	3	3	1
849	경기 성남시	기술닥터사업지원	511,220	7	4,6	6	1	6	1	1	1
850	경기 성남시	청소년자유이용공간운영(2개소)	485,640	7	8	7	8	7	1	1	4
851	경기 성남시	주택전시관위탁관리	465,225	7	7	7	8	7	1	1	4
852	경기 성남시	콘텐츠코리아랩지원사업(국가직접지원)	414,000	7	2	7	8	7	2	2	1
853	경기 성남시	SNS광고	399,200	7	1	5	8	7	1	4	4
854	경기 성남시	수정도서관관리(공사위탁사업)	389,980	7	4	5	3	7	1	1	1
855	경기 성남시	해외시장개척단지원	350,000	7	4,6	6	7	6	1	3	1
856	경기 성남시	스타기업육성사업지원	300,000	7	4,6	6	1	6	1	1	1
857	경기 성남시	택시공영차고지및쉼터관리보수	288,418	7	7	6	5	7	1	1	4
858	경기 성남시	각종홍보매체를활용한시정및기획홍보	280,000	7	1	5	8	7	1	4	4
859	경기 성남시	공공도서관개관시간연장지원사업(공사위탁사업)	234,697	7	4	5	3	7	1	1	1
860	경기 성남시	율동공원노외주차장위탁관리(공사위탁사업)	225,936	7	4	6	3	6	1	1	4
861	경기 성남시	중원어린이도서관부설주차장위탁사업(공사위탁사업)	217,983	7	4	5	3	7	1	1	4
862	경기 성남시	장애인의료비지원	213,055	7	2	7	8	7	1	1	4
863	경기 성남시	창업기업민간투자연계지원사업	210,000	7	5	7	1	7	4	1	1
864	경기 성남시	방송협력홍보	200,000	7	1	5	8	7	1	4	4
865	경기 성남시	수정도서관관리(공사위탁사업)	193,663	7	4	5	3	7	1	1	1
866	경기 성남시	청소년수련시설청소년지도사배치지원	191,856	7	2	7	8	7	5	1	4
867	경기 성남시	공통기반및재해복구시스템유지관리	189,317	7	1	5	1	7	2	2	4
868	경기 성남시	공동주택승강기홍보	181,000	7	1	5	8	7	1	4	4
869	경기 성남시	공공도서관개관시간연장지원사업(공사위탁사업)	168,691	7	4	5	3	7	1	1	1
870	경기 성남시	판교공원인공암벽장위탁관리(공사위탁사업)	168,352	7	4	6	3	6	1	1	4
871	경기 성남시	통합지방재정시스템운영지원비	155,356	7	1	1	1	2	2	2	4
872	경기 성남시	국내전시회참가지원	153,000	7	4,6	6	7	6	1	3	4
873	경기 성남시	청사관리(공사위탁사업)	151,866	7	1,4	5	8	7	1	1	4
874	경기 성남시	지식재산제품혁신지원사업	150,000	7	5	7	1	7	4	1	1
875	경기 성남시	지방세프로그램유지관리비	112,704	7	2	7	1	7	2	2	4
876	경기 성남시	입체주소구축및기본도유지관리	112,143	7	1,5	5	1	2	2	2	4
877	경기 성남시	표준인사정보시스템유지관리	101,050	7	2	6	1	7	3	2	4

순번	시군구	지출명 (사업명)	2024년예산 (단위 : 천원 /1년간)	민간이전 분류 (지방자치단체 세출예산 집행기준에 의거) 1. 민간경상사업보조(307-02) 2. 민간단체 법정운영비보조(307-03) 3. 민간행사사업보조(307-04) 4. 민간위탁금(307-05) 5. 사회복지시설 법정운영비보조(307-10) 6. 민간인위탁교육비(307-12) 7. 공기관등에대한경상적위탁사업비(308-13) 8. 민간자본사업보조,자체재원(402-01) 9. 민간자본사업보조,이전재원(402-02) 10. 민간위탁사업비(402-03) 11. 공기관등에 대한 자본적 위탁사업비(403-02)	민간이전지출 근거 (지방보조금 관리기준 참고) 1. 법률에 규정 2. 국고보조 재원(국가지정) 3. 용도 지정 기부금 4. 조례에 직접규정 5. 지자체가 권장하는 사업을 하는 공공기관 6. 시,도 정책 및 재정사정 7. 기타 8. 해당없음	입찰방식 계약체결방법 (경쟁형태) 1. 일반경쟁 2. 제한경쟁 3. 지명경쟁 4. 수의계약 5. 법정위탁 6. 기타 ( ) 7. 없음	입찰방식 계약기간 1. 1년 2. 2년 3. 3년 4. 4년 5. 5년 6. 기타 ( )년 7. 단기계약 (1년미만) 8. 없음	입찰방식 낙찰자선정방법 1. 적격심사 2. 협상에의한계약 3. 최저가낙찰제 4. 규격가격분리 5. 2단계 경쟁입찰 6. 기타 ( ) 7. 없음	운영예산 산정 운영예산 산정 1. 내부산정 (지자체 자체적으로 산정) 2. 외부산정 (외부전문기관위탁 산정) 3. 내·외부 모두 산정 4. 산정 無 5. 없음	운영예산 산정 정산방법 1. 내부정산 (지자체 내부적으로 정산) 2. 외부정산 (외부전문기관위탁 정산) 3. 내·외부 모두 산정 4. 정산 無 5. 없음	성과평가 실시여부 1. 실시 2. 미실시 3. 향후 추진 4. 해당없음
878	경기 성남시	포털사이트성남시브랜드홍보	100,000	7	1	5	8	7	1	4	4
879	경기 성남시	경기도공공버스운영지원	94,509	7	5	6	6	7	2	2	4
880	경기 성남시	사업장대기방지시설유지관리지원사업	93,000	7	6	7	8	7	5	1	4
881	경기 성남시	대중교통활용지방세(정기분)홍보물제작	73,535	7	1	5	7	7	1	1	2
882	경기 성남시	K바이오헬스지역센터지원	65,000	7	7	7	3	6	3	3	1
883	경기 성남시	주요정보통신기반시설보안취약점분석평가(정수제어시스템)	61,450	7	1	5	1	7	2	2	4
884	경기 성남시	지역방송광고비	60,000	7	1	5	8	7	1	4	4
885	경기 성남시	표준기록관리시스템통합유지관리비	59,510	7	1	5	1	2	2	2	4
886	경기 성남시	KAIS차세대구축및유지관리	58,677	7	1,5	5	1	2	2	2	4
887	경기 성남시	중소기업수출보험(보증)료지원	50,000	7	4,6	6	7	6	1	4	4
888	경기 성남시	지적재조사사업추진	49,929	7	1	7	2	7	5	1	4
889	경기 성남시	차세대표준지방세외수입정보시스템운영관리비	48,386	7	2	7	1	7	2	2	4
890	경기 성남시	지적재조사	45,012	7	1	7	1	7	5	1	4
891	경기 성남시	자매결연활성화업무추진	40,000	7	5	7	8	7	5	1	4
892	경기 성남시	온나라문서시스템운영유지관리	39,100	7	1	5	1	7	2	2	4
893	경기 성남시	차세대주민등록시스템운영비	36,535	7	7	6	6	6	5	5	4
894	경기 성남시	행정홍보	25,000	7	1	5	8	7	1	1	4
895	경기 성남시	행정홍보	25,000	7	1	5	8	7	1	1	4
896	경기 성남시	주택특성조사지하철홍보	20,336	7	1	5	7	7	1	1	2
897	경기 성남시	개인지방소득세지자체신고전환운영	17,399	7	1	5	7	7	1	1	4
898	경기 성남시	분당판교청소년수련관놀자판정비(주민참여예산)	15,000	7	6	7	8	7	5	1	4
899	경기 성남시	고향사랑기부제	10,669	7	1	2	1	2	2	2	1
900	경기 성남시	기능분류모델시스템(BRM)고도화사업추진비	7,470	7	5	7	8	7	5	5	4
901	경기 성남시	새올행정시스템서비스데스크운영	6,950	7	1	5	1	7	2	2	4
902	경기 성남시	우편모아시스템통합유지관리비	5,600	7	1	5	1	2	2	2	4
903	경기 성남시	수정도서관관리(공사위탁사업)	5,040	7	4	5	3	7	1	1	1
904	경기 성남시	언어발달지원바우처	2,900	7	2	7	8	7	1	1	4
905	경기 의정부시	장애인활동지원급여추가지원	4,922,809	7	1	5	8	7	5	2	4
906	경기 의정부시	경기도형준공영제(경기도공공버스)운영지원	3,533,006	7	6	7	8	7	3	3	1
907	경기 의정부시	시내버스공공관리제운영(시군주관)	3,070,254	7	6	7	8	7	3	3	1
908	경기 의정부시	발달장애인주간활동서비스지원	2,867,252	7	2	5	8	7	5	2	4
909	경기 의정부시	문화도시조성사업	2,300,000	7	2	5	5	7	1	1	1
910	경기 의정부시	장애인활동지원(자체사업)	2,051,190	7	1	5	8	7	5	2	4
911	경기 의정부시	발달재활서비스바우처지원	1,766,000	7	2	5	8	7	5	2	4
912	경기 의정부시	지역사회서비스투자사업	1,515,714	7	2	5	8	7	5	2	4
913	경기 의정부시	시립예술단위탁운영	1,387,230	7	4	7	8	7	1	1	4
914	경기 의정부시	산모신생아건강관리사지원	1,300,000	7	2	7	8	7	2	3	4
915	경기 의정부시	The경기패스	1,297,750	7	2	7	8	7	3	3	1
916	경기 의정부시	대광위광역버스준공영제사업지원	1,065,215	7	2	7	8	7	3	3	1
917	경기 의정부시	장애인활동지원급여24시간지원	1,043,896	7	1	5	8	7	5	2	4

순번	시군구	지출명 (사업명)	2024년예산 (단위 : 천원 /1년간)	민간이전 분류 (지방자치단체 세출예산 집행기준에 의거) 1. 민간경상사업보조(307-02) 2. 민간단체 법정운영비보조(307-03) 3. 민간행사사업보조(307-04) 4. 민간위탁금(307-05) 5. 사회복지시설 법정운영비보조(307-10) 6. 민간인위탁교육비(307-12) 7. 공기관등에대한경상적위탁사업비(308-13) 8. 민간자본사업보조,자체재원(402-01) 9. 민간자본사업보조,이전재원(402-02) 10. 민간위탁사업비(402-03) 11. 공기관등에 대한 자본적 위탁사업비(403-02)	민간이전지출 근거 (지방보조금 관리기준 참고) 1. 법률에 규정 2. 국고보조 재원(국가지정) 3. 용도 지정 기부금 4. 조례에 직접규정 5. 지자체가 권장하는 사업을 하는 공공기관 6. 시,도 정책 및 재정사정 7. 기타 8. 해당없음	입찰방식 계약체결방법 (경쟁형태) 1. 일반경쟁 2. 제한경쟁 3. 지명경쟁 4. 수의계약 5. 법정위탁 6. 기타 ( ) 7. 없음	입찰방식 계약기간 1. 1년 2. 2년 3. 3년 4. 4년 5. 5년 6. 기타 ( )년 7. 단기계약 (1년미만) 8. 없음	입찰방식 낙찰자선정방법 1. 적격심사 2. 협상에의한계약 3. 최저가낙찰제 4. 규격가격분리 5. 2단계 경쟁입찰 6. 기타 ( ) 7. 없음	운영예산 산정 운영예산 산정 1. 내부산정 (지자체 자체적으로 산정) 2. 외부산정 (외부전문기관위탁 산정) 3. 내·외부 모두 산정 4. 산정 無 5. 없음	운영예산 산정 정산방법 1. 내부정산 (지자체 내부적으로 정산) 2. 외부정산 (외부전문기관위탁 정산) 3. 내·외부 모두 산정 4. 정산 無 5. 없음	성과평가 실시여부 1. 실시 2. 미실시 3. 향후 추진 4. 해당없음
918	경기 의정부시	활동보조가산급여	1,037,258	7	2	5	8	7	5	2	4
919	경기 의정부시	청소년발달장애학생방과후활동서비스지원	781,542	7	2	5	8	7	5	2	4
920	경기 의정부시	알뜰교통카드연계마일리지지원	764,330	7	2	7	8	7	3	3	1
921	경기 의정부시	수도권매립지반입수수료	707,096	7	1	7	8	7	5	5	4
922	경기 의정부시	청사위탁관리비	550,080	7	1	5	6	7	5	5	4
923	경기 의정부시	장애인의료비지원	535,229	7	2	5	8	7	5	2	4
924	경기 의정부시	북부경기문화창조허브운영	490,000	7	4	6	8	7	1	1	1
925	경기 의정부시	시이미지홍보	250,000	7	1	7	8	7	1	5	4
926	경기 의정부시	인터넷주요행사광고료	150,000	7	1	7	8	7	1	5	4
927	경기 의정부시	주요행사및행정광고료	150,000	7	1	7	8	7	1	5	4
928	경기 의정부시	시정홍보방송활용광고	150,000	7	1	7	8	7	1	5	4
929	경기 의정부시	산모신생아건강관리사지원(추가형)	130,150	7	2	7	8	7	2	3	4
930	경기 의정부시	통합지방재정시스템(e호조+,보탬e등)유지관리비	127,116	7	6	6	1	6	2	2	2
931	경기 의정부시	대중교통을활용한홍보	120,000	7	1	7	8	7	1	5	4
932	경기 의정부시	장애인평생교육지원	119,502	7	6	7	8	7	1	1	4
933	경기 의정부시	의정활동홍보	115,000	7	7	5	8	7	1	5	4
934	경기 의정부시	공통기반및재해복구시스템유지관리위탁비	107,301	7	7	5	1	7	2	2	4
935	경기 의정부시	지방세정보시스템통합유지보수비	97,089	7	1	7	8	7	2	2	4
936	경기 의정부시	의정부시대표비보이단육성사업	94,416	7	5	7	8	7	1	1	4
937	경기 의정부시	지적재조사측량수행(국비)	83,870	7	1	5	1	7	3	3	4
938	경기 의정부시	온나라시스템운영지원위탁비	59,494	7	7	5	1	7	2	2	4
939	경기 의정부시	어린이오케스트라지원사업	59,000	7	5	7	8	7	1	1	4
940	경기 의정부시	주소정보기본도유지관리	58,096	7	1	5	1	7	2	2	4
941	경기 의정부시	관내엘리베이터활용홍보	57,000	7	1	7	8	7	1	5	4
942	경기 의정부시	주소정보관리시스템유지관리	55,377	7	1	5	1	7	2	2	4
943	경기 의정부시	폭염대비에너지복지지원사업	55,000	7	5	5	8	7	1	1	2
944	경기 의정부시	중소기업개발생산판로맞춤형지원사업	48,000	7	6	7	1	7	5	3	4
945	경기 의정부시	경기도기술닥터사업	47,833	7	6	7	1	7	5	3	4
946	경기 의정부시	차세대표준지방인사정보시스템유지관리분담금	44,966	7	1	7	1	7	5	5	4
947	경기 의정부시	세외수입정보시스템유지보수비	43,438	7	1	7	8	7	2	2	4
948	경기 의정부시	차세대주민등록시스템운영사업비	31,539	7	5	6	1	7	2	2	4
949	경기 의정부시	마을교육프로그램운영	30,000	7	5	5	7	7	2	1	4
950	경기 의정부시	시군56신중년사업지원	27,650	7	6	7	8	7	1	1	4
951	경기 의정부시	청년마음건강지원사업	25,200	7	2	5	8	7	2	2	4
952	경기 의정부시	지식재산창출지원	24,000	7	4	6	1	7	1	1	1
953	경기 의정부시	표준기록관리시스템상용소프트웨어유지관리	21,720	7	1	5	1	7	2	2	4
954	경기 의정부시	발달장애인부모상담지원	17,219	7	2	5	8	7	5	2	4
955	경기 의정부시	청백e시스템유지관리비	15,674	7	7	7	8	7	2	2	4
956	경기 의정부시	표준기록관리시스템통합운영지원분담금	15,000	7	1	5	1	7	2	2	4
957	경기 의정부시	시군민주시민교육사업지원	15,000	7	6	7	8	7	1	1	4

순번	시군구	지출명 (사업명)	2024년예산 (단위 : 천원 /1년간)	민간이전 분류 (지방자치단체 세출예산 집행기준에 의거) 1. 민간경상사업보조(307-02) 2. 민간단체 법정운영비보조(307-03) 3. 민간행사사업보조(307-04) 4. 민간위탁금(307-05) 5. 사회복지시설 법정운영비보조(307-10) 6. 민간인위탁교육비(307-12) 7. 공기관등에대한경상적위탁사업비(308-13) 8. 민간자본사업보조,자체재원(402-01) 9. 민간자본사업보조,이전재원(402-02) 10. 민간위탁사업비(402-03) 11. 공기관등에 대한 자본적 위탁사업비(403-02)	민간이전지출 근거 (지방보조금 관리기준 참고) 1. 법률에 규정 2. 국고보조 재원(국가지정) 3. 용도 지정 기부금 4. 조례에 직접규정 5. 지자체가 권장하는 사업을 하는 공공기관 6. 시,도 정책 및 재정사정 7. 기타 8. 해당없음	입찰방식 계약체결방법 (경쟁형태) 1. 일반경쟁 2. 제한경쟁 3. 지명경쟁 4. 수의계약 5. 법정위탁 6. 기타 ( ) 7. 없음	입찰방식 계약기간 1. 1년 2. 2년 3. 3년 4. 4년 5. 5년 6. 기타 ( )년 7. 단기계약 (1년미만) 8. 없음	입찰방식 낙찰자선정방법 1. 적격심사 2. 협상에의한계약 3. 최저가낙찰제 4. 규격가격분리 5. 2단계 경쟁입찰 6. 기타 ( ) 7. 없음	운영예산 산정 운영예산 산정 1. 내부산정 (지자체 자체적으로 산정) 2. 외부산정 (외부전문기관위탁 산정) 3. 내·외부 모두 산정 4. 산정 無 5. 없음	운영예산 산정 정산방법 1. 내부정산 (지자체 내부적으로 정산) 2. 외부정산 (외부전문기관위탁 정산) 3. 내·외부 모두 산정 4. 정산 無 5. 없음	성과평가 실시여부 1. 실시 2. 미실시 3. 향후 추진 4. 해당없음
958	경기 의정부시	택시운행정보관리시스템(TIMS)운영	14,933	7	1	7	8	7	5	5	4
959	경기 의정부시	고향사랑기부제종합정보시스템유지관리	9,467	7	1	2	1	2	2	2	4
960	경기 의정부시	인성함양프로그램운영	7,900	7	6	7	8	7	1	1	4
961	경기 의정부시	장애인활동지원위탁업무비	7,000	7	1	5	8	7	5	2	4
962	경기 의정부시	지방행정공통정보시스템운영지원위탁비	6,950	7	7	5	1	7	2	2	4
963	경기 의정부시	공동주택관계자교육	6,000	7	1	5	8	7	2	2	4
964	경기 의정부시	우편모아시스템통합유지보수비	5,600	7	1	5	8	7	2	1	2
965	경기 의정부시	지방자치단체기능분류모델(BRM)시스템고도화사업분담금	5,250	7	1	7	8	7	2	2	4
966	경기 의정부시	공무원증제작	3,500	7	1	5	1	7	2	2	4
967	경기 의정부시	무연고사망자공고비용	3,000	7	1	5	8	7	1	1	4
968	경기 의정부시	경기평생학습동아리지원	3,000	7	6	7	8	7	1	1	4
969	경기 의정부시	언어발달지원바우처지원	543	7	2	5	8	7	5	2	4
970	경기 의정부시	공무원증제작	180	7	1	7	8	7	1	1	4
971	경기 안양시	교통약자이동지원센터운영위탁금	4,663,972	7	8	7	8	7	5	5	4
972	경기 안양시	첫만남이용권지원사업	4,456,200	7	8	7	8	7	5	5	4
973	경기 안양시	첫만남이용권지원사업	2,970,800	7	8	7	8	7	5	5	4
974	경기 안양시	시내버스공공관리제사업지원(시주관노선)	2,720,478	7	8	7	8	7	5	5	4
975	경기 안양시	THE경기패스(국비)	2,054,000	7	8	7	8	7	5	5	4
976	경기 안양시	지역사회서비스투자사업	1,274,286	7	8	7	8	7	5	5	4
977	경기 안양시	알뜰교통카드연계마일리지지원사업부담금	1,196,000	7	8	7	8	7	5	5	4
978	경기 안양시	시민프로축구단지원	1,000,000	7	8	7	8	7	5	5	4
979	경기 안양시	산모신생아건강관리지원	960,000	7	8	7	8	7	5	5	4
980	경기 안양시	행정광고수수료	850,000	7	8	7	8	7	5	5	4
981	경기 안양시	대광위광역버스준공영제사업	748,060	7	8	7	8	7	5	5	4
982	경기 안양시	산모신생아건강관리지원	640,000	7	8	7	8	7	5	5	4
983	경기 안양시	교통약자이동지원센터운영위탁금(국비)	399,000	7	8	7	8	7	5	5	4
984	경기 안양시	암조기검진사업	348,129	7	8	7	8	7	5	5	4
985	경기 안양시	산모신생아건강관리지원(추가형)	348,000	7	8	7	8	7	5	5	4
986	경기 안양시	안양도시공사위탁금	346,349	7	8	7	8	7	5	5	4
987	경기 안양시	기저귀및조제분유지원	340,000	7	8	7	8	7	5	5	4
988	경기 안양시	기저귀및조제분유지원	340,000	7	8	7	8	7	5	5	4
989	경기 안양시	버스공영차고지위탁금(안양도시공사)	319,761	7	8	7	8	7	5	5	4
990	경기 안양시	희귀질환자의료비지원사업	307,600	7	8	7	8	7	5	5	4
991	경기 안양시	안양도시공사위탁금(병목안캠핑장)	283,221	7	8	7	8	7	5	5	4
992	경기 안양시	암조기검진사업	282,296	7	8	7	8	7	5	5	4
993	경기 안양시	중소기업기술닥터사업	280,020	7	8	7	8	7	5	5	4
994	경기 안양시	산모신생아건강관리지원(추가형)	232,000	7	8	7	8	7	5	5	4
995	경기 안양시	도시공사중앙지하상가관리위탁금	230,830	7	8	7	8	7	5	5	4
996	경기 안양시	장애인의료비지원	229,506	7	8	7	8	7	5	5	4
997	경기 안양시	견인보관소위탁금(안양도시공사)	212,698	7	8	7	8	7	5	5	4

순번	시군구	지출명 (사업명)	2024년예산 (단위 : 천원 /1년간)	민간이전 분류 (지방자치단체 세출예산 집행기준에 의거) 1. 민간경상사업보조(307-02) 2. 민간단체 법정운영비보조(307-03) 3. 민간행사사업보조(307-04) 4. 민간위탁금(307-05) 5. 사회복지시설 법정운영비보조(307-10) 6. 민간인위탁교육비(307-12) 7. 공기관등에대한경상적위탁사업비(308-13) 8. 민간자본사업보조,자체재원(402-01) 9. 민간자본사업보조,이전재원(402-02) 10. 민간위탁사업비(402-03) 11. 공기관등에 대한 자본적 위탁사업비(403-02)	민간이전지출 근거 (지방보조금 관리기준 참고) 1. 법률에 규정 2. 국고보조 재원(국가지정) 3. 용도 지정 기부금 4. 조례에 직접규정 5. 지자체가 권장하는 사업을 하는 공공기관 6. 시,도 정책 및 재정사정 7. 기타 8. 해당없음	입찰방식 계약체결방법 (경쟁형태) 1. 일반경쟁 2. 제한경쟁 3. 지명경쟁 4. 수의계약 5. 법정위탁 6. 기타 ( ) 7. 없음	입찰방식 계약기간 1. 1년 2. 2년 3. 3년 4. 4년 5. 5년 6. 기타 ( )년 7. 단기계약 (1년미만) 8. 없음	입찰방식 낙찰자선정방법 1. 적격심사 2. 협상에의한계약 3. 최저가낙찰제 4. 규격가격분리 5. 2단계 경쟁입찰 6. 기타 ( ) 7. 없음	운영예산 산정 운영예산 산정 1. 내부산정 (지자체 자체적으로 산정) 2. 외부산정 (외부전문기관위탁 산정) 3. 내·외부 모두 산정 4. 산정 無 5. 없음	운영예산 산정 정산방법 1. 내부정산 (지자체 내부적으로 정산) 2. 외부정산 (외부전문기관위탁 정산) 3. 내·외부 모두 산정 4. 정산 無 5. 없음	성과평가 실시여부 1. 실시 2. 미실시 3. 향후 추진 4. 해당없음
998	경기 안양시	희귀질환자의료비지원사업	205,066	7	8	7	8	7	5	5	4
999	경기 안양시	먹거리종합지원센터운영	182,862	7	8	7	8	7	5	5	4
1000	경기 안양시	행정광고수수료	180,000	7	8	7	8	7	5	5	4
1001	경기 안양시	치매치료관리비지원	180,000	7	8	7	8	7	5	5	4
1002	경기 안양시	안양도시공사종량제봉투위탁관리	166,831	7	8	7	8	7	5	5	4
1003	경기 안양시	치매치료관리비지원	152,390	7	8	7	8	7	5	5	4
1004	경기 안양시	소공인특화지원센터운영사업	150,000	7	8	7	8	7	5	5	4
1005	경기 안양시	통합지방재정시스템운영관리부담액	141,239	7	8	7	8	7	5	5	4
1006	경기 안양시	공통기반및재해복구시스템유지관리비	140,181	7	8	7	8	7	5	5	4
1007	경기 안양시	가사간병방문지원사업	123,878	7	8	7	8	7	5	5	4
1008	경기 안양시	중요기록물DB구축	120,000	7	8	7	8	7	5	5	4
1009	경기 안양시	지방세정보화사업위탁대행사업부담금	102,294	7	8	7	8	7	5	5	4
1010	경기 안양시	소공인집적지구공동장비활용활성화	100,000	7	8	7	8	7	5	5	4
1011	경기 안양시	공공미술프로젝트	100,000	7	8	7	8	7	5	5	4
1012	경기 안양시	공공청소년수련시설이용활성화지원	100,000	7	8	7	8	7	5	5	4
1013	경기 안양시	온나라문서2.시스템운영지원유지관리비	92,708	7	8	7	8	7	5	5	4
1014	경기 안양시	안양공고주변2지구재조사측량	79,860	7	8	7	8	7	5	5	4
1015	경기 안양시	표준지방인사정보시스템(인사랑)유지보수비	61,152	7	8	7	8	7	5	5	4
1016	경기 안양시	입체주소구축및주소정보기본도유지관리	58,096	7	8	7	8	7	5	5	4
1017	경기 안양시	주소정보관리시스템유지관리	55,377	7	8	7	8	7	5	5	4
1018	경기 안양시	중소기업제품디자인개발지원	50,000	7	8	7	8	7	5	5	4
1019	경기 안양시	소공인(집적지구외지역)확대지원	50,000	7	8	7	8	7	5	5	4
1020	경기 안양시	세외수입정보시스템위탁대행사업부담금	48,386	7	8	7	8	7	5	5	4
1021	경기 안양시	표준기록관리시스템유지보수	43,068	7	8	7	8	7	5	5	4
1022	경기 안양시	주민등록시스템운영및유지관리업무위탁사업비	35,735	7	8	7	8	7	5	5	4
1023	경기 안양시	청소년동아리활동지원	31,500	7	8	7	8	7	5	5	4
1024	경기 안양시	택시운행정보관리시스템운영사업비	30,542	7	8	7	8	7	5	5	4
1025	경기 안양시	청소년지도사배치지원(박달,관양)	25,368	7	8	7	8	7	5	5	4
1026	경기 안양시	석면슬레이트철거및지붕개량지원	24,960	7	8	7	8	7	5	5	4
1027	경기 안양시	청년마음건강지원사업	24,580	7	8	7	8	7	5	5	4
1028	경기 안양시	청소년어울림마당지원	24,000	7	8	7	8	7	5	5	4
1029	경기 안양시	일반건강검진지원	19,635	7	8	7	8	7	5	5	4
1030	경기 안양시	일반건강검진지원	16,065	7	8	7	8	7	5	5	4
1031	경기 안양시	청백e(통합상시모니터링)시스템유지보수비	15,671	7	8	7	8	7	5	5	4
1032	경기 안양시	청소년방과후아카데미운영(박달)	15,000	7	8	7	8	7	5	5	4
1033	경기 안양시	고향사랑기부금종합정보시스템유지관리위탁사업비	9,467	7	8	7	8	7	5	5	4
1034	경기 안양시	결핵환자가족검진비등	8,015	7	8	7	8	7	5	5	4
1035	경기 안양시	새올행정시스템서비스데스크운영비	6,950	7	8	7	8	7	5	5	4
1036	경기 안양시	기능분류모델시스템고도화분담금	6,460	7	8	7	8	7	5	5	4
1037	경기 안양시	우편모아시스템유지보수	5,600	7	8	7	8	7	5	5	4

순번	시군구	지출명 (사업명)	2024년예산 (단위 : 천원 /1년간)	민간이전 분류 (지방자치단체 세출예산 집행기준에 의거) 1. 민간경상사업보조(307-02) 2. 민간단체 법정운영비보조(307-03) 3. 민간행사사업보조(307-04) 4. 민간위탁금(307-05) 5. 사회복지시설 법정운영비보조(307-10) 6. 민간인위탁교육비(307-12) 7. 공기관등에대한경상적위탁사업비(308-13) 8. 민간자본사업보조,자체재원(402-01) 9. 민간자본사업보조,이전재원(402-02) 10. 민간위탁사업비(402-03) 11. 공기관등에 대한 자본적 위탁사업비(403-02)	민간이전지출 근거 (지방보조금 관리기준 참고) 1. 법률에 규정 2. 국고보조 재원(국가지정) 3. 용도 지정 기부금 4. 조례에 직접규정 5. 지자체가 권장하는 사업을 하는 공공기관 6. 시,도 정책 및 재정사정 7. 기타 8. 해당없음	입찰방식			운영예산 산정		성과평가 실시여부
						계약체결방법 (경쟁형태) 1. 일반경쟁 2. 제한경쟁 3. 지명경쟁 4. 수의계약 5. 법정위탁 6. 기타 ( ) 7. 없음	계약기간 1. 1년 2. 2년 3. 3년 4. 4년 5. 5년 6. 기타 ( )년 7. 단기계약 (1년미만) 8. 없음	낙찰자선정방법 1. 적격심사 2. 협상에의한계약 3. 최저가낙찰제 4. 규격가격분리 5. 2단계 경쟁입찰 6. 기타 ( ) 7. 없음	운영예산 산정 1. 내부산정 (지자체 자체적으로 산정) 2. 외부산정 (외부전문기관위탁 산정) 3. 내·외부 모두 산정 4. 산정 無 5. 없음	정산방법 1. 내부정산 (지자체 내부적으로 정산) 2. 외부정산 (외부전문기관위탁 정산) 3. 내·외부 모두 산정 4. 정산 無 5. 없음	1. 실시 2. 미실시 3. 향후 추진 4. 해당없음
1038	경기 안양시	결핵환자가족검진비등	3,435	7	8	7	8	7	5	5	4
1039	경기 안양시	청소년산모의료비지원	3,240	7	8	7	8	7	5	5	4
1040	경기 안양시	영유아건강검진지원	2,000	7	8	7	8	7	5	5	4
1041	경기 안양시	영유아건강검진지원	2,000	7	8	7	8	7	5	5	4
1042	경기 안양시	표준모자보건수첩	2,000	7	8	7	8	7	5	5	4
1043	경기 안양시	표준모자보건수첩	1,190	7	8	7	8	7	5	5	4
1044	경기 부천시	경기도시내버스공공관리제지원(시주관노선)	5,052,316	7	1,4	7	8	7	5	5	4
1045	경기 부천시	경기도공공버스지원	2,428,051	7	5	7	8	7	2	2	1
1046	경기 부천시	부천시박물관위탁사업비	2,309,403	7	1	4	5	7	1	1	1
1047	경기 부천시	알뜰교통카드연계마일리지지원	2,166,800	7	1	7	8	7	5	5	1
1048	경기 부천시	복사골문화센터시설운영및유지관리	1,739,329	7	5	5	8	7	1	1	1
1049	경기 부천시	부천아트벙커B39위탁운영비	1,370,000	7	1	4	5	1	3	1	3
1050	경기 부천시	소규모사업장대기방지시설설치지원사업	1,071,000	7	2	5	1	7	5	2	1
1051	경기 부천시	쓰레기종량제봉투판매대행사업비(공사)	1,007,538	7	4	5	8	7	1	5	4
1052	경기 부천시	행정광고	910,800	7	1	7	8	7	5	5	4
1053	경기 부천시	송내어울마당운영경상적위탁사업비	736,905	7	5	5	8	7	1	1	1
1054	경기 부천시	부천역지하도상가경상적위탁사업비	683,309	7	7	6	8	7	1	1	4
1055	경기 부천시	부천형미세먼지클린존경상적위탁사업비	460,134	7	1,4	5	6	7	1	1	2
1056	경기 부천시	인터넷홍보	458,000	7	1	7	8	7	5	5	4
1057	경기 부천시	도당어울마당시설관리위탁사업비	454,059	7	5	7	8	7	1	1	2
1058	경기 부천시	옥길동전기충전소경상적위탁사업비	409,271	7	4	5	8	7	1	1	4
1059	경기 부천시	부천콘텐츠센터시설운영및유지관리	353,468	7	1	4	8	7	1	1	4
1060	경기 부천시	R&D기관연계특화산업기술고도화지원	270,000	7	4	7	8	7	1	1	4
1061	경기 부천시	장애인회관시설관리대행사업비	265,309	7	4	4	3	1	1	1	1
1062	경기 부천시	어린이교통나라운영	263,472	7	4	5	8	7	1	1	4
1063	경기 부천시	R&D종합센터(경기거점벤처센터)운영관리비	167,464	7	5	7	8	7	5	5	4
1064	경기 부천시	대중교통이용홍보	158,000	7	1	7	8	7	5	5	4
1065	경기 부천시	공기관등에대한경상적위탁사업비	155,356	7	5	5	1	7	2	2	1
1066	경기 부천시	해외시장개척단파견	144,000	7	5	7	1	7	1	1	2
1067	경기 부천시	웹툰융합센터운영사업	140,000	7	5	5	1	7	1	1	2
1068	경기 부천시	수주문학관선사유적체험관운영	134,153	7	1	4	5	7	1	1	1
1069	경기 부천시	공통기반전산장비유지관리비	130,855	7	1	5	1	7	2	2	1
1070	경기 부천시	경기도스타기업선정	120,000	7	5	5	8	7	1	1	3
1071	경기 부천시	차세대지방세정보시스템운영비	112,704	7	6	5	6	7	3	3	4
1072	경기 부천시	온나라및전자문서유통시스템유지관리비	107,526	7	1	5	1	7	2	2	1
1073	경기 부천시	로봇기업창업및생산공정로봇자동화컨설팅지원	90,000	7	4	7	8	7	1	1	4
1074	경기 부천시	홍보영상물제작및홍보	72,000	7	1	7	8	7	5	5	4
1075	경기 부천시	개인형이동장치민원견인업무경상적위탁사업비	56,970	7	1	7	8	7	5	5	4
1076	경기 부천시	차세대세외수입정보시스템운영비	48,386	7	1	4	1	2	2	2	4
1077	경기 부천시	수출용샘플운송비지원	45,000	7	5	7	1	7	1	1	2

순번	시군구	지출명 (사업명)	2024년예산 (단위 : 천원 /1년간)	민간이전 분류 (지방자치단체 세출예산 집행기준에 의거) 1. 민간경상사업보조(307-02) 2. 민간단체 법정운영비보조(307-03) 3. 민간행사사업보조(307-04) 4. 민간위탁금(307-05) 5. 사회복지시설 법정운영비보조(307-10) 6. 민간인위탁교육비(307-12) 7. 공기관등에대한경상적위탁사업비(308-13) 8. 민간자본사업보조,자체재원(402-01) 9. 민간자본사업보조,이전재원(402-02) 10. 민간위탁사업비(402-03) 11. 공기관등에 대한 자본적 위탁사업비(403-02)	민간이전지출 근거 (지방보조금 관리기준 참고) 1. 법률에 규정 2. 국고보조 재원(국가지정) 3. 용도 지정 기부금 4. 조례에 직접규정 5. 지자체가 권장하는 사업을 하는 공공기관 6. 시,도 정책 및 재정사정 7. 기타 8. 해당없음	입찰방식 계약체결방법 (경쟁형태) 1. 일반경쟁 2. 제한경쟁 3. 지명경쟁 4. 수의계약 5. 법정위탁 6. 기타 ( ) 7. 없음	입찰방식 계약기간 1. 1년 2. 2년 3. 3년 4. 4년 5. 5년 6. 기타 ( )년 7. 단기계약 (1년미만) 8. 없음	입찰방식 낙찰자선정방법 1. 적격심사 2. 협상에의한계약 3. 최저가낙찰제 4. 규격가격분리 5. 2단계 경쟁입찰 6. 기타 ( ) 7. 없음	운영예산 산정 운영예산 산정 1. 내부산정 (지자체 자체적으로 산정) 2. 외부산정 (외부전문기관위탁 산정) 3. 내·외부 모두 산정 4. 산정 無 5. 없음	운영예산 산정 정산방법 1. 내부정산 (지자체 내부적으로 정산) 2. 외부정산 (외부전문기관위탁 정산) 3. 내·외부 모두 산정 4. 정산 無 5. 없음	성과평가 실시여부 1. 실시 2. 미실시 3. 향후 추진 4. 해당없음
1078	경기 부천시	한국교통안전공단택시운행정보관리시스템운영위탁사업비(2024년)	36,569	7	1	7	8	7	5	5	4
1079	경기 부천시	해외마케팅사업참가비지원	36,000	7	5	7	1	7	1	1	1
1080	경기 부천시	차세대주민등록정보시스템운영	35,735	7	2	5	1	2	2	2	2
1081	경기 부천시	슬레이트처리지원	34,160	7	2	5	2	7	1	1	2
1082	경기 부천시	소규모사업장대기방지시설설치지원사업(위탁수수료)	32,130	7	2	5	1	7	1	2	1
1083	경기 부천시	사업장대기방지시설유지관리지원사업	28,500	7	5	5	1	7	5	1	2
1084	경기 부천시	도시관리계획결정신문공고료	22,000	7	1	7	8	7	1	5	4
1085	경기 부천시	홍보시설물설치및관리	18,000	7	1	7	8	7	5	5	4
1086	경기 부천시	자율적내부통제	15,671	7	1	5	1	7	2	2	4
1087	경기 부천시	중소기업수출보험료지원	13,500	7	5	7	1	7	1	1	2
1088	경기 부천시	LPG용기사용가구시설개선사업	11,250	7	2	5	8	7	3	3	4
1089	경기 부천시	똑버스통합정산및고객센터운영	10,246	7	5	7	8	7	2	2	1
1090	경기 부천시	시군구행정정보시스템서비스데스크운영	6,950	7	1	5	1	7	2	2	1
1091	경기 부천시	우편모아시스템유지관리비	5,600	7	1	5	1	7	2	2	1
1092	경기 부천시	시추가지원사업전자바우처시스템위탁운영비	4,500	7	1	6	8	7	3	3	1
1093	경기 부천시	부천성곡지구도시개발사업	2,200	7	1	5	8	7	1	5	4
1094	경기 광명시	지역사회서비스투자사업	1,614,286	7	2	5	8	7	1	5	4
1095	경기 광명시	장애인활동지원사업(도자체사업)	1,337,994	7	2	5	8	7	4	1	4
1096	경기 광명시	발달장애인주간활동서비스	1,155,992	7	2	5	8	7	1	1	4
1097	경기 광명시	경기도공공버스사업(반납노선)	919,872	7	1	7	8	7	1	1	4
1098	경기 광명시	발달재활서비스바우처지원	720,000	7	2	5	8	7	2	2	1
1099	경기 광명시	알뜰교통카드연계마일리지지원	612,000	7	2	5	8	7	1	1	4
1100	경기 광명시	행정광고비	600,000	7	7	7	8	7	2	2	4
1101	경기 광명시	대도시광역교통위원회광역버스준공영제시범사업	560,000	7	1	5	8	7	1	5	4
1102	경기 광명시	청년동운영	526,000	7	1	7	8	7	2	2	1
1103	경기 광명시	스마트전통시장,상점가R&D지원사업(국가직접지원사업)	500,000	7	4	1	3	1	1	1	4
1104	경기 광명시	중증장애인활동보조가산급여	409,040	7	7	7	8	7	2	2	3
1105	경기 광명시	디지털트윈광명구축	400,000	7	2	5	8	7	1	1	4
1106	경기 광명시	청소년방과후아카데미운영지원	367,104	7	1	7	8	7	5	5	4
1107	경기 광명시	매체활용관광홍보	300,000	7	1	7	8	7	1	1	4
1108	경기 광명시	새경기준공영제시범사업	264,101	7	1	5	8	7	1	5	2
1109	경기 광명시	청소년발달장애학생방과후활동서비스사업	249,428	7	1	7	8	7	2	2	1
1110	경기 광명시	청년공간(청년동)프로그램운영지원	233,400	7	2	5	8	7	1	1	4
1111	경기 광명시	일상돌봄서비스사업	200,000	7	4	1	3	1	1	1	4
1112	경기 광명시	장애인활동지원급여24시간지원(도자체)	189,486	7	2	5	8	7	4	1	4
1113	경기 광명시	학교밖청소년맞춤형서비스지원	162,713	7	2	5	8	7	1	1	4
1114	경기 광명시	학교밖청소년지원센터운영	140,019	7	5	7	8	7	1	1	4
1115	경기 광명시	공동기반전산장비재해복구유지관리비	135,000	7	5	7	8	7	1	1	4
1116	경기 광명시	통합지방재정시스템유지관리비	127,116	7	1	6	1	6	2	2	4
1117	경기 광명시	제12회어린이날행사	120,000	7	8	7	8	7	5	5	4

순번	시군구	지출명 (사업명)	2024년예산 (단위 : 천원 /1년간)	민간이전 분류 (지방자치단체 세출예산 집행기준에 의거) 1. 민간경상사업보조(307-02) 2. 민간단체 법정운영비보조(307-03) 3. 민간행사사업보조(307-04) 4. 민간위탁금(307-05) 5. 사회복지시설 법정운영비보조(307-10) 6. 민간인위탁교육비(307-12) 7. 공기관등에대한경상적위탁사업비(308-13) 8. 민간자본사업보조,자체재원(402-01) 9. 민간자본사업보조,이전재원(402-02) 10. 민간위탁사업비(402-03) 11. 공기관등에 대한 자본적 위탁사업비(403-02)	민간이전지출 근거 (지방보조금 관리기준 참고) 1. 법률에 규정 2. 국고보조 재원(국가지정) 3. 용도 지정 기부금 4. 조례에 직접규정 5. 지자체가 권장하는 사업을 하는 공공기관 6. 시,도 정책 및 재정사정 7. 기타 8. 해당없음	입찰방식 계약체결방법 (경쟁형태) 1. 일반경쟁 2. 제한경쟁 3. 지명경쟁 4. 수의계약 5. 법정위탁 6. 기타 ( ) 7. 없음	입찰방식 계약기간 1. 1년 2. 2년 3. 3년 4. 4년 5. 5년 6. 기타 ( )년 7. 단기계약 (1년미만) 8. 없음	입찰방식 낙찰자선정방법 1. 적격심사 2. 협상에의한계약 3. 최저가낙찰제 4. 규격가격분리 5. 2단계 경쟁입찰 6. 기타 ( ) 7. 없음	운영예산 산정 운영예산 산정 1. 내부산정 (지자체 자체적으로 산정) 2. 외부산정 (외부전문기관위탁 산정) 3. 내·외부 모두 산정 4. 산정 無 5. 없음	운영예산 산정 정산방법 1. 내부정산 (지자체 내부적으로 정산) 2. 외부정산 (외부전문기관위탁 정산) 3. 내·외부 모두 산정 4. 정산 無 5. 없음	성과평가 실시여부 1. 실시 2. 미실시 3. 향후 추진 4. 해당없음
1118	경기 광명시	시군청소년안전망구축지원	107,520	7	5	7	8	7	1	1	4
1119	경기 광명시	청소년동반자운영지원	102,503	7	5	7	8	7	1	1	4
1120	경기 광명시	청소년지도사배치지원	101,064	7	5	7	8	7	1	1	4
1121	경기 광명시	매체활용홍보	100,000	7	1	5	8	7	1	1	4
1122	경기 광명시	차세대지방세정보시스템유지관리비	91,885	7	1,2	2	7	2	2	2	4
1123	경기 광명시	기술닥터사업	91,830	7	6	7	8	7	1	1	1
1124	경기 광명시	청소년수련시설이용활성화사업	85,900	7	5	7	8	7	1	1	4
1125	경기 광명시	장애인의료비지원	85,883	7	2	5	8	7	1	1	4
1126	경기 광명시	온나라시스템운영지원및유지관리비	80,770	7	1	6	1	6	2	2	4
1127	경기 광명시	중소기업개발생산판로맞춤형지원사업	80,000	7	6	7	8	7	1	1	1
1128	경기 광명시	자원봉사코디네이터지원	66,400	7	2	7	8	7	5	1	1
1129	경기 광명시	가사간병방문도우미사업	52,155	7	2	5	8	7	4	1	4
1130	경기 광명시	수출및샘플물류비지원	50,000	7	6	7	8	7	5	5	4
1131	경기 광명시	온라인수출마케팅지원	50,000	7	6	7	8	7	5	5	4
1132	경기 광명시	디자인개발지원사업	50,000	7	6	7	8	7	1	1	1
1133	경기 광명시	비즈네비사업	50,000	7	6	7	8	7	1	1	1
1134	경기 광명시	경기청소년진로설계학교	50,000	7	1	7	8	7	1	1	4
1135	경기 광명시	노후경유차운행제한시스템유지관리	44,635	7	8	7	8	7	5	5	4
1136	경기 광명시	학교밖청소년활동지원	41,100	7	5	7	8	7	1	1	4
1137	경기 광명시	차세대세외수입정보시스템유지관리비	40,965	7	1,2	2	7	2	2	2	4
1138	경기 광명시	해외전시회개별참가기업지원	40,000	7	6	7	8	7	1	1	4
1139	경기 광명시	지하철등관광홍보	40,000	7	1	5	8	7	1	5	2
1140	경기 광명시	도로명주소정보시스템차세대구축	35,554	7	1	5	1	7	2	2	2
1141	경기 광명시	표준기록관리시스템(RSM)유지보수비	35,000	7	5	5	1	7	2	2	1
1142	경기 광명시	미디어콘텐츠활용홍보	35,000	7	1	5	1	7	1	1	2
1143	경기 광명시	도로명주소기본도유지관리(현행화)및입체주소구축	31,271	7	1	5	1	7	2	2	2
1144	경기 광명시	지식재산창출지원	30,000	7	6	7	8	7	1	1	1
1145	경기 광명시	청년마음건강지원사업	28,350	7	2	5	8	7	4	1	4
1146	경기 광명시	청소년지도사배치지원(자체)	25,368	7	5	7	8	7	1	1	4
1147	경기 광명시	운영비	24,506	7	8	7	1	7	1	1	1
1148	경기 광명시	청소년방과후아카데미급식비지원(자체)	24,408	7	5	7	8	7	1	1	4
1149	경기 광명시	국내전시회참가지원	24,000	7	6	7	8	7	1	1	4
1150	경기 광명시	청소년우수동아리지원	23,750	7	5	7	8	7	1	1	4
1151	경기 광명시	학교밖청소년급식비지원(자체)	20,000	7	5	7	8	7	1	1	4
1152	경기 광명시	학교밖청소년학습지원	19,000	7	5	7	8	7	1	1	4
1153	경기 광명시	학교밖청소년급식비지원	18,450	7	5	7	8	7	1	1	4
1154	경기 광명시	도로명주소정보시스템유지보수	18,173	7	1	5	1	7	2	2	2
1155	경기 광명시	자원봉사자보험료지원	16,664	7	2	7	8	7	5	1	1
1156	경기 광명시	지적재조사측량비	15,316	7	1	7	8	7	5	5	2
1157	경기 광명시	청백e(통합상시모니터링)시스템유지관리비	14,089	7	7	7	1	2	2	2	1

순번	시군구	지출명 (사업명)	2024년예산 (단위 : 천원 /1년간)	민간이전 분류 (지방자치단체 세출예산 집행기준에 의거) 1. 민간경상사업보조(307-02) 2. 민간단체 법정운영비보조(307-03) 3. 민간행사사업보조(307-04) 4. 민간위탁금(307-05) 5. 사회복지시설 법정운영비보조(307-10) 6. 민간인위탁교육비(307-12) 7. 공기관등에대한경상적위탁사업비(308-13) 8. 민간자본사업보조,자체재원(402-01) 9. 민간자본사업보조,이전재원(402-02) 10. 민간위탁사업비(402-03) 11. 공기관등에 대한 자본적 위탁사업비(403-02)	민간이전지출 근거 (지방보조금 관리기준 참고) 1. 법률에 규정 2. 국고보조 재원(국가지정) 3. 용도 지정 기부금 4. 조례에 직접규정 5. 지자체가 권장하는 사업을 하는 공공기관 6. 시,도 정책 및 재정사정 7. 기타 8. 해당없음	입찰방식 계약체결방법 (경쟁형태) 1. 일반경쟁 2. 제한경쟁 3. 지명경쟁 4. 수의계약 5. 법정위탁 6. 기타 ( ) 7. 없음	입찰방식 계약기간 1. 1년 2. 2년 3. 3년 4. 4년 5. 5년 6. 기타 ( )년 7. 단기계약 (1년미만) 8. 없음	입찰방식 낙찰자선정방법 1. 적격심사 2. 협상에의한계약 3. 최저가낙찰제 4. 규격가격분리 5. 2단계 경쟁입찰 6. 기타 ( ) 7. 없음	운영예산 산정 운영예산 산정 1. 내부산정 (지자체 자체적으로 산정) 2. 외부산정 (외부전문기관위탁 산정) 3. 내·외부 모두 산정 4. 산정 無 5. 없음	운영예산 산정 정산방법 1. 내부정산 (지자체 내부적으로 정산) 2. 외부정산 (외부전문기관위탁 정산) 3. 내·외부 모두 산정 4. 정산 無 5. 없음	성과평가 실시여부 1. 실시 2. 미실시 3. 향후 추진 4. 해당없음
1158	경기 광명시	2024년택시운행정보관리시스템(TIMS)운영사업분담금	13,308	7	1	7	8	7	1	1	4
1159	경기 광명시	치매안심센터및인식개선광고비	13,000	7	1	7	8	7	1	4	4
1160	경기 광명시	언어발달지원바우처	12,900	7	2	5	8	7	1	1	4
1161	경기 광명시	광명시의회공익광고	11,000	7	1	5	8	7	1	1	4
1162	경기 광명시	공정무역포트나잇캠페인	10,000	7	5	5	7	7	1	1	1
1163	경기 광명시	종합정보시스템운영및유지관리비	9,467	7	1	6	1	6	2	2	4
1164	경기 광명시	학교밖청소년자립수당지원	8,800	7	5	7	8	7	1	1	4
1165	경기 광명시	새올행정서비스데스크운영비	7,000	7	1	6	1	6	2	2	4
1166	경기 광명시	신문공고료	6,600	7	1	7	8	7	5	5	4
1167	경기 광명시	장애인활동지원사업(시추가지원사업위탁업무비)	6,500	7	1	5	8	7	1	1	4
1168	경기 광명시	우편모아시스템유지관리비부담금	5,600	7	5	7	1	7	2	2	1
1169	경기 광명시	기능분류모델시스템고도화사업분담금	5,250	7	1	7	8	7	5	5	4
1170	경기 광명시	아동급식지원플랫폼배달비지원	4,608	7	6	7	8	7	1	1	4
1171	경기 광명시	발달장애인부모심리상담지원	3,826	7	2	5	8	7	1	1	4
1172	경기 광명시	슬레이트철거및지붕개량지원	3,520	7	8	7	8	7	5	5	4
1173	경기 광명시	청소년참여위원회운영	2,800	7	5	7	8	7	1	1	4
1174	경기 광명시	소비자생협인가취소신문공고료	2,200	7	1	7	8	7	2	4	2
1175	경기 광명시	신문공고료	2,200	7	1	7	8	7	5	5	4
1176	경기 광명시	SMS이용료	600	7	8	7	1	7	1	1	1
1177	경기 평택시	건강증진사업관리(국비)	4,400,000	7	7	7	8	7	5	5	4
1178	경기 평택시	발달재활서비스바우처지원(국비)	1,997,084	7	2	5	8	7	1	1	4
1179	경기 평택시	장애인활동지원급여추가지원	1,684,320	7	1	5	8	7	1	1	4
1180	경기 평택시	발달장애인주간활동서비스지원(국비)	1,497,534	7	2	5	8	7	1	1	4
1181	경기 평택시	산모신생아건강관리지원(전환사업)	1,260,000	7	2	5	1	7	1	3	4
1182	경기 평택시	도로재비산먼지저감사업	861,186	7	1	4	3	6	1	1	2
1183	경기 평택시	저소득층기저귀조제분유지원(국비)	712,500	7	2	5	1	7	1	3	4
1184	경기 평택시	서부복지타운관리지원	671,550	7	5	7	8	7	1	1	1
1185	경기 평택시	슬레이트처리및개량지원	648,080	7	1	4	1	6	2	1	2
1186	경기 평택시	오산시위생환경사업소운영비분담사업	576,700	7	8	7	8	7	1	1	4
1187	경기 평택시	산모신생아건강관리지원(전환사업)	540,000	7	6	7	8	7	5	5	4
1188	경기 평택시	청소년발달장애학생방과후활동지원(국비)	457,286	7	2	5	8	7	1	1	4
1189	경기 평택시	암검진사업(국비)	379,728	7	2	5	8	7	5	5	4
1190	경기 평택시	활동보조가산급여(국비)	371,049	7	1	5	8	7	1	1	4
1191	경기 평택시	희귀질환자의료비지원(국비)	262,486	7	2	7	8	7	5	5	2
1192	경기 평택시	암검진사업(국비)	253,818	7	2	7	8	7	5	5	2
1193	경기 평택시	최중증발달장애인주간그룹1:1지원(국비)	239,011	7	2	5	8	7	1	1	4
1194	경기 평택시	저소득층기저귀조제분유지원(국비)	237,500	7	2	7	8	7	5	5	4
1195	경기 평택시	청소년방과후아카데미운영(국비)	236,958	7	5	7	8	7	1	1	1
1196	경기 평택시	청소년문화센터활동지원	229,007	7	5	7	8	7	1	1	1
1197	경기 평택시	산모신생아건강관리지원(추가형)	224,000	7	2	5	1	7	1	3	4

순번	시군구	지출명 (사업명)	2024년예산 (단위 : 천원 /1년간)	민간이전 분류 (지방자치단체 세출예산 집행기준에 의거) 1. 민간경상사업보조(307-02) 2. 민간단체 법정운영비보조(307-03) 3. 민간행사사업보조(307-04) 4. 민간위탁금(307-05) 5. 사회복지시설 법정운영비보조(307-10) 6. 민간인위탁교육비(307-12) 7. 공기관등에대한경상적위탁사업비(308-13) 8. 민간자본사업보조,자체재원(402-01) 9. 민간자본사업보조,이전재원(402-02) 10. 민간위탁사업비(402-03) 11. 공기관등에 대한 자본적 위탁사업비(403-02)	민간이전지출 근거 (지방보조금 관리기준 참고) 1. 법률에 규정 2. 국고보조 재원(국가지정) 3. 용도 지정 기부금 4. 조례에 직접규정 5. 지자체가 권장하는 사업을 하는 공공기관 6. 시,도 정책 및 재정사정 7. 기타 8. 해당없음	입찰방식 계약체결방법 (경쟁형태) 1. 일반경쟁 2. 제한경쟁 3. 지명경쟁 4. 수의계약 5. 법정위탁 6. 기타 ( ) 7. 없음	입찰방식 계약기간 1. 1년 2. 2년 3. 3년 4. 4년 5. 5년 6. 기타 ( )년 7. 단기계약 (1년미만) 8. 없음	입찰방식 낙찰자선정방법 1. 적격심사 2. 협상에의한계약 3. 최저가낙찰제 4. 규격가격분리 5. 2단계 경쟁입찰 6. 기타 ( ) 7. 없음	운영예산 산정 운영예산 산정 1. 내부산정 (지자체 자체적으로 산정) 2. 외부산정 (외부전문기관위탁 산정) 3. 내·외부 모두 산정 4. 산정 無 5. 없음	운영예산 산정 정산방법 1. 내부정산 (지자체 내부적으로 정산) 2. 외부정산 (외부전문기관위탁 정산) 3. 내·외부 모두 산정 4. 정산 無 5. 없음	성과평가 실시여부 1. 실시 2. 미실시 3. 향후 추진 4. 해당없음
1198	경기 평택시	청년창업지원센터운영	202,620	7	5	7	8	7	1	1	1
1199	경기 평택시	평택항수소교통복합기지운영	200,000	7	4	7	8	7	5	5	4
1200	경기 평택시	평택항수소교통복합기지운영	200,000	7	4	7	8	7	5	5	4
1201	경기 평택시	스마트영상제	180,000	7	5	5	8	7	1	1	1
1202	경기 평택시	희귀질환자의료비지원(국비)	174,990	7	2	5	8	7	5	5	4
1203	경기 평택시	학교밖청소년맞춤형프로그램운영지원	172,023	7	6	7	8	7	1	1	1
1204	경기 평택시	청소년자유공간지원	170,322	7	7	7	8	7	1	1	1
1205	경기 평택시	치매치료관리비지원(전환사업)	167,466	7	2	7	8	7	5	5	4
1206	경기 평택시	장애인의료비지원(국비)	166,778	7	2	5	8	7	1	1	4
1207	경기 평택시	Englishschool(잉글리시스쿨)	166,000	7	5	7	8	7	5	5	4
1208	경기 평택시	학교밖청소년지원사업(국비)	155,559	7	2	7	8	7	1	1	1
1209	경기 평택시	뮤직페스티벌	150,000	7	5	5	8	7	1	1	1
1210	경기 평택시	장애인활동지원급여24시간지원	126,324	7	1	5	8	7	1	1	4
1211	경기 평택시	치매치료관리비지원(전환사업)	125,720	7	1	7	8	7	5	5	4
1212	경기 평택시	중점진로체험교육	100,000	7	5	7	8	7	1	1	1
1213	경기 평택시	기획공연	100,000	7	4	5	7	7	1	1	1
1214	경기 평택시	산모신생아건강관리지원(추가형)	96,000	7	6	7	8	7	5	5	4
1215	경기 평택시	꿈의오케스트라평택	90,950	7	5	7	8	7	1	1	1
1216	경기 평택시	노을동요제	85,000	7	5	5	8	7	1	1	1
1217	경기 평택시	지역사회건강조사	68,972	7	2	7	1	7	5	2	4
1218	경기 평택시	지역사회건강조사(국비)	68,896	7	2	7	1	7	5	5	1
1219	경기 평택시	학교밖청소년문화활동지원	60,050	7	6	7	8	7	1	1	1
1220	경기 평택시	청소년글로벌인재육성지원	55,500	7	5	7	8	7	1	1	1
1221	경기 평택시	청터꿈터진로체험활동지원	53,550	7	5	7	8	7	1	1	1
1222	경기 평택시	청소년전통무예체험활동지원	50,000	7	5	7	8	7	1	1	1
1223	경기 평택시	일반건강검진지원	34,920	7	2	7	8	7	5	5	4
1224	경기 평택시	청소년문화축제운영	30,000	7	5	7	8	7	1	1	1
1225	경기 평택시	평택시장애인예술제	30,000	7	4	7	8	7	1	1	1
1226	경기 평택시	학교밖청소년급식지원(국비)	27,076	7	2	7	8	7	1	1	1
1227	경기 평택시	도시재생활성화계획공청회신문공고	22,000	7	1	7	8	7	5	5	4
1228	경기 평택시	합창페스티벌	20,000	7	4	7	8	7	5	5	4
1229	경기 평택시	청소년종합예술제지원	17,500	7	5	7	8	7	1	1	1
1230	경기 평택시	청소년종합예술제추가지원	12,000	7	5	7	8	7	1	1	1
1231	경기 평택시	청소년방과후아카데미운영추가지원	11,424	7	5	7	8	7	1	1	1
1232	경기 평택시	기초정신건강복지센터지원(국비)	10,000	7	6	7	8	7	5	5	4
1233	경기 평택시	학교밖청소년자립지원수당	9,750	7	6	7	8	7	1	1	1
1234	경기 평택시	영유아건강검진지원(국비)	8,550	7	2	5	1	7	1	1	4
1235	경기 평택시	지역청소년참여위원회운영	7,200	7	5	7	8	7	1	1	1
1236	경기 평택시	청소년산모의료비지원(국비)	5,920	7	2	5	1	7	1	3	4
1237	경기 평택시	언어발달지원바우처지원(국비)	4,020	7	2	5	8	7	1	1	4

순번	시군구	지출명 (사업명)	2024년예산 (단위 : 전원 /1년간)	민간이전 분류 (지방자치단체 세출예산 집행기준에 의거) 1. 민간경상사업보조(307-02) 2. 민간단체 법정운영비보조(307-03) 3. 민간행사사업보조(307-04) 4. 민간위탁금(307-05) 5. 사회복지시설 법정운영비보조(307-10) 6. 민간인위탁교육비(307-12) 7. 공기관등에대한경상적위탁사업비(308-13) 8. 민간자본사업보조,자체재원(402-01) 9. 민간자본사업보조,이전재원(402-02) 10. 민간위탁사업비(402-03) 11. 공기관등에 대한 자본적 위탁사업비(403-02)	민간이전지출 근거 (지방보조금 관리기준 참고) 1. 법률에 규정 2. 국고보조 재원(국가지정) 3. 용도 지정 기부금 4. 조례에 직접규정 5. 지자체가 권장하는 사업을 하는 공공기관 6. 시,도 정책 및 재정사정 7. 기타 8. 해당없음	입찰방식 계약체결방법 (경쟁형태) 1. 일반경쟁 2. 제한경쟁 3. 지명경쟁 4. 수의계약 5. 법정위탁 6. 기타 ( ) 7. 없음	입찰방식 계약기간 1. 1년 2. 2년 3. 3년 4. 4년 5. 5년 6. 기타 ( )년 7. 단기계약 (1년미만) 8. 없음	입찰방식 낙찰자선정방법 1. 적격심사 2. 협상에의한계약 3. 최저가낙찰제 4. 규격가격분리 5. 2단계 경쟁입찰 6. 기타 ( ) 7. 없음	운영예산 산정 운영예산 산정 1. 내부산정 (지자체 자체적으로 산정) 2. 외부산정 (외부전문기관위탁 산정) 3. 내·외부 모두 산정 4. 산정 無 5. 없음	운영예산 산정 정산방법 1. 내부정산 (지자체 내부적으로 정산) 2. 외부정산 (외부전문기관위탁 정산) 3. 내·외부 모두 산정 4. 정산 無 5. 없음	성과평가 실시여부 1. 실시 2. 미실시 3. 향후 추진 4. 해당없음
1238	경기 평택시	모자보건지원	4,000	7	1	5	1	7	1	1	4
1239	경기 평택시	발달장애인부모상담지원(국비)	3,826	7	2	5	8	7	1	1	4
1240	경기 평택시	영유아건강검진지원(국비)	2,850	7	2	7	8	7	5	5	4
1241	경기 동두천시	통합문화체육관광이용권(문화누리)	1,148,810	7	1	7	8	7	1	1	1
1242	경기 동두천시	언론매체활용홍보	300,000	7	1	4	7	7	1	1	1
1243	경기 동두천시	장애인의료비지원	271,863	7	1	7	8	7	3	3	1
1244	경기 동두천시	도심재생야간축제(할로윈)	200,000	7	1	7	8	7	1	1	3
1245	경기 동두천시	의정홍보강화	110,000	7	1	7	8	7	1	1	3
1246	경기 동두천시	문화자원활용창작공연	105,000	7	1	7	8	7	1	1	4
1247	경기 동두천시	중소기업현대화지원	100,000	7	1	7	8	7	1	1	3
1248	경기 동두천시	예산의효율적운영	98,892	7	4	7	1	7	1	1	4
1249	경기 동두천시	언론매체활용홍보	90,000	7	1	1	1	2	2	2	4
1250	경기 동두천시	다양한매체별시정홍보	80,000	7	1	4	7	7	1	1	1
1251	경기 동두천시	지방세정정보화관리	71,065	7	1	4	7	7	1	1	1
1252	경기 동두천시	다양한매체별시정홍보	70,000	7	1	2,4	1	1,2	2	2	4
1253	경기 동두천시	미디어콘텐츠활용관광자원홍보	70,000	7	1	4	7	7	1	1	1
1254	경기 동두천시	북부중소기업환경개선지원	70,000	7	6	6	1	7	5	1	4
1255	경기 동두천시	기록관기록물관리	65,137	7	4	6	1	6	3	3	1
1256	경기 동두천시	중소기업운영지원	60,000	7	5	5	1	7	2	2	4
1257	경기 동두천시	도로명새주소운영	52,077	7	6	7	1	7	1	1	4
1258	경기 동두천시	다양한매체별시정홍보	50,000	7	1	5	1	7	2	2	4
1259	경기 동두천시	다양한매체별시정홍보	50,000	7	1	4	7	7	1	1	1
1260	경기 동두천시	수돗물평가위원회선진지견학	45,000	7	1	4	7	7	1	1	1
1261	경기 동두천시	언론매체활용홍보	40,000	7	5	7	8	7	1	1	4
1262	경기 동두천시	SNS활용홍보	40,000	7	1	4	7	7	1	1	1
1263	경기 동두천시	다양한매체별시정홍보	40,000	7	1	4	7	7	1	1	1
1264	경기 동두천시	기록관기록물관리	37,361	7	1	4	7	7	1	1	1
1265	경기 동두천시	세외수입확충	36,017	7	5	5	1	7	2	2	4
1266	경기 동두천시	도로명주소기본도현행화사업	31,271	7	1	2,4	1	1,2	2	2	4
1267	경기 동두천시	중소기업수출물류비지원	30,000	7	1	5	1	7	2	2	4
1268	경기 동두천시	기술닥터지원(경기테크노파크)	27,540	7	4	7	1	7	1	1	4
1269	경기 동두천시	해외시장개척단	24,000	7	6	7	1	7	1	1	4
1270	경기 동두천시	인사및조직관리	20,978	7	6	7	1	7	1	1	4
1271	경기 동두천시	민원행정업무추진	19,913	7	8	7	8	7	2	2	4
1272	경기 동두천시	자유수호평화박물관운영	19,000	7	1	5	1	7	2	2	4
1273	경기 동두천시	중소기업운영지원	15,000	7	5	7	1	7	2	2	2
1274	경기 동두천시	공무원직무감찰	12,510	7	6	7	1	7	1	1	4
1275	경기 동두천시	대기오염측정관리	11,132	7	1	1	1	2	2	2	4
1276	경기 동두천시	시군구행정종합정보시스템운영	6,950	7	5	5	1	2	1	1	4
1277	경기 동두천시	도시계획운영지원	6,600	7	1	5	1	7	3	4	4

순번	시군구	지출명 (사업명)	2024년예산 (단위 : 천원 /1년간)	민간이전 분류 (지방자치단체 세출예산 집행기준에 의거) 1. 민간경상사업보조(307-02) 2. 민간단체 법정운영비보조(307-03) 3. 민간행사사업보조(307-04) 4. 민간위탁금(307-05) 5. 사회복지시설 법정운영비보조(307-10) 6. 민간인위탁교육비(307-12) 7. 공기관등에대한경상적위탁사업비(308-13) 8. 민간자본사업보조,자체재원(402-01) 9. 민간자본사업보조,이전재원(402-02) 10. 민간위탁사업비(402-03) 11. 공기관등에 대한 자본적 위탁사업비(403-02)	민간이전지출 근거 (지방보조금 관리기준 참고) 1. 법률에 규정 2. 국고보조 재원(국가지정) 3. 용도 지정 기부금 4. 조례에 직접규정 5. 지자체가 권장하는 사업을 하는 공공기관 6. 시,도 정책 및 재정사정 7. 기타 8. 해당없음	입찰방식 계약체결방법 (경쟁형태) 1. 일반경쟁 2. 제한경쟁 3. 지명경쟁 4. 수의계약 5. 법정위탁 6. 기타 ( ) 7. 없음	계약기간 1. 1년 2. 2년 3. 3년 4. 4년 5. 5년 6. 기타 ( )년 7. 단기계약 (1년미만) 8. 없음	낙찰자선정방법 1. 적격심사 2. 협상에의한계약 3. 최저가낙찰제 4. 규격가격분리 5. 2단계 경쟁입찰 6. 기타 ( ) 7. 없음	운영예산 산정 운영예산 산정 1. 내부산정 (지자체 자체적으로 산정) 2. 외부산정 (외부전문기관위탁 산정) 3. 내·외부 모두 산정 4. 산정 無 5. 없음	정산방법 1. 내부정산 (지자체 내부적으로 정산) 2. 외부정산 (외부전문기관위탁 정산) 3. 내·외부 모두 산정 4. 정산 無 5. 없음	성과평가 실시여부 1. 실시 2. 미실시 3. 향후 추진 4. 해당없음
1278	경기 동두천시	아동급식지원플랫폼배달비지원	6,048	7	6	7	8	7	5	5	4
1279	경기 동두천시	기록관기록물관리	5,600	7	5	5	1	7	2	2	4
1280	경기 농두선시	인사및조직관리	4,250	7	8	7	8	7	2	2	4
1281	경기 동두천시	SNS활용홍보	2,574	7	1	4	1	7	1	1	1
1282	경기 동두천시	소규모영세사업장방지시설지원(위탁수수료)	600	7	5	2	1	7	1	3	4
1283	경기 안산시	경기도공공버스운영지원	3,690,026	7	1	7	8	7	2	2	4
1284	경기 안산시	수소시범도시인프라시설운영	3,141,000	7	5	5	3	2	3	1	4
1285	경기 안산시	발달재활서비스바우처지원	2,700,000	7	2	7	8	7	3	1	4
1286	경기 안산시	근로능력있는수급자의탈수급지원(청년내일저축계좌차상위이하)	2,624,843	7	2	7	8	7	4	2	4
1287	경기 안산시	상수도검침대행위탁	1,804,500	7	1	7	3	7	1	4	4
1288	경기 안산시	발달장애인방과후활동서비스지원	1,621,286	7	2	7	8	7	3	1	4
1289	경기 안산시	안산시강소기업육성지원사업	1,500,000	7	4	7	8	7	1	3	1
1290	경기 안산시	주차장개방사업	1,214,991	7	5	7	8	7	1	1	4
1291	경기 안산시	수소충전소운영관리	1,113,630	7	5	5	5	2	3	1	4
1292	경기 안산시	청년창업인큐베이팅사업운영비	1,100,000	7	6	7	8	7	1	1	4
1293	경기 안산시	알뜰교통카드연계마일리지지원	878,000	7	1	7	8	7	2	2	4
1294	경기 안산시	기술닥터사업	782,650	7	4	7	8	7	1	3	1
1295	경기 안산시	청소년방과후아카데미운영지원	592,398	7	2	7	8	7	1	1	4
1296	경기 안산시	제조공정혁신기술사업화지원사업(매칭부담금)	550,000	7	2	7	8	7	1	3	1
1297	경기 안산시	근로능력있는수급자의탈수급지원(청년내일저축계좌차상위초과)	529,495	7	2	7	8	7	4	2	4
1298	경기 안산시	해면수산자원조성	518,750	7	1	5	1	7	1	1	4
1299	경기 안산시	스마트공장보급확산지원사업	500,000	7	4	7	8	7	1	3	1
1300	경기 안산시	안산스마트허브기술혁신지원사업	500,000	7	4	7	8	7	1	3	1
1301	경기 안산시	행정광고및공고	437,500	7	7	7	8	7	1	5	4
1302	경기 안산시	방송매체활용시이미지기획홍보	350,000	7	7	7	8	7	1	5	4
1303	경기 안산시	뿌리기업경쟁력강화지원사업	314,000	7	4	7	8	7	1	3	1
1304	경기 안산시	주꾸미산란장조성사업	300,000	7	1	5	1	7	1	1	4
1305	경기 안산시	안산정보산업진흥센터운영지원	300,000	7	4	7	8	7	1	3	1
1306	경기 안산시	기술거래촉진네트워크사업(매칭부담금)	300,000	7	2	7	8	7	1	3	1
1307	경기 안산시	중소기업혁신성장지원	300,000	7	4	5	1	7	5	1	4
1308	경기 안산시	안산사이언스밸리(ASV)혁신클러스터활성화지원사업	290,000	7	4	7	8	7	1	3	1
1309	경기 안산시	가사간병방문지원사업	281,193	7	1	6	6	6	1	1	2
1310	경기 안산시	의회홍보비	250,000	7	1	7	8	7	1	1	4
1311	경기 안산시	섬유기업현장기술돌봄이지원사업	250,000	7	4	7	8	7	1	3	1
1312	경기 안산시	시민시장안산도시공사대행사업비	237,411	7	4	5	2	7	1	1	4
1313	경기 안산시	스마트허브근로자공동통근버스운영	230,000	7	5	7	8	7	1	3	1
1314	경기 안산시	도시브랜드강화방송홍보	200,000	7	7	7	8	7	1	5	4
1315	경기 안산시	시이미지기획홍보	200,000	7	7	7	8	7	1	5	4
1316	경기 안산시	안산시탄소중립지원센터운영	200,000	7	2	5	1	7	1	1	1
1317	경기 안산시	미래산업육성지원사업	200,000	7	6	7	8	7	1	3	1

순번	시군구	지출명 (사업명)	2024년예산 (단위 : 천원 /1년간)	민간이전 분류 (지방자치단체 세출예산 집행기준에 의거) 1. 민간경상사업보조(307-02) 2. 민간단체 법정운영비보조(307-03) 3. 민간행사사업보조(307-04) 4. 민간위탁금(307-05) 5. 사회복지시설 법정운영비보조(307-10) 6. 민간인위탁교육비(307-12) 7. 공기관등에대한경상적위탁사업비(308-13) 8. 민간자본사업보조,자체재원(402-01) 9. 민간자본사업보조,이전재원(402-02) 10. 민간위탁사업비(402-03) 11. 공기관등에 대한 자본적 위탁사업비(403-02)	민간이전지출 근거 (지방보조금 관리기준 참고) 1. 법률에 규정 2. 국고보조 재원(국가지정) 3. 용도 지정 기부금 4. 조례에 직접규정 5. 지자체가 권장하는 사업을 하는 공공기관 6. 시,도 정책 및 재정사정 7. 기타 8. 해당없음	입찰방식 계약체결방법 (경쟁형태) 1. 일반경쟁 2. 제한경쟁 3. 지명경쟁 4. 수의계약 5. 법정위탁 6. 기타 ( ) 7. 없음	입찰방식 계약기간 1. 1년 2. 2년 3. 3년 4. 4년 5. 5년 6. 기타 ( )년 7. 단기계약 (1년미만) 8. 없음	입찰방식 낙찰자선정방법 1. 적격심사 2. 협상에의한계약 3. 최저가낙찰제 4. 규격가격분리 5. 2단계 경쟁입찰 6. 기타 ( ) 7. 없음	운영예산 산정 운영예산 산정 1. 내부산정 (지자체 자체적으로 산정) 2. 외부산정 (외부전문기관위탁 산정) 3. 내·외부 모두 산정 4. 산정 無 5. 없음	운영예산 산정 정산방법 1. 내부정산 (지자체 내부적으로 정산) 2. 외부정산 (외부전문기관위탁 정산) 3. 내·외부 모두 산정 4. 정산 無 5. 없음	성과평가 실시여부 1. 실시 2. 미실시 3. 향후 추진 4. 해당없음
1318	경기 안산시	안산사이언스밸리(ASV)과학축제	200,000	7	4	7	8	7	1	3	1
1319	경기 안산시	안산ITSW기업성장지원사업	200,000	7	4	7	8	7	1	3	1
1320	경기 안산시	근로능력있는수급자의탈수급지원(청년저축계좌)	193,002	7	2	7	8	7	4	2	4
1321	경기 안산시	고소득패류종자살포사업	175,000	7	1	5	1	7	1	1	4
1322	경기 안산시	청소년지도사배치지원	169,344	7	2	7	8	7	1	1	1
1323	경기 안산시	시군합동시장개척단	168,000	7	4	7	7	7	1	1	1
1324	경기 안산시	근로능력있는수급자의탈수급지원(희망저축계좌Ⅰ)	153,894	7	2	7	8	7	4	2	4
1325	경기 안산시	소상공인상인대학운영	150,000	7	5	4	1	2	1	1	1
1326	경기 안산시	소상공인경영환경개선	150,000	7	5	4	1	2	1	1	1
1327	경기 안산시	대학생방과후청소년학습진로지원	150,000	7	6	7	8	7	1	1	4
1328	경기 안산시	통합지방재정시스템운영유지관리	141,239	7	1	1	1	2	5	5	4
1329	경기 안산시	공통기반(H/W)및재해복구시스템유지관리	141,180	7	7	6	1	7	2	5	4
1330	경기 안산시	관광광고료집행	140,000	7	1	7	8	7	5	5	4
1331	경기 안산시	경기테크노파크거점기관운영사업(매칭부담금)	130,000	7	1	7	8	7	1	3	1
1332	경기 안산시	청소년휴카페지원사업	120,000	7	6	7	8	7	5	1	4
1333	경기 안산시	차세대지방세정보시스템유지관리	112,704	7	1	5	1	7	1	5	4
1334	경기 안산시	주소정보기본도유지보수	104,731	7	1	5	1	7	3	1	4
1335	경기 안산시	주요정보통신기반시설취약점분석평가	102,400	7	1	5	1	7	2	2	4
1336	경기 안산시	환경교육추진대행사업	100,000	7	6	5	1	7	1	1	1
1337	경기 안산시	경기도기술개발사업	100,000	7	2	7	8	7	5	5	4
1338	경기 안산시	공공청소년수련시설이용활성화지원사업	94,000	7	6	7	8	7	1	1	4
1339	경기 안산시	디지털전통시장육성사업(공모사업매칭부담)	87,500	7	8	7	8	7	5	5	4
1340	경기 안산시	근로능력있는수급자의탈수급지원(희망저축계좌Ⅱ)	84,070	7	2	7	8	7	4	2	4
1341	경기 안산시	진로체험지원센터운영지원	84,000	7	5	7	7	7	1	1	1
1342	경기 안산시	노후경유차운행제한단속카메라유지관리대행사업비	77,000	7	1	3	1	2	3	1	4
1343	경기 안산시	차세대지방인사정보시스템유지관리	71,165	7	5	6	1	7	1	1	2
1344	경기 안산시	근로능력있는수급자의탈수급지원(청년희망키움통장)	69,502	7	2	7	8	7	4	2	4
1345	경기 안산시	근로능력있는수급자의탈수급지원(희망키움통장Ⅱ)	69,436	7	2	7	8	7	4	2	4
1346	경기 안산시	표준기록관리시스템유지관리	61,241	7	5	6	1	7	1	1	2
1347	경기 안산시	경기도광역버스심야연장운행확개사업	51,891	7	1	7	8	7	2	2	4
1348	경기 안산시	언어발달지원바우처지원	50,317	7	2	7	8	7	3	1	4
1349	경기 안산시	경기도공공배달앱배달특급운영활성화	50,000	7	6	7	1	7	1	1	1
1350	경기 안산시	안산시에코뮤지엄사업비	50,000	7	6	4	1	6	1	1	1
1351	경기 안산시	주소정보시설일제조사	50,000	7	4	5	1	7	3	1	4
1352	경기 안산시	꿈키움자율동아리운영지원	50,000	7	5	7	7	7	1	1	1
1353	경기 안산시	청소년전통무예체험활동지원사업	50,000	7	6	7	8	7	1	1	4
1354	경기 안산시	차세대세외수입정보시스템유지관리	48,386	7	1	5	1	7	1	5	4
1355	경기 안산시	지식재산창출지원	40,000	7	4	5	1	7	5	1	4
1356	경기 안산시	카카오톡발송	39,600	7	7	7	8	7	1	5	4
1357	경기 안산시	차세대주민등록정보시스템운영비	36,135	7	2	7	1	7	5	5	4

순번	시군구	지출명 (사업명)	2024년예산 (단위 : 천원 /1년간)	민간이전 분류 (지방자치단체 세출예산 집행기준에 의거) 1. 민간경상사업보조(307-02) 2. 민간단체 법정운영비보조(307-03) 3. 민간행사사업보조(307-04) 4. 민간위탁금(307-05) 5. 사회복지시설 법정운영비보조(307-10) 6. 민간인위탁교육비(307-12) 7. 공기관등에대한경상적위탁사업비(308-13) 8. 민간자본사업보조,자체재원(402-01) 9. 민간자본사업보조,이전재원(402-02) 10. 민간위탁사업비(402-03) 11. 공기관등에 대한 자본적 위탁사업비(403-02)	민간이전지출 근거 (지방보조금 관리기준 참고) 1. 법률에 규정 2. 국고보조 재원(국가지정) 3. 용도 지정 기부금 4. 조례에 직접규정 5. 지자체가 권장하는 사업을 하는 공공기관 6. 시,도 정책 및 재정사정 7. 기타 8. 해당없음	입찰방식			운영예산 산정		성과평가 실시여부
						계약체결방법 (경쟁형태) 1. 일반경쟁 2. 제한경쟁 3. 지명경쟁 4. 수의계약 5. 법정위탁 6. 기타 ( ) 7. 없음	계약기간 1. 1년 2. 2년 3. 3년 4. 4년 5. 5년 6. 기타 ( )년 7. 단기계약 (1년미만) 8. 없음	낙찰자선정방법 1. 적격심사 2. 협상에의한계약 3. 최저가낙찰제 4. 규격가격분리 5. 2단계 경쟁입찰 6. 기타 ( ) 7. 없음	운영예산 산정 1. 내부산정 (지자체 자체적으로 산정) 2. 외부산정 (외부전문기관위탁 산정) 3. 내·외부 모두 산정 4. 산정 無 5. 없음	정산방법 1. 내부정산 (지자체 내부적으로 정산) 2. 외부정산 (외부전문기관위탁 정산) 3. 내·외부 모두 산정 4. 정산 無 5. 없음	1. 실시 2. 미실시 3. 향후 추진 4. 해당없음
1358	경기 안산시	온나라시스템운영지원	34,739	7	7	6	1	7	2	5	4
1359	경기 안산시	인터넷포털을이용한시정홍보	30,000	7	7	7	8	7	1	5	4
1360	경기 안산시	근로능력있는수급자의탈수급지원(희망키움통장 I)	27,683	7	2	7	8	7	4	2	4
1361	경기 안산시	택시운행정보관리시스템(TIMS)운영지원(분담금)	27,566	7	1	5	1	7	1	1	4
1362	경기 안산시	청소년어울림마당지원	24,000	7	2	7	8	7	1	1	1
1363	경기 안산시	주소정보시스템(KAIS)인프라도입구축	21,339	7	1	5	1	7	3	1	4
1364	경기 안산시	청소년동아리활동지원	20,250	7	2	7	8	7	1	1	1
1365	경기 안산시	대한민국우수상품전시회참가지원	20,000	7	4	7	7	7	1	1	1
1366	경기 안산시	중소기업수출보험료지원	20,000	7	6	5	1	7	5	1	4
1367	경기 안산시	발달장애인부모상담지원	17,219	7	2	7	8	7	3	1	4
1368	경기 안산시	주소정보시스템(KAIS)운영지원	16,655	7	1	5	1	7	3	1	4
1369	경기 안산시	주소정보시스템(KAIS)데이터통합/전환	16,515	7	1	5	1	7	3	1	4
1370	경기 안산시	청소년진로멘토링운영지원	16,000	7	5	7	7	7	1	1	1
1371	경기 안산시	행정광고비(신문,연감등)	11,900	7	1	7	8	7	1	1	4
1372	경기 안산시	구정홍보	11,900	7	1	5	8	7	1	1	2
1373	경기 안산시	소셜미디어등매체활용광고	10,000	7	7	7	8	7	1	5	4
1374	경기 안산시	청소년운영위원회운영	8,000	7	2	7	8	7	1	1	4
1375	경기 안산시	근로능력있는수급자의탈수급지원(내일키움통장)	7,484	7	2	7	8	7	4	2	4
1376	경기 안산시	지방행정통합정보시스템운영지원(새올서비스데스크)	6,600	7	7	6	1	7	2	5	4
1377	경기 안산시	우편모아시스템(S/W)유지관리	5,600	7	5	6	1	7	1	1	2
1378	경기 안산시	주소정보시스템(KAIS)GIS엔진S/W유지보수	2,518	7	1	5	1	7	3	1	4
1379	경기 안산시	국가지점번호일제조사	2,495	7	1	5	1	7	3	1	4
1380	경기 고양시	고양시어린이박물관운영	3,850,978	7	5	7	2	7	1	1	4
1381	경기 고양시	고양도시관리공사공영주차장운영지원대행사업비(경상적위탁사업비)	2,278,443	7	1	5	8	7	1	1	1
1382	경기 고양시	고양누리버스운행대행사업비	1,892,000	7	4	5	6	7	1	1	1
1383	경기 고양시	산모신생아건강관리지원	1,080,000	7	2	7	8	7	5	5	4
1384	경기 고양시	고양문화의집운영	996,075	7	5	7	2	7	1	1	4
1385	경기 고양시	산모신생아건강관리지원	810,000	7	2	7	8	7	5	5	4
1386	경기 고양시	산모신생아건강관리지원	810,000	7	2	7	8	7	5	5	4
1387	경기 고양시	2024고양행주문화제	700,000	7	5	7	8	7	1	3	1
1388	경기 고양시	청소년방과후아카데미운영	600,438	7	2	5	8	7	1	1	1
1389	경기 고양시	중소기업빅데이터분석활용지원	498,040	7	5	5	1	7	1	1	4
1390	경기 고양시	저소득층기저귀조제분유지원	480,000	7	2	7	8	7	5	5	4
1391	경기 고양시	28청춘창업소운영	466,441	7	4	7	2	7	1	1	1
1392	경기 고양시	청소년동반자프로그램운영지원	452,012	7	1	7	8	7	5	1	3
1393	경기 고양시	도시재생지원센터위탁운영비	432,851	7	1	5	3	7	1	1	4
1394	경기 고양시	사회적경제지원센터위탁사업비	398,738	7	1	6	2	6	1	1	4
1395	경기 고양시	고양시문예회관운영	373,468	7	5	7	2	7	1	1	4
1396	경기 고양시	저소득층기저귀조제분유지원	360,000	7	2	7	8	7	5	5	4
1397	경기 고양시	저소득층기저귀조제분유지원	360,000	7	2	7	8	7	5	5	4

순번	시군구	지출명 (사업명)	2024년예산 (단위 : 천원 /1년간)	민간이전 분류 (지방자치단체 세출예산 집행기준에 의거) 1. 민간경상사업보조(307-02) 2. 민간단체 법정운영비보조(307-03) 3. 민간행사사업보조(307-04) 4. 민간위탁금(307-05) 5. 사회복지시설 법정운영비보조(307-10) 6. 민간인위탁교육비(307-12) 7. 공기관등에대한경상적위탁사업비(308-13) 8. 민간자본사업보조,자체재원(402-01) 9. 민간자본사업보조,이전재원(402-02) 10. 민간위탁사업비(402-03) 11. 공기관등에 대한 자본적 위탁사업비(403-02)	민간이전지출 근거 (지방보조금 관리기준 참고) 1. 법률에 규정 2. 국고보조 재원(국가지정) 3. 용도 지정 기부금 4. 조례에 직접규정 5. 지자체가 권장하는 사업을 하는 공공기관 6. 시,도 정책 및 재정사정 7. 기타 8. 해당없음	입찰방식 계약체결방법 (경쟁형태) 1. 일반경쟁 2. 제한경쟁 3. 지명경쟁 4. 수의계약 5. 법정위탁 6. 기타 ( ) 7. 없음	입찰방식 계약기간 1. 1년 2. 2년 3. 3년 4. 4년 5. 5년 6. 기타 ( )년 7. 단기계약 (1년미만) 8. 없음	입찰방식 낙찰자선정방법 1. 적격심사 2. 협상에의한계약 3. 최저가낙찰제 4. 규격가격분리 5. 2단계 경쟁입찰 6. 기타 ( ) 7. 없음	운영예산 산정 운영예산 산정 1. 내부산정 (지자체 자체적으로 산정) 2. 외부산정 (외부전문기관위탁 산정) 3. 내·외부 모두 산정 4. 산정 無 5. 없음	운영예산 산정 정산방법 1. 내부정산 (지자체 내부적으로 정산) 2. 외부정산 (외부전문기관위탁 정산) 3. 내·외부 모두 산정 4. 정산 無 5. 없음	성과평가 실시여부 1. 실시 2. 미실시 3. 향후 추진 4. 해당없음
1398	경기 고양시	산모신생아건강관리지원(추가형)	320,000	7	2	7	8	7	5	5	4
1399	경기 고양시	소상공인경영환경개선사업	300,000	7	7	7	1	7	1	1	4
1400	경기 고양시	학교밖청소년지원사업(가→가+2)꿈드림	276,248	7	1	7	8	7	5	1	3
1401	경기 고양시	산모신생아건강관리지원(추가형)	240,000	7	2	7	8	7	5	5	4
1402	경기 고양시	산모신생아건강관리지원(추가형)	240,000	7	2	7	8	7	5	5	4
1403	경기 고양시	고양형청소년진로체험사업	209,750	7	1,4	7	7	7	1	1	1
1404	경기 고양시	고양스마트시티리빙랩	203,150	7	6	5	1	7	1	1	1
1405	경기 고양시	「국민체력1」체력인증센터운영	202,440	7	2	7	8	7	1	1	4
1406	경기 고양시	평화누리자전거길활성화	200,000	7	4	7	8	7	5	5	4
1407	경기 고양시	생활문화센터운영(3개소)	193,005	7	5	7	2	7	1	1	4
1408	경기 고양시	시군학교밖청소년프로그램지원	189,986	7	1	7	8	7	5	1	3
1409	경기 고양시	고양시탄소중립지원센터운영	188,000	7	1	5	4	7	5	2	3
1410	경기 고양시	기술닥터사업지원	164,280	7	4	7	1	7	1	1	1
1411	경기 고양시	고양스마트시티지원센터운영	161,103	7	6	5	1	7	1	1	1
1412	경기 고양시	고양영상미디어센터운영	144,648	7	5	7	2	7	1	1	4
1413	경기 고양시	북한산성세계유산공동등재추진연구사업	140,000	7	6	6	1	7	1	1	4
1414	경기 고양시	시군구공통기반및재해복구시스템유지보수	130,327	7	1	1	1	2	1	1	1
1415	경기 고양시	청소년지도사배치지원(공공청소년수련시설)	126,840	7	2	5	8	7	1	1	1
1416	경기 고양시	이동식콘서트무대차량(9.5t)위수탁운영	124,950	7	4	7	8	7	1	1	4
1417	경기 고양시	중소기업개발생산판로맞춤형지원	114,500	7	4	7	1	7	1	1	1
1418	경기 고양시	공공청소년수련시설이용활성화지원	113,000	7	2	5	8	7	1	1	1
1419	경기 고양시	청소년안전망운영지원	110,280	7	1	7	8	7	5	1	3
1420	경기 고양시	기술개발사업	100,000	7	4	7	1	7	1	1	1
1421	경기 고양시	공공시설물태양광발전시설운영및관리	100,000	7	4	7	8	7	5	5	4
1422	경기 고양시	국내전시회참가기업지원	99,000	7	4	5	1	6	1	1	4
1423	경기 고양시	북한이탈주민의료지원및건강증진사업	93,000	7	5	6	8	7	1	1	3
1424	경기 고양시	경기서북부광역시티투어운영	90,000	7	4	7	1	7	1	1	4
1425	경기 고양시	제1호사회주택유지관리	86,050	7	4	7	8	7	1	1	4
1426	경기 고양시	어린이교통공원운영지원	82,100	7	4	7	8	7	1	1	4
1427	경기 고양시	해외시장개척단파견지원	80,000	7	4	5	1	6	1	1	1
1428	경기 고양시	고양시음악창작소운영	71,749	7	5	7	2	7	1	1	4
1429	경기 고양시	디자인개발지원	70,000	7	4	7	1	7	1	1	1
1430	경기 고양시	기록관리시스템(RMS)S/W유지보수비	66,447	7	5	5	1	7	5	5	4
1431	경기 고양시	시군학교밖청소년문화활동지원	64,100	7	1	7	8	7	5	1	3
1432	경기 고양시	지식재산창출지원	56,000	7	4	7	1	7	1	1	1
1433	경기 고양시	김대중대통령사저기념관위탁운영비	55,500	7	4	6	3	7	1	1	3
1434	경기 고양시	사업장대기방지시설유지관리지원	53,000	7	6	7	8	7	5	5	4
1435	경기 고양시	청소년동아리지원	45,000	7	2	5	8	7	1	1	1
1436	경기 고양시	학교밖청소년지원센터급식비지원	42,718	7	1	7	8	7	5	1	3
1437	경기 고양시	GFAIRKOREA참가기업지원	40,000	7	4	5	1	6	1	1	4

순번	시군구	지출명 (사업명)	2024년예산 (단위 : 천원 /1년간)	민간이전 분류 (지방자치단체 세출예산 집행기준에 의거) 1. 민간경상사업보조(307-02) 2. 민간단체 법정운영비보조(307-03) 3. 민간행사사업보조(307-04) 4. 민간위탁금(307-05) 5. 사회복지시설 법정운영비보조(307-10) 6. 민간인위탁교육비(307-12) 7. 공기관등에대한경상적위탁사업비(308-13) 8. 민간자본사업보조,자체재원(402-01) 9. 민간자본사업보조,이전재원(402-02) 10. 민간위탁사업비(402-03) 11. 공기관등에 대한 자본적 위탁사업비(403-02)	민간이전지출 근거 (지방보조금 관리기준 참고) 1. 법률에 규정 2. 국고보조 재원(국가지정) 3. 용도 지정 기부금 4. 조례에 직접규정 5. 지자체가 권장하는 사업을 하는 공공기관 6. 시,도 정책 및 재정사정 7. 기타 8. 해당없음	입찰방식 계약체결방법 (경쟁형태) 1. 일반경쟁 2. 제한경쟁 3. 지명경쟁 4. 수의계약 5. 법정위탁 6. 기타 ( ) 7. 없음	입찰방식 계약기간 1. 1년 2. 2년 3. 3년 4. 4년 5. 5년 6. 기타 ( )년 7. 단기계약 (1년미만) 8. 없음	입찰방식 낙찰자선정방법 1. 적격심사 2. 협상에의한계약 3. 최저가낙찰제 4. 규격가격분리 5. 2단계 경쟁입찰 6. 기타 ( ) 7. 없음	운영예산 산정 운영예산 산정 1. 내부산정 (지자체 자체적으로 산정) 2. 외부산정 (외부전문기관위탁 산정) 3. 내·외부 모두 산정 4. 산정 無 5. 없음	운영예산 산정 정산방법 1. 내부정산 (지자체 내부적으로 정산) 2. 외부정산 (외부전문기관위탁 정산) 3. 내·외부 모두 산정 4. 정산 無 5. 없음	성과평가 실시여부 1. 실시 2. 미실시 3. 향후 추진 4. 해당없음
1438	경기 고양시	디지털미디어피해(인터넷중독)청소년전담상담사배치사업	37,110	7	1	7	8	7	5	1	3
1439	경기 고양시	온나라시스템유지보수	32,838	7	1	1	1	2	3	2	2
1440	경기 고양시	해외전시회개별참가지원	31,500	7	4	5	1	6	1	1	1
1441	경기 고양시	중소기업수출물류비지원	30,000	7	4	5	1	6	1	1	4
1442	경기 고양시	청소년노동인권보호지원	30,000	7	1	7	8	7	5	1	3
1443	경기 고양시	치매안심센터홍보	30,000	7	5	1	3	1	3	3	2
1444	경기 고양시	치매안심센터홍보	30,000	7	1	5	7	7	1	1	4
1445	경기 고양시	택시운행정보관리시스템운영	29,930	7	1	7	8	7	2	2	4
1446	경기 고양시	메이커스페이스운영	25,000	7	5	7	2	7	1	1	1
1447	경기 고양시	청소년어울림마당운영	24,000	7	2	5	8	7	1	1	1
1448	경기 고양시	경기도청소년종합예술제예선대회지원	23,620	7	5	7	8	7	1	1	4
1449	경기 고양시	청백e시스템운영유지보수비	16,465	7	1	5	1	7	5	5	4
1450	경기 고양시	노후경유차운행제한단속시스템유지보수비	15,000	7	5	6	1	7	2	2	1
1451	경기 고양시	학교밖청소년자립지원수당지원	10,800	7	1	7	8	7	5	1	3
1452	경기 고양시	공동주택단지내도로교통안전실태점검위탁운영비	10,000	7	1	5	7	7	1	1	4
1453	경기 고양시	지자체BRM시스템고도화	7,470	7	5	7	8	7	5	5	4
1454	경기 고양시	지방행정공통시스템상담센터운영	6,950	7	1	1	1	2	3	3	4
1455	경기 고양시	경기도청소년종합예술제본선대회지원	6,000	7	5	7	8	7	1	1	4
1456	경기 고양시	우편모아시스템S/W유지보수비	5,600	7	5	5	1	7	5	5	4
1457	경기 고양시	영유아건강검진지원	5,400	7	2	7	8	7	5	5	1
1458	경기 고양시	청소년운영위원회운영	4,000	7	2	5	8	7	1	1	1
1459	경기 고양시	청소년참여위원회운영	2,800	7	2	5	8	7	1	1	1
1460	경기 고양시	표준모자보건수첩	2,100	7	2	5	8	7	1	1	1
1461	경기 고양시	선천성대사이상검사및환아관리	2,000	7	2	7	8	7	5	5	4
1462	경기 고양시	청소년산모임신출산의료비지원	1,960	7	2	7	8	7	5	5	4
1463	경기 고양시	영유아건강검진지원	1,800	7	2	7	8	7	5	5	4
1464	경기 고양시	영유아건강검진지원	1,800	7	2	7	8	7	5	5	1
1465	경기 고양시	선천성대사이상검사및환아관리	1,500	7	2	7	8	7	5	5	1
1466	경기 고양시	표준모자보건수첩	1,500	7	2	7	8	7	5	5	4
1467	경기 고양시	선천성대사이상검사및환아관리	1,500	7	2	7	8	7	5	5	4
1468	경기 고양시	청소년산모임신출산의료비지원	1,470	7	2	7	8	7	5	5	4
1469	경기 고양시	청소년산모임신출산의료비지원	1,470	7	2	7	8	7	5	5	4
1470	경기 고양시	표준모자보건수첩등구매	1,300	7	2	7	8	7	5	5	4
1471	경기 고양시	선천성난청검사및보청기지원	340	7	2	7	8	7	5	5	4
1472	경기 고양시	선천성난청검사및보청기지원	330	7	2	7	8	7	5	5	4
1473	경기 고양시	선천성난청검사및보청기지원	330	7	2	7	8	7	5	5	4
1474	경기 과천시	장애인활동지원(국비)	3,999,444	7	1	7	8	7	1	1	2
1475	경기 과천시	산모신생아건강관리지원(추가형)	300,000	7	2	7	8	7	2	2	1
1476	경기 과천시	산모신생아건강관리지원(전환)	280,000	7	2	7	8	7	2	2	1
1477	경기 과천시	장애인활동지원	272,171	7	1	7	8	7	1	1	2

순번	시군구	지출명 (사업명)	2024년예산 (단위 : 천원 /1년간)	민간이전 분류 (지방자치단체 세출예산 집행기준에 의거) 1. 민간경상사업보조(307-02) 2. 민간단체 법정운영비보조(307-03) 3. 민간행사사업보조(307-04) 4. 민간위탁금(307-05) 5. 사회복지시설 법정운영비보조(307-10) 6. 민간인위탁교육비(307-12) 7. 공기관등에대한경상적위탁사업비(308-13) 8. 민간자본사업보조,자체재원(402-01) 9. 민간자본사업보조,이전재원(402-02) 10. 민간위탁사업비(402-03) 11. 공기관등에 대한 자본적 위탁사업비(403-02)	민간이전지출 근거 (지방보조금 관리기준 참고) 1. 법률에 규정 2. 국고보조 재원(국가지정) 3. 용도 지정 기부금 4. 조례에 직접규정 5. 지자체가 권장하는 사업을 하는 공공기관 6. 시,도 정책 및 재정사정 7. 기타 8. 해당없음	입찰방식: 계약체결방법 (경쟁형태) 1. 일반경쟁 2. 제한경쟁 3. 지명경쟁 4. 수의계약 5. 법정위탁 6. 기타 ( ) 7. 없음	입찰방식: 계약기간 1. 1년 2. 2년 3. 3년 4. 4년 5. 5년 6. 기타 ( )년 7. 단기계약 (1년미만) 8. 없음	입찰방식: 낙찰자선정방법 1. 적격심사 2. 협상에의한계약 3. 최저가낙찰제 4. 규격가격분리 5. 2단계 경쟁입찰 6. 기타 ( ) 7. 없음	운영예산 산정: 운영예산 산정 1. 내부산정 (지자체 자체적으로 산정) 2. 외부산정 (외부전문기관위탁 산정) 3. 내·외부 모두 산정 4. 산정 無 5. 없음	운영예산 산정: 정산방법 1. 내부정산 (지자체 내부적으로 정산) 2. 외부정산 (외부전문기관위탁 정산) 3. 내·외부 모두 산정 4. 정산 無 5. 없음	성과평가 실시여부 1. 실시 2. 미실시 3. 향후 추진 4. 해당없음
1478	경기 과천시	장애아동재활치료바우처사업(국비)	201,008	7	1	7	8	7	1	1	2
1479	경기 과천시	쓰레기봉투제작및판매위탁운영(과천도시공사)	191,700	7	4	7	7	7	1	1	4
1480	경기 과천시	장애인활동지원(자체)	156,563	7	1	7	8	7	1	1	2
1481	경기 과천시	기록관리시스템유지관리	155,000	7	7	7	8	7	2	2	4
1482	경기 과천시	청소년발달장애학생방과후활동서비스지원	133,028	7	1	7	8	7	1	1	2
1483	경기 과천시	장애인활동지원24시간지원	96,849	7	1	7	8	7	1	1	2
1484	경기 과천시	장애인활동보조가산급여(국비)	96,402	7	1	7	8	7	1	1	2
1485	경기 과천시	공통기반전산장비및재해복구유지관리	90,800	7	2	5	1	7	3	3	2
1486	경기 과천시	통합재정시스템운영및유지관리분담금	84,868	7	7	6	1	6	2	2	2
1487	경기 과천시	예비스타기업육성부담금	76,000	7	5	7	8	7	1	1	4
1488	경기 과천시	국가암조기검진	71,948	7	2	7	8	7	5	5	4
1489	경기 과천시	저소득층기저귀조제분유지원(국비)	64,000	7	2	7	8	7	2	2	4
1490	경기 과천시	온나라시스템유지관리	60,800	7	2	5	1	7	3	3	2
1491	경기 과천시	희귀질환자의료비지원	49,216	7	2	7	8	7	5	5	4
1492	경기 과천시	부설주차장위탁운영	46,128	7	5	5	1	7	1	1	2
1493	경기 과천시	공공배달앱이용활성화	40,000	7	5	7	8	7	1	1	4
1494	경기 과천시	SNS캐릭터이모티콘광고비등	35,000	7	1	5	8	7	3	1	4
1495	경기 과천시	해외전시회참가기업지원(신규사업)	32,000	7	5	7	8	7	1	1	4
1496	경기 과천시	지자체정보보호컨설팅(사이버위기대응통합훈련)	25,000	7	5	6	1	7	2	2	4
1497	경기 과천시	2024년차세대주민등록시스템운영비(SMS발송이용료포함)	19,913	7	1	5	1	7	2	2	1
1498	경기 과천시	인사랑유지관리등	18,275	7	7	7	8	7	5	5	4
1499	경기 과천시	청백e시스템유지보수	11,000	7	6	7	8	7	2	2	4
1500	경기 과천시	고향사랑기부제종합정보시스템운영및유지관리	8,802	7	7	5	1	7	2	2	4
1501	경기 과천시	지방행정통합정보시스템상담센터운영	7,000	7	2	5	1	7	3	3	2
1502	경기 과천시	기술닥터사업부담금	7,000	7	5	7	8	7	1	1	4
1503	경기 과천시	우편모아시스템통합유지관리	5,800	7	7	7	8	7	2	2	4
1504	경기 과천시	발달장애인부모심리상담서비스	5,740	7	1	7	8	7	1	1	2
1505	경기 과천시	일반건강검진지원	5,000	7	2	7	8	7	5	5	4
1506	경기 과천시	지식재산창출지원사업부담금	5,000	7	5	7	8	7	1	1	4
1507	경기 과천시	의료수급권자영유아건강검진지원	1,450	7	2	7	8	7	5	5	4
1508	경기 과천시	청소년산모임신출산의료비지원	1,200	7	2	7	8	7	5	5	4
1509	경기 과천시	표준모자보건수첩	1,100	7	1	7	8	7	1	2	4
1510	경기 과천시	선천성대사이상홍보비	260	7	2	7	8	7	5	5	4
1511	경기 과천시	선천성난청검사및보청기지원	180	7	2	7	8	7	5	5	4
1512	경기 구리시	구리시멀티스포츠센터관리대행비	4,578,462	7	6	4	3	2	1	1	2
1513	경기 구리시	갈매멀티스포츠센터관리대행비	4,042,350	7	6	4	3	2	1	1	2
1514	경기 구리시	공영주차장관리대행사업비(구리도시공사)	2,652,037	7	4	6	3	7	1	5	1
1515	경기 구리시	교통약자이동지원센터운영비	1,840,000	7	4	6	3	7	1	5	1
1516	경기 구리시	별내선역무운영관리대행사업비(구리도시공사)	1,700,000	7	1	4	3	7	1	2	3
1517	경기 구리시	구리시체육관관리대행비	938,703	7	6	4	3	2	1	1	2

순번	시군구	지출명 (사업명)	2024년예산 (단위 : 천원 /1년간)	민간이전 분류 (지방자치단체 세출예산 집행기준에 의거) 1. 민간경상사업보조(307-02) 2. 민간단체 법정운영비보조(307-03) 3. 민간행사사업보조(307-04) 4. 민간위탁금(307-05) 5. 사회복지시설 법정운영비보조(307-10) 6. 민간인위탁교육비(307-12) 7. 공기관등에대한경상적위탁사업비(308-13) 8. 민간자본사업보조,자체재원(402-01) 9. 민간자본사업보조,이전재원(402-02) 10. 민간위탁사업비(402-03) 11. 공기관등에 대한 자본적 위탁사업비(403-02)	민간이전지출 근거 (지방보조금 관리기준 참고) 1. 법률에 규정 2. 국고보조 재원(국가지정) 3. 용도 지정 기부금 4. 조례에 직접규정 5. 지자체가 권장하는 사업을 하는 공공기관 6. 시,도 정책 및 재정사정 7. 기타 8. 해당없음	입찰방식 계약체결방법 (경쟁형태) 1. 일반경쟁 2. 제한경쟁 3. 지명경쟁 4. 수의계약 5. 법정위탁 6. 기타 ( ) 7. 없음	입찰방식 계약기간 1. 1년 2. 2년 3. 3년 4. 4년 5. 5년 6. 기타 ( )년 7. 단기계약 (1년미만) 8. 없음	입찰방식 낙찰자선정방법 1. 적격심사 2. 협상에의한계약 3. 최저가낙찰제 4. 규격가격분리 5. 2단계 경쟁입찰 6. 기타 ( ) 7. 없음	운영예산 산정 운영예산 산정 1. 내부산정 (지자체 자체적으로 산정) 2. 외부산정 (외부전문기관위탁 산정) 3. 내·외부 모두 산정 4. 산정 無 5. 없음	운영예산 산정 정산방법 1. 내부정산 (지자체 내부적으로 정산) 2. 외부정산 (외부전문기관위탁 정산) 3. 내·외부 모두 산정 4. 정산 無 5. 없음	성과평가 실시여부 1. 실시 2. 미실시 3. 향후 추진 4. 해당없음
1518	경기 구리시	행정복지센터대행사업비(구리도시공사)	819,144	7	1,4,5	6	3	7	1	1	1
1519	경기 구리시	경기도시내버스공공관리제(시주관)	777,279	7	6	5	8	7	5	5	4
1520	경기 구리시	구리왕숙체육공원관리대행비	690,000	7	6	4	3	2	1	1	2
1521	경기 구리시	The경기패스(국비)	592,000	7	2	5	8	7	5	5	4
1522	경기 구리시	구리토평가족캠핑장관리대행	577,919	7	5	7	8	7	1	1	1
1523	경기 구리시	시설위탁관리비(한국자산관리공사)	562,983	7	1	7	8	7	2	2	4
1524	경기 구리시	한강시민공원관리대행(구리도시공사)사업비	537,342	7	4	5	3	1	1	1	1
1525	경기 구리시	수도권매립지반입수수료(생활쓰레기반입)	525,848	7	1	5	8	7	1	5	4
1526	경기 구리시	산모신생아건강관리지원(전환사업)	462,000	7	2	5	8	7	3	3	1
1527	경기 구리시	언론매체홍보신문사(중앙지,지방지)	450,000	7	1	7	8	7	1	1	4
1528	경기 구리시	구리국민체육센터관리대행비	344,063	7	6	4	3	2	1	1	2
1529	경기 구리시	알뜰교통카드연계마일리지지원	344,000	7	2	5	8	7	5	5	4
1530	경기 구리시	(구리시멀티스포츠센터)구리도시공사관리대행사업경영지원부간접비	338,756	7	6	4	3	2	1	1	2
1531	경기 구리시	대광위광역버스준공영제사업	336,085	7	2	5	8	7	5	5	4
1532	경기 구리시	국가암검진비	332,200	7	2	5	8	7	4	1	1
1533	경기 구리시	구리전통시장제2공영주차장관리대행사업비	292,489	7	1	4	6	7	1	1	2
1534	경기 구리시	체육시설프로그램운영비	278,988	7	4	5	3	1	1	1	1
1535	경기 구리시	저소득층기저귀조제분유지원	276,000	7	2	5	8	7	3	3	1
1536	경기 구리시	언론매체홍보방송사,통신사,지역인터넷등	250,000	7	1	7	8	7	1	1	4
1537	경기 구리시	구리시립테니스장관리대행비	240,000	7	6	4	3	2	1	1	2
1538	경기 구리시	공영주차장관리대행경영지원부간접비(구리도시공사)	224,441	7	4	7	8	7	5	5	4
1539	경기 구리시	구리시멀티스포츠센터관리대행대행수수료	209,109	7	6	4	3	2	1	1	2
1540	경기 구리시	희귀질환자의료비지원	203,700	7	6	5	8	7	4	1	1
1541	경기 구리시	청소년동반자프로그램운영	203,258	7	2	6	8	7	1	3	1
1542	경기 구리시	청소년방과후아카데미운영	197,466	7	2	6	8	7	4	1	1
1543	경기 구리시	쓰레기종량제봉투배송관리대행(도시공사)	180,192	7	5	6	3	6	1	1	3
1544	경기 구리시	치매치료관리비지원	170,120	7	1	7	7	7	1	2	2
1545	경기 구리시	학교밖청소년맞춤형프로그램운영지원	147,010	7	6	6	8	7	1	3	1
1546	경기 구리시	시군학교밖청소년지원	140,019	7	2	6	8	7	1	3	1
1547	경기 구리시	공영주차장관리대행수수료(구리도시공사)	138,544	7	4	7	8	7	5	5	4
1548	경기 구리시	공공배달앱사업운영	130,000	7	5	7	8	7	1	1	4
1549	경기 구리시	교통약자이동지원센터관리대행사업간접비	123,655	7	4	7	8	7	5	5	4
1550	경기 구리시	구리시민운동장관리대행비	120,000	7	6	4	3	2	1	1	2
1551	경기 구리시	공통기반및재해복구시스템유지관리	111,492	7	1	5	1	7	1	1	1
1552	경기 구리시	청소년안전망구축	107,520	7	2	6	8	7	1	3	1
1553	경기 구리시	산모신생아건강관리지원(추가형)	102,000	7	2	5	8	7	3	3	1
1554	경기 구리시	통합지방재정시스템운영및유지관리분담금	98,892	7	1	7	8	7	5	5	4
1555	경기 구리시	장애인의료비지원	90,303	7	1	7	8	7	5	1	4
1556	경기 구리시	온나라시스템사업단운영시군분담금	85,000	7	1	5	1	7	3	2	2
1557	경기 구리시	차세대지방세정보시스템구축유지보수비	81,475	7	1	7	7	7	5	5	4

순번	시군구	지출명 (사업명)	2024년예산 (단위 : 천원 /1년간)	민간이전 분류 (지방자치단체 세출예산 집행기준에 의거) 1. 민간경상사업보조(307-02) 2. 민간단체 법정운영비보조(307-03) 3. 민간행사사업보조(307-04) 4. 민간위탁금(307-05) 5. 사회복지시설 법정운영비보조(307-10) 6. 민간인위탁교육비(307-12) 7. 공기관등에대한경상적위탁사업비(308-13) 8. 민간자본사업보조,자체재원(402-01) 9. 민간자본사업보조,이전재원(402-02) 10. 민간위탁사업비(402-03) 11. 공기관등에 대한 자본적 위탁사업비(403-02)	민간이전지출 근거 (지방보조금 관리기준 참고) 1. 법률에 규정 2. 국고보조 재원(국가지정) 3. 용도 지정 기부금 4. 조례에 직접규정 5. 지자체가 권장하는 사업을 하는 공공기관 6. 시,도 정책 및 재정사정 7. 기타 8. 해당없음	입찰방식 계약체결방법 (경쟁형태) 1. 일반경쟁 2. 제한경쟁 3. 지명경쟁 4. 수의계약 5. 법정위탁 6. 기타 ( ) 7. 없음	입찰방식 계약기간 1. 1년 2. 2년 3. 3년 4. 4년 5. 5년 6. 기타 ( )년 7. 단기계약 (1년미만) 8. 없음	입찰방식 낙찰자선정방법 1. 적격심사 2. 협상에의한계약 3. 최저가낙찰제 4. 규격가격분리 5. 2단계 경쟁입찰 6. 기타 ( ) 7. 없음	운영예산 산정 운영예산 산정 1. 내부산정 (지자체 자체적으로 산정) 2. 외부산정 (외부전문기관위탁 산정) 3. 내·외부 모두 산정 4. 산정 無 5. 없음	운영예산 산정 정산방법 1. 내부정산 (지자체 내부적으로 정산) 2. 외부정산 (외부전문기관위탁 정산) 3. 내·외부 모두 산정 4. 정산 無 5. 없음	성과평가 실시여부 1. 실시 2. 미실시 3. 향후 추진 4. 해당없음
1558	경기 구리시	교통약자이동지원센터관리대행수수료	76,330	7	4	7	8	7	5	5	4
1559	경기 구리시	(구리시체육관)구리도시공사관리대행사업경영지원부간접비	67,582	7	6	4	3	2	1	1	2
1560	경기 구리시	24년지적재조사측량비	64,350	7	2	7	8	7	5	1	4
1561	경기 구리시	행정복지센터관리대행사업경영지원부간접비	61,997	7	1,4,5	6	3	7	1	1	1
1562	경기 구리시	간접비	61,838	7	4	5	3	1	1	1	1
1563	경기 구리시	중소기업개발생산판로맞춤형지원사업	56,400	7	4	5	1	1	4	1	2
1564	경기 구리시	(구리왕숙체육공원)구리도시공사관리대행사업경영지원부간접비	55,340	7	6	4	3	2	1	1	2
1565	경기 구리시	구리토평가족캠핑장대행사업간접비	46,812	7	5	7	8	7	1	1	1
1566	경기 구리시	노후경유차운행제한시스템유지관리비	46,613	7	4	2	1	1	2	2	2
1567	경기 구리시	구리시체육관관리대행대행수수료	41,717	7	6	4	3	2	1	1	2
1568	경기 구리시	도로명주소기본도유지보수	41,562	7	1	5	1	7	2	1	2
1569	경기 구리시	학교밖청소년문화활동지원	41,000	7	6	6	8	7	1	3	1
1570	경기 구리시	2023년표준세외수입정보시스템유지보수비	40,965	7	1	7	1	7	2	2	1
1571	경기 구리시	행정복지센터관리대행수수료	38,270	7	1,4,5	6	3	7	1	1	1
1572	경기 구리시	수수료	38,171	7	4	5	3	1	1	1	1
1573	경기 구리시	차세대주소정보관리시스템구축위탁사업	35,554	7	1	5	1	7	2	1	2
1574	경기 구리시	구리왕숙체육공원관리대행대행수수료	34,161	7	6	4	3	2	1	1	2
1575	경기 구리시	(갈매멀티스포츠센터)구리도시공사관리대행사업경영지원부간접비	31,444	7	6	4	3	2	1	1	2
1576	경기 구리시	시군청소년노동인권보호지원	30,000	7	6	6	8	7	1	3	1
1577	경기 구리시	갈매동찾아가는청소년수련관운영	30,000	7	6	6	8	7	1	1	1
1578	경기 구리시	기술닥터지원사업	29,180	7	4	5	1	1	4	1	2
1579	경기 구리시	구리토평가족캠핑장대행수수료	28,896	7	5	7	8	7	1	1	1
1580	경기 구리시	청소년지도사배치지원	28,128	7	2	6	8	7	4	1	1
1581	경기 구리시	진황도시청소년구리시교류프로그램	25,000	7	6	6	8	7	1	1	1
1582	경기 구리시	일반건강검진지원	24,200	7	2	5	8	7	4	1	1
1583	경기 구리시	IoT기반공기청정시스템유지관리비	24,115	7	1	5	1	6	2	2	4
1584	경기 구리시	청소년어울림마당운영	24,000	7	6	6	8	7	1	1	1
1585	경기 구리시	(구리국민체육센터)구리도시공사관리대행사업경영지원부간접비	23,563	7	6	4	3	2	1	1	2
1586	경기 구리시	뉴스플랫폼이용등SNS홍보	22,000	7	1	7	8	7	1	1	4
1587	경기 구리시	차세대주민등록시스템운영비	21,979	7	7	1	1	2	3	1	4
1588	경기 구리시	차세대표준지방인사정보시스템및인프라유지보수	20,416	7	1	5	1	2	2	2	1
1589	경기 구리시	인성함양프로그램운영	20,000	7	6	6	8	7	1	1	1
1590	경기 구리시	갈매멀티스포츠센터관리대행대행수수료	19,410	7	6	4	3	2	1	1	2
1591	경기 구리시	주소정보관리시스템(KAIS)운영지원유지보수	18,173	7	1	5	1	7	2	1	2
1592	경기 구리시	청소년동아리활동지원	17,500	7	6	6	8	7	1	1	1
1593	경기 구리시	청소년종합예술제운영	17,500	7	6	6	8	7	1	1	1
1594	경기 구리시	(구리시립테니스장)구리도시공사관리대행사업경영지원부간접비	17,060	7	6	4	3	2	1	1	2
1595	경기 구리시	구리국민체육센터관리대행대행수수료	14,545	7	6	4	3	2	1	1	2
1596	경기 구리시	시군학교밖청소년급식비지원	13,310	7	2	6	8	7	1	3	1
1597	경기 구리시	청백e(통합상시모니터링)시스템운영	12,510	7	1	5	1	7	2	2	2

순번	시군구	지출명 (사업명)	2024년예산 (단위 : 천원 /1년간)	민간이전 분류 (지방자치단체 세출예산 집행기준에 의거) 1. 민간경상사업보조(307-02) 2. 민간단체 법정운영비보조(307-03) 3. 민간행사사업보조(307-04) 4. 민간위탁금(307-05) 5. 사회복지시설 법정운영비보조(307-10) 6. 민간인위탁교육비(307-12) 7. 공기관등에대한경상적위탁사업비(308-13) 8. 민간자본사업보조,자체재원(402-01) 9. 민간자본사업보조,이전재원(402-02) 10. 민간위탁사업비(402-03) 11. 공기관등에 대한 자본적 위탁사업비(403-02)	민간이전지출 근거 (지방보조금 관리기준 참고) 1. 법률에 규정 2. 국고보조 재원(국가지정) 3. 용도 지정 기부금 4. 조례에 직접규정 5. 지자체가 권장하는 사업을 하는 공공기관 6. 시,도 정책 및 재정사정 7. 기타 8. 해당없음	입찰방식			운영예산 산정		성과평가 실시여부
						계약체결방법 (경쟁형태) 1. 일반경쟁 2. 제한경쟁 3. 지명경쟁 4. 수의계약 5. 법정위탁 6. 기타 ( ) 7. 없음	계약기간 1. 1년 2. 2년 3. 3년 4. 4년 5. 5년 6. 기타 ( )년 7. 단기계약 (1년미만) 8. 없음	낙찰자선정방법 1. 적격심사 2. 협상에의한계약 3. 최저가낙찰제 4. 규격가격분리 5. 2단계 경쟁입찰 6. 기타 ( ) 7. 없음	운영예산 산정 1. 내부산정 (지자체 자체적으로 산정) 2. 외부산정 (외부전문기관위탁 산정) 3. 내·외부 모두 산정 4. 산정 無 5. 없음	정산방법 1. 내부정산 (지자체 내부적으로 정산) 2. 외부정산 (외부전문기관위탁 정산) 3. 내·외부 모두 산정 4. 정산 無 5. 없음	1. 실시 2. 미실시 3. 향후 추진 4. 해당없음
1598	경기 구리시	쓰레기종량제봉투배송관리대행간접비	12,474	7	5	6	3	6	1	1	3
1599	경기 구리시	구리시립데니스장관리대행대행수수료	10,531	7	6	4	3	2	1	1	2
1600	경기 구리시	디자인개발지원사업	10,400	7	4	5	1	1	4	1	2
1601	경기 구리시	(구리시민운동장)구리도시공사관리대행사업경영지원부간접비	9,606	7	6	4	3	2	1	1	2
1602	경기 구리시	공공청소년수련시설이용활성화지원	9,500	7	6	6	8	7	1	1	1
1603	경기 구리시	택시운행정보관리시스템운영지원	9,108	7	1	5	8	7	2	2	1
1604	경기 구리시	청소년무안군갯벌체험캠프	8,000	7	6	6	8	7	1	1	1
1605	경기 구리시	청소년단양군환경생태체험캠프	8,000	7	6	6	8	7	1	1	1
1606	경기 구리시	쓰레기종량제봉투배송관리대행수수료(도시공사)	7,700	7	5	6	3	6	1	1	3
1607	경기 구리시	지방행정공통정보시스템서비스데스크운영	6,950	7	1	5	1	7	2	2	1
1608	경기 구리시	학교밖청소년자립지원수당	6,400	7	6	6	8	7	1	3	1
1609	경기 구리시	구리시민운동장관리대행대행수수료	5,930	7	6	4	3	2	1	1	2
1610	경기 구리시	우편모아프로그램유지보수	5,600	7	1	6	1	7	2	2	4
1611	경기 구리시	지식재산창출지원사업	5,000	7	4	5	1	1	4	1	2
1612	경기 구리시	상호교류도시청소년토크앤플레이	5,000	7	6	6	8	7	1	1	1
1613	경기 구리시	차세대표준지방인사정보시스템인사통계등유지관리	4,524	7	1	5	1	2	2	2	1
1614	경기 구리시	지자체기능분류모델시스템고도화사업	4,250	7	1	5	1	2	2	2	1
1615	경기 구리시	지방세정보시스템운영지원	3,270	7	1	7	7	7	5	5	4
1616	경기 구리시	지역청소년참여위원회운영지원	2,800	7	6	6	8	7	1	1	1
1617	경기 구리시	아동급식지원플랫폼배달료지원비	2,736	7	1	7	8	7	1	1	4
1618	경기 구리시	영유아건강검진지원	2,400	7	2	5	8	7	4	1	1
1619	경기 구리시	청소년운영위원회운영지원	2,000	7	6	6	8	7	1	1	1
1620	경기 구리시	공동주택입주자대표회의운영윤리교육(온라인)	1,536	7	1	5	1	7	3	2	4
1621	경기 구리시	청소년산모임신출산의료비지원	1,200	7	2	5	8	7	3	3	1
1622	경기 구리시	표준모자보건수첩비	1,150	7	5	7	8	7	5	1	1
1623	경기 구리시	결핵환자가족접촉자검진위탁수수료	386	7	2	7	8	7	5	5	4
1624	경기 남양주시	에코랜드(소각잔재매립장)운영및관리	4,134,626	7	4	5	5	7	1	2	4
1625	경기 남양주시	시내버스공공관리제운영지원(자체/지원)	3,886,397	7	4	7	8	7	5	5	4
1626	경기 남양주시	청소년시설위탁운영	3,767,658	7	5	5	5	2	1	1	1
1627	경기 남양주시	수도권매립지폐기물반입	3,300,000	7	6	7	8	7	1	5	4
1628	경기 남양주시	남양주도시공사민간대행사업비	3,269,981	7	4	5	5	7	1	1	2
1629	경기 남양주시	어린이비전센터등운영	3,147,658	7	5	7	5	7	1	1	4
1630	경기 남양주시	산모신생아건강관리지원사업(전환)	2,000,000	7	1	7	8	7	5	5	4
1631	경기 남양주시	The경기패스	1,900,000	7	2	7	8	7	2	2	4
1632	경기 남양주시	청소년시설위탁운영	1,837,780	7	5	5	5	2	1	1	1
1633	경기 남양주시	청소년시설위탁운영	1,428,123	7	5	5	5	2	1	1	1
1634	경기 남양주시	저소득층기저귀및조제분유지원	1,400,000	7	2	7	8	7	2	1	4
1635	경기 남양주시	별내자동클린넷및클린센터운영	1,196,759	7	4	5	5	7	1	2	4
1636	경기 남양주시	광역알뜰교통카드사업	1,106,000	7	2	7	8	7	2	2	4
1637	경기 남양주시	신문,방송등홍보	845,000	7	1	7	8	7	1	2	4

순번	시군구	지출명 (사업명)	2024년예산 (단위 : 천원 /1년간)	민간이전 분류 (지방자치단체 세출예산 집행기준에 의거) 1. 민간경상사업보조(307-02) 2. 민간단체 법정운영비보조(307-03) 3. 민간행사사업보조(307-04) 4. 민간위탁금(307-05) 5. 사회복지시설 법정운영비보조(307-10) 6. 민간인위탁교육비(307-12) 7. 공기관등에대한경상적위탁사업비(308-13) 8. 민간자본사업보조,자체재원(402-01) 9. 민간자본사업보조,이전재원(402-02) 10. 민간위탁사업비(402-03) 11. 공기관등에 대한 자본적 위탁사업비(403-02)	민간이전지출 근거 (지방보조금 관리기준 참고) 1. 법률에 규정 2. 국고보조 재원(국가지정) 3. 용도 지정 기부금 4. 조례에 직접규정 5. 지자체가 권장하는 사업을 하는 공공기관 6. 시,도 정책 및 재정사정 7. 기타 8. 해당없음	입찰방식 계약체결방법 (경쟁형태) 1. 일반경쟁 2. 제한경쟁 3. 지명경쟁 4. 수의계약 5. 법정위탁 6. 기타 ( ) 7. 없음	입찰방식 계약기간 1. 1년 2. 2년 3. 3년 4. 4년 5. 5년 6. 기타 ( )년 7. 단기계약 (1년미만) 8. 없음	입찰방식 낙찰자선정방법 1. 적격심사 2. 협상에의한계약 3. 최저가낙찰제 4. 규격가격분리 5. 2단계 경쟁입찰 6. 기타 ( ) 7. 없음	운영예산 산정 운영예산 산정 1. 내부산정 (지자체 자체적으로 산정) 2. 외부산정 (외부전문기관위탁 산정) 3. 내·외부 모두 산정 4. 산정 無 5. 없음	운영예산 산정 정산방법 1. 내부정산 (지자체 내부적으로 정산) 2. 외부정산 (외부전문기관위탁 정산) 3. 내·외부 모두 산정 4. 정산 無 5. 없음	성과평가 실시여부 1. 실시 2. 미실시 3. 향후 추진 4. 해당없음
1638	경기 남양주시	주거급여	738,972	7	1	5	8	7	1	1	4
1639	경기 남양주시	국가암관리(암검진사업)	731,413	7	2	7	8	7	5	5	1
1640	경기 남양주시	청소년시설위탁운영	603,647	7	5	5	5	2	1	1	1
1641	경기 남양주시	희귀질환자의료비지원	569,758	7	2	7	8	7	5	5	4
1642	경기 남양주시	남양주시청년창업센터(이석영신흥상회)운영	545,474	7	4	6	5	6	1	1	4
1643	경기 남양주시	어린이비전센터등운영	421,113	7	5	7	5	7	1	1	4
1644	경기 남양주시	청소년시설위탁운영	410,408	7	5	5	5	2	1	1	1
1645	경기 남양주시	국가암관리(암검진사업)	394,223	7	2	7	8	7	2	1	4
1646	경기 남양주시	장애인의료비지원	346,028	7	1	7	8	7	1	1	4
1647	경기 남양주시	청소년방과후아카데미운영	332,108	7	5	5	5	2	1	1	1
1648	경기 남양주시	산모신생아건강관리지원사업(추가형)	320,000	7	1	7	8	7	5	5	4
1649	경기 남양주시	청소년시설위탁운영	309,012	7	5	5	5	2	1	1	1
1650	경기 남양주시	글로벌시장개척	299,000	7	4	7	8	7	3	2	1
1651	경기 남양주시	치매치료관리비지원(전환)	279,604	7	2	7	8	7	2	1	4
1652	경기 남양주시	한강시민공원유지관리	277,385	7	8	7	8	7	1	1	4
1653	경기 남양주시	슬레이트처리지원	272,000	7	2	5	2	7	5	1	4
1654	경기 남양주시	대중매체를활용한시정홍보	250,000	7	1	7	8	7	1	2	4
1655	경기 남양주시	희귀질환자의료비지원	244,182	7	2	7	8	7	2	1	4
1656	경기 남양주시	청사유지관리비	206,391	7	4	5	5	2	1	1	4
1657	경기 남양주시	기술거래촉진네트워크	200,000	7	4	7	8	7	3	3	1
1658	경기 남양주시	치매치료관리비지원(전환)	184,468	7	6	7	8	7	2	1	4
1659	경기 남양주시	지방재정정보화시스템구축	141,239	7	1	5	1	7	2	2	4
1660	경기 남양주시	대중매체를활용한시정홍보	140,000	7	1	7	8	7	1	2	4
1661	경기 남양주시	청사관리(주차관제시스템운영및관리)	134,062	7	4	4	8	2	1	1	4
1662	경기 남양주시	행정전산운영	124,967	7	1	5	1	7	2	2	4
1663	경기 남양주시	중소기업생산판로개척지원사업	120,000	7	4	7	8	7	3	3	1
1664	경기 남양주시	내일채움공제지원	120,000	7	4	7	8	7	3	3	1
1665	경기 남양주시	지적재조사사업추진	117,623	7	1	7	8	7	5	5	4
1666	경기 남양주시	주소정보기본도현행화사업	112,143	7	1	5	1	7	2	2	2
1667	경기 남양주시	지방세부과	107,499	7	7	5	1	7	3	1	2
1668	경기 남양주시	행정전산운영	72,500	7	1	5	1	7	2	2	4
1669	경기 남양주시	표준인사정보시스템유지관리	70,151	7	6	5	1	2	2	1	1
1670	경기 남양주시	기업맞춤형마케팅지원	70,000	7	4	7	8	7	3	3	1
1671	경기 남양주시	노후경유차운행제한단속시스템유지관리	65,901	7	2	2	1	1	2	2	4
1672	경기 남양주시	지식재산창출지원사업	60,000	7	4	7	8	7	3	3	1
1673	경기 남양주시	도로명주소정보체계유지관리	58,677	7	1	5	1	7	2	2	2
1674	경기 남양주시	표준기록관리시스템운영	55,068	7	7	2	1	2	2	2	1
1675	경기 남양주시	일반건강검진지원	53,625	7	2	7	8	7	5	5	1
1676	경기 남양주시	기술닥터사업	51,020	7	4	7	8	7	3	3	1
1677	경기 남양주시	온라인을통한시정홍보	50,000	7	1	7	8	7	1	2	4

순번	시군구	지출명 (사업명)	2024년예산 (단위 : 천원 /1년간)	민간이전 분류 (지방자치단체 세출예산 집행기준에 의거) 1. 민간경상사업보조(307-02) 2. 민간단체 법정운영비보조(307-03) 3. 민간행사사업보조(307-04) 4. 민간위탁금(307-05) 5. 사회복지시설 법정운영비보조(307-10) 6. 민간인위탁교육비(307-12) 7. 공기관등에대한경상적위탁사업비(308-13) 8. 민간자본사업보조,자체재원(402-01) 9. 민간자본사업보조,이전재원(402-02) 10. 민간위탁사업비(402-03) 11. 공기관등에 대한 자본적 위탁사업비(403-02)	민간이전지출 근거 (지방보조금 관리기준 참고) 1. 법률에 규정 2. 국고보조 재원(국가지정) 3. 용도 지정 기부금 4. 조례에 직접규정 5. 지자체가 권장하는 사업을 하는 공공기관 6. 시,도 정책 및 재정사정 7. 기타 8. 해당없음	입찰방식 계약체결방법 (경쟁형태) 1. 일반경쟁 2. 제한경쟁 3. 지명경쟁 4. 수의계약 5. 법정위탁 6. 기타 ( ) 7. 없음	입찰방식 계약기간 1. 1년 2. 2년 3. 3년 4. 4년 5. 5년 6. 기타 ( )년 7. 단기계약 (1년미만) 8. 없음	입찰방식 낙찰자선정방법 1. 적격심사 2. 협상에의한계약 3. 최저가낙찰제 4. 규격가격분리 5. 2단계 경쟁입찰 6. 기타 ( ) 7. 없음	운영예산 산정 운영예산 산정 1. 내부산정 (지자체 자체적으로 산정) 2. 외부산정 (외부전문기관위탁 산정) 3. 내·외부 모두 산정 4. 산정 無 5. 없음	운영예산 산정 정산방법 1. 내부정산 (지자체 내부적으로 정산) 2. 외부정산 (외부전문기관위탁 정산) 3. 내·외부 모두 산정 4. 정산 無 5. 없음	성과평가 실시여부 1. 실시 2. 미실시 3. 향후 추진 4. 해당없음
1678	경기 남양주시	세외수입징수	48,386	7	1	5	8	7	5	5	4
1679	경기 남양주시	주요정보통신기반시설취약점분석	47,700	7	1	6	6	6	2	2	1
1680	경기 남양주시	기술닥터사업	40,815	7	4	7	8	7	3	3	1
1681	경기 남양주시	도로명주소정보체계유지관리	36,888	7	6	7	8	7	5	5	4
1682	경기 남양주시	기술닥터사업	36,734	7	4	7	8	7	3	3	1
1683	경기 남양주시	디자인개발지원사업	36,000	7	4	7	8	7	3	3	1
1684	경기 남양주시	차세대주민등록정보시스템운영	35,735	7	8	7	1	7	2	2	2
1685	경기 남양주시	공공청소년수련시설이용활성화지원	29,500	7	5	5	5	2	1	1	1
1686	경기 남양주시	일반건강검진지원	28,875	7	2	7	8	7	2	1	4
1687	경기 남양주시	청소년지도사배치지원(공공청소년수련시설)	28,128	7	5	5	5	2	1	1	1
1688	경기 남양주시	도시계획신문공고	26,400	7	1	5	8	7	1	1	2
1689	경기 남양주시	청소년어울림마당지원	24,000	7	5	5	5	2	1	1	1
1690	경기 남양주시	경기도청소년종합예술대회	23,620	7	5	5	5	2	1	1	1
1691	경기 남양주시	정보통신보안업무운영	20,000	7	5	5	1	7	1	2	2
1692	경기 남양주시	공동주택입주대표자및관리사무소장교육	15,810	7	1	7	8	7	5	5	4
1693	경기 남양주시	자율적내부통제운영	15,674	7	1	4	1	7	2	2	4
1694	경기 남양주시	노후공동주택유지관리지원(다세대,연립주택)	15,000	7	4	7	8	7	5	5	4
1695	경기 남양주시	한강시민공원유지관리	14,400	7	8	7	8	7	1	1	4
1696	경기 남양주시	택시운행정보관리시스템(TIMS)운영사업	13,646	7	6	5	1	7	5	5	4
1697	경기 남양주시	청사유지관리비	10,478	7	4	5	5	2	1	1	4
1698	경기 남양주시	고향사랑기부제운영	9,467	7	1	2	1	2	2	2	1
1699	경기 남양주시	청소년동아리지원	7,500	7	5	7	7	7	1	1	1
1700	경기 남양주시	표준기록관리시스템운영	6,460	7	7	2	1	2	2	2	4
1701	경기 남양주시	청사유지관리	6,000	7	5	4	3	7	1	5	4
1702	경기 남양주시	문서수발제도운영	5,600	7	6	4	1	7	2	2	4
1703	경기 남양주시	별내지구화접건널목관리	5,000	7	8	7	8	7	1	2	4
1704	경기 남양주시	아동급식지원플랫폼배달비지원	4,968	7	2	7	8	7	5	5	4
1705	경기 남양주시	표준모자보건수첩	4,500	7	7	7	8	7	1	1	4
1706	경기 남양주시	영유아건강검진지원	3,230	7	2	7	8	7	5	5	4
1707	경기 남양주시	영유아건강검진지원	3,220	7	2	7	8	7	2	1	4
1708	경기 남양주시	기술닥터사업	3,061	7	4	7	8	7	3	3	1
1709	경기 남양주시	국가지점번호일제조사	2,649	7	6	7	8	7	5	5	4
1710	경기 남양주시	LPG용기사용가구시설개선사업	2,250	7	2	7	8	7	5	5	4
1711	경기 남양주시	청소년산모의료비지원	2,130	7	2	7	8	7	2	1	4
1712	경기 남양주시	노후공동주택유지관리지원(다세대,연립주택)	1,200	7	4	7	8	7	5	5	4
1713	경기 군포시	공영주차장운영	4,332,466	7	1	5	6	7	1	1	1
1714	경기 군포시	경기도공공버스사업	3,221,688	7	1	7	8	7	1	1	2
1715	경기 군포시	특별교통수단운영	3,038,398	7	1	5	8	7	1	1	2
1716	경기 군포시	국민체육센터경상적위탁사업비	2,203,874	7	5	7	8	7	5	5	4
1717	경기 군포시	부곡체육시설경상적위탁사업비	1,603,126	7	5	7	8	7	5	5	4

순번	시군구	지출명 (사업명)	2024년예산 (단위 : 천원 /1년간)	민간이전 분류 (지방자치단체 세출예산 집행기준에 의거) 1. 민간경상사업보조(307-02) 2. 민간단체 법정운영비보조(307-03) 3. 민간행사사업보조(307-04) 4. 민간위탁금(307-05) 5. 사회복지시설 법정운영비보조(307-10) 6. 민간인위탁교육비(307-12) 7. 공기관등에대한경상적위탁사업비(308-13) 8. 민간자본사업보조,자체재원(402-01) 9. 민간자본사업보조,이전재원(402-02) 10. 민간위탁사업비(402-03) 11. 공기관등에 대한 자본적 위탁사업비(403-02)	민간이전지출 근거 (지방보조금 관리기준 참고) 1. 법률에 규정 2. 국고보조 재원(국가지정) 3. 용도 지정 기부금 4. 조례에 직접규정 5. 지자체가 권장하는 사업을 하는 공공기관 6. 시,도 정책 및 재정사정 7. 기타 8. 해당없음	입찰방식: 계약체결방법 (경쟁형태) 1. 일반경쟁 2. 제한경쟁 3. 지명경쟁 4. 수의계약 5. 법정위탁 6. 기타 ( ) 7. 없음	입찰방식: 계약기간 1. 1년 2. 2년 3. 3년 4. 4년 5. 5년 6. 기타 ( )년 7. 단기계약 (1년미만) 8. 없음	입찰방식: 낙찰자선정방법 1. 적격심사 2. 협상에의한계약 3. 최저가낙찰제 4. 규격가격분리 5. 2단계 경쟁입찰 6. 기타 ( ) 7. 없음	운영예산 산정: 운영예산 산정 1. 내부산정 (지자체 자체적으로 산정) 2. 외부산정 (외부전문기관위탁 산정) 3. 내·외부 모두 산정 4. 산정 無 5. 없음	운영예산 산정: 정산방법 1. 내부정산 (지자체 내부적으로 정산) 2. 외부정산 (외부전문기관위탁 정산) 3. 내·외부 모두 산정 4. 정산 無 5. 없음	성과평가 실시여부 1. 실시 2. 미실시 3. 향후 추진 4. 해당없음
1718	경기 군포시	지역사회서비스투자사업	1,184,286	7	1	7	8	7	5	5	4
1719	경기 군포시	The경기패스	1,090,000	7	1	7	8	7	5	5	4
1720	경기 군포시	시내버스공공관리제운영지원	777,279	7	1	7	8	7	5	5	4
1721	경기 군포시	친환경가공식품차액지원	765,000	7	4	7	8	7	1	1	4
1722	경기 군포시	알뜰교통카드연계마일리지지원	632,000	7	2	7	8	7	1	1	2
1723	경기 군포시	군포철쭉축제운영	600,000	7	5	7	8	7	1	1	3
1724	경기 군포시	군포도시공사운영(새활용타운)	588,868	7	4	5	8	7	1	1	4
1725	경기 군포시	시민체육광장경상적위탁사업비	541,776	7	5	7	8	7	5	5	4
1726	경기 군포시	국가암관리(암검진사업)	372,687	7	2	5	8	7	5	5	4
1727	경기 군포시	청소년방과후아카데미운영	312,786	7	2	7	8	7	1	1	4
1728	경기 군포시	행정광고	300,000	7	1	5	1	7	2	2	4
1729	경기 군포시	초막골생태공원캠핑장등시설물	259,031	7	8	7	8	7	1	1	4
1730	경기 군포시	송죽다목적체육관경상적위탁사업비	225,148	7	5	7	8	7	5	5	4
1731	경기 군포시	특별교통수단운영	218,500	7	1	5	8	7	1	1	2
1732	경기 군포시	청소년동반자프로그램운영	217,726	7	5	5	8	7	1	1	1
1733	경기 군포시	희귀성질환자의료비지원	205,066	7	2	7	8	7	5	5	4
1734	경기 군포시	학교밖청소년지원사업	184,376	7	2	7	8	7	1	1	4
1735	경기 군포시	치매치료관리비지원(도시)(전환사업)	160,000	7	1	7	8	7	5	5	4
1736	경기 군포시	학교밖청소년프로그램운영	136,003	7	6	7	8	7	1	1	4
1737	경기 군포시	핫플레이스조성및운영	130,000	7	5	7	8	7	1	1	3
1738	경기 군포시	가사간병방문지원사업	123,217	7	2	7	8	7	5	5	4
1739	경기 군포시	공통기반및재해복구시스템운영지원	118,350	7	1	5	1	6	2	2	4
1740	경기 군포시	통합지방재정시스템운영및유지관리	113,008	7	6	5	1	7	2	2	4
1741	경기 군포시	청소년안전망구축	107,520	7	5	5	8	7	1	1	1
1742	경기 군포시	온나라문서시스템운영지원	101,313	7	1	5	1	6	2	2	4
1743	경기 군포시	소상공인경영환경개선사업	100,000	7	4	7	8	7	1	1	4
1744	경기 군포시	시군56신중년사업지원	100,000	7	5	7	7	7	5	5	2
1745	경기 군포시	인터넷,모바일광고	100,000	7	1	5	1	7	2	2	4
1746	경기 군포시	기술닥터지원사업	100,000	7	5	4	1	1	2	1	4
1747	경기 군포시	지적재조사측량수수료(당정9지구)	94,166	7	2	5	1	7	5	5	4
1748	경기 군포시	지방세시스템유지보수	91,885	7	7	7	8	7	5	5	4
1749	경기 군포시	청소년수련시설청소년지도사배치	84,384	7	6	7	8	7	1	1	4
1750	경기 군포시	군포형내일채움공제지원사업	73,200	7	5	4	1	1	2	1	4
1751	경기 군포시	공원내소규모체육시설	73,006	7	4	7	8	7	1	1	4
1752	경기 군포시	일상돌봄지원서비스	71,477	7	1	7	8	7	5	5	4
1753	경기 군포시	디자인개발지원	70,000	7	5	4	1	1	2	1	4
1754	경기 군포시	생활문화축제	65,000	7	5	7	8	7	1	1	3
1755	경기 군포시	개발생산판로맞춤형지원	61,600	7	5	4	1	1	2	1	4
1756	경기 군포시	뿌리기업경쟁력강화지원사업	60,000	7	1,4	7	8	7	3	3	1
1757	경기 군포시	경기도광역버스심야연장운행확대사업	57,319	7	1	7	8	7	1	1	2

순번	시군구	지출명 (사업명)	2024년예산 (단위 : 천원 /1년간)	민간이전 분류 (지방자치단체 세출예산 집행기준에 의거) 1. 민간경상사업보조(307-02) 2. 민간단체 법정운영비보조(307-03) 3. 민간행사사업보조(307-04) 4. 민간위탁금(307-05) 5. 사회복지시설 법정운영비보조(307-10) 6. 민간인위탁교육비(307-12) 7. 공기관등에대한경상적위탁사업비(308-13) 8. 민간자본사업보조,자체재원(402-01) 9. 민간자본사업보조,이전재원(402-02) 10. 민간위탁사업비(402-03) 11. 공기관등에 대한 자본적 위탁사업비(403-02)	민간이전지출 근거 (지방보조금 관리기준 참고) 1. 법률에 규정 2. 국고보조 재원(국가지정) 3. 용도 지정 기부금 4. 조례에 직접규정 5. 지자체가 권장하는 사업을 하는 공공기관 6. 시,도 정책 및 재정사정 7. 기타 8. 해당없음	입찰방식			운영예산 산정		성과평가 실시여부
						계약체결방법 (경쟁형태) 1. 일반경쟁 2. 제한경쟁 3. 지명경쟁 4. 수의계약 5. 법정위탁 6. 기타 ( ) 7. 없음	계약기간 1. 1년 2. 2년 3. 3년 4. 4년 5. 5년 6. 기타 ( )년 7. 단기계약 (1년미만) 8. 없음	낙찰자선정방법 1. 적격심사 2. 협상에의한계약 3. 최저가낙찰제 4. 규격가격분리 5. 2단계 경쟁입찰 6. 기타 ( ) 7. 없음	운영예산 산정 1. 내부산정 (지자체 자체적으로 산정) 2. 외부산정 (외부전문기관위탁 산정) 3. 내·외부 모두 산정 4. 산정 無 5. 없음	정산방법 1. 내부정산 (지자체 내부적으로 정산) 2. 외부정산 (외부전문기관위탁 정산) 3. 내·외부 모두 산정 4. 정산 無 5. 없음	1. 실시 2. 미실시 3. 향후 추진 4. 해당없음
1758	경기 군포시	국가주소정보시스템유지관리	53,727	7	1	5	1	7	5	5	4
1759	경기 군포시	방송광고	50,000	7	1	5	1	7	2	2	4
1760	경기 군포시	역점시책기획보도	50,000	7	1	5	1	7	2	2	4
1761	경기 군포시	지식재산권창출지원사업	50,000	7	5	4	1	1	2	1	4
1762	경기 군포시	대광위광역버스준공영제지원사업	48,756	7	1	7	8	7	1	1	2
1763	경기 군포시	공동주택엘리베이터미디어보드홍보	47,045	7	1	5	1	7	2	2	4
1764	경기 군포시	어린이날행사(아동축제)운영(시)	46,600	7	4	7	8	7	1	1	3
1765	경기 군포시	수치지형도갱신	45,000	7	2	7	8	7	5	5	4
1766	경기 군포시	지방세외수입정보시스템유지보수	40,965	7	7	6	1	7	2	2	4
1767	경기 군포시	학교밖청소년활동지원	40,020	7	6	7	8	7	1	1	4
1768	경기 군포시	시정홍보영상제작	35,000	7	1	5	1	7	2	2	4
1769	경기 군포시	노후경유차운행제한시스템유지관리위탁	34,001	7	6	5	1	2	3	3	2
1770	경기 군포시	청년마음건강지원사업	30,870	7	1	7	8	7	5	5	4
1771	경기 군포시	평생학습축제	30,000	7	5	7	7	7	5	5	2
1772	경기 군포시	도시관리계획결정공고료	26,400	7	1	7	8	7	5	5	4
1773	경기 군포시	일반건강검진지원(기도시)	25,500	7	2	5	8	7	5	5	4
1774	경기 군포시	생활문화공동체지원사업	25,000	7	5	7	8	7	1	1	3
1775	경기 군포시	청소년영어캠프운영	25,000	7	5	7	7	7	1	1	4
1776	경기 군포시	차세대주민등록정보시스템운영비	24,906	7	6	7	1	7	5	5	4
1777	경기 군포시	공공청소년수련시설하드웨어장비및소프트웨어지원	24,900	7	6	7	8	7	1	1	4
1778	경기 군포시	도로명주소안내시설일제조사	24,700	7	1	5	1	7	5	5	4
1779	경기 군포시	청소년어울림마당지원	24,000	7	6	7	8	7	1	1	4
1780	경기 군포시	도로명주소기본도위치정확도개선사업	20,353	7	1	5	1	7	5	5	4
1781	경기 군포시	버스,지하철광고	20,000	7	1	5	1	7	2	2	4
1782	경기 군포시	정비사업및주택사업관련신문공고료	17,600	7	1	7	8	7	5	5	4
1783	경기 군포시	청소년종합예술제(예선)및문화행사	17,500	7	6	7	8	7	1	1	4
1784	경기 군포시	학교밖청소년지원센터급식비지원	15,367	7	2	7	8	7	1	1	4
1785	경기 군포시	고위기청소년맞춤형프로그램운영	15,000	7	5	5	8	7	1	1	1
1786	경기 군포시	시외버스정류소	13,304	7	4	7	8	7	3	3	4
1787	경기 군포시	학교밖청소년자립지원수당지원	11,660	7	6	7	8	7	1	1	4
1788	경기 군포시	생활과학교실운영	10,000	7	5	7	8	7	1	1	4
1789	경기 군포시	청소년동아리활동	10,000	7	6	7	8	7	1	1	4
1790	경기 군포시	군포뉴스및유튜브홍보	10,000	7	1	5	1	7	2	2	4
1791	경기 군포시	군포시SNS홍보	10,000	7	1	5	1	7	2	2	4
1792	경기 군포시	개발제한구역관리계획공고료	8,800	7	1	7	8	7	5	5	4
1793	경기 군포시	지방행정공통시스템상담센터운영	7,000	7	1	5	1	6	2	2	4
1794	경기 군포시	부설주차장운영비	6,120	7	4	7	8	7	5	5	4
1795	경기 군포시	택시운행정보관리시스템운영	5,921	7	1	7	8	7	1	1	4
1796	경기 군포시	학교밖청소년프로그램운영지원(시)	5,520	7	6	7	8	7	1	1	4
1797	경기 군포시	빈집실태조사	4,950	7	1	7	8	7	5	5	4

순번	시군구	지출명 (사업명)	2024년예산 (단위 : 천원 /1년간)	민간이전 분류 (지방자치단체 세출예산 집행기준에 의거) 1. 민간경상사업보조(307-02) 2. 민간단체 법정운영비보조(307-03) 3. 민간행사사업보조(307-04) 4. 민간위탁금(307-05) 5. 사회복지시설 법정운영비보조(307-10) 6. 민간인위탁교육비(307-12) 7. 공기관등에대한경상적위탁사업비(308-13) 8. 민간자본사업보조,자체재원(402-01) 9. 민간자본사업보조,이전재원(402-02) 10. 민간위탁사업비(402-03) 11. 공기관등에 대한 자본적 위탁사업비(403-02)	민간이전지출 근거 (지방보조금 관리기준 참고) 1. 법률에 규정 2. 국고보조 재원(국가지정) 3. 용도 지정 기부금 4. 조례에 직접규정 5. 지자체가 권장하는 사업을 하는 공공기관 6. 시,도 정책 및 재정사정 7. 기타 8. 해당없음	입찰방식: 계약체결방법 (경쟁형태) 1. 일반경쟁 2. 제한경쟁 3. 지명경쟁 4. 수의계약 5. 법정위탁 6. 기타 ( ) 7. 없음	입찰방식: 계약기간 1. 1년 2. 2년 3. 3년 4. 4년 5. 5년 6. 기타 ( )년 7. 단기계약 (1년미만) 8. 없음	입찰방식: 낙찰자선정방법 1. 적격심사 2. 협상에의한계약 3. 최저가낙찰제 4. 규격가격분리 5. 2단계 경쟁입찰 6. 기타 ( ) 7. 없음	운영예산 산정: 운영예산 산정 1. 내부산정 (지자체 자체적으로 산정) 2. 외부산정 (외부전문기관위탁 산정) 3. 내·외부 모두 산정 4. 산정 無 5. 없음	운영예산 산정: 정산방법 1. 내부정산 (지자체 내부적으로 정산) 2. 외부정산 (외부전문기관위탁 정산) 3. 내·외부 모두 정산 4. 정산 無 5. 없음	성과평가 실시여부 1. 실시 2. 미실시 3. 향후 추진 4. 해당없음
1798	경기 군포시	슬레이트처리지원사업	3,520	7	2	5	1	2	5	5	2
1799	경기 군포시	영유아건강검진지원	3,450	7	2	7	8	7	5	5	4
1800	경기 군포시	청소년참여위원회	2,800	7	1	7	8	7	1	1	4
1801	경기 군포시	산모수첩지원	1,870	7	2	7	8	7	5	5	4
1802	경기 군포시	국가지점번호표기실태일제조사	1,479	7	1	5	1	7	5	5	4
1803	경기 군포시	청백e시스템유지관리비	13,301	7	1	6	1	7	2	2	4
1804	경기 의왕시	산모신생아건강관리지원(전환)	570,000	7	6	5	8	7	2	2	4
1805	경기 의왕시	기저귀및조제분유지원	240,000	7	2	7	8	7	2	3	1
1806	경기 의왕시	산모신생아건강관리지원(추가형)	160,000	7	6	5	8	7	2	2	4
1807	경기 의왕시	산모신생아건강관리지원(자체)	100,000	7	6	5	8	7	2	2	4
1808	경기 의왕시	아이돌봄지원사업정부지원금예탁	1,000,000	7	2	1	5	1	1	1	2
1809	경기 의왕시	지역자율형사회서비스투자사업(바우처)	865,714	7	2	5	8	7	5	3	4
1810	경기 의왕시	왕송호수수질개선사업(왕송습지유지관리위탁사업)	150,000	7	7	7	8	7	1	1	1
1811	경기 의왕시	국가암검진사업	104,280	7	2	7	8	7	5	5	4
1812	경기 의왕시	희귀질환자의료비지원사업	98,432	7	2	7	8	7	5	5	4
1813	경기 의왕시	표준기록관리시스템유지보수	41,000	7	5	5	1	7	2	4	2
1814	경기 의왕시	운행차배출가스저감사업(자체)	34,001	7	5	6	1	6	1	1	4
1815	경기 의왕시	지방인사행정시스템유지관리	23,189	7	5	7	1	7	2	2	4
1816	경기 의왕시	의료급여수급권자일반건강검진사업	9,200	7	2	7	8	7	5	5	4
1817	경기 의왕시	지역자율형사회서비스투자사업(가사간병)	7,579	7	2	5	8	7	5	3	4
1818	경기 의왕시	우편모아시스템유지보수	5,600	7	5	6	1	7	5	5	2
1819	경기 의왕시	영유아건강검진	3,000	7	2	7	8	7	5	5	4
1820	경기 하남시	첫만남이용권	4,756,000	7	2	7	8	7	5	1	4
1821	경기 하남시	풍산멀티스포츠센터운영대행	2,291,733	7	7	5	5	7	3	3	2
1822	경기 하남시	산모신생아건강관리지원(전환)	1,100,000	7	2	7	8	7	5	1	4
1823	경기 하남시	저소득층기저귀조제분유지원	520,000	7	2	7	8	7	5	1	4
1824	경기 하남시	국가암검진사업	406,901	7	8	7	8	7	5	5	4
1825	경기 하남시	산모신생아건강관리지원사업(추가형)	400,000	7	2	7	8	7	5	1	4
1826	경기 하남시	희귀난치성질환자의료비지원사업	284,376	7	8	7	8	7	5	5	4
1827	경기 하남시	공공미술프로젝트	200,000	7	5	5	8	7	1	1	1
1828	경기 하남시	기록관리시스템유지보수등	142,830	7	5	5	1	6	2	2	2
1829	경기 하남시	치매치료관리비지원(전환)	121,000	7	1	5	8	7	1	5	4
1830	경기 하남시	주소정보관리시스템차세대구축및유지관리	55,377	7	7	5	1	7	2	2	1
1831	경기 하남시	일반건강검진지원	27,900	7	8	7	8	7	5	5	4
1832	경기 하남시	지적재조사측량위탁	24,239	7	2	5	8	7	1	1	1
1833	경기 하남시	주소정보기본도유지관리	22,149	7	7	5	1	7	2	2	1
1834	경기 하남시	청소년산모임신출산의료비지원	3,790	7	2	7	8	7	5	1	4
1835	경기 하남시	의료수급권자일반검진비지원	3,000	7	8	7	8	7	5	5	4
1836	경기 용인시	장애인활동지원도추가지원사업	3,847,140	7	1	7	8	7	5	5	4
1837	경기 용인시	장애인활동지원시추가지원사업	3,441,900	7	1	7	8	7	5	5	4

순번	시군구	지출명 (사업명)	2024년예산 (단위 : 천원 /1년간)	민간이전 분류 (지방자치단체 세출예산 집행기준에 의거) 1. 민간경상사업보조(307-02) 2. 민간단체 법정운영비보조(307-03) 3. 민간행사사업보조(307-04) 4. 민간위탁금(307-05) 5. 사회복지시설 법정운영비보조(307-10) 6. 민간인위탁교육비(307-12) 7. 공기관등에대한경상적위탁사업비(308-13) 8. 민간자본사업보조,자체재원(402-01) 9. 민간자본사업보조,이전재원(402-02) 10. 민간위탁사업비(402-03) 11. 공기관등에 대한 자본적 위탁사업비(403-02)	민간이전지출 근거 (지방보조금 관리기준 참고) 1. 법률에 규정 2. 국고보조 재원(국가지정) 3. 용도 지정 기부금 4. 조례에 직접규정 5. 지자체가 권장하는 사업을 하는 공공기관 6. 시,도 정책 및 재정사정 7. 기타 8. 해당없음	입찰방식			운영예산 산정		성과평가 실시여부
						계약체결방법 (경쟁형태) 1. 일반경쟁 2. 제한경쟁 3. 지명경쟁 4. 수의계약 5. 법정위탁 6. 기타 ( ) 7. 없음	계약기간 1. 1년 2. 2년 3. 3년 4. 4년 5. 5년 6. 기타 ( )년 7. 단기계약 (1년미만) 8. 없음	낙찰자선정방법 1. 적격심사 2. 협상에의한계약 3. 최저가낙찰제 4. 규격가격분리 5. 2단계 경쟁입찰 6. 기타 ( ) 7. 없음	운영예산 산정 1. 내부산정 (지자체 자체적으로 산정) 2. 외부산정 (외부전문기관위탁 산정) 3. 내·외부 모두 산정 4. 산정 無 5. 없음	정산방법 1. 내부정산 (지자체 내부적으로 정산) 2. 외부정산 (외부전문기관위탁 정산) 3. 내·외부 모두 산정 4. 정산 無 5. 없음	1. 실시 2. 미실시 3. 향후 추진 4. 해당없음
1838	경기 용인시	발달장애인주간활동지원서비스지원	3,362,883	7	1	7	8	7	5	5	4
1839	경기 용인시	발달재활서비스바우처지원	3,149,940	7	1	7	8	7	5	5	4
1840	경기 용인시	공영주차장및견인보관소운영(경상적위탁비)	2,787,368	7	1	7	8	7	1	1	4
1841	경기 용인시	청소년발달장애학생방과후활동서비스지원	1,854,086	7	1	7	8	7	5	5	4
1842	경기 용인시	장애인활동지원급여24시간지원	1,364,683	7	1	7	8	7	5	5	4
1843	경기 용인시	장애인활동보조가산급여	1,021,228	7	1	7	8	7	5	5	4
1844	경기 용인시	모현다목적복지회관운영	978,336	7	4	1	3	1	1	1	4
1845	경기 용인시	최중증발달장애인주간그룹일대일지원	398,352	7	1	7	8	7	5	5	4
1846	경기 용인시	소상공인이차보전	360,000	7	4	7	6	7	1	1	4
1847	경기 용인시	소상공인재도약환경개선지원	300,000	7	4	7	1	7	1	1	4
1848	경기 용인시	장애인의료비지원	259,190	7	1	7	8	7	5	5	4
1849	경기 용인시	구갈다목적복지회관운영	204,427	7	4	1	3	1	1	1	4
1850	경기 용인시	소상공인온라인플랫폼비용지원	150,000	7	4	7	1	7	1	1	4
1851	경기 용인시	소상공인디자인컨설팅지원	120,000	7	4	7	6	7	1	1	4
1852	경기 용인시	소상공인창업및경영컨설팅지원	20,000	7	4	7	6	7	1	1	4
1853	경기 용인시	발달장애인부모상담지원	17,219	7	1	7	8	7	5	5	4
1854	경기 용인시	언어발달지원바우처지원	9,316	7	1	7	8	7	5	5	4
1855	경기 파주시	발달장애인주간활동서비스	4,098,514	7	1	7	8	7	5	5	4
1856	경기 파주시	장애인활동지원급여추가지원	1,761,645	7	1	7	8	7	5	5	4
1857	경기 파주시	청소년발달장애학생방과후활동서비스	1,313,658	7	1	7	8	7	5	5	4
1858	경기 파주시	산모신생아건강관리지원	1,300,000	7	1	5	8	7	1	5	4
1859	경기 파주시	지역사회서비스제공	1,208,572	7	1	7	8	7	5	5	4
1860	경기 파주시	발달재활서비스바우처지원	1,200,000	7	2	7	8	7	5	5	4
1861	경기 파주시	기저귀및조제분유	900,000	7	1	5	8	7	1	5	4
1862	경기 파주시	국가암검진비	813,035	7	2	7	8	7	1	5	4
1863	경기 파주시	장애인활동지원급여가산급여	701,490	7	1	7	8	7	5	5	4
1864	경기 파주시	희귀난치성질환자의료비	601,528	7	2	5	8	7	1	5	4
1865	경기 파주시	시내버스공공관리제운영	544,095	7	1	7	8	7	3	3	2
1866	경기 파주시	광역알뜰교통카드연계마일리지지원	508,000	7	2	7	8	7	3	3	2
1867	경기 파주시	장애인의료비	432,940	7	2	7	8	7	5	5	4
1868	경기 파주시	생태탐방로운영	330,750	7	5	5	2	2	1	1	4
1869	경기 파주시	치매치료약제비및진료비	320,000	7	6	5	8	7	1	5	4
1870	경기 파주시	여성청소년생리용품지원	309,291	7	2	7	8	7	1	1	4
1871	경기 파주시	파주포크페스티벌	290,000	7	4,5	5	8	7	1	1	4
1872	경기 파주시	365찾아가는문화예술	260,000	7	5	7	8	7	1	1	1
1873	경기 파주시	장애인활동지원급여24시간지원	233,508	7	1	7	8	7	5	5	4
1874	경기 파주시	해외시장개척단지원	224,000	7	6	7	8	7	1	1	4
1875	경기 파주시	청소년동반자프로그램운영	214,724	7	2	7	8	7	1	1	4
1876	경기 파주시	기술닥터	207,140	7	5	7	8	7	1	1	4
1877	경기 파주시	산모신생아건강관리지원	206,702	7	1	5	8	7	1	5	4

순번	시군구	지출명 (사업명)	2024년예산 (단위 : 천원 /1년간)	민간이전 분류 (지방자치단체 세출예산 집행기준에 의거) 1. 민간경상사업보조(307-02) 2. 민간단체 법정운영비보조(307-03) 3. 민간행사사업보조(307-04) 4. 민간위탁금(307-05) 5. 사회복지시설 법정운영비보조(307-10) 6. 민간인위탁교육비(307-12) 7. 공기관등에대한경상적위탁사업비(308-13) 8. 민간자본사업보조,자체재원(402-01) 9. 민간자본사업보조,이전재원(402-02) 10. 민간위탁사업비(402-03) 11. 공기관등에 대한 자본적 위탁사업비(403-02)	민간이전지출 근거 (지방보조금 관리기준 참고) 1. 법률에 규정 2. 국고보조 재원(국가지정) 3. 용도 지정 기부금 4. 조례에 직접규정 5. 지자체가 권장하는 사업을 하는 공공기관 6. 시,도 정책 및 재정사정 7. 기타 8. 해당없음	입찰방식 계약체결방법 (경쟁형태) 1. 일반경쟁 2. 제한경쟁 3. 지명경쟁 4. 수의계약 5. 법정위탁 6. 기타 ( ) 7. 없음	입찰방식 계약기간 1. 1년 2. 2년 3. 3년 4. 4년 5. 5년 6. 기타 ( )년 7. 단기계약 (1년미만) 8. 없음	입찰방식 낙찰자선정방법 1. 적격심사 2. 협상에의한계약 3. 최저가낙찰제 4. 규격가격분리 5. 2단계 경쟁입찰 6. 기타 ( ) 7. 없음	운영예산 산정 운영예산 산정 1. 내부산정 (지자체 자체적으로 산정) 2. 외부산정 (외부전문기관위탁 산정) 3. 내·외부 모두 산정 4. 산정 無 5. 없음	운영예산 산정 정산방법 1. 내부정산 (지자체 내부적으로 정산) 2. 외부정산 (외부전문기관위탁 정산) 3. 내·외부 모두 산정 4. 정산 無 5. 없음	성과평가 실시여부 1. 실시 2. 미실시 3. 향후 추진 4. 해당없음
1878	경기 파주시	스마트공장구축지원	200,000	7	5	7	8	7	1	1	4
1879	경기 파주시	청소년방과후아카데미	197,466	7	2	7	8	7	1	1	4
1880	경기 파주시	지적재조사사업위탁	180,906	7	1	5	1	6	1	1	1
1881	경기 파주시	소상공인경영환경개선	160,000	7	5	7	8	7	1	1	3
1882	경기 파주시	DMZ평화의길프로그램운영	160,000	7	7	7	8	7	5	5	4
1883	경기 파주시	공동주택단지내도로교통안전실태점검	144,000	7	5	5	8	2	1	1	4
1884	경기 파주시	청소년상담복지센터청소년안전망운영	141,686	7	2	7	8	7	1	1	4
1885	경기 파주시	통합지방재정시스템운영및유지관리	141,239	7	1	7	7	7	2	5	4
1886	경기 파주시	학교밖청소년지원	140,019	7	2	7	8	7	1	1	4
1887	경기 파주시	배수펌프장유지관리(2개소)	140,000	7	6	7	8	7	5	5	4
1888	경기 파주시	경기도광역버스심야연장운행확대사업	137,089	7	1	7	8	7	3	3	2
1889	경기 파주시	개발생산판로맞춤형지원	132,000	7	4	7	8	7	1	1	4
1890	경기 파주시	학교밖청소년프로그램운영	123,303	7	6	7	8	7	1	1	4
1891	경기 파주시	지식재산창출지원	120,000	7	5	7	8	7	1	1	4
1892	경기 파주시	공통기반및재해복구시스템유지관리	117,921	7	5	6	1	6	2	2	1
1893	경기 파주시	공공청소년수련시설청소년지도사배치	112,512	7	1	7	8	7	1	1	4
1894	경기 파주시	저수지유지관리	110,000	7	5	7	8	7	1	1	4
1895	경기 파주시	차세대지방세정보시스템유지보수	102,294	7	1	5	1	7	2	2	1
1896	경기 파주시	글로벌마케팅지원	100,000	7	5	7	8	7	1	1	4
1897	경기 파주시	수출기업물류비지원	100,000	7	6	7	8	7	1	1	4
1898	경기 파주시	수도권매립지폐기물반입수수료	97,963	7	1	7	8	7	2	2	2
1899	경기 파주시	가사간병방문	93,094	7	2	5	8	7	1	1	3
1900	경기 파주시	온라인스토어청년창업지원	90,000	7	5	6	1	6	1	3	1
1901	경기 파주시	경기서북부광역시티투어운영	90,000	7	4	1	7	2	1	1	3
1902	경기 파주시	주요정보통신기반시설취약점분석평가	88,761	7	1	5	1	7	5	5	2
1903	경기 파주시	주소정보기본도현행화	80,331	7	1	5	1	7	1	1	3
1904	경기 파주시	해외전시회단체관참가지원	76,000	7	5	7	8	7	1	1	4
1905	경기 파주시	버스공공와이파이임차운영지원	61,486	7	2	7	8	7	3	3	2
1906	경기 파주시	독서바람열차유지관리	60,096	7	6	7	8	7	5	5	4
1907	경기 파주시	내일채움공제지원	60,000	7	4	7	8	7	1	1	4
1908	경기 파주시	주소정보관리시스템유지보수및운영	57,027	7	1	5	1	7	1	1	3
1909	경기 파주시	차세대표준지방인사정보시스템유지관리	55,562	7	5	5	1	2	5	5	4
1910	경기 파주시	일반건강검진지원	54,100	7	2	7	8	7	5	5	4
1911	경기 파주시	파주시저소득청소년교통비지원	50,009	7	5	7	8	7	1	2	2
1912	경기 파주시	국내외조달등록지원	50,000	7	5	7	8	7	1	1	4
1913	경기 파주시	기술개발사업	50,000	7	5	7	8	7	1	1	4
1914	경기 파주시	창의프로그램위탁교육	50,000	7	5,6	7	8	7	1	1	4
1915	경기 파주시	온나라문서시스템운영	48,785	7	5	6	1	6	2	2	1
1916	경기 파주시	세외수입정보시스템유지관리	45,912	7	1	1	1	2	2	2	1
1917	경기 파주시	학교밖청소년문화활동	40,380	7	6	7	8	7	1	1	4

순번	시군구	지출명 (사업명)	2024년예산 (단위 : 천원 /1년간)	민간이전 분류 (지방자치단체 세출예산 집행기준에 의거) 1. 민간경상사업보조(307-02) 2. 민간단체 법정운영비보조(307-03) 3. 민간행사사업보조(307-04) 4. 민간위탁금(307-05) 5. 사회복지시설 법정운영비보조(307-10) 6. 민간인위탁교육비(307-12) 7. 공기관등에대한경상적위탁사업비(308-13) 8. 민간자본사업보조,자체재원(402-01) 9. 민간자본사업보조,이전재원(402-02) 10. 민간위탁사업비(402-03) 11. 공기관등에 대한 자본적 위탁사업비(403-02)	민간이전지출 근거 (지방보조금 관리기준 참고) 1. 법률에 규정 2. 국고보조 재원(국가지정) 3. 용도 지정 기부금 4. 조례에 직접규정 5. 지자체가 권장하는 사업을 하는 공공기관 6. 시,도 정책 및 재정사정 7. 기타 8. 해당없음	입찰방식			운영예산 산정		성과평가 실시여부
						계약체결방법 (경쟁형태) 1. 일반경쟁 2. 제한경쟁 3. 지명경쟁 4. 수의계약 5. 법정위탁 6. 기타 ( ) 7. 없음	계약기간 1. 1년 2. 2년 3. 3년 4. 4년 5. 5년 6. 기타 ( )년 7. 단기계약 (1년미만) 8. 없음	낙찰자선정방법 1. 적격심사 2. 협상에의한계약 3. 최저가낙찰제 4. 규격가격분리 5. 2단계 경쟁입찰 6. 기타 ( ) 7. 없음	운영예산 산정 1. 내부산정 (지자체 자체적으로 산정) 2. 외부산정 (외부전문기관위탁 산정) 3. 내·외부 모두 산정 4. 산정 無 5. 없음	정산방법 1. 내부정산 (지자체 내부적으로 정산) 2. 외부정산 (외부전문기관위탁 정산) 3. 내·외부 모두 산정 4. 정산 無 5. 없음	1. 실시 2. 미실시 3. 향후 추진 4. 해당없음
1918	경기 파주시	해외전시회개별참가지원	36,000	7	6	7	8	7	1	1	4
1919	경기 파주시	학교밖청소년급식비지원	35,416	7	2	7	8	7	1	1	4
1920	경기 파주시	차세대주민등록정보시스템유지관리	31,539	7	1	6	1	2	2	2	4
1921	경기 파주시	수출중소기업무역보험료지원	30,000	7	5	7	8	7	1	1	4
1922	경기 파주시	영어프로그램위탁교육	30,000	7	5,6	7	8	7	1	1	4
1923	경기 파주시	청소년어울림마당	24,000	7	6	7	8	7	1	1	4
1924	경기 파주시	발달장애인부모상담지원바우처지원	22,957	7	1	7	8	7	5	5	4
1925	경기 파주시	청년마음건강지원	20,800	7	2	7	8	7	5	5	4
1926	경기 파주시	청소년종합예술제(예선)	17,500	7	6	7	8	7	1	1	4
1927	경기 파주시	청소년동아리활동	16,250	7	6	7	8	7	1	1	4
1928	경기 파주시	학교밖청소년학습지원	16,000	7	6	7	8	7	1	1	4
1929	경기 파주시	청백e시스템유지보수	15,674	7	7	7	7	7	2	2	1
1930	경기 파주시	아동급식지원플랫폼배달비지원	9,648	7	8	7	8	7	5	5	4
1931	경기 파주시	종합정보시스템운영	9,467	7	6	2	1	2	2	4	1
1932	경기 파주시	택시운행정보관리시스템운영	8,380	7	1	7	8	7	5	1	4
1933	경기 파주시	지방행정통합정보시스템상담센터	6,950	7	5	6	1	6	2	2	1
1934	경기 파주시	우편모아시스템유지관리	5,600	7	5	4	1	7	2	3	4
1935	경기 파주시	언어발달지원서비스바우처지원	5,574	7	2	7	8	7	5	5	4
1936	경기 파주시	영유아검진비	5,500	7	2	5	8	7	1	5	4
1937	경기 파주시	기능분류모델시스템(BRM)고도화	5,250	7	2	7	8	7	5	5	4
1938	경기 파주시	학교밖청소년자립지원수당	5,060	7	6	7	8	7	1	1	4
1939	경기 파주시	표준모자보건수첩	4,600	7	1	5	8	7	1	5	4
1940	경기 파주시	청소년임신출산의료비	3,790	7	2	5	8	7	1	5	4
1941	경기 파주시	접촉자검진비등	3,386	7	2	5	8	7	1	5	4
1942	경기 이천시	수요응답형버스(DRT)운영지원	3,867,850	7	1	7	8	7	5	5	4
1943	경기 이천시	첫만남이용권사업	2,675,000	7	1	7	8	7	3	3	4
1944	경기 이천시	발달장애인주간활동서비스지원	1,628,897	7	1	7	8	7	5	5	4
1945	경기 이천시	행정예고료	1,050,000	7	1	5	8	7	1	1	4
1946	경기 이천시	발달재활서비스바우처지원	787,143	7	1	7	8	7	5	5	4
1947	경기 이천시	지역사회서비스투자사업	765,714	7	1	7	8	7	1	5	1
1948	경기 이천시	장애인활동지원급여추가지원	707,414	7	1	7	8	7	5	5	4
1949	경기 이천시	정부지원금지원	620,000	7	1	7	8	7	5	5	4
1950	경기 이천시	15,,원*3회	450,000	7	5	4	1	7	1	1	4
1951	경기 이천시	정부지원금지원(소득초과자)	420,000	7	7	7	8	7	5	5	4
1952	경기 이천시	저소득층기저귀조제분유지원	380,000	7	1	7	8	7	5	5	4
1953	경기 이천시	영어캠프체험지원위탁교육	350,000	7	7	7	8	7	1	3	1
1954	경기 이천시	최중증발달장애인주간그룹1:1지원	318,682	7	1	7	8	7	5	5	4
1955	경기 이천시	청소년발달장애학생방과후활동서비스지원	315,942	7	1	7	8	7	5	5	4
1956	경기 이천시	소아청소년야간진료인건비지원	308,448	7	4	6	1	6	1	1	4
1957	경기 이천시	소상공인경영환경개선사업	300,000	7	5	7	8	7	5	5	4

순번	시군구	지출명 (사업명)	2024년예산 (단위 : 천원 /1년간)	민간이전 분류 (지방자치단체 세출예산 집행기준에 의거) 1. 민간경상사업보조(307-02) 2. 민간단체 법정운영비보조(307-03) 3. 민간행사사업보조(307-04) 4. 민간위탁금(307-05) 5. 사회복지시설 법정운영비보조(307-10) 6. 민간인위탁교육비(307-12) 7. 공기관등에대한경상적위탁사업비(308-13) 8. 민간자본사업보조,자체재원(402-01) 9. 민간자본사업보조,이전재원(402-02) 10. 민간위탁사업비(402-03) 11. 공기관등에 대한 자본적 위탁사업비(403-02)	민간이전지출 근거 (지방보조금 관리기준 참고) 1. 법률에 규정 2. 국고보조 재원(국가지정) 3. 용도 지정 기부금 4. 조례에 직접규정 5. 지자체가 권장하는 사업을 하는 공공기관 6. 시,도 정책 및 재정사정 7. 기타 8. 해당없음	입찰방식 계약체결방법 (경쟁형태) 1. 일반경쟁 2. 제한경쟁 3. 지명경쟁 4. 수의계약 5. 법정위탁 6. 기타 ( ) 7. 없음	계약기간 1. 1년 2. 2년 3. 3년 4. 4년 5. 5년 6. 기타 ( )년 7. 단기계약 (1년미만) 8. 없음	낙찰자선정방법 1. 적격심사 2. 협상에의한계약 3. 최저가낙찰제 4. 규격가격분리 5. 2단계 경쟁입찰 6. 기타 ( ) 7. 없음	운영예산 산정 운영예산 산정 1. 내부산정 (지자체 자체적으로 산정) 2. 외부산정 (외부전문기관위탁 산정) 3. 내·외부 모두 산정 4. 산정 無 5. 없음	정산방법 1. 내부정산 (지자체 내부적으로 정산) 2. 외부정산 (외부전문기관위탁 정산) 3. 내·외부 모두 산정 4. 정산 無 5. 없음	성과평가 실시여부 1. 실시 2. 미실시 3. 향후 추진 4. 해당없음
1958	경기 이천시	장애인활동지원추가지원	288,699	7	1	7	8	7	5	5	4
1959	경기 이천시	국가암검진비(5종+폐암)지원	280,805	7	2	7	8	7	5	5	4
1960	경기 이천시	다중매체브랜드광고(지하철,영화관,온라인등)	250,000	7	1	5	8	7	1	1	4
1961	경기 이천시	최중증발달장애인주간1:1지원	228,826	7	1	7	8	7	5	5	4
1962	경기 이천시	중증장애인활동보조가산급여	228,374	7	1	7	8	7	5	5	4
1963	경기 이천시	그린뉴딜이천도자수요연계제품개발지원사업	205,000	7	6	7	3	7	1	1	1
1964	경기 이천시	스마트공장보급확산지원사업	200,000	7	5	7	8	7	5	5	4
1965	경기 이천시	맞춤형성장지원사업	200,000	7	8	7	8	7	1	1	4
1966	경기 이천시	The경기패스	182,000	7	2	7	8	7	2	3	4
1967	경기 이천시	방송프로그램유치	180,000	7	1	5	8	7	1	1	4
1968	경기 이천시	수요응답형버스(DRT)운영지원	178,000	7	1	7	8	7	3	3	4
1969	경기 이천시	치매치료비(약제비등)지원	168,017	7	2	7	8	7	5	5	4
1970	경기 이천시	중소기업개발생산판로및맞춤형지원사업	150,000	7	8	7	8	7	1	1	4
1971	경기 이천시	생산레벨업(levelup)지원사업	150,000	7	8	7	8	7	1	1	4
1972	경기 이천시	장애인활동지원급여24시간지원	145,273	7	1	7	8	7	5	5	4
1973	경기 이천시	희귀난치성질환자의료비지원	144,916	7	2	7	8	7	5	5	4
1974	경기 이천시	포털사이트브랜드검색홍보	128,304	7	1	5	8	7	1	1	4
1975	경기 이천시	해외시장개척단지원사업	128,000	7	5	4	1	7	1	1	4
1976	경기 이천시	시군구공통기반및재해복구시스템유지관리	127,763	7	1	7	1	7	2	2	4
1977	경기 이천시	지방재정관리시스템운영분담금	127,116	7	1	7	1	7	2	3	4
1978	경기 이천시	광역알뜰카드연계마일리지지원사업	110,000	7	2	7	8	7	2	3	4
1979	경기 이천시	일상돌봄서비스사업지원	106,286	7	1	7	8	7	1	5	4
1980	경기 이천시	차세대지방세정보시스템유지관리	97,089	7	1	7	8	7	2	2	4
1981	경기 이천시	장애인의료비지원	93,366	7	2	5	8	7	5	5	4
1982	경기 이천시	스타기업육성지원사업	84,800	7	5	4	1	7	1	1	4
1983	경기 이천시	공공배달앱프로모션지원	80,000	7	5	7	8	7	1	1	1
1984	경기 이천시	수출물류비지원	71,428	7	5	4	1	7	1	1	4
1985	경기 이천시	미디어콘텐츠활용전략적관광자원홍보사업(매칭)	70,000	7	5	7	8	7	1	3	3
1986	경기 이천시	입체주소구축및주소정보기본도유지관리	62,314	7	1	5	1	6	2	2	1
1987	경기 이천시	주소정보관리시스템차세대구축및유지관리	52,027	7	1	5	1	6	2	2	1
1988	경기 이천시	해외전시회지원사업	50,000	7	5	4	1	7	1	1	4
1989	경기 이천시	차세대세외수입정보시스템유지관리	43,438	7	1	7	8	7	2	2	4
1990	경기 이천시	카카오톡플러스친구채널운영	42,800	7	1	5	8	7	1	1	4
1991	경기 이천시	기술닥터사업	37,750	7	5	4	1	7	1	1	4
1992	경기 이천시	표준지방인사정보시스템유지관리(운영지원,인프라,통계)	37,256	7	5	5	1	7	3	3	4
1993	경기 이천시	가사간병방문서비스	33,764	7	1	7	8	7	5	5	4
1994	경기 이천시	온나라시스템운영지원및유지관리	32,130	7	1	7	1	7	2	2	4
1995	경기 이천시	디자인개발지원사업	30,000	7	8	7	8	7	1	1	4
1996	경기 이천시	GFAIRKOREA참가지원사업	25,000	7	5	4	1	7	1	1	4
1997	경기 이천시	차세대주민등록정보시스템운영	24,906	7	1	5	8	7	2	1	4

순번	시군구	지출명 (사업명)	2024년예산 (단위 : 천원 /1년간)	민간이전 분류 (지방자치단체 세출예산 집행기준에 의거) 1. 민간경상사업보조(307-02) 2. 민간단체 법정운영비보조(307-03) 3. 민간행사사업보조(307-04) 4. 민간위탁금(307-05) 5. 사회복지시설 법정운영비보조(307-10) 6. 민간인위탁교육비(307-12) 7. 공기관등에대한경상적위탁사업비(308-13) 8. 민간자본사업보조,자체재원(402-01) 9. 민간자본사업보조,이전재원(402-02) 10. 민간위탁사업비(402-03) 11. 공기관등에 대한 자본적 위탁사업비(403-02)	민간이전지출 근거 (지방보조금 관리기준 참고) 1. 법률에 규정 2. 국고보조 재원(국가지정) 3. 용도 지정 기부금 4. 조례에 직접규정 5. 지자체가 권장하는 사업을 하는 공공기관 6. 시,도 정책 및 재정사정 7. 기타 8. 해당없음	입찰방식 계약체결방법 (경쟁형태) 1. 일반경쟁 2. 제한경쟁 3. 지명경쟁 4. 수의계약 5. 법정위탁 6. 기타 ( ) 7. 없음	입찰방식 계약기간 1. 1년 2. 2년 3. 3년 4. 4년 5. 5년 6. 기타 ( )년 7. 단기계약 (1년미만) 8. 없음	입찰방식 낙찰자선정방법 1. 적격심사 2. 협상에의한계약 3. 최저가낙찰제 4. 규격가격분리 5. 2단계 경쟁입찰 6. 기타 ( ) 7. 없음	운영예산 산정 운영예산 산정 1. 내부산정 (지자체 자체적으로 산정) 2. 외부산정 (외부전문기관위탁 산정) 3. 내·외부 모두 산정 4. 산정 無 5. 없음	운영예산 산정 정산방법 1. 내부정산 (지자체 내부적으로 정산) 2. 외부정산 (외부전문기관위탁 정산) 3. 내·외부 모두 산정 4. 정산 無 5. 없음	성과평가 실시여부 1. 실시 2. 미실시 3. 향후 추진 4. 해당없음
1998	경기 이천시	의료급여수급권자일반건강검진비지원	23,300	7	2	7	8	7	5	5	4
1999	경기 이천시	청년마음건강지원사업	15,750	7	1	7	8	7	1	5	4
2000	경기 이천시	청백e시스템운영및유지보수분담비	14,092	7	1	7	1	7	2	3	4
2001	경기 이천시	노후경유차운행제한단속시스템유지보수비	11,132	7	1	7	1	7	2	1	4
2002	경기 이천시	고향사랑기부제종합정보시스템운영및위탁사업비	10,669	7	1	5	1	7	2	1	4
2003	경기 이천시	지방행정공통시스템(새올)상담센터운영	6,950	7	1	7	1	7	2	2	4
2004	경기 이천시	유튜브채널운영홍보	6,000	7	1	5	8	7	1	1	4
2005	경기 이천시	우편모아시스템대행료	5,600	7	5	5	1	7	3	3	4
2006	경기 이천시	택시운행정보관리시스템(TIMS)운영비	5,467	7	1	7	8	7	1	1	4
2007	경기 이천시	장애인활동지원전산운영위탁업무관리비	5,000	7	1	7	8	7	5	5	4
2008	경기 이천시	발달장애인부모상담지원	3,826	7	1	7	8	7	5	5	4
2009	경기 이천시	영유아건강검진지원	3,750	7	2	7	8	7	5	5	4
2010	경기 이천시	청소년산모임신출산의료비지원	2,130	7	2	7	8	7	5	2	4
2011	경기 이천시	표준모자보건수첩지원	1,670	7	2	7	8	7	5	2	4
2012	경기 이천시	언어발달지원바우처지원	276	7	1	7	8	7	5	5	4
2013	경기 시흥시	주차장관리사업	5,216,120	7	1	5	3	7	1	1	1
2014	경기 시흥시	공공버스운영지원	5,000,000	7	2	7	8	7	2	2	2
2015	경기 시흥시	인건비	2,627,888	7	1	5	3	7	1	1	1
2016	경기 시흥시	청소년시설사업운영	2,253,856	7	4	7	8	7	1	3	1
2017	경기 시흥시	소공인경쟁력강화지원	1,872,100	7	4	7	7	7	1	1	2
2018	경기 시흥시	시흥창업센터운영	1,800,000	7	4	7	7	7	1	1	2
2019	경기 시흥시	환경미화타운	1,467,791	7	4	4	3	7	1	1	4
2020	경기 시흥시	시내버스공공관리제운영(시주관)	1,165,919	7	4	7	8	7	5	5	4
2021	경기 시흥시	공원레저팀(갯골생태공원)대행사업비	996,249	7	5	5	5	7	1	1	4
2022	경기 시흥시	시흥ABC타운	926,230	7	6	5	3	2	1	1	1
2023	경기 시흥시	시흥형강소기업육성디딤돌사업	855,000	7	4	7	7	7	1	1	1
2024	경기 시흥시	정책및지역명소마케팅	800,000	7	1	5	8	7	1	4	2
2025	경기 시흥시	중소기업성장지원	633,000	7	4	7	7	7	1	1	2
2026	경기 시흥시	다양한광고매체를통한시정홍보	630,000	7	1	5	8	7	1	4	2
2027	경기 시흥시	정왕평생학습관	618,186	7	6	5	3	2	1	1	1
2028	경기 시흥시	너나들이위탁사업비	606,426	7	4	5	5	7	1	3	3
2029	경기 시흥시	시흥메이드글로벌네트워크진출	527,750	7	4	7	7	7	1	1	2
2030	경기 시흥시	신문사등홍보	500,000	7	1	5	8	7	1	4	2
2031	경기 시흥시	방송,통신사,인터넷등홍보	500,000	7	1	5	8	7	1	4	2
2032	경기 시흥시	중증장애인활동지원사업(자체)	500,000	7	7	7	8	7	2	5	4
2033	경기 시흥시	도시재생활성화대행사업비	469,700	7	4	5	1	7	1	2	1
2034	경기 시흥시	시흥형일자리은행제	468,531	7	5	6	1	6	1	1	1
2035	경기 시흥시	혁신기업기술사업화지원	428,600	7	4	7	7	7	1	1	2
2036	경기 시흥시	시흥도시공사경상적대행사업비	409,407	7	4	5	3	7	1	1	3
2037	경기 시흥시	산업관광연계도시기업상생프로젝트	405,600	7	4	7	7	7	1	1	2

순번	시군구	지출명 (사업명)	2024년예산 (단위 : 천원 /1년간)	민간이전 분류 (지방자치단체 세출예산 집행기준에 의거) 1. 민간경상사업보조(307-02) 2. 민간단체 법정운영비보조(307-03) 3. 민간행사사업보조(307-04) 4. 민간위탁금(307-05) 5. 사회복지시설 법정운영비보조(307-10) 6. 민간인위탁교육비(307-12) 7. 공기관등에대한경상적위탁사업비(308-13) 8. 민간자본사업보조,자체재원(402-01) 9. 민간자본사업보조,이전재원(402-02) 10. 민간위탁사업비(402-03) 11. 공기관등에 대한 자본적 위탁사업비(403-02)	민간이전지출 근거 (지방보조금 관리기준 참고) 1. 법률에 규정 2. 국고보조 재원(국가지정) 3. 용도 지정 기부금 4. 조례에 직접규정 5. 지자체가 권장하는 사업을 하는 공공기관 6. 시,도 정책 및 재정사정 7. 기타 8. 해당없음	입찰방식 계약체결방법 (경쟁형태) 1. 일반경쟁 2. 제한경쟁 3. 지명경쟁 4. 수의계약 5. 법정위탁 6. 기타 ( ) 7. 없음	입찰방식 계약기간 1. 1년 2. 2년 3. 3년 4. 4년 5. 5년 6. 기타 ( )년 7. 단기계약 (1년미만) 8. 없음	입찰방식 낙찰자선정방법 1. 적격심사 2. 협상에의한계약 3. 최저가낙찰제 4. 규격가격분리 5. 2단계 경쟁입찰 6. 기타 ( ) 7. 없음	운영예산 산정 운영예산 산정 1. 내부산정 (지자체 자체적으로 산정) 2. 외부산정 (외부전문기관위탁 산정) 3. 내·외부 모두 산정 4. 산정 無 5. 없음	운영예산 산정 정산방법 1. 내부정산 (지자체 내부적으로 정산) 2. 외부정산 (외부전문기관위탁 정산) 3. 내·외부 모두 산정 4. 정산 無 5. 없음	성과평가 실시여부 1. 실시 2. 미실시 3. 향후 추진 4. 해당없음
2038	경기 시흥시	환경기술및환경개선사업(시흥녹색환경지원센터)	380,000	7	4	5	3	7	1	1	4
2039	경기 시흥시	생폐선별	370,995	7	4	4	3	7	1	1	4
2040	경기 시흥시	시흥메이드수출입전담특화지원	366,300	7	4	7	7	7	1	1	2
2041	경기 시흥시	시흥도시공사경상적대행사업비	343,913	7	8	7	8	7	5	5	4
2042	경기 시흥시	매화권역산업집적지활성화	336,200	7	4	7	7	7	1	1	2
2043	경기 시흥시	환경경영체계구축지원	316,400	7	4	7	7	7	1	1	2
2044	경기 시흥시	종량제봉투	250,644	7	4	4	3	7	1	1	4
2045	경기 시흥시	다양한매체를통한의정홍보	230,000	7	1	5	8	7	1	4	2
2046	경기 시흥시	시흥스마트허브공동통근버스운영지원	230,000	7	5	7	8	7	1	2	1
2047	경기 시흥시	시흥도시공사경상적대행사업비	221,770	7	5	7	3	7	5	2	1
2048	경기 시흥시	도시정비활성화대행사업비	195,000	7	4	7	8	7	5	5	4
2049	경기 시흥시	기업하기좋은시흥시홍보활성화	180,000	7	4	7	7	7	1	1	2
2050	경기 시흥시	공원레저팀(배곧한울공원)대행사업비	174,622	7	5	5	5	7	1	1	4
2051	경기 시흥시	대야평생학습관	165,418	7	6	5	3	2	1	1	1
2052	경기 시흥시	지역산업데이터활용성강화및정책수립지원	160,000	7	4	7	7	7	1	1	2
2053	경기 시흥시	지방세및세외수입정보시스템유지보수비	153,411	7	1	5	1	7	2	2	2
2054	경기 시흥시	공원레저팀(갯골캠핑장)대행사업비	148,365	7	5	5	5	7	1	1	4
2055	경기 시흥시	지방재정관리시스템운영관리	141,239	7	1	7	1	7	2	2	4
2056	경기 시흥시	도시브랜드홍보및기획	140,000	7	1	5	8	7	1	4	2
2057	경기 시흥시	시흥도시공사경상적대행사업비	136,949	7	5	6	3	6	1	1	1
2058	경기 시흥시	불법주차견인사업	131,201	7	1	5	3	7	1	1	1
2059	경기 시흥시	시군구공통기반및재해복구시스템유지관리	120,792	7	1	5	1	7	3	3	2
2060	경기 시흥시	중소기업개발생산판로맞춤형지원사업(경기도직접지원)	120,000	7	4	7	7	7	1	1	2
2061	경기 시흥시	G스타기업육성사업(경기도직접지원)	120,000	7	4	7	7	7	1	1	2
2062	경기 시흥시	호조벌높이제한시설관리대행사업비	120,000	7	7	6	8	7	1	1	1
2063	경기 시흥시	SNS홍보마케팅	115,000	7	1	5	8	7	1	4	2
2064	경기 시흥시	공용장비활성화사업	110,000	7	4	7	7	7	1	1	2
2065	경기 시흥시	지역상생협력매장운영	100,000	7	4	4	3	7	1	1	1
2066	경기 시흥시	우수중소기업홍보영상물제작지원(국가직접지원)	100,000	7	4	7	7	7	1	1	2
2067	경기 시흥시	도시군PPL사업공동추진	100,000	7	5	6	1	6	1	1	2
2068	경기 시흥시	시흥도시공사경상적대행사업비	84,733	7	5	7	8	7	5	5	4
2069	경기 시흥시	기록관리시스템유지보수	71,956	7	5	5	1	7	2	2	1
2070	경기 시흥시	포털사이트활용시정홍보	70,000	7	1	5	8	7	1	4	2
2071	경기 시흥시	시흥에코뮤지엄사업	70,000	7	6	6	1	6	1	2	1
2072	경기 시흥시	G디자인개발지원사업(경기도직접지원)	60,000	7	4	7	7	7	1	1	2
2073	경기 시흥시	지식재산창출지원사업(국가직접지원)	60,000	7	4	7	7	7	1	1	2
2074	경기 시흥시	도로명주소기본도유지보수	59,578	7	7	5	1	7	2	1	3
2075	경기 시흥시	주소정보관리시스템유지관리	57,027	7	7	5	1	7	2	1	3
2076	경기 시흥시	미래산업육성전략세미나	55,000	7	4	7	7	7	1	1	2
2077	경기 시흥시	차세대표준지방인사정보시스템유지관리및운영지원등	54,548	7	6	2	1	6	2	5	4

순번	시군구	지출명 (사업명)	2024년예산 (단위 : 천원 /1년간)	민간이전 분류 (지방자치단체 세출예산 집행기준에 의거) 1. 민간경상사업보조(307-02) 2. 민간단체 법정운영비보조(307-03) 3. 민간행사사업보조(307-04) 4. 민간위탁금(307-05) 5. 사회복지시설 법정운영비보조(307-10) 6. 민간인위탁교육비(307-12) 7. 공기관등에대한경상적위탁사업비(308-13) 8. 민간자본사업보조,자체재원(402-01) 9. 민간자본사업보조,이전재원(402-02) 10. 민간위탁사업비(402-03) 11. 공기관등에 대한 자본적 위탁사업비(403-02)	민간이전지출 근거 (지방보조금 관리기준 참고) 1. 법률에 규정 2. 국고보조 재원(국가지정) 3. 용도 지정 기부금 4. 조례에 직접규정 5. 지자체가 권장하는 사업을 하는 공공기관 6. 시,도 정책 및 재정사정 7. 기타 8. 해당없음	입찰방식			운영예산 산정		성과평가 실시여부
						계약체결방법 (경쟁형태) 1. 일반경쟁 2. 제한경쟁 3. 지명경쟁 4. 수의계약 5. 법정위탁 6. 기타 ( ) 7. 없음	계약기간 1. 1년 2. 2년 3. 3년 4. 4년 5. 5년 6. 기타 ( )년 7. 단기계약 (1년미만) 8. 없음	낙찰자선정방법 1. 적격심사 2. 협상에의한계약 3. 최저가낙찰제 4. 규격가격분리 5. 2단계 경쟁입찰 6. 기타 ( ) 7. 없음	운영예산 산정 1. 내부산정 (지자체 자체적으로 산정) 2. 외부산정 (외부전문기관위탁 산정) 3. 내·외부 모두 산정 4. 산정 無 5. 없음	정산방법 1. 내부정산 (지자체 내부적으로 정산) 2. 외부정산 (외부전문기관위탁 정산) 3. 내·외부 모두 산정 4. 정산 無 5. 없음	1. 실시 2. 미실시 3. 향후 추진 4. 해당없음
2078	경기 시흥시	시흥메이드해외인증획득지원	50,900	7	4	7	7	7	1	1	2
2079	경기 시흥시	공원레저팀(선사유적공원)대행사업비	50,307	7	5	5	5	7	1	1	4
2080	경기 시흥시	드론교육훈련센터개방및체험프로그램운영	50,000	7	1	7	8	7	1	1	3
2081	경기 시흥시	시흥도시공사경상적대행사업비	42,406	7	4	5	3	7	1	1	1
2082	경기 시흥시	차세대주민등록시스템구축위탁사업비	35,535	7	7	6	1	7	5	5	4
2083	경기 시흥시	온나라시스템운영지원부담금	31,700	7	1	5	1	7	3	3	2
2084	경기 시흥시	농업기반시설제초사업(농어촌공사관리구역)	30,000	7	5	5	7	7	1	2	4
2085	경기 시흥시	공원레저팀(MTV해토로투어)대행사업비	29,455	7	5	5	5	7	1	1	4
2086	경기 시흥시	수요응답형버스(DRT)통합정산및CS센터운영	27,040	7	2	7	8	7	5	5	4
2087	경기 시흥시	악취오염도분석비	24,938	7	8	7	8	7	1	1	4
2088	경기 시흥시	유튜브타깃마케팅	20,000	7	1	5	8	7	1	4	2
2089	경기 시흥시	청백e통합상시모니터링시스템운영비	15,674	7	1	5	1	7	4	2	2
2090	경기 시흥시	택시운행정보관리시스템운영사업비	14,405	7	1	7	8	7	2	2	3
2091	경기 시흥시	종합정보시스템유지관리운영비	9,467	7	1	2	1	2	2	2	1
2092	경기 시흥시	장애인활동지원사업(자체)위탁업무비	6,500	7	7	7	8	7	5	5	4
2093	경기 시흥시	우편모아등기프로그램유지보수	5,600	7	7	7	1	7	5	5	4
2094	경기 시흥시	지자체기능분류모델(BRM)시스템고도화예산지자체별공동분담금	5,250	7	6	7	8	7	5	5	4
2095	경기 안성시	경기도공공버스운영지원	2,681,436	7	6	5	8	7	2	2	1
2096	경기 안성시	발달장애인주간활동서비스지원	1,234,808	7	2	7	8	7	1	1	4
2097	경기 안성시	시내버스공공관리제운영지원	1,165,919	7	6	5	8	7	2	2	1
2098	경기 안성시	소아청소년야간진료운영비	650,000	7	4	7	1	7	1	1	1
2099	경기 안성시	장애아동재활치료바우처	649,000	7	2	7	8	7	1	1	4
2100	경기 안성시	누구나돌봄사업	646,000	7	4	7	8	7	3	1	1
2101	경기 안성시	업무추진행정예고	600,000	7	1	7	8	7	5	5	4
2102	경기 안성시	다회용기사용지원사업	600,000	7	8	7	8	7	2	2	4
2103	경기 안성시	산모신생아건강관리지원	430,000	7	2	7	8	7	5	5	4
2104	경기 안성시	노인맞춤형인지정서지원서비스	399,600	7	1	7	8	7	1	3	1
2105	경기 안성시	중증장애인활동지원	366,052	7	2	7	8	7	1	1	4
2106	경기 안성시	중소기업경쟁력강화지원사업	354,000	7	4	6	1	7	1	1	4
2107	경기 안성시	저소득층기저귀조제분유지원	340,000	7	2	7	8	7	5	5	4
2108	경기 안성시	안성시생산레벨업(levelup)사업지원	324,000	7	4	6	1	7	1	1	4
2109	경기 안성시	국가암검진비지원	322,166	7	1	5	8	7	2	3	4
2110	경기 안성시	소상공인경영환경개선사업지원	300,000	7	7	7	1	7	1	1	1
2111	경기 안성시	청소년발달장애학생방과후활동서비스	266,058	7	2	7	8	7	1	1	4
2112	경기 안성시	수소충전소위탁관리비	235,000	7	5	6	5	6	3	3	2
2113	경기 안성시	우리아이심리지원서비스	228,420	7	1	7	8	7	1	3	1
2114	경기 안성시	치매치료관리비지원	225,612	7	2	7	8	7	1	3	4
2115	경기 안성시	금북정맥생태탐방시설위탁관리비	202,752	7	1	5	7	6	1	1	4
2116	경기 안성시	수출물류SOS및샘플배송비지원	200,000	7	5	7	1	7	1	1	4
2117	경기 안성시	의정예고	200,000	7	8	7	8	7	1	1	4

순번	시군구	지출명 (사업명)	2024년예산 (단위 : 전원 /1년간)	민간이전 분류 (지방자치단체 세출예산 집행기준에 의거) 1. 민간경상사업보조(307-02) 2. 민간단체 법정운영비보조(307-03) 3. 민간행사사업보조(307-04) 4. 민간위탁금(307-05) 5. 사회복지시설 법정운영비보조(307-10) 6. 민간인위탁교육비(307-12) 7. 공기관등에대한경상적위탁사업비(308-13) 8. 민간자본사업보조,자체재원(402-01) 9. 민간자본사업보조,이전재원(402-02) 10. 민간위탁사업비(402-03) 11. 공기관등에 대한 자본적 위탁사업비(403-02)	민간이전지출 근거 (지방보조금 관리기준 참고) 1. 법률에 규정 2. 국고보조 재원(국가지정) 3. 용도 지정 기부금 4. 조례에 직접규정 5. 지자체가 권장하는 사업을 하는 공공기관 6. 시,도 정책 및 재정사정 7. 기타 8. 해당없음	입찰방식 계약체결방법 (경쟁형태) 1. 일반경쟁 2. 제한경쟁 3. 지명경쟁 4. 수의계약 5. 법정위탁 6. 기타 ( ) 7. 없음	입찰방식 계약기간 1. 1년 2. 2년 3. 3년 4. 4년 5. 5년 6. 기타 ( )년 7. 단기계약 (1년미만) 8. 없음	입찰방식 낙찰자선정방법 1. 적격심사 2. 협상에의한계약 3. 최저가낙찰제 4. 규격가격분리 5. 2단계 경쟁입찰 6. 기타 ( ) 7. 없음	운영예산 산정 운영예산 산정 1. 내부산정 (지자체 자체적으로 산정) 2. 외부산정 (외부전문기관위탁 산정) 3. 내·외부 모두 산정 4. 산정 無 5. 없음	운영예산 산정 정산방법 1. 내부정산 (지자체 내부적으로 정산) 2. 외부정산 (외부전문기관위탁 정산) 3. 내·외부 모두 산정 4. 정산 無 5. 없음	성과평가 실시여부 1. 실시 2. 미실시 3. 향후 추진 4. 해당없음
2118	경기 안성시	산모신생아건강관리지원(추가형)	190,000	7	2	7	8	7	5	5	4
2119	경기 안성시	활동보조가산급여	170,844	7	2	7	8	7	1	1	4
2120	경기 안성시	희귀질환자의료비지원	162,002	7	1	5	8	7	2	3	4
2121	경기 안성시	기술닥터사업지원	153,000	7	4	6	1	7	1	1	4
2122	경기 안성시	공공배달앱이용지원금	146,000	7	7	7	1	7	1	1	1
2123	경기 안성시	시각장애인안마서비스	136,080	7	1	7	8	7	1	3	1
2124	경기 안성시	재정통합시스템유지보수부담금	127,116	7	1	5	1	7	2	2	4
2125	경기 안성시	안성시중소기업글로벌시장개척단운영	120,000	7	5	7	1	7	1	1	4
2126	경기 안성시	The경기패스	112,000	7	2	5	8	7	2	2	1
2127	경기 안성시	중소기업개발생산판로맞춤형지원	110,700	7	4	6	1	7	1	1	4
2128	경기 안성시	글로벌마케팅지원	100,000	7	5	7	1	7	1	1	4
2129	경기 안성시	장애인의료비	99,565	7	2	7	7	7	1	1	4
2130	경기 안성시	공통기반전산장비및재해복구유지관리위탁비	98,131	7	1	7	1	7	2	2	4
2131	경기 안성시	차세대지방세정보시스템운영유지보수비	86,679	7	1	5	1	7	2	2	4
2132	경기 안성시	스타기업육성사업	83,000	7	4	6	1	7	1	1	4
2133	경기 안성시	농특산물뉴스비전광고지원	72,000	7	1	5	8	7	1	1	4
2134	경기 안성시	청년재직자내일채움공제플러스지원사업	60,000	7	5	6	8	6	5	5	4
2135	경기 안성시	안성농특산물입점유통업체광고	60,000	7	1	5	8	7	1	1	4
2136	경기 안성시	국가주소정보시스템유지관리위탁	55,377	7	1	5	1	7	5	5	4
2137	경기 안성시	표준온나라및문서유통시스템유지관리위탁비	52,076	7	1	7	1	7	2	2	4
2138	경기 안성시	표준세외수입정보시스템운영관리사업위탁소요경비	43,438	7	1	5	1	7	2	2	4
2139	경기 안성시	도로명주소기본도유지관리사업	41,105	7	1	5	1	7	5	5	4
2140	경기 안성시	안성농특산물온라인쇼핑몰광고	40,000	7	1	5	8	7	1	1	4
2141	경기 안성시	가사간병방문서비스사업	35,362	7	1	5	8	7	1	3	4
2142	경기 안성시	만성질환자를위한찾아가는맞춤재활서비스	31,200	7	1	7	8	7	1	3	1
2143	경기 안성시	폭염대비에너지복지지원사업	30,800	7	5	7	7	7	1	1	4
2144	경기 안성시	우리가족통합심리지원서비스	30,504	7	1	7	8	7	1	3	1
2145	경기 안성시	디자인개발지원사업	30,000	7	4	6	1	7	1	1	4
2146	경기 안성시	의료급여수급권자일반건강검진비지원	25,800	7	1	5	8	7	2	3	4
2147	경기 안성시	지역혁신현장실습프로그램운영	25,000	7	5	4	1	2	1	1	3
2148	경기 안성시	아동비전형성지원서비스	23,274	7	1	7	8	7	1	3	1
2149	경기 안성시	차세대주민등록시스템운영사업	22,379	7	1	5	1	7	5	5	1
2150	경기 안성시	노후경유차운행제한시스템유지보수	21,766	7	2	5	1	7	1	1	3
2151	경기 안성시	안성농특산물홍보콘텐츠제작및편집비	20,000	7	1	5	8	7	1	1	4
2152	경기 안성시	다중이용시설안성마춤브랜드광고	20,000	7	1	5	8	7	1	1	4
2153	경기 안성시	청년마음건강지원사업	15,750	7	1	7	8	7	1	3	1
2154	경기 안성시	청백e시스템(통합상시모니터링)위탁관리비	14,092	7	1	5	1	7	2	2	4
2155	경기 안성시	대학생학자금대출이자지원	14,000	7	4	7	8	7	1	1	4
2156	경기 안성시	종합정보시스템유지관리비	13,270	7	4	2	1	2	2	2	1
2157	경기 안성시	대기오염방지시설관리지원및성능검사	12,500	7	1	5	7	7	2	1	1

순번	시군구	지출명 (사업명)	2024년예산 (단위 : 천원 /1년간)	민간이전 분류 (지방자치단체 세출예산 집행기준에 의거) 1. 민간경상사업보조(307-02) 2. 민간단체 법정운영비보조(307-03) 3. 민간행사사업보조(307-04) 4. 민간위탁금(307-05) 5. 사회복지시설 법정운영비보조(307-10) 6. 민간인위탁교육비(307-12) 7. 공기관등에대한경상적위탁사업비(308-13) 8. 민간자본사업보조,자체재원(402-01) 9. 민간자본사업보조,이전재원(402-02) 10. 민간위탁사업비(402-03) 11. 공기관등에 대한 자본적 위탁사업비(403-02)	민간이전지출 근거 (지방보조금 관리기준 참고) 1. 법률에 규정 2. 국고보조 재원(국가지정) 3. 용도 지정 기부금 4. 조례에 직접규정 5. 지자체가 권장하는 사업을 하는 공공기관 6. 시,도 정책 및 재정사정 7. 기타 8. 해당없음	입찰방식 계약체결방법 (경쟁형태) 1. 일반경쟁 2. 제한경쟁 3. 지명경쟁 4. 수의계약 5. 법정위탁 6. 기타 ( ) 7. 없음	입찰방식 계약기간 1. 1년 2. 2년 3. 3년 4. 4년 5. 5년 6. 기타 ( )년 7. 단기계약 (1년미만) 8. 없음	입찰방식 낙찰자선정방법 1. 적격심사 2. 협상에의한계약 3. 최저가낙찰제 4. 규격가격분리 5. 2단계 경쟁입찰 6. 기타 ( ) 7. 없음	운영예산 산정 운영예산 산정 1. 내부산정 (지자체 자체적으로 산정) 2. 외부산정 (외부전문기관위탁 산정) 3. 내·외부 모두 산정 4. 산정 無 5. 없음	운영예산 산정 정산방법 1. 내부정산 (지자체 내부적으로 정산) 2. 외부정산 (외부전문기관위탁 정산) 3. 내·외부 모두 산정 4. 정산 無 5. 없음	성과평가 실시여부 1. 실시 2. 미실시 3. 향후 추진 4. 해당없음
2158	경기 안성시	농어촌통신망고도화사업	10,500	7	2	7	8	7	5	5	4
2159	경기 안성시	직거래장터홍보물제작	10,000	7	1	5	8	7	1	1	4
2160	경기 안성시	장애인보조기기렌탈서비스	8,064	7	1	7	8	7	1	3	1
2161	경기 안성시	새올행정시스템서비스데스크위탁비	6,950	7	1	7	1	7	2	2	4
2162	경기 안성시	부모심리상담지원	5,740	7	2	7	8	7	1	1	4
2163	경기 안성시	우편모아시스템유지보수	5,600	7	5	5	1	7	2	1	2
2164	경기 안성시	기능분류모델시스템고도화	5,300	7	5	5	7	7	2	3	2
2165	경기 안성시	공동주택관리법정교육	4,000	7	1	5	1	7	2	4	4
2166	경기 안성시	영유아건강검진지원	2,950	7	2	7	8	7	5	5	4
2167	경기 안성시	결식아동급식지원플랫폼배달비지원	2,448	7	6	7	8	7	5	5	4
2168	경기 안성시	청소년산모임신출산의료비지원	1,800	7	2	7	8	7	5	5	4
2169	경기 안성시	표준모자보건수첩제작	1,230	7	1	7	8	7	5	5	4
2170	경기 여주시	장애인활동지원급여추가지원	924,462	7	2	5	1	7	1	1	2
2171	경기 여주시	발달재활서비스바우처지원	544,286	7	2	5	1	7	1	1	2
2172	경기 여주시	장애인활동지원급여24시간지원	311,025	7	2	5	1	7	1	1	2
2173	경기 여주시	표준기록관리시스템(RMS)유지보수비	250,940	7	7	7	8	7	5	5	4
2174	경기 여주시	발달장애인주간활동서비스지원	183,907	7	2	5	1	7	1	1	2
2175	경기 여주시	장애인활동지원시비추가지원사업	183,549	7	2	5	1	7	1	1	2
2176	경기 여주시	활동보조가산급여	172,601	7	2	5	1	7	1	1	2
2177	경기 여주시	경기도공공미술프로젝트	100,000	7	1	7	8	7	1	1	1
2178	경기 여주시	청소년발달장애학생방과후활동서비스지원	83,142	7	2	5	1	7	1	1	2
2179	경기 여주시	장애인의료비지원	45,819	7	1	7	8	7	5	1	4
2180	경기 여주시	표준지방인사정보시스템유지관리비	30,284	7	7	7	8	7	5	5	4
2181	경기 여주시	고향사랑기부제종합정보시스템유지관리비	11,875	7	7	7	8	7	5	5	4
2182	경기 여주시	아동급식지원플랫폼배달비지원	6,480	7	6	7	8	7	5	5	4
2183	경기 여주시	기능분류모델시스템(BRM)고도화사업분담금	4,250	7	7	7	8	7	5	5	4
2184	경기 여주시	발달장애인부모상담지원	3,826	7	2	5	1	7	1	1	2
2185	경기 여주시	언어발달지원바우처지원	480	7	2	5	1	7	1	1	2
2186	경기 화성시	공영주차장위탁운영	5,217,829	7	5	5	3	7	3	1	1
2187	경기 화성시	장애인활동지원시추가지원	4,508,932	7	1	7	8	7	5	5	4
2188	경기 화성시	장애인활동지원도자체추가지원	3,877,765	7	1	7	8	7	5	5	4
2189	경기 화성시	발달재활서비스바우처지원	2,960,000	7	1	7	8	7	5	5	4
2190	경기 화성시	청소년발달장애학생방과후활동서비스지원	1,646,228	7	1	7	8	7	5	5	4
2191	경기 화성시	그린환경센터내주민편익시설위탁운영	1,587,759	7	4	1	3	2	1	1	1
2192	경기 화성시	근로능력있는수급자의탈수급지원(청년내일저축계좌차상위이하)	1,472,176	7	2	5	8	7	3	1	4
2193	경기 화성시	동탄소공인복합지원센터운영	1,416,244	7	1	4	1	1	1	1	1
2194	경기 화성시	해면갯벌어장지원	1,260,000	7	1	5	1	7	1	1	4
2195	경기 화성시	발달장애인주간활동서비스지원	972,083	7	1	7	8	7	5	5	4
2196	경기 화성시	알뜰교통카드연계마일리지지원	922,000	7	2	7	8	7	5	5	4
2197	경기 화성시	장애인활동지원급여24시간지원	718,898	7	1	7	8	7	5	5	4

순번	시군구	지출명 (사업명)	2024년예산 (단위 : 전원 /1년간)	민간이전 분류 (지방자치단체 세출예산 집행기준에 의거) 1. 민간경상사업보조(307-02) 2. 민간단체 법정운영비보조(307-03) 3. 민간행사사업보조(307-04) 4. 민간위탁금(307-05) 5. 사회복지시설 법정운영비보조(307-10) 6. 민간인위탁교육비(307-12) 7. 공기관등에대한경상적위탁사업비(308-13) 8. 민간자본사업보조,자체재원(402-01) 9. 민간자본사업보조,이전재원(402-02) 10. 민간위탁사업비(402-03) 11. 공기관등에 대한 자본적 위탁사업비(403-02)	민간이전지출 근거 (지방보조금 관리기준 참고) 1. 법률에 규정 2. 국고보조 재원(국가지정) 3. 용도 지정 기부금 4. 조례에 직접규정 5. 지자체가 권장하는 사업을 하는 공공기관 6. 시,도 정책 및 재정사정 7. 기타 8. 해당없음	입찰방식 계약체결방법 (경쟁형태) 1. 일반경쟁 2. 제한경쟁 3. 지명경쟁 4. 수의계약 5. 법정위탁 6. 기타 ( ) 7. 없음	입찰방식 계약기간 1. 1년 2. 2년 3. 3년 4. 4년 5. 5년 6. 기타 ( )년 7. 단기계약 (1년미만) 8. 없음	입찰방식 낙찰자선정방법 1. 적격심사 2. 협상에의한계약 3. 최저가낙찰제 4. 규격가격분리 5. 2단계 경쟁입찰 6. 기타 ( ) 7. 없음	운영예산 산정 운영예산 산정 1. 내부산정 (지자체 자체적으로 산정) 2. 외부산정 (외부전문기관위탁 산정) 3. 내·외부 모두 산정 4. 산정 無 5. 없음	운영예산 산정 정산방법 1. 내부정산 (지자체 내부적으로 정산) 2. 외부정산 (외부전문기관위탁 정산) 3. 내·외부 모두 산정 4. 정산 無 5. 없음	성과평가 실시여부 1. 실시 2. 미실시 3. 향후 추진 4. 해당없음
2198	경기 화성시	장애인활동지원가산급여	714,509	7	1	7	8	7	5	5	4
2199	경기 화성시	석면슬레이트처리지원	681,800	7	2	6	2	2	1	1	4
2200	경기 화성시	강소기업성장환경구축지원	493,300	7	5	7	1	7	1	1	1
2201	경기 화성시	고품질김양식시설지원	485,000	7	1	5	1	7	1	1	4
2202	경기 화성시	기술닥터사업	472,440	7	5	4	1	2	1	1	1
2203	경기 화성시	근로능력있는수급자의탈수급지원(청년내일저축계좌차상위초과)	401,412	7	2	5	8	7	3	1	4
2204	경기 화성시	화물자동차공영차고지운영	362,763	7	1,4	6	2	6	1	1	3
2205	경기 화성시	화성시금융복지상담지원센터운영	319,288	7	4,5	6	5	7	1	1	3
2206	경기 화성시	장애인의료비지원	261,816	7	1	7	8	7	5	5	4
2207	경기 화성시	글로벌경쟁력강화	212,000	7	5	7	1	7	1	1	3
2208	경기 화성시	뿌리기업경쟁력강화지원	160,000	7	5	4	1	2	1	1	1
2209	경기 화성시	근로능력있는수급자의탈수급지원(청년저축계좌)	134,517	7	2	5	8	7	3	1	4
2210	경기 화성시	부설주차장위탁운영경상경비	121,826	7	4	7	8	7	1	1	1
2211	경기 화성시	지식재산창출지원사업	100,000	7	5	4	1	2	1	1	1
2212	경기 화성시	미래기술학교운영지원	100,000	7	6	7	8	7	5	1	4
2213	경기 화성시	동탄버스공영차고지운영	100,000	7	4	7	8	7	5	5	4
2214	경기 화성시	부설주차장위탁운영경상경비	96,843	7	4	6	2	7	1	1	2
2215	경기 화성시	근로능력있는수급자의탈수급지원(희망저축계좌2)	96,200	7	2	5	8	7	3	1	4
2216	경기 화성시	그린스타트운동활성화	95,000	7	5	6	2	7	1	1	4
2217	경기 화성시	근로능력있는수급자의탈수급지원(희망키움통장2)	69,436	7	2	5	8	7	3	1	4
2218	경기 화성시	지역자율형사회서비스투자사업(가사간병방문지원사업)	54,409	7	1	5	8	7	1	1	4
2219	경기 화성시	노후경유차운행제한단속카메라유지관리	43,032	7	5	6	1	2	1	1	4
2220	경기 화성시	발달장애인부모상담지원	22,957	7	1	7	8	7	5	5	4
2221	경기 화성시	H스타트업경진대회운영	20,000	7	5	7	1	7	1	1	1
2222	경기 화성시	근로능력있는수급자의탈수급지원(청년희망키움통장)	19,858	7	2	5	8	7	3	1	4
2223	경기 화성시	화학물질모니터단운영	14,250	7	7	6	7	7	1	1	4
2224	경기 화성시	근로능력있는수급자의탈수급지원(내일키움통장)	9,618	7	2	5	8	7	3	1	4
2225	경기 화성시	언어발달지원바우처지원	8,530	7	1	7	8	7	5	5	4
2226	경기 광주시	산모신생아건강관리지원사업	1,200,000	7	2	7	8	7	3	3	4
2227	경기 광주시	산모신생아건강관리지원사업	1,200,000	7	2	7	8	7	3	3	4
2228	경기 광주시	저소득층기저귀조제분유지원	860,000	7	2	7	8	7	3	3	4
2229	경기 광주시	저소득층기저귀조제분유지원	860,000	7	2	7	8	7	3	3	4
2230	경기 광주시	공공도서관위탁운영(경상적위탁사업비)	823,087	7	4	7	6	7	1	1	3
2231	경기 광주시	종량제및대형폐기물스티커판매대행	500,292	7	1	7	3	7	1	1	4
2232	경기 광주시	수도권매립지반입수수료	440,833	7	7	6	8	7	5	5	4
2233	경기 광주시	수선유지급여사업	220,000	7	1	5	7	7	5	1	1
2234	경기 광주시	기록관리시스템유지보수	45,744	7	1	5	1	7	2	2	4
2235	경기 광주시	표준지방인사정보시스템유지보수지방비부담분	40,850	7	8	7	8	7	2	2	4
2236	경기 광주시	기록물전수조사	14,000	7	1	5	1	7	2	2	4
2237	경기 광주시	청소년산모의료비지원	8,130	7	2	7	8	7	3	3	4

순번	시군구	지출명 (사업명)	2024년예산 (단위 : 천원 /1년간)	민간이전 분류 (지방자치단체 세출예산 집행기준에 의거) 1. 민간경상사업보조(307-02) 2. 민간단체 법정운영비보조(307-03) 3. 민간행사사업보조(307-04) 4. 민간위탁금(307-05) 5. 사회복지시설 법정운영비보조(307-10) 6. 민간인위탁교육비(307-12) 7. 공기관등에대한경상적위탁사업비(308-13) 8. 민간자본사업보조,자체재원(402-01) 9. 민간자본사업보조,이전재원(402-02) 10. 민간위탁사업비(402-03) 11. 공기관등에 대한 자본적 위탁사업비(403-02)	민간이전지출 근거 (지방보조금 관리기준 참고) 1. 법률에 규정 2. 국고보조 재원(국가지정) 3. 용도 지정 기부금 4. 조례에 직접규정 5. 지자체가 권장하는 사업을 하는 공공기관 6. 시,도 정책 및 재정사정 7. 기타 8. 해당없음	입찰방식 계약체결방법 (경쟁형태) 1. 일반경쟁 2. 제한경쟁 3. 지명경쟁 4. 수의계약 5. 법정위탁 6. 기타 ( ) 7. 없음	입찰방식 계약기간 1. 1년 2. 2년 3. 3년 4. 4년 5. 5년 6. 기타 ( )년 7. 단기계약 (1년미만) 8. 없음	입찰방식 낙찰자선정방법 1. 적격심사 2. 협상에의한계약 3. 최저가낙찰제 4. 규격가격분리 5. 2단계 경쟁입찰 6. 기타 ( ) 7. 없음	운영예산 산정 운영예산 산정 1. 내부산정 (지자체 자체적으로 산정) 2. 외부산정 (외부전문기관위탁 산정) 3. 내·외부 모두 산정 4. 산정 無 5. 없음	운영예산 산정 정산방법 1. 내부정산 (지자체 내부적으로 정산) 2. 외부정산 (외부전문기관위탁 정산) 3. 내·외부 모두 산정 4. 정산 無 5. 없음	성과평가 실시여부 1. 실시 2. 미실시 3. 향후 추진 4. 해당없음
2238	경기 광주시	청소년산모의료비지원	8,130	7	2	7	8	7	3	3	4
2239	경기 광주시	우편모아시스템유지보수	5,600	7	1	5	1	7	2	2	4
2240	경기 광주시	기능분류모델시스템고도화사업분담금	5,250	7	6	7	8	7	5	5	4
2241	경기 광주시	공동주택입주자대표회의운영교육	2,301	7	1	5	8	7	3	5	4
2242	경기 양주시	양주도시공사운영(공공체육시설)	3,948,000	7	4	4	5	7	1	1	1
2243	경기 양주시	장애인활동지원시추가지원	2,973,930	7	6	7	8	7	1	1	4
2244	경기 양주시	장애인활동지원급여지원	2,641,320	7	6	7	8	7	1	1	4
2245	경기 양주시	양주도시공사운영(청소행정과)	1,228,992	7	1	7	8	7	5	5	4
2246	경기 양주시	여성청소년생리용품보편지원	1,182,324	7	1	7	8	7	1	1	4
2247	경기 양주시	발달재활서비스바우처지원	1,031,429	7	1	7	8	7	1	1	1
2248	경기 양주시	청년내일저축계좌(차상위이하)	905,956	7	2	7	8	7	1	1	4
2249	경기 양주시	발달장애인주간활동서비스지원	866,993	7	1	7	8	7	1	1	1
2250	경기 양주시	지역사회서비스투자사업	790,000	7	2	7	7	7	5	5	1
2251	경기 양주시	섬유패션산업육성	610,000	7	4	7	8	7	5	5	4
2252	경기 양주시	장애인활동지원급여24시간지원	505,296	7	6	7	8	7	1	1	4
2253	경기 양주시	온나라2.전환	498,000	7	7	7	8	7	5	5	4
2254	경기 양주시	국가암관리(암검진사업)	440,296	7	8	7	8	7	5	5	4
2255	경기 양주시	희귀질환자의료비지원사업	419,704	7	8	7	8	7	5	5	4
2256	경기 양주시	중증장애인활동보조가산급여지원	391,440	7	2	7	8	7	1	1	4
2257	경기 양주시	슬레이트처리지원사업	374,120	7	2	6	2	7	5	5	4
2258	경기 양주시	양주도시공사운영(장흥관광지)	265,620	7	4	5	2	7	1	1	1
2259	경기 양주시	양주도시공사운영	258,666	7	4	7	5	7	3	1	4
2260	경기 양주시	양주도시공사회장실및수경시설운영	226,385	7	1	5	3	7	1	1	1
2261	경기 양주시	청년내일저축계좌(차상위초과)	221,833	7	2	7	8	7	1	1	4
2262	경기 양주시	탄소중립지원센터지정운영	200,000	7	1	1	1	2	1	1	3
2263	경기 양주시	여성청소년생리용품바우처지원사업	178,861	7	1	7	8	7	1	1	4
2264	경기 양주시	슬레이트처리연계지원사업	159,000	7	2	6	2	7	5	5	4
2265	경기 양주시	창업기업육성지원사업	150,000	7	4	7	8	7	5	5	4
2266	경기 양주시	지적재조사측량	142,643	7	2	5	1	7	5	5	4
2267	경기 양주시	중소기업개발생산판로맞춤형지원사업	141,200	7	4	7	8	7	5	5	4
2268	경기 양주시	기술닥터사업	126,530	7	4	7	8	7	5	5	4
2269	경기 양주시	지역자율형사회서비스투자사업(가사간병방문지원사업)	126,279	7	2	7	8	7	2	2	4
2270	경기 양주시	비전자기록물DB구축	125,000	7	8	4	1	7	2	2	4
2271	경기 양주시	양주섬유소공인특화지원사업	100,000	7	4	7	8	7	5	5	4
2272	경기 양주시	장애인의료비지원	98,301	7	1	7	8	7	5	1	4
2273	경기 양주시	소규모사업장방지시설설치지원사업위탁수수료	94,950	7	5	6	1	7	1	1	1
2274	경기 양주시	공통기반전산장비및재해복구시스템유지관리위탁사업비	92,140	7	7	5	1	7	2	2	1
2275	경기 양주시	재정통합지방세전산시스템유지관리	86,679	7	1	5	1	7	2	3	4
2276	경기 양주시	지적기준점현황조사및세계측지계변환	84,870	7	8	5	8	7	5	5	4
2277	경기 양주시	청년저축계좌	83,829	7	2	7	8	7	1	1	4

순번	시군구	지출명 (사업명)	2024년예산 (단위 : 전원 /1년간)	민간이전 분류 (지방자치단체 세출예산 집행기준에 의거) 1. 민간경상사업보조(307-02) 2. 민간단체 법정운영비보조(307-03) 3. 민간행사사업보조(307-04) 4. 민간위탁금(307-05) 5. 사회복지시설 법정운영비보조(307-10) 6. 민간인위탁교육비(307-12) 7. 공기관등에대한경상적위탁사업비(308-13) 8. 민간자본사업보조,자체재원(402-01) 9. 민간자본사업보조,이전재원(402-02) 10. 민간위탁사업비(402-03) 11. 공기관등에 대한 자본적 위탁사업비(403-02)	민간이전지출 근거 (지방보조금 관리기준 참고) 1. 법률에 규정 2. 국고보조 재원(국가지정) 3. 용도 지정 기부금 4. 조례에 직접규정 5. 지자체가 권장하는 사업을 하는 공공기관 6. 시,도 정책 및 재정사정 7. 기타 8. 해당없음	입찰방식: 계약체결방법 (경쟁형태) 1. 일반경쟁 2. 제한경쟁 3. 지명경쟁 4. 수의계약 5. 법정위탁 6. 기타 ( ) 7. 없음	입찰방식: 계약기간 1. 1년 2. 2년 3. 3년 4. 4년 5. 5년 6. 기타 ( )년 7. 단기계약 (1년미만) 8. 없음	입찰방식: 낙찰자선정방법 1. 적격심사 2. 협상에의한계약 3. 최저가낙찰제 4. 규격가격분리 5. 2단계 경쟁입찰 6. 기타 ( ) 7. 없음	운영예산 산정: 운영예산 산정 1. 내부산정 (지자체 자체적으로 산정) 2. 외부산정 (외부전문기관위탁 산정) 3. 내·외부 모두 산정 4. 산정 無 5. 없음	운영예산 산정: 정산방법 1. 내부정산 (지자체 내부적으로 정산) 2. 외부정산 (외부전문기관위탁 정산) 3. 내·외부 모두 산정 4. 정산 無 5. 없음	성과평가 실시여부 1. 실시 2. 미실시 3. 향후 추진 4. 해당없음
2278	경기 양주시	내일채움공제지원사업	82,080	7	4	7	8	7	5	5	4
2279	경기 양주시	지식재산권출원지원사업	70,000	7	4	7	8	7	5	5	4
2280	경기 양주시	주소정보시설일제조사	65,000	7	8	5	1	7	5	5	4
2281	경기 양주시	입체주소구축및주소정보기본도유지관리	59,578	7	8	5	1	7	5	5	4
2282	경기 양주시	발달장애인방과후돌봄서비스지원	58,200	7	1	7	8	7	1	1	1
2283	경기 양주시	주소정보관리시스템(KAIS)유지관리	55,377	7	8	5	1	7	5	5	4
2284	경기 양주시	중소기업매출채권보험보험료지원사업	50,000	7	4	7	8	7	5	5	4
2285	경기 양주시	희망저축계좌2	47,670	7	2	5	8	7	5	5	4
2286	경기 양주시	세외수입정보시스템통합유지관리	43,438	7	1	5	8	7	3	3	1
2287	경기 양주시	희망저축계좌1	42,458	7	2	5	8	7	5	5	4
2288	경기 양주시	표준기록관리시스템유지관리	41,736	7	8	4	1	7	2	2	4
2289	경기 양주시	디자인개발지원사업	40,000	7	4	7	8	7	5	5	4
2290	경기 양주시	노후경유차운행제한시스템유지관리	34,001	7	1	7	1	7	2	2	4
2291	경기 양주시	표준지방인사행정시스템구축및유지관리사업	32,956	7	5	7	8	7	2	2	4
2292	경기 양주시	일반검진사업	32,200	7	8	7	8	7	5	5	4
2293	경기 양주시	근로능력있는수급자의탈수급지원(희망키움통장2)	31,968	7	2	5	8	7	5	5	4
2294	경기 양주시	청년마음건강지원사업	30,870	7	2	7	7	7	5	5	2
2295	경기 양주시	국내규격인증취득지원사업	30,000	7	4	7	8	7	5	5	4
2296	경기 양주시	해외규격인증취득지원사업	30,000	7	4	7	8	7	5	5	4
2297	경기 양주시	글로벌시장개척지원사업	30,000	7	4	7	8	7	5	5	4
2298	경기 양주시	내수기업신규수출기업화육성지원사업	30,000	7	4	7	8	7	5	5	4
2299	경기 양주시	중소기업온라인마케팅지원사업	30,000	7	4	7	8	7	5	5	4
2300	경기 양주시	해외전시회(박람회)참가기업지원사업	30,000	7	4	7	8	7	5	5	4
2301	경기 양주시	경기도공공배달앱배달특급추진	30,000	7	5	7	8	7	1	1	4
2302	경기 양주시	양주도시공사운영(양주시VR체험관)	25,642	7	4	5	1	7	1	1	1
2303	경기 양주시	양주시우수기업제품전시회(GFAIR)지원사업	18,750	7	4	7	8	7	5	5	4
2304	경기 양주시	공원위원회운영	13,200	7	1	7	8	7	5	5	4
2305	경기 양주시	온나라시스템서비스데스크운영지방비분담금	10,500	7	7	5	1	7	2	2	1
2306	경기 양주시	일자리센터운영	10,208	7	7	4	7	7	1	1	3
2307	경기 양주시	가스열펌프(GHP)저감장치설치지원사업위탁수수료	9,450	7	5	7	8	7	5	5	4
2308	경기 양주시	장욱진미술관전시홍보광고비	8,000	7	1	7	8	7	5	5	4
2309	경기 양주시	지방행정공통시스템서비스데스크운영지방비분담금	6,950	7	7	5	1	7	2	2	1
2310	경기 양주시	근로능력있는수급자의탈수급지원(내일키움통장)	6,412	7	2	5	8	7	5	5	4
2311	경기 양주시	국가지점번호표기실태일제조사	5,267	7	6	5	1	7	5	5	1
2312	경기 양주시	민복진미술관전시홍보광고비	5,000	7	1	7	8	7	5	5	4
2313	경기 양주시	기능분류시스템고도화	4,250	7	8	7	8	7	5	5	4
2314	경기 양주시	언어발달지원바우처지원	4,100	7	1	7	8	7	3	3	1
2315	경기 양주시	발달장애인부모심리상담서비스지원	3,826	7	1	7	8	7	1	1	1
2316	경기 양주시	양주도시공사운영(양주시VR체험관)	2,904	7	4	5	1	7	1	1	1
2317	경기 양주시	양주도시공사운영(장흥관광지)	550	7	4	5	2	7	1	1	1

순번	시군구	지출명 (사업명)	2024년예산 (단위 : 천원 /1년간)	민간이전 분류 (지방자치단체 세출예산 집행기준에 의거) 1. 민간경상사업보조(307-02) 2. 민간단체 법정운영비보조(307-03) 3. 민간행사사업보조(307-04) 4. 민간위탁금(307-05) 5. 사회복지시설 법정운영비보조(307-10) 6. 민간인위탁교육비(307-12) 7. 공기관등에대한경상적위탁사업비(308-13) 8. 민간자본사업보조,자체재원(402-01) 9. 민간자본사업보조,이전재원(402-02) 10. 민간위탁사업비(402-03) 11. 공기관등에 대한 자본적 위탁사업비(403-02)	민간이전지출 근거 (지방보조금 관리기준 참고) 1. 법률에 규정 2. 국고보조 재원(국가지정) 3. 용도 지정 기부금 4. 조례에 직접규정 5. 지자체가 권장하는 사업을 하는 공공기관 6. 시,도 정책 및 재정사정 7. 기타 8. 해당없음	입찰방식 계약체결방법 (경쟁형태) 1. 일반경쟁 2. 제한경쟁 3. 지명경쟁 4. 수의계약 5. 법정위탁 6. 기타 ( ) 7. 없음	입찰방식 계약기간 1. 1년 2. 2년 3. 3년 4. 4년 5. 5년 6. 기타 ( )년 7. 단기계약 (1년미만) 8. 없음	입찰방식 낙찰자선정방법 1. 적격심사 2. 협상에의한계약 3. 최저가낙찰제 4. 규격가격분리 5. 2단계 경쟁입찰 6. 기타 ( ) 7. 없음	운영예산 산정 운영예산 산정 1. 내부산정 (지자체 자체적으로 산정) 2. 외부산정 (외부전문기관위탁 산정) 3. 내·외부 모두 산정 4. 산정 無 5. 없음	운영예산 산정 정산방법 1. 내부정산 (지자체 내부적으로 정산) 2. 외부정산 (외부전문기관위탁 정산) 3. 내·외부 모두 산정 4. 정산 無 5. 없음	성과평가 실시여부 1. 실시 2. 미실시 3. 향후 추진 4. 해당없음
2318	경기 양주시	결핵환자가족검진비지원	500	7	2	7	8	7	1	1	4
2319	경기 연천군	상권진흥구역지정사업	500,000	7	6	4	4	7	5	1	2
2320	경기 연천군	전철개통관련홍보추진(23년이월예산)	482,000	7	8	7	8	7	1	5	2
2321	경기 연천군	전곡전통시장문화관광형시장육성사업	250,000	7	2	6	2	7	5	2	1
2322	경기 연천군	행정예고및군정시책광고	200,000	7	8	7	8	7	1	5	2
2323	경기 연천군	온라인배너광고	200,000	7	8	7	8	7	1	5	2
2324	경기 연천군	공중파TV홍보	200,000	7	8	7	8	7	1	5	2
2325	경기 연천군	경기북부전통문화자원창작공연지원	105,000	7	7	6	3	6	3	3	3
2326	경기 연천군	수요응답형버스(DRT)운영지원	104,920	7	1	7	8	7	5	5	4
2327	경기 연천군	지역자율형사회서비스투자사업(지역사회서비스투자사업)	101,428	7	2	7	8	7	3	3	1
2328	경기 연천군	관내외승강기미디어보드홍보	100,000	7	8	7	8	7	1	5	2
2329	경기 연천군	케이블TV및라디오홍보	100,000	7	8	7	8	7	1	5	2
2330	경기 연천군	온라인광고및모바일홍보	100,000	7	8	7	8	7	1	5	2
2331	경기 연천군	지방재정관리시스템운영	98,892	7	1	6	1	6	2	2	4
2332	경기 연천군	공통기반및재해복구시스템전산장비통합유지관리지급	93,500	7	5	7	1	7	2	2	4
2333	경기 연천군	청년내일저축계좌(차상위이하)(국비)	91,000	7	2	7	8	7	3	3	1
2334	경기 연천군	지방세정보화(운영유지관리)사업비	71,065	7	1	5	1	7	2	2	4
2335	경기 연천군	연천구석기축제운영	70,000	7	1	7	7	7	1	5	4
2336	경기 연천군	온나라및전자문서유통지원센터유지관리위탁금	69,900	7	5	5	1	7	2	2	4
2337	경기 연천군	기록관리시스템유지관리	67,112	7	1	5	1	7	2	2	4
2338	경기 연천군	관광홍보기획및운영(TV프로그램및온라인홍보)	60,000	7	1	7	7	7	1	5	4
2339	경기 연천군	브랜디드콘텐츠홍보	50,000	7	8	7	8	7	1	5	2
2340	경기 연천군	관광홍보기획및운영(옥외광고)	50,000	7	1	7	7	7	1	5	4
2341	경기 연천군	농특산물직거래지원(자체)	50,000	7	1,4	7	8	7	5	5	4
2342	경기 연천군	섬유기업현장기술돌봄이지원사업	40,000	7	4	5	1	7	5	5	4
2343	경기 연천군	남토북수브랜드역량강화(자체)	40,000	7	1,4	7	8	7	5	5	4
2344	경기 연천군	청년내일저축계좌(차상위초과)(국비)	37,137	7	2	7	8	7	3	3	1
2345	경기 연천군	세외수입정보시스템유지관리	33,543	7	1	5	1	7	2	2	4
2346	경기 연천군	각종간행물광고	33,000	7	8	7	8	7	1	5	2
2347	경기 연천군	G버스(버스모니터)광고	30,000	7	8	7	8	7	1	5	2
2348	경기 연천군	대중교통을통한광고(버스외부광고)	30,000	7	8	7	8	7	1	5	2
2349	경기 연천군	기술닥터사업	29,590	7	4	5	1	7	5	5	4
2350	경기 연천군	옥외전광판및관외홍보판홍보	24,000	7	8	7	8	7	1	5	2
2351	경기 연천군	표준지방인사정보시스템유지관리	22,114	7	1	5	8	7	2	2	4
2352	경기 연천군	The경기패스사업(국비)	19,000	7	2	7	8	7	5	5	4
2353	경기 연천군	희망저축계좌Ⅱ(국비)	14,620	7	2	7	8	7	3	3	1
2354	경기 연천군	희망저축계좌Ⅰ(국비)	11,929	7	2	7	8	7	3	3	1
2355	경기 연천군	고향사랑기부제추진	11,875	7	1	5	1	7	2	2	4
2356	경기 연천군	광역알뜰교통카드연계마일리지지원사업(국비)	11,800	7	2	7	8	7	5	5	4
2357	경기 연천군	노후경유차운행제한단속시스템유지관리	11,132	7	7	7	1	7	5	1	4

순번	시군구	지출명 (사업명)	2024년예산 (단위 : 천원 /1년간)	민간이전 분류 (지방자치단체 세출예산 집행기준에 의거) 1. 민간경상사업보조(307-02) 2. 민간단체 법정운영비보조(307-03) 3. 민간행사사업보조(307-04) 4. 민간위탁금(307-05) 5. 사회복지시설 법정운영비보조(307-10) 6. 민간인위탁교육비(307-12) 7. 공기관등에대한경상적위탁사업비(308-13) 8. 민간자본사업보조,자체재원(402-01) 9. 민간자본사업보조,이전재원(402-02) 10. 민간위탁사업비(402-03) 11. 공기관등에 대한 자본적 위탁사업비(403-02)	민간이전지출 근거 (지방보조금 관리기준 참고) 1. 법률에 규정 2. 국고보조 재원(국가지정) 3. 용도 지정 기부금 4. 조례에 직접규정 5. 지자체가 권장하는 사업을 하는 공공기관 6. 시,도 정책 및 재정사정 7. 기타 8. 해당없음	입찰방식 계약체결방법 (경쟁형태) 1. 일반경쟁 2. 제한경쟁 3. 지명경쟁 4. 수의계약 5. 법정위탁 6. 기타 ( ) 7. 없음	입찰방식 계약기간 1. 1년 2. 2년 3. 3년 4. 4년 5. 5년 6. 기타 ( )년 7. 단기계약 (1년미만) 8. 없음	입찰방식 낙찰자선정방법 1. 적격심사 2. 협상에의한계약 3. 최저가낙찰제 4. 규격가격분리 5. 2단계 경쟁입찰 6. 기타 ( ) 7. 없음	운영예산 산정 운영예산 산정 1. 내부산정 (지자체 자체적으로 산정) 2. 외부산정 (외부전문기관위탁 산정) 3. 내·외부 모두 산정 4. 산정 無 5. 없음	운영예산 산정 정산방법 1. 내부정산 (지자체 내부적으로 정산) 2. 외부정산 (외부전문기관위탁 정산) 3. 내·외부 모두 산정 4. 정산 無 5. 없음	성과평가 실시여부 1. 실시 2. 미실시 3. 향후 추진 4. 해당없음
2358	경기 연천군	새올행정서비스데스크운영분담금납부	7,000	7	5	7	1	7	2	2	4
2359	경기 연천군	뉴스비전광고(민원실TV)	6,600	7	8	7	8	7	1	5	2
2360	경기 연천군	LPG사용가구시설개선사업	5,400	7	1	5	1	7	3	3	4
2361	경기 연천군	기획기사보도협업및언론홍보	5,000	7	8	7	8	7	1	5	2
2362	경기 연천군	희망키움통장II(국비)	4,963	7	2	7	8	7	3	3	1
2363	경기 연천군	희망키움통장 I (수급자탈수급지원)(국비)	4,412	7	2	7	8	7	3	3	1
2364	경기 연천군	버스운수종사자양성(도직접지원)	4,368	7	4	7	8	7	5	5	4
2365	경기 연천군	기능분류모델(BRM)시스템유지관리	4,250	7	1	5	8	7	2	2	4
2366	경기 연천군	수요응답형버스(DRT)통합정산및CS센터운영	4,250	7	1	7	8	7	5	5	4
2367	경기 연천군	청년희망키움통장(국비)	3,723	7	2	7	8	7	3	3	1
2368	경기 연천군	청년저축계좌(국비)	2,194	7	2	7	8	7	3	3	1
2369	경기 가평군	기초수급자수선유지급여지원	495,060	7	1	5	1	7	5	1	4
2370	경기 가평군	지역자율형사회서비스투자사업(지역사회서비스투자사업)	332,858	7	1	7	8	7	5	5	4
2371	경기 가평군	암검진비예탁(암검진사업)	127,088	7	2	7	8	7	5	5	4
2372	경기 가평군	관광콘텐츠온오프라인매체광고	110,000	7	7	7	8	7	5	5	4
2373	경기 가평군	저소득층기저귀,조제분유지원사업	104,000	7	8	5	8	7	5	3	2
2374	경기 가평군	공통기반및재해복구시스템유지관리	100,517	7	7	2	1	2	1	1	1
2375	경기 가평군	장애인의료비지원	100,000	7	2	7	8	7	5	5	4
2376	경기 가평군	공공배달앱이용홍보프로모션	100,000	7	5	7	8	7	5	5	4
2377	경기 가평군	산모신생아건강관리지원사업(전환)	81,000	7	8	5	8	7	5	3	1
2378	경기 가평군	치매치료관리비지원사업(전환사업)	69,864	7	2	7	8	7	5	5	4
2379	경기 가평군	지역사회건강조사조사분석위탁운영(지역사회건강조사)	68,786	7	2	5	1	7	5	2	1
2380	경기 가평군	희귀난치성질환자의료비지원	64,254	7	8	5	8	7	5	2	2
2381	경기 가평군	경기도기술개발사업지원	50,000	7	6	7	8	7	5	5	4
2382	경기 가평군	표준기록관리시스템(RMS)유지관리	40,880	7	1	5	1	7	2	2	4
2383	경기 가평군	일반건강검진비예탁(일반건강검진지원사업)	34,000	7	2	7	8	7	5	5	4
2384	경기 가평군	기술닥터사업	27,140	7	6	5	1	7	3	3	4
2385	경기 가평군	표준지방인사랑정보시스템유지관리및운영	24,387	7	7	2	1	2	2	2	4
2386	경기 가평군	시군합동시장개척단지원	24,000	7	6	7	8	7	5	5	4
2387	경기 가평군	온나라시스템운영지원위탁비	23,400	7	7	2	1	2	1	1	1
2388	경기 가평군	지식재산창출지원	20,000	7	1	5	1	7	3	3	4
2389	경기 가평군	산모신생아건강관리지원사업	16,000	7	8	5	8	7	5	3	1
2390	경기 가평군	노후경유차운행제한시스템유지보수	11,132	7	4	7	1	7	5	5	4
2391	경기 가평군	행정업무시스템모의침투해킹훈련	10,000	7	5	5	7	7	2	2	2
2392	경기 가평군	DDOS대응모의훈련	10,000	7	5	5	7	7	2	2	2
2393	경기 가평군	지방행정공통시스템상담센터운영	6,950	7	7	1	1	2	1	1	1
2394	경기 가평군	우편모아시스템유지관리	5,600	7	1	5	1	7	2	2	4
2395	경기 가평군	무연고사망자분묘매장(봉안)공고	5,500	7	1	7	8	7	1	1	4
2396	경기 가평군	지자체기능분류모델시스템고도화	4,250	7	7	5	1	7	2	2	4
2397	경기 가평군	청소년산모임신출산의료비지원	1,200	7	8	5	8	7	5	3	2

순번	시군구	지출명 (사업명)	2024년예산 (단위 : 천원 /1년간)	민간이전 분류 (지방자치단체 세출예산 집행기준에 의거) 1. 민간경상사업보조(307-02) 2. 민간단체 법정운영비보조(307-03) 3. 민간행사사업보조(307-04) 4. 민간위탁금(307-05) 5. 사회복지시설 법정운영비보조(307-10) 6. 민간인위탁교육비(307-12) 7. 공기관등에대한경상적위탁사업비(308-13) 8. 민간자본사업보조,자체재원(402-01) 9. 민간자본사업보조,이전재원(402-02) 10. 민간위탁사업비(402-03) 11. 공기관등에 대한 자본적 위탁사업비(403-02)	민간이전지출 근거 (지방보조금 관리기준 참고) 1. 법률에 규정 2. 국고보조 재원(국가지정) 3. 용도 지정 기부금 4. 조례에 직접규정 5. 지자체가 권장하는 사업을 하는 공공기관 6. 시,도 정책 및 재정사정 7. 기타 8. 해당없음	입찰방식 계약체결방법 (경쟁형태) 1. 일반경쟁 2. 제한경쟁 3. 지명경쟁 4. 수의계약 5. 법정위탁 6. 기타 ( ) 7. 없음	입찰방식 계약기간 1. 1년 2. 2년 3. 3년 4. 4년 5. 5년 6. 기타 ( )년 7. 단기계약 (1년미만) 8. 없음	입찰방식 낙찰자선정방법 1. 적격심사 2. 협상에의한계약 3. 최저가낙찰제 4. 규격가격분리 5. 2단계 경쟁입찰 6. 기타 ( ) 7. 없음	운영예산 산정 운영예산 산정 1. 내부산정 (지자체 자체적으로 산정) 2. 외부산정 (외부전문기관위탁 산정) 3. 내·외부 모두 산정 4. 산정 無 5. 없음	운영예산 산정 정산방법 1. 내부정산 (지자체 내부적으로 정산) 2. 외부정산 (외부전문기관위탁 정산) 3. 내·외부 모두 산정 4. 정산 無 5. 없음	성과평가 실시여부 1. 실시 2. 미실시 3. 향후 추진 4. 해당없음
2398	경기 가평군	영유아건강검진비지원	1,000	7	8	5	8	7	5	3	2
2399	경기 가평군	표준모자보건수첩	190	7	8	5	8	7	5	3	2
2400	경기 양평군	용문국민체육센터대행사업비	1,944,803	7	1	4	2	6	2	2	1
2401	경기 양평군	양서에코힐링센터운영대행사업비	1,606,074	7	1	4	2	6	2	2	1
2402	경기 양평군	물맑은양평종합운동장운영대행사업비	1,279,545	7	1	4	2	6	2	2	1
2403	경기 양평군	슬레이트처리및개량지원	713,440	7	1	2	2	1,3	3	3	1
2404	경기 양평군	양평생활문화센터운영	376,888	7	5	4	3	7	1	1	3
2405	경기 양평군	대행사업운영	264,143	7	1	7	8	7	5	5	4
2406	경기 양평군	주거급여(수선유지급여)	260,000	7	2	5	1	7	1	1	4
2407	경기 양평군	어도개보수사업	125,000	7	2	7	8	7	5	5	4
2408	경기 양평군	지방재정관리시스템운영위탁	113,008	7	5	7	8	7	5	5	4
2409	경기 양평군	조명이미지홍보	100,000	7	1	7	8	7	5	5	4
2410	경기 양평군	미디어매체마케팅	100,000	7	1	7	8	7	5	5	4
2411	경기 양평군	The경기패스	75,870	7	1	5	8	7	1	2	4
2412	경기 양평군	장애인의료비지원	73,201	7	2	5	8	7	5	1	4
2413	경기 양평군	방송채널홍보	72,000	7	1	7	8	7	5	5	4
2414	경기 양평군	마을단위오수처리시설관리(운영비)	65,000	7	5	4	5	6	2	1	1
2415	경기 양평군	기록관리시스템운영지원업무위탁사업비	47,883	7	5	7	8	7	5	5	4
2416	경기 양평군	광역알뜰교통카드연계마일리지지원	42,000	7	1	5	8	7	2	2	4
2417	경기 양평군	가사간병방문서비스사업	39,166	7	2	7	8	7	1	1	1
2418	경기 양평군	양평군온라인스토어창업지원	30,000	7	4	4	1	2	1	1	4
2419	경기 양평군	표준지방인사정보시스템유지관리	28,871	7	5	7	8	7	2	2	4
2420	경기 양평군	공공부문온실가스감축진단컨설팅	25,000	7	6	6	1	7	2	3	4
2421	경기 양평군	차세대주민등록시스템운영비	22,179	7	7	1	1	2	2	2	4
2422	경기 양평군	2024년폭염대비에너지복지지원사업	22,000	7	4	5	1	7	1	1	4
2423	경기 양평군	기술닥터현장중기애로기술지원사업	15,300	7	4	5	8	7	1	1	1
2424	경기 양평군	고향사랑기부제종합정보시스템유지관리비	10,700	7	4	5	1	7	2	2	4
2425	경기 양평군	우편모아시스템유지보수	5,600	7	5	7	8	7	5	5	4
2426	경기 양평군	지자체기능분류모델(BRM)시스템고도화사업분담금	4,250	7	5	7	8	7	2	2	4
2427	인천 중구	장애인의료비지원	76,616	7	1	7	8	7	5	5	4
2428	인천 중구	보건소청사관리비	71,820	7	1	7	8	7	1	1	4
2429	인천 중구	차세대표준지방인사정보시스템유지보수분담금	31,777	7	1	7	8	7	2	2	4
2430	인천 중구	부설주차장대행사업비	24,131	7	4	7	8	7	1	1	4
2431	인천 중구	고향사랑기부금종합정보시스템유지관리및운영비	8,802	7	1	7	8	7	5	5	4
2432	인천 중구	중구365생활안전센터운영대행사업	5,515	7	7	5	8	7	1	1	1
2433	인천 동구	대중교통광고활용구정홍보	321,200	7	1	4	8	7	1	1	4
2434	인천 동구	온나라문서시트메유지관리위탁관리비	186,106	7	1	5	1	7	1	1	4
2435	인천 동구	산모신생아건강관리지원	153,102	7	6	5	8	7	2	2	4
2436	인천 동구	기획특집홍보	132,000	7	1	4	7	7	1	1	4
2437	인천 동구	저소득층기저귀및조제분유지원	114,240	7	2	5	8	7	2	2	4

순번	시군구	지출명 (사업명)	2024년예산 (단위 : 천원 /1년간)	민간이전 분류 (지방자치단체 세출예산 집행기준에 의거) 1. 민간경상사업보조(307-02) 2. 민간단체 법정운영비보조(307-03) 3. 민간행사사업보조(307-04) 4. 민간위탁금(307-05) 5. 사회복지시설 법정운영비보조(307-10) 6. 민간인위탁교육비(307-12) 7. 공기관등에대한경상적위탁사업비(308-13) 8. 민간자본사업보조,자체재원(402-01) 9. 민간자본사업보조,이전재원(402-02) 10. 민간위탁사업비(402-03) 11. 공기관등에 대한 자본적 위탁사업비(403-02)	민간이전지출 근거 (지방보조금 관리기준 참고) 1. 법률에 규정 2. 국고보조 재원(국가지정) 3. 용도 지정 기부금 4. 조례에 직접규정 5. 지자체가 권장하는 사업을 하는 공공기관 6. 시,도 정책 및 재정사정 7. 기타 8. 해당없음	입찰방식 계약체결방법 (경쟁형태) 1. 일반경쟁 2. 제한경쟁 3. 지명경쟁 4. 수의계약 5. 법정위탁 6. 기타 ( ) 7. 없음	입찰방식 계약기간 1. 1년 2. 2년 3. 3년 4. 4년 5. 5년 6. 기타 ( )년 7. 단기계약 (1년미만) 8. 없음	입찰방식 낙찰자선정방법 1. 적격심사 2. 협상에의한계약 3. 최저가낙찰제 4. 규격가격분리 5. 2단계 경쟁입찰 6. 기타 ( ) 7. 없음	운영예산 산정 운영예산 산정 1. 내부산정 (지자체 자체적으로 산정) 2. 외부산정 (외부전문기관위탁 산정) 3. 내·외부 모두 산정 4. 산정 無 5. 없음	운영예산 산정 정산방법 1. 내부정산 (지자체 내부적으로 정산) 2. 외부정산 (외부전문기관위탁 정산) 3. 내·외부 모두 산정 4. 정산 無 5. 없음	성과평가 실시여부 1. 실시 2. 미실시 3. 향후 추진 4. 해당없음
2438	인천 동구	표준기록관리시스템유지관리및중요기록물DB구축	114,188	7	1	7	1	7	2	2	4
2439	인천 동구	국가암검진비	100,804	7	2	5	8	7	3	2	4
2440	인천 동구	빈집실태조사(2차)및정비계획수립용역비	87,980	7	1	7	8	7	5	5	4
2441	인천 동구	통합지방재정시스템사용료	84,758	7	1	7	8	7	2	2	4
2442	인천 동구	치매치료관리비지원	84,491	7	2	7	8	7	1	1	4
2443	인천 동구	주소정보시설일제조사주소정보관리시스템차세대구축및유지관리일제주소구축및주소정보기본도유지관리	81,879	7	1	7	8	7	5	5	4
2444	인천 동구	지방세정보시스템개선유지보수비	65,859	7	1	5	1	7	5	5	4
2445	인천 동구	치매안심센터광고료	55,000	7	2	4	1	1	1	1	4
2446	인천 동구	해외무역사절단운영	50,000	7	4	7	8	7	1	2	4
2447	인천 동구	자치단체등이전	49,852	7	2	5	1	7	5	5	4
2448	인천 동구	세외수입정보시스템유지보수비	31,069	7	1	5	1	7	5	5	4
2449	인천 동구	지역지식재산창출지원사업	30,000	7	5	7	8	7	1	2	4
2450	인천 동구	인사정보시스템유지보수및운영지원	22,288	7	1	7	8	7	2	2	4
2451	인천 동구	차세대주민등록시스템운영	19,913	7	7	7	1	7	2	2	4
2452	인천 동구	의료급여수급권자일반건강검진비	15,062	7	2	5	8	7	3	2	4
2453	인천 동구	중소기업기술지원단운영	10,000	7	5	7	8	7	1	2	4
2454	인천 동구	LPG용기사용가구시설개선사업	9,000	7	2	7	8	7	1	1	4
2455	인천 동구	고향사랑기부제종합정보시스템운영	8,802	7	1	7	8	7	5	5	4
2456	인천 동구	자치단체등이전	8,277	7	1	7	8	7	5	5	4
2457	인천 동구	공고문신문광고료	4,400	7	7	7	8	7	5	5	4
2458	인천 동구	기능분류모델시스템고도화사업(개편)추진	3,250	7	8	7	8	7	5	5	4
2459	인천 동구	신문광고료	1,500	7	1	7	8	7	5	5	4
2460	인천 동구	청소년산모임신출산의료비지원	1,200	7	2	5	8	7	2	2	4
2461	인천 동구	만6세미만의료급여수급권자검진비	1,132	7	2	5	8	7	3	2	4
2462	인천 동구	표준모자보건수첩제작	308	7	5	5	8	7	1	2	4
2463	인천 미추홀구	음식물류폐기물최종처리반입료	735,112	7	1	7	8	7	1	1	4
2464	인천 미추홀구	불법투기쓰레기수거처리	271,209	7	4	7	8	7	1	1	4
2465	인천 미추홀구	노인여가시설관리(시설관리공단)	219,570	7	1,4	6	6	6	1	1	1
2466	인천 미추홀구	공중화장실시설관리공단위탁사업	150,508	7	4	7	8	7	1	1	1
2467	인천 미추홀구	시설관리공단경상적위탁사업비(구청사관리)	120,823	7	7	7	8	7	1	1	1
2468	인천 미추홀구	공통기반시스템유지보수	114,295	7	1	5	1	7	2	2	3
2469	인천 미추홀구	행정광고	88,000	7	7	5	8	7	1	4	4
2470	인천 미추홀구	홍보영상프로그램제작비및송출료	88,000	7	7	5	8	7	1	4	4
2471	인천 미추홀구	시설관리공단종량제봉투판매관리위탁	76,044	7	1	4	8	7	1	1	4
2472	인천 미추홀구	2024년정부업무관리시스템(온나라)및정부전자문서유통지원센터유지관리	70,044	7	1	5	1	7	2	2	3
2473	인천 미추홀구	석바위디지털전통시장	43,000	7	1	7	8	7	2	1	3
2474	인천 미추홀구	구이미지광고	16,500	7	7	5	8	7	1	4	4
2475	인천 미추홀구	청백e시스템유지보수비	14,092	7	8	6	1	7	2	2	4
2476	인천 미추홀구	LPG용기사용가구시설개선사업위탁사업비	9,000	7	2	5	1	7	5	1	4
2477	인천 미추홀구	새올행정시스템서비스데스크운영	6,950	7	1	5	1	7	2	2	3

순번	시군구	지출명 (사업명)	2024년예산 (단위 : 천원 /1년간)	민간이전 분류 (지방자치단체 세출예산 집행기준에 의거) 1. 민간경상사업보조(307-02) 2. 민간단체 법정운영비보조(307-03) 3. 민간행사사업보조(307-04) 4. 민간위탁금(307-05) 5. 사회복지시설 법정운영비보조(307-10) 6. 민간인위탁교육비(307-12) 7. 공기관등에대한경상적위탁사업비(308-13) 8. 민간자본사업보조,자체재원(402-01) 9. 민간자본사업보조,이전재원(402-02) 10. 민간위탁사업비(402-03) 11. 공기관등에 대한 자본적 위탁사업비(403-02)	민간이전지출 근거 (지방보조금 관리기준 참고) 1. 법률에 규정 2. 국고보조 재원(국가지정) 3. 용도 지정 기부금 4. 조례에 직접규정 5. 지자체가 권장하는 사업을 하는 공공기관 6. 시,도 정책 및 재정사정 7. 기타 8. 해당없음	입찰방식			운영예산 산정		성과평가 실시여부
						계약체결방법 (경쟁형태) 1. 일반경쟁 2. 제한경쟁 3. 지명경쟁 4. 수의계약 5. 법정위탁 6. 기타 ( ) 7. 없음	계약기간 1. 1년 2. 2년 3. 3년 4. 4년 5. 5년 6. 기타 ( )년 7. 단기계약 (1년미만) 8. 없음	낙찰자선정방법 1. 적격심사 2. 협상에의한계약 3. 최저가낙찰제 4. 규격가격분리 5. 2단계 경쟁입찰 6. 기타 ( ) 7. 없음	운영예산 산정 1. 내부산정 (지자체 자체적으로 산정) 2. 외부산정 (외부전문기관위탁 산정) 3. 내·외부 모두 산정 4. 산정 無 5. 없음	정산방법 1. 내부정산 (지자체 내부적으로 정산) 2. 외부정산 (외부전문기관위탁 정산) 3. 내·외부 모두 산정 4. 정산 無 5. 없음	1. 실시 2. 미실시 3. 향후 추진 4. 해당없음
2478	인천 미추홀구	행려자보호및지원	5,500	7	1	7	8	7	1	5	4
2479	인천 연수구	폐기물처리반입료	3,494,685	7	8	7	8	7	5	5	4
2480	인천 연수구	생활폐기물수도권매립지및소각장반입료	2,537,090	7	4	7	8	7	5	5	4
2481	인천 연수구	연수구시설안전관리공단공원・녹지대행사업비	1,934,254	7	5	5	8	7	1	1	1
2482	인천 연수구	근로능력있는수급자의탈수급지원	1,794,312	7	2	5	8	7	1	1	4
2483	인천 연수구	발달재활서비스바우처지원(장애아동재활치료)	1,238,405	7	2	7	8	7	5	2	4
2484	인천 연수구	지역자율형사회서비스투자사업(산모신생아건강관리지원사업)(전환사업)	1,218,846	7	2	7	8	7	1	2	2
2485	인천 연수구	중증장애인시추가활동지원	1,070,000	7	4	7	8	7	5	5	4
2486	인천 연수구	발달장애인주간활동서비스	1,057,235	7	2	7	8	7	5	2	4
2487	인천 연수구	주거급여(수선유지비)	450,651	7	1	5	8	7	3	2	1
2488	인천 연수구	발달장애인방과후활동서비스	446,180	7	2	7	8	7	5	2	4
2489	인천 연수구	공영주차장유지보수및관리	381,978	7	4	5	8	7	1	1	4
2490	인천 연수구	장애인활동지원가산급여	375,342	7	2	7	8	7	5	5	4
2491	인천 연수구	구청사시설물유지관리	372,645	7	5	7	8	7	1	1	4
2492	인천 연수구	오수중계펌프장유지관리	294,108	7	5	5	8	7	1	1	4
2493	인천 연수구	최중증발달장애인주간그룹일대일바우처지원	238,928	7	2	7	8	7	5	2	4
2494	인천 연수구	지역자율형사회서비스투자사업(가사간병방문지원사업)	225,714	7	2	5	8	7	1	1	4
2495	인천 연수구	신송도해변축제개최	200,000	7	4	7	8	7	5	5	4
2496	인천 연수구	행정광고및공고	170,000	7	1	5	8	7	1	5	4
2497	인천 연수구	교육복지우선지원사업	156,490	7	7	7	8	7	1	1	4
2498	인천 연수구	치매치료관리비지원	131,740	7	1	7	8	7	3	3	1
2499	인천 연수구	중소기업경쟁력강화지원	130,000	7	8	7	8	7	5	5	4
2500	인천 연수구	행정정보시스템운영	122,214	7	7	6	8	7	3	2	2
2501	인천 연수구	장애인의료비지원	116,803	7	2	7	8	7	5	2	4
2502	인천 연수구	재정관리시스템운영	113,008	7	8	7	8	7	5	5	4
2503	인천 연수구	종량제봉투관리사업공단대행사업비	108,357	7	5	7	8	7	1	1	1
2504	인천 연수구	지방세정보화운영	91,885	7	1	5	1	7	2	2	4
2505	인천 연수구	최중증장애인24시간활동지원	88,000	7	4	7	8	7	5	5	4
2506	인천 연수구	기록관운영(표준기록관리시스템운영지원비)	83,325	7	1	6	1	6	2	2	4
2507	인천 연수구	연수구국제언어체험센터운영	74,336	7	4	5	8	7	1	1	4
2508	인천 연수구	광고물효율적관리지원	67,975	7	4	5	8	7	1	1	4
2509	인천 연수구	방송캠페인제작및송출	65,000	7	1	5	8	7	1	5	4
2510	인천 연수구	행정광고	62,000	7	1	5	8	7	1	5	4
2511	인천 연수구	디지털매체등활용구정홍보	55,000	7	1	5	8	7	1	5	4
2512	인천 연수구	연수구시설안전관리공단송도행복텃밭운영대행사업비	54,716	7	5	7	8	7	1	1	1
2513	인천 연수구	국가주소정보시스템유지관리	53,727	7	5	5	1	7	1	1	2
2514	인천 연수구	청학문화센터유지관리및운영	47,218	7	4	4	8	7	1	1	1
2515	인천 연수구	지방세외수입정보시스템유지관리비	40,965	7	1	7	1	7	2	2	4
2516	인천 연수구	보건기관시설물유지관리	39,552	7	5	5	8	7	1	1	2
2517	인천 연수구	송도건강생활지원센터운영지원	35,381	7	4	5	1	7	1	1	2

순번	시군구	지출명 (사업명)	2024년예산 (단위 : 천원 /1년간)	민간이전 분류 (지방자치단체 세출예산 집행기준에 의거) 1. 민간경상사업보조(307-02) 2. 민간단체 법정운영비보조(307-03) 3. 민간행사사업보조(307-04) 4. 민간위탁금(307-05) 5. 사회복지시설 법정운영비보조(307-10) 6. 민간인위탁교육비(307-12) 7. 공기관등에대한경상적위탁사업비(308-13) 8. 민간자본사업보조,자체재원(402-01) 9. 민간자본사업보조,이전재원(402-02) 10. 민간위탁사업비(402-03) 11. 공기관등에 대한 자본적 위탁사업비(403-02)	민간이전지출 근거 (지방보조금 관리기준 참고) 1. 법률에 규정 2. 국고보조 재원(국가지정) 3. 용도 지정 기부금 4. 조례에 직접규정 5. 지자체가 권장하는 사업을 하는 공공기관 6. 시,도 정책 및 재정사정 7. 기타 8. 해당없음	입찰방식 계약체결방법 (경쟁형태) 1. 일반경쟁 2. 제한경쟁 3. 지명경쟁 4. 수의계약 5. 법정위탁 6. 기타 ( ) 7. 없음	입찰방식 계약기간 1. 1년 2. 2년 3. 3년 4. 4년 5. 5년 6. 기타 ( )년 7. 단기계약 (1년미만) 8. 없음	입찰방식 낙찰자선정방법 1. 적격심사 2. 협상에의한계약 3. 최저가낙찰제 4. 규격가격분리 5. 2단계 경쟁입찰 6. 기타 ( ) 7. 없음	운영예산 산정 운영예산 산정 1. 내부산정 (지자체 자체적으로 산정) 2. 외부산정 (외부전문기관위탁 산정) 3. 내·외부 모두 산정 4. 산정 無 5. 없음	운영예산 산정 정산방법 1. 내부정산 (지자체 내부적으로 정산) 2. 외부정산 (외부전문기관위탁 정산) 3. 내·외부 모두 산정 4. 정산 無 5. 없음	성과평가 실시여부 1. 실시 2. 미실시 3. 향후 추진 4. 해당없음
2518	인천 연수구	불법주정차견인보관소운영	34,097	7	1	7	8	7	1	1	4
2519	인천 연수구	주소정보기본도현행화사업	33,608	7	5	5	1	7	1	1	2
2520	인천 연수구	원활한인사시스템운영	33,552	7	1	7	8	7	5	5	4
2521	인천 연수구	시설안전관리공단운영경비(연수청학도서관)	31,140	7	4	7	8	7	1	1	1
2522	인천 연수구	내실있는주민등록운영(차세대주민등록정보시스템운영지원비)	28,246	7	1	5	1	7	5	5	4
2523	인천 연수구	행정정보시스템운영	23,400	7	7	6	8	7	3	2	2
2524	인천 연수구	기억과마음치매정신통합센터시설운영	20,738	7	4	5	1	7	1	1	4
2525	인천 연수구	마을엔운영비지원	15,600	7	6	7	8	7	1	1	4
2526	인천 연수구	주민방송팀및홍보단지원	15,000	7	4	5	8	7	1	1	1
2527	인천 연수구	청백e시스템유지보수비	13,301	7	1,4	5	1	7	2	2	4
2528	인천 연수구	장애인등록증개별배송사업	12,606	7	6	7	8	7	5	2	4
2529	인천 연수구	도시관리계획결정(변경)관련신문공고료	11,000	7	8	7	8	7	5	5	4
2530	인천 연수구	치매안심센터운영	10,000	7	1	7	8	7	3	3	4
2531	인천 연수구	의료급여수급권자영유아검진비지원	8,206	7	2	7	8	7	1	2	2
2532	인천 연수구	행정정보시스템운영	6,950	7	7	6	8	7	2	2	2
2533	인천 연수구	발달장애인부모상담지원	5,760	7	2	7	8	7	2	2	4
2534	인천 연수구	고객만족민원환경조성(우편모아시스템운영지원비)	5,600	7	8	7	1	7	5	5	4
2535	인천 연수구	언어발달지원바우처사업	4,381	7	2	7	8	7	5	2	4
2536	인천 연수구	지방자치단체기능분류모델시스템유지관리	4,250	7	7	7	8	7	5	5	4
2537	인천 연수구	입주자대표회의구성원교육	4,000	7	1	5	8	7	2	2	4
2538	인천 연수구	표준모자보건수첩제작	3,700	7	8	7	1	7	1	2	2
2539	인천 연수구	청소년산모임신출산의료비지원사업	3,600	7	2	7	8	7	1	2	2
2540	인천 연수구	방범및안전교육	2,500	7	1	5	8	7	2	2	4
2541	인천 남동구	첫만남이용권(바우처)	4,770,000	7	2	5	8	7	5	5	4
2542	인천 남동구	도시관리공단위탁사업비(공영주차장)	3,113,032	7	4	7	8	7	1	1	1
2543	인천 남동구	산모신생아건강관리서비스지원	1,562,231	7	2	7	8	7	5	5	4
2544	인천 남동구	남동문화재단위탁사업비(남동소래아트홀)	1,322,539	7	1	4	5	7	1	1	1
2545	인천 남동구	도시관리공단위탁사업비(서창어울마당)	1,261,322	7	1	5	2	7	1	1	4
2546	인천 남동구	도시관리공단위탁사업비(남동국민체육센터)	1,051,820	7	1	5	2	7	1	1	4
2547	인천 남동구	송도자원환경센터자원화시설사용부담금	927,144	7	1	7	8	7	5	5	4
2548	인천 남동구	암검진비	922,572	7	2	7	8	7	1	1	2
2549	인천 남동구	저소득층기저귀조제분유지원	911,720	7	2	7	8	7	5	5	4
2550	인천 남동구	도시관리공단위탁사업비(남동수영장)	778,378	7	1	5	2	7	1	1	4
2551	인천 남동구	희귀질환자의료비지원	773,400	7	1	7	8	7	1	1	4
2552	인천 남동구	남동문화재단위탁사업비(소래포구축제)	600,000	7	1	5	8	7	1	1	1
2553	인천 남동구	청소년건강지원	439,564	7	1	7	8	7	1	1	4
2554	인천 남동구	도시관리공단위탁사업비(해수공급시설)	409,224	7	4	5	8	7	1	1	1
2555	인천 남동구	장애인의료비지원	327,296	7	1	7	7	7	5	5	4
2556	인천 남동구	치매치료관리예탁금	324,053	7	1	7	8	7	1	1	4
2557	인천 남동구	교육복지우선지원사업	300,000	7	1	7	8	7	3	3	4

순번	시군구	지출명 (사업명)	2024년예산 (단위 : 천원 /1년간)	민간이전 분류 (지방자치단체 세출예산 집행기준에 의거) 1. 민간경상사업보조(307-02) 2. 민간단체 법정운영비보조(307-03) 3. 민간행사사업보조(307-04) 4. 민간위탁금(307-05) 5. 사회복지시설 법정운영비보조(307-10) 6. 민간인위탁교육비(307-12) 7. 공기관등에대한경상적위탁사업비(308-13) 8. 민간자본사업보조,자체재원(402-01) 9. 민간자본사업보조,이전재원(402-02) 10. 민간위탁사업비(402-03) 11. 공기관등에 대한 자본적 위탁사업비(403-02)	민간이전지출 근거 (지방보조금 관리기준 참고) 1. 법률에 규정 2. 국고보조 재원(국가지정) 3. 용도 지정 기부금 4. 조례에 직접규정 5. 지자체가 권장하는 사업을 하는 공공기관 6. 시,도 정책 및 재정사정 7. 기타 8. 해당없음	입찰방식 계약체결방법 (경쟁형태) 1. 일반경쟁 2. 제한경쟁 3. 지명경쟁 4. 수의계약 5. 법정위탁 6. 기타 ( ) 7. 없음	입찰방식 계약기간 1. 1년 2. 2년 3. 3년 4. 4년 5. 5년 6. 기타 ( )년 7. 단기계약 (1년미만) 8. 없음	입찰방식 낙찰자선정방법 1. 적격심사 2. 협상에의한계약 3. 최저가낙찰제 4. 규격가격분리 5. 2단계 경쟁입찰 6. 기타 ( ) 7. 없음	운영예산 산정 운영예산 산정 1. 내부산정 (지자체 자체적으로 산정) 2. 외부산정 (외부전문기관위탁 산정) 3. 내·외부 모두 산정 4. 산정 無 5. 없음	운영예산 산정 정산방법 1. 내부정산 (지자체 내부적으로 정산) 2. 외부정산 (외부전문기관위탁 정산) 3. 내·외부 모두 산정 4. 정산 無 5. 없음	성과평가 실시여부 1. 실시 2. 미실시 3. 향후 추진 4. 해당없음
2558	인천 남동구	생활및가정사업계폐기물처분부담금	300,000	7	1	7	8	7	1	1	4
2559	인천 남동구	도시관리공단위탁사업비(불법주정차견인)	251,369	7	1	5	8	7	1	1	1
2560	인천 남동구	주요구정에대한홍보	183,000	7	1	5	7	7	1	1	4
2561	인천 남동구	도시관리공단위탁사업비(소래포구전통어시장)	170,220	7	6	7	8	7	1	1	4
2562	인천 남동구	도시관리공단위탁사업비(구청사등)	148,020	7	4	7	3	7	1	1	1
2563	인천 남동구	도시관리공단위탁사업비(남동2국민체육센터)	142,500	7	1	5	2	7	1	1	4
2564	인천 남동구	해외시장개척단파견	140,000	7	7	7	8	7	5	5	1
2565	인천 남동구	자치단체공통기반및재해복구시스템유지관리	132,299	7	5	1	1	2	2	2	4
2566	인천 남동구	통합지방재정관리시스템유지보수	127,116	7	5	7	8	7	2	2	4
2567	인천 남동구	의료급여수급권자검진비	115,993	7	2	7	8	7	5	5	1
2568	인천 남동구	도시관리공단위탁사업비(보안등)	114,330	7	4	5	1	7	1	1	4
2569	인천 남동구	도시관리공단위탁사업비(공원등)	113,150	7	4	7	8	7	1	1	4
2570	인천 남동구	마을연계교육과정운영	100,000	7	4	7	8	7	5	1	4
2571	인천 남동구	간석자유시장문화관광형시장육성사업매칭사업비	100,000	7	1	7	8	7	1	1	4
2572	인천 남동구	소래포구전통어시장문화관광형시장육성사업매칭사업비	100,000	7	1	7	8	7	1	1	4
2573	인천 남동구	차세대지방세정보시스템운영유지관리비	91,884	7	1	7	1	6	1	1	1
2574	인천 남동구	온나라및전자문서유통지원센터유지관리	74,562	7	5	1	1	2	2	2	4
2575	인천 남동구	남동문화재단위탁사업비(소래역사관)	73,796	7	1	4	5	7	1	1	1
2576	인천 남동구	남동문화재단위탁사업비(여성합창단)	72,366	7	1	4	2	7	1	1	1
2577	인천 남동구	남동문화재단위탁사업비(풍물단)	71,396	7	1	4	2	7	1	1	1
2578	인천 남동구	입체주소구축및주소정보기본도유지관리	59,578	7	8	7	1	7	2	5	4
2579	인천 남동구	남동문화재단위탁사업비(남동생활문화센터)	59,576	7	1	4	5	7	1	1	1
2580	인천 남동구	의정활동홍보비	59,400	7	1	7	8	7	1	1	1
2581	인천 남동구	남동형청년재직자내일채움공제플러스	58,800	7	1	5	8	7	1	2	4
2582	인천 남동구	주소정보관리시스템차세대구축및유지관리	55,377	7	8	7	1	7	2	5	4
2583	인천 남동구	산업재산권출원지원	55,000	7	7	7	8	7	5	5	4
2584	인천 남동구	국내외우수인증획득지원	50,000	7	7	7	8	7	5	5	4
2585	인천 남동구	지방세외수입정보시스템유지관리	45,920	7	1	7	8	7	5	5	4
2586	인천 남동구	도시관리공단위탁사업비(구청부설주차장)	45,795	7	4	7	8	7	1	1	4
2587	인천 남동구	해외박람회개별참가지원	45,000	7	7	7	8	7	5	5	1
2588	인천 남동구	바이오및소부장시제품제작지원	45,000	7	7	7	8	7	5	5	4
2589	인천 남동구	도시관리공단위탁사업비(공영자전거대여소)경상적위탁사업비	44,876	7	4	5	1	7	3	3	4
2590	인천 남동구	지방인사정보시스템운영비	44,167	7	7	7	1	7	2	2	4
2591	인천 남동구	방송프로그램을통한구정홍보	40,000	7	1	5	7	7	1	1	4
2592	인천 남동구	지역유선방송구정홍보영상제작비	40,000	7	1	5	7	7	1	1	4
2593	인천 남동구	다중이용시설활용구정홍보	37,000	7	1	5	7	7	1	1	4
2594	인천 남동구	도시관리공단위탁사업비(현수막게시대운영)	36,886	7	4	5	3	7	1	1	3
2595	인천 남동구	해외박람회단체참가지원	36,000	7	7	7	8	7	5	5	1
2596	인천 남동구	도시관리공단위탁사업비(쓰레기봉투판매)	32,546	7	4	5	8	7	1	1	2
2597	인천 남동구	차세대주민등록정보시스템운영비	31,539	7	1	7	8	7	1	1	2

순번	시군구	지출명 (사업명)	2024년예산 (단위 : 천원 /1년간)	민간이전 분류 (지방자치단체 세출예산 집행기준에 의거) 1. 민간경상사업보조(307-02) 2. 민간단체 법정운영비보조(307-03) 3. 민간행사사업보조(307-04) 4. 민간위탁금(307-05) 5. 사회복지시설 법정운영비보조(307-10) 6. 민간인위탁교육비(307-12) 7. 공기관등에대한경상적위탁사업비(308-13) 8. 민간자본사업보조,자체재원(402-01) 9. 민간자본사업보조,이전재원(402-02) 10. 민간위탁사업비(402-03) 11. 공기관등에 대한 자본적 위탁사업비(403-02)	민간이전지출 근거 (지방보조금 관리기준 참고) 1. 법률에 규정 2. 국고보조 재원(국가지정) 3. 용도 지정 기부금 4. 조례에 직접규정 5. 지자체가 권장하는 사업을 하는 공공기관 6. 시,도 정책 및 재정사정 7. 기타 8. 해당없음	입찰방식 계약체결방법 (경쟁형태) 1. 일반경쟁 2. 제한경쟁 3. 지명경쟁 4. 수의계약 5. 법정위탁 6. 기타 ( ) 7. 없음	입찰방식 계약기간 1. 1년 2. 2년 3. 3년 4. 4년 5. 5년 6. 기타 ( )년 7. 단기계약 (1년미만) 8. 없음	입찰방식 낙찰자선정방법 1. 적격심사 2. 협상에의한계약 3. 최저가낙찰제 4. 규격가격분리 5. 2단계 경쟁입찰 6. 기타 ( ) 7. 없음	운영예산 산정 운영예산 산정 1. 내부산정 (지자체 자체적으로 산정) 2. 외부산정 (외부전문기관위탁 산정) 3. 내·외부 모두 산정 4. 산정 無 5. 없음	운영예산 산정 정산방법 1. 내부정산 (지자체 내부적으로 정산) 2. 외부정산 (외부전문기관위탁 정산) 3. 내·외부 모두 산정 4. 정산 無 5. 없음	성과평가 실시여부 1. 실시 2. 미실시 3. 향후 추진 4. 해당없음
2598	인천 남동구	폐기물처분부담금	28,300	7	1	7	8	7	5	5	4
2599	인천 남동구	도시관리공단위탁사업비(구립도서관)	27,442	7	4	7	3	7	1	1	4
2600	인천 남동구	중소기업선택형온라인판로지원	23,000	7	7	7	8	7	5	5	1
2601	인천 남동구	남동문화재단위탁사업비(서창생활문화센터)	22,876	7	1	4	4	7	1	1	1
2602	인천 남동구	모바일Push메시지활용구정홍보	20,000	7	1	5	7	7	1	1	4
2603	인천 남동구	해외수출물류비지원	20,000	7	7	7	8	7	5	5	1
2604	인천 남동구	무단방치폐기물처분부담금	19,244	7	1	7	8	7	5	5	2
2605	인천 남동구	도시관리공단위탁사업비(남동구평생학습관)	15,860	7	4	7	3	7	1	1	4
2606	인천 남동구	치매안심센터광고제작비	15,000	7	1	7	8	7	5	1	4
2607	인천 남동구	청백e시스템유지관리및운영지원비	14,883	7	1	5	1	7	2	2	4
2608	인천 남동구	다중이용시설홍보영상송출비	14,883	7	1	7	8	7	1	1	4
2609	인천 남동구	의료급여수급권자영유아건강검진지원	14,383	7	2	7	8	7	5	5	4
2610	인천 남동구	도시관리공단위탁사업비(새우타워및부대시설)	13,048	7	4	7	8	7	1	1	4
2611	인천 남동구	라디오방송남동홍보캠페인제작송출비	10,000	7	1	5	7	7	1	1	4
2612	인천 남동구	남동구도시관리공단위탁사업비	10,000	7	1	4	4	7	1	1	1
2613	인천 남동구	중소기업기술지원단운영	10,000	7	7	7	8	7	5	5	4
2614	인천 남동구	도시관리공단위탁사업비(남동구노인인력개발센터)	10,000	7	4	7	8	7	1	1	4
2615	인천 남동구	고향사랑기부제종합정보시스템운영	9,467	7	1	6	1	6	2	4	4
2616	인천 남동구	하천하구폐기물처분부담금	7,096	7	1	7	8	7	5	5	4
2617	인천 남동구	청소년산모임신출산의료비지원	6,000	7	2	7	8	7	5	5	4
2618	인천 남동구	우편모아시스템유지관리위탁비	5,600	7	5	1	1	1	2	2	4
2619	인천 남동구	입찰공고료	5,500	7	7	7	8	7	5	5	4
2620	인천 남동구	도시관리공단위탁사업비(청년미디어타워)	5,300	7	4	7	8	7	1	1	2
2621	인천 남동구	지자체기능분류모델시스템고도화예산분담금	5,250	7	1	5	8	7	2	2	4
2622	인천 남동구	표준모자보건수첩제작	3,000	7	2	7	8	7	5	5	4
2623	인천 부평구	첫만남이용권지원	4,995,000	7	4	5	5	7	1	1	4
2624	인천 부평구	공영주차장대행사업비	4,190,420	7	4	5	8	7	1	1	4
2625	인천 부평구	문화도시조성사업경상적사업비	3,000,000	7	2	5	5	7	5	3	4
2626	인천 부평구	부평아트센터운영비	2,387,170	7	1	4	5	7	1	1	4
2627	인천 부평구	수선유지급여	2,098,854	7	1	5	1	7	1	1	4
2628	인천 부평구	부평상권르네상스사업	2,087,200	7	1	7	5	7	3	3	2
2629	인천 부평구	청소년수련관운영	1,870,608	7	1,4	5	2	7	1	1	4
2630	인천 부평구	공공도서관사업운영비	1,630,837	7	1	5	5	7	1	1	4
2631	인천 부평구	남부체육센터운영지원	1,477,345	7	7	6	5	2	5	1	1
2632	인천 부평구	송도자원환경센터반입수수료	1,064,863	7	1	7	8	7	5	5	4
2633	인천 부평구	공원관리대행사업비	932,620	7	4	5	8	7	1	1	4
2634	인천 부평구	희귀질환자의료비지원	833,920	7	2	5	1	7	1	1	4
2635	인천 부평구	부평국민체육센터운영지원	728,312	7	7	6	5	2	5	1	1
2636	인천 부평구	청소년문화센터운영	595,434	7	1,4	5	2	7	1	1	4
2637	인천 부평구	굴포천생태하천복원사업지중화사업	483,500	7	5	5	8	7	2	1	4

순번	시군구	지출명 (사업명)	2024년예산 (단위 : 천원 /1년간)	민간이전 분류 (지방자치단체 세출예산 집행기준에 의거) 1. 민간경상사업보조(307-02) 2. 민간단체 법정운영비보조(307-03) 3. 민간행사사업보조(307-04) 4. 민간위탁금(307-05) 5. 사회복지시설 법정운영비보조(307-10) 6. 민간인위탁교육비(307-12) 7. 공기관등에대한경상적위탁사업비(308-13) 8. 민간자본사업보조,자체재원(402-01) 9. 민간자본사업보조,이전재원(402-02) 10. 민간위탁사업비(402-03) 11. 공기관등에 대한 자본적 위탁사업비(403-02)	민간이전지출 근거 (지방보조금 관리기준 참고) 1. 법률에 규정 2. 국고보조 재원(국가지정) 3. 용도 지정 기부금 4. 조례에 직접규정 5. 지자체가 권장하는 사업을 하는 공공기관 6. 시,도 정책 및 재정사정 7. 기타 8. 해당없음	입찰방식 계약체결방법 (경쟁형태) 1. 일반경쟁 2. 제한경쟁 3. 지명경쟁 4. 수의계약 5. 법정위탁 6. 기타 ( ) 7. 없음	입찰방식 계약기간 1. 1년 2. 2년 3. 3년 4. 4년 5. 5년 6. 기타 ( )년 7. 단기계약 (1년미만) 8. 없음	입찰방식 낙찰자선정방법 1. 적격심사 2. 협상에의한계약 3. 최저가낙찰제 4. 규격가격분리 5. 2단계 경쟁입찰 6. 기타 ( ) 7. 없음	운영예산 산정 운영예산 산정 1. 내부산정 (지자체 자체적으로 산정) 2. 외부산정 (외부전문기관위탁 산정) 3. 내·외부 모두 산정 4. 산정 無 5. 없음	운영예산 산정 정산방법 1. 내부정산 (지자체 내부적으로 정산) 2. 외부정산 (외부전문기관위탁 정산) 3. 내·외부 모두 산정 4. 정산 無 5. 없음	성과평가 실시여부 1. 실시 2. 미실시 3. 향후 추진 4. 해당없음
2638	인천 부평구	청소년성문화센터운영	419,004	7	1	7	8	7	5	1	4
2639	인천 부평구	장애인의료비지원	313,274	7	1	7	8	7	5	1	1
2640	인천 부평구	치매치료관리비지원	291,176	7	6	7	8	7	1	1	4
2641	인천 부평구	다목적실내체육관운영지원	266,865	7	7	6	5	2	5	1	1
2642	인천 부평구	노인여가복지시설위탁관리	249,615	7	5	5	8	7	1	1	1
2643	인천 부평구	도서관개관시간연장사업	246,000	7	2	5	5	7	1	1	4
2644	인천 부평구	중소기업기술지원사업	234,000	7	7	7	8	7	1	1	4
2645	인천 부평구	생활문화센터운영비	208,048	7	1	4	5	7	1	1	4
2646	인천 부평구	청소년방과후아카데미운영	188,978	7	1,4	5	2	7	1	1	4
2647	인천 부평구	구정기획홍보	151,800	7	5	7	8	7	1	1	4
2648	인천 부평구	문화사랑방운영비	136,055	7	1	4	5	7	1	1	4
2649	인천 부평구	지방재정관리시스템운영유지관리	127,116	7	5	5	1	7	2	5	4
2650	인천 부평구	공통기반전산장비및재해복구시스템유지관리비위탁	126,374	7	5	5	1	7	2	5	4
2651	인천 부평구	시설관리공단대행사업운영비	118,527	7	4	5	8	7	1	4	4
2652	인천 부평구	주소정보관리시스템및입체주소유지관리	104,350	7	1	5	1	7	5	5	4
2653	인천 부평구	빈집실태조사및빈집정비계획수립	100,400	7	6	7	8	7	3	3	4
2654	인천 부평구	차세대지방세정보시스템유지보수비	86,679	7	1	5	8	7	2	5	4
2655	인천 부평구	다중이용시설및대중교통활용홍보	80,000	7	5	7	8	7	1	1	4
2656	인천 부평구	구립소년소녀합창단운영비	74,498	7	5	4	5	7	1	1	4
2657	인천 부평구	구정홍보프로그램및공익캠페인제작송출	72,000	7	5	7	8	7	1	1	4
2658	인천 부평구	거주자우선주차제대행사업운영비	68,088	7	4	5	8	7	1	1	4
2659	인천 부평구	실내배드민턴장운영	66,234	7	7	6	5	2	5	1	1
2660	인천 부평구	견인보관소대행사업운영비	60,684	7	4	5	8	7	1	1	4
2661	인천 부평구	구립여성합창단운영비	57,958	7	5	4	5	7	1	1	4
2662	인천 부평구	구립풍물단운영비	57,550	7	5	4	5	7	1	1	4
2663	인천 부평구	민방위교육장대행사업운영비	55,440	7	5	7	8	7	1	1	4
2664	인천 부평구	청사관리운영비	53,688	7	1	5	8	7	1	1	4
2665	인천 부평구	표준지방인사정보시스템유지관리	48,024	7	6	5	8	7	2	5	4
2666	인천 부평구	세외수입정보시스템유지보수비	43,438	7	5	5	8	7	2	5	4
2667	인천 부평구	공원내체육시설유지관리	40,240	7	7	6	5	2	5	1	1
2668	인천 부평구	지적재조사사업측량조사등위탁사업비	38,478	7	2	5	1	7	5	1	4
2669	인천 부평구	옥외광고물대행사업운영비	33,186	7	4	5	5	6	1	1	4
2670	인천 부평구	차세대주민등록시스템운영지방분담금	31,739	7	1	5	1	7	1	5	4
2671	인천 부평구	온나라시스템서비스데스크운영위탁비	31,200	7	5	5	1	7	2	5	4
2672	인천 부평구	공공청소년수련시설인력지원	28,128	7	1,4	5	2	7	1	1	4
2673	인천 부평구	청백e시스템유지보수	14,883	7	5	5	1	7	2	5	4
2674	인천 부평구	지하철역사문화예술공간운영비	10,000	7	5	4	5	7	1	1	4
2675	인천 부평구	U도서관서비스운영비	9,700	7	1	5	5	7	1	1	4
2676	인천 부평구	고향사랑기부제종합정보시스템운영비	9,467	7	5	5	1	7	2	5	4
2677	인천 부평구	공동주택관리운영교육	8,778	7	1	4	7	7	1	1	4

순번	시군구	지출명 (사업명)	2024년예산 (단위 : 천원 /1년간)	민간이전 분류 (지방자치단체 세출예산 집행기준에 의거) 1. 민간경상사업보조(307-02) 2. 민간단체 법정운영비보조(307-03) 3. 민간행사사업보조(307-04) 4. 민간위탁금(307-05) 5. 사회복지시설 법정운영비보조(307-10) 6. 민간인위탁교육비(307-12) 7. 공기관등에대한경상적위탁사업비(308-13) 8. 민간자본사업보조,지체재원(402-01) 9. 민간자본사업보조,이전재원(402-02) 10. 민간위탁사업비(402-03) 11. 공기관등에 대한 자본적 위탁사업비(403-02)	민간이전지출 근거 (지방보조금 관리기준 참고) 1. 법률에 규정 2. 국고보조 재원(국가지정) 3. 용도 지정 기부금 4. 조례에 직접규정 5. 지자체가 권장하는 사업을 하는 공공기관 6. 시,도 정책 및 재정사정 7. 기타 8. 해당없음	입찰방식 계약체결방법 (경쟁형태) 1. 일반경쟁 2. 제한경쟁 3. 지명경쟁 4. 수의계약 5. 법정위탁 6. 기타 ( ) 7. 없음	입찰방식 계약기간 1. 1년 2. 2년 3. 3년 4. 4년 5. 5년 6. 기타 ( )년 7. 단기계약 (1년미만) 8. 없음	입찰방식 낙찰자선정방법 1. 적격심사 2. 협상에의한계약 3. 최저가낙찰제 4. 규격가격분리 5. 2단계 경쟁입찰 6. 기타 ( ) 7. 없음	운영예산 산정 운영예산 산정 1. 내부산정 (지자체 자체적으로 산정) 2. 외부산정 (외부전문기관위탁 산정) 3. 내·외부 모두 산정 4. 산정 無 5. 없음	운영예산 산정 정산방법 1. 내부정산 (지자체 내부적으로 정산) 2. 외부정산 (외부전문기관위탁 정산) 3. 내·외부 모두 산정 4. 정산 無 5. 없음	성과평가 실시여부 1. 실시 2. 미실시 3. 향후 추진 4. 해당없음
2678	인천 부평구	단지내교통안전시설실태점검	8,687	7	1	4	7	7	1	1	4
2679	인천 부평구	보안등위탁사업운영비	8,153	7	5	5	1	7	1	1	4
2680	인천 부평구	시설관리공단부설주차장운영비	8,080	7	5	5	1	7	1	1	4
2681	인천 부평구	대형폐기물반입수수료	7,375	7	8	7	8	7	5	5	4
2682	인천 부평구	지방행정공통시스템상담센터위탁비	6,950	7	5	5	1	7	2	5	4
2683	인천 부평구	어울림센터운영비	6,692	7	1	5	8	7	1	1	4
2684	인천 부평구	보건소청사관리대행사업비	5,800	7	5	5	8	7	1	1	4
2685	인천 부평구	우편모아시스템통합유지관리비	5,600	7	7	5	1	7	2	5	4
2686	인천 부평구	기능분류모델시스템유지관리	5,250	7	5	5	1	7	2	5	4
2687	인천 부평구	문화사랑방자본적지출	4,000	7	1	4	5	7	1	1	4
2688	인천 부평구	LPG용기사용가구시설개선사업위탁사업비	2,250	7	2	7	8	7	1	1	4
2689	인천 부평구	공동배출전용용기세척폐수처리비	821	7	6	7	7	7	5	5	4
2690	인천 계양구	공영주차장운영	3,688,829	7	1,4	6	3	7	1	1	1
2691	인천 계양구	생활쓰레기반입수수료	3,450,000	7	1	7	8	7	1	5	4
2692	인천 계양구	주거급여	1,737,333	7	5	5	1	6	3	3	4
2693	인천 계양구	국제어학관운영	853,996	7	5	7	8	7	1	1	4
2694	인천 계양구	구립도서관운영	626,725	7	5	7	8	7	1	1	4
2695	인천 계양구	청소년수련시설운영지원	477,714	7	7	7	8	7	1	1	1
2696	인천 계양구	대중교통오지지역버스위탁운영비	376,490	7	1	7	8	7	1	1	4
2697	인천 계양구	구립도서관개관시간연장지원사업지원	304,095	7	5	7	8	7	1	1	4
2698	인천 계양구	견인대행업관리	297,314	7	4	7	8	7	1	1	4
2699	인천 계양구	청소년방과후아카데미운영	237,293	7	7	7	8	7	1	1	1
2700	인천 계양구	장애인의료비지원	212,658	7	2	7	8	7	1	1	4
2701	인천 계양구	쓰레기종량제봉투관리운영	197,229	7	5	7	8	7	1	1	4
2702	인천 계양구	현수막게시대운영및관리위탁	192,150	7	4	6	5	7	1	1	4
2703	인천 계양구	구청사관리운영위탁금	183,746	7	5	5	6	7	1	1	1
2704	인천 계양구	공원관리위탁운영	183,468	7	4	5	8	7	1	1	1
2705	인천 계양구	사회복지회관운영	158,351	7	7	7	8	7	5	1	4
2706	인천 계양구	도시재생어울림복지센터운영위탁금	140,923	7	1,4	4	5	7	1	1	4
2707	인천 계양구	지적재조사측량비(지적재조사사업추진)	128,986	7	1	5	1	7	5	5	4
2708	인천 계양구	청사의효율적인관리	122,603	7	1,4	4	5	7	1	3	1
2709	인천 계양구	예산편성및운영	113,008	7	5	6	1	7	5	5	4
2710	인천 계양구	공통기반및재해복구시스템유지관리	108,193	7	5	5	1	7	2	5	4
2711	인천 계양구	홍보활동지원	100,000	7	1	5	8	7	1	5	4
2712	인천 계양구	지방세정보화사업운영관리	81,475	7	1	5	1	7	2	2	2
2713	인천 계양구	예산편성및운영	80,996	7	5	6	1	7	5	5	4
2714	인천 계양구	의정활동관련홍보(행정광고)	68,200	7	1	7	8	7	5	5	4
2715	인천 계양구	보건소청사관리	68,193	7	4	5	8	7	1	1	2
2716	인천 계양구	미디어매체를통한홍보확대	65,000	7	1	5	8	7	1	5	4
2717	인천 계양구	온나라시스템운영지원및상용SW유지보수	64,339	7	5	5	1	7	2	5	4

순번	시군구	지출명 (사업명)	2024년예산 (단위 : 천원 /1년간)	민간이전 분류 (지방자치단체 세출예산 집행기준에 의거) 1. 민간경상사업보조(307-02) 2. 민간단체 법정운영비보조(307-03) 3. 민간행사사업보조(307-04) 4. 민간위탁금(307-05) 5. 사회복지시설 법정운영비보조(307-10) 6. 민간인위탁교육비(307-12) 7. 공기관등에대한경상적위탁사업비(308-13) 8. 민간자본사업보조,자체재원(402-01) 9. 민간자본사업보조,이전재원(402-02) 10. 민간위탁사업비(402-03) 11. 공기관등에 대한 자본적 위탁사업비(403-02)	민간이전지출 근거 (지방보조금 관리기준 참고) 1. 법률에 규정 2. 국고보조 재원(국가지정) 3. 용도 지정 기부금 4. 조례에 직접규정 5. 지자체가 권장하는 사업을 하는 공공기관 6. 시,도 정책 및 재정사정 7. 기타 8. 해당없음	입찰방식			운영예산 산정		성과평가 실시여부
						계약체결방법 (경쟁형태) 1. 일반경쟁 2. 제한경쟁 3. 지명경쟁 4. 수의계약 5. 법정위탁 6. 기타 ( ) 7. 없음	계약기간 1. 1년 2. 2년 3. 3년 4. 4년 5. 5년 6. 기타 ( )년 7. 단기계약 (1년미만) 8. 없음	낙찰자선정방법 1. 적격심사 2. 협상에의한계약 3. 최저가낙찰제 4. 규격가격분리 5. 2단계 경쟁입찰 6. 기타 ( ) 7. 없음	운영예산 산정 1. 내부산정 (지자체 자체적으로 산정) 2. 외부산정 (외부전문기관위탁 산정) 3. 내·외부 모두 산정 4. 산정 無 5. 없음	정산방법 1. 내부정산 (지자체 내부적으로 정산) 2. 외부정산 (외부전문기관위탁 정산) 3. 내·외부 모두 산정 4. 정산 無 5. 없음	1. 실시 2. 미실시 3. 향후 추진 4. 해당없음
2718	인천 계양구	빈집정비사업	59,950	7	1	6	6	7	2	1	3
2719	인천 계양구	주소정보관리시스템유지관리사업	53,727	7	1	6	1	7	3	1	4
2720	인천 계양구	주소정보기본도유지관리사업	44,526	7	1	6	1	7	1	1	2
2721	인천 계양구	청소년지도사배치지원	42,414	7	7	7	8	7	1	1	1
2722	인천 계양구	세외수입정보시스템운영관리	38,491	7	1	5	1	7	2	2	2
2723	인천 계양구	인사업무추진	32,391	7	1	2	1	3	2	2	1
2724	인천 계양구	표준기록관리시스템운영	31,078	7	1	5	1	7	2	2	4
2725	인천 계양구	구청사부설주차장운영	27,365	7	4	5	8	7	1	1	4
2726	인천 계양구	차세대주민등록정보시스템운영	25,106	7	1	7	1	7	2	2	4
2727	인천 계양구	청소년예능축제	20,000	7	7	7	8	7	1	1	1
2728	인천 계양구	공공청소년수련시설프로그램운영지원	17,000	7	7	7	8	7	1	1	1
2729	인천 계양구	교통광고비	14,520	7	1	5	1	7	1	1	4
2730	인천 계양구	청백e시스템운영유지관리	13,301	7	1	5	1	7	5	5	4
2731	인천 계양구	북스타트사업지원	10,000	7	5	7	8	7	1	1	4
2732	인천 계양구	고향사랑기부제운영	8,802	7	5	6	1	6	2	2	1
2733	인천 계양구	의회청사관리운영위탁금	8,265	7	5	5	8	7	1	1	4
2734	인천 계양구	지자체기능분류시스템고도화	4,250	7	7	7	8	7	5	5	2
2735	인천 계양구	성인문해교육지원	3,000	7	1	7	8	7	1	1	1
2736	인천 계양구	공영주차장운영	1,653	7	4	6	3	7	1	1	1
2737	인천 계양구	쓰레기종량제봉투관리운영	977	7	4	7	8	7	1	1	4
2738	인천 서구	산모신생아건강관리지원사업	2,160,899	7	2	7	8	7	5	5	4
2739	인천 서구	공영주차장위탁대행사업	2,054,601	7	1	5	8	7	5	1	4
2740	인천 서구	검단복지회관위탁관리	1,682,512	7	6	5	8	7	1	1	4
2741	인천 서구	음식물류폐기물종량제사업	1,321,464	7	7	7	8	7	5	5	4
2742	인천 서구	서구청소년센터운영	1,264,058	7	1	4	5	7	5	1	1
2743	인천 서구	서구국민체육센터위탁관리	1,257,253	7	1,4	4	8	2	1	1	1
2744	인천 서구	저소득층기저귀및조제분유지원사업	1,191,880	7	2	7	8	7	5	5	4
2745	인천 서구	공원위탁관리	1,191,077	7	4	7	8	7	1	1	4
2746	인천 서구	구립도서관위탁운영	1,066,965	7	4	7	8	7	1	1	1
2747	인천 서구	문화시설위탁관리	949,117	7	1,4	7	8	7	1	1	1
2748	인천 서구	청라복합문화센터위탁관리	940,350	7	1,4	4	8	2	1	1	1
2749	인천 서구	국가암관리지자체지원	932,656	7	2	7	8	7	5	5	4
2750	인천 서구	원당문화체육센터위탁관리	848,013	7	1,4	4	3	2	1	1	3
2751	인천 서구	불로문화체육센터위탁관리	809,872	7	1,4	4	3	2	1	1	3
2752	인천 서구	희귀난치성질환자의료비지원	632,884	7	2	7	8	7	5	5	4
2753	인천 서구	구립예술단위탁운영	465,740	7	1,4	7	8	7	1	1	1
2754	인천 서구	저소득여성청소년생리용품지원	387,660	7	2	7	8	7	5	5	4
2755	인천 서구	치매치료관리비지원	343,842	7	1	7	8	7	5	1	1
2756	인천 서구	서구형내일채움공제지원사업	270,000	7	7	7	5	7	1	1	4
2757	인천 서구	견인보관소위탁대행사업	265,188	7	8	6	8	6	1	1	1

순번	시군구	지출명 (사업명)	2024년예산 (단위 : 천원 /1년간)	민간이전 분류 (지방자치단체 세출예산 집행기준에 의거) 1. 민간경상사업보조(307-02) 2. 민간단체 법정운영비보조(307-03) 3. 민간행사사업보조(307-04) 4. 민간위탁금(307-05) 5. 사회복지시설 법정운영비보조(307-10) 6. 민간인위탁교육비(307-12) 7. 공기관등에대한경상적위탁사업비(308-13) 8. 민간자본사업보조,자체재원(402-01) 9. 민간자본사업보조,이전재원(402-02) 10. 민간위탁사업비(402-03) 11. 공기관등에 대한 자본적 위탁사업비(403-02)	민간이전지출 근거 (지방보조금 관리기준 참고) 1. 법률에 규정 2. 국고보조 재원(국가지정) 3. 용도 지정 기부금 4. 조례에 직접규정 5. 지자체가 권장하는 사업을 하는 공공기관 6. 시,도 정책 및 재정사정 7. 기타 8. 해당없음	입찰방식: 계약체결방법 (경쟁형태) 1. 일반경쟁 2. 제한경쟁 3. 지명경쟁 4. 수의계약 5. 법정위탁 6. 기타 ( ) 7. 없음	입찰방식: 계약기간 1. 1년 2. 2년 3. 3년 4. 4년 5. 5년 6. 기타 ( )년 7. 단기계약 (1년미만) 8. 없음	입찰방식: 낙찰자선정방법 1. 적격심사 2. 협상에의한계약 3. 최저가낙찰제 4. 규격가격분리 5. 2단계 경쟁입찰 6. 기타 ( ) 7. 없음	운영예산 산정: 운영예산 산정 1. 내부산정 (지자체 자체적으로 산정) 2. 외부산정 (외부전문기관위탁 산정) 3. 내·외부 모두 산정 4. 산정 無 5. 없음	운영예산 산정: 정산방법 1. 내부정산 (지자체 내부적으로 정산) 2. 외부정산 (외부전문기관위탁 정산) 3. 내·외부 모두 산정 4. 정산 無 5. 없음	성과평가 실시여부 1. 실시 2. 미실시 3. 향후 추진 4. 해당없음
2758	인천 서구	가좌청소년센터운영	219,370	7	1	4	5	7	5	1	1
2759	인천 서구	주민다중이용시설구정홍보	209,510	7	8	7	8	7	1	1	4
2760	인천 서구	정서진피크닉클래식위탁운영	200,000	7	1,4	7	8	7	1	1	1
2761	인천 서구	구정시책기획홍보광고	198,000	7	8	5	8	7	1	1	4
2762	인천 서구	청소년방과후아카데미운영	197,466	7	2	7	8	7	5	1	1
2763	인천 서구	학교밖청소년지원	184,371	7	2	5	3	7	5	1	1
2764	인천 서구	청소년동반자프로그램운영	175,324	7	2	5	3	7	5	1	1
2765	인천 서구	청소년상담복지센터운영	174,440	7	1	5	3	7	5	1	1
2766	인천 서구	검단공공하수처리장편익시설위탁관리	168,819	7	1,4	4	3	2	1	1	3
2767	인천 서구	연희청소년센터운영	154,387	7	1	4	5	7	5	1	1
2768	인천 서구	신거북시장주차장및판매시설운영	146,637	7	5	7	8	7	1	1	4
2769	인천 서구	청소년안전망구축	142,486	7	2	5	3	7	5	1	1
2770	인천 서구	검단청소년센터운영	127,557	7	1	4	5	7	5	1	1
2771	인천 서구	통합지방재정시스템운영및유지관리	127,116	7	1	5	1	7	3	3	4
2772	인천 서구	시설관리공단위탁대행사업비(경상적경비)	121,023	7	1	7	8	7	1	1	4
2773	인천 서구	검암공촌지구지적재조사사업	113,574	7	2	7	8	7	5	5	4
2774	인천 서구	청소년지도사배치지원	113,088	7	2	7	8	7	5	1	4
2775	인천 서구	우편업무효율화	107,892	7	7	5	2	6	2	2	1
2776	인천 서구	공통기반및재해복구시스템운영관리	103,566	7	1	5	1	7	2	2	1
2777	인천 서구	청소년상담복지센터운영	102,935	7	1	5	3	7	5	1	1
2778	인천 서구	서구실내게이트볼장위탁관리	99,166	7	1,4	4	8	2	1	1	1
2779	인천 서구	의정시책기획홍보광고	99,000	7	1	5	7	7	1	4	2
2780	인천 서구	지방세정보시스템유지보수	97,089	7	1	7	7	7	5	5	4
2781	인천 서구	민간투자사업제안서검토등전문기관위탁수수료	97,000	7	1	7	8	7	5	5	4
2782	인천 서구	온나라문서시스템운영관리	96,840	7	1	5	1	7	2	2	1
2783	인천 서구	통합지방재정재해복구시스템구축	91,107	7	1	5	2	7	3	3	4
2784	인천 서구	지식재산창출지원	90,000	7	1,4	7	8	7	5	5	4
2785	인천 서구	문화관광형전통시장지원	88,000	7	2	7	8	7	5	5	4
2786	인천 서구	의료급여수급권자일반검진비지원	87,639	7	2	7	8	7	5	5	4
2787	인천 서구	라디오방송을통한구정홍보	73,950	7	8	7	8	7	1	1	4
2788	인천 서구	지역사회건강조사조사분석위탁운영	68,438	7	1	7	8	7	5	5	4
2789	인천 서구	보건소청사관리	64,102	7	1	7	8	7	5	5	4
2790	인천 서구	아라뱃길카약축제	60,000	7	5	7	8	7	1	1	1
2791	인천 서구	2024년도입체주소구축및주소정보기본도유지관리	59,578	7	2	5	1	2	2	1	1
2792	인천 서구	차세대주소정보관리시스템구축및유지관리	57,027	7	2	5	1	2	2	1	1
2793	인천 서구	지역행복생활권협력사업	56,172	7	5	5	5	7	1	1	2
2794	인천 서구	중소기업기술지원단운영	50,000	7	1,4	7	8	7	5	5	4
2795	인천 서구	효율적인인사행정관리(차세대인사랑시스템구축유지보수분담금)	49,082	7	7	7	8	7	2	2	4
2796	인천 서구	석곶체육관위탁관리	47,010	7	4	7	8	7	1	1	4
2797	인천 서구	세외수입정보시스템유지보수	45,912	7	1	7	7	7	5	5	4

순번	시군구	지출명 (사업명)	2024년예산 (단위 : 천원 /1년간)	민간이전 분류 (지방자치단체 세출예산 집행기준에 의거) 1. 민간경상사업보조(307-02) 2. 민간단체 법정운영비보조(307-03) 3. 민간행사사업보조(307-04) 4. 민간위탁금(307-05) 5. 사회복지시설 법정운영비보조(307-10) 6. 민간인위탁교육비(307-12) 7. 공기관등에대한경상적위탁사업비(308-13) 8. 민간자본사업보조,자체재원(402-01) 9. 민간자본사업보조,이전재원(402-02) 10. 민간위탁사업비(402-03) 11. 공기관등에 대한 자본적 위탁사업비(403-02)	민간이전지출 근거 (지방보조금 관리기준 참고) 1. 법률에 규정 2. 국고보조 재원(국가지정) 3. 용도 지정 기부금 4. 조례에 직접규정 5. 지자체가 권장하는 사업을 하는 공공기관 6. 시,도 정책 및 재정사정 7. 기타 8. 해당없음	입찰방식			운영예산 산정		성과평가 실시여부
						계약체결방법 (경쟁형태) 1. 일반경쟁 2. 제한경쟁 3. 지명경쟁 4. 수의계약 5. 법정위탁 6. 기타 ( ) 7. 없음	계약기간 1. 1년 2. 2년 3. 3년 4. 4년 5. 5년 6. 기타 ( )년 7. 단기계약 (1년미만) 8. 없음	낙찰자선정방법 1. 적격심사 2. 협상에의한계약 3. 최저가낙찰제 4. 규격가격분리 5. 2단계 경쟁입찰 6. 기타 ( ) 7. 없음	운영예산 산정 1. 내부산정 (지자체 자체적으로 산정) 2. 외부산정 (외부전문기관위탁 산정) 3. 내·외부 모두 산정 4. 산정 無 5. 없음	정산방법 1. 내부정산 (지자체 내부적으로 정산) 2. 외부정산 (외부전문기관위탁 정산) 3. 내·외부 모두 산정 4. 정산 無 5. 없음	1. 실시 2. 미실시 3. 향후 추진 4. 해당없음
2798	인천 서구	해외바이어화상수출상담회지원	40,000	7	1,4	7	8	7	5	5	4
2799	인천 서구	주민등록및인감업무지원(차세대주민등록정보시스템운영비)	35,735	7	7	7	8	7	2	2	4
2800	인천 서구	지역방송사구정홍보프로그램제작	30,000	7	8	4	7	7	1	1	4
2801	인천 서구	해외무역박람회참가지원	30,000	7	1,4	7	8	7	5	5	4
2802	인천 서구	학교밖청소년급식비지원	27,540	7	2	5	3	7	5	1	1
2803	인천 서구	화물자동차공영차고지위탁운영	27,485	7	1	4	8	7	4	1	2
2804	인천 서구	제품인증획득지원	25,000	7	1,4	7	8	7	5	5	4
2805	인천 서구	공공청소년수련시설프로그램운영지원	24,000	7	6	7	8	7	5	1	1
2806	인천 서구	장애인등록증개별배송비	20,994	7	1	7	8	7	1	1	2
2807	인천 서구	국제지식재산권분쟁예방컨설팅지원	20,000	7	1,4	7	8	7	5	5	4
2808	인천 서구	국내전시(박람)회개별참가지원	20,000	7	1,4	7	8	7	5	5	4
2809	인천 서구	지역케이블구정홍보영상제작	18,000	7	8	4	7	7	1	1	4
2810	인천 서구	의료급여수급권자영유아건강검진지원	10,300	7	2	7	8	7	5	5	4
2811	인천 서구	해외지사화지원	10,000	7	1,4	7	8	7	5	5	4
2812	인천 서구	학교밖청소년지원	9,144	7	2	5	3	7	5	1	1
2813	인천 서구	의료관련감염관리	6,861	7	2	7	8	7	5	5	4
2814	인천 서구	공고료	6,600	7	1,4	5	8	7	1	1	4
2815	인천 서구	청소년산모의료비지원	6,000	7	2	7	8	7	5	5	4
2816	인천 서구	기능분류모델시스템고도화	5,250	7	7	7	8	7	5	5	4
2817	인천 서구	표준모자보건수첩제작	5,034	7	1	7	8	7	5	5	2
2818	인천 서구	보건소결핵관리사업	5,000	7	2	7	8	7	5	5	4
2819	인천 서구	도시계획입안신문공고료	4,400	7	1	7	8	7	5	5	4
2820	인천 서구	민간투자사업제3자제안공고신문공고료	3,600	7	1	7	8	7	5	5	4
2821	인천 서구	노숙인및행려자보호	2,500	7	1	7	8	7	5	5	4
2822	인천 강화군	영유아보육료지원	2,682,640	7	1	1	5	1	3	1	4
2823	인천 강화군	강화군행복센터운영	1,464,321	7	1	4	5	7	3	1	4
2824	인천 강화군	강화농특산물홍보	1,300,000	7	1	7	8	7	1	1	4
2825	인천 강화군	만3~5세아누리과정운영	864,301	7	1	1	5	1	1	1	1
2826	인천 강화군	미네랄온천위탁운영	861,962	7	4	7	8	7	3	1	4
2827	인천 강화군	노인문화센터운영지원	813,675	7	1	5	8	7	1	1	3
2828	인천 강화군	석모도휴양림위탁운영	779,033	7	5	4	5	7	1	1	4
2829	인천 강화군	첫만남이용권지원	582,000	7	1	7	8	7	5	5	4
2830	인천 강화군	관광안내홍보	450,000	7	1	5	8	7	1	1	4
2831	인천 강화군	청소년수련시설운영	448,263	7	4	5	5	7	1	1	4
2832	인천 강화군	화개정원안내및홍보	400,000	7	1	7	8	7	1	1	4
2833	인천 강화군	함허동천야영장관리	373,082	7	4	4	5	7	1	1	4
2834	인천 강화군	박물관시설유지관리	300,476	7	1	5	5	7	1	1	1
2835	인천 강화군	전적지관리	257,221	7	4	4	5	7	1	1	4
2836	인천 강화군	실감형문화콘텐츠체험관운영	231,652	7	4	4	5	7	1	1	4
2837	인천 강화군	마니산관광지관리	227,556	7	4	4	5	7	1	1	4

순번	시군구	지출명 (사업명)	2024년예산 (단위 : 천원 /1년간)	민간이전 분류 (지방자치단체 세출예산 집행기준에 의거) 1. 민간경상사업보조(307-02) 2. 민간단체 법정운영비보조(307-03) 3. 민간행사사업보조(307-04) 4. 민간위탁금(307-05) 5. 사회복지시설 법정운영비보조(307-10) 6. 민간인위탁교육비(307-12) 7. 공기관등에대한경상적위탁사업비(308-13) 8. 민간자본사업보조,자체재원(402-01) 9. 민간자본사업보조,이전재원(402-02) 10. 민간위탁사업비(402-03) 11. 공기관등에 대한 자본적 위탁사업비(403-02)	민간이전지출 근거 (지방보조금 관리기준 참고) 1. 법률에 규정 2. 국고보조 재원(국가지정) 3. 용도 지정 기부금 4. 조례에 직접규정 5. 지자체가 권장하는 사업을 하는 공공기관 6. 시,도 정책 및 재정사정 7. 기타 8. 해당없음	입찰방식 계약체결방법 (경쟁형태) 1. 일반경쟁 2. 제한경쟁 3. 지명경쟁 4. 수의계약 5. 법정위탁 6. 기타 ( ) 7. 없음	입찰방식 계약기간 1. 1년 2. 2년 3. 3년 4. 4년 5. 5년 6. 기타 ( )년 7. 단기계약 (1년미만) 8. 없음	입찰방식 낙찰자선정방법 1. 적격심사 2. 협상에의한계약 3. 최저가낙찰제 4. 규격가격분리 5. 2단계 경쟁입찰 6. 기타 ( ) 7. 없음	운영예산 산정 운영예산 산정 1. 내부산정 (지자체 자체적으로 산정) 2. 외부산정 (외부전문기관위탁 산정) 3. 내·외부 모두 산정 4. 산정 無 5. 없음	운영예산 산정 정산방법 1. 내부정산 (지자체 내부적으로 정산) 2. 외부정산 (외부전문기관위탁 정산) 3. 내·외부 모두 산정 4. 정산 無 5. 없음	성과평가 실시여부 1. 실시 2. 미실시 3. 향후 추진 4. 해당없음
2838	인천 강화군	평화전망대관리	218,347	7	4	4	5	7	1	1	4
2839	인천 강화군	강화풍물시장운영관리	212,189	7	4	5	8	7	1	1	4
2840	인천 강화군	청소년방과후아카데미운영	207,944	7	1	5	5	7	1	1	4
2841	인천 강화군	주문도살고싶은갯벌섬마을조성사업	200,000	7	2	5	2	7	5	1	1
2842	인천 강화군	군립키즈카페운영	199,066	7	4	5	5	7	1	1	4
2843	인천 강화군	강화기독교역사기념관운영	175,838	7	4	4	5	7	1	1	4
2844	인천 강화군	평화빌리지운영및관리	174,677	7	4	4	5	7	1	1	4
2845	인천 강화군	언론매체군정홍보	173,800	7	1	5	8	7	5	5	4
2846	인천 강화군	강화군함상공원운영관리	173,705	7	4	4	5	7	1	1	4
2847	인천 강화군	덕산국민여가캠핑장관리	160,942	7	4	4	5	7	1	1	4
2848	인천 강화군	강화해누리공원운영	152,745	7	4	7	8	7	1	1	1
2849	인천 강화군	보육아동지원	112,248	7	6	1	5	1	3	1	4
2850	인천 강화군	강화문예회관운영	105,041	7	4	4	5	7	1	1	4
2851	인천 강화군	화문석문화관위탁운영	104,552	7	4	5	8	7	1	1	4
2852	인천 강화군	차세대지방재정관리시스템운영및유지관리	98,892	7	1	5	1	7	2	2	4
2853	인천 강화군	강화문화원운영지원	76,297	7	4	4	5	7	1	1	4
2854	인천 강화군	표준지방세정보시스템유지보수	71,065	7	1	6	8	7	5	5	4
2855	인천 강화군	소창체험관운영	67,897	7	4	4	5	7	1	1	4
2856	인천 강화군	국가주소정보시스템유지관리및운영	53,727	7	1	5	1	2	2	2	1
2857	인천 강화군	군정홍보영상컨텐츠제작	50,000	7	1	5	8	7	5	5	4
2858	인천 강화군	의정활동홍보	49,500	7	7	7	8	7	5	5	4
2859	인천 강화군	강화갯벌센터운영	47,451	7	2	5	7	7	5	5	1
2860	인천 강화군	용흥궁공원위탁운영	45,355	7	4	7	8	7	1	1	3
2861	인천 강화군	노인일자리수행기관사업운영지원	41,800	7	1	5	8	7	1	1	4
2862	인천 강화군	세외수입정보시스템유지보수	36,017	7	1	6	8	7	5	5	4
2863	인천 강화군	도로명주소기본도유지관리사업분담금	35,174	7	1	5	1	2	2	2	1
2864	인천 강화군	청소년지도사배치지원	25,368	7	1	5	5	7	1	1	4
2865	인천 강화군	차세대주민등록시스템운영비	19,813	7	1	4	1	3	2	2	1
2866	인천 강화군	LPG용기사용가구시설개선사업	13,750	7	2	7	8	7	1	1	4
2867	인천 강화군	해변안전관리	13,560	7	4	4	5	7	1	1	4
2868	인천 강화군	청백e시스템운영유지보수	12,510	7	1	5	1	7	2	2	4
2869	인천 강화군	청소년수련시설프로그램운영지원	12,000	7	1	5	5	7	1	1	4
2870	인천 강화군	도시계획결정신문공고료	11,000	7	7	7	8	7	5	5	4
2871	인천 강화군	국가치매안심센터	10,000	7	2	4	7	7	2	4	4
2872	인천 강화군	고향사랑기부제종합정보시스템유지관리	9,467	7	1	6	8	7	5	5	4
2873	인천 강화군	석모도만남의광장공영주차장위탁사업비	7,820	7	4	7	8	7	5	5	4
2874	인천 강화군	행복한어르신공동밥상지원	6,250	7	1	5	8	7	1	1	4
2875	인천 강화군	강화전쟁박물관운영관리	4,975	7	1	5	5	7	1	1	1
2876	인천 강화군	지자체기능분류모델시스템고도화분담금	4,250	7	1	7	8	7	5	5	4
2877	인천 강화군	어린이집외국인아동만5세아보육료지원	3,930	7	6	1	5	1	3	1	4

순번	시군구	지출명 (사업명)	2024년예산 (단위 : 천원 /1년간)	민간이전 분류 (지방자치단체 세출예산 집행기준에 의거) 1. 민간경상사업보조(307-02) 2. 민간단체 법정운영비보조(307-03) 3. 민간행사사업보조(307-04) 4. 민간위탁금(307-05) 5. 사회복지시설 법정운영비보조(307-10) 6. 민간인위탁교육비(307-12) 7. 공기관등에대한경상적위탁사업비(308-13) 8. 민간자본사업보조,자체재원(402-01) 9. 민간자본사업보조,이전재원(402-02) 10. 민간위탁사업비(402-03) 11. 공기관등에 대한 자본적 위탁사업비(403-02)	민간이전지출 근거 (지방보조금 관리기준 참고) 1. 법률에 규정 2. 국고보조 재원(국가지정) 3. 용도 지정 기부금 4. 조례에 직접규정 5. 지자체가 권장하는 사업을 하는 공공기관 6. 시,도 정책 및 재정사정 7. 기타 8. 해당없음	입찰방식 계약체결방법 (경쟁형태) 1. 일반경쟁 2. 제한경쟁 3. 지명경쟁 4. 수의계약 5. 법정위탁 6. 기타 ( ) 7. 없음	입찰방식 계약기간 1. 1년 2. 2년 3. 3년 4. 4년 5. 5년 6. 기타 ( )년 7. 단기계약 (1년미만) 8. 없음	입찰방식 낙찰자선정방법 1. 적격심사 2. 협상에의한계약 3. 최저가낙찰제 4. 규격가격분리 5. 2단계 경쟁입찰 6. 기타 ( ) 7. 없음	운영예산 산정 운영예산 산정 1. 내부산정 (지자체 자체적으로 산정) 2. 외부산정 (외부전문기관위탁 산정) 3. 내·외부 모두 산정 4. 산정 無 5. 없음	운영예산 산정 정산방법 1. 내부정산 (지자체 내부적으로 정산) 2. 외부정산 (외부전문기관위탁 정산) 3. 내·외부 모두 산정 4. 정산 無 5. 없음	성과평가 실시여부 1. 실시 2. 미실시 3. 향후 추진 4. 해당없음
2878	인천 강화군	노인일자리전담인력급량비	3,840	7	1	5	8	7	1	1	4
2879	인천 강화군	노인일자리수행기관종사자처우개선비	1,210	7	1	5	8	7	1	1	4
2880	인천 강화군	노인일자리수행기관전담인력복지점수	1,000	7	1	5	8	7	1	1	4
2881	인천 강화군	노인일자리수행기관전담인력종합건강검진비	800	7	1	5	8	7	1	1	4
2882	인천 강화군	결산검사위원교육비	450	7	1	6	8	7	5	5	4
2883	인천 강화군	노인일자리전담인력퇴직적립금	200	7	1	5	8	7	1	1	4
2884	인천 옹진군	인천핵심관광명소육성사업	1,000,000	7	6	5	5	7	5	1	4
2885	인천 옹진군	섬체험관광프로그램지원	850,000	7	6	5	1	7	5	1	4
2886	인천 옹진군	선재소규모공공하수처리시설운영관리	350,000	7	5	5	6	2	1	1	1
2887	인천 옹진군	쓰레기종량제정착(송도,청라자원환경센터폐기물반입수수료)	240,000	7	1	7	8	7	4	4	4
2888	인천 옹진군	LPG배관망안전관리용역	170,000	7	5	7	8	7	1	2	4
2889	인천 옹진군	첫만남이용권	144,000	7	1	7	8	7	5	5	4
2890	인천 옹진군	다양한매체를활용한군정홍보	139,000	7	8	7	8	7	1	5	4
2891	인천 옹진군	정보시스템에대한유지보수확립	134,751	7	5	5	1	7	2	2	2
2892	인천 옹진군	지적재조사사업추진	111,639	7	1	5	1	6	3	3	1
2893	인천 옹진군	효율적예산편성및재정지원	84,758	7	7	7	8	7	2	2	4
2894	인천 옹진군	새주소사업의원활한추진	75,394	7	1	5	1	7	2	2	4
2895	인천 옹진군	정확한과세자료정비와납세홍보	65,859	7	1	4	1	6	2	2	1
2896	인천 옹진군	산모신생아건강관리지원사업(전환지원)(지역자율형사회서비스투자사업(생활)(산모신생아))	58,823	7	2	7	8	7	5	3	4
2897	인천 옹진군	바다숲조성	37,600	7	2	7	8	7	5	1	4
2898	인천 옹진군	국가암관리지자체지원(6대암검진)	32,004	7	2	7	8	7	5	5	4
2899	인천 옹진군	효율적인자금관리와이자수입증대	31,369	7	1	4	1	6	2	2	1
2900	인천 옹진군	빈집실태조사	30,000	7	1	7	8	7	5	5	4
2901	인천 옹진군	기저귀및조제분유지원(저소득층기저귀조제분유지원)	30,000	7	2	7	8	7	5	3	4
2902	인천 옹진군	치매치료관리비지원	28,515	7	6	7	8	7	5	5	4
2903	인천 옹진군	인사관리	21,605	7	5	5	1	3	2	2	2
2904	인천 옹진군	희귀질환자의료비지원사업	20,156	7	2	7	8	7	5	5	4
2905	인천 옹진군	차세대주민등록시스템유지보수	17,860	7	1	7	8	7	5	5	4
2906	인천 옹진군	감사활동전개	11,719	7	1	5	1	7	2	2	1
2907	인천 옹진군	고향사랑기부제운영	9,467	7	5	5	1	7	2	2	2
2908	인천 옹진군	의료급여수급권자일반검진비지원	4,934	7	2	7	8	7	5	5	4
2909	인천 옹진군	군정각종주요업무추진	3,250	7	7	7	8	7	5	5	4
2910	인천 옹진군	문화관광해설사육성	3,000	7	1	5	7	7	5	1	4
2911	인천 옹진군	장애인의료비지원	2,108	7	2	7	8	7	4	1	4
2912	인천 옹진군	청소년산모임신출산의료비지원	800	7	2	7	8	7	5	3	4
2913	인천 옹진군	의료급여수급권자영유아검진비지원	561	7	2	7	8	7	5	3	4
2914	광주광역시	소상공인특례보증이자지원	5,310,000	7	1,4	7	8	7	5	5	4
2915	광주광역시	광주비엔날레AI라키비움구축	4,150,000	7	5	7	8	7	5	5	4
2916	광주광역시	빛고을시민문화관운영	2,949,000	7	5	7	8	7	5	5	4
2917	광주광역시	SW미래채움	2,686,000	7	2	7	8	7	5	5	4

순번	시군구	지출명 (사업명)	2024년예산 (단위 : 천원 /1년간)	민간이전 분류 (지방자치단체 세출예산 집행기준에 의거) 1. 민간경상사업보조(307-02) 2. 민간단체 법정운영비보조(307-03) 3. 민간행사사업보조(307-04) 4. 민간위탁금(307-05) 5. 사회복지시설 법정운영비보조(307-10) 6. 민간인위탁교육비(307-12) 7. 공기관등에대한경상적위탁사업비(308-13) 8. 민간자본사업보조,자체재원(402-01) 9. 민간자본사업보조,이전재원(402-02) 10. 민간위탁사업비(402-03) 11. 공기관등에 대한 자본적 위탁사업비(403-02)	민간이전지출 근거 (지방보조금 관리기준 참고) 1. 법률에 규정 2. 국고보조 재원(국가지정) 3. 용도 지정 기부금 4. 조례에 직접규정 5. 지자체가 권장하는 사업을 하는 공공기관 6. 시,도 정책 및 재정사정 7. 기타 8. 해당없음	입찰방식: 계약체결방법 (경쟁형태) 1. 일반경쟁 2. 제한경쟁 3. 지명경쟁 4. 수의계약 5. 법정위탁 6. 기타 ( ) 7. 없음	입찰방식: 계약기간 1. 1년 2. 2년 3. 3년 4. 4년 5. 5년 6. 기타 ( )년 7. 단기계약 (1년미만) 8. 없음	입찰방식: 낙찰자선정방법 1. 적격심사 2. 협상에의한계약 3. 최저가낙찰제 4. 규격가격분리 5. 2단계 경쟁입찰 6. 기타 ( ) 7. 없음	운영예산 산정: 운영예산 산정 1. 내부산정 (지자체 자체적으로 산정) 2. 외부산정 (외부전문기관위탁 산정) 3. 내·외부 모두 산정 4. 산정 無 5. 없음	운영예산 산정: 정산방법 1. 내부정산 (지자체 내부적으로 정산) 2. 외부정산 (외부전문기관위탁 정산) 3. 내·외부 모두 산정 4. 정산 無 5. 없음	성과평가 실시여부 1. 실시 2. 미실시 3. 향후 추진 4. 해당없음
2918	광주광역시	지역문화예술특성화지원	2,000,000	7	5	7	8	7	5	5	4
2919	광주광역시	아시아설화신화킬러콘텐츠개발('23.국고)	2,000,000	7	2	7	8	7	5	5	4
2920	광주광역시	광주형뉴딜산업청년채용지원	1,930,084	7	4	7	8	7	5	5	4
2921	광주광역시	광주형일자리주거비지원	1,893,000	7	5	7	8	7	5	5	4
2922	광주광역시	대중교통비환급지원(K패스)	1,540,000	7	1,2	7	8	7	5	5	4
2923	광주광역시	소상공인디지털상권브랜드육성	1,000,000	7	6	7	8	7	5	5	4
2924	광주광역시	지역문화예술교육기반구축	980,000	7	5	7	8	7	5	5	4
2925	광주광역시	알뜰교통카드연계마일리지지원	904,000	7	1,2	7	8	7	5	5	4
2926	광주광역시	공공배달앱활성화지원	800,000	7	5	7	8	7	5	5	4
2927	광주광역시	지역SW서비스사업화지원(국가직접지원)	790,000	7	2	7	8	7	5	5	4
2928	광주광역시	소상공인등사회보험료지원	750,000	7	4	7	8	7	5	5	4
2929	광주광역시	광주프린지페스티벌	700,000	7	5	7	8	7	5	5	4
2930	광주광역시	소상공인신규채용인건비지원	700,000	7	4	7	8	7	5	5	4
2931	광주광역시	「디지털뉴딜」선도형캡스톤디자인청년일자리매칭프로젝트	495,339	7	4	7	8	7	5	5	4
2932	광주광역시	에너지전환마을거점센터조성지원	490,000	7	4	7	8	7	5	5	4
2933	광주광역시	탄소중립지원센터운영	400,000	7	1	7	8	7	5	5	4
2934	광주광역시	호남정보보호지원센터지원(국가직접지원)	400,000	7	2	7	8	7	5	5	4
2935	광주광역시	광주국제미술전람회	400,000	7	1,5,6	7	8	7	5	5	4
2936	광주광역시	민주주의상징문화콘텐츠제작	400,000	7	4	7	8	7	5	5	4
2937	광주광역시	광주형장애인예술지원	380,000	7	4	7	8	7	5	5	4
2938	광주광역시	지역주도SW성장지원	376,000	7	2	7	8	7	5	5	4
2939	광주광역시	광주형청년인공지능일자리매칭프로젝트	360,881	7	4	7	8	7	5	5	4
2940	광주광역시	광주지역소재부품산업청년채용지원	353,238	7	4	7	8	7	5	5	4
2941	광주광역시	광주VRAR제작거점센터지원(국가직접지원)	342,500	7	2	7	8	7	5	5	4
2942	광주광역시	광주온도낮추기우수아파트조성	336,000	7	5	7	8	7	5	5	4
2943	광주광역시	지역연고프로구단을통한시정홍보	330,000	7	7	7	8	7	5	5	4
2944	광주광역시	특성화시장(문화관광형)육성지원(국가직접지원)	322,000	7	1	7	8	7	5	5	4
2945	광주광역시	광주메디뷰티산업전개최지원	300,000	7	5	7	8	7	5	5	4
2946	광주광역시	공연장상주단체육성지원	300,000	7	5	7	8	7	5	5	4
2947	광주광역시	생활문화예술활동단체및동아리지원	280,000	7	5	7	8	7	5	5	4
2948	광주광역시	지역산업브랜드활성화지원프로젝트	250,000	7	4	7	8	7	5	5	4
2949	광주광역시	빛고을로봇박람회및경진대회	230,000	7	6	7	8	7	5	5	4
2950	광주광역시	광주문화예술통합홍보플랫폼운영	214,000	7	5	7	8	7	5	5	4
2951	광주광역시	광융합산업히든챔피언육성지원	200,000	7	4	7	8	7	5	5	4
2952	광주광역시	광의료산업육성지원	200,000	7	4	7	8	7	5	5	4
2953	광주광역시	광주예술인복지지원	200,000	7	4	7	8	7	5	5	4
2954	광주광역시	융합기술청년기업매칭디지털비즈니스고도화프로젝트	193,177	7	4	7	8	7	5	5	4
2955	광주광역시	언택트업무수행인력인건비지원	189,753	7	4	7	8	7	5	5	4
2956	광주광역시	미래성장청년일자리	163,059	7	4	7	8	7	5	5	4
2957	광주광역시	1인자영업자사회보험료지원	140,000	7	4	7	8	7	5	5	4

순번	시군구	지출명 (사업명)	2024년예산 (단위 : 천원 /1년간)	민간이전 분류 (지방자치단체 세출예산 집행기준에 의거) 1. 민간경상사업보조(307-02) 2. 민간단체 법정운영비보조(307-03) 3. 민간행사사업보조(307-04) 4. 민간위탁금(307-05) 5. 사회복지시설 법정운영비보조(307-10) 6. 민간인위탁교육비(307-12) 7. 공기관등에대한경상적위탁사업비(308-13) 8. 민간자본사업보조,자체재원(402-01) 9. 민간자본사업보조,이전재원(402-02) 10. 민간위탁사업비(402-03) 11. 공기관등에 대한 자본적 위탁사업비(403-02)	민간이전지출 근거 (지방보조금 관리기준 참고) 1. 법률에 규정 2. 국고보조 재원(국가지정) 3. 용도 지정 기부금 4. 조례에 직접규정 5. 지자체가 권장하는 사업을 하는 공공기관 6. 시,도 정책 및 재정사정 7. 기타 8. 해당없음	입찰방식			운영예산 산정		성과평가 실시여부
						계약체결방법 (경쟁형태) 1. 일반경쟁 2. 제한경쟁 3. 지명경쟁 4. 수의계약 5. 법정위탁 6. 기타 ( ) 7. 없음	계약기간 1. 1년 2. 2년 3. 3년 4. 4년 5. 5년 6. 기타 ( )년 7. 단기계약 (1년미만) 8. 없음	낙찰자선정방법 1. 적격심사 2. 협상에의한계약 3. 최저가낙찰제 4. 규격가격분리 5. 2단계 경쟁입찰 6. 기타 ( ) 7. 없음	운영예산 산정 1. 내부산정 (지자체 자체적으로 산정) 2. 외부산정 (외부전문기관위탁 산정) 3. 내·외부 모두 산정 4. 산정 無 5. 없음	정산방법 1. 내부정산 (지자체 내부적으로 정산) 2. 외부정산 (외부전문기관위탁 정산) 3. 내·외부 모두 산정 4. 정산 無 5. 없음	1. 실시 2. 미실시 3. 향후 추진 4. 해당없음
2958	광주광역시	광주소상공인주치의센터운영	140,000	7	5	7	8	7	5	5	4
2959	광주광역시	지역혁신형청년문화일자리	133,665	7	2	7	8	7	5	5	4
2960	광주광역시	제2차대기환경관리시행계획수립	130,000	7	4	7	8	7	5	5	4
2961	광주광역시	호남권SW품질역량강화(국가직접지원)	130,000	7	2	7	8	7	5	5	4
2962	광주광역시	주소정보관리시스템차세대구축및유지관리	100,000	7	1	7	8	7	5	5	4
2963	광주광역시	청춘문화누리터운영	100,000	7	5	7	8	7	5	5	4
2964	광주광역시	유아문화예술교육지원	100,000	7	5	7	8	7	5	5	4
2965	광주광역시	빛고을론이자지원	100,000	7	4	7	8	7	5	5	4
2966	광주광역시	입체주소구축및주소정보기본도유지관리	95,568	7	1	7	8	7	5	5	4
2967	광주광역시	비산업부문온실가스진단컨설팅	95,000	7	5	7	8	7	5	5	4
2968	광주광역시	택시운행정보관리시스템운영	86,045	7	1,6	7	8	7	5	5	4
2969	광주광역시	문화예술교육사인턴십지원	85,000	7	2	7	8	7	5	5	4
2970	광주광역시	우수소상공인프랜차이즈화지원	80,000	7	5	7	8	7	5	5	4
2971	광주광역시	광주환경교육센터운영	78,000	7	1	7	8	7	5	5	4
2972	광주광역시	통합문화체육관광이용권운영비지원	76,000	7	5	7	8	7	5	5	4
2973	광주광역시	특성화첫걸음시장(기반조성)(국가직접지원)	51,000	7	1	7	8	7	5	5	4
2974	광주광역시	창의예술교육랩지원	50,000	7	2	7	8	7	5	5	4
2975	광주광역시	아시아문화기관교류협의회운영	40,000	7	6	7	8	7	5	5	4
2976	광주광역시	광주경기종합지수운영	40,000	7	6	7	8	7	5	5	4
2977	광주광역시	문화전당및조성사업홍보	30,000	7	1	7	8	7	5	5	4
2978	광주광역시	문화다양성증진	25,000	7	5	7	8	7	5	5	4
2979	광주광역시	특성화시장(디지털전통시장)육성지원(국가직접지원)	25,000	7	1	7	8	7	5	5	4
2980	광주광역시	225세계양궁선수권대회언론홍보	20,000	7	1	7	8	7	5	5	4
2981	광주광역시	학자금대출신용유의자신용회복지원사업	20,000	7	4	7	8	7	5	5	4
2982	광주광역시	시민경제교육	18,000	7	1,4	7	8	7	5	5	4
2983	광주광역시	탄소중립정책홍보	10,000	7	1	7	8	7	5	5	4
2984	광주광역시	미세먼지저감및대응홍보	10,000	7	1	7	8	7	5	5	4
2985	광주 동구	지역자율형사회서비스투자사업생활(가사간병방문지원사업)	1,678,816	7	1	5	8	7	5	2	4
2986	광주 동구	자산형성통장지원사업	1,040,554	7	1	5	8	7	5	1	2
2987	광주 동구	발달재활서비스바우처지원	715,000	7	2	5	8	7	5	5	4
2988	광주 동구	발달장애인주간활동서비스지원사업	429,357	7	2	5	8	7	5	5	4
2989	광주 동구	희귀질환자의료비지원	352,630	7	2	7	8	7	5	5	4
2990	광주 동구	산모신생아건강관리지원사업(성인지예산)(전환사업)	301,120	7	2	7	8	7	5	5	4
2991	광주 동구	전일생활문화센터운영	230,000	7	8	4	1	7	3	3	4
2992	광주 동구	동구문화센터관리운영운영	200,000	7	7	1	2	1	3	3	1
2993	광주 동구	국가암관리지자체지원	193,300	7	2	7	8	7	5	5	4
2994	광주 동구	활동보조가산급여	183,529	7	2	5	8	7	5	5	1
2995	광주 동구	기저귀및조제분유지원	176,400	7	2	7	8	7	5	5	4
2996	광주 동구	아시아예술관광중심도시거점예술여행센터운영	170,000	7	4	4	5	7	3	1	1
2997	광주 동구	장애인활동지원사업(시추가)	130,494	7	2	5	8	7	5	5	1

순번	시군구	지출명 (사업명)	2024년예산 (단위 : 천원 /1년간)	민간이전 분류 (지방자치단체 세출예산 집행기준에 의거) 1. 민간경상사업보조(307-02) 2. 민간단체 법정운영비보조(307-03) 3. 민간행사사업보조(307-04) 4. 민간위탁금(307-05) 5. 사회복지시설 법정운영비보조(307-10) 6. 민간인위탁교육비(307-12) 7. 공기관등에대한경상적위탁사업비(308-13) 8. 민간자본사업보조,자체재원(402-01) 9. 민간자본사업보조,이전재원(402-02) 10. 민간위탁사업비(402-03) 11. 공기관등에 대한 자본적 위탁사업비(403-02)	민간이전지출 근거 (지방보조금 관리기준 참고) 1. 법률에 규정 2. 국고보조 재원(국가지정) 3. 용도 지정 기부금 4. 조례에 직접규정 5. 지자체가 권장하는 사업을 하는 공공기관 6. 시,도 정책 및 재정사정 7. 기타 8. 해당없음	입찰방식 계약체결방법 (경쟁형태) 1. 일반경쟁 2. 제한경쟁 3. 지명경쟁 4. 수의계약 5. 법정위탁 6. 기타 ( ) 7. 없음	입찰방식 계약기간 1. 1년 2. 2년 3. 3년 4. 4년 5. 5년 6. 기타 ( )년 7. 단기계약 (1년미만) 8. 없음	입찰방식 낙찰자선정방법 1. 적격심사 2. 협상에의한계약 3. 최저가낙찰제 4. 규격가격분리 5. 2단계 경쟁입찰 6. 기타 ( ) 7. 없음	운영예산 산정 운영예산 산정 1. 내부산정 (지자체 자체적으로 산정) 2. 외부산정 (외부전문기관위탁 산정) 3. 내·외부 모두 산정 4. 산정 無 5. 없음	운영예산 산정 정산방법 1. 내부정산 (지자체 내부적으로 정산) 2. 외부정산 (외부전문기관위탁 정산) 3. 내·외부 모두 산정 4. 정산 無 5. 없음	성과평가 실시여부 1. 실시 2. 미실시 3. 향후 추진 4. 해당없음
2998	광주 동구	방과후돌봄서비스지원	120,256	7	2	5	8	7	5	5	4
2999	광주 동구	관광홍보및관광객유치	120,000	7	1	5	7	7	1	2	4
3000	광주 동구	치매치료관리비지원(전환사업)	102,267	7	1	7	8	7	5	5	4
3001	광주 동구	안전지원돌봄서비스	100,000	7	4	7	1	7	1	1	4
3002	광주 동구	언론매체를통한구정홍보	90,000	7	1	7	8	7	1	1	4
3003	광주 동구	아픈아이긴급병원동행서비스	90,000	7	4	7	1	7	1	1	4
3004	광주 동구	공통기반및재해복구전산장비유지보수	89,729	7	1	5	1	7	2	2	1
3005	광주 동구	주소정보관리시스템운영	86,480	7	5	4	1	2	2	2	2
3006	광주 동구	가사간병방문지원사업	85,000	7	1	5	8	7	5	1	2
3007	광주 동구	재정시스템운영	84,758	7	1	5	1	7	1	4	4
3008	광주 동구	현안사업홍보및캠페인홍보	76,000	7	1	7	8	7	1	1	4
3009	광주 동구	동구영상미디어센터운영사업비	61,497	7	7	1	2	1	3	3	1
3010	광주 동구	재정시스템운영	60,749	7	1	5	1	7	1	4	4
3011	광주 동구	의료급여수급권자일반건강검진비지원	37,259	7	1	7	8	7	5	5	4
3012	광주 동구	구정시책및캠페인홍보	30,000	7	1	7	8	7	1	1	4
3013	광주 동구	동민원행정지원	22,379	7	1	5	1	1	3	1	4
3014	광주 동구	TV및라디오콘텐츠제작홍보	20,000	7	1	7	8	7	1	1	4
3015	광주 동구	청년마음건강지원사업	16,400	7	1	5	8	7	5	2	4
3016	광주 동구	청년마음건강지원사업	16,400	7	1	5	8	7	5	2	4
3017	광주 동구	온나라시스템운영지원부담액	15,000	7	1	5	1	7	2	2	1
3018	광주 동구	성인발달장애인주간활동지원	14,000	7	2	5	8	7	5	5	4
3019	광주 동구	청백e시스템유지보수(한국지역정보개발원)	12,510	7	1	5	1	1	2	2	4
3020	광주 동구	소상공인특례보증지원	8,400	7	6	7	8	7	1	5	1
3021	광주 동구	지방행정공통정보시스템서비스데스크유지관리비	6,950	7	1	5	1	7	2	2	1
3022	광주 동구	지적측량기준점관리업무위탁	5,600	7	4	4	7	7	1	1	2
3023	광주 동구	치매안심센터운영지원(성인지예산)	5,000	7	1	7	8	7	5	5	4
3024	광주 동구	발달장애인부모심리상담지원	4,490	7	2	5	8	7	5	5	4
3025	광주 동구	언어발달지원바우처지원	4,320	7	2	5	8	7	5	5	4
3026	광주 동구	의료급여수급권자영유아검진비지원	4,312	7	1	7	8	7	5	5	4
3027	광주 동구	청소년산모임신출산의료비지원(성인지예산)	3,240	7	2	7	8	7	5	5	4
3028	광주 동구	LPG용기사용가구시설개선사업	2,250	7	5	5	1	7	1	1	1
3029	광주 동구	표준모자보건수첩제작	992	7	2	7	8	7	5	5	4
3030	광주 동구	차세대지방세정보시스템운영사업비	71,065	7	1	5	1	7	5	5	4
3031	광주 동구	지방세외수입정보시스템유지보수(차세대포함)	31,069	7	1	5	1	7	5	5	4
3032	광주 서구	발달장애인주간활동서비스	1,726,924	7	1	7	8	7	5	1	4
3033	광주 서구	자산형성지원	1,593,265	7	1	7	7	7	5	1	4
3034	광주 서구	발달재활서비스(바우처)	1,502,400	7	1	7	8	7	5	1	4
3035	광주 서구	장애인활동지원급여지원	1,060,694	7	1	7	8	7	5	1	4
3036	광주 서구	희귀질환자의료비지원사업	695,832	7	2	7	8	7	3	3	4
3037	광주 서구	활동지원가산급여	683,160	7	1	7	8	7	5	1	4

순번	시군구	지출명 (사업명)	2024년예산 (단위 : 천원 /1년간)	민간이전 분류 (지방자치단체 세출예산 집행기준에 의거) 1. 민간경상사업보조(307-02) 2. 민간단체 법정운영비보조(307-03) 3. 민간행사사업보조(307-04) 4. 민간위탁금(307-05) 5. 사회복지시설 법정운영비보조(307-10) 6. 민간인위탁교육비(307-12) 7. 공기관등에대한경상적위탁사업비(308-13) 8. 민간자본사업보조,자체재원(402-01) 9. 민간자본사업보조,이전재원(402-02) 10. 민간위탁사업비(402-03) 11. 공기관등에 대한 자본적 위탁사업비(403-02)	민간이전지출 근거 (지방보조금 관리기준 참고) 1. 법률에 규정 2. 국고보조 재원(국가지정) 3. 용도 지정 기부금 4. 조례에 직접규정 5. 지자체가 권장하는 사업을 하는 공공기관 6. 시,도 정책 및 재정사정 7. 기타 8. 해당없음	입찰방식 계약체결방법 (경쟁형태) 1. 일반경쟁 2. 제한경쟁 3. 지명경쟁 4. 수의계약 5. 법정위탁 6. 기타 ( ) 7. 없음	계약기간 1. 1년 2. 2년 3. 3년 4. 4년 5. 5년 6. 기타 ( )년 7. 단기계약 (1년미만) 8. 없음	낙찰자선정방법 1. 적격심사 2. 협상에의한계약 3. 최저가낙찰제 4. 규격가격분리 5. 2단계 경쟁입찰 6. 기타 ( ) 7. 없음	운영예산 산정 운영예산 산정 1. 내부산정 (지자체 자체적으로 산정) 2. 외부산정 (외부전문기관위탁 산정) 3. 내·외부 모두 산정 4. 산정 無 5. 없음	정산방법 1. 내부정산 (지자체 내부적으로 정산) 2. 외부정산 (외부전문기관위탁 정산) 3. 내·외부 모두 산정 4. 정산 無 5. 없음	성과평가 실시여부 1. 실시 2. 미실시 3. 향후 추진 4. 해당없음
3038	광주 서구	산모신생아건강관리지원사업	572,530	7	2	7	8	7	5	5	4
3039	광주 서구	청소년발달장애학생방과후활동서비스	561,194	7	1	7	8	7	5	1	4
3040	광주 서구	국가암관리지차제지원	515,880	7	2	7	8	7	3	3	4
3041	광주 서구	저소득층기저귀및조제분유지원	391,800	7	2	7	8	7	5	5	4
3042	광주 서구	가사간병방문지원사업	318,628	7	2	5	8	7	5	1	1
3043	광주 서구	의료급여수급권자일반건강검진지원	82,798	7	2	7	8	7	3	3	4
3044	광주 서구	차세대표준지방인사정보시스템등유지관리	39,907	7	5	5	1	7	5	5	2
3045	광주 서구	언어발달지원바우처지원	21,600	7	1	7	8	7	5	1	4
3046	광주 서구	발달장애인부모심리상담지원	6,733	7	1	7	8	7	5	1	4
3047	광주 서구	의료급여수급권자영유아건강검진지원	5,748	7	2	7	8	7	3	3	4
3048	광주 서구	청소년산모임신출산의료비지원	2,916	7	2	7	8	7	5	5	4
3049	광주 서구	표준모자보건수첩제작	2,000	7	2	7	8	7	5	5	4
3050	광주 남구	지역사회서비스투자사업	2,788,308	7	2	7	8	7	5	1	1
3051	광주 남구	첫만남이용권지원	2,280,000	7	1	7	8	7	5	1	4
3052	광주 남구	일상돌봄서비스사업	396,774	7	2	7	8	7	5	1	3
3053	광주 남구	청소년건강지원	219,972	7	1	5	8	7	5	1	4
3054	광주 남구	재정관리강화	98,892	7	5	7	8	7	2	5	4
3055	광주 남구	남구환경계획수립	55,000	7	7	7	8	7	5	5	4
3056	광주 남구	청년마음건강지원사업	32,800	7	2	7	8	7	5	1	1
3057	광주 남구	고향사랑기부시스템유지보수	15,400	7	1	7	8	7	2	2	1
3058	광주 남구	고향사랑기부제언론홍보비	6,000	7	1	7	8	7	1	1	4
3059	광주 남구	자치분권정책및활성화등홍보	5,000	7	8	7	8	7	5	5	4
3060	광주 남구	지자체기능분류모델시스템(BRM)고도화분담금	4,250	7	5	7	8	7	5	5	4
3061	광주 남구	식중독예방관리	3,000	7	1	7	7	7	5	5	4
3062	광주 남구	식품위생업소지도관리	2,000	7	1	7	7	7	5	5	4
3063	광주 북구	시설관리공단업무지원	2,563,165	7	4	5	3	7	1	1	1
3064	광주 북구	희귀질환자의료비지원사업	1,574,776	7	1	5	8	7	1	3	4
3065	광주 북구	국가암조기검진	961,692	7	1	5	8	7	1	3	4
3066	광주 북구	장애인의료비지원	566,426	7	1	6	8	7	1	2	4
3067	광주 북구	청소년건강지원	376,000	7	2	7	8	7	5	1	4
3068	광주 북구	시설관리공단지원	339,535	7	4	5	8	7	1	1	4
3069	광주 북구	치매치료관리비지원	266,400	7	1	5	8	7	1	1	4
3070	광주 북구	북구체력인증센터	203,641	7	2	7	8	7	2	2	1
3071	광주 북구	의료수급권자건강검진	132,475	7	1	5	8	7	1	3	4
3072	광주 북구	차세대지방재정관리시스템(차세대e호조)유지보수	127,116	7	7	7	8	7	2	2	4
3073	광주 북구	북구문화센터시설유지관리	119,600	7	1	5	3	7	1	1	4
3074	광주 북구	중소기업지식재산권리화지원	60,000	7	4	7	8	7	1	1	1
3075	광주 북구	해외시장개척단운영	50,000	7	4	7	8	7	1	1	1
3076	광주 북구	중소기업브랜드디자인개발지원	50,000	7	4	7	8	7	1	1	1
3077	광주 북구	중소기업우수기술시제품제작지원	50,000	7	4	7	8	7	1	1	1

순번	시군구	지출명 (사업명)	2024년예산 (단위 : 천원 /1년간)	민간이전 분류 (지방자치단체 세출예산 집행기준에 의거) 1. 민간경상사업보조(307-02) 2. 민간단체 법정운영비보조(307-03) 3. 민간행사사업보조(307-04) 4. 민간위탁금(307-05) 5. 사회복지시설 법정운영비보조(307-10) 6. 민간인위탁교육비(307-12) 7. 공기관등에대한경상적위탁사업비(308-13) 8. 민간자본사업보조,자체재원(402-01) 9. 민간자본사업보조,이전재원(402-02) 10. 민간위탁사업비(402-03) 11. 공기관등에 대한 자본적 위탁사업비(403-02)	민간이전지출 근거 (지방보조금 관리기준 참고) 1. 법률에 규정 2. 국고보조 재원(국가지정) 3. 용도 지정 기부금 4. 조례에 직접규정 5. 지자체가 권장하는 사업을 하는 공공기관 6. 시,도 정책 및 재정사정 7. 기타 8. 해당없음	입찰방식 계약체결방법 (경쟁형태) 1. 일반경쟁 2. 제한경쟁 3. 지명경쟁 4. 수의계약 5. 법정위탁 6. 기타 ( ) 7. 없음	입찰방식 계약기간 1. 1년 2. 2년 3. 3년 4. 4년 5. 5년 6. 기타 ( )년 7. 단기계약 (1년미만) 8. 없음	입찰방식 낙찰자선정방법 1. 적격심사 2. 협상에의한계약 3. 최저가낙찰제 4. 규격가격분리 5. 2단계 경쟁입찰 6. 기타 ( ) 7. 없음	운영예산 산정 운영예산 산정 1. 내부산정 (지자체 자체적으로 산정) 2. 외부산정 (외부전문기관위탁 산정) 3. 내·외부 모두 산정 4. 산정 無 5. 없음	운영예산 산정 정산방법 1. 내부정산 (지자체 내부적으로 정산) 2. 외부정산 (외부전문기관위탁 정산) 3. 내·외부 모두 산정 4. 정산 無 5. 없음	성과평가 실시여부 1. 실시 2. 미실시 3. 향후 추진 4. 해당없음
3078	광주 북구	작업안전환경개선지원	50,000	7	4	7	8	7	1	1	1
3079	광주 북구	소상공인종합컨설팅지원	46,000	7	5	7	1	7	1	1	4
3080	광주 북구	표준지방인사정보시스템유지관리	42,806	7	5	5	1	2	2	2	1
3081	광주 북구	4차산업기업조기안정화지원	30,000	7	4	7	8	7	1	1	1
3082	광주 북구	자영업자동행프로그램	23,000	7	5	7	1	7	1	1	4
3083	광주 북구	주민정책토론회운영지원	22,000	7	1	7	8	7	5	5	4
3084	광주 북구	출산장려지원정책홍보	22,000	7	5	7	8	7	5	5	4
3085	광주 북구	북구특산품홍보	22,000	7	4	7	8	7	5	5	4
3086	광주 북구	영유아건강검진	17,242	7	1	5	8	7	1	3	4
3087	광주 북구	청백e시스템운영	14,880	7	5	5	1	7	5	5	4
3088	광주 북구	청년문화활성화지원정책홍보	11,000	7	5	7	8	7	5	5	4
3089	광주 북구	비엔날레권역활성화	11,000	7	7	7	8	7	5	5	4
3090	광주 북구	지방인사통계통합시스템유지관리	6,232	7	5	5	1	2	2	2	1
3091	광주 북구	국가결핵예방관리	5,500	7	1	7	8	7	3	3	1
3092	광주 북구	LPG용기사용가구시설개선	2,750	7	2	7	8	7	1	1	1
3093	광주 북구	자치단체기능분류모델시스템고도화	525	7	5	7	8	7	5	5	4
3094	광주 광산구	지역자율형사회서비스투자사업	4,314,221	7	1	7	8	7	3	2	4
3095	광주 광산구	지역자율형사회서비스투자사업(산모신생아건강관리지원)	1,167,280	7	2	5	8	7	5	2	2
3096	광주 광산구	기저귀및조제분유지원	958,000	7	2	5	8	7	5	2	2
3097	광주 광산구	일상돌봄서비스	859,072	7	1	7	8	7	3	2	4
3098	광주 광산구	장애인의료비지원	313,948	7	2	7	8	7	5	5	4
3099	광주 광산구	차세대지방재정관리시스템유지보수분담금	113,008	7	1	7	1	7	5	5	4
3100	광주 광산구	차세대지방세정보시스템유지보수	86,678	7	1	5	1	7	2	2	1
3101	광주 광산구	청년마음건강지원	69,200	7	1	7	8	7	3	2	4
3102	광주 광산구	주소정보기본도유지관리	56,383	7	1	5	1	7	1	1	4
3103	광주 광산구	차세대세외수입정보시스템유지보수	43,438	7	1	5	1	7	2	2	1
3104	광주 광산구	지적행정정보정비사업	40,000	7	2	7	8	7	5	5	4
3105	광주 광산구	세계측지계좌표변환	40,000	7	1	5	1	7	1	1	4
3106	광주 광산구	국가주소정보시스템차세대구축	36,704	7	1	5	1	7	1	1	4
3107	광주 광산구	지적측량기준점관리	25,000	7	1	5	1	7	1	1	4
3108	광주 광산구	국가주소정보시스템유지보수	18,673	7	1	5	1	7	1	1	4
3109	광주 광산구	지자체기능분류시스템(BRM)고도화분담금	5,250	7	1	7	8	7	5	5	4
3110	광주 광산구	청소년산모임신출산의료비지원	5,184	7	2	5	8	7	5	2	2
3111	광주 광산구	표준모자보건수첩제작	4,000	7	2	5	8	7	5	2	2
3112	대구광역시	대구명복공원운영	5,200,000	7	4	7	8	7	5	5	4
3113	대구광역시	대구의료원전문인력보강등지원	5,000,000	7	1	7	8	7	5	5	4
3114	대구광역시	오페라하우스사업지원	4,663,000	7	7	7	8	7	5	5	4
3115	대구광역시	대구미술관운영	4,560,260	7	1,6	7	8	7	5	5	4
3116	대구광역시	신천시설물유지관리	4,538,500	7	4	7	8	7	5	5	4
3117	대구광역시	대구문화예술회관운영	4,304,123	7	1	7	8	7	5	5	4

순번	시군구	지출명 (사업명)	2024년예산 (단위 : 천원 /1년간)	민간이전 분류 (지방자치단체 세출예산 집행기준에 의거) 1. 민간경상사업보조(307-02) 2. 민간단체 법정운영비보조(307-03) 3. 민간행사사업보조(307-04) 4. 민간위탁금(307-05) 5. 사회복지시설 법정운영비보조(307-10) 6. 민간인위탁교육비(307-12) 7. 공기관등에대한경상적위탁사업비(308-13) 8. 민간자본사업보조,자체재원(402-01) 9. 민간자본사업보조,이전재원(402-02) 10. 민간위탁사업비(402-03) 11. 공기관등에 대한 자본적 위탁사업비(403-02)	민간이전지출 근거 (지방보조금 관리기준 참고) 1. 법률에 규정 2. 국고보조 재원(국가지정) 3. 용도 지정 기부금 4. 조례에 직접규정 5. 지자체가 권장하는 사업을 하는 공공기관 6. 시,도 정책 및 재정사정 7. 기타 8. 해당없음	입찰방식 계약체결방법 (경쟁형태) 1. 일반경쟁 2. 제한경쟁 3. 지명경쟁 4. 수의계약 5. 법정위탁 6. 기타 ( ) 7. 없음	입찰방식 계약기간 1. 1년 2. 2년 3. 3년 4. 4년 5. 5년 6. 기타 ( )년 7. 단기계약 (1년미만) 8. 없음	입찰방식 낙찰자선정방법 1. 적격심사 2. 협상에의한계약 3. 최저가낙찰제 4. 규격가격분리 5. 2단계 경쟁입찰 6. 기타 ( ) 7. 없음	운영예산 산정 운영예산 산정 1. 내부산정 (지자체 자체적으로 산정) 2. 외부산정 (외부전문기관위탁 산정) 3. 내·외부 모두 산정 4. 산정 無 5. 없음	운영예산 산정 정산방법 1. 내부정산 (지자체 내부적으로 정산) 2. 외부정산 (외부전문기관위탁 정산) 3. 내·외부 모두 산정 4. 정산 無 5. 없음	성과평가 실시여부 1. 실시 2. 미실시 3. 향후 추진 4. 해당없음
3118	대구광역시	노숙인재활시설운영(전환)	4,220,920	7	5	7	8	7	5	5	4
3119	대구광역시	내체교사지원	4,200,000	7	4	7	8	7	5	5	4
3120	대구광역시	나드리콜특별교통수단운영위탁(국고보조)	4,066,000	7	2	7	8	7	5	5	4
3121	대구광역시	대구사격장위탁운영	3,833,575	7	5	7	8	7	5	5	4
3122	대구광역시	지역산업마케팅지원(중소기업해외마케팅지원)(전환)	3,290,000	7	1	7	8	7	5	5	4
3123	대구광역시	희귀질환자의료비지원	3,226,252	7	1	7	8	7	5	5	4
3124	대구광역시	우수기업성장동력화사업(전환)	3,200,000	7	6	7	8	7	5	5	4
3125	대구광역시	터널통합관리센터운영관리위탁	3,195,000	7	4	7	8	7	5	5	4
3126	대구광역시	올림픽기념국민생활관위탁운영	3,180,940	7	5	7	8	7	5	5	4
3127	대구광역시	도로재비산먼지제거장비위탁운영	3,103,000	7	4	7	8	7	5	5	4
3128	대구광역시	권역외상센터운영지원	2,995,000	7	2	7	8	7	5	5	4
3129	대구광역시	서대구역운영비지원	2,900,000	7	1	7	8	7	5	5	4
3130	대구광역시	도심공원운영관리및정비	2,858,000	7	1	7	8	7	5	5	4
3131	대구광역시	지역주력산업육성사업	2,848,000	7	2	7	8	7	5	5	4
3132	대구광역시	서재문화체육센터위탁운영	2,840,000	7	5	7	8	7	5	5	4
3133	대구광역시	시내버스유개승강장관리위탁	2,633,000	7	4	7	8	7	5	5	4
3134	대구광역시	침출수전처리시설위탁운영	2,514,000	7	5	7	8	7	5	5	4
3135	대구광역시	신천음식물류폐기물처리시설위탁운영	2,507,000	7	4	7	8	7	5	5	4
3136	대구광역시	혁신창업생태계구축지원	2,500,000	7	2	7	8	7	5	5	4
3137	대구광역시	노숙인요양시설운영(전환)	2,255,400	7	5	7	8	7	5	5	4
3138	대구광역시	대신지하도상가관리위탁	2,163,000	7	4	7	8	7	5	5	4
3139	대구광역시	건강생활유지비	2,139,000	7	1	7	8	7	5	5	4
3140	대구광역시	알뜰교통카드연계마일리지지원	2,108,000	7	2	7	8	7	5	5	4
3141	대구광역시	지역문화예술특성화지원사업(전환)	2,093,800	7	1,6	7	8	7	5	5	4
3142	대구광역시	대구혁신도시복합혁신센터위탁운영비(경상)	2,059,000	7	6	7	8	7	5	5	4
3143	대구광역시	농수산물도매시장부설주차장위탁관리	2,040,438	7	1	7	8	7	5	5	4
3144	대구광역시	스마트로봇혁신지구조성사업지원	2,000,000	7	5	7	8	7	5	5	4
3145	대구광역시	정신요양시설(노숙인생활시설내)운영지원	1,988,000	7	2	7	8	7	5	5	4
3146	대구광역시	중기업육성사업(전환)	1,920,000	7	6	7	8	7	5	5	4
3147	대구광역시	대구실내빙상장위탁운영	1,900,000	7	5	7	8	7	5	5	4
3148	대구광역시	대구형배달앱「대구로」운영지원	1,800,000	7	4	7	8	7	5	5	4
3149	대구광역시	대중교통비환급지원	1,786,000	7	2	7	8	7	5	5	4
3150	대구광역시	동대구역광장운영관리위탁	1,666,000	7	4	7	8	7	5	5	4
3151	대구광역시	노숙인재활시설운영추가지원	1,613,462	7	5	7	8	7	5	5	4
3152	대구광역시	대구민간투자연계형기술사업화지원	1,600,000	7	8	7	8	7	5	5	4
3153	대구광역시	예술창작공간(대구예술발전소,수창청춘맨숀)운영	1,580,000	7	5	7	8	7	5	5	4
3154	대구광역시	푸른신천숲조성	1,576,000	7	6	7	8	7	5	5	4
3155	대구광역시	대구국제오페라축제(전환)	1,500,000	7	7	7	8	7	5	5	4
3156	대구광역시	주요사업시책홍보비	1,380,000	7	1	5	8	7	1	5	4
3157	대구광역시	범어지하도상가관리위탁	1,366,000	7	4	7	8	7	5	5	4

순번	시군구	지출명 (사업명)	2024년예산 (단위 : 천원 /1년간)	민간이전 분류 (지방자치단체 세출예산 집행기준에 의거) 1. 민간경상사업보조(307-02) 2. 민간단체 법정운영비보조(307-03) 3. 민간행사사업보조(307-04) 4. 민간위탁금(307-05) 5. 사회복지시설 법정운영비보조(307-10) 6. 민간인위탁교육비(307-12) 7. 공기관등에대한경상적위탁사업비(308-13) 8. 민간자본사업보조,자체재원(402-01) 9. 민간자본사업보조,이전재원(402-02) 10. 민간위탁사업비(402-03) 11. 공기관등에 대한 자본적 위탁사업비(403-02)	민간이전지출 근거 (지방보조금 관리기준 참고) 1. 법률에 규정 2. 국고보조 재원(국가지정) 3. 용도 지정 기부금 4. 조례에 직접규정 5. 지자체가 권장하는 사업을 하는 공공기관 6. 시,도 정책 및 재정사정 7. 기타 8. 해당없음	입찰방식 계약체결방법 (경쟁형태) 1. 일반경쟁 2. 제한경쟁 3. 지명경쟁 4. 수의계약 5. 법정위탁 6. 기타 ( ) 7. 없음	입찰방식 계약기간 1. 1년 2. 2년 3. 3년 4. 4년 5. 5년 6. 기타 ( )년 7. 단기계약 (1년미만) 8. 없음	입찰방식 낙찰자선정방법 1. 적격심사 2. 협상에의한계약 3. 최저가낙찰제 4. 규격가격분리 5. 2단계 경쟁입찰 6. 기타 ( ) 7. 없음	운영예산 산정 운영예산 산정 1. 내부산정 (지자체 자체적으로 산정) 2. 외부산정 (외부전문기관위탁 산정) 3. 내·외부 모두 산정 4. 산정 無 5. 없음	운영예산 산정 정산방법 1. 내부정산 (지자체 내부적으로 정산) 2. 외부정산 (외부전문기관위탁 정산) 3. 내·외부 모두 산정 4. 정산 無 5. 없음	성과평가 실시여부 1. 실시 2. 미실시 3. 향후 추진 4. 해당없음
3158	대구광역시	대덕승마장위탁운영	1,344,717	7	5	7	8	7	5	5	4
3159	대구광역시	지역디지털혁신거점조성지원	1,300,000	7	6	7	8	7	5	5	4
3160	대구광역시	ABB유망벤처고성장선도기업지원	1,300,000	7	6	7	8	7	5	5	4
3161	대구광역시	의료급여진료비심사수수료	1,250,000	7	1	7	8	7	5	5	4
3162	대구광역시	관련상가위탁관리	1,240,014	7	1	7	8	7	5	5	4
3163	대구광역시	융합클러스터2.	1,235,000	7	2	7	8	7	5	5	4
3164	대구광역시	승마힐링센터위탁운영	1,204,618	7	5	7	8	7	5	5	4
3165	대구광역시	대구글로벌게임센터운영	1,200,000	7	4	7	8	7	5	5	4
3166	대구광역시	첨단메카닉고분자디지털융합기술혁신플랫폼구축사업	1,200,000	7	2	7	8	7	5	5	4
3167	대구광역시	시민건강놀이터운영	1,170,000	7	4	7	8	7	5	5	4
3168	대구광역시	청년도전지원사업	1,143,500	7	1	7	8	7	5	5	4
3169	대구광역시	공공보건의료협력체계구축사업	1,130,000	7	2	7	8	7	5	5	4
3170	대구광역시	물산업구매연계기술개발지원사업	1,120,000	7	4	7	8	7	5	5	4
3171	대구광역시	데이터산업성장및활성화지원	1,086,000	7	4	7	8	7	5	5	4
3172	대구광역시	청년센터운영	1,082,000	7	4	7	8	7	5	5	4
3173	대구광역시	대구콘텐츠비즈니스센터운영	1,080,000	7	6	7	8	7	5	5	4
3174	대구광역시	소프트웨어(SW)미래채움사업	1,050,000	7	2	7	8	7	5	5	4
3175	대구광역시	대구컨벤션뷰로운영비	1,024,000	7	5	7	8	7	5	5	4
3176	대구광역시	차세대선도기술개발사업지원	1,000,000	7	4	7	8	7	5	5	4
3177	대구광역시	소재부품2.기술자립지원센터구축사업	1,000,000	7	2	7	8	7	5	5	4
3178	대구광역시	초광역메타버스허브센터구축	1,000,000	7	2	7	8	7	5	5	4
3179	대구광역시	블록체인메인넷운영지원사업	1,000,000	7	8	7	8	7	5	5	4
3180	대구광역시	대구글로벌벤처스타트업육성지원	1,000,000	7	6	7	8	7	5	5	4
3181	대구광역시	엑스코제2전시장관리운영지원	1,000,000	7	7	7	8	7	5	5	4
3182	대구광역시	노면표시개선사업(교통사고3%줄이기특별대책)	1,000,000	7	4	7	8	7	5	5	4
3183	대구광역시	박물관운영본부운영	999,826	7	5	7	8	7	5	5	4
3184	대구광역시	자동차전용도로구조체안전점검및정밀안전진단	998,000	7	4	7	8	7	5	5	4
3185	대구광역시	대구경북디자인센터및한국업사이클센터운영지원	980,000	7	6	7	8	7	5	5	4
3186	대구광역시	대구평생교육진흥원사업	952,000	7	1	7	8	7	5	5	4
3187	대구광역시	한의약소재은행사업	900,000	7	2	7	8	7	5	5	4
3188	대구광역시	대구스케일업허브운영위탁	890,000	7	4	7	8	7	5	5	4
3189	대구광역시	대구국가산업단지공공폐수처리시설운영	850,000	7	4	7	8	7	5	5	4
3190	대구광역시	노숙인요양시설운영추가지원	846,502	7	5	7	8	7	5	5	4
3191	대구광역시	(창업인프라지원)지식산업센터운영위탁	833,000	7	4	7	8	7	5	5	4
3192	대구광역시	청소년쉼터운영	823,316	7	5	7	8	7	5	5	4
3193	대구광역시	한의약산업선진화지원사업	810,000	7	2	7	8	7	5	5	4
3194	대구광역시	디지털헬스케어의료기기실증지원사업	800,000	7	2	7	8	7	5	5	4
3195	대구광역시	블록체인융합기술실증지원	800,000	7	5	7	8	7	5	5	4
3196	대구광역시	블록체인초기시장진출지원	800,000	7	5	7	8	7	5	5	4
3197	대구광역시	파워풀ABB실증팩토리구축활용사업	800,000	7	5	7	8	7	5	5	4

순번	시군구	지출명 (사업명)	2024년예산 (단위 : 천원 /1년간)	민간이전 분류 (지방자치단체 세출예산 집행기준에 의거) 1. 민간경상사업보조(307-02) 2. 민간단체 법정운영비보조(307-03) 3. 민간행사사업보조(307-04) 4. 민간위탁금(307-05) 5. 사회복지시설 법정운영비보조(307-10) 6. 민간인위탁교육비(307-12) 7. 공기관등에대한경상적위탁사업비(308-13) 8. 민간자본사업보조,자체재원(402-01) 9. 민간자본사업보조,이전재원(402-02) 10. 민간위탁사업비(402-03) 11. 공기관등에 대한 자본적 위탁사업비(403-02)	민간이전지출 근거 (지방보조금 관리기준 참고) 1. 법률에 규정 2. 국고보조 재원(국가지정) 3. 용도 지정 기부금 4. 조례에 직접규정 5. 지자체가 권장하는 사업을 하는 공공기관 6. 시,도 정책 및 재정사정 7. 기타 8. 해당없음	입찰방식			운영예산 산정		성과평가 실시여부
						계약체결방법 (경쟁형태) 1. 일반경쟁 2. 제한경쟁 3. 지명경쟁 4. 수의계약 5. 법정위탁 6. 기타 ( ) 7. 없음	계약기간 1. 1년 2. 2년 3. 3년 4. 4년 5. 5년 6. 기타 ( )년 7. 단기계약 (1년미만) 8. 없음	낙찰자선정방법 1. 적격심사 2. 협상에의한계약 3. 최저가낙찰제 4. 규격가격분리 5. 2단계 경쟁입찰 6. 기타 ( ) 7. 없음	운영예산 산정 1. 내부산정 (지자체 자체적으로 산정) 2. 외부산정 (외부전문기관위탁 산정) 3. 내·외부 모두 산정 4. 산정 無 5. 없음	정산방법 1. 내부정산 (지자체 내부적으로 정산) 2. 외부정산 (외부전문기관위탁 정산) 3. 내·외부 모두 산정 4. 정산 無 5. 없음	1. 실시 2. 미실시 3. 향후 추진 4. 해당없음
3198	대구광역시	대구뉴테크융합지원창작플랫폼구축	800,000	7	2	7	8	7	5	5	4
3199	대구광역시	창업기업스케일업지원	800,000	7	4	7	8	7	5	5	4
3200	대구광역시	FXCO운영위탁	783,000	7	4	7	8	7	5	5	4
3201	대구광역시	산업단지통근버스임차지원(전환)	770,000	7	4	7	8	7	5	5	4
3202	대구광역시	우수기술현장실증화지원	750,000	7	4	7	8	7	5	5	4
3203	대구광역시	청소년활동진흥센터운영(전환)	736,000	7	1	7	8	7	5	5	4
3204	대구광역시	출판산업지원센터운영	720,000	7	5	7	8	7	5	5	4
3205	대구광역시	대구형청년그린내일채움공제	720,000	7	5	7	8	7	5	5	4
3206	대구광역시	지역의미래를여는과학기술프로젝트	700,000	7	1,4	7	8	7	5	5	4
3207	대구광역시	메타버스기반지역중소기업제조공정혁신지원	700,000	7	6	7	8	7	5	5	4
3208	대구광역시	대구콘텐츠코리아랩운영	690,000	7	2	7	8	7	5	5	4
3209	대구광역시	국내관광마케팅사업	680,000	7	1,6	7	8	7	5	5	4
3210	대구광역시	기능경기대회지원	680,000	7	4	7	8	7	5	5	4
3211	대구광역시	대구형성장사다리핵심육성청년채용지원	676,709	7	2	7	8	7	5	5	4
3212	대구광역시	웹툰캠퍼스운영및인력양성	675,000	7	2	7	8	7	5	5	4
3213	대구광역시	노숙인시설기능보강	666,830	7	5	7	8	7	5	5	4
3214	대구광역시	대구콘텐츠기업지원센터운영	660,000	7	2	7	8	7	5	5	4
3215	대구광역시	고용친화기업선정지원	660,000	7	4	7	8	7	5	5	4
3216	대구광역시	대구발달장애인지원센터지원	658,000	7	1	7	8	7	5	5	4
3217	대구광역시	청소년문화의집운영	653,900	7	5	7	8	7	5	5	4
3218	대구광역시	의료급여진료비지급위탁수수료	650,000	7	1	7	8	7	5	5	4
3219	대구광역시	첨단기능성소재기반시기능보조기기산업육성	650,000	7	2	7	8	7	5	5	4
3220	대구광역시	고용우수인증기업청년고용창출사업	645,078	7	2	7	8	7	5	5	4
3221	대구광역시	해바라기센터(아동)운영	640,683	7	2	7	8	7	5	5	4
3222	대구광역시	대구청소년꿈지락발전소운영	638,900	7	5	7	8	7	5	5	4
3223	대구광역시	청소년안전망운영(시)	637,204	7	2	7	8	7	5	5	4
3224	대구광역시	소아전문응급의료센터전담의료인력인건비지원	630,000	7	5	7	8	7	5	5	4
3225	대구광역시	문화예술분야주요시책홍보	610,000	7	1	5	8	7	1	5	4
3226	대구광역시	소아전문응급의료센터전담의료인력인건비지원	600,000	7	2	7	8	7	5	5	4
3227	대구광역시	ABB테스트베드대구실증지원사업	600,000	7	5	7	8	7	5	5	4
3228	대구광역시	글로컬청년취업사관학교사업	600,000	7	6	7	8	7	5	5	4
3229	대구광역시	지역주력수출기업Biz플랫폼구축	600,000	7	1	7	8	7	5	5	4
3230	대구광역시	노후교면포장정비사업	600,000	7	4	7	8	7	5	5	4
3231	대구광역시	커넥티드의료헬스어울림행복공간조성프로젝트	590,000	7	5	7	8	7	5	5	4
3232	대구광역시	국제전자제품박람회(CES)대구공동관조성운영사업	578,000	7	4	7	8	7	5	5	4
3233	대구광역시	해외관광마케팅사업	560,000	7	1,6	7	8	7	5	5	4
3234	대구광역시	터널노후조명등LED교체(소교)	560,000	7	4	7	8	7	5	5	4
3235	대구광역시	지방육아종합지원센터체험관운영	559,404	7	4	7	8	7	5	5	4
3236	대구광역시	해바라기센터운영	555,050	7	2	7	8	7	5	5	4
3237	대구광역시	혁신성장분야주요시책홍보	555,000	7	1	5	8	7	1	5	4

순번	시군구	지출명 (사업명)	2024년예산 (단위 : 천원 /1년간)	민간이전 분류 (지방자치단체 세출예산 집행기준에 의거) 1. 민간경상사업보조(307-02) 2. 민간단체 법정운영비보조(307-03) 3. 민간행사사업보조(307-04) 4. 민간위탁금(307-05) 5. 사회복지시설 법정운영비보조(307-10) 6. 민간인위탁교육비(307-12) 7. 공기관등에대한경상적위탁사업비(308-13) 8. 민간자본사업보조,자체재원(402-01) 9. 민간자본사업보조,이전재원(402-02) 10. 민간위탁사업비(402-03) 11. 공기관등에 대한 자본적 위탁사업비(403-02)	민간이전지출 근거 (지방보조금 관리기준 참고) 1. 법률에 규정 2. 국고보조 재원(국가지정) 3. 용도 지정 기부금 4. 조례에 직접규정 5. 지자체가 권장하는 사업을 하는 공공기관 6. 시,도 정책 및 재정사정 7. 기타 8. 해당없음	입찰방식: 계약체결방법 (경쟁형태) 1. 일반경쟁 2. 제한경쟁 3. 지명경쟁 4. 수의계약 5. 법정위탁 6. 기타 ( ) 7. 없음	입찰방식: 계약기간 1. 1년 2. 2년 3. 3년 4. 4년 5. 5년 6. 기타 ( )년 7. 단기계약 (1년미만) 8. 없음	입찰방식: 낙찰자선정방법 1. 적격심사 2. 협상에의한계약 3. 최저가낙찰제 4. 규격가격분리 5. 2단계 경쟁입찰 6. 기타 ( ) 7. 없음	운영예산 산정: 운영예산 산정 1. 내부산정 (지자체 자체적으로 산정) 2. 외부산정 (외부전문기관위탁 산정) 3. 내·외부 모두 산정 4. 산정 無 5. 없음	운영예산 산정: 정산방법 1. 내부정산 (지자체 내부적으로 정산) 2. 외부정산 (외부전문기관위탁 정산) 3. 내·외부 모두 산정 4. 정산 無 5. 없음	성과평가 실시여부 1. 실시 2. 미실시 3. 향후 추진 4. 해당없음
3238	대구광역시	창의도시재생지원센터운영	550,000	7	1,4	7	8	7	5	5	4
3239	대구광역시	대구발전을위한기획사업	545,000	7	1	5	8	7	1	5	4
3240	대구광역시	주요홍보시설물이용광고	545,000	7	1	5	8	7	1	5	4
3241	대구광역시	발달장애인긴급돌봄시범사업운영	531,536	7	2	7	8	7	5	5	4
3242	대구광역시	대구아트웨이운영	520,000	7	5	7	8	7	5	5	4
3243	대구광역시	장애인구강진료센터운영	518,600	7	1	7	8	7	5	5	4
3244	대구광역시	경제분야주요시책홍보	514,000	7	1	5	8	7	1	5	4
3245	대구광역시	시청어린이집운영지원	505,920	7	1,4,5	7	8	7	5	5	4
3246	대구광역시	지역문화예술교육기반구축(전환)	504,432	7	1	7	8	7	5	5	4
3247	대구광역시	지방육아종합지원센터운영(전환)	503,844	7	4	7	8	7	5	5	4
3248	대구광역시	신서화물자동차공영차고지관리위탁	503,000	7	4	7	8	7	5	5	4
3249	대구광역시	지역사회서비스지원단운영	502,858	7	2	7	8	7	5	5	4
3250	대구광역시	전광판활용시정홍보	500,000	7	1	5	8	7	1	5	4
3251	대구광역시	8.15경축행사	500,000	7	5	7	8	7	5	5	4
3252	대구광역시	친환경바이오플라스틱상용화지원	500,000	7	2	7	8	7	5	5	4
3253	대구광역시	초연결치과산업플랫폼개발지원	500,000	7	2	7	8	7	5	5	4
3254	대구광역시	메타버스대구월드조성	500,000	7	6	7	8	7	5	5	4
3255	대구광역시	자동차전용도로구조체보수보강및유지관리(소교)	500,000	7	4	7	8	7	5	5	4
3256	대구광역시	나노소재부품산업가치사슬혁신플랫폼구축사업	484,000	7	2	7	8	7	5	5	4
3257	대구광역시	대구1인미디어센터운영	480,000	7	2	7	8	7	5	5	4
3258	대구광역시	에듀테크소프트랩구축및운영사업	480,000	7	8	7	8	7	5	5	4
3259	대구광역시	문화와ABB결합지원	470,000	7	6	7	8	7	5	5	4
3260	대구광역시	대구생활문화센터관리운영	466,216	7	4	7	8	7	5	5	4
3261	대구광역시	대구연구개발특구육성사업	450,000	7	1	7	8	7	5	5	4
3262	대구광역시	대구테크비즈센터운영위탁	450,000	7	1	7	8	7	5	5	4
3263	대구광역시	학교밖청소년지원센터운영(시)	432,980	7	5	7	8	7	5	5	4
3264	대구광역시	대구응급의료지원단운영	430,000	7	5	7	8	7	5	5	4
3265	대구광역시	청소년상담복지센터운영(시)(종사자처우개선비포함)	430,000	7	5	7	8	7	5	5	4
3266	대구광역시	단체관광객유치인센티브	422,000	7	4	7	8	7	5	5	4
3267	대구광역시	가축위생방역지원본부도축검사원인건비지원	421,667	7	1	7	8	7	5	5	4
3268	대구광역시	장애인지역사회통합지원센터운영지원	420,000	7	6	7	8	7	5	5	4
3269	대구광역시	대구사진비엔날레운영	404,000	7	5	7	8	7	5	5	4
3270	대구광역시	행복진흥원사회서비스민간사업지원	400,000	7	1,4	7	8	7	5	5	4
3271	대구광역시	공연장단체육성지원(전환)	400,000	7	1	7	8	7	5	5	4
3272	대구광역시	대구탄소중립지원센터운영지원	400,000	7	1	7	8	7	5	5	4
3273	대구광역시	맞춤형물기업지원	400,000	7	4	7	8	7	5	5	4
3274	대구광역시	지역ICT이노베이션스퀘어조성사업	400,000	7	2	7	8	7	5	5	4
3275	대구광역시	지역SW집적단지인재양성기반조성	400,000	7	2	7	8	7	5	5	4
3276	대구광역시	지역산업기반지능형무인이동체응용기술개발지원	400,000	7	5	7	8	7	5	5	4
3277	대구광역시	SW융합기술지원센터관리위탁	400,000	7	1	7	8	7	5	5	4

순번	시군구	지출명 (사업명)	2024년예산 (단위 : 천원 /1년간)	민간이전 분류 (지방자치단체 세출예산 집행기준에 의거) 1. 민간경상사업보조(307-02) 2. 민간단체 법정운영비보조(307-03) 3. 민간행사사업보조(307-04) 4. 민간위탁금(307-05) 5. 사회복지시설 법정운영비보조(307-10) 6. 민간인위탁교육비(307-12) 7. 공기관등에대한경상적위탁사업비(308-13) 8. 민간자본사업보조,자체재원(402-01) 9. 민간자본사업보조,이전재원(402-02) 10. 민간위탁사업비(402-03) 11. 공기관등에 대한 자본적 위탁사업비(403-02)	민간이전지출 근거 (지방보조금 관리기준 참고) 1. 법률에 규정 2. 국고보조 재원(국가지정) 3. 용도 지정 기부금 4. 조례에 직접규정 5. 지자체가 권장하는 사업을 하는 공공기관 6. 시,도 정책 및 재정사정 7. 기타 8. 해당없음	입찰방식 계약체결방법 (경쟁형태) 1. 일반경쟁 2. 제한경쟁 3. 지명경쟁 4. 수의계약 5. 법정위탁 6. 기타 ( ) 7. 없음	입찰방식 계약기간 1. 1년 2. 2년 3. 3년 4. 4년 5. 5년 6. 기타 ( )년 7. 단기계약 (1년미만) 8. 없음	입찰방식 낙찰자선정방법 1. 적격심사 2. 협상에의한계약 3. 최저가낙찰제 4. 규격가격분리 5. 2단계 경쟁입찰 6. 기타 ( ) 7. 없음	운영예산 산정 운영예산 산정 1. 내부산정 (지자체 자체적으로 산정) 2. 외부산정 (외부전문기관위탁 산정) 3. 내·외부 모두 산정 4. 산정 無 5. 없음	운영예산 산정 정산방법 1. 내부정산 (지자체 내부적으로 정산) 2. 외부정산 (외부전문기관위탁 정산) 3. 내·외부 모두 산정 4. 정산 無 5. 없음	성과평가 실시여부 1. 실시 2. 미실시 3. 향후 추진 4. 해당없음
3278	대구광역시	글로벌강소기업경쟁력강화사업	400,000	7	6	7	8	7	5	5	4
3279	대구광역시	가로등조도개선사업(교통사고3%줄이기특별대책)	400,000	7	4	7	8	7	5	5	4
3280	대구광역시	서대구역광장및주차장위탁관리	397,870	7	1	7	8	7	5	5	4
3281	대구광역시	지역지원사업통합성과관리	390,000	7	4	7	8	7	5	5	4
3282	대구광역시	지역SW서비스사업화지원사업	384,000	7	2	7	8	7	5	5	4
3283	대구광역시	FXCO마케팅활성화	380,000	7	4	7	8	7	5	5	4
3284	대구광역시	일생활균형지원센터지원	374,200	7	1	7	8	7	5	5	4
3285	대구광역시	통합신공항건설관련홍보	370,000	7	1	5	8	7	1	5	4
3286	대구광역시	지역특화콘텐츠개발지원	370,000	7	2	7	8	7	5	5	4
3287	대구광역시	환경수자원분야주요시책홍보	370,000	7	1	5	8	7	1	5	4
3288	대구광역시	대구축제통합지원사업(전환)	360,000	7	5	7	8	7	5	5	4
3289	대구광역시	청년주간개최	350,000	7	5	7	8	7	5	5	4
3290	대구광역시	대구스포츠산업지원센터관리위탁	350,000	7	1	7	8	7	5	5	4
3291	대구광역시	지역VR/AR제작지원센터구축	350,000	7	2	7	8	7	5	5	4
3292	대구광역시	의정홍보광고료	350,000	7	1	5	8	7	1	5	4
3293	대구광역시	대구스타벤처육성사업	346,000	7	6	7	8	7	5	5	4
3294	대구광역시	교통분야주요시책홍보	341,000	7	1	5	8	7	1	5	4
3295	대구광역시	가축위생방역지원본부방역직인건비지원	339,100	7	2	7	8	7	5	5	4
3296	대구광역시	대구음식산업박람회지원	330,000	7	5	7	8	7	5	5	4
3297	대구광역시	물기업해외진출지원	328,000	7	4	7	8	7	5	5	4
3298	대구광역시	광역권뷰티산업밸류체인컨버전스지원	326,000	7	6	7	8	7	5	5	4
3299	대구광역시	2024대구국제뷰티엑스포	320,000	7	5	7	8	7	5	5	4
3300	대구광역시	지역산업온라인마케팅지원사업(전환)	320,000	7	4	7	8	7	5	5	4
3301	대구광역시	대구플라워쇼지원(전환)	320,000	7	5	7	8	7	5	5	4
3302	대구광역시	공공체육시설(세천리틀야구장등7개소)위탁운영	317,300	7	5	7	8	7	5	5	4
3303	대구광역시	중앙로대중교통전용지구유지관리	314,000	7	7	7	8	7	5	5	4
3304	대구광역시	문화예술인가치확산	312,000	7	1	7	8	7	5	5	4
3305	대구광역시	주거복지센터운영	308,600	7	5	7	8	7	5	5	4
3306	대구광역시	게임콘텐츠산업활성화지원	306,000	7	4	7	8	7	5	5	4
3307	대구광역시	청년일자리잇기예스매칭사업	305,079	7	2	7	8	7	5	5	4
3308	대구광역시	청년여성교육분야주요시책홍보	305,000	7	1	5	8	7	1	5	4
3309	대구광역시	파워풀대구가요제	300,000	7	1	7	8	7	5	5	4
3310	대구광역시	달빛동맹예술교류	300,000	7	7	7	8	7	5	5	4
3311	대구광역시	수성알파시티활성화지원사업	300,000	7	6	7	8	7	5	5	4
3312	대구광역시	대구연구개발지원단지원	300,000	7	1,4	7	8	7	5	5	4
3313	대구광역시	의료데이터중개사업	300,000	7	2	7	8	7	5	5	4
3314	대구광역시	신기술사업화프로젝트(전환)	300,000	7	5	7	8	7	5	5	4
3315	대구광역시	ABB벤처기업유치및성장지원	300,000	7	4	7	8	7	5	5	4
3316	대구광역시	대기업협력ABB유망기업사업화지원	300,000	7	8	7	8	7	5	5	4
3317	대구광역시	지역경제산업동향분석	300,000	7	4	7	8	7	5	5	4

순번	시군구	지출명 (사업명)	2024년예산 (단위 : 천원 /1년간)	민간이전 분류 (지방자치단체 세출예산 집행기준에 의거) 1. 민간경상사업보조(307-02) 2. 민간단체 법정운영비보조(307-03) 3. 민간행사사업보조(307-04) 4. 민간위탁금(307-05) 5. 사회복지시설 법정운영비보조(307-10) 6. 민간인위탁교육비(307-12) 7. 공기관등에대한경상적위탁사업비(308-13) 8. 민간자본사업보조,자체재원(402-01) 9. 민간자본사업보조,이전재원(402-02) 10. 민간위탁사업비(402-03) 11. 공기관등에 대한 자본적 위탁사업비(403-02)	민간이전지출 근거 (지방보조금 관리기준 참고) 1. 법률에 규정 2. 국고보조 재원(국가지정) 3. 용도 지정 기부금 4. 조례에 직접규정 5. 지자체가 권장하는 사업을 하는 공공기관 6. 시,도 정책 및 재정사정 7. 기타 8. 해당없음	입찰방식 계약체결방법 (경쟁형태) 1. 일반경쟁 2. 제한경쟁 3. 지명경쟁 4. 수의계약 5. 법정위탁 6. 기타 ( ) 7. 없음	입찰방식 계약기간 1. 1년 2. 2년 3. 3년 4. 4년 5. 5년 6. 기타 ( )년 7. 단기계약 (1년미만) 8. 없음	입찰방식 낙찰자선정방법 1. 적격심사 2. 협상에의한계약 3. 최저가낙찰제 4. 규격가격분리 5. 2단계 경쟁입찰 6. 기타 ( ) 7. 없음	운영예산 산정 운영예산 산정 1. 내부산정 (지자체 자체적으로 산정) 2. 외부산정 (외부전문기관위탁 산정) 3. 내·외부 모두 산정 4. 산정 無 5. 없음	운영예산 산정 정산방법 1. 내부정산 (지자체 내부적으로 정산) 2. 외부정산 (외부전문기관위탁 정산) 3. 내·외부 모두 산정 4. 정산 無 5. 없음	성과평가 실시여부 1. 실시 2. 미실시 3. 향후 추진 4. 해당없음
3318	대구광역시	도로포장정비(달서구조암남로일원)	300,000	7	4	7	8	7	5	5	4
3319	대구광역시	관광서비스환경개선사업	298,000	7	1,4	7	8	7	5	5	4
3320	대구광역시	도로포장정비(달서구성서로7일원)	297,000	7	4	7	8	7	5	5	4
3321	대구광역시	심폐소생술등응급처치교육지원	290,000	7	2	7	8	7	5	5	4
3322	대구광역시	지역SW기업성장지원	288,000	7	2	7	8	7	5	5	4
3323	대구광역시	원스톱기업지원박람회개최	283,000	7	5	7	8	7	5	5	4
3324	대구광역시	대구빅데이터활용센터활성화추진	281,000	7	4	7	8	7	5	5	4
3325	대구광역시	대구시민정신확산사업	280,000	7	5	7	8	7	5	5	4
3326	대구광역시	전기자동차공용충전인프라운영지원	280,000	7	4	7	8	7	5	5	4
3327	대구광역시	국제회의유치및개최지원	280,000	7	5	7	8	7	5	5	4
3328	대구광역시	폐유휴공간활용거점시설운영	275,000	7	4	7	8	7	5	5	4
3329	대구광역시	뿌리기술장인노하우디지털전승사업	270,000	7	5	7	8	7	5	5	4
3330	대구광역시	첨단나노소재부품사업화실증기반고도화사업	270,000	7	2	7	8	7	5	5	4
3331	대구광역시	클린로드시설관리운영	266,400	7	4	7	8	7	5	5	4
3332	대구광역시	여성가족정책연구개발지원	262,400	7	4,5	7	8	7	5	5	4
3333	대구광역시	도로포장정비(남구두류공원로13일원)	260,000	7	4	7	8	7	5	5	4
3334	대구광역시	저소득층금연지원	258,442	7	2	7	8	7	5	5	4
3335	대구광역시	소재부품기업경쟁력강화지원사업(전환)	257,400	7	2	7	8	7	5	5	4
3336	대구광역시	대구역지하도상가관리위탁	251,000	7	4	7	8	7	5	5	4
3337	대구광역시	인구감소위기대응센터운영(지방소멸대응기금)	250,000	7	2	7	8	7	5	5	4
3338	대구광역시	대구응급의료지원단운영	250,000	7	2	7	8	7	5	5	4
3339	대구광역시	대학연계로컬크리에이터양성(지방소멸대응기금)	250,000	7	6	7	8	7	5	5	4
3340	대구광역시	대학생학자금대출부담경감지원	250,000	7	4	7	8	7	5	5	4
3341	대구광역시	대구공연예술연습공간운영	250,000	7	7	7	8	7	5	5	4
3342	대구광역시	스마트관광애플리케이션운영	250,000	7	1,6	7	8	7	5	5	4
3343	대구광역시	글로벌이노베이터페스타사업지원	249,400	7	5	7	8	7	5	5	4
3344	대구광역시	2024여성엑스포	240,000	7	4,5	7	8	7	5	5	4
3345	대구광역시	청년귀환채널구축사업	240,000	7	6	7	8	7	5	5	4
3346	대구광역시	기초예술진흥사업	240,000	7	1,6	7	8	7	5	5	4
3347	대구광역시	대구관광분야주요시책홍보	240,000	7	1	5	8	7	1	5	4
3348	대구광역시	지역의료기기토탈마케팅지원	240,000	7	4	7	8	7	5	5	4
3349	대구광역시	대한민국ICT융합엑스포개최지원	240,000	7	5	7	8	7	5	5	4
3350	대구광역시	주거취약계층주거상향지원	240,000	7	5	7	8	7	5	5	4
3351	대구광역시	교통체계개선관련교통노면표지설치및관리	240,000	7	7	7	8	7	5	5	4
3352	대구광역시	대구사랑,대구자랑추진홍보	238,000	7	1	5	8	7	1	5	4
3353	대구광역시	정신요양시설(노숙인생활시설내)운영추가지원	229,521	7	7	7	8	7	5	5	4
3354	대구광역시	시도행정및재해복구시스템유지보수	226,000	7	1	6	1	6	1	1	1
3355	대구광역시	지역콘텐츠산업육성(지방소멸대응기금)	221,000	7	6	7	8	7	5	5	4
3356	대구광역시	성서산업단지비점오염저감시설유지관리비	220,000	7	5	7	8	7	5	5	4
3357	대구광역시	소상공인고용보험지원	220,000	7	5	7	8	7	5	5	4

순번	시군구	지출명 (사업명)	2024년예산 (단위 : 천원 /1년간)	민간이전 분류 (지방자치단체 세출예산 집행기준에 의거) 1. 민간경상사업보조(307-02) 2. 민간단체 법정운영비보조(307-03) 3. 민간행사사업보조(307-04) 4. 민간위탁금(307-05) 5. 사회복지시설 법정운영비보조(307-10) 6. 민간인위탁교육비(307-12) 7. 공기관등에대한경상적위탁사업비(308-13) 8. 민간자본사업보조,자체재원(402-01) 9. 민간자본사업보조,이전재원(402-02) 10. 민간위탁사업비(402-03) 11. 공기관등에 대한 자본적 위탁사업비(403-02)	민간이전지출 근거 (지방보조금 관리기준 참고) 1. 법률에 규정 2. 국고보조 재원(국가지정) 3. 용도 지정 기부금 4. 조례에 직접규정 5. 지자체가 권장하는 사업을 하는 공공기관 6. 시,도 정책 및 재정사정 7. 기타 8. 해당없음	입찰방식 계약체결방법 (경쟁형태) 1. 일반경쟁 2. 제한경쟁 3. 지명경쟁 4. 수의계약 5. 법정위탁 6. 기타 ( ) 7. 없음	입찰방식 계약기간 1. 1년 2. 2년 3. 3년 4. 4년 5. 5년 6. 기타 ( )년 7. 단기계약 (1년미만) 8. 없음	입찰방식 낙찰자선정방법 1. 적격심사 2. 협상에의한계약 3. 최저가낙찰제 4. 규격가격분리 5. 2단계 경쟁입찰 6. 기타 ( ) 7. 없음	운영예산 산정 운영예산 산정 1. 내부산정 (지자체 자체적으로 산정) 2. 외부산정 (외부전문기관위탁 산정) 3. 내·외부 모두 산정 4. 산정 無 5. 없음	운영예산 산정 정산방법 1. 내부정산 (지자체 내부적으로 정산) 2. 외부정산 (외부전문기관위탁 정산) 3. 내·외부 모두 산정 4. 정산 無 5. 없음	성과평가 실시여부 1. 실시 2. 미실시 3. 향후 추진 4. 해당없음
3358	대구광역시	종합유통단지유료공영주차장위탁관리	214,000	7	1	7	8	7	5	5	4
3359	대구광역시	청소년쉼터(공공)운영추가지원	209,975	7	5	7	8	7	5	5	4
3360	대구광역시	산업단지대개조기획운영사업	204,000	7	4	7	8	7	5	5	4
3361	대구광역시	KTX,SRT이동방송홍보	201,600	7	1	5	8	7	1	5	4
3362	대구광역시	도심캠퍼스타운조성	200,000	7	5	7	8	7	5	5	4
3363	대구광역시	대구경북지역학교양강좌개설지원	200,000	7	4	7	8	7	5	5	4
3364	대구광역시	국가혁신융복합단지육성	200,000	7	1	7	8	7	5	5	4
3365	대구광역시	스마트시티혁신기술발굴사업지원	200,000	7	1	7	8	7	5	5	4
3366	대구광역시	대구투자및상장(IPO)활성화지원	200,000	7	5	7	8	7	5	5	4
3367	대구광역시	창업보육센터지원사업	200,000	7	5	7	8	7	5	5	4
3368	대구광역시	우수전시회지원	200,000	7	4	7	8	7	5	5	4
3369	대구광역시	유천하이패스IC현풍방면신설	200,000	7	7	7	8	7	5	5	4
3370	대구광역시	도로포장정비(달서구월곡로94길일원)	196,000	7	4	7	8	7	5	5	4
3371	대구광역시	K뷰티수출컨소시엄활성화지원(전환)	193,900	7	6	7	8	7	5	5	4
3372	대구광역시	시청주차장관리용역	193,000	7	4	7	8	7	5	5	4
3373	대구광역시	달구벌건강주치의사업	187,500	7	6	7	8	7	5	5	4
3374	대구광역시	발달장애인주간활동서비스운영인력지원(지원센터)	187,400	7	2	7	8	7	5	5	4
3375	대구광역시	중소기업밀집지역위기대응기반구축사업	182,000	7	2	7	8	7	5	5	4
3376	대구광역시	대한민국국제쿨산업전지원	180,000	7	7	7	8	7	5	5	4
3377	대구광역시	복지업무주요사업활성화	180,000	7	1	5	8	7	1	5	4
3378	대구광역시	세계물도시포럼개최	180,000	7	4	7	8	7	5	5	4
3379	대구광역시	응급의료지원센터운영지원	177,800	7	2	7	8	7	5	5	4
3380	대구광역시	정보화아카데미	176,000	7	7	7	8	7	5	5	4
3381	대구광역시	대경권SW품질역량강화지원	175,000	7	2	7	8	7	5	5	4
3382	대구광역시	학교밖청소년자립취업지원(시)	173,360	7	5	7	8	7	5	5	4
3383	대구광역시	발달장애인공공후견지원	173,300	7	2	7	8	7	5	5	4
3384	대구광역시	청소년성문화센터운영	171,192	7	2	7	8	7	5	5	4
3385	대구광역시	지방재정관리시스템운영	169,482	7	1	5	1	7	1	2	4
3386	대구광역시	대구청년로컬히어로창업지원사업	169,177	7	2	7	8	7	5	5	4
3387	대구광역시	청소년동반자프로그램운영	165,854	7	2	7	8	7	5	5	4
3388	대구광역시	무변형초장수명이차전지원천기술업사이클링연구지원	165,458	7	2	7	8	7	5	5	4
3389	대구광역시	택시운행정보관리시스템운영비	165,440	7	1	7	8	7	5	5	4
3390	대구광역시	슬기로운인생계획지원	160,000	7	6	7	8	7	5	5	4
3391	대구광역시	문화도시대구프로젝트	160,000	7	1	5	8	7	1	5	4
3392	대구광역시	대구국제악기박람회	160,000	7	1	7	8	7	5	5	4
3393	대구광역시	유아문화예술교육지원(전환)	160,000	7	1	7	8	7	5	5	4
3394	대구광역시	의료관광마케팅지원(전환)	160,000	7	6	7	8	7	5	5	4
3395	대구광역시	열린혁신디지털오픈랩구축	160,000	7	1	7	8	7	5	5	4
3396	대구광역시	빅데이터분석및경진대회	160,000	7	4	7	8	7	5	5	4
3397	대구광역시	대구리더스포럼엔젤투자활성화지원	160,000	7	4	7	8	7	5	5	4

순번	시군구	지출명 (사업명)	2024년예산 (단위 : 천원 /1년간)	민간이전 분류 (지방자치단체 세출예산 집행기준에 의거) 1. 민간경상사업보조(307-02) 2. 민간단체 법정운영비보조(307-03) 3. 민간행사사업보조(307-04) 4. 민간위탁금(307-05) 5. 사회복지시설 법정운영비보조(307-10) 6. 민간인위탁교육비(307-12) 7. 공기관등에대한경상적위탁사업비(308-13) 8. 민간자본사업보조,자체재원(402-01) 9. 민간자본사업보조,이전재원(402-02) 10. 민간위탁사업비(402-03) 11. 공기관등에 대한 자본적 위탁사업비(403-02)	민간이전지출 근거 (지방보조금 관리기준 참고) 1. 법률에 규정 2. 국고보조 재원(국가지정) 3. 용도 지정 기부금 4. 조례에 직접규정 5. 지자체가 권장하는 사업을 하는 공공기관 6. 시,도 정책 및 재정사정 7. 기타 8. 해당없음	입찰방식 계약체결방법 (경쟁형태) 1. 일반경쟁 2. 제한경쟁 3. 지명경쟁 4. 수의계약 5. 법정위탁 6. 기타 ( ) 7. 없음	입찰방식 계약기간 1. 1년 2. 2년 3. 3년 4. 4년 5. 5년 6. 기타 ( )년 7. 단기계약 (1년미만) 8. 없음	입찰방식 낙찰자선정방법 1. 적격심사 2. 협상에의한계약 3. 최저가낙찰제 4. 규격가격분리 5. 2단계 경쟁입찰 6. 기타 ( ) 7. 없음	운영예산 산정 운영예산 산정 1. 내부산정 (지자체 자체적으로 산정) 2. 외부산정 (외부전문기관위탁 산정) 3. 내·외부 모두 산정 4. 산정 無 5. 없음	운영예산 산정 정산방법 1. 내부정산 (지자체 내부적으로 정산) 2. 외부정산 (외부전문기관위탁 정산) 3. 내·외부 모두 산정 4. 정산 無 5. 없음	성과평가 실시여부 1. 실시 2. 미실시 3. 향후 추진 4. 해당없음
3398	대구광역시	청년기업청년잇기예스매칭사업	159,895	7	2	7	8	7	5	5	4
3399	대구광역시	물중심도시언론매체홍보	156,000	7	1	5	8	7	1	5	4
3400	대구광역시	대구국제로봇산업전	152,000	7	5	7	8	7	5	5	4
3401	대구광역시	대구가명정보활용지원센터운영	152,000	7	4	7	8	7	5	5	4
3402	대구광역시	소셜미디어웹콘텐츠운영	150,000	7	1	5	8	7	1	5	4
3403	대구광역시	대구광역시지능정보화기본계획수립	150,000	7	5	7	8	7	5	5	4
3404	대구광역시	라이즈센터운영지원	150,000	7	6	7	8	7	5	5	4
3405	대구광역시	슬기로운직장생활지원	150,000	7	6	7	8	7	5	5	4
3406	대구광역시	송구영신문화행사	150,000	7	5	7	8	7	5	5	4
3407	대구광역시	청년예술가육성지원	150,000	7	1,6	7	8	7	5	5	4
3408	대구광역시	수돗물식용수사고예방및대응공조를위한사용자용수질관리플랫폼	147,000	7	4	7	8	7	5	5	4
3409	대구광역시	재난거점병원운영지원	143,800	7	2	7	8	7	5	5	4
3410	대구광역시	청년생활종합상담사업	140,000	7	6	7	8	7	5	5	4
3411	대구광역시	대구도시철도활용홍보	137,600	7	1	5	8	7	1	5	4
3412	대구광역시	대구글로벌창의도시포럼	135,000	7	4	7	8	7	5	5	4
3413	대구광역시	대구경북상생협력홍보	130,000	7	1	5	8	7	1	5	4
3414	대구광역시	지역대학인재유치지원(지방소멸대응기금)	130,000	7	6	7	8	7	5	5	4
3415	대구광역시	초기기업SW제품상용화지원사업(전환)	130,000	7	8	7	8	7	5	5	4
3416	대구광역시	조달물품경쟁력강화지원사업	130,000	7	6	7	8	7	5	5	4
3417	대구광역시	농식품국내외판촉지원	125,500	7	5	7	8	7	5	5	4
3418	대구광역시	지역암센터운영지원	125,000	7	2	7	8	7	5	5	4
3419	대구광역시	암생존자통합지지센터지원	125,000	7	2	7	8	7	5	5	4
3420	대구광역시	예술인지원센터운영	124,000	7	1,6	7	8	7	5	5	4
3421	대구광역시	첨단의료복합단지경쟁력강화를위한홍보비	123,000	7	1	5	8	7	1	5	4
3422	대구광역시	지역문화예술교육센터지원	122,000	7	1	7	8	7	5	5	4
3423	대구광역시	차세대표준지방인사정보시스템유지보수및운영	120,918	7	5	5	1	7	2	1	2
3424	대구광역시	주요행정소통강화	120,000	7	1	5	8	7	1	5	4
3425	대구광역시	대학생멘토링사업(지방소멸대응기금)	120,000	7	6	7	8	7	5	5	4
3426	대구광역시	디자인주도제조혁신센터지원사업	120,000	7	2	7	8	7	5	5	4
3427	대구광역시	의정활동홍보	120,000	7	1	5	8	7	1	5	4
3428	대구광역시	기계로봇산업육성지원홍보	118,000	7	1	5	8	7	1	5	4
3429	대구광역시	대구역사문화콘텐츠발굴	114,000	7	1	5	8	7	1	5	4
3430	대구광역시	문화의날행사홍보	114,000	7	1	5	8	7	1	5	4
3431	대구광역시	게임콘텐츠청년인재채용지원	111,000	7	2	7	8	7	5	5	4
3432	대구광역시	대구생활문화제(전환)	108,800	7	5	7	8	7	5	5	4
3433	대구광역시	해바라기센터운영추가지원	107,960	7	2	7	8	7	5	5	4
3434	대구광역시	대구문화융성지원	106,000	7	1	5	8	7	1	5	4
3435	대구광역시	발달장애인긴급돌봄시범사업운영지원	104,120	7	2	7	8	7	5	5	4
3436	대구광역시	발달장애인가족휴식지원	102,857	7	2	7	8	7	5	5	4
3437	대구광역시	뿌리산업경쟁력강화기술지원사업(2단계)	102,400	7	5	7	8	7	5	5	4

순번	시군구	지출명 (사업명)	2024년예산 (단위 : 천원 /1년간)	민간이전 분류 (지방자치단체 세출예산 집행기준에 의거) 1. 민간경상사업보조(307-02) 2. 민간단체 법정운영비보조(307-03) 3. 민간행사사업보조(307-04) 4. 민간위탁금(307-05) 5. 사회복지시설 법정운영비보조(307-10) 6. 민간인위탁교육비(307-12) 7. 공기관등에대한경상적위탁사업비(308-13) 8. 민간자본사업보조,자체재원(402-01) 9. 민간자본사업보조,이전재원(402-02) 10. 민간위탁사업비(402-03) 11. 공기관등에 대한 자본적 위탁사업비(403-02)	민간이전지출 근거 (지방보조금 관리기준 참고) 1. 법률에 규정 2. 국고보조 재원(국가지정) 3. 용도 지정 기부금 4. 조례에 직접규정 5. 지자체가 권장하는 사업을 하는 공공기관 6. 시,도 정책 및 재정사정 7. 기타 8. 해당없음	입찰방식			운영예산 산정		성과평가 실시여부
						계약체결방법 (경쟁형태) 1. 일반경쟁 2. 제한경쟁 3. 지명경쟁 4. 수의계약 5. 법정위탁 6. 기타 ( ) 7. 없음	계약기간 1. 1년 2. 2년 3. 3년 4. 4년 5. 5년 6. 기타 ( )년 7. 단기계약 (1년미만) 8. 없음	낙찰자선정방법 1. 적격심사 2. 협상에의한계약 3. 최저가낙찰제 4. 규격가격분리 5. 2단계 경쟁입찰 6. 기타 ( ) 7. 없음	운영예산 산정 1. 내부산정 (지자체 자체적으로 산정) 2. 외부산정 (외부전문기관위탁 산정) 3. 내·외부 모두 산정 4. 산정 無 5. 없음	정산방법 1. 내부정산 (지자체 내부적으로 정산) 2. 외부정산 (외부전문기관위탁 정산) 3. 내·외부 모두 산정 4. 정산 無 5. 없음	1. 실시 2. 미실시 3. 향후 추진 4. 해당없음
3438	대구광역시	생활문화육성지원사업	100,380	7	5	7	8	7	5	5	4
3439	대구광역시	새난안전포럼지원	100,000	7	4	7	8	7	5	5	4
3440	대구광역시	혁신제품경쟁력강화지원사업	100,000	7	5	7	8	7	5	5	4
3441	대구광역시	치매안심요양병원공공보건사업지원(서부노인전문병원)	100,000	7	2	7	8	7	5	5	4
3442	대구광역시	중고등학생스마트리스닝	100,000	7	4	7	8	7	5	5	4
3443	대구광역시	대구청년정책참여회의	100,000	7	1	7	8	7	5	5	4
3444	대구광역시	사회적고립청년을위한마음돌봄사업	100,000	7	6	7	8	7	5	5	4
3445	대구광역시	청소년어울림마당운영	100,000	7	1	7	8	7	5	5	4
3446	대구광역시	지역통합축제홍보	100,000	7	1	5	8	7	1	5	4
3447	대구광역시	국내외물산업전시회홍보관운영	100,000	7	4	7	8	7	5	5	4
3448	대구광역시	대구정보보호지원센터지원사업	100,000	7	8	7	8	7	5	5	4
3449	대구광역시	식품산업화제품개발지원	100,000	7	5	7	8	7	5	5	4
3450	대구광역시	주거취약계층이사비지원사업	100,000	7	5	7	8	7	5	5	4
3451	대구광역시	도로포장정비(북구유통단지로7길45일원)	100,000	7	4	7	8	7	5	5	4
3452	대구광역시	경부고속철도변복합활용공간(복개구간)유지관리	100,000	7	5	7	8	7	5	5	4
3453	대구광역시	국내외언론,전문지및온라인광고	94,000	7	6	5	8	7	1	5	4
3454	대구광역시	지방세정보시스템운영유지관리분담금	92,000	7	1	5	1	7	5	5	4
3455	대구광역시	군공항이전이미지개선홍보	90,000	7	7	5	8	7	1	5	4
3456	대구광역시	찾아가는폭력예방교육	88,688	7	2	7	8	7	5	5	4
3457	대구광역시	통합교육관리시스템운영비	88,250	7	1	5	1	7	2	2	2
3458	대구광역시	고용정책시책홍보	86,000	7	1	5	8	7	1	5	4
3459	대구광역시	서대구역세권개발홍보	85,000	7	1	5	8	7	1	5	4
3460	대구광역시	문화예술교육사현장역량강화사업	84,000	7	1	7	8	7	5	5	4
3461	대구광역시	대구국제자동화기기전개최지원	84,000	7	5	7	8	7	5	5	4
3462	대구광역시	공공데이터이용활성화지원사업	84,000	7	4	7	8	7	5	5	4
3463	대구광역시	지방시대엑스포참가	80,000	7	2	7	8	7	5	5	4
3464	대구광역시	지역사회보장사업추진	80,000	7	6	7	8	7	5	5	4
3465	대구광역시	보훈인물재조명사업	80,000	7	1	5	8	7	1	5	4
3466	대구광역시	대구관광콘텐츠홍보마케팅	80,000	7	1,6	7	8	7	5	5	4
3467	대구광역시	대구경북공동협력사업	80,000	7	1,6	7	8	7	5	5	4
3468	대구광역시	지역에코혁신사업	80,000	7	2	7	8	7	5	5	4
3469	대구광역시	빅데이터전문인력양성	80,000	7	4	7	8	7	5	5	4
3470	대구광역시	학교밖청소년복지지원	78,300	7	5	7	8	7	5	5	4
3471	대구광역시	청년희망주택임대료지원	76,181	7	5	7	8	7	5	5	4
3472	대구광역시	주요정보통신기반시설취약점분석평가	75,100	7	7	1	1	2	2	2	4
3473	대구광역시	디지털미디어피해청소년지원전담상담사배치	74,220	7	2	7	8	7	5	5	4
3474	대구광역시	첨단의료복합단지옥외광고매체홍보	72,500	7	1	5	8	7	1	5	4
3475	대구광역시	생활문화우수프로그램공연전시지원	72,000	7	5	7	8	7	5	5	4
3476	대구광역시	대구국제공항활성화홍보	70,000	7	1	5	8	7	1	5	4
3477	대구광역시	출산정책홍보	70,000	7	5	5	8	7	1	5	4

순번	시군구	지출명 (사업명)	2024년예산 (단위 : 천원 /1년간)	민간이전 분류 (지방자치단체 세출예산 집행기준에 의거) 1. 민간경상사업보조(307-02) 2. 민간단체 법정운영비보조(307-03) 3. 민간행사사업보조(307-04) 4. 민간위탁금(307-05) 5. 사회복지시설 법정운영비보조(307-10) 6. 민간인위탁교육비(307-12) 7. 공기관등에대한경상적위탁사업비(308-13) 8. 민간자본사업보조,자체재원(402-01) 9. 민간자본사업보조,이전재원(402-02) 10. 민간위탁사업비(402-03) 11. 공기관등에 대한 자본적 위탁사업비(403-02)	민간이전지출 근거 (지방보조금 관리기준 참고) 1. 법률에 규정 2. 국고보조 재원(국가지정) 3. 용도 지정 기부금 4. 조례에 직접규정 5. 지자체가 권장하는 사업을 하는 공공기관 6. 시,도 정책 및 재정사정 7. 기타 8. 해당없음	입찰방식: 계약체결방법 (경쟁형태) 1. 일반경쟁 2. 제한경쟁 3. 지명경쟁 4. 수의계약 5. 법정위탁 6. 기타 ( ) 7. 없음	입찰방식: 계약기간 1. 1년 2. 2년 3. 3년 4. 4년 5. 5년 6. 기타 ( )년 7. 단기계약 (1년미만) 8. 없음	입찰방식: 낙찰자선정방법 1. 적격심사 2. 협상에의한계약 3. 최저가낙찰제 4. 규격가격분리 5. 2단계 경쟁입찰 6. 기타 ( ) 7. 없음	운영예산 산정: 운영예산 산정 1. 내부산정 (지자체 자체적으로 산정) 2. 외부산정 (외부전문기관위탁 산정) 3. 내·외부 모두 산정 4. 산정 無 5. 없음	운영예산 산정: 정산방법 1. 내부정산 (지자체 내부적으로 정산) 2. 외부정산 (외부전문기관위탁 정산) 3. 내·외부 모두 산정 4. 정산 無 5. 없음	성과평가 실시여부 1. 실시 2. 미실시 3. 향후 추진 4. 해당없음
3478	대구광역시	문화콘텐츠발굴및육성홍보	70,000	7	1	5	8	7	1	5	4
3479	대구광역시	도시브랜드매체홍보	70,000	7	1	5	8	7	1	5	4
3480	대구광역시	주민e직접플랫폼운영관리비	69,840	7	1	5	1	7	2	2	2
3481	대구광역시	대중매체를통한안전문화홍보	69,000	7	4	5	8	7	1	5	4
3482	대구광역시	대구규제자유특구혁신사업육성플랫폼지원	68,600	7	2	7	8	7	5	5	4
3483	대구광역시	경제기관협의회운영및현안분석	68,000	7	4	7	8	7	5	5	4
3484	대구광역시	지방교부세자료관리시스템유지관리비분담금	67,376	7	1	5	1	7	1	2	4
3485	대구광역시	나노융합기술인력양성사업	67,000	7	2	7	8	7	5	5	4
3486	대구광역시	문화콘텐츠창업성장플러스지원	66,600	7	2	7	8	7	5	5	4
3487	대구광역시	온나라시스템운영관리유지보수	66,000	7	1	6	1	6	1	1	1
3488	대구광역시	건축시책홍보및건축자산안내	65,000	7	1	5	8	7	1	5	4
3489	대구광역시	출산정책홍보관운영	64,000	7	5	7	8	7	5	5	4
3490	대구광역시	주요정보통신기반시설취약점분석평가	61,400	7	7	1	1	2	2	2	4
3491	대구광역시	발달장애인부모교육지원(영유아기,성인전환기,성인권)	61,000	7	2	7	8	7	5	5	4
3492	대구광역시	대구의료원정보화지원사업	60,000	7	1	7	8	7	5	5	4
3493	대구광역시	여성폭력안심환경조성사업	60,000	7	1,4	7	8	7	5	5	4
3494	대구광역시	교통홍보매체활용대구관광홍보	60,000	7	1	5	8	7	1	5	4
3495	대구광역시	지역연고(전통)산업육성사업	60,000	7	2	7	8	7	5	5	4
3496	대구광역시	대구치맥페스티벌홍보비	60,000	7	1	5	8	7	1	5	4
3497	대구광역시	육교현판유지관리	60,000	7	5	7	8	7	5	5	4
3498	대구광역시	가로등및인도등LED개체공사(용산로181일원)	60,000	7	4	7	8	7	5	5	4
3499	대구광역시	성폭력피해자방문상담지원	59,776	7	2	7	8	7	5	5	4
3500	대구광역시	보건의료주요정책홍보	57,000	7	1	5	8	7	1	5	4
3501	대구광역시	대구경북디자인센터노후시설교체	57,000	7	6	7	8	7	5	5	4
3502	대구광역시	차세대문화예술기획자양성과정운영	56,000	7	1,6	7	8	7	5	5	4
3503	대구광역시	국제물산업컨퍼런스개최	56,000	7	4	7	8	7	5	5	4
3504	대구광역시	품질분임조활성화지원	56,000	7	5	7	8	7	5	5	4
3505	대구광역시	주소정보관리시스템차세대구축및유지관리	55,377	7	8	5	1	7	5	5	4
3506	대구광역시	청소년성문화센터운영추가지원	54,000	7	5	7	8	7	5	5	4
3507	대구광역시	대중교통수송분담률제고홍보	53,000	7	1	5	8	7	5	5	4
3508	대구광역시	생활밀착형안전시책대시민인지도향상	52,000	7	4	5	8	7	1	5	4
3509	대구광역시	청년정책추진시책홍보	52,000	7	7	5	8	7	1	5	4
3510	대구광역시	대구시민정신홍보	51,000	7	1	5	8	7	1	5	4
3511	대구광역시	청소년수련시설청소년지도사배치지원	50,736	7	2	7	8	7	1	5	4
3512	대구광역시	원서접수시스템유지보수	50,383	7	5	5	1	2	2	2	4
3513	대구광역시	군사시설이전언론홍보	50,000	7	1	7	8	7	5	5	4
3514	대구광역시	맑은물하이웨이추진관련홍보	50,000	7	1	5	8	7	1	5	4
3515	대구광역시	언론홍보	50,000	7	1	5	8	7	1	5	4
3516	대구광역시	청년가요제개최	50,000	7	5	7	8	7	5	5	4
3517	대구광역시	청소년성문화센터종사자처우개선	50,000	7	5	7	8	7	5	5	4

순번	시군구	지출명 (사업명)	2024년예산 (단위 : 천원 /1년간)	민간이전 분류 (지방자치단체 세출예산 집행기준에 의거) 1. 민간경상사업보조(307-02) 2. 민간단체 법정운영비보조(307-03) 3. 민간행사사업보조(307-04) 4. 민간위탁금(307-05) 5. 사회복지시설 법정운영비보조(307-10) 6. 민간인위탁교육비(307-12) 7. 공기관등에대한경상적위탁사업비(308-13) 8. 민간자본사업보조,자체재원(402-01) 9. 민간자본사업보조,이전재원(402-02) 10. 민간위탁사업비(402-03) 11. 공기관등에 대한 자본적 위탁사업비(403-02)	민간이전지출 근거 (지방보조금 관리기준 참고) 1. 법률에 규정 2. 국고보조 재원(국가지정) 3. 용도 지정 기부금 4. 조례에 직접규정 5. 지자체가 권장하는 사업을 하는 공공기관 6. 시,도 정책 및 재정사정 7. 기타 8. 해당없음	입찰방식			운영예산 산정		성과평가 실시여부
						계약체결방법 (경쟁형태) 1. 일반경쟁 2. 제한경쟁 3. 지명경쟁 4. 수의계약 5. 법정위탁 6. 기타 ( ) 7. 없음	계약기간 1. 1년 2. 2년 3. 3년 4. 4년 5. 5년 6. 기타 ( )년 7. 단기계약 (1년미만) 8. 없음	낙찰자선정방법 1. 적격심사 2. 협상에의한계약 3. 최저가낙찰제 4. 규격가격분리 5. 2단계 경쟁입찰 6. 기타 ( ) 7. 없음	운영예산 산정 1. 내부산정 (지자체 자체적으로 산정) 2. 외부산정 (외부전문기관위탁 산정) 3. 내·외부 모두 산정 4. 산정 無 5. 없음	정산방법 1. 내부정산 (지자체 내부적으로 정산) 2. 외부정산 (외부전문기관위탁 정산) 3. 내·외부 모두 산정 4. 정산 無 5. 없음	1. 실시 2. 미실시 3. 향후 추진 4. 해당없음
3518	대구광역시	학교밖청소년지원센터종사자처우개선	50,000	7	5	7	8	7	5	5	4
3519	대구광역시	학교밖청소년진용공간조성	50,000	7	5	7	8	7	5	5	4
3520	대구광역시	통합문화이용권사업운영비	50,000	7	1,5	7	8	7	5	5	4
3521	대구광역시	월드클래스수성못공연기획추진	50,000	7	7	7	8	7	5	5	4
3522	대구광역시	기후변화대응관련환경시책홍보	50,000	7	1	5	8	7	1	5	4
3523	대구광역시	대학중점연구소지원	50,000	7	4	7	8	7	5	5	4
3524	대구광역시	경제현안및지역경기지수작성	50,000	7	4	7	8	7	5	5	4
3525	대구광역시	할랄인증등국제인증지원	50,000	7	5	7	8	7	5	5	4
3526	대구광역시	도시재생이미지제고	50,000	7	1	5	8	7	1	5	4
3527	대구광역시	선진형대중교통운영언론홍보	50,000	7	7	5	8	7	1	5	4
3528	대구광역시	대중매체를통한반부패,청렴문화홍보	50,000	7	1	5	8	7	1	5	4
3529	대구광역시	두드리소언론광고	48,000	7	1	5	8	7	1	5	4
3530	대구광역시	세계물산업클러스터리더스포럼개최	48,000	7	4	7	8	7	5	5	4
3531	대구광역시	행정산업정보박람회	48,000	7	4	7	8	7	5	5	4
3532	대구광역시	주요정보통신기반시설취약점분석평가	47,700	7	7	1	1	2	2	2	4
3533	대구광역시	국제부품소재산업전	47,600	7	5	7	8	7	5	5	4
3534	대구광역시	수제맥주산업기반확보(활성화)사업	47,600	7	5	7	8	7	5	5	4
3535	대구광역시	중대재해예방대시민홍보및캠페인(광고비)	47,000	7	7	5	8	7	1	5	4
3536	대구광역시	MICE산업지원	46,000	7	5	7	8	7	5	5	4
3537	대구광역시	건전한청소년양성홍보	45,000	7	1	7	8	7	5	5	4
3538	대구광역시	물절약및재이용관련홍보	45,000	7	1	5	8	7	1	5	4
3539	대구광역시	커넥티드의료산업생태계활성촉진동적성능평가지원	45,000	7	2	7	8	7	5	5	4
3540	대구광역시	지방세외수입정보시스템유지관리분담금	43,438	7	1	5	1	7	5	5	4
3541	대구광역시	독도사랑추진	40,000	7	1	5	8	7	1	5	4
3542	대구광역시	임신출산진료비	40,000	7	1	7	8	7	5	5	4
3543	대구광역시	심리지원미디어홍보	40,000	7	1	5	8	7	1	5	4
3544	대구광역시	대구시민대학운영	40,000	7	1	7	8	7	5	5	4
3545	대구광역시	분산형테스트베드운영비	40,000	7	4	7	8	7	5	5	4
3546	대구광역시	미래모빌리티선도도시구축홍보	40,000	7	1	5	8	7	1	5	4
3547	대구광역시	중소기업기술정보지원사업	40,000	7	1	7	8	7	5	5	4
3548	대구광역시	대한민국지방자치경영혁신(일자리)엑스포참가	40,000	7	6	7	8	7	5	5	4
3549	대구광역시	달빛고속철도건설홍보	40,000	7	1	5	8	7	1	5	4
3550	대구광역시	찾아가는문화마당	37,800	7	1	7	8	7	5	5	4
3551	대구광역시	도로사업시책추진홍보	35,000	7	1	5	8	7	1	5	4
3552	대구광역시	지방시대관련계획수립	34,400	7	2	7	8	7	5	5	4
3553	대구광역시	시민소통강화	33,000	7	1	5	8	7	1	5	4
3554	대구광역시	집중안전점검홍보	32,000	7	7	5	8	7	1	5	4
3555	대구광역시	맞춤형응급의료서비스질향상지원	31,000	7	5	7	8	7	5	5	4
3556	대구광역시	신기술플랫폼및등록신기술홍보	30,000	7	1	5	8	7	1	5	4
3557	대구광역시	찾아가는보건복지서비스사업활성화	30,000	7	1	5	8	7	1	5	4

순번	시군구	지출명 (사업명)	2024년예산 (단위 : 천원 /1년간)	민간이전 분류 (지방자치단체 세출예산 집행기준에 의거) 1. 민간경상사업보조(307-02) 2. 민간단체 법정운영비보조(307-03) 3. 민간행사사업보조(307-04) 4. 민간위탁금(307-05) 5. 사회복지시설 법정운영비보조(307-10) 6. 민간인위탁교육비(307-12) 7. 공기관등에대한경상적위탁사업비(308-13) 8. 민간자본사업보조,자체재원(402-01) 9. 민간자본사업보조,이전재원(402-02) 10. 민간위탁사업비(402-03) 11. 공기관등에 대한 자본적 위탁사업비(403-02)	민간이전지출 근거 (지방보조금 관리기준 참고) 1. 법률에 규정 2. 국고보조 재원(국가지정) 3. 용도 지정 기부금 4. 조례에 직접규정 5. 지자체가 권장하는 사업을 하는 공공기관 6. 시,도 정책 및 재정사정 7. 기타 8. 해당없음	입찰방식: 계약체결방법 (경쟁형태) 1. 일반경쟁 2. 제한경쟁 3. 지명경쟁 4. 수의계약 5. 법정위탁 6. 기타 ( ) 7. 없음	입찰방식: 계약기간 1. 1년 2. 2년 3. 3년 4. 4년 5. 5년 6. 기타 ( )년 7. 단기계약 (1년미만) 8. 없음	입찰방식: 낙찰자선정방법 1. 적격심사 2. 협상에의한계약 3. 최저가낙찰제 4. 규격가격분리 5. 2단계 경쟁입찰 6. 기타 ( ) 7. 없음	운영예산 산정: 운영예산 산정 1. 내부산정 (지자체 자체적으로 산정) 2. 외부산정 (외부전문기관위탁 산정) 3. 내·외부 모두 산정 4. 산정 無 5. 없음	운영예산 산정: 정산방법 1. 내부정산 (지자체 내부적으로 정산) 2. 외부정산 (외부전문기관위탁 정산) 3. 내·외부 모두 산정 4. 정산 無 5. 없음	성과평가 실시여부 1. 실시 2. 미실시 3. 향후 추진 4. 해당없음
3558	대구광역시	대학생결혼육아예비교실	30,000	7	5	7	8	7	5	5	4
3559	대구광역시	공연문화산업활성화홍보	30,000	7	1	5	8	7	1	5	4
3560	대구광역시	대구물산업포럼운영	30,000	7	4	7	8	7	5	5	4
3561	대구광역시	기업하기좋은도시이미지조성	30,000	7	4	7	8	7	5	5	4
3562	대구광역시	식품산업정보화DB구축사업	30,000	7	5	7	8	7	5	5	4
3563	대구광역시	대중교통활성화홍보비	30,000	7	7	5	8	7	1	5	4
3564	대구광역시	버스정류소정차면도색	30,000	7	5	7	8	7	5	5	4
3565	대구광역시	성별영향평가센터운영지원	29,930	7	2	7	8	7	5	5	4
3566	대구광역시	노숙인재활요양시설종사자복지포인트	28,850	7	5	7	8	7	5	5	4
3567	대구광역시	금연홍보비	28,000	7	5	5	8	7	1	5	4
3568	대구광역시	재난의료무선통신망운영	27,486	7	2	7	8	7	5	5	4
3569	대구광역시	해외주력산업투자유치활동지원	27,000	7	5	7	8	7	5	5	4
3570	대구광역시	대중교통활성화포럼개최	27,000	7	7	7	8	7	5	5	4
3571	대구광역시	(달서구)가로등LED개체공사(달서대로499일원)	27,000	7	4	7	8	7	5	5	4
3572	대구광역시	청백e시스템운영지원	26,000	7	7	7	8	7	2	2	4
3573	대구광역시	재난예방기획홍보비	25,000	7	7	5	8	7	1	5	4
3574	대구광역시	자연재난사전예방캠페인방송	25,000	7	1	5	8	7	1	5	4
3575	대구광역시	온라인소통플랫폼홍보	25,000	7	1	5	8	7	1	5	4
3576	대구광역시	미세먼지저감시책홍보	25,000	7	1	5	8	7	1	5	4
3577	대구광역시	에너지산업홍보(언론)	25,000	7	1	5	8	7	1	5	4
3578	대구광역시	치유및심화상담프로그램운영(시)	24,000	7	5	7	8	7	5	5	4
3579	대구광역시	보육고충상담센터운영	22,600	7	4	7	8	7	5	5	4
3580	대구광역시	디지털미디어피해청소년회복지원	20,000	7	5	7	8	7	5	5	4
3581	대구광역시	음식물쓰레기감량홍보	20,000	7	1	5	8	7	1	5	4
3582	대구광역시	기술혁신창업시책홍보등	20,000	7	1	5	8	7	1	5	4
3583	대구광역시	민생경제분야주요시책홍보	20,000	7	1	5	8	7	1	5	4
3584	대구광역시	청년주거안정패키지홍보	20,000	7	1	5	8	7	1	5	4
3585	대구광역시	ABB기업투자유치활동지원	19,000	7	5	7	8	7	5	5	4
3586	대구광역시	가족친화마을조성	16,000	7	6	7	8	7	5	5	4
3587	대구광역시	시민건강증진언론홍보	15,000	7	1	5	8	7	1	5	4
3588	대구광역시	청소년경제금융체험교육지원	15,000	7	5	7	8	7	5	5	4
3589	대구광역시	생활쓰레기감량홍보	15,000	7	1	5	8	7	1	5	4
3590	대구광역시	국제교류협력및통상시책홍보	15,000	7	1	5	8	7	1	5	4
3591	대구광역시	성폭력피해자부대비용지원	14,292	7	2	7	8	7	5	5	4
3592	대구광역시	지능형민원상담시스템뚜봇인프라위탁운영	14,096	7	7	5	1	7	1	1	1
3593	대구광역시	응급처치교육장비운영	14,000	7	2	7	8	7	5	5	4
3594	대구광역시	특정성별영향평가	13,600	7	6	7	8	7	5	5	4
3595	대구광역시	마을공동체사업주민참여예산홍보	12,000	7	1	5	8	7	1	5	4
3596	대구광역시	폐농약용기수거보상	12,000	7	1	7	8	7	5	5	4
3597	대구광역시	취약계층임대보증금무이자지원사업대행수수료등	12,000	7	4	7	8	7	5	5	4

순번	시군구	지출명 (사업명)	2024년예산 (단위 : 천원 /1년간)	민간이전 분류 (지방자치단체 세출예산 집행기준에 의거) 1. 민간경상사업보조(307-02) 2. 민간단체 법정운영비보조(307-03) 3. 민간행사사업보조(307-04) 4. 민간위탁금(307-05) 5. 사회복지시설 법정운영비보조(307-10) 6. 민간인위탁교육비(307-12) 7. 공기관등에대한경상적위탁사업비(308-13) 8. 민간자본사업보조,자체재원(402-01) 9. 민간자본사업보조,이전재원(402-02) 10. 민간위탁사업비(402-03) 11. 공기관등에 대한 자본적 위탁사업비(403-02)	민간이전지출 근거 (지방보조금 관리기준 참고) 1. 법률에 규정 2. 국고보조 재원(국가지정) 3. 용도 지정 기부금 4. 조례에 직접규정 5. 지자체가 권장하는 사업을 하는 공공기관 6. 시,도 정책 및 재정사정 7. 기타 8. 해당없음	입찰방식			운영예산 산정		성과평가 실시여부
						계약체결방법 (경쟁형태) 1. 일반경쟁 2. 제한경쟁 3. 지명경쟁 4. 수의계약 5. 법정위탁 6. 기타 ( ) 7. 없음	계약기간 1. 1년 2. 2년 3. 3년 4. 4년 5. 5년 6. 기타 ( )년 7. 단기계약 (1년미만) 8. 없음	낙찰자선정방법 1. 적격심사 2. 협상에의한계약 3. 최저가낙찰제 4. 규격가격분리 5. 2단계 경쟁입찰 6. 기타 ( ) 7. 없음	운영예산 산정 1. 내부산정 (지자체 자체적으로 산정) 2. 외부산정 (외부전문기관위탁 산정) 3. 내·외부 모두 산정 4. 산정 無 5. 없음	정산방법 1. 내부정산 (지자체 내부적으로 정산) 2. 외부정산 (외부전문기관위탁 정산) 3. 내·외부 모두 산정 4. 정산 無 5. 없음	1. 실시 2. 미실시 3. 향후 추진 4. 해당없음
3598	대구광역시	청소년의회운영	10,800	7	5	7	8	7	5	5	4
3599	대구광역시	고향사랑기부세종합징보시스템운영	10,669	7	1	5	1	7	5	5	4
3600	대구광역시	발달장애인이알기쉬운자료제작	10,000	7	5	7	8	7	5	5	4
3601	대구광역시	야생생물보호자연생태시책홍보	10,000	7	1	5	8	7	1	5	4
3602	대구광역시	대중교통수송분담률제고홍보물제작	10,000	7	8	7	8	7	5	5	4
3603	대구광역시	도시계획신문광고료	9,504	7	1	5	8	7	1	5	4
3604	대구광역시	지방공기업통합결산시스템유지관리비분담금	9,000	7	1	7	8	7	5	5	4
3605	대구광역시	(달서구)가로등및인도등LED개체공사(당산로157일원)	9,000	7	4	7	8	7	5	5	4
3606	대구광역시	U대회상징조형물위탁관리	8,500	7	8	7	8	7	5	5	4
3607	대구광역시	기능분류모델시스템고도화관련지방비부담금	7,470	7	8	7	8	7	5	5	4
3608	대구광역시	정신요양시설(노숙인생활시설내)종사자복지포인트	7,400	7	7	7	8	7	5	5	4
3609	대구광역시	청소년참여예산제운영	7,200	7	5	7	8	7	5	5	4
3610	대구광역시	지방행정공통정보시스템서비스데스크운영	7,000	7	1	6	1	6	1	1	1
3611	대구광역시	대량재난현장응급의료소훈련지원	7,000	7	2	7	8	7	5	5	4
3612	대구광역시	공공디자인공모전홍보	6,300	7	1	5	8	7	1	5	4
3613	대구광역시	영남권경제관계관포럼공동연구과제추진	6,000	7	6	7	8	7	5	5	4
3614	대구광역시	우편관리시스템유지보수	5,900	7	5	5	8	7	2	2	1
3615	대구광역시	두드리소홍보	5,000	7	1	5	8	7	1	5	4
3616	대구광역시	찾아가는시민교육	4,800	7	6	7	8	7	5	5	4
3617	대구광역시	성년의날행사	4,000	7	1	7	8	7	5	5	4
3618	대구광역시	양성평등문화확산콘텐츠공모시상	3,960	7	6	7	8	7	5	5	4
3619	대구광역시	지방공공기관경영정보공개시스템유지관리비분담금	3,600	7	1	7	8	7	5	5	4
3620	대구광역시	재난의료지원차량유지관리(경북대학교병원)	3,000	7	5	7	8	7	5	5	4
3621	대구광역시	문화의날행사신문공고료	1,800	7	1	5	8	7	1	5	4
3622	대구광역시	의료소비자생활협동조합감독업무위탁수수료	1,500	7	1	7	8	7	5	5	4
3623	대구 중구	봉산문화회관운영	1,406,896	7	4	4	6	7	1	1	3
3624	대구 중구	첫만남이용권지원	971,000	7	2	7	7	7	1	1	1
3625	대구 중구	산모신생아건강관리지원	440,000	7	5	7	7	7	1	1	1
3626	대구 중구	폐기물처리매립장(소각장)사용료	339,900	7	4	6	8	7	1	1	4
3627	대구 중구	음식물류폐기물공공처리수수료	200,448	7	1	7	8	7	1	1	4
3628	대구 중구	향촌문화관대구문학관시설운영	171,980	7	4	4	3	7	1	1	3
3629	대구 중구	구정홍보광고료	136,091	7	7	7	8	7	5	5	4
3630	대구 중구	마당깊은집체험관운영	113,350	7	4	4	2	7	1	1	3
3631	대구 중구	향촌문화관운영	106,000	7	4	4	3	7	1	1	3
3632	대구 중구	오프라인관광홍보	80,000	7	7	7	8	7	5	5	4
3633	대구 중구	공통기반및재해복구시스템유지관리	75,038	7	1	5	1	7	2	2	4
3634	대구 중구	치매치료관리비지원	73,000	7	2	5	8	7	1	2	4
3635	대구 중구	표준지방세정보시스템기술지원	71,065	7	1	4	1	6	2	2	1
3636	대구 중구	통합지방재정시스템운영및유지관리	70,638	7	7	7	8	7	2	2	4
3637	대구 중구	장애인의료비	51,865	7	2	7	8	7	5	5	4

순번	시군구	지출명 (사업명)	2024년예산 (단위 : 천원 /1년간)	민간이전 분류 (지방자치단체 세출예산 집행기준에 의거) 1. 민간경상사업보조(307-02) 2. 민간단체 법정운영비보조(307-03) 3. 민간행사사업보조(307-04) 4. 민간위탁금(307-05) 5. 사회복지시설 법정운영비보조(307-10) 6. 민간인위탁교육비(307-12) 7. 공기관등에대한경상적위탁사업비(308-13) 8. 민간자본사업보조,자체재원(402-01) 9. 민간자본사업보조,이전재원(402-02) 10. 민간위탁사업비(402-03) 11. 공기관등에 대한 자본적 위탁사업비(403-02)	민간이전지출 근거 (지방보조금 관리기준 참고) 1. 법률에 규정 2. 국고보조 재원(국가지정) 3. 용도 지정 기부금 4. 조례에 직접규정 5. 지자체가 권장하는 사업을 하는 공공기관 6. 시,도 정책 및 재정사정 7. 기타 8. 해당없음	입찰방식 계약체결방법 (경쟁형태) 1. 일반경쟁 2. 제한경쟁 3. 지명경쟁 4. 수의계약 5. 법정위탁 6. 기타 ( ) 7. 없음	입찰방식 계약기간 1. 1년 2. 2년 3. 3년 4. 4년 5. 5년 6. 기타 ( )년 7. 단기계약 (1년미만) 8. 없음	입찰방식 낙찰자선정방법 1. 적격심사 2. 협상에의한계약 3. 최저가낙찰제 4. 규격가격분리 5. 2단계 경쟁입찰 6. 기타 ( ) 7. 없음	운영예산 산정 운영예산 산정 1. 내부산정 (지자체 자체적으로 산정) 2. 외부산정 (외부전문기관위탁 산정) 3. 내·외부 모두 산정 4. 산정 無 5. 없음	운영예산 산정 정산방법 1. 내부정산 (지자체 내부적으로 정산) 2. 외부정산 (외부전문기관위탁 정산) 3. 내·외부 모두 산정 4. 정산 無 5. 없음	성과평가 실시여부 1. 실시 2. 미실시 3. 향후 추진 4. 해당없음
3638	대구 중구	약령시홍보영상광고	40,000	7	7	7	8	7	5	5	4
3639	대구 중구	세외수입정보시스템유지보수	33,543	7	1	4	1	6	2	2	1
3640	대구 중구	부동산종합공부시스템자료정비	30,784	7	6	4	1	7	3	1	4
3641	대구 중구	지적재조사측량수수료	23,870	7	2	5	7	1	1	1	4
3642	대구 중구	차세대표준지방인사정보시스템유지보수	21,282	7	7	7	1	7	2	2	4
3643	대구 중구	입체주소구축및주소정보기본도유지관리	20,667	7	1	6	1	7	3	1	4
3644	대구 중구	차세대KAIS인프라도입	20,039	7	1	6	1	7	3	1	4
3645	대구 중구	차세대주민등록정보시스템운영지원	19,913	7	7	7	1	7	2	2	4
3646	대구 중구	KIAS운영지원	15,655	7	1	6	1	7	3	1	4
3647	대구 중구	차세대KAIS데이터통합및전환	15,515	7	1	6	1	7	3	1	4
3648	대구 중구	온나라시스템유지관리및운영지원	12,300	7	1	5	1	7	2	2	4
3649	대구 중구	청백e시스템유지관리	11,719	7	7	7	8	7	2	2	4
3650	대구 중구	고향사랑기부제운영	9,500	7	1	7	8	7	5	1	1
3651	대구 중구	새올시스템운영지원	6,950	7	1	5	1	7	2	2	4
3652	대구 중구	우편모아시스템통합유지관리	5,600	7	1	4	1	6	2	2	1
3653	대구 중구	자치단체기능분류모델시스템고도화사업분담금	3,250	7	7	7	8	7	2	2	4
3654	대구 중구	GIS엔진S/W유지보수	2,518	7	1	6	1	7	3	1	4
3655	대구 중구	음식점위생등급평가위탁	700	7	1	7	8	7	1	1	4
3656	대구 동구	첫만남이용권지원	3,472,000	7	2	7	8	7	5	1	4
3657	대구 동구	산모신생아건강관리지원(전환사업)	1,300,000	7	6	7	8	7	5	1	1
3658	대구 동구	저소득층기저귀조제분유지원사업	506,520	7	2	7	8	7	5	1	4
3659	대구 동구	음식물류폐기물처리	311,040	7	5	7	8	7	2	1	3
3660	대구 동구	장애인의료비지원	303,019	7	1	7	8	7	5	5	4
3661	대구 동구	예산편성관리	113,008	7	1	7	1	7	2	1	4
3662	대구 동구	행정정보시스템유지관리	102,611	7	1	5	1	7	2	2	1
3663	대구 동구	적극적구정홍보	100,000	7	1	6	8	7	1	1	4
3664	대구 동구	세정운영및홍보	86,679	7	1	5	1	7	2	1	1
3665	대구 동구	차세대지방세외수입정보시스템운영유지관리비	40,965	7	1	4	1	7	2	2	2
3666	대구 동구	지적재조사사업추진	38,236	7	1	5	1	7	5	5	4
3667	대구 동구	인사랑시스템유지보수비	34,758	7	7	7	8	7	2	2	4
3668	대구 동구	행정복지센터지원	28,046	7	7	7	8	7	5	5	4
3669	대구 동구	적극적구정홍보	26,400	7	1	6	8	7	1	1	4
3670	대구 동구	무연고사망자처리	19,058	7	1	7	2	7	5	1	4
3671	대구 동구	행정정보시스템유지관리	15,000	7	1	5	1	7	2	2	1
3672	대구 동구	자체감사활동역량강화	13,301	7	1	5	1	7	2	2	1
3673	대구 동구	도시관리계획입안공고료	12,000	7	1	5	8	7	1	1	4
3674	대구 동구	고향사랑기부제종합정보시스템유지보수(고향사랑기부제운영)	9,467	7	7	7	1	7	2	2	4
3675	대구 동구	세정운영및홍보	9,075	7	1	5	1	7	2	1	4
3676	대구 동구	행정정보시스템유지관리	6,950	7	1	5	1	7	2	2	1
3677	대구 동구	문서관리및행정정보공개제도운영	5,600	7	6	5	1	7	2	2	2

순번	시군구	지출명 (사업명)	2024년예산 (단위 : 천원 /1년간)	민간이전 분류 (지방자치단체 세출예산 집행기준에 의거) 1. 민간경상사업보조(307-02) 2. 민간단체 법정운영비보조(307-03) 3. 민간행사사업보조(307-04) 4. 민간위탁금(307-05) 5. 사회복지시설 법정운영비보조(307-10) 6. 민간인위탁교육비(307-12) 7. 공기관등에대한경상적위탁사업비(308-13) 8. 민간자본사업보조,자체재원(402-01) 9. 민간자본사업보조,이전재원(402-02) 10. 민간위탁사업비(402-03) 11. 공기관등에 대한 자본적 위탁사업비(403-02)	민간이전지출 근거 (지방보조금 관리기준 참고) 1. 법률에 규정 2. 국고보조 재원(국가지정) 3. 용도 지정 기부금 4. 조례에 직접규정 5. 지자체가 권장하는 사업을 하는 공공기관 6. 시,도 정책 및 재정사정 7. 기타 8. 해당없음	입찰방식 계약체결방법 (경쟁형태) 1. 일반경쟁 2. 제한경쟁 3. 지명경쟁 4. 수의계약 5. 법정위탁 6. 기타 ( ) 7. 없음	입찰방식 계약기간 1. 1년 2. 2년 3. 3년 4. 4년 5. 5년 6. 기타 ( )년 7. 단기계약 (1년미만) 8. 없음	입찰방식 낙찰자선정방법 1. 적격심사 2. 협상에의한계약 3. 최저가낙찰제 4. 규격가격분리 5. 2단계 경쟁입찰 6. 기타 ( ) 7. 없음	운영예산 산정 운영예산 산정 1. 내부산정 (지자체 자체적으로 산정) 2. 외부산정 (외부전문기관위탁 산정) 3. 내·외부 모두 산정 4. 산정 無 5. 없음	운영예산 산정 정산방법 1. 내부정산 (지자체 내부적으로 정산) 2. 외부정산 (외부전문기관위탁 정산) 3. 내·외부 모두 산정 4. 정산 無 5. 없음	성과평가 실시여부 1. 실시 2. 미실시 3. 향후 추진 4. 해당없음
3678	대구 동구	구정의종합기획	4,250	7	7	7	8	7	5	5	4
3679	대구 동구	청소년산모의료비지원	2,400	7	2	7	8	7	5	1	4
3680	대구 서구	첫만남이용권	784,000	7	2	7	8	7	5	5	4
3681	대구 서구	생활폐기물처리비지급	684,000	7	8	7	8	7	5	5	4
3682	대구 서구	국가암관리지자체지원(국가암관리)	389,026	7	2	5	8	7	5	5	4
3683	대구 서구	지역자율형사회서비스투자사업(지역지원)(산모신생아건강관리지원)(전환사업)	347,772	7	2	7	8	7	5	5	4
3684	대구 서구		320,000	7	4	5	8	7	1	1	4
3685	대구 서구	장애인의료비지원	234,814	7	1	7	8	7	5	5	4
3686	대구 서구	기저귀및조제분유지원	180,900	7	2	7	8	7	5	5	4
3687	대구 서구	치매치료관리비지원(전환사업)	143,000	7	6	7	8	7	5	5	4
3688	대구 서구	예산편성및재정운영	98,892	7	1	5	1	2	2	2	1
3689	대구 서구	전산장비관리및유지보수(공통기반시스템및재해복구시스템위탁운영)	93,625	7	8	7	1	7	3	3	2
3690	대구 서구	첫걸음과학기술인인큐베이팅센터조성및인재육성	80,000	7	6	7	5	7	5	2	3
3691	대구 서구	원활한세정운영을위한지원체계강화(지방세정보시스템사업운영비)	76,268	7	1	5	1	7	2	2	4
3692	대구 서구	도로명주소사업운영(주소정보시스템(KAIS)유지보수)	55,377	7	1	5	1	7	5	5	4
3693	대구 서구	의료수급권자일반검진비지원	52,285	7	2	5	8	7	5	5	4
3694	대구 서구	서대구역세권개발지원및인구정책추진	50,000	7	5	6	6	6	1	1	1
3695	대구 서구	구정홍보(주요사업기획홍보비)	50,000	7	8	7	8	7	1	1	4
3696	대구 서구	도로명주소사업운영(도로명주소기본도현행화사업)	35,174	7	1	5	1	7	5	5	4
3697	대구 서구	지적재조사사업추진(지적재조사측량비위탁사업)	34,364	7	1	5	1	7	5	5	4
3698	대구 서구	세외수입및세입자료관리(지방세외수입정보시스템운영관리비)	33,543	7	1	5	1	7	2	2	4
3699	대구 서구	안정적인구정업무수행지원(차세대표준인사정보시스템유지보수및운영)	25,718	7	7	5	1	7	2	2	4
3700	대구 서구	합리적인인사행정(차세대주민등록시스템운영비)	22,379	7	7	7	1	7	2	2	4
3701	대구 서구	전산장비관리및유지보수(온나라문서시스템위탁운영)	15,000	7	8	7	1	7	3	3	2
3702	대구 서구	감사및공직자재산등록	12,510	7	1	5	1	7	5	5	4
3703	대구 서구	고향사랑기부제운영	9,467	7	7	7	1	7	2	2	4
3704	대구 서구	전산장비관리및유지보수(지방행정공통정보시스템서비스데스크운영)	6,950	7	8	7	1	7	3	3	2
3705	대구 서구	교통환경개선및교통문화선진화	5,700	7	5	4	1	1	2	5	4
3706	대구 서구	의료급여수급권자영유아건강검진지원	5,158	7	2	7	8	7	5	5	4
3707	대구 서구	주요업무기획및조정	4,250	7	1	7	8	7	5	5	4
3708	대구 서구	보건소결핵관리사업(가족접촉자검진비지원)	3,000	7	4	7	8	7	5	5	1
3709	대구 서구	청소년산모임신출산의료비지원	1,500	7	2	7	8	7	5	5	4
3710	대구 서구	표준모자보건수첩제작	400	7	2	7	8	7	5	5	4
3711	대구 남구	첫만남이용권지원	887,000	7	2	7	8	7	5	5	2
3712	대구 남구	쓰레기처리비용(환경자원사업소,대구환경공단,SRF)	530,100	7	4	7	8	7	5	5	4
3713	대구 남구	암조기검진비지원	432,250	7	1	7	8	7	5	1	4
3714	대구 남구	산모신생아건강관리사지원위탁운영비	332,100	7	5	7	8	7	5	5	1
3715	대구 남구	음식물류폐기물처리비용(음식물류폐기물공공처리시설)	294,336	7	4	7	8	7	5	5	4
3716	대구 남구	기저귀및조제분유지원	144,720	7	2	7	8	7	5	5	2
3717	대구 남구	치매약제비지원사업	119,000	7	2	7	8	7	5	5	4

순번	시군구	지출명 (사업명)	2024년예산 (단위 : 천원 /1년간)	민간이전 분류 (지방자치단체 세출예산 집행기준에 의거) 1. 민간경상사업보조(307-02) 2. 민간단체 법정운영비보조(307-03) 3. 민간행사사업보조(307-04) 4. 민간위탁금(307-05) 5. 사회복지시설 법정운영비보조(307-10) 6. 민간인위탁교육비(307-12) 7. 공기관등에대한경상적위탁사업비(308-13) 8. 민간자본사업보조,자체재원(402-01) 9. 민간자본사업보조,이전재원(402-02) 10. 민간위탁사업비(402-03) 11. 공기관등에 대한 자본적 위탁사업비(403-02)	민간이전지출 근거 (지방보조금 관리기준 참고) 1. 법률에 규정 2. 국고보조 재원(국가지정) 3. 용도 지정 기부금 4. 조례에 직접규정 5. 지자체가 권장하는 사업을 하는 공공기관 6. 시,도 정책 및 재정사정 7. 기타 8. 해당없음	입찰방식: 계약체결방법 (경쟁형태) 1. 일반경쟁 2. 제한경쟁 3. 지명경쟁 4. 수의계약 5. 법정위탁 6. 기타 ( ) 7. 없음	입찰방식: 계약기간 1. 1년 2. 2년 3. 3년 4. 4년 5. 5년 6. 기타 ( )년 7. 단기계약 (1년미만) 8. 없음	입찰방식: 낙찰자선정방법 1. 적격심사 2. 협상에의한계약 3. 최저가낙찰제 4. 규격가격분리 5. 2단계 경쟁입찰 6. 기타 ( ) 7. 없음	운영예산 산정: 운영예산 산정 1. 내부산정 (지자체 자체적으로 산정) 2. 외부산정 (외부전문기관위탁 산정) 3. 내·외부 모두 산정 4. 산정 無 5. 없음	운영예산 산정: 정산방법 1. 내부정산 (지자체 내부적으로 정산) 2. 외부정산 (외부전문기관위탁 정산) 3. 내·외부 모두 산정 4. 정산 無 5. 없음	성과평가 실시여부 1. 실시 2. 미실시 3. 향후 추진 4. 해당없음
3718	대구 남구	공통기반&재해복구시스템유지관리(한국지역정보개발원)	89,209	7	5	6	8	7	5	5	4
3719	대구 남구	차세대지방재정관리시스템유지보수비	84,758	7	8	7	1	7	5	5	4
3720	대구 남구	차세대지방세정보시스템운영유지관리	71,065	7	5	7	8	7	2	2	4
3721	대구 남구	통합지방재정재해복구시스템구축	60,749	7	8	7	1	7	5	5	4
3722	대구 남구	의료급여수급권자일반건강검진지원	57,644	7	1	7	8	7	5	1	4
3723	대구 남구	인구감소위기대응통합추진	50,000	7	5	6	6	7	1	1	1
3724	대구 남구	부동산종합공부시스템자료정비	45,312	7	6	4	1	7	5	5	4
3725	대구 남구	주요행사및시책관련구정홍보비	35,000	7	1	7	8	7	1	5	4
3726	대구 남구	차세대지방세외수입정보시스템운영관리	33,543	7	5	7	8	7	2	2	4
3727	대구 남구	문화행사언론홍보	30,000	7	1	7	8	7	5	5	4
3728	대구 남구	인사랑시스템유지보수비및운영비	23,850	7	7	7	1	7	2	2	2
3729	대구 남구	차세대주민등록시스템운영비	22,379	7	7	7	1	7	2	2	2
3730	대구 남구	온나라문서시스템유지관리(한국지역정보개발원)	15,000	7	5	6	8	7	5	5	4
3731	대구 남구	청백e시스템유지관리및운영지원비	12,510	7	1	7	1	7	5	5	4
3732	대구 남구	고향사랑기부제종합정보시스템유지관리비	9,467	7	1	7	1	7	2	2	2
3733	대구 남구	지방행정통합정보시스템상담센터운영(한국지역정보개발원)	6,950	7	5	6	8	7	5	5	4
3734	대구 남구	우편모아시스템유지관리(한국지역정보개발원)	5,600	7	5	6	8	7	5	5	4
3735	대구 남구	영유아건강검진비	4,958	7	2	7	8	7	5	1	1
3736	대구 남구	지자체기능분류시스템고도화사업부담금	4,250	7	8	7	8	7	5	5	4
3737	대구 남구	2024년명품대구경북박람회홍보물제작	3,500	7	8	7	8	7	5	5	4
3738	대구 남구	지방세납세방송광고홍보	3,025	7	5	7	8	7	2	2	4
3739	대구 남구	청소년산모의료비지원	1,600	7	2	7	8	7	5	5	1
3740	대구 남구	표준모자보건수첩위탁운영비	720	7	6	7	8	7	5	5	4
3741	대구 남구	임산부배려엠블럼위탁운영비	500	7	6	7	8	7	5	5	4
3742	대구 북구	출생아첫만남이용권	4,312,000	7	2	7	8	7	1	1	4
3743	대구 북구	산모신생아건강관리지원사업	1,400,000	7	6	7	8	7	1	1	4
3744	대구 북구	생활폐기물처리비(반입수수료)	1,322,400	7	4	7	8	7	1	5	4
3745	대구 북구	음식물류폐기물공공처리시설반입수수료지출	864,000	7	1	7	8	7	1	1	4
3746	대구 북구	국가암관리(암검진)사업	691,600	7	2	7	8	7	1	1	4
3747	대구 북구	기저귀조제분유지원사업	651,240	7	2	7	8	7	1	1	4
3748	대구 북구	금호강바람소리길축제	470,000	7	4	5	7	7	1	1	1
3749	대구 북구	장애인의료비	334,280	7	2	7	8	7	1	1	4
3750	대구 북구	치매치료관리비지원	248,660	7	6	7	8	7	1	1	4
3751	대구 북구	공공도서관개관시간연장사업지원	94,560	7	2	7	8	7	1	1	2
3752	대구 북구	차세대지방세정보시스템운영유지관리	86,679	7	1	5	1	7	2	2	1
3753	대구 북구	의료급여수급권자일반건강검진	79,603	7	2	7	8	7	1	1	4
3754	대구 북구	세외수입정보시스템유지관리사업	40,965	7	1	5	1	7	2	2	1
3755	대구 북구	세외수입정보시스템유지관리사업	40,965	7	1	5	1	7	2	2	1
3756	대구 북구	차세대표준지방인사정보시스템유지보수및운영	38,427	7	7	6	1	7	5	5	4
3757	대구 북구	차세대주민등록시스템운영비	31,539	7	7	7	8	7	5	5	4

순번	시군구	지출명 (사업명)	2024년예산 (단위 : 천원 /1년간)	민간이전 분류 (지방자치단체 세출예산 집행기준에 의거) 1. 민간경상사업보조(307-02) 2. 민간단체 법정운영비보조(307-03) 3. 민간행사사업보조(307-04) 4. 민간위탁금(307-05) 5. 사회복지시설 법정운영비보조(307-10) 6. 민간인위탁교육비(307-12) 7. 공기관등에대한경상적위탁사업비(308-13) 8. 민간자본사업보조,자체재원(402-01) 9. 민간자본사업보조,이전재원(402-02) 10. 민간위탁사업비(402-03) 11. 공기관등에 대한 자본적 위탁사업비(403-02)	민간이전지출 근거 (지방보조금 관리기준 참고) 1. 법률에 규정 2. 국고보조 재원(국가지정) 3. 용도 지정 기부금 4. 조례에 직접규정 5. 지자체가 권장하는 사업을 하는 공공기관 6. 시,도 정책 및 재정사정 7. 기타 8. 해당없음	입찰방식			운영예산 산정		성과평가 실시여부
						계약체결방법 (경쟁형태) 1. 일반경쟁 2. 제한경쟁 3. 지명경쟁 4. 수의계약 5. 법정위탁 6. 기타 ( ) 7. 없음	계약기간 1. 1년 2. 2년 3. 3년 4. 4년 5. 5년 6. 기타 ( )년 7. 단기계약 (1년미만) 8. 없음	낙찰자선정방법 1. 적격심사 2. 협상에의한계약 3. 최저가낙찰제 4. 규격가격분리 5. 2단계 경쟁입찰 6. 기타 ( ) 7. 없음	운영예산 산정 1. 내부산정 (지자체 자체적으로 산정) 2. 외부산정 (외부전문기관위탁 산정) 3. 내·외부 모두 산정 4. 산정 無 5. 없음	정산방법 1. 내부정산 (지자체 내부적으로 정산) 2. 외부정산 (외부전문기관위탁 정산) 3. 내·외부 모두 산정 4. 정산 無 5. 없음	1. 실시 2. 미실시 3. 향후 추진 4. 해당없음
3758	대구 북구	행사축제언론홍보	30,000	7	7	7	8	7	5	5	4
3759	대구 북구	청소년체험활동프로그램운영	25,000	7	5	7	8	7	5	5	4
3760	대구 북구	의회의정활동홍보	20,000	7	1	7	8	7	1	1	2
3761	대구 북구	고향사랑기부제종합정보시스템운영비	9,467	7	7	7	8	7	5	5	4
3762	대구 북구	영유아건강검진비	5,920	7	2	7	8	7	1	1	4
3763	대구 북구	영어학습프로그램운영	5,000	7	5	7	8	7	5	5	4
3764	대구 북구	청소년산모임신출산의료비지원	2,400	7	2	7	8	7	1	1	4
3765	대구 북구	표준모자보건수첩제작	1,000	7	2	7	8	7	1	1	4
3766	대구 수성구	수성아트피아사업지원	4,811,022	7	4	7	8	7	1	1	1
3767	대구 수성구	관광진흥사무및관광시설운영	941,787	7	6	7	8	7	1	1	1
3768	대구 수성구	일반쓰레기수거처리	906,300	7	5	7	8	7	5	5	4
3769	대구 수성구	수성미래교육관운영	680,000	7	4	4	5	1	1	1	3
3770	대구 수성구	음식물류폐기물공공기관위탁	656,640	7	5	7	8	7	5	5	4
3771	대구 수성구	국가암관리지자체지원	648,415	7	2	7	8	7	5	5	4
3772	대구 수성구	문화도시조성	617,857	7	1	7	8	7	1	1	1
3773	대구 수성구	수성못페스티벌개최	430,000	7	8	7	8	7	1	1	1
3774	대구 수성구	꿈꾸는예술터(2개소)운영	406,000	7	4	7	5	7	1	1	3
3775	대구 수성구	수성빛예술제개최	360,000	7	4	7	8	7	1	1	1
3776	대구 수성구	공공도서관개관시간연장(범어도서관,용학도서관,고산도서관)	346,720	7	2	7	8	7	1	1	1
3777	대구 수성구	도시재생지원센터및커뮤니티센터시설관리및운영	336,139	7	4	4	2	7	1	1	3
3778	대구 수성구	수성국제비엔날레	315,000	7	4	7	8	7	1	1	3
3779	대구 수성구	구정보도활동지원	263,560	7	1	5	8	7	1	1	4
3780	대구 수성구	장애인의료비지원	251,509	7	1	7	8	7	5	1	4
3781	대구 수성구	들안예술마을창작소운영	234,000	7	1	7	3	7	1	1	3
3782	대구 수성구	범어3동생활문화센터운영	224,138	7	4	7	5	7	1	1	1
3783	대구 수성구	치매치료관리비지원(전환사업)	188,000	7	2	7	8	7	5	5	4
3784	대구 수성구	들안길푸드페스티벌개최	130,000	7	4	5	7	7	1	1	1
3785	대구 수성구	함장생활문화센터운영	118,831	7	4	7	5	7	1	1	1
3786	대구 수성구	효율적인예산편성및재정운용(차세대지방재정관리시스템(e호조)유지관리비)	113,008	7	1	5	1	2	2	2	1
3787	대구 수성구	청년영상제작지원	95,000	7	1	7	7	7	1	1	4
3788	대구 수성구	세정운영및홍보(차세대지방세정보시스템운영비)	91,885	7	1	5	1	2	2	1	1
3789	대구 수성구	공통기반및재해복구시스템유지관리	85,096	7	1	5	1	2	2	2	1
3790	대구 수성구	구여성합창단운영	80,200	7	4	7	8	7	1	1	1
3791	대구 수성구	국가건강검진사업(일반건강검진지원)	79,603	7	2	7	8	7	2	2	4
3792	대구 수성구	수성미래교육관운영	70,000	7	4	4	5	1	1	1	3
3793	대구 수성구	주소정보관리시스템차세대구축및유지관리사업	57,027	7	1	5	1	7	2	2	2
3794	대구 수성구	지적재조사측량비	55,660	7	1	5	7	7	5	5	4
3795	대구 수싱구	입체주소구축및주소정보기본도유지관리사업	41,019	7	1	5	1	7	2	2	2
3796	대구 수성구	자금및세입관리(차세대지방세외수입정보시스템운영관리비)	40,965	7	1	5	1	2	2	1	1
3797	대구 수성구	수성미래교육민관학거버넌스운영등	40,000	7	4	7	1	7	1	1	1

순번	시군구	지출명 (사업명)	2024년예산 (단위 : 천원 /1년간)	민간이전 분류 (지방자치단체 세출예산 집행기준에 의거) 1. 민간경상사업보조(307-02) 2. 민간단체 법정운영비보조(307-03) 3. 민간행사사업보조(307-04) 4. 민간위탁금(307-05) 5. 사회복지시설 법정운영비보조(307-10) 6. 민간인위탁교육비(307-12) 7. 공기관등에대한경상적위탁사업비(308-13) 8. 민간자본사업보조,자체재원(402-01) 9. 민간자본사업보조,이전재원(402-02) 10. 민간위탁사업비(402-03) 11. 공기관등에 대한 자본적 위탁사업비(403-02)	민간이전지출 근거 (지방보조금 관리기준 참고) 1. 법률에 규정 2. 국고보조 재원(국가지정) 3. 용도 지정 기부금 4. 조례에 직접규정 5. 지자체가 권장하는 사업을 하는 공공기관 6. 시,도 정책 및 재정사정 7. 기타 8. 해당없음	입찰방식 계약체결방법 (경쟁형태) 1. 일반경쟁 2. 제한경쟁 3. 지명경쟁 4. 수의계약 5. 법정위탁 6. 기타 ( ) 7. 없음	입찰방식 계약기간 1. 1년 2. 2년 3. 3년 4. 4년 5. 5년 6. 기타 ( )년 7. 단기계약 (1년미만) 8. 없음	입찰방식 낙찰자선정방법 1. 적격심사 2. 협상에의한계약 3. 최저가낙찰제 4. 규격가격분리 5. 2단계 경쟁입찰 6. 기타 ( ) 7. 없음	운영예산 산정 운영예산 산정 1. 내부산정 (지자체 자체적으로 산정) 2. 외부산정 (외부전문기관위탁 산정) 3. 내·외부 모두 산정 4. 산정 無 5. 없음	운영예산 산정 정산방법 1. 내부정산 (지자체 내부적으로 정산) 2. 외부정산 (외부전문기관위탁 정산) 3. 내·외부 모두 산정 4. 정산 無 5. 없음	성과평가 실시여부 1. 실시 2. 미실시 3. 향후 추진 4. 해당없음
3798	대구 수성구	도심속작은음악회	40,000	7	4	7	8	7	1	1	4
3799	대구 수성구	원활한인사행정관리(표준지방인사정보시스템유지관리업무)	38,794	7	1	7	8	7	2	2	1
3800	대구 수성구	주민등록민원업무지원	31,339	7	1	5	8	7	2	2	4
3801	대구 수성구	아파트미디어보드이용료	28,895	7	1	5	7	7	1	1	4
3802	대구 수성구	온나라시스템운영지원	22,800	7	1	5	1	2	2	2	1
3803	대구 수성구	문화예술진흥	20,000	7	4	7	8	7	1	1	1
3804	대구 수성구	생산성과중심의자체감사	14,092	7	1	5	1	2	2	2	1
3805	대구 수성구	평생학습도시조성	14,000	7	1	7	8	7	1	5	4
3806	대구 수성구	도시브랜드관리(구정주요사업홍보)	10,000	7	1	7	8	7	5	5	4
3807	대구 수성구	구민건강증진사업등주요사업홍보	10,000	7	1	7	8	7	5	5	4
3808	대구 수성구	국가암관리지자체지원	10,000	7	7	7	8	7	5	5	4
3809	대구 수성구	생활자원회수센터운영	10,000	7	7	7	8	7	5	5	4
3810	대구 수성구	고향사랑기부제운영	9,467	7	1	5	8	7	2	2	4
3811	대구 수성구	지방행정통합정보시스템상담센터운영	6,950	7	1	5	1	2	2	2	1
3812	대구 수성구	우편모아시스템통합유지관리	5,600	7	1	5	1	2	2	2	1
3813	대구 수성구	국가건강검진사업(영유아검진)	5,158	7	2	7	8	7	2	2	4
3814	대구 수성구	아름다운마을조성	5,000	7	1	7	8	7	1	1	4
3815	대구 수성구	청소년산모임신출산의료비지원	2,400	7	1	7	8	7	1	1	4
3816	대구 수성구	표준모자보건수첩제작	1,500	7	1	7	8	7	1	1	4
3817	대구 수성구	선천성난청검사및보청기지원	440	7	2	7	8	7	2	4	4
3818	대구 달서구	달서아트센터운영	3,600,922	7	4	7	8	7	1	1	1
3819	대구 달서구	생활폐기물처리비	1,154,242	7	8	7	8	7	5	5	4
3820	대구 달서구	공공처리시설음식물류폐기물반입수수료	896,314	7	1	7	8	7	5	5	4
3821	대구 달서구	달서가족문화센터운영	583,624	7	4	5	5	7	5	2	1
3822	대구 달서구	장애인의료비	478,862	7	5	7	8	7	5	5	2
3823	대구 달서구	구정홍보비	267,600	7	1	7	8	7	5	5	4
3824	대구 달서구	생활문화센터운영	187,142	7	4	7	8	7	1	1	1
3825	대구 달서구	지방재정관리시스템운영관리	127,116	7	1	5	1	7	2	2	4
3826	대구 달서구	공통기반및재해복구시스템유지관리	100,068	7	1	7	1	7	2	2	1
3827	대구 달서구	지방세정보시스템운영비	91,885	7	1	5	1	6	2	2	3
3828	대구 달서구	부동산종합공부시스템자료정비사업	71,512	7	6	4	1	7	3	3	2
3829	대구 달서구	주소정보관리시스템운영	57,027	7	1	6	1	7	3	1	4
3830	대구 달서구	주소정보기본도현행화사업	56,383	7	1	6	1	7	3	1	4
3831	대구 달서구	세외수입정보시스템유지보수비	43,438	7	1	5	1	6	2	2	3
3832	대구 달서구	차세대표준지방인사정보시스템유지보수비	42,563	7	1	5	1	7	2	2	1
3833	대구 달서구	차세대주민등록정보시스템운영비	35,535	7	1	7	1	7	2	2	1
3834	대구 달서구	지적재조사사업측량비	26,136	7	1	5	1	7	5	5	4
3835	대구 달서구	전자결재시스템유지관리위탁	25,900	7	1	7	1	7	2	2	1
3836	대구 달서구	차세대구축인프라도입	21,339	7	1	6	1	7	3	1	4
3837	대구 달서구	KAIS운영유지보수료	16,655	7	1	6	1	7	3	1	4

순번	시군구	지출명 (사업명)	2024년예산 (단위 : 천원 /1년간)	민간이전 분류 (지방자치단체 세출예산 집행기준에 의거) 1. 민간경상사업보조(307-02) 2. 민간단체 법정운영비보조(307-03) 3. 민간행사사업보조(307-04) 4. 민간위탁금(307-05) 5. 사회복지시설 법정운영비보조(307-10) 6. 민간인위탁교육비(307-12) 7. 공기관등에대한경상적위탁사업비(308-13) 8. 민간자본사업보조,자체재원(402-01) 9. 민간자본사업보조,이전재원(402-02) 10. 민간위탁사업비(402-03) 11. 공기관등에 대한 자본적 위탁사업비(403-02)	민간이전지출 근거 (지방보조금 관리기준 참고) 1. 법률에 규정 2. 국고보조 재원(국가지정) 3. 용도 지정 기부금 4. 조례에 직접규정 5. 지자체가 권장하는 사업을 하는 공공기관 6. 시,도 정책 및 재정사정 7. 기타 8. 해당없음	입찰방식 계약체결방법 (경쟁형태) 1. 일반경쟁 2. 제한경쟁 3. 지명경쟁 4. 수의계약 5. 법정위탁 6. 기타 ( ) 7. 없음	입찰방식 계약기간 1. 1년 2. 2년 3. 3년 4. 4년 5. 5년 6. 기타 ( )년 7. 단기계약 (1년미만) 8. 없음	입찰방식 낙찰자선정방법 1. 적격심사 2. 협상에의한계약 3. 최저가낙찰제 4. 규격가격분리 5. 2단계 경쟁입찰 6. 기타 ( ) 7. 없음	운영예산 산정 운영예산 산정 1. 내부산정 (지자체 자체적으로 산정) 2. 외부산정 (외부전문기관위탁 산정) 3. 내·외부 모두 산정 4. 산정 無 5. 없음	운영예산 산정 정산방법 1. 내부정산 (지자체 내부적으로 정산) 2. 외부정산 (외부전문기관위탁 정산) 3. 내·외부 모두 산정 4. 정산 無 5. 없음	성과평가 실시여부 1. 실시 2. 미실시 3. 향후 추진 4. 해당없음
3838	대구 달서구	차세대구축데이터통합전환	16,515	7	1	6	1	7	3	1	4
3839	대구 달서구	성백e시스템시용자운영지원	14,883	7	7	5	1	7	5	5	1
3840	대구 달서구	온라인마켓셀러양성과정	10,000	7	4	5	5	7	5	2	1
3841	대구 달서구	고향사랑기부금정보시스템운영	9,467	7	1	7	1	7	2	2	1
3842	대구 달서구	유튜브등SNS채널홍보	8,000	7	7	7	8	7	5	5	4
3843	대구 달서구	지방행정공통정보시스템서비스데스크운영	6,600	7	1	7	1	7	2	2	1
3844	대구 달서구	지방세정기분유선방송홍보	3,025	7	1	5	1	6	2	2	3
3845	대구 달서구	Gis엔진s/w유지보수료	2,518	7	1	6	1	7	3	1	4
3846	대구 달성군	첫만남이용권	4,405,000	7	2	7	8	7	5	2	4
3847	대구 달성군	달성군립도서관운영	1,771,705	7	4	6	3	1	1	1	1
3848	대구 달성군	지역자율형사회서비스투자사업(산모신생아건강관리지원)	1,750,199	7	1	7	8	7	5	3	1
3849	대구 달성군	기저귀및조제분유지원	938,600	7	2	7	8	7	5	3	4
3850	대구 달성군	국가암관리지자체지원	455,000	7	1	5	8	7	5	5	4
3851	대구 달성군	기술개발지원사업	300,000	7	4	7	8	7	1	1	1
3852	대구 달성군	신산업기술사업화지원사업	287,500	7	4	7	8	7	1	1	1
3853	대구 달성군	중소제조기업근로자기숙사임차비지원	200,000	7	4	7	8	7	1	1	1
3854	대구 달성군	치매치료관리비지원사업	169,000	7	1	7	8	7	1	1	1
3855	대구 달성군	기업소비재제품홍보및판매지원사업	135,000	7	4	7	8	7	1	1	4
3856	대구 달성군	달성혁신성장포럼	60,000	7	4	7	8	7	5	1	1
3857	대구 달성군	산업단지기업육성기반구축사업	60,000	7	4	7	8	7	1	1	1
3858	대구 달성군	수출보험료지원사업	50,000	7	4	7	8	7	5	1	1
3859	대구 달성군	하천수문관리위탁금	49,000	7	4	7	8	7	1	1	1
3860	대구 달성군	국가건강검진(일반건강검진지원)	46,116	7	1	5	8	7	3	1	4
3861	대구 달성군	공공도서관개관시간연장	31,520	7	6	7	8	7	5	1	4
3862	대구 달성군	관광홍보DID송출	9,840	7	4	7	8	7	1	1	2
3863	대구 달성군	국가건강검진사업(영유아건강검진)	6,398	7	2	7	8	7	5	5	4
3864	대구 달성군	표준모자보건수첩및임산부엠블럼제작	3,400	7	1	7	8	7	5	3	4
3865	대구 달성군	보건소결핵관리사업(결핵관리사업가족검진공단위탁금)	2,500	7	2	7	8	7	1	1	1
3866	대구 달성군	청소년산모임신출산의료비지원	2,400	7	2	7	8	7	5	3	4
3867	대구 군위군	장애인활동지원급여	986,253	7	1	7	8	7	5	3	1
3868	대구 군위군	대도시옥외광고등활용지역홍보	783,000	7	1	7	8	7	1	2	2
3869	대구 군위군	언론매체활용지역홍보	350,000	7	1	7	8	7	1	2	2
3870	대구 군위군	지역홍보방송프로그램유치	250,000	7	1	7	8	7	1	2	2
3871	대구 군위군	지적도면DB자료정비사업	248,646	7	8	7	1	7	5	5	4
3872	대구 군위군	뉴미디어홍보	150,000	7	1	7	8	7	1	2	2
3873	대구 군위군	신공항비전온오프라인홍보	150,000	7	4	7	8	7	5	5	4
3874	대구 군위군	의회홍보용행정광고	150,000	7	1	5	8	7	1	1	4
3875	대구 군위군	뉴미디어홍보	150,000	7	1	7	8	7	1	2	2
3876	대구 군위군	발달장애인주간활동서비스지원	131,360	7	1	7	8	7	5	3	1
3877	대구 군위군	공공기관이전사업특수시책홍보	100,000	7	7	7	8	7	5	5	4

순번	시군구	지출명 (사업명)	2024년예산 (단위 : 전원 /1년간)	민간이전 분류 (지방자치단체 세출예산 집행기준에 의거) 1. 민간경상사업보조(307-02) 2. 민간단체 법정운영비보조(307-03) 3. 민간행사사업보조(307-04) 4. 민간위탁금(307-05) 5. 사회복지시설 법정운영비보조(307-10) 6. 민간인위탁교육비(307-12) 7. 공기관등에대한경상적위탁사업비(308-13) 8. 민간자본사업보조,자체재원(402-01) 9. 민간자본사업보조,이전재원(402-02) 10. 민간위탁사업비(402-03) 11. 공기관등에 대한 자본적 위탁사업비(403-02)	민간이전지출 근거 (지방보조금 관리기준 참고) 1. 법률에 규정 2. 국고보조 재원(국가지정) 3. 용도 지정 기부금 4. 조례에 직접규정 5. 지자체가 권장하는 사업을 하는 공공기관 6. 시,도 정책 및 재정사정 7. 기타 8. 해당없음	입찰방식 계약체결방법 (경쟁형태) 1. 일반경쟁 2. 제한경쟁 3. 지명경쟁 4. 수의계약 5. 법정위탁 6. 기타 ( ) 7. 없음	입찰방식 계약기간 1. 1년 2. 2년 3. 3년 4. 4년 5. 5년 6. 기타 ( )년 7. 단기계약 (1년미만) 8. 없음	입찰방식 낙찰자선정방법 1. 적격심사 2. 협상에의한계약 3. 최저가낙찰제 4. 규격가격분리 5. 2단계 경쟁입찰 6. 기타 ( ) 7. 없음	운영예산 산정 운영예산 산정 1. 내부산정 (지자체 자체적으로 산정) 2. 외부산정 (외부전문기관위탁 산정) 3. 내·외부 모두 산정 4. 산정 無 5. 없음	운영예산 산정 정산방법 1. 내부정산 (지자체 내부적으로 정산) 2. 외부정산 (외부전문기관위탁 정산) 3. 내·외부 모두 산정 4. 정산 無 5. 없음	성과평가 실시여부 1. 실시 2. 미실시 3. 향후 추진 4. 해당없음
3878	대구 군위군	문화관광체육시책홍보	100,000	7	4	7	8	7	5	5	4
3879	대구 군위군	공공기관이전사업특수시책홍보	100,000	7	7	7	8	7	5	5	4
3880	대구 군위군	문화관광체육시책홍보	100,000	7	4	7	8	7	5	5	4
3881	대구 군위군	공통기반및재해복구시스템유지관리	83,137	7	7	6	1	7	2	2	4
3882	대구 군위군	장애인활동지원추가지원사업	80,000	7	1	7	8	7	5	3	1
3883	대구 군위군	차세대지방세정보시스템운영사업비	66,000	7	1	5	8	7	1	1	4
3884	대구 군위군	성서사업소처리수수료	62,415	7	1	7	8	7	5	5	4
3885	대구 군위군	농민사관학교교육비지원	58,330	7	6	7	8	7	5	5	4
3886	대구 군위군	주소정보관리시스템(KAIS)유지관리사업	53,727	7	8	5	1	7	2	2	4
3887	대구 군위군	장애아동가족지원발달재활서비스	47,942	7	1	7	8	7	5	3	1
3888	대구 군위군	지적재조사측량위탁수수료	47,685	7	8	5	2	7	2	2	4
3889	대구 군위군	발달장애인방과후돌봄서비스지원	41,571	7	1	7	8	7	5	3	1
3890	대구 군위군	경북청춘창업드림지원사업	38,209	7	2	1	1	1	3	3	4
3891	대구 군위군	관광홍보광고	30,000	7	5	7	8	7	1	1	3
3892	대구 군위군	세외수입정보시스템유지관리비	28,595	7	1	5	8	7	1	1	4
3893	대구 군위군	경상북도주력사업분야청년일자리지원사업	27,500	7	4	7	1	7	1	1	4
3894	대구 군위군	장애인활동지원가산급여	24,992	7	1	7	8	7	5	3	1
3895	대구 군위군	삼국유사문화공간운영	20,000	7	4	1	8	7	1	1	3
3896	대구 군위군	주소정보기본도유지관리사업	19,497	7	8	5	1	7	2	2	4
3897	대구 군위군	장애인의료비지원	19,492	7	1,2	7	8	7	5	1	2
3898	대구 군위군	시골청춘뿌리내림지원사업	19,104	7	2	1	1	1	3	3	4
3899	대구 군위군	인사랑및인사통계시스템유지관리및운영지원비	17,979	7	1	6	1	7	2	2	4
3900	대구 군위군	차세대주민등록시스템운영	17,860	7	2	4	1	7	2	1	4
3901	대구 군위군	고향사랑기부금정보시스템운영비	13,270	7	1	6	1	7	2	2	4
3902	대구 군위군	통합정신건강증진사업버스광고게재	12,500	7	8	7	8	7	5	5	4
3903	대구 군위군	신문공고및광고	10,000	7	8	6	8	7	1	1	4
3904	대구 군위군	금연홍보관련행정광고	10,000	7	8	7	8	7	5	5	4
3905	대구 군위군	온나라시스템서비스데스크운영	7,500	7	7	6	1	7	2	2	4
3906	대구 군위군	농업용저수지수질관리조사	7,000	7	5	5	1	7	1	2	2
3907	대구 군위군	새올행정시스템서비스데스크운영	6,950	7	7	6	1	7	2	2	4
3908	대구 군위군	군정주요시책지역신문광고	6,000	7	1	7	8	7	1	2	2
3909	대구 군위군	군정주요시책지역신문광고	6,000	7	1	7	8	7	1	2	2
3910	대구 군위군	행려사망자신문공고료	5,000	7	1	7	8	7	5	5	4
3911	대구 군위군	군관리계획(변경)결정에따른신문공고료	5,000	7	1	4	7	7	3	1	4
3912	대구 군위군	발달장애인부모상담지원사업	3,818	7	1	7	8	7	5	3	1
3913	대구 군위군	기능분류모델시스템(BRM)고도화사업분담금	3,250	7	1	6	1	7	2	2	4
3914	대구 군위군	신문공고료	2,000	7	1	7	8	7	1	1	2
3915	대구 군위군	보건행정시책및이미지홍보	1,000	7	8	7	8	7	5	5	4
3916	대구 군위군	택시운행정보관리시스템유지보수	490	7	5	6	1	7	2	2	2
3917	대전광역시	신탄진생활하수처리위탁비	3,265,000	7	8	7	8	7	5	5	4

순번	시군구	지출명 (사업명)	2024년예산 (단위 : 천원 /1년간)	민간이전 분류 (지방자치단체 세출예산 집행기준에 의거) 1. 민간경상사업보조(307-02) 2. 민간단체 법정운영비보조(307-03) 3. 민간행사사업보조(307-04) 4. 민간위탁금(307-05) 5. 사회복지시설 법정운영비보조(307-10) 6. 민간인위탁교육비(307-12) 7. 공기관등에대한경상적위탁사업비(308-13) 8. 민간자본사업보조,자체재원(402-01) 9. 민간자본사업보조,이전재원(402-02) 10. 민간위탁사업비(402-03) 11. 공기관등에 대한 자본적 위탁사업비(403-02)	민간이전지출 근거 (지방보조금 관리기준 참고) 1. 법률에 규정 2. 국고보조 재원(국가지정) 3. 용도 지정 기부금 4. 조례에 직접규정 5. 지자체가 권장하는 사업을 하는 공공기관 6. 시,도 정책 및 재정사정 7. 기타 8. 해당없음	입찰방식			운영예산 산정		성과평가 실시여부
						계약체결방법 (경쟁형태) 1. 일반경쟁 2. 제한경쟁 3. 지명경쟁 4. 수의계약 5. 법정위탁 6. 기타 ( ) 7. 없음	계약기간 1. 1년 2. 2년 3. 3년 4. 4년 5. 5년 6. 기타 ( )년 7. 단기계약 (1년미만) 8. 없음	낙찰자선정방법 1. 적격심사 2. 협상에의한계약 3. 최저가낙찰제 4. 규격가격분리 5. 2단계 경쟁입찰 6. 기타 ( ) 7. 없음	운영예산 산정 1. 내부산정 (지자체 자체적으로 산정) 2. 외부산정 (외부전문기관위탁 산정) 3. 내·외부 모두 산정 4. 산정 無 5. 없음	정산방법 1. 내부정산 (지자체 내부적으로 정산) 2. 외부정산 (외부전문기관위탁 정산) 3. 내·외부 모두 산정 4. 정산 無 5. 없음	1. 실시 2. 미실시 3. 향후 추진 4. 해당없음
3918	대전광역시	기성종합복지관운영	3,236,587	7	5	7	8	7	1	1	1
3919	대전광역시	공공체육시설운영위탁(자본적)	2,949,095	7	1	5	8	7	1	1	1
3920	대전광역시	사회적경제기업지원(두드림일자리사업)	2,660,000	7	5	7	8	7	5	5	4
3921	대전광역시	미래두배청년통장	2,600,800	7	6	7	8	7	1	1	4
3922	대전광역시	시립어린이집인건비	2,566,000	7	1	7	5	7	1	3	1
3923	대전광역시	대전형코업청년뉴리더양성	2,000,000	7	4	7	8	7	1	1	1
3924	대전광역시	최중증발달장애인24시간개별1:1지원	1,993,886	7	2	5	3	7	5	2	1
3925	대전광역시	청년주택임차보증금이자지원	1,973,400	7	6	7	8	7	1	1	4
3926	대전광역시	사회서비스원운영비	1,935,720	7	2	7	8	7	1	1	1
3927	대전광역시	대체교사지원(직접)	1,800,000	7	1	7	3	7	1	3	1
3928	대전광역시	대전사이언스페스티벌	1,600,000	7	4	7	7	2	1	3	1
3929	대전광역시	대전세종관광기업지원센터운영	1,600,000	7	2	7	5	7	3	3	1
3930	대전광역시	대전예술가의집운영	1,515,887	7	4	6	2	6	1	1	1
3931	대전광역시	알뜰교통카드연계마일리지지원	1,514,000	7	1	7	8	7	4	2	4
3932	대전광역시	수소산업전주기제품안전성지원센터운영	1,500,000	7	4,5	4	5	7	2	1	1
3933	대전광역시	대전형좋은일터조성사업	1,500,000	7	4	7	8	7	1	1	1
3934	대전광역시	지역산업마케팅지원	1,500,000	7	7	7	8	7	1	1	4
3935	대전광역시	분진흡입차위탁사업운영	1,409,552	7	1	7	1	7	1	1	4
3936	대전광역시	대전스카이로드운영	1,397,474	7	5	7	7	7	1	1	4
3937	대전광역시	엑스포시민광장관리운영	1,337,372	7	4	7	8	7	1	1	1
3938	대전광역시	야간관광특화도시조성사업(경상)	1,250,000	7	2	7	4	7	1	3	1
3939	대전광역시	시노인복지관운영	1,240,175	7	1	5	5	1	1	1	2
3940	대전광역시	청년도전지원사업	1,143,500	7	2	7	8	7	3	3	1
3941	대전광역시	육아종합지원센터운영(자체)	1,004,028	7	1	7	3	7	1	3	1
3942	대전광역시	청년창업지원카드	1,000,000	7	6	7	8	7	1	1	4
3943	대전광역시	지역문화예술교육기반구축중심사업	1,000,000	7	1	7	8	7	1	1	1
3944	대전광역시	지역협력기반지역혁신사업(전환사업)	1,000,000	7	5	7	1	7	5	1	1
3945	대전광역시	해외통상사무소운영및지원	997,176	7	7	7	8	7	1	1	1
3946	대전광역시	외국인환자유치활성화사업	895,987	7	4	7	1	2	1	1	1
3947	대전광역시	이사동유교전통의례관운영	838,885	7	1	5	5	6	1	1	3
3948	대전광역시	대전일자리지원센터운영	820,000	7	4	7	8	7	1	1	1
3949	대전광역시	대청호오백리길관리운영	785,571	7	4	7	8	7	1	1	1
3950	대전광역시	청년인턴지원	780,000	7	4	7	8	7	1	1	1
3951	대전광역시	전통나래관운영	764,147	7	4	7	8	7	1	1	4
3952	대전광역시	원자력강소기업성장견인지원사업	700,000	7	5	7	7	7	1	2	1
3953	대전광역시	학생문화예술관람지원사업	700,000	7	5	7	8	7	1	1	1
3954	대전광역시	기능경기대회지원	670,000	7	1	7	8	7	1	1	1
3955	대전광역시	시립산성주민복지관운영	664,110	7	4	4	8	7	1	1	4
3956	대전광역시	대전문학관운영	651,870	7	4	6	2	6	1	1	1
3957	대전광역시	대전테미예술창작센터운영	602,798	7	4	7	8	7	1	1	1

순번	시군구	지출명 (사업명)	2024년예산 (단위 : 천원 /1년간)	민간이전 분류 (지방자치단체 세출예산 집행기준에 의거) 1. 민간경상사업보조(307-02) 2. 민간단체 법정운영비보조(307-03) 3. 민간행사사업보조(307-04) 4. 민간위탁금(307-05) 5. 사회복지시설 법정운영비보조(307-10) 6. 민간인위탁교육비(307-12) 7. 공기관등에대한경상적위탁사업비(308-13) 8. 민간자본사업보조,자체재원(402-01) 9. 민간자본사업보조,이전재원(402-02) 10. 민간위탁사업비(402-03) 11. 공기관등에 대한 자본적 위탁사업비(403-02)	민간이전지출 근거 (지방보조금 관리기준 참고) 1. 법률에 규정 2. 국고보조 재원(국가지정) 3. 용도 지정 기부금 4. 조례에 직접규정 5. 지자체가 권장하는 사업을 하는 공공기관 6. 시,도 정책 및 재정사정 7. 기타 8. 해당없음	입찰방식 계약체결방법 (경쟁형태) 1. 일반경쟁 2. 제한경쟁 3. 지명경쟁 4. 수의계약 5. 법정위탁 6. 기타 ( ) 7. 없음	입찰방식 계약기간 1. 1년 2. 2년 3. 3년 4. 4년 5. 5년 6. 기타 ( )년 7. 단기계약 (1년미만) 8. 없음	입찰방식 낙찰자선정방법 1. 적격심사 2. 협상에의한계약 3. 최저가낙찰제 4. 규격가격분리 5. 2단계 경쟁입찰 6. 기타 ( ) 7. 없음	운영예산 산정 운영예산 산정 1. 내부산정 (지자체 자체적으로 산정) 2. 외부산정 (외부전문기관위탁 산정) 3. 내·외부 모두 산정 4. 산정 無 5. 없음	운영예산 산정 정산방법 1. 내부정산 (지자체 내부적으로 정산) 2. 외부정산 (외부전문기관위탁 정산) 3. 내·외부 모두 산정 4. 정산 無 5. 없음	성과평가 실시여부 1. 실시 2. 미실시 3. 향후 추진 4. 해당없음
3958	대전광역시	거리공연활성화사업	600,000	7	4	7	8	7	1	1	1
3959	대전광역시	사회적경제활성화맞춤형지원	584,000	7	5	7	8	7	5	5	4
3960	대전광역시	지역발달장애인지원센터운영지원	556,000	7	2	5	3	7	5	2	1
3961	대전광역시	발달장애인긴급돌봄시범사업	531,536	7	2	5	3	7	5	2	1
3962	대전광역시	원도심문화공간활성화지원사업	525,000	7	5	7	8	7	5	5	4
3963	대전광역시	중장년지원센터운영	522,000	7	5	6	3	7	1	1	2
3964	대전광역시	사회복지시설종사자대체인력지원	516,343	7	2	7	8	7	1	1	1
3965	대전광역시	테마형스마트시티시설물관리운영	484,656	7	8	7	7	7	1	1	1
3966	대전광역시	지역문화예술교육지원센터지원	460,000	7	1	7	8	7	1	1	1
3967	대전광역시	대전여행홍보	450,000	7	4	7	1	1	1	1	4
3968	대전광역시	에너지융합산업경쟁력강화지원사업	450,000	7	5	7	7	7	1	2	1
3969	대전광역시	지역사회서비스지원단운영지원	431,000	7	2	7	8	7	1	1	1
3970	대전광역시	컨택센터육성지원사업	424,000	7	4	4	1	7	1	3	1
3971	대전광역시	국내온라인판매지원	410,000	7	7	7	8	7	1	1	4
3972	대전광역시	탄소중립지원센터운영	400,000	7	1	5	6	6	5	2	1
3973	대전광역시	시도행정공통기반및재해복구시스템유지관리	373,572	7	1	6	1	7	1	1	4
3974	대전광역시	지역문화거점센터운영	364,796	7	2	7	8	7	5	5	4
3975	대전광역시	대학일자리플러스센터지원	362,100	7	2	7	8	7	3	3	1
3976	대전광역시	최중증발달장애인도전적행동지원	300,000	7	5	5	3	7	5	2	1
3977	대전광역시	외국인유학생유치활동지원	300,000	7	5	7	1	7	5	1	1
3978	대전광역시	해외통상사무소주관비즈니스상담회	300,000	7	7	7	8	7	1	1	4
3979	대전광역시	기술기업북미시장진출지원	300,000	7	7	7	8	7	1	1	4
3980	대전광역시	해외온라인마케팅지원	300,000	7	7	7	8	7	1	1	4
3981	대전광역시	해외규격인증획득지원	300,000	7	7	7	8	7	1	1	4
3982	대전광역시	해외물류비지원사업	300,000	7	7	7	8	7	1	1	4
3983	대전광역시	이동노동자쉼터운영	276,000	7	4	7	8	7	1	1	4
3984	대전광역시	연구소주말개방행사운영	270,000	7	8	7	7	7	1	1	1
3985	대전광역시	컨택센터청년신규채용지원	269,372	7	4	4	1	7	3	3	1
3986	대전광역시	청춘터전지원	250,000	7	4	7	7	7	1	1	3
3987	대전광역시	대전역주변관광자원화사업	231,682	7	4	7	1	1	1	1	4
3988	대전광역시	장애인보조기기사례관리사업	227,750	7	2	7	8	7	5	1	1
3989	대전광역시	청년사회적응지원	220,000	7	6	7	8	7	1	1	4
3990	대전광역시	국제캐릭터&콘텐츠페어	200,000	7	5	7	7	7	1	1	4
3991	대전광역시	지역기반공정관광운영	200,000	7	4	7	1	7	1	1	4
3992	대전광역시	대전관광기획상품(굿즈)개발지원	200,000	7	4	7	1	1	1	1	4
3993	대전광역시	해외취업지원사업	200,000	7	4	7	8	7	1	1	1
3994	대전광역시	유아문화예술교육지원	200,000	7	1	7	8	7	1	1	1
3995	대전광역시	미디어아트공원(조형물)운영관리	190,000	7	5	6	1	7	1	1	4
3996	대전광역시	발달장애인주간활동서비스운영지원(지역센터)	187,200	7	2	5	3	7	5	1	1
3997	대전광역시	중학생문화재탐방	161,000	7	1	7	8	7	1	1	4

순번	시군구	지출명 (사업명)	2024년예산 (단위 : 천원 /1년간)	민간이전 분류 (지방자치단체 세출예산 집행기준에 의거) 1. 민간경상사업보조(307-02) 2. 민간단체 법정운영비보조(307-03) 3. 민간행사사업보조(307-04) 4. 민간위탁금(307-05) 5. 사회복지시설 법정운영비보조(307-10) 6. 민간인위탁교육비(307-12) 7. 공기관등에대한경상적위탁사업비(308-13) 8. 민간자본사업보조,자체재원(402-01) 9. 민간자본사업보조,이전재원(402-02) 10. 민간위탁사업비(402-03) 11. 공기관등에 대한 자본적 위탁사업비(403-02)	민간이전지출 근거 (지방보조금 관리기준 참고) 1. 법률에 규정 2. 국고보조 재원(국가지정) 3. 용도 지정 기부금 4. 조례에 직접규정 5. 지자체가 권장하는 사업을 하는 공공기관 6. 시,도 정책 및 재정사정 7. 기타 8. 해당없음	입찰방식			운영예산 산정		성과평가 실시여부
						계약체결방법 (경쟁형태) 1. 일반경쟁 2. 제한경쟁 3. 지명경쟁 4. 수의계약 5. 법정위탁 6. 기타 ( ) 7. 없음	계약기간 1. 1년 2. 2년 3. 3년 4. 4년 5. 5년 6. 기타 ( )년 7. 단기계약 (1년미만) 8. 없음	낙찰자선정방법 1. 적격심사 2. 협상에의한계약 3. 최저가낙찰제 4. 규격가격분리 5. 2단계 경쟁입찰 6. 기타 ( ) 7. 없음	운영예산 산정 1. 내부산정 (지자체 자체적으로 산정) 2. 외부산정 (외부전문기관위탁 산정) 3. 내·외부 모두 산정 4. 산정 無 5. 없음	정산방법 1. 내부정산 (지자체 내부적으로 정산) 2. 외부정산 (외부전문기관위탁 정산) 3. 내·외부 모두 산정 4. 정산 無 5. 없음	1. 실시 2. 미실시 3. 향후 추진 4. 해당없음
3998	대전광역시	충청권중소벤처기업박람회개최	150,000	7	7	7	8	7	1	1	4
3999	대전광역시	수출기업홍보물제작지원	150,000	7	7	7	8	7	1	1	4
4000	대전광역시	마음대로예술공간	140,000	7	4	7	8	7	1	1	1
4001	대전광역시	대전중소기업내일채움공제사업	129,513	7	4	7	8	7	1	1	4
4002	대전광역시	국내외관광박람회대전홍보관운영	120,000	7	4	7	1	1	1	1	4
4003	대전광역시	발달장애인공공후견지원	120,000	7	2	5	3	7	5	1	1
4004	대전광역시	발달장애인가족휴식지원	118,571	7	2	5	3	7	5	1	1
4005	대전광역시	저소득층금연치료지원	116,005	7	3	5	8	7	2	2	4
4006	대전광역시	장기요양요원지원센터운영	114,000	7	2	6	5	7	3	3	2
4007	대전광역시	VR/AR전문인력양성지원	114,000	7	2	5	5	7	5	3	4
4008	대전광역시	인구정책대중매체홍보및캠페인	100,000	7	5	7	8	7	5	4	4
4009	대전광역시	장애인긴급돌봄	100,000	7	5	5	1	7	5	1	1
4010	대전광역시	대학취업역량강화지원	100,000	7	4	7	8	7	1	1	4
4011	대전광역시	해외공공조달시장진입지원	100,000	7	7	7	8	7	1	1	4
4012	대전광역시	국내제품인증획득지원	100,000	7	7	7	8	7	1	1	4
4013	대전광역시	대전통일관운영	92,860	7	5	7	8	7	1	1	1
4014	대전광역시	전수교육관문화예술교육사지원	91,500	7	1,2	7	8	7	1	1	4
4015	대전광역시	대전일자리카페꿈터운영	90,000	7	4	7	8	7	1	1	4
4016	대전광역시	문화재달빛축제	90,000	7	1	7	8	7	1	1	4
4017	대전광역시	무형문화재전수회관등운영	89,859	7	4	7	8	7	1	1	4
4018	대전광역시	온나라시스템유지관리	86,117	7	1	6	1	7	1	1	4
4019	대전광역시	문화예술교육사역량강화	84,000	7	1	7	8	7	1	1	4
4020	대전광역시	최중증발달장애인통합돌봄운영지원(지역센터)	81,000	7	2	5	3	7	5	1	1
4021	대전광역시	희망나눔콘서트	80,000	7	5	7	8	7	1	1	1
4022	대전광역시	대전관광상품할인지원사업	80,000	7	4	7	1	1	1	1	4
4023	대전광역시	대전우수상품판매장(TJ마트)운영	80,000	7	7	7	8	7	1	1	4
4024	대전광역시	주요정보통신기반시설취약점분석평가	75,100	7	1	6	1	7	1	1	4
4025	대전광역시	대전공공구매기업정보플랫폼운영	72,861	7	7	7	8	7	1	1	4
4026	대전광역시	대한민국지방시대엑스포	70,000	7	5	7	8	7	1	1	4
4027	대전광역시	구직청년면접용정장대여	60,000	7	6	7	8	7	1	1	4
4028	대전광역시	국내우수전시회개별참가지원	60,000	7	7	7	8	7	1	1	4
4029	대전광역시	조달시장진출컨설팅지원	54,000	7	7	7	8	7	1	1	4
4030	대전광역시	지역관광상품해외마케팅사업	50,000	7	4	7	1	1	1	1	4
4031	대전광역시	무형문화재전수교육관활성화사업	50,000	7	1,2	7	8	7	1	1	4
4032	대전광역시	중소기업수출역량강화교육	40,000	7	7	7	8	7	1	1	4
4033	대전광역시	수출지원관리시스템운영	40,000	7	7	7	8	7	1	1	4
4034	대전광역시	독거노인장애인응급안전안심서비스광역지원기관운영	36,484	7	2	6	3	7	3	3	2
4035	대전광역시	품질경영혁신지원사업	36,000	7	1	7	8	7	1	1	4
4036	대전광역시	매출의탑선정홍보지원	35,000	7	7	7	8	7	1	1	4
4037	대전광역시	찾아가는시민안전교육운영	34,000	7	1	7	8	7	5	5	4

순번	시군구	지출명 (사업명)	2024년예산 (단위 : 천원 /1년간)	민간이전 분류 (지방자치단체 세출예산 집행기준에 의거) 1. 민간경상사업보조(307-02) 2. 민간단체 법정운영비보조(307-03) 3. 민간행사사업보조(307-04) 4. 민간위탁금(307-05) 5. 사회복지시설 법정운영비보조(307-10) 6. 민간인위탁교육비(307-12) 7. 공기관등에대한경상적위탁사업비(308-13) 8. 민간자본사업보조,자체재원(402-01) 9. 민간자본사업보조,이전재원(402-02) 10. 민간위탁사업비(402-03) 11. 공기관등에 대한 자본적 위탁사업비(403-02)	민간이전지출 근거 (지방보조금 관리기준 참고) 1. 법률에 규정 2. 국고보조 재원(국가지정) 3. 용도 지정 기부금 4. 조례에 직접규정 5. 지자체가 권장하는 사업을 하는 공공기관 6. 시,도 정책 및 재정사정 7. 기타 8. 해당없음	입찰방식 계약체결방법 (경쟁형태) 1. 일반경쟁 2. 제한경쟁 3. 지명경쟁 4. 수의계약 5. 법정위탁 6. 기타 ( ) 7. 없음	입찰방식 계약기간 1. 1년 2. 2년 3. 3년 4. 4년 5. 5년 6. 기타 ( )년 7. 단기계약 (1년미만) 8. 없음	입찰방식 낙찰자선정방법 1. 적격심사 2. 협상에의한계약 3. 최저가낙찰제 4. 규격가격분리 5. 2단계 경쟁입찰 6. 기타 ( ) 7. 없음	운영예산 산정 운영예산 산정 1. 내부산정 (지자체 자체적으로 산정) 2. 외부산정 (외부전문기관위탁 산정) 3. 내·외부 모두 산정 4. 산정 無 5. 없음	운영예산 산정 정산방법 1. 내부정산 (지자체 내부적으로 정산) 2. 외부정산 (외부전문기관위탁 정산) 3. 내·외부 모두 산정 4. 정산 無 5. 없음	성과평가 실시여부 1. 실시 2. 미실시 3. 향후 추진 4. 해당없음
4038	대전광역시	에너지산업전시회참가지원	28,500	7	5	7	7	7	1	2	1
4039	대전광역시	대한민국명장장인작품전시회지원	28,000	7	1	7	8	7	1	1	1
4040	대전광역시	대전시소운영	20,000	7	5	7	8	7	1	4	1
4041	대전광역시	대전경제교육센터사업추진	20,000	7	2	4	1	7	1	1	2
4042	대전광역시	발달장애인영유아기부모교육지원	18,000	7	2	5	3	7	5	1	1
4043	대전광역시	대전일자리시스템운영	17,000	7	4	7	8	7	1	1	4
4044	대전광역시	발달장애인성인권교육	16,000	7	2	5	3	7	5	1	1
4045	대전광역시	성인전환기발달장애인자녀진로상담및코칭부모교육	16,000	7	2	5	3	7	5	1	1
4046	대전광역시	옥외광고문화조성홍보	12,000	7	5	7	8	7	1	1	4
4047	대전광역시	고향사랑기부제종합시스템유지관리	10,669	7	1	5	1	7	2	2	4
4048	대전광역시	갈마하나어린이집정원수목관리	7,000	7	4	7	5	7	1	3	1
4049	대전광역시	지방행정공통정보시스템유지관리안내데스크운영분담금	6,950	7	1	6	1	7	1	1	4
4050	대전 동구	구정주요정책홍보등	30,000	7	1	7	8	7	5	5	4
4051	대전 동구	청소위탁대행사업비	5,269,000	7	4	7	8	7	1	1	1
4052	대전 동구	생활쓰레기반입수수료	543,983	7	4	7	8	7	1	1	4
4053	대전 동구	국가암관리민간지원	509,600	7	2	7	8	7	5	5	4
4054	대전 동구	산모신생아건강관리지원	500,000	7	2	7	8	7	5	5	4
4055	대전 동구	음식물류폐기물반입수수료	417,560	7	4	7	8	7	1	1	4
4056	대전 동구	기저귀및조제분유지원	346,800	7	2	7	8	7	5	5	4
4057	대전 동구	치매치료관리비지원	239,500	7	2	7	8	7	5	5	4
4058	대전 동구	여성청소년보건위생물품지원(국비)	220,900	7	1	7	8	7	3	3	1
4059	대전 동구	지적재조사사업	166,496	7	2	5	1	7	1	1	1
4060	대전 동구	차세대지방재정관리시스템유지관리	113,008	7	1	7	1	7	4	5	4
4061	대전 동구	주요구정시책홍보	110,000	7	1	7	8	7	1	5	4
4062	대전 동구	낭월동도시재생현장지원센터위탁운영비	100,955	7	2	7	1	7	3	3	4
4063	대전 동구	특성화(문화관광형)시장육성(신도꼼지락시장)	100,000	7	2	6	2	6	2	2	1
4064	대전 동구	공통기반및재해복구전산장비유지관리분담금	94,761	7	1	5	1	7	2	2	4
4065	대전 동구	특성화(문화관광형)시장육성(역전지하상가)	92,000	7	2	6	2	6	2	2	1
4066	대전 동구	지방세정보시스템유지관리	81,475	7	1,5	5	1	7	2	2	4
4067	대전 동구	일반건강검진지원	67,500	7	2	7	8	7	5	5	4
4068	대전 동구	주민등록증발급대금	60,324	7	1	7	8	7	1	5	4
4069	대전 동구	산모신생아건강관리지원(자체)	60,000	7	2	7	8	7	5	5	4
4070	대전 동구	도로명주소정보화	55,377	7	6	5	1	7	5	5	4
4071	대전 동구	온나라시스템유지보수및운영지원분담금	53,462	7	1	5	1	7	2	2	4
4072	대전 동구	표준기록관리시스템유지관리	38,960	7	5	5	1	7	2	2	4
4073	대전 동구	세외수입정보시스템유지관리	36,017	7	1,5	5	1	7	2	2	4
4074	대전 동구	도로명주소기본도현행화	35,718	7	6	4	1	7	5	5	4
4075	대전 동구	차세대표준지방인사시스템유지관리분담금	33,857	7	5	5	1	2	3	1	4
4076	대전 동구	차세대주민등록정보시스템운영비	24,906	7	5	7	8	7	5	5	4
4077	대전 동구	지방행정(새올)통합정보시스템유지관리분담금	6,950	7	1	5	1	7	2	2	4

순번	시군구	지출명 (사업명)	2024년예산 (단위 : 천원 /1년간)	민간이전 분류 (지방자치단체 세출예산 집행기준에 의거) 1. 민간경상사업보조(307-02) 2. 민간단체 법정운영비보조(307-03) 3. 민간행사사업보조(307-04) 4. 민간위탁금(307-05) 5. 사회복지시설 법정운영비보조(307-10) 6. 민간인위탁교육비(307-12) 7. 공기관등에대한경상적위탁사업비(308-13) 8. 민간자본사업보조,자체재원(402-01) 9. 민간자본사업보조,이전재원(402-02) 10. 민간위탁사업비(402-03) 11. 공기관등에 대한 자본적 위탁사업비(403-02)	민간이전지출 근거 (지방보조금 관리기준 참고) 1. 법률에 규정 2. 국고보조 재원(국가지정) 3. 용도 지정 기부금 4. 조례에 직접규정 5. 지자체가 권장하는 사업을 하는 공공기관 6. 시,도 정책 및 재정사정 7. 기타 8. 해당없음	입찰방식 계약체결방법 (경쟁형태) 1. 일반경쟁 2. 제한경쟁 3. 지명경쟁 4. 수의계약 5. 법정위탁 6. 기타 ( ) 7. 없음	입찰방식 계약기간 1. 1년 2. 2년 3. 3년 4. 4년 5. 5년 6. 기타 ( )년 7. 단기계약 (1년미만) 8. 없음	입찰방식 낙찰자선정방법 1. 적격심사 2. 협상에의한계약 3. 최저가낙찰제 4. 규격가격분리 5. 2단계 경쟁입찰 6. 기타 ( ) 7. 없음	운영예산 산정 운영예산 산정 1. 내부산정 (지자체 자체적으로 산정) 2. 외부산정 (외부전문기관위탁 산정) 3. 내·외부 모두 산정 4. 산정 無 5. 없음	운영예산 산정 정산방법 1. 내부정산 (지자체 내부적으로 정산) 2. 외부정산 (외부전문기관위탁 정산) 3. 내·외부 모두 산정 4. 정산 無 5. 없음	성과평가 실시여부 1. 실시 2. 미실시 3. 향후 추진 4. 해당없음
4078	대전 동구	압류물건공매처분대행수수료	5,000	7	1	7	8	7	1	4	4
4079	대전 동구	의료급여수급권자영유아검진비지원	4,370	7	2	7	8	7	5	5	4
4080	대전 동구	지자체기능분류모델시스템(BRM)고도화	4,250	7	1	7	1	7	4	5	4
4081	대전 동구	공무원및공무직증신규,재발급	4,197	7	8	7	8	7	1	3	4
4082	대전 동구	보건소결핵관리사업	4,000	7	2	7	8	7	1	5	4
4083	대전 동구	청소년산모임신출산의료비지원	2,400	7	2	7	8	7	5	5	4
4084	대전 동구	표준모자보건수첩제작	2,000	7	2	7	8	7	5	5	4
4085	대전 동구	희귀질환자의료비지원	215,200	7	2	5	8	7	5	2	4
4086	대전 중구	국가암관리지자체지원	515,405	7	2	5	8	7	1	1	4
4087	대전 중구	음식물류폐기물반입처리비	450,965	7	1	1	8	7	1	1	4
4088	대전 중구	희귀질환자의료비지원사업	415,200	7	2	5	8	7	1	1	1
4089	대전 중구	장애인의료비지원	372,133	7	1	7	8	7	1	1	4
4090	대전 중구	기저귀및조제분유지원	333,200	7	2	5	8	7	1	1	4
4091	대전 중구	2024년석교동현장지원센터운영위탁사업비	262,592	7	1	6	6	7	1	1	4
4092	대전 중구	여성청소년보건위생물품지원	182,600	7	1	7	8	7	3	3	3
4093	대전 중구	치매치료관리비지원	172,440	7	6	5	8	7	2	1	4
4094	대전 중구	구정홍보광고료	130,000	7	1	7	8	7	3	3	4
4095	대전 중구	공통기반전산장비및재해복구유지보수	101,673	7	1	5	1	7	1	1	4
4096	대전 중구	차세대지방재정관리시스템유지보수	98,892	7	1	5	1	7	3	2	4
4097	대전 중구	지방세정보시스템운영유지관리	81,475	7	1	5	1	7	2	2	4
4098	대전 중구	산모신생아건강관리지원사업(자체)	80,000	7	6	5	8	7	2	2	1
4099	대전 중구	온나라문서시스템위탁사업비	64,339	7	1	5	1	7	1	1	4
4100	대전 중구	주민등록증공급대금납부	61,248	7	1	7	8	7	3	2	4
4101	대전 중구	2024년빈집실태조사용역비	60,000	7	1	7	8	7	1	1	1
4102	대전 중구	의료급여수급권자일반검진비지원	57,781	7	2	5	8	7	5	5	3
4103	대전 중구	주소정보관리시스템유지관리	55,377	7	1	7	1	7	1	1	4
4104	대전 중구	기록물관리시스템유지보수	39,962	7	8	1	1	2	5	5	4
4105	대전 중구	지방세외수입정보시스템운영관리	36,017	7	1	5	1	7	2	2	4
4106	대전 중구	지방인사정보시스템유지보수	33,857	7	1	5	1	2	2	2	1
4107	대전 중구	축제언론보도광고료등홍보비	30,000	7	1	7	8	7	2	2	1
4108	대전 중구	입체주소구축및주소정보기본도유지관리사업	27,764	7	1	7	1	7	1	1	4
4109	대전 중구	차세대주민등록정보시스템운영비분담금	24,906	7	1	7	8	7	5	5	4
4110	대전 중구	청백e시스템운영지원비	12,507	7	1	5	1	7	1	1	1
4111	대전 중구	고향사랑기부제종합운영시스템위탁사업비	9,467	7	1	5	1	2	2	2	4
4112	대전 중구	청소년증발급	8,136	7	1	7	8	7	2	2	4
4113	대전 중구	지방행정통합정보시스템(새올)서비스데스크운영	6,950	7	1	5	1	7	1	1	4
4114	대전 중구	지자체기능분류모델시스템고도화사업분담금	4,250	7	7	7	8	7	3	2	4
4115	대전 중구	병의원접촉자검진비공단위탁금	2,360	7	2	7	8	7	5	5	4
4116	대전 중구	행려사망자신문공고료	2,310	7	1	7	8	7	5	5	4
4117	대전 중구	청소년산모임신출산의료비지원	1,200	7	2	5	8	7	1	5	4

순번	시군구	지출명 (사업명)	2024년예산 (단위 : 천원 /1년간)	민간이전 분류 (지방자치단체 세출예산 집행기준에 의거) 1. 민간경상사업보조(307-02) 2. 민간단체 법정운영비보조(307-03) 3. 민간행사사업보조(307-04) 4. 민간위탁금(307-05) 5. 사회복지시설 법정운영비보조(307-10) 6. 민간인위탁교육비(307-12) 7. 공기관등에대한경상적위탁사업비(308-13) 8. 민간자본사업보조,자체재원(402-01) 9. 민간자본사업보조,이전재원(402-02) 10. 민간위탁사업비(402-03) 11. 공기관등에 대한 자본적 위탁사업비(403-02)	민간이전지출 근거 (지방보조금 관리기준 참고) 1. 법률에 규정 2. 국고보조 재원(국가지정) 3. 용도 지정 기부금 4. 조례에 직접규정 5. 지자체가 권장하는 사업을 하는 공공기관 6. 시,도 정책 및 재정사정 7. 기타 8. 해당없음	입찰방식 계약체결방법 (경쟁형태) 1. 일반경쟁 2. 제한경쟁 3. 지명경쟁 4. 수의계약 5. 법정위탁 6. 기타 ( ) 7. 없음	입찰방식 계약기간 1. 1년 2. 2년 3. 3년 4. 4년 5. 5년 6. 기타 ( )년 7. 단기계약 (1년미만) 8. 없음	입찰방식 낙찰자선정방법 1. 적격심사 2. 협상에의한계약 3. 최저가낙찰제 4. 규격가격분리 5. 2단계 경쟁입찰 6. 기타 ( ) 7. 없음	운영예산 산정 운영예산 산정 1. 내부산정 (지자체 자체적으로 산정) 2. 외부산정 (외부전문기관위탁 산정) 3. 내·외부 모두 산정 4. 산정 無 5. 없음	운영예산 산정 정산방법 1. 내부정산 (지자체 내부적으로 정산) 2. 외부정산 (외부전문기관위탁 정산) 3. 내·외부 모두 산정 4. 정산 無 5. 없음	성과평가 실시여부 1. 실시 2. 미실시 3. 향후 추진 4. 해당없음
4118	대전 서구	생활폐기물처리	1,728,394	7	4	4	1	2	1	1	4
4119	대전 서구	기저귀및조제분유지원	1,020,000	7	2	7	8	7	1	1	4
4120	대전 서구	국가암관리지자체지원(암검진)	762,700	7	2	7	8	7	1	1	4
4121	대전 서구	생활폐기물처리	756,306	7	1	7	8	7	5	5	4
4122	대전 서구	음식물류폐기물처리	601,287	7	1	7	8	7	5	5	4
4123	대전 서구	희귀난치성질환자의료비지원사업	446,262	7	2	7	8	7	1	1	4
4124	대전 서구	여성청소년생리용품지원	321,100	7	1	5	8	7	1	1	4
4125	대전 서구	장애인의료비지원	278,233	7	1	7	8	7	1	2	4
4126	대전 서구	산모신생아건강관리지원사업	220,000	7	2	7	8	7	1	1	4
4127	대전 서구	치매치료관리비지원(전환사업)	210,760	7	1,6	5	8	7	1	1	1
4128	대전 서구	정림동도시재생뉴딜사업	179,069	7	5	7	8	7	1	1	4
4129	대전 서구	대형폐기물PP마대처리	178,444	7	1	7	8	7	5	5	4
4130	대전 서구	통합지방재정시스템운영유지관리비	113,008	7	1	1	1	2	2	2	4
4131	대전 서구	도로명주소사업	106,000	7	8	5	1	7	5	5	4
4132	대전 서구	의료급여수급권자일반검진비지원	99,200	7	2	7	8	7	1	1	4
4133	대전 서구	세무전산시스템운영	86,679	7	8	2	7	2	2	2	4
4134	대전 서구	의정활동홍보	67,100	7	1	7	8	7	1	1	4
4135	대전 서구	지적재조사사업	65,340	7	2	4	1	7	5	5	4
4136	대전 서구	빈집정비사업	55,000	7	5	7	8	7	1	1	4
4137	대전 서구	표준기록관리시스템유지관리	46,000	7	1	7	1	7	2	2	4
4138	대전 서구	인사행정정보시스템운영	45,143	7	1	7	1	7	2	2	4
4139	대전 서구	지방세및세외수입체납액징수	43,438	7	1	5	1	7	2	2	1
4140	대전 서구	주민등록업무추진	31,739	7	1	7	8	7	2	5	4
4141	대전 서구	혁신교육지구사업	25,000	7	5	7	8	7	1	1	4
4142	대전 서구	청소년증발급	20,000	7	1	7	8	7	5	5	4
4143	대전 서구	의료급여수급권자영유아검진비지원	15,048	7	2	7	8	7	1	1	4
4144	대전 서구	자체감사운영	14,092	7	1	2	1	2	2	2	4
4145	대전 서구	고향사랑기부제운영	10,669	7	1	7	1	7	5	5	4
4146	대전 서구	보건소결핵관리사업	7,100	7	2	7	8	7	5	5	4
4147	대전 서구	우편모아시스템유지관리	5,600	7	1	7	1	7	2	2	4
4148	대전 서구	기능분류모델시스템고도화	5,250	7	1	7	8	7	5	5	4
4149	대전 서구	청소년산모임신출산의료비지원	4,500	7	2	7	8	7	1	1	4
4150	대전 유성구	도안지구자동집하시설운영	2,276,899	7	1	7	8	7	4	1	4
4151	대전 유성구	산모신생아건강관리지원	1,400,000	7	6	7	8	7	5	5	4
4152	대전 유성구	저소득층기저귀조제분유지원	668,000	7	2	7	8	7	5	5	4
4153	대전 유성구	생활폐기물처리반입수수료	600,000	7	8	7	8	7	5	5	4
4154	대전 유성구	산모신생아건강관리지원(자체)	400,000	7	6	7	8	7	5	5	4
4155	대전 유성구	국가암검진사업	386,258	7	2	7	8	7	5	5	4
4156	대전 유성구	음식물류폐기물공공처리시설반입수수료	334,048	7	8	7	8	7	5	5	4
4157	대전 유성구	희귀난치성질환자의료비지원	230,712	7	1	5	8	7	2	2	2

순번	시군구	지출명 (사업명)	2024년예산 (단위 : 천원 /1년간)	민간이전 분류 (지방자치단체 세출예산 집행기준에 의거) 1. 민간경상사업보조(307-02) 2. 민간단체 법정운영비보조(307-03) 3. 민간행사사업보조(307-04) 4. 민간위탁금(307-05) 5. 사회복지시설 법정운영비보조(307-10) 6. 민간인위탁교육비(307-12) 7. 공기관등에대한경상적위탁사업비(308-13) 8. 민간자본사업보조,자체재원(402-01) 9. 민간자본사업보조,이전재원(402-02) 10. 민간위탁사업비(402-03) 11. 공기관등에 대한 자본적 위탁사업비(403-02)	민간이전지출 근거 (지방보조금 관리기준 참고) 1. 법률에 규정 2. 국고보조 재원(국가지정) 3. 용도 지정 기부금 4. 조례에 직접규정 5. 지자체가 권장하는 사업을 하는 공공기관 6. 시,도 정책 및 재정사정 7. 기타 8. 해당없음	입찰방식			운영예산 산정		성과평가 실시여부
						계약체결방법 (경쟁형태) 1. 일반경쟁 2. 제한경쟁 3. 지명경쟁 4. 수의계약 5. 법정위탁 6. 기타 ( ) 7. 없음	계약기간 1. 1년 2. 2년 3. 3년 4. 4년 5. 5년 6. 기타 ( )년 7. 단기계약 (1년미만) 8. 없음	낙찰자선정방법 1. 적격심사 2. 협상에의한계약 3. 최저가낙찰제 4. 규격가격분리 5. 2단계 경쟁입찰 6. 기타 ( ) 7. 없음	운영예산 산정 1. 내부산정 (지자체 자체적으로 산정) 2. 외부산정 (외부전문기관위탁 산정) 3. 내·외부 모두 산정 4. 산정 無 5. 없음	정산방법 1. 내부정산 (지자체 내부적으로 정산) 2. 외부정산 (외부전문기관위탁 정산) 3. 내·외부 모두 산정 4. 정산 無 5. 없음	1. 실시 2. 미실시 3. 향후 추진 4. 해당없음
4158	대전 유성구	꿈나무과학멘토사업	160,000	7	4	7	8	7	1	1	2
4159	대전 유성구	주요구정홍보비	150,000	7	1	7	8	7	1	1	4
4160	대전 유성구	여성청소년생리용품지원	146,200	7	1	5	8	7	1	1	1
4161	대전 유성구	치매치료관리비지원	143,700	7	5	7	8	7	5	5	4
4162	대전 유성구	장애인의료비지원	118,910	7	1	7	8	7	1	1	4
4163	대전 유성구	통합지방재정시스템운영및유지관리	113,008	7	1	5	1	7	5	5	4
4164	대전 유성구	공통기반전산장비및재해복구시스템유지관리	106,899	7	1	5	1	7	2	2	4
4165	대전 유성구	디지털골목식당운영	105,421	7	5	7	8	7	1	1	1
4166	대전 유성구	지방세정보시스템운영유지관리비	86,679	7	5	5	1	7	5	5	1
4167	대전 유성구	온나라시스템(전자결재)위탁사업비	68,816	7	1	5	1	7	2	2	4
4168	대전 유성구	의정홍보광고료	60,000	7	7	7	8	7	1	4	4
4169	대전 유성구	국가주소정보시스템유지관리위탁	55,377	7	1	5	1	2	2	2	4
4170	대전 유성구	빈집실태조사용역	50,000	7	1	5	7	2	1	1	4
4171	대전 유성구	죽동문화센터유지관리비	48,608	7	5	4	6	7	1	3	2
4172	대전 유성구	의료급여수급권자일반건강검진	45,000	7	1	5	8	7	2	2	2
4173	대전 유성구	관학협력사업	43,000	7	4	7	8	7	1	1	1
4174	대전 유성구	디지털골목식당청년IT지원단운영	41,000	7	2	7	8	7	1	1	1
4175	대전 유성구	지방세외수입정보시스템유지보수	40,965	7	5	5	1	7	5	5	1
4176	대전 유성구	표준기록관리시스템위탁운영비	40,916	7	5	5	1	7	5	5	1
4177	대전 유성구	입체주소구축및주소정보기본도유지관리위탁	39,537	7	1	5	1	2	2	2	4
4178	대전 유성구	차세대표준지방인사정보시스템유지관리등	36,678	7	1	5	1	7	2	2	4
4179	대전 유성구	차세대주민등록시스템운영	28,246	7	1	7	8	7	2	2	4
4180	대전 유성구	대학협력사업	27,000	7	5	7	8	7	1	1	1
4181	대전 유성구	아동친화도시팝업놀이터(구정참여형)	25,000	7	6	4	7	2	1	1	1
4182	대전 유성구	데이터기반실증리빙랩프로그램	22,000	7	5	4	1	7	1	1	3
4183	대전 유성구	지역문제해결형대학협력사업	20,000	7	5	7	8	7	1	1	1
4184	대전 유성구	청백e시스템유지관리	13,301	7	1	7	1	7	2	2	4
4185	대전 유성구	종합정보시스템유지관리비	9,467	7	1	5	1	7	2	2	4
4186	대전 유성구	지방행정통합정보시스템상담센터운영관리	6,950	7	1	5	1	7	2	2	4
4187	대전 유성구	농업생산기반시설폐지신문공고료	6,600	7	1	7	8	7	1	1	4
4188	대전 유성구	도시관리계획결정(변경)공고료	6,600	7	1	7	8	7	1	1	4
4189	대전 유성구	영유아건강검진비	5,000	7	2	7	8	7	5	5	4
4190	대전 유성구	기능분류모델시스템고도화	4,250	7	1	7	8	7	5	5	4
4191	대전 유성구	가족접촉자병의원검진비	4,000	7	2	5	8	7	1	1	2
4192	대전 유성구	고시,공고료	3,300	7	1	7	8	7	1	1	4
4193	대전 유성구	공무원증발급	2,798	7	1	5	8	7	1	1	4
4194	대전 유성구	LPG용기사용가구호스교체지원	2,700	7	2	6	6	2	5	5	4
4195	대전 유성구	청소년산모임신출산의료비지원	2,400	7	2	7	8	7	5	5	4
4196	대전 유성구	공무원증발급	140	7	8	5	8	7	5	5	4
4197	대전 대덕구	생활폐기물공공처리(폐기물반입수수료)	419,520	7	4	7	8	7	4	4	4

순번	시군구	지출명 (사업명)	2024년예산 (단위 : 천원 /1년간)	민간이전 분류 (지방자치단체 세출예산 집행기준에 의거) 1. 민간경상사업보조(307-02) 2. 민간단체 법정운영비보조(307-03) 3. 민간행사사업보조(307-04) 4. 민간위탁금(307-05) 5. 사회복지시설 법정운영비보조(307-10) 6. 민간인위탁교육비(307-12) 7. 공기관등에대한경상적위탁사업비(308-13) 8. 민간자본사업보조,자체재원(402-01) 9. 민간자본사업보조,이전재원(402-02) 10. 민간위탁사업비(402-03) 11. 공기관등에 대한 자본적 위탁사업비(403-02)	민간이전지출 근거 (지방보조금 관리기준 참고) 1. 법률에 규정 2. 국고보조 재원(국가지정) 3. 용도 지정 기부금 4. 조례에 직접규정 5. 지자체가 권장하는 사업을 하는 공공기관 6. 시,도 정책 및 재정사정 7. 기타 8. 해당없음	입찰방식 계약체결방법 (경쟁형태) 1. 일반경쟁 2. 제한경쟁 3. 지명경쟁 4. 수의계약 5. 법정위탁 6. 기타 ( ) 7. 없음	입찰방식 계약기간 1. 1년 2. 2년 3. 3년 4. 4년 5. 5년 6. 기타 ( )년 7. 단기계약 (1년미만) 8. 없음	입찰방식 낙찰자선정방법 1. 적격심사 2. 협상에의한계약 3. 최저가낙찰제 4. 규격가격분리 5. 2단계 경쟁입찰 6. 기타 ( ) 7. 없음	운영예산 산정 운영예산 산정 1. 내부산정 (지자체 자체적으로 산정) 2. 외부산정 (외부전문기관위탁 산정) 3. 내·외부 모두 산정 4. 산정 無 5. 없음	운영예산 산정 정산방법 1. 내부정산 (지자체 내부적으로 정산) 2. 외부정산 (외부전문기관위탁 정산) 3. 내·외부 모두 산정 4. 정산 無 5. 없음	성과평가 실시여부 1. 실시 2. 미실시 3. 향후 추진 4. 해당없음
4198	대전 대덕구	음식물류폐기물반입수수료	400,858	7	4	7	8	7	5	5	4
4199	대전 대덕구	여성청소년생리용품지원	165,600	7	1	7	8	7	5	2	4
4200	대전 대덕구	장애인의료비지원(국비)	142,418	7	1	7	8	7	1	2	4
4201	대전 대덕구	지방세정보시스템유지보수비	76,268	7	1	5	1	7	5	5	4
4202	부산 중구	지역사회서비스투자사업(지역개발형)	280,505	7	1	7	8	7	5	5	4
4203	부산 중구	가사간병방문도우미	48,312	7	1	7	8	7	5	5	4
4204	부산 중구	일간지,인터넷,방송등활용홍보	40,000	7	1	7	8	7	5	5	4
4205	부산 중구	KTX모니터활용홍보	30,000	7	1	7	8	7	5	5	4
4206	부산 중구	청년마음건강지원사업	6,698	7	1	7	8	7	5	5	4
4207	부산 중구	공식SNS콘텐츠활용홍보	4,000	7	1	7	8	7	5	5	4
4208	부산 중구	정부서울청사전광판활용홍보	1,500	7	1	7	8	7	5	5	4
4209	부산 서구	영유아보육료지원	3,737,991	7	2	7	8	7	1	1	2
4210	부산 서구	만3~5세누리과정보육료지원	1,927,479	7	1	7	8	7	1	1	2
4211	부산 서구	첫만남이용권지원	765,000	7	1	7	8	7	1	1	4
4212	부산 서구	지역사회서비스투자사업(지역개발형)	750,616	7	2	5	8	7	5	5	4
4213	부산 서구	발달장애인주간활동서비스지원	596,053	7	2	7	8	7	5	5	4
4214	부산 서구	폐기물처리(광역처리시설반입수수료)	340,000	7	4	6	8	7	5	4	4
4215	부산 서구	발달재활서비스바우처지원	292,505	7	2	7	8	7	5	5	4
4216	부산 서구	국가암관리사업(암검진)	285,000	7	1	7	8	7	5	5	4
4217	부산 서구	장애인의료비지원	223,624	7	2	7	8	7	5	5	4
4218	부산 서구	희귀난치성질환자의료비지원	210,000	7	1	7	8	7	1	1	1
4219	부산 서구	중증장애인활동보조지원	180,886	7	2	7	8	7	5	5	4
4220	부산 서구	중요기록물D/B구축사업	150,000	7	1	7	8	7	5	5	4
4221	부산 서구	발달장애인방과후활동서비스지원	126,627	7	2	7	8	7	5	5	4
4222	부산 서구	치매치료관리비지원(2단계시도전환사업)	116,500	7	1	7	8	7	1	1	1
4223	부산 서구	음식물류폐기물공공기관처리수수료지급	95,400	7	1	5	8	7	1	1	1
4224	부산 서구	통합지방재정시스템운영및유지관리	84,758	7	1	5	1	7	2	1	4
4225	부산 서구	시군구공통기반시스템유지보수(개발원위탁)	83,000	7	1	6	1	7	2	2	4
4226	부산 서구	2024년지방세정보시스템유지보수비	71,065	7	1	5	1	7	2	2	4
4227	부산 서구	활동보조가산급여지원	61,046	7	2	7	8	7	5	5	4
4228	부산 서구	주소정보관리시스템(KAIS)유지보수	53,727	7	1	6	1	7	3	1	4
4229	부산 서구	의료급여수급권자일반건강검진비지원	40,716	7	1	7	8	7	5	5	4
4230	부산 서구	온나라시스템유지보수및서비스데스크운영(개발원위탁)	36,945	7	1	6	1	7	2	2	4
4231	부산 서구	지적재조사사업비(일필지측량비)	35,090	7	1	5	2	7	5	5	4
4232	부산 서구	표준기록관리시스템통합유지관리	35,000	7	1	5	1	7	2	1	4
4233	부산 서구	2024년도지방세외수입정보시스템운영관리	33,543	7	1	5	1	7	2	2	1
4234	부산 서구	주소정보기본도유지보수	23,632	7	1	6	1	7	3	1	4
4235	부산 서구	구정시책홍보	23,600	7	1	5	8	7	5	5	4
4236	부산 서구	지역자율형사회서비스투자사업(지역지원)	14,499	7	2	5	8	7	5	5	4
4237	부산 서구	구정홍보소통강화(신규)	12,100	7	1	7	8	7	5	5	4

순번	시군구	지출명 (사업명)	2024년예산 (단위 : 천원 /1년간)	민간이전 분류 (지방자치단체 세출예산 집행기준에 의거) 1. 민간경상사업보조(307-02) 2. 민간단체 법정운영비보조(307-03) 3. 민간행사사업보조(307-04) 4. 민간위탁금(307-05) 5. 사회복지시설 법정운영비보조(307-10) 6. 민간인위탁교육비(307-12) 7. 공기관등에대한경상적위탁사업비(308-13) 8. 민간자본사업보조,자체재원(402-01) 9. 민간자본사업보조,이전재원(402-02) 10. 민간위탁사업비(402-03) 11. 공기관등에 대한 자본적 위탁사업비(403-02)	민간이전지출 근거 (지방보조금 관리기준 참고) 1. 법률에 규정 2. 국고보조 재원(국가지정) 3. 용도 지정 기부금 4. 조례에 직접규정 5. 지자체가 권장하는 사업을 하는 공공기관 6. 시,도 정책 및 재정사정 7. 기타 8. 해당없음	입찰방식 계약체결방법 (경쟁형태) 1. 일반경쟁 2. 제한경쟁 3. 지명경쟁 4. 수의계약 5. 법정위탁 6. 기타 ( ) 7. 없음	입찰방식 계약기간 1. 1년 2. 2년 3. 3년 4. 4년 5. 5년 6. 기타 ( )년 7. 단기계약 (1년미만) 8. 없음	입찰방식 낙찰자선정방법 1. 적격심사 2. 협상에의한계약 3. 최저가낙찰제 4. 규격가격분리 5. 2단계 경쟁입찰 6. 기타 ( ) 7. 없음	운영예산 산정 운영예산 산정 1. 내부산정 (지자체 자체적으로 산정) 2. 외부산정 (외부전문기관위탁 산정) 3. 내·외부 모두 산정 4. 산정 無 5. 없음	운영예산 산정 정산방법 1. 내부정산 (지자체 내부적으로 정산) 2. 외부정산 (외부전문기관위탁 정산) 3. 내·외부 모두 산정 4. 정산 無 5. 없음	성과평가 실시여부 1. 실시 2. 미실시 3. 향후 추진 4. 해당없음
4238	부산 서구	청백e(통합상시모니터링시스템)운영	11,719	7	1	5	1	7	2	1	4
4239	부산 서구	폐비닐위탁처리비	9,600	7	6	7	8	7	1	5	4
4240	부산 서구	지방행정통합정보시스템상담센터운영(개발원위탁)	7,000	7	1	6	1	7	2	2	4
4241	부산 서구	보건소결핵관리사업	6,000	7	2	7	8	7	5	5	4
4242	부산 서구	자치단체우편모아시스템통합유지관리	5,600	7	1	4	1	7	2	2	4
4243	부산 서구	지적측량기준점위탁관리수수료	4,708	7	1	5	1	7	1	1	2
4244	부산 서구	기능분류모델시스템지자체분담금	3,250	7	8	7	8	7	5	5	4
4245	부산 서구	시군구재해복구시스템운영지원(개발원위탁)	1,276	7	1	6	1	7	2	2	4
4246	부산 서구	의료급여수급권자영유아검진비지원	1,163	7	1	7	8	7	5	5	4
4247	부산 서구	언어발달지원	1,000	7	2	7	8	7	5	5	4
4248	부산 서구	발달장애인부모심리상담지원	930	7	2	7	8	7	5	5	4
4249	부산 서구	표준모자보건수첩제작	460	7	1	7	8	7	5	5	4
4250	부산 동구	지역사회서비스투자사업	669,820	7	2	7	8	7	5	5	4
4251	부산 동구	빈집실태조사및정비계획수립	154,250	7	5	7	8	7	5	5	4
4252	부산 동구	지방재정관리시스템운영지원분담금	84,868	7	2	7	1	7	2	2	1
4253	부산 동구	2024년공통기반전산장비및재해복구시스템유지관리위탁비	78,000	7	1	6	1	7	2	2	1
4254	부산 동구	지방세정보화사업	71,065	7	1	5	1	7	2	2	1
4255	부산 동구	음식물쓰레기수영하수처리장반입수수료	57,240	7	5	4	1	7	1	1	4
4256	부산 동구	생곡음식물쓰레기자원화시설반입수수료	31,800	7	5	4	1	7	1	1	4
4257	부산 동구	차세대주민등록정보시스템운영비(주민등록업무지원)	19,950	7	6	6	1	7	2	5	4
4258	부산 동구	2024년온나라시스템상용SW유지관리위탁비	17,752	7	1	6	1	7	2	2	1
4259	부산 동구	지적기준점위탁조사용역	15,989	7	1	5	1	7	5	5	4
4260	부산 동구	2024년새올행정시스템서비스데스크운영비	7,260	7	1	6	1	7	2	2	1
4261	부산 영도구	지역사회서비스투자사업(지역개발형)	1,544,813	7	1	5	8	7	1	1	1
4262	부산 영도구	발달장애인주간활동서비스지원	720,163	7	1	5	8	7	5	5	4
4263	부산 영도구	온나라문서2.고도화전환위탁사업비	509,468	7	1	7	8	7	5	5	4
4264	부산 영도구	중증장애인활동지원	448,191	7	1	5	8	7	5	5	4
4265	부산 영도구	활동보조가산급여	348,855	7	1	5	8	7	5	5	4
4266	부산 영도구	국가지정문화재및국가등록문화재보수정비(태종대소나무재선충방제)(태종대소나무재선충방제및식생정비)	300,000	7	2	7	8	7	5	5	1
4267	부산 영도구	발달장애인바우처지원	269,644	7	1	5	8	7	5	5	4
4268	부산 영도구	일상돌봄서비스사업(일상돌봄서비스사업)	214,286	7	1	5	8	7	1	1	1
4269	부산 영도구	생활쓰레기수집운반처리(생활쓰레기반입수수료)	201,600	7	7	7	8	7	5	5	4
4270	부산 영도구	기관보육료지원어린이집만35세부모부담보육료지원(기관보육료지원어린이집만35세차액보육료지원)	185,987	7	2	7	8	1	5	5	4
4271	부산 영도구	장애인의료비지원	158,890	7	2	7	8	7	5	5	4
4272	부산 영도구	청소년발달장애학생방과후활동서비스지원	122,542	7	1	5	8	7	5	5	4
4273	부산 영도구	음식물류재활용(음식물류위탁처리비)	120,204	7	6	7	8	7	1	1	4
4274	부산 영도구	통합지방재정시스템운영및유지관리	84,758	7	1	5	1	7	2	2	1
4275	부산 영도구	빈집실태조사및정비계획수립(정비계획수립)	80,000	7	1	7	8	7	5	5	4
4276	부산 영도구	공통기반및재해복구시스템유지관리	71,573	7	1	5	1	7	5	5	4
4277	부산 영도구	차세대지방세정보시스템운영유지관리	71,065	7	1	6	2	2	2	2	4

순번	시군구	지출명 (사업명)	2024년예산 (단위 : 천원 /1년간)	민간이전 분류 (지방자치단체 세출예산 집행기준에 의거) 1. 민간경상사업보조(307-02) 2. 민간단체 법정운영비보조(307-03) 3. 민간행사사업보조(307-04) 4. 민간위탁금(307-05) 5. 사회복지시설 법정운영비보조(307-10) 6. 민간인위탁교육비(307-12) 7. 공기관등에대한경상적위탁사업비(308-13) 8. 민간자본사업보조,자체재원(402-01) 9. 민간자본사업보조,이전재원(402-02) 10. 민간위탁사업비(402-03) 11. 공기관등에 대한 자본적 위탁사업비(403-02)	민간이전지출 근거 (지방보조금 관리기준 참고) 1. 법률에 규정 2. 국고보조 재원(국가지정) 3. 용도 지정 기부금 4. 조례에 직접규정 5. 지자체가 권장하는 사업을 하는 공공기관 6. 시,도 정책 및 재정사정 7. 기타 8. 해당없음	입찰방식 계약체결방법 (경쟁형태) 1. 일반경쟁 2. 제한경쟁 3. 지명경쟁 4. 수의계약 5. 법정위탁 6. 기타 ( ) 7. 없음	입찰방식 계약기간 1. 1년 2. 2년 3. 3년 4. 4년 5. 5년 6. 기타 ( )년 7. 단기계약 (1년미만) 8. 없음	입찰방식 낙찰자선정방법 1. 적격심사 2. 협상에의한계약 3. 최저가낙찰제 4. 규격가격분리 5. 2단계 경쟁입찰 6. 기타 ( ) 7. 없음	운영예산 산정 운영예산 산정 1. 내부산정 (지자체 자체적으로 산정) 2. 외부산정 (외부전문기관위탁 산정) 3. 내·외부 모두 산정 4. 산정 無 5. 없음	운영예산 산정 정산방법 1. 내부정산 (지자체 내부적으로 정산) 2. 외부정산 (외부전문기관위탁 정산) 3. 내·외부 모두 산정 4. 정산 無 5. 없음	성과평가 실시여부 1. 실시 2. 미실시 3. 향후 추진 4. 해당없음
4278	부산 영도구	결핵환자가족접촉자조사(보건소결핵관리사업)	56,000	7	2	7	8	7	5	5	4
4279	부산 영도구	주소정보관리시스템유지보수및운영	53,727	7	1	5	1	7	5	5	4
4280	부산 영도구	빈집실태조사및정비계획수립(빈집실태조사)	46,695	7	1	7	8	7	5	5	4
4281	부산 영도구	지적재조사사업(일필지측량수수료)	34,848	7	2	7	8	7	5	5	4
4282	부산 영도구	기록관환경및시설정비(표준기록관리시스템유지보수)	31,610	7	8	6	1	7	2	2	1
4283	부산 영도구	차세대지방세외수입정보시스템유지관리	31,069	7	1	6	1	6	2	2	4
4284	부산 영도구	영도소식지등제작(구정홍보광고비)	26,000	7	1	7	8	7	5	5	4
4285	부산 영도구	차세대주민등록시스템운영	22,179	7	1	5	1	7	2	2	3
4286	부산 영도구	차세대표준지방인사정보시스템운영지원	21,199	7	1	5	1	7	2	2	3
4287	부산 영도구	주소정보기본도유지보수	20,980	7	1	5	1	7	5	5	4
4288	부산 영도구	지적기준점현황조사관리업무위탁	13,352	7	1	5	1	7	5	5	4
4289	부산 영도구	청년마음건강지원사업(청년마음건강지원사업)	12,042	7	1	5	8	7	1	1	1
4290	부산 영도구	고향사랑기부종합정보시스템운영	9,467	7	1	5	1	7	2	2	3
4291	부산 영도구	온나라시스템운영지원비	7,800	7	1	5	1	7	5	5	4
4292	부산 영도구	지역사회중심금연지원서비스(금연사업광고비)	7,500	7	6	7	8	7	5	5	4
4293	부산 영도구	지방행정정보시스템서비스데스크운영비	6,950	7	1	5	1	7	5	5	4
4294	부산 영도구	온나라시스템상용소프트웨어유지비	5,700	7	1	5	1	7	5	5	4
4295	부산 영도구	고객지향민원행정관리(우편모아시스템통합유지관리비)	5,600	7	8	6	1	7	2	2	1
4296	부산 영도구	언어발달지원바우처지원	2,000	7	1	5	8	7	5	5	4
4297	부산 영도구	발달장애인부모심리상담지원사업	480	7	1	5	8	7	5	5	4
4298	부산 부산진구	발달장애인주간활동서비스지원	1,618,595	7	1	7	8	7	5	5	4
4299	부산 부산진구	발달재활서비스지원	1,116,000	7	1	7	8	7	5	5	4
4300	부산 부산진구	주거급여(수선유지급여)	1,030,000	7	1	5	1	2	1	1	2
4301	부산 부산진구	산모신생아건강관리지원	925,572	7	2	7	8	7	5	5	4
4302	부산 부산진구	장애인활동지원	889,764	7	1	7	8	7	5	5	4
4303	부산 부산진구	국가암관리지자체지원	800,600	7	2	5	8	7	5	5	4
4304	부산 부산진구	장애인의료비지원	522,438	7	1	7	8	7	5	5	4
4305	부산 부산진구	장애인활동지원가산급여(국비보조)	517,468	7	1	7	8	7	5	5	4
4306	부산 부산진구	희귀질환자의료비지원사업	511,000	7	2	5	8	7	5	5	4
4307	부산 부산진구	저소득층기저귀및조제분유지원	490,000	7	2	7	8	7	5	5	4
4308	부산 부산진구	치매치료관리비지원	253,698	7	2	7	8	7	5	5	4
4309	부산 부산진구	청소년발달장애학생방과후활동서비스	224,268	7	1	7	8	7	5	5	4
4310	부산 부산진구	통합지방재정관리시스템(e호조)운영관리	113,008	7	7	5	8	7	5	5	4
4311	부산 부산진구	산모신생아건강관리지원확대사업	110,000	7	6	7	8	7	5	5	4
4312	부산 부산진구	차세대지방세정보시스템유지보수비	86,679	7	1	6	1	6	2	2	1
4313	부산 부산진구	지적재조사업무추진	80,344	7	1	5	7	7	5	5	4
4314	부산 부산진구	의료급여수급권자일반검진비지원	69,000	7	2	5	8	7	5	5	4
4315	부산 부산진구	주소정보관리시스템유지관리	55,377	7	2	5	1	7	5	5	4
4316	부산 부산진구	주소정보기본도유지보수사업	48,429	7	2	5	1	7	5	5	4
4317	부산 부산진구	차세대세외수입정보시스템유지보수비	40,965	7	1	5	1	7	2	2	1

순번	시군구	지출명 (사업명)	2024년예산 (단위 : 천원 /1년간)	민간이전 분류 (지방자치단체 세출예산 집행기준에 의거) 1. 민간경상사업보조(307-02) 2. 민간단체 법정운영비보조(307-03) 3. 민간행사사업보조(307-04) 4. 민간위탁금(307-05) 5. 사회복지시설 법정운영비보조(307-10) 6. 민간인위탁교육비(307-12) 7. 공기관등에대한경상적위탁사업비(308-13) 8. 민간자본사업보조,자체재원(402-01) 9. 민간자본사업보조,이전재원(402-02) 10. 민간위탁사업비(402-03) 11. 공기관등에 대한 자본적 위탁사업비(403-02)	민간이전지출 근거 (지방보조금 관리기준 참고) 1. 법률에 규정 2. 국고보조 재원(국가지정) 3. 용도 지정 기부금 4. 조례에 직접규정 5. 지자체가 권장하는 사업을 하는 공공기관 6. 시,도 정책 및 재정사정 7. 기타 8. 해당없음	입찰방식			운영예산 산정		성과평가 실시여부
						계약체결방법 (경쟁형태) 1. 일반경쟁 2. 제한경쟁 3. 지명경쟁 4. 수의계약 5. 법정위탁 6. 기타 ( ) 7. 없음	계약기간 1. 1년 2. 2년 3. 3년 4. 4년 5. 5년 6. 기타 ( )년 7. 단기계약 (1년미만) 8. 없음	낙찰자선정방법 1. 적격심사 2. 협상에의한계약 3. 최저가낙찰제 4. 규격가격분리 5. 2단계 경쟁입찰 6. 기타 ( ) 7. 없음	운영예산 산정 1. 내부산정 (지자체 자체적으로 산정) 2. 외부산정 (외부전문기관위탁 산정) 3. 내·외부 모두 산정 4. 산정 無 5. 없음	정산방법 1. 내부정산 (지자체 내부적으로 정산) 2. 외부정산 (외부전문기관위탁 정산) 3. 내·외부 모두 산정 4. 정산 無 5. 없음	1. 실시 2. 미실시 3. 향후 추진 4. 해당없음
4318	부산 부산진구	표준지방인사정보시스템유지보수비	33,680	7	2	7	8	7	5	5	4
4319	부산 부산신구	기업맞춤형지식재산창출지원사업	30,000	7	5	6	1	6	1	1	4
4320	부산 부산진구	차세대주민정보등록시스템운영자치단체부담금	28,246	7	2	7	8	7	2	1	4
4321	부산 부산진구	소상공인경영전략컨설팅지원사업	15,000	7	5	6	1	6	1	1	4
4322	부산 부산진구	청백e시스템운영비	13,298	7	1	5	1	7	2	2	1
4323	부산 부산진구	고향사랑기부제종합정보시스템운영및유지비	9,467	7	3	7	8	7	2	1	4
4324	부산 부산진구	결핵환자가족접촉자검진비예탁	9,200	7	2	7	8	7	5	5	4
4325	부산 부산진구	영유아건강검진비예탁	3,917	7	2	7	8	7	5	5	4
4326	부산 부산진구	발달장애인부모상담지원	3,800	7	1	7	8	7	5	5	4
4327	부산 부산진구	언어발달지원사업	2,400	7	1	7	8	7	5	5	4
4328	부산 부산진구	표준모자보건수첩제작	2,260	7	2	7	8	7	5	5	4
4329	부산 부산진구	청소년산모임신출산의료비지원	1,500	7	2	7	8	7	5	5	4
4330	부산 동래구	첫만남이용권	2,700,000	7	2	7	8	7	5	2	4
4331	부산 동래구	근로능력있는수급자의탈수급지원	1,572,741	7	1	5	8	7	5	5	4
4332	부산 동래구	지역사회서비스투자사업(지역개발형)	1,336,478	7	8	7	8	7	1	1	1
4333	부산 동래구	부모부담보육료지원어린이집만35세차액보육료지원	1,109,397	7	6	7	8	7	1	1	4
4334	부산 동래구	희귀질환자의료비지원	600,000	7	2	7	8	7	5	5	2
4335	부산 동래구	활동보조가산급여	470,954	7	1	7	8	7	1	1	2
4336	부산 동래구	산모신생아건강관리지원사업(전환사업)	438,000	7	2	5	8	7	5	3	4
4337	부산 동래구	국가암관리사업	283,866	7	1	5	8	7	5	5	4
4338	부산 동래구	음식물류폐기물반입수수료	248,040	7	5	7	8	7	1	1	1
4339	부산 동래구	슬레이트처리지원	192,260	7	1	5	5	7	1	1	4
4340	부산 동래구	치매치료관리비지원(전환사업)	185,188	7	1	5	8	7	5	5	4
4341	부산 동래구	일반쓰레기반입수수료	179,040	7	1	7	8	7	1	1	4
4342	부산 동래구	일반쓰레기반입수수료	179,040	7	1	7	8	7	1	1	4
4343	부산 동래구	일반쓰레기반입수수료	179,040	7	1	7	8	7	1	1	4
4344	부산 동래구	통합지방재정관리시스템관리운영	169,770	7	1	1	3	2	2	2	4
4345	부산 동래구	기저귀및조제분유지원	165,048	7	2	5	8	7	5	3	4
4346	부산 동래구	가사간병방문지원사업	164,085	7	2	5	8	7	5	5	4
4347	부산 동래구	장애인활동지원시비추가지원	164,000	7	1	7	8	7	1	1	2
4348	부산 동래구	자치단체공통기반및재해복구시스템유지관리	109,604	7	1	5	1	7	5	5	4
4349	부산 동래구	빈집실태조사및정비계획수립	99,085	7	4	7	8	7	5	5	4
4350	부산 동래구	주민등록증발급	86,830	7	1	7	7	7	1	1	4
4351	부산 동래구	차세대지방세정보시스템유지보수관리	81,475	7	5	5	1	7	2	2	4
4352	부산 동래구	산모신생아건강관리지원사업(예외지원)	71,000	7	2	5	8	7	5	3	4
4353	부산 동래구	의료급여수급권자일반건강검진비	43,000	7	2	5	8	7	5	3	2
4354	부산 동래구	세외수입전산화	40,965	7	5	5	1	7	2	2	4
4355	부산 동래구	지역사회서비스투자사업(청년마음건강지원사업)	38,366	7	8	7	8	7	1	1	1
4356	부산 동래구	표준기록관리시스템유지보수및기록물이관	34,610	7	1	1	1	2	3	3	4
4357	부산 동래구	입체주소구축및주소정보기본도유지관리	34,236	7	1	5	1	7	2	5	1

순번	시군구	지출명 (사업명)	2024년예산 (단위 : 천원 /1년간)	민간이전 분류 (지방자치단체 세출예산 집행기준에 의거) 1. 민간경상사업보조(307-02) 2. 민간단체 법정운영비보조(307-03) 3. 민간행사사업보조(307-04) 4. 민간위탁금(307-05) 5. 사회복지시설 법정운영비보조(307-10) 6. 민간인위탁교육비(307-12) 7. 공기관등에대한경상적위탁사업비(308-13) 8. 민간자본사업보조,자체재원(402-01) 9. 민간자본사업보조,이전재원(402-02) 10. 민간위탁사업비(402-03) 11. 공기관등에 대한 자본적 위탁사업비(403-02)	민간이전지출 근거 (지방보조금 관리기준 참고) 1. 법률에 규정 2. 국고보조 재원(국가지정) 3. 용도 지정 기부금 4. 조례에 직접규정 5. 지자체가 권장하는 사업을 하는 공공기관 6. 시,도 정책 및 재정사정 7. 기타 8. 해당없음	입찰방식: 계약체결방법 (경쟁형태) 1. 일반경쟁 2. 제한경쟁 3. 지명경쟁 4. 수의계약 5. 법정위탁 6. 기타 ( ) 7. 없음	입찰방식: 계약기간 1. 1년 2. 2년 3. 3년 4. 4년 5. 5년 6. 기타 ( )년 7. 단기계약 (1년미만) 8. 없음	입찰방식: 낙찰자선정방법 1. 적격심사 2. 협상에의한계약 3. 최저가낙찰제 4. 규격가격분리 5. 2단계 경쟁입찰 6. 기타 ( ) 7. 없음	운영예산 산정: 운영예산 산정 1. 내부산정 (지자체 자체적으로 산정) 2. 외부산정 (외부전문기관위탁 산정) 3. 내·외부 모두 산정 4. 산정 無 5. 없음	운영예산 산정: 정산방법 1. 내부정산 (지자체 내부적으로 정산) 2. 외부정산 (외부전문기관위탁 정산) 3. 내·외부 모두 산정 4. 정산 無 5. 없음	성과평가 실시여부 1. 실시 2. 미실시 3. 향후 추진 4. 해당없음
4358	부산 동래구	표준지방인사행정시스템유지관리	25,863	7	7	7	8	7	5	5	4
4359	부산 동래구	주민등록업무추진	24,906	7	1	7	7	7	5	5	4
4360	부산 동래구	주소정보관리시스템차세대구축및유지관리	20,689	7	1	5	1	7	2	2	1
4361	부산 동래구	2024년온나라및전자문서유통지원센터유지관리	20,441	7	1	5	1	7	5	5	4
4362	부산 동래구	일반가구슬레이트지붕개량지원	18,000	7	1	5	5	7	1	1	4
4363	부산 동래구	주소정보관리시스템차세대구축및유지관리	16,155	7	1	5	1	7	2	2	1
4364	부산 동래구	주소정보관리시스템차세대구축및유지관리	16,015	7	1	5	1	7	2	2	1
4365	부산 동래구	청백e시스템유지보수및운영지원	12,510	7	1	5	1	7	2	2	4
4366	부산 동래구	고향사랑기부제운영	9,467	7	1	7	1	7	2	2	4
4367	부산 동래구	보건소결핵관리사업	8,000	7	8	7	8	7	5	5	4
4368	부산 동래구	지방행정공통시스템상담센터운영	6,950	7	1	5	1	7	5	5	4
4369	부산 동래구	우편모아시스템유지관리비	5,600	7	5	5	1	7	2	2	4
4370	부산 동래구	기능분류모델(BRM)시스템고도화	4,250	7	1	1	1	2	3	3	4
4371	부산 동래구	주소정보관리시스템차세대구축및유지관리	2,518	7	1	5	1	7	2	2	1
4372	부산 동래구	의료급여수급권자영유아검진비지원	2,500	7	2	6	8	7	5	3	4
4373	부산 동래구	표준모자보건수첩제작	1,932	7	2	6	8	7	5	3	4
4374	부산 동래구	청소년산모임신출산의료비지원	1,200	7	2	6	8	7	5	3	4
4375	부산 남구	아이돌봄지원	3,107,275	7	1	1	3	1	5	1	1
4376	부산 남구	지역자율형사회서비스투자사업(지역개발형바우처사업)	1,665,259	7	2	5	8	7	3	3	1
4377	부산 남구	발달장애인주간활동서비스지원	1,516,668	7	1	7	8	7	5	5	4
4378	부산 남구	주거급여(수선유지급여)	1,146,060	7	2	5	1	7	3	3	4
4379	부산 남구	발달재활서비스바우처지원	990,199	7	1	7	8	7	5	5	4
4380	부산 남구	장애인활동지원시비추가지원사업	725,963	7	1	7	8	7	5	5	4
4381	부산 남구	지역자율형사회서비스투자사업(산모신생아건강관리지원사업)(전환)	636,331	7	2	6	8	7	5	5	1
4382	부산 남구	장애인의료비지원	602,000	7	6	7	8	7	1	1	4
4383	부산 남구	생활쓰레기적기수거작업(쓰레기반입수수료)	528,000	7	7	7	8	7	1	5	4
4384	부산 남구	활동보조가산급여	470,954	7	1	7	8	7	5	5	4
4385	부산 남구	청소년발달장애학생방과후활동서비스지원	284,036	7	1	7	8	7	5	5	4
4386	부산 남구	저소득층기저귀및조제분유지원사업	284,000	7	2	6	8	7	5	5	4
4387	부산 남구	일상돌봄서비스사업	268,428	7	2	5	7	7	3	3	1
4388	부산 남구	국가암관리지원	239,560	7	2	5	8	7	5	5	4
4389	부산 남구	치매치료관리비지원(전환사업)(건강보험공단예탁후약제비지원)	236,510	7	1	7	8	7	5	5	4
4390	부산 남구	빈집실태조사및정비계획수립	173,500	7	6	5	1	7	2	1	4
4391	부산 남구	음식물쓰레기효율적처리(음식물쓰레기수영음식물병합처리시설사용료)	165,360	7	1	5	8	7	5	5	2
4392	부산 남구	지역자율형사회서비스투자사업(가사간병방문지원사업)	152,975	7	1	7	8	7	1	2	4
4393	부산 남구	음식물쓰레기효율적처리(음식물쓰레기생곡음식물자원화시설사용료)	139,920	7	1	5	8	7	5	5	2
4394	부산 남구	행정정보시스템운영	115,073	7	1	1	1	1	1	1	1
4395	부산 남구	언론을활용한구정홍보	100,000	7	1	5	8	7	1	1	1
4396	부산 남구	효율적예산편성운영	98,892	7	1	5	1	7	2	2	4
4397	부산 남구	희귀질환자의료비지원사업	83,528	7	2	7	8	7	5	5	4

순번	시군구	지출명 (사업명)	2024년예산 (단위 : 천원 /1년간)	민간이전 분류 (지방자치단체 세출예산 집행기준에 의거) 1. 민간경상사업보조(307-02) 2. 민간단체 법정운영비보조(307-03) 3. 민간행사사업보조(307-04) 4. 민간위탁금(307-05) 5. 사회복지시설 법정운영비보조(307-10) 6. 민간인위탁교육비(307-12) 7. 공기관등에대한경상적위탁사업비(308-13) 8. 민간자본사업보조,자체재원(402-01) 9. 민간자본사업보조,이전재원(402-02) 10. 민간위탁사업비(402-03) 11. 공기관등에 대한 자본적 위탁사업비(403-02)	민간이전지출 근거 (지방보조금 관리기준 참고) 1. 법률에 규정 2. 국고보조 재원(국가지정) 3. 용도 지정 기부금 4. 조례에 직접규정 5. 지자체가 권장하는 사업을 하는 공공기관 6. 시,도 정책 및 재정사정 7. 기타 8. 해당없음	입찰방식			운영예산 산정		성과평가 실시여부
						계약체결방법 (경쟁형태) 1. 일반경쟁 2. 제한경쟁 3. 지명경쟁 4. 수의계약 5. 법정위탁 6. 기타 ( ) 7. 없음	계약기간 1. 1년 2. 2년 3. 3년 4. 4년 5. 5년 6. 기타 ( )년 7. 단기계약 (1년미만) 8. 없음	낙찰자선정방법 1. 적격심사 2. 협상에의한계약 3. 최저가낙찰제 4. 규격가격분리 5. 2단계 경쟁입찰 6. 기타 ( ) 7. 없음	운영예산 산정 1. 내부산정 (지자체 자체적으로 산정) 2. 외부산정 (외부전문기관위탁 산정) 3. 내·외부 모두 산정 4. 산정 無 5. 없음	정산방법 1. 내부정산 (지자체 내부적으로 정산) 2. 외부정산 (외부전문기관위탁 정산) 3. 내·외부 모두 산정 4. 정산 無 5. 없음	1. 실시 2. 미실시 3. 향후 추진 4. 해당없음
4398	부산 남구	지방세정운영및홍보(지방세정보시스템운영유지관리비)	81,475	7	1	5	1	7	2	2	4
4399	부산 남구	주민등록관리(주민등록증발급)	65,808	7	7	7	8	7	3	1	4
4400	부산 남구	지적재조사사업추진	58,322	7	2	5	1	7	1	1	2
4401	부산 남구	산모신생아건강관리지원사업(확대)	56,000	7	6	6	8	7	5	5	1
4402	부산 남구	도로명및건물번호부여사업(주소정보관리시스템유지관리)	55,377	7	5	5	1	7	3	1	1
4403	부산 남구	도로명및건물번호부여사업(주소정보기본도유지관리)	41,019	7	5	5	1	7	3	1	1
4404	부산 남구	신교통수단도입	41,000	7	1	7	8	7	5	5	4
4405	부산 남구	청년마음건강지원사업	40,211	7	2	5	8	7	3	3	1
4406	부산 남구	의료급여수급권자일반검진비지원	36,854	7	2	5	8	7	1	1	1
4407	부산 남구	세외수입정보시스템유지보수	36,017	7	1	5	1	7	5	5	4
4408	부산 남구	기록물관리(표준기록관리시스템위탁운영)	35,560	7	5	5	1	2	2	2	4
4409	부산 남구	공정하고합리적인인사관리(차세대표준지방인사정보시스템유지관리)	30,913	7	1	5	1	7	2	1	1
4410	부산 남구	평화교육특화프로그램운영	30,000	7	2	7	8	7	1	1	1
4411	부산 남구	주민등록관리(차세대주민등록시스템운영비)	24,906	7	7	7	1	7	2	2	4
4412	부산 남구	남구관광벨트홍보강화	22,008	7	8	4	1	7	1	1	1
4413	부산 남구	청렴한조직문화조성(청백e시스템운영)	13,301	7	1	5	1	7	2	2	2
4414	부산 남구	의정활동자료정비및홍보	12,000	7	1	7	8	7	5	5	4
4415	부산 남구	치매안심센터운영(정부광고법에따른옥외광고)	10,000	7	2	7	8	7	5	5	4
4416	부산 남구	고향사랑기부제운영	9,467	7	1	2	1	1	2	2	1
4417	부산 남구	지역사회금연서비스사업	8,000	7	2	7	8	7	5	5	4
4418	부산 남구	발달장애인부모상담지원	6,080	7	1	7	8	7	5	5	4
4419	부산 남구	의료급여수급권자영유아검진비지원	6,028	7	2	6	8	7	5	5	4
4420	부산 남구	우편물관리(우편물시스템관리)	5,600	7	5	5	1	2	2	2	4
4421	부산 남구	무연고사망자등장제지원	5,400	7	1	7	8	7	1	1	4
4422	부산 남구	보건소결핵관리사업	5,000	7	2	7	8	7	1	1	4
4423	부산 남구	표준모자보건수첩	1,620	7	2	6	8	7	5	5	4
4424	부산 남구	청소년산모의료비지원	1,000	7	2	6	8	7	5	5	4
4425	부산 남구	의정운영지원(공무원증발급)	280	7	1	7	8	7	5	5	4
4426	부산 북구	첫만남이용권	2,920,000	7	2	7	8	7	5	5	4
4427	부산 북구	청년마음건강지원사업	1,466,661	7	2	5	8	7	1	5	4
4428	부산 북구	암조기검진	739,500	7	2	7	8	7	5	5	4
4429	부산 북구	가사간병방문지원사업	725,911	7	2	7	8	1	1	1	4
4430	부산 북구	생활폐기물공공처리시설반입수수료	451,200	7	1	7	1	7	1	1	4
4431	부산 북구	음식물류폐기물공공처리시설반입수수료	387,000	7	1	7	8	7	5	5	4
4432	부산 북구	치매치료관리비지원사업(전환사업)	175,408	7	2	7	8	7	5	5	4
4433	부산 북구	기록물DB구축	145,000	7	1	5	1	7	2	2	4
4434	부산 북구	장애인의료비	132,200	7	2	5	8	7	1	5	4
4435	부산 북구	통합지방재정시스템재해복구시스템구축	98,892	7	7	7	1	7	2	2	4
4436	부산 북구	공통기반전산장비및재해복구시스템유지관리	97,139	7	1	5	8	7	5	5	4
4437	부산 북구	2024년노후슬레이트처리지원사업	88,720	7	2	7	5	7	1	1	4

순번	시군구	지출명 (사업명)	2024년예산 (단위 : 천원 /1년간)	민간이전 분류 (지방자치단체 세출예산 집행기준에 의거) 1. 민간경상사업보조(307-02) 2. 민간단체 법정운영비보조(307-03) 3. 민간행사사업보조(307-04) 4. 민간위탁금(307-05) 5. 사회복지시설 법정운영비보조(307-10) 6. 민간인위탁교육비(307-12) 7. 공기관등에대한경상적위탁사업비(308-13) 8. 민간자본사업보조,자체재원(402-01) 9. 민간자본사업보조,이전재원(402-02) 10. 민간위탁사업비(402-03) 11. 공기관등에 대한 자본적 위탁사업비(403-02)	민간이전지출 근거 (지방보조금 관리기준 참고) 1. 법률에 규정 2. 국고보조 재원(국가지정) 3. 용도 지정 기부금 4. 조례에 직접규정 5. 지자체가 권장하는 사업을 하는 공공기관 6. 시,도 정책 및 재정사정 7. 기타 8. 해당없음	입찰방식 계약체결방법 (경쟁형태) 1. 일반경쟁 2. 제한경쟁 3. 지명경쟁 4. 수의계약 5. 법정위탁 6. 기타 ( ) 7. 없음	입찰방식 계약기간 1. 1년 2. 2년 3. 3년 4. 4년 5. 5년 6. 기타 ( )년 7. 단기계약 (1년미만) 8. 없음	입찰방식 낙찰자선정방법 1. 적격심사 2. 협상에의한계약 3. 최저가낙찰제 4. 규격가격분리 5. 2단계 경쟁입찰 6. 기타 ( ) 7. 없음	운영예산 산정 운영예산 산정 1. 내부산정 (지자체 자체적으로 산정) 2. 외부산정 (외부전문기관위탁 산정) 3. 내·외부 모두 산정 4. 산정 無 5. 없음	운영예산 산정 정산방법 1. 내부정산 (지자체 내부적으로 정산) 2. 외부정산 (외부전문기관위탁 정산) 3. 내·외부 모두 산정 4. 정산 無 5. 없음	성과평가 실시여부 1. 실시 2. 미실시 3. 향후 추진 4. 해당없음
4438	부산 북구	의료급여수급권자일반건강검진지원	85,453	7	7	7	8	7	5	5	4
4439	부산 북구	2024년지방세정보시스템유지관리	81,475	7	1	5	1	7	2	2	4
4440	부산 북구	차세대지방재정관리시스템유지관리	70,878	7	7	7	1	7	2	2	4
4441	부산 북구	지역사회서비스투자사업(지역개발형)	68,572	7	2	5	8	7	1	5	4
4442	부산 북구	주소정보관리시스템차세대구축및유지보수	53,727	7	1	5	1	7	2	2	2
4443	부산 북구	일상돌봄서비스사업	43,134	7	2	5	8	7	1	5	4
4444	부산 북구	2024년도지방세외수입정보시스템유지관리	36,017	7	1	5	1	7	2	2	1
4445	부산 북구	온나라시스템유지관리및운영지원	34,785	7	1	5	8	7	5	5	4
4446	부산 북구	표준기록관리시스템통합유지관리비	31,310	7	1	5	1	7	2	2	4
4447	부산 북구	입체주소구축및주소정보기본도유지관리	31,271	7	1	5	1	7	2	2	2
4448	부산 북구	스마트한구정홍보를위한광고매체이용	30,000	7	1	7	8	7	1	5	4
4449	부산 북구	차세대주민등록정보시스템운영부담금	24,906	7	6	7	8	7	5	5	4
4450	부산 북구	희귀난치성질환자의료비지원	20,000	7	2	7	8	7	5	5	4
4451	부산 북구	고향사랑기부제종합정보시스템운영비	8,802	7	1	2	1	2	1	1	2
4452	부산 북구	새올행정시스템서비스데스크운영	6,950	7	1	5	8	7	5	5	4
4453	부산 북구	보건소결핵환자관리사업	6,800	7	2	7	8	7	5	5	4
4454	부산 북구	우편모아시스템통합유지관리비	5,600	7	1	5	1	6	2	2	4
4455	부산 북구	LPG용기사용가구시설개선사업	4,500	7	1	6	7	7	1	1	1
4456	부산 북구	지자체기능분류모델시스템고도화사업비	4,250	7	1	5	1	7	2	2	4
4457	부산 북구	의료급여수급권자영유아건강검진지원	3,926	7	7	7	8	7	5	5	4
4458	부산 북구	표준기록관리시스템대용량송수신SW이전설치비	3,300	7	1	5	1	7	2	2	4
4459	부산 북구	표준모자보건수첩제작	1,940	7	2	7	8	7	5	5	4
4460	부산 해운대구	치매치료관리비지원	264,385	7	2	7	8	7	5	5	2
4461	부산 해운대구	장애인의료비지원	262,509	7	1	7	8	7	5	5	4
4462	부산 해운대구	지방세정보시스템운영지원비	91,885	7	1	4	1	2	2	1	1
4463	부산 사하구	아이돌봄지원	4,042,401	7	1	7	5	7	1	1	4
4464	부산 사하구	첫만남이용권	2,572,000	7	1	7	8	7	5	1	4
4465	부산 사하구	평일방학중아동급식지원	2,155,932	7	4	7	8	7	1	1	4
4466	부산 사하구	발달장애인주간활동서비스지원	1,674,481	7	1	7	8	7	5	1	1
4467	부산 사하구	기관보육료지원어린이집만35세부모부담보육료지원	1,438,508	7	1	7	8	7	1	1	4
4468	부산 사하구	디지털상권르네상스시범사업	1,400,000	7	2	2	3	2	2	3	3
4469	부산 사하구	발달재활서비스지원	1,189,878	7	1	7	8	7	1	1	4
4470	부산 사하구	토공휴일아동급식지원	465,597	7	4	7	8	7	1	1	4
4471	부산 사하구	기록관운영	325,000	7	1	7	1	7	2	2	4
4472	부산 사하구	청소년발달장애학생방과후활동서비스지원	284,586	7	1	7	8	7	5	1	1
4473	부산 사하구	시간제보육서비스제공지원	272,172	7	1	7	7	7	1	1	4
4474	부산 사하구	여성청소년보건위생물품지원	240,990	7	2	7	8	7	3	3	4
4475	부산 사하구	빈집실태조사및정비계획수립용역	135,000	7	1	7	7	7	2	3	4
4476	부산 사하구	지방재정관리시스템유지보수	113,008	7	1,5	5	1	7	5	5	4
4477	부산 사하구	시군구공통기반및재해복구시스템유지보수위탁	83,251	7	1	5	1	7	2	2	4

순번	시군구	지출명 (사업명)	2024년예산 (단위 : 천원 /1년간)	민간이전 분류 (지방자치단체 세출예산 집행기준에 의거) 1. 민간경상사업보조(307-02) 2. 민간단체 법정운영비보조(307-03) 3. 민간행사사업보조(307-04) 4. 민간위탁금(307-05) 5. 사회복지시설 법정운영비보조(307-10) 6. 민간인위탁교육비(307-12) 7. 공기관등에대한경상적위탁사업비(308-13) 8. 민간자본사업보조,자체재원(402-01) 9. 민간자본사업보조,이전재원(402-02) 10. 민간위탁사업비(402-03) 11. 공기관등에 대한 자본적 위탁사업비(403-02)	민간이전지출 근거 (지방보조금 관리기준 참고) 1. 법률에 규정 2. 국고보조 재원(국가지정) 3. 용도 지정 기부금 4. 조례에 직접규정 5. 지자체가 권장하는 사업을 하는 공공기관 6. 시,도 정책 및 재정사정 7. 기타 8. 해당없음	입찰방식 계약체결방법 (경쟁형태) 1. 일반경쟁 2. 제한경쟁 3. 지명경쟁 4. 수의계약 5. 법정위탁 6. 기타 ( ) 7. 없음	입찰방식 계약기간 1. 1년 2. 2년 3. 3년 4. 4년 5. 5년 6. 기타 ( )년 7. 단기계약 (1년미만) 8. 없음	입찰방식 낙찰자선정방법 1. 적격심사 2. 협상에의한계약 3. 최저가낙찰제 4. 규격가격분리 5. 2단계 경쟁입찰 6. 기타 ( ) 7. 없음	운영예산 산정 운영예산 산정 1. 내부산정 (지자체 자체적으로 산정) 2. 외부산정 (외부전문기관위탁 산정) 3. 내·외부 모두 산정 4. 산정 無 5. 없음	운영예산 산정 정산방법 1. 내부정산 (지자체 내부적으로 정산) 2. 외부정산 (외부전문기관위탁 정산) 3. 내·외부 모두 산정 4. 정산 無 5. 없음	성과평가 실시여부 1. 실시 2. 미실시 3. 향후 추진 4. 해당없음
4478	부산 사하구	차세대지방세정보시스템유지보수	81,475	7	1	5	1	7	2	2	1
4479	부산 사하구	고용안정선제대응패키지지원	50,000	7	1	7	8	7	5	5	1
4480	부산 사하구	주소정보기본도유지보수	41,019	7	2	7	1	7	2	2	4
4481	부산 사하구	지방세외수입정보시스템운영관리	38,491	7	1	5	1	7	2	2	1
4482	부산 사하구	기록관운영	31,310	7	1	7	1	7	2	2	4
4483	부산 사하구	차세대표준지방인사정보시스템유지관리등	30,205	7	1	7	1	7	3	2	1
4484	부산 사하구	차세대주민등록정보시스템운영	28,046	7	6	6	7	7	2	5	4
4485	부산 사하구	주소정보관리시스템(KAIS)인프라도입	20,689	7	2	7	1	7	5	5	4
4486	부산 사하구	발달장애인주간활동서비스시비추가지원사업	20,000	7	6	7	8	7	1	1	1
4487	부산 사하구	주소정보관리시스템(KAIS)운영지원	16,155	7	2	7	1	7	5	5	4
4488	부산 사하구	주소정보관리시스템(KAIS)데이터통합/전환	16,015	7	2	7	1	7	5	5	4
4489	부산 사하구	온나라시스템운영지원유지관리위탁	15,997	7	1	5	1	7	2	2	4
4490	부산 사하구	지역사회중심금연지원서비스	15,500	7	6	7	7	7	5	5	4
4491	부산 사하구	지적측량기준점위탁관리	15,400	7	1	5	1	7	1	1	1
4492	부산 사하구	청백e(통합상시모니터링)시스템유지보수	13,301	7	1	5	1	7	2	2	1
4493	부산 사하구	기획공연광고	10,000	7	1,5	7	8	7	5	5	4
4494	부산 사하구	고향사랑기부제운영	9,467	7	1	6	1	7	2	5	4
4495	부산 사하구	지방행정공통시스템상담센터운영위탁	6,950	7	1	5	1	7	2	2	4
4496	부산 사하구	우편료집중관리	5,600	7	1	7	1	7	5	5	4
4497	부산 사하구	기록관운영	4,250	7	1	7	1	7	2	2	4
4498	부산 사하구	발달장애인부모상담지원	4,000	7	1	7	8	7	5	1	1
4499	부산 사하구	무연고사망자처리	3,000	7	1	5	8	7	5	5	1
4500	부산 사하구	GIS엔진S/W유지보수	2,518	7	2	7	1	7	5	5	4
4501	부산 사하구	언어발달바우처지원	2,000	7	1	7	8	7	1	1	4
4502	부산 강서구	출산지원금지원(첫만남이용권)	2,733,000	7	2	7	8	7	1	1	4
4503	부산 강서구	발달재활서비스바우처지원	1,008,040	7	2	5	8	7	1	1	4
4504	부산 강서구	지역사회서비스투자사업	903,812	7	2	4	8	7	1	1	4
4505	부산 강서구	산모신생아건강관리지원	844,584	7	7	7	8	7	5	5	4
4506	부산 강서구	기관보육료지원어린이집만3~5세부모부담보육료지원	608,997	7	6	7	8	7	1	1	4
4507	부산 강서구	발달장애인주간활동서비스지원	578,113	7	2	7	8	7	1	1	4
4508	부산 강서구	기저귀조제분유지원	464,000	7	7	7	8	7	5	5	4
4509	부산 강서구	청년내일저축계좌(차상위이하)	363,542	7	5	7	8	7	1	1	4
4510	부산 강서구	희귀난치성질환자의료비지원	275,000	7	2	7	8	7	5	5	4
4511	부산 강서구	발달장애인방과후돌봄서비스지원	214,363	7	2	7	8	7	1	1	4
4512	부산 강서구	쓰레기반입수수료	206,400	7	1	7	8	7	5	5	4
4513	부산 강서구	암검진비	190,000	7	2	5	8	7	5	5	4
4514	부산 강서구	가사간병방문지원사업	169,282	7	2	6	8	7	3	3	4
4515	부산 강서구	음식물류폐기물반입수수료	159,000	7	1	7	8	7	1	4	4
4516	부산 강서구	장애인활동보조추가지원	154,677	7	7	7	8	7	1	1	4
4517	부산 강서구	주택철거	147,840	7	8	4	5	7	1	1	4

순번	시군구	지출명 (사업명)	2024년예산 (단위 : 천원 /1년간)	민간이전 분류 (지방자치단체 세출예산 집행기준에 의거) 1. 민간경상사업보조(307-02) 2. 민간단체 법정운영비보조(307-03) 3. 민간행사사업보조(307-04) 4. 민간위탁금(307-05) 5. 사회복지시설 법정운영비보조(307-10) 6. 민간인위탁교육비(307-12) 7. 공기관등에대한경상적위탁사업비(308-13) 8. 민간자본사업보조,자체재원(402-01) 9. 민간자본사업보조,이전재원(402-02) 10. 민간위탁사업비(402-03) 11. 공기관등에 대한 자본적 위탁사업비(403-02)	민간이전지출 근거 (지방보조금 관리기준 참고) 1. 법률에 규정 2. 국고보조 재원(국가지정) 3. 용도 지정 기부금 4. 조례에 직접규정 5. 지자체가 권장하는 사업을 하는 공공기관 6. 시,도 정책 및 재정사정 7. 기타 8. 해당없음	입찰방식 계약체결방법 (경쟁형태) 1. 일반경쟁 2. 제한경쟁 3. 지명경쟁 4. 수의계약 5. 법정위탁 6. 기타 ( ) 7. 없음	입찰방식 계약기간 1. 1년 2. 2년 3. 3년 4. 4년 5. 5년 6. 기타 ( )년 7. 단기계약 (1년미만) 8. 없음	입찰방식 낙찰자선정방법 1. 적격심사 2. 협상에의한계약 3. 최저가낙찰제 4. 규격가격분리 5. 2단계 경쟁입찰 6. 기타 ( ) 7. 없음	운영예산 산정 운영예산 산정 1. 내부산정 (지자체 자체적으로 산정) 2. 외부산정 (외부전문기관위탁 산정) 3. 내·외부 모두 산정 4. 산정 無 5. 없음	운영예산 산정 정산방법 1. 내부정산 (지자체 내부적으로 정산) 2. 외부정산 (외부전문기관위탁 정산) 3. 내·외부 모두 산정 4. 정산 無 5. 없음	성과평가 실시여부 1. 실시 2. 미실시 3. 향후 추진 4. 해당없음
4518	부산 강서구	시간제보육서비스지원	139,173	7	2	7	8	7	5	5	1
4519	부산 강서구	청년내일저축계좌(차상위초과)	101,628	7	5	7	8	7	1	1	4
4520	부산 강서구	장애인활동지원가산급여	93,027	7	2	7	8	7	1	1	4
4521	부산 강서구	폐기물처분부담금	87,368	7	1	7	8	7	5	5	4
4522	부산 강서구	지방재정시스템(차세대)유지관리	84,860	7	7	5	1	7	2	1	4
4523	부산 강서구	치매치료관리비지원	84,238	7	2	7	8	7	5	5	4
4524	부산 강서구	산모신생아건강관리지원	80,000	7	7	7	8	7	5	5	4
4525	부산 강서구	빈집실태조사및정비계획수립	79,076	7	1,7	7	8	7	1	1	1
4526	부산 강서구	지방세정보시스템유지및보수	76,268	7	1	5	7	6	2	2	4
4527	부산 강서구	지붕개량	75,360	7	8	4	5	7	1	1	4
4528	부산 강서구	공통기반및재해복구시스템유지관리	75,327	7	1	5	1	7	5	5	4
4529	부산 강서구	표준기록관리시스템유지보수	58,310	7	7	5	1	7	5	5	4
4530	부산 강서구	지적기준점위탁관리	55,290	7	1	5	1	7	1	1	1
4531	부산 강서구	비주택철거	54,000	7	8	4	5	7	1	1	4
4532	부산 강서구	장애인의료비지원	48,965	7	2	7	8	7	1	1	4
4533	부산 강서구	온나라시스템유지관리	44,363	7	1	5	1	7	5	5	4
4534	부산 강서구	식만2지구지적재조사측량비	40,898	7	2	5	7	7	5	5	4
4535	부산 강서구	청년저축계좌	40,805	7	5	7	8	7	1	1	4
4536	부산 강서구	전기료등유지관리비	40,000	7	1	7	1	7	1	1	4
4537	부산 강서구	차세대세외수입정보시스템유지보수	38,491	7	1	5	1	6	2	2	4
4538	부산 강서구	희망저축계좌(2)	37,110	7	5	7	8	7	1	1	4
4539	부산 강서구	도로명주소기본도유지관리	35,718	7	1	5	1	2	2	2	1
4540	부산 강서구	지붕개량	30,000	7	8	4	5	7	1	1	4
4541	부산 강서구	광고및현수막제작	30,000	7	1	7	8	7	5	5	4
4542	부산 강서구	차세대주민등록정보시스템	22,179	7	1	5	1	7	1	1	1
4543	부산 강서구	표준지방인사정보시스템등유지관리	21,874	7	1	5	1	7	2	2	4
4544	부산 강서구	청년마음건강지원사업	19,774	7	2	4	8	7	1	1	4
4545	부산 강서구	주소정보시스템유지관리	18,173	7	1	5	1	2	2	2	1
4546	부산 강서구	희망키움통장(2)	15,100	7	5	7	8	7	1	1	4
4547	부산 강서구	청년희망키움통장	15,000	7	5	7	8	7	1	1	4
4548	부산 강서구	양수장유지관리비	15,000	7	1	7	1	7	1	1	4
4549	부산 강서구	공공하수처리시설성과평가대행수수료	14,000	7	1	5	8	7	5	5	4
4550	부산 강서구	의료급여수급권자일반건강검진비	13,328	7	1	7	8	7	5	5	4
4551	부산 강서구	청백e시스템운영	12,507	7	7	5	1	7	2	1	4
4552	부산 강서구	고향사랑기부제종합정보시스템유지관리비	9,467	7	1	6	8	7	2	2	4
4553	부산 강서구	내일키움통장	8,800	7	5	7	8	7	1	1	4
4554	부산 강서구	지방행정통합정보시스템상담센터운영관리	6,950	7	1	5	1	7	5	5	4
4555	부산 강서구	우편모아시스템유지관리	5,600	7	1	5	1	7	5	5	4
4556	부산 강서구	접촉자,일반건강검진공단위탁비	4,200	7	5	5	8	7	5	5	4
4557	부산 강서구	기능분류모델시스템고도화분담금	3,250	7	7	5	1	7	5	5	4

순번	시군구	지출명 (사업명)	2024년예산 (단위 : 천원 /1년간)	민간이전 분류 (지방자치단체 세출예산 집행기준에 의거) 1. 민간경상사업보조(307-02) 2. 민간단체 법정운영비보조(307-03) 3. 민간행사사업보조(307-04) 4. 민간위탁금(307-05) 5. 사회복지시설 법정운영비보조(307-10) 6. 민간인위탁교육비(307-12) 7. 공기관등에대한경상적위탁사업비(308-13) 8. 민간자본사업보조,자체재원(402-01) 9. 민간자본사업보조,이전재원(402-02) 10. 민간위탁사업비(402-03) 11. 공기관등에 대한 자본적 위탁사업비(403-02)	민간이전지출 근거 (지방보조금 관리기준 참고) 1. 법률에 규정 2. 국고보조 재원(국가지정) 3. 용도 지정 기부금 4. 조례에 직접규정 5. 지자체가 권장하는 사업을 하는 공공기관 6. 시,도 정책 및 재정사정 7. 기타 8. 해당없음	입찰방식			운영예산 산정		성과평가 실시여부
						계약체결방법 (경쟁형태) 1. 일반경쟁 2. 제한경쟁 3. 지명경쟁 4. 수의계약 5. 법정위탁 6. 기타 ( ) 7. 없음	계약기간 1. 1년 2. 2년 3. 3년 4. 4년 5. 5년 6. 기타 ( )년 7. 단기계약 (1년미만) 8. 없음	낙찰자선정방법 1. 적격심사 2. 협상에의한계약 3. 최저가낙찰제 4. 규격가격분리 5. 2단계 경쟁입찰 6. 기타 ( ) 7. 없음	운영예산 산정 1. 내부산정 (지자체 자체적으로 산정) 2. 외부산정 (외부전문기관위탁 산정) 3. 내·외부 모두 산정 4. 산정 無 5. 없음	정산방법 1. 내부정산 (지자체 내부적으로 정산) 2. 외부정산 (외부전문기관위탁 정산) 3. 내·외부 모두 산정 4. 정산 無 5. 없음	1. 실시 2. 미실시 3. 향후 추진 4. 해당없음
4558	부산 강서구	의료급여수급권자검진비	2,999	7	7	7	8	7	5	5	4
4559	부산 강서구	언어발달시원바우처지원	2,000	7	2	5	8	7	1	1	4
4560	부산 강서구	표준모자보건수첩제작	1,960	7	7	7	8	7	5	5	4
4561	부산 강서구	청소년산모의료비지원	1,200	7	7	7	8	7	5	5	4
4562	부산 강서구	통합정보시스템유지관리	800	7	2	7	8	7	1	1	4
4563	부산 강서구	발달장애인부모상담지원	466	7	2	5	8	7	1	1	4
4564	부산 연제구	지역개발형바우처	1,114,905	7	1	7	8	7	5	5	4
4565	부산 연제구	발달재활서비스	524,755	7	1	7	8	7	5	5	4
4566	부산 연제구	활동보조가산수당	348,856	7	1	7	8	7	5	3	4
4567	부산 연제구	가사간병방문도우미사업	184,400	7	1	7	8	7	5	3	4
4568	부산 연제구	발달장애인주간활동서비스지원	168,960	7	2	5	8	7	5	5	4
4569	부산 연제구	발달장애인방과후돌봄서비스지원	133,722	7	1	7	8	7	5	3	4
4570	부산 연제구	중증장애인활동보조지원	125,944	7	1	7	8	7	5	3	4
4571	부산 연제구	통합지방재정시스템운영및유지관리	84,758	7	1	5	1	7	5	5	4
4572	부산 연제구	청년마음건강지원사업	25,428	7	1	7	8	7	5	5	4
4573	부산 연제구	자치단체상시모니터링청백e시스템유지관리	12,510	7	1	5	1	7	5	5	4
4574	부산 연제구	언어발달지원사업	2,193	7	1	7	8	7	5	3	4
4575	부산 연제구	발달장애인부모상담지원사업	1,000	7	1	7	8	7	5	3	4
4576	부산 연제구	빈집실태조사및정비계획수립	104,585	7	4	7	8	7	5	5	4
4577	부산 연제구	지방세정보시스템운영관리비	81,475	7	1	7	8	7	5	5	4
4578	부산 연제구	주소정보관리시스템(KAIS)운영	55,377	7	1	5	1	7	4	5	4
4579	부산 연제구	세외수입정보시스템운영관리비	36,017	7	1	7	8	7	5	5	4
4580	부산 수영구	장애인활동지원급여지원(시자체추가지원사업)(보조사업)	337,096	7	6	7	8	6	3	2	2
4581	부산 수영구	장애인활동지원가산급여지원(보조사업)	290,712	7	2	7	8	6	3	2	2
4582	부산 수영구	3~5세누리과정보육료(보조사업)	3,806,922	7	1	7	8	7	5	5	4
4583	부산 수영구	첫만남이용권(보조사업)	1,696,000	7	2	7	8	7	3	2	4
4584	부산 수영구	지역사회서비스투자사업(지역개발형)	1,127,589	7	1	5	8	7	1	1	4
4585	부산 수영구	발달장애인주간활동서비스지원(보조사업)	719,228	7	2	7	8	7	3	2	4
4586	부산 수영구	발달재활서비스바우처지원(보조사업)	515,479	7	2	7	8	7	3	2	4
4587	부산 수영구	산모신생아건강관리지원사업(보조사업)(전환사업)	464,882	7	1	7	8	7	5	1	1
4588	부산 수영구	수선유지급여공기업위탁금	284,877	7	1	5	1	7	5	1	1
4589	부산 수영구	일상돌봄서비스사업	272,428	7	1	5	8	7	1	1	4
4590	부산 수영구	국가암관리사업	261,820	7	2	7	8	7	5	1	1
4591	부산 수영구	희귀질환자의료비지원(보조사업)	252,000	7	1	7	8	7	5	3	4
4592	부산 수영구	저소득층기저귀조제분유지원(보조사업)	220,000	7	1	7	8	7	5	1	1
4593	부산 수영구	치매치료관리비지원	176,891	7	1	7	8	7	1	3	4
4594	부산 수영구	가사간병방문도우미사업	163,373	7	1	5	8	7	5	1	1
4595	부산 수영구	청소년발달장애학생방과후활동서비스지원(보조사업)	134,369	7	2	7	8	7	3	2	4
4596	부산 수영구	구정주요시책홍보	105,500	7	1	5	1	7	2	2	1
4597	부산 수영구	빈집실태조사및정비계획	95,674	7	4	7	8	7	5	5	4

순번	시군구	지출명 (사업명)	2024년예산 (단위 : 천원 /1년간)	민간이전 분류 (지방자치단체 세출예산 집행기준에 의거) 1. 민간경상사업보조(307-02) 2. 민간단체 법정운영비보조(307-03) 3. 민간행사사업보조(307-04) 4. 민간위탁금(307-05) 5. 사회복지시설 법정운영비보조(307-10) 6. 민간인위탁교육비(307-12) 7. 공기관등에대한경상적위탁사업비(308-13) 8. 민간자본사업보조,자체재원(402-01) 9. 민간자본사업보조,이전재원(402-02) 10. 민간위탁사업비(402-03) 11. 공기관등에 대한 자본적 위탁사업비(403-02)	민간이전지출 근거 (지방보조금 관리기준 참고) 1. 법률에 규정 2. 국고보조 재원(국가지정) 3. 용도 지정 기부금 4. 조례에 직접규정 5. 지자체가 권장하는 사업을 하는 공공기관 6. 시,도 정책 및 재정사정 7. 기타 8. 해당없음	입찰방식 계약체결방법 (경쟁형태) 1. 일반경쟁 2. 제한경쟁 3. 지명경쟁 4. 수의계약 5. 법정위탁 6. 기타 ( ) 7. 없음	입찰방식 계약기간 1. 1년 2. 2년 3. 3년 4. 4년 5. 5년 6. 기타 ( )년 7. 단기계약 (1년미만) 8. 없음	입찰방식 낙찰자선정방법 1. 적격심사 2. 협상에의한계약 3. 최저가낙찰제 4. 규격가격분리 5. 2단계 경쟁입찰 6. 기타 ( ) 7. 없음	운영예산 산정 운영예산 산정 1. 내부산정 (지자체 자체적으로 산정) 2. 외부산정 (외부전문기관위탁 산정) 3. 내·외부 모두 산정 4. 산정 無 5. 없음	운영예산 산정 정산방법 1. 내부정산 (지자체 내부적으로 정산) 2. 외부정산 (외부전문기관위탁 정산) 3. 내·외부 모두 산정 4. 정산 無 5. 없음	성과평가 실시여부 1. 실시 2. 미실시 3. 향후 추진 4. 해당없음
4598	부산 수영구	통합지방재정시스템운영분담금	84,758	7	1	5	1	7	5	5	2
4599	부산 수영구	장애인의료비지원(보조사업)	78,248	7	2	7	8	7	3	2	4
4600	부산 수영구	지방세정보화사업비(지방세시스템운영,유지관리)	76,268	7	7	7	6	7	5	5	4
4601	부산 수영구	산모신생아건강관리지원사업(시비보조사업)	69,000	7	4	7	8	7	5	1	1
4602	부산 수영구	주소정보관리시스템유지관련사업구비부담금	53,727	7	2	5	1	7	1	1	4
4603	부산 수영구	슬레이트처리지원(보조사업)	46,120	7	6	6	5	6	1	1	4
4604	부산 수영구	개청3주년기념다큐멘터리제작	45,000	7	8	7	8	7	5	5	4
4605	부산 수영구	지적재조사사업	43,560	7	1	5	5	7	5	5	4
4606	부산 수영구	지방세외수입정보시스템	33,543	7	1	7	1	7	1	1	1
4607	부산 수영구	주소정보기본도유지보수사업	32,753	7	2	5	1	7	1	1	4
4608	부산 수영구	표준기록관리시스템유지보수비	28,869	7	5	5	1	7	3	3	1
4609	부산 수영구	청년마음건강지원사업	24,188	7	1	5	8	7	1	1	4
4610	부산 수영구	차세대주민등록정보시스템운영부담금	22,979	7	2	5	8	7	5	5	4
4611	부산 수영구	지방인사정보시스템유지관리	21,231	7	8	5	1	7	2	2	4
4612	부산 수영구	금연절주문화조성옥외광고	20,000	7	1	5	7	7	5	5	4
4613	부산 수영구	지적기준점현황조사	14,339	7	1	5	7	7	5	5	4
4614	부산 수영구	발달장애인부모상담지원(보조사업)	9,542	7	2	7	8	7	3	2	4
4615	부산 수영구	청백e(통합상시모니터링)시스템운영지원	8,902	7	1	5	1	7	2	2	1
4616	부산 수영구	고향사랑기부제종합시스템운영비	8,802	7	7	5	8	7	5	5	4
4617	부산 수영구	우편모아시스템통합유지관리비	5,600	7	5	4	1	7	4	4	4
4618	부산 수영구	청백e(통합상시모니터링)시스템유지보수	3,608	7	1	5	1	7	2	2	1
4619	부산 수영구	표준기록관리시스템장비구매	3,300	7	5	5	1	7	3	3	1
4620	부산 수영구	기능분류모델시스템(BRM)고도화사업분담금	3,250	7	2	7	8	7	3	4	1
4621	부산 수영구	언어발달지원바우처지원(보조사업)	2,000	7	2	7	8	7	3	2	4
4622	부산 수영구	의료급여수급권자영유아검진비지원(보조사업)	1,642	7	1	7	8	7	5	1	1
4623	부산 수영구	표준모자보건수첩제작	1,100	7	1	7	8	7	1	3	4
4624	부산 수영구	청소년산모임신출산의료비지원	500	7	2	7	8	7	1	3	4
4625	부산 수영구	공통기반재해복구시스템유지관리	78,938	7	1	5	1	7	2	2	4
4626	부산 수영구	의료급여수급권자일반건강검진비지원	30,441	7	2	4	1	7	5	5	1
4627	부산 수영구	온나라및문서유통시스템유지관리	14,412	7	1	5	1	7	2	2	4
4628	부산 수영구	새올상담센터운영비	6,950	7	1	5	1	7	2	2	4
4629	부산 수영구	보건소결핵관리사업(보조사업)	2,600	7	2	7	8	7	5	2	4
4630	부산 사상구	아이돌봄지원사업	2,553,722	7	1	5	3	7	5	1	4
4631	부산 사상구	지역개발형바우처사업	1,671,927	7	2	7	8	7	5	2	4
4632	부산 사상구	첫만남이용권지원	1,548,000	7	1	7	8	7	5	5	4
4633	부산 사상구	발달장애인주간활동서비스지원	1,338,117	7	1	7	8	7	5	1	4
4634	부산 사상구	중증장애인활동보조지원	1,048,244	7	1	7	8	7	5	1	4
4635	부산 사상구	장애인활동지원가산급여	744,223	7	1	7	8	7	5	1	4
4636	부산 사상구	장애아동발달재활지원	731,841	7	1	7	8	7	5	1	4
4637	부산 사상구	가사간병방문지원사업	485,120	7	2	7	8	7	5	5	4

순번	시군구	지출명 (사업명)	2024년예산 (단위 : 천원 /1년간)	민간이전 분류 (지방자치단체 세출예산 집행기준에 의거)	민간이전지출 근거 (지방보조금 관리기준 참고)	입찰방식			운영예산 산정		성과평가 실시여부
				1. 민간경상사업보조(307-02) 2. 민간단체 법정운영비보조(307-03) 3. 민간행사사업보조(307-04) 4. 민간위탁금(307-05) 5. 사회복지시설 법정운영비보조(307-10) 6. 민간인위탁교육비(307-12) 7. 공기관등에대한경상적위탁사업비(308-13) 8. 민간자본사업보조,자체재원(402-01) 9. 민간자본사업보조,이전재원(402-02) 10. 민간위탁사업비(402-03) 11. 공기관등에 대한 자본적 위탁사업비(403-02)	1. 법률에 규정 2. 국고보조 재원(국가지정) 3. 용도 지정 기부금 4. 조례에 직접규정 5. 지자체가 권장하는 사업을 하는 공공기관 6. 시,도 정책 및 재정사정 7. 기타 8. 해당없음	계약체결방법 (경쟁형태) 1. 일반경쟁 2. 제한경쟁 3. 지명경쟁 4. 수의계약 5. 법정위탁 6. 기타 ( ) 7. 없음	계약기간 1. 1년 2. 2년 3. 3년 4. 4년 5. 5년 6. 기타 ( )년 7. 단기계약 (1년미만) 8. 없음	낙찰자선정방법 1. 적격심사 2. 협상에의한계약 3. 최저가낙찰제 4. 규격가격분리 5. 2단계 경쟁입찰 6. 기타 ( ) 7. 없음	운영예산 산정 1. 내부산정 (지자체 자체적으로 산정) 2. 외부산정 (외부전문기관위탁 산정) 3. 내·외부 모두 산정 4. 산정 無 5. 없음	정산방법 1. 내부정산 (지자체 내부적으로 정산) 2. 외부정산 (외부전문기관위탁 정산) 3. 내·외부 모두 산정 4. 정산 無 5. 없음	1. 실시 2. 미실시 3. 향후 추진 4. 해당없음
4638	부산 사상구	일반폐기물반입수수료	414,720	7	1	5	8	7	4	4	4
4639	부산 사상구	암검신사업예탁	383,000	7	2	7	7	7	5	5	4
4640	부산 사상구	희귀질환자의료비지원사업예탁	320,000	7	2	7	7	7	5	5	4
4641	부산 사상구	발달장애학생방과후활동서비스지원	223,127	7	1	7	8	7	5	1	4
4642	부산 사상구	장애인의료비위탁	179,614	7	1	7	8	7	5	1	4
4643	부산 사상구	치매치료관리비지원사업예탁	174,966	7	2	7	8	7	5	5	4
4644	부산 사상구	통합지방재정시스템운영지원	98,892	7	7	6	1	7	2	2	4
4645	부산 사상구	공통기반및재해복구시스템유지관리	82,781	7	7	6	1	6	1	1	4
4646	부산 사상구	지방세정보시스템운영지원	81,475	7	8	6	1	7	5	5	4
4647	부산 사상구	빈집정비계획수립	80,000	7	1	7	8	7	5	5	4
4648	부산 사상구	의료급여수급권자일반건강검진사업예탁	60,535	7	1	7	8	7	5	5	4
4649	부산 사상구	구정홍보영상송출및지면광고등	58,000	7	1	7	8	7	5	5	4
4650	부산 사상구	주소정보관리시스템운영지원	55,377	7	1	5	1	7	5	5	4
4651	부산 사상구	지적재조사측량비	43,802	7	1	7	8	7	5	5	4
4652	부산 사상구	청년마음건강지원사업	42,042	7	2	7	8	7	5	2	4
4653	부산 사상구	세외수입정보시스템운영지원	36,017	7	8	6	1	7	5	5	4
4654	부산 사상구	표준기록관리시스템운영지원	34,610	7	5	6	1	6	2	2	2
4655	부산 사상구	주소정보기본도현행화사업	34,236	7	1	5	1	7	5	5	4
4656	부산 사상구	비전자기록물전수조사용역사업	30,000	7	5	6	1	6	2	2	2
4657	부산 사상구	차세대주민등록시스템운영부담금	24,906	7	1	4	1	7	2	2	2
4658	부산 사상구	표준지방인사정보시스템유지관리	24,833	7	1	7	1	7	2	2	4
4659	부산 사상구	혼합건설폐기물등처리	19,030	7	1	4	1	7	1	5	2
4660	부산 사상구	빈집실태조사	15,400	7	1	7	8	7	5	5	4
4661	부산 사상구	온나라시스템운영지원및S/W유지관리	15,326	7	7	6	1	6	1	1	4
4662	부산 사상구	고향사랑기부제종합정보시스템운영및유지관리	13,270	7	1	4	1	7	2	2	2
4663	부산 사상구	청백e시스템운영지원	12,510	7	7	6	1	7	2	2	4
4664	부산 사상구	새올행정시스템헬프데스크운영지원	6,950	7	7	6	1	6	1	1	4
4665	부산 사상구	우편모아시스템운영지원	5,600	7	7	6	1	6	2	2	4
4666	부산 사상구	기능분류모델(BRM)시스템고도화	4,250	7	5	6	1	6	2	2	2
4667	부산 사상구	영유아건강검진사업예탁	2,748	7	2	5	1	7	5	1	4
4668	부산 사상구	자연휴양림지정예정지열람공고비	2,500	7	1	7	8	7	5	5	4
4669	부산 사상구	무연고수급자사망자고시공고료	2,178	7	6	7	8	7	5	5	4
4670	부산 사상구	병의원접촉자등검진비지원금	2,000	7	2	7	8	7	1	4	4
4671	부산 사상구	발달장애인부모상담지원	1,500	7	1	7	8	7	5	1	4
4672	부산 사상구	표준모자수첩및엠블럼예탁	1,372	7	2	7	8	7	5	5	2
4673	부산 사상구	무연고사망자일간신문공고료	726	7	4	7	8	7	1	1	4
4674	부산 기장군	출산지원금지원	2,359,000	7	2	7	8	7	1	1	4
4675	부산 기장군	지역사회서비스투자사업(지역개발형)	1,091,836	7	2	5	1	1	5	5	4
4676	부산 기장군	발달재활서비스바우처지원	615,600	7	1	7	8	7	1	1	4
4677	부산 기장군	국가암관리사업(암조기검진)	441,060	7	1	7	8	7	5	5	4

순번	시군구	지출명 (사업명)	2024년예산 (단위 : 천원 /1년간)	민간이전 분류 (지방자치단체 세출예산 집행기준에 의거) 1. 민간경상사업보조(307-02) 2. 민간단체 법정운영비보조(307-03) 3. 민간행사사업보조(307-04) 4. 민간위탁금(307-05) 5. 사회복지시설 법정운영비보조(307-10) 6. 민간인위탁교육비(307-12) 7. 공기관등에대한경상적위탁사업비(308-13) 8. 민간자본사업보조,자체재원(402-01) 9. 민간자본사업보조,이전재원(402-02) 10. 민간위탁사업비(402-03) 11. 공기관등에 대한 자본적 위탁사업비(403-02)	민간이전지출 근거 (지방보조금 관리기준 참고) 1. 법률에 규정 2. 국고보조 재원(국가지정) 3. 용도 지정 기부금 4. 조례에 직접규정 5. 지자체가 권장하는 사업을 하는 공공기관 6. 시,도 정책 및 재정사정 7. 기타 8. 해당없음	입찰방식 계약체결방법 (경쟁형태) 1. 일반경쟁 2. 제한경쟁 3. 지명경쟁 4. 수의계약 5. 법정위탁 6. 기타 ( ) 7. 없음	입찰방식 계약기간 1. 1년 2. 2년 3. 3년 4. 4년 5. 5년 6. 기타 ( )년 7. 단기계약 (1년미만) 8. 없음	입찰방식 낙찰자선정방법 1. 적격심사 2. 협상에의한계약 3. 최저가낙찰제 4. 규격가격분리 5. 2단계 경쟁입찰 6. 기타 ( ) 7. 없음	운영예산 산정 운영예산 산정 1. 내부산정 (지자체 자체적으로 산정) 2. 외부산정 (외부전문기관위탁 산정) 3. 내·외부 모두 산정 4. 산정 無 5. 없음	운영예산 산정 정산방법 1. 내부정산 (지자체 내부적으로 정산) 2. 외부정산 (외부전문기관위탁 정산) 3. 내·외부 모두 산정 4. 정산 無 5. 없음	성과평가 실시여부 1. 실시 2. 미실시 3. 향후 추진 4. 해당없음
4678	부산 기장군	희귀난치성질환자의료비지원	300,000	7	1	7	8	7	5	5	4
4679	부산 기장군	치매치료관리비지원(전환사업)	205,757	7	2	7	8	7	1	2	1
4680	부산 기장군	한국야구박물관건립	200,000	7	1	5	7	7	1	1	4
4681	부산 기장군	청소년발달장애학생방과후활동서비스지원	197,064	7	1	7	8	7	1	1	4
4682	부산 기장군	장애인활동지원급여지원(추가시비)	165,270	7	1	7	8	7	5	5	4
4683	부산 기장군	발달장애인주간활동서비스지원	140,800	7	1	7	8	7	1	1	4
4684	부산 기장군	예산편성및관리	113,008	7	6	6	1	6	5	5	4
4685	부산 기장군	정보화시스템안정적운영	82,593	7	1	5	1	7	5	5	4
4686	부산 기장군	지방세및세외수입전산화	81,475	7	1	2	1	2	2	2	4
4687	부산 기장군	예산편성및관리	80,996	7	6	6	1	6	5	5	4
4688	부산 기장군	장애인의료비지원	66,195	7	2	7	8	7	5	5	4
4689	부산 기장군	지적재조사사업	54,380	7	1	5	8	7	1	1	1
4690	부산 기장군	도로명및건물번호부여사업	53,727	7	1	7	8	7	5	5	4
4691	부산 기장군	지적업무운영	52,761	7	1	5	7	1	1	1	1
4692	부산 기장군	수산자원증대시설사후관리	50,000	7	1	6	1	7	1	1	4
4693	부산 기장군	의료급여수급자일반건강검진지원	44,092	7	2	5	8	7	5	3	4
4694	부산 기장군	의정활동홍보	40,000	7	1	7	8	7	5	5	4
4695	부산 기장군	지방세및세외수입전산화	38,491	7	1	4	1	2	2	2	4
4696	부산 기장군	기록관운영	35,000	7	5	1	1	2	3	2	1
4697	부산 기장군	주소정보기본도유지관리	32,753	7	1	7	8	7	5	5	4
4698	부산 기장군	기록관운영	31,310	7	5	1	1	2	3	2	1
4699	부산 기장군	인사업무운영	27,021	7	1	5	1	7	2	2	2
4700	부산 기장군	주민등록업무운영	22,379	7	7	7	1	7	2	2	4
4701	부산 기장군	가사간병방문지원사업	22,165	7	1	5	8	7	5	5	1
4702	부산 기장군	청년마음건강지원사업	21,545	7	2	5	1	1	5	5	4
4703	부산 기장군	정보화시스템안정적운영	18,852	7	1	5	1	7	5	5	4
4704	부산 기장군	바다숲조성	18,800	7	1	6	1	7	1	1	4
4705	부산 기장군	고향사랑기부제	10,669	7	1	5	1	7	2	2	4
4706	부산 기장군	정보화시스템안정적운영	10,500	7	1	5	1	7	5	5	4
4707	부산 기장군	활동지원가산급여	10,035	7	1	7	8	7	5	5	4
4708	부산 기장군	공무원청렴유지	8,902	7	1	5	8	7	2	2	1
4709	부산 기장군	정보화시스템안정적운영	6,950	7	1	5	1	7	5	5	4
4710	부산 기장군	친절서비스향상	5,600	7	1	5	1	7	2	2	4
4711	부산 기장군	지적업무운영	4,600	7	1	5	7	1	1	1	1
4712	부산 기장군	기록관운영	4,250	7	5	1	1	2	3	2	1
4713	부산 기장군	보건소결핵관리사업지원	2,600	7	2	5	8	7	5	3	4
4714	부산 기장군	의료급여수급자영유아건강검진지원	2,528	7	2	5	8	7	5	3	4
4715	부산 기장군	공무원청렴유지	2,098	7	1	5	8	7	2	2	1
4716	부산 기장군	발달장애인부모상담지원	1,700	7	1	7	8	7	1	1	4
4717	부산 기장군	공무원청렴유지	1,510	7	1	5	8	7	2	2	1

순번	시군구	지출명 (사업명)	2024년예산 (단위 : 천원 /1년간)	민간이전 분류 (지방자치단체 세출예산 집행기준에 의거) 1. 민간경상사업보조(307-02) 2. 민간단체 법정운영비보조(307-03) 3. 민간행사사업보조(307-04) 4. 민간위탁금(307-05) 5. 사회복지시설 법정운영비보조(307-10) 6. 민간인위탁교육비(307-12) 7. 공기관등에대한경상적위탁사업비(308-13) 8. 민간자본사업보조,자체재원(402-01) 9. 민간자본사업보조,이전재원(402-02) 10. 민간위탁사업비(402-03) 11. 공기관등에 대한 자본적 위탁사업비(403-02)	민간이전지출 근거 (지방보조금 관리기준 참고) 1. 법률에 규정 2. 국고보조 재원(국가지정) 3. 용도 지정 기부금 4. 조례에 직접규정 5. 지자체가 권장하는 사업을 하는 공공기관 6. 시,도 정책 및 재정사정 7. 기타 8. 해당없음	입찰방식			운영예산 산정		성과평가 실시여부
						계약체결방법 (경쟁형태) 1. 일반경쟁 2. 제한경쟁 3. 지명경쟁 4. 수의계약 5. 법정위탁 6. 기타 ( ) 7. 없음	계약기간 1. 1년 2. 2년 3. 3년 4. 4년 5. 5년 6. 기타 ( )년 7. 단기계약 (1년미만) 8. 없음	낙찰자선정방법 1. 적격심사 2. 협상에의한계약 3. 최저가낙찰제 4. 규격가격분리 5. 2단계 경쟁입찰 6. 기타 ( ) 7. 없음	운영예산 산정 1. 내부산정 (지자체 자체적으로 산정) 2. 외부산정 (외부전문기관위탁 산정) 3. 내·외부 모두 산정 4. 산정 無 5. 없음	정산방법 1. 내부정산 (지자체 내부적으로 정산) 2. 외부정산 (외부전문기관위탁 정산) 3. 내·외부 모두 산정 4. 정산 無 5. 없음	1. 실시 2. 미실시 3. 향후 추진 4. 해당없음
4718	울산 중구	중소기업지원	300,000	7	4	7	8	7	1	2	4
4719	울산 중구	구정주요시책홍보료	232,000	7	1	5	8	7	4	1	4
4720	울산 중구	공공실버주택위탁운영	156,000	7	5	1	5	1	1	1	4
4721	울산 중구	비전자기록물전산화	130,000	7	7	6	1	6	2	1	4
4722	울산 중구	다중이용시설매체홍보	100,000	7	1	5	8	7	4	1	4
4723	울산 중구	공통기반재해복구유지관리비	86,835	7	5	5	1	7	2	2	4
4724	울산 중구	통합지방재정관리시스템운영및유지관리위탁사업비	84,758	7	7	7	8	7	5	5	4
4725	울산 중구	지방세정보시스템유지보수비	81,475	7	1	5	1	2	5	1	1
4726	울산 중구	표준기록관리시스템유지보수및시스템운영지원	39,992	7	7	6	1	6	2	1	4
4727	울산 중구	지방세외수입정보시스템유지보수비	36,017	7	1	5	1	7	3	2	1
4728	울산 중구	인사정보시스템인프라유지관리및운영지원	28,307	7	1	5	1	7	5	5	4
4729	울산 중구	차세대주민등록시스템운영및유지관리비	24,906	7	7	7	8	7	2	3	4
4730	울산 중구	신문공고료	20,000	7	1	5	8	7	4	1	4
4731	울산 중구	소상공인경영안정자금지원위탁수수료(2024년도용자분)	20,000	7	5	6	8	7	2	2	4
4732	울산 중구	온나라시스템유지관리비	17,325	7	5	5	1	7	2	2	4
4733	울산 중구	의정활동홍보광고료	15,000	7	1	5	8	7	4	1	4
4734	울산 중구	청백e시스템운영유지보수비	12,510	7	7	7	8	7	2	3	4
4735	울산 중구	고향사랑기부제종합정보시스템유지보수비	9,467	7	1	5	1	2	5	1	1
4736	울산 중구	지방행정공통시스템상담센터유지관리비	6,950	7	5	5	1	7	2	2	4
4737	울산 중구	취약계층가스안전기기보급사업	5,940	7	7	7	8	7	5	5	4
4738	울산 중구	우편모아시스템유지관리비	5,600	7	5	5	1	7	2	2	4
4739	울산 중구	LPG용기사용가구시설개선	4,500	7	2	7	8	7	5	5	4
4740	울산 중구	중소기업경영안정자금지원위탁수수료	4,000	7	5	7	5	7	1	1	4
4741	울산 중구	기능분류모델시스템개편위탁사업비	3,250	7	7	7	8	7	5	5	4
4742	울산 남구	장생포문화창고운영	2,002,545	7	4	7	8	7	1	3	1
4743	울산 남구	신문공고및홍보비	638,080	7	1	5	8	7	5	5	4
4744	울산 남구	문화예술창작촌운영	371,743	7	4	7	8	7	1	3	1
4745	울산 남구	거리음악회운영	300,000	7	4	7	8	7	1	3	1
4746	울산 남구	2024년자치단체공통기반및재해복구시스템유지관리업무위탁	84,473	7	1	5	1	7	5	5	4
4747	울산 남구	공식SNS채널운영및홍보	55,000	7	1	5	8	7	5	5	4
4748	울산 남구	차세대주민등록정보시스템운영	28,046	7	1	7	8	7	2	2	4
4749	울산 남구	2024년정부업무관리시스템(온나라)및정부전자문서유통지원센터유지관리위탁	18,444	7	1	5	1	7	5	5	4
4750	울산 남구	2024년지방행정공통시스템상담센터운영위탁	6,640	7	1	5	1	7	5	5	4
4751	울산 동구	월봉시장문화관광형시장육성사업(국가직접지원사업)	84,000	7	2	7	8	7	5	5	4
4752	울산 동구	에너지취약계층가스안전기기설치사업	5,940	7	5	7	8	7	5	5	4
4753	울산 동구	LPG용기사용가구시설개선사업	1,800	7	2	7	8	7	5	5	4
4754	울산 동구	구정홍보영상제작방영	150,000	7	1	7	8	7	1	1	4
4755	울산 동구	이미지및주요행사광고(관광,축제,일자리사업등)	110,000	7	1	7	8	7	1	1	4
4756	울산 동구	지방재정관리시스템(e호조+)유지보수	70,638	7	2	5	8	7	2	2	4
4757	울산 동구	청백e시스템유지보수및운영지원	10,928	7	1	5	1	7	2	2	4

순번	시군구	지출명 (사업명)	2024년예산 (단위 : 천원 /1년간)	민간이전 분류 (지방자치단체 세출예산 집행기준에 의거) 1. 민간경상사업보조(307-02) 2. 민간단체 법정운영비보조(307-03) 3. 민간행사사업보조(307-04) 4. 민간위탁금(307-05) 5. 사회복지시설 법정운영비보조(307-10) 6. 민간인위탁교육비(307-12) 7. 공기관등에대한경상적위탁사업비(308-13) 8. 민간자본사업보조,지체재원(402-01) 9. 민간자본사업보조,이전재원(402-02) 10. 민간위탁사업비(402-03) 11. 공기관등에 대한 자본적 위탁사업비(403-02)	민간이전지출 근거 (지방보조금 관리기준 참고) 1. 법률에 규정 2. 국고보조 재원(국가지정) 3. 용도 지정 기부금 4. 조례에 직접규정 5. 지자체가 권장하는 사업을 하는 공공기관 6. 시,도 정책 및 재정사정 7. 기타 8. 해당없음	입찰방식: 계약체결방법 (경쟁형태) 1. 일반경쟁 2. 제한경쟁 3. 지명경쟁 4. 수의계약 5. 법정위탁 6. 기타 ( ) 7. 없음	입찰방식: 계약기간 1. 1년 2. 2년 3. 3년 4. 4년 5. 5년 6. 기타 ( )년 7. 단기계약 (1년미만) 8. 없음	입찰방식: 낙찰자선정방법 1. 적격심사 2. 협상에의한계약 3. 최저가낙찰제 4. 규격가격분리 5. 2단계 경쟁입찰 6. 기타 ( ) 7. 없음	운영예산 산정: 운영예산 산정 1. 내부산정 (지자체 자체적으로 산정) 2. 외부산정 (외부전문기관위탁 산정) 3. 내·외부 모두 산정 4. 산정 無 5. 없음	운영예산 산정: 정산방법 1. 내부정산 (지자체 내부적으로 정산) 2. 외부정산 (외부전문기관위탁 정산) 3. 내·외부 모두 산정 4. 정산 無 5. 없음	성과평가 실시여부 1. 실시 2. 미실시 3. 향후 추진 4. 해당없음
4758	울산 북구	중소기업성장지원사업	500,000	7	4	7	8	7	1	1	1
4759	울산 북구	장애인의료비지원	142,945	7	2	7	8	7	5	5	4
4760	울산 북구	꿈꾸자창의과학캠프	70,000	7	4	7	8	7	1	1	4
4761	울산 북구	과학교실및과학한마당	65,000	7	4	7	8	7	1	1	4
4762	울산 북구	영어놀이터운영	60,000	7	4	7	8	7	1	1	4
4763	울산 북구	공동방제단운영지원	53,720	7	2	7	8	7	5	5	4
4764	울산 북구	디지털주소정보플랫폼구축(2차)위탁사업비	36,704	7	1	5	1	7	2	2	1
4765	울산 북구	중소기업경영안정자금지원	30,000	7	4	7	8	7	1	1	1
4766	울산 북구	차세대주민등록정보시스템운영	24,906	7	5	5	1	7	2	2	4
4767	울산 북구	2024년도입체주소구축및주소정보기본도유지관리위탁사업비	23,317	7	1	5	1	7	2	2	1
4768	울산 북구	소상공인경영안정자금지원	20,000	7	4	7	8	7	1	1	1
4769	울산 북구	2024년도주소정보관리시스템유지관리위탁사업비	18,673	7	1	5	1	7	2	2	1
4770	울산 북구	진장배수장유지관리부담금	8,500	7	4	7	8	7	3	3	2
4771	울산 북구	가스안전기기보급사업	5,940	7	4	7	8	7	1	1	2
4772	울산 북구	LPG용기사용가구시설개선사업	1,800	7	2	7	8	7	1	1	2
4773	울산 울주군	온양문화복지센터운영	2,239,282	7	4	6	5	7	1	1	1
4774	울산 울주군	공중화장실청소관리위탁	1,590,624	7	1	7	8	7	2	1	4
4775	울산 울주군	가축재해보험지원	1,544,000	7	1	7	8	7	1	1	4
4776	울산 울주군	드론특별자유화구역2차업무협약	1,150,000	7	4	5	2	7	3	2	1
4777	울산 울주군	울산옹기축제	1,080,000	7	4	7	3	7	1	1	1
4778	울산 울주군	스마트팜보급확산지원사업	950,000	7	1	7	8	7	1	3	3
4779	울산 울주군	종합사회복지관운영	900,462	7	4	6	8	7	1	1	4
4780	울산 울주군	울주군국민체육센터운영	825,979	7	4	5	6	7	1	1	1
4781	울산 울주군	군브랜드이미지홍보	784,000	7	1	7	8	7	5	5	4
4782	울산 울주군	군정주요시책홍보	774,400	7	1	7	8	7	5	5	4
4783	울산 울주군	온산문화체육센터운영	758,618	7	4	5	6	7	1	1	1
4784	울산 울주군	기술창업생태계지원사업	700,000	7	5	4	2	7	1	1	1
4785	울산 울주군	서부청소년수련관운영	606,220	7	1	7	8	7	1	1	4
4786	울산 울주군	남부청소년수련관운영	514,244	7	1	7	8	7	1	1	4
4787	울산 울주군	청년창업아카데미운영	500,000	7	5	4	1	7	1	1	1
4788	울산 울주군	공동방제단운영	459,016	7	2	7	8	7	1	3	1
4789	울산 울주군	행사및축제홍보	429,000	7	1	7	8	7	5	5	4
4790	울산 울주군	청소년상담복지센터운영	426,000	7	4	7	8	7	1	1	1
4791	울산 울주군	울주종합체육센터운영	363,479	7	4	5	6	7	1	1	1
4792	울산 울주군	AR로즐기는스마트한울주관광사업	350,000	7	5	7	8	7	5	5	4
4793	울산 울주군	소상공인경영환경개선지원사업	344,013	7	5	7	8	7	1	1	4
4794	울산 울주군	구토지(임야)대장AI기반한글화디지털구축	336,989	7	1	5	1	6	2	2	3
4795	울산 울주군	연안자원조성및관리	250,000	7	1	5	1	7	1	1	4
4796	울산 울주군	청소년진로직업체험센터운영	237,000	7	4	7	8	7	1	1	1
4797	울산 울주군	중부청소년수련관운영	220,000	7	1	7	8	7	1	1	4

순번	시군구	지출명 (사업명)	2024년예산 (단위 : 천원 /1년간)	민간이전 분류 (지방자치단체 세출예산 집행기준에 의거) 1. 민간경상사업보조(307-02) 2. 민간단체 법정운영비보조(307-03) 3. 민간행사사업보조(307-04) 4. 민간위탁금(307-05) 5. 사회복지시설 법정운영비보조(307-10) 6. 민간인위탁교육비(307-12) 7. 공기관등에대한경상적위탁사업비(308-13) 8. 민간자본사업보조,자체재원(402-01) 9. 민간자본사업보조,이전재원(402-02) 10. 민간위탁사업비(402-03) 11. 공기관등에 대한 자본적 위탁사업비(403-02)	민간이전지출 근거 (지방보조금 관리기준 참고) 1. 법률에 규정 2. 국고보조 재원(국가지정) 3. 용도 지정 기부금 4. 조례에 직접규정 5. 지자체가 권장하는 사업을 하는 공공기관 6. 시,도 정책 및 재정사정 7. 기타 8. 해당없음	입찰방식			운영예산 산정		성과평가 실시여부
						계약체결방법 (경쟁형태) 1. 일반경쟁 2. 제한경쟁 3. 지명경쟁 4. 수의계약 5. 법정위탁 6. 기타 ( ) 7. 없음	계약기간 1. 1년 2. 2년 3. 3년 4. 4년 5. 5년 6. 기타 ( )년 7. 단기계약 (1년미만) 8. 없음	낙찰자선정방법 1. 적격심사 2. 협상에의한계약 3. 최저가낙찰제 4. 규격가격분리 5. 2단계 경쟁입찰 6. 기타 ( ) 7. 없음	운영예산 산정 1. 내부산정 (지자체 자체적으로 산정) 2. 외부산정 (외부전문기관위탁 산정) 3. 내·외부 모두 산정 4. 산정 無 5. 없음	정산방법 1. 내부정산 (지자체 내부적으로 정산) 2. 외부정산 (외부전문기관위탁 정산) 3. 내·외부 모두 산정 4. 정산 無 5. 없음	1. 실시 2. 미실시 3. 향후 추진 4. 해당없음
4798	울산 울주군	청소년안전망사업운영	215,040	7	2	7	8	7	1	1	1
4799	울산 울주군	꿈꾸는청년대장간사업	200,000	7	5	4	1	7	1	1	1
4800	울산 울주군	청소년동반자프로그램운영	153,400	7	2	7	8	7	1	1	1
4801	울산 울주군	학교밖청소년지원	152,300	7	2	7	8	7	1	1	1
4802	울산 울주군	모여라딩동댕공개방송촬영	150,000	7	1	7	8	7	1	5	4
4803	울산 울주군	태화강수산생물서식실태조사사업위탁	150,000	7	5	5	7	7	1	1	2
4804	울산 울주군	청소년방과후아카데미운영지원	149,931	7	1	7	8	7	1	1	4
4805	울산 울주군	에너지융합일반산업단지분양광고료(매체광고)	130,000	7	5	5	7	7	1	1	4
4806	울산 울주군	가축질병치료보험	111,600	7	1	5	1	7	1	3	1
4807	울산 울주군	중장년기술창업센터지원사업	86,000	7	2	4	3	7	1	1	1
4808	울산 울주군	수산정책보험	76,592	7	1	7	8	7	1	1	4
4809	울산 울주군	태화강사전사후영향조사사업위탁	70,000	7	5	5	7	7	1	1	2
4810	울산 울주군	SNS채널관리	60,000	7	1	7	8	7	5	5	4
4811	울산 울주군	찾아가는과학교실	60,000	7	5	7	8	7	1	1	4
4812	울산 울주군	연어자원증강및보존연구사업위탁	60,000	7	5	5	7	7	1	1	2
4813	울산 울주군	찾아가는코딩로봇교실	50,000	7	5	7	8	7	1	1	4
4814	울산 울주군	울주아카데미	40,000	7	4	6	6	7	1	1	4
4815	울산 울주군	차세대주민등록정보시스템운영	24,906	7	1	5	8	7	5	5	4
4816	울산 울주군	송아지생산안정사업	24,150	7	1	7	8	7	1	1	1
4817	울산 울주군	군정주간뉴스제작	22,000	7	1	7	8	7	5	5	4
4818	울산 울주군	학교밖청소년무상급식지원	20,625	7	2	7	8	7	1	1	1
4819	울산 울주군	LPG용기사용가구시설개선사업	18,000	7	1	5	1	7	3	1	1
4820	울산 울주군	건강생활실천영상홍보	17,600	7	1	7	8	7	5	5	4
4821	울산 울주군	대덕도서관운영	15,000	7	1	7	8	7	1	1	4
4822	울산 울주군	인터넷광고	11,000	7	1	7	8	7	5	5	4
4823	울산 울주군	새마을운동중앙교육과정대행사업비	10,400	7	1,4	7	8	7	1	1	1
4824	울산 울주군	온산바이오가스화시설대곡댐상류가축분뇨처리비	6,942	7	1	7	8	7	5	5	4
4825	울산 울주군	취약계층가스안전장치보급사업	5,940	7	1	5	1	7	3	1	1
4826	울산 울주군	지역청소년참여위원회운영	2,800	7	1	7	8	7	1	1	4
4827	울산 울주군	청소년안심약국운영	2,000	7	4	7	8	7	1	1	1
4828	울산 울주군	창업지원및경제조직활성화프로그램	700,000	7	2	7	1	7	1	3	4
4829	세종특별자치시	민간어린이집차액보육료	2,170,000	7	1	7	8	7	5	5	2
4830	세종특별자치시	세종여성플라자운영	589,505	7	6	6	1	7	1	1	1
4831	세종특별자치시	시간제보육료지원	145,000	7	2	7	8	7	5	5	2
4832	세종특별자치시	직장맘지원센터운영	108,201	7	6	6	1	7	1	3	1
4833	세종특별자치시	산모신생아건강관리지원사업	1,570,242	7	4	5	1	7	3	3	2
4834	세종특별자치시	지역산업맞춤형자치단체지원사업	1,426,000	7	4	7	8	7	3	3	1
4835	세종특별자치시	저소득층기저귀·조제분유지원사업	708,000	7	2	5	1	7	2	3	2
4836	세종특별자치시	세종신중년센터운영	615,736	7	5	7	8	7	1	3	4
4837	세종특별자치시	고용복지+센터운영	393,779	7	8	5	8	7	1	1	4

순번	시군구	지출명 (사업명)	2024년예산 (단위 : 천원 /1년간)	민간이전 분류 (지방자치단체 세출예산 집행기준에 의거) 1. 민간경상사업보조(307-02) 2. 민간단체 법정운영비보조(307-03) 3. 민간행사사업보조(307-04) 4. 민간위탁금(307-05) 5. 사회복지시설 법정운영비보조(307-10) 6. 민간인위탁교육비(307-12) 7. 공기관등에대한경상적위탁사업비(308-13) 8. 민간자본사업보조,자체재원(402-01) 9. 민간자본사업보조,이전재원(402-02) 10. 민간위탁사업비(402-03) 11. 공기관등에 대한 자본적 위탁사업비(403-02)	민간이전지출 근거 (지방보조금 관리기준 참고) 1. 법률에 규정 2. 국고보조 재원(국가지정) 3. 용도 지정 기부금 4. 조례에 직접규정 5. 지자체가 권장하는 사업을 하는 공공기관 6. 시,도 정책 및 재정사정 7. 기타 8. 해당없음	입찰방식: 계약체결방법 (경쟁형태) 1. 일반경쟁 2. 제한경쟁 3. 지명경쟁 4. 수의계약 5. 법정위탁 6. 기타 ( ) 7. 없음	입찰방식: 계약기간 1. 1년 2. 2년 3. 3년 4. 4년 5. 5년 6. 기타 ( )년 7. 단기계약 (1년미만) 8. 없음	입찰방식: 낙찰자선정방법 1. 적격심사 2. 협상에의한계약 3. 최저가낙찰제 4. 규격가격분리 5. 2단계 경쟁입찰 6. 기타 ( ) 7. 없음	운영예산 산정: 운영예산 산정 1. 내부산정 (지자체 자체적으로 산정) 2. 외부산정 (외부전문기관위탁 산정) 3. 내·외부 모두 산정 4. 산정 無 5. 없음	운영예산 산정: 정산방법 1. 내부정산 (지자체 내부적으로 정산) 2. 외부정산 (외부전문기관위탁 정산) 3. 내·외부 모두 산정 4. 정산 無 5. 없음	성과평가 실시여부 1. 실시 2. 미실시 3. 향후 추진 4. 해당없음
4838	세종특별자치시	고용환경개선사업	216,000	7	4	7	8	7	1	1	4
4839	세종특별자치시	해외시장개척지원	185,000	7	4	4	1	2	1	1	1
4840	세종특별자치시	기능경기대회지원	130,500	7	8	5	8	7	1	1	4
4841	세종특별자치시	신중년사회공헌활동지원	106,991	7	5	7	8	7	1	1	4
4842	세종특별자치시	산모신생아건강관리확대지원	104,000	7	4	5	1	7	1	3	2
4843	세종특별자치시	세종일자리경제진흥원운영	98,419	7	5	7	8	7	5	5	4
4844	세종특별자치시	일자리지원센터운영	89,040	7	4	7	8	7	1	1	4
4845	세종특별자치시	글로벌강소기업육성사업	60,000	7	5	7	8	7	1	1	4
4846	세종특별자치시	매출채권보험보험료지원	20,000	7	5	7	8	7	5	5	4
4847	세종특별자치시	금연치료지원사업	15,845	7	2	5	1	7	2	3	2
4848	세종특별자치시	의료급여수급권자영유아검진비지원	4,111	7	2	5	1	7	2	3	2
4849	세종특별자치시	가족접촉자검진지원예탁	3,420	7	2	7	8	7	5	5	4
4850	세종특별자치시	청소년산모임신출산의료비지원	2,500	7	2	5	1	7	2	3	2
4851	세종특별자치시	표준모자보건수첩	1,070	7	2	5	1	7	1	3	2
4852	세종특별자치시	위탁수수료	386	7	2	7	8	7	5	5	4
4853	세종특별자치시	노인장기요양보험의료급여부담금	4,387,342	7	1	7	8	7	5	5	4
4854	세종특별자치시	스마트빌리지보급확산사업	1,250,000	7	5	6	3	7	1	1	3
4855	세종특별자치시	AI기반디지털헬스케어서비스실증사업	1,000,000	7	5	6	3	7	1	1	3
4856	세종특별자치시	사이언스비즈플라자운영	926,636	7	5	4	6	7	1	2	4
4857	세종특별자치시	산학연클러스터지원센터운영	920,196	7	5	6	1	6	1	5	4
4858	세종특별자치시	세종시립요양원지원	787,200	7	1,5	7	8	7	1	1	4
4859	세종특별자치시	지역지식재산창출지원(국가직접지원)	450,000	7	1,4	7	8	7	3	3	1
4860	세종특별자치시	인공지능메타버스기반재난안전관리체계강화사업(국가직접지원)	400,000	7	2	7	1	7	1	1	3
4861	세종특별자치시	서부내륙권광역관광개발	300,000	7	2	7	8	7	5	5	4
4862	세종특별자치시	지역과학산업활동	262,000	7	2	7	1	7	1	1	2
4863	세종특별자치시	공통기반및재해복구시스템유지관리	205,204	7	5	7	1	7	2	2	4
4864	세종특별자치시	다목적관광안내2층버스운영	195,455	7	4	7	8	7	5	5	4
4865	세종특별자치시	재방재정관리시스템유지관리	141,239	7	5	6	8	7	2	2	4
4866	세종특별자치시	전월산국민여가캠핑장유지관리	123,736	7	4	5	8	7	1	1	4
4867	세종특별자치시	온나라2.전자문서시스템유지관리	101,932	7	5	7	1	7	2	2	4
4868	세종특별자치시	발달장애인지원센터주간활동서비스운영인력지원	96,800	7	1	7	8	7	5	5	4
4869	세종특별자치시	주요정보통신기반시설취약점분석평가	75,100	7	1	5	1	2	2	1	4
4870	세종특별자치시	지역산업기반조성	35,000	7	7	7	8	7	5	5	4
4871	세종특별자치시	신사업창업사관학교임차료	23,561	7	5	7	8	7	1	1	4
4872	세종특별자치시	지방교부세자료관리시스템유지관리	21,321	7	5	6	8	7	2	2	4
4873	세종특별자치시	경제교육지원(국가직접지원)	20,000	7	1,4	7	8	7	3	3	1
4874	세종특별자치시	소방안전교부세자료관리시스템유지관리	12,367	7	5	6	8	7	2	2	4
4875	세종특별자치시	지방재정정보화시스템유지관리(공기업)	11,200	7	5	6	8	7	2	2	4
4876	세종특별자치시	새울행정시스템상담센터운영	6,950	7	5	7	1	7	2	2	4
4877	강원특별자치도	지역문화예술특성화지원(전환사업)	3,440,000	7	2	6	1	6	1	1	1

순번	시군구	지출명 (사업명)	2024년예산 (단위 : 천원 /1년간)	민간이전 분류 (지방자치단체 세출예산 집행기준에 의거) 1. 민간경상사업보조(307-02) 2. 민간단체 법정운영비보조(307-03) 3. 민간행사사업보조(307-04) 4. 민간위탁금(307-05) 5. 사회복지시설 법정운영비보조(307-10) 6. 민간인위탁교육비(307-12) 7. 공기관등에대한경상적위탁사업비(308-13) 8. 민간자본사업보조,자체재원(402-01) 9. 민간자본사업보조,이전재원(402-02) 10. 민간위탁사업비(402-03) 11. 공기관등에 대한 자본적 위탁사업비(403-02)	민간이전지출 근거 (지방보조금 관리기준 참고) 1. 법률에 규정 2. 국고보조 재원(국가지정) 3. 용도 지정 기부금 4. 조례에 직접규정 5. 지자체가 권장하는 사업을 하는 공공기관 6. 시,도 정책 및 재정사정 7. 기타 8. 해당없음	입찰방식 계약체결방법 (경쟁형태) 1. 일반경쟁 2. 제한경쟁 3. 지명경쟁 4. 수의계약 5. 법정위탁 6. 기타 ( ) 7. 없음	입찰방식 계약기간 1. 1년 2. 2년 3. 3년 4. 4년 5. 5년 6. 기타 ( )년 7. 단기계약 (1년미만) 8. 없음	입찰방식 낙찰자선정방법 1. 적격심사 2. 협상에의한계약 3. 최저가낙찰제 4. 규격가격분리 5. 2단계 경쟁입찰 6. 기타 ( ) 7. 없음	운영예산 산정 운영예산 산정 1. 내부산정 (지자체 자체적으로 산정) 2. 외부산정 (외부전문기관위탁 산정) 3. 내·외부 모두 산정 4. 산정 無 5. 없음	운영예산 산정 정산방법 1. 내부정산 (지자체 내부적으로 정산) 2. 외부정산 (외부전문기관위탁 정산) 3. 내·외부 모두 산정 4. 정산 無 5. 없음	성과평가 실시여부 1. 실시 2. 미실시 3. 향후 추진 4. 해당없음
4878	강원특별자치도	고용창출・유지자금지원	3,328,483	7	4	7	8	7	1	1	4
4879	강원특별자치도	지식재산창출지원	1,678,000	7	2	7	8	7	5	1	1
4880	강원특별자치도	청년디딤돌2배적금지원사업	1,660,000	7	6	7	8	7	5	5	4
4881	강원특별자치도	청년취업준비쿠폰지원사업	1,350,000	7	5	7	8	7	1	3	1
4882	강원특별자치도	강원연구개발지원단지원	1,300,000	7	2	7	8	7	1	1	1
4883	강원특별자치도	공연장상주단체육성지원(전환사업)	1,000,000	7	2	6	1	6	1	1	1
4884	강원특별자치도	강원더몰운영활성화	858,500	7	4	7	8	7	1	1	4
4885	강원특별자치도	지역산업마케팅지원(수출단계별맞춤형지원)	775,000	7	4	7	8	7	5	5	3
4886	강원특별자치도	해외온라인마케팅지원	700,000	7	5	7	8	7	5	5	4
4887	강원특별자치도	데이터산업창업벤처기업발굴육성	675,840	7	2	7	8	7	5	1	1
4888	강원특별자치도	1MORE외국인체류상품확대추진	648,000	7	4	6	1	7	1	1	3
4889	강원특별자치도	광역자활센터운영	616,471	7	1	5	5	7	1	1	4
4890	강원특별자치도	청년창업자금무이자대출지원	600,000	7	6	7	8	7	5	5	4
4891	강원특별자치도	메타버스융복합멀티플렉스조성	600,000	7	2	7	8	7	5	3	1
4892	강원특별자치도	유명방송매체연계강원관광홍보	600,000	7	1	7	7	7	1	1	1
4893	강원특별자치도	지식재산기반창업촉진	530,000	7	2	7	8	7	5	1	1
4894	강원특별자치도	농수특산물진품센터운영	500,000	7	1,4	5	1	7	1	1	4
4895	강원특별자치도	강원광역여성새로일하기센터지정운영	493,810	7	2	7	8	7	1	1	4
4896	강원특별자치도	강원특별자치도지역사회서비스지원단운영	440,409	7	1	5	8	7	1	1	4
4897	강원특별자치도	SW미래채움사업	435,000	7	2	7	8	7	5	2	1
4898	강원특별자치도	초광역권메타버스허브구축운영	420,000	7	2	7	8	7	5	3	1
4899	강원특별자치도	사회복지시설종사자대체인력지원	412,727	7	2	7	3	7	5	1	4
4900	강원특별자치도	해외바이어초청통합수출상담회추진(전환)	400,000	7	4	6	1	6	1	1	2
4901	강원특별자치도	단체관광객유치마케팅	399,000	7	5	7	1	7	1	1	1
4902	강원특별자치도	특성화시장육성지원	360,000	7	1	1	1	1	5	1	1
4903	강원특별자치도	우수기술기능인력양성추진	350,000	7	4	7	8	7	1	1	1
4904	강원특별자치도	글로컬관광상품육성	350,000	7	4	7	8	7	5	5	4
4905	강원특별자치도	국외본부운영(중국본부운영)	315,310	7	4	6	6	6	1	1	2
4906	강원특별자치도	국외본부운영(베트남본부운영)	314,000	7	4	6	6	6	1	1	2
4907	강원특별자치도	마케팅역량강화및제품경쟁력제고	300,000	7	4	7	8	7	1	1	1
4908	강원특별자치도	산학연협력양자정보기술연구생태계구축	300,000	7	4	6	1	7	1	3	1
4909	강원특별자치도	강원가명정보활용지원센터운영	300,000	7	2	6	1	7	4	1	3
4910	강원특별자치도	지역주도디지털혁신지원	300,000	7	2	7	8	7	5	3	1
4911	강원특별자치도	국외본부운영(일본본부운영)	298,210	7	4	6	6	6	1	1	2
4912	강원특별자치도	대관령야외공연장운영	239,000	7	4	1	3	1	1	2	1
4913	강원특별자치도	중소기업육성자금업무추진	227,500	7	4	7	8	7	1	1	1
4914	강원특별자치도	강원장기요양요원지원센터활성화지원	226,663	7	4	7	8	7	1	1	4
4915	강원특별자치도	어촌특화지원센터지원	225,000	7	2	7	8	7	1	1	1
4916	강원특별자치도	강원다함께돌봄센터운영지원	211,118	7	1	4	5	7	1	1	4
4917	강원특별자치도	지방소멸대응중간지원조직운영지원	200,000	7	1	7	8	7	5	5	4

순번	시군구	지출명 (사업명)	2024년예산 (단위 : 천원 /1년간)	민간이전 분류 (지방자치단체 세출예산 집행기준에 의거) 1. 민간경상사업보조(307-02) 2. 민간단체 법정운영비보조(307-03) 3. 민간행사사업보조(307-04) 4. 민간위탁금(307-05) 5. 사회복지시설 법정운영비보조(307-10) 6. 민간인위탁교육비(307-12) 7. 공기관등에대한경상적위탁사업비(308-13) 8. 민간자본사업보조,자체재원(402-01) 9. 민간자본사업보조,이전재원(402-02) 10. 민간위탁사업비(402-03) 11. 공기관등에 대한 자본적 위탁사업비(403-02)	민간이전지출 근거 (지방보조금 관리기준 참고) 1. 법률에 규정 2. 국고보조 재원(국가지정) 3. 용도 지정 기부금 4. 조례에 직접규정 5. 지자체가 권장하는 사업을 하는 공공기관 6. 시,도 정책 및 재정사정 7. 기타 8. 해당없음	입찰방식: 계약체결방법 (경쟁형태) 1. 일반경쟁 2. 제한경쟁 3. 지명경쟁 4. 수의계약 5. 법정위탁 6. 기타 ( ) 7. 없음	입찰방식: 계약기간 1. 1년 2. 2년 3. 3년 4. 4년 5. 5년 6. 기타 ( )년 7. 단기계약 (1년미만) 8. 없음	입찰방식: 낙찰자선정방법 1. 적격심사 2. 협상에의한계약 3. 최저가낙찰제 4. 규격가격분리 5. 2단계 경쟁입찰 6. 기타 ( ) 7. 없음	운영예산 산정: 운영예산 산정 1. 내부산정 (지자체 자체적으로 산정) 2. 외부산정 (외부전문기관위탁 산정) 3. 내·외부 모두 산정 4. 산정 無 5. 없음	운영예산 산정: 정산방법 1. 내부정산 (지자체 내부적으로 정산) 2. 외부정산 (외부전문기관위탁 정산) 3. 내·외부 모두 산정 4. 정산 無 5. 없음	성과평가 실시여부 1. 실시 2. 미실시 3. 향후 추진 4. 해당없음
4918	강원특별자치도	동해안권관광진흥협의회운영	200,000	7	4	7	8	7	1	1	3
4919	강원특별자치도	웰니스의료관광융복합클러스터(도)	200,000	7	4	7	8	7	5	5	4
4920	강원특별자치도	도시민어촌유치지원	200,000	7	1	1	1	7	1	3	3
4921	강원특별자치도	도시민기술교육	200,000	7	1	1	1	7	1	3	2
4922	강원특별자치도	운수종사자교통안전보수교육	183,600	7	1	7	8	7	1	1	4
4923	강원특별자치도	중소기업밀집지역위기대응시스템운영	182,000	7	2	7	8	7	1	1	4
4924	강원특별자치도	수산종자매입방류효과조사(전환)	166,740	7	1	5	1	2	1	1	1
4925	강원특별자치도	산불예방홍보활동	157,500	7	1	4	7	6	1	1	1
4926	강원특별자치도	차세대지방재정관리시스템운영	155,356	7	1	7	8	7	5	5	4
4927	강원특별자치도	귀어학교활성화지원	142,040	7	1	1	1	7	1	3	3
4928	강원특별자치도	ICT이노베이션스퀘어조성	141,999	7	2	7	8	7	5	2	1
4929	강원특별자치도	코로나19재택치료비본인부담금공기관위탁사업	140,000	7	2	7	8	7	1	1	4
4930	강원특별자치도	강원씨그랜트사업지원	140,000	7	1	5	7	7	1	1	3
4931	강원특별자치도	농업최고경영자과정운영	120,000	7	2	7	8	7	2	2	4
4932	강원특별자치도	강원장기요양요원지원센터운영지원	116,000	7	2	7	8	7	1	1	4
4933	강원특별자치도	중앙아시아강원스테이트글로벌도시영토확장	110,000	7	4	7	8	7	5	5	4
4934	강원특별자치도	강원다함께돌봄센터인건비지원	108,000	7	1	4	5	7	1	1	4
4935	강원특별자치도	재해소상공인이자지원추진	101,775	7	1	7	8	7	1	1	4
4936	강원특별자치도	유통업활성화추진	100,000	7	4	7	8	7	1	1	2
4937	강원특별자치도	강원세일페스타추진	100,000	7	4	7	8	7	1	2	2
4938	강원특별자치도	강원청년센터운영	100,000	7	5	7	8	7	1	1	1
4939	강원특별자치도	강원경제선도중소기업발굴육성지원	100,000	7	4	7	8	7	1	1	1
4940	강원특별자치도	지역강소기업경쟁력강화사업	100,000	7	1	7	8	7	1	1	1
4941	강원특별자치도	강원메이커스페이스구축운영	100,000	7	2	5	1	7	3	3	1
4942	강원특별자치도	강원관광홍보광고	100,000	7	5	7	1	7	1	1	1
4943	강원특별자치도	강원여행의달운영	100,000	7	5	7	1	7	1	1	1
4944	강원특별자치도	동해안권경제자유구역종합홍보추진	100,000	7	1	5	7	7	5	5	4
4945	강원특별자치도	지방세정보화운영및유지관리	91,885	7	1	7	8	7	5	5	4
4946	강원특별자치도	1인미디어센터구축	90,000	7	2	7	8	7	5	3	1
4947	강원특별자치도	강원워케이션활성화지원	90,000	7	5	7	1	7	1	1	1
4948	강원특별자치도	기업체포상관광단체유치확대	90,000	7	4	6	1	7	1	1	3
4949	강원특별자치도	주요정보통신기반시설취약점분석평가	88,700	7	1	5	1	7	3	5	4
4950	강원특별자치도	통합교육관리시스템(LMS)유지관리위탁	88,250	7	1	5	1	7	5	5	4
4951	강원특별자치도	강원특별자치도재난심리회복지원센터운영지원	87,800	7	2	6	8	6	5	1	1
4952	강원특별자치도	국내개최관광전참가홍보	79,695	7	5	7	1	7	1	1	1
4953	강원특별자치도	표준지방인사정보시스템운영	75,525	7	8	7	8	7	3	5	4
4954	강원특별자치도	지역특화여성전문인력양성	74,000	7	6	7	8	7	1	1	4
4955	강원특별자치도	강원ICT융합신기술기업지원	72,360	7	7	7	8	7	5	1	1
4956	강원특별자치도	안전문화홍보캠페인전개	72,100	7	1	5	7	7	1	1	1
4957	강원특별자치도	규제자유특구발굴지원	70,000	7	1	5	1	7	5	2	1

순번	시군구	지출명 (사업명)	2024년예산 (단위 : 천원 /1년간)	민간이전 분류 (지방자치단체 세출예산 집행기준에 의거) 1. 민간경상사업보조(307-02) 2. 민간단체 법정운영비보조(307-03) 3. 민간행사사업보조(307-04) 4. 민간위탁금(307-05) 5. 사회복지시설 법정운영비보조(307-10) 6. 민간인위탁교육비(307-12) 7. 공기관등에대한경상적위탁사업비(308-13) 8. 민간자본사업보조,자체재원(402-01) 9. 민간자본사업보조,이전재원(402-02) 10. 민간위탁사업비(402-03) 11. 공기관등에 대한 자본적 위탁사업비(403-02)	민간이전지출 근거 (지방보조금 관리기준 참고) 1. 법률에 규정 2. 국고보조 재원(국가지정) 3. 용도 지정 기부금 4. 조례에 직접규정 5. 지자체가 권장하는 사업을 하는 공공기관 6. 시,도 정책 및 재정사정 7. 기타 8. 해당없음	입찰방식			운영예산 산정		성과평가 실시여부
						계약체결방법 (경쟁형태) 1. 일반경쟁 2. 제한경쟁 3. 지명경쟁 4. 수의계약 5. 법정위탁 6. 기타 ( ) 7. 없음	계약기간 1. 1년 2. 2년 3. 3년 4. 4년 5. 5년 6. 기타 ( )년 7. 단기계약 (1년미만) 8. 없음	낙찰자선정방법 1. 적격심사 2. 협상에의한계약 3. 최저가낙찰제 4. 규격가격분리 5. 2단계 경쟁입찰 6. 기타 ( ) 7. 없음	운영예산 산정 1. 내부산정 (지자체 자체적으로 산정) 2. 외부산정 (외부전문기관위탁 산정) 3. 내·외부 모두 산정 4. 산정 無 5. 없음	정산방법 1. 내부정산 (지자체 내부적으로 정산) 2. 외부정산 (외부전문기관위탁 정산) 3. 내·외부 모두 산정 4. 정산 無 5. 없음	1. 실시 2. 미실시 3. 향후 추진 4. 해당없음
4958	강원특별자치도	국제관광박람회및설명회참가	70,000	7	4	6	1	7	1	1	3
4959	강원특별자치도	SIT&한류마케팅	70,000	7	4	7	8	7	1	1	3
4960	강원특별자치도	강원혁신도시몰운영(전환)	69,972	7	1	5	1	7	1	1	4
4961	강원특별자치도	지방교부세정보화시스템운영	67,376	7	1	7	8	7	5	5	4
4962	강원특별자치도	공공기관수요맞춤형지역인재양성과정개발및운영(전환)	63,000	7	1	5	1	7	1	1	4
4963	강원특별자치도	최고수산경영자과정위탁교육	63,000	7	2	6	7	7	1	1	4
4964	강원특별자치도	병원입퇴원환자만성질환관리	60,000	7	5	7	8	7	1	1	3
4965	강원특별자치도	중소기업경영활성화시책추진	54,000	7	1	7	8	7	1	1	1
4966	강원특별자치도	강원특별자치도웰니스관광활성화추진	50,000	7	4	7	8	7	5	5	4
4967	강원특별자치도	공공기관취업전담코디네이터	49,000	7	1	5	1	7	1	1	4
4968	강원특별자치도	정밀의료빅데이터기반구축(데이터안심존운영)	47,200	7	4	7	8	7	1	1	3
4969	강원특별자치도	주민e직접플랫폼유지관리비	46,560	7	2	5	1	7	3	3	3
4970	강원특별자치도	인터넷원서접수시스템운영	42,795	7	1	7	1	7	2	2	2
4971	강원특별자치도	지방세외수입정보시스템유지관리	38,491	7	1	7	8	7	5	5	4
4972	강원특별자치도	공모사업역량강화	37,800	7	6	7	8	7	1	1	1
4973	강원특별자치도	알버타주돗토리현등기념사업	30,000	7	4	7	8	7	5	5	4
4974	강원특별자치도	공공기관연계채용설명회(전환)	30,000	7	1	5	1	7	1	1	4
4975	강원특별자치도	소외계층문화역량강화	30,000	7	5	7	8	7	1	1	1
4976	강원특별자치도	동해안바다해양캠페인	30,000	7	1	7	8	7	5	5	3
4977	강원특별자치도	K연어양식산업과	30,000	7	1	7	8	7	5	5	3
4978	강원특별자치도	해양수산자원보호	30,000	7	1	7	8	7	5	5	3
4979	강원특별자치도	대도시수산물특판전행사	30,000	7	5	4	8	7	1	1	4
4980	강원특별자치도	양양국제공항연계해외마케팅	29,875	7	4	6	1	7	1	1	3
4981	강원특별자치도	강원특별자치도수출기업서포트시스템운영	27,000	7	4	7	8	7	5	5	3
4982	강원특별자치도	연안어업실태조사	26,000	7	1	7	8	7	5	5	3
4983	강원특별자치도	마음구호프로그램운영	25,400	7	2	6	8	6	5	1	1
4984	강원특별자치도	지방재정관리시스템운영(지방공공기관통합공시시스템운영)	20,500	7	1	7	8	7	5	5	4
4985	강원특별자치도	DMZ평화의길스토리텔링콘텐츠제작	20,000	7	4	4	8	7	1	1	4
4986	강원특별자치도	재난경험자심리회복지원	20,000	7	1	6	8	6	5	1	1
4987	강원특별자치도	중대재해예방대중매체홍보	20,000	7	1	5	7	7	1	1	1
4988	강원특별자치도	통합서비스플랫폼운영활성화지원	20,000	7	1	5	7	6	2	3	1
4989	강원특별자치도	내수면관광활성화	20,000	7	1	7	8	7	5	5	3
4990	강원특별자치도	수산업경영인교육훈련및간담회	18,000	7	2	6	1	7	1	1	4
4991	강원특별자치도	종합정보시스템운염및유지관리	15,381	7	1	7	8	7	5	5	4
4992	강원특별자치도	새일센터종사자처우개선지원	13,800	7	4	7	8	7	1	1	4
4993	강원특별자치도	투자유치웹사이트관리분담금	12,650	7	7	7	1	7	5	1	4
4994	강원특별자치도	강원다함께돌봄센터운영비지원	12,000	7	1	4	5	7	1	1	4
4995	강원특별자치도	지방재정관리시스템운영(지방공기업통합결산시스템운영)	11,700	7	1	7	8	7	5	5	4
4996	강원특별자치도	장애인활동지원추가사업위탁	11,481	7	1	7	8	7	3	1	1
4997	강원특별자치도	강원특별자치도사회조사	11,000	7	1	7	8	7	5	5	4

순번	시군구	지출명 (사업명)	2024년예산 (단위 : 천원 /1년간)	민간이전 분류 (지방자치단체 세출예산 집행기준에 의거) 1. 민간경상사업보조(307-02) 2. 민간단체 법정운영비보조(307-03) 3. 민간행사사업보조(307-04) 4. 민간위탁금(307-05) 5. 사회복지시설 법정운영비보조(307-10) 6. 민간인위탁교육비(307-12) 7. 공기관등에대한경상적위탁사업비(308-13) 8. 민간자본사업보조,자체재원(402-01) 9. 민간자본사업보조,이전재원(402-02) 10. 민간위탁사업비(402-03) 11. 공기관등에 대한 자본적 위탁사업비(403-02)	민간이전지출 근거 (지방보조금 관리기준 참고) 1. 법률에 규정 2. 국고보조 재원(국가지정) 3. 용도 지정 기부금 4. 조례에 직접규정 5. 지자체가 권장하는 사업을 하는 공공기관 6. 시,도 정책 및 재정사정 7. 기타 8. 해당없음	입찰방식 계약체결방법 (경쟁형태) 1. 일반경쟁 2. 제한경쟁 3. 지명경쟁 4. 수의계약 5. 법정위탁 6. 기타 ( ) 7. 없음	입찰방식 계약기간 1. 1년 2. 2년 3. 3년 4. 4년 5. 5년 6. 기타 ( )년 7. 단기계약 (1년미만) 8. 없음	입찰방식 낙찰자선정방법 1. 적격심사 2. 협상에의한계약 3. 최저가낙찰제 4. 규격가격분리 5. 2단계 경쟁입찰 6. 기타 ( ) 7. 없음	운영예산 산정 운영예산 산정 1. 내부산정 (지자체 자체적으로 산정) 2. 외부산정 (외부전문기관위탁 산정) 3. 내·외부 모두 산정 4. 산정 無 5. 없음	운영예산 산정 정산방법 1. 내부정산 (지자체 내부적으로 정산) 2. 외부정산 (외부전문기관위탁 정산) 3. 내·외부 모두 산정 4. 정산 無 5. 없음	성과평가 실시여부 1. 실시 2. 미실시 3. 향후 추진 4. 해당없음
4998	강원특별자치도	재해예방홍보광고	10,000	7	1	5	8	7	1	1	1
4999	강원특별자치도	해양수산시책홍보	10,000	7	1	7	8	7	5	5	3
5000	강원특별자치도	개별관광객전용외국인관광택시운영	7,980	7	4	7	8	7	1	1	3
5001	강원특별자치도	재난대응안전한국훈련홍보	6,600	7	1	5	8	6	1	1	2
5002	강원특별자치도	가정내안전점검1%달성추진	5,000	7	1	5	7	7	1	1	1
5003	강원특별자치도	강원보훈대상수상자홍보	4,500	7	1	7	8	7	1	1	4
5004	강원특별자치도	디지털헬스케어규제자유특구실증지원(국가직접지원)	4,286	7	2	7	8	7	1	3	1
5005	강원특별자치도	강원안전대상운영	3,300	7	1	5	7	7	1	1	1
5006	강원특별자치도	안전문화그림공모전	3,300	7	1	7	8	7	1	5	4
5007	강원특별자치도	마을공동체지원사업언론홍보	3,000	7	4	4	7	7	5	5	3
5008	강원 춘천시	교통약자특별교통수단지원(기금)	3,076,904	7	2	6	6	7	1	3	4
5009	강원 춘천시	문화도시조성	3,000,000	7	2	7	5	7	1	3	1
5010	강원 춘천시	지역사회서비스투자	2,737,912	7	2	7	8	7	1	1	4
5011	강원 춘천시	춘천형일자리안심공제	1,990,000	7	4	7	8	7	1	1	3
5012	강원 춘천시	자산형성지원사업	1,956,731	7	1	7	8	7	5	5	4
5013	강원 춘천시	춘천원도심상권르네상스	1,676,600	7	2	7	8	7	5	5	4
5014	강원 춘천시	장애인활동지원도추가	1,610,535	7	1	1	8	1	5	5	4
5015	강원 춘천시	발달재활서비스	1,463,459	7	2	1	3	1	5	5	4
5016	강원 춘천시	발달장애인주간활동서비스	1,012,139	7	1	7	8	7	1	1	4
5017	강원 춘천시	한국산업단지공단춘천지사운영	1,000,000	7	1,5	5	3	7	5	1	1
5018	강원 춘천시	장애인활동지원시자체	913,500	7	1	1	8	1	5	5	4
5019	강원 춘천시	공연예술창업지원센터운영	870,000	7	5	5	3	7	1	1	3
5020	강원 춘천시	영상산업지원센터운영	750,000	7	5	5	3	7	1	1	3
5021	강원 춘천시	GPU센터운영	700,000	7	1	6	5	7	1	1	1
5022	강원 춘천시	김유정문학촌운영및지원	650,000	7	4	4	2	6	1	1	1
5023	강원 춘천시	장애인활동지원가산급여	620,971	7	2	1	8	1	5	5	4
5024	강원 춘천시	일상돌봄서비스지원	536,000	7	2	7	8	7	1	1	4
5025	강원 춘천시	발달장애인방과후활동서비스	517,831	7	1	7	8	7	1	1	4
5026	강원 춘천시	최중증발달장애인그룹1:1지원사업	478,006	7	1	7	8	7	5	5	4
5027	강원 춘천시	가사간병방문지원	431,473	7	2	7	8	7	1	1	4
5028	강원 춘천시	춘천더나은교육지구운영	400,000	7	5	7	8	7	1	3	1
5029	강원 춘천시	춘천예술촌(창작공작소)운영	400,000	7	5	7	8	7	1	1	1
5030	강원 춘천시	교통약자특별교통수단지원(국토부)	314,820	7	1	6	6	7	1	3	4
5031	강원 춘천시	창업엑스포운영및창업기업지원	200,000	7	4	7	8	7	5	5	4
5032	강원 춘천시	실향비건립을위한부지조성공사	200,000	7	1	1	1	1	5	5	3
5033	강원 춘천시	알뜰교통카드연계마일리지지원	174,000	7	2	7	8	7	4	4	4
5034	강원 춘천시	해외마케팅지원	150,000	7	4	7	8	7	1	1	3
5035	강원 춘천시	수출활성화지원	136,000	7	4	7	8	7	1	1	3
5036	강원 춘천시	단기가사서비스	125,000	7	5	7	1	7	1	1	2
5037	강원 춘천시	AI융합경진대회	120,000	7	1	7	7	7	1	1	1

순번	시군구	지출명 (사업명)	2024년예산 (단위 : 천원 /1년간)	민간이전 분류 (지방자치단체 세출예산 집행기준에 의거) 1. 민간경상사업보조(307-02) 2. 민간단체 법정운영비보조(307-03) 3. 민간행사사업보조(307-04) 4. 민간위탁금(307-05) 5. 사회복지시설 법정운영비보조(307-10) 6. 민간인위탁교육비(307-12) 7. 공기관등에대한경상적위탁사업비(308-13) 8. 민간자본사업보조,자체재원(402-01) 9. 민간자본사업보조,이전재원(402-02) 10. 민간위탁사업비(402-03) 11. 공기관등에 대한 자본적 위탁사업비(403-02)	민간이전지출 근거 (지방보조금 관리기준 참고) 1. 법률에 규정 2. 국고보조 재원(국가지정) 3. 용도 지정 기부금 4. 조례에 직접규정 5. 지자체가 권장하는 사업을 하는 공공기관 6. 시,도 정책 및 재정사정 7. 기타 8. 해당없음	입찰방식 계약체결방법 (경쟁형태) 1. 일반경쟁 2. 제한경쟁 3. 지명경쟁 4. 수의계약 5. 법정위탁 6. 기타 ( ) 7. 없음	입찰방식 계약기간 1. 1년 2. 2년 3. 3년 4. 4년 5. 5년 6. 기타 ( )년 7. 단기계약 (1년미만) 8. 없음	입찰방식 낙찰자선정방법 1. 적격심사 2. 협상에의한계약 3. 최저가낙찰제 4. 규격가격분리 5. 2단계 경쟁입찰 6. 기타 ( ) 7. 없음	운영예산 산정 운영예산 산정 1. 내부산정 (지자체 자체적으로 산정) 2. 외부산정 (외부전문기관위탁 산정) 3. 내·외부 모두 산정 4. 산정 無 5. 없음	운영예산 산정 정산방법 1. 내부정산 (지자체 내부적으로 정산) 2. 외부정산 (외부전문기관위탁 정산) 3. 내·외부 모두 산정 4. 정산 無 5. 없음	성과평가 실시여부 1. 실시 2. 미실시 3. 향후 추진 4. 해당없음
5038	강원 춘천시	로컬크리에이터성장지원	100,000	7	4	7	8	7	5	5	4
5039	강원 춘천시	중소기업매출채권보험료지원	100,000	7	4	7	1	7	1	1	3
5040	강원 춘천시	국내박람회참가지원	90,000	7	4	7	8	7	1	1	3
5041	강원 춘천시	국내마케팅지원	90,000	7	4	7	8	7	1	1	3
5042	강원 춘천시	특성화야시장지원	80,000	7	5	7	8	7	5	5	4
5043	강원 춘천시	중소기업맞춤형토털마케팅	64,000	7	4	7	8	7	1	1	3
5044	강원 춘천시	반려동물문화조성홍보캠페인	50,000	7	1	7	8	7	5	5	4
5045	강원 춘천시	하수관로정비BTL성과평가업무위탁수수료	48,000	7	7	5	6	7	2	1	1
5046	강원 춘천시	춘천몰운영	40,000	7	4	7	8	7	1	1	3
5047	강원 춘천시	학생승마체험지원(공기관위탁)	22,400	7	2	4	7	7	1	1	1
5048	강원 춘천시	택시운행정보관리시스템운영	17,899	7	1	7	8	7	4	1	4
5049	강원 춘천시	고향사랑기부제종합정보시스템운영및유지관리비	15,381	7	1	5	8	7	2	2	4
5050	강원 춘천시	제2차기후위기적응대책세부시행계획이행평가(5차년도)	14,000	7	5	7	8	7	1	1	4
5051	강원 춘천시	공공부문온실가스목표관리제	13,000	7	1	7	8	7	1	1	4
5052	강원 춘천시	강원특별자치도주민자치박람회	10,000	7	4	7	8	7	1	1	2
5053	강원 춘천시	발달장애인부모상담지원	7,618	7	2	1	8	1	5	5	4
5054	강원 춘천시	우리집전기저금통사업경상적경비	7,481	7	6	7	8	7	1	1	2
5055	강원 춘천시	언어발달지원	2,269	7	2	1	3	1	5	5	4
5056	강원 강릉시	문화도시조성사업위탁사업비	3,000,000	7	1	5	8	7	3	3	1
5057	강원 강릉시	출생아동바우처지급	2,036,000	7	1	7	8	7	5	5	4
5058	강원 강릉시	무장애관광도시조성사업	1,530,000	7	5	5	3	6	1	3	3
5059	강원 강릉시	수선유지주거급여	1,495,556	7	1	5	1	7	1	1	4
5060	강원 강릉시	주간활동서비스바우처지원	1,445,000	7	1	7	8	7	5	5	4
5061	강원 강릉시	관광거점도시글로벌마케팅	1,100,000	7	5	5	1	7	1	3	3
5062	강원 강릉시	발달재활서비스바우처지원	1,029,919	7	1	7	8	7	5	5	4
5063	강원 강릉시	국내언론매체홍보	935,000	7	1	5	8	7	1	1	2
5064	강원 강릉시	강원FC광고비지원	880,000	7	1	7	8	7	1	5	4
5065	강원 강릉시	초광역권메타버스허브구축운영	780,000	7	2	7	8	7	3	2	4
5066	강원 강릉시	보호자없는병실운영(간병인인건비)	639,778	7	5	7	8	7	1	1	1
5067	강원 강릉시	택시이용강릉브랜드홍보광고료지원	635,000	7	4	5	1	7	1	1	1
5068	강원 강릉시	산모신생아건강관리비용지원	570,000	7	2	5	8	7	5	1	4
5069	강원 강릉시	메타버스융복합멀티플렉스조성	532,000	7	2	7	8	7	3	2	4
5070	강원 강릉시	강릉커피산업지속성장플랫폼구축(경상)	480,000	7	5	7	8	7	1	3	4
5071	강원 강릉시	장애인활동지원추가사업(도보조)	475,000	7	1	7	8	7	5	5	4
5072	강원 강릉시	지적재조사사업측량비	434,777	7	1	5	1	2	5	5	1
5073	강원 강릉시	기저귀및조제분유지원	420,000	7	2	5	8	7	5	1	4
5074	강원 강릉시	소프트웨어(SW)미래채움	400,000	7	2	7	8	7	3	2	4
5075	강원 강릉시	방과후활동서비스바우처지원	390,482	7	1	7	8	7	5	5	4
5076	강원 강릉시	지정위탁사업비	388,797	7	2	7	8	7	5	5	4
5077	강원 강릉시	지역관광거버넌스역량강화사업	365,000	7	5	5	1	7	1	3	3

순번	시군구	지출명 (사업명)	2024년예산 (단위 : 천원 /1년간)	민간이전 분류 (지방자치단체 세출예산 집행기준에 의거) 1. 민간경상사업보조(307-02) 2. 민간단체 법정운영비보조(307-03) 3. 민간행사사업보조(307-04) 4. 민간위탁금(307-05) 5. 사회복지시설 법정운영비보조(307-10) 6. 민간인위탁교육비(307-12) 7. 공기관등에대한경상적위탁사업비(308-13) 8. 민간자본사업보조,자체재원(402-01) 9. 민간자본사업보조,이전재원(402-02) 10. 민간위탁사업비(402-03) 11. 공기관등에 대한 자본적 위탁사업비(403-02)	민간이전지출 근거 (지방보조금 관리기준 참고) 1. 법률에 규정 2. 국고보조 재원(국가지정) 3. 용도 지정 기부금 4. 조례에 직접규정 5. 지자체가 권장하는 사업을 하는 공공기관 6. 시,도 정책 및 재정사정 7. 기타 8. 해당없음	입찰방식 계약체결방법 (경쟁형태) 1. 일반경쟁 2. 제한경쟁 3. 지명경쟁 4. 수의계약 5. 법정위탁 6. 기타 ( ) 7. 없음	입찰방식 계약기간 1. 1년 2. 2년 3. 3년 4. 4년 5. 5년 6. 기타 ( )년 7. 단기계약 (1년미만) 8. 없음	입찰방식 낙찰자선정방법 1. 적격심사 2. 협상에의한계약 3. 최저가낙찰제 4. 규격가격분리 5. 2단계 경쟁입찰 6. 기타 ( ) 7. 없음	운영예산 산정 운영예산 산정 1. 내부산정 (지자체 자체적으로 산정) 2. 외부산정 (외부전문기관위탁 산정) 3. 내·외부 모두 산정 4. 산정 無 5. 없음	운영예산 산정 정산방법 1. 내부정산 (지자체 내부적으로 정산) 2. 외부정산 (외부전문기관위탁 정산) 3. 내·외부 모두 산정 4. 정산 無 5. 없음	성과평가 실시여부 1. 실시 2. 미실시 3. 향후 추진 4. 해당없음
5078	강원 강릉시	음식문화관광상품개발및운영	355,000	7	4	5	8	7	2	2	4
5079	강원 강릉시	올림픽레거시권연계투어상품개발	300,000	7	1,4	7	1	7	1	1	3
5080	강원 강릉시	강릉의식탁운영	300,000	7	1	4	8	7	1	1	1
5081	강원 강릉시	야간관광활성화사업(경상)	300,000	7	1	4	8	1	1	1	1
5082	강원 강릉시	장애인활동지원급여지원	300,000	7	1	7	8	7	5	5	4
5083	강원 강릉시	지역1인미디어센터구축사업(경상)	236,000	7	5	7	8	7	1	3	4
5084	강원 강릉시	치매치료관리비지원	226,000	7	6	7	8	7	1	1	4
5085	강원 강릉시	희망나눔공제지원	224,400	7	5	4	4	7	2	2	3
5086	강원 강릉시	문화관광형시장육성사업(국가직접지원)	220,000	7	2	7	8	7	5	5	4
5087	강원 강릉시	장애인구강진료센터진료비	211,000	7	2	6	8	7	1	1	4
5088	강원 강릉시	강릉체력인증센터운영	203,640	7	2	7	8	7	3	3	1
5089	강원 강릉시	사업지사후관리	200,000	7	1	5	7	7	5	1	4
5090	강원 강릉시	희귀질환자의료비지원	200,000	7	2	7	8	7	5	5	4
5091	강원 강릉시	장애인의료비지원	198,000	7	1	7	8	7	5	5	4
5092	강원 강릉시	바다숲조성	178,650	7	1	5	7	7	5	1	4
5093	강원 강릉시	장애인구강진료센터운영비	166,600	7	2	6	8	7	1	1	4
5094	강원 강릉시	강릉로컬푸드연구개발	160,000	7	1	5	8	7	2	2	4
5095	강원 강릉시	생태테마관광자원화지원	152,000	7	4	7	1	7	5	5	3
5096	강원 강릉시	통합지방재정시스템운영유지관리	141,422	7	8	5	1	7	2	2	1
5097	강원 강릉시	마이스(MICE)전담기구위탁사업비	135,000	7	1	4	8	1	1	1	1
5098	강원 강릉시	코스메슈티컬소재산업화플랫폼구축사업(경상)	127,066	7	5	7	8	7	1	3	4
5099	강원 강릉시	주문진읍식료품집적지구활성화사업	113,000	7	4	7	2	7	1	1	3
5100	강원 강릉시	ICT이노베이션스퀘어조성	111,688	7	2	7	8	7	3	2	4
5101	강원 강릉시	활동보조가산급여	103,626	7	1	7	8	7	5	5	4
5102	강원 강릉시	중소기업수출경쟁력강화지원	100,000	7	5	6	1	7	1	1	4
5103	강원 강릉시	문화관광지도제작	100,000	7	1	5	8	7	2	2	4
5104	강원 강릉시	로컬콘텐츠관광상품개발	100,000	7	1	5	8	7	2	2	4
5105	강원 강릉시	해외관광객유치관광콘텐츠홍보	100,000	7	2	7	7	7	1	1	1
5106	강원 강릉시	광고캠페인전개및해외광고	100,000	7	2	7	7	7	1	1	1
5107	강원 강릉시	지역관광추진조직지원사업	100,000	7	5	5	1	7	1	1	3
5108	강원 강릉시	지방세정보시스템운영유지관리비	86,679	7	5	5	1	7	5	5	4
5109	강원 강릉시	의정활동지역언론홍보	80,000	7	1	5	7	7	1	1	4
5110	강원 강릉시	중화권SNS홍보	80,000	7	7	7	8	7	5	5	4
5111	강원 강릉시	시군구공통기반전산장비유지관리위탁	76,400	7	5	1,4	1	2	2	2	2
5112	강원 강릉시	2024년입체주소구축및주소정보기본도유지관리	62,314	7	2	7	6	7	2	2	1
5113	강원 강릉시	인터넷쇼핑몰(강릉몰)운영지원	60,000	7	5	6	6	7	5	1	4
5114	강원 강릉시	강릉1인창조기업지원센터운영지원(강릉과학산업진흥원)	60,000	7	5	7	8	7	1	1	4
5115	강원 강릉시	2024년주소정보관리시스템(KAIS)차세대구축및유지관리	57,027	7	2	7	6	7	2	2	1
5116	강원 강릉시	강원특별자치도기능경기대회지원	50,000	7	7	7	8	7	1	1	4
5117	강원 강릉시	사회적경제기업홍보체계구축및판로개척지원	50,000	7	4	5	6	7	1	1	3

순번	시군구	지출명 (사업명)	2024년예산 (단위 : 천원 /1년간)	민간이전 분류 (지방자치단체 세출예산 집행기준에 의거) 1. 민간경상사업보조(307-02) 2. 민간단체 법정운영비보조(307-03) 3. 민간행사사업보조(307-04) 4. 민간위탁금(307-05) 5. 사회복지시설 법정운영비보조(307-10) 6. 민간인위탁교육비(307-12) 7. 공기관등에대한경상적위탁사업비(308-13) 8. 민간자본사업보조,자체재원(402-01) 9. 민간자본사업보조,이전재원(402-02) 10. 민간위탁사업비(402-03) 11. 공기관등에 대한 자본적 위탁사업비(403-02)	민간이전지출 근거 (지방보조금 관리기준 참고) 1. 법률에 규정 2. 국고보조 재원(국가지정) 3. 용도 지정 기부금 4. 조례에 직접규정 5. 지자체가 권장하는 사업을 하는 공공기관 6. 시,도 정책 및 재정사정 7. 기타 8. 해당없음	입찰방식			운영예산 산정		성과평가 실시여부
						계약체결방법 (경쟁형태) 1. 일반경쟁 2. 제한경쟁 3. 지명경쟁 4. 수의계약 5. 법정위탁 6. 기타 ( ) 7. 없음	계약기간 1. 1년 2. 2년 3. 3년 4. 4년 5. 5년 6. 기타 ( )년 7. 단기계약 (1년미만) 8. 없음	낙찰자선정방법 1. 적격심사 2. 협상에의한계약 3. 최저가낙찰제 4. 규격가격분리 5. 2단계 경쟁입찰 6. 기타 ( ) 7. 없음	운영예산 산정 1. 내부산정 (지자체 자체적으로 산정) 2. 외부산정 (외부전문기관위탁 산정) 3. 내·외부 모두 산정 4. 산정 無 5. 없음	정산방법 1. 내부정산 (지자체 내부적으로 정산) 2. 외부정산 (외부전문기관위탁 정산) 3. 내·외부 모두 산정 4. 정산 無 5. 없음	1. 실시 2. 미실시 3. 향후 추진 4. 해당없음
5118	강원 강릉시	사회적경제역량강화지원	50,000	7	4	5	6	7	1	1	3
5119	강원 강릉시	강릉관광홍보(외부광고등)	50,000	7	4	7	7	7	1	1	1
5120	강원 강릉시	한국관광/야간관광1선홍보	50,000	7	2	7	7	7	1	1	1
5121	강원 강릉시	다언어투어가이드콘텐츠제작	50,000	7	2	7	7	7	1	1	1
5122	강원 강릉시	차세대인사정보시스템유지관리	49,187	7	6	1	1	2	2	2	2
5123	강원 강릉시	중소기업맞춤형토털마케팅지원사업	48,000	7	5	6	6	7	1	1	4
5124	강원 강릉시	보건의료복지통합지원체계구축	43,750	7	5	7	8	7	1	1	1
5125	강원 강릉시	세외수입정보시스템유지관리	43,438	7	5	7	8	7	5	5	4
5126	강원 강릉시	지정위탁사업비	41,676	7	2	7	8	7	5	5	4
5127	강원 강릉시	IP기반해외진출지원사업	40,000	7	5	7	8	7	5	5	4
5128	강원 강릉시	소재부품장비기업육성및기술자립지원	40,000	7	5	7	8	7	1	3	4
5129	강원 강릉시	강릉지역SW융합센터운영지원(강릉과학산업진흥원)	40,000	7	5	7	8	7	1	1	4
5130	강원 강릉시	대중교통비환급지원	38,000	7	6	7	8	7	5	5	4
5131	강원 강릉시	도시관리계획신문광고료	35,000	7	1	6	8	7	1	1	4
5132	강원 강릉시	표준업무관리(온나라)시스템유지관리위탁	31,200	7	5	1	1	2	2	2	2
5133	강원 강릉시	강릉원주대학교과학영재교육원지원	30,000	7	1	7	8	7	1	1	4
5134	강원 강릉시	적지조사	30,000	7	1	5	7	7	5	1	4
5135	강원 강릉시	적지조사	30,000	7	1	5	7	7	5	1	4
5136	강원 강릉시	해중공원사후관리	30,000	7	5	5	1	7	1	1	4
5137	강원 강릉시	장기요양기관종사자역량강화	30,000	7	4	4	8	7	1	1	4
5138	강원 강릉시	기획사업광고비	30,000	7	1	4	7	7	1	1	4
5139	강원 강릉시	지역케이블TV의회이미지광고	26,400	7	1	5	7	7	1	1	4
5140	강원 강릉시	중소기업지원창업보육센터운영(강릉과학산업진흥원)	25,000	7	5	7	8	7	1	1	4
5141	강원 강릉시	차세대주민등록시스템운영	24,906	7	1	1	1	2	2	2	1
5142	강원 강릉시	알뜰교통카드마일리지지원	24,000	7	6	5	6	7	1	1	1
5143	강원 강릉시	의정활동인터넷매체홍보	20,000	7	1	5	7	7	1	1	4
5144	강원 강릉시	시민의날언론매체광고(일간지및배너)	20,000	7	7	7	8	7	5	5	4
5145	강원 강릉시	청소행정신문광고비	20,000	7	6	4	7	2	1	4	4
5146	강원 강릉시	지구단위계획신문광고료	20,000	7	1	6	8	7	1	1	4
5147	강원 강릉시	청백e시스템유지관리	16,000	7	7	7	2	1	2	2	1
5148	강원 강릉시	종합정보시스템운영및유지관리	15,500	7	1	5	8	7	2	2	4
5149	강원 강릉시	택시운행정보관리시스템(TIMS)운영비지원	12,401	7	4	5	1	7	2	2	1
5150	강원 강릉시	공공부문온실가스목표관리제대응	12,000	7	8	6	1	7	1	1	4
5151	강원 강릉시	법학전문대학원장학금지급	10,424	7	7	7	8	7	1	1	4
5152	강원 강릉시	우리집전기저금통사업	10,400	7	6	7	8	7	1	1	4
5153	강원 강릉시	외국어e뉴스레터광고	10,000	7	2	7	8	7	5	5	4
5154	강원 강릉시	사회적경제기업네트워킹(세미나,포럼등)	10,000	7	4	5	6	7	1	1	3
5155	강원 강릉시	향호국가지방정원보상공고등광고료	10,000	7	1	7	8	7	5	5	4
5156	강원 강릉시	정부광고료	10,000	7	1	7	8	7	5	5	4
5157	강원 강릉시	강릉수월래활성화	10,000	7	2	7	3	7	1	1	4

순번	시군구	지출명 (사업명)	2024년예산 (단위 : 천원 /1년간)	민간이전 분류 (지방자치단체 세출예산 집행기준에 의거) 1. 민간경상사업보조(307-02) 2. 민간단체 법정운영비보조(307-03) 3. 민간행사사업보조(307-04) 4. 민간위탁금(307-05) 5. 사회복지시설 법정운영비보조(307-10) 6. 민간인위탁교육비(307-12) 7. 공기관등에대한경상적위탁사업비(308-13) 8. 민간자본사업보조,자체재원(402-01) 9. 민간자본사업보조,이전재원(402-02) 10. 민간위탁사업비(402-03) 11. 공기관등에 대한 자본적 위탁사업비(403-02)	민간이전지출 근거 (지방보조금 관리기준 참고) 1. 법률에 규정 2. 국고보조 재원(국가지정) 3. 용도 지정 기부금 4. 조례에 직접규정 5. 지자체가 권장하는 사업을 하는 공공기관 6. 시,도 정책 및 재정사정 7. 기타 8. 해당없음	입찰방식 계약체결방법 (경쟁형태) 1. 일반경쟁 2. 제한경쟁 3. 지명경쟁 4. 수의계약 5. 법정위탁 6. 기타 ( ) 7. 없음	입찰방식 계약기간 1. 1년 2. 2년 3. 3년 4. 4년 5. 5년 6. 기타 ( )년 7. 단기계약 (1년미만) 8. 없음	입찰방식 낙찰자선정방법 1. 적격심사 2. 협상에의한계약 3. 최저가낙찰제 4. 규격가격분리 5. 2단계 경쟁입찰 6. 기타 ( ) 7. 없음	운영예산 산정 운영예산 산정 1. 내부산정 (지자체 자체적으로 산정) 2. 외부산정 (외부전문기관위탁 산정) 3. 내·외부 모두 산정 4. 산정 無 5. 없음	운영예산 산정 정산방법 1. 내부정산 (지자체 내부적으로 정산) 2. 외부정산 (외부전문기관위탁 정산) 3. 내·외부 모두 산정 4. 정산 無 5. 없음	성과평가 실시여부 1. 실시 2. 미실시 3. 향후 추진 4. 해당없음
5158	강원 강릉시	임당생활문화센터활성화	8,100	7	4	5	8	7	2	2	1
5159	강원 강릉시	결과분석및보고서발간	8,000	7	1	5	7	7	5	1	4
5160	강원 강릉시	해수욕장개장지면광고	8,000	7	7	4	7	7	1	5	4
5161	강원 강릉시	온천지구신문공고료	8,000	7	1	5	8	7	2	1	4
5162	강원 강릉시	시군구재해복구시스템유지관리위탁	7,600	7	5	1,4	1	2	2	2	2
5163	강원 강릉시	지방행정공통정보시스템서비스데스크운영위탁	7,000	7	5	2,4	1	2	2	2	2
5164	강원 강릉시	창의도시언론홍보	7,000	7	1	5	7	7	1	1	2
5165	강원 강릉시	농업진흥지역해제공고비	7,000	7	1	5	8	7	5	5	4
5166	강원 강릉시	희망나눔캠페인광고비	6,600	7	1	7	8	7	1	1	4
5167	강원 강릉시	우편모아시스템유지보수비	6,000	7	1	5	1	6	2	2	4
5168	강원 강릉시	정부기능분류시스템(BRM)고도화	6,000	7	7	5	1	6	2	2	4
5169	강원 강릉시	관광기념품공모전개최및홍보	6,000	7	2	7	7	7	1	1	4
5170	강원 강릉시	강릉브랜드빵출시홍보비	5,500	7	7	7	8	7	5	5	4
5171	강원 강릉시	전시홍보비(정부광고)	4,500	7	1	4	7	7	1	1	4
5172	강원 강릉시	심뇌혈관질환예방관리사업홍보	4,000	7	6	7	8	7	5	5	4
5173	강원 강릉시	지정위탁사업비	3,939	7	2	7	8	7	5	5	4
5174	강원 강릉시	청소년산모의료비지원	3,400	7	2	5	8	7	5	1	4
5175	강원 강릉시	치매인식개선홍보영상송출	3,000	7	1	4	1	7	2	5	4
5176	강원 강릉시	강원양성평등대회책자광고	2,200	7	8	7	8	7	1	1	4
5177	강원 강릉시	에너지절약언론홍보	2,000	7	1	7	8	7	1	1	4
5178	강원 강릉시	발달장애인부모상담지원	1,906	7	1	7	8	7	5	5	4
5179	강원 강릉시	교육홍보비(정부광고지급수수료)	800	7	1	4	7	7	1	1	4
5180	강원 동해시	묵호도째비페스타	300,000	7	4	7	8	7	5	1	1
5181	강원 동해시	택시업계경쟁력강화지원사업	190,872	7	4	5	1	7	1	1	1
5182	강원 동해시	생활예술지원사업	140,000	7	4	7	8	7	5	1	1
5183	강원 동해시	표준기록관리시스템통합유지관리	137,000	7	5	5	1	7	2	5	4
5184	강원 동해시	바다숲조성	118,000	7	6	7	8	7	5	5	4
5185	강원 동해시	2024년라벤더축제	100,000	7	4	7	8	7	1	1	4
5186	강원 동해시	수요자맞춤형기업지원사업	100,000	7	4	7	1	7	1	1	4
5187	강원 동해시	장애인의료비지원	82,786	7	2	7	8	7	1	1	4
5188	강원 동해시	더나은교육지구사업위탁사업	80,000	7	5	7	8	7	1	1	4
5189	강원 동해시	북방항로물류교육중점항만육성사업	60,000	7	4	5	1	7	1	2	1
5190	강원 동해시	수출경쟁력강화사업	50,000	7	4	7	1	7	1	1	4
5191	강원 동해시	동해몰운영	40,000	7	4	7	1	7	1	1	4
5192	강원 동해시	2024년동해시의회언론홍보	30,000	7	5	4	7	7	1	1	4
5193	강원 동해시	고택종갓집활용사업(심의관고택)	30,000	7	2	7	8	7	5	5	4
5194	강원 동해시	중소기업맞춤형토털마케팅지원사업(도비직접지원사업)	30,000	7	4	7	1	7	1	1	4
5195	강원 동해시	해삼특화양식단지조성	30,000	7	6	7	8	7	5	5	4
5196	강원 동해시	문어서식산란장조성	30,000	7	6	7	8	7	5	5	4
5197	강원 동해시	지식재산지원사업	26,674	7	4	7	1	7	1	1	4

순번	시군구	지출명 (사업명)	2024년예산 (단위 : 천원 /1년간)	민간이전 분류 (지방자치단체 세출예산 집행기준에 의거)	민간이전지출 근거 (지방보조금 관리기준 참고)	입찰방식			운영예산 산정		성과평가 실시여부
				1. 민간경상사업보조(307-02) 2. 민간단체 법정운영비보조(307-03) 3. 민간행사사업보조(307-04) 4. 민간위탁금(307-05) 5. 사회복지시설 법정운영비보조(307-10) 6. 민간인위탁교육비(307-12) 7. 공기관등에대한경상적위탁사업비(308-13) 8. 민간자본사업보조,자체재원(402-01) 9. 민간자본사업보조,이전재원(402-02) 10. 민간위탁사업비(402-03) 11. 공기관등에 대한 자본적 위탁사업비(403-02)	1. 법률에 규정 2. 국고보조 재원(국가지정) 3. 용도 지정 기부금 4. 조례에 직접규정 5. 지자체가 권장하는 사업을 하는 공공기관 6. 시,도 정책 및 재정사정 7. 기타 8. 해당없음	계약체결방법 (경쟁형태) 1. 일반경쟁 2. 제한경쟁 3. 지명경쟁 4. 수의계약 5. 법정위탁 6. 기타 ( ) 7. 없음	계약기간 1. 1년 2. 2년 3. 3년 4. 4년 5. 5년 6. 기타 ( )년 7. 단기계약 (1년미만) 8. 없음	낙찰자선정방법 1. 적격심사 2. 협상에의한계약 3. 최저가낙찰제 4. 규격가격분리 5. 2단계 경쟁입찰 6. 기타 ( ) 7. 없음	운영예산 산정 1. 내부산정 (지자체 자체적으로 산정) 2. 외부산정 (외부전문기관위탁 산정) 3. 내·외부 모두 산정 4. 산정 無 5. 없음	정산방법 1. 내부정산 (지자체 내부적으로 정산) 2. 외부정산 (외부전문기관위탁 정산) 3. 내·외부 모두 산정 4. 정산 無 5. 없음	1. 실시 2. 미실시 3. 향후 추진 4. 해당없음
5198	강원 동해시	표준지방인사정보시스템유지보수	23,414	7	5	5	1	7	2	1	1
5199	강원 동해시	생활과학교실위탁금(강릉원주대협약)	15,000	7	5	6	8	7	1	3	1
5200	강원 동해시	알뜰교통카드연계마일리지지원	14,400	7	2	7	8	7	5	5	4
5201	강원 동해시	지방기능분류시스템운영	4,250	7	5	5	1	7	2	5	4
5202	강원 태백시	폐광지역통합홍보마케팅강화사업등	725,000	7	5	7	8	7	1	1	3
5203	강원 태백시	투자・유치이전기업지원	700,000	7	5	4	5	7	1	2	4
5204	강원 태백시	관광진흥및홍보활성화	483,000	7	5	7	8	7	1	1	3
5205	강원 태백시	시정주요시책및홍보관리	400,000	7	1	7	8	7	5	5	4
5206	강원 태백시	출생아동첫만남이용권지원	297,000	7	2	5	8	7	5	3	4
5207	강원 태백시	청소년방과후아카데미운영	197,466	7	1	7	8	7	1	1	3
5208	강원 태백시	행정정보시스템운영관리	156,230	7	1	5	1	7	2	2	4
5209	강원 태백시	지적재조사사업	125,961	7	2	6	1	7	5	5	4
5210	강원 태백시	고향사랑기부제운영	115,381	7	1,7	4	6	2	3	3	1
5211	강원 태백시	청소년방과후아카데미운영(자체)	110,822	7	1	7	8	7	1	1	3
5212	강원 태백시	청소년안전망구축	107,520	7	1	7	8	7	1	1	3
5213	강원 태백시	택시외부랩핑광고	104,400	7	1	5	1	7	1	5	4
5214	강원 태백시	희귀난치성질환자의료비지원	100,000	7	1	5	8	7	5	3	4
5215	강원 태백시	의정활동홍보	100,000	7	1	7	8	7	5	5	4
5216	강원 태백시	학교밖청소년지원	94,161	7	1	7	8	7	1	1	3
5217	강원 태백시	소상공인경영활성화	86,000	7	4	7	8	7	1	1	4
5218	강원 태백시	지방재정운영	84,758	7	1	4	1	7	2	2	4
5219	강원 태백시	황지동도시재생사업	84,000	7	1	5	3	7	1	1	3
5220	강원 태백시	공공수련시설청소년지도사배치	83,976	7	1	7	8	7	1	1	3
5221	강원 태백시	치매치료관리지원(전환사업)	80,000	7	1	5	8	7	3	3	1
5222	강원 태백시	암검진비지원(국가암)	79,130	7	2	5	8	7	5	3	4
5223	강원 태백시	도시브랜드마케팅기반구축	70,000	7	1	7	8	7	5	5	4
5224	강원 태백시	세정관리운영	65,859	7	1	4	1	2	2	2	1
5225	강원 태백시	도로명주소사업	64,790	7	8	6	1	7	5	5	4
5226	강원 태백시	강원FC광고협약을통한시홍보	50,000	7	5	7	8	7	1	1	1
5227	강원 태백시	행복을전하는공공이불빨래방운영지원	37,355	7	1	7	8	7	1	1	4
5228	강원 태백시	기저귀및조제분유지원	36,000	7	2	5	8	7	5	3	4
5229	강원 태백시	청소년동반자프로그램운영	35,302	7	1	7	8	7	1	1	3
5230	강원 태백시	세외수입관리운영	33,543	7	1	4	1	2	2	2	1
5231	강원 태백시	산모신생아건강관리지원(전환사업)	24,000	7	6	5	8	7	5	3	4
5232	강원 태백시	인사및조직관리	20,890	7	1	5	8	7	2	2	4
5233	강원 태백시	장애인의료비지원	20,130	7	2	7	8	7	1	1	2
5234	강원 태백시	주민등록인감제도운영	17,860	7	1	7	1	7	5	1	4
5235	강원 태백시	버스정보시스템(BIS)유지보수	17,237	7	1	7	1	6	1	1	3
5236	강원 태백시	시정업무감사활동추진	11,719	7	1	5	1	7	1	2	4
5237	강원 태백시	중고등학생및대학생장학금지원	11,000	7	6	7	8	7	5	5	4

순번	시군구	지출명 (사업명)	2024년예산 (단위 : 천원 /1년간)	민간이전 분류 (지방자치단체 세출예산 집행기준에 의거) 1. 민간경상사업보조(307-02) 2. 민간단체 법정운영비보조(307-03) 3. 민간행사사업보조(307-04) 4. 민간위탁금(307-05) 5. 사회복지시설 법정운영비보조(307-10) 6. 민간인위탁교육비(307-12) 7. 공기관등에대한경상적위탁사업비(308-13) 8. 민간자본사업보조,자체재원(402-01) 9. 민간자본사업보조,이전재원(402-02) 10. 민간위탁사업비(402-03) 11. 공기관등에 대한 자본적 위탁사업비(403-02)	민간이전지출 근거 (지방보조금 관리기준 참고) 1. 법률에 규정 2. 국고보조 재원(국가지정) 3. 용도 지정 기부금 4. 조례에 직접규정 5. 지자체가 권장하는 사업을 하는 공공기관 6. 시,도 정책 및 재정사정 7. 기타 8. 해당없음	입찰방식 계약체결방법 (경쟁형태) 1. 일반경쟁 2. 제한경쟁 3. 지명경쟁 4. 수의계약 5. 법정위탁 6. 기타 ( ) 7. 없음	입찰방식 계약기간 1. 1년 2. 2년 3. 3년 4. 4년 5. 5년 6. 기타 ( )년 7. 단기계약 (1년미만) 8. 없음	입찰방식 낙찰자선정방법 1. 적격심사 2. 협상에의한계약 3. 최저가낙찰제 4. 규격가격분리 5. 2단계 경쟁입찰 6. 기타 ( ) 7. 없음	운영예산 산정 운영예산 산정 1. 내부산정 (지자체 자체적으로 산정) 2. 외부산정 (외부전문기관위탁 산정) 3. 내·외부 모두 산정 4. 산정 無 5. 없음	운영예산 산정 정산방법 1. 내부정산 (지자체 내부적으로 정산) 2. 외부정산 (외부전문기관위탁 정산) 3. 내·외부 모두 산정 4. 정산 無 5. 없음	성과평가 실시여부 1. 실시 2. 미실시 3. 향후 추진 4. 해당없음
5238	강원 태백시	학교밖청소년자기개발꿈드림수당지원	10,200	7	1	7	8	7	1	1	3
5239	강원 태백시	의료급여수급권자일반건강검진(생애전환기포함)	8,783	7	2	5	8	7	5	3	4
5240	강원 태백시	태백시사회조사	8,000	7	5	5	7	6	5	5	2
5241	강원 태백시	학교밖청소년지원(급식비)	6,500	7	1	7	8	7	1	1	3
5242	강원 태백시	시군사회복지기관종사자처우개선수당(청소년)	5,400	7	1	7	8	7	1	1	3
5243	강원 태백시	우리집전기저금통사업	4,313	7	1	7	8	7	1	1	3
5244	강원 태백시	청소년동아리지원	3,750	7	1	7	8	7	1	1	3
5245	강원 태백시	기록관운영관리	3,250	7	1	5	7	7	5	1	4
5246	강원 태백시	공공수련시설청소년운영위원회운영	3,000	7	1	7	8	7	1	1	3
5247	강원 태백시	국내외교류도시교류증대	2,000	7	5	4	1	7	1	1	4
5248	강원 태백시	지역청소년참여기구운영	1,400	7	1	7	8	7	1	1	3
5249	강원 태백시	의료급여수급권자영유아검진비지원(국가건강검진사업)	918	7	2	5	8	7	5	3	4
5250	강원 태백시	청소년산모임신출산의료비지원(모자보건사업)	800	7	2	5	8	7	5	3	4
5251	강원 속초시	장애인활동지원(바우처)사업	4,002,776	7	2	7	8	7	1	1	1
5252	강원 속초시	발달장애인주간활동서비스지원	1,708,058	7	2	7	8	7	1	1	1
5253	강원 속초시	수소전기자동차보급사업	990,000	7	7	7	1	7	1	1	4
5254	강원 속초시	자가가구수선유지급여	885,556	7	2	5	1	7	1	1	3
5255	강원 속초시	제59회설악문화제	750,000	7	4	7	8	7	1	1	4
5256	강원 속초시	발달재활서비스바우처지원	514,966	7	2	7	8	7	1	1	1
5257	강원 속초시	분만취약지지원사업	500,000	7	1	7	8	7	1	1	1
5258	강원 속초시	언론매체홍보	435,200	7	1	5	8	7	1	1	4
5259	강원 속초시	수소충전소운영비보조	380,000	7	6	7	8	7	1	1	4
5260	강원 속초시	발달장애학생방과후활동서비스	324,012	7	2	7	8	7	1	1	1
5261	강원 속초시	도시형교통모델(공공형버스)운영	320,000	7	2	7	8	7	1	1	3
5262	강원 속초시	속초의료원분만산부인과운영사업	300,000	7	1	7	8	7	1	1	4
5263	강원 속초시	주택슬레이트처리지원	246,400	7	6	7	8	7	1	1	4
5264	강원 속초시	남북실향민문화육성사업	200,000	7	4	7	8	7	1	1	4
5265	강원 속초시	문화도시예비사업추진	200,000	7	4	7	8	7	1	1	4
5266	강원 속초시	청소년방과후아카데미운영	189,426	7	2	7	8	7	1	1	4
5267	강원 속초시	보호자없는병실운영사업	180,643	7	1	7	8	7	1	1	4
5268	강원 속초시	속초의료원소아과진료기능보강사업	180,000	7	1	7	8	7	1	1	4
5269	강원 속초시	바다숲조성및사후관리	177,000	7	1	7	8	7	1	1	4
5270	강원 속초시	청소년상담사업지원	176,052	7	1	7	8	7	1	1	4
5271	강원 속초시	암조기검진비예탁금	163,673	7	1	7	8	5	5	5	4
5272	강원 속초시	크루즈유치마케팅(팸투어,포트세일)	160,000	7	4	5	1	7	1	1	2
5273	강원 속초시	최중증발달장애인주간그룹일대일운영	159,320	7	2	7	8	7	5	5	4
5274	강원 속초시	기저귀조제분유지원위탁사업비	155,000	7	1	7	8	5	5	5	4
5275	강원 속초시	학교밖청소년지원	140,019	7	2	7	8	7	1	1	4
5276	강원 속초시	요보호아동그룹홈운영비지원	139,944	7	2	7	8	7	5	1	4
5277	강원 속초시	지역자율형사회서비스투자사업(산모신생아건강관리사지원)(전환)	133,000	7	1	7	8	5	5	5	4

순번	시군구	지출명 (사업명)	2024년예산 (단위 : 천원 /1년간)	민간이전 분류 (지방자치단체 세출예산 집행기준에 의거) 1. 민간경상사업보조(307-02) 2. 민간단체 법정운영비보조(307-03) 3. 민간행사사업보조(307-04) 4. 민간위탁금(307-05) 5. 사회복지시설 법정운영비보조(307-10) 6. 민간인위탁교육비(307-12) 7. 공기관등에대한경상적위탁사업비(308-13) 8. 민간자본사업보조,자체재원(402-01) 9. 민간자본사업보조,이전재원(402-02) 10. 민간위탁사업비(402-03) 11. 공기관등에 대한 자본적 위탁사업비(403-02)	민간이전지출 근거 (지방보조금 관리기준 참고) 1. 법률에 규정 2. 국고보조 재원(국가지정) 3. 용도 지정 기부금 4. 조례에 직접규정 5. 지자체가 권장하는 사업을 하는 공공기관 6. 시,도 정책 및 재정사정 7. 기타 8. 해당없음	입찰방식 계약체결방법 (경쟁형태) 1. 일반경쟁 2. 제한경쟁 3. 지명경쟁 4. 수의계약 5. 법정위탁 6. 기타 ( ) 7. 없음	입찰방식 계약기간 1. 1년 2. 2년 3. 3년 4. 4년 5. 5년 6. 기타 ( )년 7. 단기계약 (1년미만) 8. 없음	입찰방식 낙찰자선정방법 1. 적격심사 2. 협상에의한계약 3. 최저가낙찰제 4. 규격가격분리 5. 2단계 경쟁입찰 6. 기타 ( ) 7. 없음	운영예산 산정 운영예산 산정 1. 내부산정 (지자체 자체적으로 산정) 2. 외부산정 (외부전문기관위탁 산정) 3. 내·외부 모두 산정 4. 산정 無 5. 없음	운영예산 산정 정산방법 1. 내부정산 (지자체 내부적으로 정산) 2. 외부정산 (외부전문기관위탁 정산) 3. 내·외부 모두 산정 4. 정산 無 5. 없음	성과평가 실시여부 1. 실시 2. 미실시 3. 향후 추진 4. 해당없음
5278	강원 속초시	동해안권상생발전협의회공동관광마케팅	120,000	7	1	7	8	7	5	5	4
5279	강원 속초시	기업해외시장판로개척지원	120,000	7	5	7	8	7	1	1	1
5280	강원 속초시	청소년안전망	102,000	7	2	7	8	7	1	1	4
5281	강원 속초시	미시령힐링가도통행량증대사업	100,000	7	4	7	1	7	3	1	4
5282	강원 속초시	자치단체공통기반및재해복구시스템유지관리	99,810	7	1	5	1	7	1	1	4
5283	강원 속초시	중증장애인활동보조지원	95,000	7	2	7	8	7	1	1	1
5284	강원 속초시	청소년동반자프로그램운영	89,104	7	2	7	8	7	1	1	4
5285	강원 속초시	지적재조사사업위탁사업비	87,160	7	2	5	1	7	2	2	2
5286	강원 속초시	2024년지방재정관리시스템분담금	84,758	7	1	5	1	7	5	5	4
5287	강원 속초시	다중이용매체(온라인,오프라인)광고	80,000	7	1	7	8	7	5	5	4
5288	강원 속초시	문화예술단체지원사업	80,000	7	4	7	8	7	1	1	1
5289	강원 속초시	장애인의료비지원	79,773	7	2	7	8	7	1	1	1
5290	강원 속초시	청소년수련관위탁사업비	77,000	7	1	6	6	2	1	1	4
5291	강원 속초시	지방세정보화(운영,유지관리사업)	71,065	7	5	5	1	7	1	1	4
5292	강원 속초시	속초몰운영및유지관리비	70,000	7	6	7	1	7	1	1	4
5293	강원 속초시	의정활동언론(지면)홍보	60,000	7	8	7	8	7	1	5	4
5294	강원 속초시	치매치료관리비(약제비)지원	55,000	7	6	7	8	7	4	1	2
5295	강원 속초시	전시박람회참가지원사업	52,000	7	6	7	1	7	1	1	4
5296	강원 속초시	청소년방과후아카데미차량임차비	45,000	7	2	7	8	7	1	1	4
5297	강원 속초시	아띠의집인건비부족분지원	44,425	7	1	7	8	7	5	1	4
5298	강원 속초시	보건의료복지통합지원체계구축	43,750	7	6	7	8	5	5	5	4
5299	강원 속초시	응급환자후송체계구축인건비지원사업	42,000	7	1	7	8	7	1	1	4
5300	강원 속초시	생활예술지원	40,000	7	4	7	8	7	1	1	1
5301	강원 속초시	어린이날큰잔치행사	40,000	7	1	7	8	7	5	5	4
5302	강원 속초시	표준지방세외수입정보화사업비	36,017	7	5	5	1	7	1	1	4
5303	강원 속초시	차세대주소정보시스템구축	35,554	7	1	5	1	7	2	2	2
5304	강원 속초시	장애인활동지원가산급여	31,549	7	2	7	8	7	1	1	1
5305	강원 속초시	시민관광객과함께하는문화예술공연(문화버스킹)	30,000	7	4	7	8	7	1	1	4
5306	강원 속초시	중소기업토털마케팅지원사업	30,000	7	6	7	1	7	1	1	4
5307	강원 속초시	문어서식산란장사전영향조사	30,000	7	1	7	8	7	1	1	4
5308	강원 속초시	희귀질환자의료비지원	30,000	7	1	7	8	7	5	5	4
5309	강원 속초시	청소년수련관청소년지도사인건비지원	28,128	7	2	7	8	7	1	1	4
5310	강원 속초시	지적기준점위탁관리	27,000	7	1	5	7	7	1	4	4
5311	강원 속초시	찾아가는문화활동지원	26,667	7	4	7	8	7	1	1	1
5312	강원 속초시	온나라시스템통합유지보수	23,400	7	5	7	1	7	5	5	4
5313	강원 속초시	표준인사정보시스템유지보수비	23,381	7	5	7	1	7	5	5	4
5314	강원 속초시	아띠의집운영비(자체)	20,041	7	4	7	8	7	5	1	4
5315	강원 속초시	동영상플랫폼방송활용관광자원마케팅	20,000	7	1	7	8	7	5	5	4
5316	강원 속초시	포털사이트활용홍보마케팅	20,000	7	1	7	8	7	5	5	4
5317	강원 속초시	차세대주민등록시스템운영	19,913	7	1	5	1	7	2	2	2

순번	시군구	지출명 (사업명)	2024년예산 (단위 : 천원 /1년간)	민간이전 분류 (지방자치단체 세출예산 집행기준에 의거) 1. 민간경상사업보조(307-02) 2. 민간단체 법정운영비보조(307-03) 3. 민간행사사업보조(307-04) 4. 민간위탁금(307-05) 5. 사회복지시설 법정운영비보조(307-10) 6. 민간인위탁교육비(307-12) 7. 공기관등에대한경상적위탁사업비(308-13) 8. 민간자본사업보조,자체재원(402-01) 9. 민간자본사업보조,이전재원(402-02) 10. 민간위탁사업비(402-03) 11. 공기관등에 대한 자본적 위탁사업비(403-02)	민간이전지출 근거 (지방보조금 관리기준 참고) 1. 법률에 규정 2. 국고보조 재원(국가지정) 3. 용도 지정 기부금 4. 조례에 직접규정 5. 지자체가 권장하는 사업을 하는 공공기관 6. 시,도 정책 및 재정사정 7. 기타 8. 해당없음	입찰방식 계약체결방법 (경쟁형태) 1. 일반경쟁 2. 제한경쟁 3. 지명경쟁 4. 수의계약 5. 법정위탁 6. 기타 ( ) 7. 없음	입찰방식 계약기간 1. 1년 2. 2년 3. 3년 4. 4년 5. 5년 6. 기타 ( )년 7. 단기계약 (1년미만) 8. 없음	입찰방식 낙찰자선정방법 1. 적격심사 2. 협상에의한계약 3. 최저가낙찰제 4. 규격가격분리 5. 2단계 경쟁입찰 6. 기타 ( ) 7. 없음	운영예산 산정 운영예산 산정 1. 내부산정 (지자체 자체적으로 산정) 2. 외부산정 (외부전문기관위탁 산정) 3. 내·외부 모두 산정 4. 산정 無 5. 없음	운영예산 산정 정산방법 1. 내부정산 (지자체 내부적으로 정산) 2. 외부정산 (외부전문기관위탁 정산) 3. 내·외부 모두 산정 4. 정산 無 5. 없음	성과평가 실시여부 1. 실시 2. 미실시 3. 향후 추진 4. 해당없음
5318	강원 속초시	동해바다숲조성및사후관리	18,800	7	1	7	8	7	1	1	4
5319	강원 속초시	의료급여수급권자일반건강검진위탁금	18,330	7	1	7	8	5	5	5	4
5320	강원 속초시	주소정보관리시스템(KAIS)유지관리	18,173	7	1	5	1	7	2	2	2
5321	강원 속초시	주소정보기본도유지관리	18,015	7	1	5	1	7	2	2	2
5322	강원 속초시	지역자율형사회서비스투자사업(산모신생아건강관리사지원)(자체)	15,000	7	4	7	8	5	5	5	4
5323	강원 속초시	고향사랑기부제종합정보시스템운영및유지관리	13,270	7	1	7	1	7	5	5	4
5324	강원 속초시	청백e시스템운영	12,510	7	4	6	1	7	2	2	4
5325	강원 속초시	학교밖청소년지원(급식비)	12,500	7	2	7	8	7	1	1	4
5326	강원 속초시	SNS유료광고	10,000	7	4	4	1	7	1	2	4
5327	강원 속초시	어린이통학차량의LPG차전환지원사업	10,000	7	7	7	1	7	1	1	4
5328	강원 속초시	보고서발간비	8,000	7	2	6	2	7	2	2	4
5329	강원 속초시	홍보마케팅	7,000	7	1	7	8	7	5	5	4
5330	강원 속초시	지방행정공통이용정보시스템운영비	6,950	7	1	5	1	7	1	1	4
5331	강원 속초시	택시운행정보관리시스템(TIMS)운영사업	6,153	7	7	7	8	7	2	2	4
5332	강원 속초시	시정홍보영상유튜브광고료	6,000	7	1	5	8	7	1	1	4
5333	강원 속초시	발달장애인부모상담지원	5,713	7	2	7	8	7	1	1	1
5334	강원 속초시	우편모아시스템통합유지관리	5,600	7	5	7	1	7	5	5	4
5335	강원 속초시	자치단체기능분류모델(BRM)시스템고도화사업	4,250	7	5	7	1	7	5	5	4
5336	강원 속초시	신문공고료(일간지)	2,400	7	1	7	8	7	5	5	4
5337	강원 속초시	무연고사망자신문공고비	2,400	7	1	5	8	7	1	1	1
5338	강원 속초시	경계선아동자립지원	2,350	7	2	7	8	7	5	1	4
5339	강원 속초시	영유아건강검진위탁금	1,530	7	1	7	8	7	5	5	4
5340	강원 속초시	청소년산모의료비지원위탁사업비	400	7	1	7	8	5	5	5	4
5341	강원 삼척시	수소연료전지스마트특성화기반구축(국가직접지원)	755,000	7	2	6	5	6	2	3	4
5342	강원 삼척시	시정홍보및매체관리	750,000	7	1	5	8	7	1	1	3
5343	강원 삼척시	수소산업인프라운영지원(도직접지원)	741,000	7	2	7	8	7	1	1	4
5344	강원 삼척시	시정홍보및매체관리	330,000	7	1	5	8	7	1	1	3
5345	강원 삼척시	폐광지역관광산업활성화사업	300,000	7	5	7	1	7	1	1	3
5346	강원 삼척시	도원동청원건널목관리	250,000	7	1	1	1	1	2	2	2
5347	강원 삼척시	수소산업인프라운영지원(도)	248,000	7	2	7	8	7	1	1	4
5348	강원 삼척시	폐광지역관광산업활성화사업	225,000	7	5	7	1	7	1	1	3
5349	강원 삼척시	지적재조사사업추진	220,148	7	1	5	1	7	5	1	4
5350	강원 삼척시	국민체력1삼척체력인증센터운영지원	203,640	7	7	7	8	7	1	1	1
5351	강원 삼척시	폐광지역관광산업활성화사업	200,000	7	5	7	1	7	1	1	3
5352	강원 삼척시	탄소중립지원센터운영	200,000	7	2	1	4	6	1	1	1
5353	강원 삼척시	재정전산시스템관리	113,008	7	1	7	8	7	5	5	4
5354	강원 삼척시	수소산업인프라운영지원(도직접지원)	110,000	7	2	7	8	7	1	1	4
5355	강원 삼척시	수소R&D특화도시타운하우스운영	100,000	7	2	5	2	6	3	3	3
5356	강원 삼척시	중소기업제품판로지원	100,000	7	4	7	8	7	1	1	4
5357	강원 삼척시	3단계산학연협력선도대학육성사업(LINC3.)	100,000	7	4	7	8	7	1	1	4

순번	시군구	지출명 (사업명)	2024년예산 (단위 : 천원 /1년간)	민간이전 분류 (지방자치단체 세출예산 집행기준에 의거) 1. 민간경상사업보조(307-02) 2. 민간단체 법정운영비보조(307-03) 3. 민간행사사업보조(307-04) 4. 민간위탁금(307-05) 5. 사회복지시설 법정운영비보조(307-10) 6. 민간인위탁교육비(307-12) 7. 공기관등에대한경상적위탁사업비(308-13) 8. 민간자본사업보조,자체재원(402-01) 9. 민간자본사업보조,이전재원(402-02) 10. 민간위탁사업비(402-03) 11. 공기관등에 대한 자본적 위탁사업비(403-02)	민간이전지출 근거 (지방보조금 관리기준 참고) 1. 법률에 규정 2. 국고보조 재원(국가지정) 3. 용도 지정 기부금 4. 조례에 직접규정 5. 지자체가 권장하는 사업을 하는 공공기관 6. 시,도 정책 및 재정사정 7. 기타 8. 해당없음	입찰방식 계약체결방법 (경쟁형태) 1. 일반경쟁 2. 제한경쟁 3. 지명경쟁 4. 수의계약 5. 법정위탁 6. 기타 ( ) 7. 없음	입찰방식 계약기간 1. 1년 2. 2년 3. 3년 4. 4년 5. 5년 6. 기타 ( )년 7. 단기계약 (1년미만) 8. 없음	입찰방식 낙찰자선정방법 1. 적격심사 2. 협상에의한계약 3. 최저가낙찰제 4. 규격가격분리 5. 2단계 경쟁입찰 6. 기타 ( ) 7. 없음	운영예산 산정 운영예산 산정 1. 내부산정 (지자체 자체적으로 산정) 2. 외부산정 (외부전문기관위탁 산정) 3. 내·외부 모두 산정 4. 산정 無 5. 없음	운영예산 산정 정산방법 1. 내부정산 (지자체 내부적으로 정산) 2. 외부정산 (외부전문기관위탁 정산) 3. 내·외부 모두 산정 4. 정산 無 5. 없음	성과평가 실시여부 1. 실시 2. 미실시 3. 향후 추진 4. 해당없음
5358	강원 삼척시	체육육성지원	100,000	7	7	7	8	7	1	1	4
5359	강원 삼척시	행정업무시스템개선및운영관리	92,248	7	1	5	1	2	2	2	4
5360	강원 삼척시	관광지광고	90,000	7	1	7	7	7	1	5	4
5361	강원 삼척시	택시,전세버스(관광버스)이용삼척브랜드홍보	84,480	7	1	5	1	7	1	1	4
5362	강원 삼척시	폐광지역다큐멘터리제작	80,000	7	8	7	8	7	5	5	4
5363	강원 삼척시	일자리지원	80,000	7	5	7	8	7	1	1	4
5364	강원 삼척시	지방세부과	71,065	7	1	5	1	7	2	2	1
5365	강원 삼척시	맞춤형기업지원	70,000	7	4	7	8	7	1	1	4
5366	강원 삼척시	관광지광고	70,000	7	1	7	7	7	1	5	4
5367	강원 삼척시	의정홍보및교류	60,000	7	1	7	7	7	1	5	4
5368	강원 삼척시	해양레저스포츠교육프로그램운영지원(도)(전환사업)	56,000	7	4	7	8	7	5	5	4
5369	강원 삼척시	강원특별자치도지식재산첫걸음지원사업	44,458	7	6	7	8	7	1	1	4
5370	강원 삼척시	도계유리나라운영	40,000	7	8	7	8	7	5	5	4
5371	강원 삼척시	지방세및세외수입금관리	36,017	7	1	5	1	7	2	2	1
5372	강원 삼척시	창업중심대학운영지원	30,000	7	4	7	8	7	1	1	4
5373	강원 삼척시	단체관광객유치운영	30,000	7	4	7	7	7	1	1	3
5374	강원 삼척시	인사운영	29,426	7	1	5	1	7	2	2	1
5375	강원 삼척시	중소기업제품판로지원	26,000	7	4	7	8	7	1	1	4
5376	강원 삼척시	행정업무시스템개선및운영관리	23,400	7	1	5	1	2	2	2	4
5377	강원 삼척시	생활폐기물연료화전처리시설운영	20,800	7	8	7	8	7	5	5	4
5378	강원 삼척시	드론산업육성	20,000	7	1	4	7	7	5	1	4
5379	강원 삼척시	주민등록인감업무운영	19,813	7	7	6	1	6	5	5	4
5380	강원 삼척시	택시,전세버스(관광버스)이용삼척브랜드홍보	18,480	7	1	5	1	7	1	1	4
5381	강원 삼척시	고향사랑기부제운영	15,381	7	1	5	1	7	2	2	4
5382	강원 삼척시	자율적내부통제제도운영	13,400	7	1	5	1	7	2	2	4
5383	강원 삼척시	단체관광객유치운영	10,000	7	4	7	7	7	1	1	3
5384	강원 삼척시	도시계획운영	10,000	7	1	6	6	6	5	5	4
5385	강원 삼척시	문어서식산란장조성(도)	10,000	7	1	7	8	7	5	5	4
5386	강원 삼척시	사회조사지원(도)	8,000	7	1	7	8	7	5	5	4
5387	강원 삼척시	행정업무시스템개선및운영관리	6,950	7	1	5	1	2	2	2	4
5388	강원 삼척시	재해일반관리	5,000	7	1	7	8	7	5	5	4
5389	강원 삼척시	기록관운영	4,250	7	1	7	8	7	5	5	4
5390	강원 횡성군	농특산물행사지원사업	150,000	7	1	7	8	7	1	1	1
5391	강원 횡성군	횡성한우사관학교	35,000	7	5	7	1	7	1	1	1
5392	강원 횡성군	댐부유물운반처리비용지원사업	9,000	7	2	5	7	7	1	1	4
5393	강원 횡성군	농지관리	8,000	7	7	7	1	7	1	1	3
5394	강원 횡성군	안흥찐빵포장재지원	40,000	7	4	7	7	7	1	1	1
5395	강원 횡성군	오프라인홍보	30,000	7	4	7	7	7	1	1	1
5396	강원 횡성군	수출경쟁력강화지원사업	375,000	7	4	4	1	7	3	3	4
5397	강원 횡성군	횡성군온라인쇼핑몰운영사업	110,000	7	4	4	1	7	1	1	4

순번	시군구	지출명 (사업명)	2024년예산 (단위 : 전원 /1년간)	민간이전 분류 (지방자치단체 세출예산 집행기준에 의거) 1. 민간경상사업보조(307-02) 2. 민간단체 법정운영비보조(307-03) 3. 민간행사사업보조(307-04) 4. 민간위탁금(307-05) 5. 사회복지시설 법정운영비보조(307-10) 6. 민간인위탁교육비(307-12) 7. 공기관등에대한경상적위탁사업비(308-13) 8. 민간자본사업보조,자체재원(402-01) 9. 민간자본사업보조,이전재원(402-02) 10. 민간위탁사업비(402-03) 11. 공기관등에 대한 자본적 위탁사업비(403-02)	민간이전지출 근거 (지방보조금 관리기준 참고) 1. 법률에 규정 2. 국고보조 재원(국가지정) 3. 용도 지정 기부금 4. 조례에 직접규정 5. 지자체가 권장하는 사업을 하는 공공기관 6. 시,도 정책 및 재정사정 7. 기타 8. 해당없음	입찰방식: 계약체결방법 (경쟁형태) 1. 일반경쟁 2. 제한경쟁 3. 지명경쟁 4. 수의계약 5. 법정위탁 6. 기타 ( ) 7. 없음	입찰방식: 계약기간 1. 1년 2. 2년 3. 3년 4. 4년 5. 5년 6. 기타 ( )년 7. 단기계약 (1년미만) 8. 없음	입찰방식: 낙찰자선정방법 1. 적격심사 2. 협상에의한계약 3. 최저가낙찰제 4. 규격가격분리 5. 2단계 경쟁입찰 6. 기타 ( ) 7. 없음	운영예산 산정: 운영예산 산정 1. 내부산정 (지자체 자체적으로 산정) 2. 외부산정 (외부전문기관위탁 산정) 3. 내·외부 모두 산정 4. 산정 無 5. 없음	운영예산 산정: 정산방법 1. 내부정산 (지자체 내부적으로 정산) 2. 외부정산 (외부전문기관위탁 정산) 3. 내·외부 모두 산정 4. 정산 無 5. 없음	성과평가 실시여부 1. 실시 2. 미실시 3. 향후 추진 4. 해당없음
5398	강원 횡성군	지방세정보화운영유지관리	71,065	7	1	7	8	7	2	2	4
5399	강원 횡성군	수요자맞춤형기업지원사업	68,000	7	4	4	1	7	1	3	4
5400	강원 횡성군	장애인치료비지원	36,725	7	1	7	8	7	5	1	4
5401	강원 횡성군	강원도지식재산첫걸음지원사업	35,566	7	5	4	1	7	2	3	4
5402	강원 횡성군	중소기업맞춤형토털마케팅지원	32,000	7	5	4	1	7	3	3	4
5403	강원 횡성군	주민등록통합행정시스템유지관리비(군부담금)	17,860	7	7	7	8	7	5	5	4
5404	강원 영월군	강원도버스정보시스템(BIS)구축(운영)	34,000	7	5	7	8	7	2	2	4
5405	강원 영월군	정수시설유지관리보수	5,295,351	7	5	5	6	2	5	5	3
5406	강원 영월군	문화도시조성사업	3,000,000	7	5	7	8	7	1	1	3
5407	강원 영월군	영유아보육료지원	1,234,850	7	2	7	7	7	5	1	4
5408	강원 영월군	장애인활동지원	1,166,406	7	2	7	8	7	1	1	4
5409	강원 영월군	누리과정보육료지원(도)	565,908	7	6	7	7	7	5	1	4
5410	강원 영월군	발달장애인주간활동서비스	525,458	7	2	7	8	7	1	1	4
5411	강원 영월군	농특산물홍보마케팅	472,000	7	4	7	8	7	1	1	4
5412	강원 영월군	폐광지역걷는길(운탄고도)통합안내센터운영	390,000	7	5	5	3	7	5	3	3
5413	강원 영월군	통합문화이용권	307,450	7	2	7	8	7	1	1	3
5414	강원 영월군	폐광지역관광활성화사업(3단계)	300,000	7	2	7	8	7	5	5	4
5415	강원 영월군	폐광지역관광활성화사업(3단계)	225,000	7	2	7	8	7	5	5	4
5416	강원 영월군	지역사회서비스투자사업	212,489	7	2	6	8	7	5	2	4
5417	강원 영월군	지역사회서비스투자사업	212,489	7	2	6	8	7	5	2	4
5418	강원 영월군	지역사회서비스투자사업	212,489	7	2	6	8	7	5	2	4
5419	강원 영월군	폐광지역관광활성화사업(3단계)	200,000	7	2	7	8	7	5	5	4
5420	강원 영월군	지적재조사사업	189,431	7	2	5	2	5	5	5	1
5421	강원 영월군	웰니스의료관광융복합클러스터사업	160,000	7	4	7	8	7	5	5	4
5422	강원 영월군	강원FC스폰서십체결	120,000	7	4	7	7	7	1	1	2
5423	강원 영월군	영월군농특산품수출홍보마케팅지원	100,000	7	4	7	8	7	5	5	4
5424	강원 영월군	치매치료관리비(약제비)	97,000	7	1	7	8	7	5	5	4
5425	강원 영월군	국가암검진사업	70,972	7	1	5	8	7	5	5	4
5426	강원 영월군	지방세정보화시스템유지보수비	65,859	7	1	6	1	7	5	5	4
5427	강원 영월군	일상돌봄서비스지원사업	65,000	7	2	6	8	7	5	2	4
5428	강원 영월군	기록관관리운영	60,512	7	1	7	8	7	1	1	1
5429	강원 영월군	기업지원인터넷쇼핑몰운영	60,000	7	5	7	1	7	1	1	4
5430	강원 영월군	주소정보관리시스템차세대구축및관리	53,727	7	6	7	8	7	1	1	3
5431	강원 영월군	철도관광상품운영	45,000	7	4	7	8	7	1	1	3
5432	강원 영월군	도시관리계획변경공고	45,000	7	1	7	8	7	1	5	4
5433	강원 영월군	지식재산첫걸음지원사업	44,458	7	5	7	1	7	1	1	4
5434	강원 영월군	저소득층기저귀,조제분유지원	44,000	7	2	7	8	7	1	1	4
5435	강원 영월군	최중증발달장애인주간그룹1:1지원	39,827	7	2	7	8	7	1	1	4
5436	강원 영월군	가사간병방문지원사업	38,416	7	2	6	8	7	5	2	4
5437	강원 영월군	발달재활서비스	38,322	7	2	7	8	7	1	1	4

순번	시군구	지출명 (사업명)	2024년예산 (단위 : 천원 /1년간)	민간이전 분류 (지방자치단체 세출예산 집행기준에 의거) 1. 민간경상사업보조(307-02) 2. 민간단체 법정운영비보조(307-03) 3. 민간행사사업보조(307-04) 4. 민간위탁금(307-05) 5. 사회복지시설 법정운영비보조(307-10) 6. 민간인위탁교육비(307-12) 7. 공기관등에대한경상적위탁사업비(308-13) 8. 민간자본사업보조,자체재원(402-01) 9. 민간자본사업보조,이전재원(402-02) 10. 민간위탁사업비(402-03) 11. 공기관등에 대한 자본적 위탁사업비(403-02)	민간이전지출 근거 (지방보조금 관리기준 참고) 1. 법률에 규정 2. 국고보조 재원(국가지정) 3. 용도 지정 기부금 4. 조례에 직접규정 5. 지자체가 권장하는 사업을 하는 공공기관 6. 시,도 정책 및 재정사정 7. 기타 8. 해당없음	입찰방식 계약체결방법 (경쟁형태) 1. 일반경쟁 2. 제한경쟁 3. 지명경쟁 4. 수의계약 5. 법정위탁 6. 기타 ( ) 7. 없음	입찰방식 계약기간 1. 1년 2. 2년 3. 3년 4. 4년 5. 5년 6. 기타 ( )년 7. 단기계약 (1년미만) 8. 없음	입찰방식 낙찰자선정방법 1. 적격심사 2. 협상에의한계약 3. 최저가낙찰제 4. 규격가격분리 5. 2단계 경쟁입찰 6. 기타 ( ) 7. 없음	운영예산 산정 운영예산 산정 1. 내부산정 (지자체 자체적으로 산정) 2. 외부산정 (외부전문기관위탁 산정) 3. 내·외부 모두 산정 4. 산정 無 5. 없음	운영예산 산정 정산방법 1. 내부정산 (지자체 내부적으로 정산) 2. 외부정산 (외부전문기관위탁 정산) 3. 내·외부 모두 산정 4. 정산 無 5. 없음	성과평가 실시여부 1. 실시 2. 미실시 3. 향후 추진 4. 해당없음
5438	강원 영월군	산모신생아건강관리지원	38,000	7	2	7	8	7	1	1	4
5439	강원 영월군	치세대지방세외수입정보시스템운영관리비	36,017	7	1	6	1	7	5	5	4
5440	강원 영월군	다섯발자국관광마케팅협의회홍보마케팅	30,000	7	4	7	8	7	5	5	4
5441	강원 영월군	희귀질환자의료비지원	30,000	7	1	5	8	7	5	5	4
5442	강원 영월군	입체주소구축및주소정보기본도유지관리	26,282	7	6	7	8	7	1	1	4
5443	강원 영월군	중소기업맞춤형토털마케팅지원사업	26,000	7	5	7	1	7	1	1	4
5444	강원 영월군	인사행정관리	25,167	7	1	7	8	7	1	1	1
5445	강원 영월군	국가금연지원서비스사업	25,000	7	2	7	8	7	5	5	4
5446	강원 영월군	저소득여성청소년위생용품지원	22,000	7	2	7	8	7	1	1	4
5447	강원 영월군	장애인의료비	20,851	7	2	7	8	7	1	1	4
5448	강원 영월군	작은학교희망만들기	20,000	7	8	7	8	7	1	1	1
5449	강원 영월군	우체국쇼핑지역브랜드관운영	20,000	7	6	7	8	7	1	1	4
5450	강원 영월군	차세대주민등록시스템운영	17,860	7	6	7	8	7	2	5	4
5451	강원 영월군	장애인활동지원(가산급여)	10,960	7	2	7	8	7	1	1	4
5452	강원 영월군	의료급여수급권자일반건강검진	5,851	7	1	5	8	7	5	1	4
5453	강원 영월군	시간제보육지원	5,040	7	2	7	7	7	5	1	4
5454	강원 영월군	건강증진사업관리	5,000	7	1	7	8	7	5	5	4
5455	강원 영월군	청년마음건강지원사업	2,600	7	2	6	8	7	5	2	4
5456	강원 영월군	국가암검진사업	1,500	7	1	5	7	7	5	1	4
5457	강원 영월군	예방접종을통한면역력증대	600	7	1	7	8	7	5	5	4
5458	강원 영월군	청소년산모의료비지원	400	7	2	7	8	7	5	1	4
5459	강원 영월군	의료급여수급권자영유아검진비지원	268	7	1	5	8	7	1	1	4
5460	강원 영월군	의정활동홍보	36,000	7	1	7	8	7	5	5	4
5461	강원 평창군	장애인활동급여지원위탁비	1,075,466	7	2	7	8	1	1	1	3
5462	강원 평창군	영아보육료지원	1,045,641	7	2	7	8	7	5	1	4
5463	강원 평창군	누리과정보육료지원	929,806	7	6	7	8	7	5	1	4
5464	강원 평창군	강원남부내륙권디지털헬스케어혁신센터조성	683,000	7	5	4	4	7	1	3	3
5465	강원 평창군	한약재유통지원시설운영관리등위탁비	364,000	7	5	7	8	7	1	1	4
5466	강원 평창군	발달장애인주간활동서비스사업위탁비	262,728	7	2	7	8	1	1	1	3
5467	강원 평창군	아이돌봄지원	175,000	7	2	7	3	7	5	1	4
5468	강원 평창군	웰니스의료관광융복합클러스터	160,000	7	2	6	8	7	5	1	2
5469	강원 평창군	문화콘텐츠홍보	150,000	7	1	7	8	7	5	5	4
5470	강원 평창군	농특산물브랜드홍보	140,000	7	6	7	8	7	5	5	4
5471	강원 평창군	수소충전소운영지원사업	120,000	7	7	7	8	7	5	5	4
5472	강원 평창군	학교급식센터운영관리등위탁비	120,000	7	5	6	3	7	1	1	4
5473	강원 평창군	장애아동가족지원사업(발달재활)위탁비	83,830	7	2	7	8	1	1	1	3
5474	강원 평창군	공통기반및재해복구시스템유지관리비	83,092	7	1	5	1	7	1	1	3
5475	강원 평창군	지역행복생활권연계협력사업(드림꾸러미)	78,000	7	5	6	1	6	1	1	1
5476	강원 평창군	차세대지방세정보시스템유지보수비	71,065	7	1	7	8	7	2	2	2
5477	강원 평창군	주소정보관리시스템및주소정보기본도유지관리	53,727	7	1	5	1	7	5	5	4

순번	시군구	지출명 (사업명)	2024년예산 (단위 : 천원 /1년간)	민간이전 분류 (지방자치단체 세출예산 집행기준에 의거) 1. 민간경상사업보조(307-02) 2. 민간단체 법정운영비보조(307-03) 3. 민간행사사업보조(307-04) 4. 민간위탁금(307-05) 5. 사회복지시설 법정운영비보조(307-10) 6. 민간인위탁교육비(307-12) 7. 공기관등에대한경상적위탁사업비(308-13) 8. 민간자본사업보조,자체재원(402-01) 9. 민간자본사업보조,이전재원(402-02) 10. 민간위탁사업비(402-03) 11. 공기관등에 대한 자본적 위탁사업비(403-02)	민간이전지출 근거 (지방보조금 관리기준 참고) 1. 법률에 규정 2. 국고보조 재원(국가지정) 3. 용도 지정 기부금 4. 조례에 직접규정 5. 지자체가 권장하는 사업을 하는 공공기관 6. 시,도 정책 및 재정사정 7. 기타 8. 해당없음	입찰방식 계약체결방법 (경쟁형태) 1. 일반경쟁 2. 제한경쟁 3. 지명경쟁 4. 수의계약 5. 법정위탁 6. 기타 ( ) 7. 없음	계약기간 1. 1년 2. 2년 3. 3년 4. 4년 5. 5년 6. 기타 ( )년 7. 단기계약 (1년미만) 8. 없음	낙찰자선정방법 1. 적격심사 2. 협상에의한계약 3. 최저가낙찰제 4. 규격가격분리 5. 2단계 경쟁입찰 6. 기타 ( ) 7. 없음	운영예산 산정 운영예산 산정 1. 내부산정 (지자체 자체적으로 산정) 2. 외부산정 (외부전문기관위탁 산정) 3. 내·외부 모두 산정 4. 산정 無 5. 없음	정산방법 1. 내부정산 (지자체 내부적으로 정산) 2. 외부정산 (외부전문기관위탁 정산) 3. 내·외부 모두 산정 4. 정산 無 5. 없음	성과평가 실시여부 1. 실시 2. 미실시 3. 향후 추진 4. 해당없음
5478	강원 평창군	관내학교급식식재료차액위탁비	50,000	7	5	6	1	7	1	1	4
5479	강원 평창군	시간제보육서비스제공지원사업	48,000	7	2	7	8	7	5	1	4
5480	강원 평창군	군정기록의체계적관리	44,250	7	7	4	7	2	1	1	4
5481	강원 평창군	장애인의료비지원	42,015	7	2	7	8	7	1	1	4
5482	강원 평창군	평창관광행정광고비	40,000	7	1	7	8	7	5	5	4
5483	강원 평창군	농산물안전성검사위탁비	40,000	7	6	7	8	7	1	1	4
5484	강원 평창군	입체주소구축및주소정보기본도유지관리	34,236	7	1	5	1	7	5	5	4
5485	강원 평창군	차세대지방세외수입정보시스템프로그램유지보수비	33,543	7	1	7	8	7	2	2	2
5486	강원 평창군	보육료부모부담금지원	27,804	7	6	7	8	7	5	1	4
5487	강원 평창군	전자문서시스템(온나라2.)유지보수비	23,400	7	1	5	1	7	1	1	3
5488	강원 평창군	여성청소년보건위생용품지원	21,000	7	5	6	1	6	1	1	1
5489	강원 평창군	철도관광상품운영지원비	20,000	7	1,4	6	8	7	1	1	3
5490	강원 평창군	고향사랑기부제시스템운영비	18,140	7	1	7	8	7	2	2	2
5491	강원 평창군	차세대주민등록정보시스템구축및운영	17,860	7	7	6	1	7	2	2	2
5492	강원 평창군	장애인활동가산수당지원위탁비	15,536	7	2	7	8	1	1	1	3
5493	강원 평창군	지방행정통합정보시스템상담센터운영비	6,950	7	1	5	1	7	1	1	3
5494	강원 평창군	지방세정보시스템유지보수비	3,532	7	1	7	8	7	2	2	2
5495	강원 정선군	정선아리랑제행사	1,400,000	7	8	7	7	7	1	1	4
5496	강원 정선군	통합운영센터(TSC)운영비용	1,126,475	7	5	5	6	7	3	1	1
5497	강원 정선군	지역응급의료기관운영비지원	1,050,000	7	2	7	8	7	5	1	1
5498	강원 정선군	장애인활동지원급여지원	746,366	7	2	7	8	7	5	1	4
5499	강원 정선군	정선아리랑뮤지컬K컬쳐글로벌프로젝트	700,000	7	8	7	7	7	1	1	4
5500	강원 정선군	상권활성화재단사업비	450,000	7	8	7	8	7	5	5	4
5501	강원 정선군	아리랑박물관운영	406,620	7	8	7	7	7	1	1	4
5502	강원 정선군	군정행정광고및행정예고	350,000	7	1	7	8	7	5	5	4
5503	강원 정선군	정선아리랑제읍면참가보조	330,000	7	8	7	7	7	1	1	4
5504	강원 정선군	통합관광상품개발및홍보마케팅	300,000	7	1	5	1	7	5	1	3
5505	강원 정선군	중소기업해외판로개척지원사업	300,000	7	1	7	8	7	1	3	4
5506	강원 정선군	세계대한민국아리랑축전	250,000	7	6	7	7	7	1	1	4
5507	강원 정선군	정선군립병원소아청소년과운영	250,000	7	2	7	8	7	5	1	4
5508	강원 정선군	정선아리랑문화사업	230,000	7	8	7	7	7	1	1	4
5509	강원 정선군	폐광지역특화브랜드육성	225,000	7	1	5	1	7	5	1	3
5510	강원 정선군	폐광지역관광생태계구축	200,000	7	1	5	1	7	5	1	3
5511	강원 정선군	아리랑센터공연장기획공연	200,000	7	8	7	7	7	1	1	4
5512	강원 정선군	정선군립병원인공신장실운영	200,000	7	2	7	8	7	5	1	4
5513	강원 정선군	정선아리랑기록화사업	198,000	7	8	7	7	7	1	1	4
5514	강원 정선군	웰니스·의료관광융복합클러스터	160,000	7	2	6	3	7	5	2	4
5515	강원 정선군	정선여행종합광고및홍보비	150,000	7	1	6	8	7	1	5	4
5516	강원 정선군	지적재조사사업조사측량수수료	149,974	7	8	7	8	7	5	5	4
5517	강원 정선군	발달장애인주간활동서비스	131,370	7	2	7	8	7	5	1	4

순번	시군구	지출명 (사업명)	2024년예산 (단위 : 천원 /1년간)	민간이전 분류 (지방자치단체 세출예산 집행기준에 의거)	민간이전지출 근거 (지방보조금 관리기준 참고)	입찰방식			운영예산 산정		성과평가 실시여부
				1. 민간경상사업보조(307-02) 2. 민간단체 법정운영비보조(307-03) 3. 민간행사사업보조(307-04) 4. 민간위탁금(307-05) 5. 사회복지시설 법정운영비보조(307-10) 6. 민간인위탁교육비(307-12) 7. 공기관등에대한경상적위탁사업비(308-13) 8. 민간자본사업보조,자체재원(402-01) 9. 민간자본사업보조,이전재원(402-02) 10. 민간위탁사업비(402-03) 11. 공기관등에 대한 자본적 위탁사업비(403-02)	1. 법률에 규정 2. 국고보조 재원(국가지정) 3. 용도 지정 기부금 4. 조례에 직접규정 5. 지자체가 권장하는 사업을 하는 공공기관 6. 시,도 정책 및 재정사정 7. 기타 8. 해당없음	계약체결방법 (경쟁형태) 1. 일반경쟁 2. 제한경쟁 3. 지명경쟁 4. 수의계약 5. 법정위탁 6. 기타 ( ) 7. 없음	계약기간 1. 1년 2. 2년 3. 3년 4. 4년 5. 5년 6. 기타 ( )년 7. 단기계약 (1년미만) 8. 없음	낙찰자선정방법 1. 적격심사 2. 협상에의한계약 3. 최저가낙찰제 4. 규격가격분리 5. 2단계 경쟁입찰 6. 기타 ( ) 7. 없음	운영예산 산정 1. 내부산정 (지자체 자체적으로 산정) 2. 외부산정 (외부전문기관위탁 산정) 3. 내·외부 모두 산정 4. 산정 無 5. 없음	정산방법 1. 내부정산 (지자체 내부적으로 정산) 2. 외부정산 (외부전문기관위탁 정산) 3. 내·외부 모두 산정 4. 정산 無 5. 없음	1. 실시 2. 미실시 3. 향후 추진 4. 해당없음
5518	강원 정선군	지역사랑상품권(카드형)발행수수료	123,000	7	8	7	8	7	5	5	4
5519	강원 정선군	꿈의오케스트라운영	120,000	7	8	7	7	7	1	1	4
5520	강원 정선군	LPG용기사용가구시설개선	112,050	7	6	5	7	7	3	2	3
5521	강원 정선군	청년학교교육프로그램운영청년욱수아카데미(지방소멸대응기금)	100,000	7	4	4	1	7	1	1	3
5522	강원 정선군	유명방송프로그램제작	100,000	7	1	6	8	7	1	5	4
5523	강원 정선군	정선아리랑전수보급	100,000	7	8	7	7	7	1	1	4
5524	강원 정선군	아리랑전승공동체활동아카이브플랫폼구축	100,000	7	8	7	8	7	3	3	1
5525	강원 정선군	지방재정관리시스템유지보수	98,892	7	7	7	8	7	5	5	4
5526	강원 정선군	당직의료기관운영비지원	91,000	7	2	7	8	7	5	1	4
5527	강원 정선군	정선군관광홍보SNS공식채널관리	88,000	7	1	6	8	7	1	5	4
5528	강원 정선군	폐광지역다큐멘터리제작(폐기금군분담금)	80,000	7	6	7	8	7	1	4	4
5529	강원 정선군	치매치료관리비지원	80,000	7	2	7	8	7	1	1	4
5530	강원 정선군	공통기반재해복구유지관리위탁사업비	79,741	7	5	5	1	7	2	1	1
5531	강원 정선군	지하수영향조사	76,000	7	1	5	8	7	1	1	4
5532	강원 정선군	암조기검진사업예탁금	72,213	7	2	5	8	7	5	5	4
5533	강원 정선군	희귀난치성질환자의료비지원	70,000	7	2	7	7	7	5	5	4
5534	강원 정선군	지방세정보화사업운영관리	65,859	7	6	4	1	2	2	2	1
5535	강원 정선군	농업용공공관정사후관리	54,000	7	1	5	8	7	1	1	4
5536	강원 정선군	주소정보관리시스템유지관리위탁	53,727	7	8	5	1	7	2	1	3
5537	강원 정선군	휴식형아리랑문화아울렛운영	50,000	7	8	7	7	7	1	1	4
5538	강원 정선군	정선아리랑시범공연사업	50,000	7	8	7	7	7	1	1	4
5539	강원 정선군	저소득층기저귀및조제분유지원	50,000	7	2	7	8	7	5	1	4
5540	강원 정선군	발달재활서비스바우처지원	47,903	7	2	7	8	7	5	1	4
5541	강원 정선군	아리랑역량강화연수	45,000	7	5	7	8	7	5	1	4
5542	강원 정선군	철도관광활성화지원사업	40,000	7	5	7	1	7	5	5	4
5543	강원 정선군	정선아리랑토크콘서트	40,000	7	5	7	1	7	1	1	4
5544	강원 정선군	보고싶다정선아브랜드마케팅	40,000	7	1	6	8	7	1	5	4
5545	강원 정선군	크리에이터광고	40,000	7	1	6	8	7	1	5	4
5546	강원 정선군	온나라시스템운영지원위탁비	35,268	7	5	5	1	7	2	1	1
5547	강원 정선군	지방세외수입정보시스템운영관리	33,543	7	6	4	1	2	2	2	1
5548	강원 정선군	산모신생아건강관리사지원	32,000	7	6	7	8	7	5	1	4
5549	강원 정선군	지역특성화교육과정운영	30,000	7	8	7	7	7	1	1	4
5550	강원 정선군	정선아리랑상설체험아라리학당운영	30,000	7	8	7	7	7	1	1	4
5551	강원 정선군	아리샘터활성화프로그램운영	30,000	7	8	7	7	7	1	1	4
5552	강원 정선군	중소기업맞춤형지원사업	30,000	7	1	7	8	7	1	3	4
5553	강원 정선군	휴양단지주거환경개선	30,000	7	1	7	8	7	5	5	4
5554	강원 정선군	사업인정고시등신문공고료	30,000	7	8	7	8	7	1	5	4
5555	강원 정선군	중소기업맞춤형토털마케팅지원사업(도직접지원사업)	26,000	7	1	7	8	7	1	3	4
5556	강원 정선군	장애인의료비지원	24,683	7	2	7	8	7	5	1	4
5557	강원 정선군	주소기본도유지관리위탁	22,149	7	8	5	1	7	2	1	3

순번	시군구	지출명 (사업명)	2024년예산 (단위 : 천원 /1년간)	민간이전 분류 (지방자치단체 세출예산 집행기준에 의거) 1. 민간경상사업보조(307-02) 2. 민간단체 법정운영비보조(307-03) 3. 민간행사사업보조(307-04) 4. 민간위탁금(307-05) 5. 사회복지시설 법정운영비보조(307-10) 6. 민간인위탁교육비(307-12) 7. 공기관등에대한경상적위탁사업비(308-13) 8. 민간자본사업보조,자체재원(402-01) 9. 민간자본사업보조,이전재원(402-02) 10. 민간위탁사업비(402-03) 11. 공기관등에 대한 자본적 위탁사업비(403-02)	민간이전지출 근거 (지방보조금 관리기준 참고) 1. 법률에 규정 2. 국고보조 재원(국가지정) 3. 용도 지정 기부금 4. 조례에 직접규정 5. 지자체가 권장하는 사업을 하는 공공기관 6. 시,도 정책 및 재정사정 7. 기타 8. 해당없음	입찰방식 계약체결방법 (경쟁형태) 1. 일반경쟁 2. 제한경쟁 3. 지명경쟁 4. 수의계약 5. 법정위탁 6. 기타 ( ) 7. 없음	계약기간 1. 1년 2. 2년 3. 3년 4. 4년 5. 5년 6. 기타 ( )년 7. 단기계약 (1년미만) 8. 없음	낙찰자선정방법 1. 적격심사 2. 협상에의한계약 3. 최저가낙찰제 4. 규격가격분리 5. 2단계 경쟁입찰 6. 기타 ( ) 7. 없음	운영예산 산정 운영예산 산정 1. 내부산정 (지자체 자체적으로 산정) 2. 외부산정 (외부전문기관위탁 산정) 3. 내·외부 모두 산정 4. 산정 無 5. 없음	정산방법 1. 내부정산 (지자체 내부적으로 정산) 2. 외부정산 (외부전문기관위탁 정산) 3. 내·외부 모두 산정 4. 정산 無 5. 없음	성과평가 실시여부 1. 실시 2. 미실시 3. 향후 추진 4. 해당없음
5558	강원 정선군	폐특법현대화개정논의포럼	22,000	7	7	7	8	7	1	4	4
5559	강원 정선군	폐기금개선방안및강원랜드규제완화포럼	22,000	7	7	7	8	7	1	4	4
5560	강원 정선군	도암댐문제해결국회정책간담회	22,000	7	7	7	8	7	5	5	4
5561	강원 정선군	차세대표준지방인사정보시스템유지관리등	21,953	7	6	7	1	7	5	5	4
5562	강원 정선군	찾아가는정선아리랑교실	20,000	7	8	7	7	7	1	1	4
5563	강원 정선군	제조물책임(PL)보험가입지원사업	20,000	7	1	7	8	7	1	3	4
5564	강원 정선군	신기술개발제품인증취득지원사업	20,000	7	1	7	8	7	1	3	4
5565	강원 정선군	ESG기업육성지원사업	18,000	7	6	7	8	7	1	4	4
5566	강원 정선군	차세대주민등록정보시스템운영비	17,860	7	8	7	8	7	5	5	4
5567	강원 정선군	고향사랑기금시스템유지보수비	15,831	7	1	6	1	6	2	2	4
5568	강원 정선군	아리랑활용체험프로그램	13,000	7	8	7	8	7	3	3	1
5569	강원 정선군	정선선청원건널목유지관리비	13,000	7	8	7	8	7	1	5	4
5570	강원 정선군	지질관광프로그램운영	12,000	7	6	7	8	7	5	5	4
5571	강원 정선군	자원봉사자선진지견학	10,000	7	8	7	7	7	1	1	4
5572	강원 정선군	보고서발간대행사업비	8,000	7	6	7	8	7	1	1	1
5573	강원 정선군	정선아리랑공개공연	8,000	7	8	7	7	7	1	1	4
5574	강원 정선군	지방행정공통시스템상담센터운영위탁비	6,950	7	5	5	1	7	2	1	1
5575	강원 정선군	광고료	6,000	7	2	7	8	7	1	1	4
5576	강원 정선군	의료급여일반건강검진예탁금(생애전환기포함)	5,754	7	2	5	8	7	5	5	4
5577	강원 정선군	우편모아시스템위탁관리비	5,600	7	5	6	1	6	2	2	4
5578	강원 정선군	장애인활동지원추가사업	5,000	7	2	7	8	7	5	1	4
5579	강원 정선군	우리집전기저금통구축(도직접지원사업)	4,463	7	6	7	8	7	5	3	4
5580	강원 정선군	저소득층고령자가구가스안전차단기보급	3,480	7	6	4	7	7	1	2	3
5581	강원 정선군	기능분류모델시스템고도화분담금	3,250	7	6	7	8	7	5	5	4
5582	강원 정선군	저소득층노후전기시설개선	2,662	7	6	7	8	6	5	3	4
5583	강원 정선군	정선군여성정책홍보	2,000	7	3	7	7	7	5	5	4
5584	강원 정선군	발달장애인부모상담지원	1,906	7	2	7	8	7	5	1	4
5585	강원 정선군	활동보조가산급여	859	7	2	7	8	7	5	1	4
5586	강원 정선군	청소년산모임신출산의료비지원	400	7	2	7	8	7	5	1	4
5587	강원 정선군	영유아건강검진비위탁금	306	7	2	7	8	7	5	1	4
5588	강원 화천군	지적재조사측량비	133,892	7	2	5	6	7	5	1	4
5589	강원 화천군	국가주소정보시스템차세대구축및유지관리	52,077	7	1	5	7	7	2	1	1
5590	강원 화천군	장애인의료비지원	19,198	7	2	1	8	7	1	1	4
5591	강원 화천군	입체주소구축및주소정보기본도유지관리	18,015	7	1	5	7	7	2	1	1
5592	강원 화천군	기능분류시스템고도화	3,250	7	6	7	8	7	5	5	4
5593	강원 양구군	지적재조사측량비	2,288,888	7	1	5	1	7	5	1	1
5594	강원 양구군	양구이미지제고전국홍보	400,000	7	1	7	8	7	1	5	4
5595	강원 양구군	양구이미지제고전국홍보	400,000	7	1	7	8	7	1	5	4
5596	강원 양구군	놀러와시골스튜디오캠프운영	200,000	7	2	7	8	7	5	1	1
5597	강원 양구군	청년농업인영농정착지원	157,000	7	2	7	7	7	5	5	4

순번	시군구	지출명 (사업명)	2024년예산 (단위 : 천원 /1년간)	민간이전 분류 (지방자치단체 세출예산 집행기준에 의거)	민간이전지출 근거 (지방보조금 관리기준 참고)	입찰방식			운영예산 산정		성과평가 실시여부
				1. 민간경상사업보조(307-02) 2. 민간단체 법정운영비보조(307-03) 3. 민간행사사업보조(307-04) 4. 민간위탁금(307-05) 5. 사회복지시설 법정운영비보조(307-10) 6. 민간인위탁교육비(307-12) 7. 공기관등에대한경상적위탁사업비(308-13) 8. 민간자본사업보조,자체재원(402-01) 9. 민간자본사업보조,이전재원(402-02) 10. 민간위탁사업비(402-03) 11. 공기관등에 대한 자본적 위탁사업비(403-02)	1. 법률에 규정 2. 국고보조 재원(국가지정) 3. 용도 지정 기부금 4. 조례에 직접규정 5. 지자체가 권장하는 사업을 하는 공공기관 6. 시,도 정책 및 재정사정 7. 기타 8. 해당없음	계약체결방법 (경쟁형태) 1. 일반경쟁 2. 제한경쟁 3. 지명경쟁 4. 수의계약 5. 법정위탁 6. 기타 ( ) 7. 없음	계약기간 1. 1년 2. 2년 3. 3년 4. 4년 5. 5년 6. 기타 ( )년 7. 단기계약 (1년미만) 8. 없음	낙찰자선정방법 1. 적격심사 2. 협상에의한계약 3. 최저가낙찰제 4. 규격가격분리 5. 2단계 경쟁입찰 6. 기타 ( ) 7. 없음	운영예산 산정 1. 내부산정 (지자체 자체적으로 산정) 2. 외부산정 (외부전문기관위탁 산정) 3. 내·외부 모두 산정 4. 산정 無 5. 없음	정산방법 1. 내부정산 (지자체 내부적으로 정산) 2. 외부정산 (외부전문기관위탁 정산) 3. 내·외부 모두 산정 4. 정산 無 5. 없음	1. 실시 2. 미실시 3. 향후 추진 4. 해당없음
5598	강원 양구군	산모신생아건강관리지원사업(전환사업)	114,000	7	2	7	8	7	4	1	4
5599	강원 양구군	공통기반전산장비및재해복구위탁관리비	91,212	7	1	4	1	7	5	5	4
5600	강원 양구군	통합지방재정시스템운영관리	84,758	7	1	5	1	7	2	2	4
5601	강원 양구군	수요자맞춤형기업지원사업	80,000	7	4	4	1	7	1	1	1
5602	강원 양구군	저소득층기저귀및조제분유지원	75,000	7	2	7	8	7	4	1	4
5603	강원 양구군	2024년지방세정보화(운영유지관리)	65,859	7	7	5	1	7	2	2	4
5604	강원 양구군	자치단체온나라문서시스템운영지원및SW/HW유지관리업무위탁	58,257	7	1	4	1	7	5	5	4
5605	강원 양구군	스포츠방송기반조성사업	50,000	7	1	5	7	7	1	1	4
5606	강원 양구군	양구군사회조사	47,310	7	1	7	8	7	5	2	4
5607	강원 양구군	제3차양구군기후변화적응대책세부시행계획수립용역	45,000	7	4	7	8	7	5	5	4
5608	강원 양구군	기업지원인터넷쇼핑몰구축운영사업	41,000	7	4	4	1	7	1	1	1
5609	강원 양구군	기업지원인터넷쇼핑몰구축운영사업	40,000	7	4	4	1	7	1	1	1
5610	강원 양구군	국가암검진사업	38,670	7	2	7	8	7	5	2	1
5611	강원 양구군	귀농귀촌유치지원	34,000	7	6	7	7	7	5	5	4
5612	강원 양구군	시군구연고산업육성사업	30,000	7	4	4	1	7	1	1	1
5613	강원 양구군	행정지원및청사관리	30,000	7	1	7	8	7	5	5	4
5614	강원 양구군	2024년세외수입정보시스템운영관리	28,595	7	7	5	1	7	2	2	4
5615	강원 양구군	소양강댐부유물운반및처리비용지원	25,000	7	2	7	8	7	5	5	4
5616	강원 양구군	중소기업맞춤형토털마케팅지원사업	24,000	7	4	4	1	7	1	1	1
5617	강원 양구군	장애인의료비지원	22,720	7	2	5	8	1	2	2	3
5618	강원 양구군	홍보용택시랩핑광고비	22,560	7	1	5	7	7	1	5	4
5619	강원 양구군	박수근미술상	21,500	7	1	7	8	7	5	5	4
5620	강원 양구군	농촌개발인프라구축	20,000	7	4	7	7	7	5	5	4
5621	강원 양구군	기업지원인터넷쇼핑몰구축운영사업	19,000	7	4	4	1	7	1	1	4
5622	강원 양구군	농촌마을유휴자원조사사업	18,000	7	2	5	1	7	5	5	1
5623	강원 양구군	여성청소년보건위생물품지원	16,000	7	2	5	8	7	3	3	4
5624	강원 양구군	효율적인인사관리(인사랑관리등)	15,676	7	1	5	7	7	2	2	1
5625	강원 양구군	박수근미술관운영	15,000	7	1	7	8	7	5	5	4
5626	강원 양구군	박수근미술관기획전운영	15,000	7	1	7	8	7	5	5	4
5627	강원 양구군	기후변화적응대책세부시행계획이행평가위탁사업	13,000	7	4	7	8	7	5	5	4
5628	강원 양구군	고향사랑기부제종합정보시스템유지보수	11,875	7	1	5	8	7	2	2	4
5629	강원 양구군	공공부문온실가스목표관리제위탁사업	9,000	7	4	7	8	7	5	5	4
5630	강원 양구군	희귀질환자의료비지원	8,000	7	2	5	8	7	4	1	4
5631	강원 양구군	지방행정공통정보시스템상담센터위탁운영	6,950	7	1	4	1	7	5	5	4
5632	강원 양구군	의료급여수급권자일반건강검진사업	4,724	7	2	7	8	7	5	2	4
5633	강원 양구군	기능분류시스템(BRM)고도화사업	3,250	7	6	7	8	7	5	5	4
5634	강원 양구군	청소년산모의료비지원	400	7	2	7	8	7	4	1	4
5635	강원 양구군	영유아건강검진지원사업	382	7	2	7	8	7	5	2	4
5636	강원 양구군	선천성대사이상검사및환아관리	100	7	2	7	8	7	4	1	4
5637	강원 인제군	인제군주요관광지및행사홍보	100,000	7	5	7	8	7	1	1	4

순번	시군구	지출명 (사업명)	2024년예산 (단위 : 천원 /1년간)	민간이전 분류 (지방자치단체 세출예산 집행기준에 의거) 1. 민간경상사업보조(307-02) 2. 민간단체 법정운영비보조(307-03) 3. 민간행사사업보조(307-04) 4. 민간위탁금(307-05) 5. 사회복지시설 법정운영비보조(307-10) 6. 민간인위탁교육비(307-12) 7. 공기관등에대한경상적위탁사업비(308-13) 8. 민간자본사업보조,자체재원(402-01) 9. 민간자본사업보조,이전재원(402-02) 10. 민간위탁사업비(402-03) 11. 공기관등에 대한 자본적 위탁사업비(403-02)	민간이전지출 근거 (지방보조금 관리기준 참고) 1. 법률에 규정 2. 국고보조 재원(국가지정) 3. 용도 지정 기부금 4. 조례에 직접규정 5. 지자체가 권장하는 사업을 하는 공공기관 6. 시,도 정책 및 재정사정 7. 기타 8. 해당없음	입찰방식 계약체결방법 (경쟁형태) 1. 일반경쟁 2. 제한경쟁 3. 지명경쟁 4. 수의계약 5. 법정위탁 6. 기타 ( ) 7. 없음	입찰방식 계약기간 1. 1년 2. 2년 3. 3년 4. 4년 5. 5년 6. 기타 ( )년 7. 단기계약 (1년미만) 8. 없음	입찰방식 낙찰자선정방법 1. 적격심사 2. 협상에의한계약 3. 최저가낙찰제 4. 규격가격분리 5. 2단계 경쟁입찰 6. 기타 ( ) 7. 없음	운영예산 산정 운영예산 산정 1. 내부산정 (지자체 자체적으로 산정) 2. 외부산정 (외부전문기관위탁 산정) 3. 내·외부 모두 산정 4. 산정 無 5. 없음	운영예산 산정 정산방법 1. 내부정산 (지자체 내부적으로 정산) 2. 외부정산 (외부전문기관위탁 정산) 3. 내·외부 모두 산정 4. 정산 無 5. 없음	성과평가 실시여부 1. 실시 2. 미실시 3. 향후 추진 4. 해당없음
5638	강원 인제군	방송프로그램을통한홍보	100,000	7	5	7	8	7	1	1	4
5639	강원 인제군	관광콘텐츠활용홍보	30,000	7	5	7	8	7	1	1	4
5640	강원 인제군	공공부문온실가스목표관리제업무위탁	14,000	7	1	5	7	2	1	1	1
5641	강원 인제군	우편모아시스템유지보수	5,500	7	1	7	1	7	5	5	4
5642	강원 인제군	2024년기능분류모델시스템고도화	3,250	7	1	7	7	7	5	5	4
5643	강원 고성군	영유아보육료지원	1,150,857	7	1	7	8	7	3	3	4
5644	강원 고성군	장애인활동지원급여지원	935,334	7	2	7	8	7	1	1	2
5645	강원 고성군	누리과정보육료지원	681,860	7	1	7	8	7	3	3	4
5646	강원 고성군	아이돌봄서비스지원	618,597	7	2	5	5	1	3	3	1
5647	강원 고성군	발달장애인주간활동서비스지원	525,458	7	2	7	8	7	1	1	2
5648	강원 고성군	군정홍보활동비	300,000	7	5	7	8	7	5	5	4
5649	강원 고성군	찾아가는산부인과사업	138,108	7	6	7	1	7	5	2	4
5650	강원 고성군	차세대지방재정관리시스템운영비분담금	84,758	7	5	7	8	7	5	5	4
5651	강원 고성군	속초의료원보호자없는병실운영사업	75,268	7	1	7	8	7	5	1	1
5652	강원 고성군	분만산부인과운영비지원	75,000	7	6	7	1	7	5	2	4
5653	강원 고성군	지역사회서비스투자사업	65,554	7	2	5	8	7	1	1	4
5654	강원 고성군	산모신생아건강관리지원(전환사업)	61,000	7	6	7	1	7	5	2	4
5655	강원 고성군	차세대지방재정관리시스템재해복구시스템분담금	60,749	7	5	7	8	7	5	5	4
5656	강원 고성군	속초의료원소아과진료기능보강	60,000	7	1	7	8	7	5	1	1
5657	강원 고성군	치매치료관리비지원(전환사업)	58,000	7	2	5	8	7	1	3	1
5658	강원 고성군	발달재활서비스바우처사업	57,484	7	2	7	8	7	1	1	2
5659	강원 고성군	암검진비(국민건강보험공단예탁)	54,304	7	2	5	1	7	5	2	1
5660	강원 고성군	저소득층기저귀및조제분유지원	53,000	7	2	7	1	7	5	2	4
5661	강원 고성군	부모급여보육료	50,273	7	1	7	8	7	3	3	4
5662	강원 고성군	희귀질환자의료비지원	50,000	7	2	5	1	7	5	2	1
5663	강원 고성군	장애인의료비지원	35,790	7	2	7	8	7	1	1	2
5664	강원 고성군	허그문회활성화캠페인	30,000	7	5	5	1	7	1	1	1
5665	강원 고성군	가사간병방문지원사업	22,618	7	2	5	8	7	1	1	4
5666	강원 고성군	거진초등학교송정분교장활용프로그램운영	20,000	7	5	5	1	7	1	1	1
5667	강원 고성군	보육료부모부담금지원	17,892	7	1	7	8	7	3	3	4
5668	강원 고성군	여성청소년보건위생물품지원	16,000	7	2	7	8	7	1	1	2
5669	강원 고성군	속초의료원응급환자후송체계구축	14,000	7	1	7	8	7	5	1	1
5670	강원 고성군	활동보조가산급여	13,108	7	2	7	8	7	1	1	2
5671	강원 고성군	부인과운영(진료의사인건비)	11,892	7	6	5	1	7	5	2	1
5672	강원 고성군	시간제보육운영	10,000	7	1	7	8	7	3	3	4
5673	강원 고성군	장애인활동지원급여추가사업	7,500	7	2	7	8	7	1	1	2
5674	강원 고성군	의료급여수급권자일반건강검진비(국민건강보험공단예탁)	5,888	7	2	5	1	7	5	2	1
5675	강원 고성군	헌혈자지원사업위탁(지역상품권)	4,000	7	4	7	8	7	5	5	4
5676	강원 고성군	발달장애인부모상담지원	3,809	7	2	7	8	7	1	1	2
5677	강원 고성군	청년마음건강지원사업	2,088	7	2	5	8	7	1	1	4

순번	시군구	지출명 (사업명)	2024년예산 (단위 : 천원 /1년간)	민간이전 분류 (지방자치단체 세출예산 집행기준에 의거) 1. 민간경상사업보조(307-02) 2. 민간단체 법정운영비보조(307-03) 3. 민간행사사업보조(307-04) 4. 민간위탁금(307-05) 5. 사회복지시설 법정운영비보조(307-10) 6. 민간인위탁교육비(307-12) 7. 공기관등에대한경상적위탁사업비(308-13) 8. 민간자본사업보조,자체재원(402-01) 9. 민간자본사업보조,이전재원(402-02) 10. 민간위탁사업비(402-03) 11. 공기관등에 대한 자본적 위탁사업비(403-02)	민간이전지출 근거 (지방보조금 관리기준 참고) 1. 법률에 규정 2. 국고보조 재원(국가지정) 3. 용도 지정 기부금 4. 조례에 직접규정 5. 지자체가 권장하는 사업을 하는 공공기관 6. 시,도 정책 및 재정사정 7. 기타 8. 해당없음	입찰방식			운영예산 산정		성과평가 실시여부
						계약체결방법 (경쟁형태) 1. 일반경쟁 2. 제한경쟁 3. 지명경쟁 4. 수의계약 5. 법정위탁 6. 기타 ( ) 7. 없음	계약기간 1. 1년 2. 2년 3. 3년 4. 4년 5. 5년 6. 기타 ( )년 7. 단기계약 (1년미만) 8. 없음	낙찰자선정방법 1. 적격심사 2. 협상에의한계약 3. 최저가낙찰제 4. 규격가격분리 5. 2단계 경쟁입찰 6. 기타 ( ) 7. 없음	운영예산 산정 1. 내부산정 (지자체 자체적으로 산정) 2. 외부산정 (외부전문기관위탁 산정) 3. 내·외부 모두 산정 4. 산정 無 5. 없음	정산방법 1. 내부정산 (지자체 내부적으로 정산) 2. 외부정산 (외부전문기관위탁 정산) 3. 내·외부 모두 산정 4. 정산 無 5. 없음	1. 실시 2. 미실시 3. 향후 추진 4. 해당없음
5678	강원 고성군	결핵환자가족접촉자조사	1,156	7	5	7	8	7	5	5	4
5679	강원 고성군	청소년산모의료비지원	400	7	2	7	1	7	5	2	4
5680	강원 고성군	의료수급권자영유아건강검진비(국민건강보험공단예탁)	191	7	2	5	1	7	5	2	1
5681	충북 청주시	지역사회서비스투자사업제공비용예탁금	4,141,947	7	1	4	7	7	1	1	1
5682	충북 청주시	문화도시조성사업	3,000,000	7	1	7	8	7	1	1	1
5683	충북 청주시	발달장애인주간활동서비스지원(국비)	2,364,548	7	2	5	8	2	5	5	4
5684	충북 청주시	장애아동발달재활서비스지원	2,314,163	7	1,2	5	8	7	5	5	4
5685	충북 청주시	중증장애인활동지원서비스추가지원(자체)	2,273,460	7	6	5	8	2	5	5	4
5686	충북 청주시	중증장애인활동보조추가지원	2,045,459	7	6	5	8	2	5	5	4
5687	충북 청주시	혁신기술제조창업공유공장구축	1,450,000	7	2	7	8	7	5	1	4
5688	충북 청주시	중증장애인활동보조가산급여	1,357,083	7	2	5	8	2	5	5	4
5689	충북 청주시	지역기반형콘텐츠코리아랩운영	1,260,000	7	2	6	8	7	3	1	2
5690	충북 청주시	한국공예관위탁운영	1,250,000	7	4	7	8	7	3	1	2
5691	충북 청주시	청주청년로컬크리에이터도제사업	1,118,902	7	1	7	8	7	1	1	3
5692	충북 청주시	에너지자급자족인프라구축및운영사업	1,000,000	7	2	7	8	7	5	5	4
5693	충북 청주시	충북글로벌게임센터운영	960,000	7	2	7	8	7	5	3	1
5694	충북 청주시	산모신생아건강관리지원	935,622	7	6	7	8	7	5	5	2
5695	충북 청주시	산모신생아건강관리사지원사업(전환사업)	935,622	7	2	5	8	7	1	1	4
5696	충북 청주시	발달장애인방과후돌봄서비스	748,263	7	2	5	8	2	5	5	4
5697	충북 청주시	SW융합클러스터2.(반도체특화사업)	736,000	7	2	7	8	7	5	3	1
5698	충북 청주시	동부창고운영경비	730,000	7	4	6	8	7	3	1	2
5699	충북 청주시	청원생명브랜드CF방영및보조매체광고	675,000	7	4	7	8	7	5	5	3
5700	충북 청주시	산모신생아건강관리지원	623,748	7	1	5	8	7	1	2	4
5701	충북 청주시	산모신생아건강관리지원	623,748	7	2	5	1	7	2	2	4
5702	충북 청주시	창업지원활성화프로그램운영	600,000	7	2	7	8	7	5	1	4
5703	충북 청주시	스마트공장보급확산사업	583,360	7	5	7	8	7	5	3	1
5704	충북 청주시	최중증발달장애인주간그룹1:1바우처지원	517,840	7	2	7	8	7	5	5	4
5705	충북 청주시	일자리종합지원센터운영	484,754	7	4	1	3	1	1	1	1
5706	충북 청주시	장애인의료비지원	466,016	7	2	5	8	7	1	2	1
5707	충북 청주시	첨단문화산업단지및복합주차장운영관리	431,400	7	4	7	8	7	3	1	2
5708	충북 청주시	해외시장개척지원	400,000	7	5	7	8	7	1	1	1
5709	충북 청주시	김수현드라마아트홀운영비	400,000	7	4	6	8	7	3	1	2
5710	충북 청주시	저소득층기저귀조제분유지원	397,500	7	1	5	8	7	1	2	4
5711	충북 청주시	저소득층기저귀조제분유지원	397,500	7	2	5	1	7	2	2	4
5712	충북 청주시	저소득층기저귀,조제분유지원	397,500	7	1	7	8	7	5	5	2
5713	충북 청주시	저소득층기저귀조제분유지원사업	397,500	7	2	5	8	7	1	1	4
5714	충북 청주시	소프트웨어미래채움사업	396,287	7	2	7	8	7	5	3	1
5715	충북 청주시	중증장애인활동보조24시간지원	388,004	7	6	5	8	2	5	5	4
5716	충북 청주시	희귀질환자의료비	375,152	7	2	7	8	7	5	5	4
5717	충북 청주시	충북학사동서울관운영비부담금	364,764	7	4	7	8	7	1	1	4

순번	시군구	지출명 (사업명)	2024년예산 (단위 : 천원 /1년간)	민간이전 분류 (지방자치단체 세출예산 집행기준에 의거) 1. 민간경상사업보조(307-02) 2. 민간단체 법정운영비보조(307-03) 3. 민간행사사업보조(307-04) 4. 민간위탁금(307-05) 5. 사회복지시설 법정운영비보조(307-10) 6. 민간인위탁교육비(307-12) 7. 공기관등에대한경상적위탁사업비(308-13) 8. 민간자본사업보조,자체재원(402-01) 9. 민간자본사업보조,이전재원(402-02) 10. 민간위탁사업비(402-03) 11. 공기관등에 대한 자본적 위탁사업비(403-02)	민간이전지출 근거 (지방보조금 관리기준 참고) 1. 법률에 규정 2. 국고보조 재원(국가지정) 3. 용도 지정 기부금 4. 조례에 직접규정 5. 지자체가 권장하는 사업을 하는 공공기관 6. 시,도 정책 및 재정사정 7. 기타 8. 해당없음	입찰방식: 계약체결방법 (경쟁형태) 1. 일반경쟁 2. 제한경쟁 3. 지명경쟁 4. 수의계약 5. 법정위탁 6. 기타 ( ) 7. 없음	입찰방식: 계약기간 1. 1년 2. 2년 3. 3년 4. 4년 5. 5년 6. 기타 ( )년 7. 단기계약 (1년미만) 8. 없음	입찰방식: 낙찰자선정방법 1. 적격심사 2. 협상에의한계약 3. 최저가낙찰제 4. 규격가격분리 5. 2단계 경쟁입찰 6. 기타 ( ) 7. 없음	운영예산 산정: 운영예산 산정 1. 내부산정 (지자체 자체적으로 산정) 2. 외부산정 (외부전문기관위탁 산정) 3. 내·외부 모두 산정 4. 산정 無 5. 없음	운영예산 산정: 정산방법 1. 내부정산 (지자체 내부적으로 정산) 2. 외부정산 (외부전문기관위탁 정산) 3. 내·외부 모두 산정 4. 정산 無 5. 없음	성과평가 실시여부 1. 실시 2. 미실시 3. 향후 추진 4. 해당없음
5718	충북 청주시	가사간병방문지원사업	331,515	7	2	7	8	7	2	1	4
5719	충북 청주시	영상문화산업활성화추진	300,000	7	4	6	8	7	3	1	2
5720	충북 청주시	암조기검진사업	299,992	7	1	5	8	7	1	2	4
5721	충북 청주시	소기업형스마트공장구축사업	276,655	7	5	7	8	7	5	3	1
5722	충북 청주시	암조기검진사업	269,996	7	1	7	8	7	1	1	2
5723	충북 청주시	원도심<WalkingHoliday>골목길축제	250,000	7	4	7	8	7	1	1	1
5724	충북 청주시	암조기검진사업	240,000	7	2	5	8	7	1	1	4
5725	충북 청주시	희귀난치성질환자의료비지원	216,052	7	2	7	8	7	5	5	4
5726	충북 청주시	이차전지특화단지추진단운영	200,000	7	6	7	8	7	5	5	4
5727	충북 청주시	희귀난치성질환자의료비지원	196,502	7	2	7	8	7	5	1	4
5728	충북 청주시	암조기검진사업	190,012	7	2	5	8	7	1	1	4
5729	충북 청주시	청년마음건강지원사업제공비용예탁금	182,021	7	1	4	7	7	1	1	1
5730	충북 청주시	해외판로다변화지원	160,000	7	5	7	8	7	1	1	1
5731	충북 청주시	원도심활성화시민공모사업	150,000	7	4	7	8	7	1	1	1
5732	충북 청주시	일자리종합지원센터이용구직자급식비지원	138,320	7	4	1	3	1	1	1	1
5733	충북 청주시	국가지정문화재보수정비(황새먹이구입등생태연구)	130,000	7	2	6	6	7	3	3	1
5734	충북 청주시	치매치료관리비	114,000	7	1	7	8	7	1	1	4
5735	충북 청주시	납세편의시책	112,800	7	1	5	1	7	3	1	4
5736	충북 청주시	치매치료관리비지원(약제비)	112,077	7	1	7	8	7	1	1	4
5737	충북 청주시	치매치료관리비(약제비)지원(전환사업)	106,557	7	5	7	8	7	1	1	1
5738	충북 청주시	바이오의약품소부장특화단지추진단운영	100,000	7	2,4,5,6	5	1	6	2	2	3
5739	충북 청주시	바이오의약품소부장규제지원단운영	100,000	7	2,4,5,6	5	1	6	2	2	3
5740	충북 청주시	장애인활동지원추가지원사업(주간활동)	93,024	7	6	5	8	2	5	5	4
5741	충북 청주시	지식재산창출사업	93,000	7	2	7	8	7	5	3	1
5742	충북 청주시	치매치료관리비(약제비)지원(전환사업)	90,269	7	2	7	8	7	5	1	4
5743	충북 청주시	수출역량강화지원	80,000	7	5	7	8	7	1	1	1
5744	충북 청주시	대학생학자금대출이자지원사업	60,000	7	4	7	8	7	1	1	4
5745	충북 청주시	GrandICT연구센터지원사업	60,000	7	1	7	8	7	1	1	1
5746	충북 청주시	청주공예창작지원센터운영	60,000	7	4	7	8	7	3	1	2
5747	충북 청주시	2024년치매안심센터광고	56,000	7	1	7	8	7	1	1	4
5748	충북 청주시	치매안심센터운영지원	56,000	7	1	7	8	7	5	1	4
5749	충북 청주시	치매안심센터운영지원	56,000	7	1	7	8	7	1	1	4
5750	충북 청주시	로봇활용사회적약자편익지원사업	55,396	7	2	7	8	7	5	3	1
5751	충북 청주시	지역에너지클러스터인재양성사업	52,500	7	2	7	5	7	5	1	3
5752	충북 청주시	시군경쟁력강화산업육성사업	51,819	7	6	7	8	7	5	3	1
5753	충북 청주시	연구중심병원육성	50,000	7	2,4,5,6	5	6	6	2	2	3
5754	충북 청주시	세외수입체납처분및징수	48,396	7	1	5	1	7	3	1	4
5755	충북 청주시	기초지역문화예술교육지원사업	48,000	7	4	6	8	7	3	1	2
5756	충북 청주시	기업맞춤형입찰정보서비스지원	40,000	7	6	4	1	7	1	1	4
5757	충북 청주시	의료급여수급권자건강검진	34,240	7	1	7	8	7	1	1	2

순번	시군구	지출명 (사업명)	2024년예산 (단위 : 천원 /1년간)	민간이전 분류 (지방자치단체 세출예산 집행기준에 의거) 1. 민간경상사업보조(307-02) 2. 민간단체 법정운영비보조(307-03) 3. 민간행사사업보조(307-04) 4. 민간위탁금(307-05) 5. 사회복지시설 법정운영비보조(307-10) 6. 민간인위탁교육비(307-12) 7. 공기관등에대한경상적위탁사업비(308-13) 8. 민간자본사업보조,자체재원(402-01) 9. 민간자본사업보조,이전재원(402-02) 10. 민간위탁사업비(402-03) 11. 공기관등에 대한 자본적 위탁사업비(403-02)	민간이전지출 근거 (지방보조금 관리기준 참고) 1. 법률에 규정 2. 국고보조 재원(국가지정) 3. 용도 지정 기부금 4. 조례에 직접규정 5. 지자체가 권장하는 사업을 하는 공공기관 6. 시,도 정책 및 재정사정 7. 기타 8. 해당없음	입찰방식 계약체결방법 (경쟁형태) 1. 일반경쟁 2. 제한경쟁 3. 지명경쟁 4. 수의계약 5. 법정위탁 6. 기타 ( ) 7. 없음	입찰방식 계약기간 1. 1년 2. 2년 3. 3년 4. 4년 5. 5년 6. 기타 ( )년 7. 단기계약 (1년미만) 8. 없음	입찰방식 낙찰자선정방법 1. 적격심사 2. 협상에의한계약 3. 최저가낙찰제 4. 규격가격분리 5. 2단계 경쟁입찰 6. 기타 ( ) 7. 없음	운영예산 산정 운영예산 산정 1. 내부산정 (지자체 자체적으로 산정) 2. 외부산정 (외부전문기관위탁 산정) 3. 내·외부 모두 산정 4. 산정 無 5. 없음	운영예산 산정 정산방법 1. 내부정산 (지자체 내부적으로 정산) 2. 외부정산 (외부전문기관위탁 정산) 3. 내·외부 모두 산정 4. 정산 無 5. 없음	성과평가 실시여부 1. 실시 2. 미실시 3. 향후 추진 4. 해당없음
5758	충북 청주시	의료급여수급권자건강검진	31,030	7	1	5	8	7	1	2	4
5759	충북 청주시	나라장터종합쇼핑몰제품등록지원	30,000	7	6	4	1	7	1	1	4
5760	충북 청주시	언어발달바우처지원	28,420	7	2	5	8	7	5	5	4
5761	충북 청주시	의료급여수급권자건강검진	24,610	7	2	5	8	7	1	1	4
5762	충북 청주시	장애인한부모가정지원	23,256	7	6	5	8	2	5	5	4
5763	충북 청주시	의료급여수급권자건강검진	17,120	7	2	5	8	7	1	1	4
5764	충북 청주시	도시재생전문인력양성사업지원	10,000	7	6	6	4	7	1	1	4
5765	충북 청주시	발달장애인부모심리상담지원	5,769	7	1,2	5	8	7	5	5	4
5766	충북 청주시	병의원접촉자검진비공단위탁금	4,386	7	7	7	8	7	5	5	4
5767	충북 청주시	영유아검진비	3,279	7	2	5	1	7	2	2	4
5768	충북 청주시	영유아검진비	3,279	7	2	7	8	7	5	5	2
5769	충북 청주시	영유아건강검진	3,279	7	2	5	8	7	1	1	4
5770	충북 청주시	영유아건강검진	3,278	7	1	5	8	7	1	2	4
5771	충북 청주시	청소년산모임신출산의료비지원	2,175	7	1	5	8	7	1	2	4
5772	충북 청주시	청소년산모임신출산의료비지원	2,175	7	2	5	1	7	2	2	4
5773	충북 청주시	청소년산모임신출산의료비지원	2,175	7	2	7	8	7	5	5	2
5774	충북 청주시	청소년산모임신출산의료비지원	2,175	7	2	5	8	7	1	1	4
5775	충북 청주시	표준모자보건수첩	829	7	1	5	8	7	1	2	4
5776	충북 청주시	표준모자보건수첩	829	7	2	5	1	7	2	2	4
5777	충북 청주시	표준모자보건수첩	829	7	2	7	8	7	5	5	2
5778	충북 청주시	표준모자보건수첩	829	7	2	5	8	7	1	1	4
5779	충북 청주시	병의원접촉자검진비공단위탁금	386	7	2	7	8	7	5	5	2
5780	충북 청주시	시군결핵예방사업	386	7	2	7	8	7	5	5	2
5781	충북 충주시	지역사회서비스투자사업	2,035,214	7	1	5	8	7	1	1	1
5782	충북 충주시	충주원도심상권활성화사업	1,814,000	7	5,7	6	5	2	3	2	3
5783	충북 충주시	충주다이브페스티벌	1,700,000	7	4	4	1	7	1	1	3
5784	충북 충주시	체험관광센터위탁운영비	1,107,293	7	4	4	5	7	1	1	3
5785	충북 충주시	근로능력이있는수급자의탈수급지원	1,072,038	7	1	7	7	7	2	1	2
5786	충북 충주시	그린수소산업규제자유특구실증사업	614,428	7	2	7	8	7	3	2	1
5787	충북 충주시	대한민국문화도시조성	375,000	7	1	7	7	7	1	1	3
5788	충북 충주시	암조기검진	365,828	7	1	7	8	7	5	5	4
5789	충북 충주시	자동차부품기업지원	300,000	7	6	7	8	7	3	3	4
5790	충북 충주시	희귀질환자의료비지원	294,254	7	1	7	8	7	5	5	4
5791	충북 충주시	가사간병방문지원사업	289,167	7	1	5	8	7	1	1	1
5792	충북 충주시	스마트공장보급확산지원	284,568	7	4	7	8	7	1	1	1
5793	충북 충주시	신산업경쟁력고도화를위한기업지원	250,000	7	7	7	8	7	5	5	4
5794	충북 충주시	장자늪카누체험장위탁운영	163,700	7	4	7	8	7	1	1	1
5795	충북 충주시	목계나루시설관리위탁운영비	87,183	7	4	4	5	7	1	1	3
5796	충북 충주시	지방세정보시스템운영지원비	86,679	7	1	5	1	7	2	2	4
5797	충북 충주시	공예전시관시설관리위탁운영비	80,000	7	4	4	5	7	1	1	3

순번	시군구	지출명 (사업명)	2024년예산 (단위 : 천원 /1년간)	민간이전 분류 (지방자치단체 세출예산 집행기준에 의거) 1. 민간경상사업보조(307-02) 2. 민간단체 법정운영비보조(307-03) 3. 민간행사사업보조(307-04) 4. 민간위탁금(307-05) 5. 사회복지시설 법정운영비보조(307-10) 6. 민간인위탁교육비(307-12) 7. 공기관등에대한경상적위탁사업비(308-13) 8. 민간자본사업보조,자체재원(402-01) 9. 민간자본사업보조,이전재원(402-02) 10. 민간위탁사업비(402-03) 11. 공기관등에 대한 자본적 위탁사업비(403-02)	민간이전지출 근거 (지방보조금 관리기준 참고) 1. 법률에 규정 2. 국고보조 재원(국가지정) 3. 용도 지정 기부금 4. 조례에 직접규정 5. 지자체가 권장하는 사업을 하는 공공기관 6. 시,도 정책 및 재정사정 7. 기타 8. 해당없음	입찰방식 계약체결방법 (경쟁형태) 1. 일반경쟁 2. 제한경쟁 3. 지명경쟁 4. 수의계약 5. 법정위탁 6. 기타 ( ) 7. 없음	입찰방식 계약기간 1. 1년 2. 2년 3. 3년 4. 4년 5. 5년 6. 기타 ( )년 7. 단기계약 (1년미만) 8. 없음	입찰방식 낙찰자선정방법 1. 적격심사 2. 협상에의한계약 3. 최저가낙찰제 4. 규격가격분리 5. 2단계 경쟁입찰 6. 기타 ( ) 7. 없음	운영예산 산정 운영예산 산정 1. 내부산정 (지자체 자체적으로 산정) 2. 외부산정 (외부전문기관위탁 산정) 3. 내·외부 모두 산정 4. 산정 無 5. 없음	운영예산 산정 정산방법 1. 내부정산 (지자체 내부적으로 정산) 2. 외부정산 (외부전문기관위탁 정산) 3. 내·외부 모두 산정 4. 정산 無 5. 없음	성과평가 실시여부 1. 실시 2. 미실시 3. 향후 추진 4. 해당없음
5798	충북 충주시	지역에너지클러스터인재양성사업	52,500	7	2	7	8	7	3	2	1
5799	충북 충주시	시군경쟁력강화사업육성	51,819	7	6	7	8	7	3	3	4
5800	충북 충주시	LPG용기사용가구시설개선사업	45,000	7	2	7	8	7	5	5	4
5801	충북 충주시	일반건강검진	40,166	7	1	7	8	7	5	5	4
5802	충북 충주시	중앙탑의상실위탁운영비	39,440	7	4	4	5	7	1	1	3
5803	충북 충주시	기업하기좋은도시수도권광고비	30,000	7	5	7	8	7	5	5	4
5804	충북 충주시	치매안심센터광고	30,000	7	2	4	7	7	1	1	4
5805	충북 충주시	청년마음건강지원사업	21,227	7	1	5	8	7	1	1	1
5806	충북 충주시	중앙탑사진관위탁운영비	18,340	7	4	4	5	7	1	1	3
5807	충북 충주시	관광안내소위탁운영비	17,212	7	4	4	5	7	1	1	3
5808	충북 충주시	뇌졸중,심근경색관련광고수수료	8,000	7	8	7	8	7	5	5	4
5809	충북 충주시	시정광고	1,242,470	7	1	7	8	7	1	2	4
5810	충북 충주시	충주음악창작소	471,095	7	4	7	3	7	1	1	4
5811	충북 충주시	수소버스충전소위탁운영	400,000	7	2	7	8	7	5	5	4
5812	충북 충주시	충주문화재야행사업	220,000	7	1	7	8	7	1	1	1
5813	충북 충주시	관아골동화관운영	165,610	7	4	7	8	7	1	1	4
5814	충북 충주시	충주미래무형유산육성발굴	160,000	7	2	5	1	7	2	1	4
5815	충북 충주시	서충주생활문화센터	151,227	7	4	7	8	7	1	1	4
5816	충북 충주시	충주생활문화센터	125,131	7	4	7	5	7	1	1	4
5817	충북 충주시	주요방송프로그램유치	100,000	7	1	7	8	7	1	2	4
5818	충북 충주시	충주댐역사문화자원발굴운영	100,000	7	6	5	2	7	2	1	4
5819	충북 충주시	입체주소구축및주소정보기본도유지관리위탁(한국국토정보공사)	69,726	7	1	5	1	7	2	3	4
5820	충북 충주시	주소정보관리시스템(KAIS)차세대구축및유지관리위탁(한국지역정보개발원)	57,027	7	1	5	1	7	2	3	4
5821	충북 충주시	알뜰교통카드마일리지지원	30,000	7	2	7	8	7	5	5	4
5822	충북 충주시	지역사회중심금연서비스	30,000	7	1	1	2	2	2	5	4
5823	충북 충주시	차세대주민등록시스템운영	24,906	7	5	5	1	7	2	2	1
5824	충북 충주시	택시운행정보시스템운영	10,765	7	4	7	8	7	5	5	4
5825	충북 충주시	소프트웨어미래채움사업	106,572	7	2	7	1	7	3	3	1
5826	충북 충주시	충북학사동서울관운영비	87,156	7	6	7	1	7	3	3	1
5827	충북 충주시	대학생학자금이자지원	13,650	7	6	7	1	7	3	3	1
5828	충북 제천시	아이돌봄정부지원금	2,187,689	7	8	7	8	7	5	5	4
5829	충북 제천시	발달장애인주간활동서비스지원	2,101,817	7	8	7	8	7	5	5	4
5830	충북 제천시	우수콘텐츠제작유치	800,000	7	8	7	8	7	5	5	4
5831	충북 제천시	발달재활서비스지원	550,421	7	8	7	8	7	5	5	4
5832	충북 제천시	지적재조사측량비	425,051	7	8	7	8	7	5	5	4
5833	충북 제천시	주요시정광고(언론)	420,000	7	8	7	8	7	5	5	4
5834	충북 제천시	발달장애인방과후돌봄서비스	332,562	7	8	7	8	7	5	5	4
5835	충북 제천시	수도권등홍보매체광고	310,000	7	8	7	8	7	5	5	4
5836	충북 제천시	청풍호수몰4주년기념역사문화자원발굴사업(매칭사업)	250,000	7	8	7	8	7	5	5	4
5837	충북 제천시	최중증발달장애인주간개별1:1지원	228,823	7	8	7	8	7	5	5	4

순번	시군구	지출명 (사업명)	2024년예산 (단위 : 천원 /1년간)	민간이전 분류 (지방자치단체 세출예산 집행기준에 의거) 1. 민간경상사업보조(307-02) 2. 민간단체 법정운영비보조(307-03) 3. 민간행사사업보조(307-04) 4. 민간위탁금(307-05) 5. 사회복지시설 법정운영비보조(307-10) 6. 민간인위탁교육비(307-12) 7. 공기관등에대한경상적위탁사업비(308-13) 8. 민간자본사업보조,자체재원(402-01) 9. 민간자본사업보조,이전재원(402-02) 10. 민간위탁사업비(402-03) 11. 공기관등에 대한 자본적 위탁사업비(403-02)	민간이전지출 근거 (지방보조금 관리기준 참고) 1. 법률에 규정 2. 국고보조 재원(국가지정) 3. 용도 지정 기부금 4. 조례에 직접규정 5. 지자체가 권장하는 사업을 하는 공공기관 6. 시,도 정책 및 재정사정 7. 기타 8. 해당없음	입찰방식			운영예산 산정		성과평가 실시여부
						계약체결방법 (경쟁형태) 1. 일반경쟁 2. 제한경쟁 3. 지명경쟁 4. 수의계약 5. 법정위탁 6. 기타 ( ) 7. 없음	계약기간 1. 1년 2. 2년 3. 3년 4. 4년 5. 5년 6. 기타 ( )년 7. 단기계약 (1년미만) 8. 없음	낙찰자선정방법 1. 적격심사 2. 협상에의한계약 3. 최저가낙찰제 4. 규격가격분리 5. 2단계 경쟁입찰 6. 기타 ( ) 7. 없음	운영예산 산정 1. 내부산정 (지자체 자체적으로 산정) 2. 외부산정 (외부전문기관위탁 산정) 3. 내·외부 모두 산정 4. 산정 無 5. 없음	정산방법 1. 내부정산 (지자체 내부적으로 정산) 2. 외부정산 (외부전문기관위탁 정산) 3. 내·외부 모두 산정 4. 정산 無 5. 없음	1. 실시 2. 미실시 3. 향후 추진 4. 해당없음
5838	충북 제천시	댐부유물질운반처리사업	227,000	7	8	7	8	7	5	5	4
5839	충북 제천시	TV스팟광고	210,000	7	8	7	8	7	5	5	4
5840	충북 제천시	영천동공적임대주택건립협약이행(2차분)	200,000	7	8	7	8	7	5	5	4
5841	충북 제천시	한방천연물제품쇼핑몰활성화및판로확대	200,000	7	8	7	8	7	5	5	4
5842	충북 제천시	최중증발달장애인주간그룹1:1지원	199,169	7	8	7	8	7	5	5	4
5843	충북 제천시	TV홍보프로그램유치	180,000	7	8	7	8	7	5	5	4
5844	충북 제천시	치매치료관리비지원(약제비)	173,914	7	8	7	8	7	5	5	4
5845	충북 제천시	중증장애인활동지원서비스지원	169,000	7	8	7	8	7	5	5	4
5846	충북 제천시	장애인의료비지원	156,372	7	8	7	8	7	5	5	4
5847	충북 제천시	TV프로그램유치	150,000	7	8	7	8	7	5	5	4
5848	충북 제천시	중부권스마트공장테스트베드활용지원사업(광역직접지원)	150,000	7	8	7	8	7	5	5	4
5849	충북 제천시	한방천연물소재연구개발및제품화지원	138,000	7	8	7	8	7	5	5	4
5850	충북 제천시	차세대지방재정정보화사업유지보수	127,116	7	8	7	8	7	5	5	4
5851	충북 제천시	글로컬한방천연물기업수출역량및마케팅강화	126,000	7	8	7	8	7	5	5	4
5852	충북 제천시	미래무형문화유산발굴육성사업	120,000	7	8	7	8	7	5	5	4
5853	충북 제천시	의정활동언론홍보비	115,000	7	8	7	8	7	5	5	4
5854	충북 제천시	과학기술기반현안해결(경상)	112,500	7	8	7	8	7	5	5	4
5855	충북 제천시	장애인활동지원사업(가산급여)	110,199	7	8	7	8	7	5	5	4
5856	충북 제천시	자치단체공통기반및재해복구시스템유지관리	109,973	7	8	7	8	7	5	5	4
5857	충북 제천시	제천시브랜드도시마케팅광고	100,000	7	8	7	8	7	5	5	4
5858	충북 제천시	지식재산창출지원사업(도비매칭)	100,000	7	8	7	8	7	5	5	4
5859	충북 제천시	IPTV광고	96,800	7	8	7	8	7	5	5	4
5860	충북 제천시	인터넷모바일광고	90,000	7	8	7	8	7	5	5	4
5861	충북 제천시	스마트공장보급확산사업(광역직접지원)	89,464	7	8	7	8	7	5	5	4
5862	충북 제천시	한방천연물산업고부가가치화및경쟁력강화	86,000	7	8	7	8	7	5	5	4
5863	충북 제천시	인터넷홍보콘텐츠제작	80,000	7	8	7	8	7	5	5	4
5864	충북 제천시	인터넷주요시정광고	79,200	7	8	7	8	7	5	5	4
5865	충북 제천시	표준지방세정보시스템운영	76,268	7	8	7	8	7	5	5	4
5866	충북 제천시	수도권투자유치홍보(신문,방송,전광판등)	70,000	7	8	7	8	7	5	5	4
5867	충북 제천시	소프트웨어미래채움	63,597	7	8	7	8	7	5	5	4
5868	충북 제천시	동서고속도로조기착공홍보비	61,000	7	8	7	8	7	5	5	4
5869	충북 제천시	제2충북학사운영비	55,263	7	8	7	8	7	5	5	4
5870	충북 제천시	단지내도로교통안전실태점검위탁수수료	50,000	7	8	7	8	7	5	5	4
5871	충북 제천시	지적기준점위탁관리	45,958	7	8	7	8	7	5	5	4
5872	충북 제천시	철도관광활성화사업	45,000	7	8	7	8	7	5	5	4
5873	충북 제천시	지식재산창출지원사업(국비매칭)	42,500	7	8	7	8	7	5	5	4
5874	충북 제천시	표준지방인사정보시스템유지관리	42,493	7	8	7	8	7	5	5	4
5875	충북 제천시	세외수입정보시스템운영관리위탁	40,965	7	8	7	8	7	5	5	4
5876	충북 제천시	소기업형스마트공장구축지원사업(광역직접지원)	36,890	7	8	7	8	7	5	5	4
5877	충북 제천시	광고송출	34,000	7	8	7	8	7	5	5	4

순번	시군구	지출명 (사업명)	2024년예산 (단위 : 천원 /1년간)	민간이전 분류 (지방자치단체 세출예산 집행기준에 의거) 1. 민간경상사업보조(307-02) 2. 민간단체 법정운영비보조(307-03) 3. 민간행사사업보조(307-04) 4. 민간위탁금(307-05) 5. 사회복지시설 법정운영비보조(307-10) 6. 민간인위탁교육비(307-12) 7. 공기관등에대한경상적위탁사업비(308-13) 8. 민간자본사업보조,자체재원(402-01) 9. 민간자본사업보조,이전재원(402-02) 10. 민간위탁사업비(402-03) 11. 공기관등에 대한 자본적 위탁사업비(403-02)	민간이전지출 근거 (지방보조금 관리기준 참고) 1. 법률에 규정 2. 국고보조 재원(국가지정) 3. 용도 지정 기부금 4. 조례에 직접규정 5. 지자체가 권장하는 사업을 하는 공공기관 6. 시,도 정책 및 재정사정 7. 기타 8. 해당없음	입찰방식: 계약체결방법 (경쟁형태) 1. 일반경쟁 2. 제한경쟁 3. 지명경쟁 4. 수의계약 5. 법정위탁 6. 기타 ( ) 7. 없음	입찰방식: 계약기간 1. 1년 2. 2년 3. 3년 4. 4년 5. 5년 6. 기타 ( )년 7. 단기계약 (1년미만) 8. 없음	입찰방식: 낙찰자선정방법 1. 적격심사 2. 협상에의한계약 3. 최저가낙찰제 4. 규격가격분리 5. 2단계 경쟁입찰 6. 기타 ( ) 7. 없음	운영예산 산정: 운영예산 산정 1. 내부산정 (지자체 자체적으로 산정) 2. 외부산정 (외부전문기관위탁 산정) 3. 내·외부 모두 산정 4. 산정 無 5. 없음	운영예산 산정: 정산방법 1. 내부정산 (지자체 내부적으로 정산) 2. 외부정산 (외부전문기관위탁 정산) 3. 내·외부 모두 산정 4. 정산 無 5. 없음	성과평가 실시여부 1. 실시 2. 미실시 3. 향후 추진 4. 해당없음
5878	충북 제천시	온나라시스템운영지원비	31,200	7	8	7	8	7	5	5	4
5879	충북 제천시	인구정책홍보(수도권영상매체등)	30,000	7	8	7	8	7	5	5	4
5880	충북 제천시	열차내모니터및기타관광홍보판등광고비	30,000	7	8	7	8	7	5	5	4
5881	충북 제천시	제천여행홍보콘텐츠제작및홍보(SNS,유튜브)	30,000	7	8	7	8	7	5	5	4
5882	충북 제천시	차세대주민등록정보시스템운영부담금	22,179	7	8	7	8	7	5	5	4
5883	충북 제천시	최중증장애인바우처서비스지원	20,349	7	8	7	8	7	5	5	4
5884	충북 제천시	특집기획홍보	20,000	7	8	7	8	7	5	5	4
5885	충북 제천시	테마별기획보도	20,000	7	8	7	8	7	5	5	4
5886	충북 제천시	경로당가스안전점검	20,000	7	8	7	8	7	5	5	4
5887	충북 제천시	알뜰교통카드연계마일리지지원	20,000	7	8	7	8	7	5	5	4
5888	충북 제천시	발달장애인부모심리상담지원사업	19,231	7	8	7	8	7	5	5	4
5889	충북 제천시	시정광고및홍보물디자인제작	15,000	7	8	7	8	7	5	5	4
5890	충북 제천시	청백e시스템운영지원및유지보수	14,092	7	8	7	8	7	5	5	4
5891	충북 제천시	도시계획신문공고수수료	13,200	7	8	7	8	7	5	5	4
5892	충북 제천시	노인복지행정통계대행	11,000	7	8	7	8	7	5	5	4
5893	충북 제천시	한방천연물산업클러스터거점화	10,000	7	8	7	8	7	5	5	4
5894	충북 제천시	대학생학자금이자지원	9,000	7	8	7	8	7	5	5	4
5895	충북 제천시	지방행정공통시스템상담센터운영	6,950	7	8	7	8	7	5	5	4
5896	충북 제천시	택시운행정보관리시스템(TIMS)운영비지원	6,426	7	8	7	8	7	5	5	4
5897	충북 제천시	우편모아시스템통합유지관리	5,600	7	8	7	8	7	5	5	4
5898	충북 제천시	기능분류모델(BRM)시스템고도화분담금	5,250	7	8	7	8	7	5	5	4
5899	충북 제천시	연감광고(연합뉴스)	3,300	7	8	7	8	7	5	5	4
5900	충북 제천시	행려사망자신문공고료	2,640	7	8	7	8	7	5	5	4
5901	충북 제천시	(최)중증장애인활동지원바우처지원(시스템)	2,000	7	8	7	8	7	5	5	4
5902	충북 보은군	장애인활동지원사업	2,239,388	7	2	7	8	7	5	3	1
5903	충북 보은군	영유아보육료지원(176명)	1,385,373	7	5	7	8	7	3	1	1
5904	충북 보은군	누리과정보육료지원	422,800	7	5	7	8	7	3	1	1
5905	충북 보은군	발달장애인주간활동서비스바우처지원	394,091	7	2	7	8	7	5	3	1
5906	충북 보은군	청년농업인영농정착지원사업(지원금)	361,430	7	1	7	8	7	5	2	3
5907	충북 보은군	아이돌보미지원(예탁금)	300,000	7	5	7	8	7	5	5	4
5908	충북 보은군	지역사회서비스투자사업추진(사회보장정보원위탁)	260,989	7	5	6	1	6	3	3	1
5909	충북 보은군	보은형로컬크리에이터발굴,고도화지원	200,000	7	4	7	1	7	3	3	1
5910	충북 보은군	보은호점산성서문지일대시굴조사	200,000	7	5	7	8	7	1	1	1
5911	충북 보은군	첫만남이용권지원사업	177,000	7	2	5	8	7	5	3	4
5912	충북 보은군	속리산둘레길운영관리위탁	160,000	7	1	5	3	7	1	1	1
5913	충북 보은군	발달장애인방과후활동서비스바우처지원	124,711	7	2	7	8	7	5	3	1
5914	충북 보은군	공통기반및재해복구시스템유지관리	108,249	7	1	5	1	7	2	2	1
5915	충북 보은군	치매치료관리비지원	105,453	7	2	7	8	7	5	1	4
5916	충북 보은군	농특산물TV광고및옥외광고	100,000	7	4	7	8	7	1	1	3
5917	충북 보은군	보은대야리고분군사적지정을위한학술연구	89,100	7	5	7	8	7	1	1	1

순번	시군구	지출명 (사업명)	2024년예산 (단위 : 천원 /1년간)	민간이전 분류 (지방자치단체 세출예산 집행기준에 의거)	민간이전지출 근거 (지방보조금 관리기준 참고)	입찰방식			운영예산 산정		성과평가 실시여부
				1. 민간경상사업보조(307-02) 2. 민간단체 법정운영비보조(307-03) 3. 민간행사사업보조(307-04) 4. 민간위탁금(307-05) 5. 사회복지시설 법정운영비보조(307-10) 6. 민간인위탁교육비(307-12) 7. 공기관등에대한경상적위탁사업비(308-13) 8. 민간자본사업보조,자체재원(402-01) 9. 민간자본사업보조,이전재원(402-02) 10. 민간위탁사업비(402-03) 11. 공기관등에 대한 자본적 위탁사업비(403-02)	1. 법률에 규정 2. 국고보조 재원(국가지정) 3. 용도 지정 기부금 4. 조례에 직접규정 5. 지자체가 권장하는 사업을 하는 공공기관 6. 시,도 정책 및 재정사정 7. 기타 8. 해당없음	계약체결방법 (경쟁형태) 1. 일반경쟁 2. 제한경쟁 3. 지명경쟁 4. 수의계약 5. 법정위탁 6. 기타 ( ) 7. 없음	계약기간 1. 1년 2. 2년 3. 3년 4. 4년 5. 5년 6. 기타 ( )년 7. 단기계약 (1년미만) 8. 없음	낙찰자선정방법 1. 적격심사 2. 협상에의한계약 3. 최저가낙찰제 4. 규격가격분리 5. 2단계 경쟁입찰 6. 기타 ( ) 7. 없음	운영예산 산정 1. 내부산정 (지자체 자체적으로 산정) 2. 외부산정 (외부전문기관위탁 산정) 3. 내·외부 모두 산정 4. 산정 無 5. 없음	정산방법 1. 내부정산 (지자체 내부적으로 정산) 2. 외부정산 (외부전문기관위탁 정산) 3. 내·외부 모두 산정 4. 정산 無 5. 없음	1. 실시 2. 미실시 3. 향후 추진 4. 해당없음
5918	충북 보은군	지방재정관리시스템통합운영및유지보수비	84,758	7	1	5	1	7	3	3	1
5919	충북 보은군	발달재활시비스바우처지원	83,760	7	2	7	8	7	5	3	1
5920	충북 보은군	최중증발달장애인주간그룹1:1바우처지원	79,668	7	2	7	8	7	5	3	1
5921	충북 보은군	암검진비예탁금	76,000	7	2	5	8	7	5	1	4
5922	충북 보은군	지역사회건강조사감시체계구축	66,680	7	2	5	8	7	1	3	4
5923	충북 보은군	차세대지방세정보시스템유지보수비	65,859	7	5	7	1	7	2	2	4
5924	충북 보은군	택시업체	61,937	7	1	5	1	7	1	1	1
5925	충북 보은군	추가보육료(3세)	61,800	7	5	7	8	7	3	1	1
5926	충북 보은군	시군경쟁력강화산업육성사업	60,000	7	5	7	8	7	1	2	4
5927	충북 보은군	추가보육료(4,5세)	59,760	7	5	7	8	7	3	1	1
5928	충북 보은군	장애인활동지원가산급여지원	55,097	7	2	7	8	7	5	3	1
5929	충북 보은군	산모신생아건강관리사지원	54,070	7	1	5	8	7	5	3	4
5930	충북 보은군	주소정보관리시스템(KAIS)차세대구축및유지관리	53,727	7	6	6	1	7	5	1	2
5931	충북 보은군	축제등각종문화행사홍보	50,000	7	7	7	8	7	1	1	1
5932	충북 보은군	보은관광홍보	50,000	7	7	7	8	7	1	1	1
5933	충북 보은군	보은군하수관거(BTL)민간위탁금	48,000	7	6	1	6	6	2	3	1
5934	충북 보은군	저소득층기저귀조제분유지원	44,200	7	1	5	8	7	5	3	4
5935	충북 보은군	화물업체	42,378	7	1	5	1	7	1	1	1
5936	충북 보은군	보은으로5GO미션투어	40,000	7	7	7	8	7	1	1	1
5937	충북 보은군	외국인아동보육료지원	37,008	7	4	7	8	7	3	1	1
5938	충북 보은군	전세버스업체	35,859	7	1	5	1	7	1	1	1
5939	충북 보은군	온나라문서시스템유지관리	34,100	7	1	5	1	7	2	2	1
5940	충북 보은군	장애인의료비지원	32,866	7	2	7	8	7	5	2	4
5941	충북 보은군	차세대세외수입정보시스템유지비	31,069	7	5	7	1	7	2	2	4
5942	충북 보은군	지적기준점설치및유지보수	30,000	7	1	5	7	7	1	1	3
5943	충북 보은군	보은뽕나무재배와누에치기발굴육성사업(3년차)	30,000	7	5	7	8	7	1	1	1
5944	충북 보은군	보은관광통합홍보마케팅	27,000	7	7	7	8	7	1	1	1
5945	충북 보은군	구축비지원	26,088	7	6	5	1	7	1	2	1
5946	충북 보은군	입체주소구축및주소정보기본도유지관리	23,632	7	6	6	1	7	5	1	2
5947	충북 보은군	표준지방인사정보시스템유지관리	23,194	7	5	5	1	7	2	2	1
5948	충북 보은군	희귀난치성질환자의료비지원금	20,550	7	2	5	8	7	5	1	4
5949	충북 보은군	소기업형스마트공장구축지원	18,540	7	6	5	1	7	1	2	1
5950	충북 보은군	TV여행"아름다운충북"방영	18,000	7	7	7	8	7	1	1	1
5951	충북 보은군	시간제보육료지원	15,000	7	5	7	8	7	3	1	1
5952	충북 보은군	언론재단수수료	14,016	7	1	5	1	7	1	1	1
5953	충북 보은군	고향사랑기부제종합정보시스템운영비(지자체분담금)	14,000	7	4	7	7	7	1	1	1
5954	충북 보은군	충북학사동서울관운영비	13,635	7	4	7	8	7	1	1	4
5955	충북 보은군	청주공항택시승강장내조명광고광고료	13,200	7	7	7	8	7	1	1	1
5956	충북 보은군	한센병위탁사업비	13,000	7	2	7	8	7	5	1	4
5957	충북 보은군	가사간병방문관리사지원사업(사회보장정보원위탁)	12,650	7	1	7	8	7	5	3	1

순번	시군구	지출명 (사업명)	2024년예산 (단위 : 천원 /1년간)	민간이전 분류 (지방자치단체 세출예산 집행기준에 의거) 1. 민간경상사업보조(307-02) 2. 민간단체 법정운영비보조(307-03) 3. 민간행사사업보조(307-04) 4. 민간위탁금(307-05) 5. 사회복지시설 법정운영비보조(307-10) 6. 민간인위탁교육비(307-12) 7. 공기관등에대한경상적위탁사업비(308-13) 8. 민간자본사업보조,자체재원(402-01) 9. 민간자본사업보조,이전재원(402-02) 10. 민간위탁사업비(402-03) 11. 공기관등에 대한 자본적 위탁사업비(403-02)	민간이전지출 근거 (지방보조금 관리기준 참고) 1. 법률에 규정 2. 국고보조 재원(국가지정) 3. 용도 지정 기부금 4. 조례에 직접규정 5. 지자체가 권장하는 사업을 하는 공공기관 6. 시,도 정책 및 재정사정 7. 기타 8. 해당없음	입찰방식: 계약체결방법 (경쟁형태) 1. 일반경쟁 2. 제한경쟁 3. 지명경쟁 4. 수의계약 5. 법정위탁 6. 기타 ( ) 7. 없음	입찰방식: 계약기간 1. 1년 2. 2년 3. 3년 4. 4년 5. 5년 6. 기타 ( )년 7. 단기계약 (1년미만) 8. 없음	입찰방식: 낙찰자선정방법 1. 적격심사 2. 협상에의한계약 3. 최저가낙찰제 4. 규격가격분리 5. 2단계 경쟁입찰 6. 기타 ( ) 7. 없음	운영예산 산정: 운영예산 산정 1. 내부산정 (지자체 자체적으로 산정) 2. 외부산정 (외부전문기관위탁 산정) 3. 내·외부 모두 산정 4. 산정 無 5. 없음	운영예산 산정: 정산방법 1. 내부정산 (지자체 내부적으로 정산) 2. 외부정산 (외부전문기관위탁 정산) 3. 내·외부 모두 산정 4. 정산 無 5. 없음	성과평가 실시여부 1. 실시 2. 미실시 3. 향후 추진 4. 해당없음
5958	충북 보은군	청백e시스템유지보수및운영지원	12,510	7	1	5	1	7	3	3	1
5959	충북 보은군	소프트웨어미래채움사업	11,499	7	1	7	8	7	1	1	4
5960	충북 보은군	부모급여(영아수당)보육료지원	10,000	7	1	7	8	7	3	1	1
5961	충북 보은군	옥외광고비(버스)	10,000	7	2	7	8	7	5	5	4
5962	충북 보은군	옥외광고(버스,현수막,표지판)	9,900	7	2	7	8	7	5	5	4
5963	충북 보은군	장애인활동지원추가지원(중증장애인)	9,690	7	6	7	8	7	5	3	1
5964	충북 보은군	의료수급권자검진비예탁금	8,000	7	2	5	1	7	3	3	4
5965	충북 보은군	지방행정공통시스템상담센터운영분담금	6,950	7	1	7	8	7	5	5	4
5966	충북 보은군	제작비	4,400	7	1	5	1	7	1	1	1
5967	충북 보은군	지자체기능분류모델시스템고도화사업분담금	3,250	7	6	7	8	7	5	5	4
5968	충북 보은군	컨설팅	2,800	7	6	5	1	7	1	2	1
5969	충북 보은군	발달장애인부모심리상담바우처지원	1,923	7	2	7	8	7	5	3	1
5970	충북 보은군	청년마음건강지원사업추진	1,400	7	5	6	1	6	3	3	1
5971	충북 보은군	청소년산모임신.출산의료비지원	1,200	7	1	5	8	7	5	3	4
5972	충북 보은군	대학생학자금이자지원사업	1,000	7	4	7	8	7	1	1	4
5973	충북 보은군	택시운행정보관리시스템운영비	855	7	7	4	1	6	1	1	2
5974	충북 보은군	표준모자보건수첩	828	7	1	5	8	7	5	3	4
5975	충북 보은군	영유아건강검진비지원	612	7	1	5	8	7	5	3	4
5976	충북 옥천군	장애인활동지원급여지원	3,465,550	7	2	7	8	7	5	5	4
5977	충북 옥천군	영유아보육료지원(346명)	2,725,325	7	2	7	8	7	2	2	4
5978	충북 옥천군	발달장애인주간활동서비스	2,233,182	7	2	7	8	7	5	5	4
5979	충북 옥천군	누리과정교육비지원(233명)	782,880	7	1	7	8	7	2	2	4
5980	충북 옥천군	아이돌봄지원(1개소)	709,880	7	2	5	8	7	1	1	4
5981	충북 옥천군	서화천생태습지,안내천인공습지운영관리(2개소)	513,043	7	2	5	5	6	5	1	4
5982	충북 옥천군	농특산물홍보(방송,온라인,신문등)지원	500,000	7	6	7	8	7	5	5	4
5983	충북 옥천군	언론사광고	326,700	7	8	7	7	7	5	5	2
5984	충북 옥천군	중소기업경쟁력강화사업	300,000	7	5	7	1	7	3	3	4
5985	충북 옥천군	첫만남이용권지원	268,000	7	2	5	8	7	5	3	2
5986	충북 옥천군	청소년발달장애학생방과후활동서비스지원(3명)	249,420	7	2	7	8	7	5	5	4
5987	충북 옥천군	지역사회서비스투자바우처사업	248,205	7	1	7	8	7	5	2	4
5988	충북 옥천군	희귀질환자의료비지원	219,650	7	2	7	8	7	5	3	2
5989	충북 옥천군	인터넷광고	207,900	7	8	7	7	7	5	5	2
5990	충북 옥천군	옥천군이미지홍보	198,000	7	8	7	7	7	5	5	2
5991	충북 옥천군	치매치료관리비(약제비)지원	159,560	7	6	7	8	7	5	3	2
5992	충북 옥천군	발달재활서비스지원	155,554	7	2	7	8	7	5	5	4
5993	충북 옥천군	대청호부유쓰레기운반처리비	143,050	7	5	7	8	7	1	1	4
5994	충북 옥천군	관광자원대중매체홍보(TV등)	140,000	7	5	7	7	7	1	5	4
5995	충북 옥천군	대청호상류부착조류제거사업	134,600	7	2	5	1	6	5	1	1
5996	충북 옥천군	공동기반전산장비및재해복구시스템운영장비유지보수	118,155	7	7	7	1	7	2	2	4
5997	충북 옥천군	지적재조사사업	108,086	7	1	5	2	7	1	1	1

순번	시군구	지출명 (사업명)	2024년예산 (단위 : 천원 /1년간)	민간이전 분류 (지방자치단체 세출예산 집행기준에 의거) 1. 민간경상사업보조(307-02) 2. 민간단체 법정운영비보조(307-03) 3. 민간행사사업보조(307-04) 4. 민간위탁금(307-05) 5. 사회복지시설 법정운영비보조(307-10) 6. 민간인위탁교육비(307-12) 7. 공기관등에대한경상적위탁사업비(308-13) 8. 민간자본사업보조,자체재원(402-01) 9. 민간자본사업보조,이전재원(402-02) 10. 민간위탁사업비(402-03) 11. 공기관등에 대한 자본적 위탁사업비(403-02)	민간이전지출 근거 (지방보조금 관리기준 참고) 1. 법률에 규정 2. 국고보조 재원(국가지정) 3. 용도 지정 기부금 4. 조례에 직접규정 5. 지자체가 권장하는 사업을 하는 공공기관 6. 시,도 정책 및 재정사정 7. 기타 8. 해당없음	입찰방식 계약체결방법 (경쟁형태) 1. 일반경쟁 2. 제한경쟁 3. 지명경쟁 4. 수의계약 5. 법정위탁 6. 기타 ( ) 7. 없음	입찰방식 계약기간 1. 1년 2. 2년 3. 3년 4. 4년 5. 5년 6. 기타 ( )년 7. 단기계약 (1년미만) 8. 없음	입찰방식 낙찰자선정방법 1. 적격심사 2. 협상에의한계약 3. 최저가낙찰제 4. 규격가격분리 5. 2단계 경쟁입찰 6. 기타 ( ) 7. 없음	운영예산 산정 운영예산 산정 1. 내부산정 (지자체 자체적으로 산정) 2. 외부산정 (외부전문기관위탁 산정) 3. 내·외부 모두 산정 4. 산정 無 5. 없음	운영예산 산정 정산방법 1. 내부정산 (지자체 내부적으로 정산) 2. 외부정산 (외부전문기관위탁 정산) 3. 내·외부 모두 산정 4. 정산 無 5. 없음	성과평가 실시여부 1. 실시 2. 미실시 3. 향후 추진 4. 해당없음
5998	충북 옥천군	암조기검진비	108,000	7	2	7	8	7	5	3	2
5999	충북 옥천군	가사간병방문지원사업	99,111	7	2	7	8	7	1	1	1
6000	충북 옥천군	통합지방재정시스템운영유지관리비	98,892	7	8	7	1	7	2	2	4
6001	충북 옥천군	산모신생아건강관리지원	94,200	7	6	5	8	7	5	3	1
6002	충북 옥천군	저소득층기저귀조제분유지원(16명)	93,400	7	2	5	8	7	5	3	1
6003	충북 옥천군	장애인의료비지원(163명)	90,298	7	2	7	8	7	5	5	4
6004	충북 옥천군	방송사및스팟광고	85,500	7	8	7	7	7	5	5	2
6005	충북 옥천군	최중증발달장애인주간그룹1:1바우처지원(2명)	79,668	7	2	7	8	7	5	5	4
6006	충북 옥천군	장애인활동지원추가지원	77,520	7	2	7	8	7	5	5	4
6007	충북 옥천군	차세대지방세정보시스템운영관리유지비	71,065	7	5	5	1	7	2	2	4
6008	충북 옥천군	발달장애인활동지원추가지원	58,140	7	2	7	8	7	5	5	4
6009	충북 옥천군	스마트공장구축지원사업	54,976	7	5	7	1	7	3	3	4
6010	충북 옥천군	차세대구축및유지관리사업	53,727	7	2	7	1	7	2	2	4
6011	충북 옥천군	경쟁력강화산업육성사업지원	51,818	7	5	7	1	7	3	3	4
6012	충북 옥천군	관광지다채널홍보(SNS,유튜브등)	50,000	7	5	7	7	7	1	5	4
6013	충북 옥천군	장애인활동지원추가지원	47,088	7	1	7	8	7	5	5	4
6014	충북 옥천군	제22회옥천묘목축제정부광고	45,000	7	4	7	8	7	1	4	4
6015	충북 옥천군	장애인활동지원가산급여	38,771	7	2	7	8	7	5	5	4
6016	충북 옥천군	소기업형스마트공장구축지원사업	37,080	7	5	7	1	7	3	3	4
6017	충북 옥천군	입체주소구축및주소정보기본도	35,718	7	2	7	1	7	2	2	4
6018	충북 옥천군	부모급여,1세부모보육료지원	35,000	7	2	7	8	7	2	2	4
6019	충북 옥천군	세외수입정보시스템유지보수비	33,543	7	5	5	1	7	2	2	4
6020	충북 옥천군	저소득층여성청소년위생용품지원(211명)	33,000	7	1	7	8	7	5	1	2
6021	충북 옥천군	미션투어를통한관광자원홍보	30,000	7	5	7	7	7	1	5	4
6022	충북 옥천군	어린이집누리과정차액보육료지원	28,296	7	2	7	8	7	2	2	4
6023	충북 옥천군	고향사랑기부제광고매체홍보	24,200	7	1	7	8	7	1	1	4
6024	충북 옥천군	관광지및관광주요시책홍보영상제작	23,100	7	5	7	7	7	1	5	4
6025	충북 옥천군	소프트웨어미래채움분담금	20,444	7	2	7	8	7	5	5	4
6026	충북 옥천군	충북학사동서울관운영비지원	20,000	7	4	5	8	6	2	2	2
6027	충북 옥천군	옥천근대문화유산기초조사용역	20,000	7	1	7	8	7	5	5	4
6028	충북 옥천군	차세대주민등록정보시스템운영	19,860	7	7	7	1	7	2	2	2
6029	충북 옥천군	한센환자관리사업	18,000	7	1	7	7	7	1	3	4
6030	충북 옥천군	일반건강검진지원	18,000	7	2	7	8	7	5	3	2
6031	충북 옥천군	시간제보육료지원	16,408	7	2	7	8	7	2	2	4
6032	충북 옥천군	고향사랑기부제종합정보시스템유지관리비	15,381	7	1	7	1	7	2	2	4
6033	충북 옥천군	온나라문서및문서유통시스템유지관리	15,000	7	7	7	1	7	2	2	4
6034	충북 옥천군	청주공항내캐노피홍보	13,200	7	5	7	7	7	1	5	4
6035	충북 옥천군	고속도로휴게소내조명간판홍보	13,200	7	5	7	7	7	1	5	4
6036	충북 옥천군	청백e시스템유지관리비	12,510	7	8	7	1	7	2	2	4
6037	충북 옥천군	버스정보시스템(BIS)정보이용료	10,440	7	1	4	1	7	1	1	4

순번	시군구	지출명 (사업명)	2024년예산 (단위 : 천원 /1년간)	민간이전 분류 (지방자치단체 세출예산 집행기준에 의거) 1. 민간경상사업보조(307-02) 2. 민간단체 법정운영비보조(307-03) 3. 민간행사사업보조(307-04) 4. 민간위탁금(307-05) 5. 사회복지시설 법정운영비보조(307-10) 6. 민간인위탁교육비(307-12) 7. 공기관등에대한경상적위탁사업비(308-13) 8. 민간자본사업보조,자체재원(402-01) 9. 민간자본사업보조,이전재원(402-02) 10. 민간위탁사업비(402-03) 11. 공기관등에 대한 자본적 위탁사업비(403-02)	민간이전지출 근거 (지방보조금 관리기준 참고) 1. 법률에 규정 2. 국고보조 재원(국가지정) 3. 용도 지정 기부금 4. 조례에 직접규정 5. 지자체가 권장하는 사업을 하는 공공기관 6. 시,도 정책 및 재정사정 7. 기타 8. 해당없음	입찰방식 계약체결방법 (경쟁형태) 1. 일반경쟁 2. 제한경쟁 3. 지명경쟁 4. 수의계약 5. 법정위탁 6. 기타 ( ) 7. 없음	입찰방식 계약기간 1. 1년 2. 2년 3. 3년 4. 4년 5. 5년 6. 기타 ( )년 7. 단기계약 (1년미만) 8. 없음	입찰방식 낙찰자선정방법 1. 적격심사 2. 협상에의한계약 3. 최저가낙찰제 4. 규격가격분리 5. 2단계 경쟁입찰 6. 기타 ( ) 7. 없음	운영예산 산정 운영예산 산정 1. 내부산정 (지자체 자체적으로 산정) 2. 외부산정 (외부전문기관위탁 산정) 3. 내·외부 모두 산정 4. 산정 無 5. 없음	운영예산 산정 정산방법 1. 내부정산 (지자체 내부적으로 정산) 2. 외부정산 (외부전문기관위탁 정산) 3. 내·외부 모두 산정 4. 정산 無 5. 없음	성과평가 실시여부 1. 실시 2. 미실시 3. 향후 추진 4. 해당없음
6038	충북 옥천군	옥천인생샷명소발굴	10,000	7	5	7	7	7	1	5	2
6039	충북 옥천군	고택을활용한관광투어운영	10,000	7	5	7	7	7	1	1	2
6040	충북 옥천군	지방행정공통시스템상담센터운영비	6,950	7	7	7	1	7	2	2	4
6041	충북 옥천군	공청회공고료	5,200	7	1	7	8	7	5	5	4
6042	충북 옥천군	옥천스마트관광모바일스탬프투어	5,000	7	5	7	7	7	1	1	2
6043	충북 옥천군	헌혈자상품권지원	5,000	7	4	7	8	7	1	3	4
6044	충북 옥천군	기능분류모델시스템고도화분담금	4,250	7	6	7	8	7	1	1	4
6045	충북 옥천군	발달장애인부모심리상담지원	3,846	7	2	7	8	7	5	5	4
6046	충북 옥천군	청년마음건강지원사업	2,710	7	1	7	8	7	5	2	4
6047	충북 옥천군	산모신생아건강관리지원	2,392	7	4	5	8	7	5	3	1
6048	충북 옥천군	대학생학자금이자지원사업	2,000	7	1	7	8	7	2	2	1
6049	충북 옥천군	영유아건강검진지원	1,600	7	2	5	8	7	5	3	2
6050	충북 옥천군	옥천로컬푸드사업홍보광고	1,600	7	4	5	3	2	1	4	4
6051	충북 옥천군	장애인활동지원전자바우처시스템위탁비	1,500	7	1	7	8	7	5	5	4
6052	충북 옥천군	지방공기업신속집행시스템유지보수비	1,500	7	5	6	1	7	2	2	4
6053	충북 옥천군	택시운행정보관리시스템운영비	1,382	7	1	4	1	7	1	1	4
6054	충북 옥천군	청소년산모임신출산의료비지원	1,200	7	2	5	8	7	5	3	1
6055	충북 옥천군	지방공기업신속집행시스템유지보수비	1,200	7	5	7	1	7	2	2	4
6056	충북 영동군	장애인활동지원급여	3,971,650	7	2	7	8	7	1	1	4
6057	충북 영동군	영유아보육료지원	2,437,652	7	2	7	8	7	1	1	4
6058	충북 영동군	발달장애인주간활동서비스	656,818	7	2	7	8	7	1	1	4
6059	충북 영동군	누리과정운영비예탁	636,000	7	2	7	8	7	1	1	4
6060	충북 영동군	지역사회서비스투자사업	411,261	7	2	7	8	7	5	5	1
6061	충북 영동군	2024년영동군지적재조사사업	337,909	7	2	4	7	7	5	1	4
6062	충북 영동군	첫만남이용권	295,000	7	2	5	1	7	5	5	4
6063	충북 영동군	발달장애인방과후돌봄서비스	249,420	7	2	7	8	7	1	1	4
6064	충북 영동군	발달재활서비스지원	155,554	7	2	7	8	7	1	1	4
6065	충북 영동군	영동곶감홍보영상제작	150,000	7	5	7	7	7	1	1	2
6066	충북 영동군	치매치료약제비지원(전환)	137,752	7	2	5	1	7	5	5	4
6067	충북 영동군	산모신생아건강관리사지원	102,630	7	2	5	1	7	5	1	4
6068	충북 영동군	부모보육료지원예탁	100,000	7	2	7	8	7	1	1	4
6069	충북 영동군	온라인쇼핑몰판매활성화지원사업(우체국쇼핑)	100,000	7	5	7	7	7	1	1	2
6070	충북 영동군	국가암검진비	90,500	7	1	5	1	7	1	5	4
6071	충북 영동군	농촌마을유휴자원조사	88,320	7	1	7	8	7	1	1	1
6072	충북 영동군	최중증발달장애인주간그룹1:1바우처지원	79,668	7	2	7	8	7	5	5	4
6073	충북 영동군	저소득층기저귀조제분유지원	75,000	7	2	5	1	7	5	1	4
6074	충북 영동군	장애인활동지원사업(가산급여)	71,424	7	2	7	8	7	1	1	4
6075	충북 영동군	중증장애인활동지원시도추가지원	67,830	7	2	7	8	7	1	1	4
6076	충북 영동군	공통기반및재해복구시스템유지비	57,341	7	7	5	1	7	2	2	4
6077	충북 영동군	장애인의료비지원	55,924	7	1	7	8	7	5	1	1

순번	시군구	지출명 (사업명)	2024년예산 (단위 : 천원 /1년간)	민간이전 분류 (지방자치단체 세출예산 집행기준에 의거) 1. 민간경상사업보조(307-02) 2. 민간단체 법정운영비보조(307-03) 3. 민간행사사업보조(307-04) 4. 민간위탁금(307-05) 5. 사회복지시설 법정운영비보조(307-10) 6. 민간인위탁교육비(307-12) 7. 공기관등에대한경상적위탁사업비(308-13) 8. 민간자본사업보조,자체재원(402-01) 9. 민간자본사업보조,이전재원(402-02) 10. 민간위탁사업비(402-03) 11. 공기관등에 대한 자본적 위탁사업비(403-02)	민간이전지출 근거 (지방보조금 관리기준 참고) 1. 법률에 규정 2. 국고보조 재원(국가지정) 3. 용도 지정 기부금 4. 조례에 직접규정 5. 지자체가 권장하는 사업을 하는 공공기관 6. 시,도 정책 및 재정사정 7. 기타 8. 해당없음	입찰방식			운영예산 산정		성과평가 실시여부
						계약체결방법 (경쟁형태) 1. 일반경쟁 2. 제한경쟁 3. 지명경쟁 4. 수의계약 5. 법정위탁 6. 기타 ( ) 7. 없음	계약기간 1. 1년 2. 2년 3. 3년 4. 4년 5. 5년 6. 기타 ( )년 7. 단기계약 (1년미만) 8. 없음	낙찰자선정방법 1. 적격심사 2. 협상에의한계약 3. 최저가낙찰제 4. 규격가격분리 5. 2단계 경쟁입찰 6. 기타 ( ) 7. 없음	운영예산 산정 1. 내부산정 (지자체 자체적으로 산정) 2. 외부산정 (외부전문기관위탁 산정) 3. 내·외부 모두 산정 4. 산정 無 5. 없음	정산방법 1. 내부정산 (지자체 내부적으로 정산) 2. 외부정산 (외부전문기관위탁 정산) 3. 내·외부 모두 산정 4. 정산 無 5. 없음	1. 실시 2. 미실시 3. 향후 추진 4. 해당없음
6078	충북 영동군	주소정보관리시스템차세대구축및유지비	53,727	7	7	5	1	7	2	2	4
6079	충북 영동군	버스정보시스템(BIS)구축사업	45,174	7	5	7	8	7	2	2	4
6080	충북 영동군	희귀난치성질환자의료비지원	40,100	7	1	5	1	7	5	5	4
6081	충북 영동군	어린이집(3세)보육료차액지원	30,900	7	4	7	8	7	1	1	4
6082	충북 영동군	스마트공장구축지원사업	28,888	7	5	7	8	7	2	2	1
6083	충북 영동군	입체주소구축및주소정보기본도유지비	27,764	7	7	5	1	7	2	2	4
6084	충북 영동군	고향사랑기부제종합정보시스템유지관리(자지체분담금)	20,000	7	1	7	1	7	2	2	4
6085	충북 영동군	소기업형스마트공장구축지원사업	18,540	7	5	7	8	7	2	2	1
6086	충북 영동군	차세대주민등록정보시스템운영유지비	17,860	7	8	7	1	7	2	1	4
6087	충북 영동군	소프트웨어(SW)미래채움사업	17,080	7	6	5	1	7	2	2	4
6088	충북 영동군	가사간병방문지원사업	17,040	7	2	7	8	7	5	1	1
6089	충북 영동군	온나라시스템운영유지비	15,000	7	7	5	1	7	2	2	4
6090	충북 영동군	청백e시스템운영유지비	12,510	7	7	5	1	7	2	2	4
6091	충북 영동군	시간차등형보육지원예탁	10,000	7	2	7	8	7	1	1	4
6092	충북 영동군	어린이집(4~5세)보육료차액지원	9,960	7	4	7	8	7	1	1	4
6093	충북 영동군	의료급여수급권자일반건강검진	9,000	7	1	5	1	7	5	5	4
6094	충북 영동군	지방행정통합정보시스템상담센터운영유지비	6,950	7	7	5	1	7	2	2	4
6095	충북 영동군	발달장애인부모심리상담지원	5,769	7	2	7	8	7	1	1	4
6096	충북 영동군	우편모아시스템유지비	5,600	7	7	5	1	7	2	2	4
6097	충북 영동군	언어발달바우처지원	4,371	7	2	7	8	7	1	1	4
6098	충북 영동군	산모신생아산후조리운영위탁금	4,000	7	1	5	1	7	5	5	4
6099	충북 영동군	청년마음건강지원사업	2,710	7	2	7	8	7	5	5	4
6100	충북 영동군	청소년산모임신출산의료비	1,200	7	2	5	1	7	5	1	1
6101	충북 영동군	택시운행정보관리시스템	1,193	7	1	7	8	7	2	2	4
6102	충북 영동군	표준모자보건수첩	828	7	2	5	1	7	5	1	4
6103	충북 영동군	의료급여수급권자영유아건강검진	800	7	1	5	1	7	5	5	4
6104	충북 증평군	장애인복지관운영	960,727	7	1	7	8	7	1	1	1
6105	충북 증평군	노인복지관운영	454,648	7	4	5	5	7	1	1	4
6106	충북 증평군	언론매체홍보	430,000	7	1	7	8	7	1	1	4
6107	충북 증평군	정신건강복지센터인력확충	414,530	7	8	7	8	7	5	5	4
6108	충북 증평군	첫만남이용권지원	351,000	7	2	7	8	7	5	5	4
6109	충북 증평군	청소년수련관운영	316,876	7	4	5	3	2	1	1	1
6110	충북 증평군	장애인복지관운영	200,000	7	1	7	8	7	1	1	1
6111	충북 증평군	방송사군정홍보	200,000	7	1	7	8	7	1	1	4
6112	충북 증평군	어린이급식관리지원센터운영	200,000	7	2	2	5	1	4	2	1
6113	충북 증평군	청소년수련관운영	193,900	7	4	5	3	2	1	1	1
6114	충북 증평군	청소년상담복지센터운영	177,126	7	4	5	3	2	1	1	1
6115	충북 증평군	장애인주간보호센터운영	171,684	7	1	7	8	7	1	1	1
6116	충북 증평군	증평인삼및농특산물홍보	152,000	7	7	7	8	7	5	5	4
6117	충북 증평군	통합정신건강증진사업	149,516	7	8	7	8	7	5	5	4

순번	시군구	지출명 (사업명)	2024년예산 (단위 : 천원 /1년간)	민간이전 분류 (지방자치단체 세출예산 집행기준에 의거) 1. 민간경상사업보조(307-02) 2. 민간단체 법정운영비보조(307-03) 3. 민간행사사업보조(307-04) 4. 민간위탁금(307-05) 5. 사회복지시설 법정운영비보조(307-10) 6. 민간인위탁교육비(307-12) 7. 공기관등에대한경상적위탁사업비(308-13) 8. 민간자본사업보조,자체재원(402-01) 9. 민간자본사업보조,이전재원(402-02) 10. 민간위탁사업비(402-03) 11. 공기관등에 대한 자본적 위탁사업비(403-02)	민간이전지출 근거 (지방보조금 관리기준 참고) 1. 법률에 규정 2. 국고보조 재원(국가지정) 3. 용도 지정 기부금 4. 조례에 직접규정 5. 지자체가 권장하는 사업을 하는 공공기관 6. 시,도 정책 및 재정사정 7. 기타 8. 해당없음	입찰방식 계약체결방법 (경쟁형태) 1. 일반경쟁 2. 제한경쟁 3. 지명경쟁 4. 수의계약 5. 법정위탁 6. 기타 ( ) 7. 없음	입찰방식 계약기간 1. 1년 2. 2년 3. 3년 4. 4년 5. 5년 6. 기타 ( )년 7. 단기계약 (1년미만) 8. 없음	입찰방식 낙찰자선정방법 1. 적격심사 2. 협상에의한계약 3. 최저가낙찰제 4. 규격가격분리 5. 2단계 경쟁입찰 6. 기타 ( ) 7. 없음	운영예산 산정 운영예산 산정 1. 내부산정 (지자체 자체적으로 산정) 2. 외부산정 (외부전문기관위탁 산정) 3. 내·외부 모두 산정 4. 산정 無 5. 없음	운영예산 산정 정산방법 1. 내부정산 (지자체 내부적으로 정산) 2. 외부정산 (외부전문기관위탁 정산) 3. 내·외부 모두 산정 4. 정산 無 5. 없음	성과평가 실시여부 1. 실시 2. 미실시 3. 향후 추진 4. 해당없음
6118	충북 증평군	노인복지관운영	148,250	7	4	5	5	7	1	1	4
6119	충북 증평군	군민마음건강증진	134,200	7	8	7	8	7	5	5	4
6120	충북 증평군	전광판홍보	109,800	7	1	7	8	7	1	1	4
6121	충북 증평군	행정정보시스템구축운영	107,275	7	1	7	8	7	2	2	4
6122	충북 증평군	산모신생아건강관리지원사업(전환사업)	106,140	7	2	7	8	7	5	5	4
6123	충북 증평군	사회복지급식관리지원센터운영	100,000	7	2	2	6	1	4	2	1
6124	충북 증평군	기저귀및조제분유지원	86,400	7	2	7	8	7	5	5	4
6125	충북 증평군	의정활동홍보기능강화	77,000	7	1	5	8	7	1	4	4
6126	충북 증평군	전광판홍보	74,000	7	1	7	8	7	1	1	4
6127	충북 증평군	예산편성운영	70,638	7	1	7	8	7	5	5	4
6128	충북 증평군	지적재조사사업추진	67,695	7	2	4	1	7	2	2	4
6129	충북 증평군	지역사회건강조사조사분석위탁운영	67,292	7	2	7	8	7	5	5	4
6130	충북 증평군	지방세정업무추진	65,859	7	5	5	1	7	2	2	1
6131	충북 증평군	치매치료관리비(약제비)지원(전환사업)	64,604	7	6	7	8	7	5	5	4
6132	충북 증평군	방송사군정홍보	60,000	7	1	7	8	7	1	1	4
6133	충북 증평군	의정활동홍보기능강화	55,000	7	1	5	8	7	1	4	4
6134	충북 증평군	시군경쟁력강화(지역특화)산업육성사업(매칭)	51,818	7	6	7	8	7	5	2	4
6135	충북 증평군	기초정신건강복지센터지원	51,100	7	8	7	8	7	5	5	4
6136	충북 증평군	국가암관리	48,450	7	2	7	8	7	5	5	4
6137	충북 증평군	기록관운영	47,751	7	1	5	1	7	2	2	4
6138	충북 증평군	행정정보시스템구축운영	45,400	7	1	7	8	7	2	2	4
6139	충북 증평군	자살예방및정신건강증진사업	40,720	7	8	7	8	7	5	5	4
6140	충북 증평군	희귀난치성질환자의료비지원사업	40,100	7	2	7	8	7	5	5	4
6141	충북 증평군	정신건강복지센터자살예방지원인력지원	39,530	7	8	7	8	7	5	5	4
6142	충북 증평군	세외수입관리운영	31,069	7	1	5	1	7	2	1	4
6143	충북 증평군	방송사군정홍보	30,000	7	1	7	8	7	1	1	4
6144	충북 증평군	관광지및행사장조성	27,000	7	1	7	8	7	1	1	4
6145	충북 증평군	지역에너지클러스터인재양성사업	26,250	7	4	7	8	7	5	5	4
6146	충북 증평군	치매안심센터운영지원	25,740	7	1	5	7	7	5	5	4
6147	충북 증평군	방송사군정홍보	24,000	7	1	7	8	7	1	1	4
6148	충북 증평군	지역우수인재양성지원	20,843	7	5	7	1	7	2	2	3
6149	충북 증평군	빈집실태조사사업	20,000	7	1	7	8	7	5	5	4
6150	충북 증평군	TV여행아름다운충북방영	18,000	7	1	7	8	7	1	1	4
6151	충북 증평군	주민서비스제공	17,960	7	1	6	1	7	5	5	4
6152	충북 증평군	청소년상담복지센터운영	17,890	7	4	5	3	2	1	1	1
6153	충북 증평군	지역우수인재양성지원	17,000	7	5	7	8	7	5	5	4
6154	충북 증평군	장애인주간보호센터운영	16,800	7	1	7	8	7	1	1	1
6155	충북 증평군	인사행정운영	16,054	7	1	7	8	7	5	5	4
6156	충북 증평군	고향사랑기부제활성화	15,381	7	1	6	1	6	5	5	4
6157	충북 증평군	우울증환자치료관리비지원	15,000	7	8	7	8	7	5	5	4

순번	시군구	지출명 (사업명)	2024년예산 (단위 : 천원 /1년간)	민간이전 분류 (지방자치단체 세출예산 집행기준에 의거) 1. 민간경상사업보조(307-02) 2. 민간단체 법정운영비보조(307-03) 3. 민간행사사업보조(307-04) 4. 민간위탁금(307-05) 5. 사회복지시설 법정운영비보조(307-10) 6. 민간인위탁교육비(307-12) 7. 공기관등에대한경상적위탁사업비(308-13) 8. 민간자본사업보조,자체재원(402-01) 9. 민간자본사업보조,이전재원(402-02) 10. 민간위탁사업비(402-03) 11. 공기관등에 대한 자본적 위탁사업비(403-02)	민간이전지출 근거 (지방보조금 관리기준 참고) 1. 법률에 규정 2. 국고보조 재원(국가지정) 3. 용도 지정 기부금 4. 조례에 직접규정 5. 지자체가 권장하는 사업을 하는 공공기관 6. 시,도 정책 및 재정사정 7. 기타 8. 해당없음	입찰방식			운영예산 산정		성과평가 실시여부
						계약체결방법 (경쟁형태) 1. 일반경쟁 2. 제한경쟁 3. 지명경쟁 4. 수의계약 5. 법정위탁 6. 기타 ( ) 7. 없음	계약기간 1. 1년 2. 2년 3. 3년 4. 4년 5. 5년 6. 기타 ( )년 7. 단기계약 (1년미만) 8. 없음	낙찰자선정방법 1. 적격심사 2. 협상에의한계약 3. 최저가낙찰제 4. 규격가격분리 5. 2단계 경쟁입찰 6. 기타 ( ) 7. 없음	운영예산 산정 1. 내부산정 (지자체 자체적으로 산정) 2. 외부산정 (외부전문기관위탁 산정) 3. 내·외부 모두 산정 4. 산정 無 5. 없음	정산방법 1. 내부정산 (지자체 내부적으로 정산) 2. 외부정산 (외부전문기관위탁 정산) 3. 내·외부 모두 산정 4. 정산 無 5. 없음	1. 실시 2. 미실시 3. 향후 추진 4. 해당없음
6158	충북 증평군	방송사군정홍보	13,200	7	1	7	8	7	1	1	4
6159	충북 증평군	맞춤형관광홍보	13,200	7	1	7	8	7	1	1	4
6160	충북 증평군	정신건강복지센터등종사자처우개선비지원	13,200	7	8	7	8	7	5	5	4
6161	충북 증평군	종합감사체계확립	9,346	7	1	7	8	7	5	5	4
6162	충북 증평군	의료급여수급권자일반건강검진	8,500	7	2	7	8	7	5	5	4
6163	충북 증평군	장애인의료비지원	8,243	7	2	7	8	7	5	2	4
6164	충북 증평군	자살위험자응급개입치료비지원	7,000	7	8	7	8	7	5	5	4
6165	충북 증평군	행정정보시스템구축운영	6,950	7	1	7	8	7	2	2	4
6166	충북 증평군	의정활동홍보기능강화	6,600	7	1	5	8	7	1	4	4
6167	충북 증평군	농촌지도사업활력화지원(인력육성팀)	5,000	7	6	7	8	7	5	5	4
6168	충북 증평군	정신질환자치료비지원사업	4,660	7	8	7	8	7	5	5	4
6169	충북 증평군	어린이집,아동복지시설안전관리지원	3,600	7	1	7	8	7	1	1	4
6170	충북 증평군	산모신생아건강관리지원사업(전환사업)	3,520	7	2	7	8	7	5	5	4
6171	충북 증평군	인사행정운영	3,250	7	1	7	8	7	5	5	4
6172	충북 증평군	지역사회자살예방네트워크구축	3,000	7	8	7	8	7	5	5	4
6173	충북 증평군	대학생학자금이자지원	2,000	7	5	7	8	7	5	5	4
6174	충북 증평군	농지이용관리업무	2,000	7	1	7	8	7	5	1	4
6175	충북 증평군	도시계획의체계적관리	2,000	7	1	7	8	7	5	5	4
6176	충북 증평군	청소년산모임신출산의료비지원	1,800	7	2	7	8	7	5	5	4
6177	충북 증평군	무연고사망자지원	1,760	7	1	7	8	7	5	5	4
6178	충북 증평군	산업단지유지보수사업	1,584	7	7	7	8	7	5	5	4
6179	충북 증평군	표준모자보건수첩제작	828	7	2	7	8	7	5	5	4
6180	충북 증평군	의료급여수급권자영유아건강검진	724	7	2	7	8	7	5	5	4
6181	충북 진천군	장애인활동지원급여)	3,305,079	7	2	5	8	7	5	5	4
6182	충북 진천군	첫만남이용권지원사업(둘째아)	660,000	7	2	7	8	7	3	3	4
6183	충북 진천군	첫만남이용권지원사업(첫째아)	512,000	7	2	7	8	7	3	3	4
6184	충북 진천군	군정시책홍보(일간지및지역지12개사)	506,200	7	1	7	8	7	5	5	4
6185	충북 진천군	생거진천브랜드광고료및수수료지급)	420,000	7	1	5	8	7	1	1	4
6186	충북 진천군	산모신생아건강관리지원사업(전환))	372,900	7	2	7	8	7	3	3	4
6187	충북 진천군	지적재조사측량수수료)	288,354	7	2	5	1	7	3	1	3
6188	충북 진천군	발달장애인주간활동서비스)	262,727	7	2	5	8	7	5	5	4
6189	충북 진천군	발달서비스바우처지원)	239,314	7	2	5	8	7	5	5	4
6190	충북 진천군	저소득층기저귀및조제분유지원)	201,800	7	2	7	8	7	1	1	4
6191	충북 진천군	치매환자의료비지원예탁(전환))	133,058	7	2	7	8	7	5	5	4
6192	충북 진천군	군정시책홍보(방송국및기타언론사23개사)	122,100	7	1	7	8	7	5	5	4
6193	충북 진천군	공통기반및재해복구유지관리위탁사업비)	107,174	7	1	5	1	7	2	2	1
6194	충북 진천군	암조기검진사업)	104,500	7	2	7	8	7	5	5	4
6195	충북 진천군	K실감학습터디지털교육지원)	100,000	7	5	4	1	7	1	2	3
6196	충북 진천군	발달장애인방과후돌봄서비스바우처지원)	99,768	7	2	5	8	7	5	5	4
6197	충북 진천군	차세대지방재정시스템유지관리)	98,892	7	1	6	1	6	2	2	4

순번	시군구	지출명 (사업명)	2024년예산 (단위 : 천원 /1년간)	민간이전 분류 (지방자치단체 세출예산 집행기준에 의거) 1. 민간경상사업보조(307-02) 2. 민간단체 법정운영비보조(307-03) 3. 민간행사사업보조(307-04) 4. 민간위탁금(307-05) 5. 사회복지시설 법정운영비보조(307-10) 6. 민간인위탁교육비(307-12) 7. 공기관등에대한경상적위탁사업비(308-13) 8. 민간자본사업보조,자체재원(402-01) 9. 민간자본사업보조,이전재원(402-02) 10. 민간위탁사업비(402-03) 11. 공기관등에 대한 자본적 위탁사업비(403-02)	민간이전지출 근거 (지방보조금 관리기준 참고) 1. 법률에 규정 2. 국고보조 재원(국가지정) 3. 용도 지정 기부금 4. 조례에 직접규정 5. 지자체가 권장하는 사업을 하는 공공기관 6. 시,도 정책 및 재정사정 7. 기타 8. 해당없음	입찰방식: 계약체결방법 (경쟁형태) 1. 일반경쟁 2. 제한경쟁 3. 지명경쟁 4. 수의계약 5. 법정위탁 6. 기타 ( ) 7. 없음	입찰방식: 계약기간 1. 1년 2. 2년 3. 3년 4. 4년 5. 5년 6. 기타 ( )년 7. 단기계약 (1년미만) 8. 없음	입찰방식: 낙찰자선정방법 1. 적격심사 2. 협상에의한계약 3. 최저가낙찰제 4. 규격가격분리 5. 2단계 경쟁입찰 6. 기타 ( ) 7. 없음	운영예산 산정: 운영예산 산정 1. 내부산정 (지자체 자체적으로 산정) 2. 외부산정 (외부전문기관위탁 산정) 3. 내·외부 모두 산정 4. 산정 無 5. 없음	운영예산 산정: 정산방법 1. 내부정산 (지자체 내부적으로 정산) 2. 외부정산 (외부전문기관위탁 정산) 3. 내·외부 모두 산정 4. 정산 無 5. 없음	성과평가 실시여부 1. 실시 2. 미실시 3. 향후 추진 4. 해당없음
6198	충북 진천군	SW융합시스템반도체클러스터구축(5차년도))	97,000	7	2	7	8	7	5	5	4
6199	충북 진천군	군정시책홍보(일간지및주간지등광고)	88,000	7	1	7	8	7	5	5	4
6200	충북 진천군	최중증발달장애인주간그룹1:1바우처지원)	79,668	7	2	7	8	7	5	5	4
6201	충북 진천군	차세대지방세정보화사업운영비)	76,268	7	1	5	1	7	2	2	4
6202	충북 진천군	장애인활동지원가산급여지원)	72,955	7	2	5	8	7	5	5	4
6203	충북 진천군	장애인활동지원사업(도비추가지원))	70,737	7	2	5	8	7	5	5	4
6204	충북 진천군	사용종료매립시설사후관리조사용역(진천,이월,광혜원))	68,000	7	1	6	7	7	1	1	4
6205	충북 진천군	군정시책홍보(통신사3개사)	62,100	7	1	7	8	7	5	5	4
6206	충북 진천군	2024년소프트웨어(SW)미래채움사업)	53,486	7	5	7	1	7	5	5	4
6207	충북 진천군	지역에너지클러스터인재양성사업)	52,500	7	2	6	5	6	2	2	3
6208	충북 진천군	시군경쟁력강화산업)	51,818	7	7	7	8	7	5	5	4
6209	충북 진천군	농업용저수지안전점검)	50,000	7	7	7	8	7	1	1	3
6210	충북 진천군	온나라문서2.시스템운영지원분담금및유지관리위탁사업비)	49,964	7	1	5	1	7	2	2	1
6211	충북 진천군	장애인의료비지원)	49,652	7	2	5	8	7	5	5	4
6212	충북 진천군	광역버스정보시스템유지보수)	43,325	7	5	7	8	7	2	2	1
6213	충북 진천군	세외수입정보시스템유지보수관리비)	38,491	7	1	5	1	7	2	2	4
6214	충북 진천군	차세대주소정보관리시스템구축)	35,554	7	1	5	1	6	2	1	2
6215	충북 진천군	스팟방송광고송출용역)	34,000	7	1	7	8	7	5	5	4
6216	충북 진천군	표준기록관리시스템(S/W)유지관리비)	31,590	7	7	7	8	7	5	5	4
6217	충북 진천군	다중이용시설관광홍보)	30,724	7	4	4	1	7	1	1	2
6218	충북 진천군	충북학사동서울관운영지원)	29,994	7	6	7	8	7	5	5	4
6219	충북 진천군	차세대인사정보시스템유지관리)	27,941	7	7	7	8	7	5	5	4
6220	충북 진천군	주소정보기본도유지관리)	26,282	7	1	5	1	6	2	1	2
6221	충북 진천군	군정시책홍보(도민체전스팟영상송출)	20,000	7	1	7	8	7	5	5	4
6222	충북 진천군	진천군수출보험지원사업)	20,000	7	7	7	8	7	5	5	4
6223	충북 진천군	차세대주민등록정보시스템운영비)	19,913	7	2	5	1	2	2	2	1
6224	충북 진천군	금연택시홍보비)	18,480	7	1	7	8	7	1	5	4
6225	충북 진천군	주소정보관리시스템유지관리)	18,173	7	1	5	1	6	2	1	2
6226	충북 진천군	종합정보시스템운영및유지보수비)	18,137	7	1	5	1	7	1	1	4
6227	충북 진천군	청백e시스템유지관리비)	12,510	7	7	6	1	6	2	2	4
6228	충북 진천군	의료급여수급권자일반건강검진)	10,500	7	2	7	8	7	5	5	4
6229	충북 진천군	지방행정공통정보시스템지원사업지자체분담금)	7,000	7	1	5	1	7	2	2	1
6230	충북 진천군	우편모아시스템(S/W)유지관리비)	5,600	7	7	7	8	7	5	5	4
6231	충북 진천군	전문농업인최고경영자과정운영)	5,000	7	1	7	8	7	5	1	4
6232	충북 진천군	대학생학자금이자지원)	4,000	7	6	7	8	7	5	5	4
6233	충북 진천군	발달장애인부모심리상담바우처지원)	1,923	7	2	5	8	7	5	5	4
6234	충북 진천군	청소년산모임신,출산의료비)	1,800	7	2	7	8	7	3	3	4
6235	충북 진천군	의료급여수급권자영유아건강검진)	1,200	7	2	7	8	7	5	5	4
6236	충북 진천군	과세통합시스템(타기관자료)운영비)	948	7	1	5	1	7	2	2	4
6237	충북 진천군	SNS메시지전송료)	340	7	1	7	8	7	1	5	4

순번	시군구	지출명 (사업명)	2024년예산 (단위 : 천원 /1년간)	민간이전 분류 (지방자치단체 세출예산 집행기준에 의거) 1. 민간경상사업보조(307-02) 2. 민간단체 법정운영비보조(307-03) 3. 민간행사사업보조(307-04) 4. 민간위탁금(307-05) 5. 사회복지시설 법정운영비보조(307-10) 6. 민간인위탁교육비(307-12) 7. 공기관등에대한경상적위탁사업비(308-13) 8. 민간자본사업보조,자체재원(402-01) 9. 민간자본사업보조,이전재원(402-02) 10. 민간위탁사업비(402-03) 11. 공기관등에 대한 자본적 위탁사업비(403-02)	민간이전지출 근거 (지방보조금 관리기준 참고) 1. 법률에 규정 2. 국고보조 재원(국가지정) 3. 용도 지정 기부금 4. 조례에 직접규정 5. 지자체가 권장하는 사업을 하는 공공기관 6. 시,도 정책 및 재정사정 7. 기타 8. 해당없음	입찰방식			운영예산 산정		성과평가 실시여부
						계약체결방법 (경쟁형태) 1. 일반경쟁 2. 제한경쟁 3. 지명경쟁 4. 수의계약 5. 법정위탁 6. 기타 ( ) 7. 없음	계약기간 1. 1년 2. 2년 3. 3년 4. 4년 5. 5년 6. 기타 ( )년 7. 단기계약 (1년미만) 8. 없음	낙찰자선정방법 1. 적격심사 2. 협상에의한계약 3. 최저가낙찰제 4. 규격가격분리 5. 2단계 경쟁입찰 6. 기타 ( ) 7. 없음	운영예산 산정 1. 내부산정 (지자체 자체적으로 산정) 2. 외부산정 (외부전문기관위탁 산정) 3. 내·외부 모두 산정 4. 산정 無 5. 없음	정산방법 1. 내부정산 (지자체 내부적으로 정산) 2. 외부정산 (외부전문기관위탁 정산) 3. 내·외부 모두 산정 4. 정산 無 5. 없음	1. 실시 2. 미실시 3. 향후 추진 4. 해당없음
6238	충북 괴산군	군정홍보광고료(신문,방송)	220,000	7	1	7	8	7	5	5	4
6239	충북 괴산군	TV,라디오,유튜브광고	194,000	7	1	7	8	7	5	5	4
6240	충북 괴산군	2024년통합지방재정시스템운영및유지관리분담금	98,892	7	1	7	8	7	2	5	4
6241	충북 괴산군	각종군정홍보업무추진	50,000	7	1	7	8	7	5	5	4
6242	충북 괴산군	전광판영상광고	48,000	7	1	7	8	7	5	5	4
6243	충북 괴산군	농특산물영상광고	35,000	7	1	7	8	7	5	5	4
6244	충북 괴산군	괴산군정뉴스송출료	26,400	7	1	7	8	7	5	5	4
6245	충북 괴산군	극장광고	22,000	7	1	7	8	7	5	5	4
6246	충북 괴산군	청백e시스템유지관리분담금	12,510	7	1	7	8	7	5	5	4
6247	충북 음성군	장애인활동지원제도(활동지원급여)	3,492,296	7	1	7	8	7	2	5	4
6248	충북 음성군	지역사회서비스투자사업추진	932,821	7	2	7	8	7	5	5	4
6249	충북 음성군	첫만남이용권지원	721,000	7	2	7	8	7	1	1	1
6250	충북 음성군	농특산물광고	600,000	7	1	7	8	7	5	5	4
6251	충북 음성군	농특산물광고	600,000	7	1	7	8	7	1	1	4
6252	충북 음성군	발달장애인주간활동서비스지원	525,454	7	1	7	8	7	1	5	4
6253	충북 음성군	신문,배너광고료	510,000	7	1	7	8	7	5	5	4
6254	충북 음성군	발달재활서비스지원	335,039	7	1	7	8	7	1	2	4
6255	충북 음성군	청년센터운영비	276,600	7	4	6	1	6	5	5	4
6256	충북 음성군	지적재조사측량비	262,000	7	1	5	1	7	1	1	3
6257	충북 음성군	산모신생아건강관리지원	254,440	7	2	7	8	7	3	1	3
6258	충북 음성군	발달장애인방과후돌봄서비스	249,420	7	1	7	8	7	5	5	4
6259	충북 음성군	스마트공장보급지원(충북테크노파크)	242,304	7	4	7	8	7	5	5	4
6260	충북 음성군	최중증발달장애인주간개별1:1지원	228,823	7	1	7	8	7	3	3	2
6261	충북 음성군	청년창업지원사업	203,000	7	4	6	1	6	1	1	1
6262	충북 음성군	TV광고료	180,000	7	1	7	8	7	1	1	3
6263	충북 음성군	저소득층기저귀.조제분유지원	171,400	7	2	7	8	7	1	2	4
6264	충북 음성군	암조기검진사업	167,000	7	1	7	8	7	5	5	4
6265	충북 음성군	저수지안전점검위탁비(42개소)	162,000	7	1	5	1	2	3	1	1
6266	충북 음성군	최중증발달장애인주간그룹1:1지원	159,335	7	1	7	8	7	2	1	4
6267	충북 음성군	소기업형스마트공장구축지원사업(충북테크노파크)	148,320	7	7	7	8	7	1	1	1
6268	충북 음성군	치매치료관리비지원	114,563	7	6	5	1	7	3	3	2
6269	충북 음성군	통합지방재정시스템운영및유지관리	113,008	7	1	5	1	6	5	5	4
6270	충북 음성군	의정홍보광고	107,250	7	1	7	8	7	2	2	4
6271	충북 음성군	중증장애인활동지원24시간추가지원	104,630	7	1	7	8	7	5	5	4
6272	충북 음성군	수소안전뮤지엄운영비지원(2년차)	100,000	7	5	7	8	7	5	5	4
6273	충북 음성군	음성명작브랜드광고등	100,000	7	1	7	8	7	1	1	4
6274	충북 음성군	중소기업역량강화지원사업(충북테크노파크)	100,000	7	7	7	8	7	1	1	4
6275	충북 음성군	장애인의료비지원	93,598	7	1	7	8	7	5	5	4
6276	충북 음성군	공통기반시스템유지보수위수탁협약금	87,824	7	1	5	1	7	5	5	4
6277	충북 음성군	차세대지방세정보시스템운영비	76,268	7	1	5	1	7	5	5	4

순번	시군구	지출명 (사업명)	2024년예산 (단위 : 천원 /1년간)	민간이전 분류 (지방자치단체 세출예산 집행기준에 의거) 1. 민간경상사업보조(307-02) 2. 민간단체 법정운영비보조(307-03) 3. 민간행사사업보조(307-04) 4. 민간위탁금(307-05) 5. 사회복지시설 법정운영비보조(307-10) 6. 민간인위탁교육비(307-12) 7. 공기관등에대한경상적위탁사업비(308-13) 8. 민간자본사업보조,자체재원(402-01) 9. 민간자본사업보조,이전재원(402-02) 10. 민간위탁사업비(402-03) 11. 공기관등에 대한 자본적 위탁사업비(403-02)	민간이전지출 근거 (지방보조금 관리기준 참고) 1. 법률에 규정 2. 국고보조 재원(국가지정) 3. 용도 지정 기부금 4. 조례에 직접규정 5. 지자체가 권장하는 사업을 하는 공공기관 6. 시,도 정책 및 재정사정 7. 기타 8. 해당없음	입찰방식 계약체결방법 (경쟁형태) 1. 일반경쟁 2. 제한경쟁 3. 지명경쟁 4. 수의계약 5. 법정위탁 6. 기타 ( ) 7. 없음	입찰방식 계약기간 1. 1년 2. 2년 3. 3년 4. 4년 5. 5년 6. 기타 ( )년 7. 단기계약 (1년미만) 8. 없음	입찰방식 낙찰자선정방법 1. 적격심사 2. 협상에의한계약 3. 최저가낙찰제 4. 규격가격분리 5. 2단계 경쟁입찰 6. 기타 ( ) 7. 없음	운영예산 산정 운영예산 산정 1. 내부산정 (지자체 자체적으로 산정) 2. 외부산정 (외부전문기관위탁 산정) 3. 내·외부 모두 산정 4. 산정 無 5. 없음	운영예산 산정 정산방법 1. 내부정산 (지자체 내부적으로 정산) 2. 외부정산 (외부전문기관위탁 정산) 3. 내·외부 모두 산정 4. 정산 無 5. 없음	성과평가 실시여부 1. 실시 2. 미실시 3. 향후 추진 4. 해당없음
6278	충북 음성군	장애인활동지원제도가산급여	71,424	7	1	7	8	7	5	5	4
6279	충북 음성군	가사간병방문지원사업	70,834	7	2	5	1	7	3	3	1
6280	충북 음성군	희귀난치성질환자의료비지원	69,426	7	1	7	8	7	3	1	2
6281	충북 음성군	대도시군정홍보	62,000	7	1	7	8	7	1	2	4
6282	충북 음성군	중증장애인활동지원음성군24시간추가지원	60,872	7	1	7	8	7	5	5	4
6283	충북 음성군	로봇활용사회적약자편익지원사업	55,396	7	5	5	3	6	1	3	3
6284	충북 음성군	지역에너지클러스터인재양성사업(군부담금)	52,500	7	2	6	5	7	5	5	4
6285	충북 음성군	시군경쟁력강화산업육성사업	51,818	7	5	7	8	7	1	1	4
6286	충북 음성군	충북음성산학융합지구조성사업(군부담금)	50,000	7	2	6	6	7	5	5	4
6287	충북 음성군	충북학사동서울관운영지원	40,888	7	4	7	8	7	1	1	4
6288	충북 음성군	소프트웨어미래채움사업부담금	40,468	7	4	7	8	7	2	1	2
6289	충북 음성군	세외수입정보시스템운영비	38,491	7	1	5	1	7	5	5	4
6290	충북 음성군	중증장애인활동보조추가지원	36,822	7	1	7	8	7	5	5	4
6291	충북 음성군	지역단위농촌관광지원사업(공동홍보)	30,000	7	1	7	8	7	5	5	4
6292	충북 음성군	지방인사정보시스템유지관리	27,681	7	5	7	8	7	3	3	4
6293	충북 음성군	일반건강검진	27,000	7	1	7	8	7	3	1	2
6294	충북 음성군	중소기업수출보험료지원(한국무역보험공사)	25,000	7	4,5	7	8	7	3	3	1
6295	충북 음성군	치매인식개선버스광고비	21,285	7	6	5	1	7	5	5	4
6296	충북 음성군	청년면접지원사업	20,000	7	4	6	1	6	1	1	3
6297	충북 음성군	지역방송사스팟방송홍보	20,000	7	1	7	8	7	1	2	4
6298	충북 음성군	차세대주민등록정보시스템운영비	19,913	7	1	5	1	7	2	1	4
6299	충북 음성군	TV여행아름다운충북방영	18,000	7	7	7	8	7	1	1	4
6300	충북 음성군	청백e시스템유지관리및운영지원비	13,301	7	1	5	1	6	2	2	4
6301	충북 음성군	고향사랑기부제종합정보시스템운영	13,270	7	6	7	8	7	2	2	4
6302	충북 음성군	청주국제공항택시승강장정면캐노피광고	13,200	7	7	7	8	7	1	1	4
6303	충북 음성군	온나라시스템유지관리위수탁협약금	10,500	7	1	5	1	7	5	2	4
6304	충북 음성군	신문공고료	8,800	7	6	5	8	7	5	5	4
6305	충북 음성군	청년마음건강지원사업추진	8,580	7	2	7	8	7	1	1	1
6306	충북 음성군	무연고시신공고료	7,200	7	1	7	8	7	5	5	4
6307	충북 음성군	공통기반시스템서비스데스크운영위수탁협약금	6,950	7	1	5	1	7	5	2	4
6308	충북 음성군	우편모아시스템통합유지관리	5,600	7	5	7	8	7	2	2	4
6309	충북 음성군	대학생학자금이자지원	5,000	7	6	7	8	7	1	1	4
6310	충북 음성군	지방인사통계통합시스템유지관리	4,564	7	5	7	8	7	3	3	4
6311	충북 음성군	농업진흥지역해제공고비	4,400	7	4	7	8	7	5	5	4
6312	충북 음성군	기능분류모델시스템고도화분담금	4,250	7	8	7	8	7	5	5	4
6313	충북 음성군	영유아건강검진	3,145	7	1	7	8	7	3	1	2
6314	충북 음성군	택시운행정보관리시스템운영	2,111	7	1	5	1	7	2	2	4
6315	충북 음성군	발달장애인부모심리상담지원	1,923	7	1	7	8	7	5	5	4
6316	충북 음성군	현충일행사지역주간지홍보광고료	1,500	7	4	4	8	2	1	1	1
6317	충북 음성군	청소년산모임신출산의료비지원	1,200	7	2	7	8	7	5	5	4

순번	시군구	지출명 (사업명)	2024년예산 (단위 : 천원 /1년간)	민간이전 분류 (지방자치단체 세출예산 집행기준에 의거)	민간이전지출 근거 (지방보조금 관리기준 참고)	입찰방식			운영예산 산정		성과평가 실시여부
				1. 민간경상사업보조(307-02) 2. 민간단체 법정운영비보조(307-03) 3. 민간행사사업보조(307-04) 4. 민간위탁금(307-05) 5. 사회복지시설 법정운영비보조(307-10) 6. 민간인위탁교육비(307-12) 7. 공기관등에대한경상적위탁사업비(308-13) 8. 민간자본사업보조,자체재원(402-01) 9. 민간자본사업보조,이전재원(402-02) 10. 민간위탁사업비(402-03) 11. 공기관등에 대한 자본적 위탁사업비(403-02)	1. 법률에 규정 2. 국고보조 재원(국가지정) 3. 용도 지정 기부금 4. 조례에 직접규정 5. 지자체가 권장하는 사업을 하는 공공기관 6. 시,도 정책 및 재정사정 7. 기타 8. 해당없음	계약체결방법 (경쟁형태) 1. 일반경쟁 2. 제한경쟁 3. 지명경쟁 4. 수의계약 5. 법정위탁 6. 기타 ( ) 7. 없음	계약기간 1. 1년 2. 2년 3. 3년 4. 4년 5. 5년 6. 기타 ( )년 7. 단기계약 (1년미만) 8. 없음	낙찰자선정방법 1. 적격심사 2. 협상에의한계약 3. 최저가낙찰제 4. 규격가격분리 5. 2단계 경쟁입찰 6. 기타 ( ) 7. 없음	운영예산 산정 1. 내부산정 (지자체 자체적으로 산정) 2. 외부산정 (외부전문기관위탁 산정) 3. 내·외부 모두 산정 4. 산정 無 5. 없음	정산방법 1. 내부정산 (지자체 내부적으로 정산) 2. 외부정산 (외부전문기관위탁 정산) 3. 내·외부 모두 산정 4. 정산 無 5. 없음	1. 실시 2. 미실시 3. 향후 추진 4. 해당없음
6318	충북 음성군	표준모자보건수첩제작지원	828	7	2	7	8	7	5	5	4
6319	충북 단양군	장애인활동지원급여지원	1,039,974	7	1	7	8	7	3	1	4
6320	충북 단양군	기업지원및공장관리(시멘트산업배출CO2활용저탄소연료화기술개발사업)	800,000	7	4	7	8	7	1	1	1
6321	충북 단양군	단양디캠프(Dcamp)조성사업(경상)	500,000	7	8	7	3	7	5	3	3
6322	충북 단양군	지적재조사사업일필지측량비	466,565	7	1	6	1	2	5	5	4
6323	충북 단양군	지역사회서비스투자사업	381,520	7	1	7	8	7	5	1	4
6324	충북 단양군	다중매체를통한관광기획및홍보	344,000	7	1	4	7	7	1	1	3
6325	충북 단양군	충주댐준공4주년기념역사문화자원발굴사업	275,000	7	5	7	8	7	5	5	4
6326	충북 단양군	발달장애인주간활동서비스지원	262,727	7	1	7	8	7	3	1	4
6327	충북 단양군	단고을농특산물홍보광고료	180,000	7	4	7	8	7	5	5	4
6328	충북 단양군	첫만남이용권지원	131,000	7	1,2	7	8	7	5	5	4
6329	충북 단양군	기업지원및공장관리(석회석제조업질소산화물감축개방형플랫폼구축사업)	120,000	7	4	7	8	7	1	1	1
6330	충북 단양군	공통기반및재해복구시스템유지관리	107,628	7	1	7	1	7	2	2	2
6331	충북 단양군	발달장애인방과후활동서비스	99,768	7	1	7	8	7	3	1	4
6332	충북 단양군	단양군일반동산문화재조사사업	80,000	7	5	7	8	7	5	5	4
6333	충북 단양군	최중증발달장애인주간활동서비스	79,668	7	1	7	8	7	3	1	4
6334	충북 단양군	암조기검진사업	66,000	7	2	7	8	7	1	1	4
6335	충북 단양군	치매치료관리비지원(21단계전환)(시도)	54,666	7	2	7	8	7	1	2	4
6336	충북 단양군	BIS유지보수	53,856	7	5	6	1	6	2	2	4
6337	충북 단양군	시군경쟁력강화육성사업	51,818	7	5	7	8	7	1	1	1
6338	충북 단양군	지식재산창출지원사업	50,000	7	5	7	8	7	1	1	1
6339	충북 단양군	장애인의료비지원	46,286	7	1	7	8	7	5	4	4
6340	충북 단양군	희귀난치성질환자의료비지원	40,100	7	2	7	8	7	1	1	4
6341	충북 단양군	저소득층기저귀조제분유지원사업	34,800	7	2	5	8	7	5	1	4
6342	충북 단양군	스마트공장구축지원사업(스마트공장보급확산사업)	28,888	7	5	7	8	7	1	1	1
6343	충북 단양군	발달재활서비스지원	28,718	7	1	7	8	7	3	1	4
6344	충북 단양군	산모신생아건강관리사지원사업(21단계전환)(시도)	26,290	7	2	5	8	7	5	1	4
6345	충북 단양군	단양관광사진공모전	25,000	7	4	4	7	7	1	1	3
6346	충북 단양군	공기관등에대한경상적위탁사업비	24,000	7	4	7	8	7	5	5	4
6347	충북 단양군	온나라시스템운영지원및H/W,S/W유지관리	20,700	7	8	7	8	7	5	5	4
6348	충북 단양군	청년취창업지원사업(청년창업통합홍보마케팅)	20,000	7	4	7	8	7	1	1	1
6349	충북 단양군	농특산물온라인판매(우체국쇼핑몰)운영	20,000	7	4	7	8	7	5	5	4
6350	충북 단양군	생태계교란야생동식물퇴치사업	20,000	7	2	7	8	7	5	1	2
6351	충북 단양군	장애인활동지원가산급여	19,387	7	1	7	8	7	3	1	4
6352	충북 단양군	스마트공장구축지원사업(소기업형스마트공장구축지원사업)	18,540	7	5	7	8	7	1	1	1
6353	충북 단양군	주소정보관리시스템유지관리사업	18,173	7	1	6	1	2	5	1	4
6354	충북 단양군	군관리계획(용도지구,시설지구)변경광고료및수수료	18,000	7	1	7	8	7	1	5	4
6355	충북 단양군	고향사랑e음유지관리	15,381	7	8	7	1	7	5	5	4
6356	충북 단양군	제2충북학사운영재원분담금	13,585	7	4	7	8	7	5	5	4
6357	충북 단양군	가사간병방문관리사지원사업	12,980	7	1	7	8	7	5	1	4

순번	시군구	지출명 (사업명)	2024년예산 (단위 : 천원 /1년간)	민간이전 분류 (지방자치단체 세출예산 집행기준에 의거) 1. 민간경상사업보조(307-02) 2. 민간단체 법정운영비보조(307-03) 3. 민간행사사업보조(307-04) 4. 민간위탁금(307-05) 5. 사회복지시설 법정운영비보조(307-10) 6. 민간인위탁교육비(307-12) 7. 공기관등에대한경상적위탁사업비(308-13) 8. 민간자본사업보조,자체재원(402-01) 9. 민간자본사업보조,이전재원(402-02) 10. 민간위탁사업비(402-03) 11. 공기관등에 대한 자본적 위탁사업비(403-02)	민간이전지출 근거 (지방보조금 관리기준 참고) 1. 법률에 규정 2. 국고보조 재원(국가지정) 3. 용도 지정 기부금 4. 조례에 직접규정 5. 지자체가 권장하는 사업을 하는 공공기관 6. 시,도 정책 및 재정사정 7. 기타 8. 해당없음	입찰방식: 계약체결방법 (경쟁형태) 1. 일반경쟁 2. 제한경쟁 3. 지명경쟁 4. 수의계약 5. 법정위탁 6. 기타 ( ) 7. 없음	입찰방식: 계약기간 1. 1년 2. 2년 3. 3년 4. 4년 5. 5년 6. 기타 ( )년 7. 단기계약 (1년미만) 8. 없음	입찰방식: 낙찰자선정방법 1. 적격심사 2. 협상에의한계약 3. 최저가낙찰제 4. 규격가격분리 5. 2단계 경쟁입찰 6. 기타 ( ) 7. 없음	운영예산 산정: 운영예산 산정 1. 내부산정 (지자체 자체적으로 산정) 2. 외부산정 (외부전문기관위탁 산정) 3. 내·외부 모두 산정 4. 산정 無 5. 없음	운영예산 산정: 정산방법 1. 내부정산 (지자체 내부적으로 정산) 2. 외부정산 (외부전문기관위탁 정산) 3. 내·외부 모두 산정 4. 정산 無 5. 없음	성과평가 실시여부 1. 실시 2. 미실시 3. 향후 추진 4. 해당없음
6358	충북 단양군	산모신생아건강관리사추가지원사업	10,000	7	6	5	8	7	5	1	4
6359	충북 단양군	소프트웨어미래채움사업	9,896	7	6	7	8	7	5	5	4
6360	충북 단양군	장애인활동지원추가급여	9,690	7	1	7	8	7	3	1	4
6361	충북 단양군	의료급여수급권자일반건강검진	8,000	7	2	7	8	7	1	1	4
6362	충북 단양군	향토음식거리광고	7,000	7	8	6	7	7	1	1	4
6363	충북 단양군	지방행정공통정보시스템유지관리	6,950	7	8	7	8	7	5	5	4
6364	충북 단양군	지질공원전광판운영비	6,000	7	6	6	1	7	1	2	2
6365	충북 단양군	발달장애인부모심리상담지원	1,923	7	1	7	8	7	3	1	4
6366	충북 단양군	청년마음건강지원사업	1,400	7	1	7	8	7	5	1	4
6367	충북 단양군	청소년산모임신출산의료비지원	1,200	7	2	5	8	7	5	1	4
6368	충북 단양군	대학생학자금이자지원	1,000	7	4	7	8	7	5	5	4
6369	충북 단양군	택시운행정보관리시스템구축	939	7	5	6	1	6	2	2	4
6370	충북 단양군	의료급여수급권자영유아건강검진	600	7	2	7	8	7	1	1	4
6371	충북 단양군	차세대주민등록정보시스템운영비	17,860	7	1	6	8	7	5	5	4
6372	충청남도	응급의료전용헬기운영비	3,470,000	7	1	5	8	7	5	2	1
6373	충청남도	공공보건의료협력체계구축사업(경상)	2,227,500	7	1	7	8	7	1	2	2
6374	충청남도	해양수산창업투자지원	1,700,000	7	2	6	7	7	1	1	1
6375	충청남도	충남사회서비스원운영	1,667,000	7	1	5	8	7	1	1	4
6376	충청남도	지방의료원파견의료인력인건비지원사업	1,600,000	7	1	6	1	7	5	1	1
6377	충청남도	그린스타트업타운지원	1,000,000	7	4	7	8	7	1	1	1
6378	충청남도	인터넷쇼핑몰농사랑운영	860,000	7	6	5	1	7	1	1	1
6379	충청남도	청소년활동진흥센터운영및사업비지원	779,783	7	5	7	8	7	1	1	4
6380	충청남도	도학교밖청소년지원(교육협력)	751,308	7	5	7	8	7	1	1	4
6381	충청남도	기능경기대회개최및전국대회참가지원	750,000	7	1	5	1	7	1	1	4
6382	충청남도	지역산업맞춤형인력양성(공동훈련센터운영)사업	703,000	7	2	7	8	7	1	3	1
6383	충청남도	의료취약지원격협진사업(의료원)	699,352	7	1	7	8	7	1	1	1
6384	충청남도	사회복지시설종사자대체인력지원	653,007	7	5	7	1	7	1	1	4
6385	충청남도	도청소년상담복지센터사업	609,028	7	5	7	8	7	1	1	4
6386	충청남도	충남형공공임상교수제	600,000	7	1	6	1	7	5	1	2
6387	충청남도	충청남도수자원종합계획수립	600,000	7	8	7	8	7	5	5	4
6388	충청남도	지역발달장애인지원센터운영지원	548,000	7	2	5	2	7	5	5	4
6389	충청남도	지역장애인보건의료센터운영	540,076	7	2	1	3	1	1	1	3
6390	충청남도	광역새일센터지정운영	517,574	7	2	5	1	7	5	5	1
6391	충청남도	충청남도온종일아동돌봄통합지원단운영	500,000	7	5	7	8	7	5	5	4
6392	충청남도	어촌특화지원센터지원	500,000	7	1	6	3	7	1	1	1
6393	충청남도	충남인큐베이터(창업보육)운영	490,000	7	4	7	8	7	1	1	1
6394	충청남도	충남일자리종합센터지원	460,000	7	2	1	3	2	1	1	1
6395	충청남도	도청소년통합지원체계구축	456,326	7	5	7	8	7	1	1	4
6396	충청남도	충청남도고정형청소년성문화센터운영	414,782	7	5	7	8	7	1	1	4
6397	충청남도	내포혁신창업공간(지식산업센터)운영	400,000	7	4	5	3	7	1	1	3

순번	시군구	지출명 (사업명)	2024년예산 (단위 : 천원 /1년간)	민간이전 분류 (지방자치단체 세출예산 집행기준에 의거) 1. 민간경상사업보조(307-02) 2. 민간단체 법정운영비보조(307-03) 3. 민간행사사업보조(307-04) 4. 민간위탁금(307-05) 5. 사회복지시설 법정운영비보조(307-10) 6. 민간인위탁교육비(307-12) 7. 공기관등에대한경상적위탁사업비(308-13) 8. 민간자본사업보조,자체재원(402-01) 9. 민간자본사업보조,이전재원(402-02) 10. 민간위탁사업비(402-03) 11. 공기관등에 대한 자본적 위탁사업비(403-02)	민간이전지출 근거 (지방보조금 관리기준 참고) 1. 법률에 규정 2. 국고보조 재원(국가지정) 3. 용도 지정 기부금 4. 조례에 직접규정 5. 지자체가 권장하는 사업을 하는 공공기관 6. 시,도 정책 및 재정사정 7. 기타 8. 해당없음	입찰방식 계약체결방법 (경쟁형태) 1. 일반경쟁 2. 제한경쟁 3. 지명경쟁 4. 수의계약 5. 법정위탁 6. 기타 ( ) 7. 없음	입찰방식 계약기간 1. 1년 2. 2년 3. 3년 4. 4년 5. 5년 6. 기타 ( )년 7. 단기계약 (1년미만) 8. 없음	입찰방식 낙찰자선정방법 1. 적격심사 2. 협상에의한계약 3. 최저가낙찰제 4. 규격가격분리 5. 2단계 경쟁입찰 6. 기타 ( ) 7. 없음	운영예산 산정 운영예산 산정 1. 내부산정 (지자체 자체적으로 산정) 2. 외부산정 (외부전문기관위탁 산정) 3. 내·외부 모두 산정 4. 산정 無 5. 없음	운영예산 산정 정산방법 1. 내부정산 (지자체 내부적으로 정산) 2. 외부정산 (외부전문기관위탁 정산) 3. 내·외부 모두 산정 4. 정산 無 5. 없음	성과평가 실시여부 1. 실시 2. 미실시 3. 향후 추진 4. 해당없음
6398	충청남도	충남지역사회서비스지원단운영	340,000	7	2	7	3	7	1	1	4
6399	충청남도	농식품해외시장개척사업	300,000	7	5	5	1	7	1	1	1
6400	충청남도	자치단체공통기반및재해복구시스템유지관리	281,444	7	1	6	1	7	2	2	4
6401	충청남도	중장년재도약창업지원사업	255,000	7	1	7	8	7	1	1	1
6402	충청남도	학교밖청소년진로직업체험공간운영	252,000	7	5	7	8	7	1	1	4
6403	충청남도	충남정보보호지원센터운영지원	251,350	7	2	6	1	7	1	2	2
6404	충청남도	사회적경제기업유통·판로지원	250,000	7	5	5	3	6	1	1	3
6405	충청남도	충남응급의료지원단운영비	250,000	7	1	5	8	7	5	2	1
6406	충청남도	주간활동서비스운영인력지원	235,200	7	2	5	2	7	5	5	4
6407	충청남도	수산식품판촉강화및해외시장개척	230,000	7	5	2	1	2	1	1	1
6408	충청남도	학교밖청소년드론파일럿양성과정(교육협력)	200,000	7	5	7	8	7	1	1	4
6409	충청남도	지역고용전문관운영	200,000	7	2	7	8	7	1	3	1
6410	충청남도	응급의료지원센터운영비	180,600	7	1	5	8	7	5	2	1
6411	충청남도	수산식품판촉강화및해외시장개척	170,000	7	5	2	1	2	1	1	1
6412	충청남도	고향사랑기부제홍보	160,000	7	1	5	8	7	1	1	2
6413	충청남도	충청권중소기업박람회	150,000	7	1	7	8	7	1	1	1
6414	충청남도	청소년국내외교류운영	119,000	7	5	7	8	7	1	1	4
6415	충청남도	발달장애인긴급돌봄시범사업운영지원(지역)	104,120	7	2	5	2	7	5	5	4
6416	충청남도	도청소년사회심리적외상지원(교육협력)	90,000	7	5	7	8	7	1	1	4
6417	충청남도	발달장애인특회사업장운영	90,000	7	1	7	8	7	4	1	3
6418	충청남도	온나라시스템유지관리지방부담금	88,972	7	1	6	1	7	2	2	4
6419	충청남도	지방의료원공공보건프로그램사업	80,000	7	1	7	8	7	5	1	1
6420	충청남도	학교폭력예방프로그램운영(도)	78,590	7	5	7	8	7	1	1	4
6421	충청남도	의무교육단계학업중단청소년학습지원강화사업(교육협력사업)	76,750	7	5	7	8	7	1	1	4
6422	충청남도	인사행정정보시스템유지보수	74,205	7	1	5	1	7	2	2	4
6423	충청남도	인터넷스마트폰과의존전담상담사배치	72,368	7	5	7	8	7	1	1	4
6424	충청남도	도청소년동반자프로그램운영	70,768	7	5	7	8	7	1	1	4
6425	충청남도	지역경제활성화시책홍보	70,000	7	1	7	8	7	1	1	4
6426	충청남도	힘차게성장하는충남기업홍보프로그램제작	70,000	7	1	7	8	7	1	1	1
6427	충청남도	디지털주민직접참여플랫폼운영	69,840	7	2	5	1	7	2	1	1
6428	충청남도	최중증발달장애인통합돌봄운영지원(지역센터)	66,000	7	2	5	2	7	5	5	4
6429	충청남도	행복키움수당전산시스템운영	65,150	7	4	4	3	2	1	1	3
6430	충청남도	주요정보통신기반시설컨설팅	61,400	7	1	6	1	7	1	2	2
6431	충청남도	충남어촌산업정책홍보	60,000	7	1	5	8	7	1	1	4
6432	충청남도	충청남도청소년행복성장프로젝트	57,000	7	5	7	8	7	1	1	4
6433	충청남도	고정형청소년성문화센터임차료지원	52,800	7	5	7	8	7	1	1	4
6434	충청남도	로컬푸드소비촉진홍보	50,000	7	5	4	1	7	1	1	1
6435	충청남도	보호수등숨은이야기사계홍보	50,000	7	1	5	1	7	1	1	3
6436	충청남도	물관리선진시책홍보	50,000	7	1	7	8	7	5	5	4
6437	충청남도	충남형도시리브쿠게더건립사업홍보	50,000	7	1	7	8	7	5	5	4

순번	시군구	지출명 (사업명)	2024년예산 (단위 : 천원 /1년간)	민간이전 분류 (지방자치단체 세출예산 집행기준에 의거) 1. 민간경상사업보조(307-02) 2. 민간단체 법정운영비보조(307-03) 3. 민간행사사업보조(307-04) 4. 민간위탁금(307-05) 5. 사회복지시설 법정운영비보조(307-10) 6. 민간인위탁교육비(307-12) 7. 공기관등에대한경상적위탁사업비(308-13) 8. 민간자본사업보조,자체재원(402-01) 9. 민간자본사업보조,이전재원(402-02) 10. 민간위탁사업비(402-03) 11. 공기관등에 대한 자본적 위탁사업비(403-02)	민간이전지출 근거 (지방보조금 관리기준 참고) 1. 법률에 규정 2. 국고보조 재원(국가지정) 3. 용도 지정 기부금 4. 조례에 직접규정 5. 지자체가 권장하는 사업을 하는 공공기관 6. 시,도 정책 및 재정사정 7. 기타 8. 해당없음	입찰방식: 계약체결방법 (경쟁형태) 1. 일반경쟁 2. 제한경쟁 3. 지명경쟁 4. 수의계약 5. 법정위탁 6. 기타 ( ) 7. 없음	입찰방식: 계약기간 1. 1년 2. 2년 3. 3년 4. 4년 5. 5년 6. 기타 ( )년 7. 단기계약 (1년미만) 8. 없음	입찰방식: 낙찰자선정방법 1. 적격심사 2. 협상에의한계약 3. 최저가낙찰제 4. 규격가격분리 5. 2단계 경쟁입찰 6. 기타 ( ) 7. 없음	운영예산 산정: 운영예산 산정 1. 내부산정 (지자체 자체적으로 산정) 2. 외부산정 (외부전문기관위탁 산정) 3. 내·외부 모두 산정 4. 산정 無 5. 없음	운영예산 산정: 정산방법 1. 내부정산 (지자체 내부적으로 정산) 2. 외부정산 (외부전문기관위탁 정산) 3. 내·외부 모두 정산 4. 정산 無 5. 없음	성과평가 실시여부 1. 실시 2. 미실시 3. 향후 추진 4. 해당없음
6438	충청남도	공장설립관리정보망운영	49,600	7	1	7	8	7	2	2	1
6439	충청남도	미디어리터러시및민주시민교육활성화(도민참여)	45,000	7	5	7	8	7	1	1	4
6440	충청남도	고정형청소년성문화센터처우개선비지원	40,336	7	5	7	8	7	1	1	4
6441	충청남도	유관순상및유관순횃불상홍보	40,000	7	8	7	8	7	5	5	4
6442	충청남도	지역경제교육사업	40,000	7	1	6	1	6	1	1	4
6443	충청남도	따뜻한충남출산정책홍보	40,000	7	4	7	8	7	1	1	4
6444	충청남도	인터넷원서접수위탁비	39,000	7	1	5	1	7	2	2	4
6445	충청남도	재난응급의료무선통신망운영비	32,983	7	1	5	8	7	3	3	1
6446	충청남도	청소년의달운영	25,000	7	5	7	8	7	1	1	4
6447	충청남도	신규공중보건의사직무교육비부담금	22,542	7	1	7	8	7	5	5	2
6448	충청남도	학교밖청소년진로진학박람회	20,000	7	5	7	8	7	1	1	4
6449	충청남도	사회복지업무담당자역량강화	20,000	7	5	7	1	7	1	1	4
6450	충청남도	청소년지역사회변화프로젝트(교육협력사업)	19,000	7	5	7	8	7	1	1	4
6451	충청남도	응급의료지원센터임차료	18,000	7	1	5	8	7	1	1	1
6452	충청남도	학교밖청소년문화페스티벌	17,000	7	5	7	8	7	1	1	4
6453	충청남도	도청소년참여위원회운영	12,500	7	5	7	8	7	1	1	4
6454	충청남도	청소년시설(도)사회복무요원배치지원	10,561	7	5	7	8	7	1	1	4
6455	충청남도	고향사랑기부제종합정보시스템유지관리및운영	10,000	7	1	5	1	2	2	2	2
6456	충청남도	도학교밖세상소통카드	10,000	7	5	7	8	7	1	1	4
6457	충청남도	충청남도청소년자원봉사대회	10,000	7	5	7	8	7	1	1	4
6458	충청남도	지역자율형사회서비스취약지지원사업지원	10,000	7	2	7	8	7	1	1	4
6459	충청남도	청소년정책제안대회	9,500	7	5	7	8	7	1	1	4
6460	충청남도	청소년참여기구활성화지원	8,550	7	5	7	8	7	1	1	4
6461	충청남도	청소년어울림마당모니터링단운영	7,125	7	5	7	8	7	1	1	4
6462	충청남도	시도행정정보시스템서비스데스크운영	6,950	7	1	6	1	7	2	2	4
6463	충청남도	여성청소년생리대구입비(도)	1,200	7	5	7	8	7	1	1	4
6464	충청남도	전국단위탄소중립정책관련홍보	500,000	7	1	5	7	7	1	5	4
6465	충청남도	충남창작스튜디오운영관리	344,000	7	5	7	8	7	5	5	4
6466	충청남도	교통문화지수향상및교통사고원인분석	200,000	7	5	7	8	7	5	5	4
6467	충청남도	저소득층금연치료지원	187,937	7	2	5	8	7	5	5	4
6468	충청남도	기업투자여건언론홍보등	160,000	7	1	7	8	7	5	5	4
6469	충청남도	파크골프장조성사업홍보	150,000	7	4	7	8	7	5	5	4
6470	충청남도	광역간대중교통환승손실재정지원	96,000	7	1,7	7	8	7	1	1	4
6471	충청남도	표준지방세정보시스템유지보수	91,885	7	1	5	1	7	2	2	4
6472	충청남도	충청남도외국인투자기업지원센터지원	91,000	7	4	4	1	2	1	1	4
6473	충청남도	해양보호구역기반지역발전구축	90,000	7	5	7	8	7	5	5	4
6474	충청남도	자치단체통합교육관리시스템유지관리	88,250	7	1,5	7	8	7	5	5	4
6475	충청남도	지방재정관리시스템유지보수	86,736	7	2	7	8	7	5	5	4
6476	충청남도	도재난심리회복지원센터운영지원	85,600	7	2	6	6	7	5	5	4
6477	충청남도	통합문화이용권지역주관처운영	70,000	7	5	7	8	7	1	1	1

순번	시군구	지출명 (사업명)	2024년예산 (단위 : 천원 /1년간)	민간이전 분류 (지방자치단체 세출예산 집행기준에 의거) 1. 민간경상사업보조(307-02) 2. 민간단체 법정운영비보조(307-03) 3. 민간행사사업보조(307-04) 4. 민간위탁금(307-05) 5. 사회복지시설 법정운영비보조(307-10) 6. 민간인위탁교육비(307-12) 7. 공기관등에대한경상적위탁사업비(308-13) 8. 민간자본사업보조,자체재원(402-01) 9. 민간자본사업보조,이전재원(402-02) 10. 민간위탁사업비(402-03) 11. 공기관등에 대한 자본적 위탁사업비(403-02)	민간이전지출 근거 (지방보조금 관리기준 참고) 1. 법률에 규정 2. 국고보조 재원(국가지정) 3. 용도 지정 기부금 4. 조례에 직접규정 5. 지자체가 권장하는 사업을 하는 공공기관 6. 시,도 정책 및 재정사정 7. 기타 8. 해당없음	입찰방식 계약체결방법 (경쟁형태) 1. 일반경쟁 2. 제한경쟁 3. 지명경쟁 4. 수의계약 5. 법정위탁 6. 기타 ( ) 7. 없음	입찰방식 계약기간 1. 1년 2. 2년 3. 3년 4. 4년 5. 5년 6. 기타 ( )년 7. 단기계약 (1년미만) 8. 없음	입찰방식 낙찰자선정방법 1. 적격심사 2. 협상에의한계약 3. 최저가낙찰제 4. 규격가격분리 5. 2단계 경쟁입찰 6. 기타 ( ) 7. 없음	운영예산 산정 운영예산 산정 1. 내부산정 (지자체 자체적으로 산정) 2. 외부산정 (외부전문기관위탁 산정) 3. 내·외부 모두 산정 4. 산정 無 5. 없음	운영예산 산정 정산방법 1. 내부정산 (지자체 내부적으로 정산) 2. 외부정산 (외부전문기관위탁 정산) 3. 내·외부 모두 산정 4. 정산 無 5. 없음	성과평가 실시여부 1. 실시 2. 미실시 3. 향후 추진 4. 해당없음
6478	충청남도	탄소중립기후위기대응홍보	70,000	7	1	5	7	7	1	5	4
6479	충청남도	지방교부세자료관리시스템유지관리	67,376	7	5	7	8	7	5	5	4
6480	충청남도	충남미술사발간및조사연구	60,000	7	5	7	8	7	5	5	4
6481	충청남도	해양건도및해양수산시책홍보	60,000	7	1	7	8	7	5	5	4
6482	충청남도	탄소중립홍보실천확산	50,000	7	1	5	7	7	1	5	4
6483	충청남도	교통사고예방캠페인홍보	50,000	7	1	5	7	7	1	1	4
6484	충청남도	해양신산업육성및해양환경정책홍보	50,000	7	1	7	8	7	5	5	4
6485	충청남도	지역해양환경교육센터운영	40,000	7	5	6	3	6	1	1	1
6486	충청남도	지방세외수입정보시스템운영관리	38,491	7	1	5	1	7	2	2	4
6487	충청남도	사육환경개선및동물보호홍보	30,000	7	1	7	8	7	5	5	4
6488	충청남도	마음구호프로그램운영	24,000	7	2	6	6	7	5	5	4
6489	충청남도	지방재정정보화시스템유지관리	22,890	7	1	7	8	7	5	5	4
6490	충청남도	충청남도생태관광홍보	20,000	7	1	5	7	7	1	5	4
6491	충남 공주시	문화유산활용콘텐츠구축(미디어아트)	1,760,000	7	2	6	8	7	1	1	1
6492	충남 공주시	공주무령왕릉과왕릉원발굴조사	700,000	7	2	7	8	7	1	1	4
6493	충남 공주시	공산성북원고증심화연구	500,000	7	2	7	8	7	1	1	4
6494	충남 공주시	학교급식지원센터운영	411,240	7	4	7	7	7	1	1	3
6495	충남 공주시	공주문화재야행사업	350,000	7	5	6	7	6	3	3	3
6496	충남 공주시	고맛나루통합마케팅지원	300,000	7	6	7	8	7	1	1	3
6497	충남 공주시	충청감영역사문화제	290,000	7	7	7	8	7	1	1	1
6498	충남 공주시	옥룡캠퍼스평생학습프로그램지원	150,000	7	4	7	8	7	1	1	4
6499	충남 공주시	공산성디지털아카이브구축	150,000	7	2	7	8	7	1	1	4
6500	충남 공주시	공주시민대학운영	100,000	7	4	7	8	7	1	1	4
6501	충남 공주시	공주문화재야행사업(자체사업)	100,000	7	5	6	7	6	3	3	3
6502	충남 공주시	충청감영역사문화자원연구	100,000	7	7	7	8	7	1	1	1
6503	충남 공주시	고도기반구축사업	100,000	7	2	6	1	6	1	1	1
6504	충남 공주시	바로마켓백제금강직거래장터지원	86,000	7	2	7	8	7	1	1	3
6505	충남 공주시	영유아교통안전용품지원	81,982	7	6	7	8	7	1	1	4
6506	충남 공주시	통합마케팅조직육성	80,000	7	6	7	8	7	1	1	3
6507	충남 공주시	해외수출시장개척지원	70,000	7	6	7	8	7	1	1	3
6508	충남 공주시	백제왕도학술대회	50,000	7	2	7	8	7	1	1	4
6509	충남 공주시	공주디지털문화유산전	50,000	7	7	7	8	7	1	1	1
6510	충남 공주시	충남시민대학운영	40,000	7	4	7	8	7	1	1	4
6511	충남 공주시	보건소결핵관리사업(인건비,위탁)	37,714	7	2	7	1	7	5	1	1
6512	충남 공주시	차세대표준지방인사정보시스템유지관리	37,000	7	5	6	1	7	1	1	2
6513	충남 공주시	2023년주민등록정보시스템운영위탁비	22,179	7	1	7	8	7	2	2	4
6514	충남 보령시	삽시도특성화사업2단계(주민역량강화)	400,000	7	1	5	2	7	5	1	4
6515	충남 보령시	대왕홍합따라십리길미항녹도(주민역량강화)	230,000	7	1	5	2	7	5	1	4
6516	충남 보령시	서해안시대해양관광1번지,원산도(주민역량강화)	200,000	7	1	5	2	7	5	1	4
6517	충남 보령시	호도특성화사업1단계(주민역량강화)	200,000	7	1	5	2	7	5	1	4

순번	시군구	지출명 (사업명)	2024년예산 (단위 : 천원 /1년간)	민간이전 분류 (지방자치단체 세출예산 집행기준에 의거) 1. 민간경상사업보조(307-02) 2. 민간단체 법정운영비보조(307-03) 3. 민간행사사업보조(307-04) 4. 민간위탁금(307-05) 5. 사회복지시설 법정운영비보조(307-10) 6. 민간인위탁교육비(307-12) 7. 공기관등에대한경상적위탁사업비(308-13) 8. 민간자본사업보조,자체재원(402-01) 9. 민간자본사업보조,이전재원(402-02) 10. 민간위탁사업비(402-03) 11. 공기관등에 대한 자본적 위탁사업비(403-02)	민간이전지출 근거 (지방보조금 관리기준 참고) 1. 법률에 규정 2. 국고보조 재원(국가지정) 3. 용도 지정 기부금 4. 조례에 직접규정 5. 지자체가 권장하는 사업을 하는 공공기관 6. 시,도 정책 및 재정사정 7. 기타 8. 해당없음	입찰방식 계약체결방법 (경쟁형태) 1. 일반경쟁 2. 제한경쟁 3. 지명경쟁 4. 수의계약 5. 법정위탁 6. 기타 ( ) 7. 없음	입찰방식 계약기간 1. 1년 2. 2년 3. 3년 4. 4년 5. 5년 6. 기타 ( )년 7. 단기계약 (1년미만) 8. 없음	입찰방식 낙찰자선정방법 1. 적격심사 2. 협상에의한계약 3. 최저가낙찰제 4. 규격가격분리 5. 2단계 경쟁입찰 6. 기타 ( ) 7. 없음	운영예산 산정 운영예산 산정 1. 내부산정 (지자체 자체적으로 산정) 2. 외부산정 (외부전문기관위탁 산정) 3. 내·외부 모두 산정 4. 산정 無 5. 없음	운영예산 산정 정산방법 1. 내부정산 (지자체 내부적으로 정산) 2. 외부정산 (외부전문기관위탁 정산) 3. 내·외부 모두 산정 4. 정산 無 5. 없음	성과평가 실시여부 1. 실시 2. 미실시 3. 향후 추진 4. 해당없음
6518	충남 보령시	무창포닭벼슬섬갯벌생태계복원사업모니터링	100,000	7	1	5	5	7	4	1	4
6519	충남 보령시	보령해저터널홍보관위탁사업비	40,000	7	4	5	1	7	1	1	2
6520	충남 보령시	알뜰교통카드지원사업	5,000	7	2	5	8	7	2	2	4
6521	충남 보령시	택시운행정보관리시스템운영	3,113	7	1	5	8	7	2	4	4
6522	충남 보령시	전기요금일부지원사업	3,800,000	7	4	5	1	7	2	1	4
6523	충남 보령시	보령시시설관리공단경상적위탁사업비	2,997,374	7	4	7	8	7	5	5	4
6524	충남 보령시	발달장애인주간활동서비스지원	1,602,702	7	2	7	8	7	5	5	4
6525	충남 보령시	3~5세누리과정보육료지원	1,513,179	7	1	5	1	7	5	5	4
6526	충남 보령시	중증장애인활동보조도추가지원	972,690	7	2	7	8	7	5	5	4
6527	충남 보령시	아이돌봄지원	928,032	7	1	5	1	7	5	5	4
6528	충남 보령시	첫만남이용권지원	694,000	7	1	5	1	7	5	5	4
6529	충남 보령시	발달재활서비스바우처지원	454,692	7	2	7	8	7	5	5	4
6530	충남 보령시	근로능력있는수급자의탈수급지원	426,224	7	1	7	8	7	1	1	4
6531	충남 보령시	어린이집차액보육료지원	408,820	7	1	5	1	7	5	5	4
6532	충남 보령시	산모신생아건강관리지원	350,000	7	2	7	8	7	3	3	4
6533	충남 보령시	근로자종합복지관운영비	301,402	7	4	7	8	7	5	5	4
6534	충남 보령시	부모급여(보육료)지원	300,000	7	1	5	1	7	5	5	4
6535	충남 보령시	치매치료관리비지원	270,571	7	6	7	7	7	3	3	1
6536	충남 보령시	별빛달빛충청수영	250,000	7	2	7	8	7	5	1	1
6537	충남 보령시	저소득층기저귀및조제분유지원	178,560	7	2	7	8	7	3	3	4
6538	충남 보령시	청소년수련관운영	171,164	7	1,4	7	8	7	1	1	1
6539	충남 보령시	가사간병방문지원서비스	134,000	7	1	7	8	7	1	1	4
6540	충남 보령시	발달장애인방과후돌봄서비스지원	116,379	7	2	7	8	7	5	5	4
6541	충남 보령시	통합지방재정시스템유지보수	113,008	7	1	1	1	6	2	2	4
6542	충남 보령시	활동보조가산급여	107,406	7	2	7	8	7	5	5	4
6543	충남 보령시	갯벌속진주,보령의해녀문화	100,000	7	2	7	8	7	5	1	1
6544	충남 보령시	최중증발달장애인그룹형개별활동지원	79,703	7	2	7	8	7	5	5	4
6545	충남 보령시	보령댐애향박물관운영위탁사업비	50,057	7	4	7	7	7	1	1	4
6546	충남 보령시	맞춤형지식재산권창출사업	50,000	7	7	5	1	7	1	1	1
6547	충남 보령시	2024년충남형스마트공장구축사업	42,000	7	7	5	1	7	1	1	1
6548	충남 보령시	2024년도TV홈쇼핑입점지원사업	42,000	7	7	5	1	7	1	1	1
6549	충남 보령시	표준지방인사정보시스템유지관리(인사통계포함)	37,053	7	7	7	1	1	5	5	4
6550	충남 보령시	차세대주민등록정보시스템운영시군구부담액	19,913	7	1	5	8	7	5	5	4
6551	충남 보령시	시간제보육료지원	15,055	7	1	5	1	7	5	5	4
6552	충남 보령시	청백e(통합상시모니토링)시스템운영	14,092	7	1	5	8	7	2	1	4
6553	충남 보령시	발달장애인부모상담지원	11,518	7	2	7	8	7	5	5	4
6554	충남 보령시	신용보증기금매출채권보험료지원	10,000	7	7	5	1	7	1	1	1
6555	충남 보령시	언어발달지원바우처지원	2,395	7	2	7	8	7	5	5	4
6556	충남 보령시	대학생학자금이자지원사업	2,000	7	1,4	7	8	7	1	5	4
6557	충남 보령시	의료급여수급권자영유아검진비지원	1,775	7	2	7	8	7	3	3	4

순번	시군구	지출명 (사업명)	2024년예산 (단위 : 천원 /1년간)	민간이전 분류 (지방자치단체 세출예산 집행기준에 의거) 1. 민간경상사업보조(307-02) 2. 민간단체 법정운영비보조(307-03) 3. 민간행사사업보조(307-04) 4. 민간위탁금(307-05) 5. 사회복지시설 법정운영비보조(307-10) 6. 민간인위탁교육비(307-12) 7. 공기관등에대한경상적위탁사업비(308-13) 8. 민간자본사업보조,자체재원(402-01) 9. 민간자본사업보조,이전재원(402-02) 10. 민간위탁사업비(402-03) 11. 공기관등에 대한 자본적 위탁사업비(403-02)	민간이전지출 근거 (지방보조금 관리기준 참고) 1. 법률에 규정 2. 국고보조 재원(국가지정) 3. 용도 지정 기부금 4. 조례에 직접규정 5. 지자체가 권장하는 사업을 하는 공공기관 6. 시,도 정책 및 재정사정 7. 기타 8. 해당없음	입찰방식			운영예산 산정		성과평가 실시여부
						계약체결방법 (경쟁형태) 1. 일반경쟁 2. 제한경쟁 3. 지명경쟁 4. 수의계약 5. 법정위탁 6. 기타 ( ) 7. 없음	계약기간 1. 1년 2. 2년 3. 3년 4. 4년 5. 5년 6. 기타 ( )년 7. 단기계약 (1년미만) 8. 없음	낙찰자선정방법 1. 적격심사 2. 협상에의한계약 3. 최저가낙찰제 4. 규격가격분리 5. 2단계 경쟁입찰 6. 기타 ( ) 7. 없음	운영예산 산정 1. 내부산정 (지자체 자체적으로 산정) 2. 외부산정 (외부전문기관위탁 산정) 3. 내·외부 모두 산정 4. 산정 無 5. 없음	정산방법 1. 내부정산 (지자체 내부적으로 정산) 2. 외부정산 (외부전문기관위탁 정산) 3. 내·외부 모두 산정 4. 정산 無 5. 없음	1. 실시 2. 미실시 3. 향후 추진 4. 해당없음
6558	충남 보령시	청소년산모의료비지원	1,200	7	2	7	8	7	3	3	4
6559	충남 아산시	충효애치유관광더하기사업(경상)	2,204,000	7	5	6	5	7	1	1	3
6560	충남 아산시	초사수소충전소운영위탁사업비	1,878,940	7	1	5	8	7	1	2	3
6561	충남 아산시	외국인아동보육료지원	1,570,000	7	6	7	8	7	1	5	2
6562	충남 아산시	산모신생아건강관리지원사업	1,445,700	7	2	7	8	7	5	5	4
6563	충남 아산시	어린이집로컬푸드급식지원	1,020,000	7	5	5	8	3	1	1	1
6564	충남 아산시	희귀질환자의료비지원사업	975,730	7	1	7	8	7	5	5	4
6565	충남 아산시	어린이집친환경식재료현물지원	850,886	7	5	5	8	3	1	1	1
6566	충남 아산시	도시형교통모델공공형버스	846,574	7	4	6	8	7	1	1	2
6567	충남 아산시	도시형교통모델공공형버스	654,000	7	2	6	8	7	1	1	2
6568	충남 아산시	시정홍보(축제,캠페인,기획광고등)	593,600	7	1	5	8	7	1	1	4
6569	충남 아산시	기저귀및조제분유지원	566,620	7	2	7	8	7	5	5	4
6570	충남 아산시	온천의의료적효능검증체계화사업	500,000	7	5	6	3	7	1	1	3
6571	충남 아산시	청소년방과후아카데미운영	458,182	7	4	7	8	7	1	1	4
6572	충남 아산시	공영주차장운영(시설관리공단)	426,980	7	4	5	8	7	1	1	1
6573	충남 아산시	아산코미디홀위탁운영	350,000	7	5	6	2	7	1	2	3
6574	충남 아산시	옹기발효음식전시체험관위탁운영	350,000	7	5	6	2	7	1	2	3
6575	충남 아산시	경로당친환경쌀등지원	300,000	7	5	5	8	3	1	1	1
6576	충남 아산시	치매치료관리비지원	273,519	7	1	7	8	7	5	5	4
6577	충남 아산시	의정활동홍보	270,000	7	1	5	8	7	1	1	4
6578	충남 아산시	배방산성시굴조사	260,000	7	5	7	8	7	5	5	4
6579	충남 아산시	공설봉안당운영(시설관리공단)	235,612	7	5	6	6	7	1	1	4
6580	충남 아산시	곡교천야영장위탁운영	209,370	7	5	6	8	7	1	2	3
6581	충남 아산시	현충사야간개장운영	200,000	7	4	7	8	7	5	5	4
6582	충남 아산시	발달장애인특화사업장구축	150,000	7	2	7	8	7	5	5	4
6583	충남 아산시	원어민영어화상학습운영	144,000	7	4	7	8	7	5	1	4
6584	충남 아산시	지방재정관리시스템운영관리	141,422	7	7	7	1	7	5	5	4
6585	충남 아산시	공통기반및재해복구시스템유지관리	129,852	7	1	5	1	7	5	1	4
6586	충남 아산시	시정홍보TV광고송출	120,000	7	1	5	1	7	1	2	1
6587	충남 아산시	알뜰교통카드마일리지지원	118,000	7	2	5	8	7	1	5	2
6588	충남 아산시	아산시청소년국제교류캠프	104,340	7	4	7	8	7	5	5	4
6589	충남 아산시	차세대지방세정보시스템운영관리	102,300	7	1	5	1	7	2	2	4
6590	충남 아산시	스마트공장구축지원사업	100,000	7	5	7	8	7	1	1	4
6591	충남 아산시	아산시민참여학교사업	100,000	7	5	7	8	7	5	5	4
6592	충남 아산시	제63회성웅이순신축제전국홍보	80,000	7	1	5	1	7	1	2	2
6593	충남 아산시	무역사절단운영	80,000	7	5	7	8	7	1	1	4
6594	충남 아산시	시정홍보방송프로그램제작송출	75,000	7	1	5	1	7	1	2	2
6595	충남 아산시	각종광고매체활용관광지홍보	65,000	7	1	5	8	7	1	1	4
6596	충남 아산시	그룹홈로컬푸드식품비지원	63,554	7	5	5	8	3	1	1	1
6597	충남 아산시	2024년온나라시스템운영지원위탁(기술지원료)	59,393	7	1	5	1	2	3	2	1

순번	시군구	지출명 (사업명)	2024년예산 (단위 : 천원 /1년간)	민간이전 분류 (지방자치단체 세출예산 집행기준에 의거) 1. 민간경상사업보조(307-02) 2. 민간단체 법정운영비보조(307-03) 3. 민간행사사업보조(307-04) 4. 민간위탁금(307-05) 5. 사회복지시설 법정운영비보조(307-10) 6. 민간인위탁교육비(307-12) 7. 공기관등에대한경상적위탁사업비(308-13) 8. 민간자본사업보조,자체재원(402-01) 9. 민간자본사업보조,이전재원(402-02) 10. 민간위탁사업비(402-03) 11. 공기관등에 대한 자본적 위탁사업비(403-02)	민간이전지출 근거 (지방보조금 관리기준 참고) 1. 법률에 규정 2. 국고보조 재원(국가지정) 3. 용도 지정 기부금 4. 조례에 직접규정 5. 지자체가 권장하는 사업을 하는 공공기관 6. 시,도 정책 및 재정사정 7. 기타 8. 해당없음	입찰방식 계약체결방법 (경쟁형태) 1. 일반경쟁 2. 제한경쟁 3. 지명경쟁 4. 수의계약 5. 법정위탁 6. 기타 ( ) 7. 없음	입찰방식 계약기간 1. 1년 2. 2년 3. 3년 4. 4년 5. 5년 6. 기타 ( )년 7. 단기계약 (1년미만) 8. 없음	입찰방식 낙찰자선정방법 1. 적격심사 2. 협상에의한계약 3. 최저가낙찰제 4. 규격가격분리 5. 2단계 경쟁입찰 6. 기타 ( ) 7. 없음	운영예산 산정 운영예산 산정 1. 내부산정 (지자체 자체적으로 산정) 2. 외부산정 (외부전문기관위탁 산정) 3. 내·외부 모두 산정 4. 산정 無 5. 없음	운영예산 산정 정산방법 1. 내부정산 (지자체 내부적으로 정산) 2. 외부정산 (외부전문기관위탁 정산) 3. 내·외부 모두 정산 4. 정산 無 5. 없음	성과평가 실시여부 1. 실시 2. 미실시 3. 향후 추진 4. 해당없음
6598	충남 아산시	장간광고비	58,300	7	1	5	8	7	1	1	4
6599	충남 아산시	공공청소년수련시설종사자처우개선비	58,050	7	4	7	8	7	1	1	4
6600	충남 아산시	청소년지도사배치지원	56,256	7	4	7	8	7	1	1	4
6601	충남 아산시	농특산물공동브랜드홍보	54,000	7	4	7	8	7	5	5	4
6602	충남 아산시	표준지방인사정보시스템유지관리분담금	53,470	7	1	7	1	7	2	4	4
6603	충남 아산시	국가암관리지자체지원	53,362	7	2	6	1	7	5	1	2
6604	충남 아산시	학교급식센터운영활성화사업	50,500	7	5	5	8	3	1	1	1
6605	충남 아산시	공영주차장운영(시설관리공단)	49,020	7	4	5	8	7	1	1	4
6606	충남 아산시	사회배려계층등청소년국제캠프참가지원	44,860	7	4	7	8	7	5	5	4
6607	충남 아산시	매출채권보험료지원	40,000	7	6	7	8	7	5	5	4
6608	충남 아산시	청소년마을배움터네트워크활동지원	40,000	7	5	7	8	7	5	5	4
6609	충남 아산시	의료수급권자건강검진	39,688	7	2	6	1	7	5	1	2
6610	충남 아산시	어울림마당	24,000	7	4	7	8	7	1	1	4
6611	충남 아산시	홍보영상콘텐츠기획광고	20,000	7	1	7	8	7	1	1	2
6612	충남 아산시	공공급식로컬푸드원물보조	20,000	7	5	5	8	3	1	1	1
6613	충남 아산시	원어민다국어화상학습운영	20,000	7	4	7	8	7	5	5	4
6614	충남 아산시	2024년온나라시스템운영지원위탁(운영지원분담금)	18,300	7	1	5	1	2	3	2	1
6615	충남 아산시	수출중소기업무역보험가입지원	18,000	7	5	7	8	7	1	1	1
6616	충남 아산시	아산시도시관리계획관련신문공고및제작	18,000	7	7	6	8	7	4	4	4
6617	충남 아산시	청소년활동지원(동아리활동지원)	12,400	7	4	7	8	7	1	1	4
6618	충남 아산시	어린이청소년의회운영	12,000	7	4	7	8	7	1	1	1
6619	충남 아산시	시간제보육료	11,520	7	2	7	8	7	5	5	2
6620	충남 아산시	공원조성계획관련신문공고료	11,100	7	1	7	8	7	5	5	4
6621	충남 아산시	택시운행정보관리시스템구축	11,007	7	1	1	1	2	2	1	2
6622	충남 아산시	SNS채널홍보	10,000	7	1	5	1	7	1	2	2
6623	충남 아산시	포털사이트광고등	10,000	7	1	7	8	7	1	1	2
6624	충남 아산시	농사랑쇼핑몰시군의날운영	10,000	7	1	5	1	7	1	1	1
6625	충남 아산시	청소년방과후아카데미종사자처우개선	8,010	7	4	7	8	7	1	1	4
6626	충남 아산시	청소년산모임신출산의료비지원	7,560	7	2	7	8	7	5	5	4
6627	충남 아산시	지방행정통합정보시스템상담센터운영	6,950	7	1	5	1	7	2	2	1
6628	충남 아산시	의료급여수급권자영유아검진비지원	5,470	7	2	7	8	7	5	5	4
6629	충남 아산시	지자체기능분류모델(BRM)시스템고도화예산지자체별분담	5,250	7	8	7	8	7	5	5	4
6630	충남 아산시	기본경비	4,950	7	6	7	8	7	5	5	4
6631	충남 아산시	청소년수련활동지원	3,733	7	4	7	8	7	1	1	4
6632	충남 아산시	청소년시설운영위원회지원	3,000	7	4	7	8	7	1	1	4
6633	충남 아산시	청소년참여위원회운영	2,800	7	4	7	8	7	1	1	4
6634	충남 아산시	표준모자보건수첩제작	2,768	7	2	7	8	7	5	5	4
6635	충남 아산시	방과후보육료지원	1,200	7	2	7	8	7	5	5	2
6636	충남 서산시	어린이집차액보육료지원	2,836,229	7	6	7	8	7	5	1	4
6637	충남 서산시	첫만남이용권지원	1,896,000	7	2	5	8	7	5	5	4

순번	시군구	지출명 (사업명)	2024년예산 (단위 : 천원 /1년간)	민간이전 분류 (지방자치단체 세출예산 집행기준에 의거) 1. 민간경상사업보조(307-02) 2. 민간단체 법정운영비보조(307-03) 3. 민간행사사업보조(307-04) 4. 민간위탁금(307-05) 5. 사회복지시설 법정운영비보조(307-10) 6. 민간인위탁교육비(307-12) 7. 공기관등에대한경상적위탁사업비(308-13) 8. 민간자본사업보조,자체재원(402-01) 9. 민간자본사업보조,이전재원(402-02) 10. 민간위탁사업비(402-03) 11. 공기관등에 대한 자본적 위탁사업비(403-02)	민간이전지출 근거 (지방보조금 관리기준 참고) 1. 법률에 규정 2. 국고보조 재원(국가지정) 3. 용도 지정 기부금 4. 조례에 직접규정 5. 지자체가 권장하는 사업을 하는 공공기관 6. 시,도 정책 및 재정사정 7. 기타 8. 해당없음	입찰방식			운영예산 산정		성과평가 실시여부
						계약체결방법 (경쟁형태) 1. 일반경쟁 2. 제한경쟁 3. 지명경쟁 4. 수의계약 5. 법정위탁 6. 기타 ( ) 7. 없음	계약기간 1. 1년 2. 2년 3. 3년 4. 4년 5. 5년 6. 기타 ( )년 7. 단기계약 (1년미만) 8. 없음	낙찰자선정방법 1. 적격심사 2. 협상에의한계약 3. 최저가낙찰제 4. 규격가격분리 5. 2단계 경쟁입찰 6. 기타 ( ) 7. 없음	운영예산 산정 1. 내부산정 (지자체 자체적으로 산정) 2. 외부산정 (외부전문기관위탁 산정) 3. 내·외부 모두 산정 4. 산정 無 5. 없음	정산방법 1. 내부정산 (지자체 내부적으로 정산) 2. 외부정산 (외부전문기관위탁 정산) 3. 내·외부 모두 산정 4. 정산 無 5. 없음	1. 실시 2. 미실시 3. 향후 추진 4. 해당없음
6638	충남 서산시	발달장애인주간활동서비스지원	1,035,482	7	2	7	8	7	5	3	2
6639	충남 서산시	산모신생아건강관리지원사업(전환사업)	907,100	7	1	7	8	7	5	5	4
6640	충남 서산시	중증장애인활동보조도추가지원	888,493	7	6	7	8	7	5	3	2
6641	충남 서산시	아이돌봄지원사업	786,875	7	2	7	1	7	1	1	4
6642	충남 서산시	발달재활서비스바우처지원	646,692	7	2	7	8	7	5	3	2
6643	충남 서산시	지역사회서비스투자사업	610,589	7	2	7	8	7	5	5	4
6644	충남 서산시	서산시야간영유아진료센터운영비지원	600,000	7	2	7	8	7	5	3	4
6645	충남 서산시	근로능력있는수급자의탈수급지원(자산형성지원통장)	474,521	7	2	5	8	7	5	5	4
6646	충남 서산시	시정홍보광고수수료	440,000	7	1	7	8	7	5	5	4
6647	충남 서산시	치매치료관리비지원(전환)	302,731	7	7	7	8	7	2	2	4
6648	충남 서산시	기저귀및조제분유지원	266,360	7	2	7	8	7	5	5	4
6649	충남 서산시	희귀난치성질환자의료비지원사업	262,766	7	1,2	7	8	7	3	3	1
6650	충남 서산시	청소년발달장애학생방과후활동서비스	256,538	7	2	7	8	7	5	3	2
6651	충남 서산시	생활문화센터운영	243,973	7	4	4	3	7	1	1	3
6652	충남 서산시	국가암관리지자체지지원(암조기검진)	182,950	7	1,2	7	8	7	3	3	1
6653	충남 서산시	우수브랜드TV,옥외광고등홍보	170,000	7	4	5	7	7	1	1	1
6654	충남 서산시	농특산물파워브랜드육성지원	164,560	7	6	5	7	7	1	1	1
6655	충남 서산시	시정홍보방송광고	150,000	7	7	7	8	7	5	5	4
6656	충남 서산시	활동보조가산급여	145,410	7	2	7	8	7	5	3	2
6657	충남 서산시	다큐멘터리제작지원	140,000	7	7	7	8	7	5	5	4
6658	충남 서산시	우수농특산물신문및온라인(배너)광고	127,600	7	4	5	7	7	1	1	1
6659	충남 서산시	온라인농특산물판매지원	100,000	7	4	5	7	7	1	1	1
6660	충남 서산시	청소년건강지원	78,960	7	2	5	1	7	1	1	1
6661	충남 서산시	헌혈자지역화폐지원사업	70,000	7	4	7	8	7	5	1	4
6662	충남 서산시	TV홈쇼핑입점지원사업	63,000	7	4,5,6	7	8	7	5	5	4
6663	충남 서산시	서산정충신문중소장유물학술연구	60,000	7	7	4	7	7	1	1	4
6664	충남 서산시	아파트LCD모니터시정홍보	59,092	7	4	7	8	7	5	5	4
6665	충남 서산시	가사간병방문지원	50,000	7	2	5	8	7	5	5	4
6666	충남 서산시	산모신생아건강관리지원사업	41,000	7	4	7	8	7	5	5	4
6667	충남 서산시	기획홍보	40,000	7	7	7	8	7	5	5	4
6668	충남 서산시	해외수출시장다각화를위한홍보	35,000	7	4	5	7	7	1	1	1
6669	충남 서산시	서산개심사불상국보승격연구	30,000	7	7	7	8	7	5	5	4
6670	충남 서산시	장애인의료비지원	28,335	7	2	7	8	7	5	3	2
6671	충남 서산시	시정홍보온라인매체광고	27,500	7	4	7	8	7	5	5	4
6672	충남 서산시	농사랑시군의날운영지원	20,000	7	6	5	7	7	1	1	1
6673	충남 서산시	시간제보육지원사업	18,580	7	2	7	8	7	5	1	4
6674	충남 서산시	의료급여수급권자일반건강검진비지원	17,443	7	1,2	7	8	7	3	3	1
6675	충남 서산시	언어발달지원바우처지원	17,280	7	2	7	8	7	5	3	2
6676	충남 서산시	발달장애인부모상담지원	15,357	7	2	7	8	7	5	3	2
6677	충남 서산시	매출채권보험료지원사업	15,000	7	4,5,6	7	8	7	5	5	4

순번	시군구	지출명 (사업명)	2024년예산 (단위 : 천원 /1년간)	민간이전 분류 (지방자치단체 세출예산 집행기준에 의거) 1. 민간경상사업보조(307-02) 2. 민간단체 법정운영비보조(307-03) 3. 민간행사사업보조(307-04) 4. 민간위탁금(307-05) 5. 사회복지시설 법정운영비보조(307-10) 6. 민간인위탁교육비(307-12) 7. 공기관등에대한경상적위탁사업비(308-13) 8. 민간자본사업보조,자체재원(402-01) 9. 민간자본사업보조,이전재원(402-02) 10. 민간위탁사업비(402-03) 11. 공기관등에 대한 자본적 위탁사업비(403-02)	민간이전지출 근거 (지방보조금 관리기준 참고) 1. 법률에 규정 2. 국고보조 재원(국가지정) 3. 용도 지정 기부금 4. 조례에 직접규정 5. 지자체가 권장하는 사업을 하는 공공기관 6. 시,도 정책 및 재정사정 7. 기타 8. 해당없음	입찰방식 계약체결방법 (경쟁형태) 1. 일반경쟁 2. 제한경쟁 3. 지명경쟁 4. 수의계약 5. 법정위탁 6. 기타 ( ) 7. 없음	입찰방식 계약기간 1. 1년 2. 2년 3. 3년 4. 4년 5. 5년 6. 기타 ( )년 7. 단기계약 (1년미만) 8. 없음	입찰방식 낙찰자선정방법 1. 적격심사 2. 협상에의한계약 3. 최저가낙찰제 4. 규격가격분리 5. 2단계 경쟁입찰 6. 기타 ( ) 7. 없음	운영예산 산정 운영예산 산정 1. 내부산정 (지자체 자체적으로 산정) 2. 외부산정 (외부전문기관위탁 산정) 3. 내·외부 모두 산정 4. 산정 無 5. 없음	운영예산 산정 정산방법 1. 내부정산 (지자체 내부적으로 정산) 2. 외부정산 (외부전문기관위탁 정산) 3. 내·외부 모두 산정 4. 정산 無 5. 없음	성과평가 실시여부 1. 실시 2. 미실시 3. 향후 추진 4. 해당없음
6678	충남 서산시	청년마음건강지원사업	7,387	7	2	7	8	7	5	5	4
6679	충남 서산시	의료급여수급권자일반건강검진비지원(영유아건강검진)	3,551	7	1,2	7	8	7	3	3	1
6680	충남 서산시	청소년산모임신출산의료비지원	2,400	7	2	7	8	7	5	5	4
6681	충남 서산시	의료관련감염병표본감시체계운영	2,070	7	2	4	1	2	1	1	1
6682	충남 논산시	논산딸기축제	1,180,000	7	4	7	8	7	1	1	1
6683	충남 논산시	강경젓갈축제	1,150,000	7	4	7	8	7	1	1	1
6684	충남 논산시	중증장애인활동보조도추가지원	1,145,363	7	6	7	8	7	1	1	4
6685	충남 논산시	농식품해외박람회개최	1,000,000	7	4	7	8	7	5	1	1
6686	충남 논산시	논산한옥마을관리운영위탁	827,000	7	4	7	1	7	2	1	3
6687	충남 논산시	지역자율형사회서비스투자사업	697,428	7	2	7	8	7	2	2	4
6688	충남 논산시	발달재활서비스바우처지원	599,000	7	2	7	8	7	1	1	4
6689	충남 논산시	시정홍보광고료등	550,000	7	8	7	8	7	1	4	2
6690	충남 논산시	발달장애인주간활동서비스지원	525,476	7	2	7	8	7	1	1	4
6691	충남 논산시	지상파및보도전문채널방송광고를통한시정홍보	500,000	7	8	7	8	7	1	4	2
6692	충남 논산시	기획공연개최	430,000	7	4	7	8	7	1	1	1
6693	충남 논산시	각종축제옥외광고홍보비	330,000	7	8	7	8	7	1	4	2
6694	충남 논산시	최중증발달장애인주간활동그룹일대일지원	239,109	7	2	7	8	7	1	1	4
6695	충남 논산시	지역특산품홍보	237,000	7	4	7	8	7	5	1	1
6696	충남 논산시	청소년방과후아카데미	218,090	7	2	5	1	2	5	1	1
6697	충남 논산시	강경산소금문학관관리운영	210,000	7	5	7	8	7	1	1	1
6698	충남 논산시	연산대추문화축제	180,000	7	4	7	8	7	1	1	1
6699	충남 논산시	양촌곶감축제	180,000	7	4	7	8	7	1	1	1
6700	충남 논산시	강경산소금문학관행사운영	175,000	7	5	7	8	7	1	1	1
6701	충남 논산시	논산시브랜드육군병장홍보	165,000	7	8	7	8	7	1	4	2
6702	충남 논산시	지상파예능프로그램및지역방송프로그램제작지원	150,000	7	8	7	8	7	1	4	2
6703	충남 논산시	어린이문화행사	150,000	7	5	7	7	2	1	1	4
6704	충남 논산시	농특산물홍보판촉및시장개척	149,400	7	4	7	8	7	5	1	1
6705	충남 논산시	장애인의료비지원	140,192	7	2	7	8	7	2	2	4
6706	충남 논산시	논산시민의날음악회개최	140,000	7	4	7	8	7	1	1	1
6707	충남 논산시	활동보조가산급여	128,887	7	2	7	8	7	1	1	4
6708	충남 논산시	시군학교밖청소년지원	125,699	7	1	7	8	7	5	1	1
6709	충남 논산시	송년음악회개최	120,000	7	4	7	8	7	1	1	1
6710	충남 논산시	지역사회청소년통합지원체계구축	100,102	7	1	7	8	7	5	1	1
6711	충남 논산시	유튜브및팟캐스트광고를통한시정홍보	100,000	7	8	7	8	7	1	4	2
6712	충남 논산시	논산시브랜드향상을위한영상제작및홍보	100,000	7	8	7	8	7	1	4	2
6713	충남 논산시	논산딸기다큐멘터리제작홍보	100,000	7	8	7	8	7	1	4	2
6714	충남 논산시	평생교육활성화지원사업	100,000	7	4	7	8	7	1	1	1
6715	충남 논산시	지역형문화예술교육지원사업	90,000	7	5	7	8	7	1	1	1
6716	충남 논산시	영유아교통안전용품지원사업	88,594	7	5	7	8	7	1	1	4
6717	충남 논산시	문화예술기획자양성학교'내맘대로'운영	70,000	7	5	7	8	7	1	1	1

순번	시군구	지출명 (사업명)	2024년예산 (단위 : 천원 /1년간)	민간이전 분류 (지방자치단체 세출예산 집행기준에 의거) 1. 민간경상사업보조(307-02) 2. 민간단체 법정운영비보조(307-03) 3. 민간행사사업보조(307-04) 4. 민간위탁금(307-05) 5. 사회복지시설 법정운영비보조(307-10) 6. 민간인위탁교육비(307-12) 7. 공기관등에대한경상적위탁사업비(308-13) 8. 민간자본사업보조,자체재원(402-01) 9. 민간자본사업보조,이전재원(402-02) 10. 민간위탁사업비(402-03) 11. 공기관등에 대한 자본적 위탁사업비(403-02)	민간이전지출 근거 (지방보조금 관리기준 참고) 1. 법률에 규정 2. 국고보조 재원(국가지정) 3. 용도 지정 기부금 4. 조례에 직접규정 5. 지자체가 권장하는 사업을 하는 공공기관 6. 시,도 정책 및 재정사정 7. 기타 8. 해당없음	입찰방식 계약체결방법 (경쟁형태) 1. 일반경쟁 2. 제한경쟁 3. 지명경쟁 4. 수의계약 5. 법정위탁 6. 기타 ( ) 7. 없음	입찰방식 계약기간 1. 1년 2. 2년 3. 3년 4. 4년 5. 5년 6. 기타 ( )년 7. 단기계약 (1년미만) 8. 없음	입찰방식 낙찰자선정방법 1. 적격심사 2. 협상에의한계약 3. 최저가낙찰제 4. 규격가격분리 5. 2단계 경쟁입찰 6. 기타 ( ) 7. 없음	운영예산 산정 운영예산 산정 1. 내부산정 (지자체 자체적으로 산정) 2. 외부산정 (외부전문기관위탁 산정) 3. 내·외부 모두 산정 4. 산정 無 5. 없음	운영예산 산정 정산방법 1. 내부정산 (지자체 내부적으로 정산) 2. 외부정산 (외부전문기관위탁 정산) 3. 내·외부 모두 산정 4. 정산 無 5. 없음	성과평가 실시여부 1. 실시 2. 미실시 3. 향후 추진 4. 해당없음
6718	충남 논산시	작은문화공연	70,000	7	5	7	8	7	1	1	1
6719	충남 논신시	유튜브활용논산홍보	50,000	7	8	7	8	7	1	4	2
6720	충남 논산시	청소년동반자프로그램운영	42,560	7	2	7	8	7	5	1	4
6721	충남 논산시	발달장애인방과후돌봄서비스지원	41,564	7	2	7	8	7	1	1	4
6722	충남 논산시	충남평생교육바우처지원사업	36,750	7	4	7	8	7	1	1	1
6723	충남 논산시	유명포털사이트온라인광고	35,000	7	8	7	8	7	1	4	2
6724	충남 논산시	블로그및SNS홍보운영비	33,600	7	8	7	8	7	1	4	2
6725	충남 논산시	시군학교밖세상소통카드	28,800	7	6	7	8	7	5	1	4
6726	충남 논산시	뉴스저작권료	20,000	7	8	7	8	7	1	4	2
6727	충남 논산시	학교밖청소년지원센터사업추진	20,000	7	6	7	8	7	5	1	4
6728	충남 논산시	학교밖청소년급식지원	18,326	7	1	7	8	7	5	1	4
6729	충남 논산시	딸기육군병장디자인우산대여	18,000	7	6	7	8	7	5	1	4
6730	충남 논산시	청소년상담복지센터종사자처우개선비	15,840	7	6	7	8	7	5	1	4
6731	충남 논산시	청소년상담복지센터사업지원	12,667	7	1	7	8	7	5	1	4
6732	충남 논산시	아동청소년마음행복지원	11,820	7	6	7	8	7	5	1	4
6733	충남 논산시	공공청소년수련시설종사자처우개선비	10,380	7	6	5	1	2	5	1	1
6734	충남 논산시	발달장애인부모심리상담지원	7,679	7	2	7	8	7	1	1	4
6735	충남 논산시	청년마음건강지원사업	5,909	7	2	7	8	7	2	2	4
6736	충남 논산시	청소년방과후아카데미종사자처우개선비	5,400	7	6	5	1	2	5	1	1
6737	충남 논산시	청소년수련활동지원	3,733	7	6	5	1	2	5	1	1
6738	충남 논산시	청소년운영위원회운영	1,500	7	6	5	1	2	5	1	1
6739	충남 계룡시	어린이집차액보육료지원	398,000	7	6	7	8	7	1	1	4
6740	충남 계룡시	첫만남이용권	294,000	7	2	7	8	7	5	5	4
6741	충남 계룡시	산모신생아건강관리지원	168,570	7	2	7	8	7	5	5	4
6742	충남 계룡시	부모급여(영아수당)보육료지원	100,000	7	1	7	8	7	1	1	4
6743	충남 계룡시	기저귀및조제분유지원	95,560	7	2	7	8	7	5	5	4
6744	충난 계룡시	벼농사상자처리방제약제지원	37,000	7	1	7	8	7	1	1	3
6745	충남 계룡시	드론활용벼공동방제시범	31,000	7	1	7	8	7	1	1	3
6746	충남 계룡시	충남방문의해시군투어패스운영	20,000	7	6	7	8	7	1	1	1
6747	충남 계룡시	농어촌청소년육성사업	19,000	7	5	6	8	7	1	2	1
6748	충남 계룡시	차세대주민등록시스템운영	17,860	7	8	7	8	7	5	5	4
6749	충남 계룡시	청소년건강지원	14,926	7	2	7	8	7	5	5	4
6750	충남 계룡시	장애인의료비	13,445	7	2	7	8	7	1	1	4
6751	충남 계룡시	차세대표준지방인사정보시스템유지관리	12,527	7	8	7	8	7	5	5	4
6752	충남 계룡시	스마트공장구축지원	12,500	7	6	7	8	7	1	1	4
6753	충남 계룡시	자치단체기능분류모델(BRM)시스템고도화	3,250	7	8	7	8	7	5	5	4
6754	충남 계룡시	청소년산모임신출산의료비지원	1,200	7	2	7	8	7	5	5	4
6755	충남 계룡시	의료급여수급권자영유아검진비지원	520	7	2	7	8	7	5	5	4
6756	충남 당진시	첫만남이용권지원	1,808,000	7	1	7	8	7	1	1	4
6757	충남 당진시	민간어린이집차액보육료지원	1,567,342	7	2	5	8	7	1	1	4

순번	시군구	지출명 (사업명)	2024년예산 (단위 : 천원 /1년간)	민간이전 분류 (지방자치단체 세출예산 집행기준에 의거) 1. 민간경상사업보조(307-02) 2. 민간단체 법정운영비보조(307-03) 3. 민간행사사업보조(307-04) 4. 민간위탁금(307-05) 5. 사회복지시설 법정운영비보조(307-10) 6. 민간인위탁교육비(307-12) 7. 공기관등에대한경상적위탁사업비(308-13) 8. 민간자본사업보조,자체재원(402-01) 9. 민간자본사업보조,이전재원(402-02) 10. 민간위탁사업비(402-03) 11. 공기관등에 대한 자본적 위탁사업비(403-02)	민간이전지출 근거 (지방보조금 관리기준 참고) 1. 법률에 규정 2. 국고보조 재원(국가지정) 3. 용도 지정 기부금 4. 조례에 직접규정 5. 지자체가 권장하는 사업을 하는 공공기관 6. 시,도 정책 및 재정사정 7. 기타 8. 해당없음	입찰방식 계약체결방법 (경쟁형태) 1. 일반경쟁 2. 제한경쟁 3. 지명경쟁 4. 수의계약 5. 법정위탁 6. 기타 ( ) 7. 없음	입찰방식 계약기간 1. 1년 2. 2년 3. 3년 4. 4년 5. 5년 6. 기타 ( )년 7. 단기계약 (1년미만) 8. 없음	입찰방식 낙찰자선정방법 1. 적격심사 2. 협상에의한계약 3. 최저가낙찰제 4. 규격가격분리 5. 2단계 경쟁입찰 6. 기타 ( ) 7. 없음	운영예산 산정 운영예산 산정 1. 내부산정 (지자체 자체적으로 산정) 2. 외부산정 (외부전문기관위탁 산정) 3. 내·외부 모두 산정 4. 산정 無 5. 없음	운영예산 산정 정산방법 1. 내부정산 (지자체 내부적으로 정산) 2. 외부정산 (외부전문기관위탁 정산) 3. 내·외부 모두 산정 4. 정산 無 5. 없음	성과평가 실시여부 1. 실시 2. 미실시 3. 향후 추진 4. 해당없음
6758	충남 당진시	산모신생아건강관리지원사업	757,100	7	1	7	8	7	5	2	4
6759	충남 당진시	부모급여지원	520,000	7	2	5	8	7	1	1	4
6760	충남 당진시	치매치료비지원사업운영	368,824	7	2	7	8	7	5	5	4
6761	충남 당진시	저소득층기저귀,조제분유지원	275,240	7	1	7	8	7	5	2	4
6762	충남 당진시	공동브랜드해나루광고	200,000	7	4	7	8	7	1	1	4
6763	충남 당진시	암조기검진사업비예탁(홍보비포함)	182,950	7	1	7	8	7	5	5	4
6764	충남 당진시	영유아교통안전용품지원	182,658	7	6	7	8	7	5	5	4
6765	충남 당진시	야영장위탁	178,500	7	4	7	8	7	5	5	4
6766	충남 당진시	중소기업스마트공장보급확산지원사업(국가직접지원)	150,000	7	2	7	8	7	1	1	1
6767	충남 당진시	자치단체공통기반노후장비교체지원	130,780	7	1	5	1	7	1	1	1
6768	충남 당진시	요트세계일주홍보전시관위탁사업비	130,000	7	4	7	8	7	1	1	4
6769	충남 당진시	첫째아출산부산모신생아건강관리(산후조리)지원	128,700	7	4	7	8	7	5	2	4
6770	충남 당진시	왜목마을워터파크위탁	110,000	7	4	7	8	7	5	5	4
6771	충남 당진시	농특산물파워브랜드육성지원(택시)	94,800	7	4	7	8	7	1	1	4
6772	충남 당진시	당진시관광홍보택시광고	72,480	7	8	7	1	7	5	5	4
6773	충남 당진시	합덕역개통에따른관광활성화	38,000	7	4	7	8	7	5	5	4
6774	충남 당진시	매출채권보험료지원(시비부담분)	25,270	7	1	7	8	7	1	1	1
6775	충남 당진시	관광객유치여행사등인센티브지원	17,000	7	4	7	8	7	5	5	4
6776	충남 당진시	건강검진사업비예탁	14,180	7	1	7	8	7	5	5	4
6777	충남 당진시	중소기업수출보험료지원(한국무역보험공사)	10,000	7	2	7	8	7	1	1	1
6778	충남 당진시	당진항미래해양인재양성	10,000	7	5	7	8	7	1	1	1
6779	충남 당진시	청소년산모임신출산의료비지원	3,600	7	1	7	8	7	5	2	4
6780	충남 당진시	표준모자보건수첩제작	2,944	7	1	7	8	7	5	2	4
6781	충남 당진시	삽교호함상공원관리위탁위탁료	1,810	7	5	7	8	7	1	1	4
6782	충남 당진시	영유아검진사업비예탁	1,775	7	1	7	8	7	5	5	4
6783	충남 당진시	시간제보육사업보육료	1,492	7	2	5	8	7	1	1	4
6784	충남 금산군	영유아보육료지원	1,538,041	7	2	7	8	7	1	1	1
6785	충남 금산군	누리과정보육료지원	772,500	7	6	7	8	7	1	1	1
6786	충남 금산군	발달장애인주간활동서비스지원	578,024	7	1	5	8	7	4	3	2
6787	충남 금산군	중증장애인활동보조도추가지원사업	474,780	7	6	5	8	7	4	3	2
6788	충남 금산군	어린이집차액보육료	381,894	7	6	7	8	7	1	1	1
6789	충남 금산군	발달재활서비스바우처지원사업	298,694	7	1	5	8	7	4	3	2
6790	충남 금산군	벼병해충공동방제지원	270,000	7	6	7	8	7	5	5	4
6791	충남 금산군	병해충민간방제단모델구축시범	194,950	7	6	7	8	7	5	5	4
6792	충남 금산군	활동보조가산급여	100,246	7	1	5	8	7	4	3	2
6793	충남 금산군	시군구공통기반및재해복구유지보수	99,490	7	1	7	8	7	2	2	4
6794	충남 금산군	지방재정관리시스템유지관리	98,892	7	2	7	8	7	2	2	4
6795	충남 금산군	가사간병도우미사업	78,750	7	2	5	7	7	5	1	4
6796	충남 금산군	중소기업스마트공장구축지원	75,000	7	4	7	1	7	1	1	1
6797	충남 금산군	차세대지방세정보시스템유지보수비	71,065	7	1	1	1	2	2	2	1

순번	시군구	지출명 (사업명)	2024년예산 (단위 : 천원 /1년간)	민간이전 분류 (지방자치단체 세출예산 집행기준에 의거)	민간이전지출 근거 (지방보조금 관리기준 참고)	입찰방식			운영예산 산정		성과평가 실시여부
				1. 민간경상사업보조(307-02) 2. 민간단체 법정운영비보조(307-03) 3. 민간행사사업보조(307-04) 4. 민간위탁금(307-05) 5. 사회복지시설 법정운영비보조(307-10) 6. 민간인위탁교육비(307-12) 7. 공기관등에대한경상적위탁사업비(308-13) 8. 민간자본사업보조,자체재원(402-01) 9. 민간자본사업보조,이전재원(402-02) 10. 민간위탁사업비(402-03) 11. 공기관등에 대한 자본적 위탁사업비(403-02)	1. 법률에 규정 2. 국고보조 재원(국가지정) 3. 용도 지정 기부금 4. 조례에 직접규정 5. 지자체가 권장하는 사업을 하는 공공기관 6. 시,도 정책 및 재정사정 7. 기타 8. 해당없음	계약체결방법 (경쟁형태) 1. 일반경쟁 2. 제한경쟁 3. 지명경쟁 4. 수의계약 5. 법정위탁 6. 기타 ( ) 7. 없음	계약기간 1. 1년 2. 2년 3. 3년 4. 4년 5. 5년 6. 기타 ( )년 7. 단기계약 (1년미만) 8. 없음	낙찰자선정방법 1. 적격심사 2. 협상에의한계약 3. 최저가낙찰제 4. 규격가격분리 5. 2단계 경쟁입찰 6. 기타 ( ) 7. 없음	운영예산 산정 1. 내부산정 (지자체 자체적으로 산정) 2. 외부산정 (외부전문기관위탁 산정) 3. 내·외부 모두 산정 4. 산정 無 5. 없음	정산방법 1. 내부정산 (지자체 내부적으로 정산) 2. 외부정산 (외부전문기관위탁 정산) 3. 내·외부 모두 산정 4. 정산 無 5. 없음	1. 실시 2. 미실시 3. 향후 추진 4. 해당없음
6798	충남 금산군	장애인의료비지원	66,274	7	1	5	8	7	4	3	2
6799	충남 금산군	TV홈쇼핑입점지원사업	63,000	7	6	7	1	7	1	1	1
6800	충남 금산군	온나라시스템유지보수	55,210	7	1	7	8	7	2	2	4
6801	충남 금산군	중소기업지식재산창출지원	50,000	7	4	7	1	7	1	1	1
6802	충남 금산군	최중증발달장애인주간활동그룹일대일지원	39,857	7	1	5	8	7	4	3	2
6803	충남 금산군	세외수입프로그램유지보수비	33,543	7	1	2	1	2	2	2	1
6804	충남 금산군	발달장애인방과후돌봄서비스	16,625	7	1	5	8	7	4	3	2
6805	충남 금산군	청백e시스템유지보수	12,510	7	1	5	1	7	2	2	4
6806	충남 금산군	고향사랑기부제종합정보시스템유지관리	11,875	7	1	5	1	7	2	2	4
6807	충남 금산군	매출채권보험료지원	10,000	7	6	7	1	7	1	1	1
6808	충남 금산군	유아긍정행동발달프로젝트	8,464	7	6	7	8	7	1	1	1
6809	충남 금산군	시군구행정정보시스템서비스데스크운영	6,950	7	1	7	8	7	2	2	4
6810	충남 금산군	방과후보육료지원	5,444	7	6	7	8	7	1	1	1
6811	충남 금산군	언어발달지원바우처지원사업	2,160	7	1	5	8	7	4	3	2
6812	충남 부여군	노인생활시설장기요양보험지원(시설급여)	3,831,708	7	1	7	8	7	5	4	2
6813	충남 부여군	재가노인시설장기요양보험지원(재가급여)	2,743,811	7	1	7	8	7	5	4	2
6814	충남 부여군	영유아보육료지원	1,719,462	7	1	7	8	7	1	1	4
6815	충남 부여군	청소년수련원위탁사업비(경상)	1,582,596	7	7	7	8	7	5	1	2
6816	충남 부여군	중간지원조직을매개한소득기반경제공동체형성	915,000	7	6	7	5	7	3	3	1
6817	충남 부여군	유스호스텔위탁사업비(경상)	848,805	7	7	7	8	7	5	1	2
6818	충남 부여군	만3~5세누리과정보육료지원(교육비특별회계전입금)	800,000	7	1	7	8	7	1	1	4
6819	충남 부여군	지역사회서비스투자사업	567,378	7	2	7	8	7	5	3	4
6820	충남 부여군	발달장애인주간활동서비스지원	420,381	7	2	7	8	7	5	3	4
6821	충남 부여군	국가암관리(암검진)	311,139	7	1	5	1	7	5	5	4
6822	충남 부여군	중증장애인활동보조도추가지원	301,802	7	2	7	8	7	5	3	4
6823	충남 부여군	지역화폐활성화	260,000	7	5	7	5	7	3	3	1
6824	숭남 부여군	다함께돌봄센터운영지원	237,182	7	2	5	5	7	5	1	1
6825	충남 부여군	다함께돌봄센터군비추가지원	226,148	7	4	5	5	7	5	1	1
6826	충남 부여군	청소년방과후아카데미운영지원	223,536	7	2	7	8	7	5	1	2
6827	충남 부여군	발달재활서비스바우처지원	218,400	7	2	7	8	7	5	3	4
6828	충남 부여군	부여관광소재드라마제작	200,000	7	4	6	1	6	1	1	3
6829	충남 부여군	부여군도시재생(현장)지원센터운영비및사업비	183,000	7	1	7	8	7	1	1	3
6830	충남 부여군	어린이집차액보육료지원	158,170	7	6	7	8	7	1	1	4
6831	충남 부여군	2024지적재조사측량비	156,893	7	1	5	1	7	5	1	2
6832	충남 부여군	장애인의료비지원	127,509	7	2	7	8	7	5	3	4
6833	충남 부여군	희귀질환자의료비지원	123,396	7	1	5	1	7	5	5	4
6834	충남 부여군	청소년상담복지센터지원	122,738	7	6	7	8	7	5	1	2
6835	충남 부여군	버스정보시스템유지관리비	119,882	7	5	7	8	7	2	2	2
6836	충남 부여군	다함께돌봄센터인건비지원	115,630	7	2	5	5	7	5	1	1
6837	충남 부여군	청소년문화의집운영지원	105,825	7	7	7	8	7	5	1	2

순번	시군구	지출명 (사업명)	2024년예산 (단위 : 천원 /1년간)	민간이전 분류 (지방자치단체 세출예산 집행기준에 의거) 1. 민간경상사업보조(307-02) 2. 민간단체 법정운영비보조(307-03) 3. 민간행사사업보조(307-04) 4. 민간위탁금(307-05) 5. 사회복지시설 법정운영비보조(307-10) 6. 민간인위탁교육비(307-12) 7. 공기관등에대한경상적위탁사업비(308-13) 8. 민간자본사업보조,자체재원(402-01) 9. 민간자본사업보조,이전재원(402-02) 10. 민간위탁사업비(402-03) 11. 공기관등에 대한 자본적 위탁사업비(403-02)	민간이전지출 근거 (지방보조금 관리기준 참고) 1. 법률에 규정 2. 국고보조 재원(국가지정) 3. 용도 지정 기부금 4. 조례에 직접규정 5. 지자체가 권장하는 사업을 하는 공공기관 6. 시,도 정책 및 재정사정 7. 기타 8. 해당없음	입찰방식: 계약체결방법 (경쟁형태) 1. 일반경쟁 2. 제한경쟁 3. 지명경쟁 4. 수의계약 5. 법정위탁 6. 기타 ( ) 7. 없음	입찰방식: 계약기간 1. 1년 2. 2년 3. 3년 4. 4년 5. 5년 6. 기타 ( )년 7. 단기계약 (1년미만) 8. 없음	입찰방식: 낙찰자선정방법 1. 적격심사 2. 협상에의한계약 3. 최저가낙찰제 4. 규격가격분리 5. 2단계 경쟁입찰 6. 기타 ( ) 7. 없음	운영예산 산정: 운영예산 산정 1. 내부산정 (지자체 자체적으로 산정) 2. 외부산정 (외부전문기관위탁 산정) 3. 내·외부 모두 산정 4. 산정 無 5. 없음	운영예산 산정: 정산방법 1. 내부정산 (지자체 내부적으로 정산) 2. 외부정산 (외부전문기관위탁 정산) 3. 내·외부 모두 산정 4. 정산 無 5. 없음	성과평가 실시여부 1. 실시 2. 미실시 3. 향후 추진 4. 해당없음
6838	충남 부여군	청소년통합지원체계구축	102,862	7	2	7	8	7	5	1	2
6839	충남 부여군	공익활동지원사업	95,300	7	4	7	8	7	3	3	1
6840	충남 부여군	학교밖청소년지원센터지원	94,163	7	2	7	8	7	5	1	2
6841	충남 부여군	공영주차타워공단전출금	93,056	7	4	5	8	7	1	1	3
6842	충남 부여군	청소년방과후아카데미운영지원(4대보험료등)	81,372	7	7	7	8	7	5	1	2
6843	충남 부여군	소상공인경영환경개선지원사업	80,000	7	5	7	5	7	3	3	1
6844	충남 부여군	국내미디어언론광고	60,000	7	4	6	1	6	1	1	3
6845	충남 부여군	발달장애인방과후돌봄서지스지원	58,190	7	2	7	8	7	5	3	4
6846	충남 부여군	부여군문화축제광고비	57,000	7	7	6	7	7	1	1	4
6847	충남 부여군	차세대주소정보관리시스템구축및유지관리	53,727	7	1	7	1	7	5	5	4
6848	충남 부여군	백제역사문화탐방시티투어	53,200	7	4	6	1	6	1	1	3
6849	충남 부여군	시설관리공단전출금	51,500	7	4	6	1	6	1	1	3
6850	충남 부여군	활동보조가산급여	50,123	7	2	7	8	7	5	3	4
6851	충남 부여군	청소년동반자프로그램운영	45,320	7	2	7	8	7	5	1	2
6852	충남 부여군	국내·외TV매체등홍보	45,000	7	4	6	1	6	1	1	3
6853	충남 부여군	다함께돌봄센터종사자정액급식비지원	43,200	7	2	5	5	7	5	1	1
6854	충남 부여군	관광홍보온라인마케팅	40,000	7	4	6	1	6	1	1	3
6855	충남 부여군	입체주소구축및주소정보기본도유지관리	35,174	7	1	7	1	7	5	5	4
6856	충남 부여군	충남평생교육바우처지원사업	35,000	7	4	7	8	7	5	5	4
6857	충남 부여군	전통시장소규모수리수선	35,000	7	4	7	8	7	1	1	4
6858	충남 부여군	청소년육성재단과의인재육성협력사업	32,000	7	7	7	8	7	5	1	4
6859	충남 부여군	문화체육관광SNS운영	30,000	7	4	6	1	6	1	1	3
6860	충남 부여군	기업인플랫폼등광고	25,000	7	7	7	8	7	5	5	4
6861	충남 부여군	투자유치언론광고료	25,000	7	7	7	8	7	5	5	4
6862	충남 부여군	충남특화관광상품개발사업	23,700	7	4	6	1	6	1	1	3
6863	충남 부여군	TV홈쇼핑입점지원	21,000	7	2	7	8	7	5	5	4
6864	충남 부여군	명사와함께하는백제역사문화탐방	21,000	7	4	6	1	6	1	1	3
6865	충남 부여군	전통시장질서유지	20,000	7	4	7	8	7	1	1	4
6866	충남 부여군	충남관광투어패스	20,000	7	4	6	1	6	1	1	3
6867	충남 부여군	도시군협동워케이션상품운영	20,000	7	4	6	1	6	1	1	3
6868	충남 부여군	국가건강검진사업(의료급여수급권자일반검진)	17,331	7	1	5	1	7	5	5	4
6869	충남 부여군	학교밖청소년지원센터지원	16,000	7	6	7	8	7	5	1	2
6870	충남 부여군	청소년상담복지센터사업	12,667	7	6	7	8	7	5	1	2
6871	충남 부여군	중증장애인자산형성지원	11,700	7	2	7	8	7	5	3	4
6872	충남 부여군	발달장애인부모상담지원	11,518	7	2	7	8	7	5	3	4
6873	충남 부여군	학교밖세상소통카드	11,000	7	6	7	8	7	5	1	2
6874	충남 부여군	아동청소년마음행복지원사업	9,000	7	6	7	8	7	5	1	2
6875	충남 부여군	청소년상담복지센터종사자처우개선비	8,400	7	6	7	8	7	5	1	2
6876	충남 부여군	고향사랑e음유지관리	8,344	7	1	5	8	7	2	2	4
6877	충남 부여군	다함께돌봄센터종사자처우개선지원	6,000	7	2	5	5	7	5	1	1

순번	시군구	지출명 (사업명)	2024년예산 (단위 : 천원 /1년간)	민간이전 분류 (지방자치단체 세출예산 집행기준에 의거) 1. 민간경상사업보조(307-02) 2. 민간단체 법정운영비보조(307-03) 3. 민간행사사업보조(307-04) 4. 민간위탁금(307-05) 5. 사회복지시설 법정운영비보조(307-10) 6. 민간인위탁교육비(307-12) 7. 공기관등에대한경상적위탁사업비(308-13) 8. 민간자본사업보조,자체재원(402-01) 9. 민간자본사업보조,이전재원(402-02) 10. 민간위탁사업비(402-03) 11. 공기관등에 대한 자본적 위탁사업비(403-02)	민간이전지출 근거 (지방보조금 관리기준 참고) 1. 법률에 규정 2. 국고보조 재원(국가지정) 3. 용도 지정 기부금 4. 조례에 직접규정 5. 지자체가 권장하는 사업을 하는 공공기관 6. 시,도 정책 및 재정사정 7. 기타 8. 해당없음	입찰방식			운영예산 산정		성과평가 실시여부
						계약체결방법 (경쟁형태) 1. 일반경쟁 2. 제한경쟁 3. 지명경쟁 4. 수의계약 5. 법정위탁 6. 기타 ( ) 7. 없음	계약기간 1. 1년 2. 2년 3. 3년 4. 4년 5. 5년 6. 기타 ( )년 7. 단기계약 (1년미만) 8. 없음	낙찰자선정방법 1. 적격심사 2. 협상에의한계약 3. 최저가낙찰제 4. 규격가격분리 5. 2단계 경쟁입찰 6. 기타 ( ) 7. 없음	운영예산 산정 1. 내부산정 (지자체 자체적으로 산정) 2. 외부산정 (외부전문기관위탁 산정) 3. 내·외부 모두 산정 4. 산정 無 5. 없음	정산방법 1. 내부정산 (지자체 내부적으로 정산) 2. 외부정산 (외부전문기관위탁 정산) 3. 내·외부 모두 산정 4. 정산 無 5. 없음	1. 실시 2. 미실시 3. 향후 추진 4. 해당없음
6878	충남 부여군	시간제보육보육료지원예탁금	5,772	7	1	7	8	7	1	1	4
6879	충남 부여군	성소년방과후아카데미종사자처우개선비	5,400	7	6	7	8	7	5	1	2
6880	충남 부여군	매출채권보험료지원	5,000	7	2	7	8	7	5	5	4
6881	충남 부여군	학교밖청소년급식지원	3,466	7	6	7	8	7	5	1	2
6882	충남 부여군	지역청소년참여기구운영(수련시설)	3,167	7	6	7	8	7	5	1	2
6883	충남 부여군	학교밖청소년급식지원	2,528	7	2	7	8	7	5	1	2
6884	충남 부여군	공공청소년수련시설종사자처우개선비지원	2,160	7	6	7	8	7	5	1	2
6885	충남 부여군	청년마음건강지원사업	1,705	7	2	7	8	7	5	3	4
6886	충남 서천군	도시관리계획변경결정신문공고료	9,000	7	1	4	7	7	1	1	4
6887	충남 서천군	군계획시설사업신문공고료	6,000	7	1	4	7	7	1	1	4
6888	충남 서천군	장애인활동지원급여지원	3,491,867	7	1	7	8	7	5	2	4
6889	충남 서천군	발달장애인주간활동서비스지원	525,476	7	1	7	8	7	5	2	4
6890	충남 서천군	중증장애인활동보조도추가지원	450,000	7	1	7	8	7	5	2	4
6891	충남 서천군	마을만들기중간지원조직	300,000	7	5	5	1	7	1	1	4
6892	충남 서천군	발달재활서비스바우처지원	172,800	7	1	7	8	7	5	2	4
6893	충남 서천군	산모신생아건강관리지원사업	112,500	7	2	7	8	7	5	5	4
6894	충남 서천군	지방재정관리시스템운영관리	98,892	7	1	5	1	7	3	2	2
6895	충남 서천군	장애인의료비지원	95,307	7	1	7	8	7	5	3	4
6896	충남 서천군	신활력플러스사업중간지원조직운영	88,800	7	5	5	1	7	1	1	4
6897	충남 서천군	기저귀및조제분유지원	84,600	7	2	7	8	7	5	5	4
6898	충남 서천군	차세대지방세정보시스템운영지원비	71,065	7	1	5	1	7	1	2	4
6899	충남 서천군	발달장애인방과후돌봄서비스지원	41,564	7	1	7	8	7	5	2	4
6900	충남 서천군	세외수입정보시스테머위탁사업비	31,174	7	1	5	1	7	1	2	4
6901	충남 서천군	청년취업지원프로그램운영	30,000	7	5	7	8	7	5	5	4
6902	충남 서천군	활동보조가산급여	28,644	7	1	7	8	7	5	2	4
6903	충남 서천군	서천출생대학생지역내아르바이트체험지원사업	25,000	7	5	7	8	7	5	5	4
6904	충남 서천군	우편모아시스템위탁사업비	5,600	7	1	5	1	7	1	2	4
6905	충남 서천군	청소년산모임신출산의료비지원	1,200	7	2	7	8	7	5	5	4
6906	충남 서천군	의료급여수급권자영유아검진비지원	355	7	2	7	8	7	5	5	4
6907	충남 청양군	2024년지적재조사사업	185,317	7	1	5	2	7	5	5	4
6908	충남 청양군	주소정보관리시스템차세대구축및유지관리사업	53,727	7	2	5	1	7	2	2	4
6909	충남 청양군	도로명주소기본도위치정확도개선사업	14,195	7	2	5	1	7	2	2	4
6910	충남 청양군	장애인활동지원제도운영	3,118,690	7	2	7	8	7	3	3	2
6911	충남 청양군	영유아보육료지원	1,068,787	7	2	7	8	7	5	5	4
6912	충남 청양군	발달장애인주간활동서비스지원	472,929	7	2	7	8	7	3	3	2
6913	충남 청양군	지역자율형사회서비스투자사업(지역사회서비스)	400,378	7	2	7	8	7	5	5	1
6914	충남 청양군	열린군정홍보	380,000	7	1	5	7	7	1	1	4
6915	충남 청양군	만3~5세누리과정보육료지원	347,937	7	6	7	8	7	5	5	4
6916	충남 청양군	시군역량강화	280,000	7	7	7	8	7	5	1	3
6917	충남 청양군	첫만남이용권지원	160,000	7	2	7	8	7	5	2	4

순번	시군구	지출명 (사업명)	2024년예산 (단위 : 천원 /1년간)	민간이전 분류 (지방자치단체 세출예산 집행기준에 의거) 1. 민간경상사업보조(307-02) 2. 민간단체 법정운영비보조(307-03) 3. 민간행사사업보조(307-04) 4. 민간위탁금(307-05) 5. 사회복지시설 법정운영비보조(307-10) 6. 민간인위탁교육비(307-12) 7. 공기관등에대한경상적위탁사업비(308-13) 8. 민간자본사업보조,자체재원(402-01) 9. 민간자본사업보조,이전재원(402-02) 10. 민간위탁사업비(402-03) 11. 공기관등에 대한 자본적 위탁사업비(403-02)	민간이전지출 근거 (지방보조금 관리기준 참고) 1. 법률에 규정 2. 국고보조 재원(국가지정) 3. 용도 지정 기부금 4. 조례에 직접규정 5. 지자체가 권장하는 사업을 하는 공공기관 6. 시,도 정책 및 재정사정 7. 기타 8. 해당없음	입찰방식 계약체결방법 (경쟁형태) 1. 일반경쟁 2. 제한경쟁 3. 지명경쟁 4. 수의계약 5. 법정위탁 6. 기타 ( ) 7. 없음	입찰방식 계약기간 1. 1년 2. 2년 3. 3년 4. 4년 5. 5년 6. 기타 ( )년 7. 단기계약 (1년미만) 8. 없음	입찰방식 낙찰자선정방법 1. 적격심사 2. 협상에의한계약 3. 최저가낙찰제 4. 규격가격분리 5. 2단계 경쟁입찰 6. 기타 ( ) 7. 없음	운영예산 산정 운영예산 산정 1. 내부산정 (지자체 자체적으로 산정) 2. 외부산정 (외부전문기관위탁 산정) 3. 내·외부 모두 산정 4. 산정 無 5. 없음	운영예산 산정 정산방법 1. 내부정산 (지자체 내부적으로 정산) 2. 외부정산 (외부전문기관위탁 정산) 3. 내·외부 모두 산정 4. 정산 無 5. 없음	성과평가 실시여부 1. 실시 2. 미실시 3. 향후 추진 4. 해당없음
6918	충남 청양군	최중증발달장애인그룹형개별일대일활동지원	159,316	7	2	7	8	7	5	5	4
6919	충남 청양군	의회홍보	155,000	7	1	7	1	7	1	2	4
6920	충남 청양군	온라인관광채널운영및온라인홍보	150,000	7	7	7	8	7	5	5	4
6921	충남 청양군	중요기록물DB구축사업	150,000	7	5	4	1	7	4	1	4
6922	충남 청양군	온라인유통플랫폼(쇼핑몰)시스템운영	140,000	7	4	5	1	7	1	5	4
6923	충남 청양군	주거급여	137,000	7	1	5	1	7	5	2	1
6924	충남 청양군	열린군정홍보	120,000	7	1	5	7	7	1	1	4
6925	충남 청양군	자치단체공통기반및재해복구시스템유지관리	108,585	7	5	5	1	7	5	5	4
6926	충남 청양군	사회적경제창업경진대회	108,000	7	4	7	8	7	1	1	3
6927	충남 청양군	식품기능성평가지원사업(인체적용시험)	106,750	7	4	4	1	7	1	1	1
6928	충남 청양군	발달재활서비스	103,200	7	2	7	8	7	3	3	2
6929	충남 청양군	열린군정홍보	100,000	7	1	5	7	7	1	1	4
6930	충남 청양군	차세대지방재정관리시스템유지보수	99,020	7	8	7	1	7	5	5	4
6931	충남 청양군	중증장애인활동보조추가지원	87,721	7	6	7	8	7	3	3	2
6932	충남 청양군	산모신생아건강관리지원	79,750	7	2	7	8	7	5	2	4
6933	충남 청양군	무료물놀이장행사지원	70,000	7	5	4	7	7	1	1	1
6934	충남 청양군	차세대지방세정보시스템유지관리	65,859	7	5	5	1	2	2	4	4
6935	충남 청양군	석화배수장위탁관리비	64,000	7	5	5	8	7	5	1	1
6936	충남 청양군	덕성지구외5개소양수장위탁관리비	62,331	7	5	5	8	7	5	1	1
6937	충남 청양군	지역아동센터운영비지원	59,880	7	2	7	8	7	5	1	1
6938	충남 청양군	LPG용기사용가구시설개선사업	55,000	7	6	7	8	7	3	1	4
6939	충남 청양군	청양이이모티콘제작및배포	50,000	7	7	7	8	7	5	5	4
6940	충남 청양군	직매장마일리지제도	50,000	7	6	7	8	7	5	5	4
6941	충남 청양군	농식품가공창업아카데미(5기)	50,000	7	4	4	1	7	1	1	1
6942	충남 청양군	어린이집차액보육료지원	46,230	7	4	7	8	7	1	1	1
6943	충남 청양군	온나라시스템유지관리	45,650	7	5	5	1	7	5	5	4
6944	충남 청양군	터미널지하철등옥외광고	44,000	7	7	7	8	7	5	5	4
6945	충남 청양군	시외(고속)버스광고료	43,200	7	6	5	1	7	1	1	4
6946	충남 청양군	TV홈쇼핑입점지원사업	42,000	7	1	7	8	7	5	5	4
6947	충남 청양군	투자유치광고및홍보	40,000	7	8	7	8	7	1	1	1
6948	충남 청양군	청양투어패스확대운영	40,000	7	7	7	8	7	5	5	4
6949	충남 청양군	소기업스마트공장구축지원	37,500	7	1	7	8	7	5	5	4
6950	충남 청양군	택시광고료(관내)	37,200	7	6	5	1	7	1	1	4
6951	충남 청양군	표준기록관리시스템통합유지관리	33,807	7	5	4	1	7	4	1	4
6952	충남 청양군	저소득층기저귀,조제분유지원	31,800	7	2	7	8	7	5	2	4
6953	충남 청양군	차세대지방세외수입정보시스템유지보수	31,069	7	5	5	1	2	2	4	4
6954	충남 청양군	택시광고료(대전)	30,000	7	6	5	1	7	1	1	4
6955	충남 청양군	서정지구전원마을위탁관리비	30,000	7	5	5	8	7	5	1	1
6956	충남 청양군	고향사랑기부제시스템유지관리비	28,700	7	1	7	8	7	5	5	4
6957	충남 청양군	표준기록관리시스템스토리지증설	27,600	7	5	4	1	7	4	1	4

순번	시군구	지출명 (사업명)	2024년예산 (단위 : 천원 /1년간)	민간이전 분류 (지방자치단체 세출예산 집행기준에 의거) 1. 민간경상사업보조(307-02) 2. 민간단체 법정운영비보조(307-03) 3. 민간행사사업보조(307-04) 4. 민간위탁금(307-05) 5. 사회복지시설 법정운영비보조(307-10) 6. 민간인위탁교육비(307-12) 7. 공기관등에대한경상적위탁사업비(308-13) 8. 민간자본사업보조,자체재원(402-01) 9. 민간자본사업보조,이전재원(402-02) 10. 민간위탁사업비(402-03) 11. 공기관등에 대한 자본적 위탁사업비(403-02)	민간이전지출 근거 (지방보조금 관리기준 참고) 1. 법률에 규정 2. 국고보조 재원(국가지정) 3. 용도 지정 기부금 4. 조례에 직접규정 5. 지자체가 권장하는 사업을 하는 공공기관 6. 시,도 정책 및 재정사정 7. 기타 8. 해당없음	입찰방식 계약체결방법 (경쟁형태) 1. 일반경쟁 2. 제한경쟁 3. 지명경쟁 4. 수의계약 5. 법정위탁 6. 기타 ( ) 7. 없음	입찰방식 계약기간 1. 1년 2. 2년 3. 3년 4. 4년 5. 5년 6. 기타 ( )년 7. 단기계약 (1년미만) 8. 없음	입찰방식 낙찰자선정방법 1. 적격심사 2. 협상에의한계약 3. 최저가낙찰제 4. 규격가격분리 5. 2단계 경쟁입찰 6. 기타 ( ) 7. 없음	운영예산 산정 운영예산 산정 1. 내부산정 (지자체 자체적으로 산정) 2. 외부산정 (외부전문기관위탁 산정) 3. 내·외부 모두 산정 4. 산정 無 5. 없음	운영예산 산정 정산방법 1. 내부정산 (지자체 내부적으로 정산) 2. 외부정산 (외부전문기관위탁 정산) 3. 내·외부 모두 산정 4. 정산 無 5. 없음	성과평가 실시여부 1. 실시 2. 미실시 3. 향후 추진 4. 해당없음
6958	충남 청양군	영아수당지원	24,000	7	6	7	8	7	1	1	1
6959	충남 청양군	의징활동홍보캠페인영상제작	23,000	7	1	7	1	7	1	2	4
6960	충남 청양군	청양군가스타이머콕보급사업	22,000	7	4	7	8	7	1	1	4
6961	충남 청양군	활동보조가산급여	21,481	7	2	7	8	7	3	3	2
6962	충남 청양군	사회적경제활성화아카데미	20,000	7	4	7	8	7	1	1	3
6963	충남 청양군	사회적경제오프라인판로개척지원	20,000	7	4	7	8	7	1	1	3
6964	충남 청양군	중소기업지식재산지원사업	20,000	7	1	6	1	7	1	1	1
6965	충남 청양군	미디어활용홍보	20,000	7	7	7	8	7	5	5	4
6966	충남 청양군	사회적경제기업고도화지원사업(멘토링)	19,200	7	4	7	8	7	1	1	3
6967	충남 청양군	카카오톡채널운영	19,200	7	7	7	8	7	5	5	4
6968	충남 청양군	발달장애인방과후돌봄서비스지원	16,625	7	2	7	8	7	3	3	2
6969	충남 청양군	영유아교통안전용품지원	15,018	7	6	5	1	7	1	1	4
6970	충남 청양군	청소년건강지원	14,340	7	2	7	8	7	5	5	4
6971	충남 청양군	장애인의료비	13,294	7	2	7	8	7	3	3	2
6972	충남 청양군	청백e시스템유지보수및운영지원	12,510	7	1	5	1	7	2	2	4
6973	충남 청양군	용달화물자동차광고료	12,000	7	6	5	1	7	1	1	4
6974	충남 청양군	새올행정시스템서비스데스크운영	6,950	7	5	5	1	7	5	5	4
6975	충남 청양군	고향사랑기부제홍보	5,000	7	7	7	8	7	5	5	4
6976	충남 청양군	매출채권보험료지원사업	5,000	7	1	7	8	7	5	5	4
6977	충남 청양군	표준(통합)지방세정보시스템및과세통합시스템운영관리	5,000	7	5	5	1	2	2	4	4
6978	충남 청양군	자치단체기능분류모델(BRM)시스템고도화	3,250	7	5	4	1	7	4	1	4
6979	충남 청양군	알뜰교통카드마일리지플러스사업	2,600	7	2	7	8	7	5	1	4
6980	충남 청양군	언어발달지원사업	2,160	7	2	7	8	7	3	3	2
6981	충남 청양군	지역자율형사회서비스투자사업(청년마음건강지원사업)	1,705	7	2	7	8	7	5	5	1
6982	충남 청양군	시간제보육지원(통합반)	1,600	7	2	7	8	7	1	1	1
6983	충남 청양군	청소년임신출산의료비지원	1,200	7	2	7	8	7	5	2	4
6984	충남 청양군	택시운행정보관리시스템운영	1,000	7	1	7	8	7	2	2	2
6985	충남 예산군	7.9.~19.집중호우수리시설재해복구사업	3,582,217	7	1	6	1	7	1	1	2
6986	충남 예산군	시설장기요양보험지원(시설급여)	3,149,794	7	1	7	8	7	1	4	4
6987	충남 예산군	재가장기요양보험지원(재가급여)	2,873,134	7	1	7	8	7	1	4	4
6988	충남 예산군	영유아보육료지원	2,599,006	7	1	7	8	7	5	4	4
6989	충남 예산군	기계화경작로확포장사업	1,370,200	7	1	6	1	7	1	1	2
6990	충남 예산군	3~5세누리과정보육료	1,119,756	7	1	7	8	7	5	4	4
6991	충남 예산군	수소상용차부품성능검증기반구축	980,000	7	1	7	8	7	1	1	1
6992	충남 예산군	소규모용배수로정비사업	875,000	7	1	6	1	7	1	1	2
6993	충남 예산군	중증장애인활동보조도추가지원	754,500	7	2	7	8	7	5	1	4
6994	충남 예산군	성리두리4지구대구획경지정리사업	700,000	7	1	6	1	7	1	1	2
6995	충남 예산군	지역사회서비스투자사업	545,878	7	1	5	8	7	5	1	4
6996	충남 예산군	예산군청소년복지재단운영대행	532,400	7	4	7	8	7	1	3	4
6997	충남 예산군	충남혁신도시지방자치단체조합분담금	527,922	7	7	7	8	7	5	5	4

순번	시군구	지출명 (사업명)	2024년예산 (단위 : 천원 /1년간)	민간이전 분류 (지방자치단체 세출예산 집행기준에 의거) 1. 민간경상사업보조(307-02) 2. 민간단체 법정운영비보조(307-03) 3. 민간행사사업보조(307-04) 4. 민간위탁금(307-05) 5. 사회복지시설 법정운영비보조(307-10) 6. 민간인위탁교육비(307-12) 7. 공기관등에대한경상적위탁사업비(308-13) 8. 민간자본사업보조,자체재원(402-01) 9. 민간자본사업보조,이전재원(402-02) 10. 민간위탁사업비(402-03) 11. 공기관등에 대한 자본적 위탁사업비(403-02)	민간이전지출 근거 (지방보조금 관리기준 참고) 1. 법률에 규정 2. 국고보조 재원(국가지정) 3. 용도 지정 기부금 4. 조례에 직접규정 5. 지자체가 권장하는 사업을 하는 공공기관 6. 시,도 정책 및 재정사정 7. 기타 8. 해당없음	입찰방식 계약체결방법 (경쟁형태) 1. 일반경쟁 2. 제한경쟁 3. 지명경쟁 4. 수의계약 5. 법정위탁 6. 기타 ( ) 7. 없음	입찰방식 계약기간 1. 1년 2. 2년 3. 3년 4. 4년 5. 5년 6. 기타 ( )년 7. 단기계약 (1년미만) 8. 없음	입찰방식 낙찰자선정방법 1. 적격심사 2. 협상에의한계약 3. 최저가낙찰제 4. 규격가격분리 5. 2단계 경쟁입찰 6. 기타 ( ) 7. 없음	운영예산 산정 운영예산 산정 1. 내부산정 (지자체 자체적으로 산정) 2. 외부산정 (외부전문기관위탁 산정) 3. 내·외부 모두 산정 4. 산정 無 5. 없음	운영예산 산정 정산방법 1. 내부정산 (지자체 내부적으로 정산) 2. 외부정산 (외부전문기관위탁 정산) 3. 내·외부 모두 산정 4. 정산 無 5. 없음	성과평가 실시여부 1. 실시 2. 미실시 3. 향후 추진 4. 해당없음
6998	충남 예산군	암조기검진사업	426,880	7	2	5	8	7	5	5	4
6999	충남 예산군	내포문화숲길운영관리(위탁)	409,500	7	1	7	8	7	5	5	4
7000	충남 예산군	마을회관보수사업	400,000	7	4	4	7	7	1	1	3
7001	충남 예산군	세계대표자대회및수출상담회유치지원	400,000	7	1	7	8	7	1	1	1
7002	충남 예산군	첫만남이용권지원	396,000	7	2	7	8	7	5	2	4
7003	충남 예산군	치매치료관리비(예탁금)	390,000	7	2	7	8	7	5	5	4
7004	충남 예산군	예산군청소년수련관운영대행	385,839	7	4	7	8	7	1	3	4
7005	충남 예산군	농업용관정유효기간연장및사후관리	285,000	7	1	6	1	7	1	1	2
7006	충남 예산군	근로능력있는수급자의탈수급지원	283,427	7	1	7	8	7	5	3	4
7007	충남 예산군	농특산물광고홍보	247,000	7	5	6	1	7	1	3	2
7008	충남 예산군	지적재조사일필지측량비	236,742	7	1	5	7	7	5	5	4
7009	충남 예산군	예산군청소년미래센터운영대행	227,975	7	4	7	8	7	1	3	4
7010	충남 예산군	발달재활서비스바우처지원	215,640	7	2	7	8	7	5	1	4
7011	충남 예산군	마을회관신축사업	210,000	7	4	4	7	7	1	1	3
7012	충남 예산군	산후조리도우미지원사업	185,250	7	1	7	8	7	5	2	4
7013	충남 예산군	예산군청소년상담복지센터운영대행	173,190	7	4	7	8	7	1	3	4
7014	충남 예산군	수리시설정비사업	150,000	7	1	6	1	7	1	1	2
7015	충남 예산군	저소득층기저귀조제분유지원사업	137,960	7	2	7	8	7	5	2	4
7016	충남 예산군	발달장애인주간활동서비스지원	131,369	7	2	7	8	7	5	1	4
7017	충남 예산군	관광객유치홍보광고	125,000	7	4	7	8	7	5	5	4
7018	충남 예산군	어린이집차액보육료	119,240	7	6	7	8	7	5	4	4
7019	충남 예산군	지방재정관리시스템(e호조)유지보수및운영비	113,008	7	1	4	1	7	2	2	4
7020	충남 예산군	공통기반및재해복구전산장비유지	109,556	7	1	5	1	7	1	1	4
7021	충남 예산군	사적예비문화유산조사(예산산성)	89,100	7	2	7	8	7	1	1	4
7022	충남 예산군	장애인의료비	80,602	7	2	7	8	7	5	1	4
7023	충남 예산군	스마트공장보급확산사업	77,000	7	1	7	8	7	1	1	1
7024	충남 예산군	활동보조가산급여	71,604	7	2	7	8	7	5	1	4
7025	충남 예산군	충남혁신도시홍보	70,000	7	5	7	8	7	1	5	4
7026	충남 예산군	온나라시스템운영지원및유지	68,521	7	1	5	1	7	1	1	4
7027	충남 예산군	외국인아동보육료지원	60,480	7	4	7	8	7	1	4	4
7028	충남 예산군	마을회관증축사업	60,000	7	4	4	7	7	1	1	3
7029	충남 예산군	주소정보시스템유지보수및운영	53,727	7	1	5	1	7	5	5	4
7030	충남 예산군	희귀난치성질환자의료비지원	51,108	7	2	5	8	7	5	5	4
7031	충남 예산군	해외농업박람회참여	50,000	7	6	6	1	7	4	3	2
7032	충남 예산군	저소득층여성청소년위생용품지원	45,120	7	1	7	8	7	5	1	4
7033	충남 예산군	가사간병방문지원	43,750	7	1	7	8	7	5	3	4
7034	충남 예산군	2024년농촌마을유휴자원조사(빈집실태조사)	38,000	7	1	7	8	7	5	5	4
7035	충남 예산군	입체주소구축및주소정보기본도유지관리	35,174	7	1	5	1	7	5	5	4
7036	충남 예산군	지역사회통합돌봄사업(인건비)	34,318	7	4	7	8	7	1	1	4
7037	충남 예산군	농특산물우체국쇼핑몰온라인마케팅사업	30,000	7	5	6	1	7	1	3	2

순번	시군구	지출명 (사업명)	2024년예산 (단위 : 천원 /1년간)	민간이전 분류 (지방자치단체 세출예산 집행기준에 의거) 1. 민간경상사업보조(307-02) 2. 민간단체 법정운영비보조(307-03) 3. 민간행사사업보조(307-04) 4. 민간위탁금(307-05) 5. 사회복지시설 법정운영비보조(307-10) 6. 민간인위탁교육비(307-12) 7. 공기관등에대한경상적위탁사업비(308-13) 8. 민간자본사업보조,자체재원(402-01) 9. 민간자본사업보조,이전재원(402-02) 10. 민간위탁사업비(402-03) 11. 공기관등에 대한 자본적 위탁사업비(403-02)	민간이전지출 근거 (지방보조금 관리기준 참고) 1. 법률에 규정 2. 국고보조 재원(국가지정) 3. 용도 지정 기부금 4. 조례에 직접규정 5. 지자체가 권장하는 사업을 하는 공공기관 6. 시,도 정책 및 재정사정 7. 기타 8. 해당없음	입찰방식 계약체결방법 (경쟁형태) 1. 일반경쟁 2. 제한경쟁 3. 지명경쟁 4. 수의계약 5. 법정위탁 6. 기타 ( ) 7. 없음	입찰방식 계약기간 1. 1년 2. 2년 3. 3년 4. 4년 5. 5년 6. 기타 ( )년 7. 단기계약 (1년미만) 8. 없음	입찰방식 낙찰자선정방법 1. 적격심사 2. 협상에의한계약 3. 최저가낙찰제 4. 규격가격분리 5. 2단계 경쟁입찰 6. 기타 ( ) 7. 없음	운영예산 산정 운영예산 산정 1. 내부산정 (지자체 자체적으로 산정) 2. 외부산정 (외부전문기관위탁 산정) 3. 내·외부 모두 산정 4. 산정 無 5. 없음	운영예산 산정 정산방법 1. 내부정산 (지자체 내부적으로 정산) 2. 외부정산 (외부전문기관위탁 정산) 3. 내·외부 모두 산정 4. 정산 無 5. 없음	성과평가 실시여부 1. 실시 2. 미실시 3. 향후 추진 4. 해당없음
7038	충남 예산군	수출바이어상담	30,000	7	6	6	1	7	4	3	2
7039	충남 예산군	예당호수변공원정비사업	30,000	7	1	6	1	7	1	1	2
7040	충남 예산군	차세대표준지방인사정보시스템유지보수	26,537	7	1	7	8	7	5	5	4
7041	충남 예산군	자치단체표준기록관리시스템통합유지관리	22,461	7	1	5	1	2	1	1	4
7042	충남 예산군	충남투어패스사업운영	20,000	7	4	7	8	7	5	5	4
7043	충남 예산군	워케이션충남프로그램운영	20,000	7	4	7	8	7	5	5	4
7044	충남 예산군	군관리계획신문공고료	20,000	7	8	4	8	7	5	5	4
7045	충남 예산군	매출채권보험료지원	20,000	7	1	7	8	7	1	1	1
7046	충남 예산군	고향사랑기부제종합정보시스템운영비	18,137	7	1	5	1	7	2	2	1
7047	충남 예산군	발달장애인방과후돌봄서비스지원	16,625	7	2	7	8	7	5	1	4
7048	충남 예산군	의료급여수급권자일반건강검진비	13,498	7	1	7	8	7	5	2	1
7049	충남 예산군	청백e시스템운영및유지보수	12,510	7	1	4	1	7	2	2	4
7050	충남 예산군	농사랑시군의날운영	10,000	7	5	6	1	7	1	3	2
7051	충남 예산군	산모신생아건강관리(예탁금)	10,000	7	1	7	8	7	1	2	4
7052	충남 예산군	새올시스템운영지원분담금	6,950	7	1	5	1	7	1	1	4
7053	충남 예산군	공동주택관리법정교육	6,000	7	4	7	8	7	5	5	4
7054	충남 예산군	기능분류모델시스템고도화	4,250	7	1	7	8	7	5	5	4
7055	충남 예산군	무연고사망자신문공고료	3,300	7	7	7	8	7	5	5	4
7056	충남 예산군	청년마음건강지원사업	2,955	7	1	5	8	7	5	1	4
7057	충남 예산군	택시운행정보관리시스템운영	2,692	7	1	7	8	7	1	1	3
7058	충남 예산군	청소년산모임신출산의료비지원	1,200	7	2	7	8	7	5	2	4
7059	충남 예산군	의료급여수급권자영유아검진비지원	1,065	7	2	7	8	7	5	2	4
7060	경상북도	글로컬대학3육성사업	5,000,000	7	2	7	8	7	5	5	4
7061	경상북도	경북세일페스타마케팅지원	4,000,000	7	8	7	8	7	1	1	4
7062	경상북도	지역주력산업육성사업	3,883,000	7	2	6	1	6	2	1	1
7063	경상북도	해외시장개척및인프라구축	3,200,000	7	4	6	8	7	1	3	4
7064	경상북도	중소기업통상경쟁력강화	3,000,000	7	4	6	8	7	1	3	4
7065	경상북도	새마을시범마을조성및사후관리	2,310,000	7	4	7	8	7	5	5	4
7066	경상북도	경북생활경제권중심일자리사업(주민참여)	2,300,000	7	5	7	8	7	1	1	1
7067	경상북도	건강생활유지비	2,238,000	7	1	5	8	7	2	2	1
7068	경상북도	원전관련기업경쟁력강화사업	2,200,000	7	5	7	8	7	1	1	3
7069	경상북도	주민편익시설운영비지원	1,990,400	7	4	4	3	7	1	3	3
7070	경상북도	광역여성새로일하기센터운영(지특중앙)	1,956,000	7	1	7	8	7	5	5	4
7071	경상북도	경북농민사관학교교육지원	1,900,000	7	4	5	8	7	1	1	1
7072	경상북도	의정활동기획홍보	1,440,000	7	1	5	8	7	1	5	4
7073	경상북도	청년근로자행복카드지원	1,400,000	7	4,5	7	8	7	1	3	1
7074	경상북도	수산산업창업투자지원	1,400,000	7	2	7	8	7	3	2	4
7075	경상북도	우수수산물육성사업	1,400,000	7	5	7	8	7	3	2	4
7076	경상북도	관광서비스시설환경개선사업	1,300,000	7	5	7	8	7	1	1	4
7077	경상북도	지역혁신클러스터육성사업	1,299,000	7	2	7	8	7	5	5	1

순번	시군구	지출명 (사업명)	2024년예산 (단위 : 천원 /1년간)	민간이전 분류 (지방자치단체 세출예산 집행기준에 의거) 1. 민간경상사업보조(307-02) 2. 민간단체 법정운영비보조(307-03) 3. 민간행사사업보조(307-04) 4. 민간위탁금(307-05) 5. 사회복지시설 법정운영비보조(307-10) 6. 민간인위탁교육비(307-12) 7. 공기관등에대한경상적위탁사업비(308-13) 8. 민간자본사업보조,자체재원(402-01) 9. 민간자본사업보조,이전재원(402-02) 10. 민간위탁사업비(402-03) 11. 공기관등에 대한 자본적 위탁사업비(403-02)	민간이전지출 근거 (지방보조금 관리기준 참고) 1. 법률에 규정 2. 국고보조 재원(국가지정) 3. 용도 지정 기부금 4. 조례에 직접규정 5. 지자체가 권장하는 사업을 하는 공공기관 6. 시,도 정책 및 재정사정 7. 기타 8. 해당없음	입찰방식: 계약체결방법 (경쟁형태) 1. 일반경쟁 2. 제한경쟁 3. 지명경쟁 4. 수의계약 5. 법정위탁 6. 기타 ( ) 7. 없음	입찰방식: 계약기간 1. 1년 2. 2년 3. 3년 4. 4년 5. 5년 6. 기타 ( )년 7. 단기계약 (1년미만) 8. 없음	입찰방식: 낙찰자선정방법 1. 적격심사 2. 협상에의한계약 3. 최저가낙찰제 4. 규격가격분리 5. 2단계 경쟁입찰 6. 기타 ( ) 7. 없음	운영예산 산정: 운영예산 산정 1. 내부산정 (지자체 자체적으로 산정) 2. 외부산정 (외부전문기관위탁 산정) 3. 내·외부 모두 산정 4. 산정 無 5. 없음	운영예산 산정: 정산방법 1. 내부정산 (지자체 내부적으로 정산) 2. 외부정산 (외부전문기관위탁 정산) 3. 내·외부 모두 산정 4. 정산 無 5. 없음	성과평가 실시여부 1. 실시 2. 미실시 3. 향후 추진 4. 해당없음
7078	경상북도	경북PRIDE기업글로벌마케팅지원	1,200,000	7	5	6	1	6	1	1	1
7079	경상북도	경북디자인산업육성프로젝트	1,200,000	7	5	6	1	6	1	1	1
7080	경상북도	원자력전문인력양성사업지원	1,200,000	7	5	7	8	7	1	1	3
7081	경상북도	미래형신산업기업청년일자리사업(지특중앙)	1,121,234	7	5	7	8	7	1	3	1
7082	경상북도	거점기관개방형혁신사업	1,104,000	7	2	7	8	7	5	5	1
7083	경상북도	도정주요정책홍보	1,100,000	7	1	7	8	7	1	1	4
7084	경상북도	경상북도여성장애인복지관운영	1,072,000	7	4	6	5	7	1	3	1
7085	경상북도	기능경기대회(지방및전국)	1,017,000	7	1	6	1	6	1	1	1
7086	경상북도	경북반도체산업초격차인력양성사업	1,000,000	7	4	7	8	7	5	3	4
7087	경상북도	LA,동경,상해,자카르타,호찌민,연해주	1,000,000	7	8	6	8	7	1	3	4
7088	경상북도	해외경북우수상품전개최	1,000,000	7	4	6	8	7	1	3	4
7089	경상북도	2024국제경북관광산업교류전개최	1,000,000	7	5	7	8	7	5	5	4
7090	경상북도	국내외관광객유치홍보마케팅	1,000,000	7	5	7	7	7	1	1	3
7091	경상북도	농업마이스터대학운영지원	982,259	7	1	7	8	7	1	1	1
7092	경상북도	청년애꿈수당	900,000	7	4,5	7	8	7	1	3	1
7093	경상북도	한의약소재은행	900,000	7	2	7	8	7	5	5	4
7094	경상북도	자연휴양림운영위탁금	900,000	7	4	4	3	7	1	1	1
7095	경상북도	경북신중년일자리지원사업	850,000	7	5	7	8	7	1	1	1
7096	경상북도	한의약산업선진화지원	810,000	7	2	7	8	7	5	5	4
7097	경상북도	경북청년CEO심화육성지원	800,000	7	5	7	8	7	1	3	1
7098	경상북도	경북형도심항공교통핵심기술개발사업	800,000	7	5	7	8	7	1	3	1
7099	경상북도	독도수비대강치TV시리즈제작	800,000	7	4,5	5	1	7	1	1	1
7100	경상북도	농산물전자상거래시스템운영	800,000	7	5	5	8	7	1	3	1
7101	경상북도	중소기업인증브랜드홍보및판로개척지원	780,000	7	8	7	8	7	1	1	4
7102	경상북도	농촌융복합산업활성화지원사업	752,000	7	5	7	8	7	1	1	1
7103	경상북도	농식품해외시장개척및기술지원	740,000	7	6	5	8	7	3	3	1
7104	경상북도	발달장애인지원센터운영지원	640,000	7	2	7	8	7	5	5	4
7105	경상북도	투자유치국내외시책홍보	600,000	7	1	5	7	7	1	2	4
7106	경상북도	스마트공장보급지원사업	600,000	7	2	7	2	7	1	2	1
7107	경상북도	첨단바이오의약품공동기술개발	600,000	7	4	7	8	7	5	5	4
7108	경상북도	경북관광홍보	600,000	7	5	7	8	7	1	1	4
7109	경상북도	6차산업안테나숍활성화지원	600,000	7	5	7	8	7	1	1	1
7110	경상북도	농업과기업의상생협력활성화	600,000	7	7	6	3	6	1	2	4
7111	경상북도	푸드테크스타트업기술지원(시범)	600,000	7	4	7	8	7	1	1	3
7112	경상북도	지역농산물직거래활성화지원	560,000	7	5	5	8	7	1	3	1
7113	경상북도	경북글로벌스타트업패키지성장지원	550,000	7	5	7	8	7	5	5	4
7114	경상북도	소상공인사회보험료지원	543,000	7	5	7	1	7	1	1	1
7115	경상북도	발달장애인긴급돌봄지원	531,536	7	2	7	8	7	5	5	4
7116	경상북도	경북일자리종합센터지원	527,000	7	5	7	8	7	1	1	1
7117	경상북도	경북형로컬크리에이터육성	500,000	7	6	7	8	7	1	1	3

순번	시군구	지출명 (사업명)	2024년예산 (단위 : 천원 /1년간)	민간이전 분류 (지방자치단체 세출예산 집행기준에 의거) 1. 민간경상사업보조(307-02) 2. 민간단체 법정운영비보조(307-03) 3. 민간행사사업보조(307-04) 4. 민간위탁금(307-05) 5. 사회복지시설 법정운영비보조(307-10) 6. 민간인위탁교육비(307-12) 7. 공기관등에대한경상적위탁사업비(308-13) 8. 민간자본사업보조,자체재원(402-01) 9. 민간자본사업보조,이전재원(402-02) 10. 민간위탁사업비(402-03) 11. 공기관등에 대한 자본적 위탁사업비(403-02)	민간이전지출 근거 (지방보조금 관리기준 참고) 1. 법률에 규정 2. 국고보조 재원(국가지정) 3. 용도 지정 기부금 4. 조례에 직접규정 5. 지자체가 권장하는 사업을 하는 공공기관 6. 시,도 정책 및 재정사정 7. 기타 8. 해당없음	입찰방식 계약체결방법 (경쟁형태) 1. 일반경쟁 2. 제한경쟁 3. 지명경쟁 4. 수의계약 5. 법정위탁 6. 기타 ( ) 7. 없음	입찰방식 계약기간 1. 1년 2. 2년 3. 3년 4. 4년 5. 5년 6. 기타 ( )년 7. 단기계약 (1년미만) 8. 없음	입찰방식 낙찰자선정방법 1. 적격심사 2. 협상에의한계약 3. 최저가낙찰제 4. 규격가격분리 5. 2단계 경쟁입찰 6. 기타 ( ) 7. 없음	운영예산 산정 운영예산 산정 1. 내부산정 (지자체 자체적으로 산정) 2. 외부산정 (외부전문기관위탁 산정) 3. 내·외부 모두 산정 4. 산정 無 5. 없음	운영예산 산정 정산방법 1. 내부정산 (지자체 내부적으로 정산) 2. 외부정산 (외부전문기관위탁 정산) 3. 내·외부 모두 산정 4. 정산 無 5. 없음	성과평가 실시여부 1. 실시 2. 미실시 3. 향후 추진 4. 해당없음
7118	경상북도	경북생활인구지원센터구축	500,000	7	6	7	8	7	5	5	4
7119	경상북도	직업교육혁신지구지원사업	500,000	7	8	5	1	7	1	1	1
7120	경상북도	중소기업매출채권보험료지원	500,000	7	7	7	1	7	1	1	1
7121	경상북도	웰니스의료관광클러스터(지특중앙)	500,000	7	5	7	1	7	1	1	1
7122	경상북도	지역농식품신유통채널진출지원	500,000	7	5	5	8	7	1	3	1
7123	경상북도	경북e누리관광상품판매	450,000	7	5	7	1	7	1	1	1
7124	경상북도	폐농약용기류수집보상분담금지원(주민참여)	407,728	7	2	7	8	7	1	1	1
7125	경상북도	청년정주지원센터운영	400,000	7	5	7	8	7	1	1	1
7126	경상북도	글로벌강소기업경쟁력강화사업	400,000	7	5	6	1	6	1	1	1
7127	경상북도	경상북도예비유니콘성장지원사업	400,000	7	5	7	8	7	5	5	4
7128	경상북도	중소기업정부R&D공모사업선정지원	400,000	7	5	6	1	6	1	1	1
7129	경상북도	방위산업기술고도화및사업화지원	400,000	7	5	7	8	7	1	3	1
7130	경상북도	미래차부품기술융합지원사업	400,000	7	4	7	8	7	5	3	4
7131	경상북도	네이처생명산업상용화연계협력	400,000	7	4	7	8	7	5	5	4
7132	경상북도	그룹형수출기업역량강화	400,000	7	4	6	8	7	1	3	4
7133	경상북도	농식품해외상설판매장운영	400,000	7	6	5	8	7	3	3	1
7134	경상북도	농식품유통취약농가판로확대지원	400,000	7	5	5	8	7	1	3	1
7135	경상북도	경북농식품산업대전	400,000	7	7	6	5	6	1	2	4
7136	경상북도	보건복지정책연구	400,000	7	5	6	1	6	1	1	1
7137	경상북도	대한민국해양수산EXPO	400,000	7	7	7	8	7	4	3	1
7138	경상북도	자동차부품산업경쟁력강화지원사업	370,000	7	4	7	8	7	5	3	4
7139	경상북도	여성일자리사업	360,000	7	4	7	8	7	5	5	4
7140	경상북도	상생협력포럼등	360,000	7	4	7	8	7	5	5	4
7141	경상북도	청년창업제품판로개척지원(주민참여)	350,000	7	5	7	8	7	1	1	2
7142	경상북도	중소벤처기업AI기술융합스케일업지원사업	350,000	7	7	6	6	6	1	1	1
7143	경상북도	2024지역한복문화창작소조성	350,000	7	4	5	1	7	1	2	1
7144	경상북도	경북문화유산홍보	350,000	7	1	7	8	7	5	5	4
7145	경상북도	고졸청년신산업분야내일찾기지원사업(지특중앙)	344,562	7	4,5	7	8	7	1	3	1
7146	경상북도	중소벤처혁신성장역량강화지원	330,000	7	7	6	6	6	1	1	1
7147	경상북도	경상북도숙박할인대전	330,000	7	5	7	1	7	1	1	1
7148	경상북도	물산업선도기업지정운영	330,000	7	4	7	8	7	5	5	4
7149	경상북도	경상북도빅데이터플랫폼유지관리	320,000	7	5	6	1	7	1	3	1
7150	경상북도	민간데이터공동구매및활용	320,000	7	5	7	8	7	5	5	4
7151	경상북도	우수농산물소비촉진광고	320,000	7	8	5	7	7	1	1	2
7152	경상북도	블루바이오헬스케어기술개발사업	320,000	7	6	7	8	7	5	5	4
7153	경상북도	동해안해양메디케어블루푸드테크사업	320,000	7	4	7	8	7	5	5	4
7154	경상북도	문화엑스포상설공연플라잉등지원	315,000	7	4	5	1	7	1	1	4
7155	경상북도	4차산업혁명핵심기술개발사업	314,100	7	4	6	1	7	3	2	1
7156	경상북도	지역특화청년창업기업일자리사업(지특중앙)	308,210	7	5	7	8	7	1	3	1
7157	경상북도	가족친화인증기업육성사업	300,000	7	1	7	8	7	5	5	4

순번	시군구	지출명 (사업명)	2024년예산 (단위 : 천원 /1년간)	민간이전 분류 (지방자치단체 세출예산 집행기준에 의거) 1. 민간경상사업보조(307-02) 2. 민간단체 법정운영비보조(307-03) 3. 민간행사사업보조(307-04) 4. 민간위탁금(307-05) 5. 사회복지시설 법정운영비보조(307-10) 6. 민간인위탁교육비(307-12) 7. 공기관등에대한경상적위탁사업비(308-13) 8. 민간자본사업보조,자체재원(402-01) 9. 민간자본사업보조,이전재원(402-02) 10. 민간위탁사업비(402-03) 11. 공기관등에 대한 자본적 위탁사업비(403-02)	민간이전지출 근거 (지방보조금 관리기준 참고) 1. 법률에 규정 2. 국고보조 재원(국가지정) 3. 용도 지정 기부금 4. 조례에 직접규정 5. 지자체가 권장하는 사업을 하는 공공기관 6. 시,도 정책 및 재정사정 7. 기타 8. 해당없음	입찰방식 계약체결방법 (경쟁형태) 1. 일반경쟁 2. 제한경쟁 3. 지명경쟁 4. 수의계약 5. 법정위탁 6. 기타 ( ) 7. 없음	입찰방식 계약기간 1. 1년 2. 2년 3. 3년 4. 4년 5. 5년 6. 기타 ( )년 7. 단기계약 (1년미만) 8. 없음	입찰방식 낙찰자선정방법 1. 적격심사 2. 협상에의한계약 3. 최저가낙찰제 4. 규격가격분리 5. 2단계 경쟁입찰 6. 기타 ( ) 7. 없음	운영예산 산정 운영예산 산정 1. 내부산정 (지자체 자체적으로 산정) 2. 외부산정 (외부전문기관위탁 산정) 3. 내·외부 모두 산정 4. 산정 無 5. 없음	운영예산 산정 정산방법 1. 내부정산 (지자체 내부적으로 정산) 2. 외부정산 (외부전문기관위탁 정산) 3. 내·외부 모두 산정 4. 정산 無 5. 없음	성과평가 실시여부 1. 실시 2. 미실시 3. 향후 추진 4. 해당없음
7158	경상북도	도민참여형안전모빌리티데이터유통및활용체계구축	300,000	7	2	6	3	6	5	5	4
7159	경상북도	청년정책홍보및인식개선캠페인추진등	300,000	7	1	5	8	7	1	5	4
7160	경상북도	산학연연계중소벤처R&BD지원사업	300,000	7	7	7	8	7	5	5	4
7161	경상북도	경북스타트업투자매칭데이	300,000	7	7	6	6	6	1	1	1
7162	경상북도	복합재3D적층및압축성형기술개발지원	300,000	7	4	7	8	7	5	2	1
7163	경상북도	군수용무인전술차량고기능배터리모듈개발	300,000	7	4	7	8	7	5	2	1
7164	경상북도	엑소좀기반첨단의약품상용화공동연구협력	300,000	7	4	7	8	7	5	5	4
7165	경상북도	경북형워케이션상품운영	300,000	7	5	7	1	7	1	1	1
7166	경상북도	외국인관광객유치마케팅사업	300,000	7	5	7	1	7	1	1	1
7167	경상북도	경상북도이웃사촌복지지원센터지원	300,000	7	5	6	1	6	1	1	1
7168	경상북도	국내체류외국인독도탐방사업	300,000	7	1	7	8	7	5	5	4
7169	경상북도	귀어학교교육	300,000	7	5	7	8	7	5	5	4
7170	경상북도	국내외투자유치타깃기업상담및설명회	280,000	7	4	4	7	7	1	1	1
7171	경상북도	지역특화콘텐츠개발지원사업	280,000	7	2	5	1	7	3	3	1
7172	경상북도	농업정책홍보	280,000	7	7	7	8	7	5	5	4
7173	경상북도	deXter운영(수출기업홍보영상제작)	270,000	7	4	6	8	7	1	3	4
7174	경상북도	중소기업내일채움공제지원	262,800	7	5	7	8	7	1	1	1
7175	경상북도	지방시대정책기획특집홍보등	260,000	7	4	7	8	7	5	5	4
7176	경상북도	경북해외자문위원협의회활동지원	255,000	7	5	5	1	7	1	1	1
7177	경상북도	경북산촌어촌청년일자리사업(지특중앙)	251,000	7	5	7	8	7	1	3	1
7178	경상북도	경상북도청소년정책공유플랫폼운영	250,000	7	1	7	8	7	1	1	1
7179	경상북도	지역기초연구활성화사업지원	250,000	7	4	5	1	7	2	2	2
7180	경상북도	GStarDreamers스타트업육성지원	250,000	7	7	6	6	6	1	1	1
7181	경상북도	K디아스포라정체성함양지원	250,000	7	4	5	5	7	1	1	1
7182	경상북도	글로벌무역환경대응지원	250,000	7	4	6	8	7	1	3	4
7183	경상북도	글로벌온라인몰입점	250,000	7	4	6	8	7	1	3	4
7184	경상북도	경북관광특별상품운영	250,000	7	5	7	1	7	1	1	1
7185	경상북도	경북대표관광상품체험지원	250,000	7	5	7	8	7	5	5	4
7186	경상북도	개발도상국새마을연수및보급	250,000	7	4	7	8	7	5	5	4
7187	경상북도	새마을운동국내교육	250,000	7	4	7	8	7	5	5	4
7188	경상북도	중소기업제품인증획득지원	240,000	7	5	6	1	6	1	1	1
7189	경상북도	스포츠경기장활용마케팅	240,000	7	5	7	7	7	1	1	3
7190	경상북도	발달장애인주간활동서비스운영인력지원	235,000	7	2	7	8	7	5	5	4
7191	경상북도	지역과학문화활성화지원	225,000	7	2	7	8	7	3	1	2
7192	경상북도	경북형메타버스실버시스템구축지원(지특도비)	218,000	7	1,4	5	1	7	3	1	3
7193	경상북도	저소득층금연치료지원사업	211,815	7	1	7	8	7	2	2	1
7194	경상북도	재난심리회복서비스플랫폼개발	210,000	7	2	7	8	7	2	2	2
7195	경상북도	전국청소년힙합댄스경연대회	205,500	7	1	7	8	7	1	1	1
7196	경상북도	재난심리회복지원센터운영지원	200,000	7	2	6	8	7	5	1	1
7197	경상북도	지진대비행동요령등도민순회교육	200,000	7	5	4	1	7	1	3	1

순번	시군구	지출명 (사업명)	2024년예산 (단위 : 천원 /1년간)	민간이전 분류 (지방자치단체 세출예산 집행기준에 의거) 1. 민간경상사업보조(307-02) 2. 민간단체 법정운영비보조(307-03) 3. 민간행사사업보조(307-04) 4. 민간위탁금(307-05) 5. 사회복지시설 법정운영비보조(307-10) 6. 민간인위탁교육비(307-12) 7. 공기관등에대한경상적위탁사업비(308-13) 8. 민간자본사업보조,자체재원(402-01) 9. 민간자본사업보조,이전재원(402-02) 10. 민간위탁사업비(402-03) 11. 공기관등에 대한 자본적 위탁사업비(403-02)	민간이전지출 근거 (지방보조금 관리기준 참고) 1. 법률에 규정 2. 국고보조 재원(국가지정) 3. 용도 지정 기부금 4. 조례에 직접규정 5. 지자체가 권장하는 사업을 하는 공공기관 6. 시,도 정책 및 재정사정 7. 기타 8. 해당없음	입찰방식 계약체결방법 (경쟁형태) 1. 일반경쟁 2. 제한경쟁 3. 지명경쟁 4. 수의계약 5. 법정위탁 6. 기타 ( ) 7. 없음	입찰방식 계약기간 1. 1년 2. 2년 3. 3년 4. 4년 5. 5년 6. 기타 ( )년 7. 단기계약 (1년미만) 8. 없음	입찰방식 낙찰자선정방법 1. 적격심사 2. 협상에의한계약 3. 최저가낙찰제 4. 규격가격분리 5. 2단계 경쟁입찰 6. 기타 ( ) 7. 없음	운영예산 산정 운영예산 산정 1. 내부산정 (지자체 자체적으로 산정) 2. 외부산정 (외부전문기관위탁 산정) 3. 내·외부 모두 산정 4. 산정 無 5. 없음	운영예산 산정 정산방법 1. 내부정산 (지자체 내부적으로 정산) 2. 외부정산 (외부전문기관위탁 정산) 3. 내·외부 모두 산정 4. 정산 無 5. 없음	성과평가 실시여부 1. 실시 2. 미실시 3. 향후 추진 4. 해당없음
7198	경상북도	지방소멸대응기금컨설팅	200,000	7	6	7	8	7	5	5	4
7199	경상북도	청년무역전문인력양성	200,000	7	1	7	8	7	1	3	2
7200	경상북도	경북청년창업JUMPUP지원사업	200,000	7	5	7	8	7	1	1	1
7201	경상북도	해외유학생유치지원	200,000	7	6	7	8	7	5	5	4
7202	경상북도	대구경북지역학교양강좌개설지원	200,000	7	4	3	1	7	1	1	2
7203	경상북도	대학의평생교육체제지원	200,000	7	2	7	8	7	5	5	4
7204	경상북도	경북디지털전환지원모델확산사업	200,000	7	4	7	8	7	5	5	4
7205	경상북도	일자리창출홍보	200,000	7	7	7	8	7	5	5	4
7206	경상북도	소셜벤처활성화	200,000	7	4	7	1	7	1	3	1
7207	경상북도	경북소상공행복점포사업	200,000	7	5	7	1	7	1	1	1
7208	경상북도	고향시장행복어울림마당	200,000	7	4	7	1	7	1	1	1
7209	경상북도	전통시장디지털전환활성화	200,000	7	4	6	1	7	1	1	1
7210	경상북도	소재부품산업국가사업화지원	200,000	7	4	7	8	7	5	3	4
7211	경상북도	탄소산업전시회개최지원	200,000	7	2	7	8	7	5	2	4
7212	경상북도	시군공동통합해외마케팅	200,000	7	8	6	8	7	1	3	4
7213	경상북도	K스토리산업스케일업지원	200,000	7	4,5	5	1	7	1	1	1
7214	경상북도	하이스토리경북공동홍보	200,000	7	5	1	1	2	1	1	1
7215	경상북도	경북투어패스운영관리	200,000	7	5	1	1	2	1	1	1
7216	경상북도	광역교통수단이용마케팅	200,000	7	5	7	7	7	1	1	3
7217	경상북도	테마형템플스테이육성지원	200,000	7	5	7	1	7	1	1	1
7218	경상북도	국내전담여행사운영	200,000	7	5	7	1	7	1	1	1
7219	경상북도	버스타고경북관광사업	200,000	7	5	7	1	7	1	1	1
7220	경상북도	바로마켓형대표장터지원	200,000	7	5	5	8	7	1	3	1
7221	경상북도	사회적고립예방지원센터운영지원	200,000	7	6	7	8	7	5	5	4
7222	경상북도	어서옵쇼수산물할인행사(도직접)	200,000	7	5	7	8	7	5	5	4
7223	경상북도	동해안방사능모니터링분석용역	200,000	7	5	7	8	7	5	5	4
7224	경상북도	발달장애인공공후견비용지원	199,500	7	2	7	8	7	5	5	4
7225	경상북도	인구정책홍보캠페인	180,000	7	6	7	8	7	5	5	4
7226	경상북도	문화기획정책및시책홍보	180,000	7	8	5	1	7	1	4	4
7227	경상북도	농산물전자상거래마케팅	180,000	7	8	5	8	7	1	1	2
7228	경상북도	도민참여활성화홍보	180,000	7	8	7	8	7	1	1	4
7229	경상북도	새마을세계화국내외시책기획홍보	180,000	7	7	7	8	7	5	5	4
7230	경상북도	에너지절약및신재생에너지사업홍보	180,000	7	5	7	1	1	4	5	4
7231	경상북도	지역경제활성화추진홍보	170,000	7	1	5	8	7	5	5	4
7232	경상북도	청년해외인턴지원사업	170,000	7	4	5	5	7	1	1	1
7233	경상북도	경북관광테마별이벤트	170,000	7	5	7	1	7	1	1	1
7234	경상북도	사회복지맞춤형통합교육지원	170,000	7	5	6	1	6	1	1	1
7235	경상북도	농산업분야지역혁신청년일자리활성화지원	168,828	7	5	7	8	7	1	1	1
7236	경상북도	종가음식문화대전	165,000	7	5	7	1	7	1	1	4
7237	경상북도	울릉도독도생물자원홍보마케팅	165,000	7	4	2	1	1	1	1	1

순번	시군구	지출명 (사업명)	2024년예산 (단위 : 천원 /1년간)	민간이전 분류 (지방자치단체 세출예산 집행기준에 의거) 1. 민간경상사업보조(307-02) 2. 민간단체 법정운영비보조(307-03) 3. 민간행사사업보조(307-04) 4. 민간위탁금(307-05) 5. 사회복지시설 법정운영비보조(307-10) 6. 민간인위탁교육비(307-12) 7. 공기관등에대한경상적위탁사업비(308-13) 8. 민간자본사업보조,자체재원(402-01) 9. 민간자본사업보조,이전재원(402-02) 10. 민간위탁사업비(402-03) 11. 공기관등에 대한 자본적 위탁사업비(403-02)	민간이전지출 근거 (지방보조금 관리기준 참고) 1. 법률에 규정 2. 국고보조 재원(국가지정) 3. 용도 지정 기부금 4. 조례에 직접규정 5. 지자체가 권장하는 사업을 하는 공공기관 6. 시,도 정책 및 재정사정 7. 기타 8. 해당없음	입찰방식 계약체결방법 (경쟁형태) 1. 일반경쟁 2. 제한경쟁 3. 지명경쟁 4. 수의계약 5. 법정위탁 6. 기타 ( ) 7. 없음	입찰방식 계약기간 1. 1년 2. 2년 3. 3년 4. 4년 5. 5년 6. 기타 ( )년 7. 단기계약 (1년미만) 8. 없음	입찰방식 낙찰자선정방법 1. 적격심사 2. 협상에의한계약 3. 최저가낙찰제 4. 규격가격분리 5. 2단계 경쟁입찰 6. 기타 ( ) 7. 없음	운영예산 산정 운영예산 산정 1. 내부산정 (지자체 자체적으로 산정) 2. 외부산정 (외부전문기관위탁 산정) 3. 내·외부 모두 산정 4. 산정 無 5. 없음	운영예산 산정 정산방법 1. 내부정산 (지자체 내부적으로 정산) 2. 외부정산 (외부전문기관위탁 정산) 3. 내·외부 모두 산정 4. 정산 無 5. 없음	성과평가 실시여부 1. 실시 2. 미실시 3. 향후 추진 4. 해당없음
7238	경상북도	경북신전략프로젝트	160,000	7	4	7	8	7	5	5	4
7239	경상북도	문화관광해설사교육사업	160,000	7	4	7	8	7	1	1	4
7240	경상북도	국내외파워인플루언서마케팅	160,000	7	5	7	7	7	1	1	3
7241	경상북도	단체관광객유치인센티브	160,000	7	5	7	1	7	1	1	1
7242	경상북도	농촌산업화기획평가체계구축	160,000	7	5	7	8	7	1	1	1
7243	경상북도	글로벌청년새마을지도자선발및파견	160,000	7	4	7	8	7	5	5	4
7244	경상북도	새마을세계화교류협력	160,000	7	4	7	8	7	5	5	4
7245	경상북도	해양바이오고도인재(전문연구원)육성사업	160,000	7	4	5	7	7	1	1	1
7246	경상북도	귀농귀촌종합지원센터운영	152,000	7	4	7	8	7	1	1	1
7247	경상북도	SAFE경북홍보	150,000	7	6	7	8	7	1	1	1
7248	경상북도	경북청년창업아이디어발굴프로젝트	150,000	7	5	7	8	7	1	1	1
7249	경상북도	경북TIPS(기술창업)지원프로그램운영	150,000	7	7	6	6	6	1	1	1
7250	경상북도	유망벤처스타트업상장지원사업	150,000	7	7	7	8	7	5	5	4
7251	경상북도	사회적경제활성화추진홍보	150,000	7	1	5	8	7	5	5	4
7252	경상북도	해외상설전시판매장운영	150,000	7	4	6	8	7	1	3	4
7253	경상북도	경북관광두레주민사업체육성	150,000	7	7	7	8	7	1	1	4
7254	경상북도	온라인관광마케팅(주민참여)	150,000	7	5	7	1	7	1	1	1
7255	경상북도	소울스테이육성지원	150,000	7	5	7	1	7	1	1	1
7256	경상북도	물기업해외마케팅지원	150,000	7	4	7	8	7	5	5	4
7257	경상북도	새마을해외봉사활동	150,000	7	4	7	8	7	5	5	4
7258	경상북도	반학반어청년지원사업	150,000	7	4	7	8	7	3	3	3
7259	경상북도	e독도수호원정대	150,000	7	4	2	1	1	1	1	1
7260	경상북도	발달장애인가족휴식지원	138,571	7	2	7	8	7	5	5	4
7261	경상북도	경북청년CEO마일스톤지원사업(지특중앙)	136,000	7	5	7	8	7	1	1	1
7262	경상북도	도정주요정책홍보	135,000	7	7	7	8	7	5	5	4
7263	경상북도	해외현지매체홍보	135,000	7	5	7	7	7	1	1	1
7264	경상북도	미래전략사업발굴홍보	130,000	7	6	7	8	7	5	5	4
7265	경상북도	미래자동차사업재편혁신성장지원사업	130,000	7	4	7	8	7	5	3	4
7266	경상북도	향토뿌리기업및산업유산육성	120,000	7	4	7	1	7	1	1	1
7267	경상북도	신북남방시장진출강화	120,000	7	4	6	8	7	1	3	4
7268	경상북도	영화드라마지역로케이션제작지원	120,000	7	4,5	5	1	7	1	1	1
7269	경상북도	경북나드리홈페이지운영	120,000	7	5	7	1	7	1	1	1
7270	경상북도	TV프로그램활용마케팅	120,000	7	5	7	7	7	1	1	3
7271	경상북도	귀농귀촌마케팅	120,000	7	7	7	8	7	5	5	4
7272	경상북도	국가지질공원홍보	120,000	7	1	5	8	7	1	5	4
7273	경상북도	제14회독도문예대전	120,000	7	4	2	1	1	1	1	1
7274	경상북도	메타버스체험센터운영	110,700	7	4	6	1	7	1	1	1
7275	경상북도	해양수산정책홍보	110,000	7	1	5	7	4	1	1	4
7276	경상북도	해양생물자원유용소재발굴및상용화	108,000	7	4	5	7	7	1	1	1
7277	경상북도	환경연수원환경교육프로그램운영	106,000	7	4	5	1	7	5	5	1

순번	시군구	지출명 (사업명)	2024년예산 (단위 : 천원 /1년간)	민간이전 분류 (지방자치단체 세출예산 집행기준에 의거) 1. 민간경상사업보조(307-02) 2. 민간단체 법정운영비보조(307-03) 3. 민간행사사업보조(307-04) 4. 민간위탁금(307-05) 5. 사회복지시설 법정운영비보조(307-10) 6. 민간인위탁교육비(307-12) 7. 공기관등에대한경상적위탁사업비(308-13) 8. 민간자본사업보조,자체재원(402-01) 9. 민간자본사업보조,이전재원(402-02) 10. 민간위탁사업비(402-03) 11. 공기관등에 대한 자본적 위탁사업비(403-02)	민간이전지출 근거 (지방보조금 관리기준 참고) 1. 법률에 규정 2. 국고보조 재원(국가지정) 3. 용도 지정 기부금 4. 조례에 직접규정 5. 지자체가 권장하는 사업을 하는 공공기관 6. 시,도 정책 및 재정사정 7. 기타 8. 해당없음	입찰방식 계약체결방법 (경쟁형태) 1. 일반경쟁 2. 제한경쟁 3. 지명경쟁 4. 수의계약 5. 법정위탁 6. 기타 ( ) 7. 없음	입찰방식 계약기간 1. 1년 2. 2년 3. 3년 4. 4년 5. 5년 6. 기타 ( )년 7. 단기계약 (1년미만) 8. 없음	입찰방식 낙찰자선정방법 1. 적격심사 2. 협상에의한계약 3. 최저가낙찰제 4. 규격가격분리 5. 2단계 경쟁입찰 6. 기타 ( ) 7. 없음	운영예산 산정 운영예산 산정 1. 내부산정 (지자체 자체적으로 산정) 2. 외부산정 (외부전문기관위탁 산정) 3. 내·외부 모두 산정 4. 산정 無 5. 없음	운영예산 산정 정산방법 1. 내부정산 (지자체 내부적으로 정산) 2. 외부정산 (외부전문기관위탁 정산) 3. 내·외부 모두 산정 4. 정산 無 5. 없음	성과평가 실시여부 1. 실시 2. 미실시 3. 향후 추진 4. 해당없음
7278	경상북도	발달장애인긴급돌봄운영지원	104,120	7	2	7	8	7	5	5	4
7279	경상북도	경북살이청년실험실운영컨설팅	100,000	7	4	5	8	7	1	1	3
7280	경상북도	예비창업패키지사업	100,000	7	5	7	8	7	1	1	1
7281	경상북도	청년발전소운영	100,000	7	5	7	8	7	1	5	4
7282	경상북도	대학생학자금대출이자지원	100,000	7	4	3	1	7	1	1	2
7283	경상북도	교육협력시책기획홍보	100,000	7	6	7	7	7	1	1	4
7284	경상북도	지역혁신중심대학지원체계(RISE)운영	100,000	7	1	6	8	7	1	1	3
7285	경상북도	기업ESG경영지원사업	100,000	7	4	7	8	7	1	1	4
7286	경상북도	사회적경제글로벌진출성공이음액셀러레이팅	100,000	7	4	7	8	7	5	5	4
7287	경상북도	경북정밀화학소재산업경쟁력강화지원사업	100,000	7	4	7	8	7	5	3	4
7288	경상북도	지역산업거점육성사업홍보	100,000	7	6	7	8	7	5	5	4
7289	경상북도	탄소산업혁신기술국가사업화지원	100,000	7	4	7	8	7	5	2	1
7290	경상북도	바이오산업육성	100,000	7	7	7	8	7	5	5	4
7291	경상북도	경북수출기업협회활동지원	100,000	7	8	6	8	7	1	3	4
7292	경상북도	캄보디아통상교류확대	100,000	7	8	6	8	7	1	3	4
7293	경상북도	한복창작해커톤대회	100,000	7	4	5	1	7	1	1	1
7294	경상북도	경북로케이션DB구축사업	100,000	7	4,5	7	8	7	5	5	4
7295	경상북도	만인소세계기록유산등재추진사업	100,000	7	4	5	1	7	1	1	4
7296	경상북도	경북관광통합플랫폼운영지원(주민참여)	100,000	7	5	1	1	2	1	1	1
7297	경상북도	중화권관광객유치마케팅사업	100,000	7	5	7	8	7	5	5	4
7298	경상북도	국외전담여행사운영	100,000	7	5	7	1	7	1	1	1
7299	경상북도	한류관광콘텐츠개발	100,000	7	5	7	7	7	1	1	1
7300	경상북도	라이브커머스활용농특산물판로지원	100,000	7	8	7	8	7	1	1	2
7301	경상북도	산학연관푸드테크협력기반구축	100,000	7	4	7	8	7	1	1	3
7302	경상북도	거점지역새마을연구소운영	100,000	7	4	7	8	7	5	5	4
7303	경상북도	동해안생물기반해양펩타이드의약소재개발	100,000	7	4	7	8	7	1	1	3
7304	경상북도	동해안원자력정책홍보	100,000	7	1	7	7	7	1	1	4
7305	경상북도	찾아가는독도홍보버스	100,000	7	4	2	1	1	1	1	1
7306	경상북도	역사지리교사및청소년독도탐방	100,000	7	4	2	1	1	1	1	1
7307	경상북도	외국인유학생평화리포터독도탐방	100,000	7	4	2	1	1	1	1	1
7308	경상북도	경북문화콘텐츠기업제작지원사업	96,000	7	4,5	5	1	7	1	1	1
7309	경상북도	임신출산진료비	95,000	7	1	5	8	7	2	2	1
7310	경상북도	찾아가는행복설계사운영	92,000	7	5	6	1	6	1	1	1
7311	경상북도	차세대지방세정보시스템유지관리비	91,885	7	1	5	1	2	2	2	4
7312	경상북도	새경북포럼	90,000	7	4	7	8	7	1	1	1
7313	경상북도	자연재난예방캠페인추진	90,000	7	8	7	8	7	5	5	4
7314	경상북도	문화엑스포새마을관람열차운영	90,000	7	4	5	1	7	1	1	4
7315	경상북도	경북의혼다큐멘터리제작	90,000	7	4	5	1	7	1	4	4
7316	경상북도	유네스코세계기록유산활용사업	90,000	7	4	7	8	7	1	3	1
7317	경상북도	환동해주요정책홍보	90,000	7	1	7	8	7	5	5	4

순번	시군구	지출명 (사업명)	2024년예산 (단위 : 천원 /1년간)	민간이전 분류 (지방자치단체 세출예산 집행기준에 의거) 1. 민간경상사업보조(307-02) 2. 민간단체 법정운영비보조(307-03) 3. 민간행사사업보조(307-04) 4. 민간위탁금(307-05) 5. 사회복지시설 법정운영비보조(307-10) 6. 민간인위탁교육비(307-12) 7. 공기관등에대한경상적위탁사업비(308-13) 8. 민간자본사업보조,자체재원(402-01) 9. 민간자본사업보조,이전재원(402-02) 10. 민간위탁사업비(402-03) 11. 공기관등에 대한 자본적 위탁사업비(403-02)	민간이전지출 근거 (지방보조금 관리기준 참고) 1. 법률에 규정 2. 국고보조 재원(국가지정) 3. 용도 지정 기부금 4. 조례에 직접규정 5. 지자체가 권장하는 사업을 하는 공공기관 6. 시,도 정책 및 재정사정 7. 기타 8. 해당없음	입찰방식 계약체결방법 (경쟁형태) 1. 일반경쟁 2. 제한경쟁 3. 지명경쟁 4. 수의계약 5. 법정위탁 6. 기타 ( ) 7. 없음	입찰방식 계약기간 1. 1년 2. 2년 3. 3년 4. 4년 5. 5년 6. 기타 ( )년 7. 단기계약 (1년미만) 8. 없음	입찰방식 낙찰자선정방법 1. 적격심사 2. 협상에의한계약 3. 최저가낙찰제 4. 규격가격분리 5. 2단계 경쟁입찰 6. 기타 ( ) 7. 없음	운영예산 산정 운영예산 산정 1. 내부산정 (지자체 자체적으로 산정) 2. 외부산정 (외부전문기관위탁 산정) 3. 내·외부 모두 산정 4. 산정 無 5. 없음	운영예산 산정 정산방법 1. 내부정산 (지자체 내부적으로 정산) 2. 외부정산 (외부전문기관위탁 정산) 3. 내·외부 모두 산정 4. 정산 無 5. 없음	성과평가 실시여부 1. 실시 2. 미실시 3. 향후 추진 4. 해당없음
7318	경상북도	해양환경해설사해양환경정화및감시활동지원	90,000	7	4	5	7	7	1	1	1
7319	경상북도	스타급스토리텔링콘텐츠개발사업	88,000	7	4,5	5	1	7	1	1	1
7320	경상북도	규제샌드박스지원사업	87,000	7	6	7	8	7	1	2	1
7321	경상북도	청년정책참여단활성화지원	80,000	7	6	7	8	7	5	5	4
7322	경상북도	외국인정책홍보	80,000	7	7	7	8	7	5	5	4
7323	경상북도	대한민국지방자치경영혁신엑스포	80,000	7	5	7	8	7	1	1	1
7324	경상북도	파독광부간호사등감사행사지원	80,000	7	4	6	1	6	1	1	1
7325	경상북도	중소기업공공조달시장진출지원	80,000	7	5	6	1	6	1	1	1
7326	경상북도	중소기업품질및공정개선지원	80,000	7	5	6	1	6	1	1	1
7327	경상북도	관광특별상품판촉단운영	80,000	7	5	7	1	7	1	1	1
7328	경상북도	환경문화활성화사업	80,000	7	5	5	1	7	1	1	1
7329	경상북도	산업단지개발및재생홍보	80,000	7	8	4	7	7	1	4	4
7330	경상북도	독도대첩기념행사	80,000	7	4	2	1	1	1	1	1
7331	경상북도	발달장애인부모교육지원	78,000	7	2	7	8	7	5	5	4
7332	경상북도	장애인지원인력교육지원	77,000	7	5	7	8	7	5	5	4
7333	경상북도	청백e시스템유지보수	76,800	7	1	5	1	6	2	2	2
7334	경상북도	표준지방인사정보시스템등유지관리	75,977	7	1	7	8	7	2	2	4
7335	경상북도	미래유망산업대응전략구상	75,000	7	7	7	8	7	5	5	4
7336	경상북도	정책자문위원회운영및정책개발	74,000	7	5	7	8	7	1	1	4
7337	경상북도	경북여성가족플라자건물수선및유지관리	70,000	7	4	7	8	7	5	5	4
7338	경상북도	교통안전캠페인및홍보	70,000	7	7	6	8	7	1	1	4
7339	경상북도	한국어말하기대회개최	70,000	7	4	6	8	7	1	3	1
7340	경상북도	농촌관광온라인상품운영지원	70,000	7	5	7	8	7	1	1	1
7341	경상북도	물기업R&D역량강화지원	70,000	7	4	7	8	7	5	5	4
7342	경상북도	사회서비스품질관리	70,000	7	4	5	1	7	1	1	1
7343	경상북도	보훈선양선도사업	70,000	7	5	6	1	6	1	1	1
7344	경상북도	동해독도바로알기교육및문화활성화	70,000	7	4	2	1	1	1	1	1
7345	경상북도	독도홍보프로그램제작및광고	70,000	7	4	2	1	1	1	1	1
7346	경상북도	경상북도지역경제이슈및현안분석사업	68,000	7	5	4	1	2	1	1	1
7347	경상북도	청년농업인영농정착지원선발운영	68,000	7	2	7	8	7	5	5	4
7348	경상북도	지방교부세자료관리시스템운영유지관리	67,376	7	1	7	8	7	5	5	4
7349	경상북도	지역선도산업단지연계협력사업(R&D)	67,000	7	2	7	2	7	1	2	1
7350	경상북도	인터넷원서접수시스템운영분담금	65,066	7	1	7	8	7	2	2	4
7351	경상북도	최중증통합돌봄운영지원(지역센터)	65,000	7	2	7	8	7	1	1	1
7352	경상북도	해양바이오전문인력양성	64,000	7	4	5	7	7	1	1	1
7353	경상북도	주요정보통신기반시설정보보호컨설팅	61,400	7	1	5	1	7	2	2	2
7354	경상북도	대중국교류협력사업	60,000	7	4	4	1	2	1	1	1
7355	경상북도	관광서비스시설환경개선사업컨설팅	60,000	7	5	7	8	7	1	1	4
7356	경상북도	탄소중립경북형사업홍보	60,000	7	1	6	8	7	1	5	4
7357	경상북도	도시재생및혁신도시기획홍보	60,000	7	8	7	8	7	5	5	4

순번	시군구	지출명 (사업명)	2024년예산 (단위 : 천원 /1년간)	민간이전 분류 (지방자치단체 세출예산 집행기준에 의거) 1. 민간경상사업보조(307-02) 2. 민간단체 법정운영비보조(307-03) 3. 민간행사사업보조(307-04) 4. 민간위탁금(307-05) 5. 사회복지시설 법정운영비보조(307-10) 6. 민간인위탁교육비(307-12) 7. 공기관등에대한경상적위탁사업비(308-13) 8. 민간자본사업보조,자체재원(402-01) 9. 민간자본사업보조,이전재원(402-02) 10. 민간위탁사업비(402-03) 11. 공기관등에 대한 자본적 위탁사업비(403-02)	민간이전지출 근거 (지방보조금 관리기준 참고) 1. 법률에 규정 2. 국고보조 재원(국가지정) 3. 용도 지정 기부금 4. 조례에 직접규정 5. 지자체가 권장하는 사업을 하는 공공기관 6. 시,도 정책 및 재정사정 7. 기타 8. 해당없음	입찰방식 계약체결방법 (경쟁형태) 1. 일반경쟁 2. 제한경쟁 3. 지명경쟁 4. 수의계약 5. 법정위탁 6. 기타 ( ) 7. 없음	입찰방식 계약기간 1. 1년 2. 2년 3. 3년 4. 4년 5. 5년 6. 기타 ( )년 7. 단기계약 (1년미만) 8. 없음	입찰방식 낙찰자선정방법 1. 적격심사 2. 협상에의한계약 3. 최저가낙찰제 4. 규격가격분리 5. 2단계 경쟁입찰 6. 기타 ( ) 7. 없음	운영예산 산정 운영예산 산정 1. 내부산정 (지자체 자체적으로 산정) 2. 외부산정 (외부전문기관위탁 산정) 3. 내·외부 모두 산정 4. 산정 無 5. 없음	운영예산 산정 정산방법 1. 내부정산 (지자체 내부적으로 정산) 2. 외부정산 (외부전문기관위탁 정산) 3. 내·외부 모두 산정 4. 정산 無 5. 없음	성과평가 실시여부 1. 실시 2. 미실시 3. 향후 추진 4. 해당없음
7358	경상북도	하천사업홍보	60,000	7	1	7	8	7	5	5	4
7359	경상북도	도정발전(운영)방향포럼	56,000	7	4	7	8	7	1	1	1
7360	경상북도	찾아가는놀이터	50,000	7	5	7	8	7	3	3	1
7361	경상북도	지진방재정책개발	50,000	7	5	4	1	7	1	3	1
7362	경상북도	지역균형발전연구포럼	50,000	7	4	7	8	7	5	5	4
7363	경상북도	지역기업청년희망이음지원사업	50,000	7	2	7	8	7	1	3	1
7364	경상북도	1인창조기업지원센터운영사업	50,000	7	2	7	8	7	1	3	1
7365	경상북도	고등교육혁신을위한대학운영포럼개최	50,000	7	4	3	1	7	1	1	2
7366	경상북도	글로벌개방사회상생포럼	50,000	7	7	7	8	7	5	5	4
7367	경상북도	네이처생명산업네트워크운영지원	50,000	7	4	7	8	7	5	5	4
7368	경상북도	바이오생명산업혁신기술발굴	50,000	7	4	7	8	7	5	5	4
7369	경상북도	新경북정신바로알기교육사업	50,000	7	4	5	1	7	1	1	1
7370	경상북도	종가포럼개최지원	50,000	7	5	7	1	7	1	1	4
7371	경상북도	경북관광포럼운영	50,000	7	5	7	8	7	1	1	4
7372	경상북도	문화관광해설사역량강화	50,000	7	4	7	8	7	1	1	4
7373	경상북도	권역별관광활성화	50,000	7	5	7	1	7	1	1	1
7374	경상북도	농업대전환확산지원	50,000	7	5	7	8	7	1	1	1
7375	경상북도	곤충제품마케팅지원	50,000	7	5	6	1	6	1	1	1
7376	경상북도	백두대간낙동정맥관광마케팅	50,000	7	5	7	8	7	5	5	4
7377	경상북도	산림관광마케팅	50,000	7	5	7	8	7	5	5	4
7378	경상북도	경북의독립유공자발굴사업	50,000	7	5	6	1	6	1	1	1
7379	경상북도	장애인드론교육훈련지원	50,000	7	4	7	8	7	5	5	4
7380	경상북도	장애인정책홍보비	50,000	7	8	7	8	7	1	1	1
7381	경상북도	뇌졸중및심근경색예방홍보	50,000	7	6	7	8	7	5	5	4
7382	경상북도	청년외식창업디지털혁신역량강화	50,000	7	5	7	8	7	1	1	4
7383	경상북도	신공항메가프로젝트기획연구	50,000	7	4	7	8	7	5	5	4
7384	경상북도	제6회문무대왕해양대상시상	50,000	7	6	7	8	7	5	5	4
7385	경상북도	사이버전략센터(K독도)운영	50,000	7	4	2	1	1	1	1	1
7386	경상북도	독도,문화예술로피우다	50,000	7	4	2	1	1	1	1	1
7387	경상북도	메타Big프로젝트워킹그룹운영	49,600	7	1,4	5	1	7	3	3	4
7388	경상북도	품질분임조활성화지원	48,000	7	1	6	1	6	1	1	1
7389	경상북도	지역협력혁신성장사업	45,306	7	2	7	8	7	5	5	1
7390	경상북도	양성평등문화및여성가족정책홍보	45,000	7	7	7	8	7	1	1	2
7391	경상북도	아동복지증진홍보	45,000	7	7	7	8	7	1	1	2
7392	경상북도	감염병정책및예방홍보	45,000	7	6	7	8	7	5	5	4
7393	경상북도	경북여성선양사업	43,000	7	7	7	8	7	1	1	1
7394	경상북도	양성평등정책지원사업	42,000	7	5	7	8	7	5	1	1
7395	경상북도	디지털정책등홍보업무추진	40,000	7	1	7	8	7	5	5	4
7396	경상북도	지역센서융합산업협의체운영및산업육성	40,000	7	4	7	8	7	5	3	1
7397	경상북도	숙련기술인후계자양성지원	40,000	7	4	6	1	6	1	1	1

순번	시군구	지출명 (사업명)	2024년예산 (단위 : 천원 /1년간)	민간이전 분류 (지방자치단체 세출예산 집행기준에 의거) 1. 민간경상사업보조(307-02) 2. 민간단체 법정운영비보조(307-03) 3. 민간행사사업보조(307-04) 4. 민간위탁금(307-05) 5. 사회복지시설 법정운영비보조(307-10) 6. 민간인위탁교육비(307-12) 7. 공기관등에대한경상적위탁사업비(308-13) 8. 민간자본사업보조,자체재원(402-01) 9. 민간자본사업보조,이전재원(402-02) 10. 민간위탁사업비(402-03) 11. 공기관등에 대한 자본적 위탁사업비(403-02)	민간이전지출 근거 (지방보조금 관리기준 참고) 1. 법률에 규정 2. 국고보조 재원(국가지정) 3. 용도 지정 기부금 4. 조례에 직접규정 5. 지자체가 권장하는 사업을 하는 공공기관 6. 시,도 정책 및 재정사정 7. 기타 8. 해당없음	입찰방식 계약체결방법 (경쟁형태) 1. 일반경쟁 2. 제한경쟁 3. 지명경쟁 4. 수의계약 5. 법정위탁 6. 기타 ( ) 7. 없음	입찰방식 계약기간 1. 1년 2. 2년 3. 3년 4. 4년 5. 5년 6. 기타 ( )년 7. 단기계약 (1년미만) 8. 없음	입찰방식 낙찰자선정방법 1. 적격심사 2. 협상에의한계약 3. 최저가낙찰제 4. 규격가격분리 5. 2단계 경쟁입찰 6. 기타 ( ) 7. 없음	운영예산 산정 운영예산 산정 1. 내부산정 (지자체 자체적으로 산정) 2. 외부산정 (외부전문기관위탁 산정) 3. 내·외부 모두 산정 4. 산정 無 5. 없음	운영예산 산정 정산방법 1. 내부정산 (지자체 내부적으로 정산) 2. 외부정산 (외부전문기관위탁 정산) 3. 내·외부 모두 산정 4. 정산 無 5. 없음	성과평가 실시여부 1. 실시 2. 미실시 3. 향후 추진 4. 해당없음
7398	경상북도	주한미군경북문화관광교류	40,000	7	5	7	1	7	1	1	1
7399	경상북도	쌀소비촉진홍보등	40,000	7	5	7	8	7	5	5	4
7400	경상북도	하천기본계획수립에따른신문공고	40,000	7	1	7	8	7	5	5	4
7401	경상북도	동해및독도국내외학술세미나	40,000	7	4	2	1	1	1	1	1
7402	경상북도	글로벌독도홍보네트워크활성화	40,000	7	4	2	1	1	1	1	1
7403	경상북도	동해및독도글로벌홍보콘텐츠개발	40,000	7	4	2	1	1	1	1	1
7404	경상북도	청년농촌정착활성화및역량강화지원	38,000	7	5	7	8	7	1	1	1
7405	경상북도	지하수통합관리시스템운영	37,000	7	5	4	1	2	1	1	4
7406	경상북도	산림관광코디네이터지원	35,000	7	5	7	8	7	5	5	4
7407	경상북도	건축디자인관련홍보	35,000	7	1	7	8	7	5	5	4
7408	경상북도	메타경북얼라이언스프로젝트그룹운영	33,000	7	6	7	8	7	1	2	1
7409	경상북도	제22회경상북도영상콘텐츠시나리오공모전	32,000	7	4,5	5	1	7	1	1	1
7410	경상북도	경상북도초거대인공지능행정활용사업	31,293	7	1,4	5	1	7	1	1	1
7411	경상북도	경북형인재양성취업연계메타버스아카데미운영	30,000	7	4	6	1	7	3	1	3
7412	경상북도	교통정책홍보	30,000	7	4	6	1	7	1	2	1
7413	경상북도	신남방지역교류협력사업	30,000	7	7	6	8	7	1	1	4
7414	경상북도	무역실무교육	30,000	7	4	6	8	7	1	3	1
7415	경상북도	문화유산정보화시스템유지관리	30,000	7	4	6	8	7	1	3	4
7416	경상북도	관광전문인력역량강화사업	30,000	7	5	7	8	7	1	1	4
7417	경상북도	수도권연계관광상품지원	30,000	7	5	7	8	7	1	1	4
7418	경상북도	치유농장활성화지원	30,000	7	5	7	1	7	1	1	1
7419	경상북도	힐링가든봉사단운영	30,000	7	5	7	8	7	1	1	1
7420	경상북도	복지사각지대및통합사례관리교육	30,000	7	5	5	1	7	1	1	1
7421	경상북도	해양과학산업생태계네트워크구축	30,000	7	6	7	1	7	1	1	1
7422	경상북도	수산박람회참가경비지원	30,000	7	4	7	8	7	5	5	4
7423	경상북도	독도평화대상운영지원	30,000	7	5	7	8	7	1	1	1
7424	경상북도	다중집합장소홍보	30,000	7	4	2	1	1	1	1	1
7425	경상북도	해녀문화보전행사지원	30,000	7	4	2	1	1	1	1	1
7426	경상북도	메타버스어린이집합동수업지원(지특도비)	29,400	7	5	7	8	7	1	1	1
7427	경상북도	독립운동관광연계콘텐츠개발사업	28,700	7	1,4	5	1	7	3	1	3
7428	경상북도	고향사랑종합정보시스템유지관리비	28,700	7	5	6	1	6	1	1	1
7429	경상북도	어린이체험관새싹교육실기반강화사업	27,900	7	8	7	8	7	2	4	4
7430	경상북도	마음구호프로그램운영	26,500	7	5	6	1	6	1	1	1
7431	경상북도	영남권경제관계관포럼개최	26,000	7	2	6	8	7	5	1	1
7432	경상북도	경상북도이달의독립운동가선양사업	25,300	7	5	4	1	2	1	1	1
7433	경상북도	독도사랑페스티벌	25,000	7	5	6	1	6	1	1	1
7434	경상북도	독도해양연구회지원	24,000	7	4	2	1	1	1	1	1
7435	경상북도	지역정보화정책포럼	21,000	7	4	2	1	1	1	1	1
7436	경상북도	독립운동사체험교실및아카데미	21,000	7	4	6	7	7	1	1	4
7437	경상북도	농업농촌홍보캠페인제작방영	21,000	7	5	6	1	6	1	1	1

순번	시군구	지출명 (사업명)	2024년예산 (단위 : 천원 /1년간)	민간이전 분류 (지방자치단체 세출예산 집행기준에 의거) 1. 민간경상사업보조(307-02) 2. 민간단체 법정운영비보조(307-03) 3. 민간행사사업보조(307-04) 4. 민간위탁금(307-05) 5. 사회복지시설 법정운영비보조(307-10) 6. 민간인위탁교육비(307-12) 7. 공기관등에대한경상적위탁사업비(308-13) 8. 민간자본사업보조,자체재원(402-01) 9. 민간자본사업보조,이전재원(402-02) 10. 민간위탁사업비(402-03) 11. 공기관등에 대한 자본적 위탁사업비(403-02)	민간이전지출 근거 (지방보조금 관리기준 참고) 1. 법률에 규정 2. 국고보조 재원(국가지정) 3. 용도 지정 기부금 4. 조례에 직접규정 5. 지자체가 권장하는 사업을 하는 공공기관 6. 시,도 정책 및 재정사정 7. 기타 8. 해당없음	입찰방식 계약체결방법 (경쟁형태) 1. 일반경쟁 2. 제한경쟁 3. 지명경쟁 4. 수의계약 5. 법정위탁 6. 기타 ( ) 7. 없음	입찰방식 계약기간 1. 1년 2. 2년 3. 3년 4. 4년 5. 5년 6. 기타 ( )년 7. 단기계약 (1년미만) 8. 없음	입찰방식 낙찰자선정방법 1. 적격심사 2. 협상에의한계약 3. 최저가낙찰제 4. 규격가격분리 5. 2단계 경쟁입찰 6. 기타 ( ) 7. 없음	운영예산 산정 운영예산 산정 1. 내부산정 (지자체 자체적으로 산정) 2. 외부산정 (외부전문기관위탁 산정) 3. 내·외부 모두 산정 4. 산정 無 5. 없음	운영예산 산정 정산방법 1. 내부정산 (지자체 내부적으로 정산) 2. 외부정산 (외부전문기관위탁 정산) 3. 내·외부 모두 산정 4. 정산 無 5. 없음	성과평가 실시여부 1. 실시 2. 미실시 3. 향후 추진 4. 해당없음
7438	경상북도	클린아이시스템유지관리부담금	20,500	7	1	5	1	7	2	2	4
7439	경상북도	소장유물기초조사(해제)사업	20,200	7	5	6	1	6	1	1	1
7440	경상북도	재정포럼	20,000	7	5	7	8	7	1	1	4
7441	경상북도	공공데이터활용창업경진대회	20,000	7	5	6	7	7	2	3	1
7442	경상북도	문화유산보존관리활용전문가포럼	20,000	7	7	7	8	7	5	5	4
7443	경상북도	수출과실품질유지지원사업	20,000	7	6	5	8	7	3	3	1
7444	경상북도	시군사회보장계획수립지원	20,000	7	5	6	1	6	1	1	1
7445	경상북도	도지역사회보장연차별계획수립	20,000	7	5	6	1	6	1	1	1
7446	경상북도	보건정책홍보	20,000	7	6	7	8	7	5	5	4
7447	경상북도	식품산업육성및식문화개선홍보	20,000	7	4	7	8	7	5	5	4
7448	경상북도	경북청소년해양생태교육	20,000	7	6	7	8	7	5	5	4
7449	경상북도	외국인유학생독도사랑한마당	20,000	7	4	2	1	1	1	1	1
7450	경상북도	경북해양포럼지원	19,200	7	4	5	7	7	1	1	1
7451	경상북도	독립운동연구대중화문헌발간사업	18,900	7	5	6	1	6	1	1	1
7452	경상북도	독립전쟁전투체험대회	18,000	7	5	6	1	6	1	1	1
7453	경상북도	경북메타버스대표플랫폼구축사업(3단계)	17,000	7	6	7	8	7	1	2	1
7454	경상북도	국제메타버스컨퍼런스개최	16,000	7	4	6	1	7	1	1	1
7455	경상북도	성별영향평가및성인지예산컨설팅지원	15,000	7	5	7	8	7	5	1	1
7456	경상북도	4차산업혁명관련홍보등	15,000	7	8	7	8	7	5	5	4
7457	경상북도	보호관찰대상자사회정착지원	15,000	7	4	6	1	6	1	1	1
7458	경상북도	공동주택관리및주거환경정비안내	15,000	7	1	7	8	7	5	5	4
7459	경상북도	농업정보프로그램제작방영	15,000	7	5	7	8	7	5	5	4
7460	경상북도	CES225경북공동관운영	12,000	7	4	6	1	7	3	2	1
7461	경상북도	장애인활동지원서비스위탁수수료	12,000	7	8	7	1	7	2	2	4
7462	경상북도	지방공기업통합결산시스템유지관리부담금	11,700	7	1	5	1	7	2	2	4
7463	경상북도	경북메타버스대표플랫폼유지보수비	11,000	7	6	7	8	7	5	5	4
7464	경상북도	경로당행복선생님서비스향상지원	10,000	7	6	7	8	7	5	5	4
7465	경상북도	지적기준점위탁관리	10,000	7	1	5	1	7	1	1	4
7466	경상북도	원전정책관계기관워크숍	10,000	7	5	7	8	7	1	1	4
7467	경상북도	경상북도원전산업선도기업육성사업	10,000	7	5	7	8	7	1	1	4
7468	경상북도	자치단체공통기반및재해복구시스템유지관리	9,600	7	1	5	1	7	2	2	2
7469	경상북도	농촌활력사업관계자워크숍	8,000	7	5	7	8	7	1	1	2
7470	경상북도	교원직무연수	7,500	7	5	6	1	6	1	1	1
7471	경상북도	지자체기능분류모델시스템분담금	7,470	7	1	7	8	7	5	5	4
7472	경상북도	공공보건의료정책홍보	7,000	7	6	7	8	7	5	5	4
7473	경상북도	디지털트윈혁신서비스제조산업적용실증사업	6,400	7	1,4	7	8	7	5	5	4
7474	경상북도	규제자유특구혁신사업육성(플랫폼)	6,000	7	2	7	8	7	5	2	1
7475	경상북도	우편모아시스템유지보수	5,600	7	5	6	1	2	2	2	4
7476	경상북도	온나라시스템(전자결재2.)유지관리	4,000	7	1	5	1	7	2	2	2
7477	경상북도	차세대세외수입정보시스템유지관리비	1,539	7	1	5	1	2	2	2	4

순번	시군구	지출명 (사업명)	2024년예산 (단위 : 천원 /1년간)	민간이전 분류 (지방자치단체 세출예산 집행기준에 의거) 1. 민간경상사업보조(307-02) 2. 민간단체 법정운영비보조(307-03) 3. 민간행사사업보조(307-04) 4. 민간위탁금(307-05) 5. 사회복지시설 법정운영비보조(307-10) 6. 민간인위탁교육비(307-12) 7. 공기관등에대한경상적위탁사업비(308-13) 8. 민간자본사업보조,자체재원(402-01) 9. 민간자본사업보조,이전재원(402-02) 10. 민간위탁사업비(402-03) 11. 공기관등에 대한 자본적 위탁사업비(403-02)	민간이전지출 근거 (지방보조금 관리기준 참고) 1. 법률에 규정 2. 국고보조 재원(국가지정) 3. 용도 지정 기부금 4. 조례에 직접규정 5. 지자체가 권장하는 사업을 하는 공공기관 6. 시,도 정책 및 재정사정 7. 기타 8. 해당없음	입찰방식: 계약체결방법 (경쟁형태) 1. 일반경쟁 2. 제한경쟁 3. 지명경쟁 4. 수의계약 5. 법정위탁 6. 기타 ( ) 7. 없음	입찰방식: 계약기간 1. 1년 2. 2년 3. 3년 4. 4년 5. 5년 6. 기타 ( )년 7. 단기계약 (1년미만) 8. 없음	입찰방식: 낙찰자선정방법 1. 적격심사 2. 협상에의한계약 3. 최저가낙찰제 4. 규격가격분리 5. 2단계 경쟁입찰 6. 기타 ( ) 7. 없음	운영예산 산정: 운영예산 산정 1. 내부산정 (지자체 자체적으로 산정) 2. 외부산정 (외부전문기관위탁 산정) 3. 내·외부 모두 산정 4. 산정 無 5. 없음	운영예산 산정: 정산방법 1. 내부정산 (지자체 내부적으로 정산) 2. 외부정산 (외부전문기관위탁 정산) 3. 내·외부 모두 산정 4. 정산 無 5. 없음	성과평가 실시여부 1. 실시 2. 미실시 3. 향후 추진 4. 해당없음
7478	경상북도	디지털전환혁신기업기획지원사업	162	7	1,4	5	1	7	3	3	4
7479	경북 포항시	지역관광브랜드구축및특화콘텐츠개발운영	3,170,000	7	2	7	3	7	5	3	1
7480	경북 포항시	문화도시조성사업	3,000,000	7	2	7	8	7	5	5	4
7481	경북 포항시	문화관광축제지원<보조>	1,740,000	7	5	7	8	7	1	3	1
7482	경북 포항시	저소득층암건진비지원<보조>	582,000	7	1	7	8	7	5	3	4
7483	경북 포항시	CES225포항시공동관운영사업	500,000	7	4	7	8	7	2	3	1
7484	경북 포항시	귀비고전시관및신라마을관리운영비	500,000	7	2	7	5	7	5	3	1
7485	경북 포항시	희귀질환자의료비지원<보조>	496,000	7	2	7	8	7	1	1	4
7486	경북 포항시	저소득층암검진비	441,000	7	1	7	8	7	5	3	4
7487	경북 포항시	청소년방과후아카데미운영지원	394,932	7	5	5	5	7	1	1	1
7488	경북 포항시	SW미래채움사업	367,500	7	5	7	8	7	5	3	1
7489	경북 포항시	2024포항국제음악제	360,000	7	5	7	8	7	5	5	4
7490	경북 포항시	포항해맞이축전	345,000	7	5	7	8	7	1	3	1
7491	경북 포항시	치매치료관리비지원사업<보조>	300,000	7	7	7	8	7	5	5	4
7492	경북 포항시	경상북도주력산업분야청년일자리지원사업	280,046	7	2	7	1	7	5	1	4
7493	경북 포항시	지역SW산업성장지원	280,000	7	2	7	8	7	2	3	1
7494	경북 포항시	2024문화예술창작지구꿈틀로지원	260,000	7	5	7	8	7	5	5	4
7495	경북 포항시	치매치료관리비지원사업	240,000	7	8	7	8	7	5	5	4
7496	경북 포항시	미래전략정책연구역량강화사업	200,000	7	5	7	8	7	5	5	4
7497	경북 포항시	글로벌진출협력네트워킹지원사업	200,000	7	5	7	8	7	5	5	4
7498	경북 포항시	중소기업기숙사임차비지원사업	200,000	7	5	7	1	7	5	1	4
7499	경북 포항시	수출기업해외물류비지원	200,000	7	5	7	1	7	5	1	4
7500	경북 포항시	학업중단청소년자립및학업지원	184,376	7	5	5	5	7	1	1	1
7501	경북 포항시	청소년성문화센터운영비	171,192	7	5	5	5	7	1	1	1
7502	경북 포항시	중소기업국내물류비지원	165,000	7	5	7	1	7	5	1	4
7503	경북 포항시	저탄소철강산업기술혁신지원	150,000	7	5	7	1	7	5	1	4
7504	경북 포항시	청소년상담복지센터지원	147,000	7	5	5	5	7	1	1	1
7505	경북 포항시	청소년동반자프로그램운영	142,664	7	5	5	5	7	1	1	1
7506	경북 포항시	통합지방재정시스템운영분담금	141,239	7	5	7	8	7	2	2	4
7507	경북 포항시	은둔고립청소년원스톱패키지지원사업	139,590	7	5	5	5	7	1	1	1
7508	경북 포항시	청소년안전망구축지원	107,520	7	5	5	5	7	1	1	1
7509	경북 포항시	포항소프트웨어지원센터운영지원	90,000	7	8	7	8	7	5	5	4
7510	경북 포항시	기업하기좋은도시포항기획홍보	70,000	7	1	5	7	7	2	2	4
7511	경북 포항시	동북아기업인무역상담회개최	70,000	7	5	7	7	7	1	1	4
7512	경북 포항시	포항형내일채움공제지원사업	68,000	7	5	7	1	7	5	1	4
7513	경북 포항시	제3회포항장기유배문화제	60,000	7	5	7	8	7	5	5	4
7514	경북 포항시	중소기업디자인분야청년일자리지원사업	51,810	7	2	7	1	7	5	1	4
7515	경북 포항시	포항냉수리중성리신라비UNESCO세계기록유산등재를위한기초자료조사	50,000	7	5	7	8	7	5	5	4
7516	경북 포항시	자원순환종합타운조성홍보	50,000	7	1	7	8	7	5	5	4
7517	경북 포항시	의료급여수급권자건강검진사업<보조>	47,895	7	1	7	8	7	5	3	4

순번	시군구	지출명 (사업명)	2024년예산 (단위 : 천원 /1년간)	민간이전 분류 (지방자치단체 세출예산 집행기준에 의거) 1. 민간경상사업보조(307-02) 2. 민간단체 법정운영비보조(307-03) 3. 민간행사사업보조(307-04) 4. 민간위탁금(307-05) 5. 사회복지시설 법정운영비보조(307-10) 6. 민간인위탁교육비(307-12) 7. 공기관등에대한경상적위탁사업비(308-13) 8. 민간자본사업보조,자체재원(402-01) 9. 민간자본사업보조,이전재원(402-02) 10. 민간위탁사업비(402-03) 11. 공기관등에 대한 자본적 위탁사업비(403-02)	민간이전지출 근거 (지방보조금 관리기준 참고) 1. 법률에 규정 2. 국고보조 재원(국가지정) 3. 용도 지정 기부금 4. 조례에 직접규정 5. 지자체가 권장하는 사업을 하는 공공기관 6. 시,도 정책 및 재정사정 7. 기타 8. 해당없음	입찰방식			운영예산 산정		성과평가 실시여부
						계약체결방법 (경쟁형태) 1. 일반경쟁 2. 제한경쟁 3. 지명경쟁 4. 수의계약 5. 법정위탁 6. 기타 ( ) 7. 없음	계약기간 1. 1년 2. 2년 3. 3년 4. 4년 5. 5년 6. 기타 ( )년 7. 단기계약 (1년미만) 8. 없음	낙찰자선정방법 1. 적격심사 2. 협상에의한계약 3. 최저가낙찰제 4. 규격가격분리 5. 2단계 경쟁입찰 6. 기타 ( ) 7. 없음	운영예산 산정 1. 내부산정 (지자체 자체적으로 산정) 2. 외부산정 (외부전문기관위탁 산정) 3. 내·외부 모두 산정 4. 산정 無 5. 없음	정산방법 1. 내부정산 (지자체 내부적으로 정산) 2. 외부정산 (외부전문기관위탁 정산) 3. 내·외부 모두 산정 4. 정산 無 5. 없음	1. 실시 2. 미실시 3. 향후 추진 4. 해당없음
7518	경북 포항시	꿈의오케스트라포항	45,000	7	5	7	8	7	5	5	4
7519	경북 포항시	중소기업매출채권보험료지원	44,100	7	5	7	1	7	5	1	4
7520	경북 포항시	인터넷중독전담상담사배치사업	37,110	7	5	5	5	7	1	1	1
7521	경북 포항시	의료급여수급권자검진비(일반건강검진지원)	36,898	7	1	7	8	7	5	3	4
7522	경북 포항시	경북나드리e누리상품판매	35,000	7	5	7	1	7	1	1	2
7523	경북 포항시	중소기업ESG경영활성화지원	30,800	7	5	7	1	7	5	1	4
7524	경북 포항시	시민이함께만들어가는문화중심도시포항홍보	30,000	7	5	7	8	7	5	5	4
7525	경북 포항시	중소기업육성기반구축사업	30,000	7	5	7	1	7	5	1	4
7526	경북 포항시	청소년수련시설청소년지도사배치지원	28,128	7	5	5	5	7	1	1	1
7527	경북 포항시	중소기업인증획득지원사업	24,300	7	5	7	1	7	5	1	4
7528	경북 포항시	포항문화행사홍보	24,000	7	5	7	8	7	5	5	4
7529	경북 포항시	학업중단청소년급식지원	20,866	7	5	5	5	7	1	1	1
7530	경북 포항시	대시민정신건강사업광고	20,000	7	8	4	7	7	5	5	3
7531	경북 포항시	전국에서가장안전한도시조성캠페인	20,000	7	1	5	7	7	1	3	4
7532	경북 포항시	중소기업국내외박람회지원사업	20,000	7	5	7	1	7	5	1	4
7533	경북 포항시	온라인판로개척영상물제작지원	20,000	7	5	7	1	7	5	1	4
7534	경북 포항시	포항시민건강강좌운영	10,000	7	7	7	8	7	5	5	4
7535	경북 포항시	공동주택입주자대표회의운영교육	6,500	7	1	7	8	7	5	5	4
7536	경북 포항시	자원순환종합타운입지선정관련공고	6,000	7	1	7	8	7	5	5	4
7537	경북 포항시	폭염,풍수해국민행동요령라디오홍보광고	4,500	7	1	7	8	7	5	5	4
7538	경북 포항시	표준모자보건수첩지원	3,500	7	1	7	8	7	3	1	4
7539	경북 포항시	표준모자보건수첩지원	3,500	7	1	7	8	7	1	1	4
7540	경북 경주시	경주엑스포민간콘텐츠운영사업(전환사업)	2,800,000	7	5	7	8	7	1	1	4
7541	경북 경주시	지역사회서비스투자사업	1,978,740	7	2	7	8	7	1	5	4
7542	경북 경주시	경주솔거미술관운영	900,000	7	4	7	2	7	1	1	4
7543	경북 경주시	봉황대뮤직스퀘어	770,000	7	7	7	8	7	1	1	4
7544	경북 경주시	소상공인카드수수료지원사업	700,000	7	5	6	1	6	1	1	1
7545	경북 경주시	차량용첨단소재성형가공기업지원사업	660,000	7	7	7	8	7	1	3	4
7546	경북 경주시	경주역문화플랫폼활용	540,000	7	8	7	8	7	5	5	4
7547	경북 경주시	일상돌봄서비스사업	381,203	7	2	7	8	7	5	5	4
7548	경북 경주시	우수제품온라인플랫폼판로지원	300,000	7	5	6	1	6	1	1	1
7549	경북 경주시	농특산물홍보정부광고료	300,000	7	1	7	8	7	1	1	3
7550	경북 경주시	소상공인새바람체인지업사업	230,000	7	5	6	1	6	1	1	1
7551	경북 경주시	경북동해안철강벨트경쟁력강화사업	215,000	7	7	7	8	7	1	3	4
7552	경북 경주시	경주세계유산탐방거점센터건립기본계획수립	200,000	7	6	7	8	7	5	5	4
7553	경북 경주시	탄소소재부품기업지원사업	200,000	7	5	7	8	7	5	5	4
7554	경북 경주시	국제뮤직페스티벌	180,000	7	7	7	8	7	5	5	4
7555	경북 경주시	장애인의료비지원	170,614	7	2	7	8	7	5	5	4
7556	경북 경주시	Global미래모빌리티포럼	170,000	7	7	7	8	7	5	5	4
7557	경북 경주시	지역역사인물문집번역지원	150,000	7	7	7	1	7	5	1	4

순번	시군구	지출명 (사업명)	2024년예산 (단위 : 천원 /1년간)	민간이전 분류 (지방자치단체 세출예산 집행기준에 의거) 1. 민간경상사업보조(307-02) 2. 민간단체 법정운영비보조(307-03) 3. 민간행사사업보조(307-04) 4. 민간위탁금(307-05) 5. 사회복지시설 법정운영비보조(307-10) 6. 민간인위탁교육비(307-12) 7. 공기관등에대한경상적위탁사업비(308-13) 8. 민간자본사업보조,자체재원(402-01) 9. 민간자본사업보조,이전재원(402-02) 10. 민간위탁사업비(402-03) 11. 공기관등에 대한 자본적 위탁사업비(403-02)	민간이전지출 근거 (지방보조금 관리기준 참고) 1. 법률에 규정 2. 국고보조 재원(국가지정) 3. 용도 지정 기부금 4. 조례에 직접규정 5. 지자체가 권장하는 사업을 하는 공공기관 6. 시,도 정책 및 재정사정 7. 기타 8. 해당없음	입찰방식 계약체결방법 (경쟁형태) 1. 일반경쟁 2. 제한경쟁 3. 지명경쟁 4. 수의계약 5. 법정위탁 6. 기타 ( ) 7. 없음	입찰방식 계약기간 1. 1년 2. 2년 3. 3년 4. 4년 5. 5년 6. 기타 ( )년 7. 단기계약 (1년미만) 8. 없음	입찰방식 낙찰자선정방법 1. 적격심사 2. 협상에의한계약 3. 최저가낙찰제 4. 규격가격분리 5. 2단계 경쟁입찰 6. 기타 ( ) 7. 없음	운영예산 산정 운영예산 산정 1. 내부산정 (지자체 자체적으로 산정) 2. 외부산정 (외부전문기관위탁 산정) 3. 내·외부 모두 산정 4. 산정 無 5. 없음	운영예산 산정 정산방법 1. 내부정산 (지자체 내부적으로 정산) 2. 외부정산 (외부전문기관위탁 정산) 3. 내·외부 모두 산정 4. 정산 無 5. 없음	성과평가 실시여부 1. 실시 2. 미실시 3. 향후 추진 4. 해당없음
7558	경북 경주시	문화엑스포상설공연플라잉등지원	150,000	7	5	7	8	7	1	1	4
7559	경북 경주시	웹툰캠퍼스지원사업	150,000	7	2	7	8	7	1	1	4
7560	경북 경주시	이사금골드5홍보정부광고료	150,000	7	1	7	8	7	1	1	3
7561	경북 경주시	지방재정정보화운영분담금(차세대지방재정관리시스템)	141,422	7	2	5	1	2	2	2	4
7562	경북 경주시	SW융합클러스터2.사업	135,000	7	7	7	8	7	1	1	4
7563	경북 경주시	가사간병방문지원사업	128,190	7	4	7	8	7	1	1	4
7564	경북 경주시	공공배달앱운영	120,000	7	5	5	7	7	3	1	1
7565	경북 경주시	박인비골프대회홍보비	100,000	7	7	5	7	7	1	4	4
7566	경북 경주시	경주시기술닥터119지원사업	100,000	7	7	7	8	7	1	3	4
7567	경북 경주시	표준지방세정보시스템위탁사업비	91,885	7	1	5	1	7	2	2	4
7568	경북 경주시	공통기반전산장비유지관리위수탁비	91,000	7	1	5	1	7	2	2	2
7569	경북 경주시	신라대종제야의종타종식	90,000	7	7	7	8	7	5	5	4
7570	경북 경주시	음악창작소지원사업	90,000	7	5	7	8	7	1	1	4
7571	경북 경주시	제17회신라학국제학술대회	90,000	7	6	7	1	2	1	1	4
7572	경북 경주시	농산물국외판촉및시장개척행사	90,000	7	1	7	8	7	5	5	4
7573	경북 경주시	평화통일추진사업	80,000	7	1,4	7	8	7	1	1	1
7574	경북 경주시	전문가워크숍개최	70,000	7	5	5	7	7	1	1	4
7575	경북 경주시	쓰레기줄이기광고방송	63,000	7	4	7	8	7	5	5	4
7576	경북 경주시	농특산물판매장정부광고료	60,000	7	1	7	8	7	1	1	3
7577	경북 경주시	푸드테크기반외식업디지털전환지원	59,000	7	6	7	8	7	5	5	4
7578	경북 경주시	차세대표준지방인사정보시스템유지보수비	54,432	7	1	5	1	2	4	4	2
7579	경북 경주시	각종체육행사언론홍보	50,000	7	7	5	7	7	1	4	4
7580	경북 경주시	지역경제활성화언론홍보	50,000	7	1	7	8	7	5	5	4
7581	경북 경주시	스마트공장구축사업지원(매칭국도비)	50,000	7	2	7	3	7	5	5	4
7582	경북 경주시	경북동해안국가지질공원운영	50,000	7	7	4	1	6	5	1	4
7583	경북 경주시	농산물공동브랜드홍보정부광고료	50,000	7	1	7	8	7	1	1	3
7584	경북 경주시	단지내도로교통안전실태점검위탁수수료	50,000	7	1	7	8	7	2	5	4
7585	경북 경주시	수출지향형중소기업기술혁신개발사업	47,000	7	7	7	8	7	1	1	4
7586	경북 경주시	세계유산도시유스포럼	45,000	7	5	5	7	7	1	1	4
7587	경북 경주시	PBALPBA프로당구대회홍보비	40,000	7	7	5	7	7	1	4	4
7588	경북 경주시	코오롱구간마라톤대회홍보비	35,000	7	7	5	7	7	1	4	4
7589	경북 경주시	국내외예술행사홍보	30,000	7	7	7	8	7	1	5	4
7590	경북 경주시	화랑대기축구대회홍보	30,000	7	7	5	7	7	1	4	4
7591	경북 경주시	경북동해안국가지질공원사무국운영	30,000	7	7	4	1	6	5	1	4
7592	경북 경주시	감염병예방홍보언론광고비	30,000	7	8	7	8	7	5	5	4
7593	경북 경주시	서민층가스안전차단기(타이머콕)보급사업	28,500	7	5	7	8	7	5	5	4
7594	경북 경주시	FTA대응농업시책홍보	27,000	7	5	7	8	7	1	1	3
7595	경북 경주시	신라학웹도서관데이터베이스업데이트및유지관리비	26,000	7	6	7	1	2	1	1	4
7596	경북 경주시	차세대주민등록정보시스템운영	24,906	7	7	4	1	1	2	2	4
7597	경북 경주시	아이낳아키우기좋은경주만들기홍보캠페인	20,000	7	4	7	8	7	5	5	4

순번	시군구	지출명 (사업명)	2024년예산 (단위 : 천원 /1년간)	민간이전 분류 (지방자치단체 세출예산 집행기준에 의거)	민간이전지출 근거 (지방보조금 관리기준 참고)	입찰방식			운영예산 산정		성과평가 실시여부
				1. 민간경상사업보조(307-02) 2. 민간단체 법정운영비보조(307-03) 3. 민간행사사업보조(307-04) 4. 민간위탁금(307-05) 5. 사회복지시설 법정운영비보조(307-10) 6. 민간인위탁교육비(307-12) 7. 공기관등에대한경상적위탁사업비(308-13) 8. 민간자본사업보조,자체재원(402-01) 9. 민간자본사업보조,이전재원(402-02) 10. 민간위탁사업비(402-03) 11. 공기관등에 대한 자본적 위탁사업비(403-02)	1. 법률에 규정 2. 국고보조 재원(국가지정) 3. 용도 지정 기부금 4. 조례에 직접규정 5. 지자체가 권장하는 사업을 하는 공공기관 6. 시,도 정책 및 재정사정 7. 기타 8. 해당없음	계약체결방법 (경쟁형태) 1. 일반경쟁 2. 제한경쟁 3. 지명경쟁 4. 수의계약 5. 법정위탁 6. 기타 ( ) 7. 없음	계약기간 1. 1년 2. 2년 3. 3년 4. 4년 5. 5년 6. 기타 ( )년 7. 단기계약 (1년미만) 8. 없음	낙찰자선정방법 1. 적격심사 2. 협상에의한계약 3. 최저가낙찰제 4. 규격가격분리 5. 2단계 경쟁입찰 6. 기타 ( ) 7. 없음	운영예산 산정 1. 내부산정 (지자체 자체적으로 산정) 2. 외부산정 (외부전문기관위탁 산정) 3. 내·외부 모두 산정 4. 산정 無 5. 없음	정산방법 1. 내부정산 (지자체 내부적으로 정산) 2. 외부정산 (외부전문기관위탁 정산) 3. 내·외부 모두 산정 4. 정산 無 5. 없음	1. 실시 2. 미실시 3. 향후 추진 4. 해당없음
7598	경북 경주시	경북생활인구지원센터구축지원	20,000	7	6	7	8	7	5	5	4
7599	경북 경주시	전국중학야구선수권대회및선덕여자야구대회홍보	20,000	7	7	5	7	7	1	4	4
7600	경북 경주시	온나라시스템운영지원위수탁비	18,800	7	1	5	1	7	2	2	2
7601	경북 경주시	2024년경주시성인지통계작성조사	18,000	7	5	4	7	7	1	1	4
7602	경북 경주시	청백e시스템유지관리비	15,674	7	5	5	1	7	1	2	4
7603	경북 경주시	경주시문화상	15,300	7	8	7	8	7	1	1	4
7604	경북 경주시	동해안지질대장정	12,500	7	7	4	1	6	5	1	4
7605	경북 경주시	택시운행정보관리시스템위탁운영(교통안전공단)	12,168	7	1	7	8	7	2	3	4
7606	경북 경주시	여성친화도시시민참여단교육	10,000	7	5	6	7	7	1	1	4
7607	경북 경주시	청년마음건강지원사업	9,895	7	2	7	8	7	5	5	4
7608	경북 경주시	대한민국지방자치경영혁신엑스포참가	8,000	7	6	7	8	7	1	1	4
7609	경북 경주시	지방행정통합정보시스템서비스데스크운영위탁	7,000	7	1	5	1	7	2	2	2
7610	경북 경주시	우편모아시스템유지관리위수탁비	5,600	7	1	5	1	7	2	2	2
7611	경북 경주시	신문공고료	5,400	7	5	7	8	7	5	5	4
7612	경북 경주시	자치단제기능분류모델(BRM)시스템기관분담금	5,250	7	1	7	8	7	5	5	4
7613	경북 경주시	국가안전대진단광고료	4,500	7	5	7	8	7	5	5	4
7614	경북 영천시	말산업홍보대구지하철스크린도어광고비	115,200	7	6	6	1	6	4	1	1
7615	경북 영천시	농특산물홍보광고	188,000	7	4	7	8	7	5	1	2
7616	경북 영천시	별빛촌장터홍보광고료	30,000	7	4	7	8	7	5	1	2
7617	경북 영천시	축제홍보및언론광고료	30,000	7	4	7	8	7	1	1	1
7618	경북 영천시	공영방송및케이블TV등광고료	20,000	7	4	7	8	7	1	1	1
7619	경북 영천시	국)장애인활동지원급여지원	4,749,260	7	1	7	8	7	5	5	4
7620	경북 영천시	이웃사촌마을지원	3,387,000	7	5	6	4	6	5	1	4
7621	경북 영천시	국)발달장애인주간활동서비스지원	709,391	7	1	7	8	7	5	5	4
7622	경북 영천시	균)지역사회서비스투자사업	501,410	7	1	7	8	7	5	5	4
7623	경북 영천시	국)발달재활서비스바우처지원	421,391	7	1	7	8	7	5	5	4
7624	경북 영천시	경상북도주력산업분야청년일자리지원사업	405,543	7	4	7	8	7	5	5	4
7625	경북 영천시	영천시창업정착지원사업	300,000	7	4	7	8	7	1	1	1
7626	경북 영천시	도)장애인활동보조지원	209,035	7	1	7	8	7	5	5	4
7627	경북 영천시	균)시골청춘뿌리내림지원사업	185,351	7	2	7	8	7	1	1	1
7628	경북 영천시	균)가사간병방문지원사업	169,934	7	1	7	8	7	5	5	4
7629	경북 영천시	국)중증장애인활동보조가산급여(바우처)	156,576	7	1	7	8	7	5	5	4
7630	경북 영천시	관광서비스시설환경개선사업	150,000	7	4	7	8	7	1	1	4
7631	경북 영천시	국)발달장애인방과후돌봄서비스지원	141,310	7	1	7	8	7	5	5	4
7632	경북 영천시	소상공인새바람체인지사업	115,000	7	6	5	1	7	1	1	1
7633	경북 영천시	영천역사인물콘텐츠웹툰제작	107,000	7	5	7	7	7	1	3	4
7634	경북 영천시	균)일상돌봄서비스	105,709	7	1	7	8	7	5	5	4
7635	경북 영천시	경북공공배달앱운영지원	100,000	7	4	5	1	7	1	1	1
7636	경북 영천시	중소기업화재보험료지원	100,000	7	4	7	8	7	5	5	4
7637	경북 영천시	균)경북청춘창업드림지원사업	97,391	7	2	7	8	7	1	1	1

순번	시군구	지출명 (사업명)	2024년예산 (단위 : 천원 /1년간)	민간이전 분류 (지방자치단체 세출예산 집행기준에 의거) 1. 민간경상사업보조(307-02) 2. 민간단체 법정운영비보조(307-03) 3. 민간행사사업보조(307-04) 4. 민간위탁금(307-05) 5. 사회복지시설 법정운영비보조(307-10) 6. 민간인위탁교육비(307-12) 7. 공기관등에대한경상적위탁사업비(308-13) 8. 민간자본사업보조,자체재원(402-01) 9. 민간자본사업보조,이전재원(402-02) 10. 민간위탁사업비(402-03) 11. 공기관등에 대한 자본적 위탁사업비(403-02)	민간이전지출 근거 (지방보조금 관리기준 참고) 1. 법률에 규정 2. 국고보조 재원(국가지정) 3. 용도 지정 기부금 4. 조례에 직접규정 5. 지자체가 권장하는 사업을 하는 공공기관 6. 시,도 정책 및 재정사정 7. 기타 8. 해당없음	입찰방식 계약체결방법 (경쟁형태) 1. 일반경쟁 2. 제한경쟁 3. 지명경쟁 4. 수의계약 5. 법정위탁 6. 기타 ( ) 7. 없음	입찰방식 계약기간 1. 1년 2. 2년 3. 3년 4. 4년 5. 5년 6. 기타 ( )년 7. 단기계약 (1년미만) 8. 없음	입찰방식 낙찰자선정방법 1. 적격심사 2. 협상에의한계약 3. 최저가낙찰제 4. 규격가격분리 5. 2단계 경쟁입찰 6. 기타 ( ) 7. 없음	운영예산 산정 운영예산 산정 1. 내부산정 (지자체 자체적으로 산정) 2. 외부산정 (외부전문기관위탁 산정) 3. 내·외부 모두 산정 4. 산정 無 5. 없음	운영예산 산정 정산방법 1. 내부정산 (지자체 내부적으로 정산) 2. 외부정산 (외부전문기관위탁 정산) 3. 내·외부 모두 산정 4. 정산 無 5. 없음	성과평가 실시여부 1. 실시 2. 미실시 3. 향후 추진 4. 해당없음
7638	경북 영천시	지방세정보시스템운영사업비(부담금)	76,268	7	1	5	1	2	2	2	1
7639	경북 영천시	도)청년일자리창출우수기업지원	72,000	7	5	7	8	7	1	1	1
7640	경북 영천시	도)청년근로자사랑채움사업	69,930	7	4	7	8	7	1	1	1
7641	경북 영천시	관광버스래핑광고	41,250	7	4	7	8	7	1	1	4
7642	경북 영천시	대도시외부광고	40,000	7	4	7	8	7	1	1	4
7643	경북 영천시	세외수입정보시스템유지관리(부담금)	38,500	7	1	5	1	2	2	2	1
7644	경북 영천시	중소기업디자인분야청년일자리지원사업	31,670	7	4	7	8	7	5	5	4
7645	경북 영천시	폴리텍대학외부광고(대중교통,전광판,SNS등)	30,000	7	5	7	8	7	5	5	4
7646	경북 영천시	고향사랑기부제홍보광고제작및홍보	30,000	7	1	7	8	7	5	5	4
7647	경북 영천시	대중교통비환급지원사업	28,000	7	4	7	8	7	5	2	1
7648	경북 영천시	도)청년창업지역정착지원사업	25,000	7	1	7	8	7	1	1	1
7649	경북 영천시	경북생활인구지원센터구축사업	20,000	7	6	7	8	7	5	5	4
7650	경북 영천시	관광객유치홍보마케팅	20,000	7	4	7	8	7	1	1	4
7651	경북 영천시	알뜰교통카드연계마일리지지원	18,000	7	4	7	8	7	5	2	1
7652	경북 영천시	고향사랑종합정보시스템유지관리비	15,381	7	1	5	1	2	2	2	1
7653	경북 영천시	관광앱운영및유지보수	10,000	7	4	7	8	7	1	1	4
7654	경북 영천시	체험!경북가족여행사업	10,000	7	4	7	8	7	1	1	4
7655	경북 영천시	경북e누리관광상품판매	7,000	7	4	7	8	7	1	1	4
7656	경북 영천시	청년마음건강지원사업	5,724	7	1	7	8	7	5	5	4
7657	경북 영천시	택시정산시스템운영	5,400	7	4	7	8	7	5	2	1
7658	경북 영천시	저출산인식개선홍보(신문,대중교통등)	5,000	7	4	7	8	7	5	5	4
7659	경북 영천시	택시운행정보관리시스템운영	3,640	7	5	7	8	7	5	2	1
7660	경북 영천시	전입및인구시책홍보(신문,대중교통등)	3,000	7	4	7	8	7	5	5	4
7661	경북 영천시	관학협력사업운영지원	30,000	7	7	7	8	7	1	1	3
7662	경북 영천시	관학협력사업운영지원	25,000	7	7	7	8	7	1	1	3
7663	경북 영천시	관학협력사업운영지원	25,000	7	7	7	8	7	1	1	3
7664	경북 김천시	공공산후조리원운영지원	1,400,000	7	4	1	5	1	1	3	1
7665	경북 김천시	신재생에너지융복합지원사업	856,968	7	2	7	8	7	1	1	4
7666	경북 김천시	택시이용브랜드래핑광고홍보비	780,000	7	1	5	1	6	1	1	2
7667	경북 김천시	시정홍보언론매체광고	400,000	7	1	7	8	7	1	1	4
7668	경북 김천시	김천관광홍보	380,000	7	1	7	5	5	4	5	4
7669	경북 김천시	인터넷미디어활용정책홍보	300,000	7	1	7	8	7	1	1	4
7670	경북 김천시	스마트공장보급확산사업	300,000	7	5	7	7	7	1	1	4
7671	경북 김천시	TV,유튜브프로그램제작	300,000	7	1	7	5	5	4	5	4
7672	경북 김천시	장애인의료비지원	204,733	7	1	5	8	7	1	1	4
7673	경북 김천시	다중집합장소광고매체활용홍보	200,000	7	1	7	8	7	1	1	4
7674	경북 김천시	해외시장개척기업지원	200,000	7	5	7	8	7	5	5	4
7675	경북 김천시	중소기업기술사업화지원사업	200,000	7	5	7	8	7	5	5	4
7676	경북 김천시	경상북도주력산업분야청년일자리지원사업	195,835	7	2	7	7	7	1	1	4
7677	경북 김천시	도시이미지활용홍보	180,000	7	1	7	8	7	1	1	4

순번	시군구	지출명 (사업명)	2024년예산 (단위 : 천원 /1년간)	민간이전 분류 (지방자치단체 세출예산 집행기준에 의거) 1. 민간경상사업보조(307-02) 2. 민간단체 법정운영비보조(307-03) 3. 민간행사사업보조(307-04) 4. 민간위탁금(307-05) 5. 사회복지시설 법정운영비보조(307-10) 6. 민간인위탁교육비(307-12) 7. 공기관등에대한경상적위탁사업비(308-13) 8. 민간자본사업보조,자체재원(402-01) 9. 민간자본사업보조,이전재원(402-02) 10. 민간위탁사업비(402-03) 11. 공기관등에 대한 자본적 위탁사업비(403-02)	민간이전지출 근거 (지방보조금 관리기준 참고) 1. 법률에 규정 2. 국고보조 재원(국가지정) 3. 용도 지정 기부금 4. 조례에 직접규정 5. 지자체가 권장하는 사업을 하는 공공기관 6. 시,도 정책 및 재정사정 7. 기타 8. 해당없음	입찰방식			운영예산 산정		성과평가 실시여부
						계약체결방법 (경쟁형태) 1. 일반경쟁 2. 제한경쟁 3. 지명경쟁 4. 수의계약 5. 법정위탁 6. 기타 ( ) 7. 없음	계약기간 1. 1년 2. 2년 3. 3년 4. 4년 5. 5년 6. 기타 ( )년 7. 단기계약 (1년미만) 8. 없음	낙찰자선정방법 1. 적격심사 2. 협상에의한계약 3. 최저가낙찰제 4. 규격가격분리 5. 2단계 경쟁입찰 6. 기타 ( ) 7. 없음	운영예산 산정 1. 내부산정 (지자체 자체적으로 산정) 2. 외부산정 (외부전문기관위탁 산정) 3. 내·외부 모두 산정 4. 산정 無 5. 없음	정산방법 1. 내부정산 (지자체 내부적으로 정산) 2. 외부정산 (외부전문기관위탁 정산) 3. 내·외부 모두 산정 4. 정산 無 5. 없음	1. 실시 2. 미실시 3. 향후 추진 4. 해당없음
7678	경북 김천시	소상공인새바람체인지업사업	166,500	7	1	7	8	7	3	3	4
7679	경북 김천시	기획보도언론매체홍보	160,000	7	1	7	8	7	1	1	4
7680	경북 김천시	방송프로그램활용홍보	150,000	7	1	7	8	7	1	1	4
7681	경북 김천시	기업도시및기업유치활성화홍보	130,000	7	1	7	8	7	1	1	4
7682	경북 김천시	지방재정관리시스템운영관리	127,116	7	1	7	8	7	1	1	2
7683	경북 김천시	시정캠페인광고	120,000	7	1	7	1	7	2	3	2
7684	경북 김천시	시정홍보특집방송	100,000	7	1	7	8	7	1	1	4
7685	경북 김천시	SNS캐릭터디지털콘텐츠(웹툰)제작	100,000	7	1	7	8	7	3	5	4
7686	경북 김천시	경북공공배달앱운영지원	100,000	7	6	7	8	7	1	3	4
7687	경북 김천시	중소기업기술성장디딤돌사업	100,000	7	5	7	8	7	5	5	4
7688	경북 김천시	2024년관광서비스시설환경개선사업	100,000	7	6	7	1	1	4	5	4
7689	경북 김천시	김천시우수농특산물온라인쇼핑몰운영	100,000	7	4	4	1	7	1	1	4
7690	경북 김천시	통합지방재정재해복구시스템구축	91,107	7	1	7	1	7	2	3	2
7691	경북 김천시	공통기반및재해복구시스템유지관리	83,695	7	7	5	1	7	1	1	1
7692	경북 김천시	강소기업육성기반구축사업	80,000	7	5	7	8	7	5	5	4
7693	경북 김천시	청년창업지역정착지원사업	75,000	7	6	7	8	7	1	2	1
7694	경북 김천시	차세대지방세정보화사업위탁사업비	66,973	7	1	5	1	7	2	2	1
7695	경북 김천시	중소기업국내물류비지원사업	65,000	7	6	7	8	7	5	5	4
7696	경북 김천시	청년근로자사랑채움사업	62,160	7	6	7	8	7	1	1	1
7697	경북 김천시	주소정보관리시스템차세대구축및유지관리사업	55,377	7	2	5	8	7	5	5	4
7698	경북 김천시	김천농업시책홍보료	55,000	7	7	7	8	7	5	1	1
7699	경북 김천시	입체주소구축및주소정보기본도유지관리사업	54,360	7	2	5	8	7	5	5	4
7700	경북 김천시	세외수입정보시스템유지관리비	40,965	7	1	5	1	7	2	2	1
7701	경북 김천시	기술주치의119지원사업	40,000	7	5	7	7	7	1	1	4
7702	경북 김천시	차세대지방인사행정시스템유지관리	35,834	7	7	6	1	6	2	2	4
7703	경북 김천시	대중교통비환급지원사업	34,000	7	5	7	8	7	1	1	4
7704	경북 김천시	온나라문서시스템유지관리	32,473	7	7	5	1	7	1	1	1
7705	경북 김천시	지적기준점설치사업	30,350	7	1	5	1	2	1	1	4
7706	경북 김천시	주민등록증발급비	30,000	7	1	7	8	7	2	2	4
7707	경북 김천시	기업ESG경영지원구축	30,000	7	5	7	8	7	5	5	4
7708	경북 김천시	중소기업경쟁력강화시책추진	30,000	7	7	7	8	7	5	5	4
7709	경북 김천시	김천관광영상제작	30,000	7	1	7	5	5	4	5	4
7710	경북 김천시	고향사랑기부제종합정보시스템유지보수비	28,700	7	1	5	1	7	2	2	1
7711	경북 김천시	일자리창출우수기업지원	24,000	7	6	7	8	7	1	2	1
7712	경북 김천시	차세대주민등록정보시스템운영	22,379	7	7	6	1	6	2	2	4
7713	경북 김천시	SNS캐릭터이모티콘배포	22,000	7	1	7	8	7	3	5	4
7714	경북 김천시	알뜰교통카드연계마일리지지원	22,000	7	5	7	8	7	1	1	4
7715	경북 김천시	SNS온라인마케팅	20,000	7	1	7	5	5	4	5	4
7716	경북 김천시	주요관광지홍보	20,000	7	1	7	5	5	4	5	4
7717	경북 김천시	하천사업관련공고및수수료	17,600	7	1	7	8	7	5	5	4

순번	시군구	지출명 (사업명)	2024년예산 (단위 : 천원 /1년간)	민간이전 분류 (지방자치단체 세출예산 집행기준에 의거) 1. 민간경상사업보조(307-02) 2. 민간단체 법정운영비보조(307-03) 3. 민간행사사업보조(307-04) 4. 민간위탁금(307-05) 5. 사회복지시설 법정운영비보조(307-10) 6. 민간인위탁교육비(307-12) 7. 공기관등에대한경상적위탁사업비(308-13) 8. 민간자본사업보조,자체재원(402-01) 9. 민간자본사업보조,이전재원(402-02) 10. 민간위탁사업비(402-03) 11. 공기관등에 대한 자본적 위탁사업비(403-02)	민간이전지출 근거 (지방보조금 관리기준 참고) 1. 법률에 규정 2. 국고보조 재원(국가지정) 3. 용도 지정 기부금 4. 조례에 직접규정 5. 지자체가 권장하는 사업을 하는 공공기관 6. 시,도 정책 및 재정사정 7. 기타 8. 해당없음	입찰방식: 계약체결방법 (경쟁형태) 1. 일반경쟁 2. 제한경쟁 3. 지명경쟁 4. 수의계약 5. 법정위탁 6. 기타 ( ) 7. 없음	입찰방식: 계약기간 1. 1년 2. 2년 3. 3년 4. 4년 5. 5년 6. 기타 ( )년 7. 단기계약 (1년미만) 8. 없음	입찰방식: 낙찰자선정방법 1. 적격심사 2. 협상에의한계약 3. 최저가낙찰제 4. 규격가격분리 5. 2단계 경쟁입찰 6. 기타 ( ) 7. 없음	운영예산 산정: 운영예산 산정 1. 내부산정 (지자체 자체적으로 산정) 2. 외부산정 (외부전문기관위탁 산정) 3. 내·외부 모두 산정 4. 산정 無 5. 없음	운영예산 산정: 정산방법 1. 내부정산 (지자체 내부적으로 정산) 2. 외부정산 (외부전문기관위탁 정산) 3. 내·외부 모두 산정 4. 정산 無 5. 없음	성과평가 실시여부 1. 실시 2. 미실시 3. 향후 추진 4. 해당없음
7718	경북 김천시	지적기준점설치	17,550	7	1	5	1	2	1	1	4
7719	경북 김천시	중소기업디자인분야청년일자리지원사업	15,280	7	2	7	7	7	1	1	4
7720	경북 김천시	가공식품SNS온라인마케팅	15,000	7	7	7	8	7	5	5	4
7721	경북 김천시	청백e시스템유지관리비	14,092	7	1	5	1	7	3	3	2
7722	경북 김천시	지적기준점조사	12,800	7	1	5	1	2	1	1	4
7723	경북 김천시	보상계획등열람신문공고료	12,000	7	1	7	8	7	1	1	4
7724	경북 김천시	무연고사망자신문광고료	11,550	7	7	7	8	7	5	5	4
7725	경북 김천시	옥외광고	10,000	7	1	7	5	5	4	5	4
7726	경북 김천시	신문공고료(계획수립변경등)	9,000	7	1	7	8	7	1	1	1
7727	경북 김천시	대한민국지방자치경영혁신엑스포참여	8,000	7	6	1	7	7	1	2	1
7728	경북 김천시	지방행정공통시스템상담센터운영	6,950	7	7	5	1	7	1	1	1
7729	경북 김천시	택시운행정보관리시스템운영	5,594	7	1	5	1	6	2	2	2
7730	경북 김천시	기능분류모델시스템고도화사업지자체분담금	5,250	7	7	6	1	6	2	2	4
7731	경북 김천시	언론홍보등	5,000	7	1	6	1	1	2	5	4
7732	경북 김천시	법무보호복지대상자사회정착지원	5,000	7	5	7	8	7	1	1	4
7733	경북 김천시	김천관광홍보	5,000	7	1	7	5	5	4	5	4
7734	경북 김천시	김천여행찬스운영	5,000	7	5	7	8	7	5	5	4
7735	경북 김천시	신문공고료(보상,분묘등)	5,000	7	1	7	5	5	4	5	4
7736	경북 김천시	도시재생사업신문공고료	4,400	7	1	7	8	7	5	5	4
7737	경북 김천시	신문공고료	4,400	7	1	7	8	7	5	5	4
7738	경북 김천시	보상계획열람신문공고료	4,000	7	1	7	8	7	1	1	4
7739	경북 김천시	농특산물홍보신문광고료	4,000	7	4	7	8	7	1	1	4
7740	경북 김천시	농업진흥지역지정및해제계획안일간지공고비	3,000	7	1	7	8	7	5	1	1
7741	경북 김천시	농촌지도사업시책홍보	3,000	7	1	7	8	7	5	5	4
7742	경북 김천시	귀농귀촌시책홍보	3,000	7	1	7	8	7	5	5	4
7743	경북 김천시	전자상거래우수농산물명절맞이홍보	3,000	7	6	7	8	7	5	5	4
7744	경북 김천시	재해예방사업보상공고및수수료	2,200	7	7	7	8	7	5	5	4
7745	경북 김천시	경북e누리관광상품판매사업시비부담분	2,100	7	5	7	1	1	4	5	4
7746	경북 김천시	도지정문화재신문공고료	2,000	7	7	6	1	1	4	5	4
7747	경북 김천시	팜앤컬쳐페스타(농촌체험페스티벌)홍보비	2,000	7	1	7	8	7	5	5	4
7748	경북 김천시	김천농산물가공개발상품홍보	1,500	7	7	7	8	7	5	5	4
7749	경북 김천시	농업인교육홍보	1,000	7	6	7	8	7	5	5	4
7750	경북 김천시	농기계운송서비스홍보비	1,000	7	1	7	1	1	4	5	4
7751	경북 김천시	표준모자보건수첩제작	1,000	7	1	7	8	7	5	5	1
7752	경북 김천시	청소활동홍보비	660	7	7	7	8	7	5	5	4
7753	경북 안동시	수선유지급여지원	2,100,000	7	1	5	7	7	1	1	4
7754	경북 안동시	2024안동국제탈춤페스티벌	2,000,000	7	5	7	1	7	1	1	3
7755	경북 안동시	소상공인카드수수료지원	1,300,000	7	5	7	1	7	2	2	4
7756	경북 안동시	문화관광해설사육성사업	800,000	7	5	7	1	7	1	1	3
7757	경북 안동시	경북바이오산업엑스포운영	800,000	7	6	7	8	7	5	5	4

순번	시군구	지출명 (사업명)	2024년예산 (단위 : 천원 /1년간)	민간이전 분류 (지방자치단체 세출예산 집행기준에 의거) 1. 민간경상사업보조(307-02) 2. 민간단체 법정운영비보조(307-03) 3. 민간행사사업보조(307-04) 4. 민간위탁금(307-05) 5. 사회복지시설 법정운영비보조(307-10) 6. 민간인위탁교육비(307-12) 7. 공기관등에대한경상적위탁사업비(308-13) 8. 민간자본사업보조,자체재원(402-01) 9. 민간자본사업보조,이전재원(402-02) 10. 민간위탁사업비(402-03) 11. 공기관등에 대한 자본적 위탁사업비(403-02)	민간이전지출 근거 (지방보조금 관리기준 참고) 1. 법률에 규정 2. 국고보조 재원(국가지정) 3. 용도 지정 기부금 4. 조례에 직접규정 5. 지자체가 권장하는 사업을 하는 공공기관 6. 시,도 정책 및 재정사정 7. 기타 8. 해당없음	입찰방식			운영예산 산정		성과평가 실시여부
						계약체결방법 (경쟁형태) 1. 일반경쟁 2. 제한경쟁 3. 지명경쟁 4. 수의계약 5. 법정위탁 6. 기타 ( ) 7. 없음	계약기간 1. 1년 2. 2년 3. 3년 4. 4년 5. 5년 6. 기타 ( )년 7. 단기계약 (1년미만) 8. 없음	낙찰자선정방법 1. 적격심사 2. 협상에의한계약 3. 최저가낙찰제 4. 규격가격분리 5. 2단계 경쟁입찰 6. 기타 ( ) 7. 없음	운영예산 산정 1. 내부산정 (지자체 자체적으로 산정) 2. 외부산정 (외부전문기관위탁 산정) 3. 내·외부 모두 산정 4. 산정 無 5. 없음	정산방법 1. 내부정산 (지자체 내부적으로 정산) 2. 외부정산 (외부전문기관위탁 정산) 3. 내·외부 모두 산정 4. 정산 無 5. 없음	1. 실시 2. 미실시 3. 향후 추진 4. 해당없음
7758	경북 안동시	사계절축제콘텐츠업그레이드사업	670,000	7	2	7	1	7	1	1	3
7759	경북 안동시	중소기업ICT융합기술경쟁력강화사업	600,000	7	1,4	7	3	7	1	3	3
7760	경북 안동시	연계쇼핑몰및OTA홍보운영	590,000	7	1	7	8	7	5	5	4
7761	경북 안동시	스마일트립2관광상품발굴	550,000	7	1	6	1	7	1	1	3
7762	경북 안동시	수페스타개최	500,000	7	5	7	1	7	1	1	3
7763	경북 안동시	스탠다드상품패키징개발및지원	450,000	7	5	7	1	7	1	1	3
7764	경북 안동시	문화유산야행사업	450,000	7	8	6	8	7	3	1	4
7765	경북 안동시	임상시험검체분석기관구축사업	450,000	7	6	7	3	7	5	3	1
7766	경북 안동시	브랜드택시공익광고료	430,467	7	1	7	8	7	1	5	4
7767	경북 안동시	관광활성화를위한드라마제작지원	400,000	7	1	7	8	7	5	5	4
7768	경북 안동시	청년스타트업관광기업육성지원[소멸기금4백만원]	400,000	7	6	7	1	7	1	1	1
7769	경북 안동시	도산권역(예끼마을등)활성화프로그램운영및홍보사업	400,000	7	1	6	1	7	1	1	3
7770	경북 안동시	kFoods현지음식축제등해외행사콜라보	400,000	7	1	6	1	7	1	1	3
7771	경북 안동시	문화유산아카이빙순회전시회	400,000	7	8	6	8	7	3	1	4
7772	경북 안동시	관광서비스시설환경개선사업	300,000	7	5	7	1	7	1	1	3
7773	경북 안동시	광역교통수단활용공동홍보사업추진	300,000	7	5	7	8	7	5	5	4
7774	경북 안동시	세계기록유산홍보지원사업(한국의유교책판)	300,000	7	8	6	8	7	3	1	4
7775	경북 안동시	[국]장애인의료비지원	295,681	7	2	7	8	7	5	5	1
7776	경북 안동시	콘텐츠버스운영관리	250,000	7	1	7	8	7	5	5	4
7777	경북 안동시	관리사무소운영위탁수수료	221,800	7	5	7	5	7	1	1	4
7778	경북 안동시	중소기업근로자기숙사임차비지원	220,000	7	5	7	8	7	1	1	4
7779	경북 안동시	국내외미디어활용관광객유치홍보	200,000	7	1	7	8	7	5	5	4
7780	경북 안동시	탈춤축제홍보비(국내외언론사및시가지홍보등)	200,000	7	5	7	1	7	1	1	3
7781	경북 안동시	안동관광청년가이드양성[소멸기금2백만원]	200,000	7	5	7	1	7	1	1	3
7782	경북 안동시	탈춤공원프로그램개발및운영	200,000	7	2	7	1	7	1	1	3
7783	경북 안동시	관광홍보유튜브제작지원	200,000	7	5	7	8	7	5	5	4
7784	경북 안동시	3대문화권선도사업어린이공개방송유치	200,000	7	5	7	1	7	1	1	3
7785	경북 안동시	항공기랩핑홍보사업	200,000	7	1	6	1	7	1	1	3
7786	경북 안동시	향토음식스토리상품개발및활용사업	200,000	7	1	6	1	7	1	1	3
7787	경북 안동시	근현대기록문화콘텐츠고도화사업	200,000	7	8	7	8	7	3	1	4
7788	경북 안동시	2024년안동세계유산국제학술대회개최	200,000	7	8	7	8	7	3	1	4
7789	경북 안동시	글로컬문화공간안동의서원활용사업	200,000	7	8	7	8	7	3	1	4
7790	경북 안동시	선유줄불놀이콘텐츠운영	200,000	7	8	6	8	7	3	1	4
7791	경북 안동시	중소기업ICT융합기술고도화상용화지원사업	200,000	7	1,4	7	5	7	1	3	3
7792	경북 안동시	소상공인새바람체인지업사업	186,500	7	5	7	1	7	2	2	4
7793	경북 안동시	청소년방과후아카데미운영지원	180,938	7	1	7	8	7	1	1	1
7794	경북 안동시	관광및여행관련서비스교육사업	160,000	7	1	6	1	7	1	1	3
7795	경북 안동시	암산얼음축제	150,000	7	5	7	1	7	1	1	3
7796	경북 안동시	기념품개발공모사업추진및상품화지원	150,000	7	5	7	1	7	1	1	3
7797	경북 안동시	2024년안동형MICE지원사업	150,000	7	5	6	1	6	3	3	2

순번	시군구	지출명 (사업명)	2024년예산 (단위 : 천원 /1년간)	민간이전 분류 (지방자치단체 세출예산 집행기준에 의거) 1. 민간경상사업보조(307-02) 2. 민간단체 법정운영비보조(307-03) 3. 민간행사사업보조(307-04) 4. 민간위탁금(307-05) 5. 사회복지시설 법정운영비보조(307-10) 6. 민간인위탁교육비(307-12) 7. 공기관등에대한경상적위탁사업비(308-13) 8. 민간자본사업보조,자체재원(402-01) 9. 민간자본사업보조,이전재원(402-02) 10. 민간위탁사업비(402-03) 11. 공기관등에 대한 자본적 위탁사업비(403-02)	민간이전지출 근거 (지방보조금 관리기준 참고) 1. 법률에 규정 2. 국고보조 재원(국가지정) 3. 용도 지정 기부금 4. 조례에 직접규정 5. 지자체가 권장하는 사업을 하는 공공기관 6. 시,도 정책 및 재정사정 7. 기타 8. 해당없음	입찰방식: 계약체결방법 (경쟁형태) 1. 일반경쟁 2. 제한경쟁 3. 지명경쟁 4. 수의계약 5. 법정위탁 6. 기타 ( ) 7. 없음	입찰방식: 계약기간 1. 1년 2. 2년 3. 3년 4. 4년 5. 5년 6. 기타 ( )년 7. 단기계약 (1년미만) 8. 없음	입찰방식: 낙찰자선정방법 1. 적격심사 2. 협상에의한계약 3. 최저가낙찰제 4. 규격가격분리 5. 2단계 경쟁입찰 6. 기타 ( ) 7. 없음	운영예산 산정: 운영예산 산정 1. 내부산정 (지자체 자체적으로 산정) 2. 외부산정 (외부전문기관위탁 산정) 3. 내·외부 모두 산정 4. 산정 無 5. 없음	운영예산 산정: 정산방법 1. 내부정산 (지자체 내부적으로 정산) 2. 외부정산 (외부전문기관위탁 정산) 3. 내·외부 모두 산정 4. 정산 無 5. 없음	성과평가 실시여부 1. 실시 2. 미실시 3. 향후 추진 4. 해당없음
7798	경북 안동시	2024도산권울트라러닝사업	150,000	7	5	7	8	7	5	5	4
7799	경북 안동시	소외계층대상여행지원사업	150,000	7	1	6	1	7	1	1	3
7800	경북 안동시	유네스코세계기록유산발굴및활용사업	150,000	7	8	7	8	7	3	1	4
7801	경북 안동시	통합지방재정관리시스템유지관리분담금	127,116	7	7	7	8	7	5	5	4
7802	경북 안동시	안동벚꽃축제개최	120,000	7	5	7	1	7	1	1	3
7803	경북 안동시	강소기업육성지원	120,000	7	5	7	8	7	1	1	4
7804	경북 안동시	중소기업국내물류비지원	110,000	7	6	7	8	7	1	1	4
7805	경북 안동시	경상북도주력산업분야청년일자리지원	105,150	7	2	7	8	7	1	1	4
7806	경북 안동시	시장연계관광활성화사업	100,000	7	4	7	1	7	1	1	1
7807	경북 안동시	관광문화관련기획특집홍보	100,000	7	4	7	8	7	5	1	1
7808	경북 안동시	탈놀이단운영	100,000	7	5	7	1	7	1	1	3
7809	경북 안동시	외국인관광객을위한신규영상물제작및홍보	100,000	7	1	7	8	7	5	5	4
7810	경북 안동시	관광서비스인력아카데미사업(지역민)	100,000	7	4	7	1	7	1	1	3
7811	경북 안동시	관광서비스인력아카데미사업(공무원)	100,000	7	5	7	1	7	1	1	3
7812	경북 안동시	숙박연계프로그램지원축제인센티브여행지원	100,000	7	5	7	1	7	1	1	3
7813	경북 안동시	KTX내외국어홍보책자제작및비치	100,000	7	1	7	8	7	5	5	4
7814	경북 안동시	3대문화권선도사업TV광고및프로그램홍보	100,000	7	5	7	1	7	1	1	3
7815	경북 안동시	안동호스토리텔링홍보사업	100,000	7	1	7	8	7	5	5	4
7816	경북 안동시	관광활성화전문가교육사업	100,000	7	1	6	1	7	1	1	3
7817	경북 안동시	도산서원일기류국역사업	100,000	7	8	7	3	7	3	1	4
7818	경북 안동시	공통기반및재해복구시스템유지관리부담금	96,743	7	1	2	1	2	2	2	2
7819	경북 안동시	경북공공배달앱운영지원	95,000	7	5	7	1	7	2	2	4
7820	경북 안동시	탈춤축제시내프로그램운영	90,000	7	5	7	1	7	1	1	3
7821	경북 안동시	탈춤페스티벌야간이벤트개최	90,000	7	5	7	1	7	1	1	3
7822	경북 안동시	하회별신굿탈놀이해외공연지원	90,000	7	8	7	8	7	3	1	4
7823	경북 안동시	미래신산업발굴워킹그룹운영	80,000	7	6	7	8	7	5	5	4
7824	경북 안동시	중소기업디딤돌지원사업	80,000	7	5	7	8	7	1	1	4
7825	경북 안동시	중소기업공장화재보험료지원사업	80,000	7	5	7	8	7	1	1	4
7826	경북 안동시	수출기업역량강화지원사업	80,000	7	5	7	8	7	1	1	4
7827	경북 안동시	중소기업기술개발레벨업사업	80,000	7	5	7	8	7	1	1	4
7828	경북 안동시	문화관광해설사운영비	70,000	7	5	7	1	7	1	1	3
7829	경북 안동시	경북e누리관광상품판매사업	70,000	7	6	7	1	7	1	1	3
7830	경북 안동시	벤처기업집적시설입주기업역량강화	65,000	7	1,6	7	8	7	1	1	4
7831	경북 안동시	탈춤축제홍보시설물설치	60,000	7	5	7	1	7	1	1	3
7832	경북 안동시	경북행복기업산업안전환경개선사업	60,000	7	1,6	7	8	7	1	1	4
7833	경북 안동시	축제참여시민프로그램공모지원[금고지정협력사업비5백만원]	50,000	7	5	7	1	7	1	1	3
7834	경북 안동시	안동축제아카이브구축및백서발간	50,000	7	5	7	1	7	1	1	3
7835	경북 안동시	2024MICE홍보마케팅사업	50,000	7	5	7	8	7	5	5	4
7836	경북 안동시	안동의문화유산활용및홍보전시사업	50,000	7	2	7	8	7	5	5	4
7837	경북 안동시	신사업창업사관학교안동시소상공인네트워킹지원사업	50,000	7	6	7	1	7	1	1	4

순번	시군구	지출명 (사업명)	2024년예산 (단위 : 천원 /1년간)	민간이전 분류 (지방자치단체 세출예산 집행기준에 의거)	민간이전지출 근거 (지방보조금 관리기준 참고)	입찰방식			운영예산 산정		성과평가 실시여부
				1. 민간경상사업보조(307-02) 2. 민간단체 법정운영비보조(307-03) 3. 민간행사사업보조(307-04) 4. 민간위탁금(307-05) 5. 사회복지시설 법정운영비보조(307-10) 6. 민간인위탁교육비(307-12) 7. 공기관등에대한경상적위탁사업비(308-13) 8. 민간자본사업보조,자체재원(402-01) 9. 민간자본사업보조,이전재원(402-02) 10. 민간위탁사업비(402-03) 11. 공기관등에 대한 자본적 위탁사업비(403-02)	1. 법률에 규정 2. 국고보조 재원(국가지정) 3. 용도 지정 기부금 4. 조례에 직접규정 5. 지자체가 권장하는 사업을 하는 공공기관 6. 시,도 정책 및 재정사정 7. 기타 8. 해당없음	계약체결방법 (경쟁형태) 1. 일반경쟁 2. 제한경쟁 3. 지명경쟁 4. 수의계약 5. 법정위탁 6. 기타 ( ) 7. 없음	계약기간 1. 1년 2. 2년 3. 3년 4. 4년 5. 5년 6. 기타 ( )년 7. 단기계약 (1년미만) 8. 없음	낙찰자선정방법 1. 적격심사 2. 협상에의한계약 3. 최저가낙찰제 4. 규격가격분리 5. 2단계 경쟁입찰 6. 기타 ( ) 7. 없음	운영예산 산정 1. 내부산정 (지자체 자체적으로 산정) 2. 외부산정 (외부전문기관위탁 산정) 3. 내·외부 모두 산정 4. 산정 無 5. 없음	정산방법 1. 내부정산 (지자체 내부적으로 정산) 2. 외부정산 (외부전문기관위탁 정산) 3. 내·외부 모두 산정 4. 정산 無 5. 없음	1. 실시 2. 미실시 3. 향후 추진 4. 해당없음
7838	경북 안동시	복지환경국주요사업홍보	50,000	7	1	7	7	7	1	1	4
7839	경북 안동시	도시건설국주요사업홍보	50,000	7	1	7	8	7	5	5	4
7840	경북 안동시	어서옵쇼수산물할인행사	50,000	7	7	7	8	7	1	1	2
7841	경북 안동시	온나라시스템유지관리비부담금	47,094	7	1	1	1	2	2	2	2
7842	경북 안동시	안동웹매거진및문화필제작	40,000	7	5	7	8	7	1	1	1
7843	경북 안동시	안동관광스탬프투어	40,000	7	5	7	8	7	1	1	1
7844	경북 안동시	안동축제서포터즈	40,000	7	5	7	1	7	1	1	3
7845	경북 안동시	ODA국가대상국제문화교류페스티벌	40,000	7	5	7	1	7	1	1	3
7846	경북 안동시	암산얼음축제교통관리반운영	40,000	7	5	7	1	7	1	1	3
7847	경북 안동시	사계절축제응급의료반운영	32,000	7	5	7	1	7	1	1	3
7848	경북 안동시	대중교통환급지원(K패스)	32,000	7	2	7	8	7	5	5	4
7849	경북 안동시	항공기활용홍보사업	31,000	7	1	6	1	7	1	1	3
7850	경북 안동시	안동관광온라인홍보사업	30,000	7	4	7	8	7	1	1	2
7851	경북 안동시	주요축제참가홍보마케팅	30,000	7	5	7	1	7	1	1	3
7852	경북 안동시	ICT/SW기업지원사업	30,000	7	5	7	8	7	1	1	4
7853	경북 안동시	안동독립운동콘텐츠활용동화책발간사업	30,000	7	4	7	8	7	1	1	4
7854	경북 안동시	유네스코세계유산상품개발및지원	27,000	7	5	7	8	7	1	1	1
7855	경북 안동시	낙화놀이AR프로그램개발/운영관리및보수	25,000	7	8	6	8	7	3	1	4
7856	경북 안동시	알뜰교통카드연계마일리지지원	22,000	7	2	7	8	7	3	1	4
7857	경북 안동시	문화관광해설사및관광안내소이용만족도조사	20,000	7	5	7	1	7	1	1	3
7858	경북 안동시	문화예술인및외교사절단등초청팸투어	20,000	7	5	7	8	7	1	1	1
7859	경북 안동시	관광객유치행사운영	15,000	7	4	7	8	7	5	5	4
7860	경북 안동시	탈의상제작및보수	15,000	7	5	7	1	7	1	1	3
7861	경북 안동시	농어촌청소년육성재단협력사업지원	15,000	7	4	7	8	7	1	1	1
7862	경북 안동시	중소기업디자인분야청년일자리지원	12,000	7	2	7	8	7	1	1	4
7863	경북 안동시	중소기업매출채권보험료지원사업	10,000	7	5	7	8	7	1	1	4
7864	경북 안동시	청소년진로탐색활동지원	7,000	7	4	7	8	7	1	1	1
7865	경북 안동시	청소년창의적체험활동지원	7,000	7	4	7	8	7	1	1	1
7866	경북 안동시	공통행정정보시스템상담센터운영비	6,950	7	1	2	1	2	2	2	2
7867	경북 안동시	청소년문화교류캠프	4,000	7	4	7	8	7	1	1	1
7868	경북 안동시	여성청소년생리용품지급기운영	3,720	7	1	7	8	7	1	1	1
7869	경북 안동시	제11회21세기인문가치포럼	900,000	7	4	1	1	2	3	2	4
7870	경북 안동시	경북콘텐츠코리아랩운영지원	690,000	7	4	7	8	7	1	1	4
7871	경북 안동시	지역문화예술단체및공연지원사업	620,000	7	4	7	8	7	1	1	4
7872	경북 안동시	글로벌유교체험관광상품개발및운영	300,000	7	4	7	8	7	5	1	3
7873	경북 안동시	퇴계학국제학술강연회	290,000	7	4	5	1	7	1	1	1
7874	경북 안동시	콘텐츠개발지역기업지원사업	200,000	7	4	7	8	7	1	1	4
7875	경북 안동시	지역기반사진영상로케이션제작지원	200,000	7	4	7	8	7	1	1	4
7876	경북 안동시	스토리콘텐츠개발및제작지원	200,000	7	4	7	8	7	1	1	4
7877	경북 안동시	안동의역사인물문집1선번역	200,000	7	4	7	8	7	5	1	3

순번	시군구	지출명 (사업명)	2024년예산 (단위 : 천원 /1년간)	민간이전 분류 (지방자치단체 세출예산 집행기준에 의거) 1. 민간경상사업보조(307-02) 2. 민간단체 법정운영비보조(307-03) 3. 민간행사사업보조(307-04) 4. 민간위탁금(307-05) 5. 사회복지시설 법정운영비보조(307-10) 6. 민간인위탁교육비(307-12) 7. 공기관등에대한경상적위탁사업비(308-13) 8. 민간자본사업보조,자체재원(402-01) 9. 민간자본사업보조,이전재원(402-02) 10. 민간위탁사업비(402-03) 11. 공기관등에 대한 자본적 위탁사업비(403-02)	민간이전지출 근거 (지방보조금 관리기준 참고) 1. 법률에 규정 2. 국고보조 재원(국가지정) 3. 용도 지정 기부금 4. 조례에 직접규정 5. 지자체가 권장하는 사업을 하는 공공기관 6. 시,도 정책 및 재정사정 7. 기타 8. 해당없음	입찰방식 계약체결방법 (경쟁형태) 1. 일반경쟁 2. 제한경쟁 3. 지명경쟁 4. 수의계약 5. 법정위탁 6. 기타 ( ) 7. 없음	입찰방식 계약기간 1. 1년 2. 2년 3. 3년 4. 4년 5. 5년 6. 기타 ( )년 7. 단기계약 (1년미만) 8. 없음	입찰방식 낙찰자선정방법 1. 적격심사 2. 협상에의한계약 3. 최저가낙찰제 4. 규격가격분리 5. 2단계 경쟁입찰 6. 기타 ( ) 7. 없음	운영예산 산정 운영예산 산정 1. 내부산정 (지자체 자체적으로 산정) 2. 외부산정 (외부전문기관위탁 산정) 3. 내·외부 모두 산정 4. 산정 無 5. 없음	운영예산 산정 정산방법 1. 내부정산 (지자체 내부적으로 정산) 2. 외부정산 (외부전문기관위탁 정산) 3. 내·외부 모두 산정 4. 정산 無 5. 없음	성과평가 실시여부 1. 실시 2. 미실시 3. 향후 추진 4. 해당없음
7878	경북 안동시	소규모문화예술단체행사지원	120,000	7	4	7	8	7	1	1	4
7879	경북 안동시	디지털콘텐츠제작지원	114,000	7	4	7	8	7	1	1	4
7880	경북 안동시	1인창조기업지원센터지원	100,000	7	4	7	8	7	1	1	4
7881	경북 안동시	엄마까투리콘텐츠관리운영	100,000	7	4	7	8	7	1	1	4
7882	경북 안동시	인문가치영상콘텐츠제작	90,000	7	4	1	1	3	1	1	4
7883	경북 안동시	안동학연구지원	90,000	7	4	7	8	7	5	1	3
7884	경북 안동시	인문청년캠프	70,000	7	4	1	1	3	1	1	4
7885	경북 안동시	한국국학자대회	63,000	7	4	7	8	7	5	1	3
7886	경북 안동시	해맞이행사	60,000	7	4	7	8	7	1	1	1
7887	경북 안동시	인문가치사회적확산사업	50,000	7	4	1	1	3	1	1	4
7888	경북 안동시	내인생의선물곳간,라키비움운영	40,000	7	4	7	8	7	1	1	4
7889	경북 안동시	인문가치대상선정	30,000	7	4	1	1	3	1	1	4
7890	경북 안동시	안동팔경및구곡문화아카데미	28,000	7	4	7	8	7	5	1	3
7891	경북 안동시	역사인물선양학술대회	25,000	7	4	7	8	7	5	1	3
7892	경북 안동시	특집다큐멘터리제작지원'두봉주교'	10,000	7	4	7	8	7	1	1	1
7893	경북 안동시	[도]문화학교운영도립안동도서관문화학교운영	8,300	7	4	7	8	7	1	1	1
7894	경북 안동시	차세대주민등록정보시스템운영	22,379	7	6	7	1	7	2	5	4
7895	경북 안동시	자치단체기능분류모델시스템고도화분담금	6,000	7	4	1	1	2	2	2	4
7896	경북 안동시	우편모아프로그램위탁관리비	6,000	7	4	1	1	2	2	2	4
7897	경북 구미시	이차전지육성거점센터구축지원사업	12,700,000	7	2	7	8	7	5	2	3
7898	경북 구미시	방산항공우주용탄소소재부품랩팩토리구축	6,600,000	7	2	7	8	7	5	2	3
7899	경북 구미시	반도체이차전지부품용인조흑연테스트베드구축	4,850,000	7	2	7	8	7	5	2	3
7900	경북 구미시	첫만남이용권지원	3,524,300	7	1	7	8	7	5	5	4
7901	경북 구미시	구미디지털전자산업관위탁운영	1,874,600	7	4	4	5	7	3	2	3
7902	경북 구미시	산모신생아건강관리지원사업(전환사업)	1,760,900	7	1	7	8	7	5	5	4
7903	경북 구미시	첫만남이용권지원	1,511,000	7	1	7	8	7	5	5	4
7904	경북 구미시	구미형TIPTOP스타트업육성사업	1,500,000	7	4	7	8	7	5	5	4
7905	경북 구미시	동북권메타버스허브구축운영	1,500,000	7	2	7	3	7	5	3	4
7906	경북 구미시	XR디바이스개발지원센터운영	1,000,000	7	2	7	4	7	5	3	4
7907	경북 구미시	방송미디어	754,600	7	1	7	8	7	5	5	4
7908	경북 구미시	지적도면D/B자료정비사업	700,000	7	5	7	3	7	5	5	4
7909	경북 구미시	신문보도	667,700	7	1	7	8	7	5	5	4
7910	경북 구미시	구미허리기업성장레벨업1+1지원사업	600,000	7	4	7	8	7	5	5	4
7911	경북 구미시	저소득층기저귀및조제분유지원	599,200	7	1	7	8	7	5	5	4
7912	경북 구미시	중소기업토탈솔루션지원	500,000	7	4	7	8	7	1	3	1
7913	경북 구미시	중소기업디자인및상품기획역량지원	500,000	7	4	7	8	7	5	5	4
7914	경북 구미시	로컬크리에이터육성사업	500,000	7	5	7	1	7	1	1	3
7915	경북 구미시	도시홍보	450,000	7	1	7	8	7	5	5	4
7916	경북 구미시	구미시기술닥터사업	400,000	7	4	7	8	7	1	3	1
7917	경북 구미시	스마트이송물류자율주행로봇플랫폼구축사업	400,000	7	2	7	8	7	5	2	3

순번	시군구	지출명 (사업명)	2024년예산 (단위 : 천원 /1년간)	민간이전 분류 (지방자치단체 세출예산 집행기준에 의거) 1. 민간경상사업보조(307-02) 2. 민간단체 법정운영비보조(307-03) 3. 민간행사사업보조(307-04) 4. 민간위탁금(307-05) 5. 사회복지시설 법정운영비보조(307-10) 6. 민간인위탁교육비(307-12) 7. 공기관등에대한경상적위탁사업비(308-13) 8. 민간자본사업보조,지체재원(402-01) 9. 민간자본사업보조,이전재원(402-02) 10. 민간위탁사업비(402-03) 11. 공기관등에 대한 자본적 위탁사업비(403-02)	민간이전지출 근거 (지방보조금 관리기준 참고) 1. 법률에 규정 2. 국고보조 재원(국가지정) 3. 용도 지정 기부금 4. 조례에 직접규정 5. 지자체가 권장하는 사업을 하는 공공기관 6. 시,도 정책 및 재정사정 7. 기타 8. 해당없음	입찰방식 계약체결방법 (경쟁형태) 1. 일반경쟁 2. 제한경쟁 3. 지명경쟁 4. 수의계약 5. 법정위탁 6. 기타 ( ) 7. 없음	입찰방식 계약기간 1. 1년 2. 2년 3. 3년 4. 4년 5. 5년 6. 기타 ( )년 7. 단기계약 (1년미만) 8. 없음	입찰방식 낙찰자선정방법 1. 적격심사 2. 협상에의한계약 3. 최저가낙찰제 4. 규격가격분리 5. 2단계 경쟁입찰 6. 기타 ( ) 7. 없음	운영예산 산정 운영예산 산정 1. 내부산정 (지자체 자체적으로 산정) 2. 외부산정 (외부전문기관위탁 산정) 3. 내·외부 모두 산정 4. 산정 無 5. 없음	운영예산 산정 정산방법 1. 내부정산 (지자체 내부적으로 정산) 2. 외부정산 (외부전문기관위탁 정산) 3. 내·외부 모두 산정 4. 정산 無 5. 없음	성과평가 실시여부 1. 실시 2. 미실시 3. 향후 추진 4. 해당없음
7918	경북 구미시	센서기술사업	335,000	7	1	7	8	7	3	1	2
7919	경북 구미시	반도체특화단지추진단운영	330,000	7	1	7	8	7	1	1	2
7920	경북 구미시	중소기업물류비지원사업	325,000	7	4	7	8	7	1	1	1
7921	경북 구미시	구미시뉴커리어스타트업지원	300,000	7	4	7	8	7	1	1	1
7922	경북 구미시	중소기업해외시장판로개척지원사업	300,000	7	6	7	8	7	3	3	1
7923	경북 구미시	미디어스타마케팅추진	300,000	7	4	5	7	7	1	5	4
7924	경북 구미시	택시이용공익광고홍보비	300,000	7	1	5	1	7	1	4	4
7925	경북 구미시	소상공인새바람체인지업사업	270,000	7	5	7	1	7	1	1	3
7926	경북 구미시	청년스타트업지원	256,000	7	6	7	1	7	1	1	4
7927	경북 구미시	경북디자인주도제조혁신지원사업	250,000	7	2	7	4	7	5	2	3
7928	경북 구미시	장앵인의료비지원사업	241,536	7	2	7	7	7	5	2	2
7929	경북 구미시	청년근로자사랑채움사업	210,040	7	5	7	1	7	1	1	4
7930	경북 구미시	수도권투자유치설명회개최	200,000	7	5	7	8	7	5	5	4
7931	경북 구미시	구미시창업보육센터위탁운영	200,000	7	4	7	8	7	1	1	1
7932	경북 구미시	우리동네가게아트테리어지원사업	200,000	7	5	7	1	7	1	1	3
7933	경북 구미시	관광서비스시설환경개선사업	200,000	7	6	6	7	7	1	1	4
7934	경북 구미시	산모신생아건강관리지원비	195,600	7	1	7	8	7	5	5	4
7935	경북 구미시	청년창업지원사업	195,000	7	6	7	1	7	1	1	4
7936	경북 구미시	경상북도주력산업분야청년일자리지원사업	181,970	7	2	7	1	7	1	1	4
7937	경북 구미시	구미형미래전략산업대응청년일자리지원사업	181,752	7	2	7	1	7	1	1	4
7938	경북 구미시	구미상생일자리협력센터운영	170,000	7	5	7	8	7	5	5	4
7939	경북 구미시	스마트제조산업대응청년인재지역정착지원사업	163,272	7	2	7	1	7	1	1	4
7940	경북 구미시	AI서비스로봇보급사업	150,120	7	5	7	8	7	1	1	3
7941	경북 구미시	홀로그램기반측정및검사실증	150,000	7	2	7	4	7	5	3	4
7942	경북 구미시	제1회경상북도국제메타버스. AI영화제	150,000	7	8	7	8	7	5	5	4
7943	경북 구미시	전세버스공익광고홍보비	148,000	7	1	5	1	7	1	4	4
7944	경북 구미시	구미시시제품제작센터위탁운영	145,000	7	4	7	8	7	1	1	1
7945	경북 구미시	뉴미디어를통한시정홍보	131,200	7	1	7	8	7	5	5	4
7946	경북 구미시	경북민관협력형배달앱운영사업	125,000	7	5	7	1	7	1	1	3
7947	경북 구미시	미래도시포럼운영	120,000	7	4	7	8	7	5	5	4
7948	경북 구미시	투자유치광고	120,000	7	1	7	7	7	1	4	4
7949	경북 구미시	구미반도체컨퍼런스개최	120,000	7	1	7	8	7	1	1	2
7950	경북 구미시	대중교통비환급지원(K패스)	110,000	7	2	7	8	7	5	5	4
7951	경북 구미시	기저귀및조제분유지원	110,000	7	1	7	8	7	5	5	4
7952	경북 구미시	구미브랜드웹툰제작	107,000	7	5	7	1	7	1	1	4
7953	경북 구미시	자치단체공통기반및재해복구시스템유지관리	103,000	7	1	5	1	6	3	3	2
7954	경북 구미시	지방세정보화사업위탁사업비	102,294	7	1	5	1	7	5	5	4
7955	경북 구미시	대대손손가가업승계지원사업	100,000	7	5	7	1	7	1	1	3
7956	경북 구미시	구미역사인물저작국역사업	100,000	7	5	7	1	7	1	1	3
7957	경북 구미시	청년일자리창출우수기업지원	96,000	7	5	7	1	7	1	1	4

순번	시군구	지출명 (사업명)	2024년예산 (단위 : 천원 /1년간)	민간이전 분류 (지방자치단체 세출예산 집행기준에 의거) 1. 민간경상사업보조(307-02) 2. 민간단체 법정운영비보조(307-03) 3. 민간행사사업보조(307-04) 4. 민간위탁금(307-05) 5. 사회복지시설 법정운영비보조(307-10) 6. 민간인위탁교육비(307-12) 7. 공기관등에대한경상적위탁사업비(308-13) 8. 민간자본사업보조,자체재원(402-01) 9. 민간자본사업보조,이전재원(402-02) 10. 민간위탁사업비(402-03) 11. 공기관등에 대한 자본적 위탁사업비(403-02)	민간이전지출 근거 (지방보조금 관리기준 참고) 1. 법률에 규정 2. 국고보조 재원(국가지정) 3. 용도 지정 기부금 4. 조례에 직접규정 5. 지자체가 권장하는 사업을 하는 공공기관 6. 시,도 정책 및 재정사정 7. 기타 8. 해당없음	입찰방식 계약체결방법 (경쟁형태) 1. 일반경쟁 2. 제한경쟁 3. 지명경쟁 4. 수의계약 5. 법정위탁 6. 기타 ( ) 7. 없음	입찰방식 계약기간 1. 1년 2. 2년 3. 3년 4. 4년 5. 5년 6. 기타 ( )년 7. 단기계약 (1년미만) 8. 없음	입찰방식 낙찰자선정방법 1. 적격심사 2. 협상에의한계약 3. 최저가낙찰제 4. 규격가격분리 5. 2단계 경쟁입찰 6. 기타 ( ) 7. 없음	운영예산 산정 운영예산 산정 1. 내부산정 (지자체 자체적으로 산정) 2. 외부산정 (외부전문기관위탁 산정) 3. 내·외부 모두 산정 4. 산정 無 5. 없음	운영예산 산정 정산방법 1. 내부정산 (지자체 내부적으로 정산) 2. 외부정산 (외부전문기관위탁 정산) 3. 내·외부 모두 산정 4. 정산 無 5. 없음	성과평가 실시여부 1. 실시 2. 미실시 3. 향후 추진 4. 해당없음
7958	경북 구미시	농촌인력중개센터운영지원	90,000	7	2	7	1	7	1	1	1
7959	경북 구미시	홀로그램기반문화재복원및가시화서비스사업화실증	80,000	7	2	7	4	7	5	3	4
7960	경북 구미시	메이커스페이스구축운영(전문랩)	76,000	7	2	7	1	7	1	3	4
7961	경북 구미시	제62회경북도민체육대회	75,000	7	1	7	8	7	5	5	4
7962	경북 구미시	온나라시스템운영유지관리	72,000	7	1	5	1	6	3	3	2
7963	경북 구미시	알뜰교통카드마일리지지원	68,000	7	2	5	1	7	1	1	4
7964	경북 구미시	푸드테크기반외식업디지털전환지원사업	59,000	7	4	7	8	7	5	5	4
7965	경북 구미시	푸드테크기반외식업디지털전환지원사업	59,000	7	4	7	8	7	5	5	4
7966	경북 구미시	중소기업디자인분야청년일자리지원사업	57,050	7	2	7	1	7	1	1	4
7967	경북 구미시	도로명주소정보시스템유지비(24년주소정보관리시스템유지관리)	57,027	7	8	7	1	7	5	5	4
7968	경북 구미시	표준지방인사정보시스템(인사랑)유지관리	56,619	7	1	5	1	7	2	2	4
7969	경북 구미시	낭만사계in구미관광유직비디오제작	55,000	7	4	7	8	7	5	5	4
7970	경북 구미시	청년창업지역정착지원사업	50,000	7	5	7	1	7	1	1	4
7971	경북 구미시	구미산업기술정보센터위탁운영	50,000	7	4	7	8	7	1	1	1
7972	경북 구미시	청년농업인정착지원교육컨설팅	50,000	7	4	5	1	1	2	2	1
7973	경북 구미시	표준지방세외수입시스템운영관리	45,912	7	5	5	1	7	5	4	4
7974	경북 구미시	여행사,인플루언서등초청팸투어	44,000	7	4	5	7	7	1	5	4
7975	경북 구미시	투자유치단파견	40,000	7	5	7	8	7	1	3	4
7976	경북 구미시	중소기업매출채권보험료지원	40,000	7	4	7	8	7	1	1	1
7977	경북 구미시	탄소산업네트워크강화국제컨벤션참가	40,000	7	6	7	8	7	1	2	3
7978	경북 구미시	LPG사용시설안전관리대행사업	36,000	7	1	5	1	7	2	3	1
7979	경북 구미시	차세대주민등록시스템운영비	31,339	7	7	7	8	7	5	5	1
7980	경북 구미시	중소기업수출보험료지원	30,000	7	5	7	8	7	1	3	1
7981	경북 구미시	체험구미가족여행운영	30,000	7	4	6	7	7	1	1	4
7982	경북 구미시	고향사랑기부제종합정보시스템유지보수비	28,700	7	1	5	1	7	5	5	4
7983	경북 구미시	경북생활인구지원센터구축	20,000	7	6	7	8	7	5	5	4
7984	경북 구미시	노선개편홍보공익광고	20,000	7	1	7	8	7	5	5	4
7985	경북 구미시	수도권대상투자유치간담회	20,000	7	4	7	8	7	5	5	4
7986	경북 구미시	택시운행정보관리시스템운영비	18,605	7	1	5	1	7	2	2	4
7987	경북 구미시	청백e시스템유지관리	15,674	7	1	5	1	7	2	2	4
7988	경북 구미시	도시관리계획입안신문공고료	15,400	7	1	7	8	7	5	5	4
7989	경북 구미시	경북e누리상품판매	14,000	7	4	6	7	7	1	1	4
7990	경북 구미시	기획공연홍보(TV홍보비)	12,000	7	1	7	8	7	5	5	4
7991	경북 구미시	지역특화전문경영인교육	11,760	7	4	4	1	7	2	5	4
7992	경북 구미시	타시도연계관광상품운영	10,000	7	4	7	8	7	5	5	4
7993	경북 구미시	대한민국지방자치경영혁신엑스포참가	8,000	7	6	7	7	7	5	5	4
7994	경북 구미시	지방행정통합정보시스템운영지원	7,000	7	1	5	1	6	3	3	2
7995	경북 구미시	기능분류모델(BRM)시스템고도화예산지자체별분담금	6,460	7	1	7	8	7	5	5	4
7996	경북 구미시	우편모아시스템통합유지관리	5,600	7	5	5	1	2	2	2	4
7997	경북 구미시	산업단지재생계획(안)신문공고료	4,400	7	1	7	8	7	5	5	4

순번	시군구	지출명 (사업명)	2024년예산 (단위 : 천원 /1년간)	민간이전 분류 (지방자치단체 세출예산 집행기준에 의거) 1. 민간경상사업보조(307-02) 2. 민간단체 법정운영비보조(307-03) 3. 민간행사사업보조(307-04) 4. 민간위탁금(307-05) 5. 사회복지시설 법정운영비보조(307-10) 6. 민간인위탁교육비(307-12) 7. 공기관등에대한경상적위탁사업비(308-13) 8. 민간자본사업보조,자체재원(402-01) 9. 민간자본사업보조,이전재원(402-02) 10. 민간위탁사업비(402-03) 11. 공기관등에 대한 자본적 위탁사업비(403-02)	민간이전지출 근거 (지방보조금 관리기준 참고) 1. 법률에 규정 2. 국고보조 재원(국가지정) 3. 용도 지정 기부금 4. 조례에 직접규정 5. 지자체가 권장하는 사업을 하는 공공기관 6. 시,도 정책 및 재정사정 7. 기타 8. 해당없음	입찰방식 계약체결방법 (경쟁형태) 1. 일반경쟁 2. 제한경쟁 3. 지명경쟁 4. 수의계약 5. 법정위탁 6. 기타 ( ) 7. 없음	입찰방식 계약기간 1. 1년 2. 2년 3. 3년 4. 4년 5. 5년 6. 기타 ( )년 7. 단기계약 (1년미만) 8. 없음	입찰방식 낙찰자선정방법 1. 적격심사 2. 협상에의한계약 3. 최저가낙찰제 4. 규격가격분리 5. 2단계 경쟁입찰 6. 기타 ( ) 7. 없음	운영예산 산정 운영예산 산정 1. 내부산정 (지자체 자체적으로 산정) 2. 외부산정 (외부전문기관위탁 산정) 3. 내·외부 모두 산정 4. 산정 無 5. 없음	운영예산 산정 정산방법 1. 내부정산 (지자체 내부적으로 정산) 2. 외부정산 (외부전문기관위탁 정산) 3. 내·외부 모두 산정 4. 정산 無 5. 없음	성과평가 실시여부 1. 실시 2. 미실시 3. 향후 추진 4. 해당없음
7998	경북 구미시	청소년산모임신출산의료비지원	3,600	7	1	7	8	7	5	5	4
7999	경북 구미시	청소년산모의료비지원	2,400	7	1	7	8	7	5	5	4
8000	경북 구미시	신문공고료	1,300	7	1	7	8	7	1	1	4
8001	경북 상주시	실증단지위탁사업비	1,245,000	7	2	5	5	7	5	3	4
8002	경북 상주시	시홍보언론광고	1,100,000	7	6	7	8	7	1	5	4
8003	경북 상주시	대도시시홍보광고(전광판,조명광고,스크린광고등)	800,000	7	6	7	8	7	1	5	4
8004	경북 상주시	시정홍보방송프로그램제작(드라마,예능등)	750,000	7	6	7	8	7	1	5	4
8005	경북 상주시	택시이용브랜드홍보비	748,800	7	1	5	8	7	1	1	4
8006	경북 상주시	데이터서비스제공업무위탁	520,000	7	1	5	3	7	5	3	4
8007	경북 상주시	농촌공사수리시설유지보수비등	500,000	7	1	5	1	7	1	1	4
8008	경북 상주시	대도시택시광고	457,500	7	6	7	8	7	1	5	4
8009	경북 상주시	실증단지위탁사업비(수도광열비등)	400,000	7	2	5	5	7	5	3	4
8010	경북 상주시	상주농특산물온라인쇼핑몰마케팅사업	400,000	7	5	7	8	7	1	1	4
8011	경북 상주시	상주병풍산고분군1호분학술발굴조사	376,000	7	2	7	8	7	1	1	4
8012	경북 상주시	시홍보방송광고	300,000	7	6	7	8	7	1	5	4
8013	경북 상주시	상주시농특산물등홍보마케팅	300,000	7	6	7	8	7	1	5	4
8014	경북 상주시	강소기업육성기반구축사업	250,000	7	4	6	1	7	1	1	1
8015	경북 상주시	특성화시장육성사업위탁	225,000	7	1	7	8	7	5	5	1
8016	경북 상주시	전략적시정홍보마케팅(관광,축제등)	200,000	7	6	7	8	7	1	5	4
8017	경북 상주시	상주시기업근로자기숙사임차비지원	200,000	7	4	6	1	7	1	1	1
8018	경북 상주시	지능형농업용로봇기술융합기업지원사업위탁	200,000	7	7	7	8	7	1	1	1
8019	경북 상주시	의정홍보료(신문등광고료)	200,000	7	1	5	8	7	1	5	4
8020	경북 상주시	시홍보기획및프로그램제작	170,000	7	6	7	8	7	1	5	4
8021	경북 상주시	실증단지위탁사업비	161,800	7	2	5	5	7	5	3	4
8022	경북 상주시	장애인의료비지원	150,941	7	1	7	8	7	5	5	4
8023	경북 상주시	경북청춘창업드림지원사업위탁	139,455	7	2	7	8	7	5	1	4
8024	경북 상주시	통합지방재정시스템운영위탁	127,116	7	6	6	1	6	2	2	2
8025	경북 상주시	청년창업지역정착지원사업위탁	125,000	7	6	7	8	7	5	5	4
8026	경북 상주시	관광버스래핑광고	121,680	7	6	7	8	7	1	5	4
8027	경북 상주시	소상공인새바림체인지업사업위탁	108,500	7	1	6	8	7	5	5	1
8028	경북 상주시	공공배달앱홍보비및쿠폰지원사업위탁	100,000	7	6	7	8	7	5	5	1
8029	경북 상주시	중소기업기술성장디딤돌사업	100,000	7	4	6	1	7	1	1	1
8030	경북 상주시	농촌공사수리시설운영경비	100,000	7	1	5	1	7	1	1	4
8031	경북 상주시	고전적번역	100,000	7	7	7	8	7	5	5	4
8032	경북 상주시	시골청춘뿌리내림지원사업위탁	96,643	7	2	7	8	7	5	1	4
8033	경북 상주시	공통기반시스템전산장비및재해복구위탁	85,910	7	6	5	1	7	2	2	2
8034	경북 상주시	중소기업국내물류비지원사업위탁	82,000	7	4	6	1	7	1	1	1
8035	경북 상주시	출향인고향사랑여행지원사업	80,000	7	4	4	7	7	1	1	3
8036	경북 상주시	차세대지방세정보시스템운영유지관리위탁	76,268	7	1	5	8	7	5	3	4
8037	경북 상주시	온나라시스템운영관리및S/W위탁	66,533	7	7	6	1	6	2	2	4

순번	시군구	지출명 (사업명)	2024년예산 (단위 : 천원 /1년간)	민간이전 분류 (지방자치단체 세출예산 집행기준에 의거) 1. 민간경상사업보조(307-02) 2. 민간단체 법정운영비보조(307-03) 3. 민간행사사업보조(307-04) 4. 민간위탁금(307-05) 5. 사회복지시설 법정운영비보조(307-10) 6. 민간인위탁교육비(307-12) 7. 공기관등에대한경상적위탁사업비(308-13) 8. 민간자본사업보조,자체재원(402-01) 9. 민간자본사업보조,이전재원(402-02) 10. 민간위탁사업비(402-03) 11. 공기관등에 대한 자본적 위탁사업비(403-02)	민간이전지출 근거 (지방보조금 관리기준 참고) 1. 법률에 규정 2. 국고보조 재원(국가지정) 3. 용도 지정 기부금 4. 조례에 직접규정 5. 지자체가 권장하는 사업을 하는 공공기관 6. 시,도 정책 및 재정사정 7. 기타 8. 해당없음	입찰방식 계약체결방법 (경쟁형태) 1. 일반경쟁 2. 제한경쟁 3. 지명경쟁 4. 수의계약 5. 법정위탁 6. 기타 ( ) 7. 없음	입찰방식 계약기간 1. 1년 2. 2년 3. 3년 4. 4년 5. 5년 6. 기타 ( )년 7. 단기계약 (1년미만) 8. 없음	입찰방식 낙찰자선정방법 1. 적격심사 2. 협상에의한계약 3. 최저가낙찰제 4. 규격가격분리 5. 2단계 경쟁입찰 6. 기타 ( ) 7. 없음	운영예산 산정 운영예산 산정 1. 내부산정 (지자체 자체적으로 산정) 2. 외부산정 (외부전문기관위탁 산정) 3. 내·외부 모두 산정 4. 산정 無 5. 없음	운영예산 산정 정산방법 1. 내부정산 (지자체 내부적으로 정산) 2. 외부정산 (외부전문기관위탁 정산) 3. 내·외부 모두 산정 4. 정산 無 5. 없음	성과평가 실시여부 1. 실시 2. 미실시 3. 향후 추진 4. 해당없음
8038	경북 상주시	입체주소구축및주소정보기본도유지관리	61,772	7	6	5	1	6	2	2	2
8039	경북 상주시	교통편의시설유지관리비	59,241	7	1	7	8	7	5	5	4
8040	경북 상주시	경상북도주력산업분야청년일자리지원사업위탁	57,320	7	4	6	1	7	1	1	1
8041	경북 상주시	도로명주소기본도현행화(차세대구축)	55,377	7	6	5	1	6	2	2	2
8042	경북 상주시	포털광고	50,000	7	6	7	8	7	1	5	4
8043	경북 상주시	유명유튜버협업콘텐츠(팸투어등)제작및광고	50,000	7	6	7	8	7	1	5	4
8044	경북 상주시	도시공원조성(변경)계획신문공고료	48,000	7	7	7	8	7	5	1	1
8045	경북 상주시	스마트농산물유통경쟁력제고사업	40,000	7	2	7	1	7	1	1	2
8046	경북 상주시	국가중요농업유산홍보영상제작및광고	40,000	7	1	7	8	7	5	5	4
8047	경북 상주시	인사랑유지보수위탁	39,351	7	7	6	1	7	2	2	4
8048	경북 상주시	차세대지방세외수입시스템운영유지관리위탁	36,017	7	1	5	8	7	5	3	4
8049	경북 상주시	청년근로자사랑채움사업지원사업위탁	31,080	7	6	7	8	7	5	1	4
8050	경북 상주시	한복한네트워킹데이행사	30,000	7	5	5	7	7	1	1	4
8051	경북 상주시	고향사랑기부제종합정보시스템운영위탁	28,700	7	1	5	1	7	5	3	4
8052	경북 상주시	브랜드홍보택시외부홍보문안(래핑)교체	26,000	7	1	5	8	7	1	1	4
8053	경북 상주시	스마트AI기술활용홍보물제작및광고	25,000	7	6	7	8	7	1	5	4
8054	경북 상주시	SNS맞춤형홍보콘텐츠제작및광고	25,000	7	6	7	8	7	1	5	4
8055	경북 상주시	청년일자리창출우수기업지원사업위탁	24,000	7	6	7	8	7	5	1	4
8056	경북 상주시	경북e누리관광상품	21,000	7	8	4	7	7	1	1	3
8057	경북 상주시	SNS홍보광고	20,000	7	6	7	8	7	1	5	4
8058	경북 상주시	경북생활인구지원센터운영부담금	20,000	7	6	7	8	7	5	5	4
8059	경북 상주시	차세대주민등록정보시스템운영비분담금	20,000	7	1	4	1	6	1	1	3
8060	경북 상주시	한복문화가있는날행사	20,000	7	5	5	7	7	1	1	4
8061	경북 상주시	단체관광객유치여행사인센티브지원	20,000	7	8	7	8	7	5	5	4
8062	경북 상주시	체험!상주가족여행사업	20,000	7	8	7	8	7	5	5	4
8063	경북 상주시	보건소기관언론홍보등	20,000	7	6	7	8	7	1	5	4
8064	경북 상주시	온나라시스템H/W위탁	15,708	7	7	6	1	6	2	2	4
8065	경북 상주시	청백e시스템운영위탁	14,092	7	1	6	1	7	2	2	4
8066	경북 상주시	LP가스사용시설안전관리대행사업	13,000	7	1	5	8	7	3	3	2
8067	경북 상주시	도시계획변경신문공고료	12,000	7	7	7	8	7	5	1	1
8068	경북 상주시	도시재생사업신문공고료	10,000	7	7	6	8	7	5	1	1
8069	경북 상주시	대중교통비환급지원	9,400	7	1	7	8	7	5	5	4
8070	경북 상주시	공공기관등유치기획보도및광고	9,000	7	6	7	8	7	1	1	2
8071	경북 상주시	대한민국일자리엑스포참가	8,000	7	8	7	8	7	5	1	4
8072	경북 상주시	새올행정시스템유지관리위탁	6,950	7	6	5	1	7	2	2	2
8073	경북 상주시	알뜰교통카드연계마일리지지원	5,800	7	1	7	8	7	5	5	4
8074	경북 상주시	우편모아유지관리위탁	5,600	7	7	6	1	6	2	2	4
8075	경북 상주시	기능분류모델시스템(BRM)고도화위탁	5,250	7	7	6	1	6	2	2	4
8076	경북 상주시	고향사랑기부제광고(유튜브등온라인홍보)	5,000	7	1	5	7	7	5	5	4
8077	경북 상주시	심뇌혈관질환예방관리사업홍보버스광고등	4,000	7	2	4	7	2	1	1	2

순번	시군구	지출명 (사업명)	2024년예산 (단위 : 천원 /1년간)	민간이전 분류 (지방자치단체 세출예산 집행기준에 의거) 1. 민간경상사업보조(307-02) 2. 민간단체 법정운영비보조(307-03) 3. 민간행사사업보조(307-04) 4. 민간위탁금(307-05) 5. 사회복지시설 법정운영비보조(307-10) 6. 민간인위탁교육비(307-12) 7. 공기관등에대한경상적위탁사업비(308-13) 8. 민간자본사업보조,지체재원(402-01) 9. 민간자본사업보조,이전재원(402-02) 10. 민간위탁사업비(402-03) 11. 공기관등에 대한 자본적 위탁사업비(403-02)	민간이전지출 근거 (지방보조금 관리기준 참고) 1. 법률에 규정 2. 국고보조 재원(국가지정) 3. 용도 지정 기부금 4. 조례에 직접규정 5. 지자체가 권장하는 사업을 하는 공공기관 6. 시,도 정책 및 재정사정 7. 기타 8. 해당없음	입찰방식 계약체결방법 (경쟁형태) 1. 일반경쟁 2. 제한경쟁 3. 지명경쟁 4. 수의계약 5. 법정위탁 6. 기타 ( ) 7. 없음	입찰방식 계약기간 1. 1년 2. 2년 3. 3년 4. 4년 5. 5년 6. 기타 ( )년 7. 단기계약 (1년미만) 8. 없음	입찰방식 낙찰자선정방법 1. 적격심사 2. 협상에의한계약 3. 최저가낙찰제 4. 규격가격분리 5. 2단계 경쟁입찰 6. 기타 ( ) 7. 없음	운영예산 산정 운영예산 산정 1. 내부산정 (지자체 자체적으로 산정) 2. 외부산정 (외부전문기관위탁 산정) 3. 내·외부 모두 산정 4. 산정 無 5. 없음	운영예산 산정 정산방법 1. 내부정산 (지자체 내부적으로 정산) 2. 외부정산 (외부전문기관위탁 정산) 3. 내·외부 모두 산정 4. 정산 無 5. 없음	성과평가 실시여부 1. 실시 2. 미실시 3. 향후 추진 4. 해당없음
8078	경북 상주시	대중교통홍보비	3,344	7	2	7	8	7	5	5	4
8079	경북 상주시	인구증가및저출생극복을위한대중교통광고	3,200	7	1	5	7	7	1	1	4
8080	경북 상주시	택시운행정보관리시스템운영위탁	3,135	7	8	7	8	7	5	5	4
8081	경북 문경시	장애인활동지원급여지원	3,756,477	7	1	7	7	7	5	2	4
8082	경북 문경시	영유아보육료지원	3,497,730	7	1	7	7	7	1	1	4
8083	경북 문경시	관광진흥공단경상대행사업비(문경에코월드)	1,573,746	7	4	5	8	7	1	1	4
8084	경북 문경시	문경찻사발축제	1,500,000	7	5	7	8	7	1	1	1
8085	경북 문경시	누리과정	1,102,820	7	1	7	7	7	1	1	4
8086	경북 문경시	관광진흥공단경상대행사업비(관광사격장)	862,220	7	4	5	8	2	1	1	1
8087	경북 문경시	시정홍보프로그램제작(상반기)	800,000	7	1	7	8	7	1	1	4
8088	경북 문경시	관광진흥공단경상대행사업비(국민체육센터)	665,793	7	4	5	8	2	1	1	1
8089	경북 문경시	청년농업인영농정착지원	607,140	7	1	7	8	7	5	1	4
8090	경북 문경시	발달장애인주간활동서비스지원	578,023	7	1	7	7	7	5	2	4
8091	경북 문경시	관광진흥공단경상대행사업비(철로자전거)	572,345	7	4	5	8	7	1	1	4
8092	경북 문경시	택시이용문경브랜드홍보료	471,993	7	6	7	8	7	1	1	2
8093	경북 문경시	시정홍보언론사및인터넷광고료(상반기)	400,000	7	1	7	8	7	1	1	4
8094	경북 문경시	사극드라마제작지원	400,000	7	5	5	1	7	1	1	1
8095	경북 문경시	오미자축제행사경비	400,000	7	4	7	8	7	1	1	1
8096	경북 문경시	지역사회서비스투자사업	397,658	7	2	7	1	7	1	1	4
8097	경북 문경시	관광진흥공단경상대행사업비(국민여가캠핑장)	397,639	7	4	5	8	7	1	1	4
8098	경북 문경시	문경시청소년수련관운영	316,757	7	5	4	8	7	1	1	4
8099	경북 문경시	예능등프로그램제작지원	300,000	7	5	5	1	7	1	1	1
8100	경북 문경시	만35세부모부담보육료지원	297,600	7	1	7	8	7	5	1	4
8101	경북 문경시	관광진흥공단경상대행사업비(관광축제홍보)	297,470	7	4	5	8	7	1	1	4
8102	경북 문경시	발달재활서비스바우처지원	265,366	7	1	7	7	7	5	2	4
8103	경북 문경시	장애인활동지원서비스지원	253,006	7	1	7	7	7	5	2	4
8104	경북 문경시	관광진흥공단경상대행사업비(단산모노레일)	246,387	7	4	5	8	7	1	1	4
8105	경북 문경시	지적재조사측량조사위탁	214,062	7	1	5	1	7	2	2	1
8106	경북 문경시	시정홍보이미지,관광축제대도시광고료(상반기)	200,000	7	1	7	8	7	1	1	4
8107	경북 문경시	영강어린이물놀이축제	190,000	7	5	7	1	2	1	1	1
8108	경북 문경시	공익캠페인프로그램제작및방영(상반기)	150,000	7	1	7	8	7	1	1	4
8109	경북 문경시	문경오미자홍보	150,000	7	4	7	8	7	1	1	1
8110	경북 문경시	문경새재과거길따라서체험행사	120,000	7	5	5	1	7	1	1	1
8111	경북 문경시	관광진흥공단경상대행사업비(가은역열차체험	116,665	7	4	5	8	7	1	1	4
8112	경북 문경시	지방재정정보화운영관리	113,008	7	1	5	1	7	2	2	4
8113	경북 문경시	일상돌봄서비스사업	105,709	7	2	7	1	7	1	1	4
8114	경북 문경시	스타마케팅을통한핫플레이스방송콘텐츠지원	100,000	7	5	5	1	7	1	1	1
8115	경북 문경시	공통기반시스템유지관리위탁비	93,230	7	1	5	1	7	2	2	2
8116	경북 문경시	시정홍보용시청각기록물전수조사및이관	65,000	7	5	4	1	7	2	2	4
8117	경북 문경시	관광마케팅홍보비	60,000	7	5	5	1	7	1	1	1

순번	시군구	지출명 (사업명)	2024년예산 (단위 : 천원 /1년간)	민간이전 분류 (지방자치단체 세출예산 집행기준에 의거) 1. 민간경상사업보조(307-02) 2. 민간단체 법정운영비보조(307-03) 3. 민간행사사업보조(307-04) 4. 민간위탁금(307-05) 5. 사회복지시설 법정운영비보조(307-10) 6. 민간인위탁교육비(307-12) 7. 공기관등에대한경상적위탁사업비(308-13) 8. 민간자본사업보조,자체재원(402-01) 9. 민간자본사업보조,이전재원(402-02) 10. 민간위탁사업비(402-03) 11. 공기관등에 대한 자본적 위탁사업비(403-02)	민간이전지출 근거 (지방보조금 관리기준 참고) 1. 법률에 규정 2. 국고보조 재원(국가지정) 3. 용도 지정 기부금 4. 조례에 직접규정 5. 지자체가 권장하는 사업을 하는 공공기관 6. 시,도 정책 및 재정사정 7. 기타 8. 해당없음	입찰방식: 계약체결방법 (경쟁형태) 1. 일반경쟁 2. 제한경쟁 3. 지명경쟁 4. 수의계약 5. 법정위탁 6. 기타 ( ) 7. 없음	입찰방식: 계약기간 1. 1년 2. 2년 3. 3년 4. 4년 5. 5년 6. 기타 ( )년 7. 단기계약 (1년미만) 8. 없음	입찰방식: 낙찰자선정방법 1. 적격심사 2. 협상에의한계약 3. 최저가낙찰제 4. 규격가격분리 5. 2단계 경쟁입찰 6. 기타 ( ) 7. 없음	운영예산 산정: 운영예산 산정 1. 내부산정 (지자체 자체적으로 산정) 2. 외부산정 (외부전문기관위탁 산정) 3. 내·외부 모두 산정 4. 산정 無 5. 없음	운영예산 산정: 정산방법 1. 내부정산 (지자체 내부적으로 정산) 2. 외부정산 (외부전문기관위탁 정산) 3. 내·외부 모두 산정 4. 정산 無 5. 없음	성과평가 실시여부 1. 실시 2. 미실시 3. 향후 추진 4. 해당없음
8118	경북 문경시	[도비]시군별대표관광자원발굴육성사업	60,000	7	5	5	1	7	1	1	1
8119	경북 문경시	청소년발달장애학생방과후활동서비스지원	58,186	7	1	7	7	7	5	2	4
8120	경북 문경시	표준인사정보시스템암호화및유지관리비	57,103	7	8	6	1	6	2	2	4
8121	경북 문경시	가사간병도우미사업	56,801	7	2	7	1	7	1	1	4
8122	경북 문경시	주소정보관리시스템유지관리	53,727	7	5	4	1	7	2	2	4
8123	경북 문경시	관광콘텐츠제작및홍보설명회(팸투어)	50,000	7	5	5	1	7	1	1	1
8124	경북 문경시	경북전통주체험관광지원	50,000	7	5	5	1	7	1	1	1
8125	경북 문경시	온나라시스템위탁운영	48,800	7	5	6	1	7	2	2	4
8126	경북 문경시	버스정보시스템유지보수	41,522	7	5	4	1	7	2	2	4
8127	경북 문경시	표준기록관리시스템유지보수	39,518	7	5	4	1	7	2	2	4
8128	경북 문경시	장애인활동지원가산급여지원	37,794	7	1	7	7	7	5	2	4
8129	경북 문경시	입체주소구축및주소정보기본도유지관리	35,174	7	5	4	1	7	2	2	4
8130	경북 문경시	문화관광자원광고	35,000	7	5	5	1	7	1	1	1
8131	경북 문경시	경북e누리관광상품판매사업	35,000	7	5	5	1	7	3	2	1
8132	경북 문경시	장애인의료비지원	31,121	7	1	7	7	7	5	2	4
8133	경북 문경시	2024문경시관광영상공모전	30,000	7	5	5	1	7	1	1	1
8134	경북 문경시	문경달빛사랑여행	30,000	7	5	5	1	7	1	1	1
8135	경북 문경시	한복패션쇼	30,000	7	5	7	8	7	1	1	4
8136	경북 문경시	영화및드라마촬영인센티브지원사업	30,000	7	5	5	1	7	1	1	1
8137	경북 문경시	오미자축제중계홍보비	24,000	7	4	7	8	7	1	1	1
8138	경북 문경시	문경관광상품개발전담여행사지원사업	20,000	7	5	5	1	7	1	1	1
8139	경북 문경시	주요관광지시티투어버스운영	20,000	7	5	5	1	7	1	1	1
8140	경북 문경시	발로뛰는현장홍보	20,000	7	5	5	1	7	1	1	1
8141	경북 문경시	차세대주민등록정보시스템운영	19,813	7	7	7	8	7	5	5	4
8142	경북 문경시	문경스탬프체험여행	15,000	7	5	5	1	7	1	1	1
8143	경북 문경시	드라마온잇비즈니스매칭	15,000	7	5	5	1	7	1	1	1
8144	경북 문경시	청백e통합상시모니터링시스템유지보수비	13,301	7	1	4	1	7	2	2	4
8145	경북 문경시	열차여행상품단체관광투어버스지원	10,000	7	5	5	1	7	1	1	1
8146	경북 문경시	문경관광기념품공모전	10,000	7	5	5	1	7	1	1	1
8147	경북 문경시	공통기반시스템서비스데스크운영비	6,950	7	1	5	1	7	2	2	2
8148	경북 문경시	청년마음건강지원사업	5,930	7	2	7	1	7	1	1	4
8149	경북 문경시	택시DRT시스템운영	4,500	7	8	6	1	2	1	1	2
8150	경북 문경시	기능분류모델시스템고도화	4,250	7	6	7	7	7	2	2	4
8151	경북 문경시	택시운행정보관리시스템운영	3,800	7	1	5	1	7	5	2	2
8152	경북 문경시	지적기준점조사장비유지관리비	3,000	7	8	4	1	7	2	1	4
8153	경북 문경시	통합정보자원관리시스템유지관리위탁비	579	7	1	5	1	7	2	2	2
8154	경북 경산시	(국비보조)첫만남이용권지원	2,876,000	7	2	5	8	7	3	3	4
8155	경북 경산시	전기차차세대무선충전규제자유특구(국가직접지원)	2,245,000	7	2	7	8	7	5	5	1
8156	경북 경산시	지역사회서비스투자	1,493,870	7	2	5	8	7	1	1	1
8157	경북 경산시	산모신생아건강관리지원사업(전환사업)	1,262,720	7	1	5	8	7	3	3	4

순번	시군구	지출명 (사업명)	2024년예산 (단위 : 천원 /1년간)	민간이전 분류 (지방자치단체 세출예산 집행기준에 의거) 1. 민간경상사업보조(307-02) 2. 민간단체 법정운영비보조(307-03) 3. 민간행사사업보조(307-04) 4. 민간위탁금(307-05) 5. 사회복지시설 법정운영비보조(307-10) 6. 민간인위탁교육비(307-12) 7. 공기관등에대한경상적위탁사업비(308-13) 8. 민간자본사업보조,자체재원(402-01) 9. 민간자본사업보조,이전재원(402-02) 10. 민간위탁사업비(402-03) 11. 공기관등에 대한 자본적 위탁사업비(403-02)	민간이전지출 근거 (지방보조금 관리기준 참고) 1. 법률에 규정 2. 국고보조 재원(국가지정) 3. 용도 지정 기부금 4. 조례에 직접규정 5. 지자체가 권장하는 사업을 하는 공공기관 6. 시,도 정책 및 재정사정 7. 기타 8. 해당없음	입찰방식 계약체결방법 (경쟁형태) 1. 일반경쟁 2. 제한경쟁 3. 지명경쟁 4. 수의계약 5. 법정위탁 6. 기타 ( ) 7. 없음	입찰방식 계약기간 1. 1년 2. 2년 3. 3년 4. 4년 5. 5년 6. 기타 ( )년 7. 단기계약 (1년미만) 8. 없음	입찰방식 낙찰자선정방법 1. 적격심사 2. 협상에의한계약 3. 최저가낙찰제 4. 규격가격분리 5. 2단계 경쟁입찰 6. 기타 ( ) 7. 없음	운영예산 산정 운영예산 산정 1. 내부산정 (지자체 자체적으로 산정) 2. 외부산정 (외부전문기관위탁 산정) 3. 내·외부 모두 산정 4. 산정 無 5. 없음	운영예산 산정 정산방법 1. 내부정산 (지자체 내부적으로 정산) 2. 외부정산 (외부전문기관위탁 정산) 3. 내·외부 모두 산정 4. 정산 無 5. 없음	성과평가 실시여부 1. 실시 2. 미실시 3. 향후 추진 4. 해당없음
8158	경북 경산시	경북지역기반게임산업육성사업	1,200,000	7	2	7	1	7	1	3	1
8159	경북 경산시	경북권역재활병원운영	1,200,000	7	4	7	8	7	1	1	4
8160	경북 경산시	K뷰티산업육성마케팅통합지원	1,000,000	7	5	7	1	7	1	3	1
8161	경북 경산시	(국비보조)저소득층기저귀조제분유지원	622,000	7	2	5	8	7	3	3	4
8162	경북 경산시	경산창업열린공간조성(운영비)	600,000	7	5	7	5	7	1	1	1
8163	경북 경산시	경산청년지식놀이터운영	570,000	7	5	7	8	7	5	5	4
8164	경북 경산시	빛나는만화마을조성사업	555,000	7	4	7	8	7	5	5	4
8165	경북 경산시	우수화장품제조관리시스템구축	500,000	7	5	7	8	7	5	5	4
8166	경북 경산시	뷰티산업밸류체인컨버전스지원사업	500,000	7	5	7	1	7	1	3	1
8167	경북 경산시	첨단ICT융합경북크리에이터미디어육성사업	500,000	7	4	7	8	7	5	5	4
8168	경북 경산시	일상돌봄서비스사업	491,202	7	2	5	8	7	1	1	1
8169	경북 경산시	조기암검진비	475,000	7	2	7	8	7	5	2	1
8170	경북 경산시	xEV보호차체충돌안전기업지원(연구개발운영비)	450,000	7	2	7	8	7	5	5	4
8171	경북 경산시	치매치료관리비지원	420,000	7	2	7	8	7	5	5	4
8172	경북 경산시	글로벌코스메틱비즈니스센터관리운영	408,000	7	5	7	8	7	5	5	4
8173	경북 경산시	SW미래채움사업	400,000	7	2	7	8	7	5	5	4
8174	경북 경산시	유도가열기반열가소성복합재고속성형시스템및공정기술개발	400,000	7	5	7	8	7	1	3	1
8175	경북 경산시	첨단스마트센서기술고도화지원사업	335,000	7	6	7	8	7	5	5	4
8176	경북 경산시	4차산업기술실증벤처스타트업육성지원	320,000	7	4	7	8	7	5	5	4
8177	경북 경산시	자율주행차부품기술혁신지원사업	300,000	7	6	7	8	7	5	5	1
8178	경북 경산시	화장품산업경쟁력강화사업	300,000	7	5	7	1	7	1	3	1
8179	경북 경산시	탄소섬유적용고강성경량케이블제조기술개발	300,000	7	5	7	8	7	1	3	1
8180	경북 경산시	경산창업네트워크사업	300,000	7	5	7	3	7	1	1	1
8181	경북 경산시	중소기업디자인개발지원	300,000	7	5	5	1	7	1	2	3
8182	경북 경산시	경상북도주력산업분야청년일자리지원	289,276	7	2	7	8	7	1	1	4
8183	경북 경산시	임당동과조영동고분군내노출고분군발굴조사	287,000	7	6	7	8	7	5	5	4
8184	경북 경산시	SW융합클러스터2.	275,000	7	2	7	8	7	5	5	4
8185	경북 경산시	대중교통비환급지원	254,000	7	2	7	8	7	5	5	4
8186	경북 경산시	무역사절단파견지원	250,000	7	5	4	1	7	1	1	2
8187	경북 경산시	유연인쇄전자신전자산업기술개발사업	233,333	7	2	7	8	7	5	5	1
8188	경북 경산시	소상공인새바람체인지사업	230,000	7	6	7	8	7	5	5	4
8189	경북 경산시	중소기업국내물류비지원	229,000	7	6	7	8	7	1	1	4
8190	경북 경산시	경북공공배달앱운영	220,000	7	6	7	8	7	5	5	4
8191	경북 경산시	산학연협력선도대학(LINC3.)육성사업	200,000	7	2	7	8	7	5	5	4
8192	경북 경산시	국가인적자원개발컨소시엄사업	200,000	7	2	7	8	7	5	5	4
8193	경북 경산시	중소기업기숙사임차지원사업	200,000	7	5	7	8	7	5	1	1
8194	경북 경산시	알뜰교통카드연계마일리지지원	178,000	7	2	7	8	7	5	5	4
8195	경북 경산시	지역여행문화관광추진	170,000	7	6	7	8	7	5	5	4
8196	경북 경산시	생활소비재융복합산업글로벌마케팅지원사업	167,000	7	5	4	1	7	3	3	3
8197	경북 경산시	42경산보조강좌개설	150,000	7	7	7	8	7	5	5	4

순번	시군구	지출명 (사업명)	2024년예산 (단위 : 천원 /1년간)	민간이전 분류 (지방자치단체 세출예산 집행기준에 의거) 1. 민간경상사업보조(307-02) 2. 민간단체 법정운영비보조(307-03) 3. 민간행사사업보조(307-04) 4. 민간위탁금(307-05) 5. 사회복지시설 법정운영비보조(307-10) 6. 민간인위탁교육비(307-12) 7. 공기관등에대한경상적위탁사업비(308-13) 8. 민간자본사업보조,자체재원(402-01) 9. 민간자본사업보조,이전재원(402-02) 10. 민간위탁사업비(402-03) 11. 공기관등에 대한 자본적 위탁사업비(403-02)	민간이전지출 근거 (지방보조금 관리기준 참고) 1. 법률에 규정 2. 국고보조 재원(국가지정) 3. 용도 지정 기부금 4. 조례에 직접규정 5. 지자체가 권장하는 사업을 하는 공공기관 6. 시,도 정책 및 재정사정 7. 기타 8. 해당없음	입찰방식 계약체결방법 (경쟁형태) 1. 일반경쟁 2. 제한경쟁 3. 지명경쟁 4. 수의계약 5. 법정위탁 6. 기타 ( ) 7. 없음	입찰방식 계약기간 1. 1년 2. 2년 3. 3년 4. 4년 5. 5년 6. 기타 ( )년 7. 단기계약 (1년미만) 8. 없음	입찰방식 낙찰자선정방법 1. 적격심사 2. 협상에의한계약 3. 최저가낙찰제 4. 규격가격분리 5. 2단계 경쟁입찰 6. 기타 ( ) 7. 없음	운영예산 산정 운영예산 산정 1. 내부산정 (지자체 자체적으로 산정) 2. 외부산정 (외부전문기관위탁 산정) 3. 내·외부 모두 산정 4. 산정 無 5. 없음	운영예산 산정 정산방법 1. 내부정산 (지자체 내부적으로 정산) 2. 외부정산 (외부전문기관위탁 정산) 3. 내·외부 모두 산정 4. 정산 無 5. 없음	성과평가 실시여부 1. 실시 2. 미실시 3. 향후 추진 4. 해당없음
8198	경북 경산시	해외전시회단체관참가지원	150,000	7	5	4	1	7	1	1	4
8199	경북 경산시	해외전시회개별참가지원	150,000	7	5	4	1	7	1	1	4
8200	경북 경산시	해외지사화사업지원	150,000	7	5	4	1	7	1	1	4
8201	경북 경산시	경북권역재활병원공공재활프로그램운영	139,591	7	1	7	8	7	1	1	4
8202	경북 경산시	청년일자리창출우수기업지원	120,000	7	5	7	2	7	5	3	1
8203	경북 경산시	경북청년근로자사랑채움사업	116,550	7	5	7	2	7	5	3	1
8204	경북 경산시	자치단체공통기반및재해복구유지보수	101,816	7	1	5	1	7	5	5	4
8205	경북 경산시	해외규격인증획득지원사업	100,000	7	5	4	1	7	1	1	4
8206	경북 경산시	관광서비스시설환경개선사업	100,000	7	2	7	8	7	5	5	4
8207	경북 경산시	경상북도청년박람회개최	84,000	7	8	7	1	7	5	5	4
8208	경북 경산시	옥외매체광고	76,000	7	6	7	8	7	5	5	4
8209	경북 경산시	꿈이음청춘카페지원사업	70,000	7	8	7	1	7	5	5	4
8210	경북 경산시	가사간병방문지원사업추진	54,230	7	2	5	8	7	1	1	1
8211	경북 경산시	온나라시스템운영지원및상용S/W유지보수	53,636	7	1	5	1	7	5	5	4
8212	경북 경산시	기업지원정책박람회개최	50,000	7	1	7	8	7	1	1	4
8213	경북 경산시	수출지향형기술혁신개발사업지원	47,000	7	2	7	8	7	5	5	4
8214	경북 경산시	일반건강검진비(의료급여수급권자)	45,250	7	2	7	8	7	5	2	1
8215	경북 경산시	중소기업매출채권보험료지원	40,000	7	1	7	8	7	1	1	4
8216	경북 경산시	중소기업수출보험료지원	30,000	7	5	4	1	7	1	1	4
8217	경북 경산시	해외유통망입점사업	30,000	7	5	4	1	7	1	1	4
8218	경북 경산시	청년마음건강지원사업	13,086	7	2	5	8	7	1	1	1
8219	경북 경산시	경산SNS운영및이벤트홍보	10,000	7	6	7	8	7	5	5	4
8220	경북 경산시	2024대한민국지방자치경영혁신엑스포참가	8,000	7	5	7	8	7	5	1	1
8221	경북 경산시	경북e누리관광상품판매	7,000	7	6	5	8	7	1	3	4
8222	경북 경산시	지방행정공통정보시스템서비스데스크운영	6,950	7	1	5	1	7	5	5	4
8223	경북 경산시	택시운행정보관리시스템운영비	6,406	7	5	7	8	7	2	5	4
8224	경북 경산시	지자체기능분류모델(BRM)시스템고도화분담금	5,250	7	6	7	8	7	2	2	2
8225	경북 경산시	(국비보조)영유아건강검진사업	4,800	7	2	5	8	7	3	3	4
8226	경북 경산시	대중교통등홍보광고	4,000	7	2	4	7	7	5	5	4
8227	경북 경산시	(국비보조)청소년산모의료비지원	2,400	7	2	5	8	7	3	3	4
8228	경북 의성군	활동지원급여	2,361,214	7	2	7	8	7	1	1	1
8229	경북 의성군	첫만남이용권지원	421,000	7	1	7	8	7	1	1	1
8230	경북 의성군	발달장애인주간활동서비스지원	420,380	7	2	7	8	7	1	1	1
8231	경북 의성군	청년희망창업지원사업	300,000	7	5	7	1	7	1	1	4
8232	경북 의성군	발달재활서비스	156,565	7	2	7	8	7	1	1	1
8233	경북 의성군	경상북도주력산업분야청년일자리지원	137,054	7	2	5	8	7	3	2	3
8234	경북 의성군	인구감소대응기획홍보	132,000	7	4	7	8	7	1	1	1
8235	경북 의성군	차세대지방재정관리시스템운영지원	113,008	7	5	7	8	7	2	2	4
8236	경북 의성군	시골청춘뿌리내림지원사업	111,702	7	2	7	8	7	3	1	1
8237	경북 의성군	공동브랜드홍보마케팅	110,000	7	6	7	8	7	5	5	4

순번	시군구	지출명 (사업명)	2024년예산 (단위 : 천원 /1년간)	민간이전 분류 (지방자치단체 세출예산 집행기준에 의거) 1. 민간경상사업보조(307-02) 2. 민간단체 법정운영비보조(307-03) 3. 민간행사사업보조(307-04) 4. 민간위탁금(307-05) 5. 사회복지시설 법정운영비보조(307-10) 6. 민간인위탁교육비(307-12) 7. 공기관등에대한경상적위탁사업비(308-13) 8. 민간자본사업보조,자체재원(402-01) 9. 민간자본사업보조,이전재원(402-02) 10. 민간위탁사업비(402-03) 11. 공기관등에 대한 자본적 위탁사업비(403-02)	민간이전지출 근거 (지방보조금 관리기준 참고) 1. 법률에 규정 2. 국고보조 재원(국가지정) 3. 용도 지정 기부금 4. 조례에 직접규정 5. 지자체가 권장하는 사업을 하는 공공기관 6. 시,도 정책 및 재정사정 7. 기타 8. 해당없음	입찰방식			운영예산 산정		성과평가 실시여부
						계약체결방법 (경쟁형태) 1. 일반경쟁 2. 제한경쟁 3. 지명경쟁 4. 수의계약 5. 법정위탁 6. 기타 ( ) 7. 없음	계약기간 1. 1년 2. 2년 3. 3년 4. 4년 5. 5년 6. 기타 ( )년 7. 단기계약 (1년미만) 8. 없음	낙찰자선정방법 1. 적격심사 2. 협상에의한계약 3. 최저가낙찰제 4. 규격가격분리 5. 2단계 경쟁입찰 6. 기타 ( ) 7. 없음	운영예산 산정 1. 내부산정 (지자체 자체적으로 산정) 2. 외부산정 (외부전문기관위탁 산정) 3. 내·외부 모두 산정 4. 산정 無 5. 없음	정산방법 1. 내부정산 (지자체 내부적으로 정산) 2. 외부정산 (외부전문기관위탁 정산) 3. 내·외부 모두 산정 4. 정산 無 5. 없음	1. 실시 2. 미실시 3. 향후 추진 4. 해당없음
8238	경북 의성군	근로능력있는수급자의탈수급지원	107,111	7	2	5	8	7	3	3	4
8239	경북 의성군	관광서비스시설환경개선사업	100,000	7	8	7	8	7	2	1	1
8240	경북 의성군	경북청춘창업드림지원사업	93,505	7	2	7	8	7	3	1	1
8241	경북 의성군	장애인의료비지원	91,549	7	1	7	8	7	3	1	1
8242	경북 의성군	청소년발달장애학생방과후활동서비스	58,186	7	2	7	8	7	3	3	1
8243	경북 의성군	택시운행정보관리시스템운영비등	57,573	7	1	4	1	1	1	1	1
8244	경북 의성군	주소정보관리시스템차세대구축및유지관리사업위탁	53,727	7	1	5	1	7	5	5	4
8245	경북 의성군	미래전략과제발굴	50,000	7	4	7	8	7	5	5	4
8246	경북 의성군	입체주소구축및주소정보기본도유지관리위탁	43,128	7	1	5	1	7	5	5	4
8247	경북 의성군	장애인활동지원서비스지원	30,298	7	6	7	8	7	1	1	4
8248	경북 의성군	저소득층여성청소년위생용품지원(바우처)	24,906	7	2	7	8	7	1	1	4
8249	경북 의성군	청년일자리창출우수기업지원	24,000	7	6	7	8	7	3	1	1
8250	경북 의성군	청년근로자사랑채움사업	23,310	7	6	7	8	7	3	1	1
8251	경북 의성군	K라이프지원센터구축부담금	20,000	7	4	7	8	7	1	1	1
8252	경북 의성군	경북행복기업산업안전환경개선사업	20,000	7	1	5	8	7	3	2	3
8253	경북 의성군	차세대주민등록시스템운영	19,813	7	2	7	1	7	2	2	4
8254	경북 의성군	지적기준점유지관리사업	19,420	7	1	4	8	7	1	1	4
8255	경북 의성군	청백e(통합상시모니터링)시스템유지관리	14,000	7	1	6	1	6	5	5	1
8256	경북 의성군	중소기업매출채권보험료	10,000	7	4	5	8	7	1	2	1
8257	경북 의성군	출산장려버스광고제작및홍보	9,000	7	4	7	8	7	1	1	1
8258	경북 의성군	국가지점번호판관리실태조사	5,100	7	1	5	1	7	5	4	4
8259	경북 의성군	경북e누리관광상품판매	2,100	7	6	7	8	7	1	1	4
8260	경북 청송군	청송군지방상수도위탁운영	4,800,000	7	2	7	6	7	1	1	1
8261	경북 청송군	공공하수처리장민간위탁관리비(13개소)	3,290,000	7	7	6	6	6	1	1	4
8262	경북 청송군	차량(관광버스,택시)농특산물홍보광고	350,000	7	7	7	8	7	1	1	4
8263	경북 청송군	군정시책및관광(특산물)홍보	300,000	7	6	7	8	7	1	1	4
8264	경북 청송군	대도시옥외LED및지하철광고	250,000	7	6	7	8	7	1	1	4
8265	경북 청송군	주요군정기획특집홍보	220,000	7	6	7	8	7	1	1	4
8266	경북 청송군	축제일간지·주간지·인터넷광고	200,000	7	6	7	8	7	1	1	4
8267	경북 청송군	청송군연중홍보캠페인방송(TV,라디오)	200,000	7	6	7	8	7	1	1	4
8268	경북 청송군	의정활동홍보	200,000	7	1	5	8	7	1	1	4
8269	경북 청송군	지적재조사일필지측량수수료	158,015	7	1	5	2	7	5	5	1
8270	경북 청송군	방송사프로그램협찬	150,000	7	6	7	8	7	1	1	4
8271	경북 청송군	포탈및광역도시케이블방송등뉴미디어홍보	150,000	7	6	7	8	7	1	1	4
8272	경북 청송군	농특산물홍보광고	136,000	7	7	7	8	7	1	1	4
8273	경북 청송군	축제·농특산물·주요관광지방송SPOT홍보	120,000	7	6	7	8	7	1	1	4
8274	경북 청송군	청송임업인대학운영	120,000	7	1	7	8	7	1	1	2
8275	경북 청송군	2024년군정브랜드종합홍보	100,000	7	1	7	8	7	1	2	2
8276	경북 청송군	정책홍보광고비	100,000	7	6	7	8	7	1	1	4
8277	경북 청송군	청송군공공하수처리시설대수선공사	97,000	7	7	6	6	6	1	1	4

순번	시군구	지출명 (사업명)	2024년예산 (단위 : 천원 /1년간)	민간이전 분류 (지방자치단체 세출예산 집행기준에 의거) 1. 민간경상사업보조(307-02) 2. 민간단체 법정운영비보조(307-03) 3. 민간행사사업보조(307-04) 4. 민간위탁금(307-05) 5. 사회복지시설 법정운영비보조(307-10) 6. 민간인위탁교육비(307-12) 7. 공기관등에대한경상적위탁사업비(308-13) 8. 민간자본사업보조,자체재원(402-01) 9. 민간자본사업보조,이전재원(402-02) 10. 민간위탁사업비(402-03) 11. 공기관등에 대한 자본적 위탁사업비(403-02)	민간이전지출 근거 (지방보조금 관리기준 참고) 1. 법률에 규정 2. 국고보조 재원(국가지정) 3. 용도 지정 기부금 4. 조례에 직접규정 5. 지자체가 권장하는 사업을 하는 공공기관 6. 시,도 정책 및 재정사정 7. 기타 8. 해당없음	입찰방식: 계약체결방법 (경쟁형태) 1. 일반경쟁 2. 제한경쟁 3. 지명경쟁 4. 수의계약 5. 법정위탁 6. 기타 ( ) 7. 없음	입찰방식: 계약기간 1. 1년 2. 2년 3. 3년 4. 4년 5. 5년 6. 기타 ( )년 7. 단기계약 (1년미만) 8. 없음	입찰방식: 낙찰자선정방법 1. 적격심사 2. 협상에의한계약 3. 최저가낙찰제 4. 규격가격분리 5. 2단계 경쟁입찰 6. 기타 ( ) 7. 없음	운영예산 산정: 운영예산 산정 1. 내부산정 (지자체 자체적으로 산정) 2. 외부산정 (외부전문기관위탁 산정) 3. 내·외부 모두 산정 4. 산정 無 5. 없음	운영예산 산정: 정산방법 1. 내부정산 (지자체 내부적으로 정산) 2. 외부정산 (외부전문기관위탁 정산) 3. 내·외부 모두 산정 4. 정산 無 5. 없음	성과평가 실시여부 1. 실시 2. 미실시 3. 향후 추진 4. 해당없음
8278	경북 청송군	공통기반시스템전산장비및상용SW유지관리	89,158	7	1	5	1	7	2	2	4
8279	경북 청송군	지방재정관리시스템(e호조)유지관리비	84,758	7	7	7	8	7	2	1	4
8280	경북 청송군	지방세정보화사업시스템운영유지비	65,859	7	1	5	1	7	5	5	1
8281	경북 청송군	시골청춘뿌리내림지원사업	59,411	7	2	7	8	7	5	5	4
8282	경북 청송군	주소정보관리시스템차세대구축및유지관리	53,727	7	1	5	1	7	5	5	4
8283	경북 청송군	소상공인새바람체인지업사업	53,000	7	6	5	8	7	2	2	1
8284	경북 청송군	세계지질공원탐방안내소운영지원	40,000	7	5	5	1	7	1	1	2
8285	경북 청송군	농민사관학교지역특화전문경영인교육	39,200	7	6	7	8	7	1	1	4
8286	경북 청송군	지질공원협력학교운영지원	30,000	7	5	5	1	7	1	1	2
8287	경북 청송군	지적측량기준점전수조사	30,000	7	1	5	7	7	1	1	4
8288	경북 청송군	차세대지방세외수입시스템운영관리사업	28,595	7	1	5	1	7	5	5	1
8289	경북 청송군	청송사과브랜드홍보광고료	27,500	7	1	7	8	7	1	2	2
8290	경북 청송군	청년일자리창출우수기업지원	24,000	7	6	7	8	7	5	5	4
8291	경북 청송군	경북생활인구지원센터구축	20,000	7	4	7	8	7	5	5	4
8292	경북 청송군	지질대장정지원	20,000	7	5	5	1	7	1	1	2
8293	경북 청송군	입체주소구축및주소정보기본도유지관리	19,497	7	1	5	1	7	5	5	4
8294	경북 청송군	온나라시스템전산장비및SW유지관리	18,100	7	1	5	1	7	2	2	4
8295	경북 청송군	차세대주민등록정보시스템운영비	17,860	7	1	5	1	7	2	2	4
8296	경북 청송군	도시브랜드홍보광고료	17,600	7	1	7	8	7	1	2	2
8297	경북 청송군	인사랑유지관리	16,571	7	5	7	1	7	5	4	2
8298	경북 청송군	고향사랑기부종합정보시스템유지관리비	10,669	7	1	5	1	7	5	5	1
8299	경북 청송군	청백e시스템운영지원유지관리비	10,137	7	4	5	1	7	2	2	1
8300	경북 청송군	공공배달앱사업	10,000	7	6	5	8	7	2	2	1
8301	경북 청송군	군관리계획및시설결정신문게재료	9,000	7	8	7	8	7	1	5	4
8302	경북 청송군	청송몰인터넷광고및판촉비	8,000	7	7	7	8	7	1	1	4
8303	경북 청송군	온나라시스템운영지원	7,800	7	1	5	1	7	2	2	4
8304	경북 청송군	청년근로자사랑채움사업	7,770	7	6	7	8	7	5	5	4
8305	경북 청송군	경북e누리관광상품판매	7,000	7	6	7	8	7	5	1	3
8306	경북 청송군	지방행정공통정보시스템운영관리(새올)	6,950	7	1	5	1	7	2	2	4
8307	경북 청송군	문화재지정대상선정신문공고	4,000	7	1	4	7	7	1	1	4
8308	경북 청송군	환경의날국립공원자연보호캠페인개최지원	4,000	7	7	7	8	7	5	5	4
8309	경북 청송군	도시재생활성화계획신문공고료	3,500	7	7	7	8	7	4	4	4
8310	경북 청송군	기능분류시스템(BRM)운영분담금	3,250	7	7	7	7	7	5	5	4
8311	경북 청송군	택시운행정보관리시스템운영비	465	7	1	5	8	7	2	1	4
8312	경북 영양군	청년창업지역정착지원사업	100,000	7	6	3	1	7	1	1	1
8313	경북 영양군	장애인의료비지원	60,302	7	1	7	8	7	1	1	1
8314	경북 영양군	관광서비스시설환경개선사업(도비직접지원)	50,000	7	4	7	8	7	1	1	1
8315	경북 영양군	꿈이음청춘카페지원사업	46,000	7	6	3	1	7	1	1	1
8316	경북 영양군	경북청춘창업드림지원사업	42,066	7	6	3	1	7	1	1	1
8317	경북 영양군	경북웰니스관광협의체공동경비	40,000	7	6	7	8	7	1	1	1

순번	시군구	지출명 (사업명)	2024년예산 (단위 : 천원 /1년간)	민간이전 분류 (지방자치단체 세출예산 집행기준에 의거) 1. 민간경상사업보조(307-02) 2. 민간단체 법정운영비보조(307-03) 3. 민간행사사업보조(307-04) 4. 민간위탁금(307-05) 5. 사회복지시설 법정운영비보조(307-10) 6. 민간인위탁교육비(307-12) 7. 공기관등에대한경상적위탁사업비(308-13) 8. 민간자본사업보조,자체재원(402-01) 9. 민간자본사업보조,이전재원(402-02) 10. 민간위탁사업비(402-03) 11. 공기관등에 대한 자본적 위탁사업비(403-02)	민간이전지출 근거 (지방보조금 관리기준 참고) 1. 법률에 규정 2. 국고보조 재원(국가지정) 3. 용도 지정 기부금 4. 조례에 직접규정 5. 지자체가 권장하는 사업을 하는 공공기관 6. 시,도 정책 및 재정사정 7. 기타 8. 해당없음	입찰방식			운영예산 산정		성과평가 실시여부
						계약체결방법 (경쟁형태) 1. 일반경쟁 2. 제한경쟁 3. 지명경쟁 4. 수의계약 5. 법정위탁 6. 기타 ( ) 7. 없음	계약기간 1. 1년 2. 2년 3. 3년 4. 4년 5. 5년 6. 기타 ( )년 7. 단기계약 (1년미만) 8. 없음	낙찰자선정방법 1. 적격심사 2. 협상에의한계약 3. 최저가낙찰제 4. 규격가격분리 5. 2단계 경쟁입찰 6. 기타 ( ) 7. 없음	운영예산 산정 1. 내부산정 (지자체 자체적으로 산정) 2. 외부산정 (외부전문기관위탁 산정) 3. 내·외부 모두 산정 4. 산정 無 5. 없음	정산방법 1. 내부정산 (지자체 내부적으로 정산) 2. 외부정산 (외부전문기관위탁 정산) 3. 내·외부 모두 산정 4. 정산 無 5. 없음	1. 실시 2. 미실시 3. 향후 추진 4. 해당없음
8318	경북 영양군	소상공인새바람체인지업사업	37,000	7	6	7	7	7	1	1	4
8319	경북 영양군	지역문화예술및관광자원홍보	30,000	7	4	7	8	7	1	1	4
8320	경북 영양군	경북e누리관광상품판매(도비직접지원)	21,000	7	6	7	8	7	1	1	1
8321	경북 영양군	경북청년예비창업가육성사업	15,000	7	6	3	1	7	1	1	1
8322	경북 영양군	경북공공배달앱운영(지원)	5,000	7	6	7	1	7	1	1	4
8323	경북 영덕군	군민이공감하는체계적인군정홍보	823,000	7	7	5	8	7	1	1	4
8324	경북 영덕군	방송프로그램제작지원	400,000	7	7	5	8	7	1	1	4
8325	경북 영덕군	지역사회서비스투자사업	283,750	7	1	1	8	1	1	2	3
8326	경북 영덕군	지역사회서비스투자사업	283,750	7	1	1	8	1	1	2	3
8327	경북 영덕군	지역사회서비스투자사업	283,750	7	1	1	8	1	1	2	3
8328	경북 영덕군	지역사회서비스투자사업	283,750	7	1	1	8	1	1	2	3
8329	경북 영덕군	군정핵심현안전국매체전략홍보	280,000	7	7	5	8	7	1	1	4
8330	경북 영덕군	해양심층수산업클러스터조성을위한기본계획수립연구	200,000	7	5	7	8	7	5	5	4
8331	경북 영덕군	자치단체공통기반및재해복구시스템유지보수	100,076	7	5	7	1	7	2	2	4
8332	경북 영덕군	차세대지방재정관리시스템운영유지지원	98,892	7	5	7	8	7	2	2	4
8333	경북 영덕군	영덕군전국단위홍보	90,000	7	7	4	7	6	1	1	4
8334	경북 영덕군	소상공인우수제품온택트비즈니스지원	84,000	7	4	4	1	7	1	1	4
8335	경북 영덕군	SNS인플루언서협력콘텐츠제작	80,000	7	7	5	8	7	1	1	4
8336	경북 영덕군	전문콘텐츠기획사사진,영상제작	70,000	7	7	5	8	7	1	1	4
8337	경북 영덕군	농공단지입주기업체물류비지원사업	66,000	7	1	6	1	7	3	2	4
8338	경북 영덕군	차세대지방세정보시스템운영비	65,859	7	1	5	1	7	2	2	2
8339	경북 영덕군	에너지인력양성사업	60,000	7	1	7	8	7	2	3	4
8340	경북 영덕군	강소기업기반구축지원사업	55,000	7	1	6	1	7	3	3	4
8341	경북 영덕군	소상공인새바람체인지업사업	50,000	7	4	4	1	7	1	1	4
8342	경북 영덕군	경북동해안국가지질공원운영지원	50,000	7	2	5	8	7	1	1	4
8343	경북 영덕군	일상돌봄서비스	48,709	7	1	1	8	1	1	2	3
8344	경북 영덕군	온나라시스템상용S/W5종유지보수	32,870	7	5	7	1	7	2	2	4
8345	경북 영덕군	세외수입정보시스템운영비	31,069	7	1	5	1	7	2	2	2
8346	경북 영덕군	경북동해안국가지질공원운영지원	30,000	7	6	5	8	7	1	1	4
8347	경북 영덕군	동해안지오투어리즘자료발굴및영상제작	25,000	7	7	7	8	7	5	5	4
8348	경북 영덕군	경북생활인구지원센터구축부담금	20,000	7	6	7	8	7	5	5	4
8349	경북 영덕군	고향사랑기부제종합정보시스템유지관리	18,137	7	1	5	1	7	2	2	2
8350	경북 영덕군	영덕군선정맛집홍보자료제작	16,500	7	7	7	8	7	5	5	4
8351	경북 영덕군	동해안지질대장정지원	12,500	7	6	5	8	7	1	1	4
8352	경북 영덕군	청백e(통합상시모니터링)시스템유지보수및운영지원	11,719	7	4	7	8	7	2	2	4
8353	경북 영덕군	경상북도주력사업분야청년일자리지원사업	11,700	7	1	6	1	7	3	2	4
8354	경북 영덕군	지역경제활성화종합자료제작	11,000	7	1	7	8	7	1	1	4
8355	경북 영덕군	영덕군주요임산물홍보자료발굴및제작	11,000	7	7	4	8	7	1	1	4
8356	경북 영덕군	생활체육활성화프로그램육성발굴	11,000	7	4	7	8	7	5	5	4
8357	경북 영덕군	중소기업국내물류비지원사업	10,000	7	1	7	8	7	5	5	4

순번	시군구	지출명 (사업명)	2024년예산 (단위 : 천원 /1년간)	민간이전 분류 (지방자치단체 세출예산 집행기준에 의거) 1. 민간경상사업보조(307-02) 2. 민간단체 법정운영비보조(307-03) 3. 민간행사사업보조(307-04) 4. 민간위탁금(307-05) 5. 사회복지시설 법정운영비보조(307-10) 6. 민간인위탁교육비(307-12) 7. 공기관등에대한경상적위탁사업비(308-13) 8. 민간자본사업보조,자체재원(402-01) 9. 민간자본사업보조,이전재원(402-02) 10. 민간위탁사업비(402-03) 11. 공기관등에 대한 자본적 위탁사업비(403-02)	민간이전지출 근거 (지방보조금 관리기준 참고) 1. 법률에 규정 2. 국고보조 재원(국가지정) 3. 용도 지정 기부금 4. 조례에 직접규정 5. 지자체가 권장하는 사업을 하는 공공기관 6. 시,도 정책 및 재정사정 7. 기타 8. 해당없음	입찰방식: 계약체결방법 (경쟁형태) 1. 일반경쟁 2. 제한경쟁 3. 지명경쟁 4. 수의계약 5. 법정위탁 6. 기타 ( ) 7. 없음	입찰방식: 계약기간 1. 1년 2. 2년 3. 3년 4. 4년 5. 5년 6. 기타 ( )년 7. 단기계약 (1년미만) 8. 없음	입찰방식: 낙찰자선정방법 1. 적격심사 2. 협상에의한계약 3. 최저가낙찰제 4. 규격가격분리 5. 2단계 경쟁입찰 6. 기타 ( ) 7. 없음	운영예산 산정: 운영예산 산정 1. 내부산정 (지자체 자체적으로 산정) 2. 외부산정 (외부전문기관위탁 산정) 3. 내·외부 모두 산정 4. 산정 無 5. 없음	운영예산 산정: 정산방법 1. 내부정산 (지자체 내부적으로 정산) 2. 외부정산 (외부전문기관위탁 정산) 3. 내·외부 모두 산정 4. 정산 無 5. 없음	성과평가 실시여부 1. 실시 2. 미실시 3. 향후 추진 4. 해당없음
8358	경북 영덕군	중소기업디자인분야청년일자리지원사업	8,190	7	1	6	1	7	3	2	4
8359	경북 영덕군	온나라시스템서비스데스크운영	7,800	7	5	7	1	7	2	2	4
8360	경북 영덕군	지방행정통합정보시스템상담센터운영	6,950	7	5	7	1	7	2	2	4
8361	경북 영덕군	명절쓰레기배출안내홍보	6,000	7	7	7	8	7	5	5	4
8362	경북 영덕군	의약무관리사업	3,300	7	1	7	8	7	3	1	4
8363	경북 영덕군	농촌지도사업신문광고료	3,300	7	6	7	1	7	1	1	4
8364	경북 영덕군	청년마음건강지원사업	600	7	1	1	8	1	1	2	3
8365	경북 영덕군	청년마음건강지원사업	600	7	1	1	8	1	1	2	3
8366	경북 영덕군	신문광고비용	600	7	6	7	8	7	1	1	4
8367	경북 청도군	장애인활동지원급여	3,488,157	7	2	7	8	7	5	1	4
8368	경북 청도군	발달장애인주간활동서비스지원	499,201	7	2	7	8	7	5	1	4
8369	경북 청도군	지역사회서비스투자사업	304,860	7	1	1	8	7	1	1	1
8370	경북 청도군	농산물유통판로개척	220,000	7	4	7	8	7	1	1	1
8371	경북 청도군	근로능력있는수급자의탈수급지원사업	167,919	7	2	7	8	7	2	2	4
8372	경북 청도군	발달재활서비스	127,009	7	2	7	8	7	5	1	4
8373	경북 청도군	청소년발달장애학생방과후활동서비스지원	99,748	7	2	7	8	7	5	1	4
8374	경북 청도군	공동기반시스템및재해복구시스템통합유지	83,500	7	8	7	1	7	5	5	4
8375	경북 청도군	장애인의료비지원	79,745	7	2	7	8	7	5	1	4
8376	경북 청도군	지방세정보화사업지원비	71,065	7	1	5	1	7	5	5	4
8377	경북 청도군	온나라2.문서시스템sw유지관리	40,600	7	8	7	1	7	5	5	4
8378	경북 청도군	가사간병방문지원사업	39,722	7	2	7	8	7	1	1	4
8379	경북 청도군	버스정보시스템(BIS)유지보수비	35,469	7	1	7	8	7	5	5	4
8380	경북 청도군	농정시책지원	30,000	7	6	7	8	7	1	1	1
8381	경북 청도군	중증장애인활동보조가산급여	21,597	7	2	7	8	7	1	5	4
8382	경북 청도군	장애인활동보조서비스지원	21,135	7	6	7	8	7	5	1	4
8383	경북 청도군	환경리더양성교육	19,250	7	4	7	8	7	5	5	4
8384	경북 청도군	지방세외수입정보시스템운영관리위탁사업	18,137	7	1	5	1	7	5	5	4
8385	경북 청도군	2024고향사랑e음유지관리위수탁	15,381	7	1	7	8	7	5	5	4
8386	경북 청도군	새올행정시스템서비스데스크운영비	6,950	7	8	7	1	7	5	5	4
8387	경북 청도군	청년마음건강지원사업	2,607	7	1	1	8	7	1	1	1
8388	경북 청도군	택시운행정보관리시스템운영사업비	728	7	7	7	8	7	5	5	4
8389	경북 청도군	청도관광웹드라마제작및홍보	107,000	7	4	7	8	7	5	5	4
8390	경북 청도군	새마을휴게소관광홍보시설물유지	71,000	7	4	7	8	7	5	5	4
8391	경북 청도군	청도문화관광에스엔에스	60,000	7	4	7	8	7	5	5	4
8392	경북 청도군	관광서비스시설환경개선사업	50,000	7	4	7	8	7	5	5	4
8393	경북 청도군	관광객유치홍보	30,000	7	4	7	8	7	5	5	4
8394	경북 청도군	관광홍보물제작	20,000	7	4	7	8	7	5	5	4
8395	경북 청도군	관광콘텐츠제작	20,000	7	4	7	8	7	5	5	4
8396	경북 청도군	팸투어	16,000	7	4	7	8	7	5	5	4
8397	경북 청도군	경북e누리관광상품판매	14,000	7	5	7	8	7	5	5	4

순번	시군구	지출명 (사업명)	2024년예산 (단위 : 천원 /1년간)	민간이전 분류 (지방자치단체 세출예산 집행기준에 의거) 1. 민간경상사업보조(307-02) 2. 민간단체 법정운영비보조(307-03) 3. 민간행사사업보조(307-04) 4. 민간위탁금(307-05) 5. 사회복지시설 법정운영비보조(307-10) 6. 민간인위탁교육비(307-12) 7. 공기관등에대한경상적위탁사업비(308-13) 8. 민간자본사업보조,자체재원(402-01) 9. 민간자본사업보조,이전재원(402-02) 10. 민간위탁사업비(402-03) 11. 공기관등에 대한 자본적 위탁사업비(403-02)	민간이전지출 근거 (지방보조금 관리기준 참고) 1. 법률에 규정 2. 국고보조 재원(국가지정) 3. 용도 지정 기부금 4. 조례에 직접규정 5. 지자체가 권장하는 사업을 하는 공공기관 6. 시,도 정책 및 재정사정 7. 기타 8. 해당없음	입찰방식			운영예산 산정		성과평가 실시여부
						계약체결방법 (경쟁형태) 1. 일반경쟁 2. 제한경쟁 3. 지명경쟁 4. 수의계약 5. 법정위탁 6. 기타 ( ) 7. 없음	계약기간 1. 1년 2. 2년 3. 3년 4. 4년 5. 5년 6. 기타 ( )년 7. 단기계약 (1년미만) 8. 없음	낙찰자선정방법 1. 적격심사 2. 협상에의한계약 3. 최저가낙찰제 4. 규격가격분리 5. 2단계 경쟁입찰 6. 기타 ( ) 7. 없음	운영예산 산정 1. 내부산정 (지자체 자체적으로 산정) 2. 외부산정 (외부전문기관위탁 산정) 3. 내·외부 모두 산정 4. 산정 無 5. 없음	정산방법 1. 내부정산 (지자체 내부적으로 정산) 2. 외부정산 (외부전문기관위탁 정산) 3. 내·외부 모두 산정 4. 정산 無 5. 없음	1. 실시 2. 미실시 3. 향후 추진 4. 해당없음
8398	경북 청도군	대도시다중이용장소,다매체,홍보매체활용군정홍보군정홍보방송	860,000	7	1	7	8	7	1	5	4
8399	경북 청도군	축제관련언론사광고홍보	250,000	7	1	7	8	7	1	5	4
8400	경북 청도군	중소기업제품온라인플랫폼판로지원사업	100,000	7	4	7	8	7	2	2	4
8401	경북 청도군	차세대지방재정관리시스템유지보수	98,892	7	6	7	1	7	5	5	4
8402	경북 청도군	중소기업주력산업분야청년일자리지원사업	70,800	7	2	7	8	7	2	2	2
8403	경북 청도군	강소기업육성기반구축사업	66,000	7	4	7	8	7	2	2	4
8404	경북 청도군	가스사용시설안전관리대행지원사업	60,000	7	1	7	8	7	5	5	4
8405	경북 청도군	기업에너지고효율설비개선지원사업	52,000	7	4	7	8	7	1	1	4
8406	경북 청도군	중소기업국내물류비지원사업	28,000	7	4	7	8	7	2	2	4
8407	경북 청도군	경북생활인구지원센터구축및운영지원	20,000	7	6	7	8	7	5	5	4
8408	경북 청도군	청년근로자사랑채움사업	15,540	7	6	7	8	7	2	2	3
8409	경북 청도군	중소기업디자인분야청년일자리지원사업	14,760	7	2	7	8	7	2	2	4
8410	경북 청도군	청백e(통합상시모니터링)시스템유지보수	11,716	7	4	7	8	7	5	5	4
8411	경북 청도군	중소기업매출채권보험료지원사업	10,000	7	4	7	8	7	2	2	4
8412	경북 고령군	일상돌봄서비스사업	357,818	7	1	7	8	7	5	5	4
8413	경북 고령군	지역사회서비스투자사업	242,992	7	1	7	8	7	5	5	4
8414	경북 고령군	장애인의료비지원	119,122	7	4	7	8	7	1	1	1
8415	경북 고령군	강소기업육성기반구축사업	100,000	7	6	7	8	7	5	5	4
8416	경북 고령군	청년창업지역정착지원사업	75,000	7	2	7	8	7	1	1	4
8417	경북 고령군	중소기업국내물류비지원	65,000	7	6	7	8	7	1	1	4
8418	경북 고령군	경북청춘창업드림지원사업	42,066	7	2	7	8	7	1	1	4
8419	경북 고령군	경상북도주력산업분야청년일자리지원사업	40,600	7	2	7	8	7	1	1	4
8420	경북 고령군	지역발전우수기업환경개선사업	40,000	7	6	7	8	7	1	1	4
8421	경북 고령군	중소기업디자인분야청년일자리지원사업	38,170	7	2	7	8	7	1	1	4
8422	경북 고령군	중소기업매출채권보험료지원	30,000	7	6	7	8	7	1	1	4
8423	경북 고령군	청년예비창업지원사업	15,000	7	2	7	8	7	1	1	4
8424	경북 고령군	경북e누리관광상품판매	14,000	7	1,4,6	7	8	7	5	5	4
8425	경북 고령군	체험!경북(고령가족여행사업)	10,000	7	1,4	5	1	7	1	1	1
8426	경북 고령군	청년근로자사랑채움사업	7,770	7	2	7	8	7	1	1	4
8427	경북 고령군	청년마음건강지원사업	1,738	7	1	7	8	7	5	5	4
8428	경북 성주군	경상북도주력산업분야청년일자리지원사업	372,030	7	2	7	1	7	3	3	4
8429	경북 성주군	지적재조사측량	284,988	7	1	5	5	7	5	5	4
8430	경북 성주군	중소기업국내물류비지원	195,000	7	6	7	1	7	3	3	4
8431	경북 성주군	특산물홍보비(택시광고)	158,400	7	6	7	8	7	1	1	1
8432	경북 성주군	자산형성지원통장사업	115,212	7	1	5	8	7	5	3	4
8433	경북 성주군	관광서비스시설환경개선사업	100,000	7	1	7	8	7	1	1	2
8434	경북 성주군	중소기업해외마케팅지원	100,000	7	6	7	1	7	3	3	4
8435	경북 성주군	통합지방재정시스템운영및유지관리비	98,892	7	6	6	1	7	2	2	4
8436	경북 성주군	공통기반및재해복구시스템유지관리위탁사업비	93,607	7	7	2	1	2	2	2	4
8437	경북 성주군	가사간병방문지원사업	87,232	7	1	5	8	7	5	3	1

순번	시군구	지출명 (사업명)	2024년예산 (단위 : 천원 /1년간)	민간이전 분류 (지방자치단체 세출예산 집행기준에 의거) 1. 민간경상사업보조(307-02) 2. 민간단체 법정운영비보조(307-03) 3. 민간행사사업보조(307-04) 4. 민간위탁금(307-05) 5. 사회복지시설 법정운영비보조(307-10) 6. 민간인위탁교육비(307-12) 7. 공기관등에대한경상적위탁사업비(308-13) 8. 민간자본사업보조,자체재원(402-01) 9. 민간자본사업보조,이전재원(402-02) 10. 민간위탁사업비(402-03) 11. 공기관등에 대한 자본적 위탁사업비(403-02)	민간이전지출 근거 (지방보조금 관리기준 참고) 1. 법률에 규정 2. 국고보조 재원(국가지정) 3. 용도 지정 기부금 4. 조례에 직접규정 5. 지자체가 권장하는 사업을 하는 공공기관 6. 시,도 정책 및 재정사정 7. 기타 8. 해당없음	입찰방식: 계약체결방법 (경쟁형태) 1. 일반경쟁 2. 제한경쟁 3. 지명경쟁 4. 수의계약 5. 법정위탁 6. 기타 ( ) 7. 없음	입찰방식: 계약기간 1. 1년 2. 2년 3. 3년 4. 4년 5. 5년 6. 기타 ( )년 7. 단기계약 (1년미만) 8. 없음	입찰방식: 낙찰자선정방법 1. 적격심사 2. 협상에의한계약 3. 최저가낙찰제 4. 규격가격분리 5. 2단계 경쟁입찰 6. 기타 ( ) 7. 없음	운영예산 산정: 운영예산 산정 1. 내부산정 (지자체 자체적으로 산정) 2. 외부산정 (외부전문기관위탁 산정) 3. 내·외부 모두 산정 4. 산정 無 5. 없음	운영예산 산정: 정산방법 1. 내부정산 (지자체 내부적으로 정산) 2. 외부정산 (외부전문기관위탁 정산) 3. 내·외부 모두 산정 4. 정산 無 5. 없음	성과평가 실시여부 1. 실시 2. 미실시 3. 향후 추진 4. 해당없음
8438	경북 성주군	공기관등에대한경상적대행사업비	71,065	7	1	5	1	7	5	5	4
8439	경북 성주군	소상공인새바람체인지업사업	67,000	7	6	7	8	7	5	1	4
8440	경북 성주군	버스정보시스템(BIS)유지보수	66,181	7	6	7	8	7	5	1	2
8441	경북 성주군	성주군농특산물온라인마케팅사업	60,000	7	6	7	8	7	1	1	1
8442	경북 성주군	온나라2.시스템유지관리위탁사업비	59,535	7	7	1	1	2	2	2	4
8443	경북 성주군	주소정보관리시스템유지관리	53,727	7	5	5	1	7	1	1	4
8444	경북 성주군	공공배달앱운영	50,000	7	6	7	8	7	5	1	4
8445	경북 성주군	스마트공장구축지원	50,000	7	5	7	8	7	2	2	4
8446	경북 성주군	중소기업디자인분야청년일자리지원사업	47,480	7	2	7	1	7	3	3	4
8447	경북 성주군	표준지방세외수입정보시스템운영관리	31,069	7	1	4	1	2	2	2	4
8448	경북 성주군	가야산에움길유지관리	30,000	7	7	7	8	7	5	5	4
8449	경북 성주군	주소정보기본도유지보수사업	25,114	7	5	5	1	7	1	1	4
8450	경북 성주군	중소기업매출채권보험지원	24,000	7	6	7	8	7	5	5	4
8451	경북 성주군	표준인사정보시스템유지관리(인사랑,인사통계등)	21,767	7	5	4	1	2	2	3	4
8452	경북 성주군	경북e누리관광상품운영군비부담분	21,000	7	5	1	1	1	1	1	4
8453	경북 성주군	대중교통금연광고비	20,400	7	1	5	1	7	3	3	4
8454	경북 성주군	성주군미래종합발전전략및비전홍보	20,000	7	7	7	8	7	5	5	4
8455	경북 성주군	경북생활인구지원센터구축부담금	20,000	7	1	7	8	7	5	5	4
8456	경북 성주군	지역문화,관광전략홍보비	20,000	7	7	7	8	7	5	5	4
8457	경북 성주군	가야산생태탐방및생태자원활용주민홍보	20,000	7	7	7	8	7	5	5	4
8458	경북 성주군	농특산물대도시기획홍보(신문광고)	20,000	7	6	7	8	7	1	1	1
8459	경북 성주군	도시재생등도시브랜드가치제고알림(홍보)	20,000	7	7	7	8	7	5	5	4
8460	경북 성주군	각종건설분야사업군민공지	20,000	7	7	7	8	7	1	1	4
8461	경북 성주군	성주형농업분야새기술홍보	20,000	7	1	7	8	7	1	1	4
8462	경북 성주군	고향사랑e음시스템유지관리	18,137	7	1	5	1	2	2	2	4
8463	경북 성주군	차세대주민등록정보시스템운영비	17,760	7	1	5	1	6	1	1	2
8464	경북 성주군	청년근로자사랑채움사업	15,540	7	5	7	2	7	5	3	4
8465	경북 성주군	관광자원개발사업신문공고료	13,200	7	7	7	8	7	5	5	4
8466	경북 성주군	대중교통정신건강광고비	13,200	7	1	5	1	7	3	3	4
8467	경북 성주군	청백e시스템유지보수및운영지원	12,510	7	6	6	1	7	2	2	4
8468	경북 성주군	체험!경북가족여행운영	10,000	7	5	1	1	1	1	1	4
8469	경북 성주군	생태관광프로그램운영	10,000	7	5	1	1	1	1	1	4
8470	경북 성주군	성주달성연계관광상품운영	10,000	7	5	1	1	1	1	1	4
8471	경북 성주군	지역관광활성화전문인력육성	10,000	7	5	7	8	7	5	5	4
8472	경북 성주군	전통시장등지역경제활성화시책홍보	10,000	7	7	7	8	7	5	5	4
8473	경북 성주군	일자리창출사업홍보	10,000	7	7	7	8	7	5	5	4
8474	경북 성주군	기업하기좋은성주홍보	10,000	7	7	7	8	7	5	5	4
8475	경북 성주군	성주군교통개선사업알림	10,000	7	1	7	8	7	5	4	2
8476	경북 성주군	군관리계획및지형도면승인"안"신문공고료	9,900	7	1	7	8	7	5	5	4
8477	경북 성주군	온나라2.시스템운영지원위탁사업비	7,800	7	7	1	1	2	2	2	4

순번	시군구	지출명 (사업명)	2024년예산 (단위 : 천원 /1년간)	민간이전 분류 (지방자치단체 세출예산 집행기준에 의거) 1. 민간경상사업보조(307-02) 2. 민간단체 법정운영비보조(307-03) 3. 민간행사사업보조(307-04) 4. 민간위탁금(307-05) 5. 사회복지시설 법정운영비보조(307-10) 6. 민간인위탁교육비(307-12) 7. 공기관등에대한경상적위탁사업비(308-13) 8. 민간자본사업보조,자체재원(402-01) 9. 민간자본사업보조,이전재원(402-02) 10. 민간위탁사업비(402-03) 11. 공기관등에 대한 자본적 위탁사업비(403-02)	민간이전지출 근거 (지방보조금 관리기준 참고) 1. 법률에 규정 2. 국고보조 재원(국가지정) 3. 용도 지정 기부금 4. 조례에 직접규정 5. 지자체가 권장하는 사업을 하는 공공기관 6. 시,도 정책 및 재정사정 7. 기타 8. 해당없음	입찰방식 계약체결방법 (경쟁형태) 1. 일반경쟁 2. 제한경쟁 3. 지명경쟁 4. 수의계약 5. 법정위탁 6. 기타 ( ) 7. 없음	입찰방식 계약기간 1. 1년 2. 2년 3. 3년 4. 4년 5. 5년 6. 기타 ( )년 7. 단기계약 (1년미만) 8. 없음	입찰방식 낙찰자선정방법 1. 적격심사 2. 협상에의한계약 3. 최저가낙찰제 4. 규격가격분리 5. 2단계 경쟁입찰 6. 기타 ( ) 7. 없음	운영예산 산정 운영예산 산정 1. 내부산정 (지자체 자체적으로 산정) 2. 외부산정 (외부전문기관위탁 산정) 3. 내·외부 모두 산정 4. 산정 無 5. 없음	운영예산 산정 정산방법 1. 내부정산 (지자체 내부적으로 정산) 2. 외부정산 (외부전문기관위탁 정산) 3. 내·외부 모두 산정 4. 정산 無 5. 없음	성과평가 실시여부 1. 실시 2. 미실시 3. 향후 추진 4. 해당없음
8478	경북 성주군	지역신문금연광고비	7,800	7	1	5	1	7	3	3	4
8479	경북 성주군	지방행정통합정보시스템상담센터운영위탁사업비	6,950	7	7	1	1	2	2	2	4
8480	경북 성주군	국가유산지정에따른신문공고료	6,800	7	1	7	8	7	5	5	4
8481	경북 성주군	지역신문(3개소)광고료	3,600	7	7	7	8	7	1	1	4
8482	경북 성주군	지자체기능분류모델시스템고도화	3,250	7	7	7	8	7	5	5	4
8483	경북 성주군	다문화가족국제특송요금지원	3,000	7	6	7	7	7	1	5	4
8484	경북 성주군	프로그램홍보신문광고게재	2,800	7	4	4	7	6	1	1	2
8485	경북 성주군	지역경제활성화신문광고	2,000	7	7	7	8	7	5	5	4
8486	경북 성주군	상품권할인행사광고	2,000	7	7	7	8	7	5	5	4
8487	경북 성주군	제안제도홍보(신문광고)	1,050	7	1	7	8	7	5	5	4
8488	경북 성주군	지방세납부홍보강화지역신문게재	1,050	7	6	4	8	7	1	1	2
8489	경북 성주군	주소정보홍보신문보도	990	7	8	7	8	7	5	5	4
8490	경북 성주군	참외덩굴소각근절홍보신문광고	990	7	4	7	8	7	1	1	3
8491	경북 성주군	지역신문광고료	600	7	6	7	1	7	1	1	4
8492	경북 성주군	택시운행관리시스템운영비지원	518	7	6	7	1	7	1	1	2
8493	경북 성주군	차세대주민등록정보시스템SMS이용료	100	7	1	5	1	6	1	1	2
8494	경북 칠곡군	경북주력사업분야청년일자리지원사업	348,010	7	2	7	8	7	1	3	3
8495	경북 칠곡군	제15회낙동강전투전승행사	238,000	7	5	7	8	7	1	1	2
8496	경북 칠곡군	특성화시장육성사업(문화관광형)	225,000	7	6	7	8	7	5	1	4
8497	경북 칠곡군	소상공인새바람체인지업사업	140,000	7	6	7	1	7	1	1	4
8498	경북 칠곡군	SW융합클러스터조성사업2.	135,000	7	5	7	8	7	1	3	3
8499	경북 칠곡군	중소기업국내물류비지원사업	130,000	7	5	7	8	7	1	3	3
8500	경북 칠곡군	강소기업육성기반구축사업	100,000	7	5	7	8	7	1	1	3
8501	경북 칠곡군	청년일자리창출우수기업지원사업	96,000	7	6	7	8	7	5	5	4
8502	경북 칠곡군	기술성장디딤돌지원사업	60,000	7	5	7	8	7	1	1	3
8503	경북 칠곡군	주소정보시스템차세대구축및유지관리	55,377	7	2	4	1	6	1	1	1
8504	경북 칠곡군	수출지원바우처지원사업	50,000	7	5	7	8	7	1	1	3
8505	경북 칠곡군	청년창업지역정착지원사업	50,000	7	6	7	8	7	5	5	4
8506	경북 칠곡군	경북공공배달앱운영	50,000	7	6	7	7	7	1	1	4
8507	경북 칠곡군	해외지사화및공동물류센터지원사업	40,000	7	5	7	8	7	1	1	3
8508	경북 칠곡군	청년근로자사랑채움사업	38,850	7	6	7	8	7	5	5	4
8509	경북 칠곡군	해외전시회및박람회참가지원사업	30,000	7	5	7	8	7	1	1	3
8510	경북 칠곡군	입체주소구축및주소정보기본도유지관리	27,764	7	2	4	1	6	1	1	1
8511	경북 칠곡군	표준인사정보시스템유지관리	26,773	7	1	5	1	7	2	2	1
8512	경북 칠곡군	차세대주민등록시스템관리위탁사업	22,179	7	1	5	1	6	2	2	1
8513	경북 칠곡군	중소기업수출보험료지원	20,000	7	5	7	8	7	1	1	3
8514	경북 칠곡군	해외바이어초청지원사업	20,000	7	5	7	8	7	1	1	3
8515	경북 예천군	2024년예천활축제개최	800,000	7	5	6	7	6	1	1	1
8516	경북 예천군	예천관광,농특산물,각종축제등광고	650,000	7	1	7	8	7	1	1	4
8517	경북 예천군	2024곤충&써머페스티벌	500,000	7	5	6	7	6	1	1	1

순번	시군구	지출명 (사업명)	2024년예산 (단위 : 천원 /1년간)	민간이전 분류 (지방자치단체 세출예산 집행기준에 의거) 1. 민간경상사업보조(307-02) 2. 민간단체 법정운영비보조(307-03) 3. 민간행사사업보조(307-04) 4. 민간위탁금(307-05) 5. 사회복지시설 법정운영비보조(307-10) 6. 민간인위탁교육비(307-12) 7. 공기관등에대한경상적위탁사업비(308-13) 8. 민간자본사업보조,자체재원(402-01) 9. 민간자본사업보조,이전재원(402-02) 10. 민간위탁사업비(402-03) 11. 공기관등에 대한 자본적 위탁사업비(403-02)	민간이전지출 근거 (지방보조금 관리기준 참고) 1. 법률에 규정 2. 국고보조 재원(국가지정) 3. 용도 지정 기부금 4. 조례에 직접규정 5. 지자체가 권장하는 사업을 하는 공공기관 6. 시,도 정책 및 재정사정 7. 기타 8. 해당없음	입찰방식 계약체결방법 (경쟁형태) 1. 일반경쟁 2. 제한경쟁 3. 지명경쟁 4. 수의계약 5. 법정위탁 6. 기타 ( ) 7. 없음	입찰방식 계약기간 1. 1년 2. 2년 3. 3년 4. 4년 5. 5년 6. 기타 ( )년 7. 단기계약 (1년미만) 8. 없음	입찰방식 낙찰자선정방법 1. 적격심사 2. 협상에의한계약 3. 최저가낙찰제 4. 규격가격분리 5. 2단계 경쟁입찰 6. 기타 ( ) 7. 없음	운영예산 산정 운영예산 산정 1. 내부산정 (지자체 자체적으로 산정) 2. 외부산정 (외부전문기관위탁 산정) 3. 내·외부 모두 산정 4. 산정 無 5. 없음	운영예산 산정 정산방법 1. 내부정산 (지자체 내부적으로 정산) 2. 외부정산 (외부전문기관위탁 정산) 3. 내·외부 모두 산정 4. 정산 無 5. 없음	성과평가 실시여부 1. 실시 2. 미실시 3. 향후 추진 4. 해당없음
8518	경북 예천군	문화회관운영및관리	342,193	7	4	5	2	6	1	1	1
8519	경북 예천군	군이미지홍보를위한TV광고	300,000	7	1	7	8	7	1	1	4
8520	경북 예천군	삼강주막나루터축제개최	190,000	7	5	6	7	6	1	1	1
8521	경북 예천군	택시래핑군정시책홍보	180,048	7	1	7	8	7	1	1	4
8522	경북 예천군	문화유산야행프로그램운영	175,000	7	5	6	7	6	1	1	1
8523	경북 예천군	농촌빈집실태조사	160,000	7	1	7	8	7	5	5	4
8524	경북 예천군	군정시책기획홍보	150,000	7	1	7	8	7	1	1	4
8525	경북 예천군	경북공공배달앱운영지원	125,000	7	5	6	1	7	1	1	2
8526	경북 예천군	공통기반및재해복구시스템유지관리	108,025	7	1	5	1	7	5	5	4
8527	경북 예천군	문화기획공연개최	100,000	7	4	7	8	7	1	1	1
8528	경북 예천군	TV방송프로그램을통한예천홍보	100,000	7	5	6	7	6	1	1	1
8529	경북 예천군	차세대지방재정관리시스템운영관리	98,892	7	8	7	1	7	2	2	2
8530	경북 예천군	지방세정보시스템운영관리	71,065	7	7	7	8	7	2	2	4
8531	경북 예천군	중소기업국내물류비지원사업	65,000	7	5	7	1	7	3	3	4
8532	경북 예천군	야간관광상품운영	60,000	7	5	6	7	6	1	1	1
8533	경북 예천군	의정홍보광고	60,000	7	1	7	8	7	1	1	4
8534	경북 예천군	주소정보관리시스템차세대구축및유지관리	53,727	7	1	5	1	7	1	1	4
8535	경북 예천군	청년창업지역정착지원사업	50,000	7	6	7	8	7	5	1	3
8536	경북 예천군	유명유튜버협업홍보	50,000	7	1	7	8	7	1	1	4
8537	경북 예천군	예천체험여행홍보광고	50,000	7	5	6	7	6	1	1	1
8538	경북 예천군	관광서비스시설환경개선사업(경상북도직접지원)	50,000	7	5	6	7	6	4	1	1
8539	경북 예천군	예천장터쇼핑몰광고비	50,000	7	4	7	8	7	1	1	4
8540	경북 예천군	온나라시스템운영지원위탁	44,035	7	1	5	1	7	5	5	4
8541	경북 예천군	농특산물및예천장터홍보를위한대도시게시판광고	44,000	7	4	7	8	7	1	1	4
8542	경북 예천군	경북지역역사인물저작국역사업	40,000	7	5	4	1	7	3	3	4
8543	경북 예천군	세외수입정보시스템유지보수	33,543	7	7	7	8	7	2	2	4
8544	경북 예천군	인플루언서및SNS홍보	30,000	7	1	7	8	7	5	5	4
8545	경북 예천군	관광버스를이용한홍보	29,040	7	1	7	8	7	1	1	4
8546	경북 예천군	고향사랑시스템유지보수	28,700	7	6	7	8	7	2	2	4
8547	경북 예천군	VISIT경북페스티벌관광상품판매(경상북도직접지원)	28,000	7	5	6	7	6	1	1	1
8548	경북 예천군	입체주소구축및주소정보기본도유지보수	27,764	7	1	5	1	7	1	1	4
8549	경북 예천군	도로사업신문공고료	27,000	7	1	7	8	7	5	5	4
8550	경북 예천군	경상북도주력산업분야청년일자리지원사업	25,500	7	5	7	1	7	3	3	4
8551	경북 예천군	기록관리시스템유지보수	25,264	7	5	4	1	7	2	2	2
8552	경북 예천군	차세대인사랑시스템유지관리	23,858	7	5	4	1	7	2	2	2
8553	경북 예천군	지적기준점위탁관리	20,537	7	1	5	1	7	1	1	1
8554	경북 예천군	경북생활인구지원센터구축위탁사업비	20,000	7	7	7	8	7	5	5	4
8555	경북 예천군	차세대주민등록정보시스템운영비	19,813	7	8	7	8	7	2	2	4
8556	경북 예천군	청년근로자사랑채움사업	15,540	7	6	7	8	7	5	1	3
8557	경북 예천군	신문공고료	13,200	7	8	7	8	7	5	5	4

순번	시군구	지출명 (사업명)	2024년예산 (단위 : 천원 /1년간)	민간이전 분류 (지방자치단체 세출예산 집행기준에 의거) 1. 민간경상사업보조(307-02) 2. 민간단체 법정운영비보조(307-03) 3. 민간행사사업보조(307-04) 4. 민간위탁금(307-05) 5. 사회복지시설 법정운영비보조(307-10) 6. 민간인위탁교육비(307-12) 7. 공기관등에대한경상적위탁사업비(308-13) 8. 민간자본사업보조,자체재원(402-01) 9. 민간자본사업보조,이전재원(402-02) 10. 민간위탁사업비(402-03) 11. 공기관등에 대한 자본적 위탁사업비(403-02)	민간이전지출 근거 (지방보조금 관리기준 참고) 1. 법률에 규정 2. 국고보조 재원(국가지정) 3. 용도 지정 기부금 4. 조례에 직접규정 5. 지자체가 권장하는 사업을 하는 공공기관 6. 시,도 정책 및 재정사정 7. 기타 8. 해당없음	입찰방식 계약체결방법 (경쟁형태) 1. 일반경쟁 2. 제한경쟁 3. 지명경쟁 4. 수의계약 5. 법정위탁 6. 기타 ( ) 7. 없음	입찰방식 계약기간 1. 1년 2. 2년 3. 3년 4. 4년 5. 5년 6. 기타 ( )년 7. 단기계약 (1년미만) 8. 없음	입찰방식 낙찰자선정방법 1. 적격심사 2. 협상에의한계약 3. 최저가낙찰제 4. 규격가격분리 5. 2단계 경쟁입찰 6. 기타 ( ) 7. 없음	운영예산 산정 운영예산 산정 1. 내부산정 (지자체 자체적으로 산정) 2. 외부산정 (외부전문기관위탁 산정) 3. 내·외부 모두 산정 4. 산정 無 5. 없음	운영예산 산정 정산방법 1. 내부정산 (지자체 내부적으로 정산) 2. 외부정산 (외부전문기관위탁 정산) 3. 내·외부 모두 산정 4. 정산 無 5. 없음	성과평가 실시여부 1. 실시 2. 미실시 3. 향후 추진 4. 해당없음
8558	경북 예천군	청백e시스템유지보수	12,510	7	1	7	1	7	2	2	2
8559	경북 예천군	버스금연광고	12,000	7	6	7	1	2	1	1	4
8560	경북 예천군	무연고사망자장례공고비	8,800	7	1	7	8	7	1	1	4
8561	경북 예천군	도시계획도로(자체)보상계획열람신문공고수수료	8,800	7	1	7	8	7	1	1	4
8562	경북 예천군	지방행정공통시스템상담센터운영유지관리	6,950	7	1	5	1	7	5	5	4
8563	경북 예천군	중소기업매출채권보험료지원사업	5,000	7	5	7	1	7	3	3	4
8564	경북 예천군	문화재신규지정신문공고료	4,400	7	1	7	8	7	1	1	1
8565	경북 예천군	성장관리계획수립을위한신문공고수수료	4,400	7	1	7	8	7	1	1	4
8566	경북 예천군	기능분류모델(BRM)시스템고도화	4,250	7	5	4	1	7	2	2	2
8567	경북 예천군	도시재생전략및활성화계획신문공고료	2,200	7	1	7	8	7	5	5	4
8568	경북 예천군	택시운행정보관리시스템운영	1,467	7	5	6	8	7	5	5	4
8569	경북 예천군	장애인의료비지원	1,000	7	1	7	8	7	2	2	4
8570	경북 봉화군	지방상수도위탁운영비	4,000,000	7	1	5	8	7	1	1	2
8571	경북 봉화군	백두대간자생식물계약재배및페스티벌	500,000	7	6	7	8	7	5	5	4
8572	경북 봉화군	K베트남밸리콘텐츠육성사업	400,000	7	5	7	8	7	5	5	4
8573	경북 봉화군	행정정보시스템(시군구공통기반,재해복구)유지관리	99,954	7	7	5	1	7	3	3	4
8574	경북 봉화군	치매치료관리비지원사업(2단계전환사업)	86,000	7	6	5	8	7	3	1	2
8575	경북 봉화군	소상공인새바람체인지업	67,000	7	6	7	8	7	1	1	1
8576	경북 봉화군	온나라시스템2.유지관리	60,639	7	7	5	1	7	3	3	4
8577	경북 봉화군	청년창업지역정착지원	50,000	7	6	6	2	6	1	1	3
8578	경북 봉화군	버스정보시스템운영관리비	37,761	7	5	7	8	7	1	1	4
8579	경북 봉화군	차세대표준지방인사정보시스템유지관리	21,577	7	7	7	1	7	2	2	4
8580	경북 봉화군	청소년활동지원(진로탐방,대학탐방,해외탐방)	21,000	7	7	7	8	7	3	3	1
8581	경북 봉화군	경북생활인구지원센터운영부담금	20,000	7	1	5	1	7	2	2	1
8582	경북 봉화군	금연버스광고	20,000	7	7	7	8	7	5	5	4
8583	경북 봉화군	시골청춘뿌리내림지원사업	15,057	7	2	6	2	6	1	1	3
8584	경북 봉화군	일자리엑스포홍보부스운영	10,000	7	6	6	2	6	1	1	3
8585	경북 봉화군	청년근로자사랑채움사업	7,770	7	6	6	2	6	1	1	3
8586	경북 봉화군	지방행정공통시스템서비스데스크운영	6,950	7	7	5	1	7	3	3	4
8587	경북 봉화군	우편모아시스템유지관리	5,600	7	7	7	1	7	2	2	4
8588	경북 봉화군	치매안심센터버스광고비	3,680	7	1	7	8	7	5	5	4
8589	경북 봉화군	지자체기능분류모델시스템고도화사업	3,250	7	7	7	8	7	5	5	4
8590	경북 봉화군	결핵환자가족접촉자조사	1,995	7	2	5	1	7	2	2	4
8591	경북 봉화군	심뇌혈관질환예방관리사업버스광고	1,960	7	1	7	8	7	5	5	4
8592	경북 울진군	공통기반및재해복구시스템유지보수	104,435	7	5	7	8	7	2	2	4
8593	경북 울진군	재정시스템유지보수	98,892	7	1	5	8	7	5	5	4
8594	경북 울진군	온나라시스템유지보수	23,400	7	5	7	8	7	2	2	4
8595	경북 울진군	차세대인사랑시스템유지보수	22,464	7	5	7	8	7	5	5	2
8596	경북 울진군	차세대주민등록시스템운영	17,860	7	7	7	8	7	2	2	4
8597	경북 울진군	청백e시스템유지관리비	12,510	7	5	5	1	7	2	2	3

순번	시군구	지출명 (사업명)	2024년예산 (단위 : 천원 /1년간)	민간이전 분류 (지방자치단체 세출예산 집행기준에 의거) 1. 민간경상사업보조(307-02) 2. 민간단체 법정운영비보조(307-03) 3. 민간행사사업보조(307-04) 4. 민간위탁금(307-05) 5. 사회복지시설 법정운영비보조(307-10) 6. 민간인위탁교육비(307-12) 7. 공기관등에대한경상적위탁사업비(308-13) 8. 민간자본사업보조,자체재원(402-01) 9. 민간자본사업보조,이전재원(402-02) 10. 민간위탁사업비(402-03) 11. 공기관등에 대한 자본적 위탁사업비(403-02)	민간이전지출 근거 (지방보조금 관리기준 참고) 1. 법률에 규정 2. 국고보조 재원(국가지정) 3. 용도 지정 기부금 4. 조례에 직접규정 5. 지자체가 권장하는 사업을 하는 공공기관 6. 시,도 정책 및 재정사정 7. 기타 8. 해당없음	입찰방식 계약체결방법 (경쟁형태) 1. 일반경쟁 2. 제한경쟁 3. 지명경쟁 4. 수의계약 5. 법정위탁 6. 기타 ( ) 7. 없음	입찰방식 계약기간 1. 1년 2. 2년 3. 3년 4. 4년 5. 5년 6. 기타 ( )년 7. 단기계약 (1년미만) 8. 없음	입찰방식 낙찰자선정방법 1. 적격심사 2. 협상에의한계약 3. 최저가낙찰제 4. 규격가격분리 5. 2단계 경쟁입찰 6. 기타 ( ) 7. 없음	운영예산 산정 운영예산 산정 1. 내부산정 (지자체 자체적으로 산정) 2. 외부산정 (외부전문기관위탁 산정) 3. 내·외부 모두 산정 4. 산정 無 5. 없음	운영예산 산정 정산방법 1. 내부정산 (지자체 내부적으로 정산) 2. 외부정산 (외부전문기관위탁 정산) 3. 내·외부 모두 산정 4. 정산 無 5. 없음	성과평가 실시여부 1. 실시 2. 미실시 3. 향후 추진 4. 해당없음
8598	경북 울진군	지방행정통합정보시스템유지보수	6,950	7	5	7	8	7	2	2	4
8599	경북 울진군	우편모아시스템유지보수	5,600	7	5	5	1	7	2	2	1
8600	경북 울진군	저소득층암검진비지원	79,800	7	1	7	8	7	5	5	2
8601	경북 울진군	국가건강검진운영(일반건강검진)	11,587	7	1	7	8	7	5	5	2
8602	경북 울릉군	온나라2.전환	484,603	7	8	7	7	7	2	2	4
8603	경북 울릉군	공기관등에대한경상적위탁사업비(광고비)	470,000	7	8	5	8	7	5	5	4
8604	경북 울릉군	공통기반및재해복구시스템유지관리	96,794	7	8	7	1	7	2	2	4
8605	경북 울릉군	지방재정관리시스템(e호조+)운영관리비	70,638	7	8	7	8	7	1	1	4
8606	경북 울릉군	정보보호체계진단사업	20,000	7	8	7	7	7	2	2	4
8607	경북 울릉군	온나라및문서유통시스템유지관리	13,464	7	8	7	1	7	2	2	4
8608	경북 울릉군	청백e시스템유지관리	9,346	7	1	7	1	7	5	5	4
8609	경북 울릉군	지방행정공통정보시스템운영	6,950	7	8	7	1	7	2	2	4
8610	경북 울릉군	활동지원급여(바우처)	80,496	7	1	7	8	7	1	1	1
8611	경북 울릉군	장애인의료비지원	10,848	7	1	7	8	7	1	1	1
8612	경북 울릉군	발달재활서비스	7,905	7	1	7	8	7	1	1	1
8613	경북 울릉군	장애인보조기기지원	410	7	1	7	8	7	1	1	1
8614	경상남도	지역특화산업육성기업지원사업	1,853,000	7	2	7	8	7	2	2	1
8615	경상남도	산업기술단지거점기능강화	1,740,000	7	2	7	8	7	5	3	1
8616	경상남도	지역산업마케팅지원(해외마케팅)	1,730,000	7	4	6	2	7	1	1	3
8617	경상남도	경상남도장애인종합복지관운영	1,729,580	7	4	1	5	1	3	1	3
8618	경상남도	소프트웨어미래채움사업	1,450,000	7	1	7	8	7	3	3	1
8619	경상남도	해외사무소운영	1,200,000	7	7	6	1	6	1	1	1
8620	경상남도	가야고분군세계유산관리지원	1,169,000	7	4	7	1	7	5	1	4
8621	경상남도	지역거점정보보호클러스터구축	750,000	7	1	7	8	7	3	3	1
8622	경상남도	발달장애인지원센터운영지원	652,000	7	1	5	2	7	5	1	3
8623	경상남도	다문화가족지원사업추진(도)	629,956	7	6	7	8	7	1	1	1
8624	경상남도	경남VR/AR제작센터운영	550,000	7	1	7	8	7	3	3	1
8625	경상남도	지역협력혁신성장사업(친환경스마트조선기자재)	547,000	7	2	7	8	7	2	3	3
8626	경상남도	발달장애인긴급돌봄시범사업운영	531,536	7	1	5	2	7	5	1	3
8627	경상남도	스마트공장인력양성사업	500,000	7	6	7	8	7	1	3	1
8628	경상남도	연구개발지원단지원사업	500,000	7	1	5	8	7	1	3	1
8629	경상남도	도지정문화재정기조사용역	463,000	7	1	7	1	7	5	1	4
8630	경상남도	중소기업수출보험료지원	450,000	7	4	6	2	7	1	1	3
8631	경상남도	중소기업수출역량강화지원	420,000	7	4	6	2	7	1	1	3
8632	경상남도	지역ICT이노베이션스퀘어조성	418,750	7	1	7	8	7	3	3	1
8633	경상남도	경남탄소중립지원센터운영(직접)	400,000	7	1	7	8	7	5	5	1
8634	경상남도	도시민어촌유치지원사업	400,000	7	2	7	8	7	5	3	4
8635	경상남도	원전기업수요맞춤형패키지지원사업	400,000	7	5	7	1	7	3	3	1
8636	경상남도	메타버스기반산업단지고도화사업	375,000	7	1	7	8	7	3	3	1
8637	경상남도	5G전파응용서비스활용기반조성사업	325,000	7	1	7	8	7	3	3	1

순번	시군구	지출명 (사업명)	2024년예산 (단위 : 천원 /1년간)	민간이전 분류 (지방자치단체 세출예산 집행기준에 의거) 1. 민간경상사업보조(307-02) 2. 민간단체 법정운영비보조(307-03) 3. 민간행사사업보조(307-04) 4. 민간위탁금(307-05) 5. 사회복지시설 법정운영비보조(307-10) 6. 민간인위탁교육비(307-12) 7. 공기관등에대한경상적위탁사업비(308-13) 8. 민간자본사업보조,자체재원(402-01) 9. 민간자본사업보조,이전재원(402-02) 10. 민간위탁사업비(402-03) 11. 공기관등에 대한 자본적 위탁사업비(403-02)	민간이전지출 근거 (지방보조금 관리기준 참고) 1. 법률에 규정 2. 국고보조 재원(국가지정) 3. 용도 지정 기부금 4. 조례에 직접규정 5. 지자체가 권장하는 사업을 하는 공공기관 6. 시,도 정책 및 재정사정 7. 기타 8. 해당없음	입찰방식 계약체결방법 (경쟁형태) 1. 일반경쟁 2. 제한경쟁 3. 지명경쟁 4. 수의계약 5. 법정위탁 6. 기타 ( ) 7. 없음	입찰방식 계약기간 1. 1년 2. 2년 3. 3년 4. 4년 5. 5년 6. 기타 ( )년 7. 단기계약 (1년미만) 8. 없음	입찰방식 낙찰자선정방법 1. 적격심사 2. 협상에의한계약 3. 최저가낙찰제 4. 규격가격분리 5. 2단계 경쟁입찰 6. 기타 ( ) 7. 없음	운영예산 산정 운영예산 산정 1. 내부산정 (지자체 자체적으로 산정) 2. 외부산정 (외부전문기관위탁 산정) 3. 내·외부 모두 산정 4. 산정 無 5. 없음	운영예산 산정 정산방법 1. 내부정산 (지자체 내부적으로 정산) 2. 외부정산 (외부전문기관위탁 정산) 3. 내·외부 모두 산정 4. 정산 無 5. 없음	성과평가 실시여부 1. 실시 2. 미실시 3. 향후 추진 4. 해당없음
8638	경상남도	중소기업연구개발(R&D)사업화지원	300,000	7	4	5	8	7	1	3	1
8639	경상남도	중소기업에너지진단개선지원사업	300,000	7	4,5,6	7	1	7	3	3	1
8640	경상남도	지능형전력망구축지원	300,000	7	5	7	8	7	1	2	4
8641	경상남도	규제자유특구혁신사업육성(과제발굴등)	286,000	7	2	5	1	7	2	2	3
8642	경상남도	발달장애인공공후견비용지원	264,300	7	1	5	2	7	5	1	3
8643	경상남도	수산종자관리(종자방류모니터링)(전환)	263,750	7	1	5	1	7	1	1	4
8644	경상남도	주간활동서비스운영인력지원	255,800	7	1	5	2	7	5	1	3
8645	경상남도	농약빈병수거보상금지원	228,603	7	2	5	8	7	5	1	4
8646	경상남도	장애인보조기기센터지원사업	227,750	7	1,2	5	5	2	3	3	1
8647	경상남도	신재생에너지기술선도유망기업지원	200,000	7	4,5,6	7	1	7	3	1	1
8648	경상남도	건물에너지진단시설개선	200,000	7	4,5,6	7	1	7	3	3	1
8649	경상남도	원전기업신속지원센터(HelpDesk)운영지원	200,000	7	5	7	1	7	3	3	4
8650	경상남도	경남수소산업육성플랫폼사업	200,000	7	5	7	8	7	3	3	1
8651	경상남도	글로벌수소전시회참가및해외진출기업지원사업	200,000	7	5	7	8	7	3	3	1
8652	경상남도	한부모가족지원센터운영	163,000	7	4	5	3	7	1	1	1
8653	경상남도	첨단안전산업기업육성지원사업	160,000	7	5	6	1	7	1	2	3
8654	경상남도	수출유망중소기업패키지지원사업	150,000	7	4	6	2	7	1	1	3
8655	경상남도	ICT융합제조운영체제개발및실증	137,168	7	1	7	8	7	3	3	1
8656	경상남도	발달장애인가족휴식지원	131,429	7	1	5	2	7	5	1	3
8657	경상남도	지역디지털기업성장지원	128,000	7	1	7	8	7	3	3	1
8658	경상남도	활수산물수출물류거점센터운영	115,000	7	4,5	4	3	2	1	1	1
8659	경상남도	경남ICT/SW산업육성지원사업	112,000	7	1	7	8	7	3	3	1
8660	경상남도	인사혁신처문제출제위탁수수료	110,000	7	1	5	8	7	3	4	4
8661	경상남도	경남성별영향평가센터운영지원	109,500	7	1	5	4	7	1	1	3
8662	경상남도	발달장애인긴급돌봄시범사업운영지원(지역)	104,120	7	1	5	2	7	5	1	3
8663	경상남도	경상남도석면건강영향조사지원사업	100,000	7	4	7	7	7	1	1	4
8664	경상남도	신산업육성전략적홍보강화	100,000	7	1	7	7	7	5	5	4
8665	경상남도	경남형지속가능경영(ESG)확산사업	100,000	7	4	5	1	7	1	1	4
8666	경상남도	신사업발굴전략기획운영	100,000	7	4	7	8	7	5	3	1
8667	경상남도	경남ITSW스타기업육성사업	100,000	7	1	7	8	7	5	5	4
8668	경상남도	수산물온라인몰활용소비촉진기획전	100,000	7	4	7	8	7	5	5	4
8669	경상남도	해외시장개척수출협력사업	100,000	7	4,5	4	5	2	1	1	1
8670	경상남도	수산식품기업글로벌온라인몰입점지원사업	100,000	7	4,5	7	8	7	5	5	4
8671	경상남도	원전중소기업R&D과제발굴지원사업	90,000	7	5	7	1	7	3	3	1
8672	경상남도	지방인사정보시스템유지관리분담금	87,227	7	1	5	1	7	2	2	4
8673	경상남도	수출초보기업지원	86,000	7	4	6	2	7	1	1	3
8674	경상남도	발달장애인부모교육지원(영유아기,성인전환기,성인권)	78,000	7	1	5	2	7	5	1	3
8675	경상남도	경상남도장애인종합복지관종사자수당	75,400	7	4	1	5	1	3	1	3
8676	경상남도	5G활용차세대스마트공장규제자유특구	74,000	7	2	7	8	7	3	3	3
8677	경상남도	다문화가족특성화사업(국고보조)	68,200	7	6	7	8	7	1	1	1

순번	시군구	지출명 (사업명)	2024년예산 (단위 : 전원 /1년간)	민간이전 분류 (지방자치단체 세출예산 집행기준에 의거) 1. 민간경상사업보조(307-02) 2. 민간단체 법정운영비보조(307-03) 3. 민간행사사업보조(307-04) 4. 민간위탁금(307-05) 5. 사회복지시설 법정운영비보조(307-10) 6. 민간인위탁교육비(307-12) 7. 공기관등에대한경상적위탁사업비(308-13) 8. 민간자본사업보조,자체재원(402-01) 9. 민간자본사업보조,이전재원(402-02) 10. 민간위탁사업비(402-03) 11. 공기관등에 대한 자본적 위탁사업비(403-02)	민간이전지출 근거 (지방보조금 관리기준 참고) 1. 법률에 규정 2. 국고보조 재원(국가지정) 3. 용도 지정 기부금 4. 조례에 직접규정 5. 지자체가 권장하는 사업을 하는 공공기관 6. 시,도 정책 및 재정사정 7. 기타 8. 해당없음	입찰방식 계약체결방법 (경쟁형태) 1. 일반경쟁 2. 제한경쟁 3. 지명경쟁 4. 수의계약 5. 법정위탁 6. 기타 ( ) 7. 없음	입찰방식 계약기간 1. 1년 2. 2년 3. 3년 4. 4년 5. 5년 6. 기타 ( )년 7. 단기계약 (1년미만) 8. 없음	입찰방식 낙찰자선정방법 1. 적격심사 2. 협상에의한계약 3. 최저가낙찰제 4. 규격가격분리 5. 2단계 경쟁입찰 6. 기타 ( ) 7. 없음	운영예산 산정 운영예산 산정 1. 내부산정 (지자체 자체적으로 산정) 2. 외부산정 (외부전문기관위탁 산정) 3. 내·외부 모두 산정 4. 산정 無 5. 없음	운영예산 산정 정산방법 1. 내부정산 (지자체 내부적으로 정산) 2. 외부정산 (외부전문기관위탁 정산) 3. 내·외부 모두 산정 4. 정산 無 5. 없음	성과평가 실시여부 1. 실시 2. 미실시 3. 향후 추진 4. 해당없음
8678	경상남도	인터넷응시원서접수위탁수수료	66,297	7	1	5	1	7	3	2	1
8679	경상남도	연근해어선감척(연안어업실태조사)	66,000	7	1	5	7	7	1	1	1
8680	경상남도	기획공연및전시광고추진	65,000	7	6	5	7	7	1	1	2
8681	경상남도	결혼이민자글로벌리더아카데미	65,000	7	6	7	8	7	1	1	1
8682	경상남도	여성장애인가사도우미파견	60,000	7	4	1	5	1	3	1	3
8683	경상남도	지역디지털품질관리역량강화	53,000	7	1	7	8	7	3	3	1
8684	경상남도	신재생에너지보급활성화지원사업	50,000	7	5	5	8	7	1	1	1
8685	경상남도	다문화가족지원센터(거점)운영지원(국고보조)	47,400	7	6	7	8	7	1	1	1
8686	경상남도	해삼씨뿌림적지및효과조사	33,000	7	1	5	7	7	1	1	4
8687	경상남도	재외교민자녀모국문화체험연수	30,000	7	5	6	7	7	1	1	1
8688	경상남도	가야정책포럼운영	20,000	7	4	7	1	7	5	1	4
8689	경상남도	안전한국훈련홍보광고료	12,000	7	1	5	7	7	1	1	4
8690	경상남도	장애인복지관종사자보수교육	10,000	7	4	1	5	1	3	1	3
8691	경상남도	수산물브랜드육성지원	9,000	7	1	5	7	7	1	2	3
8692	경상남도	공무원증발급대행수수료	5,502	7	7	5	8	7	1	1	4
8693	경상남도	섬홍보광고물제작	500	7	8	4	7	7	5	5	4
8694	경상남도	2024년도지방재정관리시스템유지보수	169,701	7	1	5	1	7	2	2	1
8695	경상남도	통합지방재정시스템재해복구시스템구축분담금(1차)	121,471	7	1	5	1	7	2	2	1
8696	경상남도	지방교부세자료관리시스템유지보수	67,376	7	1	5	1	7	2	2	1
8697	경상남도	지방재정정보화시스템유지보수	32,200	7	1	5	1	7	2	2	4
8698	경상남도	경상남도성인지예결산종합분석추진	9,500	7	4	4	1	7	1	1	4
8699	경남 창원시	아이돌봄서비스예탁금	5,281,103	7	1	7	3	7	5	1	4
8700	경남 창원시	수소충전소운영비지원	3,752,055	7	5	7	8	7	1	1	4
8701	경남 창원시	발달재활서비스지원	3,466,931	7	1	5	1	7	5	1	4
8702	경남 창원시	시정홍보	3,240,000	7	1	5	8	7	5	5	4
8703	경남 창원시	진해군항상권르네상스	2,782,000	7	5	7	8	7	5	5	4
8704	경남 창원시	청소년발달장애학생방과후활동서비스지원	2,545,734	7	1	5	1	7	5	1	4
8705	경남 창원시	청정어장재생사업	2,150,000	7	8	7	8	7	5	5	4
8706	경남 창원시	공영주차장위탁관리운영비	2,018,901	7	4	7	8	7	1	1	4
8707	경남 창원시	지역산업전시회개최지원	1,607,142	7	5	4	2	7	1	1	1
8708	경남 창원시	AI.빅데이터기반의료.바이오첨단기기연구센터운영및기업지원(AI.빅데이터기반의료.바이오첨단기기연구제조센터구축)	1,500,000	7	5	7	8	7	5	3	3
8709	경남 창원시	특별교통수단운영대행사업비	1,472,000	7	1	5	8	7	5	1	4
8710	경남 창원시	소규모수소생산기지운영비지원	1,400,000	7	5	7	8	7	1	1	4
8711	경남 창원시	경남항공우주산업청년인재채용지원사업	1,188,653	7	2	7	8	7	1	1	1
8712	경남 창원시	지역자율형사회서비스(산모신생아건강관리)지원	1,079,343	7	2	7	8	7	5	5	4
8713	경남 창원시	산모신생아건강관리지원	1,052,358	7	2	7	8	7	5	5	4
8714	경남 창원시	의료바이오기기제조기업육성지원(의료.바이오첨단기기제조산업육성)	1,000,000	7	5	7	8	7	1	3	3
8715	경남 창원시	활동지원가산수당	997,240	7	1	5	1	7	5	1	4
8716	경남 창원시	청년구직활동수당지원사업	902,000	7	6	7	8	7	3	3	1
8717	경남 창원시	창원시설공단대행사업비(진해해양공원)	871,520	7	4	5	8	7	1	3	1

순번	시군구	지출명 (사업명)	2024년예산 (단위 : 천원 /1년간)	민간이전 분류 (지방자치단체 세출예산 집행기준에 의거) 1. 민간경상사업보조(307-02) 2. 민간단체 법정운영비보조(307-03) 3. 민간행사사업보조(307-04) 4. 민간위탁금(307-05) 5. 사회복지시설 법정운영비보조(307-10) 6. 민간인위탁교육비(307-12) 7. 공기관등에대한경상적위탁사업비(308-13) 8. 민간자본사업보조,자체재원(402-01) 9. 민간자본사업보조,이전재원(402-02) 10. 민간위탁사업비(402-03) 11. 공기관등에 대한 자본적 위탁사업비(403-02)	민간이전지출 근거 (지방보조금 관리기준 참고) 1. 법률에 규정 2. 국고보조 재원(국가지정) 3. 용도 지정 기부금 4. 조례에 직접규정 5. 지자체가 권장하는 사업을 하는 공공기관 6. 시,도 정책 및 재정사정 7. 기타 8. 해당없음	입찰방식			운영예산 산정		성과평가 실시여부
						계약체결방법 (경쟁형태) 1. 일반경쟁 2. 제한경쟁 3. 지명경쟁 4. 수의계약 5. 법정위탁 6. 기타 ( ) 7. 없음	계약기간 1. 1년 2. 2년 3. 3년 4. 4년 5. 5년 6. 기타 ( )년 7. 단기계약 (1년미만) 8. 없음	낙찰자선정방법 1. 적격심사 2. 협상에의한계약 3. 최저가낙찰제 4. 규격가격분리 5. 2단계 경쟁입찰 6. 기타 ( ) 7. 없음	운영예산 산정 1. 내부산정 (지자체 자체적으로 산정) 2. 외부산정 (외부전문기관위탁 산정) 3. 내·외부 모두 산정 4. 산정 無 5. 없음	정산방법 1. 내부정산 (지자체 내부적으로 정산) 2. 외부정산 (외부전문기관위탁 정산) 3. 내·외부 모두 산정 4. 정산 無 5. 없음	1. 실시 2. 미실시 3. 향후 추진 4. 해당없음
8718	경남 창원시	희귀질환자의료비지원	771,558	7	2	7	8	7	5	5	4
8719	경남 창원시	지역에너지신산업활성화지원사업	760,000	7	5	7	8	7	1	1	4
8720	경남 창원시	장애인의료비지원	756,987	7	2	5	1	1	5	5	4
8721	경남 창원시	방산혁신클러스터시범사업	700,000	7	2	7	5	7	3	3	1
8722	경남 창원시	저소득층기저귀및조제분유지원	683,640	7	2	7	8	7	5	5	4
8723	경남 창원시	창원종합버스터미널운영대행사업비	678,700	7	5	5	1	7	1	1	4
8724	경남 창원시	창원시소재부품장비융합혁신청년일자리사업	661,947	7	6	7	8	7	1	1	1
8725	경남 창원시	경남D.N.A씨드인력양성사업	617,213	7	2	7	8	7	1	1	1
8726	경남 창원시	대중교통비환급지원사업	612,000	7	2	5	8	7	1	1	4
8727	경남 창원시	청년비전센터운영	600,000	7	1	5	2	7	1	1	4
8728	경남 창원시	2024방위산업전개최	600,000	7	5	7	1	7	1	1	1
8729	경남 창원시	창원형강소기업육성	600,000	7	4	5	1	7	1	1	1
8730	경남 창원시	시설공단위탁사업비	579,551	7	4	7	8	7	1	1	1
8731	경남 창원시	산모신생아건강관리지원	566,656	7	8	7	8	7	5	5	4
8732	경남 창원시	일반전시회개최지원	560,000	7	5	4	2	7	1	1	1
8733	경남 창원시	암조기검진비지원	534,438	7	2	5	8	7	5	5	4
8734	경남 창원시	기저귀및조제분유지원	495,000	7	2	7	8	7	5	5	4
8735	경남 창원시	저소득층기저귀및조제분유지원	495,000	7	8	7	8	7	5	5	4
8736	경남 창원시	희귀질환자의료비지원	487,420	7	2	5	8	7	5	5	4
8737	경남 창원시	교통신호운영위탁	420,000	7	1	5	1	6	3	3	1
8738	경남 창원시	치매치료관리비공단에탁금	410,400	7	2	7	8	7	5	5	4
8739	경남 창원시	희귀질환자의료비지원사업	399,874	7	1	5	8	7	5	5	4
8740	경남 창원시	광역알뜰교통카드연계마일리지지원	380,000	7	2	5	8	7	1	1	4
8741	경남 창원시	방위항공부품수출활성화및네트워크지원	370,000	7	5	7	1	7	1	1	1
8742	경남 창원시	창원시설공단대행사업비(해양레포츠센터)	350,130	7	4	5	6	2	1	1	1
8743	경남 창원시	경남청년인재주력산업동반성자일자리사업	334,578	7	2	7	8	7	5	5	4
8744	경남 창원시	지적재조사사업일필지측량수수료	332,761	7	1	7	8	7	5	5	4
8745	경남 창원시	경남에너지성장플러스청년일자리사업	329,424	7	2	7	8	7	1	1	1
8746	경남 창원시	창원미래형신기술인력일자리창출사업	301,600	7	6	7	8	7	1	1	1
8747	경남 창원시	플랫폼기반시뮬레이션기술지원사업	300,000	7	5	7	1	7	1	1	4
8748	경남 창원시	방위산업맞춤형전문인재확보사업	300,000	7	5	7	1	7	1	1	1
8749	경남 창원시	원전기업수요맞춤형패키지지원사업	300,000	7	6	7	1	7	1	1	3
8750	경남 창원시	글로벌협력기반구축	300,000	7	8	7	8	7	1	1	1
8751	경남 창원시	창업보육센터운영지원(국도비직접지원)	285,000	7	2	4	1	7	1	1	1
8752	경남 창원시	만날공원인공암벽장대행사업	284,841	7	4	4	3	7	2	1	4
8753	경남 창원시	지역주도SW성장지원사업	273,600	7	2	5	1	7	3	3	1
8754	경남 창원시	달천공원오토캠핑장위탁사업	256,210	7	4	4	6	6	1	1	2
8755	경남 창원시	한독소재R&D센터사업	250,000	7	5	7	8	7	1	3	1
8756	경남 창원시	드론특별자유화구역사업	250,000	7	4	7	8	7	3	3	1
8757	경남 창원시	수출지원표준화사업	250,000	7	8	7	8	7	1	1	1

순번	시군구	지출명 (사업명)	2024년예산 (단위 : 천원 /1년간)	민간이전 분류 (지방자치단체 세출예산 집행기준에 의거) 1. 민간경상사업보조(307-02) 2. 민간단체 법정운영비보조(307-03) 3. 민간행사사업보조(307-04) 4. 민간위탁금(307-05) 5. 사회복지시설 법정운영비보조(307-10) 6. 민간인위탁교육비(307-12) 7. 공기관등에대한경상적위탁사업비(308-13) 8. 민간자본사업보조,자체재원(402-01) 9. 민간자본사업보조,이전재원(402-02) 10. 민간위탁사업비(402-03) 11. 공기관등에 대한 자본적 위탁사업비(403-02)	민간이전지출 근거 (지방보조금 관리기준 참고) 1. 법률에 규정 2. 국고보조 재원(국가지정) 3. 용도 지정 기부금 4. 조례에 직접규정 5. 지자체가 권장하는 사업을 하는 공공기관 6. 시,도 정책 및 재정사정 7. 기타 8. 해당없음	입찰방식: 계약체결방법 (경쟁형태) 1. 일반경쟁 2. 제한경쟁 3. 지명경쟁 4. 수의계약 5. 법정위탁 6. 기타 ( ) 7. 없음	입찰방식: 계약기간 1. 1년 2. 2년 3. 3년 4. 4년 5. 5년 6. 기타 ( )년 7. 단기계약 (1년미만) 8. 없음	입찰방식: 낙찰자선정방법 1. 적격심사 2. 협상에의한계약 3. 최저가낙찰제 4. 규격가격분리 5. 2단계 경쟁입찰 6. 기타 ( ) 7. 없음	운영예산 산정: 운영예산 산정 1. 내부산정 (지자체 자체적으로 산정) 2. 외부산정 (외부전문기관위탁 산정) 3. 내·외부 모두 산정 4. 산정 無 5. 없음	운영예산 산정: 정산방법 1. 내부정산 (지자체 내부적으로 정산) 2. 외부정산 (외부전문기관위탁 정산) 3. 내·외부 모두 산정 4. 정산 無 5. 없음	성과평가 실시여부 1. 실시 2. 미실시 3. 향후 추진 4. 해당없음
8758	경남 창원시	치매치료관리비지원	250,000	7	2	7	8	7	5	5	4
8759	경남 창원시	진해여성인력개발센터운영	237,840	7	7	7	3	7	5	1	4
8760	경남 창원시	주민등록증발급비용및송부수수료	230,000	7	1	7	8	7	5	5	1
8761	경남 창원시	덕동,성주,행암공영차고지위탁사업비	219,886	7	5	5	1	7	1	1	4
8762	경남 창원시	공통기반및재해복구유지관리위탁운영	214,000	7	1	5	1	2	1	1	4
8763	경남 창원시	암조기검진사업	211,418	7	2	5	8	7	5	5	4
8764	경남 창원시	ESG혁신기업청년인재양성사업	206,673	7	2	7	8	7	1	1	1
8765	경남 창원시	소재부품장비핵심뿌리기술육성지원사업	200,000	7	5	7	8	7	1	3	1
8766	경남 창원시	도심항공교통핵심수요기술개발지원사업	200,000	7	4	7	8	7	5	5	4
8767	경남 창원시	서비스로봇공통플랫폼제작및실증	200,000	7	2	7	8	7	5	3	4
8768	경남 창원시	1인창조기업지원센터운영(국비직접지원)	200,000	7	2	4	1	7	1	1	1
8769	경남 창원시	창원기업지원단현장애로컨설팅지원	200,000	7	4	5	1	7	1	1	1
8770	경남 창원시	산업별수출기업해외마케팅패키지지원	200,000	7	8	7	8	7	1	1	1
8771	경남 창원시	국가산업기반첨단제조로봇실증지원	198,000	7	6	7	8	7	5	3	4
8772	경남 창원시	공동방제단운영비	190,000	7	6	7	8	7	5	5	4
8773	경남 창원시	모다드림청년통장지원사업	183,980	7	6	7	8	7	3	3	1
8774	경남 창원시	치매치료관리비지원(전환사업)	180,000	7	1	5	8	7	5	5	4
8775	경남 창원시	번호판교부대행사업	175,175	7	4	5	5	1	1	1	2
8776	경남 창원시	육아종합지원센터(장난감도서관등)운영	165,980	7	4	7	3	7	1	1	4
8777	경남 창원시	창업지원센터운영	163,000	7	5	4	1	7	1	1	1
8778	경남 창원시	지방재정관리시스템운영및유지관리	155,356	7	1	7	1	7	5	5	4
8779	경남 창원시	미래모빌리티전시네트워크지원사업	150,000	7	4	7	8	7	5	5	4
8780	경남 창원시	빅데이터활용마이스터로봇화기반구축	150,000	7	2	7	8	7	5	3	4
8781	경남 창원시	의료기관결핵관리사업운영비	147,060	7	1	7	8	1	5	5	1
8782	경남 창원시	의료기관결핵관리사업운영비	147,060	7	1	7	8	1	5	5	1
8783	경남 창원시	의료기관결핵관리사업운영비	147,060	7	1	7	8	1	5	5	1
8784	경남 창원시	아이행복센터운영	146,160	7	4	7	3	7	1	1	4
8785	경남 창원시	세계가전박람회(CES)참가기업지원	135,000	7	5	4	1	7	1	1	1
8786	경남 창원시	컨벤션(국제회의등)유치및개최지원	120,000	7	5	4	2	7	1	1	4
8787	경남 창원시	중소기업Scaleup지원	111,970	7	4	5	1	7	1	1	1
8788	경남 창원시	고졸자선도기업간희망사다리일자리사업	111,328	7	2	7	8	7	1	1	1
8789	경남 창원시	ICT융합제조운영체제개발및실증사업	102,876	7	1	5	5	7	3	3	1
8790	경남 창원시	암조기검진사업	100,700	7	2	5	8	7	5	5	4
8791	경남 창원시	지역혁신선도연구센터(RLRC)지원사업(R&D)(국도비직접지원)	100,000	7	2	5	6	7	3	3	1
8792	경남 창원시	소프트웨어중심대학지원사업(국도비직접지원)	100,000	7	2	5	3	7	3	3	1
8793	경남 창원시	원전기업신속지원HelpDesk설치및운영	100,000	7	6	7	1	7	1	1	3
8794	경남 창원시	수소산업부품기술개발지원사업	100,000	7	5	7	8	7	1	1	4
8795	경남 창원시	미래자동차부품실증및사업화지원	100,000	7	4	7	5	7	5	5	1
8796	경남 창원시	시제품제조공정고도화지원	100,000	7	4	5	1	7	1	1	1
8797	경남 창원시	소상공인온라인성공시대지원사업	100,000	7	4	5	1	7	1	1	1

순번	시군구	지출명 (사업명)	2024년예산 (단위 : 천원 /1년간)	민간이전 분류 (지방자치단체 세출예산 집행기준에 의거) 1. 민간경상사업보조(307-02) 2. 민간단체 법정운영비보조(307-03) 3. 민간행사사업보조(307-04) 4. 민간위탁금(307-05) 5. 사회복지시설 법정운영비보조(307-10) 6. 민간인위탁교육비(307-12) 7. 공기관등에대한경상적위탁사업비(308-13) 8. 민간자본사업보조,자체재원(402-01) 9. 민간자본사업보조,이전재원(402-02) 10. 민간위탁사업비(402-03) 11. 공기관등에 대한 자본적 위탁사업비(403-02)	민간이전지출 근거 (지방보조금 관리기준 참고) 1. 법률에 규정 2. 국고보조 재원(국가지정) 3. 용도 지정 기부금 4. 조례에 직접규정 5. 지자체가 권장하는 사업을 하는 공공기관 6. 시,도 정책 및 재정사정 7. 기타 8. 해당없음	입찰방식 계약체결방법 (경쟁형태) 1. 일반경쟁 2. 제한경쟁 3. 지명경쟁 4. 수의계약 5. 법정위탁 6. 기타 ( ) 7. 없음	입찰방식 계약기간 1. 1년 2. 2년 3. 3년 4. 4년 5. 5년 6. 기타 ( )년 7. 단기계약 (1년미만) 8. 없음	입찰방식 낙찰자선정방법 1. 적격심사 2. 협상에의한계약 3. 최저가낙찰제 4. 규격가격분리 5. 2단계 경쟁입찰 6. 기타 ( ) 7. 없음	운영예산 산정 운영예산 산정 1. 내부산정 (지자체 자체적으로 산정) 2. 외부산정 (외부전문기관위탁 산정) 3. 내·외부 모두 산정 4. 산정 無 5. 없음	운영예산 산정 정산방법 1. 내부정산 (지자체 내부적으로 정산) 2. 외부정산 (외부전문기관위탁 정산) 3. 내·외부 모두 산정 4. 정산 無 5. 없음	성과평가 실시여부 1. 실시 2. 미실시 3. 향후 추진 4. 해당없음
8798	경남 창원시	물류전문인력양성교육사업	100,000	7	4	5	1	7	1	1	1
8799	경남 창원시	온나라유지관리위탁협약	98,000	7	1	5	1	2	1	1	4
8800	경남 창원시	지역사회서비스투자사업(U헬스시스템관리서비스)	91,000	7	2	7	1	7	1	1	1
8801	경남 창원시	다함께돌봄센터5호점위탁운영	90,592	7	2	7	5	7	5	1	1
8802	경남 창원시	BUYR&D기술이전지원사업	80,000	7	5	7	8	7	1	3	1
8803	경남 창원시	R&D센터활성화지원	80,000	7	6	7	8	7	1	1	4
8804	경남 창원시	스타트업액셀러레이팅지원	80,000	7	4	5	8	7	1	1	1
8805	경남 창원시	주요정보통신기반시설취약점분석위탁	61,400	7	1	5	1	6	2	2	1
8806	경남 창원시	의료급여수급권자건강검진비	60,000	7	2	5	8	7	5	5	4
8807	경남 창원시	창원청년창업지역정착사업	59,734	7	6	7	8	7	1	1	1
8808	경남 창원시	공동육아나눔터운영(1개소)	56,712	7	1,4	7	8	7	5	5	4
8809	경남 창원시	지역디지털품질관리역량강화사업	53,000	7	2	5	1	7	3	3	1
8810	경남 창원시	택시운행정보관리시스템운영대행사업비	52,683	7	7	6	1	6	2	1	2
8811	경남 창원시	이공분야대학중점연구소지원사업(R&D)(국도비직접지원)	50,000	7	2	5	6	7	3	3	1
8812	경남 창원시	창원마이스터센터지원사업	50,000	7	5	7	8	7	3	3	1
8813	경남 창원시	수소산업해외교류지원사업	50,000	7	5	7	8	7	1	1	4
8814	경남 창원시	서비스로봇산업육성지원	50,000	7	6	7	8	7	1	3	4
8815	경남 창원시	스타트업테크쇼	50,000	7	4	5	8	7	1	1	1
8816	경남 창원시	기술창업포럼	50,000	7	4	5	8	7	1	1	1
8817	경남 창원시	ESG형산단공동혁신지원	50,000	7	5	4	1	7	1	1	1
8818	경남 창원시	즁소기업ESG경영활성화지원	50,000	7	5	5	1	7	1	1	1
8819	경남 창원시	수출보험료지원	50,000	7	8	7	8	7	1	1	1
8820	경남 창원시	C블루윙펀드운영	47,000	7	5	4	1	7	1	1	1
8821	경남 창원시	누비자이용요금지원사업	45,000	7	6	7	8	7	3	3	1
8822	경남 창원시	주민등록정보시스템운영및유지관리	44,423	7	1	7	8	7	5	5	1
8823	경남 창원시	유등배수장관리(전기료)	40,000	7	5	7	8	7	1	1	4
8824	경남 창원시	특별교통수단유료도로통행료지원	40,000	7	6	5	8	7	1	1	4
8825	경남 창원시	기술창업아이디어경진대회	35,000	7	4	5	8	7	1	1	1
8826	경남 창원시	과학기술정책전문인력육성지원사업(국도비직접지원)	30,000	7	2	5	3	7	3	3	1
8827	경남 창원시	글로벌마케터육성지원	30,000	7	8	7	8	7	1	1	1
8828	경남 창원시	발달장애인부모상담지원	27,931	7	1	5	1	7	5	1	4
8829	경남 창원시	언어발달지원	24,230	7	1	5	1	7	5	1	4
8830	경남 창원시	의료급여수급권자일반검진비지원	20,443	7	2	5	8	7	5	5	4
8831	경남 창원시	ICT/SW산업육성지원사업(도비직접지원)	20,000	7	5	5	1	7	3	3	1
8832	경남 창원시	투자유치동영상광고(KTX)	20,000	7	1	7	8	7	5	5	4
8833	경남 창원시	의과대학신설스팟광고등방송송출	20,000	7	6	7	8	7	5	5	4
8834	경남 창원시	시설공단대행사업비(에너지전시관)	19,590	7	4	7	8	7	5	5	4
8835	경남 창원시	청백e(통합상시모니터링)시스템운영및유지보수	16,465	7	1	7	8	7	5	5	4
8836	경남 창원시	공공기관창원이전홍보광고(신문,온라인등)	14,000	7	1	7	8	7	5	5	4
8837	경남 창원시	해양레저스포츠교육프로그램	12,000	7	4	5	6	2	1	1	1

순번	시군구	지출명 (사업명)	2024년예산 (단위 : 천원 /1년간)	민간이전 분류 (지방자치단체 세출예산 집행기준에 의거) 1. 민간경상사업보조(307-02) 2. 민간단체 법정운영비보조(307-03) 3. 민간행사사업보조(307-04) 4. 민간위탁금(307-05) 5. 사회복지시설 법정운영비보조(307-10) 6. 민간인위탁교육비(307-12) 7. 공기관등에대한경상적위탁사업비(308-13) 8. 민간자본사업보조,자체재원(402-01) 9. 민간자본사업보조,이전재원(402-02) 10. 민간위탁사업비(402-03) 11. 공기관등에 대한 자본적 위탁사업비(403-02)	민간이전지출 근거 (지방보조금 관리기준 참고) 1. 법률에 규정 2. 국고보조 재원(국가지정) 3. 용도 지정 기부금 4. 조례에 직접규정 5. 지자체가 권장하는 사업을 하는 공공기관 6. 시,도 정책 및 재정사정 7. 기타 8. 해당없음	입찰방식 계약체결방법 (경쟁형태) 1. 일반경쟁 2. 제한경쟁 3. 지명경쟁 4. 수의계약 5. 법정위탁 6. 기타 ( ) 7. 없음	입찰방식 계약기간 1. 1년 2. 2년 3. 3년 4. 4년 5. 5년 6. 기타 ( )년 7. 단기계약 (1년미만) 8. 없음	입찰방식 낙찰자선정방법 1. 적격심사 2. 협상에의한계약 3. 최저가낙찰제 4. 규격가격분리 5. 2단계 경쟁입찰 6. 기타 ( ) 7. 없음	운영예산 산정 운영예산 산정 1. 내부산정 (지자체 자체적으로 산정) 2. 외부산정 (외부전문기관위탁 산정) 3. 내·외부 모두 산정 4. 산정 無 5. 없음	운영예산 산정 정산방법 1. 내부정산 (지자체 내부적으로 정산) 2. 외부정산 (외부전문기관위탁 정산) 3. 내·외부 모두 산정 4. 정산 無 5. 없음	성과평가 실시여부 1. 실시 2. 미실시 3. 향후 추진 4. 해당없음
8838	경남 창원시	투자유치홍보광고(옥외광고)	10,500	7	1	7	8	7	5	5	4
8839	경남 창원시	첫만남이용권	10,388	7	8	7	8	7	5	5	4
8840	경남 창원시	결핵환자가족접촉자검진예탁금	9,650	7	2	7	8	7	5	5	4
8841	경남 창원시	기능분류모델시스템고도화사업분담금	7,470	7	5	4	1	7	5	1	4
8842	경남 창원시	해외투자유치활동	7,000	7	5	7	8	7	5	5	4
8843	경남 창원시	창원시보육인대회	7,000	7	4	7	8	7	1	1	1
8844	경남 창원시	청년농업인육성홍보	7,000	7	7	7	8	7	1	5	4
8845	경남 창원시	공통기반상담센터운영위탁운영	6,600	7	1	5	1	2	1	1	4
8846	경남 창원시	교통안전확립캠페인라디오방송광고료	6,000	7	8	6	7	7	1	5	4
8847	경남 창원시	창원BRT구축사업홍보(캠페인)	5,000	7	7	7	8	7	5	5	4
8848	경남 창원시	주남저수지수위조절용수공급사업	5,000	7	6	7	8	7	5	1	4
8849	경남 창원시	청소년산모임신출산의료비지원	4,800	7	2	7	8	7	5	5	4
8850	경남 창원시	만6세미만의료급여수급권자검진비	4,180	7	2	7	8	7	5	5	4
8851	경남 창원시	의료급여수급권자영유아검진비	3,800	7	2	7	8	7	5	5	4
8852	경남 창원시	청소년산모임신출산의료비	3,600	7	2	7	8	7	5	5	4
8853	경남 창원시	청소년산모임신출산의료비지원	3,600	7	8	7	8	7	5	5	4
8854	경남 창원시	표준모자보건수첩제작비예탁금	2,552	7	2	7	8	7	5	5	4
8855	경남 창원시	표준모자보건수첩제작	2,496	7	8	7	8	7	5	5	4
8856	경남 창원시	의료급여수급권자영유아건강검진사업	2,280	7	2	5	8	7	5	5	4
8857	경남 진주시	첫만남이용권지원	3,118,000	7	2	5	8	7	5	3	4
8858	경남 진주시	아이돌봄지원사업	1,641,350	7	2	7	8	7	5	1	4
8859	경남 진주시	지역사회서비스투자사업	1,372,840	7	1	7	8	7	1	1	1
8860	경남 진주시	국가암관리지원	654,483	7	2	7	8	7	3	3	1
8861	경남 진주시	진주창업지원센터운영	600,000	7	5	4	2	7	1	1	1
8862	경남 진주시	희귀질환자의료비지원사업	573,998	7	2	7	8	7	3	3	1
8863	경남 진주시	스마트공장보급확산지원	400,000	7	4	7	8	7	1	1	3
8864	경남 진주시	축제홍보비	370,000	7	4	7	8	7	1	1	1
8865	경남 진주시	진주문화제작소운영비	328,000	7	5	6	6	7	1	1	3
8866	경남 진주시	대도시관광홍보광고판운영	300,000	7	4	5	1	7	1	1	1
8867	경남 진주시	그린바이오스마트팜기능성천연소재사업화모델구축	300,000	7	4	7	8	7	1	1	1
8868	경남 진주시	진주세계민속예술비엔날레	250,000	7	5	6	1	6	1	3	3
8869	경남 진주시	이스포츠상설경기장운영	218,272	7	5	6	6	6	1	3	3
8870	경남 진주시	야간관광특화도시조성사업	210,000	7	4	7	8	7	1	1	1
8871	경남 진주시	진주방산기업경쟁력강화및네트워킹지원사업	200,000	7	4	7	8	7	1	1	3
8872	경남 진주시	항노화바이오산업기업지원	200,000	7	4	7	8	7	1	1	1
8873	경남 진주시	그린바이오혁신기술사업화지원사업	200,000	7	4	7	8	7	1	1	1
8874	경남 진주시	그린바이오항노화텔로미어혁신기술개발시범사업	200,000	7	4	7	8	7	1	1	1
8875	경남 진주시	진주시모태펀드출자사업	200,000	7	5	4	6	6	3	1	1
8876	경남 진주시	가사간병방문서비스사업	166,624	7	1	7	8	7	1	1	1
8877	경남 진주시	발달장애인특화사업장운영지원	150,000	7	1	5	5	7	3	1	1

순번	시군구	지출명 (사업명)	2024년예산 (단위 : 천원 /1년간)	민간이전 분류 (지방자치단체 세출예산 집행기준에 의거) 1. 민간경상사업보조(307-02) 2. 민간단체 법정운영비보조(307-03) 3. 민간행사사업보조(307-04) 4. 민간위탁금(307-05) 5. 사회복지시설 법정운영비보조(307-10) 6. 민간인위탁교육비(307-12) 7. 공기관등에대한경상적위탁사업비(308-13) 8. 민간자본사업보조,자체재원(402-01) 9. 민간자본사업보조,이전재원(402-02) 10. 민간위탁사업비(402-03) 11. 공기관등에 대한 자본적 위탁사업비(403-02)	민간이전지출 근거 (지방보조금 관리기준 참고) 1. 법률에 규정 2. 국고보조 재원(국가지정) 3. 용도 지정 기부금 4. 조례에 직접규정 5. 지자체가 권장하는 사업을 하는 공공기관 6. 시,도 정책 및 재정사정 7. 기타 8. 해당없음	입찰방식 계약체결방법 (경쟁형태) 1. 일반경쟁 2. 제한경쟁 3. 지명경쟁 4. 수의계약 5. 법정위탁 6. 기타 ( ) 7. 없음	입찰방식 계약기간 1. 1년 2. 2년 3. 3년 4. 4년 5. 5년 6. 기타 ( )년 7. 단기계약 (1년미만) 8. 없음	입찰방식 낙찰자선정방법 1. 적격심사 2. 협상에의한계약 3. 최저가낙찰제 4. 규격가격분리 5. 2단계 경쟁입찰 6. 기타 ( ) 7. 없음	운영예산 산정 운영예산 산정 1. 내부산정 (지자체 자체적으로 산정) 2. 외부산정 (외부전문기관위탁 산정) 3. 내·외부 모두 산정 4. 산정 無 5. 없음	운영예산 산정 정산방법 1. 내부정산 (지자체 내부적으로 정산) 2. 외부정산 (외부전문기관위탁 정산) 3. 내·외부 모두 산정 4. 정산 無 5. 없음	성과평가 실시여부 1. 실시 2. 미실시 3. 향후 추진 4. 해당없음
8878	경남 진주시	의료기관결핵환자관리지원	113,052	7	2	7	1	7	2	3	2
8879	경남 진주시	보조지하수관측망모니터링	102,000	7	1	6	1	6	1	1	4
8880	경남 진주시	애로기술지원사업	100,000	7	4	7	8	7	1	1	3
8881	경남 진주시	소재부품기업공정혁신기술고도화지원사업	100,000	7	4	7	8	7	1	1	3
8882	경남 진주시	미래자동차부품실증및사업화지원	100,000	7	4	7	8	7	1	1	3
8883	경남 진주시	그린바이오해외수출상품맞춤형포장디자인개발및시제품제작지원사업	100,000	7	4	7	8	7	1	1	1
8884	경남 진주시	3D프린팅경남센터기술지원사업	100,000	7	5	7	8	7	1	1	1
8885	경남 진주시	야간관광특화도시조성사업	90,000	7	4	7	8	7	1	1	1
8886	경남 진주시	알뜰교통카드연계마일리지지원	90,000	7	2	7	8	7	2	2	4
8887	경남 진주시	진주형기업성장지원단운영지원사업	85,000	7	5	4	1	7	1	1	1
8888	경남 진주시	논개제홍보비	80,000	7	1,4	7	8	7	1	1	1
8889	경남 진주시	저소득층기저귀및조제분유지원	74,000	7	1,2	7	8	7	5	3	4
8890	경남 진주시	의료급여수급권자일반건강검진사업	64,050	7	2	7	8	7	3	3	1
8891	경남 진주시	크라우드펀딩지원사업	60,000	7	5	4	1	7	3	1	1
8892	경남 진주시	진주지식산업센터입주기업맞춤형지원사업	60,000	7	5	7	1	7	1	1	1
8893	경남 진주시	경남방산강소기업육성지원사업	54,000	7	4	7	8	7	1	1	3
8894	경남 진주시	야간관광특화도시조성사업	50,000	7	4	7	8	7	1	1	1
8895	경남 진주시	미래차업종전환촉진기업혁신지원	50,000	7	4	7	8	7	1	1	3
8896	경남 진주시	그린바이오산학연관네트워크운영사업	50,000	7	4	7	8	7	1	1	1
8897	경남 진주시	진주맞춤형IPTV커머스그린바이오마케팅지원사업	50,000	7	4	7	8	7	1	1	1
8898	경남 진주시	청년로컬크리에이터지원사업	50,000	7	5	4	1	7	3	1	1
8899	경남 진주시	글로벌창업페스티벌참여	50,000	7	6	7	8	7	5	5	4
8900	경남 진주시	진주전통공예비엔날레개최	50,000	7	5	6	1	6	1	3	3
8901	경남 진주시	대학평생교육원학습비지원	50,000	7	1	7	8	7	1	1	4
8902	경남 진주시	출산분위기조성대중매체홍보	35,000	7	4	7	8	7	5	1	4
8903	경남 진주시	청년마음건강지원사업	32,182	7	1	7	8	7	1	1	1
8904	경남 진주시	택시운행정보관리시스템운영비	17,361	7	5	7	8	7	2	1	4
8905	경남 진주시	관광콘텐츠온라인마케팅	11,000	7	4	5	1	7	1	1	1
8906	경남 진주시	지역중소기업제품홍보	10,000	7	4	7	8	7	1	1	4
8907	경남 진주시	기술개발장비사용료지원사업	10,000	7	4	7	8	7	1	1	3
8908	경남 진주시	중소기업매출채권보험료지원	10,000	7	4	7	8	7	1	1	3
8909	경남 진주시	수출보험료지원사업	10,000	7	4	7	8	7	1	1	4
8910	경남 진주시	공동주택입주자대표회의,방범및소방안전교육위탁	9,000	7	1	5	1	6	1	1	4
8911	경남 진주시	의료급여수급권자영유아건강검진비지원	4,950	7	2	7	8	7	3	3	1
8912	경남 진주시	청소년산모임신출산의료비지원	3,600	7	1	7	8	7	5	3	4
8913	경남 진주시	경남형한달살이사업	2,000	7	6	5	7	7	1	3	1
8914	경남 진주시	2단계초소형위성개발및운용	1,133,000	7	5	7	8	7	1	1	1
8915	경남 진주시	항공우주부품NC제조공정지능화시스템구축	660,000	7	5	7	8	7	1	1	1
8916	경남 진주시	지역주력산업의세라믹융복합상용화촉진사업	350,000	7	5	7	8	7	1	1	1
8917	경남 진주시	경남형미래항공기체(AAV)시제기개발및실증기반구축	300,000	7	5	7	8	7	1	1	1

순번	시군구	지출명 (사업명)	2024년예산 (단위 : 천원 /1년간)	민간이전 분류 (지방자치단체 세출예산 집행기준에 의거) 1. 민간경상사업보조(307-02) 2. 민간단체 법정운영비보조(307-03) 3. 민간행사사업보조(307-04) 4. 민간위탁금(307-05) 5. 사회복지시설 법정운영비보조(307-10) 6. 민간인위탁교육비(307-12) 7. 공기관등에대한경상적위탁사업비(308-13) 8. 민간자본사업보조,자체재원(402-01) 9. 민간자본사업보조,이전재원(402-02) 10. 민간위탁사업비(402-03) 11. 공기관등에 대한 자본적 위탁사업비(403-02)	민간이전지출 근거 (지방보조금 관리기준 참고) 1. 법률에 규정 2. 국고보조 재원(국가지정) 3. 용도 지정 기부금 4. 조례에 직접규정 5. 지자체가 권장하는 사업을 하는 공공기관 6. 시,도 정책 및 재정사정 7. 기타 8. 해당없음	입찰방식 계약체결방법 (경쟁형태) 1. 일반경쟁 2. 제한경쟁 3. 지명경쟁 4. 수의계약 5. 법정위탁 6. 기타 ( ) 7. 없음	계약기간 1. 1년 2. 2년 3. 3년 4. 4년 5. 5년 6. 기타 ( )년 7. 단기계약 (1년미만) 8. 없음	낙찰자선정방법 1. 적격심사 2. 협상에의한계약 3. 최저가낙찰제 4. 규격가격분리 5. 2단계 경쟁입찰 6. 기타 ( ) 7. 없음	운영예산 산정 운영예산 산정 1. 내부산정 (지자체 자체적으로 산정) 2. 외부산정 (외부전문기관위탁 산정) 3. 내·외부 모두 산정 4. 산정 無 5. 없음	정산방법 1. 내부정산 (지자체 내부적으로 정산) 2. 외부정산 (외부전문기관위탁 정산) 3. 내·외부 모두 산정 4. 정산 無 5. 없음	성과평가 실시여부 1. 실시 2. 미실시 3. 향후 추진 4. 해당없음
8918	경남 진주시	항공우주및미래항공모빌리티국제콘퍼런스지원	150,000	7	5	7	8	7	1	1	1
8919	경남 진주시	우주항공용세라믹섬유융복합소재활용사업화지원	120,000	7	5	7	8	7	1	1	1
8920	경남 진주시	항공부품기업기술지원사업	100,000	7	5	7	8	7	1	1	1
8921	경남 진주시	우주산업육성을위한역량강화프로그램운영	100,000	7	5	7	8	7	1	1	1
8922	경남 진주시	경남항공산업지원단운영지원	50,000	7	5	7	8	7	1	1	1
8923	경남 진주시	경남형미래항공모빌리티(AAM)항로발굴실증사업	50,000	7	5	7	8	7	1	1	1
8924	경남 진주시	치매치료관리비지원	434,700	7	2	7	8	7	5	5	4
8925	경남 진주시	지역주도형일자리사업(경남항공우주산업청년인재채용지원사업)	385,985	7	2	7	2	7	1	1	4
8926	경남 진주시	지역주도형일자리사업(경남청년인재주력산업동반성장일자리사업)	317,515	7	2	7	2	7	1	1	4
8927	경남 진주시	교통신호운영위탁	200,000	7	5	5	1	6	1	1	4
8928	경남 진주시	지역주도형일자리사업(ESG혁신기업청년인재양성사업)	81,391	7	2	7	2	7	1	1	4
8929	경남 진주시	청백e(통합상시모니터링)시스템운영지원및유지보수	15,647	7	1	5	1	6	2	2	1
8930	경남 진주시	금연사업홍보비	15,000	7	1	7	8	7	5	5	4
8931	경남 통영시	35세누리과정지원	4,307,876	7	1	7	8	7	1	1	1
8932	경남 통영시	아이돌봄지원(돌봄수당)	2,730,600	7	2	2	5	1	2	3	1
8933	경남 통영시	근로능력있는수급자의탈수급지원	1,040,417	7	1	5	8	7	5	3	4
8934	경남 통영시	첫만남이용권	897,000	7	1	7	8	7	1	1	1
8935	경남 통영시	어린이집부모부담보육료지원	583,575	7	1	7	8	7	1	1	1
8936	경남 통영시	통영체육청소년센터운영지원	500,000	7	1	7	8	7	1	1	1
8937	경남 통영시	지역사회서비스투자사업	401,428	7	1	5	8	7	5	3	4
8938	경남 통영시	산양스포츠파크시설확충및유지관리	400,000	7	1	7	8	7	1	1	1
8939	경남 통영시	부모급여지원	360,000	7	1	7	8	7	1	1	1
8940	경남 통영시	국가암관리지원	312,987	7	2	7	8	7	1	2	4
8941	경남 통영시	희귀질환자의료비지원사업	277,368	7	2	7	8	7	1	2	4
8942	경남 통영시	지역자율형사회서비스투자사업(가사간병)	215,186	7	1	5	8	7	5	3	4
8943	경남 통영시	경남형미래항공모빌리티항로발굴및실증사업	150,000	7	5	7	8	7	5	5	4
8944	경남 통영시	통영타워뷰조성사업	100,000	7	1	5	7	7	5	5	4
8945	경남 통영시	공통기반시스템전산장비및재해복구시스템유지관리	85,000	7	1	5	1	7	2	2	4
8946	경남 통영시	지방세정보화사업위탁사업비	63,304	7	1	5	1	7	3	2	4
8947	경남 통영시	2024년도주소정보시스템차세대구축및유지관리	55,337	7	1	5	1	7	2	2	4
8948	경남 통영시	표준기록관리시스템유지관리	47,000	7	1	5	1	7	2	2	4
8949	경남 통영시	세외수입정보시스템유지보수관리비	38,491	7	1	5	1	7	3	2	4
8950	경남 통영시	2024년도입체주소구축및주소기본도유지관리	35,174	7	1	5	1	7	2	2	4
8951	경남 통영시	온나라시스템운영지원	34,000	7	1	5	1	7	2	2	4
8952	경남 통영시	국가건강검진사업운영(의료급여수급권자일반건강검진)	31,050	7	1	7	8	7	1	2	4
8953	경남 통영시	고향사랑기부제종합정보시스템유지관리비	15,381	7	1	5	1	7	3	2	4
8954	경남 통영시	시간제보육서비스제공지원	12,360	7	1	7	8	7	1	1	1
8955	경남 통영시	외국인유아보육료지원	12,000	7	1	7	8	7	1	1	1
8956	경남 통영시	스포츠마케팅광고료(경남FC)	11,000	7	1	7	8	7	1	1	1
8957	경남 통영시	택시운행정보관리시스템운영사업비	6,860	7	1	7	8	7	5	5	2

순번	시군구	지출명 (사업명)	2024년예산 (단위 : 천원 /1년간)	민간이전 분류 (지방자치단체 세출예산 집행기준에 의거) 1. 민간경상사업보조(307-02) 2. 민간단체 법정운영비보조(307-03) 3. 민간행사사업보조(307-04) 4. 민간위탁금(307-05) 5. 사회복지시설 법정운영비보조(307-10) 6. 민간인위탁교육비(307-12) 7. 공기관등에대한경상적위탁사업비(308-13) 8. 민간자본사업보조,자체재원(402-01) 9. 민간자본사업보조,이전재원(402-02) 10. 민간위탁사업비(402-03) 11. 공기관등에 대한 자본적 위탁사업비(403-02)	민간이전지출 근거 (지방보조금 관리기준 참고) 1. 법률에 규정 2. 국고보조 재원(국가지정) 3. 용도 지정 기부금 4. 조례에 직접규정 5. 지자체가 권장하는 사업을 하는 공공기관 6. 시,도 정책 및 재정사정 7. 기타 8. 해당없음	입찰방식			운영예산 산정		성과평가 실시여부
						계약체결방법 (경쟁형태) 1. 일반경쟁 2. 제한경쟁 3. 지명경쟁 4. 수의계약 5. 법정위탁 6. 기타 ( ) 7. 없음	계약기간 1. 1년 2. 2년 3. 3년 4. 4년 5. 5년 6. 기타 ( )년 7. 단기계약 (1년미만) 8. 없음	낙찰자선정방법 1. 적격심사 2. 협상에의한계약 3. 최저가낙찰제 4. 규격가격분리 5. 2단계 경쟁입찰 6. 기타 ( ) 7. 없음	운영예산 산정 1. 내부산정 (지자체 자체적으로 산정) 2. 외부산정 (외부전문기관위탁 산정) 3. 내·외부 모두 산정 4. 산정 無 5. 없음	정산방법 1. 내부정산 (지자체 내부적으로 정산) 2. 외부정산 (외부전문기관위탁 정산) 3. 내·외부 모두 산정 4. 정산 無 5. 없음	1. 실시 2. 미실시 3. 향후 추진 4. 해당없음
8958	경남 통영시	청년마음건강지원사업	6,041	7	1	5	8	7	5	3	4
8959	경남 통영시	고향사랑기부제시외버스외부시트광고	6,000	7	1	5	7	7	3	2	4
8960	경남 통영시	의료급여수급권자영유아건강검진비지원	3,300	7	1	7	8	7	1	2	4
8961	경남 통영시	섬지역특성화사업	600,000	7	5	5	2	7	1	1	4
8962	경남 통영시	모다드림청년통장지원사업	96,120	7	6	7	8	7	2	2	3
8963	경남 통영시	청년구직활동수당지원	78,800	7	6	7	8	7	2	2	1
8964	경남 통영시	경남청년인재주력산업동반성장일자리사업	46,338	7	2	7	8	7	2	2	1
8965	경남 통영시	LPG용기사용가구시설개선사업	45,000	7	2	5	8	7	1	1	4
8966	경남 통영시	ESG혁신기업청년인재양성사업	38,544	7	2	7	8	7	2	2	1
8967	경남 통영시	경남귀환청년행복일자리이음사업	13,200	7	2	7	8	7	2	2	1
8968	경남 김해시	첫만남이용권(바우처)지원	5,124,000	7	2	7	8	7	5	1	3
8969	경남 김해시	장애인활동지원급여지원(시추가사업)	4,116,459	7	6	7	8	7	1	1	1
8970	경남 김해시	아이돌봄지원예탁금	3,754,162	7	2	1	5	1	1	3	1
8971	경남 김해시	근로능력있는수급자의탈수급지원	3,300,161	7	2	7	8	7	5	1	4
8972	경남 김해시	장애인도우미지원(도비사업)	2,693,014	7	6	7	8	7	1	1	1
8973	경남 김해시	어린이집부모부담보육료지원	2,587,798	7	6	7	8	7	5	5	4
8974	경남 김해시	지역사회서비스투자사업예탁금	2,240,000	7	2	7	8	7	5	1	4
8975	경남 김해시	발달재활서비스지원	2,193,600	7	2	7	8	7	1	1	1
8976	경남 김해시	비대면의생명,의료기기산업육성플랫폼기반구축사업	1,800,000	7	5	6	5	6	3	3	1
8977	경남 김해시	지역자율형사회서비스투자사업(산모신생아건강관리지원)	1,631,331	7	6	5	8	7	1	3	1
8978	경남 김해시	중소기업혁신성장지원	1,115,000	7	8	7	1	7	5	1	4
8979	경남 김해시	중부권수소충전소운영	769,487	7	1	7	8	7	5	5	3
8980	경남 김해시	부모급여보육료	712,800	7	2	7	8	7	5	5	4
8981	경남 김해시	청년구직활동수당지원사업	680,000	7	2	7	8	7	1	3	2
8982	경남 김해시	전자약,디지털치료기기기술실용화기반구축사업	670,000	7	5	6	3	6	3	3	1
8983	경남 김해시	장애인의료비지원	663,785	7	2	7	8	7	1	1	1
8984	경남 김해시	청소년발달장애학생방과후활동서비스지원	651,368	7	2	7	8	7	1	1	1
8985	경남 김해시	퍼스널랩기반디지털헬스케어제품개발지원플랫폼구축사업	650,000	7	5	6	3	6	3	3	1
8986	경남 김해시	장애인활동지원가산급여	629,983	7	2	7	8	7	1	1	1
8987	경남 김해시	첨단물류서비스로봇공통플랫폼구축	616,000	7	7	6	5	6	3	3	1
8988	경남 김해시	신문고시공고료	600,000	7	5	5	8	7	1	4	4
8989	경남 김해시	공원화장실청소작업위탁	600,000	7	4	4	1	7	3	1	3
8990	경남 김해시	김해시동부여성새일센터운영	596,902	7	2	7	8	7	5	5	2
8991	경남 김해시	지면및인터넷광고	594,000	7	5	5	8	7	1	4	4
8992	경남 김해시	참괜찮은중소기업채용연계사업	503,152	7	5	7	8	7	1	3	2
8993	경남 김해시	제조로봇적용뿌리산업공정개발지원사업	500,000	7	2	7	1	7	3	3	2
8994	경남 김해시	경남형D.N.A씨드인력양성사업	441,000	7	2	7	8	7	1	3	2
8995	경남 김해시	경남항공우주산업청년인재채용지원사업	423,000	7	2	7	8	7	1	3	2
8996	경남 김해시	창업센터활성화지원	417,000	7	8	7	1	7	5	1	4
8997	경남 김해시	여성청소년보건위생물품지원사업	414,052	7	2	7	8	7	5	1	4

순번	시군구	지출명 (사업명)	2024년예산 (단위 : 천원 /1년간)	민간이전 분류 (지방자치단체 세출예산 집행기준에 의거) 1. 민간경상사업보조(307-02) 2. 민간단체 법정운영비보조(307-03) 3. 민간행사사업보조(307-04) 4. 민간위탁금(307-05) 5. 사회복지시설 법정운영비보조(307-10) 6. 민간인위탁교육비(307-12) 7. 공기관등에대한경상적위탁사업비(308-13) 8. 민간자본사업보조,자체재원(402-01) 9. 민간자본사업보조,이전재원(402-02) 10. 민간위탁사업비(402-03) 11. 공기관등에 대한 자본적 위탁사업비(403-02)	민간이전지출 근거 (지방보조금 관리기준 참고) 1. 법률에 규정 2. 국고보조 재원(국가지정) 3. 용도 지정 기부금 4. 조례에 직접규정 5. 지자체가 권장하는 사업을 하는 공공기관 6. 시,도 정책 및 재정사정 7. 기타 8. 해당없음	입찰방식 계약체결방법 (경쟁형태) 1. 일반경쟁 2. 제한경쟁 3. 지명경쟁 4. 수의계약 5. 법정위탁 6. 기타 ( ) 7. 없음	입찰방식 계약기간 1. 1년 2. 2년 3. 3년 4. 4년 5. 5년 6. 기타 ( )년 7. 단기계약 (1년미만) 8. 없음	입찰방식 낙찰자선정방법 1. 적격심사 2. 협상에의한계약 3. 최저가낙찰제 4. 규격가격분리 5. 2단계 경쟁입찰 6. 기타 ( ) 7. 없음	운영예산 산정 운영예산 산정 1. 내부산정 (지자체 자체적으로 산정) 2. 외부산정 (외부전문기관위탁 산정) 3. 내·외부 모두 산정 4. 산정 無 5. 없음	운영예산 산정 정산방법 1. 내부정산 (지자체 내부적으로 정산) 2. 외부정산 (외부전문기관위탁 정산) 3. 내·외부 모두 산정 4. 정산 無 5. 없음	성과평가 실시여부 1. 실시 2. 미실시 3. 향후 추진 4. 해당없음
8998	경남 김해시	제조업스마트공장확산지원	400,000	7	2	6	6	6	2	3	1
8999	경남 김해시	K바이오헬스지역센터지원사업	400,000	7	7	6	3	6	3	3	1
9000	경남 김해시	대중교통비환급지원사업(K패스)	392,000	7	2	7	8	7	5	5	4
9001	경남 김해시	경남청년인재주력산업동반성장일자리사업	382,000	7	2	7	8	7	1	3	2
9002	경남 김해시	가사간병방문지원사업예탁금	335,781	7	2	7	8	7	5	1	4
9003	경남 김해시	TV방송캠페인광고	330,000	7	5	5	8	7	1	4	4
9004	경남 김해시	희귀질환자의료비지원사업	321,084	7	2	7	8	7	1	2	2
9005	경남 김해시	미래新산업청년희망챌린지사업	319,000	7	2	7	8	7	1	3	2
9006	경남 김해시	일상돌봄서비스예탁금	306,720	7	2	7	8	7	5	1	4
9007	경남 김해시	중소기업판로지원	300,000	7	8	7	1	7	5	1	4
9008	경남 김해시	국가암검진	299,539	7	2	7	8	7	1	2	2
9009	경남 김해시	창업기업역량강화	285,000	7	8	7	1	7	5	1	4
9010	경남 김해시	경남에너지성장플러스청년일자리사업	283,000	7	2	7	8	7	1	3	2
9011	경남 김해시	경남방산강소기업육성지원사업	254,400	7	6	6	4	6	3	3	1
9012	경남 김해시	김해시보위탁배부료	240,660	7	5	6	1	6	1	1	2
9013	경남 김해시	강소연구개발특구의료기기전문제조기업육성사업	240,000	7	5	7	8	7	3	3	1
9014	경남 김해시	알뜰교통카드마일리지플러스사업	228,000	7	2	7	8	7	2	2	4
9015	경남 김해시	ETRI지역협력R&D사업	220,000	7	5	7	5	7	1	3	1
9016	경남 김해시	모다드림청년통장지원사업	213,000	7	2	7	8	7	1	3	2
9017	경남 김해시	치매치료관리비지원	172,800	7	1	7	8	7	5	5	1
9018	경남 김해시	김해도자소공인특화지원센터위탁사업비	170,000	7	4	7	8	7	1	1	4
9019	경남 김해시	의료기기,의료용품기술개발및사업화지원사업	168,000	7	5	7	8	7	3	3	1
9020	경남 김해시	ICT연계인공지능통합돌봄사업	145,248	7	6	4	3	1	1	1	1
9021	경남 김해시	다어울림생활문화센터운영	141,400	7	1	4	2	7	1	1	4
9022	경남 김해시	2024년통합지방재정관리시스템운영및유지관리위탁비	141,239	7	7	7	1	7	2	2	4
9023	경남 김해시	버추얼기반미래차부품고도화사업	140,000	7	2	6	3	6	3	3	1
9024	경남 김해시	디지털김해문화대전편찬	135,000	7	7	6	2	7	3	3	4
9025	경남 김해시	청년장인프로젝트사업	126,000	7	2	7	8	7	1	3	2
9026	경남 김해시	스타트업청년채용연계사업	120,000	7	2	7	8	7	1	3	2
9027	경남 김해시	방문의료지원센터운영	120,000	7	2	4	3	1	1	1	1
9028	경남 김해시	중소기업청년활력사업	117,000	7	2	7	8	7	1	3	2
9029	경남 김해시	치매치료관리비지원	115,200	7	2	7	8	7	1	2	2
9030	경남 김해시	대형행사(전국체전,방문의해,동아시아)홍보TV방송캠페인광고	110,000	7	5	5	8	7	1	4	4
9031	경남 김해시	차세대지방세정보시스템운영유지관리비	102,294	7	1	7	8	7	5	5	4
9032	경남 김해시	미래자동차부품실증및사업화지원	100,000	7	2	7	5	7	2	3	1
9033	경남 김해시	산업디지털전환지원체계구축사업	100,000	7	2	6	5	6	3	3	1
9034	경남 김해시	김해수소기업경쟁력강화사업	100,000	7	5	6	1	6	3	3	1
9035	경남 김해시	무역사절단파견사업	100,000	7	5	5	1	2	1	1	1
9036	경남 김해시	경남음악창작소운영	100,000	7	5	7	8	7	5	5	2
9037	경남 김해시	대형옥외전광판도시이미지광고	93,120	7	5	5	8	7	1	4	4

순번	시군구	지출명 (사업명)	2024년예산 (단위 : 천원 /1년간)	민간이전 분류 (지방자치단체 세출예산 집행기준에 의거) 1. 민간경상사업보조(307-02) 2. 민간단체 법정운영비보조(307-03) 3. 민간행사사업보조(307-04) 4. 민간위탁금(307-05) 5. 사회복지시설 법정운영비보조(307-10) 6. 민간인위탁교육비(307-12) 7. 공기관등에대한경상적위탁사업비(308-13) 8. 민간자본사업보조,자체재원(402-01) 9. 민간자본사업보조,이전재원(402-02) 10. 민간위탁사업비(402-03) 11. 공기관등에 대한 자본적 위탁사업비(403-02)	민간이전지출 근거 (지방보조금 관리기준 참고) 1. 법률에 규정 2. 국고보조 재원(국가지정) 3. 용도 지정 기부금 4. 조례에 직접규정 5. 지자체가 권장하는 사업을 하는 공공기관 6. 시,도 정책 및 재정사정 7. 기타 8. 해당없음	입찰방식			운영예산 산정		성과평가 실시여부
						계약체결방법 (경쟁형태) 1. 일반경쟁 2. 제한경쟁 3. 지명경쟁 4. 수의계약 5. 법정위탁 6. 기타 ( ) 7. 없음	계약기간 1. 1년 2. 2년 3. 3년 4. 4년 5. 5년 6. 기타 ( )년 7. 단기계약 (1년미만) 8. 없음	낙찰자선정방법 1. 적격심사 2. 협상에의한계약 3. 최저가낙찰제 4. 규격가격분리 5. 2단계 경쟁입찰 6. 기타 ( ) 7. 없음	운영예산 산정 1. 내부산정 (지자체 자체적으로 산정) 2. 외부산정 (외부전문기관위탁 산정) 3. 내·외부 모두 산정 4. 산정 無 5. 없음	정산방법 1. 내부정산 (지자체 내부적으로 정산) 2. 외부정산 (외부전문기관위탁 정산) 3. 내·외부 모두 산정 4. 정산 無 5. 없음	1. 실시 2. 미실시 3. 향후 추진 4. 해당없음
9038	경남 김해시	직업교육혁신지구사업(의생명)	80,000	7	5	7	8	7	1	1	2
9039	경남 김해시	대형행사(전국체전,방문의해,동아시아)홍보지면및인터넷광고	77,000	7	5	5	8	7	1	4	4
9040	경남 김해시	외국인유아보육료지원(만3세~5세)	72,000	7	6	7	8	7	5	5	4
9041	경남 김해시	KOLAS시험기관운영사업	70,000	7	5	7	1	7	3	3	2
9042	경남 김해시	청년마음건강지원사업	65,547	7	2	7	8	7	5	1	4
9043	경남 김해시	지방인사정보시스템유지보수부담금	64,431	7	1	7	8	7	5	5	4
9044	경남 김해시	어린이집안전보험료지원	57,844	7	6	7	8	7	5	5	4
9045	경남 김해시	ICT융합제조운영체제개발및실증사업	51,438	7	2	6	5	6	2	3	1
9046	경남 김해시	미래차업종전환촉진기업혁신지원사업	50,000	7	2	7	4	7	2	3	1
9047	경남 김해시	수출형중소기업글로벌판로개척지원사업	50,000	7	5	5	1	2	3	1	1
9048	경남 김해시	여성친화도시거점공간운영지원	50,000	7	6	7	8	7	5	5	2
9049	경남 김해시	김해시동부여성새일센터인턴취업장려금	46,000	7	6	7	8	7	5	5	2
9050	경남 김해시	지역인재지역살리기사업	44,000	7	2	7	8	7	1	3	2
9051	경남 김해시	시간제보육료	44,000	7	2	7	8	7	5	5	4
9052	경남 김해시	사회적경제운영지원	40,000	7	8	7	7	7	5	5	4
9053	경남 김해시	경남어린이영상문화관운영지원	36,000	7	6	7	8	7	5	5	4
9054	경남 김해시	고용안정선제대응패키지지원사업	34,600	7	5	7	8	7	1	1	2
9055	경남 김해시	의료급여수급권자일반건강검진사업	32,695	7	2	7	8	7	1	2	2
9056	경남 김해시	의생명기업현황조사	30,000	7	5	7	1	7	1	1	1
9057	경남 김해시	중소기업수출보험료지원사업	30,000	7	5	5	1	2	3	1	1
9058	경남 김해시	김해시정뉴스(김수로늬우스)제작	25,000	7	5	5	8	7	1	4	4
9059	경남 김해시	중소기업해외지사화지원사업	25,000	7	5	5	1	2	3	1	1
9060	경남 김해시	KTX객실모니터영상광고	20,000	7	5	5	8	7	1	4	4
9061	경남 김해시	지역특화청년무역전문가양성사업	20,000	7	5	5	1	2	3	1	1
9062	경남 김해시	무역사절단Followup지원사업	20,000	7	5	5	1	2	1	1	1
9063	경남 김해시	김해뒷고기온라인홍보	20,000	7	4	7	8	7	5	5	1
9064	경남 김해시	청사초롱(청년사업가초심으로롱런)프로젝트	19,000	7	2	7	8	7	1	3	2
9065	경남 김해시	고향사랑기부제종합정보시스템유지관리사업비	18,137	7	1	7	8	7	5	5	4
9066	경남 김해시	경전철래핑광고	15,840	7	5	5	8	7	1	4	4
9067	경남 김해시	경남항노화산업박람회지원사업	15,000	7	5	7	1	7	3	3	2
9068	경남 김해시	발달장애인부모상담지원	13,440	7	2	7	8	7	1	1	1
9069	경남 김해시	의료급여수급권자영유아검진비지원	7,590	7	2	5	8	7	3	3	1
9070	경남 김해시	장애인활동지원추가지원사업위탁업무비	7,000	7	6	7	8	7	1	1	1
9071	경남 김해시	시내(외)버스외부광고	6,600	7	5	5	8	7	1	4	4
9072	경남 김해시	언어발달지원	6,480	7	2	7	8	7	1	1	1
9073	경남 김해시	우편모아시스템	5,600	7	7	5	1	2	1	1	4
9074	경남 김해시	방과후아동보육료지원(차상위이하취학아동5명)	5,400	7	6	7	8	7	5	5	4
9075	경남 김해시	공무원,청원경찰,공무직증발급대금	5,400	7	1	7	8	7	5	5	4
9076	경남 김해시	국가결핵관리사업	3,900	7	1	7	8	7	1	1	2
9077	경남 김해시	결핵환자접촉자검진비지원금	2,600	7	2	7	8	7	5	5	4

순번	시군구	지출명 (사업명)	2024년예산 (단위 : 천원 /1년간)	민간이전 분류 (지방자치단체 세출예산 집행기준에 의거) 1. 민간경상사업보조(307-02) 2. 민간단체 법정운영비보조(307-03) 3. 민간행사사업보조(307-04) 4. 민간위탁금(307-05) 5. 사회복지시설 법정운영비보조(307-10) 6. 민간인위탁교육비(307-12) 7. 공기관등에대한경상적위탁사업비(308-13) 8. 민간자본사업보조,자체재원(402-01) 9. 민간자본사업보조,이전재원(402-02) 10. 민간위탁사업비(402-03) 11. 공기관등에 대한 자본적 위탁사업비(403-02)	민간이전지출 근거 (지방보조금 관리기준 참고) 1. 법률에 규정 2. 국고보조 재원(국가지정) 3. 용도 지정 기부금 4. 조례에 직접규정 5. 지자체가 권장하는 사업을 하는 공공기관 6. 시,도 정책 및 재정사정 7. 기타 8. 해당없음	입찰방식 계약체결방법 (경쟁형태) 1. 일반경쟁 2. 제한경쟁 3. 지명경쟁 4. 수의계약 5. 법정위탁 6. 기타 ( ) 7. 없음	입찰방식 계약기간 1. 1년 2. 2년 3. 3년 4. 4년 5. 5년 6. 기타 ( )년 7. 단기계약 (1년미만) 8. 없음	입찰방식 낙찰자선정방법 1. 적격심사 2. 협상에의한계약 3. 최저가낙찰제 4. 규격가격분리 5. 2단계 경쟁입찰 6. 기타 ( ) 7. 없음	운영예산 산정 운영예산 산정 1. 내부산정 (지자체 자체적으로 산정) 2. 외부산정 (외부전문기관위탁 산정) 3. 내·외부 모두 산정 4. 산정 無 5. 없음	운영예산 산정 정산방법 1. 내부정산 (지자체 내부적으로 정산) 2. 외부정산 (외부전문기관위탁 정산) 3. 내·외부 모두 산정 4. 정산 無 5. 없음	성과평가 실시여부 1. 실시 2. 미실시 3. 향후 추진 4. 해당없음
9078	경남 김해시	김해시동부여성새일센터창업보육	2,000	7	6	7	8	7	5	5	2
9079	경남 거제시	농식품바우처식품구입비지원	3,204,000	7	2	5	7	7	5	5	4
9080	경남 거제시	첫만남이용권	2,195,000	7	2	7	8	7	5	5	4
9081	경남 거제시	아이돌봄지원(돌봄수당)	2,129,000	7	2	7	8	7	5	1	4
9082	경남 거제시	발달장애인주간활동서비스	2,078,701	7	1	5	8	7	1	1	2
9083	경남 거제시	어린이집부모부담보육료지원	1,975,270	7	1	7	8	7	5	1	4
9084	경남 거제시	발달재활서비스	1,437,600	7	1	5	8	7	1	1	2
9085	경남 거제시	자산형성지원사업	937,854	7	2	7	8	7	5	2	2
9086	경남 거제시	대행사업대행수수료	840,228	7	1	5	6	6	1	2	1
9087	경남 거제시	청소년발달장애학생방과후활동서비스	745,412	7	1	5	8	7	1	1	2
9088	경남 거제시	산모신생아건강관리사지원	656,201	7	2	7	8	7	4	3	2
9089	경남 거제시	장애인활동지원시추가	615,121	7	1	5	8	7	1	1	2
9090	경남 거제시	지역자율형사회서비스투자사업	611,786	7	1	7	7	7	5	5	2
9091	경남 거제시	저소득층기저귀조제분유지원	526,000	7	2	7	8	7	4	3	2
9092	경남 거제시	언론사홍보광고료	517,000	7	1	5	1	7	2	2	4
9093	경남 거제시	지적재조사위탁사업비	392,700	7	1	5	1	7	5	5	4
9094	경남 거제시	국가암검진비지원	372,617	7	1,2	5	8	7	5	1	4
9095	경남 거제시	최중증발달장애인주간그룹형1:1지원	358,492	7	1	7	8	7	5	5	4
9096	경남 거제시	어업유산발굴(숭어망쟁이들망어업)	300,000	7	2	7	8	7	1	1	4
9097	경남 거제시	거제디지털문화대전구축	250,000	7	1	5	2	7	5	3	4
9098	경남 거제시	치매치료관리비지원	230,000	7	6	7	8	7	5	5	4
9099	경남 거제시	노란우산공제희망장려금지원	228,960	7	4	7	8	7	5	5	4
9100	경남 거제시	최중증발달장애인주간개별1:1지원	228,822	7	1	7	8	7	5	5	4
9101	경남 거제시	희귀질환자의료비지원	211,446	7	1,2	5	8	7	5	1	4
9102	경남 거제시	지심도특성화사업	200,000	7	2	5	2	7	5	5	4
9103	경남 거제시	황덕도특성화사업	200,000	7	2	5	2	7	5	5	4
9104	경남 거제시	장애인도우미지원	199,950	7	1	5	8	7	1	1	2
9105	경남 거제시	메이커센터및메이커스페이스운영	180,000	7	6	7	8	7	1	1	4
9106	경남 거제시	장애인의료비지원	179,049	7	2	7	8	7	5	5	2
9107	경남 거제시	경남청년인재주력산업동반성장일자리사업(인건비지원)	178,444	7	6	1	2	1	3	3	4
9108	경남 거제시	여성청소년생리용품지원	177,688	7	2	7	8	7	1	3	4
9109	경남 거제시	구토지대장한글화디지털구축	158,264	7	6	5	7	7	2	2	1
9110	경남 거제시	문화,관광알리기(예능)	150,000	7	1	5	1	7	2	2	4
9111	경남 거제시	문화,관광알리기(드라마)	150,000	7	1	5	1	7	2	2	4
9112	경남 거제시	청년구직활동수당지원(청년지원금)	150,000	7	6	6	6	2	3	3	4
9113	경남 거제시	스마트리스닝(EBS영어학습)지원	150,000	7	7	6	1	6	1	1	4
9114	경남 거제시	로컬크리에이터육성	140,000	7	6	7	8	7	1	1	4
9115	경남 거제시	장애인활동지원가산수당	134,700	7	1	5	8	7	1	1	2
9116	경남 거제시	모다드림청년통장지원(청년지원금)	131,200	7	6	7	8	7	5	5	4
9117	경남 거제시	통합지방재정시스템운영유지관리	127,116	7	1	5	1	7	2	2	4

순번	시군구	지출명 (사업명)	2024년예산 (단위 : 천원 /1년간)	민간이전 분류 (지방자치단체 세출예산 집행기준에 의거) 1. 민간경상사업보조(307-02) 2. 민간단체 법정운영비보조(307-03) 3. 민간행사사업보조(307-04) 4. 민간위탁금(307-05) 5. 사회복지시설 법정운영비보조(307-10) 6. 민간인위탁교육비(307-12) 7. 공기관등에대한경상적위탁사업비(308-13) 8. 민간자본사업보조,자체재원(402-01) 9. 민간자본사업보조,이전재원(402-02) 10. 민간위탁사업비(402-03) 11. 공기관등에 대한 자본적 위탁사업비(403-02)	민간이전지출 근거 (지방보조금 관리기준 참고) 1. 법률에 규정 2. 국고보조 재원(국가지정) 3. 용도 지정 기부금 4. 조례에 직접규정 5. 지자체가 권장하는 사업을 하는 공공기관 6. 시,도 정책 및 재정사정 7. 기타 8. 해당없음	입찰방식 계약체결방법 (경쟁형태) 1. 일반경쟁 2. 제한경쟁 3. 지명경쟁 4. 수의계약 5. 법정위탁 6. 기타 ( ) 7. 없음	입찰방식 계약기간 1. 1년 2. 2년 3. 3년 4. 4년 5. 5년 6. 기타 ( )년 7. 단기계약 (1년미만) 8. 없음	입찰방식 낙찰자선정방법 1. 적격심사 2. 협상에의한계약 3. 최저가낙찰제 4. 규격가격분리 5. 2단계 경쟁입찰 6. 기타 ( ) 7. 없음	운영예산 산정 운영예산 산정 1. 내부산정 (지자체 자체적으로 산정) 2. 외부산정 (외부전문기관위탁 산정) 3. 내·외부 모두 산정 4. 산정 無 5. 없음	운영예산 산정 정산방법 1. 내부정산 (지자체 내부적으로 정산) 2. 외부정산 (외부전문기관위탁 정산) 3. 내·외부 모두 산정 4. 정산 無 5. 없음	성과평가 실시여부 1. 실시 2. 미실시 3. 향후 추진 4. 해당없음
9118	경남 거제시	가사간병방문지원사업	122,514	7	2	7	8	7	5	2	2
9119	경남 거제시	제21회해양경찰청장배전국요트대회개최지원	100,000	7	4	7	8	7	1	1	1
9120	경남 거제시	공통기반및재해복구시스템유지관리	89,500	7	1	5	1	7	2	2	4
9121	경남 거제시	지방세정보화시스템위탁사업비	86,679	7	1	5	1	7	2	2	1
9122	경남 거제시	경남형스마트공장보급	80,000	7	6	7	2	7	1	1	3
9123	경남 거제시	경남형미래항공모빌리티항로발굴및실증용역	75,000	7	5	7	8	7	5	5	4
9124	경남 거제시	대중교통비환급지원(K패스)	58,000	7	2	7	8	7	5	5	4
9125	경남 거제시	주민등록증제작	57,125	7	5	5	1	7	2	2	4
9126	경남 거제시	차세대주소정보관리시스템구축및유지관리	55,377	7	2	5	1	2	2	2	1
9127	경남 거제시	표준기록관리시스템유지관리	46,768	7	1	5	1	7	2	2	4
9128	경남 거제시	세외수입정보화사업운영	43,438	7	7	5	1	7	2	2	4
9129	경남 거제시	입체주소구축및주소정보기본도유지관리	43,128	7	2	5	1	2	2	2	1
9130	경남 거제시	신문고시공고료	40,000	7	1	5	1	7	2	2	4
9131	경남 거제시	차세대인사행정시스템유지보수	39,463	7	1	5	1	2	2	2	4
9132	경남 거제시	알뜰교통카드연계마일리지지원	34,000	7	2	7	8	7	5	5	4
9133	경남 거제시	온나라및전자문서유통지원센터유지관리	31,164	7	1	5	1	7	2	2	4
9134	경남 거제시	일상돌봄서비스사업	29,800	7	1	7	7	7	5	5	2
9135	경남 거제시	경남귀환청년행복일자리이음사업(인건비지원)	28,800	7	6	1	2	1	3	3	4
9136	경남 거제시	의료급여수급권자일반건강검진비지원	27,750	7	1,2	5	8	7	5	1	4
9137	경남 거제시	차세대주민등록정보시스템운영	24,906	7	5	5	1	7	2	2	4
9138	경남 거제시	경남청년인재주력산업동반성장일자리사업(수행기관운영비)	24,784	7	6	4	2	7	3	3	4
9139	경남 거제시	청년마음건강지원사업	24,319	7	1	7	7	7	5	5	2
9140	경남 거제시	고품질정부보급종구입비지원	20,000	7	5	7	7	7	1	1	4
9141	경남 거제시	경남청년인재주력산업동반성장일자리사업(주거정착금)	19,200	7	6	4	2	7	3	3	4
9142	경남 거제시	고향사랑기부제종합정보시스템유지보수	18,137	7	1	5	1	7	2	2	1
9143	경남 거제시	시간제보육서비스보육료	16,000	7	1	7	8	7	5	1	4
9144	경남 거제시	거제서울청소년역사문화교류	16,000	7	1	7	7	7	1	1	4
9145	경남 거제시	모다드림청년통장지원(기타지원금)	14,760	7	6	7	8	7	5	5	4
9146	경남 거제시	청백e시스템운영지원	14,092	7	5	5	1	7	2	1	1
9147	경남 거제시	청년구직활동수당지원(수행기관운영비)	13,500	7	6	6	6	2	3	3	4
9148	경남 거제시	발달장애인부모상담지원	13,440	7	1	5	8	7	1	1	2
9149	경남 거제시	경남청년인재주력산업동반성장일자리사업(교통복지비)	12,000	7	6	4	2	7	3	3	4
9150	경남 거제시	해양레저스포츠교육프로그램	12,000	7	5	7	8	7	1	1	1
9151	경남 거제시	경남귀환청년행복일자리이음사업(인센티브지원)	10,000	7	6	1	2	1	3	3	4
9152	경남 거제시	고향사랑기부제광고비	10,000	7	1	5	1	7	2	2	4
9153	경남 거제시	지방행정공통시스템서비스데스크운영	7,000	7	1	5	1	7	2	2	4
9154	경남 거제시	택시운행정보관리시스템운영비	6,776	7	1	5	8	6	1	1	4
9155	경남 거제시	외국인유아보육료지원	6,600	7	1	7	8	7	5	1	4
9156	경남 거제시	우편모아시스템서비스데스크운영	5,600	7	1	5	1	7	2	2	4
9157	경남 거제시	청년구직활동수당지원(취업성공수당)	5,500	7	6	6	6	2	3	3	4

순번	시군구	지출명 (사업명)	2024년예산 (단위 : 천원 /1년간)	민간이전 분류 (지방자치단체 세출예산 집행기준에 의거) 1. 민간경상사업보조(307-02) 2. 민간단체 법정운영비보조(307-03) 3. 민간행사사업보조(307-04) 4. 민간위탁금(307-05) 5. 사회복지시설 법정운영비보조(307-10) 6. 민간인위탁교육비(307-12) 7. 공기관등에대한경상적위탁사업비(308-13) 8. 민간자본사업보조,자체재원(402-01) 9. 민간자본사업보조,이전재원(402-02) 10. 민간위탁사업비(402-03) 11. 공기관등에 대한 자본적 위탁사업비(403-02)	민간이전지출 근거 (지방보조금 관리기준 참고) 1. 법률에 규정 2. 국고보조 재원(국가지정) 3. 용도 지정 기부금 4. 조례에 직접규정 5. 지자체가 권장하는 사업을 하는 공공기관 6. 시,도 정책 및 재정사정 7. 기타 8. 해당없음	입찰방식: 계약체결방법 (경쟁형태) 1. 일반경쟁 2. 제한경쟁 3. 지명경쟁 4. 수의계약 5. 법정위탁 6. 기타 ( ) 7. 없음	입찰방식: 계약기간 1. 1년 2. 2년 3. 3년 4. 4년 5. 5년 6. 기타 ( )년 7. 단기계약 (1년미만) 8. 없음	입찰방식: 낙찰자선정방법 1. 적격심사 2. 협상에의한계약 3. 최저가낙찰제 4. 규격가격분리 5. 2단계 경쟁입찰 6. 기타 ( ) 7. 없음	운영예산 산정: 운영예산 산정 1. 내부산정 (지자체 자체적으로 산정) 2. 외부산정 (외부전문기관위탁 산정) 3. 내·외부 모두 산정 4. 산정 無 5. 없음	운영예산 산정: 정산방법 1. 내부정산 (지자체 내부적으로 정산) 2. 외부정산 (외부전문기관위탁 정산) 3. 내·외부 모두 산정 4. 정산 無 5. 없음	성과평가 실시여부 1. 실시 2. 미실시 3. 향후 추진 4. 해당없음
9158	경남 거제시	지자체기능분류모델(BRM)시스템고도화	5,250	7	1	5	1	7	2	2	4
9159	경남 거제시	경남귀환청년행복일자리이음사업(수행기관운영비)	4,464	7	6	1	2	1	3	3	4
9160	경남 거제시	언어발달지원	4,320	7	1	5	8	7	1	1	2
9161	경남 거제시	장애인활동지원시추가위탁업무비	3,500	7	1	5	8	7	1	1	2
9162	경남 거제시	표준모자보건수첩	2,000	7	7	7	8	7	4	3	2
9163	경남 거제시	청소년산모임신출산의료비지원	1,800	7	2	7	8	7	4	3	2
9164	경남 양산시	양산시복지재단운영	5,110,152	7	5	7	8	7	1	1	1
9165	경남 양산시	장애인활동지원시추가지원사업	4,228,400	7	1	7	8	7	1	1	4
9166	경남 양산시	교통약자이동편의증진	3,616,180	7	4	5	2	7	1	1	4
9167	경남 양산시	장애인도우미지원	2,268,629	7	1	7	8	7	1	1	4
9168	경남 양산시	장애인복지관운영	1,761,276	7	1	7	8	7	1	1	4
9169	경남 양산시	발달재활서비스사업	1,209,600	7	1	7	8	7	1	1	4
9170	경남 양산시	활동보조가산수당	691,016	7	1	7	8	7	1	1	4
9171	경남 양산시	노인복지관운영	670,276	7	1	5	5	1	1	1	4
9172	경남 양산시	국가암검진사업	648,878	7	1	7	7	7	5	3	4
9173	경남 양산시	G스페이스동부(도직접지원)	600,000	7	6	5	2	7	1	1	4
9174	경남 양산시	희귀질환자의료비지원사업	546,364	7	1	7	7	7	5	3	4
9175	경남 양산시	청년구직활동수당지원사업	360,800	7	6	7	8	7	5	2	4
9176	경남 양산시	장애인의료비지원	336,137	7	2	5	8	7	5	3	4
9177	경남 양산시	스마트공장보급확산사업(국가직접지원)	300,000	7	2	7	8	7	5	1	4
9178	경남 양산시	경남에너지성장플러스청년일자리사업	260,588	7	6	7	8	7	5	2	4
9179	경남 양산시	소재부품성장잠재기업육성사업	240,000	7	5	7	8	7	2	2	3
9180	경남 양산시	웅상종합사회복지관운영	226,144	7	1	5	5	1	1	1	4
9181	경남 양산시	기술규제해결형시험인증지원사업	200,000	7	6	7	8	7	3	3	3
9182	경남 양산시	바이오헬스산업기술개발및상용화지원	200,000	7	4	7	8	7	1	1	3
9183	경남 양산시	경남항공우주산업청년인재채용지원사업	189,870	7	6	7	8	7	5	2	4
9184	경남 양산시	알뜰교통카드연계마일리지지원	170,000	7	2	7	8	7	2	2	4
9185	경남 양산시	모다드림청년통장지원사업	145,960	7	6	7	8	7	5	2	4
9186	경남 양산시	의생명의료기기기술개발및사업화지원(도직접지원)	126,000	7	4	7	8	7	2	1	4
9187	경남 양산시	해외시장개척활동지원	120,000	7	4	1	1	7	1	1	2
9188	경남 양산시	경남청년인재주력산업동반성장일자리사업	100,130	7	6	7	8	7	5	2	4
9189	경남 양산시	미래자동차부품실증및사업화지원(도직접지원)	100,000	7	7	7	5	7	3	3	3
9190	경남 양산시	경남형D.N.A씨드인력양성사업	84,267	7	6	7	8	7	5	2	4
9191	경남 양산시	ESG혁신기업청년인재양성사업	58,116	7	6	7	8	7	5	2	4
9192	경남 양산시	의료급여수급권자일반건강검진사업	54,400	7	1	7	7	7	5	3	4
9193	경남 양산시	ICT융합제조운영체제개발및실증사업(국가직접지원)	51,438	7	2	7	8	7	5	1	4
9194	경남 양산시	신사업발굴기획	50,000	7	6	7	8	7	5	5	4
9195	경남 양산시	미래차업종전환촉진기업혁신지원(도직접지원)	50,000	7	7	7	2	7	3	3	3
9196	경남 양산시	경남창업페스티벌「GSAT2024」	50,000	7	6	7	8	7	5	5	4
9197	경남 양산시	중소기업청년활력사업	49,500	7	6	7	8	7	5	2	4

순번	시군구	지출명 (사업명)	2024년예산 (단위 : 천원 /1년간)	민간이전 분류 (지방자치단체 세출예산 집행기준에 의거) 1. 민간경상사업보조(307-02) 2. 민간단체 법정운영비보조(307-03) 3. 민간행사사업보조(307-04) 4. 민간위탁금(307-05) 5. 사회복지시설 법정운영비보조(307-10) 6. 민간인위탁교육비(307-12) 7. 공기관등에대한경상적위탁사업비(308-13) 8. 민간자본사업보조,자체재원(402-01) 9. 민간자본사업보조,이전재원(402-02) 10. 민간위탁사업비(402-03) 11. 공기관등에 대한 자본적 위탁사업비(403-02)	민간이전지출 근거 (지방보조금 관리기준 참고) 1. 법률에 규정 2. 국고보조 재원(국가지정) 3. 용도 지정 기부금 4. 조례에 직접규정 5. 지자체가 권장하는 사업을 하는 공공기관 6. 시,도 정책 및 재정사정 7. 기타 8. 해당없음	입찰방식 계약체결방법 (경쟁형태) 1. 일반경쟁 2. 제한경쟁 3. 지명경쟁 4. 수의계약 5. 법정위탁 6. 기타 ( ) 7. 없음	계약기간 1. 1년 2. 2년 3. 3년 4. 4년 5. 5년 6. 기타 ( )년 7. 단기계약 (1년미만) 8. 없음	낙찰자선정방법 1. 적격심사 2. 협상에의한계약 3. 최저가낙찰제 4. 규격가격분리 5. 2단계 경쟁입찰 6. 기타 ( ) 7. 없음	운영예산 산정 운영예산 산정 1. 내부산정 (지자체 자체적으로 산정) 2. 외부산정 (외부전문기관위탁 산정) 3. 내·외부 모두 산정 4. 산정 無 5. 없음	정산방법 1. 내부정산 (지자체 내부적으로 정산) 2. 외부정산 (외부전문기관위탁 정산) 3. 내·외부 모두 산정 4. 정산 無 5. 없음	성과평가 실시여부 1. 실시 2. 미실시 3. 향후 추진 4. 해당없음
9198	경남 양산시	스타트업청년채용연계사업	45,000	7	6	7	8	7	5	2	4
9199	경남 양산시	어린이집안전보험지원	44,005	7	6	7	8	7	1	1	2
9200	경남 양산시	인사운영지원	42,049	7	6	5	1	1	1	1	4
9201	경남 양산시	대학생학자금대출이자지원	33,000	7	4	7	8	7	1	1	1
9202	경남 양산시	의료기기사용적합성인프라구축사업(국가직접지원)	30,000	7	2	7	8	7	2	2	4
9203	경남 양산시	중소기업핵심기술맞춤정보제공	25,000	7	4	4	1	7	1	1	2
9204	경남 양산시	밀양댐부유물운반,처리비및잡목제거비	25,000	7	2	7	8	7	3	3	1
9205	경남 양산시	경남청년장인프로젝트	22,500	7	6	7	8	7	5	2	4
9206	경남 양산시	중소기업수출보험료지원	20,000	7	4	1	1	7	1	1	2
9207	경남 양산시	청백e시스템유지관리지자체별분담금	14,883	7	1	5	1	7	2	2	1
9208	경남 양산시	택시지원사업	8,189	7	1	7	8	7	1	1	4
9209	경남 양산시	의료급여수급권자영유아검진비지원	6,099	7	1	7	7	7	5	3	4
9210	경남 양산시	지적재조사사업	204,325	7	1	5	1	1	1	1	1
9211	경남 양산시	도로명및건물번호부여산업(국가주소정보시스템유지관리)	55,377	7	1	5	1	1	1	1	1
9212	경남 양산시	도로명및건물번호부여산업(도로명주소기본도유지관리)	43,128	7	1	5	1	1	1	1	1
9213	경남 양산시	양산시골목상권활성화지원사업	250,000	7	5	7	8	7	5	5	4
9214	경남 양산시	지하수보조측정망운영관리	120,000	7	1	7	8	7	5	5	4
9215	경남 양산시	로컬크리에이터육성사업	100,000	7	5	7	8	7	5	5	4
9216	경남 양산시	지방세정보시스템위탁사업비	97,089	7	1	7	1	7	2	2	2
9217	경남 양산시	지하수이용실태조사	59,100	7	1	7	8	7	5	5	4
9218	경남 의령군	첫만남이용권	175,000	7	2	6	1	7	5	1	1
9219	경남 의령군	치매치료관리비지원	156,200	7	2	7	8	7	5	5	4
9220	경남 의령군	희귀질환자의료비지원사업	111,546	7	7	7	8	7	5	5	4
9221	경남 의령군	지역자율형사회서비스투자사업(산모신생아건강관리사지원)(전환)	82,649	7	2	7	8	7	5	3	4
9222	경남 의령군	지역사회건강조사조사분석위탁운영	67,256	7	2	7	1	7	5	5	4
9223	경남 의령군	지방세정보화사업유지보수비	65,859	7	5	7	1	7	5	5	4
9224	경남 의령군	기저귀조제분유지원	38,500	7	2	7	8	7	5	3	4
9225	경남 의령군	세외수입프로그램유지보수	28,595	7	5	7	1	7	5	5	4
9226	경남 의령군	청년구직활동지원	22,800	7	5	6	6	6	1	1	1
9227	경남 의령군	경남청년통장지원	21,360	7	5	6	6	6	1	1	1
9228	경남 의령군	온나라2.시스템SW유지관리	20,700	7	5	4	1	7	1	1	4
9229	경남 의령군	차세대표준지방인사정보시스템유지관리비	20,050	7	1	7	1	7	2	2	4
9230	경남 의령군	차세대주민등록정보시스템운영부담금	17,860	7	1	7	1	7	2	2	4
9231	경남 의령군	경남형D.N.A.씨드인력양성	11,368	7	5	6	6	6	1	1	1
9232	경남 의령군	청소년산모임신출산의료비지원	1,200	7	2	7	8	7	5	3	4
9233	경남 의령군	의료급여수급권자영유아건강검진사업	190	7	2	7	8	7	5	3	4
9234	경남 의령군	표준모자보건수첩제작	160	7	2	7	8	7	5	3	4
9235	경남 함안군	공설장사시설운영	2,694,342	7	4	4	3	7	3	1	3
9236	경남 함안군	아이돌봄지원	513,980	7	2	7	8	7	5	1	1
9237	경남 함안군	첫만남이용권지원사업	344,000	7	2	7	8	7	5	5	4

순번	시군구	지출명 (사업명)	2024년예산 (단위 : 천원 /1년간)	민간이전 분류 (지방자치단체 세출예산 집행기준에 의거) 1. 민간경상사업보조(307-02) 2. 민간단체 법정운영비보조(307-03) 3. 민간행사사업보조(307-04) 4. 민간위탁금(307-05) 5. 사회복지시설 법정운영비보조(307-10) 6. 민간인위탁교육비(307-12) 7. 공기관등에대한경상적위탁사업비(308-13) 8. 민간자본사업보조,자체재원(402-01) 9. 민간자본사업보조,이전재원(402-02) 10. 민간위탁사업비(402-03) 11. 공기관등에 대한 자본적 위탁사업비(403-02)	민간이전지출 근거 (지방보조금 관리기준 참고) 1. 법률에 규정 2. 국고보조 재원(국가지정) 3. 용도 지정 기부금 4. 조례에 직접규정 5. 지자체가 권장하는 사업을 하는 공공기관 6. 시,도 정책 및 재정사정 7. 기타 8. 해당없음	입찰방식 계약체결방법 (경쟁형태) 1. 일반경쟁 2. 제한경쟁 3. 지명경쟁 4. 수의계약 5. 법정위탁 6. 기타 ( ) 7. 없음	입찰방식 계약기간 1. 1년 2. 2년 3. 3년 4. 4년 5. 5년 6. 기타 ( )년 7. 단기계약 (1년미만) 8. 없음	입찰방식 낙찰자선정방법 1. 적격심사 2. 협상에의한계약 3. 최저가낙찰제 4. 규격가격분리 5. 2단계 경쟁입찰 6. 기타 ( ) 7. 없음	운영예산 산정 운영예산 산정 1. 내부산정 (지자체 자체적으로 산정) 2. 외부산정 (외부전문기관위탁 산정) 3. 내·외부 모두 산정 4. 산정 無 5. 없음	운영예산 산정 정산방법 1. 내부정산 (지자체 내부적으로 정산) 2. 외부정산 (외부전문기관위탁 정산) 3. 내·외부 모두 산정 4. 정산 無 5. 없음	성과평가 실시여부 1. 실시 2. 미실시 3. 향후 추진 4. 해당없음
9238	경남 함안군	장애인의료비지원	102,454	7	2	7	8	7	1	1	2
9239	경남 함안군	청년구직활동지원금	78,800	7	2	7	1	7	5	3	4
9240	경남 함안군	장애인활동지원가산수당	27,753	7	2	2	8	1	1	1	1
9241	경남 함안군	스마트공장보급확산지원	792,000	7	5	7	8	7	2	2	1
9242	경남 함안군	경남방산강소기업육성지원	250,000	7	5	7	8	7	2	2	1
9243	경남 함안군	미래자동차부품제조산업의성장지원	115,000	7	5	7	8	7	2	2	1
9244	경남 함안군	미래자동차부품실증및사업화지원	100,000	7	5	7	8	7	2	2	1
9245	경남 함안군	경남형D.N.A.씨드인력양성사업	50,501	7	2	7	1	7	1	3	1
9246	경남 함안군	미래차업종전환촉진기업혁신지원	50,000	7	5	7	8	7	2	2	1
9247	경남 함안군	중소기업수출보험료지원	20,000	7	4	7	8	7	1	1	2
9248	경남 창녕군	주거급여(수선유지급여)	475,000	7	1	5	1	7	5	5	4
9249	경남 창녕군	고향사랑기부금종합정보시스템유지관리비	18,137	7	2	5	1	7	2	5	4
9250	경남 고성군	장애인활동지원사업급여지원	3,901,759	7	1,2	7	8	7	1	1	4
9251	경남 고성군	수선유지급여(현물경.중.대보수)	448,000	7	2	7	8	7	5	5	4
9252	경남 고성군	발달장애인주간활동서비스지원	435,173	7	1,2	7	8	7	1	1	4
9253	경남 고성군	발달재활서비스바우처지원	139,200	7	1,2	7	8	7	1	1	4
9254	경남 고성군	지역자율형사회서비스투자사업(지원)	105,000	7	2	7	8	7	5	5	4
9255	경남 고성군	조선업생산공정혁신기술지원사업	100,000	7	1	7	8	7	2	2	4
9256	경남 고성군	가사간병방문지원사업	91,319	7	2	7	7	7	1	3	4
9257	경남 고성군	도장애인도우미지원사업	86,082	7	1,2	7	8	7	1	1	4
9258	경남 고성군	활동보조가산급여	66,841	7	1,2	7	8	7	1	1	4
9259	경남 고성군	여성청소년생리용품지원	39,884	7	1	5	8	7	3	3	4
9260	경남 고성군	농촌마을유휴자원조사(빈집실태조사)	37,200	7	6	7	8	7	5	5	4
9261	경남 고성군	청소년발달장애학생방과후활동서비스지원	34,809	7	1,2	7	8	7	1	1	4
9262	경남 고성군	일상돌봄서비스사업	25,992	7	2	7	8	7	5	5	4
9263	경남 고성군	관광홍보	20,000	7	6	4	1	7	1	1	4
9264	경남 고성군	소상공인지원	10,000	7	4	7	8	7	5	5	3
9265	경남 고성군	재해위험지구정비사업손실보상신문공고료	10,000	7	7	7	8	7	5	5	4
9266	경남 고성군	군관리계획신문공고료	7,500	7	1	7	8	7	5	5	4
9267	경남 고성군	아동복지활동지원	2,500	7	8	7	8	7	5	5	4
9268	경남 고성군	평생교육기반조성	2,500	7	8	7	8	7	5	5	4
9269	경남 고성군	고성진로교육지원센터운영	2,500	7	8	7	8	7	5	5	4
9270	경남 고성군	지역자율형사회서비스투자사업(청년마음건강지원사업)	1,762	7	2	7	8	7	5	5	4
9271	경남 고성군	공공실버주택위탁수수료(주택관리)	1,080	7	4	7	8	7	5	5	4
9272	경남 고성군	주민강좌신문광고	440	7	8	7	8	7	1	1	4
9273	경남 고성군	주민강좌신문광고	440	7	8	7	8	7	1	1	4
9274	경남 고성군	주민강좌신문광고	440	7	8	7	8	7	1	1	4
9275	경남 고성군	주민강좌신문광고	440	7	8	7	8	7	1	1	4
9276	경남 고성군	주민강좌신문광고	440	7	8	7	8	7	1	1	4
9277	경남 고성군	주민강좌신문광고	440	7	8	7	8	7	1	1	4

순번	시군구	지출명 (사업명)	2024년예산 (단위 : 천원 /1년간)	민간이전 분류 (지방자치단체 세출예산 집행기준에 의거) 1. 민간경상사업보조(307-02) 2. 민간단체 법정운영비보조(307-03) 3. 민간행사사업보조(307-04) 4. 민간위탁금(307-05) 5. 사회복지시설 법정운영비보조(307-10) 6. 민간인위탁교육비(307-12) 7. 공기관등에대한경상적위탁사업비(308-13) 8. 민간자본사업보조,자체재원(402-01) 9. 민간자본사업보조,이전재원(402-02) 10. 민간위탁사업비(402-03) 11. 공기관등에 대한 자본적 위탁사업비(403-02)	민간이전지출 근거 (지방보조금 관리기준 참고) 1. 법률에 규정 2. 국고보조 재원(국가지정) 3. 용도 지정 기부금 4. 조례에 직접규정 5. 지자체가 권장하는 사업을 하는 공공기관 6. 시,도 정책 및 재정사정 7. 기타 8. 해당없음	입찰방식 계약체결방법 (경쟁형태) 1. 일반경쟁 2. 제한경쟁 3. 지명경쟁 4. 수의계약 5. 법정위탁 6. 기타 ( ) 7. 없음	입찰방식 계약기간 1. 1년 2. 2년 3. 3년 4. 4년 5. 5년 6. 기타 ( )년 7. 단기계약 (1년미만) 8. 없음	입찰방식 낙찰자선정방법 1. 적격심사 2. 협상에의한계약 3. 최저가낙찰제 4. 규격가격분리 5. 2단계 경쟁입찰 6. 기타 ( ) 7. 없음	운영예산 산정 운영예산 산정 1. 내부산정 (지자체 자체적으로 산정) 2. 외부산정 (외부전문기관위탁 산정) 3. 내·외부 모두 산정 4. 산정 無 5. 없음	운영예산 산정 정산방법 1. 내부정산 (지자체 내부적으로 정산) 2. 외부정산 (외부전문기관위탁 정산) 3. 내·외부 모두 산정 4. 정산 無 5. 없음	성과평가 실시여부 1. 실시 2. 미실시 3. 향후 추진 4. 해당없음
9278	경남 남해군	장애인활동지원급여	3,408,163	7	1	7	8	7	1	1	4
9279	경남 남해군	발달장애인주간활동서비스	752,592	7	1	7	8	7	1	1	4
9280	경남 남해군	통합문화이용권(3,363명*13,원)	437,190	7	7	7	8	7	5	1	4
9281	경남 남해군	언론매체군정홍보광고료(신문,방송등)	360,000	7	1	5	8	7	1	1	4
9282	경남 남해군	지적재조사측량수수료	343,706	7	1	5	1	7	5	5	4
9283	경남 남해군	근로능력있는수급자의탈수급지원(희망키움통장Ⅰ)	266,432	7	1	7	8	7	1	1	4
9284	경남 남해군	치매치료관리비지원(전환사업)	244,000	7	1	7	8	7	3	3	4
9285	경남 남해군	첫만남이용권	239,000	7	2	7	8	7	5	5	4
9286	경남 남해군	발달장애인방과후돌봄서비스	202,641	7	1	7	8	7	1	1	4
9287	경남 남해군	택시외부광고비(관광홍보)	200,772	7	1	5	1	7	1	4	4
9288	경남 남해군	군단위LPG배관망시설안전관리위수탁	199,250	7	1	6	1	7	2	2	4
9289	경남 남해군	지역자율형사회서비스투자사업	137,000	7	2	5	1	7	1	1	1
9290	경남 남해군	희귀질환자의료비지원사업	135,494	7	2	7	8	7	1	1	4
9291	경남 남해군	중증장애인도우미수당	132,096	7	1	7	8	7	1	1	4
9292	경남 남해군	군민평생교육과정운영	100,000	7	4	7	1	7	1	1	1
9293	경남 남해군	방송프로그램유치	100,000	7	4	7	8	7	5	5	4
9294	경남 남해군	재정시스템유지보수	99,020	7	8	5	1	7	1	5	4
9295	경남 남해군	산모신생아건강관리사지원(전환사업)	95,488	7	2	7	8	7	5	2	4
9296	경남 남해군	장애인의료비지원	91,190	7	1	7	8	7	1	1	4
9297	경남 남해군	2024년자치단체공통기반및재해복구시스템유지관리	82,000	7	5	5	1	7	5	5	2
9298	경남 남해군	표준기록관리시스템유지보수(한국지역정보개발원)	80,663	7	5	5	1	2	3	2	1
9299	경남 남해군	국가암관리지원(지원)	80,465	7	2	7	8	7	1	1	4
9300	경남 남해군	농산물홍보마케팅	80,000	7	1	7	8	7	5	5	4
9301	경남 남해군	남해몰운영	80,000	7	1	7	8	7	5	5	4
9302	경남 남해군	저소득층기저귀조제분유지원	74,000	7	2	7	8	7	5	2	4
9303	경남 남해군	발달재활서비스지원	72,000	7	1	7	8	7	1	1	4
9304	경남 남해군	지방세정보화시스템프로그램운영유지관리	71,065	7	1	5	7	7	2	2	4
9305	경남 남해군	지역사회건강조사조사분석위탁운영	67,520	7	2	7	8	7	1	1	4
9306	경남 남해군	남해대학귀농귀촌정규교육과정운영	61,600	7	5	5	1	7	3	3	3
9307	경남 남해군	차세대KAIS구축및유지관리	53,727	7	8	5	1	7	2	2	2
9308	경남 남해군	워케이션in남해	50,000	7	5	7	1	7	1	1	3
9309	경남 남해군	관광남해홍보활동(방송프로그램유치)	50,000	7	1	4	7	1	1	1	2
9310	경남 남해군	관내무형문화유산전수조사	50,000	7	4	6	1	6	1	1	1
9311	경남 남해군	가사간병방문지원사업	47,646	7	2	5	1	7	1	1	1
9312	경남 남해군	모다드림청년통장지원사업	46,280	7	6	7	8	7	5	2	4
9313	경남 남해군	도립남해대학역량강화사업	45,000	7	1	7	8	7	1	1	4
9314	경남 남해군	시외버스외부광고비(관광홍보)	45,000	7	1	5	1	7	1	4	4
9315	경남 남해군	경남청년인재주력사업동반성장일자리사업	41,515	7	6	7	8	7	5	2	4
9316	경남 남해군	관광남해홍보활동(방송매체홍보)	40,000	7	1	4	7	1	1	1	2
9317	경남 남해군	주소정보기본도유지관리	32,524	7	8	5	1	7	2	2	2

순번	시군구	지출명 (사업명)	2024년예산 (단위 : 천원 /1년간)	민간이전 분류 (지방자치단체 세출예산 집행기준에 의거) 1. 민간경상사업보조(307-02) 2. 민간단체 법정운영비보조(307-03) 3. 민간행사사업보조(307-04) 4. 민간위탁금(307-05) 5. 사회복지시설 법정운영비보조(307-10) 6. 민간인위탁교육비(307-12) 7. 공기관등에대한경상적위탁사업비(308-13) 8. 민간자본사업보조,자체재원(402-01) 9. 민간자본사업보조,이전재원(402-02) 10. 민간위탁사업비(402-03) 11. 공기관등에 대한 자본적 위탁사업비(403-02)	민간이전지출 근거 (지방보조금 관리기준 참고) 1. 법률에 규정 2. 국고보조 재원(국가지정) 3. 용도 지정 기부금 4. 조례에 직접규정 5. 지자체가 권장하는 사업을 하는 공공기관 6. 시,도 정책 및 재정사정 7. 기타 8. 해당없음	입찰방식 계약체결방법 (경쟁형태) 1. 일반경쟁 2. 제한경쟁 3. 지명경쟁 4. 수의계약 5. 법정위탁 6. 기타 ( ) 7. 없음	입찰방식 계약기간 1. 1년 2. 2년 3. 3년 4. 4년 5. 5년 6. 기타 ( )년 7. 단기계약 (1년미만) 8. 없음	입찰방식 낙찰자선정방법 1. 적격심사 2. 협상에의한계약 3. 최저가낙찰제 4. 규격가격분리 5. 2단계 경쟁입찰 6. 기타 ( ) 7. 없음	운영예산 산정 운영예산 산정 1. 내부산정 (지자체 자체적으로 산정) 2. 외부산정 (외부전문기관위탁 산정) 3. 내·외부 모두 산정 4. 산정 無 5. 없음	운영예산 산정 정산방법 1. 내부정산 (지자체 내부적으로 정산) 2. 외부정산 (외부전문기관위탁 정산) 3. 내·외부 모두 산정 4. 정산 無 5. 없음	성과평가 실시여부 1. 실시 2. 미실시 3. 향후 추진 4. 해당없음
9318	경남 남해군	청년구직활동수당지원	31,520	7	6	7	8	7	5	2	4
9319	경남 남해군	세외수입유지보수	31,069	7	8	7	8	7	5	5	4
9320	경남 남해군	관광남해홍보활동(옥외광고홍보)	30,000	7	1	4	7	1	1	1	2
9321	경남 남해군	여성청소년생리용품지원사업	25,824	7	1	5	8	7	5	1	1
9322	경남 남해군	2024년차세대인사랑유지보수부담금(행정안전부)	21,807	7	5	5	1	2	2	2	1
9323	경남 남해군	통합정신건강증진사업	21,040	7	1	4	7	7	1	1	2
9324	경남 남해군	2024년정부업무관리시스템(온나라)및정부전자문서유통지원센터유지관리	20,700	7	5	5	1	7	5	5	2
9325	경남 남해군	수산자원조성기반시설유지보강	20,000	7	1	7	8	7	1	1	4
9326	경남 남해군	차세대주민등록정보시스템운영	17,860	7	1	5	1	7	2	5	2
9327	경남 남해군	아동청소년정신보건사업	15,780	7	1	4	7	7	1	1	2
9328	경남 남해군	청년해외취업지원	15,000	7	6	7	8	7	5	5	3
9329	경남 남해군	스마트공장보급확산사업	14,000	7	6	7	8	7	5	5	4
9330	경남 남해군	정백e시스템유지보수	12,510	7	1	4	1	7	5	5	4
9331	경남 남해군	활동보조가산급여	10,019	7	1	7	8	7	1	1	4
9332	경남 남해군	소상공인맞춤형컨설팅지원	10,000	7	4	7	8	7	5	5	4
9333	경남 남해군	의료급여수급권자일반검진비지원	9,923	7	2	7	8	7	1	1	4
9334	경남 남해군	지역사회중심금연지원서비스	9,600	7	7	4	1	7	5	1	4
9335	경남 남해군	보상계획열람신문공고	8,000	7	1	7	8	7	5	5	4
9336	경남 남해군	2024년지방행정공통시스템상담센터운영	6,900	7	5	5	1	7	5	5	2
9337	경남 남해군	우편모아시스템유지보수(한국지역정보개발원)	5,600	7	5	5	1	2	2	2	1
9338	경남 남해군	대중교통비환급지원사업(K패스)	4,800	7	2	7	8	7	2	2	4
9339	경남 남해군	알뜰교통카드마일리지지원	3,400	7	2	7	8	7	2	2	4
9340	경남 남해군	자치단체기능분류모델BRM시스템고도화지자체분담금	3,180	7	5	5	1	2	2	2	1
9341	경남 남해군	감염병예방관리	3,150	7	8	7	8	7	1	1	4
9342	경남 남해군	최고농업경영자과정운영지원	2,946	7	6	7	8	7	5	4	2
9343	경남 남해군	행복교육지구신문홍보	2,800	7	8	7	8	7	1	1	1
9344	경남 남해군	청년마음건강지원사업	1,762	7	2	5	1	7	1	1	1
9345	경남 남해군	의료급여수급권자영유아검진비지원	990	7	2	7	8	7	5	2	4
9346	경남 남해군	보건소결핵관리사업	972	7	2	7	8	7	2	2	4
9347	경남 남해군	청소년산모의료비지원	600	7	2	7	8	7	5	2	4
9348	경남 하동군	장애인활동지원급여지원	1,882,268	7	1	7	8	7	1	1	4
9349	경남 하동군	발달장애인주간활동서비스지원	542,332	7	1	7	8	7	1	1	4
9350	경남 하동군	군정주요시책홍보활동	521,920	7	1	7	8	7	1	5	4
9351	경남 하동군	주거급여(현물)	339,000	7	2	5	1	7	3	1	1
9352	경남 하동군	자산형성지원사업	309,978	7	1	7	8	7	5	3	4
9353	경남 하동군	치매치료관리비지원(전환사업)	240,000	7	2	7	8	7	2	2	4
9354	경남 하동군	첫만남이용권	217,000	7	2	7	8	7	5	5	4
9355	경남 하동군	택시외관홍보	200,000	7	6	5	8	7	5	5	4
9356	경남 하동군	지적재조사사업추진	196,614	7	1	7	8	7	5	5	4
9357	경남 하동군	지역자율형사회서비스투자사업(가사간병방문지원)	166,757	7	1	7	8	7	5	3	4

순번	시군구	지출명 (사업명)	2024년예산 (단위 : 천원 /1년간)	민간이전 분류 (지방자치단체 세출예산 집행기준에 의거) 1. 민간경상사업보조(307-02) 2. 민간단체 법정운영비보조(307-03) 3. 민간행사사업보조(307-04) 4. 민간위탁금(307-05) 5. 사회복지시설 법정운영비보조(307-10) 6. 민간인위탁교육비(307-12) 7. 공기관등에대한경상적위탁사업비(308-13) 8. 민간자본사업보조,자체재원(402-01) 9. 민간자본사업보조,이전재원(402-02) 10. 민간위탁사업비(402-03) 11. 공기관등에 대한 자본적 위탁사업비(403-02)	민간이전지출 근거 (지방보조금 관리기준 참고) 1. 법률에 규정 2. 국고보조 재원(국가지정) 3. 용도 지정 기부금 4. 조례에 직접규정 5. 지자체가 권장하는 사업을 하는 공공기관 6. 시,도 정책 및 재정사정 7. 기타 8. 해당없음	입찰방식			운영예산 산정		성과평가 실시여부
						계약체결방법 (경쟁형태) 1. 일반경쟁 2. 제한경쟁 3. 지명경쟁 4. 수의계약 5. 법정위탁 6. 기타 ( ) 7. 없음	계약기간 1. 1년 2. 2년 3. 3년 4. 4년 5. 5년 6. 기타 ( )년 7. 단기계약 (1년미만) 8. 없음	낙찰자선정방법 1. 적격심사 2. 협상에의한계약 3. 최저가낙찰제 4. 규격가격분리 5. 2단계 경쟁입찰 6. 기타 ( ) 7. 없음	운영예산 산정 1. 내부산정 (지자체 자체적으로 산정) 2. 외부산정 (외부전문기관위탁 산정) 3. 내·외부 모두 산정 4. 산정 無 5. 없음	정산방법 1. 내부정산 (지자체 내부적으로 정산) 2. 외부정산 (외부전문기관위탁 정산) 3. 내·외부 모두 산정 4. 정산 無 5. 없음	1. 실시 2. 미실시 3. 향후 추진 4. 해당없음
9358	경남 하동군	희귀질환자의료비지원	127,668	7	8	7	8	7	2	2	4
9359	경남 하동군	지역사회서비스투자사업	127,000	7	1	7	8	7	1	1	4
9360	경남 하동군	군정주요시책통합관리	113,008	7	1	7	1	7	2	2	4
9361	경남 하동군	발달장애인방과후돌봄서비스지원	110,966	7	1	7	8	7	1	1	4
9362	경남 하동군	정보화장비운영	104,221	7	5	5	1	7	2	2	4
9363	경남 하동군	관광하동홍보사업	100,000	7	4	7	8	7	1	1	3
9364	경남 하동군	경남청년인재주력산업동반성장일자리사업	83,034	7	2	5	8	7	3	3	1
9365	경남 하동군	중증장애인도우미수당지원	82,345	7	1	7	8	7	1	1	4
9366	경남 하동군	지역자율형사회서비스투자사업(산모신생아건강관리사지원)(전환사업)	80,902	7	8	7	8	7	2	2	4
9367	경남 하동군	투자유치	75,000	7	1	5	8	7	1	1	4
9368	경남 하동군	여성농업인출산바우처지원	72,000	7	6	7	7	7	5	1	4
9369	경남 하동군	지방세정	71,065	7	1	7	1	7	2	2	4
9370	경남 하동군	지역사회건강조사조사분석위탁운영	67,598	7	8	7	8	7	2	2	4
9371	경남 하동군	국가암검진사업	66,745	7	8	7	8	7	2	2	4
9372	경남 하동군	발달재활서비스바우처지원	64,800	7	1	7	8	7	1	1	4
9373	경남 하동군	저소득층기저귀조제분유지원	64,000	7	8	7	8	7	2	2	4
9374	경남 하동군	일상돌봄서비스사업	59,616	7	1	7	8	7	1	1	4
9375	경남 하동군	ESG혁신기업청년인재양성사업	59,616	7	2	5	8	7	3	3	1
9376	경남 하동군	경남형D.N.A씨드인력양성사업	52,816	7	2	5	8	7	3	3	1
9377	경남 하동군	세입관리운영지원	51,680	7	1	7	1	7	2	2	1
9378	경남 하동군	버스정보시스템(BIS)유지보수	40,000	7	5	5	8	7	5	5	4
9379	경남 하동군	청년구직활동수당지원사업	33,700	7	2	5	8	7	3	3	1
9380	경남 하동군	모다드림청년통장지원사업	26,020	7	6	7	8	7	5	5	4
9381	경남 하동군	행정운영지원	22,797	7	1	7	8	7	5	5	4
9382	경남 하동군	버스외관홍보	20,000	7	8	5	8	7	5	5	4
9383	경남 하동군	민원행정추진	17,860	7	1	5	1	6	5	5	4
9384	경남 하동군	장애인활동지원가산급여지원	16,781	7	1	7	8	7	1	1	4
9385	경남 하동군	평생학습도시조성사업	15,000	7	8	7	8	7	1	1	4
9386	경남 하동군	의료급여수급권자일반건강검진	13,150	7	8	7	8	7	2	2	4
9387	경남 하동군	감사행정지원	10,044	7	1	7	1	7	2	2	4
9388	경남 하동군	관광협의회운영지원	6,000	7	4	7	8	7	1	1	3
9389	경남 하동군	산불방지교육훈련및조사	4,986	7	6	7	8	7	5	5	4
9390	경남 하동군	기록물관리	4,250	7	1	7	8	7	5	5	4
9391	경남 하동군	행복택시운영	4,000	7	2	5	5	7	2	2	4
9392	경남 하동군	청년마음건강지원사업	2,938	7	1	7	8	7	1	1	4
9393	경남 하동군	대중교통비환급지원사업(K패스)	2,000	7	5	5	8	7	5	5	4
9394	경남 하동군	택시지원사업	1,365	7	5	5	2	7	2	2	4
9395	경남 하동군	알뜰교통카드사업	1,200	7	5	5	8	7	5	5	4
9396	경남 하동군	의료급여수급권자영유아검진사업	660	7	8	7	8	7	2	2	4
9397	경남 하동군	청소년산모의료비지원	600	7	8	7	8	7	2	2	4

순번	시군구	지출명 (사업명)	2024년예산 (단위 : 천원 /1년간)	민간이전 분류 (지방자치단체 세출예산 집행기준에 의거) 1. 민간경상사업보조(307-02) 2. 민간단체 법정운영비보조(307-03) 3. 민간행사사업보조(307-04) 4. 민간위탁금(307-05) 5. 사회복지시설 법정운영비보조(307-10) 6. 민간인위탁교육비(307-12) 7. 공기관등에대한경상적위탁사업비(308-13) 8. 민간자본사업보조,자체재원(402-01) 9. 민간자본사업보조,이전재원(402-02) 10. 민간위탁사업비(402-03) 11. 공기관등에 대한 자본적 위탁사업비(403-02)	민간이전지출 근거 (지방보조금 관리기준 참고) 1. 법률에 규정 2. 국고보조 재원(국가지정) 3. 용도 지정 기부금 4. 조례에 직접규정 5. 지자체가 권장하는 사업을 하는 공공기관 6. 시,도 정책 및 재정사정 7. 기타 8. 해당없음	입찰방식: 계약체결방법 (경쟁형태) 1. 일반경쟁 2. 제한경쟁 3. 지명경쟁 4. 수의계약 5. 법정위탁 6. 기타 ( ) 7. 없음	입찰방식: 계약기간 1. 1년 2. 2년 3. 3년 4. 4년 5. 5년 6. 기타 ( )년 7. 단기계약 (1년미만) 8. 없음	입찰방식: 낙찰자선정방법 1. 적격심사 2. 협상에의한계약 3. 최저가낙찰제 4. 규격가격분리 5. 2단계 경쟁입찰 6. 기타 ( ) 7. 없음	운영예산 산정: 운영예산 산정 1. 내부산정 (지자체 자체적으로 산정) 2. 외부산정 (외부전문기관위탁 산정) 3. 내·외부 모두 산정 4. 산정 無 5. 없음	운영예산 산정: 정산방법 1. 내부정산 (지자체 내부적으로 정산) 2. 외부정산 (외부전문기관위탁 정산) 3. 내·외부 모두 산정 4. 정산 無 5. 없음	성과평가 실시여부 1. 실시 2. 미실시 3. 향후 추진 4. 해당없음
9398	경남 산청군	장애인활동지원	4,933,265	7	2	7	8	7	1	1	2
9399	경남 산청군	문화관광축제지원(산청한방약초축제)	2,500,000	7	4	7	1	7	1	1	1
9400	경남 산청군	군정홍보광고	867,720	7	1	5	1	7	1	1	2
9401	경남 산청군	발달장애인주간활동서비스지원	435,739	7	2	7	8	7	1	1	2
9402	경남 산청군	통합문화이용권	326,690	7	4	7	8	7	5	5	4
9403	경남 산청군	탈수급지원(자산형성통장사업)	261,119	7	2	5	8	7	1	1	1
9404	경남 산청군	중증장애인도우미지원	180,120	7	4	7	8	7	1	1	2
9405	경남 산청군	지역사회서비스투자사업(일상돌봄서비스사업)	178,880	7	1	5	8	7	5	3	4
9406	경남 산청군	지역사회서비스투자사업	177,500	7	1	5	8	7	5	3	4
9407	경남 산청군	가사간병방문지원사업	150,876	7	2	5	8	7	1	1	1
9408	경남 산청군	장애인활동지원가산수당	116,990	7	2	7	8	7	1	1	2
9409	경남 산청군	경남형D.N.A.씨드인력양성사업	107,816	7	2	7	8	7	3	1	4
9410	경남 산청군	청소년발달장애학생방과후활동서비스지원	103,607	7	2	7	8	7	1	1	2
9411	경남 산청군	지방재정관리시스템운영및유지관리자치단체분담금	98,892	7	1	5	1	7	1	1	1
9412	경남 산청군	발달재활서비스지원	91,200	7	2	7	8	7	1	1	2
9413	경남 산청군	공통기반및재해복구시스템운영	87,073	7	1	5	1	7	1	1	1
9414	경남 산청군	경남청년인재주력산업동반성장일자리사업	81,201	7	2	7	8	7	3	1	4
9415	경남 산청군	지방세정보시스템및지방세정보화사업운영유지관리	65,859	7	5	5	8	7	3	3	4
9416	경남 산청군	임산물홍보마케팅	45,000	7	7	7	8	7	5	5	4
9417	경남 산청군	공공도서관운영	40,000	7	4	7	8	7	5	5	4
9418	경남 산청군	최중증발달장애인방과후활동서비스지원	39,833	7	2	7	8	7	1	1	2
9419	경남 산청군	청년드림카드사업	33,700	7	6	7	8	7	3	1	4
9420	경남 산청군	세외수입전산프로그램유지보수	31,069	7	5	5	8	7	3	3	4
9421	경남 산청군	모다드림청년통장지원사업	26,020	7	6	7	8	7	3	1	4
9422	경남 산청군	2024년고향사랑e음유지관리	15,381	7	1	2	1	2	5	2	2
9423	경남 산청군	온나라시스템운영	14,676	7	1	5	1	7	1	1	1
9424	경남 산청군	청백e시스템운영지원	12,510	7	1	5	1	7	1	1	1
9425	경남 산청군	공통기반서비스데스크운영	6,690	7	1	5	1	7	1	1	1
9426	경남 산청군	BOOKSTART사업	5,000	7	4	7	8	7	5	5	4
9427	경남 산청군	가야문화권시군공무원친선체육대회분담금	4,000	7	6	7	8	7	5	5	4
9428	경남 산청군	지역사회서비스투자사업(청년마음건강지원사업)	1,176	7	1	5	8	7	5	3	4
9429	경남 함양군	장애인활동급여지원	2,297,843	7	1	7	8	7	5	2	4
9430	경남 함양군	발달장애인주간활동서비스지원	345,828	7	1	7	8	7	5	2	4
9431	경남 함양군	치매치료관리비지원	228,700	7	1	5	8	7	1	1	2
9432	경남 함양군	첫만남이용권지원사업	180,000	7	1	5	8	7	1	1	2
9433	경남 함양군	발달장애인방과후돌봄서비스지원	117,385	7	1	7	8	7	5	2	4
9434	경남 함양군	발달장애인바우처지원	108,000	7	1	7	8	7	5	2	4
9435	경남 함양군	희귀난치성질환자의료비지원	106,234	7	1	5	8	7	1	1	2
9436	경남 함양군	중증장애인도우미수당지원	103,083	7	1	7	8	7	5	2	4
9437	경남 함양군	국가암관리지원(암조기검진사업)	81,425	7	1	5	8	7	1	1	2

순번	시군구	지출명 (사업명)	2024년예산 (단위 : 천원 /1년간)	민간이전 분류 (지방자치단체 세출예산 집행기준에 의거)	민간이전지출 근거 (지방보조금 관리기준 참고)	입찰방식			운영예산 산정		성과평가 실시여부
				1. 민간경상사업보조(307-02) 2. 민간단체 법정운영비보조(307-03) 3. 민간행사사업보조(307-04) 4. 민간위탁금(307-05) 5. 사회복지시설 법정운영비보조(307-10) 6. 민간인위탁교육비(307-12) 7. 공기관등에대한경상적위탁사업비(308-13) 8. 민간자본사업보조,자체재원(402-01) 9. 민간자본사업보조,이전재원(402-02) 10. 민간위탁사업비(402-03) 11. 공기관등에 대한 자본적 위탁사업비(403-02)	1. 법률에 규정 2. 국고보조 재원(국가지정) 3. 용도 지정 기부금 4. 조례에 직접규정 5. 지자체가 권장하는 사업을 하는 공공기관 6. 시,도 정책 및 재정사정 7. 기타 8. 해당없음	계약체결방법 (경쟁형태) 1. 일반경쟁 2. 제한경쟁 3. 지명경쟁 4. 수의계약 5. 법정위탁 6. 기타 ( ) 7. 없음	계약기간 1. 1년 2. 2년 3. 3년 4. 4년 5. 5년 6. 기타 ( )년 7. 단기계약 (1년미만) 8. 없음	낙찰자선정방법 1. 적격심사 2. 협상에의한계약 3. 최저가낙찰제 4. 규격가격분리 5. 2단계 경쟁입찰 6. 기타 ( ) 7. 없음	운영예산 산정 1. 내부산정 (지자체 자체적으로 산정) 2. 외부산정 (외부전문기관위탁 산정) 3. 내·외부 모두 산정 4. 산정 無 5. 없음	정산방법 1. 내부정산 (지자체 내부적으로 정산) 2. 외부정산 (외부전문기관위탁 정산) 3. 내·외부 모두 산정 4. 정산 無 5. 없음	1. 실시 2. 미실시 3. 향후 추진 4. 해당없음
9438	경남 함양군	지역사회건강조사조사분석위탁운영(지역사회건강조사)	67,792	7	1	4	1	7	1	1	2
9439	경남 함양군	기저귀및조제분유지원	64,000	7	1	5	8	7	1	1	2
9440	경남 함양군	최중증발달장애인주간그룹형일대일지원	39,833	7	1	7	8	7	1	1	2
9441	경남 함양군	장애인의료비지원	38,128	7	1	7	8	7	5	2	4
9442	경남 함양군	지역자율형사회서비스투자사업(산모신생아건강관리사지원)	29,458	7	1	5	8	7	5	2	4
9443	경남 함양군	활동보조가산급여	17,456	7	1	7	8	7	1	1	2
9444	경남 함양군	아동청소년정신건강증진사업	10,890	7	2	5	1	7	5	2	4
9445	경남 함양군	의료급여수급권자일반검진비지원	9,950	7	1	5	8	7	1	1	2
9446	경남 함양군	의료급여수급권자영유아건강검진비지원	990	7	1	5	8	7	1	1	2
9447	경남 함양군	청소년산모임신출산의료비지원	600	7	1	5	8	7	1	1	2
9448	경남 함양군	지역사회통합건강증진사업(여성,어린이특화사업)	200	7	1	5	8	7	1	1	2
9449	경남 합천군	군정홍보광고	736,000	7	1	7	8	7	5	5	4
9450	경남 합천군	통합지방재정시스템운영및유지관리	113,008	7	7	7	8	7	5	5	4
9451	경남 합천군	장애인의료비	107,986	7	2	5	8	7	5	3	1
9452	경남 합천군	통합지방재정재해복구시스템구축	80,996	7	7	7	8	7	5	5	4
9453	경남 합천군	군정캠페인영상제작	67,200	7	1	7	8	7	5	5	4
9454	경남 합천군	LPG용기사용가구시설개선사업	52,250	7	2	6	7	6	1	1	4
9455	경남 합천군	모다드림청년통장지원사업	46,280	7	6	7	8	7	5	5	4
9456	경남 합천군	서민층전기시설개선사업	42,600	7	4	6	6	6	1	1	4
9457	경남 합천군	청년인재주력산업동반성장일자리	37,853	7	2	7	8	7	5	5	4
9458	경남 합천군	청년구직활동지원	33,700	7	6	7	8	7	5	5	4
9459	경남 합천군	해인사소리길위탁대행사업	30,000	7	7	6	1	7	1	1	4
9460	경남 합천군	공공도서관등도서구입	20,000	7	1	7	8	7	1	1	4
9461	경남 합천군	청소년사회성증진프로그램지원	20,000	7	8	7	8	7	1	1	4
9462	경남 합천군	합천군노인실태조사결과분석의뢰	13,000	7	5	7	7	7	5	5	2
9463	경남 합천군	청백e시스템유지관리및운영자치단체공동부담금	12,510	7	4	5	1	7	5	5	2
9464	경남 합천군	대학평생교육원직업능력향상프로그램	10,000	7	7	7	8	7	1	1	4
9465	경남 합천군	대학평생교육원지역특성화프로그램	10,000	7	7	7	8	7	1	1	4
9466	경남 합천군	타시도연계여행상품운영사업	10,000	7	5	7	8	7	5	5	4
9467	경남 합천군	고향사랑기부제종합정보시스템유지관리및운영	8,344	7	1	7	1	7	2	5	1
9468	경남 합천군	책으로성장하는영유아사업	5,000	7	1	7	8	7	1	1	4
9469	전라북도	학연협력플랫폼구축사업(국가직접지원)	2,700,000	7	1	5	5	7	1	3	1
9470	전라북도	전북특별자치도농생명분야대표기업육성지원	1,510,000	7	1	7	8	7	1	3	1
9471	전라북도	해양수산창업투자지원센터운영	1,400,000	7	2	1	8	1	2	2	1
9472	전라북도	전주국제발효식품엑스포사업추진	1,200,000	7	5	7	8	7	1	1	1
9473	전라북도	스마트공장보급확산사업(국가직접지원)	1,060,000	7	2	7	1	7	5	1	4
9474	전라북도	강소연구개발특구육성지원사업	850,000	7	1	5	5	1	3	3	3
9475	전라북도	야생동물구조관리센터운영지원	649,000	7	2	5	1	7	1	1	4
9476	전라북도	해외거점유통망활용농식품수출지원	550,000	7	5	7	8	7	1	1	1
9477	전라북도	농수산식품해외시장개척지원	505,500	7	5	7	8	7	1	1	1

순번	시군구	지출명 (사업명)	2024년예산 (단위 : 천원 /1년간)	민간이전 분류 (지방자치단체 세출예산 집행기준에 의거) 1. 민간경상사업보조(307-02) 2. 민간단체 법정운영비보조(307-03) 3. 민간행사사업보조(307-04) 4. 민간위탁금(307-05) 5. 사회복지시설 법정운영비보조(307-10) 6. 민간인위탁교육비(307-12) 7. 공기관등에대한경상적위탁사업비(308-13) 8. 민간자본사업보조,자체재원(402-01) 9. 민간자본사업보조,이전재원(402-02) 10. 민간위탁사업비(402-03) 11. 공기관등에 대한 자본적 위탁사업비(403-02)	민간이전지출 근거 (지방보조금 관리기준 참고) 1. 법률에 규정 2. 국고보조 재원(국가지정) 3. 용도 지정 기부금 4. 조례에 직접규정 5. 지자체가 권장하는 사업을 하는 공공기관 6. 시,도 정책 및 재정사정 7. 기타 8. 해당없음	입찰방식 계약체결방법 (경쟁형태) 1. 일반경쟁 2. 제한경쟁 3. 지명경쟁 4. 수의계약 5. 법정위탁 6. 기타 ( ) 7. 없음	입찰방식 계약기간 1. 1년 2. 2년 3. 3년 4. 4년 5. 5년 6. 기타 ( )년 7. 단기계약 (1년미만) 8. 없음	입찰방식 낙찰자선정방법 1. 적격심사 2. 협상에의한계약 3. 최저가낙찰제 4. 규격가격분리 5. 2단계 경쟁입찰 6. 기타 ( ) 7. 없음	운영예산 산정 운영예산 산정 1. 내부산정 (지자체 자체적으로 산정) 2. 외부산정 (외부전문기관위탁 산정) 3. 내·외부 모두 산정 4. 산정 無 5. 없음	운영예산 산정 정산방법 1. 내부정산 (지자체 내부적으로 정산) 2. 외부정산 (외부전문기관위탁 정산) 3. 내·외부 모두 산정 4. 정산 無 5. 없음	성과평가 실시여부 1. 실시 2. 미실시 3. 향후 추진 4. 해당없음
9478	전라북도	중국사무소운영	474,461	7	4	6	2	6	1	1	3
9479	전라북도	농생명바이오소재기반산업화기술촉진지원사업(국가직접지원)	434,000	7	1	7	8	7	1	1	4
9480	전라북도	전북금융혁신빅데이터플랫폼및센터활성화	400,000	7	6	7	8	7	1	1	4
9481	전라북도	탄소중립지원센터운영지원(전북)	400,000	7	4	2	6	7	2	3	1
9482	전라북도	지역의미래를여는과학기술프로젝트사업	400,000	7	1	5	5	1	3	3	4
9483	전라북도	탄소복합재공정장비활용중소기업사업화지원	400,000	7	4	5	1	7	1	3	1
9484	전라북도	전북특별자치도서민금융종합지원센터운영	380,000	7	4	7	8	7	1	1	4
9485	전라북도	국제전자제품박람회(CES)전북공동관조성및운영	352,100	7	5	7	7	7	3	5	4
9486	전라북도	과학문화확산사업	330,000	7	5	7	1	7	1	1	1
9487	전라북도	탄소융복합산업규제자유특구지원사업	323,000	7	1	7	5	7	2	3	1
9488	전라북도	전북금융혁신벤처창업지원사업	300,000	7	6	7	8	7	1	1	4
9489	전라북도	어초어장관리	300,000	7	1	4	1	2	1	1	4
9490	전라북도	기능성소재부품기업경쟁력강화	290,500	7	4	7	5	7	2	2	1
9491	전라북도	먹거리통합관리시스템운영지원	280,000	7	4	7	8	7	5	5	4
9492	전라북도	어촌특화지원	275,000	7	2	7	8	7	1	1	3
9493	전라북도	기획평가체계구축(1차)(전환사업)	270,000	7	8	7	1	7	1	2	3
9494	전라북도	청정수소전주기클러스터구축	250,000	7	5	7	8	7	5	5	4
9495	전라북도	폐농약용기류수거매입비지원(국가직접)	241,563	7	2	7	8	7	3	3	4
9496	전라북도	수산물소비활성화지원	240,000	7	5	7	1	7	1	1	1
9497	전라북도	어촌특화지원센터운영	225,000	7	2	1	8	1	2	1	1
9498	전라북도	지역현안해결형R&D지원사업	210,000	7	1	5	4	1	3	3	4
9499	전라북도	지역특화형비자사업운영	204,500	7	5	6	8	6	1	1	3
9500	전라북도	안전취약계층전기재해예방사업	200,000	7	6	7	8	7	5	5	4
9501	전라북도	지역산학연연계첨단소재특화사업	200,000	7	4	5	1	7	1	3	3
9502	전라북도	탄소소재부품장비특화단지산학연협력지원	200,000	7	1	7	4	7	1	1	3
9503	전라북도	전북바이오헬스기업고도화및창업활성화지원	200,000	7	1	7	1	7	1	1	1
9504	전라북도	농촌디지털통합플랫폼운영지원	200,000	7	5	7	1	7	1	2	1
9505	전라북도	지역기술창업육성지원사업(국가직접지원)	200,000	7	2	7	8	7	1	3	1
9506	전라북도	방류효과조사	187,500	7	1	4	1	2	1	1	4
9507	전라북도	AI빅데이터전문인력양성사업	180,000	7	4	7	8	7	3	3	4
9508	전라북도	카본코리아개최	180,000	7	4	7	8	7	1	3	4
9509	전라북도	탄소산업육성정책홍보	180,000	7	1	5	1	7	1	1	4
9510	전라북도	지역혁신메가프로젝트	175,000	7	1	5	2	1	3	3	4
9511	전라북도	전북지역에너지클러스터인재양성(국가직접지원)	175,000	7	2	7	5	7	2	2	1
9512	전라북도	통합지방재정시스템운영비분담금	169,482	7	4	5	1	7	1	1	1
9513	전라북도	신재생에너지박람회	160,000	7	4	5	1	7	1	3	3
9514	전라북도	활성탄소섬유기술지원기반구축사업(국가직접지원)	141,750	7	5	1	3	1	5	2	1
9515	전라북도	농생명혁신성장위원회운영지원	140,000	7	4	7	8	7	1	1	4
9516	전라북도	저소득층금연치료지원사업	131,702	7	2	6	8	1	1	2	1
9517	전라북도	전북국방벤처센터운영및사업화지원	130,000	7	7	7	7	7	1	1	3

순번	시군구	지출명 (사업명)	2024년예산 (단위 : 천원 /1년간)	민간이전 분류 (지방자치단체 세출예산 집행기준에 의거) 1. 민간경상사업보조(307-02) 2. 민간단체 법정운영비보조(307-03) 3. 민간행사사업보조(307-04) 4. 민간위탁금(307-05) 5. 사회복지시설 법정운영비보조(307-10) 6. 민간인위탁교육비(307-12) 7. 공기관등에대한경상적위탁사업비(308-13) 8. 민간자본사업보조,자체재원(402-01) 9. 민간자본사업보조,이전재원(402-02) 10. 민간위탁사업비(402-03) 11. 공기관등에 대한 자본적 위탁사업비(403-02)	민간이전지출 근거 (지방보조금 관리기준 참고) 1. 법률에 규정 2. 국고보조 재원(국가지정) 3. 용도 지정 기부금 4. 조례에 직접규정 5. 지자체가 권장하는 사업을 하는 공공기관 6. 시,도 정책 및 재정사정 7. 기타 8. 해당없음	입찰방식 계약체결방법 (경쟁형태) 1. 일반경쟁 2. 제한경쟁 3. 지명경쟁 4. 수의계약 5. 법정위탁 6. 기타 ( ) 7. 없음	입찰방식 계약기간 1. 1년 2. 2년 3. 3년 4. 4년 5. 5년 6. 기타 ( )년 7. 단기계약 (1년미만) 8. 없음	입찰방식 낙찰자선정방법 1. 적격심사 2. 협상에의한계약 3. 최저가낙찰제 4. 규격가격분리 5. 2단계 경쟁입찰 6. 기타 ( ) 7. 없음	운영예산 산정 운영예산 산정 1. 내부산정 (지자체 자체적으로 산정) 2. 외부산정 (외부전문기관위탁 산정) 3. 내·외부 모두 산정 4. 산정 無 5. 없음	운영예산 산정 정산방법 1. 내부정산 (지자체 내부적으로 정산) 2. 외부정산 (외부전문기관위탁 정산) 3. 내·외부 모두 산정 4. 정산 無 5. 없음	성과평가 실시여부 1. 실시 2. 미실시 3. 향후 추진 4. 해당없음
9518	전라북도	성장동력산업육성정책홍보	117,000	7	1	7	7	7	5	5	4
9519	전라북도	지역특화산업육성사업지방비평가관리비	100,000	7	5	7	1	7	1	1	1
9520	전라북도	탄소산업인력양성통합플랫폼구축	100,000	7	4	7	8	7	5	5	4
9521	전라북도	사회적경제홍보	90,000	7	4	7	8	7	1	1	4
9522	전라북도	재난취약분야예방홍보	90,000	7	1	5	7	7	4	1	4
9523	전라북도	성장동력산업기획특집	90,000	7	1	7	7	7	5	5	4
9524	전라북도	금융혁신기업공유오피스운영	80,000	7	2	7	8	7	1	1	4
9525	전라북도	규제자유특구혁신플랫폼구축사업(국가직접지원)	75,000	7	5	3	1	1	5	2	1
9526	전라북도	지방교부세정보시스템운영비분담금	67,376	7	4	5	1	7	1	1	1
9527	전라북도	차세대표준지방인사정보시스템유지관리	66,071	7	1	7	1	7	3	3	1
9528	전라북도	주요정보통신기반시설취약점분석평가	61,400	7	7	5	1	7	1	1	1
9529	전라북도	수산박람회참가지원	60,000	7	5	7	8	7	5	5	4
9530	전라북도	우편모아시스템유지관리	56,000	7	1	7	1	7	2	2	4
9531	전라북도	특화품목6차산업화통합브랜드관리	56,000	7	8	7	1	7	1	2	3
9532	전라북도	지방자치단체인터넷원서접수센터운영	53,786	7	1	5	1	7	2	2	1
9533	전라북도	전북사회적경제우선구매활성화지원	52,000	7	4	7	8	7	1	1	4
9534	전라북도	연안어업실태조사	52,000	7	1	4	1	2	1	1	4
9535	전라북도	전북사회적경제기업상품홈쇼핑방송지원	50,000	7	4	7	8	7	1	1	4
9536	전라북도	전북섬유패션기업디지털역량강화지원	50,000	7	5	7	7	7	3	1	4
9537	전라북도	전북특별자치도아침식사지원실태조사	50,000	7	4	7	8	7	5	5	4
9538	전라북도	주민e직접플랫폼운영	46,560	7	1	5	1	6	5	2	4
9539	전라북도	자원순환실천도민의식개선사업	45,000	7	1	7	1	7	1	1	4
9540	전라북도	지역협력혁신성장사업(전기자율차산업)(국가직접지원)	45,000	7	2	7	8	7	1	2	1
9541	전라북도	혁신도시신성장거점육성홍보사업	40,500	7	1	7	7	7	1	1	1
9542	전라북도	농수산식품수출바이어초청상담	40,000	7	5	7	8	7	1	1	1
9543	전라북도	전북형공유경제온라인플랫폼운영	30,000	7	4	7	8	7	1	1	4
9544	전라북도	지역단위푸드플랜구축지원	30,000	7	5	5	1	6	1	1	1
9545	전라북도	도정발전출향도민홍보추진	30,000	7	1	5	7	7	5	5	4
9546	전라북도	지방공기업통합결산시스템운영비분담금	28,200	7	4	5	1	7	1	1	1
9547	전라북도	전북테크비즈센터관리및운영	20,000	7	4	4	5	6	1	2	4
9548	전라북도	사회적경제민관,민민협의체운영	15,000	7	4	7	8	7	1	1	4
9549	전라북도	지능정보공공서비스활성화운영	10,000	7	6	5	1	7	1	1	4
9550	전라북도	지능정보공공서비스활성화운영	10,000	7	6	4	1	7	1	1	4
9551	전라북도	전북특별자치도환경영향평가추진	10,000	7	4	6	8	7	1	3	3
9552	전라북도	식품명인전통식품홍보판촉지원	10,000	7	5	7	8	7	1	1	1
9553	전북 전주시	지역혁신사업(RIS)(국도비직접지원)	2,560,000	7	8	7	8	7	5	5	4
9554	전북 전주시	국가암관리지자체지원	1,238,500	7	2	7	8	7	5	5	4
9555	전북 전주시	관광거점도시연계사업추진(관광거점도시전주SNS운영등)	930,000	7	2	4	7	7	5	5	4
9556	전북 전주시	시정광고(신문,방송)	890,000	7	1	7	8	7	5	1	4
9557	전북 전주시	산모신생아건강관리지원사업(전환사업)	838,750	7	1	7	8	7	5	5	4

순번	시군구	지출명 (사업명)	2024년예산 (단위 : 천원 /1년간)	민간이전 분류 (지방자치단체 세출예산 집행기준에 의거) 1. 민간경상사업보조(307-02) 2. 민간단체 법정운영비보조(307-03) 3. 민간행사사업보조(307-04) 4. 민간위탁금(307-05) 5. 사회복지시설 법정운영비보조(307-10) 6. 민간인위탁교육비(307-12) 7. 공기관등에대한경상적위탁사업비(308-13) 8. 민간자본사업보조,자체재원(402-01) 9. 민간자본사업보조,이전재원(402-02) 10. 민간위탁사업비(402-03) 11. 공기관등에 대한 자본적 위탁사업비(403-02)	민간이전지출 근거 (지방보조금 관리기준 참고) 1. 법률에 규정 2. 국고보조 재원(국가지정) 3. 용도 지정 기부금 4. 조례에 직접규정 5. 지자체가 권장하는 사업을 하는 공공기관 6. 시,도 정책 및 재정사정 7. 기타 8. 해당없음	입찰방식 계약체결방법 (경쟁형태) 1. 일반경쟁 2. 제한경쟁 3. 지명경쟁 4. 수의계약 5. 법정위탁 6. 기타 ( ) 7. 없음	입찰방식 계약기간 1. 1년 2. 2년 3. 3년 4. 4년 5. 5년 6. 기타 ( )년 7. 단기계약 (1년미만) 8. 없음	입찰방식 낙찰자선정방법 1. 적격심사 2. 협상에의한계약 3. 최저가낙찰제 4. 규격가격분리 5. 2단계 경쟁입찰 6. 기타 ( ) 7. 없음	운영예산 산정 운영예산 산정 1. 내부산정 (지자체 자체적으로 산정) 2. 외부산정 (외부전문기관위탁 산정) 3. 내·외부 모두 산정 4. 산정 無 5. 없음	운영예산 산정 정산방법 1. 내부정산 (지자체 내부적으로 정산) 2. 외부정산 (외부전문기관위탁 정산) 3. 내·외부 모두 산정 4. 정산 無 5. 없음	성과평가 실시여부 1. 실시 2. 미실시 3. 향후 추진 4. 해당없음
9558	전북 전주시	산모신생아건강관리지원사업(전환사업)	838,750	7	1	7	8	7	5	5	4
9559	전북 전주시	글로벌관광콘텐츠육성(관광거점도시전주글로벌브랜딩등)	821,000	7	2	4	7	7	5	5	4
9560	전북 전주시	전주역사개선사업추진	733,000	7	5	7	8	7	5	5	4
9561	전북 전주시	치매치료관리비지원(전환사업)	729,600	7	1	7	8	7	1	1	1
9562	전북 전주시	치매치료관리비확대지원사업	648,000	7	7	7	8	7	1	1	1
9563	전북 전주시	기저귀및조제분유지원	506,000	7	1	7	8	7	5	5	4
9564	전북 전주시	기저귀및조제분유지원	506,000	7	1	7	8	7	5	5	4
9565	전북 전주시	의정홍보비	410,000	7	1	7	8	7	5	5	4
9566	전북 전주시	다공성탄소소재기반환경소재및부품개발기반구축(국도비직접지원)	396,000	7	4	7	8	7	5	5	4
9567	전북 전주시	희귀질환자의료비지원	365,834	7	2	7	8	7	5	5	4
9568	전북 전주시	지적재조사사업	318,051	7	2	7	8	7	5	5	4
9569	전북 전주시	전주홍보광고판운영	300,000	7	8	7	8	7	5	5	4
9570	전북 전주시	대한민국문화도시추진	300,000	7	8	7	8	7	5	5	4
9571	전북 전주시	수소저장분야예비수소기업육성시범사업	250,000	7	4	7	8	7	5	5	4
9572	전북 전주시	시정핵심사업홍보	236,000	7	8	7	8	7	5	5	4
9573	전북 전주시	의료급여수급권자일반검진비지원	211,110	7	2	7	8	7	5	5	4
9574	전북 전주시	탄소소재부품장비특화단지산학연협력지원(도비직접지원)	200,000	7	7	7	8	7	1	1	4
9575	전북 전주시	탄소중립지원센터운영지원	200,000	7	1,4	5	8	7	5	3	1
9576	전북 전주시	수소충전소운영비지원	200,000	7	1,4	4	5	7	1	1	3
9577	전북 전주시	전통시장특성화시장육성사업(국가직접지원)	176,000	7	2	7	8	7	5	1	1
9578	전북 전주시	지적(임야)도면정비사업	163,486	7	5	7	8	7	5	5	4
9579	전북 전주시	지적(임야)도면정비사업	155,655	7	5	7	8	7	5	5	4
9580	전북 전주시	지적재조사사업	143,748	7	1	5	1	7	5	5	1
9581	전북 전주시	대중교통비환급지원	114,000	7	2	7	8	7	5	1	4
9582	전북 전주시	행정정보시스템운영	109,983	7	1	5	1	7	2	2	4
9583	전북 전주시	지방세정보시스템운영	107,499	7	1	2	1	2	2	2	4
9584	전북 전주시	전주국제발효식품엑스포개최	100,000	7	6	7	8	7	1	1	1
9585	전북 전주시	국가지정문화재및등록문화재보수정비(풍남문보수정비방안연구)	100,000	7	1	7	8	7	5	5	4
9586	전북 전주시	전주관광산업활성화	100,000	7	1	7	8	7	5	5	4
9587	전북 전주시	쇼핑관광활성화	100,000	7	1	7	8	7	1	1	4
9588	전북 전주시	탄소산업통합인력양성플랫폼구축(도비직접지원)	100,000	7	5	7	8	7	5	5	4
9589	전북 전주시	구토지대장디지털한글화사업	91,360	7	5	7	8	7	5	5	4
9590	전북 전주시	열린관광환경조성	90,000	7	7	7	8	7	5	5	4
9591	전북 전주시	이용자중심대중교통만들기사업	85,000	7	1	7	8	7	5	5	4
9592	전북 전주시	온나라시스템운영	82,792	7	1	5	1	7	2	2	4
9593	전북 전주시	산불방지운영	77,000	7	1	7	8	7	5	5	4
9594	전북 전주시	지방인사정보시스템운영	75,752	7	1	5	1	7	2	2	4
9595	전북 전주시	구토지대장디지털한글화사업	75,143	7	5	7	8	7	5	5	4
9596	전북 전주시	카카오톡채널운영	70,000	7	8	6	1	7	1	1	4
9597	전북 전주시	알뜰교통카드마일리지지원	68,000	7	2	7	8	7	5	1	4

순번	시군구	지출명 (사업명)	2024년예산 (단위 : 천원 /1년간)	민간이전 분류 (지방자치단체 세출예산 집행기준에 의거) 1. 민간경상사업보조(307-02) 2. 민간단체 법정운영비보조(307-03) 3. 민간행사사업보조(307-04) 4. 민간위탁금(307-05) 5. 사회복지시설 법정운영비보조(307-10) 6. 민간인위탁교육비(307-12) 7. 공기관등에대한경상적위탁사업비(308-13) 8. 민간자본사업보조,자체재원(402-01) 9. 민간자본사업보조,이전재원(402-02) 10. 민간위탁사업비(402-03) 11. 공기관등에 대한 자본적 위탁사업비(403-02)	민간이전지출 근거 (지방보조금 관리기준 참고) 1. 법률에 규정 2. 국고보조 재원(국가지정) 3. 용도 지정 기부금 4. 조례에 직접규정 5. 지자체가 권장하는 사업을 하는 공공기관 6. 시,도 정책 및 재정사정 7. 기타 8. 해당없음	입찰방식			운영예산 산정		성과평가 실시여부
						계약체결방법 (경쟁형태) 1. 일반경쟁 2. 제한경쟁 3. 지명경쟁 4. 수의계약 5. 법정위탁 6. 기타 ( ) 7. 없음	계약기간 1. 1년 2. 2년 3. 3년 4. 4년 5. 5년 6. 기타 ( )년 7. 단기계약 (1년미만) 8. 없음	낙찰자선정방법 1. 적격심사 2. 협상에의한계약 3. 최저가낙찰제 4. 규격가격분리 5. 2단계 경쟁입찰 6. 기타 ( ) 7. 없음	운영예산 산정 1. 내부산정 (지자체 자체적으로 산정) 2. 외부산정 (외부전문기관위탁 산정) 3. 내·외부 모두 산정 4. 산정 無 5. 없음	정산방법 1. 내부정산 (지자체 내부적으로 정산) 2. 외부정산 (외부전문기관위탁 정산) 3. 내·외부 모두 산정 4. 정산 無 5. 없음	1. 실시 2. 미실시 3. 향후 추진 4. 해당없음
9598	전북 전주시	교통신호시스템정보보호체계구축	61,400	7	1	7	1	7	2	2	4
9599	전북 전주시	택시활용시정홍보	60,000	7	8	6	8	7	1	1	2
9600	전북 전주시	세외수입정보시스템운영	48,386	7	1	2	1	2	2	2	4
9601	전북 전주시	교통거점옥외전광판홍보	48,000	7	8	7	8	7	5	5	4
9602	전북 전주시	택시운행정보관리시스템유지관리	41,000	7	1	7	1	7	5	5	4
9603	전북 전주시	전통식품마케팅활성화지원(전환사업)	40,000	7	6	7	8	7	1	1	1
9604	전북 전주시	전주전통문화도시조성지원	40,000	7	1	7	8	7	5	5	4
9605	전북 전주시	차세대주민등록시스템운영	36,135	7	8	7	1	2	2	2	4
9606	전북 전주시	표준기록관리시스템유지보수	31,980	7	1	5	2	7	2	2	4
9607	전북 전주시	청년혁신가예비창업지원사업(도비직접지원)	30,000	7	5	7	8	7	2	2	1
9608	전북 전주시	사회적경제활성화지원	30,000	7	1	7	8	7	5	5	4
9609	전북 전주시	탄소중립및기후변화업무추진	30,000	7	1	7	8	7	5	5	4
9610	전북 전주시	교통질서확립추진	30,000	7	1	7	8	7	5	5	4
9611	전북 전주시	치매인식개선및교육홍보사업	30,000	7	2	5	7	7	2	1	4
9612	전북 전주시	지역사회통합돌봄확대	30,000	7	1	7	8	7	5	5	4
9613	전북 전주시	시정광고(신문,방송)	30,000	7	1	7	8	7	5	5	4
9614	전북 전주시	생태하천유지관리	30,000	7	5	7	8	7	1	1	4
9615	전북 전주시	자원순환체계구축	30,000	7	1	7	8	7	5	1	4
9616	전북 전주시	농업경쟁력강화등사업활성화	25,000	7	1	7	8	7	5	5	4
9617	전북 전주시	먹거리통합관리시스템운영지원	24,000	7	6	4	1	7	1	1	2
9618	전북 전주시	도심주요거점홍보매체화사업	24,000	7	8	6	1	7	1	1	4
9619	전북 전주시	시정광고(신문,방송)	20,000	7	1	7	8	7	1	1	1
9620	전북 전주시	교육도시전주알리기사업	20,000	7	1	7	8	7	5	5	4
9621	전북 전주시	전주한지지원및공공소비촉진	20,000	7	1	7	8	7	5	5	4
9622	전북 전주시	기업유치활성화	20,000	7	1	7	8	7	5	5	4
9623	전북 전주시	전통시장살리기추진	20,000	7	1	7	8	7	5	5	4
9624	전북 전주시	복지사업활성화	20,000	7	1	7	8	7	5	5	4
9625	전북 전주시	시정광고(신문,방송)	20,000	7	1	7	8	7	5	5	4
9626	전북 전주시	탄소산업활성화추진	20,000	7	1	7	8	7	5	5	4
9627	전북 전주시	청백e시스템운영	15,674	7	4	5	1	7	2	2	1
9628	전북 전주시	시정광고(스마트시티사업활성화)	15,000	7	1	7	8	7	5	5	4
9629	전북 전주시	동물등록제운영	15,000	7	1	7	8	7	5	5	4
9630	전북 전주시	아이놀이문화활성화	15,000	7	1	7	8	7	5	5	4
9631	전북 전주시	국가식품명인전통식품홍보판촉지원	10,000	7	6	7	8	7	1	1	1
9632	전북 전주시	온라인시정홍보강화	10,000	7	8	7	8	7	5	5	4
9633	전북 전주시	책여행도시홍보	10,000	7	1	7	8	7	5	5	4
9634	전북 전주시	독서문화확산	10,000	7	1	7	8	7	5	5	4
9635	전북 전주시	의료급여수급권자영유아검진비지원	8,700	7	7	7	8	7	5	5	4
9636	전북 전주시	의료급여수급권자영유아검진비지원	8,690	7	1	7	8	7	5	5	4
9637	전북 전주시	기능분류모델시스템고도화분담금	6,460	7	7	7	8	7	5	5	4

순번	시군구	지출명 (사업명)	2024년예산 (단위 : 천원 /1년간)	민간이전 분류 (지방자치단체 세출예산 집행기준에 의거) 1. 민간경상사업보조(307-02) 2. 민간단체 법정운영비보조(307-03) 3. 민간행사사업보조(307-04) 4. 민간위탁금(307-05) 5. 사회복지시설 법정운영비보조(307-10) 6. 민간인위탁교육비(307-12) 7. 공기관등에대한경상적위탁사업비(308-13) 8. 민간자본사업보조,자체재원(402-01) 9. 민간자본사업보조,이전재원(402-02) 10. 민간위탁사업비(402-03) 11. 공기관등에 대한 자본적 위탁사업비(403-02)	민간이전지출 근거 (지방보조금 관리기준 참고) 1. 법률에 규정 2. 국고보조 재원(국가지정) 3. 용도 지정 기부금 4. 조례에 직접규정 5. 지자체가 권장하는 사업을 하는 공공기관 6. 시,도 정책 및 재정사정 7. 기타 8. 해당없음	입찰방식 계약체결방법 (경쟁형태) 1. 일반경쟁 2. 제한경쟁 3. 지명경쟁 4. 수의계약 5. 법정위탁 6. 기타 ( ) 7. 없음	입찰방식 계약기간 1. 1년 2. 2년 3. 3년 4. 4년 5. 5년 6. 기타 ( )년 7. 단기계약 (1년미만) 8. 없음	입찰방식 낙찰자선정방법 1. 적격심사 2. 협상에의한계약 3. 최저가낙찰제 4. 규격가격분리 5. 2단계 경쟁입찰 6. 기타 ( ) 7. 없음	운영예산 산정 운영예산 산정 1. 내부산정 (지자체 자체적으로 산정) 2. 외부산정 (외부전문기관위탁 산정) 3. 내·외부 모두 산정 4. 산정 無 5. 없음	운영예산 산정 정산방법 1. 내부정산 (지자체 내부적으로 정산) 2. 외부정산 (외부전문기관위탁 정산) 3. 내·외부 모두 산정 4. 정산 無 5. 없음	성과평가 실시여부 1. 실시 2. 미실시 3. 향후 추진 4. 해당없음
9638	전북 전주시	열린시민강좌운영	6,000	7	1	7	8	7	1	1	2
9639	전북 전주시	심뇌혈관질환예방관리	6,000	7	1	5	8	7	1	2	4
9640	전북 전주시	구인구직만남의날행사	5,760	7	6	7	8	7	5	1	1
9641	전북 전주시	시정우편물관리	5,600	7	1	1	1	2	2	2	4
9642	전북 전주시	자전거이용문화조성	5,000	7	1	7	8	7	5	5	4
9643	전북 전주시	청소년산모임신출산의료비지원	2,500	7	1	7	8	7	5	5	4
9644	전북 전주시	청소년산모임신출산의료비지원	2,500	7	1	7	8	7	5	5	4
9645	전북 전주시	표준모자보건수첩등제작	2,200	7	7	7	8	7	5	5	4
9646	전북 전주시	표준모자보건수첩등제작	2,200	7	7	7	8	7	5	5	4
9647	전북 익산시	문화도시조성사업	3,000,000	7	1	4	3	7	5	3	1
9648	전북 익산시	세계유산축전	500,000	7	2	7	8	7	5	3	2
9649	전북 익산시	사회적경제연계형통합돌봄지원사업	200,000	7	4	7	8	7	1	1	1
9650	전북 익산시	세계유산홍보지원사업	170,000	7	2	7	8	7	5	1	2
9651	전북 익산시	전북뿌리농기계기술개발지원사업	150,000	7	2	7	8	7	3	3	3
9652	전북 익산시	비전자기록물DB구축및표준기록관리시스템유지보수	135,445	7	8	7	8	7	5	5	4
9653	전북 익산시	공통기반전산장비유지관리비	107,726	7	1	7	8	7	3	3	4
9654	전북 익산시	전통식품마케팅활성화지원(전환사업)	80,000	7	1	7	8	7	5	5	4
9655	전북 익산시	익산형내일채움공제지원사업	76,320	7	4	7	8	7	1	1	1
9656	전북 익산시	온나라시스템사용자2.유지관리비	74,244	7	1	7	8	7	3	3	4
9657	전북 익산시	철도이용관광객지원	60,000	7	5	7	8	7	1	1	1
9658	전북 익산시	인사행정정보시스템유지관리비	56,424	7	6	5	1	7	3	3	4
9659	전북 익산시	수출기업보험(보증)료지원사업	50,000	7	4	7	8	7	1	1	4
9660	전북 익산시	청년혁신가예비창업지원사업	30,000	7	4	7	8	7	1	1	1
9661	전북 익산시	기업맞춤형농산물수급안정시범사업	30,000	7	4	7	8	7	1	1	1
9662	전북 익산시	소상공인경영환경개선사업(경영컨설팅)	27,000	7	4	7	8	7	1	1	1
9663	전북 익산시	먹거리통합관리시스템운영지원	24,000	7	6	7	8	7	1	1	4
9664	전북 익산시	지자체기능분류모델시스템고도화분담금	5,250	7	8	7	8	7	1	1	1
9665	전북 익산시	입주자대표회의운영및윤리위탁교육비	3,000	7	1	5	8	7	5	5	4
9666	전북 정읍시	주거급여공기관대행사업비(수선유지급여)	1,500,000	7	1	5	1	7	1	1	4
9667	전북 정읍시	하학리인공습지비점오염저감시설사업	814,714	7	5	7	8	7	5	1	2
9668	전북 정읍시	한국조폐공사정읍사랑상품권운영대행수수료	772,494	7	1	7	8	7	5	1	4
9669	전북 정읍시	지역의미래를여는과학기술프로젝트(국도비직접지원)	400,000	7	2	7	8	7	1	2	3
9670	전북 정읍시	장애인의료비	297,926	7	2	7	8	7	3	3	4
9671	전북 정읍시	기숙사임차료지원사업	189,000	7	4	7	8	7	5	5	4
9672	전북 정읍시	지역혁신메가프로젝트	175,000	7	2	7	8	7	5	5	4
9673	전북 정읍시	전북형삼성스마트공장제조혁신프로젝트	140,000	7	4	7	8	7	5	5	4
9674	전북 정읍시	수도권내정읍관광영상홍보	100,000	7	8	7	8	7	5	5	4
9675	전북 정읍시	정읍농업기획홍보광고	100,000	7	1	4	7	7	5	5	1
9676	전북 정읍시	민간,가정어린이집기능보강	74,000	7	4	7	8	7	1	1	3
9677	전북 정읍시	정읍관광방송영상광고	60,000	7	8	7	8	7	5	5	4

순번	시군구	지출명 (사업명)	2024년예산 (단위 : 천원 /1년간)	민간이전 분류 (지방자치단체 세출예산 집행기준에 의거) 1. 민간경상사업보조(307-02) 2. 민간단체 법정운영비보조(307-03) 3. 민간행사사업보조(307-04) 4. 민간위탁금(307-05) 5. 사회복지시설 법정운영비보조(307-10) 6. 민간인위탁교육비(307-12) 7. 공기관등에대한경상적위탁사업비(308-13) 8. 민간자본사업보조,자체재원(402-01) 9. 민간자본사업보조,이전재원(402-02) 10. 민간위탁사업비(402-03) 11. 공기관등에 대한 자본적 위탁사업비(403-02)	민간이전지출 근거 (지방보조금 관리기준 참고) 1. 법률에 규정 2. 국고보조 재원(국가지정) 3. 용도 지정 기부금 4. 조례에 직접규정 5. 지자체가 권장하는 사업을 하는 공공기관 6. 시,도 정책 및 재정사정 7. 기타 8. 해당없음	입찰방식 계약체결방법 (경쟁형태) 1. 일반경쟁 2. 제한경쟁 3. 지명경쟁 4. 수의계약 5. 법정위탁 6. 기타 ( ) 7. 없음	입찰방식 계약기간 1. 1년 2. 2년 3. 3년 4. 4년 5. 5년 6. 기타 ( )년 7. 단기계약 (1년미만) 8. 없음	입찰방식 낙찰자선정방법 1. 적격심사 2. 협상에의한계약 3. 최저가낙찰제 4. 규격가격분리 5. 2단계 경쟁입찰 6. 기타 ( ) 7. 없음	운영예산 산정 운영예산 산정 1. 내부산정 (지자체 자체적으로 산정) 2. 외부산정 (외부전문기관위탁 산정) 3. 내·외부 모두 산정 4. 산정 無 5. 없음	운영예산 산정 정산방법 1. 내부정산 (지자체 내부적으로 정산) 2. 외부정산 (외부전문기관위탁 정산) 3. 내·외부 모두 산정 4. 정산 無 5. 없음	성과평가 실시여부 1. 실시 2. 미실시 3. 향후 추진 4. 해당없음
9678	전북 정읍시	광역버스정보시스템(BIS)운영	52,468	7	5	5	8	7	2	5	4
9679	전북 정읍시	뿌리기업그린환경시스템구축지원사업	42,000	7	4	7	8	7	5	5	4
9680	전북 정읍시	전기자동차공공급속충전시설운영관리	35,000	7	5	7	8	7	5	5	4
9681	전북 정읍시	KTX정읍역조명광고	30,000	7	8	7	8	7	5	5	4
9682	전북 정읍시	청년혁신가예비창업지원사업	30,000	7	6	7	1	7	2	2	4
9683	전북 정읍시	차량롤배너광고	26,000	7	8	7	8	7	5	5	4
9684	전북 정읍시	청년나래이음일자리지원사업	22,332	7	2	7	7	7	1	1	1
9685	전북 정읍시	광역알뜰교통카드연계마일리지지원	9,000	7	2	5	8	7	2	5	4
9686	전북 정읍시	민간어린이집기능보강(아롱다롱)	8,000	7	4	7	8	7	1	1	3
9687	전북 정읍시	우연고사망자신문공고료	3,300	7	1	7	8	7	5	5	4
9688	전북 남원시	전통식품마케팅활성화지원사업	80,000	7	1	7	8	7	5	3	4
9689	전북 남원시	온라인쇼핑몰홍보광고	20,000	7	1	7	8	7	5	5	4
9690	전북 남원시	전북먹거리통합관리시스템유지관리비	14,000	7	6	7	8	7	1	1	3
9691	전북 김제시	~2세보육료(바우처지원)	3,404,529	7	1	7	8	7	5	5	4
9692	전북 김제시	3~5세누리과정보육료지원(바우처지원)	1,370,316	7	1	7	8	7	5	5	4
9693	전북 김제시	스마트팜혁신밸리창업실증서비스지원사업	1,311,000	7	2	4	5	7	3	3	2
9694	전북 김제시	발달장애인주간활동서비스지원	1,156,024	7	7	7	7	7	1	1	2
9695	전북 김제시	아이돌봄서비스이용정부지원금	1,097,681	7	2	7	5	1	1	1	4
9696	전북 김제시	민관상생협력형단기부품기술개발지원	1,065,000	7	7	7	8	7	1	1	2
9697	전북 김제시	첫만남이용권지원	823,000	7	2	5	8	7	2	3	2
9698	전북 김제시	자동차대체부품개발및글로벌애프터마켓진출지원	600,000	7	7	7	8	7	1	1	2
9699	전북 김제시	국제종자박람회행사지원	600,000	7	6	7	8	7	5	5	4
9700	전북 김제시	청년창업도전지원사업'아리(AllRe)'추진	495,129	7	2	6	1	6	1	2	3
9701	전북 김제시	광고비	454,000	7	1	7	8	7	1	1	2
9702	전북 김제시	장애아동발달재활서비스	395,408	7	7	7	7	7	1	1	2
9703	전북 김제시	방과후활동서비스지원	365,871	7	7	7	7	7	1	1	2
9704	전북 김제시	장애인활동지원도추가지원	343,144	7	7	7	7	7	1	1	2
9705	전북 김제시	특장차산업생태계구축기술및실증기업지원	280,000	7	2	6	5	7	3	3	4
9706	전북 김제시	청년디지털일자리도전&도약지원사업추진	267,148	7	2	6	1	6	1	2	3
9707	전북 김제시	장애인의료비지원	260,798	7	2	7	7	7	1	1	2
9708	전북 김제시	청년예비창업도전지원사업'힌트'	238,190	7	2	6	1	6	1	2	3
9709	전북 김제시	최중증발달장애인주간개별일대일지원	228,823	7	2	7	7	7	1	1	2
9710	전북 김제시	암조기검진사업지원	201,470	7	2	5	8	7	5	2	1
9711	전북 김제시	지평선공동브랜드수도권홍보	200,000	7	4	7	8	7	5	5	4
9712	전북 김제시	청년창업도약지원사업'톡톡'	198,885	7	2	6	1	6	1	2	3
9713	전북 김제시	최중증발달장애인주간그룹일대일바우처지원	182,825	7	2	7	7	7	1	1	2
9714	전북 김제시	산모신생아건강관리지원	180,000	7	2	5	8	7	2	3	1
9715	전북 김제시	저소득층기저귀조제분유지원	170,000	7	2	5	8	7	2	3	1
9716	전북 김제시	뿌리농기계기술고도화를위한인프라활용기술개발지원사업	150,000	7	7	7	8	7	1	1	2
9717	전북 김제시	중증장애인활동보조가산급여	136,047	7	7	7	7	7	1	1	2

순번	시군구	지출명 (사업명)	2024년예산 (단위 : 천원 /1년간)	민간이전 분류 (지방자치단체 세출예산 집행기준에 의거) 1. 민간경상사업보조(307-02) 2. 민간단체 법정운영비보조(307-03) 3. 민간행사사업보조(307-04) 4. 민간위탁금(307-05) 5. 사회복지시설 법정운영비보조(307-10) 6. 민간인위탁교육비(307-12) 7. 공기관등에대한경상적위탁사업비(308-13) 8. 민간자본사업보조,자체재원(402-01) 9. 민간자본사업보조,이전재원(402-02) 10. 민간위탁사업비(402-03) 11. 공기관등에 대한 자본적 위탁사업비(403-02)	민간이전지출 근거 (지방보조금 관리기준 참고) 1. 법률에 규정 2. 국고보조 재원(국가지정) 3. 용도 지정 기부금 4. 조례에 직접규정 5. 지자체가 권장하는 사업을 하는 공공기관 6. 시,도 정책 및 재정사정 7. 기타 8. 해당없음	입찰방식 계약체결방법 (경쟁형태) 1. 일반경쟁 2. 제한경쟁 3. 지명경쟁 4. 수의계약 5. 법정위탁 6. 기타 ( ) 7. 없음	입찰방식 계약기간 1. 1년 2. 2년 3. 3년 4. 4년 5. 5년 6. 기타 ( )년 7. 단기계약 (1년미만) 8. 없음	입찰방식 낙찰자선정방법 1. 적격심사 2. 협상에의한계약 3. 최저가낙찰제 4. 규격가격분리 5. 2단계 경쟁입찰 6. 기타 ( ) 7. 없음	운영예산 산정 운영예산 산정 1. 내부산정 (지자체 자체적으로 산정) 2. 외부산정 (외부전문기관위탁 산정) 3. 내·외부 모두 산정 4. 산정 無 5. 없음	운영예산 산정 정산방법 1. 내부정산 (지자체 내부적으로 정산) 2. 외부정산 (외부전문기관위탁 정산) 3. 내·외부 모두 산정 4. 정산 無 5. 없음	성과평가 실시여부 1. 실시 2. 미실시 3. 향후 추진 4. 해당없음
9718	전북 김제시	차세대지방재정관리시스템유지보수	127,116	7	1	7	1	7	2	2	4
9719	전북 김제시	벽골제관광지언론홍보	120,000	7	1	7	8	7	1	1	2
9720	전북 김제시	친환경전기트랙터개발	100,000	7	2	7	8	7	2	2	2
9721	전북 김제시	자치단체공통기반및재해복구시스템유지관리위탁	97,748	7	7	7	1	7	2	2	4
9722	전북 김제시	저소득층여성청소년위생용품지원(바우처)	90,958	7	2	7	8	7	5	5	4
9723	전북 김제시	농특산물라이브커머스추진	72,200	7	4	7	8	7	5	5	4
9724	전북 김제시	지방세정보시스템유지관리	71,065	7	1	5	1	2	2	2	1
9725	전북 김제시	버스정보시스템(BIS)유지관리	67,227	7	2	7	8	7	3	3	4
9726	전북 김제시	시군청년혁신가예비창업지원	60,000	7	6	6	1	6	1	2	3
9727	전북 김제시	해외시장개척사업	60,000	7	7	7	8	7	1	1	2
9728	전북 김제시	중소기업수출물류비지원사업	60,000	7	7	7	8	7	1	1	2
9729	전북 김제시	주소정보관리시스템(KAIS)유지관리사업	55,377	7	2	7	1	7	5	5	4
9730	전북 김제시	특장차제작기업인증교육	50,000	7	6	6	1	7	3	3	4
9731	전북 김제시	자치단체온나라시스템유지관리위탁	43,295	7	7	7	1	7	2	2	4
9732	전북 김제시	주소정보기본도유지관리사업	41,105	7	2	7	1	7	5	5	4
9733	전북 김제시	글로벌시장진출토탈마케팅지원사업	40,000	7	7	7	8	7	1	1	2
9734	전북 김제시	전통식품마케팅활성화지원사업	40,000	7	5	7	8	7	2	2	3
9735	전북 김제시	세외수입정보시스템유지관리	38,491	7	1	5	1	2	2	2	1
9736	전북 김제시	인사행정시스템유지보수	37,859	7	7	7	8	7	5	5	4
9737	전북 김제시	지평선공동브랜드지방택시홍보	36,234	7	4	7	8	7	5	5	4
9738	전북 김제시	사회배려대상청소년지원사업	30,000	7	6	7	7	7	1	1	1
9739	전북 김제시	고향사랑e음시스템유지관리비	28,700	7	3	5	1	7	2	1	3
9740	전북 김제시	해외전시회개별참가지원사업	24,200	7	7	7	8	7	1	1	2
9741	전북 김제시	의료수급권자일반검진등지원	23,900	7	2	5	8	7	5	2	1
9742	전북 김제시	중소기업수출보험료지원사업	20,000	7	7	7	8	7	5	5	4
9743	전북 김제시	차세대주민등록시스템운영비	19,913	7	2	7	1	7	2	2	4
9744	전북 김제시	청년나래이음일자리지원사업(인건비)	19,142	7	2	6	1	6	1	2	3
9745	전북 김제시	청년나래이음플러스일자리지원사업(인건비)	14,381	7	2	6	1	6	1	2	3
9746	전북 김제시	청백e시스템유지관리및운영분담금	14,092	7	7	7	1	7	2	2	4
9747	전북 김제시	희귀질환자의료비지원	14,000	7	2	5	8	7	5	2	1
9748	전북 김제시	산업단지조성사업공고료	11,200	7	8	7	8	7	5	5	4
9749	전북 김제시	새만금관련홍보추진(기고,논리시리즈홍보등)	11,000	7	4	7	8	7	5	5	4
9750	전북 김제시	먹거리통합관리시스템운영지원	10,000	7	5	7	8	7	5	5	4
9751	전북 김제시	지방행정공통시스템상담센터운영	6,950	7	7	7	1	7	2	2	4
9752	전북 김제시	우편모아시스템위탁	5,600	7	7	7	1	7	2	2	4
9753	전북 김제시	기능분류시스템위탁	5,250	7	7	7	1	7	2	2	4
9754	전북 김제시	택시운행정보관리시스템	3,663	7	7	7	8	7	2	2	4
9755	전북 김제시	청년멘토육성및지원사업	2,850	7	2	6	1	6	1	2	3
9756	전북 김제시	무연고자사망자일간지공고료	2,760	7	1	7	8	7	1	1	4
9757	전북 김제시	신문,인터넷방송등홍보광고료	2,750	7	7	5	7	6	5	1	4

순번	시군구	지출명 (사업명)	2024년예산 (단위 : 천원 /1년간)	민간이전 분류 (지방자치단체 세출예산 집행기준에 의거)	민간이전지출 근거 (지방보조금 관리기준 참고)	입찰방식			운영예산 산정		성과평가 실시여부
				1. 민간경상사업보조(307-02) 2. 민간단체 법정운영비보조(307-03) 3. 민간행사사업보조(307-04) 4. 민간위탁금(307-05) 5. 사회복지시설 법정운영비보조(307-10) 6. 민간인위탁교육비(307-12) 7. 공기관등에대한경상적위탁사업비(308-13) 8. 민간자본사업보조,자체재원(402-01) 9. 민간자본사업보조,이전재원(402-02) 10. 민간위탁사업비(402-03) 11. 공기관등에 대한 자본적 위탁사업비(403-02)	1. 법률에 규정 2. 국고보조 재원(국가지정) 3. 용도 지정 기부금 4. 조례에 직접규정 5. 지자체가 권장하는 사업을 하는 공공기관 6. 시,도 정책 및 재정사정 7. 기타 8. 해당없음	계약체결방법 (경쟁형태) 1. 일반경쟁 2. 제한경쟁 3. 지명경쟁 4. 수의계약 5. 법정위탁 6. 기타 ( ) 7. 없음	계약기간 1. 1년 2. 2년 3. 3년 4. 4년 5. 5년 6. 기타 ( )년 7. 단기계약 (1년미만) 8. 없음	낙찰자선정방법 1. 적격심사 2. 협상에의한계약 3. 최저가낙찰제 4. 규격가격분리 5. 2단계 경쟁입찰 6. 기타 ( ) 7. 없음	운영예산 산정 1. 내부산정 (지자체 자체적으로 산정) 2. 외부산정 (외부전문기관위탁 산정) 3. 내·외부 모두 산정 4. 산정 無 5. 없음	정산방법 1. 내부정산 (지자체 내부적으로 정산) 2. 외부정산 (외부전문기관위탁 정산) 3. 내·외부 모두 산정 4. 정산 無 5. 없음	1. 실시 2. 미실시 3. 향후 추진 4. 해당없음
9758	전북 김제시	신문,인터넷,방송등홍보광고료	2,750	7	7	5	7	6	5	1	4
9759	전북 김제시	의료급여수급권자영유아검진	2,170	7	2	5	8	7	5	3	1
9760	전북 김제시	청소년산모의료비지원	2,000	7	2	5	8	7	2	3	1
9761	전북 김제시	표준모자보건수첩	1,500	7	2	5	8	7	2	3	4
9762	전북 완주군	첫만남이용권지원사업	800,000	7	2	7	8	7	2	2	2
9763	전북 완주군	치매치료관리비지원	360,000	7	1	7	8	7	5	5	4
9764	전북 완주군	지역자율형사회서비스투자사업(산모,신생아건강관리)	305,713	7	2	7	8	7	2	2	2
9765	전북 완주군	저소득층기저귀,조제분유지원사업	196,000	7	2	7	8	7	2	2	2
9766	전북 완주군	국가암관리	193,800	7	2	7	8	7	2	2	2
9767	전북 완주군	통합지방재정시스템운영및유지관리(e호조)	113,008	7	1	7	8	7	5	2	4
9768	전북 완주군	공통기반시스템유지보수	101,504	7	5	7	8	7	2	2	2
9769	전북 완주군	만성질환예방관리지역사회건강조사	68,020	7	1	7	8	7	5	5	1
9770	전북 완주군	희귀난치성질환자의료비지원	25,000	7	2	7	8	7	5	5	4
9771	전북 완주군	온나라시스템유지보수	24,528	7	5	7	8	7	2	2	2
9772	전북 완주군	우편모아시스템유지보수	5,600	7	5	7	8	7	2	2	2
9773	전북 완주군	통합건강증진사업(심뇌혈관질환예방관리)	4,400	7	1	7	8	7	2	2	2
9774	전북 완주군	표준모자보건수첩제작	1,940	7	2	7	8	7	2	2	2
9775	전북 완주군	청소년산모임신출산의료비지원	1,200	7	2	7	8	7	2	2	2
9776	전북 완주군	입주자대표회의교육	1,000	7	1	5	8	7	5	5	4
9777	전북 완주군	의료급여수급권자일반검진비지원	22,900	7	2	7	8	7	2	2	2
9778	전북 완주군	지역사회중심금연지원서비스	18,000	7	2	7	8	7	2	2	2
9779	전북 완주군	의료급여수급권자영유아검진비지원	3,140	7	2	7	8	7	2	2	2
9780	전북 완주군	선천성난청검사및보청기지원사업	363	7	2	7	8	7	2	2	2
9781	전북 완주군	선천성대사이상검사및환아관리	114	7	2	7	8	7	2	2	2
9782	전북 장수군	지역자율형사회서비스투자사업(생활)(지역사회서비스)	508,547	7	2	5	8	7	5	2	1
9783	전북 장수군	장계초등학교통학로지중화사업	400,000	7	2	5	1	7	3	3	4
9784	전북 장수군	장애인활동지원급여지원	232,147	7	2	7	8	7	1	1	1
9785	전북 장수군	첫만남이용권지원사업	155,000	7	2	5	8	7	5	5	4
9786	전북 장수군	치매치료관리비지원	151,200	7	1	7	8	7	1	1	4
9787	전북 장수군	발달장애인주간활동서비스지원	149,235	7	2	7	8	7	1	1	1
9788	전북 장수군	농특산물온오프라인광고시행	140,000	7	4	7	8	7	5	5	4
9789	전북 장수군	발달장애인방과후활동서비스지원	116,378	7	2	7	8	7	1	1	1
9790	전북 장수군	지역자율형사회서비스투자사업(생활)(가사간병방문지원사업)	80,482	7	2	5	8	7	5	2	1
9791	전북 장수군	발달재활서비스바우처지원	59,910	7	2	7	8	7	1	1	1
9792	전북 장수군	저소득층기저귀및조제분유지원(기저귀및조제분유지원)	44,000	7	2	5	8	7	5	5	4
9793	전북 장수군	전통식품마케팅활성화지원사업	40,000	7	4	5	1	1	1	2	1
9794	전북 장수군	산모신생아건강관리지원사업(산모신생아건강관리지원사업)	38,000	7	2	5	8	7	5	5	4
9795	전북 장수군	암검진사업(국가암관리지자체지원)	30,300	7	2	5	8	7	5	5	4
9796	전북 장수군	장애인활동지원추가급여	28,340	7	2	7	8	7	1	1	1
9797	전북 장수군	지역아동센터사업지원(자체)	21,380	7	4	7	8	7	1	1	4

순번	시군구	지출명 (사업명)	2024년예산 (단위 : 천원 /1년간)	민간이전 분류 (지방자치단체 세출예산 집행기준에 의거) 1. 민간경상사업보조(307-02) 2. 민간단체 법정운영비보조(307-03) 3. 민간행사사업보조(307-04) 4. 민간위탁금(307-05) 5. 사회복지시설 법정운영비보조(307-10) 6. 민간인위탁교육비(307-12) 7. 공기관등에대한경상적위탁사업비(308-13) 8. 민간자본사업보조,자체재원(402-01) 9. 민간자본사업보조,이전재원(402-02) 10. 민간위탁사업비(402-03) 11. 공기관등에 대한 자본적 위탁사업비(403-02)	민간이전지출 근거 (지방보조금 관리기준 참고) 1. 법률에 규정 2. 국고보조 재원(국가지정) 3. 용도 지정 기부금 4. 조례에 직접규정 5. 지자체가 권장하는 사업을 하는 공공기관 6. 시,도 정책 및 재정사정 7. 기타 8. 해당없음	입찰방식 계약체결방법 (경쟁형태) 1. 일반경쟁 2. 제한경쟁 3. 지명경쟁 4. 수의계약 5. 법정위탁 6. 기타 ( ) 7. 없음	입찰방식 계약기간 1. 1년 2. 2년 3. 3년 4. 4년 5. 5년 6. 기타 ( )년 7. 단기계약 (1년미만) 8. 없음	입찰방식 낙찰자선정방법 1. 적격심사 2. 협상에의한계약 3. 최저가낙찰제 4. 규격가격분리 5. 2단계 경쟁입찰 6. 기타 ( ) 7. 없음	운영예산 산정 운영예산 산정 1. 내부산정 (지자체 자체적으로 산정) 2. 외부산정 (외부전문기관위탁 산정) 3. 내·외부 모두 산정 4. 산정 無 5. 없음	운영예산 산정 정산방법 1. 내부정산 (지자체 내부적으로 정산) 2. 외부정산 (외부전문기관위탁 정산) 3. 내·외부 모두 산정 4. 정산 無 5. 없음	성과평가 실시여부 1. 실시 2. 미실시 3. 향후 추진 4. 해당없음
9798	전북 장수군	차세대주민등록정보시스템운영	17,860	7	7	6	1	6	2	5	4
9799	전북 장수군	장애인활동지원급여지원가산급여	10,181	7	2	7	8	7	1	1	1
9800	전북 장수군	의료급여수급권자검진사업지원(의료급여수급권자일반검진비지원)	7,300	7	2	5	8	7	5	5	4
9801	전북 장수군	전북먹거리통합관리시스템운영지원	7,000	7	6	7	8	7	5	1	1
9802	전북 장수군	장수흑염소구충제지원	4,000	7	4	7	8	7	1	1	4
9803	전북 장수군	희귀질환자의료비지원	1,000	7	1	7	8	7	1	1	4
9804	전북 장수군	청소년산모의료비지원(청소년산모임신출산의료비지원)	1,000	7	1	7	8	7	1	1	4
9805	전북 장수군	지역자율형사회서비스투자사업(생활)(지역사회서비스청년마음건강지원사업)	540	7	2	5	8	7	5	5	4
9806	전북 장수군	영유아건강검진사업지원(의료급여수급권자영유아검진비지원)	420	7	2	5	8	7	5	2	1
9807	전북 장수군	표준모자보건수첩지원(표준모자보건수첩제작)	220	7	2	5	8	7	5	5	4
9808	전북 임실군	광역버스정보시스템구축사업유지보수	27,937	7	1	5	8	7	5	2	4
9809	전북 순창군	장애인활동지원(사업량12명)	2,719,286	7	2	7	8	7	5	1	4
9810	전북 순창군	발달장애인주간활동서비스지원(사업량2명)	525,466	7	2	7	8	7	5	1	4
9811	전북 순창군	순창군이미지홍보	260,000	7	1	4	7	7	1	1	2
9812	전북 순창군	순창대표음식메뉴개발및홍보마케팅	250,000	7	8	7	8	7	5	5	4
9813	전북 순창군	지적재조사위탁측량수수료	236,929	7	1	5	7	7	5	1	4
9814	전북 순창군	첫만남이용권지원	161,000	7	1	7	8	7	5	5	4
9815	전북 순창군	청년내일저축계좌(차상위이하,차상위초과사업량69명)	143,018	7	2	5	8	7	1	1	4
9816	전북 순창군	발달장애인방과후활동서비스(사업량17명)	141,358	7	2	7	8	7	5	1	4
9817	전북 순창군	군정현안사업홍보	135,000	7	1	4	7	7	1	1	2
9818	전북 순창군	순창장류소공인특화지원센터위탁사업	120,000	7	5	7	1	7	1	1	4
9819	전북 순창군	순창군방송광고영상제작등홍보	100,000	7	1	4	7	7	1	1	2
9820	전북 순창군	농특산물및기업유치홍보	90,000	7	1	4	7	7	1	1	2
9821	전북 순창군	2024년통합지방재정시스템운영및유지관리분담금	84,758	7	6	7	8	7	2	2	4
9822	전북 순창군	군정홍보택시광고비	84,000	7	5	7	1	7	1	1	2
9823	전북 순창군	공통기반전산장비및재해복구시스템유지보수	83,133	7	1	7	1	7	5	5	4
9824	전북 순창군	전북형제조혁신스마트공장사업	80,000	7	6	7	8	7	2	2	4
9825	전북 순창군	전통식품마케팅활성화지원사업	80,000	7	6	7	8	7	1	2	3
9826	전북 순창군	순창군빈집실태조사용역	79,232	7	2	7	8	7	5	5	4
9827	전북 순창군	발달재활서비스바우처지원(사업량33명)	79,082	7	2	7	8	7	5	1	4
9828	전북 순창군	장애인의료비지원(사업량115명)	77,856	7	2	7	8	7	5	1	4
9829	전북 순창군	지역사회건강조사조사분석위탁운영	66,222	7	2	7	8	7	5	1	3
9830	전북 순창군	차세대지방세정보시스템유지관리비	65,859	7	1	5	1	7	2	2	2
9831	전북 순창군	장애인활동지원도추가지원사업(사업량11명)	63,366	7	6	7	8	7	5	1	4
9832	전북 순창군	최중증발달장애인주간그룹일대일바우처지원(사업량1명)	59,332	7	2	7	8	7	5	1	4
9833	전북 순창군	산모신생아건강관리지원	58,000	7	1	7	8	7	5	5	4
9834	전북 순창군	순창군영상홍보광고	50,000	7	1	4	7	7	1	1	2
9835	전북 순창군	대도시순창관광지홍보	40,000	7	1	4	7	7	1	1	2
9836	전북 순창군	도로명주소정보시스템운영지원	38,186	7	1	5	1	7	2	2	4
9837	전북 순창군	저소득층기저귀조제분유지원	35,000	7	1	7	8	7	5	5	4

순번	시군구	지출명 (사업명)	2024년예산 (단위 : 천원 /1년간)	민간이전 분류 (지방자치단체 세출예산 집행기준에 의거) 1. 민간경상사업보조(307-02) 2. 민간단체 법정운영비보조(307-03) 3. 민간행사사업보조(307-04) 4. 민간위탁금(307-05) 5. 사회복지시설 법정운영비보조(307-10) 6. 민간인위탁교육비(307-12) 7. 공기관등에대한경상적위탁사업비(308-13) 8. 민간자본사업보조,자체재원(402-01) 9. 민간자본사업보조,이전재원(402-02) 10. 민간위탁사업비(402-03) 11. 공기관등에 대한 자본적 위탁사업비(403-02)	민간이전지출 근거 (지방보조금 관리기준 참고) 1. 법률에 규정 2. 국고보조 재원(국가지정) 3. 용도 지정 기부금 4. 조례에 직접규정 5. 지자체가 권장하는 사업을 하는 공공기관 6. 시,도 정책 및 재정사정 7. 기타 8. 해당없음	입찰방식 계약체결방법 (경쟁형태) 1. 일반경쟁 2. 제한경쟁 3. 지명경쟁 4. 수의계약 5. 법정위탁 6. 기타 ( ) 7. 없음	입찰방식 계약기간 1. 1년 2. 2년 3. 3년 4. 4년 5. 5년 6. 기타 ( )년 7. 단기계약 (1년미만) 8. 없음	입찰방식 낙찰자선정방법 1. 적격심사 2. 협상에의한계약 3. 최저가낙찰제 4. 규격가격분리 5. 2단계 경쟁입찰 6. 기타 ( ) 7. 없음	운영예산 산정 운영예산 산정 1. 내부산정 (지자체 자체적으로 산정) 2. 외부산정 (외부전문기관위탁 산정) 3. 내·외부 모두 산정 4. 산정 無 5. 없음	운영예산 산정 정산방법 1. 내부정산 (지자체 내부적으로 정산) 2. 외부정산 (외부전문기관위탁 정산) 3. 내·외부 모두 산정 4. 정산 無 5. 없음	성과평가 실시여부 1. 실시 2. 미실시 3. 향후 추진 4. 해당없음
9838	전북 순창군	지하철LED조명광고홍보	33,000	7	1	4	7	7	1	1	2
9839	진북 순창군	고향사랑기부제종합정보시스템유지관리비	28,700	7	1	7	8	7	2	2	4
9840	전북 순창군	차세대지방세외수입정보시스템유지관리비	28,595	7	1	5	1	7	2	2	2
9841	전북 순창군	표준지방인사정보시스템유지관리	21,084	7	1	7	8	7	2	1	2
9842	전북 순창군	지적기준점유지관리위탁	20,192	7	1	5	7	7	5	1	4
9843	전북 순창군	인터넷배너광고	20,000	7	1	4	7	7	1	1	2
9844	전북 순창군	온나라시스템유지관리및서비스데스크운영	19,920	7	1	7	1	7	5	5	4
9845	전북 순창군	도로명주소기본도유지관리	18,388	7	1	5	1	7	2	2	4
9846	전북 순창군	순창전통장류홍보를위한전광판광고	18,000	7	5	7	7	7	1	1	4
9847	전북 순창군	희귀질환자의료비지원	17,000	7	1	5	8	7	5	5	4
9848	전북 순창군	청년혁신가예비창업지원사업	15,000	7	4	7	8	7	1	1	2
9849	전북 순창군	장애인활동지원가산급여(사업량2명)	14,321	7	2	7	8	7	5	1	4
9850	전북 순창군	희망저축계좌1(사업량4명)	11,946	7	2	5	8	7	1	1	4
9851	전북 순창군	버스정보시스템유지보수비	11,787	7	7	6	1	7	2	2	2
9852	전북 순창군	청백e시스템유지보수비	11,719	7	6	1	1	1	2	2	1
9853	전북 순창군	투자유치온라인홍보등	10,000	7	1	7	8	7	1	1	4
9854	전북 순창군	전주국제발효식품엑스포식품명인관운영	10,000	7	5	7	7	7	1	1	4
9855	전북 순창군	오교지구농업생산기반시설관리비지원	9,000	7	5	7	1	7	1	1	4
9856	전북 순창군	먹거리통합관리시스템관리	9,000	7	6	7	8	7	1	2	3
9857	전북 순창군	다문화가족국제우편요금지원	8,000	7	5	7	8	7	5	5	4
9858	전북 순창군	지방행정공통정보시스템서비스데스크운영	6,950	7	1	7	1	7	5	5	4
9859	전북 순창군	청년저축계좌(사업량2명)	5,181	7	2	5	8	7	1	1	4
9860	전북 순창군	청년나래이음플러스일자리지원사업(지역혁신형)	4,794	7	2	7	8	7	1	1	2
9861	전북 순창군	희망저축계좌2(사업량4명)	4,366	7	2	5	8	7	1	1	4
9862	전북 순창군	희망키움통장2(사업량3명)	4,129	7	2	5	8	7	1	1	4
9863	전북 순창군	기능분류모델시스템고도화분담금	3,250	7	2	7	8	7	5	5	4
9864	전북 순창군	내일키움통장(사업량1명)	1,431	7	2	5	8	7	1	1	4
9865	전북 순창군	건강검진등안내홍보(신문광고)	1,320	7	1	4	1	7	1	1	4
9866	전북 순창군	군민의장수상자선발광고비	1,100	7	1	7	8	7	1	1	1
9867	전북 순창군	청소년산모의료비지원	1,000	7	1	7	8	7	5	5	4
9868	전북 순창군	택시운행정보관리시스템운영사업	612	7	1	7	1	7	2	2	2
9869	전북 순창군	표준모자보건수첩지원	340	7	1	7	8	7	5	5	4
9870	전북 고창군	장애인활동지원급여지원	2,719,286	7	2	7	8	7	1	1	2
9871	전북 고창군	수산종자매입방류사업(해양생태활성화)	900,000	7	3	7	8	7	5	5	4
9872	전북 고창군	운영및유지관리분담금(지방세정보시스템)	710,665	7	1	5	1	7	2	2	4
9873	전북 고창군	발달장애인주간활동서비스지원	289,006	7	2	7	8	7	1	1	2
9874	전북 고창군	장애인의료비지원	210,078	7	2	7	8	7	1	1	2
9875	전북 고창군	장애인활동지원추가지원사업	188,176	7	2	7	8	7	1	1	2
9876	전북 고창군	발달재활서비스바우처지원	158,163	7	2	7	8	7	1	1	2
9877	전북 고창군	발달장애인방과후활동서비스지원	124,729	7	2	7	8	7	1	1	2

순번	시군구	지출명 (사업명)	2024년예산 (단위 : 천원 /1년간)	민간이전 분류 (지방자치단체 세출예산 집행기준에 의거) 1. 민간경상사업보조(307-02) 2. 민간단체 법정운영비보조(307-03) 3. 민간행사사업보조(307-04) 4. 민간위탁금(307-05) 5. 사회복지시설 법정운영비보조(307-10) 6. 민간인위탁교육비(307-12) 7. 공기관등에대한경상적위탁사업비(308-13) 8. 민간자본사업보조,자체재원(402-01) 9. 민간자본사업보조,이전재원(402-02) 10. 민간위탁사업비(402-03) 11. 공기관등에 대한 자본적 위탁사업비(403-02)	민간이전지출 근거 (지방보조금 관리기준 참고) 1. 법률에 규정 2. 국고보조 재원(국가지정) 3. 용도 지정 기부금 4. 조례에 직접규정 5. 지자체가 권장하는 사업을 하는 공공기관 6. 시,도 정책 및 재정사정 7. 기타 8. 해당없음	입찰방식 계약체결방법 (경쟁형태) 1. 일반경쟁 2. 제한경쟁 3. 지명경쟁 4. 수의계약 5. 법정위탁 6. 기타 ( ) 7. 없음	입찰방식 계약기간 1. 1년 2. 2년 3. 3년 4. 4년 5. 5년 6. 기타 ( )년 7. 단기계약 (1년미만) 8. 없음	입찰방식 낙찰자선정방법 1. 적격심사 2. 협상에의한계약 3. 최저가낙찰제 4. 규격가격분리 5. 2단계 경쟁입찰 6. 기타 ( ) 7. 없음	운영예산 산정 운영예산 산정 1. 내부산정 (지자체 자체적으로 산정) 2. 외부산정 (외부전문기관위탁 산정) 3. 내·외부 모두 산정 4. 산정 無 5. 없음	운영예산 산정 정산방법 1. 내부정산 (지자체 내부적으로 정산) 2. 외부정산 (외부전문기관위탁 정산) 3. 내·외부 모두 산정 4. 정산 無 5. 없음	성과평가 실시여부 1. 실시 2. 미실시 3. 향후 추진 4. 해당없음
9878	전북 고창군	청년혁신가예비창업지원사업	60,000	7	6	7	8	7	5	1	4
9879	전북 고창군	장애인활동보조가산급여	57,282	7	2	7	8	7	1	1	2
9880	전북 고창군	연안바다목장사후관리(eez)	50,000	7	6	7	8	7	5	5	4
9881	전북 고창군	광역버스정보시스템(BIS)운영	47,207	7	6	7	8	7	1	1	1
9882	전북 고창군	지식재산창출지원사업	20,000	7	6	7	8	7	1	1	4
9883	전북 고창군	기업ESG경영지원구축사업	20,000	7	6	7	8	7	5	5	4
9884	전북 고창군	청년나래이음플러스일자리지원사업	4,794	7	2	7	8	7	5	1	4
9885	전북 고창군	청년나래이음일자리지원사업	4,785	7	2	7	8	7	5	1	4
9886	전북 고창군	택시운행정보관리시스템운영	1,457	7	1	7	8	7	1	1	1
9887	전북 부안군	고압탄소복합재탈부착수소용기시스템실증	793,000	7	6	4	2	2	3	3	3
9888	전북 부안군	수소충전소운영	712,800	7	6	4	5	2	3	3	3
9889	전북 부안군	부안마실상권르네상스지원사업	1,716,000	7	2	7	8	7	5	2	1
9890	전북 부안군	스마트공장제조혁신	80,000	7	6	7	8	7	5	5	4
9891	전북 부안군	저소득여성청소년보건위생용품지원	33,820	7	2	7	8	7	5	5	4
9892	전북 부안군	뿌리기업그린환경시스템	21,000	7	6	4	1	2	3	3	3
9893	전북 부안군	제3농공단지분양공고	6,000	7	6	7	8	7	5	5	4
9894	전남 완도군	마을로플러스프로젝트	313,133	7	2	7	8	7	1	1	2
9895	전남 완도군	지역연계형청년창업지원사업	70,000	7	6	7	8	7	1	1	2
9896	전남 완도군	전남청년창업도전지원사업	56,600	7	2	7	8	7	1	1	2
9897	전남 완도군	전남공공배달앱홍보마케팅지원	32,550	7	1	7	8	7	5	5	4
9898	전남 완도군	여객선야간운항운영지원	800,000	7	4	6	6	7	2	1	4
9899	전남 완도군	여객선야간운항운영지원	693,000	7	4	6	6	7	2	1	4
9900	전남 완도군	2023년지적재조사사업위탁	237,864	7	1	7	8	7	5	5	4
9901	전남 완도군	기후변화에따른전복의환경내성시험연구	200,000	7	5	7	8	7	5	5	4
9902	전남 완도군	수산식품수출통합마케팅지원사업	150,000	7	6	6	1	7	1	1	2
9903	전남 완도군	전남농수산식품해외상설판매장활용판촉행사지원사업	120,000	7	6	7	1	7	1	1	2
9904	전남 완도군	수산가공히트상품개발비지원사업	112,000	7	4	6	4	7	1	1	1
9905	전남 완도군	수산동물질병예방위탁공급사업대행수수료	110,000	7	4	7	8	7	5	5	4
9906	전남 완도군	수산물소비활성화지상파홍보방송	100,000	7	1	5	8	7	1	1	2
9907	전남 완도군	해외시장연계마케팅지원	100,000	7	4	7	8	7	5	5	4
9908	전남 완도군	수산물유통네트워크판매망구축지원사업	80,000	7	6	6	1	7	1	1	2
9909	전남 완도군	완도양식광어비상품어수매자금지원	70,000	7	4	7	8	7	5	5	4
9910	전남 완도군	폐사어처리수거비지원	60,000	7	4	7	8	7	5	5	4
9911	전남 완도군	주소정보관리시스템유지관리	53,727	7	1	5	1	7	2	3	4
9912	전남 완도군	광어항생제잔류및쿠도아충검사지원	50,000	7	4	7	8	7	5	5	4
9913	전남 완도군	백신접종넙치부작용완화제지원	40,000	7	4	7	8	7	5	5	4
9914	전남 완도군	주소정보기본도유지관리	27,764	7	1	5	1	7	2	3	4
9915	전남 완도군	2022년주민등록정보시스템운영및유지관리	17,860	7	1	5	1	7	2	2	4
9916	전남 목포시	첫만남이용권지원사업	1,903,000	7	2	7	8	7	5	3	4
9917	전남 목포시	장애인의료비지원	575,513	7	1	7	8	7	5	5	4

순번	시군구	지출명 (사업명)	2024년예산 (단위 : 천원 /1년간)	민간이전 분류 (지방자치단체 세출예산 집행기준에 의거) 1. 민간경상사업보조(307-02) 2. 민간단체 법정운영비보조(307-03) 3. 민간행사사업보조(307-04) 4. 민간위탁금(307-05) 5. 사회복지시설 법정운영비보조(307-10) 6. 민간인위탁교육비(307-12) 7. 공기관등에대한경상적위탁사업비(308-13) 8. 민간자본사업보조,자체재원(402-01) 9. 민간자본사업보조,이전재원(402-02) 10. 민간위탁사업비(402-03) 11. 공기관등에 대한 자본적 위탁사업비(403-02)	민간이전지출 근거 (지방보조금 관리기준 참고) 1. 법률에 규정 2. 국고보조 재원(국가지정) 3. 용도 지정 기부금 4. 조례에 직접규정 5. 지자체가 권장하는 사업을 하는 공공기관 6. 시,도 정책 및 재정사정 7. 기타 8. 해당없음	입찰방식 계약체결방법 (경쟁형태) 1. 일반경쟁 2. 제한경쟁 3. 지명경쟁 4. 수의계약 5. 법정위탁 6. 기타 ( ) 7. 없음	입찰방식 계약기간 1. 1년 2. 2년 3. 3년 4. 4년 5. 5년 6. 기타 ( )년 7. 단기계약 (1년미만) 8. 없음	입찰방식 낙찰자선정방법 1. 적격심사 2. 협상에의한계약 3. 최저가낙찰제 4. 규격가격분리 5. 2단계 경쟁입찰 6. 기타 ( ) 7. 없음	운영예산 산정 운영예산 산정 1. 내부산정 (지자체 자체적으로 산정) 2. 외부산정 (외부전문기관위탁 산정) 3. 내·외부 모두 산정 4. 산정 無 5. 없음	운영예산 산정 정산방법 1. 내부정산 (지자체 내부적으로 정산) 2. 외부정산 (외부전문기관위탁 정산) 3. 내·외부 모두 산정 4. 정산 無 5. 없음	성과평가 실시여부 1. 실시 2. 미실시 3. 향후 추진 4. 해당없음
9918	전남 목포시	희귀질환자의료비지원사업	473,411	7	1	7	8	7	5	5	4
9919	전남 목포시	국가암검진비지원사업	467,607	7	1	7	8	7	5	5	4
9920	전남 목포시	저소득층기저귀및조제분유지원	416,635	7	2	7	8	7	5	3	4
9921	전남 목포시	산모신생아건강관리지원(사회보장정보원위탁금)	404,129	7	2	7	8	7	5	5	4
9922	전남 목포시	출산가정방문산후조리서비스확대지원(사회보장정보원위탁금)	106,782	7	6	7	8	7	5	5	4
9923	전남 목포시	2023년전남뿌리산업선도기업육성사업지원(도비직접지원)	92,000	7	1	7	8	7	2	2	4
9924	전남 목포시	제조업체경쟁력강화를위한스마트공장보급확산(국가직접지원)	90,000	7	1	7	8	7	2	2	4
9925	전남 목포시	지방세정보시스템유지보수비	77,385	7	2	2	7	2	2	2	4
9926	전남 목포시	의료급여수급권자건강검진비지원사업	66,782	7	1	7	8	7	5	5	4
9927	전남 목포시	운행제한단속시스템운영비	42,180	7	7	4	3	2	2	5	4
9928	전남 목포시	세외수입정보시스템유지보수	40,965	7	2	5	1	6	2	2	4
9929	전남 목포시	중소기업매출채권보험료지원사업	20,000	7	4	7	8	7	1	1	1
9930	전남 목포시	택시운행정보관리시스템운영비	15,999	7	1	6	8	7	2	1	4
9931	전남 목포시	2023년청백e시스템유지보수비	14,883	7	1	1,4	1	2	2	2	4
9932	전남 목포시	2023년전남농공단지기업맞춤형특화지원사업(도비직접지원)	10,000	7	1	7	8	7	2	2	4
9933	전남 목포시	만6세미만의료급여수급권자검진비(국민건강보험공단위탁금)	7,816	7	2	7	8	7	5	5	4
9934	전남 목포시	청소년산모임신출산의료비지원(사회보장정보원위탁금)	3,100	7	2	7	8	7	5	5	4
9935	전남 목포시	표준모자보건수첩제작(국민건강보험공단위탁금)	1,207	7	2	7	8	7	5	5	4
9936	전남 여수시	첫만남이용권지원사업	2,518,000	7	2	5	8	7	5	5	4
9937	전남 여수시	주차장운영	1,584,381	7	1,4	7	8	7	1	1	4
9938	전남 여수시	지역사회서비스투자사업	1,427,151	7	2	5	8	7	5	3	4
9939	전남 여수시	산모신생아건강관리지원사업(전환사업)	934,780	7	2	5	8	7	5	5	4
9940	전남 여수시	중소기업맞춤형지원	888,000	7	4	7	1	2	2	2	1
9941	전남 여수시	기저귀및조제분유지원	578,584	7	2	5	8	7	5	5	4
9942	전남 여수시	국가암관리지자체지원	561,680	7	2	7	8	7	5	2	2
9943	전남 여수시	참문어산란서식장조성사업	500,000	7	2	1	7	3	2	1	4
9944	전남 여수시	치매치료관리비지원	428,215	7	2	5	1	7	2	2	1
9945	전남 여수시	가사간병방문지원사업	378,572	7	2	5	8	7	5	3	4
9946	전남 여수시	탄소중립스마트그린프로젝트	314,232	7	2	2	3	1	3	3	4
9947	전남 여수시	희귀질환자의료비지원	286,360	7	2	7	8	7	5	2	2
9948	전남 여수시	데이터사이언스전문가양성사업	227,800	7	2	2	3	1	3	3	4
9949	전남 여수시	초광역연계창업지원사업	211,000	7	2	2	2	1	3	3	4
9950	전남 여수시	전남창년창업후속지원프로그램	194,507	7	2	2	2	1	3	3	4
9951	전남 여수시	출산가정방문산후조리서비스확대지원	178,089	7	2	5	8	7	5	5	4
9952	전남 여수시	공공배달앱먹깨비홍보및마케팅지원	150,000	7	5	7	1	7	5	3	1
9953	전남 여수시	바다정원화사업	140,000	7	1	7	8	7	5	5	4
9954	전남 여수시	지역특화산업맞춤청년일자리사업	131,875	7	2	2	3	1	3	3	4
9955	전남 여수시	2024년공통기반및재해복구시스템운영	89,682	7	5	6	1	2	2	2	4
9956	전남 여수시	2024고품격위생문화정착을위한 < 불만제로여수! > 홍보광고료	70,000	7	5	5	1	7	1	1	3
9957	전남 여수시	차세대인사랑유지관리	65,058	7	1	4	1	7	5	5	4

순번	시군구	지출명 (사업명)	2024년예산 (단위 : 천원 /1년간)	민간이전 분류 (지방자치단체 세출예산 집행기준에 의거)	민간이전지출 근거 (지방보조금 관리기준 참고)	입찰방식			운영예산 산정		성과평가 실시여부
				1. 민간경상사업보조(307-02) 2. 민간단체 법정운영비보조(307-03) 3. 민간행사사업보조(307-04) 4. 민간위탁금(307-05) 5. 사회복지시설 법정운영비보조(307-10) 6. 민간인위탁교육비(307-12) 7. 공기관등에대한경상적위탁사업비(308-13) 8. 민간자본사업보조,자체재원(402-01) 9. 민간자본사업보조,이전재원(402-02) 10. 민간위탁사업비(402-03) 11. 공기관등에 대한 자본적 위탁사업비(403-02)	1. 법률에 규정 2. 국고보조 재원(국가지정) 3. 용도 지정 기부금 4. 조례에 직접규정 5. 지자체가 권장하는 사업을 하는 공공기관 6. 시,도 정책 및 재정사정 7. 기타 8. 해당없음	계약체결방법 (경쟁형태) 1. 일반경쟁 2. 제한경쟁 3. 지명경쟁 4. 수의계약 5. 법정위탁 6. 기타 ( ) 7. 없음	계약기간 1. 1년 2. 2년 3. 3년 4. 4년 5. 5년 6. 기타 ( )년 7. 단기계약 (1년미만) 8. 없음	낙찰자선정방법 1. 적격심사 2. 협상에의한계약 3. 최저가낙찰제 4. 규격가격분리 5. 2단계 경쟁입찰 6. 기타 ( ) 7. 없음	운영예산 산정 1. 내부산정 (지자체 자체적으로 산정) 2. 외부산정 (외부전문기관위탁 산정) 3. 내·외부 모두 산정 4. 산정 無 5. 없음	정산방법 1. 내부정산 (지자체 내부적으로 정산) 2. 외부정산 (외부전문기관위탁 정산) 3. 내·외부 모두 산정 4. 정산 無 5. 없음	1. 실시 2. 미실시 3. 향후 추진 4. 해당없음
9958	전남 여수시	청년마음건강지원사업	52,914	7	2	5	8	7	5	3	4
9959	전남 여수시	의료수급권자일반건강검진	47,712	7	2	7	8	7	5	2	2
9960	전남 여수시	온나라및문서유통시스템유지관리	27,600	7	5	1	1	2	2	2	4
9961	전남 여수시	인구시책캠페인홍보광고	25,000	7	4	4	7	7	1	1	4
9962	전남 여수시	여수시청년통계작성	10,000	7	8	7	8	7	5	5	4
9963	전남 여수시	2024년지방행정공통시스템상담센터운영	6,950	7	5	6	1	2	2	2	4
9964	전남 여수시	청소년산모임신출산의료비지원	4,580	7	2	5	8	7	5	5	4
9965	전남 여수시	영유아건강검진	4,047	7	2	5	8	7	5	5	4
9966	전남 여수시	표준모자보건수첩제작	2,066	7	2	5	8	7	5	5	4
9967	전남 순천시	유기질비료공급(2단계전환사업)	3,439,446	7	1	7	8	7	5	1	4
9968	전남 순천시	발달재활서비스바우처지원(장애아동가족지원사업)	2,113,800	7	1	7	8	7	1	1	1
9969	전남 순천시	여성농어업인행복바우처지원사업	1,500,000	7	6	7	8	7	5	1	4
9970	전남 순천시	희망키움통장등	1,172,549	7	2	5	8	7	5	5	4
9971	전남 순천시	지역사회서비스투자사업	1,037,143	7	2	7	8	1	3	3	1
9972	전남 순천시	기초주거수선유지급여	1,000,000	7	2	4	1	7	1	1	4
9973	전남 순천시	맞춤형및NK비료공급	700,000	7	1	7	8	7	1	1	4
9974	전남 순천시	스마트공장보급확산(국가직접지원)	558,000	7	2	7	8	7	2	2	3
9975	전남 순천시	벼육묘용상토공급	400,000	7	6	7	8	7	1	1	4
9976	전남 순천시	축산농가위기대응조사료구입비지원	400,000	7	6	7	8	7	1	1	4
9977	전남 순천시	유기질비료추가지원	400,000	7	1	7	8	7	5	1	4
9978	전남 순천시	치매치료관리비지원	344,381	7	1	5	8	7	5	5	4
9979	전남 순천시	토양개량제지원	311,831	7	1	7	8	7	5	1	4
9980	전남 순천시	퍼스널모빌리티플랫폼핵심기술개발및실증사업(국도비직접지원)	304,500	7	2	7	8	7	5	5	4
9981	전남 순천시	가사간병방문지원사업	302,857	7	2	4	8	7	1	1	4
9982	전남 순천시	저소득세대건강보험료및장기요양보험료지원	299,250	7	4	7	8	7	1	5	4
9983	전남 순천시	전남VRAR제작거점센터운영사업(국도비직접지원)	280,000	7	2	7	8	7	5	5	4
9984	전남 순천시	여성청소년생리용품지원사업	148,000	7	1	7	8	7	1	1	4
9985	전남 순천시	차세대지방재정관리시스템이호조유지보수및운영	127,116	7	7	7	1	7	1	1	1
9986	전남 순천시	일상돌봄서비스사업	108,571	7	2	7	8	7	5	5	4
9987	전남 순천시	벼보급종자액지원	95,000	7	6	7	8	7	5	5	4
9988	전남 순천시	토양개량제지원(공동살포비)	83,855	7	1	7	8	7	5	1	4
9989	전남 순천시	농업용유류저장탱크(급유기)지원	47,520	7	6	7	8	7	5	1	4
9990	전남 순천시	노후자동차운행제한시스템	39,205	7	1	6	3	7	1	1	4
9991	전남 순천시	낙농환경(질병)개선사업	39,200	7	6	7	8	7	5	1	4
9992	전남 순천시	청년마음건강지원사업	21,714	7	2	7	8	1	3	3	1
9993	전남 순천시	청백e시스템유지보수및운영	15,674	7	1	5	1	7	5	5	4
9994	전남 순천시	택시운행정보관리시스템운영	12,401	7	1	5	8	7	2	2	4
9995	전남 순천시	언어발달지원바우처지원	8,757	7	1	7	8	7	1	1	1
9996	전남 순천시	젖소개량(등록,심사)지원	6,000	7	6	7	8	7	5	1	4
9997	전남 순천시	발달장애인부모상담지원	5,648	7	1	7	8	7	1	1	1

순번	시군구	지출명 (사업명)	2024년예산 (단위 : 천원 /1년간)	민간이전 분류 (지방자치단체 세출예산 집행기준에 의거) 1. 민간경상사업보조(307-02) 2. 민간단체 법정운영비보조(307-03) 3. 민간행사사업보조(307-04) 4. 민간위탁금(307-05) 5. 사회복지시설 법정운영비보조(307-10) 6. 민간인위탁교육비(307-12) 7. 공기관등에대한경상적위탁사업비(308-13) 8. 민간자본사업보조,자체재원(402-01) 9. 민간자본사업보조,이전재원(402-02) 10. 민간위탁사업비(402-03) 11. 공기관등에 대한 자본적 위탁사업비(403-02)	민간이전지출 근거 (지방보조금 관리기준 참고) 1. 법률에 규정 2. 국고보조 재원(국가지정) 3. 용도 지정 기부금 4. 조례에 직접규정 5. 지자체가 권장하는 사업을 하는 공공기관 6. 시,도 정책 및 재정사정 7. 기타 8. 해당없음	입찰방식 계약체결방법 (경쟁형태) 1. 일반경쟁 2. 제한경쟁 3. 지명경쟁 4. 수의계약 5. 법정위탁 6. 기타 ( ) 7. 없음	입찰방식 계약기간 1. 1년 2. 2년 3. 3년 4. 4년 5. 5년 6. 기타 ( )년 7. 단기계약 (1년미만) 8. 없음	입찰방식 낙찰자선정방법 1. 적격심사 2. 협상에의한계약 3. 최저가낙찰제 4. 규격가격분리 5. 2단계 경쟁입찰 6. 기타 ( ) 7. 없음	운영예산 산정 운영예산 산정 1. 내부산정 (지자체 자체적으로 산정) 2. 외부산정 (외부전문기관위탁 산정) 3. 내·외부 모두 산정 4. 산정 無 5. 없음	운영예산 산정 정산방법 1. 내부정산 (지자체 내부적으로 정산) 2. 외부정산 (외부전문기관위탁 정산) 3. 내·외부 모두 산정 4. 정산 無 5. 없음	성과평가 실시여부 1. 실시 2. 미실시 3. 향후 추진 4. 해당없음
9998	전남 순천시	마중택시정산시스템운영비	5,400	7	5	7	8	7	2	2	4
9999	전남 순천시	기능분류모델(BRM)시스템고도화지자체분담금	5,250	7	8	7	8	7	1	2	4
10000	전남 순천시	유기농업자재지원(친환경농자재)	1,950	7	1	7	8	7	1	1	4
10001	전남 순천시	농업인월급제지원사업(이자보전)	1,050	7	6	7	8	7	1	1	4
10002	전남 나주시	발달장애인주간활동서비스지원	1,576,364	7	2	1	3	1	5	1	1
10003	전남 나주시	통합문화이용권사업추진	843,810	7	2	7	8	7	5	5	4
10004	전남 나주시	발달재활서비스바우처지원	730,902	7	2	1	3	1	5	5	4
10005	전남 나주시	장애인의료비지원	457,016	7	1	7	8	7	5	5	4
10006	전남 나주시	중증장애인활동보조확대지원	441,600	7	2	1	8	1	5	5	4
10007	전남 나주시	지적재조사사업추진	424,062	7	1	5	5	1	5	5	4
10008	전남 나주시	산모신생아건강관리지원금예탁	294,697	7	6	7	8	7	1	1	4
10009	전남 나주시	청소년발달장애학생방과후활동서비스지원사업	290,990	7	2	1	3	1	5	5	4
10010	전남 나주시	저소득층기저귀조제분유지원금예탁	276,598	7	2	7	8	7	5	5	4
10011	전남 나주시	택시래핑광고료및광고수수료	248,556	7	6	7	8	7	1	1	2
10012	전남 나주시	암조기검진사업	240,270	7	2	7	8	7	5	1	4
10013	전남 나주시	치매치료관리사업	182,874	7	2	7	8	7	5	1	4
10014	전남 나주시	전남중소중견기업탄소중립전환사업	180,000	7	5	7	8	7	1	2	3
10015	전남 나주시	중증장애인활동보조가산급여	142,535	7	2	1	8	1	5	5	4
10016	전남 나주시	지방세정보시스템운영(지역정보개발원)	81,475	7	1	7	8	7	5	5	4
10017	전남 나주시	지역사회건강조사	67,674	7	2	7	8	7	5	5	4
10018	전남 나주시	출산가정방문산후조리서비스확대지원	67,238	7	6	7	8	7	1	1	4
10019	전남 나주시	희귀질환자의료비지원	60,873	7	2	7	8	7	5	1	4
10020	전남 나주시	대중교통비환급지원	46,000	7	5	7	8	7	5	5	4
10021	전남 나주시	세외수입정보시스템운영(한국지역정보개발원)	38,491	7	1	7	8	7	5	5	4
10022	전남 나주시	택시래핑광고제작비	32,280	7	6	7	8	7	1	1	2
10023	전남 나주시	알뜰교통카드운영시스템	30,000	7	5	5	8	7	5	1	3
10024	전남 나주시	의료급여수급권자건강검진	26,761	7	2	7	8	7	5	1	4
10025	전남 나주시	2024년도차세대주민등록시스템운영비	22,379	7	1	5	1	7	2	2	2
10026	전남 나주시	양로시설종사자특별수당	14,760	7	6	7	8	7	1	1	4
10027	전남 나주시	노인생활시설간식비	12,031	7	6	7	8	7	1	1	4
10028	전남 나주시	영유아건강검진(만6세미만의료급여수급권자)예탁	4,196	7	2	7	8	7	5	5	4
10029	전남 나주시	발달장애인부모상담지원	3,764	7	2	7	8	7	5	5	4
10030	전남 나주시	택시운행정보관리시스템운영	2,839	7	5	7	1	7	2	2	3
10031	전남 나주시	청소년산모임신출산의료비지원	1,200	7	6	7	8	7	5	1	4
10032	전남 나주시	표준모자보건수첩제작비예탁	1,068	7	2	7	8	7	5	5	4
10033	전남 나주시	양로시설김장비,춘계부식비	770	7	6	7	8	7	1	1	4
10034	전남 광양시	광양항물동량증대인센티브지원, 광양항활성화협력체계강화사업	2,000,000	7	8	7	8	7	5	5	4
10035	전남 광양시	어린이집누리차액지원	952,040	7	1	7	8	7	5	1	4
10036	전남 광양시	지역사회서비스투자사업	666,571	7	2	6	8	7	2	3	4
10037	전남 광양시	근로능력있는수급자의탈수급지원	651,569	7	1	7	8	7	5	1	4

순번	시군구	지출명 (사업명)	2024년예산 (단위 : 천원 /1년간)	민간이전 분류 (지방자치단체 세출예산 집행기준에 의거) 1. 민간경상사업보조(307-02) 2. 민간단체 법정운영비보조(307-03) 3. 민간행사사업보조(307-04) 4. 민간위탁금(307-05) 5. 사회복지시설 법정운영비보조(307-10) 6. 민간인위탁교육비(307-12) 7. 공기관등에대한경상적위탁사업비(308-13) 8. 민간자본사업보조,자체재원(402-01) 9. 민간자본사업보조,이전재원(402-02) 10. 민간위탁사업비(402-03) 11. 공기관등에 대한 자본적 위탁사업비(403-02)	민간이전지출 근거 (지방보조금 관리기준 참고) 1. 법률에 규정 2. 국고보조 재원(국가지정) 3. 용도 지정 기부금 4. 조례에 직접규정 5. 지자체가 권장하는 사업을 하는 공공기관 6. 시,도 정책 및 재정사정 7. 기타 8. 해당없음	입찰방식 계약체결방법 (경쟁형태) 1. 일반경쟁 2. 제한경쟁 3. 지명경쟁 4. 수의계약 5. 법정위탁 6. 기타 ( ) 7. 없음	입찰방식 계약기간 1. 1년 2. 2년 3. 3년 4. 4년 5. 5년 6. 기타 ( )년 7. 단기계약 (1년미만) 8. 없음	입찰방식 낙찰자선정방법 1. 적격심사 2. 협상에의한계약 3. 최저가낙찰제 4. 규격가격분리 5. 2단계 경쟁입찰 6. 기타 ( ) 7. 없음	운영예산 산정 운영예산 산정 1. 내부산정 (지자체 자체적으로 산정) 2. 외부산정 (외부전문기관위탁 산정) 3. 내·외부 모두 산정 4. 산정 無 5. 없음	운영예산 산정 정산방법 1. 내부정산 (지자체 내부적으로 정산) 2. 외부정산 (외부전문기관위탁 정산) 3. 내·외부 모두 산정 4. 정산 無 5. 없음	성과평가 실시여부 1. 실시 2. 미실시 3. 향후 추진 4. 해당없음
10038	전남 광양시	지역ICT이노베이션스퀘어운영(국가직접지원)	300,000	7	2	6	1	6	3	2	1
10039	전남 광양시	국가암관리	281,392	7	1,2	5	8	7	5	5	4
10040	전남 광양시	희귀질환자의료비지원	238,957	7	1,2	5	8	7	5	5	4
10041	전남 광양시	치매치료관리비지원사업(전환사업)	237,026	7	6	7	8	7	5	5	4
10042	전남 광양시	가사간병방문지원사업	188,571	7	2	7	8	7	5	1	4
10043	전남 광양시	전라남도교육청광양평생교육관지원	160,000	7	1,4	7	8	7	1	1	3
10044	전남 광양시	시간제보육료	153,452	7	1	7	8	7	5	1	4
10045	전남 광양시	전국민마음투자지원사업	102,902	7	2	7	8	7	5	5	4
10046	전남 광양시	시군구공통기반시스템및재해복구시스템	92,965	7	5	5	1	7	3	3	1
10047	전남 광양시	지역사회건강조사	67,980	7	2	5	1	7	5	1	4
10048	전남 광양시	O광양항유관기관합동마케팅	60,000	7	8	7	8	7	5	5	4
10049	전남 광양시	청년마음건강지원사업	28,571	7	2	6	8	7	2	3	4
10050	전남 광양시	전자문서시스템운영지원위탁비	22,800	7	5	5	1	7	3	3	1
10051	전남 광양시	2024년이차전지산업육성포럼개최	20,000	7	6	7	8	7	5	5	4
10052	전남 광양시	제3회광양시수소산업육성포럼개최	20,000	7	4	7	8	7	5	5	4
10053	전남 광양시	의료수급권자건강비용지원	19,048	7	1,2	5	8	7	5	1	4
10054	전남 광양시	독서공익광고캠페인	15,000	7	1	5	7	7	2	5	4
10055	전남 광양시	서민층가스안전장치(타이머콕)보급사업	15,000	7	1	5	1	7	2	2	1
10056	전남 광양시	LPG용기사용가구시설개선사업	11,250	7	1	5	1	7	2	2	1
10057	전남 광양시	도시녹화사업홍보	10,000	7	1	7	8	7	5	5	4
10058	전남 광양시	지방행정통합정보시스템상담센터운영지원위탁비	7,000	7	5	5	1	7	3	3	1
10059	전남 광양시	입지결정관련신문공고비용	6,000	7	7	7	8	7	5	5	4
10060	전남 광양시	우편모아시스템유지보수	5,800	7	5	5	1	7	2	2	4
10061	전남 광양시	지자체기능분류모델(BRM)시스템구축분담금	5,250	7	5	5	1	7	2	2	4
10062	전남 광양시	O수산물유통센터홍보및광고비	2,000	7	8	7	8	7	5	5	4
10063	전남 담양군	전남형농어민공익수당지급	4,920,000	7	6	7	8	7	5	5	4
10064	전남 담양군	여성농업인행복바우처사업	757,000	7	6	7	8	7	5	5	4
10065	전남 담양군	지역사회서비스투자사업	694,696	7	2	6	1	7	4	1	1
10066	전남 담양군	의료급여진료비부담금	581,193	7	2	7	8	7	5	5	4
10067	전남 담양군	여성농업인행복바우처사업(군비추가분)	579,000	7	6	7	8	7	5	5	4
10068	전남 담양군	군정시책문화관광특산품홍보	518,000	7	1	7	8	7	5	5	4
10069	전남 담양군	첫만남이용권지원	334,000	7	8	7	8	7	5	1	2
10070	전남 담양군	청년마을로플러스프로젝트	250,506	7	1,2	7	8	7	1	1	4
10071	전남 담양군	치매치료비지원	169,960	7	1	7	8	7	5	5	4
10072	전남 담양군	방송캠페인,CF제작비(7회)	161,000	7	1	7	8	7	5	5	4
10073	전남 담양군	지적재조사측량비	161,000	7	8	7	8	7	5	5	4
10074	전남 담양군	전남뿌리산업선도기업육성사업(군부담금)	160,000	7	5	7	8	7	1	2	4
10075	전남 담양군	전남형강소기업육성사업	160,000	7	5	7	8	7	1	2	4
10076	전남 담양군	희귀난치성질환자의료비지원	147,370	7	8	7	8	7	5	1	2
10077	전남 담양군	지적임야도자료정비사업	147,000	7	8	7	8	7	5	5	4

순번	시군구	지출명 (사업명)	2024년예산 (단위 : 천원 /1년간)	민간이전 분류 (지방자치단체 세출예산 집행기준에 의거) 1. 민간경상사업보조(307-02) 2. 민간단체 법정운영비보조(307-03) 3. 민간행사사업보조(307-04) 4. 민간위탁금(307-05) 5. 사회복지시설 법정운영비보조(307-10) 6. 민간인위탁교육비(307-12) 7. 공기관등에대한경상적위탁사업비(308-13) 8. 민간자본사업보조,자체재원(402-01) 9. 민간자본사업보조,이전재원(402-02) 10. 민간위탁사업비(402-03) 11. 공기관등에 대한 자본적 위탁사업비(403-02)	민간이전지출 근거 (지방보조금 관리기준 참고) 1. 법률에 규정 2. 국고보조 재원(국가지정) 3. 용도 지정 기부금 4. 조례에 직접규정 5. 지자체가 권장하는 사업을 하는 공공기관 6. 시,도 정책 및 재정사정 7. 기타 8. 해당없음	입찰방식 계약체결방법 (경쟁형태) 1. 일반경쟁 2. 제한경쟁 3. 지명경쟁 4. 수의계약 5. 법정위탁 6. 기타 ( ) 7. 없음	입찰방식 계약기간 1. 1년 2. 2년 3. 3년 4. 4년 5. 5년 6. 기타 ( )년 7. 단기계약 (1년미만) 8. 없음	입찰방식 낙찰자선정방법 1. 적격심사 2. 협상에의한계약 3. 최저가낙찰제 4. 규격가격분리 5. 2단계 경쟁입찰 6. 기타 ( ) 7. 없음	운영예산 산정 운영예산 산정 1. 내부산정 (지자체 자체적으로 산정) 2. 외부산정 (외부전문기관위탁 산정) 3. 내·외부 모두 산정 4. 산정 無 5. 없음	운영예산 산정 정산방법 1. 내부정산 (지자체 내부적으로 정산) 2. 외부정산 (외부전문기관위탁 정산) 3. 내·외부 모두 산정 4. 정산 無 5. 없음	성과평가 실시여부 1. 실시 2. 미실시 3. 향후 추진 4. 해당없음
10078	전남 담양군	국내TV,CF송출료	140,000	7	1	7	8	7	5	5	4
10079	전남 담양군	기저귀조제분유지원(277명)	136,732	7	8	7	8	7	5	1	2
10080	전남 담양군	산모신생아건강관리지원(13명)	122,000	7	8	7	8	7	5	1	2
10081	전남 담양군	지역연계형청년창업지원사업	105,000	7	6	7	8	7	1	1	4
10082	전남 담양군	탄소중립스마트그린프로젝트(5명)	104,744	7	1,2	7	8	7	1	1	4
10083	전남 담양군	e호조시스템유지보수비(운영관리)	98,892	7	1	7	1	7	2	2	4
10084	전남 담양군	지역주도형청년일자리사업(전남청년창업지원사업)	94,760	7	1,2	7	8	7	1	1	4
10085	전남 담양군	일상돌봄서비스사업	93,750	7	2	6	1	7	4	1	1
10086	전남 담양군	암조기검진비지원	92,950	7	1	7	8	7	5	5	4
10087	전남 담양군	자치단체공통기반및재해복구시스템유지관리	84,408	7	2	7	8	7	5	5	4
10088	전남 담양군	수도권역주요거점홍보마케팅	84,000	7	1	7	8	7	5	5	4
10089	전남 담양군	KTX역,공항등다중이용시설마케팅	84,000	7	1	7	8	7	5	5	4
10090	전남 담양군	축제홍보	72,500	7	1	7	8	7	5	5	4
10091	전남 담양군	지방세정보화사업(운영관리)	71,065	7	1	5	1	7	2	2	2
10092	전남 담양군	담양군로고및브랜드슬로건홍보(2회)	70,000	7	1	7	8	7	5	5	4
10093	전남 담양군	가사간병방문지원사업	57,500	7	2	6	1	7	4	1	1
10094	전남 담양군	신문및잡지광고	56,000	7	1	7	8	7	5	5	4
10095	전남 담양군	무등산권세계지질공원통합본부운영	50,000	7	2	7	8	7	5	2	4
10096	전남 담양군	인터넷배너광고	48,000	7	1	7	8	7	5	5	4
10097	전남 담양군	마음건강지원사업운영	38,589	7	2	7	8	7	5	5	4
10098	전남 담양군	전남청년마을로프로젝트	35,929	7	1,2	7	8	7	1	1	4
10099	전남 담양군	차세대국가주소정보시스템구축비	35,554	7	8	7	8	7	5	5	4
10100	전남 담양군	스마트제조+유망기업2.프로젝트(3명)	35,000	7	1,2	7	8	7	1	1	4
10101	전남 담양군	온라인스토어청년창업지원사업(1명)	35,000	7	6	7	8	7	1	1	4
10102	전남 담양군	농공단지기업맞춤형특화지원사업(군부담금)	35,000	7	5	7	8	7	1	2	4
10103	전남 담양군	신문및잡지광고	34,000	7	1	7	8	7	5	5	4
10104	전남 담양군	지방세외수입유지보수비	31,069	7	1	5	1	7	2	2	2
10105	전남 담양군	전남공공배달앱홍보마케팅부담금	30,000	7	6	7	8	7	1	1	2
10106	전남 담양군	무등산권세계지질공원인증행사홍보비	30,000	7	2	7	8	7	5	2	4
10107	전남 담양군	그린뉴딜G.P.S.프로젝트(5명)	29,900	7	1,2	7	8	7	1	1	4
10108	전남 담양군	도로명주소기본도현행화유지보수비	27,764	7	8	7	8	7	5	5	4
10109	전남 담양군	인사랑유지관리비	23,000	7	5	7	8	7	5	5	4
10110	전남 담양군	라디오광고(제작및송출)	22,000	7	1	7	8	7	5	5	4
10111	전남 담양군	국외TV,CF송출료	21,000	7	1	7	8	7	5	5	4
10112	전남 담양군	TV,라디오방송매체홍보	21,000	7	1	7	8	7	5	5	4
10113	전남 담양군	자동차운행제한통합관제센터운영비	21,000	7	2	5	3	2	1	1	4
10114	전남 담양군	출산가정방문산후조리서비스확대지원(31명)	20,677	7	8	7	8	7	5	1	2
10115	전남 담양군	국가주소정보시스템유지관리사업및운영비	18,173	7	8	7	8	7	5	5	4
10116	전남 담양군	차세대주민등록정보시스템운영및유지보수비	17,860	7	8	7	8	7	5	5	4
10117	전남 담양군	도로행정신문공고료	16,170	7	1	7	8	7	5	5	4

순번	시군구	지출명 (사업명)	2024년예산 (단위 : 천원 /1년간)	민간이전 분류 (지방자치단체 세출예산 집행기준에 의거) 1. 민간경상사업보조(307-02) 2. 민간단체 법정운영비보조(307-03) 3. 민간행사사업보조(307-04) 4. 민간위탁금(307-05) 5. 사회복지시설 법정운영비보조(307-10) 6. 민간인위탁교육비(307-12) 7. 공기관등에대한경상적위탁사업비(308-13) 8. 민간자본사업보조,자체재원(402-01) 9. 민간자본사업보조,이전재원(402-02) 10. 민간위탁사업비(402-03) 11. 공기관등에 대한 자본적 위탁사업비(403-02)	민간이전지출 근거 (지방보조금 관리기준 참고) 1. 법률에 규정 2. 국고보조 재원(국가지정) 3. 용도 지정 기부금 4. 조례에 직접규정 5. 지자체가 권장하는 사업을 하는 공공기관 6. 시,도 정책 및 재정사정 7. 기타 8. 해당없음	입찰방식 계약체결방법 (경쟁형태) 1. 일반경쟁 2. 제한경쟁 3. 지명경쟁 4. 수의계약 5. 법정위탁 6. 기타 ( ) 7. 없음	입찰방식 계약기간 1. 1년 2. 2년 3. 3년 4. 4년 5. 5년 6. 기타 ( )년 7. 단기계약 (1년미만) 8. 없음	입찰방식 낙찰자선정방법 1. 적격심사 2. 협상에의한계약 3. 최저가낙찰제 4. 규격가격분리 5. 2단계 경쟁입찰 6. 기타 ( ) 7. 없음	운영예산 산정 운영예산 산정 1. 내부산정 (지자체 자체적으로 산정) 2. 외부산정 (외부전문기관위탁 산정) 3. 내·외부 모두 산정 4. 산정 無 5. 없음	운영예산 산정 정산방법 1. 내부정산 (지자체 내부적으로 정산) 2. 외부정산 (외부전문기관위탁 정산) 3. 내·외부 모두 정산 4. 정산 無 5. 없음	성과평가 실시여부 1. 실시 2. 미실시 3. 향후 추진 4. 해당없음
10118	전남 담양군	KTX등거점지역옥외광고	14,000	7	1	7	8	7	5	5	4
10119	전남 담양군	청백e시스템유지보수	12,510	7	1	7	1	7	2	2	4
10120	전남 담양군	온나라시스템운영지원및프로그램유지비(위탁)	12,300	7	2	7	8	7	5	5	4
10121	전남 담양군	의료급여수급권자검진비지원(415명)	10,487	7	1	7	8	7	5	5	4
10122	전남 담양군	GB지역군관리계획수립등신문공고료	10,200	7	1	7	8	7	5	5	4
10123	전남 담양군	자동차운행제한단속시스템유지관리업체선정및관리	8,600	7	2	5	3	2	1	1	4
10124	전남 담양군	청년마음건강지원사업	7,550	7	2	6	1	7	4	1	1
10125	전남 담양군	지방행정통합정보시스템상담센터운영(시군공통분담금)	6,950	7	2	7	8	7	5	5	4
10126	전남 담양군	도시계획도로개설사업공고료	6,600	7	7	7	8	7	5	5	4
10127	전남 담양군	관리계획수립등신문공고료	6,200	7	1	7	8	7	5	5	4
10128	전남 담양군	알뜰교통카드마일리지지원	5,000	7	5	7	8	7	5	5	4
10129	전남 담양군	한국지방세연구원부담금	4,890	7	1	5	1	7	2	2	2
10130	전남 담양군	지자체기능분류모델시스템고도화사업비분담금	4,250	7	1	4	1	7	1	1	1
10131	전남 담양군	홍보물제작등기타광고	3,500	7	1	7	8	7	5	5	4
10132	전남 담양군	건강생활유지비	1,690	7	2	7	8	7	5	5	4
10133	전남 담양군	청소년산모의료비지원	1,200	7	8	7	8	7	5	1	2
10134	전남 담양군	택시운행정보관리시스템운영사업비	950	7	5	7	8	7	5	5	4
10135	전남 담양군	만6세미만의료급여수급권자검진비	357	7	1	7	8	7	5	5	4
10136	전남 담양군	표준모자보건수첩제작	236	7	8	7	8	7	5	1	2
10137	전남 곡성군	기초생활수급자집수리사업	600,000	7	1	5	1	7	1	1	1
10138	전남 곡성군	~2세보육료	560,000	7	2	5	1	7	5	1	4
10139	전남 곡성군	지역사회서비스투자사업	437,883	7	2	5	1	7	5	1	4
10140	전남 곡성군	발달장애인지원사업(주간활동서비스)	324,645	7	2	7	8	7	4	1	4
10141	전남 곡성군	만3~5세누리과정보육료	292,339	7	2	7	8	7	2	5	4
10142	전남 곡성군	대중매체를활용한축제및군정광고다중이용시설광고(옥외등)	280,000	7	2	5	1	7	5	1	4
10143	전남 곡성군	대중매체를활용한축제및군정광고신문광고(지면,인터넷)	220,000	7	8	7	8	7	5	5	4
10144	전남 곡성군	대중매체를활용한축제및군정광고방송광고(TV,라디오)	210,000	7	8	7	8	7	5	5	4
10145	전남 곡성군	교육자지협력지구	200,000	7	8	7	8	7	5	5	4
10146	전남 곡성군	곡성군립청소년관현악단운영	186,000	7	5	7	8	7	5	5	4
10147	전남 곡성군	신중년경력형일자리사업	179,568	7	5	7	8	7	5	5	4
10148	전남 곡성군	곡성꿈키움마루위탁사업비	155,000	7	1	1	1	1	2	2	4
10149	전남 곡성군	발달장애인지원사업(방과후돌봄서비스)	104,198	7	4	7	8	7	5	5	4
10150	전남 곡성군	공통기반정보시스템(Ⅰ,Ⅱ,백업,DR시스템,지킴e)및재해복구시스템운영비	104,148	7	2	7	8	7	2	5	4
10151	전남 곡성군	첫만남이용권지원	101,000	7	1	5	1	7	2	2	4
10152	전남 곡성군	통합지방재정시스템운영분담금	84,758	7	2	7	8	7	5	5	4
10153	전남 곡성군	차세대지방세정보시스템유지보수비	65,859	7	6	5	1	7	5	5	4
10154	전남 곡성군	숲모험놀이교육운영	65,000	7	1	5	1	4	2	2	4
10155	전남 곡성군	고속버스활용지원	60,000	7	5	7	8	7	5	5	4
10156	전남 곡성군	군정협조언론사창간광고	48,400	7	5	5	1	7	1	5	4
10157	전남 곡성군	연중캠페인광고및스팟광고	45,000	7	8	7	8	7	5	5	4

순번	시군구	지출명 (사업명)	2024년예산 (단위 : 천원 /1년간)	민간이전 분류 (지방자치단체 세출예산 집행기준에 의거) 1. 민간경상사업보조(307-02) 2. 민간단체 법정운영비보조(307-03) 3. 민간행사사업보조(307-04) 4. 민간위탁금(307-05) 5. 사회복지시설 법정운영비보조(307-10) 6. 민간인위탁교육비(307-12) 7. 공기관등에대한경상적위탁사업비(308-13) 8. 민간자본사업보조,자체재원(402-01) 9. 민간자본사업보조,이전재원(402-02) 10. 민간위탁사업비(402-03) 11. 공기관등에 대한 자본적 위탁사업비(403-02)	민간이전지출 근거 (지방보조금 관리기준 참고) 1. 법률에 규정 2. 국고보조 재원(국가지정) 3. 용도 지정 기부금 4. 조례에 직접규정 5. 지자체가 권장하는 사업을 하는 공공기관 6. 시,도 정책 및 재정사정 7. 기타 8. 해당없음	입찰방식 계약체결방법 (경쟁형태) 1. 일반경쟁 2. 제한경쟁 3. 지명경쟁 4. 수의계약 5. 법정위탁 6. 기타 ( ) 7. 없음	입찰방식 계약기간 1. 1년 2. 2년 3. 3년 4. 4년 5. 5년 6. 기타 ( )년 7. 단기계약 (1년미만) 8. 없음	입찰방식 낙찰자선정방법 1. 적격심사 2. 협상에의한계약 3. 최저가낙찰제 4. 규격가격분리 5. 2단계 경쟁입찰 6. 기타 ( ) 7. 없음	운영예산 산정 운영예산 산정 1. 내부산정 (지자체 자체적으로 산정) 2. 외부산정 (외부전문기관위탁 산정) 3. 내·외부 모두 산정 4. 산정 無 5. 없음	운영예산 산정 정산방법 1. 내부정산 (지자체 내부적으로 정산) 2. 외부정산 (외부전문기관위탁 정산) 3. 내·외부 모두 산정 4. 정산 無 5. 없음	성과평가 실시여부 1. 실시 2. 미실시 3. 향후 추진 4. 해당없음
10158	전남 곡성군	뿌리산업선도기업육성사업(국가직접지원)	40,000	7	6	7	8	7	2	2	4
10159	전남 곡성군	표준기록관리시스템위수탁운영대행비HW및SW사용	34,160	7	1	5	1	7	2	2	4
10160	전남 곡성군	기저귀조제분유지원	31,905	7	2	7	8	7	5	5	4
10161	전남 곡성군	장애인의료비지원	28,908	7	2	7	8	7	2	2	4
10162	전남 곡성군	종합정보시스템운여지자체분담분(시스템유지관리비)	28,700	7	1	5	8	7	2	2	4
10163	전남 곡성군	세외수입정보시스템유지관리분담금	28,595	7	1	5	1	4	2	2	4
10164	전남 곡성군	농공단지특화지원사업(국비직접지원)	25,000	7	6	7	8	7	2	2	4
10165	전남 곡성군	지역자율형사회서비스투자사업(산모신생아)	24,754	7	2	7	8	7	5	5	4
10166	전남 곡성군	인사랑시스템유지관리부담금	20,771	7	7	4	1	7	1	1	4
10167	전남 곡성군	진로진학상담프로그램운영	20,000	7	5	7	8	7	5	5	4
10168	전남 곡성군	농어촌버스내외부군정광고	16,800	7	5	5	1	7	1	5	4
10169	전남 곡성군	대중매체를활용한축제및군정광고잡지광고	16,000	7	8	7	8	7	5	5	4
10170	전남 곡성군	희귀난치성질환자관리	15,000	7	2	7	8	7	5	5	4
10171	전남 곡성군	온나라시스템위수탁운영비	12,800	7	1	5	1	7	2	2	4
10172	전남 곡성군	청백e시스템유지관리위탁	11,719	7	1	5	8	7	2	2	3
10173	전남 곡성군	자동차운행제한단속시스템통합관제운영및유지	10,560	7	1	5	3	7	2	2	4
10174	전남 곡성군	출산가정방문산후조리서비스지원	10,005	7	6	7	8	7	5	5	4
10175	전남 곡성군	표준기록관리시스템위수탁운영대행비운영지원비	9,000	7	1	5	1	7	2	2	4
10176	전남 곡성군	공통기반시스템(새올)서비스데스크운영비	6,950	7	1	5	1	7	2	2	4
10177	전남 곡성군	청년마음건강지원사업	6,475	7	2	7	8	7	4	1	4
10178	전남 곡성군	농업인월급제이자지원사업	6,368	7	6	7	8	7	5	1	4
10179	전남 곡성군	시간제보육료	5,000	7	2	5	1	7	5	1	4
10180	전남 곡성군	전남공공배달앱먹깨비분담금(전남신용보증재단)	3,784	7	6	7	8	7	1	1	4
10181	전남 곡성군	발달장애인지원사업(부모상담지원)	3,769	7	2	7	8	7	2	5	4
10182	전남 곡성군	기능분류시스템고도화관련분담금	3,250	7	1	5	1	1	2	2	4
10183	전남 곡성군	청소년산모임신출산의료비지원	2,400	7	2	7	8	7	5	5	4
10184	전남 곡성군	택시운행정보관리시스템운영	742	7	7	5	1	7	1	5	4
10185	전남 구례군	슬레이트처리지원사업	772,000	7	1	7	8	7	2	2	4
10186	전남 구례군	주거급여수선유지급여	400,000	7	1	7	7	7	5	5	4
10187	전남 구례군	발달장애인주간활동서비스지원	328,931	7	2	7	1	7	5	5	2
10188	전남 구례군	지적재조사측량비	300,322	7	2	5	2	7	5	5	4
10189	전남 구례군	치매치료관리비지원	163,723	7	2	7	8	7	5	5	4
10190	전남 구례군	전남청년마을로플러스프로젝트	156,567	7	2	7	8	7	5	2	4
10191	전남 구례군	가사간병방문서비스지원	116,250	7	2	5	1	7	5	1	4
10192	전남 구례군	디지털혁신유통전문가일자리사업	108,000	7	2	7	8	7	5	2	4
10193	전남 구례군	탄소중립스마트그린프로젝트	104,744	7	2	7	8	7	5	2	4
10194	전남 구례군	도전청년온라인마케터양성지원	99,807	7	2	7	8	7	5	2	4
10195	전남 구례군	전남청년창업지원	94,760	7	2	7	8	7	5	2	4
10196	전남 구례군	시군구공통기반및재해복구시스템통합	91,262	7	8	5	1	7	5	5	4
10197	전남 구례군	지역연계형청년창업지원사업	87,500	7	2	7	8	7	5	2	4

순번	시군구	지출명 (사업명)	2024년예산 (단위 : 천원 /1년간)	민간이전 분류 (지방자치단체 세출예산 집행기준에 의거) 1. 민간경상사업보조(307-02) 2. 민간단체 법정운영비보조(307-03) 3. 민간행사사업보조(307-04) 4. 민간위탁금(307-05) 5. 사회복지시설 법정운영비보조(307-10) 6. 민간인위탁교육비(307-12) 7. 공기관등에대한경상적위탁사업비(308-13) 8. 민간자본사업보조,자체재원(402-01) 9. 민간자본사업보조,이전재원(402-02) 10. 민간위탁사업비(402-03) 11. 공기관등에 대한 자본적 위탁사업비(403-02)	민간이전지출 근거 (지방보조금 관리기준 참고) 1. 법률에 규정 2. 국고보조 재원(국가지정) 3. 용도 지정 기부금 4. 조례에 직접규정 5. 지자체가 권장하는 사업을 하는 공공기관 6. 시,도 정책 및 재정사정 7. 기타 8. 해당없음	입찰방식 계약체결방법 (경쟁형태) 1. 일반경쟁 2. 제한경쟁 3. 지명경쟁 4. 수의계약 5. 법정위탁 6. 기타 ( ) 7. 없음	입찰방식 계약기간 1. 1년 2. 2년 3. 3년 4. 4년 5. 5년 6. 기타 ( )년 7. 단기계약 (1년미만) 8. 없음	입찰방식 낙찰자선정방법 1. 적격심사 2. 협상에의한계약 3. 최저가낙찰제 4. 규격가격분리 5. 2단계 경쟁입찰 6. 기타 ( ) 7. 없음	운영예산 산정 운영예산 산정 1. 내부산정 (지자체 자체적으로 산정) 2. 외부산정 (외부전문기관위탁 산정) 3. 내·외부 모두 산정 4. 산정 無 5. 없음	운영예산 산정 정산방법 1. 내부정산 (지자체 내부적으로 정산) 2. 외부정산 (외부전문기관위탁 정산) 3. 내·외부 모두 산정 4. 정산 無 5. 없음	성과평가 실시여부 1. 실시 2. 미실시 3. 향후 추진 4. 해당없음
10198	전남 구례군	지방재정관리시스템운영분담금	84,758	7	7	5	8	7	3	3	1
10199	전남 구례군	여성청소년보건위생용품지원(바우처)	76,800	7	1	7	8	7	5	5	4
10200	전남 구례군	발달장애인방과후활동서비스지원	74,005	7	2	7	1	7	5	5	2
10201	전남 구례군	지역사회건강조사	66,722	7	2	5	8	7	5	2	1
10202	전남 구례군	초광역연계창업지원사업	63,300	7	2	7	8	7	5	2	4
10203	전남 구례군	암조기검진	62,612	7	2	5	8	7	5	2	1
10204	전남 구례군	장애아동가족지원	52,800	7	2	7	1	7	5	5	2
10205	전남 구례군	전남청년창업후속지원사업	48,627	7	2	7	8	7	5	2	4
10206	전남 구례군	장애인의료비지원	44,559	7	2	7	1	7	5	5	2
10207	전남 구례군	희귀질환의료비지원	35,870	7	2	5	1	7	5	2	4
10208	전남 구례군	디지털주소정보플랫폼구축(2차)	35,554	7	2	7	1	7	5	5	4
10209	전남 구례군	국가주소정보시스템유지보수	18,173	7	2	7	1	7	5	5	4
10210	전남 구례군	입체주소구축및주소정보기본도유지관리	18,015	7	2	7	1	7	5	5	4
10211	전남 구례군	차세대주민등록시스템운영부담금	17,860	7	6	7	8	7	2	2	4
10212	전남 구례군	노후자동차운행제한시스템	14,803	7	6	7	8	7	2	2	4
10213	전남 구례군	표준지방인사정보시스템구축및유지보수	12,760	7	8	5	1	7	5	5	4
10214	전남 구례군	청백e시스템운영	10,137	7	7	5	8	7	3	3	1
10215	전남 구례군	전남영상위원회운영지원	10,000	7	1	7	8	7	1	1	1
10216	전남 구례군	의료수급권자일반건강검진	6,830	7	2	5	8	7	5	2	1
10217	전남 구례군	지방행정공통(새올)정보시스템서비스데스크운영비	6,600	7	8	5	1	7	5	5	4
10218	전남 구례군	전남공공배달앱홍보마케팅지원	6,422	7	6	6	8	7	1	1	1
10219	전남 구례군	초당대학교계약학과학비지원금	4,500	7	1	7	1	7	1	1	4
10220	전남 고흥군	장애인활동지원급여지원	2,991,637	7	1	5	1	7	2	2	4
10221	전남 고흥군	군정홍보관리	1,254,000	7	1	7	8	7	5	5	4
10222	전남 고흥군	혁신밸리실증지원서비스	1,245,000	7	2	6	4	7	5	1	3
10223	전남 고흥군	지역자율형사회서비스투자(지역사회서비스투자)	527,500	7	1	5	1	7	2	2	4
10224	전남 고흥군	발달장애인주간활동서비스지원(바우처)	379,534	7	1	5	1	7	2	2	4
10225	전남 고흥군	혁신밸리빅데이터센터운영	362,000	7	2	6	7	7	5	1	1
10226	전남 고흥군	뿌리산업선도기업육성	240,000	7	5	7	8	7	5	5	4
10227	전남 고흥군	발달재활서비스바우처지원	136,593	7	1	5	1	7	2	2	4
10228	전남 고흥군	국가암조기검진지원	128,562	7	2	7	8	7	3	3	3
10229	전남 고흥군	발달장애인방과후돌봄서비스지원(바우처)	120,233	7	1	5	1	7	2	2	4
10230	전남 고흥군	예산편성관리	113,008	7	1	7	6	6	5	5	1
10231	전남 고흥군	전산장비운영관리	104,312	7	1	5	1	7	2	2	4
10232	전남 고흥군	일상돌봄서비스	93,750	7	1	7	8	7	5	5	4
10233	전남 고흥군	저소득층기저귀조제분유지원	85,286	7	2	7	8	7	5	5	1
10234	전남 고흥군	장애인활동지원도추가지원(중증장애인활동보조대상확대)	73,005	7	1	5	1	7	2	2	4
10235	전남 고흥군	지방세정운영	71,065	7	1	7	7	7	2	2	4
10236	전남 고흥군	지역사회건강조사(조사분석위탁운영)	67,444	7	2	7	7	7	5	5	4
10237	전남 고흥군	우주발사체산업유치	58,500	7	5	7	7	7	1	1	2

순번	시군구	지출명 (사업명)	2024년예산 (단위 : 천원 /1년간)	민간이전 분류 (지방자치단체 세출예산 집행기준에 의거) 1. 민간경상사업보조(307-02) 2. 민간단체 법정운영비보조(307-03) 3. 민간행사사업보조(307-04) 4. 민간위탁금(307-05) 5. 사회복지시설 법정운영비보조(307-10) 6. 민간인위탁교육비(307-12) 7. 공기관등에대한경상적위탁사업비(308-13) 8. 민간자본사업보조,자체재원(402-01) 9. 민간자본사업보조,이전재원(402-02) 10. 민간위탁사업비(402-03) 11. 공기관등에 대한 자본적 위탁사업비(403-02)	민간이전지출 근거 (지방보조금 관리기준 참고) 1. 법률에 규정 2. 국고보조 재원(국가지정) 3. 용도 지정 기부금 4. 조례에 직접규정 5. 지자체가 권장하는 사업을 하는 공공기관 6. 시,도 정책 및 재정사정 7. 기타 8. 해당없음	입찰방식 계약체결방법 (경쟁형태) 1. 일반경쟁 2. 제한경쟁 3. 지명경쟁 4. 수의계약 5. 법정위탁 6. 기타 ( ) 7. 없음	입찰방식 계약기간 1. 1년 2. 2년 3. 3년 4. 4년 5. 5년 6. 기타 ( )년 7. 단기계약 (1년미만) 8. 없음	입찰방식 낙찰자선정방법 1. 적격심사 2. 협상에의한계약 3. 최저가낙찰제 4. 규격가격분리 5. 2단계 경쟁입찰 6. 기타 ( ) 7. 없음	운영예산 산정 운영예산 산정 1. 내부산정 (지자체 자체적으로 산정) 2. 외부산정 (외부전문기관위탁 산정) 3. 내·외부 모두 산정 4. 산정 無 5. 없음	운영예산 산정 정산방법 1. 내부정산 (지자체 내부적으로 정산) 2. 외부정산 (외부전문기관위탁 정산) 3. 내·외부 모두 산정 4. 정산 無 5. 없음	성과평가 실시여부 1. 실시 2. 미실시 3. 향후 추진 4. 해당없음
10238	전남 고흥군	지역자율형사회서비스투자(산모신생아건강관리사지원)(전환사업)	53,045	7	2	7	8	7	5	5	1
10239	전남 고흥군	버스정보시스템유지관리	45,222	7	5	7	8	7	5	5	4
10240	전남 고흥군	농공단지기업맞춤형특화지원	45,000	7	5	7	8	7	1	2	4
10241	전남 고흥군	전국민마음투자지원	38,589	7	1	7	8	7	5	5	4
10242	전남 고흥군	세외수입운영	36,017	7	1	5	1	7	2	2	4
10243	전남 고흥군	고흥평생교육관지원	35,000	7	4	7	8	7	1	1	4
10244	전남 고흥군	출산가정방문산후조리서비스확대지원	28,681	7	2	7	8	7	5	5	1
10245	전남 고흥군	도자문화사업운영	28,000	7	6	7	8	7	5	5	4
10246	전남 고흥군	장애인활동지원(중증장애인활동보조가산급여)	26,019	7	1	5	1	7	2	2	4
10247	전남 고흥군	성인문해(한글교실)교육지원	20,000	7	4	7	8	7	1	1	4
10248	전남 고흥군	의료수급권자건강검진	17,559	7	2	7	8	7	3	3	3
10249	전남 고흥군	예방개선감사수행	12,510	7	1	5	1	7	5	5	4
10250	전남 고흥군	소상공인지원	9,563	7	6	7	8	7	3	3	3
10251	전남 고흥군	지방세체납액제로화	5,600	7	8	7	1	7	2	1	4
10252	전남 고흥군	청년마음건강지원	2,250	7	2	7	8	7	1	1	4
10253	전남 고흥군	택시운행정보관리시스템운영	1,900	7	5	7	8	7	5	5	4
10254	전남 고흥군	청소년산모임신출산의료비지원	1,200	7	2	7	8	7	5	5	1
10255	전남 고흥군	영유아건강검진	905	7	2	7	8	7	5	5	1
10256	전남 고흥군	경력단절여성경력이음바우처지원	500	7	1	7	8	7	1	1	4
10257	전남 고흥군	표준모자보건수첩제작	292	7	2	7	8	7	5	5	1
10258	전남 보성군	공통기반전산장비및재해복구유지관리대행비	80,741	7	2	7	1	7	2	2	4
10259	전남 보성군	온나라시스템유지관리운영지원분담금	7,800	7	2	7	1	7	2	2	4
10260	전남 보성군	지방행정공통정보시스템서비스데스크운영유지관리대행비	7,000	7	2	7	1	7	2	2	4
10261	전남 보성군	웹기안기유지관리위탁금	4,500	7	2	7	1	7	2	2	4
10262	전남 보성군	온나라시스템연/중계보안서버유지관리위탁금	778	7	2	7	1	7	2	2	4
10263	전남 화순군	농촌공간정비사업	2,145,000	7	4	5	8	7	5	5	4
10264	전남 화순군	농촌돌봄마을조성사업토지매입비(군비추가분)	2,000,000	7	4	5	8	7	5	5	4
10265	전남 화순군	농촌돌봄마을조성사업	2,000,000	7	4	5	8	7	5	5	4
10266	전남 화순군	슬레이트처리지원사업	1,975,640	7	1,4	7	8	7	5	5	4
10267	전남 화순군	스마트공장보급확산사업(국가직접지원)	240,000	7	2	5	8	7	5	5	4
10268	전남 화순군	암조기검진사업	127,772	7	1	7	8	7	3	5	4
10269	전남 화순군	스타기업육성사업	100,000	7	5	5	8	7	5	5	4
10270	전남 화순군	전남형강소기업육성사업	80,000	7	6	5	8	7	5	5	4
10271	전남 화순군	전남공공배달앱홍보마케팅사업지원	48,000	7	6	7	8	7	1	1	4
10272	전남 화순군	농공단지기업맞춤형특화사업지원(도직접지원)	45,000	7	6	5	8	7	5	5	4
10273	전남 화순군	대도시화순농산물홍보광고료	15,000	7	1	4	1	7	1	1	4
10274	전남 장흥군	장애인활동지원급여지원(국비)	3,935,538	7	2	7	8	7	1	1	1
10275	전남 장흥군	지역사회서비스투자사업	823,750	7	1	7	8	7	1	1	1
10276	전남 장흥군	2024년지적재조사사업위탁사업비지급	411,588	7	1	5	1	7	5	5	4
10277	전남 장흥군	지적재조사측량수수료	393,636	7	1	7	8	7	5	5	4

순번	시군구	지출명 (사업명)	2024년예산 (단위 : 천원 /1년간)	민간이전 분류 (지방자치단체 세출예산 집행기준에 의거) 1. 민간경상사업보조(307-02) 2. 민간단체 법정운영비보조(307-03) 3. 민간행사사업보조(307-04) 4. 민간위탁금(307-05) 5. 사회복지시설 법정운영비보조(307-10) 6. 민간인위탁교육비(307-12) 7. 공기관등에대한경상적위탁사업비(308-13) 8. 민간자본사업보조,자체재원(402-01) 9. 민간자본사업보조,이전재원(402-02) 10. 민간위탁사업비(402-03) 11. 공기관등에 대한 자본적 위탁사업비(403-02)	민간이전지출 근거 (지방보조금 관리기준 참고) 1. 법률에 규정 2. 국고보조 재원(국가지정) 3. 용도 지정 기부금 4. 조례에 직접규정 5. 지자체가 권장하는 사업을 하는 공공기관 6. 시,도 정책 및 재정사정 7. 기타 8. 해당없음	입찰방식			운영예산 산정		성과평가 실시여부
						계약체결방법 (경쟁형태) 1. 일반경쟁 2. 제한경쟁 3. 지명경쟁 4. 수의계약 5. 법정위탁 6. 기타 ( ) 7. 없음	계약기간 1. 1년 2. 2년 3. 3년 4. 4년 5. 5년 6. 기타 ( )년 7. 단기계약 (1년미만) 8. 없음	낙찰자선정방법 1. 적격심사 2. 협상에의한계약 3. 최저가낙찰제 4. 규격가격분리 5. 2단계 경쟁입찰 6. 기타 ( ) 7. 없음	운영예산 산정 1. 내부산정 (지자체 자체적으로 산정) 2. 외부산정 (외부전문기관위탁 산정) 3. 내·외부 모두 산정 4. 산정 無 5. 없음	정산방법 1. 내부정산 (지자체 내부적으로 정산) 2. 외부정산 (외부전문기관위탁 정산) 3. 내·외부 모두 산정 4. 정산 無 5. 없음	1. 실시 2. 미실시 3. 향후 추진 4. 해당없음
10278	전남 장흥군	발달장애인주간활동서비스지원(국비)	315,273	7	2	7	8	7	1	1	1
10279	전남 장흥군	디지털혁신유통전문가일자리사업	270,000	7	2	7	8	7	5	5	4
10280	전남 장흥군	군정홍보TV스팟광고	200,000	7	1,5	5	8	7	1	5	4
10281	전남 장흥군	방송사기획프로그램광고	200,000	7	1,5	5	8	7	1	5	4
10282	전남 장흥군	청년마을로플러스사업	156,657	7	2	7	8	7	5	5	4
10283	전남 장흥군	지역및전국일간지등홍보광고료	150,000	7	1,5	5	8	7	1	5	4
10284	전남 장흥군	가사간병방문도우미사업	120,000	7	1	7	8	7	1	1	1
10285	전남 장흥군	발달장애인방과후활동서비스지원(국비)	108,080	7	2	7	8	7	1	1	1
10286	전남 장흥군	장애인의료비지원(국비)	107,537	7	2	7	8	7	1	1	1
10287	전남 장흥군	지역자원연계형청년창업지원사업	105,000	7	1	7	8	7	5	5	4
10288	전남 장흥군	신문및잡지군정홍보광고	100,000	7	1,5	5	8	7	1	5	4
10289	전남 장흥군	방송사생방송유치	100,000	7	1,5	5	8	7	1	5	4
10290	전남 장흥군	차세대재정관리시스템유지보수비	98,892	7	7	6	1	7	3	2	4
10291	전남 장흥군	2024년공통기반전산장비유지관리위탁비	96,790	7	1	5	1	7	1	3	2
10292	전남 장흥군	전남청년창업지원사업	94,760	7	2	7	8	7	5	5	4
10293	전남 장흥군	장애아동가족지원(발달재활서비스)	91,064	7	2	7	8	7	1	1	1
10294	전남 장흥군	장애인활동지원가산급여(국비)	85,090	7	2	7	8	7	1	1	1
10295	전남 장흥군	스마트공장보급확산사업	84,000	7	5	7	8	7	1	2	4
10296	전남 장흥군	도전온라인마케터양성지원사업	74,854	7	2	7	8	7	5	5	4
10297	전남 장흥군	장애인활동지원도추가사업	72,500	7	6	7	8	7	1	1	1
10298	전남 장흥군	지역에코력신사업	60,000	7	2	7	8	7	1	2	4
10299	전남 장흥군	전남청년후속지원프로그램	48,627	7	2	7	8	7	5	5	4
10300	전남 장흥군	인터넷배너군정홍보	40,000	7	1,5	5	8	7	1	5	4
10301	전남 장흥군	전남청년마을로사업	35,929	7	2	7	8	7	5	5	4
10302	전남 장흥군	청년농수산유통활동가육성사업	35,251	7	2	7	8	7	5	5	4
10303	전남 장흥군	그린뉴딜G.P.S프로젝트	31,800	7	2	7	8	7	5	5	4
10304	전남 장흥군	지적기준점위탁조사	27,969	7	1	7	8	7	5	5	4
10305	전남 장흥군	차세대주민등록정보시스템구축	17,860	7	1	7	8	7	5	5	4
10306	전남 장흥군	2024년온나라시스템헬프데스크등유지관리위탁비	16,324	7	1	5	1	7	1	3	2
10307	전남 장흥군	전남공공배달앱먹깨비활성화	15,769	7	2	7	8	7	5	5	4
10308	전남 장흥군	대학연계취업역량강화프로그램운영	15,000	7	5	4	7	7	1	1	2
10309	전남 장흥군	청백e통합상시모니터링유지보수비	11,719	7	5	7	1	7	2	2	4
10310	전남 장흥군	청년통계작성대행사업비	10,000	7	5	5	1	7	2	5	4
10311	전남 장흥군	2024년지방행정통합정보시스템상담센터운영위탁비	6,950	7	1	5	1	7	1	3	2
10312	전남 장흥군	발달장애인부모상담지원(국비)	3,769	7	2	7	8	7	1	1	1
10313	전남 장흥군	청년마음건강지원사업	2,250	7	1	7	8	7	1	1	1
10314	전남 강진군	마량놀토수산물시장	20,000	7	1	7	7	7	1	1	4
10315	전남 강진군	장애인활동지원서비스	1,806,471	7	2	7	8	7	5	5	4
10316	전남 강진군	문화복지타운운영비(정부지급금)	1,783,674	7	4	7	8	7	1	1	4
10317	전남 강진군	기초생활수급자주거급여(성인지)	650,000	7	1	7	8	7	1	1	4

순번	시군구	지출명 (사업명)	2024년예산 (단위 : 천원 /1년간)	민간이전 분류 (지방자치단체 세출예산 집행기준에 의거) 1. 민간경상사업보조(307-02) 2. 민간단체 법정운영비보조(307-03) 3. 민간행사사업보조(307-04) 4. 민간위탁금(307-05) 5. 사회복지시설 법정운영비보조(307-10) 6. 민간인위탁교육비(307-12) 7. 공기관등에대한경상적위탁사업비(308-13) 8. 민간자본사업보조,자체재원(402-01) 9. 민간자본사업보조,이전재원(402-02) 10. 민간위탁사업비(402-03) 11. 공기관등에 대한 자본적 위탁사업비(403-02)	민간이전지출 근거 (지방보조금 관리기준 참고) 1. 법률에 규정 2. 국고보조 재원(국가지정) 3. 용도 지정 기부금 4. 조례에 직접규정 5. 지자체가 권장하는 사업을 하는 공공기관 6. 시,도 정책 및 재정사정 7. 기타 8. 해당없음	입찰방식			운영예산 산정		성과평가 실시여부
						계약체결방법 (경쟁형태) 1. 일반경쟁 2. 제한경쟁 3. 지명경쟁 4. 수의계약 5. 법정위탁 6. 기타 ( ) 7. 없음	계약기간 1. 1년 2. 2년 3. 3년 4. 4년 5. 5년 6. 기타 ( )년 7. 단기계약 (1년미만) 8. 없음	낙찰자선정방법 1. 적격심사 2. 협상에의한계약 3. 최저가낙찰제 4. 규격가격분리 5. 2단계 경쟁입찰 6. 기타 ( ) 7. 없음	운영예산 산정 1. 내부산정 (지자체 자체적으로 산정) 2. 외부산정 (외부전문기관위탁 산정) 3. 내·외부 모두 산정 4. 산정 無 5. 없음	정산방법 1. 내부정산 (지자체 내부적으로 정산) 2. 외부정산 (외부전문기관위탁 정산) 3. 내·외부 모두 산정 4. 정산 無 5. 없음	1. 실시 2. 미실시 3. 향후 추진 4. 해당없음
10318	전남 강진군	군홍보광고료	536,800	7	7	7	8	7	5	5	4
10319	전남 강진군	분만취약지지원사업	500,000	7	2	7	1	7	1	1	1
10320	전남 강진군	관광협회추진	350,000	7	5	7	8	7	1	1	4
10321	전남 강진군	지적재조사측량수수료	342,958	7	5	7	8	7	1	1	4
10322	전남 강진군	공공산후조리원지원사업(운영비)	321,808	7	2	7	1	7	1	1	4
10323	전남 강진군	발달장애인주간활동서비스	315,273	7	2	7	1	7	1	1	1
10324	전남 강진군	지역연계관광사업(지방소멸대응기금)	310,000	7	5	7	8	7	5	5	4
10325	전남 강진군	신재생에너지도제취업패키지사업	224,228	7	8	7	8	7	1	1	4
10326	전남 강진군	첫만남이용권지원사업	220,000	7	2	7	1	7	5	5	4
10327	전남 강진군	장애아동가족지원(발달재활서비스)	203,697	7	2	7	1	7	1	1	4
10328	전남 강진군	강진에서일주일살기(지방소멸대응기금)	200,000	7	2	7	8	7	5	5	4
10329	전남 강진군	군홍보TV프로그램제작및유치	198,000	7	5	7	8	7	1	1	4
10330	전남 강진군	치매치료관리지원사업(성인지)(전환사업)	195,441	7	7	7	8	7	5	5	4
10331	전남 강진군	지역자원연계형청년창업지원사업	157,500	7	2	6	1	7	5	1	2
10332	전남 강진군	마을로플러스프로젝트	156,567	7	8	7	8	7	5	5	4
10333	전남 강진군	반값여행	155,000	7	8	7	8	7	5	5	4
10334	전남 강진군	관광안내책자및홍보물제작	150,000	7	7	7	8	7	1	1	4
10335	전남 강진군	도전청년온라인마케터양성지원사업	124,759	7	7	7	8	7	1	1	4
10336	전남 강진군	탄소중립스마트그린프로젝트	104,744	7	8	7	8	7	5	5	4
10337	전남 강진군	강진군경기도교류협력사업운영	100,000	7	8	7	8	7	5	5	4
10338	전남 강진군	통합지방재정시스템운영비부담금	98,892	7	5	7	8	7	1	1	4
10339	전남 강진군	전남청년창업지원사업	94,760	7	5	7	8	7	5	5	4
10340	전남 강진군	장애인의료비	92,649	7	8	7	8	7	5	5	4
10341	전남 강진군	소상공인육성지원	90,000	7	2	7	8	7	5	5	4
10342	전남 강진군	암조기검진사업(성인지)	73,144	7	1	7	8	7	2	2	4
10343	전남 강진군	전남청년창업후속지원프로그램	72,940	7	2	7	1	7	1	1	4
10344	전남 강진군	저소득층기저귀조제분유지원사업	70,941	7	8	7	8	7	5	5	4
10345	전남 강진군	차세대지방세정보시스템운영관리비	65,859	7	2	7	1	7	1	1	4
10346	전남 강진군	발달장애인방과후활동서비스	63,140	7	1	5	6	5	3	2	3
10347	전남 강진군	국가주소정보시스템운영지원부담금	53,727	7	2	7	8	7	5	5	4
10348	전남 강진군	소상공인육성지원	51,091	7	1	5	1	7	2	2	4
10349	전남 강진군	(기본)농산물판촉및직거래행사	50,000	7	1	7	8	7	1	1	4
10350	전남 강진군	그린뉴딜GPS프로젝트	43,900	7	4	4	7	7	1	1	4
10351	전남 강진군	장애인활동지원가산수당	38,301	7	8	7	8	7	5	5	4
10352	전남 강진군	고향사랑기부제운영	28,700	7	2	7	8	7	5	5	4
10353	전남 강진군	차세대세외수입정보시스템운영관리비	28,595	7	1	7	8	7	1	1	4
10354	전남 강진군	산모신생아건강관리지원사업(성인지)(전환사업)	27,112	7	1	5	6	5	3	2	3
10355	전남 강진군	준국민마을투자지원사업	25,725	7	2	7	1	7	1	1	4
10356	전남 강진군	전남청년마을로프로젝트	23,953	7	2	7	8	7	1	1	4
10357	전남 강진군	인사운영및공무원교육	22,700	7	8	7	8	7	5	5	4

순번	시군구	지출명 (사업명)	2024년예산 (단위 : 천원 /1년간)	민간이전 분류 (지방자치단체 세출예산 집행기준에 의거) 1. 민간경상사업보조(307-02) 2. 민간단체 법정운영비보조(307-03) 3. 민간행사사업보조(307-04) 4. 민간위탁금(307-05) 5. 사회복지시설 법정운영비보조(307-10) 6. 민간인위탁교육비(307-12) 7. 공기관등에대한경상적위탁사업비(308-13) 8. 민간자본사업보조,자체재원(402-01) 9. 민간자본사업보조,이전재원(402-02) 10. 민간위탁사업비(402-03) 11. 공기관등에 대한 자본적 위탁사업비(403-02)	민간이전지출 근거 (지방보조금 관리기준 참고) 1. 법률에 규정 2. 국고보조 재원(국가지정) 3. 용도 지정 기부금 4. 조례에 직접규정 5. 지자체가 권장하는 사업을 하는 공공기관 6. 시,도 정책 및 재정사정 7. 기타 8. 해당없음	입찰방식: 계약체결방법 (경쟁형태) 1. 일반경쟁 2. 제한경쟁 3. 지명경쟁 4. 수의계약 5. 법정위탁 6. 기타 ( ) 7. 없음	입찰방식: 계약기간 1. 1년 2. 2년 3. 3년 4. 4년 5. 5년 6. 기타 ( )년 7. 단기계약 (1년미만) 8. 없음	입찰방식: 낙찰자선정방법 1. 적격심사 2. 협상에의한계약 3. 최저가낙찰제 4. 규격가격분리 5. 2단계 경쟁입찰 6. 기타 ( ) 7. 없음	운영예산 산정: 운영예산 산정 1. 내부산정 (지자체 자체적으로 산정) 2. 외부산정 (외부전문기관위탁 산정) 3. 내·외부 모두 산정 4. 산정 無 5. 없음	운영예산 산정: 정산방법 1. 내부정산 (지자체 내부적으로 정산) 2. 외부정산 (외부전문기관위탁 정산) 3. 내·외부 모두 산정 4. 정산 無 5. 없음	성과평가 실시여부 1. 실시 2. 미실시 3. 향후 추진 4. 해당없음
10358	전남 강진군	입체주소구축및주소정보기본도유지관리	20,980	7	1	5	1	7	2	2	4
10359	전남 강진군	(기본)농산물판촉및직거래행사	20,000	7	4	4	7	7	1	1	4
10360	전남 강진군	공공산후조리원기능보강비지원	20,000	7	2	7	1	7	1	1	1
10361	전남 강진군	차세대주민등록정보시스템운영	17,860	7	5	7	8	7	1	1	4
10362	전남 강진군	산모신생아건강관리지원사업	12,673	7	2	7	1	7	1	1	4
10363	전남 강진군	청백e시스템운영	12,510	7	1	7	8	7	5	5	4
10364	전남 강진군	온나라시스템운영지원위수탁비	12,500	7	2	7	1	7	1	1	4
10365	전남 강진군	희귀난치성질환자의료비지원사업	12,500	7	2	7	8	7	1	1	4
10366	전남 강진군	의료급여수급권자일반건강검진	10,166	7	2	7	1	7	1	1	4
10367	전남 강진군	(기본)식품서포터즈운영지원	10,000	7	4	7	8	7	5	5	4
10368	전남 강진군	(기본)명품반찬산업육성사업	10,000	7	4	7	8	7	5	5	4
10369	전남 강진군	공통기반및재해복구시스템유지관리위수탁비	9,400	7	2	7	1	7	1	1	4
10370	전남 강진군	지방행정통합정보시스템서비스데스크운영위수탁비	7,000	7	2	7	1	7	1	1	4
10371	전남 강진군	(기본)군관리계획	6,600	7	7	7	8	7	1	1	4
10372	전남 강진군	군정발전아이디어신문광고료홍보비	5,000	7	8	7	8	7	5	5	4
10373	전남 강진군	소상공인육성지원	5,000	7	1	7	8	7	1	1	4
10374	전남 강진군	규제혁신아이디어신문광고료	2,500	7	8	7	8	7	5	5	4
10375	전남 강진군	소상공인지원센터운영	2,500	7	4	7	8	7	5	5	4
10376	전남 강진군	의료관련감염병예방관리사업	2,160	7	2	7	1	7	1	1	1
10377	전남 강진군	청소년산모의료비지원	1,200	7	2	7	1	7	1	1	4
10378	전남 강진군	(기본)교통안전시설확충(성인지)	1,176	7	7	7	8	7	5	5	4
10379	전남 강진군	영유아건강검진6세미만의료급여수급권자)	1,160	7	2	7	1	7	1	1	4
10380	전남 해남군	시군치매예방관리사업(전환)	305,225	7	1	7	8	6	5	1	4
10381	전남 영암군	장애인활동지원급여지원	4,585,568	7	1,2	7	8	7	5	1	4
10382	전남 영암군	O왕인문화축제운영	1,250,000	7	6	7	8	7	5	5	4
10383	전남 영암군	지역사회서비스투자사업	1,057,550	7	1,2	7	8	7	1	1	4
10384	전남 영암군	O슬레이트처리사업	742,720	7	1,7	5	2	7	1	3	3
10385	전남 영암군	발달장애인주간활동서비스지원	551,727	7	1,2	7	8	7	5	1	4
10386	전남 영암군	첫만남이용권지원	420,000	7	2	5	8	7	5	5	4
10387	전남 영암군	지적재조사사업측량수수료	374,000	7	1	7	1	7	1	1	4
10388	전남 영암군	디지털혁신유통전문가일자리	351,000	7	2	7	8	7	1	1	2
10389	전남 영암군	탄소중립스마트그린프로젝트	334,466	7	2	7	8	7	1	1	2
10390	전남 영암군	발달재활서비스지원	321,119	7	1,2	7	8	7	5	1	4
10391	전남 영암군	전남청년마을로플러스사업	313,133	7	2	7	8	7	1	1	2
10392	전남 영암군	신재생에너지도제취업패키지	256,531	7	2	7	8	7	1	1	2
10393	전남 영암군	O전국일간지및인터넷신문,잡지사	250,000	7	1	7	8	7	5	5	4
10394	전남 영암군	농특산물홍보	250,000	7	6	7	8	7	5	5	4
10395	전남 영암군	대불국가산단내외국인근로자기숙사위탁운영비지원	241,650	7	6	5	1	7	1	1	3
10396	전남 영암군	영암밀키트창업지원플랫폼구축및운영사업	227,476	7	2	7	8	7	1	1	2
10397	전남 영암군	OTV방송사	200,000	7	1	7	8	7	5	5	4

순번	시군구	지출명 (사업명)	2024년예산 (단위 : 천원 /1년간)	민간이전 분류 (지방자치단체 세출예산 집행기준에 의거) 1. 민간경상사업보조(307-02) 2. 민간단체 법정운영비보조(307-03) 3. 민간행사사업보조(307-04) 4. 민간위탁금(307-05) 5. 사회복지시설 법정운영비보조(307-10) 6. 민간인위탁교육비(307-12) 7. 공기관등에대한경상적위탁사업비(308-13) 8. 민간자본사업보조,자체재원(402-01) 9. 민간자본사업보조,이전재원(402-02) 10. 민간위탁사업비(402-03) 11. 공기관등에 대한 자본적 위탁사업비(403-02)	민간이전지출 근거 (지방보조금 관리기준 참고) 1. 법률에 규정 2. 국고보조 재원(국가지정) 3. 용도 지정 기부금 4. 조례에 직접규정 5. 지자체가 권장하는 사업을 하는 공공기관 6. 시,도 정책 및 재정사정 7. 기타 8. 해당없음	입찰방식 계약체결방법 (경쟁형태) 1. 일반경쟁 2. 제한경쟁 3. 지명경쟁 4. 수의계약 5. 법정위탁 6. 기타 ( ) 7. 없음	입찰방식 계약기간 1. 1년 2. 2년 3. 3년 4. 4년 5. 5년 6. 기타 ( )년 7. 단기계약 (1년미만) 8. 없음	입찰방식 낙찰자선정방법 1. 적격심사 2. 협상에의한계약 3. 최저가낙찰제 4. 규격가격분리 5. 2단계 경쟁입찰 6. 기타 ( ) 7. 없음	운영예산 산정 운영예산 산정 1. 내부산정 (지자체 자체적으로 산정) 2. 외부산정 (외부전문기관위탁 산정) 3. 내·외부 모두 산정 4. 산정 無 5. 없음	운영예산 산정 정산방법 1. 내부정산 (지자체 내부적으로 정산) 2. 외부정산 (외부전문기관위탁 정산) 3. 내·외부 모두 산정 4. 정산 無 5. 없음	성과평가 실시여부 1. 실시 2. 미실시 3. 향후 추진 4. 해당없음
10398	전남 영암군	방송기획프로그램협찬광고	200,000	7	1	7	8	7	5	5	4
10399	전남 영암군	기업멘토형청년창업지원사업	163,704	7	2	7	8	7	1	1	2
10400	전남 영암군	O비주택슬레이트처리사업	162,000	7	1,7	5	2	7	1	3	3
10401	전남 영암군	O기타홍보매체(KTX,전광판등)	150,000	7	1	7	8	7	5	5	4
10402	전남 영암군	관광영암배너광고비	150,000	7	7	7	7	7	5	5	4
10403	전남 영암군	도전온라인마케터양성지원사업	149,709	7	2	7	8	7	1	1	2
10404	전남 영암군	관광영암배너광고비	141,960	7	7	7	7	7	5	5	4
10405	전남 영암군	저소득층기저귀조제분유지원	123,548	7	2	5	8	7	5	5	4
10406	전남 영암군	일상돌봄서비스사업	115,000	7	1,4	7	8	7	5	5	4
10407	전남 영암군	전남청년창업지원사업	114,567	7	2	7	8	7	1	1	2
10408	전남 영암군	장애인의료비지원	110,623	7	1,2	7	8	7	5	1	4
10409	전남 영암군	산모신생아건강관리지원	103,686	7	2	5	8	7	5	5	4
10410	전남 영암군	O왕인문화축제홍보비	100,000	7	6	7	8	7	5	5	4
10411	전남 영암군	영암형로컬크리에이터창업지원사업	100,000	7	4	7	8	7	1	1	2
10412	전남 영암군	2024년통합지방재정시스템분담금	98,892	7	7	7	8	7	5	5	4
10413	전남 영암군	시군구재해복구시스템및공통기반전산장비유지보수	98,850	7	1	5	1	7	2	2	1
10414	전남 영암군	장애인활동지원도추가지원	95,332	7	1,2	7	8	7	5	1	4
10415	전남 영암군	발달장애인방과후돌봄서비스지원	83,140	7	1,2	7	8	7	5	1	4
10416	전남 영암군	국가암검진사업검진비	74,466	7	2	5	8	7	5	5	4
10417	전남 영암군	장애인활동지원급여가산급여	72,676	7	1,2	7	8	7	5	1	4
10418	전남 영암군	지방세정보화사업운영및유지관리	71,065	7	1	5	1	6	2	2	4
10419	전남 영암군	치매치료관리비지원	70,000	7	6	7	8	7	5	1	4
10420	전남 영암군	O취약계층지붕개량사업	69,280	7	1,7	5	2	7	1	3	3
10421	전남 영암군	지역사회건강조사위탁금	67,292	7	2	7	8	7	2	3	4
10422	전남 영암군	O왕인문화축제온오프라인홍보캠페인	65,000	7	6	7	8	7	5	5	4
10423	전남 영암군	초광역연계창업지원사업	63,300	7	2	7	8	7	1	1	2
10424	전남 영암군	산모신생아(15%초과가정)건강관리지원	63,300	7	2	5	8	7	5	5	4
10425	전남 영암군	청년문화거리행사운영	60,000	7	1	5	1	7	1	1	4
10426	전남 영암군	차세대KAIS구축및국가주소정보시스템유지관리비	53,727	7	6	4	1	7	2	1	2
10427	전남 영암군	SNS영상제작및광고비	50,000	7	1	7	7	7	5	5	4
10428	전남 영암군	O달빛축제운영	50,000	7	6	7	8	7	5	5	4
10429	전남 영암군	O왕인박사유적지일원경관조명사업	50,000	7	6	7	8	7	5	5	4
10430	전남 영암군	농특산물온라인및각종매체마케팅	50,000	7	6	7	8	7	5	5	4
10431	전남 영암군	O왕인문화축제주차및교통통제용역	40,000	7	6	7	8	7	5	5	4
10432	전남 영암군	회기운영홍보광고료	36,960	7	8	7	8	7	1	5	2
10433	전남 영암군	용산역등관광홍보물제작	36,000	7	1	7	8	7	5	5	4
10434	전남 영암군	차세대지방세외수입정보시스템운영및유지관리비	33,543	7	1	5	1	6	2	2	4
10435	전남 영암군	입법예고및각종고시공고료	30,000	7	1	7	8	7	5	5	4
10436	전남 영암군	군정홍보프로그램유치	30,000	7	1	7	8	7	5	5	4
10437	전남 영암군	고향사랑기부제종합정보시스템유지관리위탁사업비	28,700	7	1	5	6	7	2	2	4

순번	시군구	지출명 (사업명)	2024년예산 (단위 : 천원 /1년간)	민간이전 분류 (지방자치단체 세출예산 집행기준에 의거) 1. 민간경상사업보조(307-02) 2. 민간단체 법정운영비보조(307-03) 3. 민간행사사업보조(307-04) 4. 민간위탁금(307-05) 5. 사회복지시설 법정운영비보조(307-10) 6. 민간인위탁교육비(307-12) 7. 공기관등에대한경상적위탁사업비(308-13) 8. 민간자본사업보조,자체재원(402-01) 9. 민간자본사업보조,이전재원(402-02) 10. 민간위탁사업비(402-03) 11. 공기관등에 대한 자본적 위탁사업비(403-02)	민간이전지출 근거 (지방보조금 관리기준 참고) 1. 법률에 규정 2. 국고보조 재원(국가지정) 3. 용도 지정 기부금 4. 조례에 직접규정 5. 지자체가 권장하는 사업을 하는 공공기관 6. 시,도 정책 및 재정사정 7. 기타 8. 해당없음	입찰방식: 계약체결방법 (경쟁형태) 1. 일반경쟁 2. 제한경쟁 3. 지명경쟁 4. 수의계약 5. 법정위탁 6. 기타 ( ) 7. 없음	입찰방식: 계약기간 1. 1년 2. 2년 3. 3년 4. 4년 5. 5년 6. 기타 ( )년 7. 단기계약 (1년미만) 8. 없음	입찰방식: 낙찰자선정방법 1. 적격심사 2. 협상에의한계약 3. 최저가낙찰제 4. 규격가격분리 5. 2단계 경쟁입찰 6. 기타 ( ) 7. 없음	운영예산 산정: 운영예산 산정 1. 내부산정 (지자체 자체적으로 산정) 2. 외부산정 (외부전문기관위탁 산정) 3. 내·외부 모두 산정 4. 산정 無 5. 없음	운영예산 산정: 정산방법 1. 내부정산 (지자체 내부적으로 정산) 2. 외부정산 (외부전문기관위탁 정산) 3. 내·외부 모두 산정 4. 정산 無 5. 없음	성과평가 실시여부 1. 실시 2. 미실시 3. 향후 추진 4. 해당없음
10438	전남 영암군	입체주소구축및주소정보기본도유지관리비	27,764	7	6	4	1	7	2	1	2
10439	전남 영암군	위원회활동홍보비	27,720	7	8	7	8	7	1	5	2
10440	전남 영암군	지적기준점표지관리위탁수수료	24,000	7	1	7	1	7	1	1	4
10441	전남 영암군	O왕인문화축제장수도,전기,가스배관등설치비	22,000	7	6	7	8	7	5	5	4
10442	전남 영암군	희귀질환자의료비지원	21,333	7	7	5	8	7	5	5	4
10443	전남 영암군	차세대주민등록시스템운영비	19,813	7	1	4	1	1	2	2	2
10444	전남 영암군	문화가있는날행사지원	18,000	7	7	7	8	7	5	5	1
10445	전남 영암군	전라남도공공배달앱홍보	16,426	7	6	7	8	7	1	4	2
10446	전남 영암군	주민주도형마을관광축제지원	15,000	7	6	7	8	7	5	5	4
10447	전남 영암군	청백e시스템유지관리	12,510	7	7	7	8	7	5	5	4
10448	전남 영암군	O통합관제센터유지관리비	12,440	7	6	7	8	7	1	1	4
10449	전남 영암군	지적재조사사업기준점측량수수료	11,867	7	1	7	1	7	1	1	4
10450	전남 영암군	의료수급권자일반건강검진비	11,049	7	2	5	8	7	5	5	4
10451	전남 영암군	온나라시스템운영지원분담비	10,500	7	1	5	1	7	2	2	1
10452	전남 영암군	O왕인문화축제홍보영상제작	10,000	7	6	7	8	7	5	5	4
10453	전남 영암군	지역특성화문화예술창작활동지원	10,000	7	7	7	8	7	5	5	1
10454	전남 영암군	전라남도공공배달앱할인지원	10,000	7	6	7	8	7	1	4	2
10455	전남 영암군	도시계획입안신문공고료	9,900	7	1	7	8	7	5	5	4
10456	전남 영암군	O향토축제추진위원회회의참석수당	9,600	7	6	7	8	7	5	5	4
10457	전남 영암군	박물관전시홍보비	9,240	7	8	7	8	7	5	5	4
10458	전남 영암군	산림축적및입목본수도조사수수료	9,000	7	8	7	8	7	5	5	4
10459	전남 영암군	O단속시스템유지관리비	8,600	7	6	7	8	7	1	1	4
10460	전남 영암군	지적재조사사업지구기준점설치(매설비)	8,250	7	1	7	1	7	1	1	4
10461	전남 영암군	청년마음건강지원사업	7,500	7	1,2	7	8	7	1	1	4
10462	전남 영암군	공통기반시스템유지보수(서비스데스크)	7,000	7	1	5	1	7	2	2	1
10463	전남 영암군	찾아가는전통문화활동	7,000	7	7	7	8	7	5	5	1
10464	전남 영암군	O달빛축제주차및교통통제용역	6,000	7	6	7	8	7	5	5	4
10465	전남 영암군	왕인문화축제외빈초청경비	6,000	7	6	7	8	7	5	5	4
10466	전남 영암군	영암1경사진영상공모전홍보	5,000	7	1	7	8	7	5	5	4
10467	전남 영암군	영암관광상품아이디어공모전홍보	5,000	7	1	7	8	7	5	5	4
10468	전남 영암군	왕인문화축제홈페이지업그레이드및유지관리	5,000	7	6	7	8	7	5	5	4
10469	전남 영암군	미술관전시홍보광고료	4,620	7	8	7	8	7	5	5	4
10470	전남 영암군	체험프로그램홍보광고료	4,620	7	8	7	8	7	5	5	4
10471	전남 영암군	상용소프트웨어유지관리비	4,500	7	1	5	1	7	2	2	1
10472	전남 영암군	O왕인문화축제제안서평가위원수당	2,100	7	6	7	8	7	5	5	4
10473	전남 영암군	영유아건강검진비	1,324	7	2	5	8	7	5	5	4
10474	전남 영암군	택시운행정보관리시스템운영비	1,076	7	7	7	7	7	5	5	4
10475	전남 영암군	가족센터컴퓨터실인터넷사용료지원	720	7	4	7	8	7	5	5	4
10476	전남 무안군	장애인활동지원사업	4,965,571	7	2	7	8	7	1	1	1
10477	전남 무안군	발달장애인주간활동서비스지원	577,310	7	2	1	3	1	1	1	4

순번	시군구	지출명 (사업명)	2024년예산 (단위 : 천원 /1년간)	민간이전 분류 (지방자치단체 세출예산 집행기준에 의거) 1. 민간경상사업보조(307-02) 2. 민간단체 법정운영비보조(307-03) 3. 민간행사사업보조(307-04) 4. 민간위탁금(307-05) 5. 사회복지시설 법정운영비보조(307-10) 6. 민간인위탁교육비(307-12) 7. 공기관등에대한경상적위탁사업비(308-13) 8. 민간자본사업보조,자체재원(402-01) 9. 민간자본사업보조,이전재원(402-02) 10. 민간위탁사업비(402-03) 11. 공기관등에 대한 자본적 위탁사업비(403-02)	민간이전지출 근거 (지방보조금 관리기준 참고) 1. 법률에 규정 2. 국고보조 재원(국가지정) 3. 용도 지정 기부금 4. 조례에 직접규정 5. 지자체가 권장하는 사업을 하는 공공기관 6. 시,도 정책 및 재정사정 7. 기타 8. 해당없음	입찰방식 계약체결방법 (경쟁형태) 1. 일반경쟁 2. 제한경쟁 3. 지명경쟁 4. 수의계약 5. 법정위탁 6. 기타 ( ) 7. 없음	입찰방식 계약기간 1. 1년 2. 2년 3. 3년 4. 4년 5. 5년 6. 기타 ( )년 7. 단기계약 (1년미만) 8. 없음	입찰방식 낙찰자선정방법 1. 적격심사 2. 협상에의한계약 3. 최저가낙찰제 4. 규격가격분리 5. 2단계 경쟁입찰 6. 기타 ( ) 7. 없음	운영예산 산정 운영예산 산정 1. 내부산정 (지자체 자체적으로 산정) 2. 외부산정 (외부전문기관위탁 산정) 3. 내·외부 모두 산정 4. 산정 無 5. 없음	운영예산 산정 정산방법 1. 내부정산 (지자체 내부적으로 정산) 2. 외부정산 (외부전문기관위탁 정산) 3. 내·외부 모두 산정 4. 정산 無 5. 없음	성과평가 실시여부 1. 실시 2. 미실시 3. 향후 추진 4. 해당없음
10478	전남 무안군	발달재활서비스바우처지원	393,013	7	2	1	3	1	1	1	4
10479	전남 무안군	발달장애인방과후돌봄서비스지원	150,000	7	2	1	3	1	1	1	4
10480	전남 무안군	장애인활동지원도추가지원	132,300	7	2	7	8	7	1	1	1
10481	전남 무안군	활동보조가산급여	102,820	7	2	7	8	7	1	1	1
10482	전남 무안군	발달장애인부모상담지원	1,884	7	2	7	8	7	1	1	4
10483	전남 무안군	데이터사이언스(DS)전문가양성사업	356,430	7	2	4	1	7	2	2	3
10484	전남 무안군	세라믹산업제품고도화지원사업	350,000	7	5	7	8	7	2	2	1
10485	전남 무안군	마을로플러스프로젝트	313,133	7	2	4	1	7	2	2	3
10486	전남 무안군	남악메이커스페이스전문랩구축운영사업	300,000	7	2	7	8	7	3	3	3
10487	전남 무안군	스마트공장보급확산지원사업	180,000	7	5	7	8	7	2	2	1
10488	전남 무안군	탄소중립스마트그린프로젝트	120,379	7	2	4	1	7	2	2	3
10489	전남 무안군	무안읍메이커스페이스일반랩운영사업	100,000	7	2	7	8	7	5	5	4
10490	전남 무안군	전남청년도전창업지원사업	84,900	7	2	4	1	7	2	2	3
10491	전남 무안군	전남뿌리산업선도기업육성3단계사업	80,000	7	5	7	8	7	2	2	1
10492	전남 무안군	무안형일자리창출취업지원사업	70,000	7	2	7	8	7	5	5	4
10493	전남 무안군	전남농공단지특화지원사업	55,000	7	5	7	8	7	2	2	1
10494	전남 무안군	조기취업형계약학과등록금지원사업	22,500	7	2	7	8	7	2	3	3
10495	전남 무안군	조기취업형계약학과운영비지원사업	21,700	7	2	7	8	7	2	3	3
10496	전남 함평군	지적재조사측량비	184,008	7	2	4	1	6	3	1	2
10497	전남 함평군	첫만남이용권지원사업	180,000	7	2	6	1	6	5	1	4
10498	전남 함평군	치매치료관리비지원(전환사업)	141,065	7	1	7	8	7	5	5	4
10499	전남 함평군	공통기반재해복구시스템유지보수	92,386	7	5	7	8	7	2	4	4
10500	전남 함평군	저소득층기저귀조제분유지원	70,941	7	2	6	1	6	5	1	4
10501	전남 함평군	암조기검진사업	60,886	7	2	6	1	6	5	1	4
10502	전남 함평군	인사행정시스템유지보수및차세대시스템구축	55,831	7	1	7	8	7	2	2	4
10503	전남 함평군	인사행정시스템유지보수및차세대시스템구축	55,831	7	5	6	1	6	2	2	4
10504	전남 함평군	주소정보관리시스템차세대구축및유지관리	53,727	7	1	7	1	7	2	2	4
10505	전남 함평군	표준기록관리시스템유지보수비	37,086	7	8	7	1	7	2	2	4
10506	전남 함평군	산모신생아건강관리지원사업(전환사업)	35,363	7	2	6	1	6	5	1	4
10507	전남 함평군	2024년입체주소구축및주소정보기본도유지관리	23,623	7	1	7	1	7	2	2	4
10508	전남 함평군	차세대주민등록정보시스템운영	17,860	7	5	5	1	7	2	2	1
10509	전남 함평군	희귀난치성질환자의료비지원사업	9,489	7	2	6	1	6	5	1	4
10510	전남 함평군	의료급여수급권자건강검진	8,839	7	2	6	1	6	5	1	4
10511	전남 함평군	결핵및한센병관리	8,200	7	1	5	8	7	4	1	4
10512	전남 함평군	표준온나라시스템운영지원	7,800	7	5	7	8	7	2	4	4
10513	전남 함평군	공무원교육훈련	7,500	7	6	7	8	7	1	1	4
10514	전남 함평군	지방행정(새올)통합정보시스템유지관리	6,950	7	5	7	8	7	2	4	4
10515	전남 함평군	온나라2.한컴웹기안기상용S/W유지보수	4,500	7	5	7	8	7	2	4	4
10516	전남 함평군	지자체기능분류모델시스템고도화자치단체분담금	3,250	7	8	7	1	7	2	2	4
10517	전남 함평군	청소년산모임신출산의료비지원	1,200	7	2	6	1	6	5	1	4

순번	시군구	지출명 (사업명)	2024년예산 (단위 : 전원 /1년간)	민간이전 분류 (지방자치단체 세출예산 집행기준에 의거) 1. 민간경상사업보조(307-02) 2. 민간단체 법정운영비보조(307-03) 3. 민간행사사업보조(307-04) 4. 민간위탁금(307-05) 5. 사회복지시설 법정운영비보조(307-10) 6. 민간인위탁교육비(307-12) 7. 공기관등에대한경상적위탁사업비(308-13) 8. 민간자본사업보조,자체재원(402-01) 9. 민간자본사업보조,이전재원(402-02) 10. 민간위탁사업비(402-03) 11. 공기관등에 대한 자본적 위탁사업비(403-02)	민간이전지출 근거 (지방보조금 관리기준 참고) 1. 법률에 규정 2. 국고보조 재원(국가지정) 3. 용도 지정 기부금 4. 조례에 직접규정 5. 지자체가 권장하는 사업을 하는 공공기관 6. 시,도 정책 및 재정사정 7. 기타 8. 해당없음	입찰방식: 계약체결방법 (경쟁형태) 1. 일반경쟁 2. 제한경쟁 3. 지명경쟁 4. 수의계약 5. 법정위탁 6. 기타 ( ) 7. 없음	입찰방식: 계약기간 1. 1년 2. 2년 3. 3년 4. 4년 5. 5년 6. 기타 ( )년 7. 단기계약 (1년미만) 8. 없음	입찰방식: 낙찰자선정방법 1. 적격심사 2. 협상에의한계약 3. 최저가낙찰제 4. 규격가격분리 5. 2단계 경쟁입찰 6. 기타 ( ) 7. 없음	운영예산 산정: 운영예산 산정 1. 내부산정 (지자체 자체적으로 산정) 2. 외부산정 (외부전문기관위탁 산정) 3. 내·외부 모두 산정 4. 산정 無 5. 없음	운영예산 산정: 정산방법 1. 내부정산 (지자체 내부적으로 정산) 2. 외부정산 (외부전문기관위탁 정산) 3. 내·외부 모두 산정 4. 정산 無 5. 없음	성과평가 실시여부 1. 실시 2. 미실시 3. 향후 추진 4. 해당없음
10518	전남 함평군	표준모자보건수첩제작	125	7	2	6	1	6	5	1	4
10519	전남 함평군	장애인활동지원급여지원	3,080,453	7	1	5	8	7	5	1	4
10520	전남 함평군	지역사회서비스투자사업	617,500	7	2	5	1	7	1	1	2
10521	전남 함평군	발달장애인주간활동서비스지원	274,041	7	1	5	8	7	5	1	4
10522	전남 함평군	발달재활서비스바우처지원	138,994	7	1	5	8	7	5	1	4
10523	전남 함평군	발달장애인방과후돌봄서비스지원	104,203	7	1	5	8	7	5	1	4
10524	전남 함평군	일상돌봄서비스사업	93,750	7	2	5	1	7	1	1	2
10525	전남 함평군	가사간병방문지원사업	78,750	7	2	5	1	7	1	1	2
10526	전남 함평군	장애인의료비지원	39,578	7	1	5	8	7	5	1	4
10527	전남 함평군	활동보조가산급여	14,510	7	1	5	8	7	5	1	4
10528	전남 함평군	장애인활동지원도추가지원사업	9,095	7	1	5	8	7	5	1	4
10529	전남 함평군	청년마음건강지원사업	2,500	7	2	5	1	7	1	1	2
10530	전남 장성군	장애인활동지원급여지원	5,195,177	7	2	7	8	7	1	1	4
10531	전남 장성군	영유아보육료지원	1,300,000	7	1	7	7	7	1	1	4
10532	전남 장성군	누리과정	1,000,000	7	1	7	7	7	1	1	4
10533	전남 장성군	농식품바우처지원사업	868,000	7	2	7	8	7	5	5	4
10534	전남 장성군	산업・농공단지활성화지원사업	850,000	7	5	7	8	7	1	1	4
10535	전남 장성군	아이돌봄지원	732,000	7	1	7	7	7	1	1	4
10536	전남 장성군	지역자율형사회서비스투자사업	589,000	7	2	7	8	7	1	3	4
10537	전남 장성군	관광장성홍보	510,000	7	7	7	8	7	5	1	4
10538	전남 장성군	주거급여지원사업	450,000	7	1	5	1	7	1	3	4
10539	전남 장성군	첫만남이용권지원사업	299,000	7	2	7	8	7	5	1	4
10540	전남 장성군	지역혁신클러스터육성사업(국・도직접지원)	277,000	7	5	7	8	7	1	1	4
10541	전남 장성군	전남청년마을로플러스사업	250,506	7	8	7	8	7	5	5	4
10542	전남 장성군	발달장애인주간활동서비스지원	236,455	7	1	7	8	7	1	1	4
10543	전남 장성군	탄소중립스마트그린프로젝트	209,488	7	8	7	8	7	5	5	4
10544	전남 장성군	스마트공장보급・확산사업(국・도직접지원)	207,000	7	5	7	8	7	1	1	4
10545	전남 장성군	군정홍보	200,000	7	1	7	7	7	1	1	1
10546	전남 장성군	블루잡청년일자리사업	199,927	7	8	7	8	7	5	5	4
10547	전남 장성군	군정홍보	198,000	7	1	7	7	7	1	1	1
10548	전남 장성군	뿌리산업선도기업육성사업(도직접지원)	183,000	7	5	7	8	7	1	1	4
10549	전남 장성군	치매치료관리사업(전환사업)	141,615	7	2	7	8	7	5	1	4
10550	전남 장성군	에너지산업융복합단지국도비지원사업(국・도직접지원)	140,000	7	5	7	8	7	1	1	4
10551	전남 장성군	발달재활서비스바우처지원	136,597	7	2	7	8	7	1	1	4
10552	전남 장성군	지역특화산업맞춤청년일자리사업	131,875	7	8	7	8	7	5	5	4
10553	전남 장성군	의정홍보활동	128,614	7	8	7	8	7	5	5	4
10554	전남 장성군	블루잡청년일자리사업	120,794	7	8	7	8	7	5	5	4
10555	전남 장성군	사진및영상자료관리	120,000	7	1	7	7	7	1	1	1
10556	전남 장성군	발달장애인방과후활동서비스지원	108,080	7	1	7	8	7	1	1	4
10557	전남 장성군	저소득층기저귀조제분유지원	107,606	7	2	7	8	7	5	1	4

순번	시군구	지출명 (사업명)	2024년예산 (단위 : 천원 /1년간)	민간이전 분류 (지방자치단체 세출예산 집행기준에 의거)	민간이전지출 근거 (지방보조금 관리기준 참고)	입찰방식			운영예산 산정		성과평가 실시여부
				1. 민간경상사업보조(307-02) 2. 민간단체 법정운영비보조(307-03) 3. 민간행사사업보조(307-04) 4. 민간위탁금(307-05) 5. 사회복지시설 법정운영비보조(307-10) 6. 민간인위탁교육비(307-12) 7. 공기관등에대한경상적위탁사업비(308-13) 8. 민간자본사업보조,자체재원(402-01) 9. 민간자본사업보조,이전재원(402-02) 10. 민간위탁사업비(402-03) 11. 공기관등에 대한 자본적 위탁사업비(403-02)	1. 법률에 규정 2. 국고보조 재원(국가지정) 3. 용도 지정 기부금 4. 조례에 직접규정 5. 지자체가 권장하는 사업을 하는 공공기관 6. 시,도 정책 및 재정사정 7. 기타 8. 해당없음	계약체결방법 (경쟁형태) 1. 일반경쟁 2. 제한경쟁 3. 지명경쟁 4. 수의계약 5. 법정위탁 6. 기타 ( ) 7. 없음	계약기간 1. 1년 2. 2년 3. 3년 4. 4년 5. 5년 6. 기타 ( )년 7. 단기계약 (1년미만) 8. 없음	낙찰자선정방법 1. 적격심사 2. 협상에의한계약 3. 최저가낙찰제 4. 규격가격분리 5. 2단계 경쟁입찰 6. 기타 ( ) 7. 없음	운영예산 산정 1. 내부산정 (지자체 자체적으로 산정) 2. 외부산정 (외부전문기관위탁 산정) 3. 내·외부 모두 산정 4. 산정 無 5. 없음	정산방법 1. 내부정산 (지자체 내부적으로 정산) 2. 외부정산 (외부전문기관위탁 정산) 3. 내·외부 모두 산정 4. 정산 無 5. 없음	1. 실시 2. 미실시 3. 향후 추진 4. 해당없음
10558	전남 장성군	지역연계형청년창업지원사업	105,000	7	8	7	8	7	5	5	4
10559	전남 장성군	미디어자료관리	100,000	7	1	7	8	7	1	1	1
10560	전남 장성군	농산물유통홍보및행사지원	100,000	7	8	7	8	7	5	1	4
10561	전남 장성군	예산운영관리	98,892	7	5	7	1	7	2	2	4
10562	전남 장성군	장애인의료비지원	97,966	7	2	7	8	7	1	1	4
10563	전남 장성군	지방행정공통정보시스템	95,658	7	1	5	1	7	2	1	4
10564	전남 장성군	지역자율형사회서비스투자사업	93,750	7	2	7	8	7	1	3	4
10565	전남 장성군	사진및영상자료관리	88,000	7	1	7	8	7	1	1	1
10566	전남 장성군	암조기검진사업	88,000	7	2	7	8	7	5	1	4
10567	전남 장성군	신재생에너지도제취업패키지지원	84,085	7	8	7	8	7	5	5	4
10568	전남 장성군	지방세전산업무지원	71,065	7	1	5	1	7	2	2	4
10569	전남 장성군	산모신생아건강관리지원(전환사업)	65,850	7	2	7	8	7	5	1	4
10570	전남 장성군	대중교통	63,162	7	6	7	2	7	1	1	4
10571	전남 장성군	블루잡청년일자리사업	60,044	7	8	7	8	7	5	5	4
10572	전남 장성군	농산물유통홍보및행사지원	60,000	7	6	6	7	7	1	1	4
10573	전남 장성군	장애인활동보조가산급여	59,060	7	2	7	8	7	1	1	4
10574	전남 장성군	대중교통	58,080	7	6	7	1	7	1	1	4
10575	전남 장성군	도로명주소안내시설설치및관리	53,727	7	1	6	1	7	3	1	4
10576	전남 장성군	행정정보통신시스템운영	50,000	7	1	5	1	7	2	1	4
10577	전남 장성군	장애인활동지원도비지원	48,121	7	2	7	8	7	1	1	4
10578	전남 장성군	장성군스타기업육성지원사업	42,500	7	5	7	8	7	1	1	4
10579	전남 장성군	지역자율형사회서비스투자사업	42,500	7	2	7	8	7	1	3	4
10580	전남 장성군	농공단지기업맞춤형특화지원사업(도직접지원)	40,000	7	5	7	8	7	1	1	4
10581	전남 장성군	LPG용기사용가구시설개선사업	36,000	7	1	7	8	7	5	5	4
10582	전남 장성군	행정정보통신시스템운영	34,511	7	1	5	1	7	2	1	4
10583	전남 장성군	공공먹거리사업운영활성화	32,000	7	4	7	8	7	5	5	4
10584	전남 장성군	세외수입관리	31,069	7	5	6	1	7	2	2	4
10585	전남 장성군	부모급여(영아수당)지원	30,000	7	1	7	7	7	1	1	4
10586	전남 장성군	고향사랑기부제추진	28,700	7	4	5	1	7	2	1	4
10587	전남 장성군	공공먹거리사업운영활성화	28,000	7	4	7	8	7	5	5	4
10588	전남 장성군	도로명주소안내시설설치및관리	26,282	7	1	6	1	7	3	1	4
10589	전남 장성군	전국민마음투자지원사업	25,725	7	2	7	8	7	5	1	4
10590	전남 장성군	출산가정방문산후조리서비스확대지원	24,679	7	2	7	8	7	5	1	4
10591	전남 장성군	효율적인사운영	19,999	7	1	5	1	7	2	1	4
10592	전남 장성군	주민등록및인감운영	17,860	7	1	6	1	7	3	1	4
10593	전남 장성군	공공급식기획생산체계구축지원(농가조직화등)	15,000	7	2	7	8	7	5	5	4
10594	전남 장성군	가스안전장치(타이머콕)보급사업	15,000	7	1	7	8	7	5	5	4
10595	전남 장성군	자동차운행제한시스템관리	12,500	7	6	7	3	7	5	5	4
10596	전남 장성군	행정정보통신시스템운영	12,300	7	1	5	1	7	2	1	4
10597	전남 장성군	미디어자료관리	12,000	7	1	7	8	7	1	1	1

순번	시군구	지출명 (사업명)	2024년예산 (단위 : 천원 /1년간)	민간이전 분류 (지방자치단체 세출예산 집행기준에 의거) 1. 민간경상사업보조(307-02) 2. 민간단체 법정운영비보조(307-03) 3. 민간행사사업보조(307-04) 4. 민간위탁금(307-05) 5. 사회복지시설 법정운영비보조(307-10) 6. 민간인위탁교육비(307-12) 7. 공기관등에대한경상적위탁사업비(308-13) 8. 민간자본사업보조,자체재원(402-01) 9. 민간자본사업보조,이전재원(402-02) 10. 민간위탁사업비(402-03) 11. 공기관등에 대한 자본적 위탁사업비(403-02)	민간이전지출 근거 (지방보조금 관리기준 참고) 1. 법률에 규정 2. 국고보조 재원(국가지정) 3. 용도 지정 기부금 4. 조례에 직접규정 5. 지자체가 권장하는 사업을 하는 공공기관 6. 시,도 정책 및 재정사정 7. 기타 8. 해당없음	입찰방식: 계약체결방법 (경쟁형태) 1. 일반경쟁 2. 제한경쟁 3. 지명경쟁 4. 수의계약 5. 법정위탁 6. 기타 ( ) 7. 없음	입찰방식: 계약기간 1. 1년 2. 2년 3. 3년 4. 4년 5. 5년 6. 기타 ( )년 7. 단기계약 (1년미만) 8. 없음	입찰방식: 낙찰자선정방법 1. 적격심사 2. 협상에의한계약 3. 최저가낙찰제 4. 규격가격분리 5. 2단계 경쟁입찰 6. 기타 ( ) 7. 없음	운영예산 산정: 운영예산 산정 1. 내부산정 (지자체 자체적으로 산정) 2. 외부산정 (외부전문기관위탁 산정) 3. 내·외부 모두 산정 4. 산정 無 5. 없음	운영예산 산정: 정산방법 1. 내부정산 (지자체 내부적으로 정산) 2. 외부정산 (외부전문기관위탁 정산) 3. 내·외부 모두 산정 4. 정산 無 5. 없음	성과평가 실시여부 1. 실시 2. 미실시 3. 향후 추진 4. 해당없음
10598	전남 장성군	전남청년마을로사업	11,977	7	8	7	8	7	5	5	4
10599	전남 장성군	학교밖청소년지원	11,742	7	1	7	8	1	1	1	4
10600	전남 장성군	감사업무추진	11,719	7	5	6	1	6	2	2	4
10601	전남 장성군	의료급여수급권자일반건강검진	10,689	7	2	7	8	7	5	1	4
10602	전남 장성군	소상공인지원	10,279	7	6	7	8	7	5	3	4
10603	전남 장성군	희귀난치성질환관리	10,000	7	2	7	8	7	3	3	2
10604	전남 장성군	조기취업형계약학과운영지원(도직접지원)	8,661	7	8	7	8	7	5	5	4
10605	전남 장성군	자동차운행제한시스템관리	8,640	7	6	7	3	7	5	5	4
10606	전남 장성군	한센간이양로시설지원(자체)	7,900	7	5	7	8	7	1	1	4
10607	전남 장성군	지방행정공통정보시스템	6,950	7	1	5	1	7	2	1	4
10608	전남 장성군	SNS홍보활성화	6,000	7	4	4	1	7	1	1	1
10609	전남 장성군	행정정보통신시스템운영	5,600	7	1	5	1	7	2	1	4
10610	전남 장성군	전남청년농수산유통활동가육성사업	4,712	7	2	7	8	7	5	5	4
10611	전남 장성군	행정정보통신시스템운영	3,250	7	1	5	1	7	2	1	4
10612	전남 장성군	지역자율형사회서비스투자사업	2,500	7	2	7	8	7	1	3	4
10613	전남 장성군	청소년산모의료비지원	2,400	7	2	7	8	7	5	1	4
10614	전남 장성군	영유아건강검진	1,096	7	2	7	8	7	5	1	4
10615	전남 장성군	효율적인사운영	1,009	7	1	5	1	7	2	1	4
10616	전남 장성군	여객자동차운수업체재정지원	918	7	1	7	8	7	1	2	4
10617	전남 장성군	표준모자보건수첩	233	7	2	7	8	7	5	1	4
10618	전남 진도군	진도읍상권르네상스사업	834,000	7	2	7	8	7	5	5	4
10619	전남 진도군	지적재조사일필지측량수수료	224,587	7	2	5	1	7	2	1	1
10620	전남 진도군	치매환자치료관리비지원	119,493	7	2	5	8	7	5	5	4
10621	전남 진도군	공통기반전산장비및재해복구(DR)유지보수(HW,SW)	101,448	7	8	7	8	7	5	5	4
10622	전남 진도군	수행기관위탁사업비	93,940	7	2	7	4	7	5	5	4
10623	전남 진도군	지방재정관리시스템운영및유지관리(부담액)	84,758	7	2	5	1	7	2	2	2
10624	전남 진도군	암조기검진사업비	61,386	7	2	5	8	7	5	5	4
10625	전남 진도군	수행기관위탁사업비	56,250	7	6	7	3	7	5	5	4
10626	전남 진도군	국가주소정보시스템운영대행사업비	53,727	7	2	5	1	7	2	1	1
10627	전남 진도군	수행기관위탁사업비	52,500	7	2	7	3	7	5	5	4
10628	전남 진도군	전남대학교평생교육원생학비보조	52,000	7	8	7	8	7	5	5	4
10629	전남 진도군	저소득층기저귀조제분유지원위탁금	51,809	7	2	5	8	7	1	1	4
10630	전남 진도군	수행기관위탁사업비	49,111	7	2	7	2	7	5	5	4
10631	전남 진도군	전남공공배달앱홍보마케팅분담금	46,934	7	6	7	8	7	5	5	4
10632	전남 진도군	산모신생아건강관리지원사업위탁금(전환사업)	40,079	7	1	5	8	7	1	1	4
10633	전남 진도군	세외수입정보시스템유지관리비	31,069	7	5	5	1	2	4	1	1
10634	전남 진도군	고향사랑기부금종합정보시스템유지관리비	28,700	7	1	5	1	7	2	2	4
10635	전남 진도군	치매환자치료관리비지원	28,146	7	2	5	8	7	5	5	4
10636	전남 진도군	마음건강지원사업	25,725	7	2	7	8	7	5	5	4
10637	전남 진도군	차세대표준지방인사정보시스템유지관리위탁사업비분담금	25,000	7	8	7	8	7	5	5	4

순번	시군구	지출명 (사업명)	2024년예산 (단위 : 천원 /1년간)	민간이전 분류 (지방자치단체 세출예산 집행기준에 의거) 1. 민간경상사업보조(307-02) 2. 민간단체 법정운영비보조(307-03) 3. 민간행사사업보조(307-04) 4. 민간위탁금(307-05) 5. 사회복지시설 법정운영비보조(307-10) 6. 민간인위탁교육비(307-12) 7. 공기관등에대한경상적위탁사업비(308-13) 8. 민간자본사업보조,자체재원(402-01) 9. 민간자본사업보조,이전재원(402-02) 10. 민간위탁사업비(402-03) 11. 공기관등에 대한 자본적 위탁사업비(403-02)	민간이전지출 근거 (지방보조금 관리기준 참고) 1. 법률에 규정 2. 국고보조 재원(국가지정) 3. 용도 지정 기부금 4. 조례에 직접규정 5. 지자체가 권장하는 사업을 하는 공공기관 6. 시,도 정책 및 재정사정 7. 기타 8. 해당없음	입찰방식			운영예산 산정		성과평가 실시여부
						계약체결방법 (경쟁형태) 1. 일반경쟁 2. 제한경쟁 3. 지명경쟁 4. 수의계약 5. 법정위탁 6. 기타 ( ) 7. 없음	계약기간 1. 1년 2. 2년 3. 3년 4. 4년 5. 5년 6. 기타 ( )년 7. 단기계약 (1년미만) 8. 없음	낙찰자선정방법 1. 적격심사 2. 협상에의한계약 3. 최저가낙찰제 4. 규격가격분리 5. 2단계 경쟁입찰 6. 기타 ( ) 7. 없음	운영예산 산정 1. 내부산정 (지자체 자체적으로 산정) 2. 외부산정 (외부전문기관위탁 산정) 3. 내·외부 모두 산정 4. 산정 無 5. 없음	정산방법 1. 내부정산 (지자체 내부적으로 정산) 2. 외부정산 (외부전문기관위탁 정산) 3. 내·외부 모두 산정 4. 정산 無 5. 없음	1. 실시 2. 미실시 3. 향후 추진 4. 해당없음
10638	전남 진도군	수행기관위탁사업비	24,314	7	2	7	2	7	5	5	4
10639	전남 진도군	차세대주민등록시스템운영	17,860	7	2	7	1	7	5	5	4
10640	전남 진도군	희귀난치성질환자의료비위탁	14,000	7	2	5	8	7	5	5	4
10641	전남 진도군	온나라시스템운영지원및상용S/W(3종)유지보수	12,300	7	8	7	8	7	5	5	4
10642	전남 진도군	자동차운행제한시스템관제센터운영비	10,800	7	5	7	8	7	5	5	4
10643	전남 진도군	전남농공단지기업맞춤형특화지원사업	10,000	7	6	7	1	7	5	2	1
10644	전남 진도군	의료급여수급권자일반건강검진비	9,000	7	2	5	8	7	5	5	4
10645	전남 진도군	새올행정시스템운영관리유지보수	6,950	7	8	7	8	7	5	5	4
10646	전남 진도군	지자체기능분류모델(BRM)시스템고도화분담금	3,250	7	8	7	8	7	5	5	4
10647	전남 진도군	지방세정보화사업	2,989	7	5	5	1	2	4	1	1
10648	전남 진도군	청소년산모임신출산의료비지원위탁금	2,400	7	2	5	8	7	1	1	4
10649	전남 진도군	차세대표준지방인사정보시스템인프라증설사업비분담금	1,500	7	8	7	8	7	5	5	4
10650	전남 진도군	영유아건강검진위탁금	968	7	2	5	8	7	1	1	4
10651	전남 진도군	표준모자보건수첩제작위탁금	196	7	2	5	8	7	1	1	4
10652	전남 신안군	노인맞춤돌봄서비스	1,900,550	7	2	1	2	1	3	3	1
10653	전남 신안군	장애인활동지원	1,185,571	7	2	5	8	7	5	1	4
10654	전남 신안군	지역사회서비스투자사업	726,500	7	1	5	8	7	5	1	4
10655	전남 신안군	35세누리과정보육료	699,011	7	2	7	8	7	5	5	4
10656	전남 신안군	2세보육료	412,500	7	2	7	8	7	5	5	4
10657	전남 신안군	디지털혁신유통전문가일자리사업	247,306	7	4	5	1	7	1	2	3
10658	전남 신안군	독거노인장애인응급안전알림서비스	237,270	7	2	1	2	1	3	3	1
10659	전남 신안군	주간활동서비스지원	236,455	7	2	5	8	7	5	1	4
10660	전남 신안군	전남청년마을로플러스프로젝트	228,854	7	4	5	1	7	1	2	3
10661	전남 신안군	KTX14섬신안홍보영상물상영	200,000	7	8	7	1	7	1	1	4
10662	전남 신안군	14섬신안대중교통홍보	200,000	7	8	7	1	7	1	1	4
10663	전남 신안군	수급자의탈수급	154,296	7	2	7	8	7	5	1	4
10664	전남 신안군	가사간병방문지원사업	138,750	7	1	5	8	7	5	1	4
10665	전남 신안군	발달재활서비스바우처지원	127,011	7	2	5	8	7	5	1	4
10666	전남 신안군	통합지방재정시스템유지보수	113,008	7	8	7	8	7	5	5	4
10667	전남 신안군	지역연계형청년창업지원사업	105,000	7	4	5	1	7	1	2	3
10668	전남 신안군	방송사연중캠페인광고	100,000	7	8	7	1	7	1	1	4
10669	전남 신안군	일상돌봄서비스	93,750	7	1	5	8	7	5	1	4
10670	전남 신안군	14섬신안군정주요시책광고	54,000	7	8	7	1	7	1	1	4
10671	전남 신안군	암조기검진	50,246	7	2	7	8	7	5	5	4
10672	전남 신안군	14섬신안축제영상광고	50,000	7	8	7	1	7	1	1	4
10673	전남 신안군	매거진특집광고(KTX,SRT,월간산)	50,000	7	8	6	1	7	5	5	4
10674	전남 신안군	네이버및다음브랜드검색광고	50,000	7	8	7	8	7	5	5	4
10675	전남 신안군	방과후돌봄서비스지원	49,880	7	2	5	8	7	5	1	4
10676	전남 신안군	유튜브채널콘텐츠제작	40,000	7	8	7	8	7	5	5	4
10677	전남 신안군	테마기획유튜브영상물제작	40,000	7	8	7	8	7	5	5	4

순번	시군구	지출명 (사업명)	2024년예산 (단위 : 천원 /1년간)	민간이전 분류 (지방자치단체 세출예산 집행기준에 의거) 1. 민간경상사업보조(307-02) 2. 민간단체 법정운영비보조(307-03) 3. 민간행사사업보조(307-04) 4. 민간위탁금(307-05) 5. 사회복지시설 법정운영비보조(307-10) 6. 민간인위탁교육비(307-12) 7. 공기관등에대한경상적위탁사업비(308-13) 8. 민간자본사업보조,자체재원(402-01) 9. 민간자본사업보조,이전재원(402-02) 10. 민간위탁사업비(402-03) 11. 공기관등에 대한 자본적 위탁사업비(403-02)	민간이전지출 근거 (지방보조금 관리기준 참고) 1. 법률에 규정 2. 국고보조 재원(국가지정) 3. 용도 지정 기부금 4. 조례에 직접규정 5. 지자체가 권장하는 사업을 하는 공공기관 6. 시,도 정책 및 재정사정 7. 기타 8. 해당없음	입찰방식: 계약체결방법 (경쟁형태) 1. 일반경쟁 2. 제한경쟁 3. 지명경쟁 4. 수의계약 5. 법정위탁 6. 기타 ( ) 7. 없음	입찰방식: 계약기간 1. 1년 2. 2년 3. 3년 4. 4년 5. 5년 6. 기타 ( )년 7. 단기계약 (1년미만) 8. 없음	입찰방식: 낙찰자선정방법 1. 적격심사 2. 협상에의한계약 3. 최저가낙찰제 4. 규격가격분리 5. 2단계 경쟁입찰 6. 기타 ( ) 7. 없음	운영예산 산정: 운영예산 산정 1. 내부산정 (지자체 자체적으로 산정) 2. 외부산정 (외부전문기관위탁 산정) 3. 내·외부 모두 산정 4. 산정 無 5. 없음	운영예산 산정: 정산방법 1. 내부정산 (지자체 내부적으로 정산) 2. 외부정산 (외부전문기관위탁 정산) 3. 내·외부 모두 산정 4. 정산 無 5. 없음	성과평가 실시여부 1. 실시 2. 미실시 3. 향후 추진 4. 해당없음
10678	전남 신안군	장애인의료비지원	39,369	7	2	5	8	7	5	1	4
10679	전남 신안군	장애인활동지원도추가지원	30,485	7	4	5	8	7	5	1	4
10680	전남 신안군	부모급여보육료	30,000	7	2	7	8	7	5	5	4
10681	전남 신안군	스마트공장보급확산지원	30,000	7	1	5	8	7	5	2	4
10682	전남 신안군	전국민마음건강증진	25,725	7	2	7	8	7	5	5	4
10683	전남 신안군	인플루언서유튜버광고	20,000	7	8	7	8	7	5	5	4
10684	전남 신안군	홍도,가거도우편배송도우미사업	20,000	7	5	7	1	7	1	1	3
10685	전남 신안군	중증장애인활동보조가산급여(바우처)	18,364	7	2	5	8	7	5	1	4
10686	전남 신안군	소상공인노란우산가입장려금	15,200	7	6	7	8	7	1	1	4
10687	전남 신안군	청백e시스템운영유지보수	12,510	7	6	1	1	1	2	2	1
10688	전남 신안군	의료급여수급권자일반건강검진	7,646	7	2	7	8	7	5	5	4
10689	전남 신안군	무연고사망자장례	3,400	7	1	7	8	7	1	1	1
10690	전남 신안군	청년마음건강지원사업	2,500	7	1	7	8	7	1	1	1
10691	제주 제주시	노인보호전문기관운영지원	546,730	7	1	5	8	7	5	1	4
10692	제주 제주시	학대피해노인전용쉼터운영지원	297,351	7	2	5	4	1	1	1	1
10693	제주 제주시	장애인의료비	278,059	7	2	5	4	1	1	1	1
10694	제주 제주시	시간제보육서비스제공지원(시간제보육서비스이용아동보육료)	86,000	7	2	7	8	7	1	1	1
10695	제주 제주시	제주시여성대학운영	37,000	7	1	7	8	7	1	1	4
10696	제주 제주시	역사문화박물관대학운영	30,000	7	1	4	8	7	1	1	3
10697	제주 제주시	취약계층가스타이머콕보급사업(한국가스안전공사)	30,000	7	5	7	1	7	1	1	1
10698	제주 제주시	수출농수산식품영양성분분석검사비지원	20,000	7	1	5	1	7	1	1	1
10699	제주 제주시	무연분묘개장공고료	20,000	7	4	6	1	7	1	1	4
10700	제주 제주시	탄소중립생활실천캠페인영상홍보	20,000	7	7	7	8	7	5	5	4
10701	제주 제주시	수출중소기업외국어홍보물제작지원	10,000	7	1	7	8	7	5	5	4
10702	제주 제주시	일산화탄소경보기보급사업(한국가스안전공사)	4,000	7	4	6	1	7	1	1	4
10703	제주 제주시	문화예술행사홍보를위한광고료	3,000	7	1	5	1	7	1	1	1
10704	제주 제주시	면행정홍보를위한광고료	2,000	7	8	7	8	7	1	5	4
10705	제주 제주시	동행정홍보광고위탁	1,000	7	1	7	8	7	5	5	4
10706	제주 제주시	동행정홍보광고위탁	1,000	7	4	7	8	7	5	5	4
10707	제주 제주시	비장애아방과후보육료(교육비특별회계전입금)	1,000	7	4	7	8	7	5	5	4
10708	제주 제주시	동행정홍보광고료	1,000	7	1	7	8	7	1	1	4
10709	제주 제주시	시책추진및홍보광고비	1,000	7	1	7	8	7	5	5	4
10710	제주 제주시	시책홍보광고위탁비	1,000	7	1	5	8	7	1	1	4
10711	제주 제주시	읍정홍보등광고비용	1,000	7	4	7	8	7	5	5	4
10712	제주 제주시	의료기관결핵환자관리지원	113,049	7	8	7	8	7	1	1	1
10713	제주 제주시	공통기반서버유지관리	106,567	7	2	6	1	6	5	1	1
10714	제주 제주시	의료관련감염병감시및예방관리사업지원비	12,960	7	1	5	1	7	1	5	4
10715	제주 제주시	새올행정시스템상담센터운영분담금	6,950	7	2	6	1	6	5	1	1
10716	제주 제주시	읍행정홍보광고료	1,000	7	1	5	1	7	1	5	4
10717	제주 제주시	동행정홍보를위한광고료	1,000	7	8	5	7	7	1	3	3

순번	시군구	지출명 (사업명)	2024년예산 (단위 : 천원 /1년간)	민간이전 분류 (지방자치단체 세출예산 집행기준에 의거) 1. 민간경상사업보조(307-02) 2. 민간단체 법정운영비보조(307-03) 3. 민간행사사업보조(307-04) 4. 민간위탁금(307-05) 5. 사회복지시설 법정운영비보조(307-10) 6. 민간인위탁교육비(307-12) 7. 공기관등에대한경상적위탁사업비(308-13) 8. 민간자본사업보조,자체재원(402-01) 9. 민간자본사업보조,이전재원(402-02) 10. 민간위탁사업비(402-03) 11. 공기관등에 대한 자본적 위탁사업비(403-02)	민간이전지출 근거 (지방보조금 관리기준 참고) 1. 법률에 규정 2. 국고보조 재원(국가지정) 3. 용도 지정 기부금 4. 조례에 직접규정 5. 지자체가 권장하는 사업을 하는 공공기관 6. 시,도 정책 및 재정사정 7. 기타 8. 해당없음	입찰방식			운영예산 산정		성과평가 실시여부
						계약체결방법 (경쟁형태) 1. 일반경쟁 2. 제한경쟁 3. 지명경쟁 4. 수의계약 5. 법정위탁 6. 기타 ( ) 7. 없음	계약기간 1. 1년 2. 2년 3. 3년 4. 4년 5. 5년 6. 기타 ( )년 7. 단기계약 (1년미만) 8. 없음	낙찰자선정방법 1. 적격심사 2. 협상에의한계약 3. 최저가낙찰제 4. 규격가격분리 5. 2단계 경쟁입찰 6. 기타 ( ) 7. 없음	운영예산 산정 1. 내부산정 (지자체 자체적으로 산정) 2. 외부산정 (외부전문기관위탁 산정) 3. 내·외부 모두 산정 4. 산정 無 5. 없음	정산방법 1. 내부정산 (지자체 내부적으로 정산) 2. 외부정산 (외부전문기관위탁 정산) 3. 내·외부 모두 산정 4. 정산 無 5. 없음	1. 실시 2. 미실시 3. 향후 추진 4. 해당없음
10718	제주 제주시	동행정홍보를위한광고위탁	1,000	7	1	7	8	7	1	1	4
10719	제주 제주시	동행정홍보광고료	1,000	7	1	7	8	7	5	5	4
10720	제주 제주시	동행정홍보광고료	1,000	7	8	5	7	7	1	3	4
10721	제주 제주시	동행정홍보를위한광고대행	1,000	7	4	7	8	7	1	1	4
10722	제주 제주시	동행정홍보광고위탁	1,000	7	1	5	8	7	1	5	4
10723	제주 제주시	낚시터환경개선사업(균특이양)	157,000	7	1	5	8	7	1	3	4
10724	제주 제주시	양식어장정화사업(균특이양)	132,500	7	1	5	8	7	1	3	4
10725	제주 제주시	차세대인사랑시스템유지보수	75,335	7	1	5	1	7	2	2	4
10726	제주 제주시	추자면관광활성화를위한홍보사업	50,000	7	1	7	1	6	3	3	3
10727	제주 제주시	우편모아시스템유지보수	5,600	7	1,5	5	1	7	5	5	4
10728	제주 제주시	동행정홍보광고위탁	1,000	7	1	7	8	7	1	1	4
10729	제주 제주시	동행정홍보광고위탁	1,000	7	1	7	8	7	5	5	4
10730	제주 서귀포시	서귀포성산읍갯벌식생복원사업	2,835,000	7	4	4	4	7	1	1	3
10731	제주 서귀포시	표선면기초생활거점조성사업	1,237,143	7	1,2	5	4	7	1	1	4
10732	제주 서귀포시	서귀포삼다종합사회복지관운영	651,900	7	1,4	7	5	7	1	1	3
10733	제주 서귀포시	서귀포공공산후조리원운영지원	500,000	7	4	5	3	7	1	1	4
10734	제주 서귀포시	서귀포공립요양원및주간보호센터운영지원	306,000	7	7	7	8	7	1	1	3
10735	제주 서귀포시	지적재조사측량업무위탁	212,773	7	2	5	1	7	5	1	4
10736	제주 서귀포시	장애인의료비지원	185,372	7	2	7	8	7	1	1	4
10737	제주 서귀포시	낚시터환경개선사업	150,000	7	4	4	1	7	1	1	4
10738	제주 서귀포시	양식어장정화사업	130,000	7	4	4	1	7	1	1	4
10739	제주 서귀포시	2024년입체주소구축및주소정보기본도유지관리	92,188	7	1	5	1	7	5	1	4
10740	제주 서귀포시	프로스포츠를통한시정홍보	90,000	7	4	7	8	7	1	1	1
10741	제주 서귀포시	어촌신활력증진사업예비계획및타당성조사용역	60,000	7	4	4	1	7	1	1	3
10742	제주 서귀포시	시간제보육서비스제공지원	50,000	7	1	5	7	7	1	1	4
10743	제주 서귀포시	시민건강생활실천홍보캠페인광고	40,000	7	1	7	8	7	5	5	4
10744	제주 서귀포시	디지털주소정보플랫폼구축(2차)	37,754	7	1	5	1	7	5	1	4
10745	제주 서귀포시	양성평등교육과정운영	25,000	7	1	6	1	6	1	1	1
10746	제주 서귀포시	지적기준점현황조사위탁관리	20,000	7	1	5	1	7	1	1	4
10747	제주 서귀포시	2024년주소정보기본도유지관리	19,173	7	1	5	1	7	5	1	4
10748	제주 서귀포시	취약계층가스안전타이머콕설치지원	15,000	7	1	5	1	7	1	1	2
10749	제주 서귀포시	무연분묘개장공고료	12,000	7	1	7	8	7	1	1	4
10750	제주 서귀포시	수출기업농수산식품영양성분분석지원	10,000	7	5	7	8	7	1	1	4
10751	제주 서귀포시	치매관리사업외부광고	6,000	7	2	7	8	7	1	1	4
10752	제주 서귀포시	치매안심센터운영광고위탁사업비	5,000	7	1	7	8	7	5	5	4
10753	제주 서귀포시	치매관리사업외부광고	5,000	7	2	7	8	7	5	5	4
10754	제주 서귀포시	정신건강관련편견해소및인식개선홍보등	2,000	7	1	7	8	7	5	5	4
10755	제주 서귀포시	무연고사망자신문공고료	1,500	7	1	7	8	7	1	1	4
10756	제주 서귀포시	정부광고료	1,000	7	5	6	8	7	5	5	4
10757	제주 서귀포시	동행정업무홍보용광고료	1,000	7	1	7	8	7	5	5	4

순번	시군구	지출명 (사업명)	2024년예산 (단위 : 천원 /1년간)	민간이전 분류 (지방자치단체 세출예산 집행기준에 의거) 1. 민간경상사업보조(307-02) 2. 민간단체 법정운영비보조(307-03) 3. 민간행사사업보조(307-04) 4. 민간위탁금(307-05) 5. 사회복지시설 법정운영비보조(307-10) 6. 민간인위탁교육비(307-12) 7. 공기관등에대한경상적위탁사업비(308-13) 8. 민간자본사업보조,자체재원(402-01) 9. 민간자본사업보조,이전재원(402-02) 10. 민간위탁사업비(402-03) 11. 공기관등에 대한 자본적 위탁사업비(403-02)	민간이전지출 근거 (지방보조금 관리기준 참고) 1. 법률에 규정 2. 국고보조 재원(국가지정) 3. 용도 지정 기부금 4. 조례에 직접규정 5. 지자체가 권장하는 사업을 하는 공공기관 6. 시,도 정책 및 재정사정 7. 기타 8. 해당없음	입찰방식 계약체결방법 (경쟁형태) 1. 일반경쟁 2. 제한경쟁 3. 지명경쟁 4. 수의계약 5. 법정위탁 6. 기타 ( ) 7. 없음	입찰방식 계약기간 1. 1년 2. 2년 3. 3년 4. 4년 5. 5년 6. 기타 ( )년 7. 단기계약 (1년미만) 8. 없음	입찰방식 낙찰자선정방법 1. 적격심사 2. 협상에의한계약 3. 최저가낙찰제 4. 규격가격분리 5. 2단계 경쟁입찰 6. 기타 ( ) 7. 없음	운영예산 산정 운영예산 산정 1. 내부산정 (지자체 자체적으로 산정) 2. 외부산정 (외부전문기관위탁 산정) 3. 내·외부 모두 산정 4. 산정 無 5. 없음	운영예산 산정 정산방법 1. 내부정산 (지자체 내부적으로 정산) 2. 외부정산 (외부전문기관위탁 정산) 3. 내·외부 모두 산정 4. 정산 無 5. 없음	성과평가 실시여부 1. 실시 2. 미실시 3. 향후 추진 4. 해당없음
10758	제주 서귀포시	동행정홍보광고	1,000	7	1	7	8	7	1	1	3
10759	제주 서귀포시	동행정업무홍보용광고	1,000	7	1	5	8	7	1	1	4
10760	제주 서귀포시	동행정업무홍보용광고	1,000	7	5	7	8	7	5	5	4

KCOI 발간도서 소개

민간위탁 통계

KCOMI 통계

2023 전국 지방자치단체
민·관 협업사무 운영 현황 I

민간경상사업보조(307-02)
민간단체법정운영비보조(307-03)
민간행사사업보조(307-04)

본 도서는 전국 17개 광역자치단체를 포함한 243개 지방자치단체의 2021년 민관 협업사무 운영 현황으로서 국내에서 유일하게 전국 민관 협업사무 운영 현황을 파악할 수 있는 자료이다. 해당 시리즈는 총 3권으로 제작되었다.

배성기 지음
한국민간위탁경영구소
2023년 2월 출간

KCOMI 통계

2023 전국 지방자치단체
민·관 협업사무 운영 현황 II

민간위탁금(307-05)
사회복지시설법정운영비보조(307-10)
민간인위탁교육비(307-12)
공기관등에대한경상적대행사업비(308-10)

본 도서는 전국 17개 광역자치단체를 포함한 243개 지방자치단체의 2021년 민관 협업사무 운영 현황으로서 국내에서 유일하게 전국 민관 협업사무 운영 현황을 파악할 수 있는 자료이다. 해당 시리즈는 총 3권으로 제작되었다.

배성기 지음
한국민간위탁경영구소
2023년 2월 출간

KCOMI 통계

2023 전국 지방자치단체
민·관 협업사무 운영 현황III

민간경상사업보조(307-02)
민간단체법정운영비보조(307-03)
민간행사사업보조(307-04)

본 도서는 전국 17개 광역자치단체를 포함한 243개 지방자치단체의 2021년 민관 협업사무 운영 현황으로서 국내에서 유일하게 전국 민관 협업사무 운영 현황을 파악할 수 있는 자료이다. 해당 시리즈는 총 3권으로 제작되었다.

배성기 지음
한국민간위탁경영구소
2023년 2월 출간

KCOMI 통계 - Ebook

2023 전국 지방자치단체
민간위탁 운영현황

민간위탁금(307-05)
사회복지시설법정운영비보조(307-10)
민간인위탁교육비(307-12)
공기관등에대한경상적대행사업비(308-10)

본 도서는 전국 17개 광역자치단체를 포함한 243개 지방자치단체의 민간위탁금(307-06) 예산 운영 현황으로서, 예산 및 해당사무별 업체선정방법, 개별조례 유무, 원가산정기준, 서비스(성과)평가 유무 등을 파악할 수 있는 자료이다.

배성기 지음
한국민간위탁경영구소
2023년 2월 출간

KCOMI 통계

2022 전국 지방자치단체 민·관 협업사무 운영 현황Ⅰ

민간경상사업보조(307-02)
민간단체법정운영비보조(307-03)
민간행사사업보조(307-04)

본 도서는 전국 17개 광역자치단체를 포함한 243개 지방자치단체의 2021년 민관 협업사무 운영 현황으로서 국내에서 유일하게 전국 민관 협업사무 운영 현황을 파악할 수 있는 자료이다. 해당 시리즈는 총 3권으로 제작되었다.

배성기 지음
한국민간위탁경영구소
2022년 3월 출간

KCOMI 통계

2022 전국 지방자치단체 민·관 협업사무 운영 현황Ⅱ

민간위탁금(307-05)
사회복지시설법정운영비보조(307-10)
민간인위탁교육비(307-12)
공기관등에대한경상적대행사업비(308-10)

본 도서는 전국 17개 광역자치단체를 포함한 243개 지방자치단체의 2021년 민관 협업사무 운영 현황으로서 국내에서 유일하게 전국 민관 협업사무 운영 현황을 파악할 수 있는 자료이다. 해당 시리즈는 총 3권으로 제작되었다.

배성기 지음
한국민간위탁경영구소
2022년 3월 출간

KCOMI 통계

2022 전국 지방자치단체 민·관 협업사무 운영 현황Ⅲ

민간경상사업보조(307-02)
민간단체법정운영비보조(307-03)
민간행사사업보조(307-04)

본 도서는 전국 17개 광역자치단체를 포함한 243개 지방자치단체의 2021년 민관 협업사무 운영 현황으로서 국내에서 유일하게 전국 민관 협업사무 운영 현황을 파악할 수 있는 자료이다. 해당 시리즈는 총 3권으로 제작되었다.

배성기 지음
한국민간위탁경영구소
2022년 3월 출간

KCOMI 통계 - Ebook

2022 전국 지방자치단체 민간위탁 운영현황

민간위탁금(307-05)
사회복지시설법정운영비보조(307-10)
민간인위탁교육비(307-12)
공기관등에대한경상적대행사업비(308-10)

본 도서는 전국 17개 광역자치단체를 포함한 243개 지방자치단체의 민간위탁금(307–06) 예산 운영 현황으로서, 예산 및 해당사무별 업체선정방법, 개별조례 유무, 원가산정기준, 서비스(성과)평가 유무 등을 파악할 수 있는 자료이다.

배성기 지음
한국민간위탁경영구소
2022년 5월 출간

KCOMI 통계

2022 공공기관 민간위탁 운영현황

본 도서는 전국 340개 공공기관을 대상으로 2021년 전체사무 민간이전 운영현황을 파악할 수 있는 자료이다.

배성기 지음
한국민간위탁경영구소
2022년 5월 출간

KCOMI 통계

2022 중앙행정기관 행정사무 민간이전 운영현황

본 도서는 전국 342개 중앙행정기관을 대상으로 2018년 민간이전 사업 현황을 분석한 자료로서 국내에서 유일하게 민간위탁 현황을 분석하여, 전국 민간위탁 사무의 관리 현황을 제시하고 있다.

배성기 지음
한국민간위탁경영구소
2022년 5월 출간

KCOMI 통계

2021 전국 지방자치단체 민·관 협업사무 운영 현황 I

민간경상사업보조(307-02)
민간단체법정운영비보조(307-03)
민간행사사업보조(307-04)

본 도서는 전국 17개 광역자치단체를 포함한 243개 지방자치단체의 2021년 민관 협업사무 운영 현황으로서 국내에서 유일하게 전국 민관 협업사무 운영 현황을 파악할 수 있는 자료이다. 해당 시리즈는 총 3권으로 제작되었다.

배성기 지음
한국민간위탁경영구소
2021 3월 출간

KCOMI 통계

2021 전국 지방자치단체 민·관 협업사무 운영 현황 II

민간위탁금(307-05)
사회복지시설법정운영비보조(307-10)
민간인위탁교육비(307-12)
공기관등에대한경상적대행사업비(308-10)

본 도서는 전국 17개 광역자치단체를 포함한 243개 지방자치단체의 2021년 민관 협업사무 운영 현황으로서 국내에서 유일하게 전국 민관 협업사무 운영 현황을 파악할 수 있는 자료이다. 해당 시리즈는 총 3권으로 제작되었다.

배성기 지음
한국민간위탁경영구소
2021년 3월 출간

KCOMI 통계

2021 전국 지방자치단체 민·관 협업사무 운영 현황 I

민간경상사업보조(307-02)
민간단체법정운영비보조(307-03)
민간행사사업보조(307-04)

본 도서는 전국 17개 광역자치단체를 포함한 243개 지방자치단체의 2021년 민관 협업사무 운영 현황으로서 국내에서 유일하게 전국 민관 협업사무 운영 현황을 파악할 수 있는 자료이다. 해당 시리즈는 총 3권으로 제작되었다.

배성기 지음
한국민간위탁경영구소
2021 3월 출간

KCOMI 통계 - Ebook

2021 전국 지방자치단체 민간위탁 운영현황

민간위탁금(307-05)
사회복지시설법정운영비보조(307-10)
민간인위탁교육비(307-12)
공기관등에대한경상적대행사업비(308-10)

본 도서는 전국 17개 광역자치단체를 포함한 243개 지방자치단체의 민간위탁금(307–06) 예산 운영 현황으로서, 예산 및 해당사무별 업체선정방법, 개별조례 유무, 원가산정기준, 서비스(성과)평가 유무 등을 파악할 수 있는 자료이다.

배성기 지음
한국민간위탁경영구소
2021년 7월 출간

KCOMI 통계

2021 공공기관 민간위탁 운영현황

본 도서는 전국 340개 공공기관을 대상으로 2021년 전체사무 민간이전 운영현황을 파악할 수 있는 자료이다.

배성기 지음
한국민간위탁경영구소
2021년 5월 출간

KCOMI 통계

2021 중앙행정기관 행정사무 민간이전 운영현황

본 도서는 전국 342개 중앙행정기관을 대상으로 2018년 민간이전 사업 현황을 분석한 자료로서 국내에서 유일하게 민간위탁 현황을 분석하여, 전국 민간위탁 사무의 관리 현황을 제시하고 있다.

배성기 지음
한국민간위탁경영구소
2021년 5월 출간

KCOMI 통계 - Ebook

2020 전국 지방자치단체
민·관 협업사무 운영 현황 I

민간경상사업보조(307-02)
민간단체법정운영비보조(307-03)
민간행사사업보조(307-04)

본 도서는 전국 17개 광역자치단체를 포함한 243개 지방자치단체의 2020년 민관 협업사무 운영 현황으로서 국내에서 유일하게 전국 민관 협업사무 운영 현황을 파악할 수 있는 자료이다. 해당 시리즈는 총 3권으로 제작되었다.

배성기 지음
한국민간위탁경영구소
2020 7월 출간

KCOMI 통계 - Ebook

2020 전국 지방자치단체
민·관 협업사무 운영 현황 II

민간위탁금(307-05)
사회복지시설법정운영비보조(307-10)
민간인위탁교육비(307-12)
공기관등에대한경상적대행사업비(308-10)

본 도서는 전국 17개 광역자치단체를 포함한 243개 지방자치단체의 2020년 민관 협업사무 운영 현황으로서 국내에서 유일하게 전국 민관 협업사무 운영 현황을 파악할 수 있는 자료이다. 해당 시리즈는 총 3권으로 제작되었다.

배성기 지음
한국민간위탁경영구소
2020년 7월 출간

KCOMI 통계 - Ebook

2020 전국 지방자치단체
민·관 협업사무 운영 현황 III

민간자본사업보조,자체재원(402-01)
민간자본사업보조,이전재원(402-02)
민간위탁사업비(402-03)
공기관등에대한자본적위탁사업비(403-02)

본 도서는 전국 17개 광역자치단체를 포함한 243개 지방자치단체의 2020년 민관 협업사무 운영 현황으로서 국내에서 유일하게 전국 민관 협업사무 운영 현황을 파악할 수 있는 자료이다. 해당 시리즈는 총 3권으로 제작되었다.

배성기 지음
한국민간위탁경영구소
2020년 7월 출간

KCOMI 통계

2020 전국 지방자치단체
민·관 협업사무 운영 현황 통합본

본 도서는 전국 17개 광역자치단체를 포함한 243개 지방자치단체의 각 분야별 2018년 민관 협업사무 운영 현황으로 하수도시설, 하수슬러지건조화시설, 생활폐기물 수집운반, 생활폐기물 소각시설, 재활용 선별시설, 문화예술, 체육, 관광, 공원, 주차장, 청소년수련시설, 장애인복지시설의 운영 현황을 파악할 수 있는 자료이다.

배성기 지음
한국민간위탁경영구소
2020년 7월 출간

KCOMI 통계 - Ebook

2020 전국 지방자치단체
민·관 협업사무 운영 현황

|하수도시설|

본 도서는 전국 17개 광역자치단체를 포함한 243개 지방자치단체의 하수도시설에 대한 2020년 민관 협업사무 운영 현황을 파악할 수 있는 자료이다.

배성기 지음
한국민간위탁경영구소
2020년 5월 출간

KCOMI 통계 - Ebook

2020 전국 지방자치단체
민·관 협업사무 운영 현황

|하수슬러지건조화시설(소각포함)|

본 도서는 전국 17개 광역자치단체를 포함한 243개 지방자치단체의 하수슬러지건조화시설(소각포함)에 대한 2018년 민관 협업사무 운영 현황을 파악할 수 있는 자료이다.

배성기 지음
한국민간위탁경영구소
2020년 5월 출간

KCOMI 통계 - Ebook

2020 전국 지방자치단체 민·관 협업사무 운영 현황

|생활폐기물 수집운반|

본 도서는 전국 17개 광역자치단체를 포함한 243개 지방자치단체의 생활폐기물 수집운반에 대한 2020년 민관 협업사무 운영 현황을 파악할 수 있는 자료이다.

배성기 지음
한국민간위탁경영구소
2020년 5월 출간

KCOMI 통계 - Ebook

2020 전국 지방자치단체 민·관 협업사무 운영 현황

|재활용 선별시설|

본 도서는 전국 17개 광역자치단체를 포함한 243개 지방자치단체의 재활용 선별시설에 대한 2020년 민관 협업사무 운영 현황을 파악할 수 있는 자료이다.

배성기 지음
한국민간위탁경영구소
2020년 5월 출간

KCOMI 통계 - Ebook

2020 전국 지방자치단체 민·관 협업사무 운영 현황

|관광부문|

본 도서는 전국 17개 광역자치단체를 포함한 243개 지방자치단체의 관광부문에 대한 2020년 민관 협업사무 운영 현황을 파악할 수 있는 자료이다.

배성기 지음
한국민간위탁경영구소
2020년 5월 출간

KCOMI 통계 - Ebook

2020 전국 지방자치단체 민·관 협업사무 운영 현황

|공원부문|

본 도서는 전국 17개 광역자치단체를 포함한 243개 지방자치단체의 공원부문에 대한 2020년 민관 협업사무 운영 현황을 파악할 수 있는 자료이다.

배성기 지음
한국민간위탁경영구소
2020년 5월 출간

KCOMI 통계 - Ebook

2020 전국 지방자치단체 민·관 협업사무 운영 현황

|청소년수련시설|

본 도서는 전국 17개 광역자치단체를 포함한 243개 지방자치단체의 청소년수련시설에 대한 2020년 민관 협업사무 운영 현황을 파악할 수 있는 자료이다.

배성기 지음
한국민간위탁경영구소
2020년 5월 출간

KCOMI 통계 - Ebook

2020 전국 지방자치단체 민·관 협업사무 운영 현황

|생활폐기물 소각시설|

본 도서는 전국 17개 광역자치단체를 포함한 243개 지방자치단체의 생활폐기물 소각시설에 대한 2020년 민관 협업사무 운영 현황을 파악할 수 있는 자료이다.

배성기 지음
한국민간위탁경영구소
2020년 5월 출간

KCOMI 통계 - Ebook

2020 전국 지방자치단체 민·관 협업사무 운영 현황

|문화예술부문|

본 도서는 전국 17개 광역자치단체를 포함한 243개 지방자치단체의 문화예술부문에 대한 2020년 민관 협업사무 운영 현황을 파악할 수 있는 자료이다.

배성기 지음
한국민간위탁경영구소
2020년 5월 출간

KCOMI 통계 - Ebook

2020 전국 지방자치단체 민·관 협업사무 운영 현황

|체육부문|

본 도서는 전국 17개 광역자치단체를 포함한 243개 지방자치단체의 체육부문에 대한 2020년 민관 협업사무 운영 현황을 파악할 수 있는 자료이다.

배성기 지음
한국민간위탁경영구소
2020년 5월 출간

KCOMI 통계 - Ebook

2020 전국 지방자치단체 민·관 협업사무 운영 현황

|주차장시설|

본 도서는 전국 17개 광역자치단체를 포함한 243개 지방자치단체의 체육부문에 대한 2020년 민관 협업사무 운영 현황을 파악할 수 있는 자료이다.

배성기 지음
한국민간위탁경영구소
2020년 5월 출간

KCOMI 통계 - Ebook

2020 전국 지방자치단체 민·관 협업사무 운영 현황

|장애인복지시설|

본 도서는 전국 17개 광역자치단체를 포함한 243개 지방자치단체의 장애인복지시설에 대한 2020년 민관 협업사무 운영 현황을 파악할 수 있는 자료이다.

배성기 지음
한국민간위탁경영구소
2020년 5월 출간

KCOMI 통계

2019 전국 지방자치단체 민·관 협업사무 운영 현황 통합본

본 도서는 전국 17개 광역자치단체를 포함한 245개 지방자치단체의 각 분야별 2019년 민관 협업사무 운영 현황으로 하수도시설, 하수슬러지건조화시설, 생활폐기물 수집운반, 생활폐기물 소각시설, 재활용 선별시설, 문화예술, 체육, 관광, 공원, 주차장, 청소년수련시설, 장애인복지시설의 운영 현황을 파악할 수 있는 자료이다.

배성기 지음
한국민간위탁경영구소
2019년 출간

KCOMI 통계

2019 전국 지방자치단체 민·관 협업사무 운영 현황 I

민간경상사업보조(307-02)
민간단체법정운영비보조(307-03)
민간행사사업보조(307-04)

본 도서는 전국 17개 광역자치단체를 포함한 245개 지방자치단체의 2019년 민관 협업사무 운영 현황으로서 국내에서 유일하게 전국 민관 협업사무 운영 현황을 파악할 수 있는 자료이다. 해당 시리즈는 총 3권으로 제작되었다.

배성기 지음
한국민간위탁경영구소
2019년 출간

KCOMI 통계

2019 전국 지방자치단체 민·관 협업사무 운영 현황II

민간위탁금(307-05)
사회복지시설법정운영비보조(307-10)
사회복지사업보조(307-11)

본 도서는 전국 17개 광역자치단체를 포함한 245개 지방자치단체의 2019년 민관 협업사무 운영 현황으로서 국내에서 유일하게 전국 민관 협업사무 운영 현황을 파악할 수 있는 자료이다. 해당 시리즈는 총 3권으로 제작되었다.

배성기 지음
한국민간위탁경영구소
2019년 출간

KCOMI 통계

2019 전국 지방자치단체 민·관 협업사무 운영 현황III

민간인위탁교육비(307-12),
공기관등에대한경상적대행사업비(308-10)
공사공단경상전출금(309-01)
민간자본사업보조,자체재원(402-01)
민간자본사업보조,이전재원(402-02)
민간위탁사업비(402-03)
공기관등에대한자본적위탁사업비(403-02)
공사공단자본전출금(404-01)

본 도서는 전국 17개 광역자치단체를 포함한 245개 지방자치단체의 2019년 민관 협업사무 운영 현황으로서 국내에서 유일하게 전국 민관 협업사무 운영 현황을 파악할 수 있는 자료이다. 해당 시리즈는 총 3권으로 제작되었다.

배성기 지음
한국민간위탁경영구소
2019년 출간

KCOMI 통계 - Ebook

2019 전국 지방자치단체 민·관 협업사무 운영 현황

|하수도시설|

본 도서는 전국 17개 광역자치단체를 포함한 245개 지방자치단체의 하수도시설에 대한 2019년 민관 협업사무 운영 현황을 파악할 수 있는 자료이다.

배성기 지음
한국민간위탁경영구소
2019년 출간

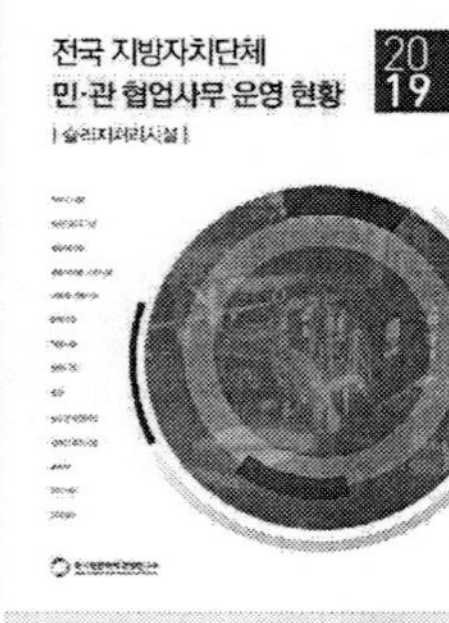

KCOMI 통계 - Ebook

2019 전국 지방자치단체 민·관 협업사무 운영 현황

|슬러지처리시설|

본 도서는 전국 17개 광역자치단체를 포함한 245개 지방자치단체의 하수슬러지건조화시설(소각포함)에 대한 2019년 민관 협업사무 운영 현황을 파악할 수 있는 자료이다.

배성기 지음
한국민간위탁경영구소
2019년 출간

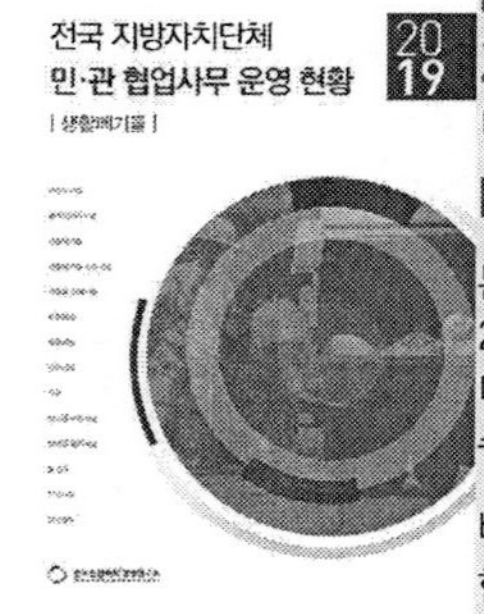

KCOMI 통계 - Ebook

2019 전국 지방자치단체 민·관 협업사무 운영 현황

|생활폐기물 수집운반

본 도서는 전국 17개 광역자치단체를 포함한 245개 지방자치단체의 생활폐기물 수집운반에 대한 2019년 민관 협업사무 운영 현황을 파악할 수 있는 자료이다.

배성기 지음
한국민간위탁경영구소
2019년 출간

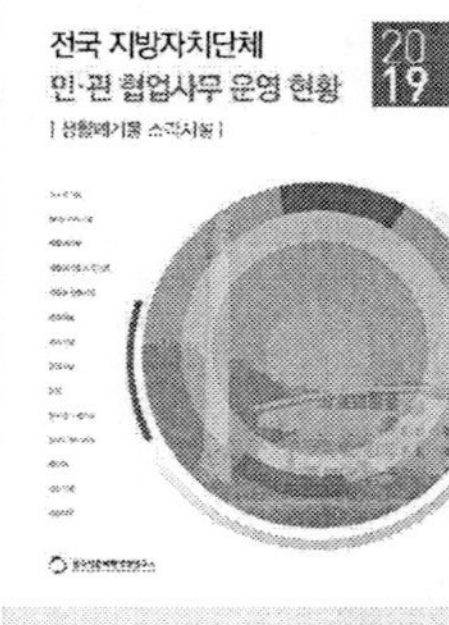

KCOMI 통계 - Ebook

2019 전국 지방자치단체 민·관 협업사무 운영 현황

|생활폐기물 소각시설|

본 도서는 전국 17개 광역자치단체를 포함한 245개 지방자치단체의 생활폐기물 소각시설에 대한 2019년 민관 협업사무 운영 현황을 파악할 수 있는 자료이다.

배성기 지음
한국민간위탁경영구소
2019년 출간

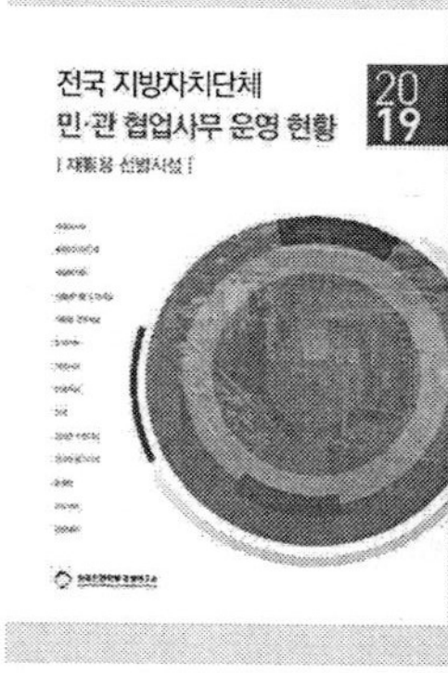

KCOMI 통계 - Ebook

2019 전국 지방자치단체 민·관 협업사무 운영 현황 |재활용 선별시설|

본 도서는 전국 17개 광역자치단체를 포함한 245개 지방자치단체의 재활용 선별시설에 대한 2019년 민관 협업사무 운영 현황을 파악할 수 있는 자료이다.

배성기 지음
한국민간위탁경영구소
2019년 출간

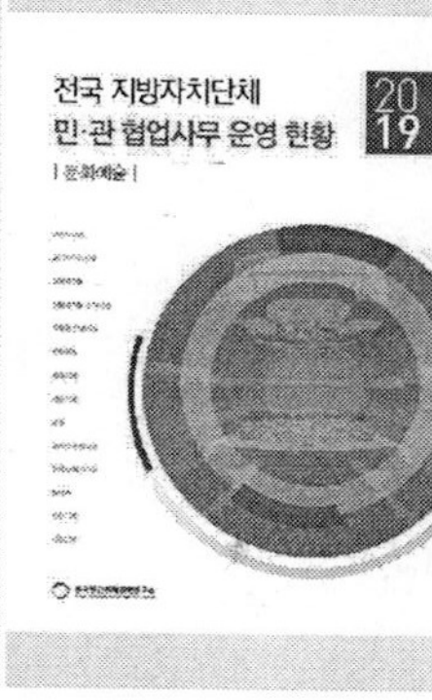

KCOMI 통계 - Ebook

2019 전국 지방자치단체 민·관 협업사무 운영 현황 |문화예술부문|

본 도서는 전국 17개 광역자치단체를 포함한 245개 지방자치단체의 문화예술부문에 대한 2019년 민관 협업사무 운영 현황을 파악할 수 있는 자료이다.

배성기 지음
한국민간위탁경영구소
2019년 출간

KCOMI 통계 - Ebook

2019 전국 지방자치단체 민·관 협업사무 운영 현황 |관광부문|

본 도서는 전국 17개 광역자치단체를 포함한 245개 지방자치단체의 관광부문에 대한 2019년 민관 협업사무 운영 현황을 파악할 수 있는 자료이다.

배성기 지음
한국민간위탁경영구소
2019년 출간

KCOMI 통계 - Ebook

2019 전국 지방자치단체 민·관 협업사무 운영 현황 |체육부문|

본 도서는 전국 17개 광역자치단체를 포함한 245개 지방자치단체의 체육부문에 대한 2019년 민관 협업사무 운영 현황을 파악할 수 있는 자료이다.

배성기 지음
한국민간위탁경영구소
2019년 출간

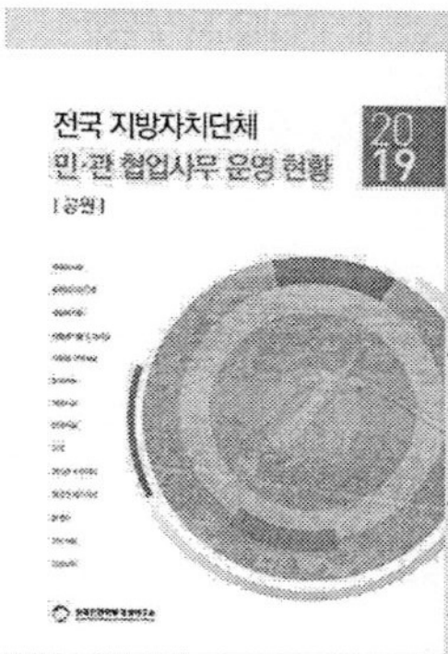

KCOMI 통계 - Ebook

2019 전국 지방자치단체 민·관 협업사무 운영 현황 |공원부문|

본 도서는 전국 17개 광역자치단체를 포함한 245개 지방자치단체의 공원부문에 대한 2019년 민관 협업사무 운영 현황을 파악할 수 있는 자료이다.

배성기 지음
한국민간위탁경영구소
2019년 출간

KCOMI 통계 - Ebook

2019 전국 지방자치단체 민·관 협업사무 운영 현황 |콜센터|

본 도서는 전국 17개 광역자치단체를 포함한 245개 지방자치단체의 콜센터 업무에 대한 2019년 민관 협업사무 운영 현황을 파악할 수 있는 자료이다.

배성기 지음
한국민간위탁경영구소
2019년 출간

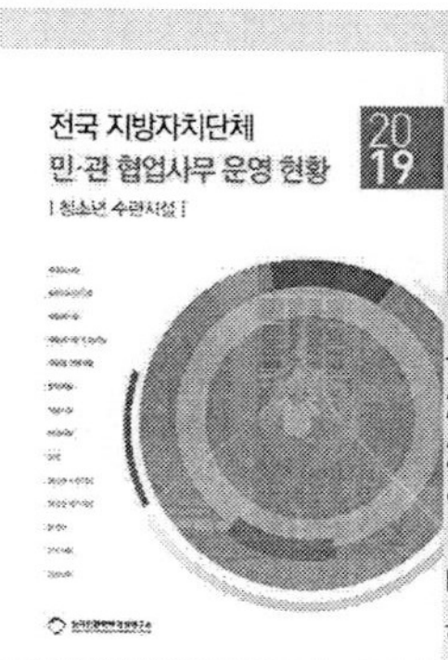

KCOMI 통계 - Ebook

2019 전국 지방자치단체 민·관 협업사무 운영 현황 |청소년수련시설|

본 도서는 전국 17개 광역자치단체를 포함한 245개 지방자치단체의 청소년수련시설에 대한 2019년 민관 협업사무 운영 현황을 파악할 수 있는 자료이다.

배성기 지음
한국민간위탁경영구소
2019년 출간

KCOMI 통계 - Ebook

2019 전국 지방자치단체 민·관 협업사무 운영 현황 |장애인복지시설|

본 도서는 전국 17개 광역자치단체를 포함한 245개 지방자치단체의 장애인복지시설에 대한 2019년 민관 협업사무 운영 현황을 파악할 수 있는 자료이다.

배성기 지음
한국민간위탁경영구소
2019년 출간

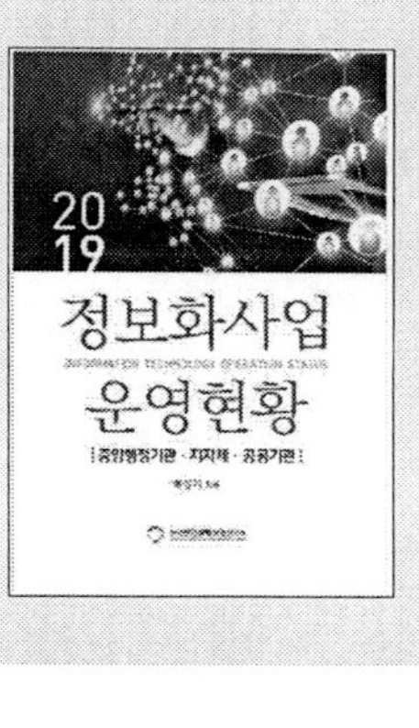

KCOMI 통계

2019 정보화사업 운영 현황

본 도서는 전국 지방자치단체, 중앙행정기관, 공공기관의 2019년 정보화사업을 대상으로 사업 현황을 분석한 운영 현황 자료이다.

배성기 지음
한국민간위탁경영구소
2019년 8월 출간

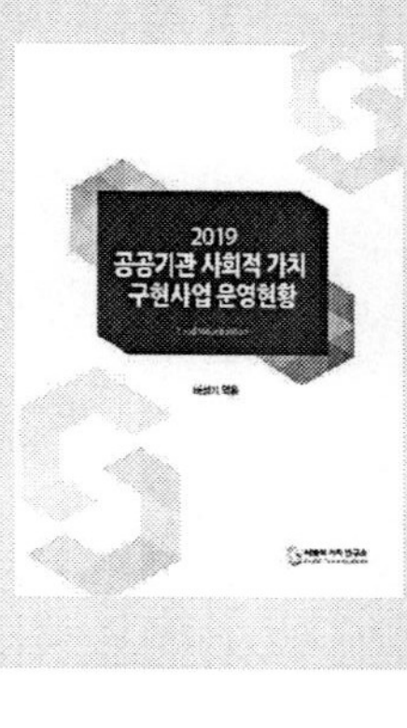

SVI 통계 - Ebook

2019 공공기관 사회적 가치 구현사업 운영현황 | 통계자료 |

본 도서는 공공기관 사회적 가차 구현사업의 운영 현황에 대한 통계를 파악할 수 있는 자료이다.

배성기 지음
사회적 가치 연구소
2019년 7월 출간

민간위탁 운영 관리 매뉴얼

지방자치단체사무의 민간위탁서비스
운영관리매뉴얼 I

민간위탁조례 및 계약관리방안

민간위탁 성패의 키는 계약관리이다.
본 도서는 민간위탁 서비스를 공급함에 있어 사회적 문제와 이슈를 관리 할 수 있는 체계적인 조례 제정 및 계약관리방법론을 제시하고 있다.

배성기 지음
한국민간위탁경영구소 / 450페이지 / 40,000원

2012년 8월 출간

지방자치단체사무의 민간위탁서비스
운영관리매뉴얼 II

민간위탁 운영관리비용 산정

효율적인 서비스 제공을 위한 원가산정방법론 제시 민간위탁서비스의 대시민 만족도를 높이기 위한 시작은 적정한 비용산정과 지급에서 시작된다. 이를 위해 본 도서에서는 세부적인 원가산정 방법과 산정예시를 들어 설명하고 있다.

배성기 지음
한국민간위탁경영구소 / 409페이지 / 40,000원

2012년 8월 출간

지방자치단체사무의 민간위탁서비스
운영관리매뉴얼 III

민간위탁 서비스 평가

평가 없는 성장 없다.
본 도서에서는 민간위탁 서비스의 지속적인 성장 경영을 위한 경영학적 관리지표개발 및 서비스평가방안을 제시하고 있다.

배성기 지음
한국민간위탁경영구소 / 407페이지 / 40,000원

2012년 8월 출간

지방자치단체 민간투자사업 매뉴얼

지방자치단체 공무원들이 민간투자사업 정책 수립을 위한 전반적인 내용을 포괄적으로 다루어, 실무에 직접 적용할 수 있도록 방향을 제시하고 있다.

배성기 지음
한국민간위탁경영구소 / 247페이지 / 25,000원

2015년 9월 출간

민간위탁 서비스 경영

공공하수도시설 민간위탁 서비스경영

환경부통계를 기준으로 전국 공공하수처리시설 중 민간위탁으로 운영되는 시설은 318개소, 운영비는 5,000억 원, 운영인원은 3,642명이다. 민간위탁서비스의 질을 높이기 위해서는 시설관리만이 아닌 경영학적 기법이 도입된 체계적인 관리가 필요하다. 이를 위해서 본 도서에서는 공공하수도시설 민간위탁 서비스 경영을 위한 다양한 방안을 제시하고 있다.

배성기 · 안영진 · 박철휘 · 박종운 지음
한국민간위탁경영연구소 / 530페이지 / 40,000원

2012년 4월 출간

공공체육시설 민간위탁 서비스경영

전국 공공체육시설수는 15,137개소로 지속적으로 증가하고 있으며, 국민이 영위하고자 하는 공공체육서비스의 수준도 날로 증가 하고 있다. 이에 민간위탁으로 운영중인 공공체육시설의 서비스 수준의 향상을 위하여 본 도서에서는 공공체육시설 민간위탁 서비스 경영을 위한 다양한 방안을 제시하고 있다.

배성기 · 김영철 지음
한국민간위탁경영연구소 / 500페이지 / 40,000원

출간예정

관광시설 민간위탁 서비스경영

관광시설은 관광을 위한 편익을 제공하는 시설로서 숙박, 교통, 휴식시설 등을 통해 지역경제 활성화에 도움을 주고 있다. 이중 민간위탁으로 운영중인 관광시설을 대상으로 본 도서에서는 관광시설 민간위탁 서비스 경영을 위한 다양한 방안을 제시하고 있다.

배성기 · 김상원 · 김혜진 지음
한국민간위탁경영연구소 / 500페이지 / 40,000원

2015년 9월 출간

생활폐기물 수집·민간위탁 서비스경영

우리나라 일일 발생 생활폐기물량은 5만톤 수준으로 지자체에서는 소각, 매립, 재활용 등의 처리를 민간위탁을 통해 수행하고 있다. 본 도서는 민간위탁을 통해 생활폐기물을 처리하고 있는 지자체를 대상으로 효율적·효과적 관리기법을 제시하고 있다.

배성기 지음
한국민간위탁경영연구소 / 500페이지 / 40,000원

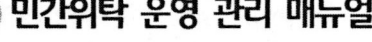

2012년 4월 출간

정부원가계산

공기업·준 정부기관·기타 공공기관
정부원가계산의 이론과 실제

공공감사법 적용대상기관인 중앙 41개 기관, 공공 272개 기관의 정부예산 지출시 합리적인 예산지출 및 효과성을 높이기 위해 본 도서는 정부원가계산의 올바른 방법을 이론과 사례를 기준으로 제시하고자 하였다.

배성기 지음

한국민간위탁경영연구소/400페이지/35,000원

2012년 8월 출간

사회적 기업 및 비영리 법인

사회적기업 및 비영리법인의
공공부문 계약 입찰

국가 공공서비스가 좀 더 선진 화 되기 위해서는 많은 사회적기업 및 비영리법인이 공공서비스 분야의 입찰 참가를 해야 한다. 정부와 동격의 파트너십을 통해 국민 모두를 파트너십의 수혜자로 만들기 위해 친절하고 자세하게 계약 참여 안내를 하고 있다.

배성기 옮김

한국민간위탁경영연구소 · scotland.gov.uk /250페이지/30,000원

2012년 8월 출간

기타 민간위탁 분야 도서

KCOMI통계 2013
전국 민간위탁 운영현황 분석

본 도서는 민간위탁 본연의 목적과 기능을 유지하기 위해 발주처에서는 선택의 폭을 넓히고, 위탁기업들은 건전한 경쟁관계를 유도하기 위하여 전국 246개 지자체별 민간위탁 사무현황, 위탁예산현황, 위탁기업의 현황, 위탁기간 현황, 위탁자 선정방법 등을 조사 · 분석하였다.

배성기 지음

한국민간위탁경영연구소 / 513페이지 / 20,000원

2013년 8월 출간

민간위탁 절차 · 평가 개선 교육교재

민간위탁제도가 도입된 지 13년이 지났지만 민간위탁에 대한 제도적 정비 및 운영상의 문제에 대한 지적은 끊이지 않는다. 본 도서는 민간위탁 사무를 추진함에 있어 꼭 필요한 조례, 계약, 비용, 평가 등의 내용을 중심으로 지방자치단체 공무원들의 정책결정을 돕고자 작성되었다.

배성기 지음

한국민간위탁경영연구소

민간위탁교육 참가자 배부용

공공하수처리시설 민간위탁 서비스평가

평가없는 성장 없다.
본 도서는 현행 공공하수처리시설 민간위탁 평가에 대한 법적 근거 및 제도에 대한 고찰을 통하여 보다 합리적인 민간위탁 서비스 평가 방안을 제시하고 있다.

배성기 · 안영진 · 박철휘 · 박종운 지음

한국민간위탁경영연구소 / 316페이지 / 25,000원

2011년 12월 출간

큰 사회(BIG Society)

영국 캐머론 총리의 큰 사회는 공공서비스 향상을 추구하며, 개념적으로는 국가를 반대하지 않으며 다양한 증거를 바탕으로 영국 사회를 지원하고 사회적 욕구를 충족시키는 현재 국가의 능력에 대해 깊이 있게 고민한다. 이는 우리나라에도 시사하는 바가 크므로 소개하고자 하였다.

배성기 · 이화진 · 김태현 · 남효응 옮김

나남출판사 · UBP / 165페이지 / 15,000원

출간 예정

공공관리 번역 도서

분쟁 후 취약한 상황에서의 정부기능 및 정부서비스 민간위탁

본 역서는 원조의 비효율적, 비효과적 집행을 방지하고, 수원국의 역량개발에 도움을 줄 수 있는 방안을 도모하여 현장실무자들과 정부의 정책입안자들과 협력하기 위한 안내서의 역할을 해 줄 것이다. 또한 선진국의 민간위탁제도 운영방법론은 국내에서 좋은 시사점을 제공하고 있다.

배성기 옮김

한국민간위탁경영연구소 · OECD / 165페이지 / 25,000원

2011년 11월 출간

지방정부 서비스계약 (Local Government Contract)

공공을 위한 최선의 거래를 추구하는데 있어서 책임성과 유연성, 공익성과 경제성 등을 최적으로 조합하는 것은 현대 서비스 계약업무의 핵심이다. 본 역서는 그 조합방식을 유용하게 제안하고 있다.

배성기 옮김

한국민간위탁경영연구소 · ICMA / 200페이지 / 30,000원

출간 예정

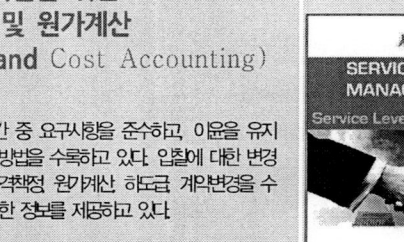

정부계약자들을 위한 가격책정 및 원가계산 (Pricing and Cost Accounting)

정부와 계약기간 중 요구사항을 준수하고, 이윤을 유지하기 위한 협상방법을 수록하고 있다. 입찰에 대한 변경 요구 사항은 가격책정, 원가계산, 하도급, 계약변경을 수반하며 이에 대한 정보를 제공하고 있다.

배성기 옮김

한국민간위탁경영연구소 · MC / 220페이지 / 25,000원

출간예정

서비스 수준관리 (Service Level Management)

서비스 수준관리(SLM)는 서비스 업무범위를 정의하여 서비스제공에 따른 업무목표, 해당부서 및 책임부서를 기술하고 고객과 서비스 공급업체의 업무분담을 명확히 하여 서비스 공급업체와 고객 양측 모두의 기대와 목적을 충족시키기 위한 내용을 기술하고 있다.

배성기 옮김

한국민간위탁경영연구소 · TAS / 240페이지 / 25,000원

출간 예정

공공관리와 성과 (Public Management and Performance)

공공서비스 성과가 뜻하는 바가 무엇이고, 이와 관련한 연구의 주요 성과는 무엇인가? 왜 관리가 중요한가? 연구자, 정책결정자, 실무자들에게 주는 함의는 무엇이며, 향후 과제는 무엇인가? 에 대해 저자들은 이야기 하고 있다.

배성기 · 김윤경 · 김영철 옮김

한국민간위탁경영연구소 · 캠브리지대학출판사 / 200페이지 / 35,000원

2012년 8월 출간

사회기반시설 자산관리 (Infrastructure Asset Management)

자산관리의 목표, 서비스 제공능력과 자산상태의 구체적 목표를 검토하고, 자산관리 활동을 최적화·체계화하기 위해 현재의 서비스 제공능력과 자산상태(condition)를 비교한다. 또 최적의 의사결정을 위해 필요한 재정적 고려사항에 대해서도 요약하고 있다.

유인균 · 박미연 · 배성기 옮김

한국민간위탁경영연구소 · CIRIA / 200페이지 / 35,000원

2012년 8월 출간

지방지치단체 사회적가치구현을 위한 공공조달프레임워크

영국의 중앙 및 지방정부기관들은 최저가 대신 사회적 가치를 고려해 최고가치(Best Value)를 지닌 쪽을 선택하도록 규정과 지침을 만들어 공공조달에 적용하고 있다.

이에, 영국의 사회적 가치 구현을 위한 조달규정 및 지침관련 사례를 발굴하여 국내에 홍보·전파하고자 출간하게 되었다.

배성기

브릿지협동조합 / 170페이지 / 25,000원

2016년 4월 출간

지방자치단체 공공서비스 혁신

협동조합도시 런던시 램버스구

영국 런던시 램버스구, 협동조합방식의 지방자치단체 경영과 공공서비스 혁신을 가능하게 하는 영국의 법제도적 환경, 지자체조례, 지자체 경영원칙, 사회적 · 경제적 · 환경적 가치구현을 위한 목표달성전략 및 프로세스등을 자세히 소개하고 있다.

배성기 지음

브릿지협동조합 / 184페이지/ 25,000원

2016년 5월 출간

영국 중앙정부 및 지방정부 사회적 가치 구현 사례집

본 지침은 Highways England와 하도급업체가 2012년 공공서비스(사회적가치)법에 의한 서비스 공급과 관련된 사회적가치를 확인하고 구현하기 위한 접근방법을 설명한다.

배성기 옮김

사회적 가치 연구소 / 290페이지 / 21,000원

2018년 6월 출간

사회적기업 및 비영리법인의 공공부문 계약 입찰

지방계약분야는 사회 · 경제적 상황에 따라 빠르게 변화하는 분야이며, 많은 관련 법령과 하위 규정들이 있어 실무자들이 업무를 숙지하는 데 상대적으로 어려움을 겪는 분야이기도 합니다. 2018년도 매뉴얼은 계약시 고려해야 할 사회적 가치와 더불어 실무에서 주로 활용되는 유권해석, 판례 등을 중점적으로 수록하였습니다.

서울특별시 엮음

브릿지협동조합 / 350페이지 / 24,000원

2018년 6월 출간

출간 예정 도서

공공서비스 기획 [모범 기획 원칙]

Commissioning Public Services는 공공조달 기획담당자들을 위한 영국의 공공서비스 조달기획 안내서로 지역고용, 양질의 일자리, 시회권·노동권 준수, 사회통합, 차별해소, 재분배 효과, 기업의 사회적 책임 이행도 등이 조달원칙의 핵심 고려사항으로 설계되고 입찰, 낙찰, 계약 이행 등 각 단계에서 사회적 가치를 가진 재화 및 서비스가 자연스럽게 경쟁력을 가질 수 있도록 체계가 구축되어 공공구매를 통한 사회적가치가 최대화될 수 있기를 바랍니다.

배성기 옮김
한국민간위탁경영연구소
2019년 출간예정

공동체 편익 증대를 위한 안내서

장기간 경기침체와 부의 불평등 심화 그리고 인구의 수도권 집중은 취약계층에게 여러 가지 부담을 안겨주었고, 그 중 인간으로서 가장기본적인 살 공간과 관련된 주거문제에 직면하게 하였습니다. Community Benefit Clause Guidance Manual은 영국의 사회임대주택사업자가 주택의 운영 및 관리 서비스 조달 시 서비스 공급자로 하여금 지역공동체 편익을 구현하도록 계약조항으로 수립하는 방법을 설명한안내서입니다.

배성기 옮김
한국민간위탁경영연구소
2019년 출간예정

민·관 파트너십 구성 및 운영을 위한 안내서

공공사회파트너십은 공공기관이 사회적경제조직들로부터 재화 및 서비스를 단순히 구매한다는 차원을 넘어 공공기관이 주도하는 공공부문과 사회적경제조직들로 구성된 사회적경제부문이 함께 공공서비스를 설계하고 생산하는 것을 핵심으로 하는 개념입니다. Public Social Partnerships은 공공부문과 사회적경제조직이 공동으로 참여하는 공공서비스에 대한 새로운 접근방법을 묘사하고 있습니다.

배성기 옮김
한국민간위탁경영연구소
2019년 출간예정

사회적 가치 구현을 위한 안내서

사회적기업 육성 예산은 일자리창출 예산의 의미를 부여받고 있으며, 일자리 창출 엔진이라는 프레임가 사회적기업의 지원예산을 확보하는데는 유용했으나 사회적기업의 정상적인 발전을 가로막는 부작용을 낳고 있는 것 또한 사실입니다. 따라서 사회적기업 육성예산은 이 사회적 부가가치(social added value) 창출의 엔진을 육성한다는 본래의 의미를 부여 받아야 할 필요성이 있습니다.

배성기 옮김
한국민간위탁경영연구소
2019년 출간예정

사회적기업을 위한 사업기획 안내서

이 안내서는 영국의 사회적경제 전문기관인 FSD(Fourth Sector Development)가 사회적기업 창업을 고려하거나 성장을 도모하는 이들을 위해 개발한 7단계 전략에 기초하여 급변하는 사회경제적 환경에서 사회적경제 활동가들에게 사회적기업을 위한 사업계획을 사례와 함께 단계별로 설명하여 시간과 비용을 절감하고, 합리적 투자를 유도하여 사회적경제부문의 경쟁력 강화를 지원하고자 합니다.

배성기 옮김
한국민간위탁경영연구소
2019년 출간예정

사회투자성과 개발 안내서

SROI는 2000년대 들어 미국의 비영리재단 REDF가 제안한 개념으로, 사회적기업이나 비영리 조직이 생산한 사회적 가치와 경제적 가치를 통합해 정량적으로 측정하는 방법론이며, 주관적인 판단이 개입하기 쉬운 사회적 가치를 화폐가치로 객관화했습니다. 한편, 사회적기업에 관해 오랜 전통을 갖고 있는 영국에서는 SROI가 제안되기 이전부터 다양한 방식으로 사회적기업의 비재무적 성과를 측정하기 위한 방법론이 모색되었습니다.

배성기 옮김
한국민간위탁경영연구소
2019년 출간예정

협업기획 - 공공서비스 기획에 대한 새로운 사고

Collaborative Commissioning은 협업을 통한 공공서비스 기획과 관련된 영국사례로 사회적 가치 창출을 주된 목적으로 하는 사회적경제조직과 사회책임경영(CSR)기업 등이 공공시장에서 영리지향적 기업보다 경쟁 우위에 설 수 있도록 유도하고, 약 100조원이 넘는 공공조달시장의 상당 비율을 사회적경제에 친화적인 공공시장으로 전환될 수 있는 토대가 마련되는 계기가 되길 바랍니다.

배성기 옮김
한국민간위탁경영연구소
2019년 출간예정

배 성 기 (裵 成 基)

| 약 력 |

現 공공서비스연구원 원장, 한국민간위탁연구소 소장, 한국공공서비스연구소 소장, 한국사회적가치연구소 소장, 한국지방의정연구소 소장, 단국대학교 경영학 박사, 가천대학교 회계학 석사

現 단국대학교 경영학과 외래교수

現 파주시청 민간위탁 운영심의위원, 은평구청 민간위탁 적정성운영위원

現 중랑구의회 의정자문위원, 한국의정연구회 지방의회연구소 초빙교수

現 송파구 민간위탁 운영평가위원, 사회적기업 육성 위원

現 성북구 사회적경제 육성위원, 성북민관협치 운영위원

現 국민권익위원회 부패영향평가 자문위원

現 가천대학교 사회적기업과고용관계연구소 비상임 선임연구원

現 에코아이 지속가능경영연구소 비상임 소장

現 (재)현대산업경제연구원 비상임 연구위원

前 서울시 민간위탁 원가분석 자문위원

前 단국대학교 경제학과 외래교수

| 주요 연구수행실적 |

「정부 및 지자체 등으로부터 위탁받은 사업 매뉴얼 구축 용역」

「2017년 재정사업 성과평가 용역(산림자원육성)」

「농림축산식품 정보화사업 성과관리체계 구축 연구」

「자동차전용도로 효율적 관리를 위한 직무분석 용역」

「산림문화휴양촌 관리운영 방안 수립 연구 용역」

「생활폐기물 수집 · 운반 및 처리시설 민간위탁 타당성 및 운영효율화 방안」

「산업단지 폐수처리시설 민간위탁 타당성 및 운영효율화 방안」

「종합사회복지관 민간위탁 타당성 및 운영효율화 방안」

「장애인복지관 민간위탁 타당성 및 운영효율화 방안」

「노인종합복지관 민간위탁 타당성 및 운영효율화 방안」

「아동 · 청소년시설 민간위탁 타당성 및 운영효율화 방안」

「소각장 민간위탁 타당성 및 운영효율화 방안」

「자동집하시설 민간위탁 타당성 및 운영효율화 방안」

「가로등관리 민간위탁 타당성 및 운영효율화 방안」

「공원관리 민간위탁 타당성 및 운영효율화 방안」

「문화예술체육시설 운영관리 민간위탁 타당성 및 운영효율화 방안」 외 다수

| 주요 저술실적 |

저서 : 지방자치단체 민간위탁 운영관리메뉴얼 Ⅰ, Ⅱ, Ⅲ권, 민간위탁 원가산정, 공공관리와 성과, 민간위탁 조례 및 계약 관리 방안, 하수처리시설 민간위탁 서비스 평가, 공공하수도시설 민간위탁 서비스 경영, 생활폐기물 수집 · 운반 및 처리시설 민간위탁 서비스 경영 등

번역 : OECD 정부기능 및 정부서비스 민간위탁 외 4권

논문 : 민간위탁서비스 핵심운영요인이 운영성과에 미치는 영향에 관한 실증 연구(2014) 등 3개

발표 : 한국생산관리학회, 한국구매조달학회, 한국관광경영학회 등 다수

공공관리연구원

한국민간위탁연구소
Korea Contracting-out Institute

한국민간위탁연구소는 공공서비스 관리 혁신을 통해
더 나은 정부, 더 나은 사회, 더 많은 사업기회를 만들어 갑니다.

T. 02-943-1941　F. 02-943-1948　E. kcomi@kcomi.re.kr　H. www.kcomi.re.kr

도서출판
큰날개

큰날개는 급변하는 국내의 사회 환경 가운데에서 다양한 의견을 수렴하여 인간이 추구하는
더 높은 이상향을 향해 나아가고자 하는 바람을 추구하는 출판전문기업입니다.
특히 사회적으로 가치 있는 콘텐츠를 가진 사람이라면 누구나 책을 출간 할 수 있고,
원하는 독자층에 도달 할 수 있도록 도와주는 퍼블리싱 파트너(Publishing Partner)가 되고자 합니다.

T. 02-943-1947 F. 02-943-1948 H. bigwing.modoo.at